VILLA CAVICIANA

FAUSTINA
LETIZIA
FILIPPO
TADZIO
MADDALENA
LORENZO

2017/18
OSTERIE
d'Italia

Slow Food® Editore

2017/18
OSTERIE
d'Italia

Über 1.700 kulinarische Adressen
ausgewählt und empfohlen
von SLOW FOOD

Hallwag

Liebe Leserin und lieber Leser,

wir freuen uns, dass Sie sich für ein HALLWAG-Buch entschieden haben. Mit Ihrem Kauf setzen Sie auf die Qualität, Kompetenz und Aktualität unserer Bücher. Dafür sagen wir Danke! Ihre Meinung ist uns wichtig, daher senden Sie uns bitte Ihre Anregungen, Kritik oder Lob zu unseren Büchern. Haben Sie Fragen oder benötigen Sie weiteren Rat zum Thema? Wir freuen uns auf Ihre Nachricht!

GRÄFE UND UNZER Verlag
Leserservice
Postfach 86 03 13
81630 München

Wir sind für Sie da!
Montag – Donnerstag: 9.00 – 17.00 Uhr
Freitag: 9.00 – 16.00 Uhr

Tel.: 00800 / 72 37 33 33 (gebührenfrei in D, A, CH)
Fax: 00800 / 50 12 05 44 (gebührenfrei in D, A, CH)

E-Mail: leserservice@graefe-und-unzer.de

Inhalt

Osterie d'Italia 2017/2018 ... 9

Benutzerhinweise ... 10

Autorinnen und Autoren ... 12

Aostatal (Valle d'Aosta) ... 14

Piemont (Piemonte) ... 22

Lombardei (Lombardia) ... 98

Trentino ... 148
Ein Ausflug auf die Alm ... 156

Südtirol (Alto Adige) ... 164
Törggelen und einheimische Kost ... 184

Venetien (Veneto) ... 188
Venedig: Bacari, Cicheti und Ombre ... 245

Friaul-Julisch Venetien (Friuli Venezia Giulia) ... 254
Die Osmize im Karst ... 258
Triestiner Büfettküche ... 286
Udine: Weingenuss alter und neuer Manier ... 289

Ligurien (Liguria) ... 292
Die Farinatalokale ... 300

Emilia-Romagna ... 322
Die Piadina – Street Food und Sinnbild der Romagna ... 356

Toskana (Toscana) ... 380
„I trippai" – die Kuttelverkäufer von Florenz ... 404

Umbrien (Umbria) ... 452

Marken (Marche) ... 478

Latium (Lazio) ... 516

Abruzzen (Abruzzo) ... 560
Die Arrosticini ... 569

Molise ... 590

Apulien (Puglia) ... 598
Der Fornello in der Murgia ... 610

Kampanien (Campania) ... 634
Eine Identität in Entwicklung: die Pizza in Neapel
und ganz Kampanien ... 662

Basilikata (Basilicata) ... 692

Kalabrien (Calabria) ... 702
Catanzaro: Morzello und Putìche ... 706

Sizilien (Sicilia) 728
Street Food 760
Sardinien (Sardegna) 782
Register der Lokale 809
Register der Ortschaften 817
Kulinarisches Lexikon Italienisch – Deutsch 823
Impressum 864

Kommentar der Herausgeber zu den Ereignissen im August 2016 (nach Redaktionsschluss):

In diesem Sommer wurden Mittelitalien und insbesondere einige Provinzen der Regionen Abruzzen, Latium, Marken und Umbrien von einem heftigen Erdbeben erschüttert. Zahlreiche Dörfer erlitten bei dieser schrecklichen Katastrophe starke Schäden und einige wurden sogar komplett zerstört.

Von den Auswirkungen des Erdbebens sind leider auch Osterien betroffen, die in unserem Buch genannt sind, außerdem Handwerksbetriebe, Züchter und Produzenten von Wurst und Käse, die nun unter schwierigsten Bedingungen versuchen, ihre Arbeit fortzusetzen, um die gewohnten erstklassigen Produkte liefern zu können.

Auch und gerade in diesen schwierigen Zeiten ist es notwendig, den Betroffenen beizustehen, ihre Produkte zu kaufen, in ihren Osterien einzukehren. Vor einem Besuch in einer betroffenen Region ist es wohl ratsam anzurufen, um sicherzugehen, dass die Osteria geöffnet ist bzw. die Produktion weitergeführt wird. Der Beitrag aller ist von fundamentaler Bedeutung, damit die Betroffenen wieder Hoffnung für die Zukunft dieser wunderbaren Landstriche schöpfen können.

Konkrete Unterstützung kann auch in Form einer Spende über einen der zahlreichen Kanäle erfolgen, die nach dem Unglück eingerichtet wurden, wobei wir Ihnen hier die von Slow Food Italien ins Leben gerufene Spendenaktion vorschlagen. Die Hilfsgelder werden zur Finanzierung konkreter Maßnahmen in den Erdbebengebieten verwendet. Einzahlungen können auf folgendes Konto geleistet werden:

BANCA UNICREDIT - IBAN IT 46 R 02008 46041 000101797850
lautend auf Slow Food Italia.
ZAHLUNGSGRUND: Solidarietà terremoto 2016
(Solidarität mit den Erdbebenopfern 2016)

Osterie d'Italia 2017/18

Wir sind zu den Ursprüngen unseres Buches zurückgekehrt und haben uns auf die Suche nach den besonders authentischen Osterien gemacht – nach Gaststätten, von denen andere Restaurantführer nicht berichten, in denen es keinen Chef de cuisine gibt, sondern einen Koch (sehr oft eine Köchin). In denen der Service aufmerksam und dennoch zwanglos ist. Wo man oftmals keine geschriebene Speisekarte vorfindet, weil der Wirt seinen Gästen die Tagesempfehlungen lieber mündlich verrät und dabei häufig so manche Anekdote zum Besten gibt. Wir haben die ganz volkstümlichen, schlichten Stätten aufgespürt, in denen saisonale, regionale Grundzutaten eingekauft werden, was auch die Preise moderat hält. Sie werden daher in dieser neuen Ausgabe die Abschnitte „Abseits der Osterien" und auch einige Sonderkapitel nicht mehr vorfinden, vielmehr nur noch jene Lokale, von denen wir glauben, dass sie mit dem Osteria-Begriff, den wir Ihnen vermitteln wollen, im Einklang stehen. Hier schildern wir ein Stück Welt, das wir gut kennen, mit dem wir uns identifizieren und das uns in der Entwicklungsgeschichte dieses Buches stets wie ein Kompass den Weg gewiesen hat.

Für eine bessere Übersicht ist auch das Layout dieser Ausgabe neu angepasst. Jeder Eintrag ist in zwei Abschnitte gegliedert. Einer ist der Osteria als Ort gewidmet, beschreibt die Geschichte des Lokals und seiner Betreiber, das Ambiente und – sofern von Relevanz – die Umgebung. Der zweite Abschnitt widmet sich der Küche: nicht anhand einer einfachen Auflistung der Speisen, sondern in Form einer Schilderung der Traditionen, Zutaten und Garverfahren – jenes unerschöpflichen Wissensschatzes, der nicht nur kulinarisch gesehen italienisches Kulturgut ist.

Sie werden auch ein neues Symbol entdecken, das Lokale kennzeichnet, die eine Spur teurer sind, aber nach unserem Dafürhalten einen Platz in diesem Buch verdienen und die man zumindest einmal im Leben besucht haben sollte. Kostspieliger sind sie wegen der verwendeten Grundprodukte (häufig Fisch und seltene Zutaten) oder wegen ihres Standortes in einem bestimmten Umfeld. Ansonsten werden Sie alle Informationen wie gewohnt vorfinden: Lokale mit besonders guter Käse- oder Weinauswahl, solche mit Übernachtungsmöglichkeit, Osterien mit einem eigenen Gemüsegarten und solche, die vegetarische Menüs anbieten. Es sind unglaublich viele, die wir alle einzeln besucht und für gut befunden haben – auf einer Reise, die uns kreuz und quer durch unser Belpaese geführt hat und zu der nun auch Sie eingeladen sind.

Schöne Reise und guten Appetit!

Marco Bolasco und Eugenio Signoroni

Benutzerhinweise

Einteilung

Jedes Lokal ist unter seinem Standort angeführt. Die Städte bzw. Ortschaften sind innerhalb der einzelnen Regionen alphabetisch geordnet. Zudem sind der Ortsteil, das Viertel oder der Stadtteil angegeben, in dem sich das Lokal befindet.

Geografische Angaben

Es ist jeweils die Entfernung vom Provinzhauptort angeführt. Für die großen Städte ist die nächstgelegene Station eines öffentlichen Verkehrsmittels angegeben.

Informationen

Ruhetage, Öffnungs- und Ferienzeiten sowie Anzahl der Plätze wurden von den Inhabern der Lokale selbst angegeben.

Preise

Die Preise ergeben sich aus den durchschnittlichen Kosten für eine Mahlzeit, bestehend aus Antipasto, Primo und Secondo, oder sie bezeichnen den Gesamtpreis für ein Degustationsmenü. Wenn sich der Betrag auf ein feststehendes Menü bezieht, wird die Bezeichnung „Tagesmenü" verwendet.

Weine sind in den angeführten Preisen nicht inbegriffen. In Ausnahmefällen beinhaltet die Preisangabe auch Hauswein (Vermerk „mit Hauswein").

Im Rahmen der Lokalbeschreibungen sind die Preise einiger Gerichte angeführt, z. B. Arrosto misto (7,50 €) …

Kreditkarten/Bankomat

American Express (AE), CartaSì (CS), Diners Club (DC), Mastercard (MC), Visa; Bankomat (BM)

Karten

Hier befindet sich mindestens ein Lokal, das in einem Spezialkapitel vorgestellt wird.

Hier befindet sich mindestens eine Osteria.

Hier befindet sich mindestens eine Osteria, die mit der Schnecke ausgezeichnet wurde.

Symbole

Ein Lokal, das in spezieller Weise gefällt, wegen der Atmosphäre, der Küche und Gastlichkeit, die der Slow-Food-Philosophie entsprechen

„Lokal mit gutem Käse": Das Sortiment stammt vorzugsweise aus der näheren Umgebung und wird dem Gast mündlich erläutert.

Lokal mit einem gut strukturierten Weinangebot, repräsentativ für das jeweilige Gebiet und zu angemessenen Preisen angeboten

Ein Geschäft, ein Handwerksbetrieb oder ein Unternehmen, in dem man lokale gastronomische Spezialitäten und Qualitätsprodukte kaufen kann

Eine Bar, ein Café, ein Ausschank oder eine Konditorei für eine angenehme Pause

Das Lokal ist auch für Menschen mit Bewegungseinschränkungen zugänglich. Die diesbezügliche Erklärung des Eigentümers erfolgt auf eigene Verantwortung und ist das Ergebnis einer Erhebung, die Slow Food für die im Buch aufgelisteten Lokale in Zusammenarbeit mit P.M. Vissani AISCRIS dis-SI di Confindustria und Bureau Veritas Italia durchgeführt hat.

Das Lokal nimmt an dem Projekt Alimentazione Fuori Casa der italienischen Zöliakie-Vereinigung teil. Die Küche bietet glutenfreie Gerichte. Vor der Reservierung sind eine Kontrolle auf www.celiachia.it und ein Anruf im Lokal zu empfehlen.

Das Lokal nimmt an dem Projekt „Alleanza tra i cuochi e i Presìdi Slow Food" teil, einem Netz von 300 Restaurants und Osterien, die regelmäßig auf ihren Speisekarten die Produkte zumindest dreier Förderkreise der eigenen Region verwenden und den Namen des Erzeugers nennen. – Alle Lokale der „Alleanza" finden Sie unter www.fondazioneslowfood.it.

Lokal mit eigenem Gemüsegarten

Lokal, in dem Sie ein vegetarisches Menü bestellen können

Lokal mit Übernachtungsmöglichkeit

€↑ Lokal, das in seinen wesentlichen Grundzügen dem Ambiente einer Osteria entspicht, jedoch preislich etwas höher liegt als die anderen Lokale in diesem Buch

NEU Neueintrag im Vergleich zur Ausgabe 2016/17

Für Sie entdeckt

Die wichtigsten Gerichte der gastronomischen Tradition einer Region und die Osterien, in denen man diese probieren sollte

Redaktionsschluss der italienischen Ausgabe: 31. Juli 2016 – Änderungen nach diesem Zeitpunkt konnten nicht mehr berücksichtigt werden.

Autorinnen und Autoren

Aostatal und Piemont: Stefano Barolo, Maura Biancotto, Andrea Blangetti, Carlo Bogliotti, Dario Bragaglia, Fulvio Brizio, Luigi Bruni, Valter Cambieri, Silvia Campo, Alessia Casarotti, Gabriella Chiusano, Lorenzo Conterno, Daniela Corso, Marco Del Brocco, Marco Dell'Era, Martina Dotta, Enrico Gallese, Luca Iaccarino, Augusto Lana, Camilla Micheletti, Paola Nano, Giovanni Norese, Valter Oleastro, Marco Peirotti, Giorgio Picco, Fulvio Prandi, Olivia Reviglio, Leopoldo Rieser, Sara Rocutto, Carlo Enrico Rol, Gabriele Rosso, Giacomo Sado

Lombardei: Alberto Alfano, Francesco Amonti, Luca Angelini, Elisabetta Astori, Eleonora Benaglia, Paolo Bernini, Marco Mario Brando, Paolo Camozzi, Franco Ceretti, Lorenzo Colombo, Grazia Delbò, Giovanni Fortuna, Leone Lorandi, Silvio Magni, Massimiliano Mari, Alessandra Mastrangelo, Alberto Mazzi, Antonio Moglia, Francesca Molteni, Silvano Nember, Biagio Primiceri, Daniela Rubino, Rolando Saccucci, Massimo Scarlatti, Alberto Senaldi, Valentina Vercelli

Trentino: Alberto Cosner, Mario Demattè, Denise Eccher, Walter Forrer, Giampaolo Gaiarin, Francesco Lazzarini, Carlotta Mattedi, Silvano Mattedi, Enzo Merz, Friederike Oursin

Südtirol: Piero Bernabe, Roberto Businaro, Angelo Carrillo, Ivo De Pellegrin, Markus Kaspar, Monica Margoni, Raoul Ragazzi, Franco Zanini

Venetien: Rodolfo Agostini, Davide Biasco, Marta Cangiani, Paolo Chieregato, Andrea Ciprian, Andrea Degrandis, Sanzio Folli, Renato Grando, Stefano Ianiro, Francesco Lazzarini, Sandra Longo, Mauro Pasquali, Attilio Saggiorato, Silvano Sguoto, Leopoldo Simonato

Friaul-Julisch Venetien: Lorenzo Amat, Emanuele Battista, Michele Bertoli, Livia Besek, Gianna Buongiorno, Carlo Carfagno, Eleonora Carletti, Gloria Catto, Laura Costaglione, Paolo Emilio De Simon, Laura Domenis, Daniela Doretto, Giorgio Dri, Andrea Fracas, Maria Grazia Gerardi, Sergio Gobet, Michele Mellano, Romana Meula, Licia Movia, Sergio Nesich, Luca Olivi, Roberto Peduto, Massimo Toffolo, Rosetta Toniolo, Massimo Zecchin, Piero Zucchi

Ligurien: Stefano Angelini, Sandra Ansaldo, Piero Arnaudo, Paolo Baldo, Luciano Barbieri, Giampaolo Barrani, Davide Bini, Gianni Caglieris, Edmondo Colliva, Greta Contardo, Alberto Fiorito, Pietro Garibbo, Claudio Giampieri, Renzo Lumachelli, Monica Maria Maroglio, Maria Francisca Mendez Parodi, Livia Merlo, Paola Origone, Bruno Panzanato, Marco Pettinelli, Federico Rebora, Gabriella Tartarini, Luigi Tozzini, Sergio Tron, Igor Turatti, Attilio Venerucci

Emilia-Romagna: Mauro Agolini, Giorgia Canali, Antonio Cherchi, Roberto Ferranti, Pietro Fiorentini, Sonia Galli, Laura Giorgi, Nico Lusoli, Stefano Maestri, Enrico Maltoni, Giuseppe Pazzoni, Simone Rosti, Davide Rovati, Pierluigi Tedeschi, Luca Toni, Fernando Tribi, Luisella Verderi, Mauro Zanarini, Guido Zanoni

Toskana: Emilio Bellatalla, Adolfo Bertolotti, Massimo Bibbiani, Alessandro Bimbocci, Katia Bovi Campeggi, Emiliano Caselli, Luciano Ciarini, Fausto Costagli, Fabio D´Avino, Amelia De Francesco, Daniela Filippi, Fabio Frilli, Francesco Funaioli, Beatrice Ghelardi, Massimo Giannini, Duccio Lazzeretti, Giovanna Licheri, Alessio Lombardini, Federica Manzieri, Fabrizio Menini, Franca Mocali, Niccolò Montecchi, Marco Nardi, Christian Petrucci, Daniele Proietti, Enrico Roccato, Alessandro Schena, Paolo Scialla, Pier Donato Sommati

Umbrien: Maurizio Amoroso, Marco Braganti, Carla Chiuppi, GianPaolo Ciancabilla, Sergio Consigli, Salvatore De Iaco, Daniele Falchi, Monica Petronio, Piero Scotti, Maurizio Sparanide, Federico Varazi

Marken: Renzo Ceccacci, Carlo Cleri, Alessia Consorti, Domenica Contartese, Valentina Conti, Nicola De Angelis, Raniero Manfredi, Ugo Pazzi, Francesco Quercetti, Roberto Rubegni, Maurizio Silvestri

Latium: Paolo Battimelli, Barbara Bonomi, Serena Ciurcina, Sara Guercio, Tommaso Iacoacci, Sandra Ianni, Edoardo Isnenghi, Antonio Lauretti, Danilo Mastracco, Roberto Muzi, Luigi Pagliaro, Fabrizio Picchiarelli, Alessandro Ragni, Paola Rocchi Soffici, Matteo Rugghia, Andrea Russo

Abruzzen und Molise: Davide Acerra, Anna Berghella, Paolo Castignani, Pierluigi Cocchini, Lorenzo Cristofaro, Giorgia Croce, Eliodoro D´Orazio, Massimo Di Cintio, Franco Gizzi, Pierluca Masciocchi, Ivan Masciovecchio, Francesca Piccioli

Apulien: Carmela Angiulli, Francesco Biasi, Luca D'Andrea, Nicola De Corato, Antonello Del Vecchio, Luigi Francavilla, Giovanni Matteo Fratta, Francesco Ghionda, Angelo Iaia, Cataldo Latorre, Marcello Longo, Domenico Maraglino, Francesco Muci, Gaia Muci, Stefania Pampolini, Salvatore Pulimeno, Tommaso Regina, Alessandro Rizzo

Kampanien: Michele Amoruso, Nerio Baratta, Giuseppe Bruno, Giancarlo Capacchione, Mariangela Capodiferro, Marco Contursi, Antonino Corcione, Giancarlo De Luca, Eduardo De Tilla, Giorgio Del Grosso, Tonino Ferrante, Roberto Musio, Gianluca Napolitano, Antonio Pasqua, Monica Piscitelli, Antonio Puzzi, Valerio Reale, Gemma Russo, Valerio Salvatore, Mario Stingone, Franco Tizzani, Vito Trotta

Basilikata: Michele Calabrese, Emilia Cascella, Paride Leone, Francesco Linzalone, Francesco Martino, Mario Melucci

Kalabrien: Emauela Alvaro, Cesare Anselmi, Alberto Carpino, Antonio D Antonio, Michelangelo D'Ambrosio, Nicola Fiorita, Pino Giordano, Roberto Matrangolo, Gianbruno Meduri, Luigi Monaco, Domenico Mondella, Antonello Rispoli, Maurizio Rodighiero, Vincenzina Scalzo, Pierluigi Tavella

Sizilien: Laura Bargione, Massimo Brucato, Marina Violetta Carrera, Damiano Chiaramonte, Giovanni Cucchiara, Stefano Ferrante, Annamaria Grasso, Saro Gugliotta, Mario Indovina, Manuela Laiacona, Carmela Lauria, Salvo Paolo Mangiapane, Serena Milano, Giulia Monteleone, Franco Motta, Rodolfo Paternicò, Giuseppe Raineri, Enzo Raneri, Franco Saccà, Maurizio Zingale, Sabina Zuccaro

Sardinien: Giusi Acunzo, Pier Paolo Arca, Bruno Brotzu, Renato Brotzu, Stefano Cadoni, Sara Contu, Anna Cossu, Luca Galassi, Simona Gay, Franca Leuzzi, Raimondo Mandis, Filippo Maselli, Pierpaolo Matta, Angelita Sanna, Efisio Secci, Manuela Vacca

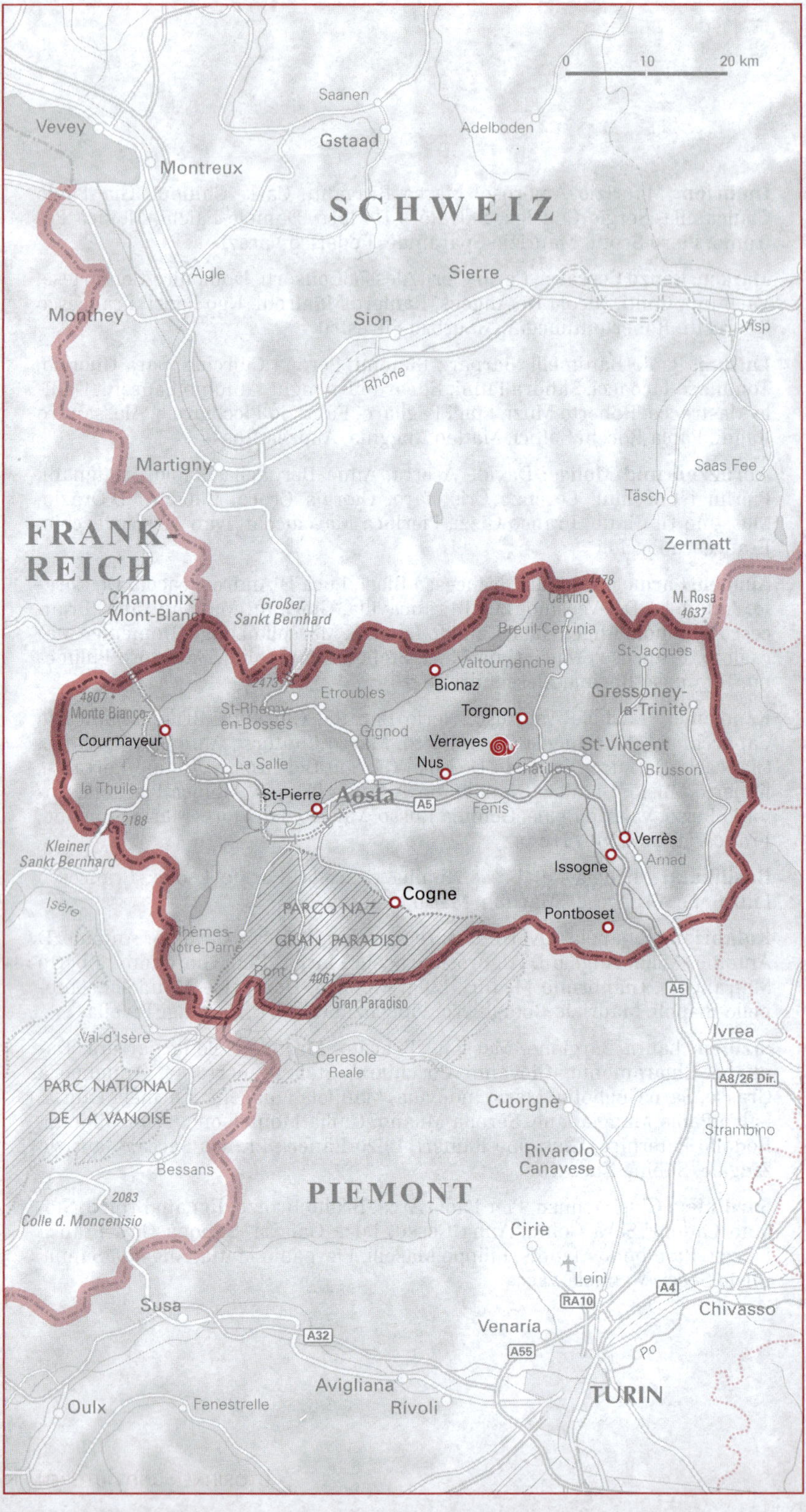
0
10
20 km
Saanen
Vevey
Gstaad
Adelboden
Montreux
SCHWEIZ
Aigle
Sierre
Monthey
Sion
Visp
Rhône
Martigny
Saas Fee
Täsch
FRANK-
REICH
Zermatt
4478
Cervino
M. Rosa
4637
Chamonix-
-Mont-Blanc
Großer
Sankt Bernhard
Breuil-Cervinia
St-Jacques
Valtournenche
2473
Bionaz
4807
Etroubles
Gressoney-
la-Trinitè
Monte Bianco
St-Rhémy-
en-Bosses
Torgnon
Courmayeur
Gignod
Verrayes
St-Vincent
Nus
La Salle
Chatillon
Brusson
la Thuile
St-Pierre
Aosta
A5
Fénis
2188
Verrès
Kleiner
Sankt Bernhard
Issogne
Arnad
Isère
Cogne
PARCO NAZ.
Pontboset
Rhêmes-
Notre-Dame
GRAN PARADISO
Pont
4061
A5
Gran Paradiso
Ivrea
Val-d'Isère
Ceresole
Reale
A8/26 Dir.
PARC NATIONAL
Cuorgnè
DE LA VANOISE
Strambino
Rivarolo
Canavese
Bessans
PIEMONT
2083
Colle d. Moncenisio
Ciriè
Leinì
A4
RA10
Susa
Chivasso
Venaría
A32
A55
Po
Avigliana
TURIN
Oulx
Fenestrelle
Rívoli

AOSTATAL

Suppen, Suppen und abermals Suppen. Oder besser gesagt *Seupe* und *Seupette*. Vor allem in hohen Lagen (und im Vallée liegen vier Fünftel des Gebiets auf über 1.500 Metern) ist es nicht ungewöhnlich, dass man fast das ganze Jahr hindurch „winterlich" isst: Eine dampfende, dicke Suppe aus Hülsenfrüchten oder Gemüse und Brot kann auch dann Trost spenden, wenn kein Schnee liegt und sich die Gletscher im Gebirge immer weiter zurückziehen.
Vielleicht ist es kein Zufall, dass die bekannteste der Aostataler Suppen – die alle eindeutig bäuerlicher bzw. volksnaher Herkunft sind – aus dem Hauptort einer der kältesten und entlegensten Gegenden der Region stammt: dem Valpelline, einem Seitental, das bei Gignod vom Tal des Großen Sankt Bernhard abzweigt und am Colle Collon an der Grenze zum Wallis endet. Für die Zubereitung der *Seupa vapellenentse* (so die meist akzeptierte Schreibweise im hiesigen Patois, doch es gibt zahlreiche Varianten) werden Wirsingblätter, die zuvor überbrüht, in Schweinefett angebraten und mit Muskatnuss und Zimt gewürzt wurden, abwechselnd mit Scheiben von altbackenem Roggenbrot und gehobeltem Fontina-Käse in eine Terrine geschichtet; dann bedeckt man alles mit Fleischbrühe, träufelt zerlassene Butter darüber und stellt das Gericht für mindestens eine Stunde in den 160 °C heißen Ofen.
Doch Wirsing ist ein Wintergemüse: Was also tun zu anderen Jahreszeiten, wenn die Quecksilbersäule zwar nicht weit, aber dennoch ansteigt und sich Besucher der Region zumindest eine kräftige Seupa auf dem Menüzettel erwarten? Ganz einfach: Man ersetzt den Wirsing durch anderes Gemüse: Spinat (im Frühling auch in seiner wilden Form), Brennnesseln, Borretsch, im Sommer auch Zucchini. Die übrigen Zutaten, allen voran natürlich Fontina, belässt man ebenso wie das Garverfahren.
Abschließend noch ein Tipp: Da *Vapellenentse* & Co in der häufig noch ofenheißen Schüssel serviert werden, sollte man nicht gleich wie wild loslegen – man könnte sich mit dem geschmolzenem Käse den Mund verbrennen!

Für Sie entdeckt

Vapellenentse - klassisch

16 Alpe Rebelle
Bionaz (Ao)

17 Lou Ressignon
Cogne (Ao)

18 Al Maniero
Issogne (Ao)

Vapellenentse - Varianten

18 Baita Ermitage
Courmayeur (Ao)

20 Vetan
Saint-Pierre (Ao)

21 Omens
Verrès (Ao)

BIONAZ (AO)
Chez Chenoux

26 km nordöstlich v. Aosta, S.S. 27 u. S.R. 28

NEU Alpe Rebelle

Restaurant
Ortschaft Chez Chenoux, 1
Tel. (+39) 01 65 / 73 09 41
Kein Ruhetag
Ferien: unterschiedlich
30 Plätze + 20 Plätze im Freien
Preise: 28–30 €
Kreditkarten: MC, Visa; BM
Mittags und abends geöffnet

DIE OSTERIA – Der Skilauf brachte sie zusammen. Ilenia Perron war (und ist nach wie vor) Skilehrerin, Daniele Pieller Pistenleiter. Er hat den Job an den Nagel gehängt, um im Valpelline zu einem Verfechter der Nachhaltigkeit zu werden, gemeinsam mit Ilenia – die er mittlerweile geehelicht hat – einen rücksichtsvolleren Umgang mit der Natur zu pflegen und im Haus seiner Großeltern auf 1.710 Metern Höhe „sanften Tourismus" zu betreiben. Das zu einem Restaurant und Bed & Breakfast umgestaltete Gebäude wurde in biologischer Bauweise saniert, das Wasser kommt filtriert und kontrolliert aus der Privatquelle, in der Küche spielen Produkte der kurzen Wege die tragende Rolle.

DIE KÜCHE – Der Schlichtheit und Unverfälschtheit der für die Berge typischen Volksküche wird hier mit Ästhetik (bei der Präsentation der Gerichte) und Ethik (bei der strengen Auswahl der Grundprodukte, die selbst erzeugt sind oder von lokalen Lieferanten bzw. vom Fair-Trade- und Biomarkt stammen) entsprochen. Köchin Nadia verbindet das eine mit dem anderen auf kreative Weise. Von den zahlreichen Antipasti erwähnt seien der köstliche Äpfel-Sellerie-Salat mit Walnüssen und Joghurt aus Bionaz (7 €) sowie der Involtino di mocetta mit Birnen, Fontina und Honig. Unter den Primi sind neben **Polenta grassa** und ***Seupa vapellenentse*** allerlei Gerichte mit frischen Teigwaren zu entdecken, z. B. die Tagliatelle rebelli (Lauch, Lardo, Zimt und Sahne, 9 €). Von den Secondi begeistern nicht nur die ***Carbonade*** mit Polenta, sondern auch die **Straccetti al genepì** und die **Rolata di vitello all'achillea** (Kalbsroulade mit Schafgarbe, 12 €). Zum Nachtisch ist der Gran Dolce Rebelle (allerlei süße Häppchen, 8 €) eine Sünde wert. Ein Kindermenü und eine wunderbare, herrlich bunte vegane Linie ergänzen das Angebot.

COGNE (AO)

27 km südlich von Aosta, S.R. 47

La Brasserie du Bon Bec

Moderne Osteria
Rue Bourgeois, 72
Tel. (+39) 01 65 / 74 92 88
Ruhetag: Montag, außer im Juli, August und zu Weihnachten • Ferien: unterschiedlich
47 Plätze • Preise: 30–36 €
Kreditkarten: AE, CS, MC, Visa; BM
Mittags und abends geöffnet

DIE OSTERIA – Seit mehr als zwei Jahrzehnten gilt dieses Lokal am Hauptplatz von Cogne als Refugium, um sich von den Strapazen eines intensiven Tages in den Bergen zu erholen. Das Ambiente ist durch den Aostataler Stil der Einrichtung, die antiken Gegenstände der alpinen Kultur an den Wänden und die traditionellen Trachten der Kellnerinnen und Kellner geprägt. Fast alle Gerichte werden mit lokalen Grundprodukten zubereitet, die Erzeuger sind in der Speisekarte namentlich aufgeführt.

DIE KÜCHE – Beginnen kann man mit einer wundervollen **lauwarmen Insalata di caprino** (mit Ziegenkäse in Panade, Walnüssen und Vinaigrette, 10 €), geräucherter Trota di Lillaz mit Ingwersauce, Wirsing-Tortino mit leichter *Bagna caoda*, Insalata di coniglio (Kaninchensalat) oder der **Fonduta di toma** aus gut gereiftem Käse mit Polenta-Crostoni. Von den Primi (9 €) erwähnt seien die Cocotte von Saisongemüse mit Käse und Ei, die Tagliolini al ragù di salsiccia, die exzellente **Crema di zucca con fontina**, die Polenta alla valdostana. Immer im Angebot sind die traditionellen Tellergerichte wie etwa ***Frecacha***, ***Tartiflette*** (Kartoffeln, Reblochon, Räucherspeck und Schmorzwiebel, 14 €) oder ***Pierrade***. Vorzügliche Auswahl an Schaf- und Ziegenkäse aus den Westalpen. Was die Dolci anbelangt, ist die Crema di Cogne (7 €) hier phänomenal, doch auch die Coppa Bon Bec und die Fonduta di cioccolato sind bemerkenswert. Auf einer kleinen Schiefertafel am Eingang sind die Weine im offenen Ausschank aufgelistet, während bei Tisch eine facettenreiche Weinkarte mit exzellenten Etiketten vorgelegt wird.

Sehr guten Fontina, aber auch Toma, Caprino und sogar Mocetta führt die Latteria von Dante Morzenti (Via Cavagnet 38).

27 KM SÜDLICH VON AOSTA, S.R. 47

Les Pertzes

Brasserie-Enoteca
Via Grappein, 93
Tel. (+39) 01 65 / 74 92 27
Ruhetag: Dienstag, Mittwoch (außer im Sommer)
Ferien: unterschiedlich
50 Plätze + 20 Plätze im Freien
Preise: 35 €
Kreditkarten: CS, DC, MC, Visa; BM
Mittags und abends geöffnet

DIE OSTERIA – Das im Zentrum von Cogne, einer der Gemeinden des Naturparks Gran Paradiso, gelegene Lokal des Ehepaares Comiotto ist ein typisches Chalet mit viel Holz, was eine behagliche und entspannende Atmosphäre schafft.

DIE KÜCHE – Die Menükarte präsentiert Gerichte der Aostataler Tradition mit ein paar Abstechern ins Piemont. Empfehlenswert von den Antipasti sind die karamellisierte Ziegenkäsespezialität Robiola di capra auf feinem Salat mit Walnüssen, Brotcroutons und Balsamicoessig (10 €), das Kaninchen in der piemontesischen Variante Coniglio tonnato und die obligate ***Assiette cogneintze*** (Brettchen mit Aostataler Fleischspezialitäten). Wenn Sie sich danach den Primi widmen möchten, können Sie mit **Polenta concia** oder **Fonduta alla valdostana** (12 €) auf Traditionelles setzen, oder Sie entscheiden sich für erst kürzlich in das Repertoire aufgenommene Pastagerichte wie etwa die Tagliolini al ragù d'anatra (mit Entenragout) oder die **Fagottini integrali con trota salmonata al Blanc de Morgex** (Vollkornteigsäckchen mit Lachsforelle und Weißwein, 10 €). Auch bei den Secondi kann man der Tradition treu bleiben und die ***Carbonada*** vom Kalb (14 €) bestellen oder etwas Innovativeres ausprobieren, beispielsweise den mit Honig glasierten und bei niedriger Temperatur gegarten Braten vom Ferkel, sprich Coppa di maialino. Ein Kapitel der Karte ist stets dem Thema Grillfleisch gewidmet. Vor den Desserts sollten Sie den Käseteller in Erwägung ziehen, der in der Darbietung ebenso gepflegt ist wie hinsichtlich der Auswahl der diversen Sorten. Die Dolci (6 €) sind hausgemacht: Wir empfehlen Ihnen die mit Tegole-Keksen servierte Crema di Cogne oder das Semifreddo all'amaretto. Die Weinkarte ist mit italienischen und ausländischen Etiketten bestens bestückt.

COGNE (AO)

27 KM SÜDLICH VON AOSTA, S.R. 47

Lou Ressignon

Restaurant
Rue des Mines, 22
Tel. (+39) 01 65 / 740 34
Ruhetag: Montagabend, Dienstag
Ferien: ersten 3 Juniwochen, November
75 Plätze
Preise: 35 €
Kreditkarten: CS, MC, Visa; BM
Mittags und abends geöffnet

DIE OSTERIA – Ein Treffpunkt für geselliges Beisammensein. Als der Skilehrer und Gastwirt Arturo Allera vor 50 Jahren das Lou Ressignon (Mundartbegriff für nächtlichen Imbiss) eröffnete, hatte er feierlich versprochen, dass sein Lokal für immer ein Ort sein würde, an dem man gut essen, sich köstlich amüsieren und vor dem häufig angefachten Kamin Freundschaften besiegeln kann. Tochter Elisabetta im Service und Sohn Davide am Herd führen die Tradition verständig weiter. Sie wissen, dass man in Sachen Kulinarik am Puls der Zeit bleiben muss, doch verzichten sie nie darauf, auch jene Gerichte anzubieten, die zu den Symbolen des Vallée zählen. Und auch der offene Kamin im Gastraum ist natürlich geblieben.

DIE KÜCHE – Beginnen kann man mit Carne cruda à la Gressonara e finissima di verdure (rohes Fleisch à la Gressoney mit Salat, 10 €) oder der Salatkreation ***Salada dou médecin*** mit Vinaigrette, Rosinen, Pinienkernen und Orangen. Die ***Seupetta à la cogneintze*** (11 €) gilt als Spezialität des Hauses, zu der sich unter den Primi ***Seupa à la vapellenentse***, Polenta alla valdostana, Tagliatelle rosse mit Stör, Pinienkernen und Bottarga auf Lauch-Safran-Creme sowie eine Variation von Süßwasserfisch aus Lillaz gesellen. Fortsetzen lässt sich der Genuss mit ***Carbonada*** **von der Rinderbacke und rustikaler Polenta**, Lammbraten – **Sella d'agnello al forno – in Brotkruste mit Rotweinsauce**, einem Fondue oder dem Filet vom Saibling (Filetto di salmerino di Lillaz, 16 €). Ein Käseteller mit Früchtekompotten geht den Desserts voran, unter denen wir Crema di Cogne mit Tegole-Keksen oder Tarte tatin mit Zimteiscreme entdecken. Der Keller kann sich sehen lassen: über 200 Etiketten, zu 80 Prozent aus dem Aostatal. Hinzu kommen Halbflaschen, glasweise Bestellmöglichkeiten und wöchentlich wechselnde Angebote.

COURMAYEUR (AO)
Ermitage

40 km nordwestlich von Aosta, S.S. 26 d

Baita Ermitage

Restaurant
Ortsteil Ermitage
Tel. (+39) 01 65 / 84 43 51
Ruhetag: Mittwoch, außer im Juli und August
Ferien: Juni, November
50 Plätze + 30 Plätze im Freien
Preise: 30–32 €
Kreditkarten: CS, MC, Visa; BM
Mittags und abends geöffnet

DIE OSTERIA – Das Panorama umfasst einige der schönsten und höchsten Gipfel Europas: die Aiguille des Glaciers, den Montblanc, die Aiguille Noire, den Brenva-Gletscher, den Mont Maudit, die Tour Ronde, die Punta Helbronner. Eine Augenweide. Ganz gleich, ob von der Terrasse, von der Wiese, die auch als Gastgarten fungiert, oder durch die Fenster des Restaurants (zwei sehr gemütliche Stuben und ein Séparée mit nur einem Tisch) – man wird nicht müde, die Bergkulisse zu betrachten. Hier, auf 1.470 Metern Höhe, haben Piero Savoye und sein Schwager Salvatore Tegas ein typisches Berghaus zu einer gastronomischen Adresse der Extraklasse gemacht, die 2017 ihr 30-jähriges Bestehen feiert.

DIE KÜCHE – Für den Anfang eine facettenreiche Auswahl an Antipasti: gemischte Salumi, Apfelsalat, Käse in Form von Tomini in salsa verde, eingelegte Zwiebelchen (Cipolline in agrodolce), Schinkenröllchen (Involtini di prosciutto) mit Fonduta und Äpfeln. Es folgen Crêpes nach Aostataler Art, das überraschende Primo Ermitage (**frische Nudelrolle mit Spinat-Ricotta-Füllung**, 10 €) und die schmackhafte Zuppa dell'eremita (**mit Fontina überbackener Eintopf aus Schwarzbrot und Spinat**). **Polenta** gibt es in der Variante ***concia*** oder in Kombination **mit Ratatouille**, **mit *Carbonada***, als Beilage zu Wurst oder Kaninchen, in der Pilzsaison als Polenta con i funghi (14 €). Abschließend die Desserts des Hauses (6 €): heiße Himbeeren mit Eiscreme, honigglasierte Kastanien mit Sahne, Apfelkuchen, Waldbeeren, Maronen mit Armagnac. Ein wahres Fest der Aromen und Düfte. Die Grundprodukte werden mit großem Augenmerk auf Saisonalität ausgesucht und von vorzugsweise lokalen Erzeugern bezogen. Dementsprechend empfiehlt die Weinkarte vor allem gute Etiketten aus der Region.

ISSOGNE (AO)

40 km sö. v. Aosta, S.S. 26 od. A 5 Ausf. Verrès

Al Maniero

Restaurant
Ortsteil Pied de Ville, 58
Tel. (+39) 01 25 / 92 92 19
Ruhetag: Montag, außer im August
Ferien: 15.–30. Juni
50 Plätze + 30 Plätze im Freien
Preise: 32–35 €
Kreditkarten: CS, DC, MC, Visa; BM
Mittags und abends geöffnet

DIE OSTERIA – Er, sie und die Burg. Er ist Giovanni Paladini, Küchenchef mit apulischen Wurzeln, der in jungen Jahren ins Aostatal kam und sich seither den Aromen der Berge verpflichtet fühlt. Sie ist seine Frau, Emanuela Righetti, geboren in Ferrara, ausgebildete Sommelière. 1984 arbeiten beide in Courmayeur, als sie beschließen, sich selbstständig zu machen. Als Standort für ihr Lokal wählen sie jedoch Issogne, da es ihnen die dortige prächtige Burg angetan hat. Seit damals ist Regionalität ihre Mission. Schritt für Schritt renovieren sie das Restaurant, richten zwei stilvolle Gasträume ein, bauen eine Terrasse an. Später kommen noch sechs Gästezimmer und ein kleiner Spa-Bereich hinzu. Im Sommer wird das Gemüse im Hausgarten geerntet. Mittlerweile ergänzt Sohn Mattia, der Partner einer Enoteca in Aosta ist, das Serviceteam.

DIE KÜCHE – Wenn Sie mindestens zu zweit sind, empfiehlt sich das günstige Menü für 24 €, das drei Vorspeisen, zwei Primi, eine Hauptspeise und den Nachtisch umfasst. À la carte wählt man eingangs Lardo d'Arnad, Mocetta, Coppa al ginepro, Peperoni in ***bagna caoda***, Gemüsestrudel mit Fonduta oder Flan auf gehackten Tomaten (8 €). Dann die Primi: Zuppa alla ***vapellenentse***, Polenta concia (9 €), Kartoffelgnocchi mit Fonduta, Tortelli di salignon mit Butter und Sandthymian. Herausragend von den Secondi sind die ***Carbonade*** mit Polenta und das Lamm mit Kräutern (Agnello alle erbe profumate, 13 €). Abschließend kann man sich etwas Käse genehmigen oder wählt aus der Palette der Dolci (5 €) Apfelkuchen mit Baiser oder Piata d'Issogne nach einem alten Rezept mit Vollkornbrot, Butter, Honig, Nüssen und Rosinen. In Sachen Wein werden Sie Emanuela und Mattia bei der Auswahl aus einem Bestand von rund 100 Etiketten, darunter viele aus dem Aostatal, gerne beraten.

NUS (AO)

12 KM ÖSTL. V. AOSTA, S.S. 26 OD. AUSF. A5

Maison Rosset

Agriturismo
Passagio Rosset, 1
Tel. (+39) 01 65 / 76 71 76
Ruhetag: Montag
Ferien: zeitweise im Januar
60 Plätze
Preise: 35 € (Tagesmenü)
Kreditkarten: CS, MC, Visa; BM
Abends geöffnet, Sonntag (und im Sommer Samstag) auch mittags

DIE OSTERIA – Der Geschichte verpflichtet, mit allen Ingredienzen – „tradition et renouveau" sagt man im Vallée – am richtigen Platz. Das Haus im Zentrum von Nus wurde von Stammvater Jean-Pantaléon Rosset zu Beginn des 18. Jahrhunderts aus Überresten des befestigten Dorfes Moraley errichtet. 1993 beschließen der junge Camillo und seine Schwester Elena, es zu sanieren und einen Agriturismo zu eröffnen: Das Restaurant entsteht dort, wo früher die Kantine für die Landarbeiter war, die Gästezimmer werden in einem Gebäudeteil eingerichtet, der ursprünglich landwirtschaftlich genutzt wurde. Der Bauernhof (hauptsächlich Viehhaltung, aber auch Obst- und Gemüseanbau) wurde 500 Meter weiter weg „verlegt".

DIE KÜCHE – Die ersten Vorspeisen stehen schon bereit: frische Tometta, Schwarzbrot mit Butter, Honig, Lardo und Pancetta, hausgemachte Salumi, Crostini mit Leberpastete. Dann **Flan di verdure** und Frittelle, gefolgt von **Polenta** im Kupfertöpfchen **mit Fonduta**. Und weiter: **Ravioli alla borragine**, **Carne al ginepro con patate**, Käsevariation, Eiscreme (aus Milch von den eigenen Kühen und Früchten der Saison), Digestif. Herkömmliches Weichweizenmehl wurde zugunsten einer gesundheitsbewussten Ernährung verbannt, Weißbrot wird täglich, Schwarzbrot wöchentlich im Holzofen des Hauses gebacken. Gemüse aus dem Hausgarten, Eier von eigenen Hühnern, Kartoffeln aus eigenem Anbau. Am Ende weiß man nicht genau, wie viele Gänge man konsumiert hat, und zahlt 35 € einschließlich des Flaschenweins (Cuvée aus heimischen Sorten). Reservierung unbedingt erforderlich.

Douce Vallée in **Châtillon** (10 km) führt Essig in den Sorten Himbeere, Brombeere, Heidelbeere und Johannisbeere sowie ausnahmslos sortenreinen Weinessig.

PONTBOST (AO)
Savin

63 KM SÜDÖSTL. V. AOSTA, S.S. 26 U. S.R. 2

Le Moulin des Aravis

Agriturismo • Ortsteil Savin, 55
Tel. (+39) 01 25 / 80 98 31,
(+39) 329 / 801 31 84
Kein Ruhetag
Ferien: unterschiedlich
50 Plätze
Preise: 28 € (Tagesmenü)
Kreditkarten: CS, DC, MC, Visa; BM
Mittags und abends gegen Vorbestellung geöffnet

DIE OSTERIA – Inspiriert von Schönheit und Geschichte, hatten Piera und Mauro Gontier einen Traum, der seit 2001 Wirklichkeit ist: die Wiederbelebung einer halb verfallenen Mühle aus dem 17. Jahrhundert samt Sägewerk am Ayasse-Bach in dem abschnittsweise noch wilden Champorcher-Tal. Dank der umsichtigen Renovierung können die Gontiers heute den Roggen für das Brot, das sie in ihrem Agriturismo auftischen, selbst mahlen. Die Einrichtung des Speisesaals und der vier Gästezimmer ist schlicht, funktionell und geschmackvoll. Aus der Küche kommen regionaltypische Speisen (auch nach wiederentdeckten alten Rezepten) auf der Basis eigener Erzeugnisse (Gemüse, Kartoffel, Roggen, Esskastanien, Beeren) oder aus Produkten von Betrieben des Vertrauens. Die Gontiers halten auch Hühner und Kaninchen.

DIE KÜCHE – Begeben Sie sich zu Tisch und folgen Sie den Rhythmen der Jahreszeiten, der Natur und der Landwirtschaft. Esskastanien mit Butter, Salignon und Gemüse in agrodolce sind unter den Antipasti zwar immer präsent, doch der glasierte Rotkohl und – von den Primi – der Risotto mit Pilzen und Heidelbeeren stehen nicht ganzjährig auf dem Speisezettel. Im Spätfrühling und im Sommer erwarten Sie ein köstlicher Risotto mit Leimkraut oder eine feine Suppe aus Kartoffeln, Zwiebeln und Brennnesseln. Wie die Tagliatelle sind auch die Roggen-Lasagne nicht immer gleich: Einmal werden sie mit Bleu d'Aoste, dann wieder mit Wildschweinragout angerichtet. Beliebt unter den Hauptgerichten der Sommerkarte ist das Kaninchen mit Lavendel (Coniglio alla lavanda), während Spezzatino mit Polenta das ganze Jahr gefragt ist. Als Nachtisch gibt es Waldbeerkuchen oder Crostata. Für das Menü zahlt man 28 € – ohne Wein, den Sie sich von Tochter Alessia, einer ausgebildeten Sommelière, empfehlen lassen sollten.

SAINT-PIERRE (AO)
Vetan

21 KM WESTLICH VON AOSTA, S.S. 26

Vetan

Bar-Trattoria
Ortsteil Vetan Dessous, 77
Tel. (+39) 01 65 / 90 88 30
Ferien: unterschiedlich
50 Plätze + 30 Plätze im Freien
Preise: 28 € (Tagesmenü)
Kreditkarten: CS, DC, MC, Visa; BM
Freitag–Sonntag mittags und abends geöffnet, Juli/August und an Feiertagen täglich

DIE OSTERIA – Vor uns das zauberhafte Schauspiel der Natur, ringsum Ruhe. Ein idealer Ort, um sich dem Gebirge zu nähern. Oder besser noch seiner Grandezza und seinem Geheimnis zu begegnen, wie Lalla Romano schrieb. Die bekannte Autorin war übrigens Stammgast in dem 1.700 Meter hoch gelegenen Dorf und stets voll des Lobes für diese Trattoria wie auch die dazugehörige Locanda. Die Stärken des Vetan sind gelebte Gastlichkeit und regionaltypische Küche (für die Signora Elida, Antonellas Mutter, verantwortlich zeichnet) mit viel Obst und Gemüse teils aus eigenem Anbau. Zudem bekommt man hier immer, auch als Imbiss außerhalb der Essenszeiten, allerlei Salumi, Käse, gekochte Kartoffeln. Oder die spezielle Schwarzbrotsuppe mit Wein, „Zuppa dell'asino" („Eselstrunk") genannt.

DIE KÜCHE – Den obligaten Auftakt macht die gemischte Platte – ***Plateau valdôtain*** – mit Mocetta, Boudin, Salsiccia und Lard d'Arnad, dazu Esskastanien und Pâté. Je nach Jahreszeit kann es auch gebackene Akazienblüten, Flan mit Käsesauce, Tomini mit Konfitüre von Rhabarber, grünen Tomaten oder karamellisierten Zwiebeln geben. Es folgen Primi wie **Crespelle** (Crêpes) sowie lokale Spielarten der **Zuppa *vapellenentse*** (**mit Spinat und Kohl**) und der ***Seupetta*** di Cogne (Reis und Fontina, Bohnen, Lauch, Kartoffeln, Bohnenkraut). Danach gibt es **Polenta** in der Version ***concia*** oder **con *carbonade***, Coniglio (Kaninchen) oder Capretto al forno (im Ofen gebratenes Ziegenkitz), in der Jagdsaison auch Wild. Als Dessert schließlich in Wein gegarte Birnen der Sorte Martin Sec, Crostata mit Pfirsichkonfitüre und Amaretti, Apfel-, Ricotta- oder Möhren-Walnuss-Kuchen. Der Hauswein ist im Preis inbegriffen. Falls Sie einen Flaschenwein bevorzugen, wird Ihnen Antonella vornehmlich Etiketten aus ihrem Heimatort Jovençan empfehlen.

TORGNON (AO)
Mazod

37 KM NORDÖSTL. V. AOSTA, S.S. 26 U. S.R. 46

Boule de Neige

Agriturismo
Ortsteil Mazod, 11
Tel. (+39) 01 66 / 54 06 17
Ferien: Mitte Juni–Mitte Juli
30 Plätze
Keine Kreditkarten
Preise: 25–28 € (Tagesmenü)
Täglich abends, Sonntag auch mittags, gegen Vorbestellung geöffnet

DIE OSTERIA – Es gibt Menschen, die eine neue Art der Landwirtschaft praktizieren, eine, die mit qualitätvoller Gastlichkeit den Tourismus fördert – den echten, neugierigen, nicht den Turbotourismus, dem so vieles entgeht. Zu diesen Menschen zählt Aline Perrin. Ihr Agriturismo (sie selbst meint, er gehöre eigentlich der ganzen Familie – das sind die Brüder Jean Paul und Patrick, Schwägerin Iris, Mutter Elsa, Vater Carlo, ein Onkel und zwei Tanten) in dem charakteristischen Dorf Mazod, einem der 22 Ortsteile von Torgnon, mit unvergleichlichem Blick auf die Wiesen und das Matterhorn-Tal ist Teil eines multifunktionalen Betriebs: Pezzata-Rossa-Rinder, Hühner und Kaninchen, ein Pferd, Gemüsegärten, Kartoffelfelder, der Weinberg und die Obstplantage in Châtillon. Neben der Verköstigungsstätte, in der viel Holz für heimeliges Ambiente sorgt, gibt es die Käserei, den Hofladen und eine Art Schaubauernhof.

DIE KÜCHE – Eine Reservierung ist unerlässlich, auch weil die Hausgäste Vorrang haben. Da das Menü mit den Jahreszeiten wechselt, können wir hier nur Beispiele nennen. Als Vorspeise etwa **Giardiniera**, Mocetta, Boudin, Saoucesse, Lardo mit Esskastanien und Honig, Salignon, Salbei-Frittelle. An Primi kann es **Gnocchi mit Ricotta-Kräuter-Füllung**, **Gnocchi di patate mit Fonduta** oder Brennnesselcremesuppe geben. Es folgen **Polenta *concia*** oder Polenta zu ***Carbonada*** oder zu **Coniglio**, Carne in salamoia (Pökelfleisch) geschmort oder mit Steinpilzen, Arrosto mit Saisongemüse und Ofenkartoffeln. Mamma Elsa gestaltet zudem vegetarische und glutenfreie Menüs sowie ein Menü zum Thema Fonduta. Abschließend kann man selbst erzeugten Käse (die Spezialität ist der Bleu de Torgnon), Gateau de Saint-Pierre oder hausgemachtes Eis probieren. Auch der Wein, ein Chambave Rouge DOC, ist selbst gekeltert.

VERRAYES (AO)
Grangeon

17 KM NÖ. V. AOSTA, S.S. 26 OD. A 5 AUSF. NUS

La Vrille

Agriturismo • Ortsteil Grangeon, 1
Tel. (+39) 01 66 / 54 30 18,
(+39) 347 / 116 59 45
Ruhetag: Montag, Dienstag (außer in der Hochsaison)
30 Plätze + 30 Plätze im Freien
Preise: 35 € (Tagesmenü)
Kreditkarten: BM
Abends geöffnet, Samstag und Sonntag auch mittags

Traditionsküche in geglückter zeitgemäßer Form für immer wieder neue Hochgefühle.

DIE OSTERIA – Luciana Neyroz und Hervé Deguillame ergänzen einander perfekt: Sie ist eine prima Köchin, er ein unabhängiger Winzer und verheiratet sind sie obendrein. Zu ihrem Hof La Vrille (französisch für Weinranke) auf 650 Metern Höhe gehören vier Hektar Land, davon sind anderthalb mit Reben bepflanzt. Außerdem gibt es Hühner, Schafe der Rosset-Rasse, Gänse und Kaninchen, Gemüsefelder, Obstbäume. Das Haus ist ökologisch, sämtliche Anbautechniken sind biodynamisch. Luciana bezeichnet ihre Grundzutaten als „Null-Zentimeter-Produkte". Das Wenige, das man nicht selbst erzeugt, bezieht man von benachbarten Betrieben.

DIE KÜCHE – Saisonales Essen hat hier Kultstatus. Das Menü (das vorgegeben ist und allen Gästen gleichzeitig serviert wird) kann Minze-Frittelle mit tagesfrischem Ei, Zichorie mit Walnussöl und Kartoffeln in der Schale, **Gerstensuppe mit Brennnesseln** oder in geklärter Butter geschwenkte Gnocchetti di zucca mit ***Seirass***, Haselnussöl und Pfeffer umfassen; danach ein grandioses **Spezzato di carne di pecora** (mit Kräutern mariniertes Schaffleisch, das mit Zwiebel-Fondant und etwas Wein der Sorte Fumin geschmort wird), ein unvergleichlicher **Kaninchenrollbraten** (mit weißem Gänsefuß, einem nahezu unbekannten Wildkraut) oder ***Porchon*** nach einem alten hiesigen Rezept mit Kohlrabi, Kartoffeln, Wurst und Birnen – ein Gericht, für das Luciana mit einem Preis ausgezeichnet wurde. Natürlich gibt es auch **Polenta** aus selbst angebautem Mais mit Bergkäse-**Fonduta**. Als Dessert mundet Eiscreme aus saurer Ricotta mit Waldbeeren. Und beim Wein bleibt nur die Qual der Wahl zwischen Hervés exzellenten Etiketten.

VERRÈS (AO)
Omens

38 KM SÖ. V. AOSTA, S.S. 26 OD. AUSFAHRT A 5

Omens

Bar-Trattoria • Ortsteil Omens, 1
Tel. (+39) 01 25 / 92 94 10,
(+39) 347 / 477 53 34
Ruhetag: Montag–Freitag; Juli–September täglich geöffnet
Ferien: zeitweise im Winter
60 Plätze + 35 Plätze im Freien
Preise: 25 € (Tagesmenü)
Keine Kreditkarten
Mittags und abends geöffnet

DIE OSTERIA – Unser Ziel ist ein Familienbetrieb in dem kleinen Ort Omens, den wir unzählige Kurven bergan fahrend erreichen. Die Straße endet auf dem Platz vor der Trattoria, die man auch gleich erkennt, denn das Dorf in 800 Metern Höhe mit Blick auf den Mont Avic und den Zerbion ist gelinde gesagt überschaubar. Das Lokal erinnert an die Bauweise der 1970er-Jahre, mutet rustikal, sehr einfach, fast schon spartanisch an. Gegründet wurde es 1974, seit 1997 ist Elvia Bertolin die Chefin. Im ersten Stock gibt es eine Veranda vor dem großen Saal, in dem an Sonn- und Feiertagen häufig alle Tische von großen Runden besetzt sind.

DIE KÜCHE – Im Omens hält man an der Überzeugung fest, dass Regionaltypisches absolute Priorität hat, Hausgemachtes zu bevorzugen ist und übergroße Portionen durchaus ihre Anhänger haben. Das im Grunde immer gleich strukturierte Menü sieht so manch leicht abgewandelte Variante der Aostataler Traditionsküche vor. So wird die ***Vapellenentse*** mitunter mit Gartenzucchini gemacht und nennt sich dann ***Seupa*** di Nonna Modesta. Alternativ dazu kann es diese ***Seupa*** auch mit Borretsch oder Wildspinat geben. Von den Antipasti erwähnt seien der gemischte Aufschnitt, der hausgemachten Lardo beinhaltet, die **Salzkartoffeln mit Cotechino und *Bagnet vert***, die beliebten Esskastanien mit Butterflocken. An Primi gibt es neben den erwähnten Eintöpfen nicht nur Cremesuppen wie **Crema di zucca e orzo**, sondern auch Tagliolini mit Ragout, mitunter vom Wildschwein. Als Hauptgericht obligat ist die von Butter und Fontina strotzende **Polenta *concia*** zu Fleisch. Zum Nachtisch löffelt man Crema di Cogne. Von sämtlichen Gerichten kann man zwei- oder dreimal Nachschlag bekommen. Das Weinangebot beschränkt sich auf den Hauswein und ein paar Flaschenweine.

SCHWEIZ
FRANK-REICH
AOSTATAL
MAILAND
Gstaad
Montreux
Monthey
Sion
Sierre
Brig
Rotten
Rhône
Martigny
Cluses
Chamonix-Mont-Blanc
Saas Fee
Täsch
Großer Sankt Bernhard
Cervino
4478
4637
Breuil-Cervinia
M. Rosa
2473
Monte Bianco
4807
Courmayeur
Aosta
A5
2188
Kleiner Sankt Bernhard
Isère
Moûtiers
PARC NATIONAL DE LA VANOISE
PARCO NAZ. GRAN PARADISO
4061
Gran Paradiso
Ceresole Reale
Rivarolo Canavese
Crodo
Masera
Domodossola
PARCO NAZ. D. VAL GRANDE
Lago Maggiore
Verbania
Locarno
Bellinzona
Biasca
A2
A13
Lugano
Menaggio
Comer See
Luino
Varese
Como
Lecco
Orta San Giulio
Borgosesia
Borgomanero
A8/26 Dir.
Guardabosone
Cureggio
Romagnano Sesia
Ghemme
Sizzano
Oleggio
Bellinzago Novarese
Oropa
Occhieppo Inferiore
Biella
Carema
Settimo Vittone
Gattinara
Traversella
Chiaverano
Banchette
Ivrea
A4/5Dir.
Cavaglià
A4
A26
Novara
Orio Canavese
Barone Canavese
Caravino
Vercelli
Gallarate
Saronno
A9
A8
Busto Arsizio
Rho
Monza
A51
A52
Sesto S. Giovanni
Ticino
Vigévano
A58

LOMBARDEI
LIGURIEN
LIGURISCHES MEER
Golf von Genua
TURIN
Moncalieri
Collegno
Chianocco
S. Antonino di Susa
Bardonecchia
Susa
Trana
Sestriere
Col de Montgenèvre
1850
Briançon
Pinerolo
Luserna S. Giovanni
Rorà
Cavour
Carmagnola
Chieri
Chivasso
Baldissero Torinese
Villadeati
Serralunga di Crea
Morano sul Po
Casale Monferrato
Grazzano Badoglio
Moncalvo
Calliano
Lu Monferrato
Vignale Monferrato
Castell'Alfero
Portacomaro
Asti
Valenza
Alessandria
Solero
Masio
Rocchetta Tanaro
Frascaro
Bosco Marengo
Novi Ligure
Tortona
Voghera
Casalnoceto
Montemarzino
Avolasca
Gremiasco
Fabbrica Curone
S. Sebastiano Curone
Cantalupo Ligure
Mongiardino Ligure
Arquata Scrivia
Capriata d'Orba
Gavi
Rocca Grimalda
Voltaggio
P.so d. Giovi
472
Pavia
Stradella
Po
Cisterna d'Asti
Govone
Mombercelli
Nizza Monf.
Mombaruzzo
Costigliole d'Asti
Monteu Roero
Vezza d'Alba
Castagnito
Calosso
S. Marzano Oliveto
Cassinasco
Calamandrana
Pocapaglia
Bra
Alba
Treiso
Verduno
Cessole
Sessame
Acqui Terme
Cavatore
Cartosio
La Morra
Cherasco
Serralunga d'Alba
Monforte d'Alba
Monchiero
Cravanzana
Cissone
Bergolo
Farigliano
Serravalle Langhe
Carrù
Belvedere Langhe
Paroldo
Briaglia
Ceva
Mondovì
Villanova Mondovì
Chiusa di Pesio
Boves
Cuneo
Caraglio
Castelletto Stura
Fossano
Savigliano
Saluzzo
Manta
Brondello
Paesana
M. Viso
3841
Guillestre
Busca
Dronero
Roccabruna
Stroppo
Acceglio
Marmora
Barcelonnette
Pietraporzio
Sambuco
Vinadio
Borgo S. Dalmazzo
Vernante
Colle di Tenda
1908
Tende
PARC NATIONAL DU MERCANTOUR
Garessio
Ormea
Pornassio
Loano
Savona
GENUA
S. Margherita Ligure
Chiavari
A32
A55
RA10
A55Dir.
A6
A21
A33
A26
A7
A12
A10
0
15
30 km

PIEMONT

Antipasti in allen Richtungen: Im Piemont spürt und sieht man die Biodiversität, sobald man am Tisch einer Osteria Platz nimmt. Nirgendwo sonst weltweit findet man eine so ausgeprägte traditionelle Sorgfalt bei der Zubereitung von Speisen. Die Basis der piemontesischen Antipasti bilden Wurstspezialitäten wie Cacciatorini (typische kleine, gereifte Salami-Würstchen), in Essig eingelegtes Gemüse, *Ciapule* (getrocknete Tomaten) und Acciughe al verde (Sardellen in Kräutersauce). Ein weiterer Trend hat die Fantasie beflügelt und gelungene Kombinationen und viele neue Spezialitäten entstehen lassen.
Piemonteser lieben es, um einen Tisch mit vielen Schälchen zu sitzen und sich an der Vielfalt an Düften und Geschmacksnuancen eines delikaten Antipasto zu erfreuen. Egal ob kalt, lauwarm oder warm, Fleisch oder Gemüse, die Genüsse bleiben unauslöschlich im Gedächtnis und regen unweigerlich den Appetit an. – Die Geografie setzt weitere Akzente. So findet man die berühmten und praktisch allgegenwärtigen Renner wie Vitello tonnato, Carne cruda aus Fleisch vom Kalb der Rasse „Piemontese", mit dem Messer klein gehackt, Insalata russa, Peperoni cotti al forno (im Ofen gegarte Paprikaschoten) mit *Bagna caoda*, Tonno di coniglio, *Rolate* (Fleischrouladen), Anguilla in carpione und *Subrìc* di patate. Doch man stößt auch auf Gerichte, die nur für spezielle Landstriche typisch sind: die Torta verde aus dem Monferrat, Flan di tarassaco e *barbabuch* (Auflauf mit Löwenzahn und Kapuzinerkresse) aus dem Valchiusella, die *Friciulìn* (Pfannkuchen) aus dem Gebiet um Asti, *Caponet* di verza (Wirsingrouladen) aus Cuneo und Paté di fegato sambucano (Leberpastete vom Sambucano-Lamm) aus dem oberen Stura-Tal.
Von beeindruckender Größe ist die Gemeinde der Fans von Gemüseaufläufen, beginnend bei Sformato mit Cardo gobbo (den gekrümmten Karden aus Nizza) bis zum Flan di asparagi/Flan di porri aus Cervere, zu denen häufig und gerne dampfende Fonduta und feine weiße Trüffel serviert werden. Kurz und gut: ein großartiges kulinarisches Piemont, das sich von den Antipasti an vielfältig, fröhlich und großzügig, schmackhaft und raffiniert präsentiert.

Für Sie entdeckt

Acciughe al verde

26 Trattoria Mazzini
Acqui Terme (Al)
77 Da Taschet
Rocchetta Tanaro (At)
86 Codirosso
Stroppo (Cn)
91 Sorij Nouveau
Turin

Tonno di coniglio

67 La Bella Rosin
Moncalvo (At)
88 L'Acino
Turin
94 Concordia
Verbania

Insalata russa

34 Belvedere
Borgosesia (Vc)
52 Cascina Collavini
Costigliole d'Asti(At)
59 Pautassi
Govone (Cn)
92 Montecarlo
Tortona (Al)

Peperoni con la bagna caoda

31 Etable
Bardonecchia (To)
70 Bun Ben Bon
Nizza Monferrato (At)
83 Ristorante di Crea
Serralunga di Crea (Al)
93 Risorgimento
Treiso (Cn)

34 KM SÜDWESTLICH VON ALESSANDRIA

Bo Russ

Osteria-Trattoria
Via Garibaldi, 98
Tel. (+39) 01 44 / 32 16 82
Ruhetag: Mittwoch, Samstagmittag
Ferien: unterschiedlich
50 Plätze + 30 Plätze im Freien
Preise: 27–30 €
Kreditkarten: CS, MC, Visa; BM
Mittags und abends geöffnet

DIE OSTERIA – Im Zentrum von Acqui, in der Stadt der Thermen und der berühmten Quelle „La Bollente", aus der 74 °C warmes Wasser sprudelt, werden Sie im Bo Russ von Eugenio, Paola und Pier Carlo empfangen. In dem lichtdurchfluteten, einfach eingerichteten Saal fühlt man sich infolge der Gastfreundlichkeit, der Kompetenz und der sympathischen Art des Personals gleich sehr behaglich.

DIE KÜCHE – Die Karte wechselt täglich, aber einige Gerichte schlägt der Koch Flavio immer vor, darunter Acciughe fritte, **Ravioli** (9 €) und **Stoccafisso all'acquese** (12 €). Das Kapitel der Antipasti nennt das exzellente traditionelle **Vitello tonnato** (9 €) und Carpaccio di pesce mit Pistazien. Unter den Primi sind die Lasagnetta mit Auberginen, Tomaten und Basilikum (9 €) und die gratinierte **Zuppa di cipolle** (7 €) sehr zu empfehlen. Für den nächsten Gang gilt unser Tipp der **Punta di vitello al forno** (11 €) und den Calamari ripieni, gefüllt mit Oliven und Pinienkernen. In der Saison stehen **Funghi** (Pilze) und **Tartufi** (Trüffel) auf dem Programm. Es soll nicht unerwähnt bleiben, dass die Gewürzkräuter und das Gemüse aus dem eigenen Garten stammen. Die Desserts sind alle hausgemacht: klassische Panna cotta, Torta di nocciole und Salame al cioccolato. In der gelungenen Weinkarte spannt sich der Bogen von Piemonteser Etiketten wie Dolcetto, Barbera, Nebbiolo, Arneis, Gavi und Alta Langa bis zu Flaschenweinen aus anderen italienischen Regionen. Gegen Vorbestellung können Sie ein Degustationsmenü zu einem feststehenden Preis bekommen und eine Merenda ***sinoira***, einen Nachmittagsimbiss, organisieren. Mittags wird ein Businesslunch für 12 € angeboten.

ACQUI TERME (AL)

34 KM SÜDWESTLICH VON ALESSANDRIA

NEU Il Nuovo Parisio

Restaurant-Enoteca
Piazza Verdi, 3
Tel. (+39) 01 44 / 44 21 96
Ruhetag: Mittwoch
Ferien: je 2 Wochen im Februar und im Juli
70 Plätze
Preise: 35 €
Kreditkarten: AE, CS, DC, MC, Visa; BM
Mittags und abends geöffnet

DIE OSTERIA – Dieses Restaurant erstreckt sich auf zwei Ebenen in einem Gebäude aus dem 18. Jahrhundert im Zentrum von Acqui: ein Speisesaal im Erdgeschoss, verbunden mit einem kleinen, wohlgefüllten Keller mit Ziegelgewölbe, Steinmauern und rustikaler Einrichtung, im oberen Stock ein eleganter Raum mit Kassettendecke und großen runden Tischen.

DIE KÜCHE – Der junge Nicolò vertritt bereits die dritte Generation an Köchen in der Familie Parisio: Von Großvater Piero hat er die Zubereitung der traditionellen piemontesischen Gerichte gelernt, er erzielt aber auch bei modernen Rezepten beachtliche Erfolge. Beginnen Sie mit delikater Insalata di carne cruda (9 €), Vitello tonnato, **Sella di coniglio all'agro di Brachetto** oder Gerichten, die von der Nachbarregion Ligurien inspiriert sind. Eines der Bravourstücke des Lokals sind **Cannelloni** alla Parisio, aber auch Ravioli di asparagi mit Parmesancreme (10 €) und die traditionellen **Agnolotti monferrini** sind zu empfehlen. Stoccafisso all'acquese (14 €) ist unter den Secondi stets vertreten, der Löwenanteil entfällt jedoch auf Fleisch: Einzigartig sind **Punta di vitello al forno** (14 €) und Milanese/Piemontese a orecchio di elefante (ein weiteres historisches Gericht der Familie Parisio), wie auch Galletto al forno. Käse wählt man vom Wagen und unter den Desserts brillieren das „P.P." (erfunden von Großvater Piero), Frollino alle fragole (6 €) und Nicolòs Gelati. Die umfangreiche, detaillierte Weinkarte nennt lokale und andere Etiketten. Ein Degustationsmenü für 35 € mit zwei Antipasti, Primo, Secondo und Käse oder Dessert nach Wahl.

Oliveri Funghi (Via Giosuè Carducci 14): Pilze und lokale Spezialitäten wie Filetto baciato aus Ponzone.

34 KM SÜDWESTLICH VON ALESSANDRIA

Trattoria Mazzini

Osteria
Via Mazzini, 29
Tel. (+39) 01 44 / 32 53 47
Ruhetag: Montag
Ferien: je 2 Wochen im Februar und Juli
30 Plätze
Preise: 24–30 €
Kreditkarten: CS, MC, Visa; BM
Mittags und abends geöffnet

DIE OSTERIA – Wenn Sie denken, dass Einfachheit und Qualität nicht zusammenpassen, dann sollten Sie dieses Buch gleich weglegen. Die Trattoria Mazzini – da sind wir uns ganz sicher! – ist jedenfalls eines der Lokale, das auch die hartnäckigsten Zweifler überzeugen kann. Es liegt gleich hinter der Piazza della Bollente und wird von Denise (Service und Küche) und Danilo Bogliolo (Herd und Weine) geführt. Die Atmosphäre ist typisch für eine klassische Osteria, der Service flott und das Angebot umfasst wenige, aber solide Gerichte nach hiesiger Tradition.

DIE KÜCHE – Seit der Eröffnung – im Jahr 1950 – ist das Lokal für seine exzellente **Farinata** bekannt, in der einfachen Version (5 €) oder mit Gorgonzola: Nicht wenigstens eine halbe Portion davon zu probieren, wäre ein Frevel. Weitere Antipasti gibt es einzeln oder als Dreierkombination: Involtino di prosciutto, **Acciughe con il bagnetto** und Insalata russa. Die Primi umfassen Tagliatelle mit Ragout, Pilzen oder Pesto, und **Ravioli dal *plin***, serviert mit Wein (9 €), mit Butter und Salbei oder mit Ragout. Die historisch gewachsene Verbindung zu Ligurien findet ihren Widerhall in Pesto und auch **Stoccafisso all'acquese** (13 €), also Stockfisch mit Kartoffeln, Taggiasca-Oliven und Pinienkernen. Als Alternativen bekommt man feine **Trippa in umido** (9 €), Roastbeef und Formaggetta mit Mostarda. Zum Schluss gute Desserts wie Crostata di ricotta mit Zimt, Budino di zabaione mit Amaretti und Salame di cioccolato. Neben der Weinkarte mit knapp 40 Etiketten dieser Gegend wird auch Wein im Glas angeboten.

Die Salumeria Centrale (Corso Italia 15) bietet Spezialitäten wie Filetto baciato aus Ponzone, exzellente Formaggi und andere Qualitätsprodukte.

62 KM NÖ. V. CUNEO, 29 KM V. ASTI, S.S. 231 OD. A 33

La Piola

Moderne Osteria
Piazza Risorgimento, 4
Tel. (+39) 01 73 / 44 28 00
Ruhetag: Sonntagabend, Montag, im Sommer auch Sonntagmittag
Ferien: unterschiedlich
50 Plätze + 40 Plätze im Freien
Preise: 38–40 € €↑
Kreditkarten: AE, CS, MC, Visa; BM
Mittags und abends geöffnet

DIE OSTERIA – Die Osteria La Piola, im selben Gebäude wie das prestigeträchtige Restaurant Piazza Duomo angesiedelt, ist eine zuverlässige Adresse für Freunde einer authentischen Küche der Langa. Die Linie wird vom Drei-Sterne-Koch Enrico Crippa vorgegeben (Zutaten nachvollziehbarer Herkunft, ausgewogener Geschmack, Präzision beim Zubereiten), aber für die Ausführung in der Küche zeichnet Dennis Panzeri verantwortlich. Zum gastlichen Ambiente gehören der reizende Garten mit Blick auf den Dom und der moderne Speisesaal, wo die Tagesgerichte ganz nach piemontesischer Tradition auf einer großen Tafel angeschlagen sind.

DIE KÜCHE – **Vitello tonnato** (11 €), Carne cruda aus Fleisch von Kälbern der piemontesischen Rasse, Insalata russa, gratinierte Trippa con ceci (Kutteln mit Kichererbsen) und ein Sortiment an Formaggi aus der Langa sind einige Antipasti. Es folgen die klassischen **Agnolotti dal *plin*** mit Bratensauce (13 €) oder mit Fonduta und Pasta di nocciole, ***Tajarin*** al ragù di salsiccia und Gnocchi al pesto. Für den Hauptgang sind **Coniglio all'Arneis mit Polenta** (15 €), Tagliata di fassona mit Kartoffelpüree und Salsa al Monsordo (Weinsauce) und in Milch gegarte **Cardi gobbi** aus Nizza **mit Sardellensauce** vorgesehen. Haselnusstorte mit Zabaione al Moscato, ***Bonet*** al cioccolato, Gianduiotto mit Himbeersauce und Biscotto alle nocciole (Haselnussgebäck) sowie Pesche sciroppate mit Fiordilatte-Eis beenden die Mahlzeit. Die hochwertigen Weine stammen vorwiegend aus dem eigenen Betrieb, wobei viele Weine im Glas angeboten werden.

In der Pasticceria Tibo im Ortsteil Scaparone (6 km) verarbeitet Gianfranco Tibaldi erlesene Zutaten nach alten Rezepten und bietet exzellente Spezialitäten aus Haselnüssen.

62 KM NÖ. V. CUNEO, 29 KM V. ASTI, S.S. 231 OD. A 33

NEU Osteria del Vicoletto

Moderne Osteria
Via Bertero, 6
Tel. (+39) 01 73 / 36 31 96
Ruhetag: Mittwoch und Samstagmittag, außer Oktober–November
Ferien: 1 Woche im August
40 Plätze + 10 Plätze im Freien
Preise: 33–38 €
Kreditkarten: CS, MC, Visa; BM
Mittags und abends geöffnet

DIE OSTERIA – Bei einem Spaziergang in der zentralen Via Vittorio Emanuele (für die Einheimischen einfach Via Maestra) verleitet manchmal ein besonderer Duft oder das Schild eines Ladens zu einem Abstecher in eine der kleinen Seitengassen. An der Ecke zwischen Via Bertero und Via Gardini liegt die Osteria Il Vicoletto, die seit einiger Zeit von Daniele und Matteo Sandri geführt wird. Im Inneren verfügt das Lokal über zwei, durch einen Bogen getrennte Gasträume, im Sommer kann man in einem kleinen Garten Platz nehmen. Die regionaltypische Küche, die Daniele meisterlich zubereitet, wird durch interessante Meeresgerichte ergänzt. Matteo und seine jungen Mitarbeiter kümmern sich freundlich und aufmerksam um die Gäste im Saal.

DIE KÜCHE – Das Degustationsmenü (38 €) umfasst zwei Antipasti, Primo, Secondo, Dessert und Kaffee. Die Karte bietet zum Einstieg die Wahl zwischen einer exzellenten **Giardiniera e lingua di vitello** (eingelegtes Gemüse mit Kalbszunge, 9 €), Sformatino di melanzane mit Roccaverano und roter Sauce (8 €), Vitello tonnato und Terrina di pomodori mit marinierten Sardellen. Unter den Primi gilt unser spezieller Tipp den ***Tajarin*** 40 tuorli **mit Wurstragout**, aber auch **Ravioli di *seirass*** mit Almbutter und Salbei (9 €) und die sommerlichen Gnocchi mit Garnelen und Zucchini (11 €) sind zu empfehlen. Beim Hauptgang erwarten Sie Filetto di coniglio mit Joghurtsauce (13 €), **Stracotto di vitello al forno**, knusprige Faraona, Polpo und Calamari, beide gebraten mit gegrilltem Gemüse, oder eine Auswahl an Formaggi. Tortino al cioccolato mit Fiordilatte-Eis, Semifreddo all'amaretto mit Aprikosensauce und **Sfogliatina mit Waldfrüchten** (6 €) beenden Ihre Mahlzeit. Die Weinkarte ist von sehr respektablen Niveau und erreicht ihren Höhepunkt im Kapitel der piemontesischen Weine.

62 KM NÖ. V. CUNEO, 29 KM V. ASTI, S.S. 231 OD. A 33

Osteria dell'Arco

Restaurant
Piazza Ferrero, 5
Tel. (+39) 01 73 / 36 39 74
Ruhetag: Sonntag (außer im Oktober und November), im Juli und August auch Montag
Keine Ferien
50 Plätze
Preise: 32–35 €
Kreditkarten: AE, CS, DC, MC, Visa; BM
Mittags und abends geöffnet

Ein Lokal mit besonderem Charme, das auf eine Küche nach lokaler Tradition und auf sorgfältige Wahl der Zutaten setzt.

DIE OSTERIA – Neu ist nur, dass die Osteria dell'Arco ihren Sitz nicht mehr auf der Piazza Savona, sondern nun auf der Piazza Michele Ferrero hat. Und nein, sie ist nicht übersiedelt: Es ist der Platz im Herzen von Alba, der nach dem Tod des Gründers des legendären Süßwarenherstellers seinen Namen geändert hat. Sobald man die Irritation durch den neuen Namen überwunden hat, bleibt alles wie gewohnt: der Hof in Ziegelrot, moderne, schlichte Einrichtung, weiße Wände und prall gefüllte Weinschränke. Dieses Lokal ist für Slow Food ein besonderer Ort: Wie der „Bruder" Boccondivino in Bra wird es von der Genossenschaft I Tarocchi geführt, einem Herzstück der Vereinigung.

DIE KÜCHE – Maurizio Dellapiana bereitet in seiner Küche mit leichter Hand zeitgemäße Gerichte für eine Mahlzeit zu, die sich aus Tradition, Klassikern und Slow-Food-Presidi zusammensetzt. Der Startschuss fällt für Misto di antipasti – Carne cruda, Terrina di pomodoro, Galletto mit Giardiniera – (12 €), Vitello tonnato und **Verdure mit *Bagna freida***. Weiter geht es mit ***Tajarin*** 40 tuorli, **Agnolotti dal *plin*** (9,50 €) und Gnocchi di patate mit Kirschtomaten und Taggiasca-Oliven. Der nächste Gang hält **Noce di vitello „rosa", mit Kräutern in Salz gegart** (15 €), Tonno di coniglio und Stracotto für Sie bereit. Die warme Jahreszeit bringt auch Fischgerichte. Lassen Sie noch Platz für die schöne Auswahl an **Formaggi** und die Desserts, darunter die hochberühmte **Panna cotta** (6 €). Die Weinkarte ist ein Streifzug durch das Piemont, ergänzt durch große Weine aus dem In- und Ausland. Ein Menü für 38 € und mittags ein Tagesteller für 20 €.

ARQUATA SCRIVIA (AL)

37 KM SÜDÖSTLICH VON ALESSANDRIA, S.S. 35 BIS

Lo Casale

Agriturismo
Strada per Pratolungo, 59
Tel. (+39) 01 43 / 63 56 54
Ruhetag: Montag–Freitag
Ferien: Januar, Februar
30 Plätze + 20 Plätze im Freien
Preise: 28 € (Tagesmenü)
Keine Kreditkarten
Mittags und abends geöffnet

DIE OSTERIA – Der Agriturismo liegt im Hügelland knapp außerhalb von Arquata Scrivia, wenige Minuten von der Ausfahrt der Autobahn A7 entfernt, in einem waldreichen Gebiet mitten in der Natur. Auf dem Hof werden Obst und Gemüse angebaut, darunter auch Sorten aus früheren Zeiten und Tiere alter piemontesischer Rassen wie das graue Kaninchen aus Carmagnola (ein Slow-Food-Presidio), Stockenten, Freilandhühner und Sambucano-Schafe gezüchtet.

DIE KÜCHE – Der Speisesaal dieses Agriturismo ist ein einfacher Raum mit familiärer Atmosphäre, in dem Sie die hauseigenen Produkte genießen können (ein feststehendes Menü für 28 €). Ihre kulinarische Reise steht unter der Leitung der Köchin Anna Rivera. Sie setzt auf ihre reiche Erfahrung beim Sammeln und Verarbeiten von wilden Kräutern und Blumen, die im Frühjahr und im Sommer auf der Karte allgegenwärtig sind. Wir finden diese in den Aufläufen und Omeletts, in den Füllungen der **Ravioli di magro**, in Polpettoni und in Cremes aus püriertem Rohgemüse, die auf Focaccia mit wildem Fenchel serviert werden. Bei der piemontesischen Küche kommt es häufig zu einer Verschmelzung mit Merkmalen der Nachbarregion Ligurien, was sich in traditionellen Gerichten wie ***Rabaton*** mit wilden Kräutern, **Polpette di agnellone sambucano** mit Mohn und getrockneten Tomaten, klassischen **Agnolotti**, Minestrone mit Gartengemüse und Kräutern, der typischen Lasagne aus dem Lemme-Tal und den **Trofie di castagne** aus dem Scrivia-Tal niederschlägt. Unter den Desserts können Sie Crostate mit Konfitüren aus Gartenobst, Gelato, Latte dolce, Bavarese mit Pfirsichen oder Erdbeeren und Torta di mele entdecken. Die Weine stammen aus kleinen Betrieben der Umgebung, die nach biologischen oder biodynamischen Methoden arbeiten.

ASTI
Mombarone

10 KM VOM ZENTRUM

Ai Binari

Osteria-Vineria
Ortsteil Mombarone, 145/S.S. Asti-Chivasso
Tel. (+39) 01 41 / 29 42 28
Ruhetag: Sonntagabend, Montag
Ferien: Januar/Februar, nach dem 15. August
70 Plätze
Preise: 30–32 €
Kreditkarten: CS, MC, Visa; BM
Mittags und abends geöffnet

DIE OSTERIA – Wie das Schild der Osteria, einige Dekorgegenstände an den Wänden (Kappen, Uniformen, Fotos …) und die Namen zweier Menüs (Littorina Sobria und Littorina Allegra) bereits vermuten lassen, hat das Lokal seinen Sitz in einem aufgelassenen Bahnhof. Seit 18 Jahren liegt die Leitung in den Händen von Mara und Claudio, die Sie unaufdringlich, höflich und kompetent auf Ihrer kulinarischen Reise durch das Piemont begleiten. In der Karte sind die Lieferanten der Zutaten genannt, was auf die Sorgfalt bei der Auswahl und die häufig lokale Herkunft hinweist.

DIE KÜCHE – Man beginnt mit einer Kostprobe einer exzellenten Insalata russa, die zur Begrüßung angeboten wird. Tradition dominiert bei allen Gängen (fünf Vorschläge pro Gang), etwa bei den Antipasti (8,50 €) mit **Vitello tonnato alla maniera antica**, Tortino di baccalà mit ***Bagna caoda*** und gegrillter Polenta und Cestino mit Gemüse und Fonduta. Unter den Nudelgerichten (8,50 €) haben uns die ***Tajarin*** mit Artischocken besonders beeindruckt, aber auch die traditionellen **Agnolotti ai tre arrosti** und Risotto mit Salsiccia aus Bra können mithalten. **Brasato di bue grasso** (14,50 €), **Rolata di faraona**, Filetto di maialino mit grünem Pfeffer, **Stinco di maiale al forno** (12,50 €) sind die Fleischgerichte für den Hauptgang. Als Nachtisch werden eine exzellente Torta di mele aus Renette-Äpfeln (ohne Zucker und Mehl), Semifreddo al torrone und Panna cotta al caffè (5 €) angeboten. Von gutem Niveau ist das Sortiment an Käse aus dem Piemont. Die umfangreiche Weinkarte beweist Sorgfalt und Kompetenz in der Auswahl: 250 Etiketten (einige Weine werden auch glasweise ausgeschenkt) mit Schwerpunkt bei piemontesischen Erzeugnissen, aber auch andere große Weine aus aller Welt und Champagner. Die Preise sind moderat.

Il Brillo Parlante

Osteria
Via Garetti, 26
Tel. (+39) 01 41 / 59 86 37
Ruhetag: Montag
Ferien: 2 Wochen im August
30 Plätze + 20 Plätze im Freien
Preise: 30–35 €
Kreditkarten: AE, CS, DC, Visa; BM
Abends geöffnet, mittags gegen Vorbestellung

DIE OSTERIA – Im historischen Zentrum von Asti gibt es eine ganze Reihe von Lokalen mit verführerischen kulinarischen Angeboten. Diese Osteria unter der Leitung von Sara (Küche) und Federico (Service) ist ein Ort, den wir Ihnen ans Herz legen wollen. Die Osteria präsentiert sich mit einfach gedeckten Tischen – in zwei gediegenen Räumen und im Sommer in einem reizenden Garten –, wobei der Schwerpunkt beim Weinangebot und einem aufmerksamen Service liegt. Die Interpretation traditioneller Gerichte basiert klugerweise auf erlesenen Zutaten, wobei manche auch aus anderen Regionen stammen wie etwa bei den Vorschlägen aus der Meeresküche, die stets auf der Karte vertreten sind.

DIE KÜCHE – Bei den Vorspeisen folgen Vitello tonnato, **Acciughe in salsa verde** und Cipolla ripiena con fonduta (8,50 €) den Spuren der piemontesischen Tradition. Als Alternativen bekommt man Polpo auf Kartoffelcreme mit Taggiasca-Oliven und Kapern (9,50 €) oder Gnocco fritto mit Rohschinken und Pancetta. Die Primi umfassen **Tagliolini** und Gnocchi **al ragù di salsiccia** (mit Wurstragout) oder al burro (mit Butter), **Riso allo zafferano e toma** (10 €) und Paccheri di Gragnano mit verschiedenen Saucen. Hervorragende Hauptgerichte sind **Stracotto** (13 €) und **Capretto di Roccaverano arrosto** (Ziegenkitz). Im Kapitel der Dolci (5 €) sind Zabaione al Moscato, Mousse al fondente, Crostata di fichi, Torta sbriciolata mit Äpfeln und Torta di castagne mit Fiordilatte-Eis oder anderen Eissorten, je nach Saison, aufgelistet. In der Weinkarte finden Sie die besten Weine aus dem Piemont und anderen Teilen Italiens. Das Lokal bietet auch Biere aus kleinen Brauereien und Edelbrände.

ASTI

Osteria del Diavolo

Trattoria
Piazza San Martino, 6
Tel. (+39) 01 41 / 302 21
Ruhetag: Sonntag
Ferien: zeitweise im August
40 Plätze + 25 Plätze im Freien
Preise: 35 €
Kreditkarten: CS, MC, Visa
Abends geöffnet

DIE OSTERIA – Ein Fusion-Lokal in den *Osterie d'Italia*? Bevor Sie sich empören, lassen Sie uns klarstellen, dass hier nichts kontaminiert oder gar verfälscht wird. Es werden einfach zwei eng verwandte Küchen, die des Piemont und Liguriens, nebeneinandergestellt. Wir befinden uns hier in der Nähe des Corso Alfieri auf einem kleinen Platz mit zwei Kirchen, von denen eine, San Michele, für Kulturveranstaltungen genutzt wird. Eine kleine Pforte, ein Eingangsbereich und drei verbundene Räume. Nischen für Flaschen, eine alte Anrichte, eine Einrichtung ohne Firlefanz und große Sorgfalt beim Gedeck. Im Sommer wird ein kleiner Sitzbereich auf der Piazza als Alternative geboten. Die Wirtin Paola Passuello koordiniert den jugendlichen, flotten Service.

DIE KÜCHE – Enrico Trova, ein Koch, dessen eindrucksvolles Curriculum Etappen im Monferrat, in Umbrien und Kalifornien umfasst, zaubert mit Meisterhand die Gerichte, die in der Karte mit Angabe der Herkunft der Zutaten (darunter viele Slow-Food-Presidi) aufgelistet sind. Das Tandem Piemont-Ligurien nimmt schon bei den Antipasti mit einer Kombination von **Battuta di vitello** und **Baccalà *brandacujun*** (10 €) oder von Cremino di robiole und Pesto Fahrt auf. Wer es vorzieht, die Regionen zu trennen, kann Insalata di gallina bionda oder Fritto di calamari mit Panissa wählen. Bei den Primi gesellen sich zu ***Tajarin*** und ***Plin*** mit Bratensauce auch **Trofie di farina di castagne mit Bohnen und Kartoffeln** (10 €), unter den Secondi findet man **Coniglio** grigio, das graue Kaninchen aus Carmagnola, **mit Pinienkernen und Taggiasca-Oliven** (14 €) und Controfiletto di manzo mit Bohnen aus Conio. Falls verfügbar, sollten Sie den feinen, auch optisch ansprechenden Cappon magro nicht verpassen. Die Desserts (6 €) sind von hohem Niveau, die Weinkarte hat ihren Schwerpunkt im Piemont.

Tasté Vin

Vineria mit Küche • Via Vassallo, 2
Tel. (+39) 01 41 / 32 00 17
Ruhetag: Dienstag, Samstag- und Sonntagmittag
Ferien: 10 Tage im Januar, 2 Wochen im August
35 Plätze
Preise: 22–28 €
Kreditkarten: CS, DC, MC, Visa; BM
Mittags und abends geöffnet

DIE OSTERIA – Auf den ersten Blick erscheint das Lokal wie eine gut bestückte Vinothek. Sobald man jedoch die Schwelle überschreitet, wird klar, dass hier mehr geboten wird als Wein. Sie bekommen hier keine Karte mit der klassischen Unterteilung in Antipasti, Primi, Secondi und Desserts, sondern eine große Auswahl an schmackhaften Gerichten, die an den Tafeln im Eingangsbereich und in den beiden gemütlichen Gasträumen, in denen eine lebhafte Atmosphäre herrscht, angeschlagen sind.

DIE KÜCHE – Je nach Marktlage finden Sie **Cotechino in crosta di sfoglia mit Wirsing und Toma** (7 €), Totani al vapore auf Vollkornreis mit Gemüse oder Crespella di farro, gefüllt mit Blattspinat, serviert mit Parmesansauce. Dann folgen hausgemachte **Tagliolini**, angeboten **con ragù di cinghiale** (mit Wildschweinsauce) oder mit frischem Thunfisch, Artischocken aus Albenga und Kirschtomaten (8,50 €). Als Alternativen stehen **Risotto mit Radicchio, Castelmagno und Walnüssen** oder **Pasta e fagioli** (6 €) auf dem Programm. Wenn man dann zu den herzhafteren Speisen übergeht, kann man zwischen Stinco di maiale al forno, mit Bier gebraten (11,50 €), **Girello di vitello in Thunfischsauce** und Tagliata di vitella di razza piemontese vom Grill wählen. Exzellent sind auch die Sortimente an erlesenen Salumi und Formaggi, die mit Chutneys und Honig serviert werden. Bewahren Sie noch etwas Appetit für die Desserts (4,50 €) auf, die ebenfalls hausgemacht sind: ein Teller mit Konfekt und Pralinen, Torta di nocciole Piemonte mit Zabaione al Moscato oder ***Bonet*** al cacao amaro mit Amaretti. Die niveauvolle Weinkarte bietet einen Streifzug durch Etiketten dieses Gebietes und interessante Produkte aus italienischem Bio-Anbau neben den bekanntesten Namen aus dem Ausland. Das Angebot wird durch eine erstklassige Auswahl an Bieren aus kleinen Brauereien abgerundet.

42 km südöstl. v. Alessandria, 18 km v. Tortona

La Vecchia Posta

Agriturismo
Via Montebello, 2
Tel. (+39) 01 31 / 87 62 54
Ferien: Januar, September
36 Plätze
Preise: 35 € (Tagesmenü)
Kreditkarten: MC, Visa; BM
Freitag-, Samstagabend und Sonntagmittag geöffnet

DIE OSTERIA – Diese reizende Osteria hat ihren Sitz in Avolasca, einer hübschen Ortschaft im oberen Grue-Tal. Sie gehört zum landwirtschaftlichen Betrieb, der unter der Leitung von Roberto und seiner Frau Annemie steht. Hier werden Weine, Honig, Fleisch von Rindern der autochthonen Rasse Tortonese, Geflügel, Gemüse und Obst produziert. Das Lokal ist sehr gediegen und in elegant-rustikalem Stil eingerichtet. Von einem der beiden Speisesäle aus hat man einen prachtvollen Ausblick auf die Hügellandschaft. Im Sommer lockt eine angenehme, mit Blumen geschmückte Terrasse.

DIE KÜCHE – Das feststehende Menü (35 €) variiert je nach Jahreszeit und besteht aus vier Antipasti, zwei Primi, einem von vier Secondi, Beilage und einem von vier Desserts zur Auswahl. Unter den Antipasti findet man neben den hervorragenden Salumi aus eigener Produktion stets auch originelle Gerichte wie Ovetti di cagliata mit Birnen und Ingwer und Cappuccino di fave mit Zitronen-Thymian. Auch die Primi lassen trotz des traditionellen Ansatzes viel Raum für Kreativität. Wirklich zu empfehlen sind die Vorschläge auf Reisbasis, wie etwa **Risotto mantecato** mit schwarzer Trüffel oder **mit Topinambur und** einer leichten ***Bagna caoda***. Auch andere interessante Primi sind vertreten, darunter **Tagliolini di crusca e basilico mit Brennnesselpesto**. Für den Hauptgang können Sie **Arrosto di vitello** tortonese und Coniglio alla trappista wählen, eine Hommage an Annemies belgische Wurzeln. Die Desserts sind von gutem Niveau, wobei sich der Bogen von Sorbetto di pesche über die traditionelle ***Brasadé*** mit Dessertwein bis zu Riso dolce und Sfogliata di pesche spannt. Roberto berät Sie kompetent bei der Wahl aus seinen Bio-Weinen: Cortese, Barbera, Dolcetto und der autochthone Timorasso.

14 KM ÖSTLICH VON TURIN

Bel Deuit

Restaurant
Via Superga, 58
Tel. (+39) 011 / 943 17 19
Ferien: 2 Wochen Ende August
60 Plätze + 30 Plätze im Freien
Preise: 35–38 €
Kreditkarten: CS, MC, Visa; BM
Geöffnet Donnerstag- und Freitagabend, Samstag mittags und abends, Sonntag nur mittags

DIE OSTERIA – In Baldissero, wenige Meter unterhalb des Platzes in Panoramalage, auf welchem sich die Basilica von Superga erhebt, liegt das Bel Deuit, ein anmutiges kleines Restaurant mit rustikaler Atmosphäre, wo die piemontesische Küche in ihrer traditionellsten Form angeboten wird. Vom Eingang gelangt man in einen kleinen Saal, von dem man einen Blick in die Küche werfen kann und die Kellner eifrig vorbeieilen sieht. Diese begleiten die Gäste dann in einen zweiten Saal mit Blick auf das Grün der umliegenden Hügellandschaft. Das Ambiente ist gastlich und familiär.

DIE KÜCHE – Die Speisenauswahl wird mündlich vorgetragen und sieht Häppchen von zahlreichen, verführerischen Antipasti (15 €) vor, die auf einer Servierplatte angerichtet sind: Salame cotto, Mousse di gorgonzola mit Walnüssen, exzellente, mit dem Messer fein gehackte Carne cruda, Crespelle mit Castelmagno und Toma aus Lanzo, **Flan di verdure mit Fonduta** und Insalata di robiola d'Alba mit Sellerie und Walnüssen. Als Primi (10 €) ließen wir uns die exquisiten ***Tajarin*** mit Pilzen und Agnolotti mit Butter und Kräutern schmecken. Als Alternativen gab es Gnocchi di patate mit Raschera und Castelmagno oder Ravioli mit Mönchsbart und Toumin dal Mel. Trotz der großzügigen Portionen konnten wir noch etwas Platz für die Secondi lassen (sie sind es wert), wobei wir ein schmackhaftes **Coniglio alle erbe aromatiche** (16 €), zarten **Stracotto di vitello** und Fritto misto piemontese in der vegetarischen Version wählten. Groß ist auch die Auswahl bei den Desserts: Torta gianduia mit Chantilly-Creme, Torta di nocciole delle Langhe mit Konditorcreme, ***Bonet*** und Cremoso al caffè mit Wein-Karamell. Der Schwerpunkt der Weinkarte liegt im Piemont mit einem großen Sortiment an Rot- und Weißweinen sowie zu den Nachspeisen passenden Dessertweinen.

90 KM WESTLICH VON TURIN

Etable

Restaurant
Via Medail, 82 B
Tel. (+39) 01 22 / 969 73
Ruhetag: Montag–Donnerstag, außer Juli, August und Dezember–Ostern
Ferien: unterschiedlich
43 Plätze • Preise: 30–35 €
Kreditkarten: AE, CS, MC, Visa; BM
Abends geöffnet, an Feiertagen und im Sommer auch mittags

DIE OSTERIA – Im Zentrum von Bardonecchia, nahe dem Bahnhof, findet man das Restaurant Etable mit zwei kleinen, gemütlichen, aber schlicht eingerichteten Räumen. Die Küche, das Reich von Stefania und ihres Sohnes Stefano, bietet schmackhafte Speisen in üppigen Portionen, ganz im Zeichen der Tradition. Sehr freundlich und liebenswürdig tragen Antonella und Peppo mündlich die umfangreiche Speisenauswahl vor, halten gerne einen Plausch bei Tisch und beraten bei der Auswahl.

DIE KÜCHE – Für den Einstieg gibt es neben den guten Salumi aus dem Tal – auch vom Wild – feine Antipasti wie Peperoni al forno mit ***Bagna caoda***, Sformati und Insalate mit saisonalem Gemüse – wunderbar im Winter der warme Salat mit Rotkohl und Äpfeln – sowie Vitello tonnato. Danach sind in der Saison **Crema di porri** mit Toma (10 €), aber auch die Getreidesuppen sehr zu empfehlen: Zuppa di lenticchie (Linsen), grano saraceno (Buchweizen), orzo (Gerste) oder farro (Dinkel). Weitere Vorschläge sind **Pasta e fagioli**, Agnolotti dal plin, **Tagliolini al ragù di cervo** und **Polenta concia** (11 €). Die Secondi locken mit Stufato d'asino, Spezzatino di selvaggina, Costolette di cervo und schmackhafter **Trippa** (12 €). Zum Abschluss können Sie eine gepflegte Auswahl an lokalem Käse oder ein hausgemachtes Dessert wählen: Torta di mele, ***Bonet***, Panna cotta mit Minze und Schokolade sowie Torta di nocciole mit Schokolade (6 €). Im Mittelpunkt der Weinkarte steht das Piemont, ergänzt durch Anleihen aus anderen Regionen.

Der Konditor Franco Ugetti in der Via Medail 80 ist ein echter Künstler: klassische Süßspeisen und neue Kreationen aus typischen Bergprodukten wie Genepì. Zu empfehlen sind auch die Pralinen aus Bergfrüchten, Marron glacé und Eis.

BARONE CANAVESE (TO)

32 KM NÖ. VON TURIN, A 5 AUSFAHRT SAN GIORGIO

Al Girasol

Restaurant
Via Roma, 8
Tel. (+39) 011 / 989 85 65,
(+39) 349 / 836 13 90
Ruhetag: Mittwoch
Ferien: 3 Wochen im Januar
35 Plätze + 35 Plätze im Freien
Preise: 30 €
Kreditkarten: CS, DC, MC, Visa; BM
Mittags und abends geöffnet

DIE OSTERIA – In der Hauptstraße von Barone lädt dieses Restaurant zu einer Einkehr nach einer Wanderung oder einem Radausflug durch die grüne Landschaft des Canavese ein. Hier können Sie eine schmackhafte Küche genießen, die aus dem reichen Rezeptschatz nach hiesiger Tradition schöpft. Sara im Saal, Rinaldo am Herd: Das ist das Team, das Sie kompetent bei Ihrem Streifzug durch das Speisenangebot des Hauses begleitet. In der Osteria al Girasol fühlt man sich tatsächlich wie in einem Privathaus: Das Restaurant liegt auf zwei Etagen und ist in zwei reizende, mit Sorgfalt eingerichtete Speisesäle unterteilt. Im Sommer kann man seine Mahlzeit auch in einem hübschen Innenhof genießen.

DIE KÜCHE – Zentrales Thema sind Festlandgerichte, mit einer einzigen Ausnahme, nämlich der **Trota salmonata**, die man als Antipasto in der Version **in carpaccio** mit saisonalem Obst und Gemüse genießen kann (9 €). Als Alternative bekommt man **Tonno di coniglio**, serviert in einer ***Burnìa*** (Einmachglas), Flan di spinaci, Flan di porri oder mit dem Messer fein gehackte Carne cruda. Bei den Primi (11 €) regiert die Tradition: Gnocchi alle ortiche, ***Tajarin*** mit Pilzen oder al ragù di coniglio (mit Kaninchenragout) und interessante **Agnolotti** della casa **ai tre arrosti** – serviert mit Kräuterbutter –, die hier größer sind als üblich, um der Fleischfüllung Raum zum Entfalten des Geschmacks zu geben. Unter den Secondi (15 €) sind Gerichte auf Basis von Geflügel wie knusprige **Petto di faraona** (Perlhuhnbrust) oder Petto d'oca (Gänsebrust) oder gehaltvollere Vorschläge wie Tagliata di fassone und **Filetto di maiale** zu entdecken. Die Desserts: ***Bonet***, Tortino di nocciola mit Zabaione und Bavarese al gianduia. Die Weinkarte ist ein schönes Beispiel für die Produkte, die dieser noch eher unbekannte Winkel des Piemont zu bieten hat.

BELLINZAGO NOVARESE (NO)
Badia di Dulzago

14 KM NÖRDLICH VON NOVARA, S.S. 32

San Giulio

Osteria-Trattoria
Ortsteil Badia di Dulzago
Tel. (+39) 03 21 / 981 01
Ruhetag: Sonntagabend, Montag, Dienstag
Ferien: zeitweise im August, Weihnachten
80 Plätze
Preise: 27–32 €
Kreditkarten: CS, DC, MC, Visa; BM
Mittags und abends geöffnet

DIE OSTERIA – Die Osteria liegt im Inneren der Abtei von Dulzago, eines Komplexes aus dem 12. Jahrhundert, der sich auf einer Anhöhe inmitten von Reisfeldern erhebt. Man parkt außerhalb der Torbögen und erreicht das Lokal gegenüber der kleinen Kirche San Giulio dann leicht zu Fuß. Es besteht aus zwei Speisesälen und einer lichtdurchfluteten Veranda, wo Sie von den Inhabern Daniele und Andrea, zwei Wirten ganz nach altem Schlag, empfangen werden. Ihr Markenzeichen ist Professionalität, verbunden mit Scharfsinn und Ironie.

DIE KÜCHE – In der Küche, wo die Frauen der beiden Inhaber tätig sind, wird auf Saison- und Gebietstreue der Zutaten geachtet, was sich bereits bei den Antipasti (8 €) mit **Sformato di asparagi mit Sauce und Cialda di parmigiano**, Carne cruda mit Senf und Aufschnitt mit lokalen Salumi bestätigt. Weiter geht es mit den Primi (7 €), darunter die klassische, unverzichtbare **Paniscia**, **Agnolotti** piemontesi und Gnocchi all'erborinato di capra (mit Edelschimmelkäse von der Ziege) und Safran. Unter den Secondi sind **Anatra mit Thymian und Zitrone** (14 €) und **Sella di maialino mit Salbei und Rosmarin**, jeweils serviert mit der Tagesbeilage, zu entdecken. Für den Abschluss der Mahlzeit empfehlen wir Ihnen die Auswahl an Erborinati (Edelschimmelkäse aus Kuh- und Ziegenmilch, 9 €) oder ein Dessert (4 €): Panna cotta mit Minze, Sfoglia mit Erdbeeren und Zabaione oder das klassische Tiramisu. Für 30 € (ohne Getränke) bekommt man das Menù dell'oste, bestehend aus den Antipasti Badia, zwei Primi, Secondo mit Beilage und einem Dreierlei an Desserts. Klein, aber fein ist das Sortiment an Weinen, die vorwiegend aus dieser Gegend stammen und teilweise auch im Glas ausgeschenkt werden. Sie sollten nicht gehen, ohne zuvor einen kurzen Halt in der „Grappa-Oase" eingelegt zu haben.

44 KM NORDÖSTLICH VON CUNEO

Trattoria del Peso

Osteria-Trattoria
Via Merlati, 36
Tel. (+39) 01 73 / 74 30 09
Ruhetag: Samstag
Ferien: zeitweise im Januar
45 Plätze
Preise: 30 € (Tagesmenü mit Hauswein)
Keine Kreditkarten; BM
Mittags geöffnet

DIE OSTERIA – Die Trattoria del Peso – gegründet 1912 – präsentiert sich im dritten Jahrtausend in der typisch ländlichen Kombination: Bar, Osteria und Lebensmittelladen mit einer mechanischen Waage und eingelegten Produkten, einer Theke für einen schnellen Kaffee oder Kräuterlikör und Gasträumen mit karierten Tischtüchern, alten Lampen und Drucken an den Wänden.

DIE KÜCHE – Dieses Lokal, das seit jeher von der Familie Schellino geführt wird – heute vertreten durch Mauro am Herd und Ezio im Saal –, ist der Inbegriff einer Trattoria: In dieser Ortschaft auf dem Gipfel eines Hügels – der Name „Belvedere" kommt nicht von ungefähr: Man blickt rundherum auf die Langa und glaubt den Duft des Meeres wahrzunehmen – wird täglich ein Mittagsmenü mit vier Gängen für 12,50 € oder mit drei Gängen für 10 € geboten. Das Sonntagsmahl hingegen wird zelebriert, wie in alten Zeiten. Reservieren Sie also, um an diesem Tag einen Platz in dem freundlichen Ambiente zu bekommen, wo man Sie mit Nüssen und Toma und einem Menü für 30 € empfängt, das alles umfasst, auch den Arneis und den Dogliani am Tisch. Serviert werden **Merluzzo mit Kartoffeln aus der Alta Langa**, Paté di tonno mit Taggiasca-Oliven, **Insalata russa**, **Carne cruda**, Asparagi con nocciole (in der Saison), Salsiccia, **Ravioli mit Rosmarin**, ***Tajarin*** mit schwarzer Trüffel, **Costine di agnello mit Minze** (ex-zel-lent!), Dolci di Langa und Erdbeeren. Die Speisenfolge läuft glatt ab, in angemessenen Portionen (auf Wunsch mit Nachschlag), so dass Sie am Ende schön satt sind, aber keinen schweren Magen haben. Für Kinder gibt es in 30 Metern Entfernung einen netten kleinen öffentlichen Spielplatz, wo man in der angeschlossenen Società den Digestif genießen kann.

In **Pamparato di Dogliani** (10 km) bietet der Betrieb Casa Matilda eingelegtes Obst und Gemüse an.

78 KM NÖ. VON CUNEO, 37 KM VON ALBA, S.S. 29

'L Bunet

Restaurant
Via Roma, 24
Tel. (+39) 01 73 / 870 13
Ruhetag: Dienstag, außer April–Dezember
Ferien: Januar
50 Plätze
Preise: 26–35 €
Kreditkarten: AE, CS, MC, Visa; BM
Mittags und abends geöffnet

DIE OSTERIA – Bergolo muss man erobern: Dazu folgt man einer Straße den Hügel hinauf, wo man bei jedem Richtungswechsel mit einem prachtvollen Ausblick belohnt wird. Im Herzen der von Steinhäusern geprägten Ortschaft, wo die Zeit still zu stehen scheint, trifft man auf das 'L Bunet. Von außen ist das Gebäude nicht spektakulär, aber nach der Mahlzeit ist man sicher bereit zu verzeihen, dass es seine besten Tage wohl hinter sich hat. Die Osteria entstand gegen Ende der 1970er-Jahre und ist nach der berühmtesten Süßspeise der Langa benannt, dem Bonet. Emilio Banchero, der Herr des Hauses, kümmert sich um den Service, um einen Bio-Garten von 2.300 m² und die Beschaffung der Zutaten lokaler Herkunft. Am Herd steht Janeth, die durch die strenge Schule ihrer Mutter Angela gegangen und nun eine meisterhafte Interpretin der traditionellen Küche der Langa ist.

DIE KÜCHE – Man beginnt mit den Antipasti: Rotondino in salsa antica, Marinata di coniglio und ***Bagnet verd***, Flan di porri und Crema di acciughe (8 €). Die Primi (10 €) sind beispielhaft für die traditionelle Küche dieser Hügel mit **Agnolotti dal *plin***, Mezzelune verdi all'ortica, gefüllt mit ***Serass del fen***, und ***Macaron del fret*** mit Wurstragout, eine echte Rarität. Unter den Secondi erwarten Sie **Stinco di vitello al Timorasso**, Bocconcini di cinghiale brado al ***civet*** (Wildschweinragout) und **Sottopaletta mit Haselnusssauce** (12 €). Wer Käse liebt, ist hier am rechten Ort: Vertrauen Sie auf Emilio, der selbst Käse zur Reifung bringt, und lassen Sie sich die „Ruota" nicht entgehen, die eine schöne Auswahl bietet. Geradezu eine Pflicht ist es, den ***Bonet*** (7 €) zu probieren. Als Alternative bekommen Sie Mousse di nocciola mit Schokolade und ein hervorragendes Semifreddo di torrone mit Barolo Chinato. Die Weinkarte ist umfangreich.

BORGOMANERO (NO)

32 km nordwestlich von Novara, S.S. 229

Trattoria dei Commercianti

Trattoria • Via Cornice, 35–37
Tel. (+39) 03 22 / 84 13 92,
(+39) 333 / 340 07 24
Ruhetag: Dienstag
Ferien: 3 Wochen im August
60 Plätze • Preise: 35 €
Kreditkarten: AE, CS, DC, MC, Visa; BM
Mittags und abends geöffnet

DIE OSTERIA – Die über 100 Jahre alte Trattoria von Borgomanero wurde im Jahr 1995 von der Familie Agazzone übernommen. 2004 wurde der Sitz von der Via dei Mille an den heutigen Platz in ein Gebäude aus dem 16. Jahrhundert verlegt, wo Lucia und Mauro mit Hingabe ein Ambiente von schlichter Eleganz geschaffen haben.

DIE KÜCHE – Die regionaltypische Küche lädt zu einer Reise der Sinne durch die Provinzen Novara und Vercelli ein, mit Abstechern in die Nachbarregion Lombardei und das Gebiet um Cuneo. Die Speisenauswahl richtet sich nach den Jahreszeiten und der Marktlage. Zwei Gerichte sind stets vertreten, und zwar **Paniscia** novarese und **Tapulone**. Die Antipasti umfassen exzellentes Carpaccio aus Pferdefleisch mit Rucola (14 €), Vitello tonnato, Scaloppa di foie gras d'anatra mit karamellisierten Äpfeln, ***Bagna caoda*** mit Gemüse und Bavarese agli asparagi mit Joghurtsauce. Danach feine Risotti (mit Gemüse, Nebbiolo oder Safranfäden), **Tagliolini**, nur aus Eigelb gemacht, **mit Entenragout** und **Zuppa di cipolle** (10 €). Als Secondo wählt man **Quaglia disossata farcita**, Coniglio arrotolato mit Taggiasca-Oliven oder Filetto di cavallo alla Woronoff. Neben der traditionellen Linie und den Fischgerichten – unser Tipp: gebratener Persico di lago (Flussbarsch) – gibt es auch eine vegetarische Menüfolge. Erstklassige Formaggi. Zum Abschluss klassische Desserts (5 €): ***Bonet***, Crème caramel, Tarte tatin und Torta di cioccolato mit Birnen. Im Keller lagern mehr als 300 Etiketten unterschiedlichster Anbaugebiete, vorwiegend aus dem oberen Piemont. Auch glasweiser Ausschank.

In **Fontaneto d'Agogna** (7 km) bietet der Salumificio Sant'Antonio eine große Auswahl an lokalen Wurstspezialitäten, darunter Salame della duja.

BORGOSESIA (VC)
Agnona

51 km nordwestlich von Vercelli

Belvedere

Trattoria
Via Solferino, 31
Tel. (+39) 01 63 / 240 95
Ruhetag: Dienstag
Ferien: Februar/März
40 Plätze + 12 Plätze im Freien
Preise: 34–35 €
Kreditkarten: AE, CS, MC, Visa; BM
Mittags und abends geöffnet

DIE OSTERIA – Wenige Kilometer vom Zentrum von Borgosesia entfernt, im Ortsteil Agnona, wird diese Trattoria seit Jahren mit Leidenschaft von der Familie Mussini geführt. Fahren Sie in die Wohngegend, parken Sie dort Ihr Auto und betreten Sie dieses Gebäude, das man auf den ersten Blick für ein Privathaus halten könnte. Der Wirt empfängt Sie herzlich im gepflegten, aber ungezwungenen Ambiente des Speisesaals. Im Sommer stehen auch Plätze im Freien zur Verfügung.

DIE KÜCHE – Ein guter Einstieg gelingt mit Misto di antipasti aus vier Kostproben oder Einzelportionen von **Insalata russa** (9 €), **Tonno di coniglio** oder mit dem Messer fein gehackter Battuta. Unter den Primi sind Spaghetti mit Frühlingszwiebeln, **Agnolotti di carne al pomodoro** (11 €) und in der Saison die formidablen **Gnocchi di zucca mit Butter und Rosmarin** (10 €) aufgelistet. Dann folgen Klassiker wie ***Caponet***, Cervella impanata (Hirn) und **Coniglio ripieno** (15 €), jeweils mit separaten Beilagen (6 €). Die Auswahl an Formaggi umfasst Spitzenprodukte aus Italien: Toma valsesiana von der Alm, Bitto DOP und Pecorino aus Pienza. In der Karte sind alle Slow-Food-Presidi speziell angeführt, darunter der rote Knoblauch aus Nubia, Fleisch von Rindern der Rasse Piemontese und Fiaschetto-Tomaten aus Torre Guaceto. Die Dolci (6 €) sollten Sie nicht auslassen: ***Bonet***, Panna cotta und Crêpe mit Feigenkonfitüre und heißer Schokolade. Man bekommt auch ein Degustationsmenü (28 €) und mittags zwei Menüs für 16 und 19 €. Das Repertoire der Weinkarte reicht von dieser Region bis ins Ausland.

Im Salumificio von Antonio De Giorgi in **Borgosesia** (2 km), in der Via San Grato 9, bekommt man Salami, Cotechini, Salam d'la duja, Salsicce und Mortadella aus Leber.

BOSCO MARENGO (AL)

13 KM SÖ V. ALESSANDRIA, 8 KM V. NOVI LIGURE

Locanda dell'Olmo

Restaurant
Piazza Mercato, 7
Tel. (+39) 01 31 / 29 91 86
Ruhetag: Montag, Dienstagabend
Ferien: Juli/August, 1 Woche zu Weihnachten
30 Plätze + 12 Plätze im Freien
Preise: 30–35 € (Tagesmenü)
Keine Kreditkarten
Mittags und abends geöffnet

Ein einladendes Lokal, in dem man den Geschmack eines geschichtsträchtigen, traditionsreichen Grenzlandes genießen kann.

DIE OSTERIA – Wir befinden uns hier im Gebiet der „Terre bianche" („weißen Böden" wegen ihrer kalkhaltigen Beschaffenheit), die für den Weinanbau besonders gut geeignet sind. Die Familie Bondi führt ein etabliertes Weingut mit angeschlossenem Restaurant. Die Küche setzt auf die solide Tradition eines Grenzgebietes, wo sich Rezepte aus dem Piemont und Ligurien den Platz teilen und zahlreiche Slow-Food-Presidi Verwendung finden.

DIE KÜCHE – Neben der Karte gibt es drei Menüs: eines für die Mittagspause (zwei Gerichte und ein Glas Wein) für 22 €, ein dreigängiges Degustationsmenü für 25 € und ein komplettes viergängiges Menü für 35 €. Als Antipasti (8 €) können Sie Battuta vom Fassone-Rind mit Parmesan, Frittini di fiori e zucchine, **Flan di asparagi** oder Aufläufe aus anderem Gemüse **mit Montebore-Creme** (einem charakteristischen lokalen Käse) wählen. Als Primi (10 €) werden **Ravioli mit Butter** aus Pollone, ***Rabaton*** (typische Gnocchi dieser Gegend), im Ofen gratiniert, oder die einfacheren Tagliolini mit Gemüse der Saison angeboten. Im Kapitel der Secondi (14 €) gesellen sich zu Frittura aus ligurischen Sardellen, **Cima alla genovese** und Vitello al tocco auch **Pollo alla Marengo** oder Girello di fassone in Salz. Der Käsewagen ist reich bestückt und enthält allerlei Raritäten. Süßes zum Abschluss: Coppa agli amaretti di Gavi, Timballo di gianduia mit Erdbeersauce und Crostate mit saisonalen Konfitüren. Der Weinkeller verrät eine Vorliebe für lokale Produkte, darunter der berühmte Dolcetto d'Ovada, es gibt aber auch gute Etiketten aus dem übrigen Italien und Rosé-Weine aus dem Gebiet jenseits der Alpen.

BOVES (CN)
Fontanelle

9 KM SÜDLICH VON CUNEO

Da Politano

Restaurant
Via Santuario, 125
Tel. (+39) 01 71 / 38 03 83
Ruhetag: Montagabend, Dienstag
Ferien: unterschiedlich
130 Plätze
Preise: 28–30 €
Kreditkarten: MC, Visa
Mittags und abends geöffnet

DIE OSTERIA – Wir befinden uns hier in Fontanelle di Boves, hoch oben im Hügelland, wo man schon Bergluft zu atmen glaubt: Hier, wenige Schritte von der Wallfahrtskirche Regina Pacis entfernt, liegt dieses Hotelrestaurant, das mit seinem aus Holz und Stein gestalteten, ein wenig streng wirkenden Interieur an ein Lokal im Hochgebirge erinnert. Geführt wird es seit mehr als 50 Jahren von der Familie Politano, die heute durch Claudio vertreten ist: Er ist es, der in der Küche die Zutaten aus der Umgebung zu traditionellen Gerichten mit gepflegter Optik verarbeitet. Für den Service in den beiden Sälen – ein kleinerer und ein größerer Raum, der gewöhnlich für Bankette reserviert ist – zeichnet seine Frau Ivana verantwortlich.

DIE KÜCHE – Große Klassiker für den Auftakt sind Carne cruda, mit dem Messer fein gehackt (5 €), **Coniglio con *ratatuia***, Rollatina di quaglia und Torte di verdure, die je nach Saison variieren. Exzellente **Ravioli mit Butter und Salbei** (6 €), aber auch die Tagliatelle mit Zucchiniblüten und Pfifferlingen (in der Saison gibt es zahlreiche Gerichte mit **Pilzen**) und die ungewöhnlichen Cannelloni di melanzane mit Ricotta und Tomaten (8 €) können mithalten. Stinco di vitello, **Coscia** di coniglio oder **Coscia di anatra arrosto** (15 €) und **Guanciale di vitello in umido** sind die Highlights unter den Secondi. In den Monaten November und Dezember schätzen Schneckenfans das Menü, das zur Gänze dem Thema **Lumache**, einer der Spezialitäten dieser Gegend, gewidmet ist. Zum Abschluss stehen Crostate, Strudel di castagne, Cremino al gianduia, Gelati und eine spezielle Zabaione in den Versionen alle mandorle (mit Mandeln) oder mit Crème cassonade (5 €) auf dem Programm. Im schönen offenen Keller lagern Etiketten aus dem Piemont und anderen Teilen Italiens.

45 KM NORDÖSTL. V. CUNEO, 48 KM SÜDL. V. TURIN

Battaglino

Restaurant
Piazza Roma, 18
Tel. (+39) 01 72 / 41 25 09
Ruhetag: Sonntagabend, Montag
Ferien: je 2 Wochen im Januar und im August
60 Plätze + 30 Plätze im Freien
Preise: 31–36 €
Kreditkarten: CS, MC, Visa; BM
Mittags und abends geöffnet

Ein Platz reich an Geschichte und Tradition, geführt mit Leidenschaft und Rücksichtnahme auf ein nachhaltiges Angebot.

DIE OSTERIA – Unter den historischen Osterien von Bra hat das Battaglino seit dem Jahr 1919 einen festen Platz. Nach einem Generationenwechsel, als der berühmte Beppe die Leitung vor einigen Jahren an seine Tochter Alessia übergab, hat sich das Restaurant an die Zeichen der Zeit angepasst und dadurch neue Höhen erklommen. Die Räumlichkeiten sind weiterhin klassisch eingerichtet, aber die Atmosphäre profitiert von der Besinnung auf das Wesentliche. Ein schattiger Innenhof mit prachtvollen Glyzinien lädt dazu ein, im Freien zu speisen. Das kulinarische Angebot bleibt in den Spuren der fast 100-jährigen Tradition mit den großen Klassikern des Piemont, ergänzt durch vegetarische und vegane Speisen, wobei Genuss stets im Mittelpunkt steht.

DIE KÜCHE – Die Antipasti (8 €) locken mit lauwarmer **Insalata di gallina**, Castelmagno und Balsamico und der unverzichtbaren Carne cruda mit Salsiccia aus Bra. Die Teigwaren für die Primi sind hausgemacht: exzellente **Agnolotti dal *plin*** mit Butter und Salbei oder **al sugo di arrosto** (mit Bratensauce, 13 €) und Gnocchi al castelmagno. Bei den traditionelleren Secondi wird die Gangart noch erhöht: Zu empfehlen sind **Finanziera** (14 €), **Trippa in bianco** mit Sellerie oder Lauch aus Cervere, Baccalà, entweder frittiert oder geschmort, und **Lumache in guazzetto** (geschmorte Schnecken, 10 €). Tadellos die Desserts (5 €): ***Bonet***, Semifreddo al miele, Brutti e buoni (Feingebäck) oder ein sehr „schokoladiges" Tiramisu. Auf der Weinkarte finden Sie vor allem die Klassiker aus der Langa und aus dem übrigen Piemont.

BRA (CN)

45 KM NORDÖSTL. V. CUNEO, 48 KM SÜDL. V. TURIN

Boccondivino

Moderne Osteria
Via della Mendicità Istruita, 14
Tel. (+39) 01 72 / 42 56 74
Ruhetag: Sonntag (außer im Herbst), Montag
Keine Ferien
60 Plätze + 30 Plätze im Freien
Preise: 30–34 €
Kreditkarten: AE, CS, DC, MC, Visa; BM
Mittags und abends geöffnet

Im Boccondivino kann man sich den positiven Emotionen nicht verschließen, die der Genuss einer unverfälschten Küche nach piemontesischer Tradition auslöst.

DIE OSTERIA – In der berühmtesten Straße von Bra liegt der Sitz dieser Osteria, die mit Slow Food nicht nur die Philosophie, sondern auch den stimmungsvollen Hof teilt, wo man im Sommer in einem lebhaften, angenehmen Bereich im Freien im Schatten der prachtvollen Glyzinien sitzen kann. Im Boccondivino erkennt man, was die Quintessenz einer Osteria ist: große Sensibilität für die Zutaten, Saisontreue, kurze Lieferwege und gastliche Atmosphäre.

DIE KÜCHE – Man beginnt mit den klassischen Antipasti (9 €): eine Dreierkombination von Lardo, **Salsiccia di Bra** und Carne cruda aus Fleisch von Rindern der piemontesischen Rasse, mit dem Messer fein gehackt, Tonno di cappone mit Aceto balsamico, Vitello tonnato, Baccalà mantecato mit Kartoffeln oder ***Capunet*** di cavolo mit Fonduta aus Raschera. Unter den Primi findet man die einzigartigen ***Tajarin*** 40 tuorli mit Butter und Salbei oder mit Sauce aus **Salsiccia di Bra** (9 €). Ebenso zu empfehlen sind die Agnolotti dal *plin* mit Butter und Rosmarin, Gnocchi di patate mit Raschera und Zuppa di ceci mit Schweinerippchen (8 €). Dann folgen Brasato di vitello al Barolo (13 €), **Coniglio grigio di Carmagnola all'Arneis**, Anguilla scottata mit Artischocken oder Lingua stufata mit „blonden" Zwiebeln (12,50 €). Exzellente Auswahl an Formaggi. Unter den Dolci erwarten Sie ***Bonet***, Semifreddo al croccante, Sorbetti und eine überragende **Panna cotta**. Der Weinkeller kann mit der Küche mithalten. Die interessante Karte ist reich bestückt, auch mit Etiketten kleiner Weinbaubetriebe.

34 km östlich von Cuneo, 7 km von Mondovì

Marsupino

Restaurant
Via Roma, 20
Tel. (+39) 01 74 / 56 38 88
Ruhetag: Mittwoch, Donnerstagmittag
Ferien: je 10 Tage im Juni/Juli und September, Januar
80 Plätze + 40 Plätze im Freien
Preise: 38–42 € €↑
Kreditkarten: CS, MC, Visa; BM
Mittags und abends geöffnet

Qualität im Service und Wertschätzung des eigenen Landstrichs sowie der lokalen Produkte.

DIE OSTERIA – Das Hügelland des Monregalese ist einer der unberührten Winkel des südlichen Piemont. Die Ortschaft Briaglia erhebt sich neben dem Hügel von Mondovì Piazza, fünf Minuten Autofahrt von der Autobahnausfahrt entfernt. Die Familie Marsupino ist seit 1901 an diesem Ort: Mit der Zeit hat sich das Lokal von einer gediegenen Osteria an der Straße, von der Ebene des Piemont in Richtung Meer führt, zu einem gepflegten Restaurant gewandelt, dem einige reizende Gästezimmer angeschlossen sind.

DIE KÜCHE – Sie können das Degustationsmenü (40 €) mit zwei Antipasti, einem Primo, einem Secondo und Dessert oder à la carte wählen. Mousse di prosciutto cotto (Schinken aus eigener Produktion) auf Creme von Bohnen aus Bagnasco (11 €) und lauwarme **Insalata di galletto di cascina mit Esskastanien** stimmen auf die Primi wie ***Tajarin*** ai 40 tuorli mit Leberragout von Hoftieren (12 €) oder Agnolotti dal *plin* ein. Neben den klassischen Secondi können Sie sich zarte **Testina con fagioli borlotti** schmecken lassen. Als Alternative gibt es Lumache di Cherasco alla borgognona (Schnecken, 16 €), **Capretto della Val Corsaglia al forno** (Ziegenkitz) und Quaglia disossata (Wachtel), in Rohschinken aus Cuneo gewickelt, mit rotem Apfel (17 €). Lokale Produkte findet man auch bei den Desserts (9 €): hervorragendes Semifreddo mit Torrone und Zabaione, ***Bonet*** und Cassata mit Esskastanien, Panna cotta mit Haselnüssen und Martinsbirnen, serviert mit einem Püree von Renette-Äpfeln und Eis aus Barolo chinato. Das Studium der Weinkarte ist ein echtes Vergnügen. Verpassen Sie nicht die Führung durch den außerordentlichen Weinkeller.

41 km nw. v. Cuneo, 10 km v. Saluzzo, S.P. 47

La Torre

Restaurant
Via Villa, 35 A
Tel. (+39) 01 75 / 761 98,
(+39) 347 / 004 86 80
Ruhetag: Montagabend, Dienstag
Ferien: unterschiedlich
25 Plätze + 30 Plätze im Freien
Preise: 23–30 €
Kreditkarten: CS, MC, Visa; BM
Mittags und abends geöffnet

DIE OSTERIA – Das schmale Bronda-Tal liegt zwischen den weiteren und bekannteren Tälern des Po und des Varaita. In Brondello, einer der drei Gemeinden in diesem Tal, finden Sie das Restaurant (mit Gästezimmern) von Ivano Maero, das dank dem Wirt, einem profunden Kenner der besten Käseproduktionen des Piemont und anderer Regionen, ein wahres „Eldorado" für alle Käse-Fans ist. Auf den ersten Blick könnte man das Lokal angesichts des großen Saals mit 150 Plätzen für Veranstaltungen als bloßen Ort für Bankette abstempeln, sobald Sie aber in einem kleinen Gastraum Platz genommen haben, werden Sie die typische Atmosphäre einer piemontesischen Osteria wahrnehmen, der die Gerichte auf der Karte noch einen zusätzlichen Reiz verleihen.

DIE KÜCHE – Ivano pendelt zwischen Saal und Küche und erläutert die Gerichte von der Karte oder das Degustationsmenü (23 € für Antipasto, Primo, Secondo, Dolce und Kaffee). Bei den regionaltypischen Gerichten, die gepflegt präsentiert und mit leichter Hand zubereitet sind, spielt Käse häufig eine zentrale Rolle. **Marinierte Lonza di maiale** (6 €) und **Trota in agro auf Gemüse-Julienne** (7 €) sind zusammen mit einer gepflegten Auswahl an Salumi ein guter Auftakt zu Ihrer Mahlzeit. Unter den Primi finden Sie ***Cujëtte*** ai **formaggi** di malga (6 €) oder **Agnolotti cotti nel fieno d'alpeggio** (8 €). Die Secondi umfassen exzellente Scaloppa di „foie gras de canard" auf Apfelpüree (18 €), Tagliata vom piemontesischen Fassona-Rind (15 €) und den Wagen mit **Formaggi**, den Sie sicher nicht so bald vergessen und zu dem Sie wohl immer wieder gerne zurückkehren werden. Tortino di fondente mit Coulis aus Heidelbeeren und Eis (8 €) und „Gelatu" alla nocciola (mit Haselnüssen) beschließen den Reigen. Auf der Weinkarte entfällt der Löwenanteil auf Etiketten aus dem Piemont.

CALAMANDRANA (AT)
Valle San Giovanni

25 km südöstlich von Asti

Violetta

Restaurant
Via Valle San Giovanni, 1
Tel. (+39) 01 41 / 76 90 11
Ruhetag: Dienstagabend, Mittwoch, Sonntagabend
Ferien: Januar
60 Plätze + 20 Plätze im Freien
Preise: 30–35 €
Kreditkarten: CS, MC, Visa; BM
Mittags und abends geöffnet

Eine delikate, gepflegte Küche, bei der die Wahl hochwertiger lokaler Zutaten im Mittelpunkt steht.

DIE OSTERIA – Vor der Eröffnung des Restaurants Violetta diente das Lokal als Lebensmittelladen, Volksschule und Wagnerei, die von Livio, Marias Mann, betrieben wurde. Sie können im reizenden Saal im Erdgeschoss oder im Sommer auf der großen Veranda speisen.

DIE KÜCHE – Das Violetta rangiert unter den besten Lokalen des Monferrat. Maria, eine ***Cusinera*** (so bezeichnet man im Monferrat die Köchin) mit großer Erfahrung, bereitet mit Geschick und Feingefühl die Gerichte piemontesischer Tradition zu, ergänzt durch zeitgemäße Abschweifungen auf Initiative ihrer unverzichtbaren Hilfe Kathrin, deren Tante Silvana zusammen mit ihrem Mann Carlo den Service im Saal leitet. Unter den Antipasti sind in der kühlen Jahreszeit die **Finanziera** und im Sommer Aspic di verdure feste Bestandteile der Karte. Gut sind auch Insalata russa und **Vitello tonnato** neben der interessanten Insalata di polpo pressato. Was Sie unter den Primi nicht verpassen sollten, sind **Agnolotti** quadrati aus hauchdünnem Teig und **Gnocchi di patate mit Wurstsauce** (9 €). Bei den Secondi spielt Fleisch von Kälbern der piemontesischen Rasse die Hauptrolle (Loredana, Marias Tochter, führt eine namhafte Fleischerei): Exzellent sind **Brasato al Barbera** und Insalata di carne cruda, aber auch Rolata di coniglio und **Faraona farcita** (12 €) bleiben im Gedächtnis. Das Semifreddo al torrone ist eines der Bravourstücke unter den Desserts des Violetta, wie auch ***Bonet*** und Panna cotta. Die Weine sind sorgfältig ausgewählt, das Angebot an lokalen Etiketten ist gut strukturiert, mit besonderer Aufmerksamkeit für die Gebiete der Langa und des Monferrat.

CALLIANO (AT)
San Desiderio

15 km nördlich von Asti

Santisé

Restaurant
Strada Castelletto, 2
Tel. (+39) 01 41 / 92 87 47, (+39) 347 / 976 32 47
Ruhetag: Montag, im Winter auch Dienstag
Ferien: zeitweise im Januar
80 Plätze + 40 Plätze im Freien
Preise: 35–40 €
Kreditkarten: AE, CS, MC, Visa; BM
Mittags und abends geöffnet

DIE OSTERIA – Der Name, ein Dialektausdruck, bezeichnet den Ortsteil San Desiderio, der wenige Kilometer vom Zentrum von Calliano entfernt hoch oben auf einem Hügel thront. Seit 2003, als seine Leidenschaft für Küche und Keller die Oberhand über sein Studium der Ingenieurtechnik gewann, führt Marco Scanavino dieses Restaurant in einer mit Sorgfalt restaurierten Villa mitten im Grünen, wo auch der Gemüsegarten nicht fehlt. In den drei Räumen, darunter eine helle Veranda mit Blick auf den gepflegten Gastgarten, kümmert sich Barbara gemeinsam mit ihm um das Wohl der Gäste, während Gemma in der Küche die traditionellen Gerichte mit innovativen Akzenten zubereitet.

DIE KÜCHE – Es gibt ein interessantes Degustationsmenü für 30 €, das nach dem kleinen Willkommensgruß zwei Antipasti, Primo, Secondo und Dolce umfasst: zum Beispiel fein gehackte Carne cruda und Insalata russa, Gnocchi di patate mit Robiola aus Roccaverano und roten Rüben, **Coniglio al forno mit Taggiasca-Oliven** und Crema gelata al Moscato Passito. Als Alternativen verdienen je nach Jahreszeit **Tartrà** ai piselli (8 €) nach alter Art, Tegamini di trippa (Kutteln) mit Toma und Ei, **Cardi gobbi di Nizza mit Butter** und Polenta fritta mit Sardellen eine spezielle Erwähnung. Auf der Karte finden Sie unter den Primi **Agnolotti gobbi ai tre arrosti** (12 €), Gnocchi di ceci mit hartem Bra und knuspriger Pancetta und gratinierte ***Rabaton***. Sehr zu empfehlen sind **Finanziera**, der kleine Fritto piemontese (16 €) und zum Abschluss die Torten: Torta della nonna mit Birnen oder Torta alle nocciole mit warmer Zabaione aus Moscato d'Asti (7 €). In der sorgfältig aufgebauten Weinkarte spiegelt sich Marcos Leidenschaft wider. Sie umfasst mehr als 300 Etiketten, ein Drittel davon Rotweine aus dem Piemont, die allesamt zu angemessenen Preisen angeboten werden.

CALOSSO (AT)

23 KM SÜDLICH VON ASTI

La Crota 'd Calos

Traditionelle Osteria
Via Cairoli, 7
Tel. (+39) 01 41 / 85 32 32
Ruhetag: Mittwoch, April–Oktober Dienstag
Ferien: 7. Januar–10. Februar,
erste Septemberwoche
80 Plätze + 60 Plätze im Freien
Preise: 24–27 €
Kreditkarten: AE, CS, DC, MC, Visa; BM
Mittags und abends geöffnet

DIE OSTERIA – Im Zentrum der Ortschaft liegt diese gastliche Osteria, wo man in einem von Herzlichkeit und guter Laune geprägten Umfeld – dafür sorgt auch der Wirt Sebastiano – die von Patrizia zubereiteten Klassiker nach piemontesischer Tradition genießen und sich dazu, wie der Name bereits vermuten lässt, die Etiketten aller Produzenten von Calosso neben Weinen aus anderen Anbaugebieten des Piemont schmecken lassen kann. Die Karte bietet eine große Auswahl an Gerichten, die je nach Jahreszeit und Marktlage variieren. Ein weiterer Pluspunkt ist der Gastgarten, der in der schönen Jahreszeit einen schönen Ausblick auf die umliegenden Hügel verheißt.

DIE KÜCHE – Man kann das Degustationsmenü – 27 € für zwei Antipasti, Primo, Secondo und Dolce – oder à la carte wählen. Beginnen wir mit den Antipasti, die allesamt einladend und wirklich delikat sind (5,50 €): Salami aus dem Monferrat, Lardo mit Kräutern, Acciughe in Kräutersauce, **Vitello tonnato**, Battuta di fassone, **Lingua in salsa rossa**, Peperoni mit Sauce, Robiola aus Roccaverrano mit grüner Sauce und Sformati mit Fonduta. Dann folgen **Ravioli dal *plin* mit Butter und Salbei** oder al ragù (7 €), Gnocchi al castelmagno, ***Tajarin*** mit Steinpilzen oder mit Fleischragout, **Zuppa di trippa mit Bohnen** und Risotti (hervorragend die Version mit Barbera und Robiola). Der nächste Gang hält guten Käse und in der Saison Uova affogate in ***bagna 'd bulé*** (pochierte Eier mit Pilzsauce) bereit, die eigentlichen Stars der Secondi sind jedoch Fleischgerichte wie Filetto di fassone mit Knoblauch und Rosmarin (14 €), **Coniglio all'astigiana**, Cotechino mit Fonduta und Cinghiale mit Polenta. Gut und hausgemacht sind die Desserts: Pesche sciroppate mit Zabaione, Panna cotta mit heißer Schokolade, *Bonet* und Semifreddo al torrone. Brot und Gedeck werden nicht verrechnet.

CANTALUPO LIGURE (AL)
Pessinate

55 KM SÖ. V. ALESSANDRIA, 45 KM V. TORTONA, S.P. 35 BIS U. 140

Belvedere 1919

Restaurant
Ortsteil Pessinate, 53
Tel. (+39) 01 43 / 931 38
Ruhetag: Montag
Ferien: Januar
45 Plätze
Preise: 36–40 € €↑
Kreditkarten: CS, DC, MC, Visa; BM
Mittags und abends geöffnet

DIE OSTERIA – Das alte Schild eines historischen Likörherstellers neben dem Eingang verleiht dem Lokal, in dem klassische Elemente mit modernen Akzenten verschmelzen, einen Retro-Touch. Die Tische im großen Speisesaal stehen in angenehmen Abständen, durch die Fenster kann man einen Blick in die Küche werfen. Als Raumteiler fungieren klimatisierte Weinschränke, zur Einrichtung gehören alte Siebe an der Decke. Für den Empfang der Gäste zeichnet Signora Maria verantwortlich, die Mutter von Serena und Fabrizio, die sich um die Küche kümmern. Die Familie Rebollini führt das Restaurant seit seiner Eröffnung im Jahr 1919, wobei es einige Umwandlungen erfuhr, ehe es die heutige Form erlangte.

DIE KÜCHE – Die Gerichte variieren je nach Verfügbarkeit der Zutaten aus der Umgebung, wo sich Traditionen der Regionen Piemont, Emilia Romagna und Ligurien kreuzen. Beginnen können Sie mit feinem **Cappon magro**, Uovo sodo mit Pilzen und Montebore, Lumache di vigna (Weinbergschnecken, 13 €), Carré di maialino mit Senfsamen, ***Bagna caoda*** mit Gemüse (im Winter) oder den delikaten Gamberi tostati auf Artischockenpüree mit Lakritze. Unter den Primi entdeckt man *Pisarei e fasò* (12 €), **Agnolotti mit Rinderfond**, Tortelli di magro mit Pesto und Nüssen sowie Risotto alla borragine mit Fonduta aus ***Prescinsêua*** und Pinienkernen. Die Speisenfolge geht weiter mit **Bollito di testa di manzo mit Saucen** (14 €), Petto di faraona in Kräuterkruste, **Baccalà mit Zwiebeln und Kapern**, Grigliata di pesce und einem Sortiment an Formaggi aus dem Borbera-Tal mit eingelegten Früchten (10 €). Zum Abschluss eine Scheibe Sbrisolona oder Cappuccino ghiacciato (7 €), ein hausgemachtes Sorbet. Das Weinsortiment mit zahlreichen lokalen Etiketten kann mit der Küche mithalten, als Alternative bekommt man Biere aus kleinen Brauereien.

CAPRIATA D'ORBA (AL)

23 km südl. v. Alessandria, 10 km v. Novi Ligure

Il Moro

Restaurant-Enoteca • Piazza Garibaldi, 6
Tel. (+39) 01 43 / 461 57
Ruhetag: Montag; Dienstag, Mittwoch, Donnerstag und Sonntag abends nur gegen Vorbestellung geöffnet
Ferien: Juni, 1 Woche im Dezember/Januar
35 Plätze + 35 Plätze im Freien
Preise: 37–40 € €↑
Kreditkarten: CS, DC, MC, Visa; BM
Mittags und abends geöffnet

Piemontesische Tradition mit ligurischen Einflüssen, beides niveauvoll kombiniert.

DIE OSTERIA – Das Lokal hat seinen Sitz in einem schönen Gebäude aus dem 17. Jahrhundert auf dem Hauptplatz der Ortschaft. Hier kommt man wohl nicht zufällig vorbei, aber für dieses Restaurant lohnt sich ein Abstecher von der Straße Alessandria-Novi. Simona und Claudio empfangen Sie mit dezenter Freundlichkeit und profundem Wissen zu Küche und Keller. Die Speisen wurzeln in der Tradition des Piemont, doch auch Einflüsse aus der Nachbarregion Ligurien blitzen auf. Großes Augenmerk wird auf die Wahl der hochwertigen Zutaten gelegt, die meistens lokaler Herkunft sind.

DIE KÜCHE – Die Karte umfasst fünf Vorschläge pro Gang und variiert je nach Saison. Bei unserem Besuch im März bekamen wir als Antipasti frischen Roccaverano mit Öl und Pfeffer, **Torta pasqualina** und **Sformato di cardi mit *Bagna caoda*** (10 €), danach als Primi **Agnolotti** auf dreierlei Art nach hiesiger Tradition (a culo nudo, also ohne Sauce, in Wein und **al tocco**) und Risotto al Gavi mit Spargel (13 €). Dann folgte der Hauptgang mit Costolette di agnello mit marinierten Artischocken und **Stoccafisso in insalata mit Kartoffeln und Taggiasca-Oliven** (15 €). Zum Ausklang können Sie Torta di mele mit Cremeeis (7 €) oder eine schöne Auswahl an Formaggi aus dem Piemont mit der von Simona selbst gemachten Trauben-Mostarda wählen. Die Weinkarte ist umfangreich und gepflegt: 400 Etiketten (20 davon werden auch glasweise ausgeschenkt), darunter die besten Produzenten von Ovada und Gavi und ein Sortiment aus dem übrigen Piemont und anderen Regionen Italiens, die zu moderaten Preisen angeboten werden. Die Weine kann man in der angeschlossenen Vinothek kaufen.

CARAGLIO (CN)
Paschera San Defendente

14 km nordwestlich von Cuneo

Paschera dal 1894

Osteria-Trattoria
Ortsteil Paschera San Defendente, 62
Tel. (+39) 01 71 / 81 72 86, (+39) 335 / 809 90 56
Ruhetag: Montag
Ferien: unterschiedlich
40 Plätze • Preise: 30–35 € (Tagesmenü)
Kreditkarten: MC, Visa; BM
Mittags und abends gegen Vorbestellung geöffnet

DIE OSTERIA – Sie müssen auf jeden Fall reservieren und es wird gar nicht so leicht sein, unter den wenigen Häusern des Ortsteils das Lokal zu finden (nach dem Filatoio, dem Museum für Seidenherstellung, in Richtung Busca fahren und an der ersten Kreuzung links abbiegen), aber der Besuch im Paschera wird Körper und Geist erfrischen. Das Lokal wird seit fünf Generationen von der Familie Rovera geleitet: Manuela und ihr Mann Carlo Rocca erläutern die Geschichte des Lokals und die Gerichte, beginnend mit der *Culumbot* (Taube), die zu der Zeit, als man sie jagen durfte, häufig serviert wurde, nun aber von einem bewährten Züchter geliefert wird. Erwähnung verdienen die hauseigenen eingelegten Produkte (Konfitüren, Obst- und Gemüsekonserven).

DIE KÜCHE – Das feststehende Menü beginnt mit Salame crudo, mit Butter serviert, dann folgen **Rolata di coscia di pollo**, gefüllt mit Frühlingszwiebeln, Peperone sotto aceto mit hart gekochtem Ei, Sardellen und grüner Sauce und **Trota in carpione**. Unter den Primi können Sie ***Tajarin*** con ragù di ***culumbot*** (mit Taubenragout) oder mit Tomaten und Sardellen finden. Wie gesagt, das Paradegericht des Paschera ist die ***Culumbot*** al forno (die bei der Reservierung vorbestellt werden muss), Sie bekommen aber auch Coniglio alla ligure oder **Stinco arrosto** mit Kartoffeln. Ein frischer Toma mit Himbeerkonfitüre leitet zu den Desserts über: Torta di cioccolato mit Haselnüssen oder Pesche sciroppate. Die Weinkarte schenkt auch kleinen Betrieben aus dem Piemont die gebührende Aufmerksamkeit.

Die Cascina Rosa im Ortsteil **Bottonasco** 28 (4 km) produziert und verkauft eingelegtes Obst und Gemüse, Saucen, Säfte, Fruchtsirup, getrocknete Früchte und Honig, alles aus Bio-Anbau.

64 km n. v. Turin, 17 km v. Ivrea, A 5 u. S.S. 26

Ramo Verde

Trattoria
Via Torino, 42
Tel. (+39) 01 25 / 81 13 27
Ruhetag: Montag, Dienstag, Samstagmittag, Sonntagabend
Ferien: 1 Woche im September, 2 Wochen im Juli
35 Plätze
Preise: 33–38 €
Kreditkarten: CS, DC, MC, Visa; BM
Mittags und abends geöffnet

DIE OSTERIA – Carema, eine Ortschaft mit wenig mehr als 700 Einwohnern, ist die letzte Gemeinde des Piemont an der Straße ins Aostatal. Wir befinden uns hier im Übergangsgebiet zwischen dem Canavese und dem „Vallée" und der Übergang zwischen Ebene und Bergland ist auch das zentrale Thema im Speisenangebot dieser alten, traditionellen Osteria, die, wie das Schild am Eingang verrät, seit dem Jahr 1925 besteht. Fabrizio Vairetto leitet die Küche, seine Frau Graziella führt Sie zu einem Platz in einem der beiden unterschiedlich großen Säle und stellt Ihnen mündlich die angebotenen Gerichte vor.

DIE KÜCHE – Der Misto di antipasti (15 €) richtet sich nach dem Lauf der Jahreszeiten: Asparagi (Spargel) mit salziger Zabaione, fein gehackte Carne cruda, **Tortino di porri** (Lauchauflauf), **Flan di topinambur und *Bagna caoda***. Unter den Primi verdienen die **Ravioli di borragine** (mit Borretsch, 8 €) und die typische **Zuppa canavesana di ajucche** im Frühling eine spezielle Erwähnung. Wenn man dann zum nächsten Gang übergeht, findet man als Spezialitäten **Capretto al forno** (gebratenes Ziegenkitz, 15 €) und **Coniglio grigio di Carmagnola mit Haselnüssen** (15 €) neben Guancia di vitello in Rotwein und im Winter Trippa (Kutteln). Unter den Desserts (4 €) sind Torta di mele mit Zabaione, Crème brulée mit Lakritze und Sfera di cioccolato fondente zu empfehlen. Der Nebbiolo aus Carema war der erste italienische Wein, der als Slow-Food-Presidio anerkannt wurde. Er steht auch im Mittelpunkt der Weinkarte neben anderen Etiketten aus dem Piemont, dem Aostatal und einem interessanten offenen Hauswein aus dem Canavese.

31 km nö. von Cuneo, S.P. 12 od. Ausf. A 6, A 33

Osteria del Borgo

Restaurant
Via Garibaldi, 19
Tel. (+39) 01 73 / 75 91 84
Ruhetag: Dienstagabend, Mittwoch
Ferien: 4 Wochen im Juni/Juli
60 Plätze
Preise: 32–35 €
Kreditkarten: CS, MC, Visa; BM
Mittags und abends geöffnet

DIE OSTERIA – Das Lokal liegt wenige Schritte von der Piazza entfernt, wo im Dezember das große Zelt für die Veranstaltungen des historischen Mastochsenfestes steht. In der Osteria del Borgo wird ein Bollito misto alla piemontese serviert, den man nicht vergisst. Der prachtvolle Servierwagen wird von Giovanni Lubatti in den Saal geschoben. Sein Sohn Daniele arbeitet im Service, seine Frau Giuseppina steht gemeinsam mit dem zweiten Sohn Paolo am Herd. Seit der kürzlich durchgeführten Renovierung ist die Atmosphäre eher die eines Restaurants als einer Osteria. Der Empfang ist herzlich und die Gästeschar bunt gemischt.

DIE KÜCHE – Bei unserem Besuch ließen wir uns einen großen **Bollito misto** (18 €) mit neun Fleischsorten, darunter auch Hähnchen und Salamino, schmecken. Das Fleisch – genau richtig in der Temperatur – wird bei Tisch aufgeschnitten und mit farbenfrohen Saucen kombiniert: rote und grüne Sauce, Frucht-Mostarda, Meerrettichsauce, *Cognà*, gehackte Sottaceti und Rote-Rüben-Sauce. Der Wagen dreht danach eine großzügige zweite Runde im Saal. Abgesehen von diesem Ritual lockt die Karte mit ***Tajarin***, **Ravioli dal *plin*** und anderen frischen Teigwaren, alle hausgemacht. Der Fritto misto mit 35 Fleischstücken wird zu besonderen Anlässen im Winter zubereitet und sogar die **Finanziera** ist vertreten. Degustationsmenü für 37 €. Exzellente Weinkarte mit einer umfangreichen Auswahl an Etiketten. Als Übernachtungsmöglichkeit stehen die Zimmer des Borgo, eines modernen Gästehauses ganz in der Nähe, zur Verfügung.

Fabio und Anna (Via Roma 48) bieten Süßspeisen aus erstklassigen Zutaten, darunter Haselnüsse der Sorten Tonda und Gentile. In der Saison Panettoni und Colombe aus Mutterhefe.

50 KM SÜDLICH VON ALESSANDRIA

Cacciatori

Restaurant • Via Moreno, 30
Tel. (+39) 01 44 / 401 23
Ruhetag: Mittwoch, Donnerstag (außer an Feiertagen)
Ferien: 1.–15. Juli, 20. Dezember–20. Januar
35 Plätze
Preise: 40–55 €
Kreditkarten: CS, MC, Visa; BM
Abends geöffnet, Samstag und Sonntag auch mittags

DIE OSTERIA – Das Ambiente, ein großer, heller Saal, dekoriert mit zeitgenössischen Kunstwerken an den Wänden, bildet den Rahmen für die Tätigkeit der Familie Milano, die hier seit mehr als 90 Jahren ihre Gäste empfängt. Im Saal geben Massimo und Giancarlo, Vater und Sohn, Auskunft über die Speisen und empfehlen die dazu passenden Weine. Die Tische sind mit weißen Tischtüchern elegant gedeckt, dennoch ist die Atmosphäre ungezwungen. Im Sommer gibt es die Möglichkeit, im Freien unter einer klassischen Laube zu speisen, wie man sie häufig in ländlichen Gebieten des Piemont antrifft. Wer länger bleiben möchte, kann eines der Gästezimmer nutzen.

DIE KÜCHE – Die Küche liegt in den Händen von Federica Rossini (Massimos Frau) und Carla. Sie bereiten Speisen aus einem Repertoire zu, das sich bis ins Detail an die lokale Tradition hält, aber auch innovative Akzente und Änderungen zulässt, die manchen Rezepten mehr Leichtigkeit verleihen. Man beginnt mit **Peperone di Carmagnola mit Sardellen**, Giardiniera, serviert mit Ventresca di tonno, gefüllten Zucchini und Auberginen oder Kostproben von fünf Antipasti für 16 €. Unter den Primi (11 €) finden Sie **Raviolini al naturale** oder die Version, die mit einem Tropfen Barbera verfeinert wird, und mit dem Messer geschnittene ***Tajarin*** (sehr dünn), deren Sauce je nach Saison variiert. Unter den Secondi (17 €) gilt unser Tipp **Pollo alla cacciatora**, **Capretto, im Holzofen gegart,** oder Coniglio mit Oliven und Pinienkernen. In der Saison der **Funghi** können Sie mit etwas Glück (wenngleich mit ein paar Euro mehr auf der Rechnung) die mittlerweile sehr seltenen Ovoli (Kaiserlinge) finden, die mit Kartoffeln gekocht werden. Die kleine Dessertkarte (6 €) variiert häufig. Schöne Weinkarte mit den besten Abfüllungen aus dem Piemont.

30 KM NW. VON ALESSANDRIA, A 26 ODER S.S. 31

Amarotto

Restaurant
Via Cavour, 53 A
Tel. (+39) 01 42 / 78 12 81
Ruhetag: Sonntagabend, Montag
Ferien: je 2 Wochen im Januar und Juli
65 Plätze + 25 Plätze im Freien
Preise: 28–32 €
Kreditkarten: CS, MC, Visa; BM
Mittags und abends geöffnet

DIE OSTERIA – Im sehenswerten Zentrum dieser Stadt, der historischen Hauptstadt des Monferrat, hat diese Osteria seit den 1940er-Jahren in einem schönen Palazzo des 18. Jahrhunderts ihren Sitz. Die Geschicke des Lokals lenkt schon seit der Gründung die Familie Amarotto, die heute mit den jungen Schwestern Elisa und Pamela durch die jüngste Generation vertreten ist. Unterstützt werden die beiden durch die profunde Erfahrung ihres Vaters Piero. Die Tradition des Monferrat prägt die Osteria, wo man eine rasche Mahlzeit in der Mittagspause, ein Abendessen oder auch ein Festmahl zu einem besonderen Anlass genießen kann. Die Gasträume sind mit Stuckelementen aus der Erbauungszeit des Hauses dekoriert und angenehm schlicht eingerichtet. Sobald man Platz genommen hat, umfängt einen das wohlige Gefühl, dass 70 Jahre Tradition sehr wohl ihre Spuren hinterlassen haben.

DIE KÜCHE – Sie können ein Degustationsmenü für 28 € oder Gerichte aus der Karte wählen. Für den Einstieg werden das klassische Vitello tonnato (8,50 €), eine erstklassige **Insalata russa** und auch ein Fritto misto di pesce mit frischem Fisch, je nach Marktlage, angeboten. Die Dreierkombination Tris di antipasti (13 €) umfasst Carne cruda, Vitello tonnato und eine Wurst aus dem Monferrat. Bei den Primi sollte die Wahl eigentlich auf die **Agnolotti** (9,50 €) fallen, aber auch ***Tajarin*** und Gnocchi di patate sind zu empfehlen. Die Secondi bewegen sich ebenfalls in den Spuren der Tradition, daher findet man **Trippa** (11 €) oder im Sommer **Carpione**, Arrosto oder Tagliata. Als Desserts werden ***Bonet***, Mousse allo zabaione mit Krumiri, typischem Feingebäck aus Casale, und Sorbetto mit saisonalem Obst angeboten. Die Grundlage der Weinkarte sind die besten lokalen Hersteller, ergänzt durch Produkte aus dem übrigen Piemont und anderen Regionen Italiens.

CASALNOCETO (AL)
Cascina Bossola

30 KM ÖSTL. V. ALESSANDRIA, 10 KM ÖSTL. V. TORTONA

La Bossola

Restaurant
Ortsteil Cascina Bossola, 10
Tel. (+39) 01 31 / 80 93 56
Ruhetag: Montag, Dienstag
Ferien: 9.–17. August, Weihnachten–Dreikönig
24 Plätze
Preise: 34 €
Kreditkarten: CS, MC, Visa; BM
Mittags und abends geöffnet

DIE OSTERIA – Wir befinden uns hier in der ländlichen Umgebung von Casalnoceto, zwischen den Colli Tortonesi und dem Oltrepò. Der Zugang zu diesem Landhaus führt durch einen Innenhof und einen Bogengang. Das Restaurant liegt im ersten Stock in einem großen, hellen Saal mit gepflegter Einrichtung. Empfangen werden Sie von der Familie Marchetti: Enzo steht in der Küche, die Gäste werden von seiner Frau Giuliana und seiner Tochter Barbara aufmerksam und professionell betreut.

DIE KÜCHE – Enzo bereitet Gerichte der piemontesischen Tradition mit Anklängen an die Lombardei zu, wobei er spezielles Augenmerk auf die Wahl der Zutaten legt und das Repertoire durch Fischrezepte erweitert. Um die Wartezeit zu verkürzen, werden Häppchen von erstklassigen Wurstspezialitäten aus den Valli Tortonesi angeboten. Den Antipasto (10 €) wählt man unter Vorschlägen wie Salmone affumicato, einem delikaten **Vitello tonnato**, Tortino di asparagi oder Tortino mit anderem Gemüse. Die Primi (10 €) punkten mit **Tagliolini al ragù di salsiccia e vitello** (mit Kalbswurstragout), von Hand gemachten **Ravioli** nach alter Tradition sowie hervorragenden Pappardelle di castagne mit Artischocken und Tomaten. Als Secondo (14 €) bekommen Sie klassische **Milanese mit Knochen**, Tagliata di scamone di vitello in Brotkruste, Filetto di maialino mit Speck und Paprika und **Costolette di agnello mit Pistazien und Haselnüssen**. Als Alternative können Sie ein Sortiment an Formaggi mit erlesenen Produkten von hohem Niveau wählen. Wer die Mahlzeit gerne mit einem Dessert (8 €) abschließen will, kann Tortino di mele aus Buchweizenmehl, Tortino di nocciole ohne Mehl mit Schokoladeschaum oder Zuppetta (Cremeeis, Zartbitterschokolade und warme Zabaione) wählen. Der Schwerpunkt der reich bestückten Weinkarte liegt bei Etiketten der Colli Tortonesi.

CASSINASCO (AT)

34 KM SÜDLICH VON ASTI, 10 KM VON CANELLI

La Casa nel Bosco

Restaurant • Regione Galvagno, 23
Tel. (+39) 01 41 / 85 13 05
Ruhetag: Dienstag
Ferien: zeitweise im Winter
40 Plätze + 20 Plätze im Freien
Preise: 30–32 € (Tagesmenü)
Kreditkarten: AE, CS, MC, Visa; BM
Abends geöffnet, an Feiertagen und gegen Vorbestellung auch mittags, im Winter nur am Wochenende

Mina und Gianni begleiten Sie auf einen wunderbaren Streifzug durch die traditionelle Küche.

DIE OSTERIA – Diese reizende Osteria könnte gar nicht anders heißen: Sie finden sie nach einer Fahrt durch einen dichten Wald, der die Reihen von Moscato-Rebstöcken in den Hügeln oberhalb von Canelli durchbricht. Ein helles Lokal mit großen Glasfenstern zum Garten und geschmackvoll eingerichteten Räumen mit Kamin bildet den idealen Rahmen für ein Abendessen im Winter. Im Sommer kann man im Hof mit Blick auf den Wald und den Obstgarten speisen. Gianni Filippetti ist hier für die mündliche Präsentation der Speisen und den Service zuständig, während die Küche der alleinigen Kompetenz seiner Frau Mina untersteht.

DIE KÜCHE – Die Karte variiert je nach Jahreszeit und bietet stets ein Degustationsmenü zu einem angemessenen Preis. Wir probierten als Vorspeisen exzellenten **Involtino di peperone mit Thunfischpastete** (8 €), Sformato di asparagi mit Tomatencreme und Carpaccio di vitello. Das Kapitel der Primi (10 €) stellt Gnocchi di patate mit Fleischragout, **Lasagne al forno mit Gemüse** oder Mezzelune di ricotta e spinaci in Tomatensauce mit Oliven und Kapern zur Wahl. Schönes Repertoire an Secondi: gefüllte Costolette di agnello, Arrosto di vitello, Robiola di Roccaverano, im Ofen gebraten, und ein hervorragender **Merluzzo mit Tomaten, Kapern und Zwiebeln aus Tropea** (12 €). Die Nähe von Canelli, der Hauptstadt des Moscato d'Asti, schlägt sich bei den Desserts (7 €) nieder: Ciliegie (Kirschen) mit Semifreddo al Moscato, Semifreddo al torrone di Cassinasco, **Panna cotta mit Haselnüssen und Zabaione di Moscato**. Die umfangreiche Weinkarte schenkt lokalen Produkten die gebührende Aufmerksamkeit.

CASTAGNITO (CN)

61 KM NÖ. VON CUNEO, 11 KM VON ALBA, S.S. 231

Ostu di Djun

Osteria
Via San Giuseppe, 1
Tel. (+39) 01 73 / 21 36 00
Ruhetag: Sonntag
Ferien: 1 Woche im August, Weihnachten/Dreikönig
40 Plätze + 80 Plätze im Freien
Preise: 30–35 € (Tagesmenü)
Keine Kreditkarten
Abends geöffnet

DIE OSTERIA – Wir befinden uns hier in den Hügeln des Roero, etwa zehn Kilometer von Alba entfernt. Nach Überschreiten der Schwelle, die von einem kleinen Zinnsoldaten bewacht wird, und einem Blick auf die Harley, die vor der Theke parkt, wird man von Luciano Marsaglia empfangen, der hier seit mehr als 20 Jahren seinen komödiantischen Charme versprüht. Auch wenn man zum ersten Mal hier speist, hat man sofort das Gefühl dazuzugehören. Man muss sich nur an die Regeln halten: Die erste Regel besagt, dass man dem vorgeschlagenen Menü folgen soll, wobei insbesondere für die Hauptspeisen einige Alternativen angeboten werden. Man trinkt den glasweise ausgeschenkten Wein, den Luciano mit großem Geschick aus Magnumflaschen und bei lokalen Weinen aus Doppel-Magnumflaschen an den einzelnen Tischen anbietet. Das Besteck, das man für jeden Gang frisch aus einem Korb nimmt, ist bunt und von unterschiedlicher Form und auch die Teller sind aus verschiedenen Serien zusammengewürfelt.

DIE KÜCHE – Man beginnt mit Bagasce, das sind mit Rohschinken belegte Brotfladen, dann geht es mit zwei Antipasti weiter: An dem Frühsommerabend unseres Besuchs gab es Uova e zucchine in carpione und marinierte Carne all'albese. Unter den Primi sind ***Tajarin*** mit Fleischragout (im Herbst mit Trüffel) stets vertreten. Exzellent sind auch **Gnocchi di patate mit Käse** und **Zuppa di ceci**. Dann gibt es Fleisch von hoher Qualität (von **Milanese di vitello** über Fegato bis zum **Coniglio**), delikate **Anguilla**, die einzigartige warme Formaggetta mit Eigelb und eine gute Auswahl an Käse dieser Gegend. Bevor Sie sich ein Stück vom Torrone herunterschneiden (eine weitere Regel des Hauses) gibt es Budino alla panna, frisches Obst oder Gelati mit wenig schmeichelhaften Namen wie ***Tabalori*** (Dummkopf) im Winter und ***Gnugnu*** (Gnu) im Sommer.

CASTELL'ALFERO (AT)

12 KM NÖRDLICH VON ASTI

Da Marisa al Castello

Restaurant
Via Castello, 1
Tel. (+39) 01 41 / 20 41 15
Ruhetag: Montag, Dienstag
Keine Ferien
70 Plätze + 50 Plätze im Freien
Preise: 37–40 € €↑
Kreditkarten: CS, DC, MC, Visa; BM
Mittags und abends geöffnet

DIE OSTERIA – Marisa Torta hat ihren Ruf wenige Kilometer von hier in Caniglie in der Trattoria Da Dirce begründet, wo sie lange Zeit Gerichte der bodenständigen Küche des Monferrat serviert hat. Vor etwa 15 Jahren wechselte sie von der Trattoria zu einem eleganten Restaurant in Räumlichkeiten des mächtigen Schlosses der Grafen Amico, das die Ortschaft Castell'Alfero überragt. In den weitläufigen Sälen oder, wenn es die Witterung erlaubt, auf der Gartenterrasse, einem prachtvollen Aussichtspunkt, können Sie sich die Speisen nach Rezepten schmecken lassen, die von der Mutter an die Tochter weitergegeben wurden.

DIE KÜCHE – Man beginnt mit kalten Antipasti: eine exzellente Battuta al coltello, **Vitello tonnato** (10 €) und **Insalata russa**. Unter den warmen Antipasti wollen wir Soufflé di baccalà mit Kartoffeln und den herbstlichen Tortino di patate e funghi hervorheben. Die frischen Teigwaren sind hausgemacht und umfassen die klassischen ***Tajarin*** ai 30 rossi d'uovo (mit 30 Eigelb, 12 €), **Agnolotti ai tre arrosti** nach alter Tradition und exzellente **Gnocchi di patate mit Salsiccia aus Bra**. Falls verfügbar, lassen Sie sich die Finanziera nicht entgehen. Auch die **Trippe in umido** oder **Coniglio** nostrano **all'Arneis** (15 €) sowie die interessante Anatra al passito di Malvasia können wir empfehlen. Für den süßen Abschluss sind Coppa sabauda (8 €) oder Mousse al cioccolato ein sicherer Tipp, wobei Sie auch bei der feinen Panna cotta von perfekter Konsistenz nicht falsch liegen. Das Angebot umfasst ein Degustationsmenü für 40 € mit Marisas großen Klassikern, das drei Antipasti, Primo, Secondo und Dessert umfasst. Die Weinkarte hat ihren Schwerpunkt bei lokalen Produkten und guten Etiketten aus dem übrigen Piemont.

CASTELL'ALFERO (AT)
Perno

12 KM NÖRDLICH VON ASTI

Ristorante del Casot

Restaurant
Regione Perno, 76
Tel. (+39) 01 41 / 20 41 18,
(+39) 01 41 / 20 41 14
Ruhetag: Dienstag, Mittwoch
Ferien: zweite Januarhälfte
40 Plätze + 25 Plätze im Freien
Preise: 38–40 € €↑
Kreditkarten: AE, CS, DC, MC, Visa; BM
Mittags und abends geöffnet

DIE OSTERIA – Die Straße hinauf nach Castell'Alfero führt durch Weingärten und Wiesen bis zum Ortsteil Serra Perno, wo Sie im Casot von Ivan Cussotti und seinen Eltern empfangen werden. Ivans Reich ist die Küche, Mama und Papa kümmern sich um den Service in den einfach eingerichteten Räumen, wo ein Kamin und eine erlesene Sammlung von Grappa-Flaschen des berühmten Produzenten Romano Levi den Blick anziehen, und im sommerlichen Gastgarten. Die Merkmale der Küche sind die Verbundenheit mit diesem Landstrich und die Saisontreue. Die Produkte und Rezepte werden mit Sorgfalt gewählt; Ivan flicht mit großer Souveränität immer auch Neues ein.

DIE KÜCHE – Zum Auftakt finden Sie Antipasti wie **Girello di vitello arrosto in Thunfischsauce** (12 €), Anguilla in carpione und Fleisch vom Fassone-Rind auf dreierlei Arten: mit dem Messer fein gehackt, gegart sowie in Salz gekocht und mit Roccaverano gefüllt. Bei den Primi dominieren frische hausgemachte Teigwaren: **Agnolotti gobbi** d'Asti mit Butter und Thymian oder mit Wein und ***Tajarin*** 40 rossi mit Fleischragout (10 €). Als Secondi werden **Sottopaletta di vitello mit Barbera d'Asti**, Carré di agnello vom Grill und Stinco di vitello, auf der Platte gebraten (15 €), angeboten. In der Saison bekommt man **Funghi** und **Tartufi**, gegen Vorbestellung Fritto misto, Bollito und Finanziera. Zum Abschluss locken Semifreddo al cioccolato bianco mit Rum- und Kakaosauce, warme Zabaione mit Haselnusstorte (9 €) und ***Bonet***. Das Angebot umfasst auch eine Auswahl an Formaggi von kleinen Produzenten aus der Langa Astigiana (10 €). Die Weinkarte schlägt ein erstklassiges Sortiment an Etiketten aus dem Monferrat vor, wovon einige auch glasweise ausgeschenkt werden. Degustationsmenü für 35 und 40 €. Von Montag bis Freitag Businesslunch für 20 €.

CAVATORE (AL)

40 KM SW. V. ALESSANDRIA, 11 KM V. ACQUI TERME

Da Fausto

Restaurant
Ortsteil Valle Prati, 1
Tel. (+39) 01 44 / 32 53 87
Ruhetag: Montag, Dienstag, im Sommer Montag, Dienstagmittag
Ferien: 1. Januar–11. Februar
55 Plätze + 50 Plätze im Freien
Preise: 30–35 €
Kreditkarten: CS, DC, MC, Visa; BM
Mittags und abends geöffnet

DIE OSTERIA – Das Restaurant (mit Gästezimmern) liegt in Cavatore, in den Hügeln nahe der Thermalstadt Acqui Terme. Es hat seinen Sitz in einem alten, elegant restaurierten Steinhaus mit einer schönen Veranda, von wo aus man einen atemberaubenden Ausblick bis zu den Alpen genießt. Fausto und seine Tochter Gaia empfangen die Gäste und erteilen Ratschläge zur Wahl der Weine und der Gerichte, die von Faustos Frau Rossella zubereitet werden.

DIE KÜCHE – Die Karte schöpft aus der Tradition des Piemont und Liguriens, wie es für dieses Grenzland typisch ist. Nach dem Begrüßungshäppchen geht es gleich los mit den Antipasti, bei denen sich der Bogen von der klassischen Carne cruda über **Gallina tonnata ai capperi** bis zu Acciughe fritte spannt. Dann folgen die hervorragenden ***Rabaton* al forno**, Ravioli di melanzane und **Quadri di baccalà mit Tomaten und Krebsen** (10 €). Ein wahrer Gaumenschmaus sind auch die Secondi: Cima alla genovese mit Sauce (12 €), **Anatra** nostrana **al forno** und Roastbeef al sale mit Misticanza. Beeindruckend ist die Auswahl an Formaggi, die in Kombination mit Mostarda d'uva serviert werden. In der entsprechenden Jahreszeit gibt es **Selvaggina** (Wild aus dieser Gegend) und erlesene **Funghi** aus dem Gebiet um Sassello. Die schöne Auswahl an Desserts (6 €) umfasst Semifreddo al torrone mit Schokolade-Fonduta, kleine Meringhe mit frischer Sahne, Pesche ripiene (im Sommer) und Gaias Gelati (probieren Sie im Frühling Gelato alle fragole, das Erdbeereis). Die Weinkarte ist nach Rebsorten unterteilt. Sie ist umfangreich und spiegelt die große Auswahl an Etiketten wider, die in dem wunderschönen, für Besichtigungen geöffneten Keller lagern. Hier findet man Flaschen aus dem In- und Ausland, darunter auch große Jahrgänge. Der Wein kann auch glasweise bestellt werden.

CAVOUR (TO)

48 KM SÜDWESTLICH VON TURIN, S.S. 589

Vineria del Ristorante La Nicchia

Moderne Osteria • Via Roma, 9
Tel. (+39) 01 21 / 60 08 21
Ruhetag: Mittwoch, Donnerstagmittag
Ferien: 2 Wochen im August
25 Plätze + 30 Plätze im Freien
Preise: 22–25 €
Kreditkarten: AE, CS, DC, MC, Visa; BM
Mittags und abends geöffnet

DIE OSTERIA – In einem Gebäude aus dem 18. Jahrhundert im Zentrum von Cavour hat diese elegante Vineria ihren Sitz, die einen Teil der Räumlichkeiten mit einem Nobelrestaurant teilt. Beide werden von Franco Turaglio geführt, der dabei von der Chefköchin Giulia Porta und Claudio Farina unterstützt wird. Tische und Stühle aus Holz, Papiertischtücher und die täglich an einer Tafel angeschlagene Speisenauswahl sind die Elemente, die dem doch sehr gepflegten Ambiente einen zwanglosen Touch verleihen.

DIE KÜCHE – Das Angebot lässt eine Vorliebe für Traditionelles erkennen. Schon bei den Antipasti (9 €) findet man Battuta al coltello, **Vitello tonnato**, Insalata russa, **Lingua in salsa** oder Flan di verdure, manchmal aus seltenen Gemüsesorten wie Asparago dolce (süßer Spargel) aus Revello. Die Primi (7 €) bieten Gnocchi, **Agnolotti** und andere hausgemachte Teigwaren, serviert mit unterschiedlichen Saucen, oder Risotti mit saisonalen Zutaten. Auch bei den Secondi (7 €) schlägt das Pendel in Richtung Tradition aus, etwa bei **Spezzatino** oder Arrosto **di vitello**, **Trippa** und Salsiccia ai ferri. Zum Schluss ein gutes Sortiment an Formaggi dieses Landstrichs und Desserts (alle hausgemacht) wie Panna cotta, ***Bonet***, Torten, Eis und Sorbets. Eine große, gut strukturierte Auswahl an Weinen aus einem Keller, in welchem hauptsächlich piemontesische Produkte lagern, ergänzt durch Etiketten aus ganz Italien und erlesene Tropfen aus dem Ausland (insbesondere aus Frankreich und Slowenien). Businesslunch für 15 €.

Die Cascina Mombello (Via Pinerolo 173) bietet Gemüse und Obst (darunter Äpfel der Sorte Grigia aus Torriana und Runsé, Slow-Food-Presidi), Polentamehl, Konfitüren, Fruchtsäfte sowie Apfellikör.

CESSOLE (AT)
Madonna della Neve

45 KM SÜDLICH VON ASTI, 26 KM VON ACQUI TERME

Madonna della Neve

Trattoria
Ortsteil Madonna della Neve, 2
Tel. (+39) 01 44 / 85 04 02
Ruhetag: Freitag
Ferien: 25. Dezember–15. Januar
100 Plätze
Preise: 25–32 €
Kreditkarten: AE, CS, DC, MC, Visa; BM
Mittags und abends geöffnet

Seit 1957 wird hier mit Leidenschaft eine Hochburg der einfachen, aber gepflegten Küchen- und Weinkultur geführt – in einem an exzellenten Zutaten reichen Landstrich.

DIE OSTERIA – Von Cessole führt eine kleine Straße hinauf zu der kürzlich renovierten Wallfahrtskirche Madonna della Neve. Neben dieser hat das gleichnamige Hotel-Restaurant seinen Sitz, das in diesem Jahr sein 60-jähriges Bestehen feiert. Geführt wird es mit Leidenschaft und Herzlichkeit von der Familie Cirio, die eine einfache, bodenständige und traditionelle Küche mit unverfälschtem Geschmacksbild bietet.

DIE KÜCHE – Die Antipasti kann man einzeln (5 €) oder gemischt wählen: Carne cruda, Quiche ai porri, Pomodori ripieni und Crespelle mit Pilzen. Das Aushängeschild des Lokals sind die delikaten **Agnolotti dal *plin*** (7 €) mit Fleischragout, mit Butter und Salbei, mit Salbei und Zitrone, mit Wein oder als spezieller Tipp **alla *curdunà*** (einfach und großzügig in einem Leinentuch ohne Sauce serviert). Als Alternativen bekommen Sie **Tortelloni di ricotta e spinaci mit Ziegenkäse** und Tagliolini mit Pilzen. Die **Funghi** tauchen in der Pilzsaison in zahlreichen Gerichten auf. Je nach Jahreszeit können Sie auch Capretto oder **Agnello di Roccaverano** (14 €) sowie Cacciagione (Wild) genießen. Häufig angeboten werden Arrosto di vitello, Anatra mit Waldfrüchten, **Coniglio alle nocciole** (13 €) und Faraona al limone. Der Käsewagen erweist den Spezialitäten der Langa Astigiana die Ehre, darunter natürlich Robiola di Roccaverano. Reiche Auswahl an Desserts: Torta di nocciole, Tiramisu, ***Bonet***, Pesche ripiene, Pesche al Moscato. Die schöne Weinkarte lädt auf einen Streifzug durch das Piemont ein, ergänzt durch interessante Etiketten aus dem übrigen Italien.

61 km östlich v. Cuneo, 90 km v. Savona, A 6

Italia

Restaurant
Via Moretti, 19
Tel. (+39) 01 74 / 70 13 40
Ruhetag: Sonntagabend, Montag
Ferien: je 2 Wochen im Januar und Juli
70 Plätze + 30 Plätze im Freien
Preise: 25–34 €
Kreditkarten: AE, CS, MC, Visa; BM
Mittags und abends geöffnet

DIE OSTERIA – Ceva wird vom Fluss Tanaro durchquert, in den an dieser Stelle der Wildbach Cevetta mündet. Am Ufer des Zuflusses liegt dieses kleine Restaurant, das auf solide alte Traditionen setzt. Wenn man über die Küche dieses Landstrichs spricht, muss man sich vor Augen halten, dass es sich hier um einen Teil des Piemont handelt, der an Ligurien grenzt, und dass daher die traditionellen Rezepte interessante Anleihen aus der Nachbarregion enthalten. Die beiden Räume, die man durch die Bar betritt, werden von Vincenzo und Anna Maria Bella sachkundig und freundlich betreut. In der Küche ist die Familie Pavarino tätig: Paolo mit seiner Frau Nadia und der Nichte Giada.

DIE KÜCHE – Das Degustationsmenü für 28 € umfasst Kostproben von Antipasti, ein Primo, ein Secondo mit Beilage und ein Dessert. Unter den Antipasti auf der Karte stechen **Frittata cebana** (5 €), „Presciutto" crudo aus Roccaforte und **Vitello tonnato nach alter Art** (8 €) hervor. Bei den Primi findet man **Agnolotti** della casa (9 €), Tagliolini nach Art der Langa (8 €) und ***Sc-iancui*** aus dem Tanaro-Tal **mit Obers und Kartoffeln**. Das Kapitel der Secondi umfasst hervorragende Filetti ai ferri (15 €) oder die Version der Filetti mit grünem Pfeffer, **Brasato al Nebbiolo**, Scaloppine und frittierte Acciughe. Alle diese Gerichte werden in der entsprechenden Saison mit **Funghi** (Pilzen) und **Tartufi** (Trüffel) angereichert. Das Angebot umfasst auch einen Wagen mit hervorragenden, schön präsentierten Formaggi. Unterschiedliche hausgemachte Desserts nach hiesiger Tradition (6 €). Wirklich moderate Preise kennzeichnen die Weinkarte, die Etiketten aus der Langa und dem Roero neben Produkten aus den Tälern an der Grenze zu Ligurien enthält. Erwähnung verdient auch die gepflegte Karte, in der die Öle angeführt sind.

45 km nordöstlich von Cuneo, 17 km von Alba

La Torre

Moderne Osteria
Via dell'Ospedale, 22
Tel. (+39) 01 72 / 48 84 58
Ruhetag: Montag
Ferien: je 2 Wochen im Juli und zu Weihnachten
45 Plätze + 20 Plätze im Freien
Preise: 38–40 € €↑
Kreditkarten: AE, CS, MC, Visa; BM
Mittags und abends geöffnet

Einzigartige familiäre Freundlichkeit gesellt sich hier zu der großen Leidenschaft, die der Auswahl der Zutaten und der sorgfältigen Zubereitung der Gerichte gewidmet wird.

DIE OSTERIA – Durch Cherasco zu fahren und nicht in dieser reizenden Osteria im historischen Zentrum der Stadt einzukehren, ist fast undenkbar. Eine freundliche Familie mit profundem Wissen empfängt Sie hier und führt Sie an einen der gepflegt gedeckten Tische. Von einigen Plätzen aus kann man einen Blick auf den kleinen Innenhof werfen, in dem man in der warmen Jahreszeit entspannt sitzen kann.

DIE KÜCHE – Delikate Antipasti, die mit Sorgfalt und in den Farben der jeweiligen Jahreszeit präsentiert werden: fein gehackte Carne battuta mit hauchdünn geschnittenem Toma und Salat, Torcione di foie gras mit Brioche-Brot und Chutney aus roten Zwiebeln. Fast ein Muss sind die **Lumache impanate e fritte** mit Zwiebelringen und Rosmarin (12 €) und die überragende **Cipolla ripiena di amaretti mit Fonduta** (10 €). Bei den Primi steht frische, hausgemachte Pasta auf dem Programm: ***Tajarin*** ai 30 tuorli mit Wurstragout, ***Plin*** ai tre arrosti mit Bergbutter und Salbei und wunderbare **Gnocchi di patate mit Castelmagno** (10 €). Unter den Secondi sind Scamone di vitello in Grissini-Kruste mit Haselnusscreme, **Guancia di vitello, in Rotwein geschmort** (15 €), Lumache alla parigina und **Quaglia ripiena mit Sauce aus Marsala und Amaretti** hervorzuheben. Exzellente Auswahl an Formaggi und Desserts (6 €), die mit größter Sorgfalt zubereitet werden: Dolce alle castagne, Semifreddo al torrone, Panna cotta, Pera martina al vino und ein einzigartiger Cremino mit salzigem Karamell. Die Weinkarte ist gut strukturiert und bietet ein breites Spektrum an Etiketten.

CHERASCO (CN)

47 km nordöstlich von Cuneo, 17 km von Alba

Pane e Vino

Trattoria
Via Vittorio Emanuele, 18
Tel. (+39) 01 72 / 48 91 08,
(+39) 328 / 863 44 48
Ruhetag: Montag, Dienstag
Ferien: Januar, August
55 Plätze
Preise: 30–35 €
Kreditkarten: AE, CS, Visa; BM
Mittags und abends geöffnet

DIE OSTERIA – In Cherasco, der Heimat der Schneckenzucht, sollte eine Einkehr jedenfalls mit dem Genuss eines Schneckengerichts kombiniert sein, egal ob gratiniert, gekocht oder geschmort. Eines der Lokale, deren Besuch sich empfiehlt, um die lokale Küche kennenzulernen, ist das Pane e Vino, das den berühmten Lumache ein ganzes Menü widmet. Zwei Jahre nach dem Umzug aus dem Ortsteil Moglia an den neuen Standort im historischen Zentrum bewährt sich das Pane e Vino als Trattoria mit starkem Bezug zur Umgebung und als ein Ort, an dem Gastfreundlichkeit großgeschrieben wird.

DIE KÜCHE – Man beginnt, comme il faut, mit einem Antipasto auf Basis von Schnecken: Hierbei wählt man zwischen den Varianten „lesse" (gekocht), serviert mit Saucen nach piemontesischer Art, und „gratinate" (gratiniert) mit Obers und Petersilie (8 €). Die Palette der Antipasti ergänzen große Klassiker der regionalen Küche, darunter **Vitello tonnato** und Sformati di verdura, **Insalata russa** und mit dem Messer gehackte Carne battuta aus Fleisch vom Fassona-Rind. Auch bei den Primi (10 €) kreist alles um die Tradition der Langa: exzellente ***Tajarin*** ai 30 rossi d'uovo, Ravioli dal *plin* mit Kräutern und in der Version „al burro" sowie Gnocchi di patate nach Art der Alta Langa. Im Kapitel der Secondi tauchen die Schnecken wieder auf: Es gibt Lumache in guazzetto (geschmort, mit Sauce serviert, 14 €) neben Costata di fassona „Madama piemonteisa" (Kalbsrippenstück), gutem **Stinco di maiale** und **Coniglio ai peperoni**. Eine besondere Erwähnung verdient die delikate Auswahl an lokalen Formaggi. Zum Abschluss gibt es typische Desserts wie ***Bonet***, **Panna cotta** und Semifreddo al torrone. Die Weinkarte ist umfangreich und interessant: etwa 300 Etiketten, die der Wirt Flavio Marengo kompetent auswählt und anbietet.

CHIANOCCO (TO)
Baritlera

47 km westlich von Turin, A 32 oder S.S. 25

La Baritlera

Trattoria
Via Baritlera, 10
Tel. (+39) 01 22 / 64 76 14
Ruhetag: Montag–Mittwoch
Ferien: September
50 Plätze + 15 Plätze im Freien
Preise: 32–35 €
Kreditkarten: CS, MC, Visa; BM
Abends geöffnet, Sonntag auch mittags

DIE OSTERIA – Im Susa-Tal, nicht weit von der unter Naturschutz stehenden Klamm Orrido di Chianocco entfernt, findet man diese Trattoria mit Sitz in einem einfachen Steinhaus mit blühendem Garten und einer überdachten Veranda, wo man im Sommer speisen kann. Eckpfeiler der Küche von Giorgia und Andrea Chianale sind die Wertschätzung von Produkten des Tals, Saisontreue und die Überarbeitung traditioneller Rezepte mit klug dosierter Kreativität. Das Servicepersonal ist ebenso beflissen wie kompetent und gibt bereitwillig Auskunft über Zutaten und Zubereitungstechniken.

DIE KÜCHE – Ein Begrüßungshäppchen stimmt auf die Auswahl der Speisen ein: Wenn Sie großen Appetit haben oder an einem umfassenden Überblick über das Repertoire der Küche interessiert sind, empfehlen wir Ihnen das Degustationsmenü (30 €, 28 € die vegetarische Version) mit drei Antipasti, zwei Primi, einem Secondo nach Wahl und zwei Desserts, einschließlich Gedeck und Kaffee. Auch wenn Sie aus der Karte wählen, können Sie zum Beispiel Girello mit Mayonnaise, gewürzt mit Taggiasca-Oliven, **Capocollo, mit Kiefernnadeln gepökelt**, die sommerliche Kombination aus Vitello tonnato, Insalata russa und Zucchine in carpione (10 €), **Risotto mit Kaninchenragout und Salbei**, Tagliolini al ragù, Casarecce mit Gemüsesauce (9 €), **Guanciotto di manzo brasato** (12 €), **Arrosto della vena vom Fassona-Rind** (10 €), Filetto di trota mit Zitrone und geschmorte Lumache aus Cherasco genießen. Zum Abschluss ein Sortiment von sechs oder sieben Formaggi, auch aus Frankreich, und Dolci, insbesondere Cremedesserts. Die Weinkarte bietet Produkte aus ganz Italien und rückt lokale Winzer und naturbelassene Weine ins rechte Licht. Einige Etiketten werden auch glasweise ausgeschenkt. Angefangene Flaschen können Sie mit nach Hause nehmen.

CHIUSA DI PESIO (CN)
San Bartolomeo

22 KM SÜDÖSTLICH VON CUNEO

La Locanda Alpina

Restaurant
Via Provinciale, 71
Tel. (+39) 01 71 / 73 82 87
Ruhetag: Dienstag, Mittwochmittag (außer im Sommer)
Ferien: Februar
45 Plätze
Preise: 24–26 €
Kreditkarten: CS, DC, MC, Visa; BM
Mittags und abends geöffnet

DIE OSTERIA – Die typische Bergküche bekommt man in hoch gelegenen Berghütten und in Restaurants in Dörfern und Urlaubsorten. Die Locanda Alpina gehört zur zweiten Kategorie und liegt an der Straße von Chiusa zur Kartause im Pesio-Tal. Hier kann man einen Einblick in die traditionelle Küchenkultur gewinnen, die durch die Übernachtungsmöglichkeit auch einer rein touristischen Klientel erschlossen wird. Im Zentrum der Aufmerksamkeit stehen regionaltypische Produkte, die nach bodenständigen populären Rezepten verarbeitet werden.

DIE KÜCHE – Das mündlich vorgetragene Speisenrepertoire ist abwechslungsreich und gehaltvoll. Beginnen kann man mit dreierlei Antipasti (10 €) nach Wahl unter Carpaccio mit Roquefort, Tortino di zucchine mit Tomaten und Basilikum, **Lingua in salsa verde**, Paté di cinghiale und Mousse di trota auf Buchweizen-Tortino. Die Primi umfassen Maltagliati mit Fleischragout, **Gnocchi al raschera** (6 €), klassische Ravioli mit Butter und Salbei und Risotto mit Basilikum und Pinienkernen. Facettenreich ist das Angebot an Secondi: Lumache mit Tomaten und Peperoncino, Trippa in umido, **Capra mit Bohnen** (8 €), Filetto di maiale mit Senf und **Stoccafisso mantecato**. Auf das Dessert (4 €) zu verzichten, fällt schwer. Dieses wählt man unter den Klassikern ***Bonet***, Panna cotta, Semifreddi alla menta mit Kaffeecreme oder Semifreddo al torrone. Die Weinkarte ist gut bestückt, ein spezieller Tipp gilt dem Genepì. Die moderaten Preise stehen in einem guten Verhältnis zur Qualität. Das Gedeck wird nicht verrechnet.

In **Boves** (17 km) verkauft die Macelleria Martini (Via Roma 7) Kalb aus den Bergen, Kapaun aus Morozzo, Ziegenkitz aus der Bisalta, Mastochsenfleisch aus Carrù und Salumi.

CISSONE (CN)

51 KM NORDÖSTLICH VON CUNEO, 22 KM VON ALBA

Locanda dell'Arco

Restaurant • Piazza dell'Olmo, 1
Tel. (+39) 01 73 / 74 82 00,
(+39) 335 / 547 16 05
Ruhetag: Dienstag, Mittwochmittag
Ferien: Februar
30 Plätze + 20 Plätze im Freien
Preise: 33–36 €
Kreditkarten: CS, MC, Visa; BM
Abends geöffnet, mittags gegen Vorbestellung

Die Küche der Locanda dell'Arco ist bodenständig wie die Bewohner der Langa: wenige Worte, viele Taten.

DIE OSTERIA – Um Cissone, das kleine Dorf in der Alta Langa inmitten der Haselnusshaine, zu erreichen, muss man der Straße von Barolo, Monforte oder Roddino hinauf in die Hügel folgen und die prachtvollen Weinberge hinter sich lassen, die zum UNESCO-Weltkulturerbe gehören. Die Locanda liegt auf einer versteckten Piazza mit schönem Ausblick auf die Ebene und den Monviso. Das Restaurant, von rustikaler Eleganz, schlägt klassische Gerichte nach Tradition der Langa vor, wobei der methodischen Suche nach Zutaten von hoher Qualität viel Aufmerksamkeit gewidmet wird.

DIE KÜCHE – In der Locanda kann man aus der Karte oder eines der drei Degustationsmenüs (33 bis 45 €) wählen. Die Antipasti (10 €) umfassen Insalata di coniglio (vom grauen Kaninchen aus Carmagnola) mit Toma aus Murazzano, Timballo di verdure mit Parmesansauce, aber auch Gambero mit Safransauce und Tortino aus Bio-Dinkel. Erstklassige **Linguine verdi alle ortiche mit Gemüsesauce und Haselnüssen** (9 €) und überaus feine **Gnocchi di patate** aus Kartoffeln vom Gebiet des Bisalta – in der Saison auch mit Kürbis – **mit Murazzano** oder mit Lauch und Artischocken. Bei den Secondi (15 €) bietet die Küche mit **Quaglia ripiena di castagne** im Herbst und mit **Coniglio ai lamponi** im Sommer Spitzenleistungen. Falls vorhanden, probieren Sie Baccalà, mit Speck umwickelt, in Kichererbsen- und Artischockencreme. Die Desserts (8 €) können durchaus mithalten: Crème caramel mit Orangen, ***Bonet***, Torta di nocciole mit warmer Zabaione und Madernassa-Birnen, im Ofen in Barbera gekocht. Und was lässt sich über die Weinkarte sagen? Ein wahres Prachtstück.

25 KM SÜDWESTLICH VON ASTI

Garibaldi

Restaurant • Via Italia, 1
Tel. (+39) 01 41 / 97 91 18,
(+39) 333 / 178 46 35
Ruhetag: Mittwoch
Ferien: je 2 Wochen im Januar und nach dem 15. August
100 Plätze
Preise: 26–30 €
Kreditkarten: AE, CS, DC, MC, Visa; BM
Mittags und abends geöffnet

DIE OSTERIA – Ein Besuch im Garibaldi schenkt Einblicke in ein wichtiges Kapitel der Gastronomiegeschichte. Das Hotelrestaurant, 1875 von einem ehemaligen Garibaldiner gegründet, wird seit 1939 von der Familie Vaudano geführt: Bartolomeo steht am Herd, die Kinder Francesco und Chiara, unterstützt von ihren Ehepartnern, servieren im Saal. Lucas Leidenschaft gilt dem Brot, den Grissini, der Pasta und den Salumi, die im benachbarten *Crotin* (Tuffsteinkeller) des alten Dorfes lagern. Platz nimmt man im ersten Stock in einem der drei Gasträume. In dem größten Raum ziehen ein gewaltiger Kachelofen und Stuckdecken den Blick auf sich.

DIE KÜCHE – Die Speisen werden mündlich vorgetragen. Man beginnt mit einer Degustation von vier Antipasti (10 €): **Insalata russa**, Cipolla ripiena, Paté di lepre und Flan di carciofi. Im Wochenrhythmus wechseln Acciughe mit Lorbeersauce, Flan di patate und Baccalà oder der klassische Vitello tonnato miteinander ab. Die hausgemachten ***Tajarin*** werden mit Wildschweinsauce (6 €), mit Lauch und Salsiccia oder anderen, häufig wechselnden Saucen serviert. Stets vertreten sind **Agnolotti** aus eigener Produktion. Am Samstag und Sonntag bekommen Sie **Fritto misto** (10 €): Er enthält mindestens zehn Stücke, kann aber gegen Vorbestellung erweitert werden. Häufig vertreten sind **Guancia di bue brasata**, Capriolo in ***sivé***, Trippa und Finanziera. Zum Abschluss gibt es Gelato mit selbstgemachter ***Cognà*** (4 €), ***Bonet*** mit Zartbitterschokolade oder Semifreddo al torrone. Die Weinkarte spricht vorwiegend die Sprache des Roero und der Langhe.

Die seit 1894 bestehende Salumeria Faccenda in **Canale** (5 km) verkauft gekochte Salami, Cotechini, Zamponi und Cappelli del prete von erstklassiger Qualität.

CISTERNA D'ASTI (AT)

24 KM SÜDWESTLICH VON ASTI

Ras-ciamuraje

Restaurant-Vineria
Piazza Rossino, 5
Tel. (+39) 01 41 / 97 93 30
Ruhetag: Montag–Mittwoch
Ferien: 2 Wochen im August/September
35 Plätze + 30 Plätze im Freien
Preise: 22–35 €
Kreditkarten: AE, CS, DC, MC, Visa; BM
Geöffnet 18–1 Uhr, Samstag und Sonntag 10.30–15, 17–1 Uhr

DIE OSTERIA – Die kleine Osteria auf der Piazzetta von Cisterna d'Asti ist nach den *Ras-ciamuraje* benannt: So bezeichnete man einst die Bewohner der Ortschaft, weil viele von ihnen die Wände abkratzten, um Salpeter zur Erzeugung von Schwarzpulver zu gewinnen. Die fleißige, zuvorkommende Wirtin Simona Caudano bietet ihren Gästen schmackhafte Hausmannskost nach piemontesischer Art.

DIE KÜCHE – Zu Beginn zahlreiche Antipasti: Neben den lokalen Salumi können Sie je nach Saison Asparagi (Spargel) frittiert oder in der Version als Insalata con la gallina (7,50 €), Acciughe al verde, Carne cruda, Vitello tonnato, **Insalatina mit Robiola aus Roccaverano**, Bistecca e uovo in carpione, Peperoni al forno, Pane caldo (warmes Brot) mit Sgombro, Oliven und Zwiebeln oder mit Salsiccia und Crescenza genießen. Dann folgen **Agnolotti**, Tagliatelle und Maltagliati mit verschiedenen Saucen (6,50 €): mit Kalbs- oder Wurstragout, Tomatensauce, Butter und Salbei, Steinpilzen oder mit Gemüse. Als Alternative werden Minestre – exzellent die Minestra di fave, eine Bohnensuppe – und Crespelle angeboten. Zahlreiche Fleischgerichte finden Sie beim Hauptgang – Ossobuco, **Brasato** (10 €), **Coniglio in umido**, Scaloppine –, es gibt aber auch Baccalà mit Oliven, Käse und Beilagen (4 €) wie Gemüse mit Butter oder vom Grill, Ofenkartoffeln und Peperonata. Unter den traditionellen Desserts sind Torta di nocciole mit Zabaione und Panna cotta. Die Weinkarte präsentiert neben dem hiesigen Cisterna DOC Etiketten aus der Langa, dem Roero und anderen Teilen Italiens.

Die Konditorei Monticone Baracco in **San Damiano d'Asti** (6,5 km) verkauft Baci di San Damiano, Brutti ma buoni, Melighe, Nocciolini, Torten und Krapfen, großteils aus lokalen Zutaten.

11 KM WESTLICH VON TURIN

Casa di Bacco

Trattoria
Via Verdi, 67
Tel. (+39) 011 / 415 48 79
Ruhetag: Sonntag
Ferien: je 10 Tage im August, Neujahr–Dreikönig
40 Plätze
Preise: 28–30 €
Kreditkarten: CS, MC, Visa; BM
Mittags geöffnet, Donnerstag–Samstag auch abends

DIE OSTERIA – In Collegno, der Endstation der Turiner U-Bahn, hat das Restaurant Bacco in einem kleinen Haus im Wohnviertel hinter dem Corso Francia seinen Sitz: Im kleineren der zwei Gasträume ist eine komplette Wand verspiegelt, wodurch die Weinflaschen auf den Regalen und die wenigen einfach, aber gepflegt gedeckten Tische vervielfältigt werden. Das rein weibliche Personal steht unter der Leitung der Schwestern Borgogno und präsentiert eine bodenständige, regionaltypische Küche, die auf hochwertigen Zutaten – insbesondere Fleisch – basiert. Mittags ist die Karte in Bezug auf Auswahl, Portionen und Preise reduziert. Abends ist die Auswahl größer, was sich aber nicht allzu stark auf die Rechnung auswirkt.

DIE KÜCHE – Eindrucksvolle Antipasti: Neben Salumi gibt es Vitello tonnato, Insalata russa, **Lingua mit Sauce**, Insalata di lesso, Insalata di musetto e fagioli, **Tonno di coniglio**, Acciughe al verde, Tomini, Frittatine und Flan aus saisonalem Gemüse, ***Caponet***, **Tartrà** und vieles mehr. Sie bekommen sechs Kostproben für 13 € oder drei, wenn Sie sich für das abendliche Degustationsmenü für 30 € entscheiden, das auch zwei Primi, Secondo und zwei Dolci umfasst. Dann folgen **Agnolotti al sugo d'arrosto** (9 €), Ravioli di borragine und **Gnocchi ai formaggi**. Bei den Secondi, die mit Beilagen serviert werden, dominiert Fleisch: **Fricandò**, Roastbeef, Stinco di vitello, im Ofen gebraten (14 €), Agnello arrosto und im Winter Fricassea und **Finanziera**. Sehr zu empfehlen ist Tartare di manzo piemontese, das bei Tisch zubereitet wird. Enorme Auswahl bei den Formaggi und die klassischen Dolci: ***Bonet***, Panna cotta und Torta di nocciole mit Zabaione (6 €). Der stetig wachsende Umfang des Weinkellers umfasst bereits 300 Etiketten aus dem Piemont und Trentino-Südtirol, wovon einige auch glasweise ausgeschenkt werden.

18 KM SÜDL. V. ASTI, S.S. 231 OD. A 33 U. S.P. 592

NEU Caffè Roma

Enoteca mit Küche
Piazza Umberto I, 14
Tel. (+39) 01 41 / 96 65 44
Ruhetag: Montag
Ferien: je 1 Woche im Februar und im Juli
50 Plätze
Preise: 20–25 €
Kreditkarten: AE, CS, DC, MC, Visa; BM
Mittags und abends geöffnet

DIE OSTERIA – Costigliole ist eines der Kerngebiete für den Anbau von Barbera d'Asti und auch die Heimat der legendären Gastronomen Lidia und Guido Alciati. Die Familie Risso (Gino, seine Frau Anna und die Söhne Alessio und Simone) führen das Lokal, das 1984 von Gino gegründet wurde. Das Ambiente entspricht ganz dem Stil einer Osteria: ein gut bestückter Bartresen, ein schönes Regal für Weinflaschen, rustikale Tische und Stühle, eine reizende kleine Veranda mit Blick auf den Hauptplatz.

DIE KÜCHE – Die Küche folgt den Jahreszeiten und die Zutaten werden bei lokalen Betrieben und Produzenten besorgt. Das Degustationsmenü für 20 € umfasst einen Antipasto misto, Ravioli dal *plin*, eine Scheibe Arrosto und *Bonet* sowie ein Glas Wein nach Wahl. À la carte ist die Auswahl groß. Das Gericht „A spasso nelle valli occitane" („Streifzug durch die okzitanischen Täler", 10 €), ein Bravourstück des Lokals, präsentiert in mehreren Versionen **Trota salmerina** – Forelle, mit dem Messer fein gehackt, in Scheiben, süßsauer eingelegt, von Gino als Wurst verarbeitet –, begleitet von Reis und Gemüse. Unverzichtbar sind **Ravioli**, wie auch **Acciughe con le nocciole** (Sardellen mit Haselnüssen), **Vitello tonnato** (8 €) und Insalata piemontese (Insalata russa mit Forelle statt Thunfisch). Gut sind auch ***Tajarin*** al ragù di salsiccia und Minestrone mit Maltagliati al pesto (7 €). Unter den Secondi findet man Arrosto di vitello in Weißwein, **Roastbeef cotto nel fieno mit Robiola aus Roccaverano und Gemüse** und Filetto di trota mit Trombetta-Zucchini und roten Zwiebeln. Die Auswahl an Formaggi und Salumi ist von enormer Vielfalt und hoher Qualität, wie man es kaum anderswo in diesem Gebiet findet. Desserts und eine Weinkarte mit Etiketten aus ganz Italien, verständlicherweise mit speziellem Augenmerk auf Barbera d'Asti.

15 KM SÜDLICH VON ASTI, S.S. 231 ODER A 33

Cascina Collavini

Restaurant
Strada Traniera, 24
Tel. (+39) 01 41 / 96 64 40
Ruhetag: Dienstagabend, Mittwoch
Ferien: zeitweise im Januar und August
40 Plätze + 40 Plätze im Freien
Preise: 28–32 € (Tagesmenü)
Kreditkarten: CS, MC, Visa; BM
Mittags und abends geöffnet

DIE OSTERIA – Das mittelalterliche Schloss von Costigliole mit quadratischem Grundriss und 28 Meter hohen Türmen zählt zu den imposantesten Bauwerken im Gebiet um Asti. Auf einem der gegenüberliegenden Hügel befindet sich dieses reizende Landhaus, das nach der Familie benannt ist, die seit mehr als 30 Jahren die Geschicke des Restaurants und der angeschlossenen Gästezimmer lenkt. Ringsumher endlose Reihen von Rebstöcken (vorwiegend Moscato), die der Landschaft einen sanften Charakter verleihen. Das Lokal besteht aus zwei kleinen Räumen, wovon einer mit einem Kamin und einem Ziegelgewölbe ausgestattet ist. In der Sommersaison kann man den Sitzbereich im Freien mit Blick auf den Garten nutzen.

DIE KÜCHE – Die Küche schlägt ein Degustationsmenü (Antipasto, Primo, Secondo und Dolce für 30 €) oder die Wahl aus der Karte vor. Beginnen können Sie mit Carne cruda, Rolate di coniglio mit Aceto balsamico, **Insalata russa nach alter Art**, in der jeweiligen Saison Peperoni ripieni oder Crespelle di asparagi. Unter den Primi (8 €) sind **Ravioli dal *plin*** mit Bratensauce, Tagliatelle al Barbera mit Salsiccia und die klassischen ***Tajarin*** mit Kalbsragout vertreten. Der Hauptgang bietet Fleischgerichte (14 €), darunter **Brasato al Barbera**, **Coniglio alla contadina** und Stinco di vitello, im Ofen gebraten. Sie können auch ein Sortiment an typischen Formaggi (12 €) wählen, die mit ***Cognà*** aus Most von Syrah-Trauben, grünen Tomaten und Kastanienhonig serviert werden. Zum Abschluss bekommt man Panna cotta, ***Bonet***, Mousse di Moscato mit Amaretti und hausgemachte Eiscreme und Sorbets. Gute Auswahl an Weinen vorwiegend piemontesischer Herkunft, die zu angemessenen Preisen angeboten werden.

61 KM NORDÖSTLICH V. CUNEO, 25 KM V. ALBA

Ristorante del Mercato da Maurizio

Trattoria • Via Einaudi, 5
Tel.(+39) 01 73 / 85 50 19
Ruhetag: Mittwoch, Donnerstagmittag
Ferien: 1 Woche im Juli, 7. Januar–15. Februar
50 Plätze + 20 Plätze im Freien
Preise: 30–35 €
Kreditkarten: CS, DC, MC, Visa; BM
Mittags und abends geöffnet

Schlichter Stil und traditionelle Gerichte ohne Konzessionen an Moden und irritierende Überarbeitungen.

DIE OSTERIA – Wir befinden uns hier in der Alta Langa auf einem Kamm zwischen dem Belbo-Tal und dem Bormida-Tal, in einem Gebiet, das Fenoglio in seinen Werken beschrieb. Ende des 19. Jahrhunderts vernichtete eine Reblaus-Plage die Weinkulturen dieser Hügel, wodurch die Landschaft sich wandelte und Platz für den Anbau der inzwischen so geschätzten Haselnüsse machte. In der von einem mächtigen Schloss dominierten Ortschaft liegt das Ristorante del Mercato, eine Hochburg der authentischen Küche der Langa. Die Familie Robaldo führt das Lokal – mit angeschlossenem Hotel – seit 1902 und bewahrt dessen schlichten Stil und die Treue zu einer Tradition, die nicht durch kreative Auswüchse unterwandert wird.

DIE KÜCHE – Sie können das Degustationsmenü (35 € für zwei Antipasti, Primo, Secondo, Dessert) oder die Vorschläge der Karte wählen. Sichere Tipps unter den Antipasti sind das unvergleichlich gute **Vitello tonnato** (8 €) und Carne all'albese mit gehobeltem Maira (8 €). Dann folgen Primi (10 €) wie Agnolotti dal *plin* mit Ragout oder mit Butter und Salbei, exzellente ***Tajarin*** mit Fleisch- oder Steinpilzsauce und – eine Spezialität des Hauses – **Cannelloni di crespelle al forno mit Fleischragout**. Die Festtagsküche der Langa kommt bei den Secondi am besten zur Geltung: **Arrosto di vitello mit Steinpilzen**, Coniglio alla Barbera, Faraona alle erbe mit Wacholderbeeren (12 €). Exklusives Sortiment an lokalen Formaggi (etwa 50 Sorten auf Lager, die Hälfte davon alternierend auf dem Wagen präsentiert) und hausgemachte Desserts (6 €), vorzugsweise aus Haselnüssen. Umfassende, kundig zusammengestellte Weinkarte.

33 KM NORDWESTLICH VON VERBANIA, A 26

Edelweiss

Restaurant
Ortsteil Viceno, 7
Tel. (+39) 03 24 / 61 87 91
Ruhetag: Mittwoch, außer im Sommer
Ferien: 2 Wochen im Januar, 3 Wochen im November
150 Plätze
Preise: 30–35 €
Kreditkarten: AE, CS, DC, MC, Visa; BM
Mittags und abends geöffnet

DIE OSTERIA – Schon allein der Ausblick vom Speisesaal wäre Grund genug für eine Fahrt auf diese Anhöhe. Aber Gründe, das von der Familie Facciola geführte Hotelrestaurant zu schätzen, gibt es noch viel mehr, beginnend mit der Bewirtung, die trotz einfachen Stils auf jedes Detail achtet. Den Rahmen Ihrer Mahlzeit bilden neben dem Bergpanorama eine Einrichtung aus Holz und rot gestrichene Wände.

DIE KÜCHE – Die Küche ist in der Tradition verwurzelt und setzt auf erstklassige Zutaten aus den hiesigen Tälern: Gemüse, Wild, Fleisch und Süßwasserfisch aus Aquakultur. Zum Auftakt wählt man Salumi (aus eigener Erzeugung), Bruschette mit „sorpresa calda", einer warmen Überraschung, Tartare di torello piemontese (12 €), Mocetta di cervo oder Carpaccio di trota (11 €). Unter den Primi sind klassische **Agnolotti al burro e semi di papavero** (8 €), Tagliolini alle noci, **Pappardelle al ragù di selvaggina** oder als Alternative ein häufig wechselndes vegetarisches Gericht angeführt. Bei den Secondi dominieren Fleisch und Wild – Filettino di maiale, mit Kräutern gebraten (12,50 €), **Filetto di torello alla piastra**, **Polenta und Cervo in umido** –, aber es sind stets auch Gerichte mit Süßwasserfisch wie Filetto di trota vom Grill oder mit Butter und Salbei (12 €) vertreten. Klein, aber hochwertig ist die Auswahl an Formaggi und Desserts. Auf der Weinkarte sind sowohl die Umgebung als auch andere Teile Italiens gut vertreten.

100 Meter entfernt gibt es bei Massimo Bernardini wunderbare Ricotta, Butter und Bettelmatt. In **Crodo** (5 km), in der Via Roma 10, verkauft Giampiero Crosetti Schinken und Wurst aus dem Val Vigezzo. Die Latteria Antigoriana (Via Circonvallazione 18) verkauft Toma und Frischkäse.

4 Ciance

Moderne Osteria
Via Dronero, 8 C
Tel. (+39) 01 71 / 48 90 27, (+39) 338 / 648 45 59
Ruhetag: Montag, Freitagmittag, Sonntagabend
Ferien: unterschiedlich
50 Plätze + 10 Plätze im Freien
Preise: 30–32 €
Kreditkarten: AE, CS, DC, MC, Visa; BM
Mittags und abends geöffnet

DIE OSTERIA – Einen Plausch in einem familiären, gastfreundlichen Ambiente zu halten und dabei die klassische piemontesische Küche zu genießen, zubereitet aus lokalen Produkten in einer von Schwere befreiten und mit Liebe zum Detail präsentierten Form: Das alles ermöglichen der erblich vorbelastete Giacomo Spada (sein Vater ist Renzo aus Aisone) und Gianmaria Rossi, die am Herd von Gaetano Zonno unterstützt werden, während sich ihr Freund Daniele Banfo um den Service kümmert. Die Pasta ist hausgemacht und das Fleisch stammt aus einem Zuchtbetrieb dieser Gegend.

DIE KÜCHE – Wenn Sie à la carte essen wollen, können Sie zum Auftakt Battuta di fassone mit Misticanza di verdure (8 €), Baccalà mantecato, im Frühling Sformato di asparagi mit Fonduta aus Caprino oder gemischte Antipasti (16 €) wählen. Im Kapitel der Primi locken **Tagliolini 30 tuorli mit Wurstragout** (9 €), aber auch die **Gnocchi di ricotta** und der Risotto können mithalten. Unter den Secondi sind Vorschläge wie die überaus zarte **Guancia di vitello, in Nebbiolo geschmort**, **Agnello sambucano** und Uovo in cocotte mit Spargel und Fonduta geradezu unwiderstehlich. Panna cotta, hausgemachtes Eis und Sorbets gibt es als Desserts (8 €), mit denen man die Mahlzeit abrundet. Als Alternative werden zwei Degustationsmenüs angeboten: Menù del territorio für 26 € und Menù classico für 35 €. Die Weinkarte ist gut bestückt und gepflegt: Sie enthält erlesene Etiketten aus dem Piemont und anderen Regionen Italiens mit Abstechern nach Frankreich.

In der Holzofenbäckerei von Guido Basso (Via Santa Maria 2) wird erstklassiges naturgesäuertes Brot gebacken. Ferruccio Rossi (Corso Nizza 41) verkauft Brot der besten Holzofenbäckereien der Valli Cuneesi.

Due Grappoli

Moderne Osteria
Via Santa Croce, 38
Tel. (+39) 01 71 / 69 81 78
Ruhetag: Sonntag, Montag
Ferien: je 1 Woche im Januar und im August
55 Plätze + 20 Plätze im Freien
Preise: 20–30 €
Kreditkarten: CS, DC, MC, Visa; BM
Mittags und abends geöffnet

DIE OSTERIA – Matteo Prato ist der junge Koch dieser Osteria im Zentrum. Vor einigen Monaten hat sich Maurizio Meinero, der wie auch sein Bruder Michele (im Saal) Teilhaber war, aus dem Dreiergespann zurückgezogen und seinen Platz (auch als Gesellschafter) an Emanuele Stellino abgetreten. Die Handschrift von Matteo, der am Herd von Emanuele unterstützt wird, ist markanter geworden und die Ausrichtung der Küche ist, auch wenn sie weiterhin einen puristisch-klassischen Touch aufweist, nun auch dem Modernen gegenüber aufgeschlossen, wodurch das Due Grappoli zu einem der interessantesten Lokale in Cuneo geworden ist.

DIE KÜCHE – Sie bekommen hier ein Degustationsmenü für 30 € mit Gerichten, die die Küche für den gesamten Tisch vorgibt. Alternativ können Sie à la carte wählen. Die Antipasti bieten eine mit dem Messer gehackte Carne cruda (8 €), auch „auf französische Art" mit Knoblauch-Crostino, Eigelb und Schalotten. Stets vertreten ist das prachtvolle **Vitello tonnato** nach alter Tradition (8 €), es tauchen aber auch Neuheiten wie Anatra arrostita mit Renette-Äpfeln auf. Exzellente Primi aus Teigwaren, die in der Küche täglich frisch zubereitet werden: Wir ließen uns Ravioli di ricotta mit Spargel und Eigelb (9 €) und die überragenden ***Tajarin*** bianchi e verdi mit Kaninchenragout, Tomaten-Confit und Pastete aus ligurischen Oliven (9 €) schmecken. Auf eine Begegnung mit den Secondi (14 €) sollte man nicht verzichten: Der Bogen spannt sich von der klassischen Tagliata di fassone piemontese über **Costolette di agnello mit Haselnüssen der Sorte Tonda Gentile** bis zur **Coscia di coniglio in casseruola**, die unserer Meinung nach meisterhaft zubereitet war. Die variierenden Desserts (6 €) sind die großen Klassiker des Piemont. Beachtliche Weinkarte, in der das Piemont im Zentrum steht.

CUNEO

Roma

Trattoria
Via Roma, 14
Tel. (+39) 01 71 / 79 10 07
Ruhetag: Sonntagabend, Montag
Ferien: unterschiedlich
40 Plätze + 20 Plätze im Freien
Preise: 34–38 €
Kreditkarten: CS, MC, Visa; BM
Mittags und abends geöffnet

DIE OSTERIA – Nach mehr als zehn Jahren, in denen die Familie Rabbia in Castelletto Stura Erfahrung sammelte, eröffnete sie im Jahr 2013 dieses Lokal im historischen Zentrum von Cuneo in einem Gebäude, das auf das 13. Jahrhundert zurückgeht. Hier wird nicht darauf beharrt, die Tradition immer wieder in dieselben alten Formen zu pressen, sondern man belebt sie mit der richtigen Dosis an Modernität. Um den Service kümmert sich David mit Kompetenz und Leidenschaft, während die Küche fest in den Händen von Annalisa liegt. Sie schenkt der Zubereitung der piemontesischen Gerichte ihre ganze Aufmerksamkeit und setzt Zutaten ein, die vorwiegend aus lokaler Herkunft stammen.

DIE KÜCHE – Legen Sie los und wählen Sie aus der Karte, die nicht zu umfangreich ist und sich stets an den Jahreszeiten orientiert: Bei unserem Besuch wurden als Antipasti (9 €) **Tonno di galletto mit Kräutern**, uovo bio (Bio-Ei) in Kruste aus Pignoletto-Mais (ein einfaches, aber sehr gutes Gericht), hervorragende lokale Salumi und mit dem Messer gehackte Carne cruda angeboten. Unter den Primi (9 €) sind ***Tajarin*** (mit 30 Eigelb zubereitet) **mit Wurstragout** und **Ravioli alle due carni** mit Butter aus den Ardennen vertreten. Als Alternative bekommt man Tagliatelle di farro mit Kürbis und Lauch. Für den Hauptgang stehen **Biancostato** del Roma (14 €), Tagliata di fassone piemontese, **Filetto di trota fario in Brotkruste**, Baccalà mantecato und Stinco di maiale mit Bier und roten Zwiebeln auf dem Programm. Zum Ausklang angenehme Desserts (6 €): ***Bonet***, Panna cotta und ein gutes Fiordilatte-Eis aus Ziegenmilch. Die Weinkarte ist sehr umfangreich: mehr als 200 Etiketten (zehn davon werden auch glasweise ausgeschenkt), vorwiegend aus dem Piemont, aber auch Kellereien anderer italienischer und französischer Anbaugebiete sind vertreten.

Senza Fretta

Moderne Osteria • Via Dronero, 3 Bis
Tel. (+39) 01 71 / 48 91 74,
(+39) 335 / 666 45 76
Ruhetag: Montag
Ferien: unterschiedlich
50 Plätze + 30 Plätze im Freien
Preise: 28–30 €
Kreditkarten: AE, CS, MC, Visa; BM
Abends geöffnet, Samstag und Sonntag auch mittags

DIE OSTERIA – Seit einigen Jahren hat sich der alte Teil von Cuneo, also jener mit Blick auf die Arkaden der Via Roma, zwischen Piazza Galimberti und der Contrada Mondovì, zu einem lebendigen, kreativen Stadtviertel entwickelt, in dem man Handwerksläden, Osterien, Vinotheken und Musiklokale findet. Das Senza Fretta ist zweifelsohne einer der Orte, die für diesen Stadtteil charakteristisch sind. Drei Räume mit Ziegelgewölbe, weiß lackierte Tische, die unter optimaler Nutzung des vorhandenen Platzes aufgestellt sind, im Sommer ergänzt durch einige Tische im Freien.

DIE KÜCHE – Daniela Marchisio (Küche) und ihr Mann Marco Bertorello, ein Sommelier, achten besonders auf die Wahl der Zutaten: viele Bio-Produkte und eine beachtliche Auswahl an Slow-Food-Presidi. Unter den Antipasti (9 €) wollen wir Girello di vitello, bei niedriger Temperatur gegart, Tortino di pasta brisée mit Radicchio und das Sortiment an feinen Salumi hervorheben. Als Primi stehen **Zuppa rustica mit Hülsenfrüchten, Getreide und Gemüse** (8 €), **Gnocchi di patate rosse** mit roten Kartoffeln aus dem Grana-Tal (10 €), **Ravioli *ris e coi*** mit Butter (10 €) oder ein Risotto zur Wahl. Bei den Secondi hat man reichlich Gelegenheit, Produkte der Slow-Food-Presidi zu genießen: Fleisch vom Fassona-Rind der Züchter-Genossenschaft La Granda, **Rolatina di coniglio grigio di Carmagnola** (das graue Kaninchen aus Carmagnola, 13 €) und eine Auswahl an Formaggi von kleinen Betrieben aus dem Piemont. Das Repertoire an guten Desserts (6 €) reicht vom traditionellen Tortino di nocciole mit Zabaione und Panna cotta mit Martin-Sec-Birnen bis zum erlesenen Tortino di carote e mandorle mit Mousse von weißer Schokolade. Die gepflegte Weinkarte wird durch glasweise ausgeschenkte Weine und Halbliterflaschen ergänzt.

30 KM NORDWESTLICH VON NOVARA, S.S. 142

La Capuccina

Agriturismo
Strada Capuccina, 7
Tel. (+39) 03 22 / 83 99 30
Ruhetag: Montag–Mittwoch
Ferien: 1.–15. Januar
50 Plätze
Preise: 36 € (Tagesmenü) €↑
Kreditkarten: AE, CS, MC, Visa; BM
Abends geöffnet, Sonntag nur mittags

DIE OSTERIA – Das La Capuccina hat seinen Sitz in einem Gebäude, das im 16. Jahrhundert den Bettelmönchen auf ihrem Weg von Varallo Pombia hinunter in das Gebiet um Vercelli zur Einkehr diente. Danach wurde es zu einem Textilbetrieb umfunktioniert, bis Gianluca und Raffaella Zanetta hier einen Bauernhof errichteten, der den alten Glanz wiederaufleben lässt. Auf dem Hof werden Tiere gezüchtet, vor allem Saneenziegen zur Herstellung von exzellentem Käse und Joghurt. Seit dem vergangenen Jahr werden die Trauben aus den sechs Hektar großen Weingärten in den Hügeln von Fara zu Wein verarbeitet.

DIE KÜCHE – Die Gerichte variieren je nach Verfügbarkeit der Produkte aus dem eigenen Garten und Stall. Alles andere wird bei Betrieben aus der Umgebung gekauft. Brot und Pasta sind hausgemacht. Tiefgekühlte Produkte werden aus Prinzip nicht verarbeitet. Das feststehende Menü besteht aus drei Antipasti, zwei Primi, Secondo mit Beilage, Dolce und Kaffee. Für den Einstieg werden erstklassige Carne battuta al coltello vom Fassona-Rind, Fonduta von der Ziege und **Coniglio confit** (bei 65 °C in nativem Olivenöl extra gegart) angeboten. Unter den Primi finden Sie exzellente **Agnolotti ai tre arrosti** (eine Stunde vor dem Servieren frisch zubereitet) in Bratensauce. Stets vertreten ist ein **Risotto** (mit Feldblumen, Spargel, **al pesce di lago**, d. h. mit Süßwasserfisch). Als Secondi werden verschiedene Stücke von Rind und Kalb, unterschiedlich zubereitet, serviert. Weitere Vorschläge sind **Capretto**, kurz gebraten oder **al forno** (im Ofen gebraten), oder Petto d'anatra (Ente aus Mortara) al sangue (englisch). Die Desserts variieren, stets vertreten ist jedoch Gelato aus Ziegen- und Kuhmilch, ohne Zusatz von Sahne, serviert mit warmer Zabaione. Sorgsam getroffene Weinauswahl: 320 Etiketten nur aus dem oberen Piemont.

DRONERO (CN)

20 KM NORDWESTLICH VON CUNEO

Rosso Rubino

Restaurant
Piazza Marconi, 2
Tel. (+39) 01 71 / 90 56 78
Ruhetag: Montag
Ferien: je 2 Wochen im Februar und November
30 Plätze
Preise: 33–36 €
Kreditkarten: AE, CS, DC, MC, Visa; BM
Mittags und abends geöffnet

DIE OSTERIA – Dronero ist ein Städtchen mit enger Verbindung zur Kultur der Berge, liegt es doch direkt am Ausgang des Maira-Tals. Hier, gleich hinter dem charakteristischen historischen Zentrum, liegt das Rosso Rubino, ein Restaurant, das seit Jahren auf Top-Produkte dieser Gegend und auch auf solche anderer Provenienz setzt, wie die immer gepflegten Fischgerichte auf der Karte erkennen lassen. In der Küche steht Roberto Eandi, unterstützt durch seine Mutter Maria und Papa Albino im Saal, wo die Gäste sich in einer intimen, familiären Wohlfühl-Atmosphäre den gebotenen Genüssen hingeben können.

DIE KÜCHE – Der Reigen der Antipasti wird durch den großen Klassiker Carne cruda battuta al coltello (10 €) eröffnet, um dann mit der klassischen **Tartrà auf Fonduta aus Nostrale** als Hommage an die großen Käsesorten der umliegenden Täler fortzufahren. Für Freunde der ligurischen Meeresküche sind stets Seppie in zimino (12 €) auf der Karte vertreten. Ein sicherer Tipp unter den Primi ist der **Risotto mantecato alla Nino Bergese** (10 €), zubereitet mit brauner Butter, die typisch für diese Gegend ist. Dann folgen Cappelletti in Hühnerbrühe, die traditionellen **Ravioli dal *plin*** mit Bratensauce oder, um wieder zum Thema Fisch zurückzukehren, Pansotti di morone mit Ragout von Meeresfrüchten (13 €). Die Secondi stehen fast alle im Zeichen der piemontesischen Tradition: **Finanziera** (12 €), Trippa in umido, Tagliata ai ferri mit Fleisch vom Fassona-Rind (16 €) und das Freilandhähnchen **Galletto alla cacciatora** (10 €). Zum Abschluss findet man unter den Dolci (7 €) Mousse al torrone mit Kakaosauce, Soufflé ai marroni mit Vanillesauce und Sformatino al gianduia mit Minzesauce. Gute Käseauswahl, die, wie auch die Weinkarte, ihren Schwerpunkt im Piemont hat.

FABBRICA CURONE (AL)
Selvapiana

62 KM SÜDÖSTL. V. ALESSANDRIA, 32 KM V. TORTONA

La Genzianella

Restaurant
Via Forotondo, 7
Tel. (+39) 01 31 / 78 01 35
Ruhetag: Montag, Dienstag (außer im Sommer)
Ferien: September
60 Plätze + 15 Plätze im Freien
Preise: 30–35 €
Kreditkarten: CS, MC, Visa; BM
Mittags und abends geöffnet

DIE OSTERIA – Seit drei Generationen führt die Familie Rolandi dieses Hotel-Restaurant in Selvapiana, einem Ortsteil der kleinen Gemeinde Fabbrica Curone an der Grenze zwischen Piemont und Lombardei. Der Betrieb umfasst das schlicht eingerichtete Lokal mit zwei sehr gepflegten hellen Räumen, zehn Gästezimmer und eine reizende Veranda für einen Nachmittagsimbiss und das Frühstück.

DIE KÜCHE – Sie können das wöchentlich wechselnde Degustationsmenü für 38 € wählen oder à la carte speisen. Der Misto di antipasti (15 €) bietet feine Salumi, kleine Frittelle mit Salbei, **Pasticcio di patate** und **Stoccafisso mit *Bagnet verd*** oder Sformato di finocchi mit delikater ***Bagna caoda***. Unter den Primi (8 €) sind **Tagliatelle con funghi porcini** (mit Steinpilzen) oder **al ragù di lepre** (mit Hasenragout), aber auch **Ravioli di stufato e verdure** angeführt. Von Mai an stehen acht Monate lang zur Verfeinerung der Speisen verschiedene Arten von Trüffeln zur Verfügung, die im Curone-Tal reichlich vorhanden sind. Das Repertoire an Secondi (15 €) umfasst in Bier geschmorte Spalla di vitello und **Tagliata di petto d'anatra mit Gewürzen**. Als Alternative wird ein schönes Sortiment an lokalen Formaggi angeboten. Köstliche Desserts sind Salame di cioccolato und Biancomangiare, eine Bayerische Creme mit Mandelmilch. Der Keller ist gut bestückt mit Etiketten, die vorzugsweise aus dem Gebiet der Colli Tortonesi stammen, und räumt dem Timorasso, einem Wein aus einer autochthonen Traube dieser Gegend, den gebührenden Platz ein. Gedeck, Wasser und Kaffee sind im Preis enthalten.

In **Fabbrica Curone** bietet die Salumeria Fittabile (Via Roma 47) unter anderem Salami aus den Valli Tortonesi, ein Slow-Food-Presidio.

FARIGLIANO (CN)

36 KM NORDÖSTLICH VON CUNEO, S.P. 12

La Speranza

Restaurant
Piazza Vittorio Emanuele II, 43 Bis
Tel. (+39) 01 73 / 761 90
Ruhetag: Mittwoch, Donnerstag
Ferien: 1 Woche zu Weihnachten/Neujahr, 3 Wochen im August
40 Plätze + 12 Plätze im Freien
Preise: 33–38 €
Kreditkarten: CS, MC, Visa; BM
Mittags und abends geöffnet

Das Speranza bietet nicht nur Hoffnung, wie der Name verheißt, sondern Gewissheit: Hier finden Sie kulinarisches Vergnügen durch exzellente lokale Zutaten und großes Geschick in der Küche.

DIE OSTERIA – Das anmutige, gepflegte Lokal auf dem Hauptplatz von Farigliano, einer Gemeinde im mittleren Tanaro-Tal, ist aus einer beliebten Dorftrattoria entstanden. In den Details manifestiert sich der gute Geschmack von Sabrina, die sich um den Service kümmert. Die Küche setzt auf eine akkurate Auswahl von lokalen Produkten und Produzenten und orientiert sich an der Tradition der Langa und ihrer Umgebung, doch dem tüchtigen, erfahrenen Küchenchef Maurizio gelingt es stets, den Gerichten eine persönliche Note zu verleihen, die ihnen die Schwere nimmt und sie vervollkommnet.

DIE KÜCHE – Auf der kleinen, immer interessanten Karte finden Sie Empfehlungen des Kochs, aus denen Sie Ihre Mahlzeit komponieren können. Im Sommer erfolgt der Auftakt mit Vitello tonnato, **Coniglio marinato mit leichter Gemüsemarinade**, Savarin di melanzane mit geräucherter Scamorza (10 €) – 15 € für eine Dreierkombination – oder auch exzellenten Acciughe ripiene. Die Primi locken mit Tagliolini con ragù, Gnocchetti di patate mit Castelmagno (10 €) und delikaten frischen **Agnolotti di ricotta e zucchine mit Kirschtomaten**. Der nächste Gang sieht Quaglia disossata al forno, gefüllt mit Kalbswurst, Scamone di vitello impanato und **Filetto di trota della Valgrana** mit Ofengemüse und Olivenpesto (13 €) vor. Auch die Formaggi und die Desserts sind zu empfehlen. Degustationsmenü für 35 € mit zwei Antipasti, Primo, Secondo und Dessert nach Wahl. Die Langa dominiert auch auf der Weinkarte, wobei der Schwerpunkt bei Dogliani, einem DOCG-Wein, liegt, ergänzt durch andere piemontesische Etiketten.

FRASCARO (AL)
Tacconotti

18 KM VON ALESSANDRIA, 20 KM VON ACQUI TERME

Trattoria dei Tacconotti

Trattoria
Ortsteil Tacconotti, 17
Tel. (+39) 01 31 / 27 84 88, (+39) 333 / 299 52 52
Ruhetag: Mittwoch
Ferien: 7.–31. Januar
40 Plätze + 30 Plätze im Freien
Preise: 31–38 €
Kreditkarten: CS, DC, MC, Visa; BM
Mittags und abends geöffnet

DIE OSTERIA – Tacconotti ist der Name eines Ortsteils von Frascaro, einer kleinen Ortschaft nahe Alessandria. Die Osteria, die hier seit knapp 20 Jahren besteht, hat sich als zuverlässige Adresse in diesem Landstrich etabliert. Geführt wird das Lokal von Carlo und Anna, einem Paar mit profunder Erfahrung. Carlo empfängt die Gäste mit herzlicher, unkomplizierter Art, Anna arbeitet mit großer Leidenschaft in der Küche. Gemeinsam kümmern sie sich um die Beschaffung der Zutaten bei den besten lokalen Produzenten und ernten Gemüse aus dem Garten oder wilde Kräuter, die ihnen als Inspiration bei der Auffrischung alter Rezepte dienen. Gemüse ist das besondere Merkmal der Karte und auch das Element, das ihr Originalität verleiht.

DIE KÜCHE – Unter den Antipasti (vier für 12 €) locken ***Gattafura*** – Kräutertorte mit Ricotta –***Subrìch*** – grüne Kroketten –, Insalata russa und Peperoni in *Bagna caoda*. Als Primo können Sie sich **Minestra di erbe selvatiche maritata** (Kräutersuppe) mit Ei oder Fleischstückchen (8,50 €) oder ***Rabaton***, große, ebenfalls mit Kräutern zubereitete Klößchen, schmecken lassen. Je nach Jahreszeit finden Sie auch Stracci con sugo di carciofi, Cannelloni di zucca sowie von Hand gemachte Agnolotti (13 €), die nach Wunsch in einer Schüssel mit Rotwein serviert werden. Das Repertoire der Secondi umfasst vegetarische Vorschläge wie „Bistecca“ di patate mit Kartoffeln, Spinat und Käse oder **Strudel di verdure**, aber auch Vitello tonnato all'antica (12 €), Sottopaletta arrosto, **Guancia, in Wein geschmort**, und Baccalà al forno in Panade. Zum Abschluss hausgemachte Gelati in den Versionen alla crema, con taglio al caffè (Eiskugel mit Espresso) und alla menta (Minze) mit Schokoladesauce, Cremino all'amaretto oder Zabaione (7,50 €). In der Weinkarte wird das kleine Anbaugebiet dieser Gegend gebührend berücksichtigt.

GATTINARA (VC)

37 KM NÖRDLICH VON VERCELLI

La Brioska

Trattoria
Corso Valsesia, 1
Tel. (+39) 01 63 / 83 51 63
Ruhetag: Dienstag, Mittwoch
Ferien: je 10 Tage im Januar und Juni
50 Plätze + 25 Plätze im Freien
Preise: 28–30 €
Kreditkarten: CS, DC, MC; BM
Mittags und abends geöffnet

DIE OSTERIA – Als Brioske bezeichnete man Lokale, in denen Winzer überschüssigen Wein direkt verkaufen konnten. Im Jahr 2007 begannen Pinuccia, Tino und ihr Sohn Pietro in einem Hof im Zentrum von Borgomanero ihr gastronomisches Abenteuer unter der Prämisse, Gerichte im Zeichen der hiesigen Tradition, kombiniert mit den besten Etiketten dieses Landstrichs, anzubieten. Im Jahr 2014 wurde neben der Osteria eine Enoteca zum Verkauf der Weine des oberen Piemont und zur Förderung der lokalen Produkte eröffnet. Nach und nach verstärkten Rosanna und Agata in der Küche und Giulia im Service das Team.

DIE KÜCHE – In der auf die Jahreszeit und die Marktlage abgestimmten Karte sind immer einige Paradegerichte vertreten: der Antipasto misto (10 €) mit lokalen Salumi, insbesondere Paletta aus Coggiola, begleitet von Frachet (ein Frischkäse), **Risotto al Gattinara** (9 €) und **Tapulone d'asino mit Polenta** (12 €). Gegen Vorbestellung wird Paniscia zubereitet. Sehr zu empfehlen sind **Vellutata di ceci** mit Olivenöl aus Settimo Vittone, **Coniglio mit Erbaluce aus Caluso** (12 €), Rane fritte, falls verfügbar, und **Stracotto di ganassino** mit Polenta. Unter den Dolci erwarten Sie Cappuccino – eine Überarbeitung des Tiramisu –, Pesca ripiena in einer neuen Variante und Tortino al passito di Erbaluce mit Chantilly-Creme (6 €). Die preislich angemessene Weinkarte listet zahlreiche Etiketten aus dem oberen Piemont auf. Auch glasweiser Ausschank.

In der Enoteca Regionale (Corso Valsesia 112) gibt es sämtliche Weine des nördlichen Piemont. Bei Massimo Patriarca (Via Galileo Ferraris) bekommen Sie gegen telefonische Voranmeldung unter (+39) 348 / 890 78 04 Obst und Gemüse aus eigenem Anbau.

GHEMME (NO)

25 KM NORDWESTLICH VON NOVARA

Il Cavenago

Agriturismo
Cascina Cavenago
Tel. (+39) 01 63 / 84 02 15
Ferien: 3 Wochen nach Weihnachten
60 Plätze
Preise: 25–32 € (Tagesmenü)
Kreditkarten: CS, DC, MC, Visa; BM
Freitag- und Samstagabend sowie Sonntagmittag geöffnet

DIE OSTERIA – Die stimmungsvolle Villa der Familie Martinoli aus dem 18. Jahrhundert liegt auf einem Hügel im Zentrum der kleinen Gemeinde Ghemme. In den drei Räumen im Erdgeschoss ist dank der Steinmauern, der monumentalen Kamine und der hohen verzierten Decken der ursprüngliche Charme erhalten geblieben. Im oberen Stockwerk sind sieben Gästezimmer untergebracht, die kürzlich renoviert wurden. Die Karte wechselt häufig und wird von der Verfügbarkeit von Gemüse und Fleisch bestimmt, die vom familieneigenen Hof und aus eigener Zucht stammen.

DIE KÜCHE – Es gibt zwei feststehende Menüs, das „Menù tipico" und das „Menù del conte" für 25 bzw. 32 € ohne Getränke. Auf Wunsch kann man auch ein vegetarisches Menü vereinbaren. Zur Einstimmung wird ein Begrüßungsschluck ausgeschenkt, begleitet von frischen Früchten. Die lokalen Wurstspezialitäten sind die Stars des reich bestückten Antipasto: ***Salam 'dla doja***, ***Fidighin*** und ***Brisaula*** aus dem Val d'Ossola neben Tartine di pane aus Roggenmehl mit Honig, Speck, Nüssen und Rohschinken aus den Bergen. Hervorragend sind auch Pere al forno mit Gorgonzola-Creme, Fiori di zucchina in Backteig und Frittata di verdure. Als Primo können Sie **Risotto mit Gorgonzola und Radicchio**, mit Basilikum oder **mit Nebbiolo und Toma aus dem Valsesia** genießen. Weiter geht es mit **Brasato al Ghemme** und Ofenkartoffeln, **Faraona arrosto** oder **Coniglio in umido**. Eine einladende Alternative ist das Sortiment an Käse dieser Gegend. Den Reigen beenden Torta di mele e amaretto mit Esskastaniencreme, Salame di cioccolato mit Biscotto aus Novara und Haselnüssen, Crostate mit frischem Obst und im Frühling Mousse di fragole. Im sehr gepflegten Keller lagern interessante Etiketten von Winzern dieses Landstrichs.

80 KM NÖ. V. CUNEO, 20 KM V. ASTI, S.S. 231 OD. A 33

Pautassi

Trattoria
Via Boetti, 21
Tel. (+39) 01 73 / 580 10
Ruhetag: Montag, Dienstag
Ferien: 10. Januar–13. Februar
40 Plätze + 20 Plätze im Freien
Preise: 30–32 €
Kreditkarten: CS, DC, MC, Visa; BM
Mittags und abends geöffnet

DIE OSTERIA – In einem kleinen Dorf im Roero zwischen Alba und Asti lenkt ein Schild an einem schön renovierten Gebäude am Fuße des Schlosses der Savoyer den Blick auf die Trattoria Pautassi, wo in geschmackvoll eingerichteten Räumen auf zwei Stockwerken moderne Elemente sich harmonisch mit dem Charme alter Zeiten verbinden. Im Sommer kann man auf der kleinen Terrasse mit Blick auf die Hügel speisen. Monica Pautassi, Spross einer alteingesessenen piemontesischen Gastronomenfamilie, steht in der Küche. Ihr sympathischer Partner Luis Cabases, ein exzellenter Gastgeber, betreut eifrig und aufmerksam die Gäste, die bei der Wahl des Weins auch auf den jungen Giacomo vertrauen können.

DIE KÜCHE – Die Tageskarte verrät bereits den hohen Stellenwert, der hier der Regionalität beigemessen wird: traditionelle Gerichte aus Zutaten von lokalen Lieferanten, die in der Karte angeführt werden. Es gibt auch nützliche Informationen für Personen mit Lebensmittelunverträglichkeiten oder Vegetarier. Man beginnt mit Vitello tonnato (9 €), **Insalata russa** (ohne Ei), Battuta di vitello piemontese sowie Insalata di raschera mit Sellerie und Haselnüssen (7 €). Unter den Primi finden sich große Klassiker wie ***Tajarin*** al ragù di fassone (11 €) und Agnolotti dal plin nach alter Art oder gefüllt mit ***Seirass***, serviert mit Almbutter und Mohn. Als Alternative wird ein schmackhafter Orzotto al cavolo nero (8 €) angeboten. Der nächste Gang lockt mit **Muscolo al Nebbiolo** (13 €), Trippa mit Pinienkernen (10 €) oder einem delikaten **Coniglio ai pomodori secchi mit Lardo-Pesto**. Wer kein Fleisch mag, kann Sformato di miglio mit Gemüse wählen. Den Desserts kann man nur schwer widerstehen: Wir empfehlen Cassata Pautassi (5,50 €) und Panna cotta mit Haselnüssen oder mit Erdbeersauce. Die Weinkarte lässt eine Vorliebe für lokale Kellereien erkennen.

23 KM NORDÖSTLICH VON ASTI

Il Bagatto

Restaurant
Piazza Cotti, 17
Tel. (+39) 01 41 / 92 51 10
Ruhetag: Montagabend, Dienstag
Ferien: zweite und dritte Januar- und Juliwoche
60 Plätze + 30 Plätze im Freien
Preise: 30–35 €
Kreditkarten: AE, CS, DC, MC, Visa; BM
Mittags und abends geöffnet

DIE OSTERIA – Das Restaurant im historischen Zentrum blickt auf die mächtigen Mauern der Abtei, die für das traditionelle Ballspiel Tamburello genutzt werden. Das Gebäude, ein alter Gasthof mit Stallungen, bietet ein geschichtsträchtiges Ambiente, in dem Gewölbedecken und unverputzte Ziegelwände eine warme, gastliche Atmosphäre schaffen. Der Name des Lokals hat seinen Ursprung im Tarockspiel: Der „Pagat" steht für Gewandtheit, eine Eigenschaft, die auch die Inhaber – die Familie Tappa – auszeichnet, wenn sie Ihnen freundlich die Tagesgerichte vortragen.

DIE KÜCHE – Es gibt drei Menüs: das Tagesmenü für 20 €, das Degustationsmenü für 32 € und das vegetarische Menü für 22 €; außerdem können Sie à la carte wählen. Große Auswahl an Antipasti, darunter Klassiker wie **Vitello tonnato** (8 €), **Insalata russa**, Carne cruda und Peperoni al forno mit grüner Sauce neben lokalen Salumi wie Muletta, einer Spezialität aus dem Monferrat. Tagliolini, Gnocchi und **Agnolotti** quadrati sind hausgemacht und werden mit **Sugo d'arrosto** (Bratensauce, 8 €) oder auf andere Weise zubereitet. Exzellente Risotti, in der Saison mit Asparagi (Spargel) oder Fiori di zucchina (Zucchiniblüten). Das Fleisch – Rind, Schwein und Hoftiere – stammt von lokalen Zuchtbetrieben: **Stracotto di vitello**, serviert mit Cialde di polenta, **Tenerone al forno** (12 €), Filetto di maialino, Bistecche di coniglio mit Kartoffeln und **Quagliette arrosto** (Wachteln). Gegen Vorbestellung können Sie sich Fritto misto alla piemontese schmecken lassen. Unter den hausgemachten Dolci bestechen ***Bonet***, Torta di nocciole oder Torta di mele, Panna cotta und Tiramisu. Die Weinkarte, auf der wir den lokalen Grignolino hervorheben wollen, schenkt Winzern dieses Landstrichs besondere Aufmerksamkeit, ohne Etiketten aus anderen Regionen zu vernachlässigen.

45 KM SÜDÖSTL. V. ALESSANDRIA, 27 KM V. TORTONA

Belvedere

Restaurant
Via Dusio, 5
Tel. (+39) 01 31 / 78 71 59
Ruhetag: Dienstag
Ferien: unterschiedlich
100 Plätze + 35 Plätze im Freien
Preise: 30–32 €
Kreditkarten: CS, Visa; BM
Mittags und abends geöffnet, Oktober–Juni Montag–Donnerstag nur mittags

DIE OSTERIA – Dieses Lokal im oberen Curone-Tal, am Eingang der Gemeinde Gremiasco, wird seit etwa 60 Jahren von der Familie Delucchi geführt. Es gilt als Repräsentant dieses Landstrichs, weil in der Küche lokale Zutaten jeweils der Jahreszeit entsprechend eingesetzt und zu überzeugenden Gerichten nach hiesiger Tradition verarbeitet werden. Das Restaurant besteht aus zwei schön eingerichteten Räumen und einer Terrasse, auf der man im Sommer im Freien speisen kann.

DIE KÜCHE – Als Alternative zur Karte bekommt man ein Degustationsmenü für 30 € mit verschiedenen Antipasti, einem Primo, einem Secondo, dreierlei Desserts und Hauswein. Unter den Antipasti findet man eine exzellente **Crostata di cipolla bionda mit Zwiebeln aus Castelnuovo** (6 €), aber auch feine Tortini di verdura, Insalata russa und Vitello tonnato. Im Frühling und Sommer locken die delikaten, in Backteig frittierten Fiori di zucchina e borragine. Stets vertreten sind die erstklassigen Salumi aus den Valli Tortonesi. Unter den Primi ist hausgemachte Pasta wie **Gnocchetti di ortiche mit Montebore und Borragine** (7 €) oder **Agnolotti di brasato alla Barbera** hervorzuheben. Das Fleisch für die Secondi stammt hauptsächlich von Hoftieren und vom Wild, falls verfügbar: Pollo al profumo di limone (8 €) und **Cinghiale mit Polenta**. In der passenden Saison bekommen Sie Funghi (Pilze). Auch die Desserts variieren je nach Jahreszeit: Crostate di frutta, Mousse di fragole (mit Erdbeeren) oder Mousse di pesche (mit Pfirsichen aus Volpedo). In der Weinkarte finden Sie viele Etiketten lokaler Kellereien, vor allem Timorasso und Barbera.

Die Fleischerei Arsura (Via Dusio 7) verkauft unter anderem Salami aus den Valli Tortonesi, ein Slow-Food-Presidio.

57 KM NW. VON VERCELLI, S.S. 594 UND S.S. 299

La Barrique

Osteria
Piazza Repubblica, 11
Tel. (+39) 015 / 76 11 19
Ruhetag: Montag
Ferien: ersten 2 Septemberwochen
45 Plätze + 25 Plätze im Freien
Preise: 28–32 €
Kreditkarten: AE, CS, MC, Visa; BM
Mittags und abends geöffnet

DIE OSTERIA – Vorbei an Wiesen und Wäldern führt der Weg nach Guardabosone, einem schönen mittelalterlichen Ort, den Sie vor der Einkehr in diesem Restaurant besichtigen sollten. Das Lokal mit komfortablem Parkplatz liegt an einer Piazza am Ortseingang. Es bietet zwei moderne Speisesäle und eine Terrasse für die warme Jahreszeit. Hier schlägt Leonardo sein häufig wechselndes Speisenrepertoire nach hiesiger Tradition vor, das einige Slow-Food-Presidi und auch Gerichte aus der Meeresküche einschließt.

DIE KÜCHE – Man beginnt mit den „Sveglia stomaco", den „Magenweckern", wie die Antipasti hier genannt werden: Battuta di fassone (11 €), Jambon di Saint-Marcel mit Rotolo di piadina und Squaquarone, **Vitello tonnato in salsa monferrina** oder Antipasto dell'Osteria. Dann folgen die Primi mit **Gnocchi di zucca mit Salsiccia aus Bra**, **Risottino vercellese** (ein lokaler Klassiker), Zuppa di legumi, **Tagliatelle al sugo di salsiccia** oder die Version al ragù di verdure (mit Gemüseragout) und Ravioli mit Butter, Haselnüssen und Parmesan. Der nächste Gang hält *Casöela* dei ricchi (16 €), Radicchio tardivo vom Grill mit Tomino fondente, **Cosciotto d'anatra confit** mit Kartoffel-Tortino und Costolette d'agnello mit Kräutern der Provence bereit. Von einem gut bestückten Wagen wählt man Käse aus den piemontesischen Tälern, der mit Honig und Mostarda serviert wird. Unter den Dolci sind ***Bonet***, Semifreddo mit Haselnüssen aus der Langa (5 €), Tiramisu, Bavarese alla vaniglia mit Himbeeren und Minestrone di frutta mit Eis angeführt. Gute Weinkarte mit vorwiegend lokalen Etiketten, zum Teil auch im glasweisen Ausschank.

Im Ortsteil **La Burla** (1 km) bietet die gleichnamige Fleischerei ein hervorragendes Fleischsortiment.

IVREA (TO)

54 KM NÖRDLICH VON TURIN

Aquila Antica

Restaurant
Via Gozzano, 37
Tel. (+39) 01 25 / 42 55 50
Ruhetag: Sonntag- und Montagabend
Ferien: 1 Woche nach Karneval, 3 Wochen im August
65 Plätze + 30 Plätze im Freien
Preise: 35–38 €
Kreditkarten: AE, CS, MC, Visa; BM
Mittags und abends geöffnet

DIE OSTERIA – „Ein Restaurant nach Tradition des Canavese und des Piemont": So verheißt das Schild des Lokals von Federico Cimadom. Und dem Versprechen folgen Taten, auch wenn einige Gerichte in einer mit Finesse und ohne Übertreibung überarbeiteten Form angeboten werden. Der Wahl der saisonalen Zutaten und der lokalen Produkte wird große Aufmerksamkeit gewidmet, beginnend mit Ajucche (Günsel) und anderen frischen Kräutern, die wir während unseres Besuchs im Frühling vorgefunden haben. Der Empfang ist herzlich und unprätentiös und es herrscht große Bereitschaft, auf die Wünsche der Gäste einzugehen.

DIE KÜCHE – Man beginnt mit einem Appetithäppchen, in unserem Fall frittierte Blätter vom Knollensellerie, Insalata russa mit Kräutern und erhärteter Crodino. Die Karte nennt vier bis sechs Vorschläge pro Gang. Unter den Antipasti wollen wir das spektakuläre, aber vor allem hervorragende Filetto di trota affumicato al momento (geräucherte Forelle, 10 €), **Cipolle canavesane ripiene** (Zwiebeln aus dem Canavese, gefüllt mit Amaretto und Rosinen) und die mit dem Messer fein gehackte Carne cruda hervorheben. Unter den Primi bestechen Gnocchi di patate mit Pesto all'aglio ursino (Bärlauchpesto), piemontesischen Haselnüssen und Pancetta (10 €) und **Zuppa di ajucche**. Ein hervorragendes Gericht unter den Secondi ist **Guancia di vitello stracotta al Carema** (geschmorte Kalbsbacke), serviert mit ***Suet gris***, das ist Polenta aus Pignoletto-Mais, aromatisiert mit saisonalen Kräutern (16 €), aber auch **Fritto misto** erfreut den Gaumen. Die Dolci stehen im Zeichen der piemontesischen Tradition (6,50 €): ***Bonet***, Tiramisu und Panna cotta präsentieren sich als einfache, jedoch gut zubereitete Desserts. Die Weinkarte ist nicht sehr groß, enthält aber einige interessante Etiketten.

LA MORRA (CN)
Santa Maria

50 KM NORDÖSTLICH VON CUNEO, 15 KM VON ALBA

L'Osteria del Vignaiolo

Trattoria
Regione Santa Maria, 12
Tel. (+39) 01 73 / 503 35
Ruhetag: Mittwoch, Donnerstag
Ferien: 2 Wochen im Sommer, Ende Dezember, Januar
40 Plätze + 20 Plätze im Freien
Preise: 33 €
Kreditkarten: CS, MC, Visa; BM
Mittags und abends geöffnet

DIE OSTERIA – Die in Santa Maria, einem Ortsteil von La Morra im Herzen der Langhe, gelegene Osteria del Vignaiolo gilt als Bollwerk der hiesigen Gastronomieszene. Das Ambiente, ein kleiner, intimer Raum und ein größerer Speisesaal, erhält durch die Gewölbedecke einen besonderen Charakter, der durch die rustikale Einrichtung noch verstärkt wird. In der warmen Jahreszeit kann man im Garten Platz nehmen.

DIE KÜCHE – In der Küche von Luciano Marengo spiegelt sich die hiesige Tradition wider, aufgefrischt durch innovative Akzente, die sie noch einladender machen. Zum Einstieg wird ein delikates Begrüßungshäppchen aufgetischt. Es ist schwer, sich zwischen den Antipasti zu entscheiden: Eine Besonderheit ist das Frühlingsgericht Asparagi spadellati (Spargel) mit Fonduta und frittiertem Ei in Panade (9 €), sehr fein sind **Vitello tonnato** (9 €) und in der Pilzsaison Cappesante spadellate mit Steinpilzen (10 €). Als Primo (9 €) bekommen Sie **Tagliolini al coltello mit Wurstragout**, Ravioli verdi di robiola e ricotta, verfeinert mit einer Sauce mit schwarzer Trüffel, oder Gnocchi di patate mit Sauce aus frischem Thunfisch. Der nächste Gang lockt mit **Stracotto di vitello al Nebbiolo** (13 €), **Cubetti di scamone dorati, dazu Brot mit würzigen Kräutern,** und Filetto di branzino mit Kartoffelkruste. Alternativ können Sie das Sortiment an Formaggi mit ***Cognà*** wählen, kombiniert mit einem guten Glas Passito. Zum Abschluss gibt es Tarte tatin aus Renette-Äpfeln mit Fiordilatte-Eis (7 €), warmen Tortino di cioccolato fondente und viele weitere Leckereien, die alle mit einem Glas Moscato d'Asti serviert werden. Die Weinkarte ist reich bestückt, vor allem mit lokalen Etiketten, aber auch mit anderen hochwertigen Weinen aus dem In- und Ausland.

LA MORRA (CN)

50 KM NORDÖSTLICH VON CUNEO, 15 KM VON ALBA

Locanda Fontanazza

Moderne Osteria
Strada Fontanazza, 4
Tel. (+39) 01 73 / 507 18
Ruhetag: Montagmittag, Donnerstag
Ferien: unterschiedlich
40 Plätze + 20 Plätze im Freien
Preise: 21–32 €
Kreditkarten: CS, DC, MC, Visa; BM
Mittags und abends geöffnet

DIE OSTERIA – Die Locanda Fontanazza liegt ein wenig außerhalb von La Morra inmitten prachtvoller Weingärten und wird geschickt geführt von Mattia Martinelli, einem Wirt, zu dessen Wesenszügen Durchsetzungskraft, Offenheit und konkrete Vorstellungen zählen. In der Küche kommen häufig lokale und saisonale Produkte zum Einsatz, insbesondere wenn es sich um Obst und Gemüse handelt. Die zwei Ruhetage in der Woche werden für den Einkauf genutzt, um stets frische Zutaten zur Verfügung zu haben. Das ausgeprägte Umweltbewusstsein verdient ein besonderes Lob.

DIE KÜCHE – Die Karte ist nicht nach Gängen gegliedert, sondern listet sämtliche Speisen auf, die aus der Küche kommen. Beginnen können Sie mit Carne cruda, mit dem Messer gehackt, **Acciughe in grüner und roter Sauce**, **Cipolla, gefüllt mit Fleisch, Kohl und Reis**, lauwarmer Insalata di faraona mit Perlhuhn und Gemüse, Terrina di fegatini di coniglio mit karamellisierten Zwiebeln und Brioche und im Frühjahr Spargel mit Basilikumsauce und Pesto aus getrockneten Tomaten (8 €). Das Primo wählt man unter Gnocchi mit frischen Datterino-Tomaten und Basilikum, ***Tajarin*** al ragù di arrosto di vitello (mit Kalbsragout, 8 €) und Vellutata di lattuga con ombrina scottata (mit Adlerfisch). Der nächste Gang hält **Coniglio al forno**, mit Kräutern verfeinert, Hamburger di ceci mit Saucen, **Lingua di vitello grigliata** (Kalbszunge) **mit Salsa giardiniera**, kurz gebratene Petto d'anatra und Formaggi mit Zwiebelchutney und Honig für Sie bereit. Die Desserts sind in der Tradition verwurzelt, bestechen aber durch kreative Akzente: Bonet caramellato al caffè, Panna cotta mit Lavendel, Semifreddo mit nativem Olivenöl extra und das klassische Tiramisu. Auf der Weinkarte gesellen sich zu den großen Weinen der Langa Etiketten aus ganz Italien und einzelne Flaschen aus dem Ausland.

LU (AL)
Borghina

20 KM NÖRDLICH VON ALESSANDRIA

La Commedia della Pentola

Restaurant • Ortsteil Borghina, 1
Tel. (+39) 01 31 / 74 17 06,
(+39) 393 / 392 71 02 82
Ruhetag: Montag
Keine Ferien
45 Plätze + 60 Plätze im Freien
Preise: 35 €
Kreditkarten: AE, CS, DC, MC, Visa; BM
Abends geöffnet, Samstag und Sonntag auch mittags

DIE OSTERIA – Dieses Restaurant mit Gästezimmern ist in einem Landhaus beheimatet, das mit großer Sorgfalt restauriert wurde und seinen ursprünglichen Charakter erhalten hat. Für den Sommer steht ein Gastgarten mit Blick auf die Hügellandschaft zur Verfügung. Im Saal werden Sie von Mauro De Martini empfangen, der Ihnen die Speisen der Karte präsentiert. Für die Wahl des Weins begleitet er Sie in den Keller, wo zahlreiche Flaschen vorwiegend piemontesischer Herkunft lagern. Camillo Romagnolo kocht mit Unterstützung durch Mauros Mutter Vilma die Gerichte nach Tradition des Monferrat, wobei er die klassischen Rezepte überarbeitet und sein Repertoire jahreszeitenbedingt durch Anleihen aus anderen Gebieten erweitert. Große Sorgfalt kommt dabei der Wahl der Zutaten zu, die eine Vorliebe für lokale Produzenten erkennen lassen.

DIE KÜCHE – Man kann aus der Karte wählen oder sich für das Degustationsmenü für 35 € entscheiden. Unter den Antipasti (mit der Möglichkeit, von vier Kostproben für 15 € zu wählen) sind im Frühling Tortino di montebore auf Spargelcreme (10 €) und in den kühleren Monaten eine exzellente **Finanziera** zu entdecken. Was wir nicht unerwähnt lassen wollen, ist Carne di fassone (Fleisch vom Fassone-Rind) mit roten Beeren und Fenchel. Als Primi (12 €) werden erstklassige **Ravioli di magro al ragù di faraona** (mit Perlhuhnragout) und **Gnocchi ripieni di baccalà** angeboten. Das Kapitel der Secondi nennt stets Gerichte auf der Basis von Fleisch von Rindern der Rasse Fassone Piemontese, zum Beispiel **Brasato** oder **Testina**, unter Dampf gegart. Weniger traditionell, aber interessant ist Trancio di maialino (Ferkel) mit kurz angebratenen Garnelen (14 €). Sehr delikat sind auch die Dolci: Wir ließen uns Cannolo di pasta fillo mit Stracciatella-Eis (10 €) und Fragole al vin brulé schmecken.

30 KM N. V. CUNEO, 4 KM V. SALUZZO, S.P. 25 U. 161

NEU Vecchio Camino

Trattoria
Piazza Mazzini, 4
Tel. (+39) 01 75 / 878 55
Ruhetag: Sonntagabend, Montag
Ferien: erste Augusthälfte
40 Plätze + 30 Plätze im Freien
Preise: 28–30 €
Keine Kreditkarten
Mittags und abends geöffnet

DIE OSTERIA – Diese einfache, schöne Osteria hat ihren Sitz in einem Gebäude aus dem Jahr 1881 am Fuße des Castello della Manta (ein vom italienischen Umweltfonds geführtes, für Besucher geöffnetes Schloss, sehr zu empfehlen wegen der prachtvollen Gemäldezyklen aus der Spätgotik). Am Bartresen im Eingangsbereich stehen häufig Einheimische, die sich ein Gläschen Wein gönnen. Dahinter liegen zwei Speisesäle, einer davon mit dem Kamin, auf den sich der Name der Trattoria bezieht. Die Wirtin Monica Sartore betreut die Gäste freundlich und sachkundig.

DIE KÜCHE – Die Küche, das Reich von Monicas Mutter Alma, steht ganz im Zeichen der Tradition der Täler um Saluzzo und trägt daher mehr okzitanische als piemontesische Züge. Es gibt drei Möglichkeiten, sie zu genießen: das Menù occitano (30 € für dreierlei Antipasti, ein Primo und ein Secondo nach Wahl, Dessert), das Menù vegetariano (mit gleichem Preis und den gleichen Optionen) und das Repertoire der Karte. Beginnen können Sie mit **Uovo cremoso al castelmagno auf Bergkartoffeln** und Croccante di cervo oder mit Tegamino di cereali mit Feldkräutern. Unter den Primi finden Sie im Winter ***Fischierol*** und ***Crousetin*** (zwei traditionelle Arten von Pasta mit viel Käse), im Frühling und im Sommer **Maltagliati aus Buchweizenmehl mit Zucchini und deren Blüten** (8 €). Fleischgerichte für den Hauptgang: Straccetti di maialino mit Äpfeln und Haselnüssen (13 €) und **Cruda battuta con uovo di quaglia** (Tatar mit Wachtelei). Pasta und Brot werden aus steingemahlenen Mehl selbst hergestellt. Zum Abschluss sollten Sie Panna cotta mit Kiefernsprossen und Himbeercreme (7 €) probieren. Auf der Weinkarte (starke Präsenz des Piemont, ergänzt durch Etiketten aus Südtirol, Franciacorta und Sizilien) findet man die Weine, die schön geordnet auf den Regalen an der Wand stehen.

63 KM NW. VON CUNEO, S.S. 20 ODER S.P. 422

NEU Lou Pitavin

Osteria • Borgata Finello, 2
Tel. (+39) 01 71 / 99 81 88
Kein Ruhetag
Ferien: 1. November–23. Dezember, 7. Januar–Ostern
45 Plätze + 25 Plätze im Freien
Preise: 30 €
Kreditkarten: CS, MC, Visa; BM
Abends geöffnet, Samstag, Sonntag, Feiertag und im August auch mittags

DIE OSTERIA – Die okzitanische Locanda Lou Pitavin hat ihren Sitz knapp außerhalb von Marmora in einem Seitental des oberen Maira-Tals. Hierher verschlägt es einen nicht aus Zufall, sondern aufgrund einer bewussten Entscheidung. So haben sich Marco Andreis und Valeria Airaudo in ganz jungen Jahren für ein Leben auf dem Land entschieden und dazu Marcos Elternhaus aus dem 19. Jahrhundert renoviert. Als Kriterien bei der Wahl von Standort, Zutaten, Küche und Produkten stehen stets Regionalität und hohe Sensibilität für die Umwelt und Nachhaltigkeit im Mittelpunkt. Die Küche wurzelt in schlichten Rezepten nach piemontesischer und okzitanischer Tradition, die mit einem Hauch von Eleganz überarbeitet werden.

DIE KÜCHE – Das Kapitel der Antipasti (8 €) umfasst Flan di zucchine mit Tomaten, Millefoglie di peperoni, Tortino aus Gartengemüse mit Käse-Fonduta (Nostrale aus Marmora) und **Trote del Maira in carpione** (Forelle in Marinade). Sehr zu empfehlen sind **Cipolle ripiene**, in dem Holzofen gebraten, auf dem auch die **Ola** (eine Suppe aus Lauch, Bohnen und Schweinerippchen) die ganze Nacht über köchelt und in dem morgens das wunderbare Brot gebacken wird. Unter den weiteren Primi (10 €) findet man **Gnocchi di patate e ortiche mit Butter und Salbei**, Gnocchi di pane e ***seirass*** mit Butter und Haselnüssen und ***Tajarin*** mit Zucchiniblüten und Safran aus Caraglio. Cervo al *civet*, Cinghiale alle prugne und **Coniglio arrosto mit Wacholderbeeren** sind nur einige der angebotenen Secondi (12 €). Beschließen Sie die Mahlzeit mit den delikaten Desserts (6 €) oder einem schönen Sortiment an lokalen Formaggi. Mittags gibt es ein feststehendes Menü, abends kann man außer den Gerichten aus der Karte ein fünfgängiges Menü (30 €) wählen, das Sie nach Ihren Wünschen zusammenstellen können. Schöne, reich bestückte Weinkarte.

MASERA (VB)
Cresta

44 KM NORDWESTL. V. VERBANIA, S.S. 34 U. S.S. 33

Divin Porcello

Restaurant
Borgata Cresta, 11
Tel. (+39) 03 24 / 350 35,
(+39) 348 / 220 26 12
Ruhetag: Montag
Ferien: 1 Woche im Januar
60 Plätze + 20 Plätze im Freien
Preise: 32–35 €
Kreditkarten: AE, CS, DC, MC, Visa; BM
Mittags und abends geöffnet

DIE OSTERIA – Nach einigen steilen Kurven erreicht man den Ortsteil, nicht weit entfernt vom Zentrum von Masera, in dem dieses Restaurant seinen Sitz hat. Im Laufe der Jahre hat es sich zu einem wahren Kultort für die Touristen entwickelt, die das Val Vigezzo nicht nur wegen der prachtvollen Landschaft, sondern auch wegen der kulinarischen Genüsse besuchen. Sie nehmen in einem der acht Räume (auf zwei Stockwerken) oder auf der malerischen Sommerterrasse Platz. Für längere Aufenthalte können Sie eines der drei in alpinem Stil eingerichteten Zimmer nutzen.

DIE KÜCHE – Für den Einstieg empfehlen wir die typischen **Salumi** aus eigener Herstellung (in der Familie Sartoretti ist die Wursterzeugung seit dem Jahr 1950 Tradition). Der gemischte Teller (10 €) umfasst unter anderem Mortadella ossolana, Prosciutto crudo und Lumbar, begleitet von exzellentem **Tonno di maiale**. Typische Primi (9 €), von denen Sie, wenn Sie mindestens zu zweit sind, eine Kombination bestellen können (10 €): **Gnocchi all'antica ossolana**, Zuppa di cipolle, hausgemachte **Ravioli**, in der Saison **mit Steinpilzen** serviert. Dann folgen die einzigartige ***Lausciera*** (16 €), das ist ein heißer Stein, auf welchem nach hiesiger Tradition Schweinefilet und -lende gebraten wird, **Sella di capriolo mit Esskastanien** (16 €) oder Costata di cervo al Prunent. Exzellente Auswahl (klein, mittel, groß) an Formaggi aus dem Ossola-Tal und anderen Tälern des Piemont. Unter den Desserts locken Tronchetto del Divin Porcello (6 €) und Panna cotta. Zahlreiche Weine (bequem auf dem iPad auszuwählen), großenteils lokaler Herkunft, ergänzt durch interessante Anleihen aus dem In- und Ausland.

Die Salumi des Divin Porcello kann man in **Masera** (2 km) in der Via Menogno kaufen.

MASIO (AL)

20 KM SÜDÖSTLICH VON ALESSANDRIA

Antica Trattoria Losanna

Trattoria
Via San Rocco, 40
Tel. (+39) 01 31 / 79 95 25
Ruhetag: Sonntagabend, Montag
Ferien: 2 Wochen nach Weihnachten, August
60 Plätze
Preise: 30–32 €
Kreditkarten: AE, CS, DC, MC, Visa; BM
Mittags und abends geöffnet

DIE OSTERIA – Nach Masio führt keine atemberaubende Panoramastraße vorbei an Rebstöcken und Hügeln, aber wir können Ihnen versichern, dass sich die Fahrt lohnt. Ganz selten findet man ein Lokal, in dem sämtliche Gerichte von den Antipasti bis zu den Desserts so gelungen sind. Sobald Sie die Trattoria betreten, empfängt Sie der sympathische Pejo in einem gepflegten, gemütlichen Ambiente. Focaccia und Salami auf dem Tisch regen die Geschmacksnerven an. Sie haben Platz genommen? Na dann los … wenige Worte, aber was für eine Substanz!

DIE KÜCHE – Beim Antipasto misto (15 €) wechseln **Insalata russa**, Peperoni ripieni, saisonale Frittatine, **Aspic di verdure**, Carne cruda und im Frühling und Sommer Fiori di zucca mit Fonduta-Füllung ab. Unsere Empfehlung unter den Primi gilt den **Agnolotti di stufato** (10 €) und den ***Rabaton***, aber in der Trattoria Losanna ist die Auswahl sehr vielfältig und einige Gerichte bekommt man täglich, wenn auch auf unterschiedliche Art zubereitet: ***Tajarin*** – in der Pilzsaison mit Steinpilzen –, Tagliatelle mit Spargel im Frühling und Gnocchi di patate (8 €). Unter den Secondi beeindrucken **Stoccafisso in umido mit Kartoffeln** (12 €), gebratene Punta di vitello und **Trippa** (10 €), die dampfend heiß und wunderbar nach Pfeffer und Gemüse duftend serviert wird. Die Desserts, darunter auch das Feingebäck, das zum Kaffee gereicht wird, sind ein Werk des Inhabers Franco, der von seinen Freunden Scarpetta genannt wird: delikate Torten, nämlich Torta di cioccolato e pere und Torta di mele (4 €), feiner ***Bonet*** und Semifreddo al torrone. Ein üppiges Degustationsmenü für 40 € mit drei oder vier Gängen für 25 bzw. 30 €. Die Weinkarte mit angemessenen Preisen ist abwechslungsreich und lädt zu einem Streifzug durch die Produktpalette des Piemont mit Schwerpunkt im Gebiet des Monferrat ein.

40 KM NORDÖSTLICH VON TURIN

Santa Marta

Restaurant
Via delle Scuole, 2
Tel. (+39) 011 / 983 56 16,
(+39) 348 / 263 63 72
Ruhetag: Dienstag
Ferien: unterschiedlich
40 Plätze
Preise: 35–37 €
Kreditkarten: CS, DC, MC, Visa; BM
Abends geöffnet, Sonntag auch mittags

DIE OSTERIA – Um hierher zu gelangen, muss man der Straße hinauf zum Schloss von Mazzè folgen. Hier können Sie parken und dann zu Fuß zum Eingang des Lokals weitergehen, das hinter der aufgelassenen Kirche Santa Marta liegt. Marinella (Küche) und ihre Kinder Ilaria und Matteo (Service) empfangen Sie freundlich im Eingangsbereich mit Bar, um Sie dann in den Speisesaal in den ersten Stock zu begleiten, wo ein der Heiligen Marta, der Namensgeberin dieses Lokals, gewidmeter Altar an die frühere Bestimmung erinnert.

DIE KÜCHE – Das Speisenrepertoire ist tief in der Tradition verwurzelt und setzt auf Produkte dieses Landstrichs. Alte Rezepte erhalten eine neue Interpretation nach modernen Kriterien, was zu überzeugenden Ergebnissen führt. Gleich zu Beginn bei den Antipasti findet man exzellente **karamellisierte Cipolla di Andezeno in Blätterteig**, serviert mit geeistem Parmesan (10 €), und Cocotte di asparagi mit Fonduta aus Alm-Toma mit pochiertem Ei. Unter den Primi (10 €) sind die köstlichen **Gnocchi di patate mit Bärlauch, Bergbutter und Castelmagno** und Rosetta di crespelle alla barbabietola mit Mohn, Borretsch und ***Seirass*** zu empfehlen. Wir probierten für den Hauptgang die hervorragenden **Costolette di agnello in Panade aus würzigen Kräutern** (14 €) und **Guance di vitello brasate al Nebbiolo** (14 €). Bei den Desserts gilt unser Tipp der Tarte tatin mit Renette-Äpfeln und dem Semifreddo di gorgonzola mit Orangensauce. Eine gute Wahl ist auch das Degustationsmenü mit Antipasto, Primo, Secondo und Dessert für 29 €. Die Weinkarte ist sehr umfangreich und schließt einige Etiketten aus dem Ausland ein. Das Lokal bietet einen Take-away-Service sowohl für Speisen als auch für Weine.

34 KM SÜDÖSTLICH VON ASTI, S.P. 456

La Marlera

Osteria
Via Marlera, 35 A
Tel. (+39) 338 / 444 25 60
Ruhetag: Montag, Dienstag
Ferien: Januar–14. Februar
40 Plätze
Preise: 28–36 €
Kreditkarten: CS, DC, MC, Visa; BM
Mittags und abends geöffnet

DIE OSTERIA – Vittorio Baiardi und seine Frau Mariangela führen dieses reizende kleine Restaurant, das seinen Sitz in einem schön restaurierten Keller aus dem 19. Jahrhundert hat. Mariangela verarbeitet gemeinsam mit Domenica ausgewählte Zutaten aus diesem Landstrich und bereitet damit traditionelle Gerichte zu, wobei das Repertoire durch Anleihen aus Ligurien (die Grenze ist nicht weit entfernt) ergänzt wird.

DIE KÜCHE – Der Startschuss fällt für den Antipasto piemontese mit drei Kostproben: Battuta di fassone, duftender Fritto di acciughe (frittierte Sardellen) oder Fritto di carciofi (frittierte Artischocken) und Baccalà (10 €). Die frische Pasta und das Brot sind hausgemacht: **Ravioli dal *plin*** mit Bratensauce oder mit Butter und Salbei (10 €), ***Macaron dal fret*** mit Majoran, **Tagliolini al ragù bianco di coniglio** (mit Kaninchenragout) **mit Taggiasca-Oliven und Pinienkernen**, die herbstlichen Tagliatelle aus Esskastanienmehl oder als Frühlingsgericht Cappellacci di fave mit Blattsalat, Zwiebeln und Datterino-Tomaten. Dann folgen Arrosto di biancostato mit Senf, **Brasato al Barbera**, **Finanziera all'astigiana** (12 €), Puntine di maiale mit Tabaksauce und Capretto al forno mit Zitrone und Oregano (16 €). Als Alternative bekommt man ein Sortiment an Formaggi von der Alm mit Honig und Konfitüren. Eine große Auswahl besteht bei den Desserts: Budino di riso, Tortino di ***seirass*** mit Mus von Waldfrüchten, Zabaione al Moscato d'Asti (die auch in Kombination mit der Haselnusstorte angeboten wird), Eis aus eigener Produktion und Schokoladespezialitäten. Das Angebot umfasst außerdem ein üppiges viergängiges Degustationsmenü für 31 €. Die Weinkarte erweist diesem Landstrich die Ehre und setzt dabei die Produkte einiger kleiner Kellereien ins rechte Licht.

MOMBERCELLI (AT)

20 KM SÜDÖSTLICH VON ASTI

Locanda Fontanabuona

Restaurant • Via Nizza, 595
Tel. (+39) 01 41 / 95 54 77
Ruhetag: Dienstag, Mittwoch
Ferien: 1 Wo. im Juni/Juli, 3 Wo. nach Weihn.
70 Plätze + 30 Plätze im Freien
Preise: 31–34 € • Kreditk.: CS, MC, Visa; BM
Abends geöffnet, Samstag und Sonntag auch mittags

DIE OSTERIA – An der Provinzstraße Nr. 5 zwischen Mombercelli und Castelnuovo Calcea bietet sich die Locanda Fontanabuona an, um einen angenehmen Abend zu verbringen. Das Restaurant mit einem großen Parkplatz verfügt über einen schön renovierten geräumigen Speisesaal und einen reizenden Garten als passenden Rahmen für eine Mahlzeit an lauen Sommerabenden. Empfangen werden Sie von Lara und Daniele, die für Sie ein klassisches, mit großer Sorgfalt präsentiertes Speisenrepertoire nach piemontesischer Tradition bereithalten.

DIE KÜCHE – Das Angebot variiert je nach Jahreszeit und umfasst ein Degustationsmenü für 32 € mit drei Antipasti, Primo, Secondo und Dessert, jeweils nach Wahl aus der Karte, Sie können aber auch einzelne Gerichte aus der Karte bestellen. Unter den Antipasti (8 €) sind Coscia di fassone piemontese, mit dem Messer fein gehackt, und **Vitello tonnato** sehr zu empfehlen, man kann aber auch den Misto della casa mit vier verschiedenen Kostproben (16 €) wählen. Bei den Primi (9 €), die aus hochwertigem Bio-Mehl zubereitet werden, spannt sich der Bogen von **Agnolotti dal *plin*** mit Bratensauce über **Ravioli alla monferrina mit Fleisch- und Wurstragout** und Gnocchi di patate mit Castelmagno bis zu Tagliolini alle ortiche mit Butter und Minze. Die Secondi präsentieren sich klassisch: hervorragende **Carpionata mista** piemontese und **Coniglio** nostrano **mit Taggiasca-Oliven**. Sehr ansprechend und gepflegt ist das Käsesortiment. Die Desserts (5,50 €) sind alle hausgemacht: Es gibt eine delikate Zabaione, Semifreddo al Moscato mit Amaretti und Vanilleeis. Die Weinkarte umfasst zahlreiche Etiketten dieser Gegend und aus dem übrigen Piemont, ergänzt durch gute Tropfen aus anderen Regionen.

MONCALIERI (TO)
Revigliasco

10 KM SÜDÖSTLICH VON TURIN

La Taverna di Fra Fiusch

Restaurant • Via Beria, 32
Tel. (+39) 011 / 860 82 24
Ruhetag: Montag
Keine Ferien
60 Plätze
Preise: 38–40 € €↑
Kreditkarten: AE, CS, MC, Visa; BM
Abends geöffnet, Samstag, Sonntag und Feiertage auch mittags

Traditionelle Gerichte, hochwertige Zutaten und ein charakteristisches Ambiente.

DIE OSTERIA – Das Lokal ist nach einem legendären Magier und Alchemisten benannt, der sich zu nachtschlafender Zeit in den Wäldern des Turiner Hügellandes herumtrieb. Heute gilt es dank Ugo Fontanone als zuverlässige Adresse für Freunde der guten Küche. Dem Ratschlag in wohlwollendem Befehlston am Beginn der Speisekarte können wir nur beipflichten: „Nehmen Sie sich Zeit." Das ist tatsächlich notwendig, um die Gastlichkeit in vollen Zügen zu genießen, aber auch um sich in dem reichhaltigen Speisenangebot zu orientieren, das einen leicht vor das „Dilemma des Allesessers" stellen kann.

DIE KÜCHE – Sie können das Traditionsmenü für 35 €, aber auch à la carte wählen. Für den Einstieg gibt es exzellente Fassona, mit dem Messer gehackt, Vitello tonnato (10 €), Sformato di spinaci mit Fonduta und **Timballo di animelle** (Bries) **im Wirsingblatt**. Die Primi umfassen **Agnolotti** (12 €) nach Art des Monferrat – mit Eselfleisch gefüllt in Barbera-Sauce –, nach Art der Langa – **dal *plin*** mit Bratensauce – oder mit Ricotta und Blattspinat in Almbutter. Weitere Vorschläge sind *Tajarin* mit Hühnerleber und Wurst, Gnocchi al castelmagno und Risotto mit Toma aus Murazzano oder im Frühling mit Spargel aus Santena. Für den Hauptgang werden **Brasato di vitello al Nebbiolo** (16 €), Stinco di maiale al forno, Lumache mit Kartoffeln und Lauch, Capretto al forno (15 €) oder **Finanziera** di Fra Fiusch geboten. Zu empfehlen sind die exzellente Auswahl an Formaggi und unter den Desserts (8 €) die Kombination „Piemonte in bocca". Ab dem Herbst bekommt man gegen Vorbestellung Fritto misto alla piemontese (25 €) und ***Bagna caoda*** (20 €). Kompetent zusammengestellte, umfassende Weinkarte.

20 KM NORDÖSTLICH VON ASTI, S.S. 457

La Bella Rosin

Restaurant-Enoteca
Piazza Vittorio Emanuele II, 3
Tel. (+39) 01 41 / 91 60 98
Ruhetag: Dienstag
Ferien: 3 Wochen im Januar
50 Plätze
Preise: 33–38 €
Kreditkarten: AE, CS, MC, Visa; BM
Abends geöffnet, Samstag und Sonntag auch mittags

DIE OSTERIA – La Bella Rosin, ein Lokal neben der Kirche in der Ecke eines Platzes in Moncalvo, etwas abseits vom historischen Zentrum gelegen, ist ein verlässlicher Bezugspunkt für Freunde einer guten Küche und feiner Weine mit enger Bindung zu diesem Landstrich. Vom Eingang führt der Weg durch einen langen Saal mit Gewölbedecke bis zu einem Raum, der wohl einst der Keller der Kirche war. Das Augenmerk, das auf den Wein gelegt wird, erkennt man bereits an den Dekorelementen der Einrichtung und sogar die Speisekarte ist ein Blatt, das am Deckel einer Weinkiste befestigt ist.

DIE KÜCHE – Von den erstklassigen Antipasti empfehlen wir **Vitello tonnato** und **Tonno di coniglio grigio di Carmagnola** neben Parmigiana di melanzane (8 €) oder Parmigiana di carciofi. Als warmen Antipasto (14 €) wählt man Flan und Crespelle mit saisonalem Gemüse. Ganz hervorragend dann für den nächsten Gang **Ravioli dal *plin*** al sugo d'**arrosto** (10 €), die hausgemachten Tagliolini mit Ziegen-Ricotta und Zucchini und der originelle große Raviolo mit Büffelricotta. In dieser Hochburg des Bue Grasso (Mastochsenfleisch) nimmt Fleisch unter den Secondi eine Vorrangstellung ein: **Arrosto**, **Brasato al Barolo**, Tagliata und Svizzera di tritata piemontese. Die allesamt hausgemachten Desserts (5 €) sind sehr gelungen: ***Bonet***, Panna cotta und Bavarese in verschiedenen Geschmacksrichtungen, je nach Jahreszeit. Sie bekommen wertvolle Ratschläge zur Wahl des Weins aus der umfangreichen Karte mit Etiketten aus Italien und Frankreich, aber auch den besten Produkten aus der Umgebung.

Die Fleischerei Micco (Piazza Garibaldi 8) verkauft im Winter Mastochsenfleisch, Bollito, Testina und Rouladen und das ganze Jahr über gekochte und rohe Salami.

47 KM NÖ. V. CUNEO, 25 KM V. ALBA, S.P. 12 U. 661

Giro di Vite

Osteria-Trattoria
Via Borgonuovo, 35
Tel. (+39) 01 73 / 79 20 07
Ruhetag: Montag
Ferien: unterschiedlich
40 Plätze + 30 Plätze im Freien
Preise: 28–32 €
Kreditkarten: AE, CS, DC, MC, Visa; BM
Mittags und abends geöffnet

DIE OSTERIA – Hier in Monchiero, wenige Kilometer von Monforte d'Alba und von Dogliani entfernt, hat gegenüber dem stillgelegten Bahnhof die Osteria Giro di Vite ihren Sitz. Der wegen seiner sympathischen Art und Einsatzfreude geschätzte Wirt empfängt die Gäste im kleinen Vorraum und führt sie in den Speisesaal. Die Schlichtheit der Einrichtung spiegelt sich auch in der Speisekarte wider, die fest in der Tradition verankert ist. Aus der Küche, in die ein kleines Fenster Einblick bietet, kommen bodenständige, unverfälschte Gerichte, bei deren Zubereitung auf Saisontreue und Frische der Zutaten geachtet wird.

DIE KÜCHE – Nach der Wahl einer guten Flasche Dogliani werden als Appetitanreger Wurstspezialitäten dieser Gegend serviert. Wir probierten danach exzellente **Insalata russa** (5 €) und die vorzügliche Cruda battuta al coltello (Fleisch von Rindern der Rasse Piemontese, ein Slow-Food-Presidio, 10 €). Weitere Vorschläge unter den Antipasti sind **Insalata di coniglio mit Taggiasca-Oliven**, Guanciale mit Zwiebeln aus Tropea und Senfkörnern, im Sommer frischer Carpione. Das Kapitel der Primi umfasst Gnocchi, Maltagliati, ***Plin*** di magro mit Kuhmilch-Ricotta und Schweinerippchen sowie ***Tajarin*** ai 40 tuorli: Unser spezieller Tipp gilt den erstklassigen **Gnocchi al *seirass* e *lumassin*** (8 €) mit Schnecken, die der Wirt am selben Tag frisch gesammelt hat. Ein Bravourstück unter den Hauptspeisen (14 €) ist die **Coda brasata**, aber auch die zarten Bocconcini alla birra, Lumache (Schnecken) und im Winter das Freilandhähnchen **Pollo alla cacciatora** können mithalten. Die Rotweine in der Karte sind ausschließlich piemontesischer Herkunft, wobei Nebbiolo, Dogliani, Barbera d'Alba und Barbera d'Asti im Rampenlicht stehen. Eine Ausnahme bilden die Weißweine, unter denen auch Etiketten aus Deutschland zu finden sind.

MONFORTE D'ALBA (CN)
Perno

60 KM NORDÖSTLICH VON CUNEO

Repubblica di Perno

Osteria
Vicolo Cavour, 5
Tel. (+39) 01 73 / 784 92
Ruhetag: Mittwoch, Donnerstag
Ferien: unterschiedlich
20 Plätze + 20 Plätze im Freien
Preise: 38–40 €
Kreditkarten: CS, MC, Visa; BM
Mittags und abends geöffnet, im Juli und August Montag und Dienstag nur abends

DIE OSTERIA – Der Weg von Monforte in den Ortsteil Perno lohnt sich: Die Panoramastraße führt Sie vorbei an den besten Lagen des Barolo. In dieser Osteria erwarten Sie Elena Miori, die im Service arbeitet, und Marco Forneris am Herd. Das Paar kann auf einen ruhmreichen Werdegang in der Gastronomie zurückblicken: Der Start der Karriere erfolgte im Arcangelo in Bra bei Carlo Arpino, dem Bruder des Schriftstellers und großen Koch und Konditor, dann folgten zehn Jahre in der Osteria La Libera in Alba. In dem kleinen Haus auf dem Hügelkamm befindet sich im Erdgeschoss ein kleiner Speisesaal mit einem großen Gemeinschaftstisch und einer offenen Küche, im oberen Stock erwartet Sie ein größerer Saal. Im Sommer ist die Laube mit prachtvollem Ausblick auf die Weingärten der ideale Ort für das sonntägliche Mittagessen, wo man die ersehnte Abkühlung finden kann.

DIE KÜCHE – Die Karte steht im Zeichen der Tradition der Langa und die Auswahl ist daher nicht sehr umfangreich. Die Klassiker der piemontesischen Küche wechseln sich ab, wie es dem Lauf der Jahreszeiten und einem ausgewogenen Gesamtangebot an Speisen entspricht. Unter den Antipasti finden Sie Insalata russa, Vitello tonnato und hervorragende **Cipolle ripiene di magro** (Zwiebeln mit Kräuterfüllung, 10 €). Die Primi setzen auf einfachen Geschmack und bodenständige Rezepte, sind aber dabei sehr gepflegt und können auch den Gaumen kundiger Einheimischer überzeugen. Exzellent sind die **Agnolotti dal *plin*** und Chicche di patate mit Parmesancreme (12 €). Klassiker unter den Secondi: Capretto, **Gallina lessa** und Fleisch vom Fassona-Rind. Das Angebot umfasst auch eine erstklassige **Finanziera** (13 €) und in der Saison Lumache fritte. Traditionelle Desserts. Die Weinkarte nennt ein kleines, aber keineswegs alltägliches Sortiment an Etiketten.

MONGIARDINO LIGURE (AL)

60 KM SÜDÖSTLICH VON ALESSANDRIA

Vallenostra

Agriturismo
Cascina Valle, 1
Tel. (+39) 01 43 / 941 31
Ruhetag: Montag–Donnerstag
Ferien: Mitte Januar–Mitte Februar
60 Plätze
Preise: 28–32 €
Kreditkarten: CS, MC, Visa; BM
Mittags und abends geöffnet

DIE OSTERIA – Der Agriturismo entstand als natürliche Fortsetzung des Abenteuers, das Roberto Grattone und Agata Marchesotti mit ihrer Käserei begonnen hatten, wo der Montebore, ein Slow-Food-Presidio, hergestellt wird: Dieser Käse war praktisch von der Bildfläche verschwunden, als Roberto und Agata für sein Wiederaufleben sorgten. Am Herd stehen Alessandra und Agata, leidenschaftliche Köchinnen und stets begierig, neue Gerichte auszuprobieren, deren Hauptmerkmal die Tradition dieses Talabschnittes an der Grenze zwischen dem Piemont und Ligurien ist. Die Zutaten stammen fast ausschließlich aus der Umgebung, viele davon vom eigenen Hof.

DIE KÜCHE – Zum Auftakt bekommen Sie Kostproben der Spezialitäten aus der eigenen Käserei, serviert mit duftender, ofenfrischer Focaccia. Dann gibt es Antipasti mit hauseigenen Salumi, kombiniert mit warmen Frittelle, Verdure ripiene oder Verdure fritte und Insalata russa: Wir empfehlen die Dreierkombination für 12 €. Angesichts der Lage dieses Lokals (und des Ortsnamens) ist es nicht verwunderlich, dass bei vielen Primi (8 €) eine typisch ligurische Spezialität auftaucht: wunderbare **Lasagne mit Pesto** und **Tortelli di patate ripieni mit Pesto**, die in der entsprechenden Saison auch gefüllt mit Zucca (Kürbis), Salsiccia und Montebore angeboten werden. Weitere Vorschläge sind stets ein **Risotto** (einzigartig die Version **mit Montebore**), aber auch die Minestrone alla genovese ist sehr fein. Unter den Secondi (10 €) bestechen **Agnello** und Maiale (Lamm und Schwein) aus eigener Zucht. Falls verfügbar, sollten Sie **Stufato all'agro di carne all'erba** probieren. Zum Abschluss Desserts (4 €): Crostate mit saisonalen Früchten, Moretta (eine Torte aus Dicken Bohnen) und Panna cotta. Das Weinsortiment enthält Etiketten aus dem Gebiet von Gavi und den Colli Tortonesi.

MONTEMARZINO (AL)

38 km südöstlich von Alessandria

Da Giuseppe

Restaurant
Via IV Novembre, 7
Tel. (+39) 01 31 / 87 81 35
Ruhetag: Dienstag, Mittwoch
Ferien: Januar
80 Plätze
Preise: 34–36 €
Kreditkarten: AE, CS, MC, Visa; BM
Mittags und abends geöffnet

DIE OSTERIA – Montemarzino liegt wenige Kilometer von Tortona entfernt, zwischen dem Val Curone und dem Val Grue, auf 450 Höhenmetern. Das Restaurant wird seit Generationen von der Familie Davico geführt: Empfangen werden Sie von Giuseppe, seiner Frau Camilla, dem Sohn Silvio und dem Neffen Alessandro. Der weitläufige Speisesaal ist mit schlichter Eleganz eingerichtet. Als Blickfang dienen ein mächtiger Kamin und große Glasfenster, die einen schönen Ausblick auf das Hügelland von Turin bieten. Die Küche schöpft aus der hiesigen Tradition und setzt auf eine sorgfältige Auswahl der Zutaten, wobei lokalen Produkten wie zum Beispiel den Pfirsichen aus Volpedo, der selbst hergestellten Salami aus den Valli Tortonesi und dem Montebore-Käse, allesamt Slow-Food-Presidi, besonderes Augenmerk geschenkt wird.

DIE KÜCHE – Die Karte bietet unter den Antipasti **Insalata di vitello mit Montebore** (7 €), Salame crudo mit gefüllter Paprikaschote und Sformato di asparagi mit Käsecreme. Das Kapitel der Primi umfasst **Tagliolini ai funghi porcini**, **Agnolotti al sugo di stufato di manzo** (mit Sauce von geschmortem Rindfleisch), Gnocchi di patate mit Montebore-Creme (8 €) und im Frühling delikate Lasagnette con spugnole e asparagi (mit Morcheln und Spargel, 9 €). Als Secondi werden Coniglio impanato e cotto al forno (Kaninchen, in Panade frittiert, 12 €), **Costine di agnello impanate**, Spalla di manzo brasata alla Croatina (geschmorte Rinderschulter, 12 €) und Tagliata di manzo piemontese angeboten. Die Desserts nennen neben dem traditionellen ***Bonet*** und dem Semifreddo al torrone auch **Aspic di pesche** oder Pesche sciroppate. Das Sortiment an Weinen ist sehr umfangreich, wobei sich zu den Etiketten des eigenen Betriebs auch andere Weine dieser Gegend und weiterer Teile Italiens gesellen.

MONTEU ROERO (CN)
Villa Superiore

64 km nö. v. Cuneo, 15 km nw. v. Alba, S.P. 29

Cantina dei Cacciatori

Restaurant
Ortsteil Villa Superiore, 59
Tel. (+39) 01 73 / 908 15
Ruhetag: Montag, Dienstagmittag
Ferien: je 10 Tage im Januar und Juli
45 Plätze + 25 Plätze im Freien
Preise: 28–33 €
Kreditkarten: AE, CS, MC, Visa; BM
Mittags und abends geöffnet

Traditionelle Rezepte, erstklassige lokale Zutaten, familiärer Empfang, ein aufmerksamer, höflicher Service, auch bei starkem Andrang.

DIE OSTERIA – Nach 19 Jahren Tätigkeit im San Marco von Carmagnola ist die Familie Forno nun auch in Monteu Roero „volljährig" geworden. Seit 1998 bietet sie in diesem schönen Landhaus eine streng traditionelle Küche aus klug gewählten Zutaten. Den Service koordiniert Bruno Forno mit Unterstützung durch die tüchtige Schwiegertochter Flavi, die Küche steht unter der Leitung von Fabrizio Forno und seiner Mutter Paola Castigliano, der Tochter von Eusebio, des tragisch verunglückten Spielers des legendären Fußballclubs Grande Torino.

DIE KÜCHE – Nach der Begrüßung – ***Friciulin*** mit saisonalem Gemüse – können Sie das Degustationsmenü für 28 € oder Gerichte aus der Karte wählen. Sehr zu empfehlen sind **Insalata russa all'antica** (8 €), die Spezialität des Hauses, und Vitello tonnato oder je nach Saison ***Pescoj*** mit Artischocken, Misto di peperoni und ***Raminghin*** di polenta mit Gorgonzola und Pilzen. Sehr verlockend ist die Kombination mit vier Antipasti für 13 €. Dann folgen ***Tajarin*** della casa – 40 Eigelbe pro kg Mehl – **mit Salsiccia aus Bra** (9 €), Agnolotti dal ***plin*** und Gnocchi mit piemontesischem Toma. Der nächste Gang hält **Costolette d'agnello, mit Grieß gebraten** (14 €), **Coniglio grigio di Carmagnola** (ein Slow-Food-Presidio) **mit Oliven** oder das Sortiment an Formaggi bereit. Die Desserts (5 €) umfassen Zabaione mit Biscotti di **meliga**, Budino della Cantina mit Zartbitterschokolade, Mousse di pere mit Zimt und hausgemachtes Eis und Sorbets. Die besten Produkte aus dem Roero und ausgewählte Flaschen aus dem Piemont und anderen Regionen Italiens dominieren die Weinkarte.

MORANO SUL PO (AL)
Due Sture

38 KM NÖ. V. ALESSANDRIA, 20 KM V. VERCELLI, 8 KM V. CASALE

Tre Merli

Trattoria
Via Dante, 18
Tel. (+39) 01 42 / 852 75
Ferien: Weihnachten–Dreikönig
40 Plätze + 15 Plätze im Freien
Preise: 25–32 €
Keine Kreditkarten
Mittags und abends gegen Vorbestellung geöffnet

DIE OSTERIA – Wir befinden uns hier in der Ebene zwischen Alessandria und Vercelli in einem Gebiet mit zahlreichen Reisfeldern, angrenzend an einen Kanal, wo traditionsgemäß Frösche gefangen werden. Zu den Zeiten, in denen der Froschfang erlaubt ist, können Sie diese Köstlichkeit in der Trattoria der Familie Bobba genießen. Das Lokal liegt inmitten einer eng gedrängten Gruppe alter Häuser und erstreckt sich auf mehrere Räume und einen überdachten Hof. Es gilt als idealer Ort, um die Küche dieses Teils der Provinz Alessandria zu entdecken, wo der Einfluss des Vercellese zu spüren ist.

DIE KÜCHE – Sie müssen reservieren, auch um die Gerichte vorab festzulegen, da einige Zutaten nur zu bestimmten Zeiten im Jahr und in begrenzter Menge verfügbar sind. Nachdem Sie die Speisenfolge so abgestimmt haben (durchschnittlicher Preis 30 €), können Sie mit einer schönen Auswahl an Salumi beginnen, wobei die Mula aus dem Monferrat im Rampenlicht steht, es gibt aber auch Frittatine di verdure, **Tartrà** di asparagi (Spargeltörtchen) sowie im Frühling und ab Herbst einige Kombinationen mit der klassischen ***Bagna caoda***. Die **Agnolotti** sind stets vertreten, wie auch die Risotti, unter denen **Riso e rane** (Reis mit Fröschen) und **Panissa** hervorstechen. Das Kapitel der Secondi nennt verschiedene Gerichte vom Schwein und **Galletto ai peperoni**, die Ihnen in angenehmer Erinnerung bleiben werden. Erfreulich sind sowohl die Auswahl an Formaggi als auch die Desserts: Torta di nocciole, Salame di cioccolato und Semifreddo. An Weinen gibt es neben dem offenen Hauswein lokale und regionale Etiketten.

NIZZA MONFERRATO (AT)

27 KM SÜDÖSTLICH VON ASTI, S.S. 592

Bun Ben Bon

Trattoria
Strada Vecchia d'Asti, 66
Tel. (+39) 01 41 / 72 63 47,
(+39) 340 / 259 59 48
Ruhetag: Dienstagabend, Mittwoch
Ferien: 2 Wochen im Juli
25 Plätze + 30 Plätze im Freien
Preise: 30 €
Kreditkarten: CS, MC, Visa; BM
Mittags und abends geöffnet

DIE OSTERIA – In dieser Trattoria etwas außerhalb von Nizza, in Richtung Asti, locken kulinarische Freuden und Ruhe in einem gemütlichen Speisesaal oder auf der Sommerterrasse (in einem weiteren Außenbereich können die Großen ihr Dessert oder den Kaffee genießen, während die Kleinen sich auf Schaukel und Rutsche vergnügen). Daniele kennt die Produkte und die Produzenten. Er wählt und kocht, was die jeweilige Saison und der Markt zu bieten haben. Daniela begleitet die Gäste im Saal auf ihrer kulinarischen Reise, die auf soliden Gepflogenheiten basiert (zum Beispiel *Buta stupa*, so nennt man die Möglichkeit, nicht geleerte Flaschen mitnehmen zu können).

DIE KÜCHE – Nach einer Begrüßung mit Salami und Frittata di patate können Sie das Menü für 30 € (drei Antipasti, Primo, Secondo und Dessert) oder Gerichte aus der umfangreichen Karte wählen. Insalata russa (7 €), Battuta di fassone, Peperoni mit ***Bagna caoda*** und **Baccalà mit Kartoffeln und Taggiasca-Oliven** werden als Antipasti aufgelistet. Die Primi umfassen Klassiker wie **Ravioli al burro e rosmarino** (8,50 €), Tagliolini di ortiche mit Spargel und knuspriger Guanciale, Gnocchi alla fonduta und eine Suppe. Das Kapitel der Secondi nennt Tagliata di fassone, **Rolata di coniglio**, Guanciotti d'asino stufati und **Fritto di cervella mit Gemüse** (12,50 €). Zum süßen Abschluss Panna cotta, Tortino alle nocciole mit Eis, Torta di nocciole oder das einzigartige „Non sorbetto" mit Kräuterbitter (4,50 €). Die Weinkarte mit moderaten Preisen huldigt diesem Gebiet.

🛍 In der Fleischerei Leva (Via Carlo Alberto 140) bekommen Sie erstklassiges Fleisch von Rindern der Rasse Piemontese aus lokalen Zuchtbetrieben und exzellente Wurst (zu empfehlen ist Salsiccia).

27 km südöstlich von Asti, S.S. 592

Le Due Lanterne

Restaurant
Piazza Garibaldi, 52
Tel. (+39) 01 41 / 70 24 80
Ruhetag: Montagabend, Dienstag
Ferien: 3 Wochen im Juli/August
70 Plätze
Preise: 27–33 €
Kreditkarten: AE, CS, DC, MC, Visa; BM
Mittags und abends geöffnet

DIE OSTERIA – Der Eingang des Restaurants liegt am Hauptplatz von Nizza. Seit mehr als zwei Jahrzehnten wird es von der Familie Ivaldi geführt, die große Sorgfalt auf die Auswahl der Zutaten verwendet und sich streng an die kulinarische Tradition des Gebietes um Nizza und allgemein des Piemont hält. Der Empfang ist freundlich, aber ohne Schnickschnack, der Service läuft wie am Schnürchen, ohne steif zu wirken.

DIE KÜCHE – Die Karte ändert sich im Laufe des Jahres grundlegend und folgt dabei dem Wandel der Jahreszeiten. Bei unserem Besuch im Frühling wurden wir mit einem *Friciulìn* mit Kräutern begrüßt und unter den Antipasti beeindruckten uns insbesondere das **Vitello tonnato** (7 €) und Crespella di asparagi mit Fonduta. Bei anderen Gelegenheiten ließen wir uns feine Salumi, Peperoni al forno, gefüllt mit Thunfisch und Karden, Peperoni in ***bagna caoda*** und **Cardi con fonduta** schmecken. Unter den Primi gilt unser Tipp den Gnocchetti di spinaci mit Castelmagno oder mit Wurstragout, aber vor allem den exzellenten **Agnolotti dal *plin*** mit Bratensauce (9 €) – sie bestechen durch überaus zarten Teig und erstklassige Füllung –, die alternativ auch mit Wurstragout oder mit Butter und Salbei angeboten werden. Unter den Secondi sind **Coniglio in casseruola all'Arneis**, **Stracotto di manzo alla Barbera** (10 €) und die Costolette di agnello impanate (15 €) zu erwähnen. Die Desserts folgen den Pfaden der piemontesischen Tradition: ***Bonet*** al cioccolato (5 €), Pere cotte nel Brachetto und Crème caramel. Die Weinkarte listet 400 Etiketten auf (von denen zahlreiche Flaschen auch glasweise angeboten werden), wobei der Schwerpunkt auf dem Monferrat und dem Piemont liegt, ergänzt durch ein schönes Sortiment an Weinen aus anderen Regionen und aus Frankreich. Die Preise sind sehr moderat.

Trattoria dello Stadio

Trattoria
Via Sottile, 2 C
Tel. (+39) 03 21 / 164 52 88
Ruhetag: Sonntagabend, Montag
Ferien: unterschiedlich
50 Plätze
Preise: 32–35 €
Kreditkarten: AE, CS, DC, MC, Visa; BM
Mittags und abends geöffnet

DIE OSTERIA – In der Nähe des alten Fußballstadions trifft man auf diese Trattoria mit über 100 Jahre alter Geschichte, die dank ihrer klassischen Einrichtung eine ruhige, gemütliche Atmosphäre bietet. Geführt wird sie seit zehn Jahren von der Familie Traverso, von deren Bauernhof viele Produkte vom Gemüse bis zu Hoftieren stammen, die in der Küche zum Einsatz kommen. Alle anderen Zutaten werden bei sorgfältig ausgewählten lokalen Lieferanten gekauft und sind ebenfalls von erstklassiger Qualität.

DIE KÜCHE – Die Karte wechselt wöchentlich, für den Einstieg gibt es jedoch immer ein Sortiment an Salumi aus den Hügeln um Novara, darunter die traditionelle ***Salam d'la doja***, Fighidina und Lardo. Weitere Antipasti sind die guten Flan di verdure, kombiniert mit Venere-Reis, Vitello tonnato (9 €), Tartara di fassone und Pesce persico in carpione (11 €). Die Primi sind interessant, wobei natürlich der Reis dominiert. Am besten kommt er bei der hervorragenden **Paniscia** (9 €) und bei verschiedenen **Risotti** zur Geltung: Eine typische Kombination ist jene mit **Gorgonzola**, aber in der Saison sollte man auch Risotto **ai funghi porcini** (mit Steinpilzen) und **ai fiori di zucca** (mit Kürbisblüten) probieren. Der Star unter den Secondi ist **Tapulone mit Polenta aus Carnaroli-Reis** (13 €), zu dem sich Costoletta di maiale alla milanese, **Oca con le verze** (Gans mit Wirsing), **Coniglio arrosto** und einige Fischgerichte gesellen, die in der piemontesischen Küche Tradition besitzen, nämlich Fritto di acciughe e verdure und Baccalà al forno. Im Kapitel der Desserts sind Panna cotta, Crostate, Semifreddo al rum, Eis und Sorbets aufgelistet. Die Weinkarte nennt vorwiegend regionalen Etiketten, insbesondere aus dem nördlichen Piemont. An den Wochentagen gibt es mittags ein Menü für 13 € (Primo, Secondo mit Beilage, Wasser und Wein).

23 KM SÜDÖSTLICH VON ALESSANDRIA

Cascina degli Ulivi

Agriturismo
Strada Mazzola, 14
Tel. (+39) 01 43 / 74 45 98
Kein Ruhetag
Keine Ferien
40 Plätze + 15 Plätze im Freien
Preise: 30 € (Tagesmenü)
Kreditkarten: CS, MC, Visa; BM
Mittags und abends geöffnet

DIE OSTERIA – Von Novi führt eine gut beschilderte Straße hinauf auf den Hügel ins Grüne, wo man auf die Cascina degli Ulivi trifft, einen landwirtschaftlichen Betrieb unter der Leitung von Stefano Bellotti, der seit 1984 als Vorreiter des biodynamischen Anbaus gilt. Kulturen von Wein, alten Getreidesorten, Gemüse und Obst, Zucht von Rindern und Hoftieren: All dies erfolgt nach biodynamischen Methoden, wodurch fast alle Produkte für den Gasthof zur Verfügung stehen. Steinmühlenmehl, Gemüse, Obst und Fleisch kommen vom Hof direkt in die Küche, die einfache, aber gepflegte, saisontreue Gerichte im Zeichen der Tradition zubereitet. Aus eigenem Anbau sind natürlich auch die Weine, für die die Cascina berühmt ist. Die übrigen Produkte stammen aus ausgewählten Betrieben, die nach biologischen und biodynamischen Methoden arbeiten. Die Gäste werden in einem Saal mit etwa 40 Plätzen oder bei schönem Wetter im Gastgarten mit Holztischen und -bänken bedient.

DIE KÜCHE – Beginnen können Sie mit einem **Sortiment an Formaggi oder Salumi** (12 €), Frittate mit saisonalen Produkten und Insalate, danach können Sie unter den Primi **Corzetti novesi** (7 €), eine typische frische Pasta aus Novi Ligure in Form von geprägten Teigscheiben, oder Tagliatelle al pesto, **Ravioli di carne** (8 €) oder Ravioli mit Kräuterfüllung, aber auch eine kräftige Minestrone mit Dinkel wählen. Für den Hauptgang bekommen Sie erstklassiges Fleisch: Manzo (Rind), Anatra (Ente) oder Oca (Gans). Weitere Vorschläge sind **Fricandò** astigiano, Roastbeef, **Arrosto al latte** (12 €) und Zucchine ripiene mit Fleisch und Gemüse. Zum Abschluss werden warmer Tortino di cioccolato oder Panna cotta angeboten. Das Brot aus hausgemachtem Steinmühlenmehl wird im Holzofen neben dem Speisesaal gebacken. Die Weine stammen ausnahmslos aus der eigenen Kellerei.

NOVI LIGURE (AL)

23 KM SÜDÖSTLICH VON ALESSANDRIA

Il Banco

Traditionelle Osteria • Via Monte di Pietà, 5
Tel. (+39) 01 43 / 74 46 90
Ruhetag: Montag
Ferien: Ostern, 1 Woche um den 15. August, Weihnachten
60 Plätze
Preise: 20–25 €
Kreditkarten: CS, DC, MC, Visa; BM
Mittags und abends geöffnet, Juni–August nur abends

DIE OSTERIA – Jahrhundertelang war Novi das wichtigste Zentrum der Republik Genua in deren Hinterland. Die Geschichte hat auch in der Küche ihre Spuren hinterlassen, so dass der Süden der Provinz Alessandria mit der Nachbarregion Ligurien zahlreiche Spezialitäten teilt, darunter viele Variationen zum Thema Focaccia. Besonders eine davon, die Farinata, ist das Bravourstück dieses zentral gelegenen Lokals, das seit 1988 von der Familie Longo geführt wird, aber bereits seit Mitte des 19. Jahrhunderts besteht. Das Lokal, ein wahrer Publikumsmagnet, wird auch wegen des rustikalen, geselligen Ambientes (eng gestellte Tische, Bänke und Hocker), vor allem aber wegen der kulinarischen Vielfalt geschätzt: Neben Gerichten der Straßenküche und Imbissen bietet die Küche traditionelle Spezialitäten für eine komplette Mahlzeit.

DIE KÜCHE – Man kommt wohl nicht umhin, die Spezialität zu probieren, die das Banco berühmt gemacht hat: **Farinata** (4 € bzw. 6 €, wenn sie mit Crescenza oder Gorgonzola garniert ist), **Panissa** (ebenfalls aus Kichererbsenmehl, mit oder ohne Rosmarin), **Focaccia al formaggio** und die überaus beliebte Pizza al tegamino in etwa 15 unterschiedlichen Varianten. Zur Fortsetzung der Mahlzeit dienen als Antipasti im klassischen Sinn **Insalata russa**, Giardiniera und **Pollo in carpione** (8 €). Als Primi gibt es häufig Crespelle al forno, **Minestrone alla genovese** (mit Pesto) und im Winter Zuppa di ceci. Weitere Gerichte sind Anleihen aus Ligurien: Acciughe ripiene, **Frittelle di baccalà** (7 €), Stoccafisso (mit Tomaten, Oliven und Pinienkernen oder in bianco, 14 €) und Cima alla genovese. Im Winter taucht unter den Secondi auch **Trippa** auf. Desserts und Eis aus eigener Produktion und im schönen Keller unterhalb des Lokals Weine aus ganz Italien. Als Alternative werden Biere kleiner Brauereien ausgeschenkt.

4 KM WESTLICH VON BIELLA

La Taverna del Gufo

Restaurant
Via Caralli, 2
Tel. (+39) 015 / 59 00 51
Ruhetag: Montag, Dienstag
Ferien: 1 Woche im September
35 Plätze
Preise: 33–35 €
Kreditkarten: CS, DC, MC, Visa; BM
Abends geöffnet, mittags gegen Vorbestellung

DIE OSTERIA – Vor mittlerweile 16 Jahren beschlossen Tojo und Stefania, ihre „Casa Ristorante" auf dem Land, wenige Kilometer von Biella entfernt, zu eröffnen. Das Lokal gliedert sich in vier Räume mit Blick auf einen prachtvollen Garten. Der Charme und die Herzlichkeit der Inhaber wecken bei den Gästen sofort das Gefühl des Wohlbehagens. Das Repertoire umfasst Gerichte nach hiesiger Tradition, zubereitet aus sorgfältig gewählten Zutaten von kleinen Betrieben aus der Umgebung.

DIE KÜCHE – Sie können sich für das Menù della Taverna für 33 € entscheiden, das Antipasto, Primo, Secondo und Dessert umfasst, oder à la carte wählen. Sehr gute Antipasti (10 €) sind Carne cruda mit Nüssen und Basilikum in einer Caprino-Sauce und Fiori di zucchina, gefüllt mit frittierten Zucchini. Unter den Primi (10 €) empfehlen wir **Ravioloni ai tre arrosti mit Bergbutter und Thymian** oder in der Saison **Zuppetta di fiori di zucchina mit Graupen und Kräutern**. Die Liste der Secondi (15 €) umfasst **Coniglio farcito all'Arneis**, **Costolette di agnello al forno** in Kräuterpanade und Tagliata di scamone mit Kirschtomaten-Confit. Die Desserts (6 €) sollten Sie nicht verpassen: Es gibt Semifreddo cremoso al caffè mit Orangen-Schokolade-Karamell, Crème brulée al passito und im Sommer hausgemachtes Eis. Die Weinkarte bietet eine schöne Palette an Etiketten dieses Landstrichs und Tojo berät Sie bei der Wahl der richtigen Flasche oder eines guten Gläschens.

Arcangelo Rosso Baietto in **Netro** (10 km) stellt in der Cascina Castagnolio Toma biellese und Rohmilchbutter aus dem oberen Elvo-Tal (ein Slow-Food-Presidio) her. In der Mulin 'd la sarèja in **Cerea** (11 km), Via Molinasso 3, bekommt man Maismehl für Polenta, weiß und aus Vollkorn.

19 KM NÖRDLICH VON NOVARA

Il Gatto e la Volpe

Osteria
Via Nebulina, 22–24
Tel. (+39) 03 21 / 99 82 56
Ruhetag: Sonntag
Ferien: zeitweise im September
80 Plätze + 80 Plätze im Freien
Preise: 25–30 €
Kreditkarten: CS, MC, Visa; BM
Mittags und abends geöffnet

DIE OSTERIA – Auf halbem Weg zwischen Novara und dem Lago Maggiore liegt Oleggio, eine Ortschaft, umgeben von Mais- und anderen Getreidefeldern. Oleggio wird als „Stadt der Milch" gerühmt, was auf die große Anzahl an Rinderzuchtbetrieben und die Präsenz wichtiger Käsereien zurückzuführen ist, die unter anderem den Gorgonzola DOP herstellen. Im Zentrum finden Sie die Osteria von Daniele Bonini: Hier werden Sie in schönen, gepflegten Speisesälen und auf einer überdachten Terrasse für den Sommer in einem Ambiente empfangen, das Herzlichkeit ausstrahlt.

DIE KÜCHE – Die Zutaten stammen aus kleinen Betrieben und Bauernhöfen aus der Umgebung. Je nach Jahreszeit und Marktlage können Sie aus den von Alessandro, Danieles Sohn, zubereiteten Spezialitäten wählen. Auf der Karte sind häufig Gerichte wie Lardo pressato mit Schwarzbrot, Battuta di manzo (12 €), **Peperone ripieno**, die ausgezeichnete **Paniscia**, klassische Agnolotti, einige Arten von **Risotti** (wirklich eindrucksvoll ist die Variante Risotto alle erbe aromatiche mit würzigen Kräutern) und in den warmen Monaten eine feine Lasagna mit Auberginen und Büffelmozzarella genannt. Unter den Secondi gilt der klassische **Tapulone** (Eselschmorfleisch) **mit Polenta** als Krönung einer ganzen Reihe guter Fleischgerichte, zum Beispiel **Punta di vitello al forno** (Kalbsbrust, 12 €) oder Trippa in umido (geschmorte Kutteln). Unter den Desserts brilliert Sbrisolona mit Eis, aber auch ***Bonet*** und Tiramisu sind eine wahre Gaumenfreude. Das Weinsortiment schöpft aus einem gut bestückten Keller, in dem zahlreiche Etiketten aus dem nördlichen Piemont, aber auch aus anderen Regionen Italiens lagern.

ORIO CANAVESE (TO)

36 KM NÖRDLICH VON TURIN, A 5, 22 KM VON IVREA

Barba Toni

Restaurant
Via Torino, 9
Tel. (+39) 011 / 989 80 85
Ruhetag: Sonntagabend, Montag
Ferien: 2 Wochen nach Weihnachten, August
30 Plätze + 20 Plätze im Freien
Preise: 33–38 €
Kreditkarten: CS, DC, MC, Visa; BM
Abends geöffnet, Samstag und Sonntag auch mittags

DIE OSTERIA – Wir befinden uns hier im Herzen des Canavese an der Grenze zu jenem Gebiet, das einst als „Silicon Valley" Italiens galt. In den engen Gässchen der Ortschaft (die weder schön noch hässlich ist) mit weniger als 1.000 Einwohnern ist das Barba Toni eine erfreuliche Überraschung. Alain Zanolo und seine Frau Sara führen diese Osteria mit ebenso viel Geschick wie Leidenschaft und haben sie zu einem Aushängeschild der Gastronomieszene dieses Landstrichs gemacht. Eine Küche, die der hiesigen Tradition die Treue hält, aber positive Einflüsse aus dem benachbarten Aosta-Tal zulässt, und mit Sorgfalt ausgewählte Zutaten sind unumstößliche Prinzipien von Alain, der Sie unaufdringlich bei der Wahl der Gerichte begleitet.

DIE KÜCHE – Als Antipasti (11 €) können Sie fein gehackte Battuta di fassone mit Miassa, einer Flade aus Steinmühlen-Maismehl (eine gelungene Verbindung zwischen der Langa und dem Canavese), oder die ebenfalls sehr interessanten Gerichte **Sformatino di *seirass* mit Mocetta** und Brunoise di peperoni, Tomino paglierino al forno, umhüllt mit Lardo aus Arnad, und die mit Kirschholz geräucherte Petto d'anatra (Entenbrust) in Orangen-Ingwer-Marinade wählen. Danach empfehlen wir **Risotto alla doppia gallina** aus Bio-Reis der Sorte Carnaroli oder Risotto mit Safranfäden und Lakritze. Als Alternative werden **Tagliolini al doppio uovo mit Mocetta und rotem Pfeffer** (11 €) angeboten. Unter den Secondi findet man **Filetto di maiale al passito** (16 €) oder Filetto di vitello im Speckmantel, auf der Platte gebraten (18 €). Exzellent ist das Potpourri mit vier Arten von Käse mit hausgemachten Konfitüren und ebenso gut ist das Repertoire an Desserts, unter anderem mit ***Bonet*** und Zabaione al Passito di Caluso. Ausgewogene Weinkarte, in der Erbaluce und Carema gut vertreten sind.

ORMEA (CN)

84 KM SÜDÖSTL. V. CUNEO, 49 KM V. IMPERIA, S.S. 28

Il Borgo

Trattoria
Via Roma, 120
Tel. (+39) 01 74 / 39 10 49
Ferien: unterschiedlich
35 Plätze
Preise: 25 €
Keine Kreditkarten
Freitagabend, Samstag mittags und abends, Sonntagmittag geöffnet

DIE OSTERIA – Ormea liegt im oberen Tanaro-Tal, wenige Kilometer von der Grenze zwischen Piemont und Ligurien entfernt. Am Beginn der Via Roma, die das historische Zentrum durchquert, hat diese Trattoria mit familiärem Ambiente ihren Sitz, ein beliebtes Ziel für Einheimische wie auch für Durchreisende auf dem Weg zum Meer. Das Lokal besteht aus einem einzigen Saal, dessen Einrichtung in Holz gehalten ist. Sobald Sie Platz genommen haben, werden die angebotenen Speisen mündlich präsentiert.

DIE KÜCHE – Man beginnt mit den warmen Antipasti aus Ormea: Je nach Jahreszeit können Sie sich **Tortino di patate e porri mit Bohnencreme**, Tortino di zucca, Fozza (ein Flade nach altem Rezept von Ormea) mit Lardo, Frittata di erbette, Panizza di ceci mit Kichererbsensalat und schließlich eine interessante **Polenta di grano saraceno** (aus Buchweizen) **mit *Bagna caoda*** schmecken lassen. Hausgemachte Pasta unter den Primi: **Lasagnette di Ormea al raschera**, Ravioli del *cin* (mit Füllung aus Kartoffeln und Kräutern), Tagliatelle all'ortica, und Sie können, falls Sie sie bereits als Antipasto gewählt haben, die Polenta saracena auch nochmals als Primo genießen. Bei den Secondi dominiert Fleisch: Roastbeef in den warmen Monaten, **Bocconcini di coniglio mit Pilzen und Pinienkernen**, Brasato all'Ormeasco (der Wein dieser Gegend), Ossobuchi und Cervo al ***civet***. Ofenkartoffeln, Asparagi (Spargel), Peperoni in agrodolce (süßsauer eingelegte Paprikaschoten) und weiteres Gemüse können als Beilagen gewählt werden. Einige Häppchen von Käse, dann geht es weiter mit den klassischen Dolci wie Panna cotta mit Karamell und ***Bonet*** oder der originellen **Cassata di patate** (aus Kartoffeln). Die Weinkarte bietet einen Streifzug durch diesen Landstrich, wobei der Ormeasco die Hauptrolle spielt, ergänzt durch andere Etiketten dieser Region.

ORTA SAN GIULIO (NO)
Legro

65 KM NÖRDLICH VON NOVARA

Il Cucchiaio di Legno

Agriturismo
Via Prisciola, 10
Tel. (+39) 03 22 / 90 52 80,
(+39) 339 / 577 53 85
Ruhetag: Montag–Mittwoch
Ferien: unterschiedlich
60 Plätze • Preise: 26 € (Tagesmenü)
Kreditkarten: CS, DC, MC, Visa; BM
Abends geöffnet, Samstag und Sonntag auch mittags

DIE OSTERIA – Dieser reizende Agriturismo in der Nähe des Lago d'Orta, der aus einem schönen Saal mit angeschlossener Veranda und einigen Gästezimmern besteht, bietet eine einfache, bodenständige Küche. Das feststehende Menü umfasst Gerichte, die mit viel Gemüse aus dem eigenen Garten zubereitet werden. Auch Pane ai cereali (Brot aus verschiedenen Getreidesorten und Körnern) und Grissini aus Hartweizen, Pasta, Konfitüren und Wurst stammen aus eigener Erzeugung.

DIE KÜCHE – Es geht los mit einer Reihe von Antipasti: Salame di coscia, Pancetta alle erbe, Fesotto di maiale, Punta di manzo mit Kürbiscreme, Fonduta di mottarone mit gerösteten Haselnüssen, warme Focaccine mit Tomaten und Basilikum und Giardiniera. Unter den Primi gibt es ein Gericht auf Basis von frischer Pasta (zum Beispiel Pizzoccheri al limone mit Zitrone und Rosmarin, im Ofen überbacken) und einen **Risotto**: in den Versionen **con straccetti al Nebbiolo** (mit geschmorten Fleischstreifen) **e ragù di spalla di maiale**, mit Radicchio und Gorgonzola oder con trota salmonata (mit Lachsforelle). Fortsetzung folgt mit **Galletto alle erbe** (Kräuterhähnchen) **mit Pancetta-Kruste**, Lombatine di maiale arrosto (Schweinelende), **Guancia di maiale brasata** (geschmorter Schweinebacke), Bocconcini di vitello in umido (Kalbsragout) und **Filetti di persico in carpione** (mariniertes Barschfilet). Als Dessert bekommen Sie Friabile di nocciola mit Cremeeis, Pere al vino mit Eis, Semifreddo alla vaniglia mit Pflaumenkonfitüre, Salame al cioccolato oder ein Sortiment an lokalen Käsesorten. Die Karte nennt wenige, aber hochwertige Etiketten piemontesischer Herkunft. Auf dem Hof wird Honig aus eigener Produktion verkauft.

PAESANA (CN)
Calcinere Inferiore

53 KM NORDÖSTLICH VON CUNEO, S.S. 662

Osteria Alpino

Restaurant
Calcinere Inferiore, 40
Tel. (+39) 01 75 / 98 72 38,
(+39) 348 / 742 23 15
Ruhetag: Dienstag, Mittwoch (außer im August)
Ferien: 15. Januar–15. Februar
40 Plätze • Preise: 20–30 €
Kreditkarten: AE, CS, DC, MC, Visa; BM
Mittags und abends geöffnet

Eine kleine Dorftrattoria, warmherziger Empfang, exzellente Küche, große Transparenz in Bezug auf die Herkunft der Zutaten.

DIE OSTERIA – Zum Abschluss eines Ausflugs zu den Quellen des Po oder nach Ostana, das auf der Liste der schönsten Ortschaften Italiens steht, können Sie in dieser gastfreundlichen Osteria einkehren, um die lokaltypischen Gerichte begleitet von exzellenten Weinen zu genießen. Der Plan einer Übersiedlung in das Zentrum von Paesana wurde wieder verworfen und die Osteria Alpino ist an ihrem schönen historischen Standort geblieben, den die Stammgäste in seiner Einfachheit lieben, weil sie Erinnerungen an angenehme, gesellige Abende mit ihm verbinden.

DIE KÜCHE – Es gibt acht Antipasti (9 €), unter denen die Wahl schwerfällt: Tris della tradizione (mit Battuta al coltello, Insalata russa und Acciughe al verde), **Vitello tonnato**, Carpaccio di cervo in Kräutermarinade mit Löwenzahn und pochiertem Ei, **Mousse di roccaverano**, Pere, noci e castelmagno, Belga mit Honig und Roquefort und im Frühling Filetto di trota salmonata mit Spargel aus Revello. Unter den Primi (9 €) sind **Agnolotti al fumo**, Gnocchetti di patate di Calcinere mit Kräuter-Pesto und Crema di asparagi di Revello mit Grissini al lardo hervorzuheben. Gute Tipps unter den Secondi sind Fegato alla veneziana (11 €) und **Scamone panato mit *Subrìch*** di patate und Grieß (12 €). Lassen Sie sich vom reich bestückten Käsewagen verführen, der stets auch einige Slow-Food-Presidi präsentiert. Zum Abschluss können Sie eines der hausgemachten Dolci wählen, unter denen wir Frolla di ***giuncà*** mit Akazienhonig (5 €) und Torta di mele mit Cremeeis empfehlen. Von jedem Wein aus der Karte können Sie die Menge bestellen, die Sie haben wollen.

PAROLDO (CN)

57 KM ÖSTLICH V. CUNEO, 8 KM NÖRDLICH V. CEVA

Salvetti

Trattoria
Via Coste, 19
Tel. (+39) 01 74 / 78 91 31,
(+39) 347 / 890 47 09
Ruhetag: Montag, Dienstag
Ferien: unterschiedlich
30 Plätze + 10 Plätze im Freien
Preise: 30 € (Tagesmenü)
Kreditkarten: CS, DC, MC, Visa; BM
Mittags und abends geöffnet

DIE OSTERIA – Jeder Ort hat seine festen Bezugspunkte: die Fleischerei, die Apotheke, den Gemüsehändler … und in Paroldo kann man nicht umhin, auch die Trattoria Salvetti als solchen anzusehen. Die Familie Salvetti empfängt seit drei Generationen im Zentrum der Ortschaft die Gäste, die den Weg hier herauf in die Alta Langa gefunden haben. Gleich bei Betreten wird der Blick von einer einfachen, aber sehr gepflegten Einrichtung gefangen genommen. Begrüßt und betreut werden Sie hier mit ehrlicher, bodenständiger Freundlichkeit, wie bei einem Besuch zu Hause bei Freunden.

DIE KÜCHE – Zum Appetitanregen wird ein Gläschen Chardonnay Brut ausgeschenkt, begleitet von Pane fritto, Salami und Pancetta. Der Appetit kommt beim Essen, aber keine Sorge: Bei dem feststehenden Menü wird auch der Hungrigste satt. Wie es der piemontesischen Tradition entspricht, dürfen die Antipasti nicht fehlen: **Rollata di pollo**, **Polenta aus Ottofile-Mais mit Bohnen und Cotechino**, Sformati di verdure mit saisonalem Gemüse und delikater ***Caponet*** mit ***Bagna caoda***. Auch die Primi bewegen sich auf den Pfaden der Tradition: Allein für die **Ravioli al burro** lohnt sich unserer Ansicht nach die Fahrt zu diesem Lokal. Wer dann noch Hunger hat, kann **Maiale con salsa di senape** (Schwein mit Senfsauce) und zum Abschluss Panna cotta bestellen. Zu Ihrer Mahlzeit können Sie eine gute Flasche Wein aus der Karte wählen, in der Etiketten dieser Gegend und anderer italienischer Regionen zu moderaten Preisen angeboten werden.

PORTACOMARO (AT)
Migliandolo-Cornapò

12 KM NORDÖSTLICH VON ASTI, S.P. 38

Bandini

Restaurant
Via Cornapò, 135
Tel. (+39) 01 41 / 29 92 52
Ruhetag: Montag
Ferien: ersten 3 Januarwochen
65 Plätze
Preise: 32–37 €
Kreditkarten: AE, CS, DC, MC, Visa; BM
Mittags und abends geöffnet

DIE OSTERIA – Ein klassisches dreistöckiges Haus, das vielen anderen ähnelt, die man in den ländlichen Gebieten rund um Asti findet, ist der Sitz eines Restaurants, das sich im Laufe der Zeit zu einer zuverlässigen Adresse für Gourmets entwickelt hat, die auf der Suche nach guten traditionellen Speisen und einer interessanten Auswahl an Weinen sind. Der Speisesaal ist schlicht eingerichtet, an den Wänden hängen Poster von Kunstausstellungen und vor dem Tresen parkt eine Moto Guzzi (wie stabil, das wissen wir nicht). Die optische Fortsetzung bildet eine schöne Veranda mit Blick auf den Garten. Antonello Bera eilt gewandt und freundlich von einem Tisch zum nächsten.

DIE KÜCHE – In der Küche verwendet Massimo Rivetti hochwertige Zutaten, die großenteils vom hiesigen Markt oder aus dem eigenen Gemüsegarten stammen. Ein guter Einstieg gelingt mit **Vitello tonnato** (9 €), Carne cruda all'astigiana (verfeinert mit ganz wenig Öl und einer kleinen Prise Salz) oder einem schmackhaften Uovo al ***cirighet*** mit Misticanza (einem gemischten Blattsalat). Unter den Primi finden Sie **Gnocchi mit Fonduta aus Roccaverano**, **Agnolotti gobbi mit Bratensauce**, *Tajarin* al coltello nach Art des Monferrat (9 €) oder in der Saison con i funghi, die Version mit Pilzen. Unter den Secondi sind neben Costata di fassona, die hier als ***Madama piemonteisa*** bezeichnet wird, auch gute Gerichte wie Petto d'anatra und **Guance di vitello in Rotwein** aufgelistet. Danach lockt eine interessante Auswahl an Formaggi. In der Karte sind stets auch Fischgerichte angeführt, die der Chef mit kundiger Hand zubereitet. Besonderes Lob gilt der Weinkarte, die hauptsächlich Etiketten aus der Umgebung umfasst, ergänzt durch gute Tropfen von Winzern aus Frankreich und durch in Spontangärung hergestellte Biere aus Belgien.

20 KM NORDWESTLICH V. CUNEO, S.P. 422 U. S.P. 122

Locanda Occitana Ca' Bianca

Trattoria • Strada Luisa Paulin, 53
Tel. (+39) 01 71 / 91 85 00, (+39) 338 / 197 40 15
Ruhetag: Sonntag
Ferien: unterschiedlich
70 Plätze + 30 Plätze im Freien
Preise: 15–30 € (Tagesmenü)
Kreditkarten: CS, MC, Visa; BM
Mittags und abends geöffnet

DIE OSTERIA – Am Eingang zum Maira-Tal (der Heimat der Sardellenhändler) finden Sie diese Locanda mit einem einzigen großen Speisesaal und einem Gastgarten für die warme Jahreszeit. Egal, ob Sie für ein Mittagessen in der Arbeitspause, einen Imbiss am Ende eines Ausflugs in die Berge oder für eine komplette Mahlzeit hierherkommen, Sie werden sich sicher wohlfühlen und können bei Bedarf auch eines der Gästezimmer nutzen, die kürzlich im Zuge der Renovierung des Betriebs geschaffen wurden. Die familiäre Atmosphäre ist eines der Merkmale dieser Locanda: Der Service ist flott, herzlich und aufmerksam, die Portionen sind großzügig und der Preis mehr als angemessen.

DIE KÜCHE – Die Speisenauswahl wird mündlich präsentiert. Man beginnt mit Antipasti, unter denen Sie die klassischen Acciughe mit roter und grüner Sauce, Vitello tonnato, Cipolla ripiena und Tortino di verdure mit Fonduta entdecken können. Als Primi werden ***Ravioles*** (Gnocchi nach okzitanischer Art) **mit Butter und Panna**, Agnolotti al ragù di carne, **Minestra di trippe** und ***Supa mitonà*** angeboten. Das Kapitel der Secondi umfasst ***Döba***, ein würziges Ragout, in Rotwein geschmort, serviert mit einer guten Polenta aus Steinmühlenmehl. Als Alternative bekommen Sie **Agnello al forno**, Arrosto, Merluzzo alla livornese und in der entsprechenden Saison **Funghi** aus den umliegenden Wäldern. Den Schlusspunkt setzt man mit Torten, Crostate und Flan di uova. Neben dem Hauswein gibt es eine kleine Weinkarte mit ebenfalls sehr korrekten Preisen.

In **San Damiano Macra** (8 km), in der Nähe der Brücke, befindet sich die letzte Holzofenbäckerei des Maira-Tals, wo das blutjunge Paar Silvia und Diego knuspriges traditionelles Brot und verlockende Süßspeisen zubereitet.

15 KM SÜDÖSTLICH VON ASTI, S.R. 10

Da Taschet

Osteria-Vineria
Piazza Piacentino, 11
Tel. (+39) 01 41 / 64 44 24
Ruhetag: Mittwoch
Ferien: zeitweise im Februar
40 Plätze + 20 Plätze im Freien
Preise: 25–30 €
Keine Kreditkarten
Abends geöffnet, Samstag und Feiertage auch mittags

DIE OSTERIA – Nach Verlassen der Staatsstraße von Asti nach Alessandria und einem kleinen Umweg von vier Kilometern entlang dem Tanaro erreichen Sie die Ortschaft Rocchetta, wo Sie auf der Piazza Piacentino parken können. Das Lokal war einst die Fleischerei von Carlo Bos Vater (Taschet ist der Spitzname der Familie hier im Ort). Heute präsentiert Carlo mündlich das Speisenangebot und legt eine Weinkarte voller Überraschungen vor (manchmal kommen sogar die Winzer vorbei, um Jahrgänge zu verkosten, die bei ihnen selbst nicht mehr vorrätig sind). Das Ambiente ist das Paradebeispiel einer Osteria, wie man sie heute nur mehr selten findet: herzlich, einfach und zwanglos.

DIE KÜCHE – In der Küche bereitet Giovanni, Mazzilla genannt, klassische piemontesische Gerichte zu. Als Antipasto gibt es eine überragende Carne cruda (8 €), die auch Teil eines gemischten Tellers (15 €) mit **Insalata russa**, Vitello tonnato, **Acciughe con bagnetto verde** und im Sommer Melanzane alla parmigiana sein kann. Unter den Primi finden Sie die unvergleichlichen **Ravioli di stufato**, Minestra di riso e ceci, Pasta e fagioli und Taglierini al sugo di salsiccia (10 €). Der Hauptgang sieht **Pollo alla cacciatora**, Merluzzo in umido, im Winter Trippa e bollito di tre tagli mit grüner Sauce (10 €) und in den warmen Monaten Carpionata mit Fleisch, Eiern und Gemüse (12 €) vor. Die Portionen sind großzügig. Wenn Sie großen Appetit haben, können Sie die ca. 1 kg schwere Costata bestellen. Zum Abschluss wählt man ein hausgemachtes Dessert wie Crostata di frutta, Torta di nocciole und ***Bonet*** (4 €). Die Weine werden auch glasweise ausgeschenkt.

Das Panaté von Mario Fongo (Via Case Sparse 17) bietet Grissini und Lingue di suocera.

ROCCHETTA TANARO (AT)

15 KM SÜDÖSTLICH VON ASTI, S.R. 10

I Bologna

Restaurant
Via Sardi, 4
Tel. (+39) 01 41 / 64 46 00
Ruhetag: Dienstag
Ferien: 4 Wochen im Januar/Februar
60 Plätze + 20 Plätze im Freien
Preise: 45 € €↑
Kreditkarten: CS, DC, Visa; BM
Mittags und abends geöffnet

DIE OSTERIA – Die Familie Bologna ist privilegiert, was ihre Verbindung zur piemontesischen Küchen- und Weinkultur betrifft. Ein Zweig der Familie führt eine der renommiertesten Kellereien der Region, ein anderer ebendieses Restaurant knapp außerhalb des Zentrums von Rocchetta Tanaro. Es erwartet Sie hier ein Speisesaal von schlichter Eleganz mit gemütlicher Einrichtung im Stil einer typischen Trattoria. Das Angebot wird durch einige Zimmer zum Übernachten abgerundet.

DIE KÜCHE – Die Küche ist so fest in der Tradition verhaftet, wie man es sich nur wünschen kann, und bietet mit den handgemachten Agnolotti einen guten Grund, um die Fahrt hierher auf sich zu nehmen. Die häufig wechselnden Vorschläge enthalten aber noch vieles mehr. Als Antipasti gibt es **Vitello tonnato** (nach dem klassischen Rezept), mit dem Messer gehackte Carne cruda und **Insalatina di coniglio mit Mönchsbart**. Unter den Primi sind neben den bereits erwähnten **Agnolotti** (15 €) auch hervorragende ***Tajarin*** und Ravioli mit verschiedenen Füllungen angeführt. Dann geht es weiter mit **Stracotto d'asino** (Eselschmorbraten), Rollata di cavallo (Rollbraten aus Pferdefleisch), Filetto di maiale und Petto d'anatra. In der Pilzsaison sollten Sie sich die in der Pfanne gebratenen Cappelle di porcini nicht entgehen lassen. Gut zubereitete Desserts, unter denen der ausgezeichnete ***Bonet*** hervorsticht. Neben den hauseigenen Weinen kann man aus der Weinkarte einige der besten Etiketten des Piemont wählen. Degustationsmenüs für 35 und 45 €.

ROMAGNANO SESIA (NO)

30 KM NORDWESTLICH VON NOVARA, S.S. 299

Alla Torre

Restaurant
Via I Maggio, 75
Tel. (+39) 01 63 / 82 64 11
Ruhetag: Montag
Ferien: 27. Dezember–7. Januar
50 Plätze + 20 Plätze im Freien
Preise: 32–35 €
Kreditkarten: AE, CS, DC, MC, Visa; BM
Mittags und abends geöffnet

DIE OSTERIA – Seit 26 Jahren führen Andrea (Service) und Lucia (Küche) dieses Restaurant, das seinen Sitz in einem alten Turm hat. Die Räumlichkeiten sind gepflegt und gastlich, in der Karte verschmelzen Rezepte nach piemontesischer Tradition mit Zutaten – insbesondere Pasta und Konfitüren –, die Zeugnis von der speziellen Sorgfalt ablegen, die die Inhaber auf die Wahl regionaltypischer Produkte legen.

DIE KÜCHE – Als Antipasto empfehlen wir Carne cruda aus Fleisch von Kälbern der Rasse Piemontese mit Saucen oder **Insalata di tacchinella** (10 €) neben einem Sortiment an Wurst- und Käsespezialitäten, bei welchen Sie einige typische Produkte dieses Landstrichs kennenlernen können. Unter den Primi findet man die klassischen Gerichte nach hiesiger Tradition, etwa ***Tajarin*** con ragù al Nebbiolo oder Maltagliati di grano mit Pilz-Zucchini-Sauce (10 €), zu denen sich Gerichte modernerer Prägung gesellen, zum Beispiel Riso Venere (Vollkornreis der Sorte Venere) mit Gemüse und Taggiasca-Oliven. Verschiedene schmackhafte Vorschläge sind unter den Secondi: Sie können sich für ein zartes **Spezzatino glassato al Ghemme**, Arrosto di coniglio disossato, gefüllt mit Aprikosen (15 €), oder vegetarische Speisen wie Fiori di zucchina gefüllt mit Ricotta und im Ofen gebratenem Gemüse (14 €) entscheiden. Erstklassige Auswahl an Formaggi und eine große Palette an Desserts, bei denen sich der Bogen von ***Bonet*** über verschiedene Arten von Semifreddo bis zu einem klassischen Gelato al fiordilatte mit Ratafià (5 €) spannt. Die Weinkarte listet gute Etiketten vorwiegend, aber nicht ausschließlich aus dem Piemont auf.

Auf dem Hof von Franco Patriarca in **Gattinara** (3 km) werden Obst und Gemüse angebaut und verkauft.

33 km nördlich von Cuneo, S.P. 25 und S.P. 161

Corona di Ferro

Restaurant
Via Martiri della Liberazione, 48
Tel. (+39) 01 75 / 21 89 75
Ruhetag: Mittwoch
Ferien: unterschiedlich
40 Plätze + 50 Plätze im Freien
Preise: 32–38 €
Kreditkarten: CS, DC, MC, Visa; BM
Mittags und abends geöffnet

Tradition gepaart mit Raffinesse, das ist die Stärke dieses historischen Lokals in neuem Kleid.

DIE OSTERIA – Vor mittlerweile zwei Jahrhunderten wurde die Locanda Corona di Ferro erstmals in Dokumenten über die einstige Markgrafschaft Saluzzo als Ort der Einkehr erwähnt. Nachdem sie von den 1980er-Jahren bis 2013 geschlossen war, wurde sie dank Alberto Mellano zu neuem Leben erweckt, als er seine Tätigkeit von Verzuolo hierher verlegte. Im Hof vor dem Lokal befindet sich ein großer überdachter Bereich – einst Abstellplatz für Fuhrwerke und Kutschen –, der im Sommer zum Sitzen im Freien genutzt wird. Es gibt auch einen Garten mit einem Boccia-Feld, wo man Pétanque spielen kann. Diese Kombination ist Tradition in Reinkultur!

DIE KÜCHE – In der Küche, dem Reich der blutjungen Köche Maurizio und Andrea, werden exquisite Vorspeisen zubereitet: Uovo poché mit geschmortem Lauch und Fonduta, Antipasto piemontese (10 €), bestehend aus Carne cruda, Vitello tonnato, **Insalata russa** und **Flan di broccoli**, Baccala in tempura mit Topinambur und roten Zwiebeln und Parmigiana di cardi. Ein erstklassiges Primo ist **Riso mantecato mit Stracchino und Blattspinat** (10 €), aber auch **Agnolotti *ris e coi*** und Cappelletti di gallina in Brühe sind zu empfehlen. Unter den Secondi werden Sie **Guancia di vitello brasata mit Püree** (12 €), Finanziera, Lumache in guazzetto, Lingua di vitello mit Zwiebel und die bereits rar gewordene **Trippa in umido** (geschmorte Kutteln) entdecken. Zum Abschluss Torta di mele, Mousse al cioccolato mit Birnen und Torta di zucca croccante mit Eis (7 €). Auf der Weinkarte sind zahlreiche piemontesische Etiketten vertreten, aber auch andere Anbaugebiete Italiens haben ihren Platz.

46 km westlich von Cuneo, S.S. 21

Osteria della Pace

Restaurant
Via Umberto I, 32
Tel. (+39) 01 71 / 966 28
Ruhetag: Montag
Ferien: 10 Tage im Juni, 4 Wochen im Oktober/November
40 Plätze
Preise: 25–30 €
Kreditkarten: CS, DC, MC, Visa; BM
Mittags und abends geöffnet

Authentizität, Qualität und Liebe zum eigenen Landstrich: Die Fahrt lohnt sich.

DIE OSTERIA – Die deutlich okzitanisch geprägte Küchentradition des Stura-Tals entfaltet sich eindrucksvoll in Sambuco, einem ruhigen Bergdorf auf 1.200 Metern Höhe. Bartolo Bruna, eine echte Institution, leitet hier mit seiner Familie seit mehr als 30 Jahren voll Hingabe und Kompetenz diese schöne Osteria. Das seit 1882 bestehende Lokal ist Teil des Albergo della Pace (14 Zimmer in alpinem Stil mit Blick auf die Berge und Wellness-Center), eine zuverlässige Adresse für Ausflügler und Skifahrer auf der Suche nach Entspannung. Im Speisesaal mit Holzwänden werden die Gäste mit liebenswürdiger Ungezwungenheit verwöhnt und können traditionelle Gerichte in intelligent modernisierter und schön präsentierter Form genießen.

DIE KÜCHE – Das Repertoire an exzellenten Antipasti (6 €) umfasst **Vitello tonnato**, Baccalà mantecato und delikaten Flan di ricotta mit Basilikumsauce. Unentschlossene wählen den Misto mit vier Kostproben für 9 €. Als Primi (6 €) werden die wunderbaren hausgemachten ***Cruset***, je nach Saison serviert mit Lauch und Kartoffeln, Pilzen oder Lammsauce, und als Alternative **Gnocchi al formaggio di malga** und Minestrone di trippe angeboten. Ein sicherer Tipp ist das überaus zarte **Agnello sambucano**, ein Slow-Food-Presidio (15 €), die eigentliche Spezialität des Hauses, **im Ofen** mit Rosmarin gebraten. Weitere Highlights sind Lamminnereien (unter den Antipasti finden Sie zum Beispiel Paté di fegato), **Brasato di cervo** (12 €) und Arrosto di vitello. Als Desserts (4 €) werden ***Bonet***, Bavaresi di frutta, Crostate und im Sommer Pesche ripiene angeboten. Die reich bestückte Weinkarte zeigt eine Vorliebe für piemontesische und französische Weine.

SAN MARZANO OLIVETO (AT)
Valle Asinari

25 KM SÜDÖSTLICH VON ASTI, 5 KM VON CANELLI

Del Belbo da Bardon

Trattoria
Via Valle Asinari, 25
Tel. (+39) 01 41 / 83 13 40, (+39) 347 / 230 90 36
Ruhetag: Mittwoch, Donnerstag
Ferien: 1 Woche Ende August, Mitte Dezember–Mitte Januar
60 Plätze + 40 Plätze im Freien
Preise: 38–40 € €↑
Kreditkarten: AE, CS, DC, MC, Visa; BM
Mittags und abends geöffnet

Eine Kultstätte für Freunde der authentischen, unverfälschten Küche ohne Schnickschnack.

DIE OSTERIA – Die Trattoria Bardon lockt mit hoher Qualität der Speisen, typisch piemontesischem Ambiente und einer bereits in fünfter Generation gelebten Gastlichkeit. Nehmen Sie Platz in dem reizenden Hof oder in einem der gemütlichen, geschichtsträchtigen Räume und freuen Sie sich auf einen tadellosen Service, der in der Parade der Servierwagen mit den Fleischgerichten gipfelt: eine bühnenreife Inszenierung, bei der die Saucen wie bunte Farbkleckse im Stil von Mirò die Skeptiker dieser Serviertechnik eines Besseren belehren.

DIE KÜCHE – Zu Beginn Antipasti wie fein gehackte Carne cruda, **Peperone ripieno al forno**, süßsauer in Moscato d'Asti eingelegtes Petto di pollo und Insalatina mit Herbstkräutern und schwarzer Trüffel (7 €). Der mächtige, freundliche Mann mit dem Charme eines Gastgebers, das ist Gino Bardone: Vertrauen Sie seinen Ratschlägen den Wein betreffend. Als Primi können Sie **Tagliolini con carne e salsiccia** (9 €), auch mit Pfifferlingen und Steinpilzen, und unterschiedliche Varianten von **Ravioli** wählen: nach Art der Langa, des Monferrat oder di magro (mit Kräuterfüllung, 9 €). Als Alternative gibt es Gnocchi di patate mit Tomaten oder mit Fleischragout. Die große Auswahl an Secondi umfasst **Stinco di vitello al forno**, **Stracotto al Barbera**, Bollito misto in carpione und erstklassige **Trippa in umido** (12 €). Sehr zu empfehlen sind die Formaggi (12 €) und zum Schluss für Naschkatzen ***Bonet*** al cioccolato, Panna cotta oder Mattone monferrino (6 €). Ein Meisterstück ist die Weinkarte, die aus zwei ***Crotin*** (für Besichtigungen offene Keller) mit bedeutenden Etiketten aus aller Welt schöpft.

SAN MAURIZIO CANAVESE (TO)
Malanghero

12 KM NÖRDLICH VON TURIN

La Taverna dei Tre Gufi

Restaurant • Via Devietti Goggia, 71
Tel. (+39) 011 / 924 70 47,
(+39) 333 / 653 03 96
Ruhetag: Donnerstag
Ferien: 10 Tage nach Weihnachten, 3 Wochen im August
60 Plätze + 30 Plätze im Freien
Preise: 33–35 €
Kreditkarten: CS, MC, Visa; BM
Abends geöffnet, Sonntag auch mittags

DIE OSTERIA – Wir befinden uns hier in der Nähe des Flughafens von Caselle, mitten im Canavese, wo ein restauriertes altes Landhaus diese Osteria beherbergt, die zwei Eulen zu ihrem Symbol erhoben hat (sie sind überall abgebildet). Das Erste, was Sie sehen, wenn Sie den Hof betreten, ist der Gemüsegarten, in dem der Chefkoch Adriano das Gemüse und die Kräuter erntet, die er bei der Zubereitung seiner Gerichte mit Meisterhand verarbeitet. Sämtliche Zutaten werden bei kleinen Produzenten aus der Umgebung gekauft.

DIE KÜCHE – Das Speisenangebot wird mündlich vorgetragen, da es täglich wechselt. Unter den Antipasti (mit einer Degustation für 13 €) finden Sie ein interessantes Sortiment an Salumi – fünf Arten von Salami, beginnend mit der klassischen Variante bis hin zu jener mit Haselnüssen oder Rüben und Kartoffeln –, Tomini aus Chiaverano, Sformato di *seirass* mit Bärlauchpesto und Carpaccio di fassone, in der Saison mit schwarzer Trüffel. Die beiden Primi (9 €) sind ein **Risotto** (mit Toma, mit Frühlingskräutern, **mit Salame di *turgia*** …) und eine hausgemachte Pasta: wirklich beachtlich die **Agnolotti di magro mit Butter und würzigen Kräutern** aus dem Garten. Im Winter kann man ***Tofeja*** probieren. Als Secondo (11 €) bleibt **Coniglio all'Erbaluce** in guter Erinnerung. Wirklich delikat sind auch **Bocconcini di agnello mit Lauch** und Lumache alla parigina. Unter den gelungenen Desserts findet man dann den klassischen ***Bonet*** oder Panna cotta mit Kokosmilch und Gelatina di caffè. Die Weinkarte nennt ein schönes Sortiment an Weinen aus dieser Gegend, darunter zahlreiche Halbliterflaschen, wobei einige Etiketten auch glasweise ausgeschenkt werden. Das Angebot umfasst des Weiteren einige Biere von kleinen Brauereien aus dem Canavese.

SAN SEBASTIANO CURONE (AL)

45 km sö. von Alessandria, 25 km von Tortona

Corona

Restaurant • Via Vittorio Emanuele, 14
Tel. (+39) 01 31 / 78 62 03
Ruhetag: Montag, Dienstag
Ferien: zeitweise im Februar
60 Plätze
Preise: 30–35 €
Kreditkarten: AE, CS, DC, MC, Visa; BM
Mittags geöffnet, Freitag–Sonntag auch abends; im Juli und August auch Mittwoch- und Donnerstagabend geöffnet

DIE OSTERIA – Das am Ortseingang gelegene Corona blickt auf mehr als 300 Jahre Geschichte zurück, die sich in den gemütlichen Räumen widerspiegeln. Marta repräsentiert die letzte Generation der Familie Fontana, die das Restaurant seit jeher führt. In der Küche findet der besondere Charakter des Curone-Tals am Schnittpunkt von vier Regionen seinen Niederschlag: Gerichte nach Art des unteren Piemont mit Einflüssen aus den Regionen Ligurien, Lombardei und Emilia-Romagna. Große Sorgfalt wird auf die Wahl der Zutaten gelegt, die bei den besten Produzenten der Gegend gekauft werden. Ein Schmuckstück des Lokals ist der Gemüsegarten, um den sich Martas Onkel Lino Mantero mit Leidenschaft kümmert und aus dem er hochwertiges Gemüse gewinnt.

DIE KÜCHE – Das Sortiment an Antipasti umfasst sieben warme und kalte Leckerbissen. Es gibt auch den „Antipasto del dottore" (8 €) mit Involtini di prosciutto, Salame, **Vitello tonnato** und Tortino di verdura. Ein Glanzstück unter den Primi sind die **Gnocchi al montebore** oder **Gnocchi alla bava di latte** (10 €). Weitere Tipps sind die ebenfalls hausgemachten Taglierini all'uovo mit verschiedenen Saucen und die interessanten Straccetti alla salvia (9 €). Unter den Secondi wollen wir **Arrosto di vitello mit Rosmarin**, einen exzellenten **Coniglio in umido** (11 €) oder die Scaloppine al Marsala hervorheben. Als Beilage wird Gemüse aus dem eigenen Garten serviert. Exzellente Desserts: Unter den Cremedesserts verdient Matildes Panna cotta (5 €) ein großes Lob, die neben den seit jeher als Spezialität des Lokals angebotenen Gelati zu empfehlen ist. Die schöne Weinkarte bietet einen kompletten Streifzug durch die Produkte der Colli Tortonesi, ergänzt durch einige Etiketten aus dem übrigen Italien.

SANT'ANTONIO DI SUSA (TO)
Cresto

35 km westlich von Turin, S.S. 25 oder A 32

Il Sentiero dei Franchi

Restaurant
Borgata Cresto, 16
Tel. (+39) 011 / 963 17 47
Ruhetag: Dienstag
Ferien: unterschiedlich
30 Plätze
Preise: 35 €
Kreditkarten: AE, CS, DC, MC, Visa; BM
Mittags und abends geöffnet

DIE OSTERIA – Auf der einzigen Straße des Ortsteils Creso trifft man auf dieses Restaurant, das nach dem „Frankenpfad" benannt ist, jenem Weg, den die Soldaten Karls des Großen im Jahr 773 zurücklegten. Rundherum ein Grüppchen Häuser und zahlreiche Routen zum Erkunden des Zaubers des Susa-Tals, einschließlich der nahe gelegenen Abtei Sacra di San Michele. Ein Spaziergang ist das probate Mittel, um den richtigen Hunger für den bestmöglichen Genuss der Gerichte des Sentiero dei Franchi zu bekommen: eine wilde, elementare Küche, die typisch für die Bergregion ist.

DIE KÜCHE – Zum Auftakt ein Potpourri an Antipasti (11 €), die je nach Saison variieren: Insalata russa, Salumi della valle, Tomini mit Konfitüren und Tortini di verdure. Unverzichtbar unter den Primi sind **Malfatti** della casa: längliche Gnocchi, mit einer Sauce aus Gorgonzola und Panna im Ofen gegart (9 €). Als Alternative bekommt man stets ***Tajarin***, die mit Sugo di selvaggina (Wildsauce) oder con funghi porcini (mit Steinpilzen) serviert werden, und Caramelle ripiene di ricotta, gefüllt mit Ricotta und Kräutern. Die Secondi umfassen ***Carbonade*** (8 €), ein Rezept aus dem Aostatal, normalerweise basierend auf Fleischragout in Wein, in diesem Fall jedoch mit Bier geschmort, **Cinghiale in salmì** und im Winter **Polenta concia** oder Polenta col cervo. Nach den Formaggi der Gegend gibt es zum Abschluss ein Dessert, das Torino genannt wird und aus Savoiardi, Rum, Schokolade und Mandeln besteht. Als Alternativen werden *Bonet*, Panna cotta und im Sommer Pesche ripiene angeboten. Die kleine, gepflegte Weinkarte nennt Etiketten aus dem Tal.

In **Susa** (19 km) verkauft Aldo Pietrini (Piazza De Bartolomei 10) Pan d'la marchesa, Lose golose, Maisgebäck und Baci.

SERRALUNGA D'ALBA (CN)

50 KM NORDÖSTLICH VON CUNEO, 12 KM VON ALBA

Cascina Schiavenza

Trattoria
Via Mazzini, 4
Tel. (+39) 01 73 / 61 31 15
Ruhetag: Dienstag, an Feiertagen abends
Ferien: unterschiedlich
40 Plätze + 20 Plätze im Freien
Preise: 35 €
Kreditkarten: CS, DC, MC, Visa; BM
Mittags und abends geöffnet

DIE OSTERIA – Damit sich eine Ortschaft als solche bezeichnen darf, müssen nach piemontesischer Tradition zumindest eine Kirche und eine Osteria vorhanden sein. Das trifft auf Serralunga zu und hier gibt es sogar noch ein Schloss. Das Lokal liegt ganz in der Nähe eines kostenfreien Parkplatzes. Um den Saal zu betreten, überquert man die Terrasse, wo man in der schönen Jahreszeit mittags und abends auch im Freien speisen kann. Das Lokal wird als Familienbetrieb geführt, Enrica empfängt die Gäste im Saal, während ihre Schwester Maura in der Küche verlässlich und eifrig die Gerichte nach Tradition der Langa zubereitet.

DIE KÜCHE – Die Karte ist nicht sehr groß, hat aber Substanz und bietet Qualität als Ergebnis der Verarbeitung erstklassiger Zutaten. Stets vorhanden ist ein Degustationsmenü, das drei Antipasti, Primo, Secondo, Dolce und Kaffee sowie Wasser für 35 € umfasst. Für den Einstieg erwarten Sie **Vitello tonnato** (8 €), mit dem Messer gehackte Carne cruda, Crespelle mit Spargel, Artischocken oder Pilzen, Involtino di peperone mit Thunfisch, im Sommer verschiedene Spezialitäten „in carpione" (mariniert mit Essig und Kräutern) und in der kühleren Jahreszeit gibt es dann Gemüse mit *Bagna caoda*. Unter den Primi erwarten Sie ***Tajarin*** al ragù (10 €) und **Agnolotti dal *plin*** mit Butter und Salbei. Für den Hauptgang stehen **Brasato al Barolo** (12 €), **Faraona alle erbe** und Coniglio ai peperoni auf dem Programm. Zum Abschluss klassische Desserts (5 €): *Bonet*, Torta di nocciole, Tiramisu mit Haselnüssen, Panna cotta mit Honig, Cremeeis mit Barolo Chinato und im Sommer Pesche ripiene mit Amaretti. Das Weinsortiment hat seinen Schwerpunkt bei Etiketten aus dem eigenen Betrieb, ergänzt durch Produkte anderer lokaler Winzer. Einige Abfüllungen werden auch glasweise ausgeschenkt.

SERRALUNGA D'ALBA (CN)
Parafada

50 KM NORDÖSTLICH VON CUNEO, 12 KM VON ALBA

La Rosa dei Vini

Restaurant
Ortsteil Parafada, 4
Tel. (+39) 01 73 / 61 32 19,
(+39) 348 / 016 95 78
Ruhetag: Mittwoch
Ferien: 3 Wochen im Februar
110 Plätze
Preise: 32–35 €
Kreditkarten: CS, MC, Visa; BM
Mittags und abends geöffnet

DIE OSTERIA – Wenn man von Fontanafredda nach Serralunga hinauffährt, führt rechts knapp vor der Ortseinfahrt eine kleine Straße wenige Meter zum großen Parkplatz vor dem Eingang des Restaurants. Der Speisesaal mit Glasfront bietet einen prachtvollen Ausblick auf die Weinberge von Serralunga, Castiglione Falletto, La Morra und im Hintergrund das Bergpanorama, das die Region Piemont umkränzt.

DIE KÜCHE – Ihre Wahl kann auf das vorteilhafte Degustationsmenü für 30 € (drei Antipasti, Primo, Secondo und Dessert) oder auf die Gerichte aus der Karte fallen. Nach einem Begrüßungshäppchen geht es los mit Insalatina di gallina mit Aceto balsamico, Battuta di fassone piemontese (10 €) und **Vitello tonnato**. Danach folgen verschiedene Aufläufe, je nach Verfügbarkeit von frischem Gemüse: Im Frühling ist Flan agli asparagi mit Fonduta sehr zu empfehlen. Bravourstücke unter den Primi – alles Gerichte mit hausgemachter Pasta – sind die ***Tajarin*** al ragù di carne mit Fleisch- und Wurstragout (9 €), **Ravioli di ricotta e spinaci**, Maltagliati ai porri (im Herbst) und Gnocchi al castelmagno. Wer dunkles Fleisch liebt, kann sich auf **Bocconcini di vitello al Barbaresco** (10 €) freuen. Im Frühling steht Capretto al forno auf dem Programm, zu anderen Zeiten des Jahres bekommen Sie Coniglio ai peperoni oder Stinco di maiale. In der Saison gibt es **Tartufo** (Trüffel), die Sie auf den ***Tajarin***, auf der Battuta oder auf dem Uovo all'occhio di bue (Spiegelei) genießen können. Zum Abschluss werden ***Bonet***, Torta di nocciole, Semifreddo al torrone mit warmer Schokolade (6 €) oder Pere cotte nel vino angeboten. Gegen Vorbestellung (Minimum zehn Personen) bekommen Sie die klassischen Gerichte nach piemontesischer Tradition: Fritto misto, Bollito misto und ***Bagna caoda***. Schöne Weinkarte mit mehr als korrekten Preisen.

50 KM NW. VON ALESSANDRIA, A 26 UND S.S. 457

Ristorante di Crea

Restaurant
Piazza Santuario, 7
Tel. (+39) 01 42 / 94 01 08
Ruhetag: Montag, außer im Sommer
Ferien: Januar
300 Plätze
Preise: 30–38 €
Kreditkarten: CS, DC, MC, Visa; BM
Mittags geöffnet, abends gegen Vorbestellung
G

DIE OSTERIA – Egal, welcher Religion Sie angehören, der Sacro Monte („Heiliger Berg") von Crea, ein regionaler Naturpark und UNESCO-Weltkulturerbe, ist auf jeden Fall ein lohnendes Ausflugsziel. Wenn Sie an eine gute Küche glauben, dann kehren Sie hier gegenüber der Wallfahrtskirche in dem seit 1997 bestehenden Lokal ein, das nun von Marta, Mira, Davide und Paola betrieben wird. Der Zugang führt durch die Bar in einen großen Saal im Erdgeschoss oder in die Räume im oberen Stockwerk. Sie können Speisen aus der Karte oder ein feststehendes Menü wählen, das Antipasto, Primo, Secondo und Dessert zum Preis von 25 € umfasst. Die verwendeten Zutaten stammen zum Großteil aus der Umgebung und sind alle von hoher Qualität.

DIE KÜCHE – Der Vorhang hebt sich für Salumi aus dem Monferrat, Vitello tonnato, Battuta di fassone, **Peperone con *bagna caoda*** (7 €) und Flan di zucchine. Ein gemischter Teller mit allen Antipasti wird für 15 € angeboten. Eines der beiden Aushängeschilder des Lokals sind die **Agnolotti alla monferrina** (12 €), zu denen sich als Primi ***Tajarin*** 30 tuorli mit Gemüseragout und Lasagnette mit Basilikum gesellen. Der üppige klassische **Fritto misto** (18 €) mit etwa zehn Stücken von Frittiertem (was Sie nicht schaffen, können Sie als Päckchen mit nach Hause nehmen) ist das zweite Bravourstück, das Sie nicht verpassen sollten. Als Alternative bekommen Sie Roastbeef (12 €), **Coniglio in umido** oder einen Teller mit Formaggi mit hausgemachter ***Cognà***. Zum süßen Ausklang werden ***Bonet*** oder Torta di nocciole angeboten. In der Auswahl an Weinen, die alle aus dem Piemont stammen, wird der autochthone Grignolino gebührend gewürdigt. Bevor Sie das Lokal verlassen, werfen Sie einen Blick auf die Feinkost-Ecke und gönnen Sie sich eine Spezialität dieses Landstrichs wie die Krumiri und hausgemachte Liköre.

54 KM NORDÖSTLICH VON CUNEO, 22 KM VON ALBA

La Coccinella

Trattoria
Via Provinciale, 5
Tel. (+39) 01 73 / 74 82 20
Ruhetag: Dienstag, Mittwochmittag
Ferien: 10. Januar–10. Februar, zeitweise im Sommer
45 Plätze
Preise: 38–43 € €↑
Kreditkarten: CS, DC, MC, Visa; BM
Mittags und abends geöffnet

Ein tadelloser Bewirtungsstil begleitet hier exzellente Gerichte, von perfekt ausgeführten klassischen Rezepten dieses Landstrichs bis zu hochwertigem frischem Fisch.

DIE OSTERIA – Das rundum positive Echo gilt als Bestätigung dafür, dass sich eine Fahrt in diese kleine Gemeinde in der Alta Langa lohnt, um an einem der eleganten Tische der Brüder Della Ferrera Platz zu nehmen. Alessandro und Tiziano im Saal und Massimo in der Küche bieten ein traditionelles, jahreszeitentreues Speisenrepertoire, präsentiert mit hoher Professionalität ohne unnötige Formalismen und bereichert durch ein hochwertiges Fischmenü.

DIE KÜCHE – Es gibt drei Optionen: ein großzügiges komplettes Menü (43 €), die Karte oder eine Mischform mit einer Degustation von vier Antipasti (17 €). Wir probierten **Cipolla cotta al sale ripiena**, den kleinen Antipasto piemontese (klassisches Vitello tonnato, hausgemachte Giardiniera, Terrina di peperoni e acciughe) und Soufflé di asparagi e ***seirass*** mit Fonduta aus Edelschimmelkäse (10 €). Unter den Primi (12 €) finden Sie hausgemachte ***Tajarin* al ragù di coniglio**, Gnocchi di patate e nocciole, gefüllt mit Castelmagno, und ***Plin*** mit Bratensauce. Die Secondi (16 €) umfassen **Stinco di vitello in Rotwein** und einen kleinen Fritto di scamone, das Aushängeschild des Lokals, im Frühling mit Zucchini und Spargel serviert. Im Herbst sind Millefoglie di porcini und gratinierter Merluzzo mit Karden zu empfehlen. Zum Abschluss Pere caramellate mit Schokolade und Gewürzen, Meringa di fragole e chantilly mit Zitrone oder Croccante al gianduia mit Granita von Barolo Chinato (9 €). Die gut bestückte Weinkarte hat ihren Schwerpunkt bei lokalen Produkten, wobei wirklich große Jahrgänge angeboten werden.

SESSAME (AT)
Giardinetto

39 KM SÖ. V. ASTI, 12 KM V. ACQUI TERME, S.P. 30

Il Giardinetto

Restaurant
Strada Provinciale Valle Bormida, 24
Tel. (+39) 01 44 / 39 20 01
Ruhetag: Donnerstag
Ferien: zeitweise im Januar und Februar
60 Plätze + 20 Plätze im Freien
Preise: 28–32 €
Kreditkarten: CS, MC, Visa; BM
Abends geöffnet, Samstag, Sonntag und Feiertage auch mittags

DIE OSTERIA – Die Familie Polo, die ursprünglich aus Roccaverano stammt, einem Ort, der einem der interessantesten Ziegenkäse Italiens den Namen gegeben hat, führt seit etwa zwölf Jahren dieses schöne Restaurant, das seinen Sitz ebenfalls in der Langa Astigiana in einem geschmackvoll renovierten Haus aus der Vorkriegszeit mit Garten und Gemüsebeeten hat. Zwei Säle, einer davon etwas kleiner, der andere hell und groß, ein reizender Sitzbereich im Freien für den Sommer und am Eingang ein klassischer Bartresen nach Osteria-Manier.

DIE KÜCHE – Die Küche entspringt der Tradition, die Zutaten stammen aus der Umgebung, beginnend mit dem von Papa Carlo angebauten Gemüse. Zum Einstieg gibt es Insalata russa, Salumi, **Vitello tonnato** und Carne cruda, wenn man jedoch unentschlossen ist, kann man sich für die Degustation aller Antipasti (17 €) entscheiden. Die Teigwaren sind alle hausgemacht und es ist fast unumgänglich, **Ravioli mit Roccaverano und Haselnüssen** oder ***Tajarin*** zu probieren. Als Alternative bekommen Sie Gnocchi aus Esskastanienmehl und weitere Primi, die je nach Jahreszeit wechseln. Die Secondi sind fast ausschließlich Fleischgerichte: Capretto in fricassea, **Carré di fassone mit Haselnüssen**, Stinco und **Faraona al forno** (12 €). Im Käsesortiment darf natürlich ein Stück Robiola aus Roccaverano nicht fehlen, als Hommage an die Herkunft der Familie. Einfache, aber gelungene Desserts. Der Keller ist großzügig bestückt und die Weinkarte schlägt ein gutes Repertoire an Etiketten dieses Landstrichs und anderer Teile Italiens vor.

In **Bubbio** (5 km) bietet L'Arbiora (Via Consortile 18) Käse von hoher Qualität, selbst selektioniert und zur Reife gebracht, insbesondere Robiola di Roccaverano aus Rohmilch.

SETTIMO VITTONE (TO)
Cornaley

60 KM NORDÖSTLICH V. TURIN, A 5, 10 KM V. IVREA

La Baracca

Osteria
Ortsteil Cornaley, 68
Tel. (+39) 01 25 / 65 81 09
Ruhetag: Montag
Ferien: unterschiedlich
90 Plätze + 30 Plätze im Freien
Preise: 25–30 €
Kreditkarten: AE, CS, DC, MC, Visa; BM
Mittags und abends geöffnet

DIE OSTERIA – Man verlässt die Autobahn nach Aosta an der Ausfahrt Quincinetto und folgt dann kurvenreichen Straßen – flankiert von den charakteristischen laubenförmigen Weingärten – bis zum Ortsteil Cornaley von Settimo Vittone. Sobald man angekommen ist, stellt man fest, dass der Name nichts mit der Osteria zu tun hat: La Baracca ist ein hübsches Landhaus, eingebettet ins Grün der Landschaft, mit zwei in Holz ausgestatteten Speisesälen, deren große Glasfenster ein prachtvolles Panorama bieten. In der warmen Jahreszeit kann man auf der Terrasse Platz nehmen.

DIE KÜCHE – Die Gerichte – in üppigen Portionen serviert – entspringen der vorwiegend bäuerlichen, volkstümlichen Tradition des Canavese, die unter dem Einfluss des Aostatals stehen. Ein perfekter Einstieg gelingt mit Vol-au-vent con lumache, Polentina mit Pilzen, **Tortino di verdure e brisée mit Fonduta** (7,50 €), Verdure in ***Bagna caoda*** und Esskastanien, serviert mit Butter. Unter den Primi finden Sie hervorragende Crespelle alla fontina, die traditionelle **Zuppa di erbe spontanee** (Wildkräutersuppe, 8 €), **Ravioli di carne e ortiche** oder Ravioli di castagne. Als Secondi stehen bemerkenswerte **Bocconcini di cervo mit Preiselbeeren** (13 €), **Rane fritte** (9,5 €) und Filetto di trota salmonata mit Butter und Salbei (9 €) auf der Karte. Sehr schön präsentiert und erklärt wird das Sortiment von Formaggi mit Toma dieser Gegend und Salignon (würzige Ricotta). Typisch piemontesische Desserts (4,50 €): Panna cotta, ***Bonet***, im Sommer Pesche ripiene al forno. Von April bis Juni bietet ein Menü für 25 € einen Streifzug mit vielen Gerichten vom Antipasto bis zum Dessert, bei denen Sie die unterschiedlichen Arten von wilden Kräutern dieser Gegend, insbesondere die Ajucche, kennenlernen können. Die Weinkarte zeigt eine Vorliebe für lokale Etiketten.

22 KM NORDWESTLICH VON NOVARA, S.S. 299

Impero

Restaurant
Via Roma, 13
Tel. (+39) 03 21 / 82 05 76
Ruhetag: Sonntagabend, Montag
Ferien: 8.–31. August, 26. Dezember–7. Januar
40 Plätze
Preise: 30–38 €
Kreditkarten: AE, CS, MC, Visa; BM
Mittags und abends geöffnet

Hochstehende Gastlichkeit und vor allem eine Küche, die dem Namen des Restaurants voll gerecht wird, machen eine Einkehr unverzichtbar.

DIE OSTERIA – Das Café-Restaurant Impero liegt an der Hauptstraße der Ortschaft unter einer Reihe von Arkaden. Es wurde 1935 von den Großeltern der Schwestern Naggi gegründet, die es heute führen. Emanuela begleitet Sie bei der Wahl der Gerichte, die Paola mit großer Sorgfalt aus erstklassigen Zutaten zubereitet.

DIE KÜCHE – Beginnend mit den Antipasti können Sie Affettati misti (Wurstspezialitäten, 12 €) mit Lardo, ***Salam 'dla duja***, ***Salam 'dla duja*** di fegato (Leberwurst) und Salame crudo, **Sformato di patate e gorgonzola mit Safransauce** oder Vitello tonnato wählen. Was die Primi betrifft, kann man kaum umhin, die **Paniscia** novarese (12 €) zu probieren, aber auf der Karte finden Sie auch je nach Jahreszeit Tortelloni di ricotta e asparagi (Ricotta-Spargel-Füllung) mit Butter, Tortellini di pasta all'uovo mit Kalbsragout und Zitrone und Gnocchi di farina mit Rohschinken und Römischer Minze. Der nächste Gang hält zwei Spitzengerichte bereit: **Frittura alla novarese**, begleitet von Dolcetti fritti (18 €), und die typische **Gallina disossata e farcita alle tre carni**, serviert mit Senf und grüner Sauce (16 €). Die Desserts (6 €) variieren je nach Saison und nach Lust und Laune der Köchin. Hier erwartet Sie eine exzellente Weinkarte, in der viele Etiketten dieses Landstrichs auftauchen. Degustationsmenü nach hiesiger Tradition für 40 € ohne Weine (zwei Antipasti, Kostproben von zwei Primi, Secondo, Dolce und Kaffee). Dienstag bis Freitag gibt es mittags ein kleines Menü für 25 € mit Antipasto, Primo, Dessert und einem Glas Wein.

6 KM NÖRDLICH VON ALESSANDRIA, S.R. 10

Duma c'Anduma

Moderne Osteria • Via Faà di Bruno, 27
Tel. (+39) 01 31 / 22 29 94,
(+39) 340 / 566 64 80
Ruhetag: Montag
Ferien: 10 Tage im Januar
100 Plätze + 50 Plätze im Freien
Preise: 25–30 €
Kreditkarten: CS, MC, Visa; BM
Abends geöffnet, Sonntag und Feiertage auch mittags

DIE OSTERIA – Diese Osteria hat ihren Sitz im alten Schloss von Solero. Lassen Sie sich vom Anschein nicht täuschen: Man muss nicht von Adel sein, um hier empfangen zu werden! Seit acht Jahren bringt die Familie Giusio Leben in die ehrwürdigen Mauern. Maurizio (Küche) und sein Sohn Federico (Service) führen das Lokal gastfreundlich und nach Art einer Dorf-Osteria. Die Räumlichkeiten erzählen Geschichten aus längst vergangenen Zeiten und teilen sich heute die Bühne mit Fußballspielen, die im Fernsehen übertragen werden, Gläsern mit Rotwein und einem Speisenrepertoire nach piemontesischer Tradition.

DIE KÜCHE – Im Rampenlicht stehen hier die Agnolotti, aber bevor Sie sich mit der Spezialität des Hauses befassen, stimmen Sie Ihren Gaumen mit einem schönen Sortiment an typischen Antipasti ein. Es gibt gute **Insalata russa** und delikate **Peperoni al forno mit Sauce** (6 €), unser Tipp gilt jedoch dem Misto dello chef (12 €), der es Ihnen ermöglicht, die verschiedenen Vorschläge der Karte zu probieren. Auf diese Weise sind Sie vorbereitet auf Ihr Rendezvous mit einer der sieben Arten der hausgemachten **Agnolotti** (die klassischste Variante ist Agnolotti **alle tre carni** mit dreierlei Fleisch, 10 €), die unter den Primi angeführt sind. Wenn sich mehrere Gäste zusammentun, können Sie eine Dreierkombination wählen. Das Kapitel der Secondi, die mit guten Beilagen serviert werden, umfasst **Guanciale brasato**, **Arrosto al ginepro** (10 €), **Trippa**, Tagliata oder Hamburger di fassone und Tomino alla piastra. Erwähnung verdient die Auswahl an piemontesischen Formaggi, serviert mit ***Cognà***. Tradition dominiert auch bei den Dolci (5 €): ***Bonet***, Mattone alle nocciole und Torta di martin sec (Birnentorte). Zu trinken bekommen Sie Weine aus dem Monferrat und aus der Langa.

STROPPO (CN)
Ruata Valle

46 KM NW. V. CUNEO, 28 KM V. DRONERO, S.P. 22

Codirosso

Osteria
Ortsteil Ruata Valle, 8
Tel. (+39) 348 / 886 06 80,
(+39) 380 / 533 39 55
Ruhetag: Mittwoch
Ferien: Oktober–Mai
20 Plätze + 20 Plätze im Freien
Preise: 20–26 € (Tagesmenü)
Kreditkarten: CS, MC, Visa; BM
Mittags und abends geöffnet

DIE OSTERIA – Wenige Orte verkörpern heute den gastlichen und familiären Charakter der alten Osterien besser als das Codirosso. Wir befinden uns hier auf etwa 1.400 Metern Höhe im Maira-Tal, wo Annamaria Piana (am Herd) und Nicola Veglia (Service) alles tun, damit sich die Gäste wie zu Hause fühlen. Dazu trägt nicht nur die bodenständige Küche bei, die in einem charmanten Ambiente mit beneidenswertem Panorama angeboten wird: Dank der legeren Umgangsformen, des freundlichen Lächelns, der zwanglosen Atmosphäre und der Verlässlichkeit der Gerichte, die auch den anspruchsvollsten Gaumen zufriedenstellen, kann sich hier bestimmt jeder wohlfühlen.

DIE KÜCHE – Hinter den dicken Mauern dieses hoch gelegenen Hauses sind die Zutaten die eigentlichen Stars bei Tisch: Gemüse, Kräuter, Käse und Fleisch aus dem Bergland. Sie verschmelzen zu einer linearen, fast minimalistischen Küche, die vor allem die Düfte und Geschmacksnuancen der saisonalen Produkte voll zur Entfaltung bringt. Der gemischte Teller mit Antipasti kann **Acciughe al verde**, Peperoni al forno mit Sardellen, Rosinen und Pinienkernen, **Torta salata mit Zucchini**, Vitello tonnato und Hummus aus Kichererbsen enthalten. Dann folgt hausgemachte Pasta, darunter Tagliatelle di farro mit saisonalem Gemüse, **Gnocchetti di patate mit Toma** und die im Ofen überbackene Lasagne di verdura. Mittags ist als Hauptgericht nur ein Teller mit Käse vorgesehen, wobei natürlich der lokale Toma nicht fehlen darf. Abends bekommt man Fleischgerichte wie Spezzatino di pollo mit Kräutern, **Rolata di vitello, in Marsala gebraten**, und Spezzatino di vitello. Diese Gerichte findet man in einem feststehenden Menü (20 bis 26 €). Zum Abschluss locken einfache, schmackhafte Desserts mit vielen Früchten. Interessant ist auch die kleine Weinkarte.

TORINO

Antiche Sere

Traditionelle Osteria
Via Cenischia, 9
Tel. (+39) 011 / 385 43 47
Ruhetag: Sonntag
Ferien: Ostern, 1 Woche zu Weihnachten, 2 Wochen im August
50 Plätze + 50 Plätze im Freien
Preise: 30–35 €
Kreditkarten: CS, MC, Visa; BM
Abends geöffnet

Die Qualität stets in der Schlichtheit zu suchen: Das ist möglicherweise das Hauptverdienst einer Osteria, in der man sich wie zu Hause fühlt.

DIE OSTERIA – In einem winzigen Gässchen in San Paolo, dem historischen Arbeiterviertel von Turin, liegt das Antiche Sere, eine der typischsten piemontesischen Osterien in der Hauptstadt der Region. In den drei kleinen Speisesälen sind einige charakteristische Elemente bewahrt geblieben, die eine warme, gastliche Atmosphäre wie in früheren Zeiten schaffen: Fußböden aus alten Fliesen, Wandverkleidungen aus dunklem Holz bis zur halben Raumhöhe, Holzstühle und Tische, adrette weiße Tischtücher. Im Sommer lädt die kühle Laube im Hof zum Verweilen ein.

DIE KÜCHE – Reiche Auswahl an Antipasti: **Frittata di erbette**, **Vitello tonnato** (8 €), im Frühling erstklassige Insalata di girasoli. Die Primi stellen Sie vor die Qual der Wahl zwischen Gnocchi di patate al castelmagno (8 €) oder Gnocchi alla salsiccia, *Tajarin*, **Agnolotti dal *plin*** (10 €) und Risotti (im Frühling und im Sommer mit Kürbisblüten). Unter den Secondi (12 €) besticht **Stinco di maiale al forno** – für viele Gäste der Grund ihres Besuchs –, aber auch Guancette di vitello mit Kartoffeln und **Coniglio al vino bianco** können mithalten. Zum Abschluss ein exzellentes Sortiment an Formaggi (Slow-Food-Presidi – Cevrin di Coazze, Montebore, Saras del fen, Maccagno – und andere Käsesorten aus dem Piemont) oder ein hausgemachtes Dessert (5 €). Die Weine wählt man aus einer intelligent zusammengestellten Karte, die auf die Herkunft der Produkte achtet, wobei neben den lokalen und anderen italienischen Etiketten insbesondere die verschiedenen Arten von Nebbiolo aus dem nördlichen Piemont hervorstechen.

Banco, Vini e Alimenti

Moderne Osteria
Via dei Mercanti, 13 F
Tel. (+39) 011 / 764 02 39
Kein Ruhetag
Ferien: 1 Woche im August
26 Plätze + 18 Plätze im Freien
Preise: 25–35 €
Kreditkarten: AE, CS, DC, Visa; BM
Geöffnet Montag–Freitag 18–24 Uhr, Samstag 12–24 Uhr, Sonntag 12–15.30 Uhr

DIE OSTERIA – Wir befinden uns hier im Quadrilatero, im Herzen des einstigen römischen Viertels von Turin. Diese Osteria, vor zwei Jahren als Ableger des nahe gelegenen Restaurants Consorzio entstanden, ist ein kleines, gut besuchtes Lokal, weshalb die Stühle etwas gedrängt stehen und der Lärmpegel ziemlich hoch ist, aber die jungen Betreiber schaffen mit Engagement und Kompetenz eine Wohlfühlatmosphäre. Das Lokal entspricht nicht dem herkömmlichen Bild: Das Banco fungiert zusätzlich als Feinkostladen und man kann hier auch nur einen Imbiss oder ein Brötchen zu sich nehmen und einen Aperitif an der Theke trinken. Alle Speisen werden in einer (offenen) Küche zubereitet, wo man auf die Substanz und die Wahl von hochwertigen Zutaten achtet. Besonderes Augenmerk wird auf die Jahreszeitentreue und die regionale Tradition gelegt, es gibt aber auch Vorschläge, die davon abweichen oder ihre Wurzeln in weiter entfernten Gebieten haben.

DIE KÜCHE – Es erwarten Sie erstklassige **Agnolotti gobbi, gefüllt mit dreierlei Braten** (12 €), und gute ***Tajarin*** mit gekrümmten Karden, Rüben und ***Bagna caoda*** (10 €). Von hohem Niveau ist das Sortiment an Wurst und Käse, das neben lokalen Produkten auch große Käsesorten aus Frankreich einschließt. Unter den Vorschlägen können Sie **Trippa spadellata mit Kichererbsen, Sardellen und Kirschtomaten-Confit** (8 €), fein gehackte Battuta di fassone auf geräuchertem Rindermark mit Chips (11 €), Filetti di sgombro, **Crema di zucca mit Fonduta aus Caprino und Haselnüssen** und **Guancia di maiale brasata** (12 €) entdecken. Die umfangreiche Weinkarte enthält interessante Namen: 130 Etiketten italienischer und französischer Herkunft (20 Weine werden glasweise ausgeschenkt) mit einer deutlichen Vorliebe für Produkte aus biologischem und biodynamischem Anbau. Gute Auswahl an Bieren aus kleinen Brauereien.

Consorzio

Moderne Osteria
Via Monte di Pietà, 23
Tel. (+39) 011 / 276 76 61
Ruhetag: Samstagmittag, Sonntag
Ferien: zeitweise im August
45 Plätze
Preise: 35–40 € €↑
Kreditkarten: CS, MC, Visa; BM
Mittags und abends geöffnet

Wenn man auf der Suche nach der Osteria von morgen ist, dann erlebt man hier ein sehr aktives Beispiel.

DIE OSTERIA – Ein Forschungslabor für Produkte, regionale Küche und das Konzept der Osterien: So könnte man den Charakter des Consorzio beschreiben. Das Lokal wurde 2008 von Andrea Gherra und Pietro Vergano, leidenschaftlichen Verfechtern von gutem Essen, Weinen und Fußball, gegründet. Dieser Ort unterschiedet sich von der klassischen *Piòla* (Osteria), obwohl er dieser doch sehr nahekommt. Man wähnt sich in alte Zeiten zurückversetzt und erwartet, dass jeden Moment jemand mit einer Gitarre oder einem Päckchen Spielkarten den Raum betritt. Doch sobald die Gerichte serviert werden, erkennt man den Unterschied.

DIE KÜCHE – Das Lokal hebt sich vom normalen Schema ab, weil die Karte in zwei Abschnitte unterteilt ist: einerseits traditionelle Vorschläge, andererseits innovative Kreationen, jeweils meisterhaft ausgeführt von Miro Mattalia, der Zutaten von hohem Niveau verarbeitet. Beginnen kann man mit Cruda di vacca piemontese (13 €), Acciughe, leicht überarbeiteten ***Friciule*** (Kräuteromeletts), serviert mit Radieschen und Sauce Grebiche, mit überragenden **Animelle** (Bries) **mit Aprikosen und Schalotten** oder in der Version mit Rindermark, Baccalà und jungem Blattspinat (12 €). Unter den Primi sind **Agnolotti gobbi**, **Ravioli di finanziera** (12 €) oder Risotto alla Bergese angeführt. Das Kapitel der Secondi nennt knusprige **Faraona tonchese** (16 €), das klassische **Quinto quarto** (Innereien) und **Brasato al Ruchè**. Allein für die Auswahl an Formaggi lohnt sich die Fahrt und die Weinkarte ist das Ergebnis einer stetigen Suche nach neuen Anbaugebieten, häufig mit „Bio-Tendenz", jedoch stets mit starkem Charakter.

L'Acino

Osteria
Via San Domenico, 2 A
Tel. (+39) 011 / 521 70 77
Ruhetag: Sonntag
Ferien: unterschiedlich
40 Plätze + 15 Plätze im Freien
Preise: 30–35 €
Kreditkarten: AE, CS, MC, Visa; BM
Abends geöffnet

DIE OSTERIA – Wir befinden uns hier im Quadrilatero Romano, ganz in der Nähe des charakteristischen Marktes an der Porta Palazzo, in einem Stadtviertel mit zahlreichen Lokalen. Das Acino hat zwei Gasträume, einen im Erdgeschoss und einen im Keller. Im Sommer kann man den kleinen Gastgarten nutzen, der an den Kirchplatz von San Domenico angrenzt. Lob verdient die Tatsache, dass auf der mit Cusina Piemonteisa betitelten Karte eine wohlgestaltete Liste der Lieferanten und eine stets nützliche detaillierte Auflistung der Allergene enthalten ist. In jedem Gericht ist die Sorgfalt in Bezug auf die Verarbeitung von guten Zutaten zu erkennen, wobei nichts dem Zufall überlassen wird.

DIE KÜCHE – Beginnen können Sie mit klassischer Carne cruda oder Vitello tonnato, **Tonno di coniglio** nach Art des Monferrat, Sformatino di castelmagno oder Cipolla ripiena mit Salsiccia aus Bra und Fonduta di raschera (9 €). Das Primo (10 €) wählt man unter Vorschlägen wie ***Tajarin*** al sugo di salsiccia, **Agnolotti dal *plin***, gefüllt mit Schmorbraten und Gemüse, serviert mit Butter und Salbei, ***Ravioles*** aus dem Varaita-Tal (spindelförmige Gnocchi aus Kartoffeln, Eiern, Mehl und Tomino di Melle, einem weichen DOP-Weißschimmelkäse aus Kuhmilch, der zur Reifung auf Hanftüchern gelagert wird). Auch die Secondi (14 €) stehen im Zeichen der Tradition und umfassen Stracotto di manzo al vino Roero, Stinco di maiale al forno und **Cosce di coniglio all'Arneis**. Sehr gute Auswahl an Formaggi. Zum Abschluss gibt es klassische Dolci: ***Bonet***, Panna cotta und Torta di nocciole mit Zabaione (6 €). Der Weinkeller ist gut bestückt mit Etiketten vorwiegend piemontesischer Herkunft, die zu korrekten Preisen angeboten werden.

TORINO

U-Bahn-Station Nizza

NEU Le Putrelle

Moderne Osteria
Via Valperga Caluso, 11
Tel. (+39) 011 / 659 96 30
Ruhetag: Samstagmittag und Sonntag
Ferien: 3 Wochen im August, 1 Woche im Januar
45 Plätze
Preise: 25–30 €
Kreditkarten: CS, MC, Visa; BM
Mittags und abends geöffnet

DIE OSTERIA – Die Osteria liegt an einer stark befahrenen Straße im Stadtviertel San Salvario. Seit 2010 ist Giovanni Foresto der Inhaber des Lokals und betreut den Service im Saal oder besser gesagt in den Sälen: Es gibt zwei davon, wobei im Eingangsbereich ein Bartresen thront. Die piemontesische Tradition prägt das Angebot, ergänzt durch Gerichte aus Apulien. Dies erklärt sich durch die Herkunft des Kochs Martino Blonda und ist zugleich eine Hommage an die wachsende Gruppe süditalienischer Mitbürger in Turin.

DIE KÜCHE – Den Antipasto wählt man unter den Klassikern des Piemont wie Tomini mit Acciughe al verde, Battuta di carne cruda, Vitello tonnato all'antica (9 €), Peperoni in ***bagna caoda*** und ***Caponet*** oder man blickt weiter in den Süden und entscheidet sich für Capocollo aus Martina Franca (Slow-Food-Presidio). Dann folgen **Agnolotti alle tre carni mit Haselnüssen der Sorte Gentile und Montebore**, Gnocchi di patate viola mit Kürbis, Pistazien und Kakaobutter (8,50 €) und Cenci al ragù di fassone. Stets vertreten ist ein Primo mit Polpette alla pugliese, nur in der entsprechenden Saison hingegen finden Sie Orecchiette mit Cime di rapa (Stängelkohl) aus Fasano. Bei den Secondi – werfen Sie dazu auch einen Blick auf die Tafel mit den Tagesgerichten – dominiert in Wein geschmortes Fleisch: **Brasato** (14 €), **Arrosto di vitello**, *Carbonada* oder Coniglio grigio, das graue Kaninchen aus Carmagnola. Zum Abschluss ***Bonet*** (4 €), Fondente al cioccolato oder Tarte tatin. Wer auf den Hauptgang verzichtet, kann ein günstiges Menü für 20 € mit Antipasto, Primo, Dolce (alle nach Wahl) und einem Glas Wein bestellen. Neben Brot finden Sie auf dem Tisch stets Taralli (Gebäckkringel). Die Weinkarte hält sich an das Piemont und bietet Etiketten mit gutem Preis-Leistungs-Verhältnis.

Le Ramin-e

Moderne Osteria
Via Isonzo, 64
Tel. (+39) 011 / 380 40 67
Ruhetag: Samstagmittag, Sonntag
Ferien: zeitweise im August
50 Plätze
Preise: 27–35 €
Kreditkarten: AE, CS, DC, MC, Visa; BM
Mittags und abends geöffnet

DIE OSTERIA – Im Stadtviertel San Paolo bereitet die Osteria Le Ramin-e (der piemontesische Dialektausdruck bezeichnet die traditionellen Kupferpfannen) dem Gast einen freundlichen Empfang in einem von Herzlichkeit und guter Laune geprägten Klima, wobei man mittags zwei Gerichte, Wasser und Kaffee für 12 € und abends Vorschläge aus der Karte oder eines der zwei Degustationsmenüs (zwei Antipasti, Primo, Secondo und Dessert) für 28 € wählen kann. Die Speisen werden aus saisonalen Produkten vorwiegend aus der unmittelbaren Umgebung zubereitet: Käse von der Alm, Trote di fiume (Bachforellen) und erlesenes Bio-Gartengemüse, das hauptsächlich aus dem Chisone-Tal stammt.

DIE KÜCHE – Das Repertoire sieht für den Einstieg Trota marinata mit Bergkartoffeln (9,50 €), Battuta di fassone, Tortino di patate e porri mit Fonduta, Insalata di gallina und die klassische **Finanziera** vor. Unter den Primi (8,50 €) empfehlen wir **Gnocchi di patate e grano saraceno mit Entenragout**, Agnolottini di toma mit Almbutter, **Risotto alla zucca con animelle** (mit Bries) und Tagliolini mit Gemüse. Den nächsten Gang wählt man unter Stoccafisso mantecato, Lumache al burro mit Kräutern (13 €), **Trippa**, Filetto di maiale mit Äpfeln oder Scottata di vitello mit schwarzem Pfeffer. Zum Abschluss der Mahlzeit bietet die Karte exzellente Formaggi und Desserts: Tortino di nocciole mit Sauce von Gianduia-Schokolade, Torta di pane mit Zabaione, **Tortino von Äpfeln einer alten piemontesischen Sorte** (Slow-Food-Presidio) mit Zimtcreme (6 €) und Crema di riso mit Mandeln. Die Weinkarte umfasst ein schönes Sortiment an Produkten aus dem Piemont mit Anleihen aus anderen Regionen auf. Einige Rot- und Weißweine werden offen ausgeschenkt, wobei das Preis-Leistungs-Verhältnis wirklich gut ist.

TORINO

Le Vitel Etonné

Moderne Osteria
Via San Francesco da Paola, 4
Tel. (+39) 011 / 812 46 21
Ruhetag: Sonntagabend, Montag
Keine Ferien
50 Plätze + 24 Plätze im Freien
Preise: 35 €
Kreditkarten: AE, CS, DC, MC, Visa; BM
Mittags und abends geöffnet

DIE OSTERIA – Das Le Vitel Etonné, ein Lokal im Stadtzentrum zwischen Piazza Castello und Piazza Vittorio, hat seinen Look geändert: Bei der Renovierung wurde die Küche von Mauro Virdis vergrößert, sodass sie nun auch als kleine Pasta-Werkstatt fungiert.

DIE KÜCHE – Das Degustationsmenü für 35 € (Antipasto, Primo, Secondo, Dolce, Wasser, Kaffee) bietet preisliche Vorteile im Vergleich zur Karte. Die Antipasti folgen dem Pfad der piemontesischen Tradition, beginnend mit **Vitello tonnato**, auf das bereits der Name des Lokals hinweist. Sehr schmackhaft sind **Acciughe in salsa verde mit Crostini und Bergbutter** und das bei niedriger Temperatur gegarte Ei. Das Repertoire schließt auch Anleihen aus der Meeresküche ein, darunter Filetti di triglia in Kruste aus schwarzem Reis mit Spargelcreme (12 €). Die Pasta ist hausgemacht: ***Tajarin*** 36 tuorli mit Artischocken, ***Plin*** mit Bratensauce und **Tagliatelle mit Wurstragout** (Salsiccia aus Bra) **und Haselnüssen** (12 €). Unter den Secondi findet man neben den klassischen Filetti, Arrosti und Bolliti Raritäten wie **Coda di vitello brasata** (16 €), Lingua, auf zweierlei Arten gegart, mit Saucen, Baccalà scottato al vapore und Filetto di rombo mit Artischocken. Die Desserts (5 €) umfassen eine Auswahl an Gelati und frisch zubereiteten Sorbets, Tarte tatin, Tortino al cioccolato, ***Bonet***, Tiramisu und Pere martin sec, in Nebbiolo geschmort. Für den Ausklang gibt es Dessertweine, Grappa und Whisky. Es lohnt sich, einen Blick in den gut bestückten Weinkeller zu werfen.

Das Pastificio Defilippis (Via Lagrange 39) ist eine gute Adresse für frische Pasta nach piemontesischer Tradition: Plin, Ravioli und vieles mehr, auch vor Ort zu genießen.

U-BAHN-STATION XVIII DICEMBRE

Parlapà

Enoteca mit Küche
Corso Principe Eugenio, 17
Tel. (+39) 011 / 436 58 99
Ruhetag: Sonntag
Ferien: August, erste Septemberwoche
50 Plätze
Preise: 30–35 €
Kreditkarten: CS, MC, Visa; BM
Mittags und abends geöffnet

DIE OSTERIA – Über der Theke hängt eine Tafel, die eine deutliche Sprache spricht: große Weine, kleine Produzenten, kleine Preise. Dass das Parlapà – auf Piemontesisch „non parlare", was hier so viel bedeutet wie „Chapeau!" – in erster Linie eine Vinothek ist, erkennt man gleich beim Betreten des schönen Lokals. Es liegt in der Nähe des Bahnhofs von Porta Susa, ist ganz mit Holz ausgestattet und überall mit Flaschen bestückt: vor und hinter der Theke mit einem reichen Sortiment an Whisky und an den Wänden im unteren Geschoss, wo sich ein weiterer großer Speisesaal befindet.

DIE KÜCHE – Eine Küche mit exzellenten Zutaten und großer Sorgfalt bei der Zubereitung. Die Produkte: Salsiccia, Lardo und Mocette stammen aus eigener Herstellung, alles andere wird bei bewusst und sorgfältig ausgewählten Betrieben gekauft und zu Gerichten verarbeitet, für die sich ein Besuch lohnt. Beginnen kann man mit **Peperoni alla fiamma mit *Bagna caoda***, Aringa marinata mit Paprikakonfitüre und Lonza marinata (8 €). Dann folgen Fettuccine fave e guanciale (10 €) oder **Ravioli di borragine**. Wer Innereien liebt, sollte auf die Secondi nicht verzichten: Fegato (Leber) und **Cuore di vitello** (Kalbsherz) **in Butter**, **Granelle di toro** (Stierhoden) **in Marsala** oder **Rognone trifolato al brandy** (Niere, 15 €), **Cervella dorate** (Hirn) und Tournedos sind exzellent ausgeführt (es gibt aber auch Alternativen wie Fleisch vom Fassone-Rind). Unter den zahlreichen Desserts (5 €) ist Zabaione geradezu ein Traum. Der Service passt sich an wie ein Chamäleon: dezent bei zurückhaltenden Personen, überschäumend bei Stammgästen. Mittags gibt es ein Menü für 17 €. Die Weinkarte lädt zu einem Streifzug durch Italien ein, wo man Jagd auf große Klassiker, autochthone Trauben, große und kleine Kellereien und naturbelassene Weine machen kann.

U-BAHN-STATION MARCONI

Scannabue

Moderne Osteria
Largo Saluzzo, 25 H
Tel. (+39) 011 / 669 66 93
Kein Ruhetag
Ferien: 26. und 31. Dezember, 1. Januar, 1 Woche um den 15. August
50 Plätze + 35 Plätze im Freien
Preise: 30 €
Kreditkarten: AE, CS, MC, Visa; BM
Mittags und abends geöffnet

DIE OSTERIA – Der Largo Saluzzo ist ein kleiner Platz mit Gastgärten zahlreicher Lokale. Dieses Restaurant hat sich nicht nur unter den einheimischen Kennern einen Namen gemacht, weshalb eine Reservierung, insbesondere am Wochenende, sehr zu empfehlen ist, um lange Wartezeiten oder die Enttäuschung zu vermeiden, ein anderes Lokal suchen zu müssen. Junges, flottes Personal, das sich aufmerksam um die Gäste kümmert, eine klassische, schlichte Einrichtung mit legerem Flair und große Sorgfalt in Bezug auf Zutaten und den Weinkeller machen das Scannabue zu einer stets zuverlässige Adresse. Die Küche basiert auf einer soliden piemontesischen Tradition, die auf einfache Weise, ohne übersteigerte Kreativität, aber mit der richtigen Dosis an zeitgemäßer Anpassung überarbeitet wird, ergänzt durch tadellose Fischgerichte.

DIE KÜCHE – Bei Ihrer Speisenauswahl können Sie nach Lust und Laune zwischen Fisch und Fleisch pendeln. Aber auch wenn Sie sich für die großen piemontesischen Klassiker entscheiden, wird Sie die Leichtigkeit der Zubereitung überraschen. Dies gilt unter den Antipasti für **Insalata russa** (9 €) oder Vitello tonnato. Gut sind auch Acciughe al verde, in Butter frittiert, und das innovativere Gericht Uovo barzotto mit roten Garnelen aus Mazara auf Erbsencreme. Als Primi gibt es neben einer einfachen **Zuppa di cipolle** (10 €) exzellente gefüllte Pasta (**Cappellacci di fonduta al raschera**, Ravioli al latte mit Bottarga und Sardellencreme), aber auch **Tagliatelle** al ragù di polpo (mit Tintenfisch) oder **con sugo di lepre al *civet*** (mit Hasensauce, 12 €). Wenn man dann noch Hunger verspürt, kann man sich **Finanziera** (16 €) und Guancia brasata schmecken lassen. Unter den Desserts empfehlen wir Montebianco und Tarte tatin (6 €) oder als Alternative ein Sortiment an Formaggi. Die Weinkarte ist gut bestückt.

Sorij Nouveau

Moderne Osteria
Via Matteo Pescatore, 10 C
Tel. (+39) 011 / 88 41 43
Ruhetag: Sonntag
Ferien: 1 Woche im August
Abends geöffnet, Freitag und Samstag auch mittags

DIE OSTERIA – Das Sorij Nouveau liegt hinter der lebhaften Piazza Vittorio Veneto. Sorij bedeutet „sonnig", das Adjektiv Nouveau weist auf die bewegte Geschichte des Lokals hin. Es war eine der ersten Vinerie in Turin und hat die typische Atmosphäre einer traditionellen Osteria bewahrt. Der Service liegt nach wie vor in den Händen von Piero Primatesta, die Küche verrät seit dem Eintritt von Paolo Ribotto mehr Raffinesse, wobei regionale Verbundenheit mit Einfallsreichtum verschmilzt.

DIE KÜCHE – Wer nicht das günstige viergängige Degustationsmenü für 30 € (bei Kombination mit Weinen zusätzlich 12 €) nutzen will, kann exzellente **Acciughe** aus Sizilien **mit dreierlei** piemontesischen **Saucen** (8 €), **Vitello tonnato** oder Salsiccia di Bra mit Gelato al blu di pecora und im Sommer Zucchine in carpione wählen. Die Primi umfassen unvergleichliche **Agnolotti dal *plin*** mit Bratensauce (9 €), feine Risotti und ***Rabaton***. Als Secondi (14 €) werden interessante Gerichte wie Filetto di maialino mit karamellisierten roten Zwiebeln und Bohnencreme, Lingua di vitello und der überragende **Bollito misto mit Saucen** nach Art des Hauses angeboten. Den guten Formaggi folgen die Desserts (5 €): Tiramisu mit Lavendel und Aprikosen, Sachertorte mit Kompott aus saisonalen Früchten oder Tarte-Sorij, eine neue Variante der berühmten Tarte Tatin. Bei der Weinauswahl können Sie sich auf die Kompetenz von Mirko Galasso verlassen, der Ratschläge zur Weinkarte mit Produkten aus ganz Italien, aber auch Anleihen aus dem Gebiet jenseits der Alpen und interessanten naturbelassenen Weinen gibt.

Einen Aperitif bekommen Sie in der Enoteca Botz (Via Santa Giulia 48), einem jungen Lokal mit großer Auswahl an naturbelassenen Weinen.

Sotto la Mole

Restaurant
Via Montebello, 9
Tel. (+39) 011 / 817 93 98
Ruhetag: Montag
Ferien: unterschiedlich
50 Plätze + 20 Plätze im Freien
Preise: 35–38 €
Kreditkarten: CS, MC, Visa; BM
Mittags und abends geöffnet

DIE OSTERIA – In einer der am stärksten frequentierten Straßen im Zentrum – wo sich auch die Mole Antonelliana befindet, ein Wahrzeichen der Stadt – liegt dieses Restaurant, in dessen Küche Tradition und zeitgemäße Entsprechung nebeneinander bestehen und sich gegenseitig aufwerten. Ein eleganter Saal dient als Rahmen für Ihre Mahlzeit, für die Sie ein Degustationsmenü (35 €, ab zwei Personen) oder Gerichte aus der Karte wählen können, wo fünf Vorschläge pro Gang angeführt sind.

DIE KÜCHE – Beginnen kann man mit **Lingua in salsa verde** (11 €), der lauwarmen Insalata di coniglio mit Haselnüssen oder Millefoglie di barba di frat aus Phylo-Teig mit Fonduta. Unter den Primi finden Sie von Hand gezogene **Agnolotti alla piemontese** (13,50 €), Risotto allo zafferano mit Büffel-Stracciatella, ***Tajarin*** al ragù sowie im Frühling ***Rabaton*** und Ricotta-Mangold-Gnocchi. Weiter geht es mit der klassischen **Finanziera** (15 €), **Rolata di faraona al Moscato Passito** oder Merluzzo mantecato in Kichererbsenkruste. Als Alternative wird ein exzellentes Sortiment an piemontesischen Käsespezialitäten, serviert mit ***Cognà***, angeboten. Zum Abschluss bekommen Sie traditionelle Dolci (7 €) wie Torta di nocciole, Panna cotta oder ***Bonet*** oder Desserts auf der Basis von saisonalen Früchten wie Sorbetto di mele mit Zimt oder Sfoglia mit Erdbeeren und Panna. Gedeck und Service sind inbegriffen. Eine besondere Erwähnung verdient die Weinkarte mit einem schönen Sortiment der wichtigsten Etiketten Italiens und große Auswahl an ausländischen Weinen.

TORTONA (AL)
Mombisaggio

22 KM ÖSTLICH VON ALESSANDRIA

Montecarlo

Restaurant
Strada Provinciale per Villaromagnano, 17
Tel. (+39) 01 31 / 88 91 14,
(+39) 340 / 370 90 43
Ruhetag: Dienstag
Ferien: 1.–15. August
70 Plätze + 25 Plätze im Freien
Preise: 35–38 €
Kreditkarten: AE, CS, DC, MC, Visa; BM
Mittags und abends geöffnet

DIE OSTERIA – An der Straße von Tortona hinauf nach Mombisaggio liegt rechts das Montecarlo. Der Name bewahrt die scherzhafte Bezeichnung der Osteria, in der sich früher die Einheimischen zum Kartenspielen trafen. Empfangen werden Sie von Pino Cuniolo und seiner Frau Monica: In den Räumen erinnern zahlreiche Dekorelemente an den Rad-Champion Fausto Coppi, der aus der Nachbargemeinde Castellania stammt. Küche und Keller setzen auf regionaltypische Produkte: Die Protagonisten Agnolotti und Timorasso, ein Wein aus einer autochthonen Traube, werden von Pino mit großem Enthusiasmus beworben.

DIE KÜCHE – Zum Einstieg Antipasti: **Vitello tonnato nach alter Art** (12 €), Verdure in leichter ***Bagna caoda*** mit Eicreme, **Montebore in flan**, im Sommer Carpione und im Herbst Insalata di porcini. Das Kapitel der Primi hält **Agnolotti di stufato** in Bratenfond (12 €), Ravioli di borragine mit Ziegen-Ricotta und Haselnüssen und Risotto alla rapa rossa mit Montebore-Fonduta bereit. Der Hauptgang umfasst **Lingua e testina in grüner Sauce**, **Guancia di vitello mit Kartoffelpüree und Schmorgemüse** (15 €) und Carré di agnello mit Artischocken, in der Saison mit Steinpilzen, in Panade frittiert. Wenn Sie Glück haben, bekommen Sie den großen **Fritto misto** alla piemontese (18 €). Unter den Desserts sind ***Bonet***, Semifreddo allo zabaione und Aspic di frutta al Moscato (5 €) angeführt. Degustationsmenü für 30 € mit Antipasto, Primo, Secondo und Dessert. Neben den lokalen Weinen, bei denen Timorasso dominiert, bietet die Karte gute italienische Etiketten.

Bei Anselmi (Via Emilia 76) gibt es Delikatessen aus Italien und dem Ausland: Öl, eingelegte Produkte, Schokolade, Teigwaren, Mürbegebäck, Honig, Tee, Weine und Edelbrände.

TRAVERSELLA (TO)

57 KM NÖRDLICH VON TURIN, A 5 ODER S.S. 26

Le Miniere

Restaurant
Piazza Martiri, 4
Tel. (+39) 01 25 / 74 90 05
Ruhetag: Montag, Dienstag (außer im Sommer)
Ferien: zeitweise im Januar und Februar
80 Plätze + 100 Plätze im Freien
Preise: 30–35 €
Kreditkarten: AE, CS, DC, MC, Visa; BM
Mittags und abends geöffnet

DIE OSTERIA – In Traversella, einem kleinen Ort am Ende des Valchiusella, wurde bis in die 1960er-Jahre Eisen abgebaut, heute ist es ein Urlaubsort, wie er es auch in der Vorkriegszeit war. Das historische Hotel-Restaurant der Familie Arsini auf dem Hauptplatz verfügt über schön eingerichtete Räume mit Panoramablick und einen weitläufigen Sitzbereich im Freien, auch für große Veranstaltungen. Der Familienbetrieb garantiert jene heitere Gastlichkeit, die zum vollen Genuss der Gaumenfreuden beiträgt.

DIE KÜCHE – Die Tradition des Canavese wird hier auf intelligente und ausgewogene Weise überarbeitet. Einige Beispiele für Gerichte, die oft auf saisonalen Produkten beruhen: zum Einstieg **Sfogliate alle ajucche mit *Crusciot***, Flan di tarassaco e *barbabuch* (7 €), Carne cruda di fassone und **Trota in *burnìa*** mit Gemüse. Weiter geht es mit Zuppa di verza al forno, Tagliolini ai porcini (9 €) und Polenta concia mit Alm-Toma. Unter den Secondi dominiert Fleisch von Rindern der Rasse Piemontese, ergänzt durch andere Spezialitäten: **Spalla brasata al Carema**, **Stinco di agnello mit Zwergthymian** (12 €), Capriolo al ***civet*** und Finanziera alla valchiusellese. In der Saison stehen **Funghi** porcini, frittiert oder als Salat, auf der Karte. Reiche Auswahl an Käse aus diesem Tal, darunter frischer *Civrin* und gereifter Toma, serviert mit Miasse (Maisfladen). Davides Desserts bestechen durch feinen Geschmack: Strudel aus Renette-Äpfeln, ***Bonet*** (5 €) und Torta di cioccolato mit Schokolade aus Ivrea. Degustationsmenüs für 30, 32 und 36 €. Bei den Weinen gibt es eine große Auswahl an Etiketten aus ganz Italien.

In **Alice Superiore** (9 km) in der Via Umberto 3 werden ausgewählte Tome aus dem Piemont, veredelt von Vinicio Villa, verkauft.

70 KM NORDÖSTLICH VON CUNEO, 7 KM VON ALBA

NEU Osteria dell'Unione

Traditionelle Osteria
Via Alba, 1
Tel. (+39) 01 73 / 63 83 03
Ruhetag: Montag
Ferien: Februar
35 Plätze + 10 Plätze im Freien
Preise: 30 €
Kreditkarten: BM
Mittags und abends geöffnet

DIE OSTERIA – Das Schild am Eingang des Lokals tut kund: „In dieser Osteria wurde in den 1980er-Jahren von einer Gruppe von Freunden die Idee für die Slow-Food-Bewegung geboren." An diesen Tischen saßen bedeutende Persönlichkeiten aus der Welt der Kultur und Politik, die vom Charme des Ambientes und von den unverfälschten Gerichten beeindruckt waren. Gleich bei Eintreten werden Sie die Düfte wahrnehmen, die aus der Küche in den Speisesaal ziehen. Im Sommer kann man im Freien im Schatten der Laube sitzen, die Folco Portinari so sehr am Herzen liegt.

DIE KÜCHE – Sie bekommen hier ein Degustationsmenü für 30 €, eine Karte im Stil der Osterien mit saisonal passenden Vorschlägen und auch ein vegetarisches Menü. Unter den Antipasti (10 €) sind eine Auswahl an Wurstspezialitäten mit Frittatine, fein gehackte Carne cruda vom Fassone-Rind, **Vitello tonnato**, ***Ratatoja*** und **Lingua in salsa** angeführt. Weiter geht es mit den Primi, darunter die köstlichen hausgemachten ***Tajarin* al sugo di carne** (10 €). Als Alternative können Sie zwischen Gnocchi al gorgonzola und Zuppa di verdure mit dem Gemüse des Tages wählen. Sobald die Hauptspeise aufgetragen wird, werfen Sie einen Blick auf die Teller: Es handelt sich um seltenes Originalporzellan mit dem Logo von Arci Gola, der Vorgängerin von Slow Food. Stets vertreten sind ein exzellentes **Coniglio ai peperoni**, in Barbaresco geschmort, oder Pollo alla cacciatora (12 €). Für Käsefreunde wird ein schönes Sortiment an lokalen Produkten angeboten (14 €). Die Dolci della casa (3 €) wechseln laufend. Die gelungene Weinkarte schenkt den zahlreichen Produkten aus der Langa die gebührende Aufmerksamkeit.

TREISO (CN)

70 KM NORDÖSTLICH VON CUNEO, 7 KM VON ALBA

Risorgimento

Trattoria
Viale Rimembranza, 14
Tel. (+39) 01 73 / 63 81 95
Ruhetag: Montag
Ferien: unterschiedlich
60 Plätze + 20 Plätze im Freien
Preise: 25–30 €
Kreditkarten: CS, MC, Visa; BM
Mittags geöffnet, Freitag–Sonntag auch abends

DIE OSTERIA – Substanz, territoriale Zugehörigkeit und Schlichtheit sind die Unterscheidungsmerkmale der Trattoria Risorgimento, die in Treiso, im Anbaugebiet des Barbaresco, seit 26 Jahren von ein und derselben Familie geführt wird. Ein einfaches Ambiente, charmante Gastlichkeit und ein Speisenangebot, das dem Wandel der Jahreszeiten folgt und sich treu an die traditionellen Rezepte der Langa hält.

DIE KÜCHE – Einige Gerichte stehen fast immer auf der Karte: Carne trita vom Fassone-Rind, Vitello tonnato, Agnolotti dal ***plin*** in Butter und Salbei, zarte ***Tajarin*** al coltello (8 €), **Coniglio mit Paprikaschoten** (10 €), *Bonet* und Semifreddo al torrone. Je nach Saison gibt es dann von Tag zu Tag wechselnde Vorschläge: unter den Antipasti Insalata russa, **Capricciosa di pollo** (8 €), frische Tomini mit roter Zwiebel, Carpione (ein Sommergericht mit Hähnchen, Eiern und Zucchini), Lingua in salsa al giardino, Verdure grigliate mit grüner Sauce, Testina al ***brusch*** mit Polenta, Trota alle nocciole mit Kichererbsencreme, Merluzzo al vapore mit Kartoffeln und Agretta-Sauce sowie Peperoni arrostiti mit ***Bagna caoda***. Dann folgen Lasagnette mit Kaninchenragout, Gnocchi mit Toma von der Ziege, **Risotto mit Toma und Barbaresco** (8 €), Maltagliati ai fegatini di pollo (mit Hühnerleber), Faraona oder Agnello al forno, **Arrosto mit Haselnüssen** (10 €) und Stinco di vitello, in Barbaresco geschmort. Im Kapitel der Dolci sind neben einer überragenden **Torta con la *cognà*** auch Mousse al Moscato, Panna cotta mit Waldbeeren, Torta di nocciole mit Zabaione, Semifreddi und Sorbets angeführt. Die interessante Weinkarte listet neben bekannten Etiketten auch viele exzellente Produkte kleiner lokaler Betriebe auf, die zu angemessenen Preisen angeboten und teilweise auch glasweise ausgeschenkt werden.

2 KM VOM ZENTRUM

Concordia

Trattoria
Via San Fabiano, 18
Tel. (+39) 03 23 / 40 32 37
Ruhetag: Montag, außer im Sommer
Ferien: je 10 Tage im November und im Februar
40 Plätze
Preise: 38–40 € €↑
Kreditkarten: CS, MC, Visa; BM
Mittags und abends geöffnet

DIE OSTERIA – Bei einem Spaziergang durch die Gässchen des Ortsteils Intra ist es ein Vergnügen, plötzlich im Innenhof dieser historischen Trattoria mit gepflegtem, modernem Interieur zu stehen. Empfangen werden Sie von Francesca Barengo, die das Lokal 2014 zusammen mit ihrem Partner Maurizio Damilano übernommen hat und Sie bei der Wahl der Gerichte und Weine berät.

DIE KÜCHE – Es gibt zwei Menüs, eines mit Festlandgerichten und eines mit Süßwasserfisch, die beide mit den Jahreszeiten wechseln und viele Produkte der Slow-Food-Presidi und aus der „Arche des Geschmacks" enthalten. Unter den Antipasti wollen wir **Tonno di coniglio vom grauen Kaninchen aus Carmagnola** (11 €), das Sortiment an Salumi aus dem Ossola-Tal und **Trota in carpione** hervorheben. Als Primi sind **Risotto mit Robiola aus Roccaverano und Gartenkräutern** (12 €), Gnocchi di patate mit violettem Spargel aus Albenga und Haselnüssen und Tagliolini mit Fleischragout von Rindern der Rasse Piemontese zu erwähnen. Mögliche Secondi sind **Agnello glassato mit Honig und Thymian** (18 €), Filetto di fassone mit Portwein-Fond, Filetto di maiale mit Pancetta ossolana, gefüllt mit Pflaumen, sowie Pescato del giorno (fangfrischer Fisch), im Ofen gratiniert und serviert mit Paprikaschoten aus Carmagnola. Zum Abschluss ein hausgemachtes Dessert oder die gepflegte Auswahl an lokalen Formaggi. Die Weinkarte bietet einen Streifzug durch Etiketten aus ganz Italien, ergänzt durch gute Tropfen aus dem Ausland, aber auch Freunde von Bieren aus kleinen Brauereien kommen nicht zu kurz. Das Concordia fungiert auch als Außenstelle der Banca del Vino von Pollenzo.

La Casera (Piazza Ranzoni 19) in **Intra** bietet Käse aus Schaf-, Ziegen- und Kuhmilch.

Paolino

Trattoria
Piazza Cavour, 5
Tel. (+39) 01 61 / 21 47 90
Ruhetag: Sonntagabend, Montag
Ferien: 10 Tage im Januar, 2 Wochen im August
45 Plätze + 20 Plätze im Freien
Preise: 35–38 €
Kreditkarten: CS, MC, Visa; BM
Mittags und abends geöffnet

DIE OSTERIA – Das Paolino unter den Arkaden der Piazza Cavour hat sich als Bollwerk der Tradition etabliert: eine tadellos überarbeitete regionaltypische Küche, die ihren ursprünglichen Charakter bewahrt. Lokale Produkte von höchster Qualität sind die Basis des Speisenangebots. Der äußere Eindruck eines Lokals im Vintage-Look bestätigt sich auch im Inneren: eine Zeitreise in die 1950er-Jahre mit einfach gedeckten Tischen und an den Wänden Plakaten und Emailtafeln aus ebendieser Zeit.

DIE KÜCHE – Die klassischen Gerichte erinnern an Großmutters Zeiten, wobei ihnen bewusst die Schwere genommen wurde (heute sind die Ansprüche und auch der Appetit anders als früher). Unter den Antipasti (12 €) finden Sie Insalata di coniglio mit Gemüse-Concassé, die gelungene Verbindung zwischen Burrata und Sardellen aus dem Kantabrischen Meer neben dem exzellenten **Vitello tonnato** nach hiesiger Tradition, serviert mit knackiger Insalata russa. Sofern verfügbar – was meistens der Fall ist, weil das Vercellese ein Reisanbaugebiet ist – ist **Risotto** zu empfehlen: Die Version **con i datterini mantecato alla robiola** (mit Tomaten, verrührt mit Robiola, 12 €) ist ein Gedicht. Als Primi sind auch die zarten **Gnocchi di patate mit Schweineragout und Taggiasca-Oliven**, Ravioli di magro mit Butter und Parmesan und *Plin* ai tre arrosti zu erwähnen. Die Secondi umfassen Carré di agnello mit Gremolata auf Kartoffelkroketten (15 €), **Frittura di cervella**, Lumache in guazzetto und manchmal Rane fritte. Eine gute Auswahl an Caprini, serviert mit Konfitüren und *Cognà*. Zum Abschluss *Bonet*, Torta di nocciole und erstklassiges Gelato alla crema neben Semifreddo ai bicciolani oder der überragenden Mousse di limone mit Lakritze. Gute Auswahl an piemontesischen und sonstigen Etiketten, auch glasweise zu bestellen.

54 km nordöstlich von Cuneo, 15 km von Alba

Ca' del Re

Agriturismo
Via Umberto, 14
Tel. (+39) 01 72 / 47 02 81
Ruhetag: Dienstag
Ferien: 15. Dezember–15. Februar
40 Plätze + 40 Plätze im Freien
Preise: 24–28 €
Kreditkarten: CS, DC, MC, Visa; BM
Abends geöffnet, Samstag und Sonntag auch mittags

DIE OSTERIA – In der in Panoramalage angesiedelten Ortschaft Verduno liegt wenige Meter unterhalb des Schlosses dieses ebenfalls historische Gebäude, in welchem nun ein Agriturismo seinen Sitz hat: Wenn Ihr Besuch auf einen Donnerstagabend im Juli oder August fällt, können Sie einem Konzert kombiniert mit einem Abendessen im schönen Garten beiwohnen. In der kühleren Jahreszeit nimmt man in einem über die ganze Länge mit Fresken geschmückten Speisesaal Platz, wo ein Kamin an der schmalen Seite eine gemütliche Atmosphäre schafft.

DIE KÜCHE – Beginnen Sie mit den Antipasti (6 €), bei denen das Repertoire ein vorzügliches **Vitello tonnato**, Tomini mit grüner Sauce, eine delikate Mousse di fegato di vitello mit karamellisierten Zwiebeln aus Tropea und im Frühling Tortino di asparagi mit Safran-Fonduta umfasst. Wer gerne alles probieren will, wählt den verlockenden gemischten Teller mit vier Antipasti für 18 €. Unter den Primi findet man **Ravioli al ragù di carne**, **Tagliatelle ai fegatini di coniglio** (mit Kaninchenleber) oder mit Butter und Minze, Gnocchi mit Blu aus Becetto und Haselnusskrokant (8 €) sowie Vellutata di verdura (Gemüsecremesuppe) mit saisonalem Gemüse. Ein originelles Hauptgericht ist Panino del re (Schweineschulter, karamellisierte Zwiebeln, Rucola und Senf) als Alternative zu Trota alle mandorle al cartoccio (Forelle mit Mandeln), **Bocconcini di vitello al Barolo** (Kalbsragout) und den zarten **Quaglie flambé al Marsala** (flambierte Wachteln, 12 €). Zum Abschluss Formaggi oder ein Dessert (4 €): Panna cotta al tè mit Minz-Karamell, Semifreddo al torrone, Tiramisu, ***Bonet*** und Mousse di yogurt mit Kirschkonfitüre. Freuen Sie sich auf gute Weine: Die Wirtsleute führen auch einen renommierten Weinbaubetrieb (Barolo, Barbaresco, Pelaverga).

47 km nordöstlich von Cuneo, 11 km von Alba

Di Vin Roero

Trattoria
Piazza San Martino, 5
Tel. (+39) 01 73 / 651 14
Ruhetag: Montag
Ferien: je 1 Woche im Januar und Sommer
50 Plätze + 50 Plätze im Freien
Preise: 20–24 €
Kreditkarten: AE, CS, DC, MC, Visa; BM
Abends geöffnet, Samstag und Feiertage auch mittags

DIE OSTERIA – Wie viele Ortschaften im Hügelland hat auch Vezza einen „unteren" und einen „oberen" Teil: Durch den unteren Teil führt die Straße nach Turin, das hoch gelegene Vezza wirkt wie in das Gestein der Rocche gemeißelt, jenes zerklüfteten Hügelkamms, der sich am linken Ufer des Tanaro von Bra bis Cisterna d'Asti hinzieht. Einen interessanten Überblick bietet die Terrasse dieser Trattoria (mit vier Gästezimmern) unter der Leitung von Marco und Rosa Grasso. Hier regiert Einfachheit: eine Einrichtung mit Retro-Charme, in der Vorratskammer Produkte, die beim hiesigen Fleischer oder Gemüsehändler gekauft wurden, wenige, stets gleiche Gerichte nach Hausmannsart und geradezu überwältigend günstige Preise: 24 € für ein komplettes Menü (vier Antipasti, Primo, Secondo, Dolce und Kaffee).

DIE KÜCHE – Zum Auftakt gibt es stets Carne di vitello, mariniert mit würzigen Kräutern, und abwechselnd Insalata di frittatine, Fagottino di asparagi mit Fonduta, Sformato di peperoni mit ***Bagna caoda*** und **Insalata di coniglio** (5 €). Die Pasta ist hausgemacht: Tagliatelle mit Mangold und Gorgonzola, mit Fleischsauce (6 €) oder mit Steinpilzen, **Agnolotti dal *plin*** mit Butter und Salbei (7 €), Gnocchi al ragù oder Gnocchi al raschera. Im Herbst bekommt man Risotto mit Salsiccia und Roero Arneis. Dieser Weißwein wird auch zur Zubereitung von Coniglio (7 €) verwendet, während **Tacchinella** im **Nebbiolo** geschmort wird. Weitere mögliche Secondi sind **Lonza di maiale al latte** und Bocconcini di cervo al ***civet***. Gegen Vorbestellung bereitet Signora Rosa Lumache (Schnecken) aus einem Zuchtbetrieb in Vezza zu. Den Abschluss bilden Panna cotta al caffè, ***Bonet*** (3 €), Torta di nocciole mit Zabaione oder Semifreddo alle castagne (ein Dreierlei für 5 €). Als Alternative zum offenen Hauswein gibt es einige Etiketten aus der Umgebung.

VIGNALE MONFERRATO (AL)

24 KM NORDW. V. ALESSANDRIA, 17 KM VON CASALE

Universo

Restaurant
Via Bergamaschino, 19/Piazza del Popolo
Tel. (+39) 01 42 / 93 30 52
Ruhetag: Montag, Dienstag
Ferien: 2 Wochen im August
70 Plätze + 30 Plätze im Freien
Preise: 32 € (Tagesmenü)
Kreditkarten: Visa; BM
Abends geöffnet, Samstag und Sonntag auch mittags

DIE OSTERIA – Vignale thront auf einem Hügel des Monferrat. Die hübsche Ortschaft ist berühmt für den Grignolino und die *Infernòt* (kleine, von Hand in Stein gehauene Keller), die so interessant und einzigartig sind, dass sie in die Liste des UNESCO-Weltkulturerbes aufgenommen wurden. Das Universo, das seit 25 Jahren von der Familie Garrone in einem schön restaurierten Palazzo aus dem 18. Jahrhundert geführt wird, verfügt über elegante Räumlichkeiten und einen auf Terrassen angelegten Garten als Sitzbereich mit schönem Ausblick für den Sommer.

DIE KÜCHE – Die Tradition ist hier im Universo stark verwurzelt und findet ihren Ausdruck nicht nur in der treuen Interpretation der klassischen Rezepte des Monferrat, sondern auch im Stil der Bewirtung: Die Gerichte des üppigen feststehenden Menüs (32 € für fünf Antipasti, zwei Primi, Secondi und Dolci, jeweils auf einem Wagen angerichtet) werden in großzügigen Portionen in Schüsseln aufgetragen. Der Reigen beginnt mit fein gehackter Insalata di carne cruda, **Vitello tonnato**, Insalata di gallina mit Wachtelei und saisonalen Gerichten wie Carpaccio di melanzane mit schwarzer Trüffel, **Terrina di porcini mit Fonduta**, Soufflé mit gekrümmten Karden aus Nizza und Lumache aus Cherasco in Sauce. Der **Risotto ai fiori di rosmarino** beeindruckt unter den Primi, die auch **Agnolotti** quadrati und andere hausgemachte Teigwaren wie ***Tajarin*** all'uovo, im Herbst mit Pilzen oder weißer Trüffel serviert, umfassen. Auf dem Wagen der Secondi sind **Stinco di vitello al forno**, Rollata di coniglio, Carré di agnello aus dem Ofen oder in Panade frittiert häufig vertreten. *Bonet*, Torronata, Crostate mit Früchten und Pesche ripiene zum süßen Ausklang. Auf der Weinkarte finden Sie erlesene Etiketten dieses Landstrichs, insbesondere Grignolino aus dem Monferrato Casalese.

VILLADEATI (AL)
Zanco

58 KM NORDWESTLICH VON ALESSANDRIA

Da Maria

Restaurant
Via Roma, 131
Tel. (+39) 01 41 / 90 20 35,
(+39) 340 / 806 78 31
Ruhetag: Mittwoch
Ferien: Januar
40 Plätze + 40 Plätze im Freien
Preise: 30–35 €
Kreditkarten: CS, MC, Visa; BM
Mittags und abends geöffnet

DIE OSTERIA – Das Restaurant der Brüder Penna (Roberto im Saal, Giorgio in der Küche, gemeinsam mit seiner Frau Franca Anselmo) liegt inmitten der Hügel des Monferrato Casalese im Ortsteil Zanco, der dank der klaren Beschilderung leicht zu erreichen ist. Sobald Sie in die Nähe von zwei Häusern und einer kleinen Kirche kommen, erblicken Sie den schönen Bogengang, wo man im Sommer im Freien speisen kann. Das Ambiente ist heiter und schlicht. Die Osteria wurde in den 1950er-Jahren von der Großmutter Maria eröffnet, nach der sie auch benannt ist. Der Empfang ist sehr familiär, die Speisenvorschläge werden mündlich vorgetragen.

DIE KÜCHE – Das Potpourri von kalten Antipasti wird auf einem einzigen Teller angerichtet (10 €), aber auf Wunsch kann man sich auch für Einzelportionen von **Insalata di galletto**, Carne cruda, Insalata russa oder Vitello tonnato entscheiden. Die zwei warmen Antipasti (5 €) können **Polenta mit *Bagna*** del diavolo, **Cotechino mit Püree** oder ***Capunet*** sein. Eine gute Wahl sind stets die **Agnolotti alla monferrina** (5 €), gefüllt mit dreierlei Fleisch (Ochse, Schwein, Kaninchen) und Ravioli di magro mit Pesto, eine Hommage von Signora Franca an die Region Ligurien. Gut sind auch die Tagliolini und die Zuppe di legumi mit Hülsenfrüchten. Unter den Secondi erwarten Sie Coniglio oder **Gallo tonchese**, Guancia oder **Stinco di maiale**, im Frühling Asparagi mit Eiern und im Sommer Carpione. Gegen Vorbestellung können Sie abends Fritto misto, Finanziera sowie Bollito misto mit den üblichen sieben Stücken und den entsprechenden Saucen genießen. Als Desserts stehen Biancomangiare (5 €), Gelato allo yogurt und hausgemachte Torten zur Wahl. Ausgeschenkt werden Weine von lokalen Produzenten, aber auch Etiketten aus der Langa und hervorragende Weißweine aus anderen Anbaugebieten.

22 KM ÖSTLICH VON CUNEO

Cavallo Rosso

Moderne Osteria
Via Orsi, 15
Tel. (+39) 01 74 / 59 76 11
Ruhetag: Montag, Dienstag
Ferien: je 1 Woche im Januar und August
80 Plätze
Preise: 28–30 €
Kreditkarten: AE, CS, MC, Visa; BM
Mittags und abends geöffnet

DIE OSTERIA – Das alte Italien der Arbeiterbewegung hat ein romantisches Bild hinterlassen, das bereits zu verblassen beginnt. Nur die Namen der Straßen und die Schilder an Gebäuden, die als traditionelle Versammlungspunkte dienten, erinnern an eine verloren gegangene Dimension, die später in verwandelter Form wieder aufgegriffen wurde. In Villanova Mondovì im unteren Ellero-Tal gibt es gleich bei der Hauptkirche der Ortschaft ein gutes Beispiel für eine solche Entwicklung. Ein Schild gedenkt des Arbeiterzirkels, der dort tätig war: gestern Versammlungsort, heute moderne Osteria. Silvio Fenoglio (Service) und Elisa Massa (Küche) können auf Erfahrungen bauen, die sie in noblen Restaurants in der Langa gesammelt haben, und setzen nun auf eine regionaltypische Küche, die sich mit innovativen Vorschlägen verbindet.

DIE KÜCHE – Zum Einstieg klassische Antipasti wie Vitello tonnato, **Sformato di porri mit Sardellen**, mit dem Messer gehackte Carne cruda und Prosciutto aus Roccaforte mit Burratina. Eine Besonderheit ist Cappuccino di spinaci mit Raschera-Fonduta, ein Gericht, das auch mit Kürbis oder Spargel angeboten wird. Die Primi (8 €) umfassen **Agnolotti mit einem Fond aus Schweinehaxe**, Gnocchi al castelmagno, ***Tajarin*** mit Salsiccia und Maltagliati aus Buchweizenmehl mit Ragout. Unter den Secondi bestiicht **Guanciotta di maiale mit glasierten Kirschen**, daneben Stinco di vitello (14 €), Faraona und **Sella di coniglio mit Pancetta**. Ein gut bestücktes, gepflegtes Sortiment an Formaggi mit etwa 20 Käsesorten aus der Umgebung und anderen Gebieten. Eine Erwähnung verdienen auch die Desserts (4 €): Hier spannt sich der Bogen von Panna cotta über ***Bonet*** in der klassischen Form oder mit Pfirsichen bis zum Semifreddo al torroncino. Die preislich korrekte Weinkarte hat ihren Schwerpunkt bei Etiketten aus der Langa.

42 KM SÜDÖSTLICH VON ALESSANDRIA

Visconti

Restaurant
Via Anfosso, 69
Tel. (+39) 010 / 960 11 39
Ruhetag: Montag, Samstagmittag
Ferien: je 2 Wochen im Januar und Juli
50 Plätze
Preise: 32–35 €
Kreditkarten: AE, CS, DC, MC, Visa; BM
Mittags geöffnet, Freitag und Samstag auch abends

DIE OSTERIA – Wenn man von Gavi das Tal des Wildbachs Lemme hinauffährt, erreicht man Voltaggio, ein anmutiges Dorf an der Grenze zwischen Piemont und Ligurien, in der Nähe des Bocchetta-Passes. Seit dem Ende des 19. Jahrhunderts führt die Familie Cavo hier dieses Lokal, das einst als Raststation zum Pferdewechsel auf dem Weg nach Genua diente. Neben dem Gastronomiebetrieb (in schönen Räumen im typischen Stil der 1960er-Jahre) bietet das Visconti auch angenehme Zimmer. Dank der geografischen Lage können Sie hier Gerichte sowohl nach ligurischer als auch nach piemontesischer Tradition genießen, die Signora Rosella, unterstützt durch ihre Töchter Monica und Cinzia, zubereitet.

DIE KÜCHE – Zum Einstieg ein Potpourri mit warmen und kalten Antipasti (12 €): Es umfasst Salumi, Saccottini di formaggio, Vol-au-vent mit Fonduta, Gemüsetorten, **Verdure ripiene** (gefülltes Gemüse) und Torta di riso, in der Saison Steinpilze. Als Primi werden exzellente von Hand gezogene **Tagliolini**, in der Saison **mit** schwarzer oder weißer **Trüffel** (12 €), Crêpe al forno mit Artischocken, **Ravioli al *tuccu*** oder Ravioli al vino, Cappellacci mit zerlassener Butter und Salbei oder mit schwarzer Trüffel (13 €) und Risotto al Gavi angeboten. Im Kapitel der Secondi findet man ein hervorragendes **Roastbeef di fassone** mit schwarzer Trüffel, Filetto alla piastra, **Capriolo in umido mit Polenta** und in der entsprechenden Jahreszeit **Funghi** auf jegliche Art. Als Alternative (oder zusätzlich) können Sie ein Sortiment an Formaggi mit Honig aus Voltaggio wählen. Als Desserts werden Semifreddo al torrone mit Fonduta aus heißer Schokolade, Panna cotta und Amaretti aus Voltaggio mit Dessertwein angeboten. Degustationsmenü für 32 €, einschließlich des Antipasti-Potpourris. Gute Auswahl an Weinen vorwiegend piemontesischer Herkunft.

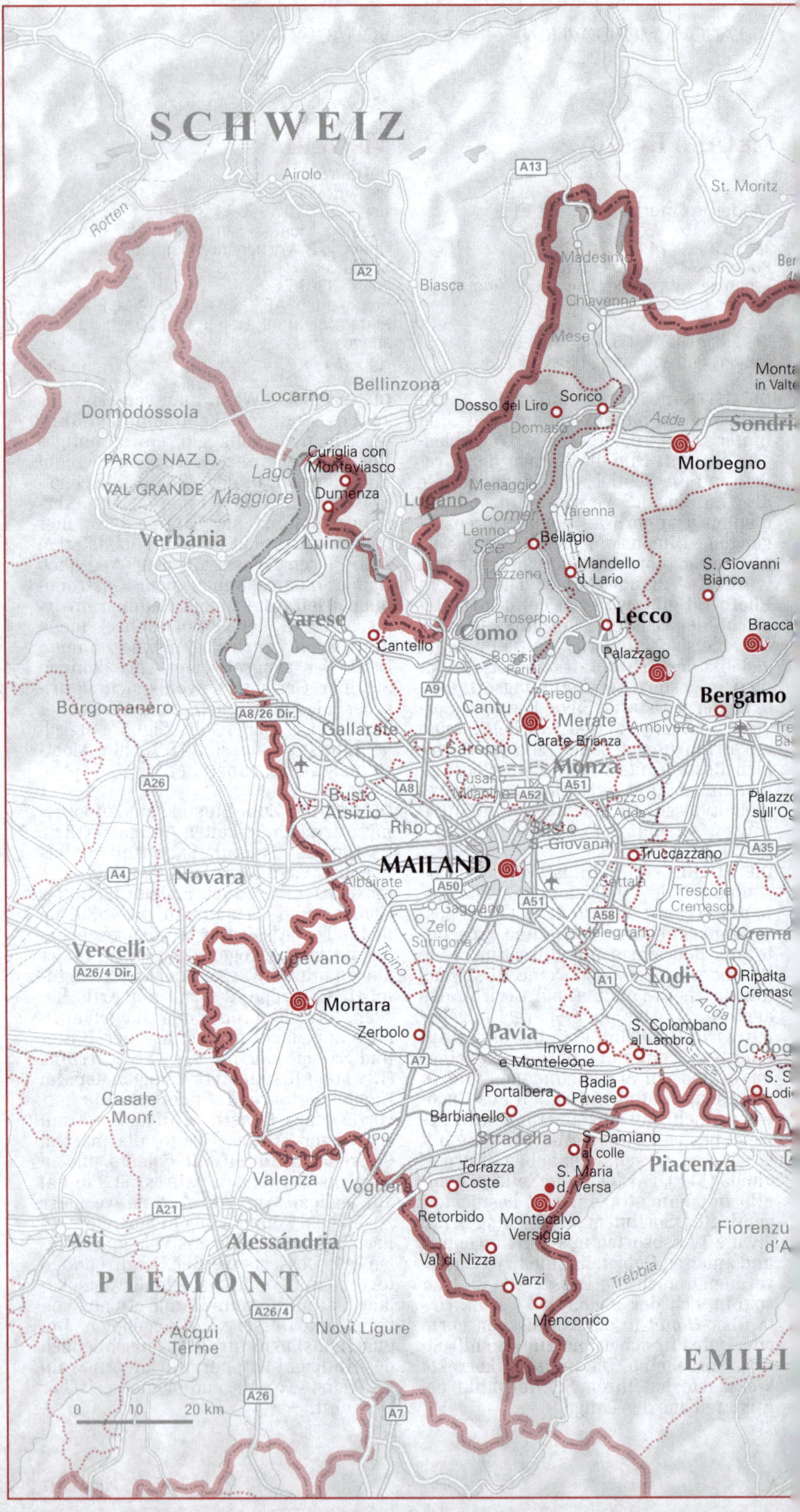

SCHWEIZ
Airolo
A13
St. Moritz
Rotten
Madesimo
A2
Biasca
Chiavenna
Mese
Bellinzona
Locarno
Domodóssola
Dosso del Liro
Sorico
Domaso
Adda
Morbegno
PARCO NAZ. D.
VAL GRANDE
Curiglia con
Monteviasco
Lago
Maggiore
Dumenza
Lugano
Menaggio
Comer
See
Varenna
Lenno
Bellagio
Verbánia
Luino
Mandello
d. Lario
S. Giovanni
Bianco
Lezzeno
Varese
Proserpio
Lecco
Cantello
Como
Palazzago
Bosisio
Parini
Perego
Bergamo
Borgomanero
A8/26 Dir.
A9
Cantu
Merate
Carate Brianza
Ambivere
Gallarate
Saronno
Monza
A26
Busto
Arsizio
A8
A52
A51
Rho
Sesto
S. Giovanni
Truccazzano
A35
MAILAND
A4
Novara
Albairate
A50
A51
Settala
Trescore
Cremasco
Gaggiano
Zelo
Surrigone
A58
Melegnano
Crema
Vercelli
A26/4 Dir.
Vigevano
Ticino
A1
Lodi
Ripalta
Mortara
Adda
S. Colombano
al Lambro
Zerbolo
Pavia
Inverno
e Monteleone
A7
Casale
Monf.
Portalbera
Badia
Pavese
Barbianello
Po
Stradella
S. Damiano
al colle
Piacenza
Valenza
Voghera
Torrazza
Coste
S. Maria
d. Versa
A21
Retorbido
Montecalvo
Versiggia
Asti
Alessándria
Val di Nizza
Trebbia
PIEMONT
Varzi
A26/4
Menconico
Novi Ligure
Acqui
Terme
A26
0
10
20 km
A7

SÜDTIROL
TRENTINO
VENETIEN
MAGNA
PARCO NAZ.
DELLO STELVIO
Etsch/Adige
St. Ulrich/
Ortisei
Bozen/Bolzano
Moena
Livigno
2758
Stilfserjoch/
P.so d. Stelvio
3905
Ortles
Bormio
Adda
Vione
Ponte
di Legno
P.so d.
Tonale
Tirano
Bianzone
Edolo
3539
Adamello
Madonna
di Campiglio
3150
Brenta
A22
Trient
Tione
di Trento
Sarca
Borno
Oglio
Bienno
Darfo
Ésine
Riva
d. Garda
Arco
Rovereto
Asiago
Artogne
Collio
Treviso
Bresciano
Tignale
S. Martino
Monte Isola
Brione
Toscolano-Maderno
Schio
A31
Salò
Gussago
Serle
Gardasee
Vicenza
Brescia
Sirmione
A4
Desenzano
d. Garda
Verona
priano
el Colle
A21
Pozzolengo
S. Bonifácio
Castiglione
d. Stiviere
Villafranca
di Verona
Adige
orte de' Cortesi
n Cignone
Scandolara
Ripa d'Oglio
Goito
Roverbella
Este
Bigarello
Castel d'Ario
Acquanegra
s. Chiese
Porto
Mantovano
Legnago
Cappella de'
Picenardi
Curtatone
Roncoferraro
Cremona
Mantua
Isola
Dovarese
Piàdena
Ostiglia
Sabbioneta
Suzzara
S. Benedetto
Po
Quistello
Casalmaggiore
S. Giacomo
d. Segnate
A13
Pomponesco
Gonzaga
Viadana
Guastalla
Secchia
Mirándola
A22
Panaro
Ferrara
Parma
A1
Carpi
Cento
Reno
Modena
Réggio
n. Emília

LOMBARDEI

Wie groß ist doch das in den Spezialitäten der Lombardei enthaltene alte Wissen! Langsame Garmethoden, die gerade richtige Würzung dank umsichtiger Verwendung von wilden oder angebauten Kräutern sowie Konservierungsmethoden, die die Güte der frischen Produkte voll zur Entfaltung bringen. All das bleibt dank einer blühenden Landwirtschaft und der natürlichen Ressourcen wie Almweiden, Seen, Flüsse und Felder garantiert.
Wild, Süßwasserfisch, Reis, Mais sowie Rind- und Schweinefleisch bilden die Grundlagen der traditionellen Rezepte. Ein Beispiel dafür ist Riso alla pilota, ein Gericht, das gleich zwei Zutaten aus der Ebene einschließt, und zwar Reis und *Pistume* (Brät von der Salamella). Entstanden ist es auf den Reisfeldern rund um Mantua, wo die Arbeiter, die den Reis schälten, „Piloti" genannt wurden. Der Konservierung von Fisch entspringt das Rezept von „Luccio in salsa" (Hecht in Sauce), für das von Gebiet zu Gebiet unterschiedliche Zutaten verwendet werden: Kapern am Gardasee, Gemüse im Gebiet von Mantua und Sardellen am Iseosee. In der Tat bringt jede Osteria davon ein Familienrezept auf den Tisch, wobei die Ergebnisse sehr unterschiedlich, aber immer exzellent ausfallen. Ein weiteres Beispiel für Diversifizierung ist ein Klassiker der lombardischen Küche: paniertes Kotelett („italianisiert" Costoletta). Das älteste Rezept sieht die Verwendung eines einige Zentimeter dicken Koteletts mit Knochen vor, aber heute dominiert die „Orecchia d'elefante" (Elefantenohr) genannte Version, das heißt ohne Knochen und ganz dünn geklopft.
In der gesamten Region verbreitet ist Zabaione, die auch Bestandteil vieler Süßspeisen wie Kuchen, Crostate und Eis ist. Da sie als hervorragendes Stärkungsmittel galt, wurde sie zum Frühstück mit hausgemachten Keksen genossen. Ihre Zubereitung erfordert viel Geduld ... und einen eisernen Bizeps.

Für Sie entdeckt

Cotoletta panata

122 La Frasca
Menconico (Pv)
123 Antica Trattoria Galeria
Mailand
127 Trattoria del Nuovo Macello
Mailand
145 Le Due Colonne
Truccazzano (Mi)

Zabaione

111 Il Poeta Contadino
Casalbuttano ed Uniti (Cr)
131 Trattoria dell'Alba
Piadena (Cr)
134 Dal Gaia
Roncoferraro (Mn)
136 Fugazza
San Damiano al Colle (Pv)

Luccio in salsa

105 Osteria Numero 2
Bigarello (Mn)
112 Hostaria Viola
Castiglione delle Stiviere (Mn)
115 Locanda delle Grazie
Curtatone (Mn)
135 La Dispensa
Sabbioneta (Mn)

Risotto alla pilota

104 Ittiturismo Mella
Bellagio (Co)
111 Stazione
Castel d'Ario (Mn)
121 Antica Osteria Ai Ranari
Mantua
121 Da Bice la Gallina Felice
Mantua

ACQUANEGRA SUL CHIESE (MN)
Ponte sull'Oglio

33 KM WESTLICH VON MANTUA

Al Ponte

Trattoria
Via del Ponte Oglio, 1312
Tel. (+39) 03 76 / 72 71 82
Ruhetag: Montag, Dienstag (außer an Feiertagen)
Ferien: unterschiedlich
35 Plätze + 20 Plätze im Freien
Preise: 33–35 €
Kreditkarten: CS, MC, Visa; BM
Mittags und abends geöffnet

Osteria und Familie – so lautet Vanias Motto. Sie möchte die Bedeutung der gastronomischen Tradition unterstreichen, die von Generation zu Generation weitergegeben wird.

DIE OSTERIA – Vania Zoppini empfängt Sie in ihrem Lokal im grünen Umland von Mantua in der Nähe des Zusammenflusses des Oglio und Chiese höflich, liebenswürdig und mit guter Küche. Zwei kleine Gasträume – einer mit zum Oglio gewandter Veranda – mit hübscher Einrichtung verweisen auf die Geschichte dieser Trattoria, die einst eine Raststation für Fuhrleute war, die hier vor der Überquerung der schmalen Brücke für einen raschen Imbiss einkehrten. Das Umland spiegelt sich im Speisenangebot wider: Süßwasserfisch und Traditionsgerichte, die nach Familienrezepten zubereitet sind.

DIE KÜCHE – Unter den Antipasti sind unverzichtbare **Frittura di zucchine e *saltarei*** (mit kleinen Süßwasserkrebsen, 9 €), eine Selektion an Wurstspezialitäten (in Wein gekochte Coppa, Soppressata, Pancetta, Salami) con sfoglia calda und Polentine con funghi, pesto di salame, trota agli aromi. Exzellent schmecken von den aus frischem Teig zubereiteten Primi **Tagliatelle con pesce d'acqua dolce** (10 €) oder con verdure e robiola und Tortelli di anatra; nicht minder gut ist Risotto ai funghi oder con caprini e zafferano. Weiter geht es mit Secondi wie Faraona disossata con ripieno all'amaretto (14 €), **Stracotto di fassona**, Coppa di maialino al forno, Anguilla in carpione (16 €), Composta di baccalà cotto al vapore und Filetti di pesce persico fritto. Lassen Sie die große Auswahl der Dolci (5 €) nicht aus: Besonders köstlich sind die Löffeldesserts und hausgemachten Kuchen. Die Weinkarte listet die besten Tropfen aus dem Gebiet und andere Weine auf, und das zu einem hervorragenden Preis-Leistungs-Verhältnis.

ADRARA SAN MARTINO (BG)

34 KM ÖSTLICH VON BERGAMO, A 4 UND S.P. 91

Ai Burattini

Moderne Osteria
Via Madaschi, 45
Tel. (+39) 035 / 93 34 33,
(+39) 328 / 428 65 81
Ruhetag: Dienstagabend, Mittwoch
Ferien: unterschiedlich
50 Plätze + 50 Plätze im Freien
Preise: 35–37 €
Kreditkarten: CS, MC, Visa; BM
Mittags und abends geöffnet

DIE OSTERIA – Der Eingang öffnet sich auf einen Hof, in dem einst Marionettentheater stattfand, was den Namen des Lokals erklärt. Beim Eintreten fällt der erste Blick auf die Küche, danach folgen zwei modern eingerichtete Räume (bei unserem Besuch gefielen uns die frischen Blumen auf den Tischen). Wir befinden uns hier wenige Kilometer vom Iseosee entfernt, der vor allem im Sommer ein beliebtes Touristenziel ist und an der Grenze zum Anbaugebiet des Valcalepio DOC liegt. In der schönen Jahreszeit deckt man auch ein paar Tische auf der Veranda mit Blick auf den Innenhof.

DIE KÜCHE – Man kann mit Bocconcini di polenta di mais rostrato di Rovetta e funghi porcini (9 €) oder dem Antipasto della casa (mit hiesiger Salami und Pancetta mit Sfogliatina al radicchio trevisano) beginnen. Obligate Primi sind Casoncelli alla bergamasca con pancetta croccante, burro e salvia (9,50 €), überzeugend sind auch **aus frischem Teig zubereitete Farfalle agli spinaci con ragù di cinghiale** und **Gnocchi di zucca alla crema di formaggio di capra**. Manzo piemontese (Slow-Food-Presidio) gibt es in verschiedenen Spielarten als Secondo (Tagliata, Hamburger, Filetto, Battuta); Alternativen dazu wären **Bocconcini di cinghiale** (10 €) oder **Baccalà in umido**, beide mit Polenta serviert. Aus der kleinen, aber achtsam mit Blick auf das Umland zusammengestellten Käseselektion ragen Stracchino aus den Tälern der Bergamasker Alpen und Agrì aus Valtorta, ebenfalls Slow-Food-Presidio(7 €), heraus. Unter den hausgemachten Süßspeisen sind Tiramisu und Salame di cioccolato. Die „einsehbare" Weinkarte ist in einem eigenen kleinen Raum ausgehängt.

ADRO (BS)
Torbiato

25 km nordwestlich von Brescia

Dispensa Pani e Vini

Moderne Osteria • Via Principe Umberto, 23
Tel. (+39) 030 / 745 07 57
Ruhetag: Montagabend
Ferien: 1 Woche im Januar
50 Plätze + 30 Plätze im Freien
Preise: 38–40 € €↑
Kreditkarten: AE, CS, MC, Visa; BM
Mittags und abends geöffnet

DIE OSTERIA – Das nahe den Weingärten und bekannten Kellereien der Franciacorta gelegene Dispensa Pani e Vini ist ein modernes Lokal mit weitläufigen Räumen für die Osteria, einem Tresen, an dem es kalte Gerichte, Panini, Wein und Aperitifs gibt, und einem etwas abgesonderten Restaurant mit einem erleseneren Menü; daneben werden in einer großen, offenen Küche Speisen aus Qualitätszutaten zubereitet, die mit Sorgfalt bei lokalen Produzenten ausgesucht wurden.

DIE KÜCHE – Unter den Antipasti sind Verdure bio al vapore (die Osteria arbeitet mit einem lokalen Bio-Gemüsegarten zusammen) und ein Teller, der ein Porträt des Gebiets von „Sulzano bis Montisola" darstellt und Crema di yogurt di capra aus dem Landwirtschaftsbetrieb Le Frise, Öl aus Monte Isola, Crumble aus Finten aus dem Iseosee (Slow-Food-Presidio) und Tartara di trota con le sue uova affumicate (16 €) beinhaltet. Darauf folgen **Farfalle al ragù di salame fresco** con polvere di pomodoro (11 €) und schmackhafter **Risotto al pomo d'oro** mit gelben Tomaten, Cuore di burrata (Frischkäse), knackigen Oliven und Majoran (14 €) sowie ein überarbeitetes Pastarezept, nämlich Spaghetti all'amatriciana di lago. Als Secondi erwarten Sie Salmerino croccante con sedano, mela e maionese al rafano (16 €), **traditionelles Manzo all'olio di Rovato** und Coniglio alla cacciatora con polenta (13 €). Gut und erlesen präsentiert sich die Käseselektion, die auch einige Slow-Food-Presidi enthält. Exzellent sind die Süßspeisen wie **Tortino al cioccolato caldo** con gelato alla crema (7 €) und Tiramisù al caffè (Haiti Komet). Die gepflegte, gut bestückte Weinkarte listet Tropfen aus der Franciacorta, aus dem übrigen Italien und dem Ausland auf. Für 35 € gibt es ein territorial geprägtes Degustationsmenü ohne Wein.

ARTOGNE (BS)

51 km nördlich von Brescia, S.S. 510 u. S.S. 42

Le Frise

Agriturismo
Ortsteil Rive dei Balti, 12
Tel. (+39) 03 64 / 59 82 98,
(+39) 03 64 / 59 82 85
Ferien: zeitweise im Januar
70 Plätze + 30 Plätze im Freien
Preise: 35–37 € (Tagesmenü)
Keine Kreditkarten
Samstagabend und Sonntagmittag geöffnet, Donnerstag- und Freitagabend für Gruppen

Aromatische Gerichte sind das Resultat einer täglichen Arbeit, die auch dazu beiträgt, die Existenz umliegender Bauern, Käser und Schweinemetzger zu sichern.

DIE OSTERIA – Das von Beginn an in unserem Buch vertretene Le Frise bestätigt über die Jahre hin immer wieder seinen Ruf eines respektvollen Umgangs mit der Umwelt und eines authenischen Verhältnisses zum Gebiet: Auf den Tisch kommen tagtäglich Käse, den der Patron und geschätzte Käser Gualberto Martini erzeugt, Gartengemüse und Fleisch, die seine Frau Emma zu Gerichten verarbeitet, die auch den ausgefallensten Wünschen gerecht werden, und Wurstspezialitäten von Sohn Luigi, der ein tüchtiger Schweinemetzger ist.

DIE KÜCHE – Das Menü ist festgelegt. Man beginnt mit **Formaggi** von der Ziege, die mit Konfitüren aus Holunderblüten, wilden Pflaumen und Birnen serviert werden, und Wurstspezialitäten, unter denen die selten zu findende Berna (getrocknetes Schaffleisch) und 48 Stunden kalt geräucherte Mortandela herausragen. Gut ist Mousse di peperone e finocchio selvatico, einzigartig sind Tartellette con formaggio fresco ai fiori di calendula. Es folgen Risotto al fatulì (Slow-Food-Presidio), traditionelle **Casoncelli** oder Casonecelli alle verdure, Ravioli di ricotta e speck, **Gnocchetti alla silene di campo** und Suppen. Exzellent sind die Secondi wie **Capretto arrosto**, **Porcastro**, Oca al coccio, Capriolo in terrina oder in umido und, im Winter, gekochte Wurst mit Mais-Polenta, die auf dem Holzofen zubereitet wird. Hausgemachte Süßspeisen runden das Essen ab: Crostate, Torta alle mele, Bavarese, Gelato di latte di capra, die manchmal mit einem Extrakt aus Löwenzahnblüten serviert werden. Das Sauerteigbrot ist ebenso wie die Focacce hausgemacht. Die schöne Weinkarte nennt die besten Etiketten aus diesem und anderen Gebieten zu korrekten Preisen.

29 km südöstlich von Pavia

Ai Due Taxodi

Agriturismo • Cascina Pezzanchera, 2
Tel. (+39) 03 82 / 72 81 26, (+39) 340 / 558 97 93
Ruhetag: Dienstag
Ferien: zweite und dritte Januarwoche, letzte Juli-/erste Augustwoche
40 Plätze + 50 Plätze im Freien
Preise: 27 € (Tagesmenü)
Kreditkarten: CS, DC, MC, Visa; BM
Abends geöffnet, Samstag auch mittags, Sonntag nur mittags

DIE OSTERIA – Den Rahmen des Agriturismo bildet ein hübsches Landhaus mit einer weitläufigen Laube, einem schönen Garten und rustikalen Räumen mit unverputzten Ziegelwänden; in einem davon prangt ein großer Kamin. Die beiden mächtigen Sumpfzypressen, die zur Familie der in den Sümpfen Amerikas beheimateten Cupressaceae gehören, zeigen Ihnen an, dass Sie angekommen sind. Die Pluspunkte des Lokals sind der herzliche Empfang und ein festgelegtes Menü, das beinahe zur Gänze auf den guten Produkten aus dem Landwirtschaftsbetrieb aufgebaut ist, und zwar Fleisch von Hoftieren und Chianina-Rindern, Reis und Gartenprodukten.

DIE KÜCHE – Das wöchentlich wechselnde Menü folgt den Jahreszeiten und sieht drei Antipasti, zwei Primi, zwei Secondi und ein Dolce zur Auswahl vor. Bei unserem Besuch haben wir mit guten Wurstspezialitäten vom Brett, gefolgt von **Strudel di verdure** und Rotolo di frittata alle erbe begonnen. Danach ließen wir uns Risotto agli asparagi und **Crespelle alle erbette** und als Secondi exzellentes **Roastbeef di chianina** und schmackhaften Arrosto con patate schmecken. Gute Alternativen für vegetarische Gäste sind Verdure alla griglia und Formaggi aus lokaler Erzeugung. Bei den ausnahmslos hausgemachten Dolci standen Torta di mele con crema alla vaniglia, Crostata di frutta und Gelato ai frutti di bosco zur Auswahl. Die zum Essen passenden Weine werden bei Winzern aus der Umgebung besorgt, insbesondere aus dem Oltrepò Pavese und San Colombano al Lambro.

Im Ortsteil **Cardazzo di Bosnasco** (15 km), Via Mandelli 57, bäckt Eugenio Maga köstliches Brot, darunter Treccia, Pane di zucca und Focacce (exzellent mit Grieben).

20 km südlich von Pavia, S.S. 35

Da Roberto

Trattoria
Via Barbiano, 21
Tel. (+39) 03 85 / 573 96
Ruhetag: Montag, Dienstag
Ferien: zeitweise im Januar und Juli
30 Plätze
Preise: 18–32 € (Tagesmenü)
Kreditkarten: AE, CS, MC, Visa; BM
Mittags geöffnet, Freitag und Samstag auch abends

DIE OSTERIA – König in der Küche ist Roberto, der es trotz seiner zurückhaltenden Art versteht, die Gäste zu verwöhnen. Seine Frau Maria Rosa belebt den Speisesaal mit der Begeisterung einer vollkommenen Dame des Hauses, die gerne mit allen plaudert. Das angenehm legere Ambiente passt perfekt zu dieser Osteria mit deftiger Küche, die schon seit mehr als einem Jahrhundert besteht und einst das Ziel der Seidenraupenhändler war. Ein großer Kamin beherrscht den heimeligen Speisesaal; Bilder, Drucke, Flaschen und Anrichten schmücken die Wände. Eine Tür „versteckt“ den Sitz der Confraternita del Cotechino Caldo, die die historischen Rezepte des Oltrepò hütet.

DIE KÜCHE – Mittags gibt es von Dienstag bis Freitag ein Touristenmenü (18 € inklusive Wasser, Wein und Kaffee); ein üppigeres Angebot ist für das “Pranzo dei dì feriali” (Mittagessen an Wochentagen: 25 €, ohne Getränke) vorgesehen; am Freitagabend, Samstag und Sonntag ist die Karte wesentlich abwechslungsreicher, auch wenn der Preis für das Essen festgelegt bleibt (30 €). Von den Antipasti müssen Sie unbedingt **Cotechino** und Wurstspezialitäten aus dem Consorzio Varzi DOP probieren. Weiter geht es mit hausgemachten **Agnolotti di stufato** und Risotto alla barbianellese (mit Castelmagno oder Sauce aus Salsiccia und Pilzen). Fleisch ist das Hauptthema der Secondi: Probieren Sie Sottofiletto su sasso del Trebbia und den nicht minder köstlichen **Brasato d'asino** con polenta und Trippa. Gut und hausgemacht sind die Dolci, von Torta di San Contardo bis **Brasadè con il Moscato di Volpara**. Die Weinauswahl beschränkt sich auf gute Tropfen aus dem Oltrepò und Piemont.

In **Montù Beccaria** (16 km), Ortsteil Moriano 48, gibt es „Solidaritäts“-Konfitüren von Fausto Andi, der mit Unterstützung behinderter Jugendlicher Obst verarbeitet.

BELLAGIO (CO)
San Giovanni

29 KM NORDÖSTLICH VON COMO, S.S. 583

NEU Ittiturismo Mella

Trattoria
Piazza San Giovanni Battista, 6
Tel. (+39) 031 / 95 02 05,
(+39) 329 / 074 02 68
Ruhetag: Dienstag
Ferien: November–Januar, außer zu Weihnachten
60 Plätze
Preise: 33–38 €
Kreditkarten: AE, CS, MC, Visa
Mittags und abends geöffnet

DIE OSTERIA – Zwischen Como und Bellagio, der Perle des Sees, liegt der beschauliche Ortsteil San Giovanni mit seinen gepflasterten Gassen. Hier atmet man ein Flair wie früher, als die alte Kunst des Fischfangs den Haupterwerbszweig darstellte. Über die schmalen Straßen im Ortsinneren gelangt man zum Platz mit der gleichnamigen Kirche und zum alten Hafen, wo die Fischerboote von Alessandro Sala anlegen; er ist der einzige verbliebene Berufsfischer, der jeden Abend auf den See hinausfährt, um die Netze auszuwerfen und vor Tagesanbruch wieder einzuholen. Auf diese Weise kann er den Gästen der Trattoria, eines Familienbetriebs, frischen Fisch nach dem Motto „vom Netz in die Pfanne" bieten. Die Glaswand des lichtdurchfluteten Speisesaals bietet einen schönen Blick auf den See und den alten Hafen, wo früher die Finten getrocknet wurden, die sogenannten *Missultit* aus dem Comer See. Das Ambiente ist hell und einladend, Rosys Empfang ausgesprochen herzlich.

DIE KÜCHE – Da der Fisch tagesfrisch ist und unter strikter Einhaltung der für die verschiedenen Arten geltenden Fischfangsperren gefangen wird, mag das Fischmenü begrenzt erscheinen; die gute traditionelle Küche schafft es aber, dies auszugleichen und für ein schmackhaftes Menü zu sorgen. Wir empfehlen anfangs Antipasto di lago – exzellent sind hier **Paté di pigo** und **Missoltini essiccati con polenta** (10 €) –, um mit außergewöhnlich guten **Spaghetti al missoltino** oder **Risotto alla pilota** con filetto di pesce persico (13 €) fortzufahren. Von den Secondi nennen wir Ricci di filetto misto con verdure (10 €) und für den Abschluss gute hausgemachte Kuchen (6 €). Weine gibt es nicht viele, sie liegen jedoch auf einer Linie mit dem kulinarischen Angebot. Auf der Karte stehen auch Gerichte aus dem Hinterland aus Produkten lokaler Betriebe.

BERGAMO

Al GiGianca

Trattoria
Via Broseta, 113
Tel. (+39) 035 / 568 49 28
Ruhetag: Sonntag, Montagmittag
Ferien: letzte Juni-/erste Juliwoche
40 Plätze
Preise: 35 €
Kreditkarten: CS, DC, MC, Visa; BM
Mittags und abends geöffnet

DIE OSTERIA – Die Trattoria in der Unterstadt von Bergamo bietet eine von der lokalen Tradition inspirierte Küche mit persönlichen, aber nicht unangemessenen Überarbeitungen. Die Eigentümer Gigi Pesenti, im Service, und Alessia Mazzola, die in der Küche tätig ist, verwenden große Achtsamkeit auf die Auswahl der Zutaten, die aus dem hauseigenen Garten oder von bewährten lokalen Lieferanten stammen.

DIE KÜCHE – Es geht los mit Baccalà mantecato su crostini di polenta (12 €), ungewöhnlichen Polpettine di pecora gigante bergamasca (autochthone Schafrasse mit hochwertigem Fleisch) con salsina all'aglio (10 €) oder mit einer Wurstselektion. Darauf folgen gute hausgemachte Primi wie Tagliolini al ragù di pecora oder vorzügliche klassische ***Casonsei*** (11 €); bei den Secondi kann man traditionelles **Coniglio alla bergamasca con polenta** (13 €), **Stufato di pecora** con crema di patate (15 €) und Manzo all'olio con polenta e spinaci saltati in padella(15 €) probieren. Und für ein großartiges Finale sorgen eine Selektion lokaler Käsesorten (3 bis 4 € pro Stück), darunter hervorragender Taleggio und Stracchino, serviert mit hausgemachter Zwiebelmostarda, und süße Köstlichkeiten (6 €) wie Sgonfiotto al cioccolato fondente, Zuppetta di pere e zenzero und Mousse alla nocciola. Gute Auswahl an Weinen, auch im glasweisen Ausschank, und Bränden. Mittags gibt es ein schnelles Menü zu einem gemäßigten Preis; empfohlen sei das Degustationsmenü für 32 €.

Luigi Locatelli (Via Mattioli 15) verkauft Veneziane all'albicocca, eine Süßspeise aus dem Parco dei Colli, Kuchen und Salzgebäck; Ol Formager (Piazza Oberdan 2) bietet ausgesuchten Käse. In der Città Alta (Via Colleoni 26) gibt es bei Mimì Wurst, Wein, Konfitüren und Honig aus Bergamo, außerdem Produkte aus Slow-Food-Presidi und Speisen zum Mitnehmen.

BIANZONE (SO)

21 KM ÖSTLICH VON SONDRIO, S.S. 38

Altavilla

Trattoria
Via ai Monti, 46
Tel (+39) 03 42 / 72 03 55
Ruhetag: Montag (außer im August), Dienstagmittag (nur im Winter)
Ferien: unterschiedlich
40 Plätze + 30 Plätze im Freien
Preise: 35–37 €
Kreditkarten: AE, CS, MC; BM
Mittags und abends geöffnet

Gemütliches Ambiente, Gerichte aus erstklassigen Zutaten, ein Ort, an dem Tradition, Kultur und Leidenschaft für das Gebiet aufeinandertreffen.

DIE OSTERIA – Wenn Sie die Staatsstraße nach Bormio und das Tal verlassen und nach Bianzone hinauffahren, stoßen Sie auf dieses Lokal. Es ist eine wichtige Adresse, um die Düfte und Aromen der Wein- und Gastronomietradition des Veltlins zu entdecken. Es erwarten Sie überdies reizende Gasträume und eine Terrasse mit Blick auf die Weingärten und charakteristischen Trockenmäuerchen – Sinnbild eines Weinanbaus unter schwierigen Bedingungen. Anna, eine ausgezeichnete Kennerin des Gebiets, begrüßt Sie und empfiehlt Ihnen Gerichte aus exzellenten Zutaten, die Küchenchef Mario geschickt zubereitet.

DIE KÜCHE – Zu Beginn dürfen lokal erzeugte Bresaola, con funghi oder con teneri carciofi e scaglie di grana (12 €), neben klassischen Wurst- und Käsesorten aus dem Tal, serviert mit Giardiniera, nicht fehlen. Keinesfalls versäumen dürfen Sie auch ***Sciatt*** (das Rezept für den Teig wird von der Hausherrin eifersüchtig gehütet) und **Pizzoccheri** von Mamma Lucinda (9 €). Außerdem gibt es Tagliolini ai funghi oder al ragù di selvaggina, Risotto di verdure dell'orto und saisonale Suppen. An dieser Stelle können Sie sich für die sorgfältig auswählte Käseselektion, unter anderem mit vertikal zu verkostendem Bitto storico (Slow-Food-Presidio, 10 €), oder für deftige Secondi entscheiden, wie Carré di agnello alle erbe, **Bocconcini di capriolo in salmì** (15 €) und Spadellata di funghi con fonduta di parmigiano. Unter den Desserts sind Tortino di ricotta, Cremoso di cioccolato und Torta di noci e mele. Das beachtliche Kellerangebot umfasst Hunderte Etiketten aus ganz Italien mit dem Veltlin an vorderster Stelle. Es gibt diverse Degustationsmenüs für 20, 25 und 35 €.

BIGARELLO (MN)
Stradella

15 KM NORDÖSTLICH VON MANTUA

Osteria Numero 2

Osteria • Via Ghisiolo, 2 A
Tel. (+39) 03 76 / 450 88, (+39) 348 / 700 01 76
Ruhetag: Dienstag, Samstagmittag
Ferien: 1 Woche im Januar, 2 Wochen im August
40 Plätze + 20 Plätze im Freien
Preise: 35 €
Kreditkarten: CS, MC, Visa; BM
Mittags und abends geöffnet

DIE OSTERIA – Moreno Sgarbi führt die einladende Osteria in der ländlichen Umgebung Mantuas, ein paar Minuten von der Autobahnausfahrt Mantova Nord entfernt; ihren Rahmen bildet eine Villa mit schönem Garten und großem Parkplatz. Der Empfang gestaltet sich ebenso herzlich wie professionell; die Karte nennt die Lieferanten der verwendeten Zutaten, deren Rückverfolgbarkeit garantiert ist. Das Lokal ist Sitz des Circolo del Luppolo und besticht aus diesem Grund mit einer enormen Auswahl an Bieren aus Kleinbrauereien (rund 100), die auf Wunsch gekonnt auf die verschiedenen Gerichte abgestimmt werden.

DIE KÜCHE – Einen vorzüglichen Einstieg bieten Wurstspezialitäten mit Gnocco fritto neben einigen saisonal wechselnden Gemüse- und Fischgerichten (hervorragend ist ***Bagna caoda***). Als Primi kann man **Passatelli in brodo di carne con fegatini di pollo** (7 €), **Bigoli alle sardelle** (8 €) oder klassische Tortelli di zucca conditi con salsiccia mantovana e pomodoro (9,50 €) genießen. Es geht weiter mit **Stracotto di somarino** und **Luccio in salsa**, beide mit Polenta (13 €) serviert, und Cotechino con verze, lenticchie e fagioli stufati. Zum Abschluss lockt eine Auswahl hausgemachter Süßspeisen, von denen einzigartige Sbrisolona alle nocciole e carrube con zabaione e salsa mou und Birramisù (4,50 €) hervorstechen, eine Tiramisu-Version, für die Bier anstelle von Kaffee verwendet wird. Die gut bestückte Weinkarte nennt Etiketten aus dem Gebiet – darunter auch zahlreiche Bioweine – und aus anderen Regionen. Gut aufgebaute Auswahl an Bränden.

69 KM NORDÖSTLICH VON SONDRIO

Al Filò

Restaurant
Via Dante, 6
Tel. (+39) 03 42 / 90 17 32,
(+39) 338 / 431 42 18
Ruhetag: Montag, Dienstagmittag
Ferien: je 2 Wochen im Juni und November
90 Plätze
Preise: 36–40 € €↑
Kreditkarten: CS, MC, Visa; BM
Mittags und abends geöffnet

DIE OSTERIA – Das Lokal befindet sich im Untergeschoss eines Gebäudes in Bormios Altstadt. Ein schöner Tresen und Backtrog schmücken den Eingangsbereich, die beiden Speiseräume mit Sichtgebälk und unverputzten Ziegelwänden sind ein ehemaliger Heuschober und Stall. Das freundliche und tüchtige Servierpersonal erläutert den Gästen detailreich das kulinarische Angebot. Die Gerichte entspringen der Tradition des Veltlins und sind achtsam von Patron und Koch Max Tusetti überarbeitet, der für seine Kreationen Zutaten aus dem Gebiet aussucht.

DIE KÜCHE – Man kann mit Carpacciata alla valtellinese (8,50 €), Tartara di cervo e gelato di rape rosse und ***Sciatt*** con cavolo cappuccio beginnen. Von den hausgemachten Teigwaren schmecken Spaghetti alla chitarra con pesto di zucca al profumo di zenzero (8,50 €) und **Pizzoccheri** besonders gut; probieren Sie auch die einzigartige Zuppa di funghi mit Panzerotti di melanzane. Danach geht es mit Bignè di cervo con salsa di noci, Hamburger di capriolo con cremoso di melanzane affumicate e polenta (18 €) und **Timballo di polenta montanara** weiter. Wer kein Fleisch mag, findet stets vegetarische Speisen und ausgezeichneten Käse, auch Almkäse, vor. Unter den ausnahmslos hausgemachten Desserts sind Ravioli dolci alle spezie e crema alla vaniglia agrumata und Scrigno ai lamponi e fragole. Die Weinkarte listet viele Etiketten aus dem Veltlin, eine schöne Weinselektion aus dem übrigen Italien und einige internationale Tropfen auf.

Die historische Latteria Sociale di Bormio (Via De Simoni 22) bietet ein komplettes Sortiment an lokalem Käse, weitere Käsereierzeugnisse aus dem Veltlin und zahlreiche Slow-Food-Presidi.

77 KM NÖRDLICH VON BRESCIA

Al Cantinì

Moderne Osteria
Via Vittorio Emanuele, 17
Tel. (+39) 03 64 / 31 07 28
Ruhetag: Montag, außer im Juli und August und vom 15. Dezember–15. Januar
Keine Ferien
75 Plätze
Preise: 30–36 €
Kreditkarten: AE, CS, MC, Visa; BM
Abends geöffnet, Samstag und Sonntag auch mittags

DIE OSTERIA – Drei kleine Räume aus heimelig wirkendem Stein mit Holzmöbeln in minimalistischem Stil sowie eine offene Küche und ein offener Keller spiegeln die Linie dieses „ganz jungen" Lokals wider, das die Geschwister Matteo und Francesca Rivadossi und Koch Marco Ducoli seit sechs Jahren führen. Modern überarbeitete Speisen, viel Süßwasserfisch und umsichtige Verwendung von Wildkräutern charakterisieren das Menü.

DIE KÜCHE – **Tartare di trota fario, insalata di finocchi, olio all'aneto** (11,50 €) oder Crema di piselli, pane al pomodoro e verdure di campo machen den Anfang. Als Primo bieten sich Tagliatelle 36 tuorli con ristretto di pomodoro di San Marzano an, **Gnocchetti di tarassaco con ragù di fiume e asparagi** und ausgefallene ***Casonsèi*** alla bornese (9,50 €), die der Koch ausgehend vom traditionellen Rezept überarbeitet: eher feste Eierteigwaren mit Füllung aus Rindfleisch, Mangold, getrockneten Früchten, Kaffeepulver und anderen Zutaten und mit sehr, sehr viel Butter und Käse angerichtet. Unter den Secondi sind **Trota salmonata con crema di patate e zafferano** (13,50 €), Sella d'agnello menta e zenzero, Pollo al curry und Hamburger in zwei Versionen mit Fisch und Fleisch. Probieren Sie auch Gelato alla vaniglia (4 €) und hausgemachte Kuchen. Umfangreiche Karte mit Bieren aus Kleinbrauereien und schöne Weinkarte.

Im Fischzuchtbetrieb San Fiorino, Via Milano 56, der von Gebirgswasser gespeist wird, züchtet Gerry Fanti Forellen und Saiblinge und verkauft sie geräuchert und mariniert. An der Verkaufsstelle El Butighì, Via Vittorio Emanuele 5, gibt es Wurstspezialitäten und Rohmilchkäse von der Ziege und Kuh aus dem eigenen Landwirtschaftsbetrieb Il Quadrifoglio im Ort Giallo.

25 KM NORDÖSTLICH VON BERGAMO

Dentella

Trattoria
Via Dentella, 25
Tel. (+39) 03 45 / 971 05
Ruhetag: Montagabend, außer im Sommer
Ferien: letzten 2 Juniwochen
80 Plätze + 35 Plätze im Freien
Preise: 34–38 €
Kreditkarten: AE, CS, MC, Visa; BM
Mittags und abends geöffnet

Ansprechender Empfang, Aufmerksamkeit für Gebiet und Tradition, schmackhafte, gut erläuterte Gerichte, familiäres Ambiente: Hier fühlt man sich zu Hause.

DIE OSTERIA – Bracca, am Beginn des Serina-Tals gelegen, ist für seine Mineralwasserquellen bekannt. Die Osteria in schöner Lage mit toller Aussicht zeichnet sich durch familiäres Ambiente und profundes Wissen über die kulinarische Tradition der Dentellas aus, die diesen Beruf seit Generationen weitergeben. Im weitläufigen Speisesaal mit Bartresen und Käsevitrine sind auch die Weine ausgestellt. Ab und zu hört man das Geräusch einer roten Berkel-Maschine, mit der verlockende Wurstspezialitäten aufgeschnitten werden. In der schönen Jahreszeit steht auch ein angenehmer Sitzbereich im Freien zur Verfügung.

DIE KÜCHE – Auf den Antipasto, der sich aus heimischen Wurstspezialitäten, Verdure sott'olio und Stuzzichino dello chef (10 €) zusammensetzt, folgen ein ausgefallener **Risotto con aghi di pino, pinoli e formai de mut** (9 €), **Casoncelli al burro di malga** und Crespelle di grano saraceno con coste e fondente di parmigiano (9 €). Bei den Dentellas können Sie das ganze Jahr über **Polenta** genießen, und zwar in der traditionellen Version nach Art von Bergamo, Polenta taragna (4 €), con salsa tartufata (6 €) oder als Begleitung zu den ausgezeichneten Secondi wie **Coniglio al forno con olive taggiasche e timo** (9 €), **Stracotto di asino al Valcalepio** und Lombatina in arrosto con salsa di nocciole. Ein Muss ist das Sortiment an Kuh- und Ziegenkäse – darunter auch Slow-Food-Presidi –, das mit Konfitüren serviert wird (10 €). Unter den hausgemachten Desserts ragt Torta alle noci (10 €) heraus. Die gepflegte Weinkarte nennt Tropfen aus den Weinbaugebieten Valcalepio und Franciacorta neben Etiketten aus der Lombardei und dem übrigen Italien.

La Grotta

Traditionelle Osteria
Vicolo del Prezzemolo, 10
Tel. (+39) 030 / 440 68
Ruhetag: Mittwoch
Ferien: August
80 Plätze + 40 Plätze im Freien
Preise: 38–40 € €↑
Kreditkarten: AE, CS, MC, Visa; BM
Mittags und abends geöffnet

DIE OSTERIA – Nicht weit vom Weltkulturerbe Santa Giulia öffnen sich in der Kurve des Vicolo del Prezzemolo die Pforten dieser Osteria mit schlichter, familiärer Atmosphäre. Es erwarten Sie zwei Gasträume mit Tischen in gutem Abstand; gelbe Tischtücher und Wandfresken mit bukolischen Themen beleben das Ambiente. In der schönen Jahreszeit kann man im kleinen Innenhof oder im ruhigen Gässchen speisen. Der Empfang ist höflich, der Service flink.

DIE KÜCHE – Das Menü beginnt mit gemischtem Aufschnitt – Coppa, Lardo und Salami aus Brescia sowie Speck (8 €) – oder mit edlem, mit dem Messer geschnittenem Parma-, San-Daniele- und Pragaschinken. Als Primi (8 €) bieten sich **Casoncelli** di carne oder **al bagoss**, schmackhafte Pappardelle al salmì di lepre, **Trippa in brodo** alla bresciana, Tagliolini al ragù oder con pomodoro e basilico und saisonal wechselnde Zuppa del giorno (Tagessuppe) an. An Secondi nennt die Karte Tagliata di manzo und di cavallo alla griglia, **Manzo all'olio con polenta** (14 €), Costolette d'agnello, Nodini di vitello, Costate di manzo ai ferri, Capretto al forno (17 €), freitags Baccalà in umido und sonntags **Bollito misto**. Die Beilagen werden auf einem Büfett dargeboten. Wer kein Fleisch möchte, greift zu Käse vom Brett wie Fatulì aus dem Val Saviore, Bagoss (8 €), Formaggella aus dem Val Trompia und Gorgonzola. Die Mahlzeit endet mit Süßspeisen (4 €). Im Keller lagern Weine aus den Hügeln um Brescia und zahlreiche Etiketten aus dem übrigen Italien (die glasweise erhältlichen Weine sind auf einer Tafel angeschrieben).

In unmittelbarer Nähe der Osteria bietet die Gelateria La Pecora Nera (Via Cavour) Qualitätseis in traditionellen und innovativen Sorten.

Osteria al Bianchi

Traditionelle Osteria
Via Gasparo da Salò, 32
Tel. (+39) 030 / 29 23 28
Ruhetag: Dienstag, Mittwoch
Ferien: 2 Wochen im Juli
60 Plätze + 25 Plätze im Freien
Preise: 33 €
Kreditkarten: CS, DC, MC, Visa; BM
Mittags und abends geöffnet

DIE OSTERIA – Wenige Schritte von der Piazza della Loggia entfernt befindet sich eine im wahrsten Sinn des Wortes traditionelle Osteria mit einem langen Tresen am Eingang mit verschiedenen Likörflaschen und einer schönen Wurstauswahl, wo sich die Gäste für eine Plauderei einfinden und dabei ein Glas Wein und einen Imbiss genießen. Danach geht es in zwei Räume weiter, wo es häufig vorkommt, dass Sie den Tisch mit weißer Mitteldecke, die über das klassische karierte Tischtuch gebreitet ist, mit anderen Gästen, zum Großteil Stammkundschaft, teilen. Das Ambiente ist leger und eignet sich nicht besonders für intime Abendessen, aber dank des sympathischen Personals und der hohen Qualität der Gerichte ermöglicht das Bianchi doch, angenehme Stunden bei gutem Essen zu verbringen.

DIE KÜCHE – Die Karte ist eher knapp gehalten. Man kann mit einem Antipasto misto (6 €) beginnen, der sich aus Wurstspezialitäten (Rohschinken, Salami, Pancetta) mit Giardiniera zusammensetzt. Als Primi (9 €) gibt es sehr gute **Cansoncelli al burro versato** und schmackhafte Pappardelle ai carciofi; als Alternative kann man exzellente Malfatti al burro fuso oder im Sommer frische Pappa al pomodoro wählen. Die Secondi (16 €) sind Fleischgerichte: Neben hervorragendem **Stracotto di asino** erwarten Sie Battuta di fassona con capperi e limone, Filetto di maialino con pancetta e salvia und Tagliata al rosmarino. Die Beilagen (3 €) werden getrennt bestellt. Von den Nachspeisen (3,50 €) empfehlen wir eine Kostprobe von Semifreddo al torrone und **Mousse allo zabaione**, aber es stehen auch Crostate, Sorbetti und veganes Eis aus Zitrusfrüchten vom Gardasee zur Auswahl. Die ordentliche Weinkarte nennt diverse lokale Tropfen zu interessanten Preisen.

16 KM NORDWESTLICH VON BRESCIA, S.P. 10

La Madia

Trattoria
Via Aquilini, 5
Tel. (+39) 030 / 894 09 37
Ruhetag: Montag, Dienstag
Ferien: 10 Tage im August, 2 Wochen im Februar
70 Plätze + 30 Plätze im Freien
Preise: 35–37 €
Kreditkarten: AE, CS, DC, MC, Visa; BM
Abends geöffnet, an Feiertagen auch mittags

La Madia ist im Gebiet von Brescia die Umsetzung des Osteria-Modells, das Slow Food gefällt, und schlichtweg ein Vorbild.

DIE OSTERIA – Beim Betreten dieser wundervollen Osteria mit Blick auf das Weinbaugebiet der Franciacorta sticht sofort die Liebe zum Detail ins Auge: Jedes einzelne Element ist wohlbegründet, angefangen vom nativen Olivenöl extra auf dem Tisch bis zum Kaffee zum Abschluss. Das Menü wird abhängig von den Zutaten zusammengestellt, deren Lieferanten mit Vor- und Nachname, Adresse und Telefonnummer angegeben sind – ein explizit dargelegtes Küchenkonzept von Koch Michele Valotti, das die Verwendung vorwiegend lokaler Produkte erster Wahl vorsieht. Er stützt sich auf Tradition und Fantasie und kreiert so stets gute und ausgewogene Speisen. Der Service verdient ebenso wie die Küche eine Erwähnung: Silvia Peroni und ihr Team bedienen die Gäste auf achtsame, ungezwungene, aber überaus freundliche Weise: Bei so viel Liebenswürdigkeit fühlt man sich wie zu Hause.

DIE KÜCHE – Eine Kostprobe wert sind die verlockenden Antipasti misti (12 €), **Casoncelli di verdure al burro e vaniglia** (11 €) und Tagliatelle con puntarelle al profumo di coregone essiccato (13 €). Von den Secondi nennen wir **Manzo all'olio** (14 €) und herrlich duftenden Cervo alla brace con salsa di frutti di bosco (16 €). Die Desserts sind von Süßspeisen aus einer Konditorei so weit entfernt, wie es nur sein kann: Freuen Sie sich auf ***Putana*** (3,5 €), Semifreddo al caprino (5 €) und spektakuläres Sorbetto (6 €), das direkt im Speisesaal zubereitet wird. Die Gerichte wechseln häufig und gehen mit den Jahreszeiten. Großartige Käseselektionen und eine exzellente Weinkarte vervollständigen das Angebot. Es gibt drei Degustationsmenüs von 29 bis 34 €.

8 KM ÖSTLICH VON VARESE

L'Osteria di Nerito Valter

Traditionelle Osteria
Via Roma, 4
Tel. (+39) 03 32 / 41 78 02
Ruhetag: Mittwoch
Ferien: 3 Wochen im August, 25. Dezember–10. Januar
60 Plätze
Preise: 25–32 €
Kreditkarten: CS, DC, MC, Visa; BM
Mittags und abends geöffnet

DIE OSTERIA – Laut, bunt, authentisch. Das Lokal, das Valter Nerito mit Unterstützung seiner in der Küche tätigen Frau Rosangela führt, ist eine echte Osteria aus alten Zeiten mit zwei stimmungsvollen Räumen mit alten Möbeln und hübschen Bildern an den Wänden; schade, dass die Tische etwas zu nahe beieinander stehen. Die beste Zeit für eine Einkehr ist im April und Mai, wenn der berühmte weiße Spargel aus Cantello auf den Tisch kommt; in diesen beiden Monaten ist es unerlässlich, lange im Voraus zu reservieren. Die Küche ist ehrlich, saisonal und von der Hausmannskost geprägt; die verwendeten Zutaten kommen oft aus dem Umland.

DIE KÜCHE – In der entsprechenden Zeit kann das Abendessen mit delikatem Sformatino di asparagi oder mit **Asparagina in carpione agrodolce** (7 €) beginnen. Weiter geht es mit Risotti, **Crespelle** und Ravioli, stets mit Spargel zubereitet; bei den Secondi wird er dagegen mit Ei, Butter und geriebenem Käse angerichtet (15 €) oder kommt gemeinsam mit Fleisch in Form von **Rotolo di faraona ripieno di asparagi** (14 €) auf den Tisch. Der September ist die Zeit für Pilze, während im Winter mit dem Stein gemahlene Polenta aus einer nahen Mühle die Hauptrolle spielt und mit Käse, Wildschwein, Ossobuco oder Schmorbraten serviert wird. Weitere Speisen, die einen Versuch lohnen, sind **Terrina di fegatelli** als Vorspeise und Tagliatelle cacio, pepe e fave (8 €). Die Weinkarte zeichnet sich durch korrekte Preise aus, ist aber nicht groß und könnte die lombardische Weinproduktion besser repräsentieren.

Der zertifizierte Bio-Landwirtschaftsbetrieb von Federica Baj, etwas außerhalb des Dorfes (Via Pianezzo 34), erzeugt und verkauft Spargel und Gemüse.

17 KM ÖSTLICH VON CREMONA

Locanda degli Artisti

Trattoria
Via XXV Aprile, 13
Tel. (+39) 03 72 / 83 55 76,
(+39) 335 / 604 07 38
Ruhetag: Sonntagabend, Montag
Keine Ferien
65 Plätze + 12 Plätze im Freien
Preise: 38–40 € €↑
Kreditkarten: AE, CS, DC, MC, Visa; BM
Mittags und abends geöffnet

DIE OSTERIA – Die Familie Carboni ist seit 100 Jahren in der Gastronomie tätig und legt authentische Passion an den Tag. Die 2003 eröffnete schöne Locanda steht unter der Leitung von Sergio, unterstützt von Sohn Michele und Enkel Daniele. Ihren Rahmen bietet ein altes, auf zwei Ebenen angelegtes Haus mit einem Speisesaal mit einsehbarem Keller und einer Einrichtung, die Wärme und Gastfreundlichkeit ausstrahlt. Gebiets- und Saisontreue zu erwähnen, ist beinahe überflüssig, denn nichts bleibt hier dem Zufall überlassen. Eine Einkehr bei Sergio, der sich als achtsamer, ausgeglichener Koch erweist, lohnt die Fahrt nach Cappella de' Picenardi. Sie werden sich wohlfühlen.

DIE KÜCHE – Brot, Pasta, Mostarde und Süßspeisen sind selbst gemacht, ebenso wie Wurstspezialitäten, die als Vorspeisen neben Rotolini di anguilla in carpione dolce con purea di menta e polenta bianca (12 €) und Foie gras con pan de mie, confettura di cipolle e zucca caramellata serviert werden. Unter den Primi sind Gnocchi di ricotta di capra al blu di capra e nocciole tostate (9 €), **Marubini ai profumi dell'orto** und Tortelli di branzino all'aroma di timo limone. Meisterhafte Zubereitung zeichnet auch die Secondi aus: **Cosciotto d'oca cotto nel suo grasso** (15 €), Sella di coniglio ripiena con patate e carciofi und Cocotte di lumache alla cremonese in crosta. Käseliebhaber können zwischen einer kleinen, mittleren und großen Selektion wählen; das täglich verfügbare Angebot umfasst 25 Sorten aus Kuh- und Ziegenmilch. Als Dolci (5 €) bieten sich Torta di cioccolato senza farina, **Sbrisolona** con biscotti della tradizione und Torta margherita con mascarpone an.

CAPRIANO DEL COLLE (BS)
Fenili Belasi

15 KM SÜDLICH VON BRESCIA

Antica Trattoria La Pergolina

Trattoria-Osteria • Via Trento, 86
Tel. (+39) 030 / 974 80 02
Ruhetag: Montag- und Sonntagabend
Ferien: 1 Woche im Januar, 3 Wochen im August
70 Plätze
Preise: 35–37 €
Kreditkarten: AE, CS, DC, MC, Visa; BM
Mittags und abends geöffnet

DIE OSTERIA – Das alte Haus, das den Rahmen des Lokals bildet, ist schön renoviert und präsentiert sich mit einigen Räumen mit großen, schön gedeckten Tischen in gutem Abstand. Begrüßt werden die Gäste von Maria Chiara und Francesca Olmi, beide sympathisch und herzlich, wobei die Mutter am Herd steht und die Tochter für den Service zuständig ist; beide sind stolz auf die Geschichte des Lokals, das in diesem Jahr sein 140-jähriges Bestehen feiert.

DIE KÜCHE – Neben typisch bodenständigen Gerichten von der gut aufgebauten Karte, darunter auch Fisch und Vegetarisches, gibt es einige themenbezogene Menüs, aus denen das traditionelle Menü mit Casoncelli (25 €) und jenes mit **Spiedo bresciano** (30 €) herausragen. Als Antipasti erwarten Sie ausgesprochen guter Timballo di zucchine su salsa allo zafferano con scaglie di bagoss (12 €) neben Wurstspezialitäten von einem hier ansässigen Schweinemetzger, die mit saisonal variierenden Gemüsekuchen kombiniert werden (14 €). Die Teigwaren sind hausgemacht. Wir haben **Casoncelli alle erbe spontanee** (10 €) und **Tortelli al bagoss** (13 €) probiert, die sich durch ausgezeichneten Eierteig auszeichnen, dünner für die Ersten, stärker für die Zweiten. Darauf folgen gut zubereitete und ohne übertriebene Schnörkel präsentierte Speisen, etwa überaus zartes und schmackhaftes Maialino al bagoss (15 €) und **Baccalà alla bresciana** (12 €). Zahlreich sind die ausnahmslos hausgemachten Nachspeisen wie Tortino di mele con crema inglese und Semifreddo alla menta oder agli amaretti con salsa al gianduia. Auf der Weinkarte findet sich eine umfangreiche Selektion der besten lokalen Tropfen mit einem guten Preis-Leistungs-Verhältnis.

CARATE BRIANZA (MB)

25 KM NORDÖSTL. V. MONZA, 13,5 KM V. MAILAND

La Piana

Restaurant
Via Zappelli, 15
Tel. (+39) 03 62 / 90 92 66
Ruhetag: Sonntagabend, Montag
Ferien: 16.–30. August
30 Plätze + 30 Plätze im Freien
Preise: 38–40 € €↑
Kreditkarten: CS, MC, Visa; BM
Mittags und abends geöffnet

DIE OSTERIA – In einer Seitenstraße des Zentrums betritt man unter dem Laubengang eines alten Landhauses das Lokal durch einen kleinen Hof, der heute als moderner Sitzbereich dient. Die beiden einfachen und gepflegten Gasträume mit unverputzten Steinmauern sind mit üppig gedeihenden Pflanzen und Blumen geschmückt und wirken sehr gemütlich. Gilberto Farina zeigt Geschick beim Auftreiben von exzellenten Zutaten, die in der Küche nach traditionellen Rezepten verarbeitet werden.

DIE KÜCHE – **Panna cotta al quartirolo lombardo** con asparagi rosa di Mezzago e tartare di verdure, Bresaola artigianale della Valtellina con scaglie di bitto e gocce di olio extravergine di oliva (10 €), drei Polantaversionen – aus unterschiedlichen Mehlsorten – con gorgonzola naturale (8 €) sind einige der Möglichkeiten im Programm der Antipasti. Reis gibt es in verschiedenen Zubereitungsarten: **Risotto mantecato con *borroeûla*** e trito di rosmarino di Montevecchia, Millefoglie con ragù di pasta di salame (16 €) und klassischer Riso alla milanese al salto. Daneben sind auch Gerichte aus frischer Pasta und Suppen aus Saisongemüse erhältlich. Unter den Fleischgerichten finden sich **Stracotto di asino al Barbera**, Hamburger di agnellone brianzolo (13 €), Luganega di Monza grigliata (10 €) und Lumache alla bourguignonne. Gute Zubereitung kennzeichnet den Fisch aus dem nahen Comer See, wie etwa **Lavarello alle erbe aromatiche** und ***Missultitt*** grigliati con polenta integrale. Unverzichtbar ist das Käsesortiment, das diverse Sorten aus Slow-Food-Presidi enthält, wie Bitto storico, Agrì aus Valtorta und Stracchino all'antica aus den Tälern der Bergamasker Alpen. Die Dolci schmecken gut, vor allem jene aus Schokolade; die Weinkarte ist umwerfend.

14 KM NÖRDLICH VON CREMONA, S.P. 86

Il Poeta Contadino

Restaurant
Via per Bordolano
Tel. (+39) 03 74 / 36 13 35
Ruhetag: Sonntagabend, Montag
Ferien: letzten 2 Juliwochen
50 Plätze + 20 Plätze im Freien
Preise: 30 €
Kreditkarten: CS, DC, MC, Visa; BM
Mittags und abends geöffnet

DIE OSTERIA – Die Analogie zwischen dem Bauern und dem Dichter laut den Versen von Tagore, die das Menü einleiten, repräsentiert die Philosophie dieses Lokals, nämlich die enge Verbindung des Bodens und der Bauern mit der Tafel und der gastronomischen Tradition mit der Fantasie des Dichters und des Kochs. Von dieser Idee seit Beginn ihres Abenteuers im Jahr 2001 beseelt, setzen die vier Hauptdarsteller, Küchenchef Marco, Sommelier Medardo, Claudia und Daniela, in der Küche und im Service, ihren Weg auf dieser Straße fort.

DIE KÜCHE – Den Auftakt machen **Filetto di luccio e trancio di anguilla in carpione leggero** con cipolle e peperoni rossi in agrodolce (12 €), Misto di affettati con verdure in agrodolce, Tonno di coniglio con insalatina und Fegato grasso d'oca con composta di mele, pere e zenzero con pane all'uva passa (17 €). Das Angebot der Primi enthält ausgezeichneten Orzotto mantecato con salsiccia e funghi porcini (8,50 €), **Tagliatelle con ragù di anatra**, Risotto al gorgonzola con gocce di miele al caffè und Ravioli di grano saraceno, ripieni di patate, erbette e bitto, al burro e salvia. Vorzüglich schmecken **Guancialino di manzo brasato con polenta** (9,50 €) und Faraona arrosto al succo di melagrana, aber auch Lumache trifolate al burro aromatico con spinaci saltati in padella und Carré di maialino arrosto con patate al forno (8,50 €) sind einen Versuch wert. Außerdem gibt es Käse mit hausgemachten Mostarde und Konfitüren (8 €). Unter den Desserts finden Sie klassische Sbrisolona con zabaione (4,5 €). Gute Weinkarte mit ehrlichen Preisen.

Der Landwirtschaftsbetrieb mit geschlossenem Kreislauf von Carlo Eugenio Fiorani in **Castelverde** (8 km), Via Licengo 1, verkauft Brot, Wurst, Gemüse, Bier und Eingemachtes.

17 KM NORDÖSTLICH VON MANTUA, S.P.10

Stazione

Restaurant
Viale Rimembranze, 56
Tel. (+39) 03 76 / 66 02 17
Ruhetag: Montagabend, Dienstag
Ferien: ersten 2 Januarwochen, Juli
250 Plätze
Preise: 35 €
Kreditkarten: CS, MC, Visa; BM
Mittags und abends geöffnet

DIE OSTERIA – Wenn man durch das wunderschöne ländliche Gebiet um Mantua mit seinen Reis- und Maisfeldern und Wäldern fährt, gelangt man nach Castel d'Ario. Seit drei Generationen erfreut das La Stazione seine Gäste mit Speisen aus der volkstümlichen Küche. Dank der Leidenschaft und Kompetenz der jüngsten, durch Marcello Travenzoli vertretenen Generation kommen Reis, Mehl, Gemüse sowie Rind- und Schweinefleisch direkt aus dem familieneigenen Landwirtschaftsbetrieb, in dem handwerklich und umweltbewusst gearbeitet wird. Im großen Speisesaal werden die Gäste sogleich mit einer Präsentation der Früchte aus dem Betrieb empfangen, die stolz auf dem Tisch am Eingang präsentiert werden.

DIE KÜCHE – Im Frühling kann man mit Insalata di asparagi, begleitet von Culaccia und Frittata (10 €), oder einer Wurstselektion, kombiniert mit Polenta aus Maranino-Mais (10 €), beginnen. Als Primi bieten sich **Riso alla pilota** con *puntel* misto (15 €) und vorzügliche hausgemachte Teigwaren wie **Tortelli di zucca** (10 €) oder **Bigoli** di semola senatore Cappelli **con ragù di toro** an. Anschließend geht es mit Tagliata di manzo con salsa di capperi e pomodorini, Petto d'anatra arrosto (15 €) und gegrilltem Fleisch weiter. Die von Signora Cristina zubereiteten Desserts werden auf dem Wagen einladend präsentiert. Die sehr ausführliche Weinkarte verrät eine Vorliebe für naturbelassene Weine von kleinen Winzern; es gibt auch ein Bier aus eigener Erzeugung. Probieren Sie den Likör namens Elisir, über dessen Geschichte Ihnen Marcello berichten wird.

Der Landwirtschaftsbetrieb Raffetta in **Bazza di Bigarello** (3 km), Via Rampina 1 A, ist auf die Erzeugung von Vialone-Nano-Reis sowie Mehl und Pasta aus alten Getreidesorten spezialisiert.

CASTIGLIONE DELLE STIVIERE (MN)
Fontane

36 KM NW. V. MANTUA, 29 KM V. BRESCIA, S.S. 236

Hostaria Viola

Restaurant
Via Verdi, 32
Tel. (+39) 03 76 / 67 00 00
Ruhetag: Sonntagabend, Montag
Ferien: ersten Januartage
60 Plätze
Preise: 35 €
Kreditkarten: AE, CS, MC, Visa; BM
Mittags und abends geöffnet

Augenmerk auf die Zutaten, hervorragende Interpretation der Küche Mantuas und Achtsamkeit gegenüber den Gästen machen eine Einkehr in diesem Lokal unverzichtbar.

DIE OSTERIA – Die hundertjährige Geschichte dieser Osteria ist mittlerweile bei der vierten Generation angekommen. Alessandra Viola und ihr Mann Paolo Socini führen mit Begeisterung und Kompetenz dieses Restaurant in Castiglione, das in einem alten Gebäude beheimatet ist und mit warmer, gemütlicher Atmosphäre, Gewölbedecke und schön verputzten Wänden aufwartet. Die Einrichtung ist einfach und doch erlesen, die Tische stehen in gutem Abstand voneinander. Alessandra interpretiert Mantuas Küche mit einigen gemäßigten Überarbeitungen hervorragend und verarbeitet dafür Zutaten von bewährten lokalen Erzeugern; Paolo kümmert sich nicht nur um den Service, sondern auch um die Weinkarte, die er dank seiner konstanten Suche immer aktualisiert.

DIE KÜCHE – Ganz im Sinne der Tradition beginnen wir mit Antipasti, aus denen ***Sorbir d'agnoli***, **Luccio in salsa** alla mantovana con battuto di acciughe e capperi su patate schiacciate, ein Mix aus handwerklich erzeugten Wurstspezialitäten (alle für 9 €) und Tartara di razza bovina piemontese (Slow-Food-Presidio, 11 €) herausragen. Unter den Primi finden sich Tortelli amari con ripieno di erbette ed erba di san Pietro oder di zucca (11 €) und **Riso alla pilota** und ***Capunsei*** (10 €). Als Secondo kommt Luccio (Hecht) erneut auf den Tisch, dieses Mal mit Polenta serviert; daneben warten Stinchetto di maiale al forno und **Insalata di faraona alla Stefani** (12 €). Für einen guten Abschluss sorgen eine schöne Käseauswahl, auch einige Sorten aus Slow-Food-Presidi, serviert mit Senfsaucen und Konfitüren, und Süßes wie Ciambella mantovana, Torta di mele e cannella (6 €) sowie **Sbrisolona** (4 €).

COLLIO (BS)

41 KM NÖRDLICH VON BRESCIA, S.P. 345

Tamì

Trattoria
Piazza Zanardelli, 9
Tel. (+39) 030 / 92 71 12,
(+39) 335 / 684 63 58
Ruhetag: Dienstag, Mittwoch (außer im August)
Ferien: unterschiedlich
35 Plätze + 20 Plätze im Freien
Preise: 38–40 € €↑
Kreditkarten: Visa; BM
Mittags und abends geöffnet

DIE OSTERIA – Nicht weit vom Monte Maniva setzt die Familie Lazzari – der junge Koch Mauro mit Ehefrau Enrica und seinem Bruder Michele – in diesem kleinen Ort im oberen Val Trompia die hundertjährige Bewirtungstradition fort. Das alte Gebäude hat drei kleine, komfortable Räume mit Kamin und unverputzten Steinmauern, die auf mehreren Ebenen angeordnet sind. Im Sommer kann man auf einer schönen Terrasse speisen. Die Küche ist einfach, aber schmackhaft, der Service leger. Fazit: Man hat das Gefühl, sich in familiärer Umgebung zu befinden.

DIE KÜCHE – Man kann mit hiesigen Wurstspezialitäten und Tortino di cotechino oder mit **Cervella e *capuli*** (Kalbshirn in geklärter Butter gebraten mit Artischockenherz in Backteig und Radichio, 12 €). Weiter geht es mit Pappardelle di castagne con salmì di cervo, **Risotto con ripasso e zucca** oder con porcini e formaggella (12 €) und **Tortelli con *puina*** (Ricotta) **ed erbette** (10 €). Neben den Trote (Forellen) aus den kleinen Seen von Ravenola sieht das Menü als Secondi **Faraona ripiena**, **Guancine brasate** (16 €) und Tagliata della casa servita con scaloppa di fegato grasso (20 €) vor. Das Finale bilden Käse aus dem Gebiet und gute hausgemachte Süßspeisen (6 €) wie Crème brulée alla liquirizia, Meringa und Elogio al cioccolato, eine himmlische Köstlichkeit. Die umfangreiche, gut gegliederte Weinkarte bietet Tropfen aus ganz Italien.

18 KM NORDÖSTLICH VON CREMONA, S.S. 45 BIS

Il Gabbiano

Trattoria
Piazza Vittorio Veneto, 10
Tel. (+39) 03 72 / 951 08,
(+39) 347 / 874 51 00
Ruhetag: Mittwochabend, Donnerstag
Ferien: 10 Tage im Januar
60 Plätze + 30 Plätze im Freien
Preise: 38–40 € €↑
Kreditkarten: CS, MC, Visa; BM
Mittags und abends geöffnet

Toller Empfang und hervorragendes, mit Hingabe zubereitetes Essen machen Lust auf eine erneute Einkehr.

DIE OSTERIA – Sobald man an die Piazza des auch „Dorf der Dichter" genannten Ortes gelangt, erblickt man an der Ecke diese schöne Trattoria mit Sitzbereich im Freien. Seit mehr als 30 Jahren leitet die Familie Fontana den Betrieb mit großem Einsatz. Im Eingangsbereich erstrecken sich ein großer Bartresen und eine Reihe von Regalen mit einer Vielzahl von Weinen aus italienischen Kellereien, Bioweinen und Tropfen von kleinen Winzern aus der Umgebung sowie diversen Bränden; daneben werden auch Produkte aus Slow-Food-Presidi und eine Selektion hochwertiger Nahrungsmittel dargeboten, darunter native Olivenöle extra. Danach geht es weiter in zwei einfache, geschmackvoll eingerichtete Gasträume. Das Menü enthält Traditionsgerichte aus hiesigen Zutaten. Neben den beschriebenen Speisen, die auf die saisonale Verfügbarkeit der Zutaten abgestimmt sind, steht ein Vorschlag zur passenden Weinbegleitung.

DIE KÜCHE – Unter den Antipasti finden sich hiesige Wurstspezialitäten mit hausgemachter Giardiniera und ***Gösafér*** alla cremonese con polenta e pinzimonio (12 €), ein altes Gericht mit getrockneten Finten aus dem Iseosee. An Primi bieten sich Tortelli di patate con crema di salva e zenzero und **Marubini in brodo antica Cremona** (10 €) oder con salsa di noci e grana padano an. Darauf folgt ein historisches Gericht des Hauses, nämlich **Faraona** di nonna Giusi **con mostarda casalinga** (12 €). Außerdem gibt es Tagliata di petto d'oca marinato al pepe verde, gefolgt von Ziegen- und Kuhmilchkäse mit hausgemachten Mostarde aus biologischem Obst. Unter den Desserts sind **Spuma di torrone** di Cremona (6 €) und andere Leckereien. Die Weinkarte ist umfangreich und gut aufgebaut.

Al Carrobbio

Restaurant
Via Castelverde, 54
Tel. (+39) 03 72 / 56 09 63
Ruhetag: Mittwochabend, Donnerstag
Ferien: ersten 2 Januarwochen
90 Plätze + 40 Plätze im Freien
Preise: 35 €
Kreditkarten: AE, CS, DC, MC, Visa; BM
Abends geöffnet, mittags nur Tagesmenü

DIE OSTERIA – Ein paar Kilometer nördlich von Cremona führt eine schmale Asphaltstraße entlang der Bewässerungskanäle der Poebene mit ihren ordentlichen, gepflegten Feldern zu diesem typischen Bauernhaus, das in den Neunzigerjahren renoviert und zunächst in ein Restaurant, dann auch in eine Locanda umgestaltet wurde. Der familiäre Empfang und die minimalistische, schlichte Einrichtung erzeugen eine entspannende Atmosphäre, die Wohlgefühl beim Gast aufkommen lässt. Das Menü ist von den saisonalen Schätzen des hauseigenen Gemüsegartens und von den in der Umgebung beschafften Qualitätszutaten geprägt. Interessant ist das glasweise Angebot eines passenden Weins zu jedem Gericht.

DIE KÜCHE – Das gastronomische Programm kann mit einem Wurst-Mix aus dem Gebiet oder mit **Cestini arrostiti di polenta di mais ripieni** di gorgonzola dolce, guazzetto di verdure e salame cremonese (9,50 €) beginnen, beide mit warmer ländlicher Focaccia (5 €) kombiniert. Darauf folgen Teigwaren, alle hausgemacht: **Tortelli di spinaci** con dadolata di pomodori e ricotta di pecora stagionata oder Gnocchi di patate con cipolle rosse dell'orto e zafferano (10 €). Unter den Secondi finden sich **Hamburger di stronghino** cotto sulla griglia con patate al forno e verdure di stagione (15 €), Costolette di agnello und Tagliate. Gut sind der Käse und die hausgemachten Süßspeisen (4,80 €). Es sind auch vegane und vegetarische Menüs erhältlich. Neben Bieren aus Kleinbrauereien lagern im Keller gute Weine zu sehr ehrlichen Preisen.

Im Bio Caffè Tartatelle, Via Gonfalonieri 7, kann man Kaffee, Tee, Bier, Wein und Honig aus biologischer Landwirtschaft probieren und kaufen.

Hosteria 700

Restaurant
Piazza Gallina, 1
Tel. (+39) 03 72 / 361 75
Ruhetag: Montagabend, Dienstag
Keine Ferien
90 Plätze
Preise: 40–45 € €↑
Kreditkarten: AE, CS, MC, Visa; BM
Mittags und abends geöffnet

DIE OSTERIA – Man muss die Schwelle des Restaurants überschreiten, um beim Blick auf das kleine, der Küche zugewandte Fenster zu bemerken, dass man sich in einem Adelspalast befindet, der vor mehr als zwei Jahrhunderten errichtet wurde: Kassettendecke, Gemälde und ein Kamin mit einem großen Spiegel darüber. In einer solchen Umgebung können die Tische nur mit diskreter Eleganz gedeckt sein. Die Eigentümerin Marina Morelli kümmert sich um die Küche, aus der ein Menü kommt, das traditionelle Gerichte mit etwas kreativeren Speisen verbindet.

DIE KÜCHE – Den Anfang machen Tatin di cipolle caramellate e gelato di grana (12 €) oder Sinfonia della terra cremonese (Wurst mit Giardiniera und Mostarda aus eigener Erzeugung). Danach kann man neben **Marubini ai tre brodi** oder con burro e salvia unter vielen **Risotto**-Versionen wählen. In Erinnerung an den bekannten Schauspieler aus Cremona, Ugo Tognazzi, sollten Sie in der Saison Risotto **all'Amarone e radicchio** rosso (12 €) probieren. Ausgefallen sind Crespelle di torrone con fonduta di provolone (11 €) – sehr verführerisch für Gäste, die ungewöhnliche Kombinationen lieben. Als Secondo bieten sich Tartare oder Tagliata di manzo, **Agnello al forno** und hervorragende Quaglia disossata al pistacchio di Bronte (16 €) an. Lassen Sie sich die Desserts wie Semifreddo di liquirizia in salsa di menta oder Bavarese della casa all'arancia nicht entgehen. Aufmerksamer Service und schöne Weinkarte, auf der die Weinbaugebiete der Region gut vertreten sind.

Die Enoteca Cremona (Via Platina 18) bietet eine gepflegte Auswahl regionaler und italienischer Etiketten mit gutem Preis-Leistungs-Verhältnis und Produkte kleiner lokaler Kellereien.

43 KM NÖRDLICH VON VARESE

Barchet

Trattoria • Via Leonardo da Vinci, 1
Tel. (+39) 348 / 883 94 18
Ruhetag: Montag–Freitag, außer gegen Vorbestellung sowie im Juli und August
Ferien: Mitte Dezember–Mitte Februar
40 Plätze
Preise: 30 €
Keine Kreditkarten
Mittags geöffnet, abends gegen Vorbestellung

DIE OSTERIA – Es ist ein aufregendes Erlebnis, nach Monteviasco zu fahren, eines der letzten lombardischen Dörfer ohne Fahrstraße. Um die spektakuläre Aussicht vom Ort aus zu genießen, müssen Sie eine Stunde Fußweg über 1.400 Steinstufen auf einem steilen, wunderschönen Saumpfad durch Kastanienwälder bewältigen. Die Alternative wäre eine Seilbahn, die stündlich verkehrt. Wie auch immer Sie in den Ort gelangen, es erwartet Sie eine rustikale und unverfälschte Trattoria, die seit mehr als 80 Jahren und drei Generationen besteht. Sie werden mit herzlicher Freundlichkeit begrüßt und in einen der beiden kleinen Gasträume des Lokals geleitet, die mit wenigen Tischen und einem Bartresen sehr einfach eingerichtet sind (Reservierung empfehlenswert).

DIE KÜCHE – Die Küche spiegelt die reine Gebirgsatmosphäre wider. Den Auftakt machen hervorragender Käse mit hausgemachten Mostarde aus Obst (9 €) oder Wurst, begleitet von mariniertem oder süßsauer eingelegtem Gemüse (9 €). Alle Zutaten werden bei handwerklich arbeitendenErzeugern aus dem Ort oder im Umland beschafft. Von den Primi (9 €) nennen wir **Pizzoccheri** und Lasagne **al ragù di cinghiale**. Danach gibt es köstliche **Polenta** aus drei verschiedenen Mehlsorten mit Wildschwein (9 €), in der Saison mit Steinpilzen (10 €) oder gute **Costoletta di cervo alle erbe** (13 €). Eine Empfehlung? Probieren Sie von den Dolci, die ebenso wie das Brot hausgemacht sind, Gelato al latte di capra con miele dei monti (4 €). Begleiter zum Essen ist der offene Hauswein; als Alternative stehen ein paar Flaschenweine bereit. Es gibt drei Degustationsmenüs für 25, 28 und 30 €.

Der landwirtschaftliche Betrieb von Albino Gatta (Lebensmittelbündnis der Hersteller von Curiglia, Monteviasco und Piero) in der Via Cesare Battisti 11 bietet exzellenten Ziegenkäse.

7 KM WESTLICH VON MANTUA

Locanda delle Grazie

Restaurant
Piazzale Santuario
Tel. (+39) 03 76 / 34 80 38
Ruhetag: Dienstag, Mittwoch
Ferien: je 1 Woche im Januar und Juni, 2 Wochen im August
90 Plätze
Preise: 25–32 €
Kreditkarten: CS, DC, MC, Visa; BM
Mittags und abends geöffnet

Ein Lokal der Erinnerungen: volkstümliche, authentische Küche in gastlichem, unverfälschtem Ambiente.

DIE OSTERIA – In Curtatone am Ufer des Mincio befindet sich an der Piazza del Santuario des zauberhaften Ortsteils Grazie das Lokal, das Fernando und Daniela mit Leidenschaft, Professionalität und der Unterstützung tüchtiger Mitarbeiter führen. Das umfangreiche, das ganze Jahr über unveränderte gastronomische Angebot ist typisch für Mantua und setzt sich aus gekonnt zubereiteten Traditionsgerichten aus lokalen Zutaten zusammen.

DIE KÜCHE – Einen guten Einstieg bietet Antipasto del trionfo di mantovanità (20 € für zwei Personen), der eine Kostprobe von Wurstspezialitäten aus Mantua mit Giardiniera, **Luccio in salsa verde** con polenta (einem typischen lokalen Gericht), Insalatina del Gonzaga con cappone, uvetta e pinoli und Cotechino con le verze e grana padano con mostarda di pera mantovana DOP vorsieht. Einen weiteren Höhepunkt stellen die in großzügigen Portionen servierten Primi dar, weil man „hierher zum Essen kommt“, angefangen von **Tortelli di zucca** (11 €) über speziellen traditionellen **Riso alla pilota** mit magerem Schweinehack bis zu sehr raffinierten Tagliatelle all'anatra sfogliata; es gibt aber auch Agnolini in brodo und andere Teigwaren, die alle hausgemacht sind. Unter den Secondi sind **Stracotto di somarina** (Esel) con polenta (11 €) und ein ausgesprochen sublimer **Stufato di cotiche con fagioli e polenta**. Zum Abschluss gibt es Süßes (4 €): Millefoglie, Sbrisolona (eine bekannte Spezialität aus Mantua), Tortino al cioccolato und Sorbetti. Groß und gepflegt präsentiert sich die Auswahl an Weinen, die auch glasweise angeboten werden. Einige der in der Küche verarbeiten Produkte stehen auch zum Verkauf.

56 KM NÖRDLICH VON COMO

Aquila d'Oro

Trattoria
Via Civano, 1
Tel. (+39) 03 44 / 858 82, (+39) 334 / 383 80 43
Ruhetag: Dienstag, außer im August
Ferien: letzte Septemberwoche
50 Plätze
Preise: 26–33 €
Kreditkarten: AE, CS, DC, MC, Visa; BM
Mittags und abends geöffnet

DIE OSTERIA – Das seit drei Generationen von der Familie Bossio geführte Lokal verströmt die Atmosphäre der Bars in Gebirgsregionen und ist ein gemütlicher Treffpunkt für die Einwohner des winzigen Ortsteils. Der Speisesaal wird in der kalten Jahreszeit vom Feuer eines rustikalen Kamins beheizt. Die nüchterne Einrichtung wird durch Weinflaschen und Bücher aufgelockert, die von der hiesigen Küche und den lokalen Traditionen erzählen. Die Gerichte des jungen Plinio, der auch als Wursterzeuger tätig ist, werden Ihnen detailreich bei Tisch beschrieben.

DIE KÜCHE – Im Menü treten erstklassige Produkte aus dem Gebiet auf den Plan, allen voran Käse, Wurst, hausgemachte Pasta, Fleisch sowie saisonal wechselnde und gekonnt verarbeitete Wildkräuter. Der Antipasto stellt einen regelrechten gastronomischen Parcours durch die lokalen Produkte dar (11 €): Großartig ist **Bresaola affumicata**. Als Primi (9 €) serviert man **Tagliatelle con silene** (Leimkraut – im Dialekt *Ursesei* genannt) profumate con burro chiarificato und Risotto con mele, riduzione di vino rosso mantecato con semuda, formaggella locale e sorbetto alla pera auf. Exzellent sind danach **Bocconcini di cervo brasato** al vino rosso con polenta (13 €). Neben dem seltenen Semuda gibt es häufig fetten Käse von den lokalen Almen, der mit Rhabarberkonfitüre kombiniert wird. Eine Köstlichkeit ist Braschino, eine typische Süßspeise aus Garzeno, mit Birnenbrand serviert (6,50 €). Neben lokalen Weinen stehen auch Etiketten aus dem Piemont und der Toskana bereit; die Preise sind korrekt. Bevor Sie das Lokal verlassen, wird Plinio mit dem Lächeln eines Menschen, der seine Arbeit liebt, darauf bestehen, Ihnen am Bartresen noch Grappe aus lokalen Blumen und den delikaten, selbst gemachten Rosolio zur Verkostung anzubieten.

DUMENZA (VA)
Runo

34 km nördlich von Varese

Smeraldo

Restaurant
Via Fiume, 1–3
Tel. (+39) 03 32 / 51 70 65
Ruhetag: Dienstag
Ferien: unterschiedlich
130 Plätze
Preise: 38–44 € €↑
Kreditkarten: MC, Visa; BM
Mittags und abends geöffnet

DIE OSTERIA – Das von der Familie Pelandella seit 1960 geführte einladende Restaurant liegt im Ortsteil Runo an der Landstraße im grünen Val Dumentina, das sich vom Lago Maggiore bis zu den Bergen des Tessins erstreckt. Vor dem Speisesaal mit einfacher Einrichtung befindet sich eine Bar mit Tresen. Bei gutem Wetter kann man auf einer schönen Veranda speisen. In der Küche gelangen lokale Produkte, Zutaten aus dem hauseigenen Gemüsegarten und Slow-Food-Presidi zur Verarbeitung. In dieser Gegend kam im 16. Jahrhundert Bartolomeo Scappi zur Welt, genannt der „Koch der Päpste". Gegen Vorbestellung ist es möglich, Gerichte zu probieren, die nach Rezepten aus einem Lehrbuch der Kochkunst zubereitet sind.

DIE KÜCHE – Man kann zur Einstimmung von den Antipasti **Filetto di coniglio marinato** alle erbe, Insalatina al balsamico (13 €) und Carpaccio di pere, rucola e caprino probieren. Ausgezeichnete Primi sind danach die gefüllten Teigwaren, besonders **Ravioli di patate** e pancetta su riduzione di vitello e scaglie di grana. Die Spezialität des Hauses ist jedoch Risotto Smeraldo (13 €) mit Möhren, Pilzen und Schinken. Danach folgen Secondi wie **Maialino da latte croccante al miele** con verdure alla senape (17 €), Strudel di filetto di coniglio und Rindfleisch in unterschiedlichen Zubereitungsarten. Probieren Sie auch die Käseselektion mit Ziegenkäse aus dem Lebensmittelbündnis von Curiglia und Monteviasco, serviert mit Konfitüren und Sesamgrissini (13 €). Unter den ausnahmslos hausgemachten Desserts findet sich ein exzellentes **Tiramisu**. Die Weinkarte nennt vornehmlich italienische Tropfen.

Im Ortsteil **Due Cossani** (2 km), Via Libertà 15, erzeugt die Apicoltura Rossi Esskastanien-, Akazien-, Linden- und Blütenhonig sowie Honigderivate.

EDOLO (BS)

100 km nördl. von Brescia, 48 km von Sondrio

Hostaria La Corte di Bacco

Restaurant
Via Privata Mottinelli, 1 D
Tel. (+39) 03 64 / 720 25,
(+39) 338 / 528 25 41
Ruhetag: Sonntagabend, Montag
Ferien: je 1 Woche im Januar/Februar und Juli
45 Plätze + 25 Plätze im Freien
Preise: 38–40 € €↑
Kreditkarten: CS, MC, Visa; BM
Mittags und abends geöffnet

DIE OSTERIA – Ein Keller mit in die Mauer eingelassenen Fässern und Räumen mit Emaillefliesen an den Wänden, in denen einst Wein lagerte: All dies finden Sie in der Hostaria La Corte di Bacco, wo alles gewissenhaft erhalten wurde, einschließlich der alten Holzstruktur, die als Kasse für den Verkauf von offenem Wein diente. Dieselbe Philosophie leitet Marco und Daniela Di Dedda bei der Führung des Restaurants und kommt in einer Küche zum Ausdruck, die die traditionellen Zutaten aus dem Tal fantasievoll in einer Reihe von guten, bunten und saisonalen Speisen zur Geltung bringt. Bei schönem Wetter können Sie sie auch in der Laube am kleinen Platz genießen.

DIE KÜCHE – Ein guter Einstieg ist **Coccio di lumache**, erbette e casatta di Corteno (9,50 €), gefolgt von **Gnocchetti di castagne al ragù di lepre e finferli**, in einem Glastöpfchen serviert, oder von Canederlo di ricotta e barbabietola su crema di mascarpone e gorgonzola (12 €). Herausragende Secondi sind die vorzügliche, farbenfrohe **Coscetta di coniglio all'aglio orsino** und Insalatina di fiori, frutta e verdure (18 €); Alternativen wären Grillgerichte oder ein gutes Käsesortiment aus dem Camonica-Tal (13 €). Gute Beispiele für die himmlischen Dolci (6 €) sind originelle und ausgewogene Kreationen wie **Tortino di grano saraceno** con crema ghiacciata alla liquirizia e pepe nero und Cheesecake di fatulì con spuma alla vaniglia e confettura di sambuco. Die Weinkarte nennt Etiketten aus ganz Italien, räumt aber Erzeugnissen aus dem Camonica-Tal den Vorrang ein. Gute Auswahl an glasweise ausgeschenkten Weinen und halbe Flaschen. Ein Hauswein ist ebenfalls erhältlich.

ESINE (BS)

62 KM NORDÖSTLICH VON BRESCIA, S.S. 510

La Cantina

Trattoria • Via IV Novembre, 7
Tel. (+39) 03 64 / 46 64 11,
(+39) 03 64 / 463 17
Ruhetag: Montag–Mittwoch, im August und Dezember nur Mittwoch
Ferien: zeitweise im Juli
70 Plätze + 30 Plätze im Freien
Preise: 25 € • Kreditkarten: CS, MC, Visa; BM
Abends geöffnet, Samstag und Sonntag auch mittags

DIE OSTERIA – Ansprechender Empfang, leichte Küche und Respekt gegenüber den Zutaten aus dem Gebiet stellen den Mehrwert dieser traditionellen Trattoria im unteren Camonica-Tal dar. Sie befindet sich im Zentrum von Esine in den Kellerräumen des Palazzo Federici aus dem 16. Jahrhundert. Das Lokal entstand vor 16 Jahren durch Oriana Belottis Wunsch, ein neues Leben zu beginnen und ihrer Leidenschaft zu folgen, nämlich Speisen aus ihrem Tal für wissbegierige und achtsame Gäste zu kochen. Allein die Polenta lohnt bereits eine Einkehr.

DIE KÜCHE – Orianas Mann, Giacomo Bontempi, erläutert Ihnen detailreich das Menü. Wir empfehlen, mit einer Kostprobe von den Antipasti (sieben oder acht für 4,80 €) zu beginnen und danach unter vier Primi – Orzotti (mit Steinpilzen, Brennnesseln, Salsiccia und Gemüse), ***Taedei*** (Tagliatelle aus Esskastanienmehl, 7,90 €), Casoncelli, ***Gnòc de la cùa*** (aus altbackenem Brot mit Spinat oder Kürbis), Crespelle – und vier Secondi zu wählen. Schmackhaft sind ***Capù*** (Wirsingblätter mit Fleischfüllung, 7,90 €) **con la polenta**; Letztere begleitet auch **Guanciale brasato**, Salsiccia di castrato, „Gioielli" di toro (8,90 €), Lepre in salmì, Lumache, **Stracotto d'asina**, Capriolo arrosto (11,80 €) sowie Trota oder Salmerino aus dem nahen Oglio. Außerdem gibt es tollen Käse und eine reiche Auswahl an hausgemachten Desserts. Die Weinkarte nennt Etiketten zu korrekten Preisen, die aus dem Camonica-Tal, aus der Franciacorta, aus dem Veltlin, aus dem Gebiet des Gardasees und anderen Regionen stammen.

In der Mühle von Francesco Tognali, Via Mazzini 41, werden Getreide und alte Maissorten für Polenta, darunter die lokale Varietät Spinato nero, mit dem Stein und hydraulisch gemahlen.

GOITO (MN)
Sacca

17 KM A NO DI MANTOVA SP 10 E 23

Al Pescatore Da Mino

Osteria-Trattoria
Via Mori, 50
Tel. (+39) 03 76 / 600 10
Ruhetag: Montag
Keine Ferien
50 Plätze + 30 Plätze im Freien
Preise: 30 €
Kreditkarten: AE, CS, DC, MC, Visa; BM
Mittags und abends geöffnet

DIE OSTERIA – Ein von einer dichten Jasminhecke geschützter Laubengang ermöglicht in der schönen Jahreszeit, die Speisen dieser klassischen Osteria im Freien zu genießen. Über die Bar im Eingangsbereich gelangt man zu zwei gemütlichen kleinen Gasträumen mit rustikaler Einrichtung. Seit 35 Jahren hat das Lokal eine Frau als Hauptdarstellerin: Lucia. Sie ist es nämlich, die alle frischen Teigwaren für die zahlreichen Primi zubereitet und die Speisen nach den Rezepten von Schwiegermutter Maria kocht. Im Speisesaal arbeiten ihre Söhne Nicola und Davide, die Sie korrekt über den angebotenen Fisch aus dem nahen Mincio informieren, der nicht immer erhältlich ist.

DIE KÜCHE – Ganz nach Tradition kann man mit ***Sorbir d'agnoli*** (4,50 €) und Wurstspezialitäten wie hausgemachter Pancetta, Spalla cotta nel vino rosso (in Rotwein gekocht) und hiesiger Salami beginnen. Von den Primi empfehlen wir **Tagliatelle al ragù d'anatra**, die es auch in den Versionen con i fegatini oder con le verdure di stagione (7,50 €) gibt; daneben bieten sich mit unterschiedlichen Saucen angerichtete Tortelli di zucca an; falls erhältlich, sollten Sie auch Risotto al pesce di lago oder ai funghi e salsiccia (8,50 €) probieren. In der Saison erwarten Sie außerdem exquisite **Lumache in umido** con erbe dolci (15 €); Coniglio alla cacciatora und Stracotto al guancialino sind ebenfalls einen Versuch wert. Das Lokal ist bekannt für **Fritto misto di pesce d'acqua dolce** (mit Katzenwels, Fröschen, Aal und kleinen Süßwasserfischen, 16 €). Die Desserts sind gut und hausgemacht. Die eher kleine Weinkarte punktet mit fairen Preisen.

GUSSAGO (BS)
Navezze

12 KM NORDWESTLICH VON BRESCIA

Osteria dell'Angelo

Trattoria
Via Fontana, 25
Tel. (+39) 030 / 277 01 39,
(+39) 333 / 730 79 96
Ruhetag: Montag, Dienstagmittag
Ferien: 10 Tage im August
70 Plätze + 40 Plätze im Freien
Preise: 35–38 €
Kreditkarten: CS, DC, MC, Visa; BM
Mittags und abends geöffnet

DIE OSTERIA – Die Rovellis sind gastliche, freundliche und von ihrer Arbeit begeisterte Leute. Emanuela (in der Küche) und Ettore (im Service) reihen sich in eine über Generationen weitergegebene Tradition ein. Und das sieht man: Achtsamkeit bei der Auswahl der Zutaten (auf der ersten Seite der Karte sind die Hauptlieferanten angeführt), Pasta, Brot und Dolci, alles hausgemacht, durchdachte Wiederaufnahme von Rezepten der Großmutter mütterlicherseits mit unaufdringlichen Überarbeitungen, Respekt gegenüber der Tradition und dem Gebiet sowie Saisontreue; die einzige Ausnahme sind einige Zutaten aus Apulien, die von den vorherigen Betreibern vererbt wurden.

DIE KÜCHE – Der berühmteste Antipasto ist der Teller mit Wurstspezialitäten aus dem Camonica-Tal (12 €), aber es gibt auch Tortino di zucca oder Tortino aus anderen Gemüsesorten con fonduta e cialda di grana biologico und verlockende hausgemachte Sottoli. Traditionelle Primi sind **Casoncelli** bresciani (9 €) und Casoncelli con pere e bagoss; Tagliolini di grano saraceno con fonduta di taleggio e nocciole sollten ebenfalls nicht unversucht bleiben. Der König bei den Secondi ist **Spiedo bresciano**(15,50 €), sieben Stunden lang über Kohle gegart; schmackhaft ist **Manzo di Rovato all'olio** (14 €), nicht minder köstlich sind Grillfleisch und Sarde aus Monte Isola. Auch die Käseselektion lässt eine sorgfältige Recherche innerhalb des Gebiets erkennen. Zum Abschluss locken Torta al cioccolato con gelato alla crema (5 €) und Semifreddi agli agrumi, al torrone, alla menta dell'orto e liquirizia. Ein reichhaltiges Degustationsmenü ist für 27 € erhältlich. Interessante Weinkarte und gute Selektion an Bränden.

Der Bauernhof Paradello in Rodengo Saiano (6 km), Via Paradello 9, züchtet Kapaune und Hühner und verkauft Eier, Mehl, Pasta und Biogemüse.

INVERNO E MONTELEONE (PV)
Monteleone

22 KM ÖSTLICH VON PAVIA, S.S. 235

Righini

Traditionelle Osteria
Via Miradolo, 108
Tel. (+39) 03 82 / 730 32
Ruhetag: Montag, Dienstag
Ferien: 7.–31. Januar, August
90 Plätze
Preise: 35 € (Tagesmenü)
Kreditkarten: MC, Visa; BM
Abends geöffnet, Samstag auch mittags, Mittwoch und Sonntag nur mittags

DIE OSTERIA – Das Lokal liegt an der Hauptstraße von Monteleone am Fuß des Hügels San Colombano. Sein äußeres Erscheinungsbild deutet keineswegs auf die Qualität der Bewirtung und die Organisation dieser typischen Trattoria hin. Der weitläufige Eingangsbereich ist mit einem großen, rustikalen Tresen eingerichtet; in den beiden anderen Räumen sind die Tische in Reih und Glied angeordnet. Das Menü ist festgelegt und sehr reichhaltig. Patron Battista Forni trägt stolz seine Schürze und unterhält die Gäste, während sein junger Sohn Marco in der Küche steht, der neben seiner Großmutter Ines am Herd aufgewachsen ist.

DIE KÜCHE – **Lardo e raspadura**, Salami lokaler Herkunft, Battuta di carne cruda in salsa verde, Faraona in carpione und appetitliche Frittata mit Saisongemüse sind einige der Vorspeisen, die das Menü eröffnen. Darauf folgen Kostproben von **Ravioli al brasato** e con spinaci e ricotta, Risotto speck e zucchine und Mezze maniche con pomodoro fresco e basilico sowie als Secondi schließlich Tagliata di scamone alle erbe, Arrosto di vitello con patate al forno und hervorragendes **Coniglia all'aceto**. Beim Sorbetto alla fragola könnten man glauben, am Ende angelangt zu sein, aber es geht danach wieder weiter mit **Gorgonzola su polenta con fichi e castagne** oder funghi e lumache. Zu trinken gibt es nur den Hauswein aus eigener Erzeugung. Bei den Desserts kann man zwischen Pan di Spagna con crema di mascarpone e cioccolato fuso und Macedonia aus frischem Obst mit Eis wählen. Magnumflaschen mit Grappa und Moscato, ebenfalls in Flaschen, kommen zum Abschluss mit dem Kaffee auf den Tisch.

ISEO (BS)
Clusane

30 KM NORDWESTLICH VON BRESCIA, S.P. 510

NEU Trattoria del Muliner

Moderne Osteria
Via San Rocco, 16
Tel. (+39) 030 / 982 92 06
Ruhetag: Dienstag
Ferien: 2 Wochen im Januar
50 Plätze + 20 Plätze im Freien
Preise: 38–40 € €↑
Kreditkarten: AE, CS, DC, MC, Visa; BM
Mittags und abends geöffnet

DIE OSTERIA – Wände in Grau und Beige, große Holztische und eine Sammlung von Kuckucksuhren, die jede Stunde erschallen, prägen diese moderne Osteria wenige Schritte vom Hafen von Clusane entfernt. Benannt ist sie nach Giovanni Sperolini, genannt *El muliner* (der Müller), weil er Mehl transportierte. Er frittierte allerdings auch Fisch für die Fischer des Ortes und hatte mit dieser Tätigkeit so viel Erfolg, dass er 1953 eine Trattoria gründete. Heute wird sie von seinem Enkel Andrea Martinelli geführt, der mit leichter Hand kocht, gemeinsam mit Mauro Begni, der sich um den Empfang der Gäste und die Weinauswahl kümmert.

DIE KÜCHE – Um einen Überblick über die Küche und das Gebiet zu gewinnen, kann man mit **Gran misto del lago** (13 €) beginnen, das je nach Marktangebot variiert. Von den Primi lohnen **hausgemachte Tagliolini con gamberi d'acqua dolce e verdure** (11 €) einen Versuch; wer kräftigere Geschmacksnoten schätzt, greift zu **Spaghetti alla chitarra con sardina del Sebino** (der Fisch ist ein Slow-Food-Presidio, 11 €). Bei den Secondi darf eine Kostprobe von **Tinca al forno con polenta** (12 €) nicht fehlen, ein Gericht aus der Tradition Clusanes, das ebenso wie die **hausgemachte Giardiniera** (5 €) die Anfahrt lohnt. Wer keinen Fisch isst, kann Gnocchetti con crema di robiola ai due latti e tartufo nero, Tagliata e filetto di manzo, Costolette di agnello con polenta oder die Käseselektion wählen. Unter den Dolci (6 €) sind Torta del Muliner aus Mürbeteig, Kirschenkonfitüre und Mandeln. Interessant ist die Weinkarte mit einer großen Auswahl hiesiger Etiketten neben biologischen und biodynamischen Weinen von kleinen Winzern.

Bei Bonardi in **Iseo** (6 km), Via Mirolte 16 B, gibt es Käse aus Slow-Food-Presidi und Qualitätsdelikatessen.

ISOLA DOVARESE (CR)

24 KM ÖSTLICH VON CREMONA

Caffè la Crepa

Traditionelle Osteria
Piazza Matteotti, 14
Tel. (+39) 03 75 / 39 61 61
Ruhetag: Montag, Dienstag
Ferien: erste Juliwoche, je 2 Wochen im Januar und September
40 Plätze + 20 Plätze im Freien
Preise: 38–40 € €↑
Kreditkarten: CS, MC, Visa; BM
Mittags und abends geöffnet

In das Crepa einzutreten bedeutet, einen Sprung in die Vergangenheit zu machen und sich ein erstklassiges Gastronomie- und Weinerlebnis zu gönnen. Auch die höfliche Art der Malinvernos trägt zum Zauber der Osteria bei.

DIE OSTERIA – Isola Dovarese ist keine Insel, sondern ein kleines Stück höher gelegenes Land, wo der Oglio eine Schleife bildet. Der Name ist jedoch keineswegs unberechtigt, denn dieser winzige Ort mit Renaissancepalästen im Herzen des Parco Oglio Sud scheint wahrhaftig einer anderen Zeit entsprungen zu sein. Eine Insel des Geschmacks ist jedoch das Caffè la Crepa, seit 1969 unter der Leitung der Familie Malinverno. Seinen Rahmen bildet der prachtvolle Palazzo della Guardia aus dem 15. Jahrhundert an der Piazza Matteotti. Das ganze Lokal verströmt den Duft von Geschichte – die Einrichtung, die Spiegel und der kleine Raum namens „Il Senato", benannt in Anlehung an General Francesco Pistoja, der 1923 im Königreich Italien Senator war.

DIE KÜCHE – In der Küche duftet es nach Poebene, Feldkräutern, Hoftieren, Süßwasserfischen und hausgemachten Teigwaren. Da und dort weht auch ein Lüftchen aus Frankreich: Beispiele dafür wären „Savaren" di riso con ragù classico e lingua salmistrata (13 €), Lumache nostrane alla moda di Borgogna, Scaloppe und Terrinen mit Gänseleber, Rognoni und Animelle. Wer eher lokal gefärbte Geschmacknoten bevorzugt, greift zu **Tortelli amari all'erba di san Pietro** (11 €), **Marubini ai tre brodi**, **Bollito misto alla cremonese** (20 €) und Faraona alla crema, um danach mit Torta sabbiosa con crema al mascarpone oder **Zuccotto** della casa (6 €) zu schließen. Sich durch das umfangreiche Menü zu essen, ohne dabei die Geldbörse zu sehr zu belasten, ist nicht immer einfach, aber es gibt Degustationsmenüs für 35 € (vier Gänge mit drei Weinproben).

LECCO

2 KM VOM ZENTRUM

Antica Osteria Casa di Lucia

Osteria
Via Lucia, 27
Tel. (+39) 03 41 / 49 45 94, (+39) 333 / 472 89 89
Ruhetag: Samstagmittag, Sonntag
Ferien: 2 Wochen im August
40 Plätze + 40 Plätze im Freien
Preise: 39–40 € €↑
Kreditkarten: AE, CS, DC, MC, Visa
Mittags und abends geöffnet

DIE OSTERIA – Dieser höchst eindrucksvolle Winkel der Lombardei führt den Besucher, der an kulinarischen Erlebnissen interessiert ist, mitten unter literarische Reminiszenzen und Geschmacksnoten von einst, um in unseren flüchtigen und oberflächlichen Zeiten vergessene Erinnerungen wieder aufleben zu lassen. Dort, wo sich der See von Lecco an den Gipfel des Resegone annähert, in der Nähe der von Manzoni beschriebenen Täler, steht die Antica Casa di Lucia (das Haus der Lucia – ja, von Renzo). Alles scheint auf die berühmteste Liebesgeschichte („I Promessi Sposi") unserer Literatur hinzuweisen. Die aus Sardinien stammende Familie Piras, die jedoch in der gastronomischen Tradition Leccos fest verankert ist, führt mit sicherer Hand dieses Lokal mit Kamin und einer wegen in ihrer strengen Schlichtheit sehr ansprechenden Einrichtung. Hier herrscht familiäres Flair, die Gäste scheinen einander alle zu kennen, die Atmosphäre ist stets angenehm entspannt.

DIE KÜCHE – Im Angebot dürfen Produkte aus dem nahen See – zum Beispiel **Missoltini con polenta** (12 €) und Spaghetti alla chitarra con ragù di missoltino (12 €) – und aus den Bergen nicht fehlen, darunter wirklich bemerkenswerte hiesige Wurstwaren mit Gemüse in Öl und Brisaola aus Chiavenna (12 €). Zu den Gerichten aus frisch zubereiteter Pasta zählen neben den bereits erwähnten Spaghetti alla chitarra auch Caserecce con bottarga (eine Hommage an die Heimat der Betreiber) und **Casoncelli burro e salvia** (9 €). Nicht fehlen dürfen Brasato al Nebbiolo con polenta – sehr reichhaltig – und Gerichte aus hellem Fleisch wie Coniglio al forno und **Faraona ripiena** (je 14 €). Auch die traditionsgemäßen Dolci sind hausgemacht, wie etwa die atemberaubend gute **Torta di cioccolato**, noci e pinoli. Die Weinkarte bevorzugt lombardische und piemontesische Etiketten.

MANDELLO DEL LARIO (LC)
Maggiana

9 KM NORDWESTLICH VON LECCO, 35 KM VON COMO

Sali e Tabacchi

Osteria
Piazza San Rocco, 3
Tel. (+39) 03 41 / 73 37 15
Ruhetag: Montag, Dienstag
Ferien: je 2 Wochen nach Dreikönig und dem 15. August
30 Plätze + 10 Plätze im Freien
Preise: 37–40 € €↑
Kreditkarten: CS, MC, Visa; BM
Mittags und abends geöffnet

DIE OSTERIA – In Mandello al Lario scheint die Zeit stehen geblieben zu sein. Wenn man zu dieser Osteria kommt, verharrt man ungläubig, handelt es sich doch um eine echte „Sale e Tabacchi" (Verkaufsstelle für Salz und Tabak) wie früher. Das Ambiente wirkt familiär und gemütlich: Am Eingang befindet sich gleich ein Bartresen, wo man sich ein gutes Glas Wein genehmigen und mit Freunden plaudern kann, rechts geht es weiter in den Gastraum mit wenigen Plätzen, der im Winter von einem Kamin beheizt wird. Die Familie Lafranconi wird Ihnen einen netten Empfang bereiten. Gabriele, der achtsame und den Produkten aus dem Umland treue Koch, wird Ihre Neugier stillen, indem er Ihnen die Geschichten der Lieferanten und der Zutaten, die er verwendet, erzählt.

DIE KÜCHE – Die Karte bietet Fleisch und Fisch aus dem See. Unter den Antipasti sind Carpaccio di bresaola con tarozz (Beilage aus Kartoffeln, Zwiebeln und, je nach Verfügbarkeit, grünen Bohnen oder Zuckerschoten oder Borlotti-Bohnen), Petto d'anatra affumicato con insalatina di pere e noci, hervorragender Misto lago (12 €) mit Finten in carpione (frittiert und süßsauer eingelegt), Räucherforelle, **Polenta und Missoltini** und Felchenpastete. Die Primi sind aus hausgemachter Pasta zubereitet und beinhalten **Fagottini di grano saraceno con asparagi e casera** (12 €), Tagliolini ai missoltini (12 €) und Ravioli di erbette e ricotta al basilico e pinoli. Zahlreich sind die Angebote bei den Secondi: Petto di faraona farcito con le prugne cotte al forno, Tagliata di controfiletto di manzo con patate al rosmarino und **Filetti di lucioperca dorati con verdure di stagione** (16 €). Abschließend erwarten Sie eine Selektion lokaler Käsesorten und hausgemachte Desserts (5 €). Das Degustationsmenü „di lago" kostet 30 €.

Antica Osteria Ai Ranari

Moderne Osteria
Via Trieste, 11
Tel. (+39) 03 76 / 32 84 31
Ruhetag: Montag
Ferien: unterschiedlich
50 Plätze
Preise: 32 €
Kreditkarten: CS, MC, Visa; BM
Mittags und abends geöffnet

DIE OSTERIA – In der Nähe der Seen von Mantua, einer an Geschichte und Kultur reichen Stadt, finden wir eine typische Osteria mit etwas altmodischem Flair. Die legere, aber heimelige Einrichtung mit Holztischen und Stadtansichten an den Wänden macht Lust, das kulinarische Angebot zu probieren. Der Service ist gepflegt und schlicht. In der Küche bereiten Maddalena Antonella und ihre Teilhaberinnen Caterina und Stefania aus Qualitätszutaten klassische Mantuaner Gerichte zu.

DIE KÜCHE – Man kann mit **Frittatina con porri e *saltarei*** (winzigen Süßwasserkrebsen, die in der Lombardei und in Venetien vorkommen, 8 €) und ausgezeichneten Lumache in umido, auf getoastetem Brot serviert, beginnen. Bei den Primi ist das Angebot breit gefächert. Unverzichtbar ist **Risotto alla pilota** (8 €), aber auch Bigoli al torchio con guanciale, pecorino, aceto balsamico (8 €) und gefüllte Pasta sind eine Kostprobe wert. Das Angebot der Secondi variiert je nach Saison, angefangen von **Bollito misto con *pearà*, salsa verde e mostarda mantovana** (15 €) über **Luccio in salsa con polenta** (12 €) bis zu Fritto di rane – frittierten Fröschen, auf die auch der Lokalname hinweist –, sofern sie verfügbar sind. Gut ist das Käsesortiment, das auch Produkte aus Slow-Food-Presidi enthält. Die hausgemachten Desserts sollten Sie sich keinesfalls entgehen lassen. Neben der Weinkarte mit Vorliebe für lokale Etiketten gibt es eine Karte mit Bieren aus Kleinbrauereien.

Die Bäckerei Il Granaio di Cavalli, Via Verdi 29, erzeugt ausgezeichnetes Brot aus Mantua sowie Tortelli und Agnoli. Jeden Samstagmorgen bieten viele kleine lokale Erzeuger auf dem Mercato Contadino (Lungorio IV Novembre) ihre Waren an; darunter sind guter Rohmilchziegenkäse aus der Käserei L'Alba und Wurstspezialitäten aus Mantua von Mattioli.

MANTUA

Da Bice la Gallina Felice

Traditionelle Osteria
Via Carbonati, 4–6
Tel. (+39) 03 76 / 28 83 68
Ruhetag: Sonntagabend, Montag
Ferien: 1 Woche im Februar, ersten 2 Juliwochen
30 Plätze + 30 Plätze im Freien
Preise: 30–33 €
Kreditkarten: CS, DC, MC, Visa; BM
Mittags und abends geöffnet

DIE OSTERIA – Das Lokal verdankt seinen Namen einer Terrakottahenne, die der Inhaberin geschenkt wurde und eben Bice heißt. Der Eingang und die Auslage des Lokals blicken auf eine schmale gepflasterte Straße nahe der prachtvollen Altstadt. Die Tagesgerichte sind auf zwei kleinen Tafeln bei der Tür angeschrieben. Im Inneren des Lokals führt ein Gang auf einer Seite in den Speisesaal, auf der anderen zum Barbereich mit Tresen, der sich genau gegenüber der Küche befindet; in der Mitte öffnet sich eine Tür zum Hof, wo man im Sommer an ein paar Tischen im Freien essen kann. Das reizende Ambiente und das liebenswürdige, höfliche Personal stimmen auf ein Menü ein, das viele Klassiker aus dem Gebiet enthält.

DIE KÜCHE – Wenn Sie nicht mit dem Wurst-Mix oder Spalla cruda parmense aus dem Slow-Food-Presidio beginnen möchten, können Sie Sformato di zucchine oder **Insalata di testina di vitello con fagioli e cipolle** (9 €) probieren. Unter den Primi sind deliziöse Tortelli di zucca al burro e salvia und hervorragender **Risotto alla pilota**. **Fettuccine con lumache e piselli** (9 €) und Maccheroncini alla stracotto zählen zu den möglichen Alternativen. An den Prunk am Hof der Gonzaga erinnert bei den Secondi **Insalata di pollo alla Stefani** (13 €), während Polenta sowohl Stracotto als auch Baccalà begleitet. Fleisch vom piemontesischen Fassona-Rind (Slow-Food-Presidio) wird in Form von Tartara und Tagliata serviert. Die Süßspeisen von Bice kosten jeweils 4 € und beinhalten Zuppa inglese, natürlich Sbrisolona, **Budino di cioccolato con zabaione** und weitere tagesaktuelle Angebote. Eher kleine Weinkarte und Mittagsmenü an Werktagen.

MENCONICO (PV)

65 KM SÜDLICH VON PAVIA

La Frasca

Restaurant-Osteria
Via Capoluogo, 36
Tel. (+39) 03 83 / 57 40 10
Ruhetag: Montag, außer im Sommer
Ferien: 3 Wochen nach dem ersten Montag im September
50 Plätze • Preise: 35 €
Kreditkarten: CS, MC, Visa; BM
Mittags und abends geöffnet, im Winter nur mittags

DIE OSTERIA – Dieses reizende, gemütliche Restaurant befindet sich in einem kleinen Gebirgsort im Oltrepò Pavese, der seine Besucher mit prachtvollen Naturlandschaften bezaubert. Stefania und Luca setzen die Familientradition fort und führen das seit 1897 bestehende Lokal, das mit einer an Aromen und Geschmacksnoten reichen Küche aufwartet. Die Gerichte entsprechen der Tradition, hin und da aufgelockert durch eine Prise Kreativität, und sind sowohl in puncto Präsentation als auch Kombination der verschiedenen Zutaten sehr gepflegt. Letztere werden bei lokalen Erzeugern bezogen, das Gemüse stammt aus dem Garten der Familie. Die Weinkarte nennt verschiedene regionale Weine und einige Erzeugnisse von Winzerbetrieben aus dem Umland.

DIE KÜCHE – Man kann sich mit Carpaccio di scottona marinata nelle erbe di bosco e formaggio giarolo (12 €) oder mit Petto di anatra cotto al rosa, indivia grigliata, polvere di cioccolato speziato e ristretto di Banyuls einstimmen. Unter den Primi ist ein sehr guter **Tagliolino con crema di fave**, punte di asparagi e pomodorino scottato (8 €), während der Tortello di cappone sich ein bisschen im Kochfond mit Foie gras und Recioto-Reduktion (12 €) verliert. Danach folgt eine gute **Orecchia di elefante** (Schnitzel mit Mandeln, Pistazien und Haselnüssen **paniert**), serviert mit Patate arrosto und Friggitello (15 €); eine Alternative wäre **Manzo in olio cottura con crema di patate** al profumo di grappa e salsa di rafano (14 €). Probieren Sie zum Abschluss eine Selektion von Montebore-Käse mit Senfkompotten (8 €) oder eine der hervorragenden hausgemachten Süßspeisen (4 €).

MILANO

BUSHALTESTELLE VIA RISMONDO (LINIE 67)

Alla Grande

Traditionelle Osteria
Via delle Forze Armate, 405
Tel. (+39) 02 / 48 91 11 66
Ruhetag: Sonntag, Montag
Ferien: zeitweise im August
50 Plätze
Preise: 35 €
Keine Kreditkarten
Mittags und abends geöffnet

DIE OSTERIA – Es gibt Winkel in Mailand, die sich nie oder fast nie ändern: Einer davon ist sicher das Baggio-Viertel. Obwohl es am Stadtrand gelegen ist, hat es nur wenig oder gar nichts vom Grau des Hinterlandes, sondern die ansprechende Würde eines kleinen Dorfes behalten. Hier, ein paar Schritte von der Basilika Sant'Apollinare (11. Jahrhundert) entfernt, steht diese Osteria unter der Leitung zweier Kompagnons, die den meisten unter ihren Spitznamen Smilzo und Sintesi bekannt sind. In einem der mit Gegenständen aus der Nachkriegszeit übervollen Räume – achten Sie auf die schöne Jukebox beim Eingang mit ihrem bizarren Mix an Singles – genießen Sie die Spezialitäten der Mailänder Küche, die Elena sorgsam zubereitet hat, und finden sich womöglich am späten Abend in Gesellschaft anderer Gäste Titel von Mailänder Liedermachern singend wieder.

DIE KÜCHE – Der Antipasto für mindestens zwei Personen besteht aus einem reichhaltigen Wurstaufschnitt mit Spezialitäten aus Piacenza oder der Lombardei. Beim Kapitel Primi (8 €) wählen Sie zwischen Gnocchi di patate al gorgonzola, **Risotto con funghi porcini e zafferano**, Tagliatelle al ragù, **Pasta e fagioli** und Tortelli d'oca saltati con la verza. Große Klassiker sind kennzeichnend für die Secondi (13 €): Cotoletta alla milanese, **Rognoncino trifolato**, Trippa und „**Bollitino**“ (Zunge, Kalbskopf und Knorpel); gut sind auch Involtini con il purè und Stinco al forno. Am Ende erwarten Sie guter Käse, Sorbetti, Torta di mele, noci e cannella oder Torta di pesche e cioccolato (5 €). Kleines Weinangebot, guter offener Hauswein. Mittags gibt es ein kleines Menü für 9 €; das Gedeck wird nicht verrechnet.

Il Gusto di Virdis, Via Piero della Francesca 38, verkauft Wein, Öl, Eingemachtes, Bottarga, Pasta, Konfitüren und Süßes aus allen Regionen.

BUSHALTESTELLE VIA TUCIDIDE (LINIE 38)

NEU Antica Trattoria Galeria

Trattoria
Via Corelli, 27
Tel. (+39) 02 / 37 07 41 42
Ruhetag: Samstagmittag, Sonntag
Ferien: letzten 3 Augustwochen
90 Plätze + 40 Plätze im Freien
Preise: 35 €
Kreditkarten: CS, MC, Visa; BM
Mittags und abends geöffnet

DIE OSTERIA – Massimo Sottili, Rainero Cacciamani und Katia Magnani haben in einer ehemaligen Tischlerei aus den Vierzigerjahren ein angenehmes Lokal eingerichtet, in dem die kulinarische Tradition Mailands hochgehalten wird. Das Mailänder Wesen kommt nicht nur in den Speisen zum Ausdruck, sondern auch in den im Dialekt verfassten Aufschriften, in den verschiedenen Weinen aus dem Umland und im Fixtermin am Freitag- und Samstagabend mit Livemusik, ein Lockruf für viele Fans. Das als Veranstaltungsort entstandene Lokal ist mittlerweile zu einer Adresse geworden, an der fast vergessene Gerichte zu finden sind.

DIE KÜCHE – Die Antipasti sehen neben Qualitätswurstwaren ein Armengericht aus der Poebene vor, und zwar **Cartoccio di bucce di patate** (Kartoffelschalen in der Tüte, 5 €). Weitere Möglichkeiten sind Fiori di zucca ripieni e dorati, Cestino di grana con patate in fonduta tartufata, ***Mondeghili*** milanesi (Bällchen aus Fleischresten) und Tortino di baccalà mantecato su cipolle rosse. Es folgen Tortelli di zucca al burro e salvia, Pizzoccheri und gute **Risotti** in den Versionen al salto (9 €), con Bonarda, fagioli, rucola e grana oder vintage (mit sehr alten Weinen zubereitet). Eine ganze Mahlzeit ist klassischer **Ossobuco in gremolada con risotto giallo**. Unter den Secondi findet sich die obligate Costoletta panata alta con l'osso (paniertes dickes Kotelett mit Knochen, 18 €). Sehr gefragt sind auch Tartare al coltello und Stinco alla birra. Im Winter sollten Sie ***Cassoeûla*** und Bolliti misti vom Wagen probieren. Das Finale bilden Crema allo zabaione con pere cotte (5 €), Latte in piedi allo zafferano con crema di caramello und ganz klassische Torta di mele con uvetta e pinoli.

MILANO

U-BAHN-STATION ROMOLO (LINIE 2)

Grand Hotel

Osteria • Via Ascanio Sforza, 75
Tel. (+39) 02 / 89 51 15 86,
(+39) 02 / 89 51 61 53
Ruhetag: Montag
Ferien: August
60 Plätze + 60 Plätze im Freien
Preise: 35–38 €
Kreditkarten: CS, MC, Visa; BM
Abends geöffnet, Samstag und Sonntag auch mittags

DIE OSTERIA – Um diese historische Osteria zu finden, müssen Sie die Hausnummer 75 in Erinnerung behalten, da das Lokal nicht an der Hauptstraße liegt, sondern am Ende einer Gasse zwischen Häusern mit Laubengängen. Sobald Sie eingetreten sind, glauben Sie sich in die Vergangenheit versetzt, in eine Zeit, als der Naviglio das Reich des Jazz und der Kabarettisten war, die sich hier ihre ersten Sporen verdienten. Die Bocciabahnen sind nach wie vor in Betrieb. Patron Fabrizio Paganini bringt seit jeher bodenständige Küche auf den Tisch, bei der auf Zutaten und Jahreszeiten geachtet wird.

DIE KÜCHE – Die Antipasti können Tortino di scalogno caramellato con aceto balsamico (9 €) oder **Paté di anatra** con pan brioche caldo beinhalten. Danach kann man mit Ravioli di tarassaco e ricotta su crema di piselli (12 €) oder **Gnocchi di patate al pesto di fave e pecorino** fortfahren. Weiter geht es anschließend mit Insalata di coniglio con pinoli e uvetta sultanina (16 €) oder **Cervella di vitello al cartoccio** con olio, limone e rosmarino. Das Menü endet mit vorzüglichen Käsesorten, deren Herkunft angegeben ist, oder mit verlockenden Dolci, von denen Tarte tatin di mele, Tiramisu, Sorbetti di frutta und Gelato allo zenzero besonders empfehlenswert sind. Beachtlich ist die Weinkarte, die eine Auswahl französischer und italienischer Weine mit speziellem Augenmerk auf naturbelassene Erzeugnisse umfasst.

Cream Garden (Via Quaranta 3–7) verkauft erstklassiges Eis; die Bäckerei Doppio Zero (Corso San Gottardo 12) bietet exzellentes Sauerteigbrot mit Mehl aus dem Parco Agricolo Sud.

U-Bahn-Station Repubblica (Linie 3)

L'Osteria del Treno

Trattoria
Via San Gregorio, 46–48
Tel. (+39) 02 / 670 04 79
Ruhetag: Samstag, Sonntagmittag
Ferien: 3 Wochen um den 15. August, Weihnachten/Neujahr
70 Plätze + 40 Plätze im Freien
Preise: 36–39 € €↑
Kreditkarten: MC, Visa; BM
Mittags und abends geöffnet

DIE OSTERIA – Seit 1989 bieten Angelo Bissolotti und seine Familie einfache Küche, die die mailändische Tradition respektiert. Die Zutaten sind mit einer Achtsamkeit ausgewählt, die erkennen lässt, dass man sie zu schätzen weiß. Das Lokal im Zentrum von Mailand unweit des Hauptbahnhofs besteht aus zwei schlicht eingerichteten Räumen und einem wunderschönen Jugendstilsaal, der vor 130 Jahren als Sitz der Casa del Ferroviere errichtet wurde und heute für Veranstaltungen, Feste und Bankette genutzt wird. Eine verlässliche Adresse in der Metropole Mailand.

DIE KÜCHE – Es geht los mit *Tant per cumincià*, einem Mix nach Art von Mailand, bestehend aus **Paté rustico**, Filzetta, ***Salmun del magutt*** (Speck), Salva aus Pandino und hausgemachter Giardiniera (12 €); weitere Vorspeisen sind Wurst aus Norditalien und aus dem Orcia-Tal sowie Wurstspezialitäten von der Gans. Darauf folgen Tortelli con mele e vezzena, Ravioli di brasato (12 €), Tagliatelle al ragù di anatra ubriaca, **Tortelli ai porri con burro e timo** und Spaghi quadri con ragù di coda di manzo della Granda (10 €), alles aus frischer hausgemachter Pasta. Zahlreich und fein sind die Secondi: ***Uselin scapà*** (Rouladen, 16 €), **Brasato al Barbera** (16 €) und Bolliti e lumache alle erbe. Die Dolci sind einfach und gut: **Torta di mele e cannella con gelato alla vaniglia**, Mousse al cioccolato und Sfogliatina di ricotta con salsa d'arancia. Große Käsekarte mit vielen Slow-Food-Presidi; umfangreiches Weinangebot mit exzellentem Preis-Leistungs-Verhältnis. An Werktagen gibt es mittags schmackhafte, schnelle Menüs. Nicht versäumen sollten Sie die Musikabende.

L'Arte di offrire il tè (Via Macedonio Melloni 35) bietet Teemischungen und das passende Teewasser. Cantine Isola (Via Paolo Sarpi 30) verkauft italienische und ausländische Weine sowie Imbisse.

MILANO

U-Bahn-Station Crocetta od. Porta Romana (Linie 3)

La Bettola di Piero

Osteria
Via Orti, 17
Tel. (+39) 02 / 55 18 49 47
Ruhetag: Samstagmittag, Sonntag
Ferien: 3 Wochen im August
40 Plätze
Preise: 35–38 €
Kreditkarten: AE, CS, MC, Visa; BM
Mittags und abends geöffnet

DIE OSTERIA – Piero, der das Lokal in den Sechzigerjahren gründete, hatte viel Sinn für Humor, daher nannte er es „Bettola", obwohl er wusste, dass dieses Wort laut Wörterbuch „Gasthaus unterster Klasse" bedeutet. In Wirklichkeit handelt es sich um eine angenehme, ländliche Trattoria, die ins Zentrum von Mailand verpflanzt worden ist. Sie blickt auf eine schmale, charakteristische Straße gleich bei der U-Bahn-Station Crocetta. Es gibt zwei kleine Gasträume mit Bildern, Fotos und Drucken an den Wänden und mit klassischen rot-weiß karierten Tischdecken. Monica Bertolazzi, die ihre Kochleidenschaft ihrer Großmutter, einer Köchin, verdankt, und ihr Sohn Alessandro Paganoni haben den Lokalnamen nicht geändert. Sie pendeln mit Begeisterung zwischen den Gasträumen und der Küche und machen dem von Piero ererbten Ruf des Lokals alle Ehre.

DIE KÜCHE – Die Karte bietet gute, unverfälschte und saisonale Küche aus Mailand mit piemontesischen Nuancen und Akzenten aus der Poebene. Unter den Antipasti finden sich in der Saison verlockende **Ovoli in insalata con scaglie di grana** (16 €) oder **Radicchio trevigiano con quartirolo e tartufo nero** (9 €). An Primi bieten sich deftiger, wohlschmeckender **Risotto alla Bonarda mantecato con pasta di salame** (12 €) und schmackhafte hausgemachte Tagliolini ai funghi porcini (13 €). Die Secondi sehen neben mailändischen Spezialitäten auch Pernice rossa di cacciagione all'uva (21 €) und **hausgemachten Prosciutto d'anatra in salsa di lamponi** (15 €) vor. Die Desserts und Teigwaren sind hausgemacht. Die nicht zahlreichen, aber sorgfältig ausgewählten Weine kommen überwiegend aus der Lombardei und dem Piemont.

La Dolce Vita auf Hausnummer 12 ist Konditorei, Imbissstube und Bistro – ideal, um ein Stück Torte, eine Tasse Tee oder ein einfaches Mittagessen zu genießen.

U-Bahn-Station Loreto (Linie 1)

Mirta

Moderne Osteria
Piazza San Materno, 12
Tel. (+39) 02 / 91 18 04 96,
(+39) 338 / 625 11 14
Ruhetag: Samstag, Sonntag
Ferien: August, 2 Wochen zu Weihnachten
40 Plätze
Preise: 38–40 € €↑
Kreditkarten: CS, DC, MC, Visa; BM
Mittags und abends geöffnet

Sorgsame Auswahl von Produkten und Erzeugern, Inspiration in der Küche, Aufmerksamkeit gegenüber dem Gast: das Inbild einer modernen Osteria.

DIE OSTERIA – Das volkstümliche Casoretto-Viertel hat Mailands Geschichte im Guten wie im Schlechten geprägt. Heute sind seine Hauptattraktionen die Abtei, die einen Besuch lohnt, und die daneben befindliche Trattoria Mirta, die mit ihren in zwei kleinen L-förmigen Gasträumen gedrängten Tischen nicht nur einen Besuch lohnt. Mirta ist der Name der Mutter des uruguayischen Kochs Juan Lemas, der in der Küche den Ton angibt, während seine Frau Cristina serviert. Empfang, gemütliche Atmosphäre und aufmerksame Bedienung lassen Sie das chaotische Getriebe der Metropole vergessen und sich auf das kulinarische Angebot des Küchenchefs konzentrieren; er verfügt über ebenso viel Fantasie wie Achtsamkeit und schafft es jeden Tag, die besten Produkte auf dem mailändischen Markt aufzutreiben.

DIE KÜCHE – Viele Slow-Food-Presidi stehen in der Karte – Zeichen von Juans Leidenschaft für eine italienische Küche ohne geografische Grenzen. Unter den Antipasti sind hervorragende Torta di farina integrale con salsiccia, spinaci e noci (11 €), **Paté di fegatini** und „Carrozza“ di caciotta, tarassaco e acciughe. Weiter geht es mit Crema di ortaggi e fave fresche mit Graukäse (12 €), **Parmigiana di melanzane** in crosta und Crespelle di grano saraceno con asparagi e burrata. Bei den Secondi dominiert Fleisch: **Polpette di bollito** con senape, Galletto arrosto con fagioli di Scicli und **Tartare di manzo con salsa verde** (17 €). Eine Alternative wäre die umwerfende Käseselektion. Abschließend erwarten Sie Focaccia dolce con crema di mascarpone (7 €), Cremoso al cioccolato speziato oder Cheesecake. Schöne Weinkarte; es gibt auch Weine im glasweisen Ausschank.

MILANO

U-Bahn-Station Porta Romana (Linie 3)

Osteria dell'Acquabella

Osteria
Via San Rocco, 11
Tel. (+39) 02 / 58 30 96 53
Ruhetag: Montag- und Samstag- und Sonntagmittag
Ferien: 3 Wochen im August
80 Plätze
Preise: 30–38 €
Kreditkarten: CS, MC, Visa; BM
Mittags und abends geöffnet

DIE OSTERIA – Das wenige Schritte von der Porta Romana entfernte Acquabella hat eine lange Geschichte, die in den Fünfzigerjahren ihren Ausgang nahm, rund 20 Jahre später mit der Einstellung des Betriebs unterbrochen wurde und 2003 erneut begann, als die Kinder des Gründers, Liliana und Massimo Artuso, die Zügel des Lokals wieder in die Hand nahmen. Beide stehen am Herd und bereiten die deftigen Gerichte aus der mailändischen Tradition zu, während Renzo die Speisen erörtert, den passenden Wein dazu empfiehlt (Wein ist seine große Leidenschaft, und das merkt man) und als tüchtiger Wirt über jedes Thema, das im Speisesaal aufkommt, angenehm zu plaudern versteht. Es herrscht die ungekünstelte Atmosphäre der klassischen Osteria, die in einer Stadt wie Mailand immer rarer wird.

DIE KÜCHE – Zur Einstimmung wählt man zwischen einem Wurst- oder Käse-Mix, Insalata di nervetti (5 €), Insalata russa und Raspadura lodigiana. Beinahe unausbleiblich sind beim Kapitel Primi **Risotto alla milanese** oder al vino Buttafuoco (8,50 €), **Pasta e fagioli** und Riso al salto. **Ossobuco** mit Polenta oder mit Risotto (22 €) stellt eher eine ganze Mahlzeit als ein Secondo dar; Alternativen wären ***Mundeghili*** (klassische Mailänder Fleischbällchen, die hier allerdings geschmort sind), Salsiccia ubriaca und **Cotoletta** alla milanese (15,50 €) oder in carpione. Wer Fleisch nicht mag, wählt Bistecca del *magutt* („Maurersteak“), das trotz seines Namens ein Gericht aus Polenta und Gorgonzola ist. Eine Käseplatte oder Süßspeisen wie Salame di cioccolato und Sbrisolona bilden das Finale.

Attimi di Gusto, Verkauf und Erzeugung von Süßwaren und Eis (Via Vigevano 13): Enrico Rizzi bietet Kunstwerke aus außergewöhnlichen Zutaten.

U-BAHN-STATION GIOIA (LINIE 2)

Ratanà

Moderne Osteria
Via De Castillia, 28
Tel. (+39) 02 / 87 12 88 55
Kein Ruhetag
Ferien: ersten 10 Januartage, 2 Wochen Mitte August • 50 Plätze
Preise: 45–50 € €↑
Kreditkarten: CS, MC, Visa; BM
Mittags und abends geöffnet

Tradition und Innovation verschmelzen mit Einfachheit und führen zu voll und ganz zufriedenstellenden Ergebnissen.

DIE OSTERIA – Im Herzen des Garibaldi-Porta-Nuova-Viertels, in einem von Reihenhäusern umgebenen Straßengewirr des alten Mailand, ragen ein Wald von hohen, schmalen Wolkenkratzern und die beiden berühmten Türme des Bosco Verticale von Boeri empor. Inmitten dieser modernen Bauten behautet sich eine Villa aus dem frühen 20. Jahrhundert, die einst als Lager für die Eisenbahn diente. Es handelt sich um das Lokal von Cesare Battisti, eines großartigen Kochs für vortreffliche Mailänder Küche, die mit Eleganz und Schlichtheit leichter und neu gestaltet ist, Eigenschaften, die auch in der minimalistischen Einrichtung der lebendigen und gemütlichen Osteria zu erkennen sind.

DIE KÜCHE – Die Gerichte zeichnen sich durch reine Geschmacksnoten aus und lassen die Qualität der Saisonzutaten erkennen. Für den Anfang empfehlen wir **Crescenza di giornata con ciliegie di Vignola** (9 €), ***Mondeghini*** oder Testina di vitello in cassetta (16 €). Unverzichtbar sind die **Risotti**, darunter Risotto alla milanese (30 €), der hervorragend gerührt und mit zartem, deftigem Ossobuco angerichtet ist. Weitere Angebote sind Tagliolini al ragù d'agnello oder **Pasta e fagioli**. Danach folgen **Gulasch di fassona** (25 €), Faraona al forno con cannellini und Vitello tonnato. Die exzellenten Dolci bestechen durch Kreativität: Nespole e origano, Gelato allo yogurt (9 €), Foresta nera. Prunkvoll präsentiert sich der Käsewagen; das Kellerangebot ist monumental. Eine Empfehlung: Nur hier gibt es den Aperitif mit *Rubit* (so heißen kleine Kostbarkeiten im Mailänder Dialekt), einem kleinen, aber umfassenden Sortiment von Speisen.

MILANO

BUSHALTESTELLE MISURATA FAVRETTO (LINIE 90 U. 91)

Tagiura

Trattoria • Via Tagiura, 5
Tel. (+39) 02 / 48 95 06 13
Ruhetag: Sonntag
Ferien: 10.–30. August, 24. Dezember–6. Januar
200 Plätze + 120 Plätze im Freien
Preise: 35–38 €
Kreditkarten: CS, MC, Visa; BM
Mittags geöffnet, Donnerstag und Freitag auch abends

DIE OSTERIA – Das Tagiura ist ein vielseitiges Lokal, das sein Angebot je nach Tageszeit ändert. Am Morgen ist es eine Frühstücksbar, mittags wird es zu einem Lokal für einen schlichten Imbiss, danach Treffpunkt für einen Aperitif und abends schließlich eine echte Mailänder Trattoria mit einem vielfältigeren Menü. Nichts hat sich seit 1963 geändert, als die drei Angelotti-Brüder das Lokal eröffneten, in dem Sie heute Rino und sein Sohn Francesco empfangen, während Tullia in der Küche werkt. Es sind verschiedene Räume vorhanden: ein Verkaufsraum, ein eleganter Raum mit Fresken, ein sommerlicher Sitzbereich im Freien und schließlich ein Festsaal.

DIE KÜCHE – Gleich zu Beginn ein Hinweis, den Sie berücksichtigen sollten: Die Süßspeisen (Degustation für 20 €) sind wirklich gut. Flan di porri con purea di patate e pistilli di zafferano (6 €) oder Misto di salumi con gnocco fritto (7 €) bilden den Einstieg. Unter den Primi (10 €) sind klassische **Ravioli di magro** oder **di zucca**, **Risotto alla milanese** oder Orzo in insalata. Zahlreich sind die Secondi: **Orecchia d'elefante** (15 €), Vitello tonnato e cocotte di funghi porcini (12 €). Die sehr gut zubereiteten und ausgesprochen verlockenden Dolci (5 €) gibt es in vielen Varianten. Neben Tiramisù all'amaretto, Mascarpone e frutta, Crostata di crema e ananas, Demicuit al cioccolato fondente und Torta di mele oder di pere e cioccolato werden noch viele weitere Leckereien angeboten. Große Auswahl an glasweise ausgeschenkten Weinen.

Miracolo a Milano (Via Stendhal 47) ist eine kleine Käserei, die Mozzarelle, Burrate, frischen und gereiften Käse aus Kuh- und Büffelmilch anbietet.

U-Bahn-Station Piazzale Corvetto (Linie 3)

Trattoria del Nuovo Macello

Moderne Osteria
Via Lombroso, 20
Tel. (+39) 02 / 59 90 21 22
Ruhetag: Samstagmittag, Sonntag
Ferien: 10.–31. August
50 Plätze
Preise: 40–45 € €↑
Kreditkarten: AE, CS, DC, MC, Visa; BM
Mittags und abends geöffnet

DIE OSTERIA – Die Osteria befindet sich im östlichen Teil der Stadt, außerhalb der Porta Vittoria, in der Nähe der großen Märkte, wo Ende der Zwanzigerjahre des vorigen Jahrhunderts der Schlachthof errichtet wurde. Es hat die Merkmale und den Zauber aus jener Zeit beibehalten und präsentiert sich mit Tresen, Terrazzoböden, einem großen, gemütlichen Gastraum und gut angeordneten Tischen mit weißen Tischtüchern. Giovanni und Paola Traversone repräsentieren die dritte Generation, die an der Spitze des Lokal steht: Er leitet die Küche, sie empfängt gemeinsam mit ihrem Mann Claudio freundlich und professionell die Gäste. Auf der ersten Seite der Karte, die viele traditionelle Klassiker nennt, sind die Namen der wichtigsten Lieferanten der verwendeten Zutaten aufgelistet.

DIE KÜCHE – Eine Karte, die nicht wenige (auch sehr) kreative Gerichte nennt. Aber die Solidität der Traditionsküche überzeugt uns, um Ihnen diese schöne, zeitgenössische Osteria zu empfehlen. Als Einstieg bieten sich ***Mondeghili*** (12 €) oder ***Nervitt*** an, ein Salat aus Knorpeln, Tintenfisch, Tomaten, Bohnen und Petersilie (13 €). Als Primi (je 13 €) kann man Ravioli di baccalà e nervetti oder **Risotto con gli stimmi di zafferano** oder Risotto con asparagi e lodigiano riserva wählen. Unter den aus Fleisch zubereiteten Secondi sind unverzichtbare **Cotoletta** (27 €) oder Faraona con porri grigliati; unter jenen aus Fisch findet sich **Baccalà mantecato** con patate e latte (19 €). Abschließend locken Dolci (8 €) wie Gelato di puro pistacchio con salsa di cioccolato fondente und Suprema di cioccolato fondente, frutti rossi, pesto di basilico e mandorle. Die umfangreiche Weinkarte nennt auch einige Weine, die glasweise ausgeschenkt werden.

2 km östlich von Sondrio

NEU Trippi

Restaurant
Via Stelvio, 297
Tel. (+39) 03 42 /61 55 84
Ruhetag: Dienstagabend, Sonntag
Ferien: je 10 Tage nach Weihnachten und Ende Juni
50 Plätze + 25 Plätze im Freien
Preise: 35–38 €
Kreditkarten: AE, CS, DC, MC, Visa; BM
Mittags und abends geöffnet

DIE OSTERIA – Das historische Restaurant Trippi befindet sich an den Toren von Sondrio in der Gemeinde Montagna in Valtellina zu Füßen der den steilen Hängen zum Trotz terrassenförmig angelegten Weingärten des Veltlins. Hier bietet der Autodidakt Gianluca seit einigen Jahren Gastronomie, die der Tradition Respekt zollt, und mischt unter die typischen Gerichte auch Innovatives unter Verwendung ausgewählter Produkte aus dem Gebiet und Slow-Food-Presidi. Der stets angefachte Kamin, die Körbchen mit Brot auf dem Tisch und ein kulinarischer Willkommensgruß stimmen auf einen sorgsamen und gastfreundlichen Service ein.

DIE KÜCHE – Die Klassiker aus dem Veltlin – ***Taroz*** (Auflauf aus Kartoffeln, grünen Bohnen und lokalem Käse) con affettati misti (12 €), handwerklich erzeugte Bresaola, **Pizzoccheri**, **Polenta taragna** (11 €) – werden von einem modernen Menü flankiert. Den Auftakt bilden Antipasti (12 €): Lingua salmistrata con panzanella di segale croccante und Carpaccio di salmerino alpino con tartare di mela. Danach folgen Primi aus frischem Teig (12 €) wie Gnocchi rossi di patate nostrane und Pappardelle al mais biancoperla con ragù d'anatra sowie appetitliche Secondi, unter denen Coscia d'anatra con caponata di verdure (18 €) und **Ganassino di vitellone** con polenta herausragen. Unverzichtbar ist ein Käsesortiment, in erster Linie verschiedene Jahrgänge von Bitto storico aus dem Slow-Food-Presidio. An Süßem (6 €) erwarten Sie **Mantecato al Braulio** (mit dem legendären lokalen Magenbitter) **con *panun*** – einem typischen süßen Brot – und Torta di amaretti e mele valtellinesi. Breit gefächert präsentiert sich die Auswahl der vorwiegend lokalen Weine.

31 KM NW V. BRESCIA, S.P. 510 + FÄHRE V. SULZANO

Locanda al Lago

Restaurant
Ortsteil Carzano, 38
Tel. (+39) 030 / 988 64 72,
(+39) 347 / 918 64 78
Ruhetag: Dienstag, außer im Sommer
Ferien: Dreikönig – letzte Februarwoche
30 Plätze + 60 Plätze im Freien
Preise: 38–40
Kreditkarten: CS, MC, Visa; BM
Mittags und abends geöffnet

DIE OSTERIA – Zum winzigen Ortsteil Carzano gelangt man mit dem Boot, das von Sulzano am Brescia zugewandten Ufer des Iseosees in kurzen Intervallen ablegt. Da die Anlegestelle auf der Insel nicht weit vom Lokal entfernt ist, kann man eine prachtvolle Aussicht genießen, während man sich den gekonnt zubereiteten Fisch aus dem See schmecken lässt, der die Spezialität des Hauses darstellt. Es ist nicht einfach, den delikaten Geschmack von Süßwasserfisch zur Geltung zu bringen, aber in der Locanda al Lago gelingt das perfekt. Die Soardi, seit 1948 in der Fischerei tätig, zählten zu den Ersten, die die Tradition der „Sardine" del Sebino (Slow-Food-Presidio) wiederentdeckten: Hierbei handelt es sich um 30 bis 40 Tage an der Luft und Sonne getrocknete Finten, die danach gepresst werden und einige Monate in Öl reifen. Sie werden ein paar Minuten über glühend heißer Holzglut gebraten und schmecken hervorragend mit Öl, Knoblauch und Petersilie verfeinert zu Polenta.

DIE KÜCHE – Untermalt vom Wellenschlag, kann Ihre Mahlzeit mit Selezione di lago beginnen, die **Sardina e cavedano essiccati**, Filetto di pesce in carpione und Carpaccio di trota marinata in crostino all'origano (13 €) enthält, oder mit schmackhafter Salami aus Monte Isola. Unter den Primi sind ein guter Risotto ai pesci di lago und eine hervorragende **Zuppa di pesce**, ebenfalls mit Crostini all'origano (13 €), während wir als Secondo die delikate Frittura mista di filetti di lago (17 €) oder **Coregone in umido** con scaloppe di polenta empfehlen. Probieren Sie von den Dolci **Semifreddo allo zabaione con cioccolato fondente** oder, in der Saison, con frutti di bosco, und Trittico alle mele (7 €). Zu trinken gibt es eine gute Weinselektion aus der Franciacorta. Originell ist die farbige Darstellung der in den Gerichten enthaltenen Allergene.

34 KM SÜDÖSTLICH VON PAVIA

Prato Gaio

Restaurant

Ortsteil Versa, 16, Abzweigung nach Volpara
Tel. (+39) 03 85 / 997 26
Ruhetag: Montag, Dienstag
Ferien: Januar/Februar
60 Plätze
Preise: 45–50 € €↑
Kreditkarten: CS, MC, Visa; BM
Mittags und abends geöffnet

Giorgio Liberti punktet mit Wissen und Professionalität und bringt die Geschichte Wein und Essen aus dem Oltrepò auf den Tisch und in das Glas.

DIE OSTERIA – 1890 ist das Jahr, in dem die *Usteria d'la Versa cuj caamp da bòc*, heute Prato Gaio, ihren Betrieb aufnahm. Vier Generationen der Familie Liberti haben sich am Ruder dieses historischen Restaurants abgelöst, das unangefochten als Hüter der Küche des Oltrepò gilt. Das Gebäude stammt aus den Siebzigerjahren, die Einrichtung aus den Achtzigerjahren. Giorgio begleitet Sie auf einem Kulinarik- und Weintrip, der sich in Ihr Gedächtnis einprägen wird. Sie werden ein Stück lokaler Geschichte kosten, das von Daniela Calvi wunderbar zubereitet ist.

DIE KÜCHE – Raffiniertes ***Dulsc in brüsh*** (Hühnerbrust in süßsaurer Sauce, 12 €), luftig-leichte „**Acciughe fanno il pallone**" (Sardellenküchlein mit Ricotta, Rosinen und Pinienkernen gefüllt), Cotechino caldo con ***marubè*** (Krokette aus dem Reis aus dem Val Versa), Agnolotti di stufato di manzo al burro d'alpeggio (12 €), Pappardelle di farina di frumento tipo 2 con verdure di stagione, spektakuläre **Zuppa di cipolle** con salsa di acciughe, sehr seltener Collo ripieno di fegato grasso d'oca e mostarda di anguria verde (nach einem alten Rezept, 20 €), **Arrosto** morbido **di coniglio** di cascina **con le pere**, äußerst zarte Guancia di vitello, **Zuppa tartara**, Guazzetto di fragole und ***Marinà*** (Süppchen aus Sauerkirschen, 7 €) sind einige der exzellenten Speisen des Lokals, die alle gut durchdacht und mit großer Professionalität zubereitet sind. Abschließend seien noch die superbe Käseauswahl und eine gut aufgebaute Weinkarte mit Tropfen hervorgehoben, die fast ausschließlich aus dem Gebiet stammen, das hier auf hervorragende Weise repräsentiert wird.

MORBEGNO

25 KM WESTLICH VON SONDRIO

Osteria del Crotto

Restaurant
Via Pedemontana, 22
Tel. (+39) 03 42 / 61 48 00
Ruhetag: Montagmittag, Sonntagabend
Ferien: 2 Wochen im August/September
80 Plätze + 50 Plätze im Freien
Preise: 35–38 € €↑
Kreditkarten: CS, MC, Visa; BM
Mittags und abends geöffnet

Große Achtsamkeit bei der Auswahl saisontreuer lokaler Zutaten, die bei kleinen Erzeugern gekauft werden, darunter Slow-Food-Presidi aus dem Tal.

DIE OSTERIA – Morbegno liegt am Beginn des Veltlins, wo das Valle del Bitto di Gerola und das Valle del Bitto di Albaredo einmünden. In der Nähe der Wallfahrtskirche S. Maria Assunta führt ein kleines Gässchen zu diesem Crotto (Steinkeller) aus dem Jahr 1814. Er bildet heute den Rahmen des Restaurants, das seit Langem eine gute Adresse für Wein und Küche des Gebiets ist. Der warmherzige Empfang vermittelt schon einen Vorgeschmack auf die Tafelfreuden, gelangen hier doch die besten Zutaten aus dem Umland und dem nahen Comer See zur Verarbeitung: Die auf der Speisenkarte angeführten 18 lokalen Lieferanten sind der beste Beweis dafür. Das Gedeck wird nicht verrechnet.

DIE KÜCHE – In diesem Gebiet können wir gar nicht anders, als mit Brisaola, Violino di capra aus dem Valchiavenna (Slow-Food-Presidio) con insalata aromatica e caprino (9 €) oder mit **Baccalà gratinato** zu beginnen. Erwähnt seien auch Filetto di lavarello del lago di Como in carpione leggero. Darauf folgen in ihrer Schlichtheit vortreffliche **Tagliolini alla chitarra** con zucchine, erbe spontanee e peperoncino, Farfalle con crema di taleggio e asparagi und Spaghettoni con salsa di missoltini ed erbe aromatiche (10 €). Herausragende Secondi sind **Guancia di vitello brasata** und Controfiletti alla griglia oder con il vino rosso (16 €). Superb ist die Vertikalverkostung von vier Kostproben von Bitto storico (Slow-Food-Presidio), die mit einem Glas Sforzato (16 €) serviert wird. Es wäre schade, am Ende auf **Parfait alla grappa** (5 €) und Soufflé glacé al croccantino con salsa di lamponi zu verzichten.

MORTARA
Guallina

37 KM NORDWESTLICH V. PAVIA, S.S. 35

Guallina

Restaurant
Via Molino Faenza, 19
Tel. (+39) 03 84 / 919 62
Ruhetag: Dienstag
Ferien: 3 Wochen im Juni/Juli
40 Plätze
Preise: 45–48 € €↑
Kreditkarten: AE, CS, MC, Visa; BM
Mittags und abends geöffnet

Der Respekt vor der Tradition und die Auswahl lokaler Produkte tragen zu aromatischen und geschmacksintensiven Speisen bei.

DIE OSTERIA – Hier hat sich nichts geändert, obgleich seit der Eröffnung mehr als 30 Jahre vergangen sind: liebenswürdiger Empfang, gutes Essen, gepflegtes Lokal, große Tische in gutem Abstand mit Mise-en-Place wie einst, Regale voll von Flaschen und Räume in warmen Farbtönen. Sie werden sich im Haus von Elena Desù als willkommene Gäste fühlen. Edoardo Fontana bleibt in der Küche der hiesigen Tradition treu: Oca (Gans) steht im Vordergrund, gefolgt von Fröschen, Schnecken, Reis, gefüllten Teigwaren, Saisongemüse und schließlich wundervollen Käsespezialitäten.

DIE KÜCHE – Man beginnt mit superbem Misto di salumi d'oca (13 €) oder mit Petto di faraona, Salaten, Hülsenfrüchten, Gemüse und Obst, aber auch **Terrina di fegato grasso d'oca con confettura di cipolle e fichi** (22 €) sollten Sie nicht verpassen. Als Primi erwarten Sie wegen ihres feinen Geschmacks und der klar erkennbaren Zutaten umwerfende Ravioli di anatra (12 €) und ein immenser, delikater Gemüsegarten in den **Tagliolini ai profumi e sapori di primavera** (12 €). Bei den Secondi steht Petto d'anatra con salsa all'arancia (18 €) gemeinsam mit **Costolette d'agnello alla menta con patate al forno cotte nel grasso d'oca** an vorderster Stelle, aber Scaloppa di fegato grasso d'oca (25 €) und Lumache alla bourguignonne schmecken nicht minder gut. Weiter geht es mit einer reichhaltigen Auswahl an Käse vom Wagen, darunter einige Slow-Food-Presidi; wer sich einen süßen Abschluss gönnen will, wählt die sehr beliebten Cannoli aus Filoteig con mousse di cioccolato e gelato fiordilatte (8 €). Das Kellerangebot verdient absoluten Respekt.

PALAZZAGO (BG)

18 KM NORDWESTLICH VON BERGAMO

Burligo

Trattoria
Via Burligo, 12
Tel. (+39) 035 / 55 04 56
Ruhetag: Montag, Dienstag
Ferien: erste Woche im Jahr, 2 Wochen im September
40 Plätze + 20 Plätze im Freien
Preise: 30 €
Kreditkarten: CS, MC, Visa; BM
Abends geöffnet, an Feiertagen auch mittags

Eine authentische Osteria, in der Menschen, die ihre Arbeit lieben, dem Gast Sympathie und Achtung entgegenbringen.

DIE OSTERIA – Felice Sozzi und seine Frau Norma haben vor 20 Jahren eine Osteria geschaffen, die einen sicheren Hafen darstellt: schlichte Einrichtung, herzlicher Empfang, stetige Suche nach den besten Zutaten, oftmals direkte Bekanntschaft mit den Lieferanten, Bravour in der Küche, Berücksichtigung der Tradition und der Jahreszeiten sowie ehrliche Preise auf einer beachtlichen Weinkarte von ausgeprägtem Charakter, die ein Lob verdient (Freunde von Nebbiolo werden besonders begeistert sein). All dies deutet auch auf Achtsamkeit, Motivation und Passion hin.

DIE KÜCHE – Süßspeisen, Brot, Saucen und Pasta sind hausgemacht; das Menü ist saisonal gehalten, weil für Felice „die Zutat den Unterschied macht". Zu Beginn Paté di tordi, Peperoni con salsa di tonno (8 €) und **Budino di fegatini di coniglio**. Danach folgen **Tagliatelle al ragù bianco di agnello** (9 €), Agnolotti di carne al burro e salvia, Ravioli di barbabietola con semi di papavero und Ravioli di trota. Fleisch gibt bei den Secondi den Ton an: **Gallina nostrana bollita**, Coniglio al rosmarino (13 €), Rollé di capretto ripieno (14 €) und **Salsicciotto della Val Brembana con purè di zucca**. Andere Möglichkeiten wären Polenta con purea di baccalà oder Polpette di baccalà. Für Käseliebhaber steht eine Selektion aus der Umgebung von Bergamo bereit, vor allem aus dem Val Taleggio und dem oberen Val Brembana. Ein sehr beliebtes Dessert ist Gelato fiordilatte con salsa di lamponi, aber auch Crumble alle mele, Torta nocciola e cioccolato und *Bonet* lassen nichts zu wünschen übrig.

PALAZZOLO SULL'OGLIO (BS)
Calci

28 KM NORDWESTLICH VON BRESCIA, AUSFAHRT A 4

Osteria della Villetta

Traditionelle Osteria
Via Marconi, 104
Tel. (+39) 030 / 740 18 99
Ruhetag: Sonntag, Montag, Dienstag- und Mittwochabend
Ferien: August, 25. Dezember–2. Januar
60 Plätze + 40 Plätze im Freien
Preise: 38–40 € €↑
Kreditkarten: AE, MC, Visa; BM
Mittags und abends geöffnet

Einfachheit und Tradition auf dem Teller in einer Location wie geschaffen für eine Osteria.

DIE OSTERIA – Eine schöne Jugendstilvilla aus dem 20. Jahrhundert bildet seit vier Generationen den Rahmen der Osteria der Familie Rossi. Die schlichte Einrichtung, Gegenstände und Bilder aus einer nunmehr vergangenen Zeit und das auf einer Tafel angeschriebene Menü enthüllen den „Stil" von Inhaber Maurizio: auf das Wesentliche beschränkt, konkret und traditionsverbunden. In den drei Gasträumen verteilen sich nur zwölf Tische; im Sommer kommen noch ein paar im kleinen Garten hinzu.

DIE KÜCHE – Ein wahrhaft exquisites Gericht, das wir Ihnen ans Herz legen, ist Classico dell'Osteria (13 €) – weiche Guanciale in salsa verde, Polpettine und ***Nosecc*** (traditionelle Wirsingroulade mit Fleischfüllung). Das Menü enthält ausschließlich Traditionsgerichte aus sorgsam ausgewählten Produkten, von denen die Wurst- und Käsespezialitäten (10 €) mit zahlreichen Slow-Food-Presidi besonders exquisit sind. Leicht und knusprig kommen Filetti di persico impanati (10 €) daher, schmackhaft präsentiert sich Coregone in carpione. **Trippa** asciutta und Orzotto con verdure zählen zu den beliebtesten Primi (10 €) des Lokals, aber auch Gnocchi e le creme di verdura brillieren durch hervorragende Zubereitung. Stets erhältlich ist ein typisches Gericht aus dem Gebiet, nämlich **Manzo all'olio** (13 €). Außerdem stehen Polpette al sugo, Stoccafisso con polenta und, falls auf dem Markt erhältlich, **Frattaglie di vitello** auf dem Programm. Die separat servierten Beilagen (5 €) kommen in der Saison aus Maurizios Gemüsegarten. Von den hausgemachten Süßspeisen sind Pesche con ripieno di mandorle und Crostate (5 €) besonders köstlich. Die Weinkarte ist umfassend.

PIADENA (CR)
Vho

31 KM ÖSTL. V. CREMONA, 35 KM V. MANTUA, S.S. 10

Trattoria dell'Alba

Osteria
Via del Popolo, 31
Tel. (+39) 03 75 / 985 39
Ruhetag: Sonntagabend, Montag
Ferien: letzten 2 Juni-, ersten
2 Augustwochen, Weihnachten
35 Plätze
Preise: 38–40 € €↑
Kreditkarten: CS, MC, Visa; BM
Mittags und abends geöffnet

Ein Ort, der sich über alle Moden hinwegsetzt und an dem Qualität, Recherche, gepflegte Speisen und Liebe zur Arbeit garantiert sind.

DIE OSTERIA – Ein Besuch in dieser seit 1850 bestehenden Osteria in der Poebene am rechten Oglio-Ufer wird Sie begeistern. Regie führt hier die Familie Corbari. Ubaldo, der Magier am Herd, begrüßt Sie, während Omar den Service versieht und Ihnen jedes Gericht unter Nennung des Ursprungs der Zutaten und der Zubereitungsart erläutert. Der Appetit und die Lust, die Köstlichkeiten zu probieren, steigern sich, je länger seine Erzählungen dauern.

DIE KÜCHE – Als Willkommensgruß gibt es eine Kostprobe von Ciccioli (Grieben) und Frittata mit Saisongemüse. Weiter geht es mit ausgezeichneten Lumache in umido con erbette e verdure (10 €), aus Rohmilch erzeugten Caprini con salsa di erbette, Polpettone di tonno und Salumi mit **Giardiniera**. Unter den hausgemachten Teigwaren sind exzellente **Marubini ai tre brodi** (10 €), Tagliatelle con funghi e fiori di zucca, delikate Tortelli al luccio und eine unverzichtbare Minestra meraviglia con verdure ed erbe di campo. Fortgesetzt wird mit **Anguilla** sgrassata al forno **con aromi dell'orto** (17 €), **Oca in terragna con mostarde** (die Senfsaucen sind aus eigener Erzeugung), Campanello di chianina al forno con ortiche e ciliegie und **Porc-tonné**, Fleisch mit Thunfischsauce nach einem Originalrezept von Pellegrino Artusi. Exzellent ist die Käseselektion, vor allem Rohmilchkäse. Von den himmlischen Dolci verdienen Zuppa inglese mantovana und **Sbrisolona con zabaione** caldo ganz sicher eine Kostprobe. Umfangreich und gepflegt präsentiert sich das Weinangebot, eine Vorliebe für naturbelassene Weine erkennen lässt.

POMPONESCO (MN)

40 KM SÜDWESTLICH VON MANTUA, S.S. 358

Cavalier Saltini

Trattoria
Piazza XXIII Aprile, 10
Tel. (+39) 338 / 612 13 32
Ruhetag: Montag
Ferien: 15. Juli–14. August
80 Plätze
Preise: 32 €
Kreditkarten: Visa; BM
Mittags und abends geöffnet

DIE OSTERIA – Pomponesco, einer der schönsten Orte Italiens, liegt am südlichen Rand der Provinz Mantua und wacht seit Jahrhunderten über den sanft dahinfließenden Po. Unter den Arkaden, die den Platz umrahmen, setzt seit Jahrzehnten das Restaurant Cavalier Saltini seinen Betrieb in einem zur Umgebung absolut passenden Stil fort, ohne sich auch nur im Geringsten um gastronomische Modeerscheinungen und Tendenzen gesunder Ernährung zu kümmern. Die weitläufigen Räume sind mit Mobiliar und Dekorationsobjekten aus alten Zeiten ausgestattet, die der an sich schon geselligen Atmosphäre einen Hauch Ungezwungenheit verleihen; die Bedienung ist schnörkellos und effizient, aber herzlich.

DIE KÜCHE – Zur Einstimmung kann man zwischen fünf Sorten Wurst wählen, die alle von typischem ***Luadel*** begleitet werden, einem warmen Brötchen mit viel Schmalz. Klassische hausgemachte Primi stehen zu jeder Jahreszeit auf dem Programm, darunter großzügige Portionen von Tortelli con bietole e ricotta, **Agnoli in brodo** (10 €), Minestrone con maltagliati, Bigoli al torchio con panna, prosciutto e funghi, Tortelli di zucca und Tagliatelle con anatra. Weiter geht es mit Secondi, die für Gaumen gekocht sind, die schlichte Rezepte ohnen Schnickschnacklieben (13 €): **Stracotto d'asino**, Cinghiale und Anatra al forno, Capriolo con funghi, Stinco di maiale, Costata di manzo und **Lumache in umido** oder alla bourguignonne; dazu werden gegrillte Polenta, Bratkartoffeln oder Saisongemüse serviert. Auch die Süßspeisen weichen nicht von den bekannten Wegen ab: **Sbrisolona**, Tiramisu, Strudel, Meringata, Sorbetto al limone, Tartufo und Gelato. Die knapp gehaltene Weinkarte nennt vor allem italienische Etiketten, bei denen Lambrusco natürlich obenan steht.

PORTALBERA (PV)
San Pietro

22 KM SÜDÖSTLICH VON PAVIA, 3 KM VON STRADELLA

Osteria dei Pescatori

Trattoria
Ortsteil San Pietro, 13
Tel. (+39) 03 85 / 26 60 85,
(+39) 320 / 371 30 52
Ruhetag: Mittwoch
Ferien: 2 Wochen im Januar, 3 Wochen im Juli
50 Plätze
Preise: 35–38 €
Kreditkarten: CS, Visa; BM
Mittags und abends geöffnet

DIE OSTERIA – Lokale wie dieses haben viel Geschichte und im Namen des guten Essens gelebte Leben hinter sich. Die Osteria trägt ihre Jahre ungeniert zur Schau, wie ein weiser Mensch seine Falten nicht versteckt. Erfahrung und Leidenschaft sind im Angebot von Koch Massimo Borgognoni spürbar, der in gelungener Verbindung von Tradition und Innovation schmackhafte und ausgewogene Gerichte zubereitet.

DIE KÜCHE – Unter den Antipasti finden sich Spuma di persico und **Terrina di pesce gatto** (9 €), Millefoglie di polenta con speck d'oca all'agretto di bosco oder traditionelle Salami von der Gans. Danach folgen Primi aus hausgemachter Pasta (9 €), von denen Sie Tagliolini al ragù di fiume, Trofie alla crema di cipolle e petto d'oca affumicato und außergewöhnliche **Zuppa di zucca, ceci e gamberi di fiume** nicht unbeachtet lassen sollten. Von den Secondi mit Fisch verdienen **Filetto di lavarello agli aromi con verdure cotte al vapore** (10 €) und Tagliata di storione con rucola e melagrana eine Kostprobe; bei den Fleischgerichten hat man die Qual der Wahl zwischen **Coscia d'oca in confit con patate novelle saltate nel suo grasso** (11 €), Cappello da prete arrosto con verdure al vapore, Brasato con polenta (10 €), Lumache alla campagnola in umido und zu manchen Zeiten Rane fritte. An Süßem bietet Signora Vittoria Schiappelli ihren Gästen Crostata mit Früchten oder hausgemachten Konfitüren und weitere saisonale Spezialitäten. Die überwiegend aus dem Umland stammenden Weine haben ehrliche Preise.

In **Spessa Po** (2 km) züchtet der junge Paolo Corbellini im schönen Rahmen der Cascina Speziana Chianina-Rinder und bietet gelegentlich Familienpackungen von erstklassigem Fleisch an.

POZZOLENGO (BS)
Martelosio di Sopra

40 KM SÜDÖSTLICH VON BRESCIA

Antica Locanda del Contrabbandiere

Restaurant
Ortsteil Martelosio di Sopra, 1
Tel. (+39) 030 / 91 81 51
Ruhetag: Montag • Ferien: 7.–31. Januar
36 Plätze + 20 Plätze im Freien
Preise: 35–38 €
Kreditkarten: CS, MC, Visa; BM
Abends geöffnet, an Feiertagen auch mittags

DIE OSTERIA – Ein Gebäude aus dem 15. Jahrhundert bildet den Rahmen der Locanda, die damals schon diesen Namen trug. Lorenzo Bonato und Valentina Bisinella führen dieses bis in das kleinste Detail gepflegte Lokal. Der erfahrene Koch Lorenzo verarbeitet in der Küche Zutaten von bewährten Erzeugern und erzielt dabei glänzende Ergebnisse. Im Sommer essen die Gäste gerne in der schönen Veranda im Freien und erfreuen sich am herrlichen Blick über die Weingärten.

DIE KÜCHE – Das Menü wechselt häufig. Die Antipasti können Flan di porcini e zucca con fonduta alla formaggella di bufala (9 €), Rollé di pesce persico su crema di cannellini, **Trota in salsa verde con polenta** und Gratin di crostacei umfassen. Von den Primi stechen **Risotto con Amarone e monte veronese** (14 €) und Risotto alla salsiccia d'oca e foie gras affumicato hervor; eine Erwähnung verdienen auch Maccheroncini con ragù di coniglio e castagna, einzigartig und sehr schmackhaft ist Raviolo d'acqua dolce al burro e zenzero. Das Paradegericht bei den Secondi ist **Guanciale di vitello brasato** all'Amarone (15 €). Einfach und tadellos sind die Dolci (7 €): Tortino di cioccolato fondente con spuma alla menta, Creme brulée alla vaniglia dell'isola Mauritius con frutti della passione und Semifreddo ai fichi secchi marinati nel rum. Pasta und Brot sind hausgemacht. Die gepflegte Weinkarte listet Weine aus beinahe allen bekannten Kellereien auf.

Bei den Fattorie dei Colli Storici (Via Santa Maria 21) gibt es Fleisch der besten italienischen Rinderrassen. Die Brüder Castrini beschäftigen sich mit ethischem Konsum zur Reduzierung der Vergeudung von Nahrungsmitteln und fördern die Initiative Spesa Famiglia mit breiter Zustimmung.

QUISTELLO (MN)

29 KM SÜDÖSTLICH VON MANTUA, S.S. 496

All'Angelo

Restaurant • Via Catone, 60
Tel. (+39) 03 76 / 61 83 54
Ruhetag: Montag, Oktober–April auch Sonntagabend
Ferien: zweite Januarwoche, ersten 2 Augustwochen
60 Plätze + 90 Plätze im Freien
Preise: 36–45 € €↑
Kreditkarten: AE, CS, DC, MC, Visa; BM
Mittags und abends geöffnet

DIE OSTERIA – Sehr schön ist seit dem Jahr 2012 der Rahmen des Lokals von Nadia und Denis Garosi, eine umsichtig renovierte Villa aus dem 19. Jahrhundert im ländlichen Gebiet um Mantua. Sie besticht durch elegante Räume, Sichtgebälk an den Decken und einen einladenden Park. Alles deutet jedoch darauf hin, dass die Lokalinhaber bald wieder am ursprünglichen Ort unter den Arkaden am Ortseingang von Quistello zu finden sein werden wie vor dem Erdbeben.

DIE KÜCHE – Das deftige Menü bietet verschiedene Optionen, sowohl hinsichtlich des Geschmacks als auch in Bezug auf die Endrechnung, die merklich steigen kann, wenn man zu Gerichten mit weißer Trüffel aus den Auen des Secchia und des Po greift. Unter den Antipasti sind Scaloppa di foie gras d'anatra al passito con pandolce (18 €), **Carpaccio d'oca con rucola e aceto di lamponi** (11 €) und Prosciutto di Parma con salsa tiepida di balsamico. Als Primi erwarten Sie Risotto oder Tagliatelle al tartufo (25 €), Tagliatelle ai porcini, **Tortelli di zucca al burro fuso** (10 €) und Ravioli d'anatra. Breit gefächert präsentiert sich die Palette der Secondi: Tagliata di petto d'anatra in salsa di vino rosso (15 €), **Lonza di maiale con mostarda di mele**, Coscia di faraona disossata allo zafferano, Uova al tartufo (25 €) und italienische wie ausländische Käsespezialitäten (8 €). Unter den Desserts sind die obligate **Sbrisolona** (4 €), hausgemachte Gelati, Sorbetti und Bucaneve, eine Variante des Tiramisu. Lambruschi aus Mantua stehen an erster Stelle auf einer Weinkarte, die auch die Produktion aus anderen Regionen Italiens und dem Ausland repräsentiert.

Im Ortsteil **San Rocco** (4 km), Via Boscarello 8, züchtet Fiorenzo Soriani Schweine in Freilaufhaltung und erzeugt Rohschinken und Salami nach Mantuaner Tradition.

RETORBIDO (PV)

31 KM SÜDWESTLICH VON PAVIA, S.P. 35

NEU Al Casello

Moderne Osteria
Strada Provinciale, 1
Tel. (+39) 331 / 323 95 83
Ruhetag: Montag, Dienstag
Ferien: unterschiedlich
40 Plätze + 30 Plätze im Freien
Preise: 35 €
Kreditkarten: AE, CS, DC, MC, Visa; BM
Abends geöffnet, Samstag und Sonntag auch mittags

DIE OSTERIA – Das Gebiet des Oltrepò Pavese ist um ein erfreuliches gastronomisches Abenteuer reicher. Das ist dem Einsatz des jungen Gabriele Tedesco zu verdanken, der das alte Bahnwärterhaus an der berühmten Eisenbahnstrecke Voghera-Varzi, die heute zu einem schönen Greenway geworden ist, umgestaltet hat. Die einfache, gepflegte Osteria befindet sich im oberen Stockwerk und lässt eine verblüffende, ja fast schon manische Aufmerksamkeit für die Zutaten aus dem Oltrepò erkennen, die Silvia mit sicherer Hand verarbeitet. Der einladende Sitzbereich im Freien steht den Gästen für einen nachmittäglichen Imbiss oder einen erstklassigen Aperitiv mit Produkten des Gebiets zur Verfügung.

DIE KÜCHE – Die Wurstspezialitäten vom Brett (12 €) sind eine Hymne an das Gebiet und eine Hommage an die handwerklichen Erzeuger aus dem nahen Hügelland. Alternativ dazu kann man sich für einen Antipasto aus Saisongemüse entscheiden, wie Tortino di melanzane e pomodoro al rosmarino (7 €). Die gefüllten Teigwaren sind eine der Besonderheiten des Lokals: **Ravioli di brasato**, Tortelli di ricotta e bietoline (10 €) und Gnocchi di patate, die in der Saison mit Steinpilzen verfeinert werden. Bei den Secondi darf eine Hommage an das nahe Städtchen in Form von **Petto di pollo ripieno** al peperone di Voghera nicht fehlen. Schweine- und Rindfleisch wird bei lokalen Züchtern eingekauft, daher lohnt es sich, Gerichte wie **Vitello tonnato** (12 €) und Puntine di cinta senese alla griglia zu probieren. Die Dolci (6 €) sind gut zubereitet und gepflegt. Beachtlich ist Gabrieles Engagement bei der Auswahl der Weine, die vor allem von kleinen Winzern aus dem Oltrepò Pavese stammen.

Auf dem Gut Il Santo in **Rivanazzano** (2 km), Via Kennedy 36, züchtet Eugenio Barbieri Varzese-Rinder und erzeugt Wurstspezialitäten und Wein.

RIPALTA CREMASCA (CR)
Bolzone

42 KM NORDWESTLICH V. CREMONA, 8 KM V. CREMA

Trattoria Via Vai

Trattoria
Via Libertà, 18
Tel. (+39) 03 73 / 26 82 32
Ruhetag: Dienstag, Mittwoch
Ferien: August
40 Plätze + 20 Plätze im Freien
Preise: 38–40 €
Kreditkarten: CS, MC, Visa; BM
Abends geöffnet, Sonntag auch mittags

DIE OSTERIA – Die Trattoria Via Vai im charakteristischen ländlichen Ort Bolzone in der Poebene wird von Patron Stefano Fagioli geleitet und garantiert eine schöne Einkehr für alle, die gutes Essen und Trinken lieben. Die einfache, gepflegte Einrichtung mit einem Bartresen und kleinen Tischen mit rustikaler Tischwäsche und Blumenschmuck ist ganz nach Tradition des Gebiets geschmackvoll gestaltet. Beim gastronomischen Angebot gebührt der erste Platz den typischen Gerichten aus der Küche Cremonas, von denen einige zu Spezialitäten des Lokals geworden sind.

DIE KÜCHE – Ein Muss zum Einstieg ist eine Kostprobe von der lokalen Salami mit Giardiniera, auf die Terrina di **fegato grasso con composta di fichi** (15 €) oder Sformato di fave con fonduta di salva (DOP-Käse aus Cremona) folgen. Unter den hausgemachten Primi sind exzellente **Tortelli all'amaretto** con burro e salvia (10 €), Ravioli ripieni (mit saisonaler Füllung und verschiedenen Saucen angerichtet) und Gnocchi und Risotti. Als Secondi erwarten Sie **Coniglio alla cremasca con polenta**, Cosciotto d'anatra arrosto in salsa d'arancia und Carré di maialino da latte con indivia al forno (18 €). Pflicht ist eine Kostprobe von **Salva con le tighe** (mit grünen lombardischen Peperoni, 6 €), um sich danach Süßem (5 €) zu widmen, wie Tiramisù di sabbiosa espresso, Meringata alla mela cotogna con ananas und, als Alternative dazu, Sorbetti des Tages. Die umfangreiche Weinkarte bietet gut ausgewählte Flaschenweine und viele Tropfen im glasweisen Ausschank. Der Kaffee wird wie früher in der Mokkakanne zubereitet. Interessant und lohnend sind die Themenabende zur hiesigen Küche.

RONCOFERRARO (MN)
Garolda

14 KM ÖSTLICH VON MANTUA

Dal Gaia

Trattoria
Strada Ostigliese, 83/3
Tel. (+39) 03 76 / 66 38 15
Ruhetag: Montag, Dienstagabend
Ferien: dritte und vierte Augustwoche
55 Plätze + 20 Plätze im Freien
Preise: 30 €
Kreditkarten: AE, Visa; BM
Mittags und abends geöffnet

DIE OSTERIA – Das Lokal befindet sich neben der Staatsstraße, die dieses von natürlichen und künstlich angelegten Wasserläufen durchzogene Gebiet durchquert. Draußen eine Veranda mit wenigen Tischen, um in den Sommermonaten im Freien zu essen, drinnen zwei durch eine Ziegelwand getrennte Räume mit Holztischen und einer Einrichtung wie in früheren Zeiten. Die Wände sind mit Arbeitsgerät und alten Plakaten dekoriert. Das wie der Service einfache und legere Ambiente lenkt nicht von der Küche ab, die vorwiegend klassische Traditionsgerichte präsentiert.

DIE KÜCHE – Neben den Wurstspezialitäten, von denen Culatello mit Schwarte und Mortadella aus dem Slow-Food-Presidio herausragen, sollten Sie von den Antipasti delikate und gleichzeitig schmackhafte **Petto d'anatra affumicato** (9 €) probieren. Agnoli in brodo und **Tortelli di zucca** dürfen bei den Primi nicht fehlen, flankiert von würzigen Maccheroni al cinghiale (9 €), Gnocchetti di zucca con taleggio e pioppini, Tagliatelle con piccione e spugnole oder von klassischeren Ravioli di ricotta, spinaci e noci. Die Teigwaren sind alle hausgemacht. Man kann danach auf den Spuren der Tradition wandeln und bei den Secondi zwischen **Stracotto di somarino con polenta** (10 €) oder Cosciotto d'oca all'aceto balsamico wählen, aber auch Costolette d'agnello ai ferri, Tagliata di manzo con cipolla rossa di Tropea und Capretto al forno con carciofi genießen. Begrenzt, jedoch aus lokaler Erzeugung ist das Käsesortiment. Die Dolci (6 €), wie **Salame di cioccolato e zabaione** oder Budino di zucca al caramello, sind hausgemacht. Rund 150 Etiketten stehen auf der Weinkarte, darunter viele Weine aus der Region und auch einige Tropfen von Edelwinzern, alle zu mehr als ehrlichen Preisen.

22 KM WESTLICH VON BRESCIA, A 4

Trattoria del Gallo

Trattoria
Via Cantine, 10
Tel. (+39) 030 / 724 01 50
Ruhetag: Sonntagabend (im Sommer)
Ferien: 1 Woche im August
50 Plätze
Preise: 39 € €↑
Kreditkarten: AE, CS, DC, MC, Visa; BM
Mittags und abends geöffnet

DIE OSTERIA – In der Altstadt von Rovato, seit Langem für den Fleischmarkt und vor allem für die Verarbeitung von Rindfleisch bekannt, präsentiert sich die Trattoria ihren Gästen als treue Interpretin der lokalen Küche mit einem bewährten Menü, das von Freunden der kulinarischen Tradition Brescias geschätzt wird. Das Lokal wartet mit einem weitläufigen Raum mit Kamin und Tonnengewölbe, großen, schön gedeckten Tischen und legerer Atmosphäre auf. Der Service ist flott und schlicht.

DIE KÜCHE – Man kann sein Menü mit hausgemachter **Paté di fegato di vitello** e confettura di cipolle rosse di Tropea (10 €), Violino di capra e prosciutto d'oca con burro aromatizzato oder Millefoglie di mais con cremoso di baccalà beginnen. Die Primi sind deftig: Casoncelli al burro e salvia, **Maltagliati con salmì di lepre** (12 €), **aus frischem Teig zubereitete Bigoli con *pestom*** (Brät von frischer Salami) und Risotto al Franciacorta Brut con pere e taleggio. Selbstverständlich dominiert Fleisch bei den Secondi, vor allem **Manzo di Rovato all'olio** con polenta di farina di Castegnato, aber auch Coniglio alla bresciana, ebenfalls mit Polenta, Bollito misto in Brühe mit der üblichen Begleitung – Mostarda cremonese, Salsa verde und lombardischer Paprika –, Baccalà alla bresciana mantecato al latte und Tagliata di filetto di manzo con crema di stracchino all'antica delle valli orobiche (Slow-Food-Presidio). Als Alternative bietet sich ein gepflegtes Käsesortiment mit Konfitüren an. Die Süßspeisen sind klassisch, die auf das Wesentliche beschränkte Weinkarte konzentriert sich auf Tropfen aus der Franciacorta.

33 KM SÜDWESTLICH VON MANTUA

La Dispensa

Restaurant
Via della Galleria, 3
Tel. (+39) 03 75 / 22 11 07
Ruhetag: Montag
Keine Ferien
24 Plätze + 12 Plätze im Freien
Preise: 36 €
Kreditkarten: CS, MC, Visa; BM
Mittags und abends geöffnet

DIE OSTERIA – Das eher einfache Lokal befindet sich in der Eingangshalle eines ehemaligen Kinos neben der Galleria degli Antichi in Sabbioneta. Die Speisekarte ist gut sichtbar in der Auslage ausgehängt, der Innenbereich verfügt über wenige Plätze an komfortablen, in gutem Abstand angeordneten Tischen. Der Empfang ist herzlich, die Atmosphäre ruhig und entspannt. Vor etwas mehr als acht Jahren hat die Familie Cottafava nach wichtigen Erfahrungen im Raum Cremona beschlossen, ihre Kompetenz und Begeisterung für die geschätzte Gastronomie des Gebiets im Zentrum des schönen Renaissanceorts auszuleben. Jedes Gericht, das Signora Sonia minutiös erklärt, ist von Respekt gegenüber den Zutaten geprägt, von denen viele von lokalen Erzeugern stammen.

DIE KÜCHE – Die Gerichte sind sowohl in puncto Farben als auch Komposition gut präsentiert und überzeugen mit einfachen, klaren Nuancen. Ausgewogene Geschmacksnoten kennzeichnen den traditionellen **Luccio in salsa** und den überaus delikaten Baccalà su vellutata di porro (9 €), die den Auftakt bilden. Unter den Primi sind ein exzellenter Risotto con centrifugato di peperone rosso e gorgonzola dolce (9 €); außerdem gibt es Paccheri alla contadina con le tre carni tagliate al coltello (9 €) und **Tortelli alla sabbionetana** (mit geschmorten Zwiebeln und Tomaten). **Stracotto d'asino con polenta** sollte nicht unversucht bleiben; delikat ist Filetto di maialino con foie gras e patate al timo (16 €), appetitlich kommen Costolette di agnello alla griglia con le croccanti patate della Dispensa daher. Von den ausnahmslos hausgemachten Desserts erwähnen wir Semifreddi al nocino oder al torroncino, Torta Elvezia (5 €), Panne cotte im Miniformat und die für Mantua typische **Sbrisolona**. Die schlichte Weinkarte rückt die besten lokalen Etiketten in den Vordergrund.

SAN COLOMBANO AL LAMBRO (MI)
Mostiola

42 KM SÜDÖSTLICH VON MAILAND

Sant'Ambrogio

Traditionelle Osteria
Ortsteil Mostiola, 8
Tel. (+39) 03 71 / 89 86 75
Ruhetag: Montag, Dienstag
Ferien: zeitweise im Januar und August
45 Plätze + 45 Plätze im Freien
Preise: 35–40 € €↑
Kreditkarten: AE, CS, MC, Visa; BM
Mittags und abends geöffnet

DIE OSTERIA – Das Lokal ist unmittelbar von der Autobahnausfahrt Casalpusterlengo erreichbar und erinnert an die alten Osterien von einst: Bar im Eingangsbereich, ruhige Gasträume mit rustikaler Einrichtung und kleine Terrasse mit Tischchen im Freien. Die Inhaber bieten einfache Küche, die bei den Primi auf Ivanas frischer Pasta und bei den Secondi auf Gegrilltem beruht, das der erfahrene Donato im mächtigen Kamin im Innenbereich zubereitet.

DIE KÜCHE – Den Anfang machen Antipasti della casa (8 €), Wurstspezialitäten aus Piacenza mit süßsauren Zwiebelchen, Spiedini caldi di lardo e provolone oder Tomino lardellato alla brace, dann folgen die Primi (10 €): Tortelli di ricotta e spinaci al burro e salvia, **Tortellini di brasato**, **Ravioli mantovani di zucca e mostarda**, Pappardelle al ragù di carne und traditionelle Anolini di brasato in brodo di carne (13 €). Unter den Secondi, alle mit Beilagen (5 €) aus Saisongemüse serviert, finden sich Filetto oder Costata di **scottona lodigiana** alla brace (25 €), Misto griglia (40 € für zwei Personen) mit Schweinerippchen, Salsiccia lodigiana und Manzo oder Rognoncino trifolato; Schnecken gibt es gegen Vorbestellung. Zum Abschluss erwarten Sie Kostproben lokaler Käsesorten (5 €) und hausgemachte Desserts wie ***Strachin gelad***, das an die Form des bekannten Käses erinnert, Zuppa inglese und Crostate. Aus dem schlichten Weinangebot ragen Tropfen aus San Colombano heraus, dem einzigen DOC-Gebiet der Provinz Mailand. Das Degustationsmenü für mindestens zwei Personen kostet 35 €.

In **Lambrinia di Chignolo Po** (5,5 km) beschäftigt die Sozialgenossenschaft I Germogli (Via Don Sbarsi 14) Jugendliche aus zerrütteten Verhältnissen und bindet sie in die Erzeugung von Wein, Honig und Gemüse ein.

SAN DAMIANO AL COLLE (PV)

33 KM SÜDÖSTLICH VON PAVIA

Fugazza

Trattoria
Ortsteil Boffalora, 11
Tel. (+39) 03 85 / 751 83
Ruhetag: Dienstag
Ferien: unterschiedlich
60 Plätze
Preise: 27–32 €
Kreditkarten: CS, DC, MC, Visa; BM
Mittags und abends geöffnet

DIE OSTERIA – Zwischen den Hügeln des Oltrepò behauptet sich eine authentische Trattoria, in der Leidenschaft für das Essen und Herzlichkeit Hand in Hand gehen. Vom Lokal, das über eine kleine Veranda im Freien und zwei einfach und gepflegt eingerichtete Räume verfügt, genießt man einen faszinierenden Ausblick auf die geometrisch angelegten Weingärten an grünen Hängen. Die überaus freundlichen Inhaber, Luisa und Stefano, bringen ihre Leidenschaft in jedes Gericht ein, ob ganz schlicht oder erlesen, und verbinden Tradition und innovative Recherche.

DIE KÜCHE – Als Antipasti erwarten Sie **Insalata di baccalà** con pomodorini secchi e olive taggiasche (10 €), Cordon bleu di melanzane con verdure oder eine Selektion an Wurstspezialitäten, die im hauseigenen Keller reifen. Unter den ausnahmslos hausgemachten Teigwaren finden sich Ravioloni di cipollotti di Breme, ricotta e grana stagionato (10 €) und Tagliolini all'uovo con tartufo dell'Oltrepò, **Ravioli di stufato** della tradizione (9 €); außerdem gibt es **Risotto** carnaroli **con verdure di campo**. Die Secondi überraschen mit Spiedino di **lumache trifolate** su purea di patate e porri (10 €), Galletto gratinato alla senape e limone con patate und Battuta al coltello con salsa al vecchio Piemonte. Weiter geht es mit Tris di formaggi di capra, begleitet von Konfitüren und Biohonig (15 €). Selbstverständlich sind auch die Süßspeisen hausgemacht: Tortino di mele al profumo di cannella, Crème brulée al profumo di agrumi oder traditioneller ***Brasadé*** al Moscato di Volpara con zabaione. Die Weinkarte bietet gute Etiketten aus dem Oltrepò und einige Tropfen aus dem übrigen Italien.

SAN GIACOMO DELLE SEGNATE (MN)

36 KM SÜDÖSTLICH VON MANTUA

Le Caselle

Agriturismo
Via Contotta, 21
Tel. (+39) 03 76 / 61 63 91,
(+39) 348 / 385 96 22
Ferien: je 15 Tage im Januar und August
50 Plätze + 30 Plätze im Freien
Preise: 30–35 €
Kreditkarten: CS, MC, Visa; BM
Gegen Vorbestellung mittags und abends geöffnet

Ein Beispiel dafür, wie Essen Ausdruck sein kann von kulturellem Wissen, Tradition, Leidenschaft, strikter Unverfälschtheit und gutem Geschmack.

DIE OSTERIA – Was auf den Tisch kommt, wird im eigenen Betrieb im Oltrepò Mantovano (mit Feldern, Obsthain, Wald und See) von Gianfranco und Raffaella Contadori auf natürliche Weise angebaut und gezüchtet. In heiterer, einladender Umgebung können Sie hier exzellente Gastronomie erleben. Auf der Speisekarte sind die Preise der einzelnen Gänge (Vorspeisen 6 €, Primi 10 €, Secondi mit Beilage 13 €, Käse mit Mostarde 12 €, Desserts 6 €) angeführt. Gianfranco erläutert bei Tisch liebenswürdig die Gerichte, die an die Jahreszeit und an die Verfügbarkeit der Produkte aus dem Betrieb und dem Gebiet gebunden sind, während Raffaella sich um die Küche kümmert.

DIE KÜCHE – Der große Hauptdarsteller ist Cappone (Kapaun) dei Gonzaga, und zwar in **Insalata alla Stefani**, unter den drei Fleischsorten für die superben **Cappelletti in brodo** und in einigen Fleischsaucen. Er wird in Rinderblase mit Holunderrohr gebraten oder gekocht. Dieses international bekannte Gericht gibt es gegen Vorbestellung im Herbst und Winter. Vortrefflich sind auch die anderen Angebote wie **Maltagliati al ragù della corte**, Tagliolini con verdure di stagione, Ravioli di zucca, Coniglio in porchetta und **Guancia di manzo al tegame**, die mit perfekten Beilagen aus im Betrieb gezogenem Gemüse gereicht werden. Erwähnt seien Raffaellas Mostarde, die den sorgfältig ausgesuchten Käse begleiten, und von den Süßspeisen die überaus delikate **Crema cotta al miele di tiglio**. Es besteht die Möglichkeit, besondere Gerichte oder vegetarische und glutenfreie Menüs zu vereinbaren. Interessante Weinkarte. Eine Reservierung ist unerlässlich.

SAN GIOVANNI BIANCO (BG)
Oneta

29 KM NÖRDLICH VON BERGAMO

Taverna di Arlecchino

Trattoria
Ortsteil Oneta
Tel. (+39) 03 45 / 424 58,
(+39) 338 / 760 08 82
Ruhetag: Montagabend, Dienstag (außer im August)
Ferien: unterschiedlich
30 Plätze + 10 Plätze im Freien
Preise: 34 €
Kreditkarten: MC, Visa; BM
Mittags und abends geöffnet

DIE OSTERIA – Das alte Steinhaus bildet den Rahmen der Osteria und des Harlekin-Museums, die jedoch getrennt voneinander untergebracht sind. Eine jahrhundertelange Tradition ist im kleinen Ort Oneta zu Hause, dem Ursprung der berühmten Maske aus Bergamo. Wir befinden uns am Beginn des Val Taleggio, einer Oase der Ruhe in den Bergamasker Voralpen, wo man heute noch die starke Prägung einer Bauern- und Hirtenkultur spürt und Frauen und Männer trifft, die im Einklang mit den Rhythmen und Gesetzen der Natur leben. Aus dem gastronomischen Angebot spricht die Treue, die Patron und Küchenchef Franco Moretti und seine Mitarbeiter diesem Gebiet entgegenbringen.

DIE KÜCHE – Unter den Antipasti (10 €) finden sich Köstlichkeiten wie gereifter Lardo und Pancetta, sehr gute **Verdure in agrodolce** und die beiden verlockenden lokalen Käsesorten *Strachitunt* und *Formai de mut*. An Primi (10 €) bieten sich **Casoncelli alla bergamasca con pancetta croccante**, **Gnocchetti di patate con strachitunt e tartufo** di Bracca, aus frischem Teig zubereitete Tagliolini con porcini und Crespelline gratinate al forno con farcitura di *paruch* (mit wildem Bergspinat gefüllt). Polenta taragna con uovo e tartufo nero, Bocconcini di vitello con porcini, Spezzatino di cinghiale in agrodolce, Coniglio alla casalinga und **Brasato di vitellone al vino della Valcalepio** bilden das Angebot der Secondi (14 €). Und zum Abschluss gibt es hausgemachte Desserts (6,50 €), die wie das restliche Menü mündlich aufgezählt werden: Ciliegie cotte nel vino rosso con gelato alla cannella, Sfogliatina di fichi con zabaione al passito di Scanzo, Crème brulée al rum und Semifreddo ai frutti di bosco. Zu trinken gibt es hauptsächlich Valcalepio und daneben einige andere Weine aus den nördlichen Regionen Italiens.

SANTA MARIA DELLA VERSA (PV)
Sannazzaro

28 KM SÜDÖSTLICH VON PAVIA

Mondo Piccolo

Osteria
Ortsteil Sannazzaro, 2
Tel. (+39) 03 85 / 791 69
Ruhetag: Montag
Ferien: 1 Woche nach dem 15. August
50 Plätze + 30 Plätze im Freien
Preise: 27–30 €
Kreditkarten: CS, MC, Visa; BM
Mittags und abends geöffnet

DIE OSTERIA – Das Gebiet des Oltrepò Pavese ist für viele Bewohner der angrenzenden Städte seit jeher ein Ort der Atempause und des Rückzugs vom urbanen Chaos. Auf einem der Hügel haben Romano und Valentina Boccasile, beide aus Mailand, ein Refugium gefunden, nachdem sie in der Toskana in der Gastronomie tätig waren. In ihrem Lokal fühlt man sich wohl und von Wärme umgeben. Erstklassige Zutaten aus dem Gebiet kennzeichnen die Menüs des Mondo Piccolo. Die Gerichte werden stets frisch gekocht – häufig gegen Vorbestellung – und gehen Hand in Hand mit den Jahreszeiten. Im Sommer kann man auf der Veranda speisen. Es werden auch Themenabende organisiert.

DIE KÜCHE – Die Antipasti eröffnen das Menü mit **Verdure sott'olio** (das Gemüse kommt aus dem hauseignen Garten) und Wurstspezialitäten aus dem Gebiet (8 €), Aringa e patate lesse oder auch mit Insalata di orzo perlato. Die **Risotti** sind kennzeichnend für die Primi und in den Versionen al cavolo nero e aringa (8 €), **con pasta di salame e Buttafuoco**, al radicchio e zola und con tartufo nero del Penice erhältlich. Wer andere Primi probieren möchte, wählt Tagliatelle al ragù di bondiola, Gnocchi ripieni di formaggio all'ortica oder Lasagne. Fleisch spielt die Hauptrolle bei den Secondi: **Gallina ripiena** mit verschiedenen Saucen (12 €), ***Casoeûla***, Cinghiale al salmì und Coppa arrosto. An Käse gibt es häufig Casera vom Monte Penice, Grana lodigiano, Stracchino und Gorgonzola. Die Dolci tragen Valentinas Handschrift: Crostate di frutta (3 €), Torta al cioccolato, Strudel, Sachertorte, **Salame al cioccolato** ohne Ei und mit Honig sowie Straccetti di pan di Spagna. Die strikt territorial gehaltene Weinkarte listet Etiketten von kleinen Winzern aus der Umgebung auf.

SANTO STEFANO LODIGIANO (LO)
Chiavicone

35 KM SÜDÖSTLICH VON LODI, S.P. 36

Il Barcaiolo

Agriturismo • Ortsteil Chiavicone, 3
Tel. (+39) 03 77 / 37 93 00,
(+39) 389 / 594 99 67
Ruhetag: Montag
Ferien: 2 Wochen Mitte August
40 Plätze + 20 Plätze im Freien
Preise: 28 €
Kreditkarten: AE, CS, DC, MC, Visa; BM
Mittags geöffnet, Freitag und Samstag auch abends

DIE OSTERIA – Nur wenige Minuten sind es von der Autobahnausfahrt Piacenza Nord bis zu dem charakteristischen Lokal, das gleichzeitig Osteria und Laden ist und von den Brüdern Lodigiani geführt wird. Sie bieten schlichte Küche und die Möglichkeit, berühmte Wurstspezialitäten aus eigener Erzeugung und weitere Produkte der lokalen Gastronomie zu kaufen. Im dem mit Gästen aus der Umgebung stets gut gefüllten Speisesaal steht auf einer Tafel das Tagesmenü angeschrieben, das eine begrenzte Auswahl unverfälschter, bodenständiger Saisongerichte enthält.

DIE KÜCHE – Ein Muss zum Einstieg ist der Antipasto (8 €) mit Aufschnitt aus Salumi aus Eigenproduktion (Sanfiorinetto, gereifter Mariola, Coppe, Fiocco, gekochtem Culatello), serviert mit Gnocco fritto und Giardiniera. Als Primi (8 €) gibt es Risotti, hausgemachte Teigwaren, darunter Tagliolini con cotechino e mele, obligate **Tortelli** und **Gnocchi con la raspadura** (mit hauchdünnen Spänen von lokalem Grana). Unter den Secondi (10 €) finden sich Ganassino stufato, Lonza di maiale alle prugne und in der schönen Jahreszeit Fleisch und Spieße vom Grill, die man auch im Freien genießen kann. In der kalten Jahreszeit sind die Paradegerichte **Panissa** und **Trippa alla lodigiana**. Gute Käseselektion (8 €) aus lokalen Käsereien – Grana, Provolone, mild und würzig, Pannarone – und Desserts (4 €), von denen besonders die hausgemachten **Crostate** und das Tiramisu eine Kostprobe verdienen. Das Weinangebot ist lokal gehalten; für Bierliebhaber steht eine Selektion von Biersorten aus Kleinbrauereien der Umgebung bereit. Unter der Woche wird ein Businesslunch (12 €) angeboten.

15 KM NORDÖSTLICH VON CREMONA

Locanda del Gheppio

Trattoria
Via Umberto I, 28
Tel. (+39) 03 72 / 891 40
Ruhetag: Montagabend, Dienstag
Ferien: 2 Wochen im August
80 Plätze + 10 Plätze im Freien
Preise: 32–35 €
Kreditkarten: CS, DC, MC, Visa; BM
Mittags und abends geöffnet
♿

DIE OSTERIA – Bevor Sie zur Locanda gelangen, fahren Sie durch die Landschaften einer noch stark landwirtschaftlich geprägten Lombardei und ruhige Orte, an denen die Zeit angehalten scheint, durchzogen vom Oglio und in Stille versunken. Deshalb ist es überraschend, sich nach dem Überschreiten der Schwelle in einem alles andere als rustikalen Lokal zu befinden, das zwar nicht erlesen, jedoch mit Liebe zu jenen Details eingerichtet ist, die beim Gast Wohlgefühl in einem komfortablen Haus erzeugen. Für einen liebenswürdigen Service sorgt Sommelière Laila, die Tochter der seit Jahrzehnten in der Gastronomie tätigen Inhaber Carlo und Vanna.

DIE KÜCHE – Wenn Sie sich für eine Mahlzeit mit bodenständigen Gerichten entscheiden, können Sie zur Einstimmung neben den obligaten Wurstspezialitäten auch Filetti di **pesce gatto in agrodolce** (14 €) oder Insalata di cappone con verdure wählen. Von den Primi dürfen Sie **Marubini in brodo** (10 €), Tortelli di zucca al burro versato oder Trippa nicht auslassen, wenn Ihnen Risotto con lo stinco di maiale zu üppig erscheint. Polenta begleitet die Secondi, unter denen **Lumache nostrane in umido** (12 €), **Frittura di pesciolini di fiume** und Piedino di maiale al vapore (9 €) herausragen. Vom restlichen Menü seien gereifte Culaccia con sfogliatine calde, delikater Rollino di anguilla in carpione dolce, Risotto con castelmagno e guanciale fritto und Petto d'anatra con tortino di patate e porcini genannt. An Süßem bieten sich aufwendige Desserts an (5 €), darunter **Semifreddo al torroncino di Cremona**, Crostatina ripiena di castagne, Parfait alla liquirizia und hausgemachtes Eis. Weinkarte mit fairen Preisen.

21 KM ÖSTLICH VON BRESCIA, S.S. 45 BIS

Castello

Trattoria
Via Castello, 38
Tel. (+39) 030 / 690 81 14,
(+39) 030 / 691 00 01
Ruhetag: Dienstag
Ferien: zeitweise im Sommer
100 Plätze + 40 Plätze im Freien
Preise: 38–40 € €↑
Kreditkarten: AE, CS, DC, MC, Visa; BM
Mittags und abends geöffnet

DIE OSTERIA – Warum sollte man sich von der Ebene um Brescia über kurvenreiche Straßen auf 650 Meter Höhe zum Castello in Serle hinaufmühen? Wenn Sie sich in der Gegend umhören, werden Sie wahrscheinlich eine Antwort erhalten: wegen des Spießes. Serle ist eine der Hauptstädte des am meisten Geselligkeit stiftenden Gerichts von Brescias Spezialitäten. Und die Trattoria Castello, seit Generationen in den Händen der Familie Zanola, ist einer der Tempel dafür. Es ist aber nicht nur der Spieß (auch in sommerlicher Version mit hellem Fleisch), von dem das Lokal lebt, in dem Stilrichtungen verschiedener Epochen verschmelzen und das neben einem etwas anonymen Speisesaal auch gemütlichere kleine Räume und einen sommerlichen Sitzbereich im Freien hat.

DIE KÜCHE – Vorzüglich sind die selbst erzeugten Würste, die im reichhaltigen Antipasto misto (10 € für eine sehr großzügige Portion) neben Fonduta di porcini, Formaggella con extravergine del Garda, Parmigiana di melanzane, Zeppole con fiori di zucca und in Marmor gereiftem und in Riesling eingelegtem Lardo serviert werden. Pilze sind ein weiterer Hit der Trattoria. Je nach Saison sind sie die Hauptzutat in **Zuppa di porcini**, Tagliolini con i finferli oder con le spugnole (9 €) und **Finferli strapazzati** con uova e formaggio della Valle Sabbia. Ebenso wie **Spiedo** (20 €) ist ein weiteres traditionelles Gericht **Stoccafisso** (13 €), der durch Esskastanien aus den hiesigen Kastanienwäldern eine süße Nuance erhält. Gut sind Desserts wie Tarte tatin con mele locali, **Salame di cioccolato** und Torta all'olio con Zabaione (6 €). Große Weinkarte mit Blick auf lokale Erzeuger und kleine Winzerbetriebe, doch auch Etiketten und Jahrgänge für Kenner.

Die Apicoltura del Sampì in **Botticino** (13 km) gehört dem Slow-Food-Presidio für Gebirgshonig an.

SIRMIONE (BS)
Rovizza

44 KM SÜDÖSTLICH VON BRESCIA

Clementina

Trattoria
Piazza Rovizzi, 13
Tel. (+39) 030 / 919 66 63
Ruhetag: Dienstag
Ferien: 3 Wochen im Oktober/November
35 Plätze + 25 Plätze im Freien
Preise: 35 €
Kreditkarten: CS, MC, Visa; BM
Abends geöffnet, an Feiertagen auch mittags

DIE OSTERIA – Sirmione ist ein bekannter, schöner Ort am Gardasee. Wir befinden uns jedoch im ruhigen Hinterland zwischen Lugana-Reben. Ein gutes „Buen Retiro" haben Francesco Targa und Vater Luigi hier gewählt und pflegen es bis ins Detail. Clementina ist der Name der Großmutter, von der viele Rezepte stammen. Klassische Küche und bodenständige Zutaten ergeben gesunde traditionelle Speisen. Nach Absolvierung der Hotelfachschule und Erfahrungen in verschiedenen Restaurants ist der Patron in seine Heimat zurückgekehrt und hat das Lokal äußerst einladend gestaltet.

DIE KÜCHE – Auf angenehme und kompetente Art schlägt Francesco ein saisonales Menü vor, das mit Wurstspezialitäten, Gnocco fritto und Giardiniera, Formaggi mit Konfitüren – wie die Pasta und Süßspeisen hausgemacht– oder mit interessantem Tris di lago (12 €) beginnen kann. Von den Primi verdienen Ravioli con melanzane in sugo di pomodoro, lokale ***Capunsei***, **Tagliolini del lago** (9 €), Casoncelli alla bresciana und Tagliatelle zucca e salsiccia eine besondere Erwähnung. Fisch aus dem See taucht erneut bei den Secondi auf, und zwar Coregone ai ferri und **Salmerino gratinato al panverde** (14 €), aber auch die Fleischgerichte sind ausgezeichnet: Coniglio al forno, Costine con le verze, **Guancialino con polenta** und Tagliata di scottona. **Tiramisu** ist unter den Süßspeisen (5 €) immer vorhanden; Crema bruciata all'arancia, Bavarese alle fragole e limoncello, Crostata di lamponi und Torta pere e cioccolato sollen jedoch auch nicht unerwähnt bleiben. Die nicht alltägliche Weinkarte ist das Ergebnis intensiver Recherche und ermöglicht wunderbare Kombinationen; die Preise sind fair.

SORICO (CO)

77,5 KM NORDÖSTLICH VON COMO, S.S. 36

Beccaccino

Restaurant

Via Boschetto, 49
Tel. (+39) 03 44 / 842 41
Ruhetag: Montag, außer im Juli und August
Ferien: unterschiedlich
40 Plätze + 50 Plätze im Freien
Preise: 38–40 € €↑
Kreditkarten: AE, CS, DC, MC, Visa; BM
Mittags und abends geöffnet

DIE OSTERIA – Wir sind in der Naturoase Pian di Spagna e Lago di Mezzola nahe der Einmündung des Val Chiavenna, wo der Mera in den Comer See fließt, und damit an einem Ort, der zu herrlichen Spaziergängen einlädt. Der Service des modernen, einladenden Lokals mit Ton in Ton gehaltener Einrichtung wird von Stefania geleitet, der Ehefrau von Inhaber und Koch Romeo Landi. Der Fisch wird mit Respekt und großem Wissen über die lokale Fauna zubereitet, das in der Familie von Generation zu Generation weitergegeben wird. Der Speisekarte können Sie entnehmen, dass der Patron zum Fischen selbst auf den See fährt.

DIE KÜCHE – Wir empfehlen, mit einem verlockenden, typischen Antipasto di lago (12 €) zu beginnen, der Paté di lavarello, **Luccio alle cipolle**, Trota al vapore, Lavarello mit zwei grünen Saucen von unterschiedlicher Dicke, Carpione di trota und Savetta in agrodolce enthält. Von den Primi sollten Sie **Riso** mantecato **con filetti di persico** al burro e salvia (15 €) und hausgemachte Ravioli di lavarello al pesto probieren. Misto di lago alla griglia con verdure di stagione (17 €) und **Lavarello in zuppetta di lago** allo zafferano (14 €) haben bei den Secondi ihren Auftritt. Man kann jedoch auch einige Gerichte aus dem Hinterland wählen, die von den nahen Bergen beeinflusst sind, wie Bresaola aus dem Veltlin con porcini nostrani sott'olio (12 €) oder **Pizzoccheri**. Zur Krönung des Mahles probieren Sie hervorragenden „Paciugo d'inverno", zubereitet aus Zabaione, Kaffeemousse und -gelee mit Haselnusscrumble, Tiramisu oder auch Soufflé di cioccolato (je 7 €). Interessante Weinkarte, die Augenmerk auf lokale Etiketten erkennen lässt.

STAGNO LOMBARDO (CR)

11 km südöstlich von Cremona, S.P. 59

Lago Scuro

Agriturismo
Via Pagliari, 54
Tel. (+39) 03 72 / 574 87
Ferien: August, Weihnachten–Dreikönig
40 Plätze
Preise: 30 € (Tagesmenü)
Kreditkarten: CS, MC, Visa; BM
Samstagabend und Sonntagmittag geöffnet

DIE OSTERIA – Die Villa Grasselli aus dem 17. Jahrhundert dominiert die große Meierei von Lago Scuro und verleiht dem Komplex ein romantisches und fast mysteriöses Flair. Heute befindet sich hier ein moderner Bio-Landwirtschaftsbetrieb. Bleiben Sie stehen und werfen Sie einen Blick auf die Rückseite, die auf den gepflegten Gemüsegarten blickt; Sie werden feststellen, dass sie eine ganz eigene Persönlichkeit besitzt. Im Park können Sie in Begleitung von Hühnern spazieren und dabei Kühe auf der Weide und Schweine beobachten; die Familie züchtet die Tiere, um daraus Fleisch, Wurst, Rohmilchkäse und Eier zu gewinnen. Alle Produkte, einschließlich Gemüse, finden Sie auf den Tischen des Restaurants wieder. Wir haben es hier mit einem richtigen Agriturismo zu tun, der auch über einige Gästezimmer und eine Krippe für Kleinkinder verfügt. Das preislich festgelegte Menü (30 €, inklusive Gedeck, exklusive Getränke) variiert je nach verfügbaren Zutaten und wird in den Salons der Villa serviert, deren Tische mit Leinentischtüchern gedeckt und mit Blumen aus dem alten Park geschmückt sind, der das das Gebäude umgibt.

DIE KÜCHE – Es geht los mit einer umfangreichen Reihe an Antipasti, gefolgt von zwei Primi (wir hatten **Crespelle agli asparagi** con salsa di pomodori gialli, **Risotto alla crema di carote, piselli e *loertis*** fritti), einem Secondo – exzellenter Tagliata con verdure e salsa di senape – und einer Auswahl von hausgemachten Süßspeisen (**Crostata con fragole e fragoline di bosco**, Cannoncini und Frollini al cioccolato). Das Brot ist selbst gebacken, dabei findet Mehl aus eigener Erzeugung Verwendung. Die Speisen wechseln jede Woche, die Küche ist ausgezeichnet, raffiniert und legt Augenmerk auch auf die farbliche Gestaltung der Gerichte. Die interessante und vielfältige Weinkarte mit vorwiegend biologischen Etiketten ist das Ergebnis einer eingehenden Suche.

STAGNO LOMBARDO (CR)
Brancere

12 km südöstlich von Cremona

Lido Ariston Sales

Restaurant
Via Isola Provaglio, 8
Tel. (+39) 03 72 / 570 08
Ruhetag: Montagabend, Dienstag
Ferien: Februar
100 Plätze + 40 Plätze im Freien
Preise: 28–32 €
Kreditkarten: SC, DC, MC, Visa; BM
Mittags und abends geöffnet

DIE OSTERIA – Attilio und Wanda Consolini eröffneten 1957 im Deichvorland des Po eine kleine Gaststätte für Badegäste und Fischer. Feuer und Überflutungen haben drei Generationen Eigentümer nicht abgeschreckt. Aus den großen Fenstern des sparsam eingerichteten Lokals mit Garten kann man über die ruhige Flusslandschaft blicken. Die Atmosphäre ist einladend und leger, die Küche entspringt der Tradition Cremonas. Die Zutatenauswahl erfolgt mit großer Sorgfalt, wobei man sich vorzugsweise mit Erzeugnissen aus lokalen Zuchtbetrieben, Saisonprodukten und Fisch aus dem Fluss eindeckt. Pasta, Süßspeisen und Mostarde sind hausgemacht, das Gemüse kommt aus dem hauseigenen Gemüsegarten.

DIE KÜCHE – Unter den Antipasti sind Wurstspezialitäten aus der Tradition Cremonas und der Poebene, samstags und sonntags von Torta fritta begleitet, **Petto d'oca affumicato** e paté di fagianella (10 €) sowie **Pesce di fiume in carpione con polenta**. Unter Tildes Primi aus frischem Teig sind exzellente Köstlichkeiten wie **Marubini in brodo** (10 €), aber auch das übrige Angebot schmeckt nicht minder gut, und zwar Tortelli di zucca, Tagliolini alle ortiche di campagna con ragù di anatra, Crespelle ai formaggi, Gnocchi, Malfatti und Zuppa di verdure con orzo, farro e legumi (8 €). Danach kann man zwischen Fleisch und Fisch wählen. Es erwarten Sie Faraona disossata ripiena, Costolette di maialino al forno, Noce di vitello, **Stracotto di manzo** con polenta, Tagliata oder Costatine di manzo alla griglia, Fritto misto di fiume, Filetti di persico, delikater **Storione al forno** (10 €) und Baccalà con polenta. Zum krönenden Abschluss dann noch eine Kostprobe von gutem lombardischem Käse oder hausgemachten Süßspeisen, vor allem Crostata con amaretti und **Torta di cioccolato**. Die Weinkarte ist ordentlich.

SULZANO (BS)

28 km nordwestlich von Brescia, S.P. 510

Cacciatore

Trattoria
Via Molini, 28
Tel. (+39) 030 / 98 51 84
Ruhetag: Montagabend, Dienstag
Ferien: 6. Januar–15. Februar, 1 Woche Ende Oktober
80 Plätze + 40 Plätze im Freien
Preise: 33 €
Kreditkarten: MC, Visa; BM
Mittags und abends geöffnet

DIE OSTERIA – Eine umwerfende Aussicht auf den Iseosee und Monte Isola kann man hier in der schönen Jahreszeit genießen, dank den im Freien gedeckten Tischen; dazu kommen noch karierte Tischtücher, urwüchsige Atmosphäre und ein vom ersten Augenblick an herzlicher Empfang. Das sind die Gründe für eine Einkehr in die Trattoria, die Lory Bonetti und Leo Bonometti seit 17 Jahren mit hingebungsvoller Gastlichkeit führen, wobei sie viel Wert auf eine solide Suche nach den besten Zutaten legen, die das Umland zu bieten hat.

DIE KÜCHE – Das kulinarische Angebot gliedert sich in Gerichte aus dem Hinterland und dem See. Falls erhältlich, probieren Sie Antipasto del Sebino (8 €) mit **Filetti di agone marinati** a crudo in succo di agrumi e olio extravergine di oliva. Bei den Primi (9 €) dürfen Sie sich die Spezialität des Hauses, schmackhafte **Tagliolini all'oca**, nicht entgehen lassen, aber Casoncelli mit saisonal unterschiedlichen Füllungen sind ebenfalls gut. Wer Fisch aus dem See mag, sollte unbedingt zu **Fettuccine del pescatore con scardole essiccate** greifen. Zu den immer auf der Karte vertretenen Secondi, wie Costolette di agnello, Petto d'anatra alla crema di balsamico und **Sardine secche** (Slow-Food-Presidi) oder **Sardine grigliate con polenta** (11 €), gesellen sich saisonale Speisen wie Spiedo bresciano oder Gerichte mit Cinghiale (Wildschwein). Alle Süßspeisen (4 €) sind hausgemacht, wobei Torta di noci, Torta di farina gialla und Torroncino zu den interessantesten Angeboten zählen. Die Weinkarte räumt hiesigen Erzeugnissen und kleinen Winzerbetrieben viel Platz ein; der weiße Hauswein ist ordentlich und trinkt sich angenehm, und das zu einem wahrhaft ehrlichen Preis.

SUZZARA (MN)

20 km südlich von Mantua

Mangiare Bere Uomo Donna

Enoteca-Restaurant • Viale Zonta, 19
Tel. (+39) 03 76 / 181 93 39
Ruhetag: Dienstag
Ferien: unterschiedlich
25 Plätze + 12 Plätze im Freien
Preise: 35 €
Kreditkarten: CS, MC, Visa; BM
Abends geöffnet

DIE OSTERIA – Es braucht Leidenschaft und Entschlossenheit, um diese moderne Osteria mit Übernachtungsmöglichkeit nach dem großen Kinofilm von Ang Lee zu benennen. Ihren Rahmen bildet eine kleine Villa aus dem frühen 20. Jahrhundert im ruhigen und doch lebendigen Suzzara, dem letzten Vorposten der Lombardei, der schon in die Emilia blickt. Der Mantuaner Corrado empfängt die Gäste und kümmert sich um den Ausschank – es gibt eine gute Bier- und Weinauswahl – und den Service in den kleinen Gasträumen, in denen sich einige wenige gepflegte Tische verteilen. Am Herd steht Amy aus Hongkong, die beschlossen hat, dass die Küche ihres Ursprungslandes gut zur hiesigen Tradition passt; aus diesem Grund bietet sie diverse Spielarten davon neben den klassischen Gerichten aus der lombardischen Bassa. Hier gibt es keine Fusionküche, sondern hier entscheidet der Mut der Inhaber, den Gästen das vorzusetzen, was ihnen selbst wirklich schmeckt und was sie gerne teilen möchten.

DIE KÜCHE – Den Anfang macht ein schönes Angebot an Wurstspezialitäten, die sortenweise auf Tellern angerichtet sind oder in „kollektiver" Version daherkommen (gemischte Wurstspezialitäten, 12 €); die Mostarde dazu werden getrennt gereicht. An Primi bieten sich, neben anderen Gerichten, ***Sorbir*** di cappelletti con sfoglia di farine bio (9 bis 12 €) und **Tagliatelle al ragù di anatra muta** an. Die Secondi umspannen Carré di agnello alle erbe dell'orto (17 €), **Cotechino casalino con purè di patate**, warm servierte Spalla cotta und Posteriore di manzo italiano. Den Schlusspunkt setzen eine kleine, aber gepflegte Käseselektion und Dolci, die mit Eis oder **Zabaione** kombiniert werden können.

Die Boutique del Latte (Via Baracca 18) bietet italienischen, französischen und weiteren Käse, Mostarde, Konfitüren und Wein.

TIGNALE (BS)
Gardola

59 KM NORDÖSTLICH VON BRESCIA

La Miniera

Traditionelle Osteria
Via Chiesa, 9 A
Tel. (+39) 03 65 / 76 02 25
Ruhetag: Dienstag
Ferien: 7. Januar–13. Februar, 3. November–6. Dezember
90 Plätze + 60 Plätze im Freien
Preise: 28 €
Kreditkarten: CS, MC, Visa; BM
Mittags und abends geöffnet

DIE OSTERIA – Nachdem man die wahrhaft superbe Aussicht auf den See genossen hat, betritt man diese gemütliche Osteria gegenüber der Kirche mit ihrem ehrwürdigen romanischen Glockenturm. Das Ambiente hier ist warm und familiär. An schönen Tagen kann man im Garten vor dem Eingang im Freien essen. In der Küche steht Sergio; er verwendet große Sorgfalt auf den Einkauf der Zutaten, die vor allem aus dem Umland und von kleinen Erzeugern kommen (Fisch wird von Fischern des Vertrauens bezogen, das Fleisch stammt aus kleinen lokalen Zuchtbetrieben, der Käse aus einer nahen Käserei). Silvia serviert, berät und beschreibt die Gerichte in allen Details. Brot und Polenta sind aus Mehl lokaler Herkunft selbst gebacken, die Secondi kommen mit Beilage auf den Tisch.

DIE KÜCHE – Man kann sich mit Bruschette ai sapori del fattore oder mit **Coregone in carpione con polenta** grigliata (7,50 €) einstimmen. Als Primi empfehlen wir eine Kostprobe von hausgemachten Maccheroni di semola con spugnole (Morcheln) e fonduta di formaggio del Garda stagionato (9,50 €). Eine vorzügliche Alternative sind frische **Bigoli al ragù di cervo** mantecato all'olio (9 €). Danach geht es mit echten Spezialitäten weiter, wie **Capretto bio stufato** alla tignalese (15,50 €) und Gegrilltem aus Fleisch und Fisch (das Fischangebot variiert natürlich je nach Tagesfang). Schmackhaft sind Sardine alla griglia (10 €), sehr gut ist **Pesce persico fritto**. Umfangreiche Auswahl an hausgemachten Süßspeisen. Die tolle Weinkarte – Sergio ist auch ein tüchtiger Sommelier – lässt eine Vorliebe für lokale und regionale Weine erkennen.

TORRAZZA COSTE (PV)

33,5 KM SÜDWESTLICH VON PAVIA, S.P. 1

NEU Osteria del Campanile

Trattoria • Via Cadelazzi, 1
Tel. (+39) 03 83 /773 93, (+39) 347 / 845 25 26
Kein Ruhetag • Ferien: Januar/Februar, zweite und dritte Augustwoche
40 Plätze • Preise: 33 €
Kreditkarten: CS, MC, Visa; BM
Mittags geöffnet, Freitag–Sonntag auch abends

DIE OSTERIA – Diese gemütliche ländliche Osteria wurde 1972 eröffnet und steht im Zentrum von Torrazza Coste mit Blick auf den Glockenturm der Kirche. Sie ist gleichzeitig Bar und Tabakladen und eine unerwartete Adresse für Weine von großen und kleinen Winzern aus dem Oltrepò, zu denen Sie Lokaleigentümer Cristiano Crivelli kompetent berät. Die Tische verteilen sich auf den beiden Stockwerken des Lokals in heiterer, sehr herzlicher Atmosphäre: Man fühlt sich wie unter Freunden und verspürt den Wunsch, dieses in schönen Fotos an den Wänden abgebildete Gebiet besser kennenzulernen.

DIE KÜCHE – Die Herkunft der Zutaten ist nachvollziehbar, da sie aus dem Gebiet stammen; Saisontreue ist daher Pflicht, wie Elisabetta erklärt, die den Service versieht. Im Juni gibt es als Antipasti (8 €) beispielsweise **Tartara di fassona** piemontese, Quiche integrale con tarassaco e fiori di zucca, Mousse di fave con cagliata di caprino und daneben die bekannten Wurstspezialitäten aus dem Oltrepò Pavese. Als Primi (9 €) bieten sich **Agnolotti di brasato**, **Maltagliati al ragù di carne varzese**, Tortelli di asparagi und Risotto piselli e timo con fonduta di caprino an. Es folgen Zucchina tonda ripiena di quinoa (eine kleine Innovation) e verdure, Tagliata di fassona piemontese (16 €) und eine gepflegte Selektion lokaler Käsesorten (12 €) oder Edelschimmelkäse mit Kompotten. Die Dolci (5 €) sind traditionell, wie auch der Rest von Maurizios Küche, die jedoch von ein paar stimulierenden neuen Zutaten aufgelockert wird. Probieren Sie Biancomangiare con liquirizia e salsa limone oder klassisches Tiramisu. Große Weinkarte mit korrekten Preisen.

Der nachhaltige Landwirtschaftsbetrieb La Coccinella im Ortsteil Mogliazza (7 km), Via Sant'Antonino 10, erzeugt und verkauft Obst und Gemüse.

TOSCOLANO-MADERNO (BS)

39 KM VON BRESCIA

Agriturismo del Gusto

Agriturismo
Ortsteil Lintrì Montemaderno
Tel. (+39) 331 / 385 38 17
Ruhetag: Mittwoch
Ferien: 15. Oktober–15. Dezember
14 Plätze
Preise: 35 €
Keine Kreditkarten
Abends geöffnet, am Wochenende und an Feiertagen auch mittags

DIE OSTERIA – Zum Agriturismo del Gusto zu gelangen, ist nicht einfach: Von Maderno muss man nach Maclino bis über die Kirche hinaus bergauf fahren, auf das kleine Holzschild achten, das anzeigt, nach links abzuzweigen, und danach in eine steil abfallende Straße mitten im Grünen einbiegen. Einen Platz bei Tisch zu finden, ist ebenso schwierig, vor allem am Wochenende. Es gibt nicht einmal 20 Plätze, aus diesem Grund ist eine Reservierung Pflicht. Die Anstrengung lohnt sich aber. Wenn Sie im Gastraum speisen – es gibt nur einen –, in dessen Mitte eine Ölmühle thront, bekommen Sie den Eindruck, bei einem Freund eingeladen zu sein, der gütigerweise die ganze Zeit für Sie in der Küche verbringt.

DIE KÜCHE – Der Freund ist Fiorenzo Andreoli, Inhaber, Koch und Maître. Bevor er vor Ihren Augen kocht, weist er auf die beiden (hervorragenden) Öle auf dem Tisch hin, eines aus Sizilien aus der Sorte Tonda Iblea aus einem Olivenhain, den er in Buccheri gekauft hat, das andere aus Oliven der Sorte Casaliva aus dem Agriturismo. Das Speisenrepertoire bewegt sich zwischen Hinterland und See. Als Einstieg bieten sich Tartara di salmerino e tartufo nero estivo (10 €), **Sardine di lago sotto sale con cipolle** di Tropea und Paté d'anatra con pera al vino rosso an. Bei den Primi dominiert hausgemachte Pasta („14 Eigelb für ein Kilogramm Pasta“, wird Fiorenzo stolz erwähnen): Tagliolini al tartufo estivo oder con pomodoro e limoni del Garda und **Ravioli** con spinaci selvatici di montagna (9 €) oder **con ripieno di lago**. Weiter geht es mit außergewöhnlich gutem Carpaccio tiepido di barbina (18 €), **Capretto alla bresciana**, Lombatina di agnello, **Filetto di coregone al forno** und Salmerino con melanzane. Exzellent sind Eis und Mousse all'amaretto (5 €). Die Weine stammen vorwiegend aus dem Gebiet des Gardasees.

TREVISO BRESCIANO (BS)
Vico

46 KM NORDÖSTLICH VON BRESCIA

Lamarta

Osteria
Via Tito Speri, 36
Tel. (+39) 03 65 / 833 90
Ruhetag: Donnerstag, außer im Sommer
Ferien: unterschiedlich
50 Plätze + 25 Plätze im Freien
Preise: 30 € (Tagesmenü)
Kreditkarten: AE, CS, DC, MC, Visa; BM
Mittags und abends geöffnet

DIE OSTERIA – Vom Idrosee gelangt man über eine lange, kurvenreiche Straße mit schönem Ausblick auf das weite Tal in den reizenden kleinen Ort Treviso Bresciano. Signora Graziella mit ihrem strahlenden Lächeln und ihre freundliche Tochter Rubina empfangen die Gäste im Lokal, wo der stets angefachte Kamin Wärme und familiäres Flair erzeugt. An den Wänden hängen Bilder von den Personen – ausschließlich Frauen –, die die Geschichte des Lokals geschrieben haben.

DIE KÜCHE – Für den Anfang stehen Wurstspezialitäten aus dem Fleisch von Schweinen bereit, die Rubina mit Äpfeln und Esskastanien gefüttert hat: Lardo, Pancetta, Lonza insaccata und Salami, alle von Gemüse aus dem hauseigenen Garten begleitet. Weiter geht es mit **Risotto ai *virzulin*** (mit Wildkräutern, die in den Wiesen gedeihen) und von Hand erzeugter Pasta: Casoncelli di carne e vegetariani, **Gnocchi alle erbette** und alla zucca und Tagliolini ai funghi oder mit saisonal variierenden Saucen. Als Secondi warten Coniglio arrosto, Capretto da latte al forno und Frittata alle erbe di campo, auf einem Holzbrett mit einer gefüllten Roulade und frischen Tomaten serviert. Gegen Vorbestellung gibt es **Spiedo valsabbino**, begleitet von Polenta taragna. **Crostata all'uva fragola** (die Trauben werden auf der Terrasse geerntet) überrascht selbst die neugierigsten Gaumen; für jene, die das Glück haben, die Osteria zwischen September und November zu besuchen, bereitet man exzellentes Eis aus Most zu. Umfangreich und achtsam zusammengestellt ist die Weinauswahl, für die Sommelier Alessio verantwortlich zeichnet, Graziellas Sohn.

TRUCCAZZANO (MI)
Albignano

23 KM ÖSTLICH VON MAILAND

Le Due Colonne

Restaurant
Largo Conti Anguissola, 3
Tel. (+39) 02 / 958 30 25
Ruhetag: Montag, Dienstagabend
Ferien: 6.–16. Januar, 16. August–2. September
70 Plätze + 50 Plätze im Freien
Preise: 30–35 €
Kreditkarten: AE, CS, DC, MC, Visa; BM
Mittags und abends geöffnet

DIE OSTERIA – Ende des 18. Jahrhunderts renovierten die Grafen Anguissola den Palazzo in dem kleinen Ort in der Ebene um Mailand und gestalteten ihn zu einem Landsitz um. Die Osteria, die im Lauf der Zeit verschiedenen Veränderungen unterzogen wurde, liegt im Erdgeschoss; benannt ist sie nach den beiden erhalten gebliebenen Säulen im Innenbereich. Im lichtdurchfluteten Hauptsaal mit weiß verfliesten Wänden und Fußboden im Schachbrettmuster prangen zwei große Bronzeleuchter, die ihm einen feierlichen Retrostil verleihen. Den zweiten Saal mit Kamin, der heimeliger und entspannt wirkt, betritt man unter einem Spiegel mit der „Lobeshymne an das sonntägliche Mittagessen".

DIE KÜCHE – Die in die Jahre gekommene rote Aufschnittmaschine lädt ein, mit den Wurstspezialitäten der Osteria zu beginnen – Culatta reggiana oder Prosciutto crudo aus San Sepolcro; Sie können sich aber auch von knackigen Puntarelle con acciughe e scaglie di pecorino romano oder von ***Mondeghili*** aus der mailändischen Tradition **su salsa di pomodorino** (9 €) verführen lassen. Unter den Primi sind Köstlichkeiten wie klassischer **Risotto alla milanese** (12 €) und hausgemachte Gnocchi di patate alla bava. Gute Qualität zeichnet das Fleisch aus. Probieren Sie den Hit der mailändischen Secondi, **Costoletta di vitello alla milanese**, dick oder dünn, und in geklärter Butter gebacken (19 €). Zum Schluss locken hausgemachte Dolci (6 €): Salame al cioccolato, **Torta pere e cioccolato** und Panna cotta mit unterschiedlichen Aromen, besonders gut in der Version mit Vanille. Im Keller lagert eine bemerkenswerte Weinselektion zu angemessenen Preisen.

La Via Lattea in **Brignano Gera d'Adda** (15 km), eine kleine Käserei, erzeugt und verkauft Käse aus Ziegenrohmilch, frisch, gereift und als Edelschimmelkäse.

VAL DI NIZZA (PV)
Poggio Ferrato

55 KM SÜDÖSTLICH VON PAVIA, S.P. 1

NEU Pappa e Cena

Restaurant • Via alle Scuole, 15
Tel. (+39) 03 83 / 54 15 60,
(+39) 347 / 224 49 64
Ruhetag: Juni–August: Montag, Dienstag; September–Mai nur Samstag, Sonntag und Feiertage sowie gegen Vorbestellung mittags und abends geöffnet
Ferien: Dezember–Februar
30 Plätze + 20 Plätze im Freien
Preise: 30 € • Keine Kreditkarten

DIE OSTERIA – Dieses ruhige, gemütliche Lokal befindet sich in Val di Nizza im Zentrum des Ortsteils Poggio Ferrato; Mitte des 19. Jahrhunderts beherbergte das Steingebäude das Rathaus, später eine Schule. Luigia und Walter Pappacena – der Name des Lokals ist eine spielerische Abwandlung des Nachnamens – empfangen ihre Gäste herzlich, ob diese nun für eine ganze Mahlzeit oder nur für einen nachmittäglichen Imbiss einkehren. Die Wintermonate, die Zeit, in der der Ort schwer erreichbar ist, sind der Verarbeitung der Produkte gewidmet, während des übrigen Jahres geht die Arbeit in der Landwirtschaft mit jener im Gastronomiebetrieb einher. Es stehen maximal 30 Plätze zur Verfügung, so dass dem einzelnen Gast viel Aufmerksamkeit zuteil wird. Hier spürt man Leidenschaft und genießt einfache Küche zu festgelegten Preisen: 10 € für die Primi, 12 € für Secondi und 5 € für die Desserts.

DIE KÜCHE – Was auf den Tisch kommt, wird von Walter bereitwillig erklärt und stammt überwiegend aus der hauseigenen Aufzucht von Hoftieren, dem Gemüsegarten und dem Wald (Kräuter und Pilze). Nach Kostproben von Bresaola di tacchino oder hausgemachtem Prosciutto di anatra folgt köstliche Pasta, die Luigia aus ganz frischen Eiern zubereitet: delikate **Ravioli di cappone, in brodo** oder all'erba san Pietro (sie allein lohnen schon die Anfahrt), di stracotto, con erbe spontanee oder als Alternative typische Malfatti. Unter den Secondi sind **Anatra brasata disossata**, Salsiccia di coniglio und **Spalla di manzo arrosto**. Die Desserts werden von den Jahreszeiten bestimmt; gut ist Mousse di cioccolato fondente. Das wenig aufgegangene hausgemachte Brot kann als Basis für hervorragende Pizza dienen. Es gibt auch vegetarische Menüs. Die Weinauswahl ist spartanisch. Am Ende des Mahles erwarten Sie gute selbst gemachte Liköre.

VARZI (PV)
Bosmenso

57 KM SÜDLICH VON PAVIA

Buscone

Traditionelle Osteria
Ortsteil Bosmenso Superiore, 41
Tel. (+39) 03 83 / 522 24
Ruhetag: Montag
Ferien: unterschiedlich
70 Plätze
Preise: 25–30 €
Kreditkarten: AE, CS, DC, MC, Visa; BM
Mittags und abends geöffnet

DIE OSTERIA – Der Ausdruck „lohnt die Anreise" passt perfekt auf dieses zuverlässige Lokal im Oltrepò. Ein paar Kurven zu viel, aber die Mühe wird großzügig belohnt von dem angenehmen Gasthaus, das sich in dem aus einer Handvoll Häusern bestehenden Ortsteil Bosmenso kurz oberhalb von Varzi befindet. Wir sind im Staffora-Tal und damit in einem der reichsten Gebiete in puncto Traditionen und Potenzial. Der Einsatz, den die Familie Buscone bei der Führung des Betriebs an den Tag legt, wird gleich beim Betreten des Lokals fühlbar. Die Düfte vom stets angefachten Ofen, vermischt mit jenen des Kellers, in dem die hausgemachten Würste reifen, sind die eigentliche Visitenkarte der Osteria.

DIE KÜCHE – Der Antipasto misto (8 €) ist ein Einstieg, den Sie nicht auslassen sollten, und sieht eine Selektion hausgemachter Wüste, Insalata russa, einen Flan aus Saisongemüse und **Cotechino caldo con composta di mele** vor. In der Saison haben im Menü Pilze einen großen Auftritt, die im Risotto (7 €) oder mit Tagliatelle hervorragend schmecken. Alternativen dazu wären Crespelle ripiene oder klassische **Ravioli di brasato**. Bei den Secondi kommt Wild aus der Region zur Geltung, das ganzjährig zubereitet und von **Polenta** aus alten Maissorten begleitet wird. Probieren Sie Cinghiale und **Capriolo in umido** (10 €). Gelegentlich gibt es Merluzzo con le cipolle. Die guten Dolci sind hausgemacht. Die Weinkarte ist auf das Gebiet abgestimmt und nur scheinbar klein: Man braucht nur zu fragen, und schon landet ein historisches Juwel aus dem Keller auf dem Tisch.

Die Genossenschaft Cima Colletta im Ortsteil Lagone von **Brallo di Pergola** (12 km) erzeugt hervorragenden Rohmilchkäse von der Kuh.

VIADANA (MN)

43 KM SÜDWESTLICH V. MANTUA, 23 KM V. PARMA

Da Bortolino

Osteria-Enoteca
Via al Ponte, 6
Tel. (+39) 03 75 / 826 40
Ruhetag: Donnerstagabend
Keine Ferien
50 Plätze + 70 Plätze im Freien
Preise: 35 €
Kreditkarten: AE, CS, DC, MC, Visa; BM
Mittags und abends geöffnet

DIE OSTERIA – Das Po-Ufer und die Aulandschaft mit üppiger Vegetation bilden den Rahmen des gut in die natürliche Umgebung integrierten Lokals, das mit seinem achtsamen Zugang einen idealen Ort bildet, um dort ein bisschen Zeit zu verbringen. Zu den Tafelfreuden gesellt sich hier die Freude am Dialog und an der Begegnung, die in der schönen Jahreszeit im Schatten der Glyzinie ihren Höhepunkt feiert.

DIE KÜCHE – Das Menü ist auf einer Tafel angeschrieben. Als Vorspeise gibt es neben sehr guten Wurstspezialitäten wie Culatello selezione Brozzi (14 €) auch Flan di amaranto con salsa di gorgonzola (9 €), traditionelle **Polentine alla griglia** und Purè di fave con taccole. Unter den Primi sind in der kalten Jahreszeit Trippa (10 €), Passatelli oder **Agnoli in brodo di cappone** und Minestrone con croste di parmigiano; im Frühling und Sommer schmecken Spaghetti alle acciughe e tartufo nero (13 €), Bigoli al sugo di anatra und Tortelli. Das Angebot an Secondi ist ebenso vielfältig – mit traditionellen Gerichten wie **Spalla cotta con polenta**, Guancialino in umido (10 €), Stinco al forno, **Coscia d'oca** und originellen Gerichten wie Bortoburger und Insalata di pollo e agrumi. Exzellente Dolci sorgen für einen süßen Abschluss, darunter traditionelle **Sbrisolona**, die mit Zabaione kombiniert werden kann. Die Weinkarte nennt eine umfangreiche Auswahl an Etiketten zu korrekten Preisen; dazu kommen noch gute Brände, die man beruhigt genießen kann, gibt es doch Übernachtungsmöglichkeiten in der Locanda.

Der biologische Landwirtschaftsbetrieb von Valter Cavalli in **Casalmaggiore** (12 km), Ortsteil Valle, Ca' Vecchia, bietet Wasser- und Zuckermelonen, Tomaten, Paprika, Kartoffeln und Kürbis.

VIONE (BS)
Canè

116 km nördlich von Brescia, S.S. 42

Cavallino

Restaurant
Via Trieste, 57
Tel. (+39) 03 64 / 941 88
Ruhetag: Dienstag
Ferien: 1 Woche im Juni
80 Plätze + 12 Plätze im Freien
Preise: 30–35 €
Kreditkarten: CS, DC, MC, Visa; BM
Mittags und abends geöffnet

DIE OSTERIA – Brescia erstreckt sich von der Ebene bis zu den Berggipfeln über einige Dutzend Kilometer; in diesen Bereich eingeschlossen ist das herrliche Camonica-Tal, das mit Wäldern, Bergen und Flüssen beeindruckt. Canè ist einer der ältesten Orte, in den man sich für einen kurzen Spaziergang oder für eine denkwürdige Einkehr begeben kann. In diesem auf 1.476 Metern Höhe gelegenen Ortsteil der Gemeinde Vione bietet die Trattoria Cavallino typische bodenständige Küche, die das Ergebnis einer sorgfältigen kulinarischen Recherche ist. Die Gerichte sind von der Erfahrung und Leidenschaft einer Familie von „Hütern des Geschmacks" geprägt.

DIE KÜCHE – Wenn man nicht zum reichhaltigen Antipasto della casa (14 €) mit einer Kombination verschiedener saisonal wechselnder Leckerbissen greift, kann man Wurstspezialitäten vom Brett oder **Carne *fumada*** con porcini e misticanza wählen. Bei den Primi (9 €) umspannt das Angebot **Risotto alle erbe fini con scamorza affumicata**, hausgemachte Gnocchi oder Tagliatelle con fonduta di parmigiano e tartufo oder con funghi porcini, Zuppa d'orzo oder **Crema di zucca con canederli al gorgonzola e noci**. Im Kapitel Secondi sind Costatine di cervo al ginepro oder al mirtillo (14 €) eine wahre Delikatesse; nicht minder gut sind Tagliata di manzo ai porcini oder al rosmarino, **Guancette di vitello al forno**, verschieden zubereitetes Filetto und ein unverzichtbares Salmì di capriolo. Ausgezeichnet sind die Dolci (5 €): Probieren Sie Torta del paese, serviert mit lokalen Bränden. Ordentliche Weinkarte und Übernachtungsmöglichkeit mit prachtvoller Aussicht auf den Adamello.

ZERBOLÒ (PV)
Parasacco

19 km nordwestl. von Pavia, A 53 und S.P. 185

NEU Da Pasquale

Osteria
Via Borgo San Siro, 1
Tel. (+39) 03 82 / 81 84 96,
(+39) 333 / 859 32 30
Ruhetag: Montag
Ferien: Januar
80 Plätze + 40 Plätze im Freien
Preise: 25 €
Kreditkarten: AE, CS, DC, MC, Visa; BM
Mittags und abends geöffnet

DIE OSTERIA – Signora Rachele führt diese angenehme historische Trattoria ein paar Kilometer von der Ponton-Brücke über den Tessin. Sie hat die Umsicht von ihrem Vater Pasquale geerbt, der zunächst eine Fleischerei und dann in den Sechzigerjahren die Trattoria eröffnete, und fährt fort, die lokalen Zutaten, also Fleisch und Fisch, nach schmackhaften Rezepten zu einem entschieden volkstümlichen Preis zu verarbeiten. Die gesellige Atmosphäre erinnert an die Lokale, in die man einst am Wochenende zum Mittagessen mit der ganzen Familie einkehrte. Der Keller bietet einfache Weine aus dem Oltrepò Pavese und aus der Lomellina, auch im glasweisen Ausschank. Außerhalb der Öffnungszeiten für das Mittag- und Abendessen können Sie auch jederzeit einen schmackhaften Imbiss einnehmen.

DIE KÜCHE – Der Antipasto des Hauses besteht aus Affettato misto, Cotechino nach dem Rezept von Nonno Pasquale (3 €), Pesce in carpione und Nervetti con cipolle. Probieren Sie von den Primi **hausgemachte Lasagne** (6 €) und **Trippa alla lomellina** nach dem Rezept von Nonna Giulietta, von den Secondi, wenn Sie in der entsprechenden Zeit kommen, **Rane** (14 €) und **Bottine fritte** (Fischchen, die in den hiesigen Grundwasserquellen vorkommen). Im Herbst und Winter sind dagegen Polenta con merluzzo e cipolle, ***Casoeûla*** di maiale, **Oca con le verze** und Selvaggina (appetitliche Gerichte aus Feldhase, Fasan und Wildschwein) im Menü vorgesehen. Zur Abrundung des Mahles genießen Sie das Hausdessert aus Ricotta und Sauerkirschen.

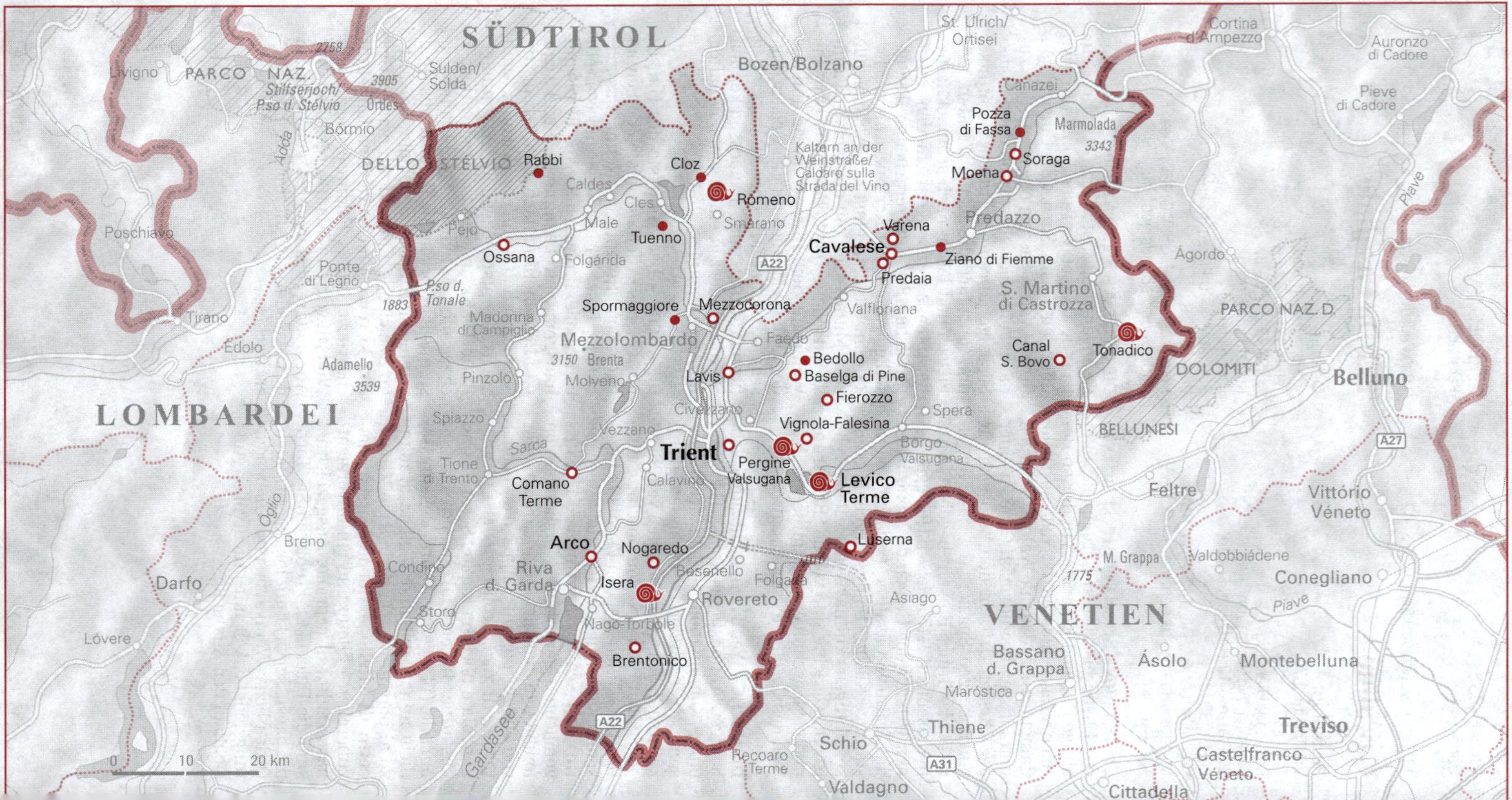

SÜDTIROL
LOMBARDEI
VENETIEN
Livigno
PARCO NAZ.
Stilfserjoch/
P.so d. Stélvio
DELLO STÉLVIO
2758
3905
Sulden/
Solda
Ortles
Bórmio
Adda
Poschiavo
Tirano
Edolo
Ponte
di Legno
P.so d.
Tonale
1883
Adamello
3539
Darfo
Breno
Óglio
Lóvere
Rabbi
Caldes
Pejo
Ossana
Folgárida
Male
Cles
Cloz
Romeno
Smarano
Tuenno
Madonna
di Campiglio
Spormaggiore
Mezzocorona
Mezzolombardo
3150
Brenta
Molveno
Pinzolo
Spiazzo
Sarca
Tione
di Trento
Comano
Terme
Vezzano
Calavino
Cadine
Lavis
Civezzano
Faedo
Trient
Pergine
Valsugana
Bozen/Bolzano
Kaltern an der
Weinstraße/
Caldaro sulla
Strada del Vino
A22
St. Ulrich/
Ortisei
Canazei
Pozza
di Fassa
Soraga
Moena
Marmolada
3343
Predazzo
Varena
Cavalese
Predaia
Ziano di Fiemme
Valfloriana
Bedollo
Baselga di Pine
Fierozzo
Vignola-Falesina
Levico
Terme
Spera
Borgo
Valsugana
S. Martino
di Castrozza
Canal
S. Bovo
Tonadico
PARCO NAZ. D.
DOLOMITI
BELLUNESI
Cortina
d'Ampezzo
Auronzo
di Cadore
Pieve
di Cadore
Piave
Ágordo
Belluno
A27
Feltre
Vittório
Véneto
M. Grappa
1775
Valdobbiádene
Conegliano
Piave
Arco
Riva
d. Garda
Condino
Storo
Nogaredo
Isera
Besenello
Folgaria
Rovereto
Nago-Torbole
Brentonico
Luserna
Asiago
Gardasee
A22
Recoaro
Terme
Schio
Valdagno
A31
Thiene
Maróstica
Bassano
d. Grappa
Ásolo
Montebelluna
Treviso
Castelfranco
Véneto
Cittadella
0
10
20 km

TRENTINO

Das Trentino ist ein Land der Begegnung. Seine Esskultur, ursprünglich eine Frage des Überlebens, hat mit der Zeit eine präzise Identität entwickelt, ist volksnah, unverfälscht, ehrlich. Die Region versteht es ganz wunderbar, ihre agrarwirtschaftlichen Ressourcen zu nutzen. Was rau und schwierig anmutet, hat dank seiner Boden- und Klimabedingungen unglaublich viel zu geben: Maismehl und Bohnen, Wurstwaren und Käse, Äpfel und Gartengemüse, Spargel und Bergkartoffeln, Beeren und Honig, Pilze und Wildkräuter, Wein und Grappa.
Ein Klassiker unter den Gerichten ist der *Tortel di patate* – eine Art Kartoffelpuffer, der seit 1998 unter dem Schutz einer Confraternità (Bruderschaft) steht. Verbreitet ist diese Spezialität vor allem im Nonstal, wo jeder sein eigenes Rezept hat. Nur so viel sei verraten: Rohe Kartoffeln werden gerieben und müssen gründlich abtropfen, bevor sie mit etwas Mehl, Salz und Pfeffer zu einer Masse verarbeitet werden. Dann formt man beliebig große Puffer, die man frittiert oder im Ofen bäckt. Serviert wird der *Tortel* vorzugsweise zu Wurstwaren und Käse aus der Region. – Eine weitere Spezialität sind die *Bigoi* con le sarde di lago. Für die Sauce zu diesen spaghettiähnlichen Nudeln werden Süßwassersardinen entgrätet und fein gehackt. Dann schwenkt man das Fischfleisch eine Minute lang in zerlassener Butter, gibt es über die dampfend heiße Pasta und streut etwas Käse darüber. Anstelle von Butter und Käse wird heute häufig natives Olivenöl extra aus der Gardasee-Gegend verwendet. – Für das *Cunel* oder Coniglio nach Trentiner Art wird Kaninchenfleisch lediglich unter Zugabe von Salz und ein paar Gewürzen in der Kasserolle gebraten und in der Regel mit Polenta serviert.
Schließlich der Strudel di mele – Apfelstrudel – früher einmal *Struchel* genannt (vermutlich abgeleitet vom Verb *strucar*, was im Trentiner Dialekt „zusammendrücken" bedeutet): Ein Teig aus Mehl, Zucker, Ei, Wasser oder Milch und etwas Salz wird dünn ausgerollt, mit einer Füllung – meist sind es Äpfel, Rosinen und Pinienkerne – belegt, sodann aufgerollt, mit zerlassener Butter bestrichen und im Ofen gebacken oder in ein Tuch gewickelt und in Wasser oder Milch gekocht.

Für Sie entdeckt

Bigoi con le sarde di lago

150 Le Servite
Arco (Tn)
154 Locanda delle Tre Chiavi
Isera (Tn)
160 Osteria Storica Morelli
Pergine Valsugana (Tn)
161 Nerina
Romeno (Tn)

Tortel di patate

157 Lusernarhof
Luserna (Tn)
159 Antica Osteria
Ossana (Tn)
160 Alla Pineta
Predaia (Tn)
162 Il Libertino
Trient

Coniglio

151 2 Camini
Baselga di Pinè (Tn)
152 Maso Santa Romina
Canal San Bovo (Tn)
159 Locanda D&D
Nogaredo (Tn)
163 La Cantinetta
Varena (Tn)

Strudel di mele - Apfelstrudel

153 Costa Salici
Cavalese (Tn)
153 Osteria della Locanda Fiore
Comano Terme (Tn)
155 Boivin
Levico Terme (Tn)
162 Cant del Gal
Tonadico (Tn)

ARCO (TN)
Varignano

37 KM SÜDWESTLICH VON TRIENT

Belvedere

Trattoria
Via Serafini, 2
Tel. (+39) 04 64 / 51 61 44
Ruhetag: Mittwoch
Ferien: Juni–September
80 Plätze
Preise: 28–30 €
Kreditkarten: CS, MC, Visa; BM
Mittags und abends geöffnet

DIE OSTERIA – Die Santorum – Mamma Silvia mit den Söhnen Giuseppe und Maurizio – empfangen Gäste in ihrem Landhaus aus dem späten 19. Jahrhundert nur in den kalten Monaten. Im Sommer kümmern sie sich um ihre Landwirtschaft, die sie ganz im Sinne ihrer bäuerlichen Wurzeln führen. Die unbestrittene Spezialität des Hauses ist Carne *salada* – in einer Mischung aus Salz und Gewürzen gereiftes Rindfleisch (das hierfür verwendete, neben dem Filet geschnittene Stück heißt bei italienischen Fleischern Scamone), ganz so, wie es im Gardaseeraum auf trentinischer Seite weit verbreiteter Brauch ist. Das Rezept hat im Hause Santorum seit Jahrhunderten Tradition, wie diverse Urkunden belegen, die im Lokal zur Schau gestellt sind. Am besten schmeckt diese Delikatesse, wenn es draußen kühl ist.

DIE KÜCHE – Die Carne *salada* wird roh als Antipasto serviert (9,50 €), hauchdünn aufgeschnitten und mit nativem Olivenöl extra aus eigener Herstellung veredelt, begleitet von selbst gemachter Giardinera (eingelegtes Gartengemüse), Salumi von bewährten Erzeugern aus dem Umland und **Pane alle molche** (Brot mit Oliven, aus denen bereits Öl gepresst wurde). Es folgt die gekochte Version der Carne salada, saftig und zart, in der Pfanne nur kurz gebraten und herrlich heiß serviert, dazu Borlotti-Bohnen mit Zwiebel (12,50 €). Die schlichten hausgemachten Nachspeisen sind **Strudel**, Crostata mit Früchten, Apfel-Amaretti-Kuchen, Frutta sciroppata (Obst in Sirup, 3,50 €). Die Weinkarte empfiehlt ein paar gute Trentiner Etiketten.

OlioCru Point, Piazza III Novembre 6 A, bietet natives Olivenöl extra aus eigener Erzeugung und eine Auswahl an regionaltypischen Produkten.

ARCO (TN)
San Giorgio

38 KM SÜDWESTLICH VON TRIENT

Le Servite

Moderne Osteria
Via Passirone, 68
Tel. (+39) 04 64 / 55 74 11
Ruhetag: Montag, 1. Oktober–31. März auch Dienstag und Sonntag
Ferien: zeitweise im Februar und November
60 Plätze + 40 Plätze im Freien
Preise: 35–38 €
Kreditkarten: CS, DC, MC, Visa; BM
Abends geöffnet

DIE OSTERIA – Wir sind dem Gardasee nah. Die von Öl- und Kirschbäumen umgebene Terrasse der Osteria, neben der die Weinberge und Gemüsebeete des Hauses zu sehen sind, lädt zum Verweilen ein und bietet einen zauberhaften Blick auf die Burg von Arco. Wenn das Wetter nicht mitspielt, gibt es immer noch die schöne rustikale Stube, wo man Sie ebenfalls herzlich empfangen und zuvorkommend bedienen wird. Abgesehen von dem viergängigen Degustationsmenü (41 € inklusive Wein) kann man aus einer wöchentlich wechselnden Karte wählen. Alle Gerichte basieren in ihrer unverfälschten Schlichtheit auf regionalen und Bioprodukten.

DIE KÜCHE – Beginnen kann man mit **Manzo in salsa verde**, Prosciutto di cervo con mostarda oder dem unschlagbaren Tortino di erbette (Küchlein aus wunderbarem Teig mit Kräutern, 8,50 €). In Sachen Primi empfehlen wir die **Gnocchi al puzzone** (10 €) und die ***Bigoi*** mit Sardinen. Bei den Secondi besteht große Auswahl an Fischgerichten, von **Baccalà mit Polenta** über Saibling vom Grill bis hin zu **Luccio in umido** (Hecht in Sauce, 16 €). Wer Fleisch bevorzugt, kann sich für Tagliata di cavallo oder Fiorentina (Steak nach Florentiner Art) entscheiden. Lassen Sie etwas Platz für die Dolci, von denen das Semifreddo allo zenzero (Ingwer) oder agli amaretti (Mandelmakronen) sowie die klassische Salame al cioccolato (4,50 €) besonders köstlich sind. Umfangreich und vielfältig die Weinkarte: jede Menge Etiketten aus dem Trentino und aus Südtirol, ausgesuchte Flaschenweine aus dem italienweiten und internationalen Panorama.

Die Baumschule Omezzolli in **Riva del Garda** (7 km), Via Brione 9, kultiviert Obstbäume nach biologischen Methoden und setzt dabei besonders auf alte Sorten.

BASELGA DI PINÈ (TN)

18 KM NORDÖSTLICH VON TRIENT

2 Camini

Restaurant
Via 26 Maggio, 65
Tel. (+39) 04 61 / 55 72 00
Ruhetag: Sonntagabend, Montag (außer in der Hochsaison)
Ferien: unterschiedlich
50 Plätze
Preise: 35 €
Kreditkarten: AE, MC, Visa; BM
Mittags und abends geöffnet

DIE OSTERIA – Seinen Namen verdankt der Gasthof den zwei Kaminen in den Haupträumen, die seine warme Gastlichkeit symbolisieren. Eine Einkehr ist Pflicht, wenn man entdecken möchte, was das Trentino und das Piné-Hochplateau im Besonderen lukullisch zu bieten haben. Köchin Franca Merz, die zu ihren Vorlieben Schokolade, Käse, Olivenöl und Wein über viel Fachwissen verfügt, kauft bei Erzeugern ihres Vertrauens ein, die in der Karte genannt sind, und bereitet Speisen nach bester Trentiner Tradition mit ein paar piemontesischen Einsprengseln zu.

DIE KÜCHE – Eingangs könnten delikater Gemüseflan (Tortino di verdure, 9 €), Peperoni alla piemontese oder Rehpastete (Paté di capriolo) mit Birnenbrot Ihren Appetit anregen. Es folgen frische und gefüllte hausgemachte Teigwaren: Canederli, **Taglierini ai funghi**, Gnocchi di ricotta, Ravioli di brasato (9 €) oder Ravioli alla zucca, ***Rufioi*** (Täschchen mit Wirsingfüllung und etwas Zimt). Bei den Secondi, die alle mit Gemüsebeilagen serviert werden, kann die Wahl auf **Rotolo di coniglio** (gefüllter Kaninchenbraten, 15 €), Pfifferlinge in Form von **Finferli con polenta e formaggi** oder Filetto di cervo (Hirsch) mit Wacholder fallen. Hinzu kommen ein paar vegetarische und vegane Gerichte. Zum süßen Schluss ***Bonet***, Tortino alle ciliegie, Sorbetti di frutta (5 €). Interessantes Angebot an Bergkäse. Die Weinkarte ist repräsentativ für die Region. Wenn Sie die Gelegenheit haben, an einem von Francas Kochkursen teilzunehmen, ist Kurzweil garantiert.

Bedollo (9 km), Via Sant'Osvaldo, hält der Bauernhof Le Mandre Grauvieh und Rendena-Rinder, ostfriesische Milchschafe und Ziegen der Rasse „Fersentaler Gescheckte" und erzeugt erstklassigen Käse.

BASELGA DI PINÈ (TN)
Miola

18 KM NORDÖSTLICH VON TRIENT

La Stropaia

Agriturismo
Via della Prestala, 20
Tel. (+39) 04 61 / 55 75 78,
(+39) 349 / 570 32 43
Ruhetag: Montag–Donnerstag
Ferien: je 2 Wochen im Juni und September, Weihnachten–März
25 Plätze • Preise: 29 € (Tagesmenü)
Keine Kreditkarten; BM
Abends geöffnet, Sonntag nur mittags

DIE OSTERIA – Dieser ganz besondere Agriturismo mit seiner überaus stilvollen Einrichtung gehört zu einem landwirtschaftlichen Betrieb, der den für das Valsugana typischen Mais der Sorte Spin, aber auch Kirschen, Beeren und Kohlgemüse anbaut. In den beiden Gasträumen dominiert Weiß und setzt Holz schöne Akzente. Für den Service ist Daniele zuständig – ein Tausendsassa, der im Brotberuf Mechaniker ist, aber nach der Arbeit in der Landwirtschaft mithilft und am Wochenende die Gäste bedient. Am Herd steht seine Frau Sara, die eine große Leidenschaft für die traditionelle Trentiner Küche hegt, diese jedoch in etwas leichterer, innovativer Form interpretiert. Grundprodukte, die man nicht selbst herstellt, werden von Erzeugern im Umland bezogen.

DIE KÜCHE – Das Tagesmenü für 29 € umfasst vier Gänge, die man auch einzeln bestellen kann: Antipasto (9 €), Primo (8 €), Secondo (13 €), Dolce (4,40 €). Bei unserem Besuch haben wir mit ***Smacafam*** (traditioneller salziger Fladen) mit buntem Mangold und Zwiebel begonnen und danach schmackhafte **Gnocchetti ai mirtilli con speck cotto** sowie eine köstliche Crema di zucchine al basilico probiert. Es folgte Polenta begleitet von heimischem Sauerkraut (angenehme Säure!), zerlassenem Käse und Ofenkartoffeln. Als Dessert kann man hausgemachte Meringata mit Erdbeeren oder Sorbetto genießen. Daniele stellt beim Servieren seine ganze Leidenschaft für Kulinarik wie auch für Wein unter Beweis, der hier vorwiegend lokaler Herkunft ist und auch glasweise ausgeschenkt wird. Brot und Grissini sind selbst gebacken.

Rizzolaga (3,5 km) erzeugt der Betrieb Maso Prener Käse aus Rohmilch von Kühen der Rasse Grigio Alpina (Slow-Food-Presidio).

BRENTONICO (TN)
Palù

45 KM SÜDWESTLICH V. TRIENT, 20 KM V. ROVERETO

Maso Palù

Restaurant-Osteria
Via Graziani, 56
Tel. (+39) 04 64 / 39 50 14,
(+39) 335 / 824 17 86
Ferien: unterschiedlich
80 Plätze + 20 Plätze im Freien
Preise: 35 € (Tagesmenü)
Kreditkarten: AE, CS, DC, MC, Visa; BM
Freitag, Samstag, Sonntag sowie vor und an Feiertagen mittags und abends geöffnet

DIE OSTERIA – Der Maso Palù liegt etwas außerhalb von Brentonico am Monte Baldo, der sich dank der Nähe zum Gardasee durch ein charakteristisch mildes Klima auszeichnet. Emiliana, Camilla und Tobia, die dieses charmante Lokal führen, zollen mit ihrer Menükarte den hiesigen Ressourcen Respekt. Das Tagesmenü (35 €), das auf Wunsch der Gäste ohne Weiteres abgewandelt werden kann, präsentiert Entdeckenswertes von landwirtschaftlichen Betrieben aus der Umgebung und eine erlesene Vielfalt an lokalen Produkten. Alle Gänge sind mit viel Liebe zum Detail zubereitet und angerichtet und werden in gerade rechten Zeitabständen aufgetragen. Das Ambiente ist rustikal und dennoch gepflegt, die typische Einrichtung durch ansprechende zeitgeistige Elemente aufgepeppt.

DIE KÜCHE – Das Menü beinhaltet eine Flasche Merlot, der für die Osteria von einer Kellerei aus der Gegend abgefüllt wird. Den spannenden Auftakt macht der gemischte Vorspeisenteller: Tatar von **Carne *salada***, Kaninchen in Form von **Rotolo di coniglio** mit Polentawürfeln und Weißkraut, Creme mit Trüffel vom Monte Baldo auf Polenta aus gelbem Maismehl oder Polenta bianca (aus weißem Maismehl) mit Hering, dazu Apfelsalat und Kartoffelrösti. An Primi gibt es herrlich würzigen **Orzotto con aglio orsino** (Perlgraupenrisotto mit Bärlauch) oder Morbido di ricotta di malga con farinelli (Topfennocken mit Gänsefußkraut). Schmackhaft die Secondi, etwa das Schweinefilet – **Filetto di maiale – mit Löwenzahn, Polenta und Kräuterbutter**. Die Dolci sind hausgemacht. Schöne, überwiegend regionale Weinkarte.

Auf dem Maso Giomo werden nach biologischen Methoden Würz- und Heilkräuter, Safran sowie typische Gemüsesorten der Monte-Baldo-Gegend angebaut.

CANAL SAN BOVO (TN)
Zortea

100 KM NORDÖSTLICH VON TRIENT

NEU Maso Santa Romina

Agriturismo • Ortsteil Santa Romina, 80
Tel. (+39) 04 39 / 71 94 59
Samstag und Sonntag geöffnet, im Sommer täglich
Ferien: unterschiedlich
20 Plätze + 10 Plätze im Freien
Preise: 30–33 € • Keine Kreditkarten
Mittags und abends geöffnet

DIE OSTERIA – Versteckt in einem kleinen Seitental des Valle di Vanoi, nicht weit vom Calaita-See, von dem man eine herrliche Aussicht auf das Bergmassiv der Pale di San Martino hat, schmiegt sich ein stilsicher renoviertes Gebäude aus Stein und Holz an den steilen Hang. Der alte Hof wurde vor mehr als zehn Jahren zu einem Agriturismo umfunktioniert und wird von Mirella und Gigi als Familienbetrieb geführt. Auf der sonnigen Terrasse kann man beschauliche Nachmittage verbringen, während abends Räume auf zwei Ebenen zum Verweilen einladen. Die Inhaber sind herzliche Gastgeber und echte Kenner der Region: Mirellas Metier sind Würzkräuter und Heilpflanzen, Gigi ist Experte für Jagd, Fischerei und Wein.

DIE KÜCHE – Die gut strukturierte Speisekarte begegnet der in den Bergen schwierigen Herausforderung der Saisongerechtigkeit mit Produkten aus der freien Natur, Wildbret und selbst eingelegten Köstlichkeiten. Neben traditionellen Wurst- und Käsetellern und dem Süßwasserfisch-Trio (Forelle, Saibling, Aal) darf eine Kostprobe von ***Casada*** (mit Sahne verfeinerte Ricotta, 7 €) nicht fehlen. Bei den Primi herrscht würziges Grün vor: **Tortelli con le ortiche**, Risotto con germogli di pino mugo (mit jungen Latschenkiefertrieben), **Orzotto con rapa rossa** (10 €). Der traditionelle Käse namens Tosèla aus Rohmilch mundet als Hauptspeise zu Polenta, die aber auch Fleischgerichte wie etwa die herausragenden **Involtini di cervo** (Hirschrouladen) oder das Coniglio (Kaninchen, 13 €) begleitet. Die köstlichen Desserts (5 €) sind alle hausgemacht.

In **Mezzano di Primiero** (10 km) bietet der Caseificio Sociale im Sommer Botìro di malga – die einzige Bergbutter, die sich Slow-Food-Presidio nennen darf.

CAVALESE (TN)

55 km nordöstlich von Trient, S.S. 48

Costa Salici

Restaurant
Via Costa dei Salici, 10
Tel. (+39) 04 62 / 34 01 40
Ruhetag: Montag, außer in der Saison
Ferien: je 10 Tage im Juni und Oktober
35 Plätze + 25 Plätze im Freien
Preise: 30–35 €
Kreditkarten: AE, CS, DC, MC, Visa; BM
Mittags und abends geöffnet

DIE OSTERIA – Das Fleimstal ist ein Gebiet mit einer langen gastronomischen Tradition und exzellenten Köchen, die sich als Interpreten ihrer Heimat verstehen. Im Hause Tait hat nun die zweite Generation das Ruder übernommen und bietet (mit Unterstützung durch Mamma Rosalba und Papà Maurizio) traditionell schlichte Küche in zeitgemäß innovativer Form. Neben der Möglichkeit, à la carte zu bestellen, hat man zwei Menüs zur Auswahl – das dreigängige namens „Tradizione e Gusto" und das zweigängige „Sapori di montagna". Hinzu kommen ein paar ebenso einfache wie schmackhafte Empfehlungen für den Mittagstisch.

DIE KÜCHE – Beginnen könnten Sie mit geräuchertem Saibling auf Topinambur-Creme (9,50 €), Frittelle zu Valfiemme-Käse auf Krautsalat, Tatar vom Hirsch mit saurem Gemüse oder mit einem schmackhaften Steinpilzküchlein – **Tortino ai porcini con speck e formaggio**. Von den Primi, die man in normalen oder größeren Portionen bestellen kann, erwähnt seien die **Crema di castagne con raviolini allo speck** (9,50 €), die Caramelle di salmerino mit Meerrettichsauce, die klassischen **Canederli di verza e puzzone**, die Strangolapreti mit Salbeibutter. Als Hauptgericht zarte Rinderbacke – **Guancia di manzo brasata al Teroldego** – mit Kartoffelpüree (16,50 €), Polenta und Käsesauce, Carré di agnello mit Pecorino-Artischocken oder Möhren-Mandel-Kroketten. Interessantes Sortiment an Käse aus dem Trentino. Als Nachtisch Strudel, Apfel-Frittelle mit Preiselbeeren (5 €), Eisbecher, Halbgefrorenes. Gepflegte Weinkarte.

Auf dem Maso Santa Libera in **Tesero** (4 km), der auch Ferienbauernhof ist, erzeugt Cristian aus Biorohmilch von Kühen der Tiroler Grauviehrasse guten Käse mit gewaschener Rinde.

COMANO TERME (TN)
Poia

31 km westlich von Trient

Osteria della Locanda Fiore

Osteria • Via Mazzini, 22
Tel. (+39) 04 65 / 70 14 01
Ruhetag: Montag, außer in der Hochsaison
Ferien: 1.–15. November
45 Plätze + 30 Plätze im Freien
Preise: 28–32 €
Kreditkarten: Visa; BM
Mittags und abends geöffnet

DIE OSTERIA – Das seit vier Generationen von Familie Salizzoni geführte Haus ist über die Jahre erweitert worden, doch hat es einiges Charakteristische aus der Vergangenheit beibehalten. So sind im Speisesaal der Steinboden aus der Zeit um 1900 und die von einem Wandermaler ausgeführten Wanddekorationen bestehen geblieben. Das Ambiente ist familiär, alte Ziergegenstände tragen zu einer angenehm antiquierten Atmosphäre bei. Für die einfachen, schmackhaften Gerichte, die der bärtige Silvio zubereitet und ausführlich beschreibt, finden bevorzugt Eigenbaugemüse und lokale Produkte Verwendung. Auch die auf dem klassischen Tabièl servierten Wurst- und Käsespezialitäten stammen aus der Gegend.

DIE KÜCHE – Wir empfehlen den Antipasto misto della casa (12 €), der Mortandèla, Lardo, Polenta und – je nach Saison – Ciuiga del Banale oder Carpaccio von **Carne *salada*** umfasst. Variantenreich die Empfehlungen für danach, unter denen die ausgefallenen Gnocchi ***na feta e en gnoc*** und das Reisgericht **Riso nel *paròl*** immer vertreten sind. Weitere Primi: Strangolapreti alla trentina (9 €), Canederli in Fleischbrühe, gebratene Nudeln mit Saisongemüse, gefüllte Panzerotti. Bei den Secondi dominieren Gerichte mit Fleisch von Bauernhöfen aus Lomaso, z. B. Rinderschnitzel und -steaks. Eine gute Alternative dazu ist der Saibling (**Filetto di salmerino alla piastra**, 9 €). An Desserts gibt es Crostata und Apfelstrudel sowie ein bemerkenswertes **Tiramisù di patate** (4 €). Neben dem Hauswein wird eine schöne Selektion an Etiketten aus dem Trentino und aus Südtirol angeboten.

Der Maso Radont in **Lomaso** (4,5 km), Via Redont 84, baut nach biologischen Methoden Gemüse, Mais, Dinkel und anderes Getreide an.

28 KM ÖSTLICH VON TRIENT

NEU Klophof

Agriturismo • Maso San Lorenzo, 16
Tel. (+39) 04 61 / 55 15 96, (+39) 347 / 291 43 99, (+39) 329 / 733 51 82
Ferien: zweite Juni- und zweite Novemberhälfte
20 Plätze
Preise: 25 € (Tagesmenü)
Keine Kreditkarten
Freitag und Samstag abends geöffnet, Sonntag mittags und mittags

DIE OSTERIA – Im Herzen des Fersentals, zwischen Wäldern und Weiden, befindet sich oberhalb von Fierozzo dieser schöne Hof, der vor ein paar Jahren unter Wahrung der lokalen Bautradition nach ökologischen Kriterien renoviert wurde. Hier haben Barbara und Daniele mit ihren drei Kindern eine fast vollständig geschlossene Produktionskette geschaffen: Selbstversorgung und Nichtverschwendung sind ihre Leitmotive. Sie bauen Gemüse an und halten Lamas, Schafe, Ziegen, Hühner, Esel und Schweine auf artgerechte Weise. Geschlachtet werden nur erwachsene Tiere, von denen alles verarbeitet wird, selbst das Fett zum Frittieren. Was dabei für den Gast herauskommt, ist schmackhafte Hausmannskost. Und was in der Küche dafür sonst noch benötigt wird, liefern die Natur und lokale Erzeuger des Vertrauens. Die Speisenfolge ist vorgegeben, wechselt monatlich und beinhaltet Gedeck, Wasser, offenen Rotwein und Kaffee. Während Barbara in der Küche werkt, umsorgt Daniele auf herzliche Weise die Gäste. Das Haus verfügt übrigens auch über drei hübsche Zimmer zum Übernachten.

DIE KÜCHE – Zunächst wird Ihnen ein Antipasto misto serviert, der Pepita di patate (eine Art Kartoffelpuffer), Polenta-Frittelle sowie einheimische Käsesorten und Wurstwaren beinhalten kann. Danach kann es mit Fontal-Käse cremig gerührten **Risotto al tarassaco** (Löwenzahn), Timballo di farro (Dinkel) mit Kräutern und Paprikacreme, **Gnocconi di ortiche e ricotta** (Brennnessel-Ricotta-Knödel) **in brauner Butter** oder Ricotta-Lauch-Crespelle geben. Als Hauptgang schließlich ***Tonco de pontesel*** mit Kartoffelpolenta oder **Polpettine vom Lamm mit Grillkartoffeln**. Und als Dessert Budino alla vaniglia oder Erdbeer-Cheesecake auf Basis von Schafmilchjoghurt. Neben dem Hauswein stehen ein paar Etiketten aus dem Trentino zur Auswahl.

21 KM S. V. TRIENT, A 22 AUSFAHRT ROVERETO NORD

Locanda delle Tre Chiavi

Trattoria
Via Vannetti, 8 • Tel. (+39) 04 64 / 42 37 21
Ruhetag: Sonntagabend, Montag
Keine Ferien
60 Plätze + 60 Plätze im Freien
Preise: 38–42 € €↑
Kreditkarten: AE, CS, DC, MC, Visa
Mittags und abends geöffnet

Annarita und Sergio bieten eine Küche, die dem achtsamen Umgang mit Lebensmitteln verpflichtet ist.

DIE OSTERIA – Hier zu speisen ist viel mehr als nur Nahrungsaufnahme: Mit ihrer Küche und ihren Geschichten erzählen Annarita und Sergio auch von hiesigen Initiativen, die um Wiederentdeckung und Förderung der gastronomischen Kultur einer ganzen Region bemüht sind. Wesentlicher Bestandteil der Menükarte ist die Liste der Lieferanten: Bauern oder landwirtschaftliche Gemeinschaften aus der Gegend, Slow-Food-Presidi und der einzige Berufsfischer auf der trentinischen Seite des Gardasees.

DIE KÜCHE – Man beginnt mit Fanzelto (dünne Buchweizenfladen) zu Speck, Luganega und Mortandèla aus dem Nonstal, hausgeräuchertem Prosciutto cotto mit Krautsalat, Tartar von **Carne *salada*** mit Apfelsauce und knusprigem Hausbrot (11 €) oder Süßwasserfisch in Form von Trittico di pesci. Unter den Primi sind neben **Canederlotti verdi al cuore di malga** (Knödel mit Bergkäse) in Salbeibutter und ***Casonzei*** aus Roggenmehl mit Ricotta-Brennnessel-Füllung auf sämiger Tomatencreme (11,50 €) feine ***Bigoi*** con ragù di tinca (Schleie) und eine Parmigiana mit Biozucchini zu entdecken. Danach kann man den Cheeseburger mit **Carne *salada***, heimischem Käse (Nostrano di Sabbionara) und frittierten Zwiebelringen, das **Bauerngröstl** (16 €) oder die **Renkenfilets** (Filetti di lavarello al forno) probieren. Interessant der Piatto della malga – eine Auswahl von unfermentierten Rohmilchkäsesorten. Als Nachtisch **Strudel di mele** mit Ingwer-Zimt-Eis, Tortino di grano saraceno mit Preiselbeerkonfitüre und Sahne, Semifreddo alla grappa di Moscato (7 €). Vielschichtige Selektion an Wein aus dem Trentino, auch glasweise.

LAVIS (TN)
Sorni

15 KM NÖRDLICH VON TRIENT, S.S. 12

Vecchia Sorni

Trattoria
Piazza Assunta, 40
Tel. (+39) 04 61 / 87 05 41
Ruhetag: Sonntagabend, Montag
Ferien: zeitweise im Februar und März
35 Plätze + 40 Plätze im Freien
Preise: 39 € €↑
Kreditkarten: AE, CS, DC, MC, Visa; BM
Mittags und abends geöffnet

DIE OSTERIA – An Sommertagen werden Sie im Vecchia Sorni auf der wunderschönen Terrasse über dem Etschtal begrüßt, zu anderen Jahreszeiten lädt die typische Stube mit Kachelofen zum Verweilen ein. In der Einleitung seiner Menükarte verspricht Lorenzo Callegari eine Küche im Zeichen der regionalen und italienischen kulinarischen Tradition, der Aromen von anno dazumal und der Saisonalität: Er hält, was er verspricht.

DIE KÜCHE – Den Auftakt machen Spargel als **Insalata di asparagi mit Eiersauce und Speck**, Tortino di patate (Kartoffelküchlein) mit Knollensellerie, frittiertem Topinambur und schwarzer Trüffel (10 €), hausgemachte **Carne *salada***, in Walnussblättern gereifter Käse mit Radicchio-Konfitüre, Bärlauch-Kartoffel-Tagliatelle mit Garnelenschwänzen, Tomaten und Basilikum (11 €). In der Spargelsaison sollten Sie danach Asparagi bestellen: als Tortino mit Asiago-Käse und Hopfenspargel oder à la nature mit Tomino alla piastra und **Kartoffelrösti** (13 €). Alternativ dazu gibt es wunderbaren Risotto alla vaniglia mit Zitronensaft und kandierter Zitrone oder klassisches Kalbfleisch-Kartoffel-**Gröstel**. Alles ist sehr geschmackvoll auf großen Keramiktellern angerichtet. In puncto Wein (viele Angebote auch glasweise) hat man das Beste aus dem Trentino und aus Südtirol zur Auswahl. Auf Qualität wird auch beim Öl Wert gelegt. Nicht außer Acht lassen sollte man die Dolci (6 €): **Torta saracena con mirtillo rosso** (Preiselbeer-Buchweizen-Kuchen) mit Preiselbeereis oder Spumoso von Bergkräutern mit Ingwer-Himbeer-Eis krönen den Genuss.

Alimentari Paoli in der Via Matteotti 8 ist ein kleiner Käseaffineur und Erzeuger von exquisiten Salumi: Lucanica, Pancetta, Lardo, Coppa, Salami.

LEVICO TERME (TN)

20 KM SÜDÖSTLICH VON TRIENT, S.S. 47

Boivin

Traditionelle Osteria • Via Garibaldi, 9
Tel. (+39) 04 61 / 70 16 70
Ruhetag: Montag, außer im Juli und August
Ferien: 2 Wochen zwischen November und Februar
50 Plätze + 20 Plätze im Freien
Preise: 35 €
Kreditkarten: AE, CS, DC, MC, Visa; BM
Abends geöffnet, im Juli und August auch Sonntagmittag

Forschergeist, Hingabe und Wissen machen das Boivin zu einem Ort, den man immer wieder gerne aufsucht.

DIE OSTERIA – Riccardo Bosco, der Inhaber, ist schon ein erstaunlicher Mann. Seine aus Ischia stammende Oma hat ihm die für einen Burschen aus Levico ungewöhnliche Leidenschaft für das Kochen vermittelt, sein Vater ihn in das Wissen um die originale Trentiner Küche eingeweiht. Mit diesem Rüstzeug hat er über die Jahre seine Kenntnisse erweitert und die Umsetzung regionaltypischer Rezepte perfektioniert. Daneben fand er auch noch Zeit, um die Welt zu bereisen. Heute durchstreift er auf der Suche nach guten Bioprodukten die Gegend und lässt er sich von einem einheimischen Fischer mit Fisch aus dem See beliefern.

DIE KÜCHE – Wir besuchten Riccardo im Frühjahr zur Zeit des Löwenzahns (***Denti de cagn***): Auf Salat mit Eiern folgten ***Casunziei* aus Kartoffelteig mit Löwenzahnfüllung**, **Spezzatino di coniglio** mit Ofenkartoffeln und Crostata al mandarino. À la carte sind darüber hinaus **Artischocken- oder Spargelquiche** (9 €), Sformato von Dicken Bohnen und Erbsen, Saibling als Salmerino marinato und Salmerino in crosta di larice, Involtino di mortandela, Gnocchi al radicchio mit Gorgonzolasauce (9 €), eine Tagessuppe, Tagliatelle mit Lammragout, **Uovo in camicia** (pochiertes Ei) **mit Polenta und Käsesauce** (16 €) oder Manzo all'olio mit Salsa ***peverada*** zu entdecken. Versäumen Sie nicht die Desserts: Torta di limone, Birnen- oder **Apfelstrudel**, Semifreddi, Tortino al cioccolato mit weichem Kern (5 €). Ein trentinisches Menü für 29 € und ein Degustationsmenü für 39 € ergänzen das Angebot. Die Weinkarte zeigt ein Faible für kleine lokale Winzer, nennt aber auch Etiketten aus dem In- und Ausland.

Ein Ausflug auf die Alm

Die Almen des Trentino werden für den Fortbestand der Nutztierhaltung in den Tälern wie auch für die Bewahrung der Kulturlandschaft immer wichtiger. Auch ihre touristische Bedeutung steigt, bedingt durch die Suche nach jener Unverfälschtheit und Naturnähe, die nur die Berge bieten können.
Um der rückläufigen Zahl von bewirtschafteten Almen – ein Trend der letzten Jahrzehnte – entgegenzuwirken, hat die Autonome Provinz Trient Fördermaßnahmen gesetzt. Insbesondere geht es um die Wiederbelebung und Bewahrung der Almen sowie deren Adaptierung an zeitgemäße Hygienestandards. All das soll dem Wohl der Menschen und dem Weideflächenbestand zugutekommen.
Almen gibt es überall im Trentino, besonders viele in den ausgedehnten Berggegenden wie Adamello-Brenta, oberes Val di Sole, Lagorai oder Monte Baldo. Derzeit werden etwa 300 Hütten bewirtschaftet, auf rund 80 davon wird die Milch direkt verarbeitet, die anderen liefern sie an die Käsereien im Tal. Auf ungefähr 30 Almen werden zudem Gäste bewirtet, zum Teil auch beherbergt. Auf den „Malghe", die wir Ihnen hier vorstellen, können Sie Erzeugnisse vor Ort probieren und auch kaufen.

Denise Eccher

BEDOLLO (TN)
Stramaiolo
Tel. (+39) 320 / 235 79 02,
(+39) 340 / 542 85 31

Die Alm betreibt Andrea Giovannini, der die Milch von Kühen der Grauviehrasse (Grigio Alpina) selbst zu Käse verarbeitet. Seine Malga liegt auf über 1.600 Metern und bietet Kost und Logis.

BRENTONICO (TN)
Mortigola
Tel. (+39) 04 64 / 39 15 55

Auf ihrer Alm auf dem Monte Baldo, in etwa 1.200 Metern Höhe, verarbeitet Familie Bongiovanni die Milch ihrer Kühe, die sich hier von Gras und Bergkräutern ernähren. Eigene Erzeugnisse sowie ein paar typische Spezialitäten kann man probieren und zum Mitnehmen kaufen.

CLOZ (TN)
Cloz
Tel. (+39) 04 63 / 87 45 37

In diesem Winkel der Berge, der fast schon in der Provinz Bozen liegt, dürfen die Kühe frei weiden und werden Schweine gehalten. Die Malga bietet gute regionaltypische Küche: Knödel, Rindergulasch, Käse aus eigener Erzeugung.

POZZA DI FASSA (TN)
Contrin
Tel. (+39) 338 / 622 70 83,
(+39) 334 / 824 44 46

Konrad Haselrieder lässt auf seiner Alm im Herzen der Marmolada, die in zwei Stunden Fußmarsch von der Bergstation der Ciampac-Seilbahn zu erreichen ist, Tag und Nacht mehr als 200 Stück Vieh weiden, darunter 30 Milchkühe. Aus deren Milch erzeugt er Käse und andere Milchprodukte.

Stablasolo
Tel. (+39) 04 63 / 98 51 09

Die Alm zählt zu den ältesten der Gegend und ist eng mit den hiesigen Sitten und Bräuchen verbunden. Man kann sie zu Fuß oder mit einem von der Gemeinde betriebenen Shuttlebus erreichen, um gute regionaltypische Küche zu genießen. Die Malga ist zudem Ausgangspunkt für einfache Wanderungen.

SPORMAGGIORE (TN)
Spora
Tel. (+39) 04 61 / 65 33 48

Wir befinden uns im Herzen des Naturparks Adamello-Brenta. In isolierter, spektakulärer Lage – mindestens zwei Stunden Fußmarsch ab Andalo oder von der Grostè-Hütte oberhalb von Madonna di Campiglio sind einzuplanen – wird nicht nur die Milch der hier weidenden Kühe zu Käse verarbeitet, sondern auch die Möglichkeit zu übernachten geboten.

TONADICO (TN)
Juribello
Tel. (+39) 348 / 892 58 41

Die Malga Juribello im Herzen des Naturparks Paneveggio ist eine der direkt vom Viehzüchterverband der Provinz Trient bewirtschafteten Almen. Um die 140 Milchkühe weiden hier. Außerdem werden Käsereivorführungen veranstaltet, bei denen man erfahren kann, wie die Frischkäsespezialität Toséla und der hier heimische Primiero-Käse entstehen.

Venegiòta
Tel. (+39) 04 62 / 57 60 44

Das Val Venegia bietet ein faszinierendes Naturschauspiel, das sich als Filmkulisse mindestens ebenso perfekt eignet wie für grandiose Bergtouren. Die Alm ist Ausgangspunkt für Wanderungen zur Segantini-Hütte und lädt ein, typische Gerichte und frisch gemachten Käse zu dampfender Polenta aus dem Kupferkessel zu genießen.

TUENNO (TN)
NEU Tuena
Tel. (+39) 392 / 325 12 86,
(+39) 392 / 058 97 10

Die Alm liegt im Naturpark Adamello-Brenta und ist zu Fuß in ungefähr 30 Minuten erreichbar. Aus der Milch der Kühe, die hier ihren Almsommer verbringen, werden Käse und Ricotta gemacht. Außerdem werden ein paar typische Gerichte angeboten.

ZIANO DI FIEMME (TN)
Sadole
Tel. (+39) 348 / 712 02 27
Keine Kreditkarten

Die Alm wird von Fabio Vinante vom gleichnamigen landwirtschaftlichen Gut betrieben, der im Sommer seine Milchkühe auf etwa 1.650 Metern Höhe weiden lässt. Die Gaststätte bietet Produkte aus eigener Erzeugung sowie ein paar typische Gerichte.

LUSERNA (TN)
Tezze

46 KM SÜDÖSTLICH VON TRIENT

NEU Lusernarhof

Restaurant
Via Tezze, 43
Tel. (+39) 347 / 182 40 06
Ruhetag: Dienstag, außer in der Hochsaison
Ferien: November–Februar
40 Plätze + 35 Plätze im Freien
Preise: 33 €
Kreditkarten: CS, MC, Visa; BM
Mittags und abends geöffnet

DIE OSTERIA – Luserna ist eine Sprachinsel der Zimbern, einer deutschsprachigen Minderheit, die nur mehr in wenigen Gemeinden des Trentino und Venetiens anzutreffen ist. Die umliegenden Berge – von der Piana del Vezzena bis zur Hochebene von Asiago – sind bekannt für ihre Almen, auf denen die gleichnamigen Käsesorten erzeugt werden. Aus drei renovierten alten typischen Häusern ist 2001 der Lusernarhof mit Zimmern, Restaurant und Sonnenterrasse hoch über dem grünen Astico-Tal entstanden. Geführt wird er von Familie Zotti: Bruno und Luca kochen, Dolores und Andrea servieren.

DIE KÜCHE – Das Menü kann man einem spannenden illustrierten Büchlein entnehmen. Gut gefallen haben uns die knusprige Cialda di mais mit Vezzena-Käse, Steinpilzen und Storo-Polenta (9,50 €) und die **Tartare di carne *salada***. Ein feudales Einzelgericht nennt sich Sapori di Malga (Fleischspezialitäten renommierter Trentiner Erzeuger, 14 €). Auch das Tiroler ***Hearkröstl*** (12,50 €) ist eine deftige Sache, handelt es sich doch um ein Rösti mit fünf Sorten Fleisch. Der **Tortel di patate** wird mit herzhaften Aromen kombiniert, z. B. Nonstaler Mortandela, Steinpilze, Pasta di luganega, Speck-Kraut-Salat, Grestataler Gemüse vom Grill; die kuriosesten Kombinationen heißen Nonna Lena (Makrelenfilet, rote Zwiebel) und Cimbro (gekochtes Rindfleisch, Sellerie, knackige Möhren, Meerrettich). Als Nachtisch: **Bavarese allo yogurt e latticello** (4,50 €) oder heißes Bitterschoko-Tortino mit Marzemino. Gute Auswahl an Wein aus der Region.

Der Caseificio degli Altipiani del Vezzena in **Lavarone** (9 km) erzeugt Vezzena-Käse, der nur dann, wenn er von der Alm kommt und mindestens zwölf Monate reifen durfte, ein Slow-Food-Presidio ist.

MEZZOCORONA (TN)

21 KM NÖRDLICH VON TRIENT

Maso Oliva

Agriturismo
Strada Provinciale 29, 74
Tel. (+39) 04 61 / 60 56 37,
(+39) 348 / 301 64 21
Ruhetag: Montag–Mittwoch (im Frühling und Herbst) • Ferien: unterschiedlich
30 Plätze + 20 Plätze im Freien
Preise: 25–30 €
Kreditkarten: CS, MC, Visa; BM
Mittags und abends geöffnet

DIE OSTERIA – Dieser inmitten der Teroldego-Weinberge zwischen Nonsbach und Monte di Mezzocorona gelegene Bauernhof verfügt über einen Teich mit Forellen und Saiblingen, eine kleine Viehzucht und einen Gemüsegarten. Im Speisesaal steht ein Kachelofen. Es kocht der junge Luca, den Service managt der herzliche Paolo. Der Wechsel der Jahreszeiten bestimmt die Grundprodukte, die hier Verwendung finden. Stolz zählt Paolo die Namen der Erzeuger aus dem Umland auf, die das Lokal beliefern.

DIE KÜCHE – Der Antipasto del lago umfasst Lachsforelle in carpione, Crostini mit Räucherforelle, marinierte Häppchen vom Saibling. Alternativ dazu gibt es Salumi und Formaggi (Letztere aus eigener Erzeugung). Es folgen **Canederli** (8 €) mit Bergkäse, mit Speck, mit Gemüse. Charakteristisch die **Gnocchetti verdi**, die **Tagliatelle con menta e verdure** (mit Minze und Gemüse), con trota salmonata (mit Lachsforelle) oder con i funghi (mit heimischen Pilzen, 9 €). Nicht fehlen dürfen **Carne *salada***, roh oder gebraten (9 €), und Controfiletto di scottona (Entrecote vom Jungrind). Köstlich das **Filetto di salmerino** wie auch das Filetto di trota **al forno** (13 €), wobei beide – Saibling und Forelle – auch in Panade erwägenswert sind. Als Nachtisch Salame al cioccolato, Panna cotta, Semifreddo mit Ricotta, Sahne und Pistazien oder mit Kaki und Amaretto. Zum Käse werden Mostarda aus Feigen, Fenchel und rosa Pfeffer oder Konfitüre von roten Johannisbeeren serviert. Schlichte, gepflegte Karte mit Eigenbauweinen und lokalen Winzerprodukten.

In **Mezzolombardo** (2,5 km) bieten die Fratelli Tait, Via De Gasperi, ein breites Wurst- und Käsesortiment. Norwegischen Stockfisch und Klippfisch führt Roat, Via IV Novembre.

MOENA (TN)
Col de Soldai

17 KM NORDÖSTLICH VON TRIENT

El Mas

Agriturismo
Strada Saslonch, 174
Tel. (+39) 04 62 / 57 42 21
Ruhetag: Montag
Ferien: 5.–20. Mai, 5.–20. Oktober
35 Plätze + 15 Plätze im Freien
Preise: 30–35 €
Kreditkarten: AE, CS, MC, Visa; BM
Mittags und abends geöffnet

DIE OSTERIA – Der Hof liegt etwas außerhalb von Moena, inmitten gepflegter Wiesen. Bei dem Gebäudekomplex handelt es sich um einen stilvollen, komfortablen Neubau, für den entsprechend der örtlichen Bautradition viel Holz verwendet wurde, ohne ins Folkloristische abzugleiten. Der dazugehörige Stall ist sehenswert und erlaubt es Kindern, in direkten Kontakt mit Nutztieren zu kommen. Wenn es das Wetter zulässt, kann man im Freien essen; außerdem stehen geschmackvolle Zimmer für Übernachtungsgäste bereit. Großes Augenmerk wird auf gute Grundprodukte und Weine aus der Gegend gelegt: Wirt Michelangelo Croce ist ein echter Kenner. Das Lokal bietet zudem die Möglichkeit, einige sehr gute Produkte einzukaufen, z. B. eingelegtes Gemüse und Konfitüren.

DIE KÜCHE – Empfehlenswerte Antipasti sind der lauwarme Kalbskopf – **Testina di vitello** – mit Zwiebel und Kartoffelsalat mit Senf-Dressing (10,50 €) und das geräucherte Filet von der Bioforelle (Filetto di trota bio) mit Kräutern. Herausragend von den Primi sind die Paccheri con carbonara di trota, pancetta e rosmarino (9,50 €), die Kartoffelgnocchi mit Lucanica und Ricotta affumicata, die **Canederli ai formaggi** (mit selbst gemachtem Käse). Der Piatto El Mas umfasst Polenta, Lucanica, **Gulasch**, zerlassenen Käse und typische Soppressa (15 €); alternativ dazu gibt es Bratkartoffeln mit Ei und Speck, geschmorte Rinderbäckchen (Guanciale di manzo) mit Polenta und Gemüse, **Baccalà alla trentina** mit Polenta. Köstlich die überwiegend traditionellen Dolci: Probieren Sie den selbst gemachten Joghurt (4 €).

Pera di Fassa (5 km) bietet der Caseificio Val di Fassa typische Käsesorten, unter anderem Cuor di Fassa mit gewaschener Rinde.

NOGAREDO (TN)
Sasso di Nogaredo

25 KM SÜDÖSTLICH VON TRIENT

Locanda D&D

Moderne Osteria
Via Maso, 2
Tel. (+39) 04 64 / 41 07 77
Ruhetag: Dienstag
Keine Ferien
50 Plätze + 20 Plätze im Freien
Preise: 37–42 € €↑
Kreditkarten: AE, CS, DC, MC, Visa; BM
Mittags und abends geöffnet

DIE OSTERIA – Mit Blick auf das Etschtal, in prächtiger Lage hoch über den Weingärten, die die Stadt Rovereto umgeben, ist die Locanda von Sandrine und Ivano ein wunderbarer Ort für eine beschauliche Mahlzeit. Das behutsam renovierte und schön eingerichtete Gebäude bietet die Möglichkeit zu übernachten und verfügt über eine große Terrasse. Ivano, der Koch, ist ein profunder Kenner der aus dem Umland stammenden Qualitätsprodukte. Das Weinangebot ist stark trentinisch geprägt, umfangreich und hochwertig; besonders hervorgehoben sei die von Hausherrin Sandrine gepflegte Selektion von französischen Weinen.

DIE KÜCHE – Die als Vorspeise angebotene Käseselektion (10 €) – Vezzena, Puzzone und Casolét – ist großartig; sehr gut auch die hausgeräucherte Forelle, die in Form von marinierten Häppchen (Petali di trota) serviert wird. Die Primi (12 €) sind schlicht, leicht und elegant: köstlich die **Zuppa d'orzo** (Gerstensuppe) und die handgemachten Nudeln namens **Strigoli al ragù di scottona** (mit Fleischsauce vom Jungrind). Bei den Secondi überwiegt Grillfleisch: Hähnchen, Rind, Schwein. Appetitlich das Kaninchen mit Pilzsauce (**Coniglio con crema di funghi**, 18 €), empfehlenswert die Gerichte mit Fisch von einem Trentiner Biozuchtbetrieb. Um den einheimischen Gästen etwas Abwechslung zu bieten, tauchen in der Karte mitunter auch ein paar Gerichte mit Meeresfisch auf. Umfangreiches Angebot an Desserts (6 €): Neben Mousses, Cremes und Torten finden wir es lobenswert, dass Obst der Saison offeriert wird. Ein dreigängiges Tagesmenü für 30 € ergänzt die Auswahl.

Die Brennerei Marzadro, Via per Brancolino 10, erzeugt erstklassige Grappas aus Trester von ausgesuchten trentinischen Rebsorten.

OSSANA (TN)

70 KM NORDWESTLICH V. TRIENT, S.S. 43 U. S.S. 42

Antica Osteria

Restaurant • Via Venezia, 11
Tel. (+39) 04 63 / 75 17 13,
(+39) 338 / 567 92 58
Ruhetag: Mittwoch, außer in der Hochsaison
Keine Ferien
60 Plätze
Preise: 30–33 €
Kreditkarten: CS, DC, MC, Visa; BM
Abends geöffnet, Sommer und Winter am Wochenende auch mittags

DIE OSTERIA – In einem alten Haus mit Blick auf die mittelalterliche Burg von San Michele hat 2001 Mariano Dell'Eva dieses Lokal eröffnet. Er führt es mit seiner Frau Roberta, Sohn Luca als Koch und Tochter Federica, die im Service von Giordana unterstützt wird. Die kleinen Stuben mit alten Holztäfelungen, Kachelöfen und offenen Kaminen schaffen eine entspannte, intime Atmosphäre. Die Küche interpretiert die Tradition auf zeitgemäße Weise in großzügigen Portionen, die häufig mit Blüten dekoriert sind. Die fairen Preise sind im Lokalinneren und vor der Tür angeschrieben: Vorspeisen 7 bis 8 €, Primi 8 bis 9 €, Secondi 14 bis 15 €, Dessert 4 €.

DIE KÜCHE – Carpaccio vom Hirsch auf Krautsalat mit Preiselbeer-Ananas-Marinade, Kartoffel-Focaccia mit Lardo oder Apfel-Käse-Crêpe machen den Auftakt. Als Beilage zu fast allen Gerichten gibt es ***Tortèl* di patate**. Brot und Teigwaren sind hausgemacht: **Ravioli con cagliata, fiori e crema di zucchine** oder Ravioli mit weißen Rüben und Esskastanien, **Gnocchi di ortica mit Ricotta und Gartengemüse**, Pflaumen-Gnocchi mit Zimt, Gnocchi di pane mit Casolét und knuspriger Pancetta. Risotto gibt es mit Kürbisblüten und Calendula, mit Esskastanien oder mit Kirschen und Joghurt. Empfehlenswert als Secondi sind das Lamm – **Agnello con menta e timo** – und das Milchferkel (Maialino da latte) mit Apfelsauce. Die Auswahl an Dolci reicht von Birnenkuchen mit heißer Schokolade über Pflaumen-Zimt-Eiscreme bis hin zu Semifreddo all'amaretto. Die umfangreiche Weinkarte empfiehlt die besten regionalen Erzeuger.

Der Caseificio Sociale Presanella in **Mezzana** (5 km), Via Bezzi 3, verarbeitet Milch aus dem oberen Val di Sole zu gutem Käse, von Casolét bis hin zu Trentingrana.

PERGINE VALSUGANA (TN)
Canezza

16 KM ÖSTLICH V. TRIENT, S.P. „VAL DEI MOCHENI"

Osteria Storica Morelli

Traditionelle Osteria • Piazza Petrini, 1
Tel. (+39) 04 61 / 50 95 04,
(+39) 347 / 444 71 50
Ruhetag: Montag, Dienstagmittag
Ferien: unterschiedlich
30 Plätze • Preise: 38 € €↑
Kreditkarten: MC, Visa; BM
Mittags und abends geöffnet

Fiorenzo und Antonella setzen in uriger Osteria-Atmosphäre auf lokale Erzeuger und authentische Traditionsküche.

DIE OSTERIA – Die Osteria befindet sich in Canezza vor den Toren von Pergine Valsugana, am Beginn des schönen Fersentals, wo eine deutsche Mundart gesprochen wird. Das Lokal bewahrt die selten gewordene Atmosphäre alter Osterien, was für das Ambiente ebenso gilt wie für die Speisen. Fiorenzo und Antonella setzen auf lokale Erzeuger und bieten authentische Traditionsküche in leicht modernisierter Form. Tadellos der Service wie auch die Präsentation der durchweg schmackhaften Gerichte. Gemüse und Kräuter kommen aus dem eigenen Garten, die Salumi sind hausgemacht, den Fisch liefert der einzige auf der trentinischen Gardaseeseite noch tätige Berufsfischer. Die Weinkarte zeugt davon, wie viel Wert hier auf einheimische Winzer und autochthone Sorten gelegt wird.

DIE KÜCHE – Unter den Antipasti sind beispielsweise **Paté di fegato di capretto** (Leberpastete vom Ziegenkitz) mit heißen Crostini (9 €), hausgemachte Salumi und **Sarde di lago in *saor*** (marinierte Gardaseesardinen) zu entdecken. Es folgen Risotto mit Wildspargel, **Gnocchi di polenta al ragù casereccio**, Taglierini mit Jungartischocken und getrocknetem Hechtrogen (10 €) und schließlich Hauptgerichte wie **Carne *salada*** mit Bohnen ***en bronzon***, Spezzatino di capriolo mit Polenta und Rotweinbirnen (16 €) oder Koteletts vom Tingola-Lamm – **Costolette di agnello di razza tingola alla griglia** – mit Jungkartoffeln aus dem Ofen. Die Desserts sind hausgemacht: Torta di carote (5 €), Mousse von weißer Schokolade auf Erdbeeren, Sorbets, Eisbecher. Ein vegetarisches Menü und ein Trentiner Traditionsmenü für 35 € ergänzen die Auswahl.

PREDAIA (TN)
Tavon

40 KM NÖRDLICH VON TRIENT, S.S. 12 UND S.S. 43

Alla Pineta

Restaurant
Via Santuario, 17
Tel. (+39) 04 63 / 53 68 66
Kein Ruhetag
Ferien: je 3 Wochen im Juni und November
90 Plätze
Preise: 34 €
Kreditkarten: AE, CS, DC, MC, Visa; BM
Mittags und abends geöffnet

DIE OSTERIA – Das Pineta ist ein dezentral organisiertes Hotel auf der Predaia-Hochebene in 830 Metern Höhe am Waldesrand außerhalb des Ortsgebietes von Tavon. Mit der Verteilung der Rollen, denen konstruktive Begeisterung gemein ist, hat Familie Sicher den bestmöglichen Modus gefunden, um dieses Kleinod mitten im Nonstal zu führen: Bruno und der junge Mattia kochen, Andreas ist für den Service, Nicola für die Kommunikation zuständig. Das Pineta hat noch aus zwei weiteren Gründen den Weg in dieses Buch gefunden: wegen der Küche, die typische Rezepte mit Grundprodukten aus nächster Umgebung (Gemüse aus dem Hausgarten, Fleisch vom Dorffleischer) umsetzt, und wegen der familiären Gastlichkeit.

DIE KÜCHE – In der facettenreichen Speisekarte sind viele vegetarische Gerichte und nicht wenige Slow-Food-Presidi zu entdecken, z. B. **Mortandèla** (hier hausgemacht) und Casolét, der mit Vezzena und Puzzone die Käseselektion ergibt, zu der Mostarda und Honig serviert werden. Nicht fehlen darf das berühmteste Gericht des Tals: ***Tortèl* di patate**, hier mit Biokartoffeln aus Tavon. Köstlich die Crocchetta di formaggio (6,50 €) mit Käse von einer nahen Käserei. Es folgen Primi (9 €) wie z. B. frisch gemachte Ravioli mit Forelle und Lauch oder **Gnocchi di patate mit Rosmarin, Pfifferlingen und knusprigem Speck**. Danach erfreuen Trota (Forelle) in Pistazienkruste mit Himbeersalat (16 €) oder **Filetto di maiale mit Senf, Pancetta und sautierten Pilzen** den Gaumen. Die Weinkarte gibt Winzern aus der Region den Vorzug, nennt aber auch Etiketten aus ganz Italien.

In **Coredo** (2 km) erzeugt die Fleischerei Corrà seit fünf Generationen typische Trentiner Spezialitäten: Mortandèla, Luganega, Carne salada.

ROMENO (TN)
Malgolo

42 KM NÖRDLICH VON TRIENT, S.S. 43 D

Nerina

Trattoria
Via De Gasperi, 31
Tel. (+39) 04 63 / 51 01 11
Ruhetag: Dienstag, außer im Juli und August
Ferien: letzten 2 Oktoberwochen
50 Plätze
Preise: 32 €
Kreditkarten: CS, MC, Visa; BM
Mittags und abends geöffnet

Ein familiengeführtes Lokal, dessen Stärken untadeliger Service und regionale Küche sind.

DIE OSTERIA – Der Erfolg dieser Osteria beruht auf einem Vorzeigefamilienbetrieb. Unter der Regie von Mamma Nerina sind es Cecilia, Sandro, Loredana, Mario, Mariapia und Elisa, die sich als Förderer der Trentiner Tradition und der Ressourcen ihrer unmittelbaren Umgebung verstehen. Immer noch präsent sind die süditalienischen Wurzeln des Vaters, was eine grandiose Mischung für Genussmomente der besonderen Art ergibt. Der untadelige Service trägt dazu nicht unwesentlich bei.

DIE KÜCHE – Beginnen können Sie mit reichhaltigen Tellern mit Nonstaler Formaggi und Salumi, darunter die klassische Mortandèla, oder mit heißer Schiacciatina und Tomino di capra alla piastra (gegrillter Ziegenfrischkäse). An Primi (9 €) gibt es **Agnolotti al caprino profumato al limone** (Teigtäschchen mit Ziegenkäsefüllung und einem Hauch Zitrone) auf Kirschtomaten und Wildfenchel, ferner Cannelloni mit Fleischfüllung, **Gnocchi aus Mais der Sorte Spin** (spezielle Sorte, deren Korn mit einem Stachel endet) **aus dem Valsugana mit Mortandèla und geschmolzenem Casolét** (für das Val di Sole typischer Käse). Es folgen Tagliata di manzo (blättrig geschnittenes Rindersteak) mit Rosmarin begleitet von Zucchini und Duchesse-Kartoffeln (16 €), bei niedriger Temperatur im Ofen gebratene Schweinehaxe – **Stinchetto di maiale al forno** – mit Biersauce, Bianchetto di vitello con asparagi (weißes Ragout vom Kalb mit Spargel). Eine Kostprobe von Marios Dolci ist Pflicht: **Gelato alla fragola** (Erdbeereis, 5 €), Crème brulée, Torta al formaggio (Käsekuchen). Die bemerkenswerte Weinkarte empfiehlt namhafte Etiketten aus der Region und von außerhalb.

SORAGA (TN)
Fuchiade

96 KM NORDÖSTL. VON TRIENT, S.S. 48 U. S.S. 346

Fuciade

Restaurant-Berghütte
Ortsteil Fuchiade
Tel. (+39) 04 62 / 57 42 81,
(+39) 340 / 819 40 60
Kein Ruhetag
Ferien: unterschiedlich
120 Plätze + 60 Plätze im Freien
Preise: 37–45 € €↑
Kreditkarten: CS, DC, MC, Visa; BM
Mittags und abends geöffnet

DIE OSTERIA – Die aufgrund ihrer spektakulären Lage und der sie umgebenden Natur außergewöhnliche Berghütte liegt fünf Kilometer von der San-Pellegrino-Passstraße entfernt. Wer diese Distanz nicht zu Fuß oder mit Skiern zurücklegen möchte, kann einen von den Wirtsleuten organisierten Shuttleservice in Anspruch nehmen. Doch die etwa 40-minütige Wanderung lohnt sich allemal – bei Schnee, wenn die Hütte im Nichts zu schweben scheint, wie auch im Sommer, wenn Felsen und grüne Almwiesen die Kulisse bilden. Wir befinden uns im Herzen der Dolomiti di Fassa, in einem faszinierenden natürlichen Amphitheater, das sich nach vorne weit zum Horizont öffnet, von dem sich die Pale di San Martino abzeichnen. Sieben Zimmer für Übernachtungsgäste stehen bereit.

DIE KÜCHE – Die ladinischen und fassanischen Traditionsgerichte basieren auf lokalen Produkten, die saisonabhängig variieren können. Zu den Konstanten zählen der Antipasto misto mit typischem Aufschnitt und hausgemachtem eingelegtem Gemüse (13 €), die Selezione di formaggi mit Mostarda, das Tatar vom Rind oder Hirsch. Erwägenswert von den Primi sind die Canederli allo speck in brauner Butter, die **Gnocchi di polenta mit Salsiccia und Steinpilzen**, die hausgemachten Pappardelle mit Wild- oder Pilzsauce (12 €), die ***Cajoncie*** (mit Wildbirnen und Feigen gefüllte Teigtäschchen, die mit Mohn und Zimt serviert werden). An Secondi gibt es Reh in Form von **Bocconcini di capriolo mit Polenta aus Storo** und Safranbirnen (18 €), Uovo affogato (pochiertes Ei) auf Kartoffelcreme mit Puzzone di Moena und knusprigem Speck, Polenta mit Käsesauce, Salsiccia und Pilzen. Abschließend **Strudel di mele**, Crêpe mit Heidelbeeren oder Haselnusscreme (5 €), selbst gebackene Kuchen, Joghurt und Früchtebecher. Gepflegtes Käsesortiment, bemerkenswerte Weinauswahl.

TONADICO (TN)
Val Canali

110 KM NORDÖSTLICH V. TRIENT, S.S. 47 U. S.S. 50

Cant del Gal

Restaurant
Ortsteil Sabbionade, 1
Tel. (+39) 04 39 / 629 97
Ruhetag: Dienstag, außer in der Hochsaison
Ferien: 10 Tage im Juni, November
65 Plätze + 20 Plätze im Freien
Preise: 25–30 €
Kreditkarten: AE, CS, MC, Visa; BM
Mittags und abends geöffnet

Schmackhafte Gerichte in tadelloser Ausführung – ein Zeichen der Wertschätzung einheimischer Produkte.

DIE OSTERIA – Das im idyllischen Val Canali gelegene Chalet-Restaurant ist dank der Leitung durch Nicola Cemin und seine Frau Marzia Depaoli sowie der Kochkünste von Marco Salvadori ein authentischer Tempel der Trentiner Gastronomie und der des Primiero im Besonderen. Die Grundprodukte kommen ausnahmslos aus dem Umland: Käse, Mais für die Polenta, Fleisch, Wurstwaren, Gemüse. Das Lokal ist warm und gemütlich, ganz so, wie man es in den Bergen erwartet, die Bedienung aufmerksam und flott. Zum Essen kann man sich auch auf der Terrasse niederlassen, von der man einen unglaublichen Panoramablick auf die Pale di San Martino hat.

DIE KÜCHE – Das Menü ist gleichsam Spiegel der Region, was sich bereits bei den Antipasti zeigt, wie etwa dem Brettchen mit ausgesuchten lokalen Salumi und **Carne *fumada*** aus Siror (9 €). Danach kann man sich den **Gnocchi aus Mais der Sorte Sponcio mit Bergbutter** (Botìro, Slow-Foo-Presidio) **und geräucherter Ricotta** oder dem **Risotto ai funghi** (7 €) zuwenden, um sich schließlich für **Carne *salada*** aus dem Val Rendena mit Bohnen (hierorts ***Fasoi*** genannt, in der entsprechenden Saison auch der Sorte Gialet) oder für Polenta mit zerlassenem Käse (Formaggio nostrano di Primiero) (9 €) zu entscheiden. Zudem werden Tellergerichte wie das Würsteltrio – **Tris di wurstel** – von einem Erzeuger aus dem Primiero mit Sauerkraut und Pommes frites (12 €) angeboten. Natürlich fehlt es nicht an Beilagen und Dolci, die wie die Gnocchi und die Pasta durchweg hausgemacht sind. Für den Weingenuss (auch glasweise) sind ausgesuchte regionale Produkte zu fairen Preisen lagernd.

TRIENT

Il Libertino

Restaurant-Enoteca
Piazza di Piedicastello, 4–6
Tel. (+39) 04 61 / 26 00 85,
(+39) 339 / 500 86 72
Ruhetag: Dienstag
Ferien: zeitweise im Juli
45 Plätze
Preise: 38–40 € €↑
Kreditkarten: AE, CS, DC, MC, Visa; BM
Mittags und abends geöffnet

DIE OSTERIA – Das an der kleinen Piazza des historischen Stadtviertels Piedicastello gelegene Lokal bietet die Möglichkeit, im Eingangsbereich, wo sich die Wurst- und Käsevitrine befindet, feine Aufschnitte zu probieren und sich dazu vom Inhaber (und Sommelier) Luca Maurina ein gutes Glas Wein oder Bier empfehlen zu lassen. In dem schlicht und geschmackvoll gestalteten Gewölbe des Gastraums werden traditionelle Gerichte in zeitgemäßen Interpretationen serviert, die Assunta Martignoni unter Verwendung von regionalen Qualitätsprodukten elegant gestaltet. Neben der Karte gibt es zwei Menüs für 25 € bzw. 36 €.

DIE KÜCHE – Eingangs typischer ***Tortel* di patate** mit Salumi und Salat oder **Sfogliatina con asparagi e crema di casolet** (Blätterteig mit Spargel und Käsecreme, 9 €); dann **Lasagnetta aperta mit Gemüse** (10 €), das für Frische und Knackigkeit ein besonderes Lob verdient, oder Gnocchi di patata e ortica mit Ragù di lago. Es folgt ein wunderbarer Saibling mit Rosmarin auf Kartoffelcreme mit Safran vom Monte Baldo (**Salmerino su crema di patate e zafferano**, 19 €), aber auch die Fleischgerichte sind erstklassig, z. B. Battuta di manzo oder Kaninchen als **Coniglio in porchetta**. Unschlagbar schließlich die Desserts: Wir empfehlen insbesondere die Trilogia dolce (8,50 €) und den Cheesecake mit Waldbeergelee. Die Weinkarte nennt mehr als 300 Etiketten, die man in der angeschlossenen Vinothek auch kaufen kann, sowie zahlreiche gute Tropfen im offenen Ausschank.

Der Palazzo Roccabruna beherbergt die Enoteca provinciale del Trentino, in der man die besten Trentiner Weine probieren kann. Convivia Food, Viale dei Tigli 12, ist eine kompetente Adresse für regionale Produkte.

NEU La Cantinetta

Osteria-Pizzeria
Via Val del Ru, 11
Tel. (+39) 0462 / 34 26 95
Ruhetag: Montag
Ferien: 2 Wochen Ende Juni/Anfang Juli
50 Plätze + 10 Plätze im Freien
Preise: 31 €
Kreditkarten: CS, DC, MC, Visa; BM
Mittags und abends geöffnet

DIE OSTERIA – Varena ist ein Fleimstaler Bergdorf am Fuß des Schwarzhorns, nur wenige Kilometer von Cavalese entfernt. Hier betreibt Familie Bellante eine einfache kleine Trattoria, die von dem unvergessenen Lorenzo gegründet wurde. In der Küche sind Mamma Giuliana, genannt „la stregona" („die Hexe"), und Sohn Tommaso am Werk, bedient wird man von Sohn Jacopo und Tochter Alice, die eine große Kennerin der hiesigen Weine und Grundprodukte ist.

DIE KÜCHE – Die Karte empfiehlt schmackhafte Gerichte der trentinischen und südtirolerischen Tradition und legt großes Augenmerk auf die Spitzenprodukte des Tals wie den Formaggio di Fiemme. Der Auftakt lässt sich mit Salumi von der örtlichen Fleischerei (7,50 €) oder in der entsprechenden Saison mit Carpaccio von rohem Spargel mit gerösteten Mandeln gestalten. Von den Primi besonders köstlich sind die **Canederli con salsa di pere, noci, cipolla** (8 €) und die klassischen Strangolapreti; probiert werden wollen jedoch auch die Dinkel-**Pappardelle al ragù di selvaggina** und – wenn Hirschfleisch vorrätig ist – die Ravioli al sugo di cervo. Wer dann noch kann, wird am **Gröstel** (13 €) aus Kartoffeln, Schweinefleisch, Bauchspeck und Zwiebeln ebenso Gefallen finden wie am Kaninchen (**Coniglio in *tecia***) mit Polenta aus Storo-Mais oder an der regionaltypischen Käseselektion mit Honig und Konfitüren. Von den Desserts ist neben klassischem Strudel und diversen saisonalen Tiramisu-Varianten insbesondere der Cheesecake mit Goldmuskateller-Überzug (4 €) unwiderstehlich. Gute Auswahl an Wein aus der Region und Bier von kleinen Brauereien.

Der Biobauernhof Maso Santa Libera in **Tesero** (8 km), Via Santa Libera 16, verkauft Frischfleisch, Käse, Honig, Kartoffeln.

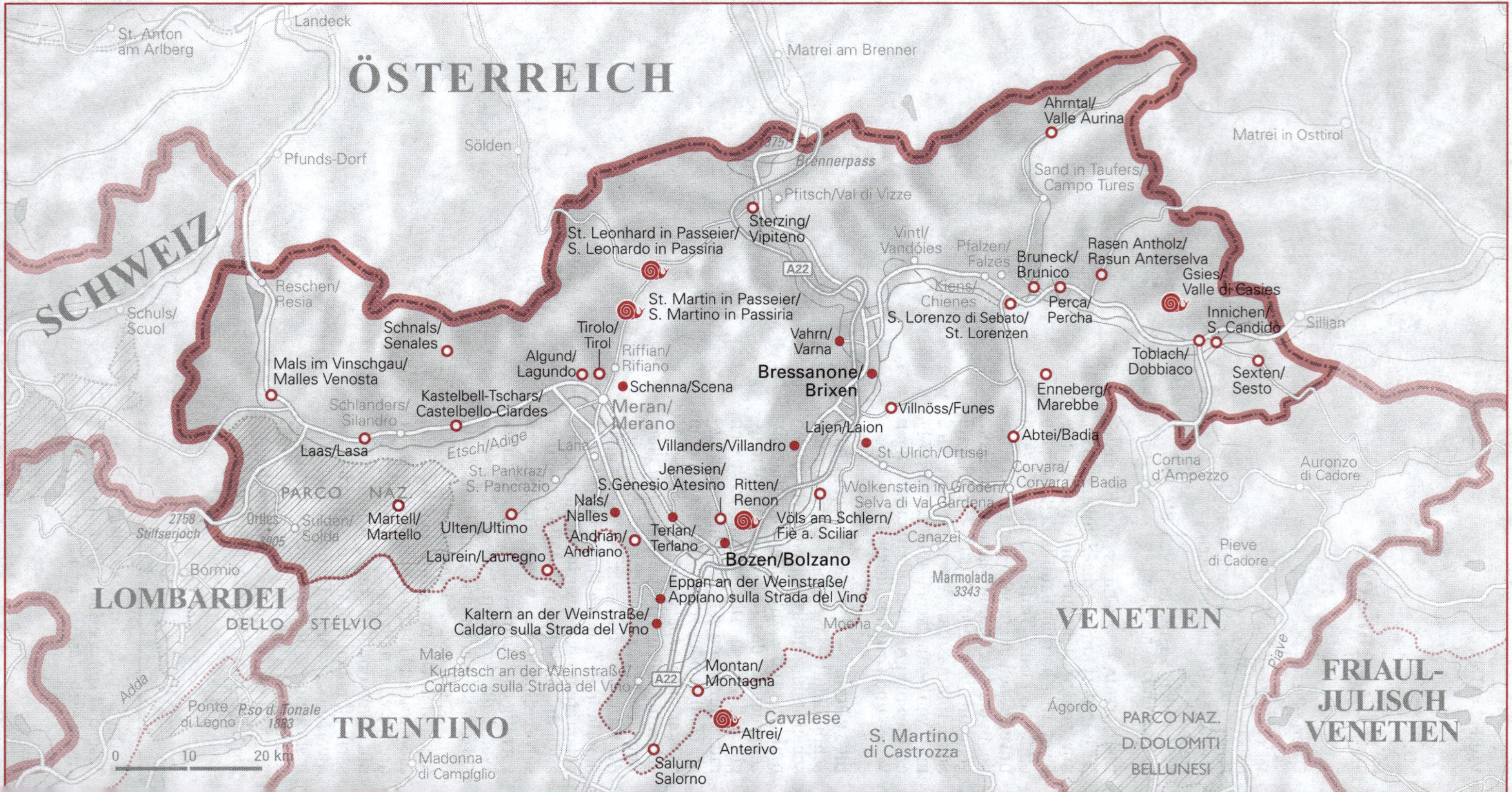

ÖSTERREICH
SCHWEIZ
LOMBARDEI
TRENTINO
VENETIEN
FRIAUL-
JULISCH
VENETIEN
St. Anton am Arlberg
Landeck
Pfunds-Dorf
Sölden
Matrei am Brenner
Matrei in Osttirol
Brennerpass
Pfitsch/Val di Vizze
Sterzing/ Vipiteno
A22
St. Leonhard in Passeier/ S. Leonardo in Passiria
St. Martin in Passeier/ S. Martino in Passiria
Reschen/ Resia
Schuls/ Scuol
Schnals/ Senales
Mals im Vinschgau/ Malles Venosta
Schlanders/ Silandro
Kastelbell-Tschars/ Castelbello-Ciardes
Laas/Lasa
Tirolo/ Tirol
Riffian/ Rifiano
Algund/ Lagundo
Schenna/Scena
Meran/ Merano
Etsch/Adige
Lana
St. Pankraz/ S. Pancrazio
PARCO NAZ.
DELLO STELVIO
Martell/ Martello
Ulten/Ultimo
Laurein/Lauregno
2758 Stilfserjoch
Ortles 3905
Sulden/ Solda
Bormio
Adda
Ponte di Legno
P.so d. Tonale 1883
Male
Cles
Kurtatsch an der Weinstraße/ Cortaccia sulla Strada del Vino
Madonna di Campiglio
0 10 20 km
Vahrn/ Varna
Bressanone/ Brixen
Vintl/ Vandóies
Pfalzen/ Falzes
Kiens/ Chienes
S. Lorenzo di Sebato/ St. Lorenzen
Bruneck/ Brunico
Perca/ Percha
Rasen Antholz/ Rasun Anterselva
Ahrntal/ Valle Aurina
Sand in Taufers/ Campo Tures
Gsies/ Valle di Casies
Innichen/ S. Candido
Sillian
Toblach/ Dobbiaco
Sexten/ Sesto
Enneberg/ Marebbe
Abtei/Badia
Corvara/ Corvara in Badia
Villnöss/Funes
Lajen/Laion
St. Ulrich/Ortisei
Wolkenstein in Gröden/ Selva di Val Gardena
Villanders/Villandro
Jenesien/ S.Genesio Atesino
Ritten/ Renon
Völs am Schlern/ Fiè a. Sciliar
Nals/ Nalles
Andrian/ Andriano
Terlan/ Terlano
Bozen/Bolzano
Eppan an der Weinstraße/ Appiano sulla Strada del Vino
Kaltern an der Weinstraße/ Caldaro sulla Strada del Vino
Montan/ Montagna
Altrei/ Anterivo
Salurn/ Salorno
Cavalese
Moena
Canazei
Marmolada 3343
S. Martino di Castrozza
Cortina d'Ampezzo
Auronzo di Cadore
Pieve di Cadore
Piave
Agordo
PARCO NAZ. D. DOLOMITI BELLUNESI

SÜDTIROL/ALTO ADIGE

Es vermag immer wieder zu überraschen, dieses „Land zwischen den Bergen", das wir je nach Betrachterstandpunkt Südtirol oder Alto Adige nennen. Inmitten der Alpen tut sich eine Vielfalt von Kulturen auf. Ihre Wurzeln haben sie tief in der Vergangenheit und leben gleichzeitig, nicht nur im ländlichen Umfeld, aktueller denn je fort.
Von Ost nach West, auf den wichtigsten Verbindungswegen, wurden Waren wie Salz, Wein, ja sogar Fisch transportiert: jahrtausendealter Handel, so alt wie die Tradition der Transhumanz. Ein bedeutendes lebendiges Beispiel für bäuerliche Kultur finden wir im wunderschönen Villnößtal, das die schwindelerregend steilen Hänge des Eisacktals an einer Stelle durchbricht: Hier liegt eine für den Feinschmecker verlockende Enklave verborgen, die Jahrhunderte überdauert hat. Das Villnösser Brillenschaf ist eines der Zeugnisse der Südtiroler Kultur, eine für die hiesigen Bergbauernhöfe typische Schafrasse. Ihre Charakteristika sind die weiße Behaarung und die schwarzen „Augenringe" – dunkle Flecken, die über die Jahrzehnte zum Markenzeichen geworden sind. Um ein Haar wäre das hiesige Brillenschaf den während des Faschismus betriebenen Rassenbereinigungen zum Opfer gefallen, doch zum Glück konnte sein Aussterben dank der Beharrlichkeit einiger Talbewohner verhindert werden.
Das Brillenschaf wurde nicht so sehr wegen der Milch als vielmehr wegen der Wolle und des Fleisches gehalten, das die Bauern auf ihre Schultern luden und zu Fuß ins Tal und bis in die Städte brachten. Dort verkauften sie ein, zwei Tiere, um mit dem Erlös andere Dinge zu beschaffen, die sie auf ihren hoch gelegenen Höfen benötigten. Das Fleisch war sehr gefragt, da ihm die fetten Kräuter der Almwiesen, auf denen die Schafe weideten, wunderbar aromatische Noten verliehen. Mittlerweile erfreut diese Tradition wieder die Liebhaber der Südtiroler Küche. Zu verdanken ist dies dem Förderkreis Villnösser Brillenschaf, der vor ein paar Jahren von Slow Food ins Leben gerufen worden ist.

Für Sie entdeckt

Gerichte mit Graukäse

174 Weisskugel
Mals im Vinschgau - Malles Venosta (Bz)

177 Patscheiderhof
Ritten - Renon (Bz)

171 Jora
Innichen - San Candido (Bz)

170 Durnwald
Gsies - Valle di Casies (Bz)

Gerichte mit Lamm

168 Kürbishof
Altrei - Anterivo (Bz)

183 Pitzock
Villnöss - Funes (Bz)

177 Signaterhof
Ritten - Renon (Bz)

Gerichte mit Vinschgauer Ur-Paarln

174 Waldheim
Martell - Martello (Bz)

181 Roberts Stube
Tirol - Tirolo (Bz)

ABTEI – BADIA (BZ)
Pedratsches – Pedraces

71 KM NORDÖSTLICH V. BOZEN, 30 KM VON BRUNECK

Runchhof

Agriturismo
Runch 11
Tel. (+39) 04 71 / 83 97 96
Ruhetag: Sonntag
Keine Ferien
50 Plätze + 8 Plätze im Freien
Preise: 29 € (Tagesmenü)
Keine Kreditkarten
Mittags und abends geöffnet

DIE OSTERIA – Höfe wie dieser sind im Gadertal mittlerweile eine Rarität: Am Fuß des Naturparks Puez-Geisler, knapp oberhalb des Dorfes Pedratsches inmitten von Wiesen und Wäldern gelegen, ist der Runchhof seit Jahren ein kleines Bollwerk der Gadertaler Traditionsküche. Fast alle Grundzutaten werden selbst erzeugt. Die Hauptaktivität des Hofes ist die Haltung von Milchkühen; die Milch wird zum Teil in der Küche verwendet, zum Teil an eine Brunecker Genossenschaftsmolkerei geliefert. Aus dem eigenen Wald holt man das Holz für die Bretter und Schindeln, die für die Instandhaltung der diversen Gebäude benötigt werden; die Holzreste dienen als Hackschnitzel für die Befeuerung der Zentralheizung. Die Bewirtung und die Vermietung der vier Zimmer sind eine Nebentätigkeit, die jedoch immer größeren Stellenwert einnimmt. Die Gasträume, bei denen es sich um typische Bauernstuben handelt, befinden sich in einem zweigeschossigen Haus aus dem 18. Jahrhundert. Die ganze Familie Nagler ist in den Betrieb eingebunden: Vater Enrico, Mutter Maria und die Sprösslinge.

DIE KÜCHE – Das Menü ist vorgegeben, kostet 30 € und umfasst sechs Gänge der ladinischen Tradition mit ein paar Zugeständnissen an die Vorlieben von Touristen, etwa Schweinehaxe und Rippchen. Natürlich gibt es **Gerstensuppe**, *Turtres* und ***Cajinci arestis***, das sind frittierte Kartoffelteigtäschchen mit einer Füllung aus Spinat und Ricotta oder aus Mohn und Konfitüre. Es folgt **Gulasch mit Knödeln oder Polenta**. Zum süßen Ausklang locken Strudel, ***Furtais*** (Strauben) oder Apfelküchlein. Gute Weinauswahl.

ABTEI – BADIA (BZ)
Pedratsches – Pedraces

90 KM NORDÖSTLICH V. BOZEN, 30 KM VON BRUNECK

Sotciastel

Agriturismo
Sotciastel 5
Tel. (+39) 338 / 764 01 88
Ruhetag: Sonntag
Ferien: unterschiedlich
20 Plätze
Preise: 18 € (Tagesmenü)
Keine Kreditkarten
Abends gegen Vorbestellung geöffnet

DIE OSTERIA – Dieser schöne Ferienbauernhof mitten im Grün des gleichnamigen Ortsteils, der nur fünf Kilometer vom Hauptort Pedratsches im Val Badia entfernt ist, liegt genau gegenüber der bekannten Skiweltcuppiste Gran Risa. Der Weg zum Sotciastel ist nicht kurz, aber gut beschildert. Reservieren ist Pflicht, die Speisenfolge vorgegeben. In der großen Stube aus dem 19. Jahrhundert können Sie neben dem schönen Ofen Platz nehmen und sich an typischen Gerichten der ladinischen Küche erfreuen, die Helga und Hildegard Pitscheider aus saisonalen Grundzutaten für Sie zaubern.

DIE KÜCHE – Man startet mit Gerstensuppe und ***Turtres*** – mit Spinat oder Weißkraut gefüllte Küchlein, die in Fett gebacken werden. Mitunter gibt es auch ***Cajinci***, die berühmten ladinischen Schlutzkrapfen mit Kartoffeln und Quark. Als Hauptgericht werden **Schweinegulasch mit Knödeln** oder Schweinerippchen mit Polenta aufgetischt, während es zum Dessert **Krapfen** mit Erdbeeren oder Apfelstrudel mit Vanillesauce gibt. Abschließend kann man die hausgemachten Digestifs in den Geschmacksrichtungen Kümmel, Latschenkiefer oder Enzian probieren. Die Osteria bietet ein wirklich hervorragendes Preis-Leistungs-Verhältnis: Für das dreigängige Menü zahlt man 18 €, Kinder nur 15 €.

AHRNTAL – VALLE AURINA (BZ)
Weißenbach – Rio Bianco

100 KM NORDÖSTLICH V. BOZEN, 15 KM V. BRUNECK

Mösenhof

Gasthof
Weißenbach 28
Tel. (+39) 04 74 / 67 17 68
Ruhetag: Dienstag
Ferien: zeitweise im Juni und Dezember
40 Plätze + 40 Plätze im Freien
Preise: 25 €
Keine Kreditkarten
Abends geöffnet

DIE OSTERIA – Das gemütliche Restaurant gehört zur Pension der Familie Kirchler. Die Räume sind schlicht und in dem für diesen schönen Winkel des Landes typischen Stil eingerichtet. In der warmen Jahreszeit kann man im Freien essen, zum Übernachten stehen ein paar Zimmer bereit.

DIE KÜCHE – Aus der Küche kommen sehr gute Gerichte der Tradition, auch wenn wir uns ein wenig mehr Aufmerksamkeit für die Grundzutaten wünschen würden. Es lohnt sich dennoch hierherzukommen, um einige Gerichte zu probieren, die man anderswo kaum findet. Beginnen kann man mit den **Speckknödeln** in Brühe (6 €), den **Schlutzkrapfen** mit Spinatfüllung, den mit Frischkäse gefüllten Teigtäschchen, den Pressknödeln. Auf einer großen Platte serviert werden die **Graukäsenocken** (für die Herstellung dieses typischen Käses wird Milch von den eigenen Kühen verwendet). Alle Hauptspeisen basieren auf Fleisch regionaler Herkunft: **Bauernschöpsernes** mit Krautsalat (14 €), Rindergulasch mit Knödeln und Salat (13,50 €), Schweinefilet mit Kräuterkruste. Für den süßen Ausklang wählt man zwischen *Gibochns*, karamellisiertem **Kaiserschmarren** und Topfenknödeln. Die Weinkarte empfiehlt ausnahmslos Produkte aus der Region.

ALGUND – LAGUNDO (BZ)
Vellau – Velloi

35 KM NORDWESTLICH VON BOZEN, 8 KM VON MERAN

Oberlechner

Gasthof
Vellau 7
Tel. (+39) 04 73 / 44 83 50
Ruhetag: Mittwoch
Ferien: Mitte Januar–Mitte März
80 Plätze + 40 Plätze im Freien
Preise: 38–40 € €↑
Kreditkarten: Visa; BM
Mittags und abends geöffnet

DIE OSTERIA – An der Sonnenseite des Texelbergs in knapp 1.000 Metern Höhe liegt das Dörfchen Vellau mit traumhaftem Blick auf das Meraner Becken. Inmitten von Obsthainen und einigen kühn angelegten Weingärten entdecken wir den Gasthof Oberlechner, der seit Generationen von Familie Gamper geführt wird. Das umsichtig renovierte Haus verfügt neben dem Restaurant über ein paar komfortable Gästezimmer. Die Anfahrt ist nicht gerade einfach, angesichts der Vielzahl enger Kehren, die zu bewältigen sind, um in diese Höhe zu gelangen. Zum Glück kann man wenigstens mittags auf den Sessellift von Algund ausweichen. Peter Gamper ist ein diplomierter Koch, dem es gelingt, eine zwischen Tradition und Innovation angesiedelte Küche auf harmonische Weise zu interpretieren.

DIE KÜCHE – Seine Ehefrau Sabine, die sich um den Service in den drei Gasträumen kümmert, wird Ihnen eine Speisenfolge empfehlen, die eingangs mit wunderbaren Gartensalaten, **Kalbskopf** und schmackhaften Variationen von **Knödeln** – sowohl in Consommé als auch mit Ratatouille – lockt. Auch die **Schlutzkrapfen** mit Ricotta-Spinat-Füllung sind es wert, probiert zu werden. Dann ein Klassiker der tirolerisch-österreichischen Tradition: das vorzügliche **Wiener Schnitzel** vom Kalb. Ein weiterer Eckpfeiler der hiesigen Kulinarik ist im Ofen gebratenes oder geschmortes Wild. Und während der entsprechenden Saison nicht versäumen sollte man die Empfehlungen mit herrlich aromatischen Pilzen, etwa Steinpilze oder Pfifferlinge. Himmlische Süßspeisen und eine Karte, aus der man zu dem Degustationsmenü für 33 € korrespondierende Weine wählen kann, vollenden den Genuss.

ALGUND – LAGUNDO (BZ)
Oberplars – Plars di Sopra

37 KM NORDWESTL. VON BOZEN, 11 KM VON MERAN

Schnalshuberhof

Agriturismo • Oberplars 2
Tel. (+39) 04 73 / 44 73 24,
(+39) 335 / 587 88 22
Ruhetag: Montag–Mittwoch
Ferien: 12. Dezember–16. Februar,
25. Juli–11. August
50 Plätze + 30 Plätze im Freien
Preise: 25–30 € (Tagesmenü)
Keine Kreditkarten
Abends geöffnet

DIE OSTERIA – Das Motto hier lautet „Bio“: in den Weinbergen, im Obsthain, im Gemüsegarten, in der Küche. Natur in Hülle und Fülle ist folglich tonangebend in diesem Lokal, das der junge Landwirt Christian Pinggera vor ein paar Jahren von seinen Eltern Rosa und Hansjörg übernommen hat. Die beiden haben aber keineswegs die Schürze an den Nagel gehängt, sondern helfen weiterhin fleißig mit. Dies gilt insbesondere für Christians Mama, die gute Seele des Hauses und Gebieterin über die Küche, in der sie mit Unterstützung der tüchtigen Rosi agiert. Das prächtige, unter Denkmalschutz stehende Gebäude aus dem 17. Jahrhundert lädt den Gast zu einer Art Zeitreise ein, etwa in der ungewöhnlichen „Zeitungsstube“, die Hansjörg mit alten Zeitschriften tapeziert hat. Ein besonderer Anziehungspunkt ist der neue Hofladen, wo man Säfte und andere Bioprodukte aus eigener Erzeugung kaufen kann.

DIE KÜCHE – Die Küche ist eindeutig traditioneller Prägung, jedoch Kreativem nicht abgeneigt. Dies macht sich vor allem bei der großen Vielfalt von **Knödeln** bemerkbar, die mit Bärlauch, mit Roter Bete, mit Pilzen angeboten werden. Nicht zu vergessen die vorzüglichen **Schlutzkrapfen** mit Spinatfüllung und natürlich Speck, geräucherte Würste, Käse. Gegen Vorbestellung gibt es **Schupfnudeln**, Rippchen, Kalbsbraten. Im Herbst wird **Hauswurst mit Sauerkraut** kredenzt. Im Weingarten wird die älteste autochthone Rebe Südtirols kultiviert, die neben dem Vernatsch und dem Weißburgunder der Stolz des Hauses ist. Als Alternative zu Wein gibt es Säfte der Sorten Apfel, Johannisbeere, Holunder, Melisse und Pfefferminze, die natürlich ebenfalls alle bio sind.

ALTREI – ANTERIVO (BZ)
Guggal

42 KM S. V. BOZEN, A 22 AUSFAHRT NEUMARKT/EGNA

Kürbishof

Gasthof
Guggal 23
Tel. (+39) 04 71 / 88 21 40
Ruhetag: Dienstag
Ferien: 4 Wochen nach Ostern, November
30 Plätze
Preise: 38–40 € €↑
Kreditkarten: CS, MC, Visa; BM
Mittags und abends geöffnet

Wenn Hartmann von den Rezepten, den Produkten und deren Herkunft erzählt, vermittelt er uns die Seele seiner Heimat.

DIE OSTERIA – Von diesem Hof im Naturpark Trudner Horn, dessen Geschichte bis in das Jahr 1772 zurückreicht, hat man einen schönen Panoramablick auf die Altreier Hochebene bis ins Trentino (Zimmerstal). 2005 wurde er renoviert und bietet Gastlichkeit in zwei Tiroler Stuben und einem Gewölbekeller. Außerdem gibt es drei Doppelzimmer für Übernachtungsgäste. Hinter dem Haus befindet sich ein prächtiger Garten, in dem das Gemüse wächst, das bei der Zubereitung vieler Gerichte Verwendung findet. Hartmann Varesco, seine Frau Sara, Tochter Angelika und Sohn Matthias empfehlen typische Südtiroler Speisen mit ligurischen Einflüssen, für die sie einheimische Grundzutaten verwenden.

DIE KÜCHE – Als Vorspeise empfehlen wir die Mousse von Ziegenfrischkäse auf Gerstensalat (9 €) und den geräucherten Hirschschinken, der mit hausgemachten in Öl eingelegten Pfifferlingen serviert wird. Von den Zwischengerichten können die **Farfalle aus Hanfmehl mit Lammwurst und Creme von Dicken Bohnen** (11 €) ebenso überzeugen wie die **Ravioli aus Kartoffelteig**, die mit grünem Trudner Spargel, Ricotta und Bergkräutern gefüllt sind (10 €). Das Fleisch liefert der Dorffleischer, der ausschließlich Tiere von Betrieben aus der Umgebung schlachtet: Bemerkenswert der **Kalbsrücken im Kräutermantel** mit Gemüsegröstel (22 €) und das Kaninchen nach ligurischer Art mit Kalterer Polenta (17,50 €). Die Süßspeisen sind Matthias' Werk: Erwähnt seien die **Variation vom Altreier Kaffee** und das Löwenzahnblüteneis. Alternativ dazu empfiehlt Hartmann eine vorzügliche Selektion von Käse aus Südtirol und dem Trentino.

ANDRIAN – ANDRIANO (BZ)

10 km westlich von Bozen

Schwarzer Adler

Gasthof
Sankt-Urban-Platz 4
Tel. (+39) 04 71 / 51 02 88
Ruhetag: Montag, Dienstagmittag
Ferien: 15. Januar–15. März, 15.–30. Juni, November
70 Plätze + 50 Plätze im Freien
Preise: 30 €
Kreditkarten: AE, CS, MC, Visa; BM
Mittags und abends geöffnet

DIE OSTERIA – Wir entdecken diesen Gasthof in einem historischen herrschaftlichen Ansitz im Zentrum von Andrian. In dem achtsam renovierten Gebäude, zu dessen besonderen Merkmalen ein von Säulen getragenes Vordach, eine Außentreppe und ein mit Wappen aus dem Jahr 1599 verziertes Tor zählen, gibt es auch ein paar Zimmer für Übernachtungsgäste sowie eine Weinstube im Erdgeschoss. Seit 1896 ist der Gasthof im Besitz der Familie Mathà. Die Karte präsentiert typische Gerichte der Südtiroler Küche, die Sie in der historischen Stube, in einem größeren Speisesaal oder in den Sommermonaten auch im Garten unter einer schönen Pergola genießen können. Im Frühling bietet die Küche Spezialitäten auf Basis von Terlaner Spargel, der unter anderem mit traditioneller Bozner Sauce, Bauernschinken und Salzkartoffeln serviert wird.

DIE KÜCHE – In der Speisekarte nehmen Tiroler Gerichte eine ganze Seite ein: von **Milzschnittensuppe** (5 €) über Perlgraupen mit Ziegenkäse und Zwetschgen (8,90 €), gekochtes Rindfleisch oder **Kalbskopf** (11 €) in Essig und Öl bis hin zu Rindergulasch mit Speckknödeln und Salat (17,20 €). Unter den Suppengerichten und anderen warmen Vorspeisen entdecken wir ungarische Gulaschsuppe (5,50 €) oder **Spinatspätzle** mit Sahne und Schinken (7,30 €). Ein exzellentes Hauptgericht ist das **gekochte Rindfleisch mit Salzkartoffeln und grüner Sauce** (16,50 €). Wer es gerne deftig mag, kann sich für die Hausplatte entscheiden (42 € für zwei Personen), die Fleisch und Gemüse vom Grill sowie Kartoffeln umfasst. Abschließend locken Desserts wie **Kaiserschmarren** mit Preiselbeerkompott, Linzer Torte oder Apfelstrudel.

BRUNECK – BRUNICO (BZ)
Amaten-Ameto

81 km nordöstlich von Bozen, A 22 und S.S. 49

Oberraut

Gasthof • Amaten 1
Tel. (+39) 04 74 / 55 99 77, (+39) 348 / 229 06 15
Ruhetag: Donnerstag
Ferien: Ende Januar, Ende Juni, Ende Sept.
40 Plätze + 25 Plätze im Freien
Preise: 45 € €↑
Kreditkarten: CS, MC, Visa; BM
Mittags und abends geöffnet

DIE OSTERIA – Bereits entlang der Straße durch den Wald hinauf nach Amaten wird man mit schönen Ausblicken auf das Pustertal belohnt, bevor man schließlich den kleinen Gasthof Oberraut der Familie Feichter erreicht. Dort wird man dann in einer der beiden rustikalen Stuben zu Tisch geleitet. Das Gemüse stammt aus dem Hausgarten, die exzellenten Wurstwaren sind selbst gemacht, die sonstigen Grundprodukte, so auch das Wild, sind regionaler Provenienz.

DIE KÜCHE – Nach einem ***Tirtl*** (gebackene Teigtasche mit Spinat-Frischkäse-Füllung), das als Entree serviert wird, empfehlen wir die gemischten Wurstwaren des Hauses mit Graukäse (10,50 €); eine gute Alternative ist das Tatar vom Rind mit Schwarzbrotkruste. An traditionellen Zwischengerichten gibt es mit Kräutern verfeinerte **Graukäse-Pressknödel** begleitet von Sauerkraut (11,50 €), **Ravioli mit Wildbretfarce** und Gemüse (12,50 €), mit Ziegenfrischkäse gefüllte Teigtäschchen auf Bärlauchpesto. Wahre Gaumenfreuden bescheren die Hauptgerichte, beispielsweise das **Rindergulasch mit Speckknödeln** (16,50 €) oder die Rehnüsschen mit Wacholdersauce. Zu alldem wird selbst gebackenes Brot gereicht. Kleine Dessertkarte, Südtiroler Weine.

ENNEBERG – MAREBBE (BZ)
Welschmontal – Mantena

84 KM NORDÖSTL. VON BOZEN, S.S. 12 UND S.S. 49

Garsun

Traditioneller Gasthof
Mantena 9
Tel. (+39) 04 74 / 50 12 82
Ruhetag: Montag
Ferien: Juni, November
30 Plätze
Preise: 25 € (Tagesmenü)
Kreditkarten: Visa
Mittags und abends geöffnet

DIE OSTERIA – Eines der Lokale, in denen man in den Genuss einer authentischen ladinischen Küche kommt, ist seit Beginn des vergangenen Jahrhunderts der historische Gasthof Garsun der Familie Obwegs. Seit den 1990er-Jahren wird er von Maria Luisa und ihrer Tochter Francesca geführt. Man breche also auf ins Gadertal, fahre die Hauptstraße entlang und achte kurz vor St. Vigil in Enneberg im Ortsteil Montal auf Höhe einer Kapelle auf die vis-à-vis gelegene Einkehr. In dieser trifft man auf Gastlichkeit der unverfälschten Art und fühlt sich in der guten Stube wie zu Hause. Die Küche bietet tagesfrisch zubereitete Gerichte mit Grundzutaten aus eigener Erzeugung oder von Bauern aus der Gegend.

DIE KÜCHE – Das vorgegebene Menü überzeugt in Sachen Quantität ebenso wie qualitativ und geschmacklich. Man beginnt mit ***Panicia***, einer mit Gemüse, Speck und geräuchertem Fleisch angereicherten Gerstensuppe, und kann dazu ***Tutres*** probieren – typisches Schmalzgebäck mit Ricotta-Spinat-Füllung. Danach gibt es ***Cajincì*** – mit Kartoffeln, Ricotta und Kräutern gefüllte Teigtäschchen in zerlassener Butter, die mit gehobeltem Hartkäse oder mit Mohn und Zucker (was für die ladinische Küche typisch ist) bestreut werden. Es folgt eine saftige **Schweinehaxe mit Bratkartoffeln und Krautsalat**. Danach noch Platz im Magen für das Dessert zu haben, ist fast unmöglich. Dennoch sollte man nicht nein sagen, denn die ***Puncerle*** – mit hausgemachter Früchtekonfitüre gefülltes Fettgebäck – sind so sensationell wie die weichen Krapfen namens ***Crafuns mori*** mit einem Loch in der Mitte, in das Preiselbeerkonfitüre oder Apfelmus gefüllt werden. Nicht minder köstlich der klassische Strudel, dessen Teig nur aus Mehl, Wasser und Öl besteht und den man vorzugsweise mit Schlagsahne genießt. Reservierung erforderlich.

GSIES – VALLE DI CASIES (BZ)
Unterplanken – Planca di Sotto

99 KM NÖ. V. BOZEN, S.S. 49 AUSFAHRT WELSBERG

Durnwald

Gasthof
Nikolaus-Amhof-Straße 6
Tel. (+39) 04 74 / 74 69 20
Ruhetag: Montag
Ferien: 15.–30. Juni, 8.–24. Dezember
90 Plätze + 20 Plätze im Freien
Preise: 33–36 €
Kreditkarten: AE, CS, DC, MC, Visa; BM
Mittags und abends geöffnet

Tradition mit einer Prise Innovation, Wertschätzung für heimische Produkte, Hochachtung vor den Jahreszeiten.

DIE OSTERIA – In einem der schmalsten Seitentäler des Pustertals entdecken wir ein Kleinod der Südtiroler Gastronomie. Hier ist Sylvia Mayr mit leidenschaftlicher Begeisterung am Werk, um heimische Produkte von bester Qualität in einer ausgewogenen Mischung aus Traditionsbewusstsein, Kreativität und Augenmerk auf gesunde Ernährung darzubieten. Die Räumlichkeiten sind großzügig gestaltet, um die Ansprüche des Gasthofs mit jenen des Genussreisenden in Einklang zu bringen. Der Weinkeller des Hauses zählt zu den bestbestückten der Gegend.

DIE KÜCHE – Empfehlenswert von den Vorspeisen sind das Carpaccio vom heimischen Ochsen mit würziger Kräuterfüllung (13 €) oder die Mousse von der Räucherforelle mit Knoblauchbrot und Schmortomaten. Überaus köstlich von den Suppen ist in der entsprechenden Saison das **Brennnesselcremesüppchen** (6,50 €). Es folgen typische **Pressknödel auf Krautsalat**, hausgemachte Schlutzkrapfen (Teigtaschen mit Gemüsefüllung, die mit frischen Tomaten und Basilikum serviert werden, 10 €), **Blutnudeln mit Graukäse** (9,50 €) – ein Gericht, das Sie anderswo kaum finden werden. Vorzüglich das Fleisch, eine der großen Stärken des Lokals: Probieren Sie das **Entrecote vom Rind in Steinpilz-Pfifferling-Sauce** (19 €) oder die zarten Lammkoteletts auf Gemüse und Röstkartoffeln. Gegen Vorbestellung gibt es Schweinehaxe aus dem Ofen mit Sauerkraut, Kartoffeln und Knödeln oder Kalbshaxe mit Gemüse und Röstkartoffeln. Und als Nachtisch erfreuen klassischer Apfelstrudel, leckere Apfelküchlein mit Vanilleeis sowie eine schöne Auswahl an typisch hiesigen Käsesorten den Gaumen.

INNICHEN – SAN CANDIDO (BZ)

110 km nordöstlich von Bozen, S.S. 49

Jora

Bergrestaurant • Haunold
Tel. (+39) 335 / 656 12 56,
(+39) 340 / 152 40 24
Kein Ruhetag
Ferien: April–Mai, zeitweise zwischen Oktober und Dezember
60 Plätze + 60 Plätze im Freien
Preise: 32 €
Kreditkarten: Visa; BM
Mittags geöffnet, abends gegen Vorbestellung

DIE OSTERIA – Gestützt auf die Erfahrung von Rosmarie und Toni Holzer, die vor 15 Jahren an den Hängen des Haunolds eine alte österreichische Almhütte neu aufgebaut haben, ergänzt der junge Markus den Sinn seiner Eltern für Gastlichkeit und Tradition mit all seinem kreativen Talent. Achtsam wählt er biologische Grundprodukte im Umland für ein charaktervolles Menü aus, das den Bogen von der Strenge der Tradition hin zu der Fähigkeit spannt, selbst den verwöhntesten Gast neugierig zu machen.

DIE KÜCHE – So erwarten uns nicht nur Leber- oder **Speckknödel** in Rinderbrühe (7,20 €), sondern auch ungewöhnliche Kohlebandnudeln mit Graukäse und Trüffel oder schmackhafte **Schnittlauchravioli mit Ziegenmilch-Spätradicchio-Füllung** (11,50 €). Die Hauptgerichte, für die (häufig biologische) Erzeugnisse von Pustertaler Bauernhöfen Verwendung finden, basieren auf ebenso schlichten wie köstlichen Rezepten, etwa die **Kalbsinnereien mit Kartoffel-Käse-Knödeln** (17 €). Die verlockende Palette der Desserts reicht von Strudel (3,80 €) über **Apfelküchel** bis hin zu einem unwiderstehlichen warmen Törtchen mit zweierlei Schokolade. Die Weinauswahl ist beschränkt, aber klug zusammengestellt. Die Menüs – von 18 € für die vegetarische Speisenfolge bis 48 € für das kalorienreiche Gourmetmenü – werden allen Ansprüchen gerecht. Und die Themenabende sind Ereignisse, die man sich nicht entgehen lassen sollte.

Die Vinothek Karadar, M.-Schranzhofer-Straße 2, bietet eine große, durchdacht gestaltete Auswahl an Wein und Spirituosen aus der Region und von anderswo zu interessanten Preisen.

JENESIEN – SAN GENESIO ATESINO (BZ)
Flaas – Valas

20 km nördlich von Bozen

Lanzenschuster

Berggasthof
Flaas 48
Tel. (+39) 04 71 / 34 00 12
Ruhetag: Montag, außer Mai–Oktober
Ferien: 3 Wochen im Februar/März
50 Plätze + 90 Plätze im Freien
Preise: 25 €
Keine Kreditkarten
Mittags und abends geöffnet

DIE OSTERIA – Zauberhafte Lärchenwiesen umrahmen den Berggasthof Lanzenschuster in 1.518 Metern Höhe auf dem Hochplateau von Jenesien. Der Ort ist Ausgangspunkt für leichte Wanderungen und bietet einen Logenplatz, um die schöne Aussicht auf die Dolomiten zu genießen. Neben den Gasträumen im Inneren verfügt der Hof über eine Sonnenterrasse, einen Garten mit Spielplatz für die Kinder und einen Streichelzoo für Jung und Alt. In der Speisekarte sind Gerichte der hiesigen Tradition wie auch zeitgemäß interpretierte Spezialitäten zu entdecken. Für die Fleischgerichte kann sich Küchenchef Christian auf lokale Viehzuchtbetriebe und einheimische Jäger verlassen, während Obst, Gemüse, Käse und zuweilen auch Fleisch größtenteils vom eigenen Hof stammen.

DIE KÜCHE – Herausragend sind die typischen Speisen mit Kräutern und Gemüse, etwa die **Wildkräutercreme mit Blätterteig-Grissini** (6,50 €) oder die Kartoffelnocken mit Ricotta-Bärlauch-Füllung (9,50 €). Unter den warmen Vorspeisen sind es unter anderem die **Brennnessel-Spargel-Knödel mit Speck-Kraut-Salat** (9,50 €), die eine gelungene Kombination aus Tradition und Saisonalität ergeben. Empfehlenswert von den Hauptgerichten sind der **Rehbraten mit Rosmarin und Polenta** (12 €) oder der **Braten vom Ziegenkitz mit Ofenkartoffeln und Spargel** (16 €). Zu den Fleischgerichten passt der Hauswein, ein Lagrein, sehr gut. Von den selbst gemachten Süßspeisen erwähnt seien der Apfelstrudel, der Kuchen mit Ricotta-Sahne-Füllung, die mit Sahne und Himbeeren gefüllte Kürbiskernroulade, das Löwenzahnparfait mit marinierten Früchten. Als Durststiller sehr beliebt sind die ebenfalls hausgemachten Säfte in den Geschmackrichtungen Holunder, Himbeere und Johannisbeere.

JENESIEN – SAN GENESIO ATESINO (BZ)
Afing – Avigna

17 km nördlich von Bozen

Tiefthalerhof

Gasthof • Afing 13
Tel. (+39) 04 71 / 35 40 77,
(+39) 348 / 033 33 91
Kein Ruhetag
Ferien: Juni–August
20 Plätze
Preise: 30–32 € (Tagesmenü)
Keine Kreditkarten
Abends geöffnet, Samstag und Sonntag auch mittags

DIE OSTERIA – Auf diesem prachtvollen Hof, der auf dem Hochplateau oberhalb von Bozen steht, ist die Bewirtung den Rhythmen des bäuerlichen Lebens untergeordnet. Wundern Sie sich daher nicht, wenn die Hausherrin Sie während der Zeit der Mahd im Juni und Juli freundlich, aber bestimmt auffordern wird, es mit der Reservierung in ein paar Wochen noch einmal zu versuchen. Die Heuernte hat Vorrang. Und da hier „nichts vergeudet werden darf", wird man am Herd nur dann aktiv, wenn eine angemessene Anzahl an Gästen erscheint, die sich relativ lang im Vorhinein angemeldet haben. Dies vorausgeschickt, machen die Speisen dieser ländlichen, aber ehrlichen Küche die Anlaufschwierigkeiten bei Weitem wett. Die Straße, die auf diese Bergseite führt, beginnt in Bozen; dann, an der Abzweigung nach Afing, hält man sich rechts und fährt ein paar Kilometer bergan. In dem schönen Haus von Annamaria und Corrado wird man Sie im Rittersaal mit Schauküche und einem großen Tisch, der für maximal 20 Personen gedeckt ist, willkommen heißen. Annamaria kümmert sich um die Küche, den Gemüsegarten und das Vieh, während Corrado für den Grill zuständig ist.

DIE KÜCHE – Man beginnt mit dem gemischten Vorspeisenteller, bei dem es sich um ein schönes Potpourri an vegetarischen Köstlichkeiten handelt. Es folgen große **Teigtaschen mit Brennnesseln**, Pilz- oder Gemüseauflauf, **Knödel**. Für den Hauptgang wählt man zwischen **Gegrilltem vom Lamm**, Ziegenkitz oder Rind der Rasse Weißblaue Belgier aus eigener Haltung. Wunderbare Auswahl an Desserts, u. a. Halbgefrorenes und **Apfelküchlein**. Die Schnäpse des Hauses krönen den Genuss. Der Hof ist übrigens auch eine für das herbstliche Törggelen sehr erwägenswerte Adresse.

KASTELBELL-TSCHARS – CASTELBELLO-CIARDES (BZ)

52 km nw. v. Bozen, S.S. 38 Vinschgauer Strasse

Schlosswirt Juval

Gasthof
Ortsteil Juval 2
Tel. (+39) 04 73 / 66 80 56
Ruhetag: Mittwoch
Ferien: unterschiedlich
100 Plätze + 50 Plätze im Freien
Preise: 30 €
Kreditkarten: CS, MC, Visa; BM
Mittags und abends geöffnet, Sonntag–Dienstag nur mittags

DIE OSTERIA – Sowohl die Küche als auch die Lage machen diesen Gasthof zu etwas Außergewöhnlichem. Er befindet sich in dem kleinen Weiler am Fuß des Schlosses Juval, wo nicht selten Reinhold Messner anzutreffen ist. Die Landschaft ist von ätherischer Schönheit, der Gasthof gleicht einem Adlernest. Erreichen kann man ihn zu Fuß, mittags auch mit dem Shuttlebus vom großen Parkplatz am Beginn der Straße oder abends mit dem Auto. Gemüse, Fleisch, Konfitüren und Würste sind aus eigener Erzeugung, die Portionen großzügig. In Sachen Wein überzeugen insbesondere die Produkte einer probaten Kellerei aus der Gegend.

DIE KÜCHE – Beginnen kann man mit der **Coppa vom Jungschwein** auf Salat (8 €): Es handelt sich hierbei um eine Wurst vom Schweinenacken, die in einem mit Weißwein getränkten Tuch aufbewahrt wird, damit sie schön weich bleibt. Von den warmen Vorspeisen empfehlenswert sind die Gerstensuppe oder auch die Vinschger Urpaarlsuppe, die Gemüsecremesuppen, die **hausgemachten Bandnudeln mit Lammragout und Thymianpesto** (11 €), die Spinat-Käse-Nocken mit Graukäse. Danach kann man sich für den Braten vom Jungschwein mit Kartoffeln und Gemüse (15,20 €) oder das **Rindergulasch mit Serviettenknödel** (13,50 €) entscheiden. Ein sensationell guter Nachtisch nennt sich **Schneemilch** und ist eine Süßspeise aus altbackenem Brot, Rosinen, Zimt und Sahne, die hier zusätzlich mit Karamell und Orange serviert wird.

In der Ortschaft **Galsaun** (2,3 km), Brunnenweg 7, erzeugt Walter Klotz Edelbrände. Auf dem Niedermairhof am Trumsberg gibt es Wurstwaren und Fleisch von Rindern der Tiroler Grauviehrasse.

LAAS – LASA (BZ)
Allitz – Alliz

67 KM NORDWESTLICH VON BOZEN, S.S. 38

Sonneck

Gasthof
Allitz 11
Tel. (+39) 04 73 / 62 65 89
Ruhetag: Dienstag
Ferien: unterschiedlich
45 Plätze + 35 Plätze im Freien
Preise: 30 €
Kreditkarten: AE, CS, DC, MC, Visa; BM
Mittags und abends geöffnet

DIE OSTERIA – Das Sonneck befindet sich in Allitz, einem kleinen Ortsteil der Gemeinde Laas, die für ihren edlen weißen Marmor und die süßen Vinschger Aprikosen bekannt ist. Das behagliche, schlichte Lokal verfügt über eine Panoramaterrasse, von der man einen schönen Blick ins Tal hat, wo entlang der Etsch ein Radweg von Reschen bis Meran verläuft. Herbert Thanei verwendet für seine Gerichte lokale Grundzutaten; die Würzkräuter und das Gemüse werden im angrenzenden Garten angebaut.

DIE KÜCHE – Von den Vorspeisen empfehlen wir das Carpaccio vom Hirsch (12 €). Die Teigwaren sind hausgemacht. Zur Auswahl stehen **Tiroler Knödel mit Spinat**, aber auch in den Varianten Käse, Steinpilze oder Rote Bete, jeweils mit Salat; man kann auch einen gemischten Teller mit drei oder vier verschiedenen Knödelarten (11 bis 13 €) bestellen. Vortrefflich sind überdies die Bandnudeln mit Pfifferlingen aus den nahen Wäldern (10 €) und die mit Roter Bete gefüllten Teigtäschchen (10 €). Von den Hauptgerichten können der **Braten vom einheimischen Ziegenkitz** mit frischen Kräutern, Thymiankartoffeln und gemischtem Salat (20 €) sowie das Steak vom Südtiroler Rind mit Röstkartoffeln und Kräuterbutter (21 €) überzeugen. Die Süßspeisen sind alle hausgemacht. Kleine Auswahl an hauptsächlich lokalen Winzerprodukten.

LAUREIN – LAUREGNO (BZ)
Gassern – Gosseri

60 KM WESTLICH VON BOZEN, S.S. 42

Sonne

Traditioneller Gasthof
Gassern 11
Tel. (+39) 04 63 / 53 02 80
Ruhetag: Mittwoch, außer im August
Ferien: unterschiedlich
30 Plätze + 20 Plätze im Freien
Preise: 25–30 €
Keine Kreditkarten; BM
Mittags und abends geöffnet

DIE OSTERIA – So ganz genau weiß man nie, ob gewisse Dörfer ein äußerster Vorposten Südtirols auf trentinischem Boden oder eine letzte trentinische Bastion an der Grenze zu Südtirol sind. Doch eines ist gewiss: Laurein hütet mit dem Gasthaus Sonne ein wahres Kleinod der ehrwürdig aufrichtigen Art. Das nur einen Steinwurf von Kirche und Grundschule entfernte Lokal von Rosa Anna Ungerer bewahrt den Charme der Wirtshäuser von anno dazumal. Neben den Gasträumen verfügt es über eine große Panoramaterrasse, auf der man Licht und Wärme, frische Bergluft, aber auch das atemberaubende Schauspiel der Wiesen und Felder in hohen Lagen genießt. Auf kleinsten Fleckchen Erde, die den steilen Hängen abgetrotzt wurden, sind hier Gemüsegärten und Kartoffelfelder angelegt worden.

DIE KÜCHE – Aus den gelben Blüten des Löwenzahns macht Frau Anna Honig, mit dem sie das leckere Vanilleparfait mit heißen Himbeeren verfeinert. Doch zuvor gibt es tadellose **Knödel in Brühe** (für die Knödelmasse wird gewürfelter Speck mit starkem Raucharoma, wie es in der Gegend üblich ist, verwendet), Strangolapreti, Crêpes mit Radicchio oder **Löwenzahnnocken**. Es folgen vorzüglicher **Kaninchenschmorbraten**, Fleisch vom Kalb aus eigener Haltung, Wild, **Kartoffelpuffer**. Die Weinkarte enthält Empfehlungen aus Südtirol und dem Trentino.

Unweit des Bäckerhofs verkauft Familie Kessler exzellenten Honig. In **Sankt Felix** (5 km) und in **Unsere Liebe Frau im Walde** (8 km) gibt es Speck und Wurst aus der Erzeugung der Gebrüder Kofler.

MALS IM VINSCHGAU – MALLES VENOSTA (BZ)
Matsch – Mazia

95 KM NORDWESTL. VON BOZEN, S.S. 38 U. S.S. 40

Weisskugel

Gasthof
Matsch 10
Tel. (+39) 04 73 / 84 26 00
Ruhetag: Montag, außer im Juli und August
Ferien: 1. Dezember–30. April
80 Plätze + 16 Plätze im Freien
Preise: 30 €
Kreditkarten: CS, DC, MC, Visa; BM
Mittags und abends geöffnet

DIE OSTERIA – Das Lokal befindet sich im Zentrum des Dörfchens Matsch im gleichnamigen Seitental des Obervinschgaus und ist von Ausflugszielen wie Glurns oder der Churburg mit dem Auto in nur 20 Minuten erreichbar. Auf herzliche und zuvorkommende Weise führt Familie Stecher ihren Gasthof mit Zimmervermietung, der seit vielen Jahren für seine schlichte, durch unverfälschte Aromen gekennzeichnete Küche geschätzt wird.

DIE KÜCHE – Beginnen kann man mit dem vorzüglichen hausgeräucherten Speck, zu dem Meerrettich serviert wird, oder einem Brettchen mit lokalen Käsesorten. Empfehlenswert sind die Suppen – die Matschertaler Kräutersuppe ebenso wie die **Vinschger Suppe** mit Roggenbrot, Zwiebel, Speck und Eigelb (5,80 €). Von den weiteren warmen Vorspeisen erwähnt seien die Bandnudeln mit feinen Gartenkräutern, die Teigtäschchen namens **Schlutzer** mit Ricotta und Spinat sowie die mit Steinpilzen (in der Saison) und Ricotta gefüllten Kartoffelgnocchi in zerlassener Butter (10,80 €). Nicht versäumen sollte man das **Lamm mit Kräutern** aus der Gegend samt Beilagen (25 €) bzw. während der entsprechenden Saison das Wildbret. Für den Schweinebraten findet Fleisch von Tieren aus eigener Haltung Verwendung. Und als Dessert sollte man den **Kaiserschmarren** mit Rosinen probieren, zu dem Kompott serviert wird.

Im Ortsteil **Schleis** (2,5 km), Hausnummer 8, verarbeitet Familie Agethle in ihrem kleinen Viehzuchtbetrieb die Milch ihrer Kühe zu vortrefflichem Vinschger Käse.

MARTELL – MARTELLO (BZ)
Hintermartell – Alta Val Martello

73 KM NORDWESTLICH VON BOZEN, S.S. 38

Waldheim

Hotelrestaurant
St. Maria in der Schmelz 16
Tel. (+39) 04 73 / 74 45 46
Kein Ruhetag
Ferien: zeitweise im November
80 Plätze + 80 Plätze im Freien
Preise: 32 €
Kreditkarten: CS, MC, Visa
Mittags und abends geöffnet

DIE OSTERIA – Der Gasthof befindet sich im Martelltal, einem Seitental des Vinschgaus, das für die Erdbeerfelder bekannt ist, die hier im Sommer bestellt werden. Neben der Hauptstraße gelegen, verfügt das Waldheim nicht nur über einen großen Parkplatz und eine weitläufige Terrasse sowie einen Spielplatz, sondern auch über einen gemütlichen Barbereich. In ebendiesem sind einige Tische aufgestellt, um an Tagen mit großem Gästeaufkommen zusätzliche Plätze zur Verfügung zu haben. Eine Reservierung ist in jedem Fall ratsam. Zu den weiteren Gasträumen zählen die schöne Tiroler Stube und der Weinkeller, der zu Verkostungen einlädt. Küchenchef Hermann bereitet seine heimischen Wild- und Fischspezialitäten mit frischen Würzkräutern der Saison zu. Sohn Alexander ist Sommelier und kümmert sich um den Wein und den Service bei Tisch. Auch im offenen Ausschank bietet er vorzügliche Tropfen an.

DIE KÜCHE – Die Auswahl an Gerichten ist groß: **Martelltaler Suppe mit Ur-Paarl** vom Slow-Food-Presidio (7 €) oder allerlei Arten von Teigwaren mit saisonal unterschiedlichen Saucen bzw. Füllungen, beispielsweise die sehr zu empfehlenden **Tagliatelle mit Wildragout** (8 €) oder die Lasagne mit Vinschgauer Spargel. An Hauptgerichten gibt es **Braten vom einheimischem Lamm** oder **Forelle**, die man auch **hausgeräuchert mit Meerrettich** (13,50 €) probieren kann. Das Restaurant empfiehlt noch andere interessante Köstlichkeiten aus der eigenen Räucherkammer: Speck, Würste, Käse sowie das sogenannte Nationalpark-Carpaccio – leicht geräuchertes Filet vom heimischen Rind, das mit Olivenöl, Parmigiano Reggiano und Bauernbrot serviert wird.

MONTAN – MONTAGNA (BZ)
Gschnon – Casignano

29 km südlich von Bozen, S.S. 12 oder A 22

Berggasthof Dorfner

Gasthof
Gschnon 5
Tel. (+39) 04 71 / 81 99 24
Ruhetag: Montag
Ferien: Mitte Januar–Mitte Februar
55 Plätze + 40 Plätze im Freien
Preise: 35 €
Kreditkarten: CS, MC, Visa; BM
Mittags und abends geöffnet

DIE OSTERIA – Der in der Nähe eines kleinen Kapuzinerklosters gelegene Gasthof befindet sich im Montaner Ortsteil Gschnon und ist von den blühenden Wiesen und dichten Wäldern des Naturalparks Trudner Horn umgeben. Vor Kurzem hat der Dorfnerhof seinen Namen geändert und bezeichnet sich nun als Berggasthof bzw. Locanda Alpina Dorfner. Durch den alten Laubengang betritt man die Schankstube und den Speisesaal des Restaurants. Neben der Nutztierhaltung wird auf diesem Hof großes Augenmerk auf Gartengemüse, den Anbau von Kartoffeln und die Haltbarmachung von Obst wie Sauerkirschen oder verschiedene alte Apfelsorten gelegt. Küchenchef Anton Dalvai kreiert Gerichte, die für die gebirgige Gegend und die hiesige bäuerliche Kultur typisch sind.

DIE KÜCHE – Je nach Saison finden wir Themenmenüs vor. So wird beispielsweise im Frühling im Rahmen der Spezialitätenwochen „Ox am Berg" als Vorspeise Tatar mit Toastbrot und Salzbutter (12 €), gefolgt von **hausgemachten Bandnudeln mit Ochsenragout und Parmesanspänen** und einer breiten Palette an Hauptgerichten mit Fleisch vom Ochsen aus eigener Zucht angeboten. Weitere mögliche Spezialitäten: mit Käse aus der Region gefüllte Petersilienteigtaschen, serviert mit Parmesan und Butter (9,50 €), Leber-, Rote-Bete- oder **Käseknödel**, Steak vom Ochsen, **Gulasch**, zartes **Filet vom Biosaibling mit Selleriepüree** (18 €). Verlockend die Dessertkarte, in der neben traditionellen Nachspeisen eine interessante Polenta-Tarte mit Quitte und Marzipan auf Rumschaum (8,50 €) zu entdecken ist. Breit angelegte Auswahl an Südtiroler Weinen.

PERCHA – PERCA (BZ)
Oberwielenbach – Vila di Sopra

81 km nordöstlich von Bozen

Moar

Gasthaus
St.-Nikolaus-Straße 6
Tel. (+39) 04 74 / 40 11 77
Ruhetag: Dienstag, Sonntagabend
Ferien: zeitweise im September und Dezember
60 Plätze
Preise: 25 €
Kreditkarten: AE, CS, MC, Visa; BM
Mittags geöffnet, abends gegen Vorbestellung

DIE OSTERIA – Folgen Sie der Straße, die Toblach mit Bruneck verbindet, den Hinweisschildern zu den Erdpyramiden, und Sie werden zu diesem eindrucksvollen Hof gelangen, der auf das späte 13. Jahrhundert zurückgeht. Schwer zu sagen, was beeindruckender ist: die Spuren der Geschichte des Moarhofs, vor allem in der gotischen Stube, oder die Aussicht auf den Kronplatz von der Veranda, die Familie Mayr in jüngerer Zeit angebaut hat. Eines ist jedenfalls sicher: Man kommt hierher wegen Peters Gastfreundlichkeit und Ediths Küche. Die Speisekarte umfasst eine überschaubare Anzahl an Gerichten nach althergebrachten Rezepten, die mit Grundprodukten aus der näheren Umgebung, so auch aus dem eigenen Garten, umgesetzt werden.

DIE KÜCHE – Auf die Vorspeise bestehend aus allerlei Wurstwaren und Graukäse (10 €) folgen Speck- und Käseknödel, **Schlutzkrapfen mit Quark-Kartoffel-Füllung**, Bandnudeln mit Wildragout (10 €). Wenn Sie eine ganze Speisenfolge genießen möchten, raten wir Ihnen zu kleineren Portionen, denn Hauptgerichte wie das **geräucherte Karree mit Sauerkraut und Kartoffeln** (11 €) oder auch das **Rindergulasch** sollte man probiert haben. Vor allem aber wäre es eine Sünde, auf Ediths verführerische Torten zu verzichten, etwa die köstliche **Linzer Torte** oder die Birnen-Schoko-Torte (3,50 €). Die Auswahl an Wein ist klein, aber achtsam gestaltet, was auch für das von Peter zusammenstellte Repertoire an Edelbränden gilt.

Der Kräuterhof Hauser im Ortsteil **Wielenberg** (7 km) kultiviert alpine Heilpflanzen und erzeugt Schnäpse, Liköre, Salatwürzen, ätherische Öle, Kräutertees und Kosmetika.

PERCHA – PERCA (BZ)
Aschbach – Sopranessano

77 KM NORDÖSTLICH VON BOZEN, S.S. 49

NEU Niedristhof

Restaurant
Aschbach 2
Tel. (+39) 04 74 / 40 11 63
Ruhetag: Montag
Ferien: 6. Januar–Mitte Februar
24 Plätze + 20 Plätze im Freien
Preise: 25 €
Keine Kreditkarten; BM
Mittags und abends geöffnet

DIE OSTERIA – Nehmen Sie ein paar Kilometer außerhalb von Bruneck die Straße nach Nasen und folgen Sie den Wegweisern zum Niedristhof. So bietet sich Ihnen die Gelegenheit, echte Südtiroler Gastlichkeit auf einem Hof zu genießen, der nachweislich seit dem 13. Jahrhundert existiert. Margareth und Paul Niederwolfsgruber haben Mutter Emma in der Leitung der Hofschänke abgelöst, in der alles selbst erzeugt ist. Nehmen Sie Platz in der heimeligen Stube oder auf der Terrasse neben dem Hausgarten, der die Küche mit Gemüse versorgt.

DIE KÜCHE – Beginnen Sie mit einer gemischten Platte mit Wurstspezialitäten und Graukäse (9,50 €) begleitet von selbst gebackenem Brot, bevor Sie zu einer Suppe oder den **Schlutzkrapfen** (8,30 €) übergehen. Immer im Angebot sind das würzige **Gulasch mit Knödeln** (12,20 €) und die Hauswürste mit Sauerkraut, während das Tagesgericht stets eine Überraschung ist: Mit etwas Glück kommen Sie so in den Genuss einer **Leber nach venezianischer Art** von seltener Zartheit. Doch auch der Schweinebraten und das Gröstl sind sensationell, während die schlichten Spiegeleier mit Speck und Kartoffeln Aromen entfalten, die man längst schon vergessen glaubte. Doch greifen Sie nicht zu kräftig zu, denn Sie sollten auch noch die Süßspeisen probieren: Die ***Niggilan* mit Mohn** (3,70 €), die man in Glühwein tauchen kann, sind nämlich eine wahre Rarität. Da die Weinauswahl klein ist, bietet sich die Gelegenheit an, die von Margareth selbst gemachten Fruchtsäfte zu kosten. Viele der Produkte des Hofes kann man auch zum Mitnehmen kaufen.

RASEN ANTHOLZ – RASUN ANTERSELVA (BZ)
Antholz Mittertal – Anterselva di Mezzo

98 KM NORDÖSTLICH VON BOZEN, S.S. 49

Eggerhöfe

Gasthof-Bauernhof
Eggerhöfe 42
Tel. (+39) 04 74 / 49 30 30
Ruhetag: Montag, außer im Juli und August
Ferien: 15. November–30. April
30 Plätze + 20 Plätze im Freien
Preise: 20–25 €
Keine Kreditkarten
Mittags und abends geöffnet

DIE OSTERIA – Das Antholzer Tal – ein Paradies für Langläufer, Kletterer und Radfahrer – bietet Panoramen von unbeschreiblicher Schönheit und eine traumhafte Natur. Das leibliche Wohl garantiert ein Netzwerk von kleinen Erzeugern qualitätvoller Produkte. So ist es nicht schwer, Lebensmittel der vortrefflichen Art zu entdecken, etwa bei Marlies und Christian Leitgeb auf den Eggerhöfen, wo Gäste in einer behaglichen Stube bewirtet werden und in einem neueren Gebäude übernachten können. Lassen Sie sich auf der hübschen Terrasse mit unvergesslichem Ausblick nieder und wählen Sie aus der kleinen Karte Gerichte, die fast ausschließlich aus hofeigenen Produkten zubereitet sind.

DIE KÜCHE – Beginnen Sie mit gemischtem Aufschnitt (10 €), der einen hervorragenden hausgeräucherten Speck und typischen Graukäse beinhaltet, bevor Sie sich den **Schlutzkrapfen** (9 €) oder einer der vielen Knödelvarianten zuwenden, zu denen rohes Sauerkraut gereicht wird. Die milde **Kartoffelsuppe** ist eine gute Wahl, bevor man sich dem **Rindergulasch** (13 €) widmet, das mit Speckknödeln oder Polenta serviert wird. Wiederum Polenta spielt die Hauptrolle bei einfachen, aber schmackhaften Gerichten, z. B. in Kombination mit zerlassenem Käse oder heimischen Pilzen. Traditionell auch die Nachspeisen, unter denen Apfelküchlein und der üppige **Kaiserschmarren mit Preiselbeeren** (7,50 €) nie fehlen dürfen. Die Weinauswahl ist eher beschränkt, weshalb es sich anbietet, die Fruchtsäfte des Hofes zu probieren, etwa aromatischen Melissensaft oder klassischen Holundersaft.

Die Bäckerei Seeber (St.-Georg-Straße 14) führt traditionelle Brotsorten wie Schwarzbrot oder Struzen mit Malz, feine süße Backwaren und Torten.

8 KM NORDÖSTLICH VON BOZEN, RITTNER STRASSE

Patscheiderhof

Gasthof-Bauernhof
Signat 178
Tel. (+39) 04 71 / 36 52 67
Ruhetag: Dienstag, außer im Juli und August
Ferien: unterschiedlich
35 Plätze + 70 Plätze im Freien
Preise: 30–35 €
Kreditkarten: AE, CS, DC, MC, Visa
Mittags und abends geöffnet

DIE OSTERIA – Von einer Törggelen-Pilgerstätte der 1970er-Jahre hat sich dieses schöne Haus oberhalb des Bozner Beckens mit der Zeit zu einer respektablen Einkehr entwickelt und die Herzen der auf traditionelle Gaumenfreuden schwörenden Einheimischen erobert. Zu verdanken ist dies vor allem Luis Rottensteiner, der sich seit 1983 passioniert und engagiert der Küche widmet. Unterstützt wird er von Ehefrau Edith, Schwester Greti und den Töchtern Doris und Sylvia im Service. In den zwei hübschen Stuben aus dem 18. Jahrhundert, denen die langjährige Nutzung eine gewisse Patina verliehen hat, oder im Sommer auf der mit Tischen und Bänken ausgestatteten Terrasse sind die Aromen immer noch so wie früher. Von den Bahnen der bewährten Tradition weicht man hier nur selten ab und achtet sehr auf qualitätvolle Zutaten, angefangen von Öl und Essig auf dem Tisch. Das Fleisch liefern zwei Fleischereien aus der Gegend und der Salat stammt aus dem Hausgarten, wo viele der Gemüsesorten geerntet werden, die in der Küche Verwendung finden.

DIE KÜCHE – Zu den Gerichten, die man keinesfalls versäumen sollte, gehören sicherlich die sorgsam ausgesuchten Wurstwaren, der in klassischer Manier mit Zwiebel und Essig servierte **Kalbskopf** (9,50 €) und die **Milzschnitten in Rinderbrühe** (6 €) als authentische Hommage an die Tradition. Auch die Spargelcremesuppe mit Zimtcroutons schmeckt köstlich. Es folgen **Schweinerippchen**, ein echtes Muss in diesem Lokal, wie auch der **Lammbraten** mit Bratkartoffeln. Von den süßen Sachen seien der klassische Strudel und der Buchweizenkuchen (4 €) erwähnt. Empfehlenswert der Hauswein, ein frischer Vernatsch, für den in unmittelbarer Nähe des Hofes einer der letzten und höchstgelegenen Weingärten Bozens bestellt wird. Ein guter Müller-Thurgau wird ebenfalls ausgeschenkt.

RITTEN – RENON (BZ)
Signat – Signato

8 KM NORDÖSTLICH VON BOZEN, RITTNER STRASSE

Signaterhof

Gasthof
Signat 166
Tel. (+39) 04 71 / 36 53 53
Ruhetag: Sonntagabend, Montag
Ferien: 10. Januar–10. Februar, 10. Juni–10. Juli
50 Plätze + 20 Plätze im Freien
Preise: 35 €
Kreditkarten: CS, MC, Visa; BM
Mittags und abends geöffnet

Qualität in jeder Hinsicht: Gastlichkeit, Ambiente, Küche, Grundprodukte.

DIE OSTERIA – Der vom Ehepaar Lobiser geführte historische Gasthof befindet sich im kleinen Ortsteil Signat der Gemeinde Ritten oberhalb von Bozen. Der spektakuläre 360-Grad-Blick auf die Rittner Hochebene, das Etschtal und die umliegenden Berge inspiriert zum Eintauchen in eine prächtige Kulturlandschaft aus Weingärten, Wiesen und Wäldern. Günther in der Küche und Erika im Saal garantieren zu jeder Jahreszeit regionaltypische, saisongerechte Gerichte auf der Basis von Grundzutaten lokaler Provenienz.

DIE KÜCHE – Beginnen kann man mit allerlei Tiroler Räucherfleischspezialitäten und in Olivenöl eingelegten Pfifferlingen (12 €), mit **Kalbskopf und Zwiebel** mit geräuchertem Saibling aus dem Passeier auf Konfitüre von roten Zwiebeln. Von den warmen Vorspeisen hervorragend sind die Topfennocken mit Bärlauch und Sauce von weißem Spargel (10 €), aber auch die hausgemachten Teigtaschen mit Ziegenkäse, frischen Tomaten und Rucola. Der Tradition entsprechen das **Knödel-Dreierlei** – mit Spinat, Käse und Roter Bete – und die hausgemachten **Schlutzkrapfen** mit Käse und brauner Butter. Gute Auswahl an Hauptspeisen, darunter Gröstel mit Speck-Kraut-Salat, in Lagrein geschmorte Ochsenbäckchen mit Pfifferlingen und Knödeln (18,50 €), **geschmorte Lammkeule**, knuspriger Schweinebraten mit Kartoffel-Kraut-Salat. Himmlisch die Nachspeisen: Topfenknödel mit marinierten Erdbeeren (8 €), in der Pfanne servierter Kaiserschmarren mit Zwetschgenröster, hausgemachte Früchteeiscremes.

SALURN – SALORNO (BZ)
Gfrill – Cauria

34 KM SÜDWESTLICH V. BOZEN, A 22 ODER S.S. 12

Fichtenhof

Gasthof
Gfrill 23
Tel. (+39) 04 71 / 88 90 28,
(+39) 338 / 302 86 53
Ruhetag: Montag
Ferien: 9. November–20. Dezember
50 Plätze + 40 Plätze im Freien
Preise: 35 €
Kreditkarten: CS, MC, Visa; BM
Mittags und abends geöffnet

DIE OSTERIA – Der auf der Hochebene von Gfrill (Gemeinde Salurn) in 1.320 Metern Höhe im Naturpark Trudner Horn gelegene Fichtenhof wird von Familie Pardatscher geführt. Köchin Ingrid bietet ein facettenreiches Menü, für das sie Grundzutaten aus der Umgebung verwendet, etwa Fleisch von kleinen Zuchtbetrieben und heimisches Wild; in der entsprechenden Saison kommt Gemüse aus dem angrenzenden Garten zum Einsatz.

DIE KÜCHE – Bei den kalten Vorspeisen sind die Pökelfleischspezialität Carne *salada* und das Carpaccio vom Hirsch besonders appetitanregend. Herausragend von den warmen Vorspeisen sind die frühlingshaften Tagliolini mit Löwenzahn und Speck (10 €) sowie die mit Spinat, Artischocken, anderem Gemüse oder Käse gefüllten hausgemachten Teigtaschen. Als sehr schmackhaft erweisen sich auch die Penne mit Teroldego und Salsiccia; Gleiches gilt für die Speck- oder **Leberknödel in Brühe**. Unter den Hauptspeisen, denen man Beachtung schenken sollte, sind neben allerlei Empfehlungen vom Wild, z. B. Hirschsteak in Rotwein (19,50 €) oder Hirschgulasch, Traditionsgerichte wie Rindfleisch-Kartoffel-**Gröstel** (15,50 €) mit Krautsalat, **Ochsenschmorbraten** oder – als vegetarische Alternative – Polenta mit Pilzen und Käse (15,50 €) zu entdecken. Große Auswahl an hausgemachten Süßspeisen, etwa Apfelstrudel, mit Sauerrahm und Waldbeeren gefüllte Biskuitroulade, Vanillecremetorte, frische **Buchteln**. Köstlich ist außerdem die ebenfalls hausgemachte Eiscreme in den Geschmacksrichtungen Holunder, Apfel oder Zwetschge. Reservierung ratsam.

SANKT LEONHARD IN PASSEIER –
SAN LEONARDO IN PASSIRIA (BZ)
Walten – Vàltina

58 KM NORDWESTLICH V. BOZEN, 29 KM VON MERAN

Jägerhof

Restaurant
Walten 80
Tel. (+39) 04 73 / 65 62 50,
(+39) 348 / 442 00 38
Ruhetag: Montag, Dienstag
Ferien: 31. Oktober–23. Dezember
60 Plätze + 20 Plätze im Freien
Preise: 38–40 € €↑
Kreditkarten: CS, MC, Visa; BM
Mittags und abends geöffnet

Das klare Bekenntnis zu qualitätvollen Grundprodukten aus dem Passeier ist das Wesensmerkmal dieser Osteria.

DIE OSTERIA – Im Passeiertal, ungefähr zehn Kilometer hinter Sankt Leonhard in Richtung Jaufenpass, erreichen wir den Ortsteil Walten. Dort befindet sich das Hotelrestaurant Jägerhof, das von Familie Augscheller geführt wird und über 20 geräumige Zimmer verfügt. Siegfried bietet ein ausgesuchtes Menü auf hohem Qualitätsniveau auf der Basis von Produkten, die er aus der Talschaft bezieht. Auf den Weiden rings um das Haus sind nicht nur Ziegen und Schafe, sondern auch Rinder der typischen Tiroler Grauviehrasse zu sehen.

DIE KÜCHE – Als Vorspeise empfiehlt Siegfried Carpaccio vom Hirsch mit sauer eingelegten Pfifferlingen oder Carpaccio vom Alpensaibling mit Wildkräutern (10,90 €). Unter den warmen Vorspeisen der Tradition sind **Speckknödel**, Leberknödel in Brühe oder Pressknödel mit Bärlauch, aber auch **Almkäsesuppe mit Roggenbrot** (6 €) zu entdecken. An Hauptgerichten empfiehlt die Küche ein vorzügliches Filet vom Rind der Tiroler Grauviehrasse in Almkäsekruste, Eierspatzeln mit gemischtem Salat, **Hirschgulasch mit Vollkornpolenta**, Filet vom Saibling (18,90 €). Besonderes Augenmerk wird auf die hiesigen Süßspeisen gelegt, vor allem jene, die traditionell auf der Alm verzehrt werden, z. B. Grießschmarren mit Apfelkompott und Heidelbeeren oder ***Schworzplentenes Melchmuas*** (Buchweizenbrei). Gutes Angebot an Südtiroler Weinen mit Fokus auf Biowinzer und autochthone Sorten.

75 KM NORDÖSTL. VON BOZEN, S.S. 12 UND S.S. 49

NEU Lerchner's in Runggen

Osteria mit Küche
Runggen 3A • Tel. (+39) 04 74 / 40 40 14
Ruhetag: Mittwoch
Ferien: 2 Wochen im Juli
40 Plätze + 20 Plätze im Freien
Preise: 30 €
Kreditkarten: CS, Visa; BM
Mittags und abends geöffnet

DIE OSTERIA – Ein paar Kilometer von Bruneck entfernt werden Sie etwas außerhalb des Zentrums von Sankt Lorenzen dieses neu erbaute Haus mit schlichtem, freundlichem Ambiente entdecken. Hier hat vor ein paar Jahren ein ebenso engagierter wie talentierter Koch Wurzeln geschlagen: Johannes Lerchner, der nicht weit weg von hier, im Ahrntal, geboren ist. Auf eine solide Lehre in verschiedenen Hotels der Gegend folgte die ersehnte Rückkehr nach Hause, um den Hof der Familie mit dem Bruder, einem Landwirt, zu teilen und sich selbstständig zu machen. Eines wollte Johannes in seinem Gasthaus unbedingt: die Gerichte seiner Kindheit kochen. Eine ungewöhnliche Idee und vor allem kein leichtes Unterfangen. Das beginnt schon bei der Beschaffung der Zutaten, die er größtenteils selbst erzeugt oder von Bauern aus der Gegend bezieht.

DIE KÜCHE – Neben einem ansehnlichen Repertoire an landläufigeren Gerichten wie Hirschtatar auf Apfelwürfelchen mit Preiselbeersauce oder Rinderfilet mit Kürbis im offenen Teigblatt bekommt man hier nun tatsächlich jene vergessen geglaubte Küche aus Kindertagen geboten: beispielsweise ***Muas***, ein dicker Mehlbrei, der traditionell im gusseisernen Pfännchen serviert wird. Dann die **Knödel**-Trilogie (7 €) – Speck-, Leber- und Käsepressknödel – in Brühe. Von den Suppen aus Großmutters Rezeptschatz erwähnt seien die **Saure Suppe** (der hier interessanterweise Essiggurken beigegeben werden), die Gerstensuppe mit kleinen Tirtlen als Einlage (7 €), die **Brennsuppe Herrenart** mit aufgeschlagenem Ei, die man sonst nie in Restaurants bekommt, und das cremige **Graukäsesüppchen** (6 €). Man schließt mit dreierlei Krapfen (Preiselbeeren, Mohn und Johannisbrotmehl und *Kloatzn* – getrocknete Birnen). Überaus gepflegte Weinkarte.

45 KM NORDWESTLICH VON BOZEN, S.S. 38

Lamm Mitterwirt

Traditioneller Gasthof
Dorfstraße 36
Tel. (+39) 04 73 / 64 12 40
Ruhetag: Sonntagabend, Montag; im Sommer nur Montag
Ferien: 3 Wochen im November
70 Plätze + 25 Plätze im Freien
Preise: 34 €
Kreditkarten: AE, CS, DC, MC, Visa; BM
Mittags und abends geöffnet

Aufrichtige Traditionsverbundenheit und versierte Gastlichkeit machen das Lokal der Familie Fontana zu einer Pflichtadresse im Passeiertal.

DIE OSTERIA – Das Lamm Mitterwirt ist ein historisches Gasthaus im Zentrum von Sankt Martin. In seinen Räumlichkeiten versammelten sich schon Ende des 18. Jahrhunderts die Bauern der Gegend, um gegen die Truppen Napoleons zu rebellieren; Andreas Hofer, der berühmte Tiroler Freiheitsheld, hatte hier praktisch sein zweites Zuhause. Heute ist das Haus im Besitz der Familie Fontana: Hildegard (eine gebürtige Sarntalerin) werkt in der Küche, Arnold kümmert sich mit den beiden Söhnen Alexander und Thomas um den Service. Arnold ist auch Sommelier und wählt Weine aus der Region verständig aus. Zudem bekommt man hier das Hausbier der Brauerei Forst, das man ansonsten nur direkt beim Erzeuger an dessen Standort im namensgebenden Ortsteil von Algund bei Meran probieren kann.

DIE KÜCHE – Vorzügliche Wurstwaren von Erzeugern aus der Region gibt es als Vorspeise. In der Karte stets präsent sind allerlei Suppen. Die Teigwaren sind hausgemacht: **Meerrettich-Tagliatelle mit geräucherter Forelle** oder **Pappardelle mit Ragout vom Kalb** aus dem Passeier (10,50 €). **Knödel** stehen immer auf dem Speisezettel: Probieren Sie die **gerösteten Graukäseknödel mit Speck-Kraut-Salat** (7,50 €). Von den Hauptgerichten unbedingt zu empfehlen ist der **Saibling, in Folie** gegart oder gegrillt (16,80 €). Eine Selektion von regionalen Käsesorten, darunter auch geräucherte, ist immer erhältlich. Von den Nachspeisen nicht versäumen sollte man Hildegards Apfelstrudel. Alternativ dazu gibt es hervorragende **süße Knödel**, Eisbecher und hausgemachte Kuchen.

SCHNALS – SENALES (BZ)
Unser Frau – Madonna

58 KM NORDWESTLICH VON BOZEN, S.S. 38

Oberraindlhof

Restaurant
Raindl 49
Tel. (+39) 04 73 / 67 91 31
Ruhetag: Mittwoch
Keine Ferien
80 Plätze + 20 Plätze im Freien
Preise: 40–46 € €↑
Kreditkarten: AE, CS, DC, MC, Visa
Mittags und abends geöffnet

DIE OSTERIA – Auf der Fahrt durch das Schnalstal achte man auf das Schild, das darauf hinweist, nach links in eine Nebenstraße abzubiegen, die sich nach einer kleinen Holzbrücke ein paar Kurven hinaufwindet – bis zu dem zauberhaften Ort, an dem der altehrwürdige, von Elisabeth und Helmuth Raffeiner geführte Gasthof steht. Mit viel Liebe haben die beiden den ursprünglichen Hof um einen kleinen Hotelbetrieb erweitert, der über kuschelige Zimmer im Tiroler Stil und einen Wellnessbereich verfügt. Als Restaurantgast kann man sich in der traditionellen Stube oder auf der Veranda niederlassen, von der man die Berge und auch jenen Gletscher bewundern kann, der als Fundstelle der Mumie vom Similaun, besser bekannt als Ötzi, Berühmtheit erlangt hat.

DIE KÜCHE – Elisabeth und Helmuth kümmern sich unterstützt durch ihren Sohn um den Service, während Chefkoch Günther Veith Gerichte hervorbringt, die zu Herzen gehen. Von den kalten Vorspeisen erwägenswert ist die hausgeräucherte Entenbrust mit Preiselbeeren und Meerrettich (9 €), von den warmen Vorspeisen ein Gericht, für welches das Haus berühmt ist: die **Schnalser Nudeln** (11 €) aus Roggenmehl und Quark, serviert mit würzigem Lammragout. Daraufhin kann man sich an der **Lammkeule in Thymiankruste** mit Kartoffelpüree (26 €) oder dem exzellenten **Bauernbratl** (22 €) – der klassische Sonntagsbraten, je nach Verfügbarkeit vom Lamm oder Ziegenkitz – gütlich tun. Die süße Überraschung zum Schluss nennt sich **Weißkugel** und ist eine Art Tiramisu aus karamellisiertem Roggenbrot und Zirbelkernen. Die Weinkarte lässt erkennen, mit wie viel Liebe Elisabeth und Helmuth bei der Sache sind: Man kann aus 300 vorwiegend Südtiroler Etiketten wählen und wird kompetent beraten.

SEXTEN – SESTO (BZ)

115 KM NORDÖSTLICH VON BOZEN

Waldruhe

Gasthof • Ausserberg 6
Tel. (+39) 04 74 / 71 05 12,
(+39) 348 / 565 70 27
Ruhetag: Montag
Ferien: Ostern–Ende Mai, November–Mitte Dezember
45 Plätze + 40 Plätze im Freien
Preise: 27–30 €
Keine Kreditkarten
Mittags und abends geöffnet

DIE OSTERIA – Der auch zu Fuß (nicht ohne Anstrengung …) vom Zentrum von Sexten zu erreichende Gasthof aus dem 15. Jahrhundert ist der Ort, an dem Stefan Senfter die von seinen Eltern begonnene Tradition passionierter Aufmerksamkeit für die Tiroler Küche übernommen hat. Zusammen mit Melanie Rogger, die gut gelaunt mit einem Lächeln auf den Lippen den Service koordiniert, hat er einer der bemerkenswertesten gastronomischen Adressen der Gegend Kontinuität verliehen. Zwei traditionelle Stuben und eine Terrasse mit atemberaubendem Blick auf die Gipfel der Sextner Sonnenuhr werden Sie in die richtige Stimmung versetzen, um bewährten hiesigen Rezepten zuzusprechen.

DIE KÜCHE – Stefan bestellt persönlich den Gemüsegarten, räuchert Speck, beschafft Pilze und Wild in der Umgebung. Sie werden hier keine kreativen Gerichte vorfinden, sondern solide Regionalküche: Eingangs klassische Aufschnitte und Käseteller, u. a. die reichhaltige Tiroler Brettljause (11 €), bevor man übergeht zu Bandnudeln mit Rehragout, **Schlutzkrapfen** mit Kartoffel-Zwiebel-Füllung, Teigsäckchen mit Pfifferlingen. Nicht versäumen sollte man die Knödel mit Spinat oder Roter Bete (7,50 €). Großzügig bemessen und schmackhaft die Fleischgerichte: Häufig auf dem Speisezettel stehen **Gulasch mit Knödeln** (14 €) und **Hirschfilet mit Steinpilzen**. Abschließend kann man sich mit dem üppigen **Kaiserschmarren** (8 €) befassen oder die feinen Apfelküchlein probieren. Die Weinauswahl ist klein, aber achtsam gestaltet.

Die Fleischerei Villgrater in der Dolomitenstraße 21 und in **Moos** (2 km) in der St.-Josef-Straße 29 bietet das Beste der Pustertaler Wurstmacherkunst, größtenteils aus eigener Erzeugung, sowie edle Tranchen vom Rind aus regionaler Haltung.

STERZING – VIPITENO (BZ)
Ried – Novale di Sotto

70 KM NÖRDL. VON BOZEN, 4 KM V. AUSFAHRT A 22

Schaurhof

Gasthof
Ried 20
Tel. (+39) 04 72 / 76 53 66
Ruhetag: Dienstag, außer im Juli und August
Ferien: je 2 Wochen im Frühling und im November
45 Plätze + 30 Plätze im Freien
Preise: 35 €
Kreditkarten: CS, DC, MC, Visa
Mittags und abends geöffnet

DIE OSTERIA – Dieses historische Gasthaus befindet sich ein paar Kilometer außerhalb von Sterzing, im Ortsteil Ried. Zu Tisch gebeten wird man in drei traditionellen Gasträumen – einem Gewölbekeller und zwei typischen Stuben mit Holztäfelungen. Georg Steurer wird Ihnen Klassiker der hiesigen Küche empfehlen. Das Haus verfügt außerdem über zehn unterschiedlich große Zimmer und drei Ferienapartments sowie über einen kleinen Wellnessbereich.

DIE KÜCHE – Von den unzähligen traditionellen Suppen zu empfehlen sind die vorzügliche Brühe mit Käsepressknödeln (6 €), die **Roggenbrotsuppe** (5 €) und das Bärlauchschaumsüppchen mit Parmesancroutons (6,50 €). Für danach sehr interessant ist das klassische Tiroler Tris, bestehend aus **Käseknödel, Spinatknödel** und Teigtäschchen mit Spinatfüllung (10,50 €); vortrefflich die **Schlutzkrapfen** mit Spinat-Quark-Füllung in zerlassener Butter. Von den Hauptspeisen bemerkenswert sind das Filet vom Rind mit Pfeffersauce, Gemüse und Kroketten, der **Braten vom heimischen Lamm** mit Polenta, Kartoffelpuffern und gebackenen Zucchini (19,50 €), das Rindfleisch-Kartoffel-Gröstel mit Krautsalat (14,90 €). Die Nachspeisen: marinierte Erdbeeren mit Joghurteis (8 €), selbst gebackener Apfelstrudel, Vanilleeis mit heißen Himbeeren und – für echte Naschkatzen – der gemischte Dessertteller; die süßen Köstlichkeiten lassen sich mit einem vorzüglichen Rosenmuskateller kombinieren. Schöne Weinauswahl.

In **Sterzing** (4 km) bietet die Bäckerei Walcher, Weg in die Vill 2, täglich typische Südtiroler Brotsorten. Fleisch und traditionelle Würste gibt es in der Fleischerei Frick (Untertorplatz 5).

TIROL – TIROLO (BZ)

36 KM NORDWESTLICH VON BOZEN, S.S. 38

Roberts Stube

Gasthof
Zenobergstraße 14
Tel. (+39) 338 / 805 59 56
Ruhetag: Sonntag
Ferien: 2 Wochen im Februar, 2 Wochen im Juli
35 Plätze + 20 Plätze im Freien
Preise: 30–35 €
Keine Kreditkarten
Mittags und abends geöffnet

DIE OSTERIA – Sie sind in Meran und haben Lust auf eine kurze Wanderung? Vom Stadtzentrum, über den berühmten Tappeinerweg, der an der Treppe hinter der Pfarrkirche beginnt, erreichen Sie dieses Lokal zu Fuß in wenigen Minuten. Sie werden begeistert sein von dem einzigartigen Raum, der in den Fels gehauen und von Roberts erfahrener Hand perfektioniert wurde. Das Restaurant hat sich längst einen sehr guten Ruf erarbeitet, nicht zuletzt wegen der exzellenten Grundzutaten und der Verwendung vieler Produkte der Slow-Food-Presidi. Dass Qualität in diesem Haus groß geschrieben wird, merkt man bereits am Ambiente. Im Sommer bietet das Restaurant eine charmante kleine Terrasse mit Tischen, von denen man einen Panoramablick auf Meran und das Etschtal genießt. Im Lokalinneren gibt es zwei charakteristische Stuben.

DIE KÜCHE – Roberts Faible für regionale Produkte und die Slow-Food-Presidi im Besonderen spiegelt sich in allen Gerichten wider, vom traditionellsten bis zum innovativsten. Es gibt vegane und vegetarische Empfehlungen und auch der glutenfreien Küche wird besondere Aufmerksamkeit geschenkt. Exzellent ist das mit dem Messer gehackte Tatar vom piemontesischen Rind (10 €) und unbedingt probieren sollte man den **geräucherten Saibling aus dem Passeier** (10 €) – jenem Tal, aus dem auch der Speck kommt, der sich durch eine wunderbar zarte Räuchernote auszeichnet. Groß ist die Anzahl an saisonalen Angeboten: Spargel, Bärlauch, Pfifferlinge, Wild, Esskastanien und **Lamm**, um nur einige zu erwähnen. Vorzüglich das **Gröstl** mit Kartoffeln und Lammfleisch aus dem Villnößtal, das mit Krautsalat serviert wird (18 €). Zwei Degustationsmenüs für 35 € (drei Gänge) und 39 € (vier Gänge) ergänzen die Auswahlmöglichkeiten.

TOBLACH – DOBBIACO (BZ)
Kandellen – Gandelle

100 KM NORDÖSTLICH VON BOZEN, S.S. 49

Seiterhof

Gasthof
Kandellen 7
Tel. (+39) 04 74 / 97 91 14
Ruhetag: Dienstag, außer in der Hochsaison
Ferien: 10.–27. Januar
30 Plätze + 20 Plätze im Freien
Preise: 30–35 €
Kreditkarten: CS, MC; BM
Mittags und abends geöffnet

DIE OSTERIA – Der landwirtschaftliche Betrieb Seiterhof befindet sich im Silvestertal bei Toblach. Das idyllische Panorama lässt die Anfahrt über die steile Straße, die sich durch den Wald bergan schlängelt, schnell vergessen. Die Gaststätte des Hofes bietet eine Küche auf der Basis von Fleisch aus dem Viehzuchtbetrieb der Familie Kamelger. Sieglinde serviert die Gerichte bei Tisch mit dem selbstbewussten Stolz, den die hauseigenen Erzeugnisse verdienen. Das Ambiente ist gepflegt und intim, die kleine Anzahl an Tischen auf zwei behagliche Gasträume im Südtiroler Stil verteilt. Was nicht aus eigener Erzeugung stammt, wird von benachbarten Höfen bezogen und in der Küche von Herbert geschickt veredelt.

DIE KÜCHE – An Vorspeisen (8 €) gibt es Brettchen mit gemischten Wurstwaren, Graukäse mit Zwiebel, Speck mit Meerrettich, würzigen Kalbskopf sowie ein bei Tisch zubereitetes Rindertatar (18 €) – eine wahre Delikatesse. Es folgen Knödel in Brühe (5 €), Terlaner Weinsuppe, Ultner Bauernsuppe und die obligate Gerstensuppe. Von den Teigwaren zu empfehlen sind die **hausgemachten Pappardelle mit kurz gegrillten Steinpilzen** (8 €), die Schlutzkrapfen mit Spinat und Ricotta, die Käsegnocchi in zerlassener Butter. Bei den Hauptspeisen angelangt, dominiert natürlich Fleisch und kann man sich von dessen Qualität erst so richtig überzeugen. Das Herrengröstel, das Gulasch mit Polenta, die Lammkoteletts mit Rosmarin, die **Rehmedaillons**, das Entrecote vom Grill und das **Rinderfilet** sind hervorragend, die ungewöhnliche **Kalbsleber mit Apfelspalten** ebenso. Man schließt mit klassischen Desserts wie Kaiserschmarren oder Apfelküchlein.

ULTEN – ULTIMO (BZ)
Sankt Gertraud – Santa Gertrude

57 KM NORDWESTLICH VON BOZEN, S.S. 38

Falschauerhof

Gasthof-Bauernhof
Sankt Gertraud 14
Tel. (+39) 04 73 / 79 01 91,
(+39) 349 / 067 49 75
Ruhetag: Mittwoch, Donnerstag
Ferien: Januar
20 Plätze
Preise: 25 € (Tagesmenü)
Keine Kreditkarten
Mittags und abends geöffnet

DIE OSTERIA – Fast ganz hinten im Ultental, an der von Steinhäusern mit ihren Zäunen und Gärten gesäumten Straße, thront der Falschauerhof. Das Menü hat einen Festpreis von 25 €. Im Unterschied zu anderen Lokalen gilt hier der Spruch, dass hinter jeder erfolgreichen Frau ein starker Mann steht. Bisher haben wir ja immer nur über Elisabeth Gruber berichtet, die sich um die Küche und den Gemüsegarten kümmert, ohne je gebührend den tüchtigen Sepp ins rechte Licht zu rücken, der ein wahrer Meister der Fleischverarbeitung und als Gastgeber eine Koryphäe ist: Wenn Sie sich hier wohlfühlen, so ist das auch sein Verdienst.

DIE KÜCHE – Wenn Ihnen die Ehre zuteilwird, mit ihm an einem Tisch zu sitzen, bitten Sie ihn, von der Geschichte des Hofes zu erzählen, während Sie **Saure Suppe**, *Muas* oder ***Goasssuppe*** löffeln. Lassen Sie sich dann erklären, wie er sein Schüttelbrot macht, während Sie ebendieses zu den **Knödeln mit Roter Bete**, mit Spinat, mit Ultentaler Kräutern oder Käse knabbern. Danach können Sie den **Wildbraten** bestellen (falls gerade im Angebot) oder aber Braten vom Schwein, Lamm oder Kalb, begleitet von Kartoffeln, Möhren, knackigem Fenchel und anderem Gemüse der Saison. Und zum Schluss, während Sie ein Dessert probieren, beispielsweise Apfelküchlein oder Joghurt mit Früchten, fragen Sie Sepp nach der Liste der Dessertweine, die er persönlich pflegt. Wenn Sie dann aufbrechen, blicken Sie zurück und Sie werden ihn zum Abschied winkend vor der Tür stehen sehen. Spätestens dann werden Sie den Wunsch verspüren, bald wieder diesen schönen Hof in einsamer Lage zu besuchen, um aufs Neue die unverfälschte Gastlichkeit der Berge zu erleben.

VILLNÖSS – FUNES (BZ)
Sankt Peter - San Pietro

40 KM NORDÖSTLICH VON BOZEN

Pitzock

Restaurant
Pizack 30
Tel. (+39) 04 72 / 84 01 27, • (+39) 347 / 191 16 04
Ruhetag: Mittwoch, Donnerstagabend, im August nur Mittwoch • Ferien: je 2 Wochen Ende Januar, Ende Juni und Ende Oktober
35 Plätze + 20 Plätze im Freien
Preise: 45–55 € €↑
Kreditkarten: CS, MC, Visa; BM
Mittags und abends geöffnet

DIE OSTERIA – An der einzigen Straße, die das Villnößtal mit dem Rest der Welt verbindet, hat Oskar Messner mit dem Pitzock im Ortsteil Pizack (Gemeinde Sankt Peter) einen Ort der Begegnung geschaffen, der uns die lokale Identität wunderbar vermittelt. Die große Glasfront des Speisesaals bietet eine außergewöhnliche Aussicht auf die schroffen Berge dieses Seitentals des Eisacktals. Wir sind hier in der Heimat des Villnösser Brillenschafs, bei dem es sich um den jüngsten Slow-Food-Presidio Südtirols handelt. Von dieser doppelt genutzten Schafrasse gibt es nur mehr wenige Hundert Tiere, die hier in den Ställen gehalten werden und im Sommer auf den umliegenden Almen grasen dürfen.

DIE KÜCHE – Zum Auftakt kommt man in den Genuss von weißem Spargel mit Bozner Sauce oder **Kochschinken vom Lamm** (13 €). Oskar verwendet etliche Produkte der Slow-Food-Presidi: Probieren Sie die hausgemachten **Ravioli mit Bagoss-Käse aus Bagolino** oder die Kartoffel-Bärlauch-Pralinen mit Stockfischfüllung auf Butter, die mit Tomaten der Sorte Fiaschetto aus Torre Guaceto verfeinert wird. Weitere bemerkenswerte warme Vorspeisen sind die Brennnessel-Ricotta-Schlutzer und die Buchweizenravioli mit Ahrntaler Graukäse. Den spektakulären, 24 Stunden lang in Märzenbier einer kleinen Brauerei geschmorten Bauchspeck sollte man sich (falls gerade im Angebot) ebenso wenig entgehen lassen wie die **Lammkeule auf Kräuterrisotto** aus Reis der Sorte Vialone Nano (22 €) – ein exzellentes Tellergericht. Abschließend kann man sich an einem köstlichen Sorbet von Spätmandarinen aus Ciaculli (5 €) erfreuen. Die Weinkarte ist gut zusammengestellt, Ambiente und Panorama sind schlichtweg einzigartig.

VÖLS AM SCHLERN – FIÈ ALLO SCILIAR (BZ)
Prösler Ried – Novale di Presule

10 KM NORDÖSTLICH VON BOZEN

Alter Fausthof

Gasthof
Prösler Ried 6
Tel. (+39) 04 71 / 60 11 41, (+39) 333 / 305 73 39
Kein Ruhetag
Ferien: unterschiedlich
30 Plätze + 15 Plätze im Freien
Preise: 35 € (Tagesmenü)
Keine Kreditkarten; BM
Abends gegen Vorbestellung geöffnet

DIE OSTERIA – Das Hochplateau des Schlern bietet eines der spektakulärsten Bergpanoramen Südtirols. Zu jeder Jahreszeit lohnt es sich, dort hinaufzuwandern, um die Natur in ihren faszinierendsten Ausdrucksformen zu erleben. Um den Alten Fausthof – ein schön renovierter alter Gasthof, der nur gegen Vorbestellung und ausschließlich abends seine Pforten öffnet – zu erreichen, muss man von der Straße nach Völs am Schlern in Richtung Tiers abbiegen. Die traditionellen Gerichte werden von der geschickten Martha stets saisongerecht und ausnahmslos mit den allerfrischesten Zutaten gestaltet. Das Menü zum Festpreis von 35 € vereinbart man bei der Reservierung.

DIE KÜCHE – Von den zahlreichen Empfehlungen erwähnt seien der mit Zwiebel, Essig und Öl angemachte Graukäse, die **Knödel** mit Speck, mit Roter Bete, mit Buchweizen, mit Käse oder mit Spinat, ferner die in zerlassener Butter servierten **Schlutzer** mit Spinatfüllung, die **Gerstsuppe**; es gibt aber auch andere warme Vorspeisen in saisonalen Abwandlungen. Danach folgen Kalbsbraten, Schweinehaxe oder **Schweinerippchen**, jeweils mit vorzüglichen Beilagen. Als Dessert sollte man den **Scheiterhaufen** probieren, eine selten gewordene Süßspeise aus altbackenem Brot, Äpfeln, Nüssen, Eiern und Milch, die im Ofen zubereitet wird. Auch die mit Konfitüre gefüllten Krapfen, die es immer gibt, sind sehr fein.

Törggelen und einheimische Kost

Tausende Bauernhäuser machen das Landschaftsbild der Dolomiten unverwechselbar. Es handelt sich um Gehöfte, kleine landwirtschaftliche Betriebe, einsam gelegene Stätten, die sich zu einzigartigen bäuerlichen Gastwirtschaften entwickelt haben und nun einfache Gerichte mit Zutaten aus eigener Erzeugung anbieten.
In den als Buschenschenken ausgewiesenen Lokalen kann man gleich nach der Weinlese dem Törggelen frönen. Was bedeutet, dass man von einem Hof zum anderen wandert, Traubenmost und *Nuien* verkostet und dazu geröstete Esskastanien, Speck und andere hiesige Spezialitäten genießt.

BOZEN – BOLZANO (BZ)

Föhrner

Glaningerweg 19
Tel. (+39) 04 71 / 28 71 81
Donnerstag–Sonntag geöffnet (Mitte Januar–Ende Mai, Mitte September–20. Dezember)

Der uralte Hof bietet gute Gerichte (Knödel, saures Rindfleisch, Rippchen) sowie Marenden und ist im Herbst eine beliebte Törggelen-Station. Fruchtsäfte, Weine (Chardonnay, Lagrein, St. Magdalener) und Kuchen sind hausgemacht.

Steidlerhof

Obermagdalena 1
Tel. (+39) 04 71 / 97 31 95
Ruhetag: Montag–Mittwoch
Abends geöffnet (März–Juni, September–Dezember)

Dieser Hof bietet Wurstwaren, Kartoffelstrauben und *Muas* (Brei aus Milch und Mehl). Die Weine – Nuier, Vernatsch, Lagrein, Sauvignon – sind selbst gekeltert.

BRIXEN – BRESSANONE (BZ)

Gummererhof

Pinzagen 18 • Tel. (+39) 04 72 / 83 55 53
Mitte September–Weihnachten täglich ab 15 Uhr geöffnet

Auf diesem zwischen Kastanienhainen und Weinbergen gelegenen Hof werden ein Weißwein namens Blatterle und ein interessanter Schaumwein gekeltert. Der neue Wein im Herbst und die angebotene Kost stehen im Einklang mit dem ursprünglichen Flair des Hauses.

Huberhof

Elvas 3
Tel. (+39) 04 72 / 83 02 40
Ruhetag: Montag
Abends geöffnet, am Wochenende nur mittags (Mitte September–Anfang Dezember)

Auf diesem Hof aus dem 13. Jahrhundert bekommt man Bauernspeck, Kaminwurzen und Räucherfleisch, Schlutzkrapfen, Suppen und süße Köstlichkeiten. All dies lässt sich mit Kerner oder Zweigelt begleiten. Während der Törggelenzeit wird Traubenmost mit Esskastanien und Nüssen serviert.

EPPAN AN DER WEINSTRASSE – APPIANO SULLA STRADA DEL VINO (BZ)

Burgschenke Hocheppan

Hocheppaner Straße 17
Missian
Tel. (+39) 04 71 / 63 60 81
Mittags geöffnet (Ostern–Anfang November)

In der Burg aus dem 13. Jahrhundert werden feine süße Sachen (Torten und Strauben), pikante Imbisse (probieren Sie die Wurstspezialitäten und den Speck von Schweinen aus eigener Haltung) sowie ein paar regionaltypische warme Gerichte serviert.

Wieser

Perdonig 29
Tel. (+39) 04 71 / 66 23 76
Ruhetag: Mittwoch

Auf diesem Hof werden das ganze Jahr hindurch Wein und bäuerliche Kost angeboten. Man bekommt Speck und andere Fleischspezialitäten, Käse, Pfannkuchen mit Konfitüren, geröstete Esskastanien, Schweinefleisch. Großen Stellenwert hat der als *Suser* bezeichnete gärende Traubenmost.

KALTERN AN DER WEINSTRASSE – CALDARO SULLA STRADA DEL VINO (BZ)

Torgglkeller

Bichl 2
Tel. (+39) 04 71 / 96 34 21
Ruhetag: Sonntag
Geöffnet Ostern–Ende November

Der Hof ist seit 1871 im Besitz der Familie Atz. Hier bekommen Sie vorzügliche Knödel, aus Fässern gezapften Wein, klassische Wurstwaren und Käse, Schweinefleisch mit Sauerkraut. In der Hochsaison sollte man besser reservieren.

KASTELBELL – CASTELBELLO (BZ)
Niedermairhof
Trumsberg 4
Tel. (+39) 04 73 / 62 40 91
Ruhetag: Sonntag
Geöffnet April–Weihnachten

Auf dem Hof von Ernst Kaserer bekommen Sie Blutwurst, Hauswürste, Sauerkraut, Speck und Knödel, alles hausgemacht. Ein Hochgenuss ist die Butter, die zu den Esskastanien gereicht wird, und vorzüglich sind die in Fett gebackenen süßen Küchlein. Gute Weine und Schnäpse.

LAJEN – LAION (BZ)
Buchnerhof
Ried 144
Tel. (+39) 04 71 / 65 58 29
Ruhetag: Montag
Mitte September–Weihnachten mittags und abends geöffnet, Februar–April nur abends

Der Buchnerhof mit seiner historischen Stube aus dem 18. Jahrhundert hat sich dem Wein aus hohen Lagen verschrieben. Auch einige Speisen und Traubenmost werden angeboten. Der Weg hierher führt von Klausen bergan in Richtung Grödnertal.

NALS – NALLES (BZ)
Nalserbacherkeller
Prissianer Straße 1
Tel. (+39) 04 71 / 678 66 11
Ruhetag: Dienstag, Mittwoch; Oktober–Mitte November nur Mittwoch
Abends geöffnet (März–Juni, August–Mitte Dezember)

Dass die Familie Pallweber aus dem Nonstal stammt, spiegelt sich in der Speisekarte. Die beiden Brüder – der eine ist für die Küche zuständig, der andere für den Service – bieten nicht nur klassische Südtiroler Kost (Speck, Knödel, Sauerkraut, Suppen, Blutwurst und andere Würste), sondern auch Bresaola und Carne *salada* (typisches Trentiner Pökelfleisch, roh ebenso wie gebraten). Direktverkauf von Honig und Wein (Gewürztraminer und Vernatsch) aus eigener Erzeugung.

RITTEN – RENON (BZ)
Baumannhof
Signat 6
Tel. (+39) 04 71 / 36 52 06
Ruhetag: Montag
Ferien: Mitte Juli–Mitte August
25 Plätze

Seit 50 Jahren arbeitet Amalia, genannt Mali, auf diesem von Weinbergen umgebenen Hof an der Straße auf den Ritten. Die Grundprodukte sind aus eigener oder lokaler Erzeugung. Bei Mali kann man dem Törggelen frönen, aber auch Wildspinatnocken, Rote-Bete-Knödel, Bauernsuppe und allerlei Fleisch je nach Saison essen.

SCHENNA – SCENA (BZ)
Zmailerhof
Schennaberg 48
Tel. (+39) 04 73 / 94 58 81,
(+39) 331 / 291 88 76
Ruhetag: Freitag
Ferien: Dezember–März

Die Küche dieses Hofes bietet typische Bergbauernkost, etwa Knödel, Braten oder Eierspeisen. Wenn man sich mit Frau Thaler im Vorhinein abspricht, bereitet sie köstliche Menüs zu. Probieren Sie im Frühjahr den Löwenzahnsalat zu den Knödeln.

TERLAN – TERLANO (BZ)
Oberlegar
Möltner Straße 2
Tel. (+39) 04 71 / 67 81 26,
(+39) 334 / 318 95 20
Ruhetag: Dienstag
Mitte März–Ende Dezember abends geöffnet, Sonntag auch mittags

Familie Schwarz bietet schlichte Kost von bester Qualität. Zu feinen Tropfen wie Sauvignon, Vernatsch oder Lagrein gibt es selbst gebackenes Brot, Käse von benachbarten Bauernhöfen, Speck, Kaminwurzen, Gerstensuppe, Kürbisteigtaschen, Käsenocken, Ziegenkitz, herbstliche Schlachtplatte, im Winter Steckrüben.

VAHRN – VARNA (BZ)
Hubenbauer
Schattengasse 12
Tel. (+39) 04 72 / 83 00 51
Montag–Freitag abends geöffnet, Samstag und Sonntag mittags, im Sommer Freitagabend, Samstag und Sonntagmittag

In einem Gebäude aus dem 14. Jahrhundert bietet Familie Stolz edles Fleisch und feine Wurstwaren aus eigener Erzeugung, aber auch Gerstensuppe, Knödel, Schlutzkrapfen, Süßspeisen und hiesige Weine wie Zweigelt und Portugieser. Bemerkenswert ist zudem das obergärige Kellerbier.

Strasserhof

Neustift, Unterrain 8
Tel. (+39) 04 72 / 83 08 04
Ruhetag: Montag
September–Weihnachten geöffnet

Dieser alte Hof gehört zum Betrieb von Hannes Baumgartner. Hier bekommen Sie Speck und Käse, Gerstensuppe, Schlutzkrapfen und Braten, gegen Vorbestellung außerdem *Erdäpfelblatteln* (gebackene Kartoffelteigküchlein) mit Sauerkraut, und an Süßem gibt es Esskastanienkuchen.

VILLANDERS – VILLANDRO (BZ)

Röckhof

Sankt Valentin 9
Tel. (+39) 04 72 / 84 71 30
Ruhetag: Montag
September–Ostern geöffnet

Villanders ist eine Berggemeinde oberhalb der Autobahnausfahrt Klausen-Grödnertal. Der Röckhof ist bekannt für seine Weißweine, die Knödel und Gröstl begleiten. Eine Reservierung ist unerlässlich.

Mals im Vinschgau/
Malles Venosta
Meran/
Merano
Brixen/
Etsch/Adige
SÜDTIROL
PARCO NAZ.
2758
Ortles
3905
Stilfserjoch/
P.so d. Stélvio
St. Ulrich/
Ortisei
Bozen/Bolzano
Bormio
Adda
DELLO STÉLVIO
Moena
3343
1883
Madonna
di Campiglio
A22
Ponte
di Legno
P.so d.
Tonale
Édolo
3150
Brenta
3539
Adamello
TRENTINO
Tione
di Trento
Sarca
Trient
Óglio
Enego
Riva
d. Garda
Arco
Rovereto
Asiago
Solagna
Bassano
d. Grappa
Torrebelvicino
Sarcedo
Brenzone
Brentino
Belluno
Recoaro
Terme
Schio
Breganze
A31
Valdagno
Cornedo
Vicentino
Sandrigo
Selva
di Progno
Altissimo
Costabissara
Garda
Gardasee
Fumane
Bréscia
Cavaion
Veronese
Affi
Marano di Valpolicella
Negrar
Montecchia
di Crosara
Vicenza
A4
Lazise
S. Ambrogio
di Valpolicella
Arcugnano
Desenzano
d. Garda
Lavagno
Soave
Montegalda
Peschiera
d. Garda
A21
A4
Verona
Grancona
Sommacampagna
S. Bonifacio
Rovolon
Castiglione
d. Stiv.
Villafranca
di Verona
Teolo
Valeggio
sul Mincio
Ronco
all'Adige
Trevenzuolo
Isola
d. Scala
Baone
Sorga
Cerea
Legnago
Este
LOMBARDEI
A31
Villa Bartolomea
Masi
Adige
Mantua
Lusia
Bergantino
Badia
Polesine
Ostiglia
Castelnovo
Bariano
Polesine
A22
Polesella
Po
Po
Guastalla
Mirándola
Sécchia
A1
A15
Parma
EMILIA-ROMAGNA

ÖSTERREICH
FRIAUL-JULISCH VENETIEN
SLOWENIEN
Innichen/S. Candido
Comelico Superiore
Cortina d'Ampezzo
Lozzo di Cadore
Pieve di Cadore
Borca di Cadore
Vodo Cadore
Agordo
PARCO NAZ.
DOLOMITI
Pieve d'Alpago
Chies d'Alpago
Belluno
Limana
Cison di Valmarino
Follina
Tarzo
Vittorio Veneto
Refrontolo
Solig
Sernaglia d. Battaglia
Conegliano
Crocetta d. Montello
Susegana
Nervesa d. Battaglia
Volpago d. Montello
Treviso
Quinto di Treviso
Ponte di Piave
Noventa di Piave
S. Dona di Piave
Casier
Preganziol
Meolo
Noale
Jesolo
Lido di Jesolo
Mestre
Cavallino-Treporti
VENEDIG
Mira
Camponogara
Saonara
Chioggia
Sottomarina
Cona
Adria
Rosolina
Po
Porto Tolle
Mésola
Piave
Pordenone
Maniago
Codróipo
Tolmezzo
Tarvisio
Bovec/Plezzo
Gail
Údine
Portogruaro
S. Michele al Tagliamento
Cervignano d. Friuli
Aquiléia
Monfalcone
Grado
Lignano Sabbiadoro
Umag/Umago
Golf von Venedig
ADRIA
A10
A23
A27
A28
A34
A4
A57
0
15
30 km

VENETIEN

Die venetische Küche ist eine Alltagsküche, eine für Werktage. Man isst, was gerade da ist. Nie zu kurz kommen dabei die Momente des Beisammenseins, im Sinne traditionsgebundener Rituale oder einfach nur aus Lust, den Tag gut ausklingen zu lassen. In den Bergen oder in der Ebene, an den Küsten des Meeres oder an den Gestaden von Flüssen und Seen, an den Brackwassern der Lagunen: Die Gerichte ändern sich, nicht aber die Atmosphäre. Es geht um das Alltägliche, das Feiern, das Gewohnte, das Zusammenkommen – Momente, die Rhythmus ins Leben bringen.
So bereichert ein Glas Wein, die *Ombra de vin*, zu ein paar Häppchen, den *Cicheti*, das tägliche Schwätzchen. Und so werden einfache Gerichte, ein Omelett mit Gemüse oder ein paar marinierte Sardellen, gerne als Vorwand genommen, um noch ein bisschen zu verweilen. Was für diese Speisen Verwendung findet, sind im Grunde herkömmliche Zutaten, deren Ursprünge jedoch oft an weit entfernten Orten liegen. Dies gilt beispielsweise für den Kabeljau aus den Meeren des Nordens, der als Baccalà im Süden unzählige Spielarten hat und in Venetien als Stoccafisso bekannt ist. Oder auch für den Mais amerikanischer Herkunft, ohne den es keine Polenta gäbe, die man hier in zwei Versionen kennt: Polenta bianca in der Ebene, Polenta gialla in den Bergen. Händler und Reisende haben ihre Spuren hinterlassen.
Die gastronomische Landschaft ist heute im Wandel, was für Osterien und Trattorien ebenso gilt wie für Restaurants. Doch nie wird hierfür großartig Werbung betrieben. Vielmehr sind es Gaststätten, die es scheinbar schon immer gab, in denen nun die junge Generation das Erbe angetreten hat, neue Wege einschlägt, Abwandlungen versucht, mutige Kombinationen wagt: Die Grundprodukte sind die gleichen wie früher. Was sich ändert, sind Ausdrucksformen und Techniken. Man sollte daher ein Gefühl dafür entwickeln, das Neue zu erkennen, Kultur und Qualität von Blendwerk und Beiläufigkeit zu unterscheiden. Die Lust am Entdecken überlassen wir dann Ihnen, den modernen Reisenden, die unser Buch gerne mit im Gepäck führen.

Für Sie entdeckt

Baccalà

207 Al Portico
Cona (Ve)
215 Locanda Aurilia
Loreggia (Pd)
233 Zolin
Sandrigo (Vi)

Bigoli

207 In Corte dal Capo
Conselve (Pd)
219 Il Sogno
Mirano (Ve)
251 Da Nadae
Villadose (Ro)

Faraona

218 Alla Nave
Masi (Pd)
228 Locanda Solagna
Vas (Bl)
229 Al Forno
Refrontolo (Tv)

Pasta e fagioli

211 Da Condo
Farra di Soligo (Tv)
217 Antica Osteria Paverno
Marano di Valpolicella (Vr)
231 Ai Trani
Rovigo

29 km östlich von Rovigo, S.S. 443

Alla Rosa

Trattoria
Ortsteil Possionanza
Strada Treponti, 8
Tel. (+39) 04 26 / 413 00
Ruhetag: Montag
Ferien: letzte Juliwoche
70 Plätze + 30 Plätze im Freien
Preise: 22–25 €
Kreditkarten: AE, CS, DC, MC, Visa; BM
Mittags und abends geöffnet

Ehrliche Kost, die ans Herz geht, ganz so wie die Gastlichkeit. Tradition ist dabei eine essenzielle Zutat.

DIE OSTERIA – Ein typisches Landgasthaus, ein Gehöft inmitten von unendlich scheinenden Mais- und Weizenfeldern im Sommer und neblig-feuchten Flächen im Winter: Einheimische nehmen diese als Passionanza bekannte Gegend als Durchzugsgebiet, aber auch als wohligvertrauten Rückzugsort wahr. Geführt wird das Lokal seit bald 50 Jahren von Familie Rigoni unter der Regie von Köchin Maria Romana. Obwohl es sich als Hüter der Tradition versteht, hat sich das Alla Rosa in den letzten Jahren auf ausgewogene, kluge Weise neu erfunden und bietet nun neben der saisonal wechselnden Karte vegane und glutenfreie Menüs an.

DIE KÜCHE – Mit der Giardiniera in immer wieder neuen Kompositionen, die sich auch mit Aufschnitt gut kombinieren lässt, liegt man eingangs nie falsch. Köstlich die **Frittate** (5 €): mit Kräutern, **con la rogna** (Wurst) oder Zwiebel. An Primi (7 €) immer zu haben sind Tortellini und Kartoffelgnocchi, während der Wechsel der Jahreszeiten allerlei Risotti (mit Geflügelklein, mit Gemüse …), hausgemachte Tagliatelle, im Frühling mit Erbsen, oder Minestra di fagioli con i maltagliati auf den Speiseplan bringt. Ebenfalls traditionell die Secondi, bei denen Fleisch den Ton angibt: ***Cunin col pisto*** (Kaninchen mit Pesto), Pollo nostrano (Hähnchen), Faraona arrosto (Perlhuhn, 10 €), **Anatra alla cacciatora** (Ente), **Straculo in *tecia*** (geschmortes Schweinefleisch). Die Namen der Dolci (4 €) erinnern an hiesige Bräuche und Festtage im Jahreskreis: Miassa, Esse, Salame di cioccolato, Fugassa dei cucchi und eine sensationelle Zuppa inglese. Dazu trinkt man ganz unprätentiös Hauswein.

22 km östlich von Rovigo

Scirocco

Trattoria
Via Voltascirocco, 3
Tel. (+39) 04 26 / 224 17
Ruhetag: Montag, Dienstag
Ferien: August
40 Plätze
Preise: 30 €
Kreditkarten: CS, DC, MC, Visa; BM
Abends geöffnet, Samstag und Sonntag auch mittags

DIE OSTERIA – Das schöne Herrenhaus aus dem 19. Jahrhundert verfügt über vier rustikal eingerichtete Zimmer für Übernachtungsgäste und drei Speisesäle im Erdgeschoss mit Steinböden, altem Sichtgebälk und zwei urigen Kaminen. Das freundlich-legere, gemütliche Ambiente wird durch Andrea belebt, der Ihnen die Gerichte und Zutaten so anschaulich schildern wird, dass Gemüsegärtner und Bauern, Holzofenbäcker und Viehzüchter aus dem Nachbarort vor Ihrem geistigen Auge auftauchen werden: Sie sind die Lieferanten all der Grundprodukte, die Mirko mit Hingabe und Fantasie verarbeitet. Der erfahrene Mann kocht venetisch oder konkreter gesagt nach Art des Polesine und achtet die Tradition, ohne auf Leichtigkeit zu verzichten.

DIE KÜCHE – Für den Auftakt empfehlen wir den Antipasto della casa (bestehend aus Soppressa und Prosciutto crudo aus Montagnana, Gemüse in Backteig und Bohnensalat, 8 €) oder die Carne ***salada*** mit Rucola und Parmesan. Von den Primi exzellent sind die **Bigoli all'anatra** (8 €), die Gnocchi verdi mit Endivie und Gorgonzola, aber auch die Risotti mit Saisongemüse. Danach gibt es Kaninchen (**Coniglio in casseruola**, 8 €), Rinderragout (Spezzatino di manzo), vorzügliche Lammkoteletts (**Costolette di agnello**, 15 €), **Galletto alla brace** (Grillhähnchen) oder Grigliata mista. Die Auswahl an Dolci (4 €) reicht von Zuppa inglese über Tiramisu bis hin zu Tenerina di cioccolato. Brot, Pasta und Gnocchi sind hausgemacht. Die Weine stammen überwiegend aus dem italienischen Nordosten, es sind aber auch ein paar toskanische, piemontesische und lombardische Etiketten lagernd. Lassen Sie sich abschließend das kleine Museum unter dem Dach zeigen, wo einige Räume von anno dazumal mit Originalelementen rekonstruiert wurden, darunter viele gekonnt platzierte bäuerliche Gerätschaften.

ALTISSIMO (VI)

38 KM NORDWESTLICH VON VICENZA

Laita La Contrada del Gusto

Restaurant • Via Laita Righello, 3
Tel. (+39) 04 44 / 42 96 18
Ruhetag: Montag, Dienstag
Ferien: je 2 Wochen im Januar und September
80 Plätze • Preise: 30–35 €
Kreditkarten: AE, CS, DC, MC, Visa; BM
Mittags und abends geöffnet

DIE OSTERIA – Eine gewisse Schwierigkeit bereitet die Anfahrt – der einzige Weg führt über die Gemeinde Crespadoro. Doch dafür wird man reichlich belohnt, wenn das in eine Naturidylle eingebettete Lokal am Ende einer Kurve auftaucht, und noch mehr, wenn man sich dort zu Tisch begibt. Empfangen wird man von Familie Bertinazzi, der die Wiederbelebung dieses über viele Jahre in Vergessenheit geratenen Ortes zu verdanken ist. Neben dem Restaurant betreiben die Töchter des Hauses eine Bruschetteria und eine Gelateria, falls man eine informellere Einkehr bevorzugt. Da wie dort kann man sich auf große Sorgfalt bei der Verwendung lokaler Produkte verlassen.

DIE KÜCHE – Wir sind auf zimbrischem Terrain, wie die Karte eindeutig erkennen lässt. Dies ist vor allem in den kalten Monaten der Fall, wenn man vorzugsweise mit der pfeffrigen Wurst namens *Feffaro* beginnt und danach *Prajo* (Gerstensuppe) löffelt. Alternativ dazu gibt es aromen- und farbenreiche Gerichte wie Sformatino di riso nero con la trota (Auflauf von schwarzem Reis mit Forelle, 10 €) oder **Insalata di coniglio** (Kaninchensalat). Von den Primi vortrefflich sind die veganen **Bigoli** mit Kräuterpesto (8 €), aber auch die Tortelli con la lepre marinata (mit Hase, 12 €). Als beliebte Secondi gelten Schweinebäckchen mit Lavendel (**Guancia di maiale brasata al profumo di lavanda**, 12 €) und ***Capel da prete*** auf Basilikumcreme (12 €); für beides liefert der hauseigene Kräutergarten die Zutaten. Neben einem Degustationsmenü für 32 € wird ein Menü zum Thema Schnecken (Menù lumache, 39 €) angeboten. Die Dolci und Eiscremes sind von bester Machart. Die auf Venetien konzentrierte Weinkarte wird ständig weiterentwickelt und beinhaltet ein mustergültiges Angebot an naturbelassenen Weinen. Gute Auswahl an Bier aus Kleinbrauereien.

ARCUGNANO (VI)
Lapio

12 KM SÜDLICH VON VICENZA

Zamboni

Trattoria
Via Santa Croce, 73
Tel. (+39) 04 44 / 27 30 79
Ruhetag: Montag, Dienstag
Ferien: je 1 Woche im Januar und August
120 Plätze + 70 Plätze im Freien
Preise: 35 €
Kreditkarten: AE, CS, DC, MC, Visa; BM
Mittags und abends geöffnet

Erinnerungen wachrufen, Erfahrungen teilen, Begeisterung vermitteln. Mit der Verwirklichung dieser Absichten ist das Lokal zu einem Wahrzeichen der Vicentiner Küche geworden.

DIE OSTERIA – Mit seinen breiten Fensterfronten bietet das freundliche Lokal auf einem der Hügel um Vicenza einen herrlichen Blick auf die Stadt und ihre Umgebung. Im Speisesaal sind Lucias Zuvorkommenheit und Fachkompetenz hilfreich bei der Orientierung in einer auf Regionalität und Tradition bedachten Speisekarte. Die vielfältigen Empfehlungen sind der Bravour und dem Feingefühl von Koch Giuseppe zu verdanken, der das vom unvergessenen Severino begonnene Werk mit Hingabe weiterführt.

DIE KÜCHE – Das regelmäßig neu gestaltete Menü spannt den Bogen von traditionellen hin zu innovativeren Gerichten. So gibt es Cipolla gialla al sale mit Asiago-Käse und Trüffel, **Schweinefüßchen auf Kartoffelbrei** (Piedini di maiale su crema di patate, 8 €), **Bigoli mit Broccoli der Sorte Fiolaro und Sardellen**, Pasta mit Wild und schwarzer Trüffel, frische Pasta mit Hopfenspargel (con i bruscandoli, 8 €). Variantenreich die Hauptspeisen: Kaninchen (Coniglio bardato all'erba luisa, 13 €), Costolette di agnello in Honigkruste, aber auch Ente, Täubchen, Ferkel, Jungrind; alternativ dazu gibt es **Baccalà alla vicentina** (15 €), Hecht in Form von **Luccio in crosta d'erbe** oder eine beachtliche Käseauswahl. Je nach Saison werden gelungene Abende zu Themen wie Bollito oder Schweinefleisch veranstaltet. Lecker die Dolci, die alle hausgemacht sind, wie auch das Brot, die Grissini und die Teigwaren. Bemerkenswert der schier grenzenlose Weinkeller, der auch glasweise viel zu bieten hat; zudem nennt die Speisekarte stimmige Empfehlungen.

ASIAGO (VI)
Pennar

58 KM NÖRDLICH VON VICENZA

Ca' Sorda Ai Pennar

Agriturismo
Via Cassordar, 55
Tel. (+39) 04 24 / 640 31
Ferien: Mitte Juni–Mitte Juli, Oktober
80 Plätze
Preise: 20–22 €
Kreditkarten: Visa; BM
Geöffnet Freitagabend, Samstag und Sonntag mittags und abends

DIE OSTERIA – Wir befinden uns an einem wunderschönen Fleckchen nicht weit vom Zentrum von Asiago – jener Gemeinde des gleichnamigen Hochplateaus, das für seine Geschichte bekannt ist, aber auch dafür, sommers wie winters Ziel von Sonntagsausflüglern und Urlaubern zu sein. Wenn man die Ca' Sorda betritt, wähnt man sich in einer Hütte im Hochgebirge, was bei der in Holz gehaltenen Einrichtung und dem heimeligen Ambiente nicht weiter verwunderlich ist. Dass man dann bei Tisch in diesem agrotouristischen Betrieb (mit schönen Zimmern zum Übernachten) in den Genuss von gut zubereiteten und hübsch angerichteten Gerichten der Traditionsküche kommt, ist dem passionierten Tun der Familie Rigoni zu verdanken.

DIE KÜCHE – Aus der hauseigenen Viehhaltung kommt vieles von dem, was wir in der Speisekarte entdecken. Unter den Antipasti (4 €) beispielsweise die Bresaola, zu der Crostini und Bergbutter serviert werden, oder der Käse auf dem gemischten Teller mit Salumi und Formaggi, der aus der Milch der Kühe des Hofes gemacht wird. **Zuppa di porcini** (Steinpilzsuppe, 6 €), **Bigoli al ragù di anatra** (Pasta mit Entensauce), Gnocchi di patate mit Radicchio und Salsiccia lauten die möglichen Empfehlungen unter den Primi. Danach kann man sich dem Kaninchenbraten (**Coniglio al forno**, 8 €), dem Eselragout (**Bocconcini di musso**) oder dem **Gulasch mit Polenta** widmen, sofern im Angebot das Lamm (Agnello di Foza, 9,50 €) probieren oder die für diese Berggegend klassische Kombination aus Asiago-Käse, Sauerkraut, Polenta und Salsiccia bzw. Sopressa bestellen. Auch die Dolci sind hausgemacht: Eine Sünde wert ist das Gelato al fiordilatte, selbstverständlich aus vor Ort gemolkener Milch. Die hauptsächlich aus der Gegend um Breganze stammenden Weine werden zu vernünftigen Preisen angeboten.

ASOLO (TV)
Pagnano

38 KM NORDWESTLICH VON TREVISO, S.S. 248

La Trave

Traditionelle Osteria
Via Bernardi, 15
Tel. (+39) 04 23 / 95 22 92
Ruhetag: Montag
Ferien: je 2 Wochen im Sommer und Winter
70 Plätze
Preise: 30–32 €
Kreditkarten: CS, MC, Visa; BM
Mittags und abends geöffnet

DIE OSTERIA – Ein paar Minuten von Asolo entfernt entdecken wir im Hügelland, das diese wunderschöne Gegend der Marca Trevigiana charakterisiert, den Ortsteil Pagnano mit seiner ältesten Osteria (etwa 370 Jahre). Der mächtige Balken, der den klassischen Tresen am Eingang überragt, gibt dem Lokal seinen Namen und zeugt auch von dessen Alter. Wir sind zu Gast in einem Familienbetrieb: Freundlich und zuvorkommend begrüßen die Schwestern Franca und Veronica seit über 20 Jahren die Gäste, während Guido und Paolo am Herd schlichte, authentische Speisen zubereiten. Dem Brauch des Hauses entsprechend werden auch ein paar Fischgerichte nach klassischen venetischen Rezepten angeboten.

DIE KÜCHE – Es lohnt sich, eingangs die heiße Sfoglia mit Asiago dolce und geräucherter Gänsebrust begleitet von Carne ***salada*** mit Grana-Splittern auf Rucola (8,50 €) oder im Frühling den mit Morlacco-Käse und Wildschweinschinken gefüllten Tortino auf gedämpftem Spargel zu probieren. Immer auf dem Speisezettel stehen **Gnocchi**, z. B. Kürbisgnocchi (**Gnocchi di zucca e ricotta affumicata con noci e speck**, 8 €) oder Brennnesselgnocchi (Gnocchi di ortica) mit Morcheln und geräucherter Gänsebrust. Der hiesigen Tradition entsprechen die ***Sopa coada*** und die **Bigoli al ragù d'anatra** (7,50 €) ebenso wie der Spargelflan mit Hopfensprossen und Leimkraut (Sformato di asparagi, bruscandoli e ***s'ciopét***, 8,50 €). Als Hauptgericht zu empfehlen sind Tagliata di petto d'anatra (Entenbrust) mit Polenta und gebratenen Steinpilzkappen, **Faraona in salsa *peverada*** (Perlhuhn in pikanter Sauce) und **Polenta e *s'cios*** (mit Schnecken, 11 €). Die Auswahl an hausgemachten Dolci umfasst allerlei Kuchen, Halbgefrorenes (köstlich das Semifreddo mit weißer Schokolade und Karamell, 3,50 €) und die Spezialität des Hauses namens Coppa D'Annunzio.

ASOLO
Casonetto

34 KM NORDWESTLICH VON TREVISO, S.S. 248

Locanda Baggio

Restaurant
Via Bassane, 1
Tel. (+39) 04 23 / 52 96 48
Ruhetag: Montag
Keine Ferien
60 Plätze + 40 Plätze im Freien
Preise: 45–50 € €↑
Kreditkarten: AE, CS, DC, MC, Visa; BM
Mittags und abends geöffnet

Eine Küche in steter Entwicklung mit unveränderter Liebe zu Heimat und Tradition.

DIE OSTERIA – Die Locanda Baggio – früher im Zentrum von Asolo, nun in einem renovierten Gebäude vor den Toren des Städtchens – bietet ein warmes, heimeliges Ambiente, das im Sommer dank des Gastgartens noch einladender ist. Auf Nino und Antonietta, die mittlerweile von ihren Kindern tatkräftig unterstützt werden, ist in Küche und Service Verlass. An den Gerichten merkt man, wie eng die Wirtsleute mit ihrer Heimat verbunden sind, abgesehen davon, dass alles sehr gut schmeckt. Deshalb sollte man diese Adresse trotz der nicht gerade günstigen Preise in Erwägung ziehen. Neben der Bestellmöglichkeit à la carte gibt es zwei Degustationsmenüs (ein traditionelles für 40 €, ein innovatives für 50 €) und ein zweigängiges Mittagsmenü (für 20 € inklusive Wasser und Kaffee).

DIE KÜCHE – Eingangs könnten Ihnen das Tatar vom Burlina-Rind (15 €) oder der lauwarme Salat aus Kalbskopf und Zunge (Insalata di testina di vitello e lingua) mit Gemüse und Birnen-Mostarda munden. Die Primi basieren auf frischen Teigwaren (die wie das Brot selbst gemacht sind): **Ravioli al pesto di basilico e ricotta di malga** (12 €) oder Tagliolini alla carbonara mit grünem Spargel aus Badoere. Bei den Secondi hat man eine Interpretation des Trevisaner Perlhuhnklassikers (**Faraona con la *peverada***, 20 €), die eher winterliche ***Sopa coada*** und ein Fischgericht zur Auswahl, z. B. gedämpfte Ombrina (geangelt!) mit Erbsencreme und knusprigem Wangenspeck. Sehr verlockend schließlich die Dolci, u. a. immer köstliche Millefoglie mit Creme von grünem Tee und Waldbeeren (9 €) oder Elogio al tiramisù. Umfangreiches Weinrepertoire, auch glasweise Angebote.

BADIA POLESINE (RO)

25 KM WESTLICH VON ROVIGO

Osteria del Gallo

Osteria
Via Cigno, 25
Tel. (+39) 04 25 / 59 47 60
Ruhetag: Montag
Ferien: letzten 10 Juli-, ersten 10 Augusttage
40 Plätze + 15 Plätze im Freien
Preise: 28–34 €
Kreditkarten: CS, MC, Visa; BM
Mittags und abends geöffnet

DIE OSTERIA – Der unscheinbare Eingang verrät nichts vom Charme dieses Lokals, bei dem es sich um einen umgebauten Stall aus dem 17. Jahrhundert handelt. Bei der Renovierung haben Holz und Sichtziegel Verwendung gefunden, wodurch ein Ambiente voll Harmonie und Behaglichkeit entstanden ist. Ilaria, die den Gästen die Karte und die Tagesempfehlungen erläutert, hat in Koch Alex einen kongenialen Partner gefunden. Die beiden setzen mit ungebrochenem Erfolg auf Traditionelles, ohne kreativen Schwung zu kurz kommen zu lassen, was für die Fleischgerichte ebenso gilt wie für die Fischempfehlungen.

DIE KÜCHE – Aus der Karte, die regelmäßig neu gestaltet wird und auch die Bedürfnisse von Gästen berücksichtigt, die unter Unverträglichkeiten leiden, kann man als Entree **Tortino di verdura** (7 €) oder eine sorgfältig komponierte Käse- oder Aufschnittplatte wählen, um danach den berühmten **Risotto al prosciutto** (9,50 €) zu probieren; alternativ dazu sind die **Bigoli all'anatra** und die köstlichen Gnocchi di patate mit Lakritze und Rucola (9 €) zu empfehlen. Unter den Secondi entdecken wir neben Fisch knusprige Gänsekeule (**Coscia d'oca**, 14 €), **Guancetta alla birra**, Tagliata vom Fassona-Rind, Tagliata di patanegra. Man schließt, wie es sich gehört, mit Dolci und Eis von guter Machart. Der Weinkeller wartet mit über 100 Etiketten auf, unter denen Venetien selbstverständlich gut repräsentiert ist; etliche sind auch glasweise erhältlich, wenngleich in unzureichendem Verhältnis zu dem großen Speisenangebot. Interessant das Mittagsmenü für 13 €.

Pasticceria Sanremo, Via San Giovanni 48: Neben Colomba um Ostern, Panettone zu Weihnachten und Eiscreme im Sommer bietet die Konditorei eine große Vielfalt an süßen und salzigen Spezialitäten.

35 KM SÜDWESTLICH VON PADUA

Bar Venier

Trattoria
Piazza XXV Aprile, 26
Tel. (+39) 04 29 / 47 66
Ruhetag: Dienstag
Ferien: unterschiedlich
40 Plätze + 20 Plätze im Freien
Preise: 24–26 €
Kreditkarten: Visa; BM
Abends geöffnet, Sonntag auch mittags

DIE OSTERIA – In der einstigen Kapelle der Villa der Paduaner Adelsfamilie Dottori, die im 15. Jahrhundert erbaut wurde, befindet sich heute dieses kleine Restaurant, das für herzliche Gastlichkeit, entwaffnende Schlichtheit und Ehrfurcht vor der Tradition bekannt und beliebt ist. Nie und nimmer würde Antonio ein Gericht aus seiner Küche lassen, das nicht an die Familiengeschichte gebunden ist. Etliche seiner Rezepte basieren auf den Aufzeichnungen seiner Urgroßmutter. Sorgfalt und Achtsamkeit sind auch beim Brot, bei den Dolci und den Teigwaren zu bemerken. Dass all dies hausgemacht ist, muss wohl nicht betont werden. Nicht selten kommt es vor, dass man beim Betreten des Lokals frisch ausgerollte Lasagneblätter hinter der Glasscheibe des Tresens erblickt. Im Speisesaal erläutert Tochter Valentina ein essenzielles Menü, das mit den Jahreszeiten wechselt und auf landwirtschaftlichen Produkten aus der Region basiert.

DIE KÜCHE – Die Karte nennt nur einen Antipasto (5 €): Salumi aus eigener Erzeugung zu heißem *Schizoto*, ein typisches Brot der Paduanischen Tiefebene, das andernorts kaum mehr zu bekommen ist. Es folgen **Risotto con il tastasale** (mit Wurstbrät, 7 €) oder Risotto mit Radicchio, Risotto mit Erbsen (con i piselli) und – ebenfalls nur während der absoluten Erbsenhochsaison verfügbar – bemerkenswerte Fettuccine con i piselli di Baone (7 €). Aus dem Angebot an Secondi ist Fleisch nicht wegzudenken: Wildschwein (Cinghiale) und Esel (**Musso**) kommen beide geschmort – **in umido – mit Polenta** (9 €) auf den Tisch; gut ist auch die **Anitra al forno** (im Ofen gebratene Ente, 8 €) und fast immer im Angebot ist die Grigliata di carni (gemischtes Fleisch vom Grill). Die Weinkarte beschränkt sich auf ein paar Flaschen von Winzern aus der Gegend und einen recht ordentlichen Hauswein im glasweisen Ausschank.

39 KM NORDÖSTLICH V. VICENZA, S.S. 53 U. S.S. 47

Al Cardellino

Osteria
Via Bellavitis, 17
Tel. (+39) 04 24 / 22 01 44
Ruhetag: Donnerstag
Ferien: zeitweise Ende Juli
50 Plätze
Preise: 25–35 €
Kreditkarten: AE, CS, DC, MC, Visa; BM
Mittags und abends geöffnet

DIE OSTERIA – Im Zentrum des eleganten Städtchens, nur ein paar Schritte von der berühmten Brücke namens Ponte degli Alpini entfernt, verwöhnen Ettore, seine Frau Patrizia und Sohn Dario ihre Gäste mit Gerichten der Vicentiner Tradition. Gemeinsam – der Hausherr am Herd, die Mutter und der Juniorchef im Service – präsentieren sie eine „Küche der Erinnerung", die bei Tisch die Geschichte wiederaufleben lässt. Schriften im hiesigen Dialekt und alte Ansichten zieren das über 100 Jahre alte Lokal, in dem Herzlichkeit und Bescheidenheit zu Hause sind.

DIE KÜCHE – Zu Beginn gibt es den obligaten Teller mit Salumi und Formaggi von lokalen Erzeugern, ferner **Sarde in *saor*** (6 €), Morlacco del Grappa mit roter Zwiebel, im Frühling Tortino mit Spargel aus Bassano. Das bekannteste Gemüse der Gegend ist während der Spargelernte auch in anderen Empfehlungen zu entdecken: **Risotto** oder Tagliatelle **agli asparagi**, Asparagi e uova (Spargel und Ei), **Ossobuco vom Kalb mit Spargel** (14 €). An Primi gibt es außerdem **Bigoli al ragù di anatra** (mit Entensauce) oder con la salsa bassanese (eine Sauce aus Salzsardinen, Zwiebel, Knoblauch und Olivenöl) sowie den unvergänglichen Klassiker Pasta e fagioli (Bohnensuppe mit Nudeln). Für danach stehen Involtino di coniglio (Kaninchenroulade, 14 €) und natürlich **Baccalà alla vicentina** zur Auswahl. Tiramisu, Tortino di mele (Apfelküchlein, 5 €) und Crème caramel lauten die Süßspeisenempfehlungen aus der Küche des Hauses. Von eindeutig lokaler Provenienz sind die in der Karte beschriebenen Weine und Spirituosen, wobei ein besonderes Augenmerk auf das nahe Gebiet von Breganze zu bemerken ist.

BELLUNO
Sagrogna

6 KM VOM ZENTRUM

De Gusto Dolomiti

Osteria-Enoteca
Via Sagrogna, 35
Tel. (+39) 04 37 / 92 75 03
Ruhetag: Sonntagabend, Montag
Ferien: zeitweise Ende Juni
80 Plätze + 60 Plätze im Freien
Preise: 35–37 €
Kreditkarten: CS, DC, MC, Visa; BM
Mittags und abends geöffnet

DIE OSTERIA – In der Ortschaft Sagrogna beherbergt ein schön renoviertes altes Steinhaus dieses Lokal. Der gemütliche, in Holz gehaltene Eingangsbereich fungiert als Vinothek und Einkehr für zwischendurch. Das eigentliche Restaurant besteht aus drei Räumen mit Holzmöbeln und Wanddekor in Form von Bildern und Tellern. Alles ist sehr gepflegt, in dem für die Gegend typischen Stil gehalten. Seit rund zehn Jahren verbinden Giovanni und Gianluca in diesem Rahmen die Leidenschaft für Wein mit der für die gute Belluneser Traditionsküche, die sie mit angenehm überraschenden kleinen Abwandlungen interpretieren.

DIE KÜCHE – Fleisch gibt den Ton an, doch es fehlt auch nicht an ein paar Fischgerichten. Beginnen kann man mit Tatar vom Rind à la De Gusto (9 €), knackigem Salat mit Mortadella d'oca oder deliziösem Sformatino di zucchine e basilico (7,50 €). Je nach Saison gibt es danach **Musetto col cren** (Kochwurst mit Meerrettich – ein Klassiker), **Gnocchi di zucca**, allerlei Risotti mit Pilzen oder Wildkräutern oder **Tagliatelle con ragù di selvaggina**. In weiterer Folge begegnet man den einfachen, schmackhaften Gerichten der hiesigen Tradition, z. B. ***Pastin*** (Wurstbrät) und Formaggio ai ferri (Grillkäse) **mit Polenta** (13 €), ***Schiz*** – eine Frischkäsespezialität – ebenfalls **mit Polenta**, superbe Faraona im Kräutermantel, Polpettine di cervo ai frutti rossi (Hackfleischbällchen vom Hirsch mit roten Beeren, 17 €). Von den Dolci des Hauses empfehlen wir die Crema catalana mit Pistazien, den Tortino mit Ricotta und Schokolade (5 €) und die Mürbeteigkuchen mit Konfitüre. Der Weinkeller: etwa 20 Angebote im offenen Ausschank, einige Hundert Flaschenweine aus ganz Italien zu moderaten Preisen. Abschließend kann man sich in der Enoteca Kostproben von typischen Bergkräuterschnäpsen genehmigen.

BERGANTINO (RO)

58 KM WESTLICH VON ROVIGO, S.S. 434

Il Portico

Restaurant
Via Campo, 28
Tel. (+39) 04 25 / 80 51 87
Ruhetag: Montagabend
Ferien: erste Septemberwoche
60 Plätze + 60 Plätze im Freien
Preise: 32–35 €
Kreditkarten: CS, MC, Visa; BM
Mittags und abends geöffnet

DIE OSTERIA – Gegenüber einem Melonenfeld, nicht weit vom Uferdamm des Po, ist das, was früher ein Schuppen für landwirtschaftliche Geräte war, heute eine lukullische Oase. Geführt wird das sympathische, etwas abgelegene Lokal seit über 25 Jahren von Marco Grossi nach einer Philosophie, die auf Tradition, Wertschätzung der heimischen Ressourcen und Leidenschaft für Fleisch beruht: Marcos Großvater war Bauer und *Mazzin*, also einer, der auch auf anderen Höfen die Schweineschlachtung übernahm.

DIE KÜCHE – Die nicht zu kurz geratene Speisekarte entspringt dem Grenzgebiet zwischen Polesine und den Provinzen Ferrara, Mantua und Verona. Der interessanteste Antipasto ist die Platte mit Gnocco fritto und feinen Salumi nach Wahl (köstlich der 20 Monate gereifte Prosciutto di Parma) für zwei (15 €) oder vier Personen. Danach sollte man die **Tortelli di zucca** probieren, für die Marco drei Jahre in Folge einen bekannten lokalen Wettbewerb gewonnen hat: Seine Kürbisteigtäschchen gibt es mit Pecorino und Muskatnuss (9 €), in Salbeibutter oder mit Fleischsauce. Alternativ dazu kann man Tris di tortelli, Bigoli oder **Fettuccine con sugo di anatra** bzw. sugo di coniglio bestellen, sofern man nicht **Risotto** bevorzugt, z. B. all'Amarone, alla salsiccia oder al Portico (Steinpilze und Kalbfleisch, 9 €). Zu toskanischem **Fleisch vom Grill**, u. a. Steak, werden Kartoffeln, Spinat und Zwiebeln gereicht. Marco hat eigene Kammern, die es ihm erlauben, die Reifung des Fleisches zu überwachen. Fisch gibt es ebenfalls, er wird zweimal pro Woche frisch angeliefert (Mies- und Venusmuscheln aus Chioggia). Von den Desserts des Hauses erwähnt sei die **Tenerina al cioccolato**. Neben einem venetischen Hauswein und dem von Marco selbst gekelterten Prosecco hat man einige Dutzend Flaschenweine zur Auswahl.

53 KM NÖRDLICH VON BELLUNO, S.S. 51

Cianzia

Restaurant
Via Cavour, 83
Tel. (+39) 04 35 / 48 21 19
Ruhetag: Montagabend, Dienstag (außer in der Hochsaison)
Ferien: zweite Junihälfte
60 Plätze + 20 Plätze im Freien
Preise: 30–32 €
Kreditkarten: CS, DC, MC, Visa; BM
Mittags und abends geöffnet

DIE OSTERIA – Ein reines Damenteam bespielt dieses Lokal, das vor Kurzem sein zehnjähriges Bestehen gefeiert hat. Die Küche ist das Reich von Bruna Montesel und Daniela Talamini (ihrer Schwägerin), während die Regie im Saal Alice (Danielas Tochter) anvertraut ist, die den Gästen die eindeutig der örtlichen Traditionsküche entspringenden Gerichte gerne erläutert. Erwähnung gebührt aber auch den Männern des Hauses, namentlich Pietro und Arcangelo: Der eine ist Tischler, der andere Schmied, und zusammen haben sie die Möbel sowie die charakteristische schmiedeeiserne Deckenbeleuchtung gefertigt. Die typischen Produkte und klassischen Rezepte der Gegend bestimmen ein Menü, das mit den Jahreszeiten wechselt: Der Käse kommt von Erzeugern aus dem Cadore, das Fleisch aus lokalen Fleischereien, das Gemüse aus Brunas Garten und selbst der Safran ist aus der Region, nämlich von einem kleinen Betrieb in Cibiana.

DIE KÜCHE – Beginnen kann man mit dem Antipasto della casa (8 €), der Rohschinken aus dem friulanischen Sauris, Salat mit gehobeltem Grana, Walnüssen, Birnen, Räucherkarree und Balsamico-Dressing umfasst. Danach sollte man sich den ***Gnoche da dota*** (9 €) zuwenden, einer historischen Teigwarenspezialität, die es nur in Borca gibt und die mit einer speziellen geräucherten Ricotta namens ***Spresada*** serviert wird. Von den Secondi erwägenswert sind **Capriolo in salmì** – geschmortes Reh – **mit Apfel-Zimt-Rotkraut und Polenta** (16,50 €) oder **Salsiccia mit Formaggio alla piastra**, Pilzen und wiederum Polenta als nicht wegzudenkender Konstante der hiesigen Küche. Hausgemachte Dolci, darunter ein köstliches Semifreddo al pistacchio (5,50 €) sorgen für den süßen Genuss zum Schluss. Als Alternative zu Wein ist das Bier aus der kleinen Brauerei von Sauris zu empfehlen.

20 KM NÖRDL. V. VICENZA, 5 KM V. THIENE, S.S. 349

La Ciacola

Enoteca mit Ausschank und Küche
Via Marconi, 9
Tel. (+39) 04 45 / 30 00 01
Ruhetag: Montag
Ferien: unterschiedlich
40 Plätze
Preise: 25 €
Kreditkarten: AE, CS, MC, Visa; BM
Geöffnet 18–1 Uhr

DIE OSTERIA – In einer kleinen Gasse hinter dem Hauptplatz von Breganze führen Enrico und Lorella diese alteingesessene Osteria, deren Name auf das sympathische Stimmengewirr verweist, das man schon von draußen vernimmt und das einen beim Eintreten begrüßt. Das Ciacola ist ein legeres Lokal, in dem man nach Feierabend mit Freunden ein gutes Glas Wein trinkt und dazu die Salumi des Hauses probiert, während man sich von den Ereignissen und Erlebnissen des Tages erzählt.

DIE KÜCHE – Hat man sein bevorzugtes Glas Wein aus der Karte oder aus den Empfehlungen im offenen Ausschank gewählt, lautet unser Tipp, gleich auch einen Teller mit Salumi und in Öl eingelegtem Gemüse oder eine Käseplatte mit feinen Formaggi der Slow-Food-Presidi (10 €) begleitet von Honig, Konfitüren und Mostarda zu bestellen. Fortsetzen lassen sich die Gaumenfreuden mit einem der Primi (7 €) auf Basis von Teigwaren wie etwa **Bigoli mori alla veneta**, **Gargati al consiero** (Pasta mit Taubenragout ohne Tomaten) oder **Caserecce con broccolo fiolaro e lardo** bzw. einer Suppe der Saison. Das Finale lässt sich mit Dolci (3,80 €) wie etwa dem klassischen ***Macafame***, einem Stück Crostata, einem Tiramisu oder selbst gebackenen Biscotti zu einem Glas Dessertwein, z. B. Torcolato aus Breganze, gestalten. Die Weinkarte beweist, dass sich die Wirtsleute nicht nur auf lokaler Ebene gut auskennen, und bietet interessante Etiketten aus der gesamten Region zu vernünftigen Preisen. Zudem besteht die Möglichkeit, die eine oder andere Flasche Wein einzukaufen und auch diejenige, die man beim Essen vielleicht nicht ganz ausgetrunken hat, mit nach Hause zu nehmen.

BREGANZE (VI)

20 KM NÖRDL. V. VICENZA, 5 KM V. THIENE, S.S. 349

La Cusineta

Traditionelle Osteria
Via Pieve, 19
Tel. (+39) 04 45 / 87 36 58
Ruhetag: Sonntagabend, Montag
Ferien: zeitweise im Sommer
50 Plätze
Preise: 30–35 €
Kreditkarten: AE, CS, DC, MC, Visa; BM
Mittags und abends geöffnet

DIE OSTERIA – Seit nunmehr 35 Jahren vermitteln Terenzio Scapin und seine Frau Marzia, neuerdings unterstützt durch Tochter Chetti im Service, mit viel Engagement die Attraktivität des Gebiets um Breganze anhand der besten lokalen Produkte. Aus der Küche ihres historischen, im Ortszentrum gelegenen La Cusineta (was im venetischen Dialekt „kleine Küche" bedeutet) kommen Gerichte, die Saisonalität, Augenmerk auf Grundprodukte und Tradition, aber auch Spürsinn bekunden, was für die Auswahl der Lieferanten ebenso gilt wie für die von Streifzügen durch Feld und Flur mitgebrachten Wildkräuter.

DIE KÜCHE – Als Vorspeise einheimische **Sopressa** zu hausgemachter **Giardiniera** (7 €) bzw. während der Spargelzeit Asparagi pastellati (6 €). Gute Auswahl an Primi mit hausgemachten Teigwaren, die geschickt mit saisonalen Zutaten kombiniert werden, seien es Erbsen, Spargel, Radicchio oder Pilze. Nicht fehlen darf die Spezialität namens **Torresan** (40 Tage alte Täubchen), die unter den Primi als Sauce für die **Bigoli alla breganzese** (9 €) und unter den Secondi **allo spiedo** – Täubchen am Spieß – **mit Polenta *onta*** (16 €) zu entdecken ist. Überzeugende Alternativen sind Tris di **baccalà** (Stockfisch-Dreierlei, 14 €), Lamm in Form von Scalzatine di agnello, allerlei Fleisch vom Grill und ein paar Fischgerichte auf Basis dessen, was der Markt bietet. Unverzichtbar schließlich eine Kostprobe von den hausgemachten Dolci, nicht zuletzt als Vorwand für ein Gläschen Torcolato, den bekannten Süßwein aus Breganze. Niveauvolle Weinkarte mit regionalem Fokus, aber auch Etiketten aus ganz Italien.

In **Thiene** (7 km) bietet Enogramma (Via San Simeone 32) eine große Auswahl an in- und ausländischem Wein.

BRENTINO BELLUNO (VR)
Belluno Veronese

41 KM NORDWESTLICH VON VERONA, S.S. 12 ODER A 22

Al Ponte

Trattoria
Piazza Vittoria, 12
Tel. (+39) 045 / 723 01 09
Ruhetag: Dienstagabend, Mittwoch
Ferien: 3 Wochen im Juli/August
40 Plätze + 20 Plätze im Freien
Preise: 23–28 €
Kreditkarten: AE, CS, DC, MC, Visa; BM
Mittags und abends geöffnet

DIE OSTERIA – Wir sind in einem Dörfchen des Etschtals nahe der Grenze zur Provinz Trento, deren Einflüsse in Küche wie Keller markant sind. Hier betreibt seit einem halben Jahrhundert Familie Bridi – mittlerweile Stefano und seine Frau Monica – ihr Lokal mit Schankstube im Erdgeschoss und Restaurantbereich im Stockwerk darüber. Was diese abseits der klassischen Touristenrouten gelegene Trattoria so schätzenswert macht, sind die lauschige Atmosphäre, eine sich quer durch alle sozialen Schichten ziehende Gästeschar, die keine Berührungsängste kennt, und das angenehme Gefühl, dass die Zeit stehen geblieben scheint.

DIE KÜCHE – Das mündlich vorgetragene Menü sieht nicht viele, aber stets gelungene Empfehlungen vor, die alle auf lokalen Erzeugnissen, wenn nicht gar auf von Stefano selbst gezogenem Gemüse basieren. Interessant von den Antipasti (7 €) sind die Forelle als **Trota in carpione**, aber auch das Pökelfleisch namens **Carne *salada***. Herausragend von den Primi aus hausgemachten Teigwaren sind die **Bigoli con la *sardela*** (8 €), die Crespelle und die **Tagliatelle** mit saisonal unterschiedlichen Fleisch- bzw. Gemüsesaucen. Unter den Secondi (11 €) nicht fehlen dürfen Schmorfleisch vom Esel (**Stracotto di asino**), Kaninchen aus dem Ofen (**Coniglio al forno**) und wiederum **Carne *salada***, diesmal vom Rost. Selbst die Dolci (4 €), übrigens auch die Eiscremes, sind hausgemacht: Crostata, **Strudel**, Sbrisolona mit Grappa. Überschaubare Auswahl an durchweg regionalen Winzererzeugnissen, ehrlicher Hauswein.

Der Panificio Zorzi in **Brentino** (Ortschaft Bra 1) bäckt seit 1960 die herrlich mürben, von Hand gefertigten Grissini Valdadige in den Varianten klassisch und aromatisiert.

BRENTINO BELLUNO (VR)
Belluno Veronese

41 KM NORDWESTLICH V. VERONA, S.S. 12 ODER A 22

Roeno

Osteria
Via Mama, 5
Tel. (+39) 045 / 723 01 10
Ruhetag: Montag
Ferien: Juni/Juli
80 Plätze + 30 Plätze im Freien
Preise: 22–25 €
Kreditkarten: CS, MC, Visa; BM
Mittags und abends geöffnet

DIE OSTERIA – Der Weg hierher führt uns durch den nördlichsten Zipfel der Provinz Verona, der an die Provinz Trento angrenzt und schon den Gardasee erahnen lässt. Wohin man auch blickt, bestimmen Wasserläufe, Weingärten und Obstplantagen das schöne Landschaftsbild. Ebendiese Ressourcen prägen das Speisenangebot des Roeno, bei dem es sich um ein renommiertes Weingut handelt. Hier kann man sich übrigens auch für ein paar Tage einquartieren, um die Gegend mit ihrem typischen Auf und Ab von schmalen Straßen zu erkunden. Weitläufig und sehr gepflegt präsentiert sich der Außenbereich des Lokals, wo man an warmen Tagen verweilen und das Grün ringsum, vor allem aber Giulianas Küche genießen kann: Was die gute Signora kocht, ist so regionaltypisch wie die Weine der Familie Fugatti.

DIE KÜCHE – Appetit holen kann man sich bei einem Teller mit Aufschnitt und **Peperoni in agrodolce** (6 €) oder dem traditionellen Räucherfleisch (Carne affumicata), um dann überzugehen zu **Canederli** in Brühe oder in „trockener" Form (7 €), zu **mit Monte-Veronese-Käse gefüllten Tortelloni** (8 €) oder Tagliatelle con il sugo di capriolo (Rehragout). Capriolo ist auch eine gute Wahl für den Hauptgang, obgleich unter den Secondi noch andere überzeugende Empfehlungen zu finden sind, z. B. **Carne *salada*** (für die Gegend typisches Pökelfleisch, gebraten oder roh, 9 €), **Stinco di maiale** (Schweinehaxe), Kaninchen alias **Coniglio con la polenta** sowie – in der entsprechenden Saison – Ziegenkitz (Capretto) oder Wildspargel mit Ei (Uova con asparagi selvatici). Die hausgemachten Dolci (4 €) sind populär und klassisch zugleich: Tiramisu, Salame al cioccolato, Crostata. Der Keller empfiehlt die Weine des Hauses Fugatti, sprich ein äußerst zufriedenstellendes Panorama der besten Tropfen, die man in der Gegend bekommt.

BRENZONE (VR)
Porto di Brenzone

52 KM NORDWESTLICH VON VERONA

Taverna del Capitano

Trattoria
Via Lungolago, 8
Tel. (+39) 045 / 742 01 01
Ruhetag: Dienstag
Ferien: 8. Dezember–Ostern
60 Plätze + 40 Plätze im Freien
Preise: 32–35 €
Kreditkarten: AE, CS, DC, MC, Visa; BM
Mittags und abends geöffnet

DIE OSTERIA – Lassen Sie sich vom Schein nicht trügen und ordnen Sie diese Trattoria am See (nur ein Gehweg und eine niedrige Mauer trennen die Veranda vom Ufer) weder als exklusives Refugium noch als Lokal ein, das sich wie viele hier einer schnöden touristischen Ausrichtung verschrieben hat. Ein Besuch beim Capitano ist ein sprichwörtliches Erlebnis und bietet mehr als einen Anknüpfungspunkt an die lokale Traditionsküche mit ihren geradlinigen, kräftigen Aromen: wie jene der Agole – an der Sonne auf dem Ufermäuerchen getrocknete Weißfische, einst einziger Proviant an Bord der Handelsschiffe, die auf dem Gardasee verkehrten. Bortolo Brighenti, der Capitano, seine Frau Gianlucia in der Küche und die junge Generation im Service empfangen uns freundlich und erläutern detailreich die Empfehlungen. Die großen Fenster auf drei Seiten machen die Veranda zum Logenplatz am See mit Blick in die nahen Berge.

DIE KÜCHE – Wir empfehlen für den Beginn den Gran misto del Capitano, wenngleich man auch zwischen marinierten Sardinen, Luccio oder **Coregone in salsa di agole** (Hecht bzw. Renke in Fischsauce, 11 €), Polpettine di pesce (Fischbällchen), ***Sisam*** (Spezialität aus den erwähnten getrockneten Weißfischen) mit Polenta und Trota salmonata (Lachsforelle) in Sauce mit Polenta wählen kann. Ausnahmslos frisch gemacht sind die Nudeln für die Primi: **Spaghetti con le agole** (9 €), Maccheroncini al pesce misto, Tagliatelle al pesce persico; beileibe keine schlechte Alternative dazu ist die **Zuppa di pesce** (9 €). Auch bei den Secondi spielt Fisch die tragende Rolle: gebackene **Filetti di cavedano** (Döbel), Coregone alla mugnaia oder ai ferri (Renke Müllerinart oder gegrillt), Sardinen, **Fritto di lago** (15 €). Ein paar sehr gute hausgemachte Dolci und eine gepflegte, interessante Weinkarte ergänzen das Angebot.

CAMPODARSEGO (PD)
Sant'Andrea

15 km nördlich von Padua, S.S. 307

Da Nalin

Restaurant
Via Bassa Prima, 117
Tel. (+39) 049 / 556 41 77
Ruhetag: Dienstagabend, Mittwoch
Ferien: 10.–24. August
80 Plätze + 60 Plätze im Freien
Preise: 25–30 €
Kreditkarten: AE, CS, DC, MC, Visa; BM
Mittags und abends geöffnet
♿

DIE OSTERIA – Im Sommer verweilt es sich sehr angenehm an den Tischen im Freien unter einer Laube aus Hanf und Bambus, und selbst in dieser Jahreszeit ist das kulinarische Angebot von dem großen Kamin im Lokalinneren bestimmt, wo Fleisch und Fisch gebraten werden. Immer in der Küche anzutreffen ist Signora Anna, die von ihrem Enkel Nicola unterstützt wird, während Enkel Denis den Service im Saal koordiniert. Die beiden jungen Herren vertreten übrigens die vierte Generation dieses seit über 100 Jahren als Familienbetrieb geführten Hauses.

DIE KÜCHE – Neben der eigentlichen Karte gibt es immer wieder saisonal und vom Marktangebot inspirierte Empfehlungen. Die häufig wechselnden Antipasti (6 €) gehen einer erklecklichen Auswahl an Primi voran, unter denen wir eine im Lauf der Zeit mehrfach prämierte Gemüse-Kuttel-Suppe (**Zuppa di verdure e trippa**, 9 €) sowie **Gnocchi di patate al ragù** entdecken. Nicht immer erhältlich sind die Spaghetti alla busara mit Scampi und die mit Spinat und Burrata gefüllten Ravioli. Die Auswahl an Fisch zum Hauptgang reicht von tagesfrischem Fisch als **Grigliata di pescato** (15 €) bis hin zum obligaten **Baccalà alla vicentina mit Polenta** (13 €); vom Rind finden allerlei Tranchen verschiedener Rassen den Weg auf den Bratrost im Kamin, während weißes Fleisch auch im Ofen zubereitet wird. Herausragend unter den Dolci ist das Tiramisu. Was man zum Essen trinken möchte, wählt man aus einer kleinen, aber facettenreichen Karte, die zufriedenstellende Weinbegleitungen erlaubt.

CAMPONOGARA (VE)

28 km südwestlich v. Venedig, 18 km v. Padua

Al Fogher

Trattoria-Pizzeria
Via Arzerini, 48
Tel. (+39) 041 / 46 21 40
Ruhetag: Mittwochabend
Keine Ferien
100 Plätze
Preise: 30 €
Kreditkarten: CS, DC, MC, Visa; BM
Mittags und abends geöffnet, Samstagmittag gegen Vorbestellung
♿

DIE OSTERIA – Die Geschichte dieses Lokals beginnt 1936 als Osteria da Triccia mit drei von den Stammgästen zwischen einem *Cicheto* und einer *Ombra de vin* gerne bespielten Bocciabahnen. 1972 kommt die Pizzeria hinzu (die zweite in Camponogara und Umgebung), die mit der Zeit eine wichtige Rolle übernommen hat: Bei aller Schlichtheit der Zutaten wird Pizza hier als Gourmetgericht betrachtet. In dem einzigen Gastraum mit dem charakteristischen *Fogher* in der Mitte sind die Tische in angenehmen Abständen angeordnet, wiewohl die Einrichtung das Alter des Lokals verrät. Raffaele wird Sie beraten und bedachtsam schildern, was die Küche empfiehlt.

DIE KÜCHE – Mittags ist die Auswahl kleiner, doch **Baccalà** ist immer zu haben, und das in gleich fünf Versionen; diese Spezialität des Hauses spielt auch in den zwei Degustationsmenüs für 25 bzw. 30 € die Hauptrolle. Beginnen Sie mit der Platte, auf der sich allerlei Köstliches aus dem nordostitalienischen Raum türmt, um sich dann den Primi zuzuwenden: **Zuppa di roveja al baccalà**, Lasagnette mit norwegischem Stockfisch (8 €), **Trenette mit Pilzen und Kaninchenragout**, Cavatappi mit Kürbis, Gorgonzola, Speck aus Sauris und Walnüssen oder Spaghettoni alla carbonara „Bettini-Style". Neben Baccalà gibt es danach Tagliata di manzo mit Rosmarin und schwarzem Salz aus Hawaii (14 €), Filetto di manzo vom Grill mit Pfeffer aus aller Welt, Funghi di bosco mit Grillkäse (11 €). Dazu trinkt man Wein aus der Region oder Bier aus Kleinbrauereien.

In **Dolo** (6 km), Via Cà Tron 31, erzeugt der Torronificio Scaldaferro seit 1919 den typisch venetischen Mandorlato. Vis-à-vis der Manufaktur gibt es neuerdings eine Gelateria, die Mandorlato-Eiscreme anbietet.

CANALE D'AGORDO (BL)

45 KM NORDWESTLICH VON BELLUNO, S.S. 203

Alle Codole

Restaurant • Via XX Agosto, 27
Tel. (+39) 04 37 / 59 03 96
Ruhetag: Montag (außer im Juli, August, zu Weihnachten und Ostern)
Ferien: 3 Wochen Ende Juni/Anfang Juli, November
60 Plätze
Preise: 33–45 € €↑
Kreditkarten: CS, MC, Visa; BM
Mittags und abends geöffnet

Hochwertige Produkte, Geschick in der Küche, Lächeln im Service. Tradition ist hier eine mit Leidenschaft und Wertschätzung gelebte Realität.

DIE OSTERIA – Nicht weit von der hübschen kleinen Piazza von Canale d'Agordo, dem Geburtsort von Papst Johannes Paul I., befindet sich an der Straße ins schöne Val Gares dieses traditionsreiche Lokal, in dem seit mehr als 40 Jahren alles Familiensache ist. Heute führen die Geschwister Oscar (Küche), Livia (Service) und Diego (Weinkeller) die von den Tanten und der Mama begonnene Geschichte fort, von denen sie Leidenschaft und Rezepte geerbt haben. Die Küche bevorzugt lokale, frische, saisonale Produkte, die für zeitgemäße Interpretationen typischer Gerichte der Gegend um Belluno ebenso Verwendung finden wie für kreative Kompositionen, mit denen Oscar Fantasie und Fingerfertigkeit beweist. À la carte liegt der Durchschnittspreis bei 33 €, für das Menü „Altogusto" mit Oscars Eigenkreationen zahlt man etwa 45 €. Wenn sich die Tischrunde auf eine Speisenfolge einigt, ist das Menü „Tradizione" (20 €) bzw. ein weiteres „Hochgenussmenü" für ungefähr 40 € erwägenswert.

DIE KÜCHE – Sehr gut als Entree der hiesige Speck mit Essiggurken (8 €) und die geräucherte Gänsebrust mit Caponata. Es folgen Klassiker wie **Canederli in brodo** (9 €) oder **Zuppa di antico orzo** (mit einer alten Gerstensorte aus den Tälern um Belluno, Slow-Food-Presidio, 8 €). Schließlich **Cervo in salmì mit Polenta** oder **Coscia di maiale in porchetta** (10 €). Apfelstrudel, Panna cotta mit Vanille und alle anderen Dolci (6 €) sind hausgemacht. Mit 600 Etiketten eine wahre Pracht ist der Weinbestand, der immer auch die Möglichkeit bietet, edle Tropfen glasweise zu probieren.

CASIER (TV)
Dosson

3 KM SÜDÖSTLICH VON TREVISO

Alla Pasina

Restaurant
Via Marie, 3
Tel. (+39) 04 22 / 38 21 12
Ruhetag: Sonntagabend, Montag
Ferien: 1 Woche im August
150 Plätze + 50 Plätze im Freien
Preise: 36–38 €
Kreditkarten: MC, Visa; BM
Mittags und abends geöffnet, im August nur abends

DIE OSTERIA – Als unangefochtenes Reich von Küchenchef Giancarlo Pasin und seiner Frau Teresa sowie Sohn Simone und Tochter Nicoletta ist dieses Lokal in einem renovierten Landhaus aus dem 19. Jahrhundert eine der bewährtesten Adressen der Trevisaner Gastronomie. Behaglich das Ambiente, anheimelnd die Einrichtung, flink und tadellos der Service. Einmal pro Woche werden Themenabende zu regionalen Produkten oder zu Gerichten der Tradition veranstaltet, aber auch Events, bei denen Wein – regionaler wie auch „fremder" Herkunft – im Mittelpunkt des Abends steht. Die Küche ist traditioneller Prägung, weist jedoch häufig durchaus zuträgliche kreative Noten auf. In der warmen Jahreszeit lädt auch der Garten zum Verweilen ein.

DIE KÜCHE – Das Menü, das abends umfangreicher ist, sieht auch glutenfreie Gerichte vor. Hier nur ein paar Beispiele dafür, was Ihren Gaumen erfreuen könnte: zweierlei Crostini mit **Baccalà mantecato** und **Gamberi in *saor*** mit roter Zwiebel und Pistazien (9 €), **Tagliatelle con porcini** (11 €), Rindersteak – Tagliata di manzo – mit Ofenkartoffeln, Battuta di fassona (Tatar, 11 €). Hinzu kommen diverse Beilagen (5 €), die nur abends angeboten werden. Die Dolci (5 €) sind hausgemacht, von **Tiramisu** in der traditionellsten Version bis hin zu Mattonella di nocciola mit Baiser und Bitterschokolade; selbst die Eiscreme ist aus eigener Erzeugung. Die Möglichkeit, Käse aus der Region und aus ganz Italien zu probieren, ist ebenfalls gegeben. Die zwei Degustationsmenüs mit korrespondierenden Weinen werden für 38 € (Fleisch) bzw. 50 € (Fisch) angeboten. Der von Simone betreute Weinkeller wartet mit mit in- wie ausländischen Etiketten auf; die Preise sind fair, etliche Weine werden auch glasweise serviert. Interessante Auswahl an Spirituosen.

CASTELFRANCO VENETO (TV)
Treville

28 KM WESTLICH VON TREVISO, S.S. 52

Pironetomosca

Moderne Osteria
Via Priuli, 17 C
Tel. (+39) 04 23 / 47 27 51
Ruhetag: Montag, Dienstag
Ferien: 2 Wochen im August
60 Plätze + 30 Plätze im Freien
Preise: 33–35 €
Kreditkarten: AE, CS, DC, MC, Visa; BM
Mittags und abends geöffnet

Moreno steht für Beständigkeit im Zeichen der Tradition, Sohn Fabio bringt Innovationsgeist ein. Mit dieser Mischung und ausgewählten Grundprodukten von bester Qualität ist den beiden der Erfolg garantiert.

DIE OSTERIA – Wir sind außerhalb des Zentrums von Castelfranco: Wer die Gegend nicht kennt, sollte als Bezugspunkt den Platz vor der Kirche von Treville nehmen. Von dort führt eine Seitenstraße ins Grüne und zu dieser Osteria in einem renovierten Bauernhaus. Das Lokal ist sehr gepflegt und zeigt im vierteljährlichen Wechsel Werke venetischer Künstler. Moreno, der den Service betreut, spart nicht mit Tipps zu Speis und Trank, während Sohn Fabio in der Küche Bioprodukte und etliche Slow-Food-Presidi einsetzt, um Tradition und Innovation zu verbinden.

DIE KÜCHE – Brot und Pasta sind aus Biomehl selbst gemacht. Unter den Antipasti (8 €) sind **Gallina padovana in *saor*** oder **Nervetti con la cipolla** zu entdecken, in der Saison Nido di asparagi verdi e uovo soffiato (grüner Spargel mit souffliertem Ei) oder Sfoglia di ricotta mit Zucchini und Morlacco-Käse. Auch die Primi folgen stets den Jahreszeiten und bereiten Genüsse wie Pasticcio di asparagi (10 €), **Bigoli con *tastasal*** e radicchio, gratinierte Brennnessel-Ricotta-Gnocchi mit zerlassenem Käse, Bigoli con carbonara alla trota. Überragend von den Secondi ist die Rinderbrust (**Petto di garronese al forno**, 14 €), nicht minder interessant sind das **Pollo in umido mit Polenta** und aus der Meeresküche die Seppie con carciofi. Unter den verlockenden Desserts (5 €) ist ein köstlicher Pudding mit Blüten, Früchten und Gewürzen zu entdecken. Die nicht enden wollende Weinkarte nennt achtsam ausgesuchte regionale und nationale Erzeugnisse.

CASTELNOVO BARIANO (RO)
Vallona

52 KM W. V. ROVIGO, S.S. 16, S.S. 434 U. S.R. 482

Corte Vallona

Restaurant
Via Cavetto Nappi, 548
Tel. (+39) 04 25 / 876 56
Ruhetag: Montag, Dienstagmittag
Ferien: 2 Wochen im Juli/August
60 Plätze + 60 Plätze im Freien
Preise: 25–28 €
Kreditkarten: CS, MC, Visa; BM
Mittags und abends geöffnet

DIE OSTERIA – Die Adelsfamilie Strozzi hat alles richtig gemacht, als sie im 17. Jahrhundert dieses Jagdhaus erbaute. Noch richtiger aber war der in jüngerer Zeit von Michele gefasste Entschluss, seinen Job aufzugeben und seine Erfahrung und sein Engagement zur Unterstützung seiner Mutter Elvira in dieses Lokal einzubringen. Wir sind in der Polesine-Gegend, die gastronomisch gesehen stark von den angrenzenden Provinzen Verona, Ferrara und Mantua beeinflusst ist.

DIE KÜCHE – Spuren dieser Wechselwirkungen sind bereits bei den Vorspeisen zu bemerken, wenn zu Aufschnitt und in Öl eingelegten Köstlichkeiten (10 €) die für Modena typischen heißen Brotfladen namens **Tigelle** mit hausgemachten Saucen serviert werden; eine gute Alternative dazu sind die selten gewordenen **Saltarelli** (Flusskrebse). Imposant das Angebot an Primi mit Fleisch und mit Fisch, wobei in der langen Liste ein Faible für **Risotto – mit Gemüse**, mit Käse oder **con la salamella** (7 €) – zu bemerken ist. Daneben finden wir aber auch die mehrfach ausgezeichneten Teigtäschchen mit Kürbisfüllung (**Tortelli di zucca**, 8 €) oder Pappardelle alla lepre (Pasta mit Hasenragout) vor. Auch bei den Secondi geht es zur Sache, etwa mit Grigliata mista und **Somarino con polenta** (8,50 €). Gute Auswahl besteht zudem bei Fisch: In Hommage an den Po, der nicht weit von hier fließt, kann man Aal als **Anguilla alla griglia** und Katzenwels (**Pesce gatto fritto**, 15 €) probieren. Man schließt mit feinen Dolci, etwa dem hervorragenden Tiramizucca (Tiramisu ohne Ei), das von Micheles Aufmerksamkeit für eine wohlschmeckende, nicht zu schwere Küche zeugt, die auch den Bedürfnissen von Menschen mit Nahrungsmittelunverträglichkeiten gerecht wird. Klein, aber fein und preislich fair die Auswahl an Wein (größtenteils venetischer Provenienz) und Spirituosen.

30 KM NORDWESTL. VON VERONA, S.P. 1A OD. A 22

Villa

Trattoria
Strada Villa, 32
Tel. (+39) 045 / 723 54 26
Ruhetag: Montag
Ferien: unterschiedlich
100 Plätze + 80 Plätze im Freien
Preise: 25–28 €
Kreditkarten: CS, DC, MC, Visa; BM
Mittags und abends geöffnet

DIE OSTERIA – Das Ambiente entspricht dem eines Restaurants, die herzerwärmende Gastlichkeit der einer Trattoria. Als solche bezeichnet sich dieses sehr gepflegte Haus auch, dessen große Fenster den Blick auf die zum Gardasee hin abfallenden grünen Hügel, Weingärten und Olivenhaine freigeben. In dem geräumigen Lokal mit komfortablen Tischen und einer luftigen Sommerterrasse setzen die Schwestern Mazzi die Familientradition fort, die in einem alten Landhaus ein paar Meter weiter ihren Anfang genommen hat. Mittags hat die Trattoria aufgrund der Nähe zur Autobahn (A 22, Abfahrt Affi) eine treue Klientel, abends sind es Familien, die hier nicht zuletzt wegen der günstigen Preise einkehren.

DIE KÜCHE – Das Menü reicht von den typischen hiesigen Gerichten bis zu Klassikern der italienischen Küche. Wir empfehlen, sich von Davide beraten zu lassen. Er könnte Ihnen für den Beginn zu gemischtem Aufschnitt begleitet von (selbst eingelegten) Peperoni in agrodolce, **Carpaccio di carne *salà***, Polenta mit einheimischer Salami oder **Luccio in salsa** (Hecht in Sauce, 8 €) raten. Die Teigwaren werden täglich frisch gemacht: **Bigoli con le sarde** oder al ragù, **Tagliatelle ai piselli**, Pappardelle ai funghi (9 €), Tortellini und Tagliolini in Brühe, Gnocchi. Als Hauptgericht überzeugen klassische Tranchen vom Grill, Costolette di agnello (Lammkoteletts), Kutteln in der Variante **Trippa alla parmigiana** sowie **Coniglio con polenta** und die Spezialität des Hauses – **Agnellino al forno** (Lammbraten, 10 €). In Sachen Wein steht eine Auswahl der besten Kellereien der Region bereit.

Lammfleisch, wie es die Trattoria Villa anbietet, bekommen Sie auf dem Schafbauernhof von Elio Pachera in der Strada Villa 25.

58 KM ÖSTLICH VON VENEDIG, S.S. 14

NEU Locanda Zanella

Restaurant
Piazza Santissima Trinità, 5–6
Tel. (+39) 041 / 530 17 73
Ruhetag: Sonntagabend, Montag (außer im Sommer)
Ferien: unterschiedlich
120 Plätze + 200 Plätze im Freien
Preise: 45 € €↑
Kreditkarten: AE, CS, DC, MC, Visa; BM
Mittags und abends geöffnet

DIE OSTERIA – Das einladende große Lokal befindet sich im Zentrum von Treporti, gegenüber der Kirche, in einem charakteristischen alten Haus, das schon im 18. Jahrhundert eine Locanda war. Seit 1998 wird es von Familie Mavaracchio geführt: Dies sind Luca und Renzo, zwei erfahrene Gastronomen (die sich ihre Sporen unter anderem in der Küche der Locanda Cipriani in Torcello und der Harry's Bar in Venedig verdient haben), sowie Renzos Sohn Marco als Sommelier und Serviceverantwortlicher. Das Ambiente ist leger, die Atmosphäre gesellig. Für das Mittag- oder Abendessen stehen mehrere Bereiche zur Verfügung: der Hauptraum, der Winterraum mit offenem Kamin, der Innenhof und der von einem uralten Baum beschattete Garten. Was all dem zusätzlich Flair verleiht, ist die Nähe zum Kanal, an dem das Lokal eine private Anlegestelle hat.

DIE KÜCHE – In der Karte sind auch Gerichte der Festlandküche zu entdecken, doch die Hauptrolle spielt hier eindeutig Fisch aus der Lagune und von den nahe gelegenen Märkten. Und so gibt es vorweg **Sardinen in *saor*** oder gekochte ***Schie*** mit weicher Polenta (14 €). Es folgen Spaghetti mit Tintenfisch in ***tecia***, Fisch-Risotti (12 €), Crespelle mit Radicchiocreme und Furchengarnelen. Von den Secondi erwähnt seien der Fritto misto Zanella (16,50 €), der Branzino spinato ai ferri und die Grigliata mista (21 €). Im Herbst und im Frühling sollte man den **Fritto di *moeche*** (19 €) nicht versäumen – zarte Krebstierchen aus der Lagune. Als Beilage gibt es Gemüse von den nahen Feldern. Zum Schluss widmet man sich hausgemachten Dolci. Dazu trinkt man erlesene Weine aus einem international inspirierten Keller. Die Preise liegen zwar über dem Durchschnitt der in diesem Buch vertretenen Lokale, sind jedoch aufgrund der Frische und Qualität des Angebots gerechtfertigt.

CAVALLINO-TREPORTI (VE)
Treporti

58 km östlich von Venedig, S.S. 14

Osteria dal Pupi

Osteria
Ortsteil Saccagnana
Via del Pra, 1
Tel. (+39) 041 / 530 19 89
Ruhetag: Montag
Ferien: Januar, Februar
40 Plätze + 40 Plätze im Freien
Preise: 30–35 €
Kreditkarten: AE, CS, MC, Visa; BM
Mittags und abends geöffnet

DIE OSTERIA – Die Landschaft scheint sich zwischen Salzwiesen und Gemüsefeldern zu verlieren, in diesem Winkel zwischen dem Kanal und der Straße, die in den Ortsteil Lio Piccolo führt: Wie soll man hier, am äußersten Rand der Lagune, der Versuchung widerstehen, in diese alteingesessene Osteria einzukehren? Das einfache, saubere Lokal empfängt uns mit einem Gastraum im Inneren und einer überdachten Terrasse im Freien. Eine Reservierung ist vor allem an Sommerabenden empfehlenswert, wenn sich zu den Stammgästen aus der Gegend all die Urlauber gesellen, denen die Osteria längst ein Begriff ist. Lucia Zanella, die Inhaberin, koordiniert den Service im Saal, mischt aber auch immer wieder in der Küche mit, wo Chefkoch Massimo Ballarin agiert.

DIE KÜCHE – Das Menü wird von fangfrischem Fisch bestimmt, den Lucia täglich vom Markt holt. Für den Beginn ein kleiner gemischter Antipasto di pesce, **Canestrelli al forno** (gratinierte Muscheln, 13 €), Sardinen oder **Scampi in *saor*** (10 €). Unter den Primi entdecken wir **Lasagne mit Zucchini und Fischsauce**, Gnocchetti mit Pesto und Garnelen (12 €), klassische **Spaghetti con le vongole**. Unverzichtbar von den Secondi ist der köstliche **Fritto misto** (18 €) mit Polenta. Wer eher auf der leichten Linie bleiben möchte, wählt Orata oder Branzino aus dem Ofen mit Kirschtomaten und Oliven. Auch Thunfisch mit Gemüse (Tonno grigliato con verdure, 17 €) und **geschmorter Stockfisch** – Baccalà in umido – **mit Polenta** (12 €) sind erwägenswert. Wer Fleisch bevorzugt, kann gemischten Aufschnitt, **Tagliatelle al ragù d'anatra** und Carne ai ferri bestellen. Die durchweg hausgemachten Dolci werden mündlich vorgetragen. Der Weinkeller bietet regionale Etiketten, von denen einige glasweise serviert werden. Doch auch der Weißwein im offenen Ausschank ist nicht schlecht.

CHIES D'ALPAGO (BL)
San Martino

23 km nordöstlich von Belluno

San Martino

Trattoria
Via Don Ermolao Barattin, 23
Tel. (+39) 04 37 / 47 01 91,
(+39) 04 37 / 401 11
Ruhetag: Montag- und Dienstagabend, Mittwoch
Ferien: unterschiedlich
60 Plätze • Preise: 30–35 €
Kreditkarten: AE, CS, DC, MC, Visa; BM
Mittags und abends geöffnet

DIE OSTERIA – In der Senke von Alpago liegt die Ortschaft San Martino, wo wir diese behagliche Trattoria finden, die vom weiblichen Teil der Familie Barattin mit Leidenschaft geführt wird. Die immer gut gelaunten Damen teilen sich die Aufgaben: Gabriella und Giulia sind für die Küche zuständig, Norina und Alice für den Service.

DIE KÜCHE – Es werden in erster Linie Erzeugnisse des familieneigenen Betriebs verwendet – von Gemüse bis hin zu Fleisch. Die Barattin halten auch Alpago-Schafe (das Agnello d'Alpago ist ein Slow-Food-Presidio). Mit diesen Grundlagen wird die hiesige Traditionsküche auf originelle und schmackhafte Weise interpretiert. Man beginnt mit den Antipasti (10 €): Neben dem exzellenten Potpourri von Salumi aus der Region und sauer eingelegtem Gemüse sind dies Roastbeef vom Hirsch nach englischer Art, Frittata alle spugnole (Omelett mit Morcheln), Crema di patate (Kartoffelcremesuppe). Das Angebot an Primi reicht von Risotto über Gnocchi (probieren Sie die **Gnocchi di patate con sugo di pollo ruspante e fegatini** – mit Fleisch und Innereien von glücklichen Hühnern, 10 €) bis hin zu Kartoffelteigtäschchen (Tortelli di patate, radici, ***formai***) und setzt sich fort mit hausgemachter Pasta wie **Tagliatelle al capriolo** (mit Rehragout) oder **alla crema di barbabietola rossa con musetto** (mit Rote-Bete-Creme und Kochwurst). Bei den Secondi (15 €) gilt natürlich das **Agnello d'Alpago al forno** als Spezialität des Hauses, doch auch die Bracioline a scottadito (Lammkoteletts) sind köstlich. Beachtung verdienen darüber hinaus Wild, z. B. Filetto di cervo oder **Capriolo con polenta**, und andere Fleischgerichte: Brasato, Tagliata di manzo, Costata, **Gulasch di puledro** (Fohlen). Unter den Dolci (4 €) ist eine kuriose hiesige Interpretation der Pastiera napoletana zu entdecken.

CHIOGGIA (VE)
Sottomarina

51 KM SÜDLICH VON VENEDIG, S.S. 309 ODER FÄHRE

All'Arena

Restaurant
Via Vespucci, 4
Tel. (+39) 041 / 554 42 65,
Ruhetag: Montag, Dienstag
Ferien: je 1 Woche im Januar und September
35 Plätze
Preise: 38–40 € €↑
Kreditkarten: AE, CS, DC, MC, Visa; BM
Mittags und abends geöffnet

DIE OSTERIA – Dies ist der richtige Ort, um tagesfrischen Fisch zu genießen. Wenn der Markt keine geeigneten Sorten zum Frittieren oder Grillen bietet, wird Ihnen auch nichts dergleichen offeriert. Dafür steht die Familie Scuttari mit ihrem Namen: Vater Cesare, der den Einkauf bei lokalen kleinen Fischern und auf dem örtlichen Markt erledigt, Alessio in der Küche und Diego im Service. Das Menü wird nur mündlich vorgetragen, da es stets davon abhängt, was an Frischfisch vorrätig ist. Das Lokal befindet sich im ersten Stock eines Gebäudes an der Ecke einer Straße in der Nähe der bekannten Veranstaltungsarena, die über einen entsprechend großen Parkplatz verfügt. Die Einrichtung ist sehr schlicht, aber durchaus einladend. Zudem gibt es auf einer kleinen Galerie ein paar Tische für ein Dinner in intimerem Rahmen. Im Sommer und am Wochenende sollte man reservieren.

DIE KÜCHE – In der entsprechenden Saison unverzichtbar sind die **Seppioline fritte**, die **Garusoli** und die Granseola. Nicht fehlen dürfen **Sarde in *saor*** (7 €), Frittura mista di laguna (16 €), frittierte ***Moeche*** (ebenfalls nur in der Saison). Als Vorspeise werden gemischte Platten mit rohen oder gekochten Spezialitäten aus dem Meer angeboten, was die Rechnung unvermeidlich in die Höhe schnellen lässt. Gleiches gilt für die Grigliata mista, die je nach Marktlage unterschiedlich ausfällt: Dennoch handelt es sich um einen aus qualitativer Sicht immer großartigen gemischten Grillfischteller (20 €). Für Chioggia typisch ist das Knurrhahnrezept **Luserna *incovercià***. An Primi hat man Spaghetti, z. B. mit Miesmuscheln, und (hausgemachte) **Tagliolini mit Gemüse und Scampi aus der Lagune** zur Auswahl. Einfache Dolci (4 €) nach Art des Hauses. Die Weinkarte empfiehlt Produkte aus dem nordostitalienischen Raum zu fairen Preisen.

CISON DI VALMARINO (TV)
Rolle

39 KM NORDWESTL. VON TREVISO, 15 KM V. VITTORIO VENETO

Da Andreetta

Restaurant
Via Enotria, 7
Tel. (+39) 04 38 / 857 61
Ruhetag: Mittwoch (Juli und August nur mittags)
Ferien: erste Januarwoche
100 Plätze + 80 Plätze im Freien
Preise: 28–30 €
Kreditkarten: AE, CS, DC, MC, Visa; BM
Mittags und abends geöffnet

DIE OSTERIA – Annamaria und ihr Mann Alberto führen diese historische Gaststätte seit 1985. Sie sind damit in die Fußstapfen von Annamarias Großvater getreten, der das Lokal in den 1960er-Jahren gegründet hatte. Die Zeit ist vergangen, doch noch immer sind die beiden tagtäglich mit Leidenschaft und Eifer bei der Arbeit. Sie findet für ihre Küche nach wie vor Anregungen in den Rezepten ihrer Großmutter Santina, er ist ein wunderbarer Gastgeber, der genau weiß, was es braucht, damit sich der Gast wohlfühlt. Dazu gehören auch wertvolle Tipps zu den besten korrespondierenden Weinen aus dem bemerkenswerten Keller, den er fachkundig pflegt. Er wird Sie in einem der beiden hübschen Gasträume willkommen heißen, wo man im Winter vor dem knisternden Kaminfeuer speisen kann. Für den Sommer gibt es außerdem eine charmante Terrasse hoch über den Weinbergen mit Blick ins Tal.

DIE KÜCHE – Das Menü ist auf sehr gelungene Weise vom Rhythmus der Jahreszeiten bestimmt, die Grundprodukte werden hauptsächlich bei Erzeugern in der Region eingekauft. Die Antipasti sind großartig: Wir empfehlen u. a. Fettine di cervo (Hirschfleisch in dünnen Scheiben) mit Prosecco-Äpfeln und Sauerkirsch-Mostarda (8 €) sowie Merenda alla trevigiana (gemischter Aufschnitt und hausgemachtes eingelegtes Gemüse, 10 €). Es folgen Klassiker, auf die immer Verlass ist, wie etwa **Risotto al Raboso** (8 €), ***Sopa coada*** oder ***Risi e bisi***. Bei den Secondi ist Rebhuhn in pikanter Sauce (**Pernice al forno con salsa *peverada***, 18 €) nur einer der Trümpfe, die Annamaria aus dem Ärmel zieht, denn auch das Zicklein mit würzigen Kräutern, sprich **Capretto con erbe aromatiche**, und das Tatar (Battuta di sorana) mit heißen Crostini sind köstlich. Interessante Auswahl an Formaggi von Käsereien der Gegend und einem Affineur des Vertrauens.

CISON DI VALMARINO (TV)

50 KM NW V. TREVISO, 20 KM V. VITTORIO VENETO

NEU La Muda di San Boldo

Osteria mit Küche
Passo San Boldo, 2
Tel. (+39) 04 37 / 75 72 53
Ruhetag: Mittwoch
Ferien: 2–3 Wochen im Winter
50 Plätze
Preise: 25 €
Kreditkarten: AE, CS, DC, MC, Visa
Mittags und abends geöffnet

DIE OSTERIA – Im Mittelalter gab es auf dem Passo San Boldo eine Muda (Zollamt), wo Zölle auf Wein, Getreide, Obst und Salz erhoben wurden. Nachdem ab 1470 keine Zölle mehr zu entrichten waren, wurde die Muda zu einer Osteria. Diese musste jedoch nach etlichen Wechselfällen schließen, ohne ein Zeugnis ihrer jahrhundertealten Geschichte zu hinterlassen. Nun aber haben Federica und Enrico die Wiedereröffnung möglich gemacht und bieten eine Küche, die Typisches aus den Provinzen Treviso und Belluno vereint. Tresen, Kaminzimmer, Gebälk, Tische, Stühle und Bänke erinnern an frühere Zeiten, als ob die verheißungsvollen Düfte allein nicht reichten. Ein Tipp für danach: Besichtigen Sie die „Straße der 100 Tage", die von russischen und italienischen Kriegsgefangenen auf Befehl der österreichisch-ungarischen Armee 1918 gebaut wurde. Das letzte Stück mit den fünf Kehrtunneln gilt als Glanzleistung der Straßenbaukunst.

DIE KÜCHE – Der Antipasto del Mudaro (7 €) mit allerlei Häppchen ist ein guter Anfang; im Frühling sollte man eingangs den Zuccone (Kürbis und Zucchini sowie deren Blüten) probieren. Es folgen frische hausgemachte Tagliatelle mit verschiedenen Saucen, ***Casunziei*** mit Rote-Bete-Füllung und Ricotta affumicata (8 €), donnerstags Gnocchi, die auf der Reibe einzeln von Hand geformt werden. Als Hauptgericht Bohnenfrikadellen – **Polpettine di fagioli di Lamon** – mit drei Saucen und Koriandermöhren (12 €), Quaglia farcita (Wachtel mit Wildkräuterfarce), Salmerino alpino (Saibling) mit Bärlauch im Kartoffelmantel, Medaglione di cervo (Hirsch) mit Preiselbeersauce, **Fongadina** (Innereien) **mit Polenta** (10 €). Schließlich die Imker-Desserts mit Produkten von Enricos Bienenstöcken: Honigkuchen, Propolis-Eis, Pollen-Crumble. Adäquates Weinsortiment mit ein paar regionalen Spitzenprodukten.

COMELICO SUPERIORE (BL)
Padola

73 KM NORDÖSTLICH VON BELLUNO, S.S. 52

Moiè

Agriturismo
Via Valgrande, 54
Tel. (+39) 04 35 / 47 00 02
Ferien: je 3 Wochen im Juni und November
50 Plätze
Preise: 25 €
Kreditkarten: MC, Visa; BM
Mittags und abends gegen Vorbestellung geöffnet

DIE OSTERIA – Den landwirtschaftlichen Betrieb von Germano De Martin Topranin gibt es seit 30 Jahren, während der dazugehörige, aus Holz und Stein errichtete Agriturismo 2002 mit der Absicht eröffnet wurde, die Klassiker der Dolomitenküche auf der Basis von eigenen Erzeugnissen und Produkten anderer kleiner einheimischer Betriebe anzubieten. In der Küche lässt sich Germanos Frau Loretta von alten Rezepten inspirieren und wandelt das Menü saisonal ab. Nichte Tiziana, die für den herzlichen Empfang sorgt und die Gerichte detailliert erläutert, wird im Service häufig vom Hausherrn persönlich unterstützt. Germano kümmert sich aber nicht nur um Bewirtung und Landwirtschaft, sondern auch um seine Schlittenhunde, mit denen er im Winter Ausfahrten mit den Gästen unternimmt. Aus seinem Stall kommt die Milch, die zu Butter und Käse verarbeitet wird, sein Gemüsegarten liefert Salat, Mangold, Spinat, Zwiebeln, Kartoffeln und aromatische Beeren, aus denen Konfitüren und heiße Saucen für die Eisbecher gemacht werden.

DIE KÜCHE – Aus eigener Erzeugung sind auch die Salumi (Speck, Bresaola, Salami, Sopressa), die zusammen mit Käse den Tagliere misto (8 €) als Vorspeise ergeben. Es folgen schmackhafte Primi (8 €), z. B. ***Casunziei***, **Zuppa d'orzo**, **Canederli** in Brühe oder mit brauner Butter. Unverzichtbar von den Secondi sind die **Salsicce** (9 €), die Würstel, die geräucherten Braciole, das Wild (**Selvaggina**, 13 €). An Dolci (4 €) gibt es Selbstgebackenes wie **Apfelstrudel** und Crostata. Kleine Auswahl an venetischen Weinen, ein paar Biere aus Kleinbrauereien.

Die genossenschaftliche Käserei La Genzianella, Adresse Largo Calvi 9, erzeugt aus der Milch lokaler Höfe feine Frisch- und Hartkäsesorten.

CONA (VE)
Conetta

51 km südwestlich von Venedig, S.S. 309

Al Portico

Trattoria
Via Leonardo da Vinci, 14
Tel. (+39) 04 26 / 50 91 78
Ruhetag: Mittwoch
Ferien: 3 Wochen im August
45 Plätze + 25 Plätze im Freien
Preise: 32–35 €
Kreditkarten: AE, CS, MC, Visa; BM
Mittags und abends geöffnet

Eine traditionsbewusste Küche, die Leichtigkeit und Produktqualität zu ihren Markenzeichen gemacht hat.

DIE OSTERIA – Die am Rande der Provinz Venedig, schon an der Grenze zu den Provinzen Padua und Rovigo gelegene Trattoria wird seit über 100 Jahren von Familie Vegro geführt. Tiziano koordiniert zusammen mit Tochter Francesca den Service und geizt nicht mit Auskünften zum Menü. Die große Küche ist das Reich von Signora Marruzella und Sohn Giovanni. Das behagliche Lokal verfügt über einen Eingangsbereich mit dem Flair einer traditionellen Osteria; Bilder, Landkarten und allerlei Ziergegenstände tragen zur Stimmigkeit des Ambientes bei.

DIE KÜCHE – Als Vorspeise im Frühling nicht verpassen sollte man das Carpaccio di manzo mit rohem Spargel à la julienne, das ganze Jahr hindurch die Affettati oder die Burrata. An Primi (7 €) gibt es **Risotti** in saisonalen Abwandlungen (mit Erbsen, Spargel, Radicchio), ferner **Pasta e fagioli** sowie Gnocchi und Tagliatelle aus hausgemachtem Teig in unterschiedlichen Darbietungen. Es folgen diverse **Stockfischvariationen** (Baccalà al Portico und nach traditionellen Rezepten, sprich **Baccalà mantecato** und **Baccalà alla vicentina**), Kutteln in Form von **Trippa alla parmigiana** (10 €) und ein ungemein köstliches **Spezzatino di manzo** (Rinderragout), das **mit Polenta** serviert wird. Die Auswahl an Fleisch vom Grill ist nicht minder ansprechend, von der Tagliata (13 €) über die Bistecca alla fiorentina bis hin zur ***Straecca*** vom Fohlen. Hausgemachte Dolci (6 €), interessante Käseplatte mit edlen Produkten aus ganz Italien. Gleiches lässt sich über den Weinkeller sagen, dessen Niveau weit über dem Charakter des Alltäglichen liegt, den das Lokal vermittelt.

CONSELVE (PD)

30 km südlich von Padua

In Corte dal Capo

Trattoria
Via Padova, 38
Tel. (+39) 049 / 538 40 21
Ruhetag: Montagabend, Dienstag
Ferien: 1–6. Januar, ersten 3 Augustwochen
90 Plätze
Preise: 30–32 €
Kreditkarten: AE, CS, MC, Visa; BM
Mittags und abends geöffnet

DIE OSTERIA – Die Paduaner Tiefebene um Conselve ist ein Land der Arbeiter, die sowohl in den verarbeitenden Betrieben als auch auf den Feldern ihrem Tagwerk nachgehen. Diese ländliche Gegend hat zwar keine besonderen Attraktionen zu bieten, doch sie bewahrt eine menschliche Dimension, zu der nicht zuletzt die traditionelle Küche und tief verwurzelte Bräuche beitragen. Das scheint uns der beste Interpretationsschlüssel für dieses gemütliche, einfache Lokal mit seiner ungekünstelten, authentischen und familiären Atmosphäre.

DIE KÜCHE – Von den Antipasti erwähnt seien die knusprigen Fiori di zucca mit Mozzarella-Ricotta-Füllung (10 €) sowie die ausgefallenen Crostini mit Lardo del Capo; als Entree kann man aber auch die hiesigen Salumi probieren, z. B. den Prosciutto crudo aus Montagnana. Die Küche verwendet ein interessantes dunkles Mehl (Grano arso) für die Zubereitung der hausgemachten Nudeln wie Orecchiette oder Cortecce, die mit einem Pesto aus Pistazien, Rucola und Pancetta (8 €) serviert werden; ansonsten kann man sich für klassische **Pasta e fagioli** oder **Bigoli in salsa** entscheiden. An Secondi gibt es unterschiedlich zubereitete Fleischgerichte, während der **Baccalà alla vicentina mit Polenta** die einzige Fischempfehlung (15 €) ist. Als denkwürdig zu bezeichnen ist der **Musso *in tocio*** mit Polenta, während uns von den Geflügelgerichten der Kebab vom einheimischen Polverara-Huhn mit Gemüse und Sauce ebenso gut gefallen hat wie das Backhähnchen – **Fritto di pollo** (15 €); alles Geflügel stammt übrigens von einem Betrieb in der Nachbarschaft, wo das Federvieh ein Schlaraffenlanddasein genießt. Interessante Weine, hauptsächlich aus den Colli Euganei. Ein Menü zum Thema Baccalà für 26 € und ein vegetarisches Menü für 22 € ergänzen das Angebot.

CORNEDO VICENTINO (VI)

27 km nordwestlich von Vicenza, S.P. 246

La Corte

Enoteca mit Ausschank und Küche
Via Volta, 2 B
Tel. (+39) 04 45 / 95 29 10
Ruhetag: Donnerstagabend, Sonntag
Ferien: 1 Woche im Januar, 10 Tage im August
40 Plätze
Preise: 28–32 €
Kreditkarten: AE, CS, DC, MC, Visa; BM
Mittags und abends geöffnet

DIE OSTERIA – Das im historischen Zentrum von Cornedo gelegene Lokal hält hinsichtlich seiner Architektur, was der Name La Corte verspricht: Es handelt sich tatsächlich um einen alten Hof mit einem großen, angenehm kühlen Laubengang und mehreren kleinen Räumen, die mit Tischen und Stühlen aus der alten Locanda eingerichtet sind. Die Holzregale an den Wänden quellen geradezu über vor Weinflaschen und sorgfältig ausgesuchten Produkten. Man ist hier auch auf einen kleinen Imbiss willkommen, den man in Form von Kostproben von Salumi und Formaggi aus der Region zu einem Glas Wein – *Ombra de vin* – genießen kann. Für eine komplette Mahlzeit ist auf die einfache, gepflegte Küche Verlass, die oft auf Familienrezepten basiert. Marisa wird sich auf diskrete Weise um Ihr Wohl kümmern und Ihnen das empfehlen, was Enrico zubereitet.

DIE KÜCHE – Als Alternative zu Aufschnitt und Käse sind eingangs der **Fornelletto** mit Tomaten und Kapern und die Burratina mit Kirschtomaten erwägenswert. Unter den Primi sind ein feiner Risotto al gorgonzola und Nudelgerichte wie **Saracene** al tastasale e zucchine (8 €), Ravioli caserecci alla caprese oder **Hanf-Tagliatelle con salsiccia e rosmarino** (9 €) zu entdecken. Anschließend findet man unter den Fleischgerichten Hamburger vom Hirsch mit Wacholderbutter (11 €), Jungschwein in Form von **Filetto di maialino allo speck** und Lamm als **Scaloppata di scamone d'agnello** vor. Gute Alternativen dazu sind Tomino in gabbia mit Pfifferlingen oder Seppie in umido mit Basmatireis (11 €). Die Dolci wechseln je nach Saison. Weinfreunde haben Gelegenheit, die Schätze des Hauses aus dem regionalen und italienweiten Panorama zu entdecken, die zu so fairen Preisen angeboten werden, dass es überlegenswert ist, die eine oder andere Flasche zum Mitnehmen zu kaufen.

CORREZZOLA (PD)

34 km südöstlich von Padua, S.P. 3

NEU La Famiglia

Trattoria
Viale Melzi, 6
Tel. (+39) 049 / 976 00 59
Ruhetag: Dienstagabend, Mittwoch
Ferien: ersten 3 Juliwochen
110 Plätze
Preise: 35 €
Kreditkarten: CS, DC, MC, Visa; BM
Mittags und abends geöffnet

DIE OSTERIA – Wie in Ettore Scolas Film *La famiglia* bleibt auch hier alles in der Familie: Auf Novello und Gabriella Agostini, die früher das hübsche Lokal führten, sind nun Sohn Cristiano und seine Frau Cinzia Tezzon, eine ausgezeichnete Köchin, gefolgt. Im Lokalinneren herrscht familiäre Atmosphäre, der Service ist freundlich und flink, immer zuvorkommend, nie affektiert. Cristiano geleitet zu Tisch, reicht die Speisekarte, nimmt die Bestellungen auf. Die Gerichte entsprechen den Erwartungen: gut bemessene Portionen, saisonale Grundprodukte, Hausmannskost der traditionellen Art. Erwähnenswert ist der Gebäudekomplex gegenüber: Er heißt Corte Benedettina, ist ein Benediktinerkloster aus dem 16. Jahrhundert und beherbergt heute ein Hotel und das Gemeindeamt.

DIE KÜCHE – Das Gemüse kommt aus dem eigenen Garten oder dem von Verwandten, das Fleisch aus heimischer Landwirtschaft, der Fisch vom Markt in Chioggia oder aus dem Tyrrhenischen Meer, Brot und Grissini sind hausgemacht, desgleichen die Desserts. Beginnen kann man mit **Sarde in *saor*** „auf unsere Art" (10 €) oder der für die Gegend typischen **Sopressa mit süßsauer eingelegtem Gemüse und gerösteter Polenta**. Von den Primi unverzichtbar sind die **Tortelli di ricotta** mit Thunfischsauce (9 €), gefolgt von einem „falschen" Hamburger (aus Schweinefleisch) mit Senfsauce, Apfel und Kartoffelchips. Darüber hinaus werden ein paar Pizzen, für deren 24 Stunden lang aufgegangener Teig steingemahlenes Mehl verwendet wird, sowie vegetarische und vegane Speisen angeboten. Die Dolci (6 €) sollte man unbedingt probieren. Die Weinkarte hat ihren Fokus auf der Region, nennt aber auch probate Etiketten aus ganz Italien und Frankreich zu vernünftigen Preisen. Die Kaffeekarte empfiehlt zwei sortenreine Slow-Food-Raritäten. Bemerkenswerte Spirituosenkarte.

7 KM NW. V. VICENZA, S.P. 46 OD. AUSFAHRT A 4

NEU Locanda Benetti

Restaurant
Via Roma, 62
Tel. (+39) 04 44 / 97 10 52
Ruhetag: Mittwoch, Donnerstagmittag
Ferien: ersten 3 Augustwochen,
25. Dezember–2. Januar
100 Plätze + 60 Plätze im Freien
Preise: 30 €
Kreditkarten: CS, MC, Visa; BM
Mittags und abends geöffnet

DIE OSTERIA – Das Lokal der Familie Benetti ist eine Institution im Hinterland von Vicenza. Für den zuvorkommenden, freundlichen Service sorgen nunmehr Federico und Fabio, die Söhne des legendären Inhaberpaares Romeo und Giannina. Drei unterschiedlich große Räume mit einfachem Interieur begrüßen den Gast in der kalten Jahreszeit, während im Sommer der wunderschöne Garten zu einer Pause einlädt. Wer länger bleiben möchte, kann sich in einem der geräumigen, hellen Zimmer mit moderner Ausstattung einquartieren.

DIE KÜCHE – Seit beinahe 20 Jahren interpretieren Ronald und sein Gehilfe Rocco das Beste der Tradition dieses Winkels Venetiens. Als Entree könnten Sie eine vorzügliche Sopressa mit Polenta und Giardiniera (9 €) oder saisonale Appetitanreger probieren: geräuchertes Angus-Rind mit Spargel, Pilze mit Polenta und Asiago-Käse, allerlei Gemüsekuchen. Von den Primi lohnen allein die **Ravioli ripieni di faraona** (9 €) die Anreise; nicht minder köstlich die Fettuccine con ragù di fegatini e durelli (Sauce aus Hühnerklein), die **Bigoli con l'*arna*** (mit Entensauce) und die Tagliatelle mit Morcheln oder Erbsen. Großes Lob gebührt sodann dem wunderbar schlichten und dennoch außergewöhnlichen Schmorhähnchen – **Pollastrello in *tecia*** – mit Kartoffeln (11 €). Weitere sagenhaft gute Secondi: Faraona alla salvia (Perlhuhn mit Salbei), **Capretto al forno** (Ziegenkitz aus dem Ofen), **Baccalà alla vicentina**, Fegato alla veneziana (13 €). Falls gerade im Angebot, sollten Sie die gebratene Krickente – Alzavola arrosto – nicht verschmähen. Die Desserts sind sehr gelungen, z. B. Torta di mandorle mit Zitronencreme oder Semifreddo mit Kaffee und Vanille. Die Weinkarte nennt hauptsächlich venetische Flaschenweine (und glasweise Angebote) sowie ein paar Etiketten aus dem italienweiten Panorama.

43 KM NW. V. TREVISO, 11 KM V. BASSANO DEL GRAPPA

San Marco

Osteria
Piazza San Marco, 12
Tel. (+39) 04 23 / 53 92 17
Ruhetag: Montagabend, Dienstag
Ferien: dritte und vierte Januarwoche
25 Plätze
Preise: 25–28 €
Keine Kreditkarten
Mittags und abends geöffnet

DIE OSTERIA – Ein historisches Gebäude an der Piazza mit der beeindruckenden dem heiligen Markus geweihten Kirche beherbergt dieses Lokal, das naheliegenderweise ebenfalls nach dem hiesigen Schutzpatron benannt ist. Das San Marco ist eine jener Gaststätten, die man nicht des Scheins, sondern der Substanz wegen aufsucht. Die typische Atmosphäre offenbart sich schon beim Anblick des langen Tresens für den glasweisen Weingenuss und die appetitlichen traditionellen *Cicheti*. Neben diesem Barbereich gibt es einen kleinen Gastraum (ein paar Tische, Stühle mit Strohgeflecht, an den Wänden alte Fotos und Kupferkessel), wo man von Signora Tosca empfangen wird und die von ihrem Mann Roberto zubereiteten Gerichte probieren kann. Wie das gepflegte Ambiente ist auch die Küche einfach, ehrlich, schnörkellos, basiert auf regionalen Produkten und traditionellen Rezepten.

DIE KÜCHE – Das auf einer großen Tafel angeschriebene Tagesmenü kann eingangs Nervetti mit Zwiebel (6 €), Gemüsesoufflé, Crostoni mit Baccalà mantecato vorsehen. An Primi kann es Schnecken – ***S'ciosi*** in tecia – mit Steinpilzen oder mit Kräutern und Polenta (9 €) geben, ferner Bigoli mit Wangenspeck und Radicchio, im Frühling Ravioli mit Spargel und Speck. Die Empfehlungen der Festlandküche für danach reichen von geschmorten Kalbsbäckchen (Guancette di vitello) über Kaninchen (**Coniglio al forno**) bis hin zu Reh (Capriolo) in der Jagdsaison. Das Kapitel Fisch empfiehlt **Polenta con le *schie*** (Minikrebse) und einen echten Klassiker – **Baccalà alla vicentina mit Polenta** (12 €). Die hausgemachten Dolci, z. B. Tiramisu oder Torta San Marco mit Apfelmus, kann man mit Himbeer-Amarone-Sgroppino (Sorbet) kombinieren. Das Weinangebot ist nicht groß, aber gut auf die Speisen abgestimmt; zahlreiche glasweise Bestellmöglichkeiten.

CROCETTA DEL MONTELLO (TV)
Ciano

32 KM NW VON TREVISO, S.R. 348 ODER S.P. 102

NEU Locanda Santa Mama

Trattoria
Via D'Annunzio, 10
Tel. (+39) 04 23 / 841 41
Ruhetag: Dienstag, Januar–Juni auch Mittwoch
Keine Ferien
50 Plätze + 20 Plätze im Freien
Preise: 35 €
Keine Kreditkarten
Mittags und abends geöffnet

DIE OSTERIA – Seit beinah 200 Jahren (196, um genau zu sein) führt Familie Martinelli dieses Lokal, das zwar keine Locanda im Sinne einer Herberge mehr ist, aber mit diesem Beinamen seinen Sinn für Gastlichkeit vermittelt. In der Küche werkt Mamma Gabriella mit Sohn Alfredo (den alle nur Alfio nennen) und Schwiegertochter Valeria. Maria Giovanna, genannt Giannella, führt die Aufsicht im Speisesaal und am Ausschank. Das Lokal wirkt trotz seiner Größe keineswegs kalt, was auch den alten Ansichten der Locanda zu verdanken ist, die die Wände zieren. An einer von diesen prangt übrigens die Urkunde zu der Versteigerung im Jahre 1820, die den Martinelli den Weg ins Gastgewerbe geebnet hat. Ein Weg, den sie voll Wertschätzung für heimische Produkte – Pilze, Wurstwaren, Kleinvieh, Wein – fortsetzen.

DIE KÜCHE – Man beginnt mit Sopressa zu eingelegten Honigpilzen vom Montello (6 €) oder mit **frischer Polenta zu Funghi barboni alla parmigiana** (gratinierte Ziegenfußporlinge), um sich danach in der Spargelzeit den köstlichen Crespelle con ripieno di asparagi oder in der Pilzsaison der wunderbaren **Zuppa di funghi** (7,50 €) zuzuwenden. Bei den Secondi dominiert weißes Fleisch: Kaninchen (**Coniglio arrosto**, 9 €), Perlhuhn (Faraona) und andere Gerichte, dazu Pommes frites oder Ofenkartoffeln (2,50 €). Auch dem großartigen Pilzgericht mit den erwähnten Honigpilzen – **Chiodini del Montello e polenta** – gebührt Aufmerksamkeit, bevor man das leckere hausgemachte Tiramisu (4 €) probiert. In Sachen Wein wird der Gegend zwischen Valdobbiadene und Montello mit einer Selektion Tribut gezollt, die Flaschenweine und glasweise Angebote beinhaltet. In dem schattigen Garten unter uralten Bäumen auf der anderen Straßenseite wird im Sommer saftiges Grillfleisch serviert (Grigliata mista, 12 €).

ENEGO (VI)

81 KM NORDÖSTLICH VON VICENZA

Sette Teste

Restaurant
Piazza San Marco, 20
Tel. (+39) 04 24 / 49 01 12
Ruhetag: Mittwoch, Donnerstag (außer im Sommer)
Ferien: unterschiedlich
30 Plätze
Preise: 25–27 €
Kreditkarten: Visa; BM
Mittags und abends geöffnet

DIE OSTERIA – In günstiger zentraler Lage in Enego, die von den sieben Gemeinden des Asiago-Hochplateaus die nordöstlichste ist, entdecken wir das Hotelrestaurant Sette Teste. Seit über 150 Jahren wird es von Familie Meneghini geführt, die mit ihren Wein- und Kulinarikempfehlungen vermittelt, wie gut sie ihr geschichtsträchtiges, traditionsreiches Umland kennt und wie sehr sie sich diesem verbunden fühlt. Aus den nahen Tälern kommt man gerne hier herauf, um sich von Roberto mit Speis und Trank verwöhnen zu lassen, aber auch wegen der freundschaftlich-familiären Atmosphäre, die man in diesem Lokal genießt.

DIE KÜCHE – **Bigoli all'anitra** (mit Entensauce, 9 €) oder Bigoli mit Salsiccia und Provolone, **Gnocchi di ricotta**, **Pappardelle con i porcini** (mit Steinpilzen) oder mit Mezzano-Käse und Bergbutter sind einige der Primi piatti, mit denen man sich dieser Gegend annähern und sie gewissermaßen geschmacklich erfahren kann. Unter den Secondi ist ein prächtiges Gericht mit Kutteln (**Trippe**, 6 €) von der örtlichen Fleischerei zu entdecken, die nach bester Tradition fachgerecht vorbereitet und gekocht werden. Neben weiteren Empfehlungen für den Hauptgang, beispielsweise Reh (Capriolo) oder Lammkoteletts (**Costine d'agnello**), besteht auch die Möglichkeit, die einheimische Sopressa zu probieren. Die Dolci sind hausgemacht (4 €): Falls gerade im Angebot, raten wir zum Semifreddo alla panna mit Kastanienhonig. Dank der angrenzenden Vinothek und Weinbar, die ebenfalls von Familie Meneghini geleitet wird, bietet die Weinkarte optimale Speisenbegleitungen: Zur Auswahl stehen Produkte aus dem regionalen und gesamtitalienischen Panorama zu fairen Preisen.

FALCADE (BL)
Caviola

48 km nordwestlich von Belluno

Tabià

Restaurant
Ortsteil Feder, 13
Tel. (+39) 04 37 / 59 04 34
Ruhetag: Dienstag, außer im Juli und August
Ferien: 2 Wochen im Juni, Oktober
70 Plätze
Preise: 30 €
Kreditkarten: CS, MC; BM
Mittags und abends geöffnet

DIE OSTERIA – Durch den Umbau einer alten Scheune (hierorts Tabià genannt) der Familie vor gut 40 Jahren ist ein behagliches Restaurant mit Holzinterieur entstanden. Neben dem Gastraum im Erdgeschoss, das eigentlich zwei Stufen tiefer liegt und wo sich auch der Barbereich befindet, gibt es eine etwas kleinere Stube im Obergeschoss. In beiden Räumen spendet im Winter ein Kachelofen Wärme. Der Service ist flink und aufmerksam, der Empfang herzlich. In der Küche regiert Amalia Pescosta, die zusammen mit ihrem Mann das Lokal gegründet hat, das heute von Einheimischen und Urlaubern frequentiert wird.

DIE KÜCHE – Mit einem aufmerksamen Auge auf Saisonalität und Produkte aus der Region und dem eigenen Garten wird eine für die gebirgige Gegend, in der wir uns befinden, typische Küche geboten. Es gibt zwei „Gedenkmenüs" – eines ist dem Tag der Eröffnung, das andere einem späteren Jahr gewidmet – für 30 € (fünf Gänge inklusive Getränke). Beginnen kann man mit einem kleinen oder mittelgroßen Brettchen mit gemischten Salumi oder dem marinierten Carpaccio vom Hirsch mit Splittern von reifem Binatega-Käse (12 €). Unter den Primi sind schmackhafte **Canederli allo speck in brodo** (in Brühe) oder **al burro fuso** (mit zerlassener Butter, 8 €) und rustikale **Tagliolini al sugo di capriolo** (Nudeln mit Rehsauce, 8,50 €) zu entdecken. Sehr traditionell die Secondi: **Polenta con schiz, *pastin*** e funghi (mit Käse, Wurstbrät und Pilzen, 13 €) oder Rehragout – **Capriolo in salmi – mit Pilzen und Polenta** (15 €). Durchdachte Selektion an Formaggi aus der Region, die zu diversen Gerichten verarbeitet und natürlich auch als Käseplatte angeboten werden. Die Dolci sind hausgemacht. Klug gestaltete Weinauswahl (auch glasweise) zu mehr als ehrlichen Preisen. Das Gedeck wird nicht verrechnet.

FARRA DI SOLIGO (TV)
Col San Martino

32 km nordwestlich von Treviso, S.S. 13

Da Condo

Traditionelle Osteria
Via Fontana, 134
Tel. (+39) 04 38 / 89 81 06
Ruhetag: Dienstagabend, Mittwoch
Ferien: Juli
70 Plätze + 20 Plätze im Freien
Preise: 26 €
Kreditkarten: AE, CS, DC, MC, Visa; BM
Mittags und abends geöffnet

DIE OSTERIA – Die steilen Prosecco-Weinberge bilden die Kulisse für dieses alteingesessene Lokal, das neben kleinen gemütlichen Stuben über einen größeren Raum verfügt, der dem Künstler Carlo Conte gewidmet ist und bis zu 40 Personen Platz bietet. Im Sommer kann man auf der hübschen Terrasse speisen, wo einige Holzskulpturen zu bewundern sind, bevor Beatrice die Bestellung aufnimmt. Ihr Mann Enrico, der Küchenchef, ist der Sohn jenes Giocondo, dem das Lokal seinen Namen verdankt.

DIE KÜCHE – Bemerkenswert die Antipasti (7 €), etwa die herausragende Essigwurst mit Zwiebel – **Salame fresco all'aceto e cipolla**, die je nach Saison mit Süßkartoffeln oder Polenta serviert wird; neben traditionellen Vorspeisen gibt es ein paar Novitäten vor allem für Vegetarier und Veganer, etwa den Involtino mit Kichererbsen, Reis und Senf. Unter den Primi immer im Angebot ist das Arme-Leute-Gericht **weiße Polenta aus Biancoperla-Mais** (Slow-Food-Presidio) **mit Ricotta affumicata**; im Winter stehen **Pasta e fagioli** und **Bigoli al ragù** auf dem Programm, zu anderen Zeiten im Jahr gibt es **Zuppa di lenticchie, orzo, fagioli e patate** (Suppe aus Linsen, Gersten, Bohnen und Kartoffeln) oder Tortelli mit Montasio-Käse und Blaukohlsauce (7 €). Als Hauptgericht bringt der Winter Kochfleisch und den traditionellen gemischten **Spieß**, zu dem weiße Polenta gereicht wird, während man sich im Sommer an Geflügelgerichten wie **Faraona in salsa *peverada*** und **Pollo in tegame** (12 €) erfreuen kann, die sich durch großartige Fleischqualität auszeichnen. Bescheidenes Angebot an Süßspeisen und regionalem Käse. Da der Hauswein nicht gerade inspirierend ist, orientiere man sich besser an dem preislich sehr korrekten Sortiment an Flaschenweinen aus der Region, von denen etliche häufig auch glasweise angeboten werden.

41 KM NW. V. TREVISO, 17 KM V. VITTORIO VENETO

Dai Mazzeri

Restaurant
Via Pallade, 18
Tel. (+39) 04 38 / 97 12 55
Ruhetag: Montag, Dienstagmittag
Ferien: letzten 2 Februarwochen
75 Plätze + 35 Plätze im Freien
Preise: 40–45 € €↑
Kreditkarten: AE, CS, MC, Visa; BM
Mittags und abends geöffnet

Trevisaner Tradition zwischen Bewahrung und Innovation, herzerwärmende Gastlichkeit und ebensolche Kost.

DIE OSTERIA – Das alte Gebäude (einst Rathaus) ist nicht weit von der sehenswerten Zisterzienserabtei entfernt. Auch das Innere bewahrt den Charme der Zeit, mit Sichtgebälk und Ziegelsteinen, die ein anheimelndes Flair schaffen. Vito und Mauro Mazzero (daher der Name des Lokals) sind zwei versierte Burschen: der eine kocht, der andere erläutert und serviert die Gerichte à la carte und die Tagesempfehlungen. Regionale Produkte geben den Ton an, der eigene Gemüsegarten trägt ein Quäntchen bei und Delikatessen wie Fleisch vom piemontesischen Fassona-Rind bereichern die Szenerie. Zugegeben, das Preisniveau unterscheidet sich von der Mehrheit der Lokale in diesem Buch, doch dieser Ort hat etwas Besonderes an sich, das wir Ihnen nicht vorenthalten wollen.

DIE KÜCHE – In der Regel beginnt man mit Battuta di fassona oder dem berühmten Misto dell'Osteria. Die Teigwaren für die Primi sind hausgemacht und so gibt es neben dem unvergänglichen Klassiker **Pasta e fagioli** klassische **Ravioli mit Entensauce und Pilzen** oder **Tortelli di melanzane mit Tomaten und Basilikum** (12 €). Dass wir im Prosecco-Gebiet sind, verraten auch die Secondi, z. B. **Gallo al Prosecco mit Polenta** (16 €); alternativ dazu kann man sich für Steak vom Fassona-Rind entscheiden, an kühleren Tagen zudem für am Spieß gebratene Tranchen. Nicht zu verachten sind die **Porcini mit Polenta und mittelreifem Soligo-Käse** (18 €) sowie die schöne Käseselektion, bevor man sich von den hausgemachten Desserts (6 €) verführen lässt. Gute Weinauswahl aus Venetien – wo auch der Prosecco nicht trivial ist – und anderen Regionen.

17 KM NORDWESTLICH VON VERONA

Enoteca della Valpolicella

Restaurant-Enoteca
Via Osan, 45
Tel. (+39) 045 / 683 91 46
Ruhetag: Sonntagabend, Montag
Ferien: 1 Woche um den 15. August, 24. Dezember–6. Januar
70 Plätze • Preise: 35–38 €
Kreditkarten: AE, CS, DC, MC, Visa; BM
Mittags und abends geöffnet

Ein Lokal, dem es wie nur wenigen anderen gelingt, eine perfekte Harmonie zwischen Wein aus einem der besten Anbaugebiete Italiens und örtlicher Traditionsküche zu schaffen.

DIE OSTERIA – Wie schon der Name vermuten lässt, ist dieses Lokal ein wichtiger Bezugspunkt für das Valpolicella. Der Weinbestand umfasst mehr als 800 Flaschen, die jede Nuance dieses Landstrichs und vieles aus dem übrigen Italien beschreiben. Im Erdgeschoss befindet sich die schöne Enoteca, durch die sich eine geführte Tour lohnt, im Stockwerk darüber die Räumlichkeiten des Restaurants. Dort sind Ada und Carlotta anzutreffen, die eine in der Küche, die andere im Service. Beide sind sie stolz darauf, ihr Valpolicella geschmacklich vermitteln und mit einer nie aus der Mode kommenden Zutat namens Gastlichkeit krönen zu dürfen. Die Stärken des Lokals: hausgemachte Pasta, häufige Verwendung von heimischen Wildkräutern, ausgesuchtes Fleisch von Betrieben aus der Lessinia, ungewöhnliche und für die Gegend repräsentative Käsesorten.

DIE KÜCHE – Den Auftakt machen Rindertatar mit Sauce Béarnaise (12 €), **Manzo frollato con *fasoi 'mbogoné***, obligate **Sopressa con polenta e giardiniera**, frische Ricotta aus den Veroneser Hügeln mit Apfel-Mostarda (6 €). Mit den Primi (12 €) treten die Kräuter – z. B. im Risotto – und die Pasta mit **Tagliatelle al ragù di cortile** oder Tagliatelle ai funghi auf den Plan. Fleisch und Wein bestimmen die Secondi, etwa **Stracotto di manzo all'Amarone mit Polenta** (15 €) oder Petto d'anatra mit Honig und Recioto. Eine gute Alternative ist die interessante Käseselektion. Erfreulich die Dolci (5 €): Gelato alla ricotta mit Amarone-Grappa, Millefeuille mit Äpfeln oder Fregolona zu einem Glas Recioto.

GARDA (VR)

38 KM NORDWESTLICH VON VERONA

NEU Caffè Amaro

Osteria
Piazzale Roma, 2
Tel. (+39) 346 / 633 22 96
Ruhetag: Montag
Ferien: 1 Woche im Januar/Februar, 2 Wochen im November/Dezember
25 Plätze + 40 Plätze im Freien
Preise: 29 €
Keine Kreditkarten
Mittags und abends geöffnet

DIE OSTERIA – Uralte Platanen, ein lauschiger kleiner Platz in der Nähe der Seepromenade, ein inspirierender Eingang. Im Inneren heißen uns heimeliges Interieur, acht unterschiedlich große Holztische mit Platzsets aus Strohpapier und der Inhaber mit einem Lächeln im Gesicht willkommen. Die Osteria ist ein Familienbetrieb und besteht seit 2007: Andrea wird von Papà Bruno im Service und Mamma Erminia (Emi), einer passionierten Autodidaktin, in der Küche unterstützt. In Hommage an den Song der Veroneser Beat-Band Kings, dem das Lokal seinen Namen verdankt, und aus Sehnsucht nach den Sechzigerjahren gibt es am Freitagabend im Sommer Livemusik.

DIE KÜCHE – Die übersichtlich und transparent gestaltete Menükarte zeugt von Liebe zu den Produkten des Gardasees und seines Hinterlandes sowie zu gutem Wein (rund 30 ausgesuchte Winzererzeugnisse). Vorzüglich die Salumi aus der Lessinia (8 €), mit denen man in der Regel beginnt. Wer neugierig ist, kann seinen kulinarischen Horizont mit dem Antipasto misto (10 €) erweitern: Dieser beinhaltet gegrillte Polentascheiben mit gehacktem Lardo, Steinpilze, Gorgonzola, Hering. Gardaseesardinen, die knapp drei Monate in Salzlake zugebracht haben, dann filetiert und mit Kapern fein gehackt wurden, ergeben die köstliche Sauce für die ***Bigoi*** **in salsa**. Ein Genuss sind auch die ***Bigoi*** **con porro e salsiccia**, ganz zu schweigen von der **Pasta e fagioli** nach venetischer Art und den **Tagliatelle con stracotto d'asino** (8 €). Unter den Secondi sind bemerkenswerte Gerichte zu entdecken, allen voran der zarte, keineswegs fettige **Brasato all'Amarone mit Polenta** (14 €). Gut ist auch die roh servierte **Carne** ***salà*** vom Rind. Als Nachtisch empfehlen wir das Semifreddo all'amaretto mit Schokosauce, die Torta al cioccolato oder den Cheesecake mit Waldbeeren.

GRANCONA (VI)
Pederiva

24 KM SÜDWESTLICH VON VICENZA

Isetta

Trattoria
Via Pederiva, 96
Tel. (+39) 04 44 / 88 95 21
Ruhetag: Dienstag, Mittwoch
Ferien: unterschiedlich
70 Plätze + 30 Plätze im Freien
Preise: 35–38 €
Kreditkarten: AE, CS, MC, Visa; BM
Mittags und abends geöffnet

Ein historisches Lokal, das die Gastronomie der Gegend um Vicenza hochhält: Der Dank gebührt Familie Gianesin – für ihre Herzlichkeit, die Wertschätzung der Traditionen und ihr Qualitätsbewusstsein.

DIE OSTERIA – Monica Gianesin, die Köchin, verrichtet ihre Arbeit mit großer Begeisterung, so wie vor ihr Großmutter Isetta und Vater Galdino. Martina, ihre Schwester, führt die Aufsicht im Speisesaal, der groß, aber keineswegs kühl ist. Mit der schönen Einrichtung ist das behagliche Ambiente eine Mischung aus Trattoria und Restaurant. Was aber am meisten zählt, sind die erstklassigen Grundprodukte – angefangen von den hausgemachten Salumi aus Fleisch von mit gesundem Futter groß gezogenen Schweinen. Das Gemüse kommt von Erzeugern aus der Gegend, Brot und Grissini sind selbst gemacht, die Süßspeisen und Teigwaren ebenfalls.

DIE KÜCHE – Ein herrlich duftender Lardo in würziger Vollendung ist vielleicht das beste unter den Affettati (12 €), denen ein Küchlein mit Wildkräutern beigefügt ist – gleichsam als Beweis dafür, dass die Küche den Jahreszeiten folgt. Auch der **Baccalà mantecato** mit Crostini ist ein guter Beginn, bevor es weitergeht mit Tagliatelle con i piselli, **Risotto mit Wildkräutern** aus den Colli Berici oder **Bigoli integrali** ***oio e sardela*** (10 €). An Secondi gibt es **Baccalà alla vicentina** mit Polenta aus Maranello, Schnecken – **Lumache in** ***tecia*** – auf Polenta (17 €), Fleisch vom Grill (der immer in Funktion ist): Bistecca fiorentina, Lamm, Rinderfilet ... Das Tagesmenü bestehend aus Primo, Secondo, Sorbetto und Kaffee kostet 25 €. Der mit Sorgfalt und Leidenschaft aufgebaute Weinkeller ist grandios, birgt edle Tropfen aus ganz Italien und auch aus dem Ausland.

JESOLO (VE)
Lido di Jesolo

44 KM NÖ. V. VENEDIG, S.S. 14, ABZWEIGUNG IN PORTEGRANDI

Alla Grigliata

Traditionelle Osteria
Via Buonarroti, 17
Tel. (+39) 04 21 / 37 20 25
Ruhetag: Mittwoch, außer im Juli und August
Ferien: Weihnachten–Mitte März
130 Plätze • Preise: 30–32 €
Kreditkarten: MC, Visa; BM
Abends geöffnet, im Frühling an Feiertagen auch mittags

DIE OSTERIA – Auch wenn das Meer praktisch vor der Haustür liegt, spielt hier keineswegs Fisch die Hauptrolle, sondern Fleisch. So ist das schon immer gewesen und Familie Lorenzon hat nie auch nur daran gedacht, vom Brauch ihres Hauses abzuweichen. 40 Jahre sind seit der Eröffnung des Lokals vergangen, doch das Erfolgsrezept ist unverändert geblieben: Auf den Grill kommen ausnahmslos ausgewählte Fleischtranchen, generell wird auf sorgfältige Zubereitungsweisen und exquisite Grundprodukte großes Augenmerk gelegt, was auch bedeutet, dass weder an die Art der Fütterung der Tiere noch an die Reifung des Fleisches Zugeständnisse gemacht werden. Als Beilage wird Gemüse der Saison aus dem eigenen Garten oder von den Feldern um Cavallino serviert. All dies wird dem Gast in einem legeren Ambiente mit geselliger Atmosphäre offeriert. Das Servicepersonal (unter dem wachsamen Auge der Inhaber) ist immer sehr freundlich.

DIE KÜCHE – Beginnen kann man mit gemischtem Aufschnitt und mariniertem Gemüse (5 €) oder mit **Salame fresco cotto alla brace** (4,50 €): Salami und Würste sind hausgemacht. Sind dann die Primi an der Reihe, wählt man zwischen einfachen, schmackhaften Gerichten wie Spaghetti al ragù oder **Pasta e fagioli** (Bohnensuppe mit Nudeln, 7 €). Doch das eigentliche Highlight sind die Secondi: **Costicine di maiale** (Schweinerippchen, 9 €), **Spiedini di carne mista** (gemischte Fleischspießchen), Costata oder Filetto alla brace vom Rind. Zum Nachtisch erfreuen selbst gemachte Dolci den Gaumen, wie etwa der superbe **Tiramisu**becher (4,50 €) oder die nicht minder köstliche Creme Chantilly mit Krokant. Die Getränkekarte nennt 30 Weine (auch glasweise, wobei Rotweine eindeutig überwiegen) und ein paar Bierspezialitäten aus lokalen Kleinbrauereien.

LAZISE (VR)

23 KM NORDWESTLICH VON VERONA

Il Porticciolo

Restaurant
Lungolago Marconi, 22
Tel. (+39) 045 / 758 02 54
Ruhetag: Dienstag
Ferien: 23. Dezember–1. Februar
50 Plätze + 90 Plätze im Freien
Preise: 35 €
Kreditkarten: CS, MC, Visa; BM
Mittags und abends geöffnet

DIE OSTERIA – Dank seines Logenplatzes an der Seepromenade bietet das Lokal seinen Gästen ein wundervolles Panorama, das man außerhalb der Hauptreisezeiten noch besser genießen kann – sowohl von der verglasten Veranda als auch vom schattigen Garten aus. Das ganze Jahr hindurch garantiert ist jedenfalls eine beispielhafte Regionalküche, in der Fisch aus dem See, den man von ausgewählten Lieferanten bezieht, zu Recht prominent vertreten ist. Dennoch werden auch Gerichte der ländlichen Küche angeboten, schließlich hat Lazise auch landwirtschaftliche Bedeutung. Im Hauptraum zieht der imposante offene Kamin die Blicke auf sich: Er ist der ganze Stolz von Renato Azzi, seines Zeichens Grillmeister.

DIE KÜCHE – Ein erster Tipp ist das Vorspeisenbüfett mit allerlei Köstlichkeiten zum Thema Süßwasserfisch. Nicht minder interessant der **Luccio alla gardesana** (Hecht nach Gardaseeart, 12 €), während von den Primi der für Lazise typische **Risotto con la tinca** (mit Schleie) zu empfehlen ist. Den Risotto gibt es auch con il pescato del giorno (mit Fisch des Tages, 11 €) oder **con il lavarello** (mit Renke). Wer Pasta bevorzugt, findet **Spaghetti mit Sardinen** und Gemüse (10 €), Tagliatelle mit Fischragout oder Tagliatelle con lavarello e tartufo (mit Renke und Trüffel vom Monte Baldo) vor. Gutes Angebot an Fisch aus dem See besteht auch bei den Secondi: **Salmerino** (Saibling, 13 €), **Agoni** (Finten) und wiederum Lavarello; alternativ dazu sind ein paar Fleischgerichte im Angebot, im Winter zudem Baccalà mit Polenta. Herausragend von den durchweg sehr guten hausgemachten Dolci ist die Zuppa inglese. Die Weinkarte versteht sich als Bühne für Veroneser Winzer und Schaumweine aus der Franciacorta. Interessantes Angebot an Grappas, denen man in Maßen zusprechen sollte.

LIMANA (BL)
Valmorel

17 km südlich von Belluno

Al Peden

Osteria
Via Peden, 6
Tel. (+39) 04 37 / 91 80 00
Ruhetag: Montag, Dienstag (außer im Sommer)
Ferien: 15. Januar–28. Februar
40 Plätze + 20 Plätze im Freien
Preise: 33–35 €
Kreditkarten: CS, DC, MC, Visa; BM
Mittags und abends geöffnet

DIE OSTERIA – Mit viel Liebe führt Massimo Cazzaro die Familientradition fort, die 1978 von Mamma Bertilla in diesem malerischen Winkel des Valmorel begründet wurde. Seit damals verschafft die Küche des Hauses lokalen Produkten und Rezepten Geltung, ohne sie je zu verfälschen. Butter, Milch und Käse kauft man bei Erzeugern im Tal, das Gemüse erntet man im eigenen Garten, Pilze und Wildkräuter sammelt man auf den umliegenden Wiesen und in den nahen Wäldern. Die Mühle in einem Nachbarort vermahlt drei verschiedene rote Maissorten mit Keim zu Mehl, das Massimo für seine schmackhafte und dennoch leichte Polenta verwendet. Zutaten, die in der Gegend um Belluno nicht verfügbar sind, wie etwa Olivenöl oder Reis, bezieht man von vertrauenswürdigen kleinen Handwerksbetrieben.

DIE KÜCHE – Von den Antipasti (9 €) möchten wir Ihnen den obligaten Teller mit Salumi begleitet von weicher Polenta oder Gemüse im Backteig ans Herz legen; weitere wunderbare Vorspeisen bringt die Spargelzeit im Frühling, in Form einer Komposition von Asparagi crudi, Asparagi ai ferri und Asparagi con uova mimosa. Erwägenswerte Primi (9 €) sind ***Moss***, eine mit Wildkräutern und Käse gefüllte Polentaroulade, und der **Raviolone** aus frischem Nudelteig **mit einer Füllung aus Roter Bete**, Gorgonzola, Walnüssen und geräucherter Forelle. Ein hervorragendes Hauptgericht begegnet Ihnen in Form des Fritto in terrina (zwölf verschiedene Sorten geschmolzener Käse in Kombination mit Paprikaschoten oder roten Zwiebeln, 10 €); doch auch Wild – sprich **Selvaggina** – und Lammfleisch – Carne di **agnello** – in verschiedenen Varianten nach typischen Rezepten sollte man nicht außer Acht lassen. Brot, Teigwaren und Dolci sind hausgemacht. Der Weinkeller birgt rund 200 Etiketten, wobei naturbelassenen Weinen besondere Aufmerksamkeit zuteilwird.

LOREGGIA (PD)

22 km n. v. Padua, 12 km v. Castelfranco, S.S. 307

Locanda Aurilia

Restaurant
Via Aurelia, 27
Tel. (+39) 049 / 579 03 95
Ruhetag: Dienstag
Ferien: 1.–15. August
60 Plätze
Preise: 30–32 €
Kreditkarten: MC, Visa; BM
Mittags und abends geöffnet

DIE OSTERIA – Die vor über 100 Jahren von Dino und Antonietta De Marchi als Gaststätte für Reisende und Fuhrleute samt Pferdewechselstation gegründete Locanda wird heute von Tochter Lucia (Empfang), Sohn Ferdinando (Service) und dessen Bruder Osorio (Küche) geführt. Als Pflichtadresse für Feinschmecker und Weinfreunde bietet sie eine regional inspirierte Küche, die hauptsächlich auf Fleisch basiert und auf die handwerkliche Verarbeitung sowie die Herkunft der verwendeten Produkte großen Wert legt. Zu den Schmuckstücken des schlichten, gepflegten Lokals, das über mehrere Räumlichkeiten verfügt, zählen die von Ferdinando als passioniertem Kenner und Talententdecker gestaltete Weinkarte sowie das Käsewägelchen, das mit französischen Weichkäsesorten, allerlei Schimmelkäse und reifem Bergkäse interessante Exkurse erlaubt.

DIE KÜCHE – Beliebte Antipasti sind Kutteln mit Minze (**Trippa alla menta e formaggio**, 7 €), **Baccalà** mantecato mit Polenta und Salsa verde mit Sardellen, Straccetti vom Freilandhähnchen mit knackigem Fenchel. Es folgen köstliche Primi: **Bigoli** all'Aurilia (8 €) Risotto ai colori estivi, Ravioli ripieni di vitello allo zafferano (mit Kalbfleischfüllung und Safran), **frische Tagliatelle con frattaglie d'oca** (mit Gänseklein, 9 €), Crespelle ai formaggi di malga (Bergkäsecrêpes), Vellutata di zucchine e cappasanta (Zucchinicreme mit Jakobsmuscheln). Danach gibt es feines Tatar vom heimischen Rind (Manzo del Montello), Lammkoteletts (Costolette d'agnello alla griglia), **Rognone trifolato** (sautierte Nieren) mit Friularo-Wein und jungem Lauch aus Tropea (10 €), Lumache (Schnecken) mit Kräutern, **Baccalà** mit Zucchini im Backteig. Als Dessert Apfel-Pinienkern-Tortino mit Eis oder Millefoglie alla crema. Nicht versäumen sollte man im November das Menü zum Thema Gans für 35 €.

LOZZO DI CADORE (BL)

51 KM NORDÖSTLICH VON BELLUNO, S.S. 51 BIS

La Favorita

Trattoria
Via Giouda, 226
Tel. (+39) 04 35 / 761 42
Ruhetag: Montagabend
Ferien: 1 Woche im Oktober, 2 Wochen im Januar
40 Plätze + 16 Plätze im Freien
Preise: 28–32 €
Kreditkarten: CS, MC, Visa; BM
Mittags und abends geöffnet

DIE OSTERIA – Wir sind im Zentrum des Cadore, im Dorf der Mühlen und alten Wege, umgeben von der Berggruppe Marmarole und der Hochebene Pian dei Buoi. Das Lokal präsentiert sich sehr gepflegt, auch wenn ihm so manch unvermeidliches Zeichen der Zeit anzusehen ist. Der Service findet in zwei unprätentiösen Räumen statt, die durch einen Bogen voneinander getrennt sind und mit einem zentralen Kamin beheizt werden. Andrea, der sich nach einigen Auswärtserfahrungen um die Küche kümmert, und Alessandro als Serviceverantwortlicher haben das Favorita vor ein paar Jahren von ihrem Vater übernommen.

DIE KÜCHE – Der Reigen der durchweg großzügig bemessenen und gepflegt gestalteten Gaumenfreuden beginnt mit den Antipasti (8 €): Brettchen mit Salami aus Lozzo, Ziegenkäse, Gurke und Polenta, Fonduta di parmigiano mit Crostini, Brettchen mit Speck, Käse aus dem Comelico und Meerrettichcreme, Schnecken in der Version Lumache alla borgognona. Es folgen die Primi (8 €): **Bigoli con ragù di cervo** (Pasta mit Hirschragout), hausgemachte **Tagliolini con ragù di salsiccia e scalogno** (Sauce aus Wurst und Schalotten), Paccheri mit Spargelcreme und Speck, ***Casunziei*** nach Art des Comelico mit zerlassener Butter und geräucherter Ricotta. Große Auswahl besteht bei den Secondi: **Hirschkotelett** (Costoletta di cervo) **mit Preiselbeeren und Polenta**, **Lammkeule** (Stinco di agnello) **mit Polenta** (15 €), gemischtes Grillfleisch, Hamburger vom piemontesischen Fassona-Rind mit Bratkartoffeln. Eine gute Idee für eine schnelle Mahlzeit sind die Tellergerichte (15 €) der cadorischen Tradition: Piatto del bracconiere („Wildererteller"), Piatto del contadino („Bauernteller"), Piatto del boscaiolo („Holzfällerteller"). Die Dolci sind alle hausgemacht und die preislich fairen Weine werden auch glasweise angeboten.

LUSIA (RO)
Bornio

9 KM NORDWESTLICH VON ROVIGO, S.S. 499

Al Ponte

Trattoria
Via Bertolda, 27
Tel. (+39) 04 25 / 66 98 90,
(+39) 04 25 / 66 91 77
Ruhetag: Montag
Ferien: 1 Woche im August
80 Plätze + 20 Plätze im Freien
Preise: 32–35 €
Kreditkarten: CS, DC, MC, Visa; BM
Mittags und abends geöffnet

Der ideale Ort für ein Glas Wein und ein Schwätzchen, aber auch für gutes Essen im Zeichen der Tradition. Kurzum: genau das, wonach wir suchen.

DIE OSTERIA – Dieses geschichtsträchtige Lokal ist Reisenden und hiesigen Gemüsebauern seit über 100 Jahren ein Begriff. Luciano Rizzato mit Tochter Silvia im Saal und Enrico mit Mamma Giuliana am Herd bieten eine bewährte Küche, ohne auf wohldosierte Innovation zu verzichten: Schließlich wollen die heimatlichen Böden interpretiert werden, so wie die Jahreszeiten und die lokalen Produkte. Zahlreiche treue Stammgäste, mittägliche Geschäftsbesprechungen und abendliches entspanntes Geplauder bestimmen den Alltag; Themenabende, häufig mit sensationellen Weinbegleitungen, ergänzen das Bild.

DIE KÜCHE – In puncto Antipasti ist man mit hausgemachter Salami oder Coppa (7 €) immer gut beraten. An Primi locken **Pasta e fagioli** und **Cappellacci con la zucca**, **Bigoli con le sarde** und der obligate Risotto mit Gemüse der Saison (9 €, für mindestens zwei Personen). Zu den „historischen" Hauptspeisen zählen Carne al sale (13 €), **Fegato alla veneziana** und Seppie in umido; darüber hinaus werden allerlei Fleischgerichten – vor allem Geflügel – angeboten, wie etwa Petto di faraona (Perlhuhnbrust). Mit etwas Glück kommt man in den Genuss von zwei Gerichten, die an alte Zeiten erinnern: **Anguilla ai ferri** (gegrillter Aal) und **Pesce gatto fritto** (gebackener Wels). Die Beilagen – eine große Vielfalt an rohem und gekochtem Gemüse – sollte man sich nicht entgehen lassen. Von den Dolci empfehlen wir das Tiramisu und die Zuppa inglese (3 €). Das Weinrepertoire beinhaltet bekannte Marken, aber auch unerwartete Etiketten: Luciano kann hierzu beratend weiterhelfen.

MARANO DI VALPOLICELLA (VR)
Valgatara

16 KM NORDWESTLICH VON VERONA

Antica Osteria Paverno

Osteria
Via Paverno, 9
Tel. (+39) 045 / 683 71 99
Ruhetag: Donnerstag
Ferien: Ende August/Anfang September
60 Plätze + 40 Plätze im Freien
Preise: 28–30 €
Keine Kreditkarten; BM
Mittags und abends geöffnet

DIE OSTERIA – Man stelle sich ein entzückendes Plätzchen mitten im Valpolicella vor – eine Art Speisezimmer im Freien, unter einer von üppigen Weinreben überwucherten Pergola (was naturgemäß nur im Sommer der Fall ist). Die Antica Osteria Paverno ist der ideale Ort, um das für Weinanbau weithin bekannte Gebiet auch aus kulinarischer Sicht näher kennenzulernen. Erweist sich das besagte lauschige Plätzchen abends als wahres Idyll, so ist es tagsüber ein angenehm kühler Ort zum Verweilen. Es kann zwar vorkommen, dass die Bedienung nicht die schnellste ist, was aber durch die herzliche Art der Mitarbeiter wettgemacht wird. Zudem ist die einheimische Stammklientel als Garantie für Produktqualität und unverfälschte Küche zu werten.

DIE KÜCHE – Unter den Antipasti häufig zu entdecken sind **Luccio in salsa mit Polenta *brustolà*** (9 €) und **Polenta dorata con i bogoni in umido** (Weinbergschnecken in Sauce). Die hausgemachten frischen Teigwaren werden mit einfachen, aber schmackhaften Saucen angerichtet: **Tagliolini alle sarde di lago e pomodorini**, Pappardelle al ragù di cortile (mit Geflügelragout), **Tortelli mit Monte-Veronese-Käse und einer Füllung aus Ricotta und Pero misso aus der Lessinia** (diese autochthone Birnensorte ist ein Slow-Food-Presidio). Der edle Amarone findet für die Zubereitung des Risotto im Parmesankörbchen (10 €) ebenso Verwendung wie für das Eselschmorfleisch – **Stracotto di musso** – mit sämiger Polenta (13 €). Polenta bildet zudem die Beilage zu vielen Hauptgerichten – vor allem Fleisch (Rind, Schwein Lamm, Kaninchen), das auf dem Grill im Kamin gebraten wird. Die Weinkarte, die in allen Preislagen etwas zu bieten hat, präsentiert die lokalen Rebsorten in ihren höchsten Ausdrucksformen: Valpolicella Classico, Valpolicella Ripasso und natürlich Amarone.

MAROSTICA (VI)

28 KM NÖ. V. VICENZA, 8 KM V. BASSANO DEL GRAPPA, S.P. 248

Madonnetta

Traditionelle Osteria
Via Vajenti, 21
Tel. (+39) 04 24 / 758 59
Ruhetag: Donnerstag
Ferien: Dreikönig, Ostern, 15. August, 1. November, Weihnachten
45 Plätze + 45 Plätze im Freien
Preise: 22–25 €
Kreditkarten: AE, CS, DC, MC, Visa; BM
Geöffnet 10–15, 18–24 Uhr

Eine authentische Osteria: geradlinige Regionalküche, liebenswerte Wirtsleute, gesellige Atmosphäre.

DIE OSTERIA – Schon beim Betreten wird dir klar, dass du hier nicht falsch sein kannst: Ja, das ist wirklich eine Osteria, eine der unverfälschten Art. Holz, Kupfer, alte Uhren, ein langer Tresen, an dem klassische *Ombre* ausgeschenkt werden, für den Sommer ein Garten mit Bänken, die einladen, mit den anderen Gästen auf Tuchfühlung zu gehen. Seit sage und schreibe 112 Jahren hat in diesem historischen Lokal die Familie Guerra das Sagen: In der Küche regieren Mamma Anna Maria und Tochter Barbara, die Söhne Sandro und Wladimiro koordinieren den Service. Große Holztische mit Papiersets und einfachen Gläsern, mehr braucht es nicht für ein Mittag- oder Abendessen wie früher. Ringsum freundliche, gut gelaunte Menschen: Du fühlst dich wie zu Hause.

DIE KÜCHE – Mit **Baccalà mantecato** lässt sich ganz wunderbar eine Mahlzeit eröffnen, die so manch erfreuliche Überraschung bereithält, etwa die sensationelle **kalte Platte mit Ente aus Marostica, Wurst aus dem Leogra-Tal, Polenta und Tropea-Zwiebeln** (5 €). Bei den Primi führt fast kein Weg vorbei an den unvergleichlichen **Bigoli** alla Madonnetta (6 €) – eine Pasta mit leicht pikanter Tomatensauce, Kapern aus Salina (Slow-Food-Presidio) und schwarzen Oliven. Den Stockfisch, dem Paolo Conte mit seinem Lied „Pesce Veloce del Baltico“ („Schneller Ostseefisch“) huldigt, treffen wir wieder unter Secondi: als perfekt gemachten **Baccalà alla vicentina mit Polenta** aus Maranello (13 €). Man schließt mit **Zaleti**-Keksen aus Maranello-Mais zu einem Glas Torcolato oder mit **Macafame** (2,50 €). Gute regionale Weine, die man alle auch glasweise bestellen kann.

60 km südwestlich von Padua

Alla Nave

Restaurant
Via Garibaldi, 2
Tel. (+39) 04 25 / 517 64
Kein Ruhetag
Ferien: erste Januarwoche, 3 Wochen im August
100 Plätze
Preise: 28 €
Kreditkarten: AE, CS, DC, MC, Visa; BM
Mittags und abends geöffnet

DIE OSTERIA – Die Landschaft ist geprägt von Wasser, Dämmen und Feldern, dazwischen kleine Siedlungen. Die Menschen hier, weit weg von den großen Städten, sind für ihre Betriebsamkeit bekannt. Die Etsch ist die stille Begleiterin dieses Hauses, das seit 100 Jahren der Familie Rigobello gehört: Es vereint Hotel, Restaurant und eine gute Pizzeria unter einem Dach. Alte Fotografien erzählen von der einstigen strategischen Bedeutung des Ortes für all jene, die über den Fluss mussten, und vom Fisch, der früher das kulinarische Hauptthema war, von Filippo aber auch heute noch manchmal zubereitet wird. Die anderen Familienmitglieder kümmern sich mit so viel Gespür für Gastlichkeit um Speisesaal und Hotelbetrieb, dass man sich einfach wohlfühlt.

DIE KÜCHE – Das kleine Menü ist angefangen von den Antipasti (7 €) exquisit: Aufschnitt (Schinken aus Montagnana, Salumi aus den ebenfalls nahen Colli), **Sarde in *saor*** (in einer leichten Interpretation), Hähnchen mit Mayonnaise. Eine gute Mischung aus Tradition und Innovation charakterisiert die Primi: **Tagliatelle al ragù di faraona**, Risotto mit Reis aus Grumolo delle Abbadesse (Slow-Food-Presidio, für mindestens zwei Personen), Spaghetti Senatore Cappelli mit Tintenfisch und Taggiasca-Oliven. Facettenreich die Secondi: von **Faraona stufata con i funghi** über **Baccalà alla veneta** (10 €), Branzino mit Polenta aus Biancoperla-Mais (ein weiterer Presidio) bis hin zu **Coscia d'oca al forno con patate** (16 €); Letztere verrät, dass die für die Gänsefleischspezialität **Oca in *onto*** bekannte Gegend nicht weit weg ist. Manchmal steht auch **Anguilla** (Aal) auf dem Speisezettel. Klassisch die Dolci (4 €), z. B. Tiramisu oder Zuppa inglese. Ein paar Weine, hauptsächlich aus nahe gelegenen Anbauzonen, und eine interessante Kaffeekarte ergänzen das Angebot.

37 km nordöstlich von Venedig, S.S. 14

Roma

Trattoria
Riviera 18 Giugno, 24
Tel. (+39) 04 21 / 612 80
Ruhetag: Dienstagabend, Mittwoch
Ferien: 3 Wochen im Januar
80 Plätze + 50 Plätze im Freien
Preise: 20–25 €
Kreditkarten: CS, DC, MC, Visa; BM
Mittags und abends geöffnet

DIE OSTERIA – Das Gepräge entspricht dem Urbild einer klassischen Dorfwirtschaft der einfachen, unkomplizierten Art. Gleich hinter dem Eingang stehen auf dem Tresen allzeit Häppchen – *Cicheti* genannt – bereit, die sich mit einem Glas Wein, der *Ombra*, kombinieren lassen. An den Wänden hängen Fotografien und Illustrationen in Erinnerung an den Ersten Weltkrieg und die Zeit des Faschismus. Seit Jahrzehnten führt Familie Pillon dieses Lokal: Cristiano und Barbara betreuen die beiden Säle, im Sommer auch den Gastgarten unter der Pergola, während Mamma Rosanna mit ihrer langjährigen Erfahrung die Küche leitet.

DIE KÜCHE – Erwarten Sie kein Sternemenü, sondern stellen Sie sich ein auf rustikale, unverfälschte Genüsse nach traditionellen Rezepten im Zeichen ehrlicher Hausmannskost. Ein schönes Beispiel hierfür ist die vorzügliche ***Sopa coada*** (10 €) – ein Gericht der Volksküche aus altbackenem Brot und im eigenen Saft gegartem Taubenfleisch. Von den Primi sehr gut sind sowohl die **Tagliatelle** und die **Gnocchi con ragù di lepre** (4 €) bzw. mit anderen Saucen der Saison als auch die Crespelle mit Kräutern oder mit Gemüse. Als Hauptgang gibt es Fleisch vom Rost, häufig auch Wild aus den nahe gelegenen Jagdrevieren; diesbezüglich gebührt dem Hasenpfeffer – **Lepre in salmì** – und der Wildente aus dem Ofen (**Anitra selvatica al forno**, 15 €) besondere Erwähnung, obgleich auch **Fegato alla veneziana**, **Trippa** und **Baccalà** bemerkenswert sind. Hausgemachte Dolci nach bester Hausfrauenart, z. B. Zuccotto al mascarpone oder Sfoglia alla crema mit Waldbeeren (4 €). Neben offen ausgeschenkten Weinen aus der Gegend – Raboso del Piave, Pinot Nero, Cabernet – sind ein paar Flaschenweine aus dem nordostitalienischen Raum vorrätig.

MIRANO (VE)
Scaltenigo

18 KM NORDWESTL. V. VENEDIG, A 4 AUSFAHRT DOLO

Il Sogno

Traditionelle Osteria
Via Vetrego, 8
Tel. (+39) 041 / 577 04 71
Ruhetag: Sonntagabend, Montag
Keine Ferien
30 Plätze + 80 Plätze im Freien
Preise: 30–32 €
Kreditkarten: MC, Visa; BM
Mittags und abends geöffnet

Das Team unter der Leitung von Silvano interpretiert mit wachsender Leidenschaft den Geist einer authentischen Osteria.

DIE OSTERIA – Das schöne Lokal im ländlichen Umland von Venedig liegt nicht weit weg von der Autobahnausfahrt und den Villen der Riviera del Brenta, die als Symbol der Serenissima gilt. Es verfügt über zwei sehr gepflegte Gasträume, eine Veranda und einen großen Garten. Silvano, der Sie empfängt, ist ein Wirt par excellence: imposant, gut gelaunt, kompetent. Er beschreibt jedes Gericht, erzählt von Zutaten und Zubereitungsweisen. Unterstützt wird er von einem eingespielten Team und Koch Marco, der hochwertige Grundprodukte, darunter etliche Slow-Food-Presidi, verwendet und interpretiert.

DIE KÜCHE – Im fleischbetonten Menü sind einige Gerichte immer präsent: **Gallina padovana in *saor*** (mariniertes Hähnchen), Battuta di sorana a coltello (Tatar), **Bigoli** alle tre salse (Pasta mit drei Saucen, 8 €). Von den Secondi vorzüglich sind das Wägelchen mit den **Bolliti** (im Winter) mit zwölf verschiedenen Sorten Fleisch und die Grillplatte (15 €), aber auch die Bio-Ente als **Anatra al forno** und der Aal in Form von ***Bisato* in umido**; einen Touch Exotik bringt das Couscous mit Fisch oder Gemüse, zubereitet von einer marokkanischen Köchin. Es folgen eine schöne Käseselektion, darunter auch Slow-Food-Presidi, und Desserts wie Gelato alla panna mit Bitterschokosauce oder Crema bruciata al caffè caracolito. Zu jeder Saison gibt es ein Themenmenü mit regionalen Produkten. Die stets überzeugende Weinkarte wurde mit besonderem Augenmerk auf kleine Kellereien aus dem nordostitalienischen Raum sowie auf Bioweine gestaltet; probate Auswahl an Edelbränden und anderen Spirituosen.

MONFUMO (TV)
Castelli

38 KM NORDWESTLICH VON TREVISO

Dall'Armi

Traditionelle Osteria
Via Chiesa Castelli, 1
Tel. (+39) 04 23 / 56 00 10
Ruhetag: Dienstag, Mittwoch
Ferien: 1 Woche im Mai, letzte Augustwoche, ersten 2 Septemberwochen
36 Plätze + 30 Plätze im Freien
Preise: 20–22 €
Keine Kreditkarten; BM
Mittags und abends geöffnet

DIE OSTERIA – Es ist nicht gerade einfach, diese Osteria in den sanften Hügeln zu erreichen, an deren vulkanischen Ursprung der Ortsname Monfumo – Monte del Fumo, also rauchender Berg – erinnert. An den Flanken dieser Hügel erstrecken sich Weinberge und Olivenhaine, die noch bis vor ein paar Jahren kultiviert wurden. Dennoch lohnt sich der Weg, denn hier scheint die Zeit stehen geblieben zu sein, irgendwo um 1850, als die Osteria von Familie Dall'Armi gegründet wurde. Heute wird sie von Mamma Anna und den Töchtern Elisa und Silvia in Service und Küche geführt. Es gibt zwei heimelige kleine Gaststuben, aus denen man durch eine Glaswand Einblick in die alte Küche mit der offenen Feuerstelle hat, und eine straßenseitige Veranda, auf der im Sommer gedeckt wird.

DIE KÜCHE – Das Menü ist einfach, unverfälscht, unabänderlich in seiner Beständigkeit. Als Antipasto Aufschnitt mit hausgemachten Sottaceti (6 €) oder Ölmakrele, sprich **Sgombro sott'olio mit Zwiebel** aus Tropea oder Giarratana, sowie Tomatensalat mit Kapern, falls man Vegetarisches bevorzugt. Zu den Nudelgerichten übergehend, finden wir Pappardelle mit Sauce aus Gemüse der Saison (5 €) oder mit handwerklich gefertigter Tomatensauce vor. Die in ihrer Schlichtheit an Perfektion grenzende Spezialität des Hauses ist die im Pfännchen servierte **Frittata** (Achtung, immer glühend heiß): ein hohes, flaumiges, ja fast schon cremiges Omelett mit Gemüse oder Kräutern der Saison oder in der typisch venetischen Spielart **Rognosa** mit Sopressa und Zwiebel (13 € für zwei Personen). Alternativ dazu gibt es **Asiago fuso** (geschmolzener Käse) oder **Braciola di maiale** (Schweinekotelett). Zum Schluss kann man hausgemachte Biscottini knabbern. Einige Empfehlungen sind auch glutenfrei. Der süffige Hauswein stammt aus der Region.

17 KM SÜDÖSTLICH VON VICENZA

Da Culata

Traditionelle Osteria
Via Roi, 47
Tel. (+39) 04 44 / 63 60 33
Ruhetag: Sonntag
Ferien: August
50 Plätze + 20 Plätze im Freien
Preise: 28–34 €
Kreditkarten: Visa; BM
Mittags geöffnet, Mittwoch und Freitag auch abends

DIE OSTERIA – Die Trattoria ist weithin bekannt für ihren Baccalà alla vicentina. Stockfischfans, die in die Gegend kommen, werden daher der Versuchung nicht widerstehen, hier einzukehren und diese Spezialität zu genießen, was den legendären Ruf des Baccalà weiter festigt. Lust auf Genuss kommt bereits am Eingang auf, beim Anblick der dort zur Schau gestellten Lebensmittel allererster Güte, die man zum Mitnehmen kaufen kann. Stimmig ist auch das überaus gepflegte Ambiente mit den in angenehmen Abständen arrangierten Tischen. Gewandt und zuvorkommend leitet Vincenzo den Service, während die Töchter in der Küche werken.

DIE KÜCHE – Für den Beginn eine Kostprobe vom **Baccalà mantecato** mit Polenta oder ein schöner Teller mit Prosciutto crudo aus Montagnana, danach köstliche **Tagliolini con bottarga e baccalà** (9 €), aber auch **Pasta e fagioli** (die klassische Bohnencremesuppe mit Nudeln findet sich immer auf dem Speisezettel) und – je nach Jahreszeit – Primi mit saisonalen Produkten, wie etwa Tagliolini con piselli e asparagi (Pasta mit Erbsen und Spargel, 8 €). Neben dem köstlichen **Baccalà alla vicentina mit Polenta** (14 €) finden wir unter den Secondi eine schöne Auswahl an Grillfleisch und Braten mit Beilagen der Saison. Zum Ausklang schließlich hausgemachte Dolci und dazu vielleicht ein gutes Gläschen Grappa aus der nahen Brennerei. Die empfohlenen Weine stammen zum überwiegenden Teil von lokalen kleinen Erzeugern, die mit ihrer Arbeit dem Verbraucher das Beste aus der Region bieten, ganz so wie diese Trattoria.

12 KM SÜDWESTLICH VON PADUA

Da Mario

Restaurant
Corso Terme, 4
Tel. (+39) 049 / 79 40 90
Ruhetag: Dienstag, Mittwochmittag
Keine Ferien
80 Plätze
Preise: 38 € €↑
Kreditkarten: AE, CS, DC, MC, Visa; BM
Mittags und abends geöffnet

DIE OSTERIA – Die Brüder Bernardi, Marco und Francesco, betreiben bereits seit einigen Jahren dieses Lokal im Zentrum des bekannten Thermalortes Montegrotto. In einem schönen, geräumigen und komfortablen Ambiente bieten sie eine venetische Küche der soliden Art. Die mit einer gewissen Raffinesse angerichteten Speisen sind schlicht und schmackhaft, mit Sorgfalt und Augenmerk auf die Qualität der zum überwiegenden Teil aus der Region stammenden Produkte zubereitet. Das Lokal wird von Urlaubsgästen und Paduanern gleichermaßen gerne besucht, die hier am Fuß der Euganeischen Hügel nach traditioneller Küche suchen.

DIE KÜCHE – Als Antipasto (10 €) weiches Ei auf Asiago-Käse, Radicchio di Treviso mit Balsamicoessig, Baccalà mantecato mit Polenta. Die Teigwaren für die Primi (10 €) sind hausgemacht: **Tagliatelle con salsiccia e radicchio di Treviso**, Tagliatelle mit Entenragout (**con ragù d'anatra**) oder Tagliatelle mit Erbsen (con piselli), Ravioli di ricotta mit Spinat, Tortellini auch in Brühe. Unter den Secondi (15 €) immer vertreten ist **Baccalà alla vicentina mit Polenta**, häufig auch entbeintes Perlhuhn, sprich **Faraona**, oder **Hähnchen vom Grill** (**Galletto alla brace**) mit Gemüse, mitunter Wildschweinbraten (Cinghiale da latte arrosto); zum Tatar vom Rind (Tartara di manzo) wird heißes Brot serviert. Für das Finale steht eine breite Palette an Dolci nach Art des Hauses bereit, beispielsweise ***Zaeti*** (Maismehlplätzchen), Eisbecher und Halbgefrorenes; in der jeweiligen Saison erfreuen Crostata mit Kirschen aus heimischem Anbau oder Millefoglie mit Erdbeercreme die süßen Gemüter. Der bemerkenswerte Weinbestand beinhaltet zahlreiche Bioweine aus Venetien und anderen Regionen sowie ein paar ausländische Etiketten; einige der angebotenen Weine werden auch glasweise ausgeschenkt.

NEGRAR (VR)
Mazzano

18 KM NORDWESTLICH VON VERONA

Alla Ruota

Trattoria
Via Proale, 6
Tel. (+39) 045 / 752 56 05
Ruhetag: Montag, Dienstag
Ferien: unterschiedlich
80 Plätze
Preise: 29–35 € (Tagesmenü)
Kreditkarten: CS, MC, Visa; BM
Mittags und abends geöffnet

DIE OSTERIA – Bei gutem Wetter hat man durch die Fenster des großen Speisesaals wie auch von der Terrasse einen schönen Blick ins Tal und auf die Hügel um das Lokal, dessen moderne, komfortable Einrichtung durch stilvolle Schlichtheit besticht. Ein zeitgemäßes Gepräge haben Renza, Odilla und Stefano auch der Küche verliehen, die in der Tradition der Lessinia verankert ist, jedoch kreative Akzente aufweist. Die Grundlage bilden Qualitätsprodukte aus der Region mit Saisonbezug.

DIE KÜCHE – Von den Antipasti (10 €) erwähnt seien der Culatello und die **Coscia di maiale al Recioto**, aber auch – im Frühling – die frische, herrlich duftende Vellutata di piselli. Von den Primi (10 €) unwiderstehlich sind die **Tortelli di carne all'Amarone**. Als gute Alternative dazu erweisen sich die **Nudeln mit Hähnchensauce** (**Straccetti con ragù di gallina grisa della Lessinia**) oder die Crema di zucchine mit Parmesan-Eiscreme; in der Saison wird die Pasta mit lokaler Trüffel verfeinert. An Secondi gibt es Costolette di agnello (12 €), Tagliata di manzo all'Amarone, **Hähnchenbrust mit Bärlauch** (**Petto di galletto all'aglio ursino**), Kaninchen in Form von Bocconcini alla cacciatora, dazu reichlich bemessene Beilagen aus gekochtem oder rohem Gemüse. Teigwaren, Brot, Grissini und Dolci sind hausgemacht, z. B. die drei süßen Häppchen der Fantasia di cioccolato. Der vom Hauptraum aus sichtbare Weinkeller birgt viele Flaschen aus dem Umland, aber auch aus dem übrigen Italien, und erlaubt zudem Exkurse in ausländische Gefilde. Großes Augenmerk wird autochthonen Rebsorten zuteil. Einige Etiketten bekommt man auch glasweise. Darüber hinaus kann man sich an Bieren aus Kleinbrauereien erfreuen. In einem renovierten Landhaus etwa einen Kilometer von der Trattoria entfernt gibt es sechs Zimmer zum Übernachten.

NEGRAR (VR)
Torbe

19 KM NORDWESTLICH VON VERONA

Caprini

Trattoria
Via Zanotti, 9
Tel. (+39) 045 / 750 05 11
Ruhetag: Mittwoch
Keine Ferien
90 Plätze
Preise: 25–30 €
Kreditkarten: CS, MC, Visa; BM
Mittags und abends geöffnet

DIE OSTERIA – Wer nach Torbe kommt, wird beeindruckt sein von dem harmonischen Gefüge aus Weinbergen, Olivenhainen und Weilern, die das Landschaftsbild des Valpolicella charakterisieren. Die Trattoria gegenüber der Kirche verdankt ihren Namen der Familie Caprini, die seit vier Generationen Gäste bewirtet. Das Ambiente ist gepflegt und behaglich, mit Holzmöbeln unterschiedlichen Stils aus verschiedenen Epochen eingerichtet; zahlreiche Fenster sorgen für Luftigkeit und lassen von jeder Stelle im Raum den Blick ins schöne Umland schweifen, wodurch das Essen gleich noch besser schmeckt.

DIE KÜCHE – Beginnen kann man mit einem Teller Salumi mit Giardiniera, um danach ein Primo (8 €) zu wählen: Trippe in brodo (Kuttelsuppe) oder handgemachte Nudeln, z. B. **Lasagnette al ragù** della Pierina (sehr beliebt!), **Pappardelle con sugo di lepre** oder con sugo di coniglio (mit Hasen- bzw. Kaninchensauce), saisonal unterschiedlich gefüllte Tortelli. Bei den Secondi (10 €) offenbart sich der Regionalbezug mit dem **Guanciale di manzo brasato al Valpolicella**, dem **Coniglio in *tecia***, dem **Baccalà alla vicentina**. Sehr zu empfehlen ist der klassische **Bollito misto con la *pearà***, der aber nicht immer im Angebot ist. Die Dolci sind alle hausgemacht, einschließlich der köstlichen Eiscremesorten. Angesichts der Spitzenstellung der Gegend in Sachen Wein kann der Keller nicht anders als gut bestückt sein, zudem überzeugt er durch faire Preisgestaltung; ein paar Etiketten aus anderen Anbauzonen sind ebenfalls lagernd.

Im selben Gebäude wie die Trattoria befindet sich Silvanas Panificio: Backwaren und Dolci der Veroneser Tradition, zu den entsprechenden Zeiten im Jahreskreis auch typische Festtagskuchen.

NERVESA DELLA BATTAGLIA (TV)

35 KM NÖRDLICH VON TREVISO

La Panoramica

Restaurant
Via VIII Armata, 28
Tel. (+39) 04 22 / 88 51 70
Ruhetag: Montag, Dienstag
Ferien: 15.–30. Januar,
1 Woche im Juli/August
60 Plätze + 40 Plätze im Freien
Preise: 30–32 €
Kreditkarten: AE, CS, DC, MC, Visa; BM
Mittags und abends geöffnet

DIE OSTERIA – Man fährt bergan in Richtung Montello und gelangt auf eine Hügelkuppe, wo ein renoviertes Bauernhaus steht. In diesem hat Familie Furlan ihr Restaurant geschaffen, das von Wäldern und großen Flächen mit Rebstöcken umgeben ist. Eddy, seines Zeichens Sommelier, managt den Service zusammen mit Sohn Giuliano und Tochter Francesca in den hübsch eingerichteten Sälen, während Mamma Antonella die Küche koordiniert. Die auch im Außenbereich großen Räume laden im Sommer immer freitags zu Themenabenden mit Wein und Speisen aus jeweils einer Region ein, während im Herbst Pilze und Weine aus den Bergen das Leitmotiv sind.

DIE KÜCHE – Pilze, violette Artischocken, Spargel und Kräuter ergeben je nach Saison das Angebot an Antipasti: sautierte Porcini mit Sopressa, Insalata di carciofo violetto mit Käsesplittern, Trevisaner Ossocollo mit Asparagi marinati. Auch bei den Primi (9 €) sind es Produkte aus Gemüsegärten und Wäldern, die die hausgemachten Teigwaren begleiten: Tagliolini con duetto di asparagi (mit zweierlei Spargel), **Gnocchi con ragù di coniglio e rosoline** (mit Kaninchenragout und jungen Klatschmohnblättern), **Agnolotti con zucca e radicchio**, Risotti con funghi misti (mit gemischten Pilzen) oder con erbette (mit Kräutern). Bei den Secondi dominiert Fleisch, stets begleitet von Gemüse oder Pilzen: **Filetto di maiale alle erbette** (Schweinefilet mit Kräutern, 16 €), gegrilltes Fleisch oder gegrillter Käse mit Gartengemüse, Perlhuhn alias **Faraona con salsa *peverada***, Polenta und Pilzen, Tagliata vom piemontesischen Fassona-Rind. Als Dessert (6 €) schließlich Tiramisu, Mandel-Semifreddo mit heißer Schokolade, Vanilleeis mit Grappa-Rosinen. Die Weinkarte, in der Prosecco und Rotweine aus der Umgebung überwiegen, nennt auch Etiketten aus anderen Regionen.

NOALE (VE)

26 KM NORDWESTLICH VON VENEDIG

Agli Spalti

Trattoria
Via Bregolini, 32
Tel. (+39) 041 / 580 09 93
Ruhetag: Sonntag, Montag, Dienstagmittag
Ferien: 1 Woche im August
20 Plätze + 25 Plätze im Freien
Preise: 30–32 €
Kreditkarten: MC, Visa; BM
Mittags und abends geöffnet

DIE OSTERIA – Das von außen an den pastellgrün gestrichenen Tür- und Fensterläden erkennbare Lokal befindet sich knapp außerhalb des historischen Zentrums mit der Burganlage und dem Kastell der Tempesta aus dem 12. Jahrhundert, am Beginn der Straße nach Padua. Eine Reservierung ist angebracht, denn in dem kleinen Gastraum stehen gerade mal sieben Tische. Größer ist die Platzanzahl nur im Sommer, wenn auch der Außenbereich genutzt wird. Die Organisation ist minimalistisch: handgeschriebene Speisekarte, mündlich erläutertes Weinangebot, Bedienung als Einmannshow mit Marco, der Oberkellner und Piccolo in einer Person ist und die von Vania zubereiteten Gerichte detailliert beschreibt.

DIE KÜCHE – Die Empfehlungen basieren überwiegend auf Fleisch, doch sind immer auch ein paar Fischgerichte im Angebot. Eingangs raten wir zu Radicchio di Treviso mit knuspriger Pancetta (7 €) oder zu **Sarde in *saor*** (6 €). Empfehlenswerte Primi sind die **Spargel-Tagliolini mit Basilikum und geräucherter Ricotta** (8 €), die Spaghettoni mit Pesto aus Pistazien, Mandeln und Tomaten, die Spaghetti neri (dank Tintenfischschwärze) mit Furchengarnelen und Lauch. Von den jeweils mit Beilage servierten Secondi erwähnt seien Cotoletta alla milanese (15 €), **Costicine di agnello mit Thymian** und Roastbeef vom Jungrind. Die Dolci sind hausgemacht (4 €): Tiramisu, Joghurt-Clementinen-Eiscreme, Tortino al cioccolato mit Feigensirup. Die Weine stammen fast alle aus der Region und werden zu korrekten Preisen angeboten.

In der Via La Bova 6, nahe der Piazza XX Settembre, bietet die Enoteca Al Filò ein großartiges Sortiment an italienischem Wein und Bier sowie Käse- und Wurstspezialitäten, die mit Leidenschaft präsentiert werden.

Antica Osteria dal Capo

Osteria
Via degli Obizzi, 2
Tel. (+39) 049 / 66 31 05
Ruhetag: Sonntag, Montagmittag
Ferien: 1 Woche ab Dreikönig, 2 Wochen Mitte August
25 Plätze
Preise: 33–35 €
Kreditkarten: AE, CS, MC, Visa; BM
Mittags und abends geöffnet

DIE OSTERIA – Wir sind im Ghetto der Stadt des heiligen Antonius, in der Nähe der bekannten Plätze, die den „Salon" des Zentrums bilden. Ziemlich genau gegenüber vom Dom wurde hier anno 1936 von einem pensionierten Eisenbahner die Schankstube „Mescita di vini dal Capo" eröffnet. Mit der Zeit kamen kleine Imbisse – *Spunceti* – und schnelle Gerichte für eine Klientel aus Studierenden und Berufstätigen hinzu, bis schließlich die heutige Osteria Gestalt angenommen hat. Geführt wird sie von Patron und Koch Michele, der auch im Service anzutreffen ist. Das Lokal ist gepflegt und behaglich, die überschaubare Größe zeugt von seiner Geschichte.

DIE KÜCHE – Den Beginn machen orts- und regionaltypische Vorspeisen aus erstklassigen Produkten, z. B. **Sarde in *saor*** (9 €), Tortino ai piselli mit geschmolzenem Vezzena-Käse, Cotechino mit Radicchio und Esskastanienpüree. An Primi gibt es **Pasta e fagioli** (8 €), **Cappellacci all'anatra** mit feiner Apfel-Zwiebel-Sauce (9 €), Gnocchi mit Borgoforte-Ricotta, San-Marzano-Tomaten und Basilikum, Gemüsesuppe im Brotnäpfchen. Es folgen **Fegato alla veneziana** (15 €), **Baccalà alla veneta**, **Trippa** (Kutteln nach alter Manier), **Guancia brasata mit Trevisaner Radicchio und Polenta al Raboso** (14 €). Am Ende feine venetische Formaggi und hausgemachte Dolci, von Apfel-Rovesciata mit Zabaione bis hin zu klassischem Tiramisu (6 €). Beim Wein liegt der Schwerpunkt auf den nahen Colli Euganei, von wo auch das Olivenöl stammt.

Neben vielen anderen Feinkostläden um den Palazzo della Regione (auch Salone genannt) zwischen Piazza della Frutta und Piazza delle Erbe ist die in der nahen Via Manin gelegene Antica Drogheria Caberlotto ein wahres Delikatessenparadies.

PADUA

NEU Gourmetteria

Moderne Osteria
Via degli Zabarella, 23
Tel. (+39) 049 / 65 98 30
Kein Ruhetag
Ferien: 1 Woche im August
50 Plätze
Preise: 35 €
Kreditkarten: AE, CS, DC, MC, Visa; BM
Mittags und abends geöffnet

DIE OSTERIA – Das halb versteckt unter den Bogengängen der Altstadt gelegene Lokal ist die Verwirklichung des Traums von Daniele Bovolato, der lange überlegt hat, wie er seine Leidenschaft für venetische Traditionsrezepte, autochthone Rebsorten und regionale Lebensmittel mit einem gastronomischen Angebot umsetzen könnte. Gewissermaßen symbolhaft dafür ist die „Matrona" – der große Sparherd am Eingangsbereich: Er spendet Wärme und lädt zum gemütlichen Beisammensein ein. Unterschiedlich große Tische, ein klassischer Tresen für einen Kaffee oder ein Glas Wein, zahlreiche Regale, in denen man auch weniger bekannte Weine und Feinkost nach Regionen unterteilt entdecken (und für zu Hause einkaufen) kann, ergeben ein in seiner Schlichtheit lebendiges Ambiente.

DIE KÜCHE – Die Küche bevorzugt nachhaltige Grundprodukte, darunter diverse Slow-Food-Presidi, und die Weinkarte ist darauf abgestimmt. Eingangs stehen Salumi und Formaggi, Folpetti alla veneta (10 €), **Sarde in *saor***, **Baccalà mantecato**, Salat von **Gallina padovana mit Pinienkernen, Rosinen und grünen Bohnen** (11 €) zur Auswahl. Bei den Primi überwiegen frische Nudeln: **Bigoli in salsa** oder Bigoli al ragù di cortile (mit Geflügelsauce, 9 €), **Tagliolini al baccalà** (Bandnudeln mit Stockfisch), **Garganelli al ragù d'agnello** (Pasta mit Lammragout), Caserecce aus Maismehl mit Gemüse; alternativ dazu gibt es Risotto mit gelbem Safran und essbaren Blüten. Als Hauptgang feines Tatar (Rind oder Fisch), Leber in der Spielart **Fegato alla veneziana mit knuspriger Polenta** (13 €), **Pollo in crosta** (Biohähnchen), Maialino da latte (Milchferkel) auf Kartoffelpüree, Polpo scottato (gebratener Oktopus), Hamburger mit lokalem Fleisch von bester Qualität. Zum Finale Mascaffè Gourmetteria, Zuppetta di frutta mit Grenadine, ***Zaeti*** und andere Kekse.

L'Anfora

Osteria
Via dei Soncin, 13
Tel. (+39) 049 / 65 66 29
Ruhetag: Sonntag
Ferien: 1 Woche um den 15. August
40 Plätze
Preise: 35 €
Kreditkarten: AE, Visa; BM
Geöffnet 9–23 Uhr

DIE OSTERIA – Mitten in der Altstadt, im alten Ghetto, nicht weit von der Piazza delle Erbe und der Piazza della Frutta, gibt es eine Osteria für *Ombre* und Spritz, wo man sich an *Cicheti* gütlich tun oder auch eine vollständige Mahlzeit einnehmen kann. Der bärbeißige Possenreißer Alberto Grinzato ist die Seele des Lokals, das seit vielen Jahren existiert. Der Karte ist zu entnehmen, dass hier eine Markt- und Saisonküche, aber auch Traditionsküche geboten wird: Der nahe Markt und die Geschäfte des Viertels sind die Hauptlieferanten, die meisten Gerichte entsprechen vollkommen der regionalen Kulinarik. Neben echtem Osteria-Flair mit viel Stimmung und Wein ist es somit das Essen, das die Einkehr zum Erlebnis macht.

DIE KÜCHE – In einer Vitrine stehen Panini mit Wurst und Käse sowie frittierte Fisch- und Gemüsehäppchen für zwischendurch immer bereit. An Antipasti gibt es **Sfilacci di cavallo**, Bresaola di **musso** (vom Esel), Roastbeef, **Sarde in *saor*** (7,50 €), geräucherte Burratina mit marinierten Sardellen. Es folgen Primi wie **Pasta e fagioli** (8 €), frische **Bigoli con l'anatra** (9 €), **Tagliatelle mit Gemüse** der Saison. Die Auswahl an Secondi umfasst gegrillte ***Straeca*** vom Pferd, **Faraona al forno** (15,50 €), Trippa alla veneta, Fegato alla veneziana, **Baccalà alla vicentina mit Polenta** (17,50 €) sowie einige vegetarische Gerichte. Desserts und ***Zaeti*** (typische Kekse, 4 €) sind hausgemacht. Große Auswahl an Flaschenweinen, vor allem aus der Umgebung.

Die Pasticceria Biasetto, Via Facciolati 12, gilt als Naschkatzenparadies: Croissants, Macarons, Kleinpatisserie, Torten. Das Caffè Pedrocchi an der Via VIII Febbraio mitten im Zentrum ist ein historisches Lokal unweit der Universität.

30 KM WESTLICH VON VERONA

Da Luisa

Traditionelle Osteria
Via Frassino, 16
Tel. (+39) 04 57 / 55 07 60
Ruhetag: Dienstag
Ferien: 24. Juni–3. Juli, 24. Dezember–Mitte Januar
30 Plätze
Preise: 30 €
Kreditkarten: AE, CS, DC, MC, Visa; BM
Mittags und abends geöffnet

DIE OSTERIA – Paolo und Nadia Bazzoli sind die Inhaber dieser Osteria knapp außerhalb von Peschiera. Die für den Service zuständige Nadia präsentiert auf höfliche und detailgenaue Weise die Gerichte und berät auf Wunsch bei der Auswahl. Häufig und gerne kommt ihr dabei Paolo zur Hilfe, der die Küche verlässt, um Auskünfte über all das zu ergänzen, was auf den Feldern, im Gemüsegarten, auf der Obstplantage und in den eigenen Weinbergen gedeiht und dort geerntet wird – sprich über vieles von dem, was die Küche bietet.

DIE KÜCHE – Von den Antipasti unverzichtbar sind in der Saison die **Raperonzoli** (Rapunzeln) mit knuspriger Pancetta und Ei (8 €); wenn Sie Süßwasserfisch lieben, seien Ihnen die Forelle als **Trota alla torresana** oder die getrocknete Seesardinen aus Montisola am Iseosee (Slow-Food-Presidio), jeweils **mit Polenta**, empfohlen. Von den hausgemachten Teigwaren exzellent sind die **Tortelli di stracchino e zucchine mit Monte Veronese di malga** (auch diesem Käse hat Slow Food einen Presidio gewidmet) und nativem Olivenöl extra aus dem Valpolicella; nicht minder köstlich die Tagliolini Luisa mit Kräutern und Schleie (8 €). An Hauptgerichten werden **Lavarello del Garda ai ferri** (Gardasee-Renke vom Grill, 15 €), **Baccalà gratinato** (gratinierter Stockfisch, 13 €), Carni alla brace (Grillfleisch) und ein vorzüglicher Käseteller angeboten. Möchte man das alles mit einem Dessert krönen, ist die Crema bruciata al caffè (5 €) zu empfehlen. Paolo, der ein großer Weinkenner ist, berät Sie gerne bei der Auswahl aus den vielen lagernden Flaschen eines Kellers, der die Gegend um Verona und Venetien im Allgemeinen als Hauptthema hat, aber auch aus anderen Regionen Italiens schöpft und darüber hinaus Champagner und französische Rotweine hütet. Etliches davon wird glasweise angeboten.

30 km nw. von Venedig, A 4 Ausfahrt Dolo

Da Paeto

Traditionelle Osteria
Via Patriarcato, 78
Tel. (+39) 041 / 46 93 80
Ruhetag: Montag, Dienstag
Ferien: zeitweise im August
40 Plätze
Preise: 28–32 €
Keine Kreditkarten
Mittags und abends geöffnet, im August nur abends

Wissen und Aromen der Region, exzellente Grundprodukte, Sorgfalt und Gastfreundlichkeit sind die täglichen Zutaten im Leben des Lokals.

DIE OSTERIA – Wer eine erholsame Pause abseits vom Verkehr, herzliche Gastlichkeit und gutes Essen genießen möchte, ist bei Tommaso und Eddy an der richtigen Adresse. Das junge, aber bereits erfahrene Duo bespielt seit einigen Jahren diese Osteria, die über zwei charmante kleine Räume mit einfacher Ausstattung verfügt. Die an der Tradition orientierte Küche basiert auf qualitätvollen Grundprodukten, darunter einige Slow-Food-Presidi, und auf Fisch, den der Markt täglich bietet. Einen guten Ruf hat sich das Lokal mit Baccalà gemacht, der in den bekanntesten Spielarten interpretiert wird. Tommaso im Service schildert immer gerne im Detail, was Eddy in der Küche zaubert.

DIE KÜCHE – Die Vorspeisen sollte man nicht verpassen: **Sarde in *saor*** mit Rosinen und Pinienkernen (6 €), gebackene Fiori di zucca mit Stockfischfüllung, in der Pfanne sautierte Muscheln (Cappelunghe), aber auch **Nervetti con cipolle** (Knorpelsalat mit Zwiebel) oder Ricotta di bufala mit Salat, Frollini al parmigiano mit Tomaten-Basilikum-Sauce. Die **Spaghettini con gli *zotoi*** oder con i calamarettti spillo (10 €) gelten als unverzichtbare Primi; gut sind aber auch die **Tagliolini al nero di seppia** mit Oktopusragout oder mit Ei, Zucchiniblüten und Jakobsmuscheln. Der **Baccalà** wird in verschiedenen Versionen, darunter auch nach dem Rezept der Dogale Confraternita del Baccalà angeboten. Weitere Empfehlungen: Couscous mit Fisch und Gemüse, **Frittura** del giorno (Fischfrittüre, 15 €), Kutteln in Form von **Trippa alla parmigiana**. Adäquate Weinauswahl mit interessanten Etiketten und auch naturbelassenen Weinen.

17 km nordöstlich von Belluno

Rifugio Carota

Restaurant
Ortsteil Carota, 2
Tel. (+39) 04 37 / 47 80 33
Ruhetag: Montag, Dienstag (außer Ende Juli–Ende August)
Ferien: Mitte Januar–Anfang Februar
50 Plätze + 20 Plätze im Freien
Preise: 33–35 €
Kreditkarten: MC, Visa; BM
Mittags und abends geöffnet

DIE OSTERIA – Der Monte Dolada beherrscht das Landschaftsbild und bietet einen herrlichen Blick auf den Lago di Santa Croce. An den Hängen dieses Berges entdecken wir das Rifugio Carota: Wir sind auf 1.000 Metern Höhe, in der Nähe der Carota-Quelle, wo es einst auch eine wichtige Viehtränke gab. Hier eröffnete die Familie Pellegrinotti in den frühen 1950er-Jahren eine Gaststätte. Das heutige Lokal hat das einfache, rustikale Gepräge beibehalten, samt dem alten Ofen und dem offenen Kamin. Für das Wohl der Gäste sorgt Luca, während sein Bruder Daniele die Küche betreut.

DIE KÜCHE – Typische Gerichte der Alpago-Gegend und Produkte des Berglands in saisonalen und traditionellen Interpretationen ergeben die Leitlinie der Speisekarte. Beginnen kann man mit Carpaccio vom Hirsch, Pilzen **mit Polenta** oder ***S'cios***, wie Schnecken hierorts genannt werden (10 €). Bei den Primi wechseln Suppengerichte – allen voran **Zuppa di muflone** – ab mit Teigwaren: Strudel di porcini, exquisite **Tortelli all'agnello** mit Thymian (9 €), vorzügliche Lasagne di cinghiale e funghi (mit Wildschwein und Pilzen), Gnocchetti mit Speck und Lauch. Bei den Secondi spielt das Alpago-Lamm eine tragende Rolle (**Agnello con la polenta**, 14 €), dem jedoch das geschmorte Wildschwein (**Cinghiale brasato**), das Rehragout (**Capriolo in salmì**), das Kaninchen (**Coniglio alla bellunese**) und das typische Wurstbrät namens ***Pastin*** in nichts nachstehen. Von den hausgemachten Dolci erwähnt seien der heiße Birnen-Schoko-Tortino und die Crostata mit Waldbeeren. Der Keller ist mit Etiketten aus verschiedenen italienischen Anbauzonen gut bestückt, darunter auch Dessertweine. Gute Auswahl an Grappas und anderen Spirituosen. Wer länger bleiben möchte, kann sich in einem der drei Gästezimmer einquartieren.

POLVERARA (PD)

16 KM SÜDÖSTLICH VON PADUA

L'Operaio dei Fornelli

Trattoria
Via Trieste, 16
Tel. (+39) 049 / 585 53 63
Ruhetag: Mittwoch
Ferien: erste Januarwoche, 2 Wochen im August
35 Plätze
Preise: 32–35 €
Kreditkarten: CS, DC, MC, Visa; BM
Mittags und abends geöffnet

DIE OSTERIA – Trattoria fuori porta, frei übersetzt Landgasthaus, so nennt sich dieses Lokal. Und tatsächlich ist der Beiname sehr passend: Es befindet sich an einer Straße inmitten jener bäuerlichen Landschaft, die die ganze Gegend südlich von Padua und damit auch Polverara prägt. Die Trattoria ist nicht groß, ihr Stil ist schlicht. Ihr Mehrwert besteht in der Gastlichkeit. Federico und Edoardo – der eine am Herd, der andere im Service – bieten seit ein paar Jahren eine innovative Küche, die dennoch der Tradition verbunden ist und ihre Werkstoffe hauptsächlich aus den umliegenden Dörfern bezieht. Das Menü variiert häufig, je nach Laune des Kochs und abhängig davon, wie der Einkauf verlaufen ist.

DIE KÜCHE – Die Speisenfolge beginnt – wie könnte es anders sein – mit **Insalata di gallina padovana** (8 €) und setzt sich fort mit einer wunderbar flaumigen Frittatina oder mit **Pesce in *saor*** begleitet von Polenta alla piastra. Unbedingt probieren sollte man die **Fettuccine con ragù alle quattro carni** (Sauce aus vier Sorten Fleisch, 8,50 €) und den Tortello di ***Toni dea Simia*** (dahinter steckt eine Geschichte ... fragen Sie nach!) mit ***Formai de Mut*** (Bergkäse), doch auch der Cappellaccio di melanzane mit Monte-Veronese-Bergkäse (Slow-Food-Presidio) ist erwägenswert. An Secondi gibt es **Musso *in tocio*** (in Friularo-Wein geschmortes Eselfleisch, 10 €), exzellente Tagliata vom Jungrind oder appetitlichen Hamburger mit Patanegra und gemischten Beilagen sowie natürlich **Stockfisch** – im Sommer als **Baccalà in umido**, im Winter als **Baccalà alla vicentina**. Auch die leckeren Dolci wechseln oft, z. B. Salame al cioccolato, Tiramisu, Zitrusfrucht-Sorbet. Guter Hauswein, viele Flaschenweine (auszuwählen aus dem ausgestellten Bestand oder der Karte) aus verschiedenen italienischen Anbauzonen und von anderswo.

PONTE DI PIAVE (TV)

21 KM NORDÖSTLICH VON TREVISO, S.R. 53

NEU Torre Morosini

Osteria-Trattoria
Via Terreni, 1
Tel. (+39) 04 22 / 85 75 75
Ruhetag: Montag
Ferien: 1 Woche nach Dreikönig, zweite Augusthälfte
45 Plätze + 30 Plätze im Freien
Preise: 25–30 €
Keine Kreditkarten
Mittags und abends geöffnet

DIE OSTERIA – Das am Rand des Dorfes, nicht weit vom Damm der Piave gelegene alte Gebäude neben einer kleinen Kirche aus dem 13. Jahrhundert war vor seiner umsichtigen Restaurierung ein Schuppen für landwirtschaftliche Geräte. Heute gibt es im Inneren des Lokals ein Dutzend Holztische, gegenüber dem Eingang einen Tresen über die gesamte Länge des Raumes und einen schönen Kamin, der an kalten Tagen seine Funktion erfüllt. Das Ambiente ist lauschig, familiär, gastlich. Der Barbereich ist auch außerhalb der Essenszeiten geöffnet und wir sehen Männer und Frauen aus dem Ort, die hier ein Glas Wein – die *Ombra* – trinken und dazu Häppchen – *Cicheti* – verzehren. Claudio Colledan, der bis vor ein paar Jahren einer ganz anderen Arbeit nachging, hat das Lokal im Januar 2012 übernommen. In der Küche ist Gina am Werk, eine versierte Köchin und profunde Kennerin der hiesigen Traditionen.

DIE KÜCHE – Neben hausgemachten **Gnocchi** mit Sugo **all'anatra** oder Sugo al coniglio gibt es Nudelgerichte wie **Gargati alla corte**, **Bigoli in salsa**, Bigoli alla carbonara oder Bigoli mit Salsiccia, Radicchio di Treviso und der interessanten Gewürzmischung namens ***Dosa***, ferner Pasticcio in saisonalen Abwandlungen, **Pasta e fagioli** und ein historisches Gericht der Trevisaner Küche – die ***Sopa coada***. Mit den Secondi bewegen wir uns im Fahrwasser der unverfälschtesten venetischen Tradition: **Fegato alla veneziana** (9 €) – exzellent, **Baccalà alla vicentina**, Seppie in umido mit Polenta, Coniglio in salsa ***peverada*** mit Polenta, **Trippa alla trevigiana**, Spezzatino mit Erbsen. Als Dessert mundet das Tiramisu (4 €). Claudio schildert das Menü und empfiehlt die Weine (rund 30) verschiedener lokaler Erzeuger; im offenen Ausschank bietet er zudem einen Cabernet und einen Raboso Piave an, der hier am beliebtesten ist.

PORTO TOLLE (RO)
Santa Giulia

71 KM SÜDÖSTLICH VON ROVIGO

Arcadia

Moderne Osteria
Via Longo, 29
Tel. (+39) 04 26 / 38 83 34,
(+39) 347 / 747 63 59
Ruhetag: Mittwoch
Ferien: Ende Januar/Anfang Februar
30 Plätze
Preise: 30–35 €
Kreditkarten: AE, CS, DC, MC, Visa; BM
Mittags und abends geöffnet

So schlicht und aufrichtig wie die Gastlichkeit sind auch die Speisen. Eine Einkehr im Delta, die unvergessen bleibt.

DIE OSTERIA – Pamela in der Osteria Arcadia zu besuchen und herauszufinden, dass das Lokal so heißt wie ihre Mutter, die Köchin, ist eine Entdeckung, die so manchen Gast erheitert. Unser Tipp: Nehmen Sie sich Zeit und vereinbaren Sie womöglich einen Bootsausflug mit Pamelas Mann, dem Fischer. Gastfreundschaft und familiäre Wärme gehen hier Hand in Hand. Falls es stimmt, dass das Delta eine Welt ist, die man nur versteht, wenn man den Geschichten seiner Bewohner lauscht, so gibt es wohl keine bessere Erzählerin als Pamela. Saisonalität, Zyklen der Aussaat, Kultivierung und Ernte der Miesmuscheln werden in ihren Worten und später in den Gerichten zu einem Erlebnis für alle Sinne, das man mit nach Hause nehmen kann, so wie die typischen Produkte, die im angeschlossenen kleinen Laden erhältlich sind.

DIE KÜCHE – Die Auswahl an Antipasti reicht von **Sarde in *saor*** über Bollito di pesce mit gedämpftem Gemüse (8 €) bis hin zu **Canestrelli al forno con olio e sale**. An Primi gibt es z. B. **Bigoli con ragù di vongole** (11 €) oder **Caserecce alle ortiche con sughetto di cozze** aus dem Fischgrund Sacca di Scardovari. Bemerkenswert ist zudem der **Risotto di pesce** mit Carnaroli-Reis aus dem Delta (10 €). Saisonalität bestimmt auch das Angebot an Secondi, bei denen man – je nach Verfügbarkeit – auf **Cozze**, Vongole oder **Anguille** in unterschiedlichen Zubereitungsweisen setzen sollte. Aus der schönen Vielfalt an Desserts sind die hausgemachte Eiscreme und das Ingwersorbet (3 €) zu empfehlen. Die Weinauswahl ist klein, aber gut auf die Küche abgestimmt und somit untadelig.

PORTOGRUARO (VE)

60 KM NÖ. V. VENEDIG, S.S. 14, A 4 OD. A 28

Venezia

Trattoria
Viale Venezia, 10–12
Tel. (+39) 04 21 / 27 59 90
Ruhetag: Sonntag
Ferien: August/September, einige Tage nach Weihnachten
45 Plätze
Preise: 35–38 €
Kreditkarten: AE, CS, DC, MC, Visa; BM
Mittags und abends geöffnet

DIE OSTERIA – Das von Venedig über die Strada Statale 14 kommend kurz vor Portogruaro gelegene Lokal ist eine zuverlässige Adresse, um tagesfrischen Fisch aus dem Adriaküstenabschnitt zwischen Grado und Caorle zu genießen. Die Brüder Trevisan und ihre Frauen führen ihre Trattoria im Zeichen einer aufrichtigen, geselligen Gastfreundschaft, mit Claudio und Maria im Service, Lucia und Renzo in der Küche. Überaus gepflegte Gerichte, Augenmerk auf die entsprechenden Zeiten im Jahreskreis – was sowohl für Gemüse als auch für Fisch gilt – sowie eine freundliche, zuvorkommende Bedienung charakterisieren dieses Lokal, in dem man sich wohlfühlt und auch preislich nicht enttäuscht wird. Das Menü bekommt man meist mündlich vorgetragen, da es in Abhängigkeit von der täglichen Marktlage gestaltet wird.

DIE KÜCHE – Zum Auftakt fehlt es nicht an **Baccalà** mantecato (7 €), schlichten Sardinen vom Grill, Garnelen mit Apfelessig begleitet von Gemüse der Saison (12 €). Danach gibt es **Spaghetti alle vongole** (mit Venusmuscheln, 10 €), all'astice (mit Hummer, für mindestens zwei Personen) oder **ai canestrelli** (mit Kammmuscheln, 13 €). Bei den Secondi ist neuerlich **Baccalà** anzutreffen, in der Spielart **alla vicentina mit Polenta aus Biancoperla-Mais** (Slow-Food-Presidio); hinzu kommen allerlei Fische des Tages, z. B. Branzino oder Dorade vom Grill oder aus dem Ofen, sowie gemischte Fischfrittüre, sprich **Frittura mista**. Die Dolci sind alle hausgemacht, etwa Panna cotta mit Waldbeeren (4 €) oder Semifreddo al torrone. In Sachen Wein liegt der Schwerpunkt auf Venetien und Friaul, Etliches wird auch glasweise ausgeschenkt. In der Karte wird korrekterweise darauf hingewiesen, wenn der Meeresfisch aus Zucht stammt.

PREGANZIOL (TV)

7 KM SÜDLICH VON TREVISO, S.S. 13

El Patio

Restaurant
Via Croce, 35
Tel. (+39) 04 22 / 932 92,
(+39) 04 22 / 63 32 40
Ruhetag: Dienstag, Mittwochmittag
Keine Ferien
100 Plätze + 40 Plätze im Freien
Preise: 32–34 €
Kreditkarten: AE, CS, DC, MC, Visa; BM
Mittags und abends geöffnet

DIE OSTERIA – In der Küche ist Mamma Nori anzutreffen, deren Hände immer noch das eine oder andere Gericht hervorbringen. In den Gasträumen kümmern sich die Töchter Giuliana, Marinella und Vanda um Empfang und Bewirtung. Dass die Stammklientel vor allem mittags groß ist, hat auch mit den immer großzügigen Portionen zu tun. Es sind die Frauen des Hauses, die mit Charme, Akkuratesse und guter Laune alles im Griff haben. Mitten im Grünen und dennoch nicht weit vom verkehrsreichen Terraglio (die Staatsstraße, die Mestre mit Treviso verbindet), werden Sie ein Ambiente mit schlichtem Interieur und angenehmer Atmosphäre ohne Schnickschnack vorfinden, dafür aber mit tadellosem Service, einer Weinkarte, die die Region gut widerspiegelt, und vielen typischen Gerichten, die zum Teil auf clevere Art und Weise neu interpretiert werden, sowie einen großen, kühlen Patio für den Sommer.

DIE KÜCHE – Das Menü liebäugelt häufig mit Gemüse aus dem Hausgarten, stellt die hiesige traditionelle Festlandküche in den Mittelpunkt, unternimmt aber auch Abstecher in die nahe Lagune von Venedig. Zur Einstimmung kann man sich an Insalatina di rusticacio e speck (8 €), Sfogliatina mit Gemüse, Auberginenröllchen mit Culatello oder Rotolino di carpaccio mit Radicchio aus Treviso, Vinaigrette und Grana erfreuen. Es folgen die Klassiker **Pasta e fagioli** und ***Sopa coada*** (8 €), ferner **Zuppa di radicchio** sowie Bucatini mit Artischocken, Jungzwiebeln und geräucherter Ricotta (8 €) oder Ravioli caserecci mit Walnusssauce. Unter den Secondi sind **Baccalà alla vicentina** (15 €), **Petto d'anatra** (Entenbrust) mit Birnenglace, **Guancette di vitello al forno** (Kalbsbäckchen), Costicine d'agnello scottadito mit Püree und Seppie alla veneta zu entdecken. Die Desserts und die köstlichen Biscotti sind hausgemacht.

QUERO VAS (BL)
Vas

40 KM SW. VON BELLUNO, S.R. 348 UND S.P. 1 BIS

Locanda Solagna

Trattoria
Piazza I Novembre, 2
Tel. (+39) 04 39 / 78 80 19
Ruhetag: Donnerstag
Keine Ferien
38 Plätze + 30 Plätze im Freien
Preise: 30 €
Kreditkarten: AE, CS, DC, MC, Visa; BM
Mittags und abends geöffnet

Schlichte und dennoch überraschende, nie triviale Gerichte, über die man Sie korrekt informiert, in einem legeren, entspannten, inspirierenden Ambiente.

DIE OSTERIA – Locanda mit acht Zimmern, Osteria mit Gaststube und hübschem Außenbereich, Tabakwarenhandlung, Bar, Lebensmittelladen: kurzum, das Zentrum und der Treffpunkt des Dorfes. Carla und Gerardo, die Besitzer, sind dessen Animateure, während Anna und Daniele Gerichte mit Produkten aus dem sehenswerten großen Gemüsegarten, den Wäldern und von kleinen Erzeugern aus dem Umland zubereiten. Seit Kurzem ist Neffe Andrea mit im Team, der Carla und Gerardo unterstützt und sich als künftiger Wirt der Locanda profiliert. Zu den vielen Initiativen zählen gesellige Abende zu Themen wie Broccolo fiolaro aus Creazzo, Artischocken von der Laguneninsel Sant'Erasmo oder Gallina padovana (alles Slow-Food-Presidi).

DIE KÜCHE – Die hausgemachte **Sopressa** ist ein ebenso köstliches Entree wie Verdure in pastella oder **Frittatine di erbe spontanee** (6 €). Es folgen Suppen, z. B. **Zuppa di orzo** mit Gerste aus den Tälern um Belluno (Slow-Food-Presidio, 8 €), Zuppa di porcini oder Zuppa di erbe e fagioli gialet (auch diese Bohnen sind ein Presidio), Gnocchi, Tagliatelle, Risotti. Für danach zu empfehlen sind Schnecken (**Lumache in umido** oder à la bourguignonne), **Faraona al forno**, Coniglio della Locanda (bekömmlich geschmortes Kaninchen, 13 €), **Agnello al forno**, Filetto di manzo im Brotmantel. An Dolci gibt es Semifreddi (sensationell ist der mit Spätmandarinen aus Ciaculli, ein weiterer Slow-Food-Presidio), Apfel- oder Holunderkuchen. Vorwiegend regionale Weine, auch glasweise; gute Auswahl an Bier aus nicht nur lokalen Kleinbrauereien.

RECOARO TERME (VI)
La Guardia

45 KM NORDWESTLICH VON VICENZA, S.S. 246

Piccole Dolomiti

Berghütte
Strada di Campogrosso, 3300
Tel. (+39) 04 45 / 752 57
Ruhetag: Montagabend, Dienstag (außer im Sommer)
Ferien: ersten 10 Junitage
65 Plätze + 30 Plätze im Freien
Preise: 25–28 €
Kreditkarten: MC, Visa; BM
Mittags und abends geöffnet

DIE OSTERIA – Gäbe es mehr Berghütten wie diese, wären wir wohl alle Bergsteiger! Auf über 1.100 Metern Höhe rechnet man eigentlich nicht mit einem Lokal, das nicht nur die typische Gastlichkeit der Berge bietet, sondern obendrein ein Bezugspunkt für Freunde einer einfachen, traditionsverbundenen, den Jahreszeiten entsprechenden Küche ist. Zu verdanken ist dies Giovanna, die immer gut gelaunt den Service leitet, und Adone, dem beim Kochen nun Sohn Filippo zur Hand geht, der nach einigen wichtigen Auswärtserfahrungen nach Hause zurückgekehrt ist. Die drei stellen konsequent Aufmerksamkeit und Wertschätzung für all jene unter Beweis, die in ihre Hütte aufsuchen – seien es passionierte Feinschmecker, Wanderer oder Familien auf der Flucht vor der Sommerhitze. Die Außenbereiche sind entsprechend gestaltet, mit Spielmöglichkeiten für die Kinder und Liegestühlen zum genussvollen Verweilen.

DIE KÜCHE – Das Menü wechselt regelmäßig und räumt Wildkräutern viel Platz ein, die hier bis Sommerbeginn gesammelt werden. Aus der Vielfalt der Appetitanreger empfohlen seien **Crostone di polenta e baccalà mantecato** (8,50 €), Tortino ai finferli oder der gemischte Teller (Antipasto misto della casa, 12 €). Danach gibt es Pasta e fagioli, **Ravioli porcini e timo** (9,50 €), **Gnocchi con la fioretta** oder sommerliche Gnocchi di ricotta mit Bergspinat. Es folgen Secondi wie Gulasch (10,50 €), Spezzatino di cervo, **Sella di coniglio ai funghi** oder Tosella di malga, ebenfalls mit Pilzen. Eine gute Idee ist das Tellergericht (Piatto unico) für 15 €. Brot, Teigwaren und die große Palette der köstlichen Dolci sind hausgemacht. Bescheidene Weinauswahl, dafür umso mächtigeres Angebot an Schnäpsen, denen man ohne Weiteres zusprechen kann, wenn man die Übernachtungsmöglichkeit vor Ort in Anspruch nimmt.

REFRONTOLO (TV)

34 KM NW. V. TREVISO, 14 KM V. CONEGLIANO

Al Forno

Traditionelle Osteria
Viale degli Alpini, 15
Tel. (+39) 04 38 / 89 44 96
Ruhetag: Montag, Dienstag
Ferien: 2 Wochen im Januar, August
40 Plätze + 40 Plätze im Freien
Preise: 32 €
Kreditkarten: AE, CS, DC, MC, Visa; BM
Mittags geöffnet, am Wochenende auch abends

Hier offenbaren sich Leidenschaft und Wertschätzung für Erzeugnisse und Erzeuger aus einem innig geliebten Gebiet.

DIE OSTERIA – Die seit 160 Jahren von Familie Piol geführte Osteria befindet sich in einem historischen Gemäuer und bietet Behaglichkeit in einem zentralen Raum sowie einer an den Sommergarten angrenzenden Stube. Rosita stellt das Menü mündlich vor, darunter viele häufig wechselnde Empfehlungen – vor allem dann, wenn in den schönen Hügeln ringsum Wildkräuter gesammelt werden, die neben Gemüse aus eigenem Anbau Verwendung finden. Grillmeister Mario bereitet Fleisch vom nahen Biobauernhof seines Freundes Attilio gut einsehbar im zentralen *Fogolar* zu. In der Küche ist es seit zwölf Jahren Denis, der all diese Qualitätsprodukte würdig interpretiert: Die Leidenschaft, die man wahrnimmt, wirkt ansteckend.

DIE KÜCHE – Einige Gerichte sind immer präsent: ***Pastin*** mit Balsamicoessig, **Bigoli all'anatra**, Perlhuhn als **Faraona in salsa *peverada***, Kaninchen als **Coniglio arrosto**. Andere wechseln mit den Jahreszeiten und der Verfügbarkeit der Produkte, etwa sautierter junger Feldsalat (Radicchio di campo), Wiesenkräuterflans (Sformatini), Kräuterravioli, Ravioli mit Speck und Heidelbeeren, **Gnocchi di pane e ricotta mit Meerrettich und Roter Bete**. Das Grillfleisch ist vorzüglich, z. B. von schwarzer Trüffel umhüllte Lonza di maiale (Schweinelende). An Dolci gibt es Crostata mit Saisonobst und feine Kekse, die mit einem Glas Marzemino Passito di Refrontolo kombinierbar sind. Die Preise folgen einer klaren Linie: Alle Antipasti kosten 8 €, die Primi 9 €, die Secondi 15 €. Wein aus der Region – auch glasweise oder in Vierteln –, darunter ein paar Bioweine, zu ehrlichen Preisen.

RONCO ALL'ADIGE (VR)

26 KM SÜDÖSTLICH VON VERONA

Sofia

Trattoria
Via Baldo, 10
Tel. (+39) 045 / 661 54 07
Ruhetag: Montagabend, Dienstag
Ferien: letzten 2 Augustwochen
80 Plätze
Preise: 25–30 € (Tagesmenü)
Kreditkarten: MC, Visa; BM
Mittags und abends geöffnet

DIE OSTERIA – Sofia ist als Dreijährige in die Trattoria gekommen und hat sie nicht wieder verlassen. Sie steckt voller Ideen und Pläne und scherzt gerne über ihr fortgeschrittenes Alter. Auch wenn nun die Töchter Antonella und Angelita den Service betreuen, ist es nach wie vor sie, die alles überwacht, was je nach Saison aus der Küche kommt. Was Sie in diesem Lokal der Veroneser Tiefebene, im Zentrum des Dörfchens am Ufer der Etsch, nicht finden werden, sind elaborierte Rezepte oder gewagte Kombinationen. Man kommt hierher, um die typische Küche der Gegend zu genießen, aber auch wegen jener Spontaneität, die vom Aussterben bedroht zu sein scheint, und der gesunden Gewohnheiten der Trattorien vom alten Schlag, wie etwa der begrenzten Auswahl an saisongebundenen Speisen.

DIE KÜCHE – So bekommen wir im Frühling Spargel aus lokalem Anbau, im Sommer **Rane** (Frösche), ***Pessin*** (Minifische) und ***Saltarei*** (kleine Krebse), im Herbst **Risotto di zucca** (7 €) und **Tortelli di zucca con amaretti** (klassisches Kürbisrezept aus Mantua), im Winter **Bolliti**. Weitere beliebte Gerichte: **Risotto alla veneta**, **Tagliatelle all'anatra**, Grigliata mista (10 €); neu in der Karte sind **Trippa** und **Baccalà alla vicentina**. Falls trotz der großzügigen Portionen noch etwas Platz im Magen verbleibt, sollte man auf das aus vielen süßen Kostproben bestehende Dolce della casa nicht verzichten. Die Weinkarte nennt hauptsächlich lokale Produkte. Günstiges Mittagsmenü für 12 €.

Cologna Veneta (15 km) ist das Reich des Mandorlato, einer Art türkischem Honig mit gerösteten Mandeln: Gute Marken sind San Marco, Gli Speziali di Cologna Veneta, Rocco Garzotto & Figlio; in **Roveredo di Guà** (18 km) gibt es den Mandorlato Marani.

ROSOLINA (RO)
Volte

50 KM NÖ. V. ROVIGO, 14 KM S. V. CHIOGGIA, S.S. 309

Al Monte

Restaurant
Via Venezia, 60
Tel. (+39) 04 26 / 33 71 32
Ruhetag: Montag, Dienstag
Ferien: je 2 Wochen im Januar und September
50 Plätze
Preise: 35–38 €
Kreditkarten: MC, Visa; BM
Mittags und abends geöffnet

DIE OSTERIA – Wir befinden uns in der Polesine-Gegend, an der Strada Statale Romea, die Venedig mit Ravenna verbindet, nahe der Abzweigung zu den Stränden von Rosolina Mare (lassen Sie sich von dem Schild der gleichnamigen Bar nicht täuschen). Man kommt hierher, um Fisch zu essen, wie die vielen Stammgäste wissen, die nicht nach Schnickschnack oder vielgestaltigen Zubereitungsweisen suchen, sondern auf das Wesentliche vertrauen, das sie hier auch prompt geboten bekommen. In den schmucken Räumlichkeiten ist der Lärmpegel selbst dann angenehm niedrig, wenn alle Tische besetzt sind. Obwohl der Service flink ist, hat man immer genügend Zeit, um das Säckchen mit den Bussolà aufzureißen – große Brotkringel, die für das nahe Chioggia typisch sind.

DIE KÜCHE – Das Menü beruht sehr stark auf Saisonalität, bei den Antipasti ebenso wie bei den Primi und den Secondi. Unter den Startern sind nebst allerlei rohen Köstlichkeiten aus dem Meer (auch Austern) empfehlenswerte Gerichte der lokaltypischen Volksküche zu entdecken, wie etwa **Fritto di pesce mit weicher Polenta** oder **Granseola alla pescatora** (8 €). Danach kann man sich für eines der Pastagerichte (die frischen Nudeln sind hausgemacht) mit Fisch entscheiden – zum Beispiel **Ravioli ripieni di scampi mit Zucchinicreme** (10 €), Tagliolini al branzino, Spaghetti alle vongole; alternativ dazu gibt es Pasta mit Tomaten- oder Fleischsauce. An Secondi werden diverse Fische ansehnlicher Größe angeboten, z. B. **Rombo** (Steinbutt) oder Branzino (Wolfsbarsch, 18 €), meist **alla griglia**, aber auch **al forno**, wobei im Falle der letzterwähnten Zubereitung im Ofen mit etwas längeren Wartezeiten zu rechnen ist. Von den häufig wechselnden hausgemachten Dolci (5 €) erwähnt sei die Tenerina al cioccolato. Gute Auswahl an Flaschenweinen.

Ai Trani

Trattoria
Via Cavour, 30
Tel. (+39) 04 25 / 251 09,
(+39) 340 / 735 86 25
Ruhetag: Mittwoch
Keine Ferien
45 Plätze + 15 Plätze im Freien
Preise: 25–30 €
Kreditkarten: AE, CS, DC, MC, Visa; BM
Mittags und abends geöffnet

DIE OSTERIA – Das in einem der Arkadengänge der Altstadt von Rovigo versteckte Ai Trani zählt zu den beliebtesten Lokalitäten der Stadt für einen Aperitif, aber auch für ein gediegenes Abendessen oder das gesellige Verweilen danach bei einem guten Glas Wein. Die verständig gestaltete Weinkarte ist höchst repräsentativ für die Region und nennt zudem einige interessante Etiketten aus dem italienweiten Panorama. Die gesamte Familie Conforti – Andrea und Fabrizio am Tresen, Mamma Mariarosa im Service, Papà Livio in der Küche – engagiert sich für die Bewahrung der gastronomischen Tradition des Polesine, die von kräftigen, authentischen Aromen geprägt ist.

DIE KÜCHE – Als Antipasti gibt es köstliche kleine Tintenfische – Moscardini in umido – mit weicher Polenta, **Luccio in *saor*** (Hecht in Sauce, 5 €), interessante heimische Salumi mit süßsauer eingelegten Zwiebeln oder Sandwich mit **Baccalà** mantecato, grünen Tomaten und Burrata (5 €). Von den Primi sehr gut sind die **Bigoli in salsa di sarde** (9 €), die **Pasta e *fasoi*** (Bohnensuppe mit Nudeln), die Tagliatelle mit Salsiccia und Waldpilzen. Unter den Secondi sind heimischer **Cotechino mit *fasoi in potacin*** (geschmorte Bohnen) und Polenta (9 €), Braciola col ***manego*** (Kotelett mit Knochen), Stockfisch in der Version **Baccalà** alla polesana und Leber als **Fegato alla veneziana** mit Polenta (9 €) zu entdecken. Zum Nachtisch genießt man Zuppa inglese, den für das Polesine typischen Kuchen ***Brazadea*** und andere hausgemachte Desserts.

Gelateria Godot, Via Piva 1: In diesem im wahrsten Sinne des Wortes coolen Lokal bietet Elio Eissorten der ungewöhnlichen Art. Blu Ice in **Borsea di Rovigo** (4 km), Via XXV Aprile 19, führt u. a. Eiscreme und Smoothies.

22 km südwestlich von Padua, S.P. 77

NEU Vecio Veneto

Bar-Trattoria
Via San Giorgio, 27–31
Tel. (+39) 049 / 991 09 71
Ruhetag: Montag
Ferien: 2 Wochen im Juni/Juli
50 Plätze
Preise: 20–25 €
Keine Kreditkarten
Abends geöffnet, Samstag und Sonntag auch mittags

DIE OSTERIA – Das Lokal gegenüber der Kirche von Rovolon war bis zum Jahr 2000 ein typischer Dorfladen, ein *Casoin*. Seit 2008 führen es Roberto Cristofanon (Service) und seine Partnerin Laura Gallini (Küche). Der weitläufige Eingangsbereich mit dem gefliesten Tresen dient als Bar, rechts davon gibt es zwei große Räume mit klug angeordneten Holztischen. Alte Fotografien und Plakate an den Wänden, allerlei Arbeits- und Küchengeräte, eine Tellersammlung, eine Kredenz, ein altes Grammophon und ein Leierkasten sind hübsch arrangiert, ohne dass das Ambiente überladen wirkt. Die Tische sind mit Sets aus Strohpapier und dickwandigen Gläsern gedeckt, wie es sich für eine Osteria gehört. Im Sommer kann man im Freien sitzen.

DIE KÜCHE – Das einfache Menü gibt einen Überblick über hiesige Klassiker, zu denen insbesondere die Nudeln namens ***Bigoi*** mit Fleisch- oder Gemüsesauce (5,50 €), das Eselschmorfleisch (**Musso** mit Polenta, 8 €), der **Baccalà alla vicentina** (11 €) und ein appetitliches **Pollo fritto** (Backhähnchen, 9 €) zählen. In der Karte sind noch andere Traditionsgerichte angeführt, z. B. der Antipasto des Hauses mit Crostini und Sopressa, Pancetta, Baccalà mantecato, aber auch Torta salata, Frittata alle verdure, Sottaceti. An Primi gibt es Crema di zucca, **Minestra di fagioli**, **Gnocchi** (hausgemacht, wie die Pasta), Pasticci (Aufläufe) mit Zwiebel, Fleisch oder Artischocken und Schinken. Eine wunderbares Hauptgericht sind die mit Gemüse verfeinerten Kutteln – **Trippa in rosso**. À la carte sind darüber hinaus Tagliata al rosmarino oder Tagliata con i funghi zu entdecken, und für das Finale stehen hausgemachte Dolci bereit. Neben rund 20 Flaschenweinen aus den nahen Euganeischen und Vicentiner Hügeln wird ein nicht zu verachtender Hauswein aus den Colli Euganei ausgeschenkt.

SAN DONÀ DI PIAVE (VE)

38 KM NORDÖSTLICH VON VENEDIG, S.S. 14 OD. A 4

Antica Trattoria da Nicola

Trattoria • Via Sauro, 56
Tel. (+39) 04 21 / 546 24
Ruhetag: Montagabend, Dienstag
Ferien: letzten 2 Augustwochen, 1 Woche im Februar
70 Plätze + 70 Plätze im Freien
Preise: 32–35 € • Kreditkarten: Visa; BM
Mittags und abends geöffnet

DIE OSTERIA – Das Lokal trägt nach wie vor den Namen seines Gründers, der es zu Beginn des 20. Jahrhunderts eröffnete. Der heutige Wirt Nicolò und seine Frau Lisa denken nicht daran, dies zu ändern. Das Ambiente wirkt ein wenig retro, doch die Räume sind groß und komfortabel, so auch die hübsche Veranda für laue Abende. Im kulinarischen Angebot überwiegen exzellente Rezepte der Meeresküche, die Chefkoch Marino so geschickt und ungekünstelt umsetzt, dass der Eigengeschmack des Fisches gewahrt bleibt. Dies ist natürlich auch der erstklassigen Qualität der Produkte aus den Fischereihäfen der näheren Umgebung zu verdanken.

DIE KÜCHE – Das Menü wechselt im Jahreskreis von Meeresfisch zu Süßwasserfisch und weiter zu Fleisch, im Winter auch zu Wild. Von den Antipasti großartig ist der Misto di pesce (12 €), bestehend aus ***Canoce***, allerlei Muscheln (Canestrelli, Cappelunghe, Vongole, Cappesante), ***Folpeti*** und ***Schie***. Es folgen vorzügliche **Spaghetti** alle vongole oder **alla busara** (11 €), Tagliatelle mit Saisongemüse, Fischrisotto. Auch der **Baccalà** spielt eine tragende Rolle: alla vicentina, mantecato, lesso oder in umido; danach Frittura mista, **Tinca *rovessà***, ***Bisato ai amoi*** (Aal mit Pflaumen), **Sarde in *saor*** und Fisch des Tages: Rombo aus dem Ofen mit Gemüse (14 €), Dentice alla griglia oder al forno. Aus dem Kapitel der Fleischgerichte seien **Gnocchi al ragù d'anatra**, ***Sopa coada*** (gegen Vorbestellung), Bollito misto und **Anatra arrosto** erwähnt. Zum Schluss knabbert man feine Biscotti. Aus der Weinkarte kann man gute venetische Etiketten sowie einige Produkte aus den Nachbarregionen wählen.

SAN GIORGIO IN BOSCO (PD)
Sant'Anna Morosina

22 KM NÖRDLICH VON PADUA, S.S. 47

Da Giovanni

Restaurant
Piazza XXIX Aprile, 213
Tel. (+39) 049 / 599 40 10
Ruhetag: Dienstagabend, Mittwoch
Ferien: 1 Woche im Januar, 3 Wochen im August
120 Plätze + 100 Plätze im Freien
Preise: 30 €
Kreditkarten: MC, Visa; BM
Mittags und abends geöffnet

DIE OSTERIA – Ein weitläufiges, geräumiges Lokal im Stil der Trattorien von anno dazumal, als Hochzeiten und Taufen gebührend bei Tisch gefeiert wurden. Dennoch ist die Atmosphäre familiär und der Konversation nicht unzuträglich laut. Die 40-jährige Gastronomieerfahrung der Familie Pettenuzzo tut ein Übriges. Produkte und Rezepte aus der Umgebung werden bevorzugt und sind in der Karte mit fett gesetzten Großbuchstaben hervorgehoben. Eine so beeindruckende Arbeitsfläche zum Ausrollen des Nudelteiges wird man anderswo kaum sehen. Und im Winter ist der Spieß zum Braten von Fleisch ständig in Betrieb.

DIE KÜCHE – Als schmackhaft und würzig erweisen sich Giovannis selbst gemachte Wurstwaren (Trittico di salumi); sollten Sie Lust auf mehr bekommen, probieren Sie am besten den interessanten, facettenreich zusammengestellten Antipasto della casa (15 €). Ebenfalls als Appetizer zur Auswahl stehen vegane Bratlinge (Polpette) aus Zucchini und Kichererbsen mit Sojamayonnaise (7 €) sowie Artischocken-Ricotta-Tortino mit Parmesansauce. Danach gilt es die klassischen **Tagliatelle** alla Giovanni **mit Sauce aus Rind-, Kalb-, Huhn- und Schweinefleisch** (8 €) oder die traditionellen **Bigoli al ragù d'anatra** nicht zu versäumen. Doch auch unter den Primi sind vegane und vegetarische Empfehlungen zu entdecken. Gehen wir schließlich zu den Secondi über, so erwarten uns einheimischer Kapaun in Panade (**Cappone panato e fritto**, 13 €) und Ente aus dem Ofen (**Anatra al forno**), aber auch **Baccalà mit Polenta** aus Marano-Mais (13 €). Hinzu kommt stets eine erkleckliche Auswahl an Fleisch vom Grill. Hausgemachte, auch vegane Desserts. Die Weinkarte deckt ganz Italien ab, hat jedoch ihren Fokus auf dem östlichen Venetien und den Colli Euganei. Das siebengängige Degustationsmenü kostet ohne Getränke 30 €.

SANDRIGO (VI)

15 KM NÖRDLICH VON VICENZA

Zolin

Moderne Osteria
Via Roma, 14
Tel. (+39) 04 44 / 75 05 42
Ruhetag: Sonntagabend, Montag
Ferien: 1 Woche im August
45 Plätze + 20 Plätze im Freien
Preise: 30 €
Kreditkarten: AE, CS, DC, MC, Visa; BM
Mittags und abends geöffnet

Jedem Gericht ist anzumerken, wie hochwertig die Zutaten sind, wie viel Leidenschaft in der Zubereitung steckt und mit welcher Aufmerksamkeit es serviert wird – ein der Freundschaft förderlicher Ort.

DIE OSTERIA – An der Hausmauer steht zwar „Eisenwaren und Farben", doch die früheren Metiers von Luigi Zolin waren Bekleidung und Blumen, bis er und seine Schwester Giuseppina, die sich das Kochen selbst beigebracht hat, in die Gastronomie gewechselt sind – mit diesem Lokal, das eine wunderbare Adresse für entspanntes Verweilen und gutes Essen, aber auch ein edler Feinkostladen (viele Bioprodukte und Slow-Food-Presidi) und ein Ort der Begegnung ist. Dass man hier rasch ins Gespräch kommen und Kontakte knüpfen kann, hat auch mit den langen Tischen zu tun. Während Luigi für gute Stimmung sorgt und Auskunft zu Gerichten und Grundprodukten gibt, setzt Giuseppina venetische Traditionsrezepte auf leichte, unprätentiöse Weise um.

DIE KÜCHE – Gut zu sehen sind die Säcke mit Mehl, aus dem man köstliches Brot bäckt und frische Nudeln macht, die mit traditionellen Saucen serviert werden: **Bigoli con il ragù d'anatra**, **Gnocchi di patate con il *pestat*** (12 €); weitere Primi sind Parmigiana di melanzane oder Pasticcio di carne. Empfehlenswerte Secondi sind Kaninchen (**Coniglio al forno**), Perlhuhn (**Faraona ripiena**, 14 €) und der zartwürzige, gehaltvolle und dennoch leichte **Baccalà alla vicentina mit Polenta**. Tiramisu (6 €), Semifreddo al mascarpone und Crema di nocciole sowie Tortino di mele lauten die süßen Verführungen. Die Weine – ausgesuchte Etiketten aus der Region – gibt es auch glasweise, und der Huehuetenango-Kaffee (Slow-Food-Presidio) kommt aus der klassischen Mokkamaschine.

SANT'AMBROGIO DI VALPOLICELLA (VR)
San Giorgio di Valpolicella

20 KM NORDWESTLICH VON VERONA

Dalla Rosa Alda

Trattoria
Strada Garibaldi, 4
Tel. (+39) 045 / 770 10 18
Ruhetag: Sonntagabend, Montag
Ferien: Januar/Februar
60 Plätze + 60 Plätze im Freien
Preise: 35–37 €
Kreditkarten: AE, CS, DC, MC, Visa; BM
Mittags und abends geöffnet

DIE OSTERIA – Allein die in einem mit natürlichen Materialien restaurierten Gemäuer des Jahres 1650 untergebrachte Enoteca El Tinel lohnt die Anreise. Geführt von Familie Testi wie die Trattoria gegenüber, ist sie der ideale Ort zum Kennenlernen der besten hiesigen Weine und Öle in Kombination mit Salumi und Käse aus dem Valpolicella und der Lessinia. Der in den Fels gegrabene Keller birgt unter anderem eine kostbare Sammlung an Amaroni aus mehreren Jahrzehnten. Die Küche der Trattoria setzt schlichte, aber faszinierende Rezepte unter Verwendung ausgewählter lokaler Produkte um. Patron Lodovico wird Sie mit der Geschichte über die Marogne (Terrassenweingärten in steilem Gelände) fesseln. Für den Weingenuss stehen die besten lokalen Etiketten bereit, zum Übernachten zehn gemütliche, individuell gestaltete Zimmer.

DIE KÜCHE – Kräuter und Blüten aus dem Hügelland, wilder Spinat und ebensolcher Spargel, Trüffeln und Pilze aus der Lessinia, Käse und Butter von der Alm, Süß- und Sauerkirschen aus dem Valpolicella bilden die Grundlage des Menüs. Auf den Antipasto folgen **Tagliatelle *embogoné***, **Tortelloni mit Ricotta und Wildspinat** (13 €), Kartoffelgnocchi mit schwarzer Trüffel und Monte-Veronese-Käse. An Secondi immer zu haben sind im ***Fogolar*** gebratene **Polpettine di carne ed erbe** (11 €), Tagliata, **Brasato di manzo all'Amarone** (14 €) und zerlassener Käse – in der passenden Zeit mit schwarzer Trüffel aus der Lessinia. Gute hausgemachte Dolci. Degustationsmenü der Saison für 40 €, Menü zum Thema Kirschen für 55 €.

In **Valgatara**, einem Ortsteil von Marano di Valpolicella (8 km), erzeugt Marco Scamperle im Il Gelato, Via Cadioli 55, köstliche, saisonal variierende Früchteeissorten.

SAONARA (PD)

12 KM ÖSTLICH VON PADUA

Antica Trattoria al Bosco

Trattoria
Via Valmarana, 13
Tel. (+39) 049 / 64 00 21
Ruhetag: Dienstag
Ferien: 10 Tage nach Weihnachten
80 Plätze + 80 Plätze im Freien
Preise: 35–38 €
Kreditkarten: AE, CS, DC, MC, Visa; BM
Mittags und abends geöffnet

Gastlichkeit, solide Traditionsküche, Schlichtheit: besondere Zutaten für wunderbare Wohlfühlmomente.

DIE OSTERIA – In der Nähe der Villa Vigodarzere Valmarana aus dem 19. Jahrhudert entdecken wir dieses geschichtsträchtige Lokal, das einst Poststation und Osteria mit Unterkunft war. Heute ist die dritte Generation am Werk – mit Stefania, auf sympathisch passionierte Art die drei schmucken Gasträume und die nette Sommerlaube belebt. Die Küche bewegt sich im Einklang mit den Jahreszeiten und der Tradition, wozu auch der Verzehr von Pferdefleisch gehört, der für die Gegend und die nahe Saccisica (Gebiet zwischen Cornio, Brenta und Lagune) typisch ist.

DIE KÜCHE – Man beginnt mit getrocknetem und von Hand aufgeschnittenem **Carne di cavallo**, das wie Bresaola oder Sopressa, **Baccalà mantecato**, **Sardinen in *saor*** und zarter Prosciutto aus Montagnana für Kontinuität steht; weitere Antipasti sind Nervetti mit Bohnen und Tropea-Zwiebel, Frittata con le rosole (mit Blättern von wildem Mohn), Salami mit zweifach gebackenem Brot. An Primi gibt es **Pasta e fagioli** (8 €), **Bigoli in salsa**, Gnocchi al ragù di cavallo (10 €), **Tortelli di zucca con ricotta**. An Fleisch immer im Angebot sind **Spezzatino di cavallo mit Polenta** (12 €), häufig auch **Straeca** (10 €) oder Tagliata di puledro (Fohlen); nicht weniger gut sind Coscia di coniglio gefüllt mit Radicchio di Treviso, Oca *rosta* und allerlei Tranchen vom Grill (der mit Holz befeuert wird). Ein weiterer Klassiker ist der **Baccalà** alla veneta. Zum Nachtisch hausgemachte Kuchen und Kekse oder ein Stück von der für Padua typischen Pazientina, dazu ein Glas Dessertwein. Weine aus den Colli Euganei und anderen Anbauzonen; eigene Bierkarte.

SCHIO (VI)
Magrè

25 KM NORDWESTLICH VON VICENZA, S.S. 46

All'Antenna

Restaurant
Via Raga Alta, 4
Tel. (+39) 04 45 / 52 98 12
Ruhetag: Dienstag
Ferien: 3 Wochen im August/September
40 Plätze + 15 Plätze im Freien
Preise: 30–35 €
Kreditkarten: MC, Visa; BM
Abends geöffnet

DIE OSTERIA – Der Sonnenuntergang ist einer der besten Momente des Tages: Langsam weicht das Licht der Nacht, Entschleunigung stellt sich ein, die Konturen der Landschaft verfließen ins Geheimnisvolle. Das müssen sich die Betreiber des All'Antenna gedacht haben, als sie vor fast 30 Jahren ihr wunderbares Lokal eröffneten. Allabendlich erneuert der Blick in Richtung der Kleinen Dolomiten und des Val d'Astico die Magie eines bezaubernden Lichtermeeres, das sich vor den Augen der Gäste ausbreitet. Eine ähnlich poetische Stimmung findet man im Inneren, wo Giovanni Gerichte zubereitet, die von Saisonalität, Frische und Innovation verbunden mit Respekt vor der Tradition zeugen.

DIE KÜCHE – Im Gastraum erläutern seine Frau Laura und Massimiliano die Empfehlungen. Unter den Antipasti (7 €) sind dies ***Panà*** (Brotsuppe in zeitgemäßer Interpretation), **Polenta e *scopeton*** (Hering), **Baccalà mantecato con polenta fritta**, Culatta mit (vorzüglicher) Giardiniera. An Primi (8 €) gibt es **Gargati col consiero**, Gnocchi di ricotta mit Schnittlauch, schwarze Spaghetti mit Sardellensauce. Unter den Secondi findet sich stets auch ein Gericht mit Innereien, z. B. **Fegato alla veneziana**. Weitere Klassiker: Kaninchen als **Coniglio alla valleogrina** (15 €), Stockfisch in Form von **Baccalà alla vicentina**. Bemerkenswert die Dolci, die wie die Teigwaren hausgemacht sind. Die beachtliche Weinkarte rückt Venetien gebührend ins Rampenlicht, streift jedoch durch ganz Italien und wagt auch Exkurse ins Ausland; mindestens vier Etiketten werden abwechselnd glasweise angeboten.

In **Schio** führt die Pasticceria Dolci Pensieri (Via Santissima Trinità 85) ein breites Sortiment an feinen süßen Sachen, einschließlich der für Vicenza typischen Gata.

SEDICO (BL)
Mas

11 KM SÜDWESTLICH VON BELLUNO

Alla Stanga

Restaurant
Via La Stanga, 24
Tel. (+39) 04 37 / 876 11
Ruhetag: Montag
Ferien: Juni, November
90 Plätze
Preise: 30–35 €
Kreditkarten: MC, Visa; BM
Mittags und abends geöffnet

DIE OSTERIA – Wir entdecken dieses geschichtsträchtige Lokal vor den Toren des Nationalparks Belluneser Dolomiten, an der Straße entlang des Cordevole-Flusses, die das Valbelluna mit dem Agordino verbindet. Zu Beginn des 19. Jahrhunderts beherbergte das Haus eine Poststation samt Gaststätte für Reisende, Pferdewechselmöglichkeit und Mautstelle, an der man den Obolus für das Befahren der Straße entrichtete, die ansonsten durch eine Schranke – eine Stanga (daher der Name) – gesperrt war. Heute gilt das Lokal als obligater Zwischenstopp nach einem Skitag oder einer Bergwanderung, um sich in zwanglosem Rahmen rund um den offenen Kamin in der Gaststube an Polenta, Aufschnitt, Fleischbällchen und der berühmten heißen Zabaione gütlich zu tun, die schon allein die Einkehr rechtfertigt.

DIE KÜCHE – Luca in der Küche und Patrizia im Service empfangen Sie im Zeichen der Tradition und der Wertschätzung für heimische Ressourcen. Wir empfehlen für den Auftakt **mariniertes Kalbfleisch** (Rotolo di vitello marinato con cipolla, 6 €), Crostini mit weißem Lardo aus der Region oder den heißen Kürbis-Sformatino mit Zwiebelkompott. An Primi (8 €) sind **Kartoffelgnocchi mit Kaninchenragout**, frisch gemachte Tagliatelle con spugnole (mit Morcheln – in der Saison), **Pasta e fagioli in crosta di sfoglia** (Bohnencreme mit Nudeln im Blätterteigschüsselchen) zu entdecken. Als Hauptgericht könnten Ihnen alternativ zum typischen **Formaggio schiz con polenta** (8,50 €) der Arrostino di fave in crosta mit Sauce von rohen Tomaten oder das Hirschragout – **Cervo in salmì – mit Polenta** (12,50 €) munden. Aus der Vielfalt der Desserts (5 €) erwähnt seien Tarte tatin mit karamellisierten Birnen, Pistazieneis, Schokomousse mit Haselnusswaffeln und Vanillesauce. Gute, facettenreiche Weinauswahl, ein paar glasweise Empfehlungen.

SELVA DI PROGNO (VR)
Giazza

38 KM NORDÖSTLICH VON VERONA

Ljetzan

Traditionelle Osteria
Piazza Don Domenico Mercante, 6
Tel. (+39) 045 / 784 70 26
Ruhetag: Dienstagabend, Mittwoch (außer im Juli und August)
Keine Ferien
60 Plätze
Preise: 27 €
Kreditkarten: AE, CS, DC, MC, Visa; BM
Mittags und abends geöffnet

DIE OSTERIA – Seit mehr als 50 Jahren ist die Familie Boschi im Gaststättenwesen aktiv und erweist sich nach wie vor als getreue Interpretin der hiesigen gastronomischen Traditionen. Anfänglich befand sich an dieser Adresse ein Hotel, später ein Restaurant mit Bar. Seit einigen Jahren ist das Ljetzan eine Osteria: Patron Giorgio hat gut daran getan, sich auf die ursprünglichen Werte eines Ortes der Begegnung und auf eine Linie zu besinnen, die seine fröhliche, geistreiche und herzliche Art widerspiegelt. Das behagliche Lokal am Hauptplatz des kleinen Ortes Giazza, nicht weit von der Kirche und dem Zimbernmuseum, ist Ausgangs- und Zielpunkt für Spaziergänge und Wanderungen in den nahen Tälern Revolto und Fraselle oder in der westlichen Lessinia. Das kulinarische Angebot legt großes Augenmerk auf lokale Produkte wie die Forelle, die auf dem Rost zubereitet wird; zum Anfachen des Feuers verwendet man nach einer alten Methode der Zimbern hergestellte Holzkohle. Giorgio fabriziert nicht nur die Pasta und die Desserts, sondern macht obendrein aus Äpfeln, Birnen und Kirschen Konfitüren, Marmeladen und Mostarda, die er auch zum Verkauf anbietet.

DIE KÜCHE – Das häufig wechselnde Menü kann nach einer Kostprobe vom Kräuter-Lardo mit Feigenkonfitüre (7 €) **Bigoli al ragù** oder **Bigoli con sardella del lago**, **Brennnessel-Pappardelle** mit Morcheln (9 €), **Gnocchi *sbatui*** nach Art der Lessinia **mit Ricotta affumicata** (8 €) oder **Zuppa di fagioli con maltagliati** (Bohnensuppe mit Nudeln, zubereitet in einem Topf über dem Feuer im Kamin) vorsehen. An Secondi gibt es **Baccalà mit Polenta** (10 €), Forelle, Reh als **Capriolo in *teja***, allerlei über der Holzkohlenglut gebratenes Fleisch. Das Weinangebot repräsentiert angemessen die Veroneser Winzerwelt und lugt auch über die Grenzen der Provinz hinaus.

SEREN DEL GRAPPA (BL)
San Siro

40 KM SÜDWESTLICH VON BELLUNO, 9 KM VON FELTRE

San Siro

Agriturismo
Via San Siro, 8 B
Tel. (+39) 04 39 / 446 28,
(+39) 389 / 679 41 52
Geöffnet Samstagabend, Sonntagmittag
Ferien: Ostern, 25. Dezember–15. Januar
40 Plätze
Preise: 30 € (Tagesmenü)
Keine Kreditkarten

Ein Ort wie nicht von dieser Welt und nicht aus dieser Zeit, den es sich aufzusuchen lohnt.

DIE OSTERIA – Im grünen Seren-Tal, auf gut 500 Metern Höhe, entdecken wir den kleinen Bauernhof samt Agriturismo, den Janine und Ivano seit ungefähr zehn Jahren mit großer Begeisterung betreiben. Die hervorragende Qualität der verwendeten Produkte zeugt von Leidenschaft für die heimatlichen Gefilde, für all das, was das bestellte Land hervorbringt, für die Haltung von Geflügel und anderem Kleinvieh. Was auch immer auf den Tisch kommt, ist vor Ort erzeugt, so auch die Teigwaren, die Franca (mit Janine in der Küche) macht.

DIE KÜCHE – Das Menü ist vorgegeben und für alle Gäste gleich, wechselt jedoch je nach Saison, Verfügbarkeit der Grundzutaten und Inspiration. Wie man bei der telefonischen Reservierung erfährt, umfasst die Speisenfolge beachtliche 15 Gerichte: fünf Antipasti, drei Primi, zwei Secondi und fünf süße Kostproben. Zu trinken bekommt man Hauswein – die einzige Wahlmöglichkeit besteht zwischen Weiß- und Rotwein. Den Auftakt machen Erbsen-Frittatina auf Käsesauce, **Brennnesselcreme mit Gänseblümchen und Brotcroutons**, Crostone mit Lardo, Bergkümmel und Creme von Morlacco-Käse, Holunderblüten in Bierteig. Mögliche Primi: frische **Tagliolini mit Kaninchenragout**, **Brennnessel-Gnocchetti mit zerlassener Butter** und Käsesplittern (Piave Vecchio), **Steinpilzrisotto mit Gänsefußkraut**. Es folgen Hauptspeisen wie **gebratenes Perlhuhn** (Faraona al forno) und **Kaninchenbraten** (Arrosto di coniglio) mit sautierten Wildkräutern. Die süße Palette umfasst Vanilleeis mit Dinkel-Schoko-Krokant, Bavarese al caffè mit Walnuss-Schoko-Crumble und Meringue mit Walderdbeeren. Reservieren ist Pflicht.

SERNAGLIA DELLA BATTAGLIA (TV)

31 KM NORDWESTLICH VON TREVISO

Dalla Libera

Restaurant
Via Farra, 24
Tel. (+39) 04 38 / 96 62 95
Ruhetag: Montag
Ferien: 2 Wochen im August
60 Plätze
Preise: 38–40 € €↑
Kreditkarten: CS, MC, Visa; BM
Mittags geöffnet, Donnerstag–Samstag auch abends

Profunde Kenntnisse der Grundprodukte und eine bemerkenswerte Technik erlauben es Andrea, die Aromen seiner Heimat wunderbar zur Geltung zu bringen.

DIE OSTERIA – Es war einmal eine Dorfosteria, in der man sich einfand, um mit Freunden Karten zu spielen, ein Glas Wein – die klassische *Ombra* – zu trinken und die Gerichte zu probieren, die Libera Stella mit Leidenschaft zubereitete. Heute ist es ihr Neffe Andrea, der das Lokal führt, das komplett renoviert worden ist: Der Bereich mit dem alten Bartresen ist einem frischen, bis ins letzte Detail gepflegten Ambiente gewichen, dem Designobjekte neuen Charme verleihen. Die Rezepte entsprechen nach wie vor der Tradition, sind jedoch zuweilen auch von der Kreativität des Kochs bestimmt, der sehr gut weiß, wie mit den Aromen seiner Heimat umzugehen ist: Wildkräuter, die er selbst sammelt, Käse von der Alm, Fleisch und Pilze sind die lokalen Ressourcen, die er bevorzugt.

DIE KÜCHE – Beginnen kann man mit Antipasti wie **Salmerino affumicato** (geräucherter Saibling) **mit Senfsaat und Sauerampfer**, der hierorts ***Pan e vin*** genannt wird (11 €), um danach **Raviolo con *galin* e pulmonaria** (Teigtäschchen mit Kräuterfüllung, 14 €) oder den vorzüglichen **Risotto di Grumolo delle Abbadesse** (Slow-Food-Presidio, 13 €) zu probieren. Das Ziegenkitz – **Capretto in due cotture** – mit Kürbisketchup (17 €) und der Hamburger vom Hirsch mit leichter Mayonnaise nur aus Eiweiß (16 €) sind denkwürdige Secondi. Man schließt mit hausgemachten Dolci (5 €), z. B. Torta di mele oder Tiramisu espresso. In Freudentaumel könnten Liebhaber edler Tropfen geraten: In Andreas Keller lagert ein prestigeträchtiges Sortiment von gut und gerne 800 verschiedenen Markenweinen.

41 KM NÖ. V. VICENZA, 7 KM VON BASSANO DEL GRAPPA

Da Doro

Trattoria
Via Ferracina, 38
Tel. (+39) 04 24 / 81 60 26
Ruhetag: Dienstag
Ferien: unterschiedlich
50 Plätze
Preise: 28 €
Kreditkarten: AE, CS, DC, MC, Visa; BM
Abends geöffnet, Samstag und Sonntag auch mittags

Die Osteria vermittelt profundes Wissen und Leidenschaft für die Region – mit einer Herzlichkeit, die man so spontan außerhalb der eigenen vier Wände kaum findet.

DIE OSTERIA – Das vom Flusslauf der Brenta begrenzte Dorf Solagna im Valsugana offenbart den Zauber seiner Gassen vor allem im Winter, wenn man abends das Stimmengewirr aus dem Lokal der für ihre ungezwungene Gastfreundlichkeit bekannten Familie Scapin vernimmt. Die in einem gut erhaltenen alten Palazzo untergebrachte Trattoria empfängt uns mit dem typischen Osteria-Tresen gleich am Eingang. Im Flur und im Gastraum tragen Kupferkessel, Krüge und alte Schwarz-Weiß-Fotos an Decke und Wänden zur stimmungsvollen Atmosphäre bei und erzählen von der Geschichte des Hauses.

DIE KÜCHE – Sinn für Beständigkeit ist auch bei den von Giovanni, dem herzlichen Hausherrn, präsentierten Gerichten zu bemerken, angefangen von **Cipolla ripiena** (gefüllte Zwiebel), **Tortino di cereali** (Getreideflan, 7 €) und Paté di fegato (Leberpastete). Unter den Primi entdecken wir Mangold-**Forellen-Risotto** (10 €), **Gargati al ragù bianco** (Pasta mit Fleischsauce) und die immer erhältliche **Zuppa di cipolla** (Zwiebelsuppe). Von Regionalität und Saisonalität zeugen bei den Secondi die **Trota** al forno (Forelle, aus einem nahen Zuchtbetrieb, 15 €), die **Trippa** alla parmigiana (Kutteln, von einem Fleischer des Vertrauens, 10 €), das Coniglio (**Kaninchen**) und das Capretto (Ziegenkitz) **mit Kräutern** der Saison; stets ergänzen ein paar vegetarische Gerichte das Angebot. Für den süßen Schluss gibt es Zuppa inglese, Semifreddo, Ferdinandi (eine Art Scheiterhaufen). Der große, preislich faire Weinbestand bietet gute Einblicke in das regionale und italienweite Winzereiwesen.

13 KM WESTLICH VON VERONA, AUSFAHRT A 4

Al Ponte

Trattoria
Via Corrobiolo, 38
Tel. (+39) 045 / 896 00 24
Ruhetag: Montagabend, Dienstag
Ferien: Ostern, August und Weihnachten
70 Plätze + 40 Plätze im Freien
Preise: 29 €
Kreditkarten: AE, CS, MC, Visa; BM
Mittags und abends geöffnet

DIE OSTERIA – Das schnörkellose, fast schon spartanische, aber blitzsaubere und ordentliche Ambiente stimmt ein auf eine Küche der ehrlichen, auf das Wesentliche beschränkten Art. Familie Pedrazzi, die das Lokal seit etlichen Jahren betreibt, setzt auf eine kleine Auswahl an einfacher Hausmannskost, die immer gut gemacht und gehaltvoll ist, ohne jedoch in Sachen Fett und Saucen ins Exzessive zu verfallen. Der Empfang ist freundlich, der Service zuvorkommend und flink.

DIE KÜCHE – Tag für Tag bietet der Koch ergänzend zu der kleinen Speisekarte ein paar zusätzliche Empfehlungen. Die Vorspeise (7 €) kann aus einem deliziösen Tintenfischsalat (**Insalatina di seppie**), aus **Sardinen in *saor*** oder aus **Alici marinate** (marinierte Sardellen) bestehen. Es folgen minimalistische, aber perfekte hausgemachte Tagliatelle, die nur mit Butter serviert werden (die Sauce – Sugo di pomodoro oder Ragù di carne – wählen Sie selbst und dürfen sich dazu aus der Sauciere bedienen, die separat auf den Tisch kommt), **Pasta e fagioli** (Bohnensuppe mit Nudeln, 8 €), in der Pilzsaison **Zuppa di porcini** (Steinpilzsuppe). Fegato alla veneziana (Leber venezianische Art), Vitello tonnato (Kalbfleisch mit Thunfischsauce), ein hervorragender Hecht in Sauce – **Luccio in salsa** – **mit Polenta**, Seppie in umido (geschmorter Tintenfisch, 10 €) und Stockfisch in der Version Baccalà alla vicentina, jeweils mit Polenta, sowie Steaks oder Koteletts vom Grill sind mögliche Secondi, die alle in großzügigen Portionen angerichtet werden. Die Desserts sind traditioneller Prägung, von der Zuppa inglese bis hin zu den Mürbeteigkuchen mit Obst – den **Crostate di frutta**. Die Weine stammen zum überwiegenden Teil aus der Gegend.

SOSPIROLO (BL)
Mis

15 km westlich von Belluno, S.S. 203

Alla Certosa

Traditionelle Osteria
Via Mis, 83
Tel. (+39) 04 37 / 84 31 43
Ruhetag: Montag, Dienstag
Ferien: unterschiedlich
40 Plätze
Preise: 22–24 €
Kreditkarten: CS, MC, Visa; BM
Abends geöffnet, Sonntag auch mittags

DIE OSTERIA – Am Dorfplatz des kleinen Ortsteils Mis, in der Nähe des Tals mit dem gleichnamigen Stausee, führen Casimiro und seine Frau Nadia seit vielen Jahren ihre Osteria und bieten zudem drei Zimmer zum Übernachten. Im Speiselokal, das sich gepflegt und gemütlich präsentiert, ist eine ganze Wand den zahlreichen Weinflaschen gewidmet, die man aus der Karte wählen kann. Das kulinarische Angebot ist klar definiert: ein bunter Reigen von Vorspeisenkostproben (sieben kalte und warme Häppchen), eine Auswahl an Primi (darunter immer eine Suppe), aber keine Hauptspeisen im eigentlichen Sinn. Auf Wunsch kann man sich einen Käseteller mit sechs verschiedenen, durchweg niveauvollen Formaggi zusammenstellen lassen, bevor man zum Dessert übergeht. Dank des eigenen Gemüsegartens und der Berücksichtigung der Jahreszeiten ist die Küche konsequent durch Frische charakterisiert.

DIE KÜCHE – An Antipasti (8 €) kann es Terrina di zucchine, Melanzane farcite, **Frittatina mit Kräutern und Ricotta**, Pomodoro crudo mit Pesto, **Polpettine di bollito** geben. Unter den Primi (8 €) sind **Zuppa di cipolla** (Zwiebelsuppe), **Zuppa verde mit Borretsch und Ricotta**, Millefoglie di zucchine mit Kürbisblüten und Frischkäsecreme, Risotto con finferli e salsiccia (mit Pfifferlingen und Wurst), Spaghettoni mit frischen Sardinen, Jungzwiebel und Fenchel, Conchiglioni mit Steinpilzen und Speck zu entdecken. Die Dolci (4 €) macht Nadia alle selbst: Semifreddo alla nocciola mit Schokosauce, Torta frangipane mit Pfirsichen, Ricotta brulée mit Früchten.

Im Laden der Latteria Sociale in **Camolino** (1,5 km) kann man Käse, Ricotta und Butter, Honig, Trockenfrüchte, Konfitüren und naturbelassene Fruchtsäfte einkaufen.

SUSEGANA (TV)
Musile

23 km nördlich von Treviso

Borgoluce

Agriturismo
Via Morgante II, 34
Tel. (+39) 04 38 / 98 10 94
Ruhetag: Montag, Dienstag
Keine Ferien
60 Plätze + 40 Plätze im Freien
Preise: 35 €
Kreditkarten: AE, CS, DC, MC, Visa; BM
Mittags und abends geöffnet

DIE OSTERIA – Hier isst und trinkt man nach der „Null-Kilometer-Philosophie", denn das Lokal arbeitet mit Produkten des gleichnamigen Landgutes und bietet Weine an, die aus den Trauben der umliegenden Rebgärten gekeltert sind. Folglich basiert das gesamte Menü auf Grundzutaten aus eigener Erzeugung – von Fleisch über Büffelmilchprodukte und Biancoperla-Mais (Slow-Food-Presidio) bis hin zu nativem Olivenöl extra. Doch bevor man sich in Gastrosophie übt, sollte man das Auge schweifen lassen, liegt doch das Borgoluce in einer der faszinierendsten Gegenden der Marca Trevigiana, zwischen Wäldern, Wiesen, Weiden, Obsthainen und Feldern. Man genieße daher die Fahrt entlang der Panoramastraße, die in wenigen Minuten von der Ebene hinauf zur Osteria führt, wo man in einer der drei behaglichen Gaststuben bzw. im Sommer auf der sonnigen Terrasse zu Tisch gebeten wird.

DIE KÜCHE – Man beginnt mit schmackhaften Antipasti wie Mozzarella di bufala auf Leimkrautcreme – Crema di *s'ciopet* (9 €), hausgemachtem Prosciutto cotto mit frischem Meerrettich (8 €) oder Stockfischmousse – **Baccalà mantecato**. Es folgen Primi (9 €) wie Ravioli ripieni di polenta mit zerlassenem Käse und Rotweinsauce, Spaghetti di Gragnano mit Caciotta, Pfeffer, Dicken Bohnen und Bauchspeck, **Gnocchi di patate mit Kaninchenragout**. Danach gibt es **Spezzatino di maiale alla birra con verze stufate** (Schweineragout mit Bier und geschmortem Wirsing, 16 €) oder gegrillte Tagliata vom Rind mit Ofenkartoffeln. Die Desserts des Hauses enttäuschen nie, z. B. der köstliche Büffelmilchjoghurt mit Erdbeeren (5 €).

Der Laden des Gutes Borgoluce (Ortsteil Musile, Hausnummer 2) verkauft Frischfleisch, Wurstwaren, Käse, Wein, Öl, Mehl und Honig.

TARZO (TV)
Arfanta

40 KM NW V. TREVISO, 12 KM V. VITTORIO VENETO

Belvedere da Tullio

Restaurant
Via della Chiesa, 27
Tel. (+39) 04 38 / 58 70 93
Ruhetag: Montagabend, außer im Sommer
Ferien: ersten 3 Septemberwochen
60 Plätze + 40 Plätze im Freien
Preise: 26–30 €
Kreditkarten: AE, CS, DC, MC, Visa; BM
Mittags und abends geöffnet

DIE OSTERIA – Im Winter sorgt das Feuer im Kamin für Gemütlichkeit, in der warmen Jahreszeit hebt die Terrasse mit Blick ins Trevisaner Hügelland die Stimmung. Das Tullio ist zu jeder Saison eine ideale Wahl – nicht nur für Gaumenfreuden, sondern dank der komfortablen Gästezimmer auch für ein romantisches Wochenende. Die wunderschöne Aussicht ist der Lohn für die Anfahrt über die kurvenreiche Straße. Nadia und Roberto, die von ihrem Team bestens unterstützt werden, verstehen es, Sie auf herzliche, zuvorkommende und doch diskrete Art willkommen zu heißen, und sorgen dafür, dass Sie sich rundum wohlfühlen. Das schlicht und behaglich gestaltete Ambiente ist durch die vielen Flaschenweine charakterisiert, die Roberto auf seinen Streifzügen entdeckt und von denen er viele auch glasweise anbietet.

DIE KÜCHE – Den Appetit anregen kann man mit Carne salata kombiniert mit Radicchio di Treviso, Walnüssen und Grana (7 €), mit vorzüglichem Prosciutto crudo aus Sauris begleitet von Crostini oder mit ***Muset* e purè con cren** (Kochwurst mit Püree und Meerrettich). Von den Primi sehr beliebt sind die **Tagliatelle con sugo di cervo** (mit Hirsch, 7 €), doch auch die **Crema di patate mit Radicchio** di Treviso, die **Pasta e fagioli** und deren traditionelle Variante namens **Radici e *fasoi*** (Bohnensuppe mit Radicchio) sind zu empfehlen. Hervorragend das Perlhuhn (**Faraona con salsa *peverada***, 10 €), wenngleich die Spezialität des Hauses – der **Spiedo di carni miste** (gemischter Fleischspieß, 10 €), der mit Polenta, Fagioli *sofegadi* und gegartem Gemüse mit Öl angeboten wird – praktisch ein Muss ist. Nicht zu vergessen das Käsewägelchen mit immer mindestens zehn verschiedenen Formaggi, darunter echte Offenbarungen wie der Käse von der Malga Mariech in unterschiedlichen Reifegraden.

TARZO (TV)
Arfanta

40 KM NW V. TREVISO, 12 KM V. VITTORIO VENETO

Mondragon

Agriturismo
Via Modragon, 1
Tel. (+39) 04 38 / 93 30 21
Ferien: ersten 2 Juliwochen
70 Plätze + 30 Plätze im Freien
Preise: 22–27 €
Kreditkarten: CS, MC, Visa; BM
Freitagabend, Samstag, Sonntag oder gegen Vorbestellung mittags und abends geöffnet

DIE OSTERIA – Ein echter Agriturismo als Teil eines Betriebs mit zwölf Hektar Land, auf dem u. a. Reben kultiviert und Schafe, Schweine, Pferde, Esel, Geflügel (vor allem Gänse) im Freien gehalten werden. Am Werk sind hier die Geschwister Tessari, die von den Eltern und anderen Familienmitgliedern tatkräftig unterstützt werden. Giovanni widmet sich vor allem der Landwirtschaft, Andrea und Manuela kümmern sich um die Gaststätte. Um ein von Manuela zubereitetes Mahl zu genießen, nimmt man in einer der drei hübschen Stuben (alle mit Kamin) bzw. im Sommer in dem kleinen Garten Platz. Die Öffnungszeiten sind eingeschränkt aufgrund der vielen Arbeit, die auf einem Bauernhof naturgemäß zu erledigen und hier noch anspruchsvoller ist, weil man großen Wert auf das Wohl der Tiere und ökologisch verträgliche Bewirtschaftung legt. Das Wenige, was man nicht selbst erzeugt, bezieht man von benachbarten Betrieben.

DIE KÜCHE – Die Gans ist im Menü allgegenwärtig, in jeder erdenklichen Art der Zubereitung: als **Paté con crostini**, als Salami, als Sauce zu **Tagliatelle** (5 €) oder Gnocchi, in der **Zuppa selvatica**, als Füllung für die **Crespelle al tarassaco**. Die Spezialität des Hauses ist ein Slow-Food-Presidio und nennt sich **Oca in *onto*** (12 €). Weitere Secondi sind z. B. Agnello al forno (wenn Lamm Saison hat) und **Spiedo** misto (Huhn-Schweinefleisch-Spieß, 10 €), dazu Beilagen wie Gemüse, Kartoffeln und **Polenta**. Als Dessert gibt es Crostate di frutta und ***Zaeti***. Man trinkt Eigenbau-Prosecco oder Cabernet aus der Gegend. Sonntags werden reichhaltige Mittagsmenüs, die ebenfalls ein, zwei Gerichte zum Thema Gans enthalten, für 23 bzw. 25 € offeriert. Neben dem Ab-Hof-Verkauf werden diverse Aktivitäten angeboten, bei denen man erfährt, wie man eine Gans verarbeitet oder Wildkräuter sammelt.

TEOLO (PD)

21 KM SÜDWESTLICH VON PADUA

Da Antonio

Restaurant
Via Molare, 48
Tel. (+39) 049 / 992 51 09
Ruhetag: Donnerstag
Ferien: 2 Wochen im September
100 Plätze + 80 Plätze im Freien
Preise: 28 €
Kreditkarten: CS, DC, MC, Visa; BM
Mittags und abends geöffnet

DIE OSTERIA – Die Aussicht, die man vom Gastraum und – vor allem im Sommer – von der Terrasse genießt, ist schlichtweg grandios. Die Küche, die typische der Euganeischen Hügel, wird mit großer Treue zur Tradition interpretiert. Es sind die Düfte und Aromen aus Gemüsegarten, Wald und Flur, die die je nach Verfügbarkeit und Saison wechselnden Gerichte charakterisieren. Die Tatsache, dass es sich um einen Familienbetrieb handelt, verleiht dem Haus ein herzliches, warmes Flair, das die eine oder andere Nachlässigkeit der Küche verzeihen lässt.

DIE KÜCHE – Von den Antipasti bemerkenswert sind die Salame di casa und der vorzügliche Prosciutto crudo aus Montagnana (6 €), doch auch **Torta salata alle erbette** (pikanter Kräuterkuchen) und Frittatine – Omeletts – mit Gemüse der Saison erweisen sich als köstlich. Große Auswahl besteht bei den Primi (die Teigwaren sind hausgemacht): **Bigoli al torchio mit Entensauce** (7 €), Gnocchi mit Hähnchen- oder Wildragout (Ragù di pollo bzw. Ragù di selvaggina), im Frühling Tagliatelle con i piselli (mit Erbsen) und Lasagne alle erbe spontanee (mit Wildkräutern), im Sommer Ravioli alle melanzane mit Tomaten und Basilikum, in der Pilzsaison Tagliolini ai porcini. Danach kann man sich für Spezzatino di cinghiale (Wildschweinragout), wunderbaren **Fagiano con le ciliegie** (Fasan mit Kirschen), **Coniglio** (Kaninchen) oder **Faraona arrosto** (gebratenes Perlhuhn), Grigliata alla brace (Grillfleisch, 10 €) oder eine schlichte Polenta con i funghi (mit Pilzen) entscheiden. Die Dolci (4 €) sind alle hausgemacht, z. B. Salame di cioccolato, Torta di ricotta und Crostate mit Konfitüren, die ebenfalls aus eigener Erzeugung sind. Als Alternative zum Hauswein gibt es Erzeugnisse lokaler Winzer.

TOMBOLO (PD)

33 KM NÖRDLICH VON PADUA

Ai Mediatori

Trattoria
Via Roma, 2
Tel. (+39) 049 / 596 95 41,
(+39) 338 / 436 28 32
Ruhetag: Montagabend, Dienstag
Ferien: 1 Woche nach Dreikönig, 2 Wochen um den 15. August
60 Plätze + 40 Plätze im Freien
Preise: 35 €
Kreditkarten: MC, Visa; BM
Mittags und abends geöffnet

DIE OSTERIA – Wir befinden uns in der Nähe der Kirche im Zentrum der Gemeinde Tombolo, wo bis vor ein paar Jahrzehnten Nutztierhaltung und Viehhandel die wichtigsten Wirtschaftszweige waren. Schwarz-Weiß-Fotografien an den Wänden des Lokals legen Zeugnis davon ab. Das Ai Mediatori präsentiert sich mit Sichtgebälk und gepflegtem Interieur; in der Mitte des Speisesaals thront eine prächtige Berkel-Maschine. Die Leitung des Hauses ist fest in Familienhand, mit Mamma Stefania, die im Service durch Papà Simone unterstützt wird, während die Söhne Federico und Fabio in der Küche Fingerfertigkeit und Fantasie beweisen.

DIE KÜCHE – **Baccalà** ist König: Die Trattoria gehört der „ehrenwerten Bruderschaft des Bacalà alla vicentina" an, der hier nach dem typischen Rezept zubereitet wird. Den berühmten Stockfisch bekommt man als Vorspeise (Baccalà mantecato, 9 €), als Zwischengang in Form von **Tortelli di baccalà** (10 €) wie auch als Hauptspeise (16 €). Unter den Antipasti sind außerdem Gnocco fritto mit Burrata und Prosciutto crudo sowie Carpaccio vom Rind mit Crudité di carciofi (Artischockensalat) zu entdecken. Von den Primi erwähnt seien auch die **Tagliatelle** „ai Mediatori" mit **Ragù di salsiccia** und – in der Spargelsaison – die Spaghetti alla carbonara di asparagi (10 €). Bei den Secondi herrscht über der Glut gebratenes Fleisch vor, z. B. Carne alla brace mista, Tagliata vom Rind mit Lardo und Balsamicoessig, Straeca vom Fohlen, Costolette di agnello (Lammkoteletts). Freitags – nach altem Brauch ein „fleischloser Tag" – gibt es ein paar Fischgerichte. Die hausgemachten Desserts werden als süßer Kostprobenteller angeboten. Die umfangreiche Weinkarte nennt Produkte aus Venetien und ganz Italien, von denen man einige auch glasweise bestellen kann.

TORREGLIA (PD)

16 KM SÜDWESTLICH VON PADUA

La Tavolozza

Restaurant
Via Boschette, 2
Tel. (+39) 049 / 521 10 63
Ruhetag: Mittwoch, Donnerstagmittag
Ferien: Ende Juli/Anfang August
70 Plätze + 70 Plätze im Freien
Preise: 33–35 €
Kreditkarten: CS, DC, MC, Visa; BM
Mittags und abends geöffnet

Schöne Umgebung, erlesene Grundprodukte, engagierte Küche mit Forschergeist – sehr erfreulich!

DIE OSTERIA – Ein Besuch dieses Restaurants lohnt allemal. Es befindet sich in einem restaurierten alten Landhaus am Fuß der Colli Euganei, genau am Eingang zum gleichnamigen Naturpark. Nach einer Tour durch die Gegend – sehenswert sind die Abtei von Praglia, die Einsiedelei auf dem Monte Rua und die Villa Vescovi aus dem 16. Jahrhundert – sollte man die Einkehr in Erwägung ziehen, um regionaltypische Gerichte kennenzulernen oder erneut zu genießen, die Fabio zubereitet und sein Partner Paolo in einem gepflegten, geräumigen Ambiente präsentiert.

DIE KÜCHE – Gebackener Spargel oder ebensolche Kürbisblüten mit Sauce Tatar (8 €), **Frittata di cipolle mit Wildkräutern**, gereifte Sopressa mit Polenta aus Marano-Mais, **Baccalà mantecato** und Salmone affumicato (Räucherlachs) lauten die Empfehlungen für den Beginn. An Primi gibt es klassische ***Bigoi*** al torchio mit Entensauce (8,50 €), Strozzapreti alla carbonara mit Spargel, Spaghetti mit gebratenem Oktopus, Majoran und Kapern (11 €). Auch bei den Hauptspeisen besteht Wahlmöglichkeit zwischen Fleisch und Fisch, nämlich einerseits Lamm (Tagliata di lombo d'agnello alle erbe, 13 €), **Bocconcini di asinello stufati** (Eselgulasch) **mit Polenta**, Hähnchen als Galletto ai ferri oder Galletto alla diavola, Kaninchen in Form von **Sella di coniglio al forno mit Kartoffeln**, andererseits Filetto di baccalà oder Ombrina mit Kartoffeln und Oliven. Die Desserts sind auf hohem Niveau und die breit angelegte Weinkarte bietet neben Produkten aus den Colli Euganei auch anderes aus Venetien und ganz Italien, davon einige Etiketten auch glasweise.

TREVENZUOLO (VR)
Fagnano

22 KM SÜDLICH VON VERONA

Alla Pergola

Trattoria
Via Nazario Sauro, 9
Tel. (+39) 045 / 735 00 73
Ruhetag: Sonntag, Montag
Ferien: 24. Dezember–7. Januar
50 Plätze
Preise: 25–30 €
Kreditkarten: CS, MC, Visa; BM
Mittags und abends geöffnet

DIE OSTERIA – Von außen trügt der Schein, denn das Lokal wirkt anonym. Doch hat man es erst einmal betreten, entdeckt man stilvolle Schlichtheit und familiäres Flair. Zu verdanken ist dies Gastgeber Stefano, der sich um den Service kümmert, während seine Frau die kulinarische Ausrichtung des Hauses vorgibt. Schon wenn man das erste Mal hier einkehrt, hat man das Gefühl, dass die Gäste – zumeist Stammklientel und Leute aus der Umgebung – sich hier wie zu Hause fühlen. Und es braucht nicht viel, dass man den Grund dafür versteht … oder besser gesagt die Gründe, die da lauten: aufmerksamer und gepflegter Service und angenehme Atmosphäre, die einstimmt auf die bevorstehenden Gaumenfreuden. Qualitätvolle Zutaten, eine hervorragende Küche, ein Keller mit ungefähr 50 Etiketten sowie ein Merlot und zwei Weißweine im offenen Ausschank garantieren den Rest, sprich eine denkwürdige gastronomische Erfahrung in diesem Winkel des Veroneser Umlands.

DIE KÜCHE – Hausgemachte Teigwaren überwiegen bei den Primi, die von **Tortelli** mit Gemüsefüllung bis hin zu ebensolchen Teigtäschchen mit Fleischfarce oder Kürbisfüllung (9 €) reichen. Doch auch die anderen Empfehlungen verdienen Beachtung, allen voran der **Risotto con maiale e vitello** (mit Schweine- und Kalbfleisch). Fleisch dominiert auch bei den Secondi: Als Paradegericht des Lokals zu bezeichnen ist das Wägelchen mit den **Arrosti** und **Bolliti** – ein schönes Sortiment an gebratenem und gekochtem Fleisch (10 bis 14 €, je nach Art der gewählten Tranchen) mit verschiedenen Saucen (**Salsa *pearà***, Cren, Salsa verde, Mostarda, 3 €). Den Dolci, die in der Regel hausgemacht sind, gebührt ebenfalls entsprechende Aufmerksamkeit.

TREVISO

Il Basilisco

Moderne Osteria
Via Bison, 34
Tel. (+39) 04 22 / 54 18 22
Ruhetag: Sonntag, Montagmittag
Ferien: 2 Wochen im August
40 Plätze + 40 Plätze im Freien
Preise: 37 €
Kreditkarten: CS, MC, Visa; BM
Mittags und abends geöffnet

Gerichte aus einfachen, frischen Zutaten, die mit Freude erfüllen. Sie sind das Ergebnis von Leidenschaft, Geschick, Fantasie und Verbundenheit mit der Region.

DIE OSTERIA – Das moderne, schlicht und fantasievoll eingerichtete Ambiente kennt keine Plattitüden, die Qualität der Speisen ist von jener der Produkte charakterisiert, die ein täglich neu gestaltetes Menü vorgeben. Diego, der aus dem Trentino stammt und nun in Treviso seiner Kreativität, gepaart mit Kompetenz und Erfahrung, Ausdruck verleiht, bietet stets mit einem Auge auf die traditionelle venetische Küche Gerichte (auch auf Basis von Schlachtnebenprodukten und fettreichem Fisch), die betören und begeistern.

DIE KÜCHE – Brot, Pasta und Dolci sind hausgemacht, ebenso Würste und Einmachwaren wie Giardiniera (6 €), die unter den Vorspeisen zu entdecken ist, neben dem heißen Panino mit Cotechino und frischem Meerrettich, den **Nervetti di vitello** mit Selleriepüree und Salsa verde oder der **Polentina *cò le secole***. Vorzüglich die Primi, von frischen **Bigoli con sugo di guancia di bue** über **Tagliatelle con durelli di gallina brasati al vino rosso** bis hin zu **Maccheroncini con trippa di coniglio e verdure** (10 €). An Hauptgerichten gibt es **Fegato di vitello** mit zweierlei Pfeffer und Kartoffeln à la lyonnaise (18 €), Fianchetto alla veneziana vom Jungrind mit weißer Polenta, **Guancette di maiale brasate**. Die beachtliche Weinkarte empfiehlt kleine Erzeuger, die Diego persönlich kennt, Klassiker aus dem nordostitalienischen Raum und gute Tropfen aus anderen Regionen, wobei auf autochthone Sorten Wert gelegt wird und viele Etiketten auch glasweise angeboten werden; Bier aus Kleinbrauereien wird ebenfalls ausgeschenkt.

VALDAGNO (VI)
Contrà Maso

45 KM NORDWESTLICH VON VICENZA, S.P. 246

Hostaria A le Bele

Trattoria
Via Maso, 11
Tel. (+39) 04 45 / 97 02 70
Ruhetag: Montag, Dienstagmittag
Ferien: 1 Woche im Januar, 2 Wochen im August
90 Plätze
Preise: 33 €
Kreditkarten: AE, CS, DC, MC, Visa; BM
Mittags und abends geöffnet

DIE OSTERIA – Nur ein paar Kurven hinter dem Ortsteil Castello trennen das Zentrum des geschäftigen Valdagno von dieser Trattoria, die seit vielen Jahren von dem eingespielten Tandem Paolo und Vittorio geführt wird und freien Blick auf die nahen Hügel und Berge bietet. In den letzten 50 Jahren hat sich das Lokal einen guten Ruf als zuverlässige Adresse für traditionelle Vicentiner Küche erworben, ohne jedoch auf umsichtige Abstecher zu anderen Gestaden und in die Meeresküche zu verzichten. Das blitzsaubere, schlichte Ambiente garantiert mit komfortablen, intimen Räumlichkeiten Momente der Ruhe: Das hektische Treiben in den Industriegebieten unten im Tal haben wir hinter uns gelassen und niemand vermisst es.

DIE KÜCHE – Paolo erläutert die Empfehlungen in fast schon zu diskretem Ton. Für den Anfang gibt es den Antipasto della casa, **Baccalà mantecato** mit knuspriger Polenta, Tatar vom Rind mit marinierten Tropea-Zwiebeln (7 €). Es folgen Gnocchi di patate (Kartoffeln aus Selva) mit Ricotta affumicata auf Erbsencreme (8 €), **Risotto con zucca e semi di papavero** (mit Kürbis und Mohn), **Gargati al ragù di coniglio e timo** (frische Pasta mit Kaninchen-Thymian-Sauce). Je nach täglicher Marktlage sind daraufhin Calamari und Garnelenschwänze, Jakobsmuscheln und andere Köstlichkeiten aus dem Meer vorzufinden, wenngleich Fleisch den Löwenanteil ausmacht: Entenbrust (Petto d'anitra al Porto, 14 €), Lamm (Costicine d'agnello al rosmarino), Kutteln in der Variante **Trippa alla vicentina**, Filetto di manzo mit Aceto balsamico. Sehr beliebt sind auch **Polenta e lumache** (Schnecken) und **Baccalà alla vicentina**. Wenn man mindestens zu zweit ist, kann man das Degustationsmenü (37,50 €) wählen. Die Weine stammen hauptsächlich aus der Region, die Karte empfiehlt aber auch Interessantes von anderswo.

VALEGGIO SUL MINCIO (VR)

26 km südwestlich von Verona

Alla Borsa

Restaurant
Via Goito, 2
Tel. (+39) 045 / 795 00 93
Ruhetag: Dienstagabend, Mittwoch, im Winter auch Sonntagabend
Ferien: Ende Februar, 15. Juli–15. August
200 Plätze + 80 Plätze im Freien
Preise: 35 €
Kreditkarten: CS, MC, Visa; BM
Mittags und abends geöffnet

DIE OSTERIA – Die meisten Gäste besuchen das Alla Borsa wegen der Tortellini und anderer Pastaspezialitäten, da sie die Frische, handwerkliche Machart und Qualität der Zutaten zu schätzen wissen. Die Tortellini werden immer erst kurz vorher geschlossen, und auch das macht den Unterschied. Vegetariern und von Zöliakie betroffenen Menschen wird besondere Aufmerksamkeit zuteil: In der Küche findet für sie separates Geschirr Verwendung, das unter Vakuum aufbewahrt und von Hand gewaschen wird. In den beiden nüchtern-elegant gestalteten Speisesälen bewegt sich Nadia (die Tochter von Inhaberin Albina) gewandt zwischen den Tischen, hat auf jedes Detail ein Auge und agiert stets zuvorkommend.

DIE KÜCHE – In Valeggio bietet jedes Lokal die berühmten **Tortellini** an, doch hier geht es so richtig zur Sache: Man bekommt sie gefüllt mit Bratenfleisch (**al brasato**), mit Ricotta und Kräutern, im Herbst mit Kürbis, Mostarda und Amaretti, aber auch als klassische **Nodi d'amore in Salbeibutter** oder mit Monte Veronese DOP, Kartoffeln und Rosmarin (10 €). Exzellent sind ferner die **Tagliatelle: al burro fuso mit Monte-Veronese-Käse und Thymian** (10 €), mit Pesto und Pomodorini, mit Ragout del Borsa. An Secondi gibt es **Faraona al cartoccio**, Anatra ripiena all'arancia, köstliche Filets vom Grill, Lammkoteletts, **Baccalà mit Polenta** (13 €). Aus dem nahen Gardasee kommen Hecht für **Luccio in salsa** und Forelle für Carpaccio di trota in den Varianten al naturale, mit Sellerie und Grana, mit rosa Pfeffer. Hinzu gesellen sich erlesene Salumi mit Mostarda und anderen Delikatessen (9 €) sowie im Herbst ein Gericht namens Oro nel bosco, bestehend aus Polenta, Pilzen und einer vom Hausherrn Alceste hergestellten Wurst. Das klug komponierte Weinangebot mit regionalem Schwerpunkt ist sehr gut auf die Speisen abgestimmt.

VALEGGIO SUL MINCIO (VR)
Santa Lucia ai Monti

25 km südwestlich von Verona

Belvedere

Restaurant
Ortsteil Santa Lucia ai Monti, 12
Tel. (+39) 045 / 630 10 19
Ruhetag: Mittwoch, Donnerstag
Ferien: zeitweise im Februar und November
160 Plätze + 160 Plätze im Freien
Preise: 28–35 €
Kreditkarten: CS, MC, Visa; BM
Mittags und abends geöffnet

DIE OSTERIA – Die Familie Bressanelli wirkt in Santa Lucia dei Monti, einem kleinen Dorf in den Hügeln zwischen Custoza und Valeggio sul Mincio, seit dem Jahre 1909. Damals eröffnete sie die erste Osteria, die in der Folge die Dimension einer Trattoria und später die eines Restaurants mit kleinem Hotelbetrieb erreichte. Von Beginn an war eines ihrer Paradegerichte das Grillhähnchen – Pollo ai ferri, das noch heute zu den gefragtesten und beliebtesten Spezialitäten des Hauses zählt. Sobald man eingetreten ist, kommt man nicht umhin, die offene Küche mit dem prächtigen Kamin zu bemerken, wo das Fleisch über der Glut brutzelt.

DIE KÜCHE – Die Gründe für eine Mahlzeit bei Romano, der heute das Lokal zusammen mit seiner Frau Rosanna führt, sind mannigfaltig – angefangen von den Wurstwaren, die als Vorspeise serviert werden und durchweg aus eigener Erzeugung sind, wie übrigens auch die Fleischspezialität **Carne *salà*** mit Bohnen (10 €). Selbst gemacht sind ferner die Teigwaren für die Primi: Tagliatelle, **Fettuccine con ragù di lepre** (Bandnudeln mit Hasensauce, 8 €), **Tortellini nodo d'amore** und – in Hommage an das nahe Mantua – **Tortelli di zucca** (mit Kürbis, 9 €). Es folgt, wie schon vorweggenommen, Fleisch vom Grill – von **Pollo** (8,50 €) über Rind bis hin zu Pferdefleisch. Alternativ dazu gibt es Gerichte aus dem Ofen wie Stinco di maiale (Schweinehaxe) oder Perlhuhn alias **Faraona alle olive** (12 €) sowie – in den kälteren Monaten – vorzügliches Wildbret (**Selvaggina**), stets begleitet von gerösteter Polenta. Von den ebenfalls hausgemachten Dolci erwähnt sei insbesondere die Millefoglie, die auch im Degustationsmenü für 34 € enthalten ist. Interessante Auswahl an Wein überwiegend regionaler Provenienz mit besonderem Augenmerk auf kleine, oft unbekannte Winzer.

VAPORETTO-ANLEGESTELLE CA' D'ORO

Ca' d'Oro
(vulgo Alla Vedova)

Traditionelle Osteria
Cannaregio 3912/Ramo Ca' d'Oro
Tel. (+39) 041 / 528 53 24
Ruhetag: Donnerstag, Sonntagmittag
Ferien: 20. Juli–31. August
50 Plätze • Preise: 28 €
Keine Kreditkarten
Geöffnet 11.30–14.30, 18.30–22.30 Uhr

DIE OSTERIA – Im Stadtteil Cannaregio, nicht weit von der Ca' d'Oro und somit leicht zu finden, entdecken wir dieses seit 1891 bestehende Lokal, das heute von Renzo und Mirella, den Nachkommen mütterlicherseits des Gründers, geführt wird. Auch viele Touristen scheinen zu wissen, dass man hier sehr angenehm verweilt. Umgeben von Holzmöbeln, alten Plakaten und Töpfen an den Wänden, lockt am Eingang die Vitrine, in der unzählige, ständig frisch gemachte *Cicheti* bereitstehen. Die Geräuschkulisse ist von venezianischem Dialekt und fremden Sprache geprägt, es herrscht reges Kommen und Gehen: So ist Venedig.

DIE KÜCHE – ***Cicheti*** geben also den Ton an, z. B. **Polpette di carne** (Fleischbällchen, zu Recht berühmt), ***Folpeti***, **Sardinen in *saor***, ***Canoce*** und **Seppioline**, hart gekochtes Ei mit Sardelle, allerlei Gemüsehäppchen. Bei Tisch kann man sich an **Bigoli in salsa** (10 €), **Spaghetti alla busara**, al nero di seppia oder con le vongole erfreuen. An Secondi, meist mit weißer Polenta serviert, gibt es Frittura della casa (12 €), **Fegato alla veneziana** (eines der wenigen Gerichte, das nicht der Meeresküche entspringt), ***Schie***, **Baccalà mantecato**, Seppie alla veneziana, manchmal auch Trippa. Zum Nachtisch kann man die obligaten Kekse namens ***Zaeti*** oder Salame di cioccolato probieren. Es zirkulieren große Karaffen mit Hauswein, der nicht immer überzeugt, doch sind auch ein paar Flaschenweine hauptsächlich aus dem nordostitalienischen Raum vorrätig. Kaffee wird nicht angeboten, aber das ist nicht weiter schlimm.

Die Gelateria Suso in der Calle della Bissa (San Marco 5453), eine der besten Eisdielen Venedigs, bietet Eiscremesorten aus ausgewählten Zutaten der Saison ohne künstliche Farbstoffe.

VAPORETTO-ANLEGESTELLE SAN ZACCARIA OD. ARSENALE

CoVino

Enoteca mit Ausschank und Küche
Castello, 3829 A/Calle del Pestrin
Tel. (+39) 041 / 241 27 05
Ruhetag: Dienstag, Mittwochmittag
Ferien: unterschiedlich
20 Plätze
Preise: 36 € €↑
Kreditkarten: CS, MC, Visa; BM
Mittags und abends geöffnet

DIE OSTERIA – Wir sind im Herzen eines der ursprünglichsten Stadtteile, nicht weit vom Arsenale. In dem kleinen Lokal mit offener Küche regiert Andrea Lorenzon. Er ist der Sohn von keinem Geringeren als jenem Mauro, der als Erfinder der Enoiteca (Mischung aus Vinothek und Osteria) gilt, und er empfängt seine Gäste auf eine Weise, die sofort Wohlgefühl aufkommen lässt. Der Service ist flink und aufmerksam. Aus der Küche unter der Regie von Carlo De Paoli kommen Gerichte von rarer geschmacklicher Finesse, für die exzellente Grundprodukte (viele Slow-Food-Presidi) Verwendung finden, die fast alle von den Laguneninseln, von der venetischen Küste und vom städtischen Markt stammen. Wir sind in Venedig, was sich preislich entsprechend bemerkbar macht: Für das dreigängige Degustationsmenü zahlt man 36 € ohne Getränke, noch teurer wird es, wenn man à la carte wählt. Doch das CoVino ist es wert.

DIE KÜCHE – Das facettenreiche Menü vereint Gerichte der Tradition mit niemals übertriebener Kreativität. Beginnen kann man mit Creme aus Bohnen der Sorte Gialet aus dem Val Belluna (Slow-Food-Presidio) mit Miesmuscheln, ***Bevarasse*** (Venusmuscheln), ***Capetonde*** (Herzmuscheln) und Curry (16 €), oder dem ***Saor*** von Gemüse der Saison. Es folgen **Bigoli in salsa** oder Paccheri al ragù (nach einem Rezept von Mamma Liviana). Als Hauptgang **Baccalà rosso al forno mit Kartoffeln**, Taggiasca-Oliven und Kapern aus Pantelleria (ein weiteres Familienrezept, 21 €). Zum Finale Cassata – hier als Büffelricottacreme mit Mandeln aus Noto und Pistazien aus Bronte (8 €). Doch die Karte bietet noch viel mehr. Gedeck, Wasser und Brot aus Weizensauerteig sind im Preis inbegriffen. Ungefähr 100 Etiketten, fast alles Bioweine aus Italien und dem Ausland, ein Dutzend Biersorten aus kleinen Brauereien.

Venedig: Bacari, Cicheti und Ombre

Der alte venezianische Brauch des Kneipenbesuchs, um zu plaudern, eine Kleinigkeit zu essen und ein Glas Wein zu trinken (im Dialekt hieße das *far do ciacole gustando un cicheto e bevendo un'ombra*) scheint sich langsam zu verlieren. Dem wirken einige aufgeschlossene, engagierte junge Gastronomen entgegen. Ihr Herz hängt an Venedig und sie lassen traditionelle Gewohnheiten der Stadt mit verstärkt modernem Geist und – vor allem – mit mehr Augenmerk auf die Qualität der Produkte (die in der Vergangenheit häufig ignoriert worden ist) wiederaufleben.
Zwar findet man nicht immer *Spienza* (Milz) oder *Coradea* (Innereien) vor, doch auch ein halbes Ei mit Sardelle, gekochte *Folpeti* (Moschuskraken), Sardinen in *saor*, Seppioline alla griglia oder Baccalà sind stets genussreiche Erfahrungen. Auch ein Spießchen mit gegrillten Garnelen oder frittiertem Gemüse kann hilfreich sein, um genussvoll zu entschleunigen.
Dies gelingt vor allem dann, wenn man die Gaumenfreuden mit einem der hervorragenden Weine aus dem nordostitalienischen Raum begleitet, die in besonders aufmerksamen *Cichetterie* in meist sehr hoher Qualität längst Einzug gehalten haben.
Für unser Buch ist es eine Verpflichtung, all die Lokale des Typus *Bacari* aufzuspüren, auszuprobieren und zu besprechen, die um die Erneuerung von Traditionen bemüht sind. Den geänderten Ansprüchen an die kleine Mahlzeit in der Mittagspause werden die *Cicheti* sehr gut gerecht. Umso mehr, wenn das Angebot auch einige warme Speisen umfasst: Bigoli in salsa, Spaghetti con le vongole, *Peoci saltai* (sautierte Miesmuscheln), Kuttelsuppe, Knorpelsalat mit Zwiebeln und Lagunenkrebse wie *Masanete conse* oder *Bovoleti agio e ogio* (Schnecken mit Knoblauch und Öl).
Natürlich wird man auch weniger Typisches wie gebackenen Mozzarella oder Brötchen mit Aufschnitt vorfinden. Doch wenn dafür keine Tiefkühlware, sondern gutes Brot sowie qualitätvolle Wurst- und Käsesorten, vielleicht sogar Produkte der Slow-Food-Presidi verwendet werden, verdienen diese Imbisse denselben Respekt wie Crostini mit Baccalà mantecato oder geröstete Polenta mit einer Scheibe heißer Brühwurst (Musetto). Im Folgenden finden Sie die Lokale, die uns am meisten überzeugt haben.

Rodolfo Agostini

Al Bacareto

San Marco, 3447/San Samuele
Tel. (+39) 041 / 528 93 36
Ruhetag: Sonntag
Ferien: August
Geöffnet 8–22.30 Uhr

Ihre lange Geschichte – es handelt sich um einen der ersten *Bacari* Venedigs – leugnet diese Osteria nicht. Sie bietet eine Vielzahl an *Cicheti*, die man mit einem guten Glas Wein kombinieren kann, und legt unverändert großes Augenmerk auf die Qualität des Angebots: frische Grundzutaten, tadellose Zubereitung. Sehr gut der Baccalà mantecato, nicht minder köstlich die Fischspießchen (Spiedini di pesce). Für einen genussvollen Aperitif bei Wein und *Cicheti* sollte man nicht zu knapp vor der Abendessenszeit erscheinen, um eine Überlappung mit dem Service bei Tisch zu vermeiden. Interessant finden wir die Möglichkeit, alle Empfehlungen des Menüs und nicht nur die *Cicheti* auch am Tresen verspeisen zu können. Das von Besuchern der Stadt, aber auch von Einheimischen stark frequentierte Lokal sei all jenen ans Herz gelegt, die die venezianische Tradition lieben, aber auch auf Produktqualität und -frische Wert legen.

Al Portego

Castello, 6015/San Lio
Tel. (+39) 041 / 522 90 38
Kein Ruhetag
Ferien: unterschiedlich
Geöffnet 10.30–15, 17.30–22 Uhr

Mittags, aber auch am späten Vormittag oder nachmittags ist der Tresen des Portego mit seinen vielen *Cicheti* eine wahre Pracht. Calamari-Spießchen, frittierte Fleisch- und Fischbällchen, Jakobsmuscheln, Sardinen in *saor*, *Folpeti* (Moschuskraken), Crostini mit Stockfisch, mit Gemüse oder mit Käse, in Öl eingelegte vegetarische Köstlichkeiten, Panini mit Salumi. Wenn Sie einen Sitzplatz ergattern (was eher schwierig ist), können Sie sich einen kleinen Risotto al nero di seppia oder einen Teller *Bigoi* in salsa, Fegato alla veneziana oder Baccalà in *tocio* zu Gemüte führen. Dazu trinkt man die obligate *Ombra* – sprich Hauswein – oder ein stilvolles Glas Rot- oder Weißwein aus einer Auswahl von venetischen und friulanischen Etiketten.

Al Prosecco

Santa Croce, 1503/Campo San Giacomo dell'Orio
Tel. (+39) 041 / 524 02 22
Ruhetag: Sonntag, Feiertage
Ferien: zeitweise im Januar und August
Geöffnet 9.30–21 Uhr

Auf dem Campo San Giacomo dell'Orio, der relativ abseits der ausgetretenen Pfaden der Touristenströme liegt, bietet dieses kleine Lokal eine sorgfältig gestaltete Auswahl an Wein mit Fokus auf naturbelassenen Erzeugnissen. Seinem Namen entsprechend hat es zudem eine große Auswahl an Prosecco und anderen Schaumweinen, auch von Biowinzern, vorrätig – von „col fondo" („mit Bodensatz" infolge natürlicher Flaschengärung) über herkömmlicheren Brut und Metodo Classico bis hin zu Rosé. Für den kleinen Hunger stehen *Cicheti* und belegte Brötchen bereit. Man kann sich auch einen Teller mit interessanten Käsesorten und Konfitüren zusammenstellen lassen. Darüber hinaus gibt es Brettchen mit Aufschnitt, Grillgemüse, Salate. Obwohl die Preise etwas hoch sind (wir sind immerhin in Venedig), lohnt es sich, zur Stunde der *Ombra* oder des Spritz – wie es heute bevorzugt heißt – hier vorbeizuschauen. Da die Öffnungszeiten mitunter variieren, empfehlen wir, sich vorab zu vergewissern, ob das Lokal tatsächlich geöffnet ist.

All'Arco

San Polo, 436/Rialto
Tel. (+39) 041 / 520 56 66
Ruhetag: Sonntag
Ferien: Weihnachten, Ostern, August
Geöffnet 8–14.30 Uhr, April–November
Mittwoch–Samstag auch 18–20 Uhr

Das Lokal an der Rialtobrücke gilt als Pflichtetappe jeder zünftigen Tour durch die *Bacari* Venedigs. Abgesehen von drei Hockern am Fenster samt Holzabstellfläche für Teller und Gläser konsumiert man hier im Stehen am Tresen, überwältigt von der langen Reihe an Crostini, Tramezzini und verschiedensten *Cicheti*, die Francesco und Matteo Mit Leidenschaft und Kompetenz zubereiten. Zur Mittagessenszeit ist das kleine Lokal zum Bersten voll mit Einheimischen und Touristen, die sich von dem Gedränge eher angelockt als abgestoßen fühlen. Wer Traditionelles probieren möchte, findet Crostini mit Baccalà mantecato (ohne Knoblauch) oder mit Baccalà alla vicentina, mit Sardinen in *saor* oder – im Winter – mit Musetto (Kochwurst) oder Spiensa (Milz) vor. Auch die vielen Panini und Tramezzini, die sich hier türmen, sind unwiderstehlich. Außerdem kann man sich Teller mit Gemüsehäppchen und frittiertem Fisch, kleinen Moschuskraken und Minitintenfischen zusammenstellen lassen. In Sachen Wein werden vor allem Prosecco, Lison und Malvasia offen ausgeschenkt. Fass- und Flaschenbiere aus Kleinbrauereien.

Cantinone (vormals Schiavi)

Dorsoduro, 992/San Trovaso
Tel. (+39) 041 / 523 00 34
Ruhetag: Sonntag
Ferien: 2 Wochen im August
Geöffnet 8.30–20.30 Uhr

Das nicht weit von der Accademia entfernte alte Kellerlokal bietet ein grandioses Sortiment an Wein, aber auch Grappa, Whisky, Wodka und anderen Spirituosen. Sitzplätze gibt es nicht. Das Cantinone hat sich einer recht interessanten Formel verschrieben, versteht sich als Weinbar und Vinothek, aber auch als typischer *Bacaro*. Folglich stehen für den kleinen Hunger Imbisse bereit, unter denen Crostini mit (vorzüglichem) Baccalà mantecato, Tintenfisch oder Sardinen in *saor* immer vertreten sind. Der Hauswein ist ein ordentlicher Tropfen und wird als *Ombra* zum günstigen Preis angeboten. Wer etwas anderes möchte, kann eine Flasche Wein kaufen und im Lokal trinken. Das Publikum ist bunt mischt: Edelvenezianer sind ebenso anzutreffen wie kultivierte Reisende, Studierende und Freiberufler. Zu den Besonderheiten des Lokals zählen neben seiner Geschichte das Flair und die guten Markenweine. Fazit: ein Muss für Freunde des gehobenen Trinkgenusses.

Codroma

Dorsoduro 2540/Fondamenta Briati
Tel. (+39) 041 / 524 67 89
Ruhetag: Sonntag
Ferien: August
Montag–Mittwoch 8–16 Uhr geöffnet,
Donnerstag–Samstag 8–16, 18–23 Uhr

Früher einmal – im späten 19. Jahrhundert – war hier Codroma der Wirt, ein Mann mit langem Bart, der als Gründer des Lokals Furore machte. Heute treffen wir Nicola Bettini an, der die Osteria vor einigen Jahren übernommen und zu einer der besten der Stadt gemacht hat. Vor Nicola kam man nur wegen der frittierten Fischhäppchen hierher, heute hingegen warten auf dem Tresen unzählige traditionelle *Cicheti*, während in der Küche Primi und Secondi entstehen, die auf langen Tischen mit ebensolchen Bänken von freundlichem Personal serviert werden. Die Auswahl an

Cicheti reicht von Fisch- und Fleischbällchen über gekochte Moscardini bis hin zu Sardinen und Garnelen in *saor*; damit nicht genug, gibt es Baccalà mantecato, Seppie und Calamari vom Grill oder frittiert (sofern es sich um kleine Exemplare handelt), Gemüse, aber auch Panini und Tramezzini belegt bzw. gefüllt mit Käse, Wurst oder anderem. Ursprüngliches Flair, gelöste Stimmung, Weine aus dem nordostitalienischen Raum, Biere von Kleinbrauereien.

Mascareta

Enoteca mit Ausschank und Küche
Castello, 5183/Calle Lunga Santa Maria Formosa
Tel. (+39) 041/523 07 44
Kein Ruhetag
Keine Ferien
Geöffnet 19–2 Uhr

Wer Mauro Lorenzon, den Patron und die Seele des Lokals, um eine Empfehlung bittet, erfährt ungemein viel über Produkte, Weinbaugebiete, Personen, die dahinterstecken. Bei Mauro fühlen sich die Einheimischen zu Hause, doch auch Touristen kehren hier ein. Das vom frühen Abend bis spät in die Nacht geöffnete Lokal kann auf einen Weinbestand von mehr als 100 Etiketten verweisen, die sich – auch glasweise – mit qualitätvollen Wurst- und Käsespezialitäten kombinieren lassen (z. B. Capocollo di Martina Franca und Robiola di Roccaverano, beides Slow-Food-Presidi). Es fehlt auch nicht an Appetithäppchen und Gerichten der örtlichen Tradition, wie etwa Sardinen in *saor*, Bigoli in salsa, Seppie in *tecia* mit Tintenfischschwärze, Zuppa di pesce (Fischsuppe), Austern und andere edle Weichtiere: Wer Letztere besonders liebt, sollte die *Saltada de cape* probieren – sautierte Muscheln aus San Piero in Volta, einem Fischerdorf auf der Insel Pellestrina.

VAPORETTO-ANLEGESTELLE PONTE TRE ARCHI

Dalla Marisa

Trattoria
Cannaregio, 652 B/Fondamenta San Giobbe
Tel. (+39) 041 / 72 02 11
Ruhetag: Montag-, Mittwoch- und Sonntagabend
Ferien: August, Weihnachten
30 Plätze + 40 Plätze im Freien
Preise: 35–38 € (Tagesmenü mit Wein)
Keine Kreditkarten
Mittags und abends geöffnet

DIE OSTERIA – Die kleine venezianische Osteria am Canale di Cannaregio, mitten im Ghetto (durch das ein Rundgang zu empfehlen ist), liegt nur zehn Gehminuten vom Bahnhof entfernt. Umgeben von Studierenden und Berufstätigen taucht man hier ein in eine realistische Dimension des venezianischen Alltagslebens. Wenn Sie mittags kommen, finden Sie nur das Menü für 15 € vor, das zwar täglich wechselt, aber eine Spur zu flott aufgetragen wird. Auch abends sind die Speisenfolgen zum Thema Fleisch oder Fisch (35 bzw. 40 € inklusive allem, ohne Überraschungen) vorgegeben, jedoch ist die Atmosphäre viel entspannter, obwohl das Lokal immer gut besucht ist.

DIE KÜCHE – Das Fleischmenü kann traditionelle **Tagliatelle mit Entensauce** beinhalten, aber auch Aufläufe mit Fleisch oder Saisongemüse oder **Risotto con le *secoe*** (Fleischstückchen, die von den Wirbeln geschabt werden – früher einmal ein Test für Fleischerlehrlinge im Umgang mit dem Messer). Als Hauptgang kann es ***Sguassetto a la bechera*** (Ragout aus Lunge, Milz, Kutteln und Kalbsschwanz) geben, ab dem Herbst dann **Trippa** (Kutteln) oder ***Spienza*** (Milz) sowie **Bollito** (Kochfleisch). Gegen Vorbestellung sind überdies Fasan, Ente, Kaninchen und Reh zu haben. Anlässlich der Festa della Madonna della Salute am 21. November wird Castradina, ein historisches Hammelfleischgericht, serviert. Das Fischmenü umfasst eine Vorspeise bestehend aus **Moscardini in umido**, **Baccalà mantecato**, ***Peoci* ripieni** (gefüllte Miesmuscheln), Branzino oder anderem mariniertem Fisch, gefolgt von Pasticcio oder Pasta mit gemischtem Fisch und einer köstlich duftenden, leichten Fischfrittüre. Als Nachtisch gibt es Crema di mascarpone mit traditionellen Keksen wie Baicoli und Amaretti. Der im Preis inbegriffene Hauswein ist in Ordnung.

VAPORETTO-ANLEGESTELLE CA' REZZONICO

La Bitta

Osteria
Dorsoduro 2753 A/Calle Lunga San Barnaba
Tel. (+39) 041 / 523 05 31
Ruhetag: Sonntag
Ferien: 1 Woche vor Weihnachten,
2 Wochen im Juli
28 Plätze + 14 Plätze im Freien
Preise: 38–40 € €↑
Keine Kreditkarten; BM
Geöffnet 18.30–24 Uhr

DIE OSTERIA – In der Gasse, die vom Campo San Barnaba zur Kirche San Sebastiano (Gemälde und Grab Veroneses) führt, gibt es das La Bitta offenbar seit 1570. Einst *Bacaro* für *Ombre* und *Cicheti*, ist es heute eine kleine Osteria, die nur Fleisch serviert: eine Ausnahme in dem von Fisch dominierten venezianischen Panorama. Debora und Marcellino wechseln sich ab in den zwei charmanten kleinen Räumen (Holztäfelungen und heller Putz, Fußböden und Leuchten aus vergangenen Zeiten, alte Drucke, Regale und Vitrinen voller Wein- und Schnapsflaschen, dicht aneinandergereihte Tische) und präsentieren auf verlässliche, kompetente Weise Gerichte, die je nach Marktlage zubereitet werden und auch Produkte einiger Slow-Food-Presidi vorsehen.

DIE KÜCHE – Als Entree kann man **friulanische Pitina mit Biancoperla-Polenta** (beides Slow-Food-Presidi, 10 €), Carpaccio von geräuchertem Rindfleisch oder Porchetta trevigiana mit Meerrettichsauce probieren. An Primi gibt es Tagliatelle mit Salsiccia und Radicchio oder mit Ragout von weißem Fleisch, **Gnocchi di patate** mit Ricotta und Kräutern, Ravioli mit Roter Bete und geräucherter Ricotta (11 €), **Zuppa di fagioli e orzo**, Crema di porri e patate. Es folgen **Fegato alla veneziana** (16 €), **Coniglio stufato** oder Coniglio con le olive, **Anatra arrosto**, Faraona alla crema, Bocconcini vom Kalb mit Paprikaschonten, Brasato di manzo al Cabernet, Filetto di maiale mit Kräutern. Mitunter steht **Anatra in *peverada*** auf dem Speisezettel – ein Entengericht, das in Venedig traditionell anlässlich der Festa del Redentore am dritten Sonntag im Juli zubereitet wird. Käseselektion mit Honig und Mostarda, hausgemachte Desserts (6 €), Weine hauptsächlich aus dem nordostitalienischen Raum. Bitte beachten Sie, dass das La Bitta keine Kreditkarten akzeptiert.

9 KM VOM ZENTRUM

Moro

Restaurant
Via Piave, 192
Tel. (+39) 041 / 92 64 56
Ruhetag: Sonntag
Ferien: vierte Juliwoche
28 Plätze
Preise: 35–38 €
Kreditkarten: AE, CS, MC, Visa; BM
Mittags und abends geöffnet

DIE OSTERIA – Obwohl in der Nähe des Bahnhofes des verkehrsreichen Mestre gelegen, ist das seit über 60 Jahren von Familie Moro geführte Restaurant ein ruhiger Ort mit schlichtem Interieur und geradliniger Gastlichkeit, was es zu einer nicht nur bei Einheimischen beliebten Adresse macht. Die ganze Familie ist in Service und Küche eingebunden, allen voran Angelino (alias Lino, der Sohn des Gründers Francesco), der sich auf professionelle Weise um das Wohl der Gäste kümmert und dabei nicht mit Tipps spart. Das Menü konzentriert sich auf Gerichte der venetischen Tradition und schweift nur sporadisch in andere Regionen ab.

DIE KÜCHE – Als Vorspeise bekommen wir **Baccalà mantecato**, **Gallina padovana in *saor*** (Hähnchen in leichter Marinade, 10 €), **Sardinen in *saor***, aber auch Kurioseres wie Salmone marinato agli agrumi e cardamomo (Lachs in Zitrusfrucht-Kardamom-Marinade). An Primi kann es **Tagliolini al nero di seppia con il baccalà** (11 €), Tagliatelle mit Artischocken und zerlassenem Asiago-Käse, Cappellacci di zucca (Kürbisteigtäschchen) mit Ricotta affumicata, Cremesuppe von Bohnen aus Lamon mit Radicchio di Treviso geben; zu den Gerichten, die auch für den schnellen Mittagstisch ideal sind, zählen die frischen Maccheroncini all'amatriciana mit Pecorino und die Kartoffelgnocchi mit Fleischsauce. Sehr beliebt ist das bei Tisch zubereitete Tatar, wenngleich **Baccalà alla vicentina**, **Oca al cren**, Anatra in umido mit Polenta oder Cotechino mit Kartoffelpüree eher der Tradition entsprechen. Abschließend kann man sich für eine hervorragende Selektion an Käse (darunter Slow-Food-Presidi) oder eines der Desserts des Hauses entscheiden, z. B. Bavarese, Millefoglie, Tiramisu. Der von Sommelier Lino gepflegte Weinkeller ist nicht nur mit Etiketten aus ganz Italien bestens bestückt.

9 KM VOM ZENTRUM

Ostaria Da Mariano

Traditionelle Osteria
Via Spalti, 49/Via Cecchini
Tel. (+39) 041/61 57 65
Ruhetag: Samstag, Sonntag
Ferien: letzte Juliwoche–Mitte August
40 Plätze • Preise: 30–35 €
Kreditkarten: CS, MC, Visa; BM
Mittags und abends geöffnet

Mit Bescheidenheit und Leidenschaft bei der täglichen Arbeit – gute Gründe, um hier einzukehren.

DIE OSTERIA – Das 1963 als Weinhandlung von Namensgeber Mariano eröffnete Lokal wird heute in dritter Generation von der Familie Badesso geführt. Von außen ist es unscheinbar, im Inneren umso interessanter: Auf dem Tresen am Eingang sind Dutzende Wurst- und Käsespezialitäten zu bestaunen (sorgfältig ausgesuchte Produkte, etliche Slow-Food-Presidi), in den wandbedeckenden Regalen stehen viele Flaschen (u. a. Bio- und naturbelassene Weine) in Reih und Glied, und das Holzmobiliar trägt zu einer warmen, behaglichen Atmosphäre bei. Die Küche ist einfach und geradlinig, würdigt die Tradition und regionale Produkte. Antonio beschreibt gerne die Empfehlungen und erklärt, warum diese oder jene Zutat Verwendung findet.

DIE KÜCHE – Beginnen kann man mit Baccalà mantecato zu Polenta, **Sardinen in *saor*** oder Tris di ***cicheti*** (drei typische Appetithäppchen, 15 €). Es folgen die Primi: ***Bigoi*** in salsa, **Tagliolini alle seppie** (8 €), **Gnocchi di zucca** (auf Basis von mit Kräutern mariniertem Kürbisfleisch). Zum Hauptgang nicht fehlen dürfen **Baccalà alla vicentina** bzw. alla veneziana sowie **Fegato alla veneziana**, es gibt aber auch **Seppie in umido mit Polenta**, Perlhuhn (Faraona disossata), Kaninchen (Coniglio ripieno, 15 €) und zwei Degustationsmenüs (Fleisch für 35 €, Fisch für 40 €). Die Auswahl an Dolci reicht von Bavarese bis hin zu Tiramisu. Was den Wein anbelangt, blicken Sie einfach um sich und lassen sich von Sommelier Antonio beraten: Aus Hunderten Etiketten – hauptsächlich, aber nicht nur aus Nordostitalien (von denen einige auch glasweise erhältlich sind) – wird er Ihnen das Passende zu Ihrem Menü empfehlen.

Al Bersagliere

Trattoria • Via Dietro Pallone, 1
Tel. (+39) 045/800 48 24
Ruhetag: Sonntag, Montag, Feiertage; im Juli und August auch Samstagabend
Ferien: 1.–15. August, Weihnachten–15. Januar
80 Plätze + 30 Plätze im Freien
Preise: 30–33 €
Kreditkarten: AE, CS, MC, Visa; BM
Mittags und abends geöffnet

Leo, der kämpferische Wirt, der seit je Weine und Lebensmittel aus seiner Region fördert, setzt sich mit Beharrlichkeit und Leidenschaft für den Fortbestand der echten Veroneser Küche ein.

DIE OSTERIA – Seit 25 Jahren betreibt Leo Ramponi mit seiner Frau Marina, nun auch mit Sohn Alessandro, diese historische Trattoria unweit der Piazza Bra. Hier spürt man den Geist der alten Veroneser Osterien, in denen die Bewohner der Scaligerstadt heute wie gestern die schöne Gewohnheit pflegen, einen *Goto* di vino im Stehen am Tresen zu trinken. An den Wänden der drei hübsch eingerichteten Gaststuben hängen Fotos, Plaketten und Erinnerungsstücke an Leos Leidenschaft für Sport und anderes mehr. Eigene Olivenölkarte mit zwölf Sorten aus dem Valpolicella und weiteren elf aus verschiedenen Regionen.

DIE KÜCHE – Aus uralten Veroneser Rezeptbüchern stammen Gerichte wie **Baccalà** del Bersagliere, ***Pastissada de caval* mit Polenta** (14 €), **Stracotto di musso** (Esel). Ebenfalls zu entdecken sind köstliche Salumi – von Lardo über Pancetta und Rohschinken bis hin zur kuriosen **Stortina veronese** (Slow-Food-Presidio), die heiß **mit Polenta** serviert wird. An Primi gibt es Tortelli und andere hausgemachte Pasta wie **Bigoli al torchio mit Entensauce** oder **Tagliolini in Brühe mit Hühnerleber**. Immer im Angebot sind **Risotto all'Amarone** und eine unübertreffliche **Pasta e fagioli** (8 €). Beachtliche Selektion an Käse aus der Region, u. a. Monte Veronese (frisch, gereift, affiniert mit Amarone), Cimbro und ein unvergesslicher Erborinato aus einer Minikäserei der Lessinia. Als Nachtisch Diplomatico und Crostata con salsa al limone (5 €). Schöne regionallastige Weinkarte, ausgewählte Grappas und andere Spirituosen.

Al Pompiere

Restaurant
Vicolo Regina d'Ungheria, 5
Tel. (+39) 045 / 803 05 37
Ruhetag: Sonntag
Ferien: 1 Woche im Juni, Weihnachten–Dreikönig
50 Plätze
Preise: 38–42 € €↑
Kreditkarten: AE, CS, MC, Visa; BM
Mittags und abends geöffnet

DIE OSTERIA – Das Lokal ist auf Initiative eines pensionierten Feuerwehrmannes (it. pompiere) um die Mitte des vergangenen Jahrhunderts als einfache Osteria entstanden. Mit der Zeit wurde das Speisenangebot erweitert, was das Haus zu einer Pflichtadresse im Veroneser Wirtshauspanorama gemacht hat. Seit 2011 wird es von Patron Marco Dandrea geführt, der mit seinem Team dafür sorgt, dass Sie sich wie zu Hause fühlen – in einem Ambiente mit Klasse, behaglicher Atmosphäre, Holzmöbeln und Schwarz-Weiß-Fotos an den Wänden. In einer Ecke des Hauptraums sind über 30 verschiedene Salumi zu bestaunen – als Vorspeise praktisch ein Muss. Gleich daneben steht die Käsetheke mit rund 100 Sorten für interessante Verkostungen.

DIE KÜCHE – An **Pasta e fagioli** (11 €) fehlt es nie; ebenfalls aus dem Kapitel Primi zu empfehlen sind sowohl die **Tagliatelle** all'uovo (12 €) **con sugo di selvaggina** (Wild) oder con i finferli (Pfifferlinge) als auch die Ravioli di strigoli (Wildkraut) mit zerlassenem Käse (Asiago d'allevo) und Knoblauchbutter. Als Hauptspeise **Insalata di gallina grisa** (Hähnchen aus der Lessinia) mit Nüssen und rohem sowie gekochtem Gemüse, geschmortes Rinderbäckchen (**Guancia di manzo all'Amarone**), Kalbsleber (**Fegato alla veneziana**, 16 €), Tagliata vom Entrecote mit Sesamöl und Rosmarin. Die Desserts sind ein Traum: Bitterschokotorte mit Gianduia-Eis und Orangensauce, Cremoso al pistacchio mit Zabaione (8 €), Tiramisu, Sbrisolona, um nur einige zu nennen. Großartiges Weinangebot, viele glasweise Empfehlungen.

In der Manufaktur mit Verkaufsladen Dolcezze al Pompiere (Via Santo Stefano 10, bei der Ponte Pietra) bekommt man die gleichen Eissorten und süßen Sachen wie in der Osteria.

All'Isolo

Trattoria
Piazza Isolo, 5A
Tel. (+39) 045 / 59 42 91
Ruhetag: Mittwochabend
Ferien: 2 Wochen im Juli/August
50 Plätze + 30 Plätze im Freien
Preise: 25 €
Kreditkarten: AE, CS, DC, MC, Visa; BM
Mittags und abends geöffnet

DIE OSTERIA – Die Trattoria an einer etwas abgelegenen kleinen Piazza in einem ruhigen Viertel, wenige Hundert Meter von der Altstadt entfernt, wird als Familienbetrieb unter der Leitung von Signora Silvana geführt. Es ist ein Lokal, das nicht viel Aufhebens macht, in dem man immer Herzlichkeit, Beschaulichkeit und – natürlich – gutes Essen vorfindet. Schon beim Eintreten nimmt man die ungekünstelte Schlichtheit des Ambientes wahr, was sowohl für die Einrichtung als auch die gesellige Atmosphäre gilt. Unter das Lachen der Gäste mischt sich jenes der Wirtsleute, die immer zu Scherzen aufgelegt sind und gute Laune verbreiten.

DIE KÜCHE – Unter den Antipasti (7 €) finden wir einen schönen Teller mit Aufschnitt von Sopressa veneta und Lardo pancettato, aber auch Hecht in der Version **Luccio in salsa mit Polenta**. Es folgen die zu Recht berühmten hausgemachten Teigwaren, nämlich **Fettuccine con i piselli** (mit Erbsen) oder **con il tartufo** della Lessinia (mit heimischer Trüffel, 8 €) sowie **Bigoli all'anitra** (dicke Spaghetti mit Entensauce, 7 €). Die klassischen Aromen der Veroneser Küche entfalten sich bei den Secondi: Scottata di puledro (Fohlen, kurz gebraten, 12 €), ***Pastisada*** (Pferdefleischspezialität), Galletto al forno (Brathähnchen, 12 €) und – wenn es die Außentemperaturen zulassen – traditionelles gemischtes Siedefleisch mit pikanter Sauce, sprich **Bollito misto con la *pearà***. Die ebenfalls hausgemachten Dolci (4 €) werden mündlich vorgetragen und wechseln je nach täglicher Verfügbarkeit: Tiramisu, Crostata, **Torta sabbiosa**. Unprätentiöses Weinangebot, das jedoch die Region um Verona auch mit dem einfachen Glas ehrlichen Hausweins schön zur Geltung bringt.

VILLA BARTOLOMEA (VR)
Carpi

52 KM SÜDÖSTLICH VON VERONA

Antica Trattoria Bellinazzo

Trattoria
Via Borgo Chiesa, 20
Tel. (+39) 04 42 / 924 55
Ruhetag: Montagabend, Dienstag
Ferien: August
60 Plätze • Preise: 25–28 €
Kreditkarten: AE, CS, DC, MC, Visa; BM
Mittags und abends geöffnet

DIE OSTERIA – Es ist nicht nur die Kompetenz und zuweilen die Nachdrücklichkeit, mit der er seine Empfehlungen vorträgt und damit den Gast zu einer Reise in die hiesige Wein- und Esskultur verführt. Auch die Förderung all dessen, was die Region an Gutem bietet, sowie die seit 20 Jahren bestehende Kooperation mit Viehzüchtern und Landwirten aus der Gegend als Garantie für eine kurze Lieferkette zeugen von der Leidenschaft, die Daniele in seine Tätigkeit legt. Übrigens war er der Erste, der eine eigene Karte mit Veroneser Käsesorten angeboten hat. Die Trattoria ist seit über 130 Jahren ein Bezugspunkt in diesem Teil der Provinz Verona und hält ihren wohlverdienten guten Ruf weiter aufrecht: mit angenehm angeordneten Tischen, einem auch dank des Holzinterieurs heimeligen Ambiente und natürlich den Düften aus der Küche, wo Danieles Frau Chiara wirkt.

DIE KÜCHE – Bereits mit den Antipasti (7 €) – **Lardo, Cimbro**, Petto d'oca (Gänsebrust) oder eine Auswahl von vorzüglichen Formaggi mit hausgemachter Mostarda – bekommen wir die erwähnte Regionalität vermittelt, die von den Primi (7,50 €) weiter bestätigt wird: **Pasta e *fasoi*** (mit Bohnen aus dem eigenen Garten!), **Bigoli al torchio con somarino**, ein bemerkenswerter **Risotto alla veneta**. Sehr erfreulich auch die Secondi (8 €): ***Pastizzà* di musso** (Eselschmorfleisch), **Baccalà**, Tagliata di manzo (Rindersteak), Puledro (Fohlen), Maialino (Ferkel), Costolette di agnello (Lammkoteletts) und – in den kalten Monaten – **Bolliti con *pearà*** (Kochfleisch mit pikanter Sauce). Schöne Auswahl an durchweg hausgemachten Dolci, erstklassige Weinkarte mit guten glasweisen Empfehlungen. Diesbezüglich kann man hier auch mal über die Stränge schlagen, da das Lokal Vereinbarungen für Übernachtungsangebote mit einem Agriturismo und einem Hotel im Ort getroffen hat.

VILLADOSE (RO)
Canale

12 KM ÖSTLICH VON ROVIGO

Da Nadae

Trattoria
Via Garibaldi, 371
Tel. (+39) 04 25 / 47 60 82
Ruhetag: Dienstag
Ferien: 6.–15. Januar, 16.–31. August
75 Plätze
Preise: 25 €
Kreditkarten: CS, DC, MC, Visa; BM
Mittags und abends geöffnet

DIE OSTERIA – Dieses Landgasthaus in der Nähe des Siedlungsgebiets schenkt der arbeitenden Bevölkerung mit seinem Mittagstisch erbauliche Momente im Alltag und bewahrt auch sonst eine menschengerechte Dimension – sei es bei einer kurzweiligen Einkehr am frühen Abend, sei es bei einem ungezwungenen Abendessen. Die Schwestern Mariuccia (Service) und Gabriella (Küche) sind die rührigen Seelen des Hauses, das vom Großvater gegründet wurde und mehrere gemütliche Räume bietet, in denen jeder Gast fürsorglich betreut wird.

DIE KÜCHE – Das Menü wird mündlich vorgetragen, steht aber auch am Eingang angeschrieben. Die Stärken des Hauses sind Gerichte der lokalen Tradition, angefangen von Fischvorspeisen wie **Sarde in *saor*** (4 €), ***Schie* mit Polenta**, Cozze und Vongole in zuppetta. An Primi gibt es **Risotto al tastasale** oder mit Saisongemüse (6 €), **Pasta e fagioli** und **Bigoli con le sarde**. Von den Secondi erwähnt sei der je nach Saison unterschiedlich zubereitete **Baccalà mit Polenta** (12 €) – als Arrosto „in rotolo", alla polesana, alla fratona, alla Nadae. Weitere Hauptspeisenempfehlungen: **Anguille fritte** (frittierter Aal), **Seppie in umido** (geschmorter Tintenfisch, 10 €), Pesce di giornata ai ferri (Fisch des Tages vom Grill). An Fleisch gibt es **Mussetto in umido mit Polenta**, manchmal auch Impasto di salame. Den Ausklang bilden die Dolci des Hauses (3,50 €), z. B. Zuppa inglese oder Tiramisu. Neben dem Hauswein stehen ein paar Flaschenweine zur Auswahl.

La Mesa, Via Umberto 12 im nahen **Villadose** (2,8 km), bietet Brot und Kuchen aus dem Holzofen. Viele der Backwaren basieren auf Natursauerteig, der lange aufgehen darf. Als Spezialität gilt der Hefekuchen namens Pinza alla munara.

VITTORIO VENETO (TV)
Serravalle

40 KM NÖ. V. TREVISO, S.S. 13 U. S.S. 51 OD. A 27

Hostaria Via Caprera

Traditionelle Osteria
Via Caprera, 23
Tel. (+39) 04 38 / 575 20
Ruhetag: Montag
Ferien: 1 Woche um den 15. August
80 Plätze + 40 Plätze im Freien
Preise: 36 €
Kreditkarten: AE, CS, MC, Visa; BM
Mittags und abends geöffnet

DIE OSTERIA – Die Osteria befindet sich im alten Serravalle, dem nördlichen Stadtviertel von Vittorio Veneto. Das behagliche Lokal aus Holz und Stein erstreckt sich über zwei Ebenen und verfügt über einen hübschen Innenhof. Die Speisen à la carte werden auch in ihrer Zubereitungsweise von Roberto genau beschrieben. Er leitet zusammen mit Giampaolo diese Osteria, die eng mit der Geschichte des Ortes verbunden ist und jenes Zugehörigkeitsgefühl vermittelt, das die Menschen hier zusammenschweißt.

DIE KÜCHE – Die im Dialekt verfasste Menükarte, die man mit nach Hause nehmen darf, nennt die immer erhältlichen Traditionsgerichte: ***S'cios* gratinati** (gratinierte Schnecken), **Sardinen in *saor*** (9 €), **Pasta e *fasoi*** (Bohnensuppe mit Nudeln, auch in einer sommerlichen Version), **Bigoli con le sarde** oder al ragù (8 €). Eine Art Hommage an den Ersten Weltkrieg ist die **Minestra di pasta e patate** (Gemüsesuppe mit Nudeln und Kartoffeln) in einem Glasgefäß, das an den Essnapf eines Soldaten erinnert. Weitere Empfehlungen: Kutteln (**Trippa in tegame**, 13 €), Pferdefleisch (Costata di cavallo), Stockfisch in Form von **Baccalà in *tecia***. Allwöchentlich werden zwei Gerichte – ein Zwischengericht und eine Hauptspeise – auf die Karte gesetzt, die je nach Saisonalität der Zutaten und Kreativität des Küchenchefs wechseln. Darüber hinaus gibt es ein Degustationsmenü inklusive drei Weinbegleitungen für 39 €. Schließlich die Dolci: Erdbeerkompott, Holundercrêpes, Omelette mit Zitrone, Apfel und Crema inglese (6 €). Die in der Menükarte enthaltene Liste der Weine nennt viele glasweise Empfehlungen und weist darauf hin, dass man eine nicht ausgetrunkene Flasche mit nach Hause nehmen darf. Nach dem Kaffee kann man sich der schönen Selektion an venetischen und anderen Grappas zuwenden.

VODO CADORE (BL)

52 KM NÖRDLICH VON BELLUNO, S.S. 51

Il Capriolino

Osteria
Via Nazionale, 108
Tel. (+39) 04 35 / 48 92 07
Ruhetag: Dienstag, außer im Februar, August und an Weihnachten
Ferien: Mai, 2 Wochen im November
30 Plätze + 20 Plätze im Freien
Preise: 30–34 €
Kreditkarten: MC, Visa; BM
Mittags und abends geöffnet

DIE OSTERIA – Die Idee der Familie Gregori, in dem Gebäude, das ihr weithin bekanntes Restaurant Il Capriolo beherbergt, auch eine Osteria unterzubringen und dort Gerichte der Tradition in nonchalant-legerem Rahmen anzubieten, hat sich als erfolgreich erwiesen. Das Haus – mit der prächtigen Kulisse der Dolomiten im Hintergrund – war im frühen 19. Jahrhundert als Postamt entstanden. Die Gregori haben es in den 1950er-Jahren übernommen, mit Holz und Stein stilvoll renoviert und behagliche Räume eingerichtet. Küchenchef Francesco arbeitet mit Gemüse aus dem eigenen Garten, Erzeugnissen von kleinen Betrieben des Umlandes und Produkten einiger Slow-Food-Presidi.

DIE KÜCHE – Die Berge bestimmen mit klassischen Fleisch- und Pilzrezepten das Menü, in dem aber auch unverzichtbare venetische Klassiker wie Baccalà vertreten sind. Es besteht die Möglichkeit, à la carte zu wählen, doch die interessantesten Kombinationen kommen mit den drei Degustationsmenüs auf den Tisch: Das Menü Sapori di montagna (30 €) beinhaltet z. B. ***Casunzei*** (Teigtäschchen mit Rote-Bete-Füllung) und **Milchferkelhaxe aus dem Ofen** mit Kartoffelpüree; das Menu della tradizione, ebenfalls für 30 €, kann aus Vollkorn-Spaghettini mit Geflügel-Salbei-Ragout und **Rehragout Jägerinart mit Polenta** bestehen, während das Menu dell'orto für 24 € **Lasagnette alle erbette** auf Bohnen-Basilikum-Creme sowie Gemüsefrikadellen mit Ingwer, Pfifferlingen und Auberginen vorsehen kann. Vor allem bei der vegetarischen Speisenfolge bestimmen saisonale Produkte die Zusammensetzung. Für jedes Menü ist ein Dessert nach Wahl vorgesehen, z. B. Panna cotta oder Apfel-Birnen-Strudel. Gut bestückter Keller, in dem die wichtigsten Weine jeder Region vertreten sind; mindestens ein Dutzend ist wechselweise im offenen Ausschank erhältlich.

VOLPAGO DEL MONTELLO (TV)

22 KM NORDWESTLICH VON TREVISO

Bosco del Falco

Agriturismo
X Presa Via Battisti, 25
Tel. (+39) 04 23/61 97 97
Ferien: 2 Wochen im August, 3 Wochen im Januar
80 Plätze
Preise: 35 € (Tagesmenü)
Kreditkarten: Visa; BM
Freitag, Samstagabend und Sonntagmittag geöffnet

DIE OSTERIA – Bei diesem Agriturismo mitten im Grünen des Montello handelt es sich um ein Bauernhaus aus dem späten 19. Jahrhundert, das unter Beibehaltung der ursprünglichen Architektur umsichtig renoviert worden ist. Ringsum erstrecken sich 40 Hektar Land samt wunderschönem Park, Obstplantage, Gemüsegarten, Weinberg, Olivenhain und Geflügelzucht (Enten, Gänse, Hühner). Elena, eine ebenso erfahrene wie kompetente Köchin, verarbeitet die hauseigenen Erzeugnisse treffsicher zu schmackhaften, fantasievollen Gerichten; Brot, Nudeln und Gnocchi sind selbst gemacht. Paolo begleitet Sie gerne auf einem Spaziergang durch den Park, den er leidenschaftlich pflegt, während Frank im Service zu einem Geschmacksparcours einlädt, für den praktisch alle Zutaten aus dem eigenen Betrieb stammen. Der große zentrale Gastraum (Steinmauern, Sichtgebälk, alter Ofen), die Stube und der Salon im Obergeschoss sind geschmackvoll und schlicht eingerichtet.

DIE KÜCHE – Als Vorspeise sieht das Menü beispielsweise (da saisonabhängig) Spargel mit Ei, Gemüse-Cartoccio und Polpetta, Auberginenauflauf, cremige Polentina mit Honigpilzen vom Montello und Sopressa della casa (hausgemachte Wurst) vor. An Primi kann es u. a. einen fantastischen **Raviolo verde mit Morlacco-Käse-Füllung**, **Risotto con patate e sedano** (mit Kartoffeln und Sellerie) oder **Tortello con farina di castagne, pere e noci** (Teigtäschchen aus Esskastanienmehl mit Birnen und Walnüssen) geben. Das Hähnchengericht **Gallo in *tecia***, die **Faraona in salsa *peverada*** und die Tagliata mit feinen Kräutern sind herausragende Secondi. Die Weine stammen hauptsächlich aus der Umgebung, der Prosecco ist selbst gekeltert. Zum Nachtisch schließlich leckere Mürbeteigkuchen mit Obst und Elenas Kleinpatisserie: venezianische **Zaleti**, Baiser, Kokos-Mandel-Plätzchen.

ZERO BRANCO (TV)
Scandolara

18 KM SÜDWESTLICH VON TREVISO

Brunello

Trattoria
Via Scandolara, 35
Tel. (+39) 04 22 / 34 51 06
Ruhetag: Montag
Ferien: zeitweise im Sommer
50 Plätze
Preise: 35 €
Kreditkarten: CS, MC, Visa; BM
Mittags und abends geöffnet

DIE OSTERIA – Landwirtschaftliche Nutzung mit einer geradlinigen Flureinteilung aus der Römerzeit prägt diesen Teil der Provinz Treviso an der Grenze zu den Provinzen Venedig und Padua. Der erste Eindruck könnte ernüchternd sein: eine typische Bar im Stil der 1970er-Jahre, wie es sie vielerorts gibt, mit Schanktresen, Erinnerungsstücken an Radsport und Jagd, fröhlichen Runden, die sich zum Plaudern, Kartenspielen und Weintrinken einfinden. Die Herzlichkeit des Wirts ist aber nicht nur den Stammgästen vorbehalten: Andrea Brunello wird Sie freundlich begrüßen, in dem einfachen, aber gepflegten Gastraum zu Tisch bitten und Ihnen bei der Speisen- und Weinauswahl behilflich sein. Das von seiner Mutter Franca gestaltete Menü wechselt häufig – je nachdem, was lokale Lieferanten und die Jahreszeit bieten.

DIE KÜCHE – Verlockend von den Antipasti sind **Baccalà mantecato mit Polenta** (**aus Biancoperla-Mais**, Slow-Food-Presidio, 9 €), Polpettine di manzo (Rinderhackfleischbällchen, 8 €), Carne cruda battuta al coltello (Tatar); im Frühling bekommt man außerdem ein sensationelles Spargelküchlein (Tortino di asparagi) mit knusprig gebratenem Ei. An Primi stehen **Pasta e fagioli** mit Bohnen aus Lamon und Trevisaner Spätradicchio, Risotto mit Fasan und Gemüse (für mindestens zwei Personen) sowie ***Sopa coada*** (11 €) zur Auswahl. Traditionell auch die Secondi: **Faraona in salsa *peverada*** (14 €), Coda di manzo in umido, **Baccalà alla vicentina**, in der Wildsaison zudem Selvaggina, erlegt von Papà Giovanni. Käsefans werden an der schönen Selektion von frischen und reifen Schimmelkäsesorten Freude haben. Zum Finale Francas Desserts – Tiramisu und Mürbeteigkuchen. Die Weine, von denen einige im Gastraum ausgestellt sind, sind zu Hunderten lagernd: Andrea als Berater hinzuzuziehen ist kein Fehler.

0 15 30 km
NATIONALPARK HOHE TAUERN
ÖSTERREICH
Gmünd in Kärnten
Lienz
Drau
Spittal a. d. Drau
A10
Villach
Gail
A2
A11
Forni Avoltri
Rigolato
Prato Carnico
Paluzza
Ovaro
Sutrio
Ravascletto
Sauris
Lauco
Moggio Udinese
Malborghetto Valbruna
Tarvisio
Kranjska Gora
A23
Pieve di Cadore
Forni di Sopra
Tolmezzo
Verzegnis
Cavazzo Carnico
Piave
TRIGLAVSKI NARODNI PARK
Bovec/ Plezzo
SLOWENIEN
Clauzetto
Frisanco
Cavasso Nuovo
Castelnovo del Friuli
Tarcento
Andreis
Cassacco
Pulfero
Grimacco
Tolmin/ Tolmino
Maniago
Pinzano al Tagliamento
S. Daniele d. Friuli
Stregna
Cividale d. Friuli
San Leonardo
Spilimbergo
Fagagna
Remanzacco
S. Pietro al Natisone
S. Giorgio d. Richinvelda
Dolegna d. Collio
Udine
A27
S. Quirino
Vivaro
Cormons
Vittório Véneto
Caneva
Campoformido
Buttrio
Mossa
Görz
Pordenone
A23
Codroipo
Mariano d. Friuli
Farra d'Isonzo
H4
Prata di Pordenone
A28
Fiume Veneto
Palmanova
Savogna d'Isonzo/ Savodnje ob Soči
Bagnaria Arsa
A4
Gradisca d'Isonzo
Conegliano
Pasiano di Pordenone
Pometto
Cervignano d. Friuli
Monfalcone
Sgonico/ Zgonik
Aquileia
Duino Aurisina/ Devin Nabrežina
A3
Portogruaro
VENETIEN
Isola di Anfora
Grado
Triest
A1
Treviso
S. Donà di Piave
Lignano Sabbiadoro
Muggia
S. Dorlig d. Valle/ Dolina
A4
Koper/Capodistria
H5
H6
A57
Lido di Jésolo
Mestre
VENEDIG
Umag/Umago
Buje/Búie
Golf von Venedig
Novigrad/Cittanova
A9
KROATIEN
Poreč/Parenzo
Chióggia
ADRIA
Rovinj/Rovigno

FRIAUL-JULISCH VENETIEN

Etwas mehr als eine Stunde mit dem Auto: So lange dauert es, um diese kleine Region im Nordosten des Landes zu durchqueren. „Sechzig Meilen von Nord nach Süd", schrieb der Autor Ippolito Nievo. Bewohnt wird sie von etwas mehr als einer Million Menschen, was in manchen Großstädten der Einwohnerzahl eines Stadtteils entspricht. Klein und am Rand gelegen, so scheint Friaul-Julisch Venetien wahrgenommen zu werden. Und doch treffen in diesem Raum mindestens vier Sprachen und zehn Dialekte in unzähligen Varianten aufeinander. Wir finden somit mehr als nur Spuren einer Pluralität vor, zu der die Diaspora der Emigranten hinzukommt.
Heute, 40 Jahre nach dem Erdbeben von 1976, ist dies noch augenfälliger. Gedenkanlässe haben gezeigt, dass Wiederaufbau immer das Ergebnis einer engen, gegen jeden Bruch gefeiten Heimatverbundenheit ist. Pluralität kennzeichnet auch die hiesige Esskultur. Sie vereint in sich die Historie, einen gewissen Eigensinn, das Bewahren und Erinnern sowie eine aufrichtige, zuweilen ein wenig spröde wirkende Gastfreundschaft, aber auch das Bewusstsein für die Veränderungen der Welt, der Generationen, des Geschmacks.
Wenn man diese Region aus der Nähe betrachtet, durch den Nebel blickt, der über den geografischen Grenzen liegt, bemerkt man schnell, was sie auszeichnet. Dies gilt beispielsweise für die Gerichte der Arme-Leute-Küche, wie etwa die unzähligen Varianten des Frico oder der *Cjarsòns* : Wildkräuter, Ricotta, Zimt sind die Zutaten für deren Füllung, aber auch Rosinen, Kakao, Kekskrümel, Grappa. – Die Weine und der Rohschinken aus San Daniele genießen einen eigenen Ruf. Doch wer es versteht, tiefer zu blicken, entdeckt gleichartige Vorzüge in der Vielfalt an Fisch, geschmortem Fleisch, Wild und sogar bei den Süßspeisen.

Für Sie entdeckt

Baccalà
263 Borgo Colmello
Farra d'Isonzo (Go)
281 Al Bachero
Spilimbergo (Pn)
288 Alle Alpi
Udine
291 Leon d'Oro
Udine

Palacinke
260 Antica Trattoria Ferreghini
Dolegna del Collio (Go)
261 Sardoc
Duino-Aurisina (Ts)
264 Ca' di Pieri
Görz
285 Antica Trattoria Suban
Triest

Cjarsòns
260 Ai Mulinars
Clauzetto (Pn)
264 Da Cippi
Frisanco (Pn)
276 L'Osteria di Tancredi
San Daniele del Friuli (Ud)
283 Da Gaspar
Tarcento (Ud)

Frico
264 Ca' di Pieri
Görz
272 La Ferrata
Pordenone
275 La Fuêo
Rigolato (Ud)
278 Le Querce
San Pietro al Natisone (Ud)

BAGNARIA ARSA (UD)
Sevegliano

23 KM SÜDLICH VON UDINE, A 23 ODER A 4

Mulino delle Tolle

Agriturismo
Via Julia, 1
Tel. (+39) 04 32 / 92 47 23
Ruhetag: Montag–Mittwoch
Ferien: Ostern, 15.–30. Juli, 24. Dezember–15. Januar
80 Plätze + 50 Plätze im Freien
Preise: 25 €
Kreditkarten: Visa; BM
Mittags und abends geöffnet

DIE OSTERIA – Ein paar Kilometer von Palmanova entfernt erzeugt Familie Bertossi Wein und lädt ihre treue einheimische Stammklientel wie auch Reisende, die die Stadt mit dem sternförmigen Grundriss besuchen, zum genussvollen Verweilen ein. Der Agriturismo macht ausgiebig Gebrauch von Eigenbaugemüse und Geflügel aus eigener Haltung (Perlhuhn, Hähnchen, Ente, Pute, Gans) und bietet damit fast zur Gänze eine „Null-Kilometer-Küche". Eine weitere Stärke des Hauses ist das günstige Preis-Leistungs-Verhältnis.

DIE KÜCHE – Den Reigen der Antipasti eröffnen Noce di maiale (mariniertes Schweinefleisch) mit Rucola und Grana oder Feldsalat mit Petto d'anatra (Entenbrust), Balsamicoessig und Granatapfel (5 €). Eine gute Auswahl besteht bei den Primi: Pasticcio di ragù e asparagi, Zuppa di orzo e fagioli, **Gnocchi di patate mit Perlhuhnsauce** (7 €). Breit gefächerte Palette an Secondi, die alle von Polenta, gekochtem Gemüse oder Salat begleitet werden: **Frico** mit Kartoffeln und Käse (der Sorte Montasio von einer genossenschaftlich betriebenen Käserei), **Pollo in umido** (geschmortes Freilandhähnchen, 8 €), **Arrotolato di manzo con salsiccia** oder Arrotolato di faraona mit Ei und Spargel, Fegato di manzo alla veneta. Auch einige kalte Speisen werden angeboten, z. B. Roastbeef tonnato. Einfache, hausgemachte Dolci: Apfelstrudel, Crostata mit selbst gemachter Kirschkonfitüre (5 €), Panna cotta, Tiramisu. Die Weine – alle aus lokalen Rebsorten im familieneigenen Betrieb erzeugt – sind sowohl in Flaschen als auch glasweise zu stets moderaten Preisen erhältlich.

An der einzigartigen Piazza von **Palmanova** (5 km) ist die mehrfach ausgezeichnete Caffetteria Torinese von Nereo und Marona eine Pflichtadresse.

´CANEVA (PN)
Sarone

17 KM NORDWESTLICH VON PORDENONE, S.S. 13

Trota Blu

Trattoria
Via Santissima, 2
Tel. (+39) 04 34 / 770 27
Ruhetag: Montag, im Winter auch Dienstag
Ferien: 2 Wochen im Januar/Februar
80 Plätze + 50 Plätze im Freien
Preise: 32 €
Kreditkarten: AE, CS, DC, MC, Visa; BM
Mittags und abends geöffnet

DIE OSTERIA – In der warmen Jahreszeit bittet das Trota Blu seine Gäste zu Tisch in einem wunderschönen Außenbereich, der in ein grünes Wäldchen eingebettet und einer Insel gleich von einem Wasserlauf umgeben ist; der Weg dorthin führt über einen Steg. Das Ambiente im Lokalinneren ist zeitgemäß und stilvoll. Das Menü basiert fast zur Gänze auf Forelle, die seit mehr als 25 Jahren in den Quellwasserbecken des Betriebs gezüchtet wird. Ebendieser Betrieb führt seit 2012 diese Trattoria. Am Steuer des Trota Blu steht Alberto Corona, Cristina ist für die Küche verantwortlich.

DIE KÜCHE – Die Forelle ist somit die unbestrittene Hauptakteurin und wird in vielen verlockenden Interpretationen angeboten, um jedem Geschmack – auch dem von Kindern – gerecht zu werden. Herausragend von den Antipasti sind das vorzügliche Carpaccio, das Tatar und der **Fenchel-Orangen-Salat mit Räucherforelle** (Insalatina di finocchio, arancia e trota affumicata). Nicht entgehen lassen sollte man sich die lauwarme Auswahl (Selezione tiepida, 14 €), die **Trota** sowohl als Forellentatar mit Minze und Limette als auch als kalt und warm **geräucherte und marinierte Forelle** empfiehlt. Bei den Primi kann die Wahl auf handgemachte **Ravioli** con trota e zenzero (mit Forelle und Ingwer, 11 €) oder Kamut-Linguine mit Räucherforelle, frischen Tomaten und Basilikum fallen. Von den Secondi empfehlen wir neben **Trota al forno** und Trota ai ferri die Tellergerichte (Piatti unici, 18 €) in lauwarm oder heiß servierten Varianten. Erwägenswert ist der Trotaburger (Burger aus grätenfreiem Forellenfilet) mit Kartoffeln (12 €) – eine auch für Kinder ideale, optisch ansprechende Wahl. Von den durchweg guten Dolci gebührt der Crostata al figo moro – mit schwarzen Feigen aus lokalem Anbau, für den sich ein Consorzio stark macht – besonderes Lob.

CAVASSO NUOVO (PN)

32 KM NÖRDLICH VON PORDENONE, S.S. 552

Ai Cacciatori

Trattoria
Via Diaz, 4
Tel. (+39) 04 27 / 77 78 00
Ruhetag: Sonntagabend, Montag, Dienstag
Ferien: 1 Woche im Januar, 3 Wochen im Juli
35 Plätze
Preise: 35 €
Kreditkarten: AE, CS, DC, MC, Visa
Mittags und abends geöffnet

Familiäres Ambiente, gastliches Flair, hochprofessionelle Gastgeber. Die Gerichte entspringen der Tradition dieses Landstrichs, sind solide und unverfälscht, dabei werden Slow-Food-Presidi aus dem Alpenvorlandes der Provinz Pordenone geschickt eingebracht.

DIE OSTERIA – Daniele Corte und seine Frau Angelina führen das Lokal seit Anfang der 1990er-Jahre. Begrüßt werden Sie von Daniele, der Sie in sein Reich – das Inbild einer Osteria – einführen wird. Man fühlt sich wie zu Hause, das Ambiente ist anheimelnd, voller Details, Erinnerungsstücke an den Wänden, Weinflaschen alter Jahrgänge. Die von Angelina zubereiteten Speisen sind nicht schriftlich festgehalten, sondern werden mündlich beschrieben – in einem Flüsterton, der die Verführung noch steigert. Jedes Gericht ist das Ergebnis von Leidenschaft und Tradition, basiert auf ausgesuchten lokalen Produkten und Slow-Food-Presidi dieses Teils des Friaul.

DIE KÜCHE – Zu Beginn locken Wildkräuterflan mit ***Formaj dal cit*** und feinem Culatello aus Sauris (7 €) oder Pitina mit heißer Polenta, Schafmilchricotta und Capocollo vom Schwein. Gehen Sie dann über zu einem der charakteristischen Primi, etwa ***Blecs*** (Brennnesselnudeln, serviert mit Lammragout, feinem Gemüse und Pecorino dolce, 11 €) oder **Tagliatelle con sugo d'oca**. Auf ein Hauptgericht zu verzichten wäre schade, denn die saftigen **Guance di vitello stufate** (Kalbsbäckchen) mit Steinpilzen, das Capretto (Ziegenkitz aus Socchieve mit Rosmarin, 16 €) oder die Rothühner aus dem Ofen – **Pernici rosse al forno** – sind unglaublich schmackhaft. Exzellente Auswahl an Formaggi aus der Region, gute hausgemachte Dolci (4 €). Vorzüglicher Hauswein, umfassende und überaus gepflegte Weinkarte.

CAVAZZO CARNICO (UD)

45 KM NORDWESTLICH VON UDINE, S.R. 512

Borgo Poscolle

Trattoria
Via Poscolle, 21 A/Auffahrt S.R. 512
Tel. (+39) 04 33 / 93 50 85
Ruhetag: Dienstag, Mittwoch
Ferien: je 1 Woche im Januar/Februar und im Oktober
40 Plätze + 20 Plätze im Freien
Preise: 35 €
Kreditkarten: CS, DC, MC, Visa; BM
Mittags und abends geöffnet

Eingebettet in eine idyllische Umgebung, steht auch die Küche von Rita und Lucio mit der Natur im Einklang.

DIE OSTERIA – Nicht weit von der Autobahn, die nach Tarvisio führt, laden in der Umgebung der Trattoria Wiesen und Wälder zu Spaziergängen ein. In dem schlichten, gepflegten Ambiente wird man von Lucio freundlich empfangen. Rita in der Küche interpretiert auf raffinierte Weise Rezepte, für die sie lokale Produkte, Pilze, Wildkräuter und Saisongemüse aus dem eigenen Biogarten verwendet. Gerne erzählt sie den Gästen von ihren Kreationen, unter denen sich auch einige vegetarische und glutenfreie Gerichte finden.

DIE KÜCHE – An Antipasti gibt es Salumi aus der Region und Kaninchen als Coniglio arrosto in carpaccio (8 €). Die Teigwaren für die Primi sind alle hausgemacht: ***Fregoloz*** mit Tomatencreme und ***Formadi frant*** (9 €), Bigoli aus Dinkelmehl mit Fleischsauce und Oliven, grüne Tagliatelle mit Kaninchensauce und Kirschtomaten, Mezzelune alle ortiche mit Caprino aus Paularo und geräucherter Ricotta, Tagliatelle ai funghi porcini. Von den Suppen seien die karnische **Jota** und die Gersten-Bohnen-Suppe (Orzo e fagioli) erwähnt. Sehr gut auch die Secondi: **Gulasch von der Rinderbacke mit Polenta** (13 €), **Petto di faraona al forno mit Wiesenkräutern, Spinat und knuspriger Pancetta**, gegrillte **Costolette di agnello mit Kräutern** (15 €), Entrecote vom Rind. Beachtliche Auswahl an karnischen Käsesorten mit Honig und Mostarda (12 €), schöne Vielfalt an Dolci (6 €): Millefoglie alla crema mit Erdbeeren, Linzer Torte mit Rhabarber und Krokanteis, Torta di cioccolato e nocciole mit Pistazieneis. Gute Auswahl an Weinen nicht nur aus der Region, die Lucio alle auch glasweise anbietet.

Die Osmize im Karst

Ein Edikt Kaiser Josephs II. aus dem Jahr 1784, das viel ältere Bestimmungen wiederaufgriff, gestattete es den Bauern der heutigen Provinzen Triest und Görz, während eines Zeitraums von acht Tagen landwirtschaftliche Produkte auf ihren Höfen zu verkaufen. So entstand die Osmiza, abgeleitet vom slowenischen Wort für die Zahl acht (*osem*).

Jahrhunderte sind seitdem vergangen, doch die Tradition der Osmize ist lebendiger denn je und charakteristisch für diese Landstriche, wo viele bäuerliche Betriebe, zumeist von Familien geführt, ihre Tore für Einheimische und Genussreisende öffnen. Die derzeitige Gesetzeslage erlaubt ihnen mehrere Öffnungszeiträume während eines Jahres, was zur Folge hat, dass man in jeder Saison geöffnete Osmize vorfindet.

Häufig sind diese Lokale an pittoresken Orten des Karsthochplateaus zu finden, einige liegen auch in der landwirtschaftlich genutzten Peripherie von Triest. Manche gelten unter Passionierten als echte Kultstätten, wegen der Schönheit des Ortes, der Qualität der Produkte oder wegen besonders sympathischer Inhaber, die oft auch Kultur- und Wissensvermittler sind. Anzumerken ist, dass sich in den letzten Jahren einige Osmize im Karst – vor allem jene, die an namhafte Kellereien angeschlossen sind – zu schicken Adressen mit entsprechend hohem Preisniveau entwickelt haben. Wundern Sie sich daher nicht, wenn Sie auf Ihrer Osmize-Tour unterschiedlich tief in die Tasche greifen müssen.

Neben Wein ist es der Osmiza gestattet, Brot, Wurstwaren, Käse und Produkte aus dem Gemüsegarten zu servieren, jedoch keine gekochten Speisen: Wenn es eine Karte mit warmen Gerichten gibt, dann deshalb, weil das betreffende Lokal auch eine Lizenz als agrotouristische Gaststätte hat. Die Osmiza ist normalerweise durchgehend geöffnet, vom späten Vormittag bis abends. Da sich die Öffnungszeiträume mitunter ändern können, sollte man zur Sicherheit vorher anrufen oder die Website www.osmize.com besuchen. Auf eine Osmiza verweist vor Ort der charakteristische Strauß.

Sergio Nesich

DUINO-AURISINA – DEVIN-NABREZINA (TS)

Radetic

Ortsteil Medeazza – Medjavas, 10
Tel. (+39) 040 / 20 89 87
30 Plätze + 50 Plätze im Freien
Geöffnet die ersten 3 Juliwochen

Medeazza ist ein von Wäldern umgebener kleiner Ort im Karst mit Blick auf die Lagune von Grado. Hier ist Sidonja Radetic mit ihrer Familie am Werk. Dank seines kleinen Bauernhofes bietet der Betrieb vorzügliche frische und mittelharte Kuhrohmilchkäsesorten sowie andere Milchprodukte, die man zu den charakteristischen Weinen des Karsts aus den angrenzenden Rebgärten probieren kann. Zu gewissen Zeiten im Jahr werden am Wochenende auch typische warme Gerichte offeriert.

Skerk

Ortsteil Prepotto – Prapot, 20
Tel. (+39) 040 / 20 01 56
50 Plätze + 50 Plätze im Freien
Geöffnet 3 Wochen ab Ostern und 10 Tage im November/Dezember

Prepotto ist das Vosne-Romanée des Karsts, ein beschaulicher kleiner Ort mit vielen tüchtigen Weinbauern. Einer von diesen ist Skerk, der zu den führenden Winzern im Metier der naturbelassenen Weine zählt. Von seiner Osmiza hat man einen herrlichen Blick auf die Bucht von Triest und die istrische Küste. Ein charmanter Innenhof und rustikale kleine Räume empfangen Weintouristen, die hier auch Schinken von Freilandschweinen aus familieneigener Haltung sowie Käse von kleinen örtlichen Betrieben probieren können und so ideale Leckerbissen vorfinden, mit denen sich die bekannten mazerierten autochthonen Weine begleiten lassen.

Zidarich

Ortsteil Prepotto – Prapot, 23
Tel. (+39) 040 / 20 12 23
40 Plätze + 100 Plätze im Freien
Geöffnet je 3 Wochen ab Karneval und im Juli, letzte November-, erste Dezemberwoche

Die Terrasse mit Blick auf die Bucht von Triest befindet sich oberhalb der Kellerei von Beniamino Zidarich, der unter passionierten Kennern im gesamten mitteleuropäischen Raum für seine mazerierten Weine bekannt ist. Einen besseren Standort hätte er für seine Weingärten nicht finden können, denn die Reben wachsen hier in besten Lagen auf charakteristischer roter Erde, werden von lauen Winden gestreichelt, manchmal auch von der rauen Bora gepeitscht. Während der Öffnungszeiten der Osmiza ist die gesamte Familie in den Service eingebunden und bietet neben anderen Köstlichkeiten auch Käse und Wurstwaren von Erzeugern an, zu denen sie gerne Auskunft gibt.

SAN DORLIGO DELLA VALLE – DOLINA (TS)

NEU Starec

Bagnoli della Rosandra
Boljnec, 623
Tel. (+39) 040 / 22 70 40
Geöffnet im Mai/Juni, Juli/August und September
50 Plätze im Freien

Die Osmiza der Familie Starec ist schon etwas Besonderes. Paolo und Roberto sind Architekten – man beachte die originellen, sorgfältigen Gestaltungslösungen –, aber auch bekannte Öl- und Weinproduzenten. Angenehme Alternative-Rock-Musik im Hintergrund und der schöne Blick auf die umliegenden Hänge begleiten die Verkostung von Olivenöl aus eigener Erzeugung, qualitätvollen Salumi und Formaggi aus der Region sowie hiesigen Weinen. Nicht unerwähnt bleiben darf an dieser Stelle der großartige Landwirt Danilo Starec, einer der Hauptakteure der Wiederentdeckung und Weiterentwicklung des Qualitätsolivenanbaus in dieser Gegend.

Zahar

Sant'Antonio in Bosco – Borst, 58
Tel. (+39) 040 / 22 84 51
30 Plätze + 30 Plätze im Freien
Geöffnet im Juni

In dem kleinen Dorf Sant'Antonio in Bosco gab es vor ein paar Jahrzehnten noch mehr als 20 Osmize. Heute kann man die Zahl der Betriebe an den Fingern einer Hand abzählen. Mit ungebrochener Leidenschaft nach wie vor bei der Sache sind Mitja und Familie, die ihren Gästen Schank- und Flaschenweine aus regionaltypischen Rebsorten aus der Lage Snozak servieren. Snozak nennt sich auch das edle Olivenöl, das bei Zahar in kleinen Mengen aus der autochthonen Sorte Bianchera/Belica erzeugt wird. Von der idyllisch gelegenen Osmiza kann man zu herrlichen Rundwanderungen ins Rosandra-Tal aufbrechen.

TRIEST

Ferluga

Via dei Molini, 26
Tel. (+39) 040 / 41 76 49
40 Plätze + 60 Plätze im Freien
Geöffnet die letzten 2 Dezember-, ersten 3 Maiwochen

Als mustergültiger Landwirt erzeugt Silvano Ferluga Öl, Wein, Wurstwaren und eingelegtes Gemüse aus eigenem Anbau. Der Blick auf den alten Hafen, die charakteristischen Molen der Stadt und die istrische Küste macht die Verkostung seiner Schank- und Flaschenweine noch genussreicher. Salumi, Formaggi, in Öl eingelegte vegetarische Köstlichkeiten oder rohes Gemüse in pinzimonio ergänzen die Begegnung mit den Besonderheiten dieses Ortsteils von Triest, der nur wenige Kilometer vom Zentrum entfernt ist und doch schon mitten im Grünen liegt. Wer die kurvenreiche Straße meiden möchte, kann mit der Straßenbahn, der „Trenovia", vom Zentrum hinauf nach Opicina fahren und weiter zu Fuß zur Osmiza gelangen.

NEU Glavina

Strada per Longera, 255
Tel. (+39) 040 / 91 00 41
Geöffnet Dezember, Februar, April und Mai
100 Plätze + 100 Plätze im Freien

Longera ist ein Vorort von Triest, durch den eine lange schmale Straße verläuft, die San Giovanni mit Cattinara verbindet. Gemüsegärten und Weinberge, die von kleinen Bauern bestellt werden, prägen das Ortsbild. Die Osmiza der Familie Glavina befindet sich in einem großen Haus, das im frühen 19. Jahrhundert ein österreichisches Zollamt war. Damian führt den Betrieb zusammen mit der Familie und kümmert sich nicht nur um seine Rebstöcke, sondern pflegt auch den Hausgarten. Häufig kehren hier auch Musikanten ein, die gerne improvisierte Stücke zum Besten geben und so für heitere Atmosphäre sorgen.

CLAUZETTO (PN)

50 KM NÖ. V. PORDENONE, 18 KM N. V. SPILIMBERGO

Ai Mulinars

Restaurant
Via della Val Cosa, 83
Tel. (+39) 04 27 / 806 84
Ruhetag: Montag
Ferien: unterschiedlich
55 Plätze + 45 Plätze im Freien
Preise: 38–40 € €↑
Kreditkarten: AE, CS, MC, Visa; BM
Mittags und abends geöffnet

DIE OSTERIA – In der Schlucht des Cosa-Bachs, auf Höhe des Tul-Staudamms, ist Familie Moruzzi seit 2002 sehr engagiert am Werk und trägt mit ihrem Lokal dazu bei, das abgeschiedene Tal am Leben zu erhalten. Ihre unverfälschte Küche verbindet regionale Einflüsse sehr geschickt mit den Erfahrungen, die Küchenchef Ottavio und seine Frau Angela nördlich der Alpen gesammelt haben. Dank der gelungenen Renovierung eines alten Bauernhauses kann man an Sommertagen den schönen Innenhof genießen, während an kalten Winterabenden die typische Feuerstelle – der *Fogolâr* – im Lokalinneren für Behaglichkeit sorgt.

DIE KÜCHE – Juniorchef René berät Sie liebenswürdig bei der Speisenauswahl, angefangen von dem schönen Potpourri an Antipasti: **Pitina** vom Wildschwein, Speck von der Gans, Carpaccio mit ***Radìc di mont***, Ricotta aus Pradis, Leberpastete, Wildschweinschinken mit Esskastanien, Prosciutto di San Daniele, Kochschinken mit Meerrettich – all das kann man einzeln oder als gemischten Kostprobenteller (12 €) bestellen. Unter den Primi nach Art des Hauses sind Involtini di melanzane mit Speck und Montasio-Käse (9 €), Gnocchi und gefüllte Crêpes ebenso zu entdecken wie die obligaten ***Cjarsòns*** – hier mit Zwiebeln aus Cavasso –, **Ravioli con la pitina** und Orzotto in saisonalen Abwandlungen. Groß ist die Auswahl an Fleischgerichten: Wild mit Polenta, Lombo di cervo (Hirschrücken, 19,50 €), Costicine di agnello (**Lammkoteletts**), Rindfleisch in Form von Tagliata, Costata, Bistecca fiorentina. Alternativ dazu gibt es **Frico** und in der Schneckensaison Lumache alla bourguignonne. Die Dolci – allerlei Biskuitkuchen mit Creme, Plätzchen, Strudel, Mousse – sind Angelas Werk. Der Keller ist mit Etiketten aus der Region und aus ganz Italien gut bestückt, und auch am Hauswein ist nichts auszusetzen.

DOLEGNA DEL COLLIO
DOLENJE V BRDIH (GO)
Mernico

25 KM NORDWESTLICH V. GÖRZ, S.R. 56 U. S.P. 14

Antica Trattoria Ferreghini

Traditionelle Osteria-Trattoria
Ortsteil Mernico, 15
Tel. (+39) 04 81 / 63 93 29
Ruhetag: Donnerstag, Freitagmittag
Ferien: Juli
120 Plätze
Preise: 33 €
Kreditkarten: AE, CS, MC, Visa; BM
Mittags und abends geöffnet

DIE OSTERIA – Giovanni – der Name an der Fassade der Kellerei – ist der Gründer des landwirtschaftlichen Betriebs und der traditionellen Osteria, die in vierter Generation in zwei großen Räumen mit Sichtgebälk und Steinböden ein rustikal-ländliches Ambiente bewahrt. Die Kunst des Wurstmachens ist hier gelebte Leidenschaft: Roberto und Vater Giovanni machen vor Ort verschiedenste Insaccati, die alle probiert werden wollen.

DIE KÜCHE – Uns gefällt, dass es hier einige wunderbare, aber selten zubereitete Gerichte zu entdecken gibt, zu denen Robertos Frau Daniela die Familienrezepte hütet: Stinco di maiale al forno, **Brovada con il musetto** (saure Rüben mit Kochwurst) oder Costine di maiale arrosto (**Schweinerippchen**) gibt es allerdings nur gegen Vorbestellung. Nach einem Teller Aufschnitt (Salame a punta di coltello, Pancetta tesa, Lardo und Coppa, 8 €) empfiehlt das mündlich vorgetragene Tagesmenü Primi (8 €) aus hausgemachten Teigwaren, während der Saison mit Wildkräutern und Pilzen, die in der Umgebung reichlich zu finden sind. Ricotta-Spargel-Tortelli al pungitopo (Mäusedorn), **Gnocchi allo *sclopit*** (Leimkraut) mit Käse, Tagliatelle ai mirtilli mit Wildschweinsugo, Panzerotti mit Polenta, Montasio-Käse und Guanciale, **Gnocchi di susine** oder Gnocchi di ***lops*** (Apfelknödel). Roberto grillt über der Glut im großen Kamin Hauswürste und Koteletts, die man mit guten Beilagen – Gemüse oder sautierte Wildkräuter – kombinieren kann, aber auch anderes Fleisch, Enten- oder Perlhuhnbrust (Petto d'anatra bzw. di faraona, 15 €). Häufig sind auch Wildschwein und Reh in Form von **Cinghiale in umido** bzw. Capriolo in salmì (15 €) auf dem Speisezettel zu entdecken. Neben hausgemachten Löffeldesserts sind traditionelle Dolci wie Strudel oder ***Palacinke*** in Erwägung zu ziehen. Weine aus eigenem Anbau.

DUINO-AURISINA
DEVIN-NABREŽINA (TS)
San Pelagio – Sempolaj

17 KM NORDWESTL. V. TRIEST, S.P. 35 U. S.P. 6

Gruden

Trattoria
Ortschaft San Pelagio – Sempolaj, 49
Tel. (+39) 040 / 20 01 51
Ruhetag: Montag, Dienstag
Ferien: September
80 Plätze + 80 Plätze im Freien
Preise: 20–25 €
Kreditkarten: AE, CS, MC, Visa; BM
Mittags und abends geöffnet

DIE OSTERIA – Der Zufall wird Sie wohl kaum in die Gegend verschlagen, doch die zielgerichtete Suche nach dieser Osteria lohnt sich allemal. Die Küche bietet typische Gerichte des Grenzgebiets und des Triester Karsts, der sich oberhalb der Stadt erstreckt und u. a. für Wein bekannt ist. Im Lokal werden Sie viele Gäste Slowenisch sprechen hören.

DIE KÜCHE – Man lasse sich nieder und beginne mit den Antipasti – hauptsächlich Salumi. An Primi gibt es **Gnocchi di pane con selvaggina** oder con arrosto (mit Wild bzw. Braten, 5 €), Gnocchi di patate, Maltagliati mit Kürbisblüten, Crespelle mit Ricotta, **Rotolo di spinaci**, Tagliatelle con i funghi (7 €). Unter den Secondi – ausschließlich Fleischgerichte – sind ein ungewöhnliches **Pollo fritto** (Backhähnchen, 8 €), Stinco di vitello (Kalbshaxe), Guanciale di maiale (Schweinebäckchen, 8 €) und Guanciale di vitello ebenso zu entdecken wie ***Lubjanska*** (würzige Cordon-Bleu-Version, typisch für Slowenien und Kroatien) und **Kaiserfleisch** (geräuchertes Rippenstück vom Schwein) mit Sauerkraut. Weitere Beilagen: Krautsalat, Rüben und ***Kiffel*** (Fettgebäck aus Kartoffelteig). Zum Nachtisch Halbgefrorenes, Kirschstrudel oder ***Gibaniza*** (slowenisches Dessert mit Mohn, Ricotta, Nüssen und Äpfeln, 3,50 €). Ihr Glas sollten Sie mit einem Wein aus dem Collio füllen lassen – wir empfehlen den vollmundigen, charaktervollen Terrano. Wer tiefer ins Glas schauen oder die Gegend eingehender erkunden möchte, kann sich in einem der Zimmer der Osteria einquartieren.

Wer im Triester Karst Käse kaufen möchte, wird bei Dario Zidarich in **Prepotto** und bei Vidali in **Padriciano** fündig. Fleisch und Wurst bekommt man bei Bajta in **Sales**, Honig bei Settimi e Ziani in **Trebiciano**.

DUINO-AURISINA
DEVIN-NABREŽINA (TS)
Slivia – Slivno

14 KM NORDW. VON TRIEST, S.S. 14 UND S.S. 202

Sardoc

Traditionelle Osteria-Trattoria
Ortsteil Slivia – Slivno, 5
Tel. (+39) 040 / 20 01 46
Ruhetag: Montag–Mittwoch
Ferien: August
80 Plätze + 80 Plätze im Freien
Preise: 30 €
Kreditkarten: CS, DC, MC, Visa; BM
Mittags und abends geöffnet, im Winter Sonntag nur mittags

DIE OSTERIA – Wir sind im Hinterland von Sistiana, schon mitten auf der Karsthochebene, einem Gebiet mit kleinen Dörfern, charakteristischer Kulturlandschaft und großartigen kleinen Winzern, die Rebsorten wie Terrano, Vitovska oder Malvasia auf Weltniveau gebracht und ihnen zu entsprechender Bekanntheit verholfen haben. In einem Dörfchen inmitten der Stille von Weinbergen, Gemüsegärten und anderen Grünflächen entdecken wir die Osteria-Gostilna der Familie Sardoc, die mit ebenso viel Verstand wie Leidenschaft von Roberta (zuständig für den Service im Lokalinneren und im Garten), ihrem Bruder Ranko (Grill) und Mamma Elena (Küche) geführt wird.

DIE KÜCHE – Wer einfache, gehaltvolle Hausmannskost probieren möchte, findet, eventuell nach einem Entree in Form von lokalen Aufschnittspezialitäten, diverse Primi vor, u. a. hausgemachte Tagliatelle oder köstliche **Gnocchi di patate** mit Braten- oder **Gulaschsaft** (7 €), **Rotolo di spinaci** (Spinatroulade), Crespelle alla rucola, **Jota** (typischer Eintopf). Bei den Secondi reicht die Auswahl von traditionellen Gerichten wie **Pollo fritto** (Backhähnchen, 10,50 €), **Stinco di vitello** (Kalbshaxe, 12 €) oder **Stinco di maiale** (Schweinehaxe, 9 €) **aus dem Ofen** und ***Lubianska*** (eine Art Cordon Bleu) bis hin zu einer großen Vielfalt von Fleisch vom Grill, darunter eine reichhaltige Grigliata mista (gemischtes Grillfleisch). Schwierig ist schließlich die Entscheidung zu treffen, was man zum Nachtisch nehmen soll, denn die Vielfalt an hausgemachten Dolci ist groß, reicht von Kuchen über ***Palacinke***, Halbgefrorenes und Cremegebäck nach Karster Art (Pasta-crema carsolina) bis hin zum einzigartigen **Strucolo in *straza*** (Strudel, der in ein Tuch gewickelt gekocht wird). Der gute Hauswein ist ein ehrlicher Terrano, die Auswahl an Flaschenweinen fällt bescheiden aus.

FAGAGNA (UD)

13 KM NORDWESTLICH VON UDINE

Al Castello

Restaurant
Via San Bartolomeo, 18
Tel. (+39) 04 32 / 80 01 85
Ruhetag: Montag
Ferien: zweite Januar- und Junihälfte
50 Plätze + 35 Plätze im Freien
Preise: 40 € €↑
Kreditkarten: AE, CS, DC, MC, Visa; BM
Mittags und abends geöffnet

DIE OSTERIA – Wir befinden uns in der Ortschaft Fagagna, im Hügelland zwischen Udine und San Daniele. Das am Fuß der Burg gelegene Restaurant ist aus der Restaurierung eines alten Landhauses hervorgegangen. Das Ergebnis ist ein bis ins letzte Detail gepflegtes, stilvoll eingerichtetes Ambiente, das dennoch ein angenehmes Gefühl von Wärme und Behaglichkeit vermittelt. Vorbildlich sind die Freundlichkeit und Professionalität von Stefano, der den Service koordiniert. In der Küche ist sein Bruder Angelo am Werk, der sich darauf versteht, mit Sorgfalt ausgesuchte Grundprodukte von stets bester Qualität effektvoll zu verarbeiten. Im Sommer lädt der charmante Sitzbereich im Innenhof zum Verweilen ein.

DIE KÜCHE – Interessante Auswahl an Antipasti, u. a. Mousse di jamar (in Karsthöhlen gereifter Käse) mit Zucchini-Ingwer-Julienne (10 €) oder **Petuccia di Claut** (Slow-Food-Presidio) **mit Polenta-Bocconcini und geräucherter Ricotta von der Alm** (11 €). An Primi gibt es ***Cjalzòns*** mit Butter und Ricotta affumicata, Crema di pomodori ramati (Tomatencremesuppe) mit geschmolzenem Mozzarella und Basilikumsalsa (10 €), im Frühling auch **Zuppa di asparagi, *sclopìt* e gamberi** (Spargel-Leimkraut-Suppe mit Garnelen, 10 €). Danach kann man ein originelles **heißes Roastbeef von der Ente mit Apfelrotkraut** (15 €) oder Perlhuhn als Coscia di faraona in confit auf einem Nest von knackigem Gemüse probieren. Zu den Secondi wird Gemüse der Saison gereicht, das sich Familie Negrini von einem Gärtner aus der Nachbarschaft liefern lässt. Gut gestaltete Auswahl an Käse nicht nur regionaler Provenienz, während das Kapitel Desserts kreative Früchtekompositionen mit Gewürzen empfiehlt. Bemerkenswerte Weinkarte mit Etiketten aus Friaul und anderen Regionen, von denen einige auch glasweise angeboten werden.

FAGAGNA (UD)
Casali Lini

15 KM NORDWESTLICH VON UDINE

Casale Cjanor

Agriturismo
Via Casali Lini, 9
Tel. (+39) 04 32 / 80 18 10
Ruhetag: Montag–Donnerstag
Keine Ferien
80 Plätze + 30 Plätze im Freien
Preise: 28–32 €
Kreditkarten: CS, DC, MC, Visa; BM
Mittags und abends geöffnet

DIE OSTERIA – Familie Missana ist in der Ortschaft Casali Lini bei Fagagna seit 1987 landwirtschaftlich tätig. 1990 hat sie Selbstversorgerstatus erreicht und widmet sich seither auch der Bewirtung. Heute wird der Hof von den Töchtern Luigina und Carolina (Nutztierhaltung, Schaubauernhof, Bedienung im Lokal) sowie Emanuela und Margherita (Küche) geführt. Mit Ausnahme von Eselfleisch und Käse basiert das abwechslungsreiche, saisongerechte Menü auf Eigenerzeugnissen; das Brot ist selbst gebacken. Bei Bedarf kauft man weitere Grundprodukte bei zertifizierten lokalen Erzeugern ein. Mit der typischen Feuerstelle (*Fogolâr*) und dem offenen Kamin entsprechen die schlichten Gasträume der Tradition. Im Sommer kann man im Freien essen. Freundlich und kompetent umsorgt Luigina die Gäste und erläutert die diversen Spezialitäten. Im November gibt es ein Degustationsmenü zum Thema Gans – das wichtigste Produkt des Hofes.

DIE KÜCHE – Das wohl bekannteste Gericht ist Pestàt (Slow-Food-Presidio), hier mit Tomaten gebraten und lauwarm mit Crostini serviert (7,50 €). Weitere erwähnenswerte Antipasti sind „Il nostro orto sottovetro" („Unser Garten im Glas") und der gute gereifte gerollte Lardo. Vorzügliche Primi sind die Zuppa di orzo e farro con asparagi, cannellini e ***urticjons*** (Gersten-Dinkel-Suppe mit Spargel, Bohnen und Brennnesseln, 8 €) und die Rotolini di crespelle (gerollte Crêpes) mit Ricotta und Wildfenchel. Unter den Secondi kann man Ente als **Anatra in casseruola**, Esel (**Stracotto di asino**) und Kaninchen (**Coniglio al forno col pestàt**, 14 €) entdecken. Gute Auswahl an durchweg selbst gemachten Dolci, auch wenn das berühmteste Dessert des Hauses seit 25 Jahren das Sorbetto al Clinton (3 €) ist. Neben ein paar Etiketten aus der Region wird ein recht anständiger Hauswein ausgeschenkt.

FARRA D'ISONZO (GO)

9 KM SÜDWESTLICH VON GÖRZ, S.S. 351

Borgo Colmello

Osteria-Enoteca
Strada della Grotta, 10
Tel. (+39) 04 81 / 88 90 13
Ruhetag: Montag, im Winter auch Sonntagabend, im Sommer auch Samstagmittag
Keine Ferien
50 Plätze + 50 Plätze im Freien
Preise: 33–35 €
Kreditkarten: AE, CS, DC, MC, Visa; BM
Mittags und abends geöffnet

Besondere Sorgfalt bei der Zubereitung der Gerichte, hochwertige Grundprodukte, gepflegtes Ambiente, typische Atmosphäre.

DIE OSTERIA – Das Borgo Colmello ist eine kleine Perle im Herzen eines ländlichen Gebäudeensembles aus dem 16. Jahrhundert, zu dem auch ein Museum gehört, das die bäuerliche Kultur des Friaul dokumentiert. Das Landschaftsbild lässt keinen Zweifel daran, dass wir uns hier in einer der bedeutendsten Weinbauzonen der gesamten Region befinden. Wirt Renato Tedesco und der gewandte Claudio werden für Ihr Wohl sorgen und Ihnen interessante kulinarische Empfehlungen im Zeichen der hiesigen Tradition schildern, die alle von Küchenchef Nevio gestaltet sind. Das Preisniveau ist durch die Qualität der Küche und die bemerkenswerte Weinkarte mehr als gerechtfertigt.

DIE KÜCHE – Probieren Sie eingangs den mit dem Messer aufgeschnittenen San-Daniele-Schinken, den ***Toc' in braide*** (ein altes bäuerliches Gericht auf Basis von Montasio-Käse) oder den wunderbar zarten **Baccalà mantecato** (13 €). An Primi gibt es karnische ***Cjarsòns***, Ricotta-Wildkräuter-Gnocchi (10 €), hausgemachte Tagliolini mit Steinpilzen, Orzo mantecato con gli asparagi (Perlgraupen mit Spargel). Bei den Secondi reicht die Auswahl von Klassikern wie **Polenta e frico** (12 €) und **Frittata con le erbe** (9 €) über Polenta con galletti e porcini (mit Pfifferlingen und Steinpilzen) bis hin zu Fleisch, u. a. wunderbares Filetto di maiale auf gemischtem Salat mit Äpfeln und Balsamicoessig. Die Kreativität des Küchenchefs kommt auch bei den Dolci gut zum Ausdruck: Nicht verpassen sollte man die **Pita** alle mele (Apfelkuchen mit einer köstlichen Apfel-Basilikum-Sauce, 6 €) und die Millefoglie alla crema pasticciera.

FIUME VENETO (PN)
Praturlone

11 KM SÖ. V. PORDENONE, S.S. 13 U. S.P. 60, 47 U. 6

Turlonia

Osteria mit Küche
Corso Italia, 5
Tel. (+39) 04 34 / 56 15 86
Ruhetag: Mittwoch, im Sommer Sonntagmittag
Ferien: unterschiedlich
30 Plätze
Preise: 24–26 €
Kreditkarten: CS, DC, MC, Visa; BM
Mittags und abends geöffnet

DIE OSTERIA – Wir sind ungefähr einen Kilometer von der Ausfahrt Azzano Decimo der Autobahn A 28 entfernt, die Portogruaro mit Pordenone verbindet. Die Gegend hier ist reich an Grundwasserquellen. Die Osteria befindet sich am Straßenrand in einem vor Kurzem restaurierten Gebäude aus dem frühen 20. Jahrhundert, dessen familiäre Atmosphäre in der warmen Jahreszeit von ländlichen Düften erfüllt wird. Federico und seine Frau Isabella führen das Lokal mit der ausdrücklichen Absicht, ihren Gästen nur das Beste von dem vorzusetzen, was die Gegend zu bieten hat. Schnell wird man von der Begeisterung mitgerissen, mit der die beiden von Traditionen und Produkten erzählen, die sie mit Scharfblick und Know-how aufspüren und die Federico sehr geschickt zu schmackhaften, leichten Gerichten verarbeitet.

DIE KÜCHE – Von den Antipasti (7 €) erwähnt sei der Teller mit Salumi und **Formaggi** (achtsam getroffene Auswahl von Produkten exzellenter kleiner Käsereien aus Friaul und Venetien). Es folgen je nach Saison Schafmilchricotta-Sformatino mit Spargel und ***Formadi frant*** oder Sformatino von Gartengemüse mit Käsecreme (Asiago Stravecchio). An Primi (8,50 €) kann es Gnocchi di zucca, **Gnocchetti all'ortica mit geräucherter Ricotta**, Steinpilz-Ravioli mit Butter und Pitina, **Maccheroni al torchio mit Artischocken und Pitina** oder mit Fonduta di formaggi und Radicchio geben. Neben **Frico**, Baccalà alla friulana und Seppie in umido reicht die Auswahl an Secondi von Bocconcini di cinghiale (Wildschweinragout) über **Oca in onto** (Spezialität von der Gans, 17 €) bis hin zu Kaninchen und Perlhuhn (**Arrosto di coniglio** bzw. di faraona, 11 €). Im Winter sollte man den Bollito misto (sieben Sorten Fleisch mit Saucen) probieren. Kleine Dessertauswahl. In der umfangreichen, gepflegten Weinkarte überwiegen regionale Etiketten.

FRISANCO (PN)
Valdestali

38 KM NORDÖSTLICH VON PORDENONE

NEU Da Cippi

Osteria-Trattoria
Borgo Valdestali, 22
Tel. (+39) 04 27 / 780 64
Ruhetag: Montag, Dienstag; Sonntagabend (außer gegen Vorbestellung)
Ferien: zeitweise im Februar
20 Plätze
Preise: 28–30 €
Kreditkarten: CS, MC, Visa; BM
Mittags und abends geöffnet

DIE OSTERIA – Der Weiler Valdestali liegt ungefähr 30 Minuten mit dem Auto von Pordenone entfernt, in Richtung der Berge. Der Ort ist von einer Handvoll Menschen bewohnt, gehört zur Gemeinde Frisanco, die wiederum zu den schönsten Dörfern Italiens – den Borghi più belli d'Italia – zählt und zusammen mit Casasola und Poffabro das Gebiet des Colvera-Tals bildet. Inmitten eines Grüppchens sorgfältig renovierter Häuser an der Sonnenseite des Tals bietet die Osteria Da Cippi einfache, aufrichtige Gastlichkeit. Empfangen werden Sie von Giovanni, seines Zeichens Patron, Sommelier und Holzkünstler: Seine Skulpturen zieren die Innenräume und den Außenbereich der Osteria, verleihen ihr einen märchenhaften Touch. In der Küche ist die junge Nazzarena am Werk, deren karnische Wurzeln an einigen Details ihrer gepflegten Gerichte zu bemerken sind, die sie alle traditionsbewusst und doch mit zeitgemäßer Leichtigkeit interpretiert.

DIE KÜCHE – Beginnen kann man mit einer schönen Auswahl an Aufschnitt aus der Region (Affettati, 7 €) oder einem Teller, der frittierte Häppchen von Gemüse der Saison, aber auch Pitina (Slow-Food-Presidio) und Sardinen umfasst. Die Teigwaren für die Primi sind sämtlich hausgemacht: Gnocchi mit Salzkäse und Brennnesseln, **Tagliatelle mit Muflon-Sugo** (10 €), ***Blecs*** con cinghiale (Nudeln mit Wildschweinragout); die ***Cjalsòns*** werden im Winter mit Pitina und Löwenzahn serviert, in der warmen Saison mit Ricotta und Wildkräutern. Bei den Secondi gibt Wild den Ton an: Muflone in salmì (12 €), **Costolette di cervo**, Spezzatino di cinghiale, **Pitina *cisada*** (gebraten). Einfach und gut die Dolci des Hauses: allerlei Crostate und eine exquisite Torta tenerina mit Schokolade (4 €). Die Weinauswahl ist nicht sehr groß, beinhaltet jedoch ungewöhnliche friulanische Etiketten.

GÖRZ

NEU Ca' di Pieri

Osteria mit Küche
Via Codelli, 5
Tel. (+39) 04 81 / 53 33 08
Ruhetag: Samstagabend, Sonntag
Ferien: 2 Wochen im August
50 Plätze + 15 Plätze im Freien
Preise: 24 €
Kreditkarten: CS, Visa; BM
Mittags und abends geöffnet

DIE OSTERIA – Die in einer Querstraße der zentralen Via XXIV Maggio gelegene Ca' di Pieri hat als eine der wenigen Osterien der Stadt dank des Engagements von Roberto Carone über die Jahren ein gutes Preis-Leistungs-Verhältnis aufrechterhalten. Das Lokal ist einfach, aber ansprechend. Wie in jeder guten alten Osteria befindet sich am Eingang der Schanktresen, wo immer noch das Ritual des Aperitifs begangen wird, das man mit feinen Kleinigkeiten (Fleischbällchen, Sandwiches, freitags auch Spießchen mit gebackenen Calamari und Sardinen) begleiten kann. Die Menüs erinnern an die traditionelle Küche des Görzer Raums auf italienischer und slowenischer Seite. Auf Wunsch der Stammgäste haben auch weniger typische Gerichte Einzug in die Speisekarte gehalten, die jedoch für eine schnelle, leichte Mahlzeit gut geeignet sind.

DIE KÜCHE – Von den Primi empfehlen wir Orzo e fagioli (Gersten-Bohnen-Suppe), **Jota** (Bohnen-Sauerkraut-Eintopf), **Gnocchi di pane** bzw. Gnocchi di patate mit Fleischsauce (6 €) oder Gnocchi di susine (Zwetschgenknödel, 6,50 €). Von den Secondi sollten Sie vor allem in der kalten Zeit ***Lubljanska*** (eine Art Cordon Bleu), **Gulasch**, Trippe (Kutteln, 7,50 €), **Cotechino con la brovada** (Wurst mit sauren Rüben, 7 €) oder Baccalà (Stockfisch) probieren. Alternativ dazu gibt es Gemüseaufläufe, Crêpes, Risotto con i funghi, Petto di pollo, **Frico**, Peperoni ripieni (gefüllte Paprika, 8 €). Es fehlt auch nicht an Fleisch (Filetto, Roastbeef, Costata). Als Nachtisch munden Apfelstrudel und ***Palacinke*** gefüllt mit Konfitüre oder Schokolade: Wie alle anderen Gerichte sind auch die Dolci das Werk von Milenka und Saida, die in der Küche das Sagen haben. Die zum überwiegenden Teil offen ausgeschenkten Weine stammen aus den Anbaugebieten Corona und Villanova di Farra.

Rosenbar

Restaurant
Via Duca d'Aosta, 96
Tel. (+39) 04 81 / 52 27 00
Ruhetag: Sonntag, Montag, im Juli und August auch Samstagmittag
Ferien: je 1 Woche im Sommer und Winter
40 Plätze + 40 Plätze im Freien
Preise: 40–50 € €↑
Kreditkarten: AE, CS, DC, MC, Visa; BM
Mittags und abends geöffnet

Leidenschaft, Know-how, Schlichtheit, Eleganz und herzliche Gastlichkeit zeichnen die Rosenbar und ihre Inhaber seit mehr als 30 Jahren aus.

DIE OSTERIA – Michela Fabbro (die in der Küche damit beschäftigt ist, nur die allerfrischesten Zutaten geschickt zu verarbeiten) und ihr Mann Piero Loviscek (Service und Weinkeller) führen dieses Lokal seit 1984 mit Hingabe und Kompetenz. Neben zwei schlicht und stilvoll gestalteten Gasträumen gibt es einen schmucken Sommergarten. Im Eingangsbereich wird man am Schanktresen herzlich empfangen.

DIE KÜCHE – Ungeachtet der mitteleuropäischen Geschichte der Stadt verrät Michelas Küche ein Faible für das Meer, das keine 20 Kilometer entfernt ist. Ihre Fischgerichte begleitet sie mit Gemüse aus der Umgebung; auch viele Produkte nicht nur friulanischer Slow-Food-Presidi sind vertreten. Beginnen kann man mit Oktopussalat, gegrillten Jakobsmuscheln, marinierten Sardellen, **Sardoni in *savor*** (Sardinen in Essig-Zwiebel-Marinade, 7 €) oder Frittate alle erbe. Die Primi wechseln mit den Jahreszeiten: **Zuppa allo *sclopìt*** oder Zuppa all'aglio di Resia mit Rotbarben, gratinierte Brennnessel-Gnocchetti mit Creme von ***Formadi frant*** (9 €), **Rosa di Gorizia mit Bohnen und Speck**, klassische **Pasta e fagioli**. Von den Secondi empfehlen wir die gefüllten Sardinen, die **Sardoni in Panade** mit jungem Radicchio und Bohnen (12 €), die Orata mit Ofenkartoffeln, den Fritto di pesce e verdure. Die Dolci: Walderdbeeren mit Zabaione und Zitronenbiskuit, Joghurtmousse mit Kirschen und karamellisierten Trockenfrüchten (6 €) oder ***Gibanica***. Der Weinkeller ist Pieros Reich: Etiketten aus dem Collio, einige aus Slowenien und aus anderen Regionen Italiens. Hervorragende offene Weine.

43 KM SÜDWESTLICH VON GÖRZ

Agli Artisti

Restaurant
Campiello Porta Grande, 2
Tel. (+39) 04 31 / 830 81
Ruhetag: Montag, Dienstag (außer Mai–September)
Ferien: Dezember/Januar
25 Plätze + 60 Plätze im Freien
Preise: 33–35 €
Kreditkarten: CS, MC, Visa; BM
Mittags und abends geöffnet

DIE OSTERIA – In einer belebten Fußgängerzone mit zahlreichen Geschäften und Lokalen aller Art mitten in der Altstadt gelegen, ist dieses ansprechende Restaurant eine der besten Adressen, um die für Grado und seine Lagune typische Küche zu genießen. Das Team besteht aus Küchenchef Alessandro Corazza, der von Franca Longo unterstützt wird, und Lisa Longo, die zusammen mit Sohn Alessio die Gäste empfängt und ihnen auf zuvorkommende Weise Speis und Trank erläutert.

DIE KÜCHE – Wirft man einen ersten Blick in die Speisekarte, so wird man nur wenige der Sternchen finden, mit denen tiefgefrorener Fisch gekennzeichnet wird. Daraus lässt sich schließen, dass das Lokal fast ausschließlich Frischfisch anbietet, was sich logischerweise preislich auswirkt. Beginnen können Sie Ihre Mahlzeit mit den traditionellen **Sarde in *savor*** mit Polenta (9 €), einem kleinen Tintenfischeintopf (Mini ***boreto*** di seppie, ebenfalls mit Polenta) oder einer kleinen Fisch-Gemüse-Frittüre (Frittura di pesce e verdurine). An Primi gibt es köstliche Paccheri al sugo di ***boreto*** (12,50 €) oder Paccheri con ragù di mare, Spaghetti mit Sardinen und Tomaten, **Bavette con crostacei alla busara** (Pasta mit Krustentieren in pikanter Sauce). Die Empfehlungen für den Hauptgang lauten ***Boreto*** von gemischtem Fisch mit Polenta, Otragano (Goldmeeräsche – ein Fisch mit zartem, schmackhaftem Fleisch, den man hier mit Rosmarin und Zitrusfruchtschalen brät, 12 €), Sarde panate (Sardinen in Panade, 10,50 €). Daneben gibt es viele edle Fischsorten vom Grill (alla piastra) oder aus dem Ofen (al forno). Die Weinkarte empfiehlt vor allem Weißweine mit korrektem Preis-Leistungs-Verhältnis aus dem Collio und den Colli Orientali.

GRADO (GO)
Isola di Anfora

43 KM SÜDWESTLICH V. GÖRZ, MOTORSCHIFF V. GRADO

Ai Ciodi

Agriturismo
Ortsteil Anfora
Tel. (+39) 335 / 752 22 09
Kein Ruhetag
Ferien: Mitte Oktober–vor Ostern
25 Plätze + 150 Plätze im Freien
Preise: 35–38 €
Kreditkarten: MC
Geöffnet 11.30–19 Uhr

Der Zauber einer Insel in der noch unberührten Lagune, Aromen und Rhythmen, die man auf dem Festland nicht findet.

DIE OSTERIA – „So flogen wir dahin, die Segel im Wind, es schäumten hoch die Wasser unterm Kiel, die Augen seelenvoll, die Herzen schlugen lind, gefeit vor dunklen Grillen ohne Ziel." (Biagio Marin, *Fiuri de tapo*, 1912). So beschreibt der Gradeser Poet die Lagune, eine noch unberührte Natur von bezaubernder Schönheit. Ist der Seelendurst gestillt und möchte man zu den leiblichen Genüssen übergehen, so lautet unser Rat, auf der Insel Anfora vor dem Ai Ciodi anzulegen, einem Ort der Freundschaft und Heiterkeit. Es gibt nur die eine Grundzutat: frisch gefischter Fisch – für Antipasti, Primi und Secondi. Im Sommer sind die Rhythmen gemächlich, aber effizient: Man schreibt seinen Namen auf die Tafel am Eingang und wird zu Tisch gerufen.

DIE KÜCHE – Tintenfischsalat, Mies- und Venusmuscheln sind die gängigsten Vorspeisen, neben **Sardinen in *saor*** (8 €), mariniertem Fisch des Tages mit Tomaten und Zwiebeln à la julienne, **Oktopus mit Kartoffeln**. **Spaghetti** gibt es **con i fasolari** (Herzmuscheln), con le sarde, con le capelonghe (Messermuscheln), während der entsprechenden Saison auch **con il granchio** (Krabben, 13 €). Wiederum Fisch – vom Grill oder frittiert – bestimmt die Auswahl an Secondi, wobei dem gemischten ***Boreto*** nach Gradeser Art oder dem ***Boreto de bisato*** (Eintopf mit Aal, 15 €) besondere Aufmerksamkeit gebührt. Zum Nachtisch Strudel, Löffeldesserts oder ein Gläschen Santonego (mit Meeresabsinth aromatisierter Likör). All dies lässt sich mit Hauswein oder ein paar Flaschenweinen aus der Region begleiten. Wer sich die Zeit nimmt, kann auf der Insel übernachten: Das Erwachen ist traumhaft.

GRADO (GO)

43 KM SÜDWESTLICH VON GÖRZ

Zero Miglia

Moderne Osteria
Riva Dandolo, 22
Tel. (+39) 04 31 / 802 87
Ruhetag: Dienstag, außer 1. Juli–15. September
Ferien: 7. Januar–28. Februar
100 Plätze + 50 Plätze im Freien
Preise: 37–40 € €↑
Kreditkarten: CS, DC, MC, Visa; BM
Mittags und abends geöffnet

DIE OSTERIA – Die am breiten Kanal zum alten Hafen gelegene Osteria wird seit ein paar Jahren von einer einheimischen Lagunenfischerkooperative betrieben. Der pittoreske Wasserweg, dem man genüsslich entlangschippern kann, und die zahlreichen dort vertäuten Fischerkähne sind gute Indizien für die Herkunft des Fisches. Das im Erdgeschoss eines kleinen Apartmenthauses eingerichtete Lokal verfügt über weitläufige Innenräume, einen großen Barbereich und Tische im Freien. In den Sommermonaten kann es bei starkem Gästeandrang vorkommen, dass der Service überhastet agiert, was angesichts der Bekanntheit des Lokals wohl kaum zu vermeiden ist. Dass hier die Meeresküche in ihren unterschiedlichen saisonalen Spielarten dominiert, versteht sich von selbst.

DIE KÜCHE – Die kulinarische Ausrichtung ist eine gelungene Mischung aus klassischen Rezepten und kreativen Akzenten. Man beginnt mit lokalem Fisch in ***savor*** (10 €), marinierten Sardellen mit knackigem Fenchel, ***Pedoci alla marinara*** (Miesmuscheln), Filets in Tempurateig mit Spargel, ***Otregan brusao*** (Meeräsche) oder „Gioco del freddo e del crudo" (rohe Meeresdelikatessen). Es folgen Gnocchi di ragù con fasolari (12 €), Spaghetti alle vongole oder con ***le canoce***, Linguine con le seppie, und danach – jeweils mit Polenta – ***Boreto*** di pesce alla gradese (Gradeser Fischeintopf) und ***Sepe sofegae*** (geschmorter Tintenfisch, 14 €), aber auch panierte Sardinen mit süßsauer eingelegtem Gemüse. Zum Nachtisch Crème brulée mit Ingwer und Limette, Tiramisu, Lakritze- oder Grapefruitsorbet. Stattliche Auswahl an Flaschenweinen.

In der Fischhandlung nebenan kann man von Montag bis Freitag (8.30–12 Uhr) frisch aus den Fischerkähnen ausgeladene Ware kaufen.

GRIMACCO – GARMAK (UD)
Clodig – Hlodic

33 KM NORDÖSTLICH VON UDINE, 15 KM VON CIVIDALE

Alla Posta

Trattoria
Via Roma, 22
Tel. (+39) 04 32 / 72 50 00
Ruhetag: Dienstag, Mittwoch
Ferien: unterschiedlich
40 Plätze
Preise: 25–30 € (Tagesmenü)
Keine Kreditkarten
Abends geöffnet, Sonntag auch mittags

DIE OSTERIA – Ein Ausflug in die Natisone-Täler erlaubt es, in eine Welt einzutauchen (jene der Slavia friulana oder auch Benecija), die ihre Siedlungsformen, ihre Architektur, ihre Sprache, ihre Sitten, Bräuche und kulinarischen Traditionen eifersüchtig hütet. Eine Einkehr bei Maria Gilda Primosig, der Inhaberin und Köchin dieses charmanten Lokals, bietet die Gelegenheit, Gerichte zu probieren, die in der örtlichen Geschichte verwurzelt sind und deren wichtigste Grundzutaten (Kräuter, Früchte, Pilze, Wildtiere) aus der Umgebung stammen.

DIE KÜCHE – Das kulinarische Angebot ist jeweils einem Thema gewidmet, die Speisenfolge vorgegeben: So hat man die Möglichkeit, viele verschiedene Köstlichkeiten zu probieren und sich der lokalen Küche zu den unterschiedlichen Jahreszeiten anzunähern. Es verwundert nicht weiter, dass die Gerichte im hiesigen Dialekt beschrieben sind. Man beginnt mit ***Marve*** und Kräuterbröseln, bekommt dann die eine oder andere Suppe, z. B. ***Mederjavka*** (Cremesuppe aus Mutterkraut, Kastanien und Steinpilzen) oder ***Bizna*** (Rüben-Kartoffel-Suppe), ferner ***Zlicnjaki e formadi frant*** (Mehlnocken mit Käse), ***Bleki*** della festa oder Bleki di radicchio, Crespelle con silene, *Tajadele te buoge* (Tagliatelle der Arme-Leute-Küche). Bei den Hauptspeisen ist Fleisch tonangebend: Wildschwein als Cinghiale in umido oder Cinghiale in salmì mit Polenta, Filetto di coniglio (Kaninchen), **Lepre al mosto di pera** (Hase in Birnenmost), Filetto di maiale al dragoncello (Schweinefilet mit Estragon), jeweils von üppigen Beilagen (***Stakanje***, Krautsalat) begleitet. Die Dolci nehmen eine Sonderstellung ein: Lassen Sie daher etwas Platz im Magen für gekochte ***Strukji***, Gubana, Crostata, Apfelkompott mit Americano-Trauben. Beschränkte Auswahl an Flaschenweinen, doch der Hauswein enttäuscht nicht.

LAUCO (UD)

62 KM NW. V. UDINE, 11 KM V. TOLMEZZO, S.R. 52

Alla Frasca Verde

Restaurant
Via Capoluogo, 64
Tel. (+39) 04 33 / 741 22
Ruhetag: Montag
Ferien: 1 Woche im Juni, 3–4 Wochen im September/Oktober
80 Plätze + 30 Plätze im Freien
Preise: 38–42 € €↑
Kreditkarten: AE, CS, DC, MC, Visa; BM
Mittags und abends geöffnet

DIE OSTERIA – Im Zentrum des uralten kleinen Dorfes auf dem pittoresken Plateau oberhalb von Villa Santina führt Familie Gressani in zweiter Generation dieses Haus. Ein geräumiger Saal mit Kamin empfängt größere Tischrunden; intimer ist die Atmosphäre in der geschmackvoll eingerichteten kleinen Stube. In der Küche lässt sich Maria Agnese von lokalen Produkten inspirieren und ist variantenreichen Interpretationen nicht abgeneigt. Dies verrät schon der Blick in die umfangreiche Speisekarte, deren Lektüre lohnt: Traditionell angehaucht und den Horizont über die Grenzen der Region hinaus erweiternd, kommt darin eine professionelle, niveauvolle Küche zum Ausdruck.

DIE KÜCHE – Mit dem Degustationsmenü Carnia in tavola (35 €) wird man der Aromen dieser Gegend gewahr: Culatello aus Sauris mit Äpfeln, Nüssen und Montasio-Käse, **Bohnencreme mit Tortelli ripieni di cotechino**, ***Cjarsòns*** mit Kräutern, ***Toc' in braide***, Apfelküchlein mit Vanillesauce. Im Rahmen einer innovativeren Speisenfolge sind Tortino di verze mit Käsesauce und Esskastanieneis (12 €) oder **Maialino salmistrato** (gepökeltes Schweinefleisch) **mit Semmelknödeln**, Sauerkraut und Meerrettichschaum zu entdecken. Es folgen Risotto mit karnischem Käse, Haselnüssen und Portwein-Zimt-Reduktion (10 €), traditionelle **Gnocchi di susine alla cannella** (Pflaumenknödel mit Zimt, 10 €) oder Ingwer-Möhren-Vellutata mit Ricotta-Pralinen. Krönen lässt sich der Genuss mit einer Variation von der Ente (Anatra in tre consistenze, 19 €) oder Hirschfilet in Blätterteig (Millefoglie di filetto di cervo) mit Butteräpfeln und Johannisbeersauce. An Dolci gibt es Esskastanien-Kaki-Semifreddo, Apfelstrudel, **Pita**. Gut sortierte Weinkarte, auch glasweise Bestellmöglichkeiten. An Feiertagen wird den Wünschen der Einheimischen entsprechend auch Pizza gebacken.

MALBORGHETTO-VALBRUNA
Malborghetto

76 KM NORDÖSTL. V. UDINE, 12 KM V. TARVISIO, S.S. 54

Antica Trattoria da Giusi

Osteria-Trattoria
Via Bamberga, 19
Tel. (+39) 04 28 / 600 14
Ruhetag: Montag–Mittwoch
Ferien: zweite und dritte Juniwoche
60 Plätze
Preise: 30 €
Kreditkarten: AE, CS, MC, Visa; BM
Mittags und abends geöffnet

DIE OSTERIA – Das bei Bewohnern des Tals und Gästen aus dem nahen Österreich beliebte Lokal hat seinen Sitz seit einem Jahrzehnt an der Hauptstraße des Dorfes – in einem Haus aus dem 15. Jahrhundert, dessen Charme leider durch eine nicht der ursprünglichen Architektur gerecht werdende Restaurierung etwas beeinträchtigt wurde. Eine ganz andere Tonart schlägt die Küche an, in der die Identität des gebirgigen Grenzlandes Quelle der Inspiration für ein breites Angebot an Gerichten italienisch-österreichischer Prägung ist. Giuseppina, die von ihrem Mann Alfredo unterstützt wird, interpretiert seit 30 Jahren mit ungebrochener Begeisterung alte Rezepte, die auch auf die Zeit der napoleonischen Besetzung Bezug nehmen, und achtet auf regionale Grundprodukte: Rindfleisch, geräucherte Forelle aus Ovaro, Bohnen aus dem Resia-Tal.

DIE KÜCHE – Neben typischer Kanaltaler Küche – Schwarzbrot mit Topfen und ***Sasaka*** (Speckaufstrich), Bauch- und Schinkenspeck (7,50 €), **Aprikosenknödel mit brauner Butter, Zucker und Zimt** (8 €), **geräuchertes Schweinefleisch mit Sauerkraut** – sind es kuriose Themenmenüs, die es sich zu probieren lohnt: Menù del Capitano – sämige, leicht pikante **Suppe aus Getreide, Hülsenfrüchten und Fleisch**, serviert in einem Napf aus Brot; Menù della Grande Guerra (Cremesuppe mit gemischtem Fleisch und Pilzen); Menù del Viceré (herzhaftes Tellergericht mit Hirsch, grünen Nocken und Steinpilzen, 15 €). Das aus handwerklich hergestelltem Mehl selbst gebackene Brot ist unwiderstehlich. Von den Nachspeisen (4,50 €) „der Erinnerung" unbedingt probieren sollte man die flaumigen **Napoleonschnitten** mit Mandeln und Heidelbeerkonfitüre, die Schoko-Mandel-Torte, die frittierten ***Kipfel*** mit Konfitüre. Das Weinangebot – etwa 30 Etiketten, einige auch glasweise – würdigt insbesondere friulanische Kellereien.

MARIANO DEL FRIULI (GO)
Corona

12 KM SÜDWESTLICH VON GÖRZ

Al Piave

Osteria-Trattoria
Via Cormons, 8
Tel. (+39) 04 81 / 690 03
Ruhetag: Dienstag
Ferien: 1.–7. Februar, 1.–7. Juli
40 Plätze + 30 Plätze im Freien
Preise: 30–35 €
Kreditkarten: CS, MC, Visa; BM
Mittags und abends geöffnet

DIE OSTERIA – Ein Besuch des Al Piave in Corona im Herzen der Provinz Görz ist immer lohnend. Signora Claudia, die das Lokal zusammen mit ihrem Mann seit über 25 Jahren führt, sorgt für einen so warmen und freundlichen Empfang, dass man sich auf Anhieb wohlfühlt. Die beiden Gasträume sind geschmackvoll eingerichtet, in der warmen Jahreszeit kann man auch im Freien essen. Zu der wirklich angenehmen Atmosphäre tragen ein ebenso gepflegter wie flinker Service und nicht zuletzt hervorragende Speisen in großzügigen Portionen bei.

DIE KÜCHE – In der Küche bereiten Claudias Mann, ihr Schwager und die Schwiegermutter Pasta, Brot und Süßspeisen zu, wobei sie die hiesige Tradition zuweilen mit Akzenten aus ihrer Heimat, den Marken, verbinden. Von den Vorspeisen empfehlen wir Carpaccio di cervo con il cren (7 €) oder **mariniertes Schweinefilet** (Filetto di maiale) **mit Birnen und Montasio-Käse**. Bei einem Besuch im Frühling durften wir gebratenen weißen Spargel (Asparagi bianchi) mit Püree von Dicken Bohnen und Ei (9 €) sowie **Wiesenkräuternocken** (Gnocchetti alle erbe) mit grünem Spargel, Tomaten und gehobeltem Pecorino (8,50 €) probieren. Unter den Primi ist immer mindestens eine Suppe zu finden, die je nach Saison wechselt, z. B. Crema di piselli mit frischer Ricotta (7,50 €), **Jota** di zucchine oder **Minestra d'orzo**. Danach heißt es Bühne frei für Fleisch vom Grill, dorch auch der **Kaninchenrollbraten** (Rotolo di coniglio) **mit Wildfenchel**, Zucchinipüree und knusprigem Salbei (16 €) sowie das Hirschfilet (Filetto di cervo) mit Früchte-Mostarda und Johannisbeersauce (18 €) sind erwägenswert. Beachtliche Vielfalt an Dolci, u. a. Mousse di ricotta mit Schokolade und Erdbeeren (6 €). Große Auswahl an Etiketten, vor allem aus den Colli Orientali und dem Collio, zu ehrlichen Preisen.

MOSSA (GO)

6 KM WESTLICH VON GÖRZ

Blanch

Trattoria
Via Blanchis, 35
Tel. (+39) 04 81 / 800 20
Ruhetag: Dienstagabend, Mittwoch
Ferien: letzte August-, erste Septemberwoche
120 Plätze + 50 Plätze im Freien
Preise: 27–32 €
Kreditkarten: AE, CS, DC, MC, Visa; BM
Mittags und abends geöffnet

DIE OSTERIA – Das Blanch ist ein Gasthaus mit einer langen Geschichte. Es besteht seit 1904 und pflegt seitdem die Familientradition und eine bewährte Küche mit facettenreichen Aromen. Das behagliche, angemessen schlicht gestaltete schlichte Lokal nahe der Staatsgrenze bietet die Möglichkeit, in den Innenräumen oder – so es das Wetter erlaubt – in der Laube im Freien Platz zu nehmen. Eine Menükarte wird einem nicht vorgelegt, dafür kommt man in den Genuss einer persönlichen Beratung und anschließend der jeweils besten Gerichte der Saison.

DIE KÜCHE – Die Spezialitäten des Hauses sind Wild und Pilze. Beginnen kann man mit den Primi, unter denen beispielsweise ***Blecs*** con ragù di gallo (Nudeln mit Hähnchenragout, 7 €), **Tagliolini con lo *sclopìt*** (Bandnudeln mit Leimkraut), Ravioli con i funghi porcini (mit Steinpilzen) oder con la zucca gialla (mit gelbem Kürbis) oder con gli asparagi selvatici (mit Wildspargel, 10 €), Gnocchi di ricotta e ***sclopìt***, **Zuppa di porcini** oder Zuppa di asparagi zu finden sind. Besonderes Lob gebührt der Tatsache, dass die Teigwaren hausgemacht sind. Bei den Secondi ist Fleisch Trumpf: **Spezzatino di vitello** (Kalbsgeschnetzeltes) **mit Polenta**, Trippe (Kutteln), Fegato (Leber), Costine (Rippchen), **Capretto al forno** (Ziegenkitz aus dem Ofen, 13 €); doch die wahre Stärke der Küche ist Wild, z. B. **Pernice** (Rebhuhn), **Capriolo** (Reh), **Cinghiale** (Wildschwein, 10 €). Für das Finale darf ein Dessert nicht fehlen, beispielsweise klassischer Apfelstrudel oder köstlicher Blätterteig mit Creme (Sfogliatina con la crema, 4 €). Neben dem Hauswein sind in Sachen Trinkgenuss nicht zuletzt in Anbetracht der Gegend, in der wir uns hier befinden, Etiketten aus dem italienischen oder dem slowenischen Collio zu empfehlen.

MUGGIA (TS)

11 KM SÜDLICH VON TRIEST

NEU Al Corridoio

Osteria-Trattoria
Via Dante Alighieri, 27
Tel. (+39) 040 / 245 21 24
Kein Ruhetag
Keine Ferien
35 Plätze + 20 Plätze im Freien
Preise: 34 €
Kreditkarten: CS, MC, Visa; BM
Mittags und abends geöffnet

DIE OSTERIA – In dem istrischen Städtchen, in dem uns die venezianische Vergangenheit auf Schritt und Tritt begleitet, entdecken wir in unmittelbarer Nähe des Doms und des Hafenbeckens in einem schmalen Gebäude zwischen zwei Gassen dieses kleine Lokal. Sabrina, die Besitzerin und begeisterte Köchin, kann auf 20 Jahre Erfahrung verweisen und bietet mit herzlicher Gastlichkeit in einem maritimen Ambiente, das eher an einfache Osterien von früher als an eine moderne Trattoria erinnert, schlichte Fischgerichte ohne Schnickschnack oder Neuerfindungen. Nicht zuletzt dank Sohn Mauro, der als Fischer seinen Beitrag zum täglichen Angebot leistet, bekommt man Gerichte der istrisch-venetischen Tradition sowie Klassiker der Meeresküche in mehr als großzügigen Portionen, die man mit offenem Wein aus der Region begleiten kann.

DIE KÜCHE – Eingangs lohnt es sich, Zuppa di cozze oder Zuppa di vongole (10 €), **Sardoni in *savor***, Alici marinate oder ***Pedoci scotadeo*** (sautierte Miesmuscheln, 8 €) zu probieren. An Primi gibt es Spaghetti oder Risotto ai frutti di mare (12 €), je nach Saison auch Gnocchi oder **Spaghetti con la *granzievola*** (mit Meerspinne) bzw. **con busara di gamberoni** (mit Garnelen in pikanter Sauce). Wenn es an Appetit nicht mangelt – immer bedenkend, dass die Portionen groß sind –, kann man danach sorgfältig zubereiteten **Fritto misto** (15 €) oder auf den Punkt gegrillten Fisch bestellen. Sardinen aus dem Meer vor der Haustür – gebacken oder gegrillt (Sardoni ai ferri, 10 €) – ergänzen die Auswahl. Wie früher in jeder Familie an Festtagen wird Apfelstrudel gebacken, doch auch Crema carsolina erfreut das süße Gemüt. Am Ende einer von so authentischen Aromen geprägten Mahlzeit sollte man sich von der Gastgeberin zu einem Gläschen Amaro oder Grappa verführen lassen.

OVARO (UD)
Applis

70 KM NORDWESTLICH VON UDINE, S.S. 13 OD. A 23

Aplis

Restaurant
Ortsteil Applis, 2 C
Tel. (+39) 04 33 / 61 90 08
Ruhetag: Montag, außer im Juli und August sowie zu Weihnachten
Ferien: 2 Wochen nach Dreikönig
100 Plätze
Preise: 32–35 €
Kreditkarten: AE, CS, DC, MC, Visa; BM
Mittags und abends geöffnet

DIE OSTERIA – Der Gebäudekomplex des alten Sägewerks Micoli-Toscano wurde vom Consorzio Boschi Carnici restauriert, das die funktionelle Wiederinstandsetzung betreut und ein Restaurant, ein Hotel mit 20 Zimmern sowie ein Naturkundemuseum und ein Schausägewerk realisiert hat. Das 2009 eröffnete Aplis wird seit 2014 von Familie Filaferro geführt – mit Chef Roberto in der Küche, Sohn Jacopo im Service und Bruder Renato an der Bar. Die Küche hat sich der Förderung typisch hiesiger Rezepte verpflichtet, dessen Neuentdeckung Gianni Cosetti, dem „Guru" der karnischen Küche vom gefeierten Ristorante Roma in Tolmezzo, zu verdanken ist.

DIE KÜCHE – Der Auftakt lässt sich mit ***Toc' in braide*** (weiche Polenta mit Käsecreme, hier zusätzlich mit Walnüssen, 8 €), Carpaccio vom Hirsch auf Krautsalat oder – in der Kürbissaison – Toç di zucca mit Salsiccia-Pesto gestalten. An Primi gibt es die unverzichtbaren ***Cjarsòns*** dell'Aplis, ferner Kartoffelgnocchi mit Pflaumenfüllung, gerösteten Mandeln und Ricotta (8 €), Buchweizen-***Blecs*** mit Schweinefleischragout. Zu jeder Jahreszeit ist **Frico** mit Polenta (9 €) die erste Wahl unter den Secondi, die auch Grillfleisch und raffiniertere Gerichte umfassen, wie etwa Guancialino al Refosco mit gekochtem Fenchel (14 €). Von den feinen Dolci empfehlen wir den Strudel alla carnica, zur Erdbeerzeit das Tiramisu alle fragole. Die Weinauswahl beinhaltet fast ausschließlich friulanische Etiketten mit einem guten Preis-Leistungs-Verhältnis.

In der Ortschaft **Costa Pelosa** 1 (5 km weiter südlich) räuchert der Betrieb Alp Nord Est Bergforellen (Verkauf auch an Private). Im Ortsteil **Luincis** (1 km) bietet der Laden I Salumi di Carnia Wurstwaren und Käse.

PALUZZA (UD)
Timau-Tischlbong

77 KM NW. V. UDINE, S.S. 13 OD. A 23 U. S.S. 52

Matiz da Otto

Restaurant
Via Plozner Mentil, 15
Tel. (+39) 04 33 / 77 90 02
Ruhetag: Dienstagabend (im Winter)
Ferien: Januar/Februar
80 Plätze + 15 Plätze im Freien
Preise: 28–32 €
Kreditkarten: AE, CS, MC, Visa; BM
Mittags und abends geöffnet

DIE OSTERIA – Seit 1870 führt Familie Matiz dieses Hotelrestaurant. Derzeit lenkt ein Ehepaar die Geschicke des Hauses: Diego, der Sie empfangen wird, und Antonietta, die in der Küche zusammen mit dem fähigen Chefkoch Stefano Buttazzoni am Werk ist. Der Speisesaal ist schlicht und ordentlich. Dank der Aufmerksamkeiten Diegos und seiner Mitarbeiter herrscht eine herzlich-aufrichtige Atmosphäre ohne Schnickschnack, dafür reich an Substanz – ganz so, wie es für die Menschen in dieser Gegend typisch ist. Das Menü ist in der Tradition des karnischen Grenzlandes zwischen Italien und Österreich verankert und wechselt mit den Jahreszeiten. Um den Gästen die Küche und die Produkte des Tales näherzubringen, werden Events und Themenabende veranstaltet. Die Gerichte sind herzhaft und stets harmonisch im Geschmack.

DIE KÜCHE – Zögern Sie nicht, bei der Wahl der Speisen und des Weins um Rat zu fragen: Nur so kommen Sie in den Hochgenuss dessen, was das Menü bietet. Beginnen können Sie mit dem Antipasto misto des Hauses (8 €), um dann überzugehen zu einem der Primi: die obligaten ***Cjalciòns*** (10 €), schmackhafte **Ravioli di patate allo speck** (8 €), zarte Crespelle mit Bergkräutern (8 €). An Secondi gibt es saftiges Wildschwein (**Cinghiale in salmì**, 12 €) und traditionellen **Frico** mit Polenta. Unbedingt probieren sollte man die hausgemachten Dolci, am besten gleich die Dreierkomposition (Tris, 5 €). Kleine, aber feine regionale Weinkarte.

Die Fleischerei Salumi e Sapori di Timau, Via Mentil 42, bietet eine interessante Auswahl an geräucherten Würsten. Die Inhaber erzeugen außerdem Varhackara (Brotaufstrich aus gehacktem weißem Speck, Schinkenspeck, geräuchertem Bauchspeck und Kräutern).

PASIANO DI PORDENONE (PN)
Villotta di Visinale

11 KM SÜDWESTLICH VON PORDENONE

Da Carmelo

Traditionelle Osteria-Trattoria
Via Villotta, 41
Tel. (+39) 04 34 / 62 02 59
Ruhetag: Dienstag, Mittwoch
Ferien: 1 Woche im Januar, Ende Juni–15. Juli
70 Plätze + 20 Plätze im Freien
Preise: 30 €
Kreditkarten: MC, Visa; BM
Mittags und abends geöffnet

DIE OSTERIA – Verlieren Sie nicht den Mut, wenn Sie der Beschilderung gefolgt sind und am Ziel angekommen nicht gleich die Eingangstür zum Da Carmelo entdecken: Suchen Sie nach ihr hinter dem Kirchlein. Sobald Sie das Lokal betreten haben, das früher einmal eine Kolonialwarenhandlung und den Sitz einer landwirtschaftlichen Genossenschaft beherbergte, werden Sie vom Team der Osteria freundschaftlich und gleichzeitig hochprofessionell empfangen, zu Tisch geleitet und mit der Speise- und Weinkarte versorgt. Das familiäre Traditionsgasthaus wird von Gabriele (Küche) und seiner Frau Lisa (Service) geführt. Seit einiger Zeit ist auch Stefano mit an Bord, der eine gut gestaltete Auswahl an Weinen vor allem regionaler Provenienz neben ein paar internationalen Positionen betreut.

DIE KÜCHE – Die Spezialität des Hauses ist Hähnchen im Pfännchen – **Gallo in *tecia*** – mit Polenta (13,50 €), das tatsächlich in besagtem Pfännchen serviert wird, wenn mehr als ein Gast am Tisch sich dafür entschieden hat. Mit Hähnchen wird auch die Sauce für die Tagliatelle (8,50 €) zubereitet, die ebenso hausgemacht sind wie die **Gnocchi di patate al sugo di anatra** (8,50 €). Weitere Gerichte, die der traditionellen Küche der Trattoria alle Ehre machen, sind die **Porchetta cotta in crosta di pane** mit Meerrettich (5 €) als Vorspeise und die butterweichen, geschmacklich herrlich ausgewogenen Kutteln in Tomatensauce mit Parmesan (**Trippa alla parmigiana**, 13,50 €) als Hauptspeise. Die hausgemachten Dolci einer nicht enden wollenden Liste, die von Lisa vorgetragen wird, bilden den würdigen Ausklang der Mahlzeit.

PINZANO AL TAGLIAMENTO (PN)
Manazzons

45 KM NORDÖSTLICH VON PORDENONE, S.P. 1

Ivana & Secondo

Traditionelle Osteria-Trattoria
Via Manazzons, 62
Tel. (+39) 04 32 / 95 00 03
Ruhetag: Sonntagabend, Montag
Ferien: letzten 3 Septemberwochen
50 Plätze + 50 Plätze im Freien
Preise: 30–32 €
Kreditkarten: CS, DC, MC, Visa; BM
Mittags und abends geöffnet

Gaumenfreuden mit großem Augenmerk auf lokale Erzeugnisse, ohne unnötige Exkurse in neue Gefilde.

DIE OSTERIA – Das charakteristisch rustikale, legere Restaurant ist von den Hügeln der Täler um Pordenone eingefasst wie ein kleines Juwel. Höchst angenehm verweilt man in der warmen Jahreszeit unter der von Erdbeertrauben überwucherten Pergola mit weitem Blick bis zum Tagliamento; ansonsten lässt man sich in einem der beiden Gasträume nieder, von denen einer mit Kamin ausgestattet ist, der im Winter angefacht wird. Für die zeitgemäß gestaltete Regional- und Saisonküche zeichnet Chefkoch Umberto verantwortlich.

DIE KÜCHE – Das von Patron Luca mündlich erläuterte Menü beginnt mit der Verkostung von acht Antipasti (12 €), die aus rückverfolgbaren, entsprechend ausgewiesenen lokalen Produkten nach regionalen Rezepten täglich frisch zubereitet werden. Immer unter den Primi vertreten sind saisonale Suppen, mit allerlei Gemüse gefüllte Crespelle (9 €), **Ravioli aus Kartoffelteig**, Tagliolini mit Kürbisblüten, Safran aus der Region und San-Daniele-Schinken, Zucchini-Vellutata mit Asìno-Käse, Gnocchi. Wer Appetit auf mehr hat, kann mit geschmortem Wild (Selvaggina in umido), **Kartoffel-Frico** (9 €), Salame oder **Pitina all'aceto**, aber auch **Gulasch**, Tatar vom Fassona-Rind (13 €) oder importiertem Fleisch (einer der wenigen Exkurse) vom Rost weitermachen. Schließlich die Desserts des Hauses: Millefoglie mit Crème Chantilly und Erdbeeren, köstlicher Apfelstrudel, Tortino al cioccolato mit weichem Kern. Große Auswahl an Wein (auch glasweise) aus Friaul und ganz Norditalien zu fairen Preisen; Biere aus kleinen Brauereien, riesige Spirituosenauswahl, u. a. Kräuterschnäpse lokaler Produktion.

PORDENONE

La Ferrata

Trattoria-Enoteca
Via Gorizia, 7
Tel. (+39) 04 34 / 205 62
Ruhetag: Dienstag
Ferien: 1. Juli–20. August
70 Plätze
Preise: 30 €
Kreditkarten: CS, MC, Visa; BM
Abends geöffnet, Samstag und Sonntag auch mittags

DIE OSTERIA – In der Nähe der Innenstadt mit ihren Palazzi (18. Jh.) entdecken wir an der Straße, die von den alten Stadtmauern in Richtung der Bahngleise führt, etwas versteckt diese historische Trattoria, die von Einheimischen gerne frequentiert wird, aber auch vielen auswärtigen Besuchern ein Begriff ist. An den unterschiedlich großen Tischen kommt man nicht selten mit anderen Gästen ins Gespräch. Bilder und Schwarz-Weiß-Fotos erzählen von einer lebhaften Volkskultur früherer Tage. Seinen Erfolg verdankt das Lokal der Herzlichkeit von Pino Ranieri und Anna Scorza im Service und der Küche von Ugo De Rigo.

DIE KÜCHE – Die Speisen der monatlich wechselnden Karte stehen im Einklang mit der Örtlichkeit und ihrer Geschichte. Eine Alternative zu den Antipasti dalla Carnia (gemischter Aufschnitt oder Käseteller, 10 €) bietet die zarte **Terrina di regina di San Daniele**. Die Auswahl an Primi reicht von Risotti der Saison (9 €) über Gnocchi bis hin zu Gemüsecremes. Traditionelle Arme-Leute-Küche kommt mit Bohnengerichten wie ***Sòpe de fasui*** oder ***Ràdic e fasui*** (8 €) auf den Tisch. Unter den Secondi ganzjährig vertreten sind Tagliata vom Rind, **Baccalà** und Kartoffel-**Frico**, im Winter auch ***Sopa coada***. Zum Nachtisch Waldbeerjoghurt, Mousse von zweierlei Schokolade im Glas oder feine Kekse zu einem Glas Likörwein (5 €). Probate Auswahl an friulanischen Etiketten, ein paar interessante Empfehlungen aus Venetien, Sizilien und der Toskana, vortrefflicher Hauswein.

Ariston Bar (Piazza Bixio 12): erstaunliches Käsesortiment, viele Flaschenweine. Sfoglia d'oro (Viale Martelli 37): gute Adresse für frische Teigwaren. L'Orto in Città (Via Grandi 2): Obst und Gemüse, Käse, Wurstwaren, Wein, Bier, Slow-Food-Presidi.

PRATO CARNICO (UD)
Pesariis

72 KM NORDWESTLICH V. UDINE, 27 KM V. TOLMEZZO

Sot la Napa

Agriturismo
Ortsteil Pesariis, 61
Tel. (+39) 04 33 / 69 51 03
Ruhetag: Montag–Freitagmittag, außer 15. Juli–31. August und Weihnachten
Ferien: 3 Wochen im Januar, November
45 Plätze
Preise: 30 €
Kreditkarten: AE, CS, DC, MC, Visa; BM

DIE OSTERIA – Das Val Pesarina ist ein geschlossenes, raues Tal: Es scheint, als ob seine Bewohner versucht hätten, es zu besänftigen, indem sie so entzückende Dörfer wie Pesariis erbauten. In einem der charakteristischen alten Häuser mit dicken Mauern entdecken wir den Agriturismo Sot la Napa. Der Name erinnert an die Tradition, sich abends am Kamin einzufinden, um sich zu wärmen, zu essen, Geschichten zu erzählen, zu plaudern. Noch heute ziert der *Fogolâr* einen der Räume des Lokals, dessen Ambiente Ruhe und Wärme vermittelt, so wie die Menschen, die uns empfangen. Fröhlichkeit und viel Liebe zum Detail machen die Einkehr zum Vergnügen.

DIE KÜCHE – Um Traditionelles in zeitgemäßer Form darzubieten, finden lokale Erzeugnisse – großenteils vom eigenen Hof – Verwendung. Beispiele hierfür unter den Vorspeisen sind **Tortino di *radìc di mont*** mit Käsesauce (7,50 €) und Schweinefleisch in Form von Sott'olio di maiale (7,50 €). Neben den ***Cjarsòns*** (8 €), deren zarter Teig uns beeindruckt hat, sind unter den Primi häufig ***Blecs*** mit unterschiedlichen Saucen – **con ragù di anatra** oder Kaninchenragout, aber auch Bohnensugo – zu entdecken. Danach erfreuen im Sommer **Polpettine in salsa di ribes** (10 €), im Winter Maiale con i crauti und **Frico** den Gaumen. Die Dolci sind alle hausgemacht. Ebenfalls selbst aromatisiert sind die über 30 verschiedenen Schnäpse, die Sie probieren können, wenn Sie danach nicht Auto fahren müssen oder eines der Zimmer des Hauses beziehen. Rein lokale Weine zu moderaten Preisen; auch der Hauswein ist sehr anständig.

Im Ortsteil Avausa (4 km) verkauft die Macelleria Polzot Fleisch, Würste, Käse und Milchprodukte des landwirtschaftlichen Betriebs Val Pesarina.

PULFERO – PODBONESEC (UD)

29 KM NÖ. V. UDINE, 12 KM V. CIVIDALE, S.S. 54

Al Vescovo-Skof

Restaurant
Via Capoluogo, 67
Tel. (+39) 04 32 / 72 63 75
Ruhetag: Mittwoch, im Winter auch Dienstag
Ferien: Februar
110 Plätze + 50 Plätze im Freien
Preise: 30–32 €
Kreditkarten: AE, CS, DC, MC, Visa; BM
Mittags und abends geöffnet
♿

DIE OSTERIA – Wenn Sie auf einem Ausflug in die wunderschönen grünen Natisone-Täler mit ihrer facettenreichen Geschichte und den jahrhundertealten Traditionen und nach Pulfero kommen, sollten Sie in diesem typischen Restaurant einkehren. Das Al Vescovo wird seit fast einem Jahrhundert von Familie Domenis mit Leidenschaft geführt: Heute sind es Mamma Bruna am Herd und Tochter Michela, die sich um Speisesaal und Hotelbetrieb kümmert. Die Küche des Hauses ist ausgesprochen regionaltypisch und reich an schmackhaften Gerichten, das Menü wird von Saison zu Saison unterschiedlich gestaltet. Während man im Winter das Knistern des Feuers genießt, kommt im Sommer – sofern man einen Tisch auf der Terrasse reserviert – beim Anblick des zauberhaften, angenehm kühle Luft spendenden Wasserlaufs des Natisone Freude auf.

DIE KÜCHE – An Primi (8 €) kann man typische ***Zlikrofrji* ripieni di patate e pancetta** (mit Kartoffeln und Bauchspeck gefüllte Teigtäschchen), ***Bleki*** (Nudelflecken) mit Entensauce oder Pasta namens Cuori al montasio mit Käsesauce probieren. Danach gibt es Forelle vom Grill – Trota alla griglia – mit Lorbeer, Kaninchen als **Coniglio alle erbe fini mit Polenta** (12 €), Schweinefilets mit Speck aus Sauris, Wildschwein als **Cinghiale in salmì mit Polenta** (14 €). Von den Dolci (3,50 €) nicht versäumen sollte man die für die Natisone-Täler typische Gubana, eventuell mit etwas Slibowitz übergossen; alternativ dazu kann man sich für Ricotta-Birnen-Kuchen oder Apfelstrudel entscheiden. Gute Auswahl an Wein aus der Region.

Im Ortsteil **Montefosca** (13 km) verkauft der Laden der Latteria Sociale allerlei Käse, der nach alten Rezepten mit traditionellen Gerätschaften hergestellt wird.

PULFERO – PODBONESEC (UD)
San Giovanni d'Antro – Svet Ivan u Celè

29 KM NÖ. V. UDINE, 12 KM V. CIVIDALE, S.S. 54

Gastaldia d'Antro

Agriturismo
Via Antro, 179
Tel. (+39) 04 32 / 70 92 47
Ruhetag: Montag, Dienstag
Ferien: Januar
30 Plätze + 30 Plätze im Freien
Preise: 23–25 €
Kreditkarten: AE, CS, DC, MC, Visa; BM
Mittags und abends geöffnet

DIE OSTERIA – Entlang des Natisone-Tals, das von Cividale zur slowenischen Grenze führt, fährt man kurz vor dem Hauptort Pulfero bergan nach San Giovanni d'Antro, einen kleinen Ortsteil, wo sich die Höhlenkirche „Grotta del Santo", eine uralte Kultstätte des Volksglaubens, befindet. Dort, am Ende der asphaltierten Straße, kann man in einem schön renovierten Gebäude, bei dem es sich um den alten Ansitz des Gastalden (Gebietsverwalter) handelt, sehr gut essen und auch übernachten (vier Zimmer und eine Suite stehen zur Verfügung). Maurizio und Lavinia im Service erläutern die von Marisa zubereiteten Gerichte, deren saisongerechte Küche aus der Tradition schöpft und einfache Grundprodukte bevorzugt, wie etwa Wildkräuter, mit denen fast alle Speisen auf gekonnte Weise verfeinert werden.

DIE KÜCHE – Man beginnt mit der Vorspeise, die Häppchen von frischem Gemüse, Omelett, Salumi und Formaggi (4 €) umfasst. Die Primi wechseln mit den Jahreszeiten: Brennnesselnocken (Gnocchi alle ortiche) mit Käsecreme, **Gnocchi di pane e menta mit knusprigem Speck** (7 €), Linguine all'aglio ursino (Bärlauch), **Crespelle con ricotta e ornitogallo** (Crêpes mit Ricotta und Milchstern oder Vogelmilch, eine Pflanze aus der Familie der Spargelgewächse, die um Ostern sprießt), Minestra di erbe spontanee (Wildkräutersuppe), im Herbst Minestra di San Martino mit Esskastanien. Das Angebot an Hauptspeisen ist nicht besonders groß: **Involtini vom Kalb mit Ricotta und Spargel** (10 €), Steak (Bistecca alla griglia), ***Bruscit*** mit Gemüsebeilagen. Von den traditionellen Süßspeisen erwähnt seien die gekochten ***Struki*** (4 €). Die Weinkarte bietet eine kleine Auswahl an guten Etiketten aus der Region und aus ganz Italien. Zum Schluss kann man die von Patron Maurizio offerierten Kräuterschnäpse probieren.

RAVASCLETTO (UD)

75 KM NORDWESTLICH V. UDINE, 23 KM V. TOLMEZZO

Bellavista

Restaurant
Via Roma, 22
Tel. (+39) 04 33 / 660 89
Ruhetag: Donnerstag
Ferien: November
130 Plätze + 40 Plätze im Freien
Preise: 28–35 €
Kreditkarten: MC, Visa; BM
Mittags und abends geöffnet

DIE OSTERIA – Ungefähr auf halbem Weg zwischen Comeglians und Cercivento, nicht weit von der Strada Statale 456, die eine der eindrucksvollsten Gegenden der Carnia durchschneidet und Tolmezzo mit Sappada verbindet, genießt man von der Terrasse des Bellavista eine wahrlich schöne Aussicht auf die umliegenden Berge. Auf dieses Schauspiel weisen die Inhaber Piero De Infanti und Dina Biancotto nicht ohne Stolz hin. Wenn Dina Zeit hat, verrät sie übrigens gerne einige Geheimnisse ihrer Küche. Wer möchte, kann auch Tipps zu Touren oder Sehenswürdigkeiten in der Umgebung einholen.

DIE KÜCHE – Aufgrund der Lage, der Familientradition und der vielen Reisenden, die das Bellavista aufsuchen, legt die Küche Augenmerk auf lokale Erzeuger, Gemüse aus eigenem Anbau und Wildkräuter, bietet aber auch eine breite Palette an gängigen Gerichten der italienischen Tradition, wie es sich viele erwarten, die gerade aus dem Norden kommend die Grenze passiert haben. Als Vorspeise empfehlen wir eine Kostprobe von den gemischten Salumi aus Zuglio oder ***Toc' in braide*** (9 €), ein Arme-Leute-Gericht der karnischen Küche aus weicher Polenta (Maismehl aus Socchieve) mit Milch, Butter und Ricotta. Nicht entgehen lassen sollte man sich die gefüllten Teigtäschchen namens ***Cjarsòns*** (10 €), die es in unzähligen Varianten gibt: Die *Cjarsòns* di Monai, die das Bellavista anbietet, sind wegen der Ausgewogenheit der süßen und salzigen Geschmacksnuancen denkwürdig. Von den Fleischgerichten zum Hauptgang erwähnt seien neben Steak und Filet die Schweinerippchen – **Costicine di maiale alla carnica** – mit Polenta (10 €), das Kaninchen als **Coniglio al vino bianco** sowie Lamm (Agnello) oder Hirsch (Cervo). Die Dolci sind alle hausgemacht, unverzichtbar der Apfelkuchen namens **Pita**. Überschaubare, aber gepflegte Weinkarte.

REMANZACCO (UD)
Cerneglons

8 KM NORDÖSTLICH VON UDINE, S.S. 54

Ai Cacciatori

Traditionelle Osteria-Trattoria
Via Pradamano, 28
Tel. (+39) 04 32 / 67 01 32
Ruhetag: Montag
Ferien: August
60 Plätze
Preise: 20 €
Kreditkarten: CS, DC, MC, Visa; BM
Mittags und abends geöffnet

DIE OSTERIA – In dem kleinen Dorf Cerneglons, wenige Kilometer von Udine entfernt, entstand 1950 dieses Lokal, das noch heute die ursprüngliche Authentizität unter der mittlerweile historischen Leitung der Familie Zanon bewahrt. Der Eingangsbereich beherbergt die eigentliche Osteria, von der man zu der beliebten Bocciabahn gelangt; linker Hand die Stube mit der Feuerstelle, dem *Fogolâr*, und dem dazugehörigen schmiedeeisernen Gestell namens *Cjavedal*, rechter Hand der Speisesaal mit anheimelnder Holzeinrichtung. Die Speisen werden von Marcello zubereitet, der seit 1985 für die Küche verantwortlich zeichnet. Das Menü ist am Eingang angeschlagen und wird von seiner Schwester Leonda bei Tisch mündlich vorgetragen. Beim Servieren helfen ihr Nadia und Cristiana, während Tochter Vanessa am Schanktresen bedient. Dem Gast wird auf stets freundliche, herzliche Art begegnet.

DIE KÜCHE – Geboten wird handfeste Hausmannskost. Einige Gerichte – wie etwa Tagliatelle, Gnocchi und Risotti – sind immer im Programm, andere – z. B. Wild – gibt es nur gegen Vorbestellung. Von den Antipasti erwähnt seien der Aufschnitt (Affettati, 3 €) mit Bauchspeck, Rohschinken und Salami von kleinen lokalen Erzeugern und die Frittata mit Kräutern und Käse aus der Region. Immer auf dem Speisezettel steht die traditionelle Gersten-Bohnen-Suppe (**Orzo e fagioli**, 4 €). Das Highlight unter den Hauptgerichten ist der herzhafte **Frico** (6 €) – prall gewölbt, mit knuspriger Hülle und weichem Kern; alternativ dazu gibt es **Salame all'aceto** (Essigwurst), ***Muset e brovade*** (Kochwurst mit Rüben), Kaninchen und Geflügel, **Trippe** (Kutteln). Als Nachtisch klassischer Apfelkuchen (4,50 €) oder Gubana, wenn man eine für die Gegend typische traditionelle Süßspeise probieren möchte. Passabler Hauswein, ein paar friulanische Flaschenweine.

RIGOLATO (UD)
Varzella

75 KM NORDWESTLICH VON UDINE, S.S. 355

La Fuêo

Restaurant
Ortssteil Varzella
Tel. (+39) 329 / 975 45 30
Ruhetag: Montag–Freitagmittag, außer im August und 25. Dezember–6. Januar
Ferien: Mai, November
30 Plätze + 30 Plätze im Freien
Preise: 28–30 €
Kreditkarten: AE, CS, MC, Visa; BM
Mittags und abends geöffnet

DIE OSTERIA – Auf dem Weg nach Sappada sollten Sie noch vor der Ortschaft Rigolato rechts abbiegen und ein Stück durch den Wald bergab fahren, bis Sie ein altes Bauernhaus vor sich sehen, das dank liebevoller Restaurierung wunderbar erhalten ist. Eine Glasschiebetür ermöglicht es, den Speisesaal nahtlos mit dem Außenbereich zu verbinden. Alles zeugt von größter Sorgfalt: die Tischwäsche aus robustem Leinen, die von Nerella schön präsentierten einfachen Gerichte, der zurückhaltende und doch freundliche Empfang durch den Inhaber Tiziano Gortan Cappellari.

DIE KÜCHE – Zum Auftakt Speck aus Sauris mit in Öl eingelegtem Wildspargel (7 €) oder ein exquisiter **Flan alle erbe auf Montasio-Creme**. Die Auswahl an hausgemachten Teigwaren reicht von Vollkorn-Straccetti mit Löwenzahn und Speck über Pappardelle al ragù di cervo bis hin zu traditionellen ***Chjarcòns* mit geräuchertem Ricotta affumicata** (7,50 €). Hirsch als **Cervo in salmì mit Polenta** (12 €) ist ein typisches Wintergericht, wird aber auch zu anderen Zeiten serviert. Nicht nur den hungrigen Motorradfahrern, die hier Halt machen, schmecken der weiche **Frico** und die Steinpilze mit Käse aus der Region. In der Saison werden diverse pikante und süße Speisen auf Basis von Kürbis, Esskastanien und **Pilzen** serviert. Die Dolci (4,50 €) sind alle hausgemacht, von Ingwerkuchen mit Vanillecreme über Strudel bis hin zu Sachertorte. Das preislich korrekte Weinangebot beschränkt sich auf den Hauswein und rund 30 Etiketten, unter denen jedoch die besten friulanischen Kellereien vertreten sind. Ein Gläschen Grappa alla ruta (mit Raute aromatisiert) kommt gelegen, ist aber nicht notwendig, um die Rechnung zu verdauen, die moderat ausfällt. Unser Tipp: Mit einer Reservierung ist man gut beraten, vor allem am Freitagabend.

SAN DANIELE DEL FRIULI (UD)

23 KM NORDWESTLICH VON UDINE

Al Cantinon

Trattoria
Via Battisti, 2
Tel. (+39) 04 32 / 95 51 86
Ruhetag: Donnerstag
Ferien: unterschiedlich
180 Plätze + 20 Plätze im Freien
Preise: 25–35 €
Kreditkarten: CS, DC, MC, Visa; BM
Mittags und abends geöffnet

DIE OSTERIA – Das in nächster Nähe der zentralen Piazza gelegene Al Cantinon verfügt über mehrere Räume, die sich alle auf Straßenniveau befinden und durch Steinbögen getrennt sind, was einem intimen Flair zuträglich ist. Neben dem Restaurant gibt es die Osteria-Prosciutteria, die zu Kostproben des bekannten San-Daniele-Schinkens einlädt. Das von der Kooperative Cjalderie geführte Lokal, deren Zweck die Integration von benachteiligten Menschen ist, kann auf einen Biogemüsegarten zurückgreifen und verdankt seinen Erfolg u. a. der Tatsache, dass Brot, gefüllte Pasta, Süßspeisen und anderes mehr selbst gemacht sind.

DIE KÜCHE – Neben Prosciutto crudo – dem wie der Trota regina di San Daniele ein Menü gewidmet ist – kann man sich eingangs an einem Käseteller, in Öl eingelegten Köstlichkeiten, gratiniertem Gemüse oder Kartoffel-**Frico** mit gerösteter Polenta (8 €) erfreuen. Es folgen Primi wie **Tagliolini al San Daniele**, im Winter auch Tagliatelle al radicchio sowie traditionelle ***Cjarsòns*** (9 €). An Hauptgerichten gibt es Capocollo mit Kartoffeln, **Guanciale brasato al Refosco mit Polenta** (12 €), Filets und Steaks, im Winter auch Gulasch und ***Muset***. Typische Dolci, z. B. Apfelstrudel (5,50 €) und Gubana mit Grappa. Als Alternative zur Karte gibt es ein Degustationsmenü für 23 €. Die Haus- und Flaschenweine stammen zum überwiegenden Teil aus der Region.

Verkostung und Einkauf des bekannten Prosciutto und anderer typischer Produkte: Enoteca Alla Trappola, Via Cairoli 2; L'Osteria, Via Trento e Trieste 69; Al Portonat, Piazza Dante 7. Boutique dell'Alimentare von Aldo Garlatti (Piazza Vittorio Emanuele): große Auswahl an friulanischen, in- und ausländischen Qualitätsprodukten.

SAN DANIELE DEL FRIULI (UD)
Aonedis

27 KM NORDWESTLICH VON UDINE

Da Catine

Trattoria
Ortsteil Aonedis, 78
Tel. (+39) 04 32 / 95 65 85
Ruhetag: Montagabend, Dienstag
Ferien: je 1 Woche im Januar und um den 15. August
55 Plätze + 15 Plätze im Freien
Preise: 30 €
Kreditkarten: CS, MC, Visa; BM
Mittags und abends geöffnet

DIE OSTERIA – Dieses typische alte Dorfgasthaus wurde als solider Familienbetrieb 1924 von Caterina (Catine) gegründet und wird von den Urenkeln (Familie Zuzzi) nach wie vor mit Leidenschaft und Freude am Bewirten geführt. Die Küche macht sich die Ressourcen der Gegend – allen voran Prosciutto di San Daniele – zunutze, räumt aber auch raffinierteren Rezepten und Einflüssen von auswärts Platz ein. Das Ambiente des kleinen Ortsteils in der Ebene nahe dem Tagliamento ist angenehm, das Lokal gemütlich.

DIE KÜCHE – Bei unserem Besuch durften wir köstlichen, 19 Monate gereiften San-Daniele-Schinken mit Burrata (9,50 €) und delikaten Spargelstrudel mit Montasio-Creme probieren. Wunderbar ausgewogen die **Riccioli di pasta al ragù di coniglio** (Nudeln mit Kaninchensauce, 7 €), herrlich duftend die Minestra aus Reis, Kartoffeln und Erbsen. Von den Secondi konnten uns die Lammkoteletts (**Costicine d'agnello alla griglia**, 9,50 €) und das Filetto di trota ai ferri überzeugen (Forelle aus einer Aquakultur der Gegend). Die Forellenspezialität Regina di San Daniele mit heißen Crostini und die ***Mindricule***, eine spezielle Wurst von einem örtlichen Handwerksbetrieb, ergänzen das Angebot. Weitere Hauptspeisen: allerlei Grillfleisch, klassischer **Frico** mit Kartoffeln und Zwiebeln, Petto d'anatra (Entenbrust) all'aceto balsamico. Von den Dolci empfehlen wir das Semifreddo al pistacchio (4 €) und die Apfel-Joghurt-Torte. Gepflegte Weinauswahl aus der Region.

Friultrota, Via Aonedis 10: Regina di San Daniele (geräuchertes Forellenfilet) und andere Fischspezialitäten. Das breiteste Sortiment an Schinken unterschiedlicher Herkunft haben die Prosciutterie Dok Dall'Ava (Via Gemona 29).

SAN DANIELE DEL FRIULI (UD)

23 KM NORDWESTLICH VON UDINE

L'Osteria di Tancredi

Trattoria-Enoteca
Via Monte Sabotino, 10
Tel. (+39) 04 32 / 94 15 94
Ruhetag: Mittwoch
Ferien: unterschiedlich
25 Plätze + 10 Plätze im Freien
Preise: 28–30 €
Kreditkarten: CS, MC, Visa; BM
Mittags und abends geöffnet

DIE OSTERIA – Säulen aus dem 16. Jahrhundert, schlichtes, modernes Interieur, zurückhaltende Eleganz, Tradition und Zeitgeist: Dies sind die Merkmale des Tancredi, das nicht weit weg vom Dom liegt: Man geht links an diesem vorbei abwärts und nimmt in die erste Gasse linker Hand. Schwarz-Weiß-Fotos erzählen von Bergbau, Emigration und Mühsal, aber auch von zukunftsorientierter Identität. An einer Wand ist das lebensgroße Porträt von Tancredi, dem Vater der Inhaberin Silvia Clochiatti, zu sehen.

DIE KÜCHE – Die Speisen- und Weinempfehlungen des Hauses sind der Tradition verpflichtet und werden all jenen gerecht, die San Daniele wegen des Schinkens besuchen. Es gibt aber noch andere Köstlichkeiten zu entdecken, z. B. geräucherte Forelle (**Tartare di regina di San Daniele**, 10 €) mit Avocado-Pfirsich-Creme – eine elegante Alternative zu reifem Rohschinken, handgemachter Salami, Gänsebrust oder Käse. Tradition und die Kombination süß-pikant sind mit den ***Cjalsòns*** nach Art des Val Pontaiba (8,50 €) auch unter den Primi zu entdecken; darüber hinaus gibt es feine Gemüse-Gnocchi und Suppen der Saison. Danach allerlei Fleischgerichte, Kaninchen als **Coniglio alle erbe**, Schnecken (**Lumache alla friulana**), obligater **Frico** mit Kartoffeln (8,50 €). Die Dolci wechseln häufig, nur die Spuma di panna mit flüssiger Schokolade und Amaretti-Bröseln (4,50 €) wird das ganze Jahr über serviert.

Wer vor allem den hiesigen Rohschinken probieren möchte, ist bei Ai Bintars (Via Trento e Trieste 63, in der Nähe des Krankenhauses) richtig. Weitere gute Adressen: Al Baccaro (Via Kennedy 121), wo man Prosciutto Coradazzi probieren kann, und Al Paradiso (Via Battisti 28), wo Prosciutto Bagatto angeboten wird.

SAN GIORGIO DELLA RICHINVELDA (PN)
Rauscedo

18 KM NORDÖSTLICH VON PORDENONE

Il Favri

Traditionelle Osteria
Via Borgo Meduna, 12
Tel. (+39) 04 27 / 94 98 28
Ruhetag: Sonntagabend, Montag
Ferien: unterschiedlich
40 Plätze + 50 Plätze im Freien
Preise: 28–30 €
Kreditkarten: AE, CS, MC, Visa; BM
Mittags und abends geöffnet

DIE OSTERIA – Die zünftige Dorfwirtschaft mit ihren weit zurückliegenden Ursprüngen (es gibt sie seit 1865) präsentiert sich in all ihrer Schlichtheit: in der Mitte der Eingangsbereich mit dem Schanktresen, seitlich davon die Speisezimmer. Durch einen Bogen hindurch gelangt man auf die behagliche Veranda und in den großen Innenhof – eine Wohlfühloase für die Sommerzeit. Der Hauptgastraum ist mit einem großen offenen Kamin ausgestattet, wo auch Fleisch gegrillt wird. Marco hat das Ambiente herrlich ungezwungen gestaltet: Die Tische sind mit Papiersets, einfachem Geschirr und Besteck gedeckt. Er vermittelt zugleich einen Vertrauen erweckenden Eindruck, wenn es darum geht, Gäste zu empfangen und bestmöglich zu beraten.

DIE KÜCHE – Die Speisen zeichnen sich durch qualitätvolle Grundprodukte aus, deren sich Mauro seit je bedient, wobei er für die Zubereitung der typischen Gerichte lokale Erzeugnisse bevorzugt. Aus dem Reigen der Antipasti nicht wegzudenken ist der Prosciutto di San Daniele (9 €), während der salzige Asìno-Käse (in der entsprechenden Saison) mit Pilzen und Polenta nicht nur eine herzhafte Vorspeise ergibt, sondern auch als Füllung für die **Gnocchi** mit Butter und San-Daniele-Schinken (9 €) überzeugt. Im Frühjahr raten wir zu den auf der Bronzepresse gewalzten **Bigoli** mit grünem Spargel (9 €). Die Hauptspeisen sind eine Hommage an Fleisch: Tatar vom piemontesischen Fassona-Rind mit Saucen (16 €), Costata ai ferri, geschmorte Schweinebäckchen (**Guancialetti di maiale in umido**); auch die traditionelle Frittata des Tages mit Polenta (6 €) und der **Frico** mit Kartoffeln und Polenta (9 €) sind erwägenswert. Saisonale Beilagen ergänzen das Angebot. In Sachen Wein sollten Sie sich von dem erfahrenen Mauro beraten lassen, dessen hervorragender Keller allen Ansprüchen gerecht wird.

SAN LEONARDO (UD)
Clastra

28 KM NÖ. V. UDINE, S.S. 54, 10 KM V. CIVIDALE, S.P. 19

Il Melo Innamorato

Agriturismo
Ortsteil Clastra, 1
Tel. (+39) 04 32 / 72 35 32
Ruhetag: Montag–Donnerstag
Ferien: 7.–31. Januar, 2 Wochen im Juni/Juli
40 Plätze + 40 Plätze im Freien
Preise: 30–35 €
Keine Kreditkarten
Mittags und abends geöffnet

DIE OSTERIA – Luca Coccolo, ein gelernter Geometer, hat nach ein paar Jahren in diesem Beruf beschlossen, sein Leben umzukrempeln. Und so hat er zusammen mit seiner Frau Daniela diesen schönen Agriturismo im Herzen der Natisone-Täler gekauft, wo Felder und Gärten die für die Küche unerlässlichen Grundprodukte beisteuern. Der Name des Lokals hat mit einem Baum zu tun, dessen doppelter Stamm an zwei eng umschlungene Körper erinnert – daher „der verliebte Apfelbaum".

DIE KÜCHE – Der Antipasto (7 €) ist ein buntes Potpourri bestehend aus Aufschnitt und Käse aus der Region, süßsauer eingelegtem Gemüse, ***Kipfel*** aus Kartoffelteig und einem Crostino mit Leimkraut-Mandel-Pesto. Die Auswahl an Primi (7 €) beinhaltet Crespelle del malgaro (Crêpes mit frischem Ricotta, Montasio-Käse und Kräutern), **Spätzle** aus Vollkornmehl mit Kirschtomaten, frischem Ziegenkäse und Jungspinat, Kartoffel-Brennnessel-Gnocchetti mit Walnusssauce, Farrotto (Dinkel, zubereitet wie ein Risotto) mit Rucola und Akazienblüten. Hervorragende Secondi sind die Truthahnroulade mit Thymian (**Rotolo di tacchino al timo**, 10 €), der klassische **Frico** mit Kartoffeln und Montasio-Käse sowie die Millefoglie di frittata e caprino fresco (geschichtete Omeletts mit Ziegenfrischkäse). Wer sehr hungrig einkehrt, ist mit dem Piatto friulano (11 €) gut beraten, der Kostproben von **Frico**, Frittata, Polenta mit Pilzen und Salsiccia in Weißwein umfasst. Interessant von den Beilagen ist die ***Stakanje*** (Röstkartoffeln mit Mangold, Grieben und Essig). Gebackene Akazienblüten mit Honig, Erdbeer- und Holunderblütensorbet, Sfogliatina mit Crema pasticciera auf Himbeersauce sind nur einige der Dolci (4,50 €). Der günstige Hauswein erweist sich als ebenbürtiger Begleiter der Speisen.

SAN PIETRO AL NATISONE –
ŠPIETAR SLOVENOV (UD)

23 KM NORDÖSTLICH VON UDINE

Le Querce

Trattoria
Via del Klancic, 5
Tel. (+39) 04 32 / 72 76 65
Ruhetag: Dienstag
Ferien: 2 Wochen im September
70 Plätze + 15 Plätze im Freien
Preise: 22–25 €
Kreditkarten: AE, CS, DC, MC, Visa; BM
Mittags und abends geöffnet

DIE OSTERIA – Signora Ediliana Coren hat 1988 die Trattoria in den grünen Wäldern oberhalb der Ortschaft San Pietro al Natisone eröffnet. Das Lokal zeichnet sich durch eine wunderschöne Terrasse aus, von der man den Blick in Richtung Cividale del Friuli und über die friulanische Tiefebene schweifen lassen kann. Im Inneren herrscht heimelige, fast schon intime Atmosphäre, was auch der großzügigen Verwendung von Holz in der Einrichtung zu verdanken ist.

DIE KÜCHE – Die Wirtin wird Ihnen auf charmante Weise die Gerichte erläutern, die sie häufig mit Gemüse aus dem eigenen Garten und auf den umliegenden Wiesen gesammelten Wildkräutern gestaltet. Frische und Saisonalität sind auch bei den Erzeugnissen garantiert, die sie von kleinen landwirtschaftlichen Betrieben aus dem Umland bezieht. Unter den Primi (6 €) immer präsent ist eine Suppe, die je nach Jahreszeit auf Brennnesseln, Spargel, Esskastanien oder Pilzen basiert. Erwägenswert sind die **Tortelli al tarassaco** (mit Löwenzahn) und die Gnocchetti mit ***Sclopìt*** (Leimkraut) **und Speck**. An Hauptgerichten gibt es Braten mit Wildspargel (**Arrosto agli asparagi selvatici**), klassischen Kartoffel-**Frico** (6 €), Trota alla piastra (Forelle aus einer Aquakultur im nahen Slowenien), Hirsch als **Cervo in salmì** (11 €). Signora Ediliana hat auch sichtlich Freude an der Zubereitung von Dolci, u. a. Crema al mascarpone mit Walderdbeeren, Torta di grano saraceno (Buchweizenkuchen), traditionelle ***Strukji*** lessi (4 €). Recht ordentlicher Hauswein, aber auch Flaschenweine aus Kellereien der Colli Orientali.

In der Ortschaft **Azzida** (2 km) verkauft La Gubana della Nonna Feinbackwaren wie Gubana und Strucchi aus eigener handwerklicher Erzeugung.

SAN QUIRINO (PN)

10 KM NÖRDLICH VON PORDENONE

Alle Nazioni

Osteria
Via San Rocco, 47
Tel. (+39) 04 34 / 910 05
Ruhetag: Sonntagabend, Montag
Keine Ferien
50 Plätze
Preise: 30 €
Kreditkarten: AE, MC, Visa; BM
Mittags und abends geöffnet

DIE OSTERIA – Das Alle Nazioni ist in den frühen 1990er-Jahren aus dem angrenzenden Restaurant La Primula hervorgegangen, mit dem es Management, Küche und Keller teilt. Als Osteria bietet es die Möglichkeit, in einem charakteristischen, ungezwungenen Ambiente einige einfache Gerichte für den Mittagstisch oder im Rahmen eines Abendessens unter Freunden zu probieren und so erholsame Momente im Verlauf eines Arbeitstages oder nach einer Wanderung durch die ursprüngliche Landschaft der Magredi zu genießen.

DIE KÜCHE – Von den Antipasti, die zum Teil mit der imposanten Berkel-Maschine aufgeschnitten werden, sollte man den Affettato misto con insalatina di sedano rapa (gemischter Aufschnitt mit Knollenselleriesalat, 8 €) und den Prosciutto crudo di San Daniele probieren. Eine Suppe oder Cremesuppe der Saison (7 €), **Gnocchi di patate mit** verschiedenen Beigaben bzw. Saucen (**Butter und Ricotta affumicata**, Fleischsauce, Tomatensauce), Tagliatelle con funghi di bosco (mit Waldpilzen), con asparagi e guanciale (mit Spargel und Wangenspeck, 8 €) oder mit Guanciale aus Sauris und Tomaten lauten die möglichen Primi. Die Liste der Secondi kann Folgendes beinhalten: **Maialino di latte al forno** (Milchferkelbraten, 13 €), Tagliata vom Rind mit Würzöl, Peperoni ripieni (mit Fleisch gefüllte Paprikaschoten) und – im Frühling – **Asparagi con uova sode** (Spargel mit hart gekochten Eiern, 12 €). Gute Auswahl besteht für Liebhaber hausgemachter Süßspeisen, von denen insbesondere die Biscottini di mais mit Mascarponeschaum erwähnt seien. Die Speisen kann man mit guten offenen Weinen und Etiketten aus dem nahen, bestens sortierten Keller des Restaurants begleiten.

SAURIS (UD)
Sauris di Sotto

81 KM NW. V. UDINE, 34 KM V. TOLMEZZO, S.S. 52

Alla Pace

Restaurant • Via Roma, 38
Tel. (+39) 04 33 / 860 10
Ruhetag: Dienstagabend, Mittwoch (außer im Sommer)
Ferien: 2 Wochen vor Weihnachten, 3 Wochen im Juni
40 Plätze + 15 Plätze im Freien
Preise: 27–34 €
Kreditkarten: CS, DC, MC, Visa; BM
Mittags und abends geöffnet

DIE OSTERIA – Wir sind in den westlichen Karnischen Alpen, in einer vorbildlich erhaltenen und gepflegten Kulturlandschaft. Beeindruckend ist auch die Architektur der aus Holz und Stein errichteten Häuser, die einen sehr ursprünglichen Charme bewahren. Das Alla Pace befindet sich im unteren Teil des Dorfes, in einem Bürgerhaus aus dem 19. Jahrhundert mit hübsch verzierter Fassade. Das pulsierende Herz des seit Generationen von Familie Schneider geführten Hauses ist Franca, die von ihrem Mann Vinicio und der jungen Generation unterstützt wird. Was die Familie auszeichnet, sind die überaus liebenswürdige Gastlichkeit und die leidenschaftliche Bereitschaft, all die Speisen zu schildern, die von den hiesigen kulinarischen Traditionen erzählen: Die Küche verbindet auf nuancenreiche Weise karnische und Kärntner Esskultur. Das Lokal ist in typisch alpenländischem Stil eingerichtet, ein Hauch Eleganz und Ursprünglichkeit tragen zum Wohlfühlcharakter bei, ganz so wie der schöne *Fogolâr*.

DIE KÜCHE – Man beginnt mit Aufschnitt (8 €) von vor Ort erzeugten Spezialitäten, u. a. dem herrlichen, über Buchenholz leicht geräucherten Sauriser Rohschinken. In den warmen Vorspeisen (8 €) kommt die gelungene Schlichtheit der hiesigen Küche wunderbar zum Ausdruck: **Brotnocken mit Speck und Kümmel**, ***Cjarsòns*** mit Wiesenkräutern, Gartengemüseflan. Ausgezeichnet von den Hauptgerichten sind das leicht pikante **Rindergulasch** (10 €) und das Polentaküchlein mit Speck und Käse, das in der Pilzsaison mit Hallimaschen angereichert wird. Von den Desserts (4,50 €) besonders köstlich sind der heiße Apfelkuchen mit Vanilleeis und Waldbeeren und das Mandelparfait mit gerösteten Pinienkernen. Begleiten lässt sich die Mahlzeit mit Wein aus Friaul oder Bier aus der örtlichen Kleinbrauerei.

SAURIS (UD)
Lateis

79 KM NORDWESTL. V. UDINE, 32 KM VON TOLMEZZO

Riglarhaus

Restaurant
Ortsteil Lateis, 3
Tel. (+39) 04 33 / 860 49
Ruhetag: Dienstag, außer im Sommer
Ferien: 15. Januar–15. Februar
50 Plätze + 30 Plätze im Freien
Preise: 28–30 €
Kreditkarten: MC, Visa; BM
Mittags und abends geöffnet

DIE OSTERIA – Das Riglarhaus in einem Ortsteil der höchstgelegenen Gemeinde Friauls sieht so aus, wie man sich ein typisches Berggasthaus vorstellt. Man tritt ein und hat abgesehen vom Schanktresen und ein paar Tischen gleich die Küche im Blick, seitlich davon die Gaststuben. Im Vorraum einer von diesen, wo ein schöner *Fogolâr* Wärme spendet, ist eine beeindruckende Grappaselektion ausgestellt, die schon vor dem Essen Lust auf einen Verdauungsschluck macht. Empfangen wird man mit Kompetenz und Diskretion. Die immer wieder neu gestaltete Karte verrät, dass es hier neben dem von den Besitzern bestellten Gemüsegarten einen weiteren Garten gibt, nämlich die umliegende Natur, aus der viele der Zutaten stammen.

DIE KÜCHE – Die fast ausschließliche Verwendung regionaler Produkte zeigt sich bereits bei den Vorspeisen: gemischter Aufschnitt (8 €) oder dreierlei Käse mit süßen und pikanten Saucen (7 €). Die Primi bringen die Aromen und Düfte der Berge auf den Tisch: Kräuter-***Cjarsòns*** mit geräucherter Ricotta (7 €), Ricotta-Ravioloni mit Schnittlauch (7 €). Neben **Rinderschmorbraten** und Steak ist unter den Secondi heimisches Wild zu entdecken, z. B. **Hirschragout mit Wacholder und Polenta** (14 €). Sämtliche Speisen sind sorgfältig zubereitet und von überraschender Leichtigkeit. Wer darauf hinweist, unter einer Lebensmittelunverträglichkeit zu leiden, bekommt Gerichte genannt, die frei von den jeweiligen Allergenen sind. In der Weinkarte sind etliche friulanische Spitzenwinzer vertreten.

Sauris ist bekannt für die Erzeugung von geräucherten Wurstwaren und seine Kleinbrauerei, die so heißt wie Sauris früher einmal – Zahre. All diese Spezialitäten kann man in den Läden des Dorfes einkaufen.

SAVOGNA D'ISONZO
SOVODNJE OB SOČI (GO)
San Michele del Carso – Vrh

7 KM SÜDWESTLICH VON GÖRZ

Devetak

Trattoria
Via Brezici, 22
Tel. (+39) 04 81 / 88 24 88
Ruhetag: Montag, Dienstag, Mittwoch- und Donnerstagmittag
Ferien: unterschiedlich
70 Plätze + 25 Plätze im Freien
Preise: 38–40 € €↑
Kreditkarten: AE, CS, DC, MC, Visa; BM
Mittags und abends geöffnet

Heimatverbundenheit, jahrhundertealte Geschichte und natürliche Gastfreundschaft machen diese Locanda zu einer der unverzichtbaren Adressen im isontinischen Karst.

DIE OSTERIA – Die Locanda Devetak, ein Kleinod im Herzen des isontinischen Karsts, hat 2016 ihr 146-jähriges Bestehen unter der Leitung der gleichnamigen Familie gefeiert, die es über all die Jahre immer verstanden hat, Heimatverbundenheit und ungebrochene Freude am Gastgeberdasein zu vermitteln. Patron Ustili (Augustin) hat mit seiner Leidenschaft nicht nur Ehefrau Gabriella angesteckt, die sich um die Küche kümmert, sondern längst auch schon die Töchter Tatjana, Tjasa, Micaela (in der Osteria) und Sara (landwirtschaftlicher Betrieb).

DIE KÜCHE – Geboten wird eine für den Karst typische Küche mit slawischen und altösterreichischen Einflüssen. Beginnen kann man mit frischer Salame all'aceto auf Kichererbsen-Knoblauch-Püree, Kochschinken in Brotteig mit Meerrettich (9 €) oder mariniertem Perlhuhn mit Melisse auf Salat der Saison (9,50 €). Danach sollte man die Nudeln namens **Fusi mit Salsiccia und Jamar**-Käse, die Hefeteig-Gnocchi mit Kaninchenragout, den Kräuterrisotto oder die Kartoffel-Spargel-Creme mit Tintenfischtagliatelle (9,50 €) probieren. Von den Hauptgerichten nicht versäumen sollte man die ***Mlinzi* con la *supeta*** (gebratene Nudeln mit Hähnchenragout), das Kaninchen (bei 80 °C fünf Stunden gebraten), die in Terrano-Wein **marinierte** und bei niedriger Temperatur zwölf Stunden gegarte **Wildschweinkeule** (16 €), das heimische **Lamm mit Kräutersträußchen**. Von den Dolci empfehlen wir die ***Ghibaniza*** mit Äpfeln und Mohn. Abschließend gebührt dem wunderbaren Weinkeller wie auch der Käseauswahl eine besondere Erwähnung.

SGONICO – ZGONIK (TS)
Sagrado – Zagradec

10 KM NÖRDLICH VON TRIEST

Milic

Agriturismo
Ortsteil Sagrado/Zagradec, 2
Tel. (+39) 040 / 22 93 83
Ruhetag: Montag–Donnerstag
Ferien: je 1 Woche im Februar und nach dem 15. August
80 Plätze + 20 Plätze im Freien
Preise: 20–25 €
Kreditkarten: BM
Geöffnet 12–23 Uhr

DIE OSTERIA – Rustikales, gepflegtes Ambiente, familiäre Gastlichkeit und eine Küche so aufrichtig wie das Land, dem sie entspringt: So lässt sich das Wesen des Agriturismo Milic wohl am anschaulichsten beschreiben. Andrej und Bernarda verwenden für ihr Speisenangebot beinahe ausschließlich Erzeugnisse vom eigenen Hof, der auf eine jahrhundertealte Geschichte zurückblickt. Man begebe sich zu Tisch, nehme Papier und Stift zur Hand, um die Bestellung zu notieren, und lasse sich erklären, wie das köstliche Hausbrot nach alter Karsttradition in ein Tuch gehüllt gebacken wird.

DIE KÜCHE – Für den Beginn raten wir zu den Salumi (alle ohne Konservierungsmittel): Prosciutto crudo del Carso (4 €), Salame sotto la cenere, **Prosciutto cotto nel tovagliolo** (in einem Tuch gekochter Schinken); doch auch Carpaccio vom Rind, feine Ricotta mit Wein und Minze sowie in Öl eingelegtes Gemüse sind zum Einstieg erwägenswert. Es folgen Kartoffelgnocchi, Tagliatelle oder **Strudel di *kanederli*** (Serviettenknödel) mit Saucen und Kräutern des Tages (6 €), Rotolo lesso di ortiche (gekochte Brennnesselroulade), **Jota** (typischer Eintopf), ***Mlinzi*** (gebratene Nudeln) mit Saisongemüse. An Secondi – allesamt Fleischgerichte – gibt es Cotechino oder in Wein gegarte Salsicce, **Gulasch** (8 €) und allerlei vom Grill, den Andrej fachkundig betreut: **Cevapcici**, Rippchen, ***Pljeskavice***, Schweinekotelett. Als Beilage nicht fehlen dürfen Bratkartoffeln (Patate in ***tecia***) und frisches Gartengemüse. Wenn Sie dann noch Platz im Magen haben, können Sie ***Potica***, typischen **Struccolo**, Apfelstrudel oder ein Löffeldessert probieren. Eine besondere Erwähnung gebührt den Weinen, die alle aus autochthonen Reben gekeltert sind: Für Weißweinfans gibt es Malvasia und Vitovska, von den roten Sorten ist der Terrano herausragend.

35 KM NORDÖSTLICH V. PORDENONE, 33 KM V. UDINE

Al Bachero

Traditionelle Osteria-Trattoria
Via Pilacorte, 5
Tel. (+39) 04 27 / 23 17
Ruhetag: Montagabend, Sonntag
Ferien: Juni/Juli
90 Plätze + 36 Plätze im Freien
Preise: 20 €
Keine Kreditkarten
Mittags und abends geöffnet

DIE OSTERIA – In einer Seitengasse des Corso Roma, der quer durch die Altstadt verlaufenden Achse, die die zwei Tore der für ihre Mosaikkunst weltbekannten Stadt verbindet, gilt das Al Bachero seit weit mehr als einem Jahrhundert als Pflichtetappe für Reisende, Händler und Einheimische. Die Idee zu dem Lokal hatte der apulische Seemann Antonio Laurora, der 1897 hier begann, Wein, Öl und Stockfisch zu verkaufen. Dass sie nun von Familie Zavagno geführt wird, hat den Charakter der Osteria nicht verändert: Alles basiert auf Schlichtheit und Qualität zu unschlagbar günstigen Preisen. Mehr als triftige Gründe also, die das Al Bachero zu einem der meistfrequentierten Gasthäuser der Gegend machen.

DIE KÜCHE – Beliebt ist vor allem der Stockfisch als **Baccalà in bianco** (9 €) oder Baccalà mantecato, serviert **mit Polenta**. Auch die Kutteln (**Trippe**, 7,50 €) und der flaumige Kartoffel-**Frico** (6 €) entsprechen der Tradition. Die Primi spiegeln den Charakter der Osteria wider: Gnocchi al ragù oder mit Butter und Ricotta affumicata (5 €), Minestrone, **Orzo e fagioli**, Tagliatelle in saisonalen Variationen (mit Spargel, Pilzen, Salsiccia). Auch die kleine Auswahl an Desserts – einst ein Luxus für Festtage – wird dem Wesen des Lokals gerecht: Es gibt Strucchi oder Strudel. Neben dem Hauswein werden ein paar gute Flaschenweine aus der Region und von anderswo angeboten.

Familie Tosoni ist seit je bekannt für Käse: In ihrem Geschäft (Via Barbeano 9) findet man so gut wie alle regionaltypischen Formaggi – mit dem Asino als besondere Spezialität – sowie Sorten aus ganz Italien und dem Ausland. Der Laden der Firma Lovison, die seit 1903 edle Wurstwaren erzeugt, befindet sich an der Adresse Via Foscolo 18.

SPILIMBERGO (PN)

35 KM NORDÖSTLICH V. PORDENONE, 33 KM V. UDINE

Da Afro

Trattoria-Enoteca
Via Umberto I, 14
Tel. (+39) 04 27 / 22 64
Ruhetag: Sonntagabend
Keine Ferien
35 Plätze + 30 Plätze im Freien
Preise: 35 €
Kreditkarten: AE, CS, DC, MC, Visa; BM
Mittags und abends geöffnet

Hochwertige Grundprodukte in Verbindung mit der Gastlichkeit, wie Dario und Fabio sie bieten, machen das Da Afro zu einem Bezugspunkt für ganz Friaul.

DIE OSTERIA – Ein wirklich bemerkenswertes Lokal im Herzen Friauls, zwischen Sequals und San Daniele, das seit 30 Jahren ganz bewusst als traditionelle Osteria geführt wird. Im behaglichen Eingangsbereich mit dem Schanktresen gibt es ein paar Tische, an denen man sich ein Glas Wein servieren lassen kann. Im separaten Speisesaal thront die Berkel-Maschine, auf der ein San-Daniele-Schinken zum Aufschneiden bereitliegt, und sorgen Möbel aus englischer Eiche sowie ein Kamin für gediegenes Flair.

DIE KÜCHE – Das Leitthema ist exzellente Produktqualität, die durch den Hausgarten, die eigene Geflügelhaltung und Lieferanten von erlesenem Fleisch gewährleistet wird. Der Auftakt lässt sich mit dem obligaten Rohschinken aus San Daniele gestalten, aber auch mit köstlichem Tatar (Battuta di fassona) oder Stockfisch in Form von **Baccalà mantecato mit Polenta** (9,50 €). Die Auswahl an Primi beinhaltet Cremesuppen (im Frühling aus Spargel oder Bärlauch) und **Timballo con ragù di piccione** – mit Taubenfleischragout, das auch die Pasta namens ***Blecs*** (8,50 €) verfeinert. Im großen Hauptspeisenangebot häufig zu entdecken sind Fegato alla veneziana (13 €), Arrosto di vitello, Hähnchen als **Pollo in *tecia*** und gefülltes Täubchen (**Piccione ripieno**); hinzu kommen ein paar Fischgerichte wie Orata oder Branzino al forno. Wer unter Lebensmittelunverträglichkeiten oder Allergien leidet oder Vegetarier ist, kommt ebenfalls auf seine Kosten. Dank der umfangreichen Weinkarte und der fachkundigen Tipps von Dario und Fabio sind ideale Weinbegleitungen möglich.

STREGNA – SREDNJE (UD)

31 KM NORDÖSTL. VON UDINE, 14 KM VON CIVIDALE

Sale e Pepe

Osteria-Trattoria
Via Capoluogo, 19
Tel. (+39) 04 32 / 72 41 18
Ruhetag: Dienstag, Mittwoch
Ferien: unterschiedlich
40 Plätze + 10 Plätze im Freien
Preise: 30–32 €
Kreditkarten: CS, Visa; BM
Abends geöffnet, Samstag und Sonntag auch mittags

Wiederentdeckung von typischen Gerichten, auf schlichte und zugleich raffinierte Weise zubereitet, im Einklang mit einem gastlichen Ambiente und einer wunderschönen Umgebung.

DIE OSTERIA – Die Natisone-Täler zählen zweifelsohne zu den attraktivsten Landstrichen der gesamten Region Friaul-Julisch Venetien. Es ist ein Grenzgebiet, in dem Geschichte, Kultur und kulinarische Traditionen in positiver Weise aufeinandertreffen. In Stregna finden wir einen verlässlichen Maßstab dafür, was die hiesige Küche unter Wahrung der Jahreszeiten zum Ausdruck bringen vermag. Das A und O des Sale e Pepe sind Franco und Teresa: Mit der den Menschen dieser Gegend eigenen zurückhaltenden Freundlichkeit empfängt er die Gäste in dem hübschen Lokal, das sich in zwei Speisezimmer (eines mit *Fogolâr*) und die Schankstube gliedert, während sie ihr Reich in der Küche hat.

DIE KÜCHE – Leitlinie des Speisenangebots ist die Verarbeitung von heimischen Kräutern und Gemüse aus lokalem Anbau. Beginnen kann man mit Steinpilzflan auf Käsecreme (**Sformatino di porcini su fonduta di montasio**, 8 €), Prosciutto bianco und Apfel-Kraut-Salat, Soppressa und Pilzen der Saison. Es folgen Fagottini di erbe spontanee (mit Wildkräutern gefüllte Teigsäckchen), ***Cjalsòns*** (8 €), ***Serkuovna*** (Getreidesuppe, 8 €), ***Zlicnjaki*** (Mehlnocken mit zerlassener Butter, Zimt und Zucker). Bei den Hauptgerichten reicht die Auswahl von Kalbsbäckchen (Guanciale di vitello al Refosco) mit Polenta über **Frico** (ebenfalls mit Polenta, 10 €) bis hin zu ***Stakanje*** (Kartoffelpüree mit Stängelkohl, Salsiccia und Montefosca-Käse, 13 €). Zum Nachtisch kann man Minzecreme, **Gubana** oder Rhabarbertörtchen naschen. Die Weinkarte empfiehlt gute Etiketten aus der Region.

SUTRIO (UD)
Noiaris

62 KM NW. V. UDINE, 15 KM V. TOLMEZZO, S.S. 52 BIS

Alle Trote

Trattoria
Via Peschiera
Tel. (+39) 04 33 / 77 83 29
Ruhetag: Dienstag, außer im August
Ferien: 2 Wochen im März, 3 Wochen im September/Oktober
70 Plätze + 30 Plätze im Freien
Preise: 22–24 €
Kreditkarten: AE, CS, MC, Visa; BM
Mittags und abends geöffnet

DIE OSTERIA – Das Alle Trote zählt zu den Gasthäusern, in die man immer wieder gerne einkehrt. Die Lage ist einzigartig, denn Sutrio ist ein kleines Juwel der grünen Carnia. Zudem trifft man hier auf zuverlässige Gastgeber: Seit 30 Jahren sind es Gianni Badini und seine Frau Anna, die dieses Haus führen. Annas probate regionaltypische Empfehlungen ergeben ein Menü, in dem – wie der Name des Lokals verrät – Forelle die Hauptrolle spielt. Der Fisch stammt aus der vom sauberen Wasser des But-Baches gespeisten Aquakultur in der Nähe des Restaurants.

DIE KÜCHE – Bei unserem letzten Besuch probierten wir unter anderem delikate ***Cjarsòns*** mit einer sehr gelungenen Balance aus süßen und salzigen Nuancen (7 €) sowie eine Auswahl an Formaggi aus der Käserei Val del But. Von den vielen Gerichten zum Thema Forelle empfehlen wir als Vorspeise Mousse di trota mit Crostini oder **Rotolo di trota in carpaccio mit Gemüse und Robiola** (5 €). Kartoffelravioli mit Ricotta, Räucherforelle und Rucola (7 €) eröffnen den Reigen der Primi. Danach kann man sich für ein schlichtes Forellenfilet in Panade (**Filetto di trota impanato**, 8 €) oder ein raffinierteres Cestino di trota mit Gemüse und Auberginencreme entscheiden; alternativ dazu findet man eine Reihe interessanter Fleischgerichte vor. Herausragend von den Dolci sind der **Cheesecake ai mirtilli** (3,50 €) und der Apfelstrudel. Die Weinauswahl umfasst historische Namen aus der Region und interessante Etiketten von anderswo. Wer möchte, kann hier auch übernachten.

Caseificio Val del But (Viale Martini 1): erstklassige Käsesorten aus heimischer Milch. La Frambule (Via Mione 19): Eingelegtes und Konfitüren aus biologisch kultiviertem Obst und Gemüse.

SUTRIO (UD)

62 km nw. v. Udine, 15 km v. Tolmezzo, S.S. 52 bis

Da Alvise

Trattoria
Via I Maggio, 5
Tel. (+39) 04 33 / 77 86 92
Ruhetag: Mittwoch
Keine Ferien
40 Plätze + 25 Plätze im Freien
Preise: 24–30 €
Kreditkarten: CS, DC, MC, Visa; BM
Mittags und abends geöffnet

Eine authentische, von einer Familie geführte Osteria, die die Küche der Karnischen Alpen mit großartigen regionalen Produkten wunderbar interpretiert.

DIE OSTERIA – Die lebensgroßen Holzfiguren, die das Zentrum von Sutrio zieren, sind Ausdrucksform der traditionellen hiesigen Handwerkskunst. Und das Lokal, das wir hier besuchen, ist Spiegelbild einer regelrechten Familiensaga: Es befindet sich in einem Haus, das einst eine Kolonial- und Eisenwarenhandlung beherbergte, und wird von Elena Di Ronco geführt. In der Schankstube ist die alte Hobelbank von Großvater Enzo zu bewundern. Er ist es auch, der Sie empfangen und Ihnen ein Glas Wein empfehlen wird. Neben seiner Frau sind auch die Söhne Giacomo und Filippo in den Betrieb eingebunden. Wer zum Essen einkehrt, kann sich in einer der Gaststuben bzw. an Tagen, an denen viel los ist, im Eingangsbereich niederlassen.

DIE KÜCHE – Das im Zeichen einer saisonal inspirierten Regionalküche täglich neu gestaltete Menü basiert auf Gemüse aus eigenem Anbau und Produkten von Erzeugern aus der Umgebung. Als Vorspeise genießt man Prosciutto crudo oder Prosciutto affumicato, Salumi von örtlichen Kleinbetrieben und karnische Formaggi. An Primi gibt es ***Cjarsòns*** (7 €), selbst gemachte Tagliatelle mit Bärlauch, Hirschragout oder Pilzen, Gnocchi, Zuppa di fagioli (Bohnensuppe). Die Hauptspeisenauswahl umfasst **Frico** (10 €), **Costicine d'agnello** (Lammkoteletts, **mit Polenta** aus Socchieve, 12 €), **Gulasch**, Salsicce und allerlei Grillfleisch. Die Dolci sind hausgemacht: köstliche Crema di limoni, Heidelbeer- oder Himbeer-Crostata, Strudel. Die von Enzo gestaltete Weinkarte empfiehlt sehr gute Etiketten aus Friaul und anderen italienischen Regionen.

TARCENTO (UD)
Zomeais

20 km nördlich von Udine, S.S. 13 und S.R. 356

Da Gaspar

Trattoria
Via Gaspar, 1
Tel. (+39) 04 32 / 78 59 50
Ruhetag: Montag, Dienstag
Ferien: erste Januarwoche, 4 Wochen im Sommer
50 Plätze + 12 Plätze im Freien
Preise: 30 €
Kreditkarten: CS, Visa; BM
Mittags und abends geöffnet

DIE OSTERIA – Wer sich in die Wälder nördlich von Tarcento vorwagt, entdeckt diese charmante Trattoria an einem Wildbach, dessen Rauschen die Klangkulisse bildet. Einst, als noch der Vater der nunmehrigen Inhaberinnen Gabriella (Küche) und Valentina (Service) das Lokal führte, war es dafür berühmt, dass es seinen Gästen eine unendliche Abfolge an Kostproben von Zwischengerichten bot. Seitdem ist es zu einer beachtlichen Weiterentwicklung gekommen: Noch immer ist die Küche bodenständig, empfiehlt jedoch eine viel facettenreichere Speisenauswahl auf hohem Niveau. Mit im Team ist auch Gabriellas Sohn Massimiliano, dem die gepflegte Weinkarte zu verdanken ist.

DIE KÜCHE – Beginnen Sie mit **Salame all'aceto con polentina morbida** (9 €), Rosa di Gorizia con le cicciole (Radicchio mit Grieben, 10 €), **Prosciutto cotto caldo con il cren** (heißer Kochschinken mit Meerrettich) oder einem Gemüseflan (z. B. Sformato di porro). Dann die Primi: Tagliatelle con ragù di salsiccia e funghi, Risotto mit Lauch und Salsiccia, köstliche süße ***Cjarsòns*** di Cjabie (9 €). Und schließlich die Secondi – allesamt Gerichte auf Basis von Fleisch aus der Region: Wildschwein als Cinghiale in salmì, Kaninchen in Form von **Coniglio in umido mit Polenta**, Ossobuco vom Kalb, **Rindergulasch mit Kartoffeln** (14 €). Alternativ dazu – oder zusätzlich – kann man sich an einem schönen Käseteller erfreuen. Die Palette der Dolci, die Gabriella alle selbst macht, reicht von Sachertorte über Birnen-Schoko-Kuchen bis hin zu Mandel-Biscottini mit heißer Schokolade (5 €).

In **Tarcento** (2 km), Via Morgante 39, bietet Il Forno di Scialino e Rizzo Brot, Focacce und typisches Feingebäck, von Krapfen bis hin zu Plätzchen.

TARCENTO (UD)
Pradandons

19 KM NÖRDLICH VON UDINE, S.S. 13 UND S.R. 356

Ostarie di Santine

Osteria-Trattoria
Via Pradandons, 21
Tel. (+39) 04 32 / 78 37 01
Ruhetag: Montag
Keine Ferien
50 Plätze + 20 Plätze im Freien
Preise: 34 €
Kreditkarten: AE, CS, DC, MC, Visa; BM
Abends geöffnet, Sonntag auch mittags

DIE OSTERIA – Unter all den Gasthäusern der Region, die sich auf Grillfleisch spezialisiert haben (eine Art Revanche an der fleischlosen friulanischen Bauernküche ...), zeichnet sich dieses alteingesessene Lokal, das heute von Augusto Pividori geleitet wird, durch gleich mehrere Attribute aus: gepflegtes Ambiente, behagliches Flair, niveauvolle Küche, vor allem aber Fleisch in Spitzenqualität von lokalen Rinderrassen wie Pezzata Rossa Friulana, das neben Tranchen anderer Provenienz am Spieß im *Fogolâr* gebraten wird.

DIE KÜCHE – Von den Antipasti erwägenswert sind der Kostprobenteller ***Goloset*** (Tatar vom Pezzata-Rossa-Rind, Gemüseflan mit Montasio, Bocconcini di scamone), ein Teller mit Salumi oder mit Saisongemüse, z. B. Spargel oder roter Radicchio (8 €). Die Primi danach basieren auf hausgemachten Teigwaren: ***Carui*** di Santine **mit Montasio-Käse** (9 €), ***Blecs*** al ragù di pezzata rossa (8 €), Kartoffel-Gnocchetti mit Kräutercreme. Schließlich die Spezialitäten vom **Spieß**: Faraona (Perlhuhn), Coniglio (Kaninchen), Costine (Rippchen), Coppa di maiale (Schweinenacken). Am Sonntag und gegen Vorbestellung gibt es auch Capretto (Ziegenkitz), Maialino (Spanferkel), Piccione (Täubchen), Germano reale (Stockente), Anguilla (Aal); allerlei Grillfleisch und Gerichte wie Tagliata d'anatra con glassa di mele e aceto (glasiertes Entenfleisch, blättrig geschnitten, 13 €) oder Lammkoteletts – **Costicine di agnello in *scotadeo*** – mit Fleur de Sel ergänzen das Angebot. Die Desserts des Hauses: Apfel- oder Schoko-Tortino mit Ofenfrüchten, verfeinert mit Ramandolo, Erdbeer- oder Holunderblüten-Bavarese, aber auch selbst gemachte Eiscreme. Angemessen und überzeugend das Angebot an Flaschenweinen aus der Region; der Hauswein einer örtlichen Kellerei erweist sich als sehr ehrlicher Tropfen.

TARCENTO (UD)
Loneriacco

20 KM NÖRDLICH VON UDINE, S.S. 13 UND S.R. 356

Osteria di Villafredda

Trattoria
Via Liruti, 7
Tel. (+39) 04 32 / 79 21 53
Ruhetag: Sonntagabend, Montag; im Januar Montag–Donnerstag
Ferien: letzte Juliwoche, 2 Wochen im August
80 Plätze + 40 Plätze im Freien
Preise: 30 €
Kreditkarten: AE, CS, DC, MC, Visa; BM
Mittags und abends geöffnet

DIE OSTERIA – Fährt man in Loneriacco, einem Ortsteil von Tarcento, auf der an einem Weingarten entlangführenden schmalen Straße zu dem mittelalterlichen Weiler Villafredda, so gelangt man auch zu der gleichnamigen Trattoria: Das schöne, 1780 erbaute Landhaus ist seit 1963 eine Osteria mit Küche, die seit dem Jahr 2000 von Luca Braidot und seiner Frau Barbara geführt wird. Der alte *Fogher* und drei Gasträume mit Mauern aus Stein schaffen eine warme, behagliche Atmosphäre. An warmen Tagen kann man in lauschigem Rahmen im Freien essen.

DIE KÜCHE – Das verlockendste und umfassendste Angebot, um sich einen Überblick über die gebotenen Kulinarik zu verschaffen, ist das „Menu tipico" (31 €): Es beinhaltet eine doppelte Vorspeise (z. B. Lardo und Salame a punta di coltello, weicher und knuspriger **Frico** mit ausgezeichneter Polenta), zweierlei Primi (***Cjalsòns*** di Villafredda, **Orzo e fagioli**), **Schweinefilet mit Kräutern** und ein Stück Strudel begleitet von verführerischer Zimteiscreme. Alternativ dazu kann man als Vorspeise die wunderbare Käseselektion mit perfekt abgestimmten Konfitüren bestellen. Aus dem Frühlingsmenü erwähnt seien der Spargel-Sformatino mit geschmolzenem Montasio-Käse (7 €) als Zwischengericht und die **Kalbsnieren** mit Senf (Rognone di vitello alla senape, 12,50 €) als Hauptspeise. Zu anderen Zeiten gibt es frische Pasta mit Pilzen oder Radicchio di Treviso. Herausragend von den vorzüglichen Desserts, die alle in der Küche des Hauses entstehen, ist die Mousse al gianduia. Eine Weinkarte bekommt man auf Anfrage zwar vorgelegt, doch der selbst gekelterte Biowein ist es wert, gekostet zu werden.

Feinen Käse gibt es in **Tricesimo** (5 km) bei Franco Savio, Via De Pilosio 8.

95 km nordöstlich von Udine, S.S. 13 oder A 23

Hladik

Traditionelle Osteria
Via Romana, 33
Tel. (+39) 04 28 / 64 41 20
Ruhetag: Sonntag, Montag
Ferien: je 3 Wochen im Juni und November
30 Plätze
Preise: 25 €
Kreditkarten: CS, Visa; BM
Geöffnet 11.30–14, 17.30–21 Uhr

DIE OSTERIA – In einer ruhigen Parallelstraße einer der Hauptverkehrsachsen des dank der umliegenden Berge touristisch bedeutenden Städtchens lädt ein Nebengebäude des Palazzo Forestale, der im 16. Jahrhundert als Sitz des Forstmeisters errichtet wurde und auch heute noch die Forstverwaltung beherbergt, zur Einkehr ein: ein schöner Holzboden und Deckengewölbe sorgen für gediegenes Flair. Im Grunde kommt man hierher, um ein Glas Wein zu trinken, doch es werden täglich – mittags wie abends – auch ein paar Gerichte angeboten. Allerdings ist zu beachten, dass die (kleine, aber von Guia bestens geführte) Küche bereits um 19.30 Uhr schließt. Man sollte daher reservieren und rechtzeitig erscheinen.

DIE KÜCHE – Saisongerechtigkeit, Grundprodukte aus der Region, traditionelle Hausmannskost, herzliche Gastfreundschaft – mit diesen Schlagwörtern lässt sich das Hladik am besten beschreiben. Das Menü ist hinter dem Tresen angeschlagen, doch wir raten, auf die Empfehlungen von Wirt Rinaldo zu vertrauen. Als Vorspeise gibt es Salumi und Formaggi (in der Regel von der Malga Montasio) begleitet von Chutneys und in Öl eingelegtem Gemüse; nicht versäumen sollte man den Kochschinken mit geriebenem Meerrettich (Prosciutto cotto con cren). Suppen, **Gnocchi di zucca**, Kräuterravioli, **Orzo e fagioli**, ***Cjarsòns*** di Resia, Crespelle ai funghi sind mögliche Primi (8 €). Das Angebot an Secondi (8 €) basiert hauptsächlich auf Fleisch (von **Brasato al Refosco** bis hin zu Wild), doch es fehlt auch nicht an **Frico**, im Winter zudem Stockfisch (Baccalà alla vicentina) und Kutteln, sprich **Trippe**. Bei den Dolci (6 €) spürt man die habsburgischen Einflüsse (immerhin sind wir hier in nächster Nähe zu Kärnten und Slowenien): Linzer Torte (mit Mandeln und Preiselbeeren), Marillenknödel, Strudel.

Antica Trattoria Suban

Restaurant
Via Comici, 2 D
Tel. (+39) 040 / 543 68
Ruhetag: Dienstag
Ferien: unterschiedlich
80 Plätze + 80 Plätze im Freien
Preise: 34 €
Kreditkarten: AE, CS, DC, MC, Visa; BM
Abends geöffnet, Samstag und Sonntag auch mittags

DIE OSTERIA – Man tritt über die Schwelle und begreift sofort, warum das Suban eine der beliebtesten Gaststätten von Triest ist. Das regelmäßig von ganzen Familien frequentierte Lokal wird abends von einer Klientel belebt, deren Sprachen, Geschichten und Biografien unterschiedlicher nicht sein könnten. Leises Stimmengewirr, freundschaftliche Gastlichkeit, genussvolles Verweilen bei Tisch, ganz anders als in den Büfetts im Stadtzentrum. Der Mythos des Lokals ist Staatschefs und Fußballstars, distinguierten Menschen und ganz normalen Leuten zu verdanken: Sie alle haben hier die Seele einer Stadt gefunden, die immer noch viel zu erzählen hat. Wirt Mario Suban, routinierte Küche und tadelloser Service sind die tragenden Säulen des Erfolgs.

DIE KÜCHE – Trotz oder gerade wegen der Einflüsse aus den Nachbarregionen zeichnet sich die Küche durch eine starke Identität aus. Auf Schinken mit Meerrettich oder Gänsebrust (8 €) folgen **Jota**, ***Palacinke***, **Fusi all'istriana con spezzatino di gallina** (Nudeln mit Hähnchenragout, 8 €). Umfangreich die Liste der Secondi, bei denen Fleisch überwiegt: **Kalbshaxe** (Stinco di vitello), **Gulasch mit Polenta**, Leber (**Fegato alla veneziana**, 13 €); daneben gibt es vegetarische Gerichte und spezielle Kindermenüs. Von den Desserts (5 €) ist neben Strudel und ***Rigojancsi*** der Dolce del Papa empfehlenswert. Weinkarte mit über 300 Positionen, sehr gute glasweise Angebote.

Einige Einkehr- und Einkaufstipps im Zentrum: Vinotheken Malabar (Piazza San Giovanni 6) und Nanut (Via Genova 10); Konditoreien Pirona (Largo Barriera Vecchia 12), Penso (Via Diaz 11), Bomboniera (Via XXX Ottobre 3) und Giudici (Via Oriani 9); Likörmanufaktur Piolo & Max (Via Veneziani 11 A).

Triestiner Büfettküche

Um zu verstehen, was die Triestiner Büfetts so einzigartig macht, muss man zunächst wissen, dass es eine Tradition gibt, die etliche von den Hunderten Osterien der Stadt im 19. Jahrhundert und bis ins frühe 20. Jahrhundert charakterisiert hat. Der Ursprung dieser Tradition lag in der Notwendigkeit, Rast- und Verpflegungsstätten zu schaffen für all die Beschäftigten im Hafen, in den Lagern, Handelszentren und Produktionsbetrieben, die sich entwickelt hatten, seit Triest von einem Freihafen (seit 1719) zum Seehafen des Habsburgerreichs avanciert war.

Diese „materielle" Notwendigkeit ließ eine Küche der einfachen, volksnahen Art entstehen, die wie die *Bètola* (eine Art Mensa für Bedürftige) oder die *Petesseria* (Spirituosenladen) darauf ausgerichtet war, die Bedürfnisse einer ganz bestimmten Klientel von Erwerbstätigen und oft auch deren Familien zu befriedigen: Hafen-, Werft- und Fabrikarbeiter, Laufburschen, Fuhrleute ... Und so etablierte sich der vormittägliche warme Imbiss hauptsächlich in Gaststätten in der Umgebung des Hafens – in den Vierteln Borgo Teresiano und Città Vecchia (vor allem in der Zone Cavana) –, die sich auf die Zubereitung von Brötchen mit allerlei heißen Tranchen vom Schwein spezialisiert hatten. Im Lauf der Zeit und mit der Veränderung ihrer Kundschaft einhergehend erweiterten diese Gaststätten ihr Angebot um eine breite Palette an Spezialitäten, die gemeinsam den klassischen Triestiner Rund-um-die-Uhr-Imbiss namens *Rebechìn* ergeben.

Die Tradition der Triestiner Büfetts hat sich bis in unsere Tage gehalten und einige wichtige Elemente bewahrt: Zu diesen zählen ein großer Kessel, in dem die verschiedenen Schweinefleischteile gekocht und warm gehalten werden, das Angebot einer großen Auswahl an Snacks für einen zünftigen *Rebechìn*, die Möglichkeit, einen schnellen Imbiss oder ein Mittagessen im Stehen am Tresen oder an einem der wenigen Tische zu sich zu nehmen, gerne auch begleitet von einem Bierchen vom Fass oder einem Glas Wein. Das interessanteste Merkmal liegt jedoch in der Tatsache, dass man in eine einzigartige Atmosphäre eintaucht, zu der auch der „demokratische" Charakter der Kundschaft beiträgt (von Angestellten in der Mittagspause über Rentner, Freiberufler, elegante Damen und Studierende bis hin zu Touristen), und dabei eine der Hauptkomponenten der facettenreichen Triestiner Traditionsgastronomie entdecken kann: die mitteleuropäische oder besser gesagt bürgerliche Küche altösterreichischen Ursprungs.

Ein typischer gemischter Büfetteller kann verschiedenste frisch aus den dampfenden Kesseln geholte Fleischspezialitäten umfassen: Porzina (diverse Tranchen vom Schwein), traditionelle Kochwürste wie *Luganighe de Cragno* oder *Luganighe de Viena*, Cotechino, Pökelzunge, geräuchertes Karree, Pancetta. Dazu kann man sich ein Brötchen oder eine Portion *Capùzi garbi* (Sauerkraut) sowie Senf und Meerrettich (der in Triest immer noch Kren heißt) servieren lassen. Das Angebot eines Büfetts umfasst zudem allerlei Käse und Wurstwaren (zu den lokalen Spezialitäten zählen beispielsweise Schinken in Brotkruste oder der gekochte Prager Schinken), Sardoni *impanadi* (panierte Sardinen), Pesce in *savòr* (Fisch in Essig-Zwiebel-Marinade), Polpette (Frikadellen), gebackenes Gemüse, Brötchen mit *Bacalà* in bianco (Stockfischmousse) oder Liptauer (pikanter Aufstrich), aber auch Gerichte wie *Golas nostràn* (hiesige Spielart des ungarischen Gulaschs), Jota (Eintopf aus Sauerkraut und Bohnen), Semmelknödel und Bratkartoffeln, hierorts Patate in *tecia* genannt.

Sergio Gobet

Da Pepi

Via Cassa di Risparmio, 3
Tel. (+39) 040 / 36 68 58
Ruhetag: Sonntag
Ferien: letzten 2 Juliwochen
Geöffnet 8.30–22 Uhr

Das älteste (1897) und berühmteste aller noch bestehenden Triestiner Büfetts ist auch gleichzeitig eines der frequentiertesten des Zentrums, ob für einen Imbiss oder eine Mahlzeit. Hier einen

Rebechìn – sei es auch nur in Form eines Brötchens mit Porzina oder anderen Schweinefleischtranchen – im Stehen am Tresen mit Blick auf den dampfenden Kessel zu verzehren, ist ein denkwürdiges Erlebnis.

Da Siora Rosa

Piazza Hortis, 3
Tel. (+39) 040 / 30 14 60
Ruhetag: Sonntag, Montag
Ferien: unterschiedlich
Geöffnet 8–15.30, 17–20 Uhr

Das nicht weit von den Rive entfernte Lokal, das nach der legendären Wirtin der 1920er-Jahre benannt ist, sei Ihnen deshalb empfohlen, weil Sie hier die klassischen Gerichte der Triestiner Büfetts (allen voran Fleisch aus dem Siedekessel und heißen Bratschinken) ebenso genießen können wie ein breites Repertoire der lokalen Traditionsküche. Gute Auswahl an Wein und Bier aus der Region, köstliche Dolci.

L'Approdo

Via Carducci, 34
Tel. (+39) 040 / 63 34 66
Ruhetag: Samstagnachmittag, Sonntag
Ferien: 2 Wochen im August
Geöffnet 8–20 Uhr

Ein kurzer Spaziergang von der Markthalle bzw. der Piazza Goldoni führt zu dieser soliden Gaststätte, die bei Einheimischen sehr beliebt ist, um vor allem am Vormittag einen klassischen *Rebechìn* zu sich zu nehmen, meist gleich im Stehen am langen Tresen. Mittags erweitert sich das Angebot um Gerichte der typischen Triestiner Küche, denen man in einem einfachen, volksnahen Ambiente zusprechen kann.

Rudy

Via Valdirivo, 32
Tel. (+39) 040 / 63 94 28
Ruhetag: Sonntag
Ferien: unterschiedlich
Geöffnet 10–15.30, 17.30–23.30 Uhr
(im Winter 10–24 Uhr)

In diesem Lokal mit warmer, behaglicher Atmosphäre gibt das klassische Angebot der Triestiner Büfetts vormittags am immer gut besuchten langen Tresen den Ton an. Zu den Essenszeiten werden zusätzlich typische Gerichte der Triestiner und bayerischen Küche angeboten, die man mit Bier vom Fass begleiten kann.

Sandwich Club

Via Economo, 10 B
Tel. (+39) 335 / 662 51 30
Ruhetag: Samstag- und Sonntagnachmittag
Ferien: unterschiedlich
Geöffnet 8–23 Uhr

Dieses nicht weit von den Rive entfernte Lokal ist räumlich so winzig wie sein Angebot groß ist, was vor allem für die gefüllten und belegten Brötchen gilt. Daneben werden ein paar Gerichte der lokalen Tradition offeriert. Gute Auswahl an Weinbegleitungen für den Imbiss oder eine komplette Mahlzeit.

Toni da Mariano

Viale Campi Elisi, 31
Tel. (+39) 040 / 30 75 29
Ruhetag: Sonntag
Ferien: unterschiedlich
55 Plätze + 40 Plätze im Freien
Kreditkarten: CS, DC, MC, Visa; BM
Geöffnet 7.30–24 Uhr

Entfernt man sich von den übervollen Lokalen des Zentrums, so ist dieses hier eine echte Alternative für einen Imbiss in einem einfachen Ambiente, das durch die Präsenz von einheimischen Gästen (Arbeiter, Angestellte, Rentner …) belebt wird. Auf der Basis einer soliden Familientradition, die in den Osterien der 1960er-Jahre des Arbeiterbezirks San Giacomo verwurzelt ist, bietet die Küche die wichtigsten Klassiker für einen *Rebechìn* sowie ein paar Tellergerichte, vor allem zum Thema Fisch.

UDINE
Cussignacco

4 KM VOM ZENTRUM

Alle Alpi

Traditionelle Osteria
Via Veneto, 179
Tel. (+39) 04 32 / 60 11 22
Ruhetag: Sonntag, Montag
Ferien: Juni–August
60 Plätze
Preise: 30–35 €
Kreditkarten: AE, CS, DC, MC, Visa; BM
Mittags und abends geöffnet

DIE OSTERIA – Das Lokal befindet sich südlich des Zentrums von Udine: Man nimmt den Viale Palmanova, fährt an diesem gut drei Kilometer entlang und gelangt so in ein Viertel, in dem von urbanem Flair kaum mehr etwas zu spüren ist. Die Osteria ist nicht schwer zu finden, gilt sie doch als eine der Pflichtadressen für das Ritual des *Tajut*, das man vorzugsweise am Tresen mit einem Glas Friulano begeht. Das Lokalinnere gleicht einem Museum: Wände voller Schilder, Masken, alter Instrumente und Erinnerungsstücke ergeben ein gemütliches Ambiente, das die gute alte Zeit, Wärme und Vertrautheit vermittelt. Wer hierher kommt, tut dies auch wegen der Fleischspezialitäten, die Alberto Zilli vor den Augen der Gäste über dem Feuer des großen Kamins in einer der beiden Gaststuben brät.

DIE KÜCHE – Die Tradition der Art des Verweilens in diesem Haus spiegelt sich in einer ebenso althergebrachten Küche, die den Rhythmen der Natur folgt. Vorweg sollte man den vorzüglichen, 24 Monate gereiften San-Daniele-Schinken probieren, zu dem traditionsgemäß selbst eingelegtes Gemüse in Öl (8,50 €) gereicht wird; doch auch der mit süßen Aromen kombinierte Grillkäse ist in Erwägung zu ziehen. Die Saison bestimmt, in welcher Weise die Primi präsentiert werden: Risotti, Gnocchi oder **Tagliolini** (9 €) **ai funghi** (mit Pilzen) oder agli asparagi (mit Spargel). Auf alle Fälle lohnend ist das Grillfleisch – von Costata über Braciola di vitello (Kalbskotelett, 15 €) bis hin zu Bistecca fiorentina. Außerdem gibt es **Filetto alla senape**, Stockfisch als **Baccalà alla vicentina** und ein paar andere Fischgerichte. Hausgemachte Desserts, zumeist Panna cotta oder Crema catalana. Flaschenweine zum überwiegenden Teil aus der Region, bemerkenswerter Hauswein (Cabernet oder Friulano) aus den nahen Colli Orientali.

UDINE

Antica Trattoria ai Frati

Trattoria
Piazzetta Antonini, 5
Tel. (+39) 04 32 / 50 69 26
Ruhetag: Sonntag
Keine Ferien
70 Plätze + 30 Plätze im Freien
Preise: 35 €
Kreditkarten: AE, CS, DC, MC, Visa; BM
Mittags und abends geöffnet

DIE OSTERIA – Die Trattoria befindet sich im Zentrum, an einer kleinen Piazza ganz in der Nähe von historischen Gebäuden wie dem von Palladio entworfenen Palazzo Antonini, der früher Sitz der italienischen Nationalbank war und an den ein prächtiger Garten angrenzt, oder dem Palazzo Antonini Cernazai, der Einrichtungen der Universität beherbergt. Es ist die Nähe zu ebendieser, die das Lokal auf sehr lebendige Weise charakterisiert, da hier Studierende in Scharen anzutreffen sind. Gleich hinter dem Eingang gelangt man in zwei kleine Gasträume, die hauptsächlich von Wein trinkenden Stammgästen oder solchen, die eine Kleinigkeit essen möchten, frequentiert werden. Die drei charmanten Räumlichkeiten im Obergeschoss bilden hingegen das eigentliche Speiselokal. Einige Tische im Freien, im Schatten einer schönen Pergola, ergeben eine angenehme Alternative für die warme Jahreszeit.

DIE KÜCHE – Das Speisekarte beinhaltet Gerichte der friulanischen Tradition, wie etwa **Frico** und ***Toc' in braide***, und bietet in den Kapiteln Primi wie auch Secondi eine große Auswahl, u. a. zum Thema Fisch. Empfehlenswert sind der Tortino di verdure (Flan von Saisongemüse, 10 €), im Frühling das Spargeldreierlei (Tris di asparagi, das als Tellergericht betrachtet werden kann), die herzhafte **Minestra di verdure e orzo** (Gemüse-Gerste-Suppe, 8 €), der **Orzotto con salsiccia e *sclopìt*** (Perlgraupen mit Wurst und Leimkraut). Von den Secondi erwähnt seien das Filetto und die Tagliata vom Rind, aber auch die gegrillte Hühnerbrust (Petto di pollo ai ferri), das Schweinekotelett (Braciola di maiale) und der Kaninchenrollbraten (**Arrotolato di coniglio lardellato**, 12 €). Die mündlich vorgetragenen Dolci sind alle hausgemacht. Süffiger Hauswein, zahlreiche Flaschenweine aus der Region und von außerhalb.

Udine: Weingenuss alter und neuer Manier

Geschäfte, aber auch politische und sportliche Strategien besprach man in Udine früher, und das ist noch gar nicht so lange her, in der Osteria. Dort fanden die jeweiligen Entscheidungen ihren würdigen Abschluss bei einem Glas Wein, dem klassischen *Tajut*, um das Besprochene zu besiegeln.

Wer heute dieses alte Ritual wiederaufleben lassen möchte, braucht nur eine der historischen Osterien zu betreten. Sofern man Sinn für Weingenuss der langsamen Art mitbringt und gerne unter Leuten ist, kann man sich dort wunderbar die Zeit vertreiben, den Debatten der Stammgäste lauschen, am Ende neue Bekanntschaften schließen.

Natürlich ist nicht mehr alles so wie einst (nur wenige Traditionslokale haben überlebt), doch das *Taj* (ein knappes Achtel Wein – vor dem Mittagessen „bianco" und abends „nero", ursprünglich in einem randvollen dickwandigen Glas, heute in eleganten Stielgläsern) ist immer noch der wirksamste Vorwand, um Freunde um einen Tisch oder am Tresen einer Osteria zu versammeln.

In gewisser Weise sind die Veränderungen der letzten 20 Jahre um das Ritual des *Tajut* ein natürliches Phänomen, das mit der Neugestaltung eingesessener Weinkneipen einhergeht, aber auch mit der Schließung historischer Osterien und der Eröffnung neuer Lokale mit zeitgemäßem Interieur, oft in Anlehnung an Altbewährtes. Der Wandel hat zudem mit dem Generationenwechsel zu tun, der sich daran zeigt, dass immer mehr Menschen mittags außer Haus essen (müssen) und dass in Sachen Wein verstärkt auf qualitätvolles, bewusstes Genießen Wert gelegt wird. Mit der vor Jahren noch unvorstellbaren Folge, dass sich das Osteria-Publikum radikal verjüngt hat: Immer mehr junge Frauen und Männer, vor allem Studierende, die Udine als Standort für ihre akademische Ausbildung gewählt haben, diskutieren heute über diesen oder jenen Wein, diese oder jene Marke. Das lässt hoffen, dass das *Tajut* auch an neuen Orten der Begegnung und in neuen Ausdrucksformen als guter Anlass für geselliges Beisammensein weiterhin bestehen wird.

Giorgio Dri

NEU Al Canarino

Via Cussignacco, 37
Tel. (+39) 04 32 / 50 47 15
Ruhetag: Sonntag
Geöffnet 8–23 Uhr
Keine Ferien

In dieser Osteria, die seit über 200 Jahren besteht, ist Signora Maria nunmehr von ihrem Sohn Andrea abgelöst worden. Stammgäste und Menschen auf der Suche nach einer unverfälschten Küche bevölkern das Lokal in Scharen. Die einen finden sich ein, um ein Glas Wein zu trinken und Karten zu spielen, die anderen für eine schnelle Mahlzeit. Exzellentes Angebot an Snacks wie Hackfleischbällchen, geschmorte Bohnen, Ofenkartoffeln, eingelegtes Gemüse oder Salami aus Montenars. Aus der Küche kommen *Cjalsòns*, Tagliatelle mit Wildsauce, Risotti, Baccalà, Omeletts, Wildschwein, Frico, am Wochenende auch ein paar Fischgerichte. Respektabler Hauswein, diverse Etiketten von Winzern aus der Umgebung.

Al Cappello

Via Sarpi, 5
Tel. (+39) 04 32 / 29 93 27
Ruhetag: Sonntag, Montag
Ferien: je 2 Wochen im Juni/Juli und Winter
Geöffnet 10.30–15, 17.30–23 Uhr,
Samstag 10–15, 17.30–24 Uhr

Ein modernes schmiedeeisernes Schild in Form eines klassischen englischen Hutes weist auf diese historische, immer gut besuchte Osteria hin. Auf einer großen Tafel sind Hunderte von Etiketten aufgeführt, wobei zahlreiche Markenweine auch zur glasweisen Verkostung bereitstehen. Brötchen, Häppchen, Polpette sowie einfache kalte und warme Speisen werden allen Ansprüchen gerecht und können das kurze Verweilen zu einem regelrechten Mittag- oder Abendessen werden lassen. Einen freien Tisch zu finden ist nicht einfach, doch da es leger zugeht, kann man sich gerne zu anderen Gästen setzen. Sehr gefragt, wenn es das Wetter erlaubt, ist der Außenbereich der Osteria: Da es dort keinen Service bei Tisch gibt, holt man sich einfach selbst drinnen an der Theke das, worauf man gerade Lust hat.

Al Fagiano

Via Zanon, 7
Tel. (+39) 04 32 / 29 70 91
Ruhetag: Sonntag, Montagnachmittag
Ferien: 2 Wochen im September
Geöffnet 10–14, 18–22 Uhr

Die an der *Plaze dal polam* (Platz, auf dem früher der Geflügel- und Kleinviehmarkt abgehalten wurde) gelegene Osteria bewahrt die Patina vergangener Zeiten in ihren rustikalen Wandtäfelungen – mit einem geglückten Zugeständnis an zeitgenössische Kunst in Form eines Wandfreskos des renommierten Udineser Künstlers Giorgio Celiberti –, in der schlichten Einrichtung und in den Gemälden des Inhabers Giordano Floreancig. Der gestandene Wirt und wackere Verfechter des Namens Tocai (der heute überall anderswo Friulano heißen muss) bietet eine große Auswahl an offen ausgeschenkten Weinen und kalten Speisen: Kochschinken mit Meerrettich, Soppressa, Baccalà mantecato, Ölmakrelen, Käse. Die beiden Gasträume sind immer sehr gut besucht. Im Sommer sollte man auf jeden Fall draußen sitzen.

Al Fari Vecjo

Via Grazzano, 78
Tel. (+39) 346 / 224 13 51
Ruhetag: Sonntag
Ferien: 2 Wochen im Juli
Geöffnet 8–22 Uhr

Das seit 1804 bestehende Lokal verfügt über zwei sorgfältig renovierte Räume, deren alte Strukturen zur typischen Atmosphäre der immer seltener werdenden authentischen Treffpunkte für das Ritual des *Tajut* beitragen. Die Klientel besteht zum überwiegenden Teil aus Stammgästen, die hier Karten spielen und ein gutes Glas Wein trinken, das man aus einer Vielzahl an Etiketten der besten Winzer Friauls auswählen kann. Wer etwas essen möchte, findet mittags und abends ein schönes Angebot an immer wieder neuen Appetithappen ebenso vor wie einige Primi und Hauptgerichte, was die Einkehr noch vergnüglicher macht.

Al Vecchio Stallo

Via Viola, 7
Tel. (+39) 04 32 / 212 96
Ruhetag: Mittwoch, im Sommer Sonntag
Ferien: Ostern, 2 Wochen im Dezember, 3 Wochen im August
100 Plätze + 30 Plätze im Freien
Geöffnet 9–23 Uhr

Von den vielen Gaststätten der Stadt, die einst als Raststationen für Mensch und Pferd entstanden, wird das Al Vecchio Stallo („Zum Alten Stall") heute als einzige – natürlich an veränderte Ansprüche angepasst – der ursprünglichen Funktion gerecht. Man kommt hierher, um ein *Tajut* zu trinken und friulanisch zu essen, aber auch zum Kartenspielen. Das kulinarische Angebot ist beinahe schon zu groß; da es sich um eine Osteria handelt, muss man die konventionelle Abfolge aus Antipasto, Primo und Secondo keineswegs einhalten. Neben Aufschnitt und Käse gibt es allerlei Suppen (z. B. Pasta e fagioli), Parmigiana (überbackene Auberginen), *Cjalsòns* (gefüllte Nudeln), Frittata (Omelett), *Muset e brovade* (Kochwurst mit sauren Rüben), Frico, Zampetti di maiale (Schweinefüßchen). Das Dessert par excellence nennt sich Coppa Stallo. Der Hauswein ist zwar nicht sehr charakterreich, jedoch budgetschonend und gut zu trinken.

Da Pozzo

Piazzale Cella, 2
Tel. (+39) 04 32 / 174 63 50
Ruhetag: Sonntag
Ferien: 2 Wochen im August
Geöffnet 9–22 Uhr

Die neuen Betreiber, die dieses Haus seit einigen Jahren leiten, haben glücklicherweise den Stil beibehalten, den die Pozzo-Brüder ihrer Osteria mit Kolonialwarenhandlung (vielleicht die einzige in der Stadt in dieser Konstellation) verliehen hatten. Geblieben ist daher das traditionelle Angebot an Wein und Imbissen (vor allem Kochschinken in Brotkruste, Brettchen mit Salumi oder Formaggi). Was sich hingegen verändert hat, ist die Klientel, bei der es sich nun um ein überwiegend junges Publikum handelt. Die Osteria bietet neben den drei Gasträumen einen angenehmen schattigen Garten mit einem Spielbereich für Kinder.

La Ciacarade

Via San Francesco, 6 A
Tel. (+39) 04 32 / 51 02 50
Ruhetag: Dienstag
Ferien: 2 Wochen im Juli
Kreditkarten: AE, CS, DC, MC, Visa; BM
Geöffnet 7.30–15, 17–24 Uhr

Die in nächster Nähe zum Rathaus und zum Dom gelegene Osteria verfügt über einen großen Gastraum im Erdgeschoss, eine kleine Stube im Stockwerk darüber und einen netten Außenbereich. Charakterlich ist das Lokals zwischen einer traditionellen Osteria und einem kleinen Restaurant angesiedelt, und so bietet es Gerichte der Volksküche mit ein paar Zugeständnissen an die zeitgemäßen Wünsche der Gäste. Das Ciacarade besucht man, um das rituelle *Tajut* zu trinken, aber auch für eine vollständige Mahlzeit; in beiden Fällen wird man von Emanuele äußerst kompetent beraten. Neben typischen Osteria-Snacks (Polpette, Aufschnitt, Sottoli, Bratkartoffeln, gebackenes Gemüse) findet man je nach Saison Kutteln, Brovada, Baccalà, Pasta al forno, Mozzarella oder Burrata vor. Häufig werden auch Themenabende veranstaltet.

Leon d'Oro

Via dei Rizzani, 2
Tel. (+39) 04 32 / 50 87 78
Ruhetag: Sonntag
Ferien: 2 Wochen im August
Geöffnet 9–15, 17–24 Uhr

Ein paar Tische auf der Piazzetta, die von Menschen mit einem Glas in der Hand besetzt sind, weisen auf den „Goldenen Löwen" hin. Vormittags bevölkern überwiegend ältere Semester das Lokal, um Karten zu spielen. Mittags und abends sind es zumeist junge Leute (wir sind nicht weit weg vom Hauptsitz der Universität), die sich von appetitlichen Snacks (Hackfleischbällchen, Gemüsebratlinge, Knorpelsalat, hart gekochte Eier mit Sardelle, Omeletts, Wurst und Käse) verlocken lassen oder sich Zeit nehmen für eine warme Mahlzeit: Die Auswahl ist einladend (Pasta e fagioli, Baccalà, Spargel und Ei, Gulasch ...). Ebenso umfangreich und qualitätvoll das Angebot an Wein aus der Region (auch glasweise); sehr anständiger Hauswein.

VERZEGNIS (UD)
Villa

48 km nordwestlich von Udine, S.S. 13

Stella d'Oro

Traditionelle Osteria
Via Tolmezzo, 6
Tel. (+39) 04 33 / 26 99
Ruhetag: Sonntagabend, Montag (außer im August)
Ferien: 3 Wochen im Februar
50 Plätze + 12 Plätze im Freien
Preise: 28–30 €
Kreditkarten: MC, Visa; BM
Mittags und abends geöffnet

Als Vorposten der kulinarischen Geschichte der Carnia bietet dieses Haus ausnahmslos Traditionelles.

DIE OSTERIA – Die im Zentrum der Ortschaft Villa an der Strada provinciale Richtung Tolmezzo gelegene Osteria wird von den Marzona-Geschwistern und Sara Paschini geleitet. Der alteingesessene „Goldene Stern" ist ein Vorposten der karnischen kulinarischen Tradition und erzählt von der zuweilen grausamen Geschichte, die das Umland geprägt hat. Wer hierher kommt, sollte in aller Ruhe verweilen, vielleicht sogar ein paar Tage damit zubringen, die Umgebung zu erkunden – etwa den Lago di Verzegnis oder den von Egidio Marzona, einem deutschen Sammler mit karnischen Wurzeln, errichteten Art Park, der Ziel internationaler Künstler ist. Der Weg ins Lokal führt über eine weitläufige, von Glyzinien gerahmte Terrasse. Am Eingang mit dem Schanktresen rechter Hand und der Stammgaststube gegenüber gibt es eine gemütliche Ecke mit *Fogolâr*, wo oft für zwei Personen gedeckt ist; eine weitere Tür führt in den Speisesaal.

DIE KÜCHE – Auf den Teller kommt ausnahmslos Traditionelles: Unter den Primi z. B. ***Cjarsòns*** al calabri (eine Rübenart, die nur hier angebaut wird) oder Ravioli mit ***Formadi frant*** (Slow-Food-Presidio) **und Birnencreme** (9 €). Wunderbar bodenständig auch die Secondi: Tatar vom Filet mit ***radic di mont*** (ebenfalls ein Slow-Food-Presidio) oder **Petto di faraona ripieno allo *sclopìt*** (mit Leimkraut gefüllte Perlhuhnbrust, 13 €). Die Desserts bringen die nüchterne Geschichte der Carnia zum Ausdruck; die Osteria ist aber auch für eine spezielle Auswahl an Käse bekannt, die nach den Rhythmen der Jahreszeiten gestaltet wird. Niveauvolle Weine nicht nur aus Friaul (ca. 50 Etiketten).

EMILIA-ROMAGNA
PIEMONT
TOSKANA
FRANK-
REICH
MONACO
LIGURISCHES MEER
Golf von
Genua
GENUA
La Spezia
Savona
Imperia
Sanremo
Bordighera
Ospedaletti
Ventimiglia
Monte
Carlo
Dolceacqua
Isolabona
Pigna
Badalucco
Taggia
Diano Marina
Alassio
Albenga
Loano
Pietra Ligure
Borgio Verezzi
Finale Ligure
Calice Ligure
Calizzano
Cisano
sul Neva
Ortovero
Montegrosso
Pian Latte
Mendatica
Pornassio
Garessio
Ceva
Millesimo
Cairo
Montenotte
Piana Crixia
Sassello
Mele
Altare
Quiliano
Mallare
Vado Ligure
Albissola Marina
Varazze
Sori
Camogli
S. Margherita
Ligure
Portofino
Rapallo
Chiavari
Lavagna
Ne
Sestri Levante
Varese
Ligure
Carro
Levanto
Monterosso
al Mare
Corniglia
Riomaggiore
Portovenere
PARCO NAZ. D.
CINQUE TERRE
Lerici
Arcola
Follo
Sarzana
Castelnuovo
Magra
Carrara
Ortonovo
Ameglia
Massa
Marina
di Massa
Viaréggio
Aulla
APPENNINO
TOSCO-EMILIANO
PARCO NAZ. D.
1039
P.so
d. Cisa
Borgo
Val di Taro
Fidenza
Trébbia
Novi
Ligure
Ácqui
Terme
Alba
Bra
Savigliano
Fossano
Busca
Cúneo
Mondovì
Borgo
S. Dalmazzo
Stura
Po
Tánaro
Colle
di Tenda
1908
PARC NATIONAL
DU MERCANTOUR
P.so
d. Giovi
472
A6
A33
A26/7Dir
A7
A26
A10
A12
A15
0
10
20 km

LIGURIEN

„Cè serèn tèra scùa/carne tènia nu fàte nèigra/nu turnà dùa/e 'nt'ou nùme de Maria/tùtti diài da sta pùgnatta/anène via" („Heiterer Himmel, dunkle Erde/ du zartes Fleisch, werde nicht dunkel/werde nicht wieder hart/und im Namen Marias/mögen sich alle Teufel/von dieser Pfanne fernhalten"). Der Küchenreim stammt von Fabrizio De André und Ivano Fossati, die in ihrem Album „Le nuvole" ein Rezept zu einem Lied verarbeitet haben, und zwar *A' cimma* (die Kalbsbrust). Der Spruch zur Abwehr des „Bösen Blicks" ist im Genueser Dialekt gehalten, dem auch ohne Musik ein melodischer Klang innewohnt.
Bei der Kalbstbrust handelt es sich um ein Gericht, dessen Wurzeln in der Hauptstadt liegen, das aber beinahe in der gesamten Region in unterschiedlichen Varianten verbreitet ist, wobei die Abweichungen zu einem großen Teil das Verhältnis zwischen Fleisch und Gemüse betreffen (in der Küche der Riviera di Ponente liegt der Schwerpunkt eher bei Gemüse). Es handelt sich wohl um eines der bekanntesten ligurischen Gerichte aus dem Themenkreis der Resteverwertung: Die Kalbsbrust wird taschenförmig aufgeschnitten und gefüllt (Kalbfleisch, Bries oder Kalbshirn und Mark, Eier, Erbsen, Parmesan), dann gekocht und nach dem Auskühlen in Scheiben geschnitten serviert.
Zu dieser Familie gehören in einem gewissen Sinn auch die Tomaxelle, traditionelle Kalbsrouladen, gefüllt mit magerem Fleisch, Euter oder Kalbsinnereien, getrockneten Pilzen, Pinienkernen, Eiern, Parmesan, Majoran und Knoblauch, in der Pfanne in Rindersauce gegart. Auch in diesem Fall sind der Ursprung als ärmliches Gericht und die Notwendigkeit der Verwertung sämtlicher Reste in den Hintergrund getreten und haben (was man in bewusster Abkehr von der krampfhaften Glorifizierung der Vergangenheit ruhigen Gewissens als Glück bezeichnen kann) Platz gemacht für raffinierte, schmackhafte Zusammenstellungen, die keinen Verrat an der Tradition darstellen, sondern diese vielmehr in neuem Glanz erstrahlen lassen.
Manchmal ist es aber auch gerade die Einfachheit, die den Gaumen erfreut: Als Beispiel dient etwa *Brandacujun*, ein Gericht der Arme-Leute-Küche, das heute hoch im Kurs steht. Zubereitet wird es durch energisches Vermengen von Stockfisch mit gekochten, klein geschnittenen Kartoffeln, gewürzt mit einer Mischung aus Knoblauch, Petersilie und Pinienkernen, fein gehackt und mit Öl, Zitronensaft und einem Eigelb verrührt.

Für Sie entdeckt

Brandacujun

295 A Scibretta
Bordighera (Im)

303 Ai Cuattru Canti
Finale Ligure (Sv)

314 La Playa
Ospedaletti (Im)

317 Ipazia Cibi e Libri
Sanremo (Im)

Cima

297 Armanda
Castelnuovo Magra (Sp)

298 Luchin
Chiavari (Ge)

306 Ostaia da U Santu
Genua

308 Dalla Padella alla Brace
Imperia

318 Il Lupo
Sarzana (Sp)

Tomaxelle

307 Rosmarino
Genua

313 La Brinca
Ne (Ge)

ALASSIO (SV)

51 km sw. v. Savona, 22 km nö. v. Imperia, S.S. 1, A 10

I Matetti

Traditionelle Osteria
Viale Hanbury, 132
Tel. (+39) 01 82 / 64 66 80
Ruhetag: Montag, außer im Juli und August
Ferien: unterschiedlich
70 Plätze
Preise: 27–30 €
Kreditkarten: CS, DC, MC, Visa; BM
Mittags und abends geöffnet

DIE OSTERIA – Diese Osteria hebt sich erfreulich von der touristisch geprägten Gastronomieszene der Stadt Alassio ab. Empfangen werden Sie hier von den Wirtsleuten, denen der Ruf vorauseilt, etwas rau im Umgangston, jedoch sympathisch zu sein. Sie bekommen hier jahreszeitentreue regionale Speisen aus feinen Zutaten wie hausgemachten Teigwaren, frischem Fisch und Gemüse nach ligurischer Art.

DIE KÜCHE – Die Liste der Vorspeisen ist nicht lang, überzeugt aber mit ausgewogenen, typischen Gerichten. Wir empfehlen den Antipasto misto (12 €), der Frittata, Torta di verdure, Insalata russa und frittierte gefüllte Acciuga umfasst. Als Alternative wird Gamberone ripieno angeboten. Köstlich sind die **Ravioli di pesce** (12 €) mit Mies- und Venusmuscheln, aber auch die Gasse (eine Art Maltagliati) mit Pesto und Kartoffeln (bei denen die Sauce vielleicht etwas zu großzügig verwendet wurde) und die **Tagliolini con *u tuccu*** (eine typisch ligurische Fleischsauce) sind sehr fein. Der Hauptgang brilliert mit **Cima alla genovese**, Spezzatino mit Kartoffeln, Sardine ripiene (10 €) und Frittura di acciughe. Falls verfügbar, sollten Sie sich die **Trippa accomodata** und Baccalà al verde nicht entgehen lassen. Auch wenn der Magen bereits Erschöpfung signalisieren sollte, ist es schwer, den Verlockungen der Desserts zu widerstehen: darunter Frittelle di mele, beträufelt mit Schokolade (ein willkommener Gruß aus der Küche), Tiramisu oder die fein duftende Apfel- oder Birnentorte (5 €). Die Weinkarte ist nicht sehr umfangreich, aber umfassend strukturiert.

Dargè, Corso Dante 80: frische Teigwaren aus Ligurien (Ravioli) oder dem Piemont (Agnolotti mit dreierlei Fleisch, Tajarin), Pesto und andere Saucen.

ALBENGA (SV)

44 km nordwestlich von Savona

Osteria del Tempo Stretto

Restaurant
Via Medaglie d'Oro, 8
Tel. (+39) 01 82 / 57 13 87
Ruhetag: Sonntag, außer im Juli und August
Ferien: je 1 Woche im Juni und September
35 Plätze + 15 Plätze im Freien
Preise: 35–49 € €↑
Kreditkarten: Visa; BM
Mittags und abends geöffnet, Juli und August nur abends

DIE OSTERIA – Genau zum Erscheinungstermin dieses Buches wird die Osteria del Tempo Stretto von ihrem historischen Sitz an der Via Aurelia in eines der Gässchen im Zentrum von Albenga übersiedeln. Das ist aber auch schon alles, was sich ändern wird, da der Stil bei der Bewirtung und der Küche beibehalten wird. Am Herd steht die tüchtige Köchin Cinzia Chiappori, im Saal kümmert sich ihr Mann Massimiliano Moroni (Sommelier) freundlich und eifrig um die Gäste. Im hauseigenen Garten werden Kräuter angebaut, die als Zutaten der angebotenen Speisen Verwendung finden.

DIE KÜCHE – Man beginnt mit Speck di petto d'anatra (Entenbrust, 14 €), über Dampf gegarten Gamberi mit Trombetta-Zucchini und der lauwarmen Insalatina di polpo mit Artischocken aus Albenga. Unter den Primi finden Sie **Maltagliati con sugo di gamberoni** (16 €), ein überaus gelungenes Gericht, die exzellenten **Ravioli di ricciola** mit Artischocken oder Trombetta-Zucchini und Tagliolini con vongole veraci e carciofi (mit Venusmuscheln und Artischocken). Bei den Secondi verdient ein außergewöhnliches Gericht spezielle Erwähnung: Polpo degli zavorristi, eine Art Tintenfischpastete, serviert auf einer Bruschetta (12 €). Beachtenswert ist auch **Polpo al vino Rossese** mit Kapern aus Salina und Taggiasca-Oliven (16 €). Weitere Vorschläge sind Stoccafisso accomodato, der berühmte ***Brandacujun*** (15 €) und Calamari, mit Artischocken in der Pfanne gebraten. Zum Ausklang können Sie Panna cotta mit Rosensirup, Semifreddo mit Lavendelblüten, Amaretto oder Zartbitterschokolade wählen. Aus eigener Herstellung stammen das Brot (aromatisiert mit Kornblumen, Akazien- oder Holunderblüten) und die frischen Teigwaren. Die Weinkarte ist nicht sehr umfangreich, bietet aber Produkte von guter Qualität zu akzeptablen Preisen.

38 km w. v. Imperia, 5 km v. Ventimiglia, S.S. 1 od. A 10

NEU A Scibretta

Moderne Osteria
Via Bastioni, 93
Tel. (+39) 01 84 / 26 70 93,
(+39) 335 / 31 09 23
Ruhetag: Mittwoch, außer im August
Keine Ferien
20 Plätze + 25 Plätze im Freien
Preise: 32–35 €
Kreditkarten: CS, MC, Visa; BM
Mittags und abends geöffnet

DIE OSTERIA – *Scibretta* ist ein Dialektausdruck für die Pfeife: Die Kinder pflegten einst den zarten Blättern der beiden prachtvollen Exemplare eines Ficus Magnolioide, die seit dem Ende des 19. Jahrhunderts den Platz vor dem Lokal zieren, Pfeiftöne zu entlocken, indem sie durch einen Spalt in deren Mitte bliesen. Im gastlichen, rustikalen Speisesaal kümmert sich Patrizia freundlich um die Gäste, während ihr Mann Piero Guglielmi in der Küche das Regiment führt. Die beiden Wirtsleute sind seit 2001 in der Gastronomie tätig, wobei sie anfangs einen Agriturismo und dann ein Lokal in Vallebona führten, bis sie schließlich im Jahr 2013 diese Osteria übernahmen, die ihren Sitz innerhalb der alten Stadtmauern von Bordighera Vecchia hat.

DIE KÜCHE – Die Gerichte nach traditionellen Rezepten der ligurischen Riviera di Ponente werden mit Sorgfalt und Leidenschaft zubereitet. Ein guter Einstieg gelingt mit ***Brandacujun*** und Panissa oder mit den delikaten Acciughe fritte (8 €). Unter den hausgemachten Teigwaren (12 €) sind die exzellenten **Ravioli**, Tagliatelle mit Fischragout und **Gnocchi al pesto** zu empfehlen. Der nächste Gang bietet guten Bollito mit grüner Sauce, Coniglio alla ligure, Capra (Ziege) mit Bohnen, **Cinghiale in umido** (10 €), **Stoccafisso accomodato**, Trippe, Lumache nach einem alten Rezept aus Vallebona und Seppie in umido. Bei den Dolci sollten Sie sich den mit Orangenwasser aromatisierten Budino (4 €) nicht entgehen lassen, bei dessen Zubereitung Blüten der von einem Slow-Food-Presidio geschützten Orangen verarbeitet werden. Gut sind auch das Tiramisu, der Strudel und die Crostate. Die preislich korrekte Weinkarte ist noch verbesserungsfähig. Eine Reservierung ist notwendig.

BORDIGHERA (IM)

38 km w. v. Imperia, 5 km v. Ventimiglia, S.S. 1 od. A 10

Magiargè Vini e Cucina

Moderne Osteria • Piazza Giacomo Viale, 1
Tel. (+39) 01 84 / 26 29 46
Ruhetag: Montag
Ferien: 1 Woche im Februar, 2 Wochen im November
45 Plätze + 40 Plätze im Freien
Preise: 43 € €↑
Kreditk.: CS, MC, Visa; BM • Mittags und abends geöffnet, Juli und August nur abends

Das Ambiente, die sorgfältige Auswahl der Zutaten und Professionalität sind das Geheimnis des Erfolgs des Magiargè.

DIE OSTERIA – Das Lokal liegt im mittelalterlichen Stadtkern und ist zu Fuß erreichbar. In den gastlichen Räumen empfangen der Wirt Mauro Benso und seine Frau Carmen Manfredi die Gäste freundlich und professionell. In der Küche bereitet Zaira Sbai mit Geschick und Leidenschaft die traditionellen klassischen Gerichte zu, bei denen auch einige Slow-Food-Presidi zum Einsatz kommen.

DIE KÜCHE – Zum Einstieg stehen Crudo di pesce e gamberi auf Ochsenherztomaten oder die exzellenten Leckerbissen wie **Cappon magro** (14 €), ***Brandacujon*** (12 €) oder **Buridda di seppie** in umido mit Bohnen aus Pigna auf dem Programm. Ein sicherer Tipp unter den Primi ist ***Ciuppin*** sanremasco (11 €), eine Fischsuppe mit Crostini und provenzalischer Sauce Rouille. Als Alternative wird Risotto al ragù di moscardini e trofie levantine mit frischen Sardellen, Kirschtomaten und wildem Fenchel angeboten. Das Kapitel der Secondi lockt mit delikaten Spezialitäten wie Bistecca di palamita mit Zwiebeln aus Tropea und frischem Blattspinat (15 €), Cuscus di pesce, **Coniglio** disossato arrostito **in casseruola** (ausgelöstes Kaninchen, in der Pfanne gebraten) und Filetto di manzo in Weinsauce (aus Rossese di Dolceacqua). Den Abschluss bilden ***Bonet*** all'amaretto, Gelato alla nocciola (mit Haselnüssen der Sorte Piemonte Igp), Sorbetto di mele mit Calvados und Torta al limone. In der umfangreichen Weinkarte sind die Produkte aus Ligurien und weitere italienische und französische Weine vertreten. Das Lokal bietet Degustationsmenüs zu 19, 21,50 und 25 €.

CALICE LIGURE (SV)

30 km SW v. Savona, 7 km A 10 Ausf. Finale Ligure

NEU Locanda Piemontese

Locanda
Piazza Massa, 4
Tel. (+39) 019 / 654 63
Ruhetag: Montagabend, Dienstag; im Sommer nur Dienstag
Ferien: 2 Wochen im November
80 Plätze + 35 Plätze im Freien
Preise: 25 €
Kreditkarten: AE, CS, DC, MC, Visa; BM
Mittags und abends geöffnet

DIE OSTERIA – Diese historische Osteria wurde vor langer Zeit, im Jahr 1870, von einem Vorfahren der Familie Viola, der derzeitigen Besitzer, gegründet. Trotz gewisser Zugeständnisse an die Touristen und deren Vorliebe für Fischgerichte hat das Lokal nun nach einigen Jahren seinen alten Glanz zurückgewonnen und bietet eine Karte, die wieder stärker in der hiesigen Tradition wurzelt. Die Küche ist gepflegt und setzt auf Zutaten aus dem eigenen Garten. Die Gerichte werden in üppigen Portionen aufgetischt.

DIE KÜCHE – Man beginnt mit einem Antipasto misto (9 €), der Frittate aus Gemüse, Paprikaschoten und Sardellen, Polpettone di erbette alla ligure und Insalata di carciofi umfasst. Die frischen hausgemachten Teigwaren zählen zu den Bravourstücken dieser Trattoria: Wahrlich einzigartig sind die ***Spelinseghi*** alla ligure (schmetterlingsförmige Pasta aus Vollkornmehl mit Tomaten und Basilikum) und Mille erbe al forno, eine Teigroulade, gefüllt mit Kräutern, Schinken und Käse. Je nach Jahreszeit kann man unter den Secondi Cinghiale mit Polenta, **Acciughine fritte** oder Agnello impanato (11 €) vorfinden. Dieses Lokal ist einer der wenigen Plätze, wo man **Lattuga ripiena in brodo** (gefüllter Lattich in Brühe), eine echte Spezialität nach einem alten ligurischen Rezept, bekommt. Für den süßen Abschluss empfehlen wir die hausgemachten Gelati (3,50 €) und Semifreddi. In dem schönen Keller, den man durch ein im Boden eingelassenes Glasfenster bewundern kann, lagern Weine aus allen Regionen.

CALIZZANO (SV)

56 km südwestlich von Savona

Mse Tutta

Moderne Osteria
Via Garibaldi, 7
Tel. (+39) 339 / 319 96 48
Ruhetag: Montag
Ferien: unterschiedlich
30 Plätze
Preise: 15–30 € (Tagesmenü)
Keine Kreditkarten
Mittags und abends geöffnet

Absolute Qualität und Nachhaltigkeit der Zutaten verbinden sich hier mit einem überraschend guten Preis-Leistungs-Verhältnis.

DIE OSTERIA – Mse Tutta ist ein gelungenes Beispiel für eine „Gesundschrumpfung“: Die Inhaber (Grazia, Sandro und ihr Sohn Eugenio) haben nach wichtigen Erfahrungen in der gehobenen Gastronomie die alte Osteria ihrer Familie im Zentrum von Calizzano wiedereröffnet, wo Gewölbedecken und die Originaltische die hundertjährige Geschichte bezeugen. Grazias Küche ist traditionell, brilliert jedoch mit außergewöhnlichem technischem Können und speziellen regionalen Zutaten. Es gibt zwei Arten von Menüs: den Mittagstisch mit Primo, Secondo und Dolce (15 €), abends und für das Mittagsmahl an Feiertagen ein Menü mit drei Antipasti, drei Primi, einem Secondo und einem Dolce (30 €). Jegliche Zahlungsart ist möglich (inklusive Tauschhandel), außer jene mittels Kreditkarte.

DIE KÜCHE – Die Karte wechselt häufig, auch um die Stammkunden nicht zu langweilen, die das Lokal mittags geradezu stürmen. Zum Auftakt können Sie Vitello tonnato mit Salsa all'antica, Sformato di toma mit Zwiebelcreme oder Trotella (Forelle), über Buchenholz geräuchert, wählen, danach **Bacialli** (Gnocchi) **con cime di luppolo** (mit Hopfensprossen), Passatina di ***ravacò*** (Steckrübencreme) mit Brot und getrockneten Pilzen, **Ravioli mit wilden Kräutern** und Polenta bianca aus Buchweizen. Der Hauptgang lockt mit Casseruola di colombine (***Russule***, Täublinge), Oca mit Feigen und **Tomaxelle di coniglio**. Zum Abschluss erwarten Sie **Torta di mele selvatiche**, Terrina di frutta mit Mandelmehl und Mousse di cioccolato bianco al caffè. Wasser und offener Hauswein sind stets inbegriffen, als Alternative gibt es gute lokale Etiketten.

CARRO (SP)
Pavareto

48 km nordwestlich von La Spezia, A 12

Ca' du Chittu

Agriturismo
Isolato Camporione, 25
Tel. (+39) 01 87 / 86 12 05
Kein Ruhetag
Ferien: unterschiedlich
54 Plätze
Preise: 25 € (Tagesmenü)
Keine Kreditkarten
Abends geöffnet, Sonntag und Feiertage auch mittags

DIE OSTERIA – Wenn Sie einen richtigen Agriturismo ausprobieren wollen, dann ist das die passende Adresse für Sie: Die Produkte stammen aus dem eigenen Betrieb, Hoftiere genießen den freien Auslauf und in einem großen Gehege findet man unter anderem Schweine der Rasse Cinta Senese. Das landwirtschaftliche Angebot wird durch einen dichten Obsthain abgerundet, in welchem alte Apfelsorten aus dem Vara-Tal gedeihen. Der Bauernhof wird von Ennio und Donatella Nardi gemeinsam mit ihrem Sohn Mattia geführt; die Familienmitglieder wechseln sich bei der Pflege der Gärten, bei der Betreuung der Gästezimmer und natürlich in der Küche ab. Die Räumlichkeiten sind charakteristisch und von Licht durchflutet.

DIE KÜCHE – Man beginnt die Mahlzeit mit **Cuculli** (kleine Pfannkuchen aus Brotteig, gefüllt mit Kräutern), Verdure ripiene nach Art von La Spezia, Panissa di ceci und Salumi aus eigener Produktion (darunter die exzellente feine Testa in cassetta). Für den nächsten Gang stehen Ravioli di carne e verdura al tocco, Tagliolini mit Pilzen, Pansoti mit Nusssauce, **Piccagge aus Esskastanienmehl**, Cannelloni al ***prebuggion*** und **Minestrone alla genovese** auf dem Programm. Unter den Secondi empfehlen wir **Coniglio alla ligure**, Maiale mit Esskastanien und Torte di verdura mit Prescinseûa (ein einzigartiger Weichkäse aus Genua). Beschließen Sie Ihre Mahlzeit mit Torta di nocciole, Crema al limone, Crostate und Sorbetti di frutta, kombiniert mit Großmutters Likören, die die aus Zitronenkraut, Lakritze, Heidelbeeren und anderen Kräutern aus der Umgebung herstellt. Es wird auch ein vegetarisches Menü angeboten. Neben dem hofeigenen Weißwein können Sie sich Weine kleiner Betriebe aus Ligurien schmecken lassen.

CASTELNUOVO MAGRA (SP)

25 km östlich von La Spezia, S.S. 1

Armanda

Traditionelle Osteria • Piazza Garibaldi, 6
Tel. (+39) 01 87 / 67 44 10
Ruhetag: Dienstag- und Mittwochabend, außer Juni–September
Ferien: 24. Dezember–8. Januar
25 Plätze + 30 Plätze im Freien
Preise: 37–40 € €↑
Kreditkarten: AE, CS, DC, MC, Visa; BM
Mittags und abends geöffnet; im Sommer nur abends, Samstag und Feiertage auch mittags

Durch hohe Qualität bei Küche und Gastlichkeit den Besuch für die Gäste zu einem kulinarischen Vergnügen zu machen, das ist für Luciana und ihre Töchter ein absolutes Gebot!

DIE OSTERIA – Ein kurzes Stück Weg durch Olivenhaine und Weingärten mit einem prachtvollen Ausblick auf das Magra-Tal führt von der Via Aurelia zu dieser Osteria am Eingang des Städtchens Castelnuovo. Die freundliche Atmosphäre spiegelt das Wesen von Luciana wider, der Köchin und Inhaberin, die diesen Betrieb seit mehr als 30 Jahren mit Leidenschaft führt. In dem kleinen Speisesaal kümmern sich die Töchter aufmerksam, jedoch in angenehm legerer Weise um das Wohl der Gäste. Die traditionellen Gerichte werden in einfacher, aber gepflegter Form präsentiert.

DIE KÜCHE – Unter den Antipasti erwarten Sie Farinata mit Kapuzinerkresse und Sardellen (8 €), Girello di vitello mit Thunfischsauce und Frittelle di baccalà. Weiter geht es mit exzellenten **Lattughine ripiene di pesce** (13 €), Tagliolini verdi mit Bottarga di baccalà (Fischrogen) und Spargel oder Zucchini und den typischen **Ravioli di carne mit Fleischragout**. Der nächste Gang punktet mit der traditionellen **Cima ripiena** (15 €), Trippa di vitello in umido und **Coniglio disossato e farcito**, gefüllt mit jungen Kartoffeln. Unter den Desserts (7 €) und Sorbets bestechen die delikaten Pere al vino rosso mit Eis, Semifreddo alla meringa mit Haselnüssen und Pistazien, Gelato al latte di capra aus Ziegenmilch mit einer Emulsion aus Olivenöl und Orangensaft sowie Millefoglie con crema pasticciera mit Erdbeeren oder Himbeeren. Im großzügig bestückten neuen Weinkeller lagern knapp 130 Etiketten aus ganz Italien, darunter auch eine große Auswahl an Vermentino und lokale Rotweine.

43 KM SÜDÖSTLICH VON GENUA, S.S. 1 ODER A 12

Luchin

Traditionelle Osteria
Via Bighetti, 51
Tel. (+39) 01 85 / 30 10 63
Ruhetag: Sonntag und Feiertage
Ferien: zeitweise im Juni und November
80 Plätze + 40 Plätze im Freien
Preise: 25–30 €
Kreditkarten: CS, DC, MC, Visa; BM
Mittags und abends geöffnet

DIE OSTERIA – Unter den Arkaden des historischen Zentrums von Chiavari findet man diese Osteria mit jahrhundertealter Geschichte, die auch in der Liste der „Historischen Lokale Italiens" ihren Platz hat. Die Atmosphäre ist locker und gastfreundlich: So kann es durchaus vorkommen, dass man den Tisch mit anderen Gästen teilt. Bei Betreten des Lokals fällt der Blick unweigerlich auf den großen Holzofen, in welchem im Dauerbetrieb die einzigartige Farinata (10 €) aus Kichererbsenmehl gebacken wird, welches nach alter Tradition in der historischen Mühle von Pegli gekauft wird. Weiter wandert der Blick zum Holzkohleofen, *Ronfò* genannt, auf dem die klassische Minestrone Luchin (8 €) köchelt, der hier mit Pesto der letzte Schliff gegeben wird. Die angebotenen Gerichte stehen ganz im Zeichen der ligurischen Tradition.

DIE KÜCHE – Für den Einstieg können Sie Panissa, mit Frühlingszwiebeln in der Pfanne geschwenkt, Ripieni (gefülltes Gemüse) und Torte di verdure, Polpettone di patate und in der Saison Cavolo farcito (gefüllter Kohl, 8 €) wählen. Das Kapitel der Primi umfasst neben **Minestrone** auch Ravioli Luchin und frische hausgemachte Pasta al pesto mit Gemüse. Der Hauptgang steht im Zeichen der Tradition: **Cima alla genovese** (10 €), **Acciughe fritte**, Stoccafisso, gekocht oder geschmort, Baccalà al forno mit Kartoffeln und **Insalata di polpo** mit über Dampf gegartem Tintenfisch (13 €). Wenn Ihr Besuch auf einen Freitag oder Samstag fällt, können Sie sich **Cappon magro** schmecken lassen. Die Desserts (5 €) sind alle hausgemacht und wechseln täglich. Die Weinkarte ist gut bestückt, daneben gibt es auch Hausweine und glasweise ausgeschenkte Etiketten. Fragen Sie nicht nach Kaffee, denn es gibt hier keinen.

54 KM SÜDWESTLICH VON SAVONA

NEU Bar Sport

Osteria
Via Alessandro Colombo, 35
Tel. (+39) 01 82 / 59 50 20,
(+39) 01 82 / 59 53 23
Ruhetag: Montag, Juli/August Montagmittag
Ferien: 1. Oktoberwoche
100 Plätze
Preise: 14–20 €
Kreditkarten: AE, CS, DC, MC, Visa; BM
Mittags und abends geöffnet

DIE OSTERIA – Um das Lokal zu erreichen, verlassen Sie die sogenannte „Autostrada dei Fiori" bei der Ausfahrt Albenga und folgen Sie der Straße in Richtung Garessio. Das Restaurant, typisches volkstümliches Lokal, befindet sich im Zentrum von Cisano sul Neva. Geführt wird es seit 1982 von drei Geschwistern aus Genua: Marisa, Andrea und Giancarlo Priano, der seit frühester Jugend hier in der Gegend als „Zorro" bekannt ist. Er ist der Entertainer, der die Gäste empfängt und unterhält. Die Küche wurzelt in der Tradition Liguriens, insbesondere jener der Stadt Genua, und bei den Preisen fühlt man sich gar in alte Zeiten zurückversetzt.

DIE KÜCHE – Unter den Primi (5 €) können Sie Ravioli mit Gemüsefüllung, Trofiette mit Pesto-Bohnen, Zemin di ceci, Pasta e fagioli und **Minestrone alla genovese** erwarten. Für Fischliebhaber bietet das Kapitel der Hauptspeisen Sarde oder Sgombri alla piastra, Acciughe al verde (5 €), Stoccafisso accomodato (8 €) oder Stoccafisso mit Kartoffeln sowie **Frittelle di baccalà**. Wer Fleisch bevorzugt, kann sich auf Coniglio al forno mit Oliven, **Trippa in umido mit Bohnen** (5 €), Cima und **Fegato di vitellone all'*aggiadda*** freuen. Unter den Desserts (3,50 €) gibt es verlockende Köstlichkeiten, darunter Tortino di pere e uvetta, Salame di cioccolato, Castagnaccio, Tiramisu und Pandolce. Der kleine Weinkeller hat seinen Schwerpunkt bei lokalen Etiketten: Pigato, Vermentino, Rossese, Ormeasco und Macaiolo, eine echte Rarität.

CORNIGLIA (SP)

27 km nordwestlich von La Spezia

A Cantina de Mananan

Trattoria
Via Fieschi, 117
Tel. (+39) 01 87 / 82 11 66
Ruhetag: Dienstag
Ferien: unterschiedlich
25 Plätze
Preise: 38–40 € €↑
Kreditkarten: AE, CS, DC, MC, Visa; BM
Mittags und abends geöffnet

DIE OSTERIA – Corniglia liegt im Zentrum der Cinque Terre und ist die einzige Ortschaft, die hoch oben auf etwa 100 Höhenmetern thront. Man erreicht sie über die Küstenstraße, wobei jedoch die Anfahrt mit dem Zug zu empfehlen ist. Vom Bahnhof aus gibt es drei Möglichkeiten: einen kostenpflichtigen Kleinbus, eine schöne Straße für einen Fußmarsch und eine lange Treppe. In jedem Fall wird man für die Mühen durch einen wunderbaren Ausblick und eine gute Küche belohnt, wenn man in der Hauptstraße bei Agostino Galletti einkehrt: Er baute vor vielen Jahren den Keller der Familie zu einer gastlichen Osteria um. An den Wänden hängen neben den Tafeln, an denen die Gerichte angeschlagen sind, alte Fotografien und Dekorgegenstände. Das Speisenangebot variiert je nach Verfügbarkeit von lokalem Fisch und anderen Zutaten aus dem nahe gelegenen Varatal und der Lunigiana.

DIE KÜCHE – Für den Einstieg können Sie den reichhaltigen Antipasto misto di mare oder lokale Salumi mit Gemüsetorte wählen. Der nächste Gang bietet frische Pasta wie Taglierini ai frutti di mare (15 €), Ravioli di borragine, **Pansotti di magro** (10 €) und **Testaroli lunigianesi** (10 €), serviert mit ***Tuccu***, Pesto oder Nusssauce. Im Kapitel der Secondi verdienen **Muscoli di Spezia alla marinara** (13 €) und **Coniglio alla ligure** (16 €) eine besondere Erwähnung. Den Reigen beschließen hausgemachte Desserts, begleitet von einem Glas Sciacchetrà aus Corniglia. Neben dem Hauswein können Sie aus dem Angebot an Etiketten aus den Cinque Terre und Umgebung wählen, wobei auch Bio-Weine vertreten sind.

In der Via Fieschi 123 bietet der Feinkostladen Pan e Vin neben Frühstück mit hervorragendem Feingebäck und Fugassa verschiedene Weine und lokale Produkte.

DOLCEACQUA (IM)

48 km westlich von Imperia

A Viassa

Restaurant
Via Liberazione, 13
Tel. (+39) 01 84 / 20 66 65
Ruhetag: Montag
Ferien: je 2 Wochen im Februar und November
35 Plätze + 15 Plätze im Freien
Preise: 32–36 €
Kreditkarten: CS, MC, Visa; BM
Mittags und abends geöffnet

Spezielles Augenmerk auf lokale Zutaten und Rezepte, eine konkrete Linie und Geschick in der Küche machen dieses Lokal zu einem Ort des kulinarischen Vergnügens.

DIE OSTERIA – Die Bogenbrücke, die Monet als „Juwel der Leichtigkeit“ bezeichnete, verbindet den alten historischen Kern von Dolceacqua mit dem Borgo, einem Stadtviertel, das im 15. Jahrhundert am anderen Ufer des Wildbachs Nervia entstand. Hier liegt das Lokal von Chefkoch Aimone Cassini, der mit Routine und Meisterschaft die Rezepte der Riviera di Ponente umsetzt, und Stefano Cassini, der mit Charme und Eifer den Service betreut.

DIE KÜCHE – Man wählt à la carte oder das Degustationsmenü für 32 € (zwei Antipasti, Primo, Secondo und Dolce). Zum Auftakt gibt es Insalata di gamberi mit leichter Mayonnaise, ***Brandacuiun*** alla dolceacquina mit Olivenpaste, delikaten Polpo vom Grill mit Kartoffelcreme und Briciole di bottarga (Fischrogen, 12 €), ***Fugasun*** di carciofi mit Kompott von roten Zwiebeln (11 €), Frittura di acciughe und Insalata di puntarelle. Dann folgen Trofie con gamberi mit Kräutern, hausgemachte Tagliatelle mit Calamari, Speck und getrockneten Tomaten (12 €) und Risotto mit Spargel und Primo sale von der Ziege. Die Secondi umfassen fangfrischen Fisch mit Kartoffeln und Oliven, **Guazzetto di baccalà mit Bohnen aus Pigna und getoastetem Brot aus Triora** (16 €) sowie **Coniglio al Rossese mit frittierter Panissa**. Den Abschluss bilden Gelato mit Michette-Keksen und eingekochtem Rossese (7 €), Cremedessert mit Orange und karamellisierter Mandarine, Bavarese al cioccolato fondente mit salziger Karamellsauce und Cannoli di ricotta mit roten Beeren. Interessante Weinauswahl mit lokalen Etiketten und anderen italienischen Produkten.

Die Farinatalokale

Das Rezept für Farinata ist ganz einfach: Kichererbsenmehl, natives Olivenöl extra, Wasser, Salz. Sie wird in großen Backformen aus verzinntem Kupfer mit niedrigem, robust verstärktem Rand gebacken und dann ofenwarm, mit schwarzem Pfeffer bestreut, gegessen. In der kalten Jahreszeit wird Farinata auch in gehaltvolleren Versionen angeboten: mit Rosmarin, frischen Frühlingszwiebeln oder Artischocken.
Es handelt sich hier aber um keine rein ligurische Spezialität: In Nizza und Umgebung bereitet man aus denselben Zutaten *Zocca* zu, zwischen Pisa und Livorno dagegen *Cecina*. Aber für die Ligurier ist *A Fainà* (in der Umgebung von Imperia *Frisciolata* genannt) eine echte Institution. Und wenn sie sich schon nicht als ihre Erfinder betrachten, dann zumindest als ihre Bewahrer.
Die Lokale, in denen die Farinata angeboten wird, findet man da und dort in der gesamten Region. Viele tragen nicht einmal einen Namen und verfügen oft nur über wenige Tische oder auch nur über ein paar Hocker vor dem Tresen. Man kann einen schnellen Imbiss einnehmen, begleitet (falls angeboten) von einem Gläschen offenen Wein. Einige Wirte haben, um der Nachfrage gerecht zu werden, die Produktpalette etwas erweitert und bieten auch Pizza vom Blech an oder haben den Lokaltyp in eine Mischform zwischen Frittierstube und Schnellimbiss umgewandelt.
Aufgrund der Konkurrenz durch die Pizzerien und infolge neuer Essgewohnheiten sind die Farinatalokale in Bedrängnis geraten und fast von der Bildfläche verschwunden. Da sie jedoch Zeugen einer alten Esskultur sind, gilt es, dieses Erbe zu bewahren. Wir haben hier einen Überblick über die besten Farinatalokale von der Westküste bis zur Ostküste zusammengetragen.

Diego Soracco

ALBENGA (SV)

Puppo

Via Torlaro, 20
Tel. (+39) 01 82 / 518 53
Ruhetag: Montag im Sommer; Sonntag und Montag im Winter
Ferien: 1 Woche im Februar/März, je 10 Tage im Juni/Juli und November
Geöffnet 12–14, 18.30–22 Uhr, Sonntag und im Sommer 18–22.30 Uhr

In der Via Torlaro 20, im wunderschönen historischen Zentrum, findet man seit 1956 dieses renommierte Lokal, das für seine Farinata aus Kichererbsenmehl bekannt ist (die hier etwas dicker und weicher ist als in Savona). Die Inhaberin Marta Ghigliazza empfängt ihre Gäste mit Charme und Kompetenz. Das Angebot umfasst auch andere Gerichte nach ligurischer Tradition, die aus ausgewählten lokalen Zutaten zubereitet werden. Eine Reservierung ist nicht möglich.

CAIRO MONTENOTTE (SV)

Da Luciano

Piazza della Vittoria, 54
Tel. (+39) 334 / 800 31 20
Ruhetag: Sonntag
Ferien: unterschiedlich
Abends geöffnet, Mittwoch, Donnerstag und Freitag auch mittags

Das Lokal blickt bereits auf mehr als 60 Jahre Tätigkeit zurück. Mit großer Sorgfalt werden die Zutaten für die Zubereitung der Pizza vom Blech und der Farinata gewählt. Interessant ist auch das Angebot an Biersorten aus kleinen italienischen Brauereien.

GENUA

Antica Sciamadda

Via San Giorgio, 14 R
Tel. (+39) 010 / 246 85 16
Ferien: zeitweise im Juli und August
Ruhetag: Sonntag, Feiertage
Geöffnet 10–15, 17–19.30 Uhr

Ein Lokal mit jahrhundertealter Tradition. Es ist klein, besticht aber durch sein Flair. Die Öfen (darunter ein Holzofen) sind stets in Betrieb. Polpettone, Minestrone, pikante Kuchen, gekochten oder geschmorten Stockfisch, Frittelle di baccalà und Trippe kann man mitnehmen oder vor Ort im Stehen verzehren.

GENUA

L'Angolo della Farinata

Via Boccadasse, 67 R
Tel. (+39) 010 / 376 01 74
Ruhetag: Samstag, Sonntag
Ferien: August
Geöffnet 10.30–14.30, 17–20.30 Uhr

Maria und Daniele bieten die typischen Rezepte der Genueser Straßenküche. Also nicht nur Farinata, sondern auch Kuchen aus Reis oder Gemüse, Polpettone, *Frisceu*, Panissa, Verdure ripiene und weitere Spezialitäten aus Genua zum Mitnehmen: Minestrone, Lasagne al pesto, Ceci in zimino, Acciughe fritte, Stoccafisso und Baccalà. Unter den Süßspeisen: Castagnaccio, Frittelle di castagne, Latte dolce und Crème caramel.

LA SPEZIA

Capolinea

Via Rebocco, 57
Tel. (+39) 01 87 / 70 12 50
Ruhetag: Montag
Ferien: zeitweise im August
Mittags und abends geöffnet, Juli und August nur abends

Alberto führt den Betrieb gemeinsam mit seiner Familie. Das Lokal besteht aus einem großen Bereich am Eingang und zwei komfortablen Gasträumen. Neben Focaccia und Pizza darf natürlich Farinata nicht fehlen, die mit Zwiebeln, Pesto oder Stracchino gefüllt wird. Reservierung empfohlen.

Da Luca

Via Michele Rossi, 114
Tel. (+39) 01 87 / 56 41 81
Ruhetag: Dienstag
Ferien: unterschiedlich
Geöffnet 18–22 Uhr

Das kleine Lokal von Luca an der Einmündung der Via Aurelia ist ein eindrucksvolles Beispiel für junges Unternehmertum. Hier kommt garantiert Farinata von guter Qualität aus dem Ofen. Man kann sie mitnehmen oder in einem kleinen Bereich vor dem Tresen essen.

Da Pipeo

Via Genova, 169–173
Tel. (+39) 01 87 / 70 31 00
Ruhetag: Dienstag
Ferien: unterschiedlich
Mittags und abends geöffnet

Die Farinata von Pipeo ist dünn und knusprig und wird auch mit Stracchino, Salsiccia oder Zwiebeln gefüllt. Das Lokal liegt an einer Straße, die der Via Aurelia folgend in Richtung Genua ansteigt. Wenn man Pizza und Farinata zum Verzehr im Stehen oder zum Mitnehmen wünscht, begibt man sich in einen kleinen Raum mit zwei Holzöfen und kann direkt bestellen. Die Gasträume, in denen man Platz nehmen kann, betritt man über einen anderen Eingang.

La Pia

Via Magenta, 12
Tel. (+39) 01 87 / 73 99 99
Ruhetag: Sonntag
Ferien: unterschiedlich
Geöffnet 8–22 Uhr

Die Farinata des La Pia ist ein kulinarisches Manifest der Seele von La Spezia. Man isst sie in gelbes Papier gehüllt im Stehen. Manche lieben es auch, sie in eine Focaccia eingeschlagen zu genießen: In diesem Fall nennen sie die Einheimischen Mezzetta oder Quartino. Es gibt viele Varianten: mit Pesto, Stracchino aus Brugnato oder Salsiccia aus Pignone. Probieren Sie auch Castagnaccio mit Esskastanienmehl aus dem Vara-Tal.

Pagni

Via Sarzana, 12
Tel. (+39) 01 87 / 50 30 19
Ruhetag: Sonntag
Ferien: August
Geöffnet 8–14, 16–21 Uhr

Seit gut 100 Jahren bewährt sich das Pagni als Osteria, Farinatalokal und als Ort zur Einkehr auf einen guten Tropfen und einen kleinen Plausch. Die Farinata können Sie an einem der Marmortische im kleinen angrenzenden Gastraum zusammen mit einem Glas Weißwein genießen.

PIETRA LIGURE (SV)

Da Virginia

Via Mazzini, 70
Tel. (+39) 019 / 61 57 55
Ruhetag: Sonntag, außer im Sommer
Ferien: unterschiedlich
Geöffnet 17–20 Uhr, an Feiertagen auch 11–13 Uhr

Dieser Laden liegt im historischen Zentrum von Pietra Ligure. Die Bezeichnung „Laden" bringt es auf den Punkt: Seit 1870 werden hier Teigwaren, Saucen, Süßspeisen, Konfitüren usw. verkauft und seit Generationen werden im alten Ofen jeden Tag die goldgelbe, knusprige Farinata aus Kichererbsenmehl und gegen Bestellung einer ganzen Backform auch die weiße Farinata (aus Weizen) in der für die Nachbarstadt Savona typischen Version gebacken. Zwei einfache Bänke ermöglichen den Verzehr vor Ort.

QUILIANO (SV)

NEU La Faraccia

Via Don Peluffo
Tel. (+39) 392 / 263 05 13
Ruhetag: Mittwoch
Ferien: erste Juliwoche
Geöffnet 19–24 Uhr, im Sommer 19–1 Uhr

Der Name ist eine Verschmelzung von „Farinata“ und „Focaccia“. Das Lokal hat eine Gewölbedecke und ist in lebhaften Farben eingerichtet. Im Holzofen werden Farinate (die gelbe aus Kichererbsen, die weiße aus Weizen und *Turtelassu*, eine gemischte Farinata) und Focaccia aus Kartoffeln (mit extrazartem Teig) gebacken, die beide mit unterschiedlichen Füllungen angeboten werden: Käse, Gemüse und Wurst. Auf der Karte stehen auch exzellente Biere aus kleinen Brauereien.

SANREMO (IM)

Pasta Madre

Via Corradi, 54
Tel. (+39) 338 / 355 99 55
Ruhetag: Sonntag
Ferien: 4 Wochen im Oktober/November
Geöffnet 7–20 Uhr

Im Zuge des Umbaus des alten Sitzes aus dem Jahr 1890 sind die Silvanos auf eine bedeutende Fundstätte gestoßen, die auf die römische Straße Julia Augusta, die heutige Via Corradi, zurückgeht und im Inneren des Lokals zu besichtigen ist. Abgesehen vom Straßenverkauf stehen für die Gäste bequeme Tische und Sitzgelegenheiten im Freien bereit. Sichere Tipps sind die exzellente Sardenaira, Focaccia mit nativem Olivenöl extra aus Taggiasca, Farinata, die saisonalen pikanten Torten und Pasqualina. Es werden auch warme Gerichte angeboten, die je nach Jahreszeit variieren.

DOLCEACQUA (IM)

48 KM WESTLICH VON IMPERIA

Casaebottega

Restaurant
Piazza Garibaldi, 2
Tel. (+39) 01 84 / 20 50 38,
(+39) 340 / 566 53 39
Kein Ruhetag
Ferien: unterschiedlich
45 Plätze + 45 Plätze im Freien
Preise: 34–37 €
Kreditkarten: AE, CS, MC, Visa; BM
Mittags geöffnet, Freitag, Samstag und Sonntag auch abends

DIE OSTERIA – Auf dem Hauptplatz von Dolceacqua, gegenüber der wunderschönen Brücke und dem alten Stadtviertel, das vom Schloss der Doria überragt wird, liegt dieses einladende Restaurant, in dem man auch feine kulinarische Spezialitäten kaufen kann. Der Sitzbereich im Freien mit seinen Tischen auf dem holprigen Pflaster der Piazza im Schatten der Platanen erinnert an ein typisches französisches Bistrot. Im Inneren zeigt sich das Lokal von seiner mondänen Seite mit einer sehr individuellen Note im Vintage-Design. In der Küche kombiniert Fabrizio die Gerichte dieser Gegend mit fantasievolleren, weniger traditionellen Interpretationen.

DIE KÜCHE – Sobald Sie Platz genommen haben, werden Ihnen das hiesige Olivenöl, das man mit kurz im Ofen überbackenem Brot aus Triora genießt, und eine Kostprobe des ***Gran pistau*** serviert, die Sie sich während der Lektüre der Karte munden lassen können. Es gibt auch drei Degustationsmenüs: Erbe e Verdure (Kräuter und Gemüse, 22 €), Terra (Festland, 26 €) und Mare (Meer, 29 €). Unter den traditionell geprägten Speisen bestechen insbesondere ***Brandacujun***, Ravioli mit Borretsch, Tagliatelle oder **Croxetti *au tuccu*** (mit Fleischsauce nach Genueser Art) oder mit exzellentem Pesto, Coniglio al Rossese (14 €), Gelato di zabaione al Rossese (5,50 €) und die lokalen Torten wie ***Tacunà*** und **Stroscia**. Wenn Ihr Besuch auf den richtigen Tag fällt, umfasst das Angebot auch die delikaten Spaghetti alle vongole veraci (16 €) mit Basilikum und Rosmarin (der Chef ist kein Freund von Petersilie), Cappon magro in vereinfachter Form und Trippa alla piastra mit gegrillten Paprikaschoten und rohen Artischocken. Ein dickes Heft informiert über die schöne Weinauswahl, die lokale Erzeugnisse und einige weiteren Etiketten aus Italien enthält.

26 KM SÜDWESTLICH VON SAVONA

Ai Cuattro Canti

Traditionelle Osteria
Via Torcelli, 22
Tel. (+39) 019 / 68 05 40
Ruhetag: Montag
Ferien: unterschiedlich
20 Plätze
Preise: 25–31 €
Keine Kreditkarten
Mittags und abends geöffnet

DIE OSTERIA – Dieses kleine Lokal, das in einer der schönsten und charakteristischsten Ortschaften dieser Region liegt, gehört zu den letzten echten Osterien Liguriens: Ein schönes Ziegelgewölbe trägt zur entspannten, legeren Atmosphäre bei. Roberta Drago kümmert sich um den Service im Saal, ihr Mann Patrizio Cirio steht am Herd, zu bestimmten Zeiten unterstützt vom Sohn Davide. Die Speisenauswahl wird an einer Wandtafel angeschlagen. Das tägliche Angebot ist begrenzt, da es stets auf frischen Zutaten basiert.

DIE KÜCHE – **Farinata**, sowohl aus Kichererbsen- als auch aus Weizenmehl, und Gemüsetorten sind die Vorschläge, die Sie unter den Antipasti finden. Bei den Primi kann man zwischen pikanten Tagliolini al vino, Ravioli di borragine mit Fleischsauce, überaus delikaten ***Mandilli de saèa*** mit Pesto (9 €) und Testaroli mit Pesto aus Taggiasca-Oliven wählen. Das Kapitel der Secondi hält einen feinen Tortino di baccalà, **Buridda di stoccafisso** (12 €), **Coniglio alla ligure** (10 €), in kühleren Jahreszeiten auch Trippa, Minestrone alla ligure, *Brandacujon* sowie ***Zemin*** di ceci mit Rippchen und Schwarte bereit. Zum Ausklang gibt es einige Crostate, Torta al cioccolato mit Ingwer (3 €) und Crema pasticciera mit Pinienkernen. Die Weinauswahl ist auf einige wenige Etiketten aus Ligurien begrenzt.

Der Feinkostladen Da Casetta in **Borgio Verezzi** (3 km), Via XX Settembre 12, bereitet exzellente Gerichte nach hiesiger Tradition für den Straßenverkauf zu.

26 KM SÜDWESTLICH VON SAVONA

La Gioiosa

Restaurant
Via Manie, 55
Tel. (+39) 019 / 60 13 06
Ruhetag: Dienstag, außer im Sommer
Ferien: 15. Januar–15. März, letzten 3 Novemberwochen
30 Plätze + 40 Plätze im Freien
Preise: 35–38 €
Kreditkarten: AE, CS, DC, MC, Visa; BM
Mittags und abends geöffnet

DIE OSTERIA – Wenn man von Finale Ligure kommend der Panoramastraße mit ihrem atemberaubenden Ausblick auf den Golf von Varigotti hinauf zum Hochplateau Altipiano delle Manie folgt, trifft man auf dieses Hotelrestaurant, das über einen Speisesaal und eine kühle Laube verfügt, wo man in den Sommermonaten das Mittagessen im Freien genießen kann. Die Familie Ganduglia führt das Lokal seit 1965. Das Hotel wurde 2003 grundlegend renoviert und verfügt über sieben Doppelzimmer und sechs Juniorsuiten. Signora Luigia betreut die Küche, ihr Sohn Flavio kümmert sich umgänglich und locker um die Gäste.

DIE KÜCHE – Man beginnt mit einem Entrée auf der Basis von Gemüse aus dem eigenen Garten, kombiniert mit einer exzellenten Olivenpastete, gefolgt von einem Antipasto misto (13 €) mit pikanten Torten und Kostproben von Fisch, darunter die hervorragenden gefüllten Cozze und Acciughe all'ammiraglia. Unter den Primi verdienen die **Ravioli con sugo di coniglio** (mit Kaninchensauce, 10 €), Tripoline (im Sommer) oder **Lasagnole con verdure mit Pesto** eine spezielle Erwähnung. Dann folgen das delikate **Coniglio alla ligure** (10 €), Calamari, die mit Knoblauch, Öl und Peperoncino in der Pfanne gebraten werden, Orata oder Spigola al forno (15 €) und **Fritto misto di pesce e verdure** (mit Fisch und Gemüse, 15 €). Highlights unter den Desserts sind die Crostate mit hausgemachten Konfitüren aus Früchten und Budino mit Eiern. Das Brot (auch Sorten mit aromatischen Zutaten) und frische Teigwaren stammen aus eigener Produktion. Die Weinkarte ist nicht sehr umfangreich, enthält jedoch interessante Produkte zu angemessenen Preisen.

GENUA
Sestri Ponente

11 KM VOM ZENTRUM

Barisone

Trattoria
Via Siracusa, 2 R
Tel. (+39) 010/604 98 63
Ruhetag: Sonntag, Montag
Ferien: August
60 Plätze + 40 Plätze im Freien
Preise: 35–38 €
Kreditkarten: CS, MC, Visa; BM
Mittags und abends geöffnet

DIE OSTERIA – Die Familientradition wird hier hochgehalten, wobei die Küche auf absolute Frische der Zutaten setzt. Lorenzo und Francesca führen die Trattoria nun schon seit acht Jahren. Lorenzo löste seinen Vater Angelo ab, davor hatte seit 1945 Großvater Armando die Zügel in der Hand. Das Lokal verfügt über einen großen Speisesaal, der einen Blick in die Küche und auf die Vitrine erlaubt, wo die Fische, die Spezialität des Hauses, frisch gehalten werden. In der schönen Jahreszeit kann man im Garten in einer schönen Laube speisen. Der aufmerksame, kompetente und überaus herzliche Service von Speranza ist bei der Wahl der Speisen hilfreich, ja unverzichtbar.

DIE KÜCHE – Die Speisenauswahl variiert je nach Marktlage: Lorenzo kauft den Fisch jeden Morgen frisch. Für den Einstieg ist der Antipasto misto di mare (16 €) mit neun unterschiedlichen Köstlichkeiten zu empfehlen. Pesto (10 €) oder Fleischragout werden in Kombination mit verschiedenen Pastaformaten angeboten. Als Alternative bekommt man hervorragende **Spaghetti al nero di seppia** (12 €), **Corzetti** (typische Pasta aus dem Hinterland von Genua in Form einer Acht) **mit Tintenfischsauce**, Ravioli di pesce und Cuscus di mare. Ein sicherer Tipp sind die schmackhaften Acciughe (10 €), Astice oder Calamaretti und Fragolini (Rotbrassen), auf der heißen Platte gebraten, Gamberi aus Santa Margherita, **Muscoli ripieni** und **Stoccafisso accomodato**. Als Desserts locken Sfogliata, Bacio di dama und eine delikate Crema allo zabaione nach Originalrezept von Opa Armando. Eine gute Weinkarte.

Der Betrieb der Brüder Sacco (Via Branega Inferiore 14) ist eine Institution in der Herstellung von Basilikum aus Pra. Direktverkauf von Pesto Genovese

GENUA

17 KM VOM ZENTRUM

Da Ö Colla

Osteria
Via alla Chiesa di Murta, 10
Tel. (+39) 010 / 740 85 79
Ruhetag: Montag, Dienstag
Ferien: zeitweise im Januar und Sommer
60 Plätze
Preise: 32–35 €
Kreditkarten: AE, CS, DC, MC, Visa; BM
Abends geöffnet, Sonntag nur mittags

Andrea und Mauro wählen die besten Zutaten aus der Umgebung für die Zubereitung ihrer hochwertigen Gerichte.

DIE OSTERIA – Andrea und Mauro Risso, die in Murta, in den Bergen hinter Genua, geboren und aufgewachsen sind, haben dieses Lokal 1996 übernommen und ihm mit Professionalität und Erfahrung eine moderne Note verliehen. Die Atmosphäre ist entspannt und zwanglos. Die Tische sind groß und in angemessenem Abstand voneinander aufgestellt, das indirekte Licht schafft ein angenehmes Ambiente. In der Küche verschmelzen Tradition und Innovation in einem Speisenrepertoire, das monatlich je nach saisonaler Verfügbarkeit der Zutaten variiert. Fleisch wird zum Großteil von lokalen Produzenten gekauft und etwa zwei Drittel des Gemüses stammen aus dem väterlichen Garten, darunter auch Basilikum (eines der Bravourstücke der Osteria ist der Pesto).

DIE KÜCHE – Eine warme, duftende Focaccia begleitet den Antipasto misto (12 €), der Tortini und Sformati mit Gemüse, Insalata russa und Terrina di maiale mit karamellisierter Zwiebel umfasst. Unter den Primi (10 €) erwarten Sie **Lasagnette al pesto**, Minestrone, Trofiette mit Bohnen, Pancetta und frischem Pecorino, **Ravioli *au tuccu*** sowie knuspriger Cannellone di magro auf Parmesansauce. Eine besondere Erwähnung verdient **Riso arrosto alla genovese**, eine echte Rarität. Die Secondi (13 €) punkten mit Stoccafisso accomodato, Vitello tonnato, Tartare di manzo und **Cappon magro**, in der Saison ergänzt durch Wild und Gerichte auf Pilz- und Kürbisbasis. Den Abschluss bilden Kompott aus Früchten, Crostata mit Kürbis oder mit Pfirsichen und Amaretti. Neben Bieren von kleinen lokalen Brauereien und Weinen aus dem Polcevera-Tal bekommen Sie Etiketten aus Ligurien und anderen Regionen.

16 km vom Zentrum

Da Pippo

Trattoria
Salita Chiesa di Fontanegli, 13 R
Tel. (+39) 010 / 80 93 51
Ruhetag: Montag, Dienstagabend
Ferien: unterschiedlich
60 Plätze + 60 Plätze im Freien
Preise: 30 €
Kreditkarten: AE, CS, DC, MC, Visa
Mittags und abends geöffnet

DIE OSTERIA – Man folgt der Straße entlang des Wildbachs Bisagno hinauf zum Ortsteil Fontanegli, der wenige Kilometer vom Zentrum entfernt ist. Nach einigen steilen Kurven trifft man auf die von Kirschbäumen umgebene Trattoria Da Pippo, die seit jeher von der Familie Villa geführt wird. Am Eingang und im Speisesaal sind zahlreiche Weinflaschen zur Schau gestellt, darunter auch Etiketten von hohem Niveau. Die Einrichtung ist schlicht und traditionell. Die mündlich vorgetragenen Speisen spiegeln die Tradition Genuas und Liguriens wider. Der hauseigene Garten liefert einen Großteil des Gemüses, das in der Küche verarbeitet wird.

DIE KÜCHE – Der Antipasto (9 €) besteht aus Kostproben von Insalata russa, Castagnaccio, Vitello tonnato, Torta pasqualina, Prosciutto crudo, Salami, gerösteter Paprikaschote, gefülltem Gemüse und Polpettone mit Bohnen. Eine gute Alternative stellt Tatar vom Fassone-Rind dar. Die Pasta ist hausgemacht: Testaroli oder **Fettuccine aus Esskastanienmehl**, serviert **mit Pesto** (9 €), Pansotti in Nusssauce, Ravioli al *tuccu* (mit Fleischsauce) oder mit Pilzsauce. Sehr zu empfehlen sind **Lattughe ripiene in umido**, die Überarbeitung eines alten Rezeptes aus Genua: Fleischrouladen, umwickelt und geschnürt mit Latichblättern, die nicht in Brühe, sondern in Tomatensauce gekocht werden. Unter den Secondi finden Sie den unübertrefflichen **Fritto misto** nach Genueser Art (12 €), **Seppie in zimino** oder die Version mit Carciofi (Artischocken, in der entsprechenden Saison), Baccalà al verde, Arrosto di vitello und Costine di agnello. Zum Ausklang bekommen Sie Torta della nonna (5 €), Crostate di confetture, Latte dolce fritto und Sorbets. Das Weinsortiment ist sehr umfangreich, jedoch nicht in einer Karte aufgeführt: Auf Nachfrage wird man Ihnen die richtige Kombination empfehlen.

Il Genovese

Restaurant
Via Galata, 35 R
Tel. (+39) 010 / 869 29 37
Ruhetag: Sonntag, außer im Dezember
Ferien: unterschiedlich
50 Plätze
Preise: 27–30 €
Kreditkarten: AE, CS, DC, MC, Visa; BM
Mittags und abends geöffnet

DIE OSTERIA – Ganz in der Nähe des Bahnhofs Brignole und der Einkaufsstraße Via XX Settembre verbirgt sich hinter einer unscheinbaren kleinen Tür das Lokal der Brüder Panizza. Im Inneren erwartet Sie ein helles Ambiente in bunten Farben mit einfach gedeckten Tischen, einem Tresen und einer Treppe, die zum Speisesaal im oberen Stockwerk führt. Die exzellente Küche nach hiesiger Tradition, der effiziente, herzliche Service und die moderaten Preise machen das Lokal zu einem Anziehungspunkt ebenso für die Mittagspause wie das Abendessen (zweimalige Belegung der Tische): Eine Reservierung ist notwendig.

DIE KÜCHE – Das Genovese entstand aus einem Farinatalokal, was sich in der Karte – die abends reichhaltiger ist – mit typischen Speisen aus der Straßenküche niederschlägt: Der Einstieg mit ***Frisceu***, Panissa, ***Gattafin*** oder anderen frittierten Spezialitäten (fünf Kostproben für 7 €) ist fast ein Muss. Der nächste Gang sieht verschiedene hausgemachte Teigwaren aus Bio-Steinmühlenmehl vor, darunter **Trenette**, Gnocchi oder Testaroli **al pesto** (diese exquisite Sauce aus eigener Produktion wird am Tresen zum Verkauf angeboten), **Ravioli con il *tuccu*** (9,50 €) oder Pansotti mit Nusssauce. Als Alternative steht häufig Minestrone alla genovese auf dem Programm. Klassische Hauptspeisen sind **Coniglio alla ligure** (9,50 €), Polpette al sugo und **Trippe in umido**. Fisch ist hauptsächlich durch konservierten Kabeljau vertreten (**Stoccafisso accomodato**, Baccalà in pastella), da der Schwerpunkt der hiesigen Küche eher bei Festland- als auf Meeresgerichten liegt. Die regionale Tradition prägt auch die Desserts (6 €), zum Beispiel den Cheesecake aus Prescinsêua, einen Frischkäse aus Molke. Zu trinken werden ligurische und andere Weine, auch glasweise, und Flaschenbier von kleinen Brauereien angeboten.

La Forchetta Curiosa

Restaurant
Piazza Negri, 5 R
Tel. (+39) 010 / 251 12 89
Kein Ruhetag
Keine Ferien
35 Plätze + 20 Plätze im Freien
Preise: 35–38 €
Kreditkarten: AE, CS, DC, MC, Visa; BM
Mittags und abends geöffnet

DIE OSTERIA – Die Osteria liegt mitten im historischen Zentrum auf der kleinen Piazza Negri, am Fuße der majestätisch prachtvollen Kirche Sant'Agostino. Das Lokal besitzt einen lebhaften, sonnigen Charakter, die bunten Wände zieren alte Ansichten der Stadt Genua und Autogrammkarten von Autoren, die dank der Nähe des berühmten Teatro della Tosse zu den treuen Stammgästen zählen. Das Ambiente ist familiär, das Personal aufmerksam und kompetent, wenn es darum geht, Auskünfte zu den angebotenen Speisen zu erteilen. Die verwendeten Zutaten stammen zum großen Teil aus der Umgebung, der Fisch wird auf dem nahe gelegenen Fischmarkt eingekauft.

DIE KÜCHE – Mittags ist das Angebot einfach und umfasst einige wenige, gut zubereitete Speisen aus den Zutaten, die der Markt gerade bietet. Abends ist die Karte umfangreicher, wobei unter den Gerichten nach hiesiger Tradition die **Ravioli ripieni di pesto mit Pinienkerncreme** (10 €) und eine gelungene und delikate Überarbeitung des **Polpettone di verdure alla genovese** (9 €) sehr zu empfehlen sind. Auch die ungewöhnliche Kombination von Polpo (Tintenfisch) und Speck, serviert mit Taggiasca-Oliven und Ingwerpüree (10 €), ist ein guter Tipp. Aus dem klassischen Repertoire verdient zweifelsohne der **Cappon magro** (18 €) eine Erwähnung. Sehr gepflegt und mit Raffinesse zubereitet sind die Desserts (5 €), insbesondere die Cassatina mit Chinotto aus Savona und Mousse di prescinsêua mit Waldbeeren. Die Weinkarte (mit moderaten Preisen und einer guten Auswahl an glasweise ausgeschenkten Etiketten) enthält ausschließlich Produkte aus biodynamischem Anbau. Schade, dass nur wenige Weine aus Ligurien darunter sind.

15 km vom Zentrum

Ostaia da U Santu

Osteria
Via al Santuario delle Grazie, 33
Tel. (+39) 010 / 613 04 77
Ruhetag: Sonntagabend, Montag, Dienstag
Ferien: unterschiedlich
40 Plätze + 60 Plätze im Freien
Preise: 30–35 €
Kreditkarten: CS, MC, Visa; BM
Mittags und abends geöffnet

Eine ländliche Osteria, ein erfreuliches Rendezvous mit einer exzellenten traditionellen Küche, die mit Leidenschaft umgesetzt wird.

DIE OSTERIA – Zu dieser Osteria im hoch gelegenen Genueser Stadtviertel Voltri zu gelangen, ist gar nicht so einfach: Man muss den Hinweisschildern zum Krankenhaus und zum Santuario delle Grazie genau folgen. Das Lokal liegt auf einem Plateau, von dem man einen schönen Ausblick über die Dächer bis zum Meer hat: Daher empfehlen wir, mittags zu kommen und einen Tisch im Freien zu wählen. Das Gebäude im typischen Landhausstil ist geschmackvoll eingerichtet und mit bäuerlichen Gegenständen dekoriert. Der Inhaber, Signor Barbieri, unterhält die Gäste mit launigen Erklärungen, Anekdoten und Geschichten: ein umgänglicher Wirt, der sein Wissen gerne mit Ihnen teilt. Die Gerichte entsprechen mit wenigen Ausnahmen der ligurischen Tradition. Es gibt keine Weinkarte, aber die detaillierten Auskünfte des Wirtes zu jedem Etikett machen dieses Manko wett.

DIE KÜCHE – Unter den Antipasti (5 €) sind die klassischen ***Frisceu*** aus Frühlingszwiebeln, Salbei und Kürbisblüten und ***Brandacujun***, ein Gericht mit Kartoffeln und Stockfisch, sehr zu empfehlen. Im Kapitel der Primi (9 €) verdienen Lasagnette mit Sauce aus Artischocken und getrockneten Pilzen und Zuppa di baccalà eine besondere Erwähnung. Bei den Secondi findet man das zarte, schmackhafte Coniglio in arrosto mit Rosmarin (14 €), eine gute klassische **Cima** (13 €) und hervorragende **Trippa in umido mit dicken Bohnen** (13 €). Die Desserts, für die die Konditorin Laura verantwortlich zeichnet, sind in einer eigenen Karte angeführt: Ein wahres Gedicht ist die überragende Crema di zabaione mit einem großen hausgemachten Canestrello.

NEU Ostaia de Banchi

Osteria
Vico Denegri, 17 R
Tel. (+39) 010 / 854 04 68
Ruhetag: Sonntagabend und Montag
Ferien: Ende August – Oktober
40 Plätze
Preise: 30 €
Kreditkarten: AE, MC, Visa; BM
Mittags und abends geöffnet

DIE OSTERIA – Versteckt in den engen, lauten Gässchen des Viertels Sotto Ripa findet man eine ruhige Osteria, die durch ein kurioses Neonschild ins Auge springt: Ostaia de Banchi, Simple Food since 1528. Das Interieur kokettiert mit der Geschichte: Die Spuren der Vergangenheit entdeckt man in der Ziegelgewölbedecke, der Wendeltreppe, die zu einem Gastraum im Keller führt, und in einem antiquarischen Juwel, einer alten Weinwaage. Die jungen Betreiber, Sergio, Emanuele und Stefano, bemühen sich, den unverfälschten Geschmack der traditionellen Gerichte zu neuem Leben zu erwecken. Die minimalistisch gedeckten Tische passen nicht recht zum historischen Ambiente, aber die Küche und die Atmosphäre sind schlicht und angenehm wie auch die Umgangsweise des Personals. Die Zutaten stammen ausschließlich aus der Umgebung und setzen die kleinen Handwerksbetriebe von Genua in das gebührende Licht.

DIE KÜCHE – Die Karte ist nicht groß, aber variantenreich, die Gerichte sind leicht und *Zeneize*, wie das typisch Genuesische im hiesigen Dialekt genannt wird. Ein Beispiel gefällig? **Cappon magro** in einer leichten Version (10 €), bei welcher die Galletta (eine Art Cracker) als Beilage und nicht als Basis dient, **Linguine con muscoli, zucchine e limone** (mit Miesmuscheln, Zucchini und Zitrone, 10 €), Pescato (Fischfilet) mit Creme aus Trombetta-Zucchini und Pinienkernen (15 €). Spezielle Erwähnung verdienen auch **Lattughe ripiene** und ***Bagnun*** di acciughe, ein einfaches, aber seltenes Gericht, das hier besonders schmackhaft zubereitet wird. Zum Abschluss gibt es gute hausgemachte Desserts (5 €). Die Weinkarte enthält einen Abschnitt mit Erzeugnissen aus biologischem und biodynamischem Anbau und lokale Produkte. Es heißt, die Garibaldiner sollen gerne in dieser Osteria eingekehrt sein: Was spricht dagegen, ihren Spuren zu folgen?

Rosmarino

Moderne Osteria • Salita del Fondaco, 30
Tel. (+39) 010 / 251 04 75,
(+39) 340 / 306 34 65,
(+39) 339 / 830 15 24
Ruhetag: Sonntag
Ferien: je 1 Woche im Juli und Januar, Weihnachten, Ostern
60 Plätze
Preise: 32–35 €
Kreditkarten: CS, MC, Visa; BM
Mittags und abends geöffnet

DIE OSTERIA – Diese moderne Osteria ist eine echte Überraschung, schon was ihre Lage betrifft: Kaum jemand würde eine so ausgewogene Balance zwischen Qualität, Tradition, Sorgfalt und (nicht zuletzt) Preis in einer so stark vom Tourismus geprägten Gegend erwarten. Wir befinden uns hier in einer Seitenstraße des Palazzo Ducale, dem Sitz glanzvoller Ausstellungen und Publikumsmagnet: Eine Reservierung ist daher zu empfehlen, wenn man an einem der Tische der beiden reizenden, von der Farbe Grün dominierten Gasträume Platz nehmen will. Felice empfängt Sie als Gastgeber, Alessandro steht am Herd und kümmert sich auch um die Zubereitung von Brot und Teigwaren aus Steinmühlenmehl.

DIE KÜCHE – In der Karte oder an den Wandtafeln finden Sie Inspiration für eine Mahlzeit, die nicht nur Gaumenfreuden bietet, sondern auch ein wahrer Augenschmaus ist. **Baccalà *brandacujun*** triumphiert unter den Antipasti (8 €), aber auch Polpo mit Kartoffeln, Sformato di funghi (Pilzauflauf) oder Sformato di carciofi (Artischockenauflauf) und Seppie mit Brokkoli und Tomaten verdienen eine Erwähnung. Weiter geht es mit Taglierini al nero di seppia con carbonara di mare (mit Tintenfischtinte), Trofie al pesto, Spaghetti con salsa di moscardini (mit Tintenfisch) und **Lasagne con ragù di manzo alla genovese** (10 €). Auch bei den Hauptspeisen wechseln Fisch- und Fleischrezepte ab: **Coniglio in casseruola** (14 €), Svizzera di manzo mit Pistazien und Käse auf Auberginenpüree, Spiedo di calamari e branzino und exzellenter **Ombrina** (Adlerfisch) **mit violetten Kartoffeln und wilden Brokkoli** (16 €). Sichere Tipps bei den Desserts (5 €) sind der klassische **Biancomangiare** oder frische Ananas, mariniert mit Limette und Minze. Gute Auswahl an regionalen Weinen, die auch glasweise ausgeschenkt werden.

IMPERIA
Oneglia

Dalla Padella alla Brace

Restaurant
Via Ospedale, 31
Tel. (+39) 01 83 / 29 41 59
Ruhetag: Sonntagabend, Montag
Ferien: unterschiedlich
40 Plätze + 20 Plätze im Freien
Preise: 38–40 € €↑
Kreditkarten: AE, CS, MC, Visa; BM
Mittags und abends geöffnet

DIE OSTERIA – Das Restaurant befindet sich in einer Fußgängerzone im historischen Zentrum des Stadtviertels Oneglia, einige hundert Meter vom Hafen und vom Markt der Stadt entfernt. Silvia Massa und Andrea Richero (die Mutter im Saal, der Sohn in der Küche) führen das reizende Lokal mit zunehmend sicherer Hand und bieten ein gutes Repertoire an Speisen für eine Mahlzeit in aller Ruhe, aber auch für ein schnelles Essen in der Mittagspause. Die Vorschläge der Küche wurzeln in der gastronomischen Tradition der ligurischen Riviera di Ponente, wobei die Rezepte da und dort mit jugendlichem Schwung leicht überarbeitet wurden.

DIE KÜCHE – Unter den Antipasti möchten wir ***Brandacujun*** mit Tapenade aus Taggiasca-Oliven und Pane carasau (10 €), Crudo di palamita (Bonito) oder Crudo di ricciola (Bernsteinmakrele), Flan dell'orto mit Fonduta aus Toma vom Brigasca-Schaf, Cima alla ponentina und Battuta di fassona mit leichter Salsa di ***bagna caoda*** besonders hervorheben. Im Kapitel der Primi locken Gnocchi di patate mit Venusmuscheln, **Ravioli di borragine al sugo di triglie di scoglio** (mit Meerbarbensauce, 14 €), Tagliolini alle ortiche mit Kaninchenragout, ***Zemin*** (Suppe) mit Bohnen aus Conio und Minestrone alla genovese. Bei den Secondi kann man zwischen dem wunderbaren **Stoccafisso all'onegliese** (14 €), Pesce al forno auf ligurische Art mit Kartoffeln und knusprigen Artischocken, **Polpo al vapore mit pürierten Bohnen aus Conio** (15 €), Seppie in ***zemin***, Coniglio disossato, in Rossese aus Dolceacqua geschmort, Brasato vom Fassona-Rind und bei niedriger Temperatur in Nebbiolo gegartem Cuore di guancia (Rinderbacke, 15 €) wählen. Sehr fein sind auch die Desserts (6 €): Semifreddo alla stroscia, Panna cotta mit karamellisierter Martinsbirne und Crostate. Schöne Auswahl an Weinen, vorwiegend aus der Umgebung.

ISOLABONA (IM)
Molinella

61 KM NORDWESTL. V. IMPERIA, 14 KM V. VENTIMIGLIA

La Molinella

Agriturismo
Via Aldo Moro, 10
Tel. (+39) 01 84 / 20 81 63
Ferien: zeitweise im Zeitraum November bis Februar
40 Plätze + 40 Plätze im Freien
Preise: 30 € (Tagesmenü)
Kreditkarten: CS, DC, MC, Visa; BM
Geöffnet Freitag-, Samstagabend und Sonntagmittag, Juni–Oktober täglich abends

Leidenschaft in der Küche und gepflegte Gastlichkeit in einem richtigen Agriturismo mit familiärer Atmosphäre.

DIE OSTERIA – Isolabona mit den Resten einer Burg der Familie Doria (13./14. Jahrhundert) findet man in der Mitte des Nervia-Tals hinter Dolceacqua. Dieser gastliche Agriturismo der Familie Moro liegt etwa einen Kilometer vom Zentrum entfernt im Grünen und verfügt über zwei Gasträume in pompejanischem Rot und einen Sitzbereich im Freien. Piermichele kümmert sich um den Service und erläutert die von seinem Bruder Nicola und seiner Mutter Gioia mit Sorgfalt und Leidenschaft zubereiteten Gerichte nach hiesiger Tradition, ergänzt durch einige Abstecher in andere Regionen. Unter den Zutaten spielt Gemüse aus dem eigenen Garten eine wichtige Rolle. Das Menü für 30 € umfasst vier Antipasti, ein Primo, ein Secondo und ein Dessert.

DIE KÜCHE – Beginnen können Sie mit ***Brandacujun***, ***Barbagiuai*** und Brusso di Triora, Tonno di coniglio, Sformatino di porri mit Toma vom Brigasca-Schaf, ***Figassun***, ***Previ***, Tatar vom Palamita und gefüllten Alici. Dann folgen Ravioli di borragine, **Pasta *sciancà*** mit Kaninchensauce, Gnocchi mit Safran, Trombetta-Zucchini und Baccalà und Farfalle verdi al pesto di Pra' mit Bohnen und Pinienkernen. Die Teigwaren sind alle hausgemacht. Die Secondi umfassen **Stufato di capra mit Bohnen aus Pigna**, Stoccafisso accomodato, Coniglio di Apricale al Rossese mit Taggiasca-Oliven, Polpo scottato mit Bohnencreme und gegen Vorbestellung Lumache in casseruola al vino rosso. Zum Abschluss gibt es kalte Zabaione und Pansarole, Fagottino mit Renette-Äpfeln, ***Fugassa*** di mele mit Pinienkernen, Torta al cioccolato und in der Weihnachtszeit **Cubaite**. Gute Auswahl an lokalen Weinen und solchen aus dem übrigen Italien.

Da Gianni

Traditionelle Osteria
Corso Cavour, 352
Tel. (+39) 333 / 332 44 25
Ruhetag: Sonntag
Ferien: 2 Wochen im August/September
30 Plätze + 15 Plätze im Freien
Preise: 15–25 €
Kreditkarten: AE, CS, DC, MC, Visa; BM
Mittags geöffnet, Freitag und Samstag gegen Vorbestellung auch abends

DIE OSTERIA – Vielleicht die letzte echte Osteria von La Spezia: Das Lokal Da Gianni liegt im Stadtviertel Umbertino, nur wenige Schritte von der schönen Piazza Brin entfernt. Einst wurde es von den Leuten aus der Umgebung frequentiert, die sich hier am Ende des Arbeitstags auf ein Gläschen Wein und einen Imbiss mit Sardellen oder Frittelle di baccalà trafen: Heute ist diese Gepflogenheit verloren gegangen, aber Gianni ist und bleibt ein Bezugspunkt für Leute, die eine Mahlzeit ganz nach Art von La Spezia genießen wollen, ohne ihr Portemonnaie zu stark zu strapazieren. Im ersten Raum, wo Gianni seine Gäste empfängt, steht ein Tresen, der an alte Zeiten erinnert. Im zweiten Raum mit seinem informellen, schnörkellosen Ambiente stehen ein paar Tische, an denen man Platz nehmen kann, um die Spezialitäten dieser Gegend zu probieren.

DIE KÜCHE – Beginnen können Sie mit der klassischen Torta di riso e verdura (6 €), ***Gattafin*** aus dem nahe gelegenen Levanto (ein leichter, frittierter Blätterteig, gefüllt mit Feldkräutern) und hausgemachten Acciughe sotto sale. Unter den Primi (8 €) findet man die köstlichen Ravioli alla ligure, Spaghetti con il sugo di muscoli mit Miesmuscheln aus dem Golf oder mit Sardellen aus Monterosso, Lasagne al pesto und **Zuppa di ceci in zimino**. Der nächste Gang hält Stoccafisso mit Polenta (10 €), Verdure ripiene, **Coniglio alla ligure**, Muscoli ripieni, Spezzatino di vitello mit Artischocken aus Albenga, die delikaten **Acciughe ripiene fritte** (10 €) und Trippa in umido bereit. Als Dessert (4 €) empfehlen wir Crostata mit hausgemachten Konfitüren, Budino und Tiramisu. Neben dem Hauswein werden einige lokale Etiketten angeboten, darunter auch solche aus biologischem Anbau. Das Gedeck wird nicht verrechnet.

3 KM VOM ZENTRUM

Picciarello

Trattoria
Viale Fieschi, 300–302
Tel. (+39) 01 87 / 77 92 37
Ruhetag: Montag
Ferien: zeitweise im Winter
50 Plätze
Preise: 36–42 € €↑
Kreditkarten: AE, CS, DC, MC, Visa; BM
Abends geöffnet, Samstag und Sonntag auch mittags

DIE OSTERIA – Das Picciarello liegt im Stadtteil Marola an der Strada Napoleonica nach Portovenere. Vor dem Betreten des Lokals sollten Sie den prachtvollen Ausblick auf den Golf von La Spezia und das Militärarsenal genießen. Stefano Poles (Service) und Lara (Küche) führen das Lokal seit nunmehr vielen Jahren. Die gepflegte, freundliche Trattoria hat zwei Gasträume mit großen Marmortischen, die im amerikanischen Stil gedeckt sind. Auf den Regalen an den Wänden stehen zahlreiche Weine: Vertreten sind die besten Etiketten der Umgebung und eine große Auswahl anderer italienischer Produkte, auch solche aus biodynamischem Anbau. Auf der Karte dominiert Fisch, den Stefano direkt bei den Einheimischen kauft. Die Teigwaren werden unter Verwendung von Mehl aus alten Getreidesorten selbst gemacht, zahlreiche Gemüsearten stammen aus dem eigenen Garten, der Rest wird auf dem hiesigen Markt erstanden.

DIE KÜCHE – Der Antipasto (14 €) umfasst acht Leckerbissen, darunter **Tortino di acciughe** und warme Insalata di mare. Als hervorragende Primi (12 €) sind **Piccagge di farina di castagne mit Tintenfisch und Pesto**, Tagliolini allo scoglio und Maltagliati di farro mit Sardellen aus Monterosso zu nennen. Auch bei den Secondi (16 €) stehen Gebietszugehörigkeit und Tradition im Mittelpunkt: **Muscoli ripieni**, Frittura di paranza, **Polpo alla diavola** und Tortino di verdure (8 €). Den Schlusspunkt setzt man mit Panna cotta mit Sciacchetrà und Schokolade, Crostate und Zuppa inglese mit Erdbeeren.

Arte Bianca (Via Sapri 79) verkauft Marocca di Casola (ein Slow-Food-Presidio), Rohmilchkäse, Mehl und Teigwaren. Odio il Vino (Via Manin 11) bietet eine reiche Auswahl an Weinen im Glas, begleitet von zahlreichen Imbissen.

40 km südöstlich von Genua

La Bilaia

Agriturismo • San Rocco, 11 A (Privatstraße)
Tel. (+39) 01 85 / 36 25 36,
(+39) 389 / 343 07 79
Ruhetag: Montag, Dienstag
Ferien: zeitweise im Januar
50 Plätze + 10 Plätze im Freien
Preise: 28–40 € €↑
Kreditkarten: AE, CS, MC, Visa; BM
Abends geöffnet, Samstag und Sonntag auch mittags

DIE OSTERIA – Im La Bilaia wird man wie zu Hause bei Freunden empfangen. Die Osteria – oder wie die Inhaber es bezeichnen, das Agri-Restaurant – präsentiert sich als reizende Villa, die inmitten eines Olivenhains auf den Hügeln oberhalb von Lavagna liegt. Das Ambiente ist minimalistisch, das Interieur auf das Wesentliche beschränkt. Ein großes Glasfenster ermöglicht einen atemberaubenden Ausblick auf Portofino und das Meer. Im Sommer lohnt es sich, im Freien in einer schönen Laube zu speisen.

DIE KÜCHE – Die Küche ist das Reich von Paolo Passano, der ligurischen und ecuadorianischen Ursprungs ist und einen Studienabschluss in Gastronomiewissenschaften in der Tasche hat. Er macht großzügigen Gebrauch von Gemüse aus dem eigenen Garten, von Fisch aus dem nahe gelegenen Ligurischen Meer sowie von Bio-Fleisch. Beginnen kann man mit einem wunderbar duftenden Tortino di verdure mit Gartengemüse oder mit Torretta gialla mit Kartoffeln, Mayonnaise und Thunfisch (12 €). Von den Primi sollten Sie sich die **Ravioli** „mal di schiena", **gefüllt mit Feldkräutern** (16 €), nicht entgehen lassen, aber auch die Linguine con manzo mit Sauce aus Rindfleisch, getrockneten Pilzen und Rosmarin und die **Trenette mit Branzino, Pinienkernen, Tomaten und Thymian** sind zu empfehlen. Bei den Secondi steht vorwiegend Fleisch im Mittelpunkt: **Coniglio in umido** mit Pinienkernen und Taggiasca-Oliven (18 €), Cosce di pollo mit Paprikaschoten und Püree und Filetto di maiale mit ligurischen Zucchini. Auch das eine oder andere Fischgericht ist stets vertreten. Die Desserts sind einfach, aber gut ausgeführt: **Panna cotta mit Rosensirup**, Granella di meringa mit Fiordilatte-Eis, Olivenöl und Basilikum (5 €) und Tortino di cioccolato. Die schlichte Weinkarte bietet eine schöne Auswahl lokaler Produkte.

40 km südöstlich von Genua

Raieü

Trattoria
Via Milite Ignoto, 25
Tel. (+39) 01 85 / 39 01 45
Ruhetag: Montag
Ferien: November
100 Plätze
Preise: 35–50 € €↑
Kreditkarten: AE, CS, DC, MC, Visa; BM
Mittags und abends geöffnet

DIE OSTERIA – „Wir bekommen vom Meer, was es zu bietet hat, nicht das, was wir wollen." So lautet einer der Grundsätze, auf denen die Philosophie dieses Restaurant beruht. Alles begann 1962 auf Initiative von Großvater Giulio, der sein gutes Aussehen nach eigener Aussage einer gesunden Tagesration Ravioli (im Dialekt *Raieü*) verdankt. Er fuhr mit seinem Fahrrad durch die engen Gässchen von Cavi Borgo und pries die frisch gefangenen Fische an, aus denen seine Frau Maria ohne Schnickschnack oder gewagte Überarbeitungen die Gerichte zubereitete, die der Stolz der Familie waren. 50 Jahre später ist der Duft hier unverändert und, wie die Einrichtung, einmalig in seiner Art. Der Service läuft ab wie in alten Zeiten und bindet den Gast ein, als würde es sich um ein volkstümliches Schauspiel handeln, bei dem die schmackhafte Meeresküche die Hauptrolle spielt.

DIE KÜCHE – Fisch und Krustentiere dominieren die schlichte Auswahl authentischer Speisen, die von der Tradition Lavagnas sowie der saisonalen Verfügbarkeit und Frische von Festland- und Meeresprodukten diktiert werden. So finden Sie in der Karte **Ravioli di pesce** (13 €), Antipasti di mare (15 €), **Buridda di seppie alla lavagnina**, gemischte Grigliate und Fritti und **Pesce alla Raieü** (5 bis 6 € pro 100 g). Um mit Hemingway zu sprechen: Der beste Weg herauszufinden, ob man jemandem vertrauen kann, ist, ihm zu vertrauen. Im Raieü ist es sicher kein Fehler, der Küche blind zu vertrauen. Unverfälschte, traditionelle Hausmannskost ist hier garantiert. Die **Suppen** (13 bis 18 €), denen ein eigenes Kapital gewidmet ist, sind prachtvoll, ganz wie in den Trattorien von anno dazumal. Erlesene Desserts (6 €), selbstverständlich hausgemacht, bilden den Abschluss dieser Genussreise. Die gute Weinkarte umfasst vorwiegend regionale Produkte.

LOANO (SV)

39 KM SÜDWESTLICH VON SAVONA

NEU Piatti Spaiati Le Marionette

Restaurant • Via Stella, 34
Tel. (+39) 349 / 559 34 72
Ruhetag: Dienstag • Ferien: November
35 Plätze + 35 Plätze im Freien
Preise: 32 €
Kreditkarten: AE, CS, DC, MC, Visa; BM
Mittags und abends geöffnet, im Winter nur Donnerstag-, Freitag- und Samstagabend sowie Sonntagmittag

DIE OSTERIA – Innerhalb eines Teils der alten Stadtmauern im historischen Zentrum liegt dieses Restaurant, das schon vom Namen her Sympathie erweckt. In Wirklichkeit gibt es hier keine „Piatti spaiati" (nicht zusammenpassende Teller), aber jeden Menge Marionetten. Das Ambiente ist einfach, der Empfang sehr herzlich. Für Kinder ist eine Spielecke sowohl im Inneren als auch im Garten eingerichtet. Im Service arbeiten Ileana und ihr Mann Roberto, während Mama Marilena kocht und die Zutaten auswählt, unter denen auch Slow-Food-Presidi nicht fehlen dürfen.

DIE KÜCHE – Die Mahlzeit beginnt mit einem Sformatino mit violettem Spargel aus Albenga und Fonduta aus Toma vom Brigasca-Schaf (6 €), Insalata di trevigiana mit Tropea in agrodolce (süßsauer eingelegte Zwiebeln) und gebratenen Acciughe (Sardellen) sowie ***Brandacujun*** (13 €). Dann folgen die klassische **Minestrone alla genovese** (7 €), Tortelli di ricotta e spinaci mit Castelmagno und frische Pappardelle mit Pinienkernen, Rosinen und Sardellen. Fleisch steht zwar auf der Karte, aber die Hauptrolle spielt fangfrischer Fisch: **Fritto di paranza**, Palamita alla ligure mit Gemüse (13 €) und **Buridda di stoccafisso** (13 €). Wahre Leckerbissen sind die Desserts: Torta Piatti Spaiati (mit Schokolade, ohne Mehl), Semifreddo mit Pistazien aus Bronte (ein Slow-Food-Presidio) und Panera in semifreddo (ein typisches Kaffeedessert aus Genua). Für die kleinen Gäste gibt es eine eigene Karte. Die Weinkarte umfasst einige ligurische Etiketten und Weine aus den benachbarten Regionen.

Arca Food (Piazza Mazzini 12, Ecke Via Martiri) bietet Backwaren aus Biomehl und eine Ecke mit Eataly-Produkten.

MELE (GE)
Fado

27 KM NORDWESTLICH VON GENUA

Baccicin du Caru

Traditionelle Osteria
Via Fado, 115
Tel. (+39) 010 / 63 18 04
Ruhetag: Montag, Dienstag
Ferien: je 2 Wochen im August und Januar
45 Plätze
Preise: 30 €
Kreditkarten: CS, MC, Visa; BM
Mittags geöffnet, Freitag und Samstag auch abends

DIE OSTERIA – An der Straße zum Turchino-Pass lässt man von Genua kommend den Tunnel von Fado hinter sich und trifft dann auf diese Osteria mit jahrhundertealter Tradition, die sich in eine der engen Kurven schmiegt. Das Ambiente ist einfach und freundlich. Neben dem Lokal hat eine gepflegte Vinothek ihren Sitz. Die Familie Bruzzone bietet die typischen Gerichte der ligurischen Küche. Themenabende bereichern das Angebot an den Wochenenden in der warmen Jahreszeit. Die verwendeten Zutaten werden mit Sorgfalt bei Produzenten der Umgebung gewählt, wobei auf Saisontreue und Frische geachtet wird.

DIE KÜCHE – Der Antipasto misto (12 €) besteht aus unterschiedlichen Köstlichkeiten, zum Beispiel Flan di ***micci*** (mit Mairüben) mit Creme aus Castelmagno, **Torta baciocca** mit Sardellen aus Sciacca und Bohnen aus Prà, Salami aus Sant'Olcese und sardischer Primo sale. Unter den Primi (8 €) findet man Gnocchi aus Quarantina-Kartoffeln mit Pesto oder Castelmagno, ein Dreierlei an **Ravioli** (15 €) in den Varianten **con *tuccu*** (mit Fleischsauce nach Art von Genua), di magro mit Pesto und in brodo (in Brühe). Den Hauptgang (9 €) wählt man unter Stracotto, **Trippe accomodate alla genovese**, Brasato di fassone piemontese al Nebbiolo und einem Sortiment an Käse. Die Desserts (5 €) umfassen Duetto di Semifreddo in den Geschmacksrichtungen all'amaretto und al torrone. Als Alternative bekommt man Cantucci mit Vin Santo, Canestrelletti mit Moscato und **Torta di mele** nach einem alten Rezept aus Genua. Die Weinkarte zeigt eine Vorliebe für lokale Produkte, insbesondere Etiketten aus Ligurien und dem unteren Piemont.

MELE (GE)
Acquasanta

21 KM W. V. GENUA, 6 KM V. AUSF. VOLTRI A 10, S.S. 456

Osteria dell'Acquasanta

Trattoria
Via Acquasanta, 281
Tel. (+39) 010 / 63 80 35
Ruhetag: Montag
Ferien: zeitweise im Januar
80 Plätze + 40 Plätze im Freien
Preise: 28–34 €
Kreditkarten: CS, MC, Visa; BM
Mittags und abends geöffnet

DIE OSTERIA – Sobald man die Therme und die Wallfahrtskirche hinter sich gelassen hat, trifft man mitten im Grünen auf dieses legere Lokal im Stil der typischen ländlichen Trattorien. Geführt wird es vom Koch Marco und von Alessandro, der im Service und in der Küche tätig ist, die Gäste empfängt und kompetent die zu den gewählten Speisen passenden Weine empfiehlt, die auch glasweise ausgeschenkt werden. Das Angebot an Gerichten variiert häufig, sie basieren jedoch immer auf frischen, hochwertigen Zutaten.

DIE KÜCHE – Man beginnt mit einem reichhaltigen Antipasto misto (11 €), der Pancetta steccata und Salame, Bruschetta mit in Salz eingelegten Sardellen und Kirschtomaten, Brioche mit Gemüse, Pizza, Torta di mozzarella di bufala mit Pecorino, Tortino con vitello e asparagi oder Tortino con lumache (mit Schnecken) und Robiola aus dem Scrivia-Tal mit Haselnüssen beinhalten kann. Auch bei den Primi herrscht Vielfalt: ***Mandilli de saèa*** mit Pesto, **Ravioli alla genovese** (10 €), Sformato di trevisana mit Fonduta al gorgonzola, Trenette mit Pesto aus Kirschtomaten und Mandeln, Tagliatelle integrali al ragù bianco mit Taggiasca-Oliven, Tortelli mit Tintenfisch und Erbsen oder mit Garnelen und Paprika. In der Saison sind Ravioli mit Schnecken und Mangold zu empfehlen. Weiter geht es mit appetitlichen **Acciughe ripiene** (11 €), dem einzigartigen **Stoccafisso accomodato**, Salsiccia al Marsala, Lumache alla genovese, Calamari ripieni in umido, Straccetti di maiale mit Spargel und Fonduta, Capocollo di maiale mit Cacio und Pfeffer und einer Auswahl an Formaggi (10 €). Die Desserts sind hausgemacht: Cremino di panna mit Kaffeesauce, Spumino allo zabaione di Moscato mit Erdbeercreme, Strudel di mele und Torta fondente mit Schokolade und Haselnüssen. Gute Auswahl an Bieren aus kleinen Brauereien und an Weinen.

MONTEGROSSO PIAN LATTE (IM)

34 KM NORDWESTLICH VON IMPERIA

Osteria del Rododendro

Osteria • Via IV Novembre, 4
Tel. (+39) 0183 / 75 25 30,
(+39) 347 / 451 46 31
Ferien: 2 Wochen im September
40 Plätze
Preise: 25 € (Tagesmenü)
Kreditkarten: CS, MC, Visa; BM
Geöffnet Freitagabend, Samstag- und Sonntagmittag, an den übrigen Tagen gegen Vorbestellung; im Sommer außer Montag täglich geöffnet

DIE OSTERIA – Im oberen Arroscia-Tal, in der Gemeinde mit der niedrigsten Einwohnerzahl in der Provinz Imperia, liegt das Lokal der Familie Cordeglio, überzeugten Verfechtern der sogenannten „weißen Küche“, die auf Zutaten wie Butter, Käse, wilde Kräuter und Gemüse aus dem Bergland setzt. Die Speisenauswahl variiert jeden Monat.

DIE KÜCHE – Unter den Antipasti können Vorschläge wie **Coniglio croccante**, Sformato di erborinato (mit Schimmelkäse), Flan di spinacio selvatico di altura (Auflauf mit wildem Blattspinat aus den Bergen) mit Löwenzahn und Holunderblüten sowie Bruschette aus Esskastanienmehl mit Lardo al basilico vertreten sein. Dann folgen drei Kostproben von Primi, das könnten zum Beispiel **Raviolini ai carciofi** (mit Artischocken), Ravioli alle erbe spontanee crude (mit wilden Kräutern), Gnocchi di castagne mit Lauchcreme, Taglierini con sugo di lepre (Sauce mit Hasenfleisch) und Farfalle alle primule sein. Weiter geht es mit **Magatello all'Ormeasco** (Rindernuss) mit Wacholderbeeren, Scamone (obere Keule) mit rosa Pfeffer, **Lumache** sgusciate **mit Kartoffeln, wilder Minze und Ormeasco** und Käse dieser Gegend. Die hausgemachten Desserts umfassen Bavarese di menta, Vellutata di cachi (Khaki-Creme) und Tiramisu mit Erdbeeren. Sämtliche Speisen erfreuen den Gaumen und sind gut zubereitet. Die kleine Weinkarte umfasst auch einige Etiketten von Ormeasco, dem Rotwein dieses Landstrichs, der auch glasweise ausgeschenkt wird.

NE (GE)

53 KM ÖSTLICH VON GENUA, A 12 ODER S.S. 1

La Brinca

Trattoria
Via Campo di Ne, 58
Tel. (+39) 01 85 / 33 74 80
Ruhetag: Montag
Ferien: unterschiedlich
80 Plätze + 20 Plätze im Freien
Preise: 32–37 €
Kreditkarten: AE, CS, DC, MC, Visa; BM
Abends geöffnet, Samstag, Sonntag und Feiertage auch mittags

Wenn Sie sehen wollen, was es bedeutet, eine Osteria mit Leidenschaft zu führen, dann zeigt es Ihnen die Familie Circella hier gerne.

DIE OSTERIA – Seit auch die Söhne Simone und Matteo Teil des Teams sind, ist die ganze Familie Circella in dieser Osteria tätig, die sich zu einem gastronomischen Bezugspunkt nicht nur für diese Region, sondern für ganz Norditalien entwickelt hat. Ein großer Saal mit Blick auf die Gemüsegärten und Wälder und einer einfachen, gemütlichen Einrichtung im Retro-Stil bildet den Rahmen für ein Speisenrepertoire, das tief aus dem traditionellen Rezeptschatz Liguriens schöpft. Sergio und Matteo geben Auskunft über die Herkunft und Zubereitung jedes Gerichts und können die richtigen Kombinationen aus einem breit gefächerten Angebot empfehlen, das reich an lokalen Produkten und Weinen ist: Seit einiger Zeit kann man die Weine, darunter auch solche aus biologischem und biodynamischen Anbau, auch im Gassenverkauf erstehen. Pierangela und Simone bereiten die Gerichte nach hiesiger Tradition zu, wobei sie viel Gemüse, wilde Kräuter und Hoftiere verarbeiten. Bevor wir uns mit der Küche befassen, ein Hinweis: Die Portionen sind üppig, aber Sie werden dennoch auf nichts verzichten wollen.

DIE KÜCHE – Beginnen Sie mit ***Testaieu*** mit Pesto oder mit ***Prebugiun*** aus Ne (10 €) oder aber mit ***Cùniggiu magru*** (eine Festlandversion des berühmten Cappon magro, 15 €). Die Primi umfassen exzellente Gnocchi al pesto, **Minestrone alla genovese** (11 €) oder Ravioli di erbette ***cu tuccu*** (mit Fleischsauce). Unter den Secondi bestechen **Tomaxelle** (geschmorte Kalbsrouladen, 15 €), Coniglio ripieno al forno und Fritto misto alla genovese. Zum Abschluss können Sie auf das Käsesortiment setzen oder ein Dessert wählen.

ORTONOVO (SP)
Nicola

26 KM SÜDÖSTLICH VON LA SPEZIA

Da Fiorella

Osteria
Via per Nicola, 46
Tel. (+39) 01 87 / 668 57,
(+39) 333 / 745 17 07
Ruhetag: Donnerstag
Ferien: zeitweise im Januar und September
75 Plätze
Preise: 23–32 €
Kreditkarten: AE, CS, DC, MC, Visa; BM
Mittags und abends geöffnet

Sorgfalt bis ins Detail in dieser Osteria, vom Empfang der Gäste über die Auswahl der Zutaten bis zur Qualität der Speisen.

DIE OSTERIA – Im reizenden Ortsteil Nicola oberhalb von Ortonovo, nahe der Grenze zur Toskana, ist es ein Vergnügen, sich in den stillen Gässchen zu verlieren, um dann plötzlich an einem Punkt mit prachtvollem Panoramablick zu stehen. Die von Nicola Bertucci geführte Osteria befindet sich am Eingang der Ortschaft. Das modern eingerichtete Lokal ist gemütlich und auf gediegene Weise familiär. Die Küche setzt auf Tradition und die hohe Qualität vieler lokaler Produkte, darunter auch Slow-Food-Presidi.

DIE KÜCHE – Der Antipasto misto (8,50 €) besteht für gewöhnlich aus Polenta incatenata, pikanten Torten und anderen vegetarischen Leckerbissen wie Caponata di melanzane und Verza ripiena. Als Alternativen werden Carpaccio di carne salata und gemischte Salumi angeboten. Als Primi sind zweierlei **Panigacci** (6 €), herrlich duftend **mit Pesto** und mit Öl und Parmesan, zu empfehlen. Weitere Vorschläge sind Ravioli al ragù, Minestra di ceci, Tortellini in brodo, Gnocchi alle triglie und Spaghetti alle cozze. Bravourstücke unter den Secondi sind **Agnello di Zeri fritto** (12 €) neben **Piccione alla griglia**, aber auch Trippa in umido, Coniglio und Gallina (beides gefüllt, 9 €), Stinco alla birra, Polpo mit Kartoffeln, Frittura mista, Acciughe al forno, Cozze ripiene und **Baccalà alle olive** können mithalten. Lassen Sie noch Platz für ein Dessert: **Torta di riso**, Crème brulée alla liquirizia, Semifreddo di nocciola mit Malzkaffee, Tiramisù und Crostata di confettura mit Schokolade und Amaretti. Gepflegte Auswahl an lokalen Weinen, ergänzt durch Anleihen aus anderen Regionen.

ORTOVERO (SV)
Pogli

56 KM SÜDWESTLICH VON SAVONA

NEU Vignola

Traditionelle Trattoria
Via Nazionale, 95
Tel. (+39) 01 82 / 55 98 77
Ruhetag: Dienstag
Ferien: November
25 Plätze + 25 Plätze im Freien
Preise: 30 € (Tagesmenü)
Kreditkarten: CS, DC, MC, Visa; BM
Mittags und abends geöffnet

DIE OSTERIA – Von Albenga nimmt man die Staatsstraße 453 in Richtung Pieve di Teco, um in das reizende kleine Tal des Flusses Arroscia zu gelangen. In Ortovero angekommen, fährt man weiter bis zum Ortsteil Pogli: Dort findet man an der Hauptstraße die Trattoria Vignola, die seit 1973 besteht und 2010 von den derzeitigen Besitzern übernommen wurde. Das Ambiente ist gepflegt und reich mit Blumen wie Rosen und Pfingstrosen geschmückt. In der Küche werkt Signora Adriana, im Saal erläutert Claudio knapp, aber doch erschöpfend die Gerichte, aus denen sich das feststehende Menü zusammensetzt.

DIE KÜCHE – Man beginnt mit einem Entrée, das Pane fritto, Frittata di verdure, Fiori di zucca in Panade und Panissa umfasst. Als Fortsetzung folgen dann eine überragende Terrina di cinque verdure grigliate (mit gegrillten Paprikaschoten, Zucchini, Auberginen, Tomaten und Zwiebeln), **Zucchine trombetta in carpione mit Hähnchen und Zwiebeln**, Polenta mit Wurst und Tortelli di patate e bietole (mit Kartoffeln und Mangold), etwas seltener gibt es auch Tartara di vitello (Kalbstatar) und Carne all'albese. Die Primi umfassen delikate **Ravioli di borragine**, verfeinert mit etwas Öl und Parmesan, und die ebenso feinen Tagliolini di borragine mit Sauce aus Kalbfleisch. Der nächste Gang sieht **Cima di** sole **verdure e uova sode** (Cima nur auf Basis von Gemüse und hart gekochten Eiern) mit Ratatouille und Salsa verde, **Coniglio arrosto**, Lumache und die in Panade frittierten Costine di agnello vor. Zum Ausklang gibt es einen ganz leichten Crumble di mele mit Zitronen und Gelato alla cannella (Zimteis). Der im Preis inbegriffene Wein ist ein offener Hauswein.

OSPEDALETTI (IM)

32 KM W. V. IMPERIA, 11 KM V. VENTIMIGLIA, S.S. 1 OD. A 10

La Playa

Restaurant
Via XX Settembre, 153
Tel. (+39) 01 84 / 68 80 45
(+39) 328 / 582 38 45
Ruhetag: Dienstag, außer im Sommer
Ferien: Oktober, November
30 Plätze + 40 Plätze im Freien
Preise: 40–43 € €↑
Kreditkarten: MC, Visa; BM
Mittags geöffnet

DIE OSTERIA – Seit knapp 40 Jahren führt die Familie Incerti das Restaurant und das Strandbad, das man von Osten auch über den Radweg erreicht. In der Küche bereiten Paola Incerti und ihre Schwägerin Liliana Vegetta mit Geschick und Fantasie Gerichte auf Basis von Fisch und Gemüse zu. Im Saal treffen wir auf Fabrizio, der sich professionell und freundlich um die Gäste kümmert.

DIE KÜCHE – Unter den Antipasti sollten Sie sich Polpo mit Kartoffeln und Colatura di alici, ein Slow-Food-Presidio, *Brandacujun* (13 €), Bruschetta di gamberi mit Ochsenherztomaten und Basilikum, **Frittelle di baccalà** und Seppie in umido mit stacheligen Artischocken nicht entgehen lassen. Das Kapitel der Primi hält exzellente Tagliolini con filetti di triglie (mit Meerbarbenfilets, 14 €), Trofie con totanetti mit kleinen Tintenfischen, Kirschtomaten und Taggiasca-Oliven, Paccheri aus Gragnano mit Tintenfischragout, **Ravioli di borragine** mit Nusssauce und Ravioli in bianco mit Thymian für Sie bereit. Der Hauptgang lockt mit exzellenten **Acciughe ripiene** alla ligure (15 €) sowie mit Pescato del giorno (fangfrischer Fisch), im Ofen gebraten, mit saisonalem Gemüse (18 €). Gut sind auch der Cappon magro in einer überarbeiteten Version, **Stoccafisso accomodato** und **Fritto misto di paranza**. Ab und zu wird auch ein Fleischgericht angeboten: Besonders zu empfehlen ist Coniglio grigio di Carmagnola (das graue Kaninchen aus Carmagnola) auf ligurische Art (14 €). Unter den Desserts findet man Cialda mit Eis und karamellisiertem Traubenmost, Taglio al caffè auf Haselnusseis und kalte Zabaione mit Erdbeeren. Die Weinkarte ist noch verbesserungsfähig, enthält aber interessante Etiketten aus dem Westen Liguriens.

35 KM NORDWESTLICH VON SAVONA, S.P. 29

Tripoli

Trattoria
Via Chiarlone, 2
Tel. (+39) 019 / 57 00 28
Ruhetag: Mittwoch, außer im Juli und August
Keine Ferien
30 Plätze
Preise: 20–25 €
Kreditkarten: CS, DC, MC, Visa; BM
Mittags und abends geöffnet

DIE OSTERIA – An der Straße, die Savona und Acqui Terme verbindet, liegt das Tripoli, einer jener Orte, an denen die Zeit stehen geblieben zu sein scheint. Das Lokal, das seit jeher von der Familie Dogliotti geführt wird und dessen Name eine Hommage an einen Vorfahren der Betreiber darstellt, der im Libyenkrieg gekämpft hat, ist eine der typischen traditionellen Osterien nach altem Stil: wenige Tische, gedeckt mit Papiertischtüchern und Papierservietten, einfache, gepflegte Gerichte aus bäuerlichen Zutaten, häufig aus dem familieneigenen Garten. Bedauerlicherweise ist im letzten Jahr das Familienoberhaupt verstorben, ein großer Geschichtenerzähler mit reicher Vergangenheit: Es war stets ein Vergnügen, Aldo zuzuhören, wenn er Episoden aus seinem langen, abenteuerlichen Leben erzählte. Nun ist sowohl im Service als auch in der Küche seine Tochter Alessandra in den Mittelpunkt gerückt.

DIE KÜCHE – Die Bravourstücke des Lokals sind **Ravioli**, die mit einem hervorragenden Ragout oder mit Butter und Salbei serviert werden, **Trippa mit Bohnen** (7 €) und Polenta agliata. Gegen Vorbestellung spätestens am Vortag kann man auch Antipasti (5 €) wie Peperone al forno mit Sardellen und Insalata russa bekommen. Unter den Primi (7 €) findet man neben den bereits angeführten Ravioli auch Tagliatelle al ragù oder al pesto. Für den Hauptgang kann man ein überaus zartes Galletto alla cacciatora, **Coniglio alla ligure**, Salsiccia und Carne alla brace wählen. Für den süßen Ausklang sind ein spezielles schmackhaftes Tiramisu, **Mattonella** (3 €) genannt, Torta di nocciole und Budino alle uova zu empfehlen. Im Lokal kann man Speisen auch zum Mitnehmen kaufen. Die kleine Auswahl an Weinen wird mündlich vorgetragen. Als Alternative wird ein offener Hauswein (Dolcetto und Barbera) ausgeschenkt.

53 KM WESTLICH VON IMPERIA, 27 KM VON SANREMO

Terme

Restaurant
Ortsteil Madonna Assunta
Tel. (+39) 01 84 / 24 10 46
Ruhetag: Mittwoch
Ferien: 15. Januar–15. Februar
80 Plätze + 25 Plätze im Freien
Preise: 22–32 €
Kreditkarten: AE, CS, DC, MC, Visa; BM
Mittags und abends geöffnet

DIE OSTERIA – Das Städtchen Pigna, seit frühen Zeiten wegen seiner schwefelhaltigen Thermalquellen bekannt, hat einen perfekt erhaltenen mittelalterlichen Kern. Gleich außerhalb des Ortes liegt das Hotelrestaurant, das seit 1968 von der Familie Lanteri geführt wird. Das Lokal verfügt über einen großen Speisesaal, der schon ein wenig in die Jahre gekommen ist, aber die Qualität der von Gloria Rossi zubereiteten Gerichte, ein authentisches Beispiel einer regionaltypischen Küche, ist absolut unbestritten. Im Saal werden Sie von Glorias Mann Silvio und den Kindern Maura und Davide empfangen. Der Sohn berät auch bei der Wahl des richtigen Weins.

DIE KÜCHE – Man wählt aus der Karte oder zwischen zwei Degustationsmenüs für 22 oder 30 €: Das zweite Menü umfasst acht kleine Antipasti, zwei Primi, ein Secondo und ein Dolce. Beginnen können Sie mit ***Previ*** (gefüllter Lattich, 9 €), ***Barbagiuai*** (frittierte Kürbis-Ravioli) und Tometta di capra und Brusso aus Pigna mit warmen Crostini (8 €), dann folgen **Ravioli di spinaci e carne mit Kaninchenragout** (10 €), Tagliatelle verdi al ragù und Pansotti di ricotta mit Nusssauce und Pinienkernen. Sehr gut ist auch ***Gran pistau*** (Suppe aus Weizen und zerstoßenem Dinkel). Exzellente Secondi sind Bocconcini di cinghiale in salmì (Wildschweinragout) mit Polenta, Costolette di agnello vom Grill, **Stufato di capra mit weißen Bohnen** aus Pigna (ein Slow-Food-Presidio) und Coniglio alla ligure mit Weinsauce aus Rossese und Taggiasca-Oliven. Wenn Sie die Geduld aufbringen, etwas länger zu warten, können Sie Zuppa di maltagliati mit Schweinerippchen und weißen Bohnen aus Pigna (12 €) oder im Ofen gebratenes Agnello mit würzigen Kräutern (12,50 €) genießen. Die Desserts sind hausgemacht. Die Weinkarte nennt gute Etiketten aus dem Westen Liguriens, dem Piemont und der Toskana.

PORTOVENERE (SP)

13 km südlich von La Spezia

Antica Osteria del Carugio

Traditionelle Osteria
Via Cappellini, 66
Tel. (+39) 01 87 / 79 06 17
Ruhetag: Donnerstag
Ferien: zeitweise im November
60 Plätze
Preise: 20–25 €
Keine Kreditkarten
Mittags und abends geöffnet

DIE OSTERIA – In der Osteria del Carugio fragt man ganz einfach nach einem freien Platz und teilt daher manchmal den Tisch mit anderen Gästen, wodurch es ganz leicht wird, neue Freundschaften zu knüpfen. Der Inhaber Antonio und auch sein Cousin Antonio geben Ihnen bereitwillig Auskunft zu den Weinen und der kleinen Speisekarte, die vorwiegend Gerichte nach hiesiger Tradition enthält. Man wird rasch bedient, was fast schade ist, weil es gut sein kann, dass die beiden Cousins am Ende des Abends eine Gitarre und ein Saxophon zur Hand nehmen und einen echten Osteria-Abend noch mit weiteren Emotionen bereichern, trotz der Proteste seitens der unermüdlich in der Küche tätigen 91-jährigen Mama Maria, die befürchtet, die Nachbarn zu stören.

DIE KÜCHE – Die Gerichte stehen ganz im Zeichen der lokalen Tradition, auch wenn die Zutaten, wie zum Beispiel die Sardellen, aus Sizilien stammen. Die **Spaghetti** werden **mit Pesto** oder mit Sugo di acciughe (Sardellensauce, 9 €) angeboten. Stets vertreten ist ***Mes-ciùa*** (6 €), eine einfache Suppe mit verschiedenen Getreidesorten und Hülsenfrüchten. **Cozze ripiene**, Acciughe mit Öl und Knoblauch und Insalata di polpo (11 €) sind die Angebote für den Hauptgang, als Alternative gibt es eine Auswahl an Formaggi und Salumi, die der Wirt selbst zusammenstellt. **Pandolce** nach Tradition von Genua (4 €) und Cantuccini (3 €), die in einen guten Malvasia getaucht werden, sind die einzigen Vorschläge für den süßen Ausklang, aber Sie werden kaum Verlangen nach raffinierteren Desserts verspüren.

RAPALLO (GE)
San Massimo

31 km östlich von Genua, A 12 oder S.S. 1

U Giancu

Trattoria • Via San Massimo, 78
Tel. (+39) 01 85 / 26 05 05,
(+39) 01 85 / 26 12 12
Ruhetag: Mittwoch, außer im Sommer
Ferien: zeitweise im Januar und Sommer
90 Plätze + 60 Plätze im Freien
Preise: 36–40 € €↑
Kreditkarten: CS, MC, Visa; BM
Abends geöffnet, Sonntag auch mittags (außer im Juli und August)

Mit ihrem Speisenrepertoire bringt uns die Familie Oneto Ligurien als Synthese aus Kultur und Tradition nahe.

DIE OSTERIA – Gleich bei Betreten des Lokals verspürt man hier einen Hang zum Spielerischen, mit viel Platz für junge Gäste. In den Räumen im ersten Stock taucht man in die Welt der Comics ein: An den Wänden ist nur ein Teil der in 40 Jahren zusammengetragenen Sammlung von Fausto Oneto zu sehen, der stets einen seiner originellen Hüte trägt. Die Küche setzt auf Jahreszeitentreue und Gemüse aus dem eigenen Garten.

DIE KÜCHE – Der „Giancantipasto“ (12 €) kann Salame, Bruschetta, Frittelle mit Frühlingszwiebeln, in Öl eingelegtes Gemüse und Focaccetta mit Stracchino enthalten. Unter den Primi (12 €) findet man Bis di zuppe (Spargel und geräucherter Kürbis in interessantem Kontrast), **Fettuccine di farro mit Gartengemüse**, Mezzelune, gefüllt mit Kartoffeln, Basilikum und Burrata, Taglierini mit Pilzsauce und **Testaroli al pesto mit Kartoffeln und Bohnen**. Dann folgen ***Ratatuia***, Sformati di verdure, **Braciole di agnello**, Tagliata di manzo, **Asparagi violetti alla parmigiana** mit pochiertem Ei (14 €), Insalata di erbe spontanee e fiori del ***prebuggiun*** (Salat aus wilden Kräutern und Blumen dieser Gegend, 9 €) und ein Käsesortiment, auch mit lokalen Spezialitäten (14 €). Die hausgemachten Dolci umfassen Torta al cocco mit Schmelzschokolade, Zuppa inglese, Crostata mit Konfitüre aus gemischten Früchten, Torta di pere e cioccolato, Crème brulée di Mimì, Tiramisu, Torta tatin aus Renette-Äpfeln, Eis und Sorbets. Die gut bestückte Weinkarte nennt interessante Vorschläge aus den Cinque Terre, einem Anbaugebiet für heldenmutige Naturen. Es gibt auch Biere aus kleinen lokalen Brauereien.

RIOMAGGIORE (SP)

13 KM WESTLICH VON LA SPEZIA

Ripa del Sole

Restaurant
Via De Gasperi, 282
Tel. (+39) 01 87 / 92 01 43
Ruhetag: Montag
Ferien: Januar, Februar
40 Plätze + 40 Plätze im Freien
Preise: 30–35 €
Kreditkarten: AE, CS, DC, MC, Visa; BM
Abends geöffnet, mittags gegen Vorbestellung

DIE OSTERIA – Um das Lokal zu erreichen, müssen Sie hinauf in den hoch gelegenen Teil von Riomaggiore fahren, einem Ort, der weniger von Touristenscharen überrannt wird als der Rest der Cinque Terre. Wenn Sie mit dem Auto kommen, finden Sie einen kostenpflichtigen Parkplatz wenige Hundert Meter vom Lokal entfernt. Eine Terrasse und eine große Glasfront bieten den Gästen einen wunderschönen Ausblick auf die Ortschaft und das Meer. Miriam, die den Service leitet, berät Sie gerne bezüglich der Speisen, die Daniela in der Küche ganz nach hiesiger Tradition aus lokalen Zutaten und mit Produkten aus Slow-Food-Presidi zubereitet.

DIE KÜCHE – Für den Auftakt Ihrer Mahlzeit können Sie zwischen Acciughe sotto sale, Polpo al vapore und Muscoli ripieni wählen. Die Primi (12 €) umfassen Trenette mit Colatura di alici aus Cetara (ein Slow-Food-Presidio), Tagliatelle con gamberi mit weißer Trüffel, **Risotto con frutti di mare e crostacei**, Trofie cacio e pepe alla polpa di riccio (mit Seeigel) und die unübertrefflichen **Testaroli al pesto mit Basilikum, Bohnen und gerösteten Pinienkernen**. Der nächste Gang hält knusprige Treccia di branzino, Pescato del giorno (fangfrischen Fisch) mit Caponata (12 €) und **Cappon magro** (14 €) für Sie bereit. Fleischliebhaber können das schmackhafte **Coniglio alla ligure** und Costine di agnello mit Rosmarinkartoffeln wählen. Zum Abschluss sind die hervorragende Millefoglie mit Creme aus Ricotta und Chinotto, Tiramisu und Meringata all'italiana (6 €), alles aus eigener Produktion, sehr zu empfehlen. Es gibt eine große Auswahl an Etiketten aus dem DOC-Gebiet der Cinque Terre, darunter auch Halbliterflaschen und glasweise ausgeschenkte Weine.

SANREMO (IM)

32 KM SÜDWESTLICH VON IMPERIA

NEU Ipazia Cibi e Libri

Moderne Osteria
Via Corradi, 64
Tel. (+39) 340 / 155 92 05
Ruhetag: Montagabend, Sonntag
Ferien: 10 Tage im November
20 Plätze + 4 Plätze im Freien
Preise: 25–30 €
Kreditkarten: CS, MC, Visa; BM
Mittags und abends geöffnet

DIE OSTERIA – Wir befinden uns hier im historischen Zentrum, wenige Schritte von der Kathedrale San Siro entfernt. Von außen sieht das Lokal weniger wie eine Osteria als vielmehr wie ein Buchladen aus. Hier bereitet der junge Koch Marco Cassini, ein Autodidakt, mit großer Sorgfalt vorwiegend traditionelle Speisen zu. Unterstützt wird er dabei von seiner Schwester Simona, die die Gäste in dem mit Büchern hiesiger Autoren reich bestückten Speisesaal empfängt. Die Speisenauswahl ist an einer Wandtafel angeschlagen.

DIE KÜCHE – Antipasti gibt es hier nicht, aber zur Überbrückung der Wartezeit wird Ihnen eine ***Sardenaira*** serviert. Beginnen können Sie mit exquisiten hausgemachten Ravioli, gefüllt mit Ricotta, Blattspinat, Öl und Thymian (9 €), Trofie all'Ipazia (Pesto, Tomaten, Kartoffeln, Zucchini und Taggiasca-Oliven), Lasagne di crespelle mit stacheligen Artischocken und Lauch und **Tagliatelle di borragine** mit Butter und Salbei. Weiter geht es mit dem hervorragenden ***Brandacujun*** (12 €), Tortino di acciughe, **Verdure ripiene**, Filetto di orata oder Filetto di branzino, auf ligurische Art, Baccalà gratinato (12 €), Coniglio alla ligure (12 €), **Trippe in umido** (geschmorte Kutteln) **mit Bohnen** und Agnello in fricassea (Lammfrikassee). Den Abschluss bilden Crème caramel, Crostata mit hausgemachter Konfitüre, Panna cotta, Strudel di mele und Tiramisù scomposto. Die Weinkarte ist nicht sehr umfangreich, bietet aber Weine zu angemessenen Preisen. Sie können ein Menü mit einem Gericht, zwei oder drei Gängen wählen, einschließlich einem Glas Wein und Kaffee für 10 bis 25 €. Abends kann man einen Aperitif mit Farinata, ***Sardenaira*** und *Brandacujun* genießen. Da die Platzanzahl sehr beschränkt ist, sollten Sie stets reservieren.

23 KM SÜDWESTLICH VON IMPERIA

Tortuga

Restaurant
Via Bixio, 93 A
Tel. (+39) 01 84 / 84 03 07,
(+39) 338 / 200 00 41
Ruhetag: Montag, Dienstagmittag
Keine Ferien
45 Plätze
Preise: 45 € €↑
Kreditkarten: AE, CS, MC, Visa; BM
Mittags und abends geöffnet

DIE OSTERIA – Wir befinden uns hier im Zentrum von Sanremo, ganz in der Nähe des alten Hafens. Das Restaurant der Familie Rubino verfügt über einen gastlichen Speisesaal mit alten Zeichnungen aus jener Zeit, als die Stadt der Palmen von Adeligen und Stars besucht wurde. Im Sommer verfügt das Lokal über einen eleganten Sitzbereich im Freien. In der Küche bereitet Teresa mit großem Geschick traditionelle Gerichte in üppigen Portionen zu, wobei sie ausgewählte Zutaten und wilde Kräuter verarbeitet, die dem Lauf der Jahreszeiten folgen. Alle Teigwaren sind hausgemacht. Für den Service zeichnet Walter verantwortlich.

DIE KÜCHE – Ein guter Einstieg gelingt mit den hervorragenden ***Barbagiuai*** (12 €), lauwarmem Polpo mit Kartoffeln, Oliven und kleinen Artischocken und der Insalatina di seppie mit Gemüse. Sichere Tipps bei den Primi sind Ravioli di erbette mit Butter, Pinienkernen und Salbei (13 €) und Ravioli di pesce mit Miesmuscheln, Venusmuscheln und frischen Tomaten, Tagliolini di borragine mit Artischocken, Gnocchetti di patate mit Kartoffeln aus den Bergen und Pesto (13 €) und ***S-ciancui*** alla sanremasca **mit gemischtem Gemüse** der Saison. Dann geht es weiter mit exzellentem Baccalà oder **Stoccafisso accomodato** (16 €), einem vorzüglichen **Coniglio grigio di Carmagnola** (graues Kaninchen aus Carmagnola, ein Slow-Food-Presidio) **mit Taggiasca-Oliven und Vermentino** (15 €) sowie Fritto misto. Für den süßen Ausklang sorgen Semifreddo in den Geschmacksrichtungen al caffè, alla cannella (Zimt) oder al torrone, lauwarmer Tortino di mele mit Cremeeis, Tartufo al cioccolato und frische Macedonia di frutta. Die Weinkarte ist nicht sehr groß, ihr Schwerpunkt liegt bei Produkten dieses Landstrichs. Reservierung empfohlen.

16 KM ÖSTLICH VON LA SPEZIA

Il Lupo

Traditionelle Osteria
Via Cisa, 72
Tel. (+39) 01 87 / 62 26 19
Ruhetag: Montag
Ferien: 2 Wochen im September
25 Plätze
Preise: 25–28 €
Keine Kreditkarten
Abends geöffnet

DIE OSTERIA – Diese Osteria, klein und einladend in ihrer Schlichtheit, präsentiert sich originell mit einer bemalten Fassade, die den Blick auf sich zieht. Die Inhaberin Roberta Pelliti führt das Lokal mit Leidenschaft und Charme. Sie bietet eine Küche nach hiesiger Tradition mit Einflüssen aus der Lunigiana und der Garfagnana. Ihre klugen Überarbeitungen der Rezepte vermeiden eine allzu radikale Abkehr von der ursprünglichen Natur der Gerichte. Die Zutaten stammen zum Großteil aus der Umgebung.

DIE KÜCHE – Zum Auftakt stehen Torte di verdura, verfeinert mit Thymian (4 €), Torta di farro mit Dinkel aus der Garfagnana, exzellenter Prosciutto di Castelnuovo, schmackhafter Larsciac (in Traubenmost gereifter Speck) und feine Farinata aus Kichererbsenmehl eines lokalen Herstellers auf dem Programm. Dann geht es weiter mit Tortelli di spinaci mit Ziegenricotta (8 €), Pasta e fagioli, ***Bagnun*** di acciughe, **Testarolo pontremolese** (ein Slow-Food-Presidio), Pancotto ligure, **Tagliatelle con *borbogion*** (mit zarten Zucchiniblüten) und Tagliatelle verdi mit Kaninchensauce. Die Tradition dominiert auch bei den Secondi: **Cima cotta al tegame** (8 €), Muscoli ripieni, Tortino di acciughe, Bietole ripiene accomodate (gefüllter Mangold, 8 €), Sella di coniglio farcita (gefüllter Kaninchenrücken), Verdure ripiene, im Ofen gebraten, und marinierter Baccalà. Für den Ausklang sind **Spungata**, hier in einer leichteren, sehr feinen Version erhältlich, oder Crema di limone al Vermentino zu empfehlen. Zum Schluss ein Gläschen hausgemachter Mirto (Myrtenlikör). Gute Auswahl an Weinen aus den Colli di Luni. Neben verschiedenen Arten von Brot und Focaccia verdient die Marocca aus Casola (Slow-Food-Presidio) eine besondere Erwähnung.

25 KM NÖRDLICH VON SAVONA

Palazzo Salsole

Restaurant
Piazza Concezione, 1
Tel. (+39) 019 / 72 43 59
Ruhetag: Montag; im Winter nur am Wochenende und an Feiertagen geöffnet
Ferien: Januar
50 Plätze + 20 Plätze im Freien
Preise: 30–35 €
Kreditkarten: AE, CS, MC, Visa; BM
Mittags und abends geöffnet

DIE OSTERIA – Der Sitz dieses besonderen Restaurants ist ein alter, originalgetreu restaurierter Palazzo aus dem 18. Jahrhundert. Das Lokal besteht aus kleinen Räumen auf drei Stockwerken, in denen auch dank der sorgsam gewählten Einrichtung (alte Küchentische, schmiedeeiserne Stühle vom Flohmarkt) und der Beibehaltung spezieller Details wie der Wandschränke für das Geschirr die Atmosphäre von anno dazumal bewahrt wurde. Die Küche achtet auf Tradition und Jahreszeitentreue (das gesamte Gemüse stammt aus dem familieneigenen Garten) und bevorzugt bei der Suche nach Zutaten die lokalen Produzenten.

DIE KÜCHE – Der Antipasto misto (10 €) kann aus Frittata alle erbe, Quiche ai porri (mit Lauch), Bresaola aus der Umgebung, einem leckeren Vitello tonnato, Formaggetta und Cardi impanati (Karden in Panade) bestehen. Als Alternativen bekommen Sie Tagliere di salumi (Wurstspezialitäten) oder Insalata di fave e asparagi (mit Bohnen und Spargel). Unter den Primi verdienen **Ravioli di baccalà** (12 €), einfach zubereitet mit Butter und Salbei, um den Geschmack zu betonen, **Tagliolini al *tuccu*** und Ravioli in Nusssauce eine besondere Erwähnung. Ein wahres Feuerwerk an Düften entfaltet sich, wenn **Coniglio disossato alla ligure** (11 €) serviert wird. Eine Spezialität ist auch **Arrosto di *tuccu***, ein Schmorbraten, mit dem die nach ihm benannte Fleischsauce zubereitet wird. Zum Abschluss können Sie Tiramisù all'amaretto, Semifreddo al chinotto oder Crostata mit Erdbeeren (5 €) wählen. Im Keller lagern gute Weine aus Ligurien und eine schöne Auswahl an Etiketten aus anderen Regionen.

Fleisch und andere Produkte der landwirtschaftlichen Genossenschaft La Perla del Sassello werden im Laden in der Via Roma 22 verkauft.

47 KM SÜDÖSTLICH VON GENUA

NEU La Piccola

Traditionelle Osteria
Via Nazionale, 377
Tel. (+39) 01 85 / 02 28 60
Ruhetag: Dienstag
Ferien: zeitweise im November und Mai
20 Plätze + 10 Plätze im Freien
Preise: 30 €
Kreditkarten: AE, CS, DC, MC, Visa; BM
Mittags und abends geöffnet

DIE OSTERIA – Diese Osteria nennt sich „Piccola" und sie ist tatsächlich klein. Eine Einkehr in diesem Lokal fühlt sich an wie ein Besuch bei Oma und Ornella, die Köchin und Inhaberin aus Genua, ist die „Oma", die uns hier herzlich empfängt, die Speisenauswahl vorträgt und dann in die Küche eilt, um zu kochen. Es gibt zwar eine Karte, aber Ornella schaut den Gästen lieber in die Augen, wenn sie ihnen Empfehlungen gibt. Sie steht am Herd und serviert, das heißt, sie ist allgegenwärtig, ohne dabei gehetzt zu wirken: Mit Leidenschaft zu kochen ist ihr Leben. Majoran, Thymian, Bohnenkraut, Salbei und Rosmarin in den klassischen Zubereitungsarten Genuas sind die Basis ihrer Gerichte. Einfacher ligurischer Geschmack, nicht mehr und vor allem nicht weniger, dargeboten in einem authentischen, familiären Ambiente.

DIE KÜCHE – Der **Stoccafisso bollito mit Bohnen** (10 €) ist das Aushängeschild dieser Osteria. Reservieren Sie und lassen Sie sich überzeugen: Die wahren Kenner wetteifern jeden Freitag um dieses Gericht, so dass Ornella inzwischen auch Portionen zum Mitnehmen vorbereitet. In der Tageskarte stechen die traditionellen Klassiker hervor: Frittelle und pikante Torten nach hauseigener Art, Insalata di polpo, **Ravioli *au tuccu*** (10 €), **Pansotti in Nusssauce** (10 €), Asado al forno und **Coniglio alla ligure**, in der Pfanne gebraten (10 €). Die Desserts variieren je nach Lust und Laune der Köchin. Mittags bekommt man ein Menü für 12 € mit Primo, Secondo, einem Glas Wein, Wasser und Kaffee (3 € Aufschlag für ein Dessert). Mittwochs und donnerstags bekommen Sie ein feststehendes Abendmenü für 18 €.

Die Enoteca U Fundu (Via Nazionale 120) bietet einen guten Aperitif nach Genueser Art.

SORI (GE)
Capreno

16 KM SÜDÖSTLICH VON GENUA, S.S. 1 ODER A 12

Da Drin

Osteria-Trattoria
Ortsteil Capreno, 66
Tel. (+39) 01 85 / 78 22 10
Ruhetag: Mittwoch
Ferien: Mitte September–Mitte Oktober, Weihnachten
50 Plätze + 20 Plätze im Freien
Preise: 25–30 €
Kreditkarten: CS, MC, Visa; BM
Mittags und abends geöffnet

DIE OSTERIA – Im unmittelbaren Hinterland von Sori, auf dem Plateau des Ortsteils Capreno, liegt diese alte Osteria, die seit einigen Generationen von der Familie Castagnola geführt wird. Vom Parkplatz führt ein kurzer Abschnitt eines typisch ligurischen Saumpfads, *Crêuza* genannt, zum Eingang des Lokals. Eine überdachte Veranda lockt mit einem unvergleichlichen Ausblick auf das Tal bis hin zum Meer. Die Küche bietet die typischen Gerichte nach hiesiger Tradition, wobei der Schwerpunkt auf Festlandprodukten und weniger bei Meerestieren liegt. Hier ist alles hausgemacht, sogar das Gemüse stammt teilweise aus dem eigenen Garten.

DIE KÜCHE – Unter den Antipasti entdeckt man **Focaccina**, **gefüllt mit Käse** (3,50 €), eine typische Flade der Gegend östlich von Genua, die mit Schinken oder Gorgonzola kombiniert werden kann, Ripieni (gefülltes Gemüse), Torte di verdura und in der Pilzsaison Insalata di funghi. Weiter geht es dann mit den Primi (6,50 €), unter denen wir ***Mandilli de saèa*** (Lasagna nach Genueser Art) **mit Pesto**, Fleisch- oder Pilzsauce, Pansotti in salsa di noci (Nusssauce), **Ravioli al *tuccu*** (Fleischsauce) und Trofiette mit Pesto alla levantina, verfeinert mit Kartoffeln und grünen Bohnen, besonders hervorheben wollen. Bei den Secondi kann Ihre Wahl auf **Cima alla genovese** (das Rezept, das De André in seinem Lied „ 'A cimma“ besingt), Coniglio alla ligure (8 €), Fritto misto all'italiana und **Stoccafisso accomodato** fallen. Klassische Desserts bilden den Abschluss, darunter Budino al cioccolato, Crostata mit Konfitüre, Crème caramel, Panna cotta und Tiramisu (3,50 €), allesamt hausgemacht. Die Weinkarte listet lokale und andere italienische Etiketten auf.

VARESE LIGURE (SP)
Comuneglia

52 KM NORDWESTLICH VON LA SPEZIA, S.S. 523

NEU A Ca' du Pipin

Agriturismo
Ortsteil Toceto, 82
Tel. (+39) 01 87 / 84 90 41
Keine Ferien
30 Plätze + 15 Plätze im Freien
Preise: 25 € (Tagesmenü)
Keine Kreditkarten
Samstag, Sonntag und Feiertage mittags und abends geöffnet

DIE OSTERIA – Vor sechs Jahren wurde das Gebäude restauriert, wobei die Steinmühle erhalten blieb, die noch heute in Betrieb ist und Mehl aus Weizen, Mais und Esskastanien aus dem eigenen Betrieb und von Dritten herstellt. Die Osteria liegt im oberen Stockwerk und besteht aus zwei kleinen Räumen mit insgesamt 30 Plätzen. Im Sommer kommen weitere 15 Plätze unter den Arkaden dazu. Das Ambiente ist frisch und einfach, wie es zum zwanglosen, herzlichen Empfang durch die Köchin und Inhaberin Orietta und zum Service passt. Der Preis (25 €) ist feststehend und umfasst Antipasto, Primo, Secondo, Dessert, Flaschenwein aus der Umgebung, Wasser, Kaffee und einen Likör zum Abschluss. Es ist auch eine bescheidene Auswahl an Weinen dieser Gegend verfügbar.

DIE KÜCHE – Der Antipasto misto besteht aus vier Gerichten, die man unter lokalen Salumi, Bruschette, Torta di verdura, Torta di riso, **Baciocca**, Gnocco fritto und ***Testaieu*** (Testaroli) wählen kann. Mögliche Vorschläge als Primi sind Lasagne al ragù oder die Version mit Pesto, **Pansotti in salsa di noce** (mit Nusssauce), Taglierini al sugo di funghi (mit Pilzsauce), Cannelloni di verdura (mit Gemüse) oder Cannelloni di carne (mit Fleisch), Gnocchi alle ortiche (mit Brennnesseln) oder al formaggio (mit Käse). Interessante Fleischgerichte findet man unter den Secondi, zum Beispiel **Cima**, Asado, **Fritto misto**, Coniglio in umido (geschmortes Kaninchen) oder Coniglio ripieno (gefülltes Kaninchen) und Grigliata mista. Brot und Focaccia werden selbst gebacken. Zum süßen Abschluss sollten Sie Panna cotta, Crostate oder Tiramisu probieren.

52 KM NORDWESTLICH VON LA SPEZIA, S.S. 523

Gli Amici

Restaurant
Via Garibaldi, 80
Tel. (+39) 01 87 / 84 21 39
Ruhetag: Mittwoch, außer im Sommer
Ferien: 15. Dezember–15. Januar
100 Plätze
Preise: 25–30 €
Kreditkarten: CS, MC, Visa; BM
Mittags und abends geöffnet

Seit mehr als 200 Jahren als Hotelrestaurant geführt, dessen hervorstechendes Merkmal hohe Qualität beim Empfang der Gäste und bei den angebotenen Speisen ist.

DIE OSTERIA – Seit uralten Zeiten ist Varese Ligure ein Punkt, an dem sich Verkehrswege und Völker kreuzen. In jüngster Vergangenheit ist der Ort zur Drehscheibe einer wichtigen Initiative von hiesigen Landwirten und Züchtern geworden, die nach biologischen Methoden arbeiten, ein Bezugspunkt für das gesamte Vara-Tal. Knapp außerhalb des historischen Kerns liegt die Osteria, die seit mehr als 200 Jahren von der Familie Marcone betrieben wird. Das Lokal ist elegant und wirkt etwas streng, aber dank des herzlichen, eifrigen Personals fühlt man sich als Gast sehr wohl.

DIE KÜCHE – Viele Vorschläge der Karte basieren auf lokalen Produkten. Ein guter Einstieg gelingt mit einem Sortiment an Bio-Käse dieser Gegend (7 €), serviert mit mindestens zwei exzellenten Mostarde. Als Primo sind die köstlichen **Croxetti** (8 €), frische Teigscheiben, die mit einem handgemachten Holzstempel geprägt werden, **al battuto di pinoli e maggiorana** (mit Pinienkernen und Majoran) ein sicherer Tipp. Ravioli und **Trofie**, mit Ragù di carne (Fleischragout) und **ai fiori di zucchine** (mit Zucchiniblüten, 8 €) stellen gute Alternativen nach lokaler Tradition dar. Bei den Secondi (10 €) besteht eine große Auswahl. Um bei der lokalen Küche zu bleiben, empfehlen wir **Cima alla genovese** und **Coniglio alla ligure**. Gegen einen geringen Aufpreis (11 bis 12 €) können Sie sich Bio-Fleisch aus dem Vara-Tal schmecken lassen. Die Desserts sind zum Großteil hausgemacht. In der Weinkarte sind lokale Betriebe gut vertreten, darunter wirklich interessante Etiketten zu moderaten Preisen.

Monza
Bréscia
Sesto S. Giovanni
MAILAND
Gardasee
Desenzano d. Garda
Adda
Crema
Castiglione d. Stiviere
Lodi
LOMBARDEI
Pavia
Oglio
Codogno
Monticelli d'Ongina
Cremona
Mantua
Rottofreno
Stradella
Piacenza
Fiorenzuola d'Arda
Busseto
Gazzola
Agazzano
Podenzano
Sissa
Trecasali
Po
Rivergaro
Soragna
Guastalla
Trebbia
Castell'Arquato
Ponte dell'Olio
Fidenza
Correggio
Bagnolo in Piano
Vernasca
Parma
Farini
Montécchio Emilia
Campogalliano
Sala Baganza
Felino
Reggio n. Emilia
Lesignano de' Bagni
Langhirano
Traversetolo
Calestano
Neviano degli Arduini
Scandiano
Sassuolo
Borgo Val di Taro
P.so d. Cisa
Cornìglio
Vetto
Baiso
LIGURIEN
1039
PARCO NAZ. D. APPENNINO TOSCO-EMILIANO
Castelnovo ne' Monti
Secchia
Rapallo
Chiávari
Pavullo n. Frignano
S. Margherita Ligure
Frassinoro
Lama Mocogno
Aulla
M. Cimone 2165
La Spézia
Sarzana
Abetone
Carrara
Massa
PARCO NAZ. D. CINQUE TERRE
Viaréggio
Lucca
LIGURISCHES MEER
Pisa
Arno
Livorno
GORGONA
A52
A4
A22
A35
A50
A58
A51
A21
A7
A1
A15
A12
A11Dir.
A11
0
15
30 km

Vicenza
A31
A4
Mirano
A57
Lido di Jésolo
Mestre
VENEDIG
A4
Mira
S. Bonifacio
Padua
Golf von Venedig
VENETIEN
Monsélice
Chióggia
Legnago
A31
Este
Ádige
Rovigo
Ádria
Po
Po
A13
Porto Tolle
Mesola
Finale Emilia
Ferrara
Codigoro
Panaro
Cento
RA8
S. Pietro in Casale
Comacchio
ADRIA
Reno
Argenta
Conselice
BOLOGNA
Monte S. Pietro
Bagnacavallo
Lugo
A14Dir.
Ravenna
Castel S. Pietro Terme
Pianoro
Russi
Imola
A14
Faenza
Cervia
A1
Brisighella
Forlì
Forlimpopoli
Cesenatico
Cesena
Gambettola
Bertinoro
S. Mauro Pascoli
Santerno
Savignano sul Rubicone
Rimini
Longiano
Passo della Futa
Santarcangelo di Romagna
Riccione
A1Var.
Galeata
Roncofreddo
Cattolica
Borgo S. Lorenzo
PARCO NAZ. D.
Mercato Saraceno
Torriana
S. Sofia
Sogliano al Rubicone
S. Marino
Monte Colombo
FORESTE CASENTINESI,
A14
Prato
M. Falterona
1654
Bagno di Romagna
S. Leo
S. MARINO
FLORENZ
M. FALTERONA
Casteldelci
E CAMPIGNA
Verghereto
Urbino
Pontassieve
Arno
A1
Bibbiena
MARKEN
TOSKANA
RA3
Montevarchi
Città di Castello
Poggibonsi
Arezzo
UMBRIEN

EMILIA-ROMAGNA

Eine einzige Region mit einer großen Vielfalt an Identitäten. Der Bindestrich, der die Emilia von der Romagna auf dem Papier trennt, weist auf diese verschwommenen Grenzen zwischen unterschiedlichen gastronomischen Aspekten hin. Als roter Faden vereint beide Gebiete jedoch die angeborene Liebe zur Gastlichkeit und zu einer generösen, opulenten Küche.

Ein reicher Wissensschatz wird von Frauen und Männern gehütet und von Generation zu Generation weitergegeben. An der Spitze steht die „weiße Kunst" jener *Azdore* (oder *Rezdore,* also fleißiger Hausfrauen), deren Teige zu Anolini, Tortellini, Tortelli, Cappelletti, Tagliatelle, Pappardelle, Lasagne oder Cannelloni in unterschiedlichen Interpretationen verarbeitet werden, je nachdem, ob man sich auf der einen oder anderen Seite des Bindestrichs befindet, in der Ebene oder im Gebirge. Dann ist da auch die Milch, aus der in der Emilia Parmesan, in der Romagna dagegen Squacquerone und Raviggiolo entstehen. In Modena und Reggio wird Traubenmost zu Aceto balsamico verarbeitet, in der Romagna zu *Saba* und *Savor.* Auf den Tischen im Hügelland darf es an Fleisch nicht fehlen, während die Tradition der Wurstspezialitäten überall stark verbreitet ist: Brühwürste – wie Salama da sugo aus Ferrara, vor allem für die Ebene von Parma typische Spalla und Mortadella aus Bologna –, Rohschinken wie edler Culatello, Coppa, Cappello del prete mit der charakteristischen Dreispitzform, viele Salamisorten und Salsicce.

Von Aal bis zu Pesce azzurro bietet auch die Fischerei eine breite Palette an Zutaten, die man in Form köstlicher Speisen an den Stränden der Adria und in den Gebieten entlang des Po bis zu seinem Delta genießen kann. Und sollte der Tisch nicht ausreichen, wäre da noch die verbreitete Tradition des Street Foods in Form von Gnocco fritto, Tigelle, Crescentine und Borlenghi in der Emilia oder Piadine, Tortello alla lastra und Pesce fritto al cartoccio (frittierter Fisch in der Tüte) in der Romagna.

Für Sie entdeckt

Anguilla

338 Da Vasco e Giulia
Comacchio (Fe)

355 Antica Trattoria Cattivelli
Monticelli d'Ongina (Pc)

374 Laghi Verdi
Sissa (Pr)

Tortellini

328 Osteria Bottega
Bologna

329 Trattoria di Via Serra
Bologna

334 Taverna del Cacciatore
Castiglione dei Pepoli (Bo)

353 Aldina
Modena

Passatelli

327 Antica Trattoria della Gigina
Bologna

337 Cerina
Cesena

345 Entrà
Finale Emilia (Mo)

363 San Giovanni
Piacenza

Pesce azzurro

335 Osteria dei Murè
Cattolica (Rn)

336 Al Deserto
Cervia (Ra)

338 Osteria del Gran Fritto
Cesenatico (Fc)

367 Il Pescato del Canevone
Rimini

AGAZZANO (PC)
Sarturano

24 KM SÜDWESTLICH VON PIACENZA

Antica Trattoria Giovanelli

Trattoria
Via Centrale, 5
Tel. (+39) 05 23 / 97 51 55
Ruhetag: Montag, Mittwoch, Sonntagabend
Ferien: 2 Wochen Mitte Februar, 16.–31. August
55 Plätze + 55 Plätze im Freien
Preise: 30 €
Kreditkarten: AE, CS, MC, Visa; BM
Mittags und abends geöffnet

DIE OSTERIA – Die Familie Giovannelli führt die Antica Trattoria seit 1946, aber die Großeltern von Gaetano und Paola gründeten bereits 1939 eine Locanda mit Unterkunft in Biana im Nure-Tal. Der Betrieb wurde aus Rache niedergebrannt, weil er in Kriegszeiten als Versteck für Partisanen diente. Daher rührte die Entscheidung, ein neues Lokal in einer anderen Gegend zu eröffnen, und zwar in Sarturano im zauberhaften Luretta-Tal, das zwischen den bekannteren Tälern des Trebbia und Tidone liegt. Das Lokal gliedert sich in drei gemütliche Räume mit Sichtgebälk; in der schönen Jahreszeit kann man auf einer komfortablen Veranda im Freien speisen.

DIE KÜCHE – Die Küche entspricht der Tradition Piacenzas. Marco, der für die Bedienung der Gäste zuständig ist, schlägt Ihnen einen Antipasto mit lokalen Wurstwaren vor, darunter drei DOP-Spezialitäten – Coppa, Salami und Pancetta –, die er im alten Keller reifen lässt. Raffaella bereitet von Hand klassische Anolini in brodo, ***Pisarei e fasò*** (8 €) und die berühmten **Tortelli con la coda** zu, die in den Versionen con burro e salvia (8,50 €) oder **con porcini** (10 €) auf den Tisch kommen. Bei den Secondi wird ausgewähltes Fleisch von lokalen Erzeugern in den Vordergrund gerückt, wie Coppa und Stinco di maiale, Arrotolato di vitello, **Faraona arrosto**, Salame cotto con purè di patate (10 €), Selvaggina und **Bollito misto** (Letztere sollten Sie besser vorbestellen). Klassisch sind die Desserts wie Sbrisolona, Torta di mandorle con zabaione und ***Busslan*** (Kringel zum Eintauchen in Wein). Gutes Weinangebot aus lokalen Kellereien; typisch ist *Scudlein*, eine Schale, die als Glas dient, wenn Sie den offenen Hauswein bestellen.

BAGNO DI ROMAGNA (FC)
San Piero in Bagno

56 KM SÜDWESTLICH VON CESENA, S.S. 71 OD. E 45

Alto Savio

Restaurant
Via Battistini, 76
Tel. (+39) 05 43 / 90 33 97
Ruhetag: Samstag
Ferien: 23. Dezember–8. Januar, 1 Woche nach dem 15. August
90 Plätze + 20 Plätze im Freien
Preise: 25–30 €
Kreditkarten: CS, DC, MC, Visa; BM
Mittags und abends geöffnet

DIE OSTERIA – Bis vor wenigen Jahren hatten viele Bars in den Dörfern des romagnolischen Apennins einen mehr oder weniger großen Raum, der als Gaststätte diente. Alessandro Bravaccini hat diese Tradition beibehalten und die Tätigkeit fortgesetzt, die sein Vater Anfang der Sechzigerjahre begann. Das Lokal im Schatten von großen Bäumen ist am Ortseingang, nicht weit von der Abfahrt der Schnellstraße, leicht zu finden. Hinter der Bar, wo sich die Dorfbewohner mit Kartenspiel vergnügen, tut sich der schlichte, aber durch bunte Vorhänge belebte Gastraum auf. Der temperamentvolle Alessandro, unterstützt von seiner Frau Paola, empfängt Sie auf freundliche und sympathische Weise und erzählt Ihnen von den Würsten, die er selbst erzeugt und reifen lässt, und den handwerklich erzeugten Käsesorten, die er bei kleinen lokalen Erzeugern auswählt.

DIE KÜCHE – Es ist beinahe Pflicht, mit diesen im Tagliere misto (10 €) enthaltenen Produkten, begleitet von schmackhafter hausgemachter Giardiniera, zu beginnen, aber es gibt auch vielfältige Crostini und gute Panzanella. Als Primi dürfen **Tagliatelle al ragù**, auch in der Version mit Wild (8 €), niemals fehlen; im Frühling munden sie mit Prugnoli (Maipilzen). Alternativen wären Ravioli di patata oder di ricotta, **Pasta e fagioli** oder **Passatelli in brodo** (7,50 €). Von den Secondi erinnern wir uns an **Agnello arrosto** (10 €), Piccione, Coniglio und **Capretto al forno**, aber die Karte nennt auch Tagliata und schmackhafte Fiorentine. Probieren Sie von den Desserts Paolas Kekse, Semifreddo al croccante und Panna cotta. Zu trinken gibt es einige Etiketten Sangiovese und ein paar Weine aus dem übrigen Italien, und das zu ausgesprochen gemäßigten Preisen.

BAGNOLO IN PIANO (RE)
Pieve Rossa

13 KM NORDÖSTLICH VON REGGIO EMILIA, S.P. 3

Da Probo

Trattoria
Via Provinciale Nord, 13
Tel. (+39) 05 22 / 95 13 00
Ruhetag: Sonntag, Montag- und Dienstagabend
Ferien: je 1 Woche Anfang Februar und nach dem 15. August
100 Plätze • Preise: 25–35 €
Kreditkarten: AE, CS, DC, MC, Visa; BM
Mittags und abends geöffnet

DIE OSTERIA – Wir befinden uns in einem der Ortsteile, die zusammen die Gemeinde Bagnolo in Piano bilden, und zwar in Pieve Rossa, benannt nach einer nicht weit entfernten romanischen Kirche. Die Wurzeln des Restaurants gehen auf das frühe 20. Jahrhundert zurück. Seit 15 Jahren wird es vorbildlich von den Carboni-Schwestern geführt; Nicola Basco leistet tatkräftige Unterstützung in der Küche. Die Gerichte entspringen der Tradition von Reggio und sind aus erstklassigen Zutaten zubereitet, die in vielen Fällen im eigenen Gemüsegarten geerntet werden; es gibt auch saisonale Gerichte, die Sie aus dem täglichen Angebot „abseits der Karte" wählen können.

DIE KÜCHE – Unter den Antipasti sticht die Selektion der Wurstspezialitäten (10 €) hervor, bereichert um Prosciutto aus Parma, Culatello und traditionellem **Erbazzone** (4 €). Bei den Primi wählt man zwischen Tortelli di erbette oder di zucca, Cappelletti, Tagliatelle und **Gnocchi al soffritto reggiano** (10 €). Ein Ehrenplatz bei den Secondi gebührt den Arrosti vom Wagen (16 €), aber auch **Bolliti** mit verschiedenen Stücken vom Schwein – das die Vorherrschaft innehat –, Rind, Kalb und Kapaun mit der typischen hiesigen **Füllung**, kombiniert mit Saisonbeilagen und appetitlichen hausgemachten Saucen und Mostarde, sind nicht zu verachten. Filetti und Bracioline di agnello stehen neben einer interessanten Käseauswahl ebenfalls auf der Karte. Hervorgehoben sei das reichhaltige Degustationsmenü (40 €) mit dem Besten der hiesigen Gastronomie. Auch die ausnahmslos hausgemachten Süßspeisen werden auf dem Wagen dargeboten. Echte Leckermäuler gönnen sich die hervorragende Zuppa inglese. Die gut sortierte Weinkarte enthält eine schöne Auswahl an Lambruschi und Tropfen aus Italien.

BAISO (RE)
Lugo di Baiso

29 KM S. V. REGGIO NELL'EMILIA, S.S. 467 U. S.S. 486

Ca' Poggioli

Trattoria
Via Ca'Poggioli, 18
Tel. (+39) 05 22 / 84 46 31
Ruhetag: Montagabend, Donnerstag
Ferien: 1 Woche im Januar, 10.–31. August
60 Plätze
Preise: 30–32 €
Kreditkarten: CS, DC, MC, Visa; BM
Mittags und abends geöffnet

DIE OSTERIA – Seit mehr als 20 Jahren betreibt die Familie Branduzzi diese Trattoria in den Räumlichkeiten einer ehemaligen Poststation. Im Inneren des schönen Gebäudes aus Stein können Sie die Verunstaltung des Secchia-Tales, verursacht durch bauliche und industrielle Nutzung, beinahe vergessen und sich dem Genuss einer Küche hingeben, die einen breiten Querschnitt aus Originalität und Tradition unter Berücksichtigung der lokalen gastronomischen Geschichte bietet.

DIE KÜCHE – Schon eine Kostprobe von **Barzigole** (12 €) – hauchdünn geschnittenem Schaffleisch mit Öl, Knoblauch und Rosmarin verfeinert – lohnt die Anreise. Der Genuss von Schaffleisch in diesem Gebiet ist eines der ältesten kulinarischen Vermächtnisse, das die dominante und selbstherrliche Schweinefleischkultur überlebt hat. Wenn Sie mit Antipasti beginnen, lassen Sie Torta fritta (in der Umgebung von Reggio Gnocco fritto genannt) als Begleitung zu schmackhaften Wurstspezialitäten (8 €) oder gute Frittelle di baccalà (8 €) nicht aus. Unter den Primi sind **Tortelli verdi** – hier ohne Ricotta zubereitet – oder Tortelli di zucca (9 €), Cappelletti in brodo di manzo e gallina und Stricchetti ai funghi. Als Secondi bieten sich hervorragende **Costolette d'agnello dorate** oder alla griglia an, Arrosti di faraona und di arista sowie verschiedene Gerichte mit Pilzen und hiesiger weißer Trüffel. Abschließend gibt es gute hausgemachte Torten wie Torta di tagliatelle, Torta nera und Torta di riso oder klassische **Zuppa inglese** zum Löffeln. Das Weinangebot beschränkt sich auf einige Etiketten Lambrusco aus Reggio und Modena.

Antica Trattoria della Gigina

Restaurant
Via Stendhal, 1 B
Tel. (+39) 051 / 32 23 00
Kein Ruhetag
Ferien: 3 Wochen im August
100 Plätze
Preise: 32–36 €
Kreditkarten: CS, MC, Visa; BM
Mittags und abends geöffnet

DIE OSTERIA – Wer weiß, ob die Lokalgründerin Gigina sich je vorstellen konnte, dass ihre Schöpfung 60 Jahre später zu einem Bollwerk der gastronomischen Tradition Bolognas werden sollte, in dem heute noch die Klassiker des kulinarischen Repertoires auf den Tisch kommen. Das gemütliche Lokal mit hübscher Jugendstileinrichtung verfügt über mehrere Räume.

DIE KÜCHE – Unter den Vorspeisen finden sich neben hiesigen Wurstspezialitäten (10 €) Spuma di mortadella al balsamico, Lonza in salsa tonnata, Roastbeef con salsa di cottura und Carpaccio con crudità e parmigiano, die auch alle im verlockenden Antipasto misto (12 €) enthalten sind. Als Primi gibt es stets „legendäre" (so steht es in der Karte) **Tagliatelle al ragù**, aber auch Tortellini in brodo (12 €), Passatelli, Tortelloni di ricotta con burro e pomodoro, Gramignone sporcafaccia con salsiccia und Gnocchi di ortica dürfen nicht fehlen. Fleisch dominiert das Angebot der Secondi mit Cocotte dei bolliti (mit Kalbskopf und Zunge), Faraona arrosto con salsa al vino, **Cotoletta alla petroniana** con tartufo, Fegato di vitello grigliato con rete e lauro, Coscia di coniglio al mangiarbianco (12 €) und **Muscolo bollito con il friggione**. Probieren Sie als Dessert die Kombination von Crema fritta und Crema fredda neben traditioneller **Zuppa inglese con salsa alla vaniglia**, Fiordilatte con scorze di arance al caramello und Lingotto di panna cotta con zabaione al Marsala. Beachtlich ist die Weinkarte mit rund hundert Etiketten und großer Aufmerksamkeit für die lokale Produktion.

La Caramella di Gino Fabbri, Via Cadriano 27/2, ist eine Anlaufstelle für Feingebäck von guter Qualität. Die Salumeria Bruno e Franco, Via Oberdan 16, verkauft Delikatessen, Käse und Wurst.

Meloncello

Trattoria
Via Saragozza, 240 A
Tel. (+39) 051 / 614 39 47
Kein Ruhetag
Ferien: 2 Wochen im August
55 Plätze
Preise: 30–33 €
Kreditkarten: AE, CS, DC, MC, Visa; BM
Mittags und abends geöffnet

DIE OSTERIA – Die Trattoria Meloncello ist nach dem aus dem 18. Jahrhundert stammenden Bogen am Fuß des Hügels von San Luca benannt. Er bildet einen schönen Rahmen für das einfache und sehr gemütliche Lokal mit Garten und hübscher Veranda, wo man in der schönen Jahreszeit sein Essen genießen kann. Fotos und Autogramme an den Wänden zeugen von der Einkehr zahlreicher Künstler aus dem nahen Teatro delle Celebrazioni und Besuchern aus dem Dall'Ara-Fußballstadion. Zu essen gibt es Bologneser Küche, gekonnt interpretiert von Andrea Bertani, der seit mehr als 30 Jahren am Herd steht.

DIE KÜCHE – Das Menü beginnt mit den Primi, dem Aushängeschild des von der hiesigen Küche geprägten Angebots: **Tortellini in brodo**, Tagliatelle al ragù (11 €), **Gramigna alla salsiccia**, Tortelloni di ricotta, Lasagne und Gnocchi. Herausragende Secondi sind Gerichte der Hausmannskost wie Zucchine ripiene (mit der Füllung der Tortellini) und Polpette con patate e piselli (12 €), aber auch Coniglio alla cacciatora oder Coniglio ripieno, **Ossobuco di vitello alla bolognese** (13 €), verschiedene Braten und Maialino al forno verdienen eine Kostprobe. Dazu gibt es rustikale, appetitliche Beilagen, bei denen **Friggione** (4 €) nicht fehlen darf. Mit traditioneller **Torta di riso**, Zuppa inglese, Fiordilatte und Budino con gli amaretti enttäuschen auch die Süßspeisen die Erwartungen nicht. Zu trinken gibt es eine gute Auswahl an Weinen aus dem Gebiet. Reservierung empfehlenswert, vor allem bei Veranstaltungen im nahen Theater oder im Stadion.

Le Sfogline (Via Belvedere 7 B): Hier gibt es Tortellini, Tagliatelle, Lasagne, Passatelli und Gnocchi. Pasquini, Via delle Tofane 38, verkauft hervorragende traditionelle Wurst.

Osteria Bottega

Traditionelle Osteria
Via Santa Caterina, 51
Tel. (+39) 051 / 58 51 11
Ruhetag: Sonntag, Montag
Ferien: 10 Tage zu Weihnachten/Dreikönig, August
26 Plätze + 10 Plätze im Freien
Preise: 40–50 € €↑
Kreditkarten: CS, MC, Visa; BM
Mittags und abends geöffnet

Große Sorgfalt und Respekt gegenüber den Zutaten und der Tradition: Hier ist das Beste zu Hause.

DIE OSTERIA – Wenn „Bologna è una regola" (Bologna eine Regel ist), wie der urtypische Bologneser Luca Carboni singt, dann ist eine Einkehr in der Osteria Bottega zweifelsohne Pflicht. Die warme, fröhliche Atmosphäre im Herzen der Emilia und ein paar Lieder von Lucio Dalla im Hintergrund bilden den perfekten Rahmen. Der regelrechte Kult um das Essen, den Patron Daniele Minarelli betreibt, ist schließlich der Trumpf im Ärmel eines aufmerksamen und tüchtigen Teams.

DIE KÜCHE – Regen Sie den Appetit mit Käse, wie 30 Monate gereiftem Parmigiano Reggiano, in Heu affiniertem Pecorino oder in Bienenwachs affiniertem Kuhmilchkäse oder auch mit Wurstspezialitäten an, unter denen Ihre Majestät, die Mortadella (10 €), Culatello und **Spalla cotta** (14 €) hervorstechen und mit Giardiniera sott'olio serviert werden. Exzellent sind die Primi wie **Tagliatelle al culatello di Zibello e cipolle di Medicina** (15 €) oder al ragù, Tagliolini con baccalà al limone, prezzemolo e basilico, Gramigna con ragù di salsiccia e piselli, klassische Tortellini in brodo di cappone und Maltagliati con ragù di coniglio ed erbe. Bei den Secondi ist **Costoletta di vitella alla petroniana** Pflicht (für zwei Personen, 34 €); außerdem gibt es Faraona arrosto con patate, Piccione alle due cotture e cicoria (20 €), Zucchine ripiene con polpette al pomodoro, **Carré di castrato al vino rosso e porri** und Arrosto di coniglio con fagiolini e pepe nero (16 €). Lassen Sie sich danach eine Kostprobe von Zuppa inglese con ciambella, Semifreddo allo zabaione, Pinza farcita und Sorbetto mit Saisonfrüchten nicht entgehen. Die Weinkarte nennt eine schöne Auswahl nicht nur italienischer Schaumweine und eine große Selektion regionaler Weine.

BOLOGNA

Trattoria Collegio di Spagna

Trattoria
Via Collegio di Spagna, 15 B
Tel. (+39) 051 / 644 88 25
Ruhetag: Sonntagabend, Montag
Ferien: je 1 Woche im Juni und um den 15. August
30 Plätze
Preise: 25–33 €
Kreditkarten: CS, MC, Visa; BM
Mittags und abends geöffnet

DIE OSTERIA – Wir befinden uns im Zentrum von Bologna in der Nähe des mittelalterlichen Collegio di Spagna unter den Arkadengängen, die die Stadt berühmt gemacht haben. Die Trattoria der Familie Frigerio stellt ein Bollwerk der emilianischen Tradition dar, die mit Schliff und Respekt, ohne Verunstaltungen und zu sehr vernünftigen Preisen dargeboten wird. Das Ambiente ist gemütlich und gepflegt, der Service stets aufmerksam.

DIE KÜCHE – Zur Eröffnung empfehlen wir ein paar Panzerotti (frittierte Teigtaschen mit Ricotta-Spinat-Füllung), die Sie mit Crescentine fritte und Wurstwaren als ganze Mahlzeit oder Secondo kombinieren können. Tonangebend sind hier allerdings die hausgemachten Teigwaren, wie traditionelle **Tagliatelle con il ragù** (9 €) oder auch grüne Tagliatelle (mit Brennnesseln) al prosciutto, schmackhafte Sedanini con la salsiccia, Strette al farro con la cipolla und natürlich die obligaten Tortellini in brodo (12 €). Unter den Secondi finden sich gut zubereitete **Costoletta di vitello alla bolognese con patate** (14 €), Coniglio arrosto (14 €) oder mittlerweile fast nicht mehr anzutreffende **Zucchine ripiene**. Probieren Sie als Alternative Friggione, eine wahre Institution der Küche Bolognas, hier mit Ei serviert. Als Beilagen gibt es Bratkartoffeln oder frisches Gemüse. Zum Abschluss locken Süßspeisen, die ebenfalls im Einklang mit dem Gebiet stehen: Torta di riso, Torta di mele und gute **Zuppa inglese**. Die Weinkarte mit kleiner, aber intelligenter und interessanter Auswahl passt zum Lokal.

Forno Brisa, Via Galliera 24 D: Exzellente Auswahl an Biomehl und verschiedene Arten Sauerteigbrot. Erzeugung von Keksen, Pizza und hervorragendem Bier.

Trattoria di Via Serra

Moderne Osteria
Via Serra, 9 B
Tel. (+39) 051 / 361 23 30
Ruhetag: Montag, Dienstag
Ferien: unterschiedlich
40 Plätze
Preise: 30–35 €
Kreditkarten: CS, DC, MC, Visa; BM
Abends geöffnet, Freitag–Sonntag auch mittags

Ein heimeliges, ruhiges Lokal, in dem man es versteht, Gelassenheit und gründliche Sorgfalt bei Tisch wie auf dem Teller richtig zu dosieren.

DIE OSTERIA – „Wir sind eine einfache ländliche Trattoria in der Stadt", sagen Flavio und Tommaso, vor allem um sich selbst zu überzeugen, da sie den Erfolg ihres Stadtlokals nach ihrer positiven Erfahrung mit der Osteria del Sole in Zocca, die sie zuvor geführt haben, noch nicht fassen können. Die kleinen Räume sind geschmackvoll eingerichtet; an den Wänden hängen schöne alte Fotos und zwei große Tafeln mit den Tagesgerichten. Tommaso schickt aus der Küche Gerichte mit klaren, ehrlichen Geschmacksnoten, die aus erstklassigen Zutaten (darunter auch Slow-Food-Presidi) traditionsgemäß zubereitet sind, während Flavio sich gewandt zwischen den Tischen bewegt und die Gäste sympathisch und kompetent unterhält.

DIE KÜCHE – Beginnen Sie mit **Tosone al forno** avvolto nella pancetta oder mit Paté di fegatini und Piadina, aber vergessen Sie nicht, **Animelle con puntarelle** (8 €) zu probieren, falls vorhanden. Unter den Primi aus handgezogenem Teig sind Tortellini in brodo di cappone, delikate **Tortelloni di ricotta** oder Strichetti al ragù bianco (9,50 €). Von den Secondi sind uns **Coniglio arrosto** bardato con pancetta und Tagliata di controfiletto con patate al forno in Erinnerung geblieben, aber auch die Selektion italienischer Käsesorten mit Konfitüren und Honig (12,50 €) ist eine gute Wahl. Das Finale bilden traditionelle Desserts wie Zuppa inglese zum Löffeln (5 €), **Torta al cioccolato fondente**, ungefüllte Kekse mit Süßwein, Eis und Sorbets mit Saisonfrüchten. Die Weinkarte ist klein, zeigt aber Aufmerksamkeit für Tropfen aus biologischer und biodynamischer Landwirtschaft. Reservieren ist unbedingt erforderlich.

14 KM NORDÖSTLICH VON MODENA, S.S. 12

La Lanterna di Diogene

Osteria-Trattoria • Via Argine Panaro, 20
Tel. (+39) 059 / 80 11 01
Ruhetag: Montag, Dienstagabend
Ferien: ersten 2 Januarwochen
40 Plätze + 40 Plätze im Freien
Preise: 33 € (Tagesmenü)
Kreditkarten: AE, CS, DC, MC, Visa
Mittags und abends geöffnet

Gepflegte Zutaten, Gebiets- und Saisontreue sowie achtsamer Empfang sind die unschätzbaren Vorzüge des Lokals.

DIE OSTERIA – Die Lanterna di Diogene ist die Synthese der Slow-Food-Philosophie. Die Ausgangsmaterialien werden in der Umgebung der Osteria angebaut bzw. gezüchtet, wobei dem Boden und Lauf der Jahreszeiten Respekt erwiesen wird. Das wachsende Küchenangebot ehrt authentische Geschmacksnoten, während der Motor der Lanterna eine Genossenschaft junger Leute mit unterschiedlichen Fähigkeiten ist, die ihre Talente bei der Arbeit auf dem Land, in der Küche und im Service entfalten. Lobenswert sind Giovannis Empfang und Gastfreundlichkeit; er ist ein richtiger Komödiant und wird im Service von Ludovica und den jungen Leuten tatkräftig unterstützt.

DIE KÜCHE – Den Auftakt macht ein reich bestücktes Büfett mit Vorspeisen aus Gartengemüse (8 €). Bei den Primi verdient die hausgemachte Pasta ein Lob, etwa die ausgezeichneten **Tortelloni di ricotta di capra e ortiche** con olio extravergine di oliva (10 €), Tortellini in brodo und Tagliatelle al ragù; es gibt auch saisonal variierende **Suppen**. Von den Secondi, stets von Beilagen begleitet, erinnern wir uns an Roastbeef von der Vacca bianca modenese, **Pollo in padella** (15 €), **Sformatino di ricotta e verdure con aceto balsamico** tradizionale aus der hauseigenen Essigerzeugung und Cotechino (in den kälteren Monaten). Stets vorhanden ist eine Selektion an Rohmilchkäse. Zum Abschluss erwartet Sie ein großes Bufett mit hausgemachten Süßspeisen (7 €). Ein Lob geht auch an den Keller mit gutem Lambrusco aus eigener Erzeugung neben einer immer gut zusammengestellten Sammlung der besten lokalen und italienischen Etiketten.

50 KM SW. V. RAVENNA, 20 KM SW. V. FAENZA, S.S. 302

Croce Daniele

Trattoria
Via Monteromano, 43
Tel. (+39) 05 46 / 870 19
Ruhetag: Montag, Dienstag; September–März Montag–Freitag
Keine Ferien
120 Plätze + 50 Plätze im Freien
Preise: 20–25 €
Kreditkarten: CS, MC, Visa; BM
Mittags und abends geöffnet

DIE OSTERIA – Um diese Trattoria im Gebirge zu erreichen, muss man Brisighella hinter sich lassen und die Fahrt nach Marradi fortsetzen; hinter Strada Casale fährt man nach San Martino in Gattara weiter und kurvt durch das Grün des Apennins entlang einer schmalen Straße bergauf. Am Sonntag wird das von Luciano Gentilini geschickt geführte Lokal von zahlreichen Familien bevölkert, daher empfiehlt es sich zu reservieren. Das Ambiente ist jenes einer gutbürgerlichen romagnolischen Trattoria aus den Fünfzigerjahren; die Küche, die sich auf traditionelle Gerichte aus hiesigen Zutaten von exzellenter Qualität stützt, ist einfach und schmackhaft, genauso, wie man es in diesem Umfeld erwarten würde.

DIE KÜCHE – Eine Speisekarte gibt es nicht, aber unter den Antipasti finden Sie Crostini ai fegatini, ai funghi und alle verdure neben Frittatine mit Saisonkräutern. Als Primi, alle hausgemacht, gibt es Cappelletti in brodo, Tagliatelle al ragù, ***Spoia lorda*** con salsiccia e radicchio (8 €) und **Tortelli** di ricotta oder **di patate con extravergine di Brisighella** (8 €). Würzig ist **Faraona alla cacciatora** (9 €), erlesen sind die Arrosti aus hiesigem Fleisch vom Perlhuhn, Kaninchen, Lamm und Zicklein, das in dem am Eingang sichtbaren Holzofen perfekt gegart wird; überdies gibt es klassische Carne mista ai ferri. Eine Köstlichkeit sind die mit Schmalz gebratenen Kartoffeln aus dem Ofen. In der Saison gibt es auch Pilze und Wild. Die hausgemachten Süßspeisen sind allein schon die Reise wert. Aus der Vielzahl der Desserts stechen **Zabaione** vecchia maniera (3 €), ganz nach Tradition mit Marsala und Brandy zubereitet, exzellente Latte brûlé und Semifreddo alla ricotta hervor. Der Keller bietet einige Etiketten aus der Romagna und einen guten offenen Sangiovese aus der Gegend.

50 KM SW. V. RAVENNA, 20 KM SW. V. FAENZA, S.S. 302

Osteria del Guercinoro

Osteria
Piazza Marconi, 7
Tel. (+39) 05 46 / 804 64
Ruhetag: Dienstag
Ferien: 20. Dezember–7. Januar
30 Plätze + 15 Plätze im Freien
Preise: 30–35 €
Keine Kreditkarten
Abends geöffnet, September–Mai an Feiertagen auch mittags

DIE OSTERIA – Brisighella, ein zauberhafter Ort im Apennin von Faenza, liegt an der Straße nach Florenz und ist Schauplatz eines der meistbesuchten Mittelalter-Feste. Die Osteria del Guercinoro unter der Leitung von Franco Ricci Maccarini befindet sich in der Nähe der charakteristischen Via degli Asini im Zentrum. Ein anheimelndes, eindrucksvolles, in den Felsen gehauenes Lokal, wo die überaus herzliche Elena, die sich um den Service kümmert, Ihnen das gut gegliederte saisonale Menü aus der toskanisch-romagnolischen Tradition erläutert.

DIE KÜCHE – Den Anfang machen außergewöhnlich gute **frische Schafmilchricotta** mit einem Hauch Öl und etwas Pfeffer (8 €) oder Fave con il formaggio di capra, die zu den unverzichtbaren Wurstwaren (Salami, Salsiccia und Prosciutto) überleiten. Es folgen mit dem Nudelholz ausgezogene Tagliatelle con ragù oder tartufo und, falls erhältlich, ***Gnudi*** (köstliche Gnocchi aus Ricotta und Mehl) **con una crema di erbe selvatiche e ricotta stagionata** (10 €). Bei den Secondi haben Fleischgerichte eine besondere Bedeutung: Neben Tagliata, Costata di manzo und Battuta al coltello sind **Ossobuco di vitello con purè** (15 €) und Trippa in bianco, stets vom Kalb, oder aber auch frische **Eier** vom Land **con il tartufo** verlockend. Die hausgemachten Dolci sind hervorragend zubereitet, wie Torta di mele (5 €) und Kekse, die mit einem Gläschen Passito aus dem Umland kombiniert werden. Das Gebiet spiegelt sich auch in der Weinauswahl wider. Obwohl es keine Weinkarte gibt, finden Sie stets ausgezeichneten Sangiovese aus dem Umland vor.

BUSSETO (PR)
Madonna dei Prati

42 km nordwestlich von Parma, S.S. 558

Campanini

Trattoria
Via Roncole Verdi, 136
Tel. (+39) 05 24 / 925 69
Ruhetag: Dienstag, Mittwoch
Ferien: 2.–15. Januar, 15. Juli–15. August
52 Plätze
Preise: 28–32 €
Kreditkarten: CS, DC, MC, Visa; BM
Abends geöffnet, Feiertage auch mittags

Die Tradition bestätigt und zertifiziert sich selbst: Das Campanini ist eine Gaststätte, die man nicht vergessen kann.

DIE OSTERIA – Ein Abendessen im Campanini ist eine einzigartige Erfahrung und setzt den Maßstab für eine tadellose Küche aus einwandfreien Zutaten. Das Lokal umfasst neben der Osteria ein Geschäft, in dem Sie die großartigen Wurstspezialitäten kaufen können, die die Familie Campanini seit Jahren mit großer Erfahrung erzeugt und reifen lässt. Die Gerichte von Stefano und Mamma Maria – Franca leitet wie immer den Service – sind von der reinsten Tradition der Ebene von Parma geprägt: Ihr Geschmacksreichtum wird Sie voll und ganz zufriedenstellen.

DIE KÜCHE – Es ist unabdingbar, mit einer Kostprobe der Köstlichkeiten aus der Wursterzeugung zu beginnen (10 €): Spalla cotta aus San Secondo, Coppa estiva, Salami und Prosciutto aus Parma, begleitet von **Torta fritta**, sind ein wichtiges Element des kulinarischen Angebots, dem unter der Woche Verkostungen und Themenabende gewidmet sind. Weiter geht es mit guter hausgemachter Pasta, wobei gefüllten Teigwaren angemessener Platz eingeräumt wird. Tun Sie sich also gütlich an Tortelli di ricotta, Caramelle di taleggio e culatello (9 €), **Ravioli al formaggio** (9 €), **Cappelletti in brodo** und saisonalen Tortelli di zucca con amaretto e mostarda. Als nächster Gang folgen Fleischgerichte, etwa knusprige Anatra, Bollito vom Wagen, Stinco al forno con patate und **Mariola con mostarda di pere e mele allo zabaione** (10 €). Nicht minder gut sind die Süßspeisen – mit Torta paradiso und ***Bisulan*** – und das Kellerangebot mit Champagnern von kleinen Erzeugern, italienischen Schaumweinen und einer durchdachten Selektion lokaler Etiketten der Sorten Fortana und Lambrusco.

CALESTANO (PR)
Fragnolo

36 km südwestlich von Parma

Locanda Mariella

Trattoria
Ortsteil Fragno
Tel. (+39) 05 25 / 521 02
Ruhetag: Montag, Dienstag
Ferien: unterschiedlich
60 Plätze + 40 Plätze im Freien
Preise: 35–38 €
Kreditkarten: MC, Visa; BM
Mittags und abends geöffnet, im Winter mittags gegen Vorbestellung

Küche von hohem Niveau, erstklassige Zutaten und ein Empfang wie in früheren Zeiten machen dieses Lokal zu einer besonderen Adresse, die man beachten sollte.

DIE OSTERIA – Der Weg zur kleinen Ortschaft Fragnolo erfordert einige Anstrengung, aber der Anblick der herrlichen Berge des Apennins entschädigt für die Mühen der Anreise. Sollte dies nicht genügen, wird die Locanda mit ihrer erstklassigen Küche Ihnen sicher große Freude bereiten. Mariella und Guido führen das Lokal kompetent und suchen die besten Zutaten aus dem Gebiet aus. Die Wein- und Reiseleidenschaft der Eigentümer tut ein Übriges und bringt auch viele andere Qualitätsprodukte in die Küche.

DIE KÜCHE – Im Herbst – das möchten wir unterstreichen – wird das Menü von schwarzer Trüffel aus Fragno dominiert. Unter den Antipasti ragen *Quenelle* di patate e baccalà mantecato (10 €), Sformatino di zucca e fonduta di taleggio und Battuta di fassona al tartufo heraus. An Primi bieten sich köstliche **Tortelli di patate alla parmigiana**, **Vellutata di patate e porcini freschi** (10 €) und Minestra di ceci con pasta spezzata an. Fleisch ist bei den Secondi der Hauptdarsteller in Form von Rollatina di pollastra piemontese, **Cremoso di patate al tartufo** (15 €), **Guancialino di vitello al vino rosso con polenta** und Roastbeef di fassona al tartufo. Vielfältig ist die Auswahl der ausnahmslos hausgemachten Süßspeisen, von denen wir Semifreddo al torroncino con cioccolato fuso (7 €) und Mousse al cioccolato con sale e olio extravergine erwähnen. Der wahrhaft spektakuläre Keller dieser Osteria wartet mit einer einzigartigen Auswahl an Etiketten kleiner italienischer und ausländischer Weinbauern für jedes Portemonnaie und jede Geldbörse auf.

CAMPOGALLIANO (MO)

9 KM NORDWESTLICH VON MODENA

Laghi

Restaurant
Via Albone, 27 – Laghi Curiel
Tel. (+39) 059 / 52 69 88
Ruhetag: Mittwoch; März, April, Oktober und November Montag–Donnerstag
Ferien: Dezember–Februar
90 Plätze + 90 Plätze im Freien
Preise: 28–34 €
Kreditkarten: CS, MC, Visa; BM
Mittags und abends geöffnet

DIE OSTERIA – In der Oase der Seen von Campogalliano im Parco del Secchia stellt das Restaurant von Paolo Reggiani eine gute Adresse für die lokale gastronomische Kultur dar. Ein Lokal, in dem man es versteht, das Beste aus der Emilia – darunter viele Produkte aus Slow-Food-Presidi – mit ein paar Ausflügen in die benachbarten Gebiete ins rechte Licht zu rücken. In luftiger, gepflegter Umgebung, im Sommer um eine weitläufige Laube erweitert, werden Sie von jungen Leuten betreut, die Sie durch das Menü führen.

DIE KÜCHE – Den Anfang machen Frittelline di baccalà con la crema di spinaci (10 €) neben einer Reihe exzellenter Salumi mit köstlichen Beilagen – Nero di Parma mit in Öl eingelegtem Gemüse, Culatello mit Butterflocken und Mortadella mit warmer Focaccia –, die auch mit Gnocco fritto kombiniert als Hauptgericht gewählt werden können. **Tagliatelle con la salsiccia gialla** di Modena (mit Zimtnoten) sind beinahe Pflicht, wirklich gut sind aber auch **Maccheroni al pettine con ragù di galletto** (10 €), Tortelli di zucca und verschiedene Risotti. Von den Secondi erwähnen wir Petto d'anatra con fichi all'aceto balsamico (15 €), **Guancialino di maiale brasato al Grasparossa** con polenta und Cotoletta della zia Iris mit zweifacher Panier. Käseliebhaber finden eine reiche Auswahl vor, kombiniert mit Senfsaucen und Konfitüren, angefangen von unverzichtbarem Parmigiano Reggiano aus Milch der Bianca modenese. Die Süßspeisen wie Salame di cioccolato, Pesche nell'alchermes und **Zuppa inglese** (5 €) sind traditionell gehalten. Die gut zusammengestellte Weinkarte nennt sehr interessante Tropfen aus dem Gebiet (mit einer schönen Auswahl an Lambruschi) und dem übrigen Italien.

CARPI (MO)
Cantone di Gargallo

7,5 KM SÜDWESTLICH VON CARPI, S.P. 468

Trattoria Cantone

Trattoria
Via Fornaci, 36
Tel. (+39) 059 / 66 43 17
Ruhetag: Dienstag, Sonntagabend
Ferien: 1 Woche um den 15. August
50 Plätze + 40 Plätze im Freien
Preise: 20–25 €
Kreditkarten: CS, MC, Visa; BM
Mittags und abends geöffnet

DIE OSTERIA – Den Rahmen der Trattoria im Ortsteil Cantone di Gargallo bilden die Räumlichkeiten des ehemaligen Circolo Arci, von dem noch der Billardtisch im Eingangsbereich vor dem Bartresen erhalten geblieben ist. Die Familie Buzzi wollte die gesellige Atmosphäre eines dörflichen Treffpunkts beibehalten. Und so sind wir in einer echt emilianischen Osteria gelandet. Sie werden es an der Einrichtung bemerken, an der Anordnung der Tische und Stühle, an der herzlichen, niemals hastigen Bedienung und am fröhlichen Stimmengewirr der Gäste. Giorgio ist ein aufmerksamer Patron, stets bereit, ein paar Worte mit den Gästen zu wechseln; die großzügig angerichteten Speisen entspringen der Tradition und sind aus Zutaten zubereitet, die Bauern und Handwerksbetriebe aus dem Umland liefern.

DIE KÜCHE – Ein Muss zum Einstieg sind die Wurstspezialitäten, begleitet von süßsauer eingelegtem Gemüse und Gnocco fritto. Danach Bahn frei für die Primi aus hausgemachtem Teig: Tortellini in brodo, Tortelli di ricotta al burro e salvia, Maccheroni al pettine con zucchine e prosciutto crudo und gute **Tagliatelle al ragù** (7 €). Wenn Sie Fleisch als Hauptgang mögen, dann sind Sie hier richtig. Genießen Sie Guanciale in umido, Cotechino con purè und **Stinco al forno**. Probieren Sie aber auch **Faraona arrosto** (7 €) und Punta di vitello al forno. Zu den Gerichten reicht man Beilagen aus Saisongemüse (3 €) und als Dessert (3,50 €) erwarten Sie Sbrisolona, Crostate, **Zuppa inglese** und Salame al cioccolato. Der Keller legt besonderen Wert auf Lambrusco, hält aber auch hochwertige Weine aus dem übrigen Italien bereit. Mittags bekommt man ein Tagesmenü für 15 €, abends gibt man kaum mehr als 25 € aus. Da das Lokal stets sehr gut besucht ist, empfiehlt es sich zu reservieren.

CASALGRANDE (RE)
San Donnino di Liguria

19 km südöstlich von Reggio nell'Emilia

Badessa

Restaurant • Via Case Secchia, 2 A
Tel. (+39) 05 22 / 98 91 38
Ruhetag: Montag, Samstagmittag; August auch Sonntag
Ferien: 1 Woche im Winter, 2 Wochen im Sommer
50 Plätze + 25 Plätze im Freien
Preise: 38–40 € €↑
Kreditkarten: CS, DC, MC, Visa; BM
Mittags und abends geöffnet

DIE OSTERIA – In der Batterie der Fässer zur Erzeugung von Aceto balsamico tradizionale aus Reggio und Modena wird das größte Fass, aus dem der Essig dann in die kleineren Fässer umgefüllt wird, als „Badessa" bezeichnet. Daher rührt der Name des Restaurants, das in den Räumlichkeiten einer aus dem 19. Jahrhundert stammenden Käserei zur Erzeugung von Parmigiano Reggiano entstand. Im früheren Kessel- und Reifungsraum finden sich heute die Gäste ein. Die beiden jungen Betreiber, Luca Ferrari und Alberto Ruozzi, flankiert von einem professionellen Team, bieten eine ausgefeilte Überarbeitung der bodenständigen Küche. Eine geglückte Vereinigung zwischen innovativem Restaurant und Liebe zur Tradition.

DIE KÜCHE – Ein Willkommenstrunk und eine kleine Vorspeise, die im Preis für das Gedeck enthalten sind, stimmen angenehm auf die Speisenauswahl ein. Man kann mit einer Verkostung von Parmigiano Reggiano in verschiedenen Reifegraden (10 €) oder mit **Frittelle di baccalà in tempura** al rosmarino con salsa d'arancia beginnen. Unter den Primi sind **Tagliatelle verdi *ajeda***, das heißt mit Sauce aus Walnüssen, Milch, Würzkräutern und Knoblauch (9 €), oder klassische Cappelletti reggiani in brodo di cappone e ganassino (13 €). Als Alternative können Sie winterliche Tortelli di verza oder frühlingshafte Cappellettoni di ortica probieren. Von den Secondi nennen wir **Faraona in crosta di pancetta** (14 €), Roastbeef di fassona und **Coscette e petti di quaglia**. Vegetarier genießen köstlichen Hamburger di ceci e spinaci con ratatouille di verdure, pinoli e yogurt. Tris aus traditionellen Kuchen aus Reggio und Zuppa inglese sorgen für einen würdigen Abschluss. Die umfangreiche Weinkarte ist in ständiger Entwicklung begriffen.

CASTEL D'AIANO (BO)
Rocca di Roffeno

46 km südwestlich von Bologna, S.S. 64

La Fenice

Agriturismo
Via Santa Lucia, 29
Tel. (+39) 051 / 91 92 72
Ruhetag: Montag–Mittwoch, außer im Sommer
Ferien: Januar, Februar
60 Plätze + 40 Plätze im Freien
Preise: 25–30 €
Kreditkarten: CS, MC, Visa; BM
Mittags und abends geöffnet

DIE OSTERIA – Der Agriturismo der Familie Giarandoni liegt in einem typischen Dorf aus dem 16. Jahrhundert in den grünen Hügeln um Bologna. Im La Fenice können Sie nicht nur typische Speisen aus dem Umland genießen, sondern auch im Bauernhaus aus dem 16. Jahrhundert übernachten, das sich inmitten der Natur und des landwirtschaftlichen Gebiets im hochgelegenen Hügelland befindet und über Gästezimmer verfügt. Mit Schwimmbad und Laube ist diese Unterkunft ideal für Sommeraufenthalte, im Winter wartet sie mit familiärer Atmosphäre auf.

DIE KÜCHE – Beginnen Sie mit dem Piatto misto (5 €) mit Wurstspezialitäten von im Betrieb halb wild gezüchteten Schweinen der Rasse Mora Romagnola, Parmigiano Reggiano con aceto balsamico, **Prugne secche con pancetta stufata** sowie frittierter Polenta di mais mit Pilzen und Gorgonzola. Bemerkenswerte Primi sind **Tagliatelle** alle erbe selvatiche e pancetta stufata (8 €) oder **ai funghi porcini**, Sedanini al torchio con ragù di cinghiale und Tortelloni di ricotta e radicchio in crema di parmigiano. Exzellent ist die Qualität des Fleisches, das teilweise aus dem Betrieb stammt. Probieren Sie **Grigliata di mora romagnola alla brace** (8 €) – mit Salsiccia, Koteletts und Pancetta – und exzellentes **Coniglio in porchetta con erbe aromatiche**. Von den vegetarischen Gerichten erwähnen wir Parmigiano Reggiano fuso con porcini (8 €), Verdura fritta pastellata oder Verdura alla brace. Das Finale bilden gute Torta di panna alla ricotta e mirtilli und Torta di amaretti. Auf der Weinkarte sind nur Tropfen aus lokaler Produktion aufgelistet.

Der Landwirtschaftsbetrieb Carboni Lamberto in **Valsamoggia**, Ortsteil Savigno (7 km), erzeugt und verkauft ausgezeichnete Kartoffeln aus Tolè.

32 KM SÜDÖSTLICH VON BOLOGNA, A14

NEU La Civichella

Bar-Trattoria
Via Viara, 5029
Tel. (+39) 051 / 94 85 33
Ruhetag: Mittwoch, außer im Sommer
Ferien: Oktober
30 Plätze + 15 Plätze im Freien
Preise: 28–32 €
Kreditkarten: AE, CS, MC, Visa; BM
Mittags und abends geöffnet

DIE OSTERIA – Sie verlassen die Thermalstadt und stoßen nach wenigen Kilometern in Richtung Hügelland auf das La Civichella, „Salumeria e Osteria" (Wursthandlung und Gasthaus), wie auf dem Schild zu lesen ist. Das kleine Lokal verfügt über wenige Plätze, der Bartresen im Eingangsbereich dient auch als Tabakverkaufstelle. Die Kundschaft setzt sich aus Stammgästen zusammen, mit denen Lokaleigentümer Silvano gerne ein paar Worte wechselt. Das gastronomische Angebot ist, wie der Name bereits sagt, unverfälscht und ehrlich.

DIE KÜCHE – Beim Öffnen der Speisekarte sticht sofort ins Auge, dass die Würste aus Eigenproduktion, die Sie bei Tisch probieren können, auch verkauft werden. Wir empfehlen daher als Einstieg Tagliere misto (12 €), zu dem Sie Piadina oder Ficattole genießen können; als Alternative munden Radicchio con bruciatini und Crostini con lardo e miele. Auch die Primi sind hausgemacht, besonders gut schmecken Tortellini in brodo, **Ravioli di patate con ragù di salsiccia** (9 €) oder al burro e salvia, Tortelloni di ricotta oder di zucca und **Tagliatelle con prosciutto e scalogno** oder al ragù. **Grigliata mista** (16 €) mit Rind, Hammel und Schwein ist das gefragteste Gericht bei den Secondi, aber Sie finden auch Salsiccia aus Eigenerzeugung, Bistecca di lombo, Scaloppine und Braciola di coppone vor. Recht gut ist der Tagliere di formaggi misti als Abschluss. Wer Süßes mag, greift zu köstlichem **Budino di nonna Mariuccia** (4,50 €), Semifreddo al torrone oder Crema catalana. Klein, aber fein ist die Weinkarte.

58 KM SW. V. BOLOGNA, A1 AUSF. PIAN DEL VOGLIO

Taverna del Cacciatore

Restaurant
Via Cavanicce, 6
Tel. (+39) 05 34 / 911 43,
(+39) 338 / 125 39 96
Ruhetag: Montag, im Winter auch Sonntagabend
Ferien: unterschiedlich
70 Plätze + 10 Plätze im Freien
Preise: 28–32 €
Kreditkarten: AE, CS, DC, MC, Visa; BM
Mittags und abends geöffnet

DIE OSTERIA – Wir sind im letzten Abschnitt der Emilia auf einer prachtvollen natürlichen Terrasse im toskanisch-emilianischen Apennin. Wenn Sie in Badia von der neuen Variante di Valico abfahren, erreichen Sie in kurzer Zeit die Gaststätte, wo Lucia, unterstützt von ihrem Mann und dem Sohn Lorenzo – der neuen energischen Präsenz in der Küche –, Sie auf ungekünstelte Weise begrüßt. Wenn der Grund Ihres Besuchs der verdiente Ruf des besten Tortellino ist, das mit jenem aus dem Gebiet Modena wetteifert, glauben Sie nicht, dass dies das einzige Aushängeschild ist. Der gemütliche Gastraum wird im Winter von einem schönen Kamin beheizt, während im Sommer fünf Paare, die Glück haben, auf der ruhigen Terrasse speisen und die herrliche Aussicht genießen können.

DIE KÜCHE – Fragen Sie, ob Pilze und Wild erhältlich sind, und beginnen Sie dann mit guten Antipasti (6 €) wie Sformato di patate ai prugnoli oder porcini, Ricotta al tartufo nero, **Crostini di fegatini** und Cinghiale sott'olio con bruschetta. Die Primi geben einen schönen Überblick über die gute Küche: Tortellini in brodo (13 €), Tagliatelle al ragù oder ai porcini, falls erhältlich, schmackhafte Strichettoni ai funghi galletti und **Pappardelle al rosmarino con capriolo** (11 €). Es folgen köstliche Secondi wie Costata di manzo alle erbe (13 €), **Fegatelli di cinghiale nella rete con polenta e composta di cotogne** (10 €), Polenta con porcini, Bocconcini di capriolo con polenta und Costolette di agnello con salsa allo yogurt. Das süße Finale bilden Crema chantilly, fragole e sfogliatina, **Ricotta al forno con amarene**, Zuppa inglese und stets perfekter lauwarmer Budino di castagne con salsa di marroni. Verschiedene, gut strukturierte Angebote an Weinen in der Flasche und im Glas mit unvermeidlichem Einfluss der Toskana.

26 KM SÜDLICH VON RIMINI, A14 ODER S.P. 50

Osteria dei Murè

Traditionelle Osteria
Via Lungo Tavollo, 2
Tel. (+39) 05 41 / 83 16 07,
(+39) 333 / 681 30 56
Ruhetag: Montag, außer im Sommer
Keine Ferien
25 Plätze + 25 Plätze im Freien
Preise: 35 €
Kreditkarten: CS, MC, Visa; BM
Abends geöffnet, im Winter Samstag und Sonntag auch mittags

DIE OSTERIA – Dieses kleine, einfache Lokal mit Blick auf Hafen von Cattolica, in den der Tavollo mündet, der die Grenze zwischen der Romagna und den Marken markiert, wurde zu Beginn des 20. Jahrhunderts von Großmutter Antonia geführt; seit 2002 ist es eine Osteria, die von den Enkeln (und Geschwistern) Giovanni und Francesco Pritella betrieben wird. Giovanni begrüßt Sie freundlich im kleinen Gastraum, dekoriert mit Postkarten und Büchern, die von der Geschichte dieses Teils der Region erzählen, während Francesco sich mit Leidenschaft der Küche widmet.

DIE KÜCHE – Das von Giovanni mündlich aufgezählte Menü besteht aus Gerichten, die die Identität dieses Meeres widerspiegeln und den natürlichen Geschmack des Fisches zur Geltung bringen. Sie sind einfach, aber gepflegt und werden im Sommer auch auf der schönen Terrasse mit Blick zum Hafen serviert. Beginnen Sie mit dem Antipasto freddo oder mit **Lumachine di mare in guazzetto** oder auch mit Cozze oder vongole alla marinara (8 €). Von den Primi dürfen Sie sich die ausgefallenen **Cannelloni ripieni di pesce** (12 €) nicht entgehen lassen, aber auch Gnocchi al pesto con vongole e gamberi oder **Tagliolini al sugo di vongole** schmecken. Unter den Secondi finden sich bemerkenswert gute Grigliata mit Pesce azzurro, Calamari und Tintenfischen, Fritto misto (14 €) und Gratinati (Jakobs-, Messer-, Kamm- und Miesmuscheln). Gegen Vorbestellung gibt es auch guten Brodetto di pesce, Baccalà con patate (14 €) und Seppie con piselli. Am Ende bietet man Ihnen Crostata, Ciambella und ein Dolce des Hauses. Alternativen dazu wären Sorbets, Eis und gute Löffeldesserts wie Mousse al limone. Eine Weinkarte ist nicht vorhanden, aber es gibt einige gute Flaschenweine aus dem Gebiet, die Ihnen Giovanni vorschlägt.

25 KM SÜDWESTLICH VON FERRARA, S.S. 255

Antica Osteria Da Cencio

Osteria-Enoteca • Via Provenzali, 12 D
Tel. (+39) 051 / 683 18 80
Ruhetag: Montag, im Sommer auch Sonntag
Ferien: 3 Wochen im August, 20.–31. Dezember
70 Plätze
Preise: 38–40 € €↑
Kreditkarten: AE, CS, DC, MC, Visa; BM
Mittags und abends geöffnet

DIE OSTERIA – Die in ihrer Struktur original erhalten gebliebene Osteria liegt in der Altstadt von Guercinos Geburtsstadt und wartet mit schönen, kleinen Räumen mit hübscher Vintage-Einrichtung auf. Claudia und Marco (genannt Billy) führen den Betrieb mit der großen Unterstützung von Gabriele, der in der Küche erfolgreich die Tradition mit ein paar Überarbeitungen verbindet.

DIE KÜCHE – Das Menü ist den Jahreszeiten angepasst, hat aber einige Fixpunkte. Bei den Antipasti darf die Wurstselektion (mit Mortadella aus dem Slow-Food-Presidio), serviert mit warmer Piadina, Bruschette und Crostini con il lardo, nicht fehlen. Danach gibt es viele Primi aus hausgemachter Pasta, darunter traditionelle **Tagliatelle al ragù** (9 €), Garganelli con rucola, pinoli e pancetta, **Ravioli di rape rosse con pancetta affumicata** (10 €) und in der Saison ***Pisaren*** con zucchine, menta e burrata oder Tortelli di canapa ripieni di ricotta con fave e pancetta. Bei den Secondi überwiegt Fleisch vom Rind der Rasse Fassona piemontese (ein weiterer Slow-Food-Presidio) in verschiedenen Versionen: roh mit dem Messer gehackt, als Tagliata mit Rucola und Grana oder als Roastbeef, aber auch im Piatto Cencio (17 €), das heißt kleine Filets mit Grillgemüse. Anschließend gibt es eine gute Selektion vom Käse mit Honig und Konfitüren (15 €) und an Süßem wie Tarte tatin alle mele, Mascarpone con cioccolato, Mousse di ricotta e yogurt und **Gelato alla crema con aceto balsamico**. Reich bestückte Weinkarte mit Tropfen aus ganz Italien und gepflegte Auswahl an Bränden.

Die Bäckerei Palladino (Via Provenzali 1) bietet Brot, Spezialitäten und Produkte für Zöliakiepatienten. Die Salumeria Bonfatti in Renazzo, Via Alberelli 28, erzeugt klassische Mortadella (Slow-Food-Presidio).

CERVIA (RA)
Pinarella

35 KM SÜDLICH VON RAVENNA

Al Deserto

Restaurant
Strada Statale 16 Adriatica, 52
Tel. (+39) 05 44 / 97 61 51
Ruhetag: Montag–Mittwoch
Ferien: Dezember–Februar
60 Plätze + 40 Plätze im Freien
Preise: 35–38 € €↑
Kreditkarten: CS, MC, Visa; BM
Abends geöffnet, Samstag und Sonntag auch mittags

DIE OSTERIA – Wenn Sie über die Adriatica fahren, finden Sie gleich bei den Salinen dieses anmutige Lokal mit einem schönen Garten an der Rückseite, in dem duftende Kräuter zum Würzen der Speisen gedeihen. Im Sommer können Sie herrliche Sonnenuntergänge über diesen Wasserflächen genießen und dabei ein Glas eines der guten Weine genießen, die Ihnen Roberto Bagnolini vorschlägt, der Inhaber des 1964 von seinen Eltern gegründeten Lokals. Beim Durchlesen der Speisekarte fallen die Saisonalität der Produkte und einige erfreuliche Überarbeitungen auf. Das Restaurant ist für seine Fischküche bekannt, bietet aber auch ein kleines Fleischmenü.

DIE KÜCHE – Beginnen Sie mit dem Antipasto freddo, bestehend aus Insalata di seppia und Caponata di melanzane, um danach mit **Cozze di Cervia alla marinara** oder alla diavola, Mazzancolle al sale con verdure und Vongole al pesto con ceci neri (10 €) fortzufahren. Unverzichtbare Primi sind **Passatelli al ragù di seppia e scalogno** (12 €), Tortelli di ricotta e pistacchio con vongole e zafferano, Risotto alla marinara und Spaghetti alle vongole, uvetta e zafferano; ansonsten erkundigen Sie sich nach den Tagesangeboten. Probieren Sie bei den Secondi die überragende **Frittura di pesce, rucola e polenta** (14 €), die schmackhaften **Ricci di calamari alla griglia**, Arrosticini di code di gamberi, Sogliole nostrane und Grigliata mista di pesce (22 €). Wir raten Ihnen, für zumindest eine der Nachspeisen (6 €) Platz zu lassen. Es erwarten Sie **Semifreddo ai fichi caramellati e squacquerone** oder alla liquirizia con salsa di caffè, Dolce della zitella di Cervia (gefüllter Kringel), Budino con cioccolato e amaretti und Ciambella al nero di seppia.

CERVIA (RA)
Castiglione di Cervia

22 KM SÜDLICH VON RAVENNA, S.S. 3 BIS

Emilia

Trattoria • Via Castiglione, 8
Tel. (+39) 054 4 / 95 05 38,
(+39) 347 / 153 87 63
Ruhetag: Montag
Ferien: 10 Tage im Oktober
35 Plätze + 35 Plätze im Freien
Preise: 20–25 €
Kreditkarten: AE, CS, DC, MC, Visa; BM
Mittags und abends geöffnet, im Juli und August nur abends

DIE OSTERIA – Sie finden die Trattoria Emilia im Hinterland von Cervia. Ein Lokal, das auf den ersten Blick wie ein französisches Bistro wirkt und das es zu entdecken gilt. Bereiche, die man zunächst nicht erwartet, tun sich nach dem gemütlichen Gastraum mit knisterndem Kaminfeuer auf, das im Winter für eine heimelige Atmosphäre sorgt. Die Wände erzählen von den Interessen der Lokalinhaber Antonio und Silvia, die im Beruf und auch privat ein Paar sind. Die Einrichtung lässt mit den eigenhändig restaurierten Tischen und Stühlen deutlich ihre persönliche Prägung erkennen.

DIE KÜCHE – In der Küche legt man Wert auf vegetarische Gerichte (veganes Essen auf Anfrage) und auf die Wahl der Zutaten. Unter den Antipasti finden Sie je nach Saison Involtino di melanzane e ricotta su fonduta di pomodoro, **Tortino di spinaci con crema di pecorino e chips** di pancetta (7,50 €) und Carpaccio di manzo di razza romagnola. Das Aushängeschild des Lokals sind die ausnahmslos hausgemachten Primi wie Cappelletti al ragù, **Tagliatelle con scalogno e prosciutto**, Gnocchi con salsiccia, stridoli, pomodorini e formaggio di fossa (8 €) und Cappellacci di borragine con ricotta salata. Von den Secondi sollten Sie Costine dell'Emilia, Coniglio fritto con misticanza (9 €), Galletto disossato (entbeint) und **Polpette in umido** probieren. Dazu reicht man Beilagen wie Erbette di campagna, Misticanza con fiori (5 €), Carciofi fritti und Frittelle di finocchi. Das Angebot an Süßem ist sehr variabel; die Piadina, die zu den Speisen gereicht wird, ist aus Vollkornmehl gebacken. Die Weinkarte ist zwar nicht groß, aber gut aufgebaut und nennt auch einen guten offen Tropfen aus biologischem Anbau.

6 KM VOM ZENTRUM

Cerina

Restaurant-Pizzeria
Via San Vittore, 936
Tel. (+39) 05 47 / 66 11 15
Ruhetag: Montagabend, Dienstag
Ferien: je 1 Woche im Januar, Juni und August
150 Plätze
Preise: 30–35 €
Kreditkarten: AE, CS, DC, MC, Visa; BM
Mittags und abends geöffnet

DIE OSTERIA – Unweit der E 45, die in die Toskana führt, setzt Graziella Dallara in der Ortschaft San Vittore an den Toren Cesenas stolz die Tradition der Familie fort, die seit vier Generationen in der Gastronomie tätig ist. Hochgefühl und Leidenschaft sprechen aus ihr, wenn sie die Gerichte der romagnolischen Küche und Erzeuger der hochwertigen Zutaten ins Rampenlicht stellt. Im großen, lichtdurchfluteten Lokal herrscht eine warme, gesellige Atmosphäre. Aus der Küche (das Menü ändert sich je nach den verfügbaren Zutaten) kommen Speisen mit reinen, sauberen Aromen und klarem Geschmack. Das Brot wird im Holzofen gebacken, wie die Focaccia mit Salz aus Cervia und Rosmarin.

DIE KÜCHE – Probieren Sie eingangs **Frittatina agli stridoli**, klassische Piadina con squacquerone e fichi caramellati (7,50 €) und Wurst vom Mora-Schwein. Von den Primi aus hausgemachtem Teig schmecken die wunderbaren **Ravioloni di ricotta e spinaci agli asparagi** (10 €) und traditionelle Passatelli in brodo besonders gut. Empfehlenswert sind auch klassische Tagliatelle al ragù und historischer „Canolo" della Cerina, der seit 1965 auf der Karte steht: Es handelt sich um eine frittierte Teigrolle, gefüllt mit Fleisch- und Béchamelsauce. Von den Secondi haben uns **Agnello al tegame con carciofi** (14 €), **Galletto alla cacciatora** (10 €) und Coniglio al forno con patate begeistert. Auch die Desserts folgen den Jahreszeiten, von klassischen Crostate über Zuppa inglese und Pannacotta bis hin zu Mascarpone con fragole. Die gut strukturierte Weinkarte mit korrekten Preisen bietet ein nahezu komplettes Panorama der romagnolischen Kellereien.

Michiletta

Osteria
Via Strinati, 41
Tel. (+39) 05 47 / 246 91
Ruhetag: Sonntag
Ferien: unterschiedlich
90 Plätze + 10 Plätze im Freien
Preise: 27–35 €
Kreditkarten: AE, CS, DC, MC, Visa; BM
Mittags und abends geöffnet

DIE OSTERIA – Eine lebendige, moderne und im Gebiet verwurzelte Osteria im Zentrum von Cesena. Seit mehr als 150 Jahren erzählt das Lokal, heute in den Händen von Rocco und Johanna, von der Schlichtheit der lokalen Küche. Sobald Sie eingetreten sind, finden Sie sich in ruhigem, angenehmem Ambiente, in dem ein alter Tresen aus Holz und Gusseisen ins Auge fällt. Mittag- und Abendessen werden vom Marktangebot und den Jahreszeit diktiert und mit einer Prise Originalität interpretiert, die den bodenständigen Aromen einen authentischen Geschmack verleiht.

DIE KÜCHE – Sie können mit Crescentine, Prosciutto und Squacquerone (9 €) oder mit Farinata e ratatouille di verdure beginnen, aber Sie finden auch immer den Antipasto della casa mit Artischocken, Oliven und heimischer Salami vor. Als Primi bieten sich delikate Ravioli con salsa al peperone (11 €), Tagliatelle verdi con ragù di mora und klassische **Stringhetti con salsiccia e spinaci** an. Fragen Sie nach dem Tagesangebot und probieren Sie in der entsprechenden Jahreszeit Pilzgerichte oder eine gute Suppe. Von den großzügig angerichteten Secondi sind **Fegatelli con la rete alla griglia** und Straccetti di manzo con patate e rucola unverzichtbar, aber **Filettini di maialino alla griglia con patate al forno** (12 €) und Manzo al sale di Cervia, stets mit Kartoffeln serviert, sind nicht minder gut. Wenn Sie eine Alternative suchen, wählen Sie guten Käse mit hausgemachter Konfitüre (10 €). **Pere cotte al Sangiovese**, Zuppa inglese, Panna cotta und Crostate setzen den Schlusspunkt. Der Hauswein ist ein hervorragender Sangiovese, aber es gibt auch zahlreiche glas- und flaschenweise Angebote, die durchwegs kompetent ausgesucht sind. Zwei Degustationsmenüs für 27 und 35 €.

Il Buongustaio in **Gambettola** (13 km), Piazza Cavour 5, verkauft ausgezeichneten Schafkäse.

CESENATICO (FC)

53 KM ÖSTLICH VON FORLÌ, S.S. 9 UND S.S. 304

Osteria del Gran Fritto

Moderne Osteria
Corso Garibaldi, 41
Tel. (+39) 05 47 / 824 74
Kein Ruhetag
Keine Ferien
110 Plätze + 40 Plätze im Freien
Preise: 28–35 €
Kreditkarten: CS, MC, Visa; BM
Mittags und abends geöffnet

DIE OSTERIA – Der Hafenkanal von Cesenatico mit dem Freiluft-Marinemuseum und alten Fischerbooten mit leuchtend bunten Segeln ist eine wahre Augenweide. Nicht weit davon entfernt ist die Piazzetta delle Conserve mit den Gruben, in die man einst den Fisch mit Eis und Schnee zwecks Konservierung stopfte. Die Osteria entstand in dieser Umgebung aus dem Wunsch von Patron Stefano Bartolini, einen Ort zu schaffen, an dem Traditionsgerichte im Zeichen des Fritto di paranza (Frittüre aus kleinen Fischen) aufgetischt werden. An den Wänden der beiden Gasträume hängen die von zarten Bilder von Tinin Mantegazza und Fotos mit Szenen von alten Fischerbooten. Die Tische sind aus buntem Holz, das Menü wird auf die Papierservietten geschrieben.

DIE KÜCHE – Die Speisen wechseln je nach Jahreszeit und Fangergebnis. Sie können sich mit **Monfettini in brodo di seppia**, Zuppa di fagioli e vongole (9,50 €) und Saraghina alla griglia einstimmen. Gran fritto di pesce (14,50 €), Fritto di calamari e gamberi, **Sardoncini in padella** all'olio e limone (8,50 €), Cozze oder Vongole alla marinara und Totanetti grigliati con cardi stehen immer auf dem Programm. An Primi bieten sich klassischer **Risotto „alla moda di una volta“** (9,50 €), Tagliolini con seppie e piselli, **Strozzapreti al ragù di mazzola** und Mezze maniche allo sgombro an. Von den Dolci lohnen Crema di gelato all'arancia e caramello, Mousse di caffè alla Sambuca und opulente **Cialda al gelato di crema e frutti di bosco** eine Kostprobe. Die Weinkarte listet Weine aus Italien und der Region auf, die auch glasweise erhältlich sind. Zu reservieren ist nicht möglich, aber falls das Lokal voll ist, können Sie Ihre Handynummer hinterlassen und einen Spaziergang am Hafen unternehmen. Sie werden verständigt, sobald ein Tisch frei wird.

COMACCHIO (FE)

52 KM SÜDÖSTLICH VON FERRARA, ZUBRINGER A 13

Da Vasco e Giulia

Trattoria
Via Muratori, 21
Tel. (+39) 05 33 / 812 52
Ruhetag: Montag, Mittwochabend
Ferien: 7.–31. Januar
40 Plätze
Preise: 30–35 €
Keine Kreditkarten; BM
Mittags und abends geöffnet

DIE OSTERIA – Diese einladende Trattoria befindet sich in der Nähe der Trepponti-Brücke, die einen Rahmen von großem landschaftlichen und kulturellen Wert bildet und ein Wahrzeichen für die Verbindung des Gebiets mit der Fischerei darstellt, insbesondere mit dem Aalfang. „Der Aal ist wie das Schwein, man wirft nichts davon weg“, erklärt Irene (die sich um den Service kümmert, während ihre Schwester Elena und Mamma Giulia in der Küche regieren) und erzählt, dass hier sogar die Gräten verspeist wurden, die man so lange grillte, bis sie wie ein Grissino wurden. Rund um den Aalfang entspannen sich epische Duelle zwischen Wächtern und „Fiocinini“ (Fischern, die ohne Genehmigung fischten), als Aal das Hauptnahrungsmittel zur Versorgung der ärmsten Familien darstellte. Auf der Karte finden sich Speisen aus dem Wasser und vom Festland. Es sind aber vor allem die Primi, die die Geschmacksnoten dieses Gebiets zum Ausdruck bringen.

DIE KÜCHE – Beginnen Sie mit ein paar Vorspeisen aus Fisch oder mit **Anguilla marinata** (10 €), um danach zu den Primi überzugehen, unter denen Risotto di mare oder all'anguilla (9,50 €), Ravioli della casa und **Maccheroncini alla moda nostra** hervorstechen. Bei den Secondi finden Sie neben dem bereits gefeierten Anguilla (Aal) – hervorragend mit Wirsing (12 €), als Brodetto oder vom Rost mit Polenta – saisonal unterschiedlichen Fisch. Bahn frei also für Soaso, **Passera** und Sogliola **ai ferri** oder Fritto misto di pesce (12 €). Sorbets, Kuchen und Eis sind hausgemacht, ebenso wie die bemerkenswerte **Zuppa inglese** (je 4 €). Die Weinkarte nennt verschiedene italienische Etiketten, aber wir raten zu den „Vini delle sabbie“ aus dem Bosco Eliceo, die es auch offen gibt.

Die Fischhandlung Lidomar verkauft in der Saison den traditionellen marinierten Aal aus dem Slow-Food-Presidio.

CORNIGLIO (PR)
Ghiare

40 KM SÜDWESTLICH VON PARMA

Da Vigion

Trattoria
Via Provinciale, 21
Tel. (+39) 05 21 / 88 81 13
Ruhetag: Montag, Dienstag
Ferien: 10.–20. Juni, 1.–10. September
80 Plätze + 20 Plätze im Freien
Preise: 25–27 €
Kreditkarten: CS, MC, Visa; BM
Mittags und abends geöffnet

DIE OSTERIA – Seit Vigion, der Stammvater der derzeitigen Wirte, 1947 das Ruder übernommen hat, ist dieses Lokal zu einer bewährten und zufriedenstellenden Anlaufstelle an der Straße geworden, die das Tal von Parma in Richtung Apennin hinaufführt. Die Gegend ist bekannt für die Prosciutti, die hier dank der Meeresluft reifen, die sie trocknet und ihnen ihren Duft verleiht. Die Trattoria verfügt über drei schöne kleine Räume (im Sommer wird auch auf der Veranda gedeckt), wobei der letzte Raum aus einem ehemaligen Pferdestall entstand. Carlo wird Sie empfangen und kompetent bei der Wahl der Speisen leiten, die von Mamma Elda und Ehefrau Gabriella, tüchtigen Interpretinnen der Tradition, zubereitet sind wie es sich gehört.

DIE KÜCHE – Der Antipasto ist den Wurstspezialitäten gewidmet (um deren Reifung kümmert sich der Inhaber, ein erfahrener Fleischer und Spezialist für Schweinefleisch): Hervorragend sind Prosciutto crudo, Pancetta, Coppa estiva, Salami und außergewöhnlich gute **Spalla cruda** (7 €), die alle **mit** hausgemachter **Giardiniera** kombiniert werden. An Primi bieten sich **Tagliolini ai porcini** (9 €), Cappelletti in brodo di cappone und **Tortelli di patate** con sugo di funghi oder **al burro e formaggio** an. Danach warten unterschiedliche Fleischgerichte wie **Faraona arrosto** (8 €), Anatra, Costine di maiale al forno, Punta di vitello und Coniglio. Oft gibt es auch Wildgerichte vom Reh oder Wildschwein. Bei den Dolci bewahren sich Geschmack und Aromen der Hausmannskost mit Crostate, **Torta di mele** und Semifreddo dolce amore. Neben eindeutig lokal (gut ist der Malvasia) und regional geprägten Weinen hält die Karte ein paar schöne Überraschungen aus dem übrigen Italien bereit. Mittags gibt es ein Tagesmenü für 13 €.

CORREGGIO (RE)

17 KM NORDÖSTL. V. REGGIO NELL'EMILIA, S.S. 468

Tre Spade

Trattoria
Via Roma, 3 A
Tel. (+39) 05 22 / 64 15 00,
(+39) 340 / 312 88 29
Ruhetag: Sonntagabend
Ferien: 2 Wochen Mitte August
40 Plätze + 15 Plätze im Freien
Preise: 30–35 €
Kreditkarten: CS, MC, Visa; BM
Mittags und abends geöffnet

DIE OSTERIA – Correggio liegt laut dem Sänger Ligabue zwischen der Via Emilia und Amerika, im Land des „Lambrusco & Popcorn", in der etwas nebligen Ebene, in der Lokale entstanden sind, wie es sie kaum mehr gibt. Die Trattoria Tre Spade ist eines davon und könnte mit ihren Jugendstilfenstern unter den Arkaden emilianischer nicht sein. Seit 1983 führen die Masoni-Schwestern, Marzia im Service und Irene am Herd, diese Gaststätte, die zu einer Anlaufstelle der Künstler aus dem nahen Teatro Comunale geworden ist und mit Traditionskost im Stil von Reggio aufwartet. Bei dieser Küche geht es um mit dem Nudelholz ausgezogene Teigwaren, Schweinefleisch und Kräuter, zu denen sich seit Juli 2016 eine weitere Ikone der regionalen Gastronomie gesellt hat, nämlich Gnocco fritto. Das Menü steht auf der gut sichtbaren Tafel im hinteren Bereich des Gastraums angeschrieben. Einige Gerichte sind ganzjährig erhältlich, einige wechseln saisonal.

DIE KÜCHE – Während Sie Ihre Auswahl treffen, serviert man Ihnen Kostproben von Ciccioli frolli, Erbazzone und Frittata. Unter den Primi sind **Cappelletti in brodo** (11 €), Tagliatelle al ragù, **Tortelli verdi** (9,50 €) oder di zucca, Gnocchi di patate, saisonal unterschiedlich verfeinerte Risotti sowie Suppen aus Hülsenfrüchten und Getreide. Die Secondi stehen im Zeichen von gut ausgewähltem Fleisch: Bianca di Saluzzo (Huhn), **Faraona al forno** (13 €), Coniglio all'aceto balsamico, Roastbeef di vitella und in der entsprechenden Saison Cotechino con il purè, Zampone con fagioli und Stinco di maiale al forno. Als Dolci bieten sich klassische **Zuppa inglese** (6 €), Pere alla crema, Torta al cioccolato und ***Busilan*** (Kringel) mit Süßwein an. Ausgewogene, schöne Weinkarte mit Lambrusco und Tropfen aus der Region.

31 KM SW V. RAVENNA, S.S. 9 OD. AUSFAHRT A 14

Ca' Murani

Restaurant • Vicolo Sant'Antonio, 7
Tel. (+39) 05 46 / 880 54
Ruhetag: Donnerstag
Ferien: je 2 Wochen im Januar und September
50 Plätze
Preise: 31–34 €
Kreditkarten: AE, CS, DC, MC, Visa; BM
Abends geöffnet, Samstag und Sonntag auch mittags

DIE OSTERIA – Eine wundervolle Bestätigung: Nach einem Jahr punktet die Osteria weiterhin mit Respekt für lokale Qualitätsprodukte und einer guten Hand in der Küche. Remo und Daniela vermitteln Ihnen das Gefühl, zu Hause zu sein; wenn Sie im Winter kommen, trägt das knisternde Kaminfeuer zu noch mehr Gemütlichkeit bei. Das Menü ändert sich jeden Monat – eine Gelegenheit mehr, um noch einmal zu kommen.

DIE KÜCHE – Einen wohlschmeckenden Einstieg bieten Tortino di ricotta und Stridoli con fiori di zucchine e crema di squacquerone (9 €), **Lonzino al fumo di olivo con salsa di olive nere e ginepro** und Torta di cime di rapa e ortica con mozzarella di bufala e maggiorana. Unter den Primi ist opulente Lasagna con fonduta di pecorino, asparagi e prosciutto stagionato, aber auch Gnocchi al pomodoro e scalogno al pesto di basilico (10 €), Zuppa di orzo con patate, zucchine, fiori di zucca, fagiolini e ricotta stagionata und **Maltagliati in brodo di canocchie con seppie e piselli** lassen nichts zu wünschen übrig. Wenn Sie die Klassiker der Romagna bevorzugen, wählen Sie Tagliatelle al ragù di salsiccia e spugnole (12 €) oder im Herbst und Winter **Cappelletti in brodo**. Lassen Sie aber auch noch Platz für die Secondi, die alle eine Kostprobe wert sind: **Coniglio al forno con patate arrostite** (16 €), Lombata di maiale con asparagina all'olio di Brisighella Dop, Roastbeef di scottona con carciofi violetti e misticanza und vegetarischer Timballo di patate rosse e fave alla parmigiana con aglietto fresco (12 €). Die Dolci wechseln täglich. Erkundigen Sie sich beim Wirt – Sie werden nicht enttäuscht sein. Was den Wein angeht, sind Sie auf der sicheren Seite. Das Kellerangebot zeigt große Achtsamkeit und Sensibilität gegenüber den Erzeugnissen lokaler Winzer.

31 KM SW. V. RAVENNA, S.S. 9 OD. AUSFAHRT A 14

La Baita

Enoteca mit Küche
Via Naviglio, 25
Tel. (+39) 05 46 / 215 84
Ruhetag: Sonntag, Montag
Ferien: 1.–15. Januar, 2 Wochen Mitte August
55 Plätze + 55 Plätze im Freien
Preise: 30 €
Kreditkarten: CS, MC, Visa; BM
Mittags und abends geöffnet

Eine einzigartige, unwiederholbare Reise durch die Welt der Erzeugnisse kleiner und gleichzeitig großer Handwerker des Geschmacks.

DIE OSTERIA – Wir befinden uns im Zentrum einer Stadt, die für ihre jahrhundertealte Tradition der Keramikherstellung berühmt ist. Im historischen Laden mit Vinothek empfangen Sie Roberto und Rosanna mit der den Bewohnern der Romagna eigenen Wärme und Offenheit. Am Eingang sticht der schöne große Tresen mit einer unglaublichen Auswahl an Käse und Wurst ins Auge, die man kaufen oder auch an einem der Tische zu jeder Tageszeit genießen kann und nach Gewicht bezahlt.

DIE KÜCHE – Das Menü der Osteria geht mit den Jahreszeiten und steht im Einklang mit der traditionellen Küche; daneben gibt es ein paar Ausflüge in die Meeresküche und in andere Regionen wie im Fall von Caponata und Panelle. Unter den Primi sind gute **Tagliolini con fegatini di coniglio** (9,50 €), *Ingannaprit* in zuppa di pesce und alle Varianten hausgemachter Pasta wie Gnocchi, Tagliatelle und Maltagliati. Fast immer präsent sind eine Suppe oder Crema di legumi e verdure. Neben typischem Filetto di maiale farcito con rosmarino, senape e peperoni (15 €) oder Filetto di **vitello saltato al Sangiovese** können Sie Bollito misto con sue salse, Coniglio con olive e carciofi und, für Freunde dieses Gerichts, Trippa vorfinden. Von den Meeresgerichten schmecken Calamari und **Frittelle di sardoncini** besonders gut. Zuppa inglese, Latte alla portoghese, Torta di mascarpone e ricotta (5 €) und **Peschine dolci** setzen den Schlusspunkt. Breit gefächert und gepflegt präsentiert sich die Weinkarte mit besonderem Augenmerk auf Tropfen aus dem Gebiet und von kleinen Weinbauern aus der Region.

31 KM SW. V. RAVENNA, S.S. 9 OD. AUSFAHRT A 14

Manuëli

Trattoria
Via Santa Lucia, 171
Tel. (+39) 05 46 / 64 20 47
Ruhetag: Sonntagabend, Montag
Ferien: 1 Woche im September, 2 Wochen im Februar
90 Plätze + 90 Plätze im Freien
Preise: 30–33 €
Kreditkarten: CS, Visa; BM
Mittags und abends geöffnet

DIE OSTERIA – Wir befinden uns ein wenig außerhalb von Faenza im ländlichen Gebiet zwischen den Ausläufern von Faenza und Forlì: Bei der Anreise verirren Sie sich vielleicht zwischen Weingärten und Obstplantagen, die sich bis zum Horizont erstrecken, kaum unterbrochen von Erhebungen. Denken Sie an das Essen, sobald Sie Ihr Ziel erreicht haben, und lassen Sie sich vom großen, manchmal chaotischen Speisesaal nicht beirren. Wir sind hier in einer echten Trattoria von einst. Grazia und Alieto leiten Sie durch die Vielzahl der Gerichte aus der romagnolischen Tradition.

DIE KÜCHE – Als Einstieg empfehlen wir Wurst und Käse mit Pizza fritta, Rotolo di coniglio freddo con verdura (9,50 €), **Sformato di fegatini di pollo** e coniglio con polenta fritta e pioppini oder auch Tortino di asparagi su crema di patate e zucchine croccanti. Die Primi kommen in großzügigen Portionen daher: Gut sind Strichetti al ragù bianco di faraona e peperoni (9,50 €), Tortelli di ortica al pomodoro fresco e basilico, ***Curzul*** al ragù di castrato oder **al sugo di scalogno** (7,50 €), **Tagliatelle alle rigaglie** und Cappelletti di formaggio in brodo oder al ragù. Die Secondi erfreuen Fleischliebhaber: Agnellone romagnolo alla griglia con odori (15 €), Faraona ai ferri, Filetto di maiale in padella, Anatra, Piccione oder **Capretto al forno** und viel Fleisch vom Grill, darunter **Braciole di castrato**, Costolette und Cosciotto vom Schaf. Wenn Sie dann noch nicht satt sind, greifen Sie zu ganz typisch romagnolischen Dolci (4,50 €) wie Spumone al mascarpone con salsa al cioccolato, Zuppa inglese, Crema fritta und Pesche ripiene con crema e cioccolato. Die eindeutig lokal gefärbte Weinkarte nennt Etiketten aus den Colli Faentini und ein paar Weine aus dem übrigen Italien.

31 KM SW. V. RAVENNA, S.S. 9 OD. AUSFAHRT A 14

Marianaza

Trattoria
Via Torricelli, 21
Tel. (+39) 05 46 / 68 14 61
Ruhetag: Oktober–Mai Dienstag, Mittwoch; Juni–September Mittwoch, Donnerstag
Ferien: August
50 Plätze
Preise: 30–35 €
Kreditkarten: AE, CS, DC, MC, Visa; BM
Mittags und abends geöffnet

DIE OSTERIA – Hinter der Piazza delle Erbe befindet sich in einem Gässchen der Altstadt eine der letzten alten Trattorien Faenzas, die seit mehr als 150 Jahren existiert. Die Nähe zum Marktplatz hat Generationen von Händlern, Kunden, Keramikern und Malern ermöglicht, sich um den großen Kamin zu scharen, der im hinteren Bereich des Speisesaals thront. Seine Glut ist ständig heiß, damit jederzeit Fleisch darüber gegart werden kann. Eine bewährte Anlaufstelle für alle, die echte romagnolische Küche suchen, in gemütlichem, rustikalem Ambiente. Ihren alten Glanz haben Signora Mariangela in der Küche und die Töchter Natascia und Luana im Service wieder zum Strahlen gebracht.

DIE KÜCHE – Beginnen Sie mit saisonal verfeinerten Bruschette, **Piadina con salumi di mora** (12 €) und Crostini di polenta con squacquerone und gehen Sie danach zu den Primi wie Garganelli, Tortelloni al burro e salvia, köstlichen **Tagliatelle con prosciutto e piselli** (9 €), Pasta e fagioli, Spaghetti alla buttera und den unübertrefflichen Passatelli über. Die Secondi verströmen ganz nach Tradition der Romagna den Duft von Grillfleisch: Pancetta, Salsiccia (auch Salsiccia matta), **Fegatelli con la rete**, Costolette di agnello, **Cosciotto di castrato** (10 €) und Fiorentine. Gute Alternativen wären Baccalà con porri und Trippa. Gegrilltes Gemüse (Tomaten, Paprika, Zucchini und Auberginen) begleitet die Speisen. Das Finale bilden Pecorini oder hausgemachte Dolci wie Zuppa inglese, Crème brulée (6 €) und Crostata mit selbst gemachter Konfitüre. Das interessante und umfassende Kellerangebot beinhaltet ordentliche Weine von kleinen Winzern vor allem aus Faenzas Umland sowie bedeutende Tropfen aus ganz Italien.

FARINI (PC)
Mareto

53 km südwestlich von Piacenza, S.P. 654

Albergo dei Cacciatori

Restaurant
Ortsteil Mareto, 47
Tel. (+39) 05 23 / 91 51 31
Ruhetag: Montag
Keine Ferien
150 Plätze
Preise: 20–25 €
Kreditkarten: CS, DC, MC, Visa; BM
Mittags und abends geöffnet

DIE OSTERIA – Wir befinden uns im oberen Nure-Tal in der Ortschaft Mareto im Gemeindegebiet von Farini auf rund 900 Metern Höhe. In dieser kaum berührten Gegend hat man in den letzten Jahrzehnten versucht, der Abwanderung aus den Gebirgsregionen durch Verwurzelung und Wiederaufnahme einiger gastronomischer und landschaftlicher Traditionen entgegenzuwirken. Es lohnt sich, den Weg hier herauf zu bewältigen, um die Torta di patate zu probieren, die im gesamten Gebiet von Farini die Kommunale Ursprungsbezeichnung (De.Ca) erhalten hat. Das diesem Gericht gewidmete Fest findet am dritten Sonntag im September statt, die Torta gibt es aber das ganze Jahr über. Das Restaurant nimmt den ersten Stock des Hotels ein, das über rund 20 Gästezimmer verfügt.

DIE KÜCHE – Hier umfängt Sie eine häusliche, familiäre Atmosphäre. Das Menü wird mündlich erläutert; wir empfehlen immer, sich – auch in Anbetracht des hervorragenden Preis-Leistungs-Verhältnisses – durch die Verkostung aller Gerichte leiten zu lassen. Wenn Sie jedoch keine starken Esser sind, raten wir zum Antipasto mit Wurst aus Piacenza oder mit Salami, Pancetta und Sottaceti (7 €). Fahren Sie mit klassischen ***Pisarei e fasò*** (7 €), **Cannelloni di ricotta e spinaci** oder mit Tortelli di erbette fort. Bei den Secondi dominieren Fleischgerichte. Uns mundete besonders **Cinghiale in umido** (10 €), aber auch **Faraona in crosta**, ***Picula*** (gehacktes und gegartes Pferdefleisch) sowie Lepre oder Capriolo (Feldhase und Reh – beide gegen Vorbestellung) sind perfekt zubereitet. Von den Süßspeisen sollten Sie ein Stück Crostata probieren. Das Weinangebot beschränkt sich auf einige lokale Etiketten und den Hauswein.

FARINI (PC)
Groppallo

52 km südlich von Piacenza, S.P. 654

Fratelli Salini

Trattoria
Viale Europa, 46
Tel. (+39) 05 23 / 91 61 04
Ruhetag: Mittwoch, außer im Sommer
Ferien: unterschiedlich
80 Plätze
Preise: 24–30 €
Kreditkarten: CS, MC, Visa; BM
Mittags und abends geöffnet

DIE OSTERIA – Die Anreise und der Anstieg auf 1000 Meter Höhe, um nach Groppallo zu gelangen, eine kleine Gemeinde im Hügelland um Piacenza, werden belohnt, wenn Sie diesen schönen Betrieb kennenlernen. Es handelt sich um eine Osteria, aber auch um ein Hotel und eine bekannte kleine Fleisch- und Wursterzeugung. Der einzige Gastraum, über den das Lokal verfügt, lässt die Erinnerung einige Jahrzehnte zurückschweifen und an die sonntäglichen Mittagessen außer Haus mit der gesamten bei Tisch versammelten Familie denken.

DIE KÜCHE – Wie es in dieser Gegend üblich ist, kann man nicht umhin, sein Menü mit einer Kostprobe von den hausgemachten Wustspezialitäten (8 €) zu beginnen: Mariola (Slow-Food-Presidio), Coppa, Pancetta, Salami und Guanciale. Bei den Primi treten bevorzugt hausgemachte Teigwaren auf den Plan (8 €): Bahn frei für Tortelli con ricotta e spinaci, Tortelli con la zucca, Ravioli, **Tagliatelle con la pasta di salame**, Chicche della nonna oder Gnocchi. Fleisch ist das Thema der Secondi (je 8 €), von denen wir Costate, **Fegato in tegame**, verschiedene Braten, Bolliti und **Maialata** (verschiedene Stücke vom Schwein einschließlich Füße und Rüssel) erwähnen. Gegen Vorbestellung sind verschiedene Themenmenüs (in erster Linie mit Wild und Pilzen) erhältlich. Lassen Sie am Ende noch Platz, um ein Stück Crostata (3,50 €), Semifreddo alle mandorle con cioccolata, Saisonobst, Amaretti und frische Spuma alla menta con cioccolato fondente zu probieren. Die gute Weinkarte ist von Etiketten lokaler Provenienz geprägt.

16 KM SÜDWESTLICH VON PARMA, S.P. 56

NEU Osteria della Stazione di Felino

Moderne Osteria
Via Calestano, 14
Tel. (+39) 05 21 / 83 11 25
Ruhetag: Mittwoch
Ferien: unterschiedlich
40 Plätze + 50 Plätze im Freien
Preise: 30–35 €
Kreditkarten: CS, DC, MC, Visa; BM
Mittags und abends geöffnet

DIE OSTERIA – Seit 1937 waren in diesen Räumlichkeiten diverse Generationen von Wirten und Gastronomen tätig. Seit rund vier Jahren haben Andrea Pesci und seine Frau Michela Ponzi den Betrieb übernommen. Andrea werkt am Herd, während Michela den Service koordiniert. Die Räume sind mit einem Mix aus Alt und Neu und großen, schön gedeckten Tischen gut eingerichtet. In diesem Gebiet hat die Verarbeitung von Schweinefleisch große Tradition (Andrea setzt auf Lieferanten, die ihm höchste Qualität garantieren), aber die Küche bietet neben den großen Klassikern auch ein paar innovative Gerichte und ein kleines, aber gutes Meeresmenü.

DIE KÜCHE – Man beginnt mit einem Wurstmix (24 Monate gereiftem Parmaschinken, Salami aus Felino, Coppa und Pancetta), Culatello aus Zibello (12 €) und wunderbarer **Salame fritto al Lambrusco** oder alla Malvasia (9 €). Bei den Primi finden Sie auch im Sommer **Anolini in brodo** (11 €) auf der Karte; eine Alternative wären Gnocchi di patate al tartufo nero, Tortelli di erbette, Ravioli di melanzane con crema di pomodorini e peperone und die mittlerweile seltene **Bomba di riso**, hier mit Salsiccia und Pilzen gefüllt. Von den Secondi schmecken neben gegrilltem Fleisch köstliche **Trippa** in umido **alla parmigiana**, Pecora cornigliese alla mediterranea (15 €), Tartara di fassona piemontese und Sottospalla di vitello arrosto besonders gut. Die Mahlzeit endet mit Löffeldesserts, Salame di cioccolato con zabaione, Gelato alla crema mit nativem Olivenöl extra verrührt und Torta di riso con gelato alla panna. Das Weinangebot umspannt lokale, regionale und italienische Erzeugnisse, darunter einige interessante Tropfen.

Da Noemi

Trattoria
Via Ragno, 31
Tel. (+39) 05 32 / 76 90 70
Ruhetag: Dienstag
Ferien: 1.–31. Juli
48 Plätze + 6 Plätze im Freien
Preise: 30–35 €
Keine Kreditkarten
Mittags und abends geöffnet

DIE OSTERIA – Kehren Sie in diese historische Trattoria im mittelalterlichen Teil der Altstadt von Ferrara ein, um unverfälschte bodenständige Küche zu genießen, bevor Sie einen Spaziergang durch die Straßen der Stadt unternehmen, die als UNESCO-Weltkulturerbe gilt. Das nach dem Krieg von Noemi, der Mutter der derzeitigen Eigentümerin und Wein- und Käseexpertin Maria Cristina, eröffnete Lokal ist anmutig und familiär und besticht mit freundlichem, unaufdringlichem Empfang. Das Speisenangebot ist ganz klassisch gehalten und beinhaltet leicht überarbeitete und gut präsentierte Gerichte der Tradition Ferraras.

DIE KÜCHE – Den Anfang machen einige Antipasti, wie zum Beispiel Sformatino di zucca con fonduta di parmigiano und Tagliere di salumi con pinzini (10 €). Das Brot aus in der Steinmühle gemahlenem Mehl ist hausgemacht, während die für Ferrara typische *Ciupeta* aus einer nahen Bäckerei kommt. An Primi, alle hausgemacht, bieten sich ein mittlerweile rar gewordener, nach allen Regeln der Kunst zubereiteter **Pasticcio di maccheroni** ferrarese (12 €), Cappelletti in brodo und **Cappellacci di zucca al ragù** (9 €) an. Als Secondi gibt es köstliche **Salamina da sugo** ferrarese **con purè** (13 €), Braciola di mora romagnola alla griglia con patate al forno und eine reichhaltige Käselektion mit Honigtau und hausgemachtem Zwiebelkompott. Hervorragend sind auch die Dolci wie die obligate Zuppa inglese, **Tenerina al cioccolato** und Torta di tagliatelle. Die umfangreiche Weinkarte nennt Etiketten aus ganz Italien mit angemessener Vorrangstellung regionaler Tropfen; die Weine gibt es auch glasweise.

Enoteca Al Brindisi, Via Guglielmo degli Adelardi 11: In diesem Lokal aus dem Jahr 1435 mit einfacher Einrichtung und Sichtgebälk kann man zwischen den Flaschen einen Aperitif einnehmen.

FIDENZA (PR)

27 KM WESTLICH VON PARMA, S.R. 62

NEU La Boschina

Trattoria
Via Tabiano, 55
Tel. (+39) 05 24 / 830 15
Ruhetag: Montag
Keine Ferien
50 Plätze + 35 Plätze im Freien
Preise: 30–35 €
Kreditkarten: MC, Visa; BM
Mittags und abends geöffnet

DIE OSTERIA – An den Toren von Fidenza haben Flavia Dalla Bona und ihr Mann Diego Delendati an der Straße nach Tabiano Terme dieses schöne Lokal ins Leben gerufen, das die etwas leichter gestalteten und überarbeiteten gastronomischen Traditionen der Bassa mit anderen „importierten" Speisen verbindet. Flavia und Diego begrüßen die Gäste und sorgen für einen freundlichen, professionellen Service, während Meriem Baydar mit der Küche betraut ist; sie ist türkischer Herkunft, aber perfekt in das Gebiet integriert. Das Lokal ist gemütlich, weitläufig, lichtdurchflutet und präsentiert sich in puncto Einrichtung und Tischgestaltung gepflegt; im Sommer kann man sein Essen auch in einem schönen Garten einnehmen.

DIE KÜCHE – Wie bereits erwähnt, wird vor allem der Tradition viel Platz eingeräumt, aber Sie finden auch ein kleines Fischmenü auf der Karte. Den Anfang machen ein Wurstmix – Culatta, Prosciutto, Coppa und Salami (12 €) – oder Spalla cotta con mostarda, Tartara di fassona und **Mariola su purea di patate**. Danach folgen Primi wie geschmacksreiche **Anolini in brodo** (nur mit Brot und Käse gefüllt, 11 €), **Tortelli di erbette**, Lasagna verde con pasta di salame (9 €) und hervorragende Amatriciana. Helles und dunkles Fleisch bestimmt die Secondi, wie Trippa alla parmigiana in bianco, **Coniglio disossato in umido** con soffritto e patate conciate (15 €), Guanciale caramellato alle erbe aromatiche und Cosciotto di galletto con la vecchia (ein altes Gericht aus Parma in einer leichteren Version, 13 €). Die schöne Dessertkarte nennt auch eine exzellente Zuppa inglese. Zu trinken gibt es verschiedene regionale und lokale Weine zu korrekten Preisen.

FIDENZA (PR)
Fornio

32 KM NORDWESTLICH VON PARMA, S.S. 9

NEU Osteria di Fornio

Traditionelle Osteria
Via Fornio, 78
Tel. (+39) 05 24 / 43 52 09
Ruhetag: Montagabend, Dienstag
Ferien: erste Januarwoche, 2 Wochen Mitte August
45 Plätze + 45 Plätze im Freien
Preise: 30–37 €
Kreditkarten: CS, DC, MC, Visa; BM
Mittags und abends geöffnet

DIE OSTERIA – Fornio ist ein ruhiger, ländlicher Ort westlich von Fidenza. Das 1920 eröffnete Lokal besteht aus zwei Gasträumen im oberen Stockwerk einer Villa, die auch über einen großen Balkon verfügt, auf dem man im Sommer speisen kann. Seit rund zehn Jahren bieten Cristina Cerbi, am Herd, und ihr Mann Luca Caraffini, im Service, eine in der hiesigen Tradition verwurzelte Küche. Dazu zählen hervorragende hausgemachte Teigwaren, gefüllt und ungefüllt, und exzellente Wurstspezialitäten, von denen einige (Pancette, Coppe und Salami) im hauseigenen Keller zubereitet und affiniert werden. Die Speisekarte, die von einem lokalen Künstler gestaltet wird, ändert sich alle zwei Monate und folgt der jahreszeitlichen Verfügbarkeit der Zutaten.

DIE KÜCHE – Eine Kostprobe von den Wurstspezialitäten (15 €), begleitet von knuspriger Polenta fritta, ist unerlässlich, aber auch die verschiedenen Speisen aus Gemüse, Käse oder Hülsenfrüchten schmecken gut. Weiter geht es mit Primi (10 €), untergliedert in traditionelle – **Mezze maniche ripiene in brodo**, Tortelli di erbette al burro e salvia, **Tagliatelle al sugo di strolghino**, ***Pisarei e fasò*** – und saisonale Gerichte wie Gnocchi al basilico con pomodorini, melanzane e ricotta salata und Ravioli di ricotta e culatello con tosone. Als Hauptgang stehen diverse Fleischgerichte zur Auswahl: Petto d'anatra al forno all'aceto balsamico, Costata di manzo (20 €), **Pasta di salame fritta al vino bianco** und **Tagliata di cavallo con verdure in padella** (15 €). Im Herbst und Winter sind auf der Karte auch Wild und Bolliti zu finden. Die Weinselektion lässt Augenmerk auf lokale Tropfen erkennen, beinhaltet aber auch einen umfassenden Überblick über italienische Etiketten.

FINALE EMILIA (MO)
Massa Finalese

42 KM NORDÖSTLICH V. MODENA, S.S. 12 U. S.S. 468

Entrà

Trattoria
Via Salde Entrà, 60
Tel. (+39) 05 35 / 971 05
Ruhetag: Montag, Dienstag
Ferien: 7.–14. Januar, 16. August–Anfang September
40 Plätze + 40 Plätze im Freien
Preise: 25–28 €
Kreditkarten: MC, Visa; BM
Abends geöffnet

Eine Schwester, ein Bruder, die Erinnerung an eine legendäre Mutter, ein Winkel weitab von der Hektik des Alltags, eine Küche, die dich mit dem Leben wieder versöhnt: Das sind die Zutaten einer großartigen Osteria.

DIE OSTERIA – Immer seltener werden die Lokale, in denen du dich zu Tisch setzt und es schaffst, dich mit dem Gebiet vertraut zu machen. Das Entrà ist eines davon. Gastlichkeit und Wärme sind authentisch, so dass man sich stets wie ein alter Freund behandelt fühlt. Aus der Küche kommen Speisen, die von der emilianischen Ebene erzählen, die auf ihre Weise einen besonderen Zauber hat. Antonio, im Service, und seine Schwester Elvira, in der Küche, widmen sich ohne Unterlass den Zutaten, um den Gästen Geschmacksnoten zu bieten, die sie in vergangene Zeiten versetzen, und sind dabei stets auf Qualität bedacht.

DIE KÜCHE – Das mündlich vorgetragene Menü beginnt mit lokalen Wurstsorten wie Salami, Pancetta, Rohschinken und Mortadella aus dem Slow-Food-Presidio (5,50 €), bereichert um einige „edle Stücke", die in den Kellern der Osteria reifen. Danach geht es mit hausgemachter Pasta weiter: Tortelli di zucca, Tagliatelle al ragù und **Passatelli in brodo di cappone** (8 €). An Secondi gibt es einen hervorragenden, handwerklich erzeugten Cotechino con fagioloni bianchi, außergewöhnlich gutes **Faraona arrosto con patate** (13 €), nicht minder gute **Zucchine ripiene di salsiccia e parmigiano** und eine interessante Käseselektion. Einfach, aber gepflegt ist die Palette der Desserts, darunter Salame di cioccolato, **Zuppa inglese** (4 €) und Torta di panna e fragole. Die umfangreiche, gut aufgebaute Weinkarte nennt eine beneidenswerte Selektion an Lambruschi und andernorts nicht zu findenden lokalen Tropfen, die man im Lokal genießen oder kaufen kann, um ein Stück Entrà mit nach Hause zu nehmen.

FIORENZUOLA D'ARDA (PC)

22 KM SÜDÖSTLICH VON PIACENZA, S.S. 9

Battibue

Agriturismo • Ortsteil Battibue, 278
Tel. (+39) 05 23 / 94 23 14,
(+39) 335 / 589 15 85
Ruhetag: Montag, Dienstagmittag
Ferien: 2 Wochen im September
70 Plätze + 70 Plätze im Freien
Preise: 18–26 € (Tagesmenü)
Kreditkarten: CS, DC, MC, Visa; BM
Abends geöffnet, mittags gegen Vorbestellung

DIE OSTERIA – In der Ebene um Piacenza liegt wenige Kilometer vom Zentrum von Fiorenzuola d'Arda dieses Lokal mit rustikalem, gefälligem Ambiente. In den Räumlichkeiten einer ehemaligen Käserei mit achteckigem Grundriss ist der Speisesaal eingerichtet; in der schönen Jahreszeit kann man im Garten essen. Gästezimmer und ein kleiner Spielplatz für Kinder machen diesen Landwirtschaftsbetrieb zu einem idealen Ziel für unterschiedlichste Gäste.

DIE KÜCHE – Das Basismenü (18 €) besteht aus Vorspeise, Nachspeise und Kaffee, zu dem man ein Primo kombinieren kann und auf 20 € kommt, oder zwei Kostproben von Primi und ein Secondo, wofür man 26 € bezahlt. Die Speisen folgen den Jahreszeiten, aber einige Renner unter den Entrees sind immer vorhanden, nämlich Torta fritta und Wurstspezialitäten aus Piacenza (denkwürdig ist **Spalla cruda**) **mit Giardiniera** aus eigener Erzeugung. Danach stehen maximal zwei oder drei Primi auf dem Programm. Von den traditionellen Gerichten sind uns Tortelli con la coda di ricotta e spinaci und ***Pisarei e fasò*** in Erinnerung geblieben; im Frühling sollten Sie auch Risotto und **Crespelle alla crema di asparagi** probieren. Normalerweise sind zwei Secondi aus Schweine- oder Rindfleisch erhältlich. Exzellent, aber nicht immer vorhanden ist Spalla di suino nero (Schulter vom Schwarzen Schwein). Im Winter gibt es Gerichte von Gans und **Ente**, die im Betrieb gezüchtet werden. Unter den Desserts finden sich Crostate, Torta al cioccolato und **Sbrisolona**. Das Kellerangebot setzt sich ausschließlich aus lokalen Etiketten mit einer schönen Selektion der besten Weine aus den vier Tälern um Piacenza zusammen.

In **Soarza di Villanova sull'Arda** (15 km) erzeugt und verkauft die Cascina Pizzavacca Fruchtsäfte, Sottoli, Sottaceti, Gemüsecremen und Konfitüren aus selbst erzeugten Grundzutaten.

Don Abbondio

Osteria-Enoteca
Piazza Guido da Montefeltro, 16
Tel. (+39) 05 43 / 254 60
Ruhetag: Sonntagabend, Juli–Dezember Samstagmittag, Sonntag
Ferien: August
45 Plätze + 20 Plätze im Freien
Preise: 28–34 €
Kreditkarten: AE, CS, MC, Visa
Mittags und abends geöffnet

DIE OSTERIA – Das Don Abbondio, einst Osteria della Trippa genannt, weil hier schon im Morgengrauen Gäste verköstigt wurden, die auf dem Weg zum Viehmarkt waren, wird seit 15 Jahren von Simone Zoli geführt; Franco unterstützt ihn in der Küche, Lorenzo im Service. Achtsamkeit bei der Auswahl der Zutaten (Simone ist stolzer Besitzer eines Gemüsegartens, der im Rahmen einer Genossenschaft auf konfiszierten Grundstücken bestellt wird, die im Besitz krimineller Organisationen waren), Aufmerksamkeit für lokale Erzeuger, Slow-Food-Presidi, Saisontreue und Traditionsgerichte: So lautet das Credo des Lokals, das mit warmem, familiärem Ambiente aufwartet.

DIE KÜCHE – Beginnen Sie mit Wurst vom Mora-Schwein und Piadina, Tortino di baccalà con patate oder **Spiedino di saraghina con pane alle erbe** (9 €). Als Primi kommen **Fettuccine all'orzo con stridoli e *ciavar*** (Salsiccia matta), Basotti di farina integrale con salsa di parmigiano oder Lasagnette bianche al ragù (9 €) auf den Tisch. Fleisch triumphiert zwar bei den Secondi, aber es fehlt auch nicht an Fischgerichten. Wenn Sie der Tradition treu bleiben wollen, probieren Sie **Trippa con cardi e parmigiano** (12 €) oder Trippa in insalata con olive di Ferrandina e cipolla rossa. Klassisch geht es auch mit **Stracotto di manzo con purè di sedano rapa** und Galletto cotto alla piastra al timo con patate weiter. An Dolci (6 €) bieten sich Salame di cioccolato con purea di pere, Cassata romagnola und **Zabaione ghiacciato all'Albana passita**. Es gibt auch zwei Degustationsmenüs: ein klassisches für 35 € und ein Gemüsemenü für 25 €. Schöne Käselektion. Simones Auswahl an Weinen und Bränden ist persönlich gehalten und überzeugend.

Die Enoteca Re Sole, Via Gaudenzi 18, bietet eine schöne Selektion an Weinen, Whisky, Grappa und Rum.

Petito

Moderne Osteria
Viale Corridoni, 14
Tel. (+39) 05 43 / 357 84
Ruhetag: Sonntag
Ferien: 2 Wochen im August
55 Plätze + 25 Plätze im Freien
Preise: 35–38 €
Kreditkarten: AE, CS, MC, Visa; BM
Mittags und abends geöffnet

DIE OSTERIA – Das Lokal befindet sich in einer hübschen Villa in einer Straße nahe der Altstadt und wird von einer Familie geführt: Roberto Zondini und Sohn Andrea sind im Service tätig, Mamma Tina kocht mit Unterstützung von Francesca. Das Angebot kreist um bodenständige Zutaten und Gerichte. Auf der Speisekarte finden Sie neben zahlreichen Slow-Food-Presidi auch die Produzenten der hochwertigen Zutaten verzeichnet, die schonend und meisterhaft verarbeitet werden.

DIE KÜCHE – Man kann mit einer schönen Auswahl an Wurst vom Mora-Schwein (13 €) oder Tartara vom Romagnola-Rind mit Saucen beginnen und dazu gute Piadina genießen. Bei den Primi stehen aus Steinmühlenmehl hergestellte **Tagliatelle al ragù delle due razze romagnole** (9 €), **Tortelli di ricotta di capra con guanciale**, Cappelletti su fonduta di parmigiano con pistacchi e prosciutto, Passatelli asciutti con fave e gamberi immer auf dem Programm. Als Secondi bieten sich **Grigliata mista di mora con verdure di stagione** (16 €), **Lombo di coniglio farcito** con salsiccia oder schmackhafte Tagliata di manzo mit Salz aus Cervia und Öl aus Brisighella an. Als Alternative steht eine hervorragende Käseselektion bereit. Unter den Desserts sind eine himmlische, cremige Zuppa inglese (6 €), Semifreddo al torroncino, Eis und Sorbets. Sehr umfangreich und gut durchdacht ist die Weinkarte, die fast nur Tropfen regionaler Erzeuger enthält. Die Weine sind sorgfältig ausgewählt, und das nicht nur unter den üblichen bekannten Tropfen; sie werden überdies auch glasweise zu mehr als korrekten Preisen angeboten. Lobenswert ist die Möglichkeit, eventuell übrig gebliebenen Wein nach Hause mitzunehmen.

FRASSINORO (MO)
Fontanaluccia

66 KM SÜDWESTLICH VON MODENA, S.S. 486

Alla Peschiera

Osteria-Trattoria
Via Ponte Volpi, 1
Tel. (+39) 05 36 / 96 82 75
Ruhetag: Montag
Ferien: unterschiedlich
80 Plätze + 20 Plätze im Freien
Preise: 25 € (Tagesmenü)
Kreditkarten: CS, MC, Visa; BM
Mittags und abends geöffnet

DIE OSTERIA – Die kleine Ortschaft Fontanaluccia im oberen Apennin im Gebiet von Modena zu erreichen, ist kein leichtes Unterfangen. Sobald man aber angekommen und zum Ufer des Dolo hinabgestiegen ist, wo sich die Osteria befindet, wird man von der Schönheit des Tales und der umliegenden Berge verzaubert. Hier führen Franco Manni, im Service, und seine Frau Maura, in der Küche, auf schlichte und kompetente Weise ein Landhaus aus Holz und Glas ein paar Schritte vom Wildbach entfernt, der zwischen den Bergen fließt.

DIE KÜCHE – Der Empfang mit hausgemachten Wurstspezialitäten – vorzügliche Salami, Coppa estiva und Pancetta –, die spontan auf den Tisch gestellt und mit von Maura eingelegtem Gemüse kombiniert werden, ist hervorragend. Von den Primi erinnern wir uns an **Tortelloni di ricotta e spinaci**, **Tagliatelle ai funghi prugnoli** (mit Maipilzen aus den nahen Wäldern) und klassische Tortellini in brodo, alles aus frischem, mit dem Nudelholz ausgezogenem Teig. Von den Secondi dürfen Sie **Trota** (Forelle) nicht versäumen, die Spezialität der Osteria, die **frittiert**, aus dem Ofen oder vom Rost hervorragend schmeckt; ansonsten stehen Arrosto di maiale, Cacciagione und Brasati zur Auswahl, die aus Fleisch von lokalen Lieferanten zubereitet sind. Die Dessertkarte ist von der häuslichen Küche geprägt und nennt einige Köstlichkeiten wie perfekte **Zuppa inglese**, Crostate mit hausgemachten Konfitüren und einige Löffeldesserts. Fragen Sie Franco nach dem Essen nach seinen berühmten Likören aus Waldfrüchten und plaudern Sie mit ihm über seine vielen Sammlungen, die ihn begeistern, wie etwa eine Oldtimersammlung. Bei den Weinen muss man sich mit wenigen Tropfen zufriedengeben, die sich aber durch gute Qualität und ehrliche Preise auszeichnen.

GALEATA (FC)
Pianetto

32 KM SÜDWESTLICH VON FORLÌ, S.S. 310

La Campanara

Moderne Osteria
Via Pianetto Borgo, 24 A
Tel. (+39) 05 43 / 98 15 61, (+39) 333 / 407 33 24
Ruhetag: Montag, Dienstag
Ferien: unterschiedlich
40 Plätze + 60 Plätze im Freien
Preise: 30 €
Kreditkarten: CS, MC, Visa; BM
Abends geöffnet, Samstag, Sonntag und Feiertage auch mittags

Alessandras beispielhafte Küche, Robertos hingebungsvoller Empfang, der Gemüsegarten und die Gästezimmer der Locanda. Ein einzigartiger Ort, das Wesen eines Gebiets.

DIE OSTERIA – Sie bezeichnen sich als „Wirte aus Leidenschaft“. Das Projekt, das sie vor mehr als zehn Jahren begannen, trägt nun seine Früchte: eine Küche, die alte Traditionen mit Leidenschaft, Liebe und Verbundenheit mit dem Gebiet wiederentdeckt. Wegen der Begeisterung dafür, die besten Produkte am Herd zu verarbeiten, hat Alessandra ihren sicheren Job als Lehrerin aufgegeben; aus Liebe teilt Roberto mit seiner Frau die Berufung zur Gastlichkeit und zu Erzählungen über das Essen. Gemeinsam haben sie ein Pfarrhaus aus dem 18. Jahrhundert in der mittelalterlichen Ortschaft renoviert und auf zwei Ebenen die drei Gasträume der Osteria eingerichtet. Im Sommer isst man im Garten neben dem Glockenturm.

DIE KÜCHE – Lassen Sie sich von Roberto und der tüchtigen Mitarbeiterin Valeria beraten. Probieren Sie Cartoccio di **polpettine fritte** (9 €), Raviggiolo, Panzanella und Tortello alla lastra mit hausgemachter Giardiniera. Unter den Primi sind **Tagliatelle al ragù di bovina romagnola** (9 €) oder Tagliatelle di farina di castagne con porri e fagioli, **Cappelletti in brodo** und Tortelli alle erbette di campo. Als Secondi erwarten Sie Pollo alla cacciatora, Straccetti di vitello su misticanza di campo, **Svizzerine con crema di zucchine** (11 €) und eine köstliche Selektion lokaler Schaf- und Ziegenkäsesorten (13 €). Himmlisch sind auch die Süßspeisen wie Scroccadenti, **Ramerone** aus Pianetto und Crema della nonna Lilla. Die Weinkarte konzentriert sich auf Weine aus dem Gebiet und aus naturbelassener Erzeugung und bietet viele Gelegenheiten, gut zu trinken und dafür einen angemessenen Preis zu bezahlen.

GAZZOLA (PC)
Rivalta

21 KM SÜDWESTLICH VON PIACENZA

Antica Locanda del Falco

Restaurant • Ortsteil Rivalta
Tel. (+39) 05 23 / 97 81 01
Ruhetag: Dienstag
Ferien: 1 Woche nach dem 15. August, ersten 2 Januarwochen
80 Plätze + 60 Plätze im Freien
Preise: 39–43 € €↑
Kreditkarten: AE, CS, DC, MC, Visa; BM
Mittags und abends geöffnet

Neu interpretierte und belebte Tradition, exzellente Zutaten und Saisontreue.

DIE OSTERIA – Der zauberhafte mittelalterliche Ort und der außergewöhnliche Laden mit bodenständigen Produkten am Ortseingang sind eine hervorragende Visitenkarte. Für den Rest sorgen die Kompetenz und sympathische Art von Sabrina und ihrem Team, zu dem Tomo und Yurika gehören, zwei junge japanische Köche, die eine überzeugende moderne Interpretation der traditionellen Küche Piacenzas liefern; dabei sind sie begrenzten (und gelungenen) Ausflügen in das Piemont nicht abgeneigt, was Fisch und Fleisch anbelangt. Im Sommer verteilen sich schöne Tische im kleinen Garten im Schatten der Glyzinie.

DIE KÜCHE – Obligat zum Start ist das Sortiment der DOP-Wurstspezialitäten (Coppa, Pancetta, Salami), aber auch **Animelle di vitello croccanti** (14 €), Insalata tiepida di merluzzo, Lingua di manzo salmistrata und Tartara di coniglio con biete sollten nicht unversucht bleiben. Von den gefüllten Teigwaren ragen **Tortelli di ricotta e spinaci al burro e salvia** (11,50 €) in der traditionellen Zopfform, Ravioli ai tre arrosti, Lasagnette al sugo di salsiccia oder eher sommerliche Ravioli di melanzane e acciughe heraus. In den kalten Monaten steht der Donnerstagabend im Zeichen der Anolini in brodo und des Bollito misto con salse e mostarde. Fleisch triumphiert bei den Secondi in Form von **Trippa alla parmigiana** con fagioli bianchi di Spagna (14 €), Oca alle mele und **Brasato di ganascino di maiale** con purea di patate (14 €). In der Saison bereichern schöne Überraschungen zum Thema Pilze, Esskastanien und Trüffel das Menü. Beenden Sie Ihre Mahlzeit mit Tarte tatin alle pere caramellate und Spuma di zabaione al Marsala. Degustationsmenü ab 43 €.

GUIGLIA (MO)

34 KM SÜDLICH VON MODENA, S.S. 569

Da Giovanni Al Belvedere

Restaurant • Via Roma, 22
Tel. (+39) 059 / 79 24 51
Ferien: 2 Wochen im Oktober
40 Plätze
Preise: 35 €
Kreditkarten: AE, CS, MC, Visa; BM
Freitag–Sonntag sowie gegen Vorbestellung abends geöffnet, Feiertage auch mittags

DIE OSTERIA – Im Belvedere (nomen est omen – in Anbetracht des herrlichen Standorts, von dem aus man das Panaro-Tal bewundern kann) haben wir es mit einer regelrechten Übergabe des Staffelholzes von Generation zu Generation zu tun: Auf den langjährigen temperamentvollen Betreiber Giovanni folgen nach und nach seine Kinder Filippo und Margherita, unterstützt von Mamma Annamaria. Mit großer Achtsamkeit für die Zutaten und absoluter Wertschätzung für biologische Produkte ist die Philosophie unverändert geblieben. Geändert hat sich dagegen der Ansatz des Angebots: Das Menü, das früher einen festgelegten Preis hatte, wird jetzt auf Basis der vom Gast gewählten Speisen verrechnet.

DIE KÜCHE – Der Antipasto (15 €), vom Büfett oder bei Tisch serviert, besteht aus einer außergewöhnlichen Vielfalt an Saisongemüse, begleitet von Wurst und einer schönen Käseselektion aus Kuh- und Ziegenmilch. Die Primi entstammen hauptsächlich der Tradition: Tortelloni di ricotta di pecora e capra neben verschiedenen Zuppe di verdure; in den kalten Monaten gibt es zusätzlich Tortellini in brodo und **Lasagna** in ihrer ganz klassischen Version; die schmackhafte sommerliche Alternative dazu wären **Crespelle** (10 €). Das Angebot an Fleischgerichten ist umfangreich: Pollo arrosto, Coniglio al forno, **Stracotto di razza bianca modenese** (12 €) und Cotechino oder **Zampone con purè di patate di montagna**. Interessant ist das Projekt, die Geschichte und die Aromen der Gallina modenese (Hühnerrasse) in diversen Rezepten auf den Tisch zu bringen. Als Dolci (4 €) erwarten Sie Zuppa inglese, Panna cotta con frutti di stagione und Tortino al cioccolato. Zum Konzept passend ist auch das Weinangebot, das auf biologische und biodynamische Etiketten setzt.

33 KM SÜDÖSTLICH VON BOLOGNA, S.S. 9 OD. A 14

Hostaria 900

Moderne Osteria
Viale Dante, 20
Tel. (+39) 05 42 / 242 11
Ruhetag: Samstagmittag, Sonntag
Ferien: 2 Wochen im August
60 Plätze + 60 Plätze im Freien
Preise: 35 €
Kreditkarten: AE, CS, DC, MC, Visa; BM
Mittags und abends geöffnet

DIE OSTERIA – Ein wenig außerhalb des Zentrums, nachdem Sie in die zur Rennstrecke führende Allee eingebogen sind und mit dem Blick die sie säumenden Hecken absuchen, finden Sie die schöne Jugendstilvilla, die den Rahmen des Lokals bildet. Das warme, gemütliche Ambiente passt gut zur höflichen Art des hilfsbereiten und unaufdringlichen Personals. Der elegante, aber nicht überhebliche Stil ist derselbe, den wir auch in der Linie der Küche finden. Geboten werden Speisen der hiesigen Tradition in moderner Überarbeitung mit Schliff und ohne unnötige Übertreibungen, so dass die Qualität der Zutaten bestens zur Geltung kommt.

DIE KÜCHE – Den Anfang machen eine gepflegte Auswahl an Wurstspezialitäten mit einigen Slow-Food-Presidi, Stufatino di seppie di Portonovo con porri und, in der Saison, **Fiori di zucca fritti in pastella con ripieno di ricotta** (10 €). Unter den Primi sind gute Cappelletti in brodo di cappone, **Tagliatelle al ragù di mora romagnola** (9 €) und Cappellacci con patate, burrata e carciofo moretto di Brisighella. Weiter geht es mit Secondi wie Casseruola di coniglio disossato con funghi porcini, vorzüglichem **Petto di faraona e budino di carciofi con fonduta di parmigiano reggiano** di bianca modenese (16 €) oder auch mit Tartara di bovina romagnola. Vielfältig sind die Beilagen (5 €), von denen wir Patate al forno, Verdure alla brace und Padellata di verdure di stagione empfehlen. Für die Desserts gibt es eine gesonderte Karte, die Crème caramel, **Semifreddo al mascarpone con scaglie di cioccolato** und Soufflé ghiacciato mit sizilianischen Blutorangen nennt. Gutes Käsesortiment, darunter einige Slow-Food-Presidi. Umfassend, detailliert und gut gegliedert ist die Weinkarte, die viele lokale und darüber hinausreichende Weine enthält.

IMOLA (BO)

33 KM SÜDÖSTLICH VON BOLOGNA, S.S. 9 OD. A 14

Osteria del Vicolo Nuovo da Rosa e Ambra

Restaurant • Vicolo Codronchi, 6/
Via Calatafimi, 6
Tel. (+39) 05 42 / 325 52, (+39) 338 / 924 95 55
Ruhetag: Sonntag (November, Dezember nur abends), Montag • Ferien: 20. Juli–20. August
60 Plätze + 40 Plätze im Freien
Preise: 35 € • Kreditk.: AE, CS, DC, MC, Visa; BM
Mittags und abends geöffnet

Die Zutaten, der Empfang und eine großartige Küche bilden das sichere Fundament dieser Osteria.

DIE OSTERIA – In dieser Osteria, deren Rahmen ein prächtiges Kloster aus dem 17. Jahrhundert bildet, kann man die Slow-Food-Philosophie sehen und schmecken. Alles beginnt bei den Zutaten, darunter viele Produkte aus Slow-Food-Presidi, die jeden Tag unter Berücksichtigung ihrer saisonalen Verfügbarkeit ausgewählt werden; weiter geht es mit dem Empfang durch Ambra und Rosa, die seit 1984 für Stamm- und Laufkundschaft stets ein Lächeln und einen kleinen Scherz bereit haben und allen das Gefühl vermitteln, bei sich zu Hause zu sein. Und dann wären da noch die Speisen, die sich durch ausgewogenen Geschmack auszeichnen und jede einzelne Zutat zur Geltung bringen.

DIE KÜCHE – Die Karte wechselt praktisch Tag für Tag. Stefania und Simona schicken aus der Küche Antipasti wie Involtini di **melanzane con ricotta alle erbe e pomodoro fresco** (9 €), Taglierino di salumi mit Piadina und Polpetto con fagioli aromatizzato alle erbe. Unter den Primi sind **Passatelli con seppioline e canestrelli**, Lasagne gratinate con mazzancolle e basilico (10 €) oder Tagliatelle al ragù. Als Secondi gibt es neben gutem Fleisch wie Stinco di maialino arrosto und **Coniglio nostrano con erbe all'Albana** verschiedene Fischgerichte, etwa schmackhafte Insalata di gamberi reali al forno profumati all'arancia (16 €). Italienischer Käse mit einer Selektion der besten Rohmilchsorten hat stets einen Galaauftritt. Der Reigen endet mit **Crema ghiacciata con fragole** (7 €) und Panna cotta con macedonia di frutta fresca. Erwähnenswert ist das Kellerangebot mit einer wohlüberlegten Auswahl hochwertiger lokaler Etiketten und solcher aus anderen italienischen Regionen.

LAMA MOCOGNO (MO)
La Santona

56 KM SÜDLICH VON MODENA, 30 KM VON ABETONE

Miramonti

Restaurant
Via Giardini, 601
Tel. (+39) 05 36 / 450 13
Ruhetag: Dienstag, außer im Sommer
Ferien: 1 Woche im September/Oktober
40 Plätze + 12 Plätze im Freien
Preise: 20–25 €
Kreditkarten: AE, CS, DC, MC, Visa; BM
Mittags und abends geöffnet

DIE OSTERIA – Als die historische Via Giardini gebaut wurde, um das Banditentum einzudämmen, wurde auch die Errichtung von Häusern und Betrieben entlang der Straße gefördert. Auf diese Weise entstand der Ortsteil La Santona, der einen schönen Ausblick auf das Tal bietet. Das Panorama kann man – wie der Name bereits verrät –, von dieser kleinen Trattoria aus bewundern, die ein Treffpunkt für Freunde von traditioneller Küche und in der Saison von Pilz- und Trüffelgerichten ist. Für den Empfang zuständig ist Lidia Galli, während die Küche seit jeher das Reich des tüchtigen, fantasievollen Chefkochs Vittorio ist, der gegen Vorbestellung maßgeschneiderte Köstlichkeiten zubereitet, während er bei der Tageskarte auf wenige, aber bis ins Detail gepflegte Gerichte setzt.

DIE KÜCHE – Sie beginnen mit lokalen Wurstspezialitäten und Parmigiano Reggiano aus dem Bergland mit Aceto balsamico tradizionale aus Modena. Probieren Sie von Primi (je 8,50 €; 1 € mehr, falls es sich um ein Pilzgericht handelt) Tortellini in brodo, dicke **Tagliatelle** al ragù oder **ai funghi** (mit Maipilzen, Pfifferlingen und Steinpilzen, je nach Jahreszeit) und **Tortelloni di ricotta**. Weiter geht es mit Secondi (10 €, ohne Zugabe von Trüffel) die überwiegend aus Fleisch zubereitet sind, wie Faraona oder **Arista al forno con patate** oder alla cacciatora; eine köstliche Ausnahme sind **Funghi fritti**. Für Vegetarier gibt es Angebote wie Macedonia di verdure cotta al tegame. Die exzellenten Dolci (4 €) beinhalten **Salame di cioccolato**, Zuppa inglese und Torta nera di cioccolato e caffè. Das einfache Weinangebot konzentriert sich, wie es sich gehört, auf Lambruschi.

In **Barigazzo** (10 km) bietet das Delikatessengeschäft La Sorgente del Benessere lokale Spezialitäten, insbesondere aus Waldbeeren.

LANGHIRANO (PR)
Pilastro

10 KM SÜDLICH VON PARMA, S.S. 665

Masticabrodo

Osteria-Trattoria
Strada Provinciale per Torrechiara, 45 A
Tel. (+39) 05 21 / 63 91 10
Ruhetag: Sonntagabend, Montag
Ferien: je 2 Wochen im Januar und August
60 Plätze + 70 Plätze im Freien
Preise: 28–32 €
Kreditkarten: AE, CS, DC, MC, Visa; BM
Mittags und abends geöffnet

DIE OSTERIA – Ida, im Service, und Francesco, in der Küche, bewirten weiterhin mit ungebrochener Leidenschaft junge Leute aus Parma und langjährige Stammgäste, zunächst in der Stadt und seit einigen Jahren außerhalb davon in diesem Lokal am Fuß des mit Weingärten bewachsenen Hügellandes, in dem Parmaschinken erzeugt wird. Hier herrscht keinerlei Pomp, sondern Einfachheit und familiäre Wärme, die Ihnen Wohlgefühl vermitteln. Im Sommer kann man auch im kühlen Garten speisen. Die Küche präsentiert sich mit hausgemachter Pasta und sorgfältig ausgewählten Wurstspezialitäten, die Francesco in den hauseigenen Kellern reifen lässt, ganz bodenständig.

DIE KÜCHE – Das Menü variiert während des Jahres, wobei sich zu den Fixpunkten Tagesgerichte gesellen, die das Ergebnis des morgendlichen Einkaufs sind. Bei den Antipasti ist ein Einstieg mit Wurstspezialitäten beinahe Pflicht, wie mit 28 Monate gereiftem Parmaschinken (10 €), Pancetta aus Piacenza, Salami aus Felino und Spalla cotta aus San Secondo. Alternativen dazu wären Insalata „sfizio", selbst gemachte Giardiniera und Cipolla caramellata con mousse di parmigiano all'aceto balsamico. Die Primi sind das Aushängeschild des Lokals, wie etwa die kleinen **Anolini in brodo** (10 €) – in würziger, geschmacklich ausgewogener Brühe –, die delikaten **Tortelli di erbette** (8 €) aus dünnem Teig und Gnocchi di patate con pasta di salame. Als Secondi sind schmackhafte **Trippa alla parmigiana** (9 €) und ebenso gute Rosellina del Pilastro (12 €) vorgesehen, das heißt mit Parmesan und Schinken gefülltes Schweinefilet. Die Desserts stehen – mit einem Hauch Originalität – auf einem Teller angeschrieben, den man Ihnen zeigt. Die Weinkarte konzentriert sich auf Erzeugnisse aus dem Umland, nennt aber auch einige Qualitätsweine aus dem übrigen Italien.

LESIGNANO DE'BAGNI (PR)
Rivalta

31 KM SÜDLICH VON PARMA

Capelli

Trattoria
Via Fossola, 10
Tel. (+39) 05 21 / 35 01 22,
(+39) 335 / 669 42 79
Ruhetag: Donnerstag
Keine Ferien
75 Plätze
Preise: 30–32 €
Kreditkarten: CS, DC, MC, Visa; BM
Mittags und abends geöffnet

DIE OSTERIA – Wir befinden uns im Hügelland zwischen Langhirano und Traversetolo in einem Gebiet mit kleinen blubbernden Schlammvulkanen oder *Barboj*, wie sie in der Gegend genannt werden, die durch an die Erdoberfläche aufsteigendes Wasser entstehen. In dieser magischen Umgebung steht der Landwirtschaftsbetrieb mit gleichnamiger Trattoria, zu der man quer über den Hof gelangt. Decken mit Sichtgebälk, Cottoböden und rustikales, aber bis ins Detail gepflegtes Ambiente lassen Achtsamkeit und familiäre Wärme erkennen, die hier zusammen mit den Speisen an den Tisch kommen.

DIE KÜCHE – Unter den Antipasti finden sich Culaccia con polenta fritta, Lardo pesto con cipolline all'aceto balsamico und Parmaschinken vom schwarzen Schwein aus Freilandzucht (12 €). Die von Carla zubereiteten Primi umspannen **Tortelli verdi con ricotta e spalla cotta** (12 €), Tortelli ripieni di zucca oder di erbette, Tagliatelle al ragù di fagiano, Tagliatelle di salsiccia e funghi und Gnocchi al soffritto rosso. Ein Grund für einen Besuch dieser Trattoria ist die Gewissheit, Wildgerichte zu finden, die heute weniger verbreitet sind, wie Cinghiale (Wildschwein), **Lepre** (Feldhase) und Capriolo (Reh) **alla cacciatora con polenta** (13 €); eine gute Wahl sind aber auch Coniglio arrosto ripieno und **Ossibuchi con fagioli** (12 €). Saisonbeilagen stehen immer auf dem Programm, und zwar grüne Bohnen, Radicchio, Chicorée und Kartoffeln. Am Ende warten Löffeldesserts – probieren Sie Zuppa inglese und Tris di sorbetti –, Crostata di albicocche e amaretti und Torta di ricotta e cioccolato (5 €). Gute Selektion an Weinen aus dem Gebiet, flankiert von einem recht guten Angebot aus dem übrigen Italien.

Die Bio-Käserei Iris, Via Torchia 12, bietet Parmigiano Reggiano und viele andere Spezialitäten.

LONGIANO (FC)

16 KM SÜDÖSTLICH VON CESENA

Il Ristorante dei Cantoni

Restaurant
Via Santa Maria, 19
Tel. (+39) 05 47 / 66 58 99
Ruhetag: Mittwoch
Ferien: 15. Februar–15. März
80 Plätze + 70 Plätze im Freien
Preise: 30–32 €
Kreditkarten: AE, CS, DC, MC, Visa; BM
Mittags und abends geöffnet

DIE OSTERIA – Das Restaurant liegt am Fuß der eindrucksvollen Burg in den Gässchen des mittelalterlichen Viertels. Danilo Bianchi, der zwischen Küche und Speisesaal pendelt, führt es seit mehr als 25 Jahren mit seiner Frau Teresa. Nun ist auch Tochter Sabrina in das Team eingetreten, die sich mit Hingabe der Welt der Mehle und Hefen widmet, aus denen Brot, Piadina und Pasta erzeugt werden. Der Empfang in den beiden großen Gasträumen oder auf der im Sommer angenehm kühlen Terrasse gestaltet sich freundlich. Aus der Küche, die großes Augenmerk auf qualitätvolles Fleisch, lokale Rohstoffe und Slow-Food-Presidi zeigt, kommen Traditionsgerichte mit einem Hauch Überarbeitung. Mittags gibt es einen eingängigen Businesslunch oder Speisen aus dem Tagesangebot.

DIE KÜCHE – Man stimmt sich mit Antipasti ein, die von Piadina aus unbehandeltem Biomehl aus der Steinmühle begleitet werden, wie Carpaccio di bovina romagnola con porcini e frittelle di fiori di zucca (10 €), Squacquerone, **Misticanza con radicchi di campo e pancetta** (6 €) und Tavolozza dei formaggi. Unter den Primi (8,50 €) sind **Tagliatelle al ragù**, Cappellacci und Pappardelle con porcini, **Passatelli in brodo** oder asciutti (in Brühe oder mit Sauce) und Strozzapreti con ragù di melanzane. Bei den Secondi gebührt der Ehrenplatz Rindfleisch vom Grill, aber auch Carpaccio di bovina romagnola con asparagi e formaggio di fossa di Sogliano, Spiedo di mora con pancetta e alloro (11 €) und **Coniglio disossato nel coccio** (entbeintes Kaninchen) lohnen einen Versuch. An Süßspeisen (6 €) bieten sich Zuppa inglese con crema e ciambella al rosolio und Cremoso di mascarpone in bicchiere con pan di Spagna an. Die gut sortierte Weinkarte setzt einen Schwerkunkt bei romagnolischen Etiketten.

MERCATO SARACENO (FC)
Ciola

33 KM SÜDLICH VON CESENA, S.S. 71 ODER E 45

Allegria

Osteria
Via Ciola, 381
Tel. (+39) 05 47 / 69 23 82
Ruhetag: Sonntagabend, Montag
Ferien: Juni
40 Plätze
Preise: 28–32 €
Keine Kreditkarten
Mittags und abends geöffnet

DIE OSTERIA – Aufrichtiger, schlichter Service, ausreichend freundlich, wie es zu den Bewohnern der Romagna passt, und wenig Schnickschnack. Sobald Sie die Bar, den Treffpunkt der Leute aus der Umgebung, betreten haben, begrüßt Anna Sie auf unverfälscht sympathische Art. Großvater „Aligria" eröffnete das Lokal vor rund hundert Jahren, aber seit Langem ist die Enkelin mit ihrer Mutter Bianca am Ruder, die mit der Erfahrung ihrer 90 Lenze noch über die Arbeit in der Küche wacht. Eine Einkehr in der Trattoria ist eine authentische Erfahrung, eine Reise in die Tradition dieses Teils der Romagna.

DIE KÜCHE – Das Menü variiert und hat einen Schwerpunkt bei Wild, das am Spieß oder in der Pfanne zubereitet wird. Man kann mit auf einem Brett servierten Käse- und Wurstspezialitäten beginnen, von denen man sich nach Belieben bedienen kann; in der Osterzeit gibt es dazu süße Pagnotta. Die Pasta wird von Hand ausgezogen, daher Bahn frei für **Pappardelle con la lepre**, Agnolotti al burro e salvia, Tagliatelle al ragù (6 €), con gli strigoli, con sughi di caccia oder funghi, Tortelloni und **Cappelletti in brodo** (10 €). **Spiedo di cacciagione** gibt es als Secondo, es sollte aber vorbestellt werden. Weitere Möglichkeiten wären Castrato oder Agnello (10 €), Grigliata di carne oder **Pollo alla cacciatora**, alle mit schmackhaften Bratkartoffeln kombiniert. In der Saison sind auch Trüffelgerichte erhältlich. Die Dolci sind mit **Zuppa inglese** (4 €), Mascarpone, Budino, Ciambella und Crostate traditionell gehalten. Im Keller lagern Weine aus lokaler Produktion, die auch glasweise ausgeschenkt werden. Komplettes Degustationsmenü für 25 €, Getränke inbegriffen.

Die Bottega del Pane (Piazza Mazzini) und die Bäckerei Bertozzi (Piazza Gaiani) verkaufen österliche Pagnotta dolce und im Oktober „Fave dei morti".

MERCATO SARACENO (FC)
Montecastello

29 KM SÜDLICH VON CESENA, S.S. 71 ODER E 45

Da Elena

Trattoria
Via XXX Aprile, 104
Tel. (+39) 05 47 / 915 65
Kein Ruhetag
Keine Ferien
70 Plätze
Preise: 25 €
Kreditkarten: AE, CS, MC, Visa
Mittags geöffnet, abends gegen Vorbestellung

DIE OSTERIA – Die Trattoria verdankt ihren Namen Elena Babbi, die vor fast 20 Jahren beschloss, den von ihren Urgroßeltern gegründeten und von ihrer Familie seit 1948 geführten Circolo Repubblicano umzugestalten. Das Lokal umfasst einen einzigen Raum von einfachem, gepflegtem Ambiente. Lassen Sie sich die Speisen beschreiben und bei der Auswahl leiten. Elena ist eine außergewöhnlich gute Teigköchin und zieht den Teig mit dem Nudelholz von Hand aus; auf diese Weise gewinnen ihre Primi eine unverwechselbare Bodenständigkeit und Qualität.

DIE KÜCHE – Wählen Sie als Einstieg **Crostini misti** (5 €) oder, in der Saison, Crostini ai porcini; ansonsten gäbe es auch guten Aufschnitt und einen Käsemix (15 €), begleitet von hausgemachter Piadina. Breit gefächert ist die Auswahl der Primi: Tagliatelle al ragù, Ravioli di spinaci e ricotta con piselli und unschlagbare **Cappelletti in brodo** (10 €). Einige Gerichte werden nur für das sonntägliche Mittagessen oder gegen Vorbestellung ein paar Tage im Voraus zubereitet. Dies gilt für Lasagne al forno und Pasta verde. Das Programm der Secondi ist von Fleisch dominiert. Sie haben die Wahl zwischen Salsiccia, Pancetta, Costine oder **Castrato** (7 €), die auch in schmackhafter Grigliata mista kombiniert werden können. Arrosto di vitello, **Piccione al forno** (15 €) und Coniglio al tegame vervollständigen das Angebot, aber wenn Sie sichergehen wollen, bestellen Sie sie besser vor. Als Beilagen serviert man Verdure gratinate und in der entsprechenden Saison Porcini fritti. Unter den Dolci ist, nur gegen Vorbestellung, traditioneller **Porcospino** zu haben, eine für Mercato Saraceno typische Süßspeise aus Butter, Kaffee und Mandeln.

Die Konditorei Van den Berg, Via Saffi, garantiert für Qualität.

Aldina

Trattoria
Via Albinelli, 40
Tel. (+39) 059 / 23 61 06
Ruhetag: Sonntag
Ferien: 24. Dezember–6. Januar, August, Ostern
70 Plätze
Preise: 18–20 €
Keine Kreditkarten; BM
Mittags geöffnet, Freitag und Samstag auch abends

DIE OSTERIA – Ein paar Schritte von der Piazza Grande im ersten Stock eines in der Altstadt gelegenen Gebäudes mit schönen Terrazzoböden einzukehren, hat etwas Altmodisches und Ungewöhnliches. Die Atmosphäre ist aber trotz des fröhlichen Geplauders, das die beiden großen Speiseräume erfüllt, entspannt und angenehm. Der Ansatz ist immer derselbe: Reservierungen werden nicht angenommen – wer später kommt, wartet, bis ein Tisch frei wird. Sie werden sich in Gesellschaft von Studenten, Arbeitern, Händlern, aber auch Touristen wiederfinden. Giancarlo Ferri und seine Frau koordinieren wie immer den Service, während Gaetano Strippoli zusammen mit Chefkoch Marco Notari das Küchenteam leitet, unterstützt von Mattia, dem Sohn des Patrons.

DIE KÜCHE – Das Tagesmenü, vom Servicepersonal mündlich vorgetragen, ist in der hiesigen Tradition verankert: Antipasti gibt es nicht, man beginnt direkt mit den Primi, guten hausgemachten Teigwaren, bei denen hervorragende **Lasagne verdi** (7 €), Tortelloni di zucca al burro e salvia, **Tortellini in brodo** (8 €) und Tagliatelle al ragù nicht fehlen dürfen. Bei den Secondi dominiert Fleisch mit Bollito misto und **Filetto di maiale all'aceto balsamico** (7 €); Alternativen wären Cotechino con fagioli, **Stinco di maiale** und lange gebratener Arrosto misto (7 €), bei dem ein zartes, schmackhaftes Stück Schweinefleisch den Spitzenplatz einnimmt. Patate al forno, Peperonata und Verdure lessate vervollständigen das Bild. Von den Dolci dürfen Sie **Crème caramel alla zucca**, Zuppa inglese, Macedonia und Crostata nicht versäumen. Die einfache, schlank gehaltene Weinkarte nennt einen guten offenen Wein, Lambruschi aus Modena und ein paar Flaschenweine aus der Region.

Ermes

Trattoria
Via Ganaceto, 89–91
Tel. (+39) 059 / 23 80 65
Ruhetag: Sonntag
Ferien: Juli, August; Weihnachten/Neujahr
30 Plätze
Preise: 15–20 €
Keine Kreditkarten
Mittags geöffnet

DIE OSTERIA – Die kleine Trattoria am Beginn der Altstadt, an der Ecke zwischen der Via Ganaceto und der Via Castelmaraldo, ist nur mittags geöffnet. Bereits um 13 Uhr stehen die Gäste davor Schlange, in Erwartung, sich an einem der wenigen Tische zusammenzudrängen, um gemeinsam mit anderen schlichte Kost zu genießen, die all jenen gewidmet ist, die mittags nicht nach Hause essen gehen. Ein Ritual, das sich über die letzten 50 Jahre bis heute immer wiederholt. Früher – die Nostalgiker erinnern sich noch daran – waren die Arbeiter zahlreicher als die Studenten vertreten. Der volkstümliche Ansatz prägt auch heute noch die Atmosphäre: holzverkleidete Wände, der hinter dem winzigen Bartresen beschäftigte Wirt, stets mit unübersehbaren Hosenträgern, der immer seltener Widerspruch gegen seine rauen Scherze im Dialekt findet; im Hintergrund die dampfenden Töpfe seiner Frau Bruna in der angrenzenden kleinen Küche. Und genau das ist der Grund, warum das Warten sich lohnt.

DIE KÜCHE – Eine komplette Mahlzeit kostet 15 bis 18 €, 20 € am Samstag, weil es da Tortellini in brodo gibt. Unter den Primi sind **Tagliatelle al ragù** und ein oder zwei weitere Klassiker der Hausmannskost aus Modena, wie **Gramigna con salsiccia**, Lasagne verdi, Pasta e fagioli und Quadretti in brodo con fegatini di pollo. Unter den Secondi könnten Sie **Bollito misto** (Rind und Huhn), Ossobuco con piselli, Polpette in umido di rifatto, **Arrosto di coniglio**, di faraona oder di maiale und Baccalà vorfinden, wobei es zu jedem Gericht passende Beilagen gibt. Beim Dessert kann man nichts falsch machen, denn es gibt Bensone (Kringel) und frisches Obst. Ein Stück Geschichte, das wir nicht verlieren wollen.

NEU Trattoria Pomposa Al Re Gras

Trattoria
Via Castel Meraldo 57/Via del Voltone
Tel. (+39) 059 / 21 48 81
Ruhetag: Montag
Ferien: August
32 Plätze
Preise: 28–30 €
Kreditkarten: Visa; BM
Mittags und abends geöffnet

DIE OSTERIA – In einem der eindrucksvollsten Winkel der Stadt ist dies ein guter Ort, um die Küche von Modena zu genießen. Die Kreation des preisgekrönten Küchenchefs Luca Marchini (früher im „Erba del Re") bietet Gerichte, in denen das Gebiet authentisch und ohne unnötige Schnörkel zum Ausdruck kommt. Empfangen werden Sie von Sara, die häufig mit der Zubereitung der guten hausgemachten Pasta beschäftigt ist, während der junge Andrea die Arbeiten in der Küche leitet, aber mit kurzen Auftritten im Speisesaal nicht geizt.

DIE KÜCHE – Wir empfehlen, mit den Antipasti der Trattoria zu beginnen, und im Besonderen mit den köstlichen **Frittelle di baccalà** (8,50 €), falls erhältlich; als Alternative bieten sich gute **Calzagatti** (frittierte Polenta mit Bohnen), serviert mit Ricotta und lokalen Wurstspezialitäten. Weiter geht es mit hausgemachten Teigwaren, den Protagonisten der Primi, wie Tagliatelle al ragù, Lasagne verdi und vorzüglicher **Pasta e fagioli** (9 €). Auch bei den Secondi gibt die Tradition den Weg vor: Probieren Sie **Polpettone** con spinaci oder wählen Sie Bolliti vom Wagen, die stets mit Saucen gereicht werden; auf der Karte steht auch ein unverzichtbares **Pollo con patate aus dem Holzofen** (13 €). Erwähnenswert ist die Auswahl der Beilagen, deren Spektrum von rohem und gekochtem Gemüse bis zu Friggione modenese (Schmorgericht aus Tomaten, Zwiebeln und Öl) reicht. Von den Desserts empfehlen wir **Bensone con confettura** (3,50 €), Budino di cacao amaro und Zuppa inglese. Passend zum Gebiet ist die Weinkarte gestaltet, die eine gute Selektion lokaler Etiketten neben einigen Weinen aus anderen Regionen beinhaltet.

35 KM SÜDWESTLICH VON BOLOGNA, S.P. 26

Antica Trattoria Belletti

Trattoria
Via Lavino, 499
Tel. (+39) 051 / 676 70 04
Ruhetag: Montag
Ferien: unterschiedlich
50 Plätze + 40 Plätze im Freien
Preise: 25–30 €
Kreditkarten: AE, CS, DC, MC, Visa; BM
Mittags und abends geöffnet, Januar und Februar nur mittags, Samstag auch abends

DIE OSTERIA – Nachdem Sie eine lange Strecke auf der Via Lavino zurückgelegt haben, fahren Sie einige Kehren bergauf und erblicken an der Einfahrt zur kleinen Ortschaft Montepastore das Schild der alten Trattoria, die die Familie Belletti seit mehreren Generationen führt. Camilla serviert, Ubaldo steht am Herd, unterstützt von Silvia und Cadigia, einer erfahrenen Teigköchin und einem leuchtenden Beispiel für Integration. Geboten wird schlichte, strikt jahreszeitlich gebundene Küche, die um Zutaten von ausgewählten lokalen Erzeugern kreist. Diese werden stolz auf der ersten Seite der Speisekarte aufgelistet.

DIE KÜCHE – Sobald Sie Platz genommen haben, können Sie mit Polenta fritta e squacquerone oder alternativ dazu mit originellen **Polpettine** (aus Tortellinifüllung zubereitet und frittiert, 4,50 €) beginnen, um sich dann den Primi aus frischem, mit dem Nudelholz ausgezogenem Teig zuzuwenden. Probieren Sie neben den obligaten Tortellini und klassischen **Tagliatelle** al ragù auch Tagliatelle **di ortiche con salsiccia e funghi porcini** (9 €). Bei den Secondi spannt sich der Bogen von Tagliata di manzo con sale grosso e rosmarino über handwerklich erzeugte Salsiccia vom Grill, **Coniglio „saltafosso" al forno** (10 €), eventuell von Pommes frites aus Kartoffeln aus Tolè (5 €) begleitet, bis zu Spadellata di funghi porcini. Wer mag, kann **Crescentine** und **Tigelle** mit Pesto modenese probieren, serviert mit Käse, lokalen Wurstspezialitäten und hausgemachten Konfitüren. Am Ende erwarten Sie Löffeldesserts, Semifreddi und Kuchen (je 4,50 €), abhängig von Jahreszeit und Verfügbarkeit. Begleiter zum Essen sind eine Selektion lokaler Etiketten, hauptsächlich aus den Colli Bolognesi, und eine gute Auswahl an Bieren aus Kleinbrauereien.

MONTICELLI D'ONGINA (PC)
Isola Serafini

23 KM NÖ. V. PIACENZA, S.S. 10, 8 KM V. CREMONA

Antica Trattoria Cattivelli

Restaurant-Osteria • Via Chiesa, 2
Tel. (+39) 05 23 / 82 94 18
Ruhetag: Dienstagabend, Mittwoch
Ferien: 2 Wochen im Juli/August
150 Plätze + 15 Plätze im Freien
Preise: 38–40 € €↑
Kreditkarten: AE, CS, DC, MC, Visa; BM
Mittags und abends geöffnet

Echte Küche aus der Ebene um Piacenza mit kaum mehr anzutreffenden Speisen auf höchstem Qualitätsniveau.

DIE OSTERIA – Wer bodenständige Küche, basierend auf den Schätzen des Po, probieren möchte, muss hier einkehren. Das Lokal war einst eine Gaststätte für Fischer, wie das große Fresko über das Leben am Fluss in Erinnerung ruft, das Sie im Hauptraum bewundern können. Das Ambiente ist sehr gepflegt; trotz der großen Platzanzahl kann man dank der kleinen Räume mit wenigen Tischen angenehm mit den anderen Tischgästen plaudern. Der Service ist sehr aufmerksam und kompetent. Die Familie Cattivelli betreibt die Antica Trattoria seit zwei Generationen und erhält die ausgezeichnete Qualität der Küche aufrecht, wie dies auch die langjährige Nennung in unserem Buch bezeugt.

DIE KÜCHE – Die Wurstspezialitäten kommen von kleinen Erzeugern und reifen vor Ort. Beispiele dafür wären 20 Monate gereifter Culatello (14 €), Coppa und Salami. Unter den Primi sind sehr gute *Pisarei e fasò* und Tortelli piacentini (10 €), aber auch **Cappelletti allo zafferano e cacio del Po con asparagi** locali (12 €) schmecken nicht weniger gut. Die Secondi räumen knusprigem, gut abgetropftem **frittiertem Süßwasserfisch** (16 €), wie Katzenwels, Aal und Kleinem Ährenfisch, viel Platz ein. Wenn Sie Fleisch bevorzugen, sind **Faraona ripiena** und Lumache in umido perfekt für Sie. Exzellente Käseauswahl und großes Angebot an Süßspeisen, wie etwa Zuppa inglese, Crostatine alla crema pasticciera con fragole und **Mousse di mandorle e Malvasia passita**. Gut und umfassend präsentiert sich die Weinkarte mit regionalen und italienischen Etiketten und besonderem Augenmerk auf lokale Weine, auch Dessertweine.

NEVIANO DEGLI ARDUINI (PR)

30 KM SÜDLICH VON PARMA

Mazzini

Restaurant
Via Ferrari, 16
Tel. (+39) 05 21 / 84 31 02
Ferien: Oktober
50 Plätze + 40 Plätze im Freien
Preise: 35 €
Kreditkarten: CS, MC, Visa; BM
Freitag–Sonntag mittags und abends geöffnet, Juli und August Mittwochabend–Sonntag

DIE OSTERIA – Im Hügelland würden Sie vielleicht mit rustikalem Ambiente rechnen, aber hier erwartet Sie eine sorgfältig, mit Liebe zum Detail zusammengestellte Einrichtung in Pastellfarben mit floralen Elementen, die eine romantische Atmosphäre erzeugt. Dazu kommt noch der schöne Blick aus dem Fenster auf die Berge. Im Sommer werden Sie direkt auf der Panoramaterrasse bedient. Das Lokal wird seit Jahren von der Familie Mazzini geführt, wobei Marina am Herd steht und ihr Mann Roberto sich um Service und Keller kümmert. Das Menü bietet neben Traditionsgerichten einige raffinierte und für die Gegend ungewöhnliche Rezepte.

DIE KÜCHE – Der Antipasto della casa (für zwei Personen, 13 €) besteht aus verschiedenen kleinen Gerichten, wie hervorragendem Prosciutto crudo, **Polenta con lardo**, Gelato di parmigiano, Anelli fritti di cipolla und Sformato di riso e taleggio. Breit gefächert ist die Auswahl der Primi (9 €), die von traditionellen **Cappelletti in brodo** bis zu Maltagliati di grano saraceno con radicchio, speck e gorgonzola reichen, aber auch Tortelli di erbette und Ravioli d'anatra con fonduta di parmigiano schmecken sehr gut. Die Secondi sind aus exquisitem Fleisch zubereitet: Hamburger di manzo in salsa di senape fiammeggiato al Cognac (16 €), **Cosce d'oca al forno con patate**, Cotolette di coniglio impanate (14 €) und **Bracioline di agnello**. Den Schlusspunkt setzen Sfogliatina di fragole e mascarpone, Zuccotto con rum e cioccolato und Semifreddo alla nocciola e gianduia oder al pistacchio di Bronte. Die Weinkarte ist nicht groß, nennt aber interessante Etiketten und eine gute Auswahl an Halbflaschen. Reservierung empfehlenswert.

Die Piadina – Street Food und Sinnbild der Romagna

Traditionelle Piadina ist an Verkaufsständen in der gesamten Romagna zu finden. Ebenso in den Restaurants, die die authentische Tradition ihrer Umgebung unbeirrt und entschlossen weiterführen. Das scheinbar einfache Rezept sieht Mehl, Wasser, etwas Schmalz, eine Prise Salz, Bikarbonat und/oder Hefe vor. In ihrer territorialen Besonderheit (in den über 100 Varianten) können die Rezepte auch die Beigabe einiger weiterer Zutaten vorschreiben, wie Milch, Honig und Öl anstelle von Schmalz.
Sie sind nicht in der Romagna, wenn Ihnen nicht der Duft von Piadina von einem dieser Stände an der Straßenecke in die Nase steigt. Die Rolle der spezialisierten *Piadaiola* (oder *Piadinaiola*) hat jene der *Azdora*, der Hausfrau, ersetzt. Zu Beginn der Sechzigerjahre haben diese Hüterinnen des Geschmacks ein Produkt, das Wahrzeichen dieser Orte, gerettet, indem sie einen neuen Beruf für sich erfunden haben.
Sie werden viele Benennungen für dieses Street Food hören – *Pieda, Pida, Piè, Piada* –, so wie der Tonfall des Dialekts und die Zubereitung sich je nach Gegend ändern. Die Unterschiede machen sich in der Dicke, im Durchmesser und im Geschmack bemerkbar. Überall gleich sind jedoch das sorgfältige Backen, dessen Dauer vom Gefühl bestimmt wird, und die Geschicklichkeit bei der Zubereitung.
Einst wurde sie auf einer feuerfesten Backform über der Holzglut im häuslichen Kamin gebacken, heute dagegen auf einer Metallplatte, aber es bleibt die echte romagnolische Piadina! Die Piadina, authentisches Symbol der Romagna und exzellentes Street Food, wird mit Wurst und Käse (typisch ist Squacquerone) genossen. Dann gibt es auch noch die Guscioni (auch Crescioni oder Cassoni) aus demselben Teig, traditionell mit Wildkräutern oder mit Kürbis und Kartoffeln gefüllt. Eine Piadina kostet 0,80 bis 1 €, mit Schinken gefüllt 3,50 bis 4,50 €, ein Crescione mit Kräutern 2,50 bis 3,80 €. Nachfolgend einige Adressen, wo Sie die Piadina probieren können.

Gianpiero Giordani

BERTINORO (FC)
La Casa della Piadina
Largo Cairoli, 5 A
Tel. (+39) 340 / 791 49 50
Ruhetag: Montag
Geöffnet wochentags 15–23 Uhr, an Feiertagen 9–23 Uhr

Ein paar Schritte außerhalb des mittelalterlichen Viertels bietet Marina neben traditioneller Piadina (auch aus Biomehl) Crescione mit sautierten Wildkräutern (2,50 €) und persönliche Innovationen zu diesem Thema. Es gibt 20 Plätze im Sommer und Winter.

CERVIA (RA)
Al Parco da Eleonora
Via Salara/Strada Statale Adriatica, 12
Tel. (+39)704 91 99
Ruhetag: Dienstag, außer im Sommer
Geöffnet 12.30–14.30, 16.30–21 Uhr

Der Stand verfügt über einige Sitzplätze. Unbedingt sehenswert ist das unglaubliche Panorama bei Sonnenuntergang. Die Atmosphäre an der kleinen angrenzenden Wiese ist nicht nur angenehm, sondern auch eindrucksvoll, denn der Stand blickt auf die historischen Salinen. Die Spezialität des Hauses sind in vielen Varianten zubereiteter Rotolino und knusprige Piada mit Salz und Rosmarin (1,20 €) oder mit Salz aus Cervia und Zwiebeln.

PINARELLA DI CERVIA (RA)
Chiosco della Pineta
Via Mezzanotte – Zona Mare
Tel. (+39) 338 / 325 68 27
Ferien: Oktober–März
Geöffnet 11.30–15, 17–22.00 Uhr

Der seit 1963 in Betrieb befindliche Stand wurde von Großmutter Teresina an ihre Tochter Carla übergeben. Heute führt ihn Enkelin Sabina gemeinsam mit ihrem Mann und den Kindern. Wenige Schritte vom Meer entfernt genießt man in einem Pinienhain mit Tischen und Bänken Piadina, die mit Qualitätszutaten gefüllt ist. Außerdem gibt es Crescione alle erbe e mozzarella (4,50 €).

CESENA (FC)

Acqua e Farina di Andrea Montanari

Via Cerchia di Sant'Egidio, 2365
Tel. (+39) 349 / 317 36 38
Ruhetag: Dienstag
Geöffnet 16–21 Uhr, im Sommer 17–22 Uhr

Dieser Stand bietet rund 40 Sitzplätze im öffentlichen Park mit Bänken und Spieleinrichtungen für Kinder. Die Spezialitäten sind Rotoli (Rollen) mit Squacquerone, Prosciutto crudo und Rucola (4,50 €), Crescioni alle erbe und Häppchen aus Dinkel.

CESENA

E' Tulir di Francesco Ricci

Via 18 Agosto 1944, 490
Tel. (+39) 339 / 127 23 39
Ruhetag: Mittwoch
Geöffnet 14.30–22.30 Uhr

Der Stand in einem öffentlichen Park mit Bänken und Spieleinrichtungen für Kinder verfügt über rund 70 Plätze an den Tischen. Die Spezialitäten sind Battilarda (großes Brett) mit Crescioncini di verdure grigliate (mit Grillgemüse) und Piadaza mit Kräutern, Käse und Pancetta gefüllt (6,30 €).

L'Antica Piadina della Valdoca

Ortsteil Albertini, 48
Tel. (+39) 333 / 290 68 32
Ruhetag: Dienstag, im Winter auch Samstagvormittag • Geöffnet 11.30–13.30, 16–20 Uhr, im Sommer 17–20.30 Uhr

Ein kleiner Betrieb und Laden in der Altstadt. Eine der Spezialitäten ist eine große, dicke Piadina, auf einer feuerfesten Platte gebacken. Außerdem gibt es Crescioni alle erbe con il lardo (mit Kräutern und Speck, 2,40 €) und di zucca e patate (mit Kürbis und Kartoffeln).

La Piadina del Chiosco

Via Giardini Savelli, 10
Tel. (+39) 349 / 514 38 18
Ruhetag: im Winter Donnerstag
Geöffnet 11.30–15, 17–1 Uhr, im Winter 11.30–14, 17–21 Uhr

Der Stand bietet verschiedene Sitzgelegenheiten an Tischen im Freien, auf Mäuerchen und Bänken. Zu essen gibt es ausgewählte Affettati (Aufschnitt) und Formaggi, Piadina aus Kamut, auch ohne Hefe, Salsiccia alla griglia, Piadipizza, Crescioni con verdure alla griglia (mit gegrilltem Gemüse), mozzarella e pomodoro (2,80 €), alle erbe und in der Version con zucca e patate (mit Kürbis und Kartoffeln).

SAN GIORGIO DI CESENA (FC)

La Piadina di Gianluca

Via Montaletto, 3035
Tel. (+39) 348 / 520 89 12
Ruhetag: Donnerstag
Geöffnet 16–20.30 Uhr

Gianluca bereitet Piadina nach dem traditionellen Rezept der Familie zu, das die Verwendung frischer saisonaler Produkte vorsieht. Der Stand befindet sich in einem Park mit Bänken, Tischen und Spieleinrichtungen für Kinder. Die Spezialitäten sind Rotolo con squacquerone, rucola, pomodorini e prosciutto crudo (4,50 €), Crescione di zucca e patate und Crescione di pancetta, radicchio, scamorza e mozzarella.

TORRE DEL MORO DI CESENA (FC)

La Regina della Piadina di Maria Casadei

Via San Remo, 35
Tel. (+39) 340 / 359 82 63
Ruhetag: Dienstag
Geöffnet 16.30–21 Uhr

Wenige Tische mit 16 Plätzen in der Nähe eines großen Parkplatzes. Einer der wenigen Stände, wo Backformen aus feuerfestem Material verwendet werden. Die Spezialität sind Crescioni mit Füllung aus Kräutern (2,30 €) und Gemüse aus dem Landwirtschaftsbetrieb der Familie.

SAN CARLO DI CESENA (FC)

Marina Guidazzi

Via Castiglione, 33
Tel. (+39) 349 / 744 81 74
Ruhetag: Montag, Mittwoch
Geöffnet 11.30–13.30 Uhr, Sonntag 9–13.30, 16–21 Uhr

Der Stand liegt an einer frequentierten Stelle der Straße, die von der Kirche zum Savio führt. Es gibt Piadina aus Bio-Dinkelmehl ohne Schmalz und Crescioni alle erbe (2,40 €). Ausgefallen ist „Stendina", eine sehr dünne Piadina, die auch aus Maismehl zubereitet wird.

Micamat

Piazzale Ambrosini, 27
Ruhetag: Sonntag, Montag
Geöffnet 9–21 Uhr, im Sommer 9–22 Uhr

Der Stand in der Nähe der Pferderennbahn bietet einen großen Parkplatz und rund 50 Plätze an den Tischen. Innovative und klassische Piadina-Varianten bis hin zu traditionellen Crescioni con bietola (mit Mangold, 2,20 €) und con pomodoro e cipolla (mit Tomaten und Zwiebeln).

CONSELICE (RA)

NEU Lo Zibaldino

Piazza Guareschi, 1
Tel. (+39) 344 / 025 59 45
Ruhetag: Sonntag, Montag
Geöffnet 11.30–14.30, 16.30–20.00 Uhr

Das Lo Zibaldino an der pittoresken Piazzetta Guareschi verfolgt ein einfaches Ziel, nämlich handwerklich erzeugte Produkte anzubieten, die aus lokalen Qualitätszutaten nachvollziehbarer Herkunft zubereitet sind. Es gelangen nur Mehl aus der Romagna, Schmalz vom Mora-Romagnola-Schwein (Slow-Food-Presidio), Salz aus Cervia und Sauerteig zur Verarbeitung. Es gibt Piadina con spalla di mora (5 €), Crescioni di cavolo nero e prosciutto (4,50 €) oder con melanzane alla parmigiana.

FORLÌ

Piada 52

Via Andrea Dragoni, 52
Tel. (+39) 340 / 371 25 48
Ruhetag: im Winter Montag
Geöffnet 7–23 Uhr

Der Stand befindet sich neben einem Park. Man kann an Tischen und Bänken sowohl auf der Veranda als auch im Grünen Platz nehmen. Der Stand wird von einer Sozialgenossenschaft geführt und bietet Piadina und andere Produkte aus lokalen biologischen und glutenfreien Zutaten. Zu den Spezialitäten zählen Crescione salsiccia e cipolla (3,50 €) und con pomodoro, mozzarella e salame piccante (3,50 €). Am Samstag, Sonntag und Montag ist der Stand von 17 bis 23 Uhr geöffnet.

FORLIMPOPOLI (FC)

Tom & Jerry

Via Armando Diaz/Giardini La Malfa
Tel. (+39) 339 / 131 47 11
Kein Ruhetag
Geöffnet 16–21 Uhr

Ein paar Schritte außerhalb der Geburtsstadt von Pellegrino Artusi können Sie in einer komfortablen Laube mit zwölf Sitzplätzen Platz nehmen. Der große Garten macht eine Einkehr noch angenehmer. Empfehlenswerte Spezialitäten, vor allem im Winter, sind Crescioni con fagioli e salsiccia (mit Bohnen und Salsiccia) und con verza e pancetta (mit Wirsing und Pancetta, 4 €). Es gibt auch vegane, vegetarische und glutenfreie Speisen.

GAMBETTOLA (FC)

80 Voglia di Piada di Andrea e Roberta

Piazza Cavour, 8
Tel. (+39) 349 / 470 90 80
Ruhetag: Montag
Geöffnet 16.30–21 Uhr

Der Stand befindet sich neben der zentralen Dorfkirche und einem kleinen Park mit Bänken und zwei Tischchen. Die Spezialitäten sind Crescioni und Pia dina con salsiccia alla griglia (4 €), Rotoli und Piadipizza.

LONGIANO (FC)

Gradisca di Manuela Bianchi

Piazza 11 Ottobre, 2
Tel. (+39) 333 / 461 14 01
Ruhetag: Montag
Geöffnet 15–21 Uhr

Der Stand befindet sich am großen Parkplatz vor dem Platz neben der Post. An den Tischen sind rund 20 Sitzplätze vorhanden. Die hervorragenden Crescioni gibt es mit Mangold (3 €), mit Kartoffeln und Salsiccia sowie mit Tomaten und Mozzarella. Als Alternative bieten sich frische Tagliatelle, Cappelletti und Lasagne an, deren Teig mit dem Nudelholz ausgezogen wird.

MERCATO SARACENO (FC)

I 7 Vizi

Via Pertini, 1
Tel. (+39) 347 / 688 11 80
Ruhetag: Montag, Dienstag
Geöffnet 16–21 Uhr

Der Stand in der Nähe des Schwimmbades und Sportzentrums mit großem Parkplatz und Halteplatz für Campingmobile verfügt über etwa 30 Plätze unter einer Holzlaube. Die jungen Betreiber verarbeiten Biomehl aus lokaler Produktion. Neben traditioneller Piadina gibt es Guscioni alle melanzane (2,30 €), alle erbe oder di zucca e patate.

MERCATO SARACENO (FC)

L'Oasi della Piadina

Via Pietro Nenni, 55
Tel. (+39) 342 / 593 16 34
Ruhetag: Mittwoch
Geöffnet 16.30–19.30 Uhr, im Sommer 16.30–20.30 Uhr

Der Stand neben dem Fußballplatz und nahe dem Wildbach Borello verfügt über rund 20 Sitzplätze an den Tischen in der Laube. Hervorragend sind Piadina und Crescioni mit Kürbis und Kartoffeln (2,50 €), mit Kräutern sowie mit Salsiccia und Zwiebeln.

Piadineria Il Minatore

Via Torricelli, 8 • Tel. (+39) 05 47 / 32 32 57
Ruhetag: Montag
Geöffnet 11.30–14.30, 19–24 Uhr

Die Piadineria mit Küche war ursprünglich ein Imbissstand. Heute werden auch Gerichte zubereitet, die man mit Piadina und Crescioni genießen kann. Probieren Sie Coniglio arrosto con il latte (gebratenes Kaninchen mit Milch) und Crescione con verze e cotechino (mit Wirsing und Cotechino, 3 €). Es gibt auch 80 Plätze auf der Sommerterrasse.

RAVENNA

Tradizione Dolce & Sale

Via Cassino • Tel. (+39) 05 44 / 40 06 21
Ruhetag: Montag • Geöffnet 15–20.15 Uhr

Der Stand befindet sich an der Straße nahe dem Stadion. Man kann nur auf ein paar Stühlen Platz nehmen, Tische gibt es nicht. Hervorragend sind Piadina und Crescioni con le melanzane und con salsiccia e cipolla (mit Auberginen sowie mit Salsiccia und Zwiebeln, 3 €). Probieren Sie auch knusprige Piada a velo (Sbriciolona). Verarbeitet werden Saisonprodukte und -gemüse.

RIMINI

Bar Ilde Il Baretto della Buona Piadina

Via Covignano, 245
Tel. (+39) 05 41 / 75 32 74
Täglich geöffnet April–Ende September
12–24 Uhr

Der Stand auf dem Hügel von Covignano liegt im Grünen und bietet im Innen- und Außenbereich Sitzplätze für rund 180 Personen. Speziell sind die mit Salaten, Gemüse und Squacquerone gefüllten Piade. Herrlich ist auch Piadina mit Prosciutto crudo, Squacquerone und Rucola (6,50 €).

Doppio Zero

Via Dario Campana, 78 B–C
Tel. (+39) 335 / 657 51 69
Ruhetag: Montag, außer im Sommer
Geöffnet 10.30–21.30 Uhr

Der Stand nicht weit vom Castel Sismondo, vom Zentrum und vom Parco 25 Aprile verfügt über Tischchen im Innen- und Außenbereich und bietet rund 100 Plätze. Hier ist man auf mit erstklassigen Zutaten gefüllte Cassoni spezialisiert. Probieren Sie die Variante mit Mozzarella und Tomaten (2,50 €) und Rotolo con i sardoncini. Mittags kann man zur Piadina auch ein paar Gerichte bestellen.

Nud e Crud

Viale Tiberio, 27–29
Tel. (+39) 05 41 / 290 09
Kein Ruhetag
Geöffnet 12–16, 18–24 Uhr

Piada, Cassoni, Bar und Küche: ein innovativer und junger Ansatz, wobei klassische Piada und Produkte nachvollziehbarer Herkunft geboten werden, zum Aperitif, zum Mittagessen und zum Abendessen. Es gibt unter anderem Piada aus Biomehl mit Sardinen (6,90 €) oder Radicchio und Frühlingszwiebeln sowie Cassoni con le rosole (mit jungem Klatschmohn) und mit Kartoffeln und Salsiccia.

SOGLIANO AL RUBICONE (FC)

Da Giuli e Stefano Pumdor

Via Montepetra Piolo, 73 B
Tel. (+39) 347 / 278 66 37
Ruhetag: Montag
Geöffnet 14.30–22 Uhr, Samstag und Sonntag 11.30–22 Uhr

Der Stand befindet sich an der Staatsstraße wenige Hundert Meter von der Ausfahrt Montecastello der Schnellstraße E 45 im Gemeindegebiet von Mercato Saraceno. Er bietet rund 30 Sitzplätze. Die Spezialitäten sind Crescioni con zucca e patate, alle erbe (2,30 €) und con salsiccia alla griglia (mit gegrillter Salsiccia).

NONANTOLA (MO)
Rubbiara

12 KM NORDÖSTLICH VON MODENA, S.S. 255

Osteria di Rubbiara

Traditionelle Osteria • Via Risaia, 2
Tel. (+39) 059 / 54 90 19
Ruhetag: Dienstag
Ferien: 15.–31. August, 20. Dezember–10. Januar
35 Plätze + 40 Plätze im Freien
Preise: 25–30 €
Kreditkarten: Visa
Mittags geöffnet, Freitag und Samstag auch abends

Gegründet 1862, zählt dieses Gasthaus mit Laden zu einem der ältesten in der Emilia. Man erlebt eine kulturelle Entdeckungsreise durch die traditionelle Küche und das reiche landwirtschaftliche Angebot Modenas.

DIE OSTERIA – Alles ist wie früher: Der Laden beim Eingang, in dem Aceto balsamico tradizionale di Modena (gegen Vorbestellung ist eine Besichtigung der Essigfabrik und des Kellers möglich), Weine und Liköre verkauft werden, sowie die Osteria mit ihrem alten Flair und Franca Prampolinis Rezepten aus der Bauernküche, die auf den Schätzen des hauseigenen Gemüsegartens basiert. Seit letztem Jahr sind sie aber nicht mehr hier, die geduldige Franca und ihr Mann Italo Pedroni, der rüde, misogyne Wirt, der Ihnen das Mobiltelefon am Eingang abnahm, die Männer vor den Frauen bediente und erst dann mit dem Servieren fortfuhr, wenn der Teller leer gegessen war. Der Sohn Giuseppe, der die Freundlichkeit der Mutter geerbt hat, und seine neuen Gesellschafter haben darauf verzichtet, nach Italos Drehbuch weiterzumachen, der sich ab und zu noch zeigt.

DIE KÜCHE – Hier verdient alles eine Kostprobe, von der **Frittata di cipolle all'aceto balsamico tradizionale** bis zu **Tortellini in brodo** (8 €), um dann mit Tagliatelle, **Stricchetti al ragù** (7 €), Tortelloni di ricotta oder Pasta e fagioli fortzufahren. Als Secondi bieten sich hervorragende Arrosti di coniglio oder di faraona an, Costine di maiale und ein unverzichtbares **Pollo al Lambrusco** (8 €) mit Bratkartoffeln und Essigzwiebelchen – natürlich Aceto balsamico tradizionale – als Beilage. Lassen Sie aber noch Platz für **Zuppa inglese** (3 €), Gelato di crema con il balsamico tradizionale, Crostate und Kuchen. Beenden Sie Ihre Mahlzeit mit Likören oder schlicht mit einem Löffel Aceto balsamico tradizionale.

PARMA
Coloreto

7 KM VOM ZENTRUM

Ai Due Platani

Restaurant
Via Budellungo, 104 A
Tel. (+39) 05 21 / 64 56 26
Ruhetag: Montagabend, Dienstag
Ferien: 15. Februar–2. März, 15. August–7. September
65 Plätze + 65 Plätze im Freien
Preise: 30–35 €
Kreditkarten: CS, DC, MC, Visa; BM
Mittags und abends geöffnet

Ein zauberhafter Ort, an dem es um Küche von hohem Niveau in angenehmen Ambiente und zwangloser Eleganz geht.

DIE OSTERIA – Ein Besuch im Due Platani ist etwas Herrliches, zunächst wegen der angenehmen, ruhigen und liebenswerten Atmosphäre des ländlichen Umlandes gleich außerhalb von Parma, aber auch wegen des Rahmens, den das bis ins Detail gepflegte und doch schlichte und legere Lokal bietet. Und dann ist da noch das absolut perfekte gastronomische Angebot. Zu den beiden lichtdurchfluteten Räumen in Pastelltönen gesellt sich ein einladender Sitzbereich in einer hübschen Veranda. Das Personal ist präzise und qualifiziert.

DIE KÜCHE – Man startet mit Kostproben von Salumi wie 30 Monate gereiftem Parmaschinken, Spalletta, Spalla cotta aus San Secondo, Salami und Coppa, die auch im **Antipasto misto con torta fritta** (10 €) erhältlich sind. Als Alternative bieten sich gute Fischgerichte an, etwa **Canederli di baccalà e granella di pistacchio**, Storione marinato und Seppie ai cereali e crema di piselli. Anschließend munden herrliche **Tortelli di erbetta** (10 €) aus hauchdünnem Teig mit guter Füllung, Ravioli di grigio di Carmagnola con finocchi freschi, Risotto alla quaglia und Anolini in brodo. Sonntags gibt es auch Lasagne. An Secondi finden Sie neben Grillgerichten auch Baccalà con agretti (14 €), **Costolette di agnello con borragine** und Petto d'anatra con barbabietole e cipollotti. Zum Abschluss können Sie sich für eine Kostprobe von Käse – vorzüglich ist Gorgonzola (4 €) – oder für eines der hausgemachten Desserts entscheiden, wie ***Sbrisolona*** con zabaione oder **Gelato mantecato alla crema**. Das Kellerangebot zeichnet sich durch gutes Niveau und eine schöne Auswahl an Weinen aus dieser und anderen Regionen aus, darunter auch Schaumweine.

7 KM VOM ZENTRUM

Antichi Sapori

Restaurant
Via Montanara, 318
Tel. (+39) 05 21 / 64 81 65
Ruhetag: Dienstag
Ferien: 2 Wochen Mitte August
80 Plätze + 80 Plätze im Freien
Preise: 35 €
Kreditkarten: AE, CS, DC, MC, Visa; BM
Mittags und abends geöffnet

Experimentelle Geschmacksnoten im Zeichen der Tradition und der Vereinigung von Kulturen bieten eine einzigartige Erfahrung der Sinne.

DIE OSTERIA – Ein kleines Stück außerhalb von Parma finden Sie diese Trattoria mit gemütlichen, lichtdurchfluteten Räumen, größere im ersten Stock, ruhigere im zweiten Stock, wo sich einst vielleicht die Gästezimmer befanden. Das Ambiente präsentiert sich angenehm und ungezwungen, aber die Liebe zum Detail und das Gedeck lassen erkennen, dass man es hier mit weit mehr als einer klassischen, einfachen ländlichen Trattoria zu tun hat. Die Küche wird Ihnen mit den Ideen von Küchenchef Davide Censi, tatkräftig unterstützt durch den Japaner Makoto, den Beweis dafür liefern.

DIE KÜCHE – Es gibt zwei Menüs: ein traditionelles – „Parma nel cuore" („Parma im Herzen", 30 €) – und ein innovatives. Als Antipasti stehen **Torta di cipolle caramellata con crema al parmigiano** (10 €) als Hommage an den großen Küchenchef Oldani auf dem Programm oder die berühmten Wurstspezialitäten aus Parma (herausragend sind Parmaschinken und Culatello aus Zibello). Setzen Sie Ihr Menü mit der obligaten gefüllter Pasta fort: Tortelli di erbette (9 €), **Anolini di asinina in brodo** und innovativeren Ravioli bianchi di piselli, mirtilli neri e carpaccio di girello; Risotto mantecato schmeckt ebenfalls gut. Bei den Secondi finden wir die Tradition in **Trippa alla parmigiana**, Punta di vitello ripiena con patate arrosto (12 €) und **Stinco di maiale con cipollotti e mostarda di pere**. Nicht verpassen sollten Sie die Degustation von Parmigiano Reggiano (12 €). Torta sbrisolona oder Mousse di zabaione bilden das Finale. Reich bestückt und gut sortiert präsentiert sich die Weinkarte, die naturbelassenen Weinen einen großen Abschnitt widmet.

PARMA
Botteghino

6 KM VOM ZENTRUM

Da Romeo

Osteria-Trattoria
Via Traversetolo, 185
Tel. (+39) 05 21 / 64 11 67
Ruhetag: Donnerstag
Ferien: 1 Woche im Januar, 15. August–7. September
150 Plätze + 150 Plätze im Freien
Preise: 35–38 €
Kreditkarten: CS, MC, Visa; BM
Mittags und abends geöffnet

DIE OSTERIA – Das Lokal entstand im Jahr 1963, als die Familie Zanichelli beschloss, eine Trattoria mit Lebensmittelladen, Bar und Tabakverkauf an den Toren von Parma zu eröffnen. Im Lauf der Jahre haben sich einige Dinge geändert, aber Ambiente und Stimmung sind wie früher geblieben: altmodisch, aber absolut originell, 50 Jahre offen zur Schau getragen, die von zahlreichen Anerkennungen markiert sind. Lorenzo, der Eigentümer, wird Sie sehr freundlich begrüßen und beraten.

DIE KÜCHE – Unter den Antipasti sind die Wurstspezialitäten natürlich die Krönung. Die Auswahl beinhaltet Piatto misto (Salami aus Felino, Parmaschinken, Coppa, Spalla cotta und Gola, 12 €) oder exzellenten Culatello aus Zibello (13 €), beide begleitet von Polenta fritta. Die Primi (12 €) sind hausgemacht, wobei **Tortelli** mit verschiedenen Füllungen eine Vorrangstellung einnehmen: mit Mangold, Kartoffeln, Kürbis oder **Esskastanien**. **Cappelletti in brodo** und Tagliatelle al ragù di culatello schließen den Kreis. Tradition herrscht auch bei den Secondi (13 €) wie Punta di vitello ripiena al forno, hervorragendem **Cotechino in crosta di pane**, **Stracotto di ganassino con polenta** und Coniglio alla cacciatora. Abschließend wählen Sie als Dessert (5 €) hausgemachte Crostate vom Wagen – exzellent die Version mit Aprikosen und Walnüssen oder die klassische mit Pflaumen –, aber auch Semifreddo al mascarpone con scaglie di cioccolato ist köstlich. Die Getränkekarte nennt lokale und italienische Weine und eine gute Auswahl an Hochprozentigem, vor allem Cognac und Rum.

Torrefazione del Gallo (Piazzale San Bartolomeo 7): Bei Gianluca Montanari genießen Sie einen der besten Kaffees der Stadt.

11 KM VOM ZENTRUM

Le Viole

Trattoria
Strada Nuova di Castelnovo, 60 A
Tel. (+39) 05 21 / 60 10 00
Ruhetag: Montag, Dienstag; Juni und August Sonntag, Montag
Ferien: letzten 2 Januar- und Augustwochen
45 Plätze
Preise: 30–32 €
Kreditkarten: AE, CS, MC, Visa; BM
Mittags und abends geöffnet

DIE OSTERIA – Wenige Restaurants können sich eines beinahe 30-jährigen Bestehens rühmen: Dies bedeutet nämlich Leidenschaft für die eigene Arbeit, für die hiesige Küche und Sorgfalt bei der Auswahl der Zutaten. Roberto Oppici, ein Parmaer, wie er im Buche steht, kümmert sich um die Küche, während Rosanna und Lucia (Ehefrau und Schwägerin, beide aus Friaul) die Gäste empfangen und den Service mit großer Professionalität versehen. Das Lokal am Damm des Wildbachs Parma präsentiert sich einladend und gut eingerichtet und gliedert sich in zwei schöne Gasträume und einen weitläufigen Salon. Im Sommer kann man den schönen Sitzbereich im Freien genießen. Die Karte bietet ein „sesshaftes" Menü mit historischen Gerichten aus der Gegend und ein reiches Tagesangebot, das mündlich aufgezählt und von der Laune des Küchenchefs und dem Marktangebot bestimmt wird.

DIE KÜCHE – Man beginnt mit stets beliebter **Salame fresco al vino e fichi**, ebenso bewährter Paté di fegato d'oca con purè di pere e pan brioche (12 €), Flan di parmigiano con salsa ai porcini und vorzüglichem, 30 Monate gereiftem Prosciutto crudo (in den hauseigenen Kellern affiniert). Unter den Primi sind **Savarin di riso** (9 €), Lasagnette con montasio e carciofi und Agnolotti di patate con fonduta di cipolla. Helles und dunkles Fleisch bietet sich als Hauptgang an: **Coniglio con pomodorini, rosmarino e olive taggiasche** (12 €), Fagottini di tacchinella agli asparagi, Guanciale di manzo brasato al vino rosso con polenta (10 €) oder, falls erhältlich, eine geradezu spektakuläre Anatra al forno con pere. Alternativ dazu gibt es einige Fischgerichte. Große Auswahl an Desserts (6 €), von denen wir **Zuppa inglese** hervorheben. Die Weinkarte ist repräsentativ für die regionale und lokale Produktion.

Da Marco Osteria del Trentino

Restaurant
Via del Castello, 31
Tel. (+39) 05 23 / 32 42 60
Ruhetag: Sonntag
Keine Ferien
35 Plätze + 20 Plätze im Freien
Preise: 33–35 €
Keine Kreditkarten
Mittags und abends geöffnet

DIE OSTERIA – Im Herzen von Piacenza führt Marco seit einigen Jahren diese mehr als 100 Jahre alte Osteria, deren Name die Herkunft des ersten Betreibers zu Beginn des vorigen Jahrhunderts verrät. Heute zeichnet sie sich durch großes Augenmerk auf die kulinarische Tradition des Gebiets um Parma aus, die mit Achtsamkeit bei der Auswahl der Zutaten umgesetzt wird. Das Ambiente ist gemütlich und verrät Liebe zum Detail; in der schönen Jahreszeit steht der sehr einladende, angenehme kleine Innenhof für Abendessen im Freien zur Verfügung.

DIE KÜCHE – Schon bei den Antipasti gabelt sich der Weg: Klassisches mit Wurst aus Piacenza und Originalität mit **Paté ai quattro fegati** (mit Leber vom Huhn, Kaninchen, Kalb und Schwein, 12 €), Strudel di verdure und Lingua fredda con olio e limone. Von den Primi empfehlen wir die köstlichen **Anolini in brodo di terza** (10 €), Tortelli di magro al burro e salvia und ***Pisarei e fasò***. Im Winter dürfen Sie **Rigatoni con il ragù di coda** nicht versäumen. Faszinierend ist das Kapitel der Secondi mit Spezialitäten vom **Quinto quarto** – Bries, Niere, Leber mit Zwiebeln (13 €), paniertes Hirn –, aber auch **Punta di vitello al forno** (13 €) und Tartara di manzo schmecken gut. Alternativ bieten sich Gerichte aus Klippfisch und Stör oder eine gute Käseselektion an. Tomaten, Kartoffeln, Spargel und Salate in verschiedenen Versionen und abhängig von der Jahreszeit bilden eine passende Ergänzung. Löffeldesserts (Semifreddi, Mousse, Cheesecake) und Süßspeisen aus Früchten runden das Essen ab. Die Weinkarte lässt eine Vorliebe für das Gebiet erkennen, bietet aber auch eine gute Selektion an italienischen und internationalen Weinen von gutem Niveau.

Die Taverna del Gusto, Via Taverna 27, verkauft Wurst und Käse in exzellenter Qualität, andere gastronomische Spezialitäten sowie Weine.

NEU Enoteca Da Renato

Vinothek-Trattoria
Via Roma, 24
Tel. (+39) 05 23 / 32 58 13
Ruhetag: Montag, Dienstag, Mittwochabend
Ferien: 2 Wochen im Januar
30 Plätze + 15 Plätze im Freien
Preise: 30 €
Kreditkarten: CS, MC, Visa; BM
Mittags und abends geöffnet

DIE OSTERIA – 2016 wurde der 50. Jahrestag der Eröffnung dieser historischen Vinothek im Zentrum von Piacenza gefeiert. Renato führt mit Unterstützung seiner überaus tüchtigen Tochter Tiziana das Lokal mit Bescheidenheit und Hingabe. Hier einzutreten, kommt einem Sprung in die Vergangenheit gleich, denn einige der Gäste scheinen einem Roman von Malvaldi oder Guareschi entstiegen zu sein. Tiziana schlägt Ihnen eine umfangreiche Auswahl an Weinen lokaler Herkunft vor, besonders aus kleinen Weinbaubetrieben, während das aufmerksame und freundliche Servicepersonal Ihre Wünsche gerne erfüllt.

DIE KÜCHE – Die enorme Auswahl an Wurst und Käse, von den Betreibern höchstpersönlich ausgesucht und zusammengestellt, wird mit Kompott und Honig (10 €) serviert und vervollständigt das Angebot der Antipasti, unter denen hervorragende Giardiniera hervorsticht, die Sie unbedingt probieren müssen. Danach geht es mit guten hausgemachten Teigwaren weiter, wie **Anolini in brodo di terza** (10 €), Gnocchetti di ricotta con porcini, Garganelli con olive taggiasche, pomodori datterini, patate e rucola und Farfalle con peperoni, speck e zafferano piacentino. Wenn Sie ein Stückchen reinster Tradition kosten möchten, raten wir Ihnen zu ***Pisarei e fasò*** oder Anolini in *sorbir* (die Brühe wird mit einem halben Glas Wein verfeinert), die allein schon die Anreise wert sind. Weiter geht es mit Fleischgerichten wie Tartara di manzo, Tagliata di controfiletto, Manzo all'olio (12 €) und herrlicher **Faraona in padella**. Hausgemachte Kuchen und Löffeldesserts (5 €) runden das Angebot dieser sympathischen und gemütlichen Osteria ab. Probieren Sie Torta al cioccolato, Torta di pesche e amaretti und Semifreddo al caffè.

San Giovanni

Restaurant
Via Garibaldi, 49
Tel. (+39) 05 23 / 32 10 29
Ruhetag: Montagmittag, Juni–Ende August auch Sonntag
Ferien: 3 Wochen im Juli
40 Plätze
Preise: 30–35 €
Kreditkarten: AE, CS, MC, Visa; BM
Mittags und abends geöffnet

DIE OSTERIA – Dieses Lokal im Zentrum von Piacenza, ein paar Schritte vom Hauptplatz, fällt duch seine Einrichtung in minimalistischem Design auf, das sich auch im Gesamtstil und in der Präsentation der Speisen spiegelt. Die Küche verwandelt die akkurat ausgesuchten Zutaten und lokalen Produkte in Speisen, die von überarbeiteten Traditionsgerichten bis zu ausgefeilten Innovationen reichen.

DIE KÜCHE – Unter den Antipasti sind Wurst aus Piacenza (10 €), Terrina di salmerino, Tonno di cappone con puntarelle und Flan di baccalà con guazzetto di pane e pomodori. Bei den Primi entkommt man mit ***Pisarei e fasò*** (9 €) oder **Tortelli con la coda** der Tradition nicht, aber als Alternative bieten sich Maccheroni alla bobbiese con stracotto di manzo e funghi, **Passatelli con cime di rapa e baccalà** und Risotto con crema di pomodori affumicati, burrata, pesto, basilico e capperi an. Von den Secondi wären Guanciale di manzo al Gutturnio (13 €), mit dem Messer gehacktes Duetto di carni und als vegetarische Alternative Sformato di asparagi piacentini e grana zu erwähnen. Ebenfalls auf der Karte vertreten sind **Filetto di maiale al miele con castagne e cipollotti**, Coscia d'oca con pere madernassa und Millefoglie di roastbeef di manzo piacentino con susine agrodolci e lamponi. **Sbrisolona e zabaione** (5 €), Parfait al miele di tarassaco, Crumble di mele oder Salame al cioccolato bilden das Finale. Die großartige Weinkarte nennt mehr als 350 Etiketten, die mit einem guten Blick für kleine Winzer ausgesucht sind, welche ethische Landwirtschaft betreiben und möglichst wenig Kellereitechnik anwenden.

Besuchen Sie die Gelateria K2 in der Via Garibaldi 13, die ausgezeichnete Produkte aus Qualitätszutaten bietet.

Santo Stefano

Moderne Osteria
Via Santo Stefano, 22
Tel. (+39) 05 23 / 32 78 02
Ruhetag: Sonntag, Montag
Ferien: August
45 Plätze + 30 Plätze im Freien
Preise: 25–30 €
Kreditkarten: CS, DC, MC, Visa; BM
Mittags und abends geöffnet

DIE OSTERIA – Diese moderne Osteria mit einfacher Einrichtung, legerem Ambiente und liebenswürdigem Empfang steht in der Altstadt von Piacenza. Die Familie Fanelli (Davide, Amelia und Sohn Francesco) führt Sie im Gastraum und während der schönen Jahreszeit im Innenhof auf eine Entdeckungsreise durch das Tagesmenü, das auf einer großen Tafel angeschrieben steht; dafür verantwortlich zeichnen die jungen Köche Matteo und Ilir, die zwischen Traditionsgerichten und innovativen Rezepten pendeln.

DIE KÜCHE – Man beginnt mit guter Wurst aus Piacenza mit Giardiniera (11 €) und frittierten Zucchiniblüten, um mit ***Pisarei e fasò*** con cotiche (8 €) und **Bomba di riso** con ripieno di ragù di piccione fortzufahren. Als Secondi sind dagegen **Trippa** (10 €) und Tartara di cavallo vorgesehen. Mit Tonno di coniglio e burrata oder Caponata di zucchine con bottarga sprengt das Angebot die regionalen Grenzen. Auf derselben gastronomischen Linie können Sie auch Tagliolini al ragù di coniglio e fave, Riso venere con verdure e calamari und **Uovo in camicia in doppia cottura con fonduta e tartufo** (12 €) vorfinden. Saisongebunden, aber ebenfalls verlockend sind **Tortelli di zucca**, Zuppa di cavolo nero und Testa di maiale. Von den Desserts verdient Sbrisolona con lo zabaione Aufmerksamkeit. Die Weinkarte enthüllt die Leidenschaft der Inhaber für naturbelassene Weine und listet italienische und internationale Etiketten sowie Tropfen aus dem Umland von Piacenza auf.

Die Bottega della Carne, Stradone Farnese, Hausnummer 22, verkauft hervorragendes frisches Fleisch und gute Speisen, die vor Ort verzehrt werden können.

PODENZANO (PC)
Gariga

10 KM SÜDLICH VON PIACENZA, S.S. 654

NEU Ostreria Pavesi

Moderne Osteria-Vinothek
Ortsteil Gariga, 8
Tel. (+39) 05 23 / 52 40 77
Ruhetag: Montag, Dienstag
Ferien: unterschiedlich
50 Plätze
Preise: 30 €
Kreditkarten: CS, MC, Visa; BM
Mittags und abends geöffnet

Giacomo, Camillo und Giuseppe liefern eine Interpretation der modernen Osteria, indem sie solide und fantasievoll aus der Tradition schöpfen.

DIE OSTERIA – Im wunderschönen Hof La Faggiola fängt das Abenteuer der Brüder Pavesi wieder an. Giacomo, im Service, Camillo und Giuseppe, die die Küchenarbeiten meisterhaft koordinieren, bieten Rezepte aus der Tradition Piacenzas mit Einflüssen der angrenzenden Provinzen. Ihre Aufmerksamkeit für Zutaten aus der Nähe macht das Lokal zu einer Pflichtetappe. Giacomo sucht persönlich die Lieferanten aus und spürt oft Raritäten auf, wie Käse aus dem Landwirtschaftsbetrieb: kleine Betriebe, große Produkte. Eine kleine Verkaufsstelle, in der man die in der Küche verwendeten Produkte erwerben kann, wird gerade eingerichtet.

DIE KÜCHE – Den Anfang machen drei DOP-Produkte aus Piacenza (Coppa, Salami, Pancetta) oder als Alternative **Cappon magro di terra con coniglio, verdure e salsa verde** (11 €). Ebenfalls auf der Karte zu finden sind *Brandacujun*, cremig verrührter Klippfisch mit knuspriger Polenta, und Vellutata di asparagi con uovo in camicia e formaggio di malga (9 €). Auch unter den Primi tauchen große Klassiker auf: ***Pisarei e fasò*** (8 €), Tagliolini verdi con asparagi, **Bomba di riso** (für mindestens vier Personen, 30 €) und **Tortello piacentino con ortiche**. Danach empfehlen wir **Trippa con fagioli** (11 €) oder **Lumache in umido** aus Podenzano; wenn Sie jedoch Meeresgerichte bevorzugen, wählen Sie die guten Piovra alla piastra con crema di fagioli cannellini e pomodorini confit. Exzellent ist das Sortiment an Almkäse mit Cotognata (Quittengelee), nicht minder köstlich sind die ausnahmslos hausgemachten Süßspeisen. Die sehr gut aufgebaute Weinkarte beweist höchstes Niveau.

PONTE DELL'OLIO (PC)
Biana

28 KM SÜDLICH VON PIACENZA

Bellaria

Trattoria
Ortsteil Biana, 17
Tel. (+39) 05 23 / 87 83 33
Ruhetag: Donnerstag
Ferien: ersten 3 Septemberwochen
50 Plätze + 30 Plätze im Freien
Preise: 30–33 €
Kreditkarten: CS, MC, Visa; BM
Mittags und abends geöffnet

DIE OSTERIA – Das Bellaria liegt im Grün des Nure-Tals kurz hinter der Abfahrt von der Staatsstraße und ist als Locanda mit Osteria und Lebensmittelhandlung entstanden. Die Familie Trecordi ist hier seit 70 Jahren am Ruder, derzeit mit einem reinen Frauenteam: Die Schwestern Mariangela und Valeria stehen am Herd, während Silvana im Service von ihrer Tochter Giorgia unterstützt wird. Die Renovierung hat die Schönheit des Steingebäudes zur Geltung gebracht, wodurch gemütliche, gut eingerichtete Räume mit elegant gedeckten Tischen entstanden. Die Sorgfalt, die man bei der Präsentation der Gerichte walten lässt, übertrifft die Erwartungen, die man diesbezüglich an eine traditionelle Trattoria hat.

DIE KÜCHE – Neben den Speisen auf der Karte gibt es immer Tages- und Saisongerichte, und das bereits bei den Antipasti wie Lardo con crostini caldi, unverzichtbaren **Salumi con la *burtléina*** (Fladen aus Wasser und Mehl, 6,50 €), aber auch Sformato di asparagi con salsa all'uovo e acciughe und Ricottina al forno profumata al limone con crudità di verdure. Tradition und Modernität wechseln auch bei den Primi, etwa **Tortelli di ricotta e spinaci al burro e salvia**, delikaten ***Pisarei e fasò*** (9 €), Pappardelle di farro con porri e piselli su crema di parmigiano e zafferano und Gnocchetti di patate e carote con pesto di ortiche. Bei den Secondi dominiert Fleisch verschiedener Art und in unterschiedlichen Zubereitungsweisen. Nicht versäumen sollten Sie ***Picula 'd caval*** con purea di patate (9 €), Tagliata di manzo con ristretto al Gutturnio, Petto d'anatra alle mele e pepe rosa und Costolette di agnello impanate con pinzimonio (14 €). Verlockend präsentiert sich die Dessertkarte, interessant die Weinkarte, die einen schönen Überblick über die Erzeugnisse verschiedener hiesiger Winzerbetriebe vermittelt.

PORRETTA TERME (BO)

60 KM SÜDWESTLICH VON BOLOGNA

Trattoria delle Tele

Trattoria
Piazza Massarenti, 1
Tel. (+39) 05 34 / 245 75
Ruhetag: Dienstagabend, Mittwoch (außer Juli und August)
Ferien: je 1 Woche im Mai und Oktober
30 Plätze + 16 Plätze im Freien
Preise: 32–35 €
Kreditkarten: CS, DC, MC, Visa; BM
Mittags und abends geöffnet

DIE OSTERIA – Wir befinden uns im Zentrum des Thermalstädtchens Porretta im Apennin, wenige Kilometer von der toskanischen Grenze entfernt. Hier setzt Giovanni mit seinem Team die Tradition der Familie Valdisseri fort und stellt seine Kompetenz in den Dienst dieses schönen Betriebs, nachdem er in diversen Restaurants im Tal Erfahrungen gesammelt hat.

DIE KÜCHE – In diesem Lokal mit nur wenigen Plätzen kann man ein saisonal wechselndes kulinarisches Angebot probieren, eine Küche, die sich ebenso auf Bodenständigkeit wie auf raffinierte Innovation und ein Mittagsmenü für Berufstätige von Montag bis Samstag (15 €) versteht. Gute Antipasti sind Tortino di melanzane con ristretto di pomodoro e basilico, **Fiori di zucca ripieni di ricotta, erba cipollina e salsa al balsamico** (10 €), Battuta al coltello di fassona piemontese und ein paar Meeresgerichte wie Insalata di calamaretti e mazzancolle. Bei den Primi gibt es einige mediterrane Speisen wie Scialatielli con ombrina, basilico e bottarga, aber auch die Tradition erhält mit **Tortelloni montanari al parmigiano** (12 €) und Tagliatelle ai porcini dell'Appennino den gebührenden Platz. Dieselbe Formel gilt für die Secondi: Fischgerichten – wie Filetto di dentice all'isolana – stehen gemeinsam mit **Cotoletta alla petroniana** (15 €), Filetto di scottona con porcini und Bistecca alla fiorentina auf dem Programm. Unter den Süßspeisen sind Zabaione con cantucci, **Zuppa inglese** und Crostata di ricotta. Reich und vielfältig ist das Weinangebot gestaltet: Großes Augenmerk gilt Weinen aus dem Gebiet und dem übrigen Italien sowie einer schönen Selektion an Champagner; daneben wartet ein kleines Biersortiment aus Kleinbrauereien.

Osteria dei Battibecchi

Moderne Osteria
Via della Tesoreria Vecchia, 16
Tel. (+39) 05 44 / 21 95 36
Kein Ruhetag
Ferien: 15. Juli–15. August
45 Plätze + 25 Plätze im Freien
Preise: 30–33 €
Kreditkarten: CS, MC, Visa; BM
Mittags und abends geöffnet

DIE OSTERIA – Die in den Gässchen der Altstadt versteckte kleine Osteria, nicht weit von der zentral gelegenen Piazza del Popolo, spiegelt den aufrichtigen Charakter der Eigentümerin Nicoletta Monducci wider. Das Ambiente präsentiert sich mit Sichtgebälk, holzverkleideten Wänden und steinernen Nischen gepflegt und einladend. Matteo begrüßt Sie, begleitet Sie zu Ihrem Tisch und schlägt Ihnen höflich die Tagesgerichte vor, die alle Ausdruck einer großzügigen, bodenständigen Traditionsküche aus der Romagna sind.

DIE KÜCHE – Bei den Antipasti haben Sie die Wahl zwischen einer schönen Wurstselektion, begleitet von warmer Piadina, **Saraghina marinata** (6 €) oder Radicchi e bruciatini. Unter den ausnahmslos hausgemachten Primi sind Cappelletti oder **Passatelli in brodo**, Tagliatelle al ragù und **Stricchetti al ragù e piselli** (8 €). Als Secondo sollten Sie sich Squacquerone con fichi caramellati, vorzüglichen Castrato ai ferri und exzellentes **Coniglio alla Teresa con patate rosse** (16 €) nicht entgehen lassen; bei den Beilagen dagegen Bahn frei für Wildkräuter, Bratkartoffeln oder Grillgemüse. Wenn Sie bei den Desserts (5 €) angelangt sind, probieren Sie Zuppa inglese, **Tortelli alla mostarda di frutta** und Crostata della nonna Mariona. Außerdem finden Sie je nach Jahreszeit einige Gerichte abseits der Karte, von denen wir als Beispiele Pasta e fagioli, Polenta al ragù und Zuppa di farro e lenticchie erwähnen. Diese Gerichte sind auf einer kleinen Tafel beim Eingang angeschrieben. Die recht gute Weinkarte nennt überwiegend Tropfen aus der Romagna, unternimmt aber auch Ausflüge in andere Regionen. Wir empfehlen Ihnen zu reservieren.

Die Enogastronomia I Grisi (Via Rava) bietet Spezialitäten aus der Romagna und Produkte aus Slow-Food-Presidi.

A Mangiare

Restaurant
Viale Monte Grappa, 3 A
Tel. (+39) 05 22 / 43 36 00
Ruhetag: Sonntag, im Sommer Samstagmittag
Ferien: 1.–8. Januar, 2 Wochen im August
40 Plätze
Preise: 40–45 € €↑
Kreditkarten: AE, CS, MC, Visa; BM
Mittags und abends geöffnet

DIE OSTERIA – Das ruhige, elegante Lokal liegt innerhalb der Straßenzüge, die die Altstadt umschließen. Donatella, im Service, und ihre baskische Gesellschafterin Olatz, am Herd, setzen ihren interessanten Ansatz fort, ein Menü anzubieten, das sich zwar auf die soliden gastronomischen Traditionen Reggios stützt, aber interessante Einflüsse aus der Heimat der Köchin erkennen lässt und dem Rhythmus der Jahreszeiten entsprechend diversifiziert ist.

DIE KÜCHE – Man beginnt mit Culatello aus Zibello (Slow-Food-Presidio, 15 €) oder mit einem ordentlich gereiften Rohschinken, kombiniert mit leichtem Gnocco fritto. Alternativen dazu wären Giardiniera della nonna und Spuma di parmigiano reggiano con mostarda di pere. Unter den Primi sind frische Teigwaren wie **Tortelli verdi con burro e parmigiano reggiano** – di zucca con soffritto oder di patate con tosone e tartufo nero –, Cappellacci ripieni di baccalà oder auch appetitlicher **Risotto con pere, gorgonzola e aceto balsamico tradizionale** di Reggio Emilia (10 €). Bei den Secondi veredelt Aceto balsamico tradizionale **Lingua di manzo** (16 €); gut sind auch **Sfilacci di coda al vino rosso** (16 €) und Tartara di bufala dell'Appennino reggiano con cipollotti e tuorlo d'uovo. Daneben bieten sich auch Fischgerichte und eine gute Käseselektion an. Den krönenden Abschluss bildet eine reiche Palette an Süßspeisen, wie etwa Zuppa inglese, Gelato matildico, Sorbetti, verschiedene Schokoladesorten und eine gute Auswahl an Dessertweinen. Stets erhältlich ist ein Degustationsmenü für 30 €. Das Kellerangebot ist das Ergebnis einer gezielten Auswahl der besten regionalen Produkte, wobei auch Weine aus dem übrigen Italien und anderen Ländern zu ihrem Recht kommen.

NEU Canossa

Restaurant
Via Roma, 37
Tel. (+39) 05 22 / 45 41 96
Ruhetag: Mittwoch
Ferien: August
40 Plätze
Preise: 30 €
Kreditkarten: CS, MC; BM
Mittags und abends geöffnet

DIE OSTERIA – Das von der aus Apulien stammenden Familie Calò Ende der Sechzigerjahre gegründete Restaurant ist mittlerweile eine Adresse für die besten gastronomischen Traditionen Reggios geworden, genauer gesagt des vorwiegend städtischen kulinarischen Angebots. Wir befinden uns auf der historischen Verkehrsachse der Stadt, wo die gesellschaftliche Verflechtung zwischen Einheimischen und der von der neuen Bevölkerung mitgebrachten kulturellen Vielfalt ausgesprochen avantgardistische Integrations- und Entwicklungsinitiativen fördert.

DIE KÜCHE – Die unverfälschten Primi und die Qualität der Bolliti vom eindrucksvollen Wagen, dem Symbol des Festessens, lohnen allein schon die Anreise. Der Teig wird jeden Morgen zubereitet, um sich dann in wahre Juwelen des Genusses zu verwandeln. Lassen Sie sich von **Tortelli d'erba alla reggiana** oder Tortelli alla zucca (10 €), Lasagne al forno, Cappelletti (12 €) und, wenn Sie schlichte Geschmacksnoten schätzen, von **Quadrettini in brodo** verführen. Weitere Möglichkeiten wären gute Tagliatelle al ragù oder al prosciutto. Übertreiben Sie aber nicht, wenn Sie noch Platz für die Krönung des Angebots lassen wollen, **Bollito misto** vom Wagen (16 €) mit Cotechino, Zampone, Kalbsfüßen, Huhn, Zunge und, ganz nach Tradition, Pieno (eine Art Hackbraten mit Käse und Ei). Sehr gut schmecken auch Braten vom Schwein, Kalb, Hähnchen und anderen Hoftieren. Haugemachte Crostata und **Zuppa inglese** (4 €) bilden einen idealen Abschluss. Würdige Begleiter zum Essen sind einige Lambruschi aus Reggio mit einem hervorragenden Preis-Leistungs-Verhältnis.

🍷 In der in derselben Straße gelegenen Biosteria Ghirba kann man feines Bier aus Kleinbrauereien genießen und gute Musik hören.

Il Pescato del Canevone

Trattoria
Via Luigi Tonini, 34
Tel. (+39) 366 / 354 15 10
Ruhetag: Montag, Samstagmittag
Ferien: während der Fischfangsperre
80 Plätze + 40 Plätze im Freien
Preise: 38–40 € €↑
Kreditkarten: AE, CS, DC, MC, Visa; BM
Mittags und abends geöffnet

DIE OSTERIA – Vor rund acht Jahren hat die Familie Francioni, die seit Generationen mit der Fischerei verbunden ist und einen Verkaufsstand auf dem Markt besitzt, dieses schöne Lokal eröffnet, ein ehemaliges Lager der Republik Venedig. Alberto und Arianna führen es mit Leidenschaft und Kompetenz. Es gibt einen einzigen großen Gastraum, der mit authentischen Gegenständen und Tischen mit Papierservietten und -tischtüchern schlicht eingerichtet ist; der Service ist rasch und effizient, die Atmosphäre lebhaft und eindrucksvoll. Beim Eintreten lesen Sie auf der Tafel das Menü mit den Tagesgerichten, die je nach Fangergebnis variieren. Sie können aber auch direkt aus der Kühlvitrine wählen, was für Sie zubereitet werden soll. Widerstehen Sie den teuren Angeboten und setzen Sie auf Gerichte aus Pesce azzurro, wenn Sie innerhalb der von uns angegebenen Preisspanne bleiben möchten. Da das Lokal sehr gut besucht ist, sollten Sie reservieren.

DIE KÜCHE – Beginnen Sie mit **Insalatina tiepida di mare** oder mit Sardoncini fritti con cipolla di Tropea (9 €); alternativ wählen Sie Cozze alla tarantina und Mazzancolle alla piastra (13 €). Von den Primi aus hausgemachtem Teig erwähnen wir Strozzapreti al ragù di pesce, traditionelle **Spaghettoni alle poveracce** und hervorragenden **Risotto alla marinara** (13 €). Weiter geht es mit ganz frischer, großzügig servierter **Frittura di paranza**, Mazzola al forno alla mediterranea oder **Calamari fischioni arrosto con fagiolini saltati**. Eine gute Wahl ist auch gegrillter Fisch (4,50 € je 100 g). Zum Abschluss lockt ein vielfältiges Programm an Desserts (4 €): Semifreddo agli agrumi, sizilianische Cannoli, Sorbetti und Granite. Interessante Weinselektion mit besonderem Augenmerk auf Schaumweine.

La Marianna

Trattoria
Via Tiberio, 19
Tel. (+39) 05 41 / 225 30
Kein Ruhetag
Keine Ferien
110 Plätze + 100 Plätze im Freien
Preise: 30–35 €
Kreditkarten: AE, CS, DC, MC, Visa; BM
Mittags und abends geöffnet

DIE OSTERIA – Wir sind ein paar Schritte vom Ponte di Tiberio entfernt, wo Signora Marianna (daher der Name der Trattoria) bereits vor 100 Jahren Passanten verköstigte und das zubereitete, was die in der Nachbarschaft wohnenden Fischer fingen. Das heute von Enrica Mancini geführte Lokal hat nicht nur seinen ursprünglichen Namen beibehalten, sondern auch den Ansatz, nur das zu verwenden, was der saisonale Markt bietet. Angelo Iervolino, in der Küche, hat dieses Prinzip zu seinem gastronomischen Markenzeichen gemacht. Stets auf der Karte stehen zwei Degustationsmenüs für 30 und 40 €.

DIE KÜCHE – Zu Beginn kalte Antipasti wie Sardoncini marinati, Insalatina di seppioline con verdure croccanti, Canocchie al vapore (12 €) und äußerst beliebte **Insalata all'uso** (grüner Radicchio, Frühlingszwiebeln, marinierte Sardinen und Parmesanspäne) neben ein paar Speisen aus rohen Zutaten. Von den warmen Vorspeisen empfehlen wir eine Kostprobe von Sardoncini al testo con cipollotto e radicchio, **Lumachine in umido** (10 €) und Polentina con vongole poveracce. Hausgemachte Pasta feiert einen Triumph mit **Strozzapreti con sugo di canocchie**, Passatelli con calamari, mazzancolle e piselli (12 €) und Tagliatelle alle poveracce; nicht minder köstlich ist Risotto rosso alla marinara. Die Secondi werden über der Holzglut zubereitet – perfekt sind die Spießchen, Heuschreckenkrebse und der Fisch vom Tagesfang –, aber auch **Fritto di sardoncini** oder Fritto misto mit Calamari, Furchengarnelen, Lammzungen und Gemüse (13 €) und Rombo al forno möchten wir nicht unerwähnt lassen. Den Schlusspunkt setzen hausgemachte Dolci wie Crema catalana oder Crema di limone con gelo di fragola und Semifreddo alla menta. Gute Auswahl an Weinen aus dem Umland.

Osteria dë Börg

Moderne Osteria-Pizzeria
Via Forzieri, 12
Tel. (+39) 05 41 / 560 74,
(+39) 05 41 / 560 71
Kein Ruhetag
Keine Ferien
90 Plätze + 60 Plätze im Freien
Preise: 30–33 €
Kreditkarten: AE, CS, DC, MC, Visa; BM
Mittags und abends geöffnet

DIE OSTERIA – Das Viertel, in dem Federico Fellini zur Welt kam, befindet sich jenseits des Hafens und des Ponte di Tiberio. Dies ist auch der Grund, warum der Lärm vom Strand und Nachtleben etwas gedämpft zwischen die alten, niedrigen Häuser in bunten Farben dringt. Die Osteria dë Börg war einst ein Arbeiterclub, wovon noch das große Wappen zeugt, das am Arbeitsplatz der Pizzabäcker prangt. Hier wird nämlich auch Pizza aus lokalen Biomehlen im Holzofen gebacken. Die Küche ist ausschließlich dem Festland verbunden.

DIE KÜCHE – Es geht los mit einem Käsesortiment oder mit Wurstspezialitäten vom Mora-Romagnola-Schwein aus dem Slow-Food-Presidio (13 €). Der Teig für **Tagliatelle al ragù** di carne battuta al coltello (das Fleisch für die Sauce wird mit dem Messer gehackt, 9 €) und Cappelletti con salsa di carote wird mit der Hand ausgezogen; als Alternative empfehlen wir Gnocchi con fiori di zucca, Passatelli con asparagina, fave, piselli e stridoli, **Strozzapreti con asparagina e salsiccia di mora** (8,50 €) und Chitarre con filetto, stridoli e pomodorini. Das Fleisch wird über der Holzglut oder in der Pfanne gegart: Probieren Sie **Polpette in umido con carciofi** (12 €), Galletto con pomodorini, **Misto di mora alla brace**, Costata und Fiorentina aus dem Marecchia-Tal. Gut sortiert und immer an die Rhythmen des Gartens angepasst ist das Angebot an Gemüsebeilagen. Zum Finale erwarten Sie rund zehn Dolci. Auf der sicheren Seite sind Sie mit Zuppa inglese, aber es stehen auch Crème brulée, Bavarese al cioccolato, Eis, Ciambella und Feingebäck mit Creme auf dem Programm. Die regional gehaltene Weinkarte stellt Etiketten aus Rimini in den Vordergrund. Außerdem gibt es ein kleines Angebot an Bieren von deutschen und italienischen Kleinbrauereien.

18 KM SÜDLICH VON PIACENZA

Caffè Grande

Restaurant
Piazza Paolo, 9
Tel. (+39) 05 23 / 95 85 24
Ruhetag: Dienstag, im Winter auch Montag
Ferien: 1 Woche Ende September, 3 Wochen im Januar
70 Plätze + 80 Plätze im Freien
Preise: 32 €
Kreditkarten: CS, DC, MC, Visa; BM
Mittags und abends geöffnet

DIE OSTERIA – Das elegante Gebäude des Caffè Grande beherrscht die Piazza des kleinen Orts Rivergaro im Trebbia-Tal am Beginn des Hügellandes um Parma. Fabrizio bedient auf liebenswürdige Art in erlesenem, geschmackvoll renoviertem Ambiente, während seine Schwester Betti in der Küche regiert und Gerichte hervorbringt, die in der lokalen Tradition wurzeln, aber auch Konzessionen an andere Regionen Italiens macht.

DIE KÜCHE – Man beginnt mit der großen Auswahl an Antipasti, von denen wir Fiori di zucca ripieni di burrata e zucchine (8 €), klassische **Salumi** aus Piacenza **mit hausgemachter Giardiniera** und Sformato di asparagi con crema al parmigiano nennen. Von den traditionellen Primi empfehlen wir **Tortelli di ricotta e spinaci al burro e parmigiano** (10 €), Anolini in brodo und ***Pisarei e fasò***, aber auch Tagliolini all'uovo con cacio, pepe e briciole di bacon sollten nicht unversucht bleiben. Fleisch nimmt bei den Secondi die Hauptrolle ein: hervorragende **Guanciale di vitello con salsa al Gutturnio e purè di sedano rapa** (14 €), Involtino di coniglio con mandorle und Costolette di agnello al forno con aromi. Eine andere Möglichkeit wäre die stets auf der Karte vertretene Käseselektion aus Kuh- und Ziegenmilch aus Piacenza. Gute Dolci wie Semifreddo al croccante di mandorle in salsa di cioccolato (7 €), Sbrisolona con gelato alla crema und Crostata con crema pasticciera e fragole versüßen den Abschluss. Ein Lob verdient das Kellerangebot mit den interessantesten Etiketten aus dem Gebiet und wohlüberlegten Ausflügen in andere italienische Regionen.

An derselben Piazza bietet Piacenvino eine hervorragende Auswahl der besten lokalen Weine.

48 KM SÜDÖSTLICH VON FORLÌ

Osteria dei Frati

Moderne Osteria
Via Romolo Comandini, 149
Tel. (+39) 05 41 / 94 96 49
Ruhetag: Montag, Dienstag
Ferien: unterschiedlich
40 Plätze + 40 Plätze im Freien
Preise: 28–32 €
Kreditkarten: CS, MC, Visa; BM
Abends geöffnet, Sonntag auch mittags

Ein Ort, an den du sofort wieder zurückkehren willst: Valentina und Giorgio haben Talent für die Bewirtung und eine Küche, die sich in perfekter Balance zwischen Vergangenheit und Gegenwart befindet.

DIE OSTERIA – Wenn Sie die Osteria dei Frati betreten, schenkt Ihnen Valentina ein sonniges Lächeln zur Begrüßung, während Giorgio aus der Küche lugt. In der schönen Jahreszeit haben Sie die Möglichkeit, Ihr Essen im Garten, vielleicht im Schatten der Weinreben, zu genießen. Giorgios gastronomische Linie ist eine Verbindung von Tradition und Innovation. Das Menü wechselt häufig und verrät eine tiefe lokale Verwurzelung. Daher ist es leicht möglich, dass Sie durch Slow-Food-Presidi geschützte Produkte vorfinden.

DIE KÜCHE – Beginnen Sie mit dem Antipasto dell'Osteria (16 €), der eine Wurstselektion, hausgemachte Giardiniera und Käse (hier ist das Reich des berühmten Käseaffineurs Brancaleoni) umfasst, oder mit Tonno di coniglio, fagioli e cipolla. Bei den Primi dürfen **Tagliatelle al ragù** (9 €) nie fehlen, aber auch Gnocchi cacio e pepe con fave oder Manfrigoli risottati (10 €) con crema di formaggio bazzotto e pesto di basilico e rucola sind eine gute Wahl. Als Secondi bieten sich eine gute **Guancia di manzo** al Sangiovese (13 €), nicht minder köstliche **Polpettine di salsiccia** di mora romagnola (Slow-Food-Presidio) und Petto di pollo alla senape an; dazu reicht man Bratkartoffeln, Wildkräuter oder eine Misticanza mit Robiola von der Ziege und Himbeeressig. Bei den Dolci spannt sich der Bogen von **Salame di cioccolato** (5 €) über Crema di ricotta con pesche sciroppate e meringa oder Crema aromatizzata all'anice stellato e finocchietto con ciliegie alla grappa. Der Keller beweist mit einem gut ausgesuchten Angebot an lokalen und italienischen Weinen Niveau.

RUSSI (RA)
Ponte Vico

15 KM SÜDWESTLICH VON RAVENNA

Da Luciano

Trattoria
Via Montone, 1
Tel. (+39) 05 44 / 58 13 14
Ruhetag: Montagabend, Dienstag
Ferien: zweite und dritte Augustwoche
80 Plätze + 30 Plätze im Freien
Preise: 28–30 €
Kreditkarten: AE, CS, MC, Visa; BM
Mittags und abends geöffnet

DIE OSTERIA – Diese „Durchreisetrattoria“ zwischen dem Umland von Ravenna und Forlì hat schon viel gesehen und ist heute Ziel für alle, die sich schnörkellose, jedoch in ihrer unverfälschten Substanz gepflegte romagnolische Speisen wünschen. In das Da Luciano kommt man, wenn man die vertrauten Geschmacksnoten einer stärkenden, fest in der Tradition verankerten Küche sucht. Die Zutaten werden bei Erzeugern im Umland und aus dem eigenen Gemüsegarten beschafft, wobei auf Saisontreue geachtet wird. In der Küche ist Mina Mazzoli noch immer aktiv, heute von ihrer Tochter Nadia unterstützt, während die andere Tochter, Alessandra, sich um den Service kümmert.

DIE KÜCHE – Wählen Sie für den Anfang zwischen rustikalen Antipasti und Crostini (5 €). Die Primi (8 bis 9 €) haben einen gemeinsamen Nenner, und zwar von Hand gezogenen Teig. Stets zu empfehlen sind traditionelle **Tortelli al burro**, aber Sie können sie auch mit einer guten Füllung aus Kartoffeln und Pilzen genießen. Die Jahreszeit bestimmt die Saucen für die Pasta, wie etwa bei **Tagliolini** agli stridoli selvatici e prosciutto oder **allo scalogno e guanciale**. Bei den Secondi darf Fleisch vom Grill nicht fehlen, aber die wahre Stärke der Trattoria stellen die Braten dar. Wenn Sie sich einen Überblick verschaffen wollen, greifen Sie zu **Misto di carni da cortile**. Ebenso unverzichtbar ist die weitere Spezialität des Hauses, nämlich Piccione arrosto (16 €); eine wohlschmeckende Alternative dazu wäre Coniglio al finocchietto (13 €). Als leichtere und schnellere Mahlzeiten bieten sich großzügig angerichtete Wurstplatten und vegetarische Speisen an. Die Dolci reichen von Klassikern wie Mascarpone, Zuppa inglese und Crostate mit hausgemachten Kompotten bis zu **Fiori di** acacia und **Fiori di sambuco fritti**, Cremes und Sorbets. Das Weinangebot beschränkt sich auf ein paar romagnolische Etiketten von gutem Niveau.

SALA BAGANZA (PR)

14 KM SÜDLICH VON PARMA

Milla

Trattoria • Via Maestri, 40
Tel. (+39) 05 21 / 83 32 67
Ruhetag: Donnerstag, im Winter auch Montag
Ferien: 1.–15. Januar, 2 Wochen im August
50 Plätze + 40 Plätze im Freien
Preise: 30 €
Kreditkarten: CS, DC, MC, Visa; BM
Abends geöffnet, Samstag und Sonntag auch mittags

DIE OSTERIA – An der Provinzstraße, die in die Hügel hinaufführt, finden Sie diese historische Trattoria, die bereits seit dem Beginn des vergangenen Jahrhunderts besteht und 1947 von der Familie der derzeitigen Betreiber übernommen wurde. Im Eingangsbereich steht ein Tresen, an dem Wurst, Käse und andere Köstlichkeiten verkauft werden, danach geht es weiter in zwei Gasträume. Einer davon wird zur Gänze von einem riesigen Gemeinschaftstisch eingenommen, der es den Gästen ermöglicht, Bekanntschaften zu schließen, Zeit miteinander zu verbringen, zu plaudern und zu essen. Catias Küche rückt Tradition und Saisontreue in den Vordergrund.

DIE KÜCHE – Man beginnt mit edlen Wurstsorten (Prosciutto crudo, Fiocco di culatello, Spalla cotta). Wir empfehlen, den gemischten Aufschnitt (10 €) zu wählen, begleitet von guter Torta fritta oder Stracchino und Gorgonzola. Von den traditionellen Primi empfehlen wir **Anolini in brodo di manzo e cappone** (10 €) oder Tortelli di ricotta e borragine. Als Alternative bieten sich vorzügliche Gnocchetti di patate con fonduta e tartufo scorzone oder con l'erba amara di san Pietro an. Im Winter ist es Zeit für **Riso con verze**, im Sommer verdienen Maltagliati con fiori di zucchine eine Kostprobe. Weiter geht es mit **Stracotto di asinina** (12 €), Cappello da prete, Guancialino di maiale, Arrotolato di coniglio (12 €), **Mariola cotta** (mit Kartoffelpüree, Zabaione und Linsen), Bollito und Coda di bue. Außerdem gibt es eine gute Käseselektion und ein sehr schmackhaftes Uovo all'occhio di bue con tartufo locale. Zuppa inglese (5 €), Carpacci di frutta und Gelato alla crema con amarene versüßen den Abschluss. Die schöne Weinkarte ist der Kompetenz und Neugier des Inhabers zu verdanken.

26 km südwestlich von Rimini, S.P. 258

La Rocca

Restaurant
Via Leopardi, 16
Tel. (+39) 05 41 / 91 62 41
Ruhetag: Montag, außer im Juli und August
Ferien: Januar, Mitte Februar
80 Plätze + 100 Plätze im Freien
Preise: 30 €
Kreditkarten: AE, CS, MC, Visa; BM
Mittags und abends geöffnet

DIE OSTERIA – San Leo umschließt trotz seiner geringen Ausdehnung Jahrhunderte von Geschichte, wie dies die Kirchen und die majestätische Festung bezeugen, in der der Alchemist Cagliostro gefangen gehalten wurde. Nach ihr ist auch das Lokal benannt. Es wird seit jeher von der Familie Rossi geführt und verfügt über einen großen Gastraum mit Steinwänden, hoher Decke mit Sichtgebälk und mächtigem Kamin. Die eng mit dem Gebiet zwischen dem Marecchia-Tal und dem Montefeltro verbundene Küche legt den Akzent auf die Qualität der je nach Jahreszeit verfügbaren Zutaten. Diese findet bei Pilzen, Trüffel und Wild im Herbst ihren besten Ausdruck.

DIE KÜCHE – Unter den Antipasti finden sich Carpaccio di cervo affumicato, **Prosciutto** aus Carpegna oder **Prosciutto di cinghiale** (9 €). Als Primi, stets aus frischem Teig zubereitet, finden Sie Tortelloni con olio di Cartoceto e formaggio di fossa ambra di Talamello, Passatelli al tartufo nero und **Strozzapreti di farro con ambra e scalogno** (8,50 €). Gut sind Secondi wie Cuore di costata alla rustica, Cosciotto di agnello al Sangiovese e zenzero und **Spalla di agnello all'ambra e mentuccia** (8 €), kombiniert mit gemischtem Gemüse oder Bratkartoffeln. Eine umfangreiche Auswahl an Käse, vor allem vom Schaf, bereichert das Angebot. An Süßem bieten sich Caffè ghiacciato al cioccolato fondente, Panna cotta und **Crostata di farro con mele cotogne e fichi** (4 €) an. Große Sorgfalt gilt der Weinkarte, die eine recht gute Auswahl an Etiketten mit besonderem Blick für Weine lokaler Herkunft auflistet.

Panificio Giorgini, Via Leopardi: Brot und Backwaren in ausgezeichneter Qualität.

24 km nördlich von Bologna

Tubino

Trattoria
Via Pescerelli, 98
Tel. (+39) 051 / 81 14 84,
(+39) 347 / 849 70 43
Ruhetag: Montag, Dienstag
Ferien: 1 Woche im Sommer
40 Plätze
Preise: 30–35 €
Kreditkarten: AE, CS, DC, MC, Visa
Mittags und abends geöffnet

DIE OSTERIA – Daniela und Pierluigi – sie serviert, er steht am Herd – führen diese Trattoria in der Ebene der Emilia auf halbem Weg zwischen Ferrara und Bologna. Das Lokal bürgt nach wie vor für Qualität und Seriosität, was auch die Lieferantenliste auf der Speisekarte bestätigt. Die Gasträume mit legerem Ambiente sind auf zwei Stockwerken angelegt.

DIE KÜCHE – Unter den Antipasti finden sich die obligaten **Crescentine fritte con salumi** (10 €) und saisonale Speisen wie Asparagi con salsa di caprino, Insalata di melone e menta con mortadella e salame rosa und Crostone con cipolla di Tropea e sgombro. Weiter geht es mit traditionellen Primi, allen voran Tortellini in brodo und **Tagliatelle alla bolognese**, aber auch Strettine con zucchine e prosciutto (11 €) und Gnocchi con baccalà e pesto di spinaci. Die Secondi beinhalten stets eine vegetarische Speise und ein Fischgericht; darüber hinaus erwarten Sie Filetto di manzo alla tartara, **Spiedino di filetto di maiale con pancetta e crema di peperoni** (15 €), Costolette di agnello und **Salsiccia di mora romagnola**. Schmackhaft sind **Rane fritte** und die Käseselektion. Zum Abschluss locken süße Köstlichkeiten wie Sorbetto alla Barbera chinata e pepe lungo (6 €), Cupoletta di semifreddo al torrone, Gelato di crema mantecato all'aceto balsamico und Pesche al maraschino con mascarpone e cioccolato bianco. Brot und Grissini stammen aus einer nahen Bäckerei, die auch die Meringhette liefert, die mit dem Kaffee serviert werden. Die gute Weinkarte ist das Resultat einer akkuraten Suche unter den hiesigen Winzern; die Preise sind korrekt.

Der Landwirtschaftsbetrieb Billi, Via Galliera Nord 3325, erzeugt Obst und Gemüse in guter Qualität, die Sie frisch oder zu Konfitüren und Säften verarbeitet kaufen können.

SAN PROSPERO (MO)

19 KM NORDÖSTLICH VON MODENA, S.S. 12

Bistrò

Trattoria-Pizzeria
Via Canaletto, 38 A
Tel. (+39) 059 / 90 60 96
Ruhetag: Mittwoch
Ferien: 15.–31. August,
24. Dezember–4. Januar
70 Plätze + 30 Plätze im Freien
Preise: 30–35 €
Kreditkarten: AE, CS, DC, MC, Visa; BM
Mittags und abends geöffnet

DIE OSTERIA – Die seit drei Generationen von der Familie Fregni geführte Trattoria befindet sich in zentraler Lage in San Prospero. Franco, unterstützt von den Kindern Francesco und Erica, führt Sie in einen der beiden schlichten Gasträume (einer davon liegt im ersten Stock), wo es leicht möglich ist, dass Sie auch auf Familien und Gruppen junger Leute treffen, die wegen der guten Holzofenpizza kommen. Mamma Fiorella bereitet Gerichte mit klaren Geschmacksnoten zu und interpretiert die Traditionsküche auf beste Weise unter getreuer Beachtung der Anweisungen von Nonna Rina.

DIE KÜCHE – Gleich zu Beginn Bahn frei für den Hit des Bistrò, nämlich Wurstspezialitäten, die der Patron selbst erzeugt und reifen lässt: Pancetta, Guanciale, Coppa di testa, Salami und Prosciutto. Den Aceto balsamico tradizionale aus Familienerzeugung können Sie auf **Frittata di cipolle** (8 €) verkosten. Anschließend kommen Primi aus frischem hausgemachtem Teig auf den Tisch: Tortellini in brodo, Tortelli di ricotta con funghi porcini, **Tagliatelle al sugo d'anatra** (12 €) und Maccheroni al pettine con prosciutto e piselli. Fleisch dominiert bei den Secondi, die mit Gemüse aus dem hauseigenen Garten aufgetischt werden. Greifen Sie im Sommer zu ausgezeichnetem **Vitello tonnato** (12 €), Roastbeef oder Zucchine ripiene, im Winter zu Arrosto di maiale con cipolline, Stracotto di somarino con polenta oder Guancialino di vitello brasato. Auf der Karte finden Sie auch Trippa und Baccalà in umido. Probieren Sie zum Abschluss Dolci (4 €) wie Zuppa inglese, Salame di cioccolato, **Torta di tagliatelle al limone** und Crostate di frutta. Da wir in der Gegend des Lambrusco aus Sorbara sind, wählen Sie als Begleiter zum Essen eine Flasche davon aus dem vielfältigen Angebot, das das Lokal bereithält.

SANTA SOFIA (FC)
Campigna

60 KM SÜDWESTLICH VON FORLÌ, S.S. 310

Il Poderone

Agriturismo
Via Poderone, 64
Tel. (+39) 05 43 / 98 00 69
Kein Ruhetag
Ferien: unterschiedlich
80 Plätze
Preise: 28–32 € (Tagesmenü)
Kreditkarten: AE, CS, DC, MC, Visa; BM
Mittags und abends geöffnet

DIE OSTERIA – Das gepflegte Landhaus aus dem 15. Jahrhundert, das den Rahmen des Lokals bildet, liegt im Herzen der Foreste Casentinesi. Wenn Sie das Rabbi-Tal hinauffahren, weist Ihnen wenige Kilometer hinter Campigna ein Schild auf der rechten Seite den Weg zum Agriturismo. Empfangen werden Sie in einem schönen, großen Raum von Lorenzina, einer energischen und sofort sympathischen Frau, praktisch und flink, wie es im Bergland üblich ist. Sie vermittelt Ihnen das Gefühl, am richtigen Ort gelandet zu sein. Seit Kurzem steht der Hausherrin mit großer Freude der junge Enkel Nicola als designierter Nachfolger im Betrieb zur Seite. Das Menü ist festgelegt. Bei der (unbedingt erforderlichen) Reservierung werden Sie informiert, dass ausnahmslos um 13 und 20 Uhr gegessen wird. Die Küche ist bodenständig, die Zutaten kommen aus dem großen Gemüsegarten hinter dem Haus oder von zuverlässigen lokalen Erzeugern.

DIE KÜCHE – Im täglichen Angebot können Sie **Passatelli in brodo**, Tortelli di patata, Acquacotta, Pappa al pomodoro (die Toskana ist um die Ecke), **Tagliatelle al ragù** oder mit Pilzen, die hier gut gedeihen, oder auch außergewöhnliche **Polenta** aus mit der Steinmühle gemahlenem lokalen Mais in den Versionen **con prugnoli** oder con fagioli e pancetta finden. Die Portionen sind großzügig, und Sie bekommen auch einen Nachschlag. Übertreiben Sie aber nicht, wenn Sie noch gute Secondi wie **Carni allo spiedo**, Anatra, Piccione und Costine möchten; Stufati di selvaggina und **Cinghiale** sind ebenfalls vorhanden. Die Dolci sind hausgemacht: Crostate, Zuppa inglese und Semifreddi. Zu trinken steht ein guter offener Wein auf dem Tisch bereit. In Anbetracht des reichlichen Essens und der geselligen Atmosphäre ist es stets angenehm, in einem der fünf Zimmer im oberen Stockwerk zu übernachten.

10 km westlich von Rimini

La Sangiovesa

Restaurant-Osteria
Piazza Balacchi, 14
Tel. (+39) 05 41 / 62 07 10
Kein Ruhetag
Ferien: vor Weihnachten, 1. Januar
240 Plätze + 50 Plätze im Freien
Preise: 35–38 €
Kreditkarten: AE, CS, MC, Visa; BM
Abends geöffnet, Sonntag und Feiertage auch mittags

DIE OSTERIA – Der Ort ist im Juli stark besucht von jungen Leuten, die während des Theaterfestivals die schmalen Straßen der Altstadt bevölkern. Zur Osteria gelangt man über die Treppe, die in den alten Ortsteil führt, wo das von Federico Fellini entworfene Schild auf dieses wundervolle Lokal hinweist; Tonino Guerra hat zu seiner Kulisse beigetragen. Beim Eingang erwartet Sie ein Laden mit den Produkten des Landguts Saiano, das wie das Lokal denselben Eigentümern gehört; es folgt eine kleine Arbeitsstätte, wo Sie *Azdore* bei der Zubereitung der Piadina erblicken, die bei Tisch angeboten wird. Danach gelangt man in die Osteria mit einem schönen Tresen, voll mit Tellern, und schließlich in das elegante Restaurant mit für die Romagna typischen bedruckten Tischtüchern. Das Menü wechselt viermal pro Jahr, das Angebot ist in der Tradition und dem Gebiet verhaftet und beinhaltet einige Produkte aus Slow-Food-Presidi.

DIE KÜCHE – Den Anfang machen Wurst, Sottoli, Squacquerone, Frittate und deliziöse **Ricottina di mucca con confettura di pera cocomerina** (6,50 €). Unter den Primi sind Tagliatelle della Minghina (12 €), Pasta e fagioli und **Strozzapreti al ragù di galletto e carciofi**. Fleisch erwartet Sie zum Hauptgang: Gut sind Sella di coniglio in porchetta (16 €) und Intercostata di scottona del Montefeltro. Wenn Sie diese Art von Speisen mögen, probieren Sie die sensationelle **Trippa** di scottona romagnola **alla contadina** (16 €). Angesichts der großen Auswahl an Dolci haben Sie die Qual der Wahl zwischen Zuppa inglese, Scroccadenti, **Crema in scodella** (7 €) und Ciambella romagnola. Die umfangreiche Weinkarte zeigt Wertschätzung für lokale Winzer, enthält aber auch viele ausgewählte Weine aus dem übrigen Italien.

In der Via Ruggeri 8 bietet Laura mit dem Nudelholz ausgezogene Eierteigwaren.

15 km sö. von Cesena, S.S. 9, 15 km von Rimini

Trattoria dell'Autista

Trattoria
Via Battisti, 20
Tel. (+39) 05 41 / 94 51 33
Ruhetag: Samstagabend, Sonntag
Ferien: 2 Wochen Ende Dezember, 3 Wochen im August
50 Plätze + 35 Plätze im Freien
Preise: 20–25 €
Kreditkarten: AE, CS, DC, MC, Visa; BM
Mittags und abends geöffnet

DIE OSTERIA – Hier ist die Zeit nicht vergangen, sie scheint vielmehr in der Atmosphäre, in den Farben und im Geschmack einer Moderne „wie wir sie kannten" kristallisiert. Diese Trattoria an der Via Emilia war eine Anlaufstelle für Lastwagenfahrer auf der Durchfahrt, zu denen sich heute Familien und Berufstätige auf der Suche nach einem guten Essen gesellen. Das Lokal und die Küche stehen im Zeichen schnörkelloser Schlichtheit, mit dem Ergebnis, dass die Authentizität der dort arbeitenden Menschen zum Ausdruck kommt. Mauro oder sein Sohn Nicola begrüßen Sie freundlich im Speisesaal, während in der Küche Mamma Valentina über das gastronomische Angebot wacht.

DIE KÜCHE – Beginnen Sie mit Piada und Prosciutto, Salame di mora und Squacquerone oder, in der entsprechenden Saison, mit Prosciutto e melone. Bei den Primi heißt es dann Bahn frei für Passatelli in brodo di carne – in der sommerlichen Version werden die Passatelli mit Sauce aus Kirschtomaten und wildem Fenchel angerichtet –, **Tortelloni** ripieni di ricotta e prezzemolo (8 €) und **Tagliatelle al ragù** (8 €), die mit dem Nudelholz ausgezogen sind. Beim nächsten Gang wählen Sie zwischen Fegato di maiale cotto nella rete, Misto di carne alla griglia (10 €) oder **Galletto alla cacciatora** (10 €). Die Beilagen sind klassisch gehalten: Bratkartoffeln, gemischte Kräuter mit Knoblauch, sautierter Blattspinat und Salat. Gute Selektion an lokalen Käsesorten, die von Höhlenkäse aus Sogliano bis Squacquerone reicht, begleitet von karamellisierten Feigen oder handwerklich erzeugten Konfitüren. Torta di ricotta (4 €), Zuppa inglese und Mascarpone sind einige der Desserts, die das Menü abrunden. Die Karte mit ausschießlich lokalen Weinen präsentiert sich schlank, aber gepflegt; der offene Hauswein trinkt sich gut.

SCANDIANO (RE)

12 KM SÜDWESTLICH VON REGGIO NELL'EMILIA

Osteria in Scandiano

Restaurant
Piazza Boiardo, 9
Tel. (+39) 05 22 / 85 70 79,
(+39) 335 / 645 02 09
Ruhetag: Donnerstag, im Sommer Sonntag
Ferien: August, Jahresende–Dreikönig
38 Plätze + 30 Plätze im Freien
Preise: 40–45 € €↑
Kreditkarten: AE, CS, DC, MC, Visa; BM
Mittags und abends geöffnet

DIE OSTERIA – Dieses Lokal wird Sie wegen seiner Gabe, Tradition und Eleganz miteinander zu vereinen, in seinen Bann ziehen. Es erwarten Sie zwei ruhige, gepflegte kleine Gasträume, während Sie im Sommer den schönen Sitzbereich im Freien genießen können, der von der Rocca del Boiardo aus dem 12. Jahrhundert beherrscht wird. Mit einem Lächeln empfängt Sie Contrano Medici, der mit dem Rest der Familie (Ehefrau Nadia und den Söhnen Simone und Andrea) bodenständige Küche mit einem Touch Innovation auf den Tisch bringt. Im Februar 2017 übersiedelt das Lokal in die Via Palazzina 7 in Scandiano.

DIE KÜCHE – Es ist beinahe Pflicht, die Mahlzeit mit Wurst und Gnocco fritto oder mit **Culatello, Spuma di reggiano und Pandolce** (12 €) zu eröffnen; etwas mehr Kreativität bieten Flan di gorgonzola e sedano, Filetti di mandorle tostati e limone und Polenta fritta con formaggio e tartufo. Darauf folgen Cappelletti in brodo di cappone und **Tagliatelle doppio tuorlo al ragù** neben Tortelli in unterschiedlichen Versionen (mit Kürbis, grün oder mit Mangold und Spinat). Alternativen wären Paccheri gratinati ripieni di culatello e asparagi (12 €) oder Risotto con zucca, amaretti, foie gras e balsamico tradizionale di Reggio. Von den Secondi erwähnen wir Coniglio al forno con patate arrosto, **Puntine di maiale confit con verza** (18 €), Cinghiale arrosto con soufflé di peperoni, ricotta e confettura di ribes und unverzichtbares **Bollito misto** mit Zunge, Cotechino, Zampone, Kalbskopf und Saucen. Das Finale bilden **Zuppa inglese**, Sorbetto al limone, basilico e lime oder Semifreddo alle mandorle e nocciole con mandarino e fragole glassate (8 €). Exzellent ist die Weinkarte, bei der sich der Bogen von Weinen aus Scandiano über emilianische Etiketten bis hin zu Tropfen aus dem übrigen Italien spannt.

SISSA (PR)
Gramignazzo

25 KM NÖRDLICH VON PARMA

Laghi Verdi

Trattoria
Via Co' di Sotto, 74
Tel. (+39) 05 21 / 87 90 28
Ruhetag: Montag, Dienstag; März, April, Oktober, November Montag–Donnerstag
Ferien: Dezember–Februar
90 Plätze + 60 Plätze im Freien
Preise: 32–35 €
Kreditkarten: CS, DC, MC, Visa; BM
Mittags und abends geöffnet

DIE OSTERIA – Der kleine Ortsteil Gramignazzo liegt im Herzen der Poebene nördlich von Parma am Ufer des Po. Hier, wo die Ruhe der kleinen Seen und der wohltuende Schatten der Pappeln herrscht, befindet sich auch die Trattoria Laghi Verdi der Familien Demaldè und Bergamaschi. Hier taucht man ein in eine saubere, unberührte Natur, um Ihnen eine hochwertige Küche zu bieten, die um Fisch aus dem See kreist.

DIE KÜCHE – Den Anfang macht **Pesce gatto in carpione** con salsa di prezzemolo, cipollotto di Tropea e olio extravergine di oliva (8,50 €); als Alternative bieten sich die allgegenwärtigen lokalen Wurstspezialitäten wie Culatello aus Zibello und Spalla cruda an. Auch bei den Primi können Sie zwischen Fisch- und Festlandsgerichten wechseln: Sehr gut sind **Tortelli al pesce persico con burro ed erbe aromatiche**, immer eine gute Wahl stellen Spaghetti al sugo di pesce gatto dar, großer Beliebtheit erfreuen sich feine **Tagliolini al culatello** (8,50 €) und ganz traditionell sind ***Pisarei e fasò***. Das Drehbuch ändert sich auch bei den Secondi nicht, unter denen Frittura di pesce gatto (13 €), di alborella oder di anguilla, **Pesce gatto al forno con patate** (10 €), con aceto balsamico oder in umido con piselli hervorstechen. Für Fleischliebhaber gibt es Guancialini al Barolo und Anatra arrosto (gegen Vorbestellung). Lassen Sie zum Abschluss noch Platz für eine Kostprobe von Torta al cioccolato, Panna cotta con frutti di bosco, aber vor allem für die hervorragende hausgemachte **Sbrisolona** (die in dünne Streifen geschnitten serviert wird) zum Eintauchen in Zabaione. Die schlichte Weinkarte nennt gute Tropfen aus dem Gebiet.

SOGLIANO AL RUBICONE (FC)
Savignano di Rigo

30 KM SÜDLICH VON CESENA

Da Ottavio

Restaurant
Via Savignano di Rigo, 3
Tel. (+39) 05 47 / 960 00
Ruhetag: Dienstag
Ferien: 2 Wochen im Januar
70 Plätze + 12 Plätze im Freien
Preise: 25–28 €
Kreditkarten: CS, MC, Visa; BM
Mittags und abends geöffnet

Hier erhält man das Bild einer freundlichen und einladenden Romagna – mit Festtagsgerichten, die die Tradition vorstellen und von ihr erzählen.

DIE OSTERIA – Nachdem Sie von Mercato Saraceno kommend die Kehren des Barbotto überwunden haben, erreichen Sie den kleinen Ort Savignano di Rigo, dessen Geschichte stark mit der nahen Schwefelmine in Perticara verbunden ist. Hier empfängt die Familie Bernardini seit drei Generationen Gäste in der Osteria Da Ottavio, einem gastronomischen Bollwerk in diesem Gebiet. Mariolina, Tiziana und Fabiano bieten heute noch Traditionsküche mit Festtagsgerichten. Mariolina geleitet Sie zu Tisch und erläutert Ihnen auf freundliche, schlichte Art das Menü.

DIE KÜCHE – Beginnen Sie mit dem Antipasto della casa (9 €), einer Selektion von Spianatine und Focacce, die mit Wurst, Höhlenkäse aus Sogliano, Salaten und ***Bustreng*** – einer Art Brot aus Ei, Milch, Semmelbröseln und Käse – kombiniert werden. Die Primi (8 €) sind mit **Cappelletti in brodo** oder Cappelleti asciutti, Tagliatelle con gli strigoli, Tortelli alle erbe und auch mit **Minestra matta** gut vertreten. Als „überarbeitet" gelten Primi – hier ist die Einhaltung der Tradition eine ernste Angelegenheit – wie Cappellettoni di ricotta. Bei den Secondi ist der Moment für Gebratenes gekommen: Agnello al forno, **Faraona alla frutta** (8 €), Coniglio oder Maiale, in porchetta, und dazu saisonale Beilagen. Als Desserts (4 €) bieten sich köstliche Leckereien wie **Lattaiolo**, Torta all'ananas, Pesche con la crema, Crostate di frutta, Pagnotta dolce zu Ostern und Castagnole in der Karnevalszeit an. Das Kellerangebot ist überwiegend lokal geprägt, enthält aber auch einige Weine aus dem übrigen Italien.

TORRIANA (RN)
Montebello

23 KM SÜDWESTLICH VON RIMINI, S.P. 258

NEU Pacini

Restaurant
Via Castello di Montebello, 6
Tel. (+39) 05 41 / 67 54 10
Ruhetag: Mittwoch, außer im Juli und August
Ferien: Februar
50 Plätze + 15 Plätze im Freien
Preise: 36 €
Kreditkarten: AE, MC, Visa; BM
Mittags und abends geöffnet

DIE OSTERIA – Die Osteria liegt in einem kleinen mittelalterlichen Ort im Hügelland mit der „geheimnisvollen" Burg der Azzurrina, die für ihre geheimnisvollen Erscheinungen und der sich darum rankenden Legenden berühmt ist. Vom Lokal aus kann man einen prachtvollen Ausblick auf das Marecchia-Tal genießen, das Tonino Guerra so sehr liebte. Marinella und Paolo Pacini leiten das Restaurant, das seit 1962 von ihrer Familie geführt wird: Das aus einer Idee von Augusta und Narciso entstandene Projekt hat die Aufwertung und Erhaltung der gastronomischen Tradition des Gebiets zum Ziel.

DIE KÜCHE – Das Angebot der Antipasti, alle begleitet von dünner, von Hand zubereiteter Piadina aus Rimini, sieht Affettati misti (4,50 €), lokale Wurstspezialitäten – darunter guten Schinken aus Carpegna – und Sottoli aus eigener Erzeugung vor. Lassen Sie sich bei den Primi die hausgemachten Teigwaren aus dem Marecchia-Tal nicht entgehen: **Tagliatelle** al ragù oder **agli stridoli** (8 €), Strozzapreti con gli stridoli, Ravioli ripieni di erbe e formaggio di fossa und **Passatelli ai funghi porcini**. Von der Palette der Secondi empfehlen wir die Spezialität des Hauses, nämlich **Coniglio in porchetta** (9 €); als Alternativen bieten sich Faraona oder Castrato alla brace, Salsiccia alla griglia, Piccione, Stinco di vitello oder Agnello al forno (10 €). Das Käsesortiment beinhaltet Höhlenkäse und verschiedene Schafkäsesorten, die auch in Form eines gemischten Tellers mit Honig und *Savor* angeboten werden. Wir legen Ihnen ans Herz, sich nicht vom Tisch zu erheben, bevor Sie nicht mindestens eine der zahlreichen Süßspeisen des Hauses probiert haben, angefangen von **Porcospino** bis hin zu klassischer Zuppa inglese.

TRAVERSETOLO (PR)
Castione de'Baratti

25 KM SÜDLICH VON PARMA, S.P. 513

Lo Scalocchio

Moderne Osteria
Via Provinciale, 50
Tel. (+39) 05 21 / 84 25 00
Ruhetag: Montagabend, Dienstag
Ferien: Ende Februar–Anfang März
40 Plätze + 15 Plätze im Freien
Preise: 30–35 €
Kreditkarten: CS, MC, Visa; BM
Mittags und abends geöffnet

DIE OSTERIA –Lorenza begrüßt Sie und bietet Ihnen bei Tisch sogleich einen kleinen Willkommensteller an, der zu Ihrem Wohlgefühl beiträgt. Am Herd werkt ihre Schwester Manuela, die leidenschaftlich gerne Wildkräuter sammelt und diese auch häufig in ihre Gerichte einfließen lässt. Sie ist ständig auf der Suche nach Qualitätsprodukten aus dem Umland und nach Traditionsrezepten. Der Einkauf erfolgt bei kleinen lokalen Erzeugern, das Menü wechselt mit den Jahreszeiten.

DIE KÜCHE – Unter den hervorragenden Produkten aus dem Gebiet ist die Patata rossa (rote Kartoffel) aus Rusino, aus der verschiedene Spezialitäten zubereitet werden. Wählen Sie eingangs zwischen hervorragenden Wurstspezialitäten lokaler Herkunft, um danach mit kleinen **Tortelli d'anatra e confettura di cipolla rossa** (8,50 €) und guten **Tagliatelle mit** saisonalen Saucen fortzufahren, wie in den Versionen limone e melissa, ortica, menta und **fegatini di coniglio e acciughe**. Von den Secondi lohnt allein schon ein Gericht nach einem alten Rezept aus dem Apennin die Anreise, und zwar **Agnellone cornigliese alla maniera dei lupari** (15 €). Weitere interessante Möglichkeiten sind Filetto di maiale affumicato su foglie di alberi da frutto (15 €), Tartara di manzo con giardiniera della casa und **Scaloppe di petto d'anatra con salsa alle** primaverili **gemme di pino** (15 €). Das Finale bilden je nach Saison unterschiedliche Süßspeisen wie Crostate, Cremes, Semifreddi und Crema di patate con salsa di frutta di stagione (5 €). In der entsprechenden Jahreszeit vervollständigen hervorragende Schmorgerichte, Pilze und Wild das gastronomische Angebot. Im sehr gut bestückten Keller lagern die besten regionalen Weine neben einer sorgfältig zusammengestellten Selektion italienischer und internationaler Weine.

TRECASALI (PR)
Viarolo

12 KM NORDWESTLICH VON PARMA

La Porta a Viarolo

Trattoria
Via Provinciale Cremonese, 103
Tel. (+39) 05 21 / 83 68 39
Ruhetag: Mittwoch, Sonntagabend
Ferien: unterschiedlich
45 Plätze + 40 Plätze im Freien
Preise: 28–32 €
Kreditkarten: AE, CS, DC, MC, Visa; BM
Mittags und abends geöffnet

DIE OSTERIA – Von Parma kommend gelangt man über die nach San Secondo und Cremona führende Landstraße einfach nach Trecasali. Das von der Familie Zerbini renovierte und modernisierte Lokal, die seit 2010 ihren langjährigen Betrieb aus Felino hierher verlegt hat, hat das Gepräge einer Dorf-Trattoria beibehalten: Im Eingangsbereich steht ein großer Bartresen und an den Tischen sitzen häufig begeisterte Kartenspieler. Auf einer Seite geht es dann in den Laden weiter, auf der anderen in den Gastraum mit einem kleinen Hof für die schöne Jahreszeit. Die Küche, ein Bollwerk der Tradition Parmas, wird von Giuliano und seiner Tochter Nicole am Herd interpretiert, während Ehefrau Paola für den Service zuständig ist.

DIE KÜCHE – Wir empfehlen als Einstieg 36 Monate gereiften Parmaschinken (10 €); Alternativen dazu wären Fantasia di salumi und originelle Misticanza con parmigiano e mele. Wer gefüllte Pasta mag, hat die Qual der Wahl zwischen **Anolini in brodo di cappone**, Cappello di Napoleone alla Maria Luigia (mit Füllung aus Ricotta und Ente, 9 €) und Tortelli di erbette con burro fuso e parmigiano (in der Saison auch mit Kürbis), während es an ungefüllten Teigwaren appetitliche Maltagliati con asparagi e prosciutto gibt. Das Hauptthema der Secondi ist Fleisch: Probieren Sie **Sottospalla di vitello arrosto** (12 €), Guancialini di maiale con verdure (12 €) oder Gerichte aus alter Zeit wie Trippa alla parmigiana und Pesto di cavallo. Auch die Desserts enttäuschen nicht: Fabelhaft sind **Mousse allo zabaione**, Crostata con confettura di marasca und Semifreddi. Die Weinkarte nennt eine wohlüberlegte Zusammenstellung regionaler Etiketten, aber auch einige Weine aus dem übrigen Italien.

VALSAMOGGIA (BO)
Savigno

31 km südwestlich von Bologna, S.P. 75

Amerigo dal 1934

Restaurant mit Bottega
Via Marconi, 14–16
Tel. (+39) 051 / 670 83 26
Ruhetag: Montag, Januar–Mai auch Dienstag
Ferien: unterschiedlich
50 Plätze + 30 Plätze im Freien
Preise: 45–50 € €↑
Kreditkarten: AE, CS, DC, MC, Visa; BM
Abends geöffnet, Feiertage auch mittags

Eine Einkehr im Amerigo ist eine Entdeckungsreise durch Geschmacksnoten und Gerichte von einst, die gekonnt überarbeitet sind.

DIE OSTERIA – 1934 gründete Amerigo, der Großvater des derzeitigen Patrons Alberto Bettini, dieses Lokal, das einst als Dorfgasthaus diente. Beim Betreten stechen sofort das faszinierende Ambiente aus früheren Zeiten mit alten, gut erhaltenen Einrichtungsstücken und dem historischen Bartresen ins Auge. Alberto kennt sein Gebiet und dessen Küche sehr gut, daher rückt er die gastronomische Geschichte durch seinen ständigen Kontakt zu lokalen Erzeugern ins Rampenlicht. Auf den Tisch kommen Gerichte (bei vielen ist das Datum angegeben, an dem sie erdacht wurden), die von Saisontreue, Qualität und Frische der Zutaten geprägt sind und das Ergebnis von unermüdlicher Suche und ein bisschen Innovation darstellen. Wenn Sie Ihren Aufenthalt verlängern wollen, stehen Ihnen fünf gemütliche Gästezimmer zur Verfügung.

DIE KÜCHE – Herausragende Antipasti sind Würste vom Mora-Schwein mit Sottoli und Tigelle neben Battuta di bianca modenese con tartufo scorzone (13 €). Von den Primi sind **Tortellini in brodo** (16 €) und hervorragende Lasagne ai funghi galletti, patate e ricotta unverzichtbar; ebenso köstlich ist Risotto ai porcini con crema di caprino. Unter den Secondi seien **Salmerino del Corno alle Scale** (Slow-Food-Presidio) con cannellini e legumi, Faraona di Montalto arrosto con fegatini e ragù di rigaglie und **Capretto di Savigno al forno con costine grigliate** (20 €) genannt. Oktober bis Dezember ist edle weiße Trüffel Hauptdarsteller in vielen Speisen. Zuppa inglese, sommerlicher Cappuccino freddo oder legendäres **Gelato di crema** (6 €) wie in alten Zeiten runden das Essen ab. Sehr gepflegt ist die Käseselektion; so auch die Weinkarte, die Erzeugnisse aus dem Gebiet in den Vordergrund rückt.

VALSAMOGGIA (BO)
Monteveglio

26 km westlich von Bologna

Trattoria del Borgo

Trattoria
Via San Rocco, 12
Tel. (+39) 051 / 670 79 82
Ruhetag: Dienstag
Ferien: 2 Wochen im Januar, 1.–10. September
40 Plätze + 35 Plätze im Freien
Preise: 30 €
Kreditkarten: AE, CS, DC, MC, Visa; BM
Abends geöffnet, Feiertage auch mittags

Aus Küche wie Empfang sprechen Geschmack, Leidenschaft und Tradition. Jahreszeiten und Umgebung werden mit Umsicht hervorgehoben – eine angenehme Einkehr in historischem und landschaftlich außergewöhnlichem Umfeld.

DIE OSTERIA – Die Trattoria befindet sich im Parco dell'Abbazia von Monteveglio im mittelalterlichen Ort, der auf die Colli Bolognesi blickt. Für die Arbeit in den auf mehreren Ebenen angelegten Gasträumen sind Paolo und Alessandra zuständig, die das Lokal seit mehr als 20 Jahren mit Kompetenz und Leidenschaft führen. Andreas Küche bringt ehrliche Hochachtung gegenüber dem Gebiet zum Ausdruck und ist in der Mitte zwischen den Traditionen Modenas und Bolognas angesiedelt.

DIE KÜCHE – Zu Beginn Crème caramel di parmigiano di bianca modenese, Millefoglie di lingua di manzo (8 €) und Fritto di zucchine. Unter den Primi sind **Strichetti con ragù classico bolognese** (8 €), Tagliatelle al matterello con porcini und Tortelli nel „brodo buono". Spargel aus Altedo begleitet abwechselnd Risotti und Tagliolini. Hervorragend ist das Angebot an Fleischgerichten, wie **Guancialino di vitella stracotto nella Barbera** (15 €), Coniglio „ieri e oggi" (in unterschiedlichen Versionen), Trippa in umido und **Cosciotto d'oca arrosto**. Auf der Karte stehen auch diverse Degustationsmenüs: ein vegetarisches, ein Menü namens Tigellata (mit Crescenta, Tigelle, Käse und Wurst), ein traditionelles sowie eines mit Pilzen und Trüffel. Am Ende munden die vorzügliche Degustation von Parmigiano Reggiano und gute Süßspeisen (6 €) wie Crostata con crema pasticciera e ciliegie di Vignola. Die Weinkarte nennt das Beste der regionalen Produktion mit besonderem Schwerpunkt auf naturbelassenen und biodynamischen Weinen, aber auch Erzeugnissen aus dem übrigen Italien und aus Frankreich.

VERGHERETO (FC)
Alfero

63 KM SW. V. CESENA, E 45 AUSF. BAGNO DI ROMAGNA

Lanzi

Restaurant
Via Don Babbini, 10
Tel. (+39) 05 43 / 91 00 24
Ruhetag: Mittwoch, außer im Sommer
Ferien: Februar
70 Plätze
Preise: 32–35 €
Kreditkarten: AE, CS, MC, Visa; BM
Mittags und abends geöffnet

DIE OSTERIA – Gehen Sie nach Ihrer Ankunft in Alfero in das Zentrum hinunter und genießen Sie die unverfälschte Schönheit dieses kleinen Orts im Apennin und seine Küche, die auf Pilzen, Produkten aus der Weidewirtschaft und Trüffel basiert. Giovanni Maria empfängt Sie im historischen Lokal und führt Sie, bevor Sie in den großen, lichtdurchfluteten Speisesaal gelangen, durch die kleine angrenzende Bar, wo Sie mit ziemlicher Sicherheit ein paar Grüppchen Dorfbewohner beim Kartenspiel antreffen.

DIE KÜCHE – Fragen Sie zunächst, ob Pilze erhältlich sind, und wählen Sie dann gegebenenfalls Crostini (7,50 €) oder **Insalata di porcini**; als Alternative bieten sich guter Prosciutto, Crostino con lardo di Colonnata und heimische Wurstspezialitäten an. Die Primi sind ein Festzug handgezogener Teigwaren: klassische **Tagliatelle al ragù** (7 €) und ai porcini, Ravioli – mit Fleischsauce oder Steinpilzen –, Cannolo alla Rossini sowie **Tortelli di patate**, ebenfalls mit Fleischsauce angerichtet, **al burro e salvia** oder con porcini. Auch bei den Secondi sticht die Unverfälschtheit der Zutaten hervor: Coniglio ai funghi porcini, **Agnello al forno** (13 €) oder sautiert mit Knoblauch und Rosmarin, klassisches **Faraona al ginepro**, Scaloppa ai porcini und Piccione intero (Taube im Ganzen, nur gegen Vorbestellung). Wenn Sie gegrilltes Fleisch bevorzugen, genießen Sie gute Fiorentina und lassen Sie sich Filetto con cappella di porcino (mit Steinpilzkappen) nicht entgehen. Beschließen Sie Ihr Menü mit gut zubereiteter Crème caramel, Zuppa inglese oder Crostata di more. Auf der Weinkarte überwiegen Rotweine, passend zur Küche, die vorwiegend aus lokaler Erzeugung stammen.

■ Nicht weit vom Restaurant bietet La Dispensa della Nonna Konfitüren, Säfte und Kekse aus Esskastanienmehl.

VERNASCA (PC)
Trinità

48 KM SÜDLICH VON PIACENZA, S.P. 6 ODER S.S. 9

Trinità

Trattoria • Ortsteil Trinità, 16
Tel. (+39) 05 23 / 89 81 33,
(+39) 333 / 839 23 31
Ruhetag: Mittwoch, Donnerstagmittag
Ferien: 3 Wochen Mitte August–Anfang September
80 Plätze + 50 Plätze im Freien
Preise: 30 €
Kreditkarten: CS, MC, Visa; BM
Mittags und abends geöffnet

DIE OSTERIA – Nahe dem Wildbach Stirone, der die Provinzen Piacenza und Parma trennt, befindet sich im kleinen Ort Trinità diese 1973 eröffnete Osteria. Hier steht seit jeher die Familie Solari am Ruder, wobei die umsichtige Leitung heute in den Händen von Filippo, im Service, und von Cristian, in der Küche, liegt, die beide Mamma Ornella und Papà Giovanni tatkräftig unterstützen. Die neue Generation hat dem Unternehmen auch neue Energie verliehen: Es hat sich differenziert und schließt nun auch einen kleinen Weinbaubetrieb ein (Cantina Margherita), der gemeinsam mit den Cousins geführt wird. Wie es in allen kleinen Dörfern im Apennin üblich ist, dient die Osteria auch als Treffpunkt. Man tritt daher zunächst in die Bar ein, bevor man in den einfachen, aber gepflegten Speisesaal gelangt. Im Sommer kann man auch im Freien essen.

DIE KÜCHE – Ein Einstieg mit Wurstspezialitäten, wie Culaccia, Prosciutto crudo (10 €) und Spalla cotta aus San Secondo, begleitet von Giardiniera und **Torta fritta**, ist beinahe Pflicht. Von den Primi heben wir Agnolotti di spalla cotta con asparagi, **Mezzelune al tartufo** (10 €), Tortelli di ricotta e spinaci oder **Anolini in brodo** hervor. Aber auch an anderen Spezialitäten aus Piacenza, wie ***Pisarei e fasò***, fehlt es nicht. Von den Secondi munden **Pollo fritto** (9 €), **Faraona ripiena** und Guancialino di vitello al Gutturnio con polenta besonders gut. Einige Angebote abseits der Karte werden mündlich aufgezählt, die in der Saison Gerichte aus Wild, Pilzen und Trüffel vorsehen. Zum Abschluss gibt es Löffeldesserts oder eine Selektion von Crostate und Sbrisolona (je 4 €). Die Weinkarte bietet lokale, italienische und einige internationale Etiketten. Probieren Sie unbedingt ein Glas Vin Santo aus Vigoleno, das führende Produkt aus dem Gebiet.

VIGNOLA (MO)

23 km südöstlich von Modena, S.S. 623

Trattoria La Bolognese

Trattoria
Via Muratori, 1
Tel. (+39) 059 / 77 12 07
Ruhetag: Freitag–Sonntag
Ferien: zeitweise im August, 24. Dezember–6. Januar
40 Plätze
Preise: 20–25 €
Kreditkarten: CS, MC, Visa; BM
Mittags geöffnet

DIE OSTERIA – Im zauberhaften Ort Vignola, nicht weit von der Burg, besteht seit der Nachkriegszeit das La Bolognese, ein Tempel der volkstümlichen Küche. Ein Ort, an dem man noch die Geschmacksnoten der Hausmannskost genießen und eine Pause im Zeichen des Geschmacks und der Unbeschwertheit verbringen kann. Mit den Portionen wird nicht gegeizt, das Lokal ist ständig voll und nur mittags geöffnet. Denken Sie daher daran, zu reservieren. Lara und Luisa Franchini empfangen Sie mit einem Lächeln, viel Schwung und ein paar Worten im Dialekt, wenn sie Ihnen die Menüvorschläge mündlich aufzählen. Eine unverfälschte, authentische Trattoria, wo Geschmack und Heiterkeit noch im Gleichschritt gehen.

DIE KÜCHE – Die führende Rolle haben stets **Tagliatelle al ragù**, ein wegen seiner Qualität und Reichhaltigkeit denkwürdiges Gericht. Als Alternative bieten sich hervorragende **Minestra di fagioli** (7 €), Gnocchi al ragù oder al pomodoro oder auch Bucatini all'amatriciana an. Die Secondi spiegeln mit Arrosti (vom Kalb, Kaninchen und Perlhuhn) die authentischste Tradition wider, die mit köstlichen Bratkartoffeln und sautierter Zichorie kombiniert werden. Erwähnt seien auch **Scaloppine** al limone oder **all'aceto balsamico** (7,50 €) und **Fegato ai ferri** (oder alla veneziana). Als Dessert erwarten Sie ein Stück **Torta di mele** (3,50 €), Gelato con frutti di bosco und Crostata. Der Wein? Sie können eine der Flaschen mit prickelndem Lambrusco öffnen, die auf den Tischen stehen, und bezahlen nach konsumierter Menge.

Die Pasticceria Gollini (Piazza Garibaldi 1) bietet die bemerkenswerte originale Torta Barozzi (aus Schokolade und Kaffee) und Torta Muratori (aus Mandeln).

ZOCCA (MO)
Missano

48 km südöstlich von Modena, S.P. 623

Il Cantacucco

Restaurant
Via Montalbano, 5500 B
Tel. (+39) 059 / 98 50 67
Ruhetag: Donnerstag
Ferien: je 2 Wochen im Juni und September
60 Plätze
Preise: 27–35 €
Kreditkarten: CS, DC, MC, Visa; BM
Mittags und abends geöffnet

DIE OSTERIA – Für die Anfahrt hierher benötigt man etwas Zeit und muss einige Kurven bewältigen, wird aber mit spektakulären Ausblicken bei der Querung dieses Stückchens des Apennins zwischen Bologna und Modena belohnt. Das ein bisschen altmodisch wirkende Restaurant steht etwas isoliert an einer Straße, die sich durch grüne Wälder und bebautes Land schlängelt; es hat einen großen Speisesaal mit viel Holz und makellosen, in gutem Abstand angeordneten Tischen wie in den schönen Trattorien von einst. Roberto ist eine aufrichtige, unaufdringliche Person, ein Mann aus den Bergen, auf den ersten Blick rau, dann aber herzlich und aufmerksam. Carlas Küche bietet schnörkellose, traditionsverbundene Speisen.

DIE KÜCHE – Man beginnt mit **Crostini und Crescentine ai funghi di bosco** (8 €), Aufschnitten, Tegamino di polenta e caciotta di bianca modenese und Parmigiana di porcini in crosta. Die Primi räumen hausgemachter Pasta viel Platz ein: Tortellini in brodo, Pizzicotti di ricotta ai carciofi (8 €), Cappellacci di cinghiale, **Gnocchi al parmigiano reggiano e balsamico tradizionale** (10 €) und Crespelle agli asparagi, um nur Beispiele zu nennen. Die Secondi stehen im Zeichen von Fleisch – mit Ausnahme der Ruota di formaggi mit Konfitüren (12 €) –, wobei ein gewisser Schwerpunkt auf Wildgerichten liegt, wie Cinghiale in umido con olive und Brasato di cervo al Malbo Gentile. Andere Möglichkeiten wären Coniglio all'aceto (9 €), Tagliata und Spalla di vitello ai porcini. In der Saison erwarten Sie **Porcini, frittiert** und aus der Pfanne. Hausgemachte Desserts und ansehnliches Kellerangebot mit vielen Etiketten aus Italien, auch naturbelassenen Weinen.

Zocca, Via Rosola 1083: Die Verkaufsstelle der Käserei Rosola bietet Milchprodukte vom Bianca-Modenese-Rind und Parmigiano Reggiano.

ADRIA
EMILIA-ROMAGNA
LIGURIEN
S. MARINO
MARKEN
BOLOGNA
FLORENZ
Sassuolo
Vignola
Pavullo n. Frignano
Lugo
Ravenna
Ímola
Faenza
Forlì
Cérvia
Cesena
S. Marino
S. Leo
Borgo Val di Taro
P.so d. Cisa
1039
PARCO NAZ. D. APPENNINO TOSCO-EMILIANO
Castelnovo ne' Monti
Sécchia
Panaro
Reno
Santerno
Pontremoli
Bagnone
Aulla
La Spezia
Sarzana
Carrara
Massa
PARCO NAZ. D. CINQUETERRE
Marina di Massa
Pietrasanta
Viareggio
Massarosa
Lucca
Capannori
San Giuliano Terme
Pisa
Cascina
Calci
Livorno
Collesalvetti
Pontedera
Montopoli in Val d'Arno
San Miniato
Empoli
Pieve Fosciana
Castelnuovo di Garfagnana
Barga
Borgo a Mozzano
Camaiore
M. Cimone
2165
Abetone
Cutigliano
San Marcello Pistoiese
Villa Basilica
Pescia
Montecarlo
Montecatini Terme
Pistoia
Montale
Prato
Carmignano
Signa
Scandicci
Montelupo Fiorentino
Arno
Sambuca Pistoiese
Passo della Futa
903
Firenzuola
Palazzuolo sul Senio
Marradi
Borgo S. Lorenzo
San Piero a Sieve
Vicchio
Fiesole
Pontassieve
Pelago
Bagno a Ripoli
Rignano sull'Arno
S. Casciano in Val di Pesa
Tavarnelle Val di Pesa
Certaldo
Poggibonsi
Greve in Chianti
Radda in Chianti
San Giovanni Valdarno
Loro Ciuffenna
Terranuova Bracciolini
Montevarchi
PARCO NAZ. D. FORESTE CASENTINESI, M. FALTERONA E CAMPIGNA
M. Falterona
1654
Pratovecchio
Marciano
Bibbiena
Sansepolcro
Anghiari
A15
A12
A1
A1Var.
A14
A14Dir.
A11
A11Dir.
A12Dir.
RA3

TYRRHENISCHES
MEER
CAPRÁIA
Cecina
Guardistallo
Bibbona
Castagneto Carducci
Suvereto
Campiglia Marittima
Massa Marittima
Montieri
1060
Piombino
Follonica
Gavorrano
Portoferraio
Rio Marina
ELBA
Marciana
Porto Azzurro
Capoliveri
Castiglione della Pescaia
PARCO NAZIONALE
PIANOSA
ARCIPELAGO TOSCANO
MONTECRISTO
GIGLIO
GIANNUTRI
Orbetello
M. Argentario
635
Ansedonia
Grosseto
Civitella Paganico
Monteroni d'Arbia
San Giovanni d'Asso
Buonconvento
Montalcino
Trequanda
Pienza
Castiglione d'Orcia
Ombrone
Castel del Piano
Arcidosso
M. Amiata
1738
Semproniano
Sorano
Scansano
Pitigliano
Manciano
Lucignano
A1
RA6
Torrita di Siena
Montepulciano
Chiusi
Sarteano
Cetona
Trasimenischer See
PERUGIA
UMBRIEN
Tevere
Acquapendente
Orvieto
Todi
Bolsena
Bolsena-See
Amelia
Montefiascone
Tuscània
Orte
Viterbo
Vetralla
LATIUM
Tarquinia
0
15
30 km

TOSKANA

Charakteristisches Merkmal dieser Küche ist die besondere Betonung der einzelnen Geschmackskomponenten, egal ob es sich um Fleisch, Fisch, Gemüse, Hülsenfrüchte, Käse oder anderes handelt. Wir finden hier Ribollita, Acquacotta und andere Suppen, die nach Rosmarin, Thymian oder Bergminze duften, Riso co' fagioli (Reis mit Bohnen und Linsen), Tordelli, Testaroli mit Öl und Käse sowie Cannelloni, aus denen Fleischragout oder Tomatensauce quillt, weiter Pappardelle in Hasen- oder Wildschweinsauce. In den Gärten werden Gemüse – Erbsen, Artischocken, Spargel, Schwarzkohl etc. – und Hülsenfrüchte geerntet, die in den Versionen al fiasco (in einer Glasflasche gegart) oder all'uccelletto (in Tomaten, Öl, Oregano und Knoblauch gegart) verarbereitet werden. Aus den Wäldern kommen Steinpilze und die seltenen Kaiserlinge, die unter alten Steineichen und Kastanien sprießen, oder auch die Esskastanien für die berühmten Ballotte (gekochten Esskastanien) und die klassischen Necci (Pfannkuchen).
Die von Bergflüssen und Wildbächen durchzogenen Weiden ernähren Herden, die gute Milch zur Herstellung von schmackhaftem Käse oder sämiger Ricotta liefern, und Schweine – die ebenfalls frei gehalten werden – für Wurstsorten mit sehr kräftigem Geschmack. Das Meer schenkt den Cacciucco, ein wahres Aphrodisiakum, Meerbarben, Kraken und den „blauen" Bonito. Über der Glut brutzelt hingegen die blutige Bistecca, das etwa drei Finger hohe Stück der Hochrippe vom Jungochsen. In den Tontöpfen hört man Trippa (Kutteln) und Zampa di vitello (Kalbshaxe) blubbern, aus anderen Pfannen steigt der Dampf von Lonza (Schweinewurst), Coratelle (Lamminnereien), Fricassea (Schmorfleisch), Cibreo di rigaglie (geschmortes Hühnerklein) und Peposo (geschmortes Kalb) auf. Dann gibt es noch Frösche, Aal, Schnecken und Baccalà. Und natürlich auch Brot und Schiacciate (Fladen), gesalzen und süß, und zum Abschluss die Cantuccini, die in Vin Santo getaucht werden, Panforte, Ricciarelli und Brigidini.
Eine Anmerkung sei noch dem Anbau von Wein und Oliven gewidmet: Der Weinbau schenkt dieser Region einen önologischen Reichtum, der in jeglicher Sicht einzigartig ist, Gipfel einer jahrhundertealten Agrartradition. Eines weiteres Spitzenprodukt ist das native Olivenöl extra aus toskanischen Oliven, wobei der Zusatz „toskanisch" hier als universeller Qualitätsparameter zu werten ist.

Für Sie entdeckt

Bistecca

401 Tullio
Fiesole (Fi)

428 Il Frantoio
Montescudaio (Pi)

447 Il Conte Matto
Trequanda (Si)

Testaroli

398 La Rondinaia
Collesalvetti (Li)

420 Il Mecenate
Lucca

434 Antica Trattoria Pelliccia
Pontremoli (Ms)

Peposo

389 Da Ghigo
Campiglia Marittima (Li)

393 Antica Fattoria del Grottaione
Castel del Piano (Gr)

440 Osteria di San Piero
San Piero a Sieve (Fi)

Pici

394 La Taverna del Pian delle Mura
Castiglione d'Orcia (Si)

396 La Solita Zuppa
Chiusi (Si)

438 Da Roberto Taverna in Montisi
San Giovanni d'Asso (Si)

46 KM NORDWESTLICH VON PISTOIA, S.R. 66

La Locanda dello Yeti

Bar-Trattoria
Via Brennero, 324
Tel. (+39) 05 73 / 60 69 74
Ruhetag: Montagabend, Dienstag
Ferien: 4 Wochen im Mai/Juni
20 Plätze + 20 Plätze im Freien
Preise: 35 €
Kreditkarten: Visa; BM
Mittags und abends geöffnet

DIE OSTERIA – Von außen besehen macht dieses Lokal auf dem großen Parkplatz im Ortsteil Le Regine nicht viel her und wenn Ihr Besuch wie in unserem Fall auf einen Samstagabend im Mai fällt, also komplett außerhalb der Ski- oder Wandersaison, dann halten Sie es wohl für eine einfache Bar. Aber gleich hinter dieser entdeckt man einen Raum mit wenigen Plätzen, deren Anzahl sich im Sommer durch den schönen Gastgarten verdoppelt. Als Gastgeber fungiert die Familie Colò: An dem besagten Abend betreuten uns drei Familienmitglieder, die gemeinsam gerade einmal 60 Jahre alt waren. Freundlichkeit und Lächeln prägen das Yeti. Man spürt, hier am richtigen Platz zu sein, was die Gerichte bestätigen: sorgfältig gewählte Zutaten, vorzugsweise aus dem tosko-emilianischen Apennin, brillieren in einer schmackhaften, ausgeglichenen Küche.

DIE KÜCHE – Als Antipasti (9 €) bekommt man Fagottino di carciofi mit Parmesan sowie **Crostoni mit Steinpilzen** oder Käse, danach als Primi **Maccheroni con sugo di capriolo e ginepro** (Ginepro, also Wacholder, bereichert viele Gerichte) und originelle **Tortelli di ricotta** al cacao mit Pecorino und Speck (10 €). Dann schlägt die Stunde für Fleisch mit **Cervo al vino rosso** (15 €) und Filetto di manzo oder Filetto di maiale, unterschiedlich zubereitet, es gibt aber auch einen feinen gegrillten Pecorino (10 €) mit karamellisierten Birnen oder Speck. An Tagen, an denen die Pilzsammler fündig geworden sind, sollten Sie sich die Zuppa di porcini keinesfalls entgehen lassen. Neben dem guten Hauswein aus dem Chianti-Gebiet werden einige hochwertige Etiketten angeboten.

Auf dem Hof der Familie Corsini im Ortsteil La Secchia (4 km) bekommt man Frisch- und Edelschimmelkäse aus Kuhmilch.

27 KM NORDÖSTLICH VON AREZZO

La Nena

Restaurant
Corso Matteotti, 10–14
Tel. (+39) 05 75 / 78 94 91
Ruhetag: Montag, außer im Sommer
Ferien: zeitweise im Winter
50 Plätze + 20 Plätze im Freien
Preise: 35 €
Kreditkarten: AE, CS, DC, MC, Visa; BM
Mittags und abends geöffnet

DIE OSTERIA – Anghiari, ein Ort nach Slow-Manier, erscheint auf der Liste der schönsten Ortschaften Italiens und trägt das Qualitätssiegel „Bandiera Arancione“ des italienischen Touring Clubs. Man kann sich also kaum ein besseres Umfeld für eine Osteria vorstellen, die wie das La Nena Tradition und territoriale Verbundenheit verkörpert. Drei kleine Räume in einem Gebäude aus dem 19. Jahrhundert und ein Garten, das ist das Ambiente, in dem Sergio, Palmira und Paolo ihrer Leidenschaft für die bodenständigen Gerichte der Toskana und die Produkte dieses Landstrichs frönen, so dass das Gütesiegel der Provinz Arezzo mehr als verdient ist.

DIE KÜCHE – Wie schon ein Hinweis in der Karte verrät, ist das Speisenangebot typisch für das Gebiet um Arezzo und die Strada dei Sapori Valtiberina Toscana, die Feinschmeckerstraße der Toskana. Man beginnt daher mit Carpaccio di chianina mit schwarzer Trüffel, Petto d'oca affumicato (8 €) und Antipasto della Nena. Die Primi reichen von klassischen Suppen (Pappa al pomodoro, **Ribollita** und andere) bis zu frischer Pasta, darunter **Bringoli al sugo finto** (10 €), **Pappardelle alla lepre** oder all'oca (14 €), Tortellini al tartufo nero und Tagliatelle ai porcini. Weiter geht es dann mit einem originellen Sformato di selvaggina (Wildauflauf) oder Rindfleisch (vor allem Filetti und Bistecche alla fiorentina), **Costoliccio** (9 €), **Agnello alla griglia** oder auch Uova al tartufo (Eier mit schwarzer oder weißer Trüffel), je nach Saison. Nach dem Käsesortiment mit Caprino, Pecorino, Ricotta und Raviggiolo folgen Dolci wie Pan di caffè (4 €) und Crema chantilly mit gehobelter Schokolade. Gut zusammengestellte Weinkarte mit vielen lokalen Etiketten und einem erstklassigen Hauswein.

ARCIDOSSO (GR)
Bivio Aiole

58 km nordöstlich von Grosseto

Aiuole

Restaurant
Ortsteil Bivio Aiole
Tel. (+39) 05 64 / 96 73 00
Ruhetag: Sonntagabend, im Winter auch Montag
Ferien: zeitweise im Januar
80 Plätze
Preise: 29–33 €
Kreditkarten: AE, CS, MC, Visa; BM
Mittags und abends geöffnet

Ein Hotel-Restaurant im Gebiet des Monte Amiata mit einfachem Ambiente und regionaltypischen Gerichten.

DIE OSTERIA – Der Monte Amiata, ein Gebiet vulkanischen Ursprungs an der Grenze zwischen den Provinzen Grosseto und Siena, hebt sich von den benachbarten Landstrichen im Süden in Richtung Meer, dem nördlich gelegenen Montalcino und dem Valdichiana im Osten ab. Das Gebiet des Amiatino bietet mit seiner klimatischen Vielfalt und seinen fruchtbaren Böden Lebensraum für einen Menschenschlag und für Produkte, die auf den ersten Blick einfach scheinen, aber großen Reichtum in sich bergen. Das Hotel-Restaurant Aiuole im Stil einer rustikalen Berghütte wird seit fast einem halben Jahrhundert von Ugo und seiner Frau Lionella als eines jener Lokale geführt, die die Kultur und Geschichte dieses Winkels der Toskana am besten vertreten. Die mündlich vorgetragene Speisenauswahl überzeugt durch Schmackhaftigkeit.

DIE KÜCHE – Für den Einstieg gibt es nur den Antipasto misto mit Crostini, feinem Käse dieser Gegend, Wurst und Polenta. Dann folgen ***Gnudi*** mit Ricotta und Brennnesseln, Topini oder Fiocchi neve (Gnocchi aus Ricotta und Kartoffeln), Strozzapreti mit pikantem Ragout und Tagliolini, in der Saison mit Trüffeln serviert. Der Hauptgang umfasst neben Tagliata auch Coniglio in bianco, Cervo in salmì und **Cinghiale al cacao**. Dazu gibt es als Beilagen – das Gemüse stammt aus dem eigenen Garten – Salate, Tomaten, gratinierte Zwiebeln und Verza in padella (Wirsing). Zum Ausklang können Sie Ricciolina, eine typische Nachspeise dieses Gebietes mit Baiser und Schokolade, delikate Ricotta mit Esskastanienkonfitüre oder Käse und Honig wählen. Gute Weinauswahl und ein roter Hauswein, der nach Konsum verrechnet wird.

AREZZO

La Torre di Gnicche

Moderne Osteria
Piaggia San Martino, 8
Tel. (+39) 05 75 / 35 20 35
Ruhetag: Mittwoch
Keine Ferien
30 Plätze + 18 Plätze im Freien
Preise: 23–30 €
Kreditkarten: CS, MC, Visa; BM
Geöffnet 12–15, 18–1 Uhr

DIE OSTERIA – Dieses Lokal, benannt nach einem legendären Räuber aus dem 19. Jahrhundert, wird von Lucia Fioroni geführt, einer Wirtin von sanfter Wesensart, die zwischen Küche und Service pendelt. Das reizende Ambiente schafft eine Atmosphäre, die gleich den Stellenwert erkennen lässt, der hier dem Weinangebot und der reichhaltigen Speisenauswahl zukommt.

DIE KÜCHE – Hier können Sie viele Gerichte nach Tradition von Arezzo genießen, die aus lokaltypischen Produkten zubereitet werden. Die Karte wechselt je nach Jahreszeit, es gibt aber stets eine Auswahl an Salumi und Formaggi, insbesondere Pecorino und Caprino, **Zuppa di cipolle infornata**, Ribollita oder **Pappa al pomodoro**, **Grifi all'aretina** – ein Ragout aus Teilen des Kälbermauls –, **Trippa** und als Beilage Zolfini-Bohnen. Unter den Antipasti findet man auch eine enorme Auswahl an Bruschette und Crostini. Sehr fein sind die **Acciughe sotto pesto** (8 €). Für den Hauptgang wurden uns Spezzatino mit Kartoffeln, **Polpettone al vino rosso** (9,50 €) und Baccalà in umido angeboten. Vegetarier können sich auf einen erstklassigen Sformato di verdure (Gemüseauflauf) freuen. Unter den hausgemachten Dolci (5 €) verdienen Torta al cioccolato, Tiramisu und Crostate mit Früchten oder mit Ricotta und Birnen eine Erwähnung. Die spektakuläre Weinkarte nennt zahlreiche Etiketten namhafter, aber auch unbekannterer Kellereien. Besonderes Augenmerk wird auf Produkte kleiner Betriebe, auch lokaler Herkunft, gelegt. Neben einem vorzüglichen Hauswein (rot und weiß) werden zahlreiche Weine glasweise ausgeschenkt, darunter auch hochwertige Etiketten.

Die Macelleria Tonioli (Via Margaritone 35) verkauft Chianina-Fleisch und zahlreiche Salumi aus eigener Herstellung.

BAGNO A RIPOLI (FI)
Grassina

8 KM SÜDÖSTLICH VON FLORENZ, S.S. 222

Osteria del Rosso

Trattoria
Via Costa al Rosso, 20
Tel. (+39) 055 / 64 02 40
Ruhetag: Sonntag
Ferien: 2 Wochen im August
38 Plätze + 40 Plätze im Freien
Preise: 27–30 €
Kreditkarten: AE, CS, MC, Visa; BM
Mittags und abends geöffnet

DIE OSTERIA – Sobald man im Zentrum von Grassina ankommt und die Osteria del Rosso betritt, hat man das Gefühl, in längst vergangene Zeiten zurückversetzt zu werden. Ein Lebensmittelladen mit einigen wenigen hochwertigen Bio-Produkten und im hinteren Teil als freudige Überraschung eine Osteria mit einem Hof, wo man an lauen Abenden im Freien sitzen kann. Empfangen werden Sie von einem Wirt alten Schlages. Er präsentiert Ihnen die Gerichte nach florentinischer Tradition, die in einer je nach Jahreszeit und Marktlage wechselnden Karte aufgelistet sind und Sie sicher nicht enttäuschen werden.

DIE KÜCHE – Unter den Antipasti finden Sie gemischte Teller mit hochwertigen Wurst- und Käsespezialitäten und schmackhafte Alici marinate (6 €). Als Primi werden **Tagliatelle sul capriolo** (mit Rehsauce, 8 €), überaus zarte **Tortelli di patate al sugo** (hausgemachte Pasta, serviert mit einem exzellenten traditionellen Fleischragout aus Hühnerleber und Fenchel) oder eine kräftige Minestra di farro (Dinkelsuppe) angeboten. Das Kapitel der Secondi enthält **Polpettone mit gekochten Bohnen** (10 €), verfeinert mit erstklassigem nativen Olivenöl extra, **Trippa alla fiorentina** (9 €) und ein verführerisch duftendes **Pollo fritto** mit Gemüse. Auch die Bistecca alla fiorentina und einige Fischgerichte sind zu empfehlen. Die traditionellen hausgemachten Desserts umfassen eine zarte Torta di mele und ein Tiramisu (5 €) der Extraklasse. Die Weinkarte mit wirklich moderaten Preisen verrät eine Vorliebe für die Toskana, wobei einige gute Tropfen auch glasweise ausgeschenkt werden. Bevor Sie gehen, sollten Sie einen Einkauf im Bio-Laden am Eingang tätigen.

BAGNO A RIPOLI (FI)
Antella

13 KM SÜDÖSTLICH VON FLORENZ, S.S. 222

Staccia Buratta

Osteria-Trattoria
Via di Pulicciano, 22
Tel. (+39) 055 / 62 16 43
Kein Ruhetag
Ferien: unterschiedlich
20 Plätze + 10 Plätze im Freien
Preise: 27–30 €
Keine Kreditkarten
Mittags und abends geöffnet

DIE OSTERIA – In dieser Osteria, die nach einem bekannten Kinderreim benannt ist, empfängt Sie die Inhaberin Bianca Maria in einem intimen, anheimelnden Ambiente, das fantasievoll mit witzigen Gegenständen an den Wänden eingerichtet und in Pastelltönen gehalten ist. Bianca betreut alternierend mit einer Mitarbeiterin den Service, in der Küche stehen zwei junge Köche. In der Osteria Staccia sind alle darum bemüht, ein Lokal zu schaffen, in dem man Speisen von guter Qualität bekommt: Hier wird eine saisonale Küche aus stets frischen Zutaten aus der Umgebung geboten.

DIE KÜCHE – Für den Einstieg kann man einen der gemischten Teller wählen: Die am reichsten bestückte Platte umfasst Wurst (Rohschinken, toskanische Salami, Sbriciolona, Rigatino, Lardo), Crostini – auch mit Hühnerleber in grüner Knoblauchsauce – und Bruschette, weitere Salumi aus dem Casentino oder Käse mit Konfitüren (13 €). Zum Angebot gehört auch ein Antipasto di verdure (mit Gemüse). Als Primo ließen wir uns an einem Winterabend Chitarra (Bio-Teigwaren) mit Pesto aus Schwarzkohl und gerösteten Mandeln, Risotto con carciofi stufati e fegatini croccanti (10 €), Spaghetti al nero di seppia mit Pecorino und **Crema di cavolo romano e broccoli** (7,50 €) schmecken. Unter den Secondi fiel unsere Wahl auf **Peposo alla fornacina**, das überragende **Cervello fritto** (Hirn, 9 €), **Collo di pollo ripieno**, serviert mit hart gekochtem Ei und grüner Sauce (10,50 €), und Millefoglie di baccalà mit Humus aus Kichererbsen. Dazu werden das hauseigene Brot und ein exzellentes Bio-Öl aus lokaler Produktion aufgetischt. Unter den Desserts des Hauses bestechen eine exquisite Crème brulée und Rotti mit Vin Santo di Chianti (5 €). Die Weine, vorzugsweise aus Bio-Anbau, werden auch im Glas angeboten und ermöglichen einen Streifzug durch das Chianti-Gebiet.

53 km nordwestlich von Massa, S.S. 62

La Lina

Trattoria
Piazza Marconi, 1
Tel. (+39) 01 87 / 42 90 69,
(+39) 347 / 095 90 26
Ruhetag: Donnerstag
Keine Ferien
50 Plätze
Preise: 22–26 €
Kreditkarte: CS, MC, Visa; BM
Mittags und abends geöffnet

Eine Osteria mit Slow-Charakter erkennt man für gewöhnlich an der Qualität des Ortes, der Speisen und der Personen. Hier erreicht jede Komponente höchstes Niveau.

DIE OSTERIA – An einer Straße wie der alten Strada della Cisa eine so schöne Osteria zu finden, ist eine echte Überraschung. Der Weg führt zurück in alte Zeiten und zu einer häuslichen Atmosphäre. Das spürt man schon auf dem stimmungsvollen Platz vor dem Eingang, der im Sommer als Gastgarten dient, und umso mehr, wenn man die Treppe hinauf zu den beiden Gasträumen steigt. Der Service ist effizient und spontan, die Speisen werden mündlich vorgetragen und geduldig wiederholt. Die Liebe zum Regionaltypischen und zu Null-Kilometer-Produkten lag der leider kürzlich verstorbenen Lina im Blut, bildet aber auch die Grundlage der Arbeit ihrer Tochter Francesca und des Schwiegersohnes Walter. Sie lieben und kennen diesen Landstrich und malen ein buntes Bild der Lunigiana, bestehend aus Testaroli, dem Lamm aus Zeri und Trüffeln.

DIE KÜCHE – Verschiedene Fladen (***Soladèla*** mit Speck, Barbotta aus Maismehl mit Zwiebeln), gemischte Salumi (Schweinezucht ist hier stark verbreitet), **Torta *d'erbi*** (klassische Kräutertorte der Toskana mit Anklängen an Ligurien) und Käse bilden den üppigen Antipasto (10 €). Die Primi umfassen exzellente **Testaroli al pesto** (6 €), Ravioli di ricotta mit Öl und Käse und Taglierini al tartufo (10 €). Dann die Secondi: **Agnello di Zeri al forno** mit Kartoffeln (12 €), Arista oder **Coniglio ripieno**, Fleisch mit lokaler Trüffel (Bianchetto oder Nero uncinato als Winter- bzw. Sommertrüffel). Als Dessert (4 €) Panna cotta oder die Tagestorte. Begrenzte, aber interessante Auswahl an lokalen Weinen.

39 km nördlich von Lucca, S.S. 445

L'Altana

Trattoria
Via di Mezzo, 1
Tel. (+39) 05 83 / 72 31 92
Ruhetag: Mittwoch, Donnerstagmittag
Ferien: Oktober
30 Plätze + 10 Plätze im Freien
Preise: 28 €
Kreditkarten: AE, CS, DC, MC,Visa; BM
Mittags und abends geöffnet

DIE OSTERIA – Barga ist ein wahres Juwel, das stets Besucher anzieht. Wir empfehlen Ihnen, ein wenig Zeit für einen Spaziergang als „Aperitif" oder „Digestif" einzuplanen. Sobald Sie das große Steintor zur Festung durchschritten haben, fällt Ihr Blick auf die Osteria. Die kleine Türe führt in ein Reich, das ganz in weiblicher Hand liegt und eine heimelige Atmosphäre mit starker persönlicher Note bietet. Gerichte nach hiesiger Tradition gesellen sich zu gelungenen und alles andere als banalen neuen Interpretationen. Die Portionen sind sehr großzügig.

DIE KÜCHE – Für den Einstieg können Sie neben den traditionellen Salumi aus dem Serchio-Tal wie zum Beispiel Prosciutto Bazzone auch Crostini mit geräucherter Forelle (6 €) oder Involtini di porro mit Reis und Gemüse wählen. Bei den Primi spannt sich der Bogen von traditionellen Vorschlägen wie **Maccheroni casalinghi al ragù** (8 €) oder der Version mit Trüffeln bis zu Taglierini alla carbonara mit Artischocken und Paccheri mit einer Sauce aus Lauch, Zucchini und Pecorino. Für Suppenfreunde stehen **Zuppa di farro**, Zuppa con le cipolle (7 €) und weitere Suppen auf dem Programm, die sich nach der jeweiligen Jahreszeit und nach den Einfällen des Kochs richten. Für den Hauptgang werden **Bistecca di cinta senese mit Fenchelsamen** (12 €), ein schmackhaftes Filetto di maiale mit grünem Pfeffer, Petto di pollo mit Salbei und Senf und Manzo alla griglia angeboten. Wenn Ihnen das Glück hold ist (es handelt sich um ein Gericht, das nicht immer auf der Karte steht), versprechen die **Polpette di carne** einmalige Gaumenfreuden. Die Desserts sind wie die Teigwaren hausgemacht und umfassen Crema catalana, Crostata di pere e cioccolato (4 €) und Torta di mele mit Cremeeis. Gute Auswahl an Weinen, hauptsächlich toskanischer Herkunft.

32 KM NÖRDLICH VON AREZZO, S.R. 71

Il Tirabusciò

Restaurant
Via Rosa Scoti Franceschi, 12
Tel. (+39) 05 75 / 59 54 74
Ruhetag: Montagmittag, Dienstag
Ferien: unterschiedlich
35 Plätze
Preise: 30–32 €
Kreditkarten: AE, CS, MC, Visa; BM
Mittags und abends geöffnet

Eine Huldigung der lokalen Produkte und Traditionen, gepaart mit Passion und Professionalität im Umgang mit den Gästen.

DIE OSTERIA – Im historischen Zentrum dieses alten Städtchens – wohl der Glanzpunkt des Casentino – findet man ganz in der Nähe der Piazza Tarlati dieses Restaurant, das mit seinem heimeligen Ambiente einfach, aber elegant wirkt. Seit einigen Jahren führt der Koch Alberto Degl'Innocenti das Lokal zusammen mit seiner Frau Marinella. Das Angebot ist bis ins kleinste Detail gepflegt, wobei lokale Traditionen sowohl bei den Speisen als auch beim Stil der Bewirtung im Mittelpunkt stehen.

DIE KÜCHE – Beginnen Sie mit einer delikaten, fein gehackten Battuta aus Chianina-IGP-Rind mit Acciugata aus „Menaica"-Sardellen und Kapern aus Salina mit Giardiniera, **Sugo di piccioni nel coccio** (8 €), Salumi vom Grigio-Schwein aus dem Casentino mit schwarzen Crostini oder Lingua di chianina mit Öl und Zitrone. Große Vielfalt herrscht bei den Primi: **Ravioli di nero di chianina** (12 €) oder Ravioli mit Robiola und Pecorino aus dem oberen Casentino, Risotto mit Vialone-Nano-Reis aus Grumolo delle Abbadesse, Tagliolini alla crema di burro mit schwarzer Trüffel, **Tortelli di patata di Cetica mit Ragout vom Grigio-Schwein** und Linguine alla carbonara mit Bachforelle aus dem Casentino (8,50 €). Als Secondi stehen Baccalà gratinato all'aretina, Coniglio in porchetta (16 €), **Agnello del Casentino al forno** und Petto di piccione arrostito zur Wahl. Unter den Desserts erwarten Sie Lattaiolo und Cantuccini mit Vin Santo (5 €). Erstklassig ist die Auswahl an Weinen lokaler Herkunft oder aus anderen Teilen der Toskana, die auch glasweise ausgeschenkt werden. Es gibt eigene Karten für Dessertweine und Edelbrände.

38 KM NÖRDLICH VON AREZZO, S.R. 71

NEU La Buca

Restaurant
Piazza Garibaldi, 24
Tel. (+39) 05 75 / 56 00 94
Ruhetag: Mittwoch
Ferien: zwei Wochen im Juli/August, 25. Dezember– 2. Januar
60 Plätze + 20 Plätze im Freien
Preise: 30 €
Kreditkarten: AE, CS, MC, Visa; BM
Mittags und abends geöffnet

DIE OSTERIA – Dieses Restaurant hat seinen Sitz in Soci vor der prachtvollen Kulisse des Nationalparks Foreste Casentinesi. Geführt wird es seit 1961 von der Familie Nardini. Das erklärte Ziel, eine Küche im Zeichen der hiesigen Tradition zu bieten, wird heute von Domenico und seiner Frau Miria verfolgt, die dabei in die Fußstapfen der Eltern Pietro und Vera treten und stets frische, hochwertige Produkte verwenden. Mit großem Geschick achten sie bei der Zubereitung auf Bodenständigkeit, die in den von Hand mit dem Nudelholz hergestellten Eierteigwaren und dem über Holzkohle gegrillten Fleisch gut zum Ausdruck kommt. Das Ambiente präsentiert sich einfach und komfortabel, der Service ist aufmerksam und freundlich.

DIE KÜCHE – Die Karte bietet einen großartigen Streifzug durch die Küche des Casentino mit Gerichten, die vorwiegend auf Fleisch und Wild basieren. Zu Beginn exzellente, mit dem Messer aufgeschnittene Salumi (10 €): Prosciutto vom Grigio-Schwein aus dem Casentino, Soprassata und Pancetta tarese (Bauchspeck von im Freien gehaltenen Tieren, eine typische Spezialität des Valdarno). Als Primi stehen die gehaltvollen, appetitlichen **Tortelli di patate** (8 €) mit zarter, schmackhafter Füllung, ***Pici*** cacio e pepe und ein Klassiker dieser Gegend, die **Pappardelle al sugo di cinghiale** (mit Wildschweinsauce), zur Wahl. Unter den Secondi möchten wir **Bistecca** und Tagliata al rosmarino, über Holzkohle gegart, **Cinghiale alla cacciatora** (12 €) mit Kräutern und Beeren aus den umliegenden Wäldern, **Peposo alla fornacina** und Baccalà alla griglia besonders hervorheben. Exzellente Käsespezialitäten aus Italien, kombiniert mit den von Miria zubereiteten Konfitüren. Im Keller lagert ein schönes Sortiment an Etiketten aus der Toskana und anderen Teilen Italiens.

BIBBONA (LI)
La California

43 KM NÖRDLICH VON LIVORNO, S.P. 39

NEU Gabbani

Restaurant
Via Aurelia Nord, 60
Tel. (+39) 05 86 / 67 73 33
Ruhetag: Montag
Keine Ferien
45 Plätze
Preise: 30 €
Kreditkarten: CS, DC, MC, Visa; BM
Mittags und abends geöffnet

DIE OSTERIA – An der alten Via Aurelia, 300 Meter von der Ausfahrt der Superstrada entfernt, trifft man auf dieses weitläufige, helle Lokal mit schöner Einrichtung, dem ein Lebensmittelladen angeschlossen ist. Küche und Keller sind Garanten für einen lohnenden Besuch. Der Inhaber Carlo Brunelli und die Köchin Patrizia Radi, Kenner der hiesigen Tradition, bieten eine täglich wechselnde Karte, die jedoch stets einige feststehende Elemente enthält. Das Repertoire des Speisenangebots umfasst Vorschläge aus der Fisch- und der Festlandküche, die hier typisch bäuerliche Züge trägt.

DIE KÜCHE – Beginnen können Sie mit Antipasti (9 €) wie dem Piatto toscano, dem Piatto vegetariano, Tonnina e acciughe und Affumicati misti di mare (geräucherter Meeresfisch). Dann folgen die Primi: Reginette al granciporro (mit Taschenkrebsen), Ravioli di fiori di zucca e zucchine (mit in Butter geschwenkten Kürbisblüten und Zucchini sowie Nüssen) oder Ravioli mit Butter und Rosmarin, **Caserecce al ragù di chianina** (10 €), **Zuppa toscana** und Maltagliati alla gallinella. Unter den Secondi findet man **Carré di cinghiale brasato con fagioli al fiasco** (geschmortes Wildschwein mit weißen Bohnen, 13 €), Agnello al forno mit Kartoffeln, Totani ripieni di carciofi mit Artischocken-Füllung (13 €), Baccalà confit mit Kichererbsen und **Cozze ripiene**. Einmal pro Woche werden Trippa, Polpo all'elbana, Polpette mit Püree, Stoccafisso oder Baccalà, Maialino al forno mit Kartoffeln und Fritto di carne mit Gemüse angeboten. Gute Dolci des Hauses (5 €), unter denen Torta al cioccolato und Zuppa inglese hervorstechen. Die Weinkarte ist umfangreich und gepflegt und listet vorwiegend Produkte dieser Gegend auf, wobei einige Etiketten auch glasweise bestellt werden können. Das Angebot umfasst auch einen recht guten Hauswein.

CAMAIORE (LU)
Pieve

26 KM NORDWESTLICH VON LUCCA, S.P. 1

NEU La Pieve

Restaurant-Pizzeria
Via San Giovanni Battista, 33
Tel. (+39) 05 84 / 98 89 62
Ruhetag: Dienstag
Ferien: 2 Wochen im November
80 Plätze + 60 Plätze im Freien
Preise: 28–30 €
Kreditkarten: CS, DC, MC, Visa; BM
Abends geöffnet, Oktober–Juni Sonntag auch mittags

DIE OSTERIA – Diese Kombination zwischen Restaurant und Pizzeria hat ihren Sitz nahe dem Zentrum von Camaiore entfernt in einem Ortsteil, der nach einer Pfarrkirche benannt ist, die bereits vor dem Jahr 1000 erstmals erwähnt wurde. Was Sie hier erwartet, ist ein Familienbetrieb, bei dem viele Gerichte nach hiesiger Tradition hoch im Kurs stehen. Das gemütliche Lokal verfügt über zwei Räume und eine Laube im Freien, wo man vom Frühjahr bis in den Herbst abends speisen kann.

DIE KÜCHE – Für den Auftakt empfehlen wir den Antipasto La Pieve (9 €) mit gemischten Wurstspezialitäten dieser Gegend, Käse, in Öl eingelegten Artischocken, Oliven, süßsauer eingelegtem Gemüse, toskanischen Crostini mit Hühnerleber, Panzanella und Polenta fritta mit Pilzen. Unter den Primi, die auch saisonal wechselnde Gerichte umfassen, finden Sie **Zuppa frantoiana**, hausgemachte Tortelli al ragù, hier Tordelli camaioresi (7 €) genannt, Maccheroni al cinghiale und **Tagliarini co' fagioli** (6,50 €). Die Teigwaren werden von Mauro mit großem Geschick selbst zubereitet. Unter den Secondi scheinen neben der **Bistecca** di manzo und der im Holzofen gebratenen Tagliata zusätzlich täglich wechselnde Vorschläge auf – bei der Wahl kann Emanuele Sie beraten –, darunter **Coniglio alla cacciatora**, serviert mit Polenta, **Maialino al forno** mit Bratkartoffeln und **Trippa**. Das Lokal fungiert auch als Pizzeria mit einem breit gefächerten Angebot, darunter unter anderem Pizzen für Personen mit Glutenunverträglichkeit. Die Weinkarte ist nicht sehr umfangreich, aber die Auswahl, besonders bei Rotweinen, erreicht ein hohes Niveau. Gut sind außerdem die Hausweine: Chianti, Morellino, Rosso di Montalcino oder, wenn Sie Weißwein bevorzugen, Vernaccia di San Gimignano. Ein gutes Sortiment an Grappa, Whisky und Rum.

CAMPIGLIA MARITTIMA (LI)
Cafaggio

80 km südöstlich von Livorno, S.S. 1

Da Ghigo

Trattoria • Via di Casalpiano, 11
Tel. (+39) 05 65 / 84 51 53,
(+39) 334 / 931 58 99
Ruhetag: Mittwoch
Ferien: November
70 Plätze + 30 Plätze im Freien
Preise: 25–35 €
Kreditkarten: AE, CS, DC, MC, Visa; BM
Abends geöffnet, Freitag–Sonntag auch mittags

Ein prächtiger Rahmen und ein reibungsloser Service, der die Gerichte ins rechte Licht stellt, bietet eine der besten kulinarischen Erfahrungen in der Maremma.

DIE OSTERIA – Sergio Righetti, Ghigo genannt, bekennt sich in seinem Lokal zu seiner Liebe zur Toskana durch die Zubereitung gehaltvoller, schmackhafter und sehr bodenständiger Gerichte. Wir sind hier mitten auf dem Land: ein großes Bauernhaus mit einem weitläufigen Saal und einer Laube, in deren Schatten man in der schönen Jahreszeit im Freien speisen und die Farben, Klänge und Düfte der Maremma genießen kann. Die Küche ist fest in der Tradition verankert und setzt auf langsame Gartechniken, bei denen die erstklassigen Produkte, die hier Verwendung finden, die volle Bandbreite ihrer Vorzüge entfalten können.

DIE KÜCHE – Unter den Antipasti findet man die klassischen Crostini (6 €), Pecorino aus der Toskana mit Honig, Sformatino di verdure mit saisonalem Gemüse und Fonduta di pecorino (7 €) und eine Auswahl an Wurstspezialitäten von Slow-Food-Presidi. Als Primi bekommen Sie **Tortelli** (10 €) **al ragù**, al pomodoro oder mit Butter und Salbei, Pappardelle al cinghiale, ***Pici* al ragù** di chianina (9 €), Pici cacio e pepe oder eine Suppe wie die Ribollita. Unter den Secondi verdienen der exzellente **Peposo di chianina** dell'Impruneta (15 €), **Cinghiale in umido mit Oliven**, Bistecca alla fiorentina und Filetto di manzo eine besondere Erwähnung. Die Desserts sind wie auch die Teigwaren hausgemacht: Tiramisu, Panna cotta, Zuppa inglese und Crostata mit Schokolade und Mandeln. Das Angebot umfasst zwei Degustationsmenüs für 25 und 23 € und ein hervorragendes vegetarisches Menü. Es gibt eine gute Auswahl an Weinen dieser Gegend neben einem angenehm zu trinkenden offenen Hauswein lokaler Herkunft.

CAMPIGLIA MARITTIMA (LI)
Venturina

75 km südlich von Livorno, S.S. 1

Otello

Restaurant
Via Indipendenza, 1–5
Tel. (+39) 05 65 / 85 12 12
Ruhetag: Montag
Ferien: 10. Januar–10. März
60 Plätze + 60 Plätze im Freien
Preise: 32–35 €
Kreditkarten: AE, CS, MC, Visa; BM
Mittags und abends geöffnet

DIE OSTERIA – Alles begann in den 1930er-Jahren, als der Gründer dieser Osteria dem Lokal seinen eigenen Namen gab. Heute ist die Familie Benedetti bereits in dritter Generation vertreten. Das Otello hat sich im Laufe der Zeit gewandelt und gerade das richtige Maß an Raffinesse erreicht, ohne dabei den eigenen Wurzeln untreu zu werden. So schöpft die Küche, egal ob es sich um Meeres- oder Festlandgerichte handelt, aus dem reichen Schatz der Rezepte nach Tradition der Maremma, schenkt den Speisen aber durch spezielle Akzente eine persönliche Note, die sie von anderen Versionen aus diesem Gebiet abhebt.

DIE KÜCHE – Beginnen Sie mit Antipasti, darunter der Misto di mare (mit Sardellentorte, Tintenfisch- und Spinatauflauf und über Dampf gegartem Tintenfischsalat, 12 €), Sformato di calamari e gamberi mit Zucchini auf Tomatenpüree mit Kapern und Thymian, Crostini ai quattro sapori und der Antipasto misto al forno (drei Häppchen von pikanten Torten mit Gemüse und Käse, 9 €). Dann folgen die Primi mit klassischen **Tortelli maremmani**, Pasta e fagioli alla toscana, **Pappardelle al ragù di cinghiale mit Wacholder** (11 €), Risotto al nero di seppia, Gnocchi al ragù di moscardini, Tagliolini con palamita (mit Bonito, Auberginen und Taggiasca-Oliven) und Spaghetti ai frutti di mare. Der nächste Gang stellt **Cinghiale in umido mit schwarzen Oliven** (12 €), Girello di vitellone al forno mit Gemüse-Ratatouille, **Cozze ripiene in Tomatensauce** (9 €) und Frittura mista di pesce zur Wahl. Zum Ausklang gibt es hausgemachte Desserts wie Tiramisu, Mousse allo yogurt mit Erdbeeren, Torta di ricotta und Torta di pere e prugne in Grappa-Sauce. Im Weinkeller lagern gute Tropfen, darunter unter anderem einige Halbliterflaschen. Manche Weine werden auch glasweise ausgeschenkt. Der Hauswein kann ebenfalls mithalten.

CAPANNORI (LU)
Camigliano

10 KM ÖSTLICH VON LUCCA

I Diavoletti

Restaurant
Stradone di Camigliano, 302
Tel. (+39) 05 83 / 92 03 23,
(+39) 328 / 734 06 34
Ruhetag: Mittwoch
Ferien: unterschiedlich
50 Plätze + 40 Plätze im Freien
Preise: 30–35 €
Kreditkarten: CS, MC, Visa; BM
Abends geöffnet, Feiertage auch mittags

Einfachheit und Natürlichkeit schaffen die richtige Atmosphäre, um sich wie zu Hause zu fühlen.

DIE OSTERIA – In diesem Restaurant in der Nähe von Lucca spürt man den Geist von Slow Food im Service, bei den Speisen aus lokalen Zutaten, vor allem aber in den Kenntnissen und im Engagement, mit dem die Inhaberinnen die gastronomischen Prinzipien der Vereinigung vermitteln. Im Speisenrepertoire der Bosi-Schwestern sind einige Slow-Food-Presidi aus der Toskana vertreten, darunter Biroldo und andere Wurstspezialitäten, Hülsenfrüchte aus dem Gebiet der Lucchesia (Verkaufsstelle der Genossenschaft L'Unitaria in der nahe gelegenen Gemeinde Porcari) und Fleisch aus der Maremma.

DIE KÜCHE – Der Antipasto misto der Osteria Diavoletti umfasst zahlreiche Spezialitäten des Hauses. Wir empfehlen Prosciutto di Ariosto, eine von den Eltern der Inhaberinnen hergestellte Rarität. Als Primi gibt es neben Suppen hausgemachte Tortelli mit saisonalen Saucen, **Tordelli** mit Fleischfüllung (9 €) und die ungewöhnliche Crêpe di ceci mit Lauch und Erbsen. Im Kapitel der Secondi sind Tagliate stets vertreten, etwa mit Steinpilzen oder Rucola. Häufig werden auch **Trippa alla lucchese** (8 €), Coniglio mit Zwiebeln (12 €) und ein vegetarischer Tortino angeboten. Als Beilage bekommen Sie exzellente Fagioli cotti al fiasco (weiße Bohnen, in der Flasche gekocht), Gemüse vom Grill oder Salat. Die Desserts (4 €) sind hausgemacht: Torten – exquisit ist die Schokoladetorte – und unterschiedliche Mousses und Spumoni (Cremeparfaits). Das Sortiment an Weinen (aus dieser Gegend, aber auch aus anderen Regionen Italiens) bezeugt die wichtige Rolle, die die Suche nach hochwertigen Etiketten aus kleinen Kellereien hier spielt.

CARMIGNANO (PO)

12 KM SÜDWESTLICH VON PRATO

Su pe' i' Canto

Osteria-Enoteca
Piazza Matteotti, 25–26
Tel. (+39) 055 / 871 24 90
Ruhetag: Montag
Ferien: August
30 Plätze + 20 Plätze im Freien
Preise: 30 €
Kreditkarten: MC, Visa; BM
Mittags und abends geöffnet

DIE OSTERIA – Hierher kommt man – auch –, um zu trinken: Das ist in Carmignano geradezu ein Muss und die Familie Alderighi, die dieses Lokal seit Jahren mit Leidenschaft führt, garantiert das Gelingen. Das Ambiente mit Blick auf den Dorfplatz ist charakteristisch und angenehm. In den Räumen mit unverputzten Gewölbedecken stehen ein paar Tische, Bänke aus Holz und Stühle mit Strohgeflecht. Die Karte präsentiert sich ganz im Zeichen dieses Landstrichs und wechselt häufig. Der Service ist herzlich und charmant und an den Antworten auf etwaige Fragen erkennt man die hohe Kompetenz in Bezug auf Küche und Keller.

DIE KÜCHE – Als Antipasto finden Sie stets hochwertige Salumi, darunter Mortadella aus Prato (Slow-Food-Presidio). Dann folgen Tortelli di pecorino mit Birnen (10 €), ***Pici*** con l'anatra (mit Ente) und saisonale Suppen, zum Beispiel im Winter Ribollita (8 €) und im Frühling Vellutata di asparagi (Spargelcreme). Sichere Tipps unter den Hauptspeisen sind Trippa, auf unterschiedliche Weise zubereitet, Lampredotto, **Lingua in dolce e forte** und ein wunderbar duftendes **Pollo fritto** (15 €). Allein für die Gerichte auf Basis von Cacciagione (Wild) in den entsprechenden Monaten lohnt sich die Fahrt hierher. Die Desserts (6 €) sind hausgemacht, das Brot – aus Natursauerteig und im Holzofen gebacken – stammt aus einem lokalen Betrieb. Die Weinkarte listet zu angemessenen Preisen die besten Etiketten der Umgebung auf, wobei der Barco Reale die Spitzenposition einnimmt; aber auch der Rest der Toskana ist mit Rotweinen vertreten, ergänzt durch Weißweine und Spumante aus anderen Regionen.

Die Bottega d' Fochi (Via Roma 10) bietet typische Dolci, etwa den Pan di ramerino für die Osterfeiertage.

CARRARA
Colonnata

7 KM VOM ZENTRUM

Locanda Apuana

Trattoria
Via Comunale, 1
Tel. (+39) 05 85 / 76 80 17
Ruhetag: Sonntagabend, Montag
Ferien: Weihnachten–Ende Januar
55 Plätze
Preise: 28–32 €
Kreditkarten: AE, CS, DC, MC, Visa; BM
Mittags und abends geöffnet

DIE OSTERIA – Nach Colonnata zu fahren ist stets ein faszinierendes Erlebnis. Eine steile Straße schlängelt sich vom Meer hinauf in die Berge, wo man plötzlich vor den in Marmor gehauenen „Kathedralen" steht. Marmor gibt es hier überall, vom Bodenbelag der Piazzetta bis zu den Souvenirs, aber sobald man die Locanda betritt, wird dieses Gefühl noch verstärkt: Marmor und eine Einrichtung aus Holz schaffen eine entspannte Atmosphäre. Der Übergang vom Weiß des Marmors zu jenem des Lardo ist kurz und viele kommen nur wegen dieser außergewöhnlichen Spezialität hierher, für die Fausto Guadagni seit fast 70 Jahren bekannt ist.

DIE KÜCHE – Wahre Gaumenfreuden bietet der Antipasto della Locanda (9 €) mit Lardo, Cecina (frittierte Würfel von Kichererbsenfladen), Focaccette, Crostoni mit Kirschtomaten, Tortina di ***erbi*** und Auberginen mit Ricotta. Sehr gepflegt ist das Angebot an unterschiedlichen Brotsorten. Stets vertreten sind Suppen wie **Taglierini nei fagioli**, häufig gibt es delikate Tortelli al ragù (8 €) und die typischen **Testaroli al pesto**. Ein spezieller Tipp gilt den Tagliatelle alla vergazzata (eine Art Pancetta mit Kirschtomaten) und den Tagliatelle bastarde aus Esskastanienmehl mit Gorgonzola. Auch bei den Secondi spielt Lardo eine Hauptrolle: ein Repertoire von **Coniglio lardellato** (10 €) bis zum Piatto dei cavatori, das ist Ciccetta (Schweinerücken) mit Lardo, Tomaten und Rucola. Weitere Vorschläge sind Tortino di verdure (8 €) und das Käse-Sortiment. Unter den Dolci findet man die einzigartige **Torta di riso alla carrarina**. Gut sind auch die hausgemachten Liköre. Neben dem roten Hauswein umfasst das Angebot ein Spektrum an Etiketten aus ganz Italien, Candia und Vermentino dieser Gegend und als echte Überraschung den Nero. Von Weiß bis Schwarz: Alle Farben von Colonnata sind vertreten!

CARRARA
Colonnata

7 KM VOM ZENTRUM

Venanzio

Restaurant
Piazza Palestro, 3
Tel. (+39) 05 85 / 75 80 33,
(+39) 366 / 563 58 77
Ruhetag: Donnerstag, Sonntagabend (außer im August)
Ferien: 22. Dezember–15. Januar
45 Plätze + 20 Plätze im Freien
Preise: 35 €
Kreditkarten: AE, CS, DC, MC, Visa
Mittags und abends geöffnet

DIE OSTERIA – In Colonnata, einer kleinen Ortschaft in den Apuanischen Alpen, deren Geschichte eng mit den Marmorsteinbrüchen verknüpft ist, hat sich eine einfache Küche entwickelt: Lardo, Brot und Wein waren die typische Verpflegung im Steinbruch. Das ist das Umfeld der Osteria Venanzio, eines historischen Lokals, wo Roberto die Gäste empfängt. Fachkundig berichtet er über die angebotenen Speisen, Wild und Pilze dieses Landstrichs und schildert mit Stolz die hauseigene Produktion von Lardo und die Mühe, den Speck 90 Stufen hinauf zu den Marmorwannen zu transportieren, wo er 18 bis 24 Monate mit würzigen Kräutern in Salzlake lagert. In der Küche stehen Alessio, Anna und Pamela.

DIE KÜCHE – Sie können ein Degustationsmenü (40 €) oder aus der Karte wählen. Zum Auftakt gibt es **Lardo und Carne in salamoia** – Fleisch, das in der Salzlake des Specks gepökelt wird –, warme Crostini mit Speck und Kirschtomaten oder Acciughe (6 €). Unter den Primi sind **Ravioli di carne mit Bergkräutern in Tomatensauce** (10 €) und Crespelle mit saisonalem Gemüse und Fontina lardellate angeführt. Die Secondi bieten **Coniglio farcito al lardo mit Mandelsplittern und Gemüse** (13 €) oder Maialino in Brandy-Sauce mit süßsauer eingelegten Frühlingszwiebeln. Den Schlusspunkt setzt man mit erstklassigen hausgemachten Desserts, zum Beispiel Mousse al caffè mit heißer Schokolade oder Torta di mele mit Calvados. In der Saison werden einige gute Gerichte mit weißer oder schwarzer Trüffel angeboten, zu denen man eine Flasche Candia (Weiß- oder Rotwein) oder andere Etiketten aus dieser oder anderen Regionen Italiens wählen kann.

Renata Ricci (Via della Fontana 52) produziert und verkauft Lardo, Vergazzata und Crema di lardo.

CASCINA (PI)

6 KM SÜDDÖSTLICH VON PISA, S.P. 2

Pasta e Vino

Restaurant
Via Vagelli, 22
Tel. (+39) 050 / 991 11 45
Ruhetag: Montag
Ferien: unterschiedlich
45 Plätze + 25 Plätze im Freien
Preise: 32–35 €
Kreditkarten: CS, DC, MC, Visa; BM
Mittags und abends geöffnet

Große Achtsamkeit bei der Auswahl der Zutaten und der lokalen Produzenten, Engagement für die Prinzipien von Slow Food im Sinne der „Allianz der Köche".

DIE OSTERIA – Ein Gebäude aus dem Mittelalter im historischen Zentrum von Cascina ist der Schauplatz, an dem Lucia (Service) und Virgilio (Küche) sich als Verfechter der guten Küche und einer kulinarischen Kultur präsentieren, die den Wandel der Jahreszeiten, lokale Produzenten und die Slow-Food-Presidi respektiert. Virgilio setzt auf Tradition, wertet die einfachen Zutaten jedoch durch innovative Akzente auf.

DIE KÜCHE – Neben dem Repertoire der Karte stehen dreigängige Degustationsmenüs mit Meeres-, Festland- und vegetarischen Gerichten für 26, 30 und 24 € zur Wahl. Bei unserem Besuch in der Übergangszeit zwischen Winter und Frühling stimmten wir uns mit der Fantasia dell'Osteria (drei Häppchen vom Land oder vom Meer), Fegatini al Vin Santo mit rotem Kakao (9 €) und Calamari auf Creme von Vitellotte-Kartoffeln mit Gemüse-Brunoise (11 €) ein. Unter den Festland-Primi (11 €) finden Sie **Testaroli di Pontremoli mit Schwarzkohl-Pesto** und Zuppa di slowbeans und als Vertreter vom Meer frische Paccheri mit Meeräsche und Bottarga. Die Fleischgerichte unter den Secondi (12 €) locken mit Tagliata di cuore di scamone di chianina, **Filetto di maiale mit Kräutern** oder Stinco alla birra. Als Alternative gibt es Filetto di cefalo mit Oliven und getrockneten Kirschtomaten aus Pachino oder **Baccalà al vapore mit Zwiebelchutney**. Die hausgemachten Desserts variieren je nach Jahreszeit. Große Auswahl an Weinen lokaler und fernerer Herkunft, ergänzt durch Biere aus kleinen Brauereien. Zum Abschluss wählt man einen guten Kaffee aus einer eigenen Karte.

CASTAGNETO CARDUCCI (LI)
Vallone dei Messi

68 KM SÜDLICH VON LIVORNO, S.S. 1 UND S.P. 16

Magona

Moderne Osteria
Via Bolgherese, 199
Tel. (+39) 05 65 / 76 21 73
Ruhetag: Montag
Ferien: 20. Januar–Ende Februar
40 Plätze + 60 Plätze im Freien
Preise: 33–35 €
Kreditkarten: AE, CS, MC, Visa; BM
Mittags und abends geöffnet

DIE OSTERIA – Seit einigen Jahren hat das Magona seinen Sitz in den Räumlichkeiten eines alten Landhauses im Herzen der Weingärten der renommierten Kellereien im DOC-Gebiet Bolgheri. Wir sind hier tief im Landesinneren und dennoch an einem Punkt, von dem aus man das Meer sehen kann: ein einzigartiger Platz, der als perfekter Rahmen auf die Gaumenfreuden einstimmt. Mit seinem ersten Wagnis, nämlich jenem, das von Touristen stark frequentierte Städtchen Bolgheri zu verlassen und mit dem Lokal an einen zwar faszinierenden, aber zweifelsohne abgelegenen Ort zu übersiedeln, hat der unternehmungslustige Chefkoch Omar Barsacchi voll ins Schwarze getroffen. Hier beweist er, dass sich harte Arbeit auszahlt und Qualität belohnt wird. Der Schwerpunkt der Karte liegt bei Fleisch und Wildspezialitäten, aber auch die sämtlich hausgemachten Teigwaren und vor allem die Desserts, wahre Meisterwerke des Konditors Omar (das war seine ursprüngliche Profession), können durchaus mithalten.

DIE KÜCHE – Unter den Antipasti stechen die Kombinationen zwischen Salumi aus der Toskana und solchen aus Parma hervor: Stuzzicheria della cucina (15 €), Culatello und Prosciutto Bazzone. Diese Kontraste findet man auch bei der Pasta: Cappelletti di magro mit Almbutter und **Maltagliati al ragù di chianina**. Unter den Secondi dominiert Fleisch vom Grill (**Bistecca** alla fiorentina, Lombata), daneben gibt es auch **Brasato al Rosso di Bolgheri** (Schmorbraten, 13 €), Tagliata d'anatra (Ente) mit Aceto Balsamico und **Piccione** della Magona (Taube). Bei den Desserts (5 €) haben Sie die Qual der Wahl zwischen Cantuccini, Sfogliatine mit Eis, Babà und Tortino di cioccolato. Die Weinkarte steht der Küche in nichts nach und harmoniert mit diesem Landstrich.

CASTEL DEL PIANO (GR)
Montenero

50 KM NORDÖSTLICH VON GROSSETO

Antica Fattoria del Grottaione

Moderne Osteria • Via della Piazza, 1
Tel. (+39) 05 64 / 95 40 20,
(+39) 349 / 820 25 75
Ruhetag: Montag • Ferien: Januar/Februar
40 Plätze + 40 Plätze im Freien
Preise: 40 € €↑
Kreditkarten: AE, CS, MC, Visa; BM
Mittags und abends geöffnet

Eine Terrasse mit Blick auf das Orcia-Tal: wundervolle Sonnenuntergänge bei einem guten Glas Wein, genussvolles Bewahren von Geschmack und Rezepten wie in alten Zeiten, Gaumenfreuden für das Seelenwohl.

DIE OSTERIA – Die Osteria liegt auf einem Hügel mit Blick auf das Orcia-Tal (UNESCO-Welterbe). Eine Perle auf dem Grosseto zugewandten Hang des Monte Amiata, den Sie von der Terrasse des Lokals von Flavio Biserni und Amanda Centurielli bewundern können. In dem einstigen Getreidespeicher werden Sie bei der Wahl der Gerichte beraten, deren Eckpfeiler Saisontreue, lokale Zutaten (Gemüse aus dem eigenen Garten) und Slow-Food-Presidi sind. Flavio setzt auf die Prinzipien der Biodiversität und auf typische Gerichte in leicht überarbeiteter Form, in denen Produkte wie das erstklassige Öl, Fleisch vom Maremmana-Rind und ein Käse-Sortiment bestens zur Geltung kommen. In der Karte sind erlesene Weine aus der Umgebung aufgelistet, ergänzt durch Etiketten kleiner italienischer Kellereien.

DIE KÜCHE – Ein sicherer Tipp ist der opulente Antipasto del Grottaione, unter anderem mit Battuta di maremmana und gefüllten Friggitelli (12 €). Die Primi bieten neben **Zuppa arcidossina** und Pappa al pomodoro auch **Tortelli al sugo di maremmana** (13 €) oder in der Saison Tortelli di castagne, ***Pici*** alle briciole und Risotto mit Lauch in Vermentino. Bei den stets mit Beilage servierten Secondi fällt die Wahl schwer: Sehr zu empfehlen sind **Peposo**, Fagottino di manzo, gefüllt mit Pecorino und Gemüse (14 €), Filetto di maialino oder in der Wildsaison Cinghiale. Lassen Sie noch etwas Platz für die Desserts (7 €): Crema di ricotta di Roccalbegna, Tortino mit Zartbitterschokolade und feine Eiscreme. Zwei Degustationsmenüs für 30 und 40 €.

CASTELNUOVO DI GARFAGNANA (LU)

49 KM NORDWESTLICH VON LUCCA, S.R. 445

Il Vecchio Mulino

Traditionelle Osteria
Via Vittorio Emanuele, 12
Tel. (+39) 05 83 / 621 92,
(+39) 347 / 366 45 66
Ruhetag: Montag
Ferien: Oktober/November
30 Plätze • Preise: 15–25 €
Kreditkarten: CS, MC, Visa; BM
Geöffnet 11–21 Uhr; Donnerstag (sofern Markttag) bis 7 Uhr geöffnet

DIE OSTERIA –Die Osteria Il Vecchio Mulino im Städtchen Castelnuovo di Garfagnana ist der perfekte Ort, um sich den Gaumenfreuden hinzugeben, die Ihnen die Vorschläge von Andrea Bertucci, Andreone genannt, bereiten werden. Der Wirt glänzt durch profunde Kenntnisse über Wurstspezialitäten, Käse und Wein. Die langen Tische zwischen der Theke und den Regalen, auf denen zahlreiche Weinflaschen und viele andere Produkte (auch einige Slow-Food-Presidi) zur Schau gestellt sind, schaffen eine gesellige Stimmung: Es ist hier üblich, neben Unbekannten Platz zu nehmen und gleich in freundschaftliche Gespräche verwickelt zu werden, während man die wunderbaren Gerichte aus Andreones Repertoire genießt.

DIE KÜCHE – Fragen Sie gar nicht erst nach Suppen, Pasta oder anderen einzelnen Speisen auf Bestellung: Die gibt es nicht. Freuen Sie sich auf das Degustationsmenü (20 €): **Crostini** verschiedenster Art, auch in der Version **mit Polenta aus Ottofile-Mais**, Häppchen von **Torte salate**, ein Sortiment an Salumi und Formaggi und zum Abschluss Kostproben von Dolci. Bei der Auswahl an Salumi (8 €) stehen zwei Slow-Food-Presidi im Mittelpunkt: Prosciutto bazzone und Biroldo aus der Garfagnana, die sich mit Lardo aus Colonnata und Mondiola, einer Salami aus der Garfagnana, den Platz auf dem Teller teilen. Danach können Sie **Carpaccio di manzo di pozza**, **Filetti di trota affumicata** (geräucherte Forelle) und Insalata di farro bekommen. Die Formaggi sind einfach umwerfend. Sie werden von Andreone persönlich zur Reifung gebracht. Serviert wird der Käse mit Kartoffelbrot oder einem anderen Presidio, nämlich Marocca aus Casola. Zum Abschluss erwarten Sie exzellente Desserts: aus Äpfeln, Ricotta, Feigen und Nüssen. Die umfangreiche, interessante Weinkarte wird durch einige Biere aus Brauereien dieses Landstrichs ergänzt.

CASTELNUOVO DI GARFAGNANA (LU)

49 km nordwestlich von Lucca, S.R. 445

NEU Triti

Restaurant
Via Roma, 31
Tel. (+39) 05 83 / 621 56
Ruhetag: Dienstag
Keine Ferien
50 Plätze
Preise: 32 €
Kreditkarten: AE, DC, MC, Visa
Mittags und abends geöffnet

DIE OSTERIA – Im Hauptort der Garfagnana, an der Staatsstraße knapp außerhalb des schönen historischen Zentrums fast schon am Ufer des Flusses Serchio, trifft man auf dieses klassische Lokal mit langer Tradition, dessen Lage zu einem Spaziergang nach dem Essen einlädt. Die Familie Triti hält seit Beginn die Zügel in der Hand und überliefert von einer Generation auf die nächste die enge Bindung an die Küchenkultur der Garfagnana, die Liebe zu ihren Produkten und den Schätzen der Natur: Fleisch und Wurst, aber auch Gemüse, Öl und Brot. Die Karte dokumentiert die notwendigen, aber durchaus vernünftigen Anleihen aus Gebieten außerhalb dieses Tals; abends umfasst das Repertoire auch Pizza. Im Service wartet der ebenso freundliche wie kompetente Roberto geradezu darauf, angeregt durch Interessenbekundungen der Gäste Wissenswertes über die Gerichte erzählen zu dürfen, wobei die Leidenschaft mitschwingt.

DIE KÜCHE – Der Misto di salumi mit lokalen Wurstspezialitäten und Crostini (10 €) ist ein sicherer Tipp für den Einstieg, gefolgt von **Farro** (Dinkel, 8 €), der wahrscheinlich das bekannteste Produkt des oberen Serchio-Tals ist. Beim Hauptgang erwarten Sie **Agnello** (Lamm) aus der Garfagnana oder erlesenes Rindfleisch in Form von Tagliata, Bistecca oder Filetto, aber auch **Trota** (Forelle) aus dem Serchio in unterschiedlichen Zubereitungsarten und **Pollo fritto** (Brathähnchen, 14 €) verdienen Ihre Aufmerksamkeit. In der Pilzsaison kommen dann die **Funghi** „a chilometri pochi" (Pilze aus den umliegenden Wäldern) zu ihrem Recht. Aus diesen „wenigen Kilometern" werden dann oft viele, insbesondere wenn man speziell für die Pilzgerichte eine längere Fahrt hierher auf sich nimmt. Die Desserts des Hauses passen, wie auch der Wein, perfekt in das Gesamtbild.

CASTIGLIONE D'ORCIA (SI)
Vivo d'Orcia

62 km südöstlich von Siena

La Taverna del Pian delle Mura

Restaurant • Via delle Casine, 12
Tel. (+39) 05 77 / 87 40 09,
(+39) 330 / 28 92 97
Ruhetag: Montag • Ferien: unterschiedlich
36 Plätze + 14 Plätze im Freien
Preise: 35–38 € • Kreditkarten: AE, CS, DC, MC, Visa; BM • Abends geöffnet, Samstag, Sonntag und Feiertage auch mittags

Es sich gut gehen lassen … das ist genau die Art von Lokal, wo einem das gelingt.

DIE OSTERIA – Wir befinden uns hier in Vivo d'Orcia an den Hängen des Monte Amiata. Nadia und Umberto empfangen ihre Gäste überaus herzlich in einem nicht sehr großen, aber gepflegten Speisesaal. Die Karte erfreut durch eine schöne grafische Gestaltung und die Präsentation des Restaurants. Nadia ergänzt mündlich die Tagesgerichte. Luisa setzt in ihrer Küche auf die Verarbeitung von selbst gesammelten wilden Kräutern, ergänzt durch Gemüse aus dem eigenen Garten.

DIE KÜCHE – Unter den Antipasti finden Sie Salumi vom Cinta-Senese-Schwein, Pecorini und Caprini mit Fruchtkompott (exzellent ausgewählter Käse) und die Fantasia della Taverna (10 €), die je nach Jahreszeit variiert. Aus den von Luisa gesammelten Kräutern oder aus dem Gartengemüse werden verschiedene Tortini – mit Spargel, Karden, Löwenzahn … – und schmackhafte **Insalate fiorite** gezaubert. Die Primi umfassen Tagliatelle di ortica mit Prosciutto vom Cinta-Senese-Schwein und Spargel (13 €), ***Pici* all'aglione** oder *Pici* al sugo bugiardo. In der Pilzsaison bekommt man Zuppa di funghi. Ganz traditionell zeigen sich Gerichte wie **Agnellone amiatino**, das im Kapitel der Secondi neben Capocollo al finocchio selvatico (13 €), Faraona oder Pollo (Freilandhähnchen) erscheint. Letzteres gibt es in den Versionen al Vin Santo, alla melagrana (Granatapfel), alle prugne (Pflaumen) und all'agresto (mit Traubensauce). Zum süßen Ausklang werden warme Ricciarelli mit Crema inglese (6 €), **Caffè in forchetta** mit Zabaione und Latte in piedi mit saisonalem Obst angeboten. Die von Umberto zusammengestellte Weinkarte spiegelt seine profunde Kenntnis dieses Gebiet wider.

CASTIGLIONE DELLA PESCAIA (GR)
Buriano

25 KM WESTLICH VON GROSSETO

NEU Il Cantuccio

Restaurant • Piazza Indipendenza, 31
Tel. (+39) 05 64 / 94 80 11, (+39) 324 / 924 04 23
Ruhetag: Montag, außer im Sommer
Ferien: je 2 Wochen im Januar und November/Dezember
22 Plätze + 15 Plätze im Freien
Preise: 40 €
Kreditkarten: CS, MC, Visa; BM
Abends geöffnet, Sonntag und gegen Vorbestellung auch mittags

DIE OSTERIA – Großes Augenmerk wird auf lokale Produkte, den Einsatz von Gemüse aus dem hauseigenen Garten, Pasta, Brot und Essig aus eigener Produktion und auf ein dem Wandel der Jahreszeiten angepasstes und täglich wechselndes Angebot an Speisen gelegt. Die Krönung dieses Repertoires sind die Leidenschaft und das Streben nach perfekter Ausführung, die hier zum Greifen nahe spürbar sind. Das ist das Cantuccio von Daniele Reino und Natasha Sassirossi: ein Ort, an dem man sich wie zu Hause fühlt.

DIE KÜCHE – Unter den Antipasti locken Tartare di chianina, mit dem Messer fein gehackt (13 €), Tonno di coniglio auf gebratenen Frühlingszwiebeln aus Tropea und Erbsencreme, Crema bruciata al parmigiano mit gefüllten Kürbisblüten und Sauce aus gelben Paprikaschoten, Torretta di melanzane mit Cagliata aus Kuhmilch und Confit aus Kirschtomaten. Dann folgen die Primi, darunter **Pappardelle con padellata di maiale** (Sauce aus Schweinefleisch und Orangenschalen) (12 €), ***Pici*** mit Ragù di durelli di pollo (Hühnerklein) und Sardellen aus Sciacca, Gnocchi di rape rosse mit Zucchini-Carbonara und Risotto aus Arborio-Reis mit saisonalem Gemüse und Püree aus Pecorino und Gelbwurzel. Für den Hauptgang werden **Polpettone** (bei niedriger Temperatur gegart) **mit knackigem Gemüse** oder **Lonza di maiale lardellata auf Safransauce** und Salat mit Pfirsichen (17 €) angeboten. Wenn man Tagliata und Buttera di chianina wählt, fällt die Rechnung etwas höher aus. Zum Abschluss täglich wechselnde Desserts: Stets vertreten sind Cheesecake mit Hafermehl und Konfitüre und hausgemachte Cantucci al cioccolato, serviert mit Rum. Es gibt ein Degustationsmenü für 37 €, das zwei Antipasti, Primo, Secondo und Dessert umfasst. Im Weinkeller lagern etwa 30 Etiketten, von denen einige auch glasweise ausgeschenkt werden.

CERTALDO (FI)

46 KM SÜDWESTLICH VON FLORENZ, S.P. 125

La Saletta

Restaurant
Via Roma, 4
Tel. (+39) 05 71 / 66 81 88
Kein Ruhetag
Ferien: Weihnachten
20 Plätze + 15 Plätze im Freien
Preise: 35–38 €
Kreditkarten: AE, CS, MC, Visa; BM
Mittags und abends geöffnet

DIE OSTERIA – Giampiero empfängt Sie als guter Hausherr in seinem Lokal mit Retro-Charme am Fuße des mittelalterlichen Ortskerns. Die intime Atmosphäre vermittelt den Eindruck, in einem Privathaus zu sein. Bei Ihrem Besuch kümmert sich der Wirt mit Unterstützung durch seine Tochter Virginia aufmerksam und bemüht um Ihr Wohl. Die hier gelebten Prinzipien sind jene, die zum Erfolg der italienischen Gastronomie geführt haben: verlässliche Qualität der Zutaten – nicht ausschließlich aus dieser Gegend – und geschickte Hände in der Küche, nämlich jene von Mama Eda, die sich auf eine lange, über Generationen überlieferte Erfahrung stützt.

DIE KÜCHE – Die Crostini mit Lardo aus Colonnata, auch in ungewöhnlichen Kombinationen (10 €), sind ein guter Beginn, wie auch die typischen Wurstspezialitäten dieser Region mit eingelegtem Gemüse und Pecorino. Als Alternative zu einem einladenden Repertoire an täglich wechselnden Suppen erwarten Sie die klassischen Primi (10 €) der toskanischen Küche in erlesenen Versionen, darunter ***Gnudi*** in Nusssauce mit Ricotta oder **Riso mantecato mit Pecorino aus Pienza und Birnen**. Unter den Fleischgerichten finden Sie **Tonno del Chianti** (18 €), ein erstklassiges Gericht, aber auch bei der Wahl von Coniglio mit Aceto balsamico oder **Cinghiale alla maremmana** werden Sie sicher nicht enttäuscht. Von hoher Qualität ist außerdem das Angebot an Fischgerichten: Sehr zu empfehlen ist **Baccalà al vapore mit Kartoffeln** (16 €). Wenn Sie Ihr Dessert wählen, sollten Sie einen Blick auf die Theke der benachbarten Konditorei der Familie werfen. Hervorragend ist auch das Mürbegebäck nach toskanischer Tradition: Cavallucci, Ricciarelli und vier schmackhafte Varianten von Cantucci. In der soliden Weinkarte sind alle Kellereien genannt, die in der Toskana Rang und Namen haben.

77 KM SÜDÖSTL. V. SIENA, AUSFAHRT A 1 OD. S.S. 326

Il Grillo è Buoncantore

Restaurant-Pizzeria
Piazza XX Settembre, 10
Tel. (+39) 05 78 / 201 12,
(+39) 335 / 871 62 38
Ruhetag: Montag
Ferien: 10 Tage im November
60 Plätze + 20 Plätze im Freien
Preise: 35–38 €
Kreditkarten: AE, CS, DC, MC, Visa; BM
Mittags und abends geöffnet

Ganz einfach ein Ort, an den man immer wieder gerne zurückkehrt.

DIE OSTERIA – Dieses Lokal, das über eigene Parkplätze verfügt, liegt nahe der Autobahnausfahrt, aber doch im historischen Zentrum. Es bietet ein angenehmes, gepflegtes Ambiente mit einem kleinen Eingangsbereich, von dem ein paar Stufen in einen größeren Raum hinaufführen. Wir besuchten es an einem Sonntagabend: unter den Gästen ein paar Jugendliche aus dem Ort, die hier Pizza bestellen (auch zum Mitnehmen) und von deren Qualität schwärmen. Tiziana Tacchi, die Wirtin und Seele des Lokals, pendelt zwischen Service und Küche (sie ist Sommelière und auch Köchin). Das Team engagiert sich für die Qualität des Angebotes und die Zufriedenheit der Gäste. In der Osteria Il Grillo kann man zahlreiche Produkte aus der Umgebung kaufen, jene Produkte, die Ihnen auch auf der Speisekarte begegnen.

DIE KÜCHE – Die traditionellen Rezepte werden durch sorgfältig gewählte Produkte aus der Toskana, aus Umbrien und anderen Gebieten aufgewertet (darunter viele Slow-Food-Presidi). Dies gilt auch für die Etiketten in der preislich moderaten Weinkarte mit guten Tropfen aus dem Gebiet um Siena und Top-Weinen aus der Toskana und dem übrigen Italien, insbesondere dem Piemont. Unter den Antipasti besticht der Tagliere del Grillo. Im Kapitel der Primi brillieren die klassischen ***Pici*** all'aglione (8 €), aber auch der exzellente Cacio e pepe und **Tagliatelle al ragù di cinghiale** verdienen ein Lob. Dann folgen Gerichte aus Fleisch lokaler Herkunft und als besonderer Favorit die **Tegamata dell'aia** (11 €). Die hausgemachten Dolci (5 €) sind ein Augen- und Gaumenschmaus. Am Schluss bleibt die Lust zurückzukehren, um die übrigen Speisen zu probieren …

77 KM SÜDÖSTL. V. SIENA, AUSFAHRT A1 OD. S.P. 326

La Solita Zuppa

Osteria-Trattoria
Via Porsenna, 21
Tel. (+39) 05 78 / 210 06,
(+39) 349 / 817 32 86
Ruhetag: Dienstag
Ferien: Januar/Februar
45 Plätze
Preise: 30–35 €
Kreditkarten: AE, CS, DC, MC, Visa; BM
Mittags und abends geöffnet

Eine tief empfundene Leidenschaft für diesen Landstrich und die Tradition, erstklassiger Service und eine wirklich gesellige Atmosphäre.

DIE OSTERIA – Das Ambiente ist rustikal und entspricht der typischen Osteria dieses Teils der Toskana, mit unverputzten Gewölbedecken und Holzvertäfelung. Die Inhaber empfangen die Gäste mit großer Höflichkeit und Professionalität und tragen die Speisen mündlich vor; das Repertoire ist abhängig von der Verfügbarkeit der Zutaten. Sehr bereitwillig geben sie Auskunft über Ingredienzen und Zubereitungstechniken der alten, kaum mehr bekannten Rezepte.

DIE KÜCHE – Wir begannen mit **Coratella d'agnello** (Lamminnereien, 7,50 €), zu denen ein Glas Roséwein dieser Gegend ausgeschenkt wurde. Unter den Antipasti findet man in der entsprechenden Saison auch **Parmigiana di gobbi** und den klassischen Lampredotto mit grüner Sauce. Eine lange, einladende Liste an Suppen (9 €): Das Spektrum reicht von der im Holzkohlenofen überbackenen **Carabaccia** über Ribollita bis zu den einfachen Suppen mit Gemüse und Hülsenfrüchten. Wenn Sie Teigwaren bevorzugen, können Sie ***Pici*** all'aglione oder Pici **con ragù bianco di chianina e fagiolina del Trasimeno** (mit Rinderragout und Bohnen, 10 €) wählen. Wer dann noch Hunger hat, kann für den nächsten Gang **Cinghiale al dolce forte** oder Tonno di prosciutto mit Zolfino-Bohnen (12 €) bestellen. Auf einem Wagen angerichtet, wird ein beachtliches Sortiment an Käse aus ganz Italien präsentiert. Den Schlusspunkt setzt das Angebot an Dolci della casa, serviert mit Dessertweinen. Die Weinkarte bietet die Möglichkeit, Etiketten kleiner Produzenten dieser und anderer Anbaugebiete Italiens zu entkorken, darunter wirklich klingende Namen.

CIVITELLA PAGANICO (GR)
Civitella Marittima

35 KM NORDÖSTLICH VON GROSSETO, S.S. 223

Locanda nel Cassero

Trattoria • Via del Cassero, 29–31
Tel. (+39) 05 64 / 90 06 80,
(+39) 338 / 303 00 33
Ruhetag: Dienstag, im Frühling und Herbst auch Donnerstagmittag
Ferien: je 2 Wochen im Februar/März und November/Dezember
55 Plätze + 25 Plätze im Freien
Preise: 32 € • Kreditkarten: AE, CS, DC, MC, Visa; BM • Mittags und abends geöffnet

DIE OSTERIA – Der Koch und Inhaber Alessandro Prosperi bietet, unterstützt durch Paola im Service, eine Küche, die sich streng am Lauf der Jahreszeiten orientiert und auch Vorschläge für Vegetarier bereithält. Die Zutaten stammen aus der Umgebung und sehr häufig kommt Fleisch von Rindern der Rasse Maremmana, ein Slow-Food-Presidio, zum Einsatz. Das Lokal ist in zwei schöne Gasträume gegliedert, im oberen Stockwerk sind die Gästezimmer untergebracht.

DIE KÜCHE – Unter den Antipasti sind Rivolto del Cassero (eine Crêpe, gefüllt mit Pancetta und Pecorino, 6 €) und der Antipasto toscano mit Salumi und Crostini stets vertreten, Sie können aber auch Tonno di coniglio mit schwarzer Scorzone-Trüffel auf mariniertem Spargel oder Millefoglie di polenta e porri con intingolo di palamita (gefüllter Blätterteig mit Bonito-Ragout) wählen. Für den nächsten Gang können Sie die typische **Acquacotta alla civitellina** (9 €), mit Parmesan gratinierte Lasagnette oder ***Pici*** alla chitarra con sugo „bugiardo" mit Hähnchen und Rosmarin bekommen. Der Hauptgang umfasst den erstklassigen **Brasato di maremmana al Montecucco Doc** (15 €), Agnello fritto all'uovo mit Artischocken und Kartoffeln oder ein vegetarisches Tagesgericht. Das Bravourstück ist **Piccione farcito auf Kichererbsenpüree**, verrührt mit nativem Olivenöl extra (14 €). Nach einem Sortiment an lokalen Käsespezialitäten mit hausgemachten Konfitüren gibt es Desserts zum Ausklang: Semifreddo al caffè mit Creme aus Mascarpone, Kakao und Schokoladesauce (5 €), Millefoglie mit Vanillecreme und weißer Schokolade und in Cointreau flambierten Erdbeeren, Crème brulée mit naturbelassener Vanille oder das typische Feingebäck mit Vin Santo. Die Weinkarte ist klein, aber interessant, daneben gibt es einen offenen Wein aus dieser Gegend, der keine schlechte Figur macht.

COLLE DI VAL D'ELSA (SI)

30 KM NORDWESTLICH VON SIENA, S.R. 2 UND S.S. 68

Sbarbacipolla Biosteria

Moderne Osteria
Piazza Bartolomeo Scala, 11
Tel. (+39) 05 77 / 92 67 01,
(+39) 339 / 703 03 31
Ruhetag: Montag, Dienstag
Ferien: unterschiedlich
30 Plätze + 15 Plätze im Freien
Preise: 30–32 €
Kreditkarten: CS, DC, MC, Visa; BM
Abends geöffnet, Sonntag auch mittags

DIE OSTERIA – In diesem Lokal (ein einladender Speisesaal mit Gewölbedecke und sympathischen Aufschriften, eine Veranda) prägen die leidenschaftliche Suche nach hochwertigen lokalen Produkten und ein klares Bekenntnis zu biologischen und biodynamischen Anbaumethoden das Handeln und Denken zweier junger Leute, die diesen rundum lobenswerten Betrieb gegründet haben. Die Hingabe sieht und spürt man in der Atmosphäre und in den Gesprächen. Mit den lokalen Produzenten der Zutaten werden dauerhafte Kontakte gepflegt, die von beiden Seiten zur Optimierung genutzt werden. Die Küche hat ihren Schwerpunkt bei Gemüse und setzt auf hohe Qualität. So präsentiert sich die Osteria als Ort der Begegnung und der Suche nach neuen Erfahrungen.

DIE KÜCHE – Der Sbarbantipasto (10 €) bietet unterschiedliche gut zubereitete und teilweise originelle Antipasti. Die Primi (11 €) variieren je nach Jahreszeit: Riso rosso mit Wurzelgemüse und Fonduta und ***Pici*** aus alten Getreidesorten. Die Secondi verraten, wie gesagt, eine Vorliebe für vegetarische Speisen, aber auch **Fegatelli di cinta, cavolata e radicchio** (13 €) und **Coniglio in tegame mit Gemüse** sind eine gute Wahl. Unternehmen Sie dann einen Streifzug durch das hochwertige Sortiment an lokalen Formaggi. Für die Kleinsten gibt es ein Kinder-Menü. Auf der intelligent zusammengestellten Weinkarte findet man Produkte dieser Gegend (und anderer Gebiete), mit Fokus auf Etiketten aus biologischem und biodynamischem Anbau, ergänzt durch zwei preisgünstige offene Hausweine und Biere aus kleinen Brauereien. Sehr gepflegte Desserts, darunter ein exzellenter Tortino alla carruba.

Der Laden Il Cipollino hinter der Osteria ist Teil des Sbarbacipolla-Projektes: lokale Produkte und eine Vinothek, in der Veranstaltungen stattfinden.

COLLESALVETTI (LI)
Guasticce

25 KM ÖSTLICH VON LIVORNO

NEU La Rondinaia

Restaurant-Pizzeria
Via della Chiesa, 65
Tel. (+39) 05 86 / 94 26 52
Ruhetag: Dienstag
Ferien: unterschiedlich
70 Plätze + 70 Plätze im Freien
Preise: 35 €
Kreditkarten: CS, MC, Visa; BM
Mittags und abends geöffnet

DIE OSTERIA – In diesem schönen, komplett restaurierten Landhaus, etwas abseits gelegen im Ortsteil Guasticce, wird Ihnen ein freundlicher Empfang zu einem Essen voller Überraschungen bereitet. Die geschmackvoll und mit Liebe zum Detail eingerichteten weitläufigen Räume tragen die Handschrift von Silvia Volpe, einem Mitglied der „Allianz der Köche" von Slow Food. Ihre Leidenschaft für die Produkte der Presidi und dieses Landstrichs prägen die Arbeit der Köchin, die geschickt authentische Tradition mit modernen Akzenten verbindet. Am Sonntagabend kann man Pizza probieren, die mit Mehl aus alten Getreidesorten zubereitet wird. Das Restaurant besitzt das Zertifikat für den berühmten Cacciucco „5c" (die berühmte Fischsuppe, mit fünf „c" geschrieben).

DIE KÜCHE – Man beginnt mit Antipasti wie Tavolozza mit Pecorino und Käse, serviert mit Konfitüren und Honig (10 €), Aringa affumicata, Cipolla in agrodolce, Burrata und Misticanza oder Girotondo mit toskanischen Salumi wie Mortadella aus Prato oder Flan di cavoli mit cremigem Pecorino Toscano Dop und Salz aus Zypern. Dann folgen die Primi mit **Testaroli di Pontremoli**, **Pappardelle con ragù di maremmana** (10 €), Gnocchetti mit Brokkoli, Salsiccia und Pecorino, aber auch Spaghetti mit Sardellen aus Sizilien in Öl, Pinienkernen und Rosinen oder Paccheri a tutto mare sind vertreten. Der Hauptgang bietet Brasato di manzo, **Francesina** (13 €), **Stoccafisso alla livornese**, Gamberoni bruschettati oder Rondinaia Burger. Die Desserts erfreuen mit Millefoglie scomposta, Tenerella di cioccolato fondente mit Zabaione-Creme und Castagnaccio mit Schafmilchricotta neben köstlichen Cantuccini mit Mandeln und Vin Santo. Die erlesene Weinauswahl hat ihren Schwerpunkt bei Rotweinen kleiner Betriebe aus der Umgebung und Weißweinen aus Südtirol, auch mit glasweisem Ausschank.

CORTONA (AR)

28 KM SÜDÖSTLICH VON AREZZO, S.S. 71

Osteria del Teatro

Restaurant
Via Maffei, 2
Tel. (+39) 05 75 / 63 05 56
Ruhetag: Mittwoch
Ferien: 2 Wochen im November
70 Plätze + 16 Plätze im Freien
Preise: 35 €
Kreditkarten: AE, CS, DC, MC, Visa; BM
Mittags und abends geöffnet

... der Atem der Geschichte, der Geschmack der Tradition, Geselligkeit, Lebhaftigkeit, Kultur und Raffinesse: Genuss pur ...

DIE OSTERIA – Ein Spaziergang durch das schöne Städtchen Cortona führt zur Piazza Signorelli und zur Osteria in einem Gässchen gegenüber dem Theater in einem künstlerisch originell gestalteten Palazzo aus dem 16. Jahrhundert, einst Sitz des Hauptmanns Coltellini. Hier regiert Emiliano Rossi, ein Koch von großer Raffinesse, der im Service von seiner Frau Ylenia unterstützt wird. Mit spürbarer Freude bereichert diese die drei Räume um fantasievolle Akzente. Bei seinen saisonal wechselnden Gerichten im Zeichen der Tradition beweist Emiliano sein Geschick. Er betreut auch das Repertoire in seinem zweiten Lokal, La Fett'unta, einer netten Enoteca-Osteria auf der anderen Seite des Platzes.

DIE KÜCHE – Beginnen Sie mit Antipasto dell'Osteria (9,50 €), Mela della strega, gefüllt mit Schweinefleisch aus dem Casentino, oder Tris di zuppe. Die täglich frisch zubereitete Pasta ist durch ***Pici*** mit Chianina-Rind und Steinpilzen, Farfalle ubriache mit Schweinefleisch und Lauch (8,50 €), **Fagottini mit Caprino und Birnen auf Nuss-Pesto**, Cuscini di farro mit Schwarzkohl und Salsiccia auf Kichererbsenschaum mit Öl und im Sommer Medaglioni alla pappa di pomodoro mit Basilikum vertreten. Dann folgen **Stinco d'agnello al buglione**, **Spiedo di porco brado mit Bohnen und Dinkel** (16 €), Baccalà grogiato und Filetto mit Lardo aus Colonnata und Pflaumen, eine historische Spezialität des Hauses. Unter den Dolci finden Sie Millefleur e due passioni, Emilianos Version eines alten Rezeptes aus Arezzo, Tagliere di cioccolato und Eiscreme. Beachtliches Sortiment an Weinen mit 500 italienischen Etiketten, darunter 350 aus der Toskana.

28 KM SÜDÖSTLICH VON AREZZO, S.S. 71

Taverna Pane e Vino

Restaurant-Enoteca
Piazza Signorelli, 27
Tel. (+39) 05 75 / 63 10 10,
(+39) 347 / 349 35 83
Ruhetag: Montag
Ferien: 16.–30. Juni
55 Plätze + 55 Plätze im Freien
Preise: 30 €
Kreditkarten: CS, MC, Visa; BM
Mittags und abends geöffnet

DIE OSTERIA – Die Taverna Pane e Vino hat ihren Sitz im historischen Zentrum von Cortona in den Kellergewölben eines Gebäudes aus dem 14. Jahrhundert, wo mit Erfolg die Tätigkeit fortgesetzt wird, die 1997 ihren Anfang nahm. Die Inhaber Arnaldo und Debora kümmern sich persönlich um die Beschaffung der Produkte und die stets bestens bestückte Weinkarte, in der jene Etiketten speziell gekennzeichnet sind, von deren Naturbelassenheit sich die Wirtsleute persönlich überzeugt haben. Seit einiger Zeit ist das kulinarische Angebot differenziert: In den Wintermonaten bekommen Sie hochwertige Gerichte, deren Zutaten jedoch weniger Bindung zu diesem Landstrich aufweisen als im Sommer, wenn die Speisenvorschläge auf der Geschmacksvielfalt und den Zutaten dieser Gegend basieren.

DIE KÜCHE – Bei den Antipasti spannt sich der Bogen von zahlreichen Bruschette – von der klassischen Version mit Öl und Knoblauch bis zu innovativen Varianten mit Insalata acciughe e capperi (Salat mit Sardellen und Kapern) oder Pomodori secchi (getrockneten Tomaten) und Pecorino – bis zum Tagliere del fattore oder dem Tagliere del pastore (7,50 €). Unter den Primi empfehlen wir, falls verfügbar, **Gnocchi di castagne mit Ragout vom Cinta-Senese-Schwein** und, in der Saison, mit Trüffel (9 €), **Stracci** toscani della festa **al ragù di tre carni** (Ragout von dreierlei Fleisch) oder eine der Suppen des Monats. Beim Verspeisen von **Piccione al forno** (eine ganze gebratene Taube) mit Gemüse (11 €) können Sie die Hände zu Hilfe nehmen, es gibt aber auch **Bocconcini di chianina al vino** (Ragout vom Chianina-Rind mit Syrah-Wein aus Cortona) oder Sfilato di coniglio (Kaninchen) mit Oliven und wildem Fenchel. Zwei Fischgerichte runden das Angebot ab. Die Desserts (4,50 €) umfassen Lingotto di cioccolato und Semifreddo di croccante.

40 KM NORDWESTLICH VON PISTOIA

Nonno Cianco

Restaurant
Viale Europa, 23
Tel. (+39) 05 73 / 680 41
Ruhetag: Donnerstag
Ferien: 7.–17. Januar, letzte Juniwoche
60 Plätze + 40 Plätze im Freien
Preise: 28–32 €
Kreditkarten: CS, DC, MC, Visa; BM
Mittags und abends geöffnet

DIE OSTERIA – Das Restaurant hat seinen Sitz an der Talstation der Seilbahn, die zu den Skipisten der Doganaccia führt, und bietet wohl den besten Rahmen, um einen Skitag beim Genuss wunderbarer Gerichte nach hiesiger Tradition ausklingen zu lassen. Das Ambiente mit viel Holz und einem Kamin entspricht ganz dem Stil der Bergregion. Gut sichtbar hängt im Speisesaal das Porträt des Großvaters des Inhabers Andrea Alisi, der in Florenz die Trattoria Il Cianco führte.

DIE KÜCHE – Aus der Karte mit unzähligen saisonalen Gerichten wählten wir den Antipasto del Cianco (10 €), eine schöne Zusammenstellung aus Wurst und Käse mit unterschiedlichem Reifungsgrad, kombiniert mit weiteren schmackhaften Vorspeisen. Wir empfehlen Ihnen als Begleitung das exzellente Brot aus der Bäckerei von Ponte Coccia, das an der Grenze zwischen den Provinzen Pistoia und Lucca an der Staatsstraße in Richtung Brenner liegt. Aus dem Kapitel der Primi ließen wir uns Gonfiate, eine Art **Gnocchi di patate con salsa di formaggi** (Kartoffelknödel mit Käsesauce, 9 €), und **Maccheroni pistoiesi** aus Steinmühlenmehl schmecken: Da unser Besuch in den Frühling fiel, wurden sie mit einem exzellenten Sugo di dormienti mit Märzschnecklingen serviert, also mit jenen Pilzen, die sprießen, sobald die Schneeschmelze einsetzt. Unter den Secondi verdienen sowohl **Cinghiale in umido** (geschmortes Wildschwein) als auch das feinere Tatar, die Carne trita di fassona (10 €), eine besondere Erwähnung. Bei den Desserts ist es schwer, eine Empfehlung auszusprechen, da sie in der Karte einfach als „Dolci di Andrea“ (4 €) angekündigt werden und je nach Lust und Laune des Kochs variieren.

CUTIGLIANO (PT)

40 KM NORDWESTLICH VON PISTOIA

Osteria di Cutigliano

Restaurant
Via Roma, 6
Tel. (+39) 05 73 / 686 38
Ruhetag: Montag
Ferien: unterschiedlich
30 Plätze + 20 Plätze im Freien
Preise: 28–30 €
Kreditkarten: CS, DC, MC, Visa; BM
Mittags und abends geöffnet

DIE OSTERIA – Dieses kleine, charakteristische Lokal im Zentrum der Ortschaft wurde vor vier Jahren von Francesca und Luca übernommen, als sie beschlossen, der Stadt den Rücken zu kehren und die Nähe zur Natur und zu den Herstellern zu suchen. Francesca empfängt die Gäste herzlich und informiert über die Besonderheiten der Küche, die wichtigsten Lieferanten der Produkte und die Speisen auf der Karte. Luca bereitet Gerichte nach hiesiger Tradition zu, häufig nach Rezepten seiner Großmutter, und beachtet bei der Zusammenstellung des Tagesangebots stets die Verfügbarkeit der Produkte.

DIE KÜCHE – Bei den Antipasti reicht das Spektrum vom Tagliere di salumi mit Wurst und Rohmilch-Pecorino aus den Bergen um Pistoia (9 €) bis zu **Scottino** (Brot mit Käsemolke) und Tomino al forno mit Chutney von roten Zwiebeln und Aceto balsamico. Das Kapitel der Primi umfasst Maltagliati ai funghi porcini (mit Steinpilzen) oder mit der Sauce des Tages (9 €), Chicche alla Giorgia (Trüffel-Gnocchi), **Raviolo mit frischem Pecorino**, Tomaten und Basilikum und Suppen. Weiter geht es dann mit Salmerino di Corno alle Scale al cartoccio (Saibling, in Folie gegart mit Steinpilzen, 13€), Cioncia (Kalbsmaul), Cervo al cioccolato, **Bistecchine di cervo al ginepro** (Hirsch mit Wacholder) und Tagliata di manzo. Als Beilagen sind **Fagioli rossi di Lucca cotti al fiasco** (in der Flasche gegarte rote Bohnen aus Lucca, 4 €) und gebratene Kartoffeln aus Melo zu nennen. Die Teigwaren, die Focaccia – im Sommer – und die Desserts sind allesamt hausgemacht. Die Karte ist nicht sehr umfangreich, enthält aber interessante Vorschläge und wechselt alle drei Monate. Auch die kleine, aber feine Weinkarte wird in regelmäßigen Abständen erneuert. Der Hauswein ist sicher eine gute Wahl. Das Gedeck schlägt mit 2 € zu Buche.

CUTIGLIANO (PT)
Pianosinatico

41 KM NORDWESTLICH VON PISTOIA

Silvio La Storia a Tavola

Restaurant
Via Brennero, 181–183
Tel. (+39) 05 73 / 62 92 04
Ruhetag: Dienstag
Ferien: je 2 Wochen im Mai und Oktober
40 Plätze • Preise: 25–30 €
Kreditkarten: AE, CS, DC, MC, Visa; BM
Mittags und abends geöffnet

DIE OSTERIA – Ein klassisches Restaurant im Stil der 1980er-Jahre an der Staatsstraße zum Abetone, einem bekannten Skigebiet. Geführt wird es von Silvio Zanni, der auf Köche zählen kann, die in der typischen Küche der Bergregion bewandert sind. In der entsprechenden Saison spielen Pilze dabei eine gewichtige Rolle. Die vorzüglichen Zutaten und deren Saisontreue in Kombination mit der herzlichen Gastlichkeit verleihen dem Lokal seine besondere Note.

DIE KÜCHE – Nicht in jedem Lokal kann man von einem guten Preis-Leistungs-Verhältnis bei Degustationsmenüs sprechen. Im Fall dieser Osteria hingegen ist das Menü für 15 € ein wirklich interessantes Angebot, das man nutzen sollte. Es umfasst vier Antipasti (darunter Noce di manzo in carpaccio und Canestrato vaccino mit Öl und Pfeffer) und fünf Kostproben von Primi (mit **Tagliolini mit Petersilie und gereifter Ricotta** und Gnocchetti mit Trüffel). Weitere saisonabhängige Speisen sind **Pancotto mit Steinpilzen** (7 €), **Spaghetti alla fiaccheraia**, **Zuppa di dormienti** (mit Märzschnecklingen, einer Pilzart), **Brasato di manzo** (12 €), Braciole di manzo al Vin Santo und ein großes Angebot an Tagliate, Scaloppine und Filetti, häufig kombiniert mit Steinpilzen. Erwähnung verdient der Wagen mit Formaggi, der zu einem Streifzug durch die Käseproduktion dieses Landstrichs einlädt. Auch die Desserts hängen von der Jahreszeit ab: Castagnaccio (4 €), Castagne mit Schokolade und Sahne und Frutti di bosco (Waldbeeren). Schöne Weinkarte.

Die Latteria von Tiziana Pagliai in **Cutigliano** (6 km), Via Pacioni 17, verkauft Käse der Produzenten dieser Gegend, darunter Rohmilch-Pecorino aus den Bergen um Pistoia (Slow-Food-Presidio).

FIESOLE (FI)
Pian di San Bartolo

5 KM NORDÖSTLICH VON FLORENZ

Tremoto

Trattoria
Via Bolognese, 16
Tel. (+39) 055 / 40 14 25
Ruhetag: Mittwoch
Ferien: August
50 Plätze
Preise: 24–27 €
Kreditkarten: AE, CS, DC, MC, Visa; BM
Mittags geöffnet

DIE OSTERIA – Bei Betreten des Lokals hat man beim Anblick des Bartresens mit einem Bereich für den Verkauf von frischen und konservierten Lebensmitteln zunächst das Gefühl, sich in der Türe geirrt zu haben. Aber dieser erste Eindruck wird sogleich von den typischen Düften frisch gekochter Speisen wie in der eigenen Küche korrigiert ... Tatsächlich führt ein schmaler Gang zu zwei Speisesälen mit Tischen, die einfach mit klassischen rot-weiß karierten Tischtüchern gedeckt sind. Kurz und gut: eine Trattoria alten Schlages, wo man zwar nur wenige Gerichte bekommt, diese aber genau jenes unverfälschte Geschmacksbild bieten, das man vom häuslichen Herd kennt.

DIE KÜCHE – Die Speisekarte – einfach, handgeschrieben auf gelbem Papier – wechselt täglich, wobei einige Gerichte fast wie ein Ritual an bestimmten Wochentagen auftauchen: So gibt es freitags immer Baccalà (Stockfisch), donnerstags Trippa (Kutteln) und so weiter. Nach einem kurzen Blick auf die Antipasti (Crostini und Bruschette) verlagert sich das Interesse gleich auf die Primi, unter denen wir **Tortelli di patate al ragù** (8 €) und Ravioli al pomodoro speziell hervorheben wollen, und danach die Secondi mit einer hervorragenden Version von **Fegato alla salvia** (Leber mit Salbei, 10 €) und **Braciola fritta** mit frischen Tomaten (10 €). Unter den Beilagen (3,50 €) findet man die einfachen, aber „echten" Bratkartoffeln und originelle gratinierte Tomaten. Die leckeren Desserts stammen aus einer Konditorei aus Florenz. In der Weinkarte spiegelt sich die Schlichtheit des Lokals wider, wobei Sie sich auch für einen durchaus ordentlichen Hauswein entscheiden können.

FIESOLE (FI)
Montebeni

10 KM NORDÖSTLICH VON FLORENZ

Tullio

Trattoria
Via di Ontignano, 48
Tel. (+39) 055 / 69 77 99,
(+39) 055 / 69 73 54
Ruhetag: Montag
Ferien: 1 Woche im Februar, August
90 Plätze + 25 Plätze im Freien
Preise: 30–35 €
Kreditkarten: CS, MC, Visa; BM
Mittags und abends geöffnet

DIE OSTERIA – Wir befinden uns hier in Montebeni, einer kleinen Ortschaft, wenige Kilometer von Settignano, einem Ortsteil von Florenz im Nordosten der Stadt. Das Tullio ist ein Lokal im Stil der 1950er-Jahre, in dessen Eingangsbereich noch der Tresen des einstigen Obst- und Gemüseladens steht, der später zu einem Restaurant umgebaut wurde. Der Saal ist weitläufig und einfach eingerichtet. Die Mitarbeiter, allen voran der Betreiber Paolo Bacciotti, erobern die Gunst der Gäste durch ihre herzliche, umgängliche Art. Die Küche entspricht dem typischen Stil der Toskana und bewegt sich in den Spuren der Tradition.

DIE KÜCHE – Für den Auftakt Ihrer Mahlzeit können Sie den üppigen, schmackhaften Antipasto Tullio (12 €) wählen, der Wurst- und Käsespezialitäten, verschiedene Crostini und gebackenes Gemüse umfasst, oder Sie entscheiden sich für den frittierten Pecorino (8 €), einen ganz speziellen Leckerbissen. Unter den Primi (8 €) finden Sie ***Pici*** mit Salsiccia und Zwiebeln, **Tortelli alla mugellana**, Zuppa di farro oder die klassische **Ribollita**. Im Kapitel der Secondi erreichen **Fritto dell'aia alla fiorentina** (10 €), Pollo alla griglia und **Peposo** ein beachtliches Niveau. In der Pilzsaison kann man sich auf Tagliata con i porcini (Steak mit Steinpilzen) freuen. Wenn Sie **Bistecca** bestellen, können Sie die Fleischart und die Größe selbst bestimmen. Sämtliche Desserts (5 €) sind hausgemacht. Der Hauswein und das native Olivenöl extra stammen aus eigener Produktion.

5 KM NORDÖSTLICH VON FLORENZ

Vinandro

Osteria
Piazza Mino da Fiesole, 33
Tel. (+39) 055 / 591 21
Ruhetag: Montag, außer im Frühling und Sommer
Keine Ferien
26 Plätze + 12 Plätze im Freien
Preise: 25–28 €
Kreditkarten: AE, CS, MC, Visa; BM
Mittags und abends geöffnet

DIE OSTERIA – Das Vinandro hat das Zeug dazu, sich in einem vom Tourismus geprägten Umfeld wie Fiesole als originelles, gastliches Lokal zu behaupten. Es gibt nur eine beschränkte Anzahl an Tischen (in der warmen Jahreszeit kommen noch Plätze in einem hübschen Gastgarten dazu) in einem Ambiente mit rustikaler, aber gepflegter, ansprechender Einrichtung. Das Servicepersonal ist jung und bemüht, auch bei der Präsentation des Speisenrepertoires, das verschiedene Tagesgerichte vorsieht und je nach Verfügbarkeit der saisonalen Produkte variiert.

DIE KÜCHE – Die Karte wurzelt in der Tradition der Toskana, ergänzt durch originellere, aber stets sehr gut zubereitete Gerichte. Gleich zu Beginn können Sie sich Salumi wie Soprassata mit in Öl eingelegtem Gemüse, Sformatini di verdura (7,50 €) oder im Winter Crostone di cavolo nero (6,50 €) schmecken lassen. Frische hausgemachte Pasta kann man hier in Form von **Tagliatelle al baccalà**, Maccheroncini al ragù (8,50 €) und Tortelli mit unterschiedlichen Saucen genießen. Zu den Suppen wie Ribollita gesellen sich gute Risotti (10 €). Die Liste der Secondi enthält neben Bistecche und Tagliate weitere Vorschläge wie **Peposo** (12 €), die klassische **Trippa** und **Francesina** (10 €), gekochtes Rindfleisch mit Zwiebeln. Überzeugende Gerichte sind auch **Polpette** und Frittate. Bei Gemüse wird auf Saisontreue geachtet. Die Desserts sind selbst gemacht. Neben einem begrenzten Sortiment an Flaschenweinen mit der Möglichkeit des glasweisen Ausschanks können Sie auch einen einfachen Sangiovese des Hauses wählen. Das Angebot umfasst außerdem Biere von kleinen Brauereien.

Al Tranvai

Trattoria
Piazza Tasso, 14 R
Tel. (+39) 055 / 22 51 97
Ruhetag: Sonntag, Montagmittag
Ferien: 1 Woche zu Weihnachten
40 Plätze
Preise: 30 €
Kreditkarten: AE, CS, DC, MC, Visa; BM
Mittags und abends geöffnet

DIE OSTERIA – Hier gibt es Speisen, die stets gleich bleiben, was vor allem die Stammgäste schätzen, und Tagesgerichte, die je nach Saison variieren. Das gesamte Repertoire wird von Hand auf gelbe Papierblätter geschrieben, die an der Wand angeschlagen werden. Auf jedem Tisch steht eine Flasche mit dem süffigen Rotwein des Hauses (es gibt auch einen Weißwein). Eine gastfreundliche Atmosphäre im Stil der Trattoria von anno dazumal prägt dieses Lokal im Stadtviertel von San Frediano. Es entstand einst als Vineria, die Panini mit Kutteln anbot, bis es 1985 zu einem Restaurant umgebaut wurde. Heute wird es von Graziano Scorteccia geführt. Die Tische sind in engen Abständen aufgestellt, wie dies früher in den Osterien üblich war: Das Gefühl ähnelt jenem, wenn man Schulter an Schulter in einer Straßenbahn steht (auf die auch der Name hinweist).

DIE KÜCHE – Die Karte berücksichtigt den Geschmack der Einheimischen wie auch jenen der Touristen. Die *Gnudi* al gorgonzola (5 €) sind kein Rezept nach lokaler Tradition, aber die Leute lieben das Gericht und daher steht es immer auf der Karte. Polenta mit Fegatini (Hühnerleber), Gnocchi di patate mit Wildschwein und **Cinghiale in umido** sind Rezepte, die den Stil dieser Trattoria gut repräsentieren, wie auch **Pappa al pomodoro**, **Ribollita** und als Secondi Trippa, **Lampredotto** und **Lesso rifatto** (10 €). Ein Lieblingsgericht des Betreibers sind Gamberi con fagioli (Garnelen mit Bohnen, 12 €), die als Antipasto neben dem Antipasto toscano und der Bruschetta angeboten werden. Der Duft aromatischer Kräuter bezeugt die Ausgewogenheit der Küche: wilde Minze, Thymian, Lorbeer, Majoran und Schnittlauch. Die Desserts sind alle hausgemacht. Im Winter gibt es Budino di castagne mit Kaki-Sauce, im Frühling können Sie sich Tiramisu mit Erdbeeren (5 €) schmecken lassen.

Casa del Vino

Osteria mit Ausschank und Imbiss
Via dell'Ariento, 16 R
Tel. (+39) 055 / 21 56 09
Ruhetag: Sonntag, Juni–September auch Samstag
Ferien: August
10 Plätze
Preise: 15 €
Kreditkarten: MC, Visa; BM
Geöffnet Montag–Donnerstag 9.30–15.30 Uhr, Freitag–Samstag 9.30–20 Uhr

DIE OSTERIA – In die Casa del Vino kommt man, wie der Name schon vermuten lässt, um zu trinken. Aber ohne in irgendeiner Weise die Bedeutung der zahlreichen hochwertigen Weine schmälern zu wollen, die in diesem kleinen Lokal mit historischer Einrichtung im Stil eines Ladens vom Ende des 19. Jahrhunderts angeboten werden: Es gibt noch einen anderen guten Grund für einen Besuch, nämlich die delikaten Panini und kalten Leckerbissen, die mit Leidenschaft und Kompetenz von Gianni Migliorini zubereitet werden, einem Gourmet alten Schlages, der gleichwohl empfänglich für den Geist der modernen Zeiten ist.

DIE KÜCHE – Die Vorschläge der Küche, die man an einem der wenigen Tischchen vor der Theke genießen kann, sind vielfältig. Man beginnt mit einem traditionellen Uovo sodo (hart gekochtes Ei) und dem originelleren **Uovo sodo al tegamino** (2,50 €), um dann mit verschiedenen Arten von **Crostini** fortzufahren, unter denen die Version **con le acciughette al verde** (mit eingelegten Sardellen, 3 €) hervorsticht. Es gibt eine Vielzahl an Panini: Filetti di sgombro e carciofini (mit Makrele und Artischocken), Filetti di aringa affumicata (geräucherter Hering) mit frischem jungen Gemüse (4,40 €), Baccalà crudo mit Kichererbsen, Oliven, Knoblauch und Petersilie, Salsiccia und Stracchino. Auch die Salate, die im Sommer angeboten werden, können durchaus mithalten: Uovo sodo e acciughe (mit Ei und Sardellen), **Insalata di trippa alla fiorentina** (mit Kutteln, 6 €), Burrata, Salat und Kapern. Wenn Sie dann noch Lust auf **Salumi** oder **Formaggi** haben, wird Gianni Sie mit seinen Zusammenstellungen sicher nicht enttäuschen.

Da Burde

Trattoria • Via Pistoiese, 154 N
Tel. (+39) 055 / 31 13 29,
(+39) 055 / 31 72 06
Ruhetag: Sonntag
Ferien: 1 Woche um den 15. August
90 Plätze + 30 Plätze im Freien
Preise: 28–30 €
Kreditkarten: AE, CS, DC, MC, Visa; BM
Mittags und Freitagabend geöffnet, Montag–Donnerstag und Samstag abends gegen Vorbestellung

Die Familie Gori ist eine echte Institution. Mit florentinischen Gerichten, professioneller Gastlichkeit und einem traumhaften Weinkeller enttäuscht sie nie.

DIE OSTERIA – Der Gründer dieser jahrhundertealten Trattoria trug den Spitznamen Burde, eine Ableitung von *Burdèl*, wie man früher Schweinehändler bezeichnete. Die Familie Gori führt den Betrieb seit vier Generationen und wird von vielen Gästen wegen der authentischen florentinischen Gerichte geschätzt: der Tradition getreu und ausschließlich aus exzellenten Zutaten zubereitet. Das Lokal, einst ein Feinkostladen und eine Weinhandlung mit Ausschank, bewahrt diese Identität mit gewissen Einschränkungen bis heute. Sobald Sie in einem der gemütlichen, gastlichen Räume Platz genommen haben, werden die Speisen mündlich vorgeschlagen und erläutert.

DIE KÜCHE – Der Antipasto toscano (6,50 €) mit Crostini di fegatino di pollo und Wurstspezialitäten wie dem 30 Monate gereiften Prosciutto (auch vom Cinta-Senese-Schwein), Finocchiona und Mortadella aus Prato ist ein guter Auftakt. Stets vertreten sind saisonale Suppen (7,50 €): **Ribollita**, Pasta e fagioli, **Carabaccia** und Farinata mit Schwarzkohl. Als Alternative bekommen Sie frische hausgemachte Teigwaren oder trockene Pasta (von erstklassigen Produzenten) mit einfachen Saucen wie Ragù bianco di cinta, Pollo scappato oder Carrettiera. Die Hightlights: Bolliti und Umidi (9,50 €), darunter **Trippa**, **Peposo** mit Fleisch vom Calvana-Rind und Francesina mit Zwiebeln aus Certaldo, sowie Fleisch vom Grill (über Holzkohle zubereitet), insbesondere **Bistecca**. Zum Abschluss Desserts des Hauses je nach Jahreszeit und gekochte Früchte (4 €). Die Weinkarte ist hochkarätig und bis ins kleinste Detail gepflegt.

„I trippai" – die Kuttelverkäufer von Florenz

Die exemplarischen Vertreter des Street Foods nach florentinischer Art sind wohl die Kuttelverkäufer. Man besucht sie, um ein Panino mit Lampredotto zu verspeisen. Ausgangsbasis ist dabei stets der Labmagen (einer der Rindermägen), der mit den klassischen Zutaten – Sellerie, Möhre, Zwiebel – und eingelegten Tomaten in Brühe gekocht wird.
Und dann gibt es eben noch die Ingredienzen, die geheim gehalten werden. Dank der Personalisierung des Rezeptes ist der Lampredotto bei jedem Trippaio anders und das Gericht, wie man es beim Straßenhändler bekommt, ist so gut, wie es zu Hause nicht gelingt.
Lampredotto kann man in einem Brötchen essen, das mit der Kochbrühe getränkt ist und mit Salz, Pfeffer, grüner Sauce und – für den, der möchte – mit pikantem Öl gewürzt wird, oder in einem Schälchen. Davon gibt es weitere Varianten, etwa jene „in zimino" (mit Mangold), jene mit Fagioli all'uccelletto oder alla puttanesca.
Noch bevor diese Spezialität als Straßenessen galt, gab es die sogenannten Tripperie (Kuttelläden), die in einigen Vierteln jenseits des Arno lagen. Das waren echte Spelunken, mit großen Kesseln über Holzkohle, in denen man die Kutteln kochte. Diese wurden dann an langen Reihen von Haken aufgehängt, von Rückständen befreit und neuerlich gekocht. Das Kochwasser, das man als „Brodo di trippa" (Kuttelsuppe) bezeichnete, wurde am Nachmittag an andere Händler weiterverkauft mit der Empfehlung, einen großzügigen Löffel Fett hinzuzufügen. – Die jahrhundertealte Esskultur lebt heute, unter Einhaltung entsprechender Hygienemaßnahmen, an den Kiosken der Kuttelverkäufer von Florenz wieder auf.

Gian Marco Mazzanti

FLORENZ
Aurelio

Piazza Tanucci
Tel. (+39) 338 / 705 29 90
Ferien: August
Geöffnet Montag–Freitag 9.30–19.30, Samstag 9.30–16 Uhr

Der historische Kuttelverkäufer in Romito, einem Stadtviertel an der Peripherie von Florenz, thront mit seinem Wagen auf der Piazza Tanucci. Hier bekommen Sie sämtliche Spezialitäten des sogenannten Quinto quarto (Innereien), darunter eine erstklassige Porchetta aus Norcia. Qualität, Höflichkeit und volksnahe Preise: richtiges Street Food.

Il Lampredottore

Largo Brambilla/Via Cecioni
Geöffnet Montag–Freitag 10–18 Uhr, Samstag 10–15 Uhr
Ferien: August

Man braucht nicht viel Fantasie, um zu verstehen, dass „Lampredottore" eine Verbindung zwischen der edlen Innerei und dem Beruf des Arztes herstellen soll, jedoch nicht – um Missverständnissen vorzubeugen – in dem Sinn, dass man nach dem Verzehr des Brötchens mit Lampredotto des legendären Mamo einen Doktor braucht, sondern weil sich sein Kiosk gegenüber der Universitätsklinik Careggi befindet: Abgesehen von der Freude an weiteren Wortspielen lösen die Spezialitäten von Mamo jedenfalls den Wunsch aus, mehr davon zu probieren.

Il Trippaio di San Frediano

Piazza de' Nerli
Ferien: August
Geöffnet Montag–Freitag 10–19 Uhr, Samstag 10–15 Uhr

Wir befinden uns hier in San Frediano, einem historischen volkstümlichen Stadtteil. In seinem Kiosk steht Simone Balleggi, ein Kuttelverkäufer, der aus diesem Stadtteil stammt. Diese enge Verbundenheit mit Florenz gipfelt im Namen des Kiosks im hiesigen Dialekt: „La buticche del lampredotto". Alles, was mit Innereien zusammenhängt, ist hier vertreten und lässt keine Wünsche offen, wie in einer Boutique: Trippa alla fiorentina, Trippa mit Lauch, Lampredotto in inzimino, Lampredotto ubriaco, Insalata di frattaglie miste … eine Vielzahl an Vorschlägen, wie sie einer echten „Buticche" geziemt.

Il Trippaio di Sant'Ambrogio

Mercato di Sant'Ambrogio
Piazza Ghiberti
Ferien: 3 Wochen im August
Geöffnet Montag–Samstag 8–15 Uhr

Fabrizio und Stefania Giannelli zählen zu den jüngsten Kuttelverkäufern von Florenz, sie stammen aber aus einer Familie, die seit Generationen im Großhandel mit Kutteln tätig war. Ihr Kiosk befindet sich auf dem Markt von Sant'Ambrogio und das Angebot richtet sich nach der Nachfrage seitens einer treuen Stammkundschaft, weniger von Gelegenheitskunden. Es gibt also Innereien, aber auch Lesso alla francesina, Polpette al sugo und Hamburger.

La Tripperia delle Cure

Mercato Rionale delle Cure
Piazza delle Cure
Ferien: 2–3 Wochen im August
Geöffnet Montag–Samstag 8–15 Uhr

Überall in Florenz, wo es einen Markt gibt, findet man auch ein Kiosk eines Kuttelverkäufers. Der Mercato delle Cure macht da keine Ausnahme. Luca und Massimo betreiben ihren Stand seit wenigen Jahren, aber mit hoher Kompetenz und auch mit originellen Vorschlägen wie Trippa mit Orangen und Pecorino.

Le Trippaie

Piazza Dalmazia
Ferien: zeitweise im August
Geöffnet Montag–Freitag 8.30–14.30, 17–20 Uhr, Samstag 8.30–14.30 Uhr, Juni–August Montag–Freitag 8.30–14.30 Uhr

Einer der wenigen Kioske, die in ausschließlich weiblicher Hand liegen: Silvia und Ilaria Pezzatini betreiben diesen Stand mit der wertvollen Unterstützung durch ihre Mutter Lucia, wobei sie die Familientradition weiterführen, die ihr Vater Fernando einst begründete. Es gibt sämtliche klassischen Gerichte der florentinischen Straßenküche, spezielle Erwähnung verdient jedoch der Lampredotto mit Artischocken.

Leonardo Torrini

Piazzetta del Bandino
Ferien: August
Geöffnet Montag–Freitag 9–14.30, 16–19.30 Uhr, Samstag 9–14.30 Uhr, Juli 9–14.30 Uhr

Für den Kuttelverkäufer von Gavinana, dessen Name Leonardo Torrini lautet, ist die Bezeichnung „Trippaio" möglicherweise zu einschränkend, da wir es hier mit einem richtigen Chefkoch zu tun haben, der die einzelnen Innereien mit Geschick und Originalität verarbeitet (der Stracotto di lampredotto in Rotwein ist ein Meisterwerk). Natürlich gibt es nicht nur Originelles, sondern auch „Einfaches" wie Trippa alla fiorentina oder das klassische Panino con il lampredotto. Unverzichtbare Unterstützung leistet Leonardos Frau Silvia.

Lupen e Margò

Via dell'Ariento/
Via Sant'Antonino
Ferien: 2 Wochen im August
Geöffnet Montag–Samstag 9–18.30 Uhr, Oktober–März auch Sonntag

Normalerweise sind Kuttelverkäufer Männer, es gibt aber auch Ausnahmen: Ein Beispiel ist der Kiosk von Lupen und Margò. Das sind nicht zwei Kuttelverkäuferinnen, sondern die Namen der beiden Hündchen von Beatrice Trambusti, der Betreiberin dieses Kiosks. Das mitreißende Lächeln von Beatrice und ihre umgängliche, sympathische Art machen diesen Stand zu einem der bekanntesten Treffpunkte von Florenz, wo man Panino al lampredotto mit grüner Sauce nach einem Geheimrezept genießen kann.

Marco Bolognesi

Via Gioberti (auf Höhe Nr. 133 R)
Ferien: August
Geöffnet Montag–Samstag 8–20 Uhr

Vielleicht wiederholen wir uns, aber wir können nicht umhin, wieder einmal den „Bollito erotico" zu erwähnen, die Spezialität des Kuttelverkäufers Marco Bolognesi in der Via Gioberti: ein in seiner Art einzigartiges Gericht in einem Repertoire, das täglich wechselt, um die zahlreichen Stammkunden zufriedenzustellen.

Mario Tato

Piazza Alberti/Via Aretina
Ferien: August
Geöffnet Montag–Freitag 9–19 Uhr, Juni und Juli 9–16 Uhr

Bei Mario Tatini, Tato genannt, stehen wir möglicherweise vor dem kleinsten Wagen, der für den Verkauf von Kutteln & Co. umgebaut wurde, aber gleichzeitig vor einem der tüchtigsten Kuttelverkäufer von Florenz, der in seinem Repertoire die unterschiedlichsten Varianten von Lampredotto und anderen Innereien anbietet. Erfahrung, Schlichtheit und Tradition: drei Zutaten, die bei Tato stets vertreten sind.

Orazio Nencioni

Loggia del Porcellino
Ferien: Februar
Geöffnet Montag–Samstag 10–19 Uhr

So berühmt die 1640 errichtete Fontana del Porcellino (der Ferkel-Brunnen) auch sein mag, der Trippaio del Porcellino, der eigentlich Orazio Nencioni heißt, steht ihm in puncto Bekanntheit in nichts nach. Auch hier handelt es sich um einen historischen Kiosk, betrieben von einem Kuttelverkäufer, der seine Leidenschaft für diese Arbeit von seinem Großvater geerbt hat. Trippa und Lampredotto werden auf alle möglichen Weisen zubereitet, besondere Erwähnung verdient die Version Riso e cavolo mit Lampredotto.

Sergio e Pier Paolo Pollini

Via de' Macci/Borgo La Croce
Ferien: August
Geöffnet Montag–Samstag 9–15.30 Uhr

In der Nähe des Markts von Sant' Ambrogio gab es bereits in den 1950er-Jahren einen kleinen Verkaufsstand für Kutteln, der auf einem kleinen „Ape" installiert war. Der Ape ist gewachsen und präsentiert sich heute als schöner Lieferwagen. Auch am Kuttelverkäufer ist die Zeit nicht spurlos vorübergegangen: Sergio Pollini hat den Betrieb an seinen Sohn Pierpaolo übergeben, arbeitet aber weiterhin mit dem Enthusiasmus eines Jungen mit. Trippa und Lampredotto sind stets vertreten und als spezieller Tipp gilt Stracotto di guancia.

SCANDICCI (FI)

I' Bambi

Via Pisana/Via Pestalozzi
Ferien: August
Geöffnet Montag–Samstag 9–18 Uhr

Wenn eine Kunst mit Leidenschaft betrieben wird, dann wird sie vom Vater auf den Sohn überliefert. So lief es auch bei Marco Bambi, dem Sohn von Guido. Bei ihm gibt es ausschließlich Innereien. Keine Hamburger oder Ähnliches. Die Spezialität des Sommers ist Trippa in gelatina, das ganze Jahr über bekommt man Lampredotto in inzimino.

FLORENZ

Del Fagioli

Trattoria
Corso de' Tintori, 47 R
Tel. (+39) 055 / 24 42 85
Ruhetag: Samstag, Sonntag
Ferien: August
50 Plätze
Preise: 30 €
Keine Kreditkarten
Mittags und abends geöffnet

DIE OSTERIA – Mitten im Zentrum, wenige Schritte von der Ponte Vecchio entfernt, finden wir diese Trattoria, die Gerichte nach Rezepten der florentinischen Küche vorschlägt. Der Service liegt in den Händen von Simone und Antonio, den Söhnen von Luigi Zucchini, der das Lokal 1966 eröffnete, während der Schwiegersohn Maurizio am Herd steht. Die Räumlichkeiten sind klassisch eingerichtet, an den Wänden hängen viele Bilder zur Erinnerung an den florentinischen Dichter, nach dem der Betrieb benannt ist. Da das Lokal stets gut besucht ist, werden Sie ihren Tisch möglicherweise mit anderen Gästen teilen.

DIE KÜCHE – Für den Einstieg gibt es die klassischen Bruschette, Wurstspezialitäten oder Soppressata mit Pecorino (8 €). Unter den Primi sind zahlreiche Minestre und Suppen nach hiesiger Tradition – **Ribollita**, **Pappa al pomodoro**, Pastina in brodo – vertreten, es gibt aber auch Pasta asciutta wie **Tagliolini al sugo finto** (12 €). Für den Hauptgang kann man verschiedene Arten von Bollito (gekochtes Fleisch, darunter auch Lingua und Zampa, also Zunge und Haxe), zahlreiche Umidi (Schmorgerichte, wobei Baccalà nur freitags angeboten wird), Arista di maiale und **Polpettine fritte** (9 €) wählen. Wenige, aber hausgemachte Desserts, darunter – unverzichtbar – die klassischen Cantucci, die in Vin Santo getaucht werden. Das Angebot umfasst einen guten Hauswein (rot und weiß), der nach Konsum bezahlt wird. Die Weinkarte setzt auf klingende Namen aus der Toskana.

Die historische Macelleria Anzuini e Massi (Via de' Neri 84 R) verkauft in einem schönen Ambiente aus dem späten 19. Jahrhundert hervorragendes Fleisch und Wurst aus eigener Herstellung, darunter Finocchiona.

Il Cibreo Trattoria

Trattoria
Via de' Macci, 122 R
Kein Telefon
Ruhetag: Montag
Ferien: 10 Tage im Januar/Februar, August
36 Plätze
Preise: 30 €
Kreditkarten: AE, CS, DC, MC, Visa; BM
Mittags und abends geöffnet

Professionell recherchierte Gerichte aus erstklassigen Zutaten in einem Lokal von erlesener Schlichtheit.

DIE OSTERIA – Als Teil eines umfassenderen Konzeptes, das in der gastronomischen Szene dieser Stadt einzigartig ist, gilt die Trattoria del Cibreo (Cibreino genannt) als zuverlässige Adresse, wo die Professionalität des Service und die Qualität der Gerichte dem Niveau der gehobenen Gastronomie entsprechen. Einrichtung und Gedeck sind schlicht, den Tisch teilt man häufig mit anderen Gästen und Reservierungen werden nicht entgegengenommen. Hier gibt der Geschmack der Gerichte den Ton an, wobei das Niveau der Klassiker der toskanischen Küche und der saisonalen Gerichte seit Jahren konstant ist.

DIE KÜCHE – Sämtliche Gerichte (einige sind die gleichen wie im benachbarten Restaurant, werden hier aber günstiger angeboten) sind von angenehmer Einfachheit und werden mit besonderem Augenmerk auf die Zutaten zubereitet. Die Antipasti (7 €) umfassen die einmalige Paté di fegatini, Insalata di trippa und Scordiglia paté del Cibreo. Unter den Primi (7 €) gibt es keine Pasta asciutta, jedoch **Minestra di pane** (im Sommer Pappa al pomodoro), Passato di pesce, Passato di zucca und saisonale Sformati. Ein sicherer Tipp bei den Secondi (15 €) ist **Collo di pollo ripieno**, ergänzt durch andere traditionelle Gerichte wie **Polpettone di vitella**, **Coniglio farcito** und Arista di maiale. Beachtung verdienen auch Seppie in zimino und Baccalà mantecato alla Cassi. Zu den Desserts (7 €) zählen Torta al formaggio und Torta al cioccolato aus exzellenten Zutaten. Ein kleines Sortiment an Etiketten, teilweise mit glasweisem Ausschank, man kann aber auch aus der großen Weinkarte des Restaurants wählen.

Il Magazzino

Osteria-Tripperia
Piazza della Passera, 2–3 R
Tel. (+39) 055 / 21 59 69
Kein Ruhetag
Keine Ferien
36 Plätze + 20 Plätze im Freien
Preise: 30–34 €
Kreditkarten: AE, CS, DC, MC, Visa; BM
Mittags und abends geöffnet

DIE OSTERIA – Die Osteria liegt auf einer Piazzetta zwischen der Kirche Santo Spirito und der Ponte Vecchio, ganz in der Nähe der Piazza Pitti in einer ruhigen Gegend jenseits des Arno, wo das Handwerk in Läden und Werkstätten blüht. Das Lokal mit klassischem Interieur ist angenehm und gastlich, attraktiv für Gäste aller Altersstufen, und repräsentiert meisterhaft die florentinische Küche. Die Protagonisten sind Luca Cai, ein ehemaliger Kuttelverkäufer, und Alessandro Caldini, der sich um die Weine kümmert. Seit mehr als zehn Jahren führen die beiden den Betrieb, unterstützt durch ein junges Team. Die Spezialitäten kreisen um das Quinto quarto (Innereien), zubereitet nach hiesiger Art, es gibt aber auch andere Gerichte, die stets den Traditionen dieses Gebiets folgen.

DIE KÜCHE – Wer mit einem Antipasto beginnen will, kann sich für Carpaccio di lingua, **Polpette di lampredotto** (5 €), Coccoli mit Salumi aus der Toskana und Sformatino mit Lauch und Pecorino entscheiden. Der nächste Gang hält Chiocciole mit Hühnerleber, **Ravioli di lampredotto** mit Zwiebeln, *Pici* al pesto di cavolo nero (10 €) und Tagliatelle al ragù bianco bereit. Das Kapitel der Secondi (die ausgiebig wie eine ganze Mahlzeit sind) kann Tagliata di pollo, Tagliata di manzo fritta, **Trippa alla fiorentina** oder Lampredotto bollito (12 €) und **Guancia di vitello mit süßsauer eingelegten Zwiebeln** enthalten. Interessant sind auch die Gemüsegerichte (weder Fisch noch Fleisch), etwa die Insalata su cialda di parmigiano, Häppchen von Käse mit Obst und Verdure fritte. Gut sind die hausgemachten Desserts (5 €). Der von Alessandro betreute Keller ist gut bestückt mit Etiketten aus der Toskana, die auch glasweise ausgeschenkt werden. Der offene Hauswein, ein bodenständiger Chianti, ist von bester Qualität.

Il Santino

Osteria mit Ausschank und Imbiss
Via Santo Spirito, 60 R
Tel. (+39) 055 / 230 28 20
Ruhetag: Sonntag
Ferien: 1 Woche im August
10 Plätze
Preise: 15–20 €
Kreditkarten: CS, MC, Visa; BM
Mittags und abends geöffnet

DIE OSTERIA – Das Santino ist der kleine Bruder des benachbarten Restaurants Il Santo Bevitore. Ein Lokal, das bei den Räumlichkeiten und in seinem Angebot Originalität an den Tag legt und das man besucht, um einen Aperitif zu trinken oder auch um sich eine einfache Mahlzeit zu gönnen. Sie finden hier eine große Auswahl an Weinen, auch von weniger bekannten Winzern, kombiniert mit erstklassigen Häppchen, Wurstspezialitäten aus der Toskana und aus Umbrien sowie Käse aus dem In- und Ausland. Zum Repertoire gehören außedem Biere aus kleinen Brauereien und einige warme Gerichte, die aus dem Restaurant stammen.

DIE KÜCHE – Das Grundkonzept des Santino ist von der spanischen Tapas-Bar inspiriert: ein gutes Glas Wein kombiniert mit einem kulinarischen Angebot, das gemischte Platten mit **Salumi** oder **Formaggi** (darunter auch einige Slow-Food-Presidi), einen hervorragenden **Baccalà mantecato** oder Baccalà alle acciughe mit Sardellen aus Viareggio, Riesenkapern und Kirschtomaten umfasst. Unter den Salumi verdient Biroldo aus der Garfagnana eine besondere Erwähnung; im Sortiment der Formaggi stechen ein englischer Edelschimmelkäse und ein mit Guiness-Bier zubereiteter Käse hervor, die beide mit Birnen-Mostarda serviert werden. Die Karte konzentriert sich auf das Wesentliche und schöpft auch aus dem Angebot der benachbarten Trattoria del Santo Bevitore. Neben dem interessanten Angebot an Wein und Bier finden Sie auch „Fruchtnektare" für Gäste, die auf Alkohol verzichten wollen.

La Casalinga

Trattoria
Via dei Michelozzi, 9 R
Tel. (+39) 055 / 21 86 24
Ruhetag: Sonntag
Ferien: 3 Wochen im August
90 Plätze
Preise: 20–25 €
Kreditkarten: CS, DC, MC, Visa; BM
Mittags und abends geöffnet

DIE OSTERIA – Im Ortsteil Santo Spirito befindet sich die Trattoria La Casalinga unter der Leitung von Graziella, die in der Küche die Familientradition weiterführt. Das Lokal ist zwanglos eingerichtet und besteht aus drei Räumen, deren Wände mit der klassischen Holzverschalung verkleidet und mit zahlreichen Bildern dekoriert sind, wodurch eine gastliche, heimelige Atmosphäre entsteht. Das La Casalinga hat sich zu einer beliebten Adresse in dieser Gegend entwickelt: Arbeiter und Studenten verbringen hier ihre Mittagspause, in der sie ein flink serviertes, aber stets qualitativ hochwertiges Primo oder Secondo genießen. Die Einkäufe für die Küche werden am frühen Morgen auf dem Markt von San Lorenzo getätigt, die Karte hält sich an die Jahreszeiten und an Rezepte der toskanischen Tradition, wobei einige Gerichte an bestimmten Wochentagen angeboten werden.

DIE KÜCHE – Man beginnt mit den klassischen Crostini mit Hühnerleber, Soprassata, Sbriciolona und den unverzichtbaren Bruschette oder mit einem Filetto di aringa marinata (mariniertes Heringsfilet, 5 €). Dann folgen Minestrone di pasta e fagioli, **Ribollita** (7 €), **Garganelli al sugo di coniglio** oder Ravioli mit Butter und Salbei. Unter den Secondi sind Bollito di manzo, die klassische **Trippa alla fiorentina** (10 €), **Arista di maiale al forno** und Frittata mit Gemüse oder mit Kartoffeln. Die Beilagen richten sich nach der jeweiligen Jahreszeit. Das Repertoire bietet auch eine kleine Auswahl an Formaggi und Früchten. In der kleinen Weinkarte sind vorwiegend Etiketten aus der Toskana angeführt, das Angebot umfasst aber auch einen guten Hauswein. Die Portionen sind sehr großzügig, wie es sich für eine Trattoria gehört, der Service ist herzlich und effizient, auch bei der Beratung.

FLORENZ

Le Volpi e l'Uva

Enoteca mit Ausschank und Küche
Piazza de' Rossi, 1 R
Tel. (+39) 055 / 239 81 32
Ruhetag: Sonntag
Keine Ferien
8 Plätze + 20 Plätze im Freien
Preise: 15–20 €
Kreditkarten: AE, CS, DC, MC, Visa; BM
Geöffnet 11–21 Uhr

DIE OSTERIA – Seit nunmehr 25 Jahren sind sie gute Freunde, die Füchse und die Trauben, Le Volpi e l'Uva: eine angesagte Vinothek mit Etiketten kleiner Weinbauern, auch solcher, die noch weitgehend unbekannt sind. Die Weine werden mit Sorgfalt und Leidenschaft ausgesucht, wobei das Streben nach Qualität und dem richtigen Preis-Leistungs-Verhältnis stets im Mittelpunkt steht.

DIE KÜCHE – Die Speisenauswahl ist für ein solches Lokal sehr umfangreich, da es sich aber nicht um eine traditionelle Osteria handelt, liegt der Schwerpunkt bei Häppchen, gemischten Tellern mit **Salumi** und **Formaggi**, **Crostoni** (auch in warmen Versionen) und raffinierteren Vorschlägen wie **Aringa alle verdure** (Hering mit Gemüse), Filetto di trota fil di fumo (geräuchertes Forellenfilet) und Bloc foie de canard (Entenleber). Beginnen kann man mit Uova di trota (Forelleneier) mit Butter oder mit Tonno, Cipolline und Armagnac. Unter den Crostoni verdienen die Varianten mit Lardo und Formaggio asiago, mit Salsiccia al tartufo und mit Funghi trifolati eine spezielle Erwähnung. Was Sie keinesfalls verpassen sollten, sind die Kostproben von Formaggi aus Italien (eine Auswahl von vier DOP-Produkten) oder Frankreich (vier AOC-Käse) und die Delizie di pesce (Fischspezialitäten, darunter Carpaccio di uova di trota, **Baccalà mantecato** und Aringa). Aber vergessen wir nicht, dass man hierher vor allem wegen des Weins kommt: Die zahlreichen hervorragenden Produkte, die glasweise angeboten werden, und die Etiketten aus der einfach umwerfenden Karte, ergänzt durch Edelbrände und Dessertweine, werden Sie keinesfalls enttäuschen.

Mario

Trattoria
Via della Rosina, 2 R
Tel. (+39) 055 / 21 85 50
Ruhetag: Sonntag, Feiertage
Ferien: August
48 Plätze
Preise: 20–25 €
Keine Kreditkarten
Mittags geöffnet

DIE OSTERIA – „I' brodo co' i ddado 'un si fa", „La bistecca la si coce come si vole noi": Launige Dialektsprüche wie diese an den Wänden der Trattoria lassen sogleich erkennen, dass wir hier in einem sehr volkstümlichen Teil von Florenz gelandet sind. Eine echte Osteria (in den 1940er- und 1950er-Jahren ein Weinausschank), die in diesem großen fensterlosen Saal eines Gebäudes aus dem 16. Jahrhundert die typischen Gerichte dieser Stadt anbietet. Um die Mittagszeit erkennt man die Trattoria schon von Weitem: Fast jeden Tag bildet sich vor dem Eingang eine Schlange wartender Gäste. Man kann nicht reservieren, aber die Leute wissen das und warten geduldig, bis sie an der Reihe sind. Sobald man es ins Innere geschafft hat, nimmt man Platz, wo frei ist: Die Tische sind klein, manchmal kommt man neben Fremden zu sitzen und es ist jedenfalls immer sehr gedrängt. Aber es lohnt sich: Geboten werden Gerichte ohne Firlefanz, meisterhaft und ganz nach Tradition zubereitet.

DIE KÜCHE – Nicht sehr wahrscheinlich, dass das Speisenangebot wechselt: Die Jahre vergehen, aber die Gerichte sind stets die Gleichen, oder fast. Man beginnt mit dem Misto di salumi mit Wurst aus Scarpaccia (im Casentino), dann folgen Tortelli di patate al ragù, **Zuppa di fagioli** und eine exzellente **Ribollita** und schließlich **Braciola fritta rifatta**, **Peposo**, Bollito misto, Roastbeef („Rosbiffe" im hiesigen Dialekt) und **Bistecca** alla fiorentina, blutig serviert. Den Abschluss bilden die typischen Cantuccini. Zu Ihrer Mahlzeit bekommen Sie einen passablen Hauswein aus dem Rufina-Gebiet.

Bei Perché No! (Via dei Tavolini 19 R) wird köstliches Eis aus hochwertigen naturbelassenen Zutaten angeboten, darunter auch Slow-Food-Presidi.

Nerbone

Osteria
Piazza Mercato Centrale,
im Innenbereich des Marktes
Tel. (+39) 339 / 648 02 51
Ruhetag: Sonntag
Ferien: zeitweise im Februar
30 Plätze
Preise: 15–20 €
Keine Kreditkarten
Geöffnet 8–14 Uhr

DIE OSTERIA – Wir befinden uns hier auf dem Mercato Centrale, im Herzen des historischen Zentrums der Stadt Florenz. Inmitten der Stände, an denen Gemüse, Fleisch und Fisch angeboten werden, stoßen wir auf dieses alte Schild (es besteht seit 1873), das den Namen des Gründers nennt. Es gibt keinen Service an den Tischen, die Leute stehen in einer geordneten Reihe vor der Theke, um sich von Fabio Giolli oder einem seiner Mitarbeiter die Tagesgerichte reichen zu lassen, und suchen dann einen Platz an einem der Gemeinschaftstische. So entsteht ein bunter Mix zwischen Touristen, Marktbesuchern und Bewohnern des Viertels. Die Küche ist von überwältigender Einfachheit, aber in den Gerichten spiegelt sich der Geschmack alter Zeiten wider, mit Zutaten, die fast ausschließlich von den Marktständen stammen und damit absolute Frische garantieren.

DIE KÜCHE – Man kann mit hervorragenden toskanischen Crostini (2,50 €) beginnen, um dann mit **Pappardelle all'anatra** (mit Entensauce), einer Gemüsesuppe oder Ribollita fortzufahren. Unter den Secondi finden Sie einen erstklassigen **Lampredotto trippato**, **Trippa alla fiorentina** oder **Stracotto di guancia** (7 €), aber auch Inzimino di pesce (8,50 €), Involtini di tacchino oder ein einfaches, aber gutes Roastbeef. Zu diesen Vorschlägen gibt es jeden Tag einige wenige Beilagen. Auch wenn Sie lange vor der Mittagszeit kommen, ist Fabio stets bereit, Ihnen ein Panino mit Lampredotto oder mit Trippa zuzubereiten, und Sie können auch eine Portion Stracotto (Schmorfleisch) bekommen.

Suchen Sie im Inneren des Marktes den Stand von Baroni: exzellente Auswahl an Käse und Wurst aus dem In- und Ausland.

Ruggero

Trattoria
Via Senese, 89 R
Tel. (+39) 055 / 22 05 42
Ruhetag: Dienstag, Mittwoch
Ferien: 2 Wochen im Winter, Mitte Juli–Mitte August
40 Plätze
Preise: 30–32 €
Kreditkarten: AE, CS, DC, MC, Visa; BM
Mittags und abends geöffnet

DIE OSTERIA – Das Ruggero ist das Inbild einer toskanischen Trattoria mit einem anheimelnden, gastlichen Ambiente, den typischen Düften der hiesigen Speisen und einem unkomplizierten, offenen Umgang mit den Gästen, so dass man sich wie unter Freunden fühlt. Wir befinden uns hier knapp hinter der Porta Romana an der alten Straße nach Siena. Seit 35 Jahren bringt die Familie Corsi ihren Gästen die Küche dieser Stadt nahe. Anfangs lag die Leitung in den Händen des Vaters Ruggero, nun sind die Kinder Riccardo und Paola an der Reihe. Die Karte wechselt alle zwei bis drei Monate (einige Gerichte wöchentlich oder täglich), hält sich an den Wandel der Jahreszeiten und setzt auf die Mitarbeit verschiedener im Laufe der Jahre ausgewählter Hersteller und auf die Produkte des Mercato Centrale.

DIE KÜCHE – Beginnen kann man mit dem klassischen Antipasto misto toscano mit Crostini und Salumi (9 €) oder mit in Öl eingelegten Artischocken und Insalata di farro e gamberetti. Wer dann ein Primo folgen lassen will, kann Pappa al pomodoro oder **Ribollita** (7 €), einen Risotto – im Frühling mit Spargel – ein **Tortelli di patate** (10 €) wählen. Im Kapitel der Secondi steht Fleisch im Mittelpunkt: **Bollito misto** (Gekochtes) mit Kalbsbrust, Zunge, Haxe, Rippchen und grüner Sauce (15 €), Umidi (Geschmortes) – Ossobuco, Trippa, **Peposo** alla fiorentina mit Kartoffeln – und Gegrilltes mit der klassischen **Bistecca** fiorentina und Piccione (Taube). Die Beilagen bestehen aus einer Vielzahl von saisonalem Gemüse, wobei sich der Bogen von Asparagi all'agro (Spargel) über Bohnen und Zucchini bis zu Fagioli all'uccelletto (6 €) spannt. Neben dem Hauswein werden einige Etiketten vorwiegend toskanischer Herkunft angeboten.

Sabatino

Trattoria
Via Pisana, 2 R
Tel. (+39) 055 / 22 59 55
Ruhetag: Samstag, Sonntag
Ferien: August
70 Plätze
Preise: 18–22 €
Kreditkarten: CS, MC, Visa; BM
Mittags und abends geöffnet

DIE OSTERIA – Das ist eine florentinische Trattoria alten Schlages: ein großer, einfach eingerichteter Speisesaal mit Tischen, an denen man sich dort hinsetzt, wo Platz ist. Auf diese Weise knüpft man Kontakte zu anderen Gästen und es entsteht ein Klima der Geselligkeit. Ilaria führt mit ihrer Mutter Laura, ihrer Schwester Letizia und ihrem Mann Massimo den Betrieb weiter, den Großvater Sabatino vor 60 Jahren eröffnete. Die Karte wechselt täglich, je nach Verfügbarkeit der Produkte, und wird auf einer alten Olivetti-Schreibmaschine getippt. Fleisch und Fisch stammen vom Zentralmarkt von San Lorenzo, Obst und Gemüse vom Bauernmarkt, das Brot von einer Bäckerei aus dem Stadtteil Ponte a Greve und die Pasta aus einem kleinen Handwerksbetrieb. Der Wein in Flaschen oder in Viertel- und Halbliter-Karaffen stammt von einem Betrieb aus Tavarnelle. Die Küche ist einfach, traditionell, korrekt und gut ausgeführt.

DIE KÜCHE – Beginnen kann man mit den typischen toskanischen Wurstspezialitäten, um dann zu Pennette al sugo di castrato (mit Hammelsauce, 4,30 €), **Tortelli di patate**, Tagliatelle mit Ragout oder mit Tomaten oder einer Minestrone di verdure überzugehen. Unter den Secondi ist stets **Bistecca** alla fiorentina vertreten, häufig werden aber auch Pollo oder **Faraona arrosto**, Polpettine di carne mit Erbsen (5,80 €), „Rosbif" mit Kartoffeln und **Arista al forno** angeboten. Freitags stehen Baccalà, Palombo und Seppie in zimino (6 €) auf dem Programm. Es gibt immer verschiedene Beilagen, darunter in der entsprechenden Saison **Gobbi in umido** (2,70 €), **Ceci all'olio** und Cavolo crudo in insalata. Zum Abschluss ein kleines Sortiment an Formaggi mit frischen Früchten und Desserts aus einer benachbarten Konditorei. Das Gedeck wird mit 1,50 € verrechnet.

Sergio Gozzi

Trattoria
Piazza San Lorenzo, 8 R
Tel. (+39) 055 / 28 19 41,
(+39) 338 / 721 36 18
Ruhetag: Sonntag, Feiertage
Ferien: August
70 Plätze
Preise: 25 €
Kreditkarten: CS, MC, Visa; BM
Geöffnet 12–15.30 Uhr

DIE OSTERIA – Wir befinden uns hier in einer historischen Trattoria, die seit fast 100 Jahren besteht. Ein Ort nach alter Manier, wo die Küche (in Betrieb von 12 bis 15.30 Uhr) authentische Gerichte mit stets gleichbleibender Unverfälschtheit und Bodenständigkeit anbietet, als wäre die Zeit stehen geblieben. Man reserviert hier nicht, sondern nennt am Eingang seinen Namen und wird aufgerufen, wenn man an der Reihe ist. Das Ambiente ist rustikal und wird von einer bunten Gästeschar besucht. Den Tisch teilt man nach dem Zufallsprinzip mit anderen Gästen. Der Service ist flink, es wird aber nichts vernachlässigt und anders, als man es hier im Zentrum von Florenz erwarten würde, handelt es sich nicht um eine Touristenfalle, sondern um einen Ort, an dem die kulinarische Tradition dieser Stadt fest verwurzelt ist.

DIE KÜCHE – Die Karte sieht keine anderen Antipasti als die typischen Crostini di fegatini (3 €) vor und geht dann gleich zu den Klassikern nach hiesiger Tradition über, darunter **Ribollita** und **Crespelle alla fiorentina** (7 €). Unter den Primi verdienen auch Minestra di farina gialla und Ravioli alla maremmana eine Erwähnung. Für den Hauptgang gibt es eine vortreffliche Bistecca, vor allem aber **Braciole rifatte in salsa** (10,50 €), **Polpette fritte**, **Trippa alla fiorentina** und Peposo sowie Fritto di acciughe (9,50 €), die Beachtung verdienen. Bezüglich der Desserts muss man sich mit Cantuccini und Vin Santo begnügen und auch die Weinkarte entspricht der einfachen Linie des Lokals.

Die Vineria Zanobini (Via Sant'Antonino 47 R) bietet ein breites Spektrum an Etiketten (mehr als 2500 Weine und Liköre), die hier verkauft und ausgeschenkt werden, teilweise auch im Glas.

GAIOLE IN CHIANTI (SI)
San Regolo

26 km nordöstlich von Siena

Il Carlino d'Oro

Restaurant
Ortsteil San Regolo, 33
Tel. (+39) 05 77 / 74 71 36
Ruhetag: Montag
Ferien: letzte Juliwoche
60 Plätze
Preise: 25 €
Kreditkarten: CS, DC, MC, Visa; BM
Mittags geöffnet

DIE OSTERIA – Eine ideale Einkehr während eines Ausflugs, das perfekte Ziel für Leute, die über der Holzglut gebratenes Fleisch und guten Chianti lieben. Der Ausblick, der sich auf dem Weg hierher bietet, ist ein wahrer Genuss für das Auge und die sympathischen, charmanten Betreiber sorgen dann für die Gaumenfreuden mit einer hochwertigen authentischen Küche nach Tradition des Chianti-Gebietes, zu der Weine aus den umliegenden Weingärten ausgeschenkt werden.

DIE KÜCHE – Die Antipasti entsprechen der Tradition: toskanische Crostini, erstklassige Salumi (8 €) und Formaggi. Unter den schmackhaften Primi finden Sie **Pappardelle al cinghiale**, Tagliatelle ai porcini (7 €), **Ribollita** oder andere Suppen. Aber eine wirkliche Offenbarung ist das Fleisch, das im Ofen (Schweinebraten und Kalbsbraten, 8 €) oder über der Holzglut gebraten wird: Sie können sich hier eine perfekt auf dem Punkt gebratene Bistecca alla fiorentina, Salsicce (7 €), **Costoleccio** (die zartesten und schmackhaftesten Rippchen, die wir je probiert haben) und auch **Fegato di bove** (Rinderleber) schmecken lassen. Ein Erlebnis ist die **Bistecca di maiale in umido mit wildem Fenchel**, ein besonders delikates, schmackhaft geschmortes Schweinefleisch. Traditionelle hausgemachte Desserts und ein erstklassiger Kaffee. Die Weinkarte hat ihren Schwerpunkt natürlich in diesem Landstrich (dem Anbaugebiet des fabelhaften Chianti Classico Gallo Nero), aber auch der glasweise angebotene Rotwein des Hauses ist sehr angenehm. Nach dem erfreulichen Genuss einer einfachen, sehr guten Mahlzeit wird die Rechnung Sie mit moderaten Preisen nochmals überraschen. Danach können Sie einen kleinen Verdauungsspaziergang durch die Weingärten unternehmen oder im Lebensmittelladen im Nebenhaus Spezialitäten aus dem Chianti-Tal kaufen.

GAVORRANO (GR)
Bagno di Gavorrano

38 km nordwestl. v. Grosseto, 14 km v. Follonica

La Vecchia Hosteria

Restaurant
Viale Marconi, 249
Tel. (+39) 05 66 / 84 49 80
Ruhetag: Donnerstag
Ferien: Januar
70 Plätze + 70 Plätze im Freien
Preise: 35 €
Kreditkarten: CS, DC, MC, Visa; BM
Mittags und abends geöffnet

DIE OSTERIA – In Gavorrano, einem Ort in der Maremma mit Bergbautradition, setzt die Familie Rabissi mit Erfolg ihr Konzept einer regionaltypischen Küche um. Alberto bietet in seinen Gerichten die Einfachheit und Einzigartigkeit des Geschmacks der Toskana, im Saal kümmert sich sein Sohn Tommaso effizient um die Gäste und teilt mit ihnen sein Wissen über Kochtechniken und Zutaten, bei deren Auswahl häufig die Grenzen dieser Gemeinde nicht überschritten werden.

DIE KÜCHE – Antipasti zum Auftakt: Misto di selvaggina mit Crostini, Sottoli, Salumi von Hirsch, Damhirsch und Wildschwein (10 €), Misto fattoria (Salumi vom Schwein), Acciughe sotto pesto und Polenta alla piastra mit Lardo. Die Pasta für die Primi ist hausgemacht, darunter delikate **Tortelli di ricotta** (8 €), Gnocchi oder Pappardelle al ragù, al pomodoro, al cinghiale oder ai funghi. Große Auswahl an Suppen wie **Acquacotta** (8 €), Zuppa di ceci oder Zuppa di farro. Das Kapitel der Secondi umfasst Coniglio alla Vecchia, in Milch mit Weißwein und Oliven gegart (10 €), **Cinghiale alla cacciatora**, Baccalà alla livornese und den exzellenten **Fritto misto mit Hähnchen, Kaninchen und Lamm** (10 €). Weitere Gerichte – auf dem heißen Stein serviert – basieren auf Rindfleisch: Tagliata, Filetto, Costata und Bistecca alla fiorentina. Zum Abschluss gibt es Panna cotta, Tiramisu, Crema al mascarpone oder feine Cantuccini. Eine schöne Weinkarte mit mehr als 100 Etiketten aus der Toskana und ein angenehmer Hauswein neben Bieren aus kleinen Brauereien und einer erstklassigen Auswahl an edlen Spirituosen.

Die etwa 200 Meter entfernte Bäckerei Cambri e Bondani (Via Marconi 85) bietet eine schöne Auswahl an Brot, Schiacce und traditionellen Süßspeisen.

GREVE IN CHIANTI (FI)
Passo del Sugame

30 km südlich von Florenz, S.R. 222

Borgo Antico

Restaurant
Via delle Convertoie, 11 A
Tel. (+39) 055 / 85 10 24
Ruhetag: Dienstag
Ferien: 7. Januar–13. Februar
80 Plätze + 50 Plätze im Freien
Preise: 33–35 €
Kreditkarten: AE, CS, DC, MC, Visa; BM
Mittags und abends geöffnet

DIE OSTERIA – Zu der Leidenschaft, die Stefano und Patrizia in ihren Beruf stecken, kann man den beiden nur gratulieren. Obwohl nicht mehr ganz jung an Jahren, sind sie doch sehr unternehmungslustig und lieben ihre Arbeit, die sie an einem wunderschönen Fleckchen Erde, umgeben von Eichen- und Pinienwäldern, jedoch klar außerhalb der vom Chianti diktierten Route für Touristen ausüben. Ein besonderes Lob gilt Patrizia, die stets große Sorgfalt auf die Wahl der saisontreuen Zutaten verwendet und sie in Rezepten verarbeitet, in denen sich die Tradition der toskanischen Küche widerspiegelt, wie man es in Fremdenverkehrsgebieten wie diesem nur selten findet.

DIE KÜCHE – Das Angebot an Antipasti ist einfach und traditionell, aber bereits bei den Primi beginnt sich die Qualität der Küche zu entfalten: Es gibt **hausgemachte Spaghetti al ragù** (€ 10), **Pappardelle di farina di castagne mit Wildschweinsauce** (10,50 €) und Ravioli ripieni di arancia e ricotta (gefüllt mit Orangen und Ricotta) in Sauce aus Zitrusfrüchten. Bei den Secondi spannt sich der Bogen von einem einfachen, aber schmackhaften Pecorino al forno (10 €) bis zu einem **Gran fritto toscano**, für den allein sich die Fahrt hierher lohnt. Stets vertreten ist die klassische **Bistecca** alla fiorentina. Die Desserts (6 €) sind alle hausgemacht, beginnend mit den typischen Cantuccini, die man in Vin Santo taucht. Anerkennung gebührt auch dem Weinkeller, der abgesehen von einigen unbedeutenden Etiketten erlesene Tropfen von kleinen Winzern umfasst, darunter solche, deren Weingärten nur wenige Hundert Meter vom Lokal entfernt liegen.

GREVE IN CHIANTI (FI)
Panzano

35 km südlich von Florenz, S.R. 222

Cantinetta Sassolini

Moderne Osteria
Piazza Ricasoli, 2
Tel. (+39) 055 / 856 01 42
Ruhetag: Mittwoch
Ferien: 3 Wochen im Januar
40 Plätze + 40 Plätze im Freien
Preise: 28 €
Kreditkarten: AE, CS, MC, Visa; BM
Mittags und abends geöffnet

DIE OSTERIA – Im Chianti-Gebiet Gastronomie zu betreiben, mag leicht erscheinen ... man braucht ja nur ein Lokal zu eröffnen und die Gäste, vor allem jene aus dem Ausland, kommen in Scharen! Für einen guten Teil der Lokale mag das auch stimmen, in der Cantinetta Sassolini hingegen wird mit echter Hingabe und besonderer Aufmerksamkeit für die Zutaten gearbeitet. Der Wirt Giulio, der bereits viel herumgekommen ist, hat es verstanden, seine Tochter Margherita, die die Gäste im Saal mit charmantem Lächeln empfängt, und den Schwiegersohn Marco Del Cucina, der am Herd steht (mit diesem Nachnamen war die Berufswahl wohl vorgegeben!), mit seiner Leidenschaft anzustecken. Trotz seiner Jugend hat Marco sehr klare Vorstellungen davon, wie die Arbeit in der Küche zu verrichten ist.

DIE KÜCHE – Die Karte ist auf das Wesentliche beschränkt und wechselt häufig, um sich an den Lauf der Jahreszeiten anzupassen. Was Sie immer finden, sind Tagliata und **Bistecca**. Zum Einstieg einfache Antipasti: Crostini, Bruschetta, knusprige **Panzanella** (7 €) und eine originelle Parmigianina di melanzane auf Tomatencreme mit Basilikum. Bei den Primi geht man mit **Tagliatelle al sugo** tradizionale (€ 9) auf Nummer sicher, aber Sie können sich auch für den Risotto alla zafferano di Panzano entscheiden. Ein einfaches, aber schmackhaftes **Pollo** alla panzanese **mit grünen Oliven** (11,50 €) oder das etwas komplexere Filetto di maiale mit Haselnüssen auf eingekochtem Vin Santo und blanchiertem Fenchel, das sind die Vorschläge für den Hauptgang. Den Schlusspunkt setzt man mit „strikt hausgemachten" Desserts (5 €), wie die Karte explizit verspricht: Cantuccini, Semifreddo al caffè und Crostate. Zu trinken bekommen Sie einen ordentlichen offenen Wein neben Etiketten aus einer beachtlichen Weinkarte.

GREVE IN CHIANTI (FI)
Strada in Chianti

20 KM SÜDLICH VON FLORENZ, S.P. 222

Da Padellina

Restaurant
Corso del Popolo, 54
Tel. (+39) 327 / 178 22 49
Ruhetag: Donnerstag
Ferien: zeitweise im Januar
70 Plätze + 25 Plätze im Freien
Preise: 30–35 €
Kreditkarten: CS, DC, MC, Visa; BM
Mittags und abends geöffnet

DIE OSTERIA – Das Lokal – die Einrichtung ist eine Hommage an Dante Alighieri und seine Texte in zahlreichen Sprachen – ist freundlich, sehr hell und verfügt über eine schöne Terrasse, wo die treue Gästeschar Gerichte nach toskanischer Tradition, insbesondere Bistecca, genießen kann. Alvaro und sein Sohn leiten souverän den Service im Saal und begleiten die Gäste ebenso höflich wie kompetent auf deren Erkundungstour durch die Palette an Produkten des Chianti-Gebietes. Auf dem Tisch steht eine Flasche lokales Öl von bester Qualität.

DIE KÜCHE – Die Antipasti sind Klassiker aus der Toskana, ergänzt durch eine typische Wurst aus Impruneta, Mezzone (5 €), deren Name darauf hinweist, dass es sich um eine Mischung aus Finocchiona und Salami handelt. Die Primi, von denen man auch halbe Portionen bestellen kann, bieten einen Streifzug durch die hiesige Küche mit saisonalen Varianten, ergänzt durch originelle Gerichte wie **Pasta al sugo di gallo** (Sauce mit Hähnchenfleisch, 9 €) oder Sugo di capretto (Sauce vom Zicklein). Die Liste der Secondi umfasst verschiedene Gerichte, wobei **Bistecca**, meisterhaft zubereitet, im Zentrum steht. Weitere Vorschläge sind **Polpettone** (8 €), Involtino di Alvaro und Gallo livornese, im Ofen gebraten (10 €). Große Auswahl an Desserts, darunter Cantuccini mit Vin Santo, Torta di fichi e noci und **Zuccotto** della casa. Die Weine stammen vorzugsweise aus der Toskana, speziell aus dem Chianti-Gebiet, und werden zu moderaten Preisen angeboten. Angenehmer Hauswein.

Die Pasta von Giovanni Fabbri auf der Piazza Landi: eine Teigwarenfabrik, die 1893 gegründet wurde und ausgewähltes Getreide für hochwertige Pasta verwendet. An die Werkstatt ist ein kleines Pasta-Museum angeschlossen.

GREVE IN CHIANTI (FI)

30 KM SÜDLICH VON FLORENZ, S.R. 222

Mangiando Mangiando

Moderne Osteria
Piazza Matteotti, 80
Tel. (+39) 055 / 854 63 72
Ruhetag: Donnerstag, außer April–Oktober
Ferien: zeitweise im Januar
30 Plätze + 30 Plätze im Freien
Preise: 40 € €↑
Kreditkarten: CS, MC, Visa; BM
Mittags und abends geöffnet

Über Jahre konsequentes Engagement von Salvatore für Qualität, ehrliche Einfachheit und Hingabe. Sein Credo: „Im Gericht findest du den Koch." Hier geht der Geschmack über den Gaumen hinaus, direkt ins Herz … denn Speisen haben eine Seele.

DIE OSTERIA – Ein Gastraum mit offener Küche unter den Arkaden eines der charakteristischsten Plätze der Region, seit dem 13. Jahrhundert ein Ort der Begegnung und Standort von Märkten. Hier lernen Sie Ihre Lektion über die kulinarische Philosophie von Salvatore Toscano, der seit 40 Jahren als Gastronom tätig ist. Für ihn zählen nicht die klingenden Namen von Lieferanten, sondern unverfälschte Gebietstreue, wobei der Schutz der Biodiversität unabdingbar ist wie die Tradition. Er lebt hier seit 1998 seine Leidenschaft für Küche und Keller aus, unterstützt von seiner Frau Mirna und bei Bedarf weiteren Mitarbeitern.

DIE KÜCHE – Fleisch von Chianina-Rind taucht häufig auf und alle Gerichte variieren je nach Saison. Antipasti mit Tartara di girello, klassischen toskanischen Salumi und Crostini sowie Crostone di cavolo nero e fagioli (9,50 €). Typische Suppen und Pasta aus kleinen Betrieben: Spaghetti al ragù di chianina, Risotti ai broccoli mit Pancetta und Ricotta, Risotto allo zafferano del Chianti (mit Safran) oder mit Gartengemüse, **Rigatoni al ragù di guancia** (12 €) und Pappardelle. Die Secondi umfassen **Peposo di chianina alla fornacina mit Birnen**, Scamerita mit Wirsingcreme und Gemüse, Agnello nostrale vom Grill oder mit lokalen Kräutern, Filetto und **Bistecca** alla fiorentina. Probieren Sie die Formaggi aus Rohmilch von Ziege und Schaf. Desserts des Hauses je nach Fantasie des Kochs. Die Weine stammen überwiegend aus kleinen, sorgfältig ausgewählten Betrieben.

GUARDISTALLO
Casino di Terra

72 KM SÜDÖSTL. V. PISA, S.S. 1 OD. A 12 U. S.R. 68

NEU Dispensa Mocajo

Osteria
S.R. 68 Richtung Volterra
Tel. (+39) 05 86 / 65 50 18
Ruhetag: Mittwoch
Ferien: Januar/Februar
25 Plätze
Preise: 26–28 €
Kreditkarten: AE, CS, DC, MC, Visa; BM
Mittags und abends geöffnet

DIE OSTERIA – Die zentral gelegene Küche führt auf der einen Seite zum Restaurant und auf der anderen in die Osteria. Auch in diesem kleinen Lokal, das als Vinothek und Feinkostladen entstanden ist, bieten Ihnen die Geschwister Lorenzini, Laura am Herd und Fabrizio im Service, unter Einsatz derselben erlesenen Zutaten aus der Umgebung Kostproben ihres Könnens. Die Gerichte sind schlicht und traditionell, wobei Sie auch die Möglichkeit haben, nur einen gemischten Teller mit Wurstspezialitäten und ein Gläschen Wein zu bestellen. Wenn Sie ein raffinierteres Ambiente bevorzugen, können Sie im Restaurant Platz nehmen, wo überarbeitete Gerichte angeboten werden.

DIE KÜCHE – Bei den Antipasti stehen das Sortiment an Wurstspezialitäten, Crostini nach hiesiger Tradition, der Antipasto toscano und der Antipastone Mocajo (15 €) im Rampenlicht. Unter den Primi (8 €) findet man die klassischen **Pappardelle al cinghiale** (mit Wildschwein), *Gnudi* mit Ricotta und Gemüse, **Zuppa di farro e fagioli**, Lasagne al forno und Spaghetti al ragù di chianina. Als Secondi stehen **Trippa alla pisana** (8 €), **Cinghiale alla cacciatora** mit Oliven und Roastbeef di chianina auf dem Programm, Sie bekommen aber auch Tagliata di manzo vom Chianina-Rind (10 €) oder Grigliata mista mit verschiedenen Fleischstücken. Als Alternative gibt es feine Tagesteller wie Ribollita mit Brot aus Montegemoli. Nach Kostproben von Formaggi können Sie zum Abschluss Desserts (6 €) wählen: Cheesecake, Semifreddo mit Walnüssen und Nusslikör, Frittelline aus Esskastanienmehl oder Cassata mit Ricotta und Pistazien. Eine bestens bestückte Weinkarte, die sich die Osteria mit dem Restaurant teilt, mit der Möglichkeit, Flaschen aus den Regalen der Vinothek zu kaufen.

ISOLA D'ELBA (LI)
Porto Azzurro

12 KM VON PORTOFERRAIO + FÄHRE VON PIOMBINO

Cecconi

Osteria-Trattoria
Via Ricasoli, 21
Tel. (+39) 329 / 138 11 59
Ruhetag: Mittwoch, im Sommer nur Mittwochmittag
Ferien: unterschiedlich
35 Plätze
Preise: 30–35 €
Kreditkarten: AE, CS, DC, MC, Visa; BM
Mittags und abends geöffnet

DIE OSTERIA – Der ausgediente Schiffsrumpf, dem früher das Interieur entstammte, ist einer Einrichtung aus zahlreichen recycelten Einzelstücken gewichen, darunter Holztische und alte Eisenobjekte. Die Art der Führung des Lokals ist gleich geblieben. Mamma Angela steht am Herd und lässt in die Gerichte, die ihr Sohn Federico den Gästen serviert, ihr ganzes Wissen über eine Küche einfließen, die den Geschmack der täglich frisch gekauften Zutaten nicht verfälscht: Fisch wird von einheimischen Fischern oder Lieferanten bezogen, Gemüse stammt von der Insel und Fleisch vom Fleischer aus dem Dorf. Produkten aus Elba den Vorzug zu geben, gehört zu den Grundprinzipien, die auch bei den Weinen Anwendung finden. Diese sind in einer kleinen Karte angeführt, die angenehme Überraschungen bereithält.

DIE KÜCHE – Pesce azzurro (Schwarmfische) tauchen in zahlreichen Gerichten auf, beginnend mit den Antipasti, wobei die Sardellen in Salz eingelegt, mariniert oder auch gefüllt angeboten werden. Häufig findet man auch **Polpo lesso mit Kartoffeln** (9 €) und den köstlichen **Palamita mit Kichererbsen**. Einfach, aber schmackhaft sind die Primi: **Spaghetti con acciughe e finocchietto** (mit Sardellen und Fenchel, 10 €), oder die Version con il polpo (mit Tintenfisch) und con il pesce del giorno (mit fangfrischem Fisch). Als Alternative bekommt man Minestra di verdure mit saisonalem Gemüse. Wer Lust auf die Secondi hat, kann Pescato del giorno, im Ofen gebraten und mit Kartoffeln serviert (14 €), **Frittura di paranza** (15 €), **Totani ripieni** oder alla diavola und Acciughe fritte genießen. Wer keinen Fisch mag, findet täglich wechselnde Fleischgerichte oder Platten mit Formaggi oder Salumi. In der Rubrik der hausgemachten Desserts sind Crostate, Cheesecake, Crème caramel und Ubriachini aufgelistet.

ISOLA D'ELBA (LI)
Capoliveri

17 KM VON PORTOFERRAIO + FÄHRE VON PIOMBINO

Summertime

Restaurant
Via Roma, 56
Tel. (+39) 05 65 / 93 51 80
Ruhetag: Montagmittag
Ferien: zeitweise im Winter
30 Plätze + 20 Plätze im Freien
Preise: 40 € €↑
Kreditkarten: CS, MC, Visa; BM
Mittags und abends geöffnet, im August nur abends

DIE OSTERIA – Lassen Sie sich vom Namen nicht in die Irre führen: Es handelt sich hier nicht um das zigste Lokal im Zentrum von Capoliveri, wo zum Anlocken des einen oder anderen zusätzlichen Touristen Symbole des Sommers strapaziert werden, sondern um eine Hommage an das bekannte Musikstück. Der aus Busto Arsizio stammende Massimo, der zuvor Erfahrungen in New York gesammelt hatte, strandete in den 1980er-Jahren hier in Elba und gründete einen Jazzclub. 1991 beschloss er, ein Restaurant zu eröffnen. Heute wird er in der Küche von Roberto Miglietta unterstützt und empfängt die Gäste in einem Ambiente, das durch seine schnörkellose Geradlinigkeit und die Seriosität der Vorschläge begeistert. Das hautsächlich auf Fisch basierende Speisenrepertoire setzt auf wenige Arten, um die lokale Provenienz oder zumindest eine nachvollziehbare Herkunft gewährleisten zu können. Der Tagesfang wird zur Ansicht zum Tisch gebracht. Auch wenn die Auswahl nicht immer sehr groß ist (als Konsequenz der aufgrund der Überfischung zu Parks mutierten Meere), können Sie bezüglich der Frische absolut sicher sein.

DIE KÜCHE – Als Alternative zu dem ausgefallenen **Frittino di pani e pesci** (10 €) gibt es für den Einstieg ein raffiniertes buntes Carpaccio aus fangfrischem Fisch (15 €). Die Primi locken mit **Spaghettoni** rustici dorati **mit frischen Sardellen** (13 €), ein Bravourstück des Lokals. Dann folgen eine leckere **Grigliata di pesce azzurro** (15 €) oder der schmackhafte Polpo nostrano in Weißwein. Die Desserts werden Sie überzeugen: Insbesondere die klassische **Schiaccia briaca**, begleitet von einem guten Glas Aleatico, sollten Sie sich nicht entgehen lassen. Als Alternative zu einigen Winzern aus Elba bietet die Weinkarte eine ganze Reihe an Etiketten aus ganz Italien.

ISOLA DEL GIGLIO (GR)
Giglio Porto

52 KM V. GROSSETO + FÄHRE V. PORTO SANTO STEFANO

La Paloma

Restaurant
Via Umberto I, 48
Tel. (+39) 327 / 532 20 22
Ruhetag: Montag, außer im Juli und August
Ferien: unterschiedlich
20 Plätze + 40 Plätze im Freien
Preise: 35–40 €
Kreditkarten: CS, DC, MC, Visa; BM
Mittags und abends geöffnet

Claudio Bossini verbindet Kunstfertigkeit mit Einfachheit und Spontaneität und bereitet seine Gerichte mit fangfrischem Fisch aus dieser Gegend zu.

DIE OSTERIA – Die Isola del Giglio mit ihrem Meer und der unberührten mediterranen Natur ist ein Ort von spektakulärer Schönheit. Gleich bei der Ankunft sehen Sie das Restaurant La Paloma gegenüber der Hafenmole. Claudio Bossini, der aus Siena stammt, ist seit den 1960er-Jahren hier ansässig und öffnet seine Tore gleichzeitig für Lieferanten und Gäste. So schafft er ein Klima der Gastlichkeit in einem einfachen Ambiente, das aus einem Eingangsbereich mit einigen Tischen, einer Theke und dahinter einer Küche besteht. Für die warmen Tage gibt es eine Veranda.

DIE KÜCHE – Die Speisen sind an einer Tafel angeschlagen und umfassen wenige Vorschläge mit fangfrischem Fisch und Gemüse, alles aus lokaler Herkunft. Claudios „spontane Küche" basiert auf Fonds und verschiedenen Zubereitungen in Brotkruste. Mögliche Antipasti sind Alici oder Sarde, goldbraun gebraten (10 €), Palle di grongo (Meeraal), Polpette di razza (Rochen, 8 €) und Tonnina mit Tomaten. Unter den Primi findet man **Risotto al polpo**, die klassischen Spaghetti allo scoglio oder **Paccheri al nero di seppia mit Gemüse** (12 €). Dann folgen fangfrischer Fisch in Brotkruste, mit **Capone** (Seeschwalbenfisch) oder Calamari (13 €), **Sauté di molluschi** und verschiedene Timballi di pesce. Als Dessert gibt es den typischen Panficato neben leckeren Sfoglie (Blätterteiggebäck). Degustationsmenü für 30 €. Im Keller lagern einige wenige Etiketten, die einen guten Überblick über dieses Anbaugebiet geben, der Höhepunkt ist jedoch ein schöner Ansonica nach alter Art, der wunderbar zum Fisch passt.

Cantina Nardi

Enoteca mit Ausschank und Küche
Via Leonardo Cambini, 6–8
Tel. (+39) 05 86 / 80 80 06
Ruhetag: Sonntag, Feiertage
Ferien: 3 Wochen im August
35 Plätze + 32 Plätze im Freien
Preise: 23–28 €
Kreditkarten: AE, CS, DC, MC, Visa; BM
Mittags geöffnet

DIE OSTERIA – Die Cantina, die bereits auf mehr als ein halbes Jahrhundert zurückblickt und stets von der Familie Nardi geführt wurde, hat ihren Sitz im Zentrum von Livorno, in der Nähe der Piazza Attias. Heute steht Nora am Herd, ihr Mann Massimo ist für die Theke verantwortlich und der Sohn Alessandro betreut die Gäste im Saal. Von einem reinen Ausschank (den es, ebenso wie den Weinverkauf, nach wie vor bis zur Stunde des abendlichen Aperitifs gibt) hat sich das Lokal weiterentwickelt und bietet nun seit Jahren das komplette Angebot eines Restaurants, wenn auch auf die Mittagszeit beschränkt: Man kann im Inneren, umgeben von Regalen mit Hunderten Weinflaschen, oder bei schönem Wetter im Freien speisen. Das Repertoire wechselt täglich, je nach Verfügbarkeit der Zutaten. Die einzelnen Gerichte aus der Festland- und aus der Meeresküche, üblicherweise zwei oder drei pro Gang, sind an den Wandtafeln angeschlagen.

DIE KÜCHE – Unter den Primi (7 €) möchten wir **Pasta e fagioli**, Minestra di farro (Dinkelsuppe) mit Kartoffeln, **Spaghetti alle cicale** (mit Heuschreckenkrebsen) und **Tacconi con ragù di polpo** hervorheben. Bei den Secondi sind Roastbeef mit Kartoffeln (10 €) und Bistecca alla brace stets vertreten, aber man findet auch **Seppie in cacciucco**, Insalata di polpo mit Kartoffeln und **Palombo alla livornese** (12 €). Sehr gepflegt sind die hausgemachten Desserts (4 €), vor allem die Crostate di frutta. Die Weinauswahl ist beeindruckend, wobei zum Teil die Möglichkeit besteht, glasweise zu bestellen. Auch der Hauswein muss sich nicht verstecken.

7 KM VOM ZENTRUM

In Piazzetta

Restaurant
Piazza Bartolommei, 1
Tel. (+39) 05 86 / 50 42 01
Ruhetag: Montag
Keine Ferien
55 Plätze + 40 Plätze im Freien
Preise: 30–35 €
Kreditkarten: AE, CS, DC, MC, Visa; BM
Abends geöffnet, im Winter Samstag und Sonntag auch mittags

DIE OSTERIA – Mit Sorgfalt und Augenmerk auf die Zutaten führt Silvia Salti seit 2002 dieses reizende Lokal in Antignano, einem kleinen Dorf ganz in der Nähe des Meeres. Es ist einfach, besitzt aber eine gewisse Eleganz: ein Ort, der sich für ein Abendessen mit Freunden oder auch zu zweit eignet, wobei man den Abend nicht zuletzt wegen der charmanten Aufmerksamkeiten in Erinnerung behält. Das Lokal wurde kürzlich umgebaut und verfügt nun neben zwei gastlichen Räumen über einen Hof, wo man in der schönen Jahreszeit im Freien speisen kann.

DIE KÜCHE – Die Speisenauswahl variiert je nach Fangglück der Fischer. Für den Einstieg gibt es eine Antipasti-Degustation, Piazzetta Mare genannt, mit sieben Kostproben der Vorspeisen, oder Impepata di cozze (8 €). Donnerstags und samstags ist der Piatto di crudo mit frischen Krustentieren und fangfrischem Fisch ein sicherer Tipp. **Spaghetti alle alici** (11 €) oder die Version alle cicale (Heuschreckenkrebse) und **Tagliolini ai crostacei** (13 €) sind einige der möglichen Primi. Das Secondo wählt man unter Fisch aus der Umgebung, Crema di fave mit Misticanza di mare, **Frittura di paranza** und **Baccalà in forno in Kartoffelkruste** (13 €). Wer keinen Fisch mag, kann sich für den Antipasto di terra und eine erstklassige Bistecca alla griglia, serviert mit frischen, fein frittierten Kartoffeln, entscheiden. Zum Ausklang gibt es Desserts wie Tarte tatin mit Äpfeln (4 €), eine exquisite Sfogliatina mit Creme und Erdbeeren und Mattonella ai pinoli; zum Abschluss den traditionellen Ponce. Der Hauswein ist süffig, insbesondere der Vermentino aus den Colli di Luni. Gute Weinauswahl, darunter auch Halbliterflaschen.

In Vernice

Restaurant
Via Sproni, 32
Tel. (+39) 05 86 / 21 95 46
Ruhetag: Sonntag
Ferien: Juli, August
50 Plätze
Preise: 38–40 € €↑
Kreditkarten: CS, DC, MC, Visa; BM
Abends geöffnet

DIE OSTERIA – Das Restaurant in der Nähe der nach der Verlegung des berühmten „Amerikanischen Marktes" nun wieder freien Piazza XX ist auf zwei Ebenen angelegt: im Erdgeschoss die Theke für den Aperitif, im ersten Stock der Speisesaal und die Küche. Die Einrichtung ist moderat folkloristisch, mit vielen Flaschen und Dekor aus der Welt der Weine. Im Saal empfangen Sie Claudio, seine Frau Isabella und der tüchtige Pietro, in der Küche werken Carlos und Marco. Die Gerichte in diesem nur abends geöffneten Lokal schöpfen vorwiegend aus der Festlandküche, unter Einsatz zahlreicher Slow-Food-Presidi. In den Monaten Juli und August ist das Lokal geschlossen, da die Küche in das Restaurant Lo Scoglietto nach Rosignano Solvay am Meer verlegt wird.

DIE KÜCHE – Nach einem Entrée mit „Mini 5 e 5" (Brötchen mit Kichererbsentorte) geht es los mit Antipasti: Battuta di carne cruda vom Fassone-Kalb, Tortino di melanzane mit Auberginen und Büffelmozzarella auf Tomatensauce und leichtem Pesto (10 €), Millefoglie di polenta e salsiccia mit Kartoffelcreme und Baccalà mantecato mit Lauch. Die Primi bieten hausgemachte **Pappardelle al ragù rustico di anatra** (12 €), ***Gnudi*** di ricotta e spinaci mit Butter, Salbei und Lardo aus Colonnata (12 €), Risotto mantecato mit Cacio, Lauch und knackigem Gemüse. Fleisch dominiert bei den Secondi: **Stracotto di guancia mit Pfeffer**, Tagliata vom Fassone-Rind mit Bratkartoffeln, Coniglio nostrale, in Filoteig gerollt, mit Taleggio und Trüffel sowie **Piccione arrostito**. Als Alternative wird **Baccalà alla livornese** oder in der Version al vapore (über Dampf gegart) mit Mayonnaise angeführt. Gegen Vorbestellung gibt es Cacciucco. Degustationsmenü für 25 € ohne Wein. Hervorragend sind die Desserts des Hauses (4,50 €). Die umfangreiche Weinkarte bietet auch glasweisen Ausschank.

LIVORNO

Marino

Trattoria
Via del Lavoro, 1
Tel. (+39) (+39) 380 / 141 18 11
Ruhetag: Montag; im Winter auch Sonntagabend, im Sommer auch Sonntagmittag
Ferien: unterschiedlich
30 Plätze
Preise: 30 €
Kreditkarten: CS, MC, Visa; BM
Mittags und abends geöffnet

DIE OSTERIA – Das Marino hat seinen Sitz in der Nähe der alten Stadtmauern. Geführt wird es von Massimiliano Rugiati, der auch kocht. Die Einrichtung hat eine maritime Note und schafft eine einfache, gastliche Atmosphäre, wie sie für eine Osteria typisch ist. Als Blickfang werden häufig wechselnde Bilder von hiesigen Künstlern ausgestellt.

DIE KÜCHE – Das Speisenangebot variiert je nach Verfügbarkeit von Fisch, das heißt, man weiß vorher nie, was man bekommen wird: etwas ungewöhnlich für ein Restaurant, aber unserer Meinung nach ein positiver Aspekt, der Charme besitzt. Fisch wird auf dem Markt und manchmal bei kleinen lokalen Fischereibetrieben gekauft, Gemüse und viele sonstige Zutaten werden je nach Jahreszeit gewählt und stammen hauptsächlich aus der Toskana. Der klassische Antipasto ist ein gemischter Teller mit vier oder fünf Kostproben: zum Beispiel Acciughe, auf unterschiedliche Weise zubereitet, Polpo, Carpaccio oder Cozze. Unter den Primi kann man **Linguine con le acciughe** (8 €) oder die Version mit Sugo di pesce, **Tagliolini ai ricci di mare** (mit Seeigel, 11 €) oder al nero di seppia (mit Tintenfischtinte) entdecken. Bei den Secondi sind neben fangfrischen Fischen vom Grill oder aus dem Ofen, die der Kellner Ihnen vorab zur Ansicht zeigt, stets auch Acciughe nach unterschiedlichen, teilweise originellen Rezepten und **Baccalà alla ghiotta** (9 €, eine Version, die vom klassischen Baccalà alla livornese etwas abweicht, 8,50 €) sowie gegen Vorbestellung der traditionelle **Cacciucco** zu bekommen. Die Desserts sind hausgemacht, darunter Tiramisu (4 €) und feine Semifreddi und Sorbets. Eine Weinkarte gibt es nicht: Viele Gäste wählen den offenen roten oder weißen Hauswein aus San Gimignano und für gewöhnlich gibt es vier oder fünf andere italienische Weißweine.

Osteria del Mare

Trattoria
Via Borgo dei Cappuccini, 5
Tel. (+39) 05 86 / 88 10 27
Ruhetag: Donnerstag
Ferien: Ende August/September
40 Plätze
Preise: 30–35 €
Kreditkarten: AE, CS, MC, Visa; BM
Mittags und abends geöffnet

DIE OSTERIA – Eine typische am Meer gelegene Osteria im Stil von Livorno, aber im Stil der alten Osterien, wie man sie heute kaum mehr findet. Hier haben wir jedenfalls ein schönes Beispiel eines solchen Lokals: Es liegt am Beginn des Stadtteils Cappuccini, von wo aus man fast das Meer erblicken kann, ganz in der Nähe des alten Stadthafens und der Via Grande. Die Einrichtung der beiden Räume ist einfach, auf das Wesentliche konzentriert, wobei man in den Details die gute alte Tradition erkennt. Es handelt sich um einen Familienbetrieb: Papa Claudio koordiniert den Ablauf, Mama Marina und die Tochter Alice stehen in der Küche, der Sohn Daniele empfängt die Gäste, gibt ihnen Informationen zum Tagesfang und berät kompetent bei der Wahl der Gerichte.

DIE KÜCHE – Ein guter Einstieg gelingt mit **Macedonia ai frutti di mare** (9 €), aber auch Cozze alla marinara und Crostini dell'Osteria sind zu empfehlen. Unter den Primi verdienen neben dem exquisiten **Riso al gambero rosa** (8 €) und dem Riso al nero di seppia auch **Gnocchi agli scampi**, Spaghetti nostromo und Spaghetti alle vongole Ihre Aufmerksamkeit. Unser Tipp unter den Secondi gilt dem **Fritto misto** (11 €), der hier in einer leichten Version und wunderbar duftend aufgetischt wird, und der exzellenten Grigliata mista, aber Sie können sich auch von Totani alla griglia, Palombo alla livornese (10 €) oder Pesce del giorno (fangfrischer Fisch), auf unterschiedliche Weise zubereitet, zum Beispiel alla Vernaccia, all'acquapazza oder all'isolana, verführen lassen. Als Dessert legen wir Ihnen den Cheesecake (4,50 €) ans Herz. Bezüglich der Getränkewahl verweisen wir auf ein recht ordentliches Sortiment an Weißweinen.

5 km vom Zentrum

Antica Osteria di Meati

Bar-Trattoria • Via della Chiesa Ottava, 1245
Tel. (+39) 05 83 / 51 03 73,
(+39) 347 / 723 31 79
Ruhetag: Dienstag
Ferien: 4 Wochen nach Dreikönig
60 Plätze + 70 Plätze im Freien
Preise: 25–30 €
Kreditkarten: CS, DC, MC, Visa; BM
Abends geöffnet, Samstag und Feiertage auch mittags

DIE OSTERIA – Wir sind hier mitten auf dem Land, knapp hinter den prächtigen Stadtmauern von Lucca, an der alten Straße nach Pisa. Eingebettet in das Grün am Fuße der Berge, hat die Antica Osteria di Meati ihren Sitz in einer alten Poststation: ein schönes Lokal, rustikal und doch mit Raffinesse gestaltet. Das gastliche, ruhige Ambiente verbreitet Wohlbehagen. Die Karte ist umfangreich und einladend. Man steht vor der Qual der Wahl angesichts der Gerichte nach lokaler Tradition und ausgefeilteren, neu kreierten Varianten. Um die Zutaten kümmert sich Fabio, ein profunder Kenner dieses Landstrichs, der zahlreiche Produkte aus der Umgebung verwendet. Er nutzt auch den Garten neben der Osteria, den er persönlich betreut. In der Saison lädt er die Gäste gerne dazu ein, das Gemüse selbst zu wählen und mit eigenen Händen zu ernten.

DIE KÜCHE – Zum Auftakt kann man sich die klassischen Crostini misti und Prosciutto bazzone, Lardo di conca aus Colonnata, Insalata di baccalà und **Carne di bigoncia mit Cannellini-Bohnen** (7 €) schmecken lassen. Als Primo erwartet Sie hausgemachte Pasta, darunter **Tortelli di borragine e ricotta mit hellem Ragout von Cinta-Schweinen** (8 €) und Tacconi alla Meati. Wirklich schmackhaft ist Riso alle erbe mit feinen Kräutern, ein delikates und sehr ausgewogenes Gericht. Als Secondo stehen **Trippa con i pioppini** (10 €), **Cinghiale in umido** oder Bistecca di maiale della Garfagnana – aus dem Schweinefleisch, aus dem der Bazzone-Schinken gemacht wird –, mit der Schwarte gegart, zur Wahl. Unter den Beilagen findet man Pioppini (Stockschwämme), gut zubereitet in einer sämigen, aromatischen Sauce. Erstklassige Dolci, vor allem Latte alla portoghese und Soufflé al cioccolato (5 €). Ordentlicher Hauswein und große Auswahl an Etiketten aus der Toskana und anderen Teilen Italiens.

NEU Buatino

Trattoria
Via Borgo Giannotti, 508
Tel. (+39) 05 83 / 34 32 07
Ruhetag: Dienstagabend, Sonntag
Ferien: unterschiedlich
50 Plätze
Preise: 30–35 €
Kreditkarten: Visa; BM
Mittags und abends geöffnet

DIE OSTERIA – Das Buatino war stets ein Lokal für die tägliche Mahlzeit. Die Viehhändler kamen vom nahe gelegenen Foro Boario, dem Viehmarkt, zum Mittagessen hierher und nannten den Wirt, der stets protestierte, wenn sie ihre schmutzigen Hände an den sauberen Tischtüchern („Bucato") abwischten, scherzhaft „Buatino". Der heutige Buatino ist Filippo, der die Trattoria gemeinsam mit seiner Lebensgefährtin Sonia führt (er im Service, sie in der Küche). Zwei junge Leute, die mit Enthusiasmus und Bescheidenheit nach einem Gleichgewicht zwischen Qualität und erschwinglichen Preisen streben. Mittags gibt es ein feststehendes Menü (anders als die Abendkarte) für 10 €.

DIE KÜCHE – Abends werden klassische toskanische Gerichte geboten, teilweise in Überarbeitungen wie bei **Panzanella lucchese mit marinierten Sardellen** (9 €). Weitere Antipasti sind **Polpettine di maialino mit Käsesauce und Pinzimonio di verdure** neben gemischten Salumi und Formaggi aus der Garfagnana. Die Primi umfassen **Tortelli al ragù** und Lasagnette al forno mit Creme aus Provola und Sardellen (10 €). Als Secondi erwarten Sie **Coniglio in porchetta** (13 €) alla mediterranea – im Sommer mit Auberginen, Paprikaschoten und Zucchini, im Winter mit Artischocken –, Controfiletto di manzo mit Sauce aus karamellisierten Zwiebeln sowie Polpo mit Kartoffeln, Oliven und Kirschtomaten. Unsere Tipps bei den hausgemachten Desserts: Cheesecake und Pastiera lucchese (4 €) mit Dinkel und Schokolade. Die Weinkarte stellt keine hohen Ansprüche, erlaubt aber unter lokalen und anderen italienischen Etiketten zu wählen.

Auf dem Foro Boario findet jeden Mittwoch und Samstag ein Bauernmarkt statt: Produkte mit kurzen Lieferwegen, direkt aus dem Gebiet um Lucca.

Il Mecenate

Restaurant
Via del Fosso, 94
Tel. (+39) 05 83 / 51 21 67,
(+39) 05 83 / 51 18 61
Kein Ruhetag
Ferien: je 10 Tage im Februar und November
50 Plätze + 35 Plätze im Freien
Preise: 35 €
Kreditkarten: AE, CS, DC, MC, Visa; BM
Mittags und abends geöffnet

Lokale und saisonale Produkte von hoher Qualität und eine erstklassige Küche im Zeichen der Tradition.

DIE OSTERIA – In den Räumlichkeiten der Antica e Premiata Tintoria-Lavanderia Verciani, einer alten Färberei im historischen Zentrum von Lucca, hat Stefano De Ranieri gemeinsam mit seiner Frau Soledad diese Osteria mit rustikaler, aber gepflegter Einrichtung geschaffen. Schon aus der klar strukturierten Karte lässt sich die von den Wirtsleuten angestrebte Ausrichtung des Lokals ersehen: Zutaten von lokalen Herstellern, saisontreue Produkte und Gerichte nach hiesiger Tradition.

DIE KÜCHE – Bei den Antipasti spannt sich der Bogen von lokalen Salumi, serviert mit Brot aus Esskastanienmehl aus der Lunigiana, über Budino di peperoni rossi mit Käsecreme bis zu Baccalà mantecato auf Crostone aus Kartoffelbrot aus der Garfagnana (Slow-Food-Presidio). Unter den Primi erwarten Sie **Farinata mit Brühe von roten Bohnen aus Lucca** (ein Slow-Food-Presidio), **Testaroli artigianali aus Pontremoli mit Pesto** (ein weiterer Presidio, 12 €), **Tordelli** lucchesi und die typische **Garmugia**. Bei den Secondi können Sie zwischen Piccione arrosto auf Salat (16 €), Agnello aus Castelvecchio di Compito (gebratenes Lamm mit Kartoffeln), dem großen **Bollito misto** mit Saucen und **Rovelline lucchesi** (13 €) wählen. Anstelle von Fleisch werden Formaggi a latte crudo (Rohmilchkäse) angeboten. Die Zutaten für das Fischmenü stammen aus nachhaltigem Fischfang. Die Desserts sind alle hausgemacht: Torta lucchese und Cialda mit Ricotta della pastora und Erikahonig (6 €). Die gepflegte Weinkarte ist reich bestückt, ergänzt durch einen offenen Hauswein aus einem hiesigen Betrieb, der nach biologischen und biodynamischen Methoden arbeitet.

56 KM SÜDÖSTLICH VON GROSSETO, S.S. 322

Da Paolino

Trattoria
Via Marsala, 41
Tel. (+39) 05 64 / 62 93 88
Ruhetag: Montag
Ferien: Januar/Februar, zeitweise im November
40 Plätze + 40 Plätze im Freien
Preise: 31 €
Kreditkarten: AE, CS, MC, Visa; BM
Mittags und abends geöffnet

DIE OSTERIA – Manciano ist einer der Hügel der Maremma, denen aus man einen schönen Ausblick auf die typische Landschaft der unteren Toskana genießen kann. Das Auge schweift hier vom Gipfel des Monte Amiata bis zum Meer, ohne auf Hindernisse zu stoßen. Die Trattoria befindet sich am Eingang zum historischen Zentrum. Entlang der Straße stehen hier die Tische, die in der schönen Jahreszeit das Platzangebot der beiden Innenräume erweitern. Marino Pieraccini und Sabrina Benicchi schaffen ein Ambiente zum Wohlfühlen, basierend auf Gastlichkeit und der Kochkunst zweier legendärer Köchinnen, die schmackhafte Gerichte aus fast ausschließlich lokalen Produkten zaubern.

DIE KÜCHE – Beginnen können Sie mit Bruschette, verfeinert mit dem nativen Olivenöl extra aus dem Familienbetrieb (7 €) oder mit gemischten Crostini, dem **Antipasto toscano** mit Salumi und Formaggi oder Filetti di cinghiale (Wildschweinfilets). Unter den Primi (9 €) verdienen die Gnocchi mit Lauch, Guanciale und Pecorino, die Tagliolini mit Zucchini und Salsiccia (in der Saison auch mit Spargel) oder, ebenfalls aus dem Kapitel der frischen hausgemachten Pasta, Tortelli, **Pappardelle** und *Gnudi* mit unterschiedlichen Saucen eine Erwähnung. Acquacotta bekommt man zu jeder Jahreszeit. Wild und Fleisch von Hoftieren für den Hauptgang: Maialino al forno (12 €), **Straccetti di manzo** mit Oliven und Rucola oder in der Saison mit Steinpilzen, **Cinghiale alla maremmana** oder mit wildem Fenchel, Parmigiana di melanzane und als einziges Fischgericht Baccalà alla livornese. Unter den Desserts sind Mousse di ricotta in unterschiedlichen Varianten (5 €), Crostate mit Konfitüre oder Ricotta, Semifreddo alle mandorle und eine Auswahl an Käse. Ein guter Hauswein gesellt sich zu dem kleinen Sortiment an lokalen Etiketten.

22 KM SÜDWESTLICH VON AREZZO

Hosteria la Vecchia Ròta

Traditionelle Osteria
Via XX Settembre, 4
Tel. (+39) 05 75/84 53 62,
(+39) 335/591 28 12
Ruhetag: Montag, Dienstag
Ferien: unterschiedlich
60 Plätze + 40 Plätze im Freien
Preise: 35 €
Kreditkarten: CS, DC, MC, Visa; BM
Mittags und abends geöffnet

DIE OSTERIA – Wenn Sie ein Lokal suchen, in dem neben einer erstklassigen regionaltypischen Küche ein sympathischer Wirt auf Sie wartet, der Ihnen mit Freude alles Wissenswerte über die Gerichte und die Traditionen, die hinter diesen stehen, erzählt, dann sind Sie hier richtig. Die Speisenauswahl variiert stets nach Verfügbarkeit saisonaler Produkte, einige Gerichte stehen jedoch fast immer auf der Karte, darunter Pezze della nonna, ein Pastagericht, das bereits zum Aushängeschild dieses Lokals geworden ist, *Pici*, Suppen und Bistecca vom Chianina-Rind. Massimo und seine Frau Jasmine bauen das Gemüse größtenteils selbst an und züchten Hoftiere. Was sie nicht selber produzieren, kaufen sie bei Lieferanten ihres Vertrauens, die für die Qualität und Herkunft ihrer Produkte garantieren.

DIE KÜCHE – Beginnen können Sie mit den beliebten Crostini misti (7 €) und dann stehen je nach Jahreszeit als Primi *Gnudi* d'ortica mit Tartufo marzolino (eine weiße Trüffelart), „Tre diti" salsiccia e fagioli purgatorio (mit Wurst und Bohnen, 10 €), Tagliatelle ai baccelli e finocchio selvatico (mit Bohnen und wildem Fenchel), ***Pici*** **al sugo di** ***nana*** (mit Entensauce) oder *Pici* del Lucumone (die „Pasta des Königs"), **Ribollita** oder **Pappa col pomodoro** zur Wahl. Im Kapitel der Secondi erwarten Sie **Maialino al forno mit Knoblauch und wildem Fenchel**, Ossobuco ai funghi porcini, Pollo „cotto come na volta" (Hähnchen wie in alten Zeiten, 14 €) und **Spezzatino** ***d'ocio***, serviert mit in Asche gegarten Kartoffeln (4 €) oder mit sautierten Rüben. Die Desserts sind hausgemacht. Die Weinkarte ist nicht sehr groß, aber von gutem Niveau und bietet fast ausschließlich Rotweine zu moderaten Preisen (von 15 bis 30 €). Auch der Hauswein aus dem Gebiet von Gaiole ist gut.

MARRADI (FI)

64 KM NORDÖSTLICH VON FLORENZ, S.R. 302

Il Camino

Trattoria
Viale Baccarini, 38
Tel. (+39) 055 / 804 50 69
Ruhetag: Mittwoch
Ferien: 1.–10. September
90 Plätze + 50 Plätze im Freien
Preise: 30–35 €
Kreditkarten: AE, CS, DC, MC, Visa; BM
Mittags und abends geöffnet

DIE OSTERIA – Hier in Marradi sind wir zwar in der Toskana, doch der Einfluss der nahen Romagna ist deutlich zu spüren. Das wirkt sich auch auf kulinarische Traditionen aus, wobei das Restaurant Il Camino keine Ausnahme macht. Das Lokal in der Nähe des Bahnhofs wird seit Jahren von Rita Bassetti (Küche) gemeinsam mit ihrer Tochter Simona und dem Schwiegersohn Mirco (Saal) geführt. Im Hauptraum steht ein Kamin aus Stein, die Wände sind mit Keramikobjekten geschmückt, die ein gastliches Ambiente mit heimeliger Atmosphäre schaffen.

DIE KÜCHE – Beim mündlichen Vortrag der Gerichte kann man sogleich die Überschneidungen der Küchen der beiden Regionen erkennen: toskanische Crostini di fegatini neben romagnolischen Crescentine fritte mit Prosciutto. Die Primi, durchweg von Hand gemachte Pasta, umfassen Cappelletti in brodo, **Tortelli di ricotta e spinaci** (8 €), **Tagliatelle al cinghiale** oder die Version mit Pilzen und im Herbst Tortelli ripieni di castagne (Marradi ist das Anbaugebiet der Esskastanie „Marrone IGP“ aus dem Mugello). Unter den Secondi glänzen das appetitliche **Agnello** alla mediterranea (**mit Kräutern und Kirschtomaten**) und der köstliche **Fritto misto** (18 €), ergänzt durch klassisches Fleisch vom Grill (Filetto, Bistecca, Tagliata) und Schmorgerichte wie **Cinghiale brasato mit Polenta**. Neben Bicchierino, einer originellen süßen Kreation des Hauses aus Karamell, gibt es im Herbst Budino und Torta mit Esskastanien.

Die Bäckerei Sartoni (Via Fabbrini 22) bäckt Brot im Holzofen, Süßspeisen und Mürbegebäck aus Esskastanienmehl und einen herrlichen Castagnaccio. Wunderbares Esskastanieneis gibt es in der Konditorei Bianco (Piazza Scalelle 19).

MASSA
Castagnetola

5 KM VOM ZENTRUM

Emma

Trattoria
Via Bergiola, 14 A
Tel. (+39) 05 85 / 419 31
Ruhetag: Dienstag
Ferien: 2 Wochen im Januar/Februar
30 Plätze + 50 Plätze im Freien
Preise: 25–28 €
Kreditkarten: AE, CS, DC, MC, Visa; BM
Mittags und abends geöffnet

DIE OSTERIA – Atemberaubend ist die kurze Fahrt vom Meer hinauf in die Berge. Das Emma, fast eine Berghütte, ist authentisch, egal, ob Sie in der luftigen Dependance mit schönem Ausblick Platz nehmen, die im Winter geschlossen und im Sommer in der „Cabrio-Version“ zum Meer hin geöffnet ist, oder einen Tisch im Inneren vor der Theke wählen. Mit Fisch- und Fleischgerichten wird Emma in ihrer Küche jedem gerecht. Die fröhliche Präsenz von Caterina im Saal verkürzt die Wartezeit.

DIE KÜCHE – Gemischte Salumi, frischer Käse und warme Panzerotti fritti (8 €) gibt es zum Einstieg. Unter den Primi beweisen die traditionellen **Tortelli**, wie viel Leidenschaft in einem einfachen Gericht stecken kann. Als Alternative bekommen Sie **Lasagnette** (kurze Taglierini) **ai frutti di mare** (10 €) oder in der Saison duftende Tagliolini ai funghi. Der Hauptgang umfasst den großen **Fritto misto mit Tintenfisch, Garnelen und Sardellen** aus dieser Gegend (12 €), serviert mit frittierten Kartoffeln, für die allein sich die Fahrt hierher lohnt, oder exzellente Acciughe marinate in rosso. Häufig gibt es Stoccafisso mit Polenta als Tagesgericht. Fleischliebhaber können Tagliata oder Bistecchina vom Cinta-Senese-Schwein wählen. Die Desserts: typische **Torta di riso** (4 €), Torta di ricotta und warme Zeppoline fritte mit Chantilly-Creme. Ein süffiger Hauswein und lokaler Wein (Candia). Ein Gläschen „Null-Kilometer-Limoncello“ (die Zitronen wachsen wenige Meter entfernt) ist obligatorisch, bevor Sie die Rechnung bekommen, die sicher nicht auf den Magen schlägt.

Gastronomia Valeria (Via Fermi 1): köstliche Produkte und fertige Speisen. Die Macelleria Galeotti (Via Aurelia Ovest 41) verkauft Pferde- und Eselfleisch und vorzügliche Wurstwaren.

Osteria del Borgo

Restaurant • Via Beatrice, 17
Tel. (+39) 05 85 / 81 06 80,
(+39) 331 / 812 37 39
Ruhetag: Dienstag
Ferien: je 1 Woche Ende Februar und Ende September
30 Plätze + 25 Plätze im Freien
Preise: 30 € • Kreditkarten: CS, MC, Visa; BM
Abends geöffnet, im Winter Sonntag auch mittags

DIE OSTERIA – Im Zentrum von Massa, in der belebten Gegend um die Piazza degli Aranci, kann man den Eingang des Restaurants kaum übersehen, ist er doch mit zwei Eichenfässern gekennzeichnet. Innen erwarten Sie eine angenehme Atmosphäre und ein freundlicher Service mit Mitarbeitern, die mit Erklärungen nicht geizen. Die Küche bietet einen Streifzug durch die hiesige Tradition bis nach Genua, wo der Inhaber des Lokals seine Wurzeln hat, ergänzt durch eigene Kreationen von Alessio, der auch die in der Karte angeführten (und bei der Zubereitung der Speisen verwendeten) Biere und die Verdauungsliköre selbst herstellt.

DIE KÜCHE – Der Tagliere dell'oste (12 €) umfasst hochwertige Salumi (und davon nicht wenige!), darunter den exzellenten Lardo aus der Garfagnana, serviert mit verschiedenen Arten von Brot und ligurischen Focaccine, während sich hinter der Galletta dell'oste ein Brot aus Esskastanienmehl mit Stracciatella di burrata und Sardellen verbirgt. Neben den Bieren, Likören und dem Brot sind auch die Teigwaren aus eigener Produktion: **Lasagne stordellate** (9 €), verfeinert **mit Thymian**, **Testaroli mit Pistaziensauce**, Triangoli tartufati alla conte Mascetti – gefüllt mit Ricotta und Trüffel – sowie Gnocchetti impastati alla grappa mit Garnelen und Zucchini. Dann folgen Arrosticini speziati alla mediorientale (10 €) oder **Coppa fresca di maiale mit Kartoffel-Pilz-Auflauf**. Es gibt einige saisonale Variationen und das eine oder andere Fischgericht: Der Tradition entspricht Baccalà mit Tomaten und Petersilie oder auch mit Bière blanche Piazza Aranci. Vegetarier können gegrilltes Gemüse und Käse wählen. Zum süßen Ausklang locken ein leckerer Flan di cioccolato oder die Dessertvariation (5 €). Ein Candia dieser Gegend neben glasweise ausgeschenkten Weiß- und Rotweinen und eine Weinkarte, die laufend erweitert wird.

50 KM NORDWESTLICH VON GROSSETO, S.S. 439

Da Tronca

Trattoria
Vicolo Porte, 5
Tel. (+39) 05 66 / 90 19 91,
(+39) 338 / 743 70 73
Ruhetag: Mittwoch, außer im August
Ferien: zeitweise im Winter
50 Plätze
Preise: 30 €
Kreditkarten: CS, DC, MC, Visa; BM
Abends geöffnet, Ostern–September auch mittags

DIE OSTERIA – Tronca, der mit bürgerlichem Namen Giancarlo Venturi heißt, ist der Prototyp eines Wirtes aus der Maremma: gutmütig und überschwänglich, kompetent und leidenschaftlich in allem, was er tut. Gemeinsam mit seinem Bruder Moreno und Enzo Congiu widmet er sich der Aufgabe, das Wesen der traditionellen Küche der oberen Maremma zu vermitteln. Sein Speisenangebot ist durch eine jahreszeitlich bedingte Rotation und eine sorgfältige Wahl der Zutaten charakterisiert. Serviert wird in einem schönen Ambiente mit zwei Räumen auf zwei Ebenen, in zwangloser Atmosphäre, aber gepflegt im Detail.

DIE KÜCHE – Man beginnt mit Crostini (gemischt oder von einer Sorte: toskanisch, Speck und Gewürze, Salsiccia und Stracchino, Rigatino mit Nüssen und Stracchino, Ravaggiolo mit Schnittlauch) oder Bruschette, Acciughe in Pesto oder dem Antipasto misto (11 €). Dann geht es weiter mit **Tortelli maremmani**, **Pappardelle al cinghiale** (10 €), Tagliatelle mit Tomatensauce oder mit Ragout, Rigatoni alla contadina, Conchiglie del pastore sowie Fusilli mit Auberginen, Kirschtomaten und Ricotta secca. Suppenfreunde können die typische **Acquacotta** (8,50 €) oder die bäuerliche Zuppa di pane probieren. Für den Hauptgang stehen **Trippa alla maremmana** (9,50 €), Tasca di vitellone mit jungen Erbsen, Coniglio in porchetta mit Kartoffeln, Involtini di zucchine e bietole mit Bohnen, ein exzellentes **Cinghiale alla cacciatora** (11,50 €) und Sformato mit Mangold oder Zucchini auf dem Programm. Zum Abschluss gibt es Zuppa inglese wie aus alten Zeiten oder Panna cotta mit Fruchtsirup, Crostata, Tiramisu oder aber Cantucci, die in Vin Santo getaucht werden.

MASSA MARITTIMA (GR)

50 KM NORDWESTLICH VON GROSSETO, S.S. 439

La Tana dei Brilli Parlante

Moderne Osteria • Vicolo del Ciambellano, 4
Tel. (+39) 05 66 / 90 12 74
Ruhetag: Mittwoch
Ferien: unterschiedlich
10 Plätze + 6 Plätze im Freien
Preise: 28–35 €
Keine Kreditkarten
Mittags und abends geöffnet

In der kleinsten Osteria Italiens lassen Raffaella und Ciro Einfachheit, Tradition und hohe Qualität eindrucksvoll verschmelzen.

DIE OSTERIA – La Tana dei Brilli, in einem charakteristischen Gässchen in der Nähe des Doms gelegen, ist zwar die kleinste Osteria Italiens, aber nicht minder gastlich als andere. Die gepflegte Einrichtung ist das Werk der Wirtin Raffaella Cecchelli, einer Expertin für Käse und die Produkte des Monteregio, die sie persönlich bei den Herstellern auswählt. In der Küche arbeitet Ciro Murolo, Mitglied der „Allianz der Köche", dessen Gerichte Schlichtheit, Tradition und Qualität der Zutaten perfekt verbinden.

DIE KÜCHE – Man beginnt mit Tegamino di trippa finta (vegetarisch), Prosciutto toscano, Mortadella aus Prato und frischer Burrata sowie Crostini mit Hühnerleberpastete und Feige (7 €). Dann folgen traditionelle Primi (9 €): ***Pici*** in mehreren Versionen (**Cacio e pepe**, all'aglione mit Pecorino, al fumo mit Tarese Valdarno), **Straccetti germe di grano mit Ragout aus Scamerita maremmana** und Pappa al pomodoro. Die Secondi umfassen **Stinco di maiale grigio arrosto**, exquisit in Bier gegart mit Bratkartoffeln und Faraona in umido mit Cannellini-Bohnen (14 €), ergänzt durch Cinghiale alla maremmana, **Fegatelli di maiale mit Fenchel und blanchiertem jungem Gemüse** (13 €), **Trippa di scottona mit Bohnen** und **Tegame di coratella mit Cipollata aus Certaldo**. Sehr abwechslungsreich und gepflegt ist das Sortiment an Formaggi. Zum Finale gibt es erstklassige hausgemachte Desserts oder Cantucci mit Vin Santo (5 €). Die interessante Weinkarte bevorzugt lokale Produkte aus biologischem und biodynamischen Anbau. Der Kaffee wird in der Mokkakanne serviert. Gedeck, Brot und Service werden nicht verrechnet.

MASSAROSA (LU)
Piano di Conca

23 KM NORDWESTLICH VON LUCCA, S.R. 439

Da Ferro

Restaurant
Via Sarzanese Nord, 5324 A
Tel. (+39) 05 84 / 99 66 22
Ruhetag: Dienstag
Ferien: 2 Wochen im Oktober
150 Plätze + 150 Plätze im Freien
Preise: 28–30 €
Kreditkarten: AE, CS, DC, MC, Visa; BM
Mittags und abends geöffnet

DIE OSTERIA – Schon vom Parkplatz an begleitet Sie der Geruch von Fleisch, das auf dem großen Grill im Freien brutzelt. Das Lokal ist sehr weitläufig, das Ambiente entspricht einem Restaurant nach altem Stil, geeignet für Familien, aber auch für gesellige Runden von Freunden. Der große Garten verspricht genussvolle Sommerabende. Die Speisenauswahl ist im Eingangsbereich angeschlagen und wird bei Tisch mündlich wiederholt. Die Familie Ceragioli führt das Restaurant seit vier Generationen und Vittoriano kümmert sich nach wie vor um die Beschaffung der Zutaten, wobei er sowohl im eigenen Garten als auch bei lokalen Produzenten fündig wird. Einige Gerichte variieren je nach Jahreszeit und nach Maßgabe der verfügbaren Produkte. Andere Spezialitäten, typische Beispiele der lokalen Tradition, werden an bestimmten Wochentagen aufgetischt (zum Beispiel Trippa, die Kutteln, stets am Donnerstag). Das Preis-Leistungs-Verhältnis ist exzellent.

DIE KÜCHE – Das Ambiente ist familiär, die Küche bietet Hausmannskost mit einfachen Gerichten nach lokaler Tradition, die in äußerst großzügigen Portionen serviert werden. Während Sie auf die Antipasti warten, wird warmes Brot mit Knoblauch, Öl und Kirschtomaten für eine „Bruschetta zum Selbermachen" aufgetragen, eine sympathische Idee zur Einstimmung auf die Mahlzeit. Ein Genuss ist der Antipasto misto della casa (9 €) mit Salumi, Giardiniera, Gemüse und süßsauer eingelegten Zwiebeln. Unter den Primi finden Sie hausgemachte **Tortelli al ragù di carne** (9 €) mit Fleischfüllung und **Tagliolini al ragù di cinghiale** (mit Wildschweinragout). Eine gute Wahl für den Hauptgang ist **Coniglio alla cacciatora** (9 €). Freitags sind Stoccafisso in umido und Baccalà alla brace (9 €) die Tagesgerichte. Für den süßen Abschluss wird das Dessert Versilia (3 €) angeboten.

MONTALCINO (SI)

41 KM SÜDÖSTLICH VON SIENA

Osteria di Porta al Cassero

Traditionelle Osteria • Via della Libertà, 9
Tel. (+39) 05 77 / 84 71 96
Ruhetag: Mittwoch
Ferien: 1 Woche im November, Januar
40 Plätze
Preise: 33 €
Kreditkarten: AE, CS, MC, Visa; BM
Mittags und abends geöffnet

DIE OSTERIA – Es ist schwer, von Montalcino zu reden, ohne an den Brunello zu denken, der Millionen von Besuchern anzieht und damit auch den zahlreichen anderen Schätzen des Städtchens zu Bekanntheit verhilft. Im historischen Zentrum, wenige Schritte von der mächtigen Festung entfernt, führt Silvia Cecchini diese Osteria voll Elan, kümmert sich freundlich und sympathisch um jeden Gast und sorgt für einen reibungslosen, flinken Ablauf im Service. Dieselbe Aufmerksamkeit schenkt sie den Einkäufen für die Vorratskammer, die sie hauptsächlich bei lokalen Lieferanten tätigt, ergänzt durch Gemüse aus ihrem kleinen Garten.

DIE KÜCHE – Die Speisenauswahl, einfach und knapp gehalten, erfährt im Laufe des Jahres einige wenige Varianten, je nach Verfügbarkeit saisonaler Produkte. Man beginnt mit dem **Antipasto toscano** (6 €) mit Salumi und verschiedenen Bruschette. Den nächsten Gang wählt man unter ***Pinci*** (***Pici***) **con le briciole** (8 €), auch in den Versionen all'aglione, mit Fleischsauce, mit Tomaten oder Steinpilzen, Zuppe di pane oder Zuppa di funghi und einer exzellenten **Pappa al pomodoro**. Unter den Secondi sind Trippa allo zafferano (Safran kann selbst angebaut werden), **Coniglio in arrosto morto** (9 €), **Scottiglia di cinghiale** und Salsicce mit Fagioli all'uccelletto (Bohnen) zu erwähnen. Das Angebot umfasst auch eine kleine Auswahl an Pecorini aus der Toskana. Klassische hausgemachte Desserts (4 €) wie Tiramisu, Zuppa inglese, Panna cotta und Crème caramel. Eine besondere Erwähnung verdienen die gute Weinkarte, zum Teil mit glasweisem Ausschank, und das auf dem Tisch stehende native Olivenöl extra.

Die Enoteca La Fortezza im Hauptturm der Burg bietet eine breite Palette an Produkten wie Honig neben zahlreichen Weinen.

MONTALE (PT)
Fognano

13 KM NORDÖSTLICH VON PISTOIA, S.P. 5

Il Fienile

Restaurant
Via Martelli
Tel. (+39) 05 73 / 59 06 24
Ruhetag: Dienstag, außer Juli, August und Dezember
Ferien: unterschiedlich
60 Plätze + 60 Plätze im Freien
Preise: 30–35 €
Kreditkarten: MC, Visa; BM
Mittags und abends geöffnet

DIE OSTERIA – Geradlinig: Wollte man mit einem Wort zusammenfassen, was dieses Lokal auf den Hängen oberhalb von Montale ausmacht, dann müsste man wohl dieses wählen. Das gilt für das Ambiente, den Stil der Gastlichkeit von Francesco Monticelli und vor allem für das, was man hier isst und trinkt. Kein Firlefanz, viel Substanz und Qualität sowie respektvolle Einstellung zur Region und ihren Produkten, zu den Jahreszeiten und zur Tradition.

DIE KÜCHE – Unter den Antipasti findet man Mortadella aus Prato (9 €) und Wurst aus einer nahe gelegenen Fleischerei. Die Primi bestehen aus exquisiten Gemüsesuppen – im Sommer Pappa al pomodoro –, aber auch **Maccheroni al sugo d'anatra** (mit Entensauce, 10 €) oder **di pecora** (mit Schaffleisch) und **Tortelli**. Es gibt zahlreiche Secondi vom Grill, vor allem Bistecca und Tagliata, aber auch gegarte Gerichte (13 €) wie Guancia di vitello mit Aceto balsamico, **Peposo** und im Winter Bollito misto mit hausgemachten Saucen. Freitags ist der beliebte Baccalà fast ein Muss. Die gepflegten Beilagen sind Null-Kilometer-Produkte oder beinahe solche: Das Gemüse, das den längsten Weg zurücklegt, sind Bohnen aus Lucca. Wer dann noch kann – die Portionen sind sehr üppig –, wählt zum Ausklang ein hausgemachtes Dessert wie Zuppa inglese oder Torta di mele. Zu Ihrer Mahlzeit bekommen Sie gute Tropfen aus der Toskana, die in einer nicht übermäßig großen, aber sehr gelungenen Karte mit korrektem Preisniveau zusammengefasst sind. Das Gedeck für 3 € umfasst Brot und Wasser. Weitere Angebote sind ein Kindermenü für 15 € und ein Degustationsmenü für 30 € ohne Wein.

In der Macelleria Meoni (Via Martelli) werden die lokalen Salumi hergestellt, die auch im Restaurant Il Fienile angeboten werden.

MONTE SAN SAVINO (AR)
Bano

20 KM SÜDWESTLICH VON AREZZO, S.S. 73

Belvedere

Restaurant
Ortsteil Bano, 226
Tel. (+39) 05 75 / 84 42 62
Ruhetag: im Sommer Montag, im Winter Montag–Freitag
Ferien: letzten 2 Novemberwochen
80 Plätze + 80 Plätze im Freien
Preise: 35 €
Kreditkarten: AE, CS, DC, MC, Visa; BM
Mittags und abends geöffnet

DIE OSTERIA – Der Blick auf das Valdichiana, der sich von der Terrasse des Restaurants erschließt, entschädigt wohl für die etwas mühseligen Kurven und die nicht asphaltierte Zufahrtsstraße. Die Inhaber, Lucio Rossi und sein Vater Massimo, setzen sich mit Engagement dafür ein, die auf das Ausrichten großer Feierlichkeiten zugeschnittene Küche und den Geschmack von anspruchsvolleren Gelegenheitsgästen unter einen Hut zu bringen. Dies gelingt durch eine sorgfältige Auswahl der Produkte – darunter viele Slow-Food-Presidi – und durch traditionsgetreue Rezepte, die maßvoll mit innovativen Akzenten aufgefrischt werden. Das Ambiente ist sehr freundlich und hell.

DIE KÜCHE – Das umfangreiche Speisenrepertoire wird von Lucio präsentiert, der nicht ohne Stolz auf die verwendeten Zutaten hinweist: Brot und Pasta sind hausgemacht aus Mehl einer hiesigen Mühle, die alte Getreidesorten verarbeitet, Gemüse aus dem eigenen Garten begegnet sich Suppen und Beilagen, Fleisch stammt aus lokalen Zuchtbetrieben. Beginnen können Sie mit Cannolo mit Creme aus Raviggiolo-Käse und Zwiebeln aus Certaldo (7,50 €) oder Battuta di chianina mit den Saucen des Hauses. Unter den Primi findet man neben einer großen Auswahl an saisonalen Suppen (7 €) exzellente ***Pici*** all'aglione, **Pappardelle al sugo bianco di chianina** (9 €) und Polenta aus Marano-Mais mit Anguilla alla cacciatora (Aal). Bei den Secondi steht Fleisch vom Chianina-Rind im Rampenlicht: **Spezzatino mit Zwiebeln aus Certaldo**, Tagliata mit Rosmarin (13 €) und **Bistecca** alla fiorentina. Als Alternative gibt es Innereien: **Animelle al Vin Santo** (Bries) und Cervello fritto (Hirn). Auf die deliziösen, sämtlich hausgemachten Dolci sollten Sie keinesfalls verzichten. Das Sortiment an Rohmilchkäse aus der Umgebung ist exzellent. Die Weinauswahl passt perfekt zum Speisenangebot.

MONTEPULCIANO (SI)

68 KM SÜDÖSTLICH VON SIENA

Osteria dell'Acquacheta

Trattoria
Via del Teatro, 22
Tel. (+39) 05 78 / 71 70 86
Ruhetag: Dienstag, November–Juni auch Mittwoch
Ferien: 1 Woche zu Weihnachten, Mitte Januar–Mitte März
35 Plätze
Preise: 25–30 €
Kreditkarten: AE, CS, MC, Visa; BM
Mittags und abends geöffnet

DIE OSTERIA – Ein bezauberndes kleines Lokal, eng gestellte Tische mit gelben Papiertischtüchern, ein einziges Glas für Wasser und Wein, eine Theke für das Fleisch, ein Grill auf einem Podest am Ende des Raumes, eine von Hand geschriebene Tageskarte: All das verleiht dem Ambiente eine anheimelnde, gesellige Note. Das Lokal ist bekannt, wie man an den Touristen aus allen Teilen Italiens und der restlichen Welt erkennt. Die Tische sind so angeordnet, dass jeder einzelne der wenigen Plätze genutzt wird. Die Mahlzeit Seite an Seite mit Unbekannten einzunehmen, ist eine Besonderheit, die trotz der Enge eine fröhliche Stimmung aufkommen lässt. Das Abendessen verläuft in zwei Schichten: Chiara und Giulio sind freundlich und flink auf die Erfüllung aller Wünsche bedacht, aber wer im ersten Turnus speist, wird wohl angesichts des noch ausstehenden zweiten Turnus eine gewisse Eile wahrnehmen, die den vollen Genuss der gewählten Gerichte und der stets hohen Qualität ein wenig beeinträchtigt. Wir empfehlen daher, den zweiten Durchgang zu wählen.

DIE KÜCHE – Unter den Antipasti finden Sie eine hervorragende gereifte Salsiccia vom Wildschwein mit in Öl eingelegten getrockneten Tomaten und Insalata di puntarelle mit Sardellensauce (5 €). Bei den Primi erwarten Sie ***Pici*** al ragù di cinghiale oder all'aglione (7,50 €) und Tagliatelle al sugo di baccala. Bei den Hauptgerichten gibt es als Alternativen zu der exzellenten **Bistecca** (etwa 1 kg schwer) auch **Coniglio ripieno** (9 €) oder **Capretto al tegame** (10 €). Als Beilage wird saisonales Gemüse serviert, zum Beispiel blanchierte Cime di rapa (Stängelkohl) oder Sformato di cavolfiore (€ 4,50). Hausgemachte Desserts und lokaler Wein in der Karaffe.

MONTEPULCIANO (SI)
Valiano

74 KM SÜDÖSTLICH VON SIENA

Piccola Trattoria Guastini

Trattoria
Via Lauretana Nord, 20
Tel. (+39) 05 78 / 72 40 06
Ruhetag: Mittwoch
Ferien: November
35 Plätze + 35 Plätze im Freien
Preise: 30–35 €
Kreditkarten: AE, CS, DC, MC, Visa; BM
Mittags und abends geöffnet

DIE OSTERIA – Im Jahr 2007 haben Davide Guastini und seine Frau Emanuela diese Trattoria im kleinen Dorf Valiano an der Grenze zwischen der Provinz Siena und Umbrien übernommen und damit einem Ort mit jahrhundertealter Geschichte neues Leben eingehaucht. Das kleine Lokal besteht aus nur einem Raum und einer Sommerterrasse, von der aus man den prachtvollen Ausblick auf das Chiana-Tal genießt. Davide und Giorgia sind im Service präsent und erläutern die von Emanuela kreierten Gerichte. Die Köchin bietet gelungene Überarbeitungen der Traditionen Umbriens und der Toskana, wobei sie die lokalen Produkte gut in Szene setzt.

DIE KÜCHE – Wir sind hier in der Heimat des Chianina-Rinds, das daher häufig in der Karte erscheint. Man beginnt mit Fegatini spadellati auf toskanischem Brot (9 €), Carpaccio di chianina, Antipasto misto, **Lampredotto di chianina in grüner Sauce** oder Tortini mit saisonalem Gemüse. Die Primi umfassen *Pici* mit klassischem Ragout vom Chianina-Rind oder all'aglione, wunderbare **Ravioli di piccione** mit nativem Olivenöl extra, Pancetta und Thymian (14,50 €) und Cremes aus gelbem Kürbis und Kichererbsen oder aus Bohnen vom Trasimenischen See. In der Saison bekommt man auch Gerichte mit Spargel oder Pilzen. Der See ist nah, daher gibt es **Tagliolini con tinca affumicata** (mit geräucherter Schleie, 9 €). Auch bei den Secondi heißt es „Bahn frei" für Fleisch: Peposo, Trippa, **Polpettone** (12,5 €) und Tagliata di chianina, exzellentes **Coniglio fritto** oder Rotolo di anatra arrosto (Entenrollbraten) mit Pistazien und Orangenschale, ein sehr frisches Gericht. Die Desserts variieren nach Lust und Laune der Köchin Emanuela, jeweils basierend auf lokalen Produkten. Im vorwiegend toskanischen Weinsortiment liegt der Schwerpunkt bei Etiketten aus Montepulciano und Cortona.

MONTERONI D'ARBIA (SI)
Ville di Corsano

14 KM SÜDLICH VON SIENA, S.P. 46

Il Ristoro

Trattoria-Pizzeria
Via Corsano Grotti, 574
Tel. (+39) 05 77 / 37 79 12
Ruhetag: Montag
Ferien: November
50 Plätze
Preise: 25–28 €
Kreditkarten: MC, Visa; BM
Mittags und abends geöffnet

DIE OSTERIA – Das Lokal ist das Herzstück der kleinen Ortschaft und fungiert als Bar, Trattoria und abends auch als Pizzeria. Die Inhaberinnen Larissa (Service) und Elisa (Küche) bieten eine einfache Küche, wobei sie aber den Zutaten besonderes Augenmerk schenken und häufig zu Produkten der Slow-Food-Presidi und der „Arche des Geschmacks" greifen. Frische Pasta, Fleisch aus dieser Gegend, Öl von erstklassiger Qualität, Kräuter und Obst aus dem eigenen Garten werden zu Gerichten verarbeitet, bei denen alte Rezepte mit Charme adaptiert werden. Serviert werden sie in zwei heimeligen, gastlichen Räumen.

DIE KÜCHE – Unter den Antipasti findet man für den Einstieg den Tagliere toscano, Tagliere del boscaiolo (mit Wurst vom Cinta-Senese-Schwein, 10 €), den interessanten Frittino del Ristoro (7 €) oder für Gäste, die kein Fleisch wollen, den Tagliere dell'ortolano. Dann geht es weiter mit den Primi, von denen **Straccetti di pasta fresca mit Ragout vom Cinta-Senese-Schwein und Kirschtomaten** (8 €) und *Gnudi* di ricotta e spinaci auf Safrancreme hervorstechen, aber auch **Tagliatelle e vino** (mit Brotkrumen, Schweinebacke und Gewürzen, 7,50 €) schmecken hervorragend. Im Kapitel der Secondi findet man einen guten **Fritto misto di carne** (8,50 €), **Tegamata di cinta senese** und Filetto di maiale in Vin Santo mit Schalotten. Wenn Sie Tagliata oder Bistecca alla fiorentina wählen, wird die Rechnung etwas höher ausfallen. Zum süßen Ausklang gibt es Cantucci mit Vin Santo, ergänzt durch frische, hausgemachte Tagesdesserts. Der lokale Hauswein hat ein gutes Niveau.

MONTESCUDAIO (PI)

62 KM S. V. PISA, S.S. 206, 10 KM V. CECINA, S.S. 68

Il Frantoio

Restaurant
Via della Madonna, 9
Tel. (+39) 05 86 / 65 03 81,
(+39) 388 / 140 39 89
Ruhetag: Dienstag
Ferien: 10. Januar–10. Februar
40 Plätze
Preise: 35 €
Kreditkarten: CS, MC, Visa; BM
Abends geöffnet, im Winter an Feiertagen auch mittags

Ein gepflegtes und dabei sehr familiäres Ambiente: Die Geselligkeit als Verbindungselement zwischen Küche und Bewirtung macht diese Osteria zu einer Pflichtetappe.

DIE OSTERIA – Ein Besuch im Restaurant Il Frantoio führt Sie in eine jener typischen Osterien, in denen der Geist von Slow Food noch zu spüren ist. Es hat seinen Sitz im Zentrum von Montescudaio, einer kleinen Ortschaft in der Provinz Pisa. Die Einrichtung ist gepflegt, aber sehr traditionell. In den Räumen einer alten Ölmühle empfängt Sie der Hausherr Giorgio und lädt Sie mit seiner Küche zu einem Streifzug durch diese Gegend ein, wobei er mit gelungenen Überarbeitungen traditioneller Rezepte überrascht. Öl und Brot aus der Umgebung, der Einsatz von Slow-Food-Presidi, das Käsesortiment und die exzellente Weinauswahl werden allen Erwartungen gerecht.

DIE KÜCHE – Die Küche hält sich an die Jahreszeiten. Als Antipasti können Sie Crudo di gamberi (erstklassig in seiner Schlichtheit) oder **Insalatina di lingua salmistrata** (eine gute, ungewöhnliche Pökelzunge, € 12), aber auch Caramella di pecorino (€ 12) wählen. Die Primi locken mit **Pici del Pezzente** (€ 8), Gnocchetti agli aromi dell'orto oder **Tortelli di magro mit Ricotta dei Delogu** und Tagliatelle al ragù. Als Secondo stechen neben Tartara di chianina auch Cacciatora di pollo (€ 16) oder Parmigiana di carciofi mit cremigem Pecorino hervor. Weitere Empfehlungen sind **Trippa alla quercetana**, für die allein sich die Fahrt schon lohnt, und **Bistecca**. Zum Abschluss hausgemachte Desserts wie Mousse mit Ingwer und Zimt, Sformatino di ricotta oder Torta di mele e cioccolato. Hauswein gibt es keinen, aber die zahlreichen hochwertigen Etiketten zu korrekten Preisen werden Sie zufriedenstellen.

MONTIERI (GR)
Boccheggiano

42 KM NORDWESTLICH VON GROSSETO

La Ciottolona

Moderne Osteria
Piazza Diaz, 11
Tel. (+39) 05 66 / 99 82 16
Ruhetag: Mittwoch, außer im Sommer
Ferien: 2 Wochen im September/Oktober
24 Plätze + 40 Plätze im Freien
Preise: 26–30 €
Keine Kreditkarten
Abends geöffnet, gegen Vorbestellung auch mittags

DIE OSTERIA – Der Hügel von Boccheggiano an der Straße von Siena nach Follonica, in der Nähe der Colline Metallifere, ist ein Gebiet, wo nach Beendigung der Bergbautätigkeit einige Unternehmer in die Gastronomie investierten. Sandro Frullani, einer der Vorläufer dieser Strömung, eröffnete in den Räumlichkeiten einer alten Fleischerei ein Lokal. Das Ambiente dieses Familienbetriebs ist gastlich und gepflegt, erklärte Ziele sind das Streben nach Qualität und eine Küche im Einklang mit den Jahreszeiten. Von lokalen Lieferanten stammen Fisch (Monte Argentario) und Fleisch, Gemüse und Öl werden direkt bei den Herstellern bezogen.

DIE KÜCHE – Unter den Antipasti (8 €) entdeckt man **Lasagnetta di cecina mit Stockfischpüree** und im Frühling Tortino di farro mit wildem Spargel und Tintenfisch. Die Primi (8 €) umfassen ***Pici*** con ragù bianco di cinta, unschlagbare **Tortelli cacio e pepe** alla Ciottolona und Tortelli di limone e gamberi mit Pesto von getrockneten Früchten und Kirschtomaten. Auch bei den Secondi (10 €) finden Sie Gerichte aus der Festland- und der Meeresküche, zum Beispiel **Straccetti di cinta mit Pecorino-Fonduta**, Tagliate di manzo oder Baccalà fritto mit süßsauer eingelegten Paprikaschoten und Gamberoni al curry. Zum Schluss feine hausgemachte Dolci (4 €), darunter Latte alla portoghese mit Nuvola di caramello, warmer Tortino al cioccolato und andere winterliche Gerichte auf Basis von Esskastanien, einer Spezialität dieses Gebietes, wo auch der nationale Wettbewerb für Esskastanienmehl abgehalten wird. Beschränkte Anzahl an Weinen, angeboten zu korrekten Preisen.

Panificio von Andrea Montomoli (Via della Madonna 18): Brot aus Esskastanienmehl, Schiacce und zahlreiche Süßspeisen.

ORBETELLO (GR)
Giannella

40 km südlich von Grosseto, S.S. 1

L'Oste Dispensa

Restaurant
Strada Provinciale Giannella, 113
Tel. (+39) 05 64 / 82 00 85,
(+39) 347 / 180 36 79
Ruhetag: Dienstag, außer im Sommer
Ferien: 22. Dezember–15. Februar
60 Plätze
Preise: 35 €
Kreditkarten: MC, Visa; BM
Mittags und abends geöffnet

Eine regionaltypische Küche, interpretiert mit sicherer Hand, Fantasie und ausgeprägtem Gespür.

DIE OSTERIA – FAO 37.1.2. Das ist die Bezeichnung des Fanggebietes der Fische (aus dem Toskanischen Archipel), die in diesem Lokal „am Ende der Provinzstraße Giannella" aufgetischt werden. Neben dem kleinen Hotel seiner Frau bietet Stefano Sorci seit einigen Jahren mit Begeisterung die besten Produkte der Maremma. Und zwar nicht nur aus dem Meer, sondern auch Fleisch, Käse und Wein (besondere Etiketten aus dem Küstenstreifen vor der Isola del Giglio): Was zählt, sind hohe Qualität und ökologische Aspekte. Zahlreiche Produkte der Slow-Food-Presidi werden an der Theke auch zum Verkauf angeboten. Die Leitung des freundlichen, professionellen Service liegt in den Händen eines jungen Chefs. Sehr beliebt sind die wenigen Tische mit Ausblick. Das Lokal wurde kürzlich erweitert. Am Wochenende könnte daherder starke Andrang, auch seitens der Einheimischen, die Wartezeiten verlängern.

DIE KÜCHE – Fisch aus nachhaltigem Fang dominiert die Karte: keine Langusten, sondern Meeräschen, die Protoypen des **Fritto di paranza**, und Aal. Man beginnt mit Köstlichkeiten wie **Anguilla sfumata** oder **Palamita**. Risotto dell'arcipelago (14 €) oder **Spaghetti al polpo**, aber auch Tortelli al ragù di maremmana (12 €) erwarten Sie als Primi. Der Hauptgang bietet neben Fritto misto di mare (wirklich „gemischt") auch fangfrischen Fisch vom Grill oder die Version all'**acquapazza**. Wer Fleisch bevorzugt, kann Stracotto di maremmana al Ciliegiolo wählen. Es gibt zwei Degustationsmenüs für 25 und 35 € inklusive Wein: eine exzellente Wahl, auch wenn man am Schluss den Wunsch hat, auch noch die restlichen Speisen zu probieren.

PALAZZUOLO SUL SENIO (FI)

62 km nordöstlich von Florenz

La Bottega dei Portici

Osteria-Enoteca
Piazza Garibaldi, 3
Tel. (+39) 055 / 804 65 80
Ruhetag: Montag
Ferien.: zeitweise im September
30 Plätze + 50 Plätze im Freien
Preise: 28–34 €
Kreditkarten: CS, DC, MC, Visa; BM
Mittags und abends geöffnet

DIE OSTERIA – Dieses kleine mittelalterliche Dorf zu erreichen, das eingebettet in die Wälder des Apennins an der Grenze zur Romagna liegt, ist nicht gerade leicht, doch es lohnt sich. La Bottega dei Portici ist eine Osteria und Vinothek, aber auch ein Delikatessengeschäft. Geführt wird es von Francesco und seiner Frau Luana. Es gibt drei Räume und für die warme Jahreszeit einen Sitzbereich im Freien. Zur rustikalen Einrichtung gehören Regale mit schön zur Schau gestellten Weinflaschen, eine Theke und Möbel aus Holz.

DIE KÜCHE – Die Speisen variieren je nach Jahreszeit. Aufgrund der Lage an der Grenze zwischen den Regionen Toskana und Emilia-Romagna finden beide Küchen im Repertoire des Lokals ihren Niederschlag. Der Antipasto di Bottega, den wir bei unserem letzten Besuch bekamen, umfasste Crostini, Panzanella und Sformato di peperoni mit Safransauce. Als Alternative gab es Tomino al forno mit Prosciutto und Aceto balsamico (6 €). Die Teigwaren sind praktisch alle hausgemacht: sehr gelungen die **Passatelli**, die für gewöhnlich in Brühe, hier jedoch mit Prosciutto und Zucchini (9 €) serviert werden. Weitere Vorschläge sind Bigoli, **Tortelli di patate mit Ragout** oder mit Robiola und Zucchini. Als Secondi gibt es **Anatra al forno** mit Gemüse, Carpaccio di manzo di Bottega (15 €), Costata di manzo alla fiorentina und Tagliere di salumi (mit Wurst, auch vom Wild). Als Beilagen bekommt man Spiedini di verdure (Gemüsespieße) oder Melanzane alla parmigiana. Die Desserts und verschiedene Arten von Mürbegebäck werden selbst hergestellt, Sie können aber zum Ausklang auch einen Teller mit typischen Formaggi bestellen, serviert mit Honig und Konfitüren (12 €). Man trinkt guten offenen Sangiovese oder einen der zahlreichen toskanischen und sonstigen Flaschenweine aus der Vinothek.

52 KM NORDWESTL. V. LUCCA, S.S. 445 U. S.S. 324

Il Pozzo

Restaurant-Pizzeria
Via Europa, 2 A
Tel. (+39) 05 83 / 66 63 80
Ruhetag: Mittwoch
Ferien: unterschiedlich
130 Plätze + 130 Plätze im Freien
Preise: 35 €
Kreditkarten: AE, CS, DC, MC, Visa; BM
Mittags und abends geöffnet

Gutes Beispiel einer einfachen Küche, die auf lokale Zutaten achtet und der Tradition der Garfagnana stets die Treue hält.

DIE OSTERIA – Zu Beginn des letzten Jahrhunderts war das Landhaus, in dem dieses Restaurant seinen Sitz hat, Teil eines reichen Gutshofs: reich vor allem wegen des einzigen Brunnens – daher stammt der Name des Lokals –, den es in dieser Gegend gab. Im Jahr 1996 übernahmen Giordano Andreucci und Maurizio Romei, ein gut eingespieltes, fachkundiges Team, den Betrieb, der sich bald zu einer zuverlässigen Adresse für Freunde der Küche der Garfagnana entwickelte. Das gastfreundliche Lokal erstreckt sich auf zwei Ebenen, wobei man im Sommer in dem großen Heuschober mit Blick auf den Garten Platz nehmen kann.

DIE KÜCHE – Der Antipasto misto della casa (8 €) umfasst eine schöne Auswahl an Salumi aus der Garfagnana, darunter Biroldo, ein Slow-Food-Presidio, serviert mit Kartoffelbrot (ein weiterer Presidio) oder mit Esskastanienbrot. Gute Alternativen sind Tortino di polenta e cavolo nero auf Taleggio-Fonduta und gratinierte Caciottina mit schwarzer Trüffel. Dann folgen die köstliche **Minestra di farro (IGP-Dinkel aus der Garfagnana,** 7 €) und je nach Jahreszeit auch Zuppa di funghi, **Pappardelle aus Ottofile-Weizen auf Hasenragout** (8,50 €) und die hausgemachten Tortellacci mit Ragout. Unter den Secondi sind neben dem Fleisch vom Grill auch **Faraona disossata, gefüllt mit schwarzer Trüffel** (12 €), Agnello al forno mit Kartoffeln und das klassische Cinghiale in salmì mit Polenta zu erwähnen. Einfache, aber feine Desserts und eine gepflegte Auswahl an Formaggi. Die Weinkarte ist klug zusammengestellt und strukturiert, ihr Schwerpunkt liegt bei Etiketten aus der Toskana.

82 KM SÜDLICH VON LIVORNO, S.S. 1

Il Garibaldi Innamorato

Trattoria
Via Giuseppe Garibaldi, 5
Tel. (+39) 05 65/494 10,
(+39) 329/963 47 48
Kein Ruhetag
Ferien: unterschiedlich
45 Plätze
Preise: 33–35 €
Kreditkarten: AE, CS, DC, MC, Visa; BM
Mittags und abends geöffnet

DIE OSTERIA – Dieses Lokal in einer kleinen Querstraße mitten in der Altstadt, im Herzen der Hafenstadt Piombino gelegen, ist ein Ort, der stets brechend voll und von einer fröhlichen, geselligen Stimmung geprägt ist. Das Kernthema der Karte ist Fisch, der täglich frisch von den hiesigen Fischerbooten an Land gebracht wird. Zubereitet wird er so, dass auch die anspruchsvollsten Gaumen zufriedengestellt werden. Bei den Gerichten steht der Pesce povero, also die weniger edlen Sorten wie Ricciola (Bernsteinmakrele), Sciabola (Degenfisch), Palamita (Bonito) und Acciuga (Sardelle) im Zentrum der Aufmerksamkeit. Er wird meisterhaft zubereitet von einem Autodidakten, wie Roberto Filippeschi sich selbst mit Stolz beschreibt.

DIE KÜCHE – Hervorragend schmeckt der Antipasto, der aus acht verschiedenen Köstlichkeiten besteht (20 €), zum Beispiel **Polpo mit Bohnen und Kräutern**, Baccalà mit Knoblauch-Mayonnaise, **Sciabola fritta**, Alici, Ricciola all'aceto, **Gamberi alla grappa**, Vongole in umido und Palamita all'olio. Als Primo ein großer Klassiker, nämlich die **Zuppa corsa** (10 €), ein schmackhaftes, appetitanregendes Passato di pesci e crostacei (Püree aus Fisch und Krustentieren), das in warmen Suppenschüsseln mit Brot-Crostini und Käse serviert wird. Exzellente Secondi sind die knusprigen, schmackhaften **Acciughe fritte**, die auch in der Variante Acciughe marinate in olio (in Öl mariniert) angeboten werden. Unter den hausgemachten Desserts bestechen eine warme Crema pasticciera (5 €), in die man Lingue di gatto tauchen kann, oder das Mousse di cioccolato. Der Weinkeller ist reich bestückt mit Etiketten aus dem In- und Ausland, wobei besonderes Augenmerk den mit Leidenschaft ausgesuchten Champagnern geschenkt wird.

Osteria dei Cavalieri

Restaurant
Via San Frediano, 16
Tel. (+39) 050 / 58 08 58
Ruhetag: Samstagmittag, Sonntag
Ferien: August, 30. Dezember–7. Januar
60 Plätze
Preise: 30–35 €
Kreditkarten: AE, MC, Visa; BM
Mittags und abends geöffnet

DIE OSTERIA – Die Osteria dei Cavalieri, ein einfaches, gastliches Lokal mit langer Geschichte in der Nähe der prachtvollen gleichnamigen Piazza, steht unter der Leitung von Liano Pratesi und Franco Sagliocco. Sie eignet sich für ein rasches feststehendes Menü in der Mittagspause ebenso wie für ein komplettes Abendessen à la carte. Die Küche hält sich an die Tradition von Pisa und bietet Fleisch-, Fisch- und Gemüserezepte.

DIE KÜCHE – Man beginnt mit Pasta fritta und Prosciutto toscano, Antipasto di trippa, Sformatino di formaggio mit Bohnencreme und Zuppetta di vongole veraci e cozze (8 €). Frische Pasta dominiert bei den Primi: **Tagliatelle al ragù di coniglio**, ai funghi pioppini, **all'anatra mit Möhren und Wacholderbeeren**, Ravioli, gefüllt mit Pecorino und schwarzem Pfeffer, mit Bohnen und Tomaten (10 €) und Gnocchi alla gallinella. Weitere Vorschläge sind Spaghetti con vongole veraci e cozze oder ai cannolicchi. Auf der Karte findet man auch Ribollita, **Minestra di farro e fagioli** (8 €) und **Passato di ceci**. Fleisch und Fisch bei den Secondi: Tagliata oder Filetto di manzo, **Costolette di agnello a scottadito**, Coniglio all'origano, **Trippa alla toscana** (12 €), Filetto di pesce al forno mit Kartoffeln, Frutti di mare mit Kirschtomaten, Totanini alla piastra und Pescato del giorno. Drei viergängige Degustationsmenüs stehen im Zeichen von Fleisch (32 €), Fisch (33€) oder Gemüse (28 €). Exzellente Desserts des Hauses: Crostata mit Birnen und Zimt, Bavarese al caffè oder al cioccolato, Sorbetti und Mousse di frutta. Die umfangreiche Weinkarte nennt zahlreiche Etiketten aus dem In- und Ausland und ein gutes Sortiment an Edelbränden.

De Bondt, Lungarno Pacinotti 5: exzellente Schokoladeproduktion

6 KM VOM ZENTRUM

Re di Puglia

Restaurant
Via Aurelia Sud, 7
Tel. (+39) 050 / 96 01 57,
(+39) 345 / 439 09 31
Ruhetag: Montag, Oktober–Mai auch Dienstag
Ferien: 2 Wochen im Januar
80 Plätze + 70 Plätze im Freien
Preise: 35–40 €
Keine Kreditkarten; BM
Abends geöffnet, Oktober–Mai Sonntag auch mittags

DIE OSTERIA – Wir sind hier in einer Allee, die von Pisa nach Livorno führt, etwa zehn Minuten vom Zentrum der Stadt entfernt. Die Einrichtung ist einfach, auf das Wesentliche konzentriert, vielleicht ein wenig rustikal in ihrer Weitläufigkeit, aber durchaus ansprechend und in der Tradition verwurzelt. Der Hausherr Sergio empfängt Sie am Eingang und begleitet Sie in den Speisesaal, wo ein enormer Grill steht, über dessen Glut das Fleisch zubereitet wird. Während der warmen Monate wird der Saal ins Freie geöffnet, wo ein großer Grillplatz eingerichtet ist.

DIE KÜCHE – Der Startschuss für Ihre Mahlzeit fällt mit einem Misto di salumi mit von Hand geschnittenen Wurstspezialitäten aus dem Gebiet um Lucca, Pecorino erborinato, dem Antipasto di capra oder dem gemischten Teller mit warmen Crostini (10 €). Es besteht auch die Möglichkeit, einen vegetarischen Antipasto zu bestellen. Als Primi werden **Testarolo pontremolese** (ein Slow-Food-Presidio), Pappardelle al coniglio (mit Kaninchen und Rosmarin), **Pappardelle al montone**, Tagliolini alla carbonara mit Artischocken oder die Version mit Ente und Curry angeboten. Unter den Secondi entfällt der Löwenanteil auf gegrilltes Fleisch. Es gibt Piccione (Taube, 14 €) und Formaggio alla griglia, aber auch Coniglio „a modo mio" (Kaninchen nach Art des Hauses)", Tagliata di cavallo mit schwarzem Pfeffer und **Trippa alla pisana**. Abschließend eine schöne Auswahl an Desserts: Sfogliatine di nocciole mit aufgeschlagener Ricotta und Zitrusfrüchten, Delizie di pesche (mit Pfirsichen und Vanille), Morbidella al cioccolato bianco mit Himbeersauce, Zuccotto di gianduia mit Weichseln und Pere al vino mit Mandelcreme. Wein können Sie glasweise bestellen oder aus einem guten Sortiment an Etiketten mit Schwerpunkt bei Rotweinen wählen.

PISTOIA

La Bottegaia

Moderne Osteria
Via del Lastrone, 17
Tel. (+39) 05 73 / 36 56 02
Ruhetag: Montag
Ferien: 1 Woche um den 15. August
35 Plätze + 60 Plätze im Freien
Preise: 35–40 €
Kreditkarten: AE, CS, DC, MC, Visa; BM
Mittags und abends geöffnet

DIE OSTERIA – Wir befinden uns hier zwischen der Piazza del Duomo und der Piazzetta della Sala, dem Standort des hiesigen Marktes, in einer sehr lebendigen Gegend mit zahlreichen charakteristischen Lokalen. La Bottegaia hat sich inzwischen zu einem komplexen Betrieb gemausert, der eine Vinothek und Trattoria sowie einen Laden für den Verkauf von Delikatessen in der Nähe der Osteria umfasst.

DIE KÜCHE – Das Angebot ist ausgewogen aufgeteilt auf die Kategorien Antipasti, Primi und Secondi und umfasst auch einige Fischgerichte. Bei einem unserer Besuche im Frühling ließen wir uns zum Auftakt einen interessanten knusprigen Tortino di asparagi (9 €) neben den üblichen toskanischen Crostini, Salumi und Formaggi schmecken, die von exzellenter Qualität sind und aus der Umgebung stammen. Unter den Primi fanden wir abgesehen von der Zuppa di legumi die klassischen hausgemachten **Maccheroni pistoiesi sull'anatra** (10 €), Gnocchi di patate mit Spargel und einen ungewöhnlichen Risotto alle barbe rosse mit gehobeltem Parmesan vor, sehr ansprechend präsentiert. Für den Hauptgang gibt es natürlich Bistecca und Tagliata, aber auch **Coniglio agli aromi**, **Peposo** (13 €), **Trippa**, Baccalà al forno und für Vegetarier Parmigiana di melanzane. Neben den üblichen Beilagen kann man extra Fagioli sorantini (Bohnen, 4 €), winzige Ceci (Kichererbsen) aus dem Chianti-Gebiet, Kartoffeln, blanchiertes grünes Gemüse und einen gemischten Salat bestellen. Exzellent und schön angerichtet ist das Sortiment an Formaggi. Unter den Desserts (6 €) finden Sie Tiramisu, Torta di mele, den ungewöhnlichen Riso brulé und eine exzellente Sfogliatina mit Chantilly-Creme. Die Weinkarte wäre eines großen Restaurants würdig und nennt zahlreiche Etiketten, vorwiegend aus renommierten Weingütern. Es gibt auch einen Hauswein und einige Weine im Glas.

Trattoria dell'Abbondanza

Trattoria
Via dell'Abbondanza, 10–14
Tel. (+39) 05 73 / 36 80 37
Ruhetag: Mittwoch
Ferien: 2 Wochen im Januar
50 Plätze + 50 Plätze im Freien
Preise: 25–30 €
Kreditkarten: CS, MC, Visa; BM
Mittags und abends geöffnet
♿

DIE OSTERIA – Wenige Schritte von der Piazza del Duomo entfernt, in der gleichnamigen Straße, hat die Trattoria dell'Abbondanza ihren Sitz. Geführt wird sie von den Brüdern Ercolini: Cristian und Francesco stehen am Herd, Samuele betreut den Service. Das Ambiente ist sehr gepflegt im Retro-Stil eingerichtet: Die Wände sind mit Antiquitäten, aber auch modernen Ziergegenständen dekoriert. Die beiden Räume sind groß und werden von jeweils einem Team betreut. Die Küche entspricht der Tradition der Toskana, ergänzt durch einzelne innovative Rezepte.

DIE KÜCHE – Ein guter Einstieg gelingt mit der Auswahl an hiesigen Salumi (12 €) oder Formaggi. Auf der Karte stehen auch Calamaretti ripieni, Battuta di manzo und ein Tortino di verdure (bei unserem Besuch im Frühling war das ein Spargelkuchen). **Zuppa di farro alla lucchese** (Dinkelsuppe, 8 €), **Pappa al pomodoro** mit Stracciatella di burrata, **Spaghetti alla chitarra mit Ragout aus Lampredotto** (10 €), Gnocchi dell'Abbondanza mit Pesto aus Rucola und Tomaten und Bio-Risotto mit Erbsen, Caprino und geriebener Pancetta (9 €) wechseln bei den Primi. Die Secondi bleiben der Toskana treu: **Trippa alla fiorentina** (14 €), **Cinta senese con rape saltate** (mit sautierten Rüben), **Bocconcini di pollo fritto** mit saisonalem Gemüse (15 €), aber auch Tagliata di manzo und Filetto di maiale mit Bier. Den Schlusspunkt setzen die Desserts des Hauses: Torta al cioccolato cotta e cruda (teilweise gebacken, teilweise roh, 5 €), Tiramisu und Cantuccini zum Eintauchen in Vin Santo. Die Weinkarte schenkt den lokalen Produkten besondere Aufmerksamkeit.

PITIGLIANO (GR)

74 KM SÜDÖSTLICH VON GROSSETO, S.S. 322

Hostaria del Ceccottino

Restaurant
Piazza San Gregorio VII, 64
Tel. (+39) 05 64 / 61 42 73,
(+39) 393 / 979 00 69
Ruhetag: Donnerstag
Ferien: 10. Januar–10. März
30 Plätze + 25 Plätze im Freien
Preise: 35 €
Kreditkarten: AE, CS, MC, Visa; BM
Mittags und abends geöffnet

DIE OSTERIA – Alessandro Francardi, „Ceccottino" genannt, und seine Frau Chiara führen dieses Lokal im Herzen der Altstadt. Besondere Berücksichtigung schenken sie Gerichten, die der jüdischen Küche entstammen und auf den Traditionen einer in Pitigliano historisch verwurzelten Gemeinde basieren. Großer Wert wird auch auf kurze Lieferwege gelegt, mit vielen Produkten, die den Zusatz „0 km" verdienen, Slow-Food-Presidi und Bio-Produkten, die in der Karte speziell angeführt sind.

DIE KÜCHE – Beginnen Sie mit Prosciutto crudo aus Sorano, Fantasia di crostini (mit Salsiccia und Stracchino, nach toskanischer Art, mit Lardo vom Cinta-Senese-Schwein und nach Art von Pitigliano mit Milz und Herz, 13 €), Acciughe al pesto oder Bio-Gemüse in Öl. Dann folgen Zuppa di ricotta e spinaci oder **Acquacotta**. Pasta asciutta ist mit **Tagliatelle al ragù bianco di anatra** (12 €), Pappardelle al cinghiale, *Gnudi* mit Butter und Salbei und Tagliatelle oder Tortelli di ricotta e ortica mit Trüffel vertreten. Weiter geht es mit Coniglio alle erbette, **Cinghiale alla cacciatora** und Stinco di maiale al forno mit Kartoffeln. Erwähnung verdienen **Buglione di agnello** (16 €) und Piatto in umido (Geschmortes) nach jüdischer Tradition. Der Preis steigt bei der Wahl von Tagliata di manzo maremmano und Fiorentina aus zertifiziertem lokalem Fleisch. Die hausgemachten Desserts umfassen den typischen Sfratto pitiglianese (Mürbeteig, gefüllt mit Honig, Nüssen, Orangenschale, Anis und Muskatnuss, 5 €), Tiramisu, Fagottino del Ceccottino (Blätterteig, gefüllt mit Birnen und Äpfeln in Zimtsauce, 6 €), Bavarese al Vin Santo, Panna cotta oder Mousse di ricotta (aus Manciano oder Sorano). Die Weinkarte bietet eine große Auswahl unter etwa 150 Etiketten mit Schwerpunkt in der Maremma, ergänzt durch einen hervorragenden Hauswein.

PONTASSIEVE (FI)
Galiga

21 KM ÖSTLICH VON FLORENZ

Artemide

Restaurant
Via di Galiga, 21
Tel. (+39) 055 / 831 72 40,
(+39) 348 / 732 44 78
Ruhetag: Dienstag
Ferien: Februar/März
50 Plätze + 50 Plätze im Freien
Preise: 33 €
Kreditkarten: CS, DC, Visa; BM
Mittags und abends geöffnet

DIE OSTERIA – Dieser Ort in den Hügeln am rechten Ufer des Arno, fern vom Getriebe der Siedlungen am Talgrund, ist ohne Zweifel idyllisch, aber Sie müssen eine steile, kurvenreiche Straße in Kauf nehmen, um hierher zu gelangen. Für Ihre Mühe werden Sie aber belohnt, weil die Brüder Simone und Massimiliano Riani, unterstützt durch Marco und Filippo, bei Ihnen sicher den Wunsch wecken werden, wieder hierher zurückzukehren. Pasta, Brot, Desserts und Eis sind hausgemacht, Fleisch und (Bio-)Käse stammen aus dem Mugello, Gemüse wird teilweise im eigenen Garten geerntet oder, wie das Obst, auf dem Markt von Sant'Ambrogio in Florenz gekauft. Die Karte wechselt je nach Jahreszeit. Das umfangreiche Angebot an guten Weinen hat seinen Schwerpunkt bei den Rotweinen der Toskana.

DIE KÜCHE – Man beginnt mit einem Sortiment an Pecorini (12 €), einem Antipasto della casa oder mit einem Strudel di verdure (Gemüsestrudel) auf Käse-Fonduta. Weiter geht es mit den Primi (alle für 9 €), darunter **Tortelli di patate mit Wildschweinsauce**, **Tagliatelle al ragù di guancia** (Backe, in der Pfanne angebraten und im Ofen fertig gebraten), Ravioli mit Artischocken und Pecorino sowie ***Ignudi* mit wildem Radicchio, Mangold und Ricotta** del pastore. Unter den Secondi ist Wild häufig vertreten, darunter Gulasch di daino (Damhirschgulasch, 14 €), es gibt aber auch Bistecca alla fiorentina, Tagliata di manzo, Coniglio ripieno (gefülltes Kaninchen) und **Scottadito d'agnello** (gebratenes Lamm). Unser spezieller Tipp gilt den Carciofi (Artischocken), gefüllt mit Bulgur mit Gewürzen und Gemüse. Die Beilagen (je 4 €) variieren je nach Verfügbarkeit von Gemüse im Garten, stets angeboten werden Fagioli al fiasco (in der Flasche eingelegte Cannellini-Bohnen), Ofenkartoffeln und Salate. Das Gedeck wird mit 2 € verrechnet.

56 KM NW. V. MASSA, 40 KM V. LA SPEZIA, S.S. 330 OD. A 15

Antica Trattoria Pelliccia

Restaurant
Via Garibaldi, 137
Tel. (+39) 01 87 / 83 05 77
Ruhetag: Dienstag
Ferien: Juli
45 Plätze
Preise: 38 € €↑
Kreditkarten: AE, CS, MC, Visa; BM
Mittags und abends geöffnet

DIE OSTERIA – Die Antica Trattoria im historischen Zentrum von Pontremoli findet man in einem der Gebäude im Stadtviertel nahe dem Ufer des Flusses Magra, in denen die eleganten Räumlichkeiten im ersten Stock untergebracht sind. Die Küche dieses Familienbetriebs legt großen Wert auf die Zutaten, die in Rezepten nach lokaler Tradition, aber auch in kreativen Gerichten verarbeitet werden.

DIE KÜCHE – Aus dem traditionellen Rezeptschatz wählten wir als Antipasto den Misto della Lunigiana (10 €) mit Salumi, **Torta** – bei den Gemüsekuchen ändert sich die Füllung je nach Jahreszeit: Erstklassig ist die Variante **di riso e cipolla** (mit Reis und Zwiebeln) –, Frittella und Gemüse. Als Primo sollte man sich **Testaroli della Lunigiana mit Pesto** nicht entgehen lassen, aber auch die **Tortelli** sind ein sicherer Tipp: im Frühling gefüllt mit **Ortica** (Brennnesseln, 10 €), im Herbst mit **Castagne** (Esskastanien) und ganzjährig mit Verdura di stagione (saisonalem Gemüse). Die Pasta ist hausgemacht, im Winter gibt es auch Suppen. Im Kapitel der Secondi bietet Die Küche vorwiegend Fleischgerichte: Agnello (Lamm aus Zeri, ein Slow-Food-Presidio, falls vorhanden), im Ofen gebraten mit Kartoffeln (14 €), zählt zu den typischsten Gerichten. Vom Meer stammt der Kabeljau für Baccalà, der mit Speck, Kirschtomaten, Oliven und Kartoffeln im Ofen gebraten wird. **Funghi** (Pilze) stehen nur in der Saison auf der Karte. Die Desserts werden hier selbst gemacht: Wirklich delikat sind Tortino di confettura **di castagne** mit Esskastanienkonfitüre und Rum-Creme (5 €) und Tortino al cioccolato mit Vanilleeis. Die Weinkarte listet vor allem Etiketten aus dieser Region auf, Sie finden aber auch einige gute Tropfen aus anderen Teilen Italiens. Der angenehme Hauswein ist ein Sangiovese, ein toskanischer Bio-Wein.

La Vecchia Cucina di Soldano

Trattoria • Via Pomeria, 23
Tel. (+39) 05 74 / 346 65
Ruhetag: Sonntag, Feiertage
Ferien: 2 Wochen im Dezember/Januar, August • 70 Plätze
Preise: 22–26 €
Kreditkarten: CS, MC, Visa; BM
Mittags und abends geöffnet

DIE OSTERIA – Die klassische italienische Trattoria, wie man sie sich vorstellt: Tischtücher mit Karomuster, holzgetäfelte Wände und Bilder an den freien Stellen. Genau so präsentiert sich das Ambiente des Lokals knapp außerhalb der alten Stadtmauern, das von Lisa Mattei und Alessandro Ranfagni geführt wird und nunmehr seit fast einem Jahrhundert mit der Geschichte und dem Leben in Prato verknüpft ist. Ein gut eingespieltes Team gewährleistet einen schlichten, aber aufmerksamen und zuvorkommenden Service. Zutaten, die zu einem großen Teil von lokalen Lieferanten stammen, sind die Basis der Gerichte nach Tradition dieser Region und einiger besonderer Spezialitäten der Stadt Prato. Die Karte wechselt häufig: „Das hängt davon ab, wie wir am Morgen aufgestanden sind", sagt Alessandro. Die Leichtigkeit, von der sowohl die Küche als auch die Rechnung am Ende der Mahlzeit geprägt sind, wird Sie mehr als zufriedenstellen.

DIE KÜCHE – Zum Einstieg ist der Antipasto pratese (4,50 €) fast ein Muss, wenn Sie die Mortadella aus Prato, diese typische Wurst – ein Slow-Food-Presidio – mit Zusatz von Alkermes, einem Kräuterlikör, noch nie probiert haben. Fortsetzung folgt dann mit **Acquacotta** (5 €) oder den klassischen ***Pici* al sugo di cinghiale**. Die guten frischen Teigwaren stammen aus einem kleinen Betrieb, der nach handwerklichen Methoden arbeitet. Für den Hauptgang werden Spezialitäten wie **Sedani ripieni alla pratese**, Gran pezzo (11 €) und **Collo di pollo ripieno** (6,50 €) mit einer ganzen Reihe von Beilagen nach Wahl angeboten. Unter den Desserts aus den bekannten Konditoreien der Stadt findet man Torten und eine exquisite Version der Pesche di Prato. Als Alternative zum offenen Hauswein nennt die Weinkarte einige wenige große Marken jeweils in den Versionen einiger Weingüter.

Su Santa Trinita

Moderne Osteria
Via de' Neroni/Via Santa Trinita
Tel. (+39) 05 74 / 60 58 99,
(+39) 349 / 295 68 77
Ruhetag: Sonntag
Ferien: zeitweise im August
80 Plätze + 60 Plätze im Freien
Preise: 28 €
Kreditkarten: CS, MC, Visa; BM
Abends geöffnet

DIE OSTERIA – Su Santa Trinita in der Altstadt, wenige Schritte von der Piazza San Francesco, dem Herzen der hiesigen Lokalszene, entfernt, wurde erst kürzlich eröffnet, erfreut sich aber bereits großer Beliebtheit. Benedetta und Vladimiro brachten trotz ihrer Jugend schon Erfahrung mit: Sie führten ein gut gehendes Lokal, weshalb ihre Entscheidung, sich in diesem neuen, bunten Umfeld (Bars mit Küche, Pizzerien, Vinotheken ...) niederzulassen, großen Mut erforderte. In einem ansprechenden Ambiente mit großem Innenhof für den Sommer bewältigen sie den konstant starken Andrang – eine Reservierung ist unerlässlich – mit einem höflichen, effizienten Service. Die traditionelle Küche ist schmackhaft und authentisch und bietet ein exzellentes Preis-Leistungs-Verhältnis. Auf die Großzügigkeit der Portionen wird man korrekt hingewiesen.

DIE KÜCHE – Die Antipasti, das sind Toscano della casa (8 €) oder Mortadella aus Prato mit Artischocken in Öl. Dann folgen Primi (9 €) wie Ravioli di patate mit Ragout, Paccheri mit Pancetta und Pecorino sowie **Penne al sugo di pecora** (mit Schafragout, einer beliebten Sauce). Die Secondi locken mit Trippa alla fiorentina und **Lampredotto mit grüner Sauce** (10 €), **Sedani ripieni**, einer Spezialität aus Prato, oder **Polpettine di sedano**, neben Arista con l'osso und der originellen **Rosticciana**, gefüllt mit Salsiccia und Blattspinat. Was nicht fehlen darf, ist die klassische **Bistecca**. Die Desserts sind hausgemacht. Die Weinkarte nennt zahlreiche Etiketten zu angemessenen Preisen.

Bozza di Prato, Brot aus Natursauerteig, bekommt man bei Loggetti (Via Matteotti 11). Die Pasticceria Nuovo Mondo (Via Garibaldi 23) bietet Pesche di Prato, Sfogliatine mit Creme, Cremini und Millefoglie.

46 km nördlich von Arezzo, S.S. 71 u. S.S. 310

La Tana degli Orsi

Osteria-Enoteca • Via Roma, 1
Tel. (+39) 05 75 / 58 33 77,
(+39) 329 / 898 14 73
Ruhetag: Dienstag, Mittwoch
Ferien: 1 Woche im April, zweite oder dritte Septemberwoche
18 Plätze
Preise: 30–35 €
Kreditkarten: AE, CS, DC, MC, Visa; BM
Abends geöffnet

Die Bestätigung dafür, dass Tüchtigkeit und Leidenschaft zusammen mit hochwertigen Zutaten den Unterschied ausmachen.

DIE OSTERIA – In Pratovecchio, der Heimat des Musikfestivals „Naturalmente Pianoforte", führen Simone und Caterina seit knapp 30 Jahren die Osteria La Tana degli Orsi. Das ist genau der richtige Ort, um erstklassige Speisen im Zeichen der Tradition zu genießen, denen Simone durch den Einsatz hochwertiger Produkte aus lokalen Betrieben und Slow-Food-Presidi einen Hauch von Modernität verleiht. Die Atmosphäre ist angenehm und entspannt. Man speist umgeben von zahlreichen Flaschen und Restaurantguides aller Art.

DIE KÜCHE – Man beginnt mit Antipasti (7,50 €), im Frühling mit warmer Brioche mit Spargel, Taleggio und Schinken, zu anderen Jahreszeiten mit Tartara di chianina mit Bohnen und Steinpilzen oder **Flan di porri mit Carpaccio di baccalà**. Das Kapitel der Primi (8 €) sieht häufig **Gnocchi aus Kartoffeln aus Cavallena mit Rigatino vom Grigio-Casentinese-Schwein** vor. Weitere Vorschläge sind Tortelli di patate e porcini in Butter und Salbei mit knusprigem Prosciutto crudo und Parmesan, Caramelle mit Ricotta, Borretsch, Kirschtomaten und Pesto sowie wunderbare Risotti. Der Hauptgang punktet mit Filetto di manzo all'imperiale, Tagliata di manzo nostrano, **Tagliata di cervo al Chianti** und dem fantastischen „Null-Kilometer-Hamburger" (12 €) aus Fleisch vom Limousine-Rind eines lokalen Züchters. Sichere Tipps sind Bocconcini aus Büffelmozzarella, Tortelli alla piastra oder das Brötchen mit Lampredotto. Zum Abschluss zahlreiche hausgemachte Desserts (5 €). Bezüglich der hervorragenden Weine kann Caterina Sie beraten: Die Karte listet etwa 100 Etiketten großer und kleiner Kellereien auf.

RADDA IN CHIANTI (SI)
Lucarelli

40 KM NÖRDLICH VON SIENA

Le Panzanelle

Trattoria
Ortsteil Lucarelli, 29
Tel. (+39) 05 77 / 73 35 11
Ruhetag: Montag
Ferien: 10. Januar–Ende Februar
60 Plätze + 20 Plätze im Freien
Preise: 26 €
Kreditkarten: CS, DC, MC, Visa; BM
Mittags und abends geöffnet

Ein klares Bekenntnis zur Tradition, gepaart mit der Suche nach kulinarischen Innovationen, jedoch nur aus den Produkten, die dieser Landstrich bietet.

DIE OSTERIA – Was hier zählt, sind die Speisen und Weine, aber auch die Kulisse: Die Trattoria liegt eingebettet in das Grün der Hügel des Chianti-Gebietes und ist auch wegen ihrer Lage ein perfektes Ziel für einen Ausflug aufs Land. Was die kulinarische Seite betrifft, können wir uns auf die Tüchtigkeit der „Panzanelle" verlassen, wie Silvia Bonechi und Nada Michelassi hier genannt werden.

DIE KÜCHE – Wir begannen mit verschiedenen Antipasti, darunter erstklassige Tartara di manzo (8 €). Als Primi empfehlen wir ***Pici*** all'aglione (7 €) und Stracci di Pesticcia (8 €), das sind hausgemachte Maltagliati mit Ragout aus gemischtem Fleisch und in der Saison mit Pilzen. Sichere Tipps im Kapitel der Secondi sind **Scottadito di agnello** (13 €) und **Galletto ripieno di carciofi**, serviert mit Fagioli (Bohnen) – im Frühling Fagioli mangiatutto, die man samt Fruchthülse isst – oder auch mit ungewöhnlichen Salaten wie Insalata di spinaci mit Grana und gerösteten Haselnüssen. Auch wenn dies angesichts der mehr als großzügigen Portionen gar nicht leicht ist, können Sie Ihre Mahlzeit mit einem Dessert beenden: in unserem Fall eine exquisite warme Torta di mele. Freitags gibt es auch Fischgerichte: Die Panzanelle stellen aus dem Fisch, der jeweils in der Nacht davor von einem Händler aus Elba geliefert wird, ein kleines Menü zusammen (Antipasti, ein Primo, ein Secondo). Bezüglich der Weine empfehlen wir wieder einmal, lokale Produkte zu wählen und den Ratschlägen der Inhaberinnen zu vertrauen, die auch kleinen und eher unbekannten Kellereien ein Forum geben.

RIGNANO SULL'ARNO (FI)
Rosano

19 KM SÜDÖSTL. V. FLORENZ, S.P. 34, S.S. 67 OD. A 1

La Bottega a Rosano

Trattoria
Via I Maggio, 10
Tel. (+39) 055 / 830 30 13
Ruhetag: Montag
Ferien: 10 Tage zu Weihnachten, 3 Wochen im August
60 Plätze + 60 Plätze im Freien
Preise: 27–30 €
Kreditkarten: CS, DC, MC, Visa; BM
Mittags geöffnet, Freitag und Samstag auch abends

DIE OSTERIA – In der Nähe des Klosters von Santa Maria a Rosano trifft man auf diese Trattoria, deren Schild genau das beschreibt, was man bei Betreten vorfindet: einen Feinkostladen alten Schlages mit einer riesigen Theke, auf der Käse, Wurst, eingelegtes Gemüse und andere Delikatessen zur Schau gestellt sind. Davor stehen Tische, wo man Platz nehmen kann, um ein Panino oder eine Schiacciata mit Füllung oder auch einen Teller mit Wurst und Käse zu genießen. Im Gastraum hinter dem Laden oder im Sommer auf der Veranda kann man sich Gerichte nach hiesiger Tradition schmecken lassen, die aus erlesenen saisonalen Produkten aus der näheren oder weiteren Umgebung zubereitet werden.

DIE KÜCHE – Beginnen kann man mit Crostini di fegatini, einem Misto di affettati mit Wurstaufschnitt, einer Portion gereiftem Lardo (6,50 €) oder mit einem Pecorino aus Rohmilch. Als Primi stehen ***Gnudi*** (Ravioli nach Florentiner Art, deren Füllung aus Ricotta und Blattspinat nicht vom Teig bedeckt ist), von Hand gemachte **Gnocchi al ragù** und Sedanini alla carbonara zur Wahl. In der jeweils passenden Jahreszeit gibt es auch Zuppa di carciofi und hausgemachte Tagliolini mit Trüffel. Als Secondi werden **Trippa stufata in bianco** (in der Pfanne gebratene Kutteln in Kräutersauce, 11,50 €), Fegatello di maiale, Gran fritto mit Fleisch und Gemüse und **Bistecca** alla fiorentina angeboten. Als Beilagen zu den Hauptspeisen werden Patate arrosto (4 €), Verdure fritte und **Sformato di cipolle** serviert. Zum Abschluss gibt es hausgemachte Desserts, darunter deliziöse Frittelle di riso. Die Weinkarte ist gut bestückt und detailliert und verrät eine Vorliebe für die Produkte des Konsortiums des Chianti Rufina. Ein Lob gilt auch dem Hauswein, einem leichten Wein einer hiesigen Kellerei, der gut zu den Speisen passt.

SAMBUCA PISTOIESE (PT)
Pavana

27 KM NORDÖSTLICH V. PISTOIA, ANSCHLUSS S.S. 64

Caciosteria dei Due Ponti

Osteria-Trattoria
Ponte della Venturina, 47
Tel. (+39) 05 73 / 89 25 20
Ruhetag: Samstag, im Sommer auch Freitagabend • Ferien: unterschiedlich
60 Plätze • Preise: 28–33 €
Kreditkarten: AE, CS, DC, MC, Visa; BM
Mittags und abends geöffnet

DIE OSTERIA – An der Porretana, der Straße über den Apennin, die Pistoia mit Bologna verbindet, liegt die Caciosteria, ein mit Sorgfalt eingerichtetes Lokal, wie man gleich im Eingangsbereich mit Veranda erkennt. Die Käsevitrine zieht alle Blicke auf sich: Seit jeher war das Lokal nicht nur eine Osteria, sondern auch ein Feinkostladen. Beeindruckend ist die Professionalität bei der Bewirtung, bei der Präsentation und Interpretation der zahlreichen Tagesgerichte sowie der Qualität der Zutaten. Die Küche verwendet große Sorgfalt auf die Suche nach Neuem und bereitet mit Fantasie die Gerichte zu, deren Eckpfeiler Käse sowie Schweine- und Rindfleisch von hoher Qualität sind. Vielfalt charakterisiert das Speisenrepertoire, das den Traditionen der Toskana und der Romagna folgt.

DIE KÜCHE – Unter den abwechslungsreichen Antipasti, deren Schwerpunkt bei lokalen Produkten liegt, bestechen „Gioco dell'oca romagnola" (Spezialitäten von der Gans, 10 €) und gemischte Teller mit Bio-Wurst vom Cinta-Schwein und Käse. Die Primi umfassen interessante Vorschläge wie Tortelloni di burrata allo Shropshire und **Cacio e pepe** in der klassischen Version oder mit Pecorino di fossa (7 €). Ebenfalls vertreten sind die typischen Suppen dieser Gegend (7 €). Bei den Secondi dominiert Fleisch (Tagliata, Filetto), vorwiegenden über der Glut zubereitet (**Bistecca** vom Rind und aus Bio-Fleisch vom Cinta-Schwein). Ebenfalls zu empfehlen ist **Arista di cinta al forno** (12 €). Reichhaltiges Angebot an Beilagen, darunter die Sorana-Bohne IGP, ein Slow-Food-Presidio. Die täglich wechselnden Desserts (5 €) sind hausgemacht. Kaffee wird in unterschiedlichen Röstungen angeboten. Die Weinkarte ist nicht sehr umfangreich, jedoch von Niveau, auch mit glasweisem Ausschank, ergänzt durch einen angenehmen offenen Hauswein.

SAN CASCIANO IN VAL DI PESA (FI)

16 KM SW. V. FLORENZ, S.S. 2 OD. AUSF. SUPERSTRADA

Cantinetta del Nonno

Trattoria
Via IV Novembre, 18
Tel. (+39) 055 / 82 05 70
Ruhetag: Mittwoch
Ferien: Januar/Februar
40 Plätze + 20 Plätze im Freien
Preise: 30 €
Kreditkarten: MC, Visa
Mittags und abends geöffnet

DIE OSTERIA – Die Trattoria befindet sich in der Hauptstraße der Ortschaft. Geführt wird sie vom langjährigen Inhaber Giuseppe Casu, der in der Küche auf die Kochkunst von Gianna zählen kann. Das Ambiente entspricht dem klassischen Bild einer toskanischen Trattoria, also eher rustikal, aber gepflegt, mit wenigen kleinen Räumen, ordentlich und adrett und mit heimeliger Atmosphäre. Die Karte folgt den Jahreszeiten, wobei erstklassige Zutaten, zum Teil aus der unmittelbaren Umgebung, verarbeitet werden.

DIE KÜCHE – Unter den Antipasti erwarten Sie Misto toscano, **Crostini di fegatini**, Sformati und die ungewöhnliche Paté di cinghiale (Wildschweinpastete). Bei den Primi sind stets **Ribollita** (6,50 €), Pasta al sugo und ein Risotto vertreten. Fleisch vom Grill (Bistecche, Tagliate, Braciole vom Schwein ...) steht bei den Secondi im Mittelpunkt, es gibt aber auch Umidi (Schmorgerichte) wie **Trippa alla fiorentina** (10 €), **Peposo** (11 €) und manchmal Cacciagione (Wild). Der am häufigsten angebotene Fisch ist Baccalà in der Version alla livornese. Als Beilagen werden Fagioli (Bohnen), Verdure ripassate in padella (in der Pfanne gebratenes Gemüse), Patate arrosto und Salate serviert. Zum Abschluss kann man Pecorini oder eines der hausgemachten Desserts wählen, darunter Tiramisu (5 €), Crème caramel und Panna cotta. Der Rotwein des Hauses ist ein IGT-Produkt, ähnlich einem Chianti, der weiße Hauswein ist ein Trebbiano. Die Weinkarte umfasst sowohl Produkte kleiner lokaler Hersteller als auch Etiketten aus anderen Teilen Italiens, deren wichtigste Anbaugebiete vertreten sind.

In der Antica Dolce Forneria (Via Machiavelli 24) werden Backwaren und Süßspeisen auch aus alten Getreidesorten hergestellt. häufig aus Mehl einer lokalen Getreidesorte.

SAN GIMIGNANO (SI)

38 KM NORDWESTLICH VON SIENA

Osteria del Carcere

Moderne Osteria
Via del Castello, 13
Tel. (+39) 05 77 / 94 19 05
Ruhetag: Mittwoch, Donnerstagmittag
Ferien: Mitte Januar–Mitte März
30 Plätze
Preise: 35 €
Kreditkarten: CS, MC, Visa
Mittags und abends geöffnet

DIE OSTERIA – Mitten im historischen Zentrum von San Gimignano, wenige Schritte von der Piazza della Cisterna entfernt, bieten Elena und Ribomar in ihrem kleinen Lokal mit Galerie eine Küche nach hiesiger Tradition. Zu dem Ambiente im typischen Stil einer Osteria passt auch die Herzlichkeit des Empfangs, der die Leidenschaft der Inhaber für die Küche und für diesen Landstrich, der sie selbst einst gastfreundlich empfing, spüren lässt. In einer Vitrine am Eingang sind Wurst und Käse von sorgfältig gewählten, erstklassigen Produzenten zur Schau gestellt. Dem Wandel der Jahreszeiten entsprechend bietet die Karte stets unterschiedliche Vorschläge, jedoch immer ohne Pastagerichte.

DIE KÜCHE – Für den Einstieg gibt es Fettunta (geröstetes Brot mit Öl), Bruschette oder Crostoni mit Salsiccia, Lardo aus Colonnata, Guanciale sowie Caprino mit Kräutern und mit Safran (6 €). Als Alternative bekommt man eine Rarität, die **Terrina** (€ 10): alle prugne (mit Pflaumen), ein Rezept der Renaissance, **di agnello e olive** (mit Lamm und Oliven), chiantigiana di manzo (mit Rind) oder di cinghiale al mirto (mit Wildschwein und Mirto). Die Primi – wie gesagt ohne Teigwaren – stehen ganz im Zeichen der Suppen (10 €): klassische **Ribollita** mit Dinkel und Bohnen, **Frantoiana**, Acquacotta und die appetitliche Pappa al pomodoro. Unter den Secondi (18 €) werden **Tonno del Chianti mit Bohnen**, Tacchina mit Pistazien und Orangen, **Faraona alle castagne** oder als leichtes Gericht große Salate angeboten. Zum Abschluss hausgemachte Desserts, unter denen wiederum die berühmten Terrinen auftauchen (al Vin Santo, allo zafferano, also mit Safran), serviert mit Crostate mit Zitrusfrüchten. Das Sortiment an Weinen zeigt eine Vorliebe für diese Gegend mit einer großen Auswahl an Etiketten. Zum Abschluss Kaffee aus der Mokkakanne.

SAN GIOVANNI D'ASSO (SI)
Montisi

47 KM SÜDÖSTLICH VON SIENA, S.S. 2

Da Roberto Taverna in Montisi

Trattoria • Via Umberto I, 3
Tel. (+39) 05 77 / 84 51 59
Kein Ruhetag
Ferien: Mitte November–Mitte März
25 Plätze + 15 Plätze im Freien
Preise: 40 € €↑
Kreditkarten: AE, CS, DC, MC, Visa; BM
Mittags und abends geöffnet

Eine Liebe, wie Roberto sie für Produkte und Zutaten hegt, ist nur selten zu finden. Seine Leidenschaft für die Qualität verschafft uns Gewissheit, dass wir uns wohlfühlen werden.

DIE OSTERIA – Ein kleiner Garten, eine mit Blumen bepflanzte Terrasse, überdacht von einer Laube: So präsentiert sich das prächtige Restaurant von Roberto Crocenzi, der Sie als perfekter Gastgeber mit Freundlichkeit und Sympathie empfängt. Die Atmosphäre, die man in seinem Lokal wahrnimmt, ist von außergewöhnlicher Herzlichkeit geprägt. Es erscheint fast unmöglich, dass er alles alleine macht: Er ist Gastgeber, Koch, Berater und Partner zum Plaudern. Nur eine große Leidenschaft kann zu einer solchen Leistung führen und Roberto bezeugt sie in erster Linie durch seine Küche, aber auch durch seine Worte und in schriftlichen Zitaten, die Sie in der gepflegten Speisekarte lesen können.

DIE KÜCHE – Fangen wir an mit den Antipasti: Da gibt es Insalata fredda di legumi (Salat mit Hülsenfrüchten) und **Bruschetta con fagiolina del Trasimeno** neben Wurst vom Cinta-Schwein. Unvergleichlich unter den Primi sind die ***Pici*** mit Cinta-Senese-Schweinefleisch, Zwiebeln und Pecorino aus den Crete Senesi (12 €). Unter den Secondi verdienen **Spezzatino di maremmana** mit Zwiebeln und jungem Öl aus Montisi (16 €), **Bistecca** von Chianina- oder vom Maremmana-Rind und eine exzellente Auswahl an Rohmilchkäse (18 €) eine besondere Erwähnung. Zum Abschluss kann man Panna cotta mit frischer Vollmilch, frischer Sahne und Lindenblütenhonig (6 €) und Cantucci aus der Bäckerei von Montisi mit Moscadello di Montalcino DOC wählen. Die Weinkarte ist reich bestückt und bietet eine große Auswahl an Etiketten und glasweise ausgeschenkten Weinen.

SAN GIOVANNI VALDARNO (AR)

40 KM NORDWESTLICH VON AREZZO, S.P. 85 OD. A 1

Osteria dell'Angelo

Restaurant
Via della Madonna, 3–5
Tel. (+39) 055 / 94 37 99
Ruhetag: Sonntagabend (Juli und August auch Sonntagmittag), Montag
Ferien: 1 Woche um den 15. August
35 Plätze + 20 Plätze im Freien
Preise: 32 €
Kreditkarten: AE, CS, MC, Visa; BM
Mittags und abends geöffnet

DIE OSTERIA – Achten Sie auf die Beschilderung, da die Osteria dell'Angelo ein wenig versteckt liegt: Sie finden sie am Ende der Piazza Masaccio, rechts in einem Hauseingang, über den sich wunderschöne unverputzte Balken spannen. Die Küche der Inhaberin Rossana Capaccioli kombiniert die Gerichte nach hiesiger Tradition mit kreativeren Vorschlägen.

DIE KÜCHE – Der klassische Antipasto, Sapori toscani genannt, umfasst Kostproben von Wurst, Crostini, Käse und in Öl eingelegtes Gemüse, Sie können sich aber auch von anderen Köstlichkeiten verführen lassen, zum Beispiel **Involtini di crespelle di merluzzo** (Kabeljaurouladen, 9 €) oder Spiedino di pollo al curry mit Basmati-Reis. Bei den Primi erkennt man deutlich den Wunsch, die Rezepte nach hiesiger Tradition zu überarbeiten und mit modernen Akzenten zu versehen: Besondere Erwähnung verdienen die Spaghettoni – aus hausgemachter Pasta – alla carbonara in Erbsencreme mit Baccalà (12 €) und der delikate Risotto mit wildem Fenchel und Sardellen. Es gibt aber auch klassischere Vorschläge wie **Tagliatelle al sugo di piccione e faraona** (eine Sauce mit Taube und Perlhuhn) oder al sugo di coniglio (mit Kaninchensauce). Im Kapitel der Secondi findet die hiesige Küchentradition ihren Niederschlag im **Stufato alla sangiovannese** (13 €), zubereitet aus Kalbshaxe, die vier oder fünf Stunden lang schmort: Es handelt sich um ein sehr würziges Gericht, das mit sieben oder acht geheim gehaltenen Gewürzen verfeinert wird, die in einem Laden in San Giovanni gekauft werden. Weitere Vorschläge sind **Trippa** dell'Angelo und Costolette di agnello alla scottadito. Zum Abschluss sollten Sie sich Tiramisù di cantuccini mit Vin Santo nicht entgehen lassen. Im Weinkeller lagern Etiketten aus der Toskana, aber auch aus anderen Teilen Italiens und dem Ausland.

SAN MINIATO (PI)
San Miniato Basso-Catena

40 KM SÖ. V. PISA, 40 KM SW. V. FLORENZ, AUSF. SUPERSTRADA

Antico Ristoro Le Colombaie

Restaurant
Via Montanelli 22
Tel. (+39) 05 71 / 48 42 20
Ruhetag: Montag
Ferien: 3 Wochen im Januar
32 Plätze + 40 Plätze im Freien
Preise: 30 € • Kreditkarten: CS, Visa; BM
Abends geöffnet, Sonntag auch mittags

Großes Lob für das Engagement bei der Auswahl der Zutaten lokaler Provenienz und die Vermittlung des Wesens dieses Landstrichs.

DIE OSTERIA – Am Fuß des Hügels von San Miniato hat ein Bauernhof mit langer Geschichte ein neues Kapitel aufgeschlagen. Dank seiner Leidenschaft ist es Daniele Fagiolini gelungen, Territorium und Tradition zu verknüpfen und ein effizientes Netzwerk zu schaffen. Dieses ermöglicht ihm, in seine Gerichte die Quintessenz der Kenntnisse und des typischen Geschmacks einfließen zu lassen, um so von seiner Liebe zu diesem Landstrich zu erzählen. Jeweils passend zur Jahreszeit schöpft die Karte aus den Schätzen der Natur und den zahlreichen Slow-Food-Presidi, denen Daniele in seiner Küche viel Platz einräumt. Tradition ist das Schlüsselwort, aber nicht der einzige Zugang, durch den die Zutaten ihren Geschmack bestmöglich entfalten.

DIE KÜCHE – Unter den Antipasti findet man Tortini di verdura (9,50 €), aber auch eine ungewöhnliche Präsentation von Fegatello (Leber vom Cinta-Senese-Schwein DOP) in einem Bignè. Selbst gemachte Pasta dominiert unter den Primi: **Pasta foglie di olivo con ragù d'anatra** und **Malfatti con ragù di chianina** IGP (10 €), Tagliolino mit Burrata-Creme, Pachino-Tomaten und Basilikum oder in der Saison mit dem „weißen Gold" von San Miniato, der Trüffel. Die Secondi umfassen **Peposo alla fornacina** mit Rimbas-Pfeffer, Straccetti di pollo nostrale mit Orangen (11 €) sowie Bistecche und Scamerita vom Grill, serviert mit saisonalem Gemüse. Zum Abschluss gibt es warmen Tortino aus Chuao-Schokolade (8 €), Zuppa inglese im Glas oder Cantucci mit Vin Santo. Zu Ihrer Mahlzeit wird ein schönes Sortiment an lokalen und weiteren Etiketten angeboten, wobei Sie Daniele gut berät.

SAN MINIATO (PI)
Corazzano

42 KM SÜDÖSTLICH VON PISA, S.S. 67

La Taverna dell'Ozio

Trattoria
Via Zara, 85
Tel. (+39) 05 71 / 46 28 62
Ruhetag: Montag
Ferien: unterschiedlich
30 Plätze + 15 Plätze im Freien
Preise: 30–32 €
Keine Kreditkarten
Mittags und abends geöffnet

DIE OSTERIA – Hier in San Miniato, der Heimat der Trüffel, sind in der Saison sowohl die edle weiße Trüffel als auch die schwarze Scorzone-Trüffel verfügbar. Der Inhaber Simone Fiaschi widmet sich der Zubereitung der Gerichte, während sich sein Cousin Giorgio, seine Frau Inalvis und der Sommelier Franco um den Service im kleinen Gastraum kümmern. Salumi nach Hausmannsart, natives Olivenöl extra aus San Miniato sowie Fleisch und Gemüse aus der Umgebung, das sind die Komponenten der einfachen, bodenständigen Gerichte, die meistens mit gehobelter Trüffel verfeinert werden. Jeden Tag gibt es auch Tagesgerichte, die mündlich angekündigt werden.

DIE KÜCHE – Ein guter Einstieg gelingt mit dem Antipasto dell'Ozio (Crostini di pane oder Polenta mit verschiedenen Saucen, Hering, eingelegtes Gemüse, Wurst und gefüllte Kirschtomaten, 8 €), gut ist aber auch Carpaccio aus Fleisch. Unter den Primi (9 €) findet man **Tortelli di burrata agli ovoli**, Tortelli all'ortica, Pasta al ragù di selvaggina und **gratinierte Crêpe con ricotta e noci mit Trüffel**. Für den Hauptgang wird ein gutes **Filetto di cinta mit grünem Pfeffer und Trüffel** (12 €) oder vom Grill, Lepre al cioccolato (Hase in Schokolade), **Cosce di rana fritte** (Froschschenkel) und auf Wunsch auch Tagliata di manzo angeboten. Zu den täglich wechselnden Desserts zählen Crème caramel al pistacchio und Flan al cocco. Der Weinkeller ist gut strukturiert, wobei auch der Hauswein mit einem individuell gestalteten Etikett mithalten kann.

Die historische Macelleria Falaschi in **San Miniato Alto** (10 km), Via Contini 18–20, verkauft Fleisch vom Chianina-Rind und vom Cinta-Senese-Schwein, frisch und konserviert, sowie weitere Spezialitäten aus eigener Herstellung.

SAN PIERO A SIEVE (FI)

26 KM NORDÖSTLICH VON FLORENZ, S.R. 65

Osteria di San Piero

Enoteca mit Ausschank und Küche
Piazza Cambray Digny, 6
Tel. (+39) 055 / 848 71 09
Ruhetag: Montag, Dienstag
Keine Ferien
25 Plätze + 10 Plätze im Freien
Preise: 38 € €↑
Kreditkarten: CS, DC, MC, Visa; BM
Abends geöffnet

Leidenschaft und Kompetenz im Übermaß sind Katalysatoren für ein Speisenrepertoire, das Sie begeistern wird.

DIE OSTERIA – Elisabetta Nicchi (Küche) und Roberto Beccaluva (Service) im Doppel: Das sind Garanten für höchste Qualität in dieser Osteria. Die gewaltige Leidenschaft, die sie in ihre Arbeit stecken, erkennt man bereits beim ersten Blick auf die Karte: zehn bis zwölf Gerichte, nicht mehr, aber ausreichend, um jeden zufriedenzustellen. Das Geheimnis des Erfolgs liegt sicher in der akribischen Suche nach Bio-Produkten mit kurzen Lieferwegen (das Gemüse stammt aus dem eigenen Garten) und in der konstanten Einhaltung der Saisontreue. Wenn dazu noch eine überwältigende Weinkarte kommt (die Visitenkarte dieses Hauses), auf der Etiketten kleiner und mittelgroßer Betriebe stehen, die alle persönlich besucht wurden, dann kann man nicht umhin, diese Osteria als Vorzeigebetrieb für das gesamte Gebiet des Mugello einzustufen.

DIE KÜCHE – Die Karte auf gelbem Papier liegt auf einem Pult, das von Tisch zu Tisch weitergereicht wird. Die Gerichte wechseln wöchentlich, manchmal auch täglich, je nach Verfügbarkeit der Produkte im Garten und bei den lokalen Lieferanten. Die verlockende Karte beginnt mit einem reich bestückten, gepflegten Sortiment an Salumi und findet ihre Fortsetzung in **Lasagne al ragù di fassona** (11 €), der vegetarischen **Crespella con i carciofi**, **Peposo al Sangiovese** (18 €), der mit dem Messer gehackten Battuta di manzo, aber auch in einem einfachen Uovo con asparagi (Ei mit Spargel, 9 €). Unter den sämtlich hausgemachten Dolci (6 €) bestechen Zuppa inglese mit Fondant-Splittern und Crema cotta. Es gibt eine eigene Kaffee-Karte. Service und Gedeck sind im Preis inbegriffen.

SANSEPOLCRO (AR)

38 KM NORDÖSTLICH VON AREZZO, S.S. 73

Fiorentino

Restaurant
Via Pacioli, 60
Tel. (+39) 05 75 / 74 20 33
Ruhetag: Mittwoch
Ferien: letzte Januarwoche, November
90 Plätze + 20 Plätze im Freien
Preise: € 28–30
Kreditkarten: CS, DC, MC, Visa; BM
Mittags und abends geöffnet

DIE OSTERIA – Dieses Restaurant, das seinen Sitz seit 1807 in einem Gässchen im historischen Zentrum von Sansepolcro hat, ist seit mehr als einem halben Jahrhundert im Besitz einer Familie. Heute, nach vier Generationen, führen Alessia und Alessandro Uccellini die Tradition weiter: junge Hände für den Geschmack alter Zeiten. Das Lokal besteht aus zwei großen Räumen, getrennt durch einen Rundbogen, und zwei kleinen Räumen mit Decken aus Holzbalken. Der herzliche Empfang schafft Wohlbehagen und vermittelt das Gefühl der Vertrautheit. Der Service ist unaufdringlich, man fühlt sich jedoch niemals allein gelassen.

DIE KÜCHE – Lokale Produkte, kurze Lieferketten und Saisontreue der Zutaten mit besonderem Augenmerk auf die Tradition: Aus diesem Mix entstehen raffinierte Gerichte mit authentischem Geschmack. Zu Beginn gibt es **Raviggiolo mit Trüffel**, Tortino di riso nero mit Fonduta von Ricotta und Trüffel oder den klassischen Antipasto mit Crostini und Salumi (9 €). Die Pasta ist von Hand gezogen: **Ravioli bietola e ricotta mit Sauce vom Chianina-Rind**, Agnellotti al tartufo, Tortelli di zucca mit Butter, Salbei und Nüssen sowie Tagliatelle ai prugnoli (15 €). Weitere Vorschläge sind Minestrone oder Zuppa di cicerchie e farro. Die Secondi locken mit **Agnello alle erbe**, Involtini di vitello mit Spargel, Petto d'anatra mit wildem Fenchel, Tartara di vitellone (10,5 €) oder der klassischen Bistecca alla fiorentina. Als Beilagen werden Sformati, Insalate, Patate arrosto oder Cannellini-Bohnen in Öl (3,5 €) angeboten. Zum Abschluss ein hausgemachtes Dessert vom reich bestückten Wagen, darunter Crostata und Cremedesserts. Die Weinkarte nennt Spumante, Weiß-, Rot- und Roséweine aus vielen Regionen Italiens, mit Schwerpunkt auf Etiketten der Colli Aretini und anderen Teilen der Toskana bei Rotweinen.

SARTEANO (SI)

87 KM SÜDÖSTLICH VON SIENA, S.S. 2

Da Gagliano

Trattoria
Via Roma, 5
Tel. (+39) 05 78 / 26 80 22
Ruhetag: Dienstag, Mittwoch; im Winter nur am Wochenende geöffnet
Ferien: zeitweise im Winter
24 Plätze
Preise: 30–32 €
Kreditkarten: AE, CS, DC, MC, Visa; BM
Mittags und abends geöffnet

Außergewöhnliche Freundlichkeit begleitet die hochwertigen Gerichte, die Angela tadellos zubereitet, getreu der Familientradition und den hiesigen Usancen.

DIE OSTERIA – Eine winzige Osteria im Zentrum von Sarteano, im Grenzland zwischen dem Chiana-Tal und dem Gebiet um den Monte Amiata: Das Gagliano ist eines jener Lokale, in dem man immer wieder gerne einkehrt. Ein schlichtes Ambiente mit Ziegelwänden, Hintergrundmusik und der Wirt Giuliano Gonnelli empfangen die Gäste mit Herzlichkeit. Die Herkunft der Köchin Angela Olmi ist deutlich zu erkennen: Gerichte der florentinischen Tradition stehen neben solchen aus dem Chiana-Tal, alle geprägt von harmonischem Geschmack, der auch auf die frischen Zutaten zurückzuführen ist.

DIE KÜCHE – Unter den Antipasti ist **Cibreo** in der cremigen Version stets vertreten. Als Alternative bekommen Sie Interiora di coniglio (Kanincheninnereien, 6 €) oder, je nach Saison, Tortino di fave mit Pecorino-Creme oder die klassische Pappa al pomodoro. Dann empfehlen wir **Stringozzi al ragù bianco di chianina** (9,5 €), Garmugia – eine traditionelle Frühlingssuppe mit Artischocken, Bohnen und Spargel – oder Farro a risotto, um nur einige zu nennen. Ebenso abwechslungsreich und interessant ist das Repertoire an Secondi: **Peposo** (11 €), **Coniglio mit Pflaumen, Vin Santo und würzigen Kräutern**, Capocollo und Fiorentina mit Honig und Safran. Für Vegetarier gibt es neben den klassischen Beilagen Coccio di melanzane mit Auberginen, Pecorino dolce und Tomaten oder **Cipollata in salsa di agresto e noci** (5 €). Fragen Sie Giuliano und Angela nach den Desserts. Die Weine stammen zum Großteil aus der Gegend um Montepulciano, ergänzt durch einige exzellente Biere aus lokalen Brauereien.

SCANDICCI (FI)
Cerbaia

18 KM SÜDWESTLICH VON FLORENZ, S.P. 4

NEU Agriosteria del Frantoio

Kürzlich gegründete Osteria
Via Empolese, 20
Tel. (+39) 055 / 76 95 38
Ruhetag: Dienstag • Ferien: unterschiedlich
30 Plätze
Preise: 35–40 € €↑
Kreditkarten: CS, MC, Visa; BM
Abends geöffnet

DIE OSTERIA – Ein weitläufiges Lokal mit Blick auf die Ölpresse einer genossenschaftlich geführten Ölmühle und ein Sitzbereich im Freien unter Arkaden, wo Musikabende und Lesungen stattfinden. Junges, sehr bemühtes Personal, das die Speisen und Weine fachkundig präsentiert. In der Küche steht ein junger, aber erfahrener Koch, dessen Stärke vor allem in der bestmöglichen Nutzung der Produkte dieses Landstrichs liegt. Auf der Karte sind detailliert alle Hersteller und die Lieferdistanzen zum Restaurant angeführt. Das sind die wichtigsten Merkmale der Agriosteria del Frantoio: ein erfreuliches Beispiel dafür, wie man dank der Einsatzfreude eines von Leidenschaft getragenen Teams neue Modelle der Gastronomie verwirklichen kann.

DIE KÜCHE – Die Karte variiert je nach Verfügbarkeit der Produkte und basiert auf einfachen Gerichten, auch wenn diese teilweise fantasievolle Namen tragen. Zum Einstieg können Sie Carpaccio di cefalo di Orbetello (12 €), frische Panzanella oder **Terrina di paté di fegatini e cipolline dolci** probieren. Die Primi werden unterschiedlichen Wünschen gerecht, wobei wir „Sbrigio picio" – ***Pici*** mit Brotkrumen – mit Meeräschenrogen (12 €) und Cannelloni mit saisonalen Kräutern hervorheben wollen. Auch bei den Secondi wird sehr auf die Zutaten geachtet: Hamburger di romagnola (13 €), **Filetto di baccalà mit Lauchauflauf**, **Kartoffelpastete und Scamorza in Zucchinikruste**. Die Desserts (6 €) umfassen klassischen Sgroppino und ein witziges Gelato all'olio. Im Weinkeller lagern zahlreiche Produkte kleiner Betriebe, die sich dem biologischen oder biodynamischen Anbau widmen. Einige Weine bekommen Sie auch glasweise. Es gibt außerdem ein Bier einer kleinen Brauerei aus der Umgebung. An die Osteria angeschlossen ist ein Laden, wo unter anderem die Produkte der Ölmühle verkauft werden.

SCANDICCI (FI)

7 KM SÜDWESTLICH VON FLORENZ

Bistrot del Mondo Da Bobo all'Acciaiolo

Moderne Osteria • Via Pantin/Via Scarlatti
Tel. (+39) 055 / 735 16 20, (+39) 346 / 885 74 47, (+39) 348 / 286 56 59
Ruhetag: Samstagmittag, Sonntagabend
Keine Ferien • 80 Plätze + 80 Plätze im Freien
Preise: 38–40 € €↑
Kreditkarten: MC, Visa; BM
Mittags und abends geöffnet

Ein wirklich schönes Projekt, bei dem Qualität durch Ideen und positive Energie unterstützt wird.

DIE OSTERIA – Ein richtiges Schloss mit schönem Garten, der zu den Innenräumen führt: Das ist der Sitz des Bistrot del Mondo. In den zwei großen Sälen ist der Geist von Slow Food hautnah zu spüren. Plakate berichten von den wichtigsten Kampagnen der Vereinigung und über das Vereinsleben in diesen Räumlichkeiten. In der Küche arbeitet Francesca mit einem Team junger Mitarbeiter und freiwilliger Helfer, die abwechselnd bei der Zubereitung und im Rahmen des freundlichen, flinken Service zupacken. Mauro, ebenfalls eine Seele des Lokals, erläutert im Saal alle Details der Gerichte.

DIE KÜCHE – Man beginnt mit **Passato di fagiolo rosso di Lucca** (rote Bohnen aus Lucca, Slow-Food-Presidio) mit Cozze und kleinen Tintenfischen (9 €) oder mit Salumi vom Cinta-Senese-Schwein und Crostini. Als Primo probierten wir an einem Abend im März Spaghetto mit Bottarga und Artischocken (14 €), ein delikates Gericht im Einklang mit der Jahreszeit. Unser Tipp unter den Secondi: **Stracotto**, ein Gericht der „Allianz der Köche", und **Cotolette d'agnello di razza massese mit frittierten Artischocken** (16 €). Weitere Vorschläge sind **Baccalà fritto ripassato nel pomodoro**, Acciughe al verde oder in der schönen Jahreszeit Millefoglie di melanzane. Die Karte führt viele Weine aus autochthonen Trauben und einige wenige klingende Namen an und lässt kleinen Betrieben ihren verdienten Platz. Eine Auswahl an Flaschenbieren aus kleinen Brauereien. Das Schlagwort heißt: Aufwertung eines Gebietes, worunter Produkte, Personen und Energien zu verstehen sind. Ein lohnender Besuch, auch um dieses ständig in Bewegung befindliche Projekt zu verfolgen.

SCANDICCI (FI)
San Colombano

15 KM WESTLICH VON FLORENZ

Dino

Trattoria
Via San Colombano, 78
Tel. (+39) 055 / 79 00 05,
(+49) 393 / 872 02 19
Ruhetag: Montag, außer im Sommer
Ferien: zeitweise im Winter
50 Plätze + 20 Plätze im Freien
Preise: 35 €
Kreditkarten: MC, Visa; BM
Mittags und abends geöffnet

DIE OSTERIA – Paolo (unterstützt durch Frau, Schwester und Tante) lenkt heute die Geschicke dieser über 100 Jahre alten Trattoria. Der Urgroßvater Giuseppe, Geppo genannt, eröffnete hier im Jahr 1897 einen Feinkostladen mit Ausschank, den Großvater Dino zu einem Wein- und Imbisslokal umbaute. In den 1950er-Jahren wurde schließlich die nach ihm benannte Trattoria eröffnet, die vor zehn Jahren um sechs Gästezimmer erweitert wurde.

DIE KÜCHE – Das Inbild einer toskanischen Trattoria. Im Dino wird auf „Markentellern" serviert, auf die der Name des Großvaters geprägt ist. Ein Blick in die Karte lässt Sie in die Toskana eintauchen: Salumi und Crostini für den Antipasto (6 €), Primi, Fleisch und Frittiertes, ganz nach hiesiger Tradition zubereitet. Es werden viele Gerichte genannt, aufgetischt werden aber nur jene, die der Jahreszeit entsprechen: Im Winter bekommt man **Ribollita** (9 €), im Sommer Pappa al pomodoro. Die **Pappardelle alla lepre** sind ein Bravourstück des Lokals. **Bistecca** alla fiorentina, Pollo, Salsicce und Rostinciana werden über der Glut gebraten, wie auch die Hamburger vom Chianina-Rind (9,50 €), die seit Kurzem auf der Karte stehen. Freitags gibt es traditionsgemäß Baccalà. Gute Beilagen sind **Verdure fritte** (5 €), Fagioli cannellini all'olio oder Fagioli all'uccelletto, in der Saison auch Funghi, frittiert oder vom Grill. Unter den Desserts empfehlen wir Crema catalana. Der Keller ist gut bestückt, ergänzt durch einen angenehmen Hauswein.

Bei Urzi in **Scandicci** (6 km), Via Monti 14, gibt es feine handwerklich gefertigte Schokolade. La Volpe e la Volpe in der Via della Pieve (6 km vom Zentrum): Käse, Wurst, Wein, Schnäpse, eingelegte Produkte, Teigwaren, Reis, Brot und Schiacciate.

SIENA

Babazuf

Moderne Osteria
Via Pantaneto, 85–87
Tel. (+39) 05 77 / 22 24 82
Ruhetag: Montag
Ferien: zweite Januarhälfte
45 Plätze
Preise: 30 €
Kreditkarten: CS, MC, Visa; BM
Mittags und abends geöffnet

DIE OSTERIA – Das Lokal befindet sich in der schönen Via Pantaneto, nicht weit von der Piazza del Campo entfernt, im Universitätsviertel, in dem auch zahlreiche Geschäfte ihren Sitz haben. Die Osteria ist neu, aber dennoch regiert hier die Tradition. Die Inhaber Marco und Tiziana empfangen Sie freundlich und kompetent in einem der beiden schlicht eingerichteten Räume mit Tischen, die leger mit gelben Papiertischtüchern, aber mit feinem Geschirr gedeckt sind.

DIE KÜCHE – Die von Giovanni meisterlich zubereiteten Gerichte begleiten Sie bei Ihrem Besuch. Als Antipasto können Sie sich **Terrina di coniglio e salsiccia mit Oliven und Pistazien** schmecken lassen, aber auch der exzellente Tortino di fiori, Torrone di fegatini mit Gelee von Passito oder Timballo di alici (5 €) sind zu empfehlen. Unter den Primi verdienen die hausgemachten Spaghetti di patate mit Bottarga, ***Pici*** alle briciole, Trine alla carbonara mit Artischocken oder mit Spargel und die ebenfalls hausgemachten **Rigatoni di castagne con ragù alla finanziera** (11 €) eine besondere Erwähnung. Was die Hauptspeisen betrifft, möchten wir Baccalà al forno mit Kirschtomaten (11 €), **Filetto di maiale in Kruste mit geschmortem Rotkohl** und **Pollo e ceci** nach einem Rezept aus dem Mittelalter hervorheben. Während der Trüffelzeit gibt es jeweils ein eigenes Menü mit weißer Trüffel oder Frühlingstrüffel. Das Kapitel der Dolci verführt mit Cheesecake mit Sichuan-Pfeffer (5 €) und Torta balconata mit Äpfeln, Nüssen, Mandeln und Gewürzen. Den Wein wählt man aus einem feinen Sortiment an Etiketten, von dem einige gute Tropfen auch glasweise angeboten werden.

Grotta di Santa Caterina da Bagoga

Restaurant
Via della Galluzza, 26
Tel. (+39) 05 77 / 28 22 08
Ruhetag: Sonntagabend, Montag
Ferien: 15.–31. Januar, letzte Juliwoche
60 Plätze + 24 Plätze im Freien
Preise: 30–33 €
Kreditkarten: AE, CS, MC, Visa; BM
Mittags und abends geöffnet

DIE OSTERIA – Um das wahre Wesen von Siena kennenzulernen, ist das Bagoga genau der richtige Platz. Hier bekommt man nicht nur Traditionsgerichte, die nach alten Familienrezepten zubereitet werden, sondern man kann auch den Erzählungen über den Palio und das Leben in der Stadt lauschen, die der Koch, ein echter „Fantino" (Palio-Reiter), gerne zum Besten gibt. Es umgeben Sie die Farben der Contrade, der Stadtteile, die an den Wänden dieses mittelalterlichen Lokals mit Gewölbedecken prangen. Gleichzeitig werden Ihnen dank eines tadellosen Service wunderbare Gerichte serviert, die Sie Seite an Seite mit Einheimischen, Studenten und Touristen genießen können, mit denen Sie eines verbindet: die Leidenschaft für gutes Essen und guten Wein.

DIE KÜCHE – Unter den Antipasti erwarten Sie **Tonno del Chianti** (lange in Wein geschmorte Schweineschulter, 8 €), die typischen Salumi aus Siena und Tortino al formaggio mit warmer Nusscreme. Exzellente Primi sind ***Pici*** al ragù bianco aus Fleisch vom Cinta-Senese-Schwein mit einer verführerischen Fenchelnote und die wunderbar duftenden Gnocchetti al tartufo (10 €). Den Spuren der Tradition folgt auch die Ribollita. Unsere speziellen Tipps unter den Secondi sind **Peposo** (9 €), das zarte, schmackhafte Schmorfleisch, serviert mit Schmorkartoffeln und Cannellini-Bohnen „all'olio bono", **Cinghiale alla montalcinese** und der originelle **Gallo indiano** (in Wein gekochter Truthahn mit Gewürzen) nach einem überarbeiteten Rezept aus dem 18. Jahrhundert (9 €). Desserts lokaler Tradition und zum Abschluss Elisir di Santa Caterina, ein Likör nach alter Art, den die Inhaber nach einem Rezept aus dem Kloster zubereiten und pur oder mit kaltem Wasser verdünnt anbieten. Die Weinkarte listet Etiketten aus der Toskana auf, mit einer guten Auswahl an Weinen im Glas.

SIGNA (FI)
Poggio a Caiano

16 KM WESTLICH VON FLORENZ, S.S. 66

Antica Trattoria di' Tramway

Trattoria • Via Pistoiese, 353–357
Tel. (+39) 055 / 877 82 03,
(+39) 333 / 463 60 68
Ruhetag: Sonntagabend, Montag
Ferien: zeitweise im August
75 Plätze + 25 Plätze im Freien
Preise: 25–30 €
Kreditkarten: AE, CS, DC, MC, Visa; BM
Mittags und abends geöffnet

DIE OSTERIA – In der Nähe des Ortes, wo sich einst die Endstation der „Tramway" befand, die Poggio a Caiano mit Florenz verband, führt die Familie Bacchereti seit jeher diese Trattoria mit Feinkostladen und Bar. Man betritt den Laden, wo Käse, Wurst, Delikatessen, Teigwaren, eingelegte Produkte und Backwaren zur Schau gestellt sind. Ein Korridor führt vorbei an der Küche zum großen Speisesaal mit Blick auf den Garten, der in der schönen Jahreszeit genutzt wird. Die Küche bietet schmackhafte Gerichte nach traditionellen Rezepten dieser Gegend in großzügigen Portionen. Der Service ist präzise und flink.

DIE KÜCHE – Zum Einstieg gibt es Crostini, Prosciutto oder Wurst vom Cinta-Senese-Schwein, Crostone mit Lardo aus Colonnata und Tortino mit Zucchini und Lauch. Bei den Primi dominiert Ragout als Zubereitungsart: **Penne alla pecora**, Paccheri al papero (8 €) und **Maltagliati al lampredotto**. Hervorragend sind auch Ribollita (7 €) und Pappa al pomodoro. Bei den Secondi dreht sich alles um Fleisch, insbesondere vom Schaf und von Hoftieren: Pecora oder **Papero in umido** (10 €), **Gran fritto** mit Hähnchen, Kaninchen, Kartoffeln und Polentastücken (14 €), **Coniglio al forno**, Arista di cinta senese, **Lampredotto trippato** und **Cervello fritto**. Auch Fleisch vom Grill darf nicht fehlen: Bistecca alla fiorentina, Filetto di cinta senese, Bistecchine di pecora, Tagliata di pollo und Galletto al mattone. Zum Abschluss werden Cantuccini aus Prato mit Vin Santo, Panna cotta und Crostate serviert. Es gibt einen süffigen Hauswein aus der Gegend von Carmignano und einige gute Etiketten.

Caseus in **Scandicci** (10 km), in der Via Aleardi 27–29: hervorragende Auswahl an italienischen und ausländischen Käsesorten.

82 KM SÜDÖSTLICH VON LIVORNO, S.S. 1

I' Ciocio

Moderne Osteria
Piazza dei Giudici, 1
Tel. (+39) 05 65 / 82 99 47
Ruhetag: Montag
Ferien: 1 Woche im November, 3 Wochen im Februar
50 Plätze + 60 Plätze im Freien
Preise: 38–40 € €↑
Kreditkarten: AE, CS, MC, Visa; BM
Mittags und abends geöffnet

DIE OSTERIA – Gegenüber dem Rathaus dieses Städtchens im Cornia-Tal trifft man auf die Osteria I' Ciocio, den idealen Ort, um die hiesigen Gerichte zu probieren, denen es nie an Schmackhaftigkeit fehlt, aber auch raffiniertere Speisen, die der Küchenchef Fabrizio Caponi kompetent kreiert. Dabei bedient er sich der Produkte dieser Gegend, großenteils aus Bio-Anbau, und angesichts der Nähe des Meeres auch der täglich frischen Fische. Der exzellente Stil der Bewirtung und das angenehme, entspannte Ambiente sind weitere Pluspunkte.

DIE KÜCHE – Die Karte variiert in regelmäßigen Abständen, wobei zum üblichen Repertoire noch Tagesgerichte hinzukommen, die die Wahlmöglichkeiten erweitern. Als Antipasto gibt es Prosciutto toscano mit eingelegtem Gemüse aus eigener Produktion (8 €), Minihamburger aus Maremmana-Rind, Tartara di tonno mit Gazpacho und in der Saison einen Insalata di carciofi (Artischockensalat). Dann geht es weiter mit **Gnocchetti di ricotta e pecorino in einer Creme aus Kichererbsen und Lauch** (8 €), Paccheri al ragù di chianina, Spaghetti alle sarde (mit Sardellen) oder con vongole veraci (mit Venusmuscheln). Unter den Secondi sind **Petto di galletto** oder Petto di faraona **farcito** (gefüllte Hähnchen- oder Perlhuhnbrust 14 €), **Reale di chianina al mosto di vino** (Rippe vom Chianina-Rind in Weinsauce), Pescato del giorno (fangfrischer Fisch), im Ofen gebraten oder in Salzkruste, und Polpetti di scoglio alla diavola zu entdecken. Sehr gute Desserts des Hauses, darunter Spuma di ricotta mit Erdbeerragout und Tortino di cioccolato (6 €), Sorbets und Crespella al mascarpone. Eine angenehme Alternative ist das interessante Sortiment an Käsespezialitäten, die aus kleinen Betrieben stammen. Die zwei Degustationsmenüs (Festland- und Meeresküche) werden für 35 bzw. 45 € angeboten.

30 KM SÖ. V. FLORENZ, S.S. 2 OD. SUPERSTRADA FLORENZ-SIENA

La Gramola

Osteria-Enoteca
Via delle Fonti, 1
Tel. (+39) 055 / 805 03 21,
(+39) 338 / 603 93 56
Ruhetag: Dienstag, außer im Juni und Juli
Ferien: unterschiedlich
70 Plätze + 30 Plätze im Freien
Preise: 32–35 €
Kreditkarten: AE, CS, MC, Visa; BM
Mittags und abends geöffnet

DIE OSTERIA – Die Eheleute Cecilia Dei (Chefköchin) und Massimo Marzi (Sommelier) widmen sich mit Erfolg der Suche nach alten Rezepten dieses Landstrichs, bei deren Ausführung sie unverfälschte Produkte der Umgebung verarbeiten. Zur weiteren Verbreitung der Kochkultur organisieren sie regelmäßig Kurse zum Thema der traditionellen Küche. Die Karte, die dem Wandel der Jahreszeiten folgt, listet die Lieferanten auf. Es gibt auch drei Degustationsmenüs: La tradizione (35 bis 45 €), Il piatto del contadino (Gerichte aus der Bauernküche, 20 bis 22 €) und I sapori del giorno (Tagesspezialitäten, 30 bis 35 €): Der erste Preis gilt ohne Wein, im zweiten Preis ist Wein inbegriffen. Mittags gibt es auch ein Selbstbedienungsbufett für 12 € ohne Getränke.

DIE KÜCHE – Unter den Antipasti sind neben Omas Crostini die lokalen Formaggi, serviert mit Honig und Konfitüren der Osteria (10 €), und in der Saison **Sformatino di ricotta mit Creme von Schwarzkohl** oder die knusprige Sfoglia con carciofi mit Safrancreme zu empfehlen. Die Pasta für die Primi – ***Pici*** al vino rosso mit Cacio, Pfeffer und Guanciale (12 €), Pappardelle caserecce al farro mit Sugo di ***nana*** (Entensauce, 10 €) – ist hausgemacht. In der Pilzsaison sollten Sie auch die Zuppa del Granduca mit Dinkel und Steinpilzen probieren. Unter den Secondi sind **Bocconcini e fegatelli di cinta senese mit Feldkräutern** (18 €), **Rosticciana di maiale su pietra** und Tagliata all'aspretto del Chianti zu entdecken. Als Beilagen bekommen Sie saisonales Gemüse, frittiert oder vom Grill, und eine schöne Auswahl an Salaten. Seit Kurzem gibt es auch Hamburger, die mit lokalen Produkten zubereitet werden. Sämtliche Desserts und das Eis stammen aus eigener Herstellung. Das exzellente Sortiment an Weinen wird kompetent präsentiert. Gedeck wird nicht verrechnet.

TERRANUOVA BRACCIOLINI (AR)
Penna Alta

37 KM NORDWESTLICH VON AREZZO, S.S. 69 OD. A 1

Il Canto del Maggio

Moderne Osteria
Ortsteil Penna Alta, 30 D
Tel. (+39) 055 / 970 51 47,
(+39) 339 / 264 16 72
Ruhetag: Montag
Ferien: unterschiedlich
30 Plätze + 30 Plätze im Freien
Preise: 35 €
Kreditkarten: CS, MC, Visa; BM
Abends geöffnet, Feiertage auch mittags

Ein traumhaftes Ambiente, ein höflicher, kompetenter Service und erstklassige Zutaten machen dieses Lokal zu einer zuverlässigen Adresse.

DIE OSTERIA – An den Hängen des Pratomagno hat in der Ortschaft Penna Alta das Lokal der Familie Quirini ihren Sitz, die mit Geduld und Engagement diesem kleinen Dorf wieder Leben eingehaucht haben und nun ihre Osteria hier führen. Im Saal erzählt Ihnen Simona alles Wissenswerte über die Gerichte und informiert über den Gemüsegarten der Familie, aus dem das Gemüse stammt, das Brot aus Natursauerteig, das im alten Ofen gebacken wird, über die frische, aus lokalem Bio-Mehl selbst gemachte Pasta und die anderen Zutaten, die nicht aus eigener Herstellung stammen. Das auf zwei Ebenen angeordnete Lokal ist zwanglos ganz im Stil der Toskana eingerichtet. Im Sommer speist man im Garten, umgeben von Stauden von Heilpflanzen.

DIE KÜCHE – Beginnen können wir mit Bruschette dell'orto oder Insalatina di tonno del Chianti mit Giardiniera (12 €), dann geht es weiter mit **Pappardelle al sugo d'ocio**, Ravioli ai cardi mit Topinambur-Creme und **Gnocchi di patate mit Creme aus Blattspinat und Tarese** (12 €). Unter den Secondi darf **Peposo alla fornacina** (17 €) nicht fehlen. Als Frühjahrsgericht verdient Uovo in camicia mit Spargelcreme, Pan brioche und knusprigen Kartoffeln eine besondere Erwähnung. Zum Abschluss Desserts, darunter Torta al cioccolato in Orangensauce und Crème brulée mit grünem Tee und Mascarpone-Eis. Es gibt ein umfangreiches Sortiment an Wurst und Käse und stets zwei Menüs zu feststehendem Preis. Die Weinkarte bevorzugt Produkte dieses Landstrichs, die zu angemessenen Preisen angeboten werden. Die angeschlossene Locanda verfügt über Gästezimmer.

TERRANUOVA BRACCIOLINI (AR)
Cicogna

37 KM NORDWESTLICH VON AREZZO, S.R. 69 OD. A 1

L'Acquolina

Restaurant
Via Setteponti di Levante, 26
Tel. (+39) 055 / 97 74 97
Ruhetag: Montag
Keine Ferien
80 Plätze + 60 Plätze im Freien
Preise: 38–40 € €↑
Kreditkarten: CS, DC, MC, Visa; BM
Mittags und abends geöffnet

DIE OSTERIA – „La classe non è acqua ... è Acquolina". Frei nach diesem Motto („Klasse kann man nicht kaufen, Acquolina besitzt sie einfach"), das perfekt auf den vielseitig begabten Paolo Tizzanini und sein Lokal passt, muss man einfach zugeben: Hier gibt es alles! Eine Osteria, die vor mittlerweile 20 Jahren in einem toskanischen Landhaus eröffnet und später in ein moderneres Gebäude mit roter Fassade inmitten eines Olivenhains verlegt wurde, eine Küche von Format, die eines Sternelokals würdig wäre, und eine Naturterrasse mit Blick auf die Olivenbäume. Paolos kulinarische Meriten sind hinlänglich bekannt, darunter die Zuppa di Tarlati, die er für Papst Benedikt zubereitete, und seine zahlreichen Auftritte im Fernsehen, was aber zusätzlich Anerkennung verdient, ist seine Bedeutung als Meilenstein in der Geschichte der Gastronomie der Toskana. Ein Verdienst, das er sich mit seiner Frau Daniela (die für die Desserts, die frische Pasta und das Brot verantwortlich zeichnet) und mit seinen Kindern Giulio und Serena teilt.

DIE KÜCHE – Die Karte basiert auf typischen toskanischen Gerichten und stets jahreszeitentreuen Zutaten und kann daher mehrmals im Jahr variieren. Stets vertreten ist der Antipasto Benvenuto dell'Acquolina (12 €), dann bekommt man abwechselnd *Pici* alla scamerita oder Pici all'aglione (12 €), **Tagliatelle al sugo di chianina**, Tortelli mit Pecorino aus Pienza, Anatra al finocchio selvatico, **Stufato di San Giovanni** (12 €), Guanciola di manzo al Chianti, **Lesso in francesina** und zum Abschluss Crema di latte mit Rum und Torta di mele mit englischer Creme (5 €). Das Öl stammt aus eigener Produktion. Die Weinkarte präsentiert sich gut strukturiert und umfasst Produkte zahlreicher Winzer aus der Umgebung. Vier Zimmer mit atemberaubendem Blick runden das Angebot des Acquolina ab.

TORRITA DI SIENA (SI)
Montefollonico

51 KM SÜDÖSTL. V. SIENA, 6 KM V. PIENZA, S.S. 326

La Botte Piena

Moderne Osteria
Piazza Cinughi, 12
Tel. (+39) 05 77 / 66 94 81
Ruhetag: Mittwoch, Donnerstagmittag
Ferien: zeitweise im Januar, Juli/Juli
45 Plätze + 25 Plätze im Freien
Preise: 30–35 €
Kreditkarten: AE, CS, DC, MC, Visa; BM
Mittags und abends geöffnet

Dieses Lokal wird jeden Tag besser – dank immer erleseneren Zutaten und einer besonderen Sorgfalt.

DIE OSTERIA – Das kleine mittelalterliche Dorf Montefollonico vermittelt Ruhe und Charme. Das rustikal-elegante Lokal wird kompetent und umgänglich von drei Partnern geführt: Elena, Sandra und Simone teilen sich die Aufgaben in Vinothek, Service und Küche. Die kulinarische Linie entspricht den Erwartungen an einen Ort wie diesen und basiert auf typischen Rezepten, die mit Leidenschaft und erstklassigen Produkten umgesetzt werden. Saisonale Speisen gesellen sich zu immer erhältlichen Vorschlägen, Tradition und kreative Einfälle werden in geschmackvoller, ausgewogener Weise präsentiert.

DIE KÜCHE – Zu den Antipasti gehören Millefoglie di pane mit cremigem Pecorino aus Pienza (8,50 €) und Panzanella di baccalà. Die Primi können ***Pici* all'aglione** della Valdichiana (9,50 €), Spaghetti integrali alle briciole, Caserecci al sugo di cinta mit roten Zwiebeln, Pecorino und Aprikosen, **Zuppa di ceci e farro** della Garfagnana (8,50 €) und Pappa al pomodoro mit Burrata umfassen. Unter den Secondi sind **Stracotto di costoline di cinta** mit Kartoffelpüree, Salsicce und Bohnen, Pollo ai peperoni, **Fegatelli di maiale** (9,50 €), Coniglio mit wildem Fenchel oder eine hervorragende Tagliata di vitello vertreten. Exzellente Auswahl an hiesigen Formaggi aus Ziegen-, Schaf- oder Kuhmilch. Sehr gut ist auch das Angebot an Desserts, darunter Semifreddo alla zuppa inglese (6 €), Crostata di pere mit Weinsauce und Sorbetto agli agrumi mit Ricottasauce. Überragende Weinkarte mit 800 Etiketten zu korrekten Preisen neben einer Tageskarte mit glasweise angebotenen Weinen und Edelbrände.

TREQUANDA (SI)

44 KM SÜDÖSTLICH VON SIENA

Il Conte Matto

Restaurant
Via Taverne, 40
Tel. (+39) 05 77 / 66 20 79
Ruhetag: Dienstag, im Sommer Montag und Dienstagmittag
Ferien: zeitweise im Winter
60 Plätze + 50 Plätze im Freien
Preise: 25–35 €
Kreditkarten: MC, Visa; BM
Mittags und abends geöffnet

Das Streben nach stets höherer Qualität und besseren Produkten, eine hochwertige Küche nach hiesiger Tradition sowie Gastfreundlichkeit und Professionalität machen das Lokal zu einer Pflichtetappe.

DIE OSTERIA – An der Grenze zwischen den Crete Senesi und dem Orcia-Tal erfreut ein atemberaubendes Spiel wechselnder Farben das Auge des Betrachters. Die Küche hebt die Osteria Il Conte Matto auf das Niveau der Landschaft: David Arrigucci, der das Restaurant seit etwa 30 Jahren führt, ist ein Verfechter der Produkte dieses Landstrichs und fängt in seinen Gerichten deren Wesen ein. Jede Zutat wird mit spezieller Sorgfalt gewählt, vom Gemüse über die Weine bis zum Olivenöl.

DIE KÜCHE – Zu Beginn Crostini neri toscani (7 €), feine Salumi, Battuta di chianina und in der Saison Antipasto misto di caccia mit Wild. Als Primi erwarten Sie **Ribollita mit frischen Frühlingszwiebeln** (8 €), ***Pici*** al ragù di bocconcini d'anatra (mit Entensauce, 10 €) oder con ragù di cacciagione (mit Wildsauce), Gerichte mit Pilzen (ausschließlich vom Monte Amiata und aus dem Casentino) und Trüffel (Scorsone, Bianchetto und weiße Trüffel) aus den Crete Senesi. **Bistecca di chianina**, Filetto und Tagliata, **Cinghiale in dolceforte** (11 €), Costolette di agnello in Kruste aus Brot, Kräutern und Pistazien, im Ofen gebraten, im Winter Bollito misto und **Scottiglia di cacciagione** sind einige Vorschläge bei den Secondi. Neben einer guten Auswahl lokaler Caprini und Pecorini bekommen Sie hausgemachte Desserts, unter denen Morbidezza di cioccolato aus Zartbitterschokolade und Kakao, Semifreddo alle mandorle mit Krokant (6 €), Tiramisu und Panna cotta hervorstechen. Die Preise in der sehr gepflegten Weinkarte sind erschwinglich.

29 KM NORDWESTL. VON LUCCA, S.S. 439 OD. A 11

Buonumore

Trattoria • Viale Capponi, 1/Via Marco Polo
Tel. (+39) 339 / 692 09 36
Ruhetag: Montag, Dienstag (außer im Sommer)
Ferien: während der Fischfangsperre
25 Plätze + 60 Plätze im Freien
Preise: 35 € (Tagesmenü)
Keine Kreditkarten
Mittags und abends geöffnet, im Winter Mittwoch und Donnerstag nur abends

DIE OSTERIA – Das Buonumore besitzt ein ansprechendes, zwangloses Ambiente: ein Interieur aus Holz in einem maritim gestalteten Chalet, das an das Innere eines Bootes erinnert. Diese Assoziation mit dem offenen Meer passt auch zur kulinarischen Linie des Inhabers und Kochs Amelio Fantoni, der, unterstützt durch seine Tochter Simona, seit einigen Jahrzehnten einer der schillerndsten Vertreter der Küche von Viareggio ist. Mit großer Sorgfalt achtet Amelio auf die Frische der Zutaten (in Zeiten ohne Fischfang bleibt das Lokal geschlossen) und beteuert stets, dass man diese in der Küche „mit Samthandschuhen anfassen muss": kurze Garzeiten und Techniken, die den Geschmack des Fisches nicht verfälschen. Man isst, was vorhanden ist, also den Fisch, den die Fischer jeweils an Land gebracht haben. Daher gibt es ein feststehendes Menü, das je nach Fangglück variiert. Die Küche basiert auf Saisonalität (die das Meer vorgibt) und auf Schlichtheit bei der Präsentation der Gerichte: Hier gibt es keine Spezialeffekte und man konzentriert sich auf die Substanz dessen, was man gerade verspeist. Der Abstand zwischen dem Meer und demjenigen, der dessen Produkte genießt, ist damit minimal.

DIE KÜCHE – Bei unserem letzten Besuch probierten wir eine einfache **Polentina con sugo di pesce**, Pesce crudo (in unserem Fall waren das Rochen und Adlerfisch) und Sugarello (Bastardmakrele, ein sogenannter „Arme-Leute-Fisch") mit grünem Apfel. Danach bekamen wir **Chioccioline di mare in umido** (geschmorte Meeresschnecken) und **Polpettine di pescato**. Noch vor den Desserts, die Simona zubereitet, gab es die klassischen Spaghetti ai frutti di mare. Bei anderen Gelegenheiten ließen wir uns auch Pasta con le acciughe, Bavette alle arselle und Linguine alle cicale schmecken. Die geradlinige Weinkarte passt zum Angebot der Küche.

VIAREGGIO (LU)

28 KM NORDWESTL. V. LUCCA, S.S. 439 OD. A 11

NEU Cabreo

Restaurant
Via Firenze, 14
Tel. (+39) 05 84 / 546 43
Ruhetag: Montag
Ferien: November
65 Plätze
Preise: 38–40 € €↑
Kreditkarten: AE, Visa; BM
Mittags und abends geöffnet

DIE OSTERIA – Wenn man die Schwelle des Cabreo überschreitet, hat man das Gefühl, ein Privathaus zu betreten. Das Erdgeschoss einer klassischen kleinen Villa in Viareggio, in der Nähe des berühmten Pinienwäldchens und der noch berühmteren Strandpromenade, ist der Sitz dieses Restaurants, das vor mehr als 20 Jahren eröffnet wurde. Auch der Stil des Empfangs entspricht dem typischen Auftreten einer Gastgeberin, die die Gäste im Vorraum begrüßt und in den Speisesaal führt. Wir sind hier in Viareggio, daher isst man nur – oder fast nur – Fisch ... aber was für einen Fisch! Stets fangfrisch und einfach und unverfälscht zubereitet, ohne Saucen oder komplizierte Bearbeitungen. Das Speisenangebot ist eher beschränkt und beweist, dass das Wichtigste die Qualität ist.

DIE KÜCHE – Ein guter Einstieg gelingt ganz sicher mit dem warmen Antipasto di mare (13 €), der verschiedene kleine Kostproben umfasst, von denen eine besser ist als die andere. Dann kann man zu **Tagliatelle alla trabaccolara** (12 €) oder Linguine con calamaretti e salvia (mit Tintenfisch und Salbei) übergehen. Fisch auch bei den Secondi: Besondere Erwähnung verdient Catalana, aber ebenso gut sind Branzino al forno, **Rombo all'isolana** und der klassische **Fritto di paranza** (14 €). Man beendet die Mahlzeit mit einem Tortino al cioccolato mit flüssigem Kern. Eine gut zusammengestellte Weinkarte bietet ein schönes Sortiment, vor allem an Weißweinen. Ein kleiner Makel ist der Preis von für 3 € für das Gedeck.

40 KM NORDÖSTLICH VON FLORENZ, S.R. 65

Giotto

Trattoria
Via del Popolo, 63
Tel. (+39) 055 / 84 41 95
Ruhetag: Mittwoch
Ferien: unterschiedlich
40 Plätze
Preise: 23 €
Kreditkarten: CS, DC, MC, Visa; BM
Mittags geöffnet

DIE OSTERIA – Wir sind hier mitten im Zentrum von Vicchio, in einer Trattoria, die nach dem großen Maler benannt ist, der hier geboren wurde. Es handelt sich um ein eher einfaches Lokal, das an die Trattorien von anno dazumal erinnert. In den Gasträumen eilt Massimo unermüdlich von einem Tisch zum anderen und bedient alle Gäste. Am Herd steht Mama Rosa. Es gibt nicht sehr viele Gerichte, aber solche, die unverfälscht und eng mit der Tradition verknüpft sind. Die Speisenauswahl wird mündlich vorgetragen.

DIE KÜCHE – Nach den Antipasti toskanischer Art – Wurstaufschnitt und Crostini – geht man gleich zu den Primi über. Unter diesen bestechen die **Tortelli di patate**, ein typisches Rezept aus dem Gebiet des Mugello, das mit verschiedenen Saucen angeboten wird (das **Ragù di carne**, also Fleischragout, erscheint uns am passendsten). Ebenfalls unter den Primi findet man Lasagne und Tagliatelle. Wenn Ihr Besuch auf einen Sonntag fällt, können Sie unter den Secondi Spiedo girato wählen, einen Bratspieß, auf dem Hähnchen, Kaninchen, Lendenstücke und Hühnerleber gebraten werden. Hervorragend schmecken auch **Arista** (Schweinebraten) und **Fritto dell'aia**. Nicht unerwähnt bleiben sollten die Beilagen aus saisonalem Gemüse. Für den süßen Abschluss erwarten Sie Cantuccini mit Vin Santo, Crostate und Tiramisu. Neben dem Hauswein werden einige Etiketten aus der Umgebung angeboten. Das Preis-Leistungs-Verhältnis ist hervorragend.

La Casa del Prosciutto (Via Ponte a Vicchio 1): Verkauf und Verkostung von lokalen Salumi und Formaggi, Brot, Schiacciate, hervorragenden Tortelli del Mugello und typischen Süßspeisen aus eigener Herstellung.

66 KM SÜDÖSTLICH VON PISA, S.S. 68 UND S.S. 439

Da Badò

Trattoria
Borgo San Lazzero, 9
Tel. (+39) 05 88 / 804 02,
(+39) 342 / 395 83 85
Ruhetag: Mittwoch
Keine Ferien
40 Plätze
Preise: 35 €
Kreditkarten: CS, DC, MC, Visa; BM
Mittags und abends geöffnet

DIE OSTERIA –Knapp außerhalb des historischen Zentrums von Volterra, das von zahlreichen Touristen besucht wird, trifft man auf eine einfache Trattoria, die als Familienbetrieb geführt wird. Hier werden traditionelle Speisen angeboten, zubereitet mit Produkten (Fleisch, Wurst, Käse, Gemüse und auch das berühmte Salz aus Volterra), die sämtlich aus der Umgebung stammen.

DIE KÜCHE – Unter den Antipasti findet man exquisite Salumi und Formaggi von den Weiden im Umkreis der Stadt, während als Primi insbesondere die **Zuppa volterrana** (10 €), eine hiesige Version der Brotsuppe, die überaus schmackhafte **Zuppa di legumi mit Kichererbsen, Kräutern und Sardellen** und ***Pici*** al ragù di cinghiale (mit Wildschweinsauce, ganz nach traditioneller Art, 12 €) zu empfehlen sind. Das Kapitel der Secondi hält einen perfekten **Fritto misto** mit Hähnchen, Kaninchen und verschiedenem Gemüse, Trippa in rosso (13 €) und ein erstklassiges **Cinghiale in umido** (16 €) für Sie bereit. Von hoher Qualität und gut zubereitet ist Carne alla griglia. Wirklich vorzüglich sind die hausgemachten Desserts, bei denen sich der Bogen von einer leichten Version des Tiramisu (7 €) bis zur einer leckeren warmen Crema calda spannt. Um die Verdauung in Schwung zu bringen, kann man Gelato allo zenzero (Ingwereis) oder Gelato al cioccolato wählen, die ebenfalls die Handschrift der Inhaberin tragen. Eine einfache, aber gut bestückte Weinkarte im Zeichen der Toskana und ein guter Hauswein, alles zu korrekten Preisen.

La Vena di Vino (Via Don Minzoni 30) ist eine Vinothek mit vielen toskanischen und weiteren italienischen Weinen, die man zusammen mit den besten lokalen Käse- und Wurstsorten genießen kann.

65 KM SÜDÖSTLICH VON PISA

La Carabaccia

Traditionelle Osteria
Piazza XX Settembre, 4–5
Tel. (+39) 05 88 / 862 39
Ruhetag: Sonntagabend, Montag
Ferien: zeitweise im November
38 Plätze + 25 Plätze im Freien
Preise: 24–30 €
Kreditkarten: AE, CS, DC, MC, Visa; BM
Mittags und abends geöffnet

DIE OSTERIA – Volterra ist eine Stadt, die man nicht eigens vorstellen muss: Ihre Jahrtausende umspannende Geschichte und ihre architektonischen Schätze sind hinlänglich bekannt. Hier haben Sara und Patrizia vor wenigen Jahren diese Osteria eröffnet, die sich innerhalb kürzester Zeit zu einer zuverlässigen Adresse für Gäste entwickelt hat, die die hiesige Küche kennenlernen wollen. In einem schlichten, sehr familiären Ambiente werden Sie charmant und zuvorkommend empfangen, wodurch eine spontane Wohlfühlatmosphäre entsteht, der Sie sich kaum entziehen können. Die Speisenauswahl ist auf einer Tafel im Eingangsbereich angeschlagen und wird mündlich bei Tisch wiederholt. Wenige Gerichte im wöchentlichen Rhythmus bezeugen, dass hier frische Produkte verarbeitet werden, die täglich direkt bei den Herstellern gekauft werden, ein Prinzip, das zum Beispiel für Gemüse und Fleisch gilt. Wenn Ihr Besuch in die passende Jahreszeit fällt, können Sie sich auf Gerichte mit Wildkräutern oder Pilzen freuen.

DIE KÜCHE – Der Antipasto besteht aus Crostini, Wurst und Käse zweier lokaler Betriebe. Unter den Primi sind fast immer **Carabaccia** (die typische Zwiebelsuppe) und häufig auch **Tagliatelle al ragù di lepre** (mit Hasenragout, 8 €) oder Gnocchi di patate al pesto di ortica vertreten. Mögliche Vorschläge im Kapitel der Secondi (stets mit Beilage serviert) sind **Filetto di maiale mit süßsauer eingelegten Zwiebeln** (10 €), **Piccione arrosto** mit Kartoffeln, Carni bianche alla cacciatora e Grigliate miste. Freitags gibt es Fischgerichte, wobei Stoccafisso, Baccalà und Acciughe im Rampenlicht stehen. Zum Ausklang locken hausgemachte Desserts (4,50 €) wie Crostate, Gelato fiordilatte und Lattaiolo. Ein angenehmer offener Hauswein flankiert das beschränkte Sortiment an Flaschenweinen und Bieren von kleinen Brauereien dieser Gegend.

EMILIA-
ROMAGNA
0 10 20 km
Rímini
Riccione
ADRIA
S. MARINO
S. Marino
Pésaro
PARCO NAZ. D.
FORESTE CASENTINESI,
M. FALTERONA
E CAMPIGNA
S. Leo
A14
Fano
Urbino
Senigállia
Arno
Bibbiena
MARKEN
Falconara
Marittima
Jesi
Arezzo
Citta
di Castello
A1
Gubbio
TOSKANA
Tevere
Fabriano
Umbertide
Cortona
Tolentino
RA6
Nocera
Umbra
Trasimenischer
See
Corciano
PERUGIA
Castiglione
d. Lago
Magione
Assisi
PARCO NAZ. D.
Torgiano
Spello
Panicale
Cannara
MONTI SIBILLINI
Cetona
Deruta
Foligno
Visso
Bevagna
Montefalco
Trevi
Preci
Giano
dell'Umbria
Norcia
Castel
Ritaldi
Campello
sul Clitunno
Acquapendente
Todi
Massa
Martana
Orvieto
Spoleto
Scheggino
Porano
Montecchio
Acquasparta
Avigliano
Umbro
Ferentillo
Bolsena
Arrone
Bolsenasee
A1
Amelia
Terni
Montefiascone
Narni
Stroncone
Terminillo
2216
Tuscania
Orte
Rieti
Viterbo
Vetralla
Tarquínia
LATIUM
A24
Bracciano-
See
Civitavécchia
A1Dir.
A12
Bracciano
ABRUZZEN
A1

UMBRIEN

Die Morphologie Umbriens präsentiert sich äußerst vielfältig: Kalkfelsen im Osten mit dem der Küste zugewandten Apennin, vulkanische Tuffstein-Calderen im Westen und fruchtbare Schwemmlandebenen im Zentrum. Durch die Mitte der Region ziehen sich zwei Linien, nämlich die Via Flaminia, einst Militär- und Handelsstraße, und der Tiber, die kaiserliche Wasserstraße und zugleich Grenze zwischen den beiden Seelen der Region. Umbrer und Etrusker haben nämlich, wie Wallonen und Flamen, trotz des Zugehörigkeitsgefühls zu einem und demselben Gebiet ihre unterschiedlichen kulturellen und traditionellen Eigenheiten beibehalten.
All dies spiegelt sich in einer Vielzahl kulinarischer Stile wider, die Gastronomie so interessant machen. Ein Beispiel: Die Rocciata wird aus (umbrischen) Walnüssen zubereitet, Torciglione dagegen aus (etruskischen) Mandeln; beide haben dieselbe gewundene Form und dieselbe symbolische Bedeutung, aber die Zutaten lassen den unterschiedlichen Ursprung erkennen.
Wenn wir die 30 Jahrhunderte Wechselfälle betrachten, die mit der Geschichte der Halbinsel verbunden sind, treffen wir in fast der ganzen Region auf Schweineleber, die den Haruspices einst zur Leberschau diente, auf Passatelli aus dem byzantinisch geprägten Korridor von Gubbio, auf wahrscheinlich von den Langobarden stammende Strangozzi und auf die römische Zuppa di farro (Dinkelsuppe). Die gastronomischen „Totems“ enden aber nicht hier: Schätze aus dem Wald, Pilze und Trüffeln, Süßwasserfisch aus den Flüssen und dem Trasimenischen See sowie die mehrere Jahrtausende alte Tradition der Verarbeitung von Schweinefleisch ziehen noch heute klare Unterscheidungslinien zwischen Merkmalen, die es mit Vergnügen wiederzuentdecken gilt.

Für Sie entdeckt

Carni suine

462 Lu Centru de lu Munnu
Foligno (Pg)

467 La Pergola
Orvieto (Tr)

474 Il Merollo
Todi (Pg)

Strangozzi, ciriole

455 Malvarina
Assisi (Pg)

464 Fontana delle Pere
Massa Martana (Pg)

465 Da Sara
Narni (Tr)

474 Lillero
Terni

Funghi, tartufi

460 Lea
Città di Castello (Pg)

461 Piermarini
Ferentillo (Tr)

475 I Birbi
Torgiano (Pg)

Pesce d'acqua dolce

455 Rossi
Arrone (Tr)

459 L'Acquario
Castiglione del Lago (Pg)

464 I Bonci
Magione (Pg)

471 Baciafemmine
Scheggino (Pg)

AMELIA (TR)

25 KM WESTLICH VON TERNI

La Gabelletta

Restaurant
Via Tuderte, 20
Tel. (+39) 07 44 / 98 17 75
Kein Ruhetag
Keine Ferien
100 Plätze + 60 Plätze im Freien
Preise: 35 €
Kreditkarten: AE, CS, DC, MC, Visa; BM
Mittags und abends geöffnet

DIE OSTERIA – La Gabelletta ist eine historische Locanda, deren Ursprünge auf das 18. Jahrhundert zurückgehen; sie steht dort, wo sich im einstigen Grenzgebiet das alte Zollamt befand. Das kürzlich in modernem Stil renovierte Gebäude liegt wenige Kilometer vom Zentrum von Amelia entfernt. Hier sind Sie richtig, wenn Sie die hiesige Küche genießen und ein paar Ferientage verbringen möchten. Küchenchef Andrea Taddei ist ein Profi mit viel Erfahrung, ebenso wie Samuele Cinti, der für die Organisation im Speisesaal und den Keller zuständig ist. Die Hausherrin, Signora Maura Rustichielli, liebt es, mit ihren Gästen zu plaudern. Die Bedienung ist stets aufmerksam, aber unaufdringlich.

DIE KÜCHE – Das Menü orientiert sich an der traditionellen Küche Amelias und Umbriens. Als Antipasto empfehlen wir die Selektion lokaler Wurst- und Käsespezialitäten mit **Torta al testo** und **Crostini di paté amerino**, Uova al tartufo su cialda di pecorino croccante (13 €) und Guanciale di maiale – lokal **Barbazza** genannt– **alla salvia** con salsa di pomodorini (8 €). Von den Primi erwähnen wir Pappardelle erborinate al ragù di selvaggina con pomodorini pendolini all'origano und Chitarrine all'uovo cacio e pepe con lamelle di tartufo (15 €). Keinesfalls entgehen lassen dürfen Sie sich **Faraona alla leccarda** (14 €) und das vielleicht traditionellste Gericht: **Fegatelli di maiale allo spiedo** (11 €). Sehr gut sind auch verschiedene Fleischsorten, wie Pollo ruspante, Piccione und Faraona (Freilandhuhn, Taube und Perlhuhn), die im einsehbaren Kamin am Spieß gegart werden und am Wochenende erhältlich sind. Gute Auswahl lokaler Öle. Die Weinkarte konzentriert sich vorwiegend auf das Gebiet, nennt aber auch Weine aus dem übrigen Italien.

ARRONE (TR)
Casteldilago

15 KM NORDÖSTLICH VON TERNI, S.P. 209

NEU Osteria dello Sportello

Osteria
Via della Rocchetta, 2
Tel. (+39) 347 / 623 39 0,
(+39) 393 / 357 529 232
Ruhetag: Montag
Ferien: unterschiedlich
80 Plätze + 50 Plätze im Freien
Preise: 25 €
Kreditkarten: MC, Visa; BM
Abends geöffnet

DIE OSTERIA – Wenn Sie an das italienische Mittelalter und an die um das Castello del Signore entstandenen Orte denken, haben Sie gewiss ein Bild vor Augen, das Casteldilago ähnelt, einem kleinen Ortsteil von Arrone im Nera-Tal. Hier befindet sich in dem aus dem 14. Jahrhundert stammenden Palazzo del Podestà die Osteria Lo Sportello mit wirklich eindrucksvollen Räumlichkeiten, denen die Küche mit Sicherheit in nichts nachsteht.

DIE KÜCHE – Eine Speisekarte ist nicht vorhanden, aber die Wirtsleute werden Sie bestens beraten und dabei Qualität und Preis in Einklang bringen. Probieren Sie zur Einstimmung den Antipastone (Achtung – sehr opulent, aber mit dem Besten der Saison, 15 €). Als Alternative bieten sich Wurst und Käse (alle von Hand frisch aufgeschnitten), Barbazza saltata con aceto balsamico e salvia und **Frittatina al tartufo con patate croccanti** an. Verlockend sind Gerichte aus Hülsenfrüchten, wie Lenticchie oder **Cicerchie saltate** alla ternana. Als Primi gibt es den großer Klassiker **Ciriole alla ternana** (Pasta aus Wasser und Mehl mit Tomaten, Öl und Peperoni serviert) oder auch Tortelloni ripieni di chianina al sugo di carne (12 €) oder mit edler schwarzer Trüffel lokaler Herkunft verfeinert. Passend zum Thema seien die ebenfalls vorzüglichen Tortelli ripieni di formaggio e fiori di zucca erwähnt; falls erhältlich, verdienen Tagliolini alla trota fario eine Kostprobe. Von den Secondi sollten Sie Fleisch vom Chianinarind aus lokaler Aufzucht, **Agnello di montagna a scottadito** (12 €) und Stufati di capretto oder di cinghiale agli aromi di bosco probieren. Crema di ricotta con miele e mandorle (3 €) oder klassische Zuppa inglese runden das Essen ab. Zu trinken gibt es eine gute Selektion vornehmlich lokaler Weine.

13 KM NORDÖSTLICH VON TERNI, S.P. 209

NEU Rossi

Restaurant
Vocabolo Isola, 7
Tel. (+39) 07 44 / 38 83 72
Ruhetag: Freitag
Keine Ferien
120 Plätze + 180 Plätze im Freien
Preise: 30 €
Kreditkarten: AE, CS, DC, MC, Visa; BM
Mittags und abends geöffnet

DIE OSTERIA – Das Rossi ist ein historisches Lokal und an der Valnerina-Staatsstraße in jenem Tal zu finden, das von den Marmore-Wasserfällen zu den Monti Sibillini führt und mit einer der eindrucksvollsten Flusslandschaften des italienischen Stiefels aufwartet. Die beiden Brüder und Inhaber, Andrea und Gianluca, empfangen die Gäste höflich und kompetent in komfortablen Gasträumen oder im Sommer im Schatten einer schönen Laube. Neben den Speisen auf der Karte gibt es stets Tagesgerichte. Eine Empfehlung: Lassen Sie sich beraten und leiten – Sie werden es nicht bereuen.

DIE KÜCHE – Den Anfang macht der Antipasto della casa mit einem schönen Überblick über Wurst- und Käsespezialitäten aus dem Gebiet; als Alternative bieten sich Köstlichkeiten wie **Guanciale saltato con aceto e salvia** (6 €), flaumige Frittata und Cestino di parmigiano al tartufo an (die Trüffel – natürlich nur in der Saison – ist die Königin der Küche). Unter den Primi sind Tagliolini al guanciale und al tartufo e gamberi di fiume (15 €), Ciriole (von Hand erzeugte Pasta aus Wasser und Mehl) mit saisonalen Saucen und Pappardelle al ragù (vom Feldhasen oder Wildschwein, 8 €) zu finden. Herausragende Secondi sind Agnello a scottadito und **Faraona alla leccarda** (mit Sauce aus den Innereien des Perlhuhns, verfeinert mit Wein, Salbei und Zitrone): Beide Hauptzutaten stammen aus kleinen lokalen Aufzuchtbetrieben. Der Fisch kommt aus dem Fluss und ist das Ergebnis der Neubelebung moderner und nachhaltiger Aquakulturen am Nera. Probieren Sie **Trota fario alla brace** (7 €), Salmerini und Gamberi. An Süßem erwarten Sie Sfogliatella croccante su crema chantilly con mele, uvetta e pinoli (im Winter) und Semifreddo al pistacchio (im Sommer). Die Weinkarte besticht mit einer hervorragenden Auswahl regionaler und italienischer Tropfen.

24 KM ÖSTLICH VON PERUGIA

Malvarina

Agriturismo
Via Pieve di Sant'Apollinare, 32
Tel. (+39) 075 / 806 42 80
Kein Ruhetag
Ferien: unterschiedlich
65 Plätze + 65 Plätze im Freien
Preise: 30 € (Tagesmenü)
Kreditkarten: AE, CS, MC, Visa; BM
Abends geöffnet, mittags gegen Vorbestellung

DIE OSTERIA – Wir finden den Agriturismo Malvarina umgeben vom Grün der Olivenhaine und jahrhundertealten Wälder des Monte Subasio an der Straße von Assisi nach Spello. Hier beschloss der Eigentümer Claudio Fabrizi Ende der Achtzigerjahre, eine Reihe von alten Landhäusern und Ställen zu renovieren und sie in ein Hoteldorf umzugestalten, in dessen Mitte ein gemütliches, komfortables Restaurant steht. Außerhalb des Landhauses, das den Rahmen des Lokals bildet, befindet sich eine große Veranda für sommerliche Abendessen, während im Inneren einige miteinander verbundene, ganz nach Tradition schlicht eingerichtete Gasträume geschaffen wurden. Holzträger, Stein und Ziegel umrahmen den Kamin, der an kalten Winterabenden die Räume beheizt und zum Garen von Speisen über der Holzglut dient.

DIE KÜCHE – In der Küche steht Köchin Patrizia, Claudios Frau, und bereitet Traditionsgerichte zu, wobei sie sich an die saisonal verfügbaren Produkte aus dem hauseigenen Gemüsegarten hält; um Letzteren kümmert sich Giacomo, der auch für die Pflege der Hoftiere zuständig ist. Professionalität und Höflichkeit sind eine gute Visitenkarte, auch im Service. Man bietet Ihnen ein preislich festgelegtes Menü an, das je nach den verfügbaren Zutaten aus dem Betrieb täglich wechselt. Wir erinnern uns mit Freude an den Einstieg mit hausgemachten Käse- und Wurstspezialitäten, aber auch an Panzanella di verdure und **Arvoltoli** fritti. Unter den Primi finden sich Strangozzi ai germogli di aglio e barbozza, **Tagliatelle al ragù di faraona** oder al sugo d'oca und Pasta con fave e pecorino. Als Secondi munden Agnello und **Piccione alla brace**; ebenso schmackhaft sind Spezzatino di maiale al Grechetto und **Oca arrosto**. Gute Weine aus den Kellereien des Gebiets sind hervorragende Begleiter zum Essen.

24 KM ÖSTLICH VON PERUGIA, S.S. 147 UND S.S. 75

Pallotta

Trattoria
Via Volta Pinta, 2
Tel. (+39) 075 / 81 26 49
Ruhetag: Dienstag
Ferien: Ende Februar/Anfang März
80 Plätze
Preise: 30–35 €
Kreditkarten: CS, MC, Visa; BM
Mittags und abends geöffnet

DIE OSTERIA – Mit der am Abend beleuchteten Basilika entflammt Assisi das Herz: Sich durch die Gässchen der Stadt treiben zu lassen, ist eine Erfahrung, die man nicht missen möchte, aber ein Lokal zu finden, in dem es den Sehenswürdigkeiten ebenbürtiges Essen gibt, wird eine immer kompliziertere Aufgabe. Seit Jahren hält Signora Margherita, nicht ohne Schwierigkeiten, die lokale Gastronomie auf hohem Niveau. Das Lokal liegt im Zentrum, nicht weit von der Basilica Maggiore. Es präsentiert sich mit sehr schlichter Einrichtung und Tischen, die wie in den ländlichen Trattorien gedeckt sind. Die Atmosphäre ist familiär, ebenso wie das Menü, das einer Reise in die umbrische Tradition gleichkommt. Nehmen Sie Platz, entspannen Sie sich und genießen Sie die hervorragende Küche.

DIE KÜCHE – Man macht nichts falsch, wenn man sich für eines der beiden Degustationsmenüs entscheidet, traditionell für 26 € und vegetarisch für 24 €, aber Sie können auch mit ebenso zufriedenstellendem Ergebnis à la carte essen. Von den reichhaltigen Antipasti empfehlen wir Ihnen Wurst mit Torta al testo, Crostini di paté di fegatini (7 €) oder traditionelle **Torta al testo con verdure**. Weiter geht es mit Strangozzi al tartufo, **Ravioloni ricotta e spinaci al burro e salvia** (9 €) oder guter Zuppa di verdure (7 €). Bei den Secondi sollten Sie sich **Piccione alla ghiotta** con crostone (18 €), **Coniglio alla cacciatora** (15 €) oder als Alternative die hervorragende lokale Salsiccia vom Grill nicht entgehen lassen; vergessen Sie nicht, dazu Patate arrosto al finocchio selvatico oder sautierte Feldkräuter zu genießen. Die Nachspeisen sind hausgemacht; die Weinkarte bietet ein gutes Panorama regionaler Etiketten.

Die Käserei Brufani in **Santa Maria degli Angeli** (4 km) verkauft gereiften und frischen Käse.

AVIGLIANO UMBRO (TR)

29 KM NORDWESTLICH VON TERNI, S.S. 3 BIS

La Casareccia

Trattoria
Strada Pian dell'Ara, 69
Tel. (+39) 07 44 / 93 34 82
Ruhetag: Montag
Ferien: unterschiedlich
100 Plätze + 25 Plätze im Freien
Preise: 30 €
Kreditkarten: AE, CS, DC, MC, Visa; BM
Mittags und abends geöffnet

DIE OSTERIA – Nicht weit vom fossilen Wald in Dunarobba und den Schlössern Sismano und Toscolano befindet sich eine familiengeführte Trattoria, in der die Geschmacksnoten der Lokalküche bestens zum Ausdruck kommen. Der Empfang in diesem einfachen Lokal gestaltet sich herzlich. Das schlichte Menü wird um Tagesgerichte bereichert, die ausgehend von den verfügbaren Saisonzutaten ersonnen und zubereitet werden, die man mit großer Achtsamkeit und Sorgfalt beschafft.

DIE KÜCHE – Den Auftakt machen die Antipasti, bei denen klassische Crostini con paté di fegato, Bruschetta con il tartufo und die hervorragend zubereiteten Wurstspezialitäten aus dem Gebiet einen Ehrenplatz innehaben. Die Teigwaren sind alle aus Steinmühlenmehl selbst gemacht. Probieren Sie **Manfricoli** (aus Wasser und Mehl) mit einfacher Sauce aus Tomaten und Peperoni oder **con tartufo** locale (10 €). Gut sind Carbonara agli asparagi – nur in der Saison auf der Karte vertreten – und Tagliatelle con il sugo di rigaglie; nicht minder köstlich schmecken **Gnocchi al castrato** und Polenta, die jedoch nicht immer erhältlich sind. Das Fleisch ist lokaler Herkunft und wird überwiegend über der Holzglut gegart; zu manchen Zeiten können Sie hervorragendes Spezzatino di cinghiale, schmackhafte **Coratella d'agnello** (8 €), **Fave stufate con verza e guanciale** (6 €) oder unter der Asche gebackene Pizza con salumi oder con verdure e salsiccia vorfinden. Es gibt auch ein vegetarisches Menü und eine Auswahl an Pizza. Von den Süßspeisen erwähnen wir die vorzügliche Zuppa inglese (4 €).

29 KM NORDWESTLICH VON TERNI, S.S. 3 BIS

La Posta

Restaurant
Via Matteotti, 21
Tel. (+39) 07 44 / 93 39 27
Ruhetag: Montag, an Feiertagen mittags
Ferien: unterschiedlich
45 Plätze + 45 Plätze im Freien
Preise: 30–35 €
Kreditkarten: AE, CS, DC, MC, Visa; BM
Mittags und abends geöffnet

DIE OSTERIA – Das La Posta liegt im Hügelland in einem der am dünnsten besiedelten Gebiete Umbriens und zeichnet sich nach wie vor durch konstante Suche nach Qualitätszutaten und Augenmerk auf Saisontreue sowie besondere Gerichte aus. Es ist ein Lokal für alle, die keine Eile haben und frisch gekochtes Essen aus absolut handwerklich erzeugten Produkten und Zutaten zu schätzen wissen.

DIE KÜCHE – Wählen Sie eingangs zwischen Crocchette di baccalà, di patate oder di verdure di stagione, **Supplì** al ragù oder ai fiori di zucca e alici (6 €), Tempura di verdure und, zu manchen Zeiten des Jahres, Terrina di maialino e pistacchi, Prosciutto di cinta al vapore, **Trippa al sugo** oder von Küchenchef Piero affinierten Wurstspezialitäten vom Brett. Brot und Focacce sind unter Verwendung von Biomehl und Sauerteig selbst gebacken. Mittags gibt es auch Pizzaschnitten. Von den Primi ist stets eine saisonale Suppe (aus Dicken Bohnen, Linsen, Kichererbsen, Bohnen) auf der Karte vertreten; je nach Saison gibt es außerdem Tagliatelle oder **Tonnarelli** al tartufo (14 €), **al ragù di gallina** oder di oca und con asparagi di bosco; eine weitere Möglichkeit wären gute Paccheri con guanciale, pomodoro e cacioricotta di capra (8 €). An Secondi bieten sich Tagliata di vitello, Coniglio con salsa al limone, **Piccione arrosto** (gegen Vorbestellung), **Cuori di carciofo con uovo** morbido **e tartufo nero** (17 €) und Pollo fritto con tempura di verdure an. Beilagen dazu sind **Fave cottòre dell'Amerino** (Slow-Food-Presidio), Carciofi fritti und Verdure di campo. Das Finale bilden Crostate, Eis und Terrina di pesche (5 €). Die gepflegte Weinkarte nennt hervorragende Etiketten aus der Region.

38 KM SÜDÖSTLICH VON PERUGIA

Antiche Sere

Osteria
Piazza Garibaldi, 10
Tel. (+39) 07 42 / 36 19 38
Kein Ruhetag
Ferien: unterschiedlich
16 Plätze + 20 Plätze im Freien
Preise: 30–35 €
Kreditkarten: AE, CS, DC, MC, Visa; BM
Mittags und abends geöffnet

DIE OSTERIA – Bevagna ist ein charakteristisches mittelalterliches Städtchen, umgeben von alten Mauern und bekannt für den Mercato delle Gaite, der einen Überblick über historische Berufe und Rezepte vermittelt. Von Cannara kommend, finden Sie die Osteria gleich hinter dem Stadttor. Hier führt seit jeher der aus Apulien stammende, aber in Umbrien gut integrierte Patron Luciano Sabbatini das Kommando und wählt mit Sorgfalt Produkte und Erzeuger aus dem Gebiet aus. Das Lokal bietet einen kleinen, gemütlichen Innenbereich und einen angenehmen Sitzbereich im Freien beim Eingang, wo man sich an Sommerabenden niederlassen kann.

DIE KÜCHE – Einen hervorragenden Einstieg bilden Wurst und Käse vom Brett (10 €), begleitet von handwerklich erzeugten Konfitüren. Das Angebot an Primi folgt dem authentischen Stil der Gasthäuser alter Zeiten: **Strangozzi con il tartufo**, Gnocchi al Sagrantino (mit dem berühmten autochthonen Wein aus dem Gebiet, 12 €) und **Ravioli di ricotta e borragine**. Das Fleisch stammt aus kleinen Betrieben in der Umgebung. Probieren Sie **Coniglio in porchetta** (12 €) oder **Piccione arrosto**. Das Tagesangebot enthält stets verschiedene, saisonal angepasste Speisen: Ein Lob geht an Stinco (abends auf der Karte), die gut zubereitet und schmackhaft ist. Das frische Gemüse aus lokalem Anbau glänzt ebenfalls mit guter Zubereitung. Die Nachspeisen, wie Tiramisù, Zuppa inglese und Tortino al cioccolato, sind hausgemacht. Die Weinkarte ist nicht groß, präsentiert jedoch eine schöne Selektion von Etiketten aus hier ansässigen Winzerbetrieben.

BEVAGNA (PG)

38 KM SÜDÖSTLICH VON PERUGIA

La Tavernetta di Porta Guelfa

Restaurant • Via Raggiolo, 2
Tel. (+39) 333 / 430 07 22
Ruhetag: Montag
Ferien: unterschiedlich
25 Plätze + 15 Plätze im Freien
Preise: 20–25 € (Tagesmenü)
Keine Kreditkarten
Abends geöffnet, mittags gegen Vorbestellung

DIE OSTERIA – La Tavernetta di Porta Guelfa befindet sich ein kleines Stück außerhalb von Bevagnas Mauern neben dem gleichnamigen Stadttor. Sie ist vom Zentrum aus zu Fuß leicht erreichbar und verfügt auch über einen bequemen Parkplatz gegenüber. Das sehr kleine und gemütliche Lokal präsentiert sich mit schlichter Holzeinrichtung und wird von einer Familie geführt. In der schönen Jahreszeit besteht die Möglichkeit, im Freien zu essen. Begrüßt werden Sie von Silvestro, der Ihnen das Menü und die verschiedenen Tagesgerichte beschreibt. Diese hängen von den Produkten ab, die Annarita, die Königin der Küche mit ausgeprägter Vorliebe zu traditionellen, schlicht und sorgsam zubereiteten Rezepten, auf den lokalen Märkten aufzutreiben vermag. Zur passenden Zeit ist es gegen Vorbestellung möglich, Lumache (Schnecken) zu genießen. In Anbetracht der geringen Platzanzahl raten wir zu einer Reservierung. Der festgelegte Preis für das Essen bewegt sich zwischen 20 und 25 € und schließt auch das Gedeck und den Wein ein. Man kann zu einem entsprechend angepassten Preis auch ein kleineres Programm als das komplette Menü wählen.

DIE KÜCHE – Da das Angebot saisonal ist, ist es schwierig, eine präzise Beschreibung der Gerichte zu geben, die Ihnen dann tatsächlich angeboten werden, aber es sind doch einige Eckpfeiler vorhanden, wie Wurst, Käse, Frittate, Bruschette und Salate. Bei den Primi kann man zwischen Ravioli con zucchine e pomodorini, **Maltagliati con fave e guanciale** und **Tagliatelle agli asparagi di bosco** wählen. Die Secondi sehen vorzügliche **Arrosticini di agnello** und als Alternative Tagliata di chianina, Bistecca di manzo und **Lumache alla brace** vor. Typische Dolci der Hausmannskost. Als Begleiter zum Essen gibt es einen recht guten Wein aus der Umgebung.

CANNARA (PG)

31 KM SÜDÖSTLICH VON PERUGIA

Perbacco

Moderne Osteria
Via Umberto I, 14
Tel. (+39) 07 42 / 72 04 92
Ruhetag: Montag
Ferien: Ende Juni/Anfang Juli
50 Plätze
Preise: 30–35 €
Kreditkarten: CS, DC, MC, Visa; BM
Abends geöffnet, Sonntag und Feiertage auch mittags

DIE OSTERIA – Im kleinen Ort Cannara, der für den Anbau von Zwiebeln und ein ihnen gewidmetes Fest bekannt ist, das Jahr für Jahr viele Fans anzieht, setzt Ihnen der Lokaleigentümer und akkurate Wirt Ernesto Parziani, der auch ein Hüter der lokalen Traditionen und Speisen ist, schlichte und einfache Kost vor. Besonderes Augenmerk gilt dabei sorgsam gewählten Ausgangsprodukten aus dem Umland. Die Speisen folgen dem Reigen der Jahreszeiten und dem Marktangebot. Die Lokaleinrichtung ist hübsch, die Gemälde lassen die Jazzleidenschaft des Inhabers erkennen.

DIE KÜCHE – Zu den Vorspeisen, die Sie sich nicht entgehen lassen sollten, zählen **Sformato di cipolle** con crema di parmigiano e crostini alla cipolla (9 €), Paté di fegatini und **Parmigiana di cardo gobbo**. Unter den Primi finden sich zahlreiche von Hand erzeugte Pastasorten mit verschiedenen Saucen, Zuppa di cipolle con pane tostato, Spaghetti Perbacco con alici e cipolla (10 €), Cannelloni di chianina und **Zuppa di roveja e fave**. Zahlreich sind die Secondi, unter denen **Guancetta di maiale con cipolle glassate e tartufo** scorzone (13 €), **Trippa di chianina in umido**, Spiedini di ***pajata*** und Quaglie alla griglia herausragen. Fleisch vom Chianina-Rind wird sorgfältig bei einem lokalen Zuchtbetrieb ausgewählt. Das Essen endet mit Süßspeisen, von denen Coppette di crema inglese, Salame del re (mit Schokolade) und Semifreddi besonders empfehlenswert sind. Die sorgfältig aufgebaute Weinkarte nennt ein gutes Sortiment regionaler und italienischer Weine, das die Suche des Wirtes nach nicht Alltäglichem bezeugt.

CASTIGLIONE DEL LAGO (PG)

44 KM W. V. PERUGIA, ZUBRINGER ZUR A 1 OD. S.S. 559

L'Acquario

Restaurant
Via Vittorio Emanuele II, 69
Tel. (+39) 075 / 965 24 32
Ruhetag: Mittwoch
Ferien: Januar, Februar
50 Plätze + 20 Plätze im Freien
Preise: 30–35 €
Kreditkarten: AE, CS, DC, MC, Visa; BM
Mittags und abends geöffnet

Einklang mit der Umgebung sowie Aromen und Geschmacksnoten der guten Traditionsgerichte aus den Schätzen des Sees.

DIE OSTERIA – Das wenige Schritte vom Hauptplatz dieses reizenden Ortes gelegene Restaurant ist leicht zu finden und stellt seit Jahren eine verlässliche Adresse für Gerichte mit Süßwasserfisch dar. Die traditionellen Speisen zeichnen sich sowohl durch gute Kombinationen als auch durch geschmackliche Kontraste aus. Sie sind mit zarter und aufmerksamer Hand aus Schätzen zubereitet, die aus dem See oder von seinen Ufern stammen. Ilio und Tiziana bitten Sie zu Tisch und erläutern Ihnen die Wahl und Einzelheiten ihres Angebots.

DIE KÜCHE – Wir empfehlen, den Geschmack des Süßwasserfischs zu Beginn mit **Mousse di tinca affumicata**, Anguilla marinata und Caviale del Trasimeno (10 €) zu genießen. Gut schmecken auch **Sformatino di lago agli agrumi**, saisonale Bruschette sowie ein Mix aus umbrischen Wurstspezialitäten und Schafkäse. Unter den Primi sind vorzügliche Cappellacci di magro con salsa di luccio e mandorle croccanti, Chitarrini ai sapori del lago (10 €), Fettuccine con coniglio e asparagi und Pici al sugo d'oca. Ein Klassiker unter den Secondi ist Tegamaccio, eine Suppe mit Fisch aus dem See (13,30 €); ebenso verlockend sind **Filetti di luccio con porri e mandorle** sowie Anguilla und Gamberi alla griglia. Beim Kapitel Fleisch stellen Petto d'anatra con arancia e caramello salato und Coniglio all'arrabbiata con ginepro e olive (10 €) eine exzellente Wahl dar. Zahlreich sind die lokalen Käsesorten und die Desserts, wie **Crema cotta allo zafferano** und Fonduta di cioccolato speziato con la frutta. Auf der Weinkarte sind Etiketten aus Umbrien und dem übrigen Italien gut vertreten.

CITTÀ DI CASTELLO (PG)
San Secondo

54 KM NÖRDLICH V. PERUGIA, S.S. 3 BIS U. S.S. 257

La Miniera di Galparino

Agriturismo • Vocabolo Galparino, 34
Tel. (+39) 075 / 854 07 84,
(+39) 347 / 614 07 98
Keine Ferien
40 Plätze + 25 Plätze im Freien
Preise: 28 € (Tagesmenü) • Keine Kreditkarten
Donnerstag–Samstag abends geöffnet,
Frühjahr–Herbst auch Sonntagmittag

Eine Küche, die uns die Geschmacksnoten von einst in intelligenter Überarbeitung schenkt, und dazu ein liebenswürdiger Empfang.

DIE OSTERIA – Das Lokal ist nicht nur eine Gaststätte, in der Exzellenz den Ton angibt, sondern ein regelrechtes Kulturprojekt, das Chiara und Claudio gemeinsam mit ihren Kindern verfolgen. Um es zu beschreiben, könnte man die biologisch zertifizierte Landwirtschaft erwähnen, die strikt betrieben wird und die Ausgangsprodukte für Chiaras Küche liefert, die Vinsanto-Kellerei, mit der Claudio dazu beigetragen hat, den Slow-Food-Presidio des Vinosanto affumicato (Vinsanto mit Räuchernote) aus dem oberen Tibertal ins Leben zu rufen, die Erzeugung von hervorragendem Höhlenkäse sowie den Pilz- und Trüffelanbau.

DIE KÜCHE – Das festgelegte Menü sieht saisonale Speisen wie **Rotolo di tarassaco con fiori di zucca e caciottella**, Treccia di pane con salumi e pecorino affinato su foglie di noce, **Crostini di paté di cacciagione al Vinosanto** del Presidio und Sformatini di borragine con cipolla croccante e guanciale vor. Gut sind Primi wie Gnocchi alle ortiche, Cappellacci di magro con pomodori ciliegini, **Farro** risottato **con ortiche e mazzafegato** und klassische Tagliatelle con asparagi e gota. Von den Secondi sind uns **Prosciutto al forno con pomodorini e timo**, Coscio di pollo farcito con trombette dei morti und Pancia di vitello all'aceto balsamico in Erinnerung geblieben. Das Brot ist selbst gemacht, ebenso wie die Desserts, die sich aus einem üppigen Sortiment an Eis, Crostate und Zuccotti zusammensetzen. Der Keller hält die großen Klassiker aus Umbrien und dem übrigen Italien bereit. Wir raten Ihnen, Ihr Mahl mit Vinosanto und Torcolo abzurunden.

CITTÀ DI CASTELLO (PG)

54 KM NÖRDLICH V. PERUGIA, S.S. 3 BIS U. S.S. 257

Lea

Trattoria
Via San Florido, 38
Tel. (+39) 075 / 852 16 78
Kein Ruhetag
Ferien: Mitte Juli–Mitte August
50 Plätze
Preise: 20–25 €
Kreditkarten: AE, CS, DC, MC, Visa; BM
Mittags und abends geöffnet

DIE OSTERIA – Wenn Sie nach Città di Castello kommen oder in der Nähe sind und Trüffeln mögen, können Sie nicht umhin, einen Stopp einzulegen und sich in diese von einer Familie geführte Trattoria zu begeben, die durch gemütliches, gastliches Ambiente und sehr faire Preise besticht. Das Lokal gliedert sich in drei Räume, das sehr aufmerksame Personal versteht es bestens, Ihnen ein Gefühl der Behaglichkeit zu vermitteln und Sie bei der Auswahl der Speisen zu unterstützen. Es gibt ein großes Angebot einfacher, gut zubereiteter Gerichte, die nicht enttäuschen. Das Highlight ist und bleibt die bodenständige Küche mit schwarzen und weißen Trüffeln, Maipilzen und anderen Pilzen, je nach Saison, die alle von hier ansässigen Sammlern bezogen werden. Es gibt auch ein ganzes Pilzmenü.

DIE KÜCHE – Sie können mit dem klassischen Antipasto misto della casa (7 €) oder mit Bruschette, Wurst oder guter **Fonduta al tartufo** beginnen. Alle Primi brillieren mit hervorragender Zubereitung; die Teigwaren sind hausgemacht: **Tagliatelle** al tartufo (12 €), auch in der Version **ai funghi**, und schmackhafte Gnocchi al ragù sind konkurrenzlos. Die Secondi bieten eine gute Auswahl an Gerichten, angefangen von **Mazzafegati aus dem oberen Tibertal** (Slow-Food-Presidio, €) über Agnello oder **Castrato alla brace** bis zu Grigliata mista und Tagliata al tartufo. Von den Süßspeisen empfehlen wir Tiramisu, Panna cotta und Crema catalana. Die gute Weinkarte nennt eine Auswahl regionaler und italienischer Weine; schade, dass es sie nicht im glasweisen Ausschank gibt. Eine Empfehlung: Es ist ratsam, sowohl mittags als auch abends zu reservieren.

Sergio Bendini, Piazza Fanti 8 C, verkauft ausgewählte Wurstsorten, Weine, Öle und andere lokale Spezialitäten.

CORCIANO (PG)
Mantignana

13 KM NORDWESTLICH VON PERUGIA

Taverna dei Sapori

Osteria
Via Alighieri, 12
Tel. (+39) 075 / 60 57 20
Ruhetag: Dienstag
Keine Ferien
30 Plätze + 10 Plätze im Freien
Preise: 25–30 €
Kreditkarten: AE, CS, DC, MC, Visa; BM
Abends geöffnet

DIE OSTERIA – Die Osteria von Signora Francesca liegt in einem typischen mittelalterlichen Ort wenige Kilometer von Perugia und vom Trasimenischen See entfernt. Das einfache, gemütliche und hübsch eingerichtete Lokal befindet sich in einem ehemaligen Stall. Die Schwiegertochter begrüßt die Gäste und berät sie beim Abendessen freundlich und aufmerksam. Die Küche richtet sich nach der jahreszeitlichen Verfügbarkeit der Zutaten und folgt der Null-Kilometer-Philosophie.

DIE KÜCHE – Das Abendessen kann mit einer Kostprobe von Wurstspezialitäten (sehr empfehlenswert ist Spalla aus San Venanzo, 8 €) oder einem opulenten Antipasto misto beginnen, der neben Wurstspezialitäten auch **Torta al testo**, Crostini, kleine **Supplì** di riso und Frittate beinhaltet. Eine ausgezeichnete Wahl danach sind **Umbricelli al ragù bianco di chianina** e asparagi di bosco (12 €) – ein delikates, aromatisches und gut strukturiertes Gericht, zu dem lokaler Grechetto sehr gut passt –, Pappardelle al ragù di cinghiale, Strangozzi und **Zuppa di fagiolina del Trasimeno** (Slow-Food-Presidio). Die nächste Runde bestreiten **Filetto di maialino nero al pepe verde** (12,50 €), Baccalà su letto di patate und verschiedene Fleischsorten vom Grill. Häufig sind auch Speisen aus Fisch aus dem See anzutreffen, wie etwa **Tegamaccio** (traditionelle Suppe mit Zutaten aus dem See). Das Brot wird aus Biomehl selbst gebacken. Außerdem gibt es eine reiche Auswahl hausgemachter Süßspeisen, wie Crostata di ricotta, Cheesecake arancia e cioccolato und Tortino di frolla con frutta fresca. Die kleine Weinkarte listet nur lokale Tropfen auf; der offene Hauswein trinkt sich gut.

18 KM NORDÖSTLICH VON TERNI

Piermarini

Restaurant
Via Ancaiano, 23
Tel. (+39) 07 44 / 78 07 14,
(+39) 335 / 545 61 28
Ruhetag: Sonntagabend, Montag
Ferien: unterschiedlich
50 Plätze
Preise: 35 €
Kreditkarten: AE, CS, DC, MC, Visa; BM
Abends geöffnet, Sonntag auch mittags

Ansprechender Empfang, viel Gefühl für Gebietstreue und exzellente Ausgangsprodukte machen das Restaurant zu einer verlässlichen Adresse.

DIE OSTERIA – Das Restaurant der Familie Piermarini liegt im beeindruckend schönen Nera-Tal, nahe der Altstadt von Ferentillo in einem üppig grünen Park. Seit einem Vierteljahrhundert bietet es Gerichte, die an die Tradition und das Gebiet gebunden sind, in einem Menü ohne Schnörkel, aber von hohem Niveau. Auf dem Tisch finden Sie zum Großteil die Produkte aus dem dazugehörigen Landwirtschaftsbetrieb, die zu traditionellen Gerichten von exzellenter Qualität verarbeitet werden.

DIE KÜCHE – Unter den Antipasti sind Coccoré – weich gekochtes Ei mit Trüffelsauce und Brot-Crostini (15 €) –, Formaggetta al tartufo und Lonzino in carpaccio con sformato di formaggio e fagioli al tartufo. Probieren Sie von den Primi Picchiettini con erbette aromatiche e asparagi (8 €), unverzichtbare **Spaghetti al tartufo nero** pregiato (25 €), Risotto con zafferano e fiori di zucca und **Tagliatelle al ragù d'anatra**. Die Secondi sind hauptsächlich Fleischgerichte, aber Sie finden auch Speisen aus Süßwasserfisch vor. Vorzüglich sind **Capretto al forno con patate** (16 €), **Salmerino in guazzetto** (12 €) und Maialino al forno con verdura. Die hausgemachten Desserts, Zuppa inglese und vor allem Tiramisu, sind dem restlichen Menü ebenbürtig. Zu trinken gibt es eine umfangreiche Auswahl an Weinen, darunter die besten Etiketten aus dem Gebiet und eine recht gute Vielfalt italienischer Tropfen; hohe Qualität zeichnet auch die glasweise ausgeschenkten Weine aus.

40 KM SÜDÖSTLICH VON PERUGIA, S.S. 75

Cucinà

Enoteca mit Ausschank und Küche
Viale Firenze, 138 A
Tel. (+39) 07 42 / 220 35
Ruhetag: Sonntag
Ferien: unterschiedlich
40 Plätze + 30 Plätze im Freien
Preise: 30–35
Kreditkarten: AE, CS, DC, MC, Visa; BM
Mittags geöffnet, Freitag und Samstag auch abends

DIE OSTERIA – Das Cucinà ist ein richtiggehendes gastronomisches Projekt, entstanden aus einer Idee von drei Freunden – Marco Gubbiotti, Ivan Pizzoni und Andrea Santilli –, die sich in der gehobenen Gastronomie Umbriens bereits einen Namen gemacht haben. Das Lokal öffnet um 7 Uhr morgens, um Briochegebäck und eine große Auswahl an Brot aus Sauerteig und Vollkornmehl aus alten Weizensorten aus Ivans Bäckerei anzubieten, der auf langjährige Erfahrung in seinem Metier verweisen kann. Außerdem bietet der Delikatessenladen mittags ein gutes Sortiment an Käse, Wurst und Speisen zum Mitnehmen. In dem als Vinothek eingerichteten Bereich erwartet Sie eine umfangreiche Palette von Weinen und Bränden. Unter der Woche kann man tagsüber die aus exzellenten Saisonzutaten zubereiteten Spezialitäten von Küchenchef Marco genießen (für das Mittagessen ist eine Reservierung empfehlenswert). Am Freitag und Samstag ist die Osteria auch abends geöffnet, wobei es freitags Themenabende gibt, während man samstags à la carte essen kann.

DIE KÜCHE – Der Preis ist für jeden Gang festgelegt: 10 € für Antipasti und Primi, 13 € für Secondi. Man beginnt mit guter **Paté di fegatini** oder Tartara di chianina biologica, um danach mit schmackhaften Tortelli di spalla di San Secondo oder mit Lasagna al ragù di chianina e asparagi fortzufahren. Überaus köstlich ist auch **Pasta ceci e baccalà**. Probieren Sie anschließend **Taglio di fassona alla griglia**, Baccalà alle due cotture oder **Stracotto di guancia**. Stets erhältlich sind verschiedene vegetarische Speisen. Zum Ausklang bieten sich dann noch Desserts wie Zuppa inglese, Tiramisu und Mousse al cioccolato bianco an. Die regional gefärbte Weinkarte nennt gute Etiketten zu einem durchschnittlichen Preis sowie italienische und französische Schaumweine.

FOLIGNO (PG)

37 km südöstlich von Perugia, S.S. 75

NEU La Locanda di Zucca

Osteria
Largo Frezzi, 5
Tel. (+39) 07 42 / 35 10 61
Ruhetag: Montag
Ferien: erste Augusthälfte
35 Plätze + 50 Plätze im Freien
Preise: 25–35 €
Kreditkarten: AE, CS, MC, Visa; BM
Abends geöffnet, Samstag und Sonntag auch mittags

DIE OSTERIA – Diese kleine, behagliche Osteria unter der Leitung von Chiara Azzarelli und Ehemann und Chefkoch Alessandro Zuccarelli, der in der Küche von seinem Bruder Giacinto unterstützt wird, blickt auf den Platz, an dem sich das Auditorium und der Amtssitz der Giostra della Quintana befinden. Chiara kümmert sich um den Service und wird dabei vom tüchtigen Marco unterstützt und manchmal auch vertreten. Alessandro und Giacinto kommen aus der Branche und stellen die zweite Generation einer Gastronomenfamilie dar. Sie lieben die Kulinarik der Renaissance und des Barock, für die sich wahre Experten sind. All dies ergibt eine Küche, in der Tradition, Geschichte und volkstümliche Ursprünge zusammenfließen. Das Lokal hat Wände aus Stein und ist mit recyceltem und adaptiertem altem Küchengerät eingerichtet.

DIE KÜCHE – Man beginnt, um nur ein paar Beispiele zu nennen, mit dem Antipasto misto della Locanda, Tartara al coltello, **Uovo in camicia con vellutata di parmigiano e tartufo** (9 €) und Alici con cipolla, prezzemolo e coratella. Unter den Primi (die gefüllten Teigwaren sind hausgemacht) sind Tortelli di burrata con pomodorini ed erbe aromatiche (12 €), Rigatoni alla ***pajata*** und **Tagliatelle agli asparagi di bosco** e carbonara di carciofi. An Secondi erwarten Sie eine wunderbare Tagliata di vitello, **Spezzatino di agnello** (10 €), Cinghiale alle prugne und, als Symbole der Tradition Folignos, eine halbe **Piccione (Taube) ripieno su crostone di fegatini** sowie Lumache, sowohl geschmort (11 €) als auch über Holzkohle gebraten. Als Beilagen sind Patate arrosto, Misticanza sowie Verza e patate vorgesehen. Abschließend gibt es wechselnde hausgemachte Dolci. Zu trinken kredenzt man Weine aus lokalen Kellereien und einige Tropfen aus dem übrigen Italien.

FOLIGNO (PG)
Fiamenga

37 südöstlich von Perugia, S.S. 75

Lu Centru de lu Munnu

Restaurant-Pizzeria
Via Bevagna, 6
Tel. (+39) 07 42 / 247 62,
(+39) 339 / 425 72 70
Ruhetag: Dienstag
Ferien: 1 Woche im September
60 Plätze + 40 Plätze im Freien
Preise: 30–32
Kreditkarten: AE, CS, DC, MC, Visa; BM
Abends geöffnet, Sonntag auch mittags

DIE OSTERIA – Viele Legenden ranken sich um den Lokalnamen („Mittelpunkt der Welt"): gewiss – Foligno liegt im Herzen von Umbrien, und die Osteria schöpft für Geschmacksnoten und Produkte aus dem lokalen kulinarischen Wissen. Das Lokal wird ausschließlich von Frauen geführt, wobei Valentina für die Küche zuständig ist; Großmutter Clara leistet ihr wertvolle Unterstützung. Der angenehm und leger gestaltete Speisesaal wird von einem großen Kamin beheizt. Im Sommer kann man auf der Terrasse essen. Den Großteil des Gemüses liefert der in der Nähe gelegene Garten der Familie, während Fleisch und Käse von umsichtig ausgewählten lokalen Erzeugern stammen. Diverse Gerichte sind aus Produkten lokaler Slow-Food-Presidi zubereitet.

DIE KÜCHE – Eröffnen Sie Ihre Mahlzeit mit Wurst, Schafkäse und Bruschette vom Brett (12 €), mit **Polenta di roveja** di Civita di Cascia (Slow-Food-Presidio) **alla brace con crema di pecorino e tartufo** (7 €) oder mit einer Käseselektion. Die Primi sind wie das Brot aus Steinmühlenmehl zubereitet und umspannen **Cappelli con il cicotto** di Grutti (Slow-Food-Presidio, 13 €), **Tagliatelle con i *ricaj*** (mit Hühnerklein) sowie Gnocchetti di patate al castrato. Als Secondi tischt man eine große Vielfalt von über der Glut gegartem Fleisch (13 €), **Lumache al sugo con torta al testo** und vorzügliche ***Pajata*** (zu Kringeln gebundene Därme vom Milchkalb) auf. Außerdem gibt es eine gute Auswahl an Holzofenpizza. Unter den Süßspeisen sind klassische Zuppa inglese (5 €), Panna cotta und Eis. Das Kellerangebot repräsentiert viele Winzerbetriebe aus der Region und schließt auch eine gute Auswahl von Bieren aus Kleinbrauereien ein.

Panis et Vinum (1935 eröffnet), Largo Volontari del Sangue, bietet Brot, Pizza und Focacce aus selbst angebautem Getreide.

GIANO DELL'UMBRIA (PG)
Bastardo

40 KM SÜDÖSTLICH VON PERUGIA

4 Piedi & 8.5 Pollici

Moderne Osteria • Piazza del Mercato, 10
Tel. (+39) 07 42 / 999 49,
(+39) 333 / 997 99 58
Ruhetag: Sonntag
Ferien: unterschiedlich
25 Plätze
Preise: 27–35 €
Kreditkarten: CS, MC, Visa; BM
Mittags geöffnet, abends und Sonntag gegen Vorbestellung

DIE OSTERIA – Wir befinden uns in der Gemeinde Giano dell'Umbria. Nach der Besichtigung der Ausgrabungen mit der römischen Villa des Gaius Julius Rufio an der Via Flaminia, gleich außerhalb von Bastardo, gelangt man zur Piazza del Mercato. Mittags empfängt Sie Laura Saleggia in der Osteria und führt Sie durch dieses kuriose und originelle Lokal im Pop-Vintage-Stil mit Wandmalereien, Bücherregalen, Nippes und Anrichten voll von Gläsern mit hausgemachten Konfitüren und eingelegten Produkten, die auch zum Verkauf stehen. Das Tagesmenü ist auf einer Tafel angeschrieben, aber auch die Option, „die Köchin einmal machen zu lassen", beschert einem manchmal die Überraschung eines preisgünstigen festgelegten Menüs (27 €).

DIE KÜCHE – Brot und Focaccia sind selbst gebacken. Den Anfang machen Antipasti (8 bis 15 €), darunter **Uovo strapazzato con carciofi e borragine**, Salami, Capocollo, Crostini con paté di fegato e verdure, Insalatina dell'orto, Pecorino stagionato e fave fresche und Pecorino alla piastra con miele e confettura di pere di Monteleone. Weiter geht es mit **Strangozzi** (Maltagliati) **al guanciale e cipolla** und getrockneter Pasta con sugo all'arrabbiata oder all'aglione. Von den Secondi sind uns **Straccetti alle erbe** (10 €) und Tagliata di chianina (13 €), begleitet von guten saisonalen Beilagen, in Erinnerung geblieben. Die Dolci (4 bis 6 €) enthalten Crostate mit selbst gemachter Konfitüre und **Tozzetti alle mandorle con vino dolce**. Die kleine Weinkarte nennt Weine aus der Region, die es auch glasweise gibt.

Der Landwirtschaftsbetrieb von Ivan Rosati im nahen Ortsteil **Montecchio** (7 km), Via Circonvallazione 7, verkauft natives Olivenöl extra, Ricotta und Pecorino.

GUBBIO (PG)
Santa Cristina

45 KM NÖ. V. PERUGIA, S.S. 3 BIS OD. E 45 AUSF. PONTE PATTOLI

Alcatraz

Moderne Osteria
Ortsteil Santa Cristina
Tel. (+39) 075 / 922 99 11
Keine Ferien
80 Plätze + 60 Plätze im Freien
Preise: 25 € (Tagesmenü)
Kreditkarten: AE, CS, DC, MC, Visa; BM
Gegen Vorbestellung täglich mittags und abends geöffnet

DIE OSTERIA – Einen Tag an der Libera Università di Alcatraz zu verbringen, bedeutet, in unberührte Natur, einfache, unverfälschte Küche und in die Kunst von Jacopo Fo einzutauchen. Theaterworkshops, Ausflüge und didaktische Aktivitäten für die Kleinsten machen diesen Ort zu einer Stätte der Kultur und großen Kreativität. Das Restaurant im Innenbereich wartet mit sehr einfachem, legerem Ambiente und einer schönen Veranda auf, die eine herrliche Aussicht auf das grüne Hügelland bietet. In der Küche steht Angela Labellarte und bereitet täglich ein preislich festgelegtes Menü (25 €) mit vielen unterschiedlichen Gängen aus Gemüse aus dem hauseigenen Garten und Wildkräutern aus der ländlichen Umgebung zu. Außerdem bäckt man Buchweizenbrot ohne Hefe im Ofen – ähnlich der Torta al testo – und bereitet verschiedene Konfitüren (aus Aprikosen, Maulbeeren, Feigen und Kirschen) sowie Liköre zu, die man auch kaufen kann.

DIE KÜCHE – Zahlreich vertreten sind die Antipasti, wie **Fritto di calendula con farina di ceci** und Tortino di pasta brisé con pere e nocciole, timo e caprino. Keinesfalls entgehen lassen sollten Sie sich traditionellen **Arvoltolo** – Fladen aus leicht aufgegangenem Teig aus Wasser und Mehl – **con erbe di campo**. In der Saison bieten sich **Tagliolini agli asparagi e maggiorana** und Malfatti con borragine, erbe di campo e fiori, häufiger Bigoli di grano saraceno oder Zuppa di barbabietola e maggiorana con panna acida an. Ein Auszug aus den Secondi: Spiedini di pollo e zucchine, Bistecchine di chianina alla pizzaiola und **Coniglio in porchetta con finocchio selvatico**. Das Lokal besticht durch eine gute Weinkarte mit italienischen und ausländischen Tropfen sowie durch einen Hauswein in Flaschen mit künstlerisch gestalteten Etiketten.

MAGIONE (PG)
San Feliciano

20 km nordwestlich von Perugia, S.S. 75 bis

I Bonci

Trattoria
Via Lungolago Alicata, 31
Tel. (+39) 075 / 847 93 55
Ruhetag: Mittwoch, außer im Sommer
Ferien: Januar/Februar
35 Plätze + 60 Plätze im Freien
Preise: 35 €
Kreditkarten: AE, CS, DC, MC, Visa; BM
Mittags und abends geöffnet

DIE OSTERIA – An den Trasimenischen See zu kommen, ist ein bisschen, wie mit der Welt Frieden zu schließen, während man die Wellen und die Reflexe auf dem Wasser betrachtet. Im I Bonci hat man Gelegenheit, auch der Küche dieses schönen Gebiets die angemessene Wertschätzung zukommen zu lassen. Eine Veranda mit Blick auf das Seeufer, ein sehr kleiner, aber gemütlicher Gastraum, im hiesigen Stil eingerichtet, Hintergrundmusik und die beiden Moschi-Brüder, die Inhaber des Lokals, die Ihnen einen freundlichen Empfang bereiten: Das ist das Lokal. In der Küche werden mit Unterstützung von Sabrina die Zutaten verarbeitet, die aus der ganz in der Nähe befindlichen Fischereigenossenschaft stammen, aber Sie finden auch Meeresfisch und einige typische Festlandsgerichte aus der Region im Menü.

DIE KÜCHE – Sobald Sie Platz genommen haben, können Sie zwischen Speisen aus Zutaten aus dem See, Meer oder Hinterland wählen. Von den Antipasti nennen wir Ihnen Bruschetta con uova di carpa, burro di tinca e fagiolina del lago (8 €), deliziöse Ricottina saporita con anguilla e miele, **Brustico di luccio** und vom Hinterland geprägten Coccio di caciotta, pere, miele e noci (7 €). Unter den Primi sind Penne al fumo (10 €), Tagliatelle ai porcini, **Gnocchetti di patate alla tinca affumicata** und Taglierini al ragù di lago. Als Secondo empfehlen wir **Spiedino di anguilla al forno** (18 €) oder **Boccalone**, im Ofen gegart, **con pomodorini, patate e olive nere**. Die Desserts, darunter ausgezeichnetes Eis, sind hausgemacht. Das Kellerangebot ist nicht sehr üppig, beinhaltet jedoch gute lokale Weine und einige Etiketten aus den angrenzenden Regionen.

MASSA MARTANA (PG)

57 km südöstlich von Perugia, A 14

Fontana delle Pere

Agriturismo • Vocabolo Perticara, 138 B
Tel. (+39) 075 / 88 95 06,
(+39) 348 / 692 98 26
Ruhetag: Sonntag
Ferien: zweite Januarhälfte
45 Plätze
Preise: 25 € (Tagesmenü)
Keine Kreditkarten
Abends geöffnet, mittags gegen Vorbestellung

DIE OSTERIA – Nachdem Sie die Schönheit des Gebiets bei einem Ritt durch Wiesen und Wälder an den Hängen der Monti Martani genossen haben, können Sie sich in diesem hübschen Agriturismo stärken, der wenig außerhalb von Massa Martana am alten Abschnitt der römischen Via Flaminia liegt. Abends ist die Osteria auch für Gäste von außerhalb geöffnet; es gibt hier nämlich Gästezimmer und Ställe zum Einstellen von Pferden. Um die Bedienung kümmert sich die junge Inhaberin Alessia Bernardi, die das Staffelholz von zwei Generationen übernommen hat, die ihr aber weiterhin in der Küche, auf den Feldern und bei der Pflege der Tiere zur Seite stehen. Rosella und Serenella arbeiten gemeinsam mit Alessandro am Herd, während Enzo für das Grillen über der Holzglut und am Spieß zuständig ist und Großvater Mario Würste erzeugt. Der herzliche Empfang stimmt gut auf ein Abendessen, das in Form eines preislich festgelegten Menüs (25 €) angeboten wird.

DIE KÜCHE – Da das Angebot jeden Tag je nach Laune der Köche und der Saisonprodukte überlegt wird, ist es stets sehr vielfältig. Auf den Tisch kommen abwechselnd mit verschiedenen warmen **Schiacciate** (mit Lauch, Tomaten und **Rosmarin**) Vorspeisen aus Schinken, Coppa di testa, Zuppa di farro und warmer **Crostone con salsiccia e formaggio**. Die Primi räumen hausgemachten Teigwaren viel Platz ein, wie Ferretti con zucca gialla e salsiccia; von den Secondi erwähnen wir aus dem Bauernhof stammendes **Pollo arrosto con patate** und **Costolette di maiale** (Rippchen) **allo spiedo**. Eine deliziöse Torte, ähnlich der Torta mantovana, krönt die Mahlzeit. Die Portionen sind großzügig, der Nachschlag kommt, ohne dass man fragen muss. Zu trinken gibt es einen Hauswein. Der Kaffee wird in der Mokkakanne zubereitet.

NARNI (TR)
Schifanoia-Moricone

22 KM SÜDWESTLICH VON TERNI, S.S. 3

Da Sara

Trattoria
Strada Calvese, 55–57
Tel. (+39) 07 44 / 79 61 38
Ruhetag: Mittwoch
Ferien: unterschiedlich
60 Plätze + 25 Plätze im Freien
Preise: 20–25 €
Kreditkarten: CS, DC, MC, Visa; BM
Mittags und abends geöffnet

DIE OSTERIA – Wenn Sie von Narni nach Calvi fahren, finden Sie die Trattoria im Zentrum des kleinen Ortsteils Moricone. Es handelt sich um eine Gaststätte, in der die Merkmale der Küche der Sechziger- und Siebzigerjahre unverändert beibehalten werden. Seit 1927 kommen hier Traditionsgerichte auf den Tisch, die häufig aus Ausgangsprodukten aus eigener Erzeugung zubereitet sind, wie Fleisch von Schafen, Schweinen und Hoftieren sowie Gartengemüse. Der Empfang von Catia, Lorella und Sonia ist ebenso herzlich wie professionell, die Atmosphäre leger, desgleichen die Einrichtung der auf mehreren Ebenen angelegten Räume.

DIE KÜCHE – Zunächst empfehlen wir Aufschnitt (8 €), Antipasto della suocera (pikant), Verdure sott'olio und Bruschettone al tartufo. Unter den Primi finden sich vorzügliche **Manfricoli al tartufo**, **Tortelli di patate** alla Sara (7 €) und von Hand gezogene Tagliatelle. Ebenfalls auf der Karte vertreten sind Penne all'arrabbiata, Cannelloni di carne oder di ricotta e spinaci, Cappelletti in brodo und Gnocchi di patate. Danach mundet gutes Wild: **Palombaccio alla leccarda** (10 €), Spezzatino di cinghiale, Lepre al finocchietto und Tordi allo spiedo (5,50 € pro Stück). Nicht minder köstlich sind Coniglio al forno oder alla cacciatora (9 €), Cotolette di agnello, Pollo alla diavola oder allo spiedo und Arrosto misto di maiale. Als Beilagen gibt es Insalata mista di campo und **Raponzoli con alici**. Köstliche Süßspeisen sind Zuppa inglese, Crostate, Tiramisu und diverse Semifreddi. Die Weinkarte sieht lokale Tropfen vor, darunter einen guten Ciliegiolo, aber auch der Hauswein trinkt sich angenehm und passt sehr gut zur Küche.

ORVIETO (TR)

72 KM NORDWESTLICH VON TERNI, S.S. 71 AUSF. A 1

Antica Cantina

Osteria
Corso Cavour, 212
Tel. (+39) 07 63 / 34 47 46
Ruhetag: Sonntagabend, Montag
Ferien: unterschiedlich
45 Plätze + 14 Plätze im Freien
Preise: 35 €
Kreditkarten: CS, DC, MC, Visa; BM
Mittags und abends geöffnet

DIE OSTERIA – Es ist bemerkenswert, wie die Liebe zu unverfälschten Produkten dazu beigetragen hat, dass die aus Moldawien stammende, aber seit 20 Jahren in Italien lebende Ludmilla eine erfahrene Köchin für die Küche Orvietos geworden ist. Die Antica Cantina ist ein historisches Lokal, in das alle Künstler des nahen Teatro Mancinelli eingekehrt sind. Heute liegt die Leitung in den Händen einer Gruppe von Freunden, angeführt von Cecilia, die im Speisesaal mit Professionalität und Wissen über das Gebiet glänzt. Die Küche aus erstklassigen Zutaten folgt der Tradition, aber auch glutenfreien Gerichten wird viel Platz eingeräumt. Das jahreszeitlich ausgerichtete Menü basiert auf ganz frischen Ausgangsprodukten.

DIE KÜCHE – Probieren Sie warme Crostini con lardo di cinta, mit klassischer **Paté di fegato** oder con alici marinate al vino bianco (9 €). Wenn Sie typische Wurstspezialitäten verkosten wollen, empfiehlt sich Sella aus San Venanzo, die auf geröstetem Brot serviert wird. An Primi bieten sich **Rigatoni al rancetto** con maggiorana, pancetta, alloro e pomodoro (11 €) oder Tagliatelle al ragù di chianina an. Von den Secondi (15 €) empfehlen wir das Paradegericht der Traditionsküche, nämlich **Baccalà all'orvietana** con pomodorini, uvetta e pinoli; eine Alternative dazu wäre **Coniglio in porchetta** con ripieno di interiora e patate. Zu manchen Zeiten des Jahres steht auch Oca alla mela verde con purea di mele e ginepro (16 €) auf der Karte. Einen köstlichen Abschluss bilden Crostata con confettura di fichi, noci oder visciole und Torta di pane con pere, cacao e cannella (6 €). Die Weine aus dem Gebiet sind sehr akkurat ausgewählt. Wenn Sie einen typischen Digestif genießen wollen, verlangen Sie Svìnnere, der aus mit Sauerkirschen aromatisiertem Rotwein besteht.

72 KM NORDWESTL. V. TERNI, S.S. 71, AUSFAHRT A 1

La Grotta

Trattoria
Via Signorelli, 5
Tel. (+39) 07 63 / 34 13 48
Ruhetag: Dienstag
Ferien: unterschiedlich
60 Plätze
Preise: 30–35 €
Kreditkarten: AE, CS, DC, MC, Visa; BM
Mittags und abends geöffnet

DIE OSTERIA – Den Rahmen der Trattoria bilden die eindrucksvollen renovierten Räumlichkeiten, die einst zu einer alten Stallung aus dem 15. Jahrhundert nicht weit vom Dom gehörten. Die einfache und ungezwungene Atmosphäre ist typisch für ein Lokal, das eine lange Geschichte zu erzählen hat. Dazu trägt auch der nette Empfang durch Inhaber Franco Tittocchia bei, der als Gastronom auf reiche Erfahrung zurückblicken kann. Das Menü ist umfangreich, aber saisontreu, was dem intelligenten Einkauf zu verdanken ist, der ausschließlich bei achtsam ausgewählten lokalen Lieferanten und Märkten erfolgt.

DIE KÜCHE – Einen guten Einstieg bieten Vorspeisen wie Wurstspezialitäten aus dem Gebiet und die Käseselektion (9 €), um danach – im Winter – mit **Pasta e ceci** oder mit **Umbrichelli** orvietani **all'arrabbiata** (9 €) fortzusetzen. Ausgezeichnet sind auch **Tagliolini al ragù d'anatra** oder ai porcini (12 €) und saisonal unterschiedlich verfeinerte Gnocchi, die in den Versionen ai carciofi und agli asparagi am beliebtesten sind. Fleisch dominiert die Secondi: Häufig wird es gegrillt, aber wir möchten auch **Faraona in salmì** (16 €), Agnello oder Anatra alla cacciatora erwähnen. Die stets saisonalen Beilagen werden mit nativem Olivenöl extra aus dem DOP-Gebiet Colli Orvietani verfeinert. Den Schlusspunkt setzen eine unverzichtbare Zuppa inglese, Tiramisu (5 €) oder als Alternative gute **Tozzetti mit Vinsanto**. Die gut aufgebaute Weinkarte nennt eine ansehnliche Selektion lokaler und italienischer Tropfen.

Die Gelateria Pasqualetti an der Piazza Duomo 14 bietet Creme- und Fruchteis sowie einige originelle Kreationen.

ORVIETO (TR)

72 KM NORDWESTL. V. TERNI, S.S. 71, AUSFAHRT A 1

La Palomba

Trattoria
Via Manente, 16
Tel. (+39) 07 63 / 34 33 95
Ruhetag: Mittwoch
Ferien: unterschiedlich
50 Plätze
Preise: 30–35 €
Kreditkarten: AE, CS, DC, MC, Visa; BM
Mittags und abends geöffnet

DIE OSTERIA – Seit langer Zeit kümmert sich Giampiero Cinti mit seinen Familienmitgliedern um diesen charakteristischen Betrieb im Zentrum von Orvieto hinter der Piazza del Comune. Der immer lächelnde, neugierige Wirt versteht es, die Gäste auf liebenswürdige Art und mit einem sympathischen Anflug von Humor zu empfangen. Das Lokal, das noch sein altes Schild aus den Zwanzigerjahren hat, wurde vom derzeitigen Eigentümer 1965 übernommen. Diese Kontinuität weist – vor allem heute – auf den Erfolg bei der nicht nur lokalen Gästeschar hin, der die Qualität der Küche bestätigt.

DIE KÜCHE – Bahn frei für ein paar klassische Vorspeisen zur Einstimmung: Bruschetta all'olio oder con tartufo, Pane e salsiccia oder auch Antipasto misto della casa (10 €). Herausragende Primi sind **Umbrichelli**, die in verschiedenen Versionen auf den Tisch kommen (**all'arrabbiata**, all'amatriciana, al tartufo) und Spaghetti dell'Ascaro (14 €), das Aushängeschild der Küche der Osteria. Außerdem gibt es Tagliatelle al ragù, ai porcini oder al cinghiale und Suppen, die das große Angebot vervollständigen. Bei den Secondi sind neben klassischen Speisen, wie Filetto, Bistecche, Fettine und Scaloppine, auch traditionelle Gerichte, wie Palomba oder **Piccione alla ghiotta** (16 €), **Trippa** und Cinghiale della casa (9,50 €), vorgesehen. Dazu reicht man Saisonbeilagen. Zum Abschluss warten guter Käse und eine schöne Auswahl an Süßem. Der Keller ist mit lokalen und italienischen Etiketten gut bestückt.

Il Dolce Forno (Via Manente 20) bietet Sauerteigbrot, Focacce und die typischen süßen und pikanten Lumachelle.

72 KM NORDWESTL. V. TERNI, S.S. 71, AUSFAHRT A 1

La Pergola

Trattoria
Via dei Magoni, 9 B
Tel. (+39) 07 63 / 34 30 65
Ruhetag: Mittwoch
Ferien: Februar, 3.–30. November
30 Plätze + 45 Plätze im Freien
Preise: 30–35 €
Kreditkarten: CS, Visa; BM
Mittags und abends geöffnet

DIE OSTERIA – Wer Orvieto besucht, sollte nicht nur anhalten, um die prachtvolle Fassade des Doms zu bewundern, sondern muss auch sein Inneres besichtigen, handelt es sich doch um eines der Meisterwerke gotischer Architektur in Mittelitalien. In seiner Umgebung finden Sie in einem der Gässchen nahe der Hauptstraße diese schon von außen sehr einladend wirkende Trattoria. Der heimelige Innenbereich besteht aus einem großen Raum und einer Veranda, wo Sie die Speisen, die man für Sie kocht, entspannt genießen können. Der Empfang gestaltet sich gepflegt, liebenswürdig und sehr aufmerksam. Die Karte ist schlank, aber gut gegliedert und nennt Gerichte, die von der Tradition und dem Gebiet geprägt sind und mit den Jahreszeiten gehen, sowie auf das Marktangebot abgestimmte Tagesgerichte.

DIE KÜCHE – Setzten Sie bei den Antipasti auf **Bruschetta di caprino** (7 €), Baffo (Guanciale) salvia e aceto, klassischen Antipasto misto mit umbrischen Wurstspezialitäten und Petto d'oca affumicato. An Primi sind **Umbricelli all'amatriciana**, Pappardelle al cinghiale, **Gnocchi al ragù di chianina** oder „Modo mio" mit Spinat, Pancetta und Trüffelsauce (8 €) vorgesehen. Als Secondi bieten sich ein hervorragendes **Spezzatino di punta di petto di chianina** con patate, Trippa in umido (13 €), Coratella di agnello oder gegrilltes Fleisch an. Stets im Programm ist **Baccalà**, entweder frittiert oder **in umido all'orvietana**, das heißt mit Tomaten, Sellerie und Rosinen (15 €). Panna cotta und Zuccottino di ricotta (5 €) bilden das Finale. Die umfangreiche Weinkarte nennt eine anständige Selektion lokaler Weine zu angemessenen Preisen und italienische Etiketten von gutem Niveau.

34 KM SÜDWESTLICH VON PERUGIA

Lillo Tatini

Restaurant
Piazza Umberto I, 13
Tel. (039) 075 / 83 77 71,
(+39) 329 / 076 46 14
Ruhetag: Montag
Ferien: Januar/Februar
30 Plätze + 20 Plätze im Freien
Preise: 38–40 € €↑
Kreditkarten: AE, CS, DC, MC, Visa; BM
Mittags und abends geöffnet

DIE OSTERIA – Der kleine mittelalterliche Ort Panicale bildet eine Terrasse über dem Südufer des Trasimenischen Sees, die, umgeben von Olivenbäumen und Zypressen, ein wahres Naturschauspiel darstellt. In diesem kleinen Paradies nimmt das Lillo Tatini mittlerweile seit Jahren eine führende Stellung in der Gastronomieszene ein, eine Osteria, die nie enttäuscht. Signora Patrizia empfängt Sie in einem kleinen, einfach, aber mit viel weiblichem Geschmack und zahlreiche Details gestalteten Gastraum, in dem Sie sich wie zu Hause fühlen. Im Sommer gibt es auch eine zauberhafte Terrasse mit Blick auf den Platz, der mit seinem Flair aus alten Zeiten einfach wundervoll ist.

DIE KÜCHE – Sobald Sie Platz genommen haben, kommt selbst gebackenes, warmes Brot auf den Tisch, das mit Käse, Zwiebeln, und Salbei aromatisiert ist und von Butter, Kapern und Sardellen begleitet wird. Unter den Antipasti findet sich eine schöne Auswahl an Traditionsgerichten, wie **Arvoltoli con pecorino e verza** (7 €), **Crostini con paté di fegatini** und Baccalà alle prugne su crema di ceci (19 €). Von den Primi sind uns Cannelloni farciti di pescato del Trasimeno su letto di lenticchie di Castelluccio (14 €), Tortelli ripieni di pappa al pomodoro con pesto di basilico e parmigiano reggiano und **Strangozzi al ragù di anatra** in guter Erinnerung geblieben. Nicht weniger verführerisch sind die Secondi, wie **Faraona disossata**, Piccione al forno (20 €) und Costoline di cinta con patate al forno. Die Süßspeisen sind hausgemacht. Zu trinken gibt es eine hervorragende Auswahl an Weinen, die aus Umbrien und allen anderen Regionen Italiens stammen.

Al Mangiar Bene

Osteria-Pizzeria
Via della Luna, 21
Tel. (+39) 07 55 / 73 10 47
Ruhetag: Sonntag, Montagmittag
Ferien: Ende Juni–Ende Juli
60 Plätze
Preise: 30–35 €
Kreditkarten: CS, MC, Visa; BM
Mittags und abends geöffnet

DIE OSTERIA – Ein paar Schritte vom Corso Vannucci, dem „Wohnzimmer" Perugias, finden Sie in einer Seitengasse das Al Mangiar Bene. Beim Betreten des Lokals fallen Ihnen nach Davides herzlicher Begrüßung sofort die schönen Kreuzgewölbe des großen Speisesaals und seine hübsche Einrichtung aus Holz ins Auge. Wenn das Lokal voll ist, ist es ein wenig laut, aber es lohnt sich trotzdem, sich an einem der Tische niederzulassen und erstklassige Bioprodukte, die direkt bei lokalen – auf der Karte aufgelisteten und beschriebenen – Erzeugern bezogen werden, sowie die von Enrico zubereiteten Traditionsgerichte zu genießen. Mittags kann das Menü kleiner und abgeändert sein, abends steht auch gute Holzofenpizza auf dem Programm.

DIE KÜCHE – Wir empfehlen einen Einstieg mit dem Antipasto della casa (11 €) – Wurst, Käse, Focacce, Crostini con paté und **Torta al testo** –, Tris del ghiotto mit Trippa, **Coratella d'agnello** und **Fagioli con cotiche**, die Sie auch als Secondi wählen können, Aufschnitte vom Brett und gemischte Bruschette. Darauf folgen **Umbricelli**, getrocknete Pasta und Tagliatelle con cacio e pepe, rancetto, sugo d'oca, alla norcina (10 €) oder tartufo; als Alternative bietet sich klassische **Zuppa di cereali e legumi**. Weiter geht es mit schmackhaften Fleischgerichten, darunter Tagliata al rosmarino (17 €) oder al tartufo, Grigliata mista di maiale, Scamorza al coccio con prosciutto, oder vegetarischen Speisen, wie beispielsweise Sformato di verdure (7 €). Das Finale bilden Mousse al cioccolato oder eine Kostprobe von Cioccolato con rum. Die Weinkarte konzentriert sich auf die Produktion weniger, aber exzellenter biologischer und biodynamischer Winzerbetriebe, die vornehmlich in der Region angesiedelt sind.

Altromondo

Restaurant
Via Caporali, 11
Tel. (+39) 075 / 572 61 57
Ruhetag: Sonntag
Ferien: 1 Woche zu Weihnachten
80 Plätze
Preise: 35 €
Kreditkarten: AE, CS, DC, MC, Visa; BM
Mittags und abends geöffnet

DIE OSTERIA – Hinter dem kleinen Eingang des Lokals erwartet Sie eine angenehme Überraschung in Form eines schönen Speisesaals mit Ziegelgewölbe, gefolgt von einem weiteren, sehr adrett wirkenden Raum. Der Empfang ist freundlich und höflich, das Personal aufmerksam und um einen effizienten, präzisen Service bemüht. Zu essen gibt es klassische Gerichte aus der Küche Perugias, die in großzügigen Portionen auf den Tisch kommen. Die sehr umfangreiche Karte beinhaltet auch Speisen aus Meeresfisch, falls man von der lokalen kulinarischen Tradition abweichen möchte.

DIE KÜCHE – Eine sehr gute Wahl zur Einstimmung sind Antipasto misto della casa und Crostoni alla perugina (5 €). Danach geht es mit hausgemachten Tagliatelle alla perugina (11 €), Spaghetti alla **gricia** und guten **Suppen** weiter, wie jene **aus Linsen aus Castelluccio** oder aus Bohnen. Fleischgerichte bilden den Schwerpunkt der Secondi, wie etwa **Piccione alla casalinga** (12 €), Polpettine della nonna alla Pizzaiola, **Torello alla ghiotta** und Trippa alla parmigiana, die jedoch nur einen kleinen Auszug aus der ziemlich großen Karte darstellen. Die Auswahl an Süßem beinhaltet einige Tagesangebote, darunter Crostate, Salame del re und Crème caramel. Die Weinkarte ist einfach, aber gut durchdacht; es gibt auch eine begrenzte Auswahl an glasweise ausgeschenkten Weinen.

23 KM VOM ZENTRUM

NEU Borgomela

Restaurant
Strada Tiberina Nord 224/C5
Tel. (+39) 075 / 60 42 45,
(+39) 349 / 291 99 02
Ruhetag: Sonntagabend–Dienstag
Ferien: unterschiedlich
50 Plätze + 30 Plätze im Freien
Preise: 25–35 €
Kreditkarten: CS, MC, Visa; BM
Abends geöffnet, Sonntag auch mittags

DIE OSTERIA – Dieses Lokal steht unter rein weiblicher Führung: Eugenia Coletti und Camilla Ercoli kochen, Loretta Ercoli bedient die Gäste. Der Rahmen des Restaurants könnte schöner nicht sein: Es liegt mitten im Grünen und besteht aus aneinandergereihten Räumen, deren Einrichtung einen Touch Jugendstil erkennen lässt, und einem für den Sommer idealen Sitzbereich im Freien. Die Zutaten werden im Gebiet und auch unter den besten Produkten Italiens ausgewählt, wobei besonderes Augenmerk auf Käse, Fleisch und Wurst liegt. Entsprechend der Leitlinie des Restaurants ist die Küche erkennbar von der bäuerlichen Tradition inspiriert, besser gesagt von den Speisen, die die Großmütter im vergangenen Jahrhundert an Festtagen zubereiteten. Die sehr aufmerksame Loretta ist stets bereit, über die in der Küche getroffenen Entscheidungen zu sprechen und Ratschläge entgegenzunehmen, da sie die Überzeugung vertritt, dass Austausch der einzige Weg ist, um sich weiter zu verbessern.

DIE KÜCHE – Man beginnt mit „Gina" di melanzane (5 €), Sformatino di verdure di stagione con colata di gorgonzola dolce, Burrata aus Andria und Prosciutto aus Norcia sowie Mattonella di fegatini e ricciolo di Colonnata (10 €). Von den zahlreichen Primi schmecken **Cappellacci al tartufo** (16 €), Taglierini alla perugina oder in anderen Versionen und Gnocchi al sugo d'oca besonders gut. Herausragende Secondi sind **Ossobuco ai profumi dell'orto con riso**, **Trippa alla contadina** (10 €), diverse Stücke vom Kalb in unterschiedlichen Zubereitungsarten, Stracotto al radicchio und auch Tagliata oder Filetto ai porcini, al tartufo, al rosmarino und alla cipolla di Cannara. Auch die Süßspeisen sind von der Hausmannskost geprägt: Tiramisu, Torta di mele, Panna cotta und Mousse greca. Das Kellerangebot ist vorwiegend regional gefärbt.

Civico 25

Moderne Osteria
Via della Viola, 25
Tel. (+39) 075 / 571 63 76
Ruhetag: Sonntag
Ferien: Januar, Februar
40 Plätze + 15 Plätze im Freien
Preise: 35 €
Kreditkarten: AE, CS, DC, MC, Visa; BM
Abends geöffnet

DIE OSTERIA – Diese angenehme Osteria im Herzen Perugias wird von jungen Leuten geführt, die eine hervorragende Verbindung zwischen kulinarischer Tradition und einem lockeren Konzept der aktuellen Gastronomie herstellen. Große Liebe zum Detail prägt die Ausstattung des Lokals und sein Speisen- und Weinangebot. Das Personal ist freundlich und qualifiziert. Dank der netten Begrüßung durch Cristina und Silvia fühlen Sie sich gleich wie zu Hause. Auffallend ist der fast zum Wahrzeichen des Lokals gewordene Tresen, an dem verlockende Aperitifs und dazu mit dem Messer geschnittener Schinken angeboten werden.

DIE KÜCHE – Den Anfang machen im Gebiet gut verwurzelte Antipasti: Crostini di rognoni di agnello con cipolla di Cannara e salvia (9 €), **Ovetto di primavera con asparagi**, **Fave e crema di caprino** und Tagliere di prosciutto al coltello (7 €). Auch die Primi sind von der Tradition Umbriens geprägt: **Gnocchi di patate al ragù di pecora e parmigiano** (10 €), Strangozzi con fave, guanciale e crema di pecorino und Potage parmentier con verdure al vapore. Unter den Secondi sind Costine di pecora al forno con patate (16 €), **Pollo** ruspante **alla cacciatora con tortino di patate e peperoni** (14 €), **Lumache al timo** serpillo und Tartara di chianina al coltello. Die Gerichte werden stets mit Gemüse kombiniert, aber auf der Karte finden sich auch einige Beilagen, darunter Salate, gekochtes Gemüse und Bratkartoffeln. Sehr verführerisch liest sich die Dessertkarte, die Sbrisolona con pere e crema allo zenzero, Bavarese al pistacchio e gianduia con granella di amaretti und Tozzetti con Moscato (6 €) beinhaltet. Die umfangreiche Weinkarte nennt passende Weine zum Essen sowie Dessertweine zu vernünftigen Preisen, und zwar ausgezeichnete umbrische, italienische und internationale Jahrgangsweine.

Hosteria Wine Bartolo

Moderne Osteria
Via Bartolo, 30
Tel. (+39) 075 / 571 60 27
Ruhetag: Mittwoch
Ferien: unterschiedlich
40 Plätze
Preise: 30 €
Kreditkarten: CS, MC, Visa; BM
Abends geöffnet, Sonntag auch mittags

DIE OSTERIA – Im Zentrum von Perugia können Sie in einem der alten Palazzi hinter dem Dom, oder besser gesagt in seinen ehemaligen Kellern, die Gastfreundschaft von Umberto genießen, der der Inhaber dieser Osteria mit heimeligem, gemütlichem Flair ist. An den Wänden des schönen Gastraums mit Tonnengewölbe sind zahlreiche Flaschen mit Wein und Bränden aufgereiht, die Tische sind sorgsam gedeckt. Die Karte verrät, dass hier Wert auf Achtsamkeit bei der Suche nach lokalen Produkten und auf Grundzutaten von kleinen Erzeugern gelegt wird, insbesondere was Fleisch und Käse angeht.

DIE KÜCHE – Als Antipasti sind **Crostini di paté di milza**, Uova strapazzate al tartufo, Cuori di caprino con carciofi alla griglia (9 €) und eine Selektion handwerklich produzierter umbrischer Würste vorgesehen. Die Teigwaren sind ebenfalls von Hand erzeugt: **Tagliatelle con ragù bianco**, Ravioli di fave e ricotta in purea di pere, Cappelli di fagioli borlotti con ragù di maiale e verza (9 €) und Spaghetti con asparagi e guanciale di maiale croccante. Nicht entgehen lassen sollten Sie sich **Stracotto di vitellone con patate** saltate (14 €), ebenso wie das nicht minder köstliche Grillfleisch – das täglich je nach Verfügbarkeit wechselt –, und Filetto di maiale in crosta con verdure (15 €). Auf einer Tafel sind überdies die Tagesgerichte angeschrieben. Erwähnt sei das dreigängige Menü für 20 €, das die Möglichkeit bietet, die Paradegerichte der Osteria zu probieren. Das Brot ist aus Biomehl selbst gebacken. Von den Süßspeisen verdienen **Semifreddo di ricotta e prugne** und Feingebäck, das zu den zahlreichen Bränden passt, Aufmerksamkeit. Die Weinkarte ist hervorragend; es gibt auch eine vielfältige Auswahl an Weinen im glasweisen Ausschank.

4 KM VOM ZENTRUM

Stella

Restaurant-Enoteca
Via dei Narcisi, 47 A
Tel. (+39) 075 / 692 00 02
Ruhetag: Dienstag
Ferien: 2 Wochen im August
35 Plätze + 20 Plätze im Freien
Preise: 35 €
Kreditkarten: AE, CS, DC, MC, Visa; BM
Abends geöffnet, an Feiertagen im Winter auch mittags

Ausgewählte Saisonzutaten, gekonnt zubereitete Traditionsgerichte und ungezwungener Empfang: All dies macht eine Einkehr zu einem unvergesslichen Erlebnis.

DIE OSTERIA – Das gemütliche Ambiente und die ruhige Atmosphäre lassen sofort Wohlgefühl aufkommen, sobald man die Schwelle des Lokals überschritten hat. Das gastronomische Angebot, um das sich Silvia mit Unterstützung von Koch Nicola kümmert, bringt die Traditionen des Gebiets auf den Teller. Dabei wird Augenmerk auf Saisontreue und die Verwendung ausgesuchter Zutaten gelegt, unter denen auch Produkte aus Slow-Food-Presidi sind. Silvia und Arek bedienen und beraten Sie bei der Auswahl der Speisen und Weine und gehen auf jeden Ihrer Wünsche ein.

DIE KÜCHE – Man kann mit handwerklich erzeugtem Prosciutto aus Visso (7 €), schmackhaften **Supplì** oder auch mit dem Antipasto di quinto quarto vom Chianina-Rind (g.g.A.) beginnen. In der entsprechenden Saison sollten Sie sich Fiori di zucca fritti nicht entgehen lassen. Im Kapitel Primi ist es fast Pflicht, **Stringhetti** (hausgemachte Eierteigwaren) **con fave** fresche **e pecorino** (9 €) oder Linguine con tinca affumicata zu probieren. Die Secondi bieten eine gute Auswahl an Fleisch – **Straccetti di chianina con roveja** (Slow-Food-Presidio, 11,50 €), Coscio di agnello di Visso arrosto con battuto di rosmarino und unübertreffliche **Trippa** – und als Alternative dazu auch Fischgerichte, wie beispielsweise **Anguilla arrosto**. Die Beilagen sind mit dem hervorragenden lokalen Öl verfeinert. Süßspeisen und exzellentes hausgemachtes Eis (6 €) runden das Essen ab. Die gut bestückte Weinkarte nennt italienische Weine mit Augenmerk auf Tropfen aus dem Umland, vor allem Bioweine; groß ist die Auswahl an glasweise ausgeschenkten Weinen. Das Sauerteigbrot wird in der Küche des Restaurants gebacken.

77 KM NORDWESTLICH V. TERNI, 9 KM S. V. ORVIETO

La Locanda di Colle Ombroso

Agriturismo • Stada Provinciale 55, km 4,800
Tel. (+39) 07 63 / 61 65 88
Ferien: unterschiedlich
20 Plätze + 30 Plätze im Freien
Preise: 25–30 €
Keine Kreditkarten
Freitag–Sonntag sowie gegen Vorbestellung mittags und abends geöffnet

DIE OSTERIA – Die Locanda di Colle Ombroso hat sich rund um den Biolandwirtschaftsbetrieb Janas entwickelt, mit dem Bestreben, eine direkte Verbindung mit dem ländlichen Gebiet herzustellen und Produkte aus Mehl aus alten Getreidesorten, die die Eigentümer, Eleonora und Ivan, seit beinahe sieben Jahren anbauen, auf den Tisch zu bringen. Daher Bahn frei für Brot und Pasta in vielen Formaten, aber auch für Mais und Kichererbsen, die während der dreijährigen Fruchtfolgezeit angebaut werden. Das Gemüse wird im Garten vor dem Betrieb geerntet, in dem die Hühner herumscharren. Außerdem produziert man Öl und Bier. Letzteres wird aus dem erwähnten Getreide in einer lokalen Brauerei gebraut. Der Trumpf der Küche sind sicher die zentral vorhandenen Ausgangsprodukte, wobei Schaf- und Ziegenkäse, Wurst, Konfitüren und Honig besonderes Augenmerk gilt, die alle aus kleinen, nachhaltig arbeitenden Betrieben aus der Umgebung stammen.

DIE KÜCHE – Im Antipasto misto (13 €) finden Sie neben den bereits erwähnten Backwaren Farinata di ceci, **Ciauscolo scottato in padella** oder, als Alternative, Carpaccio di lombetto al pepe nero. Hervorragend sind die Primi (9,50 €), wie **Pasta** aus der Weizensorte Senatore Cappelli **con ragù di maremmana** – mit und ohne Tomaten –, ebenso köstliche Pasta con salsiccia e zafferano und **Polenta con cavolo verza**. Bei den Secondi kann schlichte Scaloppina di maremmana (10 €) eine exzellente Option darstellen, aber Sie finden auch **Arista arrosto** oder **Sformato di verdure dell'orto** vor. Panna cotta con salsa al sambuco und Torta al cacao nero e panna acida bilden das Finale. Zu trinken gibt es Wein aus kleinen Kellereien im Raum Orvieto, die ausschließlich nach biologischen oder biodynamischen Methoden arbeiten.

88 KM SÜDÖSTLICH VON PERUGIA, 31 KM VON TERNI

Baciafemmine

Osteria
Vicolo Baciafemmine
Tel. (+39) 07 43 / 61 83 11
Ruhetag: Mittwoch
Ferien: unterschiedlich
60 Plätze
Preise: 28–32 €
Kreditkarten: CS, DC, MC, Visa; BM
Mittags und abends geöffnet

Freundlichkeit und Aufmerksamkeit gegenüber dem Gast, hohe Qualität der lokalen Zutaten und auf Tradition bedachte Küche.

DIE OSTERIA – Die Osteria Baciafemmine liegt am Beginn eines der eindrucksvollsten Gässchens von Scheggino, nach dem sie benannt ist. Um dorthin zu gelangen, parken Sie in der Nähe des Nera und gehen dann den Hinweisschildern folgend bergauf. Das Lokal gliedert sich in diverse Räume, die in alten Kellern geschaffen und geschmackvoll renoviert wurden. Paolo mit seiner unaufdringlichen, offenen Art ist im Service tätig, während seine Frau die Arbeit in der Küche leitet und für die Zubereitung der Speisen fast ausschließlich die Produkte aus dem Landwirtschaftsbetrieb der Familie verarbeitet. Traditionsrezepte werden hier gepflegt und mit Liebe und Hingabe berücksichtigt.

DIE KÜCHE – Man beginnt mit den „Delizie dell'oste", wie Bruschetta al tartufo (9 €), Strapazzata al tartufo und Carpaccio di trota e gamberi di fiume. Die Pasta ist hausgemacht (a culo mosso – mit der Technik des „bewegten Hinterteils"): Bahn frei also für **Strangozzi con ricotta, guanciale e tartufo** (10 €), Gnocchetti trota e porcini, Pappardelle al cinghiale und **Gnocchi con sugo di pecora** oder con gamberi di fiume, zafferano, bottarga; außerdem gibt es gute Suppen. Unter den Secondi finden sich **Trota arrosto tartufata** (11 €), Scottadito di pecora oder di agnello (13 €), Tagliata di cinta brada oder di anatra con riduzione di balsamico und **Crostone di polenta con salsiccia e tartufo**. Gut sind auch die Beilagen, unter denen besondere Patate „ignoranti" sind, das heißt der mit Schale gebratene Kartoffeln. Die Süßspeisen des Hauses glänzen ebenfalls durch gute Zubereitung. Die gut bestückte Weinkarte lässt eine Vorliebe für regionale Tropfen mit einem guten Preis-Leistungs-Verhältnis erkennen.

31 KM SÜDÖSTLICH VON PERUGIA, S.S. 75

La Cantina di Spello

Restaurant
Via Cavour, 2
Tel. (+39) 07 42 / 65 17 75
Ruhetag: Montagabend
Keine Ferien
60 Plätze + 30 Plätze im Freien
Preise: 35 €
Kreditkarten: AE, CS, DC, MC, Visa; BM
Mittags und abends geöffnet

DIE OSTERIA – Die schöne Cantina di Spello ist im Städtchen nunmehr gut verwurzelt und bietet ihren Gästen einen Überblick über typisch umbrische Atmosphäre und Küche. Das Lokal ist rustikal eingerichtet, die Weinflaschen des Kellerangebotes sind gut sichtbar an den Wänden aufgereiht. Höchste Achtsamkeit gilt lokalen Produkten, die in den angrenzenden Gebieten und auf den Bezirksmärkten beschafft werden. Das Fleisch stammt beispielsweise aus dem nahen Nera-Tal. Auf diese Weise gelingt es dem Restaurant, Speisen der besten lokalen Tradition zu bieten.

DIE KÜCHE – Zur Einstimmung empfehlen wir **Frittata lazza al tartufo** (8 €), Pappa al pomodoro, Coratella di agnello oder, als Alternative, den Antipasto misto (13 €), der es ermöglicht, den Großteil des Angebots in Form von kalten und warmen Kostproben zu genießen. Weiter geht es mit Gnocchi al tartufo nero di Norcia (15 €), Pappardelle al cinghiale, **Paccheri al ragù di coniglio e pomodori pachino** und Mezze maniche al rancetto, nur um einige von den Primi zu nennen. Die Holzglut des schönen Kamins im Speisesaal dient zum Garen der Secondi wie Grigliata mista, **Agnello a scottadito** (14 €) und Tagliata di chianina; daneben verdienen aber auch **Spiedini di lumache con guanciale** und Guanciale di vitello brasato al Sagrantino eine Kostprobe. Gut präsentiert sich die Dessertauswahl mit hausgemachten Keksen mit Sagrantino Passito, Crème caramel al profumo di vaniglia e limone und Panna cotta allo zafferano. Die ziemlich umfangreiche Weinkarte verzeichnet ein schönes Sortiment italienischer und internationaler Tropfen.

6 KM SÜDLICH VON TERNI, S.P. 16

Taverna la Mola

Restaurant
Via del Sacramento, 2
Tel. (+39) 07 44 / 60 81 00,
(+39) 328 / 328 33 01
Kein Ruhetag
Ferien: zeitweise im Juli
120 Plätze
Preise: 25–30 €
Kreditkarten: AE, CS, DC, MC, Visa; BM
Abends geöffnet, an Feiertagen auch mittags

DIE OSTERIA – Im Herzen des mittelalterlichen Ortes Stroncone befindet sich die Taverna la Mola in einer ehemaligen Ölmühle (daher der Lokalname). Der Ort ist ein wunderschönes Beispiel für eine Festung, die innerhalb der Stadtmauern um das 10. Jahrhundert an der Grenze zwischen dem langobardischen Herzogtum Spoleto und den von den Byzantinern kontrollierten Herzogtümern errichtet wurde. Die Räumlichkeiten des Restaurants sind eindrucksvoll, insbesondere der „Grottino dei desideri", ein kleiner, in den Fels gehauener Winkel für zwei.

DIE KÜCHE – Der Antipasto des Hauses setzt sich aus Salaten, Hülsenfrüchten, Wurstspezialitäten und Crostini di paté umbro (10 €) zusammen. Immer gut schmecken Bruschette con tartufo e olio (das Öl kommt aus der lokalen Ölmühle). Als Primi empfehlen wir Gerichte mit frischer Pasta: Ciriole ternane oder Pappardelle, con sugo di cinghiale oder mit delikater Salsa al piccione e porcini. **Maltagliati** della nonna **con sugo bianco di carne e piselli** (9 €), Taglierini con pomodoro e aromi und winterliche Zuppa medievale sollten Sie sich ebenfalls nicht entgehen lassen. Von Oktober bis April steht Polenta al tagliere oder alla brace auf dem Programm und wird mit Wildschwein, Trüffeln oder klassischem Sugo mit Pancetta, Salsiccia und Pilzen gereicht. Bei den Secondi feiert gegrilltes Fleisch einen Triumph, und zwar mit **Scottadito di agnellino** (10 €), Braciola alla Mola und Filetti di maiale con radicchio e rucola oder con pecorino, die mit unter der Asche gebratenen Kartoffeln kombiniert werden. Die Süßspeisen, wie Zuppa inglese (5 €) oder **Pere al mascarpone, noci e cioccolato**, sind hausgemacht. Gute Auswahl lokaler Weine.

NEU Il Convivio

Moderne Osteria
Via del Leone, 37
Tel. (+39) 07 44 / 47 11 80
Ruhetag: Sonntag
Ferien: Dreikönig, 15. August
60 Plätze + 40 Plätze im Freien
Preise: 35 €
Kreditkarten: AE, CS, DC, MC, Visa; BM
Mittags und abends geöffnet

DIE OSTERIA – In der am stärksten frequentierten Gegend von Terni steht ein gemütliches Lokal, in dem nichts dem Zufall überlassen ist. Es ist in drei Räume aufgeteilt und verfügt über eine Gourmetecke, in der man erstklassige Produkte kaufen kann, und über einen Sitzbereich im Freien für den Sommer. Silvia empfängt und berät Sie bestens zu den Speisen, die Massimo kocht; er ist nicht nur ein überaus geschickter Koch und Wirt, sondern betätigt sich auch als Entdecker von Traditionen und vergessenen Gerichten aus Terni und Mittelitalien, die er wieder auf die Karte setzen will. Das Menü variiert jeden Tag abhängig vom Einkauf, den er persönlich auf dem Markt erledigt.

DIE KÜCHE – Unter den Antipasti sind Guanciale aceto e salvia con filetti di pomodori e crostino di pane agliato (8,50 €), **Fiori di zucca farciti di ricotta** und Funghi ripieni con salsa di pomodoro e spinaci al salto con guanciale croccante e ricotta salata. Probieren Sie von den Primi – viele Teigwaren sind hausgemacht – **Ciriole con asparagi selvatici e rigatino di cinta**, Mezzelune di faraona alla leccarda con tartufo (9 €) und **Rigatoni con *pajata*** (in einer weniger bekannten Version mit Reis). Danach sollten Sie sich **Costolette di agnello fritte con insalata e costoluto di Pachino**, Coniglio (14 €) oder Gerichten mit Baccalà (Klippfisch) zuwenden, der zum Beispiel in der Version al forno con patate (16 €) hervorragend schmeckt. Die Süßspeisen sind vielfältig, ebenso wie die Weinkarte, die sich umfangreich und gut gegliedert präsentiert; sie ist das Ergebnis einer achtsamen Suche, bei der Tropfen aus der Umgebung bevorzugt werden, ohne darüber das Angebot aus dem übrigen Italien zu vernachlässigen. Groß ist auch die Auswahl der glasweise ausgeschenkten Weine. Reservierung empfehlenswert.

TERNI

La Mora

Trattoria
Strada San Martino, 44
Tel. (+39) 07 44 / 42 12 56
Ruhetag: Dienstag
Ferien: Ende Juli–10. August
50 Plätze + 40 Plätze im Freien
Preise: 25–30 €
Kreditkarten: AE, CS, DC, MC, Visa; BM
Mittags und abends geöffnet

DIE OSTERIA – Wir haben es hier mit einer klassischen Trattoria zu tun, die ein paar Schritte von der Altstadt, aber abseits vom städtischen Verkehr liegt und seit mehr als 110 Jahren der Familie Stella gehört: Sie ist fest verwurzelt in ihrem Festlandsursprung und verfügt über ein von Generation zu Generation weitergegebenes kulinarisches Wissen, das auf dem Grundgedanken der territorialen Tradition beruht und sich in einfachen, unverfälschten Gerichten ausdrückt. Das Lokal besteht aus zwei gelungen eingerichteten, gemütlichen Räumen mit einem Sitzbereich im Freien für den Sommer.

DIE KÜCHE – Unsere Empfehlung lautet, mit einem Antipasto mit Barbazza, aceto e salvia (7,50 €), Wurstspezialitäten vom Brett oder flaumiger **Frittata al tartufo** zu beginnen. Unter den Primi sind unübertreffliche **Ciriole alla ternana** (6,50 €), Pappardelle al cinghiale, **Rigatoni con la *pajata*** und andere gefüllte Teigwaren mit wechselnden, vom Marktangebot abhängigen Saucen. Secondi, die Sie nicht außer Acht lassen sollten, sind **Coniglio alle erbette** (8,50 €), Padellaccia di maiale, **Faraona alla leccarda** und, für Freunde von Barbecue, hervorragendes Fleisch vom Grill. Auch die Beilagen gehen Hand in Hand mit den Jahreszeiten: Salate, unter der Glut gebratene Kartoffeln und Zichorien sind nur ein kleines Beispiel der verschiedenen Angebote. Einen würdigen Abschluss bilden Zuppa inglese und Crostata della nonna. Die Weinkarte ist schlank, aber aktuell und nennt eine schöne Anzahl relevanter lokaler Etiketten sowie einen recht guten offenen Hauswein.

L'Angolo Divino, Via Roma 99: Weine, Slow-Food-Presidi und einige Qualitätsspeisen.

Lillero

Trattoria
Via De Filis, 8
Tel. (+39) 339 / 591 41 40
Ruhetag: Sonntagabend
Ferien: unterschiedlich
Preise: 35 €
Kreditkarten: AE, CS, DC, MC, Visa; BM
Mittags und abends geöffnet

DIE OSTERIA – Das Lillero befindet sich im Zentrum von Terni in einer Seitenstraße des Corso Vecchio. Das Lokal ist einfach, gemütlich und ein bisschen altmodisch, aber sehr gepflegt. Das Menü steht auf einer großen Tafel an der Wand angeschrieben. Freundlichkeit, Schlichtheit und Unverfälschtheit sind die Visitenkarte dieser schönen Trattoria. Diese Merkmale finden Sie auch in der Küche wieder: Großer Wert wird auf Frische, Herkunft und Saisontreue gelegt; die Pasta ist hausgemacht; Gerichte aus Terni und die besten Rezepte der volkstümlichen Küche Umbriens haben Vorrang.

DIE KÜCHE – Fangen wir mit den Antipasti an, wie Wurstspezialitäten vom Nerino-Schwein aus dem Nera-Tal (12 €), Frittata morbida al tartufo und **Guanciale con aceto e salvia**. Unausbleibliche Primi sind traditionelle **Ciriole alla ternana** (9 €), **Tagliolini con trota del Nera e tartufo** und Pappardelle al ragù bianco. In der Saison gibt es auch Stringozzi con funghi oder asparagi di bosco, Zuppe di legumi e verdure sowie Polenta con spuntature di maiale. An Secondi bieten sich Köstlichkeiten wie **Faraona alla leccarda** (14 €), Parmigiana di gobbi, Tagliata di nerino und Polpette. Zu manchen Zeiten stehen auch Costine di cinta con porcini e patate und Cardo gobbo con salsicce e costine (13 €) auf dem Plan. Das Gemüse ist aus biologischem Anbau, die Dolci sind hausgemacht: Probieren Sie Cheesecake con lamponi, Tiramisù und Zuppa inglese. Sehr interessant liest sich die Weinkarte, die ausgezeichnete, nicht nur lokale Etiketten auflistet.

Die Pasticceria Modernissima, Viale Cesare Battisti 39, ist bekannt für Crostata alla crema, Feingebäck und weitere süße Spezialitäten. Die Gastronomia Galli Food, Hausnummer 44, erzeugt und verkauft seit 1950 kulinarische Spezialitäten.

58 KM SÜDL. V. PERUGIA, 14 KM V. TODI, S.P. 379

Il Merollo

Trattoria • Ortsteil Pesciano, 42
Tel. (+39) 075 / 894 70 79,
(+39) 334 / 502 33 78
Ruhetag: Montag, Dienstag, im Winter auch Mittwoch • Ferien: unterschiedlich
50 Plätze + 50 Plätze im Freien
Preise: 30–35 €
Kreditkarten: AE, CS, DC, MC, Visa; BM
Abends geöffnet, Samstag und Sonntag auch mittags

DIE OSTERIA – Dieser Agriturismo mit Küche im ländlichen Gebiet, auf halbem Weg zwischen Todi und Avigliano Umbro gelegen, schenkt Ihnen Emotionen, die Sie kaum vergessen werden. Sie brauchen nur eine kleine Fahrt abseits der Touristenziele zu unternehmen und werden für den Umweg voll und ganz entschädigt. Im weitläufigen, einfach, aber mit Liebe zum Detail eingerichteten Lokal werden Sie sich wohlfühlen. Carlo ist für den Betrieb verantwortlich und gleichzeitig Koch. Er empfängt Sie herzlich und bringt Ihnen als Vorgeschmack auf die gute Küche duftende Focaccine aus Dinkelmehl auf den Tisch. Nehmen Sie daher Platz und genießen Sie unverfälschte Speisen, die das Beste aus der bäuerlichen Tradition des Gebiets darstellen.

DIE KÜCHE – Viele der Ausgangsprodukte stammen aus dem häuslichen Gemüsegarten; das Fleisch kommt aus einem nicht weit entfernten Zuchtbetrieb. Das mündlich erläuterte Menü sieht einen einzigen Antipasto misto (10 €) vor, bestehend aus Bruschette, warmen Crostini, Insalata di farro, Wurst aus Eigenproduktion und überaus schmackhaften **Fagioli con le cotiche**. Die Primi (10 €) variieren jahreszeitlich: Sie können zwischen Tagliatelle, **Strangozzi** und Gnocchi mit verschiedenen Saucen wählen, von denen jene **all'ortolana** und alla contadina (mit Guanciale und frischer Ricotta) zu bevorzugen sind. Von den Secondi (15 €) müssen Sie unbedingt Capocollo di cinta in crosta di sale, **Palombacci alla todina**, Stinco al forno, Pollo ruspante in padella und **Piccioni arrosto** probieren. Die Beilagen sind stets der Jahreszeit entsprechend, die Süßspeisen (5 €) sind die Klassiker der Hausmannskost. Der offene Wein trinkt sich gut, aber es stehen auch eine kleine Selektion lokaler Weine und Biere aus Kleinbrauereien bereit.

TODI (PG)

45 km südlich von Perugia, S.S. 3 bis

Pane e Vino

Osteria-Enoteca
Via Ciuffelli, 33
Tel. (+39) 075 / 894 54 48
Ruhetag: Mittwoch
Ferien: unterschiedlich
50 Plätze + 40 Plätze im Freien
Preise: 30–35 €
Kreditkarten: AE, CS, DC, MC, Visa; BM
Mittags und abends geöffnet

DIE OSTERIA – Nachdem Sie die prachtvolle Kirche Santa Maria della Consolazione in der Altstadt von Todi hinter sich gelassen haben, finden Sie das Pane e Vino an der Straße, die zur Piazza del Popolo führt. Das Lokal spiegelt die Philosophie des Wirts und Eigentümers, Fabio Canneori, wider: Produkte aus dem Gebiet und Höflichkeit in familiärem, behaglichem Ambiente. Die erste Annäherung in Form einer kleinen Verkostung von dreierlei Bruschette, um die verschiedenen umbrischen DOP-Öle zu probieren, könnte besser nicht sein. In der Küche rückt Ehefrau Loredana nach Traditionsrezepten verarbeitete Qualitätszutaten ins Rampenlicht.

DIE KÜCHE – Man beginnt mit Insalata di carciofi con pancetta croccante e scaglie di parmigiano (6 €), Crostini sowie lokalen Wurst- und Käsesorten. Unter den Primi, die alle vorzüglich schmecken, sind **Tagliatelle agli asparagi di bosco** (10 €), klassische Zuppa di ceci, funghi porcini e pomodoro, Strangozzi al tartufo nero und spezielle Lune Pane e Vino, das heißt Käse-Ravioli mit Rucola, Tomaten und salziger Ricotta. Weiter geht es mit **Faraona alla leccarda** (15 €), **Bocconcini di cervo alla cacciatora**, Coscia di agnello speziato con tartufo und **Palomba alla ghiotta**. Tozzetti und Sagrantino (4 €) bilden einen krönenden Abschluss. Die gut bestückte Weinkarte nennt eine umfangreiche Auswahl italienischer Etiketten und zeigt großes Augenmerk auf Weine lokaler Winzer; es gibt auch Weine im glasweisen Ausschank sowie Halbflaschen.

Die Salsamenteria Principi, Piazza del Popolo, verkauft sehr gutes Brot, Wurst, native Olivenöle extra und lokale Weine. Die Käserei Montecristo in **Pian di Porto** (6 km), Via Campette, bietet Schaf-, Ziegen- und Kuhmilchkäse, teils auch aus Rohmilch.

TORGIANO (PG)
Miralduolo

14 km südlich von Perugia, S.S. 3 bis

I Birbi

Restaurant
Ortsteil Le Casacce
Tel. (+39) 349 / 869 82 53
Ruhetag: Montag
Ferien: unterschiedlich
80 Plätze + 80 Plätze im Freien
Preise: 35 €
Kreditkarten: MC, Visa; BM
Abends geöffnet, Samstag, Sonntag und Feiertage auch mittags

DIE OSTERIA – Das schöne Landhaus von Luca Ciabatti steht auf dem Gipfel eines kleinen Hügels und bietet eine prachtvolle Aussicht auf das Tibertal. Es setzt sich aus mehreren Räumen und einer wunderschönen Terrasse für den Sommer zusammen. Hier erwarten Sie ein herzlicher Empfang und die solide, bodenständige Küche von Signora Amanda, einer treuen Interpretin – mit einem Hauch Fantasie – der besten umbrisch-toskanischen Traditionen.

DIE KÜCHE – Den Auftakt machen ein Klassiker, Antipasto del birbone mit einem Sortiment aller Spezialitäten des Hauses, oder auf einem Brett servierte Wurstspezialitäten vom Cinta-Senese-Schwein (11 €), **Patate alla brace con tartufo** oder Tartara di chianina. Danach können Sie Ihr Menü mit Tagliatelle al tartufo nero scorzone, Pappardelle al ragù bianco di maialino e timo (10 €), **Cappellacci con crema di zucchine, zafferano e fiori di zucca** und schmackhaften Suppen, wie Zuppa di patate viola con porcini, Ribollita und **Crema di fagiolina con salsicce**, fortsetzen. Die Secondi stehen im Zeichen von Fleisch: **Faraona disossata ripiena ai carciofi** (16 €), Costine di agnello a scottadito, Coniglio fritto in salsa und verschiedene Tagliate; als Alternative bietet sich Baccalà alla griglia con carciofi e pancetta di cinta (17 €) an. Verlockend ist Tris al tartufo: Eier und Fondue mit edler weißer Trüffel sowie unter der Asche gebratene Kartoffeln mit schwarzer Trüffel. Zu den Speisen gibt es verschiedene Saisonzutaten. Sfoglia alle mele e crema all'arancia, Millefoglie alla chantilly, gianduia e frutta oder verschiedene kleine Kostproben runden das Essen ab. Die umfangreiche Weinkarte nennt Jahrgangsschaumweine und eine gute Auswahl umbrischer und italienischer Tropfen. Es gibt auch eine kleine Karte mit regionalen Bieren aus Kleinbrauereien.

UMBERTIDE (PG)
Niccone

34 KM NÖRDLICH VON PERUGIA

Locanda di Nonna Gelsa

Restaurant
Via Caduti di Penetola, 31
Tel. (+39) 075 / 941 06 99
Ruhetag: Dienstag
Ferien: Januar/Februar
60 Plätze + 80 Plätze im Freien
Preise: 27–32 €
Kreditkarten: CS, MC, Visa; BM
Mittags und abends geöffnet

DIE OSTERIA – Der Ortsteil Niccone inmitten der grünen umbrischen Landschaft liegt an der Straße, die von Umbertide zum Trasimenischen See führt. Hier befindet sich auch dieses angenehme, behagliche Lokal mit Rundbögen, die Bewegung in die Räume bringen. Signora Chiara empfängt Sie und hilft Ihnen, in die Köstlichkeiten der Küche vorzudringen, die der Tradition verbundene Gerichte mit einem Hauch Modernität bietet. Die Hausherrin richtet sich nach der Verfügbarkeit der saisonalen Ausgangsprodukte und bietet auch Speisen, in denen einige Produkte aus umbrischen Slow-Food-Presidi gut zur Geltung kommen.

DIE KÜCHE – Als Einstieg könnten Sie zwischen dem Antipasto Terramadre (8,50 €) mit Wurst und Käse, Antipasto misto di nonna Gelsa, bereichert um salzige Kuchen, Omeletts und Gemüse, oder **Arvoltolo** – typischer frittierter Fladen aus Wasser und Mehl – **farcito con salumi** wählen. Als Primi sind **Strangozzi** al tartufo, **con fagiolina del Trasimeno** (Slow-Food-Presidio) **e persico** (10 €) oder auch con verdure di stagione, Ravioli con ripieno di cipolla rossa di Cannara, salsa allo zafferano e pomodori secchi und Zuppa di roveja (ein weiterer Slow-Food-Presidio) vorgesehen. Die Secondi folgen der Tradition, die auf Fleisch basiert: Anatra farcita con il tartufo, Petto d'anatra con i porcini (12 €), **Coniglio all'arrabbiata** (8 €) und Filetto di manzo farcito di cicoria con salsa allo zafferano. An manchen Wochentagen gibt es guten **Baccalà**. Die Beilagen sind saisonal gehalten, die Desserts hausgemacht. Das ehrliche Kellerangebot beinhaltet ordentliche Etiketten aus Umbrien und anderen Regionen.

UMBERTIDE (PG)

34 KM NÖRDLICH VON PERUGIA

San Giorgio

Restaurant
Via Mancini, 3
Tel. (+39) 075 / 941 29 44
Ruhetag: Dienstag
Keine Ferien
30 Plätze + 16 Plätze im Freien
Preise: 35 €
Kreditkarten: CS, DC, MC, Visa; BM
Mittags und abends geöffnet

DIE OSTERIA – Wir befinden uns in der Altstadt von Umbertide am Hauptplatz, an dem jeden Samstagvormittag der Mercato della Terra von Slow Food abgehalten wird, auf dem Sie bei lokalen Erzeugern Qualitätsprodukte aus sehr kurzer Produktionskette kaufen können. Das schöne Lokal San Giorgio wird seit neun Jahren von Mirco und Paolo geführt und befindet sich unter den Arkaden, wo im Sommer einige Tische gedeckt werden. Das gut eingerichtete Restaurant mit schönen Gemälden an den Wänden bietet Küche mit solider lokaler Basis, die jedoch Überarbeitungen und Einflüssen aus anderen Gebieten nicht abgeneigt ist.

DIE KÜCHE – Unter den Antipasti sind Uovo con crema di piselli e guanciale sfumato all'aceto di lamponi (8,50 €), Purea di erbe di campo, Burrata e acciughe del Cantabrico, **Battuta di baccalà** con mantecato di patate viola, Puntarelle e maionese di rapa rossa e yogurt (9,50 €) und Pancetta di maiale arrostita con mantecato di castagne e cavolo nero. Die Primi führen uns zur Tradition zurück: Paccheri al ragù di manzo, Agnolotti di porchetta, salsa di patate e polvere di cotenna (10 €), Mezzelune ripiene di carbonara con asparagi und **Risotto al tartufo nero e animelle** arrostite. Die Secondi sind eine angenehme Entdeckung: Piccione con foie gras, Baccalà spadellato ai profumi del Mediterraneo und Petto **d'anatra arrosto con carciofi** (16 €); daneben dürfen Tagliata di manzo, Fiorentina, Spezzatino di cinghiale und Coniglio con i carciofi nicht fehlen. Die Desserts sind hausgemacht. Probieren Sie **Semifreddo ai pistacchi** und Mousse di pere al gianduia. Die reichhaltige Weinkarte zeichnet sich durch ehrliche Preise aus; interessant ist das Angebot an lokalen Bieren aus Kleinbrauereien.

0
15
30 km
ADRIA
Ravenna
Cérvia
EMILIA-ROMAGNA
A14
Cesena
Rímini
Riccione
Gabicce Mare
S. Marino
S. MARINO
Pesaro
Tavullia
Fano
Vallefoglia
Sassocorvaro
Colbordolo
Serrungarina
Frontino
Urbino
Mondolfo
Senigallia
Piandimeleto
Fossombrone
Urbania
Falconara Marittima
Mondavio
Acqualagna
Morro d'Alba
ANCONA
Serra de' Conti
M. Conero
572
Sirolo
Cagli
Jesi
Frontone
Arcevia
Città di Castello
Staffolo
Filottrano
Porto Recanati
Genga
Loreto
Recanati
Potenza Picena
Cingoli
Fabriano
Montelupone
Civitanova Marche
Gúbbio
Macerata
Tevere
S. Severino Marche
Morrovalle
Porto Sant'Elpidio
Matelica
Tolentino
Colmurano
Porto S. Giorgio
Castelraimondo
Fermo
RA6
Serrapetrona
Lapedona
Magliano di Tenna
PERÚGIA
Camerino
S. Angelo in Pontano
Pedaso
Petritoli
Assisi
Ortezzano
Cupra Marittima
PARCO NAZ. D. MONTI SIBILLINI
Ripatransone
Grottammare
Montalto d. Marche
Offida
Foligno
Visso
Comunanza
Montedinove
S. Benedetto d. Tronto
Venarotta
M. Vettore
2476
RA11
UMBRIEN
Ascoli Piceno
Norcia
Arquata del Tronto
Giulianova
Acquasanta Terme
PARCO NAZ.
Todi
Orvieto
Spoleto
Téramo
DEL
GRAN SASSO
A24
Amélia
Terni
A1
Gran Sasso d'Italia
2912
E MONTI
Terminillo
2216
Orte
D. LAGA
Rieti
Viterbo
L'ÁQUILA
ABRUZZEN
LATIUM
A24

MARKEN

Essen zum Mitnehmen gibt in den Marken den Ton an, auch auf den Speisekarten nicht weniger Osterien, Trattorien und Restaurants. Die Speise, die sich auf längeren Wegen mitführen lässt, gibt es in unterschiedlichsten Versionen. Die Rede ist von Baccalà und Stoccafisso, „dem Fisch, der dorthin kommt, wo es kein Meer gibt". Er war immer schon populär und ist mittlerweile Teil des lokalen kulinarischen Erbguts. In verschiedenen Rezepten, doch einer nahezu unveränderlichen Regel folgend, wird Stoccafisso all'anconetana, die typische Spezialität der Hauptstadt der Region, zubereitet.
Ebenfalls recht kompromisslos festgeschrieben, abgesehen von einigen Varianten, die im Flüsterton weitergegeben werden, ist die Zubereitungsart der gefüllten und frittierten Olive Tenera Ascolana. Sie ist das Paradestück eines jeden Fritto misto. Auch außerhalb von Ascoli Piceno ist sie beliebt, mit ihrem gefälligen Charakter eines Straßenessens, das man gerne bei einem Spaziergang durch die Stadt aus der Papiertüte verzehrt. Das raffinierte und vermutlich aus dem Bürgertum stammende Rezept (auch wenn einige Forscher meinen, der Gedanke der Resteverwertung liege ihm zugrunde) ist schon allein, was die Zubereitung betrifft, als barock zu bezeichnen: Die spiralförmige Entkernung, die den Platz für die üppige Füllung schafft, lässt eher an die erfindungsreichen und dekorationsverliebten Methoden der französischen Kochkunst denken als an spartanische volkstümliche Fleischbällchen.
Das traditionelle Rezept – aber jede Familie in Ascoli führt dabei eine kleine geheime Variante aus – sieht als Zutaten Fleisch vom Rind, Schwein und Hähnchen vor, zu unterschiedlichen Teilen, fein gewürfelt und mit Möhren, Staudensellerie und Zwiebeln angebraten. Danach wird das Ganze durch den Fleischwolf gedreht und mit Ei, Muskat und Parmesan gewürzt. Diese weiche Masse kommt in die zuvor entkernten Oliven, die dadurch wieder fast zu ihrer ursprünglichen Form zurückfinden, bevor man sie frittiert.

Für Sie entdeckt

Baccalà arrosto con polenta

504 Trattoria Trentasette
Porto Sant'Elpidio (Fm)

Baccalà e patate

491 L'Enoteca Bar a Vino
Fermo

Stoccafisso (all'anconetana)

481 Emilia da Marisa
Ancona

482 La Bottega di Pinocchio
Ancona

Fritto misto con olive tenere ascolane

485 C'era una Volta
Ascoli Piceno

494 Antonietta
Jesi (An)

499 Ophis
Offida (Ap)

506 Iervasciò
Ripatransone (Ap)

509 Rimante
Senigallia (An)

ACQUASANTA TERME (AP)
San Martino

24 KM SÜDWESTLICH VON ASCOLI PICENO

Mini Ranch

Bar-Trattoria
Ortsteil San Martino
Tel. (+39) 07 36 / 80 71 43
kein Ruhetag
Keine Ferien
30 Plätze + 20 Plätze im Freien
Preise: 25–30 € (Tagesmenü)
Keine Kreditkarten
Mittags und abends geöffnet

DIE OSTERIA – Eher denn als gute Adresse könnte man die Mini Ranch als einen Ort des kulinarischen Widerstands und der Zugehörigkeit zur Umgebung bezeichnen. Zwischen zwei Gängen der von Signora Emma zubereiteten Gerichte könnten Sie sich im kleinen Speisesaal neben der Bar oder im Sommer im Innenhof von den Erzählungen ihrer Tochter Rosella mitreißen lassen. Erzählungen über das Leben hier in der Gegend, zwischen dem Parco Nazionale dei Monti della Laga und den angrenzenden Wäldern, aus denen viele der Produkte, die Sie hier essen werden, stammen, beginnend bei Pilzen, Käse und Salumi (einige auch aus eigener Erzeugung), nach alten Regeln geräuchert.

DIE KÜCHE – Zu Beginn ein Antipasto mit Salumi, Crostini con porcini e ventricina (mit Steinpilzen und Wurst), hausgemachtem eingelegten Gemüse aus dem Garten und Coratella al sugo. Anschließend ausgezeichnete, von Hand gefertigte Primi wie **Tagliatelle ai porcini** oder **Ravioli di ricotta e *olaci* al sugo di funghi galletti** (mit Ricotta und intensiv schmeckendem wilden Spinat gefüllte Ravioli in einer Sauce mit Pfifferlingen). Als Secondo **Agnello a scottadito** und in der entsprechenden Jahreszeit gebratene oder frittierte Pilze. Zum Abschluss, vor dem Enzianlikör, fantastische **Ciambelline fritte,** die noch heiß mit Feigenmelasse begossen serviert werden. Es gibt zwei Arten von Menü, ein vollständiges, das zwischen 30 € und 35 € kostet, und ein leichteres für etwa 20 €, je nach Anzahl der Gänge und Jahreszeit. Als offener Wein wird ein ausgezeichneter biologischer Rosso Piceno serviert, aber auch einige lokale Etiketten stehen zur Auswahl. Eine Reservierung ist immer ratsam, so können Sie sicher sein, dass das Lokal geöffnet ist und die Inhaber genug Zeit haben, die Teigwaren mit Ei selbst herzustellen.

ANCONA
Portonovo

12 KM VOM ZENTRUM

Da Marcello

Restaurant
Ortsteil Portonovo
Tel. (+39) 071 / 80 11 83
Ruhetag: Mittwoch, außer im Sommer
Ferien: je 2 Wochen zwischen Januar und März sowie im November
80 Plätze + 40 Plätze im Freien
Preise: 38–40 € €↑
Kreditkarten: AE, CS, MC, Visa; BM
Mittags und abends geöffnet

DIE OSTERIA – Auch mit neuer Einrichtung und Theke sowie hier und da einem neuen Anstrich bleibt das Lokal von Marcello Nicolini eine der verlässlichsten Adressen nicht nur für Portonovo, sondern unter den Restaurants der Küste der gesamten Region. Das liegt daran, dass hier nie die Details außer Acht gelassen werden, auch nicht an Sommertagen, wenn die Bucht voller Touristen ist (apropos: Eine Reservierung ist immer ratsam). Das für die Räumlichkeiten typische Holz, der Duft von Salz in der Luft und der Geist des Meeres, den Marcello, ein echter *Genius loci*, vermittelt, laden zu einem vollständigen Eintauchen in die Küche des Conero ein.

DIE KÜCHE – Moscioli selvatici (wilde Miesmuscheln), unterschiedlich zubereitet – scoppiati oder con le molliche (mit Brotkrumen, 10 €) – sind die unwiderstehliche Visitenkarte des Restaurants, zusammen mit **Raguse in porchetta** (Mittelmeerschnecken mit Wildfenchel) und Vongole in zuppa (11 €) oder dem vollständigen Programm der warmen oder kalten Antipasti für 19,50 € und 13,50 €. **Spaghetti con i moscioli** (10 €), Chitarrine alle vongole, **Ciavattoni** (eine Pasta zwischen Rigatoni und Paccheri) **allo scoglio** sowie Risotto alla marinara sind die häufigsten Primi. Danach **Rospo** (Seeteufel) **in potacchio**, Fisch des Tages (im Ofen oder gedämpft) sowie gegrillte oder frittierte Calamari (15 €) oder beide zusammen. Zum Abschluss Ginas unverzichtbarer **Ciambellone** con Varnelli oder einfach Kekse, Sorbetto al limone und Semifreddo. Ausgewogene Weinkarte mit den besten Erzeugnissen aus den Marken und anderer Weinbaugebiete. Es gibt auch Gerichte für Kinder, Vegetarier und Menschen, die keinen Fisch mögen.

Nur ein paar Schritte vom Restaurant entfernt verkauft Portonovopesca von Mai bis Oktober die wilden Miesmuscheln Moscioli (Slow-Food-Presidio).

12 KM VOM ZENTRUM

Emilia da Marisa

Restaurant
Ortsteil Portonovo
Tel. (+39) 071 / 80 11 09
Ruhetag: Montagmittag
Ferien: Ende Oktober–Mitte April
40 Plätze + 60 Plätze im Freien
Preise: 38–45 € €↑
Kreditkarten: AE, CS, MC, Visa; BM
Mittags und abends geöffnet

DIE OSTERIA – Die Fischervereinigung Cooperativa dei Pescatori del Mosciolo di Portonovo hat ihren Sitz genau neben dem Meeresrestaurant, dessen weiße Wände und Holzbalken gut zum Blau des Meeres und der Luft in der Bucht passen. Die drei Generationen Frauen, die hier am Herd gestanden haben, können Sie auf den vielen Fotos bewundern, die die Wände schmücken, neben Erinnerungen von Gästen an die gute Meeresküche.

DIE KÜCHE – Die Speisekarte, die neben den wilden Miesmuscheln auch einige weitere Slow-Food-Presidi aus den Marken enthält, beginnt mit einem großen Antipasto (20 €), der natürlich die Moscioli (Miesmuscheln) alla marinara und gratiniert vorstellt. Ebenfalls Pflicht sind dann **Spaghetti con i moscioli**, zubereitet wie einst von Großmutter Emilia, außerdem Tagliatelle ai crostacei e molluschi, **Linguine con sardoncini e pomodorini** oder Risotto alla marinara, **Calamarata alle vongole e purea di cicerchia** di Serra de' Conti und Gnocchetti ai calamari, gamberetti e scampetti (je 11 €). Überwältigend die **Sardoncini a scottadito** (10 €), ebenso ausgezeichnet Grigliata mista (20 €). Des Weiteren Zuppa di crostacei e molluschi, Fisch (von Ihnen selbst ausgesucht) in guazzetto und **Frittura mista dell'Adriatico** (15 €). Oft vorhanden sind Brodetto di pesce sowie Stoccafisso all'anconetana (18 €). Würzen können Sie mit köstlichem nativen Olivenöl extra. Ebenfalls verfügbar ist eine kleine Speisekarte für Kinder und Menschen, die keinen Fisch mögen. Gute Desserts. Die Weinkarte räumt Etiketten aus den Marken den angemessenen Platz ein.

Im nahen **Numana** (8 km) finden Sie in der Enoteca Azzurra eine breit gefächerte Auswahl an Weinen aus den Marken neben Olivenöl, Konfitüren, Salumi, Käse und Süßspeisen von kleinen, traditionell arbeitenden regionalen Betrieben.

ANCONA
Portonovo

12 KM VOM ZENTRUM

Il Molo

Restaurant
Ortsteil Portonovo
Tel.: (+39) 071 / 80 10 40
Ruhetag: Dienstag, außer im Sommer
Ferien: November–März
80 Plätze + 20 Plätze im Freien
Preise: 38–40 € €↑
Kreditkarten: AE, CS, MC, Visa; BM
Mittags und abends geöffnet
G

DIE OSTERIA – Wenn die Gründung von Portonovo, also eigentlich die Eröffnung von Betrieben, die anfangs eine rudimentäre Bewirtung auf Basis der *Moscioli*, der lokalen wilden Miesmuscheln boten, aufgrund der Initiative von drei oder vier Familien stattfand, dann ist sicherlich Familie Giacchetti eine von ihnen. Das Äußere des Lokals am Ende einer Landzunge, die sich aus der Bucht in die Adria hineinzuneigen scheint, hat noch das typische Aussehen einer Hütte am Meer beibehalten, auch wenn das Innere modern und funktional ist. Inhaber Fabrizio und sein Sohn Giacomo haben einige Varianten für Menüs anzubieten, beginnend bei einer reduzierten Version für 20 € über ein immer verfügbares glutenfreies Menü bis hin zu einer großen, vollständigen Abfolge von Gerichten für 40 €. Im Sommer, wenn viele Touristen das Lokal besuchen – und Sie immer reservieren sollten –, kann es auch passieren, dass das eine oder andere Gericht weniger überzeugt.

DIE KÜCHE – Der hohe Qualitätsstandard zeigt sich schon bei einer Reihe an warmen und kalten Antipasti (13 €) und den wilden Miesmuscheln **Moscioli** (Slow-Food-Presidio), die Sie **gratiniert** im Antipasto sowie mit Wildfenchel auf den Spaghetti finden (11 €). Eine Alternative bieten Carbonara di pesce (12 €) und **Tagliatelle ai frutti di mare**. Nie enttäuschen wird Sie **Frittura dell'Adriatico** (12 €) bei den Secondi, doch probieren Sie auch Zuppa del Molo (12 €) sowie Grigliata mista und den Fisch des Tages aus dem Ofen mit Gemüse und, wenn verfügbar (nicht im Hochsommer), Stoccafisso all'anconetana. Unter den Dolci sind Semifreddo al Varnelli con scaglie di croccante (5 €), Mousse di cioccolato bianco con cuore di frutto della passione oder ein Sorbet (3 €). Die Weinkarte ist sowohl für die Auswahl als auch für die Preise zu loben.

ANCONA

La Bottega di Pinocchio

Bottega-Bistrot • Via Pinocchio, 48
Tel. (+39) 071 / 89 80 10,
(+39) 338 / 444 05 43
Ruhetag: Sonnatag
Ferien: 3 Wochen im August
60 Plätze
Preise: 25 €
Kreditkarten: AE, CS, MC, Visa; BM
Mittags geöffnet, September–Juni auch Freitag- und Samstagabend gegen Vorbestellung

DIE OSTERIA – Zuerst stand in diesem Vorort von Ancona, der seinen Namen der kleinen Holzpuppe, der hier auch eine Statue gewidmet ist, verdankt, ein kleiner Obst- und Gemüseladen. Später kamen ein gut sortiertes Spezialitätengeschäft mit Speisen zum Mitnehmen und schließlich die beiden einladenden Speisesäle des Restaurants hinzu. Besucht wird das Lokal von in der Gegend arbeitenden Menschen oder Reisenden, die sich ein rasches, unverfälschtes und traditionelles Essen mit einem guten Preis-Leistungs-Verhältnis wünschen. Daher gibt es hier ein schnörkelloses Menü, das mit gebotenem Respekt wird.

DIE KÜCHE – Wer es eilig hat, dem kommt das Menü „Grillo Parlante" (12 € vom Land, 14 € vom Meer) mit Primo, Secondo und Beilage entgegen. Auf der Karte finden Sie allerdings auch kalte und warme Antipasti vom Meer (10 €), Käse (6 €) und getrocknete Pasta mit Sauce auf Basis von Fleisch (7 €) oder Fisch (8 €). Verzichten Sie keinesfalls auf **Spaghetti al sugo di moscioli di Portonovo** (mit den wilden Miesmuscheln). Von Hand gemacht sind Mezzelune di patate e pomodoro ripiene di mozzarella sowie mit Stoccafisso gefüllte Kartoffelteigtäschchen (9 €). Außerdem stehen Gnocchi di patate, Passatelli und Strozzapreti zur Auswahl, jeweils mit Fleisch oder Fisch. Unter den Secondi finden Sie die köstlichen **Moscioli gratinati**, **Stoccafisso all'anconetana** (16 €) oder **Baccalà**. Beilagen und Obst der Jahreszeit wie auch hausgemachte Desserts vervollständigen das Angebot, das von Verdicchio und Sangiovese aus einem kleinen lokalen Betrieb begleitet wird. Das Brot kommt aus einer Bäckerei in der Nähe. Der Verwendung von Glutamat wurde hier der Krieg erklärt, einige Speisen werden nur mit täglich frisch zubereiteter Brühe verfeinert.

ANCONA
Torrette

5 KM VOM ZENTRUM

La Tavola del Carmine

Agriturismo
Via del Carmine, 51
Tel. (+39) 071 / 88 94 03
Ruhetag: Montag, Sonntagabend
Ferien: unterschiedlich
35 Plätze + 20 Plätze im Freien
Preise: 35 €
Kreditkarten: CS, DC, MC, Visa; BM
Mittags und abends geöffnet

DIE OSTERIA – Die Landstraße zum Agriturismo La Tavola Del Carmine führt entlang des Gemüsegartens und der Olivenpflanzungen des Betriebs, dank denen die Versorgung beinahe als autonom zu bezeichnen ist. Auf den Tisch kommen daher ausgezeichnete Olivenöle, Gemüse, Pasta aus Hartweizengrieß, Eier, Fleisch von Hoftieren und sogar Mostarda (Senffrüchte). Das Restaurant mit seiner einsehbaren Küche strahlt eine behagliche und entspannte Atmosphäre aus. Platz nehmen können Sie in einem kleinen Speisesaal oder in der schönen Veranda, die auf den Innenhof geht.

DIE KÜCHE – Das Menü kreist um die verschiedenen nativen Olivenöle extra (30 €), es besteht aus zwei Antipasti, einem Primo, einem Secondo sowie einem Dessert, wobei jeder Gang von einem bestimmten Öl begleitet wird. Wenn Sie à la carte wählen, finden Sie in der kühlen Jahreszeit Uovo del Carmine con crema allo zafferano e aceto balsamico (Ei mit Safrancreme und Aceto balsamico) wie auch eine Auswahl an Käse aus Kuhmilch mit selbst gemachten Konfitüren und Honig (10 €). Unter den Primi Ravioli verdi di ricotta e noci con rapa rossa e limone, **Zuppa di farro con verdure invernali e ciauscolo croccante** (Dinkelsuppe mit Wintergemüse und knusprig gebratenem Ciauscolo, 9 €), während bei den Secondi diverse Fleischspieße (14 €) zu empfehlen sind, zum Beispiel **Galletto con salsa al pomodoro piccante**, Wachtel oder **Kaninchen**, serviert **mit Mostarda** oder dem Obst der Saison. Ebenso gut ist das Fleisch vom Grill wie **Agnello scottadito**, dazu mit Santoreggia (Bohnenkraut) aromatisiertes Öl (14 €), Tagliata di manzo und **Grigliata mista**. Probieren Sie von den Desserts Barretta al pistacchio (6 €). Die Weinkarte huldigt der Umgebung mit einer guten Auswahl lokaler Winzer. Am Mittwoch finden meist Themenabende statt.

14 KM VOM ZENTRUM

NEU Osteria del Poggio

Traditionelle Osteria
Via Poggio, 57
Tel. (+39) 071 / 213 90 18
Ruhetag: Dienstag, im Winter auch Mittwoch (Juli und August kein Ruhetag)
Ferien: 15. Januar–28. Februar
70 Plätze + 30 Plätze im Freien
Preise: 25–30 €
Kreditkarten: CS, DC, MC, Visa; BM
Mittags und abends geöffnet

DIE OSTERIA – Sie könnten einen Augenblick vergessen, dass Sie nicht weit von einer der schönsten Buchten der Adria entfernt sind, sprich von Portonovo, wenn Sie hier an seinem Vorposten, dem Ortsteil Poggio, vorbeikommen. Seit Jahrzehnten behält diese Osteria, die auch Bar und Tabakladen ist und von 9 bis 23 Uhr (und im Sommer noch länger) geöffnet hat, ihr Ambiente und ihren Charakter bei: Sie eigenet sich für einen Kurzbesuch in der Mittagspause, sieht volkstümliches Kommen und Gehen, bietet einen Imbiss außerhalb der Essenszeiten und fungiert als sozialer Treffpunkt, ein wenig so wie damals, Mitte der 1950er-Jahre, als hier der einzige Ort war, an dem es – öffentlich wie privat – einen Fernseher gab, und daher alle Bewohner von Poggio hierherkamen.

DIE KÜCHE – Die neue Leitung unter Tommaso Verdini zeigt sich dem ursprünglichen populären Charakter verbunden, zeichnet sich jedoch durch ein moderneres Angebot vegetarischer Prägung und den bewussten Einsatz von Zutaten aus der Umgebung aus. Die Bretter mit Käse oder Salumi sind also mit Erzeugnissen lokaler Käsereien und Fleischereien bestückt. **Verza con pomodoro** und **Cipolla passata in padella** (4,50 €) wie auch Ragù mit Soja, Linsen und Dinkel erfreuen jene Gaumen, die das durchaus gute **Cinghiale in salmi** (Wildschweinpastete, 14 €) und Pappardelle al sugo di cinghiale weniger schätzen. **Strozzapreti con asparagi e pecorino** (7 €) eignen sich als leckere fleischlose Alternative. Gute **Polpette d'anatra** werden von Fenchel begleitet, während **Crescia con le erbe** (Fladenbrot mit Gemüse, 7,50 €) und Salsicce con patate arrosto sich als Essen außerhalb der normalen Zeiten anbieten. **Biscottini in vino di visciole**, Tiramisu, Semifreddo al torroncino (5 €) zum Abschluss des Essems, das von einigen guten Flaschen begleitet werden kann.

NEU 'Sot'aj Archi

Restaurant
Via Marconi, 93
Tel. (+39) 07 12 / 024 41
Ruhetag: Sonntag
Ferien: 8. August–8. September
40 Plätze
Preise: 35–37 €
Kreditkarten: CS, Visa; BM
Mittags und abends geöffnet
G

DIE OSTERIA – Dieses Lokal befindet sich im historischen Fischerviertel Degli Archi, gegenüber der Fiera della Pesca und der Mole Vanvitelliana. Ausschließlich Frauen sind es, die hier der Fischküche Anconas mit immer à la minute und aus ganz frischen Zutaten zubereiteten Gerichten zum besten Ausdruck verhelfen. Zwei Dinge beeindrucken, sobald man den ersten der beiden schlichten kleinen Speisesäle mit maritimem Dekor betritt: der herzliche Empfang – denn den hier arbeitenden Damen mangelt es nie an einem Lächeln – und das verlockende Aroma von Fisch aus der einsehbaren Küche, eine intensiv duftende Erinnerung, zumindest für alle, die in Meeresnähe aufgewachsen sind, an die Zuppe und Brodetti der Kindheit.

DIE KÜCHE – Beginnen Sie mit ***Nocchie* bollite** (gekochten Meerzikaden, 8 €), **Sardoncini a scottadito** (5 €) oder mit der Auswahl warmer und kalter Antipasti. Von den Primi (11 €) sind vor allem Spaghetti oder **Chitarrine con sardoni e fiori di finocchio selvatico**, mit Roscioli (Meerbarben) und frischen Tomaten der Sorte Pachino, oder **con moscioli di Portonovo** (wilden Miesmuscheln) sehr wohlschmeckend. Es folgen Seppie e calamari al forno con patate e pomodori (16 €). Im Winter sollten Sie keinesfalls **Minestra di seppie** verpassen, ein typisches Gericht der Meerestradition der Marken, das in der Umgebung nur in diesem Lokal zubereitet wird. Ebenso empfehlenswert, aber nicht immer verfügbar, sind Brodetto und Stoccafisso. Die Rechnung fällt höher aus, wenn Sie **Scampi alla buzzara**, eine Spezialität des Hauses, wählen oder große Fische, die am Morgen auf dem nahen Markt zu einem täglich wechselnden Pries erstanden werden. Zum Abschluss hausgemachte Desserts und Kekse. Neben dem offenen Hauswein gibt es eine kleine, intelligent zusammengestellte Weinauswahl.

ARCEVIA (AN)
Costa

65 km südwestl. v. Ancona, 26 km v. Fabriano

La Baita

Restaurant
Via Monte Sant'Angelo, 115
Tel. (+39) 07 31 / 94 24
Ruhetag: Donnerstag, außer im Sommer
Ferien: November
400 Plätze + 40 Plätze im Freien
Preise: 32–35 €
Kreditkarten: AE, CS, MC, Visa; BM
Mittags und abends geöffnet

DIE OSTERIA – Nahe dem Gipfel des Monte Sant'Angelo, einem beliebten Ausflugsziel, befindet sich auf einer Hochebene mit herrlichem Ausblick über Arcevia und seine Umgebung diese Baita (Berghütte), die in Wirklichkeit mit einer Berghütte recht wenig gemeinsam hat. Die eher modernen Räumlichkeiten und das unbestritten große Angebot auf der Speisekarte könnten anfangs ein wenig verunsichern, doch der schöne Kamin beim Eingang hinter der Theke, auf dessen Holzkohlenglut Fleisch gebraten wird, und vor allem die hochwertigen gepflegten Tagesgerichte, die großenteils den Jahreszeiten entsprechen und die wir Ihnen wirklich empfehlen können, weisen auf bedeutende gastronomische Fähigkeiten hin.

DIE KÜCHE – Bei unserem letzten Besuch im Frühling wurde uns zu Beginn Insalata di carciofi crudi e pecorino dei Monti Sibillini empfohlen, doch auf der Karte könnten Sie auch **Salame di Fabriano con crescia di farina di cicerchia** (Wurst mit Fladenbrot aus Platterbsenmehl, 8 €) und weitere Antipasti finden, oft mit Slow-Food-Presidi. Unter den Primi mit frischer, von Hand gemachter Pasta ragen die köstlichen **Passatelli con asparagi e guanciale croccante** (mit Spargel und knusprig gebratener Guanciale, 10 €) sowie Spaghetti con agnello ed erbe aromatiche hervor. Bei den Secondi können Sie zwischen Coniglio in porchetta, Agnello a scottadito con verdure, Filetto al coccio con pecorino dei Sibillini (15 €), Wachteln oder **Fegatelli di maiale con alloro alla brace** (auf der Holzkohlenglut gebratene Schweineleber mit Lorbeer) wählen. **Lonzino di fico con passito** (4 €) und hausgemachte Torten beenden das Essen. Breit gefächerte, sehr gute Weinkarte. Auch die Auswahl an nativem Olivenöl extra verdient eine Erwähnung.

ARQUATA DEL TRONTO (AP)
Borgo

25 km westlich von Ascoli Piceno

NEU 'Osteria del Castello

Restaurant
Via Salaria, 5
Tel. (+39) 07 36 / 80 98 44
Ruhetag: Montag–Freitag, außer Juni–Oktober
Ferien: zeitweise im Winter
50 Plätze + 20 Plätze im Freien
Preise: 18–22 €
Kreditkarten: MC, Visa; BM
Mittags und abends geöffnet

DIE OSTERIA – Die schattige Weinlaube vor der Osteria ist der ideale Platz für eine Rast an der alten Via Salaria, genau dort, wo sich die Straße Richtung Hochebene von Castelluccio und der Höhenweg des Parco Nazionale dei Monti Sibillini kreuzen. Auf der anderen Seite der Straße spendet eine Quelle immer frisches Wasser. Salvatore ist in diesem Berggebiet aufgewachsen und bewährt sich nicht nur am Herd, sondern auch als Pilzsammler in den umliegenden dichten Wäldern. Im Speisesaal betreut Sie seine Frau Cristina und damit ist auch schon fast das gesamte Team aufgezählt. Auf einer Tafel am Eingang stehen die wenigen Tagesgerichte, doch immer gibt es noch zusätzliche Empfehlungen.

DIE KÜCHE – Die Umgebung und die Jahreszeiten finden ihren besten Ausdruck bei den Antipasti: Bretter mit lokalen Salumi und Pecorino, die erst bei Tisch aufgeschnitten werden, **Carciofi in padella**, Insalata di ceci e cavolo rosso (Salat mit Kichererbsen und Rotkohl), weiße Bohnen, Frittata alle erbe, Sformato di patate, scharf gewürztes Zichoriengemüse sowie in Öl eingelegte Pilze. Es folgen sehr gute **Spaghetti** all'amatriciana oder **alla gricia** (die ursprüngliche Variante ohne Tomaten), vielleicht auch Strozzapreti (hausgemacht aus Wasser und Mehl) mit Spargel und Erbsen, Ravioli alle erbe und **Tagliatelle ai funghi**, wenn Pilze Saison haben. Als Secondo **Fleisch vom Lamm**, Schwein oder Rind **alla brace**, im Winter von der Holzkohlenglut im großen Kamin in der Mitte des Speisesaals, auf der auch die im Wald reichlich vorhandenen Esskastanien geröstet werden. Probieren Sie zum Abschluss die süße **Pizza sbattuta** wie auch den hausgemachten Kräuterbitter aus Enzian. Der offene Rotwein ist durchaus empfehlenswert, ebenfalls verfügbar sind einige ausgezeichnete Flaschen aus dem Terroir des Piceno.

ASCOLI PICENO
Piagge

6 KM VOM ZENTRUM

C'era una Volta

Trattoria
Ortsteil Piagge, 336
Tel. (+39) 07 36 / 26 17 80
Ruhetag: Mittwoch
Ferien: während der Weinmesse Vinitaly und zeitweise im September
35 Plätze + 40 Plätze im Freien
Preise: 23–25 €
Kreditkarten: CS, MC, Visa
Mittags und abends geöffnet

DIE OSTERIA – Die kleine Trattoria von Familie Vitelli liegt an der Panoramastraße nach Colle San Marco. An den Tischen des kleinen Speisesaals oder in der Veranda, die im Sommer Plätze im Freien mit schönem Ausblick über die Stadt bietet, kann man die Traditionsgerichte des Piceno abgestimmt auf die Jahreszeiten genießen. Eine Speisekarte gibt es nicht, daher werden Ihnen Marco oder sein Sohn Matteo berichten, was am Tag Ihres Besuchs gekocht wird.

DIE KÜCHE – Wir empfehlen, mit **Frittura di olive tenere ascolane**, zucchine e melanzane zu beginnen, als Antipasto zusammen mit einem ausgezeichneten mit dem Messer geschnittenen Prosciutto, lokalen Salumi und Pecorino sowie, wenn verfügbar, mit Cotiche *rebbeterate*, dünnen Schwarten, die mit Tomaten und Majoran aromatisiert werden, einem traditionellen Gericht aus Ascoli. Bei den Primi gibt es eine weitere lokale Spezialität, die wir Ihnen ans Herz legen: **Gnocchi di patate ripieni di carne al sugo di pomodoro** (mit Fleisch gefüllte Kartoffelgnocchi in Tomatensauce) oder mit Ricotta und Spinat gefüllte Gnocchi, die in frischer Sahne, Butter und Salbei geschwenkt werden (7 €). Sie können sich allerdings auch für Spaghetti aglio, olio e peperoncino mit frischem Spargel oder für Minestra di pasta e fagioli entscheiden. Als Secondi empfehlen wir **Spezzatino di agnello** (8 €) und **Costine di maiale al vino bianco**, Faraona al vino rosso e curry (Perlhuhn in Rotwein-Curry-Sauce) und Tagliata di manzo (10 €). Zum Abschluss gute hausgemachte Crostata (4 €). Neben einem zufriedenstellenden offenen lokalen Wein gibt es auch einige Etiketten aus der Umgebung. Vorbestellen müssen Sie das interessante Menü mit Baccalà für 25 €.

ASCOLI PICENO

Ristorante del Corso

Restaurant
Corso Mazzini, 277
Tel. (+39) 07 36 / 25 67 60
Ruhetag: Sonntagabend, Montag
Ferien: 1 Woche zu Weihnachten/Neujahr, je 2 Wochen im August und Ende Oktober
30 Plätze
Preise: 38–40 € €↑
Kreditkarten: CS, MC, Visa
Mittags und abends geöffnet

DIE OSTERIA – Ein Spaziergang auf dem Corso Mazzini, der die ganze Altstadt von Ascoli Piceno durchquert, ist mehr als nur empfehlenswert. Wenn Sie den Blick nach oben richten, werden Sie angesichts der verschiedenen Baustile überrascht sein. Dann öffnet sich die Türe dieses gemütlichen familiengeführten Lokals, einer Enklave des Fisches in der Stadt der Olive Tenera Ascolana. An den wenigen Tischen im gemütlichen Speisesaal in einem schönen Palazzo aus dem 16. Jahrhundert empfiehlt Gino D'Ignazi die Gerichte des Tages, die seine Frau mit gelegentlicher Unterstützung durch ihre junge Tochter zubereitet.

DIE KÜCHE – Auf dem, was Gino täglich auf dem Fischmarkt von San Benedetto einkauft, basiert der Antipasto completo (17 €), den Sie auch in Einzelportionen bestellen können: **Lumachine di mare in porchetta**, Cicale di mare bollite (gekochte Meerzikaden), **Insalatina di seppie**, Scampi al vapore, kleine Seeteufel, Zuppa di polpi con fagioli und Alici marinate. Anschließend Spaghetti alle vongole oder al nero di seppia (mit der Tinte des Tintenfischs), Risotto alla marinara, **Linguine alla spigola** (mit Seebarsch), Mezze maniche ai granchi (mit Krebsen) oder agli scampi (je 12 €). Sollten Sie nicht den kompletten Antipasto gewählt haben, können Sie nun auch noch die empfehlenswerte **Frittura mista** (15 €) oder nur frittierte Kalmare und Garnelen bestellen. Außerdem Grigliata mista alla brace, Rombo oder **Rana pescatrice al vino bianco** (Plattfisch oder Seeteufel in Weißwein), Guazzetto oder, gegen Vorbestellung, Brodetto. Weine aus der unmittelbaren Umgebung oder den Marken. Ein erfrischendes Sorbet zum Dessert. Wir empfehlen, zu reservieren.

Libreria Rinascita (Piazza Roma 7): kleine Weinbar mit einem gut sortierten Regal der besten öno-kulinarischen Bücher.

ASCOLI PICENO

Villa Cicchi

Agriturismo
Via Salaria Superiore, 137
Tel. (+39) 0736 252272
Ruhetag: Sonntagabend, im Winter Montag–Donnerstag (außer gegen Vorbestellung)
Ferien: einige Tage im Januar/März
70 Plätze
Preise: 30–35 €
Kreditkarten: AE, CS, DC, MC, Visa; BM
Mittags und abends geöffnet

DIE OSTERIA – Ein paar Kilometer außerhalb des Zentrums von Ascoli Piceno finden Sie dieses schöne Landhaus aus dem 17. Jahrhundert, einst eine Sommerresidenz, heute ein eleganter Agriturismo, geprägt von Familie Cicchi, Besitzer der Anlage seit 1917. Vom Weg aus sehen Sie den Swimmingpool im Grünen und den Laden für die Spezialitäten des Betriebs (Olivenöle, Konfitüren und eingelegtes biologisches Gemüse), dann betreten Sie die heimeligen, einladenden Räume. Das Essen, serviert in der ehemaligen Küche oder in den Gasträumen des Adelshauses, wird überwiegend mit Produkten aus eigener Erzeugung oder von kleinen lokalen Betrieben zubereitet. Das Angebot wechselt nach Saison.

DIE KÜCHE – In einem vollständigen Menü (35 €) kann der Antipasto aus Aufschnitt des Hauses bestehen, Käse in interessanten Kombinationen mit Konfitüren, Cremoso di zucchine in salsa di grana sowie **Maccheroncini di Campofilone con porcini**. Als Secondi **Filetto di maiale alle ciliegie** oder Arista di maiale al vino cotto, jeweils 12 €, wenn man sie à la carte bestellt. Eine Erwähnung wert ist **Gran fritto misto all'ascolana** (mit Oliven, Cremino-Käse, Zucchinirouladen, Lammkotelett und Saisongemüse) für 16 € als Secondo und für 12 € als Antipasto. Hausgemachte Pasta von Ravioli di ricotta con pomodoro e timo (10 €) bis zu Agnolotti al tartufo. Im Menü inbegriffen ist ein guter biologischer Rosso Piceno von den eigenen Weinpflanzungen oder eine der Etiketten, die im schönen Keller aus Travertinstein lagern. Ebenfalls Bestandteil des Menüs ist ein Dessert, zum Beispiel Zuppa inglese, Sorbet mit frischem Obst oder Crostata mit Feigenkonfitüre.

CAMERINO (MC)
Polverina

40 KM SÜDWESTLICH VON MACERATA, S.S. 77

Il Cavaliere

Restaurant
Via Mariani, 33–35
Tel. (+39) 07 37 / 461 28
Ruhetag: Montag
Keine Ferien
65 Plätze
Preise: 23–26 €
Kreditkarten: AE, CS, MC, Visa; BM
Mittags und abends geöffnet

DIE OSTERIA – Es ist nicht falsch, das Il Cavaliere als eine Art Presidio für Polverina zu bezeichnen. Der zehn Kilometer von Camerino entfernte, an der Staatsstraße 77, der Verbindung zwischen den Marken und Umbrien, gelegene Ortsteil wäre durch die Umleitung der Straße vor ein paar Jahren dem Untergang geweiht gewesen, gäbe es da nicht dieses gute Lokal mit Übernachtungsmöglichkeit und einen bei Fischern beliebten See in der Nähe. Der Betrieb mit seinen zweckmäßigen Räumlichkeiten, frei liegenden Ziegelwänden und schlichter Einrichtung wird seit langer Zeit gewissenhaft von Familie Moreni geführt.

DIE KÜCHE – Jahreszeiten und lokale Ressourcen diktieren hier immer schon die Speisekarte, die dennoch nie schablonenhaft wird, sondern eher konsequent, dank der Vitalität der Küche und der Qualität der Zutaten. Lokale Salumi von Ciauscolo bis Coppa di testa sowie Pecorino con bruschetta e olio di coroncina gehen üppigen Portionen von Primi voraus: **Tagliatelle al ragù bianco di cinghiale** (7,50 €) oder mit Trüffel, Ravioli oder Gnocchi – meistens donnerstags – mit Fleischsauce oder Trüffel, ausgezeichneten **Cappelletti in brodo di vitello** (6 €) und am Sonntag **Vincisgrassi**. Fleisch alla brace (6,50 €) mit Lamm, Kotelett und Spießen vom Kalb dominiert die Secondi, außerdem gibt es **Fegatini di maiale con alloro** (Schweineleber mit Lorbeer). Manchmal gesellen sich Cinghiale in salmì oder **Maiale in porchetta** hinzu, als Beilagen **Pomodori gratinati alla brace** und in der Pfanne gewürztes Gemüse. Hausgemachte Crostata mit Konfitüre oder Zuppa inglese (2 €) beenden das wirklich stärkende Essen, begleitet von einem Falerio und Rosso Piceno als Hauswein oder einem Flaschenwein aus den Marken. Wir empfehlen einen Besuch der Spirituosenerzeugung Varnelli in der Nähe und der Wallfahrtskirche im Ortsteil Macereto.

CASTELRAIMONDO (MC)
Sant'Angelo

40 KM SÜDWESTLICH VON MACERATA

Il Giardino degli Ulivi

Agriturismo
Via Crucianelli, 64
Tel. (+39) 07 37 / 64 21 21
Ferien: 2 Wochen im September
60 Plätze + 60 Plätze im Freien
Preise: 35 €
Kreditkarten: CS, MC, Visa; BM
Am Wochenende mittags und abends geöffnet, im Sommer täglich außer Dienstag

DIE OSTERIA – Auf der steilen, waldreichen Straße, die von Castelraimondo zum winzigen Ort Sant'Angelo führt, werden Sie von der Schönheit der Landschaft und vom Ausblick über das Tal bezaubert. Sieben Einwohner verzeichnet das Dorf, fünf von diesen leben im Giardino degli Ulivi, einem reizvollen Steingebäude mit einer angeschlossenen alten Weinpresse, die Familie Cioccoloni durch eine verdienstvolle Renovierung in ein gemütliches Restaurant mit einigen Gästezimmern verwandelt hat. Eine Nacht an diesem stillen Ort zu verbringen und die Energie des Morgens zu spüren, lohnt die Reise.

DIE KÜCHE – Francesco, unterstützt von seiner Frau Dori in der Küche, setzt die Familientradition fort und betreut auch den schönen Speisesaal, in dem Sie das Essen mit der Spezialität des Hauses beginnen, nämlich dem Antipasto (13 €): Auswahl aus typischen Salumi (Ciauscolo, Prosciutto, Salame di fegato und Salame lardellato) und Käse (Ricotta, frischer und gereifter Pecorino, dazu eine köstliche Konfitüre aus Orangen), vervollständigt von Frittata alle erbe. Weiter geht es mit hausgemachter Pasta wie den mit Ricotta und Kräutern oder mit Auberginen und Steinpilzen gefüllten Ravioli, **Penciarelli** (aus aufgegangenem Brotteig, der ausgerollt und in kleine Stücke geschnitten wird) **con funghi porcini** (mit Steinpilzen), Wildschwein oder Reh. Wild bestimmt das Angebot der Secondi (15 €) mit **Capriolo in salmì** (Pastete vom Reh), **Cinghiale marinato** (in Rotwein und Beeren aus den Bergen mariniertes Wildschwein) sowie Stinco di vitello al forno. Crema gialla e ciambellone zum Dessert. Eine Reservierung ist, schon allein wegen der Anreise, unumgänglich.

CIVITANOVA MARCHE (MC)

27 KM ÖSTLICH VON MACERATA, S.S. 485

Chalet Galileo

Restaurant
Via IV Novembre
Tel. (+39) 07 33 / 81 76 56
Ruhetag: Dienstag
Ferien: unterschiedlich
44 Plätze + 15 Plätze im Freien
Preise: 40–45 € €↑
Kreditkarten: CS, DC, MC, Visa; BM
Mittags und abends geöffnet

Hier beeindrucken die Liebe zum Detail, beginnend beim Einkauf bis zur Zubereitung der Speisen, und die Gastfreundlichkeit.

DIE OSTERIA – Der helle Speisesaal mit der Fensterfront zum Meer und die wenigen Tische im Freien beim Eingang garantieren Behaglichkeit und Umsicht. Sorgfalt in den Details herrscht überall, in der Küche wie bei der Einrichtung und der Betreuung der Gäste, siehe die anfängliche Kostprobe des selbst erzeugten Olivenöls. Im Sommer gibt es auch einen schnellen, einfachen Service am Strand bei den Sonnenschirmen. Für einen Großteil der Zutaten sind die Lieferanten angegeben, jeder Eintrag auf der Speisekarte ist verständlich und informativ. Daher möchten wir, selbst wenn man – vor allem mit der Bestellung großer Fische – unsere übliche Preisgrenze überschreitet, der Möglichkeit, frisch zubereitete, immer überzeugende Gerichte zu genießen, die gebührende Anerkennung zollen.

DIE KÜCHE – Als Einstieg empfehlen wir **Seppie con agretti** (Tintenfische mit Salzkräutern, 15 €) oder eine Abfolge von rohen oder gekochten (warm servierten) Antipasti zu Preisen von 12 € (vier Kostproben) bis 22 €, einen gelungenen Streifzug durch die Aromen des Meeres. Dann, abhängig von Saison und Fischfang, **Maccheroncini di Campofilone con sogliola e carciofi** (12 €), **Spaghetti alici, capperi e pinoli**, Scialatielli mit Krustentieren und getrockneten Datterini-Tomaten, Bottoni ripieni di fave con sugo di calamaretti e vongole (13 €) und Risotto allo scorfano. Die leichte Hand von Maria Rosa Tarantini werden Sie besonders beim Ergebnis der Secondi schätzen: Bollito misto con verdure (23 €), **Rana pescatrice con melanzane**, immer knusprige Frittura (15 €), Grigliata mista und San pietro al forno. Unter den guten Desserts finden Sie Tris di crema catalana. Breit gefächerte, immer aktuelle und ausgewogene Weinkarte.

27 km östlich von Macerata, S.S. 485

Locanda Fontezoppa

Moderne Osteria
Ortsteil San Domenico, 38
Tel. (+39) 07 33 / 80 15 51
Ruhetag: Sonntagabend, Montag
Ferien: unterschiedlich
60 Plätze
Preise: 30–35 €
Kreditkarten: AE, CS, DC, MC, Visa; BM
Mittags und abends geöffnet

DIE OSTERIA – Die Locanda Fontezoppa, beheimatet in einem Landhaus in den grünen Hügeln um Civitanova Alta, ist eine zuverlässige Adresse für Freunde des guten Lebens. Die Ortsgebundenheit der Weine aus dem gleichnamigen Betrieb, nach denen die fünf einladenden Gästezimmer benannt sind, findet ihre Entsprechung in der Territorialität der Küche. Im Sommer kann man nicht nur in dem großzügigen hellen, minimalistisch eingerichteten Speisesaal essen, sondern auch auf der Terrasse, mit Blick auf den mittelalterlichen Ortskern und das Meer, das nur 500 Meter Luftlinie entfernt ist. Rundherum die smaragdgrünen Reihen der zur Locanda gehörenden Weinpflanzungen. Die Küche passt zu den Weinen, nicht selten dienen sie sogar als wesentliche Ingredienzen bei der Zubereitung der Gerichte.

DIE KÜCHE – Eine der Tradition entsprechende Küche, die mit besonderem Charme präsentiert wird, beginnend beim Antipasto, der von einer schönen Selektion an lokalen biologischen Salumi und Käse (9 €) bis zu „All'orto zoppo" reicht, dem Gemüse aus dem Garten der Locanda (6 €). Unter den Primi (8 €) sind hausgemachte Teigwaren mit Ei für **Vincisgrassi** und **Tagliolini al ragù** marchigiano, doch auch Mezze maniche und Spaghetti, die in den Wintermonaten mit Trüffel, Artischocken oder Fleischsaucen serviert werden, im Sommer mit Pesto aus Rucola oder Staudensellerie. Anschließend gibt es neben Filets und Steaks alla fiorentina ein schmackhaftes Hähnchen **Pollo alla cacciatora** (12 €), **Agnello a scottadito** (15 €) und im Sommer Coniglio con pomodorini secchi e olive taggiasche. Zum Ausklang Ciambellone, Zuppa inglese und hausgemachtes Kleingebäck.

20 km südlich von Macerata, S.S. 77 u. S.S. 78

Agra Mater

Agriturismo • Ortsteil Monti, 3
Tel. (+39) 339 / 376 93 57
Ruhetag: Montag–Donnerstag, im Sommer Montag
Ferien: zeitweise im Winter
40 Plätze + 20 Plätze im Freien
Preise: 32–35 €
Kreditkarten: MC, Visa; BM
Abends geöffnet, am Wochenende und vor Feiertagen auch mittags

Die Interpretation einer Küche des Gartens und des Hofs zeigt sich lebendig, gepflegt und in voller Harmonie mit der Umgebung.

DIE OSTERIA – Ein Hinweis, um den Agriturismo zu erreichen, wenn Sie von der Küste oder der A 14 kommen: Fahren Sie in Richtung Monti Sibillini, durchqueren Sie Urbisaglia (besuchen Sie dort das Kloster Chiaravalle di Fiastra und das römische Amphitheater Urbs Salvia) und halten Sie ein wenig außerhalb des Orts Colmurano bei einem schön renovierten Landhaus an, das den Agriturismo Agra Mater beherbergt. Sowohl vom lichtdurchfluteten Speisesaal als auch von der Veranda haben Sie einen herrlichen Blick über die Hügel und landwirtschaftlichen Flächen des Betriebs, der Getreide, Gemüse und Obst anbaut und Hoftiere aufzieht.

DIE KÜCHE – Die Speisekarte wechselt wöchentlich und sieht eine Abfolge von fünf Antipasti für 14 € (jedes einzelne Gericht 7 €) vor, die von **Parmigiana di cardi** über Polpette di erbe di campo (Bällchen aus Wildgemüse) oder aus Auberginen und Paprikaschoten bis zu Insalatina di coppa di testa con arance e puntarelle reichen kann. Ausgezeichnete Primi (9 bis 10 €), darunter die für Colmurano typischen ***Cargiù*** mit Tomaten, Guanciale und Pecorino, Spaghetti mit gebratenem Wirsing, frische Tagliatelle und **Ravioli con ricotta di capra**. Im Winter Polenta aus der Maissorte Ottofile mit Salsiccia, Wirsing und Rippenstücken. Unter den Secondi finden Sie Agnello (14 €), meist a scottadito mit Wildgemüse, im Sommer mit Susinen. Eine vegetarische Alternative zu **Coniglio fritto** con i broccoletti (14,50 €) ist **Frittata di farina di fave** con insalata di cavoli e salsa di rape. Gute Desserts von Babà con insalata di agrumi e crema bis Ciambelline all'anice con vino cotto. In einem Glasschrank sind klug ausgewählte Etiketten aus den Marken ausgestellt.

33 km nordwestlich von Ascoli Piceno, S.S. 78

Da Roverino

Trattoria
Via Ascoli, 10
Tel. (+39) 07 36 / 84 42 42
Ruhetag: Sonntag
Ferien: September oder Oktober
100 Plätze
Preise: 25–30 €
Kreditkarten: AE, CS, MC, Visa
Mittags und abends geöffnet

DIE OSTERIA – Das erwachende Interesse für schöne und noch gänzlich zu entdeckende Berggegenden erfüllt uns mit Zuversicht: Verborgene Schätze kennzeichnen das Gebiet der Monti Sibillini, in denen dieses Lokal, eines der interessantesten in der gesamten Region, zu einem unverzichtbaren Besuch einlädt. Die Trattoria mit ihrer langen volkstümlichen Tradition und ihren Zimmern im Gebäude selbst und im gegenüberliegenden Haus ist seit je das Reich des energiegeladenen Peppe Cutini. Er ist nie um wertvolle Ratschläge zu den Tagesgerichten verlegen und unterhält seine Gäste mit einer Live-Übertragung des lokalen Dialekts.

DIE KÜCHE – Aus der Küche von Stefano Morganti kommen zuerst Carpaccio di manzo, olio e limone, ausgezeichnete lokale Salumi und Pecorino, Crostini con guanciale (2,50 €) und **Frittata con funghi porcini** (Omelett mit Steinpilzen) oder schwarzer Trüffel (6 €). Danach Tonnarelli cacio e pepe, **Zuppa di castagne** (im Herbst) sowie **Ravioli di carne al ragù** (8 €). Letztere können, wenn es die Jahreszeit erlaubt, mit Trüffeln aus den Monti Sibillini verfeinert werden, wie auch die handgemachten Tagliatelle. Cinghiale in salmì ist ein Renner des Lokals, ebenso wie **Tordi matti** (gebratene Schweinemedaillons mit lokalen Wacholderbeeren, 8 €), Piccione in casseruola und **Agnello alla cacciatora** (9 €). Grigliata mista, Agnello a scottadito und Tagliata werden alla brace (über der Holzkohlenglut) gegart und mit gratinierten Tomaten oder Saisongemüse serviert. Crostata di noci (3 €), Zuppa inglese oder Ravioli di castagna sind unter den hausgemachten Desserts. Zu trinken gibt es eine kleine Auswahl an Weinen, vor allem aus den Marken.

Die Pasticceria Irma (Via Trieste 5) und die Salumeria Bruno Strada (Via Dante 58) werden wegen ihrer jeweiligen Spezialitäten empfohlen.

46 km nordöstl. v. Ascoli Piceno, S.S. 4 od. A 14

Pepenero

Moderne Osteria • Via Castello
Tel. (+39) 335 / 611 55 34
Ruhetag: Montag, Dienstag (außer im Sommer)
Ferien: unterschiedlich
35 Plätze + 25 Plätze im Freien
Preise: 27,50 € (Tagesmenü)
Kreditkarten: AE, CS, MC, Visa; BM
Abends geöffnet, im Winter auch Sonntagmittag

DIE OSTERIA – Michele Alesiani ist ein Wirt, der seine Gäste gern mit Erzählungen aus seiner langjährigen und bewegten Erfahrung in der Welt des Weins und des Essens unterhält. Seit ein paar Jahren betreibt er diese kleine Osteria ein wenig unterhalb der Burg im mittelalterlichen Ortskern von Cupra Marittima mit dem weiten Panoramablick über die Adriaküste. Man isst in zwanglosem Ambiente, die Räume sind durch frei liegende Ziegelwände und Gewölbebögen geprägt, die Tische und andere Einrichtungsgegenstände sowie Bilder sind bewusst kunterbunt gemischt und ein wenig altmodisch. Der Service ist unbekümmert und gewandt, in perfekter Harmonie mit der Atmosphäre des Lokals.

DIE KÜCHE – Es gibt ein feststehendes Menü (27,50 €), das mündlich vorgestellt wird und täglich wechselt. Vorgesehen sind einige Antipasti, ein paar Kostproben von Primi, ein Secondo, ein Dessert und Kaffee. Die Portionen sind ausgewogen, so dass Sie alle Gänge genießen können. Bei den Antipasti fehlt nie ein Brett mit ausgezeichneten lokalen Salumi und Gnocco fritto. Je nach Jahreszeit können Sie danach Zuppetta di sedano rapa con chips di topinambur, **Sformato di verza** (Auflauf mit Wirsing), Vitello tonnato und unter den Primi **Lasagna con asparagi e piselli** (mit Spargel und Erbsen), **Gnocchi con sugo di faraona e funghi** (mit einer Sauce vom Perlhuhn mit Pilzen) oder Tortelli di ricotta con rapa rossa e provola vorfinden. Unter den Fleischgerichten sind ein gutes **Filetto di maiale con salsa di senape** (Schweinefilet mit Senfsauce) und Tagliata di manzo. Zum Abschied Crostata und kleines Süßgebäck. Es gibt nur offenen Wein, doch der Wirt rät nachdrücklich dazu, eigene Flaschen mitzubringen, für die kein „Korkengeld" verlangt wird.

10 KM NORDWESTLICH VON ANCONA

L'Arnia del Cuciniere

Restaurant
Via Baluffi, 12
Tel. (+39) 071 / 916 00 55
Ruhetag: Montag; im Sommer Samstag und Sonntagmittag
Ferien: zeitweise im Februar und November
120 Plätze
Preise: 30–38 €
Kreditkarten: AE, CS, MC, Visa; BM
Mittags und abends geöffnet

DIE OSTERIA – Das Lokal von Claudio Api mit der Unterstützung von Alessio Andreoni geführte Lokal finden Sie im Ortsteil Falconara Alta. Die Speisesäle sind modern und minimalistisch eingerichtet, jener im oberen Stockwerk bietet Ausblick über den Golf von Ancona. Zu den gut gegliederten Angeboten von Fisch und Fleisch und den vegetarischen Alternativen kommen noch ausgezeichnete Pizzen, deren Teig aus hochwertigem Mehl der Mühle Mariani in Barbara lange aufgegangen ist.

DIE KÜCHE – Für die Auswahl des Menüs gibt es mehrere Optionen, etwa einen schnellen Businesslunch (Fisch für 18 €, Fleisch für 15 € und vegetarisch für 12 €) oder aber eine lange Reihe an Antipasti mit Fisch (19 €), gefolgt von Primi vom Meer (10 €), zum Beispiel Gnocchi di patate con calamari, mazzancolle e zucchine, Chitarrine con vongole e pendolini (mit Venusmuscheln und Pendolini-Tomaten), **Gnocchi di patate al ragù di brodetto** und **Fusilli all'uovo con tonno fresco, pendolini e capperi**. Ausdrücklich verzichtet wird auf die Verwendung von rotem Thunfisch, um bedrohte Arten zu schützen, dafür kommen Slow-Food-Presidi wie die Platterbsen aus Serra de' Conti beim guten **Calamaro ripieno di spinaci e ricotta con crema di cicerchia** zum Einsatz. Als Secondi Ombrina (Schattenfisch) in crosta di cereali con raguse e carciofi in porchetta und **Frittura mista dell'Adriatico** (14 €). Bei den Gerichten vom Land finden Sie Salumi ohne Konservierungsstoffe, dazu das Fladenbrot Crescia (8 €), Zuppa di legumi e salsiccia sowie Agnolotti di carne con asparagi, guanciale croccante e scamorza. Zum Abschluss **Lonzino di fico, pecorino e sapa** (4 €), Sorbetto al caffè e anice oder Löffeldesserts. Ausgewogen die Auswahl an Wein und traditionell gebrautem Bier. Für Kinder gibt es ein eigenes Menü.

12 KM SÜDÖSTL. V. PESARO, S.S. 16 OD. AUSF. A 14

Da Maria

Trattoria
Via IV Novembre, 86
Tel. (+39) 07 21 / 80 89 62
Ruhetag: Sonntag, außer im Sommer
Ferien: Ostern, Weihnachten
30 Plätze + 20 Plätze im Freien
Preise: 40–45 € €↑
Keine Kreditkarten
Abends geöffnet, mittags gegen Vorbestellung

Jenseits von Klischees und gekünstelten Formeln – eine Meeresküche, bei der der Unterschied im Detail liegt und das Ziel in der Schlichtheit.

DIE OSTERIA – „Nasellini", „Baraccoline", „Morellini" … so könnten wir noch eine Zeit lang die lokalen Ausdrücke für die kleinen Fische der Sorten Kabeljau, Rochen etc. aufzählen, die ganz frisch, nur kurz gedämpft an den Tisch kommen. Doch damit würden wir Ihnen die Freude an der Beschreibung durch Domenica, Marias Tochter, oder durch den Enkel Federico – den Neuzugang in der Trattoria mit dem anonymen Äußeren – nehmen. Die beiden werden Sie zu den beiden großen, unvergesslichen Tugenden dieses Lokals hinführen, den leisen Tönen und der bewusst angestrebten Schlichtheit.

DIE KÜCHE – Im kleinen Speisesaal oder im Sommer in der Veranda mit der Atmosphäre eines Gedichts von Guido Gozzano stellt sich die Frage: Ist Gran piatto di **pesce al vapore** (die erwähnten gedämpften Fische wie Scholle, Meerzikade, Seezunge und Roter Knurrhahn) ein Hauptgericht? Das wird spontan entschieden, so wie man die Entscheidung für eine Kostprobe des exzellenten **Brodetto** im Moment des Angebots trifft – es wäre allerdings geradezu verwerflich, diese abzulehnen. Beginnen können Sie das Essen mit **Polentina di mais e vongole**, Saisongemüse (mit den köstlichen lokalen Olivenölen gewürzt) und Brot aus Sauerteig. Danach könnte es **Tagliatelle con sugo di sogliole**, **Spaghetti alle vongole**, Triglie al sugo, Rana pescatrice arrosto und vieles mehr geben. Die Weine passen zu den Speisen, lokale Etiketten werden bevorzugt. Eine Reservierung wird wegen der wenigen Plätze und der Abhängigkeit vom Fang aus der Kleinfischerei immer empfohlen. Es ist schwierig, genaue Preisangaben zu machen, die Rechnung könnte höher ausfallen als oben angegeben, doch ein Besuch hier ist nach wie vor ein Erlebnis.

L'Enoteca Bar a Vino

Moderne Osteria
Via Mazzini, 2
Tel. (+39) 07 34 / 22 80 67
Ruhetag: Montag, Dienstagmittag (außer im Sommer)
Ferien: unterschiedlich
35 Plätze + 35 Plätze im Freien
Preise: 40 € €↑
Kreditkarten: CS, MC, Visa
Mittags und abends geöffnet

DIE OSTERIA – An einem Tisch im Freien unter dem Laubengang von San Rocco, der direkt auf die Piazza del Popolo, einen der schönsten Plätze der Marken, geht, fühlt man sich im Frieden mit der Welt. Nicht weniger gepflegt und bezaubernd ist das Innere der Enoteca von Peppe und Roberta, mit dem gemauerten klimatisierten Weinlager aus Glas und Holz, den alten Plakaten, Postkarten und wunderbaren Fotos des unvergesslichen Mario Dondero, der hier oft vorbeischaute, einfach für einen Aperitif und eine kurze Plauderei, so wie viele andere auch.

DIE KÜCHE – Das große Sortiment an Weinen mit mutig und sehr persönlich ausgewählten lokalen Exemplaren, an Salumi aus der Umgebung und an lokalem Käse sowie Sorten aus dem übrigen Italien (15 € oder 8 € für eine Auswahl) bleibt ein Stützpfeiler des Lokals. Die Gerichte aus der Küche, die im Degustationsmenü mit drei Weinen (weiß, rot und Dessertwein) für 40 € vorgesehen sind, wechseln häufig, abhängig von den Jahreszeiten, und könnten vielleicht, im Bereich Primi, folgende sein: **Polentina con tartufo**, Panzanella con sedano, Sformato di ricotta e verdure, **Baccalà e patate**, **Zuppa di ceci e piselli**, Risotto con barbabietola rossa e tartufo nero (mit roten Rüben und schwarzer Trüffel), Maccheroncini di Campofilone al ragù, Tagliatelle con porcini sowie Vincisgrassi. Anschließend **Cappone con carciofi** (Kapaun mit Artischocken), Coniglio disossato con taccole e giardiniera in agrodolce (ausgelöstes Kaninchen mit Zuckerschoten und süßsauer eingelegtem Gemüse), Hähnchen oder **Lamm aus der Pfanne** oder aber ein Brett mit Ciauscolo, Lonzino, Prosciutto und Leberwurst. Törtchen mit Creme und mit Schokolade, Zuppa inglese, Crostatina mit Obst zum Ausklang, dazu stets gute Weine und nie aufdringliche Musik.

32 KM SÜDWESTLICH VON ANCONA, S.P. 316

Gallo Rosso

Trattoria
Piazza XI Febbraio, 4 bis
Tel. (+39) 071 / 722 34 06
Ruhetag: Dienstag
Ferien: unterschiedlich
35 Plätze
Preise: 35–37 €
Kreditkarten: CS, MC, Visa; BM
Mittags und abends geöffnet

DIE OSTERIA – „Rockitchen", 30 Platten für 30 Menüs, ist der Titel des Buches, das Andrea Tantucci, Patron und Chefkoch des Lokals, zusammen mit der Radiojournalistin Paola De Angelis geschrieben hat. Freunde der Rockmusik werden unschwer erkennen, dass der Name des Lokals eine Hommage an das Lied „Little Red Rooster" ist, das Gruppen wie Rolling Stones und Doors nach den Altmeistern des Blues reinterpretiert haben. So interpretieren auch Andrea und Gessica Mastri die Regeln der Küche der Umgebung, zu einer, wie sie es passend definieren, Küche der zeitgenössischen Trattoria.

DIE KÜCHE – Die beiden bedienen sich klug der großenteils biologischen Zutaten, deren Lieferanten und Eigenschaften immer angegeben sind, und stellen verschiedene Sortiments zusammen (gleich sechs für Salumi und Käse, alle gut eingeteilt, für 12 €) oder verwenden sie in ihren geschmacksintensiven Gerichten. Sie finden etwa Zuppa di fagioli zolfini e salsiccia (10 €), **Polenta di mais ottofile con cavolfiore e salsiccia**, Pancia di maiale stufata e tostata, Paté di tre fegati, **Rigatoni con sugo di salsicce fresche e stagionate** und **Quadrucci di pasta all'uovo in brodo di maiale** (12 €). Als Secondi empfehlen wir **Anatra all'anconetana**, Guancia di vitello brasata (16 €) sowie Stinco bollito con schiacciatina di patata all'aceto e olio di orbetana (18 €). Dem Olivenöl gilt große Aufmerksamkeit, wie selbstverständlich den traditionell gebrauten Bieren und dem Wein (für alle drei gibt es separate Karten), bevorzugt aus den Marken. Mousse allo yogurt di bufala, Crema di limone con pistacchi e meringhe, Gelatina di caffè und Pan di Spagna sind unter den Desserts. Sie können à la carte wählen oder sich einem interessanten Degustationsmenü mit fünf Gerichten für 37 € (ohne Wein) anvertrauen.

FRONTINO (PU)
Mulino di Pontevecchio

62 KM SÜDWESTLICH VON PESARO, S.P. 3

Particolari Nostrani

Moderne Osteria
Ortsteil Mulino, Strada Provinciale
Tel. (+39) 07 22 / 711 27
Ruhetag: Dienstag, im August auch Montag
Ferien: zeitweise im Februar
30 Plätze + 15 Plätze im Freien
Preise: 22–25 €
Kreditkarten: CS, MC, Visa; BM
Mittags und abends geöffnet

DIE OSTERIA – Wenn man nach Frontino, einen kleinen Ort im Montefeltro kommt, kann man noch unberührte Landschaften, farbenprächtige Felder und Wälder bewundern. Genau gegenüber der Straße, die in das Dorf führt, ist diese kleine Osteria in dem Gebäude einer alten Wassermühle, die in den 1980er-Jahren stillgelegt und von der Gemeinde verdienstvoll renoviert wurde, untergebracht. Die Mühle kann auch besichtigt werden. Alessandro im Service und Elia in der Küche heißen ihre Gäste in einem angenehm zwanglosen kleinen Speisesaal mit frei liegenden Holzbalken willkommen.

DIE KÜCHE – Auf der Karte stehen fünf Antipasti, ein Primo, ein Secondo und drei Desserts, die im Lauf der Jahreszeiten wechseln und die Sie einzeln bestellen oder als Teil von drei Degustationsmenüs können: komplett, mit kleinen Kostproben aller Gerichte (25 €), reduziert, mit drei Antipasti, Primo, Secondo, Dolce (20 €) oder einfach Salumi und Käse (12 €), die Sie übrigens auch zum Mitnehmen kaufen können. Bei unserem Besuch haben wir zu Beginn Vellutata di piselli con olio alla maggiorana, Crespella agli asparagi su fonduta di pecorino, **Sformato di carciofi con salsa di fave e pancetta** (6 €), Frittura di porcini con maionese all'aglio sowie **Lingua di manzo con salsa bernese** (8 €) probiert. Anschließend **Tagliatelle di farro al pesto di ortica e scaglie di caprino** (7 €), gefolgt vom gebratenen Hähnchen **Galletto arrosto mit hausgemachter Giardiniera** (8 €). Zum Abschluss Granita di fragole, Crostata alle ciliegie (3,5 €) und Pasta sfoglia con crema chantilly e frutti di bosco. Die Weinkarte bietet eine probate Auswahl von Etiketten aus den Marken, von denen einige auch glasweise ausgeschenkt werden. Als Alternative gibt es ein paar traditionell gebraute Biere.

GENGA (AN)
Pierosara

65 KM SÜDWESTLICH VON ANCONA, S.S. 76

Da Maria

Restaurant
Ortsteil Pierosara, 67
Tel. (+39) 07 32 / 900 14
Ruhetag: Donnerstag, außer im Frühling und Sommer
Ferien: 10.–31. Januar
120 Plätze
Preise: 25–32 €
Kreditkarten: CS, MC, Visa; BM
Mittags und abends geöffnet

DIE OSTERIA – Wenige Kilometer entfernt von den einzigartigen Grotten von Frasassi, einem der beliebtesten Touristenziele in den Marken, erreicht man über die Kehren, die in den kleinen Ortsteil Pierosara führen, das Restaurant. Es befindet sich in einem Gebäude aus lokalem Stein und fügt sich perfekt ins Panorama der Umgebung ein, auch die Räume entsprechen der bäuerlichen Bautradition der Marken.

DIE KÜCHE – Erschrecken Sie beim Anblick der großen Speisekarte nicht, denn eine der besonderen Fähigkeiten des Restaurants ist es, eine große Besucherzahl mit einem hochwertigen, der Umgebung entsprechenden Angebot zu vereinbaren – dieser Fähigkeit verdankt das Da Maria auch die Aufnahme in unser Buch. Qualitätvoll ist das Angebot bereits bei den Antipasti: Bruschette mit lokalen Salumi und Käse oder mit Pilzen und Trüffeln, je nach Saison. Die Primi, wie häufig in dieser Gegend, sind die Spezialitäten des Lokals, was der Konsistenz der sehr empfehlenswerten Pasta mit Ei geschuldet ist: **Tagliatelle al tartufo** (mit Trüffel) oder mit Steinpilzen (12 €), Pappardelle al cinghiale, **Tagliolini** mit gemischten Pilzen oder **mit Wildspargel** (8,5 €). Bemerkenswert sind auch Gnocchi al ragù. Bei den Secondi liegen Sie mit gegrilltem Fleisch richtig, zum Beispiel Tagliata, Agnello a scottadito und Arrosticini di castrato (Hammelspießchen), oder Sie setzen auf **Cinghiale alla cacciatora con olive** (11 €) oder **Fagioli con le cotiche** (Bohnen mit Schweineschwarten, 8,5 €), dazu den klassischen **Gratin di verdure** (4 €). Zum Abschluss Tozzetti oder Pfannkuchen mit Eis. Großer Weinvorrat, vor allem Etiketten aus den Marken, und nicht zuletzt ein guter offener Wein.

40 KM NORDÖSTL. V. ASCOLI PICENO, S.S. 16 OD. A 14

Don Diego

Restaurant
Via Lungomare De Gasperi,
Consessione 25
Tel. (+39) 07 35 / 58 82 57
Kein Ruhetag
Ferien: November–März
30 Plätze + 15 Plätze im Freien
Preise: 35 €
Kreditkarten: AE, CS, DC, MC, Visa; BM
Mittags und abends geöffnet

DIE OSTERIA – Leicht provenzalisch angehaucht wirkt das Äußere des Lokals, was am Garten mit den Gewürzkräutern und Früchten liegt, die jedes Jahr aufs Neue um den Speisesaal und die Veranda auf der Strandpromenade wachsen. In Wirklichkeit entspricht das aber ganz dem Geist des Ortes, wir haben es hier mit der besten Aufwertung der Küstenvegetation und einer gelungenen Verbindung zwischen (fast noch lebendem) Fisch und Kräutern zu tun.

DIE KÜCHE – Mindestens 70 verschiedene Kräuter werden in der Küche mit Fischen, Krustentieren und Muscheln kombiniert. Darunter **Seppie con le fave e finocchietto** im April und Mai, **Totani ripieni con timo serpillo**, Lumachine di mare in bianco con finocchietto, Zuppetta di cozze con santoreggia, **Guazzetto di cicale di mare con rosmarino** und Alici scottadito. Immer unter den Antipasti sind rohe Meeresfrüchte wie Cannelli, Scampi, Meerzikaden und Austern. Wählen Sie eine Reihe von Antipasti mit drei bis zehn Kostproben (15 bis 30 €) oder eines der Degustationsmenüs für 27 und 35 € (drei Antipasti und ein Primo, im zweiten Fall auch Frittura) und lernen Sie die ausgezeichneten **Spaghetti mit Venusmsucheln** oder mit der Tinte des Tintenfischs und Schnittlauch kennen, ebenso Gnocchetti con rana pescatrice (mit Seeteufel) oder frischen Sardellen, Mezze maniche con cicale di mare e foglie di salvia und **Frittura di paranza**. Grigliata, Guazzetto oder gedämpfte Fische lassen die Rechnung natürlich höher ausfallen. Weine und Öle, klug ausgewählt, stammen aus der Umgebung und der Region. Vernachlässigen Sie nicht die wunderbaren Salate und die Desserts, vor allem Sorbetto al limone con foglie di menta dell'orto.

Nicht weit entfernt verkauft Giorno per Giorno Bio, Via Ferri 84, ein schönes Sortiment an frischen und haltbar gemachten biologischen Produkten.

GROTTAMMARE (AP)

40 KM NORDÖSTL. V. ASCOLI PICENO, S.S. 16 OD. A 14

Frangipane

Neu gegründete Osteria
Via Sant'Agostino, 36
Tel. (+39) 07 35 / 73 61 11
Ruhetag: Montag
Ferien: unterschiedlich
30 Plätze + 6 Plätze im Freien
Preise: 15–25 €
Kreditkarten: CS, DC, MC, Visa; BM
Abends geöffnet

DIE OSTERIA – Dieses kleine Lokal an der Stadtmauer, die in Schlangenlinien bis zum alten Ortskern von Grottammare führt, können Sie nicht übersehen. Nachdem Sie es durch eine große Glastüre betreten haben, werden Sie von Objekten und Möbeln im Vintage-Stil oder aus dem Antiquitätengeschäft, geschmackvoll zusammengestellt von Inhaber Luca Traini, empfangen. Ein intimes und persönliches Ambiente mit wenigen Plätzen, daher ist es immer empfehlenswert zu reservieren.

DIE KÜCHE – Nach der Eröffnung (7 €) durch Panzanella mit roten und gelben Datterini-Tomaten, **Feigen mit Ziegenkäse**, Karamell und Mohnsamen, Sformatino di zucchine (Auflauf mit Zucchini) oder mit Ricotta und Spinat folgen Primi (8 €) wie Pasta aus Grieß mit Zucchini und Dill, Gnocchetti aus Hirse mit grünen Bohnen und Pomodori confit, **Maccheroncini di Campofilone all'uovo bio** (Teigwaren mit Bio-Eiern) mit verschiedenen Saucen, unter anderem einer vegetarischen Carbonara mit Spargel. Als Secondi biologisches Schweinefleisch in Form von **Arrosto di lonza di maiale con mela rosa** dei Monti Sibillini **e cipolla rossa** di Acquaviva (die rosa Äpfel und die rote Zwiebel sind Slow-Food-Presidi), Tacchino con zucchine e mandorle und Trancio di **vitello marchigiano** IGP con erbe di campo saltate all'olio e rosmarino (13 €). Abgerundet wird das Essen mit einer Auswahl biologischer Käsesorten (8 €) oder guter hausgemachter Desserts (4 €). Die Weinkarte konzentriert sich auf lokale und regionale Etiketten.

Im Zentrum von **San Benedetto del Tronto** (5 km) führt Luca in der Via Balilla 44 das Geschäft Senduiccerì, in dem Sandwiches mit Produkten aus biologischem Anbau, die der Null-Kilometer-Philosophie folgen, und den Zertifikaten DOP und IGP zubereitet und traditionell erzeugte Biere und lokale Weine verkauft werden.

29 KM SÜDWESTLICH VON ANCONA, S.S. 76

Antonietta

Trattoria
Via Garibaldi, 19
Tel. (+39) 07 31 / 20 71 73
Ruhetag: Sonntag
Ferien: 2 Wochen im August
45 Plätze
Preise: 25 €
Kreditkarten: CS, MC, Visa; BM
Mittags geöffnet, Freitag und Samstag auch abends

DIE OSTERIA – Unweit der städtischen Pinakothek von Jesi, in der unter anderem einige Werke von Lorenzo Lotto ausgestellt sind, hat Roberta Castaldi vor wenigen Jahren die Trattoria von der vorigen Besitzerin und Namensstifterin übernommen. Das Lokal bleibt verdienstvollerweise auf einem konstant vertrauenswürdigen Qualitätsniveau. Alltagsküche und familiäres Ambiente sind die Kennzeichen des Lokals.

DIE KÜCHE – Alle Grundzutaten werden mit Sorgfalt ausgesucht, vom Fleisch bis zu den Hülsenfrüchten, vom Gemüse bis zum Fisch, der freitags zubereitet wird. Am Donnerstag kocht man Gnocchi und am Samstag gibt es **Gran fritto misto** (14 €) mit Olive ascolane, Cremino-Käse, Fleisch und Gemüse. Und dabei haben wir noch gar nicht von der Pasta gesprochen, die Roberta, die junge Köchin aus einer Familie von Köchen, von Hand und mit Liebe macht: Passatelli werden mit Gemüse, mit Fisch oder mit Guanciale und gereiftem Pecorino serviert, des Weiteren **Vincisgrassi**, Tagliatelle al ragù bianco di coniglio (7 €), mit Fleisch gefüllte Cannelloni oder Cappelletti in brodo. Als Alternative gibt es **Minestra di fagioli solfini con guanciale e pecorino di fossa**, Cremesuppen, Minestrone oder aber als Eröffnung oder Secondo ein Brett mit Salumi und Käse, dazu Crescia aus Polenta und Bruschetta (13 €). Weiter geht es mit Bocconcini di manzo und Solfini-Bohnen (10 €), **Coniglio alla cacciatora**, Vitello arrosto, Grigliata mista vom Fleisch. Beilagen sind in der Pfanne gewürztes Wildgemüse, überbackenes Saisongemüse und mit Rosmarin aromatisierter Wirsing (4 €). Am Freitag gibt es **Stoccafisso**. Nicht weniger gepflegt sind Semifreddi, Cremes, Crostate (5 €) und Strudel, wie auch die Weine in der kleinen, doch gut sortierten Karte mit gemäßigten Preisen.

NEU Da Ezio

Trattoria
Via Crescimbeni, 65
Tel. (+39) 07 33 / 23 23 66
Ruhetag: Sonntag
Ferien: 2 Wochen im September
23 Plätze
Preise: 20–25 €
Kreditkarten: AE, CS, MC, Visa; BM
Mittags und abends geöffnet

DIE OSTERIA – Eigentlich unempfindlich gegenüber dem oft übertrieben und missbräuchlich verwendeten Wort „historisch", hat der Verfasser dieser Zeilen beim Betreten dieser Trattoria doch ein gewisses wohlwollendes Staunen nicht unterdrücken können. Gegründet wurde sie in den 1950er-Jahren und in dieser Zeit besuchte sie Ivo Pannaggi, ein Künstler des Futurismus, der im Haus gegenüber wohnte, gerne und oft. Die bescheidene Theke, die neun kleinen Tische im gemütlichen Speisesaal und vor allem die immer muntere Präsenz von Signora Mirella, die wenige Jahre nach der Eröffnung mit ihrem Mann und ihrem Sohn die Leitung des Lokals übernommen hat, ergeben eine wahre Institution in der Gastronomie die Marken.

DIE KÜCHE – Eine volkstümliche Gaststätte, großzügig und nie nachlässig, mit Stolz auf die hausgemachte Pasta, das wichtigste Erkennungsmerkmal des Lokals: Vincisgrassi, **Tagliatelle** und Gnocchi **al sugo di papera** oder mit Tomatensauce (oder auch mit Pesto, ebenfalls hausgemacht), Ravioli mit Tomaten- oder Fleischsauce und **Cappelletti in brodo**. Ausnahmsweise gibt es auch Hartweizenspaghetti, falls jemand keine Eier im Teig mag. Als Fortsetzung **Coniglio alla cacciatora**, **Polpette e braciole di bovina marchigiana**, Bollito (verschiedenes gekochtes Fleisch) und Grigliata. Als Beilagen mit Zitrone oder in der Pfanne gewürztes Zichoriengemüse, außerdem Fenchel, Artischocken, Auberginen – gewürzt mit Olivenöl aus eigener Erzeugung. „Es ist unser Öl, auch wenn es gut ist", wehrt Mirella Komplimente des neu gewonnen Stammgastes ab. **Ciambellotto**, natürlich hausgemacht, zum Abschluss. Unverfälschter Hauswein. Die Rechnung macht laut Inhaber „20 € für ein normales Essen, 23 €, um es sich den ganzen Tag gut gehen zu lassen, und 25 € für eine Woche" aus.

Osteria dei Fiori

Moderne Osteria
Via Lauro Rossi, 61
Tel. (+39) 07 33 / 26 01 42
Ruhetag: Sonntag
Ferien: Weihnachten–Neujahr
30 Plätze + 20 Plätze im Freien
Preise: 30 €
Kreditkarten: AE, CS, MC, Visa; BM
Mittags und abends geöffnet

DIE OSTERIA – Die Osteria von Igina, Paolo und Letizia Carducci, seit über 30 Jahren in Betrieb, finden Sie in einem der entzückenden Gässchen in der Altstadt von Macerata, wenn Sie vom Hauptplatz mit der Arena Sferisterio nach oben gehen. Ein einziger Speisesaal mit Ziegelbögen an der Decke sowie ein kleiner ruhiger Platz im Freien für die Sommermonate beherbergen die Gäste in heimeliger Atmosphäre. Die Küche ist stolz auf ihre in den Marken liegenden Wurzeln, so sehr, dass man das Lokal als „Schaufenster der Umgebung" bezeichnen könnte, vom Wein bis zu den aus lokalen Produkten zubereiteten Gerichten.

DIE KÜCHE – Die Speisekarte, von Paolo und Letizia im Saal vorgetragen, könnte **Panzanella** alla maceratese **con mentuccia e ciauscolo** (6 €) vorsehen, kleine Ricottaformate aus Kuhmilch, Composta di arance allo zenzero e pane croccante, Crescia (Fladenbrot aus Dinkelmehl) mit Salumi aus den Marken und gegrilltem Pecorino dei Monti Sibillini (Slow-Food-Presidio) mit Salat, Sprossen, frischem Obst und Samen. Als Fortsetzung ein Gericht der Tradition, ***Tajulì pelusi*** con sugo finto, fave fresche e guanciale (8 €) oder Tagliatelle al ragù bianco di anatra e timo, vielleicht auch Maltagliati aus Vollkornmehl mit Frühlingsgemüse. Unter den Secondi finden Sie **Coniglio in porchetta al finocchio selvatico** (14 €), Bocconcini di agnello in fricassea con carciofi di Montelupone (mit Ei gebundene geschmorte Medaillons vom Lamm mit Artischocken als weiterem Slow-Food-Presidio) und Tagliata di vitello alla griglia con sale grosso agli aromi. Großzügig und immer der Saison entsprechend sind die Gemüsebeilagen. Hausgemachte Desserts wie Semifreddo al caffè, Fantasia di **biscotti della tradizione** maceratese oder Crostata della nonna. Zufriedenstellende Auswahl an lokalen Etiketten.

16 KM WESTL. V. FERMO, 62 KM N. V. ASCOLI PICENO

Osteria dell'Arco

Moderne Osteria
Piazza Gramsci, 27
Tel. (+39) 07 34 / 63 16 30
Ruhetag: Montag- und Dienstagmittag, Mittwoch
Ferien: 10.–20. Januar, 1.–15. Juli
35 Plätze + 30 Plätze im Freien
Preise: 33–35 €
Kreditkarten: AE, CS, MC, Visa; BM
Mittags und abends geöffnet, im Sommer abends

Couragiert und voll Engagement bietet die Osteria eine gepflegte territoriale Küche und eine spontane, herzliche Gastfreundschaft.

DIE OSTERIA – Fahren Sie hinauf in den kleinen Ort Magliano di Tenna, eines dieser Dörfer, die das Landesinnere der Marken so zauberhaft machen, mit dem Blick auf die Täler und die abgezirkelten kleinen Felder der Naturalpacht-Güter. Auf dem Hauptplatz finden Sie eine Osteria, die in dieser abgelegenen Gegend entschlossen durchhält. Ihr Mut wird, wie es scheint, von den Gästen belohnt, die wir an einem Wintersonntag bunt gemischt und zufrieden auf ihr Essen konzentriert im schönen Speisesaal angetroffen haben. Tiziano Natali legt das Fleisch auf den Grill am Kamin, seine Frau Natalyia Hayrish steht in der Küche. Ein zweiter Saal dient als Vinothek. Von der Terrasse genießen Sie im Sommer einen herrlichen Blick über das Valle del Tenna.

DIE KÜCHE – Köstliche hausgemachte **Galantina** mit russischem Salat, **Coniglio in porchetta** und Rindfleisch mit Höhlenkäse (je 8 €) zu Beginn – eine Art „Marken für Anfänger". Dann Ravioli di magro con carciofi o tartufo nero, Rigatoni con prosciutto, pomodori e cipolla stufata, **Tagliatelle con asparagi** (10 €) und Tagliolini di Campofilone al ragù, vor dem tadellos gegarten Fleisch: **Agnello farcito con carciofi**, **Costolette di agnello scottadito** (14 €) sowie Tagliata vom Rind der Scottona-Rasse mit Bratkartoffeln. Als Alternative ein reichhaltiger Antipasto misto (14 €) oder Scamorza con indivia vor guten Desserts wie Semifreddo al pistacchio (5 €), Tiramisù alla nocciola, Crema catalana al caffè und Sorbetto al mandarino. Schöner Überblick über Etiketten aus den Marken und dem übrigen Italien, die Tiziano, Sommelier mit langjähriger Erfahrung, auswählt. Der familiäre, präzise Service passt zu allem Übrigen.

MONDAVIO (PU)
Cavallara

39 km östlich von Urbino, S.P. 73 bis

Maria

Restaurant
Ortsteil Cavallara, 2
Tel. (+39) 07 21 / 97 62 20
Ruhetag: Montag, Dienstag- und Sonntagabend; im August nur Montag
Ferien: 1 Woche im März, 3 Wochen im Juli
80 Plätze + 20 Plätze im Freien
Preise: 25–35 €
Kreditkarten: CS, MC, Visa
Mittags und abends geöffnet

DIE OSTERIA – Hier im kleinen Ortsteil Cavallara di Mondavio gab es in den 1960er-Jahren ein Tanzlokal, in dem man sich zwischen einem Musikstück und dem nächsten mit einem einfachen Gericht und einem Glas Wein stärken konnte. Nach der Krise der Tanzsäle wurde diese zeitweilige Berufung zum Essen wieder aufgegriffen, die Räumlichkeiten wurden renoviert und in ein schönes Landgasthaus verwandelt. Der ursprüngliche Boden blieb erhalten und auf den glatten Steinen, auf denen die Jungen von damals getanzt haben, bewegen sich heute raschen Schrittes die Nachkommen der Familie Cerisoli, die das Lokal seit vielen Jahren betreibt.

DIE KÜCHE – Es gibt interessante Degustationsmenüs für 25 und 35 €. Sie können aber auch von der Karte wählen und Antipasti (8 €) wie Quenelle di baccalà mantecato con pomodorini secchi oder Spargelcreme mit Eigelb und Spargelspitzen genießen. Verzichten Sie nicht auf die Pasta der bäuerlichen Tradition wie **Cappelletti con tartufo nero e crema di parmigiano** (mit schwarzer Trüffel und Parmesancreme, 10 €) oder **Tagliatelle al ragù di coniglio** (mit Sauce vom Kaninchen und Gemüse, 8 €), die anderen, vielleicht bei Füllungen und Saucen allzu üppigen Primi auch im Hinblick auf die Saisonalität vorzuziehen sind. Unter den Secondi, die immer mit Beilage serviert werden, stechen das exzellente Hähnchen **Pollo in casseruola con aglietto fresco** (12 €) und leckerer Brasato di manzo al Sangiovese mit den traditionellen **Erbe ripassate in padella** (in der Pfanne gewürztes Wildgemüse) hervor. Wenn Sie noch Platz für ein Löffeldessert haben, bestellen Sie unbedingt **Semifreddo alla moretta** (dem Likör der Tradition von Fano).

MONDOLFO (PU)
Marotta

26 km südöstlich von Pesaro, S.S. 16

El Gatt

Restaurant
Lungomare Colombo, 10
Tel. (+39) 07 21 / 96 73 07
Ruhetag: Mittwoch, außer 10. Juli–31. August
Ferien: Dreikönig–14. Februar
35 Plätze + 30 Plätze im Freien
Preise: 35–38 €
Kreditkarten: AE, SC, DC, MC, Visa; BM
Mittags und abends geöffnet

DIE OSTERIA – Frischer Riviera-Stil bei der Einrichtung und Blau-Weiß-Töne im Freien, je ein Dutzend kleiner Tische draußen und im gemütlichen Innenraum. Entspannte Atmosphäre und freundlicher Service kennzeichnen diese Trattoria, in der es nun auch zwei Gästezimmer im oberen Stockwerk gibt. Vor Jahren haben zwei junge Schwestern das Lokal übernommen und damit die Tradition ihrer Familie fortgesetzt, einer Familie aus Fischern, die hier bei sich zu Hause mit der Bewirtung begonnen hatten. Der Name ehrt die legendäre Katze, die angeblich immer am Ufer auf die Rückkehr des Bootes wartete.

DIE KÜCHE – Das Angebot sieht Antipasto di mare completo (20 €), eine Reihe von kalten Kostproben (14 €) oder einzelne Gerichte wie Insalata di mare con verdure, **Alici scottadito** (eher ein Secondo als ein Antipasto, 8 €), **Lumachine in porchetta** und mehr vor, um dann zu Tonnarelli oder **Passatelli con triglie e pesto di rucola**, **Mezze maniche con cannolicchi, vongole e zucchine**, Pasta e ceci con le vongole, Tagliatelle allo scoglio (10 €), Paccheri con crema di ceci e calamaretti, Risotto alla marinara und Tortiglioni scampi e zenzero (mit Scampi und Ingwer) überzugehen. Es folgen sorgfältig zubereitete Grigliata mista und **Frittura** (18 € bzw. 12 €), mit Saisongemüse (4 €), doch auch die ausgezeichnete traditionelle ***Rustita***, ein Grillteller mit Blaufisch, sollte nicht unterschätzt werden, ebenso wenig wie Pescatrice in porchetta und anderer Fisch aus dem Ofen oder, wenn verfügbar, Stoccafisso (18 €). Gegen Vorbestellung für mindestens zwei Personen werden Guazzetto und Brodetto zubereitet. Eine kleine, doch hochkarätige Weinauswahl begleitet das Essen, das mit Tiramisu, anderen hausgemachten Desserts (4 €) oder Sorbet zu Ende geht. Ein vollständiges Degustationsmenü (mindestens zwei Personen) kostet 40 €.

MONTALTO DELLE MARCHE (AP)
Porchia

32 KM NORDÖSTLICH VON ASCOLI PICENO, S.P. 24

Fattoria Marchetti

Agriturismo
Ortsteil Maliscia di Porchia, 50/1
Tel. (+39) 07 36 / 82 90 01
Ruhetag: Montag–Donnerstag, außer Juli und August
40 Plätze
Preise: 35 € (Tagesmenü)
Kreditkarten: AE, CS, MC, Visa; BM
Freitag und Samstag mittags und abends geöffnet, Sonntag nur mittags

DIE OSTERIA – Wenn Sie die traditionellen Tanzschritte des Saltarello lernen wollen, sind Sie hier richtig. Denn Inhaberin Luigina schiebt nach dem Essen gerne die Tische zur Seite und verwandelt den einzigen Saal des Restaurants in eine Folk-Tanzfläche. Der gesellige Geist, die ehrlich gemeinte Gastlichkeit und die Küche der Umgebung prägen das famiengeführte Lokal. Auch in der Küche gibt Luigina den Ton an, ihr Mann Giovanni kümmert sich um die biologisch geführte Landwirtschaft.

DIE KÜCHE – Das Menü ist feststehend, doch die Palette des Angebots können Sie mit der Küche vereinbaren. Der Beginn obliegt dem Antipasto (7 €) mit Salumi vom Bauernhof, **Fritto all'ascolana** (Oliven, Cremino-Käse, Artischocken und Spinat), Hühnerleber mit Ei, **Coratella di agnello con carciofi** (Lamminnereien mit Artischocken), sowie Crostini mit Gemüse und Salsiccia. Fortsetzung mit Tagliatelle mit Borretsch und Sauce mit dem Fleisch von Hoftieren (8 €), **Vincisgrassi** (den typischen Lasagne der Marken) oder Polenta con costatelle di maiale in umido. Bei den Secondi raten wir zum ausgezeichneten Kaninchen Coniglio alla cacciatora mit Saisongemüse, **Coscio di maiale con patate e mele rosa** dei Monti Sibillini (Schweinekeule mit Kartoffeln und den rosa Äpfeln des Slow-Food-Presidio, 13 €), **Pollo alla *'ncip e 'nciap*** und Arrosto di vitello con patate al timo. Große Portionen gibt es bei den Beilagen, alles frisch geerntetes Gemüse aus dem Garten. Die Desserts sind schlicht, doch respektabel: Cantuccini con vino cotto, Zuppa inglese und verschiedene Crostate (4 €) mit Creme oder hausgemachten Konfitüren. Die Weinkarte beschränkt sich aufs Wesentliche, der zufriedenstellende offene lokale Wein ist im Preis enthalten.

MONTEDINOVE (AP)

34 KM NORDÖSTLICH VON ASCOLI PICENO, S.P. 73

NEU Del Duca

Restaurant-Pizzeria
Via Giosuè Del Duca, 14
Tel. (+39) 07 36 / 82 95 64
Ruhetag: Montag
Keine Ferien
100 Plätze
Preise: 25 €
Kreditkarten: AE, CS, DC, MC, Visa; BM
Mittags und abends geöffnet

DIE OSTERIA – Seien Sie nicht allzu überrascht über dieses Restaurant in einem Hotel auf einem Hügel, am Eingang in den kleinen mittelalterlichen Ort, und wundern Sie sich auch nicht, wenn Sie sich in einem riesigen, nicht allzu hellen Speisesaal wiederfinden, in dem manchmal, als befände man sich im Wohnzimmer einer Familie, der Fernseher läuft. Im Sinne unseres Buchs, das die Seele der Osteria jenseits von Äußerlichkeiten sucht, können Sie auf die Gerichte von Catia bauen, der Köchin, die gemeinsam mit Stefano den Betrieb führt. Die Küche folgt kulinarischen Regeln der Umgebung; es ist aber vor allem die gute hausgemachte Pasta, die unsere Empfehlung rechtfertigt.

DIE KÜCHE – Nach einem Antipasto mit **Olive all'ascolana** und **Cremino-Käse** – gelungen frittiert –, Aufschnitt aus nach traditionellen Methoden arbeitenden Fleischereibetrieben und **Pecorino locale fritto**, werden Sie dem Stolz der Küche, **Tagliatelle al ragù di carne** tradizionale (5 €), nicht widerstehen können. Doch auch Ravioli oder Gnocchi al pomodoro, Conchiglioni mit lokalem Gemüse sowie **Lasagne al forno** können mithalten. Bei den Secondi setzen Sie am besten auf Lamm in drei Versionen: Agnello alla brace, a scottadito, alla cacciatora (8 €). Die gleichen Zubereitungsarten gelten auch für Hammelfleisch. Alternativ bestellen Sie **Fritto misto all'ascolana** (9 €) oder eine einfache Tagliata. Die Dolci (3 €) sind natürlich hausgemacht: Tiramisu, Zuppa inglese sowie Torte mit frischem Obst. In diesem Lokal bekommen Sie auch eine gute Pizza aus dem Holzofen. Das Angebot der ausschließlich aus der Umgebung stammenden Weine ist nicht sehr umfangreich, doch der unverfälschte offene Hauswein begleitet das Essen durchaus passend.

13 km nordöstlich von Macerata

NEU Emasi

Restaurant
Piazzale Cesare Peruzzi, 2
Tel. (+39) 07 33 / 22 47 89
Ruhetag: Dienstag
Keine Ferien
35 Plätze + 35 Plätze im Freien
Preise: 30–35 €
Kreditkarten: CS, Visa; BM
Abends geöffnet, an Feiertagen auch mittags

DIE OSTERIA – Nach langjähriger Erfahrung in den Küchen bekannter Restaurants hat Emanuele Marzola beschlossen, dieses reizende Lokal nahe dem Hauptplatz des Städtchens Montelupone im Hinterland von Macerata ins Leben zu rufen. Am Eingang gibt es ein paar Plätze für einen Aperitif oder ein Gläschen nach dem Essen; eine hübsche kleine, schlicht renovierte Grotte im Kellergeschoss ermöglicht einen Aufenthalt in gepflegter angenehmer Atmosphäre. Emanueles Frau Silvia betreut Sie professionell und aufmerksam.

DIE KÜCHE – Zu gut interpretierten lokalen Gerichten wie **Tagliatella *spernata*** (deren Teig von Hand ausgerollt wird) **al ragù**, **Cappellacci in brodo** (13 €) und **Frittura tradizionale marchigiana** (17 €) – Speisen, die die Reise lohnen –, gesellen sich Rezepte persönlicheren Zuschnitts. Unter den Antipasti (9 €) können Sie sowohl auf Acquacotta di baccalà (geröstetes Brot mit Kohl und Wirsing und Baccalà in Hühnerbrühe mit dem Wein Rosso Piceno) als auch auf **Carciofo di Montelupone** (Artischocken, Slow-Food-Presidio) **alla parmigiana** mit Safran, Büffelmozzarella und Basilikum vertrauen. Von den Primi (10 €) empfehlen wir Ravioli ricotta e guanciale con crema di carciofo, legumi e cereali croccanti. Anschließend Trippa, Cubo di minestrone e parmigiano 30 mesi und Tagliata di scottona alla pizzaiola con spinaci e olive (18 €). Als Dessert (6 €) der gute gekochte rosa Apfel (Mela rosa dei Monti Sibillini, Slow-Food-Presidio) mit Eis aus Pinienkernen, Ingwer und Zimt. Brot und Grissini sind hausgemacht. Lobenswert ist die Auswahl an sortenreinen Olivenölen aus den Marken. Hochwertige Selektion an Weinen, die auch glasweise ausgeschenkt werden.

29 km westlich von Ancona

Dal Mago

Restaurant
Via Morganti, 16
Tel. (+39) 07 31 / 630 39
Ruhetag: Mittwoch
Ferien: 2 Wochen im Januar/Februar
70 Plätze + 40 Plätze im Freien
Preise: 35 €
Kreditkarten: AE, CS, DC, MC, Visa; BM
Mittags und abends geöffnet

DIE OSTERIA – Der Wein Lacrima, bekannt für seinen Duft nach Veilchen und roten Rosen, und das Lokal Dal Mago sind für Morro d'Alba zu einer unzertrennlichen Einheit geworden. Der Lacrima ist nicht nur Hauptdarsteller auf der Weinkarte, sondern auch Zutat vieler Gerichte. Lorena, die den Sohn des Gründers dieses geselligen und populären Restaurants nahe der Stadtmauer geheiratet hat, führt die hundertjährige Tradition einer in der Umgebung verwurzelten Küche weiter. An den häufig veranstalteten Themenabenden wird die Speisekarte um besondere Gerichte bereichert.

DIE KÜCHE – Für einen guten Einstieg eignet sich **Frittata ai carciofi** (Omelett mit Artischocken, 8 €) oder mit schwarzer Trüffel, Burrata, Trüffel, Salat, Nüsse und das Brett mit verschiedenen Salumi und Käse. Unter den Primi sind Tagliatelle al ragù di nonna Stiliana oder mit Wildspargel und Artischocken, **Gnocchi viola** ripieni **con sugo di selvaggina** (12 €), **Ciavattoni al pepe** del Mago (Paccheri mit Sauce vom Wild, in der Pfanne mit Pecorino vermischt) sowie Fettucce e stoccafisso. Liebhaber des Letzteren erinnern wir auch an **Stoccafisso arrosto con patate** unter den Secondi, bei denen Sie sonst vor allem ausgezeichnetes Fleisch finden: **Ossobuco al sugo** (12 €), Galletto in potacchio, Agnello speziato in tegame, Girello di manzo in umido und Wild, wenn vorhanden. Als Beilagen in der Pfanne gewürztes Blattgemüse (4,50 €), Patate arrosto oder Carciofi alla romana. Zum Ausklang Semifreddo alle mandorle con composta di fragole, Tiramisu, Crostata mit Obstkonfitüren sowie Trockengebäck. In der Weinkarte finden Sie vor allem lokalen Lacrima und Verdicchio, die auch in ihrer Version als Hauswein ansprechen.

MORROVALLE (MC)

14 KM ÖSTLICH VON MACERATA

Ponterosa

Agriturismo
Ortsteil Montigliano, 14
Tel. (+39) 392 / 910 58 10
Ruhetag: Montag–Donnerstag, außer im Sommer
Ferien: zeitweise im Februar und November
25 Plätze
Preise: 33–36 €
Kreditkarten: CS, MC, Visa; BM
Abends geöffnet, Samstag und an Feiertagen auch mittags

Unverfälschte Interpretation der bäuerlichen Küche von Macerata und ein lobenswerter Sinn für ein territoriales Netzwerk.

DIE OSTERIA – Es freut uns, in diesem nach biologischen Methoden arbeitenden Betrieb jene Übereinstimmung von Absicht und konkreter Umsetzung vorzufinden, die andernorts oft nur ein Wunschgedanke bleibt. Geführt wird das Unternehmen von Fabrizio und Iolanda, Mitgliedern des Projekts Cuochi di Campagna („Landköche"), sein Prinzip ist das Augenmerk auf die Umgebung, die Traditionen und die Saisonalität der Produkte. In der angenehmen Schlichtheit eines Landgasthauses, wenige Kilometer außerhalb von Morrovalle, werden Sie Lust bekommen, Ihr Wissen über die Umgebung zu vertiefen. Es gibt nur 25 Plätze in einem einzigen großen Speisesaal sowie 4 Gästezimmer.

DIE KÜCHE – Die Antipasti, zum Beispiel **Trippa alla canepina**, Parmigiana di finocchi, Panzanella d'inverno und eine kleine Auswahl an selbst gemachten Salumi, werden für 6,50 € angeboten. 8 € beträgt der Preis, wenn Trüffel ins Spiel kommt, wie im Fall von Gobbi gratinati con salsa d'uovo (gratinierten Kardonen). Ausgezeichnete Primi wie Cannoli di pane con ricotta e broccoletti (9 €), **Cappelletti in brodo di cappone**, **Tagliolini al ragù di papera** (mit Sauce von der Gans) oder mit Tartufo dei Sibillini (16 €). Von den Secondi empfehlen wir **Piccione al forno** (16 €), Fritto misto mit Lamm, Oliven, Cremino-Käse und Gemüse (14 €) sowie Faraona farcita con melagrana e castagne (mit Granatapfel und Esskastanien gefülltes Perlhuhn). Gute Desserts (6 €) – Semifreddo al torrone, **Biscottini con vino cotto**, traditionell erzeugter Panettone aus Sauerteig –, und gutes hausgemachtes Brot. Bemerkenswerte Weinkarte mit einem zufriedenstellenden Angebot an Etiketten aus den Marken, oft aus biologischer Erzeugung.

OFFIDA (AP)

28 KM NÖ V. ASCOLI PICENO, S.P. 1 BIS UND S.P. 43

Ophis

Moderne Osteria
Corso Serpente Aureo, 54 C
Tel. (+39) 07 36 / 88 99 20
Ruhetag: Montagabend, Dienstag
Ferien: letzte November-/erste Dezemberwoche
35 Plätze + 15 Plätze im Freien
Preise: 30–35 €
Kreditkarten: AE, CS, DC, MC, Visa; BM
Mittags und abends geöffnet

Hier gibt es Talent, das sich im Ausbau befindet, und echte Aufmerksamkeit für alle Aspekte der Gastlichkeit und der Umwelt.

DIE OSTERIA – Seit über 25 Jahren steht Daniele Citeroni bereits am Herd, dabei ist er erst 37 Jahre jung. Er beaufsichtigt den gesamten Ablauf, vom Einkauf bis zur Zubereitung der Gerichte. Dabei ist ihm der direkte Kontakt mit den Erzeugern und die Auswahl der Zutaten aus nachhaltiger Landwirtschaft ein Anliegen. Einige Produkte der Umgebung sind im Lokal in der Altstadt ausgestellt und es ist kein Zufall, dass die gemütliche Osteria in altmodischem, doch ungekünsteltem Stil am Slow-Food-Projekt Alleanza dei Cuochi, dem „Bündnis der Köche", teilnimmt.

DIE KÜCHE – Wenn Sie von der regelmäßig wechselnden Karte wählen, könnten Sie mit dem Brett der traditionell erzeugten Salumi und Crostino con guanciale di casa (12 €) beginnen. Oder aber Sie entscheiden sich für die immer köstliche Galantina di pollo con giardiniera oder eine Auswahl an Antipasti: Vellutata di rafano e finocchio (Cremesuppe mit Meerrettich und Fenchel), Sformatino di verdure e uvetta, **Zuppa di cicerchia e radicchio tardivo** oder Crostino con verza e cannellini. Von den Primi (9 €) möchten wir ***Taccù*** (unregelmäßig geformte Pasta) **con pomodoro fresco e pancetta** sowie **Strenghette al ragù bianco di quinto quarto** (mit Sauce von Innereien, ohne Tomaten) hervorheben. Bei den Secondi enttäuschen nie **Pollo *'ncip 'nciap*** und Piccione di Nespeca (Taube, 15 €), in dreifacher Version mit reichhaltigen Gemüsebeilagen (4 €). Eine immer exzellente Auswahl bestückt das Käsewägelchen. Von den hausgemachten Dolci sollten Sie Coppetta 3-6-9 probieren, die ihren Namen dem Verhältnis der Zutaten der Zuppa Inglese verdankt. Schöne Weinauswahl, lobenswert das Menü „Degustando Offida" für 25 €.

ORTEZZANO (FM)

27 km sw. v. Fermo, 45 km n. v. Ascoli Piceno

I Piceni

Restaurant • Piazza Savini, 1
Tel. (+39) 07 34 / 77 80 00
Ruhetag: Dienstag
Ferien: 1 Woche im September/Oktober, 2 Wochen im Januar/Februar
35 Plätze + 35 Plätze im Freien
Preise: 35 €
Kreditkarten: AE, CS, MC, Visa
Abends geöffnet, Samstag und Feiertage auch mittags

DIE OSTERIA – Wenn Sie die Möglichkeit haben, Ortezzano zu besuchen, sollten Sie unbedingt den sechs Kilometer entfernten griechisch-römischen Tempel in Monterinaldo besichtigen. Anschließend machen Sie eine Rast bei I Piceni und genießen die herzliche Gastlichkeit des Inhabers Giampiero Giammarini, der nach wie vor größten Wert auf das Erscheinungsbild seines schlichten Lokals mit entspannter Atmosphäre, auf die Auswahl der Zutaten und den tadellosen Service legt. An warmen Tagen können Sie auf der Veranda mit Blick auf die Stadtmauer essen.

DIE KÜCHE – Der Antipasto I Piceni (11 €) besteht aus exzellenten Salumi der Fleischerei Passamonti, **Coniglio in porchetta**, Carpaccio di anatra con riduzione di arance e scalogno glassato, Tatar vom Rind mit schwarzer Trüffel, und kaltem, mit Lorbeer aromatisiertem Rindfleisch – eine Kostprobe von fast allen Antipasti, die Sie einzeln für 8 € bestellen können und die zusammen mit der köstlichen Focaccia al rosmarino bereits beachtlich sättigen. Unter den Primi (8 €) finden Sie **Agnolotti di patate, pecorino e cipolle** con fave e guanciale croccante, **Maccheroncini di Campofilone al ragù tradizionale**, Risotto con asparagi e caciottina primo sale und Ravioli di anatra con tartufo nero (mit Entenfleisch und schwarzer Trüffel). Anschließend gibt es **Guancia di vitello al pomodoro con tortino di patate** (Kalbswange in Tomatensauce mit Kartoffeltörtchen, 15 €), **Carré di agnello in crosta di pane** alle erbe con carciofo alla romana, Piccione grigliato con spinaci saltati, sale speziato e rocher di fegato sowie Baccalà mit Artischocken (15 €). Interessante hausgemachte Dolci (6 €), auch das Eis ist selbst gemacht. Gepflegte Weinkarte mit angemessenem Augenmerk auf Etiketten der Marken.

PEDASO (FM)

17 km sö. v. Fermo, 50 km v. Ascoli Piceno, Ausf. A 14

Pennesi

Trattoria
Via Battisti, 50
Tel. (+39) 07 34 / 93 13 82
Ruhetag: Sonntagabend, Montag
Ferien: unterschiedlich
35 Plätze + 35 Plätze im Freien
Preise: 25–30 €
Kreditkarten: AE, CS, MC, Visa
Mittags und abends geöffnet

DIE OSTERIA – Am Ende des Essens kommt Albina an den Tisch und fragt, ob alles in Ordnung war. Sie trägt ein Kochhäubchen und einen einfachen weißen Kittel, so wie die Köchinnen der von Familien geführten Trattorien vergangener Zeiten, eine Spezies, die heute vom Aussterben bedroht ist, doch zum Glück in einigen Winkeln der Marken noch überlebt hat. In unserem Fall handelt es sich sogar um einen leicht erreichbaren Winkel, denn das Lokal befindet sich nur wenig mehr als 100 Meter von der Ausfahrt der A 14 entfernt. Der Speisesaal ist einfach eingerichtet, einige kleine Bilder mit Meeresszenen und seltene alte Landkarten schmücken die Wände.

DIE KÜCHE – Der Fisch wird nach schlichten, erprobten Rezepten zubereitet – unter den warmen und kalten Antipasti, die zusammen auf einem großen Teller (9 €) serviert werden, finden Sie die länglichen Muscheln **Cannolicchi gratinati** sowie **Alici** marinate und Alici **scottadito**, Insalata di mare und Parmigiana di pesce. Auch **Cozze alla marinara** fehlen nie. Diesen köstlichen Muscheln ist sogar eines der ältesten Feste der Marken gewidmet, es findet im August in Pedaso statt. Die gleiche Linie herrscht bei den Primi mit **Maccheroncini di Campofilone** alla marinara oder **allo scoglio** (9 €) und bei den Secondi, wo Albina den klassischen Dreiklang **Guazzetto**, Frittura di paranza und Grigliata mista (16 €) aus lokalem Fisch (Seebarben, Seezunge, Scholle, Seeteufel, Tintenfisch) vorschlägt. Nach Hausfrauenart werden die Dolci gemacht: Ciambellone, Crostate mit verschiedenen Konfitüren oder Cheesecake. Sohn Massimo betreut den Keller, hier finden Sie eine gute Auswahl an Weißweinen aus der Umgebung und dem übrigen Italien.

17 km sö. v. Fermo, 50 km v. Ascoli Piceno, Ausf. A 14

Tilt 2

Trattoria
Via Dante Alighieri, 13
Tel. (+39) 07 34 / 93 19 16
Kein Ruhetag
Ferien: unterschiedlich
30 Plätze
Preise: 15–25 €
Kreditkarten: CS, MC, Visa; BM
Mittags geöffnet; am Wochenende, und gegen Vorbestellung im Sommer, auch abends geöffnet

DIE OSTERIA – Wie viele Orte der Mittleren Adria in den Marken wird auch die Gemeinde Pedaso von der Staatsstraße Adriatica durchquert. Der an der Küste befindliche Teil des Ortes liegt nur 100 Meter von der Ausfahrt der Autobahn entfernt und in den kleinen Straßen zwischen der Staatsstraße und dem Meer hat sich mehr als nur eine Trattoria wie diese erhalten, familiär und von unverfälschter Alltäglichkeit geprägt. Eine Bar beim Eingang, die sich bestimmt nicht durch Schönheit auszeichnet, ein einfacher kleiner Speisesaal mit wenigen Tischen, eine Anrichte und ein Backtrog, die auch benutzt werden.

DIE KÜCHE – Suchen Sie kein Gericht nach der neuesten Mode (falls Sie ein solches überhaupt für lohnend halten), sondern vertrauen Sie eher der beruhigenden Vertrautheit der kalten und warmen Antipasti vom Meer (für 10 € bzw. 12 €), einfach und schön präsentiert, immer lokaler Herkunft und daher preisgünstig. Als Alternative **Sardoncini scottati con cipolla rossa** (7 €), **Calamari ripieni**, Alici marinate (5 €), **Pannocchie** (Meerzikaden) sowie **Vongole e cozze in sauté**. Fortgesetzt wird mit **Paccheri allo scoglio**, Maltagliati oder Tagliatelle con sugo di pesce (8 €), Spaghetti alle vongole, **Frittura mista** (7 €), Grigliata mit dem Fisch des Tages und Spiedini di calamari e gamberi. Dazu bestellen Sie, wenn Sie möchten, gekochtes Saisongemüse. Auch einfache Gerichte für jeden Tag gibt es hier, zum Beispiel Minestrone, Bistecca (die man immer bestellen kann) oder **Polpette** mit Fleisch oder Fisch. Begleitet wird das Essen von einigen guten Etiketten und einem ursprünglichen offenen Hauswein.

Taverna Zongo

Osteria
Via Zongo, 15
Tel. (+39) 07 21 / 670 42,
(+39) 347 / 750 52 42
Ruhetag: Sonntag (im Sommer nur abends)
Ferien: ersten 10 Junitage
20 Plätze + 20 Plätze im Freien
Preise: 20–25 €
Kreditkarten: AE, CS, MC, Visa; BM
Mittags und abends geöffnet

DIE OSTERIA – Wenige Schritte von der zentral gelegenen Piazza del Popolo entfernt konzentriert sich diese kleine Osteria auf freundlichen Service und ein unverfälschtes, begrenztes kulinarisches Angebot, mit Erzeugnissen und Weinen aus nachhaltiger Landwirtschaft. Früher herrschte hier eine andere Art der Bewirtung, als sich im Gebäude ein Hotel befand, an dessen Fenstern mitunter ein Tenor zu sehen war, der ein allerletztes Solo schmetterte. Denn die Tradition der Oper war und ist auch heute noch lebendig, dank dem Rossini Opera Festival. Fabrizio Tartaglia, Enci genannt, und seine Frau Sabrina Pecchia führen das Lokal mit einem kleinen Speisesaal, Plätzen im Freien für den Sommer und einem Speisesaal im Untergeschoss, der meist nur gegen Vorbestellung geöffnet wird.

DIE KÜCHE – Mit getrockneter Pasta aus den Marken, von der Antimafia-Vereinigung Libera, werden Strozzapreti all'ortolana, **Tagliatelle con il ragù di vitellone marchigiano** (8 €) sowie biologische Caserecce mit Sardellen und Wildfenchel zubereitet. **Rigatoni con fave, pendolini e casciotta d'Urbino** (mit Dicken Bohnen, Pendolini-Tomaten und Käse, 9 €) gibt es natürlich nur, wenn Dicke Bohnen Saison haben, und dann finden Sie auch das selbst gemachte Fladenbrot Crescia di Pasqua und Wildgemüse. Außerdem Ravioli con salsa di zucca e formaggio di fossa (mit Kürbissauce und Höhlenkäse), **Linguine con le vongole** und weitere Pasta mit Sauce aus lokalem Fisch oder mit frischen Sardinen, Rosinen und Pinienkernen (9 €). Unter den Secondi sind eine gute **Arrostita di pesce** (15 €), Pollo al rosmarino oder mit Zitrusfruchtaroma sowie Coniglio in porchetta zu finden. Im Winter gibt es Faraona in salsa und **Trippa di vitellone marchigiano** (10 €). Kleine Auswahl von lokalen Kellern neben einem offenen Bio-Wein, ebenfalls aus den Marken.

PETRITOLI (FM)

18 KM SÜDL. V. FERMO, 48 KM VON ASCOLI PICENO

Osteria de le Cornacchie

Osteria
Via del Forno, 10
Tel. (+39) 07 34 / 65 87 07
Ruhetag: Dienstag, außer im Sommer
Ferien: unterschiedlich
35 Plätze + 10 Plätze im Freien
Preise: 23 € (Tagesmenü mit Hauswein)
Kreditkarten: AE, CS, MC, Visa; BM
Abends geöffnet, im Winter an Feiertagen mittags

DIE OSTERIA – Seien Sie beim Betreten des Lokals nicht überrascht, wenn Sie die wie Girlanden von der Decke baumelnden, zum Reifen aufgehängten verschieden großen Salumi und Käse sehen. Ebenso wenig sollten Sie an den bereits gedeckten langen Tischen Anstoß nehmen, an denen man gemeinsam sitzt und das Essen und den Abend teilt – die Geselligkeit wird in dieser zeitlosen Osteria zweifellos gefördert.

DIE KÜCHE – Das Menü ist feststehend (23 €, Getränke inbegriffen) und, abgesehen von kleinen Variationen, immer gleich, geprägt von der Umgebung. Sobald Sie im einzigen kleinen Speisesaal Platz genommen haben, begrüßt Sergio Federici Sie mit einem gut bestückten Brett lokaler Salumi (Lonza, Lonzino, Salsiccia, Coppa di testa, Ciauscolo) und **Trippa al pomodoro**, Zuppa di fagioli, **Fave *'ngrecce*** (gekochten und mit Wilder Minze aromatisierten Dicken Bohnen), gereiftem Pecorino, gekochtem und mit Kartoffeln vermischtem Gemüse und Pilzen mit Ei. Als Primo finden Sie die unverzichtbare Spezialität des Hauses, nämlich **Polenta al sugo e costolette di maiale sulla spianatora** (auf ein Brett gestrichene Polenta mit Tomatensauce und Schweinerippchen), gefolgt von duftendem **Stinco di vitello al forno**, einer durch die lange Kochzeit herrlich weich gewordenen, aromatisierten Kalbshaxe. Zum Abschluss traditionelle Dolci wie Ciambelloni und Crostate, dazu wird ein gutes Gläschen Mistrà serviert, der typische Likör der Marken mit Anisgeschmack, den der Wirt selbst macht. Zu trinken gibt es offenen Hauswein.

In **Monte Vidon Combatte** (4 km) erzeugt und verkauft die Fleischerei Passamonti in der Via Leopardi ausgezeichnetes Fleisch und Salumi.

PIANDIMELETO (PU)

38 KM WESTLICH VON URBINO

Le Contrade

Restaurant-Pizzeria
Via IV Novembre, 37
Tel. (+39) 07 22 / 72 17 97
Ruhetag: Montag
Ferien: zeitweise im Juli/August
40 Plätze + 25 Plätze im Freien
Preise: 35 €
Kreditkarten: AE, SC, MC, Visa; BM
Mittags und abends geöffnet

DIE OSTERIA – In einigen Gerichten aus dem oberen Tal des Flusses Foglia, wenige Kilometer von der Grenze der Region Marken entfernt, ist der Einfluss der nahen Toskana zu spüren. Zeuge dafür ist dieses traditionell geprägte Restaurant, in dem Marcello Rivi in einer geradezu theatralischen Darbietung seinen Gästen die Speisen des Tages vorträgt.

DIE KÜCHE – Sie können sich für eines der vollständigen Degustationsmenüs entscheiden, die immer günstig sind, oder ein „nur" aus Antipasti bestehendes Menü bestellen. Schwerpunkt sind immer Pilze und Trüffeln, die Spezialitäten der Umgebung, in je nach Saison verschiedenen Sorten. Wenn Sie hingegen von der Karte und zusätzlich Trüffel wählen, könnte die Rechnung am Ende höher als oben angegeben ausfallen. Von unserem Besuch sind uns die einfachen, köstlich schmeckenden **Crostini ai funghi porcini** (5 €) sowie ein Brett mit Salumi oder Käse in Erinnerung geblieben. Danach **Cappelletti con fonduta di formaggio e porcini** (10 €), sehr schmackhaft, besser als Tagliatelle mit schwarzer Trüffel, wiewohl deren Teig perfekt mit dem Nudelholz ausgerollt war. Ebenfalls ausgezeichnet zubereitet sind die Fleischgerichte, im Besonderen Tagliata al sale e rosmarino (14 €) und die schmackhafte, perfekt gegarte **Coscia di anatra al forno con cipolline** all'aceto balsamico. Süßer Ausklang mit verschiedenen Löffeldesserts, zum Beispiel **Crema alla fiorentina** (4,50 €). Das Angebot an Weinen ist nicht umfangreich, doch gut strukturiert und enthält vor allem Rotweine aus den Marken und der Toskana.

30 KM NÖ. V. MACERATA, 18 KM S. V. ANCONA

Il Diavolo del Brodetto

Restaurant
Via Emilio Gardini, 10
Tel. (+39) 071 / 979 92 51
Ruhetag: Sonntagabend, Montag
Ferien: 15. Oktober–15. November
40 Plätze
Preise: 38–40 € €↑
Kreditkarten: CS, MC, Visa; BM
Mittags und abends geöffnet, im Winter nur mittags, Freitag und Samstag auch abends

DIE OSTERIA – Wenn Sie anrufen, um zu reservieren, kann es sein, dass niemand abhebt. Lassen Sie sich nicht abbringen und versuchen Sie es noch einmal, denn dies ist eine Küstentrattoria im alten Stil, der es mehr um die Substanz als um die Public Relations geht. Bei Ihrer Ankunft wird Ihnen Piera, eine Wirtin mit direkter und unverblümter, nie schmeichlerischer Art, die Tageskarte herunterrasseln, die in ihrer Form immer gleich ist, doch stets verschiedene Fische enthält.

DIE KÜCHE – Am Wochenende sagt sie Ihnen, dass man **Brodetto**, die unbestrittene Spezialität der Stadt, wie die vielen Lokale dieses reizenden, als Fußgängerzone gestalteten Abschnitts der Strandpromenade bezeugen, vorbestellen muss oder nur an Wochentagen bekommt. Durchaus keine Notlösung stellt dann **Arrosto misto** (30 €) dar, eine Köstlichkeit, auf einfachste Weise gekocht, um die Frische und den Geschmack von lokalen Kalmaren, kleinen Schollen, Garnelen und Seeteufeln zu unterstreichen. Keine Zitrone, wenn Sie nicht von Piera getadelt werden wollen. Auch Frittura di paranza ist immer vorhanden. Die Portionen sind üppig, begnügen Sie sich davor also mit einer kleinen Insalata di mare oder hausgemachten **marinierten Sardellen** (5 €) oder aber mit einem Primo auf der spartanischen Meereslinie: **Spaghetti alle vongole**, Tagliatelle, Risotto oder Spaghetti ai frutti di mare (13 €). Zum Dessert gibt es Zuppa inglese und – damit Sie sich wirklich von der Echtheit dieser Erscheinung einer vergessen geglaubten Meerestrattoria überzeugen – offenen Verdicchio.

In **Loreto** (4 km) bereitet die Piadineria Magritte bei der Porta Romana, die zur Wallfahrtskirche führt, traditionell erzeugte Piadine zu, die sie an den Tischen im Freien genießen oder mitnehmen können. Außerdem gibt es eine kleine Auswahl an lokalen Weinen und Bieren aus kleinen Brauereien.

7 KM NORDÖSTLICH VON FERMO

NEU Locanda Portese

Moderne Osteria • Via Properzi, 112
Tel. (+39) 338 / 993 17 51
Ruhetag: Montag, Dienstag, außer im August
Ferien: unterschiedlich
30 Plätze + 45 Plätze im Freien
Preise: 20–38 €
Kreditkarten: CS, DC, MC, Visa; BM
Mittags und abends geöffnet, im Sommer nur abends

DIE OSTERIA – „Lang wie ein Abendessen" ist der Aperitif, der an Sonntagen im Sommer im Garten neben dem Speisesaal der Locanda serviert wird, denn den Inhabern widerstrebt die Wortschöpfung „Apericena" (Eröffnung des Abendessens). Andrea begrüßt die Gäste und beschreibt die Speisekarte und auch Roberto ist, dank der einsehbaren Küche, immer gegenwärtig. Im gemütlichen, schlichten und luftigen Speisesaal ist der Sinn für Gastlichkeit mehr als nur eine Möglichkeit. Das kulinarische Angebot ist in Meer und Land gegliedert und Sie können zwischen zwei Degustationsmenüs wählen (20 € für ein kleines Menü mit Fleisch und 38 € für das komplette Fischmenü).

DIE KÜCHE – Zu Beginn könnten Sie vielleicht Filetto di maiale con finocchi e arancia, Crema di zucca gialla e raviolini di mortadella (8 €), Pannocchie (Meerzikaden), **Patate mantecate e carciofi** oder Mazzancolle dorate con maionese al basilico (gebräunte Furchengarnelen mit Basilikum-Mayonnaise) finden. Fortsetzung mit Risotto allo zafferano „chilometro 0" (mit lokalem Safran, 16 €) oder con vongole, rape, aglio, olio e peperoncini. Als Alternative **Rigatoni con manzo marinato** alle erbe, **pomodorini** appassiti **e porcini** (mit in Kräutern mariniertem Rindfleisch, getrockneten Kirschtomaten und Steinpilzen) oder **Spaghetti con pannocchie e pomodori alla maggiorana**. Anschließend Gerichte mit lokalem Fleisch, beträufelt mit aromatisiertem Olivenöl, dazu in der Pfanne gewürzter Spinat, oder aber mit dem Fisch des Tagesfangs arrosto, bollito oder in guazzetto und **Fritto misto di pesce** e zucchine (12 €), der in der entsprechenden Saison eigentlich immer verfügbar ist. Die Weinkarte bietet Etiketten aus der Umgebung. Lobenswert ist die Aufmerksamkeit für Olivenöl aus lokaler Erzeugung.

7 KM ÖSTLICH VON FERMO

Lorè

Trattoria
Via Giordano Bruno, 271
Tel. (+39) 07 34 / 67 38 70
Ruhetag: Montag
Ferien: zeitweise im Januar und September
40 Plätze + 15 Plätze im Freien
Preise: 35–38 €
Kreditkarten: AE, CS, MC, Visa; BM
Mittags und abends geöffnet

DIE OSTERIA – Unweit der Staatsstraße Adriatica, in dem Viertel, in dem einst die Fischer zu Hause waren, finden Sie das Lorè, eine Trattoria mit der Atmosphäre vergangener Zeiten und zwei einfachen, hellen Speisesälen. Große Sorgfalt waltet bei der Auswahl der Zutaten, inklusive Olivenöl und Wein, die Maria Zazzera in der Küche zu Gerichten verarbeitet, die ihre Kinder im Saal beschreiben und den Gästen empfehlen.

DIE KÜCHE – Beginnen Sie mit einer Auswahl an fünf Antipasti (19 €), die Sie auch einzeln bestellen können. Besonders empfehlenswert sind **Frittelle di baccalà e uvetta** (Pfannkuchen mit Baccalà und Rosinen, 9 €), Olive ripiene, Alici marinate, **Lumachine di mare in bianco** (Meerschnecken mit Kräutern und Polenta) und Insalata di seppie mit Gemüse. Alles wird mit den hochwertigen sortenreinen Olivenölen aus den Marken – den Sorten Piantone di Falerone oder Coroncina – gewürzt. Anschließend Tagliatelle oder Spaghetti alla marinara oder allo sgombro (mit Makrele) sowie **Mezze maniche con cicale** (Meerzikaden) **e pomodoro** (12 €). Unter den Secondi ausgezeichnete **Sardoncini con cipolla fresca** (14 €), Frittura mista di paranza, Tagesfang vom Grill, Guazzetto di pesce und **Bollito di mare** mit Gemüse (20 €). Bei den Beilagen finden Sie die für die Marken überaus typische Insalata di olive nere, finocchi, arance e verdura cotta (Salat aus schwarzen Oliven, Fenchel, Orangen und gekochtem Gemüse). Aus einer lokalen Konditorei kommen die guten Semifreddi (4 €) allo zabaione, gianduia e cioccolato. Gute Weinauswahl, vor allem Weißweine aus der Umgebung und den Marken.

Bei CL 75, Viale Cavallotti 89, servieren Simone und Stefania ab 18 Uhr eine begrenzte, doch hervorragende Auswahl an Weinen, Salumi, Käse, Sardellen, Brot und Öl und oft auch weitere saisonale Spezialitäten.

12,5 KM NORDÖSTLICH VON FERMO, S.P. 11

NEU Trattoria Trentasette

Trattoria
Via Faleria, 37
Tel. (+39) 07 34 / 90 99 78
Ruhetag: Dienstag
Ferien: 2 Wochen im Oktober
60 Plätze + 40 Plätze im Freien
Preise: 25–35 €
Kreditkarten: MC, Visa; BM
Mittags und abends geöffnet

DIE OSTERIA – Man befindet sich sozusagen im Meer oder zumindest hat man dieses Gefühl, denn die großen Fensterfronten, die dem Lokal Helligkeit und Luftigkeit verleihen, rahmen das fast ohne Strand vor einem liegende Meer ein. Der Eingang an der südlichen Strandpromenade von Porto Sant'Elpidio, das jetzt auch eine eigene Abfahrt von der Autobahn hat, versteckt nichts von den Räumlichkeiten – viele Tische gibt es nicht, die Einrichtung ist einfach. Eine schlichte, einladende Meerestrattoria. Stefano Alessandrini, der Patron, betreut mit Hilfe von Mitarbeitern den Saal und aktualisiert eventuell die nicht allzu große Speisekarte mit Tagesgerichten.

DIE KÜCHE – Auf unseren Wunsch hin wurde ein ganz frischer Drachenkopf in ein exzellentes Primo und Secondo verwandelt: Tagliatelle wurden mit der Sauce des Fisches serviert, derselbe dann in umido geschmort, mit gegrilltem Gemüse als Beilage. (25 €). Sie können aber auch mit **Alici a scottadito**, Cozze in guazzetto, **Sgombro con crostino e cipolla rossa** und Razza bollita con verdure (gekochtem Rochen mit Gemüse, 8 €) beginnen. Dann Ravioloni di spigola, **Paccheri allo sgombro**, Tagliatelle con cicale di mare (10 €) und anschließend **Frittura** (mit dem Tagesfang), Grigliata mista, Filetto di spigola aus der Pfanne, eine Scheibe vom Seeteufel (15 €) oder von anderen Fischen des Tages, wobei Blaufisch und seine populären in der Umgebung vorkommenden Varianten bevorzugt werden. Im Winter gibt es ein Menü mit **Baccalà** (**crudo con olive nere**, al vapore, nel sugo degli spaghetti, con polenta arrosto) für etwa 30 €. Kleine Weinkarte mit verschiedenen guten Etiketten, einige Desserts oder Fruchtsorbets. Eine ausgewogene Rechnung und Kompetenz in der Küche zeichnen diese Trattoria aus. Uns gefällt das.

18 km nordöstlich von Macerata

Osteria del Vicolo

Moderne Osteria
Via Battisti, 1
Tel. (+39) 07 33 / 67 23 40
Ruhetag: Donnerstag
Ferien: 3 Wochen im Juni
35 Plätze
Preise: 25–30 €
Kreditkarten: CS, MC, Visa; BM
Mittags und abends geöffnet

DIE OSTERIA – Moderne Osteria und gleichzeitig Dorfosteria, eher kleine Dimension und Sinn für das Alltägliche: Diese vier Eigenschaften prägen das gemütliche Lokal an der mittelalterlichen Stadtmauer, von wo aus der Blick bis ans Meer reicht. Ein Ort, an dem man sich entspannen kann, dank der Arbeit von Riccardo Carestia. Im Saal werden Sie ihn kaum zu Gesicht bekommen, doch seine Nachrichten schickt er aus der Küche durch den Klang der Töpfe, Löffel und Kochplatten. Sein persönlicher Dialog mit der Tradition findet, und das heben wir als besonders lobenswert hervor, zu ausgewogenen, erschwinglichen Preisen statt.

DIE KÜCHE – Die Auswahl zwischen den beiden Degustationsmenüs für 28 € und 23 € – Letzteres ohne Secondi – erweist sich als gute Alternative zur Karte (mit den Primi des Tages für 8 € und Secondi zwischen 12 und 16 €), um Antipasti wie gedämpfte Ricotta mit Äpfeln und Trüffel zu probieren, ein Brett mit Salumi und Käse, **Baccalà mantecato** con pane al nero di seppia und Pane dolce con **paté di fegatini di pollo** (süßes Brot mit Hühnerleberpastete). Außerdem gibt es Primi wie **Tagliatelle al ragù di capriolo** (mit Sauce vom Reh) oder Risotto alle cime di rape e gorgonzola. Fortgesetzt wird mit **Maialino al forno** oder **Agnello alla griglia**, dazu gibt es immer Saisongemüse. Die Dolci wechseln oft, Sie werden vielleicht unter anderem Mousse di castagne oder Crostata mit Feigenkonfitüre finden. Ein Zusammenspiel aller Regionen vollzieht sich auf der kleinen, persönlich gehaltenen und zufriedenstellenden Weinkarte.

20 km nordöstlich von Macerata, S.P. 571

Osteria di Via Leopardi

Moderne Osteria
Via Leopardi, 7
Tel. (+39) 071 / 757 43 74
Ruhetag: Mittwoch
Ferien: zeitweise im Herbst/Winter
60 Plätze + 30 Plätze im Freien
Preise: 35–38 €
Kreditkarten: AE, CS, MC, Visa; BM
Mittags und abends geöffnet

DIE OSTERIA – An der Straße, die zum Museum des Dichters Giacomo Leopardi führt, stoßen Sie auf ruhige, schattige Plätze im Freien. Doch auch der heimelige Speisesaal hinter der Theke und dem Raum, in dem Weine und andere Produkte aus den Marken ausgestellt sind, lädt zum Verweilen ein. Ein Lokal, das wir gerne empfehlen, allerdings mit dem Hinweis, dass das wachsende touristische Interesse an Recanati an stark besuchten Tagen zu einem enttäuschenden Ergebnis bei der Qualität führen kann. In jedem Fall ist eine Reservierung ratsam.

DIE KÜCHE – Mauro Mengonis Küche, überzeugend bei einigen erprobten Gerichten – vor allem **Coniglio disossato in porchetta** –, hält sich, von einigen kleinen Exkursionen abgesehen, an die Umgebung. Den Beginn machen Salumi aus der Gegend von Macerata, Caprese con burrata und Flan di melanzane (9 €). Weiter geht es mit dem Kapitel „La solita zuppa", also Minestrone oder **Zuppa di ceci** (mit Kichererbsen, 9 €), als Alternative zu Tagliatelle rustiche con ragù di agnello e crema di piselli (mit Lammsauce und Erbsencreme), zu frischen Spaghettoni „quasi un'amatriciana", oder alla cacio e pepe mit karamellisierter Guanciale. Unter den Secondi sind Piccione con guazzetto di funghi e tortino di verze (Taube mit gedünsteten Pilzen und Wirsingtörtchen), Filetto di maiale con guanciale croccante e piselli, **Baccalà al forno con patate e olive** oder Guazzetto di vongole e patate (14 €). Zum Abschluss eine Auswahl von Käse aus den Marken und dem übrigen Italien (12 €) und gute Löffeldesserts (8 €), von Crème brulée über Bavarese bis hin zu Triplo cioccolato. Schöne Weinauswahl.

Passepartout, die Buchhandlung mit Café auf dem Piazzale Patrizi, konzentriert sich auf kleine Verlage und die Produkte kleiner Produzenten.

38 km nordöstlich von Ascoli Piceno

Iervasciò

Agriturismo
Ortsteil San Michele, 18
Tel. (+39) 07 35 / 979 36
Ferien: zur Zeit der Weinlese
50 Plätze
Preise: 22–25 € (mit Hauswein)
Kreditkarten: Visa; BM
Geöffnet Freitag- und Samstagabends, Sonntagmittag

DIE OSTERIA – Dieses alte Landhaus im Grünen, das Familie Giannetti renoviert hat, ist heute eines der meistbesuchten Lokale der Umgebung, nicht nur von ortsansässigen Gästen. Die beiden großen Speisesäle, im bäuerlichen Stil eingerichtet, befinden sich im Erdgeschoss, im oberen Stock die Gästezimmer des B&B. Herzlich und nie aufdringlich zeigt sich die Gastlichkeit der beiden Brüder, Attilio im Service und Massimo am Herd. Fast alle Grundzutaten, die in der Küche verwendet werden, stammen aus eigenem, biologischen Anbau.

DIE KÜCHE – Auf den Tisch kommt die Küche aus der Zeit der Naturalpacht der Marken in traditionsgemäßer Ausführung und gewöhnlich in großen Portionen: Schafkäse, **Olive all'ascolana**, **Hühnerleber**, selbst gemachte Salumi und viel gegrilltes Gemüse zu Beginn. Bei der von Hand ausgerollten Pasta finden wir ***Li ttaccù*** (sehr dicke Spaghetti aus Wasser und Mehl) **al sugo di coniglio in bianco** oder mit Gemüsesauce, **Maccheroncini con *lu sugo de lu macchenà*** (der Name der Sauce nimmt Bezug auf die Getreideernte, 8 €) sowie die unverzichtbaren **Vincisgrassi** aus dem Holzofen. Nur gegen Vorbestellung kommen Sie in den Genuss von ***'Mbignata di maiale*** (Schwanz, in Schmalz eingelegte Teile vom Kopf und andere Teile vom Schwein), ***Li cuccelò*** (Erdschnecken, 17 €) und Stoccafisso in salsa (23 €). Häufig unter den Secondi zu finden sind Kaninchen, Schwein und Lamm aus dem Holzofen (11 €), außerdem Pollo ruspante in tegame, **Hammel** oder Taube mit Saisongemüse. Das Weinangebot konzentriert sich auf eine kleine Auswahl lokaler Erzeuger, auch der offene Hauswein ist zufriedenstellend. Die hausgemachten Desserts werden von einem Gläschen Mistrà begleitet.

33 km östl. von Ascoli Piceno, S.S. 16 od. A 14

Caserma Guelfa

Moderne Osteria
Via Caserma Guelfa, 5
Tel. (+39) 07 35 / 75 39 00
Ruhetag: Montag
Ferien: August/September, 1 Woche nach Dreikönig
60 Plätze + 30 Plätze im Freien
Preise: 38–40 € €↑
Kreditkarten: AE, CS, MC, Visa
Mittags und abends geöffnet, im Juli nur abends

DIE OSTERIA – Dies ist eine Osteria, die den Ausdruck „historisch" wirklich verdient, zumindest wenn es um das Gebäude geht, in dem sie untergebracht ist: Der Speisesaal mit Ziegelgewölbe – im Sommer isst man im Innenhof unter einem Laubengang – ist Teil einer Zollstation aus dem 16. Jahrhundert, an der damaligen Grenze zwischen dem Kirchenstaat und dem Königreich beider Sizilien. Historisch ist aber auch das seit etwa 15 Jahren geöffnete Lokal selbst, dank der Kontinuität von Federico Palestini, dem heutigen Inhaber, einem ehemaligen Fischer. In der Küche stehen ihm Amelia Scipioni und junge Hilfskräfte zur Seite.

DIE KÜCHE – Das Angebot der Osteria ist an einen der wichtigsten Fischereihäfen und Fischmärkte Italiens gebunden. Als Antipasti finden Sie daher **Triglie marinate**, **Sardoncini scottadito** (5 €), **Trippa di rana pescatrice** sowie Polpo (Oktopus mit Mangold und Zichoriengemüse), dazu hausgemachtes Brot und Pizza. An die Kombüse erinnern auch Tortino di alici con verdure, Zuppetta di vongole e cozze und **Insalata di calamaretti e scampi**. Brodetto sambenedettese (25 €) sollten Sie besser vorbestellen, aber manchmal ist er ohnehin vorhanden. **Linguine al battuto di coda di rospo** sind eines der beliebtesten Primi (12 €), dicht gefolgt von **Spaghetti alle vongole** oder Spaghetti mit Miesmuscheln und Pesto aus Basilikum. Auch Ravioli mit Seebarsch-Füllung lohnen einen Versuch. Unter den Secondi sind **Fritture** und Grigliate des Tagesfangs, Guazzetti oder gekochte Fische (die den Preis höher als 35 € ausfallen lassen). Zum Dessert Crostata mit Obst, Semifreddo und hausgemachte Süßspeisen. Zu trinken gibt es verschiedene gute Etiketten aus den Marken und dem übrigen Italien.

Gutes Brot und Süßspeisen aus Sauerteig und sorgfältig ausgewähltem Getreide bei Pane Antico, Via Voltattorni 10.

SAN BENEDETTO DEL TRONTO (AP)

37 KM NÖ. VON ASCOLI PICENO, S.S. 16 OD. A 14

NEU Da Rita

Osteria
Via Piemonte, 1
Tel. (+39) 07 35 / 854 41
Ruhetag Dienstag, außer im Sommer
Ferien: 1 Woche im Oktober, 2 Wochen vor Karneval
24 Plätze + 6 Plätze im Freien
Preise: 25 €
Kreditkarten: AE, CS, DC, MC, Visa; BM
Mittags und abends geöffnet

DIE OSTERIA – In einer der zentralen Straßen der Stadt am Meer, gleich hinter der Brücke über den Tronto, dem Namensstifter der Stadt, befindet sich diese Trattoria – eher ein Ort der täglichen Arbeit als ein Ziel für feierliche Anlässe. Sie füllt ein gewisses Manko in der lokalen Gastronomie und schafft es, auf moderne Weise eine Alltagsküche mit vertrauenswürdigen biologischen Zutaten zu realisieren. Der flinke Paolo empfängt Sie an den wenigen Plätzen im Freien oder im gemütlichen Speisesaal zwischen Plakaten, Nippes, Ansichtskarten und Zeitungsausschnitten.

DIE KÜCHE – Rita, Paolos Mutter, steht zusammen mit ihrem zweiten Sohn Fabio in der Küche. Aus dieser kommt zu Beginn ein kräftiger Antipasto mit reichhaltiger **Frittura mista**, **Olive ascolane** und Gemüse, traditionell erzeugten Salumi, Käse und Bruschette (12 €). Wer sich auf einen leichten Antipasto beschränken möchte, bekommt in der Pfanne gewürztes Saisongemüse wie Brokkoli, Dicke Bohnen oder Artischocken. Die Primi mit getrockneter Pasta werden mit Gemüse, Sauce mit Kalbfleisch und Erbsen, Salsiccia und Artischocken, all'**amatriciana** und alla carbonara (8 €) serviert. Als Alternativen gibt es Gnocchi und hausgemachte **Tagliatelle con ragù di carne marchigiana** oder all'ortolana (9 €), außerdem Suppen mit Hülsenfrüchten und Getreide. Ein Menü mit Antipasti und Primi gibt es für 25 €. Als Secondi – abgesehen vom vollständigen Menü mit Fisch, das immer am Freitag verfügbar ist – können Sie **Coniglio alla cacciatora**, Spezzatino di manzo con patate (12 €) oder Arrosticini wählen. Hausgemachte Dolci von Crostata (4 €) bis zu Crema, pan di Spagna e alchermes. Biologische, biodynamische und naturbelassene Weine aus den Marken und Abruzzen, gute Olivenöle und ausschließlich Biere aus kleinen Brauereien.

SAN BENEDETTO DEL TRONTO (AP)
Porto d'Ascoli

33 KM ÖSTL. VON ASCOLI PICENO, S.S. 16 OD. A 14

Vinicio

Restaurant
Via Colleoni, 40
Tel. (+39) 07 35 / 65 96 32
Ruhetag: Sonntagabend, Montag
Ferien: 24. Dezember–7. Januar, zeitweise im September
35 Plätze + 15 Plätze im Freien
Preise: 30–35 €
Kreditkarten: CS, DC, MC, Visa; BM
Mittags und abends geöffnet

DIE OSTERIA – An der südlichen Peripherie von San Benedetto del Tronto gelegen – im Ortsteil Porto d'Ascoli – bietet dieses Restaurant in der Nähe des Naturschutzgebiets Sentina einen Einblick in die lokale Fischküche, in der nur täglich frisch gefangener Fisch zum Einsatz kommt. Gegessen wird in einem schlichten kleinen Speisesaal, der in modernem Stil eingerichtet ist, oder an ein paar hübschen Plätzen im Freien. Den Service betreut Mimmo, während Luca sich am Herd mit dem Fisch beschäftigt und die à la minute gemachten Gerichte so zubereitet, dass die Frische des Produkts erhalten bleibt.

DIE KÜCHE – Es gibt zwei Mittagsmenüs: drei Kostproben von Antipasti und ein Primo (15 €) oder sechs Kostproben von Antipasti und ein Primo (25 €). Als Alternative wird das Tagesangebot mündlich vorgestellt – manchmal, doch das ist ein Wermutstropfen, der nur wenig ins Gewicht fällt, muss man mehrmals nachfragen, welches die Antipasti sind oder welche Pasta zu den verschiedenen Saucen passt. Dafür sind die Gerichte gepflegt und die Qualität des Fisches wird nie außer Acht gelassen. Zu Beginn gibt es ausgezeichnete **Triglie marinate con salsa di piselli freschi e pomodorini**, Tortino di sgombro con carciofi e fiori di zucca (Makrelenauflauf mit Artischocken und Kürbisblüten) neben zarten **Calamari scottati alla piastra**. Anschließend **Spaghetti alla chitarra aglio, olio e frutti di mare** oder aber arrabbiata (scharf, mit Tomaten und Scampi) sowie die klassische Version alla marinara und Scampi cacio e pepe, je nach Wunsch der Gäste, auf Spaghetti, Mezze maniche oder Ciavattoni. Perfekt gegart sind **Scampi e calamari alla griglia** (18 €) oder frittiert, dasselbe gilt für Grigliata mista. Verbessern könnte man die Qualität des Olivenöls und die Auswahl an lokalen Weinen.

28 km südlich von Macerata

Da Pippo e Gabriella

Trattoria • Viale L'Immacolata, 33 A
Tel. (+39) 07 33 / 66 11 20
Ruhetag: Montag, Oktober–März auch Sonntagabend
Ferien: 10. Januar–Anfang Februar, 1 Woche im Juni
70 Plätze
Preise: 26–30 €
Kreditkarten: CS, MC, Visa; BM
Mittags und abends geöffnet
♿

DIE OSTERIA – Die Trattoria von Familie Domizi, die in diesem Jahr ihr 30-jähriges Bestehen feiert, erfreut nach wie vor mit guten Ergebnissen in ihrer schlichten, territorial geprägten Küche. Betrachtet man die große Zahl an Stammgästen, kann man sich leicht vorstellen, dass sie mittlerweile ein nicht mehr wegzudenkender Bestandteil der Umgebung geworden ist. Doch es gibt auch Gäste auf der Durchreise, die gerne eine Rast in dem renovierten Landhaus an der Straße, die von der Provinzstraße nach Sarnano hinauf Richtung Sant'Angelo führt, einlegen. Die Familienmitglieder teilen sich die Aufgaben wie folgt: Pippo kümmert sich mit Sohn Fabio um den Service und Gabriella mit Sohn Marco um die Küche.

DIE KÜCHE – Im einzigen Speisesaal in entspanntem Vintage-Stil, der in perfektem Einklang mit dem bäuerlichen Umfeld steht, könnten Sie mit den ausgezeichneten lokalen Salumi – zum Beispiel Ciauscolo – beginnen, dazu **hausgemachtes in Öl eingelegtes Gemüse** und gratiniertes oder gegrilltes Gemüse (7 €). Großes Angebot an hausgemachter Pasta wie Tagliatelle, Agnolotti und ausgezeichnete **Ravioli** (8 €), die je nach Wahl mit Fleischsaucen, Steinpilzen oder Tomatensauce serviert werden. Als Alternative, vor allem an Feiertagen, **Polentone**, eine Lasagna aus Polenta mit Fleischsauce. Bei den Secondi Lamm, Lombata (Steak) und Kalbsleber, **Braciole** und Koteletts vom Schwein (7 €), die Gabriella auf dem großen Grill gart. Dazu saisonale Beilagen. Außerdem können Sie einen schönen **Fritto di agnello, vitello e verdure** (12 €) bestellen. Gute Dolci nach Hausfrauenart, besonders empfehlenswert **Ciambellone** (3,50 €) und Tronchetto al cioccolato. Überraschende Weinkarte mit Produkten auch außerhalb der Marken zu sehr ehrlichen Preisen. In der unverfälscht geselligen Atmosphäre den Erzählungen von Pippo zuzuhören, macht den Besuch noch angenehmer.

26 km nordwestl. v. Ancona, S.S. 16 od. Ausf. A 14

NEU Le Grotte di San Sebastiano

Restaurant-Osteria
Via Pisacane, 30
Tel. (+39) 071 / 650 75
Ruhetag: Montag
Ferien: Juni-September
100 Plätze • Preise: 30 €
Kreditkarten: CS, DC, MC, Visa; BM
Mittags und abends geöffnet
G

DIE OSTERIA – Auf der zentral gelegenen Via Carlo Pisacane öffnet sich die Eingangstür dieses Lokals und wenn man einige Stufen hinuntersteigt, sieht man, dass der Name des Lokals hält, was er verspricht – man findet sich in einer echten, schön renovierten Grotte eines Herrenhauses wieder. Der große Kamin am Eingang deutet unmissverständlich auf die Linie der Küche hin: Außer Fleisch wird hier auch das Fladenbrot Crescia zubereitet, das sogenannte „Notbrot" aus den ländlichen Marken und nahe verwandt mit der Piadina romagnola, von der sie sich durch das Garen auf dem Bratenrost unterscheidet.

DIE KÜCHE – Das Angebot des Lokals orientiert sich an der bäuerlichen Tradition, zu Beginn kommt **Frittata di patate** (Omelett mit Kartoffeln, 9 €) zum kräftigen Brett mit Salumi und Käse, die von Crescia, gegrilltem Gemüse (3,50 €) oder in der Pfanne gewürztem Mangold begleitet werden – eigentlich schon ein kleines Essen. Auch die Primi (9 €) haben einen unverwechselbaren Geschmack: Tagliatelle al ragù bianco di coniglio oder mit der Sauce von Hühnerklein sowie **Polenta ai tre sughi** aus Maismehl der Sorte Ottofile aus Roccacontrada. Fortfahren können Sie mit **Coniglio in potacchio**, doch das Angebot kommt überwiegend vom großen Kamin: Grigliata mista di maiale (15 €), Rippchen, **Fegatelli alla griglia** (9 €), Rumpsteaks, Beefsteak und andere, weniger exquisite Fleischstücke. Ein Lob für die diskrete Atmosphäre und die zwanglose Lebhaftigkeit beim Service. Im Sommer übersiedelt das Lokal, besser gesagt sein Team, ins Chalet People Beach an der Strandpromenade Marconi, gegenüber der bekannten Rotonda a Mare, wo eine einfachere, sommerliche Küche geboten wird.

26 KM NORDWESTL. V. ANCONA, S.S. 16 OD. AUSF. A 14

Palazzo Barberini

Moderne Osteria
Via Mastai Ferretti 17–18
Tel. (+39) 071 / 792 67 03
Ruhetag: Montag
Ferien: unterschiedlich
25 Plätze
Preise: 25–30 €
Kreditkarten: CS, Visa; BM
Mittags und abends geöffnet

DIE OSTERIA – Unter den zahlreichen gastronomischen Angeboten, auf die man bei einem Spaziergang durch die Altstadt von Senigallia trifft, verdient der Palazzo Barberini sicherlich einen Besuch, als Beispiel für eine Osteria, die Wert auf die Auswahl der Zutaten, aus biologischer Erzeugung und lokaler Herkunft, legt. Die Liebenswürdigkeit des Wirts, die wenigen Tische, die gemütliche Beleuchtung, die warm und anheimelnd wirkende Einrichtung mit Holzmöbeln und frei liegenden Deckenbalken und die große Fensterfront tragen das Ihre zu einem Erlebnis bei, das vielleicht kein kulinarisches Feuerwerk sein mag, doch der verlässlichen Alltäglichkeit einer modernen Bio-Trattoria entspricht. Die Speisekarte wird vom täglichen Einkauf bestimmt und bietet vor allem Speisen vom Land – einige Fischgerichte tauchen zu Beginn des Sommers auf.

DIE KÜCHE – Unter den Antipasti könnten Sie die leckeren Polpette di riso croccanti (7 €) finden, **Zuppa di farro con champignon e spinaci** und Flan di topinambur su vellutata di lenticchie (9 €). Unter den Primi (12 €) sind **von Hand gemachte Tagliatelle al ragù** oder con sugo di mare, **Paccheri con sugo di campagna** (mit Salsiccia), sowie mit dem Frischkäse Stracciatella gefüllte Mezzelune auf Tomaten. Danach Entrecôte di marchigiana alla griglia, **Salsicce grigliate con stufato di cavolo nero** (10 €) und Spiedino di pollo bio e ananas marinato allo yogurt con spiedino di verdure. Köstliches Brot, ebenso gute Beilagen, immer der Jahreszeit entsprechend, sowie verschiedene vegane oder vegetarische Gerichte wie Finto hamburger con scamorza, bieta e patate (Falscher Hamburger mit Scamorza-Käse, Mangold und Kartoffeln, 9 €). Manche Gerichte machen wegen der unbestritten großzügigen Portionen allein ein ganzes Essen aus. Die Weinauswahl ist gut auf die Küche abgestimmt.

SENIGALLIA (AN)

26 KM NORDWESTL. V. ANCONA, S.S. 16 OD. AUSF. A 14

Rimante

Osteria
Via Pisacane, 59
Tel. (+39) 071 / 792 93 84
Ruhetag: Mittwoch
Ferien: 2 Wochen im Mai/Juni, Ende September
50 Plätze + 25 Plätze im Freien
Preise: 25–30 €
Kreditkarten: CS, MC, Visa
Abends geöffnet, Sonntag auch mittags

DIE OSTERIA – Nur ein paar Schritte vom Theater La Fenice in der Altstadt entfernt empfängt Cesare herzlich die Gäste in seinem schlicht in gepflegtem Vintage-Stil eingerichteten Lokal, das an eine Osteria vergangener Zeiten erinnert. In den kleinen Speisesälen mit Weinkisten und einer Ecke für Bücher, die zur Verfügung der Gäste stehen, wie auch an den hübschen Plätzen im Freien herrscht eine entspannte, familiäre Atmosphäre.

DIE KÜCHE – Das Angebot auf der Speisekarte verweist auf die Tradition der Marken, beginnend bei den Antipasti: mit dem Messer geschnittener Prosciutto, lokale Salumi, Focaccia und **Crescia al formaggio**, **Porchetta di coniglio** mit in Anis und Wacholder geschmortem Fenchel (9 €), Ricottina di bufala con insalatina, pistacchi pestati e gelatina di scalogno (7 €). Es folgen Tagliatelle al ragù di carne sowie die unverzichtbaren **Passatelli con crema alle ortiche** selvatiche **e casciotta** di Urbino (mit Brennnesselcreme und Käse, 9 €). Dann Fleisch vom Grill, begleitet von Konfitüre aus Tomaten, **Filetto di maiale lardellato con salsa alla birra e carciofo alla giudia** (15 €) oder **Fritto di carni miste con verdure croccanti, olive e cremini**, zu allem saisonale Beilagen wie junger Mangold mit Zitrone oder in der Pfanne mit Knoblauch und Chili gewürztes Wildgemüse. Unter den Desserts ragt **Moretta** (5 €) hervor, ein warmes Getränk mit weit zurückliegenden Wurzeln, das hier in fester Form auftritt, außerdem Zuppa inglese und Semifreddo ai frutti di bosco con piccola panna cotta alla menta. Gute Weinauswahl, vor allem aus den Marken, mit der Möglichkeit, glasweise zu bestellen.

Neben dem Lokal finden Sie Ser Caramello, einen reizenden Teesalon mit Konditorei, den Sie auch vom Rimante aus betreten können.

SENIGALLIA (AN)

26 KM NORDWESTL. V. ANCONA, S.S. 16 OD. AUSF. A 14

Vino e Cibo

Osteria
Via Fagnani, 16–18
Tel. (+39) 071 / 632 06
Ruhetag: Montag
Ferien: unterschiedlich
20 Plätze + 15 Plätze im Freien
Preise: 25–33 €
Kreditkarten: CS, MC, Visa; BM
Mittags und abends geöffnet

Beispielhaft in der Schlichtheit des kulinarischen Angebots ist diese Art, die Osteria auf moderne Weise zu interpretieren.

DIE OSTERIA – Gönnen Sie uns einmal die Freude, wenn Sie an einem der vier Tische dieser minimalistischen Osteria oder an einem der wenigen Plätze im Freien sitzen, mit diesem Buch, das Sie in der Hand halten (und das wir nicht nur schreiben, sondern auch selbst benutzen), zufrieden zu sein. Wir befinden uns in der Nähe des Rathauses, in einem der zahlreichen Lokale der Altstadt und der Badegegend von Senigallia. Doch hier scheint uns eine andere Sorgfalt und Substanz vorzuherrschen – sichere Hand in der Küche, keineswegs oberflächliches Wissen zu einfachen, doch kostbaren lokalen Fischrezepten, ausgewogenes Angebot.

DIE KÜCHE – Auf der Tafel stehen, täglich wechselnd, **Sardoncini a scottadito** oder leckeres **Pane e sgombro** (5 €), fantastische **Seppioline gratinate** (14 €), Totani limone e rosmarino oder Baccalà con melanzane e pomodori (16 €). Es folgen **Fusilli con cozze e finocchietto**, Spaghetti alle vongole, manchmal Minestra di pesce con bocca in cava (mit Himmelsgucker, 10 €) oder anderem gebräuchlichen frischen Fisch. Außerdem Tagliolini con sugo di coda di rospo, granseole e seppioline (mit Seeteufel, Seespinnen und kleinen Tintenfischen) und **Insalata di calamari con agretti e pomodori verdi** (Kalmare mit Salzkräutern und grünen Tomaten). Stracciata con alici und einige Gerichte ohne Fisch lockern das immer gut getroffene Angebot auf, zum Beispiel Vitello con capperi e olive, sehr gut im Sommer. Auch die Weinkarte ist mit ihrer persönlich gehaltenen Auswahl an vor allem aus den Marken stammenden Produkten untadelig. Hausgemachtes Süßgebäck zum Abschluss. Spontaner Service und zwanglose Atmosphäre.

SERRA DE' CONTI (AN)

52 KM W. V. ANCONA, 29 KM V. SENIGALLIA, S.S. 360

Coquus Fornacis

Moderne Osteria
Via Fornace, 7
Tel. (+39) 07 31 / 87 80 96
Ferien: unterschiedlich
60 Plätze + 40 Plätze im Freien
Preise: 30–35 €
Kreditkarten: AE, CS, MC, Visa; BM
Mittwoch–Sonntag geöffnet (Mittwoch und Donnerstag nur mittags)

Der Ort und die Küche von Giacomelli stehen in perfektem Einklang – Gerichte der Region und frühindustrielle Architektur sorgen für einen entspannten Aufenthalt.

DIE OSTERIA – Der Koch Marco Giacomelli und die runde Anlage der Ziegelbrennerei, eine wunderbares Bauwerk aus dem späten 19. Jahrhundert, der eine sorgfältige Renovierung neues Leben eingehaucht hat, sind die beiden Protagonisten dieses Restaurants. Die lebendige Küche stellt ein faszinierendes Unikum in dieser ländlichen Gegend, ein paar Kilometer vom Ort entfernt, dar. Auch dank der Verwendung einiger Slow-Food-Presidi ist Marco wie wenige andere in der Lage, die Verbindung seiner Küche mit der Umgebung zu unterstreichen. Schauplatz sind die eleganten, hellen Räumlichkeiten mit sehr hohen Decken, im Sommer können Sie im Schatten der Überdachung, die die Ziegelbrennerei umgibt, essen. Es gibt auch sechs Gästezimmer zum Übernachten.

DIE KÜCHE – Guter Beginn bei den Menüs, eines davon vegan, mit Foglia morta, das ist leicht überbrühtes Carpaccio mit Parmesancreme und frittierten Artischocken, oder guten **Fegatini di maiale** (Schweineleber, 7 €). Bei den Primi sind Tagliatelle all'ortica con crema di noci (mit Brennnesseln gefärbte Tagliatelle mit Nusscreme, 8 €) besonders gelungen, wie auch ***Cresc' tajat*** (unregelmäßig geformte Pasta aus Maismehl) **con sugo finto** (Sauce ohne Fleisch). Bei den Secondi empfehlen wir **Coniglio in porchetta** (10 €) und das köstliche Perlhuhn **Faraona al timo** (10 €). Perfekt ausgeführte Klassiker bei den Desserts, zum Beispiel Tortino di cioccolato con salsa al rum (6 €) oder **Mousse al mistrà con crema di caffè**. Eine besondere Erwähnung gilt der Weinkarte, dank der man vertiefte Kenntnisse über Verdicchio zu absolut korrekten Preisen erwerben kann.

SERRAPETRONA (MC)
Borgiano

30 KM SÜDWESTLICH VON MACERATA, S.S. 77

Osteria dei Borgia

Osteria
Via Cameraldo, 3
Tel. (+39) 07 33 / 90 51 31
Ruhetag: Montag, im Winter auch Dienstag
Ferien: letzte Juni-, erste Juliwoche
60 Plätze + 50 Plätze im Freien
Preise: 30–35 €
Kreditkarten: CS, MC, Visa; BM
Abends geöffnet, Sonntag ab 16.30 Uhr

DIE OSTERIA – Sandrino Quadraroli und seine Schwester Stefania, er im Service, sie am Herd, führen seit 30 Jahren diese Dorfosteria im Ortsteil Borgiano, leicht erreichbar von der Ausfahrt Serrapetrona der Staatsstraße 77. Nehmen Sie an einem der großen Tische im Erdgeschoss Platz, an denen mehrere Personen gesellig zusammensitzen, oder im großen Saal im oberen Stockwerk. Im Sommer gibt es auch Plätze im Freien. Das Lokal ist eine echte Institution für Liebhaber lokale Produkte und von Gerichten, die Saisonalität und Qualität der Zutaten hoch veranschlagen.

DIE KÜCHE – Am Sonntag gibt es traditionellerweise einen Imbiss mit Salumi und Käse aus kleinen Betrieben, dazu in Öl eingelegtes Gemüse. An anderen Tagen bekommen Sie ein wöchentlich wechselndes Menü. Man beginnt mit einer Verkostung von drei Antipasti (16 €) oder einem einzelnen Antipasto (6 €), zum Beispiel Vellutata di finocchi (Fenchelcremesuppe mit Hackfleischbällchen und Olivenöl der Sorte Coroncina aus eigener Erzeugung), Roastbeef di arista con insalatina di frutta secca e vincotto di fichi oder **Polentina di farro con costine di maiale al finocchietto** (Dinkelpolenta mit Rippenstücken vom Schwein, gewürzt mit Wildfenchel). Von den Primi (8,50 €) empfehlen wir Paccheri con carbonara di carciofi e ciauscolo oder **Tagliatelle agli asparagi di campo e prosciutto**. Anschließend **Stracotto alla Vernaccia** (12 €) oder lokales Lamm mit Kräutern. Zum Abschluss **Zuppa inglese** und Mousse al Varnelli con cuore di caffè. Außer der großen, klug getroffenen Auswahl an Weinen kleiner Erzeuger aus der Umgebung und dem übrigen Italien empfehlen wir die Etiketten des Betriebs Podere sul Lago, den Sandrino seit ein paar Jahren betreibt.

SERRUNGARINA (PU)
Bargni

34 KM SW. V. PESARO, S.S. 16 U. 73 BIS, 35 KM V. URBINO

Da Gustin

Traditionelle Osteria
Via Castello, 27
Tel. (+39) 07 21 / 89 15 17
Kein Ruhetag
Ferien: zeitweise im November
12 Plätze + 18 Plätze im Freien
Preise: 38–42 € €↑
Kreditkarten: CS, MC, Visa; BM
Mittags und abends geöffnet

DIE OSTERIA – Im Lokal von Catia und Virginio spürt man eine einladende, gemütliche Atmosphäre, als wäre man bei ihnen zu Hause zu Gast. Vier Tische, eine Theke für Salumi und Käse, eine einsehbare Küche, das ist alles, was diese reizende Osteria im kleinen Ortsteil Bargni zu bieten hat. Im Sommer isst man an angenehmen Plätzen im Freien mit Blick auf das Valle del Metauro. Die mündlich vorgetragene Tageskarte enthält die von Catia aus saisonalen Zutaten frisch gekochten Speisen und das Fleisch, das auf dem kleinen Kamin gegrillt wird.

DIE KÜCHE – Beginnen könnten Sie mit einem zarten Carpaccio di manzo mit Sommertrüffel und Parmesan aus der Milch der roten Kühe der Rasse Reggiana (14 €), Crost'uovo (Crostone mit Ei und Trüffel nach Saison) oder dem reichhaltigen Brett mit Salumi und Käse (aus der Umgebung und dem übrigen Italien) und **Crescia sfogliata** (16 €), das wir für zwei Personen empfehlen. Als Primi (12 €) Tagliatelle di farro agli asparagi selvatici und die köstlichen **Passatelli al tartufo scorzone e funghi spugnoli** (mit Sommertrüffel und Morcheln). Fahren Sie nun mit Fleisch (14 €) und einer passenden Beilage fort, wir raten zu **Agnello alla brace** und **Galletto con erbette profumate** oder Tagliata vom Rind der Marchigiana-Rasse. Unter den Desserts (6 €) hausgemachtes Eis, Mousse al mascarpone und Cantucci. Beachtliches Angebot an Brot sowie eine breit gefächerte Auswahl an Etiketten aus den Marken, die auch glasweise verkostet werden können. Die üppigen Portionen machen es möglich, auch mit nur zwei Gängen satt zu werden und dabei vor allem innerhalb des von uns angegebenen Preisspektrums zu bleiben.

Im Orstetil **Tavernelle** (4,5 km) verkauft die Fleischerei Spendolini, Via Flaminia 11, frisches Fleisch und Salumi sowie Spezialitäten zum Mitnehmen.

SIROLO (AN)

20 KM SÜDLICH VON ANCONA

Il Ritorno

Agriturismo
Via Piani d'Aspio 12
Tel. (+39) 071 / 933 15 44
Ruhetag: im Sommer Montagmittag, im Winter Montag–Donnerstag
Ferien: Februar, 2 Wochen im November
70 Plätze + 100 Plätze im Freien
Preise: 30–35 €
Kreditkarten: CS, MC, Visa; BM
Mittags und abends geöffnet

DIE OSTERIA – Ein großer Parkplatz und ein von hohen Bäumen beschatteter Garten heißen die Gäste des Agriturismo willkommen, ebenso die Restaurantbesucher, die in einem der beiden Speisesäle mit Wänden aus frei liegendem Stein essen wollen. Die Gastlichkeit ist herzlich und direkt, im Einklang mit der Ursprünglichkeit der Grundzutaten, die großenteils aus eigener Erzeugung stammen: Fleisch von frei lebenden Rindern, von Schweinen aus einerm vertrauenswürdigen Zuchtbetrieb, Gemüse aus dem Garten, Brot, Mehl und Hülsenfrüchte aus der lokalen Kooperative Terre del Conero. Die Speisekarte, die Ihnen Mirco und Federico vorstellen, ist kurz, aber durchdacht.

DIE KÜCHE – Man beginnt mit einem Antipasto mit Salumi und Käse (10 €), danach gibt es **Tagliatelle** „tirate a rasagnolo" (mit dem Nudelholz ausgerollt) **con ragù** (8 €), mit Fleisch gefüllte Gnocchi mit Pendolini-Tomaten und Thymian, Ravioli mit Ricotta-Spinat-Füllung, dazu saisonabhängige Saucen, über den Bronzestab gerollte Spaghetti alla marchigiana neben köstlichen Gnocchi di patate „del ritorno" (9 €). Als Secondi **Bocconcini di vitello con erbe aromatiche** (Kalbsmeadillons mit Kräutern), **Carpaccio tiepido con julienne di verdure**, Tagliata di maiale in salsa di mele e curry und Lombata di maiale alle erbe aromatiche, jeweils für 12 €. Als Alternative Carne mista oder Tagliata di vitello alla brace (14 €). Beilagen mit Gemüse der Saison (3 €) sowie feine Dolci: Cassata all'italiana, Crostata mit Konfitüre oder Kekse, Ciambellone und gutes Tiramisu (4 €). Zu trinken gibt es einige lokale Etiketten neben einem hochwertigen offenen Weiß- und Rotwein.

Im Zentrum von Sirolo können Sie bei La Drogheria, Via Italia 2, Salumi, Käse, Slow-Food-Presidi und Weine verkosten oder zum Mitnehmen kaufen.

STAFFOLO (AN)

46 KM SÜDWESTLICH VON ANCONA, S.S. 76

Vino e Cucina

Trattoria
Via XX Settembre, 54
Tel. (+39) 07 31 / 77 97 83
Ruhetag: Montag
Ferien: 2 Wochen im Juli
50 Plätze
Preise: 27–35 €
Kreditkarten: AE, CS, MC, Visa; BM
Abends geöffnet, Samstag auch mittags, Sonntag nur mittags

DIE OSTERIA – An der Stadtmauer, am Fuß des Wachturms der Porta San Martino, hat Gabriella Scortichini ihre große Passion für die Küche in die Tat umgesetzt und dieses schöne Lokal ins Leben gerufen. Wände aus unverputztem Stein und geschmackvolle Einrichtung charakterisieren die Räumlichkeiten der Trattoria, die auch von jungen Gästen besucht wird. Gabriella kümmert sich persönlich um den Service wie auch um die Küche und steht den Besuchern mit Ratschlägen zur Seite. Mit Enthusiasmus und Genauigkeit beschreibt sie die Besonderheiten der Gerichte, in denen die Tradition dieser Gegend des Verdicchio zum Ausdruck kommt.

DIE KÜCHE – Das kulinarische Angebot sieht neben immer auf der Karte vorhandenen Gerichten auch saisonale Speisen vor. Als Antipasti empfehlen wir die hervorragenden Salumi und Käse aus der Umgebung, **Coratellina di agnello al rosmarino** (7 €) sowie **Trippa al sugo rosso**, auch wenn Sie diese auf der Speisekarte unter den Secondi finden könnten. Von der frischen, mit dem Nudelholz ausgerollten Pasta sind die köstlichen Tagliatelle agli asparagi, pomodorini e pancetta (9,50 €) besonders zu empfehlen, daneben Ravioli taleggio e carciofi und Cappelletti in brodo. Traditionelle Fleischgerichte dominieren die Secondi, zum Beispiel **Faraona al prosciutto** (in Essig gekochtes Perlhuhn, 10 €), **Coniglio ripieno ai carciofi** oder Maialino da latte al rosmarino (mit Rosmarin aromatisiertes Milchferkel, 10 €). Als Dessert müssen Sie unbedingt die leckeren **Castagnole con mascarpone, cioccolato e arancia** (6 €) probieren. Die Weinkarte umfasst einige wenige lokale Etiketten, vor allem Verdicchio und Rotweine aus den Marken, wobei jungen Winzerbetrieben die angemessene Aufmerksamkeit zuteil wird.

TAVULLIA (PU)
Rio Salso-Case Bernardi

19 KM SÜDÖSTL. V. URBINO, 23 KM WESTL. V. PESARO

Agri Rio

Agriturismo
Via Ofanto 4
Tel. (+39) 07 21 / 47 82 39
Ruhetag: Samstagmittag, Sonntagabend; im Winter Montag–Mittwoch abends
Ferien: unterschiedlich
45 Plätze + 20 Plätze im Freien
Preise: 32–35 €
Kreditkarten: CS, DC, MC, Visa; BM
Mittags und abends geöffnet

DIE OSTERIA – Einen schönen Agriturismo hat Familie Pierleoni in der ländlichen Umgebung von Pesaro, nur ein paar Meter von der Quelle des Flusses Foglia entfernt, geschaffen. Diese moderne Interpretation eines Ferienbauernhofs gibt ein gutes Beispiel für andere Betriebe, die einen ähnlichen Weg einschlagen wollen: komplettes Angebot, also Bewirtung, Übernachtungsmöglichkeit, Kindergarten auf dem Bauernhof, Aufzucht kleiner Hoftiere und natürlich Erzeugung von Spezialitäten wie Salumi, Biogemüse, Mehl und Honig, die im Betrieb und auf nahen Märkten verkauft werden. Dank den großen Fensterfronten, die auf den Garten gehen, steht der Speisesaal in einer Art durchlässiger Verbindung mit den Zutaten, die von den fähigen jungen Händen der Köchin Sara verarbeitet auf den Tisch kommen.

DIE KÜCHE – Ein Körbchen mit hausgemachtem Brot und Fladenbrot, Salumi, Käse, **Polpette di ceci** di San Sisto, Cascione con ortica und Tortino di ricotta e spinaci als Antipasto (12 €) sind eine gute Vorbereitung auf Primi wie **Passatelli asciutti con carciofi e salsiccia** (10 €), Gnocchi ripieni di ricotta con **coniglio** e porcini (mit Ricotta gefüllte Gnocchi in Kaninchen-Pilz-Sauce) oder mit dem Nudelholz ausgerollte Tagliatelle con ragù di salsiccia e piselli. Nun kommen in der Folie gegartes und anschließend gegrilltes Kaninchen **Coniglio con guanciale e cipollotti fritti** (12 €), Agnello con patate arrosto und Filetto di maiale rosato cotto sulla brace, dazu Wildgemüse und Salsa verde. Gute Dolci wie hausgemachte Kekse und **Panna cotta con amarene** di Cantiano (5 €) sind ein würdiger Abschluss des Essens. Zu trinken gibt es offenen Wein und eine kleine, regional geprägte Karte. Bevor Sie gehen, sollten Sie an der Theke Salumi aus dem Fleisch der wild aufwachsenden Schweine einkaufen.

TAVULLIA (PU)

19 KM SÜDÖSTL. V. URBINO, 23 KM WESTL. V. PESARO

Da Rossi

Osteria-Pizzeria
Via Battisti, 1 A
Tel. (+39) 07 21 / 47 67 65
Kein Ruhetag
Keine Ferien
80 Plätze + 100 Plätze im Freien
Preise: 20–35 €
Kreditkarten: CS, MC, Visa; BM
Mittags und abends geöffnet

DIE OSTERIA – Durch die Gassen von Tavullia fuhr mit einer Apecar oder einem Moped einst der jugendliche Valentino Rossi, Motorradsportler und Inhaber der berühmtesten gelben Nummer 46 der Welt. Er ist so beliebt, dass dieses Lokal sogar seinen Namen zu seinen Ehren geändert hat. Sein Vater Graziano lebt noch im Ort und man sieht ihn oft in diesem zwanglosen, einladenden Lokal, in dem es an Erinnerungsstücken und anderen Verweisen auf den Champion nicht mangelt. Das heimelige Ambiente ist durch die nahe gelegene Romagna mit ihrer sprichwörtlichen Sympathie inspiriert und auch in der Küche zeigen sich interessante Einflüsse.

DIE KÜCHE – Das Degustationsmenü (20 €), das erst ab mindestens zwei Personen zubereitet wird, ist auf jeden Fall ein komplettes Menü. Eine andere Möglichkeit ist, von der Karte zu wählen, die auf die Tischsets gedruckt ist und sich durch die Verwendung zahlreicher Slow-Food-Presidi auszeichnet. Beginn mit Crostino al cucchiaio, **Crescia sfogliata** marchigiana, Giardiniera di verdura (in Essig eingelegtes Gemüse) oder Carpaccio di capocollo alle erbe aromatiche (6 €). Fortgesetzt wird mit Primi (9 €) wie **Ravioli mit dem Fleisch des Schweins der Mora-Romagnola-Rasse**, **Tagliatelle al ragù**, Risotto ai porcini, Maccheroni alla carbonara di uvetta sultanina und Panzerotto ai carciofi (mit Artischocken gefüllte frittierte Teigtäschchen). Unter den Secondi sind **Polpettine di mora al sugo** (13 €), Costata di romagnola ai ferri (gegrilltes Rippenstück, 22 €), Tagliata di manzo, Costine di maiale profumate all'anice sowie Controfiletto al pepe verde. Als Beilagen in der Pfanne gibt es gewürztes oder überbackenes Gemüse und Patate arrosto (3,50 €). Traditionell erzeugtes Eis (5 €) zum Abschluss. Die Weinkarte hat ein der Umgebung entsprechendes Profil, die Preise sind ehrlich.

URBANIA (PU)

71 KM SÜDWESTLICH V. PESARO, 27 KM V. URBINO

Casa Tintoria

Restaurant
Via Porta Molino 4
Tel. (+39) 07 22 / 31 74 12
Ruhetag: Montag, im Winter auch Sonntagabend und Dienstag
Ferien: 2 Wochen im Januar
35 Plätze + 15 Plätze im Freien
Preise: 28–30 €
Keine Kreditkarten
Mittags und abends geöffnet

DIE OSTERIA – Das Lokal befindet sich in den Räumlichkeiten einer ehemaligen Färberei in der Nähe der kleinen Altstadt, neben den öffentlichen Gärten. Man erreicht es, wenn man unterhalb der Stadtmauern einen Fußgängerweg zum Ufer des Flusses Metauro hinuntergeht. Die Einrichtung erinnert an das bäuerliche Leben von früher, die Tische sind mit bestickten Tischtüchern und schönen Porzellantellern gedeckt. Im Frühling lädt der reizende Garten vor dem Lokal zu einem Essen in der Natur ein, umgeben vom Duft der Blumen und Kräuter, die Dodi, die freundliche Inhaberin des Restaurants, liebevoll pflegt und oft in ihren Gerichten neben frischem Obst und Gemüse der Saison verwendet.

DIE KÜCHE – Die Degustation der Antipasti (15 €) könnte Tortino di asparagi, Crespelle di stridoli (Pfannkuchen mit Taubenkropf-Leimkraut), Fagottini con salsiccia e radicchio, **Carpaccio vom Schwein mit Erdbeeren und Aprikosen** sowie Insalatina con tartufo nero estivo e fiori (mit schwarzer Sommertrüffel und Blüten) beinhalten. Unter den immer gut zubereiteten Primi (10 €) sind Ravioli di ricotta e stridoli con pomodoro fresco wie auch Tagliatelle mit Wildgemüse und **Cappellacci alle ortiche con fiori di zucca**. Verlockend ist auch das Angebot bei den Secondi, besonders **Filetto di maialino e frutta fresca caramellata al rum** (13 €) und Coniglio ripieno alle fave. Beenden können Sie das Essen mit einem Stück **Torta di frutta con pasta di pane, mit** Semifreddo al pistacchio di Bronte, einem Sorbet mit Holunderblüten oder Hagebutte sowie Vanilleeis mit Wildkirschen. Neben dem Hauswein stehen einige Etiketten zur Verfügung, vorwiegend aus der Umgebung.

URBINO
Montesoffio

9 KM VOM ZENTRUM

La Valle del Vento

Agriturismo
Via Monte Olivo 12
Tel. (+39) 07 22 / 572 15
Ruhetag: Montag
Ferien: 2 Wochen im Oktober
60 Plätze + 60 Plätze im Freien
Preise: 28–30 €
Kreditkarten: MC, Visa; BM
Abends geöffnet, Sonntag und Feiertage auch mittags

DIE OSTERIA – Sara und Francesco sind privat wie beruflich ein Paar. Das gemeinsame Interesse an ihrer Umgebung drückt sich im kulinarischen Angebot dieses Lokals mit dem beziehungsreichen Namen „Tal des Windes“ aus, wie auch in der Auswahl an Bieren und großenteils biologischen Weinen sowie hochprozentigen Getränken aus Betrieben in den Marken, die Sie im kleinen angrenzenden Laden auch zum Mitnehmen kaufen können. Lassen Sie sich von den vielen Kurven der Panoramastraße, die von Urbino nach Urbania und zu diesem Agriturismo führt, nicht entmutigen, denn die Fahrt lohnt sich. Umgeben vom schier unendlichen Grün des Montefeltro-Gebiets lernen Sie in entspannter Atmosphäre eine Küche kennen, deren Zutaten aus eigener Erzeugung stammen oder auf jeden Fall eine nachvollziehbare Lieferkette aufweisen, darunter einige Slow-Food-Presidi. Es ist auch möglich, einfach nur einen Imbiss oder eine Pizza aus Sauerteig zu genießen.

DIE KÜCHE – Zu Beginn der leckere Antipasto della casa (12 €), möglicherweise mit Farro, pesto di rucola e carote al basilico, **Crostone di polenta**, Ricotta al limone, Salumi sowie **Fagottino con fave, patate e porro**. Anschließend Gnocchi di ortiche con zucca e salsiccia, Tagliatelle, deren Teig mit dem Nudelholz ausgerollt wurde, mit Saisongemüse (8 €) sowie, in der entsprechenden Jahreszeit, **Passatelli con asparagi e zafferano** del Montefeltro. Als Secondi herrliches **Filetto di suino**, auf der Holzkohlenglut gegart, **al sale di Cervia** (14 €), dazu das unverzichtbare Fladenbrot **Crescia sfogliata** in der Version von Urbino. Vegetarier können sich über einen Kartoffelburger mit Eigelb und Gemüse (10 €) freuen. Eine besondere Erwähnung verdienen die hausgemachten Dolci wie Panna cotta, zafferano miele e noci (5 €) und Crostata (aus Mürbeteig aus Maismehl) mit Obst.

VALLEFOGLIA (PU)
Capponello

16 km nö. v. Urbino, 20 km sw. v. Pesaro, S.P. 30

Locanda Montelippo

Agriturismo
Via Canarecchia 29–31
Tel. (+39) 07 21 / 41 67 35
Ruhetag: Montagmittag, Dienstag
Ferien: unterschiedlich
50 Plätze + 20 Plätze im Freien
Preise: 28–30 €
Kreditkarten: CS, MC; BM
Mittags und abends geöffnet

DIE OSTERIA – Ein paar hundert Meter auf einer engen, nicht asphaltierten Straße bringen Sie zum von Bäumen und Wiesen umgebenen Landhaus der Familie Aiudi, dem Sitz des Landwirtschaftsbetriebs und des professionell geführten Restaurants mit Übernachtungsmöglichkeit, in dem man Sie herzlich empfangen wird. Die Eltern ziehen Schafe und Hoftiere auf und bestellen den Obst- und Gemüsegarten, währen die Kinder Andrea und Alice Küche und Service betreuen. Viele der Zutaten stammen aus eigener Erzeugung, von anderen sind die Herkunft und sogar die Entfernung zum Produzenten angegeben. Auch beim Weinangebot werden Winzereien aus der Umgebung bevorzugt.

DIE KÜCHE – Das Degustationsmenü mit fünf Gängen (28 €) ist zweifellos günstig im Vergleich zur Auswahl einzelner Gerichte. Es kann Höhlenkäse mit Leinsamen beinhalten, **Vellutata di pisellini novelli e asparagi** con riso venere und im Keller gereifte Bresaola mit Rucola, roten Beeren und gerösteten Mandeln. Des Weiteren Fettuccine aus Erbsenmehl mit Spargel, Pendolini-Tomaten, Erbsen und Crema di burrata, **Filetto di maiale avvolto nella sua rete** con riduzione di vino passito e more und mit Biancomangiare aus Ziegenmilchjoghurt mit Coulis von Himbeeren und roten Früchten seinen Abschluss finden. Auf der Karte stehen weitere gute Antipasti wie **Coratelline di agnello con carciofi e pane tostato** und Tatar vom Rind der Marchigiana-Rasse (8 €). Danach Tagliatelle al ragù, **Passatelli con ceci, goletta e rosmarino**, Fettuccine aus alten Getreidesorten mit Pfifferlingen und gerösteten Pinienkernen (11 €) sowie Agnolotti di caprino e carciofi con burro e timo (10 €). Als Secondo Fleisch vom Grill oder aus dem Holzofen. Beilagen der Saison und hausgemachte Dolci wie die köstliche Panna cotta con frutti di bosco.

VENAROTTA (AP)

11 km nordwestlich von Ascoli Piceno

Il Casolare

Restaurant
Via Case Sparse, 31
Tel. (+39) 07 36 / 36 21 62
Ruhetag: Montag, Dienstag
Ferien: zeitweise im Winter und Spätsommer
100 Plätze
Preise: 35 €
Kreditkarten: AE, CS, MC, Visa
Mittags geöffnet, Freitag und Samstag auch abends

DIE OSTERIA – „Benvenuti a Venarotta" liest man in der letzten Kurve vor dem Dorf am Fuß des Berges, kurz bevor man zu dem Ehrfurcht gebietenden Rathaus kommt, und man fühlt sich schon wie auf einem ruhigen Sommerurlaub abseits der Touristenpfade. Nach ein paar hundert Metern taucht dann auch schon das Casolare auf, in dem es außer einigen Gästezimmern und einem schönen Platz mit Tischen im Grünen sowie einem Swimmingpool in der Nähe vor allem die Gelegenheit gibt, die soliden kulinarischen Traditionen des Landesinneren kennenzulernen. Dafür stehen ein kleinerer und ein größerer Speisesaal und eventuell ein Salon für größere Gesellschaften zur Verfügung. Signora Rita und ihre Tochter Laura führen gemeinsam den Betrieb und besorgen täglich den Einkauf bei landwirtschaftlichen Betrieben in der Umgebung.

DIE KÜCHE – Bei den Antipasti (8 €) sind lokale Salumi und Käse vorgesehen (Ricotta, Mozzarella und Schafkäse), außerdem **Fritto misto mit gefüllten Oliven, Saisongemüse und Cremino-Käse**. Von den Primi (8 €) empfehlen wir Tagliatelle al tartufo bianco (die weiße Trüffel ist von Oktober bis Dezember verfügbar) oder mit der wertvollen schwarzen Trüffel, daneben eine bemerkenswerte Amatriciana mit oder ohne Tomaten, **Pasta e ceci** sowie die einfachen köstlichen Ravioli di ricotta al pomodoro. Wenn Sie nicht noch einmal auf die Frittura zurückkommen möchten, können Sie bei den Secondi **Scottadito di agnello alla brace** (10 €) wählen, den immer hervorragenden **Stinco di vitello**, Porcini arrosto (gebratene Steinpilze), Baccalà (15 €) oder Gaspè (ebenfalls Baccalà) alla brace. Unter den Beilagen finden Sie Puntarelle alle alici. Hausgemachte Zuppa inglese und Tiramisu (3 €) finden Sie unter den Desserts. Zu trinken gibt es gute Etiketten und einen mehr als respektablen Hauswein.

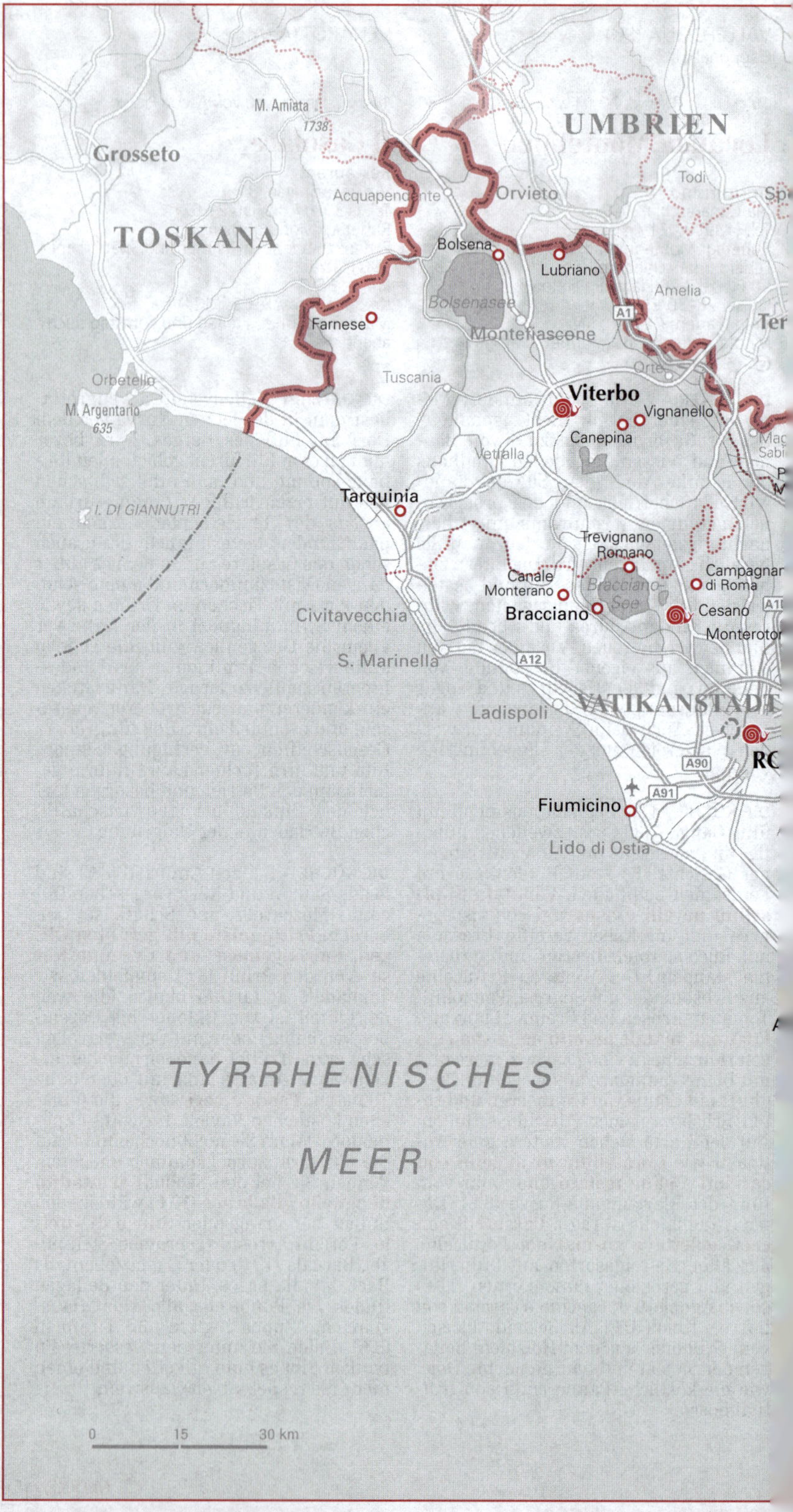

UMBRIEN
TOSKANA
Grosseto
M. Amiata
1738
Todi
Acquapendente
Orvieto
Bolsena
Lubriano
Amelia
Bolsenasee
Farnese
Montefiascone
A1
Orte
Orbetello
Tuscania
M. Argentario
635
Viterbo
Vignanello
Canepina
Vetralla
I. DI GIANNUTRI
Tarquinia
Trevignano
Romano
Canale
Monterano
Bracciano-
See
Campagnano
di Roma
Bracciano
Cesano
Civitavecchia
S. Marinella
A12
Ladispoli
VATIKANSTADT
A90
Fiumicino
A91
Lido di Ostia
TYRRHENISCHES
MEER
0
15
30 km

MARKEN
ADRIA
Norcia
Giulianova
PARCO NAZ. DEL GRAN SASSO E MONTI D. LAGA
Téramo
Roseto d. Abruzzi
Amatrice
A24
A14
Labro
Gran Sasso d'Italia 2912
Pescara
Terminillo 2216
Antrodoco
Rieti
Chieti
L'ÁQUILA
ABRUZZEN
Poggio Moiano
PARCO NAZ. M.gna d. Maiella 2793 D. MAIELLA
Orvinio
Sulmona
A25
Avezzano
PARCO NAZ. D'ABRUZZO, LAZIO E MOLISE
Arcinazzo Romano
Olevano Romano
Piglio
M.te Porzio Catone
Paliano
Anagni
A1
Artena
Alatri
Ferentino
Sora
Casalvieri
MOLISE
Frosinone
Arpino
Picinisco
Cori
Carpineto Romano
Supino
Isérnia
Ceprano
Prossedi
Sezze
Castro d. Volsci
Cassino
Latina
Priverno
Amaseno
Campodimele
Monte S. Biagio
Fondi
PARCO NAZ. D. CIRCEO
Sabaudia
Castelforte
Terracina
Formia
Minturno
Sperlonga
KAMPANIEN
Capo Circeo
Gaeta
Golf von Gaeta
Cápua
PONTINISCHE INSELN
PONZA
Ponza
A56
NEAPEL
VENTOTENE

LATIUM

Das Latium ist, im Hinblick auf die Gastronomie, eine kleine, sehr vielseitig zusammengesetzte Galaxie. Auf der einen Seite haben wir die Hauptstadt. Hier wird eine leicht folkloristisch anmutende Esskultur fast ikonenhaft gepflegt – mit der Trattoria als Hort einiger Rezepte, die in den letzten Jahren einen zweiten Frühling zwischen Modeströmungen und Wiederentdeckung der Tradition erlebt haben: Amatriciana, Cacio e pepe und Carbonara sind heute in den meisten Lokalen vertreten. Die Carbonara ist mittlerweile Objekt eines regelrechten Kults, was die aktuelle Diskussion um die Kochzeit der Pasta, die Qualität der Eier und den Ursprung des verwendeten Guanciale anbelangt.
Außerhalb von Rom hingegen zeigt sich die Region Latium als ganz uneinheitliche, aus vielen kleinen Osterien bestehende Welt. Sie alle wollen Referenzadressen für gute lokale Küche und vor allem für die besten Lieferanten sein. Tatsächlich entwickeln sie sich zum Mittelpunkt jeweils spezieller Mikroökonomien, die nicht gerade wenig zur Entstehung einer neuen Landwirtschaft beitragen. Es ist jedoch schwierig, alle Lokale einzuordnen oder sie auch nur in Gruppen einzuteilen, denn jede Provinz weist ihre Besonderheiten auf: Viterbo mit seiner Küche des Landesinneren, die eine gewisse Nähe zur südlichen Toskana aufweist; die Ess- und Kochgewohnheiten in Rieti reichen vom flachen Land bis zu den Bergen; Latina ist stark von der Meeresküche beeinflusst – und nicht zuletzt stehen Frosinone (und die Ciociaria) stellvertretend für alles, was mit hochwertigem Gemüse und Hülsenfrüchten zu tun hat.
Die Region Latium präsentiert sich also vielfältig und bunt. Die facettenreiche lokale Biodiversität hat in den letzten Jahren wichtige Neuheiten hervorgebracht, nicht zuletzt dank einer neuen Generation, die hier an der Arbeit ist.

Für Sie entdeckt

Agnello a scottadito

522 Da Silvana
Arcinazzo Romano (Rm)
533 Taverna Mari
Grottaferrata (Rm)
544 Da Cesare
Rom

Baccalà

523 Le Delizie di Maria
Arpino (Fr)
525 Iotto
Campagnano di Roma (Rm)
528 Locanda del Ditirambo
Castro dei Volsci (Fr)

Carbonara

531 Zarazà
Frascati (Rm)
546 Grappolo d'Oro
Rom
547 Lo'steria
Rom

Crostata di visciole

531 In Vino Veritas
Frosinone
545 Dal Cavalier Gino
Rom
548 Osteria del Velodromo Vecchio
Rom

66 km nordöstlich von Rieti

Lo Scoiattolo

Osteria
Via Ponte Tre Occhi Sud, km 1,5
Tel. (+39) 07 46 / 82 50 86
Ruhetag: Montag, außer im Frühling und Sommer
Keine Ferien
140 Plätze + 60 Plätze im Freien
Preise: 25 €
Keine Kreditkarten; BM
Mittags und abends geöffnet

DIE OSTERIA – Wenige Menschen, selbst im Latium, kennen Amatrice, die Wiege eines der bekanntesten Gerichte der Region, von dessen Ruf die Hauptstadt schon seit Langem profitiert. Doch eben weil es in dieser wirklich schönen Gegend nicht nur die Amatriciana gibt, lohnt die Fahrt hier hinauf, ans Ufer eines reizenden kleinen Sees, an dem Familie Berardi seit Jahren eine unverfälschte und volkstümliche Küche im Schatten der Monti della Laga bietet. Der Ort ist nicht einfach zu erreichen, doch man kann hier auch übernachten oder sogar ein paar Ferientage verbringen. (Anm. d. Red.: Wie bei allen Texten dieses Buches handelt es sich auch hier um die Übersetzung der italienischen Originalausgabe. Diese wurde vor dem äußerst bedauerlichen Erdbeben vom August 2016 fertiggestellt. Die hier vorgestellte Osteria liegt etwas abseits von Amatrice und blieb glücklicherweise verschont. Eine Stellungname von Slow Food sowie eine Möglichkeit, die betroffene Region zu unterstützen, finden Sie auf Seite 8.)

DIE KÜCHE – Viele Besucher kommen jedes Jahr zu Lo Scoiattolo, um eine perfekte **Amatriciana** (9 €), die natürlich auch ohne Tomaten, nach einem alten Rezept namens **Gricia** angeboten wird, zu genießen. Grundlage beider Gerichte sind ausgezeichneter Guanciale und aromatischer Pecorino. Zuvor sollten Sie jedoch das breit gefächerte Sortiment an Salumi im reichhaltigen Antipasto (7 €) probieren, beginnend bei der aus den Abruzzen stammenden Mortadella di Campotosto (Slow-Food-Presidio) bis hin zu Käse und Salumi aus Poggio Cancelli. Im Winter können Sie sich mit einer der legendären, wohlschmeckenden **Minestre** (9 €) **mit Hülsenfrüchten**, Pasta und/oder Schweinefleisch aufwärmen. Einen Versuch wert sind sicherlich die Fleischgerichte, darunter Arrosto di maiale al vino und **Petto di vitella alla fornara** (12 €). Das lokal angebaute Gemüse entspricht immer der Jahreszeit.

25 km östlich von Rieti, S.S. 4

NEU L'Osteria di Ianus

Moderne Osteria
Via Amiterno, 70
Tel. (+39) 335 / 615 18 23
Ruhetag: Montag–Donnerstag, außer im August
Ferien: zeitweise im Winter
20 Plätze + 10 Plätze im Freien
Preise: 30 €
Kreditkarten: CS, MC, Visa; BM
Mittags und abends geöffnet

DIE OSTERIA – Die kleine Osteria von Cristina und Paolo ist ein angenehmes Lokal im Keller eines Adelshauses. Nehmen Sie in einem kleinen, charmant rustikal eingerichteten Saal mit heimeliger Atmosphäre Platz und blättern Sie die interessante und abwechslungsreiche Speisekarte durch, auf der Ursprung und Charakteristika der Zutaten aufgelistet sind. Simone versteht es meisterhaft, die lokale Tradition zu interpretieren, und entspricht dabei dem Wunsch der Inhaber, eine Küche der Umgebung mit Augenmerk auf die Qualität der Ingredienzen zu bieten und manchmal auch mit ungewöhnlichen Geschmackskombinationen zu überraschen.

DIE KÜCHE – Cristina leitet nicht nur das Lokal, sondern erzeugt auch hervorragende Konfitüren und Kompotte aus Obst. Der Willkommensgruß des Hauses ist eine Auswahl derselben zu köstlicher Ricotta aus Schafmilch. Reichhaltig und vielfältig die Antipasti classici (9 €). Die Pasta ist hausgemacht, doch ein Rezept, das Sie nicht verpassen sollten, sind mit Fleisch und Käse gefüllte, mit Tomatensauce begossene und überbackene Crêpes namens **Stracci antrodocani** (10 €). Bei den Secondi (13 €) wie **Carré di agnello in crosta con salsa di lamponi** und **Tasca di vitello ripiena di carni miste, prugne e mandorle** wird großer Wert auf Kochtechniken und Präsentation gelegt. Auch die Dolci (4 €) sind erfreulich. Im Winter finden Sie oft Trüffeln sowie ein weiteres typisches Gericht, Baccalà con il marrone antrodocano. Die Weinkarte ist begrenzt, doch nicht uninteressant, ein guter Montepulciano d'Abruzzo wird glasweise ausgeschenkt. Im Laden der angrenzenden Werkstatt können Sie selbst Erzeugtes kaufen – neben Konfitüren auch Trockengebäck und Liköre. Gegen Vorbestellung öffnet die Osteria auch an Tagen, an denen normalerweise geschlossen ist.

57 KM SÜDÖSTL. V. ROM, S.S. 207 OD. S.S. 601

Fraschetta del Mare

Osteria
Piazzale Orazio, 5
Tel. (+39) 06 / 984 62 40
Ruhetag: Montag
Ferien: zeitweise im Januar und November
50 Plätze + 50 Plätze im Freien
Preise: 16 € (Tagesmenü)
Kreditkarten: CS, DC, MC, Visa; BM
Mittags und abends geöffnet

DIE OSTERIA – Seit 2016 befindet sich das Lokal an einem neuen Ort, wie zuvor nicht weit vom Meer entfernt, mit einem großen Speisesaal und einer Veranda, die im Sommer zur offenen Terrasse wird. Weiß ist die dominierende Farbe an den Wänden und bei der Einrichtung, bunte Stühle sorgen für ein wenig Farbe. Bei Fraschetta del Mare ist die Tischdekoration minimalistisch: Tischläufer statt Tischtücher setzen einen modernen Akzent, ein gemeinsames Tablett in der Mitte ersetzt die einzelnen Teller bei den Gerichten. Die Gastlichkeit und Sorgfalt des Teams sind unverändert, der Service ist rasch und aufmerksam.

DIE KÜCHE – Patron Daniele setzt die siegreiche Strategie, ein Degustationsmenü zum feststehenden Preis von 16 € anzubieten, fort. Nach wie vor ausgezeichnet ist die Qualität des Fischfangs: ganz frische Mazzama („armer" Fisch, der bei der Versteigerung auf dem Fischmarkt nicht verkauft wurde), mit Fantasie und Geschick zusammen mit Gemüse aus dem Garten zubereitet, und weitere schmackhafte Angebote, die täglich nach Verfügbarkeit wechseln. Die Kostproben, deren Verzeichnis täglich auf Facebook gepostet wird, bestehen aus einer Reihe Antipasti, einem Primo und einem kleinen Sortiment an Secondi. Beispiele sind Panzanella con tonno, pomodoro e basilico, **Polpetta di merluzzo**, über Dampf gegarte Moscardini (Tintenfischart) mit Gemüse, **Spaghetti alici e pecorino**, Merluzzo gratinato, **Sciabola al gratin** (überbackener Degenfisch), Cernia con peperoni (Zackenbrasch mit Paprikaschoten) und **Frittura mista**. Ein Platz ist immer für rohen Fisch reserviert. Die Weinkarte bevorzugt lokale Erzeugnisse.

57 KM SÜDÖSTLICH V. ROM, S.S. 207 OD. S.S. 601

Il Grecale

Restaurant
Riviera Zanardelli, 57
Tel. (+39) 06 / 984 68 22
Ruhetag: Mittwoch
Ferien: unterschiedlich
48 Plätze + 50 Plätze im Freien
Preise: 33–35 €
Kreditkarten: AE, CS, MC, Visa; BM
Mittags und abends geöffnet

DIE OSTERIA – Anzio hat zwei Synonyme – den Hafen und den Markt, genauer gesagt, Meer und frischen Fisch, den die Geschwister Severina und Silvestro Gervasi seit 1994 in ihrer Küche zur Geltung bringen. Ihr Lokal liegt in einem ruhigen kleinen Gässchen in der Nähe des Hafens. Daher können sie täglich an der Fischversteigerung teilnehmen und die kleinen Fische verschiedener Sorten, „Mazzama" genannt, günstig einkaufen. Außerdem bauen sie auf die persönliche Freundschaft mit einigen Fischern wie auch Bauern und Olivenbauern, wodurch die hohe Qualität der Zutaten immer garantiert ist.

DIE KÜCHE – Beginnen Sie mit den Kostproben des Hauses, acht Stück für 12 € oder elf für 16 €, mit rohem Fisch für 21 €. Die Küche hält die Tradition hoch, daher gibt es in der entsprechenden Jahreszeit **Minestra di broccoli e arzilla** (Suppe mit Brokkoli und Rochen, 10 €) und ganzjährig frische, hausgemachte – oder bei lokalen Pastaerzeugern hergestellte – Pasta mit Saucen aus Blaufisch. Welcher dafür zum Einsatz kommt, hängt von der Verfügbarkeit des Meers und des Markts ab. Die Zubereitungsarten unterstreichen die Frische und den Geschmack des lokalen Fischfangs, beginnend bei **Zuppa di pesce** (nur gegen Vorbestellung) bis zu **Coda di rospo ai frutti di mare** (16 €). Die traditionellen Desserts sind alle hausgemacht wie auch die Kompotte, mit denen sie angerichtet werden. Die kompakte Weinkarte hält sich an Produkte des Latiums, der Fokus liegt auf biologisch arbeitenden Betrieben.

In der Via Mazzini 2, wenige Schritte vom Lokal entfernt, befindet sich die legendäre, von einer Familie geführte Enoteca Del Gatto. Sie ist sowohl mit Weinen als auch mit kulinarischen Spezialitäten gut bestückt. Sie können neben dem Einkauf hier auch ein Gläschen Wein verkosten oder einen Aperitif einnehmen.

28 KM NORDWESTLICH VON LATINA

Ènosteria

Moderne Osteria
Via delle Regioni, 20
Tel. (+39) 06 / 92 70 48 07
Ruhetag: Sonntagabend, Montag; im Sommer Montag, Dienstag
Keine Ferien
40 Plätze + 20 Plätze im Freien
Preise: 35 €
Kreditkarten: DC, MC, Visa; BM
Mittags und abends geöffnet

DIE OSTERIA – Eine moderne Osteria unter der Leitung einer Familie, die vor wenig mehr als zwei Jahren entstanden ist und wegen der Qualität, des guten Geschmacks und der Ursprünglichkeit ihrer Gerichte geschätzt wird. Der äußere Eindruck des Lokals kann als von schlichter Eleganz umschrieben werden, es erinnert an eine alte Vinothek mit Weinkisten, Flaschen und Fässern, die überall herumstehen und daher einen wesentlicher Bestandteil der Inneneinrichtung ausmachen wie auch den Außenbereich schmücken. Im Speisesaal werden Sie diskret von Roberto betreut, er berät Sie bei der Auswahl, die sich deutlich in Meer und Land gliedert. Auch wenn der Name „È n'osteria" Sprachspiele mit Akzenten und Apostrophen treibt – in der Küche gibt es für Jvan keinen flapsigen Ton mehr, hier wird alles ernst genommen und das Ergebnis befindet sich im Gleichgewicht zwischen Tradition und Modernität.

DIE KÜCHE – Auf einer Tafel stehen immer wechselnde Tagesgerichte, je nach Verfügbarkeit auf dem Markt. Beginnen könnten Sie mit einer gehaltvollen Auswahl an Pecorino aus dem Latium, mit einem Antipasto vom Fisch (abhängig vom Tagesfang), mit **Parmigiana di triglie con pesto di basilico** oder mit Tartare di anatra con cialda croccante (10 €). Unter den Primi finden Sie ***Pacchè*** alla gricia, **Spaghettoni con burro di bufala e alici fresche** (mit Butter aus Büffelmilch und frischen Sardellen) oder Tagliatelle mit Spargel, Tomaten und Büffelmozzarella (9 €). Bei den Secondi gibt das Meer den Ton an: Tagliata di tonno delle Isole Pontine con olio extravergine di oliva e sale di Cervia oder **Guazzetto di pesce**. Wer lieber Fleisch mag, bekommt gute Tagliata di manzo (15 €). Zum Abschluss klassische hausgemachte Dolci. Anregendes Weinsortiment.

APRILIA (LT)

27 KM NORDWESTLICH VON LATINA, S.R. 148

NEU Il Pacchero Solitario

Restaurant-Vinothek
Via Verdi, 29
Tel. (+39) 06 / 92 06 20 42
Ruhetag: Sonntagabend
Ferien: 1 Woche nach Weihnachten, 2 Wochen im Juni
40 Plätze + 20 Plätze im Freien
Preise: 35 € (Tagesmenü)
Kreditkarten: AE, CS, DC, MC, Visa; BM
Mittags und abends geöffnet

DIE OSTERIA – Lorena und Claudio, Lebensgefährten, die auch die Leidenschaft für die Gastronomie teilen, empfangen ihre Gäste mit spontaner Herzlichkeit in einem gepflegten, hellen Ambiente, in dem Gemälde lokaler Künstler die Wände zieren. Am Eingang sind Produkte wie natives Olivenöl extra, Wein, Pasta, Liköre und einige Slow-Food-Presidi zum Verkauf ausgestellt. Mitverantwortlich für das gute Ergebnis bei den Speisen ist sicherlich die große Aufmerksamkeit bei der Auswahl der saisonalen Zutaten aus kurzer und nachvollziehbarer Lieferkette: Fisch aus Anzio und Gemüse, das von lokalen Bauern angebaut wird oder aus dem Garten von Mutter Ivana kommt.

DIE KÜCHE – Lassen Sie sich Polpo alla scapece (8 €) oder Crostino di palamita marinata e mozzarella di bufala (geröstetes Brot mit mariniertem Thunfisch und Büffelmozzarella) nicht entgehen, sie sind ideal, um das Essen auf leichte, schmackhafte Weise zu beginnen. Von den ausgewogenen Primi empfehlen wir **Paccheri in mareggiata** (13 €), köstliche Gnocchi con scampi e pecorino romano oder **Orecchiette con cime di rapa e bottarga** (mit Stängelkohl und Thunfischrogen). Die Größe der Portionen lässt Platz für die Secondi: **Pesce serra alla cacciatora** (Blaubarsch, 13 €), Scaloppe di rombo e carciofi, **Ombrina con zucca e mandorle di Noto** (13 €) sowie Frittura di paranza. Unter den Desserts fallen Mousse di ricotta di bufala con crema inglese e caffè und die jeweils frisch zusammengestellten Cestini di millefoglie con lingue di gatto e crema alla vaniglia ins Auge. Interessante Weinauswahl, einige Etiketten können Sie auch glasweise verkosten, ebenso vorhanden sind Liköre und Hochprozentiges.

ARCINAZZO ROMANO (RM)
Altipiani di Arcinazzo

90 KM ÖSTLICH VON ROM, 49 KM VON FROSINONE

Da Silvana

Osteria
Via Sublacense, 33
Tel. (+39) 07 75 / 59 80 02
Ruhetag: Dienstag
Keine Ferien
80 Plätze + 20 Plätze im Freien
Preise: 28 €
Kreditkarten: AE, CS, MC, Visa; BM
Mittags geöffnet, im August auch abends

DIE OSTERIA – Das heimelige, einladende Lokal ist ein paar Kilometer von der Wallfahrtskirche Santissima Trinità entfernt. Im Inneren prägt die alte Theke für den Ausschank von Kaffee und Likören den Hauptsaal, doch es gibt auch einen kleinen Speisesaal mit Weinkeller im hinteren Bereich, in dem die Atmosphäre intimer und gemütlicher ist. Im Sommer können Sie im schönen Garten Platz nehmen. Giovanna leitet gemeinsam mit ihrem Vater den Betrieb. Ihre Mutter Silvana war es, die ihr den Wert des guten und gesunden Essens vermittelt hat. Jeden Morgen beginnt die Tour zu den Bauern und Müllern in der Umgebung, um die Zutaten für das hausgemachte Brot und die Pasta einzukaufen. Aus dem eigenen Garten kommen Gemüse und Kräuter.

DIE KÜCHE – Die Kostproben dreier lokaler Käsesorten oder die Polentaschnitten mit dem schmackhaften Prosciutto aus Guarcino (7 €) lassen schon auf die Küche in dieser Osteria schließen – eine Küche mit Substanz und ohne Schnörkel. Die Bestätigung erfolgt durch die Primi: **Tagliolini ai funghi porcini** (mit Steinpilzen), Pasta all'uovo **cacio e pepe** (8 €) sowie Polenta con salsiccia (10 €). Die Secondi tilgen dann jeden möglichen letzten Zweifel mit **Costolette di agnello alla scottadito** (10 €), dem von Silvana zubereiteten köstlichen Kaninchen und **Maialino al Cesanese** (10 €). Die Torta di mele mit traditionell erzeugtem Eis aus Esskastanien wird lange in Erinnerung bleiben. Weine aus der Umgebung werden auch glasweise serviert, außerdem gibt es eine große Auswahl an Likören und Hochprozentigem.

ARPINO (FR)
Collecarino

28 KM ÖSTLICH VON FROSINONE

Il Laureto

Agriturismo
Via Campostinelli
Tel. (+39) 07 76 / 88 33 10
Ruhetag: Dienstag, außer im Sommer
Ferien: zeitweise im Winter
60 Plätze + 40 Plätze im Freien
Preise: 30–35 €
Kreditkarten: CS, DC, MC, Visa; BM
Abends geöffnet, im Sommer auch mittags

DIE OSTERIA – Wenn Sie durch die Ciociaria fahren, können Sie in der Nähe von Arpino diesen wunderschönen Agriturismo mit einem einladenden Swimmingpool im Grün eines gepflegten Parks besuchen. Für Laureto, das Reich von Massimo Viscogliosi, gilt die Null-Kilometer-Philosophie wirklich, eigentlich handelt es sich sogar um eine Null-Meter-Küche! Der ergiebige Garten und die große Fläche, die den Hoftieren gewidmet ist, versorgen die Küche nahezu komplett mit Zutaten. Eines der beiden Bauernhäuser aus Holz und Stein wurde in ein Restaurant umgewandelt, in dem Genny sich um die Gäste kümmert und ihnen die einladenden Angebote der Speisekarte erläutert.

DIE KÜCHE – An den perfekt vorbereiteten Tisch kommen Antipasti mit **Ei**, von Wachtelei auf gerösteten Maisbrotscheiben über pochiertes Gänseei **mit schwarzer Trüffel aus Campoli Appennino** bis hin zu Eiern von Legehennen verschiedener Rassen. Außerdem **Fagottino croccante ripieno di cicoria e stracotto di agnello** su crema di patate (knuspriges, mit Zichoriengemüse und Lammfleisch gefülltes Teigtäschchen auf Kartoffelcreme) und eine Auswahl an Salumi des eigenen Betriebs (10 €). Genießen Sie anschließend Ravioli paglia e fieno con ricotta di pecora e fave mantecate con guanciale croccante e pecorino di Picinisco oder **Acini di pepe** (kleines Pastaformat) **con ragù bianco allo zafferano e orapi** (mit Fleischsauce ohne Tomaten und Wildspinat aus der Umgebung, 9 €). **Coniglio in casseruola** oder Agnello croccante (knuspriges Lamm) als Secondo. Abschluss mit Torta di mele oder Cheesecake ai frutti di bosco (mit Waldbeeren). Auf der interessanten, gepflegten Weinkarte finden Sie bestimmt einen guten Tropfen.

28 km östlich von Frosinone

Le Delizie di Maria

Osteria
Via Scaffa, 84
Tel. (+39) 07 76 / 88 21 37,
(+39) 349 / 367 26 19
Ruhetag: Montag
Ferien: unterschiedlich
50 Plätze + 50 Plätze im Freien
Preise: 35 €
Kreditkarten: CS, MC, Visa; BM
Mittags und abends geöffnet

Ein liebenswertes Lokal, in dem man gut isst und sich als Gast wohl fühlt. Ausgezeichnete Zutaten und familiäre Gastlichkeit.

DIE OSTERIA – Die originelle, gemütliche Einrichtung und natürlich das Angebot aus der Küche, ein Spiegel der Umgebung – der Heimat von Cicero – , basierend auf den edelsten und gleichzeitig einfachsten Zutaten, sind die bestimmenden Elemente dieses Lokals. Italuccio, ein Freund der Familie, sammelt das Wildgemüse, das hier oft zubereitet wird und allen gut schmeckt, vor allem natürlich Vegetariern und Veganern, aber auch besonders jenen, die eine unverfälschte unmittelbare Küche schätzen, eine, um eine Definition der Inhaber zu zitieren, „Küche von nebenan“.

DIE KÜCHE – Unter den Antipasti (10 €) finden Sie **Zuppa di aringa** (mit Hering), Carciofo fritto con cicoria e pesto di nocciola oder **Trippa, baccalà e ceci**. Die farbenprächtige Zuppa quaresimale con pesto di zucchine e taccole (die Suppe der Fastenzeit mit Pesto aus Zucchini und Zuckerschoten) wird im Frühling gekocht. Klar und ursprünglich präsentiert sich der Geschmack von **Tortello di baccalà in brodo di baccalà**, **Maltagliati alle erbe con petto di pollastra** (10 €), **Stinco di agnello stufato in salsa di Cesanese** sowie Polpette di agnello in doppio taglio con spinaci freschi (Bällchen aus zum Teil sehr fein, zum Teil grob gehacktem Lammfleisch mit frischem Spinat, 15 €). Im Degustationsmenü (35 €) sind drei Antipasti, zwei Primi, ein Secondo und ein Dessert zur Auswahl vorgesehen. Der Keller verzeichnet etwa 250 Etiketten, verschiedene hochprozentige Getränke und Liköre, manchmal auch selbst gemacht oder aromatisiert, nicht mitgerechnet. Große Auswahl an Käse aus Rohmilch, frisch und gereift. Die Desserts kann man aus der Vitrine der Pasticceria wählen, die ebenfalls von den Eigentümern der Osteria betrieben wird.

43 km sö. v. Rom, A 1 Ausfahrt Valmontone

La Locanda del Principe

Osteria
Via Principe Amedeo, 4
Tel. (+39) 06 / 951 77 12
Ruhetag: Montag
Ferien: letzten 2 Augustwochen
60 Plätze
Preise: 35 €
Kreditkarten: AE, CS, DC, MC, Visa; BM
Mittags und abends geöffnet

DIE OSTERIA – Nahe der Einfahrt in den alten Ortskern, durch den man „A passo di mulo“, im Tempo eines Maultiers fahren soll, hütet das Ehepaar Pomponi in seiner Osteria die kulinarische Vergangenheit der Monti Lepini. Fabio betreut den Service und Rossana, deren Leidenschaft der Ursprung dieses Abenteuers war, steht in der Küche, unterstützt werden die beiden von den Töchtern Clelia und Natascia. Die Atmosphäre in dem gemütlichen, gepflegten Lokal, eingerichtet in einem ursprünglichen Keller, ist angenehm ruhig. Die kulinarische Ausrichtung ist beinahe als altmodisch zu bezeichnen: Die Pasta wird von Rossanas Mutter Agata selbst gemacht, das Gemüse wächst im Garten der Familie oder kommt von lokalen Bauern des Vertrauens, die Herkunft des Fleisches wird durch den direkten Kontakt mit den lokalen Züchtern garantiert.

DIE KÜCHE – Die Tradition des Hinterlandes von Rom kommt auf den Teller: Prosciutto di Bassiano, verschiedene Bruschette, Lardo, Polpettine in Tomatensauce (die zur „Scarpetta“, dem Auftunken der im Teller verbliebenen Sauce mit Brot, verführt) und in der entsprechenden Jahreszeit Insalata di porcini. Zu den Spezialitäten des Hauses gehören Fettuccine (11 €) und die traditionellen **Gnocchi lunghi** – Pasta aus Wasser und Mehl – mit verschiedenen Saucen (unverzichtbar **con il ragù bianco di cinghiale**). Im Winter gibt es Polenta. Gute Fleischtranchen werden exzellent zubereitet: **Cinghiale al vino rosso** (16 €), Costolette di abbacchio frittodorate und, wenn verfügbar, **Capretto al forno**. Freitag ist Fischtag. Die hausgemachten Desserts sind inspiriert vom Rezepteheft der Großmutter, in dem Tiramisu, Millefoglie al cioccolato (5 €) und Fagottino di mele al cioccolato stehen. Die Weinauswahl ist vernünftig, besonderes Augenmerk liegt auf lokalen Weinen.

BOLSENA (VT)
Montesegnale

31 km nördlich von Viterbo, S.S. 2

La Tana dell'Orso

Trattoria
Ortsteil Montesegnale, 162
Tel. (+39) 07 61 / 79 81 62
Ruhetag: Donnerstag, Sonntagabend
Keine Ferien
25 Plätze + 25 Plätze im Freien
Preise: 27–30 €
Kreditkarten: CS, MC, Visa; BM
Mittags und abends geöffnet

DIE OSTERIA – Von der Via Cassia biegen Sie ab auf eine kleine Landstraße, durchqueren Olivenpflanzungen und fahren immer weiter hinauf, bis Sie zu einem Wald von Esskastanienbäumen und dann zu diesem Lokal kommen. Dann dürfen Sie erst einmal den unvergleichlichen Panoramablick über den See und die Inseln Martana und Bisentina genießen. Im Speisesaal begrüßt Sie herzlich der liebenswerte Bruno, seine Frau Rossella steht in der Küche. Die Auswahl der Zutaten, beginnend beim nativen Olivenöl extra aus dem Familienbetrieb bis hin zum Gemüse, wird hier nicht dem Zufall überlassen. Die Gerichte werden nach erprobten Rezepten zubereitet, in denen lokale Ingredienzen vom Land und See zum Einsatz kommen.

DIE KÜCHE – Fagioli del purgatorio, eine Bohnensorte aus dem oberen Gebiet der Tuscia, der Provinz von Viterbo, bilden gemeinsam mit Hühnerleberpastete der Belag der Bruschette – ein einfacher, schmackhafter Antipasto (7 €). Fortgesetzt wird mit **Suppen mit Hülsenfrüchten** (6 €) oder Gnocchi di patate al ragù di funghi e salsiccia. Gegen Vorbestellung können Sie in den Genuss von **Sbroscia** kommen, einer typischen Suppe mit dem Fisch aus dem See. Trippa, Salsiccia, **Filetti di coregone marinato con pera picciola e aceto balsamico** (marinierte Renke, 12 €) und **Anguilla del lago di Bolsena al vino rosso** (17 €) stehen beispielhaft für die Küche der Trattoria. Als Beilage Salat mit Wildfenchel und Ringelblumen, eine Hommage an den Garten und das Wildgemüse. Wenn Sie Käse lieben, werden Sie an der sorgfältigen Auswahl Freude haben. Verpassen Sie beim Dessert (5 €) nicht das Beste: Ricotta mit Zucker, Zimt und Esskastanienhonig vom Bolsenasee.

Im Zentrum von **Bolsena** bekommen Sie in der Enoteca-Gelateria Santa Cristina, Corso della Repubblica, Cremeeis und unwiderstehliche Ricotta mit Zimt.

BRACCIANO (RM)

50 km nordwestl. v. Rom, S.S. 2 bis od. S.P. 493

NEU Fraschetta la Moretta

Osteria mit Ausschank und Imbiss
Via Volpi, 9 • Tel. (+39) 06 / 69 35 88 55, (+39) 346 / 374 69 78
Ruhetag: Montag (nur im Sommer)
Ferien: 2 Wochen im September, 2 Wochen im Januar • 24 Plätze + 4 Plätze im Freien
Preise: 13 € (Tagesmenü mit Hauswein)
Keine Kreditkarten; BM
Mittags und abends geöffnet, November–Februar mittags, Freitag und Samstag auch abends

DIE OSTERIA – Ein Betrieb mit über 50 Jahren Erfahrung: Geschichte hat er mit einem Symbolgericht geschrieben, nämlich der Porchetta, dem Stolz der Familie seit Eröffnung des Lokals im Jahr 1959, als die Großeltern des jungen Giacomo, des heutigen Besitzers, Produktion und Verkauf über eine Straßentheke im Zentrum von Bracciano aufnehmen. La Moretta wurde die Großmutter genannt, die den Grundstein zu dieser Aktivität gelegt hatte. Die dritte Generation hat das kleine Lokal 2014 renoviert, doch sowohl die Gastlichkeit, als auch die Authentizität der Gästeschar scheinen sich im Lauf der Zeit nicht verändert zu haben.

DIE KÜCHE – Protagonistin ist wie gesagt **Porchetta**, das ausgehöhlte und mit Knoblauch, Wildfenchel, Salz und Pfeffer gefüllte Schwein, das acht bis zehn Stunden bei einer Temperatur zwischen 200 und 500 °C in einem Holzofen aus dem 13. Jahrhundert, der sich in der Altstadt befindet, gart. Weitere Spezialitäten aus der Fleischerei der Familie sind Salsiccia, **Coppa**, Guanciale und **Zampetti in salsa** (Schweinefüßchen, 3,50 €). Wer einen raschen Imbiss einnehmen möchte, wählt das Brötchen Panino con porchetta und einen Viertelliter Wein (5 €), Grigliata mista (11 €) oder ein Brett mit Käse aus lokaler Erzeugung (7,50 €) und – einziger Ausflug über die Grenzen des Latium hinaus – Salumi umbri al tartufo. Das komplette Menü für 13 € sieht Bruschetta, ein Brett mit Salumi und Käse, Porchetta und ein Getränk vor. Außerdem können Sie eine saisonale Beilage (3 €) bestellen und zum süßen Abschluss Tozzetti oder Ciambelline.

Im Ortsteil **Castel Giuliano** (7 km) verkauft der landwirtschaftliche Betrieb Gentili, Via Valleluterana, köstlichen Käse.

34 KM NÖRDLICH VON ROM

Iotto

Moderne Osteria
Corso Vittorio Emanuele, 96
Tel. (+39) 06 / 904 17 46
Ruhetag: Sonntagabend (im Sommer auch Sonntagmittag), Montag
Ferien: 23. Dezember–2. Januar
30 Plätze + 12 Plätze im Freien
Preise: 30 €
Kreditkarten: CS, DC, MC, Visa; BM
Mittags und abends geöffnet

DIE OSTERIA – Die Eheleute Ines und Marco Pasquali sind untrennbar mit den Produkten ihrer Umgebung verbunden, sie bauen sie in ihrer Landwirtschaft an und verarbeiten sie dann in der Küche der Osteria oder verkaufen sie in der angeschlossenen Enoteca. Der Respekt für die Umwelt manifestiert sich in den biodynamischen Methoden, nach denen die Landwirtschaft geführt wird, sowie in der Auswahl der Weine, die mit den Speisen kombiniert werden können. Eine der Stärken des Lokals ist die direkte, liebenswerte Gastlichkeit, in der sich sowohl Stammkunden als auch Gäste auf der Durchreise wohlfühlen. Die Speisekarte enthält Gerichte der römischen Tradition und weitere, innovativere Speisen, die einen gemeinsamen Nenner haben – alles wird aus Produkten der Umgebung zubereitet.

DIE KÜCHE – Die Spezialität des Iotto sind Fritti (12 €), eine Zusammenstellung aus frittierten Kartoffeln, Zwiebeln, Äpfeln, Birnen, Kroketten und mehr. Als Alternative steht gemischter Aufschnitt zur Verfügung. Unter den Primi finden Sie immer Rigatoni alla gricia, doch abhängig von Saison und Verfügbarkeit könnten Sie auch **Tagliatelle con stracotto di castrato** (9 €), Tonnarelli con asparagi e guanciale und Mezzi paccheri con calamari, vongole e pachino bekommen. Unter den Secondi ragen **Baccalà alla trasteverina** (15 €), Coda alla vaccinara (Ochsenschwanz), **Polpette di alici agli agrumi** sowie Coniglio alla cacciatora (11 €) hervor. Wohlschmeckende Beilagen wie mariniertes Gemüse aus dem Ofen, wildes Zichoriengemüse und **Patate ripassate con aceto e finocchiella**. Exquisite, von Ines zubereitete Desserts: Tiramisu, Crostata und Spumone. Wein ist Marcos Passion, er hat eine reichhaltige, inspirierende Karte zusammengestellt, besondere Aufmerksamkeit gilt biologischen und biodynamischen Produkten.

87 KM SÜDÖSTLICH VON LATINA, S.S. 7 UND S.S. 82

Lo Stuzzichino

Restaurant-Pizzeria
Via Taverna, 14
Tel. (+39) 07 71 / 59 81 31, (+39) 349 / 367 84 86
Ruhetag: Mittwoch
Ferien: unterschiedlich
50 Plätze + 60 Plätze im Freien
Preise: 30–32 €
Kreditkarten: CS, DC, MC, Visa; BM
Mittags und abends geöffnet

Die Brüder Capirchio haben ein Bollwerk der kulinarischen Tradition ihrer Umgebung geschaffen.

DIE OSTERIA – Am Fuße dieses „Dorfs der Langlebigkeit" befindet sich das von der Familie Capirchio geführte Lokal. Der große Laubengang lädt zum Verweilen ein, doch auch im Speisesaal herrscht eine gemütliche Atmosphäre. Im Lauf der Jahre haben die Brüder Francesco in der Küche und Roberto im Service ein regelrechtes Bollwerk zur Verteidigung der kulinarischen Tradition ihrer Umgebung geschaffen. Die Speisekarte ist saisonal, aus der eigenen kleinen Landwirtschaft kommen frisches Gemüse und Hülsenfrüchte, darunter eine althergebrachte lokale Platterbsensorte. Lokale Erzeuger bringen nicht nur Fleisch, Salumi und Käse, sondern auch die schmackhaften länglichen Tomaten der Sorte Torpedino aus Fondi. Vieles mehr liefert die unberührte Natur um den Ort – Wildgemüse, Pilze, Trüffel, Wild und Schnecken.

DIE KÜCHE – Der Antipasto della casa (10 €) ist eine köstliche Defilee all dessen, was die Umgebung an Zutaten zu bieten hat. Wenn Sie einen leichteren Einstieg bevorzugen, können Sie Carpaccio scottato mit Salat, Trüffel und dem Käse Marzolino (7 €) bestellen. Ausgezeichnete Auswahl an Käse mit vielen lokalen Sorten (10 €). Unter den Primi sind Paccheri di Gragnano con torpedino, melanzane e provola affumicata (8 €) und die bäuerlichen **Gnocchi di patate al ragù di cinghiale** (8 €). Lokale Klassiker stechen bei den Secondi ins Auge: hervorragende **Lumache *ammuccate*** (11 €), **Trippa in umido** (8 €) und Baccalà in umido con schiacciata di patate (12 €). Sie können auch ein Degustationsmenü mit dem Titel „I miei primi 15 anni" mit sieben Gängen für 40 € bestellen. Am Samstag und Sonntag kommen auch Pizzen aus dem Ofen. Auf der Weinkarte viele Nennungen aus der Gegend und dem übrigen Italien.

61 KM NORDWESTLICH VON ROM

NEU La Locanda delle Cicale

Restaurant • Via Mezzagnone
Tel. (+39) 06 / 99 67 51 22
Ruhetag: Dienstag
Ferien: unterschiedlich
90 Plätze
Preise: 28–32 €
Kreditkarten: AE, CS, DC, MC, Visa; BM
Mittags und abends geöffnet

DIE OSTERIA – Wenige Kilometer von Canale Monterano entfernt, bietet die an der Straße nach Tolfa gelegene Locanda Gelegenheit zu einem angenehmen Besuch, bei dem Sie Ihre Kenntnisse der Produkte und typischen Gerichte der Monti Sibillini vertiefen können. In der Küche bereiten Mariella Marazzi und Valentina Corini Gerichte mit eindeutigem Geschmack zu, inspiriert von den Rezepten dieses Gebiets an der Grenze zwischen Latium, Umbrien und Toskana. Im Speisesaal betreut Sie Francesco Petrocelli, der Ihnen detailreich die Besonderheiten der einzelnen Gerichte beschreiben wird.

DIE KÜCHE – Zu Beginn „La Chicca" (12 €), kleine Kostproben der wichtigsten Erzeugnisse der Umgebung – wie die Slow-Food-Presidi Susianella di Viterbo, Fagioli del purgatorio, Lenticchia di Onano, Caciofiore della campagna romana –, zu denen das köstliche Brot aus Canale serviert wird. In der kälteren Jahreszeit könnten Sie nun mit **Suppe mit Kichererbsen und Esskastanien**, mit Cannellini-Bohnen (8 €) oder auch mit **Acquacotta**. Als Alternative stehen **Pappardelle al cinghiale** (10 €), Calamarata alla gricia e pesto und im Sommer Lombrichelli con melanzane e pachino (mit Auberginen und Pachino-Tomaten) zur Verfügung. Üppige Portionen bei den kräftigen Secondi: **Coniglio porchettato**, Tasca di vitello ripiena, **Arrosticini di castrato**, **Cinghiale alla cacciatora** (10 €), doch auch Saccottini vegetariani (8 €). Als Beilage Cicoria e patate al forno. Ausnahmslos hausgemachte Desserts wie Tozzetti, Crostata, Panna cotta (4 €) und Cestino delle Cicale. In einer Gegend, die sich nicht gerade durch hochwertige Weinproduktion auszeichnet, hat Francesco einige Flaschen von vertrauenswürdigen Betrieben ausgesucht. Wer länger bleiben möchte, kann in einem der angenehmen Zimmer der Locanda übernachten.

27 KM ÖSTLICH VON VITERBO, S.P. 1

Il Calice e la Stella

Moderne Osteria
Piazza Garibaldi, 9
Tel. (+39) 328 / 902 47 61
Ruhetag: Montag–Donnerstag
Ferien: 25. Juni–15. Juli
50 Plätze
Preise: 28–35 €
Kreditkarten: AE, CS, DC, MC, Visa; BM
Mittags und abends geöffnet

DIE OSTERIA – Die Geschwister Arletti sind leidenschaftliche Hüter der kulinarischen Traditionen und Verfechter einer gepflegten Gastlichkeit. Die Familie betreibt eine Landwirtschaft in den Monti Cimini mit Esskastanien, Öl und Haselnüssen. Seit einigen Jahren wird auch Canapa sativa angebaut, der Hanf, der im 17. Jahrhundert den Grundstein für dieses Dorf legte und ihm auch zu dem Namen Canepina verhalf. Felice Arletti macht in seinem Lokal Werbung für den Hanf und vermittelt seinen Gästen eine genussvolle Erfahrung auf dem Gebiet der Lebensmittel-Anthropologie. Das Lokal befindet sich auf der Piazza des Ortes und erstreckt sich über drei Stockwerke. Das Gebäude ist mehrere hundert Jahre alt, die Mauern sind aus unverputztem Stein, die Einrichtung hingegen entspricht der einer modernen Osteria. Die Atmosphäre ist behaglich und familiär.

DIE KÜCHE – Die Gerichte sind eine Abfolge der besten, traditionell erzeugten Produkte der Tuscia und eine Hymne auf die Tradition von Canepina: **Ceciliani** (frische Pasta aus Wasser und Mehl, die auf einem Tuch aus Hanfstoff verknetet wird) ai funghi di bosco, **Fieno** (Pasta aus Wasser, Ei und Mehl) al ragù (8,50 €), **Maccaroni alla canapa con ragù bianco di coniglio** viterbese und im Winter **Zuppa di ceci e castagne**. Unter den Secondi **Manzo stufato alla cannaiola** mit Esskastanien, Thymian, Orangen und Gewürznelken (11 €) sowie Medaglioni di **filetto di maiale ai porcini e castagne**. Beilagen aus dem Garten. Von den Desserts (4 €) empfehlen wir Torta di cioccolato e canapa. Die Weinauswahl konzentriert sich auf die Umgebung, es gibt viele biologische Weine sowie ein Exemplar, das aus einer anderen Region stammt, ein Rosso Barbera, der in Kastanienfässern der Monti Cimini gereift ist. Außerdem finden Sie traditionell erzeugte Biere aus dem Gebiet der Tuscia.

45 KM ÖSTLICH VON FROSINONE

Osteria del Tempo Perso

Moderne Osteria • Piazza San Rocco, 13
Tel. (+39) 07 76 / 63 80 39
Ruhetag: Montag
Ferien: 1 Woche im Juli, 2 Wochen im September
60 Plätze
Preise: 30 € • Kreditkarten: CS, MC, Visa; BM
Abends geöffnet, Sonntag und Feiertage auch mittags

Die Jahreszeiten geben den Rhythmus der Küche vor. Diese von einer Familie geführte Osteria ist zu einem erfreulichen Treffpunkt geworden, um die ursprüngliche Küche des Latiums kennenzulernen.

DIE OSTERIA – „Die Speisekarte wechselt entsprechend unserer Philosophie und den Rhythmen der Natur. Wenn Sie das Gleiche noch einmal haben möchten, werden wir Sie nicht zufriedenstellen können, denn jeder Sonnenuntergang ist anders als der nächste, alle Elemente der Natur ähneln sich, sind aber nie gleich." So die Erklärung der Familie, die diese angenehme Osteria führt. Mutter Sabrina steht am Herd, die Söhne Marco und Matteo betreuen den Service, gemeinsam halten sie die Traditionen ihrer Umgebung, des Valle di Comino, hoch.

DIE KÜCHE – Zu Beginn gibt es die Kostproben der Saison: getrocknete Salsiccia, Pecorino aus dem unteren Latium, Käse, aufgeschnitten oder am Stück (9 €). Oder Sie bestellen den sehr beliebten Antipasto „Tempo Perso", ein Brett von sechs kleinen Kostproben aus der Küche, entweder mit Salumi oder mit Käse. Cannellini-Bohnen aus dem nahen Atina sind die Protagonisten eines köstlichen Salats, zusammen mit schlichten Produkten der Umgebung (Artischocken, Wildfenchel, Guanciale), die abwechselnd auch auf die frisch gemachte Pasta (10 €) kommen. Unverzichtbare Klassiker sind **Cacio e pepe** (9 €), Sabrinas Parmigiana di melanzane (10 €) sowie **Involtini di manzo in umido**, **Pollo ripieno**, **Coniglio in umido** – mit Fleisch von in der Gegend aufgezogenen Tieren – und **Abbacchio al forno con patate** (15 €). Klassische Desserts und Trockengebäck der lokalen Tradition. Große Auswahl an Käse. Weinkarte mit vielen Angeboten aus der Umgebung und der Region, dazu Vorschlägen von jenseits der Grenzen Italiens.

100 KM SÜDÖSTLICH V. LATINA, S.S. 7

Bacchettone e Zazzà

Osteria
Via delle Terme, 77
Tel. (+39) 07 71 / 60 70 15,
(+39) 07 71 / 190 73 30
Ruhetag: Mittwoch
Keine Ferien
60 Plätze + 40 Plätze im Freien
Preise: 35 €
Kreditkarten: AE, CS, DC, MC, Visa; BM
Mittags und abends geöffnet

DIE OSTERIA – An der Grenze zwischen dem Latium und Kampanien, nur ein paar Schritte vom Fluss Garigliano entfernt, in der Nähe der Thermalquellen von Suio, finden Sie auf der sogenannten Via delle Terme diese kleine Osteria, die sich dem Fleisch und anderen Zutaten aus dem Landesinneren sowie den Spezialitäten der lokalen Tradition widmet. Das Lokal ist heimelig und ruhig. Die Einrichtung aus Holz und die alten Objekte aus der bäuerlichen Welt, die an den Wänden hängen, lassen die Vergangenheit lebendig werden. Der große Kamin mit dem immer brennenden Feuer erinnert an eine Schmiede, einen Schmelztiegel, des althergebrachten Geschmacks.

DIE KÜCHE – „Stuzzicarello di Bacchettone" (10 €) eröffnet den Reigen mit einem ansprechenden Defilee aller in der Küche verwendeten Zutaten. Lassen Sie sich die gefüllten Primi nicht entgehen, zum Beispiel **Ravioli al ragù con noci e formaggio** (9 €) und die typischen **Lainelle**, Pasta aus Wasser und Mehl, **mit Hülsenfrüchten**. In der entsprechenden Jahreszeit beherrschen die Gerichte mit **Trüffeln** und **Pilzen** der umliegenden Berge die Speisekarte. Das Fleisch kommt überwiegend aus Zuchtbetrieben der Umgebung oder aus dem übrigen Italien, es wird meist alla brace gegart. Besonders köstlich ist das Rippenstück **Costata di marchigiana** IGP. Lassen Sie bäuerliche Gerichte wie ***Ciammaruche*** – Schnecken – **alla foremara** (9 €) oder **Trippa** nicht außer Acht. Die Beilagen bestehen aus traditionell zubereitetem Gemüse der Saison. Viele der Dolci sind hausgemacht, andere kommen aus den Konditoreien des Ortes. Der Keller ist großzügig mit Exemplaren aus dem Latium und aus Kampanien bestückt. Gute Auswahl an traditionell gebrauten Bieren aus der Umgebung.

24 KM SÜDÖSTLICH VON FROSINONE, A 1 AUSF. CEPRANO

Il Ruspante

Agriturismo
Via Pozzotello, 18
Tel. (+39) 07 75 / 68 67 50,
(+39) 335 / 823 86 47
Ruhetag: Dienstag, Mittwoch, Sonntagabend
Ferien: letzte August-, erste Septemberwoche
60 Plätze
Preise: 28–30 € (mit Hauswein)
Kreditkarten: AE, CS, DC, MC, Visa; BM
Mittags und abends geöffnet

DIE OSTERIA – Dieses Dorf in der Ciociaria ist als Geburtsort des Schauspielers Nino Manfredi berühmt geworden. Zwischen Wäldern und Quellen, ganz in der Nähe der Grotten von Pastena, befindet sich der Agriturismo mit Restaurant und Unterkunft. Sie sehen das Lokal schon von der Straße aus, es verfügt über einen großen Parkplatz, einen Garten und einen Kinderspielplatz. Das Ambiente ist familiär und einladend.

DIE KÜCHE – Die Küche bringt lokale Zutaten in typischen Gerichten zur Geltung. Aus dem kleinen Garten kommt frisches Saisongemüse, die Aufzucht von Geflügel und Schweinen liefert Ausgangsmaterial für viele Produkte wie Salumi, darunter **Salsiccia di Castro dei Volsci**, eine mit Knoblauch und Chili aromatisierte Wurst, die natürlich gereift und geräuchert wird. Es gibt kein feststehendes Menü. Ein komplettes Essen, vom Antipasto bis zum Dolce, inklusive Getränken und Kaffee, kostet 30 €, doch die Gerichte können auch à la carte gewählt werden. Unter den Primi sind **Pappardelle al cinghiale** (mit dem Fleisch von vor Ort aufgezogenen Wildschweinen), Strozzapreti alla Norma und Pasta all'uovo con funghi. Im Winter gibt es köstliche **Suppen** und Minestre mit Hülsenfrüchten und Gemüse. Fleisch vom Holzkohlengrill bei den Secondi, **Lumache in umido** (geschmorte Schnecken – die Spezialität des Hauses), Pollo arrosto con patate al rosmarino, **Pollo in padella con peperoni** und Trippetta in umido. Hausgemachte traditionelle Löffeldesserts, aber auch andere Dolci wie Ciambelline al vino. Respekt für die Umgebung regiert auf der Weinkarte mit Cesanese del Piglio DOCG, Cabernet di Atina DOC und Passerina del Frusinate IGT, die Sie auch glasweise verkosten können.

Im Ortsteil Madonna del Piano (4 km) verarbeitet Il Mastro Gelatiere nach traditionellen Methoden ausschließlich saisonale hochwertige Produkte zu köstlichem Eis.

CASTRO DEI VOLSCI (FR)

24 KM SÜDÖSTL. V. FROSINONE, A 1 AUSF. CEPRANO

Locanda del Ditirambo

Restaurant
Via dell'Orologio, 11
Tel.(+39) 07 75 / 66 20 91
Ruhetag: Montag–Mittwoch
Ferien: Ende Januar
45 Plätze + 50 Plätze im Freien
Preise: 35 €
Kreditkarten: CS, MC, Visa; BM
Abends geöffnet, Sonntag nur mittags

DIE OSTERIA – In der Locanda del Ditirambo vergisst man die Stadt, dank des Dufts, des Geschmacks und der Geräusche, die sich – und uns – vom Lauf der Zeit fernzuhalten scheinen. Wenn die Sonne scheint, isst man im Freien, im Schutz der mittelalterlichen Steinmauern des bezaubernden Innenhofs, abends nimmt man sein Essen bei Kerzenschein unter dem Sternenhimmel ein, dabei können sich durchaus magische Momente ereignen. Die Küche des Lokals von Daniela Accolla auf der Piazza mit dem Uhrturm wird von zwei jungen talentierten Chefköchen geleitet, den Brüdern Antonello und Mauro Talocco, die Oberaufsicht führt Mariateresa, die Mutter der Eigentümerin.

DIE KÜCHE – Die Antipasti sind richtige kleine Perlen, beginnend bei dampfgegartem Baccalà mit Kichererbsen bis hin zum unverzichtbaren **Cestino di vignarola** (Schmorgericht mit Dicken Bohnen, Erbsen, Artischocken und Prosciutto, 8 €), vom Tortino di patate con speck e crema di taleggio bis hin zur Ciliegina di bufala con panatura di nocciole. Von den Primi sollten Sie **Pasta e patate con scamorza affumicata, pancetta e basilico** (9 €), die erfrischenden Linguine al baccalà con datterino giallo, capperi e olive sowie **Ravioli di ricotta e miele con pesto di noci e spinaci saltati** probieren. **Baccalà alla pofana** (typisch für Pofi, einen kleinen Ort in der Nähe) mit frischen Tomaten, Rosmarin und Knoblauch (14 €) oder **Stufato di bufaletto di Amaseno** al rosmarino (15 €) gibt es als Secondo, vor den sehr guten hausgemachten Dolci. Die Auswahl an Käse aus der Umgebung kann das hohe Niveau halten, auch die Weinauswahl ist positiv zu bewerten.

CORI (LT)
Giulianello

26 KM NÖRDLICH VON LATINA

Osteria del Contadino

Osteria
Via Anita Garibaldi, 55
Tel. (+39) 06 / 966 54 14
Ruhetag: Dienstag
Ferien: 15.–31. August
50 Plätze + 20 Plätze im Freien
Preise: 25–30 €
Kreditkarten: AE, CS, DC, MC, Visa; BM
Mittags und abends geöffnet

DIE OSTERIA – In Giulianello, einem reizenden mittelalterlichen Ortsteil, der ein paar Minuten vom Zentrum von Cori entfernt am südlichen Teil der Via Francigena liegt, treffen Sie auf das Lokal von Familie Martelloni. Eine klassische Landtrattoria mit einer einfachen Küche und unverfälschten Geschmacksnoten, in der die lokalen Zutaten (Olivenöl, Tomaten und weitere Erzeugnisse aus der Landwirtschaft des Latiums) in kräftigen Gerichten bestens zur Geltung kommen. Der rustikal eingerichtete Speisesaal ist hübsch und gepflegt, im Sommer lässt es sich angenehm in der Veranda speisen.

DIE KÜCHE – Verschiedener Schafkäse, lokaler Aufschnitt und die klassische **Bruschetta** mit Brot aus Giulianello und Pomodori d'appicco (in Trauben zum Trocknen aufgehängte Kirschtomaten), wenn diese Saison haben (8 €), ergeben einen perfekten Beginn. Es folgen **Cellitti** – dicke hausgemachte Spaghetti – **al sugo di pecora** (8 €), Fettuccine con ***regaje*** di pollo (mit Sauce aus Hühnerklein) sowie **Spaghetti con olive itrane e baccalà**. Die Portionen sind groß, doch Menschen mit kräftigem Appetit können auf eine gute Auswahl an Fleisch zählen, um das Essen fortzusetzen: **Pannicolo stracotto al Nero Buono di Cori** (in Wein geschmortes Kronfleisch, 10 €) oder Corona alla vaccinara zum Beispiel. Dazu gibt es Wildgemüse wie Raperonzolo (Rapunzel), Pimpinella (Anisblüten), Crespigna (Gemüse-Gänsedistel), Porcacchia (Portulak), Papavero (wilder Mohn) und Puntarelle di campo (Zichoriensprossen), die auf den Wiesen bei dem kleinen See von Giulianello gesammelt und in der Küche mit einem hervorragenden Olivenöl gewürzt werden. Zu trinken gibt es lokalen Wein. Ciambelline al vino und hausgemachte Crostata bescheren einen angenehmen Ausklang.

FARNESE (VT)

44 KM NORDWESTLICH VON VITERBO

La Piazzetta del Sole

Trattoria
Via XX Settembre, 129
Tel. (+39) 07 61 / 45 86 06
Ruhetag: Montag
Ferien: unterschiedlich
35 Plätze
Preise: 30 €
Kreditkarten: CS, MC, Visa; BM
Abends geöffnet, Samstag, Sonntag und Feiertage auch mittags

DIE OSTERIA – In einem der entzückenden Gässchen von Farnese, einer kleinen Ortschaft im oberen Latium, deren Name auf eine Adelsfamilie der Renaissance zurückgeht, liegt La Piazzetta del Sole, eine sichere Adresse für Feinschmecker. Der Empfang ist herzlich, die Räume sind bis ins Detail gepflegt, die Küche stützt sich beinahe ausnahmslos auf Produkte der Saison und der Umgebung. Vertrauen Sie auf die Ratschläge von Miriam Mareschi, und entdecken Sie die kulinarischen Besonderheiten des Gebiets der oberen Tuscia, meisterlich interpretiert von Antonella Ferrari.

DIE KÜCHE – Im Frühling könnten Sie beispielsweise **Fave stufate con cagliatina** (geschmorte Dicke Bohnen mit Käsebruch, 8 €) und ein zartes Paté di fegatini di pollo con cavolo cappuccio marinato (Hühnerleberpastete mit mariniertem Weißkohl) als Beginn des Menüs vorfinden. Fortgesetzt wird mit einer schmackhaften Lasagnetta filante con zucchine e fiori di zucca (9 €) oder mit **Risotto con crema di porro e tartufo scorzone** (mit Lauchcreme und Sommertrüffel, 10 €). Wenn die Temperaturen sinken, trösten Sie sich mit Tortino di carciofi alla mentuccia con crema di pecorino und einer heißen **Suppe mit Kichererbsen** oder mit Baccalà, ein eindeutig mehr zum Winter passender Geschmack. Leckere Secondi mit lokalem Fleisch: köstlicher ***Bujone*** d'agnello (12 €), Lamm mit kräftig schmeckender, stark eingekochter Tomatensauce, Cinghiale stufato con olive nere, Arrosto d'agnello (Lammbraten) mit Fenchelblüten, einem von Antonella gern in ihrer Küche verwendeten Gewürz. Abschluss mit Gelo di sambuco con fondente di fragole (6 €). Die Weinauswahl reicht von lokalen Exemplaren bis zu Weinen aus ganz Italien.

FIUMICINO (RM)
Isola Sacra

31 KM SÜDWESTLICH VON ROM

Pinzimonio

Restaurant
Via Formoso, 95
Tel. (+39) 06 / 65 02 97 64
Ruhetag: Donnerstag, außer im Sommer
Keine Ferien
85 Plätze
Preise: 30–35 €
Kreditkarten: AE, CS, DC, MC, Visa; BM
Mittags und abends geöffnet

DIE OSTERIA – Im Reich von Carmine Di Bianco, dem Küchenchef und Patron dieses bodenständigen Lokals, ist die Aufwertung von Meereserzeugnissen das erklärte Ziel, was bei dieser Lage auch nicht abwegig scheint. Die Saisonalität und Frische der Zutaten von lokalen Produzenten ist die Regel Nummer eins. In der Küche setzt man vor allem auf die Verbindung von Fisch und Gemüse, unterschiedliche Geschmacksrichtungen werden dabei kombiniert, ohne die einzelnen Elemente zu deformieren. Seit Kurzem kommt eine Neuinterpretation der Pinsa romana auf den Tisch, ein leichtes Fladenbrot, das aus einem eher flüssigen Teig aus Wasser, Weizen-, Reis- und Sojamehl gebacken wird.

DIE KÜCHE – Unter den unvergesslichen Antipasti (8 €) sind Tortino di polpo verace con patate e rucola, Parmigiana di melanzane e pesce azzurro und **Moscardini e friggitelli saltati con aceto balsamico** (Tintenfische und kleine, gebratene Paprikaschoten, mit Aceto balsamico gewürzt). Sollten Sie das Glück haben, **Spaghetti con le telline** (mit Telline-Muscheln, 12 €) oder mit Ricci di Santa Marinella (Seeigeln) vorzufinden, verzichten Sie keinesfalls auf eine Kostprobe. Üblicherweise vorhandene Alternativen sind Tagliolini con vongole, zucchine e bottarga sowie **Paccheri con polpo verace, pecorino e rosmarino**. Natürlich gibt das Meer auch bei den Secondi (15 €) den Ton an, daher sind diese abhängig vom Tagesfang, doch vielleicht werden Sie mit **Polpette di lenticchie e cuscus alle spezie con caponata** (Linsen-Couscous-Bällchen und Gemüseeintopf, 10 €) und einigen Fleischgerichten überrascht. Hausgemachte Desserts (6 €) wie Tiramisu, Millefoglie alla crema pasticciera und Semifreddo al pistacchio. Die Weinauswahl sieht nicht nur einen offenen Passerina vor, sondern auch gute Exemplare aus dem Latium und dem übrigen Italien.

FORMIA (LT)

76 KM SÜDÖSTLICH VON LATINA, S.S. 7 OD. S.S. 213

Il Gatto & la Volpe

Restaurant
Via Abate Tosti, 83
Tel. (+39) 07 71 / 213 54
Ruhetag: Mittwoch, außer im Sommer
Ferien: Weihnachten/Dreikönig
70 Plätze + 50 Plätze im Freien
Preise: 30–35 €
Kreditkarten: AE, CS, DC, MC, Visa; BM
Mittags und abends geöffnet

DIE OSTERIA – Im alten Ortsteil Mola, dem mittelalterlichen Herzstück der Stadt, hat das Lokal der Geschwister Simeone in der Nähe des nur ein paar Schritte vom Meer entfernten runden Burgturms seine Heimat gefunden. Zwischen den dicken Mauern eines gemütlichen Kellers wird Fisch als Hauptelement der lokalen Gastronomie gefeiert, doch auch Fleischgerichte und eine interessante Auswahl an Produkten aus der Umgebung sowie Slow-Food-Presidi wie die wertvollen Telline-Muscheln aus dem Latium fehlen nicht.

DIE KÜCHE – Zu Beginn **Capetroccole** (frittierter kleiner Oktopus, 12 €), **Polpette di calamari** und **Guazzetto di telline** (10 €). Fortgesetzt werden der Überblick über die reiche lokale Tradition und die großartige Arbeit der Aufwertung von Seiten der Küche mit Pasta mischiata con fagiolina di Arsoli e cozze (10 €) oder mit **Spaccatelle con gli sconcigli** (mit Stachelschnecken, 9 €). Aus der Vitrine mit dem Fisch des Tages können Sie wählen, was Sie essen wollen, und entscheiden, wie es zubereitet werden soll: alla griglia, al forno oder all'acquapazza. Von den weiteren Secondi empfehlen wir **Zuppa di pesce** (im Tontopf gekocht), Seppioline e cicerchie (Tintenfische und Platterbsen) und Alici di Formia (Sardellen), gegrillt oder frittiert (11 €). Beilagen aus Saisongemüse. Zum Abschluss des erquicklichen Mahls bestellen Sie entweder ein hausgemachtes Dessert, zum Beispiel den einfachen Giglietto di Palestrina (Keks aus Mehl, Zucker und Ei), oder Sie probieren die Käseauswahl von Marzolina bis Provolone. Der Keller ist gut bestückt mit Etiketten aus dem Latium und dem übrigen Italien.

In **Itri** (Via Appia, bei km 136,30) bekommt man delikate, von Enzo Recco veredelte Käsespezialitäten, vor allem Provolone valpadana DOP, auch in der Version „ubriaco" (in Trester gereift).

21 km südöstlich von Rom, S.P. 215

Zarazà

Restaurant • Via Regina Margherita, 45
Tel. (+39) 06 / 942 20 53,
(+39) 340 / 928 45 23
Ruhetag: Montag, Oktober–Mai Sonntagabend
Ferien: 1 Woche im Januar, 2 Wochen im August • 80 Plätze + 80 Plätze im Freien
Preise: 28–35 €
Kreditkarten: AE, CS, MC, Visa
Mittags und abends geöffnet

Hier finden Sie die authentische traditionelle Küche der Castelli Romani – schlicht und sympathisch präsentiert.

DIE OSTERIA – Erinnern Sie sich an die unverfälschte, leckere Küche „de' li Castelli" (aus der Gegend der Castelli Romani)? Jene mit den saisonalen Spezialitäten aus lokalen Zutaten? Fügen Sie jetzt noch die hingebungsvolle Arbeit der Familie Bronzini hinzu und es ergibt sich Zarazà, eine moderne Osteria in Frascati, unter der sympathisch bescheidenen Leitung von Bruno, seiner Frau Piera und den Söhnen Raffaele und Michele. Eröffnet wurde der Betrieb von Großvater Gino, auch er ein passionierter Wirt, dessen Spitzname dem Lokal seinen Namen gab.

DIE KÜCHE – Die römische Tradition steht im Mittelpunkt und daher beginnt man mit einer Auswahl an Salumi oder Käse aus dem Latium (8 €) und fährt mit dem unverzichtbaren Dreiklang **Cacio e pepe**, **Carbonara** und **Amatriciana** (11 €) fort. Jeden Donnerstag gesellen sich zu diesen, je nach Verfügbarkeit, Gnocchi und **Tagliolini con ragù di coda alla vaccinara**. Secondi im Sinne des lokalen kulinarischen Regelwerks: Als Verbeugung vor dem Quinto Quarto (den weniger edlen Fleischteilen) gibt es Testina di abbacchio al forno (Lammkopf aus dem Ofen, samstags und sonntags), Coratella und **Trippa alla romana**. Wer keine Innereien mag, bestellt Polpette fritte di lesso di manzo con uvetta e pinoli oder **Involtini di vitello con fave e pecorino**. Freitag ist Fischtag. Desserts (5 €) mit frischem Obst und anderen auf dem nahen Markt ausgewählten Zutaten. Die Weinauswahl legt den Schwerpunkt auf Frascati DOCG, doch auf der detaillierten Karte sind außerdem alle Provinzen des Latium vertreten. Zusätzlich gibt es einige Etiketten aus anderen Regionen. Durchaus respektabel ist der Hauswein aus der Rebsorte Malvasia puntinata und anderen Trauben.

NEU In Vino Veritas

Osteria
Via Firenze, 37
Tel. (+39) 07 75 / 25 13 54
Ruhetag: Montag
Ferien: unterschiedlich
40 Plätze + 20 Plätze im Freien
Preise: 25–35 €
Kreditkarten: AE, CS, MC, Visa; BM
Mittags und abends geöffnet

DIE OSTERIA – Im oberen Teil der Hauptstadt der Ciociaria, ganz in der Nähe des eindrucksvollen Glockenturms von Frosinone, lädt dieses Lokal die Passanten auf der Via Firenze ein. Seine Einrichtung aus Holz vermittelt Wärme, durch die großen Fenster kann man die Stadt bewundern. Der Name der Osteria, In Vino Veritas, lässt auf Paolo D'Ambrogis Passion für die Welt des Weins und der kulinarischen Spezialitäten schließen, welche in einem multifunktionalen Raum, gleichzeitig Vinothek, Bar, Laden und Restaurant, zum Ausdruck kommt. Die Speisekarte wechselt wöchentlich, steht im Einklang mit den Jahreszeiten und präsentiert die von Paolo persönlich ausgewählten Zutaten.

DIE KÜCHE – Erfreulicher Beginn, abseits des klassischen Bretts mit Aufschnitt, mit folgendem Trio: **Bruschette** aus Brot der Ciociaria mit Saucen und kleinen Kostproben (12 €), Parmigiana di melanzane und Mozzarella di bufala aus Amaseno. Eine Spezialität der lokalen Gastronomie, **Tortino di Bonifacio VIII** (Auflauf aus Pasta), in Neuinterpretation mit Fleischsauce wird **mit Büffelmozzarella gefüllt** (10 €). Fleisch aus lokaler Aufzucht und in der Umgebung angebautes Gemüse bilden die Grundlage von Secondi wie den guten **Straccetti di bufalo** (12 €). Miniburger mit Rindfleisch (13 €) können Sie an der Theke zusammen mit einem traditionell gebrauten Bier genießen. Einzelne Themenabende werden dem Quinto Quarto (den weniger edlen Teilen vom Fleisch) oder dem Wild gewidmet. Hausgemachte Desserts wie **Crostata di visciole** (mit Wildkirschen, 5€) werden mit einem Gläschen Ratafià (Sauerkirschlikör) serviert. Der Keller ist gut bestückt mit vielen Exemplaren aus der Umgebung und dem übrigen Italien, darüber hinaus gibt es einige internationale Kostbarkeiten sowie eine gute Auswahl an hochprozentigen Getränken und Likören.

25 KM SÜDLICH VON ROM

Pietrino e Renata

Traditionelle Osteria
Via Generale Lordi, 70
Tel. (+39) 06 / 97 24 94 78
Ruhetag: Montag
Ferien: unterschiedlich
120 Plätze + 100 Plätze im Freien
Preise: 30 €
Kreditkarten: CS, MC, Visa; BM
Mittags und abends geöffnet

DIE OSTERIA – Der einstige riesige Keller in Genzano, mit seinen unverputzten Steinwänden und Ziegelbögen, beherbergt heute das Lokal von Pietrino und Renata. Die Tische sind groß, der Service freundlich, die Primi werden im Speisesaal auf den Tellern angerichtet. Auf der Karte ist eine lange Reihe traditioneller Gerichte aus dem Gebiet der Castelli Romani aufgelistet, althergebrachte Rezepte werden dafür gesucht und zum Teil neu interpretiert. An der Rückwand des Speisesaals befindet sich der Kamin, über dessen Holzkohlenglut oft das Fleisch gebraten wird, das zusammen mit anderen Produkten aus der Umgebung das Menü bestimmt.

DIE KÜCHE – Das Tagesangebot wird mündlich vorgetragen und entstammt dem Regelwerk der Küche des Latiums. Unter den Primi (10 €) **Fettuccine al ragù antico con *regaje*** di pollo (mit Sauce von Hühnerklein), Pappardelle al sugo di lepre (mit Sauce vom Wildhasen), Fettuccelle alla crema di peperoni e speck und Zuppa di fave al lardo e menta (Suppe aus Dicken Bohnen mit Lardo und Pfefferminze). Fleisch dominiert die Secondi (13 €): **Abbacchio alla svinatora** – ein für Genzano typisches Rezept, in dem das Milchlamm in einer Sauce aus Tomaten, Wein und Rosmarin gekocht wird –, Trippa alla romana, **Coda alla vaccinara**, **Bollito alla picchiapò** und einige ungewöhnliche Fleischstücke wie **Pannicolo di manzo** (Kronfleisch). Coregone (der Süßwasserfisch Renke), könnte sowohl auf der Pasta zu finden sein als auch ein interessantes Secondo abgeben. Als Beilage Zichoriengemüse, Brokkoli, Spargel oder Funghi porcini trifolati (gewürzte Steinpilze, 12 €). Zum Abschluss ein hausgemachtes Dessert. Zu trinken gibt es vor allem offene Weine und einige Flaschenweine, zum Teil aus biologischem Anbau.

20 KM SÜDÖSTLICH VON ROM, S.S. 511

L'Oste della Bon'Ora

Restaurant
Via Vittorio Veneto, 133
Tel. (+39) 06 / 941 37 78
Ruhetag: Montag
Ferien: 20. Juni–10. Juli
25 Plätze + 15 Plätze im Freien
Preise: 35 €
Kreditkarten: AE, CS, DC, MC, Visa; BM
Mittags und abends geöffnet

Der Sinn für die Gastfreundschaft, der Massimo, einen Wirt im wahrsten Sinne des Wortes, auszeichnet, wäre Grund genug für einen Besuch. Zusätzlichen Reiz verleiht dem Lokal die Sorgfalt bei der Auswahl der Produkte für Keller und Küche.

DIE OSTERIA – Sobald Sie das Lokal betreten, gibt Ihnen Massimos herzlicher Empfang das Gefühl, unter Freunden zu sein. Nehmen Sie an einem der jeweils unterschiedlichen schönen Tische im Stil der 1950er Jahre Platz. Statt Tischtüchern bevorzugt man hier „gelebtes" Holz, auf dem originelle Platzteller aus Glas stehen. Rundherum beleben Büchergestelle, Regale mit vielen Schallplatten, kleine Möbelstücke und Lampen in diversen Stilen die Atmosphäre. Die einsehbare Küche ist das Reich von Maria Luisa, Massimos Frau, einer kompetenten, fantasievollen Köchin. Unterstützt werden die beiden von den ambitionierten Söhnen Marco und Flavio.

DIE KÜCHE – Der Einfallsreichtum in der Küche macht die Klassiker der römischen Tradition noch interessanter. **Palla di bollito** (10 €), Crema di piselli con gamberi und der mittlerweile in den Kanon aufgenommene **Carcotto** (gekochtes Carpaccio von aromatisierter Kalbsbrust), gehören zu den beliebtesten Antipasti. Gelungen sind Spaghetti burro e alici con colatura (12 €) sowie **Fettuccine**, im Frühling **mit Spargel, mariniertem Ei, Pecorino und Pfeffer** (13 €). Bodenständige Secondi wie **Fegatelli di maiale in salsa d'alloro** (Schweineleber in Lorbeersauce) und **Abbacchio alla cacciatora** (13 €). Die Dolci (8 €) sind das Ergebnis von Maria Luisas täglicher Inspiration. Ausgezeichnete Käseauswahl bevorzugt mit Produkten kleiner lokaler Erzeuger. Der Keller mit Etiketten aus dem Latium und dem übrigen Italien wird mit Professionalität, Passion und einer Vorliebe für biologische Weine gestaltet.

20 km südöstlich von Rom, S.S. 511

La Briciola di Adriana

Restaurant
Via Gabriele d'Annunzio, 12
Tel. (+39) 06 / 945 93 38
Ruhetag: Sonntagabend, Montag
Ferien: 1 Woche im Januar, 2 Wochen im August
35 Plätze + 15 Plätze im Freien
Preise: 35–37 € €↑
Kreditkarten: AE, SC, DC, MC, Visa; BM
Mittags und abends geöffnet

DIE OSTERIA – In Grottaferrata können Sie Kunstwerke bestaunen und noch mehr. Denn für Feinschmecker und Neugierige im Bereich der Gastronomie gibt es ebenfalls Attraktionen. Von Erfolg gekrönt sein wird ein Besuch im Restaurant der Familie Montellanico. Raul und sein Vater Alberto betreuen die beiden kleinen Speisesäle, deren Einrichtung in warmen Farbtönen Behaglichkeit vermittelt, und die mit Pflanzen und Blumen geschmückte Veranda. Die Küche hingegen ist unbestritten das Reich von Mutter Adriana, der Interpretin und Botschafterin der ursprünglichen Küche des Gebiets der Castelli Romani, die hier oft um einen persönlichen Ton bereichert wird.

DIE KÜCHE – Tradition der Castelli eben und daher **Porchetta d'Ariccia** (Stücke von ausgelöstem gewürzten Schwein aus der für diese Tradition berühmte Stadt Ariccia). Im Frühling triumphieren die Erzeugnisse des Gartens, Frühgemüse mit der beliebten **Vignarola** – Gemüseeintopf mit Erbsen, Dicken Bohnen und Artischocken –, doch auch Zucchine alla velletrana und die selten anzutreffende **Misticanza con nervetti** (Blattsalat mit Knorpeln, 12 €). Primi (10 €) mit den Zutaten der Saison, zum Beispiel Maniche di frate con salsiccia e cavolfiore. Im Winter stärkt man sich mit einer **Suppe (mit Kichererbsen, Dinkel und Esskastanien**, mit Bohnen und wildem Fenchel) oder aber mit Kohl und Polenta. Bodenständige, saftige Secondi: **Spezzatino di filetto con peperoni** (15 €), **Abbacchio** (ausgelöstes Milchlamm) **alla cacciatora** und, wenn verfügbar, Wildschwein, nach einem aus der Renaissance stammenden Rezept zubereitet. Süßer Ausklang mit hausgemachten Dolci. Zu trinken gibt es Weine aus der Umgebung, offen oder in Flaschen.

20 km südöstlich von Rom, S.S. 511

Taverna Mari

Restaurant
Via Piave, 29
Tel. (+39) 06 / 93 66 82 61
Ruhetag: Mittwoch
Ferien: zweite Augusthälfte
60 Plätze + 60 Plätze im Freien
Preise: 34 €
Kreditkarten: AE, CS, DC, MC, Visa; BM
Mittags und abends geöffnet

Herzlicher Empfang, perfekte Ausführung traditioneller Gerichte, hochwertige Zutaten. Das Restaurant vertritt die Vergangenheit und die Gastlichkeit der Castelli Romani mit Würde.

DIE OSTERIA – Gepflegte Details und heimeliges Ambiente in den drei Speisesälen und zwei blumengeschmückten Terrassen des schönen Landhauses, wo der freundliche Fabrizio seine Gäste empfängt. Egal, ob es ein ruhiger Tag ist oder zahlreiche Tischgesellschaften zu Gast sind, hier behandelt man Sie immer mit Aufmerksamkeit und wie einen Freund. Vater Enzo beschreibt die Zutaten von Lieferanten des Vertrauens und die Gerichte, die Mutter Iole zusammen mit Schwiegertochter Marianna und anderen Frauen der Familie gewissenhaft zubereitet. Im kleinen Turm mit den schön präsentierten kostbaren Weinflaschen befindet sich ein Raum zur Verkostung.

DIE KÜCHE – Wählen Sie von der Karte oder eines von vier Degustationsmenüs für 25 bis 35 €. Verzichten Sie zu Beginn weder auf die Kostproben aus der Fleischerei und die Kutteln noch auf die „Sfizi della campagna romana" (12 €), darunter immer gute vegetarische Speisen. Hausgemachte, kräftige Primi wie **Fettuccine** oder von Hand gezogene Tagliate – grobporig, um besser die Sauce **con *regaje*** di pollo (Hühnerklein) aufnehmen zu können – und **Tonnarelli alla gricia** (10 €) oder cacio e pepe. Wer keinen riesigen Appetit hat, bestellt eine halbe Portion und fährt ohne Schuldgefühle mit **Saltimbocca alla romana** (12 €) oder **Abbacchio alla scottadito** fort. Eine interessante Beilage ist in der Pfanne gewürztes gemischtes Wildgemüse mit Kartoffeln (5 €). Gute Desserts (6 €) für einen traditionellen Ausklang oder aber „Gran selezione di formaggi", um die Mahlzeit im französischen Stil zu beenden. Hochwertiges Weinangebot mit besonderer Aufmerksamkeit für lokale und biologische Erzeugnisse.

ISOLA DI PONZA (LT)
Ponza

FÄHRE V. ANZIO, FORMIA, TERRACINA, S. FELICE CIRCEO

A Casa di Assunta

Restaurant
Via Panoramica
Tel. (+39) 07 71 / 82 00 86
Kein Ruhetag
Ferien: November–März
60 Plätze
Preise: 40 € €↑
Kreditkarten: CS, DC, MC, Visa
Abends geöffnet

Althergebrachter Geschmack und unveränderte Rezepte, kurze Lieferkette und Ursprünglichkeit bilden die Grundlagen von Assuntas Küche.

DIE OSTERIA – Ein schönes Landhaus aus dem Jahr 1760 steht auf dem Hügel über dem prächtigen Hafen aus der Zeit der Bourbonen. Hier liegen Tradition und überliefertes Wissen in der Luft, dazu kommt das herzliche, freundschaftliche Lächeln von Assunta, der Küchenchefin und Eigentümerin, welche das Lokal mit ihrem rein weiblichen Team führt. Die Speisekarte ist eine Hommage an die Umgebung wie auch an die Wurzeln der Hausherrin. Eine Widmung gilt ihrem Vater Ferdinando, dem Initiator der Schleppfischtechnik mit Blei, und ihrer Mutter Ida, einer Expertin für dieses Gebiet und seinen Rhythmus, von der Assunta die Lust an der Suche nach exzellenten Zutaten geerbt hat.

DIE KÜCHE – Zu Beginn könnte es Endivien mit Oliven der Sorte Itrana, Kapern und Pinienkernen geben, dazu mit Fisch-Mousse gefüllte Beignets. Oder aber die Thunfischsorte **Alalunga con cipolla in agrodolce e carciofini sott'olio** (9 €). Fortsetzung mit **Spaghettone fresco al pesto di Palmarola** – nach einem geheimen Rezept und als Huldigung an eine der reizendsten Inseln des Pontinischen Archipels – oder mit **Raviolo ripieno di cernia con pesto di pistacchi e ricotta di bufala laziale** (14 €). Die Kochtechniken bei den Secondi (16 €) unterstreichen den ursprünglichen Geschmack des frischen Fischs bei Tonno arrosto marinato all'arancia, ***Raia 'ncattivata*** (nach einem traditionellen Rezept im Ofen gegarter Rochen), **Calamari al verde** (mit gewürztem Semmelmehl gefüllt und gegrillt) sowie **Gamberoni di paranza** (25 €). Abschluss mit hausgemachten Desserts (6 €). Auf der interessanten Weinkarte gibt es ausreichend Platz für autochthone Weine der Insel und weitere Etiketten aus dem Latium.

LABRO (RI)

22 KM NÖRDLICH VON RIETI

Boccondivino

Enoteca mit Ausschank und Küche
Via Garibaldi, 9
Tel. (+39) 07 46 / 63 60 86
Ruhetag: Montag
Ferien: 10. Januar–1. März
25 Plätze + 12 Plätze im Freien
Preise: 30 €
Kreditkarten: AE, CS, DC, MC, Visa; BM
Abends geöffnet, Sonntag und Feiertage auch mittags

DIE OSTERIA – Mauro und Valeria betreiben dieses reizende Lokal im alten Ortskern von Labro, wo sich allabendlich das Ritual der Gastlichkeit mit immer unterschiedlichen Gerichten wiederholt. Die Zutaten dafür stammen aus der Umgebung, begleitet werden die kompetent servierten Speisen von einer gepflegten Weinauswahl. Die wenigen Plätze sind zusammen mit der von den Eigentümern geschaffenen informellen Atmosphäre Garantie für Gelassenheit und Geselligkeit. Valeria ist nicht nur in der winzigen Küche als Urheberin der Gerichte tätig, im Sommer wird sie, nachdem sie sich der Gäste mit einer kleinen Verkostung zur Begrüßung angenommen hat, auch zur Darstellerin und Regisseurin von Theaterstücken.

DIE KÜCHE – Am Tisch finden wir den Geschmack des Landesinneren in einem reichhaltigen, geschmacksintensiven Antipasto mit sieben Kostproben von saisonalem Wildgemüse, Salumi und Käse aus der Umgebung (9 €) und Pecorino auf dem hauchdünnen Fladenbrot Pane carasau, einer Verbindung der sardischen Wurzeln der Köchin mit der lokalen Tradition. Römisch geprägte Primi mit hausgemachter Pasta, zum Beispiel **Chitarrine cacio e pepe su vellutata di fave**, aber vor allem volkstümliche Gerichte wie **Stracci antrodocani** (mit Fleisch und Mozzarella gefüllte Pfannkuchen, 12 €). Bei den Secondi (12 €) werden „arme" Teile von lokalem Fleisch mit Raffinesse zu **Brasati** (Schmorgerichten) verarbeitet, die mit Kräutern verfeinert und mit Gemüse aus dem eigenen Garten serviert werden. Deliziöse, fantasievolle Desserts werden je frisch zusammengestellt, wie etwa **Fagottino di sfoglia con mele annurche** e crema di mascarpone al profumo di cannella (4 €), dazu gibt es einen gut ausgewählten Dessertwein. Im Keller lagern mehr als 300 Etiketten, vor allem aus den Regionen Latium, Umbrien und Abruzzen.

Teresa

Trattoria
Strada Statale 148 Pontina, km 76,100
Tel. (+39) 07 73 / 24 17 54
Ruhetag: Samstagmittag, Sonntag
Ferien: 2 Wochen im August
42 Plätze + 30 Plätze im Freien
Preise: 28–35 €
Kreditkarten: AE, CS, MC, Visa; BM
Mittags geöffnet, Freitag und Samstag auch abends

DIE OSTERIA – Wenn Sie auf der Staatsstraße Pontina unterwegs sind, lohnt es sich auf jeden Fall, hier eine Rast einzulegen. Die Küche liegt in den fähigen Händen von Signora Teresa, seit Jahren betreibt sie das Lokal zusammen mit ihrer Familie und betreut gleichzeitig den Garten. Ihren Mann Francesco können Sie bei seiner Arbeit am großen Grill beobachten, während sich Alice und Ornella um die Gäste kümmern. Die Trattoria gliedert sich in zwei schöne Speisesäle, von denen einer mit Flaschen aus der großen Auswahl an Weinen aus der Umgebung und dem übrigen Italien dekoriert ist.

DIE KÜCHE – Auf den Tisch kommt der Geschmack der Tradition, in manchen Fällen bereichert um kreative Ideen wie bei Carpaccio di bufalina con olio extravergine, kiwi e pinoli, Nuvola di lardo di cinta senese su pane caldo, Mousse di mozzarella, pane e pomodorino alle erbette und Alici con burro di fattoria e olive di Gaeta (Sardellen mit Bauernbutter und Oliven aus Gaeta, 6 €). Genießen Sie die bodenständige hausgemachte Pasta, mit oder ohne Füllung (10 €): **Panserotti di carne bufalina e ricotta al burro e salvia** oder **Maltagliati di grano saraceno con salsiccia bufalina**, funghi e tartufo fresco (Pasta aus Buchweizenmehl mit Büffel-Salsiccia, Pilzen und – in der Saison – frischer Trüffel). Das gewissenhafte Braten über der Holzkohlenglut hebt den Geschmack des Fleischs von köstlicher Salsiccia und **Bistecca di bufalina con l'osso** (12 €) hervor. Die Tiere werden vor Ort aufgezogen. Ebenso empfehlenswert ist Käse aus Milch von Schafen oder Büffeln. Unter den Desserts gutes Semifreddo al Marsala e nocciole tostate (5 €). Weine aus der Umgebung und dem übrigen Italien, außerdem einige internationale Etiketten.

LATINA

Uva Fragola

Moderne Osteria
Via Massimo d'Azeglio, 15
Tel. (+39) 07 73 / 176 19 86
Ruhetag: Montag
Keine Ferien
30 Plätze + 45 Plätze im Freien
Preise: 31 €
Kreditkarten: CS, DC, MC, Visa; BM
Abends geöffnet, Sonntag auch mittags

DIE OSTERIA – Das Adjektiv „jugendlich" kommt einem als Erstes in den Sinn, wenn man an dieses vor etwa zwei Jahren eröffnete Lokal und sein Team denkt. Die jungen Leute sind kaum älter als 20 Jahre, sie wissen, dass sie noch viel lernen müssen, und sind gleichzeitig enthusiastisch. Wir setzen auf sie und drücken bei den unvermeidlichen kleinen Unsicherheiten ein Auge zu. Diesen frischen Wind im Zentrum von Latina spürt man schon beim Betreten des zweifellos sehr farbenprächtigen Speisesaals und er wird von den Gerichten bestätigt, die auf modernen Grundsätzen beruhen, ohne dem Genius Loci einer Osteria untreu zu werden.

DIE KÜCHE – Die Speisekarte ist im Landesinneren verwurzelt, Grundlage ist vor allem Fleisch. Erweitert wird sie um vegetarische Speisen und manchmal um lokalen Fisch. Polpo alla griglia su purè di patate al limone (8 €) ist ein ausgezeichneter Beginn, während der „Antipasto della casa" einen guten Überblick über die lokalen Erzeugnisse bei Salumi und Käse (10 €) gibt. Überzeugende Primi, die von **Cecapreti alla matriciana** bis zu **Scialatielli** con vongole lupino (mit einer Venusmuschelart, 14 €) reichen, beide werden mit der in der Provinz angebauten Tomatensorte Torpedino zubereitet. Bei den Secondi stoßen wir auf Scottona-Rind in Form von Hamburger oder Tagliata, doch Sie können auch **Carpaccio di bufalo affumicato con ricotta, noci e misticanza** oder eines der vegetarischen Gerichte bestellen. Zum Abschluss gutes Tiramisù del peccatore (5 €), verfeinert mit Schokoladecreme und Schokoladesplittern. Bescheidener, doch für das Latium repräsentativer Keller.

33 KM NÖRDLICH VON VITERBO

Il Vecchio Mulino

Trattoria
Via Marconi, 25
Tel. (+39) 07 61 / 78 05 05
Ruhetag: Mittwoch
Ferien: unterschiedlich
28 Plätze + 8 Plätze im Freien
Preise: 28 €
Kreditkarten: AE, CS, DC, MC, Visa; BM
Mittags und abends geöffnet

DIE OSTERIA – Zu den Gaumenfreuden an den Tischen des Vecchio Mulino in Lubriano gesellt sich ein wunderbarer Ausblick auf das Valle dei Calanchi und das bezaubernde Dorf Civita di Bagnoregio in der interessanten Grenzlandschaft zwischen Latium und Umbrien. Bevor man die prächtige Terrasse betritt, durchquert man das gemütliche, urtümliche Lokal. Auch die Speisekarte, die Barbara Pettinelli zusammenstellt, ist echt und geradlinig und folgt der lokalen Tradition, ohne sich stimulierenden Einflüssen aus den angrenzenden Regionen zu verschließen.

DIE KÜCHE – Eingangs empfehlen wir Pappa al pomodoro, Trippa in insalata oder Crostini misti (5 €). Lassen Sie sich bei den Primi keinesfalls **Ravioli di chianina con ragù in bianco** (10 €) und die bäuerlichen ***Pici***, eine an dicke Spaghetti erinnernde Pasta aus Wasser und Mehl, deren Teig von Hand ausgezogen wird, entgehen. Wenn es weniger heiß ist, isst man gerne Suppen mit Getreide und Hülsenfrüchten, Acquacotta sowie die mit Wildfenchel aromatisierte **Pasta e ceci**. Anschließend das immer beliebte Hähnchen **Pollo alla viterbese** (9 €), Cinghiale in agrodolce con cipolline e olive (süßsaures Wildschwein mit Wildzwiebeln und Oliven) oder **Spezzatino di agnello al *bujone*** (12 €). Probieren Sie als Beilage **Fagioli alla bagnorese** (Bohnen mit Salbei, Rosmarin, Sardellen, Knoblauch und Pfeffer, 5 €). Die Desserts werden von Barbaras Eingebung bestimmt. Bemerkenswerte Weinauswahl.

25 KM SÜDÖSTLICH VON ROM

Il Monticello

Restaurant
Via Romoli, 27
Tel. (+39) 06 / 944 93 53
Ruhetag: Montag, im Winter auch Sonntagabend
Ferien: 16.–22. August
120 Plätze + 120 Plätze im Freien
Preise: 28–32 €
Kreditkarten: AE, CS, MC, Visa; BM
Mittags und abends geöffnet

DIE OSTERIA – Familie Intreccialaghi betreibt dieses Restaurant im Gebiet der Castelli Romani zwischen Wein- und Olivenpflanzungen und Lichtungen, auf denen in der entsprechenden Jahreszeit verschiedene Pilze wachsen. Zur Verfügung der Gäste steht nicht nur ein komfortabler Parkplatz, sondern auch ein umzäunter Spielplatz, ideal, um kleine Kinder zu beschäftigen. Im Sommer werden die Tische unter den Bäumen beim Eingang gedeckt und man isst in heiterer Atmosphäre unter freiem Himmel. Die Räumlichkeiten des Lokals sind von schlichter Eleganz, die Einrichtung stammt aus vergangenen Zeiten. Erasmo und Fulvio sind für den Service verantwortlich, Mutter Imperia verwirklicht immer gerne Rezepte mit Wildgemüse oder Gemüse aus dem biologisch geführten Garten beim Lokal.

DIE KÜCHE – Zur Anregung des Appetits – sollte dies nötig sein – eignen sich die fabelhaften **Supplì con caciocavallo e guanciale** (2 €) sowie **Sformatino di patate e ramoracce** (Kartoffelauflauf mit einem für die Gegend typischen Blattgemüse) mit geschmolzenem Käse (12 €). Von den Primi verdienen **Tagliolini con tartufo bianchetto** (mit weißer Trüffel, 15 €) oder mit Funghi marzuoli (Märzschnecklingen, 12 €) eine Empfehlung, wie auch Spaghetti con alici, finocchiella, pomodorini e pecorino (mit Sardellen, Wildfenchel, Kirschtomaten und Pecorino, 12 €). Danach verführerische Angebote wie **Costine di maiale con paprica e peperoncino**, Sgombro scottato con misticanza al pesto (12 €) und Calamari con carciofi. Für den Abschluss stehen hausgemachte Crostata, Zabaione mandorlato al cioccolato, traditionelle Dolci oder handwerklich hergestelltes Eis zur Verfügung. Zu trinken wählen Sie aus etwa 300 lokalen, italienischen und internationalen Etiketten, eine interessante Auswahl wird auch glasweise ausgeschenkt.

29 KM NORDÖSTLICH VON ROM

La Rocca del Gusto

Restaurant
Via della Rocca, 36
Tel. (+39) 333 / 924 37 53
Ruhetag: Sonntag
Ferien: August
24 Plätze
Preise: 30–35 €
Keine Kreditkarten
Abends geöffnet

DIE OSTERIA – Im oberen Teil von Monterotondo befindet sich neben dem Rathaus das reizende Lokal von Maria Luisa Conrado, einer wahren Enthusiastin der Küche, die mitunter den Herd verlässt, um nach dem Wohlbefinden ihrer Gäste im Speisesaal zu sehen. Wenn sie die Speisekarte vorstellt – eine kluge Kombination von Tradition und Kreativität, die alle zwei Monate wechselt – tritt ihre Kompetenz zutage: Jedes Gericht ist an die Charakteristika der Zutaten gebunden wie auch an die persönliche Bekanntschaft mit den Lieferanten, die die Qualität der Spezialitäten der Umgebung garantieren.

DIE KÜCHE – Eine große Anzahl an typischen lokalen Erzeugnissen wird auf den Tisch gebracht. Auf **Crema di ceci** (Creme aus Kichererbsen aus dem nahen Capena), zusammen mit in Öl eingelegten Auberginen aus Nerola auf knusprigem Brot serviert (9 €), oder den Pfannkuchen des Tages folgen **Trenne** – ein den Penne ähnliches, doch dreieckiges Pastaformat – mit einer Sauce aus Guanciale vom schwarzen Schwein und einem nach einem Geheimrezept hergestellten Pesto. Außerdem finden Sie unter den Primi Arrabbiata della Rocca und heiße Suppen. Die Basis bei den Secondi bildet lokales Fleisch: Probieren Sie **Filetto di maiale con salsa di senape e miele** (14 €), Bistecca di vitellone oder Braciola di maiale. Als vegetarische Alternative bieten sich frischer Pecorino aus Monterotondo vom Grill (11 €) oder Flan di carote, piselli e mandorle (12 €) an. Ausgezeichnete Käseauswahl, vor allem Schaf- und Ziegenkäse und Slow-Food-Presidi (die im Menü vom Antipasto bis zum Dessert vertreten sind). Süßer Ausklang mit traditionell erzeugtem Eis aus Schafmilch, „Nocciolamisù" oder **Fichi secchi sotto grappa glassati al cioccolato** (6 €). Der Weinkeller ist klein, doch naturbelassene und biologische Weine haben ihren Platz gefunden.

67 KM SÜDÖSTLICH VON ROM, S.S. 148

Zero Miglia

Restaurant
Piazza Marconi
Tel. (+39) 06 / 980 30 30
Ruhetag: Montag
Ferien: 3 Wochen im Januar
90 Plätze + 40 Plätze im Freien
Preise: 20–23 €
Kreditkarten: AE, CS, MC, Visa; BM
Mittags und abends geöffnet

DIE OSTERIA – In der Altstadt von Nettuno, in einem der belebten Gässchen, in denen alle Häuser einen schönen Blick aufs Meer haben, liegt das Gefühl von Ferien in der jodhaltigen Luft. Das Restaurant von Massimo und Roberto Naciti ist im Palazzo degli Orsini untergebracht. Das Ambiente ist angenehm und das Ausgangsmaterial der guten, keineswegs teuren Fischgerichte stammt vom Tagesfang, der bei der Versteigerung auf dem Markt im nahen Anzio nicht verkauft wurde. Die Speisekarte ist demzufolge von der Verfügbarkeit des Fischs abhängig.

DIE KÜCHE – Ein feststehendes Menü für 20 € beinhaltet sechs Antipasti, zwei Primi und drei Secondi, die alle auf großen Tellern in die Mitte des Tisches gestellt werden. Liebhaber von rohem Fisch können ein anderes, ein wenig teureres Degustationsmenü für 25 € bekommen. Wenn Sie à la carte wählen, sollten Sie **Paccheri al coccio** (mit Knurrhahn, 10 €) oder die köstlichen **Tagliolini ai crostacei** (mit Krustentieren, 15 €) bestellen. Als Alternative Spaghetti vegetariani (8 €). Klassische Fortsetzung mit **Frittura di paranza** (10 €) oder aber mit Pesce cotto alla griglia (gegrilltem Fisch) oder in Kartoffelkruste und, wenn verfügbar, **Rana pescatrice con battuto di burro e acciughe** (Seeteufel mit Sardellenbutter). Gemüse kommt aus dem hauseigenen Garten: im Sommer Zucchini und Auberginen, im Winter Brokkoli. Zum Dessert Tiramisu, Sorbet mit Zitrusfrüchten und Eis mit Pistazien aus Bronte. Zufriedenstellende Weinkarte mit der Möglichkeit, auch glasweise zu bestellen.

56 KM ÖSTL. V. ROM, A 1 AUSFAHRT VALMONTONE

Il Boschetto

Moderne Osteria
Viale San Francesco d'Assisi, 95
Tel. (+39) 06 / 956 40 25
Ruhetag: Montag
Ferien: zeitweise im Herbst
50 Plätze + 20 Plätze im Freien
Preise: 33 €
Kreditkarten: AE, CS, DC, MC, Visa; BM
Mittags und abends geöffnet

DIE OSTERIA – Die Bewirtung ist für die Familie Ciolli eine ernstzunehmende Sache, schließlich beginnt ihre Geschichte in der Gastronomie im Jahr 1935. Betrieben wird das Lokal von Silvestro, einem kompetenten und zurückhaltenden Gastgeber, der gerne Auskunft gibt, doch erst dann zu einer detailreichen Beschreibung ausholt, wenn er dazu aufgefordert wird. Seine Passion für die Umgebung und den Wein ist überzeugend, 2004 hat er zusammen mit einigen Freunden die Kellerei La Compagnia di Ermes gegründet. Die Küche wurzelt in der Tradition und erweist den Erzeugnissen des Landes die Ehre. Außer im Winter kommt das Gemüse nahezu ausnahmslos aus dem Garten vor der Osteria, der im Sommer mit einem wahren Feuerwerk an Farben und einem Blick auf die sanften, mit den Trauben der Sorte Cesanese bepflanzten Hügel erfreut.

DIE KÜCHE – Ein schmackhafter Appetizer, abhängig vom Wetter und von der Fantasie des Kochs, ist der Willkommensgruß. Als Antipasto, begleitet von hausgemachtem Brot und Grissini, wählen Sie Petto d'oca con balsamico e formaggio di fossa (Gänsebrust mit Aceto balsamico und Höhlenkäse), **Polpettine di abbacchio con pecorino profumate alla mentuccia** (10 €) oder eine Selektion lokaler Salumi. Reiche Auswahl an frischer, von Hand gezogener Pasta wie Cannelloni, **Raviolini di baccalà mantecato** con pere profumate alle grappe und die traditionellen Codine (mit dem Wein Cesanese im Teig) mit Tomaten, Guanciale und Pecorino (8 €), die Sie nicht verpassen sollten. Leckere Secondi mit Fleisch (15 €), darunter **Costine di agnello impanate** und **Coniglio farcito**. Ein erfrischender Abschluss ist Gelato di crema al mosto cotto di Cesanese (6 €). Die Weine, die glasweise ausgeschenkt werden, wechseln täglich, die Weinkarte wird auch die anspruchsvollsten Gaumen zufriedenstellen.

OLEVANO ROMANO (RM)

56 KM ÖSTL. V. ROM, A 1 AUSFAHRT VALMONTONE

Sora Maria e Arcangelo

Restaurant • Via Roma, 42
Tel. (+39) 06 / 956 40 43
Ruhetag: Montagabend, Mittwoch
Ferien: 10.–30. Juli
80 Plätze
Preise: 35 €
Kreditkarten: AE, CS, DC, MC, Visa
Mittags und abends geöffnet

Ein historisches Lokal im Hinterland Roms, heute eine der besten Osterien in der ganzen Region.

DIE OSTERIA – Das Restaurant von Giovanni Milana, Leiter und Koch, ist ein historischer Familienbetrieb. Dieser bestätigt sich als gute Adresse, an der Recherche und Tradition, moderne Kochtechniken und althergebrachter Geschmack zusammenfließen. Schauplatz ist die bezaubernde Landschaft des Cesanese-Anbaus. Milana erzählt gerne, das „natürliche" Trinken sei nicht weniger wichtig als die Sorgfalt bei der Auswahl der Erzeugnisse (darunter viele Slow-Food-Presidi) für seine Speisekarte. Eine Speisekarte, die Sie auf einer der Ebenen einer kleinen Wohnung durchblättern werden, in der sich die Speisesäle mit Steinwänden und alten Cotto-Böden befinden.

DIE KÜCHE – Dem Willkommensgruß des Küchenchefs – Crocchetta di patate alla paprica affumicata e fiore di Morolo (Kartoffelkrokette mit geräucherterm Paprika und Kuhmilchkäse) – folgte in unserem Fall **Fiore di zucca farcito con ricotta di bufala di Amaseno** (10 €). Legendär in diesem Lokal sind **Cannelloni** della sora Maria, **gefüllt mit Paste vom Jungstier**, weitere Primi (10 €) sind Pappardelle mit der Sauce von weißem Fleisch oder, zur richtigen Jahreszeit, mit Pilzen und Steinpilzen. Kräftige Secondi: **Rollè di coniglio farcito con frittatina al finocchietto** und Galletto disossato biscottato alla diavola e profumato al limone (15 €). Unter den Dolci (9 €) köstliches hausgemachtes Tiramisu mit Pastarella olevanese (typischem Kleingebäck). Das Degustationsmenü für 30 € wechselt häufig, wie im übrigen die gesamte Speisekarte, und passt sich den Jahreszeiten an (besuchen Sie das Lokal unbedingt in der Zeit der Kaiserlinge). Der Wein kommt aus den wichtigsten internationalen Anbaugebieten, doch der Schwerpunkt liegt auf Cesanese.

41 KM SÜDÖSTLICH VON RIETI

Vini e Cucina

Moderne Osteria
Via Roma, 7
Tel. (+39) 07 65 / 93 30 02
Ruhetag: Montag
Keine Ferien
40 Plätze + 10 Plätze im Freien
Preise: 30 €
Kreditkarten: CS, DC, MC, Visa; BM
Mittags und abends geöffnet

DIE OSTERIA – Dieses unberührte Szenario im Parco Regionale dei Monti Lucretili wird nur von Pilgern auf dem Benediktsweg von Norcia über Subiaco nach Montecassino durchquert und von Touristen besucht, die an den archäologischen Ausgrabungen der Villa des Horaz in der nahen Stadt Licenza interessiert sind. In der Nähe des Eingangstors in die Altstadt von Orvinio finden Sie die Trattoria von Roberta, angenehm eingerichtet und mit familiärer Atmosphäre. Die Küche steht unter der Aufsicht von Mutter Paola, zubereitet werden einfache, doch gepflegte Gerichte im Sinne der Tradition aus lokalen Zutaten.

DIE KÜCHE – Der Antipasto (12 €) ist eine perfekte Visitenkarte für frische und gereifte Salumi und Käse aus der Provinz Rieti, die von in Öl eingelegten getrockneten Tomaten und Zwiebelkompott begleitet werden. Alle Teigwaren werden von Hand gemacht, aus Dinkelmehl die **Pappardelle di farro all'aglione** (8 €). Außerdem gibt es Ravioli di ricotta e borragine al pomodoro, Gnocchi und **Fettuccine al sugo di coda** (mit der Sauce vom Ochsenschwanz). Das nach in der Umgebung gesammelten Kräutern duftende Hähnchen **Pollo al bollore** (9 €) gilt als Spezialität der Trattoria im Bereich der Secondi, dicht gefolgt vom Fleisch von der Holzkohlenglut, **Coda alla vaccinara** und **Lumache in umido** (geschmorten Schnecken). Zu den hausgemachten Desserts (4 €) Tiramisu, Panna cotta und Tozzetti gesellen sich zu Weihnachten Mostaccioli con frutta secca e miele. Der offene Wein schmeckt gut, der Keller ist bescheiden.

37 KM NÖRDLICH VON FROSINONE

La Polledrara

Agriturismo • Via Polledrara
Tel. (+39) 07 75 / 53 32 77,
(+39) 339 / 868 09 93
Ruhetag: Montag–Donnerstag, Mai–September Montag und Dienstag
Ferien: Januar
50 Plätze + 100 Plätze im Freien
Preise: 29 €
Kreditkarten: CS, MC, Visa; BM
Mittags und abends geöffnet

Ein klassisches Beispiel für die Aufwertung der Umgebung durch die Küche.

DIE OSTERIA – Die „Polledrara" war der Ort, an dem man auf dem Gut der Fürsten Colonna die Fohlen hielt. Heute befindet sich hier ein wunderbarer Agriturismo mit Blick auf 600 Hektar Land der Adelsfamilie in einer Landschaft von erstaunlicher Schönheit. Geleitet wird der Betrieb (mit Zimmern und Swimmingpool), der bei Familien auf der Suche nach sauberer Luft und viel Platz im Freien sehr beliebt ist, von Francesca und Enzo, sie betreut den Service, er die Küche. Das Ausgangsmaterial für die Speisen kommt aus dem Betrieb selbst oder aus der Umgebung, denn die Betreiber setzen darauf, die vielen Produzenten der Gegend, die noch nicht die angemessene Anerkennung gefunden haben, ins Rampenlicht zu rücken.

DIE KÜCHE – Während der Woche gibt es eine kleine Speisekarte, „Il bistrot contadino" genannt, sie enthält ein großes Brett mit Salumi und Käse (10 €), Parmigiana di melanzane in tiella (8 €), das empfehlenswerte **Cartoccio di fritto misto** (eine Tüte mit verschiedenem Frittierten) und Cacio e pepe dell'orto mit Rigatoni aus Gragnano (9 €) sowie ein üppiges Panino ciociaro, ein Brötchen mit Gemüse und dem gegrillten Käse Steccata di Morolo (8 €). Außerdem gibt es immer ein Tagesmenü für 29 € (sonntags als einziges Angebot), das in unserem Fall aus einem Brett mit Aufschnitt, einer köstlichen **Tiella di zucchine e cacio**, Fritti, gegrilltem Gemüse, lokalem Prosciutto und Fiordilatte aus Scardilli bestand. Anschließend Gnocchi in panzanella, Tagliatelle al ragù di melanzane sowie **Insalata di bollito** mit Sommertrüffel und Kartoffeln aus dem Ofen. Zum Dessert Crostata mit Erdbeeren und Ciambelline. Im Preis inbegriffen sind Wasser und Kaffee. Wein oder Bier wählen Sie von der reichhaltigen, originellen Karte.

60 KM ÖSTLICH VON FROSINONE, S.R. 509

La Locanda di Arturo

Trattoria • Piazza Capocci
Tel. (+39) 347 / 831 43 88,
(+39) 333 / 384 47 28
Ruhetag: Dienstag, Januar–April auch Mittwoch
Ferien: zeitweise im November
Plätze: 40
Preise: 25–30 €
Kreditkarten: AE, CS, DC, MC, Visa; BM
Mittags und abends geöffnet

DIE OSTERIA – Ein wenig außerhalb der Grenzen des Parco Nazionale d'Abruzzo, Lazio e Molise, dominiert Picinisco auf seinen 725 Metern Höhe das ganze Valle di Comino. Einen schönen Ausblick über Berge, Wälder, Weiden, Wein- und Olivenpflanzungen haben Sie vom kleinen Dorfplatz aus, auf den die Trattoria des Ehepaars Gargaro geht. Um das einfache Lokal zu betreten, müssen Sie ein paar Stufen hinuntersteigen, dann werden Sie Annamaria, die sympathische Hausherrin, antreffen, die wie ihr Mann Davide, Viehzüchter und Sommelier, die Liebe zu ihrer Umgebung, zum Essen und zur Bewirtung im Blut hat. In der Speisekammer sind reichlich Produkte aus eigener Erzeugung vorhanden und in der Küche werden die vielen Wildkräuter der Gegend verarbeitet.

DIE KÜCHE – Köstlichkeiten aus dem Gemüse der Saison sowie Salumi und exzellenter Käse (12 €) eröffnen, eine Mahlzeit, die mit voluminösen, schmackhaften Primi fortgesetzt wird. Gnocchi di patate con orapi (Kartoffelgnocchi mit wildem Spinat und Safran, 10 €), **Tagliolini con fagioli cannellini di Atina**, Fettuccine al ragù di vitellone bianco (mit Sauce vom Jungstier) oder vom Zicklein werden bisweilen um historische Gerichte wie **Fini fini** (frisch gemachte Pasta mit Ei) **con sugo di pecora** ergänzt. Als Secondi gegrilltes Fleisch vom Rind und Pferd, Spiedini di capretto, im Herbst und Winter **Polenta con ragù di cinghiale**, **Stracotto di asino** (Eselschmorbraten, 12 €) und **Capra al sugo**. Zur entsprechenden Zeit **Lumache** (Schnecken) und **Funghi** (Pilze). Manchmal werden Verkostungen mit Fleisch der in benachbarten Betrieben aufgezogenen Tiere wie des schwarzen Schweins veranstaltet. Klassische Dolci und ein kleiner Keller mit guten Tropfen.

42 KM NORDWESTLICH VON FROSINONE

Osteria del Vicolo Fatato

Moderne Osteria
Vicolo del Forno Fatato, 11
Tel. (+39) 07 75 / 50 30 35
Ruhetag: Mittwoch; Sonntag und Feiertage abends
Ferien: 2 Wochen im September
25 Plätze
Preise: 30 €
Kreditkarten: CS, DC, MC, Visa
Mittags und abends geöffnet

Eine großartige Bauernküche im Ort des Weins, dem Herzen der Ciociaria.

DIE OSTERIA – Neben der Schönheit der Landschaft und der interessanten Geschichte gibt es einen weiteren guten Grund, nach Piglio, in die Heimat des DOCG-Weins Cesanese, zu fahren, und das ist die Osteria von Pompeo Domenico De Bellis. Das Lokal, das man entdeckt, wenn man durch die kleinen Gässchen des Dorfes schlendert, ist klein und gemütlich, verfügt allerdings nur über wenige Plätze, so dass eine Reservierung unumgänglich ist. Die Gerichte – ein Spaziergang durch die typischen Produkte und die Spezialitäten der Ciociaria – sind einladend und einladend werden sie auch in der detaillierten Vorstellung durch den Patron präsentiert.

DIE KÜCHE – Umgebung und Tradition lauten die Koordinaten, zwischen denen sich das Angebot der Osteria bewegt. Den klassischen Antipasti mit Fritti und Salumi (12 €) folgen **Suppen mit Hülsenfrüchten** aus der Umgebung – Kichererbsen, Platterbsen, weißen Bohnen aus Atina und den Riesenbohnen Fagioloni di Vallepietra (Slow-Food-Presidio). Des Weiteren das Zugpferd der Küche **Gnocchetti ciociari con ragù di castrato** (mit Hammelsauce) sowie Tagliolini al sugo d'agnello. Die Reise durch die kostbaren kulinarischen Traditionen der Gegend wird vervollständigt von **Collo di maiale nero dei Monti Lepini**, **Coscio di capra in salsa di vino rosso e cacao (Ziegenkeule in Rotweinsauce mit Kakao)** und Pollo ruspante alla cacciatora (8 €). Alle Dolci (5 €) sind gut gemacht, doch ein besonderes Lob gilt Tiramisù con ciambelle al vino. Trinken können Sie Etiketten aus der Ciociaria, allen voran natürlich den bukettreichen Cesanese, doch wer lieber Weißwein trinkt, kann einen angenehmen Passerina bestellen.

45 km südwestlich von Rieti, S.S. 4 oder S.P. 46

La Chianina

Moderne Osteria
Via Matteotti, 235
Tel. (+39) 07 65 / 221 97
Ruhetag: Sonntag
Ferien: letzten 2 Juliwochen
30 Plätze + 20 Plätze im Freien
Preise: 30–32 €
Kreditkarten: AE, CS, DC, MC, Visa; BM
Mittags geöffnet, Samstag auch abends

DIE OSTERIA – In Poggio Mirteto, einem bevölkerungsreichen Ort in der Sabina, weniger als 50 Kilometer von Rom und 12 Kilometer von der Benediktinerabtei Farfa entfernt, finden Sie diese schlichte, ordentliche Osteria. Hochwertige Produkte bestimmen die reichhaltige, vielfältige Speisekarte, die mit der Umgebung verbunden ist. Denn Inhaber Stefano Facioni betreibt auch die über dem Lokal gelegene Fleischerei, in der Sie außer Fleisch vom Chianina-Rind biologisch aufgezogenes Geflügel, Pasta aus der Weizensorte Senatore Cappelli, traditionell erzeugte Biere und Weine von kleinen lokalen Betrieben, Olivenöl sowie Käse und Salumi aus der Sabina kaufen können.

DIE KÜCHE – Die Portionen sind üppig und das Essen köstlich. Unter den Antipasti finden Sie ein Brett mit Salumi, Carpaccio di chianina (ganz frisch, mit Pfeffer und Orangenscheiben dekoriert), **Steccata di Morolo** (geschmolzener geräucherter Käse) **in coccio con salsa di acciughe** und von Hand geschnittenen Prosciutto von Schweinen, die mit Eicheln aufgezogen wurden (9 bis 15 €). Die Primi (**Fregnacce** und **Manfrigoli**, Lasagnette, Pappardelle und Mezze maniche, außerdem Agnolotti, Ravioloni und Tagliatelle) stammen alle aus eigener Erzeugung, dazu gibt es unverfälschte Saucen in beinahe zu großzügiger Menge (12 bis 14 €). Ausgezeichnete Secondi mit einer großen Auswahl an **Tagliate di chianina** IGP mit dem Aroma der Sabina und einer Sauce aus süßsauren Zwiebeln. Besonders denkwürdig die Tagliata con lardo di cinta senese, mentuccia del Tancia e pomodorini, aber auch **Tagliata di pollo con peperoni arrosto**. Exzellentes gegrilltes Gemüse unter den Beilagen. Schlichtes Angebot beim Dessert. Eher langsam, doch höflich der Service (eine einzige Person ist für die zahlreichen Gäste zuständig). Die Trattoria wird auch gerne in der Mittagspause besucht.

45 km südöstlich von Rieti

Terra Sabina

Agriturismo
Via Santa Lucia, 5
Tel. (+39) 07 65 / 44 60 37
Ruhetag: Montag, Dienstag
Ferien: unterschiedlich
50 Plätze + 50 Plätze im Freien
Preise: 30 € (Tagesmenü)
Kreditkarten: CS, MC, Visa; BM
Mittags geöffnet, Samstag und Sonntag auch abends

DIE OSTERIA – Auf den ersten Hügeln der Monti Sabini betreiben Serena und ihre Familie zwischen den eigenen Oliven- und Weinpflanzungen einen Agriturismo in einem renovierten Landhaus. Die Einkäufe werden auf ein Minimum reduziert und die Erzeugnisse des eigenen Anbaus – Olivenöl, Wein, Gemüse und Obst – mit Fantasie und Kompetenz verwertet. Was nicht selbst hergestellt wird, kauft Serena bei nahe gelegenen Betrieben ein. Stets mit einem Lächeln auf den Lippen pendelt sie zwischen den Tischen und der Küche, beschreibt die Gerichte, erzählt von den Erzeugern und erklärt die Zubereitung aus Ingredienzen, die ganz einfach sind, doch mit großem Geschick verarbeitet werden. Die Atmosphäre ist wirklich angenehm, oft wird sie an Samstagabenden zusätzlich mit Livemusik aufgelockert.

DIE KÜCHE – Sobald die Gäste Platz genommen haben, wird das Menü serviert. Es ist festgelegt, doch immer anders, denn hier verwandelt man jeden Tag aufs Neue die gerade aktuellen Zutaten. Das Degustationsmenü für 30 € beginnt mit einem reichhaltigen Antipasto mit gekochtem und rohem Gemüse, Salumi, Ricotta und Aprikosenkonfitüre aus eigener Erzeugung sowie **Frittelle di salvia in pastella** (Salbei im Backteig). Als Primo gab es bei unserem Besuch im Sommer delikate **Ravioli di ricotta con sugo di zucchine e mentuccia**, darauf folgte **Pollo al forno con peperoni**. Bei einer anderen Gelegenheit konnten wir Tagliatelle con il guanciale und **Abbacchio alla brace** genießen. Ein Stück Crostata oder Crema pasticciera mit den Pfirsichen aus dem Obstgarten beenden die Mahlzeit im Agriturismo auf authentische Weise. Das vegetarische Menü (20 €) ist vielfältig und gepflegt, jenes für Kinder (10 €) beliebt bei den vielen Familien, die das Lokal besuchen. Zu trinken gibt es die Weine des Betriebs, offen und in Flaschen.

PRIVERNO (LT)

30 KM ÖSTLICH VON LATINA, S.S. 7

Glio Montano

Restaurant
Via Majo, 10
Tel. (+39) 07 73 / 90 38 38
Ruhetag: Montag, Dienstag
Ferien: 2 Wochen im Juli/August
70 Plätze
Preise: 32 €
Kreditkarten: CS, DC, MC, Visa; BM
Mittags und abends geöffnet

DIE OSTERIA – Dieses Lokal in einer alten Ölpresse im Zentrum von Priverno kann sich nicht nur auf seine angenehme Atmosphäre berufen, sondern auch auf eine gut gemachte Küche, die auf den exzellenten kulinarischen Produkten der Pontinischen Ebene und der weiteren Umgebung basiert. Das Gemüse wächst im eigenen Garten, die übrigen Grundzutaten werden mit Sorgfalt ausgewählt, vor allem Fleisch (Büffel an erster Stelle) aus lokaler Aufzucht. Die Inhaber der Osteria, Lia und Luigi Ines, sind perfekte Gastgeber, freundlich und kompetent.

DIE KÜCHE – Überaus vielfältig und einladend der Antipasto mit seiner Bandbreite, die von klassischen **Bruschette** zu Kürbisblüten reicht, von Käse und Salumi zu hausgemachten eingelegten kleinen Artischocken, von Focaccine con lardo zu Polentine con frittate. Anschließend sollten Sie auf jeden Fall Ravioli di ricotta di bufala con funghi, pinoli e pachino (8 €) oder **Fettuccine al ragù di bufalina con marzolina** (mit Fleischsauce vom Büffel und einem in Olivenöl gereiften Ziegenkäse, Slow-Food-Presidio) probieren, doch lassen Sie noch Platz für **Spezzatino di bufalina al coccio** (im Tontopf geschmortes Ragout vom weiblichen Büffel, 10 €), Spiedini di bufalina e provola (10 €) und **Straccetti con rucola, pinoli e parmigiano** (10 €). Der Kreis schließt sich mit Trockengebäck oder hausgemachten Desserts, von denen wir Eis aus Büffelmilch empfehlen. In der Weinauswahl finden Sie vor allem Etiketten aus dem Latium.

RIETI

Antonietta

Moderne Osteria
Via San Rufo, 12
Tel. (+39) 07 46 / 20 21 05
Ruhetag: Sonntag
Keine Ferien
50 Plätze
Preise: 22 €
Kreditkarten: CS, MC, Visa; BM
Mittags geöffnet

DIE OSTERIA – Wie zu Hause fühlt man sich in dieser bei den Bewohnern von Rieti sehr beliebten Osteria. Hier halten Guido und Stefania, er im Service, sie am Herd, die Erinnerung an Mutter Antonietta aufrecht, die das nach ihr benannte Lokal einst mit viel Enthusiasmus, ausgeprägter Professionalität und großem Respekt gegenüber den Bräuchen der Umgebung führte. Von den Hügeln kommen Pilze und saisonales Gemüse, die Küche ist auf Fleischgerichte spezialisiert. Die Pasta für die Primi wird von Hand gemacht und die weichen Teigblätter nehmen die klassischen Saucen auf, was ihren Verzehr zu einem besonderen Genuss macht. Der Service ist zuvorkommend, beim Essen wird auf gute Qualität zu vernünftigen Preisen gesetzt.

DIE KÜCHE – Sie können ein Degustationsmenü inklusive einem Getränk für 18 € wählen oder Sie bestellen eines der hausgemachten Pastagerichte – Tonnarelli, Strangozzi, Gnocchi, Pizzicotti – in den klassischen Versionen **Cacio e pepe**, **Gricia**, **Amatriciana**, mit Sauce von Hammel oder Schwein oder mit Zucchini und Pancetta (6 €). Gekochtes oder in der Pfanne gewürztes Gemüse (3 €) gibt es als Beilage zu schmackhaften Secondi wie **Polpettone in bianco con cipolle e uvetta** (Hackfleischbraten ohne Tomaten mit Zwiebeln und Rosinen, 7 €), Punta di petto al forno (gebratene Kalbsbrust) oder **Coniglio in salmì** (Kaninchenpastete). Am Freitag und Dienstag gibt es Baccalà in drei verschiedenen Versionen sowie Pasta e ceci. Unter den hausgemachten Dolci (4 €) finden Sie Tiramisu und Zuppa inglese, doch besonders **Ciambellone** mit Sahne, Konditorcreme und Schokolade ist ein wahres Meisterwerk wohlschmeckender Schlichtheit. Die Weinauswahl ist bescheiden, der offene Wein gut und preisgünstig.

NEU Tito

Trattoria
Via San Rufo, 5
Tel. (+39) 07 46 / 20 12 02
Kein Ruhetag
Keine Ferien
80 Plätze
Preise: 30 €
Kreditkarten: AE, CS, DC, MC, Visa; BM
Mittags und abends geöffnet

DIE OSTERIA – Nachdem Sie drei Stufen in einem Gässchen der Altstadt hinaufgestiegen sind, befinden Sie sich in einem Saal mit der Atmosphäre vergangener Zeiten – das Lokal ist über 100 Jahre alt und trägt immer noch den Namen seines Gründers. Heute ist Giovanni Colletti der Wirt, mit etwas raubeiniger Kompetenz beschreibt er die Tageskarte mit den Gerichten aus typischen Zutaten der Sabina. Das Angebot steht im Zeichen der Tradition, es gibt jedoch auch einige Gerichte, in denen die Produkte der Provinz von Rieti in originellerer Form verarbeitet werden.

DIE KÜCHE – Einige der Antipasti, die an Ihren Tisch gebracht werden, sind lokal erzeugter Mozzarella, Salumi und ein Salat mit Spinat, Grana und knusprig gebratener Guanciale (7 €). Der Teig für die Primi wird von Hand gemacht, es gibt Ravioli, Gnocchi, **Strangozzi** und **Pizzicotti alla reatina**, oft serviert **con sugo di pomodoro piccante** (mit scharfer Tomatensauce, gewürzt mit frischem Majoran, 8 €). Fleisch prägt die Secondi, zum Beispiel Polpettone alla reatina in una salsa bianca di uvetta e pinoli (Hackfleischbraten mit Sauce mit Rosinen und Pinienkernen), **Stracotto di guanciale al vino** (12 €), Abbacchio (Milchlammbraten), Polpette und Spezzatino di vitello agli aromi (10 €). Hausgemachte Desserts mit Crostata und einem hervorragenden **Cheesecake di ricotta, mascarpone e visciole** (3 €). Glasweise trinken kann man einen guten Montepulciano d'Abruzzo, zusätzlich steht eine breit gefächerte Weinkarte mit Exemplaren kleiner Erzeuger aus Italien und Frankreich sowie einigen Etiketten von Produzenten aus dem Latium zur Verfügung.

STRASSENBAHN-HALTESTELLE ARGENTINA (LINIE 8)

Da Armando al Pantheon

Moderne Osteria
Salita de' Crescenzi, 31
Tel. (+39) 06 / 68 80 30 34
Ruhetag: Samstagabend, Sonntag
Ferien: August
35 Plätze
Preise: 38–40 € €↑
Kreditkarten: AE, CS, MC, Visa; BM
Mittags und abends geöffnet

Familie Gargioli präsentiert nach wie vor auf ausgesuchte Weise die echte römische Küche an einem bezaubernden Ort in der Nähe des Pantheon.

DIE OSTERIA – Die Geschichte beginnt im Jahr 1961, als Armando Gargioli sich in dem nur ein paar Schritte vom Pantheon entfernten Lokal ansiedelt und es in kurzer Zeit zu einer Referenzadresse für alle macht, die die echte römische Küche genießen möchten. Heute ist die ganze Familie im Betrieb beschäftigt und es gelingt ihr, ein hochwertiges Angebot für eine große Gästeschar aus Stammkunden und Touristen auf der Suche nach einem Gericht mit unverfälschtem Geschmack zu garantieren. Der zunehmende Erfolg macht eine Reservierung notwendig, vor allem am Wochenende.

DIE KÜCHE – Mehr als 50 Speisen stehen auf der Karte, darunter die unverzichtbaren **Spaghetti cacio e pepe, all'amatriciana, alla carbonara** und **alla gricia** (13 €), doch bei den Primi verdienen auch **Fettuccine con rigaglie di pollo** (mit Sauce von Hühnerklein, 14 €) sowie Ravioli all'Armando eine Kostprobe. Doch machen wir einen Schritt zurück – als Antipasto bekommen Sie Bruschetta burro e alici (8 €) oder **Coratella di abbacchio**. Und einen Schritt vorwärts, denn weiter geht es mit **Trippa** oder Saltimbocca alla romana, Pollo ai peperoni (18 €), Abbacchio a scottadito und **Bollito di manzo alla picchiapò** (17 €). Beilagen sind Patate al forno, Insalata caprese (mit Büffelmozzarella), in der Pfanne oder mit Zitrone gewürztes Zichoriengemüse, in der Saison Artischocken oder Puntarelle. Klassische Dolci von Tiramisu bis zu Mousse al cioccolato und Semifreddo di cantucci e Vin Santo. Sie können offenen Wein trinken, doch wir empfehlen, einen Blick auf die große Weinkarte mit ungewöhnlichen Etiketten aus dem Latium, dem übrigen Italien und über die Landesgrenzen hinaus zu werfen.

STRASSENBAHN-HALTESTELLE CASALETTO (LINIE 8)

Da Cesare

Osteria
Via del Casaletto, 45
Tel. (+39) 06 / 53 60 15
Ruhetag: Mittwoch
Ferien: zeitweise im Herbst
60 Plätze + 80 Plätze im Freien
Preise: 32 €
Kreditkarten: CS, MC, Visa; BM
Mittags und abends geöffnet

Als außergewöhnliche Interpreten der Tradition und der Gastlichkeit haben Leonardo und Maria Pia eine alltägliche Osteria in einen nationalen Fixpunkt verwandelt.

DIE OSTERIA – Bis vor wenigen Jahren war das Lokal eine kleine Osteria an der Endstation der Straßenbahn, die von ihren Stammgästen besucht wurde. Heute gilt sie als eine der zuverlässigen Adressen der römischen Gastronomie mit obligatorischer Reservierung als einzigem unvermeidlichen Wermutstropfen. Zu den gemütlichen Räumlichkeiten gesellen sich schon an den ersten schönen Tagen einige Tische unter der Laube. Auf der Speisekarte stehen viele Fleischgerichte, doch rechnen Sie zusätzlich auch mit von Saison und Verfügbarkeit abhängigen Tagesangeboten. Bisweilen duftet auch ein wenig Meeresaroma auf den Tellern, Pizza können Sie immer bestellen. Der rasche und höfliche Service hat sich im Lauf der Zeit verbessert.

DIE KÜCHE – Auf Nummer sicher gehen Sie zu Beginn mit **Polpette di bollito** oder, wenn vorhanden, Cartoccio di totani fritti (eine Tüte mit ganz frischen frittierten Tintenfischen, 11 €). Dazu gehört ein Glas offener Bio-Wein. Bei den Primi setzt sich das typisch Römische durch, sowohl bei den Pastaformaten als auch bei den Saucen: **Bucatini all'amatriciana** wie aus dem Handbuch (9 €) für Freunde des Traditionellen. Wer eine Variation zum Thema akzeptiert, bestellt die ausgezeichneten **Tonnarelli cacio e pepe con baccalà e basilico** (12 €), einen weiteren Beweis der hier herrschenden Kochkunst. **Coda alla vaccinara** (Ochsenschwanz, 11 €) ist zart, die Sauce dick und kräftig, das Ergebnis einer langen Kochzeit. Erlesen das Milchlamm **Abbacchio a scottadito**. Verpassen Sie als Abschluss nicht die unverzichtbaren Cesarotti. Die breit gefächerte Weinkarte hebt Bio-Weine und lokale Erzeugnisse hervor, auch der offene Wein trinkt sich angenehm.

STRASSENBAHN-HALTESTELLE BELLI (LINIE 8)

Da Enzo al 29

Trattoria
Via dei Vascellari, 29
Tel. (+39) 06 / 581 22 60
Ruhetag: Sonntag
Ferien: zeitweise im August
25 Plätze + 15 Plätze im Freien
Preise: 30–35 €
Kreditkarten: AE, CS, DC, MC, Visa; BM
Mittags und abends geöffnet

DIE OSTERIA – Auf Nummer 29 der Via dei Vascellari befindet sich ein Lokal mit der Atmosphäre längst vergangener Zeiten, das Ihnen das Gefühl geben wird, sich in einem Film im Rom der 1950er- oder 1960er-Jahre zu befinden. Die Gastlichkeit ist zwanglos, der Service rasch, die Gedecke sind spartanisch, das Lokal ist sehr klein und reservieren kann man nicht (außer für die Schicht um 19.30 Uhr). Wappnen Sie sich daher mit Geduld, wenn Sie, Schulter an Schulter mit Ihrem Tischnachbarn, in den Genuss der echten römischen Küche kommen wollen. Beachten Sie auch die Angebote des Tages, die auf der Tafel stehen und die Auswahl an Traditionsgerichten bereichern.

DIE KÜCHE – Köstliche Panzanella con la stracciatella (11 €), ebenso köstlicher Baccalà con cipolle di Tropea e pancotto di peperoni. Nach den Fritti d'antipasto – „Palla al 29“ mit Kartoffeln, Baccalà und Mozzarella (4 €) oder gefüllten Kürbisblüten – kommt man zu den Klassikern der Hauptstadt und das sind **Amatriciana**, **Gricia** (9,50 €), **Rigatoni con sugo di coda**, **Carbonara** (10 €) und **Cacio e pepe**, rigoros zubereitet aus hochwertigen Zutaten. Sehr gut schmecken auch Gnocchi aus Kartoffeln, die der Vater des Inhabers in seinem Garten in einem Dorf in den Abruzzen anbaut, aus dem auch die Brokkoli stammen. Die Secondi folgen derselben Leitlinie von korrekter Zubereitung und Qualität: **Trippa** (10 €), Polpette al pomodoro (um Mortadella bereicherte Hackfleischbällchen in Tomatensauce, 12 €), **Abbacchio alla scottadito** und **Coda**. Als Beilage in der Pfanne gewürztes Zichoriengemüse. Süßes Finale mit Torta della casa oder Enzos Tiramisu. Zu trinken gibt es roten oder weißen Bio-Wein.

Bushaltestelle Parlamento (Linie 11)

Dal Cavalier Gino

Trattoria
Vicolo Rosini, 4
Tel. (+39) 06 / 687 34 34
Ruhetag: Sonntag
Ferien: August
45 Plätze
Preise: 25–30 €
Keine Kreditkarten
Mittags und abends geöffnet

DIE OSTERIA – Da ist sie, die Osteria „wie früher", im Herzen der Altstadt Roms! Es mag schon sein, dass ein paar Objekte zu viel dem Lokal den Anstrich eines Souvenirladens verleihen, doch immer noch wird es von Stammgästen besucht (inklusive Parlamentariern) und die Atmosphäre ist im Lauf der Jahre unverändert geblieben. Die Tische stehen ein wenig eng, aber die sauberen Tischtücher und die lächelnden, hilfsbereiten Kellner sorgen für ein gemütliches Ambiente, in dem es übrigens auch im Sommer nicht zu heiß ist (Tische im Freien gibt es nämlich nicht). Zu Gino kommt man, um die echte römische Küche mit wenig Zugeständnissen an die Fantasie und vielen „historischen" Gerichten zu probieren. Denken Sie immer daran zu reservieren.

DIE KÜCHE – Das Angebot aus der Küche beinhaltet wenige Antipasti und viele Primi: Spaghetti alla carbonara (12 €), **Ravioli di ricotta e spinaci** al sugo di pomodoro, in der Saison Penne ai broccoletti (9 €). Immer vorhanden sind **Rigatoni alla gricia** (9 €), nichts anderes als die Version ohne Tomaten der berühmten Amatriciana, die man hier auf einem großen Teller Spaghetti bekommt. Secondi überwiegend mit Fleisch, zum Beispiel schmackhafte **Involtini di vitello al forno** (Kalbsrouladen aus dem Ofen) oder auch in umido (mit Staudensellerie und Karotten geschmort, 11 €), **Manzo alla picchiapò** (mit Tomaten und Zwiebel, 11 €), Ossobuco und Coda alla vaccinara (11 €). Als Beilagen das Gemüse der Saison, in der Pfanne oder mit Zitrone gewürzt und zum Abschluss eine köstliche **Crostata di visciole** (mit Wildkirschen, 5 €), hausgemacht, was an einem Ort wie diesem nicht vorausgesetzt werden kann. Eher mager ist die Weinkarte, doch Sie können einen zufriedenstellenden weißen oder roten Hauswein in der gewünschten Menge bestellen.

ROM

Strassenbahn-Haltestelle Piazzale Prenestino

Dar Parucca

Osteria
Via Macerata, 87–89
Tel. (+39) 324 / 086 83 61
Kein Ruhetag
Ferien: 10 Tage um den 15. August
50 Plätze
Preise: 25 €
Keine Kreditkarten; BM
Abends geöffnet, Sonntag nur mittags

DIE OSTERIA – Der ungewöhnliche Name dieser Osteria „um die Ecke", die ihren zweiten Frühling erlebt, leitet sich von Lucas Spitznamen ab, der gemeinsam mit Alessandro das Lokal betreibt. Beide kommen aus der Welt der Grafik und der Comics und es war ihnen auf Anhieb klar, dass für ihre jetzige Arbeit die Auswahl der besten Zutaten am wichtigsten ist und es dabei am besten ist, wenn die Qualität durch persönliche Bekanntschaft mit den Produzenten garantiert wird. Das Fleisch kommt beispielsweise aus biologisch arbeitenden Betrieben, die zwischen dem Latium und der Toskana Tiere halbwild aufziehen. Sicherlich ist in der Küche nicht alles perfekt, einige Gerichte sollte man überdenken und dabei die ursprüngliche Schlichtheit nicht unterbewerten, doch es gibt vielversprechende Anzeichen für eine positive Entwicklung und ein Besuch in diesem Lokal lohnt sich schon jetzt auf jeden Fall.

DIE KÜCHE – Bei den Fritti zu Beginn finden Sie wohlschmeckende **Polpettine di manzo**, serviert mit Joghurt (7 €), sowie Arancini con la ***'nduja*** (Reisbällchen mit scharfer weicher Wurst). Wer einen weniger ausgefallenen Einstieg bevorzugt, bestellt **Tortino di porri e patate** al forno (8 €). Sehr zu Recht werden nun die Primi der römischen Tradition präsentiert, zum Beispiel **Mezze maniche alla carbonara** (8 €) oder **cacio e pepe**, doch die Küche wagt sich auch an vegetarische und vegane Gerichte, daher können Sie auf die gute alte **Parmigiana di zucchine** (10 €) zählen, die nach einem Familienrezept im Zeichen der Schlichtheit zubereitet wird. Die Secondi wiederum sind auf Fleisch konzentriert, beginnend bei sehr zartem **Spezzatino con piselli** (12 €) bis hin zu Rindersteaks. Stützpfeiler der Dolci (4 €) ist Tiramisu. Zu trinken gibt es offenen Wein und einige Etiketten.

U-BAHN-STATION PIRAMIDE (LINIE B)

Flavio al Velavevodetto

Traditionelle Osteria
Via di Monte Testaccio, 97
Tel. (+39) 06 / 574 41 94
Kein Ruhetag
Ferien: um den 15. August
100 Plätze + 110 Plätze im Freien
Preise: 35 €
Kreditkarten: AE, CS, DC, MC, Visa; BM
Mittags und abends geöffnet

DIE OSTERIA – Direkt am Fuß des bekannten Monte dei Cocci, des Berges, der sich aus Scherben von Amphoren und anderen Gefäßen aus römischer Zeit gebildet hat, befindet sich dieses Lokal. Es wurde aufgrund einer kuriosen Wette eröffnet und wird von einem passionierten, professionellen Team geleitet. Im Sommer können Sie im großzügigen Innenhof Platz nehmen, doch auch in den Innenräumen in der Grotte aus Tuffstein, die das Lokal beherbergt, ist es nie zu heiß. Die Speisekarte offenbart die Leitlinien der Küche: Das Fleisch wird von einem landwirtschaftlichen Betrieb in Pescia Romana geliefert, der Fisch stammt aus einem Fischgeschäft in Ladispoli, das Gemüse kommt aus dem Garten der Inhaber in Cerveteri. Die Tradition ist es, die hier den Ton angibt.

DIE KÜCHE – **Carciofo alla giudia** (Artischocken auf jüdische Art, 5 €) und Fiori di zucca fritti (frittierte Kürbisblüten) sind die erste Hommage an das Römische. Fortsetzung mit dem für Rom obligatorischen Dreiklang der Primi – **Rigatoni alla matriciana**, alla gricia oder alla carbonara (8 €) – oder mit **Fettuccine alla vignarola** (mit Gemüseeintopf, im Frühling) oder con le ***regaje*** (mit Hühnerklein, 11 €). Als Secondi gibt es einige respektable Fischgerichte, auch wenn man hierher eher wegen der unverfälschten traditionellen Fleischrezepte (14 €) kommt: **Coda alla vaccinara**, Pollo con i peperoni, Coniglio oder Abbacchio alla cacciatora, **Coratella d'abbacchio con la cipolla** (Innereien vom Milchlamm mit Zwiebeln). Die Dolci sind alle nach Hausfrauenart (6 €), das Weinangebot ist gepflegt und bietet viele italienische Etiketten mit Schwerpunkt auf dem Latium. Der Hauswein kommt aus Zagarolo.

ROM

BUSHALTESTELLE ARGENTINA

Grappolo d'Oro

Moderne Osteria
Piazza della Cancelleria, 80–84
Tel. (+39) 06 / 689 70 80
Ruhetag: Mittwochmittag
Ferien: um den 15. August
85 Plätze + 30 Plätze im Freien
Preise: 35 €
Kreditkarten: AE, CS, MC, Visa; BM
Mittags und abends geöffnet

Eine moderne Osteria, der es gelingt, Familien wie Gourmets gleichermaßen zufriedenzustellen und dabei die Erzeugnisse der Landwirtschaft Roms und seiner Umgebung ins beste Licht zu setzen.

DIE OSTERIA – Das Grappolo d'Oro ist eine hervorragende Osteria im Zentrum Roms, aber nicht die übliche römische Osteria. Passion, Engagement und Sinn für die Gastlichkeit wirken zusammen, um aus ihr einen Anlaufpunkt für eine vielfältige Kundschaft zu machen, der die Liebe zu einer Tradition, die sich nicht auf das Bewahren der Vergangenheit beschränkt, gemeinsam ist. In dieser zeitgenössischen Trattoria verbindet sich Aufmerksamkeit gegenüber der Umgebung mit Modernität bei Angebot und Service. Das unterscheidet sie von allen anderen und macht sie besonders attraktiv sowohl für diejenigen, die ein erlesenes kulinarisches Erlebnis suchen, als auch für alle (Familien eingeschlossen), die in einer Gegend mit wenig hochwertiger Gastronomie einfach gut essen wollen.

DIE KÜCHE – Täglich kommen zu den historischen Speisen einige von der Verfügbarkeit der Ingredienzen abhängige Tagesgerichte hinzu. Die Grundlage bilden Qualität und Saisonalität der Zutaten. Auch Kombinationen, die recht fantasievoll erscheinen, haben ihren Ursprung stets in lokalen Produkten. Um Spaghetti alla **carbonara** (10 €) wird ein regelrechter Kult betrieben, doch uns haben auch Tonnarelli cacio e pepe (9,50 €) ausgezeichnet geschmeckt, ebenso **Fettuccine integrali condite con vignarola e pecorino** (12 €). Zuvor gibt es allerdings Baccalà mantecato con zucchine (11 €) oder **Polpette di bollito** (10,50 €), ein Gericht der Resteküche. Noch einmal Polpette, diesmal al sugo (13 €) bei den Secondi, außerdem **Agnello a scottadito** (16 €). Intelligente Weinkarte mit Angeboten für jeden Geschmack. Degustationsmenü für 28 €.

Strassenbahn-Haltestelle Gianicolense-S. Camillo (L. 8)

L'Osteria di Monteverde

Moderne Osteria
Via Pietro Cartoni, 163–165
Tel. (+39) 06 / 53 27 38 87
Ruhetag: Montagmittag
Ferien: unterschiedlich
40 Plätze
Preise: 25–30 €
Kreditkarten: CS, MC, Visa
Mittags und abends geöffnet

DIE OSTERIA – Im Wohnviertel Monteverde entstehen seit einiger Zeit Lokale, deren Besuch sich lohnt. In dieser Osteria, die nach dem Viertel benannt ist, finden Sie Gerichte, die keineswegs banal sind. Den Betreibern ist bewusst, wie wichtig die Tradition für die römischen Stammgäste ist, doch sie haben auch den Mut, das Kulturerbe bei einigen Gerichten mit ein wenig Kreativität und einer Prise Mut zu variieren. Oft gibt es hier einladende Rezepte „außerhalb der Speisekarte", die auf bestimmte Produkte des Markts und auf die Verfügbarkeit bei Lieferanten eingehen, denn bei Qualität und bei Frische des Ausgangsmaterials werden hier keine Kompromisse gemacht. Die Räumlichkeiten sind klein, der Empfang durch die jungen Leute im Speisesaal ist informell und freundlich.

DIE KÜCHE – Unser klassischer Einstieg fand mit **Fiore di zucca ripieno di ricotta e scampi** (mit Ricotta und überbrühten Scampi gefüllten Kürbisblüten) statt, gefolgt von frischem und leichtem Crudo di ricciola condita con sesamo, arancia e aceto balsamico (rohe Bernsteinmakrele, gewürzt mit Sesam, Orange und Aceto balsamico, 10 €). Die Qualität des Antipasto war nur das Vorspiel zu einem ausgezeichneten Primo: **Tagliolini mantecati nel fondo bruno con albicocche, caffè e parmigiano** (12 €), gefolgt von leckerer **Polpetta di bollito**, serviert mit einer erfrischenden Joghurtsauce mit Agretti (Salzkräutern). Die nicht allzu großen Portionen ermöglichen es, auch noch eine Kostprobe der wirklichen exquisiten **Animella con funghi e polenta** (Bries mit Pilzen und Polenta) zu genießen und dann das Menü mit einem guten Tiramisu (5 €) abzuschließen. Die interessanten Weinempfehlungen reichen über Italien hinaus.

Bushaltestelle Largo Maresciallo Diaz (Linie 168)

Lo'steria

Moderne Osteria
Via dei Prati della Farnesina, 61
Tel. (+39) 06 / 33 21 87 49
Ruhetag: im Winter Montag, im Sommer Sonntag
Ferien: 2 Wochen im August
60 Plätze + 40 Plätze im Freien
Preise: 26–32 €
Kreditkarten: AE, CS, DC, MC, Visa; BM
Abends geöffnet, Juli und August auch Sonntagmittag

DIE OSTERIA – Ponte Milvio, heutzutage gut bekannt für das Nachtleben der Hauptstadt, strotzt nur so von Restaurants, die oft mehr Wert auf Äußeres als auf die Qualität legen. Dieses Lokal dagegen hat mit seinen gelungenen Gerichten davon überzeugt, dass ihm die Substanz wichtiger ist als die Form. Die Räumlichkeiten sind sozusagen von mitteleuropäischer Schlichtheit, geprägt von Holz und in Schwarz-Weiß gehalten. Die Gedecke mit modernen Tischtüchern aus Papier sind minimalistisch. Mit seiner ausgezeichneten Auswahl an Käse und Salumi aus dem Latium, zu der gut ein Glas Wein passt, eignet sich das Lokal auch für ein zwangloses Treffen mit Freunden.

DIE KÜCHE – Knuspriger Saccoccio di fritti (6 €) – eine Tüte mit Frittiertem wie **Supplì**, Polpettine di lesso, Gemüse und Baccalà im Backteig ohne Ei – bietet eine ideale Kombination mehrerer Geschmacksrichtungen. Bei den Primi (8 €) findet man die Klassiker der volkstümlichen römischen Küche – **Carbonara**, Amatriciana, Gricia und ein Cacio e pepe mit so viel Pecorino, dass es für manchen Gaumen schon zu extrem sein könnte – sowie weniger gehaltvolle Gerichte, die von den Jahreszeiten abhängen, zum Beispiel Spaghettoni con alici, fiori di zucca e pecorino. Die Secondi stehen im Zeichen der Tradition: Saltimbocca alla romana, **Trippa**, Coniglio alla cacciatora, eine zarte **Coda alla vaccinara** (Ochsenschwanz, 12 €) und **Cosciotto disossato di agnello** (15 €), in der Folie gekochte, dann gebratene und ausgelöste, mit Coulis von den Knochen servierte Lammkeule, eine gelungene Synthese aus moderner Kochtechnik und den Ratschlägen der Großmutter. Eine Ode an das Frühgemüse ist der Eintopf **Vignarola** (10 €). Abschluss mit Crostata di ricotta e visciole oder Ciambelline, die in den Dessertwein Cannellino getaucht werden können. Kleine, doch interessante Weinkarte.

40 KM VOM ZENTRUM

Osteria del Borgo

Moderne Osteria
Via Borgo di Sopra, 21
Tel. (+39) 06 / 30 43 00 23
Kein Ruhetag
Keine Ferien
45 Plätze
Preise: 35 €
Kreditkarten: AE, CS, DC, MC, Visa; BM
Mittags und abends geöffnet

Ein perfektes Beispiel für Augenmerk auf die Gastlichkeit wie auf die Ausgewogenheit des Geschmacks.

DIE OSTERIA – Eine Osteria mit rustikalem, gepflegtem Ambiente, mit einigen Antiquitäten – hundertjährige Tische und ein großer Holzblock, um das Fleisch zu schneiden – und volkstümlichen Referenzen wie den in Trauben aufgehängten Pomodorini del piennolo und den von den Deckenbalken baumelnden Würsten. Bewusst ausgewählt werden nicht nur die Weine, sondern auch die Produkte des Menüs, angefangen vom interessanten Olivenöl, dem eine eigene Karte gewidmet ist. Die Speisekarte wirkt, als wäre sie einerseits mit der Gourmet-Seele einer modernen Osteria zusammengestellt worden, mit Zutaten wie Wildlachs und Foie gras, und andererseits mit einer entschieden populäreren Seele, die mit dem landwirtschaftlichen Gebiet um Rom und den Slow-Food-Presidi verbunden ist.

DIE KÜCHE – Den Anfang macht eine Auswahl hochwertiger Salumi und süßsauer eingelegter Paprikaschoten. Wer in der richtigen Stimmung für kräftigen Geschmack ist, kann **Fagioli con le cotiche** (Bohnen und Schwarten) wählen oder einen anderen Klassiker der Tradition, nämlich **Trippa** (Kutteln, 8 €), hier besonders schmackhaft mit dem Aroma der Römischen Minze. Die Primi sind eine Hymne auf die Volkskultur des Latium: **Pappardelle con ragù di cinghiale** (12 €), Carbonara (10 €) und weiche **Gnocchi di patate al sugo** (10 €). Interessant und unverfälscht die Secondi, von **Coniglio porchettato con finocchio selvatico e carote** bis zu Baccalà con pomodorini, olive, pinoli, uva passa e origano (12 €). Der Abschied wird von den typischen Tozzetti di nocciole dei Monti Cimini und einem Glas Vin Santo (6 €) versüßt. Auf der Weinkarte sind ausreichend Etiketten aus dem Latium neben einigen Angeboten aus dem übrigen Italien vorhanden.

U-BAHN-STATION COLLI ALBANI

Osteria del Velodromo Vecchio

Moderne Osteria • Via Genzano, 139
Tel. (+39) 06 / 788 67 93
Ruhetag: Sonntag
Ferien: 3 Wochen im August
65 Plätze • Preise: 35 €
Kreditkarten: AE, CS, DC, MC, Visa; BM
Mittags geöffnet, Donnerstag–Samstag auch abends

Die römische Osteria in ihrer authentischen Version. Gastlichkeit und Genauigkeit in der Küche, das ist die Parole von Matteo und Alessandra.

DIE OSTERIA – Eine alte Osteria „ums Eck“, die im Jahr 2009 von den tüchtigen Wirtsleuten Matteo Ballarini und Alessandra Sabelli geschmackvoll renoviert wurde. 1995 haben sie mit der Eröffnung des Lokals ihr gemeinsames Projekt begonnen. Warme Farben, karierte Tischtücher, viel Holz und hier und da eine Flasche, die auf ihr Interesse an der Welt des Weins schließen lässt. Und da kommt auch schon eine schöne Weinkarte, die den Etiketten des Latium viel Platz einräumt, ohne dabei den Rest des Landes zu vernachlässigen.

DIE KÜCHE – Die Speisekarte ist eine Abfolge an Gerichten der jüdisch-römischen und römischen Tradition. Zu Beginn bekommen Sie Antipasto misto (11 €), **Tortino di aliciotti con indivia** (Auflauf mit Sardellen und Endivien) und Lonza mit Käse aus der Milch der Kuh der Rasse Pezzata Rossa sowie Bruschette. Bei den Primi finden Sie neben der traditionellen **Carbonara** und Pasta con broccoli e arzilla oft Paccheri con galletti (mit Pfifferlingen, 10 €), **Gnocchi al sugo di coda alla vaccinara** sowie Pasta e ceci. Unter den Secondi sind köstliche Polpette di bollito (12 €) und Trippa alla romana, wie auch Abbacchio (Milchlamm) oder **Coratella** (Lamminnereien) **mit Artischocken**. Zum Abschluss gibt es eine sehr gute **Crostata di visciole** (mit Wildkirschen, 5 €).

U-BAHN-STATION OTTAVIANO-SAN PIETRO

Osteria dell'Angelo

Osteria
Via Giovanni Bettolo, 24
Tel. (+39) 06 / 372 94 70
Ruhetag: Montag- und Samstagmittag, Sonntag
Ferien: August
60 Plätze + 20 Plätze im Freien
Preise: 25 €
Keine Kreditkarten; BM
Mittags und abends geöffnet

DIE OSTERIA – Angelo Croce ist im Lauf der Zeit zu einer Bezugsperson in seinem Viertel geworden. Seine Osteria ist eine Anlaufstelle für die Arbeiter der Gegend, für Stammgäste und Touristen, nicht nur, weil man hier gut isst, sondern weil das Lokal eine Idee von Bewirtung repräsentiert, die heute praktisch nicht mehr existiert. Die Gerichte sind fast immer die gleichen (mit ein paar saisonalen Varianten) und abends ist das Menü festgelegt. So kann ein vollständiges Essen zu einem vernünftigen Preis angeboten werden, in einer Gegend (immerhin sind wir hier in der Nähe der Vatikanischen Museen), die von nicht gerade günstigen Restaurants für Touristen nur so strotzt. Bei Angelo hingegen sind schlichter Service, echte römische Atmosphäre und Tradition garantiert.

DIE KÜCHE – Abends ist der Preis festgelegt (25 €) und das üppige Menü beginnt mit einem Antipasto (der auch mittags verfügbar ist), bestehend aus Paté di patate e tonno (Kartoffel-Thunfisch-Pastete) sowie Bruschetta con fagioli, einer guten Möglichkeit, den ersten Hunger zu stillen. Bei den Primi haben Sie die Wahl, **Rigatoni con la *pajata*** (den Därmen vom Milchkalb), **Tonnarelli cacio e pepe** und die klassische Amatriciana sind die beliebtesten Gerichte. Als Secondo empfehlen wir nachdrücklich **Spezzatino alla picchiapò** (Ragout vom Rind, gewürzt mit Zwiebeln, Tomaten und Kapern) oder (für einen Aufpreis von 10 €) die wirklich gute, im Kamin gebratene **Bistecca di manzo**. Außerdem gibt es Beilagen und zum Abschluss Ciambelline al vino. Mittags wählt man von der Karte, die Primi kosten 10 €, die Secondi zwischen 8 € und 15 € (der höchste Preis bezieht sich auf die Bistecca), Desserts 4 €. Zu trinken gibt es Hauswein oder einige (wenige) Flaschen zur Auswahl.

AUTOBUSHALTESTELLE CENTOCELLE

Pro Loco D.O.L.

Osteria-Pizzeria
Via Panaroli, 35
Tel. (+39) 06 / 24 30 07 65
Ruhetag: Sonntag
Ferien: 2 Wochen im August
45 Plätze
Preise: 27 €
Kreditkarten: AE, CS, DC, MC, Visa; BM
Mittags und abends geöffnet

DIE OSTERIA – Der unermüdlich nach den besten Zutaten forschende Vincenzo Mancino stellt in seinem Lokal im volkstümlichen Viertel Centocelle viele landwirtschaftliche Spezialitäten aus dem Latium vor. Die Abkürzung D.O.L. („Di Origine Laziale" – Ursprungsgebiet Latium) ist eine Absichtserklärung. Obwohl diese Gegend abends eigentlich nicht gut besucht ist, ändert sich in der Via Panaroli dieser Eindruck, denn in diesem Winkel der Peripherie gibt es ein wenig Leben – und viel Geschmack – , das durch den Duft von guten Salumi und Käse aus Rohmilch symbolisiert wird. Man betritt das Lokal und findet sich in einem bevölkerten Speisesaal wieder, der spartanisch mit Vintage-Möbelstücken eingerichtet ist.

DIE KÜCHE – Auf einer großen Theke sind die Spezialitäten und Raritäten an Wurst und Käse aus der Region ausgestellt – Prosciutto aus Bassiano und aus Guarcino, Susianella, Caciocchiato, Amaltea und viele andere –, die Sie in einer Auswahl (12 €) verkosten können, als perfekten Beginn des kulinarischen Rundgangs. Andernfalls wählen Sie Bruschette, Crostoni oder eine erfrischende **Pappa al pomodoro con burrata di bufala e alici di Gaeta**. Unter den Primi (12 €) finden Sie **Mezze maniche all'amatriciana**, **Fusilli con broccoli e guanciale** oder mit der Sauce vom Schwein der Rasse Mangalica, Spaghetti burro e alici (die hohe Qualität der Ingredienzen ist deutlich erkennbar, auch wenn die Pasta manchmal nicht al dente ist) sowie mit Kürbis oder mit Ricotta und Spinat gefüllte Ravioli und **Zuppa di ceci e baccalà**. Die Secondi (15 €) sind überwiegend Fleischgerichte: Ossobuco in umido, **Polpette di coda** und **Stinco di maiale alla birra**. Der gute Teig für die Pizza aus biologischem Mehl geht 48 Stunden lang auf. Mehr als trinkbar ist der offene Cesanese. Interessante Auswahl an traditionell erzeugten Bieren.

U-BAHN-STATION RE DI ROMA

Roberto e Loretta

Restaurant
Via Saturnia, 18–24
Tel. (+39) 06 / 77 20 10 37
Ruhetag: Montag
Ferien: 2 Wochen im August
100 Plätze
Preise: 35 €
Kreditkarten: AE, CS, DC, MC, Visa; BM
Mittags und abends geöffnet

DIE OSTERIA – Die Trattoria mit Ausschank, die im Jahr 1952 von Alfredo Mancinelli im bevölkerten Viertel San Giovanni eröffnet wurde, übersiedelte 2006 in Räumlichkeiten, die der sozialen Entwicklung der Gegend entsprechen. Sohn Roberto und Schwiegertochter Loretta verwandelten sie in ein Restaurant mit echter römischer Küche, mit einem großen und einem gemütlichen kleineren Speisesaal, klassisch eingerichtet. Sie entwickelte sich zu einer vertrauenswürdigen Adresse für die Bewohner des Viertels, doch es kommen auch Gäste von weiter entfernt, weil es eine praktische Garage gibt. Die zurückhaltende Art, in der Roberto und sein Sohn Riccardo zusammen mit ihren professionellen und liebenswürdigen Mitarbeitern die Gäste betreuen, schafft eine Atmosphäre familiärer Herzlichkeit.

DIE KÜCHE – Loretta, stets auf die Bedürfnisse ihrer vegetarischen Gäste oder jener mit Glutenunverträglichkeit vorbereitet, kocht Gerichte, die in der römischen Tradition verwurzelt sind, mit einigen Ausnahmen wie Timballo di anelletti alla siciliana. Zu Beginn Bruschetta con burrata e puntarelle (7 €) und Sformato di baccalà con patate, mozzarella e cipolla rossa di Tropea, dann folgt der erste Gang mit **Fettuccine al ragù bianco** – mit Sauce von Kalb, Schwein oder Lamm, ohne Tomaten – **ed erbe di caccia** (12 €) oder mit **Cacio e pepe** mit Pecorino Romano DOP, schwarzem Pfeffer aus Sarawak und frittierten Artischockenblättern. Gut gemacht sind der klassische **Baccalà in umido** (15 €), **Timballo di alici e carciofi** sowie **Trippa alla romana**. Der etwas höhere Preis für Coniglio disossato al tartufo lohnt sich. Zum Dessert die traditionelle gute Crostata di ricotta e visciole. Auf der Weinkarte findet großenteils ein Heimspiel statt, zusätzlich vorhanden einige interessante Etiketten aus dem übrigen Italien.

ROM

U-BAHN-STATION LEPANTO

Velavevodetto ai Quiriti

Trattoria
Piazza dei Quiriti, 4
Tel. (+39) 06 / 36 00 00 09
Kein Ruhetag
Ferien: um den 15. August
70 Plätze + 30 Plätze im Freien
Preise: 35 €
Kreditkarten: AE, CS, DC, MC, Visa; BM
Abends geöffnet, Feiertage auch mittags

DIE OSTERIA – Im Herzen des Viertels Prati, auf der für ihren Brunnen berühmten historischen Piazza, nicht weit vom Petersdom und der Engelsburg entfernt, hat seit ein paar Jahren die Nebenstelle eines erfolgreichen Lokals aus dem Viertel Testaccio seinen Sitz: Velavevodetto. Das Ambiente ist weniger typisch, doch die Atmosphäre ist unverfälscht und lässt die fehlende Renovierung (in den Räumlichkeiten befand sich zuvor ein sehr beliebtes mexikanisches Restaurant) nicht vermissen, was auch dem familiären, freundlichen Service zu verdanken ist. Man kann im Inneren speisen oder, wenn es nicht zu heiß ist (denn in Rom ist manchmal die Hitze ein größeres Problem als die Kälte), an den komfortablen Tischen im Freien. In jedem Fall liegt das Augenmerk eher auf der Substanz als auf der Form, was keineswegs zu bedauern ist.

DIE KÜCHE – Frauenhände in der Küche bereiten die typischen Gerichte des Quinto quarto (der weniger edlen Fleischteile) und der jüdisch-römischen Tradition in einer ausgewogenen und nicht allzu üppigen Version zu. Beginnen Sie daher ruhig mit dem Antipasto, denn **Frittata con le zucchine** (5 €) oder Zucchine alla *scapece* (6 €), in der entsprechenden Saison, sind hausgemacht, etwas, das in den Restaurants der Stadt nicht leicht zu finden ist. Es folgen die unverzichtbaren **Tonnarelli cacio e pepe** (11 €), die, da sie am Tisch vermischt werden, Ihnen das Geheimnis der richtigen Zubereitung eröffnen. Doch auch **Ravioli di ricotta** sind eine Spezialität des Hauses. Von den zahlreichen Secondi haben wir eine große Portion **Roastbeef di manzo** (16 €) probiert sowie „Piatto povero“ (12 €), eine Huldigung an die Küche des Schlachthofs in Form einer Neuinterpretation der klassischen Coratella – in diesem Fall stammen die **Innereien vom Kalb und Huhn** statt vom Lamm.

21 KM NORDÖSTLICH VON LATINA, S.S. 156

Santuccio

Restaurant
Via Santi Sebastiano e Rocco, 95
Tel. (+39) 07 73 / 88 85 73,
(+39) 320 / 033 21 22
Ruhetag: Mittwoch
Ferien: Januar/Februar
90 Plätze + 50 Plätze im Freien
Preise: 35 €
Kreditkarten: AE, CS, DC, MC, Visa; BM
Mittags und abends geöffnet

DIE OSTERIA – Seit mehr als 40 Jahren ist dieses Lokal ein Leuchtturm der lokalen Gastronomie. In Sezze, einem Ort tausendjähriger Traditionen, der auf die für die Landwirtschaft wichtige Pontinische Ebene blickt, sind den Bewohnern der Geschmack aus alten Zeiten und die Spezialitäten der Umgebung in lebhafter Erinnerung geblieben. Dies gilt auf jeden Fall für die Brüder Sisto und Giannino, die liebenswerten Inhaber des Restaurants. Die Küche unter der Leitung von Mutter Lina kreist um lokale Zutaten, beispielsweise muss man zwischen Winter und Frühling hierherkommen, um die hochwertigen Artischocken, ein Spitzenprodukt aus dem Gebiet der Monti Lepini, zu probieren, das zur Erntezeit natürlich der Hauptdarsteller auf den Tischen des Santuccio ist.

DIE KÜCHE – Vorhang auf für die Artischocken aus Sezze, Fantasia di **carciofi** präsentiert sie in allen Formen: als Chips, gratiniert, geschmort, aus dem Ofen, roh und **alla matticella** (auf heißer Holzkohlenglut gebraten). Ganzjährig vorhanden sind Ricotta di bufala, Polentina fritta und die unverzichtbare Bruschetta mit Brot aus Sezze und gutem Olivenöl. Unter den Primi ragt neben den saisonalen Fettuccine ai **carciofi** und den Ravioli con ricotta e fiori di zucca (10 €) ein typisches Gericht aus Sezze hervor, ***Lacne*** – hausgemachte Pasta aus Wasser und Mehl – **con i fagioli** (10 €). Die Secondi werden in der Pfanne geschmort – **Coniglio alla cacciatora** und **Lumache stufate con pomodoro e mentuccia** (mit Tomaten und wilder Minze geschmorte Schnecken) – oder gegrillt, wie die exzellenten Stücke vom Rind der Scottona-Rasse. Zum Abschluss hausgemachte Dolci (5 €) und Crostatine con le visciole (mit Wildkirschen aus der Umgebung). Auf der Weinkarte finden Sie ein zufriedenstellendes Angebot an Etiketten aus der Gegend und dem übrigen Italien.

55 KM SÜDÖSTLICH VON LATINA, S.S. 7

Ricciola Saracena

Moderne Osteria
Via Porta Piccola della Chiesa
Tel. (+39) 333 / 214 68 44
Ruhetag: Montag–Donnerstag, außer im Sommer
Ferien: zeitweise im November, 15. Februar–15. März
25 Plätze + 10 Plätze im Freien
Preise: 25–35 €
Kreditkarten: AE, CS, DC, MC, Visa; BM
Abends geöffnet

DIE OSTERIA – In den engen Gässchen des Dorfes Sperlonga, der Perle der Riviera di Ulisse, stoßen Sie auf diese unschätzbare Adresse, entstanden nach einer Idee der Schwestern Chinappi als einfache Bar für Aperitifs. Später wurde sie zur Osteria, mit dem Ziel, eine ehrliche Küche der Umgebung zu bieten. Basis dafür ist die tägliche Verfügbarkeit der Zutaten, die zum Großteil von persönlich bekannten lokalen Handwerkern, Fischern und Bauern stammen. Das winzige Ambiente ist bezaubernd, weiß ist die dominierende Farbe an Deckengewölben und Wänden. An warmen Abenden werden die wenigen Tische in der Gasse gedeckt.

DIE KÜCHE – Erwarten Sie keine übliche Speisekarte: Sie ist nicht klassisch in Gänge eingeteilt und das Angebot wechselt kontinuierlich. Üblicherweise beginnt das Essen mit „I 3 Bocconi", drei Häppchen vom Meer (12 €) oder vom Land (10 €). Am Abend unseres Besuchs bestand der erste Dreiervorschlag aus Tatar vom Schattenfisch mit Erdbeeren und Bleichsellerie, Crostino allo sgombro marinato und **Farro con calamari, zucchine e mandorle tostate**, während die Kostproben vom Land aus Dinkel mit Gemüse aus dem Garten, Caciottina aus Büffelmilch und Prosciutto crudo bestanden. **Tonnarelli all'amatriciana di mare** (13 €) sind oft auf der Speisekarte zu finden, wie auch der schmackhafte **Crostone con lenticchie di Ventotene e polpo** (13 €) und **Panzanella con le alici**. Zum Abschluss gibt es Eis aus traditioneller Erzeugung oder Ciambelline al vino mit einem Gläschen Moscato di Terracina Passito. Begleitet wird das Essen von Weinen aus der Umgebung und einigen Bieren aus kleinen Brauereien.

In **Itri** (15 km) gibt es Salumi, getrocknete Pasta, haltbar gemachte Lebensmittel und hochwertiges natives Olivenöl extra bei La Bottega di Scherzerino, Corso Vittorio Emanuele.

44 KM SW. V. VITERBO, S.S. 675, S.S. 1 BIS, S.P. 43

NEU Namo Ristobottega

Moderne Osteria • Via Marzi, 1
Tel. (+39) 07 66 / 73 16 37,
(+39) 320 / 064 13 79
Ruhetag: Montag
Ferien: Weihnachten
28 Plätze + 24 Plätze im Freien
Preise: 35 €
Keine Kreditkarten; BM
Mittags und abends geöffnet; im Sommer abends, am Wochenende auch mittags

DIE OSTERIA – Ein schön eingerichtetes, in neutralen Tönen gehaltenes Lokal in der Nähe der antiken Stadtmauern. Der einzige Speisesaal ist einladend und hell, im Sommer kann man das Essen auf der Terrasse genießen. Hier finden Sie echte Leidenschaft für die lokalen Erzeugnisse – vor allem für das Gemüse aus der Umgebung, das von einem vertrauenswürdigen Betrieb geliefert wird – wie auch für die hervorragenden weiteren Zutaten und Slow-Food-Presidi. Das alles wird mit der Kreativität und der Kombinationsfreudigkeit der aus dem Veltlin stammenden Sonia und der Römerin Tiziana gewürzt.

DIE KÜCHE – Auf der Karte stehen immer einige Angebote der Saison, bei denen die Erzeugnisse des Festlandes bevorzugt werden: Speck von der Ente mit knusprigem Gemüse (12 €), Torretta di capra con composta di cipolle rosse, **Suppe** mit Hülsenfrüchten oder **mit Pilzen, Kartoffeln, Esskastanien und Buchweizen** (10 €), außerdem Spargel, Artischocken, Fenchel und Kürbisblüten (gefüllt mit Kartoffelcreme, gewürzt mit Kurkuma) in Minzesauce (5 €). Angenehme Streifzüge in das Reich des Meeres vermitteln **Raviolo aperto con filetto di scorfano, pomodorino confit e besciamella di fave** con scaglie di pecorino (13 €) und Calamari al vapore con caponatina di verdure, fregola sarda e aromatizzato croccante (14 €). Einen angenehmen Ausklang versprechen **Mousse di ricotta con salsa alla nocciola dei Cimini e mandorle** oder Salame di cioccolato con crema allo zabaione. Auf der Weinkarte finden Sie eine interessante kleine Auswahl an lokalen Etiketten.

In der Pasticceria-Caffeteria Belle Hélène, Via Garibaldi 12, bekommen Sie traditionell erzeugte Pralinen und Macaron mit Olivenöl und Wildfenchel oder mit Haselnüssen aus den Monti Cimini.

40 KM SÜDÖSTLICH V. LATINA, S.S. 7 OD. S.R. 148

Borgo Pio

Osteria
Via Marconi, 10
Tel. (+39) 07 73 / 70 37 69
Ruhetag: Dienstag
Ferien: 3 Wochen im Januar
40 Plätze + 30 Plätze im Freien
Preise: 25–35 €
Kreditkarten: AE, CS, DC, MC, Visa; BM
Mittags und abends geöffnet, 30. Juni–31. August nur abends

Das zarte Alter dieser Osteria hindert sie nicht daran, Autorität und Sinn für die Gastlichkeit auszustrahlen und die Rezepte eines erprobten traditionellen Repertoires mit einzigartiger Originalität zu gestalten.

DIE OSTERIA – Die Osteria von Pier Paolo Rossi und Roberta Palazzi, einem Paar im Leben wie auch im Speisesaal, befindet sich mitten im Zentrum, im Borgo Pio, einem Viertel, das auf Anregung von Papst Pius VI. vom Architekten Valadier entworfen wurde, und nur wenige Meter vom Felsen Pisco Montano und der Spiaggia di Levante, dem Strand auf der Ostseite, entfernt. Das saubere, hübsch eingerichtete Lokal gliedert sich in zwei Speisesäle und eine Veranda, die im Sommer zum Einsatz kommt. Die kulinarische Ausrichtung ist klar: Ziel ist es, das Erbe von Terracina und des Latium durch direkten Kontakt mit den Lieferanten zur Geltung zu bringen.

DIE KÜCHE – Den Willkommensgruß bei Tisch übernehmen Zeppole fritte, dann geht man zu den klassischen Antipasti della casa mit **Bruschetta con mozzarella di bufala e alici di Ponza marinate** (7 €) und Polpo alla luciana con pane fritto über. Gemüse und Fisch bestreiten den Rest des Menüs: **Tonnarelli con pesto di cicoria e vongole**, Spaghetti Borgo Pio mit frischen Sardellen, Kapern, Kirschtomaten und gereifter Ricotta (12 €) unter den Primi, **Sciabola alla cacciatora**, **Frittura di paranza** (14 €), **Bocconcini di merluzzo al cartoccio** (gebratene Stückchen vom Kabeljau) bei den Secondi. Im Frühling sorgen die Erdbeeren Fragole favette di Terracina für einen süßen Abschluss (5 €) oder aber Sie bestellen ein leckeres Tiramisu. Wer möchte, setzt stattdessen auf einen Abschluss in französischer Art und konsultiert die Käsekarte. Bei der Weinauswahl stehen hochwertige Etiketten aus dem Latium im Mittelpunkt.

40 KM SÜDÖSTLICH V. LATINA, S.S. 7 OD. S.R. 148

Feronia Bistrot

Moderne Osteria
Via del Rio, 10
Tel. (+39) 07 73 / 70 11 12
Ruhetag: Mittwoch, außer im Sommer
Ferien: unterschiedlich
35 Plätze + 35 Plätze im Freien
Preise: 30–35 €
Kreditkarten: AE, CS, DC, MC, Visa; BM
Mittags und abends geöffnet

DIE OSTERIA – Die Lage gegenüber dem alten Markt der Stadt und der Stil des Lokals, frisch und modern, geprägt von Michelas sympathischer Professionalität, sind gute Vorzeichen für einen einen angenehmen Besuch. Im Freien laden ein paar Tische ein, vielleicht um mit Freunden einen Kaffee zu trinken. Im Speisesaal begrüßt Giampiero die Gäste und beschreibt ihnen die Speisekarte, die vom Tagesfang von Terracina und der Verfügbarkeit der lokalen Produkte bestimmt wird.

DIE KÜCHE – Zu Beginn **Alici in parmigiana con melanzane e cacio di Morolo** (8 €), exquisiter Baccalà mit violetten Kartoffeln und Zwiebel aus Tropea (8 €) oder der klassische Antipasto contadino mit einer schönen Auswahl an Käse und Salumi. Ausgewogener **Risotto ai gamberi bianchi di Terracina e zafferano** (14 €), leckere Ravioli di mare (14 €) und Spaghetti alle vongole (12 €) als Primi. Die Secondi wechseln zwischen Filet von Fisch aus Ponza mit geschmortem Gemüse und **Baccalà in umido con cipolle, patate e pomodori** (14 €), Fleischliebhaber werden sich über eine zarte Tagliata di manzo mit verschiedenen Beilagen freuen. Als Desserts Trockengebäck, Semifreddo di zabaione al passito und in der entsprechenden Jahreszeit die Erdbeeren Fragole favetta di Terracina. Der Keller konzentriert sich auf Etiketten aus dem Latium, die auch glasweise ausgeschenkt werden. Jeden ersten Sonntag im Monat findet vor der Osteria ein Markt statt; bei dieser Gelegenheit bietet Michela eine Degustation von Gerichten an, die ausschließlich auf den Produkten der Bauern beruhen.

TERRACINA (LT)

40 KM SÜDÖSTLICH V. LATINA, S.S. 7 OD. S.R. 148

Il Bistrot del Granchio

Moderne Osteria
Via San Francesco Nuovo, 80
Tel. (+39) 07 73 / 70 96 96
Ruhetag: Montag
Ferien: 2 Wochen im Februar
40 Plätze
Preise: 43 € €↑
Kreditkarten: AE, CS, DC, MC, Visa; BM
Abends geöffnet, Sonntag auch mittags

DIE OSTERIA – Dem raffinierten Restaurant müssen Sie keinen Tribut zollen, die Gründer des Granchio haben sich ein alternatives Angebot einfallen lassen, besser gesagt einen Bereich im Lokal – von dem aus man einen wunderbaren Ausblick über das Vorgebirge des Circeo genießt –, der vor allem den günstigeren Gerichten der lokalen Tradition gewidmet ist, naheliegenderweise vom Meer. Daniela Onorato, die feinsinnige und pragmatische Köchin, und Luca Ciamberlano, der umsichtige, leutselige Wirt, haben ihrem Projekt mit einfachen Gedecken, einem eher informellen Stil und einem Menü, das sich an der Umgebung orientiert, Leben eingehaucht.

DIE KÜCHE – Das geradezu überbordende Angebot an Antipasti reicht von **Gamberi spogliati** zu Zuppa di cicoria e cannellini (8 €), von Panzanella rustica zum Fisch-Hamburger mit Gemüse (14 €), von Insalata di ceci, polpi, gamberi bianchi e seppie zu Fagottino di cicoria e stracchino. Aus der Begegnung der getrockneten Pasta aus Gragnano mit den Geschenken des Meeres entstehen **Spaghetti con alici di Terracina** (14 €), Fusilli con gamberi bianchi, friggitelli e filetti di pomodoro und in der Saison die seltene **Minestra di sgavaglioni** (mit traditionell für die Suppe verwendeten Fischen). Ausgezeichnete Polpettine di merluzzo (Bällchen aus Kabeljau, 16 €) sowie originelle Fish & Chips und **Arzilla di Terracina all'arrabbiata** (scharf gewürzter Rochen) gibt es als Secondi. Zum Abschluss Trockengebäck oder eines der Desserts, bei denen Daniela ihrer Kreativität freien Lauf lässt. Bemerkenswerte Weinkarte mit interessanten Jahrgängen und aus Gegenden, in denen es eine Herausforderung darstellt, Produkte aufzufinden. Schöne Selektion von Bier und hochprozentigen Getränken.

40 km südöstlich v. Latina, S.S. 7 od. S.R. 148

Saint Patrick

Enoteca mit Ausschank und Küche
Corso Anita Garibaldi, 56
Tel. (+39) 07 73 / 70 31 70
Ruhetag: Dienstag
Ferien: November/Dezember
45 Plätze + 60 Plätze im Freien
Preise: 30 €
Kreditkarten: CS, Visa; BM
Abends geöffnet

DIE OSTERIA – Terracina, das Ziel für Feinschmecker an der Küste der Pontinischen Ebene, bietet nicht nur Meeresküche. Das beweist diese Adresse in einem Gässchen im oberen Teil der Stadt, der zwar touristisch, aber nicht überlaufen ist. Hier verbirgt sich hinter dem ungewöhnlichen Namen eine Vinothek aus alten Zeiten, ein Treffpunkt für Freunde des guten Essens und Trinkens. In dem geselligen Lokal werden Sie vom liebenswerten Ehepaar Masci, den engagierten Hausherren, begrüßt. Die Theke am Eingang versetzt Sie bereits in eine andere Zeit und nach ein paar Stufen befinden Sie sich im oberen Speisesaal und dem angrenzenden Platz im Freien, wo Sie im Sommer sitzen können.

DIE KÜCHE – Klassisch – doch, wie gesagt, in einer Stadt am Meer auch wiederum gar nicht – der Beginn mit einer Auswahl an Salumi und einem exzellenten Parcours durch italienische und internationale Käsesorten, dazu Honig und Konfitüren (16 €), detailgetreu von Patron Massimo beschrieben. Einen weniger üppigen Antipasto ergeben verschiedene **Bruschette**, darunter eine mit „Sasaka", einer legendären Wurst aus dem Friaul mit Lardo und Pancetta vom Schwein (2,50 €). Verzichten Sie nicht auf eine Kostprobe der **Involtini di melanzane ripieni di tagliolini** (mit dünnen Nudeln gefüllte Auberginenrouladen), die ein Paradegericht des Hauses darstellen, und auf Gnocchetti speck e gorgonzola (10 €). Danach kommen **Carpaccio di manzo marinato** (15 €) oder Trittico di **carne di maiale con patate**. Zum Abschluss ausnahmslos gute hausgemachte Dolci, unter denen der **Budino di pane** (5 €) eine besondere Erwähnung verdient. Schöner Keller und eine ausgezeichnete Weinkarte, auf der Etiketten aus dem Latium und dem übrigen Italien präsentiert werden.

40 km südöstlich v. Latina, S.S. 7 od. S.R. 148

Vineria Cesare 1963

Vineria mit Küche
Via San Francesco Nuovo, 5
Tel. (+39) 07 73 / 70 39 21
Ruhetag: Mittwoch
Ferien: 2 Wochen im November
35 Plätze + 70 Plätze im Freien
Preise: 35 €
Kreditkarten: CS, MC, Visa; BM
Abends geöffnet, Sonntag auch mittags

DIE OSTERIA – Seit mehr als 50 Jahren wird in diesem Lokal im Zentrum von Terracina innerhalb der Familie Cappellanti das Ruder jeweils vom Vater an den Sohn übergeben. So wird die Verlässlichkeit einer Küche garantiert, in der sich bei einigen Gerichten die in Amatrice liegenden Wurzeln von Vater Cesare zeigen. Massimo führt das Lokal seit einigen Jahren gemeinsam mit seiner Frau Simona. Seine Tage verbringt er zwischen den Ständen des Markts und bei der Fischversteigerung, um die besten Zutaten in die Küche und danach an die Tische zu bringen. Die Atmosphäre ist heimelig, der Empfang herzlich. Der Garten ersetzt im Sommer den Speisesaal, denn ein Abendessen unter der üppigen Weinlaube schmeckt noch besser.

DIE KÜCHE – Das reichhaltige Weinangebot begleitet auf anregende Weise die Gerichte einer Küche im Rhythmus der Jahreszeiten. Unter den zeitlosen Klassikern sind die von Hand einzeln gefüllten Olive all'ascolana, **Fiori di zucca fritti** (frittierte Kürbisblüten) und echte **Insalata di mare** (15 €). Erfreuliche Primi im Winter – **Zuppa di patate, taccole e calamaretti** (Suppe mit Kartoffeln, Zuckerschoten und kleinen Tintenfischen) und **Tagliatelle con carciofi e guanciale** (10 €) –, frische Vorschläge im Sommer, darunter ausgezeichnete **Paccheri con polpo e pecorino** (13 €) und Couscous mit Fisch und klein geschnittenem Gemüse. Bei den Secondi finden Sie zwar Gerichte vom Land wie Hamburger di bufala con verdure, doch das Meer bleibt Hauptdarsteller mit **Millefoglie di pesce bianco, patate e carciofi** (18 €) und Tagliata di pesce azzurro (15 €). Vielfalt auch bei den Desserts (5 €), alle ansprechend wie Crème brulée ai pistacchi oder Mousse di cioccolato bianco e fragole di Terracina (Mousse aus weißer Schokolade mit den berühmten Erdbeeren aus Terracina).

TREVIGNANO ROMANO (RM)

58 KM NORDWESTLICH VON ROM, S.R. 2

Il Porticciolo

Restaurant
Via Settevene Palo Est, 197
Tel. (+39) 06 / 999 96 04,
(+39) 335 / 540 57 70
Ruhetag: Montag
Ferien: Weihnachten
30 Plätze + 55 Plätze im Freien
Preise: 35 €
Kreditkarten: AE, CS, DC, Visa; BM
Mittags und abends geöffnet

DIE OSTERIA – Mit dem Monte Rocca Romana im Rücken, am Ufer des Lago di Bracciano, befindet sich das gastliche, angenehme Lokal von Carla Berti, auf demselben Platz, wo vor ein paar Jahrzehnten das Boot ihres Großvaters Marzio, eines Fischers, lag und sich der Garten der Familie befand. In den beiden kleinen Speisesälen und dem großen Garten mit Plätzen für die schöne Jahreszeit werden die Gäste vom liebenswürdigen und zurückhaltenden Mann der Köchin und den Söhnen Fabrizio und Enrico betreut. An den Tischen gibt die Tradition des Seefischs den Ton an, das Gemüse wird im eigenen Garten angebaut.

DIE KÜCHE – Seefisch, wie bereits gesagt, und daher beginnt das kulinarische Erlebnis bei Carla mit **Polpettine di persico** (Bällchen vom Flussbarsch), Persico al pepe rosa, **Carpaccio di luccio** con salsa giardiniera und **Involtini di coregone con uva passa** (Renke-Rouladen mit Rosinen, 12 €). Von Hand wird das Teigblatt für **Tagliatelle all'uovo** gezogen – Sie haben die Qual der Wahl zwischen Tagliatelle mit roten Rüben und dem Käse Primo sale, den grünen **con ragù bianco** (9 €) und jenen aus Dinkelmehl mit Käsecreme und Nüssen. Als Secondi Frittura (12 €) oder Grigliata, um den Geschmack der frischen Fische nicht zu verfälschen, und je nach Verfügbarkeit **Anguilla** (Aal). Als Beilage Gartengemüse, zum Abschluss köstliche hausgemachte Dolci (5 €): Crema all'amaretto, Zuppa inglese, Crostata mit Konfitüren aus eigener Erzeugung. Minutiös und intelligent zusammengestellte Weinauswahl mit Schwerpunkt bei lokalen Produkten. Glasweise Verkostung ist möglich, die Preise sind moderat.

Im landwirtschaftlichen Betrieb Acquaranda (Via dello Sboccatore 8) bekommen Sie Schafkäse, vor allem Caciofiore della campagna romana (Slow-Food-Presidio).

VIGNANELLO (VT)

18 KM SÜDÖSTLICH VON VITERBO

Il Vicoletto 1563

Restaurant
Piazza della Repubblica, 18–19
Tel. (+39) 07 61 / 75 40 73
Ruhetag: Dienstag, Mittwoch
Keine Ferien
36 Plätze + 20 Plätze im Freien
Preise: 35 €
Kreditkarten: AE, CS, DC, MC, Visa; BM
Mittags und abends geöffnet

DIE OSTERIA – Passion, Tradition und die enge Beziehung zur Umgebung sind die wichtigsten Ingredienzen, die Ezio Gnisci in seinem Restaurant verwendet. Das Lokal ist zwischen den dicken Mauern eines Palazzo aus dem 16. Jahrhundert in der Nähe des Castello Orsini im Herzen von Vignanello beheimatet. Die Atmosphäre ist gemütlich; das Haus lädt mit seiner wunderbaren ursprünglichen Struktur in Holz und Peperino und seinen gepflegten Details zum Bleiben ein. Die Küche akzentuiert die lokale Tradition und die für die östlichen Ausläufer der Monti Cimini typischen Zutaten, aufgewertet durch die Leidenschaft das Wirts, der völlig in seiner Arbeit aufgeht.

DIE KÜCHE – Eine gute Auswahl an lokalen und italienischen Weinen begleitet den kräftigen bodenständigen Geschmack von Anfang an: Uovo in coccio con asparagi spadellati e formaggio di capra (im Tontopf gegartes Ei mit Spargel und Ziegenkäse, 8 €), ein Brett mit verschiedenen Salumi, Käse und anderen exzellenten Erzeugnissen (11 €), darunter Susianella di Viterbo (Salsiccia aus weniger wertvollen Teilen des Schweins), Caciofiore della campagna romana und der seltene Lonzino di fico, eine Wurst aus Feigenmasse, Trockenfrüchten und Gewürzen. Ausgezeichnete von Hand gemachte Pasta wie **Gnocchetti acqua e farina** con guanciale, piselli, porcini e pecorino romano (10 €). Im Winter dürfen Sie **Zuppa di ceci del solco dritto di Valentano con castagne di Vallerano** nicht verpassen. Als Secondi Coscio di pollo bardato al guanciale con dadolata di verdure (15 €) oder Entrecôte al fior di sale di Trapani con patate arrosto al finocchietto. Unter den Desserts verdient Tiramisu (5 €) eine besondere Erwähnung.

Al Vecchio Orologio

Traditionelle Osteria-Pizzeria
Via Orologio Vecchio, 25
Tel. (+39) 335 / 33 77 54
Ruhetag: Montagmittag, Dienstag
Ferien: ersten 2 Augustwochen
40 Plätze
Preise: 35 €
Kreditkarten: AE, CS, MC, Visa; BM
Mittags und abends geöffnet

DIE OSTERIA – In Paolo Bianchinis Osteria haben Sie die Möglichkeit, eine regelrechte Reise durch die kulinarischen Schätze der Tuscia in perfekt ausgeführten Gerichten zu unternehmen. Das Al Vecchio Orologio in der Altstadt von Viterbo ist ein Lokal von mittlerweile gefestigtem Ruf, äußerst angenehm, mit rustikaler und einladender Atmosphäre in seinen Räumen mit unverputzten Steinwänden. Gerne lässt man sich vom Wirt bei der Auswahl beraten; die Gerichte setzen stets auf Nähe zur Region, auf Saisonalität und Tradition.

DIE KÜCHE – Pizza fritta und reich bestückte Brettchen mit Käse oder Salumi (10 €), um die Tour zu beginnen, die dann mit von Hand gemachten **Lombrichelli con crema di piselli e ragù di susianella viterbese** (Slow-Food-Presidio) oder mit Fettuccine alla carbonara con coregone affumicato del lago di Bolsena (mit geräucherter Renke aus dem Bolsenasee, 10 €) fortgesetzt wird. Im Winter finden Sie häufig Gnoccone di castagne dei Cimini con fiocco della Tuscia e radicchio. Genussreiche Secondi, je nach Jahreszeit beispielsweise Coniglio Verde Leprino ripieno di asparagi e guanciale (mit Spargel und Guanciale gefülltes Viterbo-Kaninchen) oder Tagliata di **scamone d'agnello in agrodolce** con purea di patate rosse (15 €). Als Beilage Kartoffeln, die samt der Schale im Ofen gegart werden und den kuriosen Namen Patate alla paracula tragen. Unter den Desserts (5 €) ragen Sbriciolona con ricotta di bufala di Montefiascone e nocciole sowie Semifreddo ai lamponi dei Cimini hervor. Genauigkeit und Passion leiten Paolo bei seiner Weinauswahl. Das Lokal bietet auch gute Pizza.

6 KM VOM ZENTRUM

I Giardini di Ararat

Agriturismo
Strada Romana, 30
Tel. (+39) 07 61 / 28 99 34,
(+39) 328 / 648 44 84
Ruhetag, Montag, Dienstag
Keine Ferien
80 Plätze + 60 Plätze im Freien
Preise: 37 € €↑
Kreditkarten: AE, CS, DC, MC, Visa; BM
Mittags und abends geöffnet

DIE OSTERIA – In den Wäldern der Monti Cimini sind die Giardini di Ararat so etwas wie die Arche des Geschmacks und der Tradition, bewahrt von Laura Belli, die sich mit Lust und Können der Küche widmet. Im Agriturismo kümmert sich der 80-jährige Vater, versorgt mit den Ratschlägen von Emanuela, um die Schafherde, den Lehrbauernhof und das Appartement für Gäste oder Hochzeitsgesellschaften. Im Sommer gibt es Plätze im Freien, in der Übergangszeit in einer Veranda mit Panoramablick über Bagnaia und das Tal. Im Winter nehmen Sie im schönen Speisesaal mit Kamin oder in einem ansprechenden kleinen Saal Platz, um zu genießen, was der Betrieb hervorbringt.

DIE KÜCHE – Laura verwandelt saisonale Zutaten in Speisen, die von der Tradition geprägt sind und neugierige Gaumen anregen: Millefoglie di brisée con dadolata di verdure e tuorlo d'uovo bio fritto sowie **Coniglio leprino della Tuscia con fonduta di pecorino** (12 €). Die Primi sind eine Hommage an die Geschichte mit Lombrichi alla carbonara di tinca (mit Carbonara von der Schleie, 12 €) und **Stracci di Bagnaia** (einer Pasta aus Wasser und Mehl, die auf die Zeit zurückgeht, in der das Dorf von den Landsknechten Karls V. besetzt war), serviert mit Schweinefleischsauce und Pecorino oder mit Ragù di coniglio bianco. Noch einmal **Leprino viterbese** (Wildkaninchen) als Secondo, doch diesmal goldbraun frittiert und mit Rosmarin gewürzt, dazu violette Kartoffeln und Spiegelei (15 €). Im Frühling **Scafata**, eine traditionelle Suppe mit Dicken Bohnen und Erbsen. Unter den Dolci Zuppa inglese con **pizza pasqualina di Bagnaia** (6 €).

Der Laden Le Cose Buone Dolci e Salate, Via della Marrocca 66, ist unter anderem für seine in runden Blechdosen verpackten Kekse sowie für Biscotti al sale bekannt.

16 KM VOM ZENTRUM

Il Casaletto

Agriturismo
Strada Grottana, 9
Tel. (+39) 07 61 / 36 70 77
Ruhetag: Dienstag
Keine Ferien
80 Plätze
Preise: 35 €
Kreditkarten: AE, CS, DC, MC, Visa; BM
Mittags und abends geöffnet

DIE OSTERIA – Im Agriturismo der Brüder Ceccobelli sind die verschiedenen Aufgabengebiete schnell beschrieben: Marco, der Spezialist für den Teig und dessen Aufgehen, betreut die Küche und die Gästezimmer, Stefano produziert Salumi, darunter Susianella (Slow-Food-Presidio). Das Gebäude ist bäuerlich, im Winter dreht sich alles um die Holzkohlenglut, die dann zur unbestrittenen Protagonistin im größten Saal wird. Ein kleiner Raum ist für private Feiern und Verkostungen reserviert. Im Sommer können Sie von den Plätzen im Freien aus den schönen Ausblick über das Tal genießen. Der Empfang durch Vater Sauro ist diskret und familiär, der Service aufmerksam.

DIE KÜCHE – Auf den Tisch kommen der authentische Geschmack aus der Gegend um Viterbo und Marcos Experimente, wie das Brot aus Vollkornmehl, das ausgezeichnet zum Antipasto del Casaletto (9 €) passt – Salumi aus eigener Erzeugung, Gemüse aus dem Garten, Käse aus nahe gelegenen Betrieben. Abends gibt es auch Pizza. Die Königin der Suppen ist **Acquacotta alla viterbese**, ein „Arme-Leute-Essen" mit Gemüse und Ei. Wer kräftigen Geschmack liebt, wird an **Fettuccine al sugo di spuntature di maiale** (mit Sauce vom Rippenstück des Schweins) seine Freude haben. Als Secondo dürfen Sie **Spezzatino di coniglio verde leprino** – eine der Spezialitäten des Gebiets der Tuscia – **con nocciole dei Cimini** (Ragout vom Viterbo-Kaninchen mit Haselnüssen, 12 €) keinesfalls versäumen, als Beilage gibt es Saisongemüse oder Kartoffeln aus dem Ofen. Die hausgemachten Dolci (4,50 €) wechseln täglich. Die Küche respektiert die Bedürfnisse von Vegetariern und Menschen mit Glutenunverträglichkeit. Es gibt auch ein Menü für Kinder. Die Weinkarte ist interessant und gut gegliedert.

5 KM VOM ZENTRUM

Il Moderno

Restaurant-Pizzeria
Piazza Buratti, 22
Tel. (+39) 07 61 / 37 99 52
Ruhetag: Dienstag
Ferien: 15.–30. Juni, Weihnachten
70 Plätze + 70 Plätze im Freien
Preise: 30 €
Kreditkarten: CS, MC, Visa; BM
Mittags und abends geöffnet

DIE OSTERIA – San Martino al Cimino, einer der bezauberndsten Orte in der Tuscia und ein architektonisches Schmuckstück (zu dem auch Borromini seinen Beitrag geleistet hat), umgeben von pilzreichen Kastanienwäldern, bildet einen wirklich perfekten Rahmen für die Trattoria von Maurizio Grani und seiner Familie. Das Lokal erfreut mit seiner ruhigen, entspannenden Atmosphäre, die Qualität der Produkte (darunter einige Slow-Food-Presidi), der Respekt gegenüber den Jahreszeiten und die Korrektheit der traditionellen Küche vervollständigen seine Anziehungskraft.

DIE KÜCHE – Unmöglich, das Essen ohne den Stolz des Hauses zu beginnen, dem Brett mit Käse (10 €), das der Wirt aus zahlreichen lokalen Erzeugnissen zusammenstellt. Große Auswahl an Bruschette mit passenden Produkten aus der Umgebung, sowie Fritti: **Gemüse im Backteig** (7,50 €), außerdem frittierte Äpfel, Ricotta und Honig und sogar Akazienblüten. Die weiteren Gänge stehen im Zeichen des unverfälschten Geschmacks der traditionellen Küche, beginnend bei **Spaghetti** alla Fanfarra **con pesto di nocciole, salvia e guanciale** (mit Haselnusspesto, Salbei und Guanciale, 10 €), möglicherweise auch mit Sommertrüffel. Der Herbst vermittelt den Geschmack des Waldes und der Pilze mit den unverzichtbaren **Fettuccine ai porcini** (9 €), während es im Winter **Zuppa** del fattore **mit Esskastanien, Haselnüssen und Gerste** gibt. Anschließend **Cinghiale alla cacciatora** (10 €), Pollo alla contadina und **Maialino porchettato**. Zum Dessert hausgemachte Tozzetti mit den Haselnüssen aus den Monti Cimini. Maurizio betreut die Weinkarte und berät gerne bei der Auswahl des passenden Weins.

Tredici Gradi

Vineria mit Küche
Via Cardinal La Fontaine, 28
Tel. (+39) 07 61 / 30 55 96
Ruhetag: im Winter Montag, im Sommer Sonntag
Ferien: 2 Wochen im Januar
45 Plätze + 30 Plätze im Freien
Preise: 30 €
Kreditkarten: CS, MC, Visa
Mittags und abends geöffnet

Diese Osteria zwischen den mittelalterlichen Mauern der Stadt weckt Emotionen. Das liegt an der direkten Art, mit der das Lokal geführt wird, wie auch an den Gerichten, die der Umgebung die Ehre erweisen.

DIE OSTERIA – Die familiäre und reflektierte Art der Leitung, die große Kompetenz, Professionalität und Passion für die Welt des Weins und der Gastronomie haben dieses Lokal – ursprünglich ein simpler Weinausschank – zu einem der beliebtesten Ziele für Liebhaber von gutem Essen gemacht. Es liegt ganz in der Nähe des Viertels San Pellegrino, einem mittelalterlichen Schmuckstück im Herzen von Viterbo. In der entspannten Atmosphäre tadelloser Gastlichkeit können Sie ein Mittag- oder Abendessen im Zeichen ursprünglicher Gerichte vom ersten bis zum letzten Augenblick genießen.

DIE KÜCHE – Zur Begrüßung bekommen Sie ein prächtiges Brett mit verschiedenen Salumi und Käse (14 €), auf dem auch einige hochwertige Slow-Food-Presidi wie **Susianella di Viterbo** – eine Wurst aus den Abschnitten des Schweinefleischs – zu finden ist, wie auch Caciofiore della campagna romana, zusammen mit anderen Spezialitäten aus der Speisekammer je nach Verfügbarkeit, zum Beispiel Caciocavallo podolico. Die Primi mit von Hand gemachter Pasta (10 €) reichen von **Lombrichelli con prosciutto di Norcia e fiori di zucca** bis zu Maltagliati con pomodori piccanti aromatizzati al timo, doch im Winter gibt es auch immer die traditionelle **Acquacotta** und Suppen mit Hülsenfrüchten (9 €). **Coniglio leprino** und Rinderrouladen (14 €) sind unter den schmackhaften Fleischgerichten. Ein hausgemachtes Dessert (4 €) zum Abschluss. Der Keller ist gut bestückt und auf lokale Etiketten konzentriert.

0
15
30 km
ADRIA
Loreto
Recanati
Civitanova Marche
Macerata
Tolentino
MARKEN
Fermo
A14
PARCO NAZ. D.
MONTI SIBILLINI
Visso
S. Benedetto d. Tronto
Áscoli Piceno
M. Vettore 2476
UMBRIEN
Norcia
PARCO NAZ. DEL GRAN SASSO E MONTI D. LAGA
Colonnella
Alba Adriática
Mosciano S. Angelo
S. Omero
Giulianova
Castellalto
Téramo
Roseto d. Abruzzi
Notaresco
Canzano
Pineto
Atri
A24
Castilenti
Montesilvano
Isola d. Gr. Sasso d'Italia
Spoltore
Picciano
Pescara
Penne
Moscufo
Gran Sasso d'Italia 2912
Terminillo 2216
Loreto Aprutino
S. Giovanni Teatino
Villa Celiera
Pianella
Ortona
Poggio Picenze
Chieti
L'AQUILA
Ofena
Nocciano
S. Vito Chietino
Lúcoli
Rocca S. Giovanni
Prata d'Ansidonia
Capestrano
Guardiagrele
Lanciano
Rocca di Cambio
PARCO NAZ. D. MAIELLA
Caramanico Terme
Castel Frentano
Vasto
Ovindoli
A24
Scurcola Marsicana
Carsoli
Sulmona
S. Salvo
M. Amaro 2793
Bomba
A1
A25
Pacentro
Cappadocia
Avezzano
Anversa d. Abruzzi
Rosello
Rivisondoli
Schiavi di Abruzzo
LATIUM
PARCO NAZ. D'ABRUZZO, LÁZIO E MOLISE
Pescasseroli
MOLISE
Alatri
Sora
2247 M.ti della Meta
Pescolanciano
Frosinone
Isérnia
CAMPOBASSO
Cassino
A1
Latina
PARCO NAZ. D. CIRCEO
Formia
KAMPANIEN
Sabáudia
Terracina
Golf von Gaeta
Gaeta
S. Maria Cápua Vétere
Cápua
Caserta
TYRRHENISCHES MEER

ABRUZZEN

Die Abruzzen sind von den Polen Berge und Meer geprägt. Somit bezieht diese Küche ihre kulturelle Signatur aus der Vieh- und Weidewirtschaft wie auch aus dem Fischfang. Transhumanz (Wanderweiden) und die Trabocchi (zum Fischfang errichteten Pfahlbauten) spielen dabei bedeutende Rollen.
Ergebnisse der Schafzucht und, in geringerem Ausmaß, der Rinderzucht sind Käsesorten und Fleischgerichte. Letztere werden meist auf der Holzkohlenglut gebraten (Lamm und die außergewöhnlichen Arrosticini mit Schaffleisch) oder lange im Topf geschmort, wie Pecora alla *callara* oder *aiju cutturo* (in einer stark eingekochten Brühe mit typischen Bergkräutern). Was den Fisch betrifft, so ist Brodetto das wichtigste Meeresgericht. Er wird zwar im gesamten Mittelteil der Adriaküste zubereitet, doch gibt es zahlreiche lokale Versionen. Seine in den Abruzzen tief verwurzelte Tradition entstammt möglicherweise dem Austausch von Grundzutaten zwischen Fischern und Bauern, denn die Suppe enthält auch einige Gemüsesorten wie Knoblauch, Tomaten und Paprikaschoten nebem einem Dutzend verschiedener kleiner, weniger wertvoller und dennoch überaus schmackhafter Fische.
Zwischen diesen beiden Polen steht ein weiteres wichtiges, die Region kennzeichnendes kulinarisches Element: die Pasta. Ihre Tradition reicht bis ins 19. Jahrhundert zurück, als hier eine Industrie erblühte, die später durch die Namen einiger Produzenten in der ganzen Welt berühmt wurde. Uns geht es hier jedoch um die handwerklichen Aspekte der hausgemachten Pasta, die bis heute in den Familien und den Osterien erstaunlich verbreitet ist. Am bekanntesten sind Maccheroni alla chitarra, weniger gebräuchlich, doch ebenso schmackhaft, Maccheroni alla molinara oder alla mugnaia, etwa 20 Zentimeter lange, fingerdicke Spaghetti, die von Hand in die Länge gezogen und mit Tomatensauce mit Fleisch, Knoblauch, Olivenöl und Chili serviert werden, seltener mit einer Fleischsauce ohne Tomaten.

Für Sie entdeckt

Brodetto

576 San Domenico
Ortona (Ch)
584 Marina
San Salvo (Ch)
588 Cibo Matto
Vasto (Ch)
589 Da Ferri
Vasto (Ch)

Mugnaia

562 La Fiaccola
Anversa degli Abruzzi (Aq)
572 La Bilancia
Loreto Aprutino (Pe)
577 Osteria del Leone
Penne (Pe)

Pecora alla callara

570 Il Mandrone
Isola del Gran Sasso d'Italia (Te)
574 Osteria al Castello
Nocciano (Pe)
579 Taverna 58
Pescara

ALBA ADRIATICA (TE)

40 KM NORDÖSTLICH V. TERAMO, S.S. 80 U. S.P. 16

Caraibi

Restaurant
Lungomare Marconi, 346
Tel. (+39) 08 61 / 71 16 21
Ruhetag: Sonntag- und Montagabend
Ferien: Oktober, 26. Dezember–6. Januar
60 Plätze + 40 Plätze im Freien
Preise: 35–38 €
Kreditkarten: AE, CS, MC, Visa; BM
Mittags und abends geöffnet

DIE OSTERIA – Delfina D'Attanasio, eine in dieser Gegend sehr bekannte Chefköchin, hat zum wiederholten Mal eine neue professionelle Herausforderung angenommen und ihren Kindern die Leitung des modernen Restaurants mit einer schönen Terrasse mit Blick aufs Meer überlassen. Simone Stuardi hat nun die Aufsicht über die Küche, sein Bruder Alfonso betreut in gewohnter Weise den Service. Vor allem im Sommer oder am Wochenende kann es passieren, dass man wegen der vielen Gäste in nicht ganz akkurater Weise bedient wird, was eine schöne Erfahrung beeinträchtigen könnte.

DIE KÜCHE – Bei den Fischern des Ortes oder auf den Fischmärkten in San Benedetto del Tronto und Civitanova in den Marken werden täglich Fische ausgesucht, deren Frische durch die drei bei den Antipasti verwendeten Zubereitungsarten hervorgehoben wird. Hier gibt es rohe, warme und kalte Varianten zusammen für 30 €, nur warme und kalte Vorspeisen für 20 € und eine Mini-Auswahl mit sechs Kostproben für 13 €. Unter den Primi sollten Sie sich neben den traditionellen **Linguine con sogliole e scampi** von hausgemachten **Ravioli ripieni di rana pescatrice e rombo con vongole e scampi** (mit Seeteufel und Scholle gefüllte Ravioli mit Venusmuscheln und Scampi, 12 €) verführen lassen oder direkt zur klassischen **Frittura di paranza** (15 €) oder Frittura nur mit Kalmaren (10 €) übergehen. Des Weiteren Grigliate miste oder der üppigere **Guazzetto** (25 €), der durchaus als Hauptgericht angesehen werden kann. Einige wenige Dolci kommen aus der Küche – außer Sorbetto al limone können Sie zartes Semifreddo al pistacchio (3 €) bestellen. Auf der zufriedenstellenden Weinkarte stehen die besten Etiketten aus den Abruzzen, vor allem aus der Gegend von Teramo.

ANVERSA DEGLI ABRUZZI (AQ)

75 KM SÖ. V. L'AQUILA, 15 KM V. SULMONA, S.S. 479

La Fiaccola

Trattoria
Corso Raynaldo D'Anversa, 79
Tel. (+39) 08 64 / 494 74,
(+39) 329 / 852 89 58
Ruhetag: Dienstag, außer im Sommer
Ferien: unterschiedlich
70 Plätze
Preise: 22–30 €
Kreditkarten: CS, MC, Visa; BM
Mittags und abends geöffnet

DIE OSTERIA – Das La Fiaccola gilt seit mehr als 20 Jahren als eine echte Trattoria, die sich an der Vieh- und Weidewirtschaft orientiert. Sie befindet sich auf dem Weg ins Valle del Sagittario und zum Lago di Scanno, in einem kleinen Dorf aus anderen Zeiten, das Gabriele D'Annunzio als Inspiration diente. Lassen Sie das Auto auf der Piazza stehen und gehen Sie ein paar Schritte, bevor Sie sich dem im Lauf der Jahre kaum veränderten kulinarischen Angebot und der schlichten Gastlichkeit von Familie Marcelli anvertrauen. Gino steht wie immer in der Küche, im Speisesaal beschreiben seine Frau Bianca und Tochter Giorgia nicht nur die Gerichte des Tages, sondern auch kompetent die einzelnen Zubereitungsweisen oder die Charakteristika von Salumi und Käse, die es hier zu verkosten gibt.

DIE KÜCHE – Es wird Ihnen schwerfallen, nicht mit dem für Anversa typischen Antipasto (8 €) zu beginnen, bestehend aus **Salame di pecora** und Salame di fegato, Salamella, Prosciutto, Schafkäse und geräucherter Ricotta. Sie können aber auch nur Käse verkosten (alle Sorten sind biologisch erzeugt) oder nur Salumi. Bei den Primi haben wir die guten **Maccheroni alla mugnaia con funghi, guanciale, noci, ricotta e pecorino** probiert, doch auf der Karte stehen auch Ravioli con burrata (7 €) und **Zuppa di farro con fagioli**. Fortsetzung mit Agnello alla brace (10 €), **Stinco di maiale con patate** (12 €) oder Scamorza arrosto con tartufo. Zum Abschluss klassische **Pizza dolce** oder Crostata mit Obst. Zu trinken gibt es einen anständigen offenen Wein, einige Flaschen aus den Abruzzen sowie Biere aus kleinen Brauereien.

Nicht weit von der Trattoria entfernt erzeugt und verkauft der biologisch arbeitende landwirtschaftliche Betrieb Porta dei Parchi von Nunzio Marcelli Ziegen- und Schafkäse sowie frische oder gereifte Ricotta.

ATRI (TE)

48 km östlich von Teramo S.S. 80 racc u. E 55

NEU Tosto

Moderne Osteria
Via Angelo Probi, 8-10
Tel. (+39) 324 / 084 20 77
Ruhetag: Montag, Dienstag
Ferien: unterschiedlich
30 Plätze
Preise: 35-38 €
Kreditkarten: CS, MC, Visa; BM
Mittags und abends geöffnet

DIE OSTERIA – Gianni Dezio ist ein junger passionierter und „tougher" Koch, der sowohl in Italien als auch in Venezuela gelebt hat, wo er im Restaurant seiner Familie begonnen hat. Dann begegnet er der Schule von Niko Romito und beschließt zu bleiben, um diese kleine Osteria in der wunderschönen, auf Überresten aus der Römerzeit erbauten Stadt Atri zu eröffnen. An Giannis Seite stehen seine Mutter Maria in der Küche und seine Frau Daniela Trabucco, die den Gästen in den beiden kleinen Speisesälen (oder im Sommer im Freien) die modernen, geschmacksintensiven Rezepte erläutert. Demnächst wird es auch Fischgerichte geben.

DIE KÜCHE – Zu Beginn eine Auswahl an Salumi und Käse, **Ove in purgatory** (8 €), Crudo di manzo (rohes Rindfleisch mit Fenchel, Orangen und hausgemachter Mayonnaise), Formaggio fritto con salsa alla **scapece** e misticanza (8 €) oder Crema di pomodoro fredda con stracciata e basilico. Anschließend Fracchiata con baccalà, verdure e pomodori appassiti (10 €), daneben Gnocchi di ricotta con rape, pane tostato e salsa di alici, Anelli alla pecorara (10 €), **Chitarrina di grano saragolla con ragù di coniglio e zafferano** (Pasta aus Saragolla-Weizen mit Sauce vom Kaninchen und Safran) sowie Spaghettoni con ventricina teramana e fave. Bewundernswerte Ausgewogenheit bei Agnello con liquirizia di Atri e carciofi (15 €), Baccalà con ceci e cicoria und **Hamburger di agnello *cac' e ove*** (13 €). Von der Umgebung inspiriert sind auch Süßspeisen wie Terra dei calanchi (5 €), eine Creme mit Liquirizia (Süßholzwurzel), und **Crema bruciata alla radice di ginepro**.

Im Ortsteil Paterno erzeugen Antonio D'Amario und Tiziana Feliciani Pecorino di Atri aus Rohmilch, sowie Ricotta und Giuncata. Guten Ziegenkäse kaufen Sie im Betrieb Gioia in **Cellino Attanasio** (10 km).

CANZANO (TE)

15 km östlich von Teramo, S.S. 80 racc

La Tacchinella

Trattoria • Via Roma, 18
Tel. (+39) 08 61 / 55 51 07,
(+39) 333 / 663 31 25
Ruhetag: Sonntag, Montag, Dienstagabend (außer im Sommer)
Ferien: unterschiedlich
80 Plätze
Preise: 25–30 €
Kreditkarten: AE, CS, DC, MC, Visa; BM
Mittags und abends geöffnet

DIE OSTERIA – Wenn Sie Einheimische fragen würden, welches Gericht sie mit Canzano, dem Ort mit Blick auf das Val Vomano, assoziieren, dann wäre die Antwort sicherlich „Tacchino alla canzanese", ein Rezept, nach dem lang gekochtes Truthahnfleisch kalt serviert wird – als Antipasto oder Secondo –, mit der Gelatine, die sich durch die eingekochte Brühe bildet. Nicht grundlos heißt dieses historische Lokal La Tacchinella. Mit seinem Ziegelgewölbe und der im Keller befindlichen „Neviera" (Schneedepot zur Kühlung von Lebensmitteln, das Sie unbedingt besichtigen müssen!) verspricht es einen angenehmen Aufenthalt. In gastlicher Atmosphäre bieten Patron Dario und seine Familie einen schönen Überblick über die typischen Gerichte Teramos, von denen man einige vorbestellen muss.

DIE KÜCHE – Zu Beginn ein Antipasto mit schmackhaften Salumi und Käse aus den Abruzzen, danach haben Sie die Auswahl zwischen den unverzichtbaren **Scrippelle *'mbusse*** (Pfannkuchen in der Brühe, 7 €) und **Timballo alla teramana** (8 €), beide gegen Vorbestellung. Im Mai gibt es die berühmten **Virtù**, ein anderes althergebrachtes und aufwändiges Rezept mit Hülsenfrüchten und Gemüse. Ein weiteres interessantes Gericht heißt Lacrima, es handelt sich um in der Pfanne mit Wein, Paprikaschoten und Chili vermischte Spaghetti (7 €). Bei den Secondi findet man neben **Tacchino alla canzanese** (7 €) Mazzarelle (Rouladen aus Lamminnereien), Fleisch und Käse alla brace oder Baccalà. Breit gefächerte Auswahl an Dolci, besonders erwähnenswert die traditionelle **Pizza dolce**. Hauswein und einige Etiketten aus den Abruzzen vervollständigen das Angebot.

Den Truthahn Tacchino alla canzanese kann man vakuumverpackt im nahen Geschäft von Familie Michini oder gegen Vorbestellung bei Erardo Di Battista im Ortsteil San Martino kaufen.

CAPESTRANO (AQ)

48 km östlich von L'Aquila, S.S. 17

NEU Terra di Solina

Agriturismo
Ortsteil Nucleo Capodacqua, 4
Tel. (+39) 331 / 676 61 39
Ruhetag: Montag–Mittwoch
Keine Ferien
45 Plätze
Preise: 32–35 €
Kreditkarten: CS, MC, Visa; BM
Abends geöffnet, Samstag und Sonntag auch mittags

DIE OSTERIA – Alfonso D'Alfonso und seine Frau Carla haben aus dem Wunsch heraus, die Werte und das Wissen der bäuerlichen Welt und die Schönheit ihrer Heimat zu erkunden, beschlossen, ihr Leben zu ändern. Sie legten ihre bisherige Arbeit nieder und verliehen dem Bauernhof der Familie im Tal des Flusses Tirino neues Leben. Zusammen mit Alfonsos Schwester Adriana begannen sie, lokale Traditionen in zeitgenössischer Form umzusetzen. Am Eingang zum ehemaligen Stall befindet sich ein spektakulärer vertikaler Garten mit Kräutern, die gemeinsam mit der in den Bergen angebauten Weizensorte Solina (Slow-Food-Presidio) das Leitmotiv vieler Gerichte sind. In der Küche werden Produkte aus der Umgebung wie Dinkel, Bohnen, Kichererbsen, schwarze Trüffel, Safran und alte Obstsorten sowie Waldbeeren aus eigenem Anbau und aus der Umgebung verarbeitet. Am Herd stehen Christian und Mariana, Jessica kümmert sich um die Gäste. Aus dem Ofen im Speisesaal kommen Brot, Pizza und Focaccia.

DIE KÜCHE – Die Speisekarte wechselt monatlich und Sie können darauf Pancotto mit dem Gemüse aus dem Garten (6 €) finden, *Puls* (Polenta aus Dinkel) mit Zichoriengemüse und Cannellini-Bohnen (8 €) sowie von Hand gemachte Primi wie Chitarrina mit Wildspargel, Fettuccine con guanciale (11 €) oder Gnocchi di patate mit schwarzer Trüffel. Ausgezeichnetes Agnello alla santoreggia (Lamm,12 €) und **Stracotto di marchigiana al Montepulciano con crema di patate** (14 €) bei den Secondi, ebenso empfehlenswert die Forelle Trota alla capestranese. Abschließend haben Sie die Qual der Wahl zwischen **Crema pasticciera con mosto cotto di Trebbiano e ferratelle** (4 €) und Mousse di ricotta con granella di nocciole della tartufaia e crema allo zafferano (5 €). Eigene Weine (auf biologischen Anbau umgestellt) und einige Etiketten aus den Abruzzen.

CAPPADOCIA (AQ)

68 km südlich von L'Aquila, A 24

C'era Una Volta

Restaurant
Via Don Calabria, 3
Tel. (+39) 08 63 / 67 06 41
Ruhetag: Mittwoch
Ferien: zweite Septemberwoche
40 Plätze
Preise: 30–35 €
Kreditkarten: CS, MC, Visa; BM
Mittags und abends geöffnet

DIE OSTERIA – Im Frieden der Berge der Abruzzen auf etwa 1.100 Metern Höhe, wo die Landschaft wild ist, umgeben von dichten Wäldern, in denen Wildkräuter und vor allem Pilze und Trüffeln wachsen, steht Signora Anna nach 15 Jahren immer noch in der Küche ihres Lokals. Überliefertes Wissen dient ihr, um selbst die Pasta und eine Reihe einfacher Traditionsgerichte zuzubereiten, während ihre sympathischen Söhne Marcello und Salvatore die Gäste in den rustikalen Räumlichkeiten mit frei liegenden Ziegelwänden empfangen und die nicht in der Speisekarte verzeichneten Saisongerichte beschreiben.

DIE KÜCHE – Neben dem klassischen Antipasto della casa (10 €) mit hervorragenden lokalen Salumi und Käse schlägt die Karte ein gutes, doch ungewöhnliches geräuchertes Carpaccio (10 €) vor, eine Zusammenstellung aus Fleisch vom Rind, Hirsch und Ente. Typischer wird es wieder bei den Primi: Minestra des Tages (8 €), meist mit Hülsenfrüchten, **Tagliatelle all'uovo con funghi porcini freschi e tartufo** (mit frischen Steinpilzen und Trüffel, 11 €), Gnocchi al sugo und die unschätzbaren, mit Ricotta, Spinat und Hähnchenfleisch gefüllten Ravioli (9 €). Ausgezeichnetes Fleisch wie die exquisite Tagliata di manzo oder Misto alla brace, Arrosticini di pecora, **Costatelle di agnello panate e fritte** (13 €), die Spezialität des Hauses, oder die kaum noch zu findende Taube **Piccione** (15 €), für alle, die an mittlerweile verloren gegangenen Geschmacksnuancen interessiert sind. Unter den Desserts verführen Gelatini alla frutta (6 €) sowie eine **Zuppa inglese** (5 €) von rarer Qualität. Beachtenswerter offener roter Hauswein. Die Weinkarte lässt sich noch verbessern, auch wenn es an einigen Etiketten aus den bekanntesten Kellern der Abruzzen nicht mangelt.

CARAMANICO TERME (PE)
San Vittorino

53 KM SW. V. PESCARA, A 25 AUSF. ALANNO-SCAFA U. S.S. 487

La Locanda del Barone

Restaurant
Ortsteil Case del Barone, 1
Tel. (+39) 085 / 925 84,
(+39) 340 / 510 45 09
Ruhetag: im Winter Montag
Keine Ferien
60 Plätze
Preise: 29–33 €
Kreditkarten: AE, CS, MC, Visa; BM
Mittags und abends geöffnet

DIE OSTERIA – Wegen des hier herrschenden Friedens, der gepflegten Natur des Grundstücks und des lieblichen Bergpanoramas des Parco della Majella fühlt man sich in diesem äußerst gesund wirkenden, entspannenden Ambiente gleich wohl. Kommen dazu noch der Charme von Patron Biase Bucciferro, seiner Frau Daniela und seinem Sohn Stefano und ihre Gabe, die lokalen Produzenten miteinzubeziehen und ins rechte Licht zu rücken, so ist das Quartett der beispielhaften Gastlichkeit in den Abruzzen komplett.

DIE KÜCHE – Den Beginn des Essens bestreiten warme Antipasti (12 €) im Sinne der typischen Alltagstradition und der Jahreszeiten oder aber ein Brett mit Salumi und Käse (15 €). Reichhaltige und vielfältige Auswahl an Primi (7 €) mit exquisiten **Ravioli di patate ripieni di ricotta** mit leckerer Tomatensauce, Chitarra con carciofi e pomodorini, **Tagliatelle al ragù di lepre** (mit Sauce vom Wildhasen) sowie Gnocchi con stracotto di maiale. Breit gefächertes Angebot beim ausnahmslos lokalen Fleisch: Schmackhaft und gut gewürzt sind Tagliata di vitello (13 €), ebenso **Agnello alla brace** oder die traditionelle **Bistecca di pecora** (12 €). Wer noch einmal auf Käse zurückgreifen möchte, kann zwischen einer interessanten Auswahl an Pecorino (7 €) und Scamorza alla brace wählen. Die Dolci (4 €) sind ebenso hochwertig wie die anderen Gänge, sie bieten eine verlockende Auswahl an Semifreddi, zum Beispiel al cioccolato con cuore di amarene, aber auch klassische Pizza dolce und Crostata. Im Keller lagern wenige, doch interessante Etiketten vor allem aus den Abruzzen.

Im Ortsteil Decontra 21 baut der Agriturismo Pietrantica lokale und seltene Sorten von biologischem Getreide und Hülsenfrüchten an.

CASTEL FRENTANO (CH)

40 KM SÜDÖSTLICH VON CHIETI, S.S. 81 ODER A 14

Da Peppone

Traditionelle Osteria
Via Ripitelli, 1
Tel. (+39) 08 72 / 561 52,
(+39) 348 / 511 48 70
Ruhetag: Dienstag, außer im Juli und August
Ferien: 1.–7. September
30 Plätze + 30 Plätze im Freien
Preise: 35 €
Kreditkarten: CS, MC, Visa; BM
Mittags und abends geöffnet

DIE OSTERIA – Auch außerhalb der Abruzzen ist Castel Frentano bekannt als Stadt des Bocconotto – des weichen, mit Schokolade, Mandeln und Zimt gefüllten und mit Puderzucker bestäubten Mürbeteigtäschchens. Doch dass die Stadt auch zu einem Ziel für die Liebhaber von Baccalà wurde, ist Giuseppe Di Donato – dem Peppone des Lokalnamens – und seiner Frau Patrizia zu verdanken. Seit 2009 verwirklichen sie in dieser kleinen, aufs Wesentliche konzentrierten traditionellen Osteria ihre Idee einer Küche im Zeichen des Schlichten.

DIE KÜCHE – Hier bekommt man wirklich das zu essen, was die Umgebung täglich zu bieten hat, zubereitet je nach Fantasie des Wirts. Das beginnt bei Seppie con i piselli und führt über den unverzichtbaren **Brodetto di pesce** bis zu **Pollo spezzato al tegame**. Doch die wahre Spezialität ist, wie gesagt, Baccalà, den Sie hier in großzügigen Portionen, à la carte oder in einem Degustationsmenü für 30 € genießen können. Bei unserem Besuch haben wir verschiedene gute Varianten kennengelernt: erfrischendes Carpaccio mit Zitronenschalen, **Baccalà in agrodolce con uvetta e cipolla** (7 €), Baccalà frittiert, als Insalata mit getrockneten und gebratenen Paprikaschoten und schließlich im Ofen mit Kartoffeln, Oliven und Kirschtomaten überbacken (8 €). Verpassen Sie bei den Primi nicht **Linguine con bottarga di baccalà** (mit gepresstem Rogen, 10 €), ein Gericht, nach dem man richtig süchtig werden kann. Süßer Ausklang mit dem deliziösen **Bocconotto**, den Signora Patrizia bäckt. Gute Weinauswahl, vor allem aus den Abruzzen. Reservierung dringend empfohlen.

Kaufen können Sie die Bocconotti bei Pierino Bucci in der Bottega del Bocconotto (Via dei Peligni 6), bei Rosa Lo Bosco (Contrada Clementi 4) und bei Bocconotto di Liliana (Via Trastulli 7).

CASTELLALTO (TE)
Castelbasso

20 KM ÖSTLICH VON TERAMO

PerVoglia

Moderne Osteria • Via XXIV Maggio
Tel. (+39) 08 61 / 50 80 35,
(+39) 08 61 / 579 70
Ruhetag: Sonntagabend, Montag (außer im Sommer)
Ferien: unterschiedlich
50 Plätze + 30 Plätze im Freien
Preise: 30–32 €
Kreditkarten: CS, DC, MC, Visa; BM
Mittags und abends geöffnet

Marco und Elenia haben sich dafür entschieden, in diesem kleinen Ort zu bleiben, denn sie glauben an den Wert der typischen Küche von Teramo und an die Bedeutung der Gastfreundschaft.

DIE OSTERIA – Im charakteristischen Rahmen des Dorfs Castelbasso wird Ihnen das PerVoglia nicht entgehen, eine Art „verteilter" Betrieb mit einem Restaurant am Ortseingang und der Osteria-Braceria (mit Grillgerichten von der Holzkohlenglut) mit angeschlossener Bar kurz dahinter. Die Lokale liegen auf einer architektonischer Linie mit den Steingebäuden des Ortes und bestechen durch ihre schlichte Eleganz und die Herzlichkeit der jungen Inhaber Marco Di Stefano und Elenia Alcantarini.

DIE KÜCHE – Die gut gegliederte Speisekarte sieht bei den Antipasti eine große Auswahl an Salumi und Käse aus den Abruzzen vor, des Weiteren ausgezeichnete, authentische Interpretationen der Tradition wie **Mazzarelle alla teramana** (Rouladen aus Lamminnereien) oder, unter den Primi, **Chitarra con le polpettine** (6,50 €) sowie interessante Gerichte aus Produkten der Umgebung. Von diesen haben wir Ravioli di ricotta con zafferano, guanciale e tartufo nero (8 €) besonders gut gefunden, ebenso Gnocchi di ragù bianco di papera nostrana (mit Sauce von lokaler Ente, ohne Tomaten, 8 €). Im Angebot der Secondi wird dem Fleisch vom Rind der Marchigiana-Rasse und gegrilltem Schwein oder Lamm viel Platz eingeräumt. Dazu kommen der beliebte **Fritto misto di agnello, formaggio e verdure in pastella** (12 €), die unverzichtbaren **Arrosticini** und als ebenbürtige Alternative geschmortes Filet vom Baccalà. Zum Abschluss gereifter Käse oder ein Dessert, darunter die typische **Pizza dolce** (3,50 €). Bei den Getränken finden Sie ein paar frisch gezapfte Biere aus kleinen Brauereien und eine schöne Weinkarte mit Erzeugnissen aus der Region und ganz Italien.

CHIETI (CH)
Chieti Scalo

5 KM VOM ZENTRUM

Osteria delle Piane

Osteria
Viale Benedetto Croce, 496–498
Tel. (+39) 08 71 / 55 18 04
Ruhetag: Sonntag, Montagabend
Ferien: 2 Wochen zu Weihnachten, 3 Wochen im August
35 Plätze
Preise: 32–35 €
Kreditkarten: CS, MC, Visa; BM
Mittags und abends geöffnet

DIE OSTERIA – Die Gegend, in der wir uns hier befinden, im unteren Teil von Chieti, ist wegen ihrer Lage unweit der Universität und der Geschäfte und Büros im städtischen Bereich gut besucht, doch das ruhige und informelle Ambiente dieses Lokals scheint uns an einen ganz anderen Ort zu entführen. Valeria begrüßt die Gäste immer mit einem Lächeln und spontaner Herzlichkeit. Ihr Mann Gianfranco späht mitunter aus dem Bullauge der Küche hervor, wo er die an der Meerestradition orientierten Gerichte zubereitet.

DIE KÜCHE – Die Speisekarte bietet verschiedene Optionen mit einem Degustationsmenü (38 €) und einem „Menù dello sportivo" (25 €), außerdem einer Spalte, die dem Baccalà gewidmet ist, sowie vielen Tagesgerichten, die von der Verfügbarkeit der Zutaten abhängen. Während unseres Besuchs haben wir bei den Antipasti **Sformato di alici** (6 €), **Calamari ripieni di verdure** (mit Gemüse gefüllte Kalmare, 5 €) und den ausgezeichneten Sgombro con peperoni grigliati probiert. **Linguine allo scoglio** (10 €) sind nach wie vor die Spezialität des Lokals, doch auch Spaghetti con alici e capperi und die originellen **Tagliolini con seppie, scampi e pomodori secchi** (12 €) lohnen einen Versuch. Bei den Secondi sind stets die beiden großen Klassiker der Meeresküche vorhanden, nämlich die echte **Frittura di paranza** (10 €) mit kleinen Fischen sowie Grigliata mista (20 €), neben Sogliola alla mugnaia oder anderen mittelgroßen oder großen Fischen, die auf dem Grill, im Ofen oder in der Pfanne gegart werden. Zum Abschluss verschiedene Semifreddi mit Produkten der Saison. Begleitet wird das Essen von etwa 30 guten Etiketten, vorwiegend aus den Abruzzen.

Besuchen Sie die Pasticceria Veronese, Via Pescara, und Piccola Salumeria, Via Ravizza 28, wo Sie eine gute Auswahl an Salumi, Käse und Slow-Food-Presidi kaufen können.

COLONNELLA (TE)
Rio Moro

46 KM VON TERAMO, 10 KM VON S. BENEDETTO D. TRONTO

Zenobi

Restaurant
Ortsteil Rio Moro, 132
Tel. (+39) 08 61 / 705 81
Ruhetag: Dienstag, außer im August
Ferien: 3 Wochen nach Dreikönig
80 Plätze + 60 Plätze im Freien
Preise: 32–35 €
Kreditkarten: AE, CS, MC, Visa; BM
Mittags und abends geöffnet

Der Erfolg des Zenobi beruht auf wenigen, doch wichtigen Ingredienzen: Respekt für die Umgebung, Kompetenz, Passion und Stärke durch familiäre Bindung.

DIE OSTERIA – In der Stille der Hügel um Teramo, zwischen Oliven- und Weinpflanzungen, etwa 10 Minuten von der Ausfahrt Val Vibrata der A 14 entfernt, liegt das Reich von Patrizia Corradetti, einer Meisterköchin der typischen Gerichte der Umgebung. Begrüßt werden Sie von ihrem Sohn Marcello und den Töchtern Sandra (im Service) und Cristiana (in der Küche), die ihre Mutter beim Bewahren der traditionellen Küche in diesem Winkel der Provinz von Teramo unterstützen. Im Sommer können Sie im Freien essen, im Winter in der heimeligen Atmosphäre des Landhauses. Ein Großteil der verarbeiteten Produkte kommt aus dem eigenen Betrieb.

DIE KÜCHE – Der abwechslungsreiche, großzügige Antipasto (13 €) beinhaltet eine Auswahl an Aufschnitt und verschiedenen kleinen Gerichten, unter denen **Vellutata di patate con baccalà**, Insalata di farro (Dinkelsalat) und Pallotte ***cac' e ova*** herausragen. Bei den Primi (8 €) sollten Sie zwei Klassiker nicht versäumen, nämlich **Chitarra con le polpettine** (mit Hackfleischbällchen) und Timballo alla teramana (Nudelauflauf), während Sie beim Fleisch ohne Zögern die raffinierte **Capra alla neretese** (10 €) bestellen können, mürbes, duftendes Fleisch von der Ziege, das mit den Kräutern und Gewürzen aus dem Garten neben dem Restaurant gekocht wird. Ebenso gut schmecken das Kaninchen Coniglio in padella und Lamm: Agnello alla brace oder in umido. Es folgen Dolci (4 €) wie Tortino al cioccolato, Tiramisu, **Pizza dolce** und weitere Angebote je nach Saison. Auf der von Marcello betreuten Weinkarte wird den Abruzzen sowie einigen renommierten Betrieben Italiens viel Platz eingeräumt.

GIULIANOVA (TE)

25 KM SÜDLICH VON CHIETI, S.S. 81

L'Arcobaleno

Restaurant
Lungomare Spalato Sud
Tel. (+ 39) 085 / 793 29 56
Ruhetag: Montag, außer im Sommer
Ferien: 1 Woche im November
70 Plätze + 60 Plätze im Freien
Preise: 28–36 €
Kreditkarten: CS, MC, Visa; BM
Mittags und abends geöffnet

DIE OSTERIA – Der nahe und gut versorgte Hafen von Giulianova mit seiner großen Fischerflotte und den Kleinfischern ist eine Garantie für Frische. Zählt man dazu auch noch den herzlichen Service des weiblichen Teams im Saal mit Blick auf das Meer oder im Freien sowie das Können von Roger Di Pietro, der sich in seiner einsehbaren Küche unbeeindruckt der vielen Klassiker der lokalen Tradition annimmt, ist das Bild komplett. In diesem neuen Lokal hat sich die Erfahrung des umherziehenden Chefkochs gefestigt und in seinen drei Jahren hier hat er Reife erlangt. Vertrauen Sie der mündlichen Präsentation der Tagesgerichte, die nicht immer in der Speisekarte aufgelistet sind – ein vielleicht zu kritisierendes Detail, das man aber auch positiv sehen kann, denn es verstärkt noch den Eindruck der Spontaneität, den die Atmosphäre vermittelt.

DIE KÜCHE – Zu Beginn eine lange Abfolge an kalten und warmen Antipasti (18 €), alle schmackhaft und leicht, abhängig vom Tagesfang. Ebenso reich an Geschmack und Duft die Primi mit Meeresfrüchten, Maltagliati alla pescatora (9 €), Chitarrina alla razza (mit Rochen) und die stets verfügbaren **Spaghetti con le vongole**, ein Gericht, das augenscheinlich einfach und klar ist, mit dem man jedoch den Koch auf die Probe stellen kann. Klassische Secondi, Fisch alla griglia, fritto, al guazzetto oder in einer erhabenen **Zuppa di pesce**, die Sie als Hauptgericht bestellen sollten, und im Herbst duftende Triglie alla gugliese (Seebarben). Einfache hausgemachte Dolci (3 €) wie Mousse di cioccolato fondente runden eine Geschmackserfahrung im Zeichen des Ursprünglichen ab. Der Keller beschränkt sich auf einige gute Etiketten aus den Abruzzen. Ein reichhaltiges Degustationsmenü für 35 € steht zur Verfügung.

GIULIANOVA (TE)
Lido

25 KM NORDÖSTL. V. TERAMO, S.S. 16 OD. AUSF. A 14

La Stracciavocc

Restaurant
Via Trieste, 159
Tel. (+39) 085 / 800 53 26
Ruhetag: Sonntagabend, Montag
Ferien: unterschiedlich
50 Plätze + 30 Plätze im Freien
Preise: 37–39 € €↑
Kreditkarten: CS, MC, Visa; BM
Mittags und abends geöffnet

DIE OSTERIA – Die von den Römern als Castrum Novum erbaute Siedlung hat sich im Hochmittelalter unter dem Namen Castel San Flaviano weiterentwickelt und erhielt im Jahr 1470 mit dem Ortsnamen Iulia Nova neues Leben. Diese Geschichte ist tief in der bezaubernden Altstadt verwurzelt, das neue Giulianova an der Küste richtet seit der Mitte des letzten Jahrhunderts seinen Blick Richtung Meer. In der Nähe des Hafens und der wunderbaren Kirche Santa Maria a Mare finden Sie dieses von einer Familie geführte Restaurant, einen Bezugspunkt für die Liebhaber einer unverfälschten Meeresküche. Die Gerichte sind so verführerisch, dass man leicht die oben angegebene Preisgrenze überschreiten kann.

DIE KÜCHE – Die fast zu umfangreiche Speisekarte, die von der Verfügbarkeit des täglich frisch gefangenen Fisches bestimmt wird, sieht für den Beginn eine bemerkenswerte Auswahl an Antipasti vor, die man mit rohem Fisch (8 €) oder warmen oder kalten Gerichten (10 €) bekommen kann, beispielsweise Austern, Scampi oder **Guazzetto di vongole**. Alle zusammen sind in der breit gefächerten Version „Stracciavocc" für 19 € versammelt. Der Bogen der Primi spannt sich von den delikaten **Gnocchetti verdi con scampetti e zucchine** (10 €) zu den schmackhaften **Tagliatelle allo scoglio** (12 €). Anschließend Knochenfische mittlerer und großer Dimension, unter Salz oder im Ofen gegart, dazu gegrilltes Gemüse oder Kartoffeln und Oliven als Beilage. Frittura und die klassische **Grigliata mista** (18 €) enthalten kleine Schollen, Kabeljau, Scampi und Kalmare. Leckerer Abschluss mit **Biscottini della casa** und Vin santo oder mit einem passenden erfrischenden Sorbetto al limone. Interessante Weinkarte mit einer schönen Auswahl an lokalen Etiketten. Ein komfortabler Parkplatz befindet sich genau gegenüber dem Eingang.

GUARDIAGRELE (CH)
Comino

25 KM SÜDLICH VON CHIETI, S.S. 81

La Grotta dei Raselli

Restaurant
Via Raselli, 146
Tel. (+39) 08 71 / 80 82 92,
(+39) 347 / 869 46 93
Ruhetag: Dienstagabend, Mittwoch
Ferien: je 10 Tage im Januar und Juli
55 Plätze
Preise: 30–33 €
Kreditkarten: AE, CS, DC, MC, Visa; BM
Mittags und abends geöffnet

DIE OSTERIA – Comino ist ein kleiner Ortsteil der Gemeinde Guardiagrele, in einem der vielen bezaubernden Winkel der gebirgigen Abruzzen, inmitten des Parco Nazionale della Majella. Nur wenige Häuser schmiegen sich an die Berghänge. In dem stilvoll renovierten Gebäude, in dem sich das Restaurant befindet, geht einer der beiden Speisesäle in eine natürliche Grotte aus nacktem Felsgestein über. Die Charakteristika des Lokals sind die traditionelle, von Koch Franco Spadaccini klug neu interpretierte Küche und der präzise, freundliche Service, den seine Frau Anna Maria Marroncelli zusammen mit dem verlässlichen Danilo Parlante betreut. Es gibt drei Degustationsmenüs – die Klassiker (35 €), vegetarisch (28 €) und mit Baccalà (30 €) – und eine wirklich breit gefächerte Weinauswahl mit angemessenen Preisen in einem Keller, der auch zu einer lohnenden Besichtigung einlädt.

DIE KÜCHE – Zu Beginn wählen Sie von der Karte lokale Salumi und Käse, ein delikates **Carpaccio di baccalà** (12 €), ein kräftigeres Carpaccio vom Rind oder die erfrischende Galantina vom lokalen Huhn mit süßsauer eingelegtem Gemüse. Es folgen Ravioli di ricotta mit Saisongemüse oder Trüffel, **Sagnette di grano solina con ceci e rosmarino** (aus dem Bergweizen der Sorte Solina, 6 €), Gnocchi su fonduta di pecorino, asparagi e uovo sodo und der gute ***Rintrocilo*** (von Hand grob geformte dicke Spaghetti) mit Fleischsauce und Hackfleischbällchen. Fortsetzung mit der schmackhaften Tagliata di petto d'anatra alla griglia con erbette e senape, Spallotto di agnello con le mandorle (Lammschulter mit Mandeln), **Coniglio alla guardiese *cac' e ove* con misticanza di campo** oder Filetto di maiale in crosta di pancetta (15 €). Ausklang mit **Mousse di vaniglia e amaretto** (3 €) oder Schokoladetorte mit Feigen und Nüssen.

Die Arrosticini

Wenn die Hirten während der Transhumanz von den Bergen in Richtung Meer zogen, bildete Schaffleisch die Basis ihrer Ernährung. Gerichte vom Lamm, Schaf, von Hammel und Zicklein sind in den Abruzzen traditionellerweise stark verbreitet.
Vor allem am Fuße des Osthangs des Gran Sasso finden wir eine schmackhafte Spezialität: die Arrosticini oder *Rustelle*. Dafür wird Fleisch vom Hammel (heute fast ausschließlich vom erwachsenen Schaf) in kleine Stücke geschnitten, auf Holzspieße gesteckt und auf einen speziellen schmalen, langen Holzkohlengrill (*Furnacella*) gelegt.
Einer traditionellen Erzählung zufolge wurden zwei große Herden einmal von einem Schneesturm auf der Hochebene des Voltigno überrascht. Die Hirten waren gezwungen, sich ein paar Tage lang vom Fleisch der ältesten Schafe zu ernähren. Sie schnitten es in kleine Stücke und brieten es, auf Zweige gespießt, über der Holzkohlenglut. Der Duft des Fleisches war so einladend, dass viele Bewohner dieser Gegend die Technik übernahmen, und so hat sich der Brauch bis heute erhalten.
Probieren kann man die Spieße (etwa zehn Arrosticini pro Person) auf bäuerlichen und kirchlichen Festen, an den Markt- und Messeständen, am besten jedoch in einfachen Lokalen auf dem Land oder in den Bergen. Wir empfehlen hier Lokale, in denen besonderes Augenmerk auf gute Zutaten und eine Verarbeitung von Hand gelegt wird.

Massimo Di Cintio

CASTILENTI (TE)

Perilli

Ortsteil Casabianca, Via Quote, 1
Tel. (+39) 08 61 / 99 92 20
Ruhetag: Montag, außer im Juli und August
Ferien: 1 Woche im September
120 Plätze
Kreditkarten: CS, MC, Visa; BM
Abends geöffnet

Seit über 30 Jahren schon führen Camillo Leone und seine Frau Annamaria das Lokal. Unterstützt werden sie von ihren Kindern und Schwiegersohn Mimmo Belisario, dem Koch, der sich um die Vorbereitung und das Braten der Arrosticini, von deren Fleisch die gesamte Lieferkette bekannt ist, widmet. Es gibt drei hervorragende Varianten: klassisch, mit Leber (beide jeweils 0,70 € pro Spieß) oder größer (1 €). Von bester Qualität sind auch Salumi, Käse, Pfannkuchen, in Öl eingelegtes Gemüse, Fleisch und Salsiccia alla brace.

MONTESILVANO (PE)

NEU **La Pecorella**

Via D'Annunzio, 57
Tel. (+39) 085 / 83 44 51,
(+39) 328 / 809 40 38,
(+39) 329 / 785 52 13
Ruhetag: Montag
Ferien: unterschiedlich
40 Plätze + 20 Plätze im Freien
Kreditkarten: CS, MC, Visa; BM
Nur abends geöffnet

Das vor zehn Jahren von den sympathischen Damen Monica und Cristina eröffnete Lokal bietet drei Arten von Arrosticini mit Schaffleisch: klassisch, mit kleinen Spießen (0,65 €), mit Filet vom Schaf (0,80 €), beide maschinell auf die Spieße gesteckt, und größere, von Hand besteckte Spieße (0,90 €) von ausgezeichnetem Geschmack und wunderbarer Weichheit. Es gibt auch einen Arrosticino mit Kalbsleber (1 €) sowie Bretter mit Salumi, Käse, warmen Gerichten und hausgemachten Desserts.

PESCARA (PE)

Alla Brace (vormals Il Signore delle Pecore)

Via Marco Polo, 12
Tel. (+39) 085 / 793 00 67
Kein Ruhetag
Ferien: unterschiedlich
15 Plätze + 30 Plätze im Freien
Abends geöffnet

Die vielen Orte im Hinterland, an denen man Arrosticini bekommt, haben seit ein paar Jahren dank Brunella Spinozzi Konkurrenz in der Stadt bekommen. Das Lokal hat seinen Namen gewechselt, doch die Qualität der Arrosticini mit Schaffleisch (0,90 €) und Rinderleber, von mittlerer Größe, ist gleich geblieben. Man kann sie an der Theke oder im Sommer auf der Straße sitzend verzehren oder auch zum Mitnehmen kaufen. Während man wartet, dass die Spieße braten, kann man Bruschette und Focaccia verkosten. Eine kleine Auswahl an Weinen und Bieren aus den Abruzzen begleitet das Essen.

PIANELLA

Osteria Margherita

Via Regina Margherita, 3
Tel. (+39) 085 / 97 22 04
Ruhetag: Montag
Ferien: 2 Wochen im August/September
40 Plätze + 20 Plätze im Freien
Abends geöffnet

Bei Brot und Arrosticini (0,90 €) sind hier Generationen von Liebhabern groß geworden, die von der Qualität des Schaffleischs (dienstags gibt es auch Arrosticini mit Leber) und der perfekten Garung nie enttäuscht wurden. Dazu gibt es verschiedene Bruschette miste, ausgezeichnete Salsiccia aus Fleisch oder Leber und gute Weine aus den Abruzzen. Eine Reservierung wird empfohlen, am Wochenende ist sie unumgänglich.

VILLA CELIERA (PE)

Delle Querce

Ortsteil Santa Maria, 202
Tel. (+39) 085 / 84 62 11,
(+39) 333 / 411 57 69
Ruhetag: Dienstag, außer im Juli und August
Keine Ferien
80 Plätze
Abends geöffnet, Sonntag auch mittags

Signora Maria wird von Schwiegersohn Serafino und am Wochenende von Tochter Claudia unterstützt. Der Service ist einfach und spartanisch, doch freundlich. Gewohnte Aufmerksamkeit bei der Auswahl und der Vorbereitung des Schaffleischs für die Arrosticini (0,70 €), die über der Holzkohlenglut gebraten werden. Zu Beginn mit Olivenöl beträufeltes Brot, lokaler Prosciutto und Käse sowie Gerichte mit Saisongemüse.

ISOLA DEL GRAN SASSO D'ITALIA (TE)
San Pietro

40 KM SÜDLICH VON TERAMO, S.S. 81, 150, 491

Il Mandrone

Restaurant
Ortsteil San Pietro
Tel. (+39) 08 61 / 97 61 52
Ruhetag: Dienstag, im Winter auch Mittwoch; im August kein Ruhetag
Ferien: 15.–31. Januar, 15.–30. November
45 Plätze
Preise: 20–26 €
Kreditkarten: AE, CS, DC, MC, Visa; BM
Mittags und abends geöffnet

DIE OSTERIA – In die herrliche Natur eingebettet, die das Gebirge des Gran Sasso umgibt, ist das Il Mandrone der richtige Ort für eine Rast, vielleicht auch für eine Übernachtung in einem der Gästezimmer, bei einem Ausflug in die Berge, vor einem Besuch der preisgekrönten Keramikerzeugung im nahen Castelli oder der Wallfahrtskirche San Gabriele. Das im alten Ortsteil San Pietro gelegene Lokal ist in mehrere Zimmer gegliedert und gibt einem das Gefühl, zu Gast bei einer Familie zu sein. Dieser Eindruck wird von der aufrichtigen Gastlichkeit und der Küche bestätigt, die Mutter Assunta und die Töchter Nada und Loredana den Gästen präsentieren.

DIE KÜCHE – Die Abfolge der Antipasti (6 €) beinhaltet Salumi und Käse, warme Kroketten aus Ricotta und Auberginen, mit Trüffel aromatisierte und in Essig und Öl eingelegte unreife Pfirsiche sowie **Passatina di ceci con funghi** (Kichererbsencreme mit Pilzen). Von den Gerichten mit Pasta haben uns **Strongole con le diciotto erbe del Gran Sasso** (mit 18 Kräutern, 6 €) besonders gut geschmeckt. Außerdem gibt es typische Gerichte wie Chitarrina con le polpettine (5 €) oder Gnocchi con porcini e tartufo. Beim nun folgenden Fleisch (9 €) erwartet Sie eine interessante Kostprobe von **Pecora alla callara**, lange in Tomatensauce geschmortes Schaffleisch oder von Agnello al coccetto, ebenfalls geschmortes und in gerösteten Brotscheiben serviertes Lammfleisch. Zum Abschluss verdient **Dolce di ricotta** einen Versuch: Obstsalat, frischer Ricotta und eine Schicht Kekse. Zu trinken gibt es außer dem guten Wasser aus dem Gran Sasso offenen Montepulciano d'Abruzzo oder eine Flasche der kleinen Auswahl an Etiketten aus den Abruzzen.

Antiche Mura

Traditionelle Osteria
Via XXV Aprile, 2
Tel. (+39) 08 62 / 624 22
Ruhetag: Sonntag
Ferien: unterschiedlich
40 Plätze
Preise: 30–32 €
Kreditkarten: CS, DC, MC, Visa; BM
Mittags und abends geöffnet

DIE OSTERIA – Wenn Sie den Geschmack der antiken Küche von L'Aquila kennenlernen möchten, kommen Sie an einem Besuch dieses Lokals nicht vorbei. Dekoriert ist es mit unzähligen ländlichen Gerätschaften im Außenbereich und an den Wänden der Speisesäle, was eine Art „Museumsrestaurant" der bäuerlichen Kultur ergibt. Antonello und Maurizio sind perfekte Interpreten dieser alten Zeiten, ihre Speisekarte und ihr Service erlauben keine Schnörkel, sondern nur unverfälschte Substanz und herzhafte Direktheit.

DIE KÜCHE – Im Antipasto (8 €) mit lokalen Salumi und Käse sind auch einige Kostproben warmer Speisen im Lauf der Jahreszeiten vorgesehen. Danach wählen Sie eine Suppe (10 €) wie **Sagnarelle e fagioli** (mit Pasta und Bohnen) oder Pasta e patate, ein Gericht, das mit seinem klaren Geschmack das Herz höher schlagen lässt. Außerdem gibt es viele Primi, die meisten mit frischer Pasta aus der Tradition von L'Aquila wie **Stringozze con broccoli e pecorino** (10 €) oder Fregnacce primavera (10 €), eine unregelmäßige Pasta mit großen Stücken. Bei den Secondi sind die großen Klassiker wie Gallo al vino (11 €) oder das leckere Kaninchen Coniglio allo zafferano (11 €) aus dem Topf immer interessant, doch Sie bekommen auch **Trippa con mentuccia e pecorino** (Kutteln mit Wilder Minze und Pecorino, 10 €), **Agnello cacio e uova** (13 €) und in Zwiebeln und Wein geschmorte Leber (13 €). Sie können sich auch für eines der beiden Degustationsmenüs für 30 € oder für das „Gran Menù Aquilano" für 36 € entscheiden. Die Desserts (5 €) sind schlicht und hausgemacht. Die Weinkarte ist aufs Wesentliche beschränkt und beinhaltet nur Etiketten aus den Abruzzen.

Im Viertel Torrione finden Sie bei Manetta (Via Cardinale Mazzarino 4) die besten Spezialitäten aus den Abruzzen und darüber hinaus.

L'AQUILA

La Rupe

Traditionelle Trattoria
Via San Giacomo, 7
Tel. (+39) 08 62 / 274 81,
(+39) 347 / 904 40 84
Ruhetag: Sonntagabend, Montag
Ferien: ersten 2 Juliwochen
80 Plätze
Preise: 25 €
Kreditkarten: AE, CS, MC, Visa; BM
Mittags und abends geöffnet

DIE OSTERIA – Knapp außerhalb des Zentrums empfängt Sie das Restaurant La Rupe in einfachen, zwanglosen Räumlichkeiten, ähnlich einem Loft, die durch ihre Einrichtung und ihre Holzdecken einen bäuerlichen Charakter bekommen. Ein Teil des reizenden Hofes ist zu einer ganzjährig benutzten Veranda geworden und erweitert den Hauptsaal.

DIE KÜCHE – Die Speisekarte konzentriert sich auf Salumi und Käse bei den Antipasti, dazu kommen einige ungewöhnlichere Angebote wie Pecorino al cartoccio con pomodoro e rosmarino (Schafkäse in der Folie mit Tomaten und Rosmarin). Bedeutend größere Auswahl besteht bei den Primi und Secondi, von den Damen des Hauses, Anna und Roberta zubereitet. Unter den Gerichten mit Pasta **Chitarra all'amatriciana** (der Ort Amatrice liegt in der Nähe, auf der anderen Seite der Grenze zwischen Marken und Abruzzen), die weniger bekannten Fregnacce, eine Art Maltagliati, die wir mit Tomaten, Pancetta, Guanciale, Pecorino und Parmesan probiert haben, oder **Maccheroncini alla pecorara**, erfreulich mit Ricotta, Pecorino und Pancetta kombiniert (6 €). Auf der Holzkohlenglut brät traditionellerweise das Fleisch vom Schwein (vor allem Salsiccia mit Leber oder Fleisch) und Schaf, zum Beispiel vom **Hammel** (10 €). Allen, die aufwändigere Gerichte bevorzugen, empfehlen wir den klassischen **Agnello *cac' e ova***. Unter den Desserts sticht die leckere **Pizza dolce** (3,50 €) hervor, eine Art Zuppa inglese, typischerweise für Festtage zubereitet. Das Angebot beim Wein ist vorwiegend an den Abruzzen ausgerichtet – Wirt Peppe Brocchella und sein Sohn Marco beraten Sie gerne bei der Auswahl.

Auf der zentral gelegenen Piazza Duomo können Sie in der historischen Bar Fratelli Nurzia einen Aperitif einnehmen oder den berühmten, hier seit 1835 erzeugten Torrone tenero al cioccolato kaufen.

LORETO APRUTINO (PE)
Passo Cordone

24 KM WESTLICH VON PESCARA, S.S. 51

La Bilancia

Restaurant
Ortsteil Palazzo, 11
Tel. (+39) 085 / 828 93 21
Ruhetag: Montag
Ferien: zeitweise im Januar
100 Plätze
Preise: 25–28 €
Kreditkarten: AE, CS, MC, Visa; BM
Mittags und abends geöffnet

Sergio Di Zios Leidenschaft für die Umgebung und deren kulturelle und gastronomische Tradition findet sich in der schlichten, großzügigen Küche von Signora Antonietta wieder.

DIE OSTERIA – Sergio Di Zio kommt auch nach 40 Jahren in seinem Lokal gerne an die Tische, um Kommentare zu hören, Anekdoten zu erzählen und zu Recht zu betonen, dass er einer der Ersten war, die die Bohne Fagiolo tondino del Tavo wiederentdeckt haben, und dass nur in seinem Lokal die „echte" Pasta alla molinara, große Spaghetti aus Wasser und Mehl, deren Teigblatt seine Frau mit dem Nudelholz ausrollt, serviert wird. Im Kamin im großen Speisesaal brennt das ganze Jahr über ein Feuer, auf dem Grill wird das Fleisch von Lamm, frei lebenden Hühnern und Tauben gebraten.

DIE KÜCHE – Gianni und Renato, die legendären Mitarbeiter im Service, bringen Antipasti der Saison, zum Beispiel die klassischen **Fegatini di pollo con cipolla e peperoni** (3,50 €), Misticanza cotta con i fagioli tondini oder Uova strapazzate con peperoni secchi (6 €). Danach **Gnocchi al ragù di capra** (7 €), Suppen mit Hülsenfrüchten (Kichererbsen aus Navelli, Linsen aus Santo Stefano di Sessanio, Bohnen der Sorte Fagioli tondini), **Pasta alla trappitara** con olio, mezze olive, pomodori secchi e cime di rapa (6 €) oder die bereits erwähnte Pasta molinara mit Knoblauch, Olivenöl und sonnengetrockneten Paprikaschoten oder seltener mit Sauce aus verschiedenen Fleischsorten. Neben **Misto di carni alla brace** gibt es Speisen mit kuriosen Namen wie Spesso dentro la pentola la capra gongola (7 €) oder La Presentosa (in Pancetta gewickelte und gegrillte Lendenstücke vom Schaf, 3 € pro Stück). Ausgezeichneter offener Wein und vorwiegend aus den Abruzzen stammende Etiketten. Degustationsmenü von der Baccalàsorte Gaspè und Stoccafisso für 25 € bis 35 €.

LUCOLI (AQ)
Casamaina

15 KM SÜDWESTLICH VON L'AQUILA, S.S. 584

Pasqualina

Trattoria
Via S. Luca, 32
Tel. (+39) 08 62 / 735 48
Ruhetag: Mittwoch, Sonntagabend
Ferien: 2 Wochen im Oktober
50 Plätze
Preise: 26–32 €
Kreditkarten: CS, MC, Visa; BM
Mittags und abends geöffnet

DIE OSTERIA – Im Mai brennt ein Feuer im Kamin? Auf dieser Höhe kann das leicht passieren. Für die Atmosphäre des Lokals ist das durchaus ein Gewinn, sie wird noch gemütlicher. Tatsächlich ist das Pasqualina eine Oase für alle Jahreszeiten. Geführt wird das Lokal von Familie Petricone mit Bravour, Intelligenz und dem langsamen, bedachten Tempo der Leute aus den Bergen. Die bäuerliche Trattoria aus vergangenen Zeiten werden Sie nicht mehr finden, doch die Aufmerksamkeit für den Gast und die Umgebung ist gleich geblieben, dank der Professionalität der neuen Generation, die mit sicherer Hand die erneuerte Küche und die acht Gästezimmer im angeschlossenen B & B Ginepro d'Abruzzo betreut.

DIE KÜCHE – Wir schicken voraus, dass man für 15 € (sozusagen den Preis für ein Essen mit Pizza) das „Menù del viandante" mit Antipasto, Primo und Dessert bekommt, und widmen uns nun mit angemessener Aufmerksamkeit der Karte. Auf dem Siegerpodest ganz oben stehen gleichrangig **Coratella d'agnello** (6 €) und **Ravioli di ricotta** (9 €) mit Safran oder mit duftenden frischen Tomaten. Ebenfalls unter den Primi die gute hausgemachte Pasta aus der in den Bergen der Abruzzen angebauten Weizensorte Solina namens Pinnicchi (große, von Hand gezogene Spaghetti) all'amatriciana, bei den Secondi die überaus schmackhafte **Guancia di vitello al Montepulciano** (11 €). Die Desserts (4 €) sind gut gemacht und werden schön präsentiert, doch sie liegen nicht, wie die anderen Gänge, auf der Linie der Tradition. Der Keller beschränkt sich aufs Wesentliche, obgleich es einige bemerkenswerte Angebote an Wein und Bier aus kleinen Brauereien gibt.

Im nahen Ortsteil Collimento (7 km) erzeugt die Familie Di Carlo seit 1972 in der Käserei Campo Felice ausgezeichnete Milchprodukte und Käse, vorwiegend von Hand.

MOSCIANO SANT'ANGELO (TE)
Selva de' Colli

25 KM NÖ. V. TERAMO, A 14, S.S. 80 U. S.S. 262 D

Borgo Spoltino

Restaurant
Strada Selva Alta
Tel. (+39) 085 / 807 10 21
Ruhetag: Montag, Dienstag
Ferien: November
45 Plätze + 45 Plätze im Freien
Preise: 30–37 €
Kreditkarten: CS, DC, MC, Visa; BM
Abends geöffnet, Sonntag nur mittags

Zwischen Klassikern und nie übertriebenen Neuinterpretationen bewährt sich Gabriele Marrangoni als unbestrittener Experte für die Küche der Abruzzen.

DIE OSTERIA – Ein richtiges kleines Selbstversorger-Dorf mit einer der Umgebung entsprechenden Küche, einem Garten, Olivenbäumen, der Locanda, einem großen Saal für Veranstaltungen und einem Kirchlein. Zusammen mit den tüchtigen Servicemitarbeitern Gabriele Ruffini und Adriana Nigro machen der temperamentvolle Gabriele Marrangoni, ein kosmopolitischer Koch, und sein Geschäftspartner Mauro Angeloni Ihren Besuch zu einer Reise ins Reich der kulinarischen Kunst der Abruzzen.

DIE KÜCHE – Wählen Sie zwischen den drei Degustationsmenüs „Tradizione e Territorio" und „Vegetariano", jeweils 35 €, oder „A modo nostro" für 45 €. Außerdem steht Ihnen eine Karte zur Verfügung, auf der auch die Herkunft der Zutaten angegeben ist. Wir haben mit dem rohen **Baccalà con mirtilli, soncino e peperone di Altino** (10 €) sowie Filetto di vitello con tartufo, ricotta di pecora e melagrana begonnen, doch auch ein Antipasto mit Salumi und Käse aus den Abruzzen, Gemüse und zwei warmen Gerichten ist empfehlenswert (12 €). Unter den Primi finden Sie **Fettuccine con ragù di coniglio e zafferano di Navelli**, Gnocchetti di grano solina con baccalà e peperone dolce di Altino (10 €) und **Chitarrina con pallottine alla teramana**. Es folgen Guancia di vitello con salsa alla liquirizia, castagne e patate (14 €), Hamburger di farro e lenticchie (Dinkel-Linsen-Burger mit Wirsing, Möhren und Pistazien, 9 €) sowie Lumache in guazzetto di pomodoro ed erbe aromatiche (geschmorte Schnecken). Finale mit **Pizza dolce** teramana (4 €) oder **Panettolio**, einem Panettone mit nativem Olivenöl extra und kandierten Oliven. Gute Weinauswahl mit vielen Etiketten aus den Abruzzen und dem übrigen Italien.

MOSCUFO (PE)

20 KM WESTLICH VON PESCARA, S.P. 13 UND 45

Torre Antica

Trattoria
Ortsteil Pischiarano, 2
Tel. (+39) 085 / 97 93 46
Ruhetag: Dienstag
Ferien: Oktober/November
50 Plätze + 100 Plätze im Freien
Preise: 18–22 €
Abends geöffnet, Juni–September auch Sonntagmittag

DIE OSTERIA – Olivenbäume, so weit das Auge reicht. Moscufo bildet zusammen mit Loreto Aprutino und Pianella einen Eckpunkt des sogenannten goldenen Dreiecks der Olivenölherstellung in den Abruzzen. Ein wenig außerhalb des bewohnten Gebiets zeigt uns der Umriss eines quadratischen Wachturms an, dass wir unser Ziel erreicht haben. Da das Torre Antica den Großteil des Jahrs nur abends geöffnet ist, empfiehlt es sich in einem der vier Gästezimmer mit einem Ausblick von den Bergen bis zum Meer zu übernachten. Nicht nur den Körper, sondern auch die Seele erfreut man mit einem Besuch der nahe gelegenen Kirche Santa Maria del Lago, einem Meisterwerk des mittelalterlichen Sakralbaus in den Abruzzen, mit ihrer außergewöhnlichen vielfarbigen Kanzel aus dem Jahr 1159, die allein schon die Reise lohnt.

DIE KÜCHE – Der reichhaltige Antipasto della casa (13 €) enthüllt sofort die schlichte, bäuerliche Natur der Küche. Enthalten sind Gaumenfreuden wie **Cipollata**, Polpette, Parmigiana di melanzane, Suppen mit Hülsenfrüchten sowie **Peperoni e uova**. Bei den Primi unvergessliche Fettuccine con funghi porcini e tartufi (mit Steinpilzen und Trüffel, 6 €), **Anellini alla pecorara** (7 €) und Gnocchi al ragù. Die Pasta wird in der Regel großzügig mit Saucen mit dem typischen Geschmack vom Lande vermischt. Die eigentliche Spezialität des Hauses sind in jedem Fall **Arrosticini di pecora** (0,80 € pro Stück), von Hand aufgesteckt und – wie alle Fleischgerichte – über der Holzkohlenglut gebraten. Dazu passen Brot und natives Olivenöl extra aus der Umgebung. Unter den Desserts hausgemachtes Tiramisu und Panna cotta. Zufriedenstellende Auswahl an Weinen aus den Abruzzen. Die Rechnung fällt wirklich günstig aus.

29 KM SÜDWESTL. V. PESCARA, E 80 U. S.S. 602

NEU Osteria al Castello

Osteria
Via degli Artisti, 1
Tel. (+39) 085 / 84 74 52,
(+39) 331 / 728 29 01
Ruhetag: Montag, Dienstag
Ferien: unterschiedlich
50 Plätze + 20 Plätze im Freien
Preise: 25–28 €
Kreditkarten: AE, CS, MC, Visa; BM
Mittags und abends geöffnet

DIE OSTERIA – Eine angenehme Überraschung bietet diese Osteria im Erdgeschoss eines aus dem 17. Jahrhundert stammenden Schlosses in Nocciano. Geleitet wird sie von den Brüdern Francesco (in der Küche) und Roberto Perfetti. Sie besteht aus zwei kleinen Speisesälen mit Ziegelbögen in einem bewusst schlicht gehaltenen Ambiente mit Brunnen, Holzofen und Ölpresse, Einrichtungen, die einst von den hier ansässigen Adeligen genutzt wurden. Diese Ursprünglichkeit findet sich in der Gastlichkeit wie auch in der häufig wechselnden Speisekarte wieder.

DIE KÜCHE – Der Antipasto dell'Oste (10 €) versammelt etwa ein Dutzend Gänge. Stets vorhanden sind die hausgemachte Giardiniera, das Brett mit Salumi und Käse und ein Gericht mit Baccalà, dem im Übrigen auch ein sehr gutes Menü für 20 € gewidmet ist. Bei unserem Besuch konnten wir ***Pizz' 'e fujie*** probieren, ebenso Fave e cicoria, Linsensuppe, gratinierte gefüllte Zucchini und Tortino di broccoli. Anschließend hausgemachte Pasta wie Ravioli di ricotta con zafferano e mosto cotto, **Paccheri con ragù d'anatra e pecorino** (7 €), Tagliatellle al ragù bianco di coniglio (7 €) sowie Chitarrina di grano arso con pomodoro fresco e funghi. Große Vielfalt beim Fleisch, beginnend bei **Pollo vecchia maniera** bis hin zu Coniglio al tegame, Capra alla neretese, Pecora alla callara und **Filetto di maiale con cipolla caramellata** (10 €). Parrozzino, Crema bruciata al liquore Corfinio oder Neole con ricotta e fragole (4 €) zum Abschluss. Beschränkte Auswahl an Weinen aus den Abruzzen. Sonntags gibt es ein Menü für 20 €.

In der Umgebung können Sie gute Milchprodukte und Käse kaufen: Kuhmilchprodukte bei Savini-Di Nicola in **Vicoli**, Ortsteil Decontra, Schafkäse und Schaffleisch bei Il Tratturo (Ortsteil Stella) und La Caciara (Via Dante), beide in **Cepagatti**.

27 KM NORDÖSTLICH VON TERAMO, S.S. 80 RACC

Osteria dei Sani

Restaurant
Via Martiri della Libertà, 24
Tel. (+39) 085 / 895 80 31
Ruhetag: Montag
Ferien: unterschiedlich
60 Plätze + 50 Plätze im Freien
Preise: 20–30 €
Kreditkarten: CS, Visa; BM
Mittags und abends geöffnet

DIE OSTERIA – Ein äußerst angenehmer, geschmackvoll eingerichteter Ort. Die Tische stehen im richtigen Abstand zueinander und der Ausblick über die sanften, zum Meer abfallenden Hügel von Teramo beruhigt Geist und Seele. In der Küche wird man nie müde, auch ungewöhnliche und kreative Kombinationen auszuprobieren, die sich neben den traditionellen Gerichten von unbestrittenem Wert auf einer schön zusammengestellten Speisekarte finden und immer darauf ausgerichtet sind, die sorgfältig ausgewählten Grundzutaten zur Geltung zu bringen. Dieser Herausforderung stellen sich erfolgreich Luca Mettimano, im Service, und Annamaria Ferrara, die ihrer Leidenschaft für die gute Küche am Herd Ausdruck verleiht.

DIE KÜCHE – Ausgezeichnete, regelmäßig wechselnde Antipasti – zu Beginn vielleicht die klassischste Variante mit Salumi, Käse und warmen Gerichten (15 €), die Sie auch einzeln bestellen können, oder aber eines der hier am häufigsten verwendeten Elemente: Baccalà. Danach Primi von großer Persönlichkeit wie Paccheri al ragù di lepre, typische **Chitarra con sugo di pallottine di carne** und exzellente **Tagliatelle al baccalà** (6 €). Keine Unsicherheiten gibt es bei den Secondi mit einigen Stücken vom Rind oder anderem, noch mehr in der lokalen Tradition verwurzeltem Fleisch wie Agnello alla brace, den unnachahmlichen **Mazzarelle** teramane (in Endivienblätter gewickelte Lamminnereien, 3 €), Trippa (Kutteln) und, wenn verfügbar, **Lumache di terra** (Schnecken, 8 €). Wenige, doch leckere Desserts. Der Weinkeller ist begrenzt, Weinen aus der Region und dem DOCG-Wein Colline Teramane wird besondere Aufmerksamkeit geschenkt. Außerdem gibt es gute, traditionell gebraute Biere. Wenn Sie ein wenig von allem probieren wollen, empfehlen wir das Degustationsmenü für 25 €.

48 KM ÖSTLICH VON L'AQUILA, S.S. 17 U. S.S. 153

Sapori di Campagna

Agriturismo
Ortsteil Colonia Frasca, km 7,800
Tel. (+39) 08 62 / 95 42 53,
(+39) 348 / 480 47 73
Ruhetag: Donnerstag, an Feiertagen abends
Ferien: je 1 Woche im Mai/Juni und November
30 Plätze + 20 Plätze im Freien
Preise: 31–37 €
Kreditkarten: AE, CS, MC, Visa; BM
Mittags und abends geöffnet

Familie Di Battista arbeitet im Geiste der Null-Kilometer-Philosophie. Beeindruckt von den Produkten der Umgebung, wird Ihr Aufenthalt auf Ihrer kulinarischen Reise durch das Gebiet von L'Aquila einen bleibenden Eindruck hinterlassen.

DIE OSTERIA – Am Eingang des alten Landhauses begrüßen Sie die quirligen Schwestern Livia und Serenella mit ihrem offenen Lächeln, und Sie werden sich sofort wohlfühlen. Das große Speisezimmer mit dem Holzofen unterstreicht das Familiäre dieses Ortes und bildet das Szenario einer kulinarischen Erfahrung, bei der Sie Hülsenfrüchte und Fleisch erwarten sowie Gemüse, das entweder von Familienoberhaupt Alessio Di Battista angebaut oder in der Umgebung gesammelt und dann in der Küche von Mutter Gabriella bestens zur Geltung gebracht wird.

DIE KÜCHE – Das köstliche Essen beginnt mit einem reichhaltigen Antipasto (15 €), der neben Salumi auch Zucca su crema di patate e cioccolato enthalten könnte, Polentabällchen, Verza con patate e baccalà und Ricotta e riduzione di Montepulciano d'Abruzzo, dazu Pizza fritta. Im Anschluss **Zuppa di lenticchie di Santo Stefano di Sessanio** (8 €), **Fettuccine con ragù di agnello**, Spaghettoni di patate con broccoli, Sagnette aus der alten Weizensorte Solina mit Kichererbsen und Safran (10 €) sowie Chitarra con aglio rosso di Sulmona, peperoncino e crema di cavolfiore. Danach Lammfleisch: **Agnello** alla brace oder **in panatura profumata alle erbe** (in Kräuterpanade, 16 €). Als Alternative Pancotto croccante oder der gute Käse aus der Umgebung, zum Beispiel **Canestrato** di Castel del Monte, der in Berghonig karamellisiert wird (15 €). Ausgezeichnete Dolci (4 €) wie Mousse di ricotta, cachi e amaretto. Mit respektablen Etiketten aus der Region bestückte Weinkarte.

29 KM ÖSTLICH VON CHIETI, S.S. 649 UND S.S. 16

Al Vecchio Teatro

Restaurant
Largo Ripetta, 7
Tel. (+39) 085 / 906 44 95
Ruhetag: im Winter Mittwoch und Sonntagabend; im Sommer Mittwochmittag
Keine Ferien
35 Plätze + 30 Plätze im Freien
Preise: 30–35 €
Kreditkarten: AE, CS, DC, MC, Visa; BM
Mittags und abends geöffnet

DIE OSTERIA – Der Name des Lokals bezieht sich auf das ehemalige Theater Vittoria, das sich in unmittelbarer Nähe befindet und heute dem aus Ortona gebürtigen Francesco Paolo Tosti gewidmet ist, dem Komponisten berühmter Romanzen, unter anderem *'A vucchella*, zu der Gabriele D'Annunzio den Text verfasst hatte. Liebliche Melodien, die Sie, wie es bei uns der Fall war, als Hintergrundmusik während des Essens hören könnten und die Ihren Besuch noch angenehmer machen – sollte dies überhaupt möglich sein. Das Restaurant von Familie Carusi liegt an der schönen Promenade der Ostseite, dahinter erhebt sich das Bergmassiv der Majella und davor erstreckt sich das unendlich wirkende Adriatische Meer. Daher wohnen hier auch zwei Seelen in einer Brust, die sich in einem saisonalen und von der Verfügbarkeit abhängigen Degustationsmenü vom Land für 25 € und einem vom Meer für 30 € ausdrücken. Ebenfalls verfügbar ist ein vegetarisches Menü mit Gemüse aus dem eigenen Garten.

DIE KÜCHE – Wenn Sie von der Karte wählen, sollten Sie beim Fisch Spasetta di **chitarrina con sugo di granchi di scoglio** pelosi ebenso wenig versäumen wie Tartare di sugarello (Tatar von der Bastardmakrele), Cavatelli al ragù di pescatrice (12 €) und Orata al sale (Goldbrasse). Bei den Gerichten vom Land haben uns besonders **Tacconi di farro e grano di solina con ventricina e fave** (mit Wurst und Dicken Bohnen, 9 €) sowie **Carpaccio di manzo con fave e pecorino** (16 €) beeindruckt. Die hausgemachten Dolci wie die typischen **Nevole** und Panna cotta del Vecchio Teatro (4 €) können Sie mit Vino cotto, Passito, hochprozentigen Getränken oder lokalen Likören begleiten (3 €). Bemerkenswerter Keller mit durchschnittlichem Preisniveau. Die Familie bietet auch drei Gästezimmer in einem B&B in fußläufiger Entfernung mitten in der Altstadt.

29 KM ÖSTLICH VON CHIETI

San Domenico

Trattoria
Vicolo San Domenico, 1
Tel. (+39) 085 / 906 64 42
Ruhetag: Montag, im Sommer auch Sonntagmittag
Ferien: unterschiedlich
30 Plätze + 30 Plätze im Freien
Preise: 35 €
Kreditkarten: CS, Visa; BM
Mittags und abends geöffnet

DIE OSTERIA – Nach vielen Jahren als Koch in Lokalen außerhalb der Abruzzen ist Sandro D'Ottavio in „sein" Ortona zurückgekehrt. Hier hat er 2009 die Trattoria San Domenico am Rand der Altstadt, gegenüber dem kürzlich renovierten Kastell aus der Zeit der Herrschaft des Hauses Anjou, eröffnet. Im Sommer kann man in der Veranda mit Blick auf die Festung speisen, im Winter nimmt man im Speisesaal mit der hohen Gewölbedecke und den frei liegenden Steinwänden Platz. Die Speisekarte steht auf einer Tafel oder auf Strohpapier, das an den Tischen verteilt wird, sie wechselt täglich, abhängig vom Fisch, der frisch auf dem lokalen Markt erstanden wird, und bietet zwei oder drei Auswahlmöglichkeiten pro Gang.

DIE KÜCHE – Daraus entsteht eine einfache Meeresküche mit der Möglichkeit, ein Tagesmenü mit zwei bis fünf Gängen (20 € bis 35 €) zu wählen. Unter den Antipasti (8 €) können Sie neben **Catalana di pannocchie di mare** (Heuschreckenkrebsen), schmackhaften **Sgombri e totani mollicati** sowie Insalata di mare auch marinierten Baccalà mit Gemüse finden. Anschließend traditionelle Chitarrina con le vongole oder Linguine con seppie, scampi e gamberetti (10 €). **Razza alla cacciatora** (Rochen, 12 €) und **Triglie con olive, capperi e pomodorini** (Seebarben, 12 €) bei den Secondi. Immer verfügbar ist **Brodetto dell'Adriatico** (28 €). Zum Abschluss hausgemachtes Trockengebäck oder die typischen **Nevole al mosto cotto**, dazu ein Kaffee aus der Espressokanne. Etwa 20 Etiketten und ein guter offener Wein aus der Gegend begleiten das Essen. Wenn es keinen Fisch gibt, bleibt das Lokal sonntagabends geschlossen, daher ist es besser, vorher anzurufen.

Auf dem Corso Matteotti ist die Enoteca Regionale der ideale Ort, um Weine und Liköre aus den Abruzzen zu verkosten und einzukaufen.

39 KM SÜDLICH VON L'AQUILA, S.P. 38

NEU La Baracca

Traditionelle Osteria-Trattoria
Piazzale Magnola, 2
Tel. (+39) 08 63 / 70 59 39, (+39) 329 / 806 04 89
Ruhetag: Montag–Freitag (außer gegen Vorbestellung)
Ferien: 3 Wochen im Mai/Juni
80 Plätze + 50 Plätze im Freien
Preise: 31 €
Kreditkarten: CS, DC, MC, Visa; BM
Mittags und abends geöffnet

DIE OSTERIA – Der Ort ist bezaubernd, mitten in einem Wald am Ende der Skipisten. Auch die von Holz dominierten Räumlichkeiten, in deren Mitte ein großer, rundum offener Kamin steht, sind angenehm und strahlen den gemütlichen Charme einer Berghütte aus. Seit 1993 garantiert Familie Donati gepflegte Gastlichkeit. Eine Reservierung wird empfohlen, da man am Wochenende schwer einen Platz findet und in der Nebensaison das Lokal oft geschlossen bleibt. Die Küche verliert nie die Tradition aus den Augen, die Qualität der Grundzutaten ist hoch. Viele Rezepte sind ursprünglich hier entstanden und werden mit dauerhaftem Erfolg angeboten.

DIE KÜCHE – Beginnen Sie mit einem guten Canestrato di Castel Del Monte (8 €), dem typischen Schafkäse dieser Gegend, zusammen mit einer Platte mit Salumi aus den Abruzzen (5 €), oder mit **Sformatino di spinaci e pinoli** (7 €). Fortsetzung mit klassischer Polenta con salsiccia (10 €) und der ungewöhnlichen **Passata piccante di fave con cialda al pecorino** (scharfe Cremesuppe aus Dicken Bohnen mit Pecorino-Waffel 9 €). Bei den Gerichten mit Teigwaren bestechen **Crespelle di carciofi e fonduta di formaggio** (Pfannkuchen mit Artischocken und geschmolzenem Käse, 10 €). Köstlich schmeckt das Fleisch von der Holzkohlenglut, doch probieren Sie auch **Braciola di cinghiale** al Montepulciano d'Abruzzo con pesto di cannellini (15 €), Bocconcini di pecora al basilico (13 €) und den überraschenden Geschmack von **Uova e asparagi** (Ei und Spargel, 10 €). Pere al vino rosso con zabaione und Haselnuss-Semifreddo sind unter den Dolci (5 €). Gute Auswahl an Etiketten aus den Abruzzen wie auch aus anderen Regionen. Ebenso vorhanden ist eine Vielfalt an hochprozentigen Getränken und Grappa. Im August und während der Weihnachtsferien ist das Lokal immer geöffnet.

70 KM SÜDÖSTL. V. L'AQUILA, 8 KM ÖSTL. V. SULMONA

Taverna de li Caldora

Restaurant • Piazza Umberto I, 13
Tel. (+39) 08 64 / 411 39
Ruhetag: Dienstag, Sonntagabend; im Winter auch Montag • Ferien: unterschiedlich
80 Plätze + 100 Plätze im Freien
Preise: 28–37 €
Kreditkarten: AE, CS, MC, Visa; BM
Mittags und abends geöffnet

Ein unverzichtbarer Ort in der Gastronomie der Abruzzen, an dem alles nach Ursprünglichkeit duftet.

DIE OSTERIA – Wir befinden uns in einem „Borghi più belli d'Italia" (der schönsten Orte Italiens), geprägt von dem quadratischen Turm der mittelalterlichen Burg Caldora, die sich majestätisch gegen das Bergmassiv des Morrone abhebt. Auf dem Hauptplatz hinter dem Portal aus Bossenquadern des Palazzo Pitassi aus dem 16. Jahrhundert befindet sich das Reich der Familie Cercone, einer Botschafterin der für die Vieh- und Weidewirtschaft der Abruzzen typischen Küche.

DIE KÜCHE – Dies beweist bereits der Antipasto del Condottiero (18 €) mit seiner Pracht an typischen Salumi, Käse, verschiedenem Gemüse, Suppen mit Pilzen und Bohnen, **Coratella di agnello**, diversen kleinen frittierten Speisen und einer nicht zu überbietenden Ziegenricotta. Um die Fortsetzung des Essens nicht zu beeinträchtigen, raten wir Ihnen, eine „Light-Version" nach der Empfehlung des Servicepersonals zu bestellen. Auch die Primi sind würdige Interpreten der Umgebung, beginnend bei **Maccheroni alla chitarra con zafferano di Navelli e tartufo** – mit Safran aus Navelli und Sommertrüffel, weißer oder schwarzer Trüffel je nach Saison –, bis hin zu den bemerkenswerten Ravioli mit Ziegenricotta und leichter Tomatensauce (10 €). Sollten Sie sich nicht entscheiden können, wählen Sie zwei oder drei Kostproben für 10 € oder 15 €. Als Secondi gibt es überwiegend Fleisch von der Holzkohlenglut, als Alternative Pilze und Käse. Probieren Sie **Bistecchine di castrato** (12 €), Tagliata di manzo (14 €), **Scamorza appassita di Pacentro** und Steinpilze (12 €). Leckere Dolci (5 €) mit verschiedenen Varianten von Mousse sowie einer ganz besonderen Pizza abruzzese. Bemerkenswertes Angebot an Weinen zu durchschnittlichen Preisen.

33 KM WESTLICH VON PESCARA, S.S. 151

Osteria del Leone

Trattoria
Piazza XX Settembre, 31
Tel. (+39) 085 / 821 32 24, (+39) 328 / 773 21 68
Ruhetag: Montag
Ferien: 1 Woche im November
50 Plätze
Preise: 25–30 €
Kreditkarten: AE, CS, MC, Visa; BM
Mittags und abends geöffnet

DIE OSTERIA – Ein Mikrokosmos, geprägt von der Wertschätzung für die Küche und den Gast, tut sich auf, wenn Sie die Treppe zu dieser Osteria im mittelalterlichen Ortskern von Penne hinabsteigen. Seit 15 Jahren gelingt es Antonio Catone hier, die Produkte der Umgebung zur Geltung zu bringen und traditionelle Küche mit der Suche nach neuen – vor allem vegetarischen – Gerichten zu verbinden. Die Speisekarte versammelt die besten Erzeugnisse aus der Gegend von Pescara und darüber hinaus, Silvio, der Sohn des Wirts, informiert Sie darüber mit Kompetenz und Liebenswürdigkeit.

DIE KÜCHE – Das Essen beginnt mit **Fellata** abruzzese (10 €) oder dem reichhaltigen Antipasto della casa, bestehend aus kalten und warmen Gerichten, die saisonal wechseln. Ausgezeichnet schmecken auch Insalata di farro e fagioli tondini del Tavo al timo (5 €) und Feldgemüse, auch dieses mit Tondini-Bohnen serviert. Bei den Primi (8 €) gute, von Hand gemachte Pasta wie Pappardelle al sugo d'anatra, **Maltagliati rustici**, Fettuccine aus Buchweizenmehl mit Gemüse-Pesto und **Mugnaia** del Leone **con cinghiale, funghi e borragine**. Außerdem köstliche Suppen (8 €). Unter den Secondi **Pecora porchettata**, Tagliata di controfiletto al Montepulciano d'Abruzzo und **Trippa alla pennese** (8 €). Ebenfalls verfügbar ist eine breite Auswahl an vegetarischen und veganen Gerichten, glutenfreien Speisen sowie ein Menü für Kinder. Süßer Ausklang mit der traditionellen Torta abruzzese (4 €). Aus dem Keller kommt eine begrenzte Auswahl an Etiketten aus den Abruzzen. Sie können zwischen verschiedenen Degustationsmenüs für 20 €, 23 € und 25 € wählen.

Im Ortsteil Sant'Angelo erzeugt der landwirtschaftliche Betrieb Pasqualone auf Nummer 27 Tomatensauce aus Kirschtomaten, Konfitüren, haltbar Gemachtes und verschiedenes eingelegtes Gemüse.

Acquapazza

Trattoria
Via Italica, 94
Tel.: (+39) 085 / 451 44 70
Ruhetag: Montagabend, Samstagmittag, Sonntag
Ferien: zeitweise im August
35 Plätze + 20 Plätze im Freien
Preise: 32–38 €
Kreditkarten: AE, CS, DC, MC, Visa; BM
Mittags und abends geöffnet

DIE OSTERIA – Das im Viertel Portanuova, unweit der gleichnamigen Bahnstation und der Kathedrale des Schutzpatrons San Cetteo gelegene Acquapazza hat es verstanden, sich im Lauf der Zeit seine schlichten und harmonischen Eigenschaften zu erhalten. Verantwortlich dafür zeichnen Ernesto Vianello und Paola Cetrullo, die mit ihrer ungezwungenen, direkten Art die Gäste im kleinen Lokal empfangen. Die Einrichtung ist minimalistisch, im Sommer gibt es ein paar Tische im Garten. Das Besondere hier ist die Qualität des Ausgangsmaterials, das unter auch weniger bekannten und kostspieligen, darum aber nicht weniger schmackhaften Fischsorten ausgewählt und oft mit Gemüse kombiniert wird. Das Ergebnis ist eine unverfälschte, einladende Küche.

DIE KÜCHE – Sie werden keine Speisekarte finden, die Gerichte werden kurz mündlich beschrieben. Wir haben bei den Antipasti (6 €) Alici impanate con i peperoni sehr geschätzt, doch auch in der Pfanne gewürzte **geschälte Scampi mit Artischocken**, **Sgombro marinato** (marinierte Makrele) sowie Guazzetto di cozze e vongole verdienen eine Kostprobe. Die Primi wechseln im Lauf des Jahres, Sie könnten **Orecchiette con cozze, broccoli e pomodoro** (10 €), Spaghetti allo scoglio con granchi e lupini (mit Krebsen und Artemismuscheln), ***Sagne*** con ceci e frutti di mare und leckere Bucatini con sugo di alici vorfinden. Neben der klassischen Frittura mit kleinen Fischen gibt es **Sogliole al limone** (16 €) oder Rombo ai carciofi, ein einfaches Gericht mit Scholle und Artischocken – eine Verbindung von Meer und Garten. Der Keller beschränkt sich auf etwa 20 gute Etiketten, Kaffee gibt es nicht.

🍸 Auf der nahen Piazza Garibaldi steht die Bar-Pasticceria Caprice des Konditormeisters Fabrizio Camplone, eine der besten Adressen für Torten, Konfekt und Eis aus lokalen Produkten.

PESCARA

Il Corallo

Restaurant
Via Primo Vere, 71
Tel. (+39) 085 / 451 44 90
Ruhetag: Sonntagabend, Montag; im Sommer Sonntag und Montagabend
Ferien: nach Weihnachten
90 Plätze + 90 Plätze im Freien
Preise: 38–42 € **€↑**
Kreditkarten: CS, Visa; BM
Mittags und abends geöffnet

DIE OSTERIA – Das Motto der Pacchione, einer in der Stadt bekannten Fischerfamilie, lautete immer schon: „Vom Meer auf den Tisch." Das ist nicht schwer, wenn von den eigenen Fischerbooten das frische Ausgangsmaterial in die Küche kommt, wo die Damen des Hauses, Rosaria und Stefania, zusammen mit den Brüder Massimiliano und Paolo es getreu der reichen Meerestradition des Ortes verarbeiten, ohne dabei auf zeitgemäßere Kombinationen zu verzichten. Der Nachwuchs der Familie (Maria, Ennio und Mattia) bewegt sich flink durch die Tische im Speisesaal und der schönen Veranda der im Lauf der Zeit immer größer gewordenen Badeanlage an der südlichen Grenze zu Francavilla al Mare. Große Besucherzahlen und Qualität werden in Einklang gebracht, selbst an Wochenenden mit großem Andrang, wobei der Service dann allerdings etwas überfordert wirkt.

DIE KÜCHE – Beginnen Sie mit dem Antipasto mit rohem und gekochtem Fisch, der in seiner vollständigen Version ein Dutzend Gerichte umfasst. Die reduzierte Variante (18 €) bietet einige kalte und sechs warme Gerichte (Seppioline arrosto, **Sauté di cozze**, Polpettine di merluzzo (Bällchen mit Kabeljau) sowie Seppie e carciofi (Tintenfisch und Artischocken), je nach aktuellem Fischfang. Bei den Primi sind immer **Chitarra allo scoglio** vorhanden, Spaghetti alle vongole, Gnocchi con gli scampi (10 €), Bucatini con il sugo di seppia oder Rigatoni con sugo di razza (mit Rochen). Unter den Secondi ragen Arrosto misto (18 €), Coda di rospo alla cacciatora (Seeteufel) und **Frittura di scampi e calamari** (12 €) hervor. Den traditionellen **Brodetto alla pescarese** (25 €) empfehlen wir als Hauptgericht zu bestellen. Im Keller lagern etwa 30 Etiketten von Weinen aus den Abruzzen und einige gute Flaschen italienischer Weiß- und Schaumweine.

Nonna Bruna

Osteria
Via Michelangelo Forti, 34
Tel. (+39) 085 / 240 19 23,
(+39) 338 / 489 09 05
Ruhetag: Sonntag, Montag; im Winter Sonntagabend, Montag
Ferien: Ostern, 3 Wochen im August
25 Plätze • Preise: 33–35 €
Kreditkarten: AE, CS, DC, MC, Visa; BM
Mittags und abends geöffnet

DIE OSTERIA – Nach einer ersten gastronomischen Erfahrung mit einer Badeanlage der Stadt hat Familie Cigliano 2011 diese kleine Osteria in der Nähe des Marktes eröffnet, in einer gern besuchten Gegend mit vielen neuen Lokalen. Es gibt nur wenige Plätze und eine einfache, an den Tagesfang gebundene Karte, die an den Tafeln vor dem und im Lokal angeschrieben steht. Signora Bruna, die Nonna, steht in der Küche, wo Sohn Lorenzo, neben seiner Tätigkeit im Service, den Gerichten einen Hauch Kreativität verleiht.

DIE KÜCHE – Zu Beginn wohlschmeckende Antipasti wie Lumachine di mare, **Baccalà in pastella** (im Backteig, 4 €), Mix di molluschi gratinati (7 €) oder die traditionelle **Fracchiata**, nämlich Polenta aus dem Mehl von drei Hülsenfrüchten, gewürzt mit **Fuffellone** (milden getrockneten Paprikaschoten) zu Tortino di alici. Probieren Sie dann Spaghetto quadrato con cannolicchi e pangrattato (10 €), **Ravioli ripieni di pescatrice al sugo di scampi** (12 €) sowie ***Sagne*** con ceci e cozze. **Frittura di paranza** (15 €) unter den Secondi, ebenso Brodetto „sbagliato" („falscher" Brodetto, nur mit Krustentieren und Muscheln), eine Neuinterpretation des klassischen Brodetto alla pescarese (den Sie nur gegen Vorbestellung bekommen), Coda di rospo cif e ciaf und Grigliata mista. Zum Abschluss Semifreddo con amaretti e cioccolato (4 €) oder Millefoglie con crema di ricotta, pere e cannella. Die Weinauswahl ist nicht groß, aber zum Lokal passend.

Wenige Schritte von der Osteria entfernt können Sie in der Enoteca Don Gennaro günstigen Wein kaufen oder einen Aperitif einnehmen, Letzteres auch in den nahen Lokalen Papille, Zolfo e Caracò. Die ebenfalls nicht weit entfernte Bar Excelsior ist bekannt für ihre guten Sandwiches und den exzellenten, im Gläschen servierten Kaffee.

PESCARA

Taverna 58

Restaurant
Corso Manthoné, 46
Tel. (+39) 085 / 69 07 24
Ruhetag: Freitag- und Samstagmittag, Sonntag
Ferien: 1 Woche zu Weihnachten/Neujahr, August
50 Plätze
Preise: 36–40 € €↑
Kreditkarten: AE, CS, MC, Visa; BM
Mittags und abends geöffnet

Authentische Atmosphäre, tadelloser Service und eine Küche, die die kräftigen, unverfälschten Geschmacksrichtungen des Landesinneren miteinander verbindet.

DIE OSTERIA – Es gibt mehr als nur einen Grund, warum man Gästen der Stadt einen Besuch im Restaurant Taverna 58 empfiehlt. Der gute Ruf wurde in über 35 Jahren vom leutseligen Patron Giovanni Marrone und seinen Mitarbeitern, Gino Iannone und Francesco Torsi im Service, Giuseppe Marro und Domenico Di Stefano in der Küche erworben. Das Lokal liegt gegenüber des Geburtshauses des Dichters Ennio Flaiano und wenige Meter vom Haus von Gabriele D'Annunzio und dem Museo delle genti d'Abruzzo entfernt. Aus einem der kleinen Speisesäle können Sie in den Keller hinuntersteigen und die große Auswahl an Flaschen aus den Abruzzen und eine dazu passende Selektion italienischer Weine begutachten.

DIE KÜCHE – Die Speisekarte unterhält bereits beim Lesen. Unter den Antipasti (9 €) die reichhaltige Fellata abruzzese (Brett mit Aufschnitt, Käse und Gemüse), **Pallotte e ciabotto** (Ricotta-Brot-Bällchen mit Gemüseeintopf), Lumache in guazzetto und Bocconcino per il Vate, zarter Pfannkuchen mit Käse und Safran. Biodiversità (9 €) ist eine Suppe mit Wurzel- und Blattgemüse, Getreide und Hülsenfrüchten aus den Bergen. **Makaira** (Pasta aus Gerstenmehl) **alla trappetara** (9 €) würdigt die Arbeit der Ölpresse, sie wird mit Oliven, frischem Öl und Kräutern serviert, während **Fregnacce** für Teigtäschchen in Tomatensauce mit Schinkenwürfeln stehen. Bei den Secondi fiel unsere Wahl auf Falsomagro di vitello (15 €) und **Coniglio con tortiera di patate e olive** (16 €), doch es gibt auch Scottata di vitellone (18 €), Baccalà in cartoccio und Anatra all'arancia, ein Verweis auf die 1980er-Jahre. Lassen Sie Platz für eine Kostprobe vom unglaublichen Wägelchen mit Süßspeisen (5 €).

PESCASSEROLI (AQ)

100 KM SÖ. V. L'AQUILA, 36 KM V. SULMONA, S.S. 83

Plistia

Restaurant
Via Principe di Napoli, 28
Tel. (+39) 08 63 / 91 07 32
Ferien: unterschiedlich
35 Plätze
Preise: 35–38 € €↑
Kreditkarten: AE, CS, DC, MC, Visa
Mittags und abends nur gegen Vorbestellung geöffnet

DIE OSTERIA – Der Name dieser Locanda in einem Steinhaus stammt aus dem Griechischen und bedeutet „Beginn", ein Verweis auf die erste Siedlung im heutigen Zentrum des Parco Nazionale d'Abruzzo. Dieser Gedanke gefiel Familie Decina und so benannte sie 1952 ihr Restaurant mit wenigen Gästezimmern und einem einzigen Tagesmenü danach. Auch nach dem allzu frühen Tod des sympathischen Cicitto folgen seine Frau Laura, in der Küche, und Tochter Simona, im Saal, dieser Linie.

DIE KÜCHE – Zwei Möglichkeiten stehen zur Auswahl: Antipasto und drei Kostproben von Primi für 30 € oder ein vollständiges Menü mit zusätzlichen Secondi für 38 €. Der Antipasto besteht aus Crostino mit frittiertem Käse, Gemüse im Backteig, frischer Ricotta und einer Auswahl an Käse aus der Umgebung, darunter ein deliziöser **Erborinato di capra** (Schimmelkäse aus Ziegenmilch) aus Scanno. Normalerweise finden Sie im Sommer im Dreiervorschlag der Primi **Orapi** (wilder Bergspinat) ***cac' e ove***, Ravioli allo zafferano und ***Sagne 'ncannulate*** (gezwirbelte Stücke von Pasta mit Ei) mit Gemüse. Im Winter kommen Suppen mit Hülsenfrüchten, Lasagne in Fleischbrühe sowie Gnocchi con pomodoro, zafferano e ricotta zu ihrem Recht. Gutes Fleisch vom **Lamm** wird über der Holzkohlenglut oder im Ofen gebraten, es schmeckt noch besser mit den unnachahmlichen **Patate maritate**, einer legendären, doch neu interpretierten Beilage, bei der die Kartoffeln im Ofen mit hartem Brot, Safran, Pecorino und Parmesan „verheiratet" werden. Torten, Semifreddi und Tiramisu sind Lauras Spezialitäten. Aufs Wesentliche beschränkte Weinkarte.

In der Altstadt (Via Chiesa 83) bietet La Bottega del Formaggio eine Bandbreite an unterschiedlich gereiftem Käse und einen täglich erhältlichen, traditionell erzeugten Joghurt.

PICCIANO (PE)

24 KM WESTLICH V. PESCARA, S.S. 16 BIS U. S.S. 151

Font'Artana

Trattoria
Piazza Duca degli Abruzzi, 8
Tel. (+39) 085 / 828 54 51
Ruhetag: Dienstag
Ferien: unterschiedlich
40 Plätze + 15 Plätze im Freien
Preise: 30–32 €
Kreditkarten: AE, CS, MC, Visa; BM
Abends geöffnet, Feiertage auch mittags

Die Art, in der Antonio und Cristina sich ihrer Gäste annehmen, erinnert an die Schlichtheit früherer Zeiten.

DIE OSTERIA – Die sorgfältige Auswahl der saisonalen Zutaten und die tiefe Verwurzelung in der Umgebung sind die besonderen Merkmale dieser schönen Trattoria im Keller eines alten Hauses im Zentrum der Stadt. Gewölbebögen, unverputzte Ziegelwände und ein Garten, in dem man im Sommer essen kann, sind die äußerlichen Verbindungspunkte mit dem Typischen des Ortes, für die auch die Gastlichkeit von Antonio Di Giovacchino (er pendelt zwischen Herd und Service) steht. In der Küche arbeiten seine Frau Cristina, die beiden Kinder Filippo und Saverio sowie Großmutter Concetta, das lebende Gedächtnis der Rezepte des Font'Artana. Die Gerichte auf der Speisekarte wechseln häufig, sie erzählen von der Tradition des Landesinneren.

DIE KÜCHE – Der klassische Antipasto mit Käse und Salumi kann um fünf warme Gerichte erweitert werden, zum Beispiel Borretsch im Backteig, Crostatina di zucca gialla und Tortino di bietola con pancetta (Mangoldtörtchen), dazu heiße ***Pizz'onta*** und hausgemachtes Brot. Auch die frische Pasta ist hausgemacht, besonders empfehlenswert sind **Strapizzoni verdi con formaggio caprino e mandorle**, Ravioloni con scarola e carciofi und **Pasta allo sparone** (ein Festtagsgericht der Abruzzen) mit gemischtem Gemüse (10 €). Bei den Secondi gibt es immer Fleisch vom Lamm oder Schwein. Probieren Sie auch die schmackhaften **Bocconcini di vitello con passata di fagioli tondini del Tavo e peperone fritto** (12 €) oder Tagliata di vitello ai cachi (mit Kakifrüchten). Süßer Abschluss mit Lattarola oder traditioneller **Pizza dolce** (3 €). Auch wenn der Keller in der kleinen Grotte am Eingang weniger gut bestückt ist als früher, können Sie auf die besten Etiketten der Abruzzen zählen.

PINETO (TE)
Mutignano

48 km südöstlich von Teramo, S.S. 16 od. A 14

Bacucco d'Oro

Trattoria
Via del Pozzo, 8
Tel. (+39) 085 / 93 62 27
Ruhetag: Mittwoch, außer im Sommer
Ferien: zeitweise im November
30 Plätze + 100 Plätze im Freien
Preise: 28–32 €
Kreditkarten: CS, MC, Visa; BM
Mittags und abends geöffnet

DIE OSTERIA – Mutignano, einen kleinen, auf dem Hügel gelegenen Ortsteil von Pineto, erreichen Sie über eine von der Staatsstraße Adriatica abzweigende Panoramastraße. Das Lokal ist einfach, bäuerlich eingerichtet, doch der Ausblick, den Sie vor allem im Sommer von der Terrasse aus genießen können, ist bezaubernd. Von Anfang an behandelt man Sie mit Sinn für wahre Gastfreundschaft und es ist nicht schwer, sich hier sofort wohlzufühlen. Francesco Santarelli ist ein unfehlbarer, beredter Gastgeber, der die Gäste unaufdringlich bei der Auswahl der Speisen berät. Mutter Isolinas Küche könnte nicht traditioneller sein, sie ist vom unverwechselbaren Geschmack der ausgezeichneten lokalen Grundzutaten geprägt.

DIE KÜCHE – Guter Beginn mit verschiedenem **Pecorino und Caprino aus der Umgebung von Teramo** (8 €) und warmen Antipasti mit Omelett, Dinkelkroketten, Auberginenbällchen sowie Auflauf aus wildem Zichoriengemüse (8 €). Von den Primi empfehlen wir ***Voleghe attrucinite***, von Hand gemachte Pasta mit Ei und Mehl, serviert mit Orapi (wildem Spinat) und gereifter Ricotta (8 €), Tagliatelle mit frischen Steinpilzen (10 €) sowie **Pecorara**, frische ringförmige Pasta mit Tomaten, Paprikaschoten und frittierten Auberginen, bestreut mit frischer Ricotta. Als Secondi standen bei unserem Besuch Capretto al forno con patate (12 €), Agnello alla brace (9 €), **Spezzatino di coniglio** (Ragout vom Kaninchen) und Baccalà arrosto con i peperoni zur Auswahl. Als Beilage gibt es stets gegrilltes oder in der Pfanne gewürztes Gemüse aus dem Garten der Familie. Gute hausgemachte Dolci wie klassisches Tiramisu und Spuma di torrone. Der Keller bietet ein zufriedenstellendes Sortiment an Weinen aus den Abruzzen und gute traditionell erzeugte Liköre.

POGGIO PICENZE (AQ)

15 km südöstlich von L'Aquila, S.S. 17

Paneolio

Restaurant
Via Umberto I, 89–91
Tel. (+39) 0862 / 801 01,
(+39) 347 / 401 47 65
Ruhetag: Dienstag
Keine Ferien
50 Plätze
Preise: 25–30 €
Kreditkarten: CS, DC, MC, Visa; BM
Mittags und abends geöffnet

DIE OSTERIA – Das moderne Äußere des eleganten, gepflegten Lokals verrät noch nichts von der langjährigen Erfahrung in der traditionellen Gastronomie, die der junge Koch Eugenio Masci bei seiner Familie begonnen und an der Seite des Sternekochs William Zonfa in L'Aquila verfeinert hat. Die je nach Jahreszeit unterschiedliche Speisekarte verrät kulinarische Kreativität, Aufmerksamkeit bei der Auswahl der (nicht nur) lokalen Zutaten und gute Ideen.

DIE KÜCHE – Der Antipasto Paneolio (15 €) ist eine durchdachte Komposition von Käse und Salumi aus der Gegend mit weiteren kalten und warmen kleinen Gerichten, doch man kann auch den originellen Ricordo di pomodoro (8 €) mit Büffelmozzarella, Tomatensauce mit Confit von Oliven und Basilikum wählen oder ein Zwischengericht wie **Zuppa di lenticchie di Santo Stefano di Sessanio** (8 €) mit Salsiccia, Kichererbsen und Esskastanien. Ausgewogene Geschmackskombinationen sowohl bei Tagliatelle nere con ragù di anatra e limone candito (9 €) als auch bei Chitarrina con blu della Lessinia e porro croccante (8,50 €). Das stets vorhandene Lammfleisch genießt man in Form von **Costina affumicata al carpino con patate e pomodorino grigliato** (über Hainbuchenholz geräuchertem Rippenstück, 14 €), das frei lebend aufgezogene Hähnchen wird mit Melisse gewürzt, während Baccalà mit roten Beeren, Kichererbsencreme, Paprikaschoten und knuspriger Polenta serviert wird. Süßer Abschluss mit **Zuppetta di crema allo zafferano dell'Aquila** con cialda di mandorle e gelato fiordilatte (4,50 €). Die Weine stammen vor allem aus den Abruzzen, einige Ausnahmen aus dem übrigen Italien.

Im Ortsteil San Gregorio di L'Aquila (4 km), Via della Riga 1, sichtbar von der S.S. 17, werden in der traditionellen Bäckerei Agriforno La Spiga Brot aus Sauerteig und Kekse, auch aus lokalem Getreide, gebacken.

23 KM SÜDÖSTL. V. L'AQUILA, S.S. 261 UND S.S. 17

Il Borgo dei Fumari

Restaurant • Via 25 Aprile, 14
Tel. (+39) 08 62 / 93 14 56,
(+39) 347 / 271 85 89
Ruhetag: Sonntagabend, Montag- und Dienstagmittag
Ferien: 10 Tage im Oktober, 1 Woche im Juli/August
50 Plätze + 20 Plätze im Freien
Preise: 35–38 € • Kreditk.: CS, MC, Visa; BM
Mittags und abends geöffnet

DIE OSTERIA – Um sein zehnjähriges Jubiläum zu feiern und nachdem er genau gegenüber seinem Restaurant die Cantina del Beccofino für Verkostungen eröffnet hat, möchte Lino Guarascio weitere Immobilien erstehen, um seinen beeindruckenden Betrieb zu erweitern. Ausgangspunkt war das Haus seines Vaters, erbaut im 16. Jahrhundert, zu dem weitere kleine Steinhäuser, die auf verschiedenen Ebenen miteinander verbunden sind, kamen. Momentan gibt es sechs Speisesäle mit jahrhundertealten Kaminen und einer schönen Terrasse. Stolz und Leidenschaft sprechen aus ihm, wenn Lino erzählt: von seinem Traum (seiner Verrücktheit, wie er sagt), den gesamten Ort wiederzubeleben, und von dem, was bereits geschehen ist. Voll des Lobes ist er für die Arbeit seiner Mitarbeiterinnen Ibraferide und Anna Rita in der Küche und Marilena im Service, die Ihnen die Tagesgerichte vorträgt (eine geschriebene Speisekarte gibt es nicht).

DIE KÜCHE – Aus der einsehbaren Küche kommt der Antipasto della casa, bestehend aus Salumi und Käse, **Suppen mit Hülsenfrüchten** und Aufläufen, dazu Pizza fritta – ein guter Beginn, der auf die schmackhaften Primi einstimmt: **Gnocchi di patate di Prata con guanciale e ricotta semistagionata** (10 €), **Maltagliati con melanzane, tartufo e friggitelli** oder Chitarrina con zucchine, zafferano e pancetta (11 €). Es folgen **Agnello alle erbe in padella** (16 €) oder Straccetti con timo e tartufo (17 €). Sehr gut schmeckt das hausgemachte Eis, neben dem unerreichten **Tortino con grana, pere e zafferano** (5 €). Gute Weinkarte mit überwiegend lokalen Produkten.

In **Barisciano** (7 km), Via Provinciale 61, wird im Betrieb Matergia Dinkel angebaut (und zu Mehl, Grütze und Grieß verarbeitet), des Weiteren Gerste, Kichererbsen, Platterbsen, Linsen aus Santo Stefano di Sessanio, Safran aus L'Aquila und Kartoffeln.

96 KM SÖ. V. L'AQUILA, 32 KM SÖ. V. SULMONA, S.S. 17

Da Giocondo

Trattoria
Via del Suffragio, 2
Tel. (+39) 08 64 / 691 23
Ruhetag: Dienstag, außer in der Hochsaison
Ferien: unterschiedlich
40 Plätze
Preise: 25–30 €
Kreditkarten: CS, DC, MC, Visa; BM
Mittags und abends geöffnet

DIE OSTERIA – Die Gebirgstradition der Abruzzen und die Einigkeit der Familie, die sich seit Jahrzehnten der Gastronomie widmet, prägen dieses Lokal. Es ist ein sicherer Zufluchtsort für alle, die nach einem Spaziergang oder nach dem Skifahren Lust auf eine unverfälschte, großzügige Küche haben. Die Trattoria ist klein, gemütlich, rustikal und zur Freude der zahlreichen Stammgäste über die Jahre hinweg unverändert geblieben. Wir empfehlen zu reservieren, vor allem während der Ferien und am Wochenende.

DIE KÜCHE – Im Antipasto misto (12 €) sind Salumi aus Wildschwein, Schwein und Schaf vorgesehen, Käse und Ricotta aus Schafmilch und Caciocavallo aus Kuhmilch, dazu hausgemachtes, in Essig eingelegtes Gemüse. Hausgemacht ist auch die Pasta: **Cordicelle con pancetta, salsiccia, pecorino e prosciutto** (10 €), Tagliatelle alla morronese con ragù bianco di tre carni (Sauce von Kalb, Lamm und Schwein, ohne Tomaten) mit Paprikaschoten und Zichorien, Gnocchi con il tartufo nero, Pappardelle ai porcini con aglio, olio e peperoncino oder **Cazzarielli e fagioli** (10 €), die typischste aller Suppen der Abruzzen, Pasta und Bohnen, dazu Brokkoli und Zichorien. Anschließend Stücke vom Rind oder **Lamm** (15 €) sowie Salsiccia und Scamorza (10 €) **alla brace**. Beilagen sind Patate arrosto und in der Pfanne gewürztes Gemüse. Leckerer Abschluss mit den Dolci des Hauses (4 €): Torta con noci e crema inglese, Crema di tiramisù sowie Scardellate, frittierte Teigkringel mit Kartoffeln, Zimt und Zucker, die mit Honig serviert werden. Schöne Auswahl aus den besten Etiketten der Abruzzen und dem übrigen Italien sowie traditionell gebrautes Bier.

Ein paar Schritte weiter verkaufen dieselben Inhaber im Laden Enogiò Wein und lokale Spezialitäten wie Käse, Salumi, Safran, Honig und Konfitüren.

25 KM NORDWESTLICH VON L'AQUILA, S.S. 5 BIS

NEU Il Caminetto

Traditionelle Trattoria
Via Duca degli Abruzzi, 9
Tel. (+39) 08 62 / 91 81 13
Ruhetag: Mittwoch
Keine Ferien
50 Plätze + 15 Plätze im Freien
Preise: 30 €
Mittags und abends geöffnet
Kreditkarten: AE, CS, MC, Visa; BM

DIE OSTERIA – Der scheue, zurückhaltende Pio Di Stefano ist nicht nur Wirt, er ist auch Dichter (viele seiner Gedichte hängen an den Wänden des Lokals) und ein Stück Geschichte dieses wunderbaren Ortes, dem höchstgelegenen im Apennin. Seit Jahrzehnten ist das Il Caminetto ein angenehmer Halt für alle, die die Hochebene Altopiano delle Rocche überqueren, im Sommer genießt man von der Terrasse aus einen herrlichen Rundblick bis zum Gran Sasso. Schon beim Betreten der Trattoria beeindrucken die Sorgfalt in allen Details und das erfreulich schlichte und familiäre Ambiente. Die Küche unter der Leitung von Pios Frau Anna bietet Gerichte mit bäuerlichem, bodenständigem Geschmack, die mit passenden Weinen aus der Region kombiniert werden.

DIE KÜCHE – Bei den Antipasti sollten Sie sich **Peschette sott'olio al tartufo con pecorino** (unreife eingelegte und mit Trüffel aromatisierte Pfirsiche, serviert mit Schafkäse, 8 €) nicht entgehen lassen, von den Primi empfehlen wir **Chitarra del pastore** (8 €) mit Ricotta, Guanciale, Peperoncino und Zimt sowie **Zuppa di ceci e castagne** (9 €), eine Suppe mit Kichererbsen und Esskastanien, die seit Jahren im Winter die Skifahrer von den nahen Pisten von Campo Felice wärmt. Die Secondi orientieren sich an den legendären Rezepten der Umgebung, so zum Beispiel **Costolette di agnello panate** und **Arrosticini** (8 €), ein Verweis auf das Fest ***Ijju Cerijje***, eine von Pro Loco seit 17 Jahren Mitte August organisierte Veranstaltung zu Ehren des Schaffleischs, das auf der Glut des für die Gegend typischen Zerreichenholzes gebraten wird. Gute Löffeldesserts wie Fagottino con crema e fragole. Im Caminetto darf allerdings kein Essen ohne eine Kostprobe von den „Verdauungszuckern" enden, die Pio mit Likör aus Wacholderbeeren, Enzian, Safran oder anderen lokalen Zutaten aromatisiert.

77 KM SÜDLICH VON CHIETI, S.S. 81 UND S.S. 652

Lo Scamorzaro

Agriturismo
Ortsteil Fonte Ginepri, 4
Tel. (+39) 08 72 / 94 84 41,
(+39) 340 / 071 07 73, (+39) 333 / 182 59 05
Ruhetag: Mittwoch
Keine Ferien
50 Plätze + 20 Plätze im Freien
Preise: 25 €
Kreditkarten: AE, CS, MC, Visa; BM
Mittags und abends geöffnet

DIE OSTERIA – Obwohl der Agriturismo gern von einer lebhaften Gästeschar besucht wird, vor allem an Wochenenden und im Sommer, bewahrt er alles in allem die unverfälschten Charakterzüge seines Ursprungs, nämlich der Weide- und Viehwirtschaft (und wenn sie noch vorrätig sind, können Sie auch Käse und Salumi aus eigener Erzeugung einkaufen). Das Team ist ausschließlich weiblich mit Signora Dina und ihrer Tochter Carmela in der Küche und der zweiten Tochter Concetta sowie Schwägerin Pina im Service. Die Räumlichkeiten sind schlicht (störend ist nur der Großbildfernseher), der Service ist einfach und ungezwungen, die Portionen sind immer üppig.

DIE KÜCHE – Das kulinarische Angebot ist an die Tradition gebunden, den roten Faden liefern die Produkte der eigenen Landwirtschaft, beginnend beim klassischen und reichhaltigen Antipasto (10 €) mit Salumi, Ricotta und Käse, Pizza di ***randinije*** (Mais), **Pizza con i cicoli** (Grieben), **Pallotte *cac' e ova***, Coratella di agnello, pikanten Torten, Wirsing und Kartoffeln sowie scharf gewürztem gegrillten Gemüse. Anschließend hausgemachte Gnocchi oder Pasta mit Saucen von gemischtem Fleisch oder nur von Lammfleisch, **Ravioli ripieni di ricotta ed erbette** (7 €), ***Sagnette*** mit Kichererbsen oder Bohnen, Fettuccine con salsiccia e funghi porcini und im Winter Zuppa alla santè, einer Hühnerbrühe mit Fleischbällchen, Käse und geröstetem Brot. Danach kommt das Fleisch aus dem eigenen Betrieb, überwiegend alla brace gegart, von Koteletts vom Schwein bis Rippenstücken vom Lamm und Salsiccia aus Fleisch und Leber. Als Alternative der immer köstliche gebratene Käse **Scamorza arrosto**. Einfache, leckere Dolci (2 €) wie Apfel- oder Birnentorte und Crostata. Zu trinken gibt es einen offenen Rotwein, den man schnell wieder vergisst.

ROSETO DEGLI ABRUZZI (TE)

32 KM ÖSTLICH VON TERAMO, S.S. 81 UND S.S. 150

Vecchia Marina

Restaurant
Lungomare Trento, 37
Tel. (+39) 085 / 893 11 70
Ruhetag: Sonntagabend, Montag
Ferien: unterschiedlich
45 Plätze + 60 Plätze im Freien
Preise: 45–50 € €↑
Kreditkarten: AE, CS, MC, Visa; BM
Mittags und abends geöffnet

Drei Worte beschreiben Gastlichkeit und Küche dieses Lokals: dezentes Auftreten, Geschmack und Tradition.

DIE OSTERIA – Es ist kein Zufall, dass dieses Lokal bei vielen Gästen als eines der besten Fischrestaurants an der Adriaküste gilt. Denn ein Besuch bei Gennaro und Loredana D'Ignazio (in der Küche) und Giovanni Parnanzone (im Saal) hinterlässt einen unauslöschlichen Eindruck. Dank der Erfahrung bei der Auswahl der Zutaten und der engen Verbindung mit den lokalen Fischern kommen Sie in den Genuss einer unverfälschten, großzügigen Küche, die doch behutsam im Bereich der Kombinationen agiert. Das Lokal ist schlicht und verfügt über eine helle Veranda mit Blick auf den Garten, in dem man im Sommer angenehm sitzt.

DIE KÜCHE – Die Auswahl Vecchia Marina (32 €), ein Dutzend roher, kalter, marinierter und warmer kleiner Gerichte, kann bereits als vollständiges Menü gelten: **Gallinella all'arancia** (Filet vom Knurrhahn) und Triglia al pomodoro fresco (Filets von Seebarben), außerdem gefüllte, frittierte Oliven, **Merluzzo panato**, Cozze e lanzardo al vapore (gedämpfte Miesmuscheln und Thunmakrele) und Scampi al rosmarino. Ein kleinerer Antipasto lässt Platz für die unverzichtbaren **Tagliolini** (12 €), von Hand aus Wasser und grobem lokalen Mehl gemacht, serviert **mit Tintenfischen, Venusmuscheln und Scampi**. Danach Frittura (14 €), Arrosto (20 €) oder **Guazzetto alla rosetana** (25 €) neben Knochenfischen aus dem Ofen. Dem Dessert gilt ebenso viel Aufmerksamkeit wie den anderen Gängen: Sorbetto all'arancia (4 €) und Tiramisù destrutturato. Die Rechnung könnte höher ausfallen als oben angegeben. Es gibt ein Degustationsmenü für mindestens zwei Personen (43 €). Die Weinkarte ist klug zusammengestellt, für jeden Geschmack und jedes Portemonnaie, und natürlich auf (auch internationale) Weißweine konzentriert.

SAN SALVO (CH)
San Salvo Marina

91 KM SÜDÖSTLICH VON CHIETI, 11 KM VON VASTO

Marina

Restaurant
Via Pigafetta, 21/S.S. 16/ Piazzale Agip
Tel. (+39) 08 73 / 80 31 42,
(+39) 338 / 817 05 42
Ruhetag: Montagabend, Sonntag
Ferien: 1 Woche im September, erste Januarwoche
50 Plätze • Preise: 30–38 €
Kreditkarten: AE, CS, MC, Visa; BM
Mittags und abends geöffnet

DIE OSTERIA – Unter den vielen Fischlokalen an der Küste hebt sich das Restaurant, das Familie Raspa seit über zwei Jahrzehnten betreibt, durch seine Schlichtheit, das leidenschaftliche Engagement der Inhaber und die Aufmerksamkeit für den Gast ab. Michele ist die Seele des Speisesaals, er betreut diesen gemeinsam mit seinem Vater Gennaro, dem lebenden Gedächtnis der Meerestradition von San Salvo, der trotz seines Alters und der Mühen des täglichen, persönlich getätigten Einkaufs immer bereit ist, sich nützlich zu machen. In der Küche stehen die Damen des Hauses, Micheles Frau Patrizia und seine Schwester Vanna, sehr sensibel verarbeiten sie die Zutaten.

DIE KÜCHE – Versäumen Sie im Sommer nicht **Salvanella** (9 €), ein Gericht mit hartem gerösteten Brot, Caparroni (Stachelschnecken), Venusmuscheln, Miesmuscheln, kleinen Tintenfischen und Sardellen (7 €), außerdem gibt es Alici al tegamino oder Pizzaiola (6 €). Anschließend Lingue di passero con alici fresche e capperi (flache Nudeln mit frischen Sardellen und Kapern, 10 €) oder hausgemachte Pasta (12 €), von denen **Gnocchetti di patate con puntatori** (kleinen Kalmaren) und **Fusilli con sugo di ricciola e olive** besonders empfehlenswert sind. Die Auswahl bei den Secondi könnte die Rechnung höher ausfallen lassen: **Acquapazza Caravaggio** (ein Tryptichon mit Hummer, Seeteufel und Kalmar, 18 €) und Fisch alla brace (10 €), oder aber Sie entscheiden sich für die klassische Frittura di paranza oder **Brodetto alla vastese** (27 €) als Hauptgericht. Ausgezeichnete Pizza dolce zum Abschluss. Sehr gut bestückter Keller, nicht nur mit Etiketten aus den Abruzzen.

Im Ortsteil Marinelle finden Sie in der Salumeria Bontà di Fiore an der S.S. 16, Nummer 597, unter verschiedenen typischen Produkten aus den Abruzzen auch Ventricina vastese (Slow-Food-Presidio).

91 KM SÜDÖSTLICH V. CHIETI, S.S. 16, 11 KM V. VASTO

Osteria delle Spezie

Moderne Osteria
Corso Garibaldi, 44
Tel. (+39) 08 73 / 34 16 02
Ruhetag: Mittwoch, Sonntagabend
Ferien: unterschiedlich
35 Plätze
Preise: 32–35 €
Kreditkarten: AE, CS, DC, MC, Visa; BM
Mittags und abends geöffnet

DIE OSTERIA – Giancarlo Cilli betreibt seit über 20 Jahren diese kleine Osteria im oberen Teil der Stadt. Auch wenn er Ihnen eingangs menschenscheu scheinen mag, der Patron kann zu einer unerschöpflichen Quelle von Erzählungen werden, wenn er aufgefordert wird, die Rezepte und Zutaten zu beschreiben, die er immer schon mit größter Sorgfalt bei den besten Erzeugern der Abruzzen und des nahen Molise auswählt. Am Herd steht seine Frau Giulia, sie interpretiert mit modernen Ideen eine Küche mit bäuerlichen Wurzeln. Von dem ausgezeichneten Ergebnis kann man sich unter anderem bei der von Hand gemachten Pasta und bei den Desserts überzeugen.

DIE KÜCHE – Es empfiehlt sich, mit dem reichhaltigen Antipasto dell'Osteria (10 €) zu beginnen, einer Verkostung von Salumi und Käse, frisch und gereift, und einem warmen Gemüsegericht, das von Saison zu Saison unterschiedlich ist. Köstlich ist die Wurst **Ventricina vastese** aus eigener Erzeugung. Fortsetzung mit **Chitarrina del tratturo con cicorietta di campo, ricotta e caciocavallo** (10 €) oder den delikaten Raviolini, gefüllt mit Ricotta und Ziegenkäse (10 €). Große Auswahl an Fleisch aus Zuchtbetrieben im Landesinneren, wir haben **Filetto di manzo al mosto cotto** (15 €) probiert. Als fleischlose Alternative können Sie **Scamorza molisana alla fiamma con verdure** (geschmolzener Käse mit Gemüse, 12 €) bestellen. Jeden Tag gibt es neue Süßspeisen auf der Karte, doch auf **Cioccolatini fondenti al peperoncino** können Sie sich immer verlassen. Im Sommer wird ein Degustationsmenü für 22 € angeboten. Zufriedenstellende Karte mit Etiketten aus den Abruzzen und dem Molise.

39 KM SÜDÖSTLICH VON CHIETI, A 14 UND S.S. 16

Essenza

Moderne Osteria
Largo Olivieri, 3
Tel. (+39) 08 72 / 612 13
Ruhetag: Sonntagabend, Montag
Ferien: 2 Wochen im November,
1 Woche im Januar
40 Plätze + 20 Plätze im Freien
Preise: 35–38 €
Kreditkarten: AE, CS, MC, Visa; BM
Mittags und abends geöffnet

DIE OSTERIA – Ein modernes Lokal mit schöner Einrichtung und gepflegtem Service, in strategisch günstiger Lage im Herzen der Costa dei Trabocchi, mit einer Terrasse, von der Sie im Sommer einen schönen Panoramablick über das Meer und die Mole von San Vito Chietino genießen können. Zu all dem kommt noch die delikate Küche von Francesco D'Angelo, die von traditionellen Speisen bis zu kreativeren Gerichten reicht, sowie die Aufmerksamkeit für die Details und die Gastlichkeit von Filippo De Santis. Man kann also verstehen, wieso dieses Restaurant oft voll ist, vor allem am Wochenende.

DIE KÜCHE – Wählen Sie zu Beginn zwischen **Zuppa di lenticchie con scampi e calamari**, Millefoglie di pesce spada con carciofi allo scalogno (Tausendblätterteig mit Schwertfisch und Artischocken) oder **Polpo verace con maionese alla cipolla rossa e finocchi**. Bei den Primi (10 €) haben wir uns für zwei Kostproben entschieden, nämlich für Spaghetti con alici, pangrattato e scorza d'arancia und das legendäre Gericht der Familie De Santis: Tacconcini alla (nonno) Filippo in brodo di pesce. Die Secondi sind vom Fischfang und der Saison abhängig, doch unter den Tagesangeboten finden Sie immer die leichte **Frittura di paranza** (12 €) sowie **Arrosto misto di pesci sfilettati** (16 €), bevor Sie das Essen mit einem frisch zubereiteten Tiramisu (6 €) oder mit Carpaccio di ananas marinato e gelato al limone ausklingen lassen. Reichhaltige, gut bestückte Weinkarte mit den besten Etiketten aus den Abruzzen und anderen Regionen Italiens, Ergebnis einer klug getroffenen Auswahl. Ebenso verfügbar ist ein Sortiment an hochprozentigen Getränken und Cocktails, im Besonderen Gin Tonic, der als Digestif bestellt werden kann.

SAN VITO CHIETINO (CH)
Sant'Apollinare

39 km südöstlich von Chieti, A 14 und S.S. 16

La Valletta

Trattoria
Largo Colle Fonte, 30
Tel. (+39) 08 72 / 585 87,
(+39) 380 / 306 47 41
Ruhetag: Dienstag
Ferien: Januar/Februar
100 Plätze
Preise: 25–30 €
Kreditkarten: AE, CS, DC, MC, Visa; BM
Abends geöffnet, Sonntag auch mittags

DIE OSTERIA – Der Name der kleinen Trattoria in Sant'Apollinare, einem hoch auf dem Hügel gelegenen Ortsteil von San Vito Chietino, spielt auf das Tal an, das sich unterhalb ausbreitet. Nur einige Kehren trennen den Ort von der herrlichen Costa dei Trabocchi und dem Meer, doch es ist die von Wein- und Olivenpflanzungen geprägte Landschaft, die die Küche von Signora Anna inspiriert.

DIE KÜCHE – Das kulinarische Angebot wird von ihrem Sohn Carlo mündlich vorgestellt, es wechselt im Lauf des Jahres, doch einige Klassiker sind immer vorhanden. Für gewöhnlich können Sie ein Degustationsmenü mit drei Gängen für 25 € wählen, bestehend aus **Pallotte *cac' e ove***, einem Primo mit hausgemachter Pasta, einem Secondo mit Fleisch, leckeren Kartoffeln, die langsam im Kamin gegart werden, knusprigen Bruschette und Salat. Bei unserem Besuch durften wir die unverzichtbaren **Rentrocele** – Maccheroni aus einem Teig aus Mehl und Wasser, der zum Trocknen ausgebreitet und dann mit einem gezackten Nudelholz geschnitten wird – kennenlernen, gefolgt von einem überaus zarten **Coniglio al coppo**, einer weiteren Spezialität des Lokals, im Kamin geschmortes Kaninchen. Lassen Sie sich ruhig auch von ***Sagne*** e fagioli (7 €) verführen, von Zuppa di baccalà aus dem Tontopf (10 €) oder von der klassischen Grigliata di carne. Neben dem angenehmen Hauswein gibt es einige Etiketten aus den Abruzzen. Kleines Süßgebäck rundet das Essen ab.

In **San Vito Marina** (5 km) können Sie bei L'Arte del Pane (Via San Rocco 232 und Via Sauro 31) Sauerteigbrot kaufen. An der Staatsstraße 16 Adriatica gibt es auf Nummer 10 gutes Eis bei Copa de Dora.

SANT'OMERO (TE)

25 km nordöstlich von Teramo

La Piazzetta

Restaurant
Via alla Salara, 9
Tel. (+39) 08 61 / 885 30
Ruhetag: Sonntag
Ferien: 2 Wochen im August
35 Plätze + 20 Plätze im Freien
Preise: 30–35 €
Kreditkarten: CS, DC, MC, Visa; BM
Mittags und abends geöffnet

DIE OSTERIA – Wenn Sie Baccalà lieben und mit Freunden zusammen essen gehen wollen, die Fleisch bevorzugen, ist das La Piazzetta die richtige Adresse für Sie. Hier gibt es sowohl ein Menü, das sich ausschließlich dem gesalzenen Kabeljau widmet, als auch einige der bedeutendsten Traditionsgerichte der Provinz Teramo. Das gegenüber dem städtischen Krankenhaus gelegene Lokal vereint von jeher zwei verschiedene Zielrichtungen miteinander: Mittags wird nur an den wenigen Tischen im kleinen Speisesaal hinter dem Eingang in die Bar serviert, abends und am Wochenende in den größeren, gemütlich-rustikalen Räumlichkeiten auf zwei Ebenen. Dann kann Familie Cristofori ihre Passion voll und ganz ausleben.

DIE KÜCHE – Diese Passion gilt dem Baccalà, in dessen zahlreichen Varianten, klassisch wie kreativ, Signora Roberta Nepa im Laufe der Zeit zur Meisterin geworden ist. Den Beweis dafür liefern die geschmackliche Balance der **Gnocchi di patate al baccalà** (8 €), die wir bei den Primi probierten, und die Raffinesse des **Baccalà norvegese in umido** bei den Secondi (10 €). Leidenschaft für die Tradition hingegen verraten die **Ravioli di carne con guanciale e pecorino di Farindola** (8 €), die klassischen, aber keineswegs alltäglichen **Arrosticini** (0,90 € pro Stück), die Mazzarelle (Rouladen aus Lamminnereien) und die gelungene Capra alla neretese. Bei den Dolci angelangt, raten wir zu einer Kostprobe von **Sfogliatine alle mandorle con crema alla vaniglia** (4 €) und der unverzichtbaren Pizza dolce (abwechselnd mit Creme und Schokolade gefüllter Biskuitteig). Die Weinkarte ist gut gegliedert und gibt den Abruzzen sowie anderen Regionen Italiens ausreichend Raum, besonderes Augenmerk liegt auf biodynamisch erzeugten Weinen. Nico Cristofori wird Ihnen die zu den Speisen passenden Weine, im Übrigen zu einladenden Preisen, empfehlen.

SCHIAVI DI ABRUZZO (CH)

99 KM SÜDL. V. CHIETI, 58 KM V. VASTO, S.S. 650

Antica Trattoria Vittoria

Trattoria • Ortsteil Valloni, 5
Tel. (+39) 08 73 / 97 02 50,
(+39) 338 / 353 24 84
Ruhetag: Donnerstag
Keine Ferien
50 Plätze + 20 Plätze im Freien
Preise: 20–25 €
Kreditkarten: CS, MC, Visa; BM
Mittags und abends geöffnet, im Winter Montag–Mittwoch nur gegen Vorbestellung

DIE OSTERIA – Es ist nicht einfach, diese historische Osteria zu finden, doch wenn Sie auf der Suche nach unverfälschter, authentischer Küche sind, sollten Sie von den großen Straßen abzweigen – Sie werden es nicht bereuen. Fünf Kilometer hinter Schiavi d'Abruzzo in Richtung Auffahrt auf die Regionalstraße von Guardiabruna nach Castiglione Messer Marino, empfängt Sie Vittorio Di Carlo. Mit Passion und Hingabe führt er die von seinem Großvater 1929 eröffnete Trattoria. Erwarten Sie keine geschriebene Speisekarte, Vittorio selbst schildert Ihnen detailgenau die Tagesgerichte, die von der typischen Küche dieses südlichsten Winkels im Berggebiet der Abruzzen inspiriert sind.

DIE KÜCHE – Der Antipasto (9 €) ist reich mit tadellos ausgewähltem Käse und lokalen Salumi bestückt. Von den Letzteren verdient die köstliche, leicht scharfe **Ventricina vastese**, die Familie Di Carlo selbst erzeugt, eine besondere Erwähnung. Wir finden die Wurst auch als Zutat des Ragù wieder, mit dem Gnocchi di patate oder hausgemachte ***Sagne appezzate*** (7 €) serviert werden. Daneben gute Suppen mit Hülsenfrüchten (6 €) und Tagliolini in brodo (dünne Nudeln in Brühe). Verzichten Sie nicht auf einen weiteren Klassiker des Lokals, das wirklich schmackhafte Gericht **Pollo al mattone** (7 €), dessen Besonderheit darin liegt, dass ein Ziegel auf ein Hähnchen gelegt wird, um es gegen den Boden der Pfanne zu drücken. Als fleischlose Alternative **Pallotte *cac' e ova*** (Bällchen aus Käse und Ei, 4 €) sowie interessante Rezepte mit Baccalà, dazu Beilagen mit Zichorien und anderem Blattgemüse. Zum Abschluss hausgemachte Crostata, Panna cotta und Tiramisu (2 €). Im Keller lagern nur wenige Etiketten, doch es gibt einen guten offenen Hauswein.

SCURCOLA MARSICANA (AQ)

62 KM NORDWESTLICH VON L'AQUILA, S.S. 696

Antica Osteria Tiro a Segno

Restaurant
S.S. 5 „Tiburtina Valeria", km 112,00
Tel. (+39) 08 63 / 44 80 13
Ruhetag: Sonntag
Ferien: ersten 2 Augustwochen
45 Plätze + 25 Plätze im Freien
Preise: 28–30 €
Kreditkarten: CS, MC, Visa; BM
Mittags und abends geöffnet

DIE OSTERIA – Was für eine schöne Überraschung, diese kleine Oase für Feinschmecker zu finden, wie eine Fata Morgana in einem von anonymen Einkaufszentren geprägten Umfeld. Ein gemütliches kleines Lokal in diesem wenige Kilometer von Avezzano entfernten Städtchen, in einem ehemaligen Klub von Bogenschützen, der intelligent renoviert wurde. In diese ruhige, entspannte Atmosphäre fügen sich gut die Angebote einer kreativen Küche, immer neu und nie banal, dank der Arbeit von Rodolfo De Angelis und Stefano Rossi.

DIE KÜCHE – „Durchdachte" Gerichte, solide im Geschmack, zubereitet von Köchen, die dem Gast die außergewöhnliche Geschichte ihrer Umgebung in aktueller Gestaltung zu vermitteln vermögen. Einsatz und (viel!) Bescheidenheit, um das Beste der lokalen Gastronomie zu bieten, beginnend bei den Grundzutaten, die bei den hervorragenden, doch oft wenig bekannten Produzenten der Region ausgesucht werden. Das Angebot wechselt häufig, die Aufmerksamkeit liegt sehr zu Recht auf der Saisonalität. Eine außergewöhnliche Auswahl an Käse (9 €), verdientermaßen als „wertvoll" bezeichnet, zu Beginn. Dann viel Raum für gelungene Neuinterpretationen von großen Klassikern, doch auch darüber hinaus: Spaghetti aglio e olio (***oglio***, wie das Olivenöl in den Abruzzen genannt wird) mit sonnengetrockneten Tomaten und Sardellen, **Pappardelle di farro con cicoria di campo** (breite Nudeln aus Dinkelmehl mit Wildzichorien, 8 €) und Maccheroni cacio e pepe. Keine Experimente bei den Secondi: **Ossobuco di manzo in umido** (9 €), Agnello alla griglia oder die verführerische **Scamorza pere, miele e nocciole** (Käse mit Birnen, Honig und Haselnüssen, 7 €). Gut gemachte Dolci wie **Panna cotta allo zafferano di Navelli** (4 €) und einige anständige Etiketten aus den Abruzzen, die auch glasweise ausgeschenkt werden.

SPOLTORE (PE)
Villa Raspa

9,5 KM W. V. PESCARA, S.S. 16 BIS OD. RA 12 U. S.S. 16

La Corte

Moderne Osteria • Via Montani
Tel. (+39) 085 / 415 97 87,
(+39) 335 / 848 77 63
Ruhetag: Dienstag, im Winter auch Sonntagabend, im Sommer auch Sonntagmittag
Ferien: unterschiedlich
80 Plätze
Preise: 35–38 €
Kreditkarten: AE, CS, DC, MC, Visa; BM
Mittags und abends geöffnet
♿

Maurizio Della Valle hält das in der Speisekarte gegebene Versprechen einer regionalen Küche, unverfälscht und wiedererkennbar.

DIE OSTERIA – Das La Corte ist eine kleine friedliche Oase, ein paar Minuten vom Zentrum von Pescara entfernt, in einem alten Bauernhaus, dessen ursprüngliche Struktur aus Holz und Ziegeln bei der Renovierung freigelegt wurde, umgeben von einem großen Garten, in dem man im Sommer angenehm essen kann. Hier praktiziert der Koch und Patron Maurizio Della Valle eine den Ursprüngen des Ortes entsprechende Küche in zeitgemäßem Gewand. Im Speisesaal garantiert Antonio Savini mit seinen jungen Mitarbeitern einen immer präsenten und raschen Service.

DIE KÜCHE – Neben der Auswahl an lokalen Salumi oder Käse aus den Abruzzen und dem übrigen Italien (10 €) haben wir Omelett mit Jungzwiebeln und süßsauer eingelegten Paprikaschoten vorgefunden, **Fracchiata** di fave, cicoriette e baccalà (8 €) sowie Baccalà alla pizzaiola (12 €) als Alternativen zu Animelle di agnello con piselli (Lammbries mit Erbsen) und Endivien mit Burratakäse und Kürbisblüten (8 €). Die Primi (10 €) reichen von Maccheroni carrati con sugo di polpettine di pane e carne zu mit Schafmilchricotta gefüllten Ravioli mit Gemüse und Safran, von ***Tajarill e fasciul'*** tondini (mit Tondini-Bohnen) zu Pappardelle con cipollotto e menta. In der Pfanne schmoren Gallo al vino bianco e peperoni (13 €), **Capra alla piccianese** (15 €), Guancia di vitello al pomodoro (Kalbswangen in Tomatensauce) und **Costatine di maiale cif e ciaf** (13 €), während Lammfleisch, Ricotta incamiciata (mit Ricotta gefüllt) und Cosciotto di maialino alla brace gegart werden. Leckerer Abschluss mit Millefoglie con crema all'Aurum und Pralina di nocciola e ricotta con frutti di bosco (4 €). Schöne Weinauswahl mit Akzent auf den Abruzzen.

VASTO (CH)

75 KM SÜDÖSTLICH VON CHIETI, S.S. 16 ODER A 14

Cibo Matto

Restaurant
Via Crispi, 36
Tel. (+39) 08 73 / 37 06 25
Ruhetag: Dienstag
Ferien: je 1 Woche im November und Januar
40 Plätze
Preise: 30–35 €
Kreditkarten: AE, CS, MC, Visa; BM
Mittags und abends geöffnet

DIE OSTERIA – Jean Pierre Soria, der Sohn legendärer Gastwirte aus Vasto, ist ein enthusiastischer Koch. Das verraten seine Gerichte und auch die Energie, die im Speisesaal herrscht, wo seine Partnerin Tiziana, Mutter Anna Maria und der vertraute Mitarbeiter Marouan den Service betreuen. Die Räumlichkeiten sind im richtigen Maß modern gehalten und das gilt auch für die konkrete und originelle Küche, die ihrem Vorsatz, den lokalen Fisch aufzuwerten, stets treu bleibt. Vater Mario wurde der Titel des „Botschafters" des Brodetto alla vastese verliehen, doch dieser ist nur eine der Spezialitäten des Lokals.

DIE KÜCHE – Der Brodetto wird im Tontopf serviert und enthält über zehn verschiedene Fischsorten – mit dem übrig gebliebenen Süppchen kann man gerne ein wenig Pasta würzen. Er wird als Hauptgericht gegessen oder nach einem Antipasto, einer oder aller vier Kostproben von kalten Gerichten (8 €) wie Thunfischtatar mit Gemüse, exzellente **Insalata di polpo** locale **con fagiolini e patate**, Battuto di sgombro (gehackte Makrele mit Kräutern und Zitrusfrüchten) und perfekt zubereiteten Alici in *saor* con una cipolla di Tropea. Es gibt auch vier warme Kostproben (12 €) und Primi wie die klassischen **Spaghetti con le vongole** (12 €), Tortellone di rape rosse ripieno di asparagi e crostacei allo zafferano (15 €) und Spaghetti al nero di seppia, con seppia e ortaggi. Neben dem berühmten **Brodetto** (35 €) bekommen Sie ein Stück vom Tagesfisch, in der Pfanne mit Kräutern und Kartoffeln gegart, oder die preislich höher angesiedelte Catalana di crostacei. Bei den Desserts (6 €) bestechen vor allem Millefoglie con frutti di bosco und Mousse di lamponi e menta. Auf der Weinkarte stehen viele gute Etiketten aus den Abruzzen, dem übrigen Italien und aus Frankreich, eine Hommage an das Land von Jean Pierres Mutter. Degustationsmenü für 35 €.

75 KM SÜDÖSTLICH VON CHIETI, S.S. 16 ODER A 14

Da Ferri

Trattoria
Via Osca, 58
Tel. (+39) 08 73 / 31 03 20,
(+39) 334 / 120 30 17
Ruhetag: Sonntagabend, Montag
Ferien: unterschiedlich
80 Plätze + 30 Plätze im Freien
Preise: 38–40 € €↑
Kreditkarten: CS, MC, Visa; BM
Mittags und abends geöffnet

DIE OSTERIA – Das Meer können Sie sehen, in Wirklichkeit und auf dem Teller, in diesem historischen Lokal, das auf den Handelshafen von Vasto geht, ganz in der Nähe des Naturschutzgebiets Punta Aderci. Die Trattoria entstand in den 1950er-Jahren, als der Landeplatz Punta Penna eröffnet wurde, seit über vier Jahrzehnten wird sie von Familie Ferri geführt. Italo in der Küche und seine Frau Patrizia im Saal stehen einem Team vor, das an Tagen mit großem Besucherstrom ein wenig Mühe hat, die richtigen Zeiten einzuhalten. Auf einem Bildschirm im Speisesaal können Sie das Geschehen in der Küche mitverfolgen, was Ihnen erlaubt, das Geheimnis der komplexen Herstellung des Brodetto alla vastese (29 €) zu enthüllen. Auf jeden Fall hat sein Rezept das Lokal in der gesamten Region bekannt gemacht.

DIE KÜCHE – Die traditionelle üppige Suppe, die dampfend in großen Tonschüsseln serviert wird, beinhaltet schmackhafte Knochenfische, Muscheln und Krustentiere aus diesem Teil der Adria und vereint den Geschmack des Meeres mit dem des Landes, vertreten durch Tomaten und Paprikaschoten. Die übrigen Angebote (die nicht immer auf der Speisekarte stehen) sind vom Tagesfang abhängig – es gibt klassische warme und kalte Antipasti, die die Frische des Ausgangsmaterials zur Geltung bringen, darunter Scampi, Heuschreckenkrebse, Tintenfische und Muscheln, natürlich auch Primi wie **Cavatelli al sugo di pesce** (10 €), **Chitarrina oder Gnocchi ai frutti di mare** (12 €). Der Fisch des Tages wird al sale oder alla griglia zubereitet, außerdem bekommen Sie Frittura di paranza (12 €) oder Frittura di calamari (15 €). Trockengebäck und Löffeldesserts (4 €) runden das Menü ab. Das Weinangebot ist repräsentativ für die Abruzzen und wird durch ein paar Etiketten aus dem übrigen Italien ergänzt.

75 KM SÜDÖSTLICH VON CHIETI, S.S. 16 ODER A 14

Vineria per Passione

Enoteca mit Küche
Via Santa Maria Maggiore, 9
Tel. (+39) 08 73 / 39 19 07,
(+39) 366 / 574 97 18
Ruhetag: Montag, außer im August und Dezember • Ferien: unterschiedlich
30 Plätze + 20 im Freien
Preise: 25–30 €
Kreditkarten: CS, DC, MC, Visa; BM
Abends geöffnet, mittags gegen Vorbestellung

DIE OSTERIA – Beide sind Sommeliers, er ist auch professioneller Verkoster von Käse und Salumi. Das ist das Ehepaar Silvia und Giorgio Suriani, die vor sechs Jahren beschlossen haben, ihrem Berufsleben eine Wendung zu geben und ihrer gemeinsamen Leidenschaft freien Lauf zu lassen. Und so entstand dieses kleine, doch gemütliche Lokal in der Altstadt von Vasto, nur ein paar Schritte vom imposanten Palazzo d'Avalos und seinem spektakulären Ausblick auf den Golf von Vasto entfernt. Hier bekommen Sie also Käse und Salumi aus der Umgebung, ganz Italien und auch international (einzeln für 12 €, gemischt für 13 €), beim Schneiden können Sie zusehen. Diese Antipasti passen perfekt zu den etwa 200 Etiketten und bereichern das interessante kulinarische Angebot des jungen Kochs Matteo D'Elia, der sich auch um die Bedürfnisse von Kindern, Vegetariern und Menschen mit Glutenunverträglichkeit kümmert.

DIE KÜCHE – Vielfältige Auswahl an Primi (8 €) zwischen Land und Meer, zum Beispiel **Risotto con cozze, menta e pecorino**, **Gnocchetti con timo e baccalà su crema di zucchine** und Mezzi paccheri con melanzane, pomodorini, olive nere e mozzarella di bufala. Bei den Secondi spielen, vor allem im Sommer, **Carpaccio di manzo** (12 €), auch mariniert und mit Saisongemüse und Pecorino serviert, und Baccalà in verschiedenen Versionen eine wichtige Rolle. Im Winter hingegen garen im Ofen und in der Pfanne Stücke vom Schwein und Kalb. Alle Dolci sind hausgemacht, ein Abschluss mit **Tortino al cioccolato** (6,50 €) ist eigentlich Pflicht, erfreulich sind aber auch Cantuccini alle mandorle nach Art des Hauses oder die traditionellen **Ferratelle** abruzzesi.

Pannamore (Via Marco Polo 7) und La Vastese (Via Ciccarone 98) sind Vertreter des hochstehenden Konditoreigewerbes der Stadt.

0 10 20 km
A14
Pescara
Francavilla al Mare
ADRIA
Ortona
Chieti
A25
Lanciano
Guardiagrele
PARCO
ABRUZZEN
Vasto
NAZ.
Càsoli
la Maiella
2793
Bomba
S. Salvo
Termoli
A14
D. MAIELLA
Campomarino
Guglionesi
Montecilfone
Roccaraso
Capracotta
Larino
PARCO NAZ.
Trivento
Castel di Sangro
Agnone
Montelongo
D'ABRUZZO,
Casacalenda
M.ti della Meta
Carovilli
2247
Pescolanciano
LAZIO E MOLISE
APULIEN
Isernia
CAMPOBASSO
Venafro
Vinchiaturo
Bojano
S. Bartolomeo in Galdo
A1
Morcone
KAMPANIEN
Teano
Ariano Irpino
Benevent
RA9
Grottaminarda
A1
Cápua
Caserta
S. Maria Cápua Vétere
Maddaloni
Aversa
A1
A30
A16
Nola
Avellino
TYR-RHENISCHES MEER
NEAPEL
PARCO NAZ. D.VESUVIO
RA2

MOLISE

Die Region erstreckt sich von einem kurzen Küstenabschnitt über eine breite Hügelzone bis zu den aufsteigenden Bergketten des Mainarde-Massivs, des Matese und des Oberen Molise. Es ist ein in weiten Teilen naturbelassenes Gebiet. Wo es bewirtschaftet wird, dominieren, vor allem im Oberen Molise, Landwirtschaft und Viehzucht, darunter halb wild lebende Rassen oder Tiere auf der Transhumanz. Der große Waldbestand birgt einen großen Reichtum an Pilzen und Trüffeln – eine weniger bekannte Tatsache.
Die Region ist berühmt für ihren Knetkäse (Stracciata, Scamorza und Caciocavallo), für einige hochwertige Salumi (allen voran Signora di Conca Casale, Soppressata und Ventricina, eine Wurst, auf die auch die nahen Abruzzen einen Anspruch erheben dürfen) und ebenso für Gerichte mit Gemüse und Hülsenfrüchten, wie Suppen oder Saucen für hausgemachte Pasta. Als Beispiele führen wir Taccozze oder Sagne appezzate und deren kleinere Variante Sagnette an, eine Pasta aus Wasser und Mehl, die mit einer eher flüssigen Sauce mit Bohnen serviert wird. Seltener findet man Lasagne in Brühe, die typischerweise am 26. Dezember oder anlässlich eines Trauerfalls gekocht wird. Das Rezept ist aufwendig, doch das Ergebnis exquisit. Auf jeweils eine Schicht handgemachte breite Pasta, *Laine* genannt, folgt eine Schicht Sauce mit Bällchen aus Kalbshackfleisch (ohne Tomaten), Käsewürfeln und Innereien vom Suppenhuhn, aus dem die Brühe gekocht wurde. Die aus mehreren solchen Lagen in eine Ofenform geschichtete Lasagne wird großzügig mit Brühe begossen und etwa eine halbe Stunde im Ofen gebacken.
Ausgezeichnet sind auch die Spezialitäten mit Schaffleisch, vor allem Torcinelli, Rouladen von Lamminnereien, die eingerollt, mit dem gründlich gewaschenen Darm zugebunden und anschließend über der Holzkohlenglut gebraten oder in der Pfanne mit oder ohne Tomatensauce geschmort werden.

Für Sie entdeckt

Lasagna in brodo

592 Borgo Antico
Bojano (Cb)
596 Da Adriano
Carovilli (Is)

Taccozze/sagne e fagioli

593 Da Filomena
Bojano (Cb)
595 Guado Cannavina
Capracotta (Is)

Torcinelli

593 Aciniello
Campobasso
596 Osteria del Borgo
Larino (Cb)

AGNONE (IS)

43 KM NORDÖSTL. V. ISERNIA, S.S. 650 U. S.P. 86

NEU Locanda Mammì

Moderne Osteria
Ortsteil Castelnuovo, 86
Tel. (+39) 08 65 / 473 79
Ruhetag: Montag
Ferien: 2 Wochen im Januar
40–50 Plätze
Preise: 26–30 €
Kreditkarten: MC, Visa; BM
Mittags und abends geöffnet

DIE OSTERIA – Stefania Di Pasquo hat ihren Traum verwirklicht. Ihren Hochschulabschluss im Fach Wirtschaft hat sie in die Schublade gelegt, daraufhin einen Workshop im Bereich der Kochtechnik absolviert und das Landhaus der Großmutter (auf die sich der Name des Lokals bezieht) renoviert. 2013 hat sie in dieser bäuerlichen Berggegend ihr Restaurant mit dem etwas schiefen Look eröffnet, das einem Bistro im Paris des 19. Jahrhunderts ähnelt. Der Anfang war nicht einfach, doch jetzt befindet sie sich auf dem richtigen Weg, mit einem rein weiblichen Team und der Mutter, die immer bereit ist, ihren Beitrag zu den traditionellen Gerichten zu liefern. Stefania wählt die Zutaten persönlich bei den Lieferanten aus und experimentiert mit neuen Kombinationen.

DIE KÜCHE – Für den Beginn ist ein ausgezeichneter **Hamburger mit Lammfleisch** und Himbeermayonnaise (7 €) vorgesehen, Carpaccio di lingua oder Millefoglie di zucca con stracciata di Agnone e nocciola, doch in regelmäßigen Abständen wechseln die Köstlichkeiten unter dem Titel Delizie a sorpresa della chef (12 €). Anschließend haben Sie die Qual der Wahl zwischen **Gnocchi all'ortica con zafferano e caciocavallo stagionato** (Brennnesselgnocchi mit Safran und gereiftem Caciocavallo, 7 €) und Tortello con ceci e baccalà (8 €). Auf **Capocollo di maiale in agrodolce di cipolla rossa** con cicoria e patate sowie Baccalà con purea di patate viola (11 €) fiel unsere Wahl bei den Secondi. Zum Abschluss Millefoglie ai frutti di bosco (3 €) oder eine zarte Crema bruciata alla lavanda. Weine aus der Umgebung.

In der zentral gelegenen Via Roma müssen Sie auf Nummer 33 im Cafè du Soir Halt machen: Gerry Labbate erfreut Sie mit den traditionellen Oblaten oder überraschenden Panettoni und Colombe, auch in salziger Ausführung.

BOJANO (CB)
Civita Superiore di Bojano

25 KM SÜDWESTLICH VON CAMPOBASSO, S.S. 87

NEU Borgo Antico

Trattoria
Largo San Giovanni, 6
Tel. (+39) 348 / 822 02 15
Ruhetag: Montag
Keine Ferien
30 Plätze + 30 Plätze im Freien
Preise: 32–35 €
Keine Kreditkarten
Mittags und abends geöffnet

DIE OSTERIA – Der mittelalterliche Ortskern von Civita Superiore, einem kleinen, in den Bergen gelegenen Ortsteil der Gemeinde Bojano, hat eine schwierige Geschichte, die am Ende des Zweiten Weltkriegs in einer Massenauswanderung kulminierte, bei der beinahe das gesamte Dorf verlassen wurde. Vor ein paar Jahrzehnten kam wieder Leben in den Ort, dank der Hartnäckigkeit seiner wenigen verbliebenen Bewohner und der Entschlossenheit von Filindo Russo und seiner Frau Antonella Di Dodo, die 2004 ihre kleine Trattoria ausgerechnet in Civita eröffneten. Im Speisesaal beschreibt Ihnen der manchmal etwas ungehobelt wirkende Filindo die Gerichte des Tages und die dafür verwendeten Zutaten, während seine Frau in der Küche Speisen zubereitet, die im Lauf der Jahre immer beliebter geworden sind.

DIE KÜCHE – Beginnen Sie mit den typischen lokalen Milchprodukten, ausgezeichneten Salumi vom Schwein aus dem Sannio-Gebiet, Bruschette mit Pilzen und Trüffel, Lachsforelle, **Polentine con salsiccia di fegato**, ***Pizz' e foje***, Zucchine e patate und Suppen mit Hülsenfrüchten. Es folgt hausgemachte Pasta aus dem Mehl der alten Weizensorte Senatore Cappelli oder aus Hanf, serviert mit Ragù bianco di agnello (Sauce mit Lammfleisch ohne Tomaten), mit Pfifferlingen oder mit Steinpilzen und Sommertrüffel (12 €), außerdem **Ravioli con formaggio, bietola e salsiccia** und **Lasagna in brodo**. Viel Fleisch finden Sie bei den Secondi, darunter das schmackhafte **Agnello al forno** (12 €), Costata di manzo alla Tintilia, **Maiale con le papaccelle** (Schweinefleisch mit in Essig eingelegten Paprikaschoten), Cosciotto di agnello porchettato und Pollo nostrano con peperoni (9 €). Hausgemachte Dolci (3,50 €), zum Beispiel das sehr spezielle Beignet aus Hanfmehl mit frischem Obst und Zabaione oder die ebenso leckeren Crostate mit Konfitüren aus eigener Erzeugung.

24 km südwestlich v. Campobasso, S.S. 87 u.17

Da Filomena

Trattoria
Ortsteil Limpilli, 199
Tel. (+39) 08 74 / 77 30 78
Ruhetag: Montag
Ferien: 2 Wochen im Juli
70 Plätze
Preise: 28 €
Kreditkarten: CS, MC, Visa; BM
Mittags geöffnet, abends gegen Vorbestellung

DIE OSTERIA – Wegen ihrer strategischen Position an der Verbindungsstraße Campobasso – Isernia – Rom erinnert diese schlichte, einladende Trattoria, die seit fast 50 Jahren besteht, an eine moderne Variante der alten Poststationen, deren Locande die Reisenden benutzten, um sich auszuruhen, während die Pferde gewechselt wurden. Das große, lichtdurchflutete Lokal wird seit jeher von Familie D'Alessandro geführt: Filomena steht in der Küche, während ihr Ehemann Teodoro und ihr Sohn Stefano ebenso präzise wie unaufdringlich den Service im Speisesaal versehen. Das kulinarische Angebot konzentriert sich auf die geradlinigen Gerichte aus der bäuerlichen Tradition.

DIE KÜCHE – Grob und deutlich steht das Gericht des Tagesauf der Karte, für gewöhnlich ein Primo mit dem Gemüse der Saison, zum Beispiel Maltagliati mit frischen Erbsen oder Dicken Bohnen, Kirschtomaten und Prosciutto. In der Karte finden Sie außerdem **Maccheroni alla chitarra** al sugo di pomodoro, Taccozze con fagioli, **Pappardelle ai funghi porcini** oder die traditionelle **Fruffola** (8 €), eine reichhaltige Suppe mit Gemüse und Hülsenfrüchten. Am Wochenende können Sie die klassische Lasagna mit Hackfleischbällchen und hartem Ei probieren. Es gibt ausgezeichnetes lokales Fleisch wie **Agnello alla brace** (12 €) und Arrosto misto mit Beilagen der Saison. Ebenbürtige Alternativen sind die Forellen aus der nahen Aquakultur in den klaren Quellen des Flusses Biferno oder der gebratene Käse Scamorza. Zum Abschluss leckere Crostate und **Tiramisu** (3 €). Eine kleine Auswahl an Weinen aus dem Molise und ein zufriedenstellender offener Wein aus der nahen Region Kampanien vervollständigen des Angebot.

Fior di latte und Scamorza aus Bojano können Sie in den Käsereien Biferno, Via San Bartolomeo 31, und La Molisanella, Via Calderari 109, kaufen.

Aciniello

Trattoria
Via Torino, 4
Tel. (+39) 328 / 558 54 84
Ruhetag: Sonntag
Ferien: 9.–23. August
50 Plätze + 20 Plätze im Freien
Preise: 23–28 €
Kreditkarten: AE, CS, MC, Visa; BM
Mittags und abends geöffnet

DIE OSTERIA – Die Stadt Campobasso hat immer noch das Glück, eine große Zahl an historischen Trattorien zu beherbergen, die von Familien geführt werden und in denen man angenehme Stunden bei einfachen, kräftigen Traditionsgerichten im Gespräch mit den Inhabern und anderen Gästen verbringen kann. Das Aciniello mit der guten Küche von Signora Maria Belfiore und der ansteckenden Freundlichkeit ihrer Söhne Christian und Raffaele im Service ist eine davon.

DIE KÜCHE – Beginnen Sie mit dem reichhaltigen Antipasto (8 €), bestehend aus lokalen Salumi und Käse, dazu Gemüseaufläufe, gefüllte Omeletts, Kürbisblüten im Backteig und den traditionellen **Pallotte *cac' e ova***, und essen Sie danach ***Pizz'*** e minestra, ein in dieser Gegend sehr beliebtes Gericht aus Mais und Wildgemüse oder Brokkoli. Unter den weiteren Primi sind eine ausgezeichnete **Zuppa di fagioli e spigatelli** (Suppe mit Bohnen und Stängelkohl), Minestra di ceci e baccalà, Cremesuppe aus Dicken Bohnen oder Erbsen mit Stängelkohl und Pecorino sowie Cavatelli al sugo di carni miste (7 €) und **Pantacce al ragù di baccalà**. Breit gefächertes Angebot an Fleischgerichten bei den Secondi: Hähnchen, Lamm, Steaks, Salsiccia aus Schweinefleisch oder Leber vom Holzkohlengrill, Leber im Netz sowie die traditionellen Torcinelli (mit Innereien gefüllte Lammdärme). Alternativen sind der ausgezeichnete, im Ofen gebackene **Baccalà arraganato** (9 €) mit Brotkrumen, Rosinen und Pinienkernen und der gebratene Käse Scamorza arrosto. Das Dessert betreffend (3,50 €) sollten Sie sich an Christian wenden, die Dolci sind seine Schöpfungen. Auf Raffaele können Sie hingegen vertrauen, wenn es um den Wein geht.

In **Matrice** (11,5 km) erzeugt die Bäckerei Petrella Laurino, Via Calvario 55, ausgezeichnetes Sauerteigbrot aus Hartweizenmehl.

La Grotta da Concetta

Trattoria
Via Larino, 9
Tel. (+39) 08 74 / 31 13 78
Ruhetag: Samstag, Sonntag, Feiertage
Ferien: zeitweise im August
40 Plätze + 20 Plätze im Freien
Preise: 25 €
Keine Kreditkarten
Mittags und abends geöffnet

Bodenständigkeit, Schlichtheit und die Liebe zur Umgebung machen dieses Lokal zu einer Institution und verlocken dazu, immer wiederzukommen.

DIE OSTERIA – Fragen Sie Fabio, der nur schüchtern wirkt, warum das Lokal am Wochenende geschlossen bleibt, er wird Ihnen antworten: „Wie sollten wir denn sonst das viele Geld ausgeben?" Scherz beiseite, die Gäste dieser gut besuchten Trattoria sind mittags zufällige Passanten, abends Stammgäste, fast ausschließlich aus Campobasso. Die über 80-jährige Mutter Concetta ist zwar nicht mehr täglich selbst in der Küche präsent, doch sehr wohl in den Prinzipien, die sie an Tochter Lucia weitergegeben hat, vor allem was Saisonalität der Zutaten und Treue gegenüber den Traditionen des Molise anbelangt. Das Lokal macht einen fast spartanischen, jedenfalls altmodischen Eindruck, deshalb kann man auch nicht mit Kreditkarte bezahlen. Das Gedeck wird nicht verrechnet und in den Social Networks werden Sie die Trattoria vergeblich suchen.

DIE KÜCHE – Es gibt keine Speisekarte, die Gerichte werden in den Kalender geschrieben und mündlich von Fabio vorgetragen. Die Wahl der Gänge bleibt Ihnen überlassen: Ein Secondo kann als Antipasto bestellt werden und umgekehrt. Bei unseren letzten Besuchen haben wir unter den Antipasti (8 €) besonders Patate e carciofi, die klassischen **Pallotte cacio e uova** und Baccalà alla brace geschätzt, unter den Primi (8 €) **Spaghetti con le fave** und **Pancotto con bietola e ceci**. Es folgen Secondi (9 €) wie Uova con gli asparagi selvatici, klassische Tracchiulella al sugo (Rippenstück vom Schwein in Tomatensauce), verschiedenes Fleisch vom Holzkohlengrill, **Fegato di maiale con la rezza** (Leber im Netz) oder **Pancetta in agrodolce**. Unter den Dolci (4 €) finden Sie Zuppa inglese und köstliche Crema ricotta e caffè. Guter Keller mit vielen naturbelassenen Weinen.

69 KM NORDÖSTLICH VON CAMPOBASSO, S.S. 647

Da Nonna Rosa

Trattoria
Via Biferno, 41
Tel. (+39) 08 75 / 53 99 48,
(+39) 348 / 904 00 59
Ruhetag: Dienstag
Ferien: 10 Tage im September, Weihnachten
25 Plätze
Preise: 35 €
Kreditkarten: AE, CS, MC, Visa; BM
Mittags und abends geöffnet

DIE OSTERIA – Wenn Sie die Staatsstraße 16, die sogenannte Adriatica, verlassen und in den auf dem Hügel gelegenen oberen Ortsteil hinauffahren, werden Sie zweisprachige Straßenschilder vorfinden. Campomarino ist nämlich eine der vier Gemeinden im Molise, in denen es noch Mitglieder der Volksgruppe der Arbëreshë gibt, Nachkommen der albanischen Einwanderer, die sich auf der Flucht vor den Osmanen im 15. bis 17. Jahrhundert in verschiedenen Regionen Süditaliens ansiedelten. Von ungezwungener Herzlichkeit ist der Empfang in dieser kleinen rustikalen Trattoria, die sich in einem Gässchen der Altstadt verbirgt. Giuseppe Labate ist ein Wirt, wie er im Buche steht: authentisch und auf Anhieb sympathisch. Routine ist ein Fremdwort in seiner Küche, in der täglich aufs Neue verarbeitet wird, was die Umgebung bietet.

DIE KÜCHE – Den Geist dieser Küche verkörpert am besten der Antipasto des Tages (18 €), mit vier warmen und kalten Kostproben, je nach Verfügbarkeit und Fantasie des Kochs: In der entsprechenden Jahreszeit könnten Sie ein zartes **Soufflé agli asparagi con crema di ricotta** oder eine ungewöhnliche Insalatina di filetto di maiale con salsa allo yogurt e scaglie di pecorino di montagna vorfinden. Schmackhafte hausgemachte Pasta wie **Ravioli con borragine, ricotta, parmigiano** und Suppen erwarten Sie bei den Primi (9 €). Rundum zufrieden werden Sie aber mit den Secondi sein, bei denen von Giuseppe auf dem Holzkohlengrill zubereitetes Fleisch dominiert: **Lamm** (12 €), Bistecca alla fiorentina und **Salsiccia al peperoncino** (9 €). Bemerkenswert ist auch der gemischte Teller mit Käse (10 €) in verschiedenen Reifegraden, serviert mit Konfitüre und traditionell erzeugtem Honig. Die Desserts bewegen sich auf durchschnittlichem Niveau, außergewöhnlich ist die Auswahl an Weinen und Hochprozentigem.

43 KM NÖRDLICH VON ISERNIA, S.S. 650 U. S.P. 87

Guado Cannavina

Agriturismo
Ortsteil Macchia, 11
Tel. (+39) 08 65 / 94 91 35
Ruhetag: Donnerstag
Keine Ferien
65 Plätze
Preise: 18–24 € (Tagesmenü)
Kreditkarten: CS, DC, MC, Visa; BM
Mittags und abends geöffnet

DIE OSTERIA – An der Straße nach Agnone, etwa 8 km hinter Capracotta, erwartet Sie dieser unverfälscht schlichte Agriturismo. Wenn Sie möchten, können Sie in einem der vier Gästezimmer übernachten und zum Frühstück frisch gemolkene Milch genießen. Allein dieses Erlebnis ist den ohnehin günstigen Aufenthalt wert. Das Ambiente des Familienbetriebs mit dem ländlich-elegant gestalteten Speisesaal und dem Kamin strahlt Wärme aus und vermittelt ein Gefühl der Geborgenheit. Die Speisekarte ist knapp und sehr einfach gehalten, doch die hohe Qualität der Zutaten macht jedes Gericht zu etwas Einzigartigem. Sie können auch eines von vier Degustationsmenüs bestellen (das umfangreichste kostet 24 €, Getränke inbegriffen).

DIE KÜCHE – Im Antipasto della casa (7,50 €) kommen sofort Kostproben von herrlichem Käse und Salumi aus eigener Erzeugung, mit der hervorragenden frischen Ricotta und einem deliziösen Caciocavallo. Weiter geht es mit kleinen warmen Gerichten aus dem Gemüse der Jahreszeit und der leckeren **Coratella di agnello**. Anschließend klassische **Pasta e fagioli** (4 €), hausgemachte Pasta mit Ei, die mit Bohnen in einer kleinen Tonschüssel serviert wird, doch auch Fettuccine oder **Gnocchi con sugo di agnello** (mit Sauce vom Lamm, 4,50 €) enttäuschen nie. Die beliebteste Zubereitungsart bei den Secondi ist alla brace – über der Holzkohlenglut braten Scamorza (5,50 €) und Fleisch, vor allem das hervorragende Lammfleisch (8 €). Abgerundet wird das Essen von typischen hausgemachten Dolci (2 €). Beim Wein müssen Sie sich mit einem soliden offenen Wein begnügen. In guten Jahren keltert Felice aus den Trauben seines weiter unten im Tal gelegenen Weingartens seinen eigenen Wein.

CAPRACOTTA (IS)

43 KM NÖRDLICH VON ISERNIA, S.S. 650 U. S.P. 87

L'Elfo

Restaurant
Via Campanelli
Tel. (+39) 08 65 / 94 91 31
Ruhetag: Montag
Ferien: je 2 Wochen im Mai und November
60 Plätze + 20 Plätze im Freien
Preise: 28–30 €
Kreditkarten: CS, DC, MC, Visa; BM
Mittags und abends geöffnet

DIE OSTERIA – In der höchstgelegenen und schneereichsten Gemeinde des Apennin in Mittel- und Süditalien garantiert dieses authentisch bäuerliche Lokal seit Jahren schon einen mehr als nur angenehmen Aufenthalt. Beherbergt wird es von einem ehemaligen Stall mit Wänden aus frei liegendem Stein. In jedem Winkel verbergen sich die Fantasie anregende Elfen und Gnome. Die lokale Land- und Weidewirtschaft bietet die wichtigsten Ressourcen von Michele Sozio und seiner Frau Franca, die mit ausgesuchter Höflichkeit die Gäste betreut, während ihr Mann am Herd steht. Auf der Speisekarte findet man viel Fleisch, Käse und Trüffel (die man in dieser Gegend zu konkurrenzlosen Preisen erstehen kann). Pasta und Dolci sind hausgemacht.

DIE KÜCHE – In der Regel beginnt man mit dem typischen **Nido di *m'nestra e 'patan***, einem Kartoffelauflauf mit Linsen aus Capracotta und geschmolzenem Lardo (8 €), doch man kann auch auf den Antipasto dell'Elfo setzen, der einen kleinen Gemüseauflauf, frischen und gereiften Käse sowie lokale Salumi enthält (9 €). Anschließend finden Sie Tagliolini al tartufo bianco (16 €) und ausgezeichnete **Ravioli di stracchino di Capracotta e noci al radicchio** (8 €), bei den Secondi dann vorzügliche Fleischgerichte, etwa **Bocconcini di agnello al profumo di limone e lavanda** (9 €) oder Cinghiale alle mele di Castel Del Giudice und Agnello alla griglia. Zum Abschluss gibt es typische **Ferratelle con spuma di ricotta e frutti di bosco** (4 €) oder Crostata al semifreddo di ricotta (5 €), die Spezialität des Lokals. Auf der Weinkarte stehen etwa 90 Etiketten aus der Umgebung und einige gute Flaschen aus dem übrigen Italien.

In der Käserei Pallotta, Via Falconi, kaufen Sie köstliche Stracciata, Ricotta, Scamorza und Caciocavallo. In der Via Santa Maria di Loreto 13 bringt der Betrieb Trotta Caciocavallo und Pecorino zur Reife.

CAROVILLI (IS)

25 km nördlich von Isernia, S.S. 650

Da Adriano

Osteria
Via Napoli, 14
Tel. (+39) 08 65 / 83 86 88,
(+39) 338 / 888 75 78
Ruhetag: Dienstag
Keine Ferien
40 Plätze
Preise: 30–33 €
Kreditkarten: AE, CS, DC, MC, Visa; BM
Mittags und abends geöffnet

DIE OSTERIA – Dieser Winkel in den Bergen des Molise zählt zu den vielen wunderschönen Gegenden Italiens, die kaum oder gar nicht bekannt sind. Zahlreiche kleine Dörfer scheinen sich an den Gipfeln des Apennin festzuklammern oder breiten sich im Tal aus, inmitten einer Natur, die vom Menschen zwar beherrscht, doch nicht erniedrigt wird. Ein Land, das früher von Herden auf der Transhumanz durchquert wurde und in dem es heute viele Zuchtbetriebe und kleine Käsereien gibt, die großartigen Knetkäse aus Kuhmilch erzeugen. Die Osteria von Adriano Scarpitti befindet sich in der Nähe der Piazza mit der schönen Bacchus-Statue aus dem 19. Jahrhundert.

DIE KÜCHE – Das kulinarische Angebot ist schlicht und traditionell. Zu Beginn eine Abfolge an Antipasti (15 €), darunter köstliche Milchprodukte und Schafkäse (Ricotta, Stracciata und Caciocavallo), **Coratella di agnello con cipolle** sowie Uovo al tegamino (gebratenes Ei mit Wildgemüse und Trüffel). Dazu ***Lesconda martieta*** (in Ei getauchte und anschließend in Schmalz gebratene Brotscheiben). Danach finden Sie Cavatelli oder Gnocchi con ragù di agnello (mit Sauce vom Lamm) oder mit Steinpilzen, die typische **Lasagna in brodo** (8 €), ***Sagne*** con i fagioli oder Minestra mit Gemüse und Kartoffeln. Bei den Secondi wird für **Agnello sotto la coppa** (15 € für zwei Personen) exzellentes Lammfleisch in einer Pfanne unter der Holzkohlenglut im Kamin gegart. Außerdem werden Salsiccia di fegato (aus Leber), Bistecche di vitello und **Scamorze alla brace** gebraten. Schlichte, köstliche Desserts, zum Beispiel Crostata mit Ricotta und Konfitüre aus lokalem Obst (2 €). Zu trinken gibt es offenen Wein aus dem Krug und einige Etiketten aus dem Molise und den Abruzzen.

In der Via Roma erzeugt der Caseificio Santo Stefano Stracciata, Ricotta und Caciocavallo aus Rohmilch.

LARINO (CB)

56 km sw. v. Campobasso, S.S. 647 u. S.S. 87

Osteria del Borgo

Osteria
Via Cluenzio, 44
Tel. (+39) 349 / 392 80 13
Ruhetag: Sonntagabend, Montag
Ferien: letzten 2 Januarwochen
30 Plätze + 15 Plätze im Freien
Preise: 28–32 €
Kreditkarten: AE, CS, DC, MC, Visa; BM
Mittags und abends geöffnet

DIE OSTERIA – Larino kann auf eine tausendjährige Geschichte verweisen, dazu auf die Besonderheit, dass sein alter Ortskern deutlich vom modernen Teil abgegrenzt ist. Dies bedeutete einen langsamen Verfall für den alten Teil, der erst zu Beginn des 21. Jahrhunderts aufgehalten wurde, als wieder Schwung und Leben in die Altstadt einkehrten. Assunta D'Ermes und Domenico Starinieri gehörten zu den Ersten, die an die neue Anziehungskraft des Ortes glaubten; sie eröffneten dort ihre Osteria, in der sie die Küche der Umgebung in dezent erneuerter, leichterer Form vorstellen.

DIE KÜCHE – Zu Beginn gibt es neben den Brettern mit Käse und lokalen Salumi verschiedene Optionen wie den Antipasto Largo Palma (10 €) mit warmen und kalten Kostproben kleiner Gerichte mit saisonalem Gemüse, **Pallotte *cac' e ova*** und kleinen Suppen mit Hülsenfrüchten und Getreide. Es folgen Chitarrina bianca e nera con tartufo estivo, Ravioli alla borragine (8 €), **Fusilli al ragù di ventricina**, Cavatelli con le ***tracchiullelle*** (mit Rippenstücken vom Schwein) oder ***'A pezzente***, eine Suppe mit Hülsenfrüchten, Getreide und Gemüse. Gutes lokales Fleisch finden Sie unter den Secondi, von Grigliata mista (12 €) zu Salsiccia, außerdem Lamm samt seiner behutsam verarbeiteten, in den Darm eingewickelten Innereien, die hier **Torcinelli** genannt werden. Oder aber Sie bestellen die interessante Grigliata mista mit typischem Käse wie Caciocavallo, Scamorza und Primo sale. Zum Abschluss **Bavarese con nocciole e albicocche secche** (4 €) oder Semifreddo al torroncino. Kleine Weinkarte mit guten Etiketten aus dem Molise und dem übrigen Italien.

In **Ururi** (12 km) können Sie in der Fleischerei von Michele Facchino, Via dei Giochi Olimpici 10, ausgezeichnetes lokales Fleisch und Salumi aus eigener Erzeugung kaufen.

68 km nordöstlich von Campobasso, S.S. 647

Osteria Dentro le Mura

Osteria • Via Federico II di Svevia, 3
Tel. (+39) 08 75 / 70 59 51,
(+39) 349 / 196 94 70
Ruhetag: Mittwoch, im Sommer Sonntag
Ferien: 10 Tage zu Weihnachten/Neujahr
28 Plätze + 30 Plätze im Freien
Preise: 35–38 €
Kreditkarten: CS, DC, MC, Visa; BM
Abends geöffnet, September–März auch Sonntagmittag

Die Küche und die aufrichtige Gastfreundlichkeit von Antonio und Lina bescheren dem Besucher immer ein echtes Erlebnis.

DIE OSTERIA – In einer eindrucksvollen Location im alten befestigten Ortskern von Termoli, unterhalb der Stauferburg, können Sie mediterrane Gerichte kennenlernen, in denen auf schlichte Weise der Schatz der lokalen Meeresprodukte, vor allem bei weniger wertvollen und begehrten Fischsorten, zur Geltung gebracht wird. Dazu kommt die Leidenschaft derjenigen, die mit der keineswegs leicht zu beherrschenden Kunst der Gastlichkeit vertraut sind. Diese Gleichung geht auf, Antonio und Lina betreuen gemeinsam sowohl die kleine einsehbare Küche als auch den Service im Speisesaal und an den Plätzen im Freien. Die Speisekarte wird täglich neu geschrieben, sie hängt von der Saison des Fischfangs in diesem Teil der Adria ab. Mit Sensibilität verwirklicht Antonio historische Rezepte in neuen Versionen.

DIE KÜCHE – Angenehmer Duft bei den Antipasti, Schärfe bei **Polpetto in purgatorio** (7 €) oder bei Parmigiana di alici. Ausgeprägter Geschmack auch bei **Paccheri al ragù di scorfano** (mit Sauce vom Drachenkopf) und Spaghetto quadrato allo scoglio (13 €). Keine Unsicherheit bei den Secondi, den Repräsentanten der lokalen Tradition, deren Bogen sich von knuspriger Frittura di paranza (16 €) bis zu der prächtigen **Zuppa di pesce** (23 €) spannt. Außerdem bekommen Sie Rombo al forno con patate. Der köstliche **Diplomatico scomposto** (4 €) hat uns durchaus zufriedengestellt, doch sicherlich könnten bei den Desserts noch weitere Alternativen zur omnipräsenten Panna cotta angeboten werden. Die Weinkarte ist beschränkt, doch intelligent zusammengestellt, vorhanden ist das Beste der Produktion des Molise und der nahen Abruzzen.

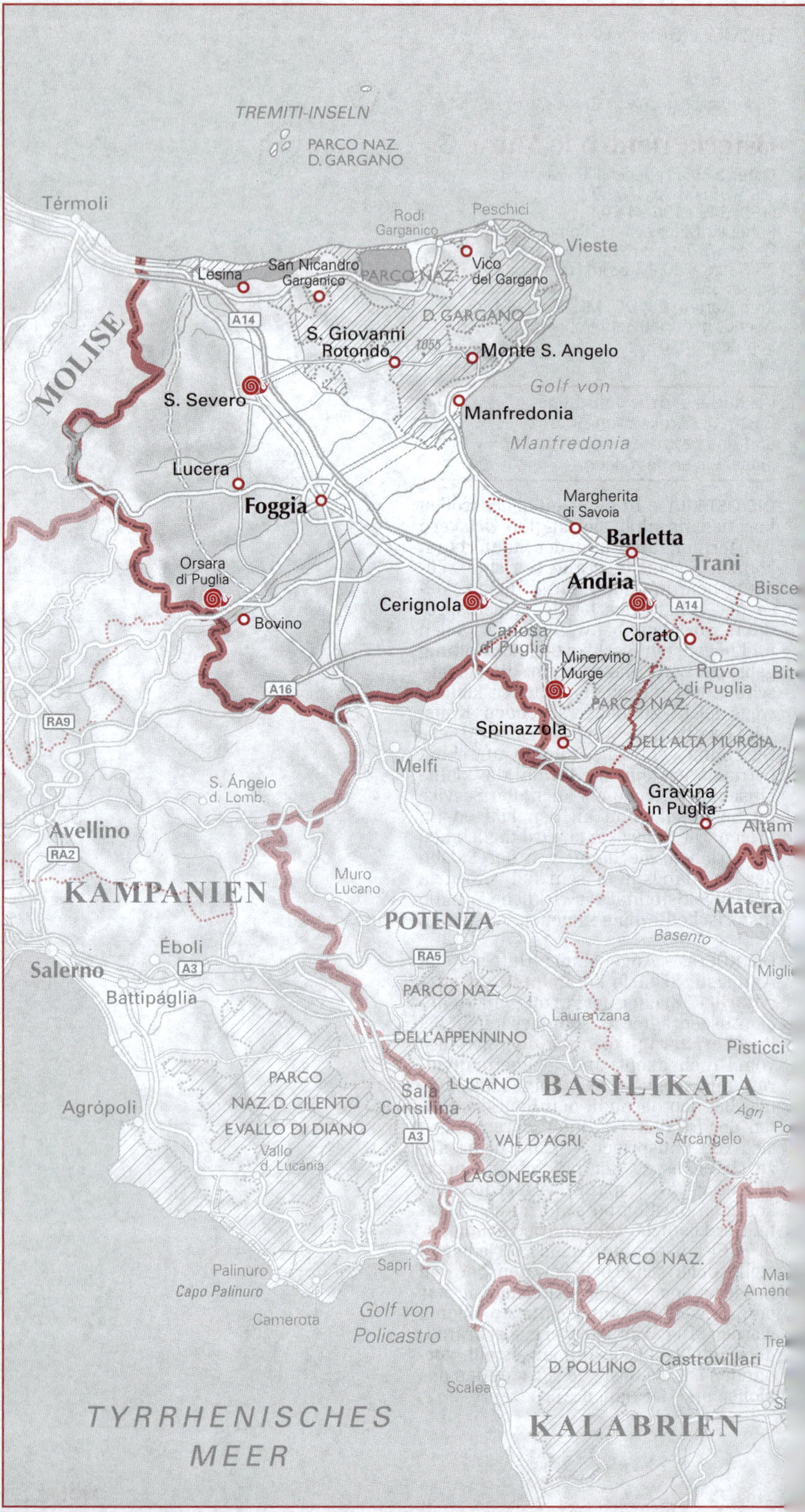
TREMITI-INSELN
PARCO NAZ.
D. GARGANO
Térmoli
Rodi
Garganico
Peschici
Vieste
Lesina
San Nicandro
Garganico
PARCO NAZ.
Vico
del Gargano
D. GARGANO
MOLISE
A14
S. Giovanni
Rotondo
1055
Monte S. Angelo
Golf von
Manfredonia
S. Severo
Manfredonia
Lucera
Foggia
Margherita
di Savoia
Barletta
Trani
Orsara
di Puglia
Andria
Bisce
Cerignola
A14
Bovino
Canosa
di Puglia
Corato
Minervino
Murge
Ruvo
di Puglia
Bit
A16
PARCO NAZ.
RA9
Spinazzola
DELL'ALTA MURGIA
Melfi
S. Ángelo
d. Lomb.
Gravina
in Puglia
Altam
Avellino
RA2
Muro
Lucano
KAMPANIEN
POTENZA
Matera
Basento
Éboli
RA5
Salerno
A3
Miglio
Battipáglia
PARCO NAZ.
Laurenzana
DELL'APPENNINO
Pisticci
PARCO
LUCANO
BASILIKATA
Sala
Consilina
NAZ. D. CILENTO
Agrópoli
Agri
E VALLO DI DIANO
VAL D'AGRI
A3
S. Arcangelo
Vallo
d. Lucánia
LAGONEGRESE
PARCO NAZ.
Palinuro
Sapri
Capo Palinuro
Camerota
Golf von
Policastro
D. POLLINO
Castrovillari
Scalea
TYRRHENISCHES
MEER
KALABRIEN

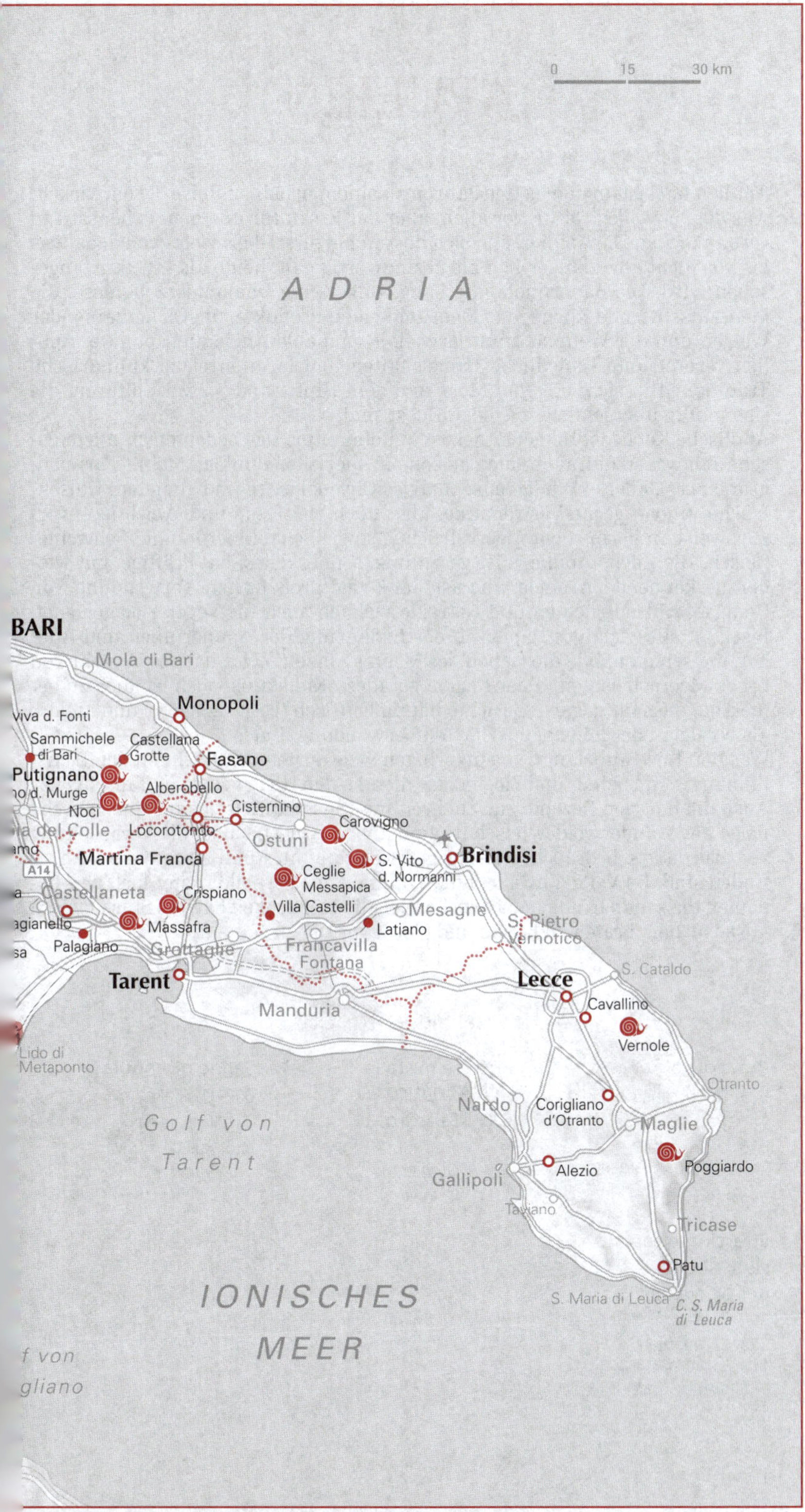
0
15
30 km
ADRIA
BARI
Mola di Bari
Monopoli
Viva d. Fonti
Sammichele di Bari
Castellana Grotte
Fasano
Putignano
Alberobello
Noci
Cisternino
Locorotondo
Carovigno
Ostuni
Brindisi
Martina Franca
S. Vito d. Normanni
A14
Ceglie Messapica
Castellaneta
Crispiano
Villa Castelli
Mesagne
Massafra
Latiano
S. Pietro Vernotico
Palagiano
Grottaglie
Francavilla Fontana
S. Cataldo
Tarent
Lecce
Manduria
Cavallino
Vernole
Lido di Metaponto
Otranto
Nardo
Corigliano d'Otranto
Maglie
Golf von Tarent
Poggiardo
Alezio
Gallipoli
Taviano
Tricase
Patu
S. Maria di Leuca
C. S. Maria di Leuca
IONISCHES MEER

APULIEN

Apulien hat sich in den letzten Jahren zu einem beliebten Reiseziel entwickelt, was der reizvollen Natur, vor allem aber der Esskultur und dem Lebensstil zu verdanken ist. Die Apulier sind sich dessen bewusst, dass vieles von dem, was bis vor nicht allzu langer Zeit als geringwertig galt, heute als attraktiv angesehen wird. Die Bauernhöfe, die Langsamkeit, die Qualitätserzeugnisse, die identitätsstiftende Küche, das Meer und seine Produkte, die Olivenhaine, der Weizen und der Wein sind mittlerweile formidable Anziehungspunkte. Apulien vereint unterschiedliche Landschaften und facettenreiche kulinarische Traditionen in sich, die vom Meer und vom Hinterland – zwei Kulturen, die sich häufig überschneiden – beeinflusst sind.

Apulische Küche ist Hausmannskost in Reinkultur: Das bedeutet vor allem frische Teigwaren (mitunter auch aus einem speziellen dunklen Mehl – Farina di grano arso), allerlei Wildgemüse, natives Olivenöl extra und Tomaten. Hülsenfrüchte finden gerne Verwendung, aber auch viel Fisch und Weichtiere, vorzugsweise in Form roher Meeresfrüchte, sowie Schaf-, Pferde- und Schweinefleisch. Die Küche Apuliens ist geradlinig, schnörkellos, hat kräftige, gut wiederzuerkennende Aromen und ist dank der großzügigen Verwendung von Gemüse, Hülsenfrüchten und Getreide vielfach auch für Vegetarier geeignet. Fisch ist ein wichtiges Kapitel in der Ernährung der Apulierinnen und Apulier, die seit eh und je die Gaben des Meeres nutzen. Zwar hat der Verzehr von rohen Meeresfrüchten in der Region geradezu Kultstatus, doch ist auch zu bemerken, dass für gegarte Gerichte häufig Fettfisch (Pesce azzurro) und andere als weniger edel geltende Fischarten Verwendung finden.

Was den Käse anbelangt, so entspringen viele Sorten der Tradition der Transhumanz, denn Schaf- und Ziegenkäse dienten den Hirten einst als Tauschware. Auch die hiesigen Rezepte zur Zubereitung von Schaffleisch sind eine logische Folge der Wanderweidewirtschaft. In manchen Gegenden ist die Verarbeitung von Pferdefleisch Brauch, wohingegen Gerichte mit Rindfleisch nur selten zu finden sind. Im Valle d'Itria lebt die Tradition des Fornello weiter fort, was bedeutet, dass man in etlichen Fleischereien die Möglichkeit hat, ein Stück Fleisch auszusuchen, braten zu lassen und gleich vor Ort zu verzehren.

Für Sie entdeckt

Brasciole al sugo

615 La Cuccagna
Crispiano (Ta)

616 Da Pompeo Trattoria Giordano
Foggia

Strascinate con cime di rape

616 Il Cortiletto
Fasano (Br)

623 La Tradizione Cucina Casalinga
Minervino Murge (Bt)

Frittura mista dell'Adriatico

620 Il Baracchio
Manfredonia (Fg)

624 Il Guazzetto
Monopoli (Ba)

Sagne n'cannulate

609 Olo Kalò
Corigliano d'Otranto (Le)

626 Rua de li Travaj
Patù (Le)

55 km südöstlich v. Bari, S.S. 100 u. 172 od. 634

L'Aratro

Restaurant
Via Monte San Michele, 25–29
Tel. (+39) 080 / 432 27 89
Kein Ruhetag
Keine Ferien
50 Plätze + 50 Plätze im Freien
Preise: 35–40 €
Kreditkarten: AE, CS, DC, MC, Visa; BM
Mittags und abends geöffnet

Großes Augenmerk auf Grundprodukte, die wie auch die zubereiteten Gerichte voller Leidenschaft präsentiert werden.

DIE OSTERIA – Wir sind im charakteristischsten Städtchen Apuliens, das als Symbol der Region gilt und von der UNESCO zum Weltkulturerbe erkoren wurde. Über eine pittoreske Treppe zwischen den aus dem 15. Jahrhundert stammenden Trulli des Monti-Viertels erreichen wir das Lokal des fantasievollen Kochs und Patrons Domenico Laera. Rustikale, entzückend heimelige Räumlichkeiten auf mehreren Ebenen mit alten bäuerlichen Gerätschaften an den Wänden laden zum Verweilen ein. Für den Sommer gibt es einen Gastgarten mit Holzüberdachung.

DIE KÜCHE – Die Palette der Antipasti reicht von typischen Wurstwaren aus dem Valle d'Itria (14 €), z. B. Salami, Pancetta und Capocollo di Martina Franca (Slow-Food-Presidio), bis hin zur gemischten Fischvorspeise (Misto dell'Adriatico). Unter den Primi sind **Orecchiette con cime di rapa**, Cavatelli mit frischen Tomaten und Cacioricotta (10 €), **Cavatellucci** aus Hartweizengrieß der Sorte Senatore Cappelli **mit Blumenkohl, geröstetem Brot, Fiaschetto-Tomaten** aus Torre Guaceto **und Caciocavallo podolico** vom Gargano (zwei weitere Slow-Food-Presidi) ebenso zu entdecken wie **Fave e cicorielle** (Dicke Bohnen mit junger Feldzichorie). Traditionell auch die Secondi: **Agnello cotto alla brace** (über Olivenholzglut gegartes Lamm, 12 €), Filetto di maialino mit Cardoncelli-Pilzen, typische Formaggi aus der Murgia. Zum Schluss genießt man Semifreddo di mandorle auf Basis von Mandelmilch oder Tortino di fichi mit Traubensirup. Die durchdachte Weinkarte hat ihren Fokus auf Apulien, nennt aber auch einige probate Etiketten aus dem landesweiten Panorama.

ALBEROBELLO (BA)

55 km südöstlich v. Bari, S.S. 100 u. 172 od. 634

La Cantina

Osteria
Vico Lippolis 9
Tel. (+39) 080 / 432 34 73,
(+39) 347 / 740 15 88
Ruhetag: Dienstag
Ferien: je 2 Wochen im Februar und Juli
32 Plätze
Preise: 30–35 €
Kreditkarten: AE, CS, DC, MC, Visa; BM
Mittags und abends geöffnet

DIE OSTERIA – Im Zentrum von Alberobello beherbergt das Kellergeschoss eines Palazzos aus dem 19. Jahrhundert diese urige kleine Osteria mit charakteristischen Tonnengewölben. Die wenigen Tische sind mit karierten Tischtüchern rustikal gedeckt, wie in alten Osterien üblich. Die einsehbare Küche ist nicht nur blitzsauber und aufgeräumt, sondern verrät auch, wie viel Wert hier auf gute Produktqualität gelegt wird und wie professionell Francesco Lippolis, Laura Tateo und Carmen Petrea zu Werke gehen. Der Mehrwert des Lokals besteht in der familiären Gastfreundlichkeit, die Giovanni Lippolis und Claudia Ancona ihrer Kundschaft entgegenbringen.

DIE KÜCHE – Eine interessante Abfolge aus kalten und warmen Appetithappen ergibt den Antipasto della Cantina (15 €): Wurstwaren und Milchprodukte aus der Region, in Öl eingelegte Leckerbissen, Aufläufe, Gemüseomeletts, diverse Arten von Focaccia. Die auf frischen Teigwaren basierenden Primi wechseln mit der Erhältlichkeit der Gemüsesorten: Mögliche Empfehlungen sind Vollkorn-**Strascinate con cime di rapa** (10 €) oder mit Kirschtomaten, Kürbis, Salsiccia und Pecorino, **Incapriata di fave e foglie** (11 €), Sformato di cicorie. Die Secondi sind sämtlich Fleischgerichte: Involtini di maiale (Schweinerouladen) in Panade, gemischter Spieß, Costata vom Kalb oder Fohlen und – gegen Vorbestellung – exzellente **Trippa soffocata** (Kutteln, 12 €). Köstliche Dolcetti di mandorla (Mandelfeingebäck), Sfogliatine con crema (5 €) und Soufflé di cioccolato fondente lauten die Dessertempfehlungen. Gut sind auch die hausgemachten Rosoli (Liköre). Der Weinkeller birgt rund 50 Etiketten größtenteils regionaler Herkunft; auch Halbflaschen und glasweise Bestellmöglichkeiten werden angeboten. Zudem sind ein paar Biere aus regionalen Kleinbrauereien vorrätig.

ALEZIO (LE)

39 km südwestlich von Lecce

Le Macare

Trattoria-Pizzeria
Via Mariana Albina, 140
Tel. (+39) 08 33 / 28 21 92
Ruhetag: Dienstag, außer im Sommer
Ferien: 2 Wochen im November
45 Plätze + 50 Plätze im Freien
Preise: 35 €
Kreditkarten: AE, CS, DC, MC, Visa; BM
Abends geöffnet, Samstag und Sonntag auch mittags

DIE OSTERIA – Wer das Salento bereist und von den vielen Vorzügen der Gegend insbesondere die generöse Vielfalt der hiesigen Kost und die mediterranen Düfte schätzt, hat gleich zwei gute Gründe, ein Abendessen in dieser Osteria in Erwägung zu ziehen: die lebhafte, phasenweise geradezu überschwängliche Küche von Daniela Montinaro und die galante Bewirtung durch Pasquale. Wenn man von ein paar kleinen Abschweifungen über die Grenzen der Region hinaus absieht, bietet die Küche des Le Macare auf raffinierte Weise die den hiesigen Böden eigenen Geschmacksnoten und Aromen.

DIE KÜCHE – **Pitta di patate**, Rustico mit Paprikaschoten und Zucchini, Tagliata di melanzana, frittierte Polpette in Sauce, geröstete Brotschnitten mit Baccalà mantecato (Stockfischmousse) werden einzeln oder kombiniert in Form eines opulenten Antipasto della casa serviert. An Primi gibt es Cappellacci mit Artischocken, Creme von Ricotta marzotica und Dicken Bohnen, mit Mandeln und Pinienkernen gefüllte Auberginen auf Fonduta di burrata (10 €), **Orecchiette di grano e orzo** (aus Hartweizen und Gerste) **mit Capocollo, Pomodorini und Cacioricotta** und Linguine allo scoglio (Pasta mit Meeresfrüchten). Es folgen Coppa vom Jungschwein mit Kartoffeln und Agretti, **Baccalà gratinato al forno** mit Kartoffelcreme (15 €), **Pezzetti di cavallo alla *pignata*** (Pferdefleischragout) und superfrischer Fisch aus dem Meer vor Gallipoli. Als Desserts gibt es Spumone à la Macare mit Vanille, Schokolade und Haselnüssen (6 €) oder Spumone alla nocciola mit Baiser, Schokoladenganache und San Marzano (apulischer Likör) sowie Millefoglie mit Creme Chantilly. Beim Wein überwiegen Etiketten aus dem Salento und anderen apulischen Anbaugegenden, in Sachen Bier werden ausgezeichnete Erzeugnisse aus lokalen Kleinbrauereien angeboten.

ANDRIA
Montegrosso

15 km vom Zentrum

Antichi Sapori

Trattoria
Piazza Sant'Isidoro, 10
Tel. (+39) 08 83 / 56 95 29
Ruhetag: Samstagabend, Sonntag
Ferien: 1 Woche im Dezember, 3 Wochen im Juli
40 Plätze
Preise: 35–38 €
Kreditkarten: AE, CS, DC, MC, Visa
Mittags und abends geöffnet

Pietro Zito ist die lebende Chronik der apulischen Küche, insbesondere jener der Murgia. Er erwarb sich unzählige Verdienste um diese festzuhalten – kein leichtes Unterfangen.

DIE OSTERIA – Pietro Zito ist ein Repräsentant der Sonderklasse, wenn es um identitätsstiftende Küche geht: Er betreibt eine akribische Suche nach gastronomischen Schätzen, setzt auf lokale Erzeuger, verwendet Wildkräuter, die ihm ältere Einheimische liefern, hat einen großen Gemüsegarten in der Nähe des Lokals angelegt (der ständig von zwei Personen betreut wird) und viele junge Köche ausgebildet. Im Antichi Sapori zu speisen ist ein Erlebnis für alle Sinne, um dessen Reservierung man sich rechtzeitig kümmern sollte.

DIE KÜCHE – Das Erlebnis beginnt mit einer Reihe wunderbarer Antipasti (12 €), u. a. **Fiori di zucca ripieni di ortaggi e ricotta profumata**, Sformatino di melanzane mit Scamorza und Brotbröseln, feine Ricottina di vacca mit süßem Sellerie. Die Pasta für die Primi (8 €) ist neuerdings hausgemacht: exzellent die Rigatoni mit Tomatensauce und die **Mezze maniche mit Creme von gelber Paprika und Salsiccia** aus Minervino. Das Fleisch aus der Murgia für die Secondi wird über der Glut oder im Ofen gebraten: köstlich das bei geringer Hitze gegrillte Jungschweinerne (Reale di maialino) mit sämtlichen Gewürzen der Murgia (12 €) und die **Pancetta di puledro con il finocchietto** (Fohlenbauch mit Fenchel). Erstklassige Käseselektion. Wenn Sie danach noch können, sollten Sie die himmlischen Dolci (6 €) probieren, z. B. die herausragende **Cassata di ricotta**. Zum Schluss kann man karamellisierte Mandeln zu hausgemachten Rosoli knabbern. Umfangreiches Sortiment an regionalen Weinen zu sehr fairen Preisen.

Il Turacciolo

Enoteca mit Ausschank und Küche
Piazza Vittorio Emanuele, 4
Tel. (+39) 388 / 199 88 89
Ruhetag: Sonntag
Ferien: zweite Julihälfte
30 Plätze + 25 Plätze im Freien
Preise: 25–30 €
Kreditkarten: MC, Visa; BM
Abends geöffnet

DIE OSTERIA – Ein wirklich hübsches und gut strukturiertes Lokal. Schon am Eingang kann man in einer Kühlvitrine betrachten, was später treffsicher zubereitet und hochprofessionell serviert wird. Das Menü, das auf kleine Tafeln geschrieben ist und ebenso wie das Weinangebot mündlich vorgetragen wird, wechselt häufig, auch in Abhängigkeit von den Jahreszeiten. Im Sommer kann man in einem Sitzbereich am Hauptplatz mit Blick auf die historischen Palazzi ringsum speisen.

DIE KÜCHE – Es gibt viele Antipasti, die alle appetitlich und gut gemacht sind. Wir empfehlen den klassischen regionaltypischen gemischten Teller (Misto degustazione, 13 €), mit dem man fast alle Köstlichkeiten probieren kann: unverzichtbar die **Muscisca** (Dörrfleisch, hier vom Pferd) mit Spuma di burrata und gerösteten Jungzwiebeln (8 €). Herausragend von den Primi sind das Uovo 63 (bei niedriger Temperatur anderthalb Stunden lang gekochtes Ei) mit Kartoffelcreme, Pilzen und heimischer Trüffel (8 €) und der **Orzotto mantecato al caciocavallo podolico** vom Gargano. Für danach empfehlen wir den gedämpften **Baccalà mit Artischockencreme, süßen Oliven und karamellisierten Zwiebeln** (10 €) oder das 16 Stunden bei geringer Hitze karamellisierte Maialino mit Wildkräutern. Beim Dessert angelangt, sollte man unbedingt die **Cassata di ricotta mit Pistazien aus Bronte** oder den „semplice Strudel" probieren, bei dem das „Simple" nur im Namen steckt. Reichhaltiges, mit Leidenschaft geschmackvoll zusammengestelltes Angebot der besten apulischen Weine sowie etlicher Produkte aus der gesamtitalienischen Winzerwelt.

Antica Fabbrica di Confetti Mucci, Via Gammarota 12: traditionelle Naschereien, Gratisverkostungen, Konfektmuseum.

NEU Il Canto dei Bischeri

Osteria-Vineria
Corso Alcide De Gasperi, 308 F
Tel. (+39) 080 / 501 13 83,
(+39) 328 / 025 61 68
Ruhetag: Sonntag
Ferien: 3 Wochen im August
40 Plätze + 40 Plätze im Freien
Preise: 30 €
Kreditkarten: CS, DC, MC, Visa; BM
Mittags und abends geöffnet

DIE OSTERIA – Massimo Lanini, der Inhaber des Restaurants Le Giare, hat ein weiteres Bravourstück vollbracht. Dabei ist es zu einer Wachablöse in der Küche gekommen: Massimos Appell gefolgt ist Chefkoch Antonio Bufi, der nach einer langen internationalen Karriere den Ruf der Heimat erhört hat und wieder nach Bari zurückgekehrt ist. Neben seinem Restaurant, das sich nun der Avantgardeküche widmet, hat Lanini die Osteria-Vineria Il Canto dei Bischeri eröffnet – ein Name, mit dem er seiner Heimatstadt Florenz Tribut zollt. In diesem neuen Rahmen gibt die Tradition den Takt an und ist gut zu bemerken, dass hinter der Wiederentdeckung einiger Gerichte, die wir fast schon verloren glaubten, viel Forschergeist steckt. Das Menü wechselt täglich – je nachdem, was an guten Grundzutaten erhältlich ist und wonach dem Koch gerade der Sinn steht.

DIE KÜCHE – Für den Auftakt zu empfehlen sind der herrlich saftige Schweinebauch mit getrockneten Tomaten (Pancia di maiale con pomodori secchi, 8 €), die köstlichen **Seppie con i friggitelli** (Tintenfisch mit kleinen Paprikaschoten), der feine Baccalà mit Zucchini. In Sachen Primi haben uns die Schlichtheit der **Garganelli alla crudaiola** (10 €) und die Frische der **Spaghetti ai gamberi rossi** beeindruckt; für sehr gut befunden haben wir auch die Orecchiette mit Guanciale und frischen Borlotti-Bohnen. Für den Hauptgang raten wir zu Lamm (**Agnello con le cime di zucchina**, 14 €), zu Bernsteinmakrele mit Süßkartoffelcreme (Ricciola con crema di patata americana) und zu Seebarsch mit grünen Bohnen (Spigola con i fagiolini). Der Weinbestand ist unglaublich groß und Massimo macht immer wieder neue Winzer ausfindig, denen er mit seiner Vineria zu Bekanntheit verhelfen möchte; etliche Weine werden auch glasweise ausgeschenkt.

Perbacco

Restaurant
Via Abbrescia, 99
Tel. (+39) 080 / 558 85 63,
(+39) 347 / 895 77 37
Ruhetag: Samstagmittag, Sonntag
Ferien: Juli, August
35 Plätze
Preise: 35–38 €
Kreditkarten: AE, CS, DC, MC, Visa
Mittags und abends geöffnet

Herzliche Gastfreundschaft, Kompetenz, Leidenschaft, großes Augenmerk auf regionale Qualitätsprodukte.

DIE OSTERIA – Das Restaurant befindet sich in nächster Nähe des Teatro Petruzzelli, des Kursaals und des Lungomare. Über die Schwelle des Perbacco zu treten, nachdem man an der Türglocke geläutet hat, ist immer ein Erlebnis – wegen des freundlichen Empfangs durch Beppe Schino und des Ambientes, das sofort vermittelt, dass man hier richtig ist. Koch Mirko Claudio arbeitet mit Zutaten der Tradition Baris und einigen Slow-Food-Presidi.

DIE KÜCHE – An Antipasti empfiehlt die Karte gegrillten Oktopus mit Püree von Dicken Bohnen aus Carpino (**Polpo con purè di fave**, 10 €) und *Cialdedda* à la Beppe mit Vollkorn-Friselle, Kartoffelcreme, sautierten Artischocken, knackigem Lauch und Origano. Von den Primi für schmackhaft befunden haben wir die Gnocchetti di patate mit Paprikaschoten und Tintenfisch, die **Orecchiette di grano arso mit Auberginen, Fiaschetto-Tomaten und Stracciatella** (10 €), das wie ein Risotto zubereitete Getreide (Cereali risottati) mit Kürbis und knusprigem Capocollo di Martina Franca. Für danach empfehlen wir **Agnello in casseruola mit Kartoffeln, Lampascioni-Zwiebeln und Cardoncelli-Pilzen** oder **Baccalà in umido** mit Grünkohlcreme, Kapern und Kirschtomaten (14 €). Vorzüglich auch das Kaninchen mit Pilzen (Coniglio ai funghi). Herausragend von den Dolci (6 €) sind das Birnen-Nuss-Törtchen, das Semifreddo al torrone mit dunkler Schokolade, die Millefoglie mit Ricottacreme und Äpfeln. Die preislich faire Weinkarte bietet eine schöne Schaumweinselektion, eine große Auswahl an apulischen Etiketten sowie Spitzenerzeugnisse aus der italienischen und internationalen Weinwelt.

Antica Cucina 1983

Restaurant
Piazza Marina, 4-5
Tel. (+39) 08 83 / 52 17 18
Ruhetag: Sonntagabend, Montag
Ferien: unterschiedlich
80 Plätze
Preise: 35–45 € €↑
Kreditkarten: CS, MC, Visa; BM
Mittags und abends geöffnet

DIE OSTERIA – Wer Raffaele Lacerenza (Spitzname Lello) kennt, schätzt seit je die Professionalität und Leidenschaft, mit der er sein Handwerk ausübt, und weiß auch, wie wichtig der Beitrag in der Küche durch Giuseppe Vivo, genannt Pino, ist. Das Lokal wirkt behaglich, die Menükarte folgt dem Rhythmus der Jahreszeiten und die in der Tradition des Hinterlandes und des Meeres verankerte Küche besticht nicht zuletzt durch einen gelungenen innovativen Touch.

DIE KÜCHE – Zwei Degustationsmenüs werden angeboten: ein kleineres mit drei Gängen für 28 € und das „Menù della tradizione" für 45 €. Den gleichsam verpflichtenden Auftakt machen die Antipasti (16 €), bei denen roher Fisch dominiert (allerlei Carpaccio mit Zitrusfruchtmarinaden, verschiedene Garnelenarten) und Frühlingstrüffel (Tartufo bianchetto) nicht fehlen darf. Unverzichtbar von den Primi (16 €) sind die Ravioli di capocollo, die pikant abgeschmeckten Nudeln mit Meeresfrüchten – **Pasta mista maritata ai frutti di mare con piccante di rucola** – und die **Linguine alle cicale dell'Adriatico** (Bandnudeln mit Heuschreckenkrebsen, auch Meerzikaden genannt). Auch bei den Secondi wählt man zwischen Meeres- und Festlandküche: Fisch des Tages (Pescato del giorno, auf Wunsch auch schon entgrätet), gemischte Fischfrittüre (**Fritto di paranza**, 18 €), Stockfisch in Form von Baccalà morro croccante, aber auch **Ragù di puledro e agnello** (Ragout von Fohlen- und Lammfleisch). Zum Abschluss gibt es Sorbetto al limone, Cassata di ricotta (8 €) oder Bitterschokotörtchen (Tortino di cioccolato fondente). In der großen Weinauswahl überwiegen Etiketten aus der Region.

37 km südwestlich von Foggia, S.S. 90

La Cantina

Moderne Osteria • Via Giovanni Barone, 1
Tel. (+39) 08 81 / 96 18 49,
(+39) 389 / 789 79 56
Ferien: September/Oktober
20 Plätze + 10 Plätze im Freien
Preise: 25–30 €
Kreditkarten: MC, Visa; BM
Samstag mittags und abends geöffnet, Feiertage nur mittags, an anderen Tagen nur gegen Vorbestellung

DIE OSTERIA – Nicola Consiglio ist Landwirt, Viehzüchter, Käser und Koch. Die Leidenschaft, die er in all sein Tun legt, ist ihm von den Augen abzulesen, die jedes Mal zu leuchten beginnen, wenn er von einer neuen Initiative unter all den vielen Aktivitäten, die seinen arbeitsreichen Tag bestimmen, erzählt. Alles, was er Ihnen bei Tisch in dem kleinen, charakteristischen Lokal in der Altstadt von Bovino präsentieren wird, stammt aus seinem landwirtschaftlichen Betrieb, den er nicht so sehr nach den Gesetzen des Marktes als vielmehr nach den Regeln von Mutter Natur führt. Zusammen mit seiner Frau Agata, der Köchin, hält er an dieser Lebensphilosophie fest, schert sich nicht um Moden und Trends, sondern bleibt der Tradition in ihrer reinsten Ausdrucksform verbunden.

DIE KÜCHE – Der Antipasto della casa (15 €) beinhaltet unterschiedlichste Spezialitäten: eine breit gefächerte, sehr gute Auswahl an Wurstwaren, Käse und Milchprodukten vom eigenen Hof, Gemüse der Saison, Omeletts mit Lampascioni-Zwiebeln, Bohnen und Schwarten, **Fave e cicorie** (Dicke Bohnen und Zichorie), Bruschetta. Haben Sie dann all dies verzehrt, wird Nicola persönlich an Ihren Tisch treten und Ihnen Mozzarella kredenzen, wie Sie ihn noch nicht erlebt haben. Die Primi (10 €) wechseln mit den Jahreszeiten: **Orecchiette mit Kirschtomaten und Cacioricotta**, Cavatelli mit Gemüse, Pezzelle mit Kürbisblüten und -blättern, Pasta con il ragù di cinghiale (mit Wildschweinragout). Bei den Secondi kann die Wahl auf klassisch-traditionellen **Soffritto di maiale** (Schweinefleischeintopf, 8 €), Agnello al forno (Lammbraten), **Coniglio al coccio** (Kaninchen aus dem Tontopf) oder allerlei Fleisch vom Rost fallen. Die Kuchen (Crostata, 4 €) und gefrorenen Desserts sind alle sehr gut gemacht.

Antica Osteria La Sciabica

Osteria-Pizzeria
Via Tahon de Revel, 29–33
Tel. (+39) 08 31 / 56 28 70
Ruhetag: Samstagmittag
Keine Ferien
50 Plätze + 80 Plätze im Freien
Preise: 35–38 €
Kreditkarten: AE, CS, DC, MC, Visa; BM
Mittags und abends geöffnet

DIE OSTERIA – Im ältesten Teil des Hafens von Brindisi entdecken wir diese Osteria in einem alten Palazzo, der früher als Lager für Schiffszubehör diente. Die Neugestaltung der Räumlichkeiten mit Mobiliar aus alten Schiffen ist sehr gelungen. Das Lokal verfügt obendrein über eine Panoramaterrasse mit Blick auf den Hafen und bietet im Sommer zusätzlich Tische direkt am Wasser. Cristiano kümmert sich um den Service, während die Küche das Reich von Ernesto Palma ist, der zwischendurch die Gäste gerne mit Aufmerksamkeiten verwöhnt und mit ihnen plaudert.

DIE KÜCHE – Das Menü ist sehr breit gefächert, angefangen von den Antipasti (14 €): gedämpfter Sgombro mit Zucchini und Minze, Tortino di patate e polpo, frittierte Fischhäppchen, Crostini con cipolla e alici. Sofern man etwas tiefer ins Portemonnaie greifen möchte, sind rohe Fischspezialitäten (Crudo di mare) immer im Programm. Unter den täglich neuen, immer originellen Primi entdecken wir **Tubetti al sugo di pescatrice**, Troccoli con moscardini cacio e pepe (14 €), Dinkel-**Fettuccine con ragù di polpo e canestrato pugliese** (12 €). Im Anschluss daran empfehlen wir die **Grigliata mista** (15 €), deren Zusammensetzung je nach tagesfrischem Fisch variiert, und die **Zuppa di pesce con crostoni**. Probieren Sie unbedingt eines der Dolci – allerlei Torten und Tartes mit Ricotta oder Konfitüre. Die Weinauswahl ist ausschließlich Kellereien aus der Umgebung gewidmet. Das Lokal bietet auch köstliche, im Holzofen gebackene Pizzen an.

Sie möchten mit Blick aufs Meer ein gutes Eis schlecken oder Schokoladenspezialitäten naschen? Dann sind Sie in der Bar-Pasticceria Bernardi (Viale Regina Margherita 35) an der richtigen Adresse.

27 KM NORDWESTLICH V. BRINDISI, S.S. 16 U. S.P. 34

Casale Ferrovia

Restaurant
Strada Provinciale 34, Via Stazione, 1
Tel. (+39) 08 31 / 99 00 25
Ruhetag: Montag, außer im Sommer
Ferien: unterschiedlich
35 Plätze + 35 Plätze im Freien
Preise: 30–35 €
Kreditkarten: AE, CS, DC, MC, Visa; BM
Mittags und abends geöffnet

Traditionelle, nie triviale Gerichte – von einem großartigen Gastgeber galant und gewandt dargeboten.

DIE OSTERIA – Carovigno ist bekannt für die kunstfertige Erzeugung von edlem Olivenöl. Und es ist just eine alte, nahe der Bahnstrecke gelegene Ölmühle, in der Familie Galeone ihr Restaurant führt. Es zeichnet sich durch das Angebot an traditionellen, nie trivialen Gerichten aus, die von Maria mit Leidenschaft und Know-how zubereitet werden. Der Service wird von Giuseppe meisterlich korrdiniert – der fähige Hausherr ist zudem eine sichere Quelle für Tipps jeder Art.

DIE KÜCHE – Nachdem Sie den Wein ausgesucht haben (im bemerkenswerten Keller lagern zahlreiche apulische, italienische und europäische Etiketten), bekommen Sie Brot serviert, das mit unterschiedlichen Mehlsorten, Samen und Aromatisierungen – Oliven, Stängelkohl, Zwiebel aus Acquaviva – gebacken wird: ein Hochgenuss, der wunderbar mit der **Insalata di sgombro e pomodorini** und den zahlreichen anderen Antipasti des Hauses (12 €) harmoniert. Von den Primi empfehlen wir die Gnocchi alle melanzane (oder die Gnocchi alla rucola selvatica) mit Gamberi rossi aus Gallipoli und Pfeilkalmaren (12 €), die Gnocchi al mandarino e rucola und die **Zuppa di ceci con polpo e crostini** (10 €). Bei den Secondi reicht die Auswahl von tagesfrischem Fisch bis hin zu Fleisch, z. B. Rotolo di coniglio con le cicorielle selvatiche (Kaninchenrollbraten mit Wildzichorie, 13 €), apulische **Brasciola**, Agnello in verschiedenen Varianten. Lassen Sie sich abschließend von den ungemein köstlichen Dolci (9 €) verführen, etwa Sporcamusi, ***Fichi 'npassulati*** (in Likör eingelegte Feigen) oder Dolcetti di pasta di mandorle (Mandelfeingebäck).

5 KM SÜDLICH VON LECCE

Osteria del Pozzo Vecchio

Osteria-Pizzeria
Via Silvestro, 16
Tel. (+39) 08 32 / 61 16 49
Ruhetag: Montag
Keine Ferien
100 Plätze + 100 Plätze im Freien
Preise: 25–30 €
Kreditkarten: AE, CS, DC, MC, Visa; BM
Mittags und abends geöffnet, im Sommer nur abends

DIE OSTERIA – Dieses historische Gasthaus – einst eine traditionelle *Putea* (Laden) mit Weinausschank – verdankt seinen Namen dem alten Brunnen im lauschigen Zitrusgarten, in dem man in der Sommerzeit idyllisch zu Abend essen kann. Nach dem allzu frühen Tod der Besitzerin Adelaide Della Monaca wird die Osteria nun von Massimo De Santis und Simona De Carlo geleitet, die sich um die Bewirtung der Gäste kümmern, während Giuseppe Rollo und Serena De Carlo am Herd zu Werke gehen. Die Küche ist nach wie vor eng an die Tradition des Salento gebunden; einziger Neuzugang in der Karte ist Stockfisch – Baccalà – in unterschiedlichen Zubereitungsarten.

DIE KÜCHE – Beginnen kann man mit dem Antipasto del Pozzo Vecchio, der für zwei Personen zu empfehlen ist (15 €) und Folgendes beinhaltet: Auberginen in Form von Parmigiana di melanzane und Involtini di melanzane, Caponata, Zucchine alla poverella sowie diverse Salate, z. B. aus Getreide, Wirsing oder Kartoffeln. Köstlich ist alles, was frittiert angeboten wird: ***Pittule*** (Hefeteigbällchen), Polpette (Hackfleischbällchen), **Panzerotti di patate** (6 €). Unter den Primi entdecken wir Spaghetti dell'oste (10 €, mit Baccalà, Tomaten, schwarzen Oliven und Kapern) und Paccheri del contadino (mit Tomaten, Basilikumcreme und Stracciatella, 10 €), aber auch traditionelle Klassiker wie ***Sagne 'ncannulate*** mit Tomatensauce und würziger Ricotta scante (7 €) oder ***Ciceri e tria*** (Pasta mit Kichererbsen). Hauptakteur unter den Secondi ist der getrocknete Kabeljau in den Spielarten **Baccalà arrosto**, in carpaccio, fritto, in umido (13 €). Alternativ dazu gibt es Grillfleisch und Grillfisch sowie Oktopus in den Varianten **Pol*po a pignatu***, Polpo fritto, Polpo arrosto. Abschließend kann man sich feinen Spumone oder ein Stück Mandelkuchen (Torta con le mandorle) gönnen.

49 km westlich von Brindisi, S.S. 16 und 581

Cibus

Restaurant-Osteria
Via Chianche di Scarano, 7
Tel. (+39) 08 31 / 38 89 80
Ruhetag: Dienstag
Ferien: 1.–15. Juli
80 Plätze + 40 Plätze im Freien
Preise: 35 €
Kreditkarten: AE, CS, DC, MC, Visa
Mittags und abends geöffnet

Die Stärke der Küche: kompromisslose Auswahl lokaler Lieferanten für Grundzutaten von bester Qualität.

DIE OSTERIA – Lillino und Familie sind die treibenden Kräfte dieses pittoresken Restaurants in der Altstadt. Das Ambiente ist behaglich, rustikal, gepflegt; im Sommer besteht die Möglichkeit, in einem idyllischen, originell gestalteten Bereich im Freien zu dinieren. An einem Ort, wo einem die Tradition an allen Ecken und Enden begegnet, ist es nur natürlich, dass sich dieser Aspekt auch in der Küche wiederfindet, die jedoch im Fall des Cibus den Blick auf Innovatives nicht scheut. Eine Einkehr in dieses Lokal sollte jeder einplanen, der die Gegend um Brindisi bereist, denn in dem stilvollen, gastlichen Ambiente kann man nicht nur hervorragend essen, sondern auch großartige Weine und exzellente Edelbrände genießen.

DIE KÜCHE – Hartweizengrieß der Sorte Senatore Cappelli, Caciocavallo podolico und Caciocavallo aus Martina Franca, Tomaten aus Torre Guaceto sind nur einige der Bestandteile des Antipasto (8 €). Die Primi basieren auf hausgemachten Teigwaren: ***Sagna penta*** mit frittierten Brotbröseln, pikanter Ricotta und Fleischsauce (10 €), Fettucce mit tomatenlosem Lammragout und geräuchertem Scamorza, **Orecchiette con pomodoro e cacioricotta**. Die Secondi (meist Fleischgerichte) zeichnen sich durch lange Garzeiten aus: Esel als **Asino cotto nella terracotta**, gemischtes Siedefleisch – Bollito misto – mit Jungzichorie, aber auch Lamminnereien mit Ofenkartoffeln (**Marretto di agnello con patate al forno**, 12 €). Zum Dessert gibt es Biscotto cegliese (Slow-Food-Presidio) und diverse hausgemachte Dolci, z. B. karamellisierte Feigen oder Ricotta di capra mit Feigensirup (4 €).

37 km südöstlich von Foggia, A 14 oder A 16

'U Vulesce

Restaurant
Via Battisti, 3
Tel. (+39) 08 85 / 42 57 98
Ruhetag: Sonntagabend, Montag; im Sommer Sonntag, Montagmittag
Ferien: 2 Wochen im August
40 Plätze + 35 Plätze im Freien
Preise: 30–35 €
Kreditkarten: AE, CS, DC, MC, Visa; BM
Mittags und abends geöffnet

Rosario ist ein Meister in der Auswahl und Verarbeitung lokaler Produkte, ein feinsinniger Interpret der Tradition.

DIE OSTERIA – Rosario Di Donna und seine Familie bieten seit Langem einen Bezugspunkt für Liebhaber einer regionalen Küche von unverfälschtem Geschmack. Das Menü, das häufig auch je nach der Saisonalität der Zutaten variiert, ist auf einer Tafel angeschrieben, die zwischen Regalen voller Weinflaschen hängt, und wird vom Servierpersonal auf zuvorkommende Weise unter Erläuterung der verwendeten Grundprodukte vorgetragen.

DIE KÜCHE – Von den Antipasti (7 €) der Meeres- wie auch der Festlandküche erwähnt seien der **Baccalà mit getoastetem Brot und Sartascinello** (klassische Sauce auf Tomatenbasis), der Oktopus – Polpo ai carboni – mit grünen Bohnen und Tomaten-Confit, das rosa gebratene Kalb – Vitellino rosato – mit Thunfischsauce und Gemüse in agrodolce, das weiche Ei mit Zichorie in Tomatensauce (Uovo morbido con cicorie in purgatorio). Unter den Primi (10 €) sind Spaghettoni mit Miesmuscheln und Pecorino, **Orecchiette di grano bruciato mit Rüben, Sardellen und Brotbröseln** und vorzügliche **Paccheri farciti di baccalà** (gefüllt mit Stockfischmousse) auf Jungzwiebelcreme mit Oliven zu entdecken. An Secondi (14 €) gibt es Kalbsbäckchen – Guanciotto di vitello – mit Kartoffelcreme und knackigem Gemüse, Tagliata vom Jungrind mit Rucola, Pecorino und Vincotto, Fisch des Tages aus dem nahen Manfredonia (Preis nach Gewicht). Zum Nachtisch kann man Torta di ricotta agli agrumi mit Schokoflocken oder traditionelle **Sporcamusi** mit Konditorcreme (4 €) probieren. Gut strukturierte Weinkarte mit vielen Etiketten zu moderaten Preisen.

49 KM NORDWESTLICH VON BRINDISI, S.S. 16

NEU Il Cucco

Enoteca mit Küche
Corso Umberto I, 137–141
Tel. (+39) 080 / 444 90 64
Ruhetag: Dienstag
Ferien: unterschiedlich
60 Plätze
Preise: 30–35 €
Kreditkarten: AE, CS, MC, Visa; BM
Abends geöffnet, Sonn- und Feiertage auch mittags

DIE OSTERIA – An einer der Hauptstraßen, nicht weit vom charakteristischen alten Ortskern, entdecken wir diese Enoteca mit Küche in Räumlichkeiten mit Steingewölben. Es ist ein behagliches, uriges Lokal mit freundlicher Bedienung, die über viel Fachkompetenz in Sachen Speis und Trank verfügt. Die Küche empfiehlt Gerichte der apulischen Tradition mit sanft erneuernden Akzenten. Die angeschlossene Enoteca erweist sich als wahres Feinkostparadies, denn in den Regalen stapeln sich Weine und Schaumweine, Liköre und edle Brände, Schokoladenspezialitäten, Gläser mit Honig und Konfitüren, regionaltypische Süßigkeiten, Gewürze, natives Olivenöl extra, eingelegte Leckerbissen, apulische Pasteten.

DIE KÜCHE – Unter den Antipasti entdecken wir Sformato di verdure (Gemüseflan) mit Scamorza filante und frischen Tomaten, Fantasia di ortaggi pugliesi sott'olio (allerlei in Öl eingelegte vegetarische Häppchen, 6 €), Tagliere di salumi nostrani (Brettchen mit heimischen Wurstwaren). Das Angebot an Primi (8 €) umfasst **Lasagnette mit Artischocken, Oliven, Tintenfisch und Kirschtomaten**, Gnocchi di patate mit reifem Guanciale und Kürbis, Pappardelle al ragù di cinghiale (Bandnudeln mit Wildschweinsauce). Danach kann man **gegrilltes Kaninchen mit Lorbeeröl und dampfgegarter roter Zwiebel** (Coniglio grigliato con olio all'alloro e cipolla rossa cotta al vapore, 12 €), Schweinefilet mit Apfelsauce und rosa Pfeffer (Filetto di maialino in crosta con salsa di mele renette al pepe rosa), Gemüseauflauf (Sformato di cicoria e pinoli, 13 €) oder gefüllten Kalmar – **Totano ripieno** – mit Kapern und Ofenkartoffeln (12 €) genießen. Als Dessert munden die **Dita degli apostoli** (traditionelle Plätzchen). Breit angelegte Auswahl an Wein aus Apulien und ganz Italien, auch glasweise; Bier aus kleinen Brauereien.

CISTERNINO (BR)

49 KM NORDWESTLICH VON BRINDISI, S.S. 16

Taverna della Torre

Restaurant
Via San Quirico, 3
Tel. (+39) 080 / 444 92 64
Ruhetag: Dienstag
Ferien: Januar
40 Plätze + 40 Plätze im Freien
Preise: 28–35 €
Kreditkarten: AE, CS, DC, MC, Visa; BM
Mittags und abends geöffnet

DIE OSTERIA – In der Altstadt von Cisternino, in der Nähe des Stadtturms aus normannisch-staufischer Zeit, beherbergt ein altes Haus auf zwei Etagen diese gemütliche Osteria, in der Natursteingewölbe und Tonfliesenböden für behaglich-rustikales Flair sorgen. Die Taverna ist ein klassisches Beispiel für einen Familienbetrieb: Mario Lorusso in der Küche und seine Frau im Service werden Ihnen die Traditionsgerichte des Valle d'Itria schmackhaft machen.

DIE KÜCHE – Während Sie auf die eigentliche Mahlzeit warten, werden Ihnen heiße Brotteigbällchen mit Minze serviert. Die Antipasti sind schlicht, aber voll des Geschmacks: Salumi und Formaggi aus der Region, Gamberi mit Gemüse in Tempurateig (10 €), Carpaccio di baccalà mit sauer angemachtem Blumenkohl. Unter den Primi sind Tortelli al primo sale e spinaci mit Salbei und Trüffel, **Purè di fave** (Püree von Dicken Bohnen), Gnocchetti mit Fonduta von frischem Canestrato cistranese und Schnittlauch, **Orecchiette con cime di rape e formaggio** dei poveri bzw. Orecchiette con braciole di vitello e polpette (mit Kalbsrouladen und Klößchen, 10 €) zu entdecken. Es folgen einheimisches Kaninchen – **Coniglio della valle d'Itria – mit Wildfenchel und Leccino-Oliven** (13 €), Arrosto misto (gemischtes gebratenes Fleisch), Tagliata di vitello (Kalbssteak) mit Artischocken und Käse (18 €), Filetto di maialino (Jungschwein) mit Pfeffer und Rosmarin, Pesce del giorno (Fisch des Tages). Hervorragende Desserts: Coppa Taverna mit Eiscreme, Honigkrokant und heißer Schokosauce (5 €), Tortino croccante di mele (Apfeltörtchen) mit Eis und Nüssen. Ein Degustationsmenü für 28 € wird ebenfalls angeboten. Der Keller birgt 60 apulische Etiketten und ungefähr gleich viele aus der italienweiten und internationalen Weinwelt mit einem guten Preis-Leistungs-Verhältnis.

45 KM WESTLICH VON BARI, S.S. 98

La Bottega dell'Allegria

Osteria-Enoteca
Via Imbriani, 49
Tel. (+39) 080 / 872 28 73,
(+39) 334 / 113 76 60
Ruhetag: Montag
Ferien: 2 Wochen im Juli
40 Plätze
Preise: 30–35 €
Kreditkarten: CS, DC, MC, Visa; BM
Mittags und abends geöffnet

DIE OSTERIA – Die typischen Produkte der Murgia sind das Herzstück der Küche, für die Cinzia Piccarreta verantwortlich zeichnet, die mit ihrem Mann Savino Di Bartolomeo diese Osteria in Corato, einer Stadt an den östlichen Ausläufern der Murgia, betreibt. In dem einfachen, gemütlichen Lokal hat man die Möglichkeit, einer unverfälschten, bemerkenswerten Küche zuzusprechen. Pilzliebhabern raten wir zu einem Besuch zu den Zeiten, in denen die hiesigen Cardoncelli-Pilze auf die Karte gesetzt werden, denn sie gelten neben Wildkräutern als Spezialität der Bottega.

DIE KÜCHE – Die Antipasti (10 €) umfassen eine sowohl mengenmäßig als auch in Sachen Vielfalt bemerkenswerte Auswahl an Käse vom Gargano, ferner traditionelle **Acquasala**, Sformatino di patate e peperone crusco (Kartoffel-Paprika-Flan), Carciofi gratinati (gratinierte Artischocken), jeweils begleitet von köstlicher Focaccia. Von den Primi (8 €) herausragend sind die Spaghetti al finocchio selvatico mit Sardelle und Ricotta dura, die Orecchiette mit Wildrucola und Passata von Fiaschetto-Tomaten aus Torre Guaceto (Slow-Food-Presidio), die **Fusilli con asparagi selvatici e pomodori secchi** (mit Wildspargel und getrockneten Tomaten). Pferdefleisch ist unter den Secondi immer vertreten (empfehlenswert die **Striscette arrosto**), doch es gibt auch **Lamm aus der Murgia** (Agnello, 8 €, gegen Vorbestellung nel coccio – aus dem Tontopf) und gegrillte Schweinewurst (Salsiccia di maiale a punta di coltello). Als Dessert (3 €) empfehlen wir das Törtchen mit heißem Schokokern (Tortino con cuore caldo di cioccolato) und Vanillesauce oder das Apfel-Rosinen-Soufflé, eventuell begleitet von einem guten Glas Moscato aus Trani oder einem hausgemachten Rosolio. Große Auswahl an Wein mit Fokus auf apulischen Winzern zu fairen Preisen.

23 KM SÜDÖSTLICH VON LECCE, S.S. 16

Olo Kalò

Trattoria
Via Umberto I, 5
Tel. (+39) 08 36 / 47 10 04,
(+39) 333 / 846 63 67
Ruhetag: Dienstag
Ferien: je 2 Wochen im Mai und November
50 Plätze + 70 Plätze im Freien
Preise: 25–33 €
Kreditkarten: CS, DC, MC, Visa; BM
Mittags und abends geöffnet

DIE OSTERIA – Corigliano d'Otranto ist ein charmantes Dorf im Hinterland und bildet zusammen mit weiteren elf Gemeinden das Gebiet der Grecìa salentina, bei der es sich um eine Sprachinsel handelt. Noch heute wird hier Griko, ein neugriechischer Dialekt, gesprochen. *Olo kalò* ist denn auch ein Ausdruck aus diesem Idiom und bedeutet so viel wie „Alles Gute". Für die freundlich-herzliche Betreuung der Gäste sorgt Vincenzo Potenza, während seine Frau Annamaria mit der Zubereitung der Speisen beschäftigt ist. Die Küche ist traditionell und explizit bodenständig.

DIE KÜCHE – Man beginnt mit dem Antipasto misto (12 €), der für zwei Personen zu empfehlen ist und je nach Saison geröstete Auberginen, gegrillte Paprikaschoten, gratinierte Zwiebeln, Pomodori ***scattarisciati*** (gebratene Tomaten), **Pitta di patate** und Kartoffelkroketten, frischen Pecorino, Polpette beinhaltet. Bei den Primi handelt es sich fast durchweg um für die Gegend um Lecce typische Pasta- und Gemüsegerichte: sehr gut die gezwirbelten Nudeln namens ***Sagne 'ncannulate*** mit Wangenspeck, die ***Ciciri e tria*** (Pasta mit Kichererbsen), die Gersten-Maccheroncini mit Polpette, die **Fave e cicorie** (Dicke Bohnen mit Zichorie), die Orecchiette mit Auberginen, Salsiccia, Tomaten und schmackhafter Ricotta marzotica. Bei den Secondi reicht die Auswahl von Pferdefleisch – z. B. **Pezzetti di cavallo** (8 €) oder Tagliata – über Lamminnereien (Involtini di interiora di agnello, 8 €) und Kutteln (Bocconcini di trippa, 7 €) bis hin zu geschmortem Oktopus, sprich **Polpo *a pignata***. Abschließend kann man sich ***Liccamusi*** (Blätterteigteilchen mit Cremefüllung) oder eine köstliche Crema al limone mit geschmolzener Schokolade (5 €) gönnen. Gute Auswahl an Wein aus der Region zu mehr als fairen Preisen.

Der Fornello in der Murgia

Seit einigen Jahren ist Ernährung ein viel diskutiertes Thema. Wenn auch noch von Fleisch die Rede ist, wird die Sache besonders heikel und diffizil. Wir möchten uns nicht anmaßen, diese Sensibilisierung in irgendeiner Weise anzuprangern, sondern fühlen uns vielmehr angespornt, ein Metier, das mittlerweile ein Nischendasein fristet, zu ehren und zu unterstützen.
Die Rede ist von jenen Betrieben, die mit ihrer täglichen Arbeit den Verbraucher schützen. Denn sie unterziehen die Produkte, die sie anbieten, einer achtsamen Selektion. Konkret meinen wir damit natürlich die Fleischereien der Murgia und des Valle d'Itria, die traditionsgemäß seit mehr als einem Jahrhundert tagsüber Fleisch verkaufen und sich bei Sonnenuntergang in kleine Osterien verwandeln. Die Spezialitäten, die von diesen Fleischern und Köchen in Personalunion zubereitet werden, sind jene, die wir heute als Street Food bezeichnen würden, auch weil es früher Usus war, diese bescheidene Mahlzeit auf dem Nachhauseweg von der Arbeit auf der Straße zu konsumieren: Dazu zählen Salsiccia mit feinem oder gröberem Brät, *Gnummarieddi* (in Därme gefüllte Lamminnereien), Animelle (Bries), Lammkoteletts, Bombette (Rouladen vom Schweinenacken, gefüllt mit apulischem Canestrato-Käse, Salz, Pfeffer und Petersilie, die es in verschiedenen Versionen gibt, u. a. pikant gewürzt oder in Panade), um nur einige der typischen Zubereitungsarten zu nennen.
Die schmackhaften Häppchen kann man zum Mitnehmen kaufen, in manchen Fällen auch in charakteristischen Räumlichkeiten gleich neben der eigentlichen Fleischerei verzehren. Zunächst wird das Fleisch auf lange Metallspieße gesteckt und dann bei indirekter Hitze im Fornello gegart – einem charakteristischen Steinöfchen, das mit wohlriechendem hartem Olivenholz befeuert wird.
Kleine Dorffleischereien, die mit geradezu starrköpfigem Stolz ihr tägliches Tun fortsetzen, garantieren damit Stammgästen und Laufkunden den Genuss von unverfälschtem, frischem Fleisch, das ausnahmslos aus einheimischen Betrieben stammt.

Francesco Biasi, Carmela Angiulli, Salvatore Pulimeno

ACQUAVIVA DELLE FONTI (BA)

La Grigliata

Via Ciro Menotti, 57
Tel. (+39) 080 / 75 76 77,
(+39) 349 / 560 77 50
Ruhetag: Sonntag, Montag

Bei Rosa und Michele, die stets mit einem freundlichen Lächeln bei der Arbeit sind, können Sie neben einem ungewöhnlichen, mit Schinken und Mozzarella gefüllten Panzerotto die klassischen Leckerbissen aus dem Fornello genießen, beispielsweise Zampina (eine Art Salsiccia) mit roter Zwiebel aus Acquaviva (Slow-Food-Presidio) als Beilage. Doch zuvor lohnt es sich, das Carpaccio di cavallo, die Salumi vom Wildschwein und den köstlichen Caciocavallo Silano zu probieren.

Macelleria dell'Arco

Via Sant'Agostino, 3
Tel. (+39) 080 / 76 78 62
Ruhetag: Donnerstag, Sonntag

Wenn es stimmt, dass der Appetit mit dem Essen kommt, so lassen Sie sich doch in dem kleinen Lokal von Vincenzo nieder, wo Sie sich die Wartezeit genüsslich mit duftendem Hausbrot, in Öl eingelegten Köstlichkeiten und einer herrlich würzigen Pancetta aus eigener Erzeugung vertreiben und dazu ein gutes Glas vom offenen Rotwein lokaler Provenienz trinken können. Salsiccia, Kotelett vom heimischen Lamm und Spießchen mit roten Zwiebeln und Kartoffeln als Beilage sind nur einige der angebotenen Spezialitäten.

ALBEROBELLO (BA)

La Fontana 1914

Largo Martellotta, 55
Tel. (+39) 380 / 369 69 69
Ruhetag: Sonntag, außer im Sommer

Auf diese renommierte Gaststätte eine Lobeshymne anzustimmen, ist wirklich sehr einfach, denn Mimmo, der die Macelleria vortrefflich führt, liebt es, seine Kunden mit Köstlichkeiten wie etwa Salsiccia (in der Variante Zampina mit feinem Brät oder auch mit gröberem mit dem Messer gehacktem Brät), *Gnumarieddi*, Animelle oder Lammkoteletts zu verwöhnen. Begleiten lässt sich all dies mit gutem lokalem Wein oder einem kühlen Bier.

CASSANO DELLE MURGE (BA)

Rizzi

Via Toti, 33
Tel. (+39) 080 / 76 45 20
Ruhetag: Donnerstag, Sonntag

Neben Fornello-Klassikern wie Salsiccia, *Gnumarieddi* oder Animelle können Sie in dieser Fleischerei eine Delikatesse aus alter Zeit namens *Misciska* entdecken (feine Streifen von Pferdefleisch, getrocknet nach der antiken Methode der Hirten, die im vergangenen Jahrhundert die Transhumanz praktizierten) und bekommen dazu eine Scheibe köstliches Holzofenbrot serviert. Sehr interessant ist auch die „Cassanina", ein rund ein Kilogramm schweres Kalbssteak. Die Unverfälschtheit des hiesigen Rotweins rundet die formidable Mahlzeit perfekt ab.

CASTELLANA GROTTE (BA)

Carlo Pinto

Via Mater Domini, 51
Tel. (+39) 080 / 496 17 37
Ruhetag: Sonntag–Dienstag

Carlo und Rossella, im Leben wie auch hinter der Theke der Macelleria ein sprichwörtlich eingefleischtes Paar, sind seit vielen Jahren in diesem entzückenden apulischen Städtchen am Werk, das für seine weltweit einzigartigen Höhlen bekannt ist. Einzigartig sind auch die Köstlichkeiten, die Carlo in seinem Fornello fachmännisch brät: Bries, Würste wie Salsiccia a punta di coltello oder Zampina aus gemischtem Brät und reinem Schweinefleisch, Kalbskoteletts. Im Sommer wird Ihnen Rossella die Wartezeit auf diese Köstlichkeiten mit einem Stück kühler Carosello-Melone versüßen. Zum Essen, das man in einer Stube neben dem Fornello einnimmt, kann man Hauswein trinken oder einen Flaschenwein aus einer kleinen Selektion von regionalen Etiketten wählen.

CISTERNINO (BR)

Al Vecchio Fornello

Via Brasiliani, 18
Tel. (+39) 080 / 444 64 31
Ruhetag: Montag, außer im Sommer

Die Stadt Cisternino gilt als Hochburg der Spezialitäten aus dem Fornello: In ihren von weißen Häusern gesäumten engen Gassen wird den langen apulischen Sommer über ausführlich der schönen Gewohnheit des Essens im Freien gefrönt. In dieser renommierten historischen Macelleria haben Sie unter anderem die Möglichkeit, die exquisiten, auf zweierlei Art zubereiteten Fleischrouladen namens Bombette, nämlich schlicht gebraten oder in Panade, zu probieren. Wurstwaren und Käse aus der Region sowie ein guter offener Rotwein ergänzen das Angebot.

Pietro De Mola

Via Duca D'Aosta, 3
Tel. (+39) 080 / 444 83 00
Ruhetag: Montag, Dienstag, Donnerstag (außer im Sommer)

Von Auswärtigen als Fornello-Geheimtipp gehandelt und Einheimischen einfach als der legendäre „Onkel" – im Dialekt Zi – Pietro bekannt, ist De Mola vor allem eines: ein großartiger Fleischermeister. Dies merkt man an der Präzision und Sorgfalt, mit der er die Fleischtranchen vorbereitet, die in der Vitrine ausgestellt sind. Während man darauf wartet, dass die Fornello-Spezialitäten (Rouladen, Würste, Lamm) gebraten werden, kann man sich eine Kostprobe von den Wurstwaren aus eigener Herstellung servieren lassen, z. B. Capocollo di Martina Franca. Neben den erwähnten klassischen Gerichten gibt es vorzügliche Animelle und *Gnumarieddi*. Wenn Sie die lange Schlange vermeiden wollen, die sich vor dem Lokal oft bildet, rufen Sie an und verlangen nach Vincenzo (Pietros Sohn), der Ihnen gerne einen Tisch reservieren wird.

Rosticceria L'Antico Borgo

Via Tarantini, 48
Tel (+39) 080 / 444 64 00,
(+39) 346 / 132 30 00
Ruhetag: Sonntag, außer im Sommer

In Cisternino hat jede Macelleria, die etwas auf sich hält, ihr Spezialgericht: Im Falle des Antico Borgo ist dies zweifelsohne das geschmorte Eselfleisch – Asino in umido. Damit nicht genug, ist die Vielfalt der Spezialitäten aus dem Fornello beachtlich: Als herausragend zu bezeichnen sind die Salsicce al vino bianco (Würstchen in Weißwein), die Bombette impanate (panierte Rouladen) und die *Gnumarieddi* (Innereien in Rouladenform). Während man darauf wartet, kann man einen köstlichen Capocollo auf einer Scheibe Holzofenbrot verzehren. Fragen Sie Piero, ob Sie seinen Fornello aus der Nähe inspizieren dürfen: Er freut sich immer, ihn zu zeigen.

CRISPIANO (TA)

Bello Carni, Salumi e Fornello

Via Gravina, 40
Tel. (+39) 099 / 61 63 80
Ruhetag: Donnerstagnachmittag, Sonntag

Fabio Bello, Vertreter der dritten Generation einer Fleischerfamilie, betreibt seit einigen Jahren neben seiner Macelleria einen Fornello. Tische für die Gäste gibt es nicht, man isst im Stehen oder setzt sich auf die Gehsteigkante oder eine Stufe am Eingang zur Fleischerei. Vorspeisen werden nicht angeboten, also widmet man sich gleich den Spezialitäten aus dem Fornello, die man aus der Theke wählen kann. Eine Kostprobe von den Salsicce mit Kalbsbrät oder denen mit grobem Schweinefleischbrät (mit dem Messer gehackt) ist ebenso lohnend wie der Genuss von Bombette, Lamm und *Gnummariedd'*.

La Villa

Piazza della Libertà 23–25
Tel. (+39) 099 / 61 64 20
Ruhetag: Sonntag

Auf einer hübschen kleinen Piazza von Crispiano bietet Metzgermeister Franco seinen Kunden eine bemerkenswerte Auswahl an Fleisch, das er selbst direkt auf den Bauernhöfen in der Umgebung aussucht. Da gute Qualität somit gewiss ist, können Sie in aller Ruhe Fegatini (Leber), Costolette di agnello (Lammkoteletts) oder die berühmte Rinderlende (Lombetto di manzo, hierorts besser bekannt als *U galluz*) genießen.

GINOSA (TA)

Franco Dragone

Via Roma, 117
Tel. (+39) 099 / 824 57 08
Ruhetag: Donnerstag, Sonntag; gegen Vorbestellung immer geöffnet

Woche für Woche wählt Franco bei den Bauern der Gegend die Tiere aus, die er zu schlachten gedenkt und deren Fleisch er dann in seinem Laden zum Verkauf anbietet. Die Bratstube befindet sich in dem Raum neben der Theke. Die Gäste finden im Winter im Souterrain Platz, im Sommer hinter dem Laden auf der Veranda, die auf die Via Foscolo geht. Während das Fleisch gebraten wird, bekommt man Oliven, apulischen Canestrato-Käse, Wurstwaren und köstliches Brot aus dem Holzofen serviert. Zu den fast umglaublich guten Spezialitäten aus dem Fornello zählen Zampina, Salsiccia a punta di coltello, Bombette und Lammkoteletts; nicht minder schmackhaft sind die in der Küche des Hauses zubereiteten Brasciole al sugo (Fleischrouladen mit Käse und Petersilie in Sauce). Begleiten kann man die Mahlzeit mit einem recht ordentlichen Hauswein.

Vito Ribecco

Via Lucania, 43
Tel. (+39) 099 / 824 57 31
Ruhetag: Donnerstagabend, Sonntag

An der nördlichen Peripherie von Ginosa befindet sich diese Macelleria, in der Sie Ihren Gaumen mit den Spezialitäten aus dem dazugehörigen Fornello verwöhnen können: Rindfleisch in Scheiben, *Gnummariedd'*, Salsiccia di vitello (Kalbswurst), Salsiccia di maiale a punta di coltello (Schweinewurst mit grobem Brät). Eine wahre Delikatesse ist der mit Kartoffeln servierte Marretto (Lamminnereien in Form einer dicken Roulade). Köstliches Brot aus zweifach gemahlenem Hartweizenmehl, guter Hauswein.

LATERZA (TA)

Rizzi

Via Giannone, 45
Tel. (+39) 099 / 821 39 17
Ruhetag: Sonntag

Schöne Fleischerei in der Altstadt. Nach Ladenschluss widmet sich Dino Rizzi seinem Fornello im Hinterzimmer. Zum Essen kann man sich in der angrenzenden Stube niederlassen, die 35 Plätze bietet, oder man begibt sich in den wunderschönen Räumlichkeiten mit Deckenmalereien im ersten Obergeschoss zu Tisch. Lammkoteletts, Salsicciotti, Bombette und *Gnummariedd'* sind die Hauptempfehlungen. Während man auf diese wartet, kann man Wurstwaren, Carpaccio vom Kalb mit Käse und Rucola, apulischen Canestrato-Käse, Oliven und in Öl eingelegtes Gemüse genießen, begleitet von köstlichem Brot und ortstypischer Focaccia (beides wird in einem mit Holz befeuerten Induktionsofen gebacken).

Tamborrino

Via Roma, 58
Tel. (+39) 099 / 821 61 92
Ruhetag: Sonntag

Domenico Tamborrino und seine Frau Stella haben im Hinterzimmer ihrer Fleischerei vor etlichen Jahrzehnten dieses behagliche Lokal eröffnet und diesem irgendwann eine Galerie angefügt, auf der man sich niederlassen kann, um den traditionellen Fornello-

Spezialitäten von Laterza zuzusprechen. Zwei der traditionellen Steinöfchen sind immer in Betrieb. Salsiccia secca, in Öl eingelegtes Gemüse, Oliven in Salzlake, Brot und Focaccia werden Ihnen von Stella gleichsam als Gruß aus der Küche serviert. Danach wird das Fleisch aufgetischt, das Sie zuvor an der Theke ausgesucht haben: Bombette, Fegatini, Salsiccia fine und Salsiccia a punta di coltello, begleitet von Brot aus einer örtlichen Bäckerei. Neben dem Hauswein steht eine gute Auswahl an apulischen Etiketten bereit.

LATIANO (BR)

La Taverna di Pascalone

Via Roma, 82
Tel. (+39) 08 31 / 72 68 69
Ruhetag: Mittwoch

An der zentral gelegenen Via Roma finden Sie diese renommierte Osteria mit Fornello, dem kompetenten Pascalone und der sympathischen Maggie. Sie ist es auch, die Ihnen die Spezialitäten servieren wird, angefangen von den schmackhaften Antipasti, die sie persönlich zubereitet, wie etwa frittierte Hackfleischbällchen oder Involtini di vitello in *pignata* (Kalbfleischröllchen in Sauce). Mit diesen Köstlichkeiten kann man den Appetit anregen, während man auf das Fleisch wartet, das man zuvor an der Theke ausgesucht hat. Köstliches Brot, frittierte Crostini und guter Wein begleiten die Mahlzeit. Die Dolci sind hausgemacht.

LOCOROTONDO (BA)

Da Nicola Semeraro

Ortsteil Lamie di Olimpia, 217
Tel. (+39) 080 / 443 42 38
Ruhetag: Montag

In der schönen Landschaft des Valle d'Itria können Sie umgeben von viel Natur in gelassener Atmosphäre einen hervorragenden Prosciutto crudo aus Faeto und zahlreiche hausgemachte Wurstwaren probieren, während Sie darauf warten, dass das von Ihnen ausgesuchte Stück Fleisch zubereitet wird. Animelle, Lammkoteletts, Salsicce und Bombette kann man mit einer guten Flasche Wein begleiten.

I Piaceri della Carne

Traversa Maestro Curri, 68
Tel. (+39) 328 / 468 07 43,
(+39) 320 / 387 53 62
Geöffnet Mittwoch, Samstag, Sonntag,
Juli–September täglich

Der Name (wörtlich: „Fleischeslüste") beschreibt das kulinarische Angebot dieses Fornello sehr anschaulich. Corrado, Francesco und Giacomo sind die Gestalter eines Genusserlebnisses, bei dem nichts dem Zufall überlassen wird. Das Fleisch stammt von Tieren einheimischer Rassen aus eigener Haltung. Bis es Ihnen serviert wird, können Sie sich an Capocollo di Martina Franca (Slow-Food-Presidio), Soppressata und der obligaten Pagnottella (in Kleie vom Weizen der Sorte Senatore Cappelli gewälzte Salami) gütlich tun.

MARTINA FRANCA (TA)

Granaldi

Via Bellini, 108
Tel. (+39) 328 / 321 83 71,
(+39) 347 / 683 32 10
Kein Ruhetag

Die unumstrittene Spezialität des Hauses nennt sich *Gingumm*: Es handelt sich hierbei um kleine Kalbslungenrouladen, deren Besonderheit eine gummiartige Konsistenz ist. Diese Köstlichkeiten werden nebst Capocollo arrosto, Filetto di vitello oder Straccetti mit Grana und Rucola in der charmanten kleinen Stube über der Fleischerei serviert und lassen sich mit einem guten trockenen oder halbtrockenen Rotwein kombinieren.

Vito Serio

Via Ferrucci, 20
Kein Telefon
Geöffnet Dienstag und Samstag

Vito ist eine echte Institution, ein Musterbeispiel für jeden, der den apulischen Fornello in all seiner Vortrefflichkeit sucht. Mit seinem Fornello hat Vito nicht nur in Martina Franca, sondern im gesamten Bezirk Geschichte geschrieben. Nach alter Tradition bekommen Sie bei ihm zwei Mal pro Woche exzellente Bombette, Lammkoteletts, *Gnummarieddhi* sowie die berühmten Sigarette (Würste aus Kalb- und Schweinefleisch). Man isst im Stehen und darf die Getränke, mit denen man die erwähnten Köstlichkeiten begleiten möchte, mit ins Lokal bringen.

NOCI (BA)

Domenico Scarano

Via Vittorio Emanuele, 15
Tel. (+39) 080 / 497 73 15
Mittwoch und Freitag geöffnet, gegen Vorbestellung auch Dienstag, Donnerstag und Samstag

Im Herzen des hübschen Städtchens Noci erwartet Sie ein gefälliger kleiner Gastraum neben der Fleischerei: Hier kommen Sie in den Genuss von Kalbs- und Schweineschnitzel (Nodini), Kaninchenbraten, Lammfleischrouladen und Kalbskoteletts, die alle langsam im Fornello gebraten werden. Der Rotwein des Hauses ist sehr gut.

PALAGIANO (TA)

L'Amico Rosticciere

Via Bernini, 29
Tel. (+39) 099 / 888 31 23
Ruhetag: Sonntag, Montag

In der Stadt der Klementinen – so wird Palagiano genannt – ist die Macelleria von Franco Lazzaro die einzige, in der man Spezialitäten aus dem Fornello genießen kann. Dazu lässt man sich in einem einfachen, rustikalen Gastraum neben dem Verkaufslokal nieder. Während Sie auf das Fleisch warten, werden Ihnen Oliven, Wurstwaren, Käste und köstliche in Asche gegarte Kartoffeln mit nativem Olivenöl extra serviert. Es folgen Bombette, *Gnummariedd'*, Salsiccia auf Basis von Kalb- oder Schweinefleisch, Lamm, Kalbsschnitzel. Zum Schluss kann man feines Mandelgebäck naschen und hausgemachten Likör (Rosolio) probieren. In Sachen Wein stehen ein Dutzend apulische Etiketten und ein respektabler offen ausgeschenkter Primitivo bereit.

PUTIGNANO (BA)

Marchio Murgia

Via Noci, 119
Tel. (+39) 080 / 405 54 43
Ruhetag: Sonntag, Montag

Verführerisch sind an dieser Adresse nicht nur die typischen Spezialitäten aus dem Fornello, sondern auch die Costata vom Podolica-Rind und die Tagliata di manzo (blättrig geschnittenes Rindersteak): Alles Fleisch stammt aus dem eigenen Viehzuchtbetrieb, was als Qualitätsgarantie zu werten ist. Zu trinken gibt es einen guten Primitivo aus Gioia del Colle (der als Hauswein serviert wird) und einige apulische Flaschenweine.

SAMMICHELE DI BARI (BA)

La Tradizione

Via della Resistenza, 68
Tel. (+39) 080 / 891 84 67
Ruhetag: Montag

Wie könnte man auf eine Kostprobe von der typischen Zampina (dünne Wurst aus Rind- und Schweinefleisch, mit Wein und Gewürzen aromatisiert) verzichten, für die dieses Städtchen nicht weit von Bari berühmt ist und der es jedes Jahr im Sommer ein Fest widmet? In dem großen Lokal, das schön eingerichtet und sehr komfortabel ist, können Sie aber auch noch andere Spezialitäten probieren, etwa Agnello al forno, Costata vom Podolica-Rind, im Sommer auch Schaffleisch in Form von Pecora in pignata. Gute Auswahl an Wein aus der Region.

SANTERAMO IN COLLE (BA)

Casa del Puledro

Corso Roma, 142
Tel. (+39) 080 / 302 62 24,
(+39) 388 / 793 31 96
Ruhetag: Sonntag

Pferdefleisch ist das Markenzeichen der hiesigen Lebensmittelerzeugung und dieser Fornello zeichnet sich durch die hohe Qualität der empfohlenen Leckerbissen aus. Spezzatino mit würzigen Kräutern, bei schwacher Hitze geschmorte Rouladen (Braciole in *pignata*), feinstes Carpaccio, Schnitzel von gegrilltem Eselfleisch sind nur einige der Köstlichkeiten, die hier freundlich und zuvorkommend serviert werden.

Da Mimmo e Valeria

Via Iacoviello, 47–49
Tel. (+39) 080 / 303 96 36
Ruhetag: Sonntag

Mimmo, ein erfahrener Sommelier, wird Sie bei der Auswahl eines edlen Tropfens gerne beraten, den Sie zu geschmortem Pferdefleischrouladen (Braciole di cavallo in umido), Carpaccio und köstlicher Eselsalami in diesem Lokal genießen können, das er zusammen mit Valeria kompetent und umsichtig führt. Gemäß hiesiger Tradition ist Pferdefleisch in zahlreichen Varianten tonangebend.

VILLA CASTELLI (BR)

Pietro Alò

Via San Carlo Borromeo, 71
Tel. (+39) 08 31 / 86 60 58
Gegen Vorbestellung geöffnet

Tagsüber Fleischer, abends Wirt: Seit Jahren verwöhnt Pietro unsere Gaumen mit Lammspießchen, Salsiccia a punta di coltello, Capocollo vom Schwein und zahlreichen anderen Spezialitäten. Das Fleisch ist sorgsam ausgesucht und die Gerichte werden ausführlich erläutert, um das kulinarische Erlebnis noch eindringlicher zu machen. Ein guter offen ausgeschenkter Rotwein gehört selbstverständlich dazu. Reservierung empfohlen: Das Lokal hat gerade einmal zwölf Plätze!

CRISPIANO (TA)

17 KM NÖRDLICH VON TARENT

La Cuccagna

Restaurant-Enoteca • Corso Umberto, 168
Tel. (+39) 099 / 61 60 87,
(+39) 349 / 873 31 38
Ruhetag: Dienstag
Ferien: 10.–20. Januar, 20.–30. Juni
60 Plätze + 40 Plätze im Freien
Preise: 35 €
Kreditkarten: AE, CS, DC, MC, Visa; BM
Abends geöffnet, Sonntag und Feiertage nur abends

Gianni bietet schmackhafte Gerichte der apulischen Tradition in gelungenen Neuinterpretationen.

DIE OSTERIA – Das von Hügeln umgebene Crispiano blickt auf eine ereignis- und traditionsreiche Geschichte zurück. Im Stadtzentrum entdecken wir das Lokal, das heute von Gianni Marsella geführt wird und 1969 dank seines Vaters Martino als Fornello entstanden ist. Im Laufe der Jahre hat es sich weiterentwickelt und ist die Speisenauswahl größer geworden, doch die Fleischspezialitäten aus dem Fornello sind nach wie vor ein fester Bestandteil des Angebots.

DIE KÜCHE – Bemerkenswert von den Vorspeisen ist der Antipasto della Cuccagna (13 €, bestehend aus sechs Kostproben, z. B. marinierte Zucchini mit Pesto aus Erbsen, Minze und apulischem Canestrato-Käse oder gebackenes Ei – **Uovo in cocotte – mit Spargel**). Von den Primi herausragend sind die **Dinkelnocken** (Gnocchetti di farro) **mit Auberginencreme**, geschmorten **Pomodorini und Stracciatella-Käse** sowie die Fusilli integrali mit Paprikaschoten, Oliven, Kapern und frittiertem Brot (10 €). Zu den (exzellenten) Fornello-Klassikern zählen Salsiccia, Fegatini, **Bombette**, Schweinerippchen, Lamm. Wer eine andere Hauptspeise möchte, ist mit Jungrind (Scottona locale arrosto), Tagliata vom Kalb aus der Murgia mit Spargel und Caciocavallo podolico (12 €) oder den klassischen ***Brasciole*** al sugo gut beraten. Von den sublimen Desserts (6 €), die Giannis Schwester Rossana kreiert, empfehlen wir das Kirschsüppchen (Zuppetta speziata di ciliegie al Primitivo) mit Mandel-Crumble und den Cappuccino di fragole mit Pistazieneis und Mascarponecreme. Beachtliches Weinsortiment: rund 600 Etiketten unterschiedlicher Jahrgänge und Winzer mit Schwerpunkt Apulien.

FASANO (BR)
Speziale

44 KM NORDWESTL. V. BRINDISI, S.S. 16 U. S.S. 379

Il Cortiletto

Osteria
Via Lecce, 91
Tel. (+39) 080 / 481 07 58,
(+39) 349 / 133 37 85
Ruhetag: Sonntagabend, Montag (außer März–Ende Oktober)
Ferien: 7.–31. Januar
30 Plätze + 50 Plätze im Freien
Preise: 30 €
Kreditkarten: AE, CS, MC, Visa; BM
Mittags und abends geöffnet

DIE OSTERIA – Die kleine Trattoria mit dem unauffälligen Eingang befindet sich zwischen den weißen Häusern an der Strada Provinciale von Speziale, einem kleinen Ortsteil von Fasano. Sie besteht aus zwei heimeligen Gasträumen und einem Innenhof an der Rückseite des Hauses für den Sommer. Der Inhaber Pasquale Laneve wird von lokalen Bauern und Produzenten beliefert. Das täglich auf einer Tafel im Eingangsbereich angeschriebene Menü wechselt mit den Jahreszeiten und der Verfügbarkeit der Grundprodukte.

DIE KÜCHE – Der Antipasto misto für zwei Personen (16 €) umfasst mehrere kleine Gänge, z. B. Crostini mit Zichorie und Capocollo di Martina Franca, Crêpe con crema di carciofi (mit Artischockencreme), Sformatino di verdure (Gemüseflan). Interessante Auswahl an Primi: **Strascinate con cime di rape** (Pasta mit Stängelkohl, 9 €), **Orecchiette con braciole e polpette** (öhrchenförmige Nudeln mit Fleischrouladen und -klößchen, 13 €), **Gnocchi ai carciofi e pezzente** (mit Artischocken und Wurst, 12 €). Danach gibt es Fleisch vom Rost, **Coscia di pollo** (Hähnchenschenkel) **mit Ofenkartoffeln**, Kirschtomaten und Rucola (11 €), Tagliata di cavallo su lastra di sale rosa (blättrig geschnittenes Steak vom Pferd auf rosa Salz). Ein süßer Schlusspunkt lässt sich mit der Crostata di ricotta e amarena oder der Mousse von Mandelmilch und Kaffee setzen. Gute Auswahl an Wein aus der Region, auch glasweise.

FOGGIA

Da Pompeo Trattoria Giordano

Restaurant • Vico al Piano, 14
Tel. (+39) 08 81 / 72 46 40
Ruhetag: Sonntag
Ferien: zeitweise im August
60 Plätze
Preise: 35 €
Kreditkarten: MC, Visa
Mittags und abends geöffnet

DIE OSTERIA – Neben dem Teatro Umberto Giordano, von dem es einen Teil des Namens hat, finden wir dieses behagliche Lokal, das von Pompeo Pillo in den 1960er-Jahren eröffnet wurde. Noch bevor man die gepflegten Innenräume betritt, erlebt man die angenehme Überraschung, einen Blick in die Küche werfen zu können, wo mit Ida und Assunta zwei versierte Köchinnen am Werk sind, die sich als Bewahrerinnen der kulinarischen Traditionen der Daunia verstehen. Ihre Speisenfolgen, die sowohl der Festland- als auch der Meeresküche entspringen, gestalten sie mit ausgesuchten regionalen Produkten.

DIE KÜCHE – Große Auswahl besteht bei den Antipasti (8 €): Pastete von Dicken Bohnen und Zichorie, Artischocken-Frittatine, **Tortino di alici con pomodori e capperi** (Sardellenküchlein mit Tomaten und Kapern), Crostino mit Sardellen und Büffelmozzarella, Filetti di sgombro (Makrelenfilets) auf katalanische Art, Mazzancolle (Furchengarnelen) mit Kartoffelpüree. Aus dem Kapitel Primi nicht wegzudenken sind die traditionellen hausgemachten Nudeln aus frischem Teig: **Orecchiette con finocchietti, cicorielle e tanni** (mit Fenchel, Zichorie und Stängelkohl, 10 €), Strascinati mit Rucola, Troccoli mit Spargel und Pancetta, Tagliolini con vongole veraci in bianco (mit Venusmuscheln, 12 €). Bei den Secondi angelangt, empfehlen wir von den Fleischgerichten die **Brasciola al sugo** (gefüllte Fleischrouladen in Sauce, 12 €), die Grillteller, den Lammbraten – **Agnello al forno** – mit Kartoffeln und Pilzen; in Sachen Fisch ist man mit gegrillten Polpetti oder Seppioline bzw. mit geschmortem Seeteufel (Filetto di pescatrice in umido, 14 €) gut beraten. Als Dessert gibt es vorzügliche Sfogliata mit Ricottacreme, Torta mimosa al cucchiaio, allerlei Mousses und Crostate. Gute Auswahl an hauptsächlich regionalen Weinen.

NEU Terra Arsa

Restaurant-Osteria
Via Manzoni, 144
Tel. (+39) 08 81 / 25 26 78
Ruhetag: Sonntagabend, Montag
Ferien: unterschiedlich
26 Plätze
Preise: 25–30 €
Kreditkarten: AE, CS, DC, MC, Visa; BM
Mittags und abends geöffnet

DIE OSTERIA – In der Via Manzoni, mitten in der Altstadt, stechen unter verfallenden alten Palazzi und Anflügen von Moderne zwei rote Türmarkisen hervor: Willkommen im Terra Arsa, dem von Raffaele Murani verständig geführten kleinen Restaurant. Nachdem er durch ganz Europa getourt war, beschloss der junge Koch, in seine Heimatstadt zurückzukehren, um seinen Erfahrungsschatz in ein eigenes Lokal zu investieren und eine der apulischen Tradition folgende Küche anzubieten. Sein Plan ist aufgegangen. Den kulinarischen Takt geben superfrischer Fisch sowie Saisongemüse aus dem familieneigenen landwirtschaftlichen Betrieb an, und es mangelt auch nicht an vorzüglichen Fleischgerichten.

DIE KÜCHE – Die Auswahl an Antipasti (8 €) reicht von Polpo alla brace (gegrillter Oktopus) mit Kichererbsenmousse und gebratenen Tomaten über **Insalata di baccalà e arance** und panierte Sardellen bis hin zu **Frittata di lampascioni** mit Tomatenmousse. Das Spektrum der Pastagerichte (8 €) umfasst Agnolotti mit einer Füllung aus Garnelen und Wirsing, **Cicatelli con crema di cime di rape e calamaretti** (mit Stängelkohlcreme und kleinen Calamari), Paccheri alla marinara (mit Meeresfrüchten), Raviolone con caciocavallo e cime di rape. Facettenreich das Angebot an Secondi: In Sachen Fisch gibt es diverse Gerichte auf Basis von Baccalà, ferner Trancio di merluzzo in crosta di nocciole (Dorsch in Haselnusskruste) mit Kartoffeln und Zichorie oder Merluzzo al forno mit Gemüse; an „fleischlichen" Freuden erwarten uns klassische Braten sowie Lamm in Form von **Agnello al forno** mit Artischocken in Tempurateig und Kartoffelcreme. An Desserts gibt es Semifreddo alla cassata und Spuma chantilly mit Orangen-Granita (4 €). Die Weinkarte ist dem Umland verpflichtet, empfiehlt aber auch ausgewählte Produkte von außerhalb.

FOGGIA

NEU Trattoria del Cacciatore

Trattoria • Via Mascagni, 12
Tel. (+39) 08 81 / 77 18 39
Ruhetag: Sonntag
Ferien: unterschiedlich
30 Plätze
Preise: 25–30 €
Kreditkarten: AE, CS, MC, Visa; BM
Mittags und abends geöffnet

DIE OSTERIA – Die wenige Meter von der Kathedrale entfernte Trattoria ist eine echte Institution der Stadt: Seit 1960 gilt sie als Bezugspunkt für all jene, die die lokale kulinarische Tradition in ihrer unverfälschtesten Form kennenlernen oder neu entdecken möchten. Die Leitung des Hauses obliegt nunmehr Francesco Pillo, der von seinen Eltern die Liebe und Leidenschaft für das Kochen geerbt und die Aufgabe übernommen hat, sich für die Bewahrung des hiesigen weinkulinarischen Erbes einzusetzen. Das vor Kurzem renovierte Lokal ist geräumig und komfortabel.

DIE KÜCHE – Nach einer Vorspeise der Meeres- oder Festlandküche wählt man zwischen Crema di fave (Creme von Dicken Bohnen) mit Zichorie und Pancetta, **Pancotto**, Cavatelli e fagioli oder Cavatelli con cozze e fagioli (Nudeln mit Miesmuscheln und Bohnen, 9,50 €), Troccoli con seppia ripiena (Pasta mit gefülltem Tintenfisch, 12 €) bzw. Troccoli mit Sugo und Ricotta salata oder aber Orecchiette mit Gemüse. Der rote Faden des erwähnten Erbes zieht sich auch durch das Angebot an Secondi: klassische Fleischroulade (**Involtino alla foggiana**, 9 €), Lamm aus dem Ofen mit Kartoffeln (Agnello al forno con patate), **Salsiccia e torcinelli** (Wurst und Innereien, 12 €); bevorzugt man Maritimes, so ist man mit Gamberi con purè di fave oder Polpo grigliato con verdure gut beraten. Besondere Erwähnung gebührt der ***Pedea*** (10 €), bei der es sich um einen mit Ei, Käse und Kräutern gefüllten Lammbauch handelt, der in Tomatensauce gekocht wird: ein Muss der traditionellen Küche, die leider immer stärker aus dem Bewusstsein verschwindet. Attraktives Angebot an hausgemachten Dolci: Crostate, Semifreddi, Torten mit Creme. Der im Aufbau befindliche Weinkeller empfiehlt interessante regionale Winzererzeugnisse.

58 KM SÜDWESTLICH VON BARI, S.S. 96

La Murgiana

Restaurant
Via XXIV Maggio, 25
Tel. (+39) 080 / 325 03 42,
(+39) 331 / 739 64 18
Ruhetag: Sonntagabend, Montag
Ferien: 2 Wochen im Juli
70 Plätze + 20 Plätze im Freien
Preise: 30–35 €
Kreditkarten: AE, CS, DC, MC, Visa; BM
Mittags und abends geöffnet

DIE OSTERIA – Nicht weit von der wunderschönen Altstadt von Gravina in Puglia, zu deren Besonderheiten Felsenkirchen, unterirdische Gänge und ein prächtiges Panorama zählen, entdecken wir dieses behagliche Restaurant, das seit einigen Jahren vom jungen Francesco Capozzo geleitet wird: Der fähige Koch liebt es, mit seinen Gästen zu plaudern und ihnen die mit regionalen Grundprodukten zubereiteten Gerichte zu schildern, die aus seiner Küche kommen.

DIE KÜCHE – Wir empfehlen, mit der Bestellung erst fortzufahren, wenn man die breite Palette an Antipasti (12 €) probiert hat, die sorgfältig angerichtet werden und sich durch saisonale Zutaten auszeichnen: Parmigiana di melanzane, ausgesuchte Salumi und Formaggi aus der Region, Soufflé di ricotta und klassische **Cialledda** (apulischer Brotsalat). Es folgen appetitliche Primi (8 €): Orecchiette agli asparagi selvatici (mit Wildspargel), ***Caputi*** con cardoncelli verdi e mollica fritta (Pasta mit Pilzen und gerösteten Brotbröseln), feine Kichererbsencreme (Vellutata di ceci) mit Wildmangold, Cardoncelli-Pilzen und Crostone di pane oder aber Orecchiette di grano arso mit Feldzichorie und gerösteten Brotbröseln. Was die Secondi (12 €) anbelangt, so gilt es, das **Lamm** nicht zu verpassen, das man in den Versionen **Agnello arrosto**, Agnello alla brace oder Agnello in umido con le erbette (geschmort mit feinen Kräutern) zur Auswahl hat. Alternativ dazu kann man sich für das klassische Schaffleischgericht ***U callaridd*** entscheiden. Möchte man zum Abschluss eines der Dolci (4 €) genießen, so sind die **Mousse di ricotta e melanzane**, die Dolci di pasta di mandorla und die Mürbeteigkuchen mit Saisonobst verlockend. Gutes Angebot an apulischen und italienischen Weinen, hausgemachte Liköre.

Cucina Casereccia - Le Zie

Trattoria
Via Costadura, 19
Tel. (+39) 08 32 / 24 51 78
Ruhetag: Sonntagabend, Montag
Ferien: Ostern, Ende August/Anfang September, Weihnachten
50 Plätze
Preise: 25–30 €
Kreditkarten: AE, CS, DC, MC, Visa; BM
Mittags und abends geöffnet

DIE OSTERIA – Die nur ein paar Schritte vom Stadtpark des Hauptortes des Salento entfernte Trattoria Le Zie ist seit je eine sichere Anlaufstelle, um die kulinarische Geschichte der Stadt zu entdecken. Angefangen von den köstlichen Düften hat man schon beim Betreten dieses Lokals, dessen Markenzeichen eine große einsehbare Küche ist, das tröstliche Gefühl, im Haus einer salentinischen Familie zum Essen eingeladen zu sein.

DIE KÜCHE – Man beginnt mit einer wunderbaren Auswahl an gemischten Vorspeisen nach Art des Hauses (Antipasti misti della casa, 6 €), um sich danach den Primi (9 €) zuzuwenden: ***Ciceri e tria*** (Bandnudeln mit Kichererbsen), **Tiella di riso patate e cozze** (Auflauf aus Reis, Kartoffeln und Miesmuscheln), Parmigiana di melanzane (gratinierte Auberginen), ***Sagne 'ncannulate*** al sugo (Nudeln mit Fleischsauce). Geht man dann zu den Secondi über, wählt man zwischen Lamm aus dem Ofen – **Agnello al forno – mit Kartoffeln** (13 €), Polpette al pomodoro (Fleischklößchen in Tomatensauce), Pezzetti di cavallo (pikantes Pferdefleisch) oder einer Fischempfehlung, wie etwa Calamaro ripieno (gefüllter Tintenfisch) oder Polpo cotto in ***pignata*** (geschmorter Oktopus, 11 €). Zum Ausklang der Mahlzeit hat man eine Vielfalt an Dolci zur Auswahl: typische **Torta pasticciotto**, Cassata nach Art von Lecce (Biskuit mit Ricottacreme, 4 €), handwerklich gefertigte Eiscreme in Form von Spumone (5 €). Neben dem Hauswein ist ein schönes Sortiment an apulischen Weinen vorrätig.

Le Antiche Sere

Traditionelle Osteria
Via Micca, 22
Tel. (+39) 08 82 / 99 19 42,
(+39) 347 / 355 10 79
Ruhetag: Montag, außer im August
Ferien: 1.–15. September
35 Plätze + 30 Plätze im Freien
Preise: 35 €
Kreditkarten: CS, DC, MC, Visa
Mittags und abends geöffnet

DIE OSTERIA – In dieser schönen Ecke Apuliens kann man im Umkreis von wenigen Kilometern eine facettenreiche Natur genießen: Das Meer, die Berge des Gargano, die Tremiti-Inseln und die Seen Lago di Varano und Lago di Lesina, aus denen die Fischer Aal und Meeräsche holen. Das anheimelnde, romantische Lokal, das von Patron Nazario Biscotti mit Professionalität und Leidenschaft geführt wird, befindet sich an der Promenade des Lago di Lesina. Tradition, Forschergeist, Gespür für Innovation und exzellente lokale Produkte (allen voran der hiesige Fisch) zeichnen die Küche aus.

DIE KÜCHE – Dass Fisch aus dem See die Hauptrolle spielt, merkt man bereits bei den Antipasti (8 €): Carpaccio di cefalo labbrone con salicornia all'agro (Dicklippige Meeräsche mit Meeresspargel), frittierte Gamberetti di laguna auf Creme von grünen Tomaten, Carpaccio di anguilla (Aal) mit Safran auf einer Creme aus Brot, Tomaten, Origano und Kapern, Tortino di muggine (Küchlein auf Basis einer weiteren Meeräschenart) mit Ricotta, Kräutern der Saison und Zitrusfruchtemulsion, ***Crugnaletti arraganati*** (aromatische Minifische). Die Primi (10 €) basieren auf hausgemachten Teigwaren: Maltagliati al verde di rape mit Meeräsche und getrocknetem Fischrogen, **Tagliatelle di grano arso e anguilla mit Tomatensauce**, Fricelli mit Salicornia, Krustentieren und pürierten Kichererbsen, **Orecchiette con cardoncelli, rape, salsiccia e caciocavallo podolico**. An Secondi (15 €) gibt es köstlichen Aal als **Anguilla al forno con lampascioni e patate**, Fischfrittüre (Fritto di paranza), Dorade (Orata di laguna) in Brotkruste mit Dicken Bohnen und Zichorie. Ein würdiges Finale lässt sich mit Crostata di ricotta oder Croccante alle mandorle mit Bitterschokolade gestalten. Die Weinkarte empfiehlt hauptsächlich gute apulische Etiketten.

La Taverna del Duca

Trattoria • Via Papadotero, 3
Tel. (+39) 080 / 431 30 07,
(+39) 388 / 940 83 39
Ruhetag: Sonntag, Montagabend (außer im Sommer)
Ferien: zeitweise im Januar
35 Plätze + 30 Plätze im Freien
Preise: 25–30 €
Kreditkarten: CS, DC, MC, Visa; BM
Mittags und abends geöffnet

DIE OSTERIA – In der Nähe einer charmanten kleinen Piazza gegenüber dem städtischen Park, von wo man eine schöne Aussicht auf die von Rebgärten gerahmten Trulli hat, entdecken wir diese gemütliche kleine Osteria mit geschmackvoll schlichtem Interieur in Räumlichkeiten, die früher einmal die Fleischerei der Familie beherbergten. Antonella Scatigna verwendet in ihrer Schauküche seit eh und je saisonale Grundprodukte, die sie unter Wahrung der apulischen Tradition zu appetitlichen Gerichten verarbeitet. Noch bemerkenswerter ist ihr Engagement für ein Waisenhaus im Kongo, dem sie einen Teil der Einnahmen ihrer Gaststätte spendet.

DIE KÜCHE – Beginnen kann man mit einer guten Auswahl an regionaltypischen Salumi (darunter ein vorzüglicher Capocollo di Martina Franca, Slow-Food-Presidio) und Formaggi (6 €), um dann zu den Primi piatti überzugehen. Auswahlmöglichkeit besteht in diesem Kapitel zwischen dem ausgezeichneten **Purè di fave e cicorie** (Püree von Dicken Bohnen und Zichorie, 8,50 €), einem Auflaufgericht aus Reis, Kartoffeln und Miesmuscheln, einer Zuppa di verdure (Gemüsesuppe), den Troccoli con fagiolini e pomodoro fresco (Pasta mit grünen Bohnen und frischen Tomaten) und den obligaten **Orecchiette con ragù di braciola** (mit Rouladen in Sauce). Sehr gut die Secondi: Stinco di maiale con verdure (Schweinehaxe mit Gemüse, empfohlen für zwei Personen), Schaffleisch in der Spielart **Pecora in *pignata***, Hähnchen mit Paprika (Pollo con i peperoni), Kutteln in Form von **Involtini di trippa** (8 €). Abrunden lässt sich die Mahlzeit mit Antonellas Desserts (4 €): Tiramisu, Torta di ricotta oder Torta di mele, mit Konfitüre gefülltes Mandelgebäck (Biscotti di mandorla). Kleine Selektion apulischer Flaschenweine und ein guter Primitivo als Hauswein.

19 KM WESTLICH VON FOGGIA

Palazzo d'Auria Secondo

Restaurant-Pizzeria
Piazza Oberdan, 3
Tel. (+39) 0881 / 53 04 46,
(+39) 333 / 918 84 72
Ruhetag: Montag
Ferien: zeitweise im Winter
80 Plätze + 50 Plätze im Freien
Preise: 30–35 €
Kreditkarten: AE, CS, MC, Visa; BM
Mittags und abends geöffnet

DIE OSTERIA – Der junge Alberto Trincucci hat seine Tätigkeit als Gastronom in einem vornehmen Palazzo aus dem 16. Jahrhundert in der Altstadt angesiedelt. Der Weg in sein Lokal führt durch einen hübschen, mit typischem Kalkstein gepflasterten Innenhof, wo man bei passendem Wetter speisen kann. Alberto, der ein passionierter Vintage-Sammler ist, hat seine Wirkungsstätte mit schönen Gegenständen eingerichtet, was dem Ambiente ein sehr behagliches Flair gibt. Die Küche zeugt von Regionalverbundenheit und unablässiger Suche nach exzellenten Grundprodukten, auch viele Slow-Food-Presidi sind vertreten.

DIE KÜCHE – Während man auf die Antipasti (5 €) wartet, wird man mit köstlich duftenden **Pettole fritte** verwöhnt. Danach munden der Girello vom Podolica-Rind mit Puntarelle und Möhren, der delikate **Tortino di sponsali e pane raffermo** (Jungzwiebelflan auf Basis von altbackenem Brot) und der gegrillte Oktopus (Tentacolo di polpo alla brace) auf Püree von Dicken Bohnen aus Carpino. Es folgen hausgemachte frische Teigwaren, z. B. **Troccoli al ragù di capretto**, Paccheri Senatore Cappelli mit Spargelcreme, Salsiccia und Gemüse-Caponata (6 €), aber auch typische Suppengerichte wie die **Zuppa di fave e cicoria**. Das Fleisch stammt aus lokalen Zuchtbetrieben: Empfehlenswert sind die Fleischspezialität vom schwarzen Schwein ***Misciska* di maiale nero** mit Saisongemüse (8 €), das Filet vom Esel (Filetto di asino) mit Rotweinreduktion und Rosinen, die Pferdefleischrouladen in Sauce (Involtini di cavallo al ragù). Zum Finale erwarten sie hausgemachte Dolci (4 €) wie Semifreddo al caffè und Tiramisu, aber auch Torta passionata von einer renommierten Konditorei. Sehr gut sortierter Weinkeller mit Schwerpunkt auf apulischen Etiketten.

39 KM NORDÖSTLICH VON FOGGIA, S.S. 89

Il Baracchio

Trattoria
Corso Roma, 38
Tel. (+39) 08 84 / 58 38 74
Ruhetag: Donnerstag
Keine Ferien
70 Plätze
Preise: 30–35 €
Kreditkarten: CS, MC, Visa; BM
Mittags geöffnet, Freitag und Samstag auch abends

DIE OSTERIA – Die in der zweiten Hälfte des 13. Jahrhunderts von König Manfred gegründete Stadt, die die Bevölkerung des antiken Siponto aufnahm, lohnt ebenso wie ihre Umgebung dank einer Vielzahl interessanter Facetten eine Besichtigung. Die kulinarische Facette finden wir in dieser ehrlichen Osteria, die Frischestes vom lokalen Fischmarkt in schmackhaften Gerichten nach traditionellen Rezepten bietet. Gleich am Eingang blickt man linker Hand in die Küche, die nichts zu verbergen hat. Empfangen wird man von Fiorenzo, der seine Gäste galant und gewandt umsorgt.

DIE KÜCHE – Wir empfehlen für den Beginn die Tavolozza di mare (10 €), die feinen Oktopussalat, vortreffliche gefüllte Miesmuscheln (**Cozze ripiene**), Tintenfisch in eigener Tinte (Seppie arrostite al nero), marinierte Sardellen (Alici marinate), Stachelschnecken (Murici, hierorts Capirroni genannt), Miesmuscheln in Form von Impepata di cozze und köstliche Minitintenfische in Rotwein mit Wildfenchel (**Moscardino al vino rosso e finocchio selvatico**) umfasst. Exzellent die frischen Teigwaren für die Primi (9,50 €): Orecchiette mit Scampi und Rucola oder mit Cime di rape, **Troccoletti al sugo rosso di seppie**, Gnocchi al ragù di polpette; alternativ dazu raten wir zu der köstlichen Fischsuppe (**Zuppetta alla marinara**, 16 €). Es folgt ein wahrer Triumphzug von frischem Fisch: Grigliata di pesce und Frittura di pesce (16 €) sind große Klassiker, gut sind auch die Rotbarben (Triglie al limone e origano) und die Seezunge (Sogliola all'acquapazza, 11,90 €), ganz vorzüglich der Tintenfisch als **Seppia ripiena al sugo**. Zum Schluss nascht man Ostie ripiene, Torroncino, Prupate (Hefeteigkringel), Salame di cioccolato, Tiramisu mit Konditorcreme. In der kleinen Weinselektion überwiegen weiße Sorten. Degustationsmenü für 36 €.

39 KM NORDÖSTLICH VON FOGGIA, S.S. 89

NEU Osteria Boccolicchio

Moderne Osteria
Via Arco Boccolicchio, 15
Tel. (+39) 08 84 / 09 03 17
Ruhetag: Dienstag
Ferien: unterschiedlich
50 Plätze + 20 Plätze im Freien
Preise: 35 €
Kreditkarten: CS, MC, Visa; BM
Mittags und abends geöffnet

DIE OSTERIA – Manfredonia ist eine Stadt, deren traditionelle Esskultur von Fisch geprägt ist: Dieses kulturelle Erbe kommt in der hiesigen Gastronomie häufig nicht richtig zur Geltung. Ganz anders liegt die Sache in dieser jungen Osteria in einer der Gassen der Altstadt, nicht weit vom Meer: Unter der Leitung des Küchenchefs und Hausherrn William Tespi bietet sie auf gelungene Weise zeitgemäß interpretierte Gerichte der Tradition auf der Basis der besten lokalen Grundprodukte mit rückverfolgbarer Herkunft.

DIE KÜCHE – Bei Tisch werden Sie zunächst ein Körbchen mit köstlich duftendem selbst gebackenem Brot vorfinden. Für den Auftakt empfehlen wir den gemischten Antipasto namens „Voglio tutto di mare impiattato“ („Ich will nur Meer auf dem Teller“, 15 €), der allerlei Köstliches umfassen kann: Polpo ai carboni mit leichter Kartoffelcreme und Schmorzwiebeln, Polpetta di patate e cozze mit Käsecreme (Formaggio di prima salatura), Insalata di mare und Chips von Vitellotte-Kartoffeln, **Fave e cicorie** mit aromatischem Crostino (8 €). Sehr schmackhaft die Primi: Troccoletti con vongole e bottarga (9 €), **Orecchiette di grano arso con mazzancolle e porcini** (mit Furchengarnelen und Steinpilzen), Cannolo di cicorie e verdure invernali stufate (mit Zichorie gefüllt und mit geschmortem Wintergemüse serviert, 10 €), **Paccheri ripieni di patate e broccoli con cozze impepate** (Nudeln mit Kartoffel-Brokkoli-Füllung und Miesmuscheln). Danach kann man sich für Fisch des Tages, klassische oder modern interpretierte **Frittura di pesce** (12 €), Filetto di baccalà mit Salat oder Rindfleisch in diversen Spielarten entscheiden. Zum süßen Schluss: Setteveli mit Schoko und Karamell, Crema di latte mit Waldbeeren, Kleinpatisserie. Ordentliche Weinkarte mit regionalem Fokus.

14 KM NORDWESTLICH VON BARLETTA, S.S. 159

Canneto Beach 2

Restaurant
Via Amoroso, 11
Tel. (+39) 08 83 / 651 09,
(+39) 392 / 894 47 99
Ruhetag: Montag, außer März–September
Ferien: je 1 Woche im Januar und November
80 Plätze + 40 Plätze im Freien
Preise: 35 €
Kreditkarten: AE, CS, DC, MC, Visa; BM
Mittags und abends geöffnet

DIE OSTERIA – Wir sind an einem Ort, der sich durch lange Badestrände, die größten Salinen Europas und seine bekannten Thermalbäder auszeichnet. Das Restaurant verdankt seinen berechtigt guten Ruf der Menügestaltung und -umsetzung durch Salvatore Riontino, dem es gelingt, weniger edle Fischsorten („Pesce povero“) durch Neuinterpretationen und intelligente Kombinationen mit anderen lokalen Grundprodukten ins rechte Licht zu rücken. Den Frischfisch kann man in der Kühlvitrine am Eingang begutachten.

DIE KÜCHE – Es empfiehlt sich sehr, mit dem sechsgängigen Antipasto (20 € für zwei Personen) zu beginnen, bei dem es sich um ein Potpourri aus Fisch und Gemüse handelt; wenn Ihnen der Sinn nach rohen Meeresdelikatessen steht, finden Sie auch diese vor, wobei Sie jedoch nicht vergessen dürfen, dass die Rechnung dadurch höher ausfällt. An Primi gibt es vortreffliche **Troccoli al grano arso mit Scampi, Kürbiscreme und Safran** (15 €) und nicht minder gelungene **Scialatielli mit Pilzen und Baccalà auf Stängelkohlcreme** (12 €). Neben tagesfrischem Fisch (3 € je 100 Gramm) kann man darauf eine **Frittura di paranza** (gemischte Fischfrittüre) oder eine **Zuppa di pesce** (Fischsuppe) folgen lassen. Die Qual der Wahl hat man schließlich bei den Dolci (7,50 €): Mousse alla pera oder Mousse al pistacchio mit Biscotto, Walnüssen und Bitterschokolade mit 60 % Kakaoanteil, Torta mimosa nach einem überarbeiteten Rezept oder auch einfache, aber köstliche Kuchen mit Crema pasticciera und Früchten. Der Weinkeller ist mit apulischen und sonstigen italienischen Etiketten so gut bestückt wie die Auswahl an Spirituosen groß ist.

30 KM NÖRDLICH VON TARENT, S.S. 172

La Tana

Restaurant
Via Mascagni, 2–4–6
Tel. (+39) 080 / 480 53 20,
(+39) 339 / 249 53 03
Ruhetag: Donnerstag, außer im Sommer
Keine Ferien
40 Plätze + 20 Plätze im Freien
Preise: 25–35 €
Kreditkarten: CS, MC, Visa; BM
Mittags und abends geöffnet

DIE OSTERIA – Die Kornspeicher des Palazzo Ducale, in dem einst die Adelsfamilie Caracciolo residierte, bilden das außergewöhnliche Ambiente dieses behaglichen Restaurants mit charakteristischen Steingewölben. In den komfortablen kleinen Räumlichkeiten werden Ihnen bestimmt die im hiesigen Dialekt verfassten witzigen Sprüche an den Wänden auffallen. Das Personal ist freundlich und nonchalant.

DIE KÜCHE – Für den Anfang wird Ihnen sogleich ein Teller mit rohem Gemüse serviert. Dann können Sie unter den Antipasti (8 €) zwischen Capocollo di Martina Franca aus eigener Erzeugung, Miesmuscheln in Form von **Impepata di cozze alla tarantina con pane annerito** und einer Selektion von Pecorino-Käse wählen. Es folgen Saccottini aus frischem Nudelteig mit Büffelmozzarella-Basilikum-Füllung auf ofengegarten Tomaten, gewürzt mit Räucherkäse, sprich Cacio affumicato (9 €). Weitere Primi: **Purè di fave** (pürierte Dicke Bohnen), Risotto alla crema di lampascioni (Creme von wilden Zwiebeln) mit gegrilltem Tintenfisch. Die Secondi sind – wie in jedem Restaurant des apulischen Hinterlandes – Fleischgerichte: Tagliata di ossocollo al pane profumato (13 €), **Tranci di agnello** cotti a bassa temperatura **in glassa di cardoncelli** (bei niedriger Temperatur gegartes Lamm mit Kräuterseitlingen), Medaglioni di filetto di cinghiale con salsa di cardoncelli (Wildschweinmedaillons mit Pilzsauce). Gepflegte Auswahl an apulischen Weinen. Zum Nachtisch darf der mit Creme und Sauerkirschen gefüllte **Bocconotto martinese** (5 €) nicht fehlen.

16 KM NORDWESTLICH VON TARENT

Falsopepe

Restaurant-Enoteca • Via II Santi Medici, 45
Tel. (+39) 348 / 042 05 41
Ruhetag: Montag–Mittwoch, im Sommer nur Dienstag
Ferien: 3 Wochen im November
35 Plätze + 30 Plätze im Freien
Preise: 30–35 €
Kreditkarten: CS, DC, MC, Visa; BM
Abends geöffnet, im Winter und an Feiertagen auch mittags

Anna Maria, die mit der Tradition ebenso respektvoll umgeht wie mit lokalen Produkten, bietet apulische Küche in Reinkultur.

DIE OSTERIA – Den Namen „Falscher Pfeffer" verdankt das Lokal dem Baum am Eingang. Es befindet sich im Gassengewirr der Altstadt in der reizvollen Gravina San Marco. Man erreicht es zu Fuß und begibt sich in einen der auf mehrere Ebenen verteilten Gasträume, die einfach und geschmackvoll eingerichtet sind. Im Sommer kann man auf kleinen Panoramaterrassen mit Blick auf die Gravina und die mittelalterliche Burg verweilen. Die Küche ist Anna Maria Di Gregorio anvertraut, die der Tradition Respekt zollt und auf die Saisonalität der Grundprodukte achtet, von denen viele aus dem eigenen Nutzgarten stammen. Empfangen wird man von ihrem Sohn Vincenzo Madaro, einem fähigen Sommelier.

DIE KÜCHE – An Antipasti, zu denen selbst gebackenes Brot serviert wird, gibt es Capocollo di Martina Franca, **Purè di fave** mit Saisongemüse und frittierten Oliven, eine schöne Käseauswahl (Pampanella, Pecorini, Caprini, Caciocavallo podolico vom Gargano in drei Reifestufen). Es folgen **Orecchiette** di grano arso **mit Ricottacreme, Ofentomaten und Basilikum** (8 €), Cavatelli mit Rucolapesto, Kartoffeln und Miesmuscheln (9 €); die Teigwaren sind fast alle aus Hartweizen der Sorte Senatore Cappelli. An Secondi gibt es in Bier geschmorte **Guancia di maialino da latte** mit Kartoffelpüree (13 €) und Polpo cotto in acqua di pomodoro auf Brotcreme (10 €). Als Nachspeise nicht verpassen sollte man den **Biancomangiare alle mandorle** mit frischen Früchten und den Schoko-Birnen-Kuchen (Frolla al cioccolato e pere, 4 €). Große Auswahl an Wein (auch glasweise), Spirituosen und Bier aus Kleinbrauereien.

29 KM SW. V. ANDRIA, S.P. 2 U. 4, 34 KM V. BARLETTA

La Tradizione Cucina Casalinga

Trattoria • Via Imbriani, 11–13
Tel. (+39) 08 83 / 69 16 90
Ruhetag: Donnerstag
Ferien: 1.–15. März, 1.–15. September
40 Plätze + 16 Plätze im Freien
Preise: 25–30 €
Kreditkarten: AE, CS, DC, MC, Visa
Mittags und abends geöffnet

DIE OSTERIA – Wie der Name der Trattoria verrät, taucht man hier ein in die ursprüngliche Tradition der Murgia: Zu verdanken ist dies den Geschwistern Di Noia, die die Region von ihrer kulinarischen Seite her mit viel Gespür und Geschmack interpretieren. Der gemütliche kleine Gastraum ist charakteristisch eingerichtet und mit historischen Fotografien an den Wänden und allerlei alten Gerätschaften hübsch gestaltet.

DIE KÜCHE – Die Antipasti nach Art des Hauses (9 €) können diverse Gemüsegerichte, regionaltypische Wurstwaren und Käsesorten, Schnecken (Lumachine) mit Tomaten und Minze, gegrillte, gebratene oder frittierte Wildpilze (Cardoncelli selvatici) beinhalten. Geht man dann über zu den Primi (6 €), hat man **Maccheroncini di grano arso con cardo spinoso, purè di fave e cicerchie** (Pasta aus speziellem dunklem Mehl mit Wildartischocken sowie Püree von Dicken Bohnen und Platterbsen), Strascinati mit Zucchinistängeln, Tomaten und Ricotta dura und **Troccoli alla murgese con pomodorini e ricotta** zur Auswahl. Bei den Secondi (8 €) reicht das Angebot von **Costolette di castrato** oder Costolette di agnello (Hammel- bzw. Lammrippchen) über Kotelett vom Schwein oder Pferd (Costata di maiale oder Costata di cavallo) und Salsiccia bis hin zu ***U' cutturid*** (geschmortes Lamm mit Stängelkohl, nur gegen Vorbestellung). Die Desserts – Dolci di mandorle (Mandelgebäck) und Torta di ricotta – kann man mit einer Kostprobe von hausgemachten Rosoli (Liköre) begleiten. Die Weine stammen aus lokalen und regionalen Kellereien; auch der Hauswein ist nicht zu verachten. Nach dem Essen sind Sie eingeladen, einen vorzüglichen Kaffee in einem nur ein paar Schritte entfernten Lokal zu genießen, das ebenfalls den Geschwistern Di Noia gehört.

MINERVINO MURGE (BT)

29 KM SW. V. ANDRIA, S.P. 2 U. 4, 34 KM V. BARLETTA

Masseria Barbera

Agriturismo
Strada Provinciale 230, km 5,850
Tel. (+39) 08 83 / 69 20 95
(+39) 368 / 370 57 25
Ruhetag: Sonntagabend, Montag
Ferien: 1.–20. November
120 Plätze
Preise: 30–35 €
Kreditkarten: AE, CS, MC, Visa
Mittags und abends geöffnet

Riccardo, von Beruf Rechtsanwalt, hat es vorgezogen, seiner Leidenschaft für Essen und Wein sowie für den Familienbetrieb zu folgen: Das Ergebnis ist außergewöhnlich.

DIE OSTERIA – Der knapp außerhalb der Ortschaft Minervino Murge gelegene prächtige Gutshof aus dem 18. Jahrhundert ist seit fünf Generationen im Besitz der Familie Barbera. Das Lokal besteht aus großen Räumen mit Mauern aus weißem Stein, Tuffsteindecken und wunderschönen Böden aus typischen Kalksteinplatten. Die ausgesprochen bodenständige Küche beruht auf Produkten der eigenen Landwirtschaft. Applaus gebührt dem Brot aus mildem Sauerteig, für den alte Weizensorten verwendet werden, der Focaccia aus Grano arso, den hausgemachten Scaldatelli (Brotkringel).

DIE KÜCHE – Die Palette der Antipasti (13 €) umfasst vorzügliche Schafmilch-Ricotta, Primo sale di capra (junger Ziegenkäse), Millefoglie di melanzana mit Baccalà und Burrata, Tartara di asino (Esel), Cipolla candita (kandierte Zwiebel) und Fonduta di pecorino. Von den Primi empfehlen wir die **Strascinati con cardi, mollica di pane e peperoni cruschi** (mit Kardonen, Brotbröseln und getrockneten Paprikaschoten, 9 €), die Orecchiette mit Rucolapesto und Mandelsplittern, die **Troccoli con pomodorini, asparagi e cacioricotta**. Die Secondi sind allesamt Fleischgerichte: Lamm in Form von ***Cutturidde*** mit Kardonen, Kaninchen als **Coniglio ripieno al forno**, Filet vom Esel (**Filetto d'asina**, 18 €), Grillteller mit Fleisch aus der Murgia (13 €). Man schließt mit köstlichen hausgemachten Dolci (5 €): kandierte Orangen, Zuckermandeln, Crostate mit diversen Konfitüren. Ausreichende Auswahl an Wein, hauptsächlich aus der Region. Das Sonntagsmenü ist vorgegeben und kostet 40 €.

MONOPOLI (BA)

44 KM SÜDÖSTLICH VON BARI, S.S. 16

Il Guazzetto

Moderne Osteria • Via dell'Erba, 39
Tel. (+39) 080 / 410 71 75,
(+39) 320 / 577 55 90
Ruhetag: Mittwoch, außer im August
Ferien: je 2 Wochen im Februar und November
55 Plätze + 15 Plätze im Freien
Preise: 30–35 €
Kreditkarten: CS, MC, Visa; BM
Mittags und abends geöffnet

DIE OSTERIA – Die nur ein paar Schritte vom Meer entfernte Via dell'Erba ist eine charakteristische kleine Gasse der Altstadt von Monopoli. Mario Dormio und Francesco Fiume, beide in ihren Dreißigern angelangt, führen diese typische Osteria eines Küstenstädtchens mit viel Leidenschaft. Azurblau und Weiß sind in den beiden Gasträumen mit Gewölbedecken die vorherrschenden Farben.

DIE KÜCHE – Schon bevor Sie bestellen, kommen Sie in den Genuss von köstlichen schwarzen Oliven in Salzlake und selbst gebackenem Brot mit Zerealien. Wir empfehlen, mit dem ebenso reichhaltigen wie schmackhaften Antipasto misto (15 €) zu beginnen, der allerlei Köstliches beinhaltet: Oktopus mit Artischocken, Meeresfrüchtesalat, Garnelen mit jungem Salat, **frittierten Baccalà**, Furchengarnelen mit Gemüsehack, Lachs und marinierte Sardellen, sautierte Miesmuscheln. Danach sollte man sich eines der Primi nicht entgehen lassen: hausgemachte **Tagliolini con crostacei** (10 €), Gnocchetti mit Gamberetti und Tomaten (8 €), Strigoli mit Mollusken und Krustentieren, Risotto mit Meeresfrüchten. Unter den Hauptgerichten nicht fehlen dürfen Grigliata mista und **Frittura mista** (gemischte Frittüre von Adriafisch), Fisch des Tages in klassischen Zubereitungsarten und eine vortreffliche **Zuppa di pesce** (Fischsuppe, 15 €). Feine hausgemachte Dolci: After Eight, Semifreddo *al mou* (Karamell) mit Erdnusskrokant (4 €), Mousse di cioccolato bianco con frutti di bosco (von weißer Schokolade mit Waldbeeren). Die auf das Wesentliche beschränkte Weinkarte nennt hauptsächlich Weißweine aus Apulien und den Nachbarregionen.

MONTE SANT'ANGELO (FG)

55 KM NORDÖSTLICH VON FOGGIA, S.S. 272

Medioevo

Restaurant • Via Castello, 21
Tel. (+39) 08 84 / 56 53 56,
(+39) 348 / 823 61 62
Ruhetag: Montag, außer im Sommer
Ferien: 15.–30. November
60 Plätze
Preise: 30–35 €
Kreditkarten: AE, CS, DC, MC, Visa; BM
Mittags und abends geöffnet, im Winter nur mittags

DIE OSTERIA – Das von der UNESCO zum Weltkulturerbe erklärte Monte Sant'Angelo ist für Besucher eine einzigartiges Erlebnis, mystisch und faszinierend zugleich: Auf 800 Metern hoch über dem Meer gelegen, bietet es ein herrliches Panorama. Nicht weit von der Grottenkirche San Michele Arcangelo entfernt befindet sich das schöne Lokal von Pasquale Mazzone: Seit 20 Jahren betreibt der passionierte, erfahrene Wirt seine Suche nach regionalen Qualitätsprodukten und agiert in perfekter Harmonie mit Küchenchef Tonino Palumbo.

DIE KÜCHE – Der reichhaltige Antipasto rustico (12 €) kann süßsaure rote Zwiebeln aus Zapponeta, feine Ricotta, Flan von wildem Lattich, Semolata battuta (eine Art Couscous) mit Schmorrüben, Wildzichorie und vorzügliche Salumi aus eigener Erzeugung beinhalten. Von den Primi (10 €) mit frischen Teigwaren empfehlen wir die exzellenten ***Laijne* con i ceci al ragù di baccalà** (Bandnudeln mit Kichererbsen und Stockfischsauce) und die Troccoli al ragù di seppia mit Wildfenchel. Köstlich auch die Suppen: Fave e cicorie oder **Pancotto con verza, patate e fave** (Brotsuppe mit Wirsing, Kartoffeln und Dicken Bohnen). Danach sollte man das Lamm als **Agnello in tiella con torcinelli e patate** bzw. Agnello in umido ai profumi del Gargano (14 €) nicht verpassen; für den Sommer sind Tintenfisch, gefüllte Paprikaschoten und Auberginen zu empfehlen. Hervorragende Auswahl an Käse von lokalen Betrieben: Caciocavallo podolico, diverse Sorten Ricotta und Caprino. Zum Schluss genießt man für Monte Sant'Angelo typisches Feingebäck: **Ostie ripiene di mandorle**, Mostaccioli und Poperati, die sich mit hausgemachten Likören (aromatisiert mit Ölbaumblättern oder roten Maulbeeren) kombinieren lassen. Schöne Weinkarte mit regionalen Spitzenprodukten, auch glasweise.

49 KM SÜDÖSTLICH VON BARI, S.S. 100 U. S.S. 634

L'Antica Locanda

Traditionelle Osteria
Via Spirito Santo, 49
Tel. (+39) 080 / 497 24 60
Ruhetag: Dienstag, Sonntagabend
Keine Ferien
70 Plätze + 30 Plätze im Freien
Preise: 30–35 €
Kreditkarten: AE, CS, DC, MC, Visa; BM
Mittags und abends geöffnet

Konstante Aufmerksamkeit beim Einkauf von exzellenten Grundprodukten, aus denen eine abwechslungsreiche, traditionsverbundene Küche verwirklicht wird.

DIE OSTERIA – Früher einmal traf man in dieser Osteria die älteren Semester des Ortes an, meist mit einem Stoß neapolitanischer Karten oder ein paar einfachen Kleinigkeiten zu einem Glas robusten Rotweins vor sich auf dem Tisch. Heute wird das sehr schön renovierte alte Lokal von Pasquale Fatalino geführt, der seit mehr als 40 Jahren den Kochlöffel schwingt und eine echte Koryphäe der bodenständigen Esskultur ist. Im Winter kann man bei ihm eine Vielzahl von Gerichten mit Pilzen, Hülsenfrüchten, Wild und dem obligaten Baccalà genießen. Im Sommer bekommt man Gartengemüse in Form von köstlichen Gratins sowie superfrischen Fisch und kann sich zum Essen auch auf der kleinen Piazza (eine solche heißt hier in der Altstadt *Gnostra*) niederlassen.

DIE KÜCHE – Für den Auftakt empfehlen wir Crema di patate (Kartoffeln aus Polignano) mit Cardoncelli-Pilzen (10 €), Latticini und Formaggi, Lampascioni-Zwiebeln al vincotto, knusprig frittierte Gemüsehäppchen. Es folgen die Primi (8 €): **Strascinate con ragù nocese e ricotta forte**, Tortelli di burratina con zucchine, Hülsenfrüchtesuppen, **Cardi selvatici in brodo**, Timballo di cicorielle. Sehr gut von den Secondi (12 €) sind Stracotto vom Podolica-Rind, Schaffleisch (**Pecora in *pignata***), Kaninchen als **Coniglio disossato con erbe della Murgia**, einheimisches Fleisch vom Grill (Eichenholz). Das Dessert – Obstkuchen, Ricotta mit Vincotto di fichi (3 €), Feingebäck aus einer örtlichen Pasticceria – kann man mit hausgemachten Likören begleiten. Die ungemein reichhaltige Weinkarte ist den besten Winzern der Region gewidmet.

44 KM SÜDWESTLICH VON FOGGIA, S.S. 90

Peppe Zullo

Restaurant
Via Piano Paradiso, 11
Tel. (+39) 08 81 / 96 47 63,
(+39) 320 / 747 00 93
Ruhetag: Dienstag
Ferien: November
40 Plätze + 40 Plätze im Freien
Preise: 35 € (Tagesmenü)
Kreditkarten: AE, CS, DC, MC, Visa; BM
Mittags geöffnet

Saisonalität, Regionalität, Identität und Gastlichkeit bilden das Fundament des Wirkens von Peppe Zullo.

DIE OSTERIA – Peppe Zullo ist ein Tausendsassa, der im italienischen Fernsehen ebenso präsent ist wie in Zeitungen und längst als Prophet der Null-Kilometer-Philosophie und der Wiederentdeckung unverfälschter Traditionen gilt. Seit je agiert er nach diesen Prinzipien, die seine Küche so unverwechselbar machen; alle Produkte, die er verwendet, stammen aus dem eigenen landwirtschaftlichen Betrieb oder von kleinen Erzeugern aus der Gegend. Zu einer Reise der kulinarischen Erinnerung lädt Peppe auch an zwei weiteren Orten ein: im romantischen Rahmen der Sala Paradiso in Orsara und in der ein paar Kilometer entfernten Villa Jamele.

DIE KÜCHE – Eingangs können Funghi cardoncelli al forno mit Crostini in Salsa di marasciuolo (Wildkraut aus der Daunia) und Lardo vom schwarzen Schwein, Perlhuhneier (Uova di faraona) auf Marasciuolo mit schwarzer Trüffel aus der Daunia oder Peppes berühmte **Parmigiana di borragine** (Borretschgratin, 8 €) den Gaumen erfreuen. An Primi kann es Scialatielli mit Wildgemüse und Vernini-Tomaten, **Troccoli con ragù di melanzane e menta**, Cavatelli di grano arso mit Spargelspitzen (10 €) geben. Es folgen Ziegenkitz in Wildspargelsauce – **Capretto in salsa di asparagi selvatici** – mit Feldthymiankartoffeln, Filetto di maiale nero (vom schwarzen Schwein) mit Zichorie, Wildzwiebeln und Vincotto-Reduktion, **Agnello alle erbe spontanee** (Lamm mit Wildkräutern, 12 €). Zum Ausklang genießt man exzellenten Käse mit Konfitüren nach Art des Hauses und selbst gemachte Dolci, z. B. Crostata mit weißen Maulbeeren oder Cheesecake mit Ricotta und Biskuit aus Mehl der Sorte Grano arso.

30 KM WESTLICH VON TARENT

Masseria Petrino

Restaurant • Zona Petrino
Tel. (+39) 099 / 843 40 65,
(+39) 348 / 707 84 45
Ruhetag: Montag
Ferien: November
40 Plätze + 80 Plätze im Freien
Preise: 32–35 €
Kreditkarten: CS, MC, Visa; BM
Abends geöffnet, Sonntag und Feiertage auch mittags

DIE OSTERIA – Wir entdecken diesen sehr schön renovierten Gutshof aus dem 19. Jahrhundert in der Nähe der Höhensiedlungen der örtlichen Schluchten (Gravine), an der Grenze zwischen den Gemeindegebieten von Palagianello und Mottola. In schlicht und geschmackvoll eingerichteten Räumen sowie in der schönen Jahreszeit im Freien oder unter einem Vordach werden Sie von Michele Rotondo empfangen, der ein profunder Kenner der Grundprodukte aus dem angrenzenden Garten, der Umgebung und dem Meer ist.

DIE KÜCHE – Beginnen können Sie mit einer Reihe von verlockenden Antipasti (13 €), darunter Oktopussalat – Insalata di polpo – mit Kirschtomaten und Oliven, Carpaccio von der Zahnbrasse oder vom Thunfisch aus dem Ionischen Meer, Gemüse und Garnelen in Tempurateig mit Totanetti al semolino (frittierte Minitintenfische). An Primi (12 €) gibt es **Linguine con lupini e telline** (Bandnudeln mit zwei Arten von Venusmuscheln), Risotto con gamberi al pomodoro e basilico, von Hand gerollte **Capunti**-Nudeln **mit Gartengemüse, Pecorino und knusprigem Guanciale**, **Spaghetti quadrati con purè di fave fresche** (mit Püree von frischen Dicken Bohnen). Es folgen Trancio di ricciola (Bernsteinmakrele) all'acquapazza, geschmorte Guanciale di vitello (Kalbsbäckchen, 14 €), Fritto misto (frittierte Fisch- und Gemüsehäppchen), Rindfleisch in Form von Scamone di manzo mit Gartengemüse. Feine Dolci (5 €), u. a. Spuma di ricotta mit Feigensirup und traditionelle **Sporcamusi** aus leichtem Blätterteig mit Cremefüllung und Puderzucker. Die Weinkarte, die sich durch ein korrektes Preis-Leistungs-Verhältnis auszeichnet, gibt apulischen Kellereien den Vorzug, nennt aber auch Etiketten aus ganz Italien und dem Ausland. Das Lokal ist auch Pizzeria.

65 KM SÜDÖSTLICH VON LECCE, S.S. 275

Rua de li Travaj

Osteria
Piazza Indipendenza
Tel. (+39) 349 / 058 45 31
Ruhetag: Mittwoch, außer im Sommer
Ferien: Oktober
35 Plätze + 40 Plätze im Freien
Preise: 25–30 €
Kreditkarten: AE, CS, DC, MC, Visa; BM
Abends geöffnet, November–Juni an Feiertagen nur mittags

DIE OSTERIA – Die wenige Kilometer vom Capo di Leuca entfernte Ortschaft Patù ist ein empfehlenswertes Reiseziel für all jene, die die „Langsamkeit" der Gegend genießen wollen. Der Gastgarten dieser Osteria am Fuß des Campanile der Mutterkirche erweist sich als idealer Ort, um den einfachen Gerichten von Fiorina Musso, der langgedienten Köchin des Lokals, zuzusprechen. Gino De Salve obliegt hingegen die Aufgabe, sich auf bestmögliche Weise um das Wohl der Gäste zu kümmern.

DIE KÜCHE – Schlicht und dennoch spannend sind die Empfehlungen, angefangen von dem reichhaltigen vegetarischen Antipasto (15 €), der überbackene Auberginen, Pittule (frittierte Hefeteigbällchen), ***Pipi*** fritti e ammollicati (frittierte Paprikaschoten mit Paniermehl) sowie die klassische Kombination Fave e cicorie (Dicke Bohnen und Zichorie) beinhaltet. Sehr facettenreich das Angebot an traditionellen Primi der „Arme-Leute-Küche" (8 €): ***Sagne 'ncannulate*** (gezwirbelte Nudeln) mit Sugo und pikanter Ricotta, ***Ciciri e tria*** (Pasta mit Kichererbsen), ***Scurdijata*** (Traditionsrezept aus getrockneten Erbsen, Wildzichorie und geröstetem Brot). Bei den Secondi (8 €) gebührt dem Brasato al Negroamaro besondere Erwähnung; nicht minder schmackhaft sind das Pferdefleisch (**Pezzetti di carne di cavallo al sugo**) und das Kaninchen Jägerinart (Coniglio alla cacciatora). Zum Nachtisch gleichsam Pflicht ist der klassische Teller mit den Dolci des Hauses, der Mandelfeingebäck, getrocknete Feigen und karamellisierte Mandeln beinhaltet und sich mit einer Kostprobe aus der verlockenden Auswahl an Likören (Rosoli) kombinieren lässt. Recht ordentliche Auswahl an Wein aus der Region.

32 km südöstl. von Lecce, S.S. 16 und S.S. 275

La Piazza

Trattoria • Piazza Umberto I, 13
Tel. (+39) 08 36 / 90 19 25,
(+39) 339 / 777 70 73
Ruhetag: Montag, außer im Sommer
Ferien: November
35 Plätze + 60 Plätze im Freien
Preise: 30–35 €
Kreditkarten: AE, CS, DC, MC, Visa; BM
Abends geöffnet, Sonntag und Feiertage auch mittags

Tradition und Innovation verschmelzen geschmackvoll in Rezepten, für die zahlreiche lokale Qualitätserzeugnisse Verwendung finden.

DIE OSTERIA – Die einige Kilometer von der Adriaküste entfernte Gemeinde Poggiardo im südöstlichen Salento zählt zu den ältesten und geschichtsträchtigsten Orten Apuliens. Mitten im Zentrum, wo die älteren Semester gerne in Grüppchen vor ihren Häusern zusammensitzen und plaudern, entdecken wir diese Trattoria, die ein schmackhaftes und nie triviales Menü empfiehlt, in dem Spezialitäten vom Land und aus dem Meer Platz finden.

DIE KÜCHE – Der reichhaltige Antipasto della casa (13 €) kann **Baccalà fritto** mit Insalata di zucca, mit Ziegenmilchricotta gefüllte Totani (Pfeilkalmare), **Timballo di alici farcite** (gefüllte Sardellen), Polpo fritto (frittierter Oktopus) mit Zitronenschale beinhalten. Stefano Nuzzo, seines Zeichens Inhaber und Koch, wird Ihren Gaumen auch mit seinen Primi piatti überraschen: Linguine alle uova di pesce (11 €), **Maccheroncini al sugo di gallo**, Farrette (Dinkelpasta) mit schwarzen Oliven, Tomaten, Rucola und Cacioricotta, Spaghetti al pesto mit Sauce von Krustentieren und rohen Gamberetti (12 €). Die Secondi zeugen ebenfalls von hervorragender Produktqualität und Finesse bei der Zubereitung: Tonangebend sind Pferdefleisch (Carne equina, in zahlreichen Varianten) und Fisch, z. B. **Involtino di sgombro** (Makrele) und Cotoletta di alalunga (Steak vom weißem Thun, 11 €). Bemerkenswert der große, gepflegte Weinkeller mit Augenmerk auf Regionales, Bioweine und kleine Winzer: Stefanos Gefährtin Klejda, die Sommelière des Hauses, versteht es, ihr Weinwissen zu vermitteln, und wird Ihnen gerne den passenden Tropfen empfehlen.

42 km südöstl. von Bari, S.S. 100 und S.S. 172

A' Cr'janz

Osteria
Via Estramurale a Levante, 8
Tel. (+39) 080 / 405 57 45
Ruhetag: Mittwoch-, Sonntagabend
Ferien: 1 Woche im September
40 Plätze
Preise: 30–35 €
Kreditkarten: MC, Visa; BM
Mittags und abends geöffnet

DIE OSTERIA – Die Osteria von Rino Barletta, deren Konzept es ist, Traditionelles und Regionales unter Verwendung von beinahe ausschließlich biologischen Produkten aus Apulien zusammenzuführen, befindet sich in einem alten Gebäude, das an den Garten der Kirche San Domenico angrenzt. Angetrieben von dem starken Bedürfnis, sich kulturell und technisch weiterzuentwickeln, setzt Rino in der Küche auf innovative Verfahren, um seine Kreationen in erfrischend neuer, ansprechender Form zu präsentieren. Gegen Vorbestellung besteht für geschlossene Gesellschaften die Möglichkeit, im Garten zu speisen.

DIE KÜCHE – Bereits bei den Antipasti wechseln Tradition und Innovation: Ob Sie sich für Fave con cicorielle e cipolla soffritta (Dicke Bohnen mit Zichorie und Röstzwiebeln) oder Cornaletto farcito con fave di Carpino e caramelle di legumi in crema al basilico (gefüllte Paprikaschoten mit Hülsenfrüchten in Basilikumsauce, 14 €) entscheiden – Sie werden begeistert sein. Es folgen **Orecchiette con cime di rape** (8 €), Vollkorn-Strascinate aus Weizengrieß der Sorte Senatore Cappelli mit Stängelkohlcreme (Spuma di cime di rape), halb trockenen Tomaten und einem Hauch Colatura di alici, **Cacio e pepe al capocollo di Martina Franca mit gehobeltem Caciocavallo podolico**. Von den Secondi sehr gut sind die **Braciola d'asino al ragù** (Eselrouladen, 10 €), das glasierte Schweinefilet – Filetto di maialino – in Crosta di mandorle (Mandeln aus Toritto) (14 €), das in Primitivo aus Gioia del Colle vakuumgegarte Eselfleisch (Asino sottovuoto) mit pikanter Gemüsekonfitüre. Als Dessert sollte man die **Ciambella della nonna** (5 €), den Ossomoro dei sensi oder die Zuppa aromatica von frischen Früchten und Dörrobst mit Joghurtschaum und Wildminze probieren. Im Keller lagern 80 apulische Etiketten.

42 KM SÜDÖSTLICH V. BARI, S.S. 100 U. S.S. 172

Botteghe Antiche

Osteria
Piazza Plebiscito, 8–10
Tel. (+39) 080 / 491 18 13,
(+39) 334 / 791 57 05
Ruhetag: Mittwoch, Sonntagabend
Ferien: unterschiedlich
40 Plätze + 30 Plätze im Freien
Preise: 30 €
Kreditkarten: CS, MC, Visa; BM
Mittags und abends geöffnet

Stefano verarbeitet traditionelle einheimische Zutaten mit Fantasie und Geschick zu dem, was er selbst als moderne Tradition definiert.

DIE OSTERIA – Zarte Lichtreflexe auf den hellen Kalksteinplatten führen zu dem Palazzo aus dem 14. Jahrhundert, der die gastronomische Wirkungsstätte des erfahrenen Stefano D'Onghia und seiner Partnerin Valentina beherbergt. Das betont schlichte und dennoch komfortable Ambiente stimmt ein auf eine kulinarische Erfahrung, die alle fünf Sinne anspricht. Zudem bietet die Schauküche die Möglichkeit, die dort entstehenden Köstlichkeiten schon während ihrer Zubereitung als Augenschmaus zu genießen.

DIE KÜCHE – Der Antipasto dell'Osteria (12 €) basiert hauptsächlich auf Gemüse und Hülsenfrüchten und variiert folglich mit den Jahreszeiten: Weinblätter, Borretsch, Kürbisblüten, **Dicke Bohnen und Zichorie** (Fave e cicorie) sind nur einige Beispiele; eine besondere Vorspeisendelikatesse ist das Uovo del contadino (8 €) – zu Schnee geschlagenes Eiweiß und bei niedriger Temperatur gegartes Eigelb mit junger Feldzichorie. Herausragend von den traditionelleren Empfehlungen für danach sind die **Orecchiette di grano arso con sugo e filetto di asino** (mit Eselfleisch), die **Strascinate con funghi cardoncelli e pomodorini** (Pasta mit Kräuterseitlingen und Kirschtomaten, 9 €), die Tagliata vom Podolica-Rind, die **Involtini di guancia di asina** (Eselrouladen, 12 €). Lassen Sie sich von Stefano und Valentina beraten, nachdem Sie das Tagesmenü auf der Tafel studiert haben, wählen Sie aus der üppigen Karte der Weine (und Biere aus Kleinbrauereien) das Passende zu Ihrer Mahlzeit und geben Sie sich dem Rausch der Aromen und Düfte hin, die dieses Lokal für Sie bereithält.

41 KM NORDÖSTLICH VON FOGGIA

Antica Piazzetta

Moderne Osteria
Viale Aldo Moro, 161
Tel. (+39) 08 82 / 45 19 20
Ruhetag: Mittwoch
Ferien: 2 Wochen im Juli
60 Plätze
Preise: 30–35 €
Kreditkarten: AE, CS, MC, Visa; BM
Mittags und abends geöffnet

DIE OSTERIA – Der Name, der sich auf den früheren Standort am Marktplatz in der Altstadt bezieht, ist ebenso beibehalten worden wie die Philosophie, die Leidenschaft und die gemütliche Atmosphäre. Geändert hat sich nur der Stil des Lokals, das sich nun modern und geradlinig, geräumig und hell präsentiert. Seit 1997 bieten Michele und Teresa eine immer abwechslungsreiche Küche, die sich mit der Region identifiziert und den Rhythmen der Jahreszeiten folgt.

DIE KÜCHE – Von den Antipasti der Festlandküche herausragend sind die Gemüsegerichte, der Büffelmozzarella aus lokaler Erzeugung, der typische **Pancotto con cavolo cappuccio** (Brotsuppe mit Kohl). Sehr gut auch die Antipasti di mare (14 €) – der Fisch wird im nahen Hafen von Manfredonia eingekauft. Die wunderbaren frischen Teigwaren (Orecchiette, Troccoli, ***Laine***, Cavatelli) werden mit Saisongemüse oder köstlicher Fleischsauce serviert; nicht minder interessant sind die Pappardelle con funghi porcini e vongole (mit Steinpilzen und Venusmuscheln, 9,50 €), die Bucatini cacio, pepe e bottarga (Pasta mit Käse, Pfeffer und getrocknetem Fischrogen), die **Zuppa di fave e cicoria** (Suppe von Dicken Bohnen und Zichorie, 7 €). Danach kann man klassische Brasciole di puledro al sugo (Rouladen vom Fohlen in Sauce) oder exzellentes Fleisch aus der Region vom Grill probieren, z. B. ***Misciska*** (mit verschiedenen Gewürzen aromatisiertes Pferdefleisch, 8,50 €). Von den Fischempfehlungen erwähnt seien der Rombo al forno mit Kartoffeln und der Stockfisch als **Baccalà arraganato** (13 €). Die Dolci sind hausgemacht: Zuccotto mit Mascarponecreme und Büffelricotta, Apfel-Crostata mit Heidelbeercreme, Semifreddo mit Mandeln vom Gargano, Teresas Feingebäck. Die gut strukturierte Weinkarte zeugt von einem Faible für apulische Winzer und Bioweine.

SAN GIOVANNI ROTONDO (FG)

41 KM NORDÖSTLICH VON FOGGIA

Opus Wine

Restaurant-Enoteca
Traversa Castellana, 12
Tel. (+39) 08 82 / 45 64 13,
(+39) 333 / 657 44 96
Ruhetag: Sonntag
Ferien: unterschiedlich
35 Plätze + 25 Plätze im Freien
Preise: 25–30 €
Kreditkarten: AE, CS, DC, Visa; BM
Mittags und abends geöffnet

DIE OSTERIA – Das Opus Wine in den Gassen der Altstadt von San Giovanni Rotondo ist eine zuverlässige Adresse für all jene, die eine andere Facette des vor allem als Wallfahrtsort bekannten Städtchens (in dem der mittlerweile heilig gesprochene Padre Pio lebte) kennenlernen möchten: Gemeint ist die profane, sinnenfreudige Facette, die im Genuss von Essen und eines guten Glases Wein ihre Daseinsberechtigung hat. In den Gewölben eines typischen alten Wohnhauses hat Pietro Placentino sein Lokal gestaltet, das auf zwei Prinzipien basiert: qualitätvolle Produkte und Regionalbezug, allerdings ohne sich diesbezüglich aufzuopfern. Das Angebot bevorzugt folglich Ortstypisches, macht aber auch erfreuliche Abstecher in andere Gefilde, was der Küche dieses Hauses einen speziellen, zeitgemäßen Appeal verleiht.

DIE KÜCHE – Die vielfältige und umfangreiche Auswahl an Vorspeisen umfasst lokale Käsesorten, Spezialitäten der italienischen Wurstmacherkunst und Gemüsegerichte wie **Panzanella**, Melanzane al funghetto oder Salmorejo di carote. An Primi gibt es z. B. Caserecce al pistacchio mit Capocollo aus Sauris, Cavatelli murgiani mit Haselnüssen und Gänsebrust, **Paccheri con pomodorini al forno e pane croccante**. Es folgt ein großes Angebot an Fleisch aus dem Ofen oder vom Grill: **Filetto di vitello garganico ai funghi** (19 €), Hamburger di vitello (7 €), Stinco di maiale (Schweinehaxe) oder Stinco di cinghiale al vapore (dampfgegarte Wildschweinhaxe, 16 €). Aus der Fischküche erwähnt seien der **Baccalà alla mediterranea** (16 €) und die Orata al limone (10 €). Verführerisch von den durchweg hausgemachten Dolci sind die Cassatine und die Crema di ricotta al cioccolato. Der bemerkenswerte Weinkeller birgt große Namen aus dem apulischen und gesamtitalienischen Winzerpanorama.

SAN NICANDRO GARGANICO (FG)

57 KM NÖRDLICH V. FOGGIA, A 14 AUSFAHRT LESINA

La Costa

Restaurant
Via Magenta, 11–15
Tel. (+39) 08 82 / 47 17 68,
(+39) 329 / 209 81 39
Kein Ruhetag
Keine Ferien
40 Plätze + 25 Plätze im Freien
Preise: 25–30 €
Kreditkarten: AE, CS, DC, MC, Visa
Mittags und abends geöffnet

DIE OSTERIA – In dem zwischen Seen und Bergen gelegenen San Nicandro schlagen auch gastronomisch zwei Seelen in einer Brust: Wasser und Land. Das behaglich-familiäre Lokal von Franchino Sticozzi, der in einer Fischer- und Bauernfamilie aufgewachsen ist, verkörpert diese Identität ganz wunderbar. Man kommt hierher, um (gut) zu essen, doch ein weiterer Grund ist Wirt Franchino selbst, der über einen enormen Erfahrungsschatz verfügt und den Gästen die hiesige Kultur und Tradition auf faszinierend leidenschaftliche Art zu vermitteln weiß. Gleichzeitig koordiniert er den Service und leitet die Küche, wo die exzellenten Grundprodukte seiner Heimat Verwendung finden.

DIE KÜCHE – Von den Antipasti (8 €) empfehlen wir den Tortino di alici e ricotta (Sardellen-Ricotta-Flan) mit Dicken Bohnen und Meeresspargel, die exzellente Terrina di moscardini affogati (mit Minitintenfischen), die Melanzana ripiena di cozze (Aubergine mit Miesmuschelfüllung), die Talli di zucchine mit rosa Garnelen, den Carpaccio di cefalo. Herausragend von den Primi (10 €) sind der **Brodetto di pesce**, die Mafaldine con cozze e salicornia, der **Pancotto con erbe di campo**, die Cavatelli alla boscaiola mit Salsiccia, Pilzen und Esskastanien oder mit Aal aus dem Lago di Lesina und Salicornia. An Secondi (14 €) gibt es Fleisch wie auch Fisch: Agnello oder **Capretto al forno mit Spargel und Wildfenchel**, Frittura di paranza, Oktopus als **Tiella di polpo mit Kartoffeln und Wildzwiebeln**, einheimischen Aal (Capitone) oder Cefalo alla pescatora, Zuppa di pesce in terracotta (gegen Vorbestellung). Gute Auswahl an Käse aus der Region, z. B. Caciocavallo podolico und Cacioricotta. Nicht verpassen sollte man die hausgemachten Dolci: Pupurati-Kekse mit Feigensirup und Millefoglie di crostini di pane e ricotta. Regionale Weinkarte.

29 KM NW. V. FOGGIA, S.S. 16, AUSFAHRT A 14

La Fossa del Grano

Restaurant-Osteria
Via Minuziano, 63
Tel. (+39) 08 82 / 24 11 22
Ruhetag: Sonntagabend, Montag
Ferien: 10 Tage im August, Weihnachten, Neujahr
35 Plätze + 35 Plätze im Freien
Preise: 30–35 €
Kreditkarten: CS, DC, MC, Visa; BM
Mittags und abends geöffnet

Fünf Geschwister, die sich als eingespieltes Team die Arbeit in Küche und Service teilen, sind die Garanten für eine kulinarische Erfahrung der Extraklasse.

DIE OSTERIA – Dass sich diese schöne Osteria zu einem gastronomischen Bezugspunkt der Provinz Foggia entwickelt hat, ist der Leidenschaft und Hingabe von Familie Stella zu verdanken: Carlo und Gino werden Sie freundlich und aufmerksam umsorgen und Ihnen bei der Auswahl aus dem vielfältigen Angebot behilflich sein, während Tonia, Giuseppe und Teresa in der Küche regionale Produkte mit viel Gespür zu traditionellen Gerichten verarbeiten.

DIE KÜCHE – Der Antipasto (15 €) sieht mehrere Gänge vor: Salat von Krustentieren und Gemüse, Rustiche mit Feigen und geräuchertem Provola, Polpo mit gegrilltem Gemüse und Zitronen vom Gargano, Baccalà mit Wildspargel und Kartoffeln, Fiori di zucca in Backteig, formidabler **Sformatino di ricotta di bufala**. Unter den Primi (10 €) sind exzellente Tortelli mit Krustentierfüllung und Zucchini, Orecchiette mit Salsiccia und Wildfenchel, Cavatelli mit Spargel, Dicken Bohnen und Artischocken ebenso zu entdecken wie **Zuppa di fagioli mit Borretsch und Fenchel**. An Hauptgerichten gibt es Lamm in Form von **Cosciotto di agnello al coccio**, blättrig geschnittenes Filetto al mosto cotto, **Torcinelli in umido al vino bianco** (10 €), Baccalà mit Kartoffeln in frischer Sahne. Teresas Süßspeisen sind ein Traum: Zeppole mit Ricotta (4 €), Croccante al mandarino, Millefoglie mit dreierlei Schokolade, Cassata infornata al caffè. Als Digestif werden köstliche Rosoli offeriert, wobei insbesondere der mit Lorbeeraroma hervorragend ist. Gutes Weinsortiment überwiegend regionaler Provenienz zu fairen Preisen.

21 KM WESTLICH VON BRINDISI, S.S. 16

La Locanda di Nonna Mena

Trattoria • Via Edison, 30
Tel. (+39) 349 / 672 42 04
Ruhetag: Mittwoch
Ferien: 2 Wochen im November
28 Plätze + 10 Plätze im Freien
Preise: 25–30 €
Kreditkarten: AE, CS, DC, MC, Visa; BM
Mittags und abends geöffnet

Die Geschwister Errico sind ständig auf der Suche nach den besten lokalen Grundprodukten, mit denen sie eine betont bodenständige Küche interpretieren.

DIE OSTERIA – Seit es den neuen Gastgarten gibt, hat man noch mehr das Gefühl, zu Hause bei Mena, der Großmutter der Errico-Geschwister, zu sein. Raum für Überflüssiges gibt es hier nicht: Von der Einrichtung über die Tischwäsche bis hin zur Küche dreht sich hier alles um Ursprünglichkeit. Vertrauen Sie Marinella und Luigi, die als perfekte Gastgeber diskret und doch zuvorkommend Tipps zum Tagesmenü geben, und genießen Sie die Gerichte, die Toni, der ältere Bruder, mit Sorgfalt für Sie zubereitet.

DIE KÜCHE – Der Antipasto des Hauses (9,50 €) umfasst sieben Kostproben, u. a. Capocollo di Martina Franca, frittierte Gemüsehäppchen, Hackfleischbällchen, **Purè di fave e cicoria**. Die Primi basieren auf hausgemachten Teigwaren: **Orecchiette mit Fiaschetto-Tomaten und Cacioricotta** (6,50 €), Spaghetti con mollica di pane fritta, cima di rape e alici (mit frittierten Brotbröseln, Stängelkohl und Sardellen), Spaghettoni con sugo di pesce azzurro. Unter den Secondi immer präsent sind schmackhafte **Involtini di carne di cavallo al sugo** (9,50 €), Kalbfleisch (Carne di vitello in umido) auf Kartoffelcreme, Arrosto und **Frittura di paranza** mit Fisch aus dem Meeresschutzgebiet Torre Guaceto. Für den süßen Schluss wählt man zwischen Biscotti di Ceglie, Fichi mandorlati (Feigen mit Mandeln) und Dolcetti di pasta frolla (Mürbeteiggebäck) mit Konfitüren der Saison (3,50 €) und kann dazu hausgemachte Rosoli probieren. Schöne Weinkarte mit einer stattlichen Auswahl an apulischen Etiketten, sehr gutes Preis-Leistungs-Verhältnis.

47 KM SÜDÖSTLICH V. ANDRIA, S.P. 230 U. S.P. 231

Il Grottino

Trattoria
Corso Umberto I, 61
Tel. (+39) 08 83 / 68 18 53
Ruhetag: Mittwoch
Ferien: 1.–15. Juli
90 Plätze
Preise: 25–28 €
Kreditkarten: AE, CS, MC, Visa; BM
Mittags und abends geöffnet

DIE OSTERIA – Ein Ort wie aus einer anderen Zeit, eine klassische Osteria, die Gerichte der Tradition ohne jegliche Neuinterpretationen bietet. Die ganze Vielfalt der land- und viehwirtschaftlichen Erzeugnisse der Murgia ist in diesem authentischen Lokal zu entdecken, das sich ganz und gar mit seiner Umgebung identifiziert. Das Menü wird auf gewandte, freundliche Weise mündlich vorgetragen.

DIE KÜCHE – Es empfiehlt sich, mit den vielen typischen Vorspeisen der Murgia (Gerichte auf Basis von Saisongemüse, Wurst- und Käsespezialitäten, 8 €) zu beginnen, die man am Tresen aussuchen kann. Geht man dann über zu den Primi, so lohnt sich eine Kostprobe vom Soufflé di tagliolini al forno (7 €) ebenso wie von den **Strascinati con sugo di funghi cardoncelli** (Pasta mit Pilzsauce, 7 €) oder dem unvergänglichen Klassiker **Purè di fave con le cicoriette selvatiche** (Püree von Dicken Bohnen mit junger Wildzichorie). Im Winter ergänzen Hülsenfrüchtesuppen die Auswahl. Von den Secondi (9 €) sollten Sie die Salsiccia vom Schwein aus Spinazzola mit Cardoncelli-Pilzen oder auch einfach nur gegrillt, den **Marro** (Lamminnereien in Rouladenform) und – falls gerade im Angebot – die Lammfleischspezialität ***Cutturid'*** mit Stängelkohl probieren. Die handwerklich hergestellte Eiscreme für den Nachtisch stammt aus einem historischen Café in der Nachbarschaft, während die Pastiera und die Cassata (3,50 €) hausgemacht sind. Kleine Selektion an Wein aus der Umgebung und der Region, sehr guter lokaler Hauswein.

Al Gatto Rosso

Restaurant
Via Cavour, 2
Tel. (+39) 099 / 452 98 75,
(+39) 340 / 533 78 00
Ruhetag: Montag
Ferien: 2 Wochen im September
45 Plätze + 40 Plätze im Freien
Preise: 35–38 € €↑
Kreditkarten: AE, CS, MC, Visa
Mittags und abends geöffnet

DIE OSTERIA – Die Stadt ist derzeit zwar vor allem wegen der betrüblichen Vorfälle rund um ihre Stahlindustrie bekannt, doch Tarent ist wirklich sehenswert und lohnt allemal einen Besuch. Vom Castello Aragonese über die Kathedrale San Cataldo bis hin zur Drehbrücke bietet sie ein Konzentrat an Kunst und Kultur, das jeden Besucher in seinen Bann zieht. Um auch die hiesige Wein- und Esskultur zu genießen, darf ein Besuch des behaglichen Gatto Rosso in der Nähe des Archäologischen Museums nicht fehlen. Das Restaurant ist eine echte Institution, besteht seit 1952 und wird mittlerweile vom designierten Erben der Familie Bartoli geführt: Agostino kreiert Gerichte, deren gemeinsamer Nenner das Meer ist. Die Bedienung bei Tisch ist stets aufmerksam und herzlich.

DIE KÜCHE – An Antipasti (7 bis 14 €) gibt es **Polpetti in umido mit Crostini**, Bruschetta mit Stracciatella, Tomaten und Sardellensauce, **Cozze ripiene**. Es folgen vorzügliche Pastagerichte: Strascinati di grano arso con cozze e zucchine (10 €), Paccheri con la pescatrice, Ruote pazze mit Basilikum-Mandel-Pesto und Garnelen, **Spaghetti alle vongole**. Von den Hauptgerichten nicht versäumen sollte man die Fischsuppe (Zuppetta con il pescato del giorno), die **Frittura mista** (12 €), die Spiedini di pesce und die gegrillten Calamari. Probieren Sie abschließend das Semifreddo alla frutta, die Torta al cioccolato oder die Ricotta-Pistazien-Bavarese. Beim Wein überwiegen weiße Sorten aus Apulien und ganz Italien. Daneben gibt es Bier aus Kleinbrauereien und edle Brände als Digestif.

Köstliche Patisserie führt das Caffè Tarentum, Via Anfiteatro 97, das auch eine ideale Adresse zum Frühstücken und für den Aperitif ist.

NEU Ristò dei Fratelli Pesce

Moderne Osteria
Piazza Sant'Eligio, 12
Tel. (+39) 099 / 470 90 00
Ruhetag: Montag
Ferien: je 1 Woche im Januar und November
44 Plätze + 20 Plätze im Freien
Preise: 30–35 €
Kreditkarten: CS, DC, MC, Visa; BM
Mittags und abends geöffnet

DIE OSTERIA – Wir befinden uns am Eingang zur Altstadt, in der Nähe der Steinbrücke, gegenüber dem Jachthafen am Molo Sant'Eligio, nur wenige Schritte von der antiken Kathedrale San Cataldo entfernt. Hier haben 2012 die jungen Pesce-Brüder ihre Osteria Ristò eröffnet: Während Adriano am Herd steht, kümmert sich Ivan kompetent und herzlich um den Service. Das gemütliche Lokal mit Tonnengewölben erinnert mit seinen Möbeln, Bildern und Dekorationen an die Seefahrertradition der Stadt.

DIE KÜCHE – Die Verwendung superfrischer Grundprodukte, die von lokalen Fischern bezogen werden, ist schon beim opulenten Antipasto misto (12 €) bemerkenswert: Dieser gemischte Teller beinhaltet in der Regel Polpo (Oktopus) als Salat und gratinierte Miesmuscheln, sprich **Cozze gratinate**. Macht man mit den Primi weiter, so kommt man in den Genuss von **Fricelli cozze e vongole** (10 €), Calamarata, Tubettini alle cozze oder **Linguine alle vongole**. Die Secondi sind klassische Fischgerichte: gemischte Frittura di paranza oder Frittura di calamari e gamberi, Dorade oder Seebarsch im Salzmantel (Orata bzw. Spigola al sale), gebratene Garnelen oder **Seppie arrostite** (12 €), Tagliata di calamari. Auf Anfrage bekommt man auch ein paar Fleischgerichte. Zum Nachtisch gibt es hausgemachte Dolci und handwerklich hergestellte Köstlichkeiten aus örtlichen Konditoreien. Die nicht sehr umfangreiche, aber gepflegte Weinkarte hegt eine Vorliebe für apulische Winzer und bietet daneben einige wenige, jedoch keineswegs triviale Etiketten aus anderen Regionen.

Die Bar Pasticceria Bernardi (Via D'Aquino 1) mit Blick auf die Drehbrücke und das Castello Aragonese ist auf Schokoladenkreationen spezialisiert.

14 KM SÜDÖSTLICH VON LECCE, S.P. 1

NEU Lilith Masseria Copertini

Restaurant • Strada Provinciale Strudà-Vanze
Tel. (+39) 393 / 996 21 50, (+39) 320 / 698 21 41
Ruhetag: Montag, außer im Sommer
Ferien: unterschiedlich
60 Plätze + 70 Plätze im Freien
Preise: 28–35 €
Kreditkarten: AE, CS, MC, Visa; BM
Mittags und abends geöffnet

Gastlichkeit, kompromisslose Qualität und achtsame Einbeziehung der lokalen Erzeuger garantieren eine Einkehr im Zeichen des Hochgenusses.

DIE OSTERIA – Die ganz in der Nähe des vom WWF verwalteten Naturreservats Le Cesine gelegene Masseria Copertini ist Sitz der Lebensmittelgemeinschaft Le Cesine, von der viele der in der Küche verwendeten Grundprodukte stammen. In den Restaurantbetrieb ist die Familie Tramis vollzählig eingebunden: Hausherr Claudio koordiniert nicht nur die besagte Erzeugergemeinschaft (Comunità del cibo), sondern bestellt auch den Hausgarten, Tochter Giulia kümmert sich gewissenhaft um sämtliche Belange im Speisesaal, während Claudios Frau Miriana und Großmutter Carmelina mit Leidenschaft in der Küche agieren.

DIE KÜCHE – Die Antipasti sind ein Gedicht: Gemüse in Backteig, Wurstwaren, Käse und Milchprodukte von der Lebensmittelgemeinschaft (6 €). An Primi gibt es die obligaten ***Ciceri e tria*** (Pasta mit Kichererbsen), Tortelli mit Ricotta-Zichorien-Füllung, Salbei und knusprigem Capocollo (10 €), ***Sagne 'ncannulate* al pomodoro e ricotta ascante** und Panciotti di ricotta mit Fiaschetto-Tomaten aus Torre Guaceto. Bei den Secondi bildet erstklassiges Fleisch aus dem Umland die Basis für opulente Grillteller, Tagliata di podolica, Agnello laccato al miele e mirto (mit Honig und Myrte glasiertes Lamm); für Fischfreunde gibt es Frittura di pesce azzurro (12 €). Die Dolci sind alle hausgemacht: klassische **Pasticciotti**, Crostata mit Bitterorangen und frischer Ricotta, Torta pasticciotto mit Creme und karamellisierten schwarzen Maulbeeren (4 €). Gute Auswahl an apulischen Weinen und hausgemachten Likören mit Wildkräutern aus der Umgebung.

101 KM NORDÖSTL. V. FOGGIA, S.S. 89 U. S.S. 528

Il Trappeto

Enoteca mit Küche
Via Casale, 168
Tel. (+39) 327 / 006 96 14
Ruhetag: Montag–Donnerstag, außer im Sommer
Ferien: je 2 Wochen im März und Oktober
120 Plätze
Preise: 20–33 €
Kreditkarten: AE, CS, DC, MC, Visa; BM
Mittags und abends geöffnet

DIE OSTERIA – Ihr Weg nach Vico wird Sie an den Seen Lago di Lesina und Lago di Varano entlangführen, deren grüne Wasserflächen im gleißenden Sonnenlicht glitzern. Sie werden die unberührte Vegetation erahnen, die die wilde Natur des Gargano prägt, und gleichgültig vor sich hin käuende Podolica-Kühe auf kargen Weiden erblicken. Wenn Sie dann glauben, Ihre tägliche Dosis Aha-Erlebnisse intus zu haben, so irren Sie: Denn es wartet noch ein Erlebnis auf Sie – im Restaurant, das Edoardo Tomaiuoli in einer ehemaligen Ölmühle (im hiesigen Dialekt *Trappeto*) aus dem frühen 16. Jahrhundert eingerichtet hat: ein einzigartiger, perfekt erhaltener Ort, an dem die Erinnerung aus jeder Steinfuge dringt.

DIE KÜCHE – Das schlichte, ausgesprochen bodenständige Angebot des Trappeto ist ein gelungener Mix aus Meeres- und Festlandküche. Empfehlenswert für den Beginn sind die **Polpette miste** des Hauses (6 €), der klassische Pancotto, der Brotsalat namens Acquasala, die **Cozze ripiene** (gefüllte Miesmuscheln), der Oktopussalat (Insalata di polpo). Danach kann man sich für ländlich-bäuerliche Primi wie **Fave di Carpino e cicorie** entscheiden, sofern man nicht ein maritimes Pastagericht bevorzugt, z. B. Maccheroncini al pesto mit Tintenfisch und gerösteten Mandeln oder **Orecchiette con vongole e ceci** (12 €). Auch bei den Secondi hat man doppelte Wahl: Fleisch vom Grill und Schmorfleischgerichte (15 €) oder Seebarsch in Kartoffelkruste (Spigola al forno in crosta di patate, 14 €), Tintenfisch (**Polpetti alla Luciana**, 13 €), gemischter Fisch vom Grill (Grigliata mista di pesce). Die durchweg hausgemachten Dolci wechseln täglich: Erwägenswert sind die köstliche Panna cotta mit Konfitüren sowie die diversen Cremespeisen, u. a. Edoardos herausragende Crema al mosto cotto di fichi (auf Basis von Feigensirup).

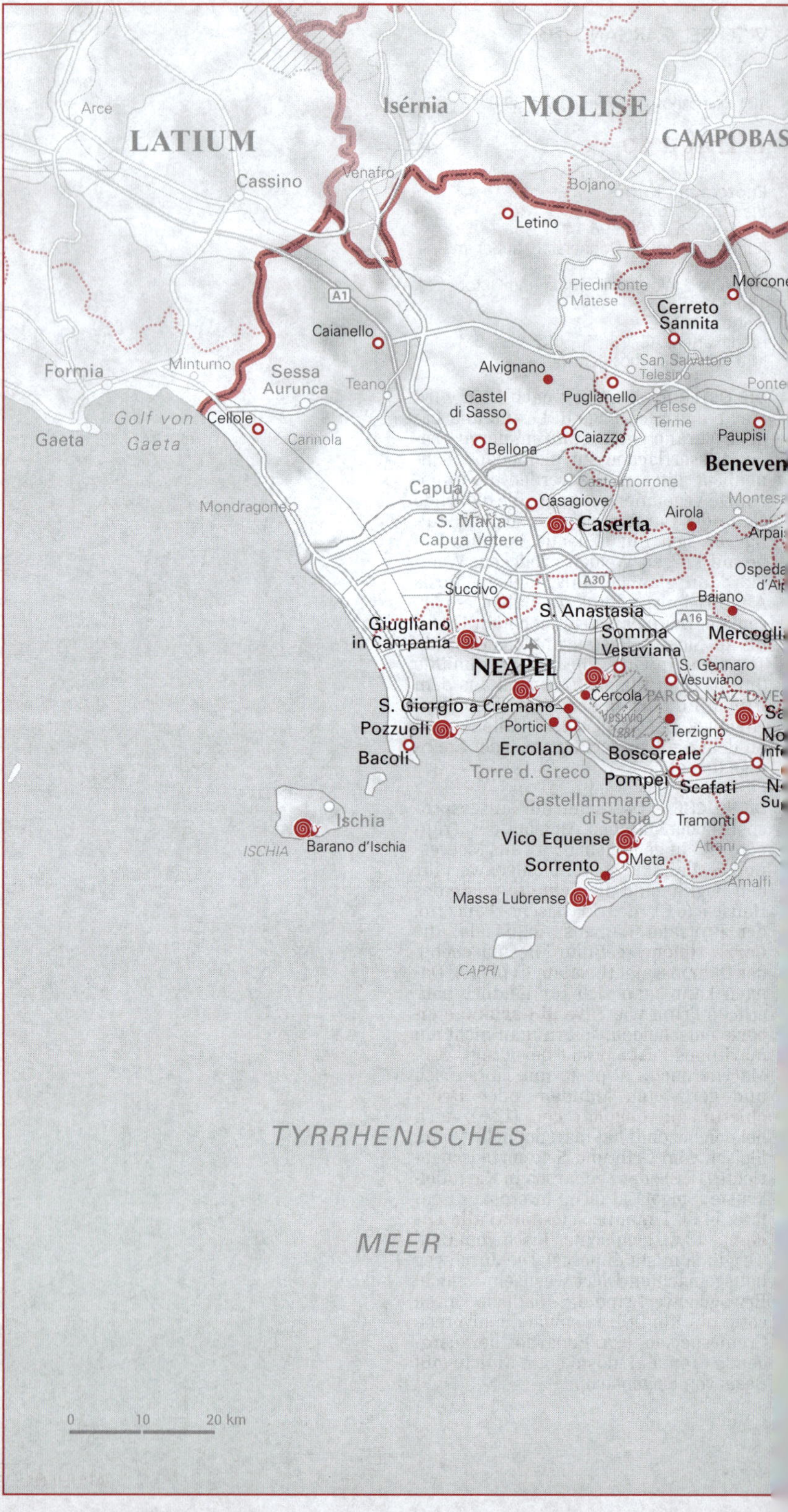

LATIUM
MOLISE
CAMPOBAS
Arce
Isérnia
Cassino
Venafro
Bojano
Letino
Morcone
Piedimonte Matese
Cerreto Sannita
A1
Caianello
San Salvatore Telesino
Alvignano
Formia
Minturno
Sessa Aurunca
Teano
Castel di Sasso
Puglianello
Telese Terme
Ponte
Golf von Gaeta
Cellole
Gaeta
Carinola
Bellona
Caiazzo
Paupisi
Beneven
Capua
Castelmorrone
Mondragone
Casagiove
Montesa
S. Maria Capua Vetere
Caserta
Airola
Arpai
A30
Osped d'Al
Succivo
S. Anastasia
Baiano
A16
Giugliano in Campania
Somma Vesuviana
Mercogli
NEAPEL
S. Gennaro Vesuviano
Cercola
PARCO NAZ. D. VES
S. Giorgio a Cremano
Portici
Vesuvio 1281
Pozzuoli
Terzigno
Ercolano
Boscoreale
Bacoli
Torre d. Greco
Pompei
Scafati
Castellammare di Stabia
Ischia
Tramonti
Barano d'Ischia
ISCHIA
Vico Equense
Atrani
Meta
Sorrento
Amalfi
Massa Lubrense
CAPRI
TYRRHENISCHES
MEER
0
10
20 km

ADRIA
L. di Occhito
Lucera
Fóggia
APULIEN
Troia
Orta Nova
Cerignola
Canosa di Púglia
Molinara
A16
Ariano Irpino
Melito Irpino
Scampitella
Vallesaccarda
San Giorgio del Sannio
Gesualdo
Frigento
Bisaccia
Melfi
Venosa
Rocca S. Felice
S. Angelo dei Lombardi
Rionero in Vúlture
Montemarano
Lioni
Santo Stefano del Sole
BASILIKATA
San Michele Serino
Muro Lucano
Giffoni Sei Casali
Valva
Oliveto Citra
Campagna
Buccino
POTENZA
Basento
Pontecagnano-Faiano
Eboli
A3
RA5
Battipaglia
PARCO NAZ.
Laurenzana
Roccadaspide
DELL'APPENNINO
PARCO
Sala Consilina
Trentinara
Padula
Agropoli
Valle dell'Angelo
LUCANO
Cicerale
NAZ. D. CILENTO
A3
Castellabate
Vallo d. Lucania
Caselle in Pittari
VAL D'AGRI
S. Mauro Cilento
Montecorice
Novi Velia
LAGONEGRESE
Morigerati
Casal Velino
E VALLO DI DIANO
Torre Orsaia
S. Marina
Lagonegro
Pisciotta
Sapri
PARCO NAZ.
Palinuro
Camerota
Golf von Policastro
Capo Palinuro
Maratea
D. POLLINO

KAMPANIEN

Einer der Gründe für das neu erwachte Interesse der Touristen an Neapel und Kampanien liegt in der kulinarischen Kultur und dem gastronomischen Angebot. Eine Kettenreaktion in der gesamten Gastronomie ist die Folge, der Ansporn, auf diese nicht ganz geringe Herausforderung eine angemessene Antwort zu finden. Für die Motivation unserer Vereinigung, die sich immer schon für einen mehrdimensionalen, bewussten Zugang zum Essen eingesetzt hat, ist das eine Bestätigung und wir bekommen hier Gelegenheit, eine Haltung zu unterstützen, die einen Gegenpol zu schnelllebigen, oft vereinheitlichenden Moden darstellt.
Es war nicht schwer für uns, diese Entwicklung vorherzusehen, und mit unverhohlener Freude begrüßen wir das Weiterbestehen und die Durchsetzungsfähigkeit jener Lokale, die Identität und Wiederbelebung von Traditionen zu ihren Prinzipien gemacht haben, ohne dabei in eine nostalgische Vision zu flüchten. Diese Grundeinstellung ist unserer Meinung nach die unabdingbare Voraussetzung dafür, Ressourcen für einen vermehrt bewussten und nachhaltigen Tourismus zu entwickeln. Um diese Aspekte zu unterstreichen, möchten wir besonders auf einige typische Gerichte eingehen, die für die Region stehen und anderswo häufig ungeschickt imitiert werden, doch mit unserer Identität und unserer Besonderheit unmittelbar verbunden sind.
Grundzutaten wie Pasta, Fisch und Fleisch werden in manchen Gerichten, offensichtlich schlichten wie kochtechnisch anspruchsvollen, zu regelrechten Emblemen der materiellen Kultur der Völker – auch deshalb war und ist Campania als felix zu bezeichnen.

Für Sie entdeckt

Coniglio

653 Il Focolare
Isola d'Ischia (Na)

674 Hosteria del Tritone
Ospedaletto d'Alpinolo (Av)

678 Abraxas
Pozzuoli (Na)

Spaghetti ai frutti di mare

660 Da Donato
Neapel

Maccheroni e carne al ragù

637 Buca dei Ladroni
Arpaise (Bn)

638 Valleverde Zi' Pasqualina
Atripalda (Av)

648 Masella
Cerreto Sannita (Bn)

656 Di Pietro
Melito Irpino (Av)

675 Fattoria Alvaneta
Padula (Sa)

681 Le Cose Buone di Nannina
San Gennaro Vesuviano (Na)

Pesce azzurro

639 La Catagna
Bacoli (Na)

645 Tre Sorelle
Casal Velino (Sa)

657 La Conca
Meta (Na)

677 Angiolina
Pisciotta (Sa)

49 KM NORDÖSTLICH VON AVELLINO

La Pignata

Restaurant-Pizzeria
Viale dei Tigli, 7
Tel. (+39) 08 25 / 87 25 71,
(+39) 392 / 654 65 28
Ruhetag: Dienstag
Ferien: 10 Tage im Juli
60 Plätze
Preise: 35 €
Kreditkarten: AE, CS, DC, MC, Visa; BM
Mittags und abends geöffnet
G

Als nachahmenswertes Beispiel für eine gelungene Wechselbeziehung von Wissen und Geschmack verführt dieses Lokal das Herz und den Gaumen.

DIE OSTERIA – Das an der östlichen Grenze der Irpinia gelegene Ariano stellt seit jeher einen Kreuzungspunkt der fruchtbaren Landschaften von Kampanien, Apulien und der Basilikata dar. Vielfältige Einflüsse bestimmen also die Küche der Familie Ventre, die dieses Lokal vor fast 40 Jahren gegründet hat. Der großzügige Speisesaal sorgt für einen angenehmen Aufenthalt, auch an Tagen mit vielen Gästen. Die Theke und der Holzofen in der Mitte des Raums tragen zur informellen Atmosphäre bei, in der Sie ein aufmerksamer, höflicher Service betreut.

DIE KÜCHE – Einige Gerichte der reichhaltigen Speisekarte können durchaus als Symbole der Geschichte des Essens gelten: **Pancotto all'arianese**, eine Brotsuppe mit Gemüse, Knoblauch, Olivenöl und Chili mit gereiftem Lardo (8 €) gehört zweifellos zu diesen, gemeinsam mit **Fave e cicoria** oder Sformato di baccalà con broccoli, pinoli e peperoni cruschi. Derselbe Stil bestimmt auch die Primi, hier finden Sie **Verdura e fagioli** (8 €), Ravioli di burrata al tartufo nero irpino und mit Pilzen gefüllte Gnocchi mit zerriebenen Stücken von Salsiccia. In der Folge beeindrucken **Caciocavallo al tegamino con porcini e tartufo** (10 €), bei Niedrigtemperatur gegarter Cosciotto di agnello mit Spargel sowie Tagliata di vitello con cicoria e chips di carciofi (15 €). Breit gefächerte Auswahl an Käse aus der Umgebung und ganz Italien. **Semifreddo al torrone con vincotto di Aglianico** (5 €) und Cheesecake scomposto con confettura di visciole sorgen für einen perfekten Abschluss. Die Weinkarte ist umfangreich und gepflegt. Auch Biere aus kleinen Betrieben sind vorhanden. Es gibt ein Degustationsmenü mit vier Optionen.

15 KM SÜDLICH VON BENEVENT

Buca dei Ladroni

Traditionelle Osteria
Corso Capone, 1
Tel. (+39) 08 24 / 466 99
Ruhetag: Sonntagabend, Montag
Ferien: 10 Tage im Juli
35 Plätze + 20 Plätze im Freien
Preise: 28–32 €
Keine Kreditkarten
Mittags und abends geöffnet

DIE OSTERIA – Die Osteria befindet sich auf dem Corso des Ortes, in einem von üppigem Grün umgebenen Palazzo aus dem frühen 19. Jahrhundert. Im Sommer kann man im Freien speisen, im Winter sorgt das Feuer im Kamin für eine heimelige Atmosphäre. Patron Giuseppe Pugliese, ein äußerst sympathischer Gastgeber, wird Ihnen die Speisekarte und die Herkunft der durchwegs lokalen Zutaten erläutern.

DIE KÜCHE – Der Antipasto (8 €) besteht aus Prosciutto di Venticano, Guanciale vom schwarzen Schwein, Ricottina im Weidenkörbchen, Frittatine mit Kräutern und einem schmackhaften Salat aus Cannellini-Bohnen. Unter den Primi (8 €) fallen Rigatoni del Ladrone con ragù, polpetta, caciocavallo e salsiccia pezzente sbriciolata ins Auge, ebenso **Polenta con sugo di pezzente** (mit Wurst aus den weniger edlen Teilen des Schweins), Cavatelli con pistacchio, pecorino e pancetta und **Orecchiette con braciola e pecorino**. Im Sommer sollten Sie Spaghetti con pomodorino del piennolo probieren. Unter den Secondi sind bemerkenswerte Schmorgerichte wie **Costolette di agnello alla Falanghina** (10 €) oder **Salsiccia alla Coda di Volpe** (7 €). Fleisch vom lokalen Rind der Marchigiana-Rasse gibt es in Carpaccio mit Tropfen vom geschmolzenem Caciocavallo oder alla brace. Empfehlenswert ist auch das Hähnchen Polletto al Barbera (10 €). Abgerundet wird das Menü von Käse wie Caciocavallo di Castelfranco in Miscano oder Pecorino di Venticano. Köstliche hausgemachte Dolci: ***Ceppalune*** (halbmondförmige Kekse), Crostate, Torten und, an erster Stelle, Spumone del Kaiser. Unbestritten gut schmeckt der offene Barbera, doch Sie können auch eine der Etiketten aus der Umgebung und dem übrigen Italien wählen.

4 km östlich von Avellino

NEU 'A Lanterna

Osteria
Vico Piazza, 2
Tel. (+39) 08 25 / 61 01 62
Ruhetag: Sonntagabend, Montag
Ferien: unterschiedlich
50 Plätze
Preise: 25–28 €
Kreditkarten: AE, CS, DC, MC, Visa; BM
Mittags und abends geöffnet

DIE OSTERIA – Atripalda, eine bevölkerungsreiche Gemeinde bei Avellino, kann in Bezug auf die Gastlichkeit auf eine noble Tradition verweisen: Um die lokalen Adeligen, die ihn auf der Flucht vor dem Papst beschützt hatten, auszuzeichnen, wollte Stauferkönig Manfred, dass sie an seiner Seite speisten, gemeinsam mit ihren Frauen, wobei er eine Regel außer Kraft setzte, der zufolge die als gesellschaftlich minderwertig geltenden Frauen von Banketten ausgeschlossen waren. Vielleicht hatten die Bewohner dieser Gegend also damals schon eine besondere Gabe für die Gastfreundlichkeit – diese kleine einfache Trattoria ist jedenfalls ein gutes Beispiel dafür. Inhaber Gerardo Preziosi heißt Sie gemeinsam mit seiner in der Küche tätigen Frau Virginia herzlich willkommen und berät Sie bei der Auswahl von der Speisekarte, auf der Baccalà eindeutig der Protagonist ist.

DIE KÜCHE – Der Antipasto 'A Lanterna (10 €) setzt sich aus einer Reihe kleiner Gerichte mit Gemüse zusammen, zum Beispiel **Cipolla marinata nel vin cotto**, **Scapece** von Zucchini, süßsaure Zucchini und marinierter Wirsing. Gewürzt wird mit dem hervorragenden nativen Olivenöl extra der Sorte Ravece aus Frigento. Kräftige, schmackhafte Primi sind Ravioli in salsa di noci (8 €), **Paccheri al baccalà** (9 €) oder Fettuccine ai funghi porcini (mit Steinpilzen). Dem **Baccalà** zu seinem echten Triumph verhelfen jedoch die Secondi: Baccalà **con i broccoli**, al pepe rosa, al pomodoro, alla zucca, ai talli di zucchine (mit Zucchinisprossen, 11 €), in carpaccio oder fritto (10 €). Als Alternative köstliches **Agnello arrosto** (Lammbraten, 10 €), Parmigiana oder Provola arrostita al tartufo (7 €). Die Dolci sind hausgemacht. Guter offener Hauswein und einige rote Flaschenweine.

ATRIPALDA (AV)

4 km östlich von Avellino

Valleverde Zi' Pasqualina

Trattoria • Via Pianodardine, 112
Tel. (+39) 08 25 / 62 61 15
Ruhetag: Sonntag
Ferien: Ostern, letzten 2 Augustwochen, Weihnachten
100 Plätze + 15 Plätze im Freien
Preise: 30–38 €
Kreditkarten: AE, CS, DC, MC, Visa; BM
Mittags und abends geöffnet

Eine gelungene traditionelle Küche, die auf eine Reise in die Vergangenheit entführt – längst vergessener Geschmack für neue Emotionen.

DIE OSTERIA – Atripalda war durch seine Lage immer schon für Handel und Austausch prädestiniert. Hier fand ein bekannter Viehmarkt statt und in dieser Trattoria wurden die Geschäftsabschlüsse gefeiert. Als Erbe der Gründerin, seiner Großmutter, die von allen Zi' Pasqualina (Tante) genannt wurde, bietet der derzeitige Inhaber Sabino Alvino eine einfache, aber erprobte Küche, schnörkellos und stets die Erwartungen erfüllend.

DIE KÜCHE – Der unverzichtbare Antipasto (12 €) besteht aus verschiedenen kleinen Gängen: Salumi, Formaggio primo sale, Auflauf mit Ricotta und Kürbisblüten, Bruschette, Mozzarella di bufala und köstliche in der Pfanne gewürzte Patate e peperoni. Bei den Primi verführen vor allem Suppen, von denen Sie **Scarole e fagioli** (Endivien und Bohnen, 8 €) oder Ceci con origano di montagna ed extravergine di ravece nicht verpassen sollten. Wenn Sie sich für ein Pastagericht entscheiden, können Sie hausgemachte Fusilli con ragù, vermischt mit Pecorino di Lioni (8 €), oder **Ravioli al ragù con ricotta salata** wählen. Bei den Secondi überwiegt Fleisch aus lokaler Aufzucht. Bistecca alla brace con misticanza (15 €), Coniglio alla cacciatora sfumato al vino bianco und das immer vorhandene **Misto al ragù antico** bestätigen die traditionelle Linie, die sich immer in bester Form zeigt. Hausgemachte Dolci wie **Babà**, Torta al cioccolato und das gute Löffeldessert Ricotta e pera versüßen den Abschied. Breit gefächerte Auswahl an Weinen zu ehrlichen Preisen.

BACOLI (NA)
Casevecchie

25 KM WESTLICH VON NEAPEL

Da Fefè

Trattoria
Via della Shoah, 15
Tel. (+39) 081 / 523 30 11,
(+39) 331 / 981 11 74
Ruhetag: Sonntagabend, Montag (außer im Sommer) • Ferien: 10 Tage im Januar
40 Plätze + 80 Plätze im Freien
Preise: 38–40 € €↑
Kreditkarten: AE, CS, MC, Visa; BM
Mittags und abends geöffnet, im Sommer nur abends

DIE OSTERIA – Ende der 1980er-Jahre beschloss Bruno Esposito, aus Neapel, wo er gearbeitet hatte, wegzuziehen und ein Lokal zu suchen, das seiner Idee von Bewirtung näher kam, abseits der Hektik der Stadt und geeignet, ein sozialer Treffpunkt zu werden. Die Begegnung mit der Osteria Da Fefè war Liebe auf den ersten Blick – wenige Plätze, traditionelle Rezepte, frische Zutaten und der alte Hafen von Bacoli bilden den Rahmen. Sich ein paar Schritte vom Meer entfernt niederzulassen, ein gutes, nach allen Regeln der Kunst zubereitetes Fischgericht zu genießen und den Geräuschen des Hafens und den Rufen der Fischer zu lauschen, ist in jedem Fall die Reise wert.

DIE KÜCHE – In der Küche werden, bis auf seltene Ausnahmen, Grundzutaten verarbeitet, die vom Golf von Neapel stammen. Als Antipasti könnten Sie **Scapece** di pesce (10 €) bestellen, **Cicinielli** (eine Grundelart) **al gratin** (10 €) oder Totanetti scottati su peperoncini verdi, alici e capperi. Auf dem Programm der Primi (12 €) stehen, abhängig von der Jahreszeit, Fusilli con zucchine e cozze, **Rigatoni alla genovese di polpo** und Spaghetti con scampi e pomodorini. Vielfältiges Angebot bei den Secondi: Filetto di ricciola con pomodoro cannellino e purè di patate al limone (14 €), **Baccalà fritto con crema di papaccelle**, Filetto di lampuga scottata con scarole saltate (Filet von der überbrühten Gemeinen Goldmakrele mit in der Pfanne gewürzten Endivien, 13 €) und die klassische **Frittura di alici**. Die Dolci sind selbst gemacht: Mousse al cioccolato, Semifreddo alle mandorle, Sbriciolata di pasta frolla. Neben dem offenen Wein steht eine zufriedenstellende Auswahl an Etiketten aus Kampanien zur Verfügung.

In **Pozzuoli** (9 km) können Sie bei Dolci Qualità (Via Rosini 45) sehr guten Honig und andere Spezialitäten kaufen.

BACOLI (NA)

23 KM WESTLICH VON NEAPEL

La Catagna

Osteria • Via Pennata, 50
Tel. (+39) 081 / 523 42 18,
(+39) 328 / 167 94 31
Ruhetag: Sonntagabend, Montag
Ferien: 1 Woche im August, 2 Wochen im Januar
30 Plätze
Preise: 38–40 € (Tagesmenü) €↑
Kreditkarten: MC, Visa; BM
Abends geöffnet, Samstag, Sonntag und Feiertage auch mittags

DIE OSTERIA – Im Jargon der Fischer des Gebiets der Campi Flegrei bedeutet „Catagna" das Versteck des Oktopus. Wie dieses ist auch das Lokal nicht ganz leicht zu finden. Parken Sie das Auto und lassen Sie sich den „direkten Weg" von den Bewohnern des Viertels zeigen oder durchqueren Sie ein Labyrinth kleiner Straßen, um ans Ziel zu gelangen. Wenn es das Wetter erlaubt – und das ist in diesen Breitengraden oft der Fall –, können Sie auf der hübschen kleinen Terrasse mit Blick auf den Hafen von Miseno speisen.

DIE KÜCHE – Das Menü, so wird Ihnen Patron Crescenzo Della Ragione gleich mitteilen, hängt vom täglichen Fischfang ab. In der Version „Completo" (40 €) sind fünf Antipasti vom Meer vorgesehen, ein Primo, ein Secondo und ein Dessert, doch Sie können auch von der Speisekarte wählen. Bei unserem Besuch um Sommer haben wir „L'Entrée" (15 €) mit **Polpetti alla luciana** zu Hummus aus Kichererbsen genossen, Pesce bandiera gratinato con pesto di olive e caciocavallo irpino sowie Gambero crudo con rucola. Anschließend köstliche **Paccheri con ragù di cernia, cozze e scampi** (12 €), sowie, falls vorhanden, **Spaghetti al nero di seppia**. Von den häufig anzutreffenden Secondi empfehlen wir **Frittura di calamari e totani** (13 €) oder Orata (Goldbrasse) und Ricciola (Bernsteinmakrele) in umido con i pomodorini. Zum Abschluss die unschlagbaren Millefoglie con crema di nocciole e amarene, Zeppola di San Giuseppe und Cassata partenopea – alles aus eigener Erzeugung – und schließlich Nocillo (Nusslikör) und in der Cuccumella (der für Neapel typischen Espressomaschine) zubereiteten Kaffee. Gute Weinkarte.

In der Via Cuma 124 bietet Giovanni Quadrano eine gepflegte Auswahl an Salumi, Käse und Milchprodukten aus Büffelmilch aus Kampanien und dem übrigen Italien.

19 KM NW. V. CASERTA, A 1 NEAPEL-ROM AUSF. CAPUA

'A Luna Rossa

Restaurant-Pizzeria
Via Vinciguerra, 106
Tel. (+39) 08 23 / 96 68 58,
(+39) 333 / 256 17 02
Ruhetag: Montag
Ferien: Juli
80 Plätze + 30 Plätze im Freien
Preise: 30–32 €
Kreditkarten: AE, CS, MC, Visa; BM
Abends geöffnet

DIE OSTERIA – Diese Gegend ist berühmt für zahlreiche autochthone landwirtschaftliche Erzeugnisse, zum Beispiel die Äpfel Mele Annurche, die Zwiebeln Alifana, die Bohnen Fagioli di Calvi Risorta, die Lupinensamen aus Vairano und den Käse Conciato romano. All diese Produkte finden Sie neben verschiedenen Slow-Food-Presidi auf der Speisekarte dieses Restaurants. Geleitet wird das Lokal von Familie Pascarella: Lorenzo (Experte für Olivenöl) betreut den Service, seine Schwester Antonella steht mit Assunta und Halina in der Küche, Davide ist für den Holzofen und die Pizza zuständig.

DIE KÜCHE – Das Menü basiert großenteils auf Produkten vom Festland, nur freitags gibt es ein Fischangebot. Unter den Antipasti (9 €) sind ein Brett mit kampanischen Salumi vorgesehen, Baccalà in crosta di olive caiatine, **Pancotto con broccoli e provolone** sowie Polpo grigliato (gegrillter Oktopus). Bei den Primi (9 €) reicht die Auswahl von Mafaldelle con ragù di coniglio (mit Kaninchensauce) zu **Paccheri con baccalà e ceci**, von Linguine agli asparagi e conciato romano zu **Ravioli di ricotta con fave e cacioricotta**. Anschließend eine Spezialität des Lokals, das frei lebende Huhn **Pollo ruspante in guazzetto di pomodori** (14 €). Interessant sind auch Rotolo di agnello ai carciofi (Lammroulade mit Artischocken) und Coppa di maiale mit dem traditionell erzeugten Bier, das Lorenzo selbst braut. Mousse di mozzarella di bufala all'olio extravergine di oliva ist ein durchaus originelles Dessert, Sie können jedoch auch klassische Millefoglie con crema e amarene (5 €) oder Variazione al cioccolato wählen. Reichhaltige Auswahl an Käse. Die gepflegte Weinkarte ist breit gefächert.

Nunzia

Traditionelle Osteria
Via Annunziata, 152
Tel. (+39) 08 24 / 294 31
Ruhetag: Sonntag
Ferien: August
60 Plätze
Preise: 22–25 €
Kreditkarten: AE, CS, MC, Visa; BM
Mittags und abends geöffnet

In ursprünglicher, heimeliger Atmosphäre vermitteln Antonio und seine Mutter Nunzia die Küche der Umgebung. Sie erzählen Geschichten von Bauern, Produzenten, Züchtern und nicht zuletzt von sich selbst.

DIE OSTERIA – Mitten im Zentrum von Benevent befindet sich diese historische Osteria, eine zuverlässige kulinarische Adresse für Einheimische und Touristen, die auf der Suche nach Qualität, Leidenschaft und Kompetenz in der Gastronomie sind. Das alles finden Sie hier – gepaart mit sympathischer, herzlicher Gastlichkeit. Die Inhaberin, die lebhafte, witzige Nunzia Nazzaro, wählt die lokalen Zutaten mit Sorgfalt aus und verarbeitet sie anschließend entsprechend ihrer langen Erfahrung. So entstehen Gerichte, denen überlieferte Rezepte als Inspiration dienen.

DIE KÜCHE – Als Eröffnung Bruschetta mit Bohnen, **Purè di fave e cicoria** (Püree aus Dicken Bohnen mit Zichoriengemüse, 2,50 €) sowie eine ausgezeichnete Auswahl an Salumi und Käse. Bei den Primi verdienen Lagane und Cavatelli con i fagioli ein besondere Erwähnung, doch die unbestrittene Spezialität des Lokals ist und bleibt **Scarpariello**. **Genovese con le candele spezzate** verweist deutlich auf die Küche Neapels. Doch wenden wir uns nun den Secondi zu – unverzichtbar die **Salsiccia rossa di Castelpoto** (Slow-Food-Presidio) **con i broccoli** (10 €) sowie die schmackhaften Polpette al ragù. Der ausgezeichnete Baccalà (12 €) wird auf verschiedene Weise zubereitet. Zum Abschluss Dolci della casa: Mela allo Strega (3,50 €), Babà di Nunzia und eine köstliche Sbriciolata al cioccolato. Gut bestückte Weinkarte mit Etiketten aus der Umgebung und dem übrigen Italien.

BISACCIA (AV)

68 KM NORDÖSTLICH VON AVELLINO

Grillo d'Oro

Trattoria
Via Orto del Convento
Tel. (+39) 08 27 / 892 78,
(+39) 328 / 025 66 06
Ruhetag: Montag- und Sonntagabend
Ferien: 1 Woche im Juli
60 Plätze
Preise: 30–35 €
Kreditkarten: CS, DC, MC, Visa; BM
Mittags und abends geöffnet

DIE OSTERIA – In Bisaccia offenbaren sich die Zeichen alter Pracht in der Burg, dem mittelalterlichen Ortskern, den sehenswerten Kirchen und der schönen Landschaft. Durch die kleinen Straßen der Altstadt gelangen Sie zu der alteingesessenen Osteria, in der Familie Arminio seit drei Generationen die Tradition der Küche der Irpinia hochhält. An der Grenze zum Gebiet des Tavoliere delle Puglie, im kulturhistorischen Kontext der Transhumanz, warten üppige Gaumenfreuden auf Sie.

DIE KÜCHE – Zu Beginn ein stattlicher Antipasto (15 €): Soffritto di maiale mit Paprikaschoten, Salumi, Käse, gewürzte gebratene Kräuterseitlinge, Omelett mit Artischocken, Trippa alla pizzaiola, geschmorte Lammleber sowie Suppe mit frischen Dicken Bohnen, Artischocken, Erbsen, Käse und Ei. Die Pasta wird frisch aus Grieß vom Weizen der Sorte Senatore Cappelli hergestellt, das Angebot reicht von **Cavatelli con fagioli** (mit Bohnen) oder mit Wildspargel (8 €) bis zu den traditionellen Marcannali (quadratischen Spaghetti) al ragù. Im Speisesaal scheint der Grill nur auf das Fleisch, alles von autochthonen Rassen, zu warten. Gut schmecken **Agnello del Formicoso al forno con patate** oder alla brace (10 €), Braciola al sugo (Fleischroulade in Tomatensauce) und **Coniglio alla cacciatora**. Wenn Sie rechtzeitig vorbestellen, kommen Sie in den Genuss des traditionellen **Piccione ripieno** (gefülltes Täubchen). Intensiver Geschmack bei Caciocavallo aus einer kleinen Käserei der Umgebung. Zum Abschluss hausgemachte Dolci (5 €) – Sbriciolona, Crostata mit Konfitüre aus Sauerkirschen – und frisches saisonales Obst. Als Alternative zu Etiketten aus Kampanien gibt es den angenehmen offenen Wein.

In der Bäckerei Masucci in der Via Cavallerizza 65 kaufen Sie Brot und Pizza Moscia, Kekse und andere Süßspeisen und zu Ostern Pastiera und Squarciatella.

BOSCOREALE (NA)

30 KM SÖ. VON NEAPEL, S.S. 268, A 3 ODER A 30

La Locanda da Alfonso

Restaurant
Via Passanti Flocco, 405
Tel. (+39) 081 / 859 31 56,
(+39) 320 / 317 25 42
Ruhetag: Sonntagabend, Montag
Ferien: je 10 Tage im August und zu Weihnachten/Neujahr
35 Plätze + 20 Plätze im Freien
Preise: 38–40 € €↑
Kreditkarten: CS, MC, Visa; BM
Mittags und abends geöffnet

DIE OSTERIA – Zwischen Boscoreale und Poggiomarino, in einem touristisch unerschlossenen Gebiet in der Nähe der weltbekannten Ausgrabungsstätten von Oplonti und Pompei, trifft man auf dieses kleine, moderne, saubere Restaurant, mit minimalistischer, funktioneller Einrichtung und einem kleinen Vorgarten für Sommerabende. Das Lokal, so ist sein Stil, bietet ausschließlich Meeresküche, ergänzt durch Gemüse von Lieferanten aus der Vesuv-Gegend. Alfonso Cirillo, Küchenchef und Patron, wählt persönlich den immer frischen Fisch auf nahen Märkten und bei Fischern der Küste aus. Das Angebot ist einfach und klassisch mit rohem und gekochtem Fisch von bester Qualität und ebensolcher Zubereitung. Die Speisekarte wird mündlich vorgetragen, da sie sich täglich ändert.

DIE KÜCHE – Probieren Sie bei den Antipasti **Involtino di pesce bandiera con verdure** (Roulade vom Bandfisch mit Gemüse, 10 €), Frittura di gamberi e alici con polpettine und **Nasello impanato ripieno di provola** (panierter, mit Käse gefüllter Seehecht, 8 €) als Alternative zum rohen Fisch. Große Auswahl an Primi mit guten **Paccheri con pescatrice e asparagi** (mit Anglerfisch und Spargel) oder Kürbis sowie einladenden **Fettuccine con gamberi e radicchio** (12 €). Der Tagesfischfang wird frittiert, gebraten, gegrillt oder all'acquapazza und in umido zubereitet, oft gibt es dazu Kartoffeln und Gemüse. Verpassen Sie nicht, falls vorhanden, **Trancio di ricciola arrostito** (15 €). Reichhaltiges Angebot an Beilagen. Die Desserts (4 €) kommen aus einer renommierten Pasticceria in Ottaviano. Intelligent zusammengestellte Auswahl von etwa 30 Weinen, vor allem aus Kampanien, sowie einige hochprozentige Getränke.

In der Via Brancaccio 75 A stellt die Cooperativa Arte e Pasta über den Bronzestab gerollte und langsam getrocknete Pasta her.

CAIANELLO

40 km nordwestlich von Caserta, A 1

Il Contadino

Agriturismo
Via Starze
Tel. (+39) 08 23 / 92 20 43,
(+39) 339 / 592 86 49
Ruhetag: Sonntagabend, außer im Sommer
Keine Ferien
60 Plätze + 80 Plätze im Freien
Preise: 30–35 €
Kreditkarten: CS, DC, MC, Visa; BM
Mittags und abends geöffnet

DIE OSTERIA – Die Gedanken wandern in die Vergangenheit, wenn man diese authentische Osteria betritt. Sie befindet sich, wie es früher üblich war, am Ortsrand, um Durchreisende und lokale Besucher zu empfangen. Der Gast bemerkt die alte Schneidemaschine, den Tisch mit den kalten Antipasti, die Körbe mit Gemüse und Obst aus dem Garten des Betriebs, bevor er in einem der bäuerlichen Speisesäle oder in der weitläufigen Tenne des Bauernhofs Platz nimmt. Einfache Gerichte, „unverschämt unverfälscht" möchten wir sie am liebsten nennen, sind auf einer Tafel angeschrieben, jeden Tag sind es andere, sei es wegen der Saisonalität oder der Verfügbarkeit der Zutaten.

DIE KÜCHE – Panzanella, Hülsenfrüchte, frische und getrocknete Tomaten zu Beginn (7 €), doch auch ausgezeichnete Salumi aus eigener Erzeugung und eine Auswahl an lokalem Käse. Im Winter sollten Sie die Gemüsesuppen nicht verpassen und vor allem **Uovo a sciusciello**, eine Spezialität des Wirts Berardino Lombardo. Unter den Primi finden Sie **Spaghetti con i peperoncini di fiume**. Pomodorini arracanati oder Maltagliati con le zucchine (7 €) ersetzen im Sommer **Ziti alla genovese** und das klassische Ragù napoletano. Die nun folgenden Speisen kommen vom Holzkohlengrill oder aus dem Ofen: **Polpette con i piselli**, Pollo con le patate (10 €) und ausgezeichnetes Fleisch vom schwarzen Schwein aus dem eigenen Betrieb. Zum Abschluss Crostate mit Obst oder Konfitüre, abwechselnd mit köstlicher **Sbriciolata** (4 €). Zu trinken gibt es, wie in jeder guten Osteria, offenen Wein, doch auch einige durchaus qualitätvolle Etiketten aus kampanischem Anbau sind vorhanden.

CAIAZZO (CE)

15 km nordöstlich von Caserta

Il Generale

Restaurant • Largo Plebiscito Veneto
Tel. (+39) 08 23 / 86 26 06,
(+39) 335 / 685 43 94
Ruhetag: Montag, Dienstag
Ferien: August
35 Plätze
Preise: 25–30 €
Kreditkarten: AE, CS, DC, MC, Visa; BM
Abends geöffnet, Samstag und Sonntag auch mittags

DIE OSTERIA – Dieses Restaurant in der Altstadt von Caiazzo wurde in den Kellergeschossen und der Zisterne der aus dem 18. Jahrhundert stammenden Fabrik De Angelis eingerichtet. Die Räume mit dem Tonnengewölbe aus Tuffstein vermitteln ein Gefühl von Festigkeit und Tradition. Stefano De Matteo kümmert sich um die Küche, aber auch um die Gastlichkeit im Speisesaal. Der Service ist informell, aufmerksam den Gästen gegenüber und doch zurückhaltend. Die Gerichte werden mit Stolz auf Stefanos bäuerliche Wurzeln entwickelt und vorgestellt. Auch heute noch baut er gemeinsam mit seiner Familie das Gemüse und die Kräuter an, die er in der Küche verarbeitet.

DIE KÜCHE – Unter den Antipasti (6,50 €) ragen Torretta caprese con mozzarella di bufala e pomodorini hervor, dicht gefolgt von gebratener Provola im Zitronenblatt mit Prosciutto. Bei den Primi (7 €) gute Gnocchi mit Auberginen, Kartoffeln, Provola und Kirschtomaten, köstlicher **Involtino di pasta ripieno di baccalà con pomodoro e olive di Caiazzo** und die nicht weniger einladenden, eher klassischen **Ziti al ragù di salsiccia**. Zur Wahl stehen auch **Suppen**, zum Beispiel **Scarola e fagioli** (mit Endivien und lokalen Bohnen). Von den Secondi (8,50 €) haben uns besonders Filetto di maialino con funghi porcini und Entrecôte al radicchio rosso in salsa di Aglianico geschmeckt. Auch die Beilagen verdienen Beachtung, vor allem Radicchio spadellato con aglio e peperoncino und **Sformatino di scarola** all'olio Colline di Caiazzo. Bei den Desserts leckerer Torroncino allo Strega con salsa di caramello e granella di nocciola. Zufriedenstellende Weinkarte mit Vorliebe für Etiketten aus der Umgebung.

CAMEROTA (SA)
Marina di Camerota

121 km südöstlich von Salerno, S.P. 430

La Cantina del Marchese

Traditionelle Osteria
Via del Marchese, 13
Tel. (+39) 09 74 / 93 25 70,
(+39) 393 / 966 42 52
140 Plätze • Preise: 20–25 €
Kreditkarten: AE, CS, DC, MC, Visa; BM
Juni–September täglich geöffnet, März–Mai und Oktober nur am Wochenende
Abends geöffnet, mittags und im Winter gegen Vorbestellung (November geschlossen)

DIE OSTERIA – In der Altstadt von Marina di Camerota, wenige Meter vom Hafen entfernt, verkörpert diese Osteria voll und ganz den Cilento, sowohl in der Zubereitung der Gerichte als auch in der Atmosphäre. Schlichtheit und Großzügigkeit spiegeln sich im hochwertigen Angebot des Restaurants. Das Personal hat einen sympathisch theatralischen Touch und serviert in traditionellen Kleidern. Anders als man es bei einem Lokal am Meer erwarten könnte, kommen aus der Küche vor allem Gerichte vom Land und aus bäuerlicher Tradition, sieht man von Baccalà und ganz frischen Sardellen ab.

DIE KÜCHE – Exquisite Antipasti (5 €), von denen wir vor allem Maracuocciata empfehlen, eine dunkle Polenta aus Maracuoccio, einer althergebrachten Hülsenfrucht, die nur in der Umgebung von Lentiscosa wächst. Außerdem Sciambielle, das sind mit Käse gefüllte Auberginen in Tomatensauce, sowie Salumi aus kleinen Betrieben. Als Primi sind die klassischen **Lagane e ceci** (7,50 €) unverzichtbar, so wie die originellen ***Triiddi*** – hausgemachte Pasta aus dem Mehl von Esskastanien – **mit Steinpilzen** (8,50 €). Danach ausgezeichnete **Ciaurella** (7,50 €), ein Schmorgericht mit Dicken Bohnen, Mangold, Kartoffeln und Wildfenchel. Ebenso lecker Zicklein oder Lamm aus lokaler Aufzucht aus dem Ofen (9 €), **Coniglio alla cacciatora** und Alici in tortiera. Die Auswahl an Desserts ist vom Sinn für das Wesentliche geprägt. Probieren Sie Cannolo alla cilentana und Biscotti mandorlati. Außer dem guten offenen Hauswein lagern im Keller ausgewählte Flaschen aus dem Cilento und dem übrigen Kampanien.

CAMEROTA (SA)
Marina di Camerota

125 km südöstlich von Salerno, S.P. 430

NEU Profumi e Sapori

Osteria
Via Comite
Tel. (+39) 339 / 771 05 49
Kein Ruhetag
Ferien: Februar
25 Plätze + 25 Plätze im Freien
Preis: 25 € (Tagesmenü)
Kreditkarten: AE, CS, DC, MC, Visa; BM
Abends geöffnet

DIE OSTERIA – Die Osteria befindet sich in einer Seitengasse der Via Bolivar im kleinen Ortskern von Marina di Camerota. Willkommen heißt Sie Giuseppe (José genannt) La Manna, gemeinsam mit seiner Frau Maria Pia hat er die Bewirtung vor fünf Jahren begonnen, zuerst einfach mit der Verkostung und dem Verkauf von Produkten aus dem Cilento in seinem Haus. Die Räume sind schlicht und ordentlich eingerichtet, im hübschen Garten wächst das in der Küche verwendete Gemüse. Da es nur wenige Plätze gibt, ist eine Reservierung unumgänglich.

DIE KÜCHE – Die Speisen sind alle von der Kultur des Cilento beeinflusst und in einem Degustationsmenü für 25 € zusammengefasst. Von den Antipasti empfehlen wir den köstlichen hausgemachten in Öl eingelegten Thunfisch Alalunga mit Kirschtomaten, Alici di menaica su crostino di pane e burro di bufala und Maracuocciata (Polenta aus dem gemahlenen Maracuoccio, einer im Ortsteil Lentiscosa angebauten Hülsenfrucht). Es folgen Paccheri con ventresca di pesce spada (mit dem Bauchstück des Schwertfischs), Raviolo di ricotta di bufala, **Zuppa di fagioli di Controne**, Lagane e ceci di Cicerale sowie **Spaghetti con polpettine e alici**. Saisonale Verfügbarkeit bildet die Grundlage der Auswahl der Secondi, Sie könnten Totano con patate bekommen, **Parmigiana di zucchine**, Alici, Lampuga (Gemeine Goldmakrele) und andere lokale Fische, Pollo di fattoria al forno und **gefülltes Gemüse**, die Spezialität des Lokals. Käse und Salumi mit einigen Slow-Food-Presidi aus Kampanien und hausgemachte Desserts runden das Angebot ab. Eine kleine Auswahl an Weinen aus dem Cilento steht zur Verfügung. Eine spezielle Erwähnung gebührt dem ausgezeichneten Brot und dem guten nativen Olivenöl extra. Spezielle Wünsche können bei der Reservierung bekannt gegeben werden.

CAMPAGNA (SA)

43 KM SÜDÖSTLICH VON SALERNO, A 3 UND S.S. 91

'A Bersagliera

Traditionelle Osteria
Largo della Memoria
Tel. (+39) 08 28 / 461 88,
(+39) 333 / 362 57 83
Ruhetag: Mittwoch- und Sonntagabend, außer im Sommer
Ferien: 10 Tage im September
50 Plätze + 15 Plätze im Freien
Preise: 20 €
Kreditkarten: AE, MC, Visa; BM
Mittags und abends geöffnet

DIE OSTERIA – Das kleine Städtchen Campagna vermag beachtliches Interesse auf den Gebieten der Architektur, Geschichte und Anthropologie hervorzurufen. Einen Besuch verdienen die schönen Palazzi, die Kirchen und Klöster sowie die Veranstaltungen, die hier stattfinden: im Sommer die *Chiena* (die geplante Überflutung der Straßen im Ortszentrum), im Winter die *Fucanoli*, die Lagerfeuer, die in der Nacht des Heiligen Antonio Abate im ganzen Dorf angezündet werden. Die Osteria befindet sich in der Altstadt. Authentizität und Ursprünglichkeit sind die Stützpfeiler des Lokals, die Inhaber Cosimina und Roberto Di Cosimo, zusammen mit Palmira, Küchenchefin und Mutter des Eigentümers (sie ist die Bersagliera, wie die Scharfschützen der italienischen Infanterie genannt werden), würzen ihre schlichte, direkte Art mit der richtigen Prise Sympathie.

DIE KÜCHE – Die Antipasti (5 €) beinhalten eine wunderbare Soppressata, lokale Salsiccia und gekochtes Gemüse aus dem Garten der Familie. Unter den Primi (5 €), alle mit hausgemachter Pasta, stechen Matasse mit Bohnen hervor, Lagane e ceci und **Ravioli di ricotta al pomodoro**. Als Secondi empfehlen wir ***Sfrionza***, das ist ***Costariccia*** (Kotelett vom Schwein) mit Kartoffeln und Papaccelle (in Essig eingelegten Paprikaschoten). Ausgezeichnet schmecken jedoch auch ***Gniummarielli*** (Rouladen aus Lamminnereien in Tomatensauce), Misto di carne alla brace (8 €) und die Spezialität des Hauses, **Baccalà alla carrettiera**. Die Dolci (2 €) sind typische Festtagsdesserts: Castagnaccio, Pastiera, Zeppole. Die Auswahl an Wein ist beschränkt, doch sowohl der rote als auch der weiße offene Wein ist durchaus angenehm.

CASAGIOVE (CE)

3 KM W V. CASERTA, A 1, AUSFAHRT CASERTA NORD

NEU Le Quattro Fontane

Moderne Osteria
Via Quartiere Vecchio, 28
Tel. (+39) 08 23 / 46 89 70
Ruhetag: Montag (im Winter), Sonntag (Juli, August)
Ferien: 2 Wochen im August,
22. Dezember–6. Januar
50 Plätze + 20 Plätze im Freien
Preise: 30–35 €
Kreditkarten: CS, DC, MC, Visa; BM
Mittags und abends geöffnet

DIE OSTERIA – Das Restaurant befindet sich in der Altstadt von Casagiove, in einem alten Innenhof, der einst vier Brunnen beherbergte. Zu Beginn handelte es sich um eine Weinhandlung, in der gegen ein geringes Entgelt ausschließlich für die Lieferanten, die die Ware brachten, gekocht wurde. Michele Russo, der ursprüngliche Inhaber, hat das Lokal in eine Osteria umgewandelt und nach einer Phase, in der er sich anderem widmete, hat er den Betrieb vor etwas mehr als zwei Jahren zusammen mit seinem Sohn Francesco wiedereröffnet.

DIE KÜCHE – Aus der Küche kommen vor allem Gerichte vom Land. Fisch ist hauptsächlich durch Baccalà vertreten, außerdem gibt es einige weitere klassische Angebote. Der Antipasto della casa (15 €) besteht aus verschiedenen Kostproben an Gemüse, Omeletts, Käse und Hülsenfrüchten. Als Alternative Baccalà: mit Kartoffeln, als Tatar oder als frittierte Bällchen. Außerdem Suppen wie **Pancotto e fagioli** (mit Crostoni aus Hartweizenmehl), Cotiche con fagioli (Schwarten und Bohnen) oder Crema di fave con crostini. Pettole con fagioli und Tagliatelle con i ceci sind die beliebtesten Primi, doch einen Versuch lohnen auch Zuppa di fagioli e scarole (6 €), **Genovese di baccalà**, Ragù di maialino casertano und **Zuppa di soffritto**. Baccalà und Stoccafisso sind immer in den Versionen in bianco (ohne Tomaten, mit Oliven und Kräutern) oder mit Kirschtomaten und Oregano (13 €) vertreten. Was Secondi mit Fleisch betrifft, so können Sie zwischen Spezzatino di bufalo all'Aglianico, Costoletta di maiale casertano con papaccelle fritte (10 €), **Cotica con ragù** und Trippa (Kutteln) wählen. Zum Dessert Panna cotta, Crostata und Salame di cioccolato. Auf der Weinkarte finden Sie verschiedene Etiketten, vor allem aus Kampanien, im Besonderen aus dem Gebiet um Caserta.

80 KM SÜDLICH VON SALERNO

I Moresani

Agriturismo • Ortsteil Moresani
Tel. (+39) 09 74 / 90 20 86,
(+39) 347 / 360 55 86
Ferien: 10. Januar–28. Februar
60 Plätze + 30 Plätze im Freien
Preise: 25 €
Kreditkarten: AE, CS, DC, MC, Visa; BM
Täglich mittags und abends geöffnet,
November–Februar nur am Wochenende
gegen Vorbestellung

DIE OSTERIA – Wenige Kilometer von den schönen Stränden des Cilento entfernt, liegt dieser fast 100 Hektar große Betrieb, der sich durch seine renommierten biologischen Erzeugnisse auszeichnet. Im großzügigen Speisesaal isst man fast ausschließlich das, was hier geerntet, gezüchtet und verarbeitet wird. Der Service ist unverstellt, ohne Schnörkel. Wenn Gino im Service ist, kann es sein, dass er sich in einem leidenschaftlichen Diskurs über die Anbautechniken des Weizens der Sorte Senatore Cappelli, aus dem die frische Pasta gemacht wird, oder über andere Spezialitäten aus dem großen Bauernhof verliert. Carmines Küche ist schlicht, denn, ganz den traditionellen Richtlinien entsprechend, brauchen Gemüse und Fleisch hier keine besonderen Eingriffe.

DIE KÜCHE – Schmackhafte Salumi della casa (Prosciutto, Pancetta, Soppressata und Capicollo) können Sie gemeinsam mit den zerquetschten Oliven der Sorte Salella aus dem Cilento (Slow-Food- Presidio) verkosten. Im Frühling sollten Sie köstliche **Borragine ripiena di alici** (mit Sardellen gefüllter Borretsch) probieren. Die Primi (7 €), immer mit Cacioricotta di capra, einem weiteren Slow-Food-Presidio, serviert, umfassen **Ravioli alla menta con caprino e pomodorini**, Cavatelli fiori di zucca e ricotta und Lasagne con i carciofi. Im Winter wärmt ein guter **Stufato di fagioli** (6 €). Auf der Holzkohlenglut ist immer Platz für **Bistecca vom Rind der Podolica-Rasse**. Als Alternative guter **Bollito di capra** (8 €), Scaloppa di fegato con le cipolle oder Coniglio alla cacciatora. Cannoli, Torta tradizionale cilentana, Castagnole sowie das Löffeldessert Ricotta e fichi (3 €) sind selbst gemacht. Angenehm mundet der „Vino del padrone", der vom Hausherrn selbst gekelterte Wein, doch auch hochwertige Etiketten aus den Kellern des Cilento sind vorhanden.

CASAL VELINO (SA)

80 KM SÜDLICH VON SALERNO

Tre Sorelle

Restaurant • Via Roma, 48
Tel. (+39) 09 74 / 90 20 24,
(+39) 366 / 480 24 52
Ruhetag: Montag–Donnerstag, außer
15. Juni–15. September
Ferien: 15. Oktober–Ostern
30 Plätze + 30 Plätze im Freien
Preise: 35–38 € • Kreditk.: AE, CS, DC, MC,
Visa; BM • Abends geöffnet, Sonntag und
Feiertage sowie vor Feiertagen auch mittags

Im Herzen und im Kopf trägt Franca Feola das Meer, doch mit beiden Beinen steht sie auf der Erde, wo sie ein Maximum an Geschmack, Qualität, Sympathie und Gastlichkeit garantiert.

DIE OSTERIA – Der Anblick dieses faszinierenden Streifens der Tyrrhenischen Küste, den man von der Terrasse des Lokals auch an Tagen mit nicht so gutem Wetter bewundern kann, stimmt auf einen an Geschmack und Vergnügen reichen kulinarischen Spaziergang ein. Franca Feola, eine Gastwirtin mit mariner Familientradition und klassischer Ausbildung, geht mit Intuition und Kompetenz auf die Wünsche ihrer Gäste ein.

DIE KÜCHE – Zu Beginn Antipasto di mare mit Fenchel und Orangen, Pizza Montanara mit Corbarino-Tomaten, Salumi, Dicke Bohnen und Pecorino di Moliterno, Patata schiacciata con gamberetti agli agrumi und Sablé di acciughe (13 €). Bei den Primi ist Risotto con crema di mozzarella nella mortella, gamberi rossi crudi e battuto di gamberi ein Muss für alle an Neuem Interessierten. „Bequemere" Esser bevorzugen **Gnocchetti con vongole, pomodorini del piennolo e puntarelle** (14 €) oder **Ravioli di burrata al ragù di asparagi selvatici** (13 €). Im Kapitel der Secondi beeindrucken besonders **Capretto con carciofi e patate** (13 €), Calamaro ripieno di scarola (mit Endivien gefüllter Kalmar, 12 €) und ***Cuoppo*** fritto (gemischter frittierter Fisch). Zum Abschluss Pastiera su salsa alla vaniglia (6 €) oder Cassatina cilentana. Auf der Weinkarte finden Sie Etiketten, die nicht nur aus der unmittelbaren Umgebung stammen; einige Erzeugnisse kommen auch von außerhalb Italiens.

CASELLE IN PITTARI (SA)

130 KM SÜDÖSTL. V. SALERNO, 25 KM NÖ. V. SAPRI

Zi' Filomena

Traditionelle Osteria
Viale Roma, 11
Tel. (+39) 09 74 / 98 80 24,
(+39) 393 / 844 83 70
Ruhetag: Mittwoch, außer im Sommer
Ferien: zeitweise im Winter
60 Plätze + 20 Plätze im Freien
Preise: 30–35 €
Kreditkarten: CS, MC, Visa; BM
Mittags und abends geöffnet

DIE OSTERIA – Hier wird die Wiederentdeckung dessen, wozu diese Gegend eigentlich berufen ist, gefeiert – alles, beginnend beim Brot und den hausgemachten Salumi, strömt den Duft früherer Zeiten aus. Von der ursprünglichen Trattoria hat Zi' Filomena das Heimelige, Ursprüngliche und die fest in der Tradition verankerte Küche erhalten. Mario Pellegrino führt das Lokal mit der unschätzbaren Unterstützung seiner Frau Isabella.

DIE KÜCHE – Es wird Ihnen schwerfallen, sich nicht dem reichhaltigen Antipasto Zi' Filomena (15 €) zu ergeben: Parmigiana di melanzane, Gattò di patate, marinierter Kürbis, Capicollo, Fagioli lardari (eine grüne Bohnensorte aus Kampanien), köstliche Prosciuttella und vieles mehr. Die Primi werden, abgesehen von einigen Suppen, mit hausgemachter Pasta zubereitet. Sie bekommen **Cavatelli con zucca, salsiccia, porcini e fonduta** di provola affumicata (12 €), aus dem Vollkornmehl Carosella zubereitete Lagane mit Kichererbsen aus Controne sowie gute **Ravioli di ricotta con crema di fave e pancetta croccante** (9 €). Im großen Kamin, der den Speisesaal dominiert, garen im Winter das frei lebende Huhn **Pollo ruspante alla brace** (10 €), Controfiletto di vitello (15 €), **Cinghiale al sugo** (9 €) und Pancetta di maiale arrostita (5 €). Unter den Dolci sind die typischen *Scauratieddi* mit Honig aus Caselle, *Cauzuncieddi* und *P*erla nera (Mousse au Chocolat mit cremiger Füllung). Gepflegte, detaillierte Weinkarte.

Das Art Cafè, Via Roma 15, ist Bar, Vinothek und Kunstgalerie. Hier können Sie nachhaltig einkaufen und eine angenehme Rast einlegen.

CASERTA
Caserta Vecchia

10 KM VOM ZENTRUM

Gli Scacchi

Restaurant
Via della Pineta
Tel. (+39) 08 23 / 37 10 86,
(+39) 347 / 826 01 55
Ruhetag: Montag, Dienstag
Ferien: zeitweise im Sommer
70 Plätze + 70 Plätze im Freien
Preise: 35 €
Kreditkarten: CS, MC, Visa; BM
Mittags und abends geöffnet

Ein Treffpunkt, an dem Geselligkeit und ausgezeichnetes Essen Hand in Hand gehen.

DIE OSTERIA – Unter dem Turm der Burg im bezaubernden mittelalterlichen Ortskern von Caserta Vecchia stoßen wir auf das Gli Scacchi, ein Lokal, das Sie besuchen sollten, wenn Sie den wahren Geschmack der Gegend um Caserta kennenlernen möchten. Gino begrüßt Sie und empfiehlt Ihnen die köstlichen, unverfälschten Gerichte der Umgebung, zubereitet von Marilena.

DIE KÜCHE – Der Antipasto dell'orto (12 €) ist je nach Jahreszeit unterschiedlich bestückt, Sie könnten einen Salat aus grünen Bohnen bekommen, Patate allo zafferano e petali di fiori di zucca (Kartoffeln mit Safran und Blütenblättern von Kürbisblüten), Polpettina di melanzane con buccette di melanzane in agrodolce (Auberginenbällchen mit süßsauer eingelegten Auberginenschalen) oder Blumenkohl und Brokkoli im Backteig. Ausschließlich im Winter gibt es Polenta aus Maismehl mit verschiedenem Käse oder Baccalà. Anschließend **Zuppa di fagioli e castagne**, Risotto con mela annurca e caprino, **Ziti al ragù**, aber auch hausgemachte Pasta wie Ravioli verdi con julienne di melanzane e peperoni (11 €) oder Tagliolini aus Vollkornmehl mit Zucchini in Zitronenaroma und Streifen vom Büffelfleisch. Fleisch vom Grill, vom Büffel aus der Gegend um Caserta und Lamm der Laticauda-Rasse, und ausgezeichneter, auf verschiedene Weise zubereiteter **Baccalà**, vor allem jener **in crosta di olive nere caiazzane su crema di peperoni** (12 €), sind einige der unverzichtbaren Secondi. Die Auswahl an Käse ist auf höchstem Niveau. Unter den vielen hausgemachten Dolci ist die **Torta di mele annurche** (5 €) die Königin, dazu empfiehlt sich ein hochprozentiges Getränk einer reichhaltigen Auswahl aus der ganzen Welt. Im Keller lagern etwa 120 Flaschen alleine aus Kampanien.

CASERTA

NEU O' Tianiello

Moderne Osteria
Via Verdi, 86
Tel. (+39) 08 23 / 44 14 73
Ruhetag: Sonntagabend, Montag
Ferien: unterschiedlich
30 Plätze
Preise: 30 €
Kreditkarten: CS, DC, MC, Visa; BM
Mittags und abends geöffnet

DIE OSTERIA – Ganz in der Nähe des wunderbaren, von herrlichen Gärten umgebenen Schloss Reggia di Caserta, das die Bourbonen einst bei dem gefeierten Architekten Vanvitelli in Auftrag gaben, finden wir dieses seit etwa fünf Jahren geöffnete Lokal. Der junge Luca D'Esposito, Küchenchef und Inhaber, leitet mit Geschick und der Hilfe seines Bruders Salvatore im Service die kleine, gemütliche Osteria. Aus lokalen Erzeugnissen bereitet er manchmal modern interpretierte Gerichte zu.

DIE KÜCHE – Die Antipasti werden von den Jahreszeiten bestimmt – im Winter bekommen Sie Cestini di castagne con carciofi e salsa al parmigiano (7 €), in einer anderen Saison vielleicht Carpaccio vom in Kräutern marinierten Büffelfleisch oder Millefoglie di patate e fave. Die Pasta wird aus Grieß der alten Hartweizensorte Senatore Cappelli selbst gemacht, es gibt **Bigoli al ragù bianco di coniglio** (9 €), **Spaghetti con baccalà, pomodori secchi e pistacchio** und die ausgefallenen Ravioli al cacao con ripieno di brasato di bufalo. Bei den Secondi erstreckt sich der Bogen von Polpettine di seppie con vellutata di piselli e porri über Petto di faraona ripieno con mela annurca e cicorie (mit Annurca-Apfel und Zichoriengemüse gefüllte Brust vom Perlhuhn, 12 €) bis zu **Filetto di bufalo con riduzione di vino Casavecchia**. Der eklektische Stil des jungen Küchenchefs macht sich auch bei den Desserts (4 €) bemerkbar: Caprese sbagliata con crema di limoncello, cioccolato bianco e noci oder Crumble ai frutti di bosco e morbido fondente. Als Alternative können Sie Kostproben von italienischem Käse mit verschiedenem Honig und Konfitüren bestellen. Eine gute Auswahl an Weinen, nicht nur aus Kampanien, lagern im Keller, der von der Hinterwand des Lokals aus zugänglich ist.

CASTEL DI SASSO (CE)
Le Campestre

27 KM NÖRDLICH VON CASERTA, S.S. 87

Le Campestre

Agriturismo • Via Strangolagalli, 2
Tel. (+39) 08 23 / 87 82 77,
(+39) 347 / 058 00 14
Kein Ruhetag
Ferien: 24., 25. und 31. Dezember
80 Plätze + 40 Plätze im Freien
Preise: 30 € (Tagesmenü)
Kreditkarten: CS, MC, Visa; BM
Gegen Vorbestellung mittags und abends geöffnet

DIE OSTERIA – An den Hängen des Bergmassivs des Monte Maggiore, unweit von Castel di Sasso, wird im Le Campestre die alte Bauern- und Hirtentradition der Familie Lombardi fortgesetzt. Francesco und Liliana stellen gemeinsam mit ihrem Sohn Manuel den altüberlieferten Käse Conciato romano her, der seit 2002 von einem Slow-Food-Presidio geschützt wird. Wir befinden uns hier in einer echten Oase der Biodiversität, wo alles auf eine nachhaltige Küche von bester Qualität ausgerichtet ist. Aus dem eigenen Betrieb kommt ein Großteil dessen, was Manuels Frau Eulalia in der Küche verarbeitet. Im Sommer können Sie auf der vom Berg und den Weinhängen eingerahmten Terrasse Platz nehmen, im Winter im komfortablen Speisesaal, in dem der große Kamin in der Mitte Wärme spendet. Das feststehende Menü für 30 € wird von den Jahreszeiten diktiert, der Patron selbst wird es Ihnen beschreiben.

DIE KÜCHE – Zu Beginn Omelett mit Ricotta und Gemüse, Oliven der Sorte Caiazzane mit in Essig eingelegten Kaki-Früchten, Suppe aus Hülsenfrüchten und Esskastanien, Formaggio primo sale con pomodorini gialli invernali sowie Salumi vom schwarzen Ferkel. **Scialatielli con pomodoro** riccio, **basilico** limonato, **origano, aglio e conciato romano** ist ein köstliches sommerliches Primo, im Winter geht die hausgemachte Pasta mit Kürbis und Conciato romano eine perfekte Verbindung unterschiedlicher Geschmacksrichtungen ein. Unter den Secondi **Stracotto di maiale al mosto cotto** und nach Vorbestellung **Agnello con le patate al forno**. Zum Abschluss **Mela annurca caramellata con Asprinio d'Aversa** und Crostata con crema al limone, dazu hausgemachte Liköre.

54 KM NORDWESTLICH VON CASERTA, S.S. 7

Locanda del Falerno

Agriturismo
Via Domitiana, 18
Tel. (+39) 08 23 / 93 20 88
Kein Ruhetag
70 Plätze + 50 Plätze im Freien
Preise: 30–35 €
Kreditkarten: AE, MC, Visa; BM
Juli–September täglich mittags und abends geöffnet, Oktober–Juni nur mittags

DIE OSTERIA – Einer herrlichen Natur begegnet man entlang der Via Domiziana auf dem Weg ins Restaurant des Weinbaubetriebs Villa Matilde. Mitten im Grünen, zwischen den Weinbergen auf der durch den Vulkan Roccamonfina fruchtbaren Erde liegt dieser reizende Ort. Der Service ist rasch und präzise.

DIE KÜCHE – Es gibt zwei verschiedene saisonabhängige Menüs mit einfachen Gerichten, die zu den Etiketten des Betriebs passen. Nach dem Willkommensgruß des Hauses kann man unter den Antipasti den zarten Sformato di ricotta e piselli su erborinato di bufala (6 €) oder **Zuppetta del contadino** mit Hülsenfrüchten, Getreide und auf dem Gut angebautem Gemüse wählen. Es folgen guter Risotto con gli asparagi (10 €) und **Ravioli ripieni di ricotta e melanzane** mit schlichter Tomatensauce mit Basilikum. Probieren Sie bei den Secondi **Capocollo alla mela annurca** (15 €), ein Gericht, in dem der Schweinehalsschinken auf überzeugende Weise mit Annurca-Äpfeln kombiniert wird. Eine gute Alternative ist **Entrecôte di vitello in riduzione di Falerno Rosso** und, wenn vorhanden, Arrosto in salsa di pistacchio. Alles wird mit dem guten nativen Olivenöl extra aus dem eigenen Betrieb verfeinert und von köstlichem Brot aus Sauerteig begleitet. Verpassen Sie zum Abschluss nicht Tortino di Falerno Rosso e cioccolato fondente con crema chantilly. Doch auch Crostata mit im Betrieb erzeugten Konfitüren ist ein empfehlenswertes Dessert.

33 KM NORDWESTLICH VON BENEVENT, S.S. 372

Masella

Trattoria
Ortsteil Pezzalonga, 32
Tel. (+39) 08 24 / 86 19 75,
(+39) 328 / 663 05 76
Ruhetag: Sonntagabend, Donnerstag
Keine Ferien
110 Plätze + 20 Plätze im Freien
Preise: 20–25 €
Kreditkarten: AE, CS, DC, MC, Visa; BM
Mittags und abends geöffnet

DIE OSTERIA – Der architektonische Schatz von Cerreto eröffnet sich in der schönen Altstadt mit ihren sehenswerten Museen, Kirchen, Klöstern und Palazzi. Der kulinarische Schatz hingegen liegt in diesem Lokal, in dem Dino, am Herd, und Filomena, im Service, die überlieferten bäuerlichen Rezepte von Großmutter Filomena realisieren. Die auf eine Tafel geschriebene Speisekarte wechselt täglich und außerdem im Laufe der Jahreszeiten.

DIE KÜCHE – Zu Beginn der Antipasto della masseria (8 €) mit Käse und Salumi aus dem Fleisch der im Familienbetrieb aufgezogenen Schweine. Viele **Suppen** (5 €): **di *fasul' a cera*** (mit Bohnen und Esskastanien aus Civitella), di cotiche con pomodoro (mit Schwarten und Tomaten), **di *cucuzz'*** (Zucchini) con pecorino e salsiccia di ***poc'*** (grobe Wurst), di ceci e porcini (mit Kichererbsen und Steinpilzen), di funghi prugnoli con asparagi e uova (mit Maipilzen, Spargel und Ei). Bei den Primi Quagliatella (Tagliolini aus Wasser und Mehl) con prugnoli, **Ziti con ragù di tracchiole** (Tomatensauce mit Rippchen) und im Sommer ***Curiul*** – Tagliatelle – **con fagiolini e caciocavallo**. **Agnello in casseruola con patate** (8 €) oder, in der Saison, mit Artischocken ist das typischste Secondo, doch auch Salsiccia cotta sotto la cenere, **Abbuoti** (Rouladen aus Lamminnereien) **alla brace** und Bistecca di vitellone bianco del Fortore enttäuschen nicht. Hausgemachte Festtags-Dolci (3 €): zu Ostern Pizza dolce und Pigna, zu Weihnachten *Ciciariegli* oder Struffoli. Zufriedenstellender offener Wein, gute Auswahl an Etiketten aus dem Sannio-Gebiet. Viele der Erzeugnisse, die Sie im Menü kennenlernen, bekommen Sie an der Verkaufsstelle des Betriebs.

50 Meter von der Trattoria entfernt verkauft der Forno Guarino Morsette und Pastorella della sposa, für Hochzeiten typische Süßspeisen.

8 KM WESTLICH VON SALERNO

Al Convento

Restaurant
Piazza San Francesco, 16
Tel. (+39) 089 / 26 10 39
Ruhetag: Mittwoch, außer im Sommer
Keine Ferien
80 Plätze + 60 Plätze im Freien
Preise: 35 €
Kreditkarten: AE, CS, DC, MC, Visa; BM
Mittags und abends geöffnet

DIE OSTERIA – In Cetara, einem der charakteristischsten Fischerdörfer der Amalfi-Küste, befindet sich dieses Restaurant in einem Kloster aus dem 17. Jahrhundert. Es geht auf eine hübsche kleine Piazza im Ortszentrum und verfügt über angenehme Plätze im Freien unter Sonnenschirmen. Das Innere erstreckt sich im ehemaligen bedeckten Kreuzgang, in dem man in einigen Nischen noch Fresken sehen kann.

DIE KÜCHE – Die nicht allzu große Speisekarte bietet eine Reihe an Gerichten, die mit den für den Ort typischen Spezialitäten verbunden sind, vor allem Thunfisch und die gefeierte Colatura di alici, eine Sauce, die durch das Einsalzen der Fische gewonnen wird und dem *Garum* des antiken Rom entsprechen soll. Wenn Sie Glück haben, können Sie auch etwas bestellen, das nicht auf der Karte steht, abhängig vom Tagesfischfang. Der Antipasto di mare beinhaltet Soppressa di polpo, Alici marinate und eine bemerkenswerte **Parmigiana di melanzane e alici** (10 €) sowie den verführerischen Tortino di scarola e bottarga di tonno (Auflauf mit Endivien und gepresstem Thunfischrogen). Bei den Primi fehlen natürlich nie Spaghetti alla colatura di alici (10 €) und **Ziti spezzati alla genovese di tonno**. Grigliata mista di pesce (16 €), **Fritto misto del golfo** und Trancio di ricciola (Bernsteinmakrele) mit Kartoffelcreme und Kirschtomaten sind klassische Secondi. Die Dolci (5 €), zum Beispiel Ricotta e pera oder **Delizia al limone**, kommen aus einer bekannten Pasticceria der Amalfi-Küste. Gut schmeckt auch Pizza aus dem Holzofen. Die Weinauswahl ist hervorragend und beinhaltet Exemplare aus Kampanien, dem übrigen Italien sowie einige internationale Tropfen.

CETARA (SA)

8 KM WESTLICH VON SALERNO

San Pietro

Restaurant
Piazza San Francesco, 2
Tel. (+39) 089 / 26 10 91,
(+39) 333 / 829 62 51
Ruhetag: Dienstag, außer im Juli und August
Keine Ferien
40 Plätze + 35 Plätze im Freien
Preise: 38–40 € €↑
Kreditkarten: CS, DC, MC, Visa; BM
Mittags und abends geöffnet

DIE OSTERIA – Ein wenig zurückgezogen auf der Nordseite der Piazza, an der das Kloster liegt, bietet das Restaurant San Pietro einfache und gepflegte Küche, inspiriert durch die lokale Tradition, sowie charmanten und effizienten Service. Wenn Sie das bezaubernde Städtchen an der Amalfi-Küste, das den Blaufisch zu seinem Aushängeschild gemacht hat, besichtigen, lohnt sich ein Besuch in diesem Lokal, um die heitere Atmosphäre und die leichte Brise zu genießen, die hinter dem sakralen Gebäude zu spüren ist.

DIE KÜCHE – Scrigno di provola affumicata in foglia di limone (6 €) – bereichert um die berühmten Alici aus Cetara – ist ein appetitanregendes Häppchen. Nun können Sie mit einer einfachen **Panzanella** (8 €) fortfahren, einer getrockneten Weizenbrotscheibe namens *Fresella* mit in Salz eingelegten Sardellen, Tomaten und Thunfisch. Einen Versuch wert sind auch die hier auf ursprünglichste Weise, nämlich nur mit frischem zerquetschtem Knoblauch, nativem Olivenöl extra und Petersilie interpretierten **Spaghetti con colatura di alici di Cetara** (Slow-Food-Presidio; 13 €). Ebenso lecker Pasta alla San Pietro, angerichtet mit Tomaten, Provola und Basilikum (10 €). Als Secondo klassische **Zuppa di pesce misto di scoglio** (20 €), abhängig vom Tagesfang. Auch die ganz frische, leichte **Frittura mista del golfo** (18 €) sollte nicht außer Acht gelassen werden, ebenso gedünsteter Fisch, entweder all'acquapazza oder in guazzetto di limone. Die Weinkarte befindet sich derzeit im Umbruch.

Liebhaber der Colatura tradizionale di alici di Cetara (Slow-Food-Presidio) werden bei Prodotti Ittici Nettuno, Corso Umberto I 64, und Amici delle Alici di Cetara, nahe dem Pro Loco, Piazza San Francesco 15, das Richtige finden.

ERCOLANO (NA)

9 km südlich von Neapel, A 3 Ausfahrt Ercolano

Viva lo Re

Restaurant
Corso Resina, 261
Tel. (+39) 081 / 739 02 07
Ruhetag: Sonntagabend, Montag
Ferien: 3 Wochen im August
50 Plätze + 20 Plätze im Freien
Preise: 35–38 €
Kreditkarten: CS, MC, Visa; BM
Mittags und abends geöffnet

DIE OSTERIA – In der Nähe einer der meistbesuchten Ausgrabungsstätten Italiens können Sie in einem schönen Restaurant die Erzeugnisse Kampaniens genießen. In der Küche des Lokals werden sie mit Eifer und Kreativität verarbeitet. Außer auf Gäste aus der Umgebung trifft man auch auf Touristen, welche offensichtlich gut informiert sind, denn zufällig kommt man nicht hierher. An den Wänden lagern Hunderte Flaschen aus der ganzen Welt, die nur darauf warten, mit Professionalität serviert zu werden. Auf einer Tafel stehen die Gerichte des Tages geschrieben, sie hängen vom Einkauf ab, den Patron Maurizio Focone persönlich tätigt, sowie von den Produkten, die aus dem Garten seines Schwagers Antonio kommen. In mehreren Speisesälen sind elegante Tische mit ausgesuchter Schlichtheit gedeckt.

DIE KÜCHE – Der Antipasto Viva Lo Re ist ein reichhaltiger Mix aus Gemüse, Fleisch und Fisch, warme und kalte Gerichte, gut zubereitet und schön präsentiert. Als Alternative Carpaccio di baccalà (15 €) oder Carpaccio vom Chianina-Rind. Im Winter können Sie immer zwischen einigen Suppen wählen – besonders schmackhaft **Crema di patate e porcini del Vesuvio** (10 €). Unter den Pasta-Gerichten verlocken Fettuccine con pancetta di tonno e friarielli (12 €) und appetitliche **Ravioli con genovese di palamita e broccoletti**. Im Sommer sollten Sie Gnocchetti con pesce spada e fagiolini (mit Schwertfisch und grünen Bohnen) probieren oder **Cannelloni con ricotta, coniglio, fave e piselli** (10 €). Als Secondi Polpo con patate e scarole oder **Stinco d'agnello** (15 €). Zum Abschluss Plateau di formaggi (12 €) oder ein Dessert wie Tiramisu mit dem Gebäck der Colomba pasquale oder dem Panettone. Breit gefächert und gut strukturiert ist die Weinkarte mit ihren 1500 Etiketten, die das Beste der kampanischen Produktion präsentiert.

FORINO (AV)
Celzi

49 km südwestlich von Avellino, S.S. 400

Tenuta Montelaura

Agriturismo
Via Due Principati, 101
Tel. (+39) 08 25 / 76 25 00,
(+39) 347 / 565 21 64
Ruhetag: Montag
Keine Ferien
60 Plätze
Preise: 30 €
Kreditkarten: CS, MC, Visa
Mittags und abends geöffnet

DIE OSTERIA – Der Agriturismo befindet sich in einem botanischen Garten mit vielen Bäumen, in Hügellage zwischen Wein-, Haselnuss- und Esskastanienpflanzungen. Begrüßt werden Sie vom liebenswürdigen Lello Tornatore, im Service unterstützen ihn seine Kinder, am Herd seine Frau. Die aufs Wesentliche reduzierte Einrichtung ist einfach und gepflegt. Im Winter wärmt ein Kaminfeuer die Räume und die Atmosphäre. Das Menü des Tages (30 €) wird schon bei der Reservierung genau beschrieben und ermöglicht einen in mehrere Gänge gegliederten Rundgang durch die Spezialitäten des Betriebs. Die Qualität ist das Ergebnis einer sorgfältigen Recherche mit Respekt gegenüber der Tradition der Irpinia und der Saisonalität.

DIE KÜCHE – Im kräftigen Antipasto finden Sie die Zwiebel Cipolla ramata di Montoro, Brot mit Broccolo aprilatico, Omeletts mit Gemüse, Salumi, **Soffritto di maiale con le papaccelle**, Olive conciate und vieles mehr. Von den Primi mit frischer Pasta haben uns besonders Zuzzeri con pomodoro, pancetta e cipolla geschmeckt, wie auch Maccaronara con funghi chiodini, finocchietto, mela. In der entsprechenden Jahreszeit sollten Sie Pasta con asparagi selvatici, pancetta e scaglie di caciocavallo probieren. Gegen Vorbestellung kommen Sie in den Genuss von **Minestra maritata** con fagioli quarantini di Volturara. Fleisch bildet die Grundlage der Secondi: **Arrosto di maiale con castagne e patate**, Agnello al forno oder alla brace, **Braciole al ragù** und auf verschiedene Art zubereitetes Fleisch von Hoftieren. Zu Nocciole glassate und guter Torta al cioccolato passen ein Gläschen Hochprozentiges oder ein hausgemachter Likör. Lellos Leidenschaft für den Wein kommt in einem hervorragenden offenen Wein zum Ausdruck, so wie in einer mit Etiketten aus Kampanien und dem übrigen Italien reich bestückten Karte.

FRIGENTO (AV)
Fontana Madonna

48 KM NORDÖSTLICH V. AVELLINO, A 16, S.S. 303

Fontana Madonna

Agriturismo
Ortsteil Fontana Madonna
Tel. (+39) 08 25 / 44 46 47,
(+39) 333 / 796 97 93
Ruhetag: Dienstag
Ferien: 1 Woche im Juli, Weihnachten
40 Plätze + 100 Plätze im Freien
Preise: 30 €
Kreditkarten: AE, CS, DC, MC, Visa; BM
Mittags und abends geöffnet

DIE OSTERIA – Der Agriturismo bezieht seinen Namen vom gleichnamigen Ort, der von einem Hügel aus die darunter liegenden Täler dominiert. Der seit vier Generationen als Landwirtschaft geführte Betrieb umfasst seit 1993 auch ein Restaurant. Empfangen werden Sie vom Eigentümer Antonello Nudo, im Service steht ihm Adriana zur Seite. Die kompetent erläuterten Gerichte bereitet seine Frau Imma zu, dabei stellt sie die Tradition in einen angenehm innovativen Rahmen. Die Zutaten stammen zum Teil aus der Umgebung, zum Teil werden sie auf den über 10 Hektar des zertifiziert nach biologischen Methoden arbeitenden Betriebs angebaut.

DIE KÜCHE – Der Antipasto (12 €) besteht aus einer Reihe Kostproben, von denen wir besonders Polpettine di cicoria alla camomilla su letto di fagioli empfehlen, außerdem das Eigelb auf Kartoffelcreme mit Stracciatella aus Eiweiß sowie **Polenta con salsiccia al finocchietto**. Unter den Primi (8 €) ragen **Ravioli allo zafferano con funghi porcini** hervor sowie die roten, mit Brokkoli oder mit Salsiccia und Peperoni cruschi gefüllten Ravioli. Als Secondo köstliche **Bistecca frigentina** con sale di Cervia (12 €) und **Faraona brasata all'Aglianico**. Delizia di mela annurca alle due temperature ist das Dessert unserer Wahl (3 €). Die Weinkarte ist ziemlich reichhaltig, aber auch der im Betrieb hergestellte Aglianico ist nicht zu verachten und hat einen zweifellos günstigen Preis (1 € pro Glas). Lokaler Käse wie Carmasciano und Caciocavallo podolico werden selbst zur Reife gebracht. Fontana Madonna erzeugt außerdem ein hervorragendes natives Olivenöl extra der Sorte Ravece, wie auch Konfitüren und anderes haltbar Gemachtes.

GESUALDO (AV)

40 KM NORDÖSTLICH VON AVELLINO

La Pergola

Restaurant-Pizzeria
Via Freda
Tel. (+39) 08 25/40 14 35
Ruhetag: Mittwoch
Keine Ferien
60 Plätze + 20 Plätze im Freien
Preise: 25–35 €
Kreditkarten: AE, CS, DC, MC, Visa; BM
Abends geöffnet, Samstag und Sonntag auch mittags

Bei den mit Bedacht ausgewählten Zutaten für die traditionsverbundenen Gerichte wird stets auf Saisonaliät geachtet. Der Umgang mit den Gästen ist herzlich, familiär und gleichzeitig professionell und elegant.

DIE OSTERIA – Das Restaurant liegt in der ruhigen Landschaft außerhalb von Gesualdo, einem Ort, dessen Name mit einem Fürsten aus dem 17. Jahrhundert, einem bemerkenswerten Komponisten von Madrigalen, verbunden ist. Im großen, geschmackvoll eingerichteten Lokal sind zahlreiche Flaschen der besten Weine aus der Irpinia ausgestellt, wie auch hochwertige Etiketten aus dem übrigen Italien. An schönen Tagen und an Sommerabenden kann man unter einer großzügigen Laube Platz nehmen. Antonio, im Service, und seine Frau Franca, in der Küche, stellen schön präsentierte traditionelle, doch modern interpretierte Gerichte vor, die stets den Jahreszeiten entsprechen. Degustationsmenüs von 18 bis 35 € stehen zur Auswahl.

DIE KÜCHE – Breites Spektrum bei den Antipasti, von denen wir Purè di patate con carpaccio di vitello, stracciata e tartufo di Bagnoli (12 €), **Pane soffritto con scarola, burrata e alici di menaica** (9 €) und die köstliche **Zuppa di sedano con frittelle di baccalà** (9 €) erwähnen. Unter den Primi (9 €) stechen Spaghetti quadrati con pomodorini, peperoni, polvere di capperi e baccalà hervor. Empfehlen möchten wir jedoch auch **Ravioli con asparagi, piselli e guanciale**. Als Secondo (13 €) beeindruckt die Neuinterpretation eines Gerichts aus dem 18. Jahrhundert, nämlich **Cosciotto di agnello al fieno maggengo**. Verpassen Sie anschließend nicht den guten Pecorino di Carmasciano. Ein Dessert wie Sfogliatella di pesca (mit Pfirsich, 5 €) oder mit Annurca-Apfel, Vanille und Sauerkirschen sorgt für einen angenehmen Ausklang.

GIFFONI SEI CASALI (SA)
Capitignano

21 KM NORDÖSTLICH VON SALERNO

Il Brigante

Moderne Osteria-Pizzeria
Ortsteil Sant'Anna, 2
Tel. (+39) 089/88 18 54,
(+39) 328/359 29 87
Ruhetag: Dienstag
Ferien: 2 Wochen zu Weihnachten
60 Plätze + 50 Plätze im Freien
Preise: 25 €
Kreditkarten: AE, CS, DC, MC, Visa; BM
Abends geöffnet, Samstag und an Feiertagen auch mittags

DIE OSTERIA – Die Osteria finden Sie in Capitignano, dem größten der „Sei Casali", der sechs Ortsteile der Gemeinde Giffoni, in der Nähe des Waldgebiets der Monti Picentini, die reich an Pilzen und Haselnüssen sind. Um dorthin zu gelangen, müssen Sie den Parco di Sant'Anna betreten, einen schönen Pinienwald, in dem es Tische und kleine Spielplätze für Kinder gibt. Das Lokal ist schlicht, aber gemütlich und wird vom Ehepaar Brancaccio passioniert geleitet. Rosaria steht am Herd, Guido betreut den Saal zusammen mit der immer freundlichen Carmela Fortunato. Abends fungiert das Lokal auch als Pizzeria.

DIE KÜCHE – Beim Antipasto (6 €) wählen Sie zwischen einem Brett mit Salumi und Käse und einem Tablett mit gratiniertem oder gegrilltem Gemüse der Saison. Die kräftig schmeckenden **Spaghetti alla nocciola** (mit Haselnüssen, 6 €) sind das beliebteste Primo, doch auch Trofie ai porcini sind empfehlenswert sowie Pasta e fagioli (6 €) con il guanciale (mit Wangenspeck) oder, je nach Jahreszeit, mit Spargel. Außerdem **Ravioli di ricotta al sugo** und Risotto con broccoli, salsiccia e provola. Fleisch ist Hauptbestandteil der Secondi: Salsicce di maiale alla brace, Coniglio alla cacciatora (8 €), **Agnello al vino rosso** sowie Spezzatino di **cinghiale con le *chiochiere*** (Wildschweinragout mit Paprikaschoten). Ebenbürtige Beilagen (4 €) sind im Sommer Parmigiana di melanzane, im Winter Kartoffeln oder Kürbis mit Steinpilzen. Als Dessert können Sie Zeppoline fritte, Calzoncelli ripieni oder ein Stück hausgemachte Torte bestellen. Zu trinken gibt es offenen Wein, einige wenige Etiketten aus Kampanien und verschiedene Liköre aus traditionell arbeitenden Betrieben.

In **Giffoni Valle Piana** (8 km) verkauft die Pasticceria Elia (Via Scarpone 2) Ravioli dolci, Calzoncelli mit Esskastanien und traditionell erzeugten Panettone.

GIUGLIANO IN CAMPANIA (NA)

14 KM NORDWESTLICH VON NEAPEL

Fenesta Verde

Trattoria
Vico Sorbo, 1
Tel. (+39) 081/894 12 39
Ruhetag: Sonntagabend, Montag
Ferien: 2 Wochen im August
60 Plätze + 40 Plätze im Freien
Preise: 35 €
Kreditkarten: AE, CS, MC, Visa; BM
Mittags und abends geöffnet, Feiertage nur mittags

Eine historische, familiäre Trattoria, ein authentischer Ausdruck der traditionellen Küche, deren Grundzüge hier sämtlich zum Ausdruck gebracht werden.

DIE OSTERIA – Die Trattoria ist in einem schönen Palazzo aus dem frühen 20. Jahrhundert untergebracht. Nehmen Sie in einem der beiden Zimmer mit Bildern an den Wänden Platz, oder, wenn das Wetter es erlaubt, auf der Terrasse. Die Schwestern Iodice haben die Grundlagen der traditionellen Küche Giuglianos bei ihren Großeltern erlernt und bringen diese nun auf beste Weise Weise zum Ausdruck, wobei die bewusste Bezugnahme auf die Zutaten ein wichtiges Element ist.

DIE KÜCHE – Der Antipasto dei sette bocconi (sieben Häppchen, 12 €) könnte folgendermaßen zusammengesetzt sein: Insalata di farro con verdure e cozze (Dinkelsalat mit Gemüse und Miesmuscheln), gegrillter Spargel mit gerösteten Mandeln, **Alici in tortiera al limone**, Bignè salato con spinaci, Fiore di zucca farcito di ricotta e provola, Carciofo in pastella con passata di datterini und Frittata di cipolline con ricotta. Bei den Primi gibt es oft **Minestra maritata** (12 €), Pasta e patate, Mezzanelli lardiati und **Candele alla genovese** mit Zwiebel aus Montoro. Im Frühling empfehlen wir Straccetti con pancetta, fave e piselli neben Pasta e fagioli spollichini. Eine Spezialität des Hauses ist **Baccalà, in cassuola** oder alla brace con scarole stufate (vom Holzkohlengrill mit geschmorten Endivien, 12 €). Alternativen dazu bieten der klassische Fritto di gamberi e calamari (12 €), Filetto di maiale con le papaccelle oder **Cotiche al ragù** (9 €). Scomposta di millefoglie con crema e amarene ist mittlerweile zu einem Klassiker unter den Desserts aufgestiegen, ebenso Semifreddo di sfogliatella. Die Weinkarte ist gut gegliedert und umfassend.

GIUGLIANO IN CAMPANIA (NA)

14 KM NORDWESTLICH VON NEAPEL

La Marchesella

Restaurant-Pizzeria
Via Marchesella, 184
Tel. (+39) 081/894 52 19
Ruhetag: Mittwoch, Sonntagabend
Ferien: 2 Wochen im August
120 Plätze + 20 Plätze im Freien
Preise: 35 €
Kreditkarten: CS, DC, MC, Visa; BM
Mittags und abends geöffnet

DIE OSTERIA – Inmitten des komplexen Ortsgefüges von Giugliano, einer dicht bevölkerten Gemeinde im Einzugsgebiet von Neapel mit einer historisch verwurzelten Berufung zum Anbau von Obst und Gemüse, leitet Küchenchefin Gena Iodice mit Können und Leidenschaft dieses Lokal. Sie kann sich auf eine solide Familientradition in der Gastronomie berufen, unterstützt wird sie von ihrem Mann Tommaso und dem Sohn Francesco. Die Räumlichkeiten sind groß und hell, die Einrichtung ist aus Holz und in zurückhaltenden Farben gehalten. Der Service ist aufmerksam und freundlich. Genas Küche zeichnet sich durch einen gekonnt geschlagenen Bogen zwischen Tradition und Kreativität aus, immer voll Respekt gegenüber den Grundzutaten.

DIE KÜCHE – Einladende Antipasti gibt es in den Zusammensetzungen „Della casa", „Di terra" (12 €) oder „Di mare" (15 €), vorhanden sind Gerichte wie **Gattò di patate con salsiccia e friarielli**, Polpetta con melanzane, Bocconcino di mozzarella e vellutata di ceci sowie Tortino con ricotta di bufala e baccalà. Von den Primi der traditionellen Linie empfehlen wir **Mezzanelli lardiati**, Pasta con patate e provola und im Winter **Minestra maritata**. Außerdem gibt es Ravioli ripieni con gamberi e zucchine oder Gnocchi con fagioli a formella, astice e zafferano. Vielfältige Auswahl bei den Secondi: **Baccalà alla brace con scarola, olive nere e capperi**, Entrecôte di vitellone aus dem Holzofen mit Steinpilzen (15 €) und Lonza di maialino con mele annurche e patate. Unter den hausgemachten Desserts (5 €) sind köstliche Millefoglie scomposta con crema pasticciera e amarene sowie das Nusseis Gelato alle noci affogato nel nocillo. Wer möchte, kann abends auch einfach eine gute Pizza bestellen. Die Weinkarte ist gepflegt und übersichtlich.

ISOLA DI ISCHIA (NA)
Barano d'Ischia

90 MIN. FÄHRE VON NEAPEL + 9 KM VON ISCHIA

Il Focolare

Restaurant
Via Cretajo al Crocifisso, 3
Tel. (+39) 081 / 90 29 44
Ruhetag: Mittwoch, außer im Sommer
Ferien: 3 Tage zu Weihnachten, Februar
100 Plätze + 100 Plätze im Freien
Preise: 35 €
Kreditkarten: CS, MC, Visa; BM
Abends geöffnet, Donnerstag–Sonntag auch mittags

Seit 30 Jahren verteidigt das Lokal den Geschmacks vom Landesinneren der Insel gegen Vereinheitlichung und Moden. Familie D'Ambra leitet es mit echter Begeisterung.

DIE OSTERIA – Ischias Seele mag vom Meer geprägt sein, doch die Insel hat auch einen vom Land geformten Körper mit üppigen Wäldern, tausendjährigen Weinstöcken griechischen Ursprungs und bäuerlichen Traditionen. Das Alphabet dieser ländlichen Welt buchstabieren Riccardo D'Ambra und seine Familie in ihrer Trattoria. Ihre Arbeit verrichten sie mit jener Leidenschaft und Kompetenz, die auch spontane Fröhlichkeit zulässt. Im reizenden Vorgarten unter dem Schilfrohrdach Platz zu nehmen und aufs Meer zu schauen, beruhigt Seele und Geist und ist die passende Einleitung zu einem beglückenden Geschmackserlebnis.

DIE KÜCHE – Im Antipasto misto (15 €) finden Sie zahlreiche bäuerliche Spezialitäten wie Polpette di ceci, Pizzette di fiorilli, köstliche Parmigiana di melanzane, Gemüse im Backteig und die berühmten Bohnen Zampognari, eine, vor dem Vergessen bewahrte autochthone Sorte. Unter den Primi stehen eindeutig Tortelli di borragine con bucce di limone (11 €), **Pasta e patate con la provola** und **Mezzanelli con *tune*** e ***paparastielli*** (auf Ischia wachsendem Wildgemüse) an der Spitze. Im Winter gibt es auch **Minestra maritata**. Als Secondo sollten Sie auf jeden Fall das im Tontopf gekochte Kaninchen **Coniglio all'ischitana** (47 € für 4 Personen) vorbestellen. Eine Alternative bieten gute Stücke vom Fleisch des Podolica-Rinds und vom Schwein. Crostata con crema di limone (5 €), Semifreddo al torroncino und Torta allo yogurt mit Konfitüre von lokalen Maulbeeren stehen für einen gelungenen Abschluss bereit. Die Weine stammen aus der Umgebung, die exzellenten Liköre mit Wildkräutern sind selbst gemacht.

LETINO (CE)
Le Fossate

76 KM NORDWESTLICH VON CASERTA

Le Fossate

Agriturismo
Ortsteil Licia
Tel. (+39) 08 23 / 94 95 95
100 Plätze + 100 Plätze im Freien
Preise: 25 €
Kreditkarten: AE, CS, DC, MC, Visa; BM
Juni–September täglich mittags geöffnet, sonst Freitag–Sonntag, vor und an Feiertagen

DIE OSTERIA – Eine lange Reihe von Kehren umkreist das spektakuläre Bergszenario des Matese-Massivs, das sich durch viele kleine Seen und eine an Buchen und Fichten reiche Flora auszeichnet. Wenige Kilometer von der kleinen Gemeinde Letino entfernt liegt dieser Agriturismo im Grünen. Eine Kooperative von landwirtschaftlichen Produzenten und Viehzüchtern leitet ihn, seinen Namen bezieht er von einer Art Canyon, der zwischen den Berghängen und dem Dorf verläuft. Die Räumlichkeiten erinnern an eine Berghütte, die Einrichtung ist rustikal. In der Mitte des Speisesaals thront ein eindrucksvoller Kamin mit Holzkohlengrill. Der freundliche Service hilft Ihnen bei der Auswahl aus den nicht besonders zahlreichen, doch ausnahmslos guten Gerichten.

DIE KÜCHE – Wir empfehlen, mit dem Antipasto mit Salumi, Käse und Gemüse (7 €) zu beginnen, um dann mit hausgemachten Cavatelli con i ceci fortzufahren. Ebenso empfehlenswert sind **Tagliatelle al ragù di cinghiale** (mit Sauce vom Wildschwein, 7 €) oder mit Sauce vom Hammel, mit Bohnen, mit Salsiccia und Pilzen oder einfach mit Tomaten und Basilikum. Fleischliebhaber werden die exzellente Qualität des Fleischs zu schätzen wissen. Nicht verpassen sollten Sie **Maialino nero casertano cotto in forno a legna** (10 €), **„Avvoltini" di cotica al sugo** (Rouladen von Schwarten in Tomatensauce, 5 €) und Pollo ruspante. Eine sehr empfehlenswerte Alternative ist der geschmolzene Käse Scamorza fusa al forno (6 €). Unter den Beilagen finden Sie die köstlichen Kartoffeln aus Letino in einer leckeren Giardiniera. Zum Abschluss ***Cionca***, ein typisches Dessert aus der Gegend, mit Kirschlikör getränkt. Ein zufriedenstellender Hauswein begleitet die Speisen. Die Preise sind sehr gemäßigt.

LIONI (AV)

48 KM ÖSTLICH VON AVELLINO

La Pentola d'Oro

Trattoria-Pizzeria
Via Torino, 14
Tel. (+39) 08 27 / 461 02,
(+39) 347 / 840 16 75
Ruhetag: Dienstag
Ferien: zeitweise im Juli, Weihnachten
120 Plätze
Preise: 28–30 €
Kreditkarten: AE, CS, DC, MC, Visa; BM
Mittags und abends geöffnet

DIE OSTERIA – Wenn Sie Pentola d'Oro erreichen, lassen Sie sich nicht vom ungepflegten Äußeren des Gebäudes abschrecken, denn im Lokal selbst finden Sie Produkte bester Qualität, die Inhaber Francesco Di Sapio selbst in der Umgebung besorgt. Seine Frau Teresa verarbeitet diese zu den Gerichten des Tages, die Ihnen Francesco und seine Nichte Imma in einem schlichten, sauberen und angenehmen Speisesaal empfehlen. Sofort werden Sie spüren, dass Sie hier an einem unverfälschten Ort sind, in dem Sie sich ohne allzu großen Formalismus wohlfühlen können.

DIE KÜCHE – Zu Beginn der Antipasto del contadino (15 €) mit frischem, mit nativem Olivenöl extra der Sorte Ravece beträufeltem Gemüse, Medaglioni di melanzane al tegamino con pomodoro e aromi sowie Salumi und Käse aus der Umgebung. Von den Primi mit hausgemachter Pasta empfehlen wir Orecchiette all'arlesiana (5,50 €) mit frischen Tomaten, Auberginen, Basilikum und Käse. Spezialität des Hauses ist **Lardiata al tartufo** (6,50 €), das ist frische Pasta (Matassa oder Maccaronara) mit Lardo, Pancetta, Trüffel und Cacioricotta. Als Secondo gibt es sehr gute **Costata di carne alla brace con crostone di pane** (Rippenstück von der Holzkohlenglut, 12 €) dazu Patate cotte al forno. Einen Versuch lohnen Lamm, Baccalà und Scamorza al tartufo. Im Winter gilt die gefüllte, unter der Asche gegarte Kartoffel **Patata ripiena di lardo e formaggio** (3 €) als Spezialität. Crostata di marmellata, Pastiera di grano, Croccantini di mandorle e nocciole bereitet Franco selbst zu und bäckt sie, wie das Brot, im Holzofen. Guter Aglianico del Vulture und hausgemachte Kräuterliköre.

An der Staatsstraße Appia bietet auf Nummer 7 die Käserei Perna Treccia di Lioni, Cacioricotta und anderen frischen und gereiften Käse aus Biomilch.

MASSA LUBRENSE (NA)
Santa Maria Annunziata

53 KM SÜDLICH VON NEAPEL, 9 KM VON SORRENT, S.S. 145

La Torre

Restaurant
Piazzetta Annunziata, 7
Tel. (+39) 081 / 808 95 66,
(+39) 333 / 396 62 61, (+39) 338 / 943 88 04
Ruhetag: Dienstag, außer im Sommer
Ferien: November
60 Plätze + 120 Plätze im Freien
Preise: 38–40 € €↑
Kreditkarten: AE, CS, DC, MC, Visa; BM
Mittags und abends geöffnet

DIE OSTERIA – Die Osteria liegt in der Nähe des Wachturms aus der Zeit der Aragon, der ihr auch den Namen verleiht, am Beginn des Ortsteils Santa Maria Annunziata, der ersten normannischen Siedlung der Stadt, von dessen Belvedere aus der Blick vom Golf von Neapel bis zur nahen Insel Capri reicht. Familie Mazzola, mit Patron Tonino (One Fire genannt) an der Spitze, heißt Sie herzlich willkommen, die Töchter Amelia und Alessia sorgen dafür, dass Sie einen Tisch mit bestmöglichem Ausblick bekommen. Die Küche ist das Reich von Maria, der Frau des Inhabers. Die verwendeten Zutaten, zum Großteil Slow-Food-Presidi, sind auf der Speisekarte deutlich ersichtlich, das Gemüse stammt aus dem Garten von Großvater Liberato.

DIE KÜCHE – Interessante traditionelle Antipasti wie **Parmigiana di melanzane** (10 €), Zuppa di cozze sowie frischer Salat mit Kalmar, Sellerie und Nüssen. Sie können sich auch für eine Zusammenstellung von sechs Kostproben zwischen Land und Meer (14 €) entscheiden. Von den Primi möchten wir **Linguine di Gragnano con colatura di alici, alici e pomodorini del piennolo** (12 €) hervorheben, ebenso Pasta mista con cicerchie alla marinara (mit Platterbsen) und **Risotto al profumo di limone con gamberetti di nassa**. Es folgen Frittura di pesce del golfo (15 €), Calamari alla brace con crema di patate al profumo di limone, Scaloppine alla sorrentina oder **Braciola napoletana** (10 €). Bei den Desserts (5 €) gibt es häufig Variationen, doch nie fehlen die empfehlenswerten Caprese agli agrumi, Millefoglie scomposta und Tiramisu. Degustationsmenüs für 25, 30 und 36 € stehen zur Verfügung.

MASSA LUBRENSE (NA)
Sant'Agata sui Due Golfi

53 KM SÜDLICH VON NEAPEL, 9 KM VON SORRENT, S.S. 145

Lo Stuzzichino

Traditionelle Osteria
Via Deserto, 3
Tel. (+39) 081 / 533 00 10,
(+39) 333 / 332 31 89
Ruhetag: Mittwoch, außer im August
Ferien: 10. Januar–5. Februar
50 Plätze + 80 Plätze im Freien
Preise: 33–35 €
Kreditkarten: AE, CS, MC, Visa; BM
Mittags und abends geöffnet

Lo Stuzzichino stellt auf meisterliche Weise und in herzlicher Atmosphäre die kulinarische Kultur zwischen Küste und Landesinnerem vor.

DIE OSTERIA – Seit 1989 leitet Familie De Gregorio diese Osteria in der Nähe der natürlichen Terrasse des Benediktinerinnenklosters, bekannt geworden durch die Reiseschriftsteller der Grand Tour, die vom hier zu bewundernden Ausblick auf den Golf von Neapel und zugleich jenen von Salerno verzaubert worden waren. Mutter Filomena und Vater Paolo stehen in der Küche, Sohn Mimmo und seine Frau Dora kümmern sich um die Gäste – ein siegreiches Team, wenn es darum geht, in der Küche die Biodiversität der Halbinsel von Sorrent und der Amalfi-Küste zu verarbeiten.

DIE KÜCHE – **Gamberetti di Crapolla gratinati** (13 €) sind die Visitenkarte der Osteria, in der es viele Spezialitäten mit dem frischen lokalen Fischfang gibt, zum Beispiel **Ravioli al limone con le vongole** (13 €) oder Ricciola alla brace (Bernsteinmakrele vom Holzkohlengrill, 16 €). Doch auch im Winter ist das Lo Stuzzichino ein sicherer Hafen für Feinschmecker: **Zuppa di verza e castagne di Montella** (8,5 €), Ravioli con scarole e noci di Sorrento (mit Endivien und Nüssen, 9 €) und **Agnello laticauda** (13 €) sind nur einige der verlockenden Angebote. Und gibt es zum Ausklang etwas Besseres als Sfogliatella santarosa, dazu vielleicht ein Gläschen des köstlichen Wildfenchellikörs, den Signora Filomena selbst macht? Gut bestückte Weinkarte mit etwa 400 Etiketten, nicht nur aus Italien. Interessante Käseauswahl, in der ein weiteres Mal die Biodiversität der Umgebung gefeiert wird.

MELITO IRPINO (AV)

41 KM ÖSTLICH VON AVELLINO

Di Pietro

Trattoria
Corso Italia, 8
Tel. (+39) 08 25 / 47 20 10,
(+39) 333 / 965 67 81
Ruhetag: Mittwoch
Ferien: zeitweise im September
90 Plätze + 15 Plätze im Freien
Preise: 33–35 €
Kreditkarten: AE, CS, DC, MC, Visa; BM
Mittags und abends geöffnet

Aus ihren persönlichen Wurzeln bezieht die Familie Di Pietro die Motivation, die großartige Küche der Irpinia vorzustellen.

DIE OSTERIA – Wenige Kilometer hinter der Ausfahrt Grottaminarda der Autobahn A 16 finden Sie dieses Lokal, den Stützpfeiler der kulinarischen Kunst in der oberen Irpinia. In herzlicher und angenehmer, vielleicht ein wenig altmodischer Atmosphäre, wie sie für eine Osteria angemessen ist, empfangen Sie Inhaber Enzo und seine Frau Teresa, die in der Küche tätig ist, sowie Tochter Anita. Und sofort werden Sie auf einen erlebnisreichen Streifzug durch die Küche der Umgebung mitgenommen.

DIE KÜCHE – Sie können sich zwischen zwei Degustationsmenüs für 25 € und 33 € entscheiden oder von der Karte wählen. Unter den Antipasti, die alle auf einmal serviert werden (10 €), stechen Focaccia al pomodoro, Zucca in agrodolce (süßsauer eingelegter Kürbis) und Fiori di zucca in pastella (Kürbisblüten im Backteig) hervor. Beim Primo angelangt raten wir zu hausgemachter Pasta (9 €), im Besonderen zu **Cicatielli con broccoli** oder mit Puleio (auch Puleggio genannt, einer Minzesorte, die wild in der Umgebung von Grottaminarda wächst). Eine gute Alternative sind Ravioli di ricotta al ragù. Bei den Secondi gehen Sie mit dem hervorragenden **Coniglio alla cacciatora** (10 €) oder **Pancetta di agnello ripiena** (gefüllter Lammbauch) und Baccalà alla perticaregna auf Nummer sicher. Breit gefächert ist die Auswahl an Käse. Von den Desserts (3 €) empfehlen wir den leckeren Croccante sowie Torta di nocciole. Die Weinkarte ist reichhaltig, vor allem was Etiketten aus der Irpinia betrifft, doch es gibt auch Flaschen aus anderen italienischen Regionen und einige nach traditionellen Methoden gebraute Biere.

MERCOGLIANO (AV)
Capocastello

7 KM NW. V. AVELLINO, S.S. 374 D OD. AUSFAHRT A 14

I Santi

Moderne Osteria
Via San Francesco, 17
Tel. (+39) 08 25/78 87 76
Ruhetag: Sonntagabend, Montag
Keine Ferien
54 Plätze
Preise: 35 €
Kreditkarten: CS, MC, Visa; BM
Mittags und abends geöffnet

DIE OSTERIA – Die Osteria befindet sich im mittelalterlichen Ortskern von Capocastello, in der Nähe einer Burgruine aus der Zeit der Normannen, die vor Kurzem restauriert wurde. Der Eingang in dieses Viertel wird „Dei Santi“ genannt, daher der Name des Lokals, das man über eine steile Treppe erreicht. Ein Schild gibt die Entfernung mit 150 Schritten an. Gleich am Eingang machen die in einem Schaufenster ausgestellten Käsesorten, vor allem Pecorino di Capocastello, Pecorino di Pienza und Caciocavallo Appetit.

DIE KÜCHE – Der Antipasto I Santi (17 €), eine effiziente Zusammenfassung der kulinarischen Linie des Lokals, die sich im Gleichgewicht zwischen kreativen Tönen und Tradition hält, besteht aus zehn Kostproben: Bruschetta con passata di ceci di Cicerale (geröstete Brotscheibe mit Kichererbsencreme), Mela annurca al brandy con salumi, Duchesse di scarole (im Ofen gebackenes Püree aus Endivien) oder Paprikaschoten und Waldbeeren, **Lattuga farcita** (gefüllter Lattich), Timballo di melanzane con formaggio, **Patata ripiena di provola e porcini**, Involtino di lardo, Carpaccio di zucchine e funghi und Foglia di verza con brasato all'Aglianico. Sie können aber auch ein reichhaltig belegtes Brett mit Käse oder Salumi bestellen. **Fusilli con cipolle di Montoro, Fiano, caciocavallo** (8 €) und im Sommer Lasagnole ai fiori di zucca (mit Kürbisblüten) sind zwei der interessantesten Angebote im Kapitel der Primi. Bei den Secondi finden Sie ausgezeichnete Bocconcini di carne all'aceto balsamico (11 €), ebenso empfehlenswert sind Filetto di maiale con mandorle, formaggio, miele (12 €) und **Agnello di Carmasciano alle erbette**. Hausgemachte Desserts wie klassisches Semifreddo al torrone und originelle Millefoglie con crema al caffè. Gut sortierte Weinkarte, einige Weine werden auch glasweise ausgeschenkt.

META (NA)
Marina di Alimuri

44 km südöstlich von Neapel

La Conca

Moderne Osteria
Via del Mare, III Traversa Alimuri
Tel. (+39) 081 / 532 14 95,
(+39) 331 / 735 67 26
Kein Ruhetag
Ferien: 3 Wochen im Januar
35 Plätze + 35 Plätze im Freien
Preise: 32–34 €
Kreditkarten: AE, CS, DC, MC, Visa; BM
Mittags und abends geöffnet

DIE OSTERIA – Wir sind hier an einem der reizvollsten Orte der Halbinsel von Sorrent, in Marina di Alimuri: wenige Häuser, früher nur von Fischern bewohnt, der Felsvorsprung Punta Scutolo, der Strand. Hier steht La Conca, eine Meeres-Osteria, die im Sommer auch Badeanlage ist. Inhaber Antonio Cafiero besorgt persönlich den Einkauf bei den Fischern und Bauern seines Vertrauens, um einfache, doch nie alltägliche Gerichte zu kochen, die Sie wenige Meter vom Meer entfernt genießen können.

DIE KÜCHE – Beginnen können Sie mit einem klassischen Sauté di vongole, mit Polpo in insalata oder mit Straccetti di seppia fritti (frittierten Tintenfischstreifen). Nicht versäumen sollten Sie, falls verfügbar, **Gamberetti di nassa fritti sale e pepe** (frittierte Garnelen aus der Reuse, 10 €). Die Entscheidung beim Primo könnte auf die sehr guten **Tubettoni al ragù di polpo** (13 €) oder auf Poseidonia con pesce spada, provola locale e carciofi fallen. Wer keinen Fisch mag, wird **Gnocchi alla sorrentina** (8 €) oder Ravioli capresi schätzen. Die Secondi machen häufig Gebrauch von Blaufisch und anderem, weniger wertvollen Fisch – probieren Sie den Bandfisch **Pesce bandiera fritto**, alla griglia oder all'acquapazza (12 €). Köstlich auch Frittura mista. An ebenbürtigen Alternativen vom Land mangelt es nicht, es gibt Cotoletta, Bistecca alla griglia und Scaloppina al limone. Die Dolci sind hausgemacht, darunter verschiedene Semifreddi. Die Weinkarte weist überwiegend Produkte aus Kampanien auf, abgesehen von einigen Ausflügen zu den bekanntesten Etiketten anderer italienischer Regionen.

MOLINARA (BN)

31 km nordöstlich von Benevent

Al Borgo

Traditionelle Osteria-Pizzeria
Corso Umberto I, 1
Tel. (+39) 08 24 / 99 40 04
Ruhetag: Montag
Ferien: unterschiedlich
70 Plätze + 40 Plätze im Freien
Preise: 20–25 €
Kreditkarten: CS, MC, Visa; BM
Mittags und abends geöffnet

DIE OSTERIA – Zwischen den grünen Wiesen der Täler des Fortore erhebt sich Molinara, dessen mittelalterlicher Ortskern bei einem Erdbeben 1962 zerstört wurde. Im wiederaufgebauten Teil befindet sich diese charakteristische Osteria, die einen herrlichen Ausblick über das Sannio-Gebiet ermöglicht. Das Lokal ist schlicht, doch mit Sorgfalt und entsprechend auf die Umgebung abgestimmt eingerichtet, die Herzlichkeit des Inhabers Rocco bestimmt maßgeblich die Atmosphäre.

DIE KÜCHE – Der Antipasto della casa (8 €) sieht Aufschnitt vor, Oliven, kleine Mozzarellabällchen und Bruschette, beträufelt mit nativem Olivenöl extra der Sorte Ortice. Delikat sind Ricottina arrostita (2,50 €) und **Pizza fritta** (3 €), im Winter mit Endivien, Oliven, Pinienkernen und Provola, im Sommer mit Kürbisblüten und Ricotta. Frische Pasta für die Primi: traditionelle **Quagliatelli con i fagioli** (6 €), einfache Cavatelli pomodorini e basilico, bestreut mit geriebenem Pecorino di laticauda, und in der Saison **Paccozzelle con i broccoli**. Unter den Secondi vom lokalen Fleisch sollten Sie **Mugnatielli** (8 €) probieren, das sind Rouladen aus den Innereien vom Lamm, Herz, Lunge und Leber. Für einen adäquaten Abschluss empfehlen wir die köstliche Cassatina di San Marco dei Cavoti, aus Biskuit, Mandelmasse und cremig gerührter Ricotta mit Schokoladetropfen. Die Weine wurden aus den besten Kellereien des Sannio-Gebiets ausgewählt.

Gocce di Latte, Via Fontegiardino 2, erzeugt hervorragenden Mozzarella, Ricotta und Käse aus der Milch der im Betrieb aufgezogenen Kühe.

MONTECORICE (SA)
Agnone Cilento

78 KM SÜDLICH VON SALERNO

Paisà

Osteria
Via Marina Nuova, 82
Tel. (+39) 329 / 912 12 04
Ferien: 7. Januar–10. Februar
40 Plätze + 40 Plätze im Freien
Preise: 35 €
Kreditkarten: AE, CS, DC, MC, Visa; BM
Mittags und abends täglich geöffnet, Oktober–Mai nur am Wochenende gegen Vorbestellung

DIE OSTERIA – Die Osteria wurde 1971 gegründet, 20 Jahre vor der Eröffnung des Parco del Cilento, Vallo di Diano e Alburni, der ein Motor für die Aufwertung dieser Gegend auch in touristischer Hinsicht ist. Pasquale und Luca leiten den Betrieb seit zehn Jahren auf der von ihren Eltern vorgezeichneten Linie – mit der Verpflichtung gegenüber der Umgebung und dem Vorhaben, zur Erhaltung der lokalen Identität ein Netz zwischen den Gastwirten des Naturparks aufzubauen. Zur Seite steht ihnen dabei im Service die ebenso professionelle wie sympathische Saria.

DIE KÜCHE – **Alici al limone** (9 €) stellen einen klassischen Antipasto dar, zusammen mit **Giardiniera di cozze** (10 €) und gutem Käse aus Ziegen- und Schafmilch von Tieren aus dem Cilento. Unter den Primi finden Sie Ditali con pescato di scoglio (13 €), die immer vorhandenen wunderbaren Spaghetti dell'orto sowie **Zuppa di fagioli di Controne e polpo di scoglio**. Überzeugend schmeckt Pancetta di tonnetto alla piastra con rucola di campo (Thunfischbauch vom Plattengrill mit wildem Rucola, 15 €). Immer rasch auf dem Grill zubereitet werden Garnelen und Riesengarnelen, Sackbrassen und andere Fische, je nach Saison. Unwiderstehlich die **Mousse di ricotta di bufala al basilico** (4,50 €), auch mit nativem Olivenöl extra beträufelt, ein Dessert, für das man eine Ausnahme machen sollte. Guter Hauswein, auch Etiketten der wichtigsten Keller im Cilento sind vorhanden.

La Bufalina (Corso Matarazzo 159) in **Santa Maria di Castellabate** (14 km) ist ein gut bestückter Feinkostladen mit besonderem Schwerpunkt auf Käse aus Italien und anderen Ländern.

MONTEMARANO (AV)
Ponteromito

32 KM ÖSTLICH VON AVELLINO

Trattovia Il Gastronomo

Restaurant
Via Nazionale, 77 A
Tel. (+39) 392 / 260 39 52
Ruhetag: Mittwoch
Ferien: 10 Tage im Juli
70 Plätze + 50 Plätze im Freien
Preise: 25–30 €
Kreditkarten: AE, CS, MC, Visa; BM
Mittags und abends geöffnet

DIE OSTERIA – Massimo Pisaniello ist nach berufsbedingten Aufenthalten in ganz Italien nach Montemarano zurückgekehrt, mit dem Ziel, die von seiner Urgroßmutter gestiftete Familientradition wiederzubeleben, denn diese führte gegenüber der jetzigen Trattoria eine Locanda. Die Zeiten haben sich verändert, doch das Konzept ist das gleiche: die Reisenden auf beste Weise aufzunehmen und mit einer persönlichen Interpretation der Irpinia zu erfreuen, einem Gebiet, das laut Massimo noch viel zu erzählen hat. Die Speisekarte wird mündlich präsentiert. Eine Vorbestellung ist von Vorteil, vor allem, wenn man spezielle Wünsche hat.

DIE KÜCHE – Von den Antipasti empfehlen wir **Pancotto** di cicoria, scarole e baccalà su vellutata di fagioli quarantini, Flan di melanzane con treccia di bufala e basilico und Gnocco fritto farcito con ricotta di Montella. Aus Gragnano kommt die getrocknete Pasta, zum Beispiel Paccheri con asparagi e pancetta croccante (mit Spargel und knusprig gebratener Pancetta, 10 €), während die Pasta für **Maccaronara lardellata con pomodorino e ricotta secca** (10 €) oder Tagliatelle con fave, pecorino e guanciale von Hand gemacht wird. Unter den Secondi sind **Coniglio al Fiano**, Tagliata di manzo und **Baccalà alla perticaregna** (10 €) mit Paprikaschoten aus Senise und mit Chili gewürztem Öl. Zum Abschluss gibt es Tortino di cioccolato, Mousse alla nocciola (4 €) oder ein Semifreddo. Guter Aglianico als Hauswein, der Keller befindet sich in der Entwicklungsphase.

32 KM NÖRDLICH VON BENEVENT, S.S. 87

Mastrofrancesco

Agriturismo
Ortsteil Piana, 262
Tel. (+39) 08 24 / 95 70 33,
(+39) 328 / 622 99 99
Keine Ferien
26 Plätze
Preise: 30 € (Tagesmenü)
Kreditkarten: CS, MC, Visa; BM
Gegen Vorbestellung täglich mittags und abends geöffnet

DIE OSTERIA – In Morcone gesellen sich zu den architektonischen Sehenswürdigkeiten wie der mittelalterlichen Burg, den Kirchen San Salvatore und San Rocco und der Wallfahrtskirche Madonna della Pace noch die landschaftlichen Schönheiten des nahen Naturschutzgebiets Lago di Campolattaro. Der Agriturismo liegt an einer Straße, die von der Staatsstraße in die Altstadt führt, und bezieht seinen Namen vom Nachnamen der Frau des Inhabers Dino Martino. Der Speisesaal präsentiert sich rustikal und gemütlich, von der großen Fensterfront aus kann man die frei lebend aufgezogenen schwarzen Schweine der Casertano-Rasse und die Hoftiere des Betriebs beobachten. Das kulinarische Angebot besteht in einem reichhaltigen festgelegten Menü, doch bei der telefonischen Reservierung können auch Abweichungen besprochen werden.

DIE KÜCHE – Das Brett mit Salumi aus eigener Erzeugung sowie lokalem Käse mit schmackhaften Konfitüren wird sicherlich gleich zu Anfang Wohlgefühl hervorrufen. Ebenso das panierte Eigelb mit Orapi (Wildspinat) und Stracciata di mozzarella. Gleich drei köstliche Kostproben von Primi sind **Paccheri con porcini e asparagi**, Conchiglioni con filetto di maiale, mela annurca e lardo con granella di nocciola (mit Schweinefilet, Annurca-Apfel und Lardo, bestreut mit Haselnussstückchen) sowie **Ravioli ripieni di ricotta di capra con crema di erbe spontanee**. Zwei verschiedene Secondi: **Spezzatino** von weniger edlen Fleischteilen wie Schweinehals und -kopf aus dem Holzofen und Grillteller von verschiedenem Fleisch mit Ofenkartoffeln. Als Dessert köstliche Crostata con crema pasticciera. Zu trinken gibt es vor allem den guten Aglianico des Hauses, doch auch einige Etiketten aus Kampanien stehen zur Auswahl.

Im Caseificio Fortunato bei km 97,300 der Staatsstraße 87 bekommen Sie eine große Auswahl an Käse aus Kuhmilch.

98 KM SÜDÖSTLICH VON SALERNO, S.S. 166 U. A 3

Osteria dei Compari

Osteria-Pizzeria
Via Granatelli
Tel. (+39) 339 / 788 86 70
Ruhetag: Dienstag, Oktober–Juni auch Montag und Mittwoch, 1. August–10. September kein Ruhetag
50 Plätze + 30 Plätze im Freien
Preise: 24–27 €
Kreditkarten: CS, DC, Visa; BM
Mittags und abends geöffnet

DIE OSTERIA – Empfangen werden der Ausflügler aus dem wunderbaren Naturschutzgebiet Grotte del Bussento oder der Besucher, der sich hier oben an Sommerabenden von der Hitze erholen will, von Pasqualino Vallone, der diese kleine Osteria zu seiner Passion gemacht hat. Der Versuch, die Küche des Cilento in ihren authentischen bodenständigen Geschmack vorzustellen, gelingt ihm immer wieder. Rachelina hat mit 60 Jahren noch einmal die Ärmel hochgekrempelt und steht ihrem Sohn zur Seite, indem sie sich herzlich, aber diskret um die Gäste kümmert. Vor dem Lokal können Sie im Schatten eines großen Baumes sitzen und den Blick in das kühle Tal genießen.

DIE KÜCHE – Zu Beginn kann man kaum umhin den reichhaltigen Antipasto mit Gemüse aus dem Garten, hausgemachten Salumi und die immer vorhandene ***Ciauredda*** zu probieren. Wer jedoch auch die weiteren Gänge genießen möchte, kann sich auf Insalata caprese oder Bruschette miste (3 €) beschränken. Die Primi (8 €) basieren ausschließlich auf frisch gemachter Pasta mit Ei, es gibt kräftige, schmackhafte **Ravioli ripieni di ricotta**, klassische **Cavatelli al sugo** und **Lagane e ceci con polvere di peperone dolce**. Auf dem Holzkohlengrill wird Grigliata mista (20 € für zwei Personen) zubereitet, während die gegen Vorbestellung aus den Bauernhöfen der Umgebung kommenden Hähnchen und Kaninchen im Holzofen gegart werden. Abends kann man auch einfach eine gute Pizza bestellen. Die Desserts sind hausgemacht, die Weine kommen aus dem Cilento.

Im Ortsteil Cellito erzeugt der Salumificio Cellito Salumi aus ausgewähltem Schweinefleisch lokaler Zuchtbetriebe. In der Località Pantana des Ortsteils **Sicilì** (4 km) wird im biologischen Betrieb Murikè die weiße Feige des Cilento angebaut und verarbeitet.

U-Bahn-Station Municipio (Linie 1)

A' Taverna do' Re'

Restaurant-Pizzeria
Via Fondo Supportico di Separazione, 2–3
Tel. (+39) 081 / 552 24 24
Ruhetag: Sonntagabend
Keine Ferien
65 Plätze + 25 Plätze im Freien
Preise: 35 €
Kreditkarten: CS, DC, MC, Visa; BM
Mittags und abends geöffnet

DIE OSTERIA – Trotz der Nähe zum Hafen und den Touristenströmen, die das Entstehen zahlreicher kleiner und großer Restaurants zur Folge haben, ist und bleibt A' Taverna do' Re ein Bezugspunkt, der seinem Ruf treu bleibt. Die Gerichte der neapolitanischen Küche neben einigen aufwendigeren Speisen, die man auch im Rahmen verschiedener Degustationsmenüs ab 28 € kennenlernen kann, werden meisterhaft zubereitet. Das ist dem höflichen Francesco Parrella, Küchenchef und Gastwirt, zu verdanken, dem es nie an neuen Ideen mangelt. Vor dem Lokal befindet sich eine hübsche kleine Terrasse, von der aus man das Leben in diesem Winkel der Piazza Municipio hinter dem Theater Mercadante beobachten kann, im Inneren erstrecken sich die Räumlichkeiten über zwei Stockwerke.

DIE KÜCHE – Der Duft der Tradition bei den Primi: Pasta e patate (8 €), **Pasta e fagioli** (im Sommer mit frischen Spollichini-Bohnen), **Ziti spezzati al ragù classico napoletano** (10 €) und **Mezzanelli alla genovese**. Anschließend eine Degustation vom Baccalà (15 €), der alla brace, in cassuola, fritto und mit Gemüse serviert wird. Außerdem gibt es den Tagesfang frittiert, einen Cestino fantasia (ein Körbchen aus frittiertem Pizzateig, gefüllt mit geschmortem Oktopus und Miesmuscheln, 12 €), gute **Polpette alla napoletana** (10 €) sowie **Parmigiana di melanzane** (8 €). Zum Abschluss *Babbà*, Pastiera scomposta und Stracciata di millefoglie. Immer einladend präsentiert sich die Weinkarte mit Produkten aus Kampanien.

In der Via Belvedere 112 bietet Campania Mia das Beste an italienischen Spezialitäten, darunter auch eine große Auswahl an Slow-Food-Presidi.

U-Bahn-Station Piazza Garibaldi (Linie 2)

Da Donato

Trattoria-Pizzeria
Via Spaventa, 37–41
Tel. (+39) 081 / 28 78 28
Ruhetag: Montag
Ferien: August, 25./26. Dezember, 1. Januar
50 Plätze
Preise: 25 €
Kreditkarten: AE, CS, MC, Visa; BM
Mittags und abends geöffnet

DIE OSTERIA – Wie beliebt diese Trattoria ist, bezeugt eine Statue aus den Krippen von San Gregorio Armeno. Dargestellt ist Marilena, die unumstrittene Protagonistin der Küche und Enkelin des Gründers. Zu ihr kommen die Leute, die im Viertel Porta Nolana arbeiten, wo Multikulturalität und Integration täglich aufs Beste funktionieren. Seit über 50 Jahren kann man sich der Familie Amoroso anvertrauen, wenn es darum geht, die Geschichte und die Rezepte Neapels (lassen Sie sich zum Beispiel den Ursprung des Scarpariello erzählen, Sie werden überrascht sein) in einem absolut informellen und geselligen Ambiente kennenzulernen. Den jungen, raschen Service koordiniert auf zurückhaltende Weise Ciro. Ein Holzofen macht Pizzaliebhaber glücklich.

DIE KÜCHE – Das Degustationsmenü „Fantasia della casa terra e mare" (25 €) finden Sie auf der Speisekarte unter den Antipasti, es stellt mit etwa zehn klassischen Gerichten, die auch einzeln bestellt werden können, ein regelrechtes Panorama der lokalen Küche dar. Darunter finden Sie den schmackhaften **Cuoppo di frittura all'italiana** (eine Tüte mit verschiedenen frittierten Leckereien) und **Impepata di cozze** (7 €). An einem Ort wie diesem sollte man **Ziti al ragù napoletano** (7 €), **Spaghetti con vongole veraci** (12 €) und die leckere Zuppa di lenticchie e friarielli (Linsensuppe mit brokkoliartigem Gemüse) probieren. Auch die Secondi entsprechen dem Repertoire der klassischen Trattoria, es gibt Scaloppine oder den Tagesfang alla griglia, all'acquapazza oder fritto. Eine besondere Empfehlung für **Polpetti alla luciana in cestino di pizza** (9 €). Tiramisu oder Caprese zum Abschluss. Guter Hauswein.

Aus dem Ofen der Pasticceria Attanasio, Vico Ferrovia 1, kommen von morgens bis abends knusprige Sfogliatelle ricce und weiche Sfogliatelle frolle.

U-Bahn-Station Vanvitelli (Linie 1)

NEU Donna Teresa

Traditionelle Osteria
Via Kerbaker, 58
Tel. (+39) 081 / 556 70 70
Ruhetag: Sonntag
Ferien: zeitweise im August
35 Plätze
Preise: 15 €
Keine Kreditkarten
Mittags und abends geöffnet

DIE OSTERIA – Es ist beruhigend, mitten im Viertel Vomero, in dem mehr als in anderen Gegenden der Stadt versucht wird, kulinarisch immer dem neusten Trend zu folgen, ein Lokal zu entdecken, das seit mehr als 100 Jahren eine einfache, traditionelle Küche bietet. Jene Teresa, die den Betrieb zu Beginn des letzten Jahrhunderts ihrer Zeit vorauseilend als eine Art Schnellimbiss für die Arbeiter der Umgebung eröffnet hatte, gibt es seit etwa 40 Jahren nicht mehr, doch ihre gleichnamige Enkelin setzt die Aktivität zusammen mit ihrem Vater Luigi und ihrer Mutter Anna fort und erweist der Geschichte durch ihre Taten die Ehre. Luigi versorgt die Osteria mit Gemüse, Tomaten und Hülsenfrüchten, die er auf seinem Stück Land in der Nähe von Caserta anbaut. Dort erzeugt er auch Olivenöl und Weine (Piedirosso und Montepulciano). Die übrigen Zutaten werden täglich auf den Märkten der Stadt eingekauft.

DIE KÜCHE – Die mündlich vorgetragene Speisekarte beinhaltet nur zwei oder drei Tagesgerichte, die dem typischen Wochenrhythmus der neapolitanischen Familien folgen. Unter den Primi (5 €) könnten Sie **Ziti alla genovese**, Sartù di riso, Pasta e patate con provola, **Zuppa di lenticchie e broccoli** oder Maccheroni al ragù genießen, alle auf klassische Weise zubereitet. **Polpette al sugo** oder Polpette di melanzane (Auberginenbällchen) und gefüllter Polpettone (7 €) sind ausgezeichnet zubereitete Secondi. Nicht weniger verlockend Alici fritte, Baccalà in cassuola, **Braciola napoletana** und Polpo all'insalata oder alla luciana. Unter den guten Beilagen Zucchine ***a scapece***, Peperoncini verdi fritti, in der Pfanne gewürzte Patate e fagiolini, Friarielli, Carciofi alla giudia und Frittata di cipolle. Auch die Dolci (3 €) sind hausgemacht: Pastiera, Caprese, Crostata sowie Babà. Respektabler offener Wein.

U-Bahn-Station Toledo (Linie 1)

Hosteria Toledo

Restaurant
Vico Giardinetto a Toledo, 78 A
Tel. (+39) 081 / 42 12 57,
(+39) 333 / 585 95 00
Ruhetag: Dienstag
Ferien: 2 Wochen im August
70 Plätze
Preise: 30 €
Kreditkarten: AE, CS, MC, Visa; BM
Mittags und abends geöffnet

DIE OSTERIA – Das Lokal befindet sich im Viertel Quartieri Spagnoli, einer der belebtesten Gegenden im Zentrum Neapels, nur ein paar Schritte vom Palazzo Zevallos, in dem das letzte Gemälde von Caravaggio ausgestellt wird. Stefano und seine Familie, mittlerweile bei der dritten Generation von Gastwirten angelangt, werden Sie herzlich empfangen. An einer Wand fällt ein Gruppenfoto ins Auge, das einen Teil der Geschichte des Lokals erzählt. Küchenchefin ist heute Titina, Stefanos Schwester, für ihre Gerichte verarbeitet sie Zutaten, die vom nahe gelegenen charakteristischen, auf jeden Fall sehenswerten Markt Pignasecca stammen.

DIE KÜCHE – Polpo in insalata, Tocchetti di baccalà fritti (12 €) und gemischtes gegrilltes Gemüse sind einige der Antipasti. Vermicelli cozze, pecorino e fiori di zucca (12 €) ist ein Primo, das Stefanos Mutter erfunden hat. Es fügt sich ein in eine große Auswahl, in der auch **Maltagliati alla genovese** und das klassische Ragù ihren Platz haben. Unter den Secondi fällt der häufige Gebrauch von **Baccalà** auf, es gibt ihn **gratiniert** und mit Olivenöl der Sorte Ravece beträufelt oder auch mit Oliven und Kapern alla siciliana (12 €) zubereitet. Ein weiteres Secondo, dessen Bekanntheitsgrad bis nach Asien reicht, wie Stefano mit Stolz feststellt, ist das Gericht **Polpetti in cassuola** (geschmorter Oktopus). Immer vorhanden ist **Carne al ragù** (7 €). Gute Auswahl an traditionellen Beilagen wie Friarielli, Parmigiana und grünen Paprikaschoten. Zum Abschluss Pastiera, Babà und Ricotta e pera (4 €), zusammen mit einem Gläschen Rucolino d'Ischia und Limoncello aus eigener Erzeugung. Die Weinauswahl stammt fast ausschließlich aus Kampanien.

Eine Identität in Entwicklung: die Pizza in Neapel und ganz Kampanien

Es könnte ein Zeichen der schlechten Konjunktur sein oder ein Phänomen, das sich in zyklischen Abständen wiederholt und schwer interpretierbar ist, oder auch ein Effekt der zweifellos einflussreichen Social Networks. Auf jeden Fall genießt die Pizza in den letzten Jahren mehr denn je eine mediale Aufmerksamkeit und läuft unserer Meinung nach Gefahr, ihre Eigenschaften als volkstümliches und wirtschaftlich nachhaltiges Essen zu verlieren.
Auch wenn wir einerseits die Suche nach immer geeigneteren und garantierten Zutaten als positiv und im Einklang mit unseren methodologischen und kulturellen Grundsätzen stehend betrachten, wollen wir doch nicht verschweigen, dass manche übertriebene Darstellung von Eigenschaften, Herkunft und Verarbeitungsweise der Zutaten eher den Gesetzen der Welt des Showbusiness und der Stars entspricht als einer authentischen, bewussten Suche nach Qualität und damit verbundener unmittelbarer Geschmackswahrnehmung. Diesem Phänomen gegenüber kann sich unsere Organisation nicht anders als auf kritische Weise äußern.
Allerdings – wenn es bis vor zehn Jahren schwierig war, außerhalb der Stadt eine Pizza mit allen für Neapel typischen Merkmalen zu bekommen, sind in den letzten Jahren in Kampanien Lokale entstanden, in denen die Pizzabäcker und Inhaber in einem Prozess des Austauschs und virtuosen Wetteiferns eine Antwort auf die anspruchvollsten Beispiele in Neapel finden und sie nicht selten um neue Vitalität bereichern.
Umso mehr also soll diese Rubrik als Überblick über ein Gebiet verstanden werden, das sich nach Jahrzehnten der Dunkelheit unübersehbar auf der italienischen und internationalen Bühne behauptet und unserer Meinung nach legitime Anwartschaft auf die führende Rolle in diesem Prozess erhebt. Es scheint uns angemessen, freilich ohne Anspruch auf Vollständigkeit und mit der nötigen Vorsicht, die bei Beobachten und Festhalten von im Wachsen begriffenen Phänomenen angebracht ist, hier die wichtigsten Protagonisten dieser beeindruckenden Bewegung anzuführen.

Pino Mandarano
und Vito Trotta

AIROLA (BN)

NEU **Antovin**

Via Caudisi, 11
Tel. (+39) 08 23 / 71 39 70
Ruhetag: Dienstag
Ferien: zeitweise im Juni und Juli
Abends geöffnet

Antonietta und Vincenzo Tirino haben das Restaurant 1997 in Airola eröffnet und mit den Anfangsbuchstaben ihrer Namen benannt. Heute ist ihr Sohn Alessandro der Pizzabäcker. Das Lokal verfügt über eine vor allem im Sommer angenehme grüne Laube. Die Pizzen waren immer schon gut, doch vor Kurzem hat der Gebrauch von antiken Weizensorten aus dem Sannio-Gebiet einen radikalen Kurswechsel im Sinne der Qualität erlaubt. Ausgezeichnete Zutaten wie natives Olivenöl extra aus Arpaia, Milchprodukte aus Airola, Gemüse aus kurzer Lieferkette und Steinpilze.

ALVIGNANO (CE)

NEU **Elite Rossi**

Corso Umberto I, 161
Tel. (+39) 08 23 / 86 90 92
Ruhetag: Dienstag
Ferien: unterschiedlich
Abends geöffnet

Die Pizzeria der Familie Rossi mit Pasqualino an der Theke, Mutter Rita in der Küche und dem Bruder Gianluca im Service ist ein Lokal, das Sie unbedingt besuchen sollten, wenn Sie nach Alvignano kommen. Grund dafür ist sowohl die herzliche, professionelle Gastlichkeit als auch die Pizza des jungen Kochs, dessen Kreativität unerschöpflich scheint. Die Auswahl ist breit gefächert, neben den klassischen Pizzen sollten Sie Mangiona mit Provola, gekräuselter Endivie, Pancetta vom schwarzen Schwein der Casertano-Rasse, Pecorino Laticauda und Pfeffer probieren. Außerdem verführerische Margherita ai quattro pomodori und Pizza *ndo' ruot'*.

AVELLINO

NEU Degusta

Via Ammiraglio Ronca, 35
Tel. (+39) 08 25 / 78 49 57
Ruhetag: im Sommer Sonntagmittag
Ferien: unterschiedlich
Mittags und abends geöffnet

Im Hauptort des Gebiets der Irpinia, einer Gegend, die für ihre gute Gastronomie bekannt ist, hat Küchenchef Giovanni Mariconda sich mit dem Degusta seinen Tempel geschaffen. Neben großartigen Gerichten, in der die außergewöhnlichen Erzeugnisse der Provinz Avellino zur Geltung kommen, finden Sie hier ausgezeichnete Pizzen mit Zutaten aus der gesamten Region Kampanien. Wein und Bier sind „Made in Irpinia".

BAIANO (AV)

NEU La Napoletana

Via Marconi 27
Tel. (+39) 081 / 824 24 30
Kein Ruhetag
Ferien: unterschiedlich
Abends geöffnet

Schon beim Namen wird es deutlich: Hier haben wir es mit einer traditionellen neapolitanischen Pizzeria zu tun. Wir befinden uns am Eingang der Irpinia, in der Nähe des landwirtschaftlichen Gebiets Agro nolano, die Zutaten stammen also aus zwei an hervorragenden Produkten reichen Gegenden. Das Lokal war eines der Ersten, die Hülsenfrüchte auf der Pizza präsentierten, so gibt es zum Beispiel „Ceci e zucchine" (Kichererbsen und Zucchini) oder „Cozze e fagioli" (Miesmuscheln und Bohnen) und eine weitere, nicht gerade klassische Pizza zum Ausprobieren, „Dolce di pizza" mit Haselnusscreme.

BATTIPAGLIA (SA)

NEU Tre Voglie

Via Serroni, 10–14
Tel. (+39) 08 28 / 37 05 33
Kein Ruhetag
Ferien: Weihnachten, Neujahr, Ostern, Ostermontag
Abends geöffnet

Die gesamte Familie und der professionelle Service garantieren für einen angenehmen Aufenthalt. Der noch junge Valentino, der gerne an den Tisch kommt und seine Rezepte erklärt, hat sich dem gewissenhaften Studium des Aufgehens des Teiges und dem Gebrauch der vorzüglichen Erzeugnisse des Cilento und der Piana del Sele verschrieben. Die Pizza Margherita wird hier ausschließlich mit Mozzarella di bufala campana (schließlich sind wir in Battipaglia!) belegt. Unvergesslich ist die Pizza mit Lavendel aus den Monti Alburni.

BENEVENT

NEU Oasi dell'Antica Quercia

Ortsteil Epitaffio, 13
Tel. (+39) 08 24 / 36 01 08
Ruhetag: Montag
Ferien: unterschiedlich
Abends geöffnet

Das Lokal befindet sich auf dem Gut der Familie und verfügt über einen üppigen Garten. Ernesto Varricchio hat die Welt der Pizza erst vor Kurzem betreten: Der Teig wird aus Sauerteig und steingemahlenem Vollkornmehl gemacht. Die Zutaten sind eine Momentaufnahme von italienischen und internationalen Spezialitäten. Das Ergebnis ist eine Pizza, deren außergewöhnlicher Duft und Geschmack von den Gebieten ihres Ursprungs erzählen.

CAIAZZO (CE)

Antica Osteria Pizzeria Stefano Pepe

Piazza Porta Vetere, 4
Tel. (+39) 0823 | 868401
Ruhetag: Montag
Ferien: unterschiedlich
Abends geöffnet

Dieses im Jahr 1962 eröffnete und nach wie vor von einer Familie geleitete Lokal ist einer der interessantesten Orte, um die Pizza aus dem oberen Gebiet um Caserta kennenlernen. Der Teig wird von Hand geknetet, die Pizza im Holzofen gebacken. Dies und eine Portion Leidenschaft sind die Geheimnisse der Pizza der Familie Pepe. Fior di latte wird eigens für die Pizzeria in einem Bauernhof in Alvignano erzeugt, Knoblauch wird frisch geschält, damit er sein Aroma behält, und auch Crocchè werden täglich frisch von Hand gemacht.

NEU Pepe in Grani

Vicolo San Giovanni Battista, 3
Tel. (+39) 08 23 / 86 27 18
Ruhetag: Montag
Ferien: unterschiedlich
Abends geöffnet, Oktober–Mai Sonntag auch mittags

Franco Pepe bezeichnet sich als modernen Handwerker mit einer althergebrachten Leidenschaft: Pizza. Große Aufmerksamkeit widmet er der Herstellung des Teigs, als Resultat sorgfältiger Recherche und zahlreicher Experimente mit verschiedenem, von Hand vermischtem und meisterlich verknetetem Mehl. Das Ergebnis ist duftend, schmackhaft und leicht. Mit roher Endivie gefüllter Calzone ist zu einem Muss geworden und wird andernorts imitiert, wie auch die Margherita „sbagliata" (eine „falsche" Margherita mit Fior di latte, Basilikumstückchen und einem Hauch Tomatensauce). Die Pizza della biodiversità aus dem oberen Gebiet um Caserta wurde beim „Salone del Gusto" 2014 vorgestellt. Im oberen Stock bietet ein Speisesaal mit nur sechs Plätzen ein wenig Intimität für alle, die keinen Rummel mögen.

CASERTA

NEU I Masanielli

Viale Lincoln, 27
Tel. (+39) 08 23 / 154 07 86
Ruhetag: Montag, Sonntagmittag
Ferien: unterschiedlich
Mittags und abends geöffnet

Francesco Martucci ist seit etwa 20 Jahren Pizzabäcker, doch sein Erfolg kam plötzlich. Zu verdanken ist er der Mundpropaganda und vor allem der guten Qualität seiner Pizzen. Das Lokal ist nur wenige Minuten von der Reggia di Caserta entfernt, in einem abseits des Zentrums gelegenen Viertel, das man leicht über den Vialone Borbonico erreicht. Der Teig besteht aus einer Mischung von Vielzweckmehl aus Weichweizen und einem Vollkornmehl, für das Francesco persönlich in der Umgebung von Caserta den Weizen anbaut. Bei den Zutaten finden sich viele Slow-Food-Presidi, darunter Broccolo aprilatico aus Paternopoli. Das hervorragende native Olivenöl extra stammt aus dem Matese-Massiv.

NEU Morsi e Rimorsi Terroni in Pizzeria

Viale dei Bersaglieri, 14
Tel. (+39) 08 23 / 32 78 22
Kein Ruhetag
Ferien: unterschiedlich
Mittags und abends geöffnet

Seit Beginn des Jahres 2015 hat das Restaurant-Bistro Morsi e Rimorsi auch dieses kleine Lokal eröffnet, das allein der Pizza gewidmet ist. Das Augenmerk liegt auf der Aufwertung und dem bewussten Gebrauch der landwirtschaftlichen Spezialität aus Süditalien. In der Speisekarte sind die Produzenten sämtlicher Zutaten angeführt.

CERCOLA (NA)

Del Pino

Via Don Minzoni, 225
Tel. (+39) 081 / 733 11 45,
(+39) 081 / 733 31 00
Kein Ruhetag
Ferien: 2 Wochen um den 15. August
Mittags und abends geöffnet

Als Anlaufstelle für eine immer bunter gemischte Kundschaft zeichnet sich das Lokal von Mario Leonessa nach wie vor durch seine Fähigkeit aus, große Besucherzahlen zu beherbergen und dennoch bei Qualität und Frische der Zutaten keine Kompromisse einzugehen. Die Pizzen sind alle auf höchstem Niveau, beginnend bei der einfachen Bufalina bis hin zu gefüllten Pizzen, von Salsiccia e friarielli bis zu fantasievolleren Varianten für jeden Geschmack.

ERCOLANO (NA)

Le Parùle

Via Sacerdote Benedetto Cozzolino, 70
Tel. (+39) 081 / 739 64 94
Ruhetag: Montag
Keine Ferien
Geöffnet 10.30–16, 18.30–00.30 Uhr

Auf der Panoramastraße, die die Gemeinden um den Vesuv bis Torre del Greco verbindet, in der Nähe der letzten Ausläufer des Vulkans, fertigt Giuseppe Pignalosa aus lokalen Zutaten Pizzen mit ganz weichem Teig. Seit Kurzem experimentiert er mit alternativen Mehlsorten, zum Beispiel aus Kichererbsen und alten Weizensorten. Nicht verpassen sollten Sie Pizza con le papaccelle (mit eingelegten lokalen Paprikaschoten) und jene mit Zucchini *a scapece*. Ausgezeichnete frittierte Speisen, vor allem Mozzarella in carrozza (in Brotscheiben panierter, frittierter Mozzarella) mit Pane cafone, einem Sauerteigbrot neapolitanischen Ursprungs.

NEAPEL

50 Kalò di Ciro Salvo

Piazza Sannazzaro, 201 B
Tel. (+39) 081 / 19 20 46 67
Kein Ruhetag
Ferien: 1 Woche im August
Geöffnet 12.30–16,19.30–00.30 Uhr

In dem schönen Lokal an der Strandpromenade zeigt Ciro Salvo seine Kunst der Herstellung und Verarbeitung eines Teiges, dessen Qualität keinen Vergleich zu scheuen braucht, was nicht zuletzt durch den unaufhörlichen Besucherstrom bezeugt wird. Die Nummer 50, die in der neapolitanischen Traumdeutung Brot bedeutet, hat ihm Glück gebracht. Um die besonderen Eigenschaften der Pizza am besten genießen zu können, empfehlen wir Margherita oder Marinara. Dazu eine der zahlreichen Alternativen, darunter auch jene, die mit Slow-Food-Presidi belegt werden. Ausgezeichnete frittierte Speisen.

NEU Antica Pizzeria Port'Alba

Via Port'Alba, 18
Tel. (+39) 081 / 45 97 13
Kein Ruhetag
Ferien: Weihnachten
Mittags und abends geöffnet

Die Altstadt von Neapel erlebt seit einigen Jahren eine regelrechte Explosion des Tourismus und es entstehen unaufhörlich neue gastronomische Betriebe, die nicht selten schon bald von anderen abgelöst werden. Die Antica Pizzeria Port'Alba hat hingegen eine fulminante, mehr als hundertjährige Karriere vorzuweisen, was sie zu einem Unikat macht. Die Pizza von Gennaro Luciano, dem derzeitigen Inhaber, ist klassisch, sie wird auch „a libretto" (zusammengefaltet) verkauft, damit man sie auf touristischen Streifzügen leichter essen kann.

Cafasso

Via Giulio Cesare, 156–158
Tel. (+39) 081 / 239 52 81
Ruhetag: Sonntag
Ferien: August
Geöffnet 12.30–15, 19.30–23 Uhr

Im Viertel Fuorigrotta, gegenüber der U-Bahn-Station Campi Flegrei, setzt Stefano Cafasso die fünfzigjährige Tätigkeit seiner Familie fort. Die Pizzen, alle mit einem gut aufgegangenen Teig, reichen von der einfachen Marinara und der klassischen Margherita bis zu zahlreichen Variationen zum Thema. Im Sommer empfehlen wir Margherita al filetto mit frischen Kirschtomaten, im Winter Pizza con salsicce e *friarielli* sowie mit Ricotta, *Cicoli* (Grieben) und Fior di latte gefüllten Calzone. Das Angebot ergänzen Crocchè di patate, Arancini di riso, Frittura all'italiana und einfache Gerichte der neapolitanischen Tradition.

Carmenella

Via Cristoforo Marino, 22
Tel. (+39) 081 / 553 74 25
Ruhetag: Sonntag
Ferien: 15.–31. August
Mittags und abends geöffnet

In seinem kürzlich mit Geschmack für modernen Stil und funktional renovierten Lokal setzt Vincenzo Esposito seine über dreißigjährige Aktivität fort und holt ausgezeichnete traditionelle Pizzen mit einigen kreativen Elementen aus dem Ofen. Originell sind die Pizzen, die Personen gewidmet sind, die sich möglicherweise in der Nähe der Pizzeria befinden, zum Beispiel *L'amica geniale*, nach einem Roman der neapolitanischen Schriftstellerin Elena Ferrante.

NEU Ciro a Santa Brigida

Via Santa Brigida, 71-73
Tel. (+39) 081 / 552 40 72
Ruhetag: Sonntag
Ferien: unterschiedlich
Mittags und abends geöffnet

An der Straße, die Via Toledo mit der Piazza Municipio verbindet, liegt diese historische Pizzeria, die seit 1935 besteht. Über alle die Jahre hat sie ihren hohen Qualitätsstandard beibehalten. Ein gemütliches Lokal, es erstreckt sich über zwei Stockwerke, von denen aus man die Schönheit Neapels bewundern kann und auch eines seiner Symbole: die Pizza. Margherita wird hier „Pizza d'oro" genannt, denn Büffelmozzarella wird anstelle von Fior di latte verwendet, eine hier schon vor Jahrzehnten als Vorgriff auf den heutigen Trend getroffene Entscheidung. Gut schmecken auch die Gerichte der neapolitanischen Küche.

Da Attilio

Via Pignasecca,17
Tel. (+39) 081 / 552 04 79
Ruhetag: Sonntag
Ferien: August
Mittags und abends geöffnet

In dem pittoresken Viertel Pignasecca, dem Standort wichtiger Märkte der Stadt, befindet sich die Pizzeria der Familie Bachetti: Attilio bereitet die Pizzen zu, die immer freundliche Angela serviert an den Tischen zusammen mit Carmine, während Mutter Antonietta in der Küche die frittierten Speisen zubereitet. Das Ergebnis ist von höchster Qualität. Wir empfehlen, den ausgezeichneten Mozzarella in carrozza oder Crocchettone zu Beginn zu probieren und anschließend die außergewöhnliche Pizza con pomodorini gialli e capperi oder jene ohne Tomaten mit Wurst. Als Dessert gibt es leckere Saltimbocca di cioccolato.

Da Carminiello

Corso Secondigliano, 350
Tel. (+39) 081 / 754 00 37
Ruhetag: Sonntag
Ferien: unterschiedlich
Mittags und abends geöffnet

Ein wenig außerhalb des Zentrums der Stadt gelegen, im volkstümlichen Viertel Secondigliano, hat bei Da Carminiello unbestritten die Substanz Vorrang vor Äußerlichkeiten. Das bezeugen die langen Warteschlangen vor dem Eingang. Wir empfehlen, sich mit Geduld zu wappnen und eine „slow"-Einstellung zur Wartezeit zu haben. Verkürzen können Sie diese mit den ausgezeichneten Fritti zum Mitnehmen (vor allem dem Crocchè grande). Wenn Sie dann an der Reihe sind, eine Pizza zu bestellen, setzen Sie auf die traditionelle Margherita, Marinara und die gefüllte Pizza.

Da Concettina ai Tre Santi

Via Arena alla Sanità, 7 bis
Tel. (+39) 081 / 29 00 37
Kein Ruhetag
Keine Ferien
Geöffnet 10.30–23 Uhr, Sonntag 12–16 Uhr
G

Von einer soliden familiären Basis ausgehend experimentiert der junge, überschwängliche Ciro Oliva und erneuert mit unerschöpflicher Energie seine Pizzakreationen, welche bereits höchstes Niveau erreicht haben. Dabei verzichtet er jedoch nicht darauf, sich in Sanità, seinem schwierigen und doch wunderbaren Viertel, sozial zu engagieren. Pizza margheritissima mit 36 Monate gereiftem Parmigiano reggiano, eine sommerliche Variante mit Auberginen namens „Scarpone" oder im Winter die Pizza mit Ragù und Ricotta sind nur einige der zahlreichen Optionen, die man zusammen mit den sehr leichten frittierten Speisen erproben sollte.

Da Gaetano

Via Casanova, 109
Tel. (+39) 338 / 603 86 18
Ruhetag: Sonntag
Ferien: 2 Wochen um den 15. August
Geöffnet 9.30–21 Uhr, Samstag 9.30–23 Uhr

Mit der Übersiedlung des Gerichtshofs von seinem ursprünglichen Sitz bei der Porta Capuana ins Centro Direzionale vor einigen Jahren hat die Gegend, in der sich dieses Lokal befindet, zweifellos an Leben und Besuchern verloren. Dennoch konnte diese Pizzeria sich ihre Stammkundschaft bewahren, die wegen der Qualität des leichten und leicht verdaulichen Teigs, wegen der guten Zutaten und der volkstümlichen Preise gerne kommt. Probieren Sie die ausgezeichnete Margherita, Marinara sowie gefüllten Calzone und lernen Sie das authentische und weniger bekannte Neapel kennen.

De' Figliole

Via Giudecca Vecchia, 39
Tel. (+39) 081 / 28 67 61
Ruhetag: Sonntag
Ferien: August
Geöffnet 10–20 Uhr, Samstag 10–24 Uhr

Im Reich der Pizza fritta setzt die Pizzeria De' Figliole ihre Familiengeschichte fort. Hier wird die Pizza aus zwei übereinandergelegten Scheiben halbmondförmig gefüllt, ein echtes Emblem der neapolitanischen Kultur. Wir empfehlen „Chicchinese" komplett mit Fior di latte, Ricotta, Grieben, Pfeffer und Tomaten. Besuchen Sie in der Nähe die Basilika der Santissima Annunziata, bekannt für eine der ersten „Babyklappen" (Ruota degli esposti) aus dem frühen 17. Jahrhundert.

Gino Sorbillo

Via Tribunali, 32
Tel. (+39) 081 / 44 66 43
Ruhetag: Sonntag, außer zu Weihnachten
Ferien: zeitweise im August
Geöffnet 12.30–15.30, 19–23.30 Uhr

Er konnte kein anderes Schicksal haben, Gino Sorbillo, der Enkel von Luigi, der 21 Kinder hatte, die alle Pizzabäcker wurden. Heute gehört Gino zu den bekanntesten seiner Zunft, was auch dem Einsatz neuer Kommunikationstechnologien und seinem extrovertierten Charakter zu verdanken ist. Auf jeden Fall ist ihm hoch anzurechnen, dass er die neapolitanische Pizza in der ganzen Welt berühmt gemacht hat. Um hier einen Platz zu bekommen, müssen Sie ein wenig warten, aber sobald Sie einmal sitzen, werden Sie die Leichtigkeit des Teiges und die gute Qualität der Ingredienzen zu schätzen wissen. Neben den klassischen Pizzen hat uns auch Pizza Margherita mit Pesto gut geschmeckt.

Gorizia 1962

Via Albini, 18–20
Tel. (+ 39) 081 / 560 46 42
Kein Ruhetag
Keine Ferien
Geöffnet 10.30–16, 18.30–1 Uhr
G

Ein historisches Lokal im Viertel Vomero, in einer Seitengasse der zentralen Via Cilea, das dazu beigetragen hat, ein typisches Modell der Pizza zu kreieren: von etwas kleinerer Dimension, mit einem hohen Rand und ausgewähltem reichhaltigem Belag. Antonio Grasso, dessen Familie an der Geschichte der Pizzerien der Stadt mitgeschrieben hat, ist der zuvorkommende Inhaber, immer hellhörig, wenn es um neue Strömungen auf seinem Gebiet geht. Auf der Speisekarte stehen auch einige einfache gekochte Speisen.

La Notizia

Vomero, Via Caravaggio, 53–59
Tel. (+39) 081 / 714 21 55
Ruhetag: Montag
Ferien: August
Geöffnet 19.30–24, Samstag und Sonntag 19.30–1.30 Uhr

Enzo Coccia, der Patron des Lokals, ist auf seinem Gebiet ein unbestrittener Vorreiter. Sein Pioniergeist hat eine wichtige Rolle bei der Wiedergeburt der hochwertigen neapolitanischen Pizza gespielt. Beginnen könnten Sie mit den köstlichen Rotolini con salsiccia e *friarielli* oder mit Auberginen und Provola. Die Pizzen sind alle ausgezeichnet, eine besondere Erwähnung verdient die gefüllte Pizza mit *Cicoli* (Grieben), erstaunlich leicht, wie auch jene mit Endivien. Ebenfalls versuchen sollten Sie Pizza Dop sowie San Gennaro. An die Pizzeria angrenzend wurde vor Kurzem eine Abteilung eröffnet, die sich den frittierten Speisen widmet. Auf Nummer 94 befindet sich ein weiterer Standort mit Gourmet-Prägung.

Masardona

Via Giulio Cesare Capaccio, 27
Tel. (+39) 081 / 28 10 57
Ruhetag: Montag
Ferien: zeitweise im August
Geöffnet 7–15.30 Uhr, Samstag auch 18–22 Uhr

Die Wiederkehr der Pizza fritta, die in jüngster Vergangenheit noch wegen wirrer ernährungsphysiologischer Vorurteile am Pranger stand, ist zu einem großen Teil auch Enzo Piccirillo und seinen Söhnen Cristiano und Salvatore zu verdanken. Wagen Sie es also, sich im neuen, kürzlich renovierten Lokal ganz der leckeren Pizza mit *Cicoli* (Grieben) und Ricotta hinzugeben, dem kleineren Battilocchio und all den anderen frittierten Pizzen, und Sie werden eine unvergessliche Geschmackserfahrung erleben.

NEU Mattozzi a Piazza Carità

Piazza D'Acquisto, 2
Tel. (+39) 081 / 552 43 22
Kein Ruhetag • Keine Ferien
Geöffnet: 12.30–15, 19.30–24 Uhr

Auf der Piazza Carità, gegenüber der Statue von Salvo D'Acquisto, finden Sie eines der historischen Lokale der Stadt, das im Jahr 1833 unter einem anderen Namen eröffnet wurde. Bis Ende der 1950er-Jahre war es mit Mattozzi, dem ersten Unternehmer in der Geschichte der neapolitanischen Pizza, verbunden. Die heutigen Inhaber tragen einen nicht weniger wichtigen Namen, nämlich den der Familie Surace. Paolo und sein Vater „Babbo Lello" sind getreue Interpreten der Tradition. Die ausgezeichneten Pizzen und einige Gerichte der neapolitanischen Küche werden mit großer Erfahrung zubereitet.

Pellone

Via Nazionale, 93
Tel. (+39) 081 / 553 86 14
Ruhetag: Sonntag, Feiertage
Ferien: 15.–31. August
Geöffnet 9.30–16.30, 19–24 Uhr

Die Pizzeria im volkstümlichen Viertel Vasto besteht seit dem Jahr 1960. „Kann ich Euch an einen Tisch dazusetzen?", ist eine häufige Frage am Eingang, um festzustellen, ob Sie bereit sind, den Tisch mit anderen Gästen zu teilen. Die Pizzen sind groß, weitaus größer als im Durchschnitt, und auch reichhaltiger belegt. Die beste von allen ist die Pizza fritta, doch eine Erwähnung verdienen auch Margherita und Ortolana. Vor dem Schaufenster befindet sich eine schöne Theke für die Pizzen zum Mitnehmen, wodurch die Wartezeit in den Momenten des größten Andrangs ein wenig angenehmer wird.

PONTECAGNANO FAIANO (SA)

NEU Negri

Via Giacomo Budetti, 28
Tel. (+39) 089 / 84 80 01
Kein Ruhetag
Keine Ferien
Abends geöffnet

Das Porträt des Commendator (Komtur) Edoardo Negri thront über dem Ofen, aus dem seit ewigen Zeiten schon schmackhafte, immer gleiche und doch einzigartige Pizzen geholt werden. Die Räumlichkeiten sind gepflegt und gemütlich, die Geschichte liegt in der Luft in diesem Lokal, das zu den ältesten Pizzerien der Provinz Salerno gehört und Stars des Kinos, der Politik und des Theaters zu seinen Gästen zählt. Was die Pizzen und die frittierten Speisen betrifft, so bleibt man im Bereich der Tradition, alles wird mit Zutaten aus nahen landwirtschaftlichen Betrieben und lokalen Käsereien zubereitet. Gut sind auch die Weine, die traditionell gebrauten Biere und die hausgemachten Desserts.

PORTICI (NA)

Pizza Verace

Via Gravina, 12
Tel. (+39) 081 / 776 90 95
Kein Ruhetag
Ferien: 1 Woche um den 15. August
Geöffnet 19–24 Uhr
G

Die faszinierende Paola Cappuccio, brillanter Sprössling einer legendären Familie von Pizzabäckern, erneuert die Familientraditionen, indem sie sich der Recherche nach und der Herstellung von Teigen mit Vollkornmehl widmet. Die Ergebnisse sind interessant und vor allem schmackhaft. Außer den Evergreens Marinara und Margherita können Sie in der richtigen Jahreszeit Pizza mit kleinen grünen Paprikaschoten oder Pizza cremosa alla canapa con asparagi selvatici, spuma di ricotta di bufala e fior di latte di Vico probieren.

POZZUOLI (NA)

La Dea Bendata

Corso Umberto I, 93
Tel. (+39) 081 / 19 18 96 36,
(+39) 346 / 300 34 91
Ruhetag: Montag
Ferien: 1 Woche im August/September
Geöffnet: 19.30–24 Uhr

Die Erfolgsgeschichte von Ciro Coccia an der Strandpromenade von Pozzuoli setzt sich fort. Der Sohn eines Pizzabäckers bietet eine schöne Auswahl an Pizzen, verfeinert mit Erzeugnissen aus Slow-Food-Presidi. Wir möchten unserer Vorliebe für die Margherita Dop Ausdruck verleihen, doch auch die Pizza ohne Tomaten mit Kürbis und die Pizza lardiata sind beste Zeugen für die Leichtigkeit des lange aufgegangenen Teigs. Das Angebot wird von einer Reihe an frittierten Speisen und traditionell gebrauten Bieren vervollständigt.

SALERNO

NEU Resilienza

Via Andrea Sabatini, 4
Tel. (+39) 089 / 285 30 82
Ruhetag: Sonntagmittag
Ferien: 1 Woche im August
Mittags und abends geöffnet

Der Name bezieht sich auf die Philosophie von Gennaro Coppeta, die Adresse kann als verlässlich gelten, denn der Geschmack der Zutaten, die zu 85 Prozent aus der Campania felix stammen, wird durch den Aufenthalt im Holzofen nich intensiviert. Für den Einstieg Montanara oder Frittata di maccheroni. Schwieriger wird die Entscheidung zwischen einem traditionellen Panuozzo oder einer der zahllosen Pizzen mit einem Teig, der mindestens 24 Stunden aufgegangen ist. Unverzichtbar sind jene mit den gelben Kirschtomaten und Pizza Resilienza mit Pesto aus Petersilie und Colatura di alici di Cetara. Die Wein- und Bierkarte enthält nur Produkte der Provinz Salerno. Zum Abschluss Pizzicotti und Murzilli di pizza con cioccolato.

SAN GIORGIO A CREMANO (NA)

Francesco e Salvatore Salvo

Via Largo Arso, 10–16
Tel. (+39) 081 / 27 53 06
Ruhetag: Sonntag
Ferien: zeitweise im August
Geöffnet 12.15–15, 19–24 Uhr

Die Brüder Salvo verfolgen ohne Umwege ihre Vorstellung von einer Pizzeria. Sie sind auf dem neuesten Stand, was die Organisation betrifft, zum Beispiel gibt es seit Kurzem die Möglichkeit, online zu bestellen. Dazu kommt ihre Gewissenhaftigkeit in Bezug auf den Teig und die Auswahl der Ingredienzen. Die frittierten Speisen höchster Qualität, die immer gut aufgegangenen, leicht verdaulichen und mit passenden Zutaten belegten Pizzen sowie die sehr breit gefächerte Karte mit Weinen und traditionell erzeugten Bieren, die auch glasweise ausgeschenkt werden, haben das Ihre zum Erfolg des Lokals beigetragen.

SORRENTO (NA)

NEU Acqu'e Sale

Piazza Marinai d'Italia, 2
Tel. (+39) 081 / 19 00 59 67
Kein Ruhetag
Keine Ferien
Mittags und abends geöffnet

Antonino Esposito ist ein großartiger Kommunikator, aber auch ein außergewöhnlich guter Pizzabäcker. Ins Herz haben ihn seine Gäste vor allem wegen seiner Pizzen und seiner Küche geschlossen. Esposito verfolgt eine Verbindung von Tradition und Innovation – auf der reichhaltigen Speisekarte finden Sie eine Abteilung, die beiden gewidmet ist. Probieren Sie die ungewöhnliche Pizza miracolo di San Gennaro mit der Tomatensauce eines gefeierten, nach traditionellen Methoden arbeitenden Betriebs, lokaler überbrühter Salsiccia und Provola aus Agerola. Originell ist Frusta sorrentina mit Kirschtomaten und Fior di latte.

TERZIGNO (NA)

NEU Haccademia

Via Panoramica, 8
Tel. (+39) 081 / 362 40 15
Kein Ruhetag
Ferien: unterschiedlich
Mittags und abends geöffnet

Aniello Falanga, der 2004 den Titel des besten Pizzabäckers der Welt zugesprochen bekommen hat, probiert mit Leidenschaft alte lokale Weizensorten aus. Zu Beginn Fritti: Crocchè, Arancini und Auberginenbällchen. Danach empfehlen wir Pizza del cuore mit Mozzarella und Provola aus Büffelmilch, Provolone del monaco, Kirschtomaten der Sorte Piennolo und dem nativen Olivenöl extra Cilento Dop.

VALLO DELLA LUCANIA (SA)

NEU Da Zero Pizza e Territorio

Via Rubino, 1–13
Kein Ruhetag
Keine Ferien
Mittags und abends geöffnet, Samstag, Sonntag und im August nur abends

Carmine Mainenti, Giuseppe Boccia und Paolo De Simone, drei Freunde, die die Welt der Pizza im Cilento verändern wollten, haben das auch geschafft. Ihre Revolution beruht auf der Sorgfalt bei der Herstellung des Teigs und dem respektvollen Gebrauch der unvergleichlichen Zutaten aus dem Cilento. Hier wird Pizza fritta mit Cacioricotta di capra serviert, Frittatina di pasta mit Guanciale aus Gioi. Probieren Sie die Pizza Tre pomodori mit den Kirschtomaten der Sorten Piennolo del Vesuvio und Datterino giallo sowie getrockneten Tomaten gemeinsam mit Mozzarella nella mortella. Das Ambiente ist sympathisch, die Weine sind gut und die lokalen Biere aus traditioneller Erzeugung.

U-BAHN-STATION UNIVERSITÀ (LINIE 1)

La Chitarra

Traditionelle Osteria
Rampe San Giovanni Maggiore, 1 Bis
Tel. (+39) 081 / 552 91 03,
(+39) 347 / 674 00 73
Ruhetag: Sonntag (mittags gegen Vorbestellung geöffnet)
Ferien: 3 Wochen um den 15. August
32 Plätze + 6 Plätze im Freien
Preise: 25–32 €
Kreditkarten: AE, CS, DC, MC, Visa; BM
Abends geöffnet

DIE OSTERIA – Das gesellige und sympathische Wesen des Kochs und Inhabers Peppino Maiorano ist ein zusätzlicher Grund für einen Besuch in diesem Lokal in der Umgebung der zentral gelegenen Via Mezzocannone, die bis zur gut besuchten Piazza San Domenico führt. Die Atmosphäre ist sicherlich die einer echten Osteria, informell und gemütlich, die Einrichtung ist einfach und praktisch, die zahlreichen von der Decke baumelnden Tassen geben dem Raum einen originellen Anstrich. Das kulinarische Angebot ist unverfälscht, die verwendeten Zutaten werden täglich bei Erzeugern des Vertrauens besorgt.

DIE KÜCHE – Zu Beginn empfehlen wir Antipasto della casa (10 €), bestehend aus Polpette di pane fritto, Fior di latte, Salame und Häppchen vom Omelett mit Zwiebeln. Eine besondere Erwähnung gilt dem im Winter vorhandenen außergewöhnlichen **Casatiello di soffritto**. Von den Primi (7 €) sollten Sie unbedingt **Linguine alla cetarese** mit Knoblauch, Öl, Chili, grünen Tomaten, Colatura di alici di Cetara und Petersilie probieren. Ausgezeichnet schmecken auch Zuppa di fagioli und Zuppa di soffritto di maiale. Genovese und **Ragù napoletano** werden nach den Regeln der Tradition zubereitet. Das Angebot an Secondi reicht von Fleisch bis Fisch, einzigartig und ein wahres Muss ist Salsiccia velata con provola e friarielli, außerdem sollten Sie Costatella ammollicata (Rippenstück mit Brotkrumen, 10 €) und **Cotica *'mbuttunata*** probieren. Wenn Sie Fisch bevorzugen, bestellen Sie Alici in tortiera, Gamberoni al vino bianco (11 €), Totani e patate und **Orata sfilettata alla procidana** (Goldbrasse). Annamaria bereitetet die Dolci der neapolitanischen Tradition, Babà und Pastiera, zu. Gute Auswahl an Weinen aus Kampanien zu ehrlichen Preisen, daneben ein zufriedenstellender offener Hauswein.

U-BAHN-STATION TOLEDO ODER MUNICIPIO (LINIE 1)

San Ferdinando

Trattoria
Via Nardones, 117/Piazza Trento e Trieste
Tel. (+39) 081 / 42 19 64
Ruhetag: Sonntag
Ferien: letzten 3 Augustwochen
50 Plätze + 55 Plätze im Freien
Preise: 27–30 €
Kreditkarten: AE, CS, DC, MC, Visa; BM
Mittags und abends geöffnet, Montag und Samstag nur mittags

DIE OSTERIA – In der zentral gelegenen Via Nardones, der Verbindung von der Piazza Trieste e Trento mit dem Viertel Quartieri Spagnoli, nur ein paar Schritte vom Theater San Carlo, der Piazza del Plebiscito und dem Palazzo Reale entfernt, präsentiert sich diese gemütliche Trattoria mit Holzbalken an der Decke, Bildern berühmter Musiker an den Wänden, beigen Tischtüchern aus Hanftextilien und dazu passenden Servietten. Am Herd steht Patron Aldo Bruno, Sohn von Ciro, genannt Occhiobello, der einst im Palazzo Reale gekocht hatte. Aldos Frau Lina ist für die köstlichen Dolci zuständig, im Service arbeiten die beiden hochprofessionellen Kinder Daniela und Marco. Letzterer ist auch Sommelier und betreut die Weinkarte.

DIE KÜCHE – Unter den Antipasti sticht Misto San Ferdinando (25 € für zwei Personen) ins Auge, unter anderem mit Insalata di mare, Prosciutto und Mozzarella, traditionell Frittiertem und Gemüsegerichten. Als Alternative gibt es Bruschetta mit Kirschtomaten, Provola und Rucola. Die Primi stammen aus dem Landesinneren und dem Meer: Stringozzi con broccoletti, salsiccia e conciato romano (11 €), **Vermicelli al sugo di polpo**, Paccheri alla pescatora, Tagliatelle con gamberetti e zucchine sowie **Pasta e patate con provola**. Bei den Secondi dominiert eine einfache, „arme" Küche, zubereitet werden Pesce spatola alla griglia (gegrillter Bandfisch, 9 €), Stoccafisso con pomodoro, olive e capperi (11 €), **Polpette alla napoletana** (9 €), Spezzatino und **Alici grigliate**. Dolci und Eis sind wirklich nach traditionellen Methoden erzeugt. Zufriedenstellende Auswahl an Weinen aus Kampanien und dem übrigen Italien.

🛍 In der Salumeria Pane, Via Settembrini 111, gibt es seit 1864 Spezialitäten und heutzutage auch viele Slow-Food-Presidi.

U-BAHN-STATION PIAZZA DANTE (LINIE 1)

Taverna a Santa Chiara

Neu gegründete Osteria
Via Santa Chiara, 30
Tel. (+39) 081 / 048 49 08
Ruhetag: Juli–April Sonntag, Mai–Juni Dienstag
Ferien: letzten 3 Augustwochen
36 Plätze
Preise: 27–30 €
Kreditkarten: CS, MC, Visa; BM
Mittags und abends geöffnet

DIE OSTERIA – In einem Neapel, das stellvertretend für die kulinarische Kultur Süditaliens steht, kann die Taverna a Santa Chiara als Sinnbild der kulturellen Identität gelten. Vom Fenster des oberen Stockwerks aus können Sie den mit Majolikabildern dekorierten Kreuzgang der Basilika Santa Chiara bewundern. Die Besonderheit des Ortes, die von Inhaber Nives geschaffene Gastlichkeit und die dem Koch Potito zu verdankende Küche ganz im Stil Kampaniens lassen an die Tavernen des barocken Neapel denken, die in der Reiseliteratur ausgiebig beschrieben wurden.

DIE KÜCHE – Vom Antipasto bis zum Dolce, hier werden alle „Formen der Milch“ gefeiert, die aus einem gesunden, üppigen Gebiet zwischen dem Sannio und dem Molise kommt. Überzeugen Sie sich selbst mit **Perle di provola dorate** und dem Brett mit Käse und Milchprodukten (10 €). Applaus gebührt bei den Primi der **Pasta e fagioli** (9 €), einem Symbol der Tradition, zubereitet manchmal mit den Bohnen Tondini di Villaricca, zuweilen auch mit den Bohnen, die in den Hügeln Kampaniens angebaut werden. Sehr gut schmeckt auch **Pasta con fuscella e salsa di pomodoro** (mit Ricotta aus dem Weidenkörbchen und Tomatensauce). Das Angebot der Secondi reicht von Tagliata di maiale (9 €) bis zu **Alici in tortiera** (8 €) oder frittierten Sardellen. Liebhaber von Süßem sollten nicht auf die Desserts verzichten. Interessante Weinauswahl, beginnend bei Falanghina und Aglianico, die als offene Hausweine angeboten werden.

Ein paar Schritte vom Lokal entfernt verkauft der Laden L'Orto va in città (Via Santa Chiara 30) ausgezeichnetes Obst und Gemüse, frisch oder verarbeitet.

U-BAHN-STATION PIAZZA AMEDEO (LINIE 2)

Umberto

Restaurant-Pizzeria
Via Alabardieri, 30–31
Tel. (+39) 081 / 41 85 55
Ruhetag: Montagmittag
Keine Ferien
110 Plätze
Preise: 32–35 €
Kreditkarten: AE, CS, MC, Visa; BM
Mittags und abends geöffnet, im August nur abends

Alle schönen und guten Dinge haben eine lange Geschichte – das Umberto ist dafür ein gutes Beispiel.

DIE OSTERIA – Das Umberto ist nach wie vor eine zuverlässige Adresse für alle, die bei einem angenehmen Aufenthalt eine erfreuliche Interpretation neapolitanischer Gerichte im Sinne der Tradition, doch ohne Fundamentalismus genießen wollen. Die Räumlichkeiten sind die eines Lokals, das einen Gutteil des letzten Jahrhunderts miterlebt hat, Erinnerungsstücke von Gästen, Künstlern und Persönlichkeiten aus dem Neapel der goldenen Zeiten sind ausgestellt. Empfangen werden Sie von den Schwestern Lorella und Roberta, die gemeinsam mit ihrem Bruder Massimo ihre gesamte sympathische Professionalität und Liebenswürdigkeit in Ihren Dienst stellen.

DIE KÜCHE – In der Auswahl der Antipasti könnten Sie die traditionelle Frittura all'italiana finden sowie die ausgezeichneten **Polpettine di ceci e gamberi con fonduta di mozzarella di bufala** (Bällchen aus Kichererbsen und Garnelen mit geschmolzenem Büffelmozzarella, 10 €), auch in geräucherter Version mit Artischockenchips. Unter den Primi hervorragende **Ziti con ragù napoletano e pecorino di laticauda** (9,50 €) und nicht weniger verlockende Gnocchetti di semola con cozze e punte di asparagi (mit Miesmuscheln und Spargelspitzen). **Baccalà** scottato **con vellutata di cicerchie flegree** (14 €) sollten Sie bei den Secondi nicht versäumen, gut schmeckt allerdings auch Calamaro ripieno con pappa al pomodoro e basilico. Zum Abschluss hausgemachte Dolci wie Tortino di mela annurca con crema di cioccolato fondente (5,50 €), im Sommer „Tiramisud“ und traditioneller **Babà con crema di limoni di Sorrento e fragoline**. Reichhaltige Weinkarte mit Etiketten der Umgebung und aus dem übrigen Italien, darunter auch viele kleine Erzeuger.

NOCERA INFERIORE (SA)
Vescovado

19 KM NORDWESTLICH VON SALERNO, A 3

NEU La Cantina del Vescovo

Moderne Osteria
Via Casa Sasso, 13
Tel. (+39) 081 / 517 02 04
Ruhetag: Mittwoch, Sonntagabend
Ferien: letzten 2 Juliwochen
50 Plätze + 20 Plätze im Freien
Preise: 25–28 €
Kreditkarten: AE, CS, MC, Visa; BM
Mittags und abends geöffnet

DIE OSTERIA – Die Osteria befindet sich im alten Teil des Ortes, dem Borgo Vescovado, in der Nähe des Bischofssitzes und der Kathedrale. Betreiber und für das kulinarische Angebot verantwortlich sind die Brüder Califano: Rosario, der Küchenchef, kocht gemeinsam mit Mutter Lucia, während Gianluca sich um die Gäste und den Keller kümmert. Aus Flaschenkorken stellt Vater Ciro kleine Kunstwerke her, die im Lokal ausgestellt werden. Die Erzeugnisse des landwirtschaftlichen Gebiets um Nocera (die Jungzwiebel Cipollotto nocerino, Artischocken und die Tomaten der Sorten San Marzano und Corbarino) werden je nach Saison in den Gerichten verarbeitet.

DIE KÜCHE – Nach einem Aperitif auf Einladung des Hauses mit Crostini und Oliven geht man zum Antipasto dell'Agro (8 €) über, einer Zusammenstellung verschiedener Gänge, darunter Parmigiana di finocchi, Bubbetella (eine Mischung aus Hülsenfrüchten mit Kartoffeln und Pancetta) sowie Frittata con cipollotto nocerino. **Fusilli con ragù di capra** (7,50 €) sind ein Primo, das man nicht jeden Tag bekommt, in Erinnerung bleiben auch **Linguine allo scarpariello**, Pasta mista con fave e pancetta, gefüllte Pasta al ragù und die Suppen im Winter. Unter den Secondi **Baccalà, con le papaccelle** (mit eingelegten Paprikaschoten) oder arracanato (mit gewürztem Semmelmehl paniert, 13 €), Fleisch alla brace, **Braciola di capra** al sugo und Coniglio in porchetta. Vielleicht sind auch einige Kostproben an Käse vorhanden. Ist schließlich der Augenblick des Desserts gekommen, gibt es Torta di gallette con crema (4 €), Zeppoline fritte und Crostata mit von Mutter Lucia selbst gemachten Konfitüren. Breit gefächerte, gepflegte Weinkarte sowie verschiedene traditionell erzeugte Liköre und Hochprozentiges.

NOCERA INFERIORE (SA)

19 KM NORDWESTLICH VON SALERNO, A 3

O Ca Bistrò

Moderne Osteria
Via Papa Giovanni XXIII, 16–18
Tel. (+39) 081 / 19 65 98 14
Ruhetag: Sonntagabend
Ferien: 1 Woche im August
45 Plätze
Preise: 28–30 €
Kreditkarten: CS, DC, MC, Visa; BM
Mittags und abends geöffnet

DIE OSTERIA – Im Zentrum von Nocera Inferiore, in der Nähe der mittelalterlichen Kirche San Matteo, haben Antonio Pepe und Giovanna Farina, auch im Privatleben ein Paar, diesen Winkel dem guten Essen geweiht. Das Lokal in einem Gebäude aus dem 18. Jahrhundert ist in mehrere kleine Speisesäle unterteilt, in denen man an einigen Stellen noch die ursprüngliche Baustruktur erkennen kann. Die schlichte, gemütliche Einrichtung trägt das Ihre zu einem erfreulichen Aufenthalt bei. Grundlage von Giovannas Küche sind die ausgezeichneten Produkte des landwirtschaftlichen Gebiets Agro nocerino sarnese, einige Einkaufsausflüge führen in den Cilento.

DIE KÜCHE – Die Antipasti sind eine Hymne auf frisches Gemüse, zum Beispiel **Melanzana a scarpone con fonduta di pecorino** di Carmasciano (8 €), Kürbisblüten im Backteig mit Zucchinipüree, gebratene Artischocke und **Pizza fritta con pomodorino di Corbara e cacioricotta**. Auch die Primi wechseln im Lauf der Jahreszeiten. Kräftiger, doch ausgewogener Geschmack bei **Spaghettoni con crema di broccoli**, colatura di alici, polvere di tarallo e noci (8,50 €) oder bei Gnocchi di zucca con formaggio blu e noci croccanti. Im Winter gibt es häufig die klassischen Candele alla genovese oder mit Ragù. Exzellentes gebratenes Fleisch vom Kalb oder Büffel als Secondo oder aber bei Niedrigtemperatur gegartes Ferkel: **Maialino con cipollotto nocerino glassato e patata ricciona** (13 €). Außerdem Pollo ruspante alla cacciatora, Baccalà oder Stoccafisso. Zum Abschluss eines von Giovannas Desserts, vielleicht Duo di sfogliatella e babà nel barattolo con crema al limone (4 €) oder Zeppoline calde. Die Weinkarte bevorzugt die Erzeugnisse Kampaniens, vor allem aus dem Gebiet um den Vesuv. Ausklang mit Rosoli und anderen traditionell erzeugten Likören.

23 KM NÖRDL. V. SALERNO, 36 KM SÜDL V. NEAPEL

Famiglia Principe 1968

Osteria
Via Santacroce, 13
Tel. (+39) 081 / 517 60 65
Ruhetag: Montag
Keine Ferien
50 Plätze + 50 Plätze im Freien
Preise: 25–35 €
Keditkarten: AE, CS, DC, MC, Visa; BM
Mittags und abends geöffnet

Gastlichkeit und gute Küche gehen hier Hand in Hand. Die Konturen des Betriebs geben Lorenzo Principe und sein Team vor.

DIE OSTERIA – Lorenzo Principe hat ein erklärtes Ziel: die Tradition mit einem Erfolgsrezept fortzusetzen, um höchste Qualität in der Gastronomie zu erreichen. Dies geschieht sowohl mittels der gewissenhaften Auswahl der Zutaten als auch durch die immer ehrlich gemeinte Aufmerksamkeit gegenüber den Gästen. Das Lokal ist groß und in zwei Teile gegliedert, ein Bereich ist die eigentliche Osteria, im anderen Bereich gibt es „Pizza e fritti". Gemeinsam sind ihnen die schlichte Einrichtung und die gemütliche, unaufdringliche Atmosphäre. Die Speisekarte erlaubt eine schöne Auswahl zwischen Speisen vom Land und vom Meer mit „historischen" Gerichten und Tagesgerichten, die auf einer Tafel stehen.

DIE KÜCHE – Unter den Antipasti hebt sich **Boccacciello** (Ukelei) vom Üblichen ab, mit Auberginen, Tomaten der Sorte Antico di Napoli (Slow-Food-Presidio) und Wurst (8,50 €), außerdem Caponata di cereali, Alici fritte und die verführerische **Palla di fior di latte**. **Candele spezzate con extravergine e pomodoro di San Marzano** sind die unbestrittene Spezialität des Lokals, doch unter den Primi überraschen auch Fischiotti verdiani con zucchine e guanciale in mantecato di cacioricotta (8,50 €) mit ihrer geschmacklichen Ausgewogenheit. Von den Secondi empfehlen wir **San pietro in cilindro di scarolella e olive di Gaeta** (Petersfisch in Endivien mit Oliven aus Gaeta, 12 €) oder, wenn Sie Fleisch bevorzugen, Pollo del cortile (12 €) und Reale (Stück vom Rind der Podolica-Rasse). Süßer Abschluss mit Mascarpò (4,50 €), Joghurt aus Büffelmilch oder „Fruttando a Santacroce" mit Milch und Obstgelee. Interessante, umfassende Weinkarte.

90 KM SÜDÖSTLICH VON SALERNO

La Chioccia d'Oro

Restaurant • Via Novi Massa
Tel. (+39) 09 74 / 700 04,
(+39) 338 / 299 80 69
Ruhetag: Freitag
Ferien: 2 Wochen im Februar/März, erste Septemberwoche
70 Plätze + 40 Plätze im Freien
Preise: 25 €
Kreditkarten: AE, CS, DC, MC, Visa; BM
Mittags und abends geöffnet

DIE OSTERIA – In Novi Velia, am Fuße des Monte Gelbison, auch als Monte Sacro (Heiliger Berg) bekannt, gibt es zahlreiche Zeugnisse der Geschichte und urbaner Architektur zu bewundern. Die Eröffnung dieses Lokals fand 1979 statt und nach dem kürzlich erfolgten Tod von Großmutter Peppuccia steht nun Mariagrazia in der Küche. Ihr Mann Giovanni Positano erklärt den Gästen zusammen mit der brillanten Tochter Rosa den abwechslungsreichen kulinarischen Ablauf.

DIE KÜCHE – Mozzarella nella mortella (6 €) ist als Einstieg unübertrefflich, doch als Alternativen sollten auch die gute **Zuppa di ceci, fagioli tondini e funghi** (Suppe mit Kichererbsen, Bohnen der Sorte Tondini und Pilzen) oder der leichte Antipasto mit warmem und kaltem Gemüse in Betracht gezogen werden. Sehr einladende Primi: **Sartù di riso** (8 €) in Einzelportionen ist ein Muss, doch auch „Gemelli diversi" (Blätterteig mit doppelter Füllung) und **Bigoli con burrata, provolone e zucchine croccanti** werden Ihnen schnecken. Empfehlenswerte Secondi sind Scaloppa Chioccia d'Oro (10 €), der ebenso gute Polpettone sowie **Braciola di vitello al ragù**. Lobenswert ist das selten gewordene Angebot von frischem Obst neben selbst gemachten Desserts (4 €) wie Caprese und Mousse di ricotta, pera e pistacchi. Zufriedenstellender Hauswein und einige Etiketten aus der Umgebung.

In **Pattano** (5 km), einem Ortsteil von Vallo della Lucania, können Sie in der Käserei Starze den typischen Mozzarella nella mortella kaufen. Auch die Ricotta lohnt eine Kostprobe.

OLIVETO CITRA (SA)

53 KM NORDÖSTLICH VON SALERNO

I Due Cannoni

Osteria
Piazza Monumento
Tel. (+39) 08 28 / 79 37 88,
(+39) 335 / 622 42 61
Ruhetag: Montag- und Sonntagabend, Dienstag
Ferien: 2 Wochen im Juli
60 Plätze
Preise: 20–25 €
Kreditkarten: AE, CS, MC, Visa; BM
Mittags und abends geöffnet

DIE OSTERIA – In einem Gebäude aus dem 17. Jahrhundert, das ursprünglich als Lagerraum, Stall und vielleicht als Schlachthof genutzt wurde, befindet sich das Ziel für die Liebhaber der Kochkunst des Valle del Sele. Giuseppe Acquaviva, unterstützt vom eifrigen Gerardo im Service, stellt sich stolz als Enkel des gleichnamigen Gründers des Lokals vor, welcher ursprünglich von einem Bauernhof zum anderen zog, um während der Erntezeit oder bei Hochzeitsfeiern zu kochen – eine Vorform des heutigen Caterings, wenn man so will. Santina koordiniert die Arbeit in der Küche, wo sie seit ihrem fünfzehnten Lebensjahr tätig ist. Die Verwendung von gutem Öl, schmackhaftem Fleisch, unverfälschtem lokalen Gemüse, Mehl aus einer bekannten Mühle der Gegend, Steinpilzen und den wertvollen Trüffeln aus Colliano ist selbstverständlich für sie.

DIE KÜCHE – Der Antipasto Due Cannoni (5 €) beinhaltet eine große Vielfalt an Salumi, Käse und Gemüsegerichten. Frische hausgemachte Pasta (6 €) wird in klassischen Formaten hergestellt und bildet die Grundlage der schmackhaften **Scialatielli ai porcini**, der leckeren **Ravioli di baccalà** und der schlichten Fusilli al pomodoro. Unter den Secondi verdienen **Salsicciotto con la verza** besondere Aufmerksamkeit, in der Pfanne gewürzte Brokkoli (6 €) und **Agnello alla brace** (10 €). Eine einladende Beilage sind Patate al forno (3 €) . Ausnahmslos gut schmecken die hausgemachten Desserts. Zu trinken gibt es lokalen Wein und einige Etiketten aus Kampanien.

Antonella Rio verkauft im Ortsteil Serroni ausgezeichnetes Brot aus Sauerteig, Taralli und anderes Gebäck.

OSPEDALETTO D'ALPINOLO (AV)

8 KM NÖRDLICH VON AVELLINO, S.S. 374 D

Hosteria del Tritone

Restaurant-Pizzeria
Piazza Demanio, 17
Tel. (+39) 08 25 / 69 13 34
Ruhetag: Mittwoch
Ferien: 1.–10. Juli, 24. Dezember–1. Januar
80 Plätze
Preise: 28–32 €
Kreditkarten: AE, CS, DC, MC, Visa; BM
Abends geöffnet, Feiertage mittags

DIE OSTERIA – Auf der Piazza von Ospedaletto d'Alpinolo erhebt sich die eindrucksvolle Fontana del Tritone, die der Osteria ihren Namen verleiht. Im Inneren erinnert diese an ein Gasthaus für die Reisenden und Wallfahrer auf dem Weg zur Wallfahrtskirche Montevergine. Und bis heute stärken die guten Gerichte, hergestellt aus den besten lokalen Produkten, von Patron Tonino persönlich ausgewählt, religiöse und nicht nichtreligiöse Seelen. Beeindruckend ist, dass man bei der Zubereitung vieler Gerichte zusehen kann.

DIE KÜCHE – Lokale Zutaten prägen die Speisekarte, beginnend beim Antipasto (10 €) mit Salumi und verschieden gereiftem Käse oder mit Trüffel und Rucola. Steinpilze und Trüffel sind, wenn verfügbar, auch Bestandteile der Primi, zum Beispiel bei Tagliatelle (10 €), den köstlichen **Bucatini alla montanara** und bei Ravioli con il cinghiale. Die Auswahl an Secondi ist nicht nur auf das Fleisch des klassischen Grilltellers beschränkt, es gibt auch **Cinghiale infornato al vino rosso** (in Rotwein geschmorter Wildschweinbraten, 8 €), Straccetti ai funghi sowie Pollo oder Coniglio alla cacciatora. Interessante Käseauswahl. Sogar die Desserts aromatisiert die Trüffel in der entsprechenden Saison – probieren Sie Torta della casa (4 €) und **Bacio di castagna**. Trinken können Sie offenen Wein, außerdem gibt es einige Etiketten aus Kampanien. Auch auf eine Kostprobe der hochprozentigen Getränke, die nach den Rezepten der Benediktinermönche hergestellt werden, sollten Sie nicht verzichten.

Traditionellen Torrone bester Qualität kaufen Sie bei Maietta im Ortsteil Chiusa di Sotto oder bei Di Gennaro in der Via Campomarino 8.

8 KM NÖRDLICH VON AVELLINO, S.S. 374 D

Osteria del Gallo e della Volpe

Restaurant • Piazza Umberto I, 11–13
Tel. (+39) 08 25 / 69 12 25, (+39) 328 / 095 42 46
Ruhetag: Sonntagabend, Montag
Ferien: unterschiedlich
45 Plätze • Preise: 32–35 €
Kreditkarten: AE, CS, DC, MC, Visa; BM
Abends geöffnet, Samstag auch mittags, Sonntag und Feiertage nur mittags

Lassen Sie sich von den zwischen Neu und Alt ausgewogenen Gerichten zu einem sicherlich erfreulichen Besuch verführen.

DIE OSTERIA – Der Zug der Pilger Richtung Wallfahrtskirche Montevergine führte zur Errichtung von Gebäuden zu deren Beherbergung. Daher kommt der Name Ospedaletto d'Alpinolo. Die Tradition der Gastlichkeit begünstigte schließlich auch das Entstehen von Restaurationsbetrieben, die sich heute durch Qualität und Professionalität auszeichnen, wofür dieses Lokal das beste Beispiel ist. Familie Silvestro leitet den Betrieb, Vater Antonio betreut den Service, Mutter Filomena und Sohn Davide stehen in der Küche. Ziel der Kooperation dieses Trios ist eine respektvolle und zugleich kreative Neuinterpretation der Stützpfeiler der lokalen Küche.

DIE KÜCHE – Aus den guten hausgemachten Salumi (10 €) besteht einer der beliebtesten Antipasti, doch Sie können auch ein Sandwich di polenta con broccolo aprilatico e pecorino morbido bestellen oder den guten **Tortino di alici di Cetara e provola**. Im Winter sind die schmackhaften Tagliolini con vellutata di zucchine, lardo montano e bottarga di tonno (mit Zucchinicreme, Lardo aus den Bergen und gepresstem Thunfischrogen, 10 €) ein einladendes Primo, ebenso Vermicelli ad archetto con carbonara di ortaggi im Sommer. Ganzjährig vorhanden ist die klassische **Genovese**. Es folgen verführerischer **Carciofo ripieno di agnello** (mit Lammfleisch gefüllte Artischocke, 12 €), Capocollo di maiale con fagioli di Volturara und die klassischen **Mugliatielli con patate** (Rouladen von Lamminnereien mit Kartoffeln). Als süßer Ausklang Cheesecake con confettura di pomodorino (5 €), Millefoglie und Gelato all'amaretto. Breit gefächerte Weinkarte mit hochwertigen Etiketten.

105 KM SÜDÖSTLICH VON SALERNO, A 3

Fattoria Alvaneta

Agriturismo • Ortsteil Pantagnoni
Tel. (+39) 09 75 / 771 39,
(+39) 328 / 704 65 91
Ruhetag: Dienstag
Ferien: 1.–10. Juli
40 Plätze + 20 Plätze im Freien
Preise: 25 € (mit Hauswein)
Kreditkarten: MC, Visa; BM
Mittags und abends geöffnet, im Winter nur gegen Vorbestellung

DIE OSTERIA – Padula ist zu Recht bekannt für sein Kartäuserkloster, die Certosa, ein prachtvolles Exemplar barocker Kunst. Kürzlich wurde im Ort auch das interessante Museum im Geburtshaus von Joe Petrosino, einem italo-amerikanischen Detektiv aus dem frühen 20. Jahrhundert und einem der ersten Anti-Mafia-Helden, eröffnet. Ein paar Kilometer entfernt, an einer reizenden Straße durch den Wald, befindet sich dieser Agriturismo, eine gastronomische Oase mit Panoramablick. Die Inhaber Francesco und Lucia geben sich Mühe, den Großteil der Zutaten für ihre Gerichte vor Ort zu besorgen. Sie erläutern Ihnen persönlich die Speisekarte.

DIE KÜCHE – Der Antipasto (12 €) ist reichhaltig und üppig. Ausgezeichnete frische Dicke Bohnen mit Zwiebel, Cinghiale all'insalata (Wildschweinfleischsalat), *O' ruosp* (frittierte Teigtäschchen mit Sardellen), Frittata con peperoni cruschi sowie Salumi und Käse, zu denen Honig und Konfitüren aus Maulbeeren oder Quitten serviert werden, sind nur einige Beispiele. Die ausschließliche Verwendung hausgemachter Pasta ist hier für die Primi typisch: **Cavatelli con baccalà e peperoni cruschi**, Tagliatelle ai funghi porcini, **Lagane e ceci** (breite Nudeln mit Kichererbsen) oder Bohnen, Ravioli al sugo, um nur einen Teil des Angebots zu nennen. Als Secondo (10 €) Fleisch von Tieren aus eigener Aufzucht, aus dem Ofen oder vom Holzkohlengrill. Wirklich prächtig sind **Polpette al sugo**. Zum Abschluss die einfache und schmackhafte Crostata di mele cotogne (mit Quitten). Unverfälschter Hauswein und verlockende hochprozentige Getränke, die Lucia mit Hingabe persönlich herstellt.

In **Padula Scalo**, Via Caizzano, bietet die Fleischerei Sant'Arcangela gute Wurstwaren. Der Antico Forno, Via Nazionale, verkauft Brot aus dem Holzofen.

30 km nordöstlich von Avellino, S.S. 400

Megaron

Restaurant
Via Neviera, 11
Tel. (+39) 08 27 / 715 88
Ruhetag: Montag
Ferien: zeitweise im Winter
30 Plätze
Preise: 25–35 €
Kreditkarten: CS, MC, Visa; BM
Mittags und abends gegen Vorbestellung geöffnet

DIE OSTERIA – Das Gebiet um Paternopoli, eine hübsche Gemeinde in der Irpinia, ist für die Landwirtschaft prädestiniert. Es ist kein Zufall, dass Spezialitäten wie die Trauben für den Wein Aglianico, die Oliven der Sorte Ravece und der Slow-Food-Presidio Broccolo aprilatico hier ihren idealen Anbauort gefunden haben. Im Restaurant von Küchenchefin Valentina Martone und ihrem Mann Giovanni, beide sympathisch und ausgesprochen professionell, werden diese außergewöhnlichen Produkte und weitere lokale Zutaten sorgfältig verarbeitet, das Ergebnis ist eine ausgewogene Synthese aus Tradition und Modernität. Der großzügige helle Speisesaal ist gepflegt eingerichtet und stimmt den Gast perfekt auf das Essen ein. Bei der Reservierung wählen Sie auch das von der Saison bestimmte Menü, zur Verfügung stehen „Piccolo percorso" (25 €), „Sapori di territorio" (35 €) und „Tra la mia terra e la mia famiglia" (38 €).

DIE KÜCHE – Ausdrucksvolle Antipasti sind **Polpettina di ortiche su crema di zucca**, (Brennnesselbällchen auf Kürbiscreme), Patata viola con stracciata di Montella, tartufo ed extravergine di ravece sowie **Sformato di fave con guazzetto di piselli**, pecorino di Bagnoli e cipollina al Fiano. Als Primo **Lagane di segale con ragù di fagioli** di Voltura-ra, **pesto di mentuccia e santoreggia** (breite Nudeln aus Roggenmehl mit Bohnensauce, Pesto aus wilder Minze und Bohnenkraut) – ein Triumph der Sinne. Anschließend das mehr als zufriedenstellende **Filetto con salsa allo zafferano**. Süßes Finale mit Bavarese alla lavanda in salsa di fragole. Weinkarte und Hochprozentiges aus der Umgebung.

In **Gesualdo** (8,5 km) bekommen Sie beim Fleischer Mario Carrabs, Via Campo San Leonardo 1, hochwertiges lokales Fleisch und ausgezeichnete Salumi.

17 km nordw. v. Benevent, S.S. 88 u. S.S. 372

'A Taccolella

Osteria • Via Valloni
Tel. (+39) 08 24 / 88 60 69,
(+39) 347 / 171 17 92
Ruhetag: Montag
Ferien: unterschiedlich
65 Plätze
Preise: 25 €
Kreditkarten: CS, DC, MC, Visa; BM
Freitag- und Samstagabend, Sonntagmittag geöffnet sowie gegen Vorbestellung

DIE OSTERIA – Die Osteria, die 2008 von der Familie Rapuano eröffnet wurde, befindet sich in unmittelbarer Nähe der Staatsstraße Telesina, im kleinen Wein- und Olivendorf Paupisi. Das Familiäre an diesem Lokal spürt man schon beim Betreten des einladenden Speisesaals mit seinen Tuffsteinmauern und frei liegenden Ziegeln und dem großen Kamin aus Stein. In der Küche bereiten Mutter Irene und ihre Tochter Antonia einfache Gerichte zu. Sohn Cosimo, im Service, berichtet mit Charme und Liebenswürdigkeit darüber, was an den Tisch kommen wird, und beantwortet gern alle Fragen der Gäste.

DIE KÜCHE – Der Antipasto (8 €) setzt sich aus verschiedenen Kostproben zusammen. Es gibt ausgezeichnete Salumi aus der Fleischerei der Familie, sehr guten lokalen Pecorino, marinierte Zucchini, zarten Beignet mit Käse sowie **Spezzatino di vitello** (Kalbsragout). Von den Primi erwähnen wir **Cecatielli con salsiccia, rucola, pomodorini** und **Trofie con funghi porcini** (6 €), in beiden Gerichten sind die Zutaten perfekt aufeinander abgestimmt. Anschließend passt **Grigliata di carne mista** (9 €), das Fleisch dafür kommt ebenfalls aus der Fleischerei Rapuano. Beenden können Sie das Menü mit hausgemachten Desserts, zum Beispiel Cheesecake mit Konfitüre aus Zitrusfrüchten, oder mit Cantuccini con vino passito (3,50 €). Zufriedenstellendes Weinangebot, vorwiegend Etiketten aus der Umgebung. Ausgezeichnetes Preis-Leistungs-Verhältnis beim offenen Hauswein.

In der Fleischerei Rapuano, Via Bianco 14, können Sie Fleisch von im Sannio-Gebiet aufgezogenen Tieren und Salumi aus eigener Erzeugung kaufen.

PISCIOTTA (SA)
Marina

103 KM SÜDÖSTL. V. SALERNO, S.S. 18 U. S.S. 447

Angiolina

Restaurant
Via Passeriello, 2
Tel. (+39) 09 74 / 97 31 88,
(+39) 333 / 169 39 93
Kein Ruhetag
Ferien: Oktober–Ostern
40 Plätze + 50 Plätze im Freien
Preise: 35 €
Kreditkarten: AE, CS, DC, MC, Visa; BM
Mittags und abends geöffnet, im April und Mai nur gegen Vorbestellung

Rinaldo und seine Osteria sind ein Bezugspunkt der Meeresküche des Cilento – an einem reizenden Ort, wo sich das Zusammenspiel von Natur und gutem Essen auf angenehmste Weise präsentiert.

DIE OSTERIA – Diesem kleinen Winkel des Paradieses sollte man immer einen Besuch abstatten und sich an der Frische des Ortes und der Gesellschaft von Rinaldo Merola, dem Patron des Lokals, erfreuen. Seit seine Mutter Angiolina vor 50 Jahren den Betrieb eröffnete, wird die Tradition der echten lokalen Küche verewigt – Pisciotta ist die Heimat der Sardellen und Rinaldo stellt diese in zahlreichen Gerichten vor. Unterstützt wird er vom unersetzlichen Italo Orlando.

DIE KÜCHE – Der Antipasto Piacere Cilento (12 €) beinhaltet verschiedene lokale Spezialitäten (Salumi, Kichererbsen, Artischocken, Soppressata), ebenso gut eignen sich für den Beginn Tortino (9 €), Frisella con ricotta e pomodoro, **Cauraro** (Gemüsesuppe) sowie Alici ***'mbuttunate*** (gefüllte Sardellen) oder ***a scapece***. Delikat und von ausgeprägtem Geschmack die Primi **Pasta con le alici** (ohne Tomaten, mit Zitrone, 10 €), Ravioli di triglia con finocchio (Seebarben mit Fenchel), Calamarata con ceci, totani e rosmarino sowie Gnocchetti con asparagi e gamberi. Gratinierter Fisch, **Zuppa mediterranea** mit Fisch und Gemüse (15 €) oder Steak vom Thunfisch der Sorte Alalunga garantieren eine Fortsetzung im Sinn der kulinarischen Linie. In Erinnerung bleibt **Carciofo ripieno** (gefüllte Artischocke) als Beilage. Von den Dolci (5 €) haben uns besonders die verlockende Sfogliatina con crema di melanzane und Croccante di cioccolato con ricotta e arancia candita geschmeckt. Die Weinkarte ist reich mit Etiketten aus Kampanien und dem übrigen Italien bestückt. Angenehmer Ausklang mit hochprozentigen Getränken.

PISCIOTTA (SA)

96 KM SÜDÖSTLICH V. SALERNO, S.S. 447

Perbacco

Restaurant
Ortsteil Marina Campagna, 5
Tel. (+39) 09 74 / 97 38 89,
(+39) 340 / 880 42 82
Ostern–15. Oktober mittags und abends täglich geöffnet, den Rest des Jahres geschlossen
45 Plätze + 35 Plätze im Freien
Preise: 35–38 €
Kreditkarten: AE, CS, DC, MC, Visa; BM

Das Perbacco in authentisch ländlicher Atmosphäre ist seit über 20 Jahren eine Enklave des guten Geschmacks. Hier trifft man auf den ursprünglichen Geist von Slow Food.

DIE OSTERIA – Nach Pisciotta zu kommen und sich an einen der Tische zu setzen, um die frische Brise unter den Olivenbäumen des Perbacco mit Aussicht aufs Meer zu genießen, macht immer wieder Freude. Noch erfreulicher wird der Besuch, wenn Vito Puglia, Patron des Lokals und Aktivist der ersten Stunde von Slow Food, an Ihren Tisch kommt und Sie mit Erzählungen über den Cilento in seinen Bann zieht. Aus der Küche kommt das Beste der Begegnung von Land und Meer, die diesen Ort prägt.

DIE KÜCHE – Bereits der Antipasto tritt den Beweis an: Mozzarella con i gamberi, Parmigiana di melanzane, Ricciola scottata, Alici di menaica, Polpo (Oktopus mit Gemüse) und weitere Gerichte je nach Jahreszeit und Verfügbarkeit. Unverzichtbar danach sind **Linguine con alici, finocchio selvatico e peperoncini verdi** (9 €), doch auch **Fusilli con cacioricotta di capra** (8 €) und **Cavatelli con pesto cilentano** oder Spaghetti ai frutti di mare lohnen eine Kostprobe. Bei den Secondi finden Sie Gerichte des Landesinneren wie Filetto di bufalo (15 €) und Meeresspezialitäten wie die ausgezeichneten **Seppie imbottite alla pisciottana** (gefüllte Tintenfische). Auf der Glut vom Olivenholz kann stets Fleisch und frischer lokaler Fisch gebraten werden. Gepflegte Auswahl an Käse und gute Desserts, zum Beispiel klassische Caprese und Torta con ricotta di bufala e cioccolato (6 €), zu denen sich im Sommer eine leckere Bavarese all'anguria (mit Wassermelone) gesellt. Reich bestückte Weinkarte mit dem Besten der Winzereien aus der Umgebung. Wer seinen Besuch an diesem verführerischen Ort ausdehnen möchte, kann in einem der drei hübsch eingerichteten Zimmer übernachten.

POMPEI (NA)

25 km südöstlich von Neapel

NEU La Bettola del Gusto

Restaurant
Via Sacra, 48
Tel. (+39) 081 / 863 78 11
Ruhetag: Montag
Keine Ferien
60 Plätze + 12 Plätze im Freien
Preise: 30–32 €
Kreditkarten: AE, CS, DC, MC, Visa; BM
Mittags und abends geöffnet

DIE OSTERIA – Im Zentrum von Pompei, an der Straße, die zur berühmten Marien-Wallfahrtskirche führt, wurde dieses Restaurant im Jahr 2010 von den jungen Brüdern Fortunato eröffnet. Mit Mut und Leidenschaft haben Alberto, in der Küche, und Vincenzo, im Service, auf eine hochwertige, typische Küche mit innovativen Ideen gesetzt, wobei ihnen ihre weitreichende Kenntnis der Zutaten zugutekommt. Das Lokal besteht aus zwei einfachen, gepflegten Räumen, Holz und Stein zieren die Wände. Die Atmosphäre ist informell, der Service aufmerksam und exakt.

DIE KÜCHE – Vielfältiges Angebot sowohl vom Landesinneren als auch vom Meer, zusätzlich bereichert um vom Fischfang und der Saison abhängige Gerichte, die nicht auf der Karte stehen. Um einen Überblick über die Antipasti zu bekommen, können Sie „La proposta dello chef", dem Vorschlag des Küchenchefs folgen und fünf Kostproben bestellen (für mindestens zwei Personen) oder einzelne Gerichte wie Polpo scottato e insalata di riso nero, **Parmigiana di melanzane** cotta in tegamino (6 €) und Fiore di zucca fritto ripieno di ricotta. Unter den Primi finden Sie **Spaghetti alla chitarra con colatura di alici** (8,50 €) und Pasta mista con fagioli alla pescatora. Große Auswahl bei den Secondi, der frische Tagesfang wird all'acquapazza, alla griglia oder al sale zubereitet, außerdem gibt es **Frittura di paranza**, calamari e gamberi (14 €). Fleisch kann auf dem Holzkohlengrill oder aufwendiger zubereitet werden wie Filetto all'Aglianico su crostone di pane. Ausgezeichnete Dolci (4 €) aus einer bekannten Pasticceria der Umgebung – köstlicher, mit Creme von Annurca-Äpfeln gefüllter Babà. Ausreichend Platz ist Etiketten aus Kampanien auf der reichhaltigen Weinkarte eingeräumt. Das Degustationsmenü für 35 € besteht aus fünf Gängen und ist nur für den ganzen Tisch erhältlich.

POZZUOLI (NA)
Lucrino

18 km westlich von Neapel

Abraxas

Moderne Osteria • Via Scalandrone, 15
Tel. (+39) 081 / 854 93 47,
(+39) 339 / 223 67 00
Ruhetag: Dienstag
Ferien: je 1 Woche zu Weihnachten
80 Plätze + 70 Plätze im Freien
Preise: 30–33 €
Kreditkarten: CS, MC, Visa; BM
Abends geöffnet, Samstag auch mittags, Sonntag und Feiertage nur mittags

Ein kluges Beispiel der Verbindung von Modernität und Bewusstsein für die eigenen kulinarischen Wurzeln.

DIE OSTERIA – Zwischen der Meeresküste und den Seen Fusaro und Averno, umgeben von einer Landschaft, die schon in der Antike von den Griechen wegen ihrer Fruchtbarkeit geschätzt wurde, befindet sich Abraxas, eine Osteria mit esoterischem Namen, der auch an ein legendäres Album von Carlos Santana denken lässt. Das Lokal erstreckt sich über zwei Stockwerke und verfügt über einen herrlichen Ausblick. Patron Nando Salemme empfängt Sie herzlich, seine Tipps zur Speisekarte, die normalerweise alle zwei Monate wechselt, sind unerschöpflich. Außerdem gibt es immer einige Tagesgerichte, die von der Verfügbarkeit der Zutaten abhängen.

DIE KÜCHE – Nach den unverzichtbaren sieben Kostproben von Antipasti (12 €) folgen Gerichte der Tradition wie **Paccheri al forno** (9 €) und Gnocchi al ragù suino, Neuinterpretationen wie **Sartù di riso** mit Zucchini, Provola, Salsiccia und Salsa al parmigiano (9 €) sowie **Linguine con le cozze e crema di cicerchie** dei Campi Flegrei (mit Miesmuscheln und Creme von Platterbsen), die allein schon die Reise lohnen. Bei den Secondi finden wir neben einer großen Auswahl an Fleisch alla brace auch **Baccalà alla pizzaiola** (14 €), Coniglio croccante con salsa in agrodolce und Spezzatino di marchigiana brasato all'Aglianico (12 €). Bemerkenswerte Auswahl an Salumi und Käse, darunter Crudo di mangalica (Rohschinken) und Conciato romano. Bei den Desserts sind vor allem Tortino alle mele annurche, Croccante all'amarena und Tiramisù alle fragoline (mit Waldbeeren) eine Sünde wert. Auf der exzellenten Weinkarte sind mehr als 700 Etiketten aus Italien und Frankreich versammelt, besonderes Augenmerk liegt auf den Weinen Kampaniens.

39 KM NORDWESTLICH VON BENEVENT, S.S. 372

Il Foro dei Baroni

Restaurant-Pizzeria
Via Chiesa, 6
Tel. (+39) 08 24 / 94 60 33
Ruhetag: Montag
Keine Ferien
60 Plätze
Preise: 33–35 €
Kreditkarten: AE, CS, DC, MC, Visa; BM
Mittags und abends geöffnet, die Pizzeria nur abends

DIE OSTERIA – Das Lokal, heute elegant renoviert mit frei liegenden Tuffsteinen, die aus den Grabungen für den Keller stammen, war einst der Vorratsraum der daneben gelegenen Burg aus dem 16. Jahrhundert. Ein schöner Garten, in dem man im Sommer essen kann, leistet seinen Beitrag zum Reiz des Restaurants, wie auch der immer aufmerksame, höfliche Service. Die hervorragenden Erzeugnisse der Umgebung und die Gerichte der Tradition werden mitunter um eine kreative Idee bereichert und mit neuen Kochtechniken zubereitet. Neben der Karte stehen auch zwei Degustationsmenüs zur Verfügung, eines mit dem Namen „Dell'entroterra" (33 €), das andere vegetarisch (25 €).

DIE KÜCHE – „Amici casari" (8,50 €), das sind drei Kostproben von Käse aus der Region, Mozzarella sowie Prosciutto vom schwarzen Schwein der Casertano-Rasse, ist ein ausgezeichneter Antipasto. Herausragend unter den Primi (8,90 €) sind **Genovese di manzo con cipolla di Montoro** e salsa di provola affumicata, Pasta e patate con colatura di alici sowie ***Lain coten e fasul*** (breite Nudeln mit Schwarten und Bohnen). Außerdem gibt es gute Linguine ai gamberi di fiume und Pasta ai tre pomodori con grano croccante. Im Anschluss empfehlen wir **Agnello laticauda *cu i patàn***, Carciofini di Maida (kleine Artischocken) und Capocollo di maiale con confettura di visciole e papaccelle (Schweinehalsschinken mit Sauerkirschkonfitüre und in Essig eingelegten Paprikaschoten, 14 €) sowie **Baccalà con fonduta di cipolle** e profumo di liquirizia (16 €). Versäumen Sie zum Abschluss nicht Semifreddo ai tre cioccolati (5,50 €). Die Weinkarte ist reich bestückt mit Etiketten aus der Umgebung und dem übrigen Kampanien, daneben bekommen Sie hochprozentige Getränke und nach traditionellen Methoden gebraute Biere.

46 KM ÖSTLICH VON AVELLINO

La Ripa

Restaurant • Via La Ripa, 2
Tel. (+39) 08 27 / 21 50 23, (+39) 08 27 / 22 37 51, (+39) 347 / 238 90 97
Ruhetag: Montag, Dienstag
Keine Ferien
60 Plätze + 20 Plätze im Freien
Preise: 25–28 €
Kreditkarten: AE, CS, DC, MC, Visa; BM
Abends geöffnet, Samstag und Feiertage auch mittags

Enza und ihre Freunde vermitteln jedem einzelnen Gast die natürliche Leidenschaft, von der sie bei der konstanten Erforschung der eigenen Umgebung geleitet werden.

DIE OSTERIA – Im mittelalterlichen Ortskern, wenige Meter von der Piazza und einer hundertjährigen Linde entfernt, finden Sie dieses Restaurant, das seine Inhaber gerne als Museum definieren. Rocco Rafaniello und Antonio Vegliante empfangen Sie im Lokal mit dem reizvollen Ausblick auf die Berge der Irpinia. In der Küche verwirklichen Enza Perna und Rino Cuoco Gerichte der Umgebung aus Zutaten der Gegend und der nahen Täler. Die vier Freunde stellen auch Caciocavallo und Pecorino di Carmasciano her, wobei sie mit der Reifung in Argilla della Mefite (Schwefelschlamm vulkanischen Ursprungs) experimentieren.

DIE KÜCHE – Ausgezeichnete Antipasti (8 €): Sformato di patate con funghi e caciocavallo, Tortino di ricotta e petali di papavero (Ricottatörtchen mit Mohnblüten) sowie über Dampf gegartes Ei mit Erbsencreme. Fisch gibt es nur in Form von Baccalà, zum Beispiel in **Timballo con pancotto e pomodori** oder in Zuppa con i ceci. Verschiedene Hülsenfrüchte passen gut zur Salsiccia. Von den Primi empfehlen wir **Caserecce con ragù di ortaggi e caciocavallo** (mit Gemüsesauce und Käse, 10 €) neben Lasagne con asparagi e provola. **Agnello di Carmasciano ai ferri** (13 €) und **Coniglio ai peperoni cruschi** sind die wichtigsten Secondi. Die Auswahl an Käse ist immer gut mit Exemplaren aus der nahen Umgebung und darüber hinaus bestückt. Dolci (5 €) zum Abschluss: Tortino di mele oder Semifreddo al torrone. Die gepflegte Weinkarte lässt auf eine stetige Suche nach lokalen Etiketten und Aufmerksamkeit für die Produkte von ganz Kampanien schließen.

ROCCADASPIDE (SA)
Tempalta

54 KM SÜDÖSTLICH VON SALERNO

NEU Da Mimì

Agriturismo
Via Tempalta, 14
Tel. (+39) 08 28 / 74 23 10
Ferien: unterschiedlich
20 Plätze
Preise: 25 €
Keine Kreditkarten
Mittags und abends gegen Vorbestellung geöffnet

DIE OSTERIA – Domenico Bellissimo, ein Gastwirt mit 43-jähriger Erfahrung, hatte genug von den Rhythmen und Zwängen der Stadt und so beschloss er, das Lokal in Roccadaspide, in dem er gearbeitet hatte, zu verlassen und diesen ein wenig oberhalb der Dorfes gelegenen Agriturismo zu eröffnen. Mit Hilfe seiner Familie – Mutter Carmela macht die Pasta mit Hartweizengrieß, seine Frau Maria hilft ihm in der Küche, die Kinder Pasquale und Carmela unterstützen ihn im Service, wenn es viele Gäste gibt – hat er ein neues Leben begonnen, in dem er endlich Zeit hat, sich seiner großen Liebe, der Landwirtschaft, zu widmen. Mit den Esskastanienpflanzungen, den Weinhängen, Olivenbäumen, verschiedenen Gärten und den Hof- und Weidetieren ist Domenico die ganze Woche beschäftigt. Daher raten wir Ihnen, rechtzeitig vorzubestellen, denn so können Sie auch besondere Gerichte kennenlernen, die einige Tage Vorbereitungszeit benötigen.

DIE KÜCHE – Der Antipasto (6 €) eröffnet den Reigen mit frischem oder in Öl eingelegtem Gemüse sowie Salumi und Käse aus eigener Erzeugung. Als Primi (6 €) stehen **Ravioli di ricotta vaccina e scorzone** (mit Ricotta aus Kuhmilch und Sommertrüffel), Fusilli al ragù, klassische Lagane e ceci oder **Pasta e fagioli** zur Auswahl. Neben dem Fleisch des Rinds der Podolica-Rasse sind als Secondi auch **Coniglio alla cacciatora** (gegen Vorbestellung) und im Winter **Maiale a sfrionzola** (10 €) mit in Essig eingelegten Paprikaschoten, Kartoffeln und Prosciutto zu empfehlen. Nonna Carmela bereitet gute traditionelle Dolci für das Wochenende zu. Der offene Wein stammt, so wie der Kräuterbitter, aus eigener Erzeugung.

SALERNO

Hostaria il Brigante dal 1985

Traditionelle Osteria
Via Fratelli Linguiti, 4
Tel. (+39) 366 / 931 57 33
Ruhetag: Montag
Ferien: 2 Wochen im August
40 Plätze
Preise: 20 €
Keine Kreditkarten
Mittags und abends geöffnet

DIE OSTERIA – In der Altstadt von Salerno hat diese Osteria ihre etwas altmodische Atmosphäre beibehalten, abseits der frenetischen Welt von heute und der mittlerweile häufig zu einem Spektakel deformierten Küche. Das Stimmengewirr im kleinen Speisesaal mit wenigen Gedecken steht einem angenehmen kulinarischen Erlebnis nicht im Wege. Auf dem Tisch liegt ein Tischtuch, darauf stehen ein Glas und ein Krug. Eingekauft wird ein, zwei Mal pro Tag bei kleinen Lieferanten, denen Sandro und Antonia seit über 30 Jahren ihr Vertrauen entgegenbringen.

DIE KÜCHE – Das Angebot ist durch eine Vielzahl von Gerichten einer „armen" Küche, nicht nur aus Kampanien, gekennzeichnet, daneben finden sich einige Festtagsspeisen. Von diesen möchten wir Lasagna cacata erwähnen, ein Rezept aus Sizilien, das Sie entdecken sollten. Gemüse ist Protagonist der Antipasti, Sie bekommen es in Form von Suppen, Cremesuppen und Omeletts. Es folgen **Bigoli all'aglio** (7 €) und hausgemachte Cavati mit Fisch (8 €) sowie **Ravioli di grano arso con le erbe**. Einen Versuch lohnen Fettuccine al nero di seppia (mit der Tinte des Tintenfischs), die mit Sugo di canocchie (Sauce vom Heuschreckenkrebs) serviert werden. Bei den Secondi (7 €) sind lokales Fleisch und sogenannter „armer" Fisch vorgesehen, auf einfache, traditionelle Weise zubereitet. Wir empfehlen Seppia in umido, Mollame con le patate (Weichtiere mit Kartoffeln), **Maiale ubriaco** (Schweinefleisch mit Anis und Rotwein), Salsiccia alla cafona und die klassischen **Polpette alla napoletana**. Babà oder Panna cotta zum Abschluss. Zu trinken gibt es offenen Hauswein.

In der Via Botteghelle 65 bietet die gleichnamige alteingesessene Salumeria hochwertige Produkte, die Sie zum Mitnehmen kaufen oder direkt im angrenzenden Saal essen können.

27 km östlich von Neapel

NEU Le Cose Buone di Nannina

Osteria mit Ausschank und Imbiss
Via Ferrovia, 2
Tel. (+39) 081 / 18 76 90 25
Kein Ruhetag • Ferien: 2 Wochen im August
30 Plätze
Preise: 27–31 €
Keine Kreditkarten
Mittags und abends geöffnet

DIE OSTERIA – Eine wunderbare, mutige Entscheidung hat Pietro Parisi, der gefeierte „Koch-Bauer", mit dieser neuen Art von Lokal getroffen. Dass er es seiner Großmutter Nannina widmet, ist bezeichnend für den Wert der Erinnerung, die seine Küche so stark beeinflusst, sowohl in der elitären Version als auch in der volkstümlichen, die uns am meisten anspricht. Die Osteria befindet sich im Zentrum von San Gennaro Vesuviano, einer Gemeinde an der Grenze zum landwirtschaftlichen Gebiet Agro nolano, aus dem viele der Zutaten stammen. Die Räumlichkeiten sind in zwei Speisesäle gegliedert, im ersten befinden sich ausgewählte Produkte zum Verkauf, die man an einer Theke erstehen kann, im zweiten, der die eigentliche Osteria darstellt, herrscht ein jugendlicher Stil, minimalistisch und funktional.

DIE KÜCHE – Die **Parmigiana di melanzane cotte al vapore** (8 €) ist ein Muss bei den Antipasti, doch auch Insalata di polpo e olive verdi (10 €) oder Gattò di patate zeichnen sich durch korrekte Zubereitungsweise aus. Pasta e fagioli mit dem Gemüse des Tages (8 €) oder **Scarpariello** mit selbst angebauten Tomaten sowie **Fusilli al ragù pippiato con ricotta di fuscella** sind die attraktivsten Primi. Unter den Secondi Frittata (Omelett aus lokalen Eiern mit Fior di latte di Agerola und Zucchini), **Polpetta Nannina al pomodoro di San Marzano** und Pollo paesano alla cacciatora (12 €), Gerichte, die auf schmackhafte Weise zu den Wurzeln des Essens zurückführen. Babà, Millefoglie con crema artigianale und Crostata des Tages für den süßen Abschluss. Die Vinothek hat eine entsprechende Karte mit vielen Etiketten, vor allem aus Kampanien. Einzigartig ist das Angebot der Marenna (ein klassisch neapolitanisches gefülltes Brötchen) für 7 €.

10 km südöstlich von Benevent, Anschluss A 9

La Locanda della Luna

Restaurant • Via delle Oche, 7
Tel. (+39) 320 / 047 86 09
Ruhetag: Montag, Dienstag
Ferien: unterschiedlich
70 Plätze + 25 Plätze im Freien
Preise: 34 €
Kreditkarten: CS, MC, Visa; BM
Abends geöffnet, Feiertage nur mittags

Ein Ort, an dem Sie sich nicht nur mit gutem Essen, sondern auch mit Teresas und Danieles enthusiastischen Erzählungen zu den Erzeugnissen der Umgebung stärken können.

DIE OSTERIA – Wenige Kilometer von der Ausfahrt Benevento der Autobahn Neapel-Bari entfernt sollten Sie sich im oberen, alten Stadtteil von San Giorgio del Sannio eine kulinarische Rast in diesem schönen Lokal mit Panoramablick gönnen. Der Empfang durch Teresa und Daniele Luongo ist herzlich und familiär, der weitläufige elegante Saal wird im Sommer um eine Terrasse erweitert. Die Erzeugnisse aus dem Gebiet des nahen Apennin und dem eigenen Garten verarbeitet Daniele zu originellen Gerichten in einem ausgewognene Verhältnis von Tradition und Modernität.

DIE KÜCHE – Unter den Antipasti (9,50 €) sind **Pancotto di verdure**, Cannolo di manzo (in Milch der Kuh der Rasse Pezzata rossa marinierte Rinderroulade) und köstlicher **Baccalà mantecato con colatura di alici di Cetara** zu entdecken. Das Angebot der Primi (9,50 €) beinhaltet Stregottino, ein mit Pasta e patate gefülltes Täschchen mit der Sauce von Tomaten der Sorte Antico pomodoro di Napoli (Slow-Food-Presidio), des Weiteren Orecchiette di grano arso con pomodorino infornato e baccalà sowie Tagliolini all'uovo d'oca con ragù bianco. Als Secondo gibt es **Filetto di maialino con patate novelle, sedano e salsa di peperoni arrostiti** (15 €) oder, im Herbst, Stracotto di vitellone e castagne. Probieren Sie, wenn verfügbar, **Carré di agnello disossato** (15 €). Käse aus Kampanien verkosten Sie mit Obst- und Gemüsekonfitüren. Unter den Desserts die unvergleichliche Millefoglie scomposta (6,50 €) und Gelato allo yogurt aromatizzato al Chromel (Joghurteis mit Kräuterlikörgeschmack) con coulis di frutta. Reichhaltiges Weinangebot, vorwiegend aus Kampanien, ausgewogene Preise. Vorbestellung ist notwendig.

SAN MARCO DEI CAVOTI (BN)

36 KM NÖRDLICH V. BENEVENT, S.S. 212 U. S.S. 369

U Magazzeo

Trattoria-Pizzeria
Via Porta di Rose, 26
Tel. (+39) 339 / 357 87 33
Ruhetag: Dienstagabend, Mittwoch
Ferien: unterschiedlich
60 Plätze
Preise: 30–33 €
Keine Kreditkarten
Mittags und abends geöffnet

DIE OSTERIA – Bevor man die Altstadt von San Marco dei Cavoti erreicht, findet man diese Osteria am Nordtor. Im Vintage-Stil gehalten, mit Lebensmitteln in Holzregalen, erinnert sie an die Atmosphäre eines Warenlagers von früher. Inhaber Alessio beschreibt Ihnen auf seine direkte Art die Speisekarte, deren Gerichte zum Großteil mit lokalem Fleisch und Gemüse aus dem Familiengarten zubereitet werden.

DIE KÜCHE – Unter den Primi finden Sie sehr gute, von Hand gemachte Spaghetti alla chitarra mit Saisongemüse (8,50 €). Genauso lecker sind Ravioli alla malva con spinaci e ricotta und Polenta mit reifem Gorzonzola. **Baccalà**, **in umido** oder fritto (10 €), ist ein ebenso traditioneller Secondo wie **Agnello al cartoccio** und Stracotto di vitello (Schmorbraten vom Kalb). Origineller ist Piccione salvia e limone (Taube mit Salbei und Zitrone, 9 €). Liebhaber des sogenannten Quinto quarto (der weniger edlen Teile des Schweins, vor allem Innereien) sollten sich **Trippa al sugo** (Kutteln, 9 €) und **Mugliatielli** (Rouladen aus Innereien) nicht entgehen lassen. Das köstliche Semifreddo al croccantino (4 €), die legendären Cassatine und die ungewöhnliche Crostata di batate (mit Süßkartoffeln und Zimt) runden das Essen ab. Weinkarte mit guter Auswahl an Etiketten aus dem Sannio-Gebiet und einige Flaschen aus dem übrigen Italien. Breites Spektrum an Likören, auch hausgemachten.

Die berühmten Torroncini und Croccantini können Sie bei Premiata Fabbrica Innocenzo Borrillo, Via Roma 64, kaufen. Der landwirtschaftliche Betrieb Iacocca im Ortsteil Francisi 6 erzeugt und verkauft Butter, Käse und Ricotta.

SAN MAURO CILENTO (SA)
Casal Sottano

85 KM SÜDÖSTLICH VON SALERNO

Al Frantoio

Restaurant
Via Ortale, 31
Tel. (+39) 09 74 / 90 32 43,
(+39) 347 / 309 10 23
100 Plätze + 150 Plätze im Freien
Preise: 20–25 €
Kreditkarten: AE, CS, DC, MC, Visa; BM
Juni–Ende September täglich mittags und abends geöffnet, Oktober–Mai Freitagabend, Samstag, Sonntag und Feiertage

DIE OSTERIA – Eine schöne Geschichte, jene von Geppino Cilento, der als junger Professor der Geisteswissenschaften 1976 aus Venetien, wo er unterrichtet hatte, in seine Heimat zurückkehrte und die Kooperative Nuovo Cilento gründete – und damit das Wissen, dass er durch seine Arbeiter-Studenten aus der Welt der Landwirtschaft bekommen hatte, in die Praxis umsetzte. Dank dieser Ideen wurden die Hügel des Cilento fruchtbar gemacht und zur Feier seines 40-jährigen Bestehens bestätigt sich Nuovo Cilento als einer der besten italienischen Erzeuger von biologischem Olivenöl. Das von der Kooperative betriebene Restaurant befindet sich in einem großen Speisesaal, der minimalistisch, aber doch komfortabel eingerichtet ist. Der Service ist höflich und zurückhaltend.

DIE KÜCHE – Die Speisekarte ist reich mit Spezialitäten der lokalen Küche bestückt. Auf dem Tisch stehen drei Sorten Öl aus dem Betrieb, die Sie auf einer unter der Asche gegarten Kartoffel verkosten können. Das eigentliche Menü könnte dann mit der in ihrer Schlichtheit vorzüglichen Brühe **Acquasala** beginnen oder mit einer Suppe, zum Beispiel mit Baccalà und Platterbsen (9,50 €). Die Pasta ist hausgemacht, Sie bekommen **Ravioli al limone** (7 €), Cortecce con fagiolini, die klassischen Lagane e ceci und Cavatelli con fagioli. **Agnello al mirto** (9,50 €) ist eine echte Köstlichkeit, doch auch Pollastro tinto, Coniglio alla cacciatora oder Baccalà fritto verdienen eine Kostprobe. Die exquisite **Ciambotta** (Gemüseeintopf, 4 €) und Parmigiana di melanzane als „Beilagen" abzutun, wäre kleinlich. Desserts wie Mousse di ricotta e fichi (3 €), Eis mit Nüssen und Cannolo cilentano sind ein passender Abschluss. Es gibt Hauswein und Flaschen lokaler Erzeuger.

SAN MICHELE DI SERINO (AV)

9 KM S. V. AVELLINO, ANSCHLUSS AVELLINO-SALERNO

Tavernetta Marinella

Moderne Osteria
Via Cotone, 3
Tel. (+39) 08 25 / 59 51 28
Ruhetag: Sonntagabend, Montag
Ferien: Anfang Juni–Ende August
90 Plätze + 15 Plätze im Freien
Preise: 30 €
Kreditkarten: AE, CS, MC, Visa; BM
Mittags und abends geöffnet

DIE OSTERIA – Im Schutz der grünen Landschaft des Apennin liegt das ruhige Dorf San Michele di Serino im Gebiet der Irpinia. Hier übt sich seit einem Jahrhundert und vier Generationen dieses Lokal in der Kunst des guten Essens. Giovanni Romano ist der derzeitige Eigentümer, Marinella war der Name seiner Urgroßmutter, die das Gasthaus ursprünglich für die Landarbeiter des Ortes eröffnet hatte. In den beiden einfach und gemütlich eingerichteten Speisesälen werden Sie die herzliche Gastlichkeit vergangener Zeiten finden sowie traditionelle Rezepte, die mit Geschmack und konstanter Aufmerksamkeit für die Zutaten interpretiert werden.

DIE KÜCHE – Der Antipasto Marinella, abhängig von der Saison, könnte aus Wirsingrouladen und Parmigiana di melanzane, Spiedino di porro, frittierter Ricotta, Kartoffelpüree und **Stracotto di maialino** (10 €) bestehen. Als Alternative stehen auch hausgemachte Salumi zur Verfügung. Die Primi im Anschluss bieten hervorragende Tagliatelle al lardo stagionato e noci (8 €), Fusilli al ragù di cinghiale und die klassischen **Paccheri alla genovese con la cipolla ramata di Montoro**. Bei den ersten Regenfällen tauchen Steinpilze der Umgebung in den Saucen für Tagliatelle oder für **Ravioli con ricotta e pomodorini** auf. Unter den Secondi, sämtlich Fleischgerichte, wird **Maialata** (10 €) auf tadellose Weise zubereitet. Agnello del Formicoso alla brace sollte man eigentlich nie verpassen, doch auch Salsiccia con provola e funghi porcini oder Bistecca di vitello sind verlockend. Von den ausnahmslos hausgemachten Desserts empfehlen wir Tortino al cioccolato fondente (4 €) und die köstliche Sbriciolata con crema pasticciera e limone. Auf der Weinkarte stehen überwiegend respektable Etiketten aus Kampanien und einige aus dem übrigen Italien.

SANT'ANASTASIA (NA)

14 KM ÖSTLICH VON NEAPEL, S.S. 268

'E Curti

Traditionelle Osteria
Via Padre Michele Abete, 6
Tel. (+39) 081 / 897 28 21,
(+39) 340 / 465 10 29
Ruhetag: Sonntagabend, Montag
Ferien: 3 Wochen im August
35 Plätze
Preise: 32–35 €
Alle Kreditkarten: AE, CS, DC, MC, Visa; BM
Mittags und abends geöffnet

Mit mütterlicher Weisheit führt Angelina dieses Lokal, einen Familienbetrieb und nach wie vor einer der repräsentativsten Orte in unserem Buch.

DIE OSTERIA – Gegründet wurde das Lokal 1924 von einem Mann, der kein Priester mehr sein wollte, sondern sich lieber der Geselligkeit und dem Essen zuwandte. Zu 'E Curti wurde die Osteria, als sie 1952 von seinen beiden klein gewachsenen Neffen übernommen wurde. Heute steht eine jüngere Verwandte dieser beiden am Herd, Angelina Ceriello, eine außergewöhnliche Frau und eine tragende Säule der traditionellen Küche im Gebiet des Vesuvs. Unzertrennlich ist sie von ihrer Schwester Assunta, während der Saal von Schwiegersohn Roberto und Angelinas Tochter Sofia meisterlich betreut wird. Die Speisekarte wird vom Lauf der Jahreszeiten und der täglichen Verfügbarkeit auf dem Markt bestimmt. Denn hier bekommen Sie nur frische, auf schlichte Weise verarbeitete Produkte.

DIE KÜCHE – Die Spezialität der Osteria ist ***'O sicchio d'a munnezza*** (der Abfalleimer, 8,50 €), wie der Name schon sagt, ein „armes" Gericht, das zur Verwertung der Reste des Weihnachtsessens entstanden ist, doch heutzutage ganzjährig gekocht wird wie auch einige Gerichte mit Baccalà und Stoccafisso. Unter den Primi finden sich im Sommer schmackhafte frische Tagliatelle con zucchine, pancetta, pecorino sowie **Linguine con alici di menaica** (9 €), im Winter hingegen eine köstliche **Minestra maritata**. Bei den Secondi ist immer **Locena di maiale in cartoccio** (in der Folie gegarte Schweineschulter) vorhanden, dazu gibt es Gemüse der Saison (12 €). In den kalten Monaten ist das Gericht ***'O tianiello 'e carne c'o rraù*** (12 €) beliebt, im Sommer die mit Mozzarella gefüllten Calamaretti. Zum Schluss einfache, köstliche Dolci (3 €) zu einem Gläschen des hausgemachten Nusslikörs *Nucillo*.

SANTA MARINA (SA)
Policastro Bussentino

151 KM SÜDÖSTLICH VON SALERNO

Il Ghiottone

Restaurant • Via Nazionale, 42
Tel. (+39) 09 74 / 98 41 86,
(+39) 333 / 125 40 38
Ruhetag: Sonntagabend, Montag (außer im Sommer)
Ferien: November, 2 Wochen im Januar/Februar • 70 Plätze + 35 Plätze im Freien
Preise: 30–35 €
Kreditkarten: AE, SC, DC, MC, Visa; BM
Mittags und abends geöffnet

DIE OSTERIA – Wir befinden uns an einem besonderen Punkt im Cilento, am herrlichen Küstenabschnitt von Policastro Bussentino, einem Ortsteil von Santa Marina. Hier arbeitet seit 1978 die Küchenchefin Maria Rina mit großer Passion in ihrem Restaurant, in dem sie Saisonalität und Qualität der Zutaten intuitiv in den Vordergrund stellte, lange bevor das zu einem modischen Mantra wurde, das andernorts so oft zitiert und ebenso oft nicht beachtet wird. Der Respekt für die lokale kulinarische Tradition erhält bei einigen Gerichten einen ausgeprägten kreativen Akzent.

DIE KÜCHE – Zu Beginn gibt es ein köstliches, neu interpretiertes und um Auberginen und Basilikum bereichertes Caprese (8 €) und Nido di gamberi cotto al vapore con misticanza di verdure e pesche all amaretto (über Dampf gegarte Garnelen mit grünem Salat und in Amaretto eingelegten Pfirsichen) – etwas ausgefallen, aber empfehlenswert für Freunde süßsaurer Geschmacksnoten. Von den Primi sollten Sie **Paccheri con genovese di pesce** (10 €) und Spaghetti con vongole, peperoni e mollichella fritta probieren sowie die köstliche Kombination von Scampi und Dicken Bohnen bei **Tagliatelle con scampi e purè di fave**. Alle Secondi basieren auf Fisch, beginnend bei **Filetto di rombo cotto al forno con le patate** (16 €) bis zu Zuppa di cozze al profumo di timo und Tamburello di merluzzo in crosta di patate con stufato di scarola. Die Ausnahme, die die Regel bestätigt, ist Filetto di carne alla Nora. Unter den hausgemachten Dolci zum Abschluss sind ein wunderbarer **Cannolo cilentano** mit Ziegenmilchricotta und Akazienblütenhonig (5 €) sowie warme Sfogliatina mit frischem Obst. Gute Auswahl an lokalen Weinen und hochprozentigen Getränken.

SARNO (SA)

33 KM NORDWESTLICH V. SALERNO, AUSFAHRT A 30

'O Romano

Trattoria
Via Diego De Liguori, 67
Tel. (+39) 081 / 513 64 88,
(+39) 329 / 611 72 83
Ruhetag: Sonntagabend, Montag
Ferien: 2 Wochen im Juli/August
45 Plätze
Preise: 28–32 €
Kreditkarten: CS, DC, MC, Visa; BM
Mittags und abends geöffnet

Bei einem Plausch mit Gaetano erfährt man alles über seine Leidenschaft für die Küche, die Umgebung und die Zutaten. Hinter jedem seiner Gerichte steht eine große kleine Geschichte.

DIE OSTERIA – Auf der anderen Seite der Straße, genau gegenüber dem Eingang der Osteria, befindet sich eine der Quellen des Flusses Sarno. Ein Brunnen im Lokal neben dem Speisesaal wird von ihr mit Wasser versorgt. Gerne zeigt man Ihnen diese Attraktion, sobald Sie das Lokal betreten. Empfangen werden Sie mit ungespielter herzlicher Aufmerksamkeit von Gaetano und Antonietta, er steht in der Küche, sie betreut den Service. Die Speisekarte entspricht bis auf einige persönliche und durchaus erfreuliche Ausnahmen der Umgebung.

DIE KÜCHE – Unter den Spezialitäten zu Beginn empfehlen wir Ammarielli (Flussgarnelen) oder Baccalà marinato. Gut und vielfältig ist die Auswahl bei den Primi: **Mezzi paccheri con lo stoccafisso** (7 €), Ravioli di baccalà con crema di patate, **Spaghettoni con alici e friggitelli** (mit Sardellen und kleinen Paprikaschoten) sowie schmackhafte Suppen mit Getreide und Hülsenfrüchten und nicht zuletzt die klassischen **Spaghetti con le vongole**. **Anguille fritte** (frittierter Aal) oder marinierter Aal (12 €) werden als Secondi oft bestellt, doch auch unterschiedlich zubereiteter Baccalà ist beliebt. Von den ins Repertoire aufgenommenen Gerichten sind Moscardini affogati (geschmorte Tintenfische) besonders empfehlenswert. Es gibt wenige Fleischgerichte, darunter die eher seltene köstliche **Braciola di capra al ragù** (8 €). Alle Dolci (4 €) und auch die Liköre Nocillo oder Finocchietto, die zu Crostata und Pastiera gereicht werden, sind selbst gemacht. Auf der Weinkarte stehen gute Etiketten aus Kampanien, einige kommen aus dem übrigen Italien.

26 KM NORDWESTLICH VON SALERNO

Taverna Mascalzone Vini & Cucina

Trattoria
Via Trieste, 54
Tel. (+39) 081 / 850 87 17, (+39) 393 / 646 41 32
Ruhetag: Dienstag
Ferien: 2 Wochen im August
24 Plätze + 10 Plätze im Freien
Preise: 28–30 €
Kreditkarten: CS, DC, MC, Visa; BM
Mittags und abends geöffnet

DIE OSTERIA – Diese von einer Familie geführte Osteria in der Nähe der Altstadt von Scafati findet seit einigen Jahren dank ihrer wirklich hochwertigen, an der Umgebung orientierten Speisekarte großen Anklang. Im Erdgeschoss liegen die Küche und der Speisesaal mit dem Holzofen, im Obergeschoss befindet sich ein kleiner Speisesaal mit eher hohen Stühlen und Tischen – ungewöhnlich, doch durchaus bequem. Am Herd steht wie immer Signora Antonietta, empfangen werden Sie von ihrer Tochter Carmela und einigen Mitarbeitern.

DIE KÜCHE – Zu Beginn frittiertes oder gefülltes Gemüse wie **Zeppoline di fiorilli** (mit Kürbisblüten gefüllte frittierte Teigtäschchen) oder das sehr erfreuliche Brett (15 €) mit Käse und Salumi vom schwarzen Schwein der Casertano-Rasse, dessen Größe allerdings eine Herausforderung darstellt. Bei den Primi können Sie auf **Mezzi paccheri con peperoncini piccanti** (mit *Nas' e cane* genannten gefüllten pikanten Peperonischötchen) zählen, häufig gibt es auch **Pasta con patate e provola** (9 €), Gnocco del contadino mit Tomaten, Pinienkernen und Guanciale sowie Paccheri con lo stocco. Typisch für den Winter ist Minestra maritata (10 €). Besonders gute Secondi sind Parmigiana alla Mascalzone (9 €) und Carciofi arrostiti. Lassen Sie sich **Baccalà fritto con papaccelle** und Frittura mista di anguille, gamberi e gamberetti di fiume (15 €) nicht entgehen. Süßer Ausklang mit Tortino al cioccolato und Babà alla crema (5 €), dazu ein Gläschen Likör aus traditioneller Erzeugung. Zu trinken gibt es offenen Hauswein, einige Etiketten aus Kampanien und ein paar gute, traditionell gebraute Biere.

In **Sarno** (11 km) bekommen Sie bei Gelizioso, Via Matteotti 47, Eis aus Trockenfrüchten. In **Nocera Superiore** (13,5 km) gibt es in der Pasticceria Mamma Grazia, Via Russo 136, die berühmte Torta di San Pasquale.

68 KM NORDÖSTLICH VON AVELLINO, A 16

La Vecchia Scalinata

Restaurant
Via Mazzini, 20
Tel. (+39) 08 27 / 936 56,
(+39) 349 / 155 03 41
Ruhetag: Dienstag
Ferien: Mitte Juli
40 Plätze + 10 Plätze im Freien
Preise: 25–30 €
Kreditkarten: CS, DC, MC, Visa; BM
Mittags und abends geöffnet

DIE OSTERIA – Das Restaurant hat seinen Namen von der „Scalinata" (Steintreppe), die einst den Ortsteil Pagliarelle mit dem Hauptplatz des Ortes verband. Der Speisesaal ist schlicht und gepflegt, den Service betreut Patron Michele Flammia auf informelle, doch präzise Weise. Alle Gerichte, die Michele mündlich vorstellt, entsprechen der lokalen Tradition und werden von den geschickten Händen seiner Frau Annamaria zubereitet. Mehrmals pro Monat wechseln die Speisen, abhängig von der Saisonalität der Produkte, die alle aus der Umgebung oder aus eigener Erzeugung stammen.

DIE KÜCHE – Antipasto della casa mit Salumi, Käse und Gemüse (8 €). Eine appetitanregende Alternative ist der vegetarische Antipasto mit gegrilltem Gemüse, das mit Olivenöl der Sorte Ravece, Oregano aus den Bergen und anderen Kräutern gewürzt wird. Von den Primi empfehlen wir **Cannazze con fiori di zucca e guanciale** neben den köstlichen **Suppen** (8 €), **di cipolla di Montoro e uova** (mit Zwiebel und Ei), mit Spargel, Artischocken und Kirschtomaten sowie mit Bohnen, Kichererbsen und Steinpilzen. Für die Secondi kauft Michele das Fleisch, so wie die Salumi, in der Fleischerei des Dorfes. Beispiele für die gute Qualität sind **Stracotto di vitello al Greco di Tufo** con pomodoro und Tagliata di filetto al tartufo nero (12 €). Wenn man es vorbestellt, kommt man in den Genuss von **Coniglio con vino bianco e salvia** (Kaninchen in Weißwein mit Salbei). Die Desserts (5 €) sind alle selbst gemacht, probieren Sie die leckere Torta ricotta e pera oder Crostata di castagne e cioccolato. Der Weinkeller ist gut und überlegt mit Weinen aus der Umgebung und dem übrigen Italien bestückt, einige Weine werden auch glasweise ausgeschenkt. Außerdem gibt es traditionell gebrautes Bier und hochprozentige Getränke.

68 KM ÖSTLICH VON AVELLINO, A 16

Osteria dei Briganti

Restaurant-Pizzeria
Via IV Novembre, 5
Tel. (+39) 08 27 / 935 72,
(+39) 347 / 941 61 75
Ruhetag: Montag
Ferien: 10 Tage im Juni/Juli
70 Plätze
Preise: 20–28 €
Kreditkarten: AE, CS, DC, MC, Visa; BM
Mittags und abends geöffnet

DIE OSTERIA – Auf der Hochebene des Formicoso, die der Stauferkaiser Friedrich II. als „Monte Sano" (gesunden Berg) bezeichnete, entspringt der Fluss Ufita. Im gleichnamigen Tal befindet sich die kleine Gemeinde Scampitella. Hier betreibt man vor allem Landwirtschaft und Viehzucht, ein Vorteil für die Gastronomie, denn die Zutaten sind von bester Qualität. In der Osteria dei Briganti wird eine einfache, unverfälschte Küche mit ausgezeichneten Resultaten geboten. Die Brüder Lo Russo heißen Sie in ihrem unauffällig und schlicht eingerichteten Lokal willkommen und erklären Ihnen die reichhaltige Speisekarte.

DIE KÜCHE – Den Beginn könnte der klassische Antipasto dei Briganti (7,50 €), bestehend aus Caciocavallo alla brace, Frischkäse und gegrilltem Gemüse, machen oder aber Sie lassen sich von Insalata tartufata verführen. Außerdem stehen Suppen zur Verfügung – jene mit Wirsing und Kartoffeln, serviert mit Maispizza, erinnert an die bäuerliche Vergangenheit, doch auch die Stängelkohlsuppe mit Kichererbsen und Pancetta oder **Minestra maritata** bereiten gut auf den nächsten Gang vor. Es folgen **Spaghetti alla chitarra allo scarpariello** (8 €) – ein Primo von seltener, angenehmer Intensität, doch auch Ravioli di ricotta alle noci oder Pappardelle ai funghi porcini schmecken fein. Alle Secondi basieren auf Fleisch, besonders ins Auge fallen **Coniglio alla cacciatora** (8 €), **Agnello alla brace** und, gegen Vorbestellung, Carré di vitello alle erbe aromatiche. Hausgemachte Dolci wie Tiramisu und verschiedene Crostata (3 €) zum Ausklang. Die Weinkarte wurde mit Bedacht auf die Umgebung zusammengestellt.

In **Vallata** (8 km) verkauft die Fleischerei von Elio Ferrucci, Piazza Garibaldi 3, ausgezeichnetes lokales Fleisch und erzeugt Salumi wie Soppressata, Capocollo und Pancetta.

16 KM ÖSTL. V. NEAPEL, S.S. 268, AUSFAHRT A 16

Antica Trattoria Zoppicone

Trattoria
Via Pomintella, 2
Tel. (+39) 081 / 530 46 18
Ruhetag: Sonntagabend, Montag
Ferien: 10 Tage im August
80 Plätze
Preise: 25 €
Kreditkarten: MC, Visa; BM
Mittags und abends geöffnet

DIE OSTERIA – Die Trattoria wurde in den 1930er-Jahren von der Großmutter Diego Porricellis, des heutigen Kochs und Eigentümers, gegründet. Die Gerichte sind mit der kulinarischen Tradition der Gegend verbunden, typisch dafür ist die Verwendung von Zutaten aus den Gärten um den Vesuv, doch auch von Baccalà und Stoccafisso, denn Somma Vesuviana ist heute noch Sitz großer italienischer Betriebe, die im Bereich des Imports und der Verarbeitung des Kabeljaus tätig sind. Das Lokal ist groß, einfach und praktisch eingerichtet. Im Speisesaal betreut der sympathische Michele, Diegos Onkel, die Gäste auf herzliche Art und bemüht sich, jeden Wunsch zu erfüllen und jede Frage zu den Gerichten und verwendeten Erzeugnissen zu beantworten.

DIE KÜCHE – Das Angebot der Osteria ist mit einem Sinn für das Wesentliche gestaltet – als Antipasto wählen Sie entweder den guten **Coppetto di alici e baccalà fritti** (5 €) oder Frittura all'italiana (4 €). Versäumen Sie bei den Primi nicht **Paccheri con lo stocco** (7,50 €), doch gönnen Sie sich auch eine Kostprobe von **Zuppa di fagioli** (5 €) und den wohlschmeckenden Mezzanelli lardiati. Als Secondo (10 €) können Sie Baccalà oder Stoccafisso, ohne Tomaten oder mit Tomaten, Kapern und Oliven bestellen. Tris di carni al ragù (Polpetta, **Braciola napoletana** classica und Schwarten) empfehlen sich für alle, die eine Festlandküche bevorzugen. Zum Dessert ein köstlicher **Migliaccio** (2,50 €). Der Hauswein ist durchaus zufriedenstellend.

In **Sant'Anastasia** (4 km) bietet die Cioccolateria Theobroma, Via Antonio D'Auria 8, verschiedene süße Spezialitäten.

SOMMA VESUVIANA (NA)

16 km östl. v. Neapel, S.S. 268, Ausfahrt A 16

La Lanterna

Restaurant
Via Colonnello Aliperta, 8
Tel. (+39) 081 / 899 18 43
Ruhetag: Montag
Ferien: 2 Wochen im Sommer
70 Plätze + 40 Plätze im Freien
Preise: 25–32 €
Kreditkarten: CS, DC, MC, Visa; BM
Mittags und abends geöffnet

DIE OSTERIA – La Lanterna ist ein würdiges Beispiel dafür, wie man die Innovation mit der Tradition verbinden kann. Seit Luigi Russo, unterstützt von seiner Frau Consiglia, dem Betrieb der Familie zu neuem Leben verholfen hat, ist das Lokal zu einem Leuchtturm für alle, die eine Vorliebe für Stoccafisso und Baccalà haben, sowie für die Freunde der lokalen Küche geworden. Die Räumlichkeiten sind hell, die Tische bequem, der Empfang familiär und entgegenkommend. Eine angenehme Qual der Wahl stellt sich beim Durchblättern der originellen Speisekarte ein.

DIE KÜCHE – Startschuss mit Antipasto di baccalà e stoccafisso (8 €), Zutaten, die wir auch in weiteren Gerichten antreffen, zum Beispiel den ausgezeichneten Paccheri (8 €) sowie in den **Spaghettoni con pomodorini, ventricello e formaggio di vacca podolica** (9 €). **Parmigiana di baccalà e melanzane** unter den Secondi ist eine Spezialität des Lokals, als Alternative gibt es den Fisch des Tages oder, für Fleischliebhaber, Bistecca di maiale (10 €) und **Agnello laticauda corachiatta alla brace** (10 €). Unter den Beilagen finden Sie **Scarola attaccata** (Endivien mit Olivenöl, Oliven, Pinienkernen, Nüssen, Kapern und Alici di Cetara), eine Hommage an die bäuerliche Vergangenheit. Ausgezeichnete Dolci aus eigener Erzeugung (4 €). Eine Zusammenstellung traditioneller Gerichte finden Sie im Degustationsmenü mit dem Titel „Come una volta" (20 €). Große Auswahl an Weinen mit gutem Preis-Leistungs-Verhältnis.

SUCCIVO (CE)

21 km südwestlich von Caserta

NEU La Tipicheria

Moderne Osteria • Via 24 Maggio, 2
Tel. (+39) 081 / 501 16 41,
(+39) 334 / 607 52 30
Ferien: 2 Wochen im Januar und August
60 Plätze + 30 Plätze im Freien
Preise: 30–35 € (Tagesmenü)
Kreditkarten: AE, CS, DC, MC, Visa; BM
Samstag und vor Feiertagen mittags und abends geöffnet, Sonntag und Feiertage mittags

DIE OSTERIA – Die Tipicheria kann als gelungenes Beispiel für die „Possibilità di un'isola" (Zitat), „die Möglichkeit einer Insel", gelten, auf der eine meisterhafte Küche sich mit Umweltbewusstsein und Sensibilität für soziale Fragen verbindet und so ein Gebiet aufwertet, das allzu oft nur aus negativer und vereinfachender Berichterstattung bekannt ist. Das von der Kooperative Terra Felix betriebene Ensemble setzt sich aus Museum, Garten und Restaurant zusammen; das Letztere, mit schönen Bögen aus Tuffstein und Holzdecken, befindet sich im Inneren des aus dem 17. Jahrhundert stammenden Casale di Teverolaccio. Die Inhaber Gaetano Papa und Gennaro Conte begleiten Sie zusammen mit Küchenchef Giuseppe Di Donato auf einem Rundgang, der Sie nicht nur kulinarisch, sondern auch in historischer, ethischer und kultureller Hinsicht bereichern wird.

DIE KÜCHE – Mit Ausnahme des Samstagabends wird stets ein feststehendes Menü serviert, in dem es als Antipasto möglicherweise Cupoletta di melanzane bio ripiena di formaggi caprini dell'alto Casertano su crema di ragù e spezie dell'orto oder Zeppoline e fogliette ai sapori dell'orto gibt. **Spaghetti alla chitarra con colatura di alici di Cetara**, rapa rossa e granella di noci sind ein leichtes und schmackhaftes Primo, intensiv an Geschmack ist auch **Risotto con vongole veraci**, limone di Sorrento e pesto di menta. Als Secondo Millefoglie di suino nero casertano con riduzione di Aglianico su letto di patate nostrane oder **Baccalà fritto alla pizzaiola con olive caiazzane**, capperi e pomodorini, zwei Alternativen mit Fleisch oder Fisch. Nicht verzichten dürfen Sie angesichts der vielen Obstbäume auf Obst der Jahreszeit mit Semifreddo alla vaniglia oder auf ein Stück Crostata zum Ausklang. Zufriedenstellender offener Hauswein sowie einige Etiketten von Bio-Weinen und ein gutes, traditionell erzeugtes Bier.

TORRE ORSAIA (SA)

113 KM SÜDÖSTLICH VON SALERNO

Da Addolorata

Traditionelle Osteria
Via Pulsaria, 16
Tel. (+39) 09 74 / 98 56 69
Kein Ruhetag
Ferien: 2 Wochen im Oktober
45 Plätze
Preise: 18–22 € (mit Hauswein)
Keine Kreditkarten
Mittags und abends geöffnet, im Sommer nur abends

DIE OSTERIA – Die Trattoria wurde vor über 50 Jahren von Addolorata, der Mutter des heutigen Eigentümers, gegründet. Trotz ihrer 70 Jahre bekocht sie weiterhin Reisende, Touristen und Liebhaber der traditionellen Küche dieses Winkels des Cilento, der abseits der bekannteren Pfade liegt, doch deshalb nicht weniger bezaubernd ist. Wenn Sie einmal Platz genommen haben, werden Sie das Gefühl haben, sich im Esszimmer einer Großmutter zu befinden, mit den Fotos der Kinder und Enkel auf den Kredenzen und den bäuerlichen Gegenständen an den Wänden, die an die landwirtschaftliche Berufung dieser Gegend erinnern. Am Ende des Essens bleibt Addolorata oft noch ein wenig, um auf ihre liebenswerte Art mit den Gästen zu plaudern und Anekdoten aus ihrem Leben zu erzählen, gespickt mit brillanten Betrachtungen, die von einer großen Erfahrung zeugen.

DIE KÜCHE – Ein Antipasto ist hier nicht vorgesehen. Man beginnt mit einer üppigen Portion Fusilli und hausgemachten **Ravioli al ragù cilentano** (6 €), das weniger dick ist und weniger lang gekocht wird als das klassische Ragù aus Neapel. Im Herbst wird die gleiche Pasta mit Pilzen serviert. Auf die Lagane kommen Kichererbsen oder Bohnen. Bei den Secondi sind immer **Polpette al sugo** (6 €), das lokale Zicklein **Capretto al forno con le patate** (7 €) sowie **Melanzane imbottite** (gefüllte Auberginen) vorhanden. Exzellent sind die von Hand geschnittenen, gebratenen Kartoffeln als Beilage. Scauratielli, das einzig verfügbare Dessert, sind köstliche Zeppoline (frittiertes Gebäck) nur aus Mehl, die noch heiß mit lokalem Honig serviert werden. Zu trinken gibt es offenen Wein aus der Gegend.

TRAMONTI (SA)
Gete

26 KM WESTLICH VON SALERNO, S.S. 163

Osteria Reale

Osteria
Via Cardamone, 75
Tel. (+39) 089/85 61 44,
(+39) 333 / 178 37 88
Ruhetag: Mittwoch, außer im August
Ferien: zweite Februarhälfte
55 Plätze + 30 Plätze im Freien
Preise: 35 €
Kreditkarten: AE, CS, DC, MC, Visa; BM
Mittags und abends geöffnet

DIE OSTERIA – Das in die Monti Lattari eingefügte Gemeindegebiet von Tramonti besteht aus 13 Ortsteilen. Durch eine bezaubernde Landschaft gelangen Sie zum Ortsteil Gete, wo die Brüder Luigi und Gaetano eine einladende Osteria betreiben, deren Gericht eine gelungene Verbindung zwischen Land und Meer, Tradition und Jahreszeiten darstellen. Wenn Sie möchten, können Sie dort auch übernachten.

DIE KÜCHE – Ebenso üppig wie schmackhaft ist der Antipasto della casa (10 €), bestehend aus lokalem Fior di latte, Salumi aus eigener Erzeugung, einer zarten, mit der Schale der Zitrone der Amalfi-Küste aromatisierten Ricotta sowie Timballo di verdure di Tramonti con salsiccione piccante grigliato. Außerdem leckere Frittata di patate e cipolle (Omelett mit Kartoffeln und Zwiebeln), guter Sformato con crema di cavolfiore und Pizza ripiena con olive e scarole. Nur frische Pasta findet sich bei den Primi, von denen wir **Cappellacci ripieni di ricotta conditi con carciofi e noci** (mit Ricotta gefüllte Teigtaschen, serviert mit Artischocken und Nüssen, 9 €) neben **Gnocchi di patate con crema di zucca, vongole e pecorino** empfehlen. Unter den Secondi sind **Scaloppa di maiale al vino Tintore e scamorza**, dazu Kartoffeln aus dem Ofen (12 €) und **Coniglio disossato ripieno di provola e broccoli** (ausgelöstes Kaninchen, gefüllt mit Provola und Brokkoli). Torta di pere zum Dessert. Zu trinken gibt es vor allem die Weine aus eigener Erzeugung, doch Sie können auch aus einer schönen Auswahl an kampanischen Weinen wählen.

Im Ortsteil Chiancolelle erzeugt der landwirtschaftliche Betrieb von Antonia Rastrelli, Via Chiunzi 172, hervorragenden Käse, vor allem Caciocavallo, aus der Mich von selbst aufgezogenen Kühen.

50 KM SÜDÖSTLICH VON SALERNO

Lu Vottaro

Osteria
Via Paolillo
Tel. (+39) 329 / 779 33 47
Ruhetag: im Winter Montag
Keine Ferien
20 Plätze + 26 Plätze im Freien
Preise: 30 € (Tagesmenü)
Keine Kreditkarten
Mittags und abends gegen Vorbestellung geöffnet

DIE OSTERIA – Der Ausblick von der Piazza von Trentinara auf die Ebene von Paestum und den Golf von Salerno ist wirklich atemberaubend. Die Osteria erreicht man zu Fuß, durch die kleinen Gassen der Altstadt, in denen man sich auch tagsüber „verlieren" kann, zwischen einem Bogen und einem Platz mit Blick auf die Küste. Der Service hier ist weiblich: Cristina, die Hausherrin, wird von ihrer Tochter Maria Antonietta im Service unterstützt. Das Menü ist feststehend und eine Reservierung unumgänglich. Wenn Sie anrufen, wird man Sie zu eventuellen Unverträglichkeiten und Vorlieben befragen.

DIE KÜCHE – Der erste Gang besteht normalerweise aus drei unterschiedlichen Kostproben, das könnten Tortino di carciofi, Involtino di melanzane o zucchine (Auberginen- oder Zucchinirouladen) und eine gute **Parmigiana di borragine** sein, im Winter auch verschiedene Salumi. Die Primi sind immer in zwei Gänge gegliedert, nämlich eine Suppe mit Hülsenfrüchten oder Getreide oder beidem, wie im Fall der ***Ciccimmaretati***, oder eine Cremesuppe mit Dicken Bohnen oder Kürbis sowie eine hausgemachte Pasta: Ravioli di ricotta, Fusilli, Cavatielli oder Tagliolini mit Ragù, Tomatensauce, Kräutern, Pilzen oder Trüffel. Die Secondi bestehen vor allem aus Fleischgerichten wie Pollo farcito oder alla piastra (gefülltes Huhn oder Huhn vom Plattengrill) und ***Sfriuonzolo*** (oder Sfrionzola, lange in Tomatensauce gekochte Innereien vom Schwein) **con le papaccelle**. Als Alternativen **Scarola ripiena** (gefüllte Endivien) und einige Sorten Pecorino mit Konfitüre aus Quitten oder eingekochtem Aglianico. Zum Dessert gibt es Crostata mit frischem Obst oder Konfitüre und Pan di Spagna al cioccolato. Zu trinken finden Sie einige gute Etiketten aus der Umgebung.

96 KM SÖ. V. SALERNO, A 3 AUSF. ATENA LUCANA U. S.S. 166

La Piazzetta

Osteria
Piazza Canonico Iannuzzi, 2
Tel. (+39) 09 74 / 94 20 08,
(+39) 320 / 140 30 16
Kein Ruhetag
Ferien: 1 Woche im Oktober
30 Plätze + 20 Plätze im Freien
Preise: 34 €
Keine Kreditkarten
Mittags und abends geöffnet

Carmela und Alì erfüllen nach wie vor mit einer Prise lichten Wahnsinns und mit Freude ihre Aufgabe als Botschafter des Geschmacks und der Lebenskunst.

DIE OSTERIA – Valle dell'Angelo ist mit 152 Seelen auf 37 Quadratkilometern eine der am geringsten bevölkerten Gemeinden Italiens. Diese Besonderheit, auf den ersten Blick ein Nachteil, unterstreicht die Schönheit und die Möglichkeit, ein Leben zu führen, das nicht nur auf Tourismus ausgerichtet ist. Mit seiner Atmosphäre, der der Rhythmus der Stadt ganz fremd zu sein scheint, erweist sich das La Piazzetta als authentischer Standort eines Lebensgefühls und eines Geschmacks, der auf lokalen Zutaten beruht. Die Inhaber, Carmela und Alì, bieten eine Küche, die sich konsequent zwischen den Grenzen der Tradition und der Umgebung bewegt. Sie steht am Herd, er betreut die Gäste im angenehmen Speisesaal, der an einen Dorfplatz denken lässt.

DIE KÜCHE – Im reichhaltigen Antipasto (10 €) können Sie einen erfrischenden Tortino di zucchine con menta, basilico e nocciole di Giffoni finden, **Pancotto con borragine, tarassaco e crema al basilico** sowie Zuppetta con ceci e bieta spontanea. Die Pasta mit Mehl aus eigener Erzeugung ist hausgemacht – probieren Sie ***Parmarieddi*** (mit vier Fingern eingedrückte Cavatelli) **con il sugo di salsiccia** (mit Sauce von halbreifer Salsiccia) und Ravioli di verza con patate e formaggio (10 €). Carne alla pizzaiola mit Maipilzen und Wildspargel (10 €) ist in der entsprechenden Jahreszeit ein exzellentes Secondo, doch auch gefülltes Kaninchen und **Capretto al forno** werden Sie nicht enttäuschen. Süßer Ausklang mit **Ravioli di ceci, cannella e buccia d'arancia** (4 €), Morzellette con la marmellata und „Tiramisud" mit Lavendel. Sommelier Francesco berät Sie bei der Auswahl aus mehr als 70 Etiketten, überwiegend aus der Umgebung.

VALLO DELLA LUCANIA (SA)

89 KM SÜDÖSTLICH VON SALERNO

NEU Tavernetta del Principe

Moderne Osteria • Piazza Vittorio Emanuele 62
Tel. (+39) 09 74 / 45 69, (+39) 334 / 957 55 84
Ruhetag: Montagabend, Sonntag
Ferien: 2 Wochen Mitte September
50 Plätze + 20 Plätze im Freien
Preise: 22–25 €
Keine Kreditkarten
Mittags und abends geöffnet

DIE OSTERIA – Die Osteria befindet sich im Innenhof eines alten Adelshauses, der auf die Piazza von Vallo della Lucania geht. Ursprünglich handelte es sich um einen Stall, in einem der beiden Räume kann man noch den Futtertrog sehen. Die minimalistisch eingerichtete Tavernetta hat zwei „Seelen": Mittags bietet sie schnelle Gerichte für eilige Berufstätige, abends verwandelt sie sich in ein gemütliches kleines Restaurant. Giovanni Cetrangolo und seine Frau Annamaria stehen für eine einfache Küche, in der vor allem Produkte aus dem landwirtschaftlichen Betrieb der Familie zum Einsatz kommen. Auf der Tafel am Eingang des Lokals stehen die Tagesgerichte.

DIE KÜCHE – Die Antipasti basieren auf Gemüse, pikanten Torten und kleinen Omeletts, dazu ein paar Wurstwaren und, immer vorhanden, Ricotta und Ziegenkäse aus eigener Erzeugung. Etwas Besonderes sind ***Scibbuni*** (3 €), frittierte Rollen aus Mehl und Kartoffeln, die auch mit Honig serviert werden. Unter den Primi schmecken in der kalten Jahreszeit **Scarola e polpettine** (Endivien und Hackfleischbällchen, 6 €) wie auch **Ravioli di ricotta di capra** (7,50 €), Lagane e ceci oder Gnocchi di ortica e borragine gut. Die Suppen (7 €) aus Hülsenfrüchten werden im Tontopf und im Ofen gegart. Als Secondi Kalb- oder Schweinefleisch aus dem Ofen oder vom Grill, **Spezzatino di maiale** und der unverzichtbare Tiano di capretto con patate (im Tontopf geschmortes Zicklein mit Kartoffeln, 11 €) und ***Cusutula*** (8,50 €) mit Gemüse oder al ragù gefüllter Kalbsbauch. Zum Abschluss Crostata mit frischem Obst oder Konfitüre (3 €), Torta al limone oder Apfeltorte (3 €), alle Desserts sind hausgemacht. Zufriedenstellender offener Rotwein, als Alternative ein Dutzend guter Etiketten aus der Umgebung.

VICO EQUENSE (NA)
San Vito

41 KM SÜDLICH VON NEAPEL, S.S. 145

Il Cellaio di Don Gennaro

Restaurant • Via Raffaele Bosco, 92
Tel. (+39) 081 / 879 87 13, (+39) 339 / 352 93 94
Ruhetag: Montag, im Winter Montag–Freitag
Ferien: 8. Januar–13. Februar
34 Plätze + 40 Plätze im Freien
Preise: 30–32 € • Kreditk.: CS, DC, MC, Visa; BM
Abends geöffnet, Samstag und Sonntag auch mittags

Stil, Geschmack, Passion und Gemütlichkeit begleiten Sie auf einer Reise durch ein wunderbares Gebiet mit seinen zur Gastlichkeit berufenen Bewohnern.

DIE OSTERIA – Die angenehme, gastfreundliche Geselligkeit von Franca und John, die Geschichte des einstigen Öl- und Weinlagers des angeschlossenen Betriebs, die Küche von Vincenzo Maresca, der sich mit 31 Jahren bereits rühmen kann, sein halbes Leben in der Küche verbracht zu haben, verleihen diesem Restaurant mit dem intensiven Duft einer Osteria ein eigenen Reiz. Die Räumlichkeiten, in denen kein Detail dem Zufall überlassen ist, sind in einen Felsen geschlagen, und, wie es scheint, durch einen tiefen Spalt mit dem Meer verbunden, eine Art natürliche Klimaanlage. Was in die Küche kommt, beginnend bei Gemüse und Geflügel aus dem eigenen Betrieb bis hin zu ausschließlich lokalem Fisch, wird mit sicherer Hand verarbeitet. Es gibt ein Degustationsmenü für 30 €.

DIE KÜCHE – Auftakt mit dem Antipasto del Cellaio (12 €), einer leichten, erfreulichen Reise durch die Welt von Gemüse, Fior di latte dei Monti Lattari, Salumi, Fritti und dem Meer vor der Halbinsel von Sorrent. Bei den Primi kann man die klassischen **Gnocchi alla sorrentina** und im Frühling jene mit Dicken Bohnen, Jungzwiebeln, Guanciale und Pecorino (8 €) wählen. Doch probieren Sie auch **Paccheri allardiati** mit den Tomaten der Sorte Antico pomodoro di Napoli und Cacioricotta del Cilento (8 €) und die bemerkenswerten Spaghettoni di Gragnano alla puttanesca. Die Auswahl bei den Secondi reicht von **Pollo alla cacciatora** (8 €) bis zum kreativen Pesce bandiera in carrozza (9 €). Frisch gefüllter **Pasticciotto crema e amarena** ist der Abschluss einer wunderbaren kulinarischen Erfahrung. Gutes Angebot an Weinen aus der Umgebung und dem übrigen Italien.

ADRIA
Fóggia
A14
Barletta
Trani
Biscéglie
Cerignola
Ándria
A14
BARI
Canosa di Púglia
APULIEN
A16
Bitonto
PARCO NAZ.
DELL'ALTA MÚRGIA
A14
Melfi
Venosa
Rionero in Vulture
Gravina in Púglia
Altamura
Gióia del Colle
Ruvo del Monte
Rapone
San Fele
Avigliano
Irsina
Muro Lucano
Matera
Tricarico
Basento
POTENZA
Miglionico
RA5
PARCO NAZ.
Castelmezzano
Abriola
Accettura
DELL'APPENNINO
Laurenzana
Stigliano
Marsico Nuovo
Cirigliano
Pisticci
Metaponto Lido
Sala Consilina
Marsico Vetere
PARCO NAZ. D. CILENTO E VALLO DI DIANO
A3
LUCANO
Agri
S. Arcangelo
Moliterno
Policoro
VAL D'AGRI
Rotondella
Vallo d. Lucania
IONISCHES MEER
LAGONEGRESE
KAMPANIEN
Lagonegro
Latronico
Francavilla in Sinni
Sapri
Rivello
San Severino Lucano
PARCO NAZ.
Palinuro
Terranova di Pollino
Marina di Amendolara
Maratea
Capo Palinuro
Rotonda
Golf von Policastro
Camerota
Golf von Corigliano
D. POLLINO
Castrovillari
Scalea
TYRRHENISCHES MEER
A3
Marina di Belvedere
Corigliano Cálabro
Rossano
KALABRIEN
PARCO NAZ.
DELLA
SILA
Páola
0
15
30 km

BASILIKATA

Vier Szenen könnten dem Reisenden die Region näherbringen. Eins: Entlang der gelben, frisch abgeernteten Weizenfelder mit ihrer verwinkelten Geometrie weiden Herden weißer Schafe. Eines davon wird in einem traditionellen Gericht der Weidewirtschaft Lukaniens Verwendung finden, der Pastorale, die stundenlang in einem Kupfertopf oder in der *Capasa* aus Ton schmort.
Zwei: Im abgelegenen Ortsteil eines Dorfes im Pollino-Gebirge steht zwischen Buchenwäldern eine Wassermühle, in der Hülsenfrüchte und Getreide gemahlen werden, um daraus das wundersame Mehl des Mischiglio zu gewinnen, das schon in der Antike hergestellt wurde. Es ist die Grundlage für die mit Tomaten und Cacioricotta angerichteten Cavatelli oder *Strascinate*.
Drei: In der rauchgeschwängerten Käserei einer Masseria knetet ein alter Bauer mit seinen knotigen Händen routiniert die zähe gelbe Masse im Dampf aus dem Kupferkessel zu Caciocavallo podolico. Draußen sammeln sich Herden grauer Kühe friedlich zum Almabtrieb. Der Hirte zieht aus seiner Umhängetasche ein Stück Brot und eine Handvoll im Ofen getrockneter Oliven, die einzige Mahlzeit seines Tages.
Vier: In einem Dorf der Dolomiten Lukaniens trägt ein Mädchen *F'cazzol* zum Holzofen in der Bäckerei, wo die fürsorglichen Hände einer Frau Brotteig aus gelbem Grieß kneten. Kaum zu sehen, hinter dem Vorhang eines Hauses, modellieren die Hände einer anderen Frau in einem altbekannten Rhythmus Cavatelli, die sich mit dem sonntäglichen Ragù aus Salsiccia pezzente (einer Wurst aus den weniger wertvollen Teilen des Schweins) und Stücken von Peperone crusco verbinden. Diese Paprikaschoten ergeben auch mit Filet von Baccalà all'avaglianese eine einfache, doch schmackhafte Kombination.
In einem Klima, das zur Vereinheitlichung tendiert, sind es diese Männer und Frauen, die ihre Identität und ihre Welt verteidigen, außerhalb deren sie es schwerer hätten, Sinn für ihr Leben zu finden. In der Basilikata gibt es noch immer Orte, Menschen und Gemeinschaften, die an Ritualen und Traditionen festhalten. Das Essen stellt hier ein starkes und unersetzliches Bindemittel dar.

Für Sie entdeckt

Baccalà con peperoni cruschi

694 Gagliardi
Avigliano (Pz)
695 Pietra del Sale
Avigliano (Pz)
699 Da Peppe
Rotonda (Pz)

Pastorale

694 Pezzolla
Accettura (Mt)
695 Al Becco della Civetta
Castelmezzano (Pz)
697 La Taverna dei Gesuiti
Latronico (Pz)

Cavatelli con peperoni cruschi e mollica fritta

694 Gagliardi
Avigliano (Pz)
697 La Taverna dei Gesuiti
Latronico (Pz)
700 La Mangiatoia
Rotondella (Mt)

Mischiglio

697 La Taverna dei Gesuiti
Latronico (Pz)
699 Da Peppe
Rotonda (Pz)
701 Luna Rossa
Terranova di Pollino (Pz)

82 KM SÜDWESTLICH VON MATERA, S.S. 277

Pezzolla

Restaurant
Via Roma, 21
Tel. (+39) 08 35 / 67 50 08
Ruhetag: Freitag
Keine Ferien
40 Plätze + 20 Plätze im Freien
Preise: 25–35 €
Kreditkarten: AE, CS, DC, MC, Visa; BM
Mittags und abends geöffnet

In einem Umfeld des wahrhaft Einfachen bieten Mario und seine Mutter Isabella eine bodenständige, traditionelle Küche.

DIE OSTERIA – Fährt man über die lehmhaltigen Hügel nach Accettura, kann man leicht auf eine Herde grauer Rinder der Podolica-Rasse treffen, gefolgt von Kälbern mit honigfarbenem Fell. In diesem Gebiet und bei Pezzolla scheint es, als wären viele Dinge im Lauf der Zeit gleich geblieben. In der einsehbaren Küche ist Mario am Werk, als würdiger Schüler seiner Mutter Isabella, die trotz ihres fortgeschrittenen Alters nicht nur die Vorgänge in der Küche überwacht, sondern auch gerne ein wenig mit den Gästen plaudert.

DIE KÜCHE – Beginnen können Sie mit Salumi, Sottoli, ausgezeichneten Frittini (6 €) mit Gemüse, Scamorza und Pilzen, Peperone crusco und dem Knetkäse Manteca al tartufo. Die frische Pasta wird von Tante Isa zubereitet, es gibt Pappardelle ai porcini (6 €) und **Orecchiette al ragù di cinghiale** (mit Sauce vom Wildschwein), vom Jungschaf, mit Brasciola di podolica (Rinderrouladen) oder mit Salsiccia pezzente (Slow-Food-Presidio), des Weiteren **Manate alla sangiovannara** sowie Ferricelli al rafano e mollica fritta (mit Meerrettich und gebratenen Brotkrumen). Vor allem Fleisch finden Sie bei den Secondi: Lamm, Salsiccia pezzente, **Puntine di maiale** (Rippenstücke vom Schwein) oder Rind der Podolica-Rasse alla brace (10 €) oder al ragù, dazu von Hand geschnittene gebratene Kartoffeln mit Rosmarin. Eine würdige Alternative bietet **Rafanata** (Omelett aus Kartoffeln, Ei, Käse und Meerrettich). Verpassen Sie beim Dessert nicht Mousse di ricotta und zu Festzeiten Zeppole al miele. Anständiger Hauswein. Ein reichhaltiges Degustationsmenü (30 €) beinhaltet zwei Antipasti, zwei Kostproben von Primi, zwei von Secondi und den gegrillten Käse Caciocavallo mit Honig und Dessert.

21 KM NORDWESTLICH VON POTENZA

Gagliardi

Traditionelle Osteria
Via Martiri Ungheresi, 18
Tel. (+39) 09 71 / 70 07 43,
(+39) 339 / 152 98 57
Ruhetag: Sonntagabend, Montag
Ferien: unterschiedlich
50 Plätze + 30 Plätze im Freien
Preise: 30 €
Kreditkarten: AE, CS, DC, MC, Visa; BM
Mittags und abends geöffnet

DIE OSTERIA – Die Osteria liegt an einer kleinen Piazza im Zentrum von Avigliano. Inhaber Stefano ist schon seit über 20 Jahren in der Gastronomie tätig und dass die Gäste sich wohl fühlen, ist ihm ein echtes Anliegen. Im Service wird er von Giuseppe unterstützt, am Herd stehen Vito und Mario. Das Lokal ist angenehm, die Räumlichkeiten strahlen eine familiäre Atmosphäre aus. Der Stützpfeiler des Lokals ist Baccalà, die Spezialität der Stadt. Die Salumi stammen aus Picerno, Käse kommt aus Moliterno, Filiano und Ruoti.

DIE KÜCHE – Der Antipasto dell' Osteria (10 €) steht ganz und gar im Zeichen des Baccalà. Vorgestellt wird dieser in Form von Carpaccio, Bocconcini fritti (frittierte Stückchen in Backteig), Insalata, Parmigiana und Soufflé. Alternativ dazu gibt es Cardoncelli grigliati (gegrillte Kräuterseitlinge), Bruschetta al lardo sowie Scamorza arrostita con tartufo nero. Auch bei den Primi ist Baccalà allgegenwärtig: in der Füllung der Ravioli, die auf Kichererbsencreme serviert werden (7 €), in der Carbonara und gemeinsam mit Rucola und Pancetta auf den Orecchiette (6 €). Weitere leckere Primi sind Orecchiette con broccoli e peperoni *cruschi* sowie **Strascinati con mollica di pane e noci** (mit Brotkrumen und Nüssen, 6 €). In der Folge verdienen Agnello dello chef (10 €), **Bocconcini di maiale con peperoni all'aceto** (Schweinemedaillons mit in Essig eingelegten Paprikaschoten) und selbstverständlich **Baccalà all'aviglianese** (12 €), gebraten oder frittiert, eine Kostprobe. Das typische Dolce namens Tarallo kommt aus der lokalen Bäckerei. Auf der guten Weinkarte findet sich vor allem Aglianico del Vulture.

AVIGLIANO (PZ)
Frusci – Monte Carmine

26 km nördlich von Potenza, S.S. 658

Pietra del Sale

Restaurant
Ortsteil Pietra del Sale
Tel. (+39) 09 71 / 870 63,
(+39) 392 / 532 79 31
Ruhetag: Sonntagabend, Montag
Keine Ferien
80 Plätze + 30 Plätze im Freien
Preise: 30 €
Kreditkarten: AE, CS, MC, Visa; BM
Mittags und abends geöffnet

DIE OSTERIA – Richtung Monte Carmine steht ein gemütliches, renoviertes ehemaliges Wachhaus, in dem einst die Leibwächter des Fürsten Doria lebten und das später als Käserei benutzt wurde. Der ideale Ort für ein Mittag- oder Abendessen, dank der Erfahrung und der Liebenswürdigkeit von Vincenzo Samela im Service und Donata und Leonardo in der Küche. Viele der verwendeten Zutaten stammen aus der eigenen Landwirtschaft, der Käse kommt aus der Käserei der Familie.

DIE KÜCHE – Vielversprechender Antipasto (7 €) mit kleinen Ricotta-Formen, Cacioricotta, Caciocavallo, Pecorino aus Filiano mit der geschützten Ursprungsbezeichnung DOP mit Polenta, Schafkäse, lokalen Salumi, frittierten oder gebratenen Auberginen und Paprikaschoten, Zucchini a ***scapece***, Insalata di ovoli (Pfifferlinge als Salat) und Peperoni *cruschi* (knusprig gebratene getrocknete Paprikaschoten). Bei den Primi (8 €) überwiegend hausgemachte Pasta: **Strascinati ai funghi porcini** (mit Steinpilzen) oder mit Crema di peperoni *cruschi*, ***Cauzuni*** (Teigtaschen mit Ricotta und Minze) **al sugo di pomodoro** sowie Orecchiette con noci e mollica. Anschließend Cinghiale ai profumi di bosco, Agnello alla brace und Pollo ruspante alla cacciatora. **Baccalà all'aviglianese** wird mit den unverzichtbaren Peperoni *cruschi* (10 €) bestreut und in zahlreichen anderen Zubereitungen serviert, schließlich ist er eines der typischen Produkte der Stadt. Zum Dessert (3 €) **Taralli glassati**, Eis, Crostata mit Walderdbeeren oder anderen Waldbeeren. Auf der kleinen, aber nicht zu unterschätzenden Karte stehen vor allem Weine aus der Basilikata.

CASTELMEZZANO (PZ)

42 km südöstlich von Potenza, S.S. 407

Al Becco della Civetta

Restaurant
Vico I Maglietta, 7
Tel. (+39) 09 71 / 98 62 49,
(+39) 345 / 986 48 55
Ruhetag: Dienstag, außer im August
Ferien: zeitweise im Winter
80 Plätze + 20 Plätze im Freien
Preise: 30–35 €
Kreditkarten: AE, CS, MC, Visa; BM
Mittags und abends geöffnet

Maria Antonietta drückt die Verbundenheit mit ihrer Umgebung durch die Verschmelzung von Tradition und Innovation in der Küche aus.

DIE OSTERIA – Das auf 750 Metern Höhe gelegene Castelmezzano ist eines der charakteristischsten Dörfer der lukanischen Dolomiten. Diese spitzen felsigen Gipfel sind heute durch den „Volo dell'angelo" bekannt, einen Überflug an einem Drahtseil zwischen den Gipfeln der Orte Pietrapertosa und Castelmezzano. Das Lokal im Zentrum des Ortes, in einem Häuser, die sich an den Hang schmiegen, bietet gutes Essen und einen umwerfenden Ausblick. Mit Leidenschaft sammelt Maria Antonietta Santoro Kräuter, die später ihre Traditionsgerichte bereichern.

DIE KÜCHE – Zu Beginn könnten Sie lokale Salumi (9 €) probieren, Artischocken mit Ricotta und Minze sowie **Crocchette di baccalà con legumi** (Bällchen aus Baccalà mit Hülsenfrüchten). Dann folgen **Purè di fave con finocchietto e cicoria** (Püree aus Dicken Bohnen mit Wildfenchel und Zichoriengemüse), Cavatelloni al ragù und **Strascinati mantecati al cacioricotta con *cruschi* e mollica di pane** (9 €). Als Fortsetzung **Baccalà e peperoni *cruschi*** (14 €), Agnello alle erbe aromatiche oder gegrilltes Fleisch. Eine schöne Auswahl an Käse wird mit Konfitüren oder Honig serviert. Zum Abschluss gibt es einen angenehmen Kräutertee zu Mousse di ricotta con salsa d'arancia (5 €) oder Semifreddo al ficotto e pistacchi. Antonio Romano, der Mann von Maria Antonietta, betreut die reichhaltige Weinkarte. An manchen Festtagen gibt es die Möglichkeit, ein Degustationsmenü für 30 € zu bestellen, das aus zwei Antipasti, zwei Kostproben von Primi, einem Secondo und Dessert besteht.

FRANCAVILLA IN SINNI (PZ)

135 KM SÜDÖSTL. V. POTENZA, S.S. 92 U. S.S. 653

Il Crepuscolo

Agriturismo
Ortsteil Piano Rivitale, 1
Tel. (+39) 09 73 / 64 89 00,
(+39) 333 / 314 66 82
Ruhetag: Montag
Ferien: Januar, Februar
80 Plätze
Preise: 25 €
Keine Kreditkarten
Mittags und abends geöffnet

DIE OSTERIA – Um das Lokal Il Crepuscolo zu erreichen, muss man durch einen großen Wald mit hohen Bäumen fahren. Der Ort mit dem schön renovierten alten Landhaus ist bezaubernd, aus den großen Fensterfronten im Speisesaal schaut man ins Grüne. Der Betrieb wird von einer Familie geführt, Lidia Ciani und ihre Schwägerin Elisa Marziale stehen in der Küche, den Service betreut Lidias Mann Eduardo.

DIE KÜCHE – Sie können à la carte wählen oder sich dem reichhaltigen, umfassenden Degustationsmenü für 25 € anvertrauen. Vielfältige Antipasti (9 €): lokale Salumi und Käse, Zucchini mit Ricotta, Frittata di asparagi (Omelett mit Spargel), Polpette di patate, **Frittelle di sambuco** (Pfannkuchen mit Holunderblüten) oder mit Ricotta und Brot, panierte Steinpilze, Schiacciata con farina di ceci (Fladenbrot aus Dinkelmehl), Kürbisblüten, Ricotta fritta, Polpette di melanzane und Peperoni *cruschi* di Senise. Die Primi (7 €) werden mit der typischen frischen Pasta Lukaniens zubereitet: ***Rashcatielli*** mit Brotkrumen und zerbröselter getrockneter Paprikaschote oder mit Ricotta salata, **Strascinati di mischiglio con pomodoro e basilico** (Pasta aus dem Mehl von Hülsenfrüchten und Getreide mit Tomaten und Basilikum), Fusilli con salsiccia e funghi oder Fusilli al sugo di cinghiale. Ravioli gibt es mit Tomaten oder alla salsa di noci (mit Nusssauce). Fleisch aus eigener Produktion (Lamm, Schwein, Salsiccia und Hähnchen) wird zum **Arrosto misto** (8 €). Pecorino und Caciocavallo schmecken auch gebraten gut. Das schmackhafte Brot wird aus lokalen Mehlsorten gemacht. Verpassen Sie nicht Crostata mit Obst, dazu ein Gläschen Likör aus Lorbeer oder Wildfenchel, heiß serviert. Durchaus angenehm ist der offene Wein aus der für die Gegend typischen Traube Guarnacina.

IRSINA (MT)

40 KM NORDWESTLICH VON MATERA

Nugent

Trattoria
Piazza Garibaldi, 6
Tel. (+39) 08 35 / 62 81 80,
(+39) 328 / 776 85 91,
(+39) 338 / 374 17 80
Ruhetag: Dienstag
Ferien: unterschiedlich
60 Plätze + 25 Plätze im Freien
Preise: 25–30 €
Kreditkarten: AE, CS, DC, MC, Visa; BM
Mittags und abends geöffnet

DIE OSTERIA – Die Altstadt der weiträumigen Gemeinde Irsina ist reich an Sehenswürdigkeiten. Die Trattoria im Erdgeschoss des gleichnamigen Adelshauses stellt in ihrem rustikalen Ambiente mit Deckengewölbe Objekte des bäuerlichen Lebens aus. Chefkoch Mario Tarantino interpretiert mit Meisterschaft die Küche der Umgebung. Die entzückende Maria Luigia (Gigia genannt) wird sich im Speisesaal um Sie kümmern.

DIE KÜCHE – Zahlreiche Antipasti (10 €): Baccalà con le patate, Salsiccia pezzente, Püree aus Dicken Bohnen mit Wildzichorien, Kirschtomaten auf Crostini di pane, Patate al forno con peperone *crusco*, Salsiccia con le uova, Friggitelli (gebratene kleine Paprikaschoten) mit lokalen Oliven, **Pancotto con le rape**, Peperoni *cruschi* ripieni di mousse di baccalà, Insalata di arancia con i peperoni *cruschi*, Insalatina di baccalà und Lampascioni (Wildzwiebelchen als Pfannkuchen oder Salat). Natürlich gibt es auch immer klassische lukanische Salumi, guten Käse aus der Umgebung sowie lokal gezüchtete Schnecken. Gute Primi mit hausgemachter Pasta: **Cavatellini con cicerchie e funghi cardoncelli** (mit Platterbsen und Kräuterseitlingen, 6,50 €) oder mit Bohnen und Wildfenchel, **Cavatelli con salsiccia e funghi** oder al ragù di cinghiale, Orecchiette con pezzente, rucola, pomodorini e cacioricotta (7,50 €) und Ravioli al baccalà. Es folgen Grigliata mit Lamm- und Schweinefleisch sowie Salsiccia (dabei können Sie auch ***Gnummaridd***, Rouladen aus Lamminnereien, probieren). Ebenso gut schmeckt Arrosto di podolica (Braten vom Rind der Podolica-Rasse) oder vom schwarzen Schwein der Rasse Antico Suino nero lucano. Zum Abschluss gibt es typische Kekse und Süßspeisen aus dem Ofen. Der offene Wein stammt aus dem örtlichen Winzerbetrieb, aber es sind auch einige Flaschenweine aus der Basilikata vorrätig.

LAGONEGRO (PZ)
Monte Sirino

100 KM SÜDL. V. POTENZA, S.P. 26 U. AUSFAHRT A 3

Valsirino

Agriturismo
Ortsteil Ceraso, 4
Tel. (+39) 09 73 / 415 65,
(+39) 338 / 815 84 96
Ruhetag: Dienstag
Keine Ferien
80 Plätze + 40 Plätze im Freien
Preise: 20–30 € (Tagesmenü)
Kreditkarten: AE, CS, DC, MC, Visa; BM
Mittags und abends geöffnet

DIE OSTERIA – Vier Kilometer von der Ausfahrt Lagonegro Sud der Autobahn Salerno-Reggio Calabria entfernt, liegt in der dichten Vegetation der Hänge des Monte Sirino, in einem Tal voller Wildrosen, dieses ansprechend renovierte alte Steinhaus. Mario Civale stellt mit Hilfe seiner Schwestern Lucia und Giuseppina seit beinahe 25 Jahren die einfachen, unverfälschten Gerichte der lokalen bäuerlichen Tradition vor. Zubereitet werden sie aus Zutaten, die aus dem Garten und der Viehzucht des Betriebs stammen.

DIE KÜCHE – Wählen Sie zwischen drei verschiedenen Degustationsmenüs (für 20 €, 25 € und 30 €), die auch Obst, Dessert, lokalen Wein und Kaffee beinhalten. Im ersten bekommen Sie über 20 Kostproben an Antipasti, darunter Schwarten und Bohnen, Trippa e patate (Kutteln und Kartoffeln), Soffritto di agnello, **Rappasciola** (Süppchen aus Hülsenfrüchten und Getreide), Kartoffeln und Wildzwiebelchen, Salumi und Käse, Pfannkuchen mit Borretsch, kleine Omeletts mit Zucchini und Zwiebeln, außerdem Pilze. In der zweiten Version ist außer den Antipasti eine Kostprobe von drei Primi vorgesehen, zum Beispiel Bucatini al sugo di ortiche e baccalà, **Orecchiette al pesto di finocchietto**, Ravioli di ricotta oder **Ferricelli alla salsa di peperoni *cruschi***. Secondi gibt es als Bestandteil des dritten Degustationsmenüs, nämlich Fleisch von der Holzkohlenglut: **Maialino nero lucano** (vor Ort aufgezogenes Ferkel der Rasse Suino nero lucano), Lamm, Zicklein, Wildschwein und Kalb der Podolica-Rasse. Zum Abschluss Crostata mit Waldbeeren und ein guter Likör mit lokalen Kräutern.

Im Ortsteil Monticello der Gemeinde **Rivello** (9 km) setzt Francesco Pecorelli in seiner Käserei die Tradition seiner Familie fort und stellt hervorragende Ricotta, Schafkäse und Caciocavollo aus der Milch der Kuh der Podolica-Rasse her.

LATRONICO (PZ)

124 KM SÖ. VON POTENZA, A 3 UND S.S. 653

La Taverna dei Gesuiti

Restaurant
Via Lacava, 6
Tel. (+39) 09 73 / 85 82 94,
(+39) 389 / 113 61 16,
(+39) 345 / 424 30 95
Ruhetag: Montag, außer im Sommer
Keine Ferien
50 Plätze + 60 Plätze im Freien
Preise: 30–35 €
Kreditkarten: AE, CS, DC, MC, Visa; BM
Mittags und abends geöffnet

DIE OSTERIA – La Taverna dei Gesuiti befindet sich an der Piazza im Zentrum des Ortes. Die nette Tierärztin Maria Gabriella Sisinni leitet das ordentliche kleine Lokal seit einigen Jahren zusammen mit Giovanni D'Amato. In der Küche steht nach wie vor der tüchtige Francesco Tucci, ein Experte für die Küche der Umgebung.

DIE KÜCHE – Der Antipasto Lucania (9 €) beinhaltet **Rappaiona** (Suppe mit Hülsenfrüchten und Getreide), Rafanata (mit geriebenem Meerrettich bestreutes Omelett), Peperone *crusco* und Baccalà mantecato auf Crostini di pane. Der Antipasto del Gesuita hingegen ist eine Zusammenstellung verschiedener Salumi und Käse. Schmackhafte Primi wie Maccheroni con la mollica (mit Brotkrumen, gewürzt mit Kräutern, eingesalzenen Sardellen und Stückchen von Peperoni di Senise, 7 €), Lagane con ceci, baccalà e peperoni *cruschi* (8,50 €) oder mit Dicken Bohnen, Guanciale und Pecorino, **Mischiglio** (Pasta aus dem Mehl von Dicken Bohnen, Kichererbsen und Hartweizen) **con funghi misti, finocchio selvatico e pomodoro**, sowie Gnocchetti alle erbe aromatiche. Gut gemachter, gedämpfter **Baccalà alla trainiera** mit Peperoni *cruschi* oder alla lucana mit Jungzwiebeln als Secondo. Kräftiger Geschmack bei **Involtini di interiora di agnello** (Rouladen aus Lamminnereien). Natürlich gibt es auch klassischen Arrosto misto mit Fleisch vom Podolica-Rind, Lamm und Schwein sowie Salsiccia. Als Beilage duftende Patate sfritte (gekochte und in der Pfanne mit Zwiebeln und zerbrochenen getrockneten Paprikaschoten gewürzte Kartoffeln, 3,50 €). Zum Abschluss Crostata mit Obst. Im Keller lagern einige Etiketten aus der Basilikata und dem nahen Kampanien.

In den Fleischereien von Latronico kaufen Sie ausgezeichneten Prosciutto und Salsiccia, gewürzt mit Zafarana, den gemahlenen Peperoni di Senise.

MARATEA (PZ)
Massa

135 KM SÜDLICH VON POTENZA, A 3 UND S.S. 585

Il Giardino di Epicuro

Restaurant
Ortsteil Massa
Tel. (+39) 09 73 / 87 01 30
Kein Ruhetag
Keine Ferien
30 Plätze + 50 Plätze im Freien
Preise: 30–35 €
Kreditkarten: AE, CS, DC, MC, Visa; BM
Mittags und abends geöffnet

DIE OSTERIA – Die Osteria blickt auf die Küste von Maratea, wo beeindruckende Felsen wie Riesen aus dem Meer ragen. Der auf Anhieb positiv beeindruckende Giardino di Epicuro liegt inmitten von üppigem Grün. Die Einrichtung ist gemütlich und traditionell, an den Wänden und Regalen sind Erinnerungsstücke ausgestellt. Der mediterran herzliche Antonio präsentiert seine Spezialitäten auf eine Art, die bei seinen Zuhörern ein lebhaftes, beinahe greifbares Bild von jedem Geschmack und jedem Duft hervorruft.

DIE KÜCHE – Eröffnung des Essens mit einer cremigen Ricotta, Käse aus der Milch der Podolica-Kuh, hausgemachten Salumi und köstlichen Konfitüren aus Myrte und Peperoncino (10 €). Reiche Auswahl bei den Primi (10 €), sowohl Pasta als auch Saucen betreffend: Pappardelle, Strascinati, Gnocchi, Fusilli und Scialatielli werden mit Creme aus Wildfenchel oder Kürbisblüten serviert, mit frischen Pilzen, Trüffel, Sauce vom Schwein oder Hammel und auch mit Creme aus Borretsch. Ebenfalls auf der Karte stehen **Ravioli di ricotta e salsiccia al ragù**, mit Fisch gefüllte Ravioli sowie **Lagane e ceci**. Gegen Vorbestellung bekommen Sie die prächtige Zuppa di pesce. Alternative Secondi sind die schmackhafte Costata di vitello lattante (Rippenstück vom Milchkalb) oder vom Rind der Podolica-Rasse, Capretto oder **Agnello con lampascioni al forno** (15 €), Coniglio alla boscaiola con olive e Aglianico, Cinghiale in umido sowie gereifter Caciocavallo podolico oder Pecorino alla piastra (vom Grill). Zu hausgemachten Desserts wie Caprese und Crostate di ricotta (4 €) mit Schokolade, Myrte, Birnen oder Erdbeeren passt einer der von Annelia zubereiteten Rosoli.

Auf der Piazza Madre Teresa di Calcutta 7 in **Trecchina** (12 km) bekommen Sie in der Pasticceria Isabella Bocconotti und andere Süßspeisen der lokalen Tradition.

MIGLIONICO (MT)

19 KM SÜDLICH VON MATERA

Hosteria del Malconsiglio

Moderne Osteria
Extramurale Castello, 32
Tel. (+39) 08 35 / 55 99 41
(+39) 347 / 670 72 58
Ruhetag: Montag, Dienstag
Ferien: 1.–15. September
60 Plätze
Preise: 25–30 €
Kreditkarten: AE, CS, DC, MC, Visa
Abends geöffnet, mittags gegen Vorbestellung

DIE OSTERIA – In der Altstadt des von der Landwirtschaft geprägten Ortes Miglionico können Sie zahlreiche Sehenswürdigkeiten bewundern, darunter die berühmte Festung Malconsiglio, nach der die Osteria von Familie Vesia benannt ist. Das Lokal wurde von der Mutter der jetzigen Inhaber Giulio und Attilio gegründet, die 1980 gegründete Pasticceria wird heute von Tochter Carmela betrieben.

DIE KÜCHE – Schön zusammengestellt sind die Antipasti (12 €): Schafmilchricotta mit ausgezeichnetem Cotto di fichi (Feigenmelasse), Caciocavallo podolico und Canestrato di Moliterno, serviert mit eingelegten Orangen, Salumi vom schwarzen Schwein, verschieden gewürzte Crostini, süßsauer eingelegte Zwiebeln mit Wildfenchel, Wildzichorien mit Kirschtomaten, Polpette di baccalà con crema di zucca rossa tartufata e filetti di peperoncino, Involtini di pancetta con le prugne, Tortino di pancotto e rape con scalogno sowie Peperone *crusco* e arancia fresca. Mit guten Saucen werden die typischen Pastasorten serviert: **Cavatellini con purè di fave, porcini, salsiccia**, trito di mollica fritta e peperone *crusco* (mit Püree aus Dicken Bohnen, Steinpilzen, Salsiccia, gebratenen Brotkrumen und knusprig gebratener getrockneter Paprikaschote, 7,50 €) und Maritati (die beiden Pastaformate Verricelli und Orecchiette) mit Creme aus rotem Kürbis, frischer Salsiccia, Kräuterseitlingen und Peperone *crusco*. Kräftige Secondi wie **Agnello con patate e lampascioni** gratinati al forno (10 €), **Stufato piccante di carne mista con verdure**, Arrosto di agnello, salsiccia e involtini. Die guten Dolci bereitet Signora Carmela zu: Sospiri con crema pasticciera e glassa, Tette della monaca ripiene di crema pasticciera, **Gelato al decotto di fichi secchi e mandorle** (3,50 €). Im Keller lagern einige Etiketten aus Lukanien.

141 KM SÜDÖSTLICH V. POTENZA, A 3 UND S.S. 19

Da Peppe

Restaurant • Corso Garibaldi, 13
Tel. (+39) 09 73 / 66 12 51,
(+39) 339 / 270 69 25
Ruhetag: Montagabend, Sonntag (außer im Sommer)
Keine Ferien
120 Plätze
Preise: 30 €
Kreditkarten: AE, CS, DC, MC, Visa; BM
Mittags und abends geöffnet

Hier werden Gerichten angeboten, die sich an der Tradition inspirieren – Ergebnis der Verarbeitung von Spitzenprodukten mit ausnahmslos nachvollziehbarer Lieferkette.

DIE OSTERIA – Rotonda ist ein kleines Dorf an der Grenze zu Kalabrien und Hauptort des Parco Nazionale del Pollino. 1980 haben Peppe De Marco und seine Frau Angela dieses typische, gepflegte Lokal in der Nähe der Piazza eröffnet. Angela betreut gemeinsam mit ihrer netten, professionellen Tochter Antonella den Service, während Peppe in der Küche Gerichte der lokalen Tradition zubereitet, für die er ausschließlich Zutaten aus der Umgebung verwendet.

DIE KÜCHE – Bei den Antipasti (7 €) könnten Sie Prosciutto und Soppressata aus dem Pollino vorfinden, von Signora Angela selbst eingelegtes Gemüse sowie Gemüsetorten. Anschließend Raviolini alle punte d'ortica (mit Brennnesselspitzen, 12 €), **Zuppa di fagioli poverelli bianchi e polvere di peperone di Senise** (mit typischen lokalen Bohnen und gemahlenen getrockneten Paprikaschoten, 8 €), Gnocchetti ricotta e menta sowie **Tagliolini al tartufo del Pollino e fonduta di formaggi lucani**. Schmackhafte Secondi: Filetto di maiale alle bacche di ginepro, Agnello con patate e lampascioni selvatici (Lamm mit Kartoffeln und Wildzwiebelchen, 15 €), **Baccalà con purè di fave** (13 €) und Tatar vom Rind der Podolica-Rasse mit knackigem Salat. Kräuter und Pilze aus den nahen Wäldern finden Eingang in die Beilagen. Groß ist die Auswahl an Käse und Wein aus Lukanien. Als Dessert gibt es die klassische Torte mit den roten Auberginen aus Rotonda mit frischer Ricotta.

102 KM SÜDLICH V. MATERA, S.S. 380 U. S.S. 106

La Mangiatoia

Restaurant
Via Giotto, 23
Tel. (+39) 08 35 / 50 44 40,
(+39) 348 / 382 01 70
Ruhetag: Mittwoch
Keine Ferien
90 Plätze + 40 Plätze im Freien
Preise: 25 €
Kreditkarten: AE, CS, DC, MC, Visa; BM
Mittags und abends geöffnet

Seit 1965 werden hier die Kunst der Gastlichkeit und die Zubereitung der einfachen, unverfälschten Gerichte Lukaniens gepflegt.

DIE OSTERIA – Rotondella ist als „Balkon über dem Ionischen Meer" bekannt. Von der Terrasse dieses reizenden Restaurants reicht der Blick vom Fluss Sinni bis zum Golf von Tarent. Cosima steht in der Küche, ihr Mann Antonio besorgt die Zutaten und bestellt den Obst- und Gemüsegarten, Sohn Giuseppe kümmert sich gemeinsam mit seiner Frau Felicetta um die Gäste.

DIE KÜCHE – Der Antipasto (7 €) besteht aus mit Sottoli (eingelegtem Gemüse) gefülltem Brot, ***Pastizz'*** (mit gemischtem Fleisch gefüllte Teigtaschen), **Falagoni** (Teigtaschen mit Gemüse und Hülsenfrüchten), Soppressata, Guanciale, Capocollo, Scamorza, Ricotta, Canestrato di Moliterno und Peperoni *cruschi* (getrocknete Paprikaschoten) im Backteig. Cosima macht täglich selbst die frische Pasta (6 €) wie ***Frizzul*** (über einen Eisenstab gerollte Pasta) **con ragù e mollica di pane fritta** (mit Fleischsauce und gebratenen Brotkrumen), Orecchiette al ragù d'agnello und im Winter Lagane e ceci. Im Frühling sollten Sie Minestra di fave fresche con cime e cicorie probieren, eine Suppe mit Dicken Bohnen, Zichorienspitzen und Zichoriengemüse. Bei den Secondi (8 €) ist vor allem Fleisch von der Holzkohlenglut vorgesehen: Zicklein, Lamm, Kalb der Podolica-Rasse, frei lebendes Huhn und Kaninchen. Außerdem können Sie Omeletts bestellen: mit Peperoni *cruschi*, wildem Spargel oder Zucchini. Sehr empfehlenswert sind Kürbisblüten im Backteig. Zum Dessert (3 €) ***Pastizzott*** mit Kichererbsen, Schokolade und Zimt oder Crostata mit Ricotta oder Sauerkirschen. Zu trinken gibt es guten offenen Wein oder einige Etiketten aus der Basilikata.

71 KM NORDWESTLICH VON POTENZA

Al Giglio d'Oro

Restaurant
Ortsteil Serre Sant'Andrea
Tel. (+39) 09 76 / 975 16,
(+39) 388 / 619 63 89
Ruhetag: Montag
Keine Ferien
50 Plätze + 20 Plätze im Freien
Preise: 30 €
Keine Kreditkarten
Mittags und abends geöffnet

DIE OSTERIA – Zwischen den Bergen Vulture und Santa Croce, wenige Kilometer von den Stauferburgen Melfi und Castel Lagopesole entfernt, liegt der Ort Ruvo del Monte, inmitten üppiger Weiden mit Lämmern und Zicklein, deren Qualität in der gesamten Region geschätzt wird. Das Restaurant verfügt neben gepflegten, einladenden Räumen auch über Plätze im Freien, umgeben vom Obst- und Gemüsegarten der Inhaber. Domenico und Maria können auf ihre solide Erfahrung im Bereich der Gastronomie bauen. Sie bieten Gerichte der lokalen Tradition, einer kulinarischen Kreuzung zwischen Basilikata, Kampanien und Apulien. Die Grundzutaten stammen von kleinen, hochqualifizierten lokalen Produzenten.

DIE KÜCHE – Der Antipasto (7 €) könnte gegrilltes Gemüse vorsehen, Capicollo, Guanciale und Pancetta, Milchprodukte von einem Hirten, der in der Nähe wohnt, Cialda di podolico ripiena di ricotta, wilde Zichorien und Gemüseomeletts. Die frische Pasta für die Primi (7 €) ist von Hand gemacht: **Ravioli di ricotta con la mentuccia al ragù di carne mista**, Ravioli mit Butter und Salbei oder mit lokaler Trüffel. Außerdem Strascinati con melanzane e provolone oder mit Peperoni *cruschi* und Ziegenkäse sowie **Fusilli con il rafano** (mit Meerrettich). Im Winter wärmen Sie sich mit der im Tontopf ***Pignata*** gekochten Suppe mit Hülsenfrüchten. Unter den Secondi (8 €) ragen neben Fleisch von der Holzkohlenglut Kaninchen oder **Pollo ripieno** (gefülltes Hähnchen) mit Gemüse und Kartoffeln aus dem Garten hervor. Ebenso interessant: Zicklein oder Lamm wie **Agnello alle erbe aromatiche** (mit Kräutern aus den nahen Wäldern). Den hochwertigen Käse aus der Umgebung bekommen Sie auch gegrillt. Torten und Crostate (4 €) bäckt Maria selbst und belegt sie mit Obst aus eigenem Anbau. Zu trinken gibt es vor allem Aglianico del Vulture.

154 KM SÜDÖSTL. V. POTENZA, S.S. 653 U. S.S. 92

Giardini degli Dei

Agriturismo
Ortsteil Casa del Conte
Tel. (+39) 09 73 / 930 37,
(+39) 340 / 559 35 14
Kein Ruhetag
Keine Ferien
90 Plätze
Preise: 25–30 €
Kreditkarten: AE, CS, DC, MC, Visa; BM
Mittags und abends geöffnet

DIE OSTERIA – Im Herzen des Parco Nazionale del Pollino, einem Schauplatz von seltener Schönheit, liegt auf etwa 1000 Metern Höhe der Agriturismo von Giuseppe Guarino und seiner Frau Maria. Sohn Salvatore serviert und erläutert detailgenau die Gerichte und die dafür verwendeten Produkte. Giuseppes Geschichte ist stringent: in einer Bauernfamilie aufgewachsen, Hotelfachschule, Berufserfahrung in der Gastronomie und schließlich die Entscheidung für den landwirtschaftlichen Betrieb, der den Großteil der Zutaten liefert. Giuseppe wechselt zwischen Küche und Speisesaal, die unermüdliche Signora Maria erzählt am Ende des Essens von den Konfitüren, Rosoli und dem Honig, die sie selbst macht.

DIE KÜCHE – Im Antipasto (9 €) finden Sie Salumi aus eigener Erzeugung, **Ingrattonato** (Lammkutteln mit Käse und Ei), Soffritto di agnello, ***Gnummriedd*** (Rouladen aus Lamminnereien), Bohnen und Schwarten, gegrillte Auberginen, Bohnen und Polenta, Peperoni *cruschi*, Omeletts mit frischem Blattgemüse, Gemüse und Baccalà im Backteig, Ricotta, Schafkäse und Caciocavallo podolico. Die Primi (6 €) basieren auf frisch gemachter Pasta: Fusilli und Orecchiette al sugo di carne oder mit Steinpilzen, Ravioli di ricotta e verdure al ragù (mit Fleischsauce) oder mit Butter und Salbei sowie **Fusilli con peperoni *cruschi* e mollica di pane**. Probieren Sie Fave con le cicorielle di campo (Püree aus Dicken Bohnen mit wilden Zichorien). Bei den Secondi (9 €) ist vor allem gutes Fleisch von der Holzkohlenglut vertreten: Zicklein, Lamm, Podolica-Kalb, Salsiccia. Als Alternativen gibt es **Capretto al forno con patate e cipolline campestri**, Agnello maritato, Innereien vom Lamm oder frei lebendes Huhn. Zum Abschluss Dolci (3 €) wie Crostata mit Obst, dazu Rosoli mit Wildfenchel, Lorbeer, Rosmarin oder Stachelbeeren. Der Hauswein ist ein guter Aglianico del Vulture.

154 KM SÜDÖSTL. V. POTENZA, S.S. 653 U. S.S. 92

Luna Rossa

Restaurant
Via Marconi, 18
Tel. (+39) 09 73 / 932 54
Ruhetag: Mittwoch, außer im Sommer
Ferien: zeitweise im Oktober
60 Plätze + 30 Plätze im Freien
Preise: 35 €
Kreditkarten: AE, CS, DC, MC, Visa; BM
Mittags und abends geöffnet

Federico hat schon vor vielen Jahren die Aufgabe übernommen, mit seinen Gerichten für die Bewahrung der Tradition dieser Gegend zu sorgen.

DIE OSTERIA – Federico Valicenti, ein Vulkan an Ideen, hat an der Geschichte der Gastronomie in Lukanien mitgeschrieben. Der Experte für die kulinarische Tradition des Pollino-Gebietes hat Projekte auch außerhalb der Region entwickelt und Erfahrungen im Ausland gesammelt. Seit 1981 erzählt er mit seinen bis ins Detail durchdachten Gerichten von den Geheimnissen seiner Umgebung. Welche der aus dem Hinterland von Kalabrien und Lukanien stammenden Zutaten er gerade verwendet, hängt von der Jahreszeit ab.

DIE KÜCHE – **Ciambottella** ist ein mit dem saisonalem Gemüse gefülltes Sauerteigbrötchen, das als Antipasto, alleine oder zusammen mit **Insalata di trippa *a scapece*** con tartufo oder mit Funghi porcini lardati all'uovo (13 €) serviert wird. Weitere köstliche Antipasti sind Sformatino di patate seccagne, *cruschi* e crema di pecorino (Auflauf aus Kartoffeln einer lokalen Sorte mit getrockneten Paprikaschoten und Creme aus Pecorino) und die mit Maismehl bestreute Steinpilzsuppe auf Brot mit Oregano. Unter den Primi ragt **Mischiglio** (9 €) hervor, eine aus gemischtem Mehl von Getreide und Hülsenfrüchten hausgemachte Pasta. Sehr gut sind auch Ferrazzuoli con peperone arrostito, pomodoro, uova e salsiccia, Maccheroni ubriachi di Aglianico (9 €) und Cavatelli con porcini e mollica di pane al finocchietto (11 €). Lokales Fleisch bildet die Grundlage der Secondi: Braten, Lucanica (lokale Salsiccia) und **Maiale con cipolla, uvetta, ginepro e alloro** (10 €). Unbedingt probieren sollten Sie die Salumi und den hervorragenden lokalen Käse. Dolci wie Crema di frutta con vincotto und Ricotta con cannella, mandorle e miele di castagno sind hausgemacht. Gute Weinkarte.

BASILIKATA
PARCO NAZ. DELL'APPENNINO LUCANO VAL D'AGRI LAGONEGRESE
Sapri
A3
PARCO NAZ.
D. POLLINO
Marina di Amendolara
Trebisacce
Mormanno
Civita
Scalea
Castrovillari
Saracena
Golf von Corigliano
Sibari
S. Sosti
Belvedere Marittimo
Marina di Belvedere
S. Marco Argentano
Corigliano Calabro
Rossano
Mirto
Crosia
Cariati
Cerzeto
Acri
Longobucco
Crucoli
PARCO NAZ.
Cirò
Cirò Marina
Paola
Rende
Spezzano della Sila
1928
Savelli
DELLA
Strongoli
Cosenza
Dipignano
Longobardi
Lorica
Cotronei
A3
SILA
Crotone
Amantea
Petilia
Soveria Mannelli
Policastro
Conflenti
Cutro
Albi
Cerva
Nocera Terinese
Serrastretta
Sersale
Isola di Capo Rizzuto
Sellia Marina
Lamezia Terme
S. Eufemia Lamezia
Simeri-Crichi
Capo Rizzuto
CATANZARO
TYRRHENISCHES
Golf von Sant'Eufemia
MEER
Curinga
Squillace
Catanzaro Lido
Gasperina
Golf von Squillace
Pizzo
Soverato
Tropea
Vibo Valentia
Mileto
Serra S. Bruno
Stilo
Rosarno
Mammola
Grotteria
Polistena
Caulonia
PARCO
Martone
Taurianova
Palmi
Cittanova
C. Peloro
Siderno
Gerace
Scilla
A3
Locri
NAZ. D.
A18
Villa S.Giovanni
IONISCHES
Campo Calabro
Messina
Str. v. Messina
1955
Santo Stefano in Aspromonte
MEER
Cardeto
ASPROMONTE
Bagaladi
Reggio di Calabria
Condofuri
Motta S. Giovanni
Melito di Porto Salvo
0
15
30 km

KALABRIEN

In den letzten Jahren haben sich zu der bereits bestehenden Vielfalt an historischen Trattorien zahlreiche junge passionierte Unternehmen gesellt. Die meisten Betreiber dieser neuen Lokale sind nach Arbeitserfahrungen außerhalb Kalabriens in ihre Heimat zurückgekehrt. Sie widmen sich der Aufgabe, die Kultur der Gastlichkeit ihrer Region, die immer schon ein Kreuzungspunkt von Menschen, Bräuchen und Kulturen war, wieder aufzunehmen und weiterzuentwickeln.
Diese Region im Mittelmeer möchten wir Ihnen auf den nächsten Seiten vorstellen, denn es lohnt sich, sie kennenzulernen. Trattorien, Osterien, *Putìche*, Agriturismi – alle sind sie um die bestmögliche Darstellung einer in neuer Form erwachenden Tradition bemüht, nämlich Gäste aus der Umgebung oder von weither willkommen zu heißen und zu bewirten. Der überlieferte Schatz von Rezepten und Wein findet eine neue Lebensader und seine volle Verwirklichung durch die wohlverdiente Wertschätzung für die kleinen Produzenten, die nach wie vor Spitzenprodukte herstellen und zur Bewahrung des Reichtums und der Schönheit des Gebiets beitragen.
Bei der Reise, die wir auf diesen Seiten antreten, wird die Wiederentdeckung jener Werte spürbar, die weder viele Jahre politischer Kontroversen und Machtkämpfe noch andere Herausforderungen schwächen konnten, denen sich kalabrische Gastronomiebetriebe oft stellen müssen.

Für Sie entdeckt

Piatti di mare

712 La Pignata
Crotone

709 Max
Cirò Marina (Kr)

720 Osteria del Vicolo
Palmi (Rc)

721 Baylik
Reggio di Calabria

722 Al Casello
Rossano (Cs)

727 Da Lucrezia
Trebisacce (Cs)

Piatti di montagna

704 Il Carpaccio
Acri (Cs)

704 Pecora Nera
Albi (Cz)

705 Porta del Parco
Bagaladi (Rc)

712 Taverna dei Briganti
Cotronei (Kr)

718 Osteria del Vicolo
Mormanno (Cs)

723 Le Fate dei Fiori
Santo Stefano in Aspromonte (Rc)

Stocco

709 La Mamma
Cittanova (Rc)

716 A Piazzetta
Mammola (Rc)

717 La Taverna del Borgo
Mammola (Rc)

ACRI (CS)
Cocozzello

38 KM NORDÖSTLICH VON COSENZA

Il Carpaccio

Restaurant-Enoteca
Ortsteil Cocozzello, 197 A
Tel. (+39) 09 84 / 94 92 05,
(+39) 328 / 842 92 63
Ruhetag: Montag
Keine Ferien
90 Plätze + 25 Plätze im Freien
Preise: 25–30 €
Kreditkarten: AE, CS, DC, MC, Visa; BM
Mittags und abends geöffnet

DIE OSTERIA – Im großen Speisesaal mit Blick auf des unterhalb liegende Tal, wenige Kilometer vom Zentrum von Acri entfernt, bietet Il Carpaccio Rezepte der kalabrischen Tradition, die mit Intelligenz neu interpretiert werden. Weitere Pluspunkte sind das Augenmerk auf die Grundzutaten und die akkurate Auswahl unter den nach handwerklichen Methoden erzeugten Produkten der Umgebung.

DIE KÜCHE – Man beginnt mit einer reichhaltigen Abfolge an warmen und kalten Antipasti (12 €), bestehend aus Salumi vom schwarzen Schwein, frischem und gereiftem Käse, Gemüse, Hackfleischbällchen, Pfannkuchen, getrockneten Tomaten, Auberginen, Oliven, Wildzwiebelchen, Pilzen und einem exquisiten Carpaccio mit Rucola und Grana-Käse – eine Palette an Farben und einladenden Kostproben aus lokalen und der Jahreszeit entsprechenden Zutaten. Unter den Primi vor allem hausgemachte Pasta, von der uns am besten **Lagane e ceci** (breite Nudeln mit Kichererbsen, 7 €), Tagliatelle agli asparagi selvatici e ceci und Tagliatelle mit Steinpilzen geschmeckt haben, des Weiteren Fettuccine al tartufo del Pollino und **Maccheroni al ferretto con sugo di capra** (über einen Stab gerollte Nudeln mit Ziegensauce, 8 €). Vor allem Fleisch gibt es bei den Secondi: ein unverzichtbares **Capretto al forno con patate *'mpacchiuse*** (Zicklein aus dem Ofen mit gebratenen Kartoffelscheiben, 10 €), verschiedene Fleischstücke, die in der Pfanne oder über der Holzkohlenglut gebraten werden sowie Tagliata vom Kalb, Lamm und schwarzem Ferkel mit Steinpilzen. Danach erwarten Sie ausgezeichnete typische Süßspeisen. Das Lokal verfügt auch über einen mit kalabrischen Etiketten bestückten Keller, mit dabei die gesamte neue Welle der jungen Winzer der Region.

ALBI (CZ)
Buturo

55 KM NORDÖSTLICH VON CATANZARO

Pecora Nera

Osteria
Strada Provinciale 20, km 14
Villagio Buturo
Tel. (+39) 339 / 422 25 31
Ruhetag: Montag, außer im Sommer
Ferien: 7. Januar–1. März
30 Plätze
Preise: 25–30 €
Keine Kreditkarten
Mittags geöffnet, abends gegen Vorbestellung

Solide, gut ausgeführte Küche, Liebenswürdigkeit sowie ernsthaft und genau betriebene Suche nach Produkten auch kleinster Erzeuger der Umgebung.

DIE OSTERIA – Im Sila-Gebirge gibt es nicht nur Wölfe, sondern auch das Pecora Nera (Schwarzes Schaf). Die Locanda wird heute von Raffaella Piccininos Familie geführt. Nach der Modernisierung durch die früheren Inhaber blieb das Restaurant lange geschlossen, bis Stefano, ein Wirt aus Ravenna, Raffaella begegnete, die mit umfassender gastronomischer Erfahrung in den Norden Italiens gegangen war. Sie liebte ihre Heimat und auch er verliebte sich auf den ersten Blick in diese. Daraus entstand die Wiederbelebung des Lokals, das heute zu den interessantesten der gesamten Region gehört. Dieses Mosaik an unterschiedlichen Elementen spiegelt sich in einer vielfältigen Speisekarte, auf der es auch Ausflüge in andere Gebiete gibt.

DIE KÜCHE – Zur Geltung gebracht werden der Ziegenkäse von Maria und die Salumi von Manolo, zwei lokalen Erzeugern, dazu gibt es Crostini aus Maismehl mit Zucchine in carpione, **Tartelletta di farina di canapa con crema royale** und Zuppetta di lenticchie nere con olio al limone (9 €). Jeweils zwei in längeren Abständen wechselnde Primi (8 €) stehen auf der Karte. Bei unserem Besuch haben wir **Gnocchi di patata e castagne con erborinato di capra** und Tagliatelle mit Steinpilzen aus der Sila probiert. Ausgezeichnete Fleischauswahl für die Secondi (13 €): Gulasch, **Stinco al forno marinato alla birra** (in Bier marinierte Schweinshaxe aus dem Ofen) und Costine di maiale con i peperoni. Außergewöhnliche Dolci (4 €), darunter ein sehr leckeres hausgemachtes Eis im Sommer. Gut bestückte Karte mit Bieren und Weinen aus Kalabrien.

45 km südöstlich von Reggio di Calabria

Porta del Parco

Restaurant
Via Torrente Zervo
Tel. (+39) 09 65 / 72 48 06,
(+39) 346 / 602 88 15
Ruhetag: Freitagabend
Ferien: unterschiedlich
100 Plätze + 30 Plätze im Freien
Preise: 25 €
Kreditkarten: AE, CS, DC, MC, Visa; BM
Mittags und abends geöffnet

DIE OSTERIA – Eine alte, mit Wasserkraft betriebene Ölpresse vom Ende des 19. Jahrhunderts beherbergt das Restaurant Porta del Parco. Durch eine kluge Renovierung wurde die Erinnerung an eine heute weit zurückliegende bäuerliche Vergangenheit ins rechte Licht gerückt. Die griechischsprachige Kultur, die diese Gegend prägt, lässt sich im benachbarten Museum mittles gut erhaltener und schön präsentierter Ausstellungsstücke nachvollziehen. Ein großer Garten mit Zitrusfruchtbäumen bildet den Rahmen des Lokals.

DIE KÜCHE – Das kulinarische Angebot besteht aus einem reichhaltigen Antipasto misto mit lokalen Salumi, Käse, **Involtini di melanzane in agrodolce con peperoni arrostiti** (süßsauer eingelegten Auberginenrouladen mit gebratenen Paprikaschoten), Olive schiacciate in salamoia und Pfannkuchen mit Holunderblüten (6 €). Etwas ganz Besonderes ist das hausgemachte, in nativem Olivenöl extra frittierte Brot. Bei den Primi finden Sie Klassiker wie ***Maccarruni* con sugo di capra**, originelle ***Cordeddhi i jurmanu*** (Pasta aus Roggenmehl) sowie ausgezeichnete vielfältige Varianten frischer Pasta, die mit Kürbisblüten serviert werden (7 €). Die Secondi sind Stellvertreter ihrer Umgebung, breiter Raum wird Fleisch eingeräumt, vor allem von Ziege oder **Schaf**, angerichtet **mit Sugo bianco** (7 €). Probieren Sie unbedingt die mit Wildgemüse gefüllten Rinderrouladen mit Zitrusfruchtaroma. Zum Abschluss lokale Dolci wie die traditionellen ***Scaddateddhi*** mit Kümmel. Der anständige Hauswein ist ein durchaus würdiger Begleiter des kulinarischen Streifzugs.

15 km n. v. Reggio di Calabria, 5 km v. Villa S. Giovanni

Il Giardino degli Allori

Restaurant
Via Sant'Angelo, 1
Tel. (+39) 09 65 / 75 75 48,
(+39) 335 / 536 79 20
Ruhetag: Montag, außer im Sommer
Ferien: nach Dreikönig–Ende Januar
100 Plätze + 100 Plätze im Freien
Preise: 25–35 €
Kreditkarten: AE, CS, DC, MC, Visa; BM
Mittags und abends geöffnet

DIE OSTERIA – Das Lokal befindet sich wenige Kilometer nördlich von Reggio Calabria, auf einem Hügel der Costa Viola an der Meerenge von Messina. Beim Eintreten werden die Gäste von den Farben und Düften eines blühenden Gartens mit Mandarinenbäumen und rosa Grapefruit-Bäumen empfangen. Die Einrichtung ist rustikal und raffiniert zugleich, reich an fantasievollen Details. Gabriella schildert mit Charme und Kompetenz das kulinarische Angebot. Dieses ist geprägt von der jeweiligen Saison und der Ursprünglichkeit der Zutaten, die durch direkten Kontakt mit kleinen lokalen Erzeugern gewährleistet ist. Der fähige Küchenchef Orlando interpretiert erfolgreich die Traditionsgerichte dieses Winkels in Kalabrien in ausgewogener Synthese von Geschichte und Innovation. Sie können in einem Zimmer des zugehörigen Bed and Breakfast übernachten.

DIE KÜCHE – Der vorzügliche Antipasto enthält, abhängig von der Jahreszeit, gebratene Auberginen mit Kirschtomaten vorstellt, Caponata, Cipolla in agrodolce, Pfannkuchen mit Kürbisblüten, **Polpette di melanzane**, **Carpaccio** von rohem oder gegrilltem Gemüse oder **vom Thunfisch**, gefüllte Paprikaschoten, Parmigiana di melanzane (Auberginenauflauf) sowie geschmacklich ausgewogene, köstliche Arancini di riso (9 €). Unter den Primi (9 €) ragen **Paccheri con il caciocavallo di Ciminà** heraus, Cortecce ***'ncaciate*** und die aus dem nahen Sizilien stammenden Linguine alla siciliana. Unter den Secondi (13 €), begleitet von saisonalen Beilagen, finden Sie die Thunfischsorte **Alalunga con cipolla in agrodolce**, Tortino imbottito di alici con scarola, Stinco di maiale profumato alle erbe aromatiche und Rollate di maiale al vino passito. Unter den Dolci ist ein leckeres Eis aus Bergamotte in Primitivo-Wein (4 €).

Catanzaro: Morzello und Putìche

U morzeddu – wie der italianisierte Morzello eigentlich heißt –, wird bereits in den frühen Morgenstunden zubereitet, wenn in einem großen Kochtopf sehr scharfe Tomatensauce zu köcheln beginnt. Zusammen mit Oregano und Lorbeerblättern werden dann die typischen Ingredienzen, nämlich Kalbsinnereien – Lunge, Milz, Leber – und die verschiedenen Stücke der Kutteln hinzugefügt. Nach mindestens drei Stunden Kochzeit wird der Morzello in die charakteristische *Pitta* (kalabrische Focaccia aus Hefeteig) gefüllt und ist bereit für den Verzehr.

Die *Putìca* gilt als die klassische Osteria Catanzaros, in der man früher Morzello und ein paar andere Gerichte bekam. Dazu trank man offenen Wein, oft gemischt mit Gassosa, einer kohlensäurehaltigen Limonade. Heute gibt es nur noch zwei Lokale, die wirklich als *Putìca* bezeichnet werden können. Sie bekommen ausgezeichneten Morzello aber in einigen Trattorien auch schon vormittags.

Nicola Fiorita

NEU C'era una Volta

Putica
Vicolo I Agricoltori, 34
Ruhetag: Sonntag
Abends geöffnet
Ferien: unterschiedlich

Im Herzen der Altstadt, nur ein paar Schritte von der Villa Trieste, dem Stadtpark und dem Rathaus entfernt, befindet sich dieses neue Lokal im volkstümlichen Viertel Vallotta. Die Betreiber haben es sich zur Aufgabe gemacht, die traditionelle Küche wiederzubeleben und die Tradition des Morzello zu erneuern. Armando berät Sie bei der Auswahl aus dem großen Angebot an Speisen und Weinen. Bestellen Sie jedoch in jedem Fall entweder den traditionellen Morzello (7 € auf dem Teller serviert, 5 € im traditionellen Fladenbrot *Pitta*), Soffritto di maiale oder Morzello di baccalà (9 € auf dem Teller, 7 € in der *Pitta*).

Da Talarico – Salvatore

Putìca
Via Turco, 16
Tel. (+39) 09 61 / 74 51 79
Ruhetag: Sonntag, Feiertage
Keine Ferien
Mittags geöffnet

Salvatore Talarico und seine Frau Maria Stella kochen seit 1972 Morzello in ihrem günstig gelegenen Lokal in der Nähe des Gerichtshofs, ein paar Hundert Meter vom neuen Museum für moderne Kunst entfernt. Die *Putìca* von Salvatore repräsentiert eine alte Tradition in Catanzaro: Einst gab es viele Gaststätten wie diese, fast in jedem Gässchen der Altstadt. Heute wird der Morzello (4 € in der *Pitta*, 5 € auf dem Teller) in all seinen Varianten als Teil einer sehr kleinen, täglich wechselnden Speisekarte (zwei Primi, zwei Secondi) angeboten. Das Lokal besteht aus zwei großen Speisesälen, doch trotz der ausreichenden Plätze sollten Sie, wenn Sie den großen Topf mit dem Morzello nicht leer vorfinden wollen, rechtzeitig kommen.

La Vecchia Posta

Traditionelle Osteria
Via degli Angioini, 81
Tel. (+39) 330 / 81 57 11
Ruhetag: Sonntag
Ferien: 2 Wochen im September
Mittags geöffnet

Das alte Postamt im Viertel Sala – im Südteil der Stadt, nicht weit von der Altstadt – beherbergt seit 23 Jahren eines der bekanntesten Lokale Catanzaros. Der kleine und einzige Speisesaal ist das Reich von Stefano, einem Wirt von etwas rauen Umgangsformen, aber besten menschlichen Qualitäten. Seine Aufgabe ist es, die Wünsche der sich an den sechs Tischen der Osteria drängenden Gäste zu erfüllen, während seine Frau Teresa die Küche betreut. Ab und zu kommt sie heraus und bringt Tabletts mit frittierten oder marinierten Sardellen, Insalata di polpo, Pasta di casa al sugo, Polpettine di carne und vieles mehr. Die Speisekarte wechselt täglich und steht auf einer Tafel, auf der nach und nach die Gerichte gelöscht werden, die nicht mehr vorhanden sind; so liest man im Lauf der Stunden immer weniger Speisen. Immer verfügbar ist Morzello (5 € in der *Pitta*, 9 € auf dem Teller), serviert wird er einer jahrhundertealten Tradition der Stadt entsprechend ab 9 Uhr morgens.

18 KM ÖSTLICH VON REGGIO DI CALABRIA

Il Tipico Calabrese

Agriturismo
Via Torrente Sant'Agata, 53 B
Tel. (+39) 09 65 / 34 36 96,
(+39) 329 / 343 61 79
Ruhetag: Montag
Ferien: Dezember
20 Plätze + 12 Plätze im Freien
Preise: 25–30 €
Keine Kreditkarten
Mittags und abends geöffnet

DIE OSTERIA – In der Nähe von Reggio Calabria liegt in den Bergen des Parco dell'Aspromonte der Ort Cardeto, in dessen näherer Umgebung sich der schöne Agriturismo von Marcello Manti und seiner Familie befindet. Für die Mühen der Fahrt auf der holprigen Straße, über die man die alte Ölpresse erreicht, werden Sie durch eine außergewöhnliche Bewirtung entschädigt. Hochwertige Zutaten aus der Umgebung werden hier meisterlich zu einfachen Gerichten von unverfälschtem Geschmack verarbeitet. Eine geschriebene Speisekarte gibt es nicht, die von der täglichen Verfügbarkeit der Zutaten abhängigen Speisen, hauptsächlich mit lokalem Fleisch und Gemüse, stellt man Ihnen mündlich vor. Die Räumlichkeiten beeindrucken mit ihren dicken Steinmauern, viel Holz und den an den Wänden ausgestellten bäuerlichen Geräten.

DIE KÜCHE – Zu Beginn ein vielfältiger Antipasto rustico (7 €) mit einem schönen Rundblick über lokale Salumi und frischen oder gereiften Käse, gutes hausgemachtes in Essig oder Öl eingelegtes Gemüse und außerdem eine Reihe an Omeletts, in der entsprechenden Jahreszeit mit Wildgemüse. Frische Pasta wird mit Guanciale (8 €), Ragù di agnello oder mit Gemüsesauce serviert. Probieren Sie aber auch **Maccheroni con ricotta affumicata e ragù di maiale** (mit geräucherter Ricotta und Tomatensauce mit Schweinefleisch) oder eine der verschiedenen Suppen mit Hülsenfrüchten, oft mit Wildgemüse angereichert. Fleisch bei den Secondi (12 €) mit dem traditionellen Capocollo, **Stufato di salsicce e patate**, Soffritto di costata di maiale und **Agnello in casseruola**, dazu Beilagen aus Saisongemüse. Hausgemachte Dolci (4 €) und offener Wein sowie einige ausgewählte Etiketten aus Kalabrien.

119 KM NORDÖSTL. V. REGGIO DI CALABRIA, S.S. 106

Da Giglio

Osteria • Ortsteil Carrubara, 20
Tel. (+39) 09 64 / 86 15 72,
(+39) 338 / 543 57 62
Ruhetag: Montag, außer im Sommer
Ferien: unterschiedlich
40 Plätze + 50 Plätze im Freien
Preise: 25–30 €
Kreditkarten: CS, MC, Visa; BM
Abends geöffnet, Sonntag und gegen Vorbestellung auch mittags

DIE OSTERIA – Eine Reise nach Caulonia ist immer wieder eine Bereicherung. Von Norden oder Süden kommend fährt man einen der schönsten Abschnitte der Ionischen Küste in der Provinz von Reggio Calabria entlang. In der Nähe, bei Riace, liegt die Fundstelle der nach Jahrhunderten aus dem Meer aufgetauchten Bronzestatuten „Bronzi di Riace", die im Museo Nazionale in Reggio Calabria zu bewundern sind.

DIE KÜCHE – Die Speisekarte orientiert sich an den Jahreszeiten und an dem, was der Garten der Familie zu bieten hat. Lassen Sie sich zum Antipasto della casa (12 €) verführen, er besteht aus zahlreichen Kostproben von selbst gemachten Salumi, den von Signora Natalina sorgfältig hergestellten **Zeppoline** (frittierten Teigbällchen), den kleinen, milden Oliven der Sorte Ottobratica, Omeletts mit Kürbisblüten oder Zucchini, Bällchen aus Ricotta oder Auberginen, Käse und außerdem, in der entsprechenden Jahreszeit, Wildgemüse mit Bohnen, Dicken Bohnen und Erbsen. Unter den Primi (10 €) **Scilatelli** – hausgemachte Pasta aus Hartweizenmehl – **con sugo di polpette** oder Ragù di capretto. Getrocknete Pasta gibt es in verschiedenen Formaten mit Wildspargel oder den Herzen von wilden Karden, die auch wegen ihrer heilenden Wirkung bekannt sind. Probieren Sie unbedingt **Pasta alla trappitara**, ein Gericht, das einst in der Ölpresse nach einem harten Arbeitstag zubereitet wurde. Reichhaltiges Angebot an Secondi mit Polpette di maiale al sugo (8 €), **Capretto al forno** oder in umido (12 €) und, gegen Vorbestellung, im Betrieb aufgezogenes Kaninchen und Hähnchen. Wenn Sie Baccalà (10 €) kosten möchten, wählen Sie zwischen den Varianten fritto (ausgezeichnet!) oder alla trappitara. Zum Abschluss köstliche Crostata mit Konfitüren, Mousse ai frutti di bosco und hausgemachte Liköre.

CERZETO (CS)

38 km nordwestlich von Cosenza

La Giara

Osteria
Piazza Santi Pietro e Paolo, 1
Tel. (+39) 09 84 / 52 34 65,
(+39) 330 / 70 06 99
Ruhetag: Montag
Keine Ferien
35 Plätze + 30 Plätze im Freien
Preise: 25–30 €
Kreditkarten: CS, MC, Visa; BM
Mittags und abends geöffnet

DIE OSTERIA – Im historischen Zentrum dieser kleinen Stadt, in der vorwiegend Angehörige der Volksgruppe der Arbëreshë leben, ist La Giara eine jener typischen Osterien, in denen es scheint, als wäre die Zeit stehen geblieben, als die Gastlichkeit noch eine Lebensregel war. Die Tische und Tischdecken tragen zur bäuerlichen und familiären Atmosphäre des Lokals bei. Emilio und Filomena sind um das Wohlbefinden ihrer Gäste bemüht. Die Gerichte sind einfach, saisonal und traditionell, Produkte, die für die Ursprünglichkeit der Umgebung stehen, kommen zum Einsatz. Die wunderbare, für einen alten Ortskern typische Piazza vor dem Lokal bildet den idealen Rahmen für einen Ort der Geselligkeit und Großzügigkeit.

DIE KÜCHE – Berühmt ist der reich mit Salumi und Käse aus dem eigenen Betrieb bestückte Antipasto della Giara (10 €). Stolz des Hauses ist dabei die ganz frische **Ricotta**, hier **con melassa di fichi** (mit dem honigartigen Saft ausgekochter Feigen) kombiniert. Von den Primi empfehlen wir **hausgemachte Lagane mit Kichererbsen** (5 €) und **Fettuccine di ortica con cappella di fungo porcino** (flache Nudeln mit Brennnesseln im Teig, serviert mit Steinpilzkappen), doch hervorragend schmecken auch Fusilli con ragù di cinghiale (mit Sauce vom Wildschwein) und, für Unerschrockene, mit scharfer Sauce von der Henne. Die Auswahl bei den Secondi beinhaltet Grigliata di carne mista (8 €) und Salsiccia con verdure alla piastra. Die Dolci entstammen der kalabrischen Tradition: Probieren Sie die guten **Bocconotti alla mostarda di uva fragola e amarene** und in der Saison die mittlerweile selten gewordenen Fichi cimaruoli, Feigen, die am Ende des Sommers auf der Spitze des Baumes reifen. Anständiger lokaler Wein, doch auf der Karte finden Sie auch verschiedene Etiketten aus Kalabrien.

CIRÒ (KR)
Sant'Elia

38 km nördlich von Crotone, S.S. 106

L'Aquila d'Oro

Trattoria-Pizzeria
Via Sant'Elia, 7
Tel. (+39) 09 62 / 385 50
Ruhetag: Montag, außer im Sommer
Ferien: 2 Wochen im Oktober
40 Plätze + 25 Plätze im Freien
Preise: 25–28 €
Kreditkarten: MC, Visa; BM
Mittags und abends geöffnet

Hier fühlt man sich zu Hause, umgeben von der Herzlichkeit einer Familie, die seit Jahren die Qualität des althergebrachten Geschmacks erneuert.

DIE OSTERIA – Zwischen zum Meer abfallenden Hügeln und Weinpflanzungen, vor allem des 1969 mit dem Gütesiegel DOC ausgezeichneten Cirò, erhebt sich in einer die ganze Küste überblickenden Lage die Gemeinde, in der diese Trattoria ihren Sitz hat. Elisabetta und Salvatore bereiten mit Unterstützung ihrer Kinder den Gästen täglich das Vergnügen einer authentischen, unverfälschten Küche.

DIE KÜCHE – Der Antipasto della casa (11 €) enthält reich bestückte Tabletts mit im eigenen Betrieb erzeugten Salumi, verschieden gereiftem Schafkäse, frischer, frittierter oder in Tomatensauce servierter Schafmilchricotta, gefüllten Auberginen, Polpette di alici, Wildzichorien mit Bohnen und **Baccelli di fave ripassati in padella con aceto e mollica** (Schoten von Dicken Bohnen, in der Pfanne mit Essig und Brotkrumen gewürzt). Dazu kleine Brotstücke mit Sardellen oder duftende ***Pitta* e *maju*** (Fladenbrot mit Holunderblüten, die vor ihrer Verwendung traditionellerweise ein paar Tage in Baumwolltüchern getrocknet werden). Unter den Primi gute **Maccheroni al ferretto con il sugo di pruppette** (Hackfleischbällchen) oder mit Auberginen. Der Geschmack von Cavatelli kommt durch Salsiccia und in der entsprechenden Saison durch schmackhafte lokale Steinpilze zur Geltung. Gegen Vorbestellung bekommen Sie das typische Festtagsessen ***Pasta chijna***. Bei den Secondi Capretto al forno con patate (12 €) oder al sugo, **Spezzatino di cinghiale**, **Baccalà con i *pipi siccati*** (mit getrockneten Paprikaschoten) oder Alici arraganate (7 €). Ausklang mit Crostata mit Konfitüre und in der Weihnachtszeit Cuzzupe und ***Crustuli***. Hauswein und Etiketten aus dem Gebiet von Cirò runden das Angebot ab.

CIRÒ MARINA (KR)

33 KM NÖRDLICH VON CROTONE, S.S. 106

Max

Trattoria-Enoteca
Via Pola
Tel. (+39) 09 62 / 37 30 09
Kein Ruhetag
Keine Ferien
90 Plätze + 90 Plätze im Freien
Preise: 38–45 € €↑
Kreditkarten: CS, DC, MC, Visa; BM
Mittags und abends geöffnet

Hochwertige Zutaten, frischer Fisch, eigener Garten und Olivenbäume – das sind die Merkmale dieser soliden historischen Trattoria in Cirò.

DIE OSTERIA – Vor ein paar Jahren ist das Lokal in eine von der Strandpromenade etwas entfernte Gegend in größere und gemütlichere Räumlichkeiten übersiedelt. Die Einrichtung ist zeitgemäß und angenehm, an den Wänden lagern die vielen Flaschen der reichhaltigen Karte und darüber hinaus eine große Auswahl an Grappa und Likören. Ebenso breit gefächert ist das Sortiment an Käse, nicht nur aus der Umgebung, entsprechend der Philosophie der Geschwister Murano, die über die gute Küche hinaus auch eine Erziehung zum Geschmack und gesundem Essen bieten wollen: Das beginnt beim Gemüse aus dem Garten, den Sie hinter der Trattoria sehen. In der Nähe befindet sich auch der Lehrbauernhof, den Sie ganzjährig besuchen können und wo die übrigen Zutaten für die Küche gezüchtet oder angebaut werden, Wein, Olivenöl und Fleisch (Ziegen, Kälber, Hennen).

DIE KÜCHE – Die Speisekarte bietet Fisch, Fleisch und auch Pizza. Die Spezialitäten des Lokals sind nach wie vor der Antipasto Fantasia di mare (13 €) mit Insalata di polpo, **Mazzancolle crude aromatizzate all'anice**, Vongole und kleinen Häppchen von Fisch sowie Crudo dello Ionio (15 €) – rohe Kostproben von Thunfisch, Schwertfisch, Filet von Makrele oder Sardellen je nach Verfügbarkeit, Garnelen der Sorte Gobetti und **Listarelle di seppia** (Streifen vom Tintenfisch). Ergänzt wird das Angebot durch **Linguine alle cozze**, Cuscus con i legumi (12 €) sowie **Frittura di surici** (kleine lokale Fische, 13 €). Sie können aber auch eines von zwei Degustationsmenüs bestellen: Menù Trattoria (25 €) und Max (20 €), beide mit drei je nach Saison unterschiedlichen Gängen und einem Glas Wein.

CITTANOVA (RC)

66 KM NORDÖSTLICH VON REGGIO DI CALABRIA

La Mamma

Trattoria
Via San Giuseppe, 33
Tel. (+39) 09 66 / 66 01 47,
(+39) 347 / 039 30 17
Ruhetag: Dienstag
Ferien: 15.–31. Juli, 15.–30. September
60 Plätze + 70 Plätze im Freien
Preise: 25–28 €
Kreditkarten: AE, CS, DC, MC, Visa; BM
Mittags und abends geöffnet

DIE OSTERIA – Im ewigen Disput darüber, ob Cittanova oder doch Mammola die bedeutendere historische Stadt des Stockfisches ist, ergreifen wir Partei für diese Osteria in Cittanova. Hier ist die Familie D'Agostino seit 1970 am Ruder. Sie hält die Tradition der Stadt am Leben, die seit jeher eine Station für alle ist, die von der Ionischen Küste an das Tyrrhenische Meer reisen. Isabella ist für den Service zuständig, Girolamo für den Wein und Rosanna gemeinsam mit der 84-jährigen Mutter Maria (La Mamma) für die Küche. Spezialität des Hauses ist, natürlich, Stoccafisso, der hier auf jede erdenkliche Art und Weise zubereitet wird.

DIE KÜCHE – Unter den Antipasti ragen Insalata di stocco con pomodorini, olive ottobratiche, capperi (6,50 €) und **Stocco allo zenzero e cipolla** heraus. Eine ebenürtige Alternative bietet der Antipasto della casa mit Salumi, Käse, Kroketten (aus Kartoffeln, Ricotta oder Reis), sowie Omelett mit Kartoffeln und Zwiebeln. Der Stocco passt bei den Primi gut zu einem anderen typischen Produkt, nämlich **Stroncatura**, einer Pasta aus Vollkornmehl, angerichtet mit Kirschtomaten, Sardellen, schwarzen Oliven und Semmelmehl (6,50 €), was ein Gericht mit kräftigem Geschmack. Zurückhaltender im Geschmack ergibt, doch nicht weniger interessant sind Ravioli di stocco con pistacchi e pomodorini. Bei den Secondi ebenfalls Stoccafisso: **Stocco in umido con olive, patate, capperi** (9,50 €) und ***Ventriceddi*** (gefüllte Stockfischinnereien). Gute hausgemachte Dolci zum Abschluss, darunter der unverzichtbare Cannolo di ricotta und verschiedene Crostata. Zufriedenstellender Keller mit vorwiegend lokalen Etiketten.

Auf der Piazza della Matrice stellt die Pasticceria Pugliese ausgezeichnete traditionelle Süßigkeiten wie Torrone classico, Torrone ferro und Biondine her.

CIVITA (CS)

72 KM NÖRDL. V. COSENZA, 13 KM V. CASTROVILLARI

Kamastra

Restaurant
Piazza Municipio, 3–6
Tel. (+39) 09 81 / 733 87
Ruhetag: Mittwoch, außer im August
Ferien: 2 Wochen im November
80 Plätze
Preise: 25–30 €
Kreditkarten: AE, CS, DC, MC, Visa; BM
Mittags und abends geöffnet

DIE OSTERIA – Kamastra befindet sich im Ort Civita unterhalb des Pollino-Massivs. Dieser hat weniger als 1.000 Einwohner, die überwiegend der aus Albanien stammenden Volksgruppe der Arbëreshë angehören. Bewundern Sie in diesem Städtchen die charakteristischen Rauchfänge, deren Dekoration auf Rang und Einfluss der jeweiligen Adelsfamilie schließen ließ, sowie die Brücke Ponte del Diavolo über die Schlucht des Flusses Raganello und die orthodoxe Kirche mit ihrer prächtigen Ikonostase. Das Restaurant von Enzo Filardi und seiner Familie befindet sich in einer ehemaligen Spinnerei aus den 1950er-Jahren, die rustikale Einrichtung passt gut zu den Ziegelbögen und Holzdecken.

DIE KÜCHE – Die Küche verbindet die überlieferte kulinarische Kultur des Pollino-Gebirges mit den importierten Bräuchen der Arbëreshë. Die verwendeten Produkte entstammen der Null-Kilometer-Philosophie: ausgezeichnete Salumi und Käse aus der Umgebung, außergewöhnlich gute lokale Bohnen. Probieren Sie bei den Primi Cavatelli alla nenesa (ein Wildgewürz aus dem Pollino), Filatelli ai porcini campagnoli (8 €) sowie das unverzichtbare ***Dromësat*** (wie Dromsat ausgesprochen), eine Art Couscous, aromatisiert mit Oregano, das in einer dünnflüssigen Tomatensauce gekocht und mit Schweinerippchen serviert wird (8 €). Bei den Secondi können Sie immer auf das Zicklein **Capretto** al tegame oder **alla brace** zählen, möglicherweise mit Patate *'mpacchiuse* (aneinanderklebende gebratene Kartoffelscheiben) als Beilage. Als Abschluss ***Krustulli***, für die Weihnachtszeit typisches Gebäck mit Zitrusfruchtkonfitüren, eingekochtem Most und Zimt, und dazu ein Gläschen hausgemachter Piretto (Likör aus kalabrischer Zitrusfrucht).

Im Laden neben dem Restaurant kaufen Sie die besten Weine aus Kalabrien, Liköre und eingelegten Piretto sowie Konfitüren und Süßgebäck.

CONDOFURI (RC)
Amendolea

48 KM SÜDÖSTLICH VON REGGIO DI CALABRIA

Il Bergamotto

Agriturismo
Ortsteil Amendolea
Tel. (+39) 09 65 / 72 72 13,
(+39) 347 / 601 23 38
Ferien: unterschiedlich
70 Plätze + 50 Plätze im Freien
Preise: 17–20 € (Tagesmenü)
Keine Kreditkarten
Gegen Vorbestellung täglich mittags und abends geöffnet

DIE OSTERIA – Dieser Agriturismo mit herrlichem Ausblick auf das Tal des Wildbachs Amendolea bewährt sich als Hüter antiker Traditionen, nicht nur auf sprachlichem, sondern auch auf musikalischem und gastronomischem Gebiet. Er liegt im Gemeindegebiet von Condofuri – dem Herzen des griechischsprachigen Gebiets. Dank seiner Lage wird er gern von Wanderern besucht. Er bezaubert nicht nur mit der für die Griechen Kalabriens typischen Gastfreundschaft, sondern auch mit der einzigartigen, für die Gegend typischen Zitrusfrucht, der Bergamotte. Nach ihr hat Patron Ugo Sergi sein Lokal benannt und er züchtet sie im biologischen Anbau. Das Menü ist feststehend und wertet lokale Produkte auf. Einige davon sind griechischen Ursprungs, das Angebot ist aber immer abhängig von Jahreszeit und regionaler Verfügbarkeit. Im Sommer werden im Garten einfache Gerichte geboten, die sich an alten bäuerlichen Rezepten orientieren.

DIE KÜCHE – Der Antipasto enthält Salumi, Käse, Oliven, eingelegtes lokales Gemüse oder Wildgemüse, mit Minze und Bergamotte aromatisiert. Danach kommt eines von drei möglichen Primi der griechisch-kalabrischen Tradition, darunter immer **Maccheroni con sugo di carne di capra** oder mit Sauce vom Schwein. Als Alternative ausgezeichnete **Fusilli mit Gemüse** der Saison. Die Secondi sind überwiegend Fleischgerichte, darunter **Capra lessa** (gekochtes Ziegenfleisch), Salsiccia alla griglia, Pancetta arrosto und **Spiedini di maiale al forno**, dazu Kartoffeln oder gemischter Salat. Zu trinken gibt es einen offenen Rotwein, der gut zu den Speisen passt. Abgerundet wird das Ganze durch Obst der Jahreszeit, Kaffee und ein Gläschen Bergamottelikör aus dem eigenen Betrieb.

CONFLENTI (CZ)
Muraglie

55 KM NORDWESTL. V. CATANZARO, S.S. 19 OD. A 3

Le Muraglie

Agriturismo
Ortsteil Muraglie
Tel. (+39) 09 68 / 643 67
Ruhetag: Montag, außer im August
Keine Ferien
65 Plätze + 30 Plätze im Freien
Preise: 20–25 €
Kreditkarten: CS, MC, Visa; BM
Mittags und abends geöffnet

DIE OSTERIA – Wenn man die Autobahn A 3 bei Altilia verlässt und das Tal des Savuto ein Stück hinauffährt, erreicht man dieses 1966 eröffnete Lokal mit herrlichem Ausblick. Die Freundlichkeit, die man von einem Familienbetrieb erwartet, wird einem hier von Massimiliano und seiner Frau Cristina, beide im Service, entgegengebracht. Daniele, der Bruder des Patrons, steht zusammen mit den Eltern in der Küche.

DIE KÜCHE – Im Antipasto casereccio (6 €) finden Sie das Beste der traditionellen, im Betrieb erzeugten Wurstwaren: Soppressata, Capocollo, Pancetta arrotolata und Salsiccia, dazu Schafmilchricotta, getrocknete Tomaten, Kürbisblüten und die unverzichtbaren **Grispelle** (Pfannkuchen aus Mehl, Wasser, Hefe und Kartoffeln). Unter den Primi (6 €) sind **Fusilli** aus frischer Pasta **mit Tomaten, Oliven und Salsiccia**, Tagliatelle con i porcini, Gnocchi al ragù di maiale und, in der richtigen Jahreszeit, Pasta con fave e piselli oder **Pasta *'mbiscata*** mit Kartoffeln. Oder Sie bestellen eine Suppe mit Hülsenfrüchten aus dem eigenen Garten, die noch wie früher im Tontopf langsam im Kamin köcheln. Bei den Secondi (8 €) sollten Sie Spezzatino di trippa (Ragout aus Kutteln) probieren, **Pollo ruspante con le patate** fritte sowie Coniglio alla cacciatora. Im Winter können Sie das Degustationsmenü vom Schwein namens Maialata (25 €), bestehend aus Gelatina, Penne al ragù di maiale, **Curacchi** (Schwarten) **e frittole con verdure**, Bohnen und Stängelkohl mit Salsiccia sowie Leber mit Kartoffeln, vorbestellen. Die hausgemachten Dolci sind eine Einladung des Hauses: Bocconotti con mostarda d'uva (mit Traubenkonfitüre), Mostaccioli und Anicini. Zufriedenstellende Auswahl an kalabrischen Weinen, von denen wir den Dessertwein Zibibbo aus dem eigenen Betrieb empfehlen.

CORIGLIANO CALABRO (CS)
Cantinella

61 KM NORDÖSTLICH VON COSENZA

Le Bistrot

Trattoria
Ortsteil Cantinella
Tel. (+39) 09 83 / 80 80 25
Ruhetag: Sonntag
Ferien: erste Septemberwoche
30 Plätze
Preise: 30 €
Kreditkarten: AE, CS, DC, MC, Visa; BM
Mittags und abends geöffnet

DIE OSTERIA – Le Bistrot ist eine gemütliche Trattoria, in der das Beste der typischen Küche der Gegend von Sibari in der einstigen Magna Graecia mit der althergebrachten Tradition der albanischen Volksgruppe in Kalabrien verschmolzen wird. Signora Domenicas Tochter Patrizia erläutert die Gerichte ihrer Mutter im Speisesaal.

DIE KÜCHE – Beginnen Sie mit einem reichhaltigen Antipasto misto (13,50 €), mit allem, was die jeweilige Saison zu bieten hat: Gemüseaufläufe, Fleischbällchen in Tomatensauce und Auberginenbällchen, Patate e peperoni soffritti, Salumi und lokaler Käse, hausgemachtes in Öl eingelegtes Gemüse wie kleine Artischocken, Spargel und ***Cipuddizzi*** (Wildzwiebelchen), die auch frisch, **in der Pfanne gewürzt** oder in schmackhaften Omeletts angeboten werden. Es folgen hausgemachte Primi (7 €) mit frischen, lokalen Zutaten: Tagliatelle con asparagi e salsiccia, **Fusilli con fiori di zucca e salsiccia**, Pasta mit Wildfenchel und Dicken Bohnen oder mit Kichererbsen und (scharfem) Olio rosso sowie *Maccaruni* al ferretto con sugo di castrato oder mit Tomatensauce und Schweinefleisch. Außerdem ausgezeichnete **Spaghetti con alici, peperoni cruschi** (getrocknete Paprikaschoten) **e olive nere**. Eine besondere Erwähnung gebührt den in der *Pignata* (Tontopf) gekochten Suppen. Wer noch möchte, bestellt **Capretto alla cacciatora** (10 €), Coniglio con peperoni e olive, Spezzatino di interiora di capretto (Ragout mit Innereien vom Zicklein) oder Vitello con le patate (9 €). Probieren sollten Sie, wenn verfügbar, die schmackhaften Alici arraganate. Als Abschluss hausgemachte Torte und Crostata. Schlanke, durchdachte Weinkarte kalabrischer Prägung.

Besuchen Sie in **Rossano** (5 km) die an der S.S. 106 gelegene Fabbrica Amarelli mit ihrem der Süßholzwurzel gewidmeten Museum.

45 KM NORDWESTLICH VON CROTONE

La Taverna dei Briganti

Agriturismo
Ortsteil Difisella
Tel. (+39) 09 62 / 49 19 79,
(+39) 328 / 454 74 62
Ruhetag: Dienstagabend
Keine Ferien
100 Plätze + 50 Plätze im Freien
Preise: 20–30 €
Kreditkarten: AE, CS, DC, MC, Visa; BM
Mittags und abends geöffnet

Die Gastlichkeit, das Einfache und die Aufmerksamkeit der Inhaber, die Sorgfalt bei der Auswahl der Produkte, der Biogarten und die Suche nach den identitätsstiftenden Gerichten: All das macht die Attraktivität der Taverna aus.

DIE OSTERIA – „Als Mensch wird man geboren, als Brigant stirbt man/das Land gehört uns und niemand darf es uns nehmen", heißt es in einem alten Lied. Im wunderbaren Parco della Sila gibt es keine Briganten mehr, doch diese Gegend ist es immer noch wert, verteidigt und, mehr denn je, entdeckt zu werden. Wer sich darauf einlässt, findet, unweit des Lago Ampollino, zwischen Pinien, Buchen und jahrhundertealten Fichten auf dem Weg von Cotronei in die Berge, die Taverna dei Briganti. Das Lokal ist einfach und gemütlich mit einem Speisesaal mit Zwischendecke, einem im Winter wärmenden großen Kamin und einer angenehmen Veranda im Garten für den Sommer. Die Gerichte auf der mit den Jahreszeiten wechselnden Speisekarte entsprechen der Tradition der Sila.

DIE KÜCHE – Das Essen beginnt mit einem üppigen Antipasto (8 €): ausgezeichnete Salumi vom schwarzen Schwein, frischer Ziegen- oder Schafkäse, *Frisule* und *Suzu* (Grieben und Gelatine vom Schwein) und appetitanregendes Gemüse *du salaturu*. Unter den Primi (9 €) sind **Pappardelle ai carciofi e guanciale** oder eine hervorragende, im Tontopf *Pignata* gekochte Suppe mit Hülsenfrüchten. Das schwarze Schwein der Calabrese-Rasse dominiert bei den Secondi: Von seinen verschiedenen Zubereitungsarten empfehlen wir **Frissurata** (8 €) und **Porchetta al forno con agrumi** (9 €). Zum Dessert Crostata und hausgemachte Kekse. In der Küche verwendet man lokales natives Olivenöl extra. Der offene Wein (der Sorten Gaglioppo und Magliocco) stammt aus der Umgebung, die Weinkarte bietet die besten kalabrischen Etiketten.

La Pignata

Restaurant
Vico Orfeo, 8
Tel. (+39) 09 62 / 229 84,
(+39) 334 / 334 09 93
Ruhetag: Sonntag
Ferien: 1.–15. Juli
30 Plätze
Preise: 30–35 €
Kreditkarten: AE, CS, DC, MC, Visa; BM
Mittags und abends geöffnet

DIE OSTERIA – Der Legende nach soll Miscello di Ripe diesen Küstenabschnitt als Erster erreicht haben, inspiriert vom Orakel von Delphi und dem Wind Gregale, der hier einen Großteil des Jahres weht. Ferne Zeiten. 2.500 Jahre später ist der der Wind immer noch präsent in Crotone, er vertreibt schlechtes Wetter und es scheint fast immer Sommer zu sein. Nachdem die Fabriken vor 20 Jahren geschlossen wurden, hat sich auch das Meer wieder erholt und ist zu einer Ressource für den Tourismus und die Gastronomie geworden, auf die La Pignata sich stützt.

DIE KÜCHE – Die Speisekarte basiert ausschließlich auf Fisch, beginnend mit einer langen Reihe an Antipasti (12 bis 15 €): Insalata di polpo, Pfannkuchen mit Algen und Fisch, gefüllte Miesmuscheln, Sarde a beccafico, **Alici arraganate**, **Moscardini al sugo piccante**, rohe Garnelen und Patelle-Muscheln, Tatar von der Bernsteinmakrele, marinierter Zackenbarsch, in Öl eingelegte Makrele, Pomodori gratinati con alici und weitere Kostproben, abhängig vom Fischfang. Großzügigkeit und Abwechslung herrschen auch bei den Primi (10 €) mit Paccheri e spada, Fichi e tonno, Risotto ai frutti di mare, Linguine al nero di seppia, Bucatini al ragù di polpo, **Cavatelli con vongole e ceci**, Gnocchi con zucca e polpo und **Spaghetti alle *scrine*** (Seeanemonen). Secondi (12 bis 15 €) im Zeichen des Traditionellen: Der authentische Geschmack des Ausgangsmaterials wird unterstrichen bei Arrosto di gamberoni, Ricciola oder Spada ai ferri (Bernsteinmakrele oder Schwertfisch vom Grill), Calamari alla piastra, Frittura di paranza, **Scorfano con le patate**, Polpo in umido und weiteren täglich wechselnden Köstlichkeiten. Die Dolci auf der Karte stammen von guten, traditionell arbeitenden Konditoreien der Gegend. Die ausgewogene Weinkarte beinhaltet die besten Etiketten aus der Gegend von Cirò.

CURINGA (CZ)

42 KM SW. V. CATANZARO, 25 KM V. VIBO VALENTIA

Antico Frantoio Oleario Bardari

Agriturismo • Ortsteil Trunchi, 1
Tel. (+39) 09 68 / 78 90 37,
(+39) 338 / 428 89 54 • Ruhetag: Montag
Ferien: letzten 2 Januar-, ersten 2 Novemberwochen • 50 Plätze + 100 Plätze im Freien
Preise: 30–35 € (Tagesmenü)
Kreditkarten: CS, DC, MC, Visa; BM
Mittags u. abends gegen Vorbestellung geöff.

DIE OSTERIA – Die Gastlichkeit und angenehme Atmosphäre sind Patrizia zu verdanken, mit der Unterstützung des jungen Chefkochs Domenico Grillo leitet sie diesen Betrieb. Prächtige aus Stein erbaute Landhäuser aus dem 17. Jahrhundert, umgeben von hundertjährigen Olivenbäumen und einer Ölpresse, liegen in einer wunderbaren Landschaft mit unbezahlbarem Ausblick auf den Golf von Lamezia. Einige Zimmer für einen harmonischen Aufenthalt in der Natur stehen zur Verfügung. Die Speisesäle, ebenfalls mit Steinwänden, sind mit Geschmack und Aufmerksamkeit für die Details eingerichtet. Die Gerichte werden vor allem mit dem zubereitet, was im Betrieb erzeugt wird: nicht nur frische Pasta, Salumi, Gemüse und natives Olivenöl extra, sondern auch Ferkel, Hühner, Kaninchen, Zicklein und Lämmer.

DIE KÜCHE – Im typischen Antipasto finden Sie Zucchinirouladen mit Prosciutto crudo und Scamorza, Tortino di patate gratinate, Oliven, **Capocollo di maiale**, Cipolle in agrodolce sowie Pecorino und Ricotta vom Monte Poro. Bei den Primi ausgezeichnete **Scialatelli con crema di zucchine, crudo di suino nero calabrese**, menta e pomodori secchi (8 €), Strozzapreti mit Kirschtomaten, Rucola und geräucherter Ricotta (8 €) und Ravioli croccanti con pesto di zucchine e menta. Als Secondi schmackhaftes **Filetto di maialino speziato con fonduta di scamorza affumicata** (12 €), Panciotto di vitello con pancetta e rucola, Tortino di pollo ruspante, **Capretto** oder Agnello **al forno con patate** al rosmarino. Zum Abschluss ein erfrischendes Semifreddo alla mandorla (4 €) oder ein Stück Crostata. Zufriedenstellende Auswahl an Etiketten aus Kalabrien. Für 35 € bekommen Sie ein reichhaltiges Degustationsmenü.

DIPIGNANO (CS)
Tessano

5 KM SÜDLICH VON COSENZA

Da Livio

Osteria • Via Pulsano, 63
Tel. (+39) 09 84 / 44 55 06
Ruhetag: Montag
Ferien: je 1 Woche im Juli und nach dem 15. August
140 Plätze + 60 Plätze im Freien
Preise: 20 €
Kreditkarten: CS, MC, Visa; BM
Mittags und abends geöffnet, Sonntagabend gegen Vorbestellung

DIE OSTERIA – Im Ortsteil Tessano, einige Kurven oberhalb von Cosenza, befindet sich das Lokal von Livio Massaro. Das Gebäude liegt auf einem Hügel und bietet einen schönen Ausblick über die Talebene, vor dem Lokal gibt es einen großen Parkplatz. Livio betreut nicht nur die Küche, er bestellt auch den prachtvollen Garten. Die Gäste werden in zwei großen Speisesälen willkommen geheißen, in einem leistet ein Kamin an kalten Tagen angenehme Gesellschaft. Die Einrichtung ist schlicht und geschmackvoll, an den Wänden erzählen Manufakte von der Kunst der *Cavudarari*, der Kupferschmiede, Künstlern im Umgang mit dem wertvollen Kupfer und Stolz der Gemeinde von Dipignano.

DIE KÜCHE – Die Tageskarte stellt Livio mündlich vor. Sie können à la carte wählen oder ein Degustationsmenü für 20 €. Dieses enthält einen Antipasto misto mit den Spezialitäten des Hauses: Salumi, Käse, hausgemachtes in Essig oder Öl eingelegtes Gemüse sowie ausgezeichnete **Involtini di melanzane** (mit Semmelmehl, Pecorino und Gewürzen wie Wildfenchel, Oregano und wilde Minze gefüllte Auberginenrouladen). Die Pasta (7 €) ist zum Großteil hausgemacht, das Angebot reicht von Lagane con i ceci zu **Gnocchi di patate con sugo di maiale**, doch die unbestrittene Spezialität des Lokals sind Pennette alla Livio mit Tomaten, Pancetta, Petersilie und Pecorino. Bei den Secondi (9 €) können Sie **Filetto di maiale con funghi porcini** genießen, Alici fritte, Baccalà in umido, aber auch **Caciocavallo ai ferri** (gegrillten Käse). Sollten Sie wertvollere Stücke vom Fleisch bestellen, könnte die Rechnung höher ausfallen. Crostata mit Obst und andere hausgemachte Dolci beenden ein schmackhaftes, unverfälschtes Essen. Die Weinkarte ist begrenzt, doch gute Etiketten aus Kalabrien sind vorhanden. Auch der offene Hauswein ist nicht zu unterschätzen.

GASPERINA (CZ)

33 KM SÜDWESTLICH VON CATANZARO

La Paladina

Trattoria-Pizzeria • Via Pertini
Tel. (+39) 09 67 / 480 94,
(+39) 328 / 662 26 09
Ruhetag: Dienstag, außer 15. Juli–31. August
Ferien: März/April
60 Plätze
Preise: 28–30 €
Kreditkarten: CS, MC, Visa; BM
Abends geöffnet, mittags gegen Vorbestellung
G

DIE OSTERIA – Zwischen dem Meer (Pietragrande) und dem Berg (Serra San Bruno) liegt Gasperina, ein Dorf mit 2.000 Einwohnern, das von der Landwirtschaft lebt. Im Lauf der Jahrhunderte stand es unter der Herrschaft von Normannen, Staufern und des Hauses Anjou. Lassen Sie sich vom ersten Eindruck nicht verwirren, Sie finden hier nicht ein irisches Pub, sondern einen passionierten Wirt, Nicola Macrina, Jahrgang 1986, einen großen Bewunderer der typischen kalabrischen Traditionen. Nachdem er seinen Beruf auf jahrelanger Wanderschaft durch ganz Europa erlernt hat, ist er nach Hause zurückgekehrt, um die Erzeugnisse der Umgebung durch hochstehende Gastronomie zur Geltung zu bringen.

DIE KÜCHE – Beginnen Sie mit den Antipasti (3 bis 12 €), bestehend aus Salumi, Pilzen, Hackfleischbällchen, eingesalzenen Paprikaschoten, Dicken Bohnen, Bohnen, Kichererbsen und Linsen aus Mormanno sowie kleinen Gerichten mit Kartoffeln und verschieden zubereitetem Gemüse, kalt und warm. Die Primi (7 bis 9 €) spiegeln die Reisen wider, die der Küchenchef hinter sich hat: köstliche Lasagnetta alla crema di formaggio, Zuppa di pesce in tegamino (Fischsuppe in der Pfanne), **Scilatelli ai funghi porcini** und **Cavatelli con ceci, cozze e vongole**. Bei den Secondi (9 bis 16 €) hingegen finden wir Kalabrien pur bei Zicklein, **Stinco di maialino nero**, auf Stein gebratenes Steak vom Podolica-Rind, Soffritto di baccalà oder **Stocco** di Mammola **con patate** silane. Gut sortierte Weinkarte mit beinahe allen Etiketten aus Kalabrien und einem guten offenen Wein aus Gasperina. Nicola holt täglich ein anderes Dolce aus dem Ofen, immer vorhanden ist das gute Eis Tartufo di Pizzo, dazu reicht er verschiedene von ihm selbst gemachte Liköre mit Mandeln, Bergamotte, Süßholzwurzel und Melone.

GROTTERIA (RC)

101 KM NORDÖSTLICH VON REGGIO DI CALABRIA, A 3

Il Ritrovo dei Picari

Trattoria-Pizzeria
Piazza Nicola Palermo, 13
Tel. (+39) 329 / 736 78 50
Ruhetag: Dienstag, außer im Sommer
Ferien: unterschiedlich
32 Plätze + 40 Plätze im Freien
Preise: 25 €
Kreditkarten: CS, MC, Visa; BM
Mittags und abends geöffnet

DIE OSTERIA – Das kleine Bauerndorf Grotteria liegt wenige Kilometer von der Küste des Ionischen Meeres entfernt zwischen den Hügeln hinter Locri, am Fuß des Aspromonte-Gebirges. Die Trattoria befindet sich mitten in dem reizenden historischen Zentrum, in dem viele griechische und byzantinische Einflüsse sichtbar sind. Das schlichte, gemütliche Lokal ist der sorgfältigen Renovierung eines antiken Kellers mit Gewölbedecke zu verdanken, Licht kommt durch die große Glastür, die in den schönen Garten führt. Der junge Wirt Antonello ist ebenso nett wie kompetent und beschreibt stolz das Ausgangsmaterial, das aus den beiden Gärten seiner Familie stammt, von denen einer an der Küste liegt, der andere in den Bergen, so dass die gesamte Biodiversität in der Küche vertreten ist. Ihm zur Seite stehen sein Bruder Gabriele – ein erfahrener Koch, Experte und Interpret der volkstümlichen Küche der Umgebung – und sein Vater Salvatore, ein begnadeter Pilzsammler.

DIE KÜCHE – Reichhaltiger und ausgezeichneter Antipasto (10 €), unterschiedlich im Lauf der Jahreszeiten, mit Pilz-Carpaccio, Kartoffelcremesuppe mit Brennnesseln, **Pfannkuchen mit Kürbisblüten** oder Steinpilzen, **Baccalà im Backteig**, Zeppoline (frittierte Teigbällchen aus Kartoffelteig), Thunfisch mit Zwiebelsalat und Pecorino aus dem Aspromonte. Verpassen Sie bei den Primi nicht die wunderbaren **Tagliolini alle ortiche e porcini** (7,50 €), doch auch Risotto agli asparagi e funghi (8 €) lohnt eine Kostprobe. Als Secondi sind **Patate novelle di montagna con i porcini fritti** (8 €) vorgesehen und **Costolette di agnello** (8,50 €), die sich im Lauf der Jahre zum Zugpferd des Lokals entwickelt haben, sowie weitere Fleischgerichte. Breit gefächerte Auswahl an Weinen der besten Anbaugebiete Kalabriens mit deren wichtigsten Vertretern.

LAMEZIA TERME (CZ)
Nicastro

35 KM NORDWESTLICH VON CATANZARO

NEU Alla Pentolaccia

Traditionelle Osteria
Via Fratelli Muraca, 17
Tel. (+39) 366 / 210 86 10
Ruhetag: Montag
Ferien: dritte Juliwoche
30 Plätze + 14 Plätze im Freien
Preise: 23–25 €
Kreditkarten: CS, MC, Visa; BM
Abends geöffnet

DIE OSTERIA – Seit gut fünf Jahren ist das Alla Pentolaccia, eine von einer Familie geführte Osteria, in der neu belebten Altstadt von Nicastro ein Bezugspunkt für traditionelle Küche. Sie finden das Lokal auf halbem Weg an der steilen Straße, die von Corso Numistrano, dem Herzen des Flanierviertels von Lamezia, zum Palazzo Vescovile führt. Hausherr Franco präsentiert hier die von Grazia zubereiteten Spezialitäten. Im Winter nehmen Sie im gemütlichen Speisesaal Platz, von Juni bis Oktober können Sie auch im Freien sitzen.

DIE KÜCHE – Die Speisekarte wechselt täglich, sie hängt von der Verfügbarkeit der Produkte ab, die mit Sorgfalt bei kleinen Bauern und Lieferanten aus der Umgebung ausgewählt werden. Beginnen Sie mit dem reichhaltigen Antipasto (12 €), bestehend aus mindestens acht Kostproben von Gemüse, Salumi, Käse, **Polpette di carne** (Bällchen aus Hackfleisch oder Gemüse) und kleinen Pfannkuchen. Anschließend können Sie **Morzello** (7 €) – die Spezialität des Hauses mit Kalbsinnereien und verschiedenen Stücken von Kutteln, die lange in einer scharfen Tomatensauce mit Lorbeerblättern und Oregano gekocht werden –, auf dem Teller oder im Fladenbrot *Pitta* bestellen, aber auch **Baccalà** (11 €): frittiert mit Oliven, **mit Kartoffeln und Paprikaschoten** oder in umido. Als Alternative gibt es ausgezeichnete Salsiccia mit Steinpilzen (10 €), mit Paprikaschoten und Kartoffeln oder mit Wildzichorien. Versäumen Sie, wenn verfügbar, nicht die Schnecken Lumache al pomodoro. Zum Abschluss frisches oder getrocknetes Obst, Tartufo di Pizzo oder eine der hausgemachten **Crostate**, vor allem jene **mit Sauerkirschen**.

In **Sambiase** (4 km) bekommen Sie bei Cantagalli, Via San Rocco 17, nicht nur gutes Eis, sondern auch ein vielfältiges Angebot an Croissants und Brioches.

LAMEZIA TERME (CZ)
Nicastro

35 KM NORDWESTLICH VON CATANZARO

NEU Taverna Rosso di Sera

Traditionelle Trattoria
Via San Giovanni, 3
Tel. (+39) 320 / 825 65 65
Ruhetag: Dienstag
Ferien: unterschiedlich
30 Plätze
Preise: 20–25 €
Kreditkarten: MC, Visa; BM
Abends geöffnet

DIE OSTERIA – Das Rosso di Sera befindet sich in einer alten Ruga (so der hiesige Ausdruck für Gasse) in der Altstadt von Nicastro – der größten der drei Gemeinden, die 1968 zu Lamezia Terme vereint wurden –, mit einem Stück Geschichte von Geselligkeit und kulinarischer Tradition. Das Lokal ist einfach und gemütlich, den Rahmen bildet ein Speisesaal mit frei liegenden Steinwänden und Ziegelbögen. Die junge Inhaberin Laura bietet eine Speisekarte des authentischen Geschmacks, die Respekt für die Umgebung erkennen lässt. Die Ausgangsprodukte werden bei lokalen Bauern besorgt. Authentischer Geschmack für ebenso authentische Momente, nicht nur in Bezug auf das Essen, sondern auch auf die lokale Kultur. Rosso di Sera erhebt vor allem den Anspruch auf gemeinsames Vergnügen.

DIE KÜCHE – Die von den Jahreszeiten abhängige Speisekarte wechselt täglich. Von den Antipasti (4 €) empfehlen wir Polpette di melanzane e riso, knusprig gebratene Artischockenherzen, Frittata con cipollotti e asparagi selvatici (Omelett mit Wildzwiebel und Wildspargel), doch vor allem **Guastella**: eine bäuerliche Pizza, gefüllt mit Wurst, Pecorino, Ei und Schwarten. Gute einfache Primi (6 €), besonders empfehlenswert **Ziti al forno con melanzane e provola silana**, des Weiteren Pasta e ceci und Gnocchi al ragù misto. Köstliche Suppen, von denen Sie jene mit Kichererbsen oder Bohnen nicht versäumen sollten, sowie Guazzetto di fagioli ai funghi. Bei den Secondi (9 €) gibt es gute **Insalata di baccalà**, Verza con fagioli e cotiche (Wirsing mit Bohnen und Schwarten) und **Fave alla campagnola con salsiccia**. Beilagen (5 €) mit rohem oder gekochtem Gemüse, darunter exzellente **Cicoria saltata con olive nere e origano**. Hausgemachte Dolci und eine gute Auswahl aus den Winzereien Kalabriens neben einem zufriedenstellenden offenen Wein runden das Angebot ab.

LONGOBARDI (CS)

39 km südwestlich von Cosenza

Magnatum La Degusteria

Moderne Osteria
Via Indipendenza, 56
Tel. (+39) 09 82 / 752 01
Ruhetag: Sonntagabend
Keine Ferien
16 Plätze + 20 Plätze im Freien
Preise: 30–35 €
Kreditkarten: AE, CS, DC, MC, Visa
Mittags und abends geöffnet

DIE OSTERIA – Ein charakteristisches, gemütliches Lokal, das als Erweiterung der legendären Bar Sport entstanden ist, der Dorfbar mit angeschlossenem Verkauf von Salz und Tabak. Francesco ist der Multiplikator der ohnehin angenehmen Atmosphäre in dieser soliden Umgebung. Herzlicher Empfang und die Geschichte der Produkte und der Gerichte, die auf den Tisch kommen, bilden den schönen Rahmen für einen gepflegten und immer wieder überraschenden Spaziergang durch das Reich des Essen und Trinkens. Die Zeit vergeht im Flug, Pausen dürfen eingelegt werden und rechtfertigen die Entscheidung, nicht mehr als die wenigen Plätze anzubieten.

DIE KÜCHE – Der Patron stellt sein Angebot am liebsten im Degustationsmenü Magnatum (25 €) vor, beginnend mit verschiedenen Antipasti, die mittels Gemüse, Salumi und Käse zu einem gut aufgebauten Crescendo von Geschmack und Aroma anwachsen. Dazu Brot aus ausgewählten Mehlsorten. Als Beispiel **Frittata di patate** – ein Omelett ohne Ei, bei dem verschiedene Schichten aromatisierter Kartoffeln lange gebraten werden –, zu der bestens **Carpaccio di carne con tartufo del Pollino** passt, ebenso **Baccalà con olive, pomodori secchi e radicchio** und die schmackhafte traditionell hergestellte Mortadella mit Caciocavallo. Fortsetzung mit **Pasta e fagioli** oder Rigatoni con le taccole (mit Zuckerschoten). Das Ganze wird mit zahlreichen hochwertigen nativen Olivenölen extra (nicht nur aus Kalabrien) veredelt. Im Menü tauchen auch Kombinationen mit Geschmacksnoten anderer Regionen auf, serviert bei Peschiole – kleinen, grünen in Salzlake eingelegten Pfirsichen –, und bei einigen internationalen Käseprodukten, beispielsweise Stichelton, einem englischen Rohmilchkäse, der hier zusammen mit Salame di fichi serviert wird. Zufriedenstellendes Weinangebot.

MAMMOLA (RC)

90 km nordwestlich von Reggio di Calabria

A Piazzetta

Restaurant
Piazza Ferrari, 21
Tel. (+39) 09 64 / 41 44 88
Ruhetag: Dienstag
Ferien: unterschiedlich
60 Plätze
Preise: 25–30 €
Mittags und abends geöffnet

DIE OSTERIA – Auf dem Hauptplatz von Mammola, das neben Cittanova für den Stockfisch bekannt ist, wird der Stocco in diesem kleinen Restaurant in nahezu allen Gerichten präsentiert. Begrüßt werden Sie von Francesca, ihr Mann Cosimo steht in der Küche. Zusammen haben sie in den vergangenen Jahren dazu beigetragen, Mammola zu einem Bezugspunkt der lokalen Gastronomie zu machen. Cosimo kann auf seine langjährige Erfahrung am Herd zählen und verarbeitet den Stockfisch mit seinem unverwechselbaren, kräftigen Geschmack in unveränderten traditionellen Rezepten, die einen unverhofft leichten Genuss bieten.

DIE KÜCHE – Im Antipasto degustazione (10 €) können Sie den **Stocco roh**, mariniert, in Insalata oder auch in Form von Pfannkuchen, Bällchen und zusammen mit Hülsenfrüchten gekocht kennenlernen. Von den vielen Speisen auf der Karte empfehlen wir **Gnocchi casalinghi** gratinati **con funghi porcini e stracchino** (hausgemachte, überbackene Gnocchi mit Steinpilzen, und dem Frischkäse Stracchino), des Weiteren mit Kichererbsen oder Radicchio gefüllte Ravioli sowie **Paccheri con fagioli, funghi e stocco** (6,50 €) – eine Verbindung verschiedener Geschmacksrichtungen, die zu einem Spiegel dieser Gegend werden. Für ein vollständiges Eintauchen in die lokale Küche kann man sich einer Kostprobe des **Stocco arrostito** bei den Secondi nicht entziehen, wahlweise wird er mit Pilzen oder gegrilltem Gemüse serviert. Lobenswert sind der Keller, bestückt mit verschiedenen Weinen aus Kalabrien, und die selbst gemachten Dolci, die einen echten Mehrwert darstellen.

MAMMOLA (RC)

90 KM NORDWESTLICH VON REGGIO DI CALABRIA

La Taverna del Borgo

Restaurant
Ortsteil Nicolao
Tel. (+39) 09 64 / 41 89 42
(+39) 338 / 722 76 01
Ruhetag: Mittwoch, außer an Feiertagen, im Juli und August
Ferien: unterschiedlich
150 Plätze
Preise: 25–30 €
Keine Kreditkarten
Mittags und abends geöffnet

DIE OSTERIA – Die Örtlichkeit hat sich verändert, die Seele des Restaurants ist gleich geblieben. Und wie Oscar, der Oberkellner, den Gästen, die den Stocco von Mammola kennenlernen wollen, erklärt: „Eine gewinnbringende Formel verändert man nicht." Und so ist es: Die Speisekarte ist immer noch die gleiche und auf der ersten Seite liest man, sozusagen als Prolog für die kommenden Speisen, die Verse von Remo Gargiulo, die so beginnen: „Arriva da Norvegia duru duru chi si lu sbatti ruppi puru u muru, ma poi li commercianti con gran gioia, lu mentunu 'nta li vaschi u si rimoia" („Er kommt aus Norwegen, so hart, dass, wenn man ihn gegen eine Wand wirft, diese bricht. Doch dann legen ihn die Händler mit großer Freude in Wasser ein und er wird wieder weich").

DIE KÜCHE – Wer den Stockfisch, der zu einem typischen Produkt dieser Gegend geworden ist, probieren möchte, darf nicht auf den Antipasto (12 €) verzichten: acht Gänge, darunter **Fagiolata di stocco** und Carpaccio con pomodorini secchi und ganz zu Beginn Würfelchen von lokalem Pecorino, dazu selbst gemachte Konfitüren (darunter die köstliche, nur leicht scharfe aus Peperoncino sowie eine frische, säuerliche aus Zitrusfrüchten). Um zum echten Geschmack des Stocco von Mammola vorzudringen, müssen Sie jedoch eines der Primi (7 €) bestellen: Hier ragt eine hausgemachte **Pasta** aus Vollkornroggenmehl **mit Stocco, Guanciale und Peperoncino** heraus, auf die man nach Belieben lokale geräucherte Ricotta reiben kann. Wenn Sie nicht mit einem Secondo fortfahren wollen – eine Kostprobe wert wäre **Stocco arrostito con funghi porcini** (7 €) –, können Sie sich ohne Bedenken der einzigartigen **Mousse di ricotta** (3 €) hingeben. Der Keller ist passend mit hochwertigen lokalen Etiketten bestückt.

MARTONE (RC)

99 KM NÖ. VON REGGIO DI CALABRIA, S.S.106

La Collinetta

Trattoria-Pizzeria
Ortsteil Colacà
Tel. (+39) 09 64 / 516 80,
(+39) 338 / 855 09 30
Ruhetag: Dienstag
Ferien: unterschiedlich
80 Plätze + 10 Plätze im Freien
Preise: 25 €
Kreditkarten: MC, Visa; BM
Mittags und abends geöffnet

DIE OSTERIA – Wenn Sie den Hügel hinter Gioiosa Ionica hinauffahren, erreichen Sie nach einigen Kilometern die gemütliche Trattoria, die Giuseppe Trimboli mit Unterstützung seiner Frau Lucia und seiner Mutter Rosa in der Küche führt. Der Großteil der verwendeten Produkte stammt aus der Landwirtschaft der Familie, zum Beispiel das native Olivenöl aus biologisch behandelten Oliven, Wein, Gemüse, Salumi und Fleisch. Große Aufmerksamkeit gilt traditionellen Gerichten, die, stets im Hinblick auf die Saison, neu interpretiert werden.

DIE KÜCHE – Große Vielfalt an warmen und kalten Antipasti: Käse, Salumi, Pfannküchlein, Bällchen und Aufläufe mit Gemüse sowie verschieden zubereitetes Gemüse. Eine besondere Erwähnung gebührt dem Frischkäse Burrata auf Cremespinat, **Vellutata dolce di peperoncino** sowie Insalata di stinco con ciliegie e cipolle rosse di Tropea (Salat von der Schweinehachse mit Kirschen und roten Zwiebeln, 8 €), **Caciocavallo di Ciminà** (Slow-Food-Presidio) **con marmellata di agrumi** sowie Coscia di maiale alla griglia con crema di peperoni e cipolle caramellate. Von den Primi empfehlen wir ***Fileja*** al ragù di vitello, maiale e agnello (8 €), Risotto con zucchine, fiori di zucca, zafferano di Gerace e nocciole tostate (7 €) und Ravioli mit Auberginen, Provolone und Capocollo mit Sauce aus gebratenen Kirschtomaten und Guanciale. Viel Raum für gegrilltes Fleisch und Wild bei den Secondi: Spezzatino di cinghiale con funghi e patate (9 €), **Cosciotto di agnello cotto nell'argilla**, mit Esskastanienblütenhonig karamellisierte Rippenstücke vom Schwein und Straccetti di manzo in crosta con patate lardellate e carciofi. Die Crostate und Löffeldesserts sind hausgemacht – probieren Sie **Mousse di crema pasticciera al limone con croccante** – wie auch die Kräuterbitter und die Liköre.

12 KM SÜDWESTLICH VON VIBO VALENTIA, S.S. 18

Il Normanno

Osteria
Via Duomo, 12
Tel. (+39) 09 63 / 33 63 98,
(+39) 338 / 857 64 63
Ruhetag: Montag
Ferien: 1.–20. September
50 Plätze + 30 Plätze im Freien
Preise: 20–25 €
Kreditkarten: AE, CS, DC, MC, Visa; BM
Mittags und abends geöffnet

DIE OSTERIA – Das Städtchen Mileto in der Provinz von Vibo Valentia ist bekannt als Residenz des Normannen Roger I., auf ihn bezieht sich der Name des Lokals. Ganz in der Nähe der Wallfahrtskirche Mistica di Paravati (der italienischen Mystikerin Natuzza Evolo gewidmet) empfängt Gianni Garoffolo gemeinsam mit seiner Frau Clementina, der Köchin, und Sohn Francesco die Pilger und die an der Geschichte interessierten Gäste, denen auch der Besuch eines archäologischen Denkmals und des bedeutenden Diözesanmuseums empfohlen wird.

DIE KÜCHE – Im Antipasto alla normanna (10 €), einer Parade des Geschmacks und der Farben, könnten Sie lokale Salumi vorfinden, die scharfe streichbare Wurst *'Nduja*, Ricotta, gefüllte Auberginen, gebratene ***Pipi e patati*** (Paprikaschoten und Kartoffeln), Pfannkuchen mit Kürbisblüten (im Sommer), Auberginen, Fleischbällchen, Parmigiana, Gattò di patate und ***Pignatine*** (im Tontöpfchen gekochte und servierte Kichererbsen und Bohnen, Perlgerste und Dinkel oder gemischte Hülsenfrüchte). Ein typisches Primo dieser Gegend ist **Fileja** (7 €), eine hausgemachte Pasta in verschiedensten Kombinationen: mit Ragù di capra, alla normanna mit Gemüse, **mit Kichererbsen und Salsiccia**, mit Kürbisblüten und Salsiccia oder mit Pesto di finocchio di timpa (Pesto aus Wildfenchel, Nüssen und Sardellen). Als Alternative gibt es die immer gute, langsam in der *Pignata* im Holzofen gekochte Suppe mit Kichererbsen oder Bohnen (5 €). Schmackhafte, großzügige Secondi wie **Costolette di agnello panate e fritte** (10 €), **Trippa con pomodoro e fagioli** und Baccalà fritto. Ebenso empfehlenswert das im Holzofen gebratene Hähnchen Pollo alla diavola. Als Beilagen gegrilltes Gemüse und Wildgemüse. Die Dolci wechseln mit den Jahreszeiten, der Keller ist zwar beschränkt, doch mit schönen lokalen Überraschungen bestückt.

96 KM NORDWESTLICH VON COSENZA

Osteria del Vicolo

Trattoria-Pizzeria
Vico I San Francesco, 5
Tel. (+39) 09 81 / 804 75,
(+39) 339 / 584 41 32
Ruhetag: Mittwoch
Ferien: zeitweise im November
25 Plätze
Preise: 25–30 €
Kreditkarten: AE, CS, DC, MC, Visa; BM
Mittags und abends geöffnet

DIE OSTERIA – Das Pollino-Gebirge wird immer mehr zu einem Bezugspunkt für einen natürlichen, bäuerlichen Tourismus. In diesem naturbelassenen Schatz Italiens und des Mittelmeerraums ist ein Besuch der Osteria del Vicolo zweifellos Pflicht. In einer für Autos unzugänglichen Seitengasse der Piazza von Mormanno befindet sich das Lokal von Familie Armentano; die Mutter und der ältere Sohn Vincenzo arbeiten in der Küche, der zweite Sohn Francesco und seine Frau Catia betreuen die Gäste. Die Osteria wurde vor Kurzem umgebaut und bietet nun mehr Platz für die Gäste und die Weine. Auch die Speisekarte wurde erneuert.

DIE KÜCHE – Im Vicolo ist eine Hülsenfrucht Königin: die Linse aus Mormanno. Familie Armentano baut sie in ihrem Garten am Ortsrand selbst an. Gut zur Geltung kommt sie im Sformato con crema di ceci e porcini fritti (8 €) oder in einer schlichten, schmackhaften Suppe. Als Antipasto sollten Sie neben dem reich bestückten Brett mit Salumi und Käse das typische Gericht **Melanzane e peperoni ripieni** (Auberginen und gefüllte Paprikaschoten, 7 €) bestellen. Von den Suppen (6 €) empfehlen wir jene mit Bohnen und Kichererbsen, die zusammen mit den bereits erwähnten Linsen am besten die lokale Landwirtschaft repräsentieren. Bei den Primi **hausgemachte Pasta mit Ragù di cinghiale** (mit Wildschweinsauce, 8 €) oder mit Nüssen. Außerdem der hochwertige Reis **Riso di Sibari al tartufo** (mit Trüffel, 10 €) oder mit Nüssen und Creme vom Blauschimmelkäse. Als Secondo können Sie **Maialino nero con liquirizia** (schwarzes Ferkel mit Süßholzwurzel) oder mit Steinpilzen und Nüssen wählen oder auch das Schmorgericht Baccalà alla mormannola. Lassen Sie Platz für den umwerfenden, hier meisterhaft zubereiteten Bocconotto. Schöner Keller mit angemessenem Schwerpunkt auf der Umgebung.

MOTTA SAN GIOVANNI (RC)
Lazzaro

23 KM SÜDLICH VON REGGIO DI CALABRIA

AgriRiggio

Agriturismo
Via Mameli, 7
Tel. (+39) 09 65 / 71 23 04,
(+39) 339 / 811 75 06
Ruhetag: Montagmittag
Keine Ferien
50 Plätze
Preise: 20 €
Keine Kreditkarten
Mittags und abends geöffnet

DIE OSTERIA – Das AgriRiggio liegt im griechischsprachigen Gebiet der Provinz von Reggio Calabria, einer Gegend, die ihre antike Schönheit bewahrt hat. Der Agriturismo ist ein Bauernhof, in dem alles Wichtige vorhanden ist: ein Landhaus, ein Innenhof, ein Laden und die kleine Osteria mit nur einem Speisesaal. Geführt wird der Betrieb von einer Familie, Caterina, ihr Mann Annunziato und die beiden Kinder kümmern sich persönlich um das Ganze. Die verwendeten Zutaten stammen aus der eigenen Landwirtschaft, darunter auch der wertvolle Capicollo azze anca grecanico (Slow-Food-Presidio). Annunziato ist ein Fachmann für antike Geschichte und interessierte Gäste können sich an seinen kleinen Erzählungen zum Thema erfreuen. Historisch inspiriert sind auch einige Gerichte, denen in der Speisekarte ein eigenes Kapitel gewidmet ist.

DIE KÜCHE – Der Stützpfeiler des Lokals ist nach wie vor ein Degustationsmenü, das den Gästen ermöglicht, sich für 20 € einen umfassenden Überblick über die lokale Küche zu verschaffen. Es beinhaltet drei Antipasti, ein Primo, ein Secondo, Obst, Dessert und Getränke. Der Antipasto della casa – den Sie auch à la carte wählen können (4 €) – besteht aus Soppressata, Capicollo azze anca, Prosciutto, Porchetta, Ricottina, frischem und gereiftem Pecorino, Oliven in Salzlake, Pfannkuchen mit Zwiebeln und Kürbisblüten, Auberginen sowie süßsauer eingelegten Möhren und Zucchini. Bei den Primi gibt es immer frische **Pasta con sugo di suino nero** (8 €), während bei den Secondi der Holzkohlengrill mit einer wunderbaren Grigliata mista di suino (8 €) in den Mittelpunkt gestellt wird. Das Angebot des Menüs ist begrenzt, doch alternativ kann der Antipasto misto (5 €) bestellt werden und anschließend **Grigliata omerica** mit Beilage (10 €), ein antikes Rezept, ebenfalls mit Schweinefleisch.

NOCERA TERINESE (CZ)

59 KM NORDWESTLICH VON CATANZARO

Calabrialcubo

Agriturismo
Ortsteil Pietra di Grotta
Tel. (+39) 09 68 / 190 33 91,
(+39) 345 / 892 43 67
Ruhetag: Montag
Ferien: zeitweise im Januar
60 Plätze
Preise: 25–30 €
Kreditkarten: CS, DC, MC, Visa; BM
Mittags und abends geöffnet

Ein für ganz Kalabrien beispielgebendes landwirtschaftliches Modell, das in allem die Umgebung und deren Produkte respektiert.

DIE OSTERIA – Ein außergewöhnliches und sehr authentisches Beispiel dafür, wie die Welt der Landwirtschaft durch eine umfassende multifunktionale Aktivität aufgewertet werden kann. Ein kalabrisches Modell für bäuerliche Tradition und Innovation, in dem das kulinarische Angebot eine natürliche Folge der Leidenschaft von Marco Ferrini für gut gemachte Dinge ist. Die Anlage ist Ergebnis der sorgfältigen Renovierung einer alten wasserbetriebenen Mühle. Die Küche verbindet auf perfekte Weise Tradition und Kreativität, die Gerichte sind der Ausdruck des kontinuierlichen Experimentierens mit Grundzutaten durch den jungen Küchenchef Luigi Lepore.

DIE KÜCHE – Die Reise ins Reich des Geschmacks beginnt bei den Antipasti (7 €): **Spuma di caprino** und Mousse di avocado con pane tostato e fiori di cipolla sowie Uovo con spuma di caciocavallo di Ciminà (Slow-Food-Presidio), pane croccante e scorzette di limone. Bei den Primi sind Bottoni ripieni di pecorino liquido in vellutata di fave e fave fresche saltate (8 €) vorgesehen, **Ravioli con cipolla di Tropea, cedro e pecorino** sowie Tortello di peperone con alici e basilico. Es folgen Secondi wie **Maialino su vellutata di finocchio alle erbe di campo** e riduzione di arancia (12 €) und Stinco di maiale arrostito con crema di melanzane alla brace, cagliata di latte di pecora, cedro e menta. Versäumen Sie zum Abschluss nicht das Dessert Dolce di **ricotta di capra e pera** con foglie di lime, origano fresco, timo, limone e biscotto salato (3,50 €). Gut zusammengestellter Keller mit ausgezeichneten kalabrischen Weinen. Außerdem finden Sie eine Karte für selbst erzeugte Biere.

PALMI (RC)

47 KM NORDÖSTL. V. REGGIO DI CALABRIA, S.S. 18

Osteria del Vicolo

Osteria
Via Toselli, 10
Tel. (+39) 349 / 610 48 53
Ruhetag: Sonntagabend, Montag
Ferien: Oktober
20 Plätze + 14 Plätze im Freien
Preise: 28–35 €
Kreditkarten: CS, MC, Visa; BM
Mittags und abends geöffnet

DIE OSTERIA – Alles hat vor drei Jahren beginnen, als Domenico und Maria sich nicht mehr mit den üblichen Pizzen und den falschen Osterie, in denen tiefgefrorener Fisch serviert wird, begnügen wollten. Sie beschlossen, dass es an der Zeit war, ein Experiment zu wagen. So ist diese moderne Osteria im Zentrum von Palmi – nur ein paar Schritte vom öffentlichen Park mit seinem umwerfenden Panorama entfernt – entstanden, in der saisonaler Fisch, sorgfältige Suche nach qualitätvollen Zutaten und Herzlichkeit den Unterschied ausmachen. Domenico und Maria stehen am Herd, im Speisesaal betreut Marias Schwester Mimma die Gäste. Das Lokal hat keine Speisekarte, denn die Gerichte, die vor allem Blaufisch als Grundlage haben, wechseln täglich.

DIE KÜCHE – Es gibt nur einen gemischten Antipasto (9 €), in dem Sie möglicherweise einen Auflauf mit dem Gemüse der Saison finden (ausgezeichnet jener mit Artischocken), Polpette di salsiccia, Pfannkuchen mit Kürbis und Ricotta del Monte Poro. Unter den Primi finden Sie die kürzlich wiederentdeckte lange Pasta **Stroncatura**, hier **con pomodorini, capperi, olive, alici e mollica abbrustolita** (8,50 €). Oder Sie wählen die köstlichen Tubettoni rigati con fagioli e cozze (mit Bohnen und Miesmuscheln) bzw. Linguine con carciofi e ricotta affumicata. Von den Secondi empfehlen wir gedämpften **Stocco con cipolla caramellata**, **Spatola gratinata** con mandorle e pomodorini (gratinierter Bandfisch mit Mandeln und Kirschtomaten, 11 €) und Frittura di paranza. Zum Abschluss sehr interessante Desserts, neben der exzellenten Crema all'arancia con amaretti e scaglie di cioccolato (5 €) gibt es verschiedene saisonale Süßspeisen. Zufriedenstellende Weinauswahl, vor allem aus Kalabrien.

POLISTENA (RC)

43 KM NORDÖSTLICH VON REGGIO DI CALABRIA, A 3

Donna Nela

Restaurant-Enoteca
Corso Mazzini, 23
Tel. (+39) 09 66 / 93 29 43,
(+39) 333 / 657 20 20
Ruhetag: Sonntag, Montagmittag
Ferien: 1.–10. September
60 Plätze + 70 Plätze im Freien
Preise: 25–30 €
Kreditkarten: AE, CS, DC, MC, Visa; BM
Mittags und abends geöffnet

DIE OSTERIA – Im Erdgeschoss eines schön renovierten Adelshauses befindet sich das Restaurant Donna Nela, bestehend aus einem elegant eingerichteten Speisesaal und einem wunderbaren Innenhof, in dem manchmal auch kulturelle und musikalische Veranstaltungen stattfinden. Giampiero und Erika werden Sie begrüßen und Ihnen eine Küche vorstellen, die auf der kulinarischen Tradition der Umgebung beruht, doch auch ein vielfältiges vegetarisches Menü zu bieten hat.

DIE KÜCHE – Nehmen Sie Platz und beginnen Sie mit einem reichhaltigen Antipasto mit gegrilltem, gekochtem oder geschmortem Gemüse, dazu ein großes Spektrum an Käse aus Kuhmilch. Als Alternative gute Salumi mit Schafkäse, Ricotta und roter Zwiebel (8 €), Cicci ricci mit Aufschnitt und Büffelkäse oder Carpaccio prosciuttato con pecorino catanzarese, extravergine, limone e rucola (9 €). Unter den Primi hervorragende **Carbonara** calabra **con *'nduja***, pecorino e cipolla rossa (9 €), **Scialatielli alla bellona** mit Mozzarella, Gemüse und Tomaten, oder mit Zwiebeln, Auberginen und Peperoncino, sowie die traditionelle Pasta Stroncatura mit unterschiedlichen Saucen. Große Vielfalt bei den Secondi, überwiegend Fleisch: **Involtini** di vitello (Rouladen vom Kalb) oder **di lonza** alla griglia (gegrillte Rouladen vom Lendenstück, 8 €), Filetto al vino, Straccetti und Tagliata, zubereitet nach der jeweiligen Inspiration des Chefkochs. Die Dolci (4 €), verschiedene Sorbets sowie Mattoncino di gelato ai tre gusti, kommen aus zwei bekannten Konditoreien der Stadt. Dank der angeschlossenen Vinothek ist eine umfassende Auswahl unter Etiketten aus Kalabrien und dem übrigen Italien möglich.

Baylik

Restaurant
Vico Leone, 1–5
Tel. (+39) 09 65 / 486 24,
(+39) 338 / 787 63 75
Kein Ruhetag
Keine Ferien
70 Plätze
Preise: 30–35 €
Kreditkarten: AE, CS, DC, MC, Visa; BM
Mittags und abends geöffnet
G

DIE OSTERIA – Im Viertel Santa Caterina, nicht weit entfernt vom Zentrum der Stadt und dem Archäologischen Museum, das die berühmten Bronzestatuen beherbergt, erfreut Familie Zappia seit mehr als 60 Jahren ihre Gäste mit exquisiten Fischgerichten. Einige davon haben zum Ruhm des Lokals beigetragen und werden den Besuchern noch heute mit Stolz von Nato, dem Enkel des Gründers, präsentiert.

DIE KÜCHE – Die mündlich vorgetragene Speisekarte beginnt mit einem kalten oder warmen Antipasto di mare (14 €) – Ersterer besteht aus Schwertfisch und marinierten Sardellen, gedämpftem Oktopus und Thunfisch der Sorte Alalunga, Insalata di grano all'agro und Biscotto alla caponata. Die warme Variante beinhaltet **Tortino di pesce spatola e melanzane** (Auflauf aus Bandfisch und Auberginen oder Blumenkohl) und verschiedene Wirsingrouladen: mit Kürbis und Krustentieren, mit Paprikaschoten und Pilzen, mit Zucchini und geräuchertem Schwertfisch. Die zeitlosen, leicht scharfen Spaghettini alla Baylik mit frischen Tomaten (7 €) sind eine Möglichkeit für ein Primo, daneben gibt es **Linguine** dello Stretto **con pesce azzurro** (9 €) oder mit selbst geräuchertem Schwertfisch, ebenso möglich mit selbst gepresstem Thunfischrogen. Außerdem schmackhafte **Tubettini con frutti di mare** und eine ganz spezielle Carbonara di mare con spada affumicato (9 €). Von den Secondi empfehlen wir **Parmigiana di pesce**, panierte Filets vom Fisch des Tages (12 €), Involtini di spada (Schwertfischrouladen), Pesce alla brace (Fisch vom Holzkohlengrill) oder **Merluzzo con pomodorini**. Zum Abschluss Pistazien-, Haselnuss- und Vanilleeis oder Sorbetto al bergamotto. Die Weinkarte bevorzugt Etiketten aus Kalabrien, doch auch Winzerbetriebe aus dem übrigen Italien sind vertreten.

12 KM NORDWESTLICH VON COSENZA, S.S. 107

NEU Tre Cipolle sul Comò

Moderne Osteria
Via Vercillo, 13
Tel. (+39) 0984 / 159 30 33
Ruhetag: Mittwoch im Winter, Sonntag im Sommer
Ferien: im Juli
30 Plätze
Preise: 25–30 €
Kreditkarten: CS, MC, Visa; BM
Abends geöffnet

DIE OSTERIA – Dieses sehr persönlich und gemütlich gestaltete Lokal im charakteristischen, gut erhaltenen historischen Zentrum von Rende spiegelt die Leidenschaft wider, die Andrea und Carlotta, bei der Arbeit wie im Leben ein Paar, für ihren Beruf verspüren. Die Inhaber empfangen Sie mit der spürbaren Bereitschaft, Ihren Wünschen entgegenzukommen. Die Speisekarte bietet einen schönen Überblick über die lokalen Spezialitäten, gewürzt mit einer Prise Erfindungsreichtum.

DIE KÜCHE – Einladende und originelle Antipasti (11 €): köstliche **Fiori di sambuco fritti** (frittierte Holunderblüten mit Akazienhonig und Zucker), Lecca lecca di formaggio vaccino stagionato locale (Lollipop aus lokalem gereiften Kuhmilchkäse), Bloody Mary con pomodoro di Belmonte. Die Tradition kommt vor allem bei den Primi (8 €) zum Tragen, auch wenn der Versuch neuer Kombinationen ein modernes Erscheinungsbild prägt. Probieren Sie den Reis aus Sibari mit Zitrone aus Rocca Imperiale und Süßholzwurzel oder Zuppa di lenticchie, zenzero e riso nero. Zumindest eine Zutat aus der Nähe kennzeichnet die Fleischgerichte bei den Secondi (zwischen 8 € und 20 €), zum Beispiel gelungenes **Filetto di suino scaloppato con passito di Saracena** e miele di castagno (Schweinefilet mit Strohwein aus Saracena und Esskastanienblütenhonig), das **Controfiletto di vitello con caciocavallo di Ciminà** (Slow-Food-Presidio) und das Kalbsfilet mit reduziertem Wein aus den wertvollen kalabrischen Trauben Magliocco canino. Die Dolci sind hausgemacht – unverzichtbar Panna cotta con miele di fichi – wie die verschiedenen haltbar gemachten Speisen. Guter Keller, vor allem mit Weinen aus Kalabrien.

93 km nordöstlich von Cosenza

NEU Al Casello

Trattoria
Viale Sant'Angelo
Tel. (+39) 329 / 612 90 97
Ruhetag: Montag
Ferien: 10. Juni–15. September
32 Plätze
Preise: 25 €
Kreditkarten: CS, MC, Visa; BM
Mittags und abends geöffnet

DIE OSTERIA – Das Lokal, das seinen Namen der nahen Bahnstation verdankt, ist eine historische Trattoria, die es in dieser blühenden Stadt schon seit dem Jahr 1916 gibt. 2011 ist es zu seiner früheren Pracht zurückgekehrt, das ist der Entschlossenheit und der Professionalität des jungen Patron Giovanni zu verdanken. In der Küche wird er von Signora Maria unterstützt. Mit Bezug auf die Tradition von Rossano bevorzugt er saisonale Zutaten, die aus der Umgebung stammen, und bietet einfache Gerichte mit intensivem Geschmack, vom Land und vom Meer.

DIE KÜCHE – Zu Beginn eine schöne Auswahl an Salumi und Käse (7 bis 12 €, abhängig von der Menge), die aus kleinen, traditionell arbeitenden Betrieben stammen. Unter den Primi verdienen zweifellos Maccheroni con sugo di castrato (8 €) und die unverzichtbaren **Spaghetti con alici e finocchietto** (mit Sardellen und Wildfenchel) eine Erwähnung. Bei den Secondi finden Sie im Winter oft **Fressurata** (lange in Tomatensauce gekochte Innereien) **di maiale** (7 €), ein typisches Gericht der kalabrischen Haushalte, das anlässlich der Schlachtung des Hausschweins gekocht wurde. Die zweite Spezialität der Küche und der Alltagstradition des am Meer gelegenen Rossano ist **Alici scattiate** (7 €), mit Weinessig, Peperoncino, Oregano und Knoblauch aromatisierte Sardellen. Im Herbst gibt es auch Gerichte mit Pilzen aus dem nahen Sila-Gebirge. Hausgemachte Dolci und ein Keller mit einer schönen Auswahl an Etiketten, richtigerweise vor allem an der Umgebung orientiert, vervollständigen den guten Eindruck.

🍸 Im historischen Caffè Tagliaferri, Piazza Santi Anargiri 6, werden Eis und Granita wie in früheren Zeiten zubereitet.

55 km nordwestlich von Cosenza, A 3

NEU Le Baccanti

Enoteca-Restaurant
Via della Repubblica
Tel. (+39) 0984 /190 65 95,
(+39) 393 / 132 98 85
Ruhetag: Sonntag
Ferien: unterschiedlich
50 Plätze + 20 Plätze im Freien
Preise: 30 €
Kreditkarten: CS, MC, Visa; BM
Abends geöffnet

DIE OSTERIA – Dieses Restaurant mit Vinothek befindet sich im Zentrum des einst von den Normannen besiedelten Ortskerns von San Marco Argentano. Das 2009 nach einer Idee von Alessandro Brusco entstandene Restaurant ist eine erfreuliche Überraschung. Der Inhaber hat seine ganze Familie mit der Leitung des Lokals betraut, die Räume sind gepflegt und einladend, die Atmosphäre ist höflich, die Küche einfach und schmackhaft und passt gut zum überaus reichen Angebot an Wein, der eigentlichen Leidenschaft des Patrons.

DIE KÜCHE – Die Küche orientiert sich an den Jahreszeiten, die verwendeten Ingredienzen, von Gemüse bis Salumi sind alle aus eigener Erzeugung oder kommen aus kleinen lokalen Betrieben. Beginnen Sie mit einem appetitanregenden Antipasto misto (7 €), nämlich einem Brett mit Salumi und Käse, Gemüseaufläufen und **Parmigiana di melanzane**. Weiter geht es mit den Primi, darunter köstliche hausgemachte **Tagliatelle con zucchine, menta e limone** (6 €) und ebenso vorzügliche Rigatoni con capperi, acciughe e olive. Secondi überwiegend mit Fleisch, als Beilage verschieden zubereitetes Gemüse. Sehr empfehlenswert ist **Tagliata di manzo con funghi porcini** silani (12 €) und Arrosto misto di maiale (8 €). Dazu oder als Alternative eine Kostprobe der **Pizzaccia** aus Sauerteig, für die Bioweizen aus eigenem Anbau in einer Steinmühle gemahlen wird. Zum Abschluss sehr gute Crostata mit Obst und Granita mit Melonen und Pfirsichen. Ausgezeichnete Weinkarte, wie es sich für eine Vinothek gehört, mit Etiketten aus Kalabrien und dem übrigen Italien.

SAN SOSTI (CS)

65 KM NORDWESTLICH VON COSENZA, A 3

NEU La Tana del Ghiro

Bar-Trattoria
Via Santuario, 3
Tel. (+39) 09 81 / 601 63
Ruhetag: Dienstag
Ferien: unterschiedlich
40 Plätze + 20 Plätze im Freien
Preise: 20–25 €
Kreditkarten: AE, CS, MC, Visa; BM
Mittags und abends geöffnet

DIE OSTERIA – La Tana del Ghiro liegt in San Sosti, wenige Meter von der Madonna del Pettoruto entfernt, einer viel besuchten Wallfahrtskirche in einem Tal von seltener Schönheit. Patron Fabio begrüßt seine Gäste mit familiärer Herzlichkeit. Unverstellt ist auch der Geschmack, den er dank seiner vielfältigen Erfahrung, auch in nicht gastronomischen Bereichen, in der Küche zu erzeugen vermag. Die Gerichte sind ein Ausdruck der gegenseitigen Beeinflussung zwischen seiner Heimat, dem griechischsprachigen Gebiet Kalabriens, und dem oberen Teil der Provinz von Cosenza, wo sich das schöne Lokal mit Panoramablick befindet.

DIE KÜCHE – Beginnen Sie mit der Kostprobe von aus der Gegend stammenden Produkten, die Sie von der Karte wählen können (6 €): An erster Stelle Salumi und Käse, doch auch eine köstliche **Saltimbocca** – Kalbsbraten, umwickelt mit Guanciale vom schwarzen Schwein mit Caciocavallo silano und Annurca-Äpfeln auf Zitrusfrüchten. Unter den Primi spielt hausgemachte Pasta mit saisonalen Erzeugnissen die Hauptrolle – unverzichtbar sind ***Maccaruni*** con porcini, radicchio, guanciale (7 €) und weitere, von den umliegenden Wäldern inspirierte Gerichte. Auch die Secondi, in harmonischem Verhältnis zu ihrer Umgebung, bieten Fleisch vom Schaf, Zicklein und Rind der Podolica-Rasse. In der entsprechenden Jahreszeit bereitet der Inhaber, seiner Leidenschaft folgend, Wildgerichte zu. Falls es verfügbar ist, sollten Sie **Filetto di cinghiale lardellato con timo, maggiorana e spezie** (serviert mit Akazienblütenhonig, 7 €) nicht verpassen. Die Desserts sind hausgemacht, auch der leckere **Bocconotto con marmellata di bergamotto**. Zu trinken gibt es einen offenen Wein und eine stattliche Anzahl von Etiketten aus Kalabrien.

SANTO STEFANO IN ASPROMONTE (RC)
Mannoli

29 KM NORDÖSTLICH VON REGGIO DI CALABRIA

Le Fate dei Fiori

Restaurant
Via Nazionale, 55
Tel. (+39) 328 / 810 31 57,
(+39) 328 / 810 31 57
Keine Ferien
30 Plätze + 20 Plätze im Freien
Preise: 30–34 €
Kreditkarten: CS, MC, Visa; BM
Samstag, Sonntag und Feiertage mittags und abends geöffnet, im August täglich

DIE OSTERIA – Im Parco d'Aspromonte legen Enzo und Teresa Milasi zusammen mit ihren Töchtern Martina und Carmen ein Zeugnis für ihre außergewöhnlich große Leidenschaft für die Küche ihrer Umgebung ab. Mit schlichter, spontaner Herzlichkeit bieten die beiden ihren Gästen Gerichte, in denen Geschichte und Kultur dieser wunderbaren Gegend zum Ausdruck gebracht werden. Das Lokal liegt in einem Kastanienwald, dessen Schönheit man vor allem im Sommer bewundern kann, wenn man auf der Terrasse sitzt. Im Winter wärmt der Kamin im Inneren die Besucher.

DIE KÜCHE – Im Antipasto ist eine Auswahl an Salumi vom schwarzen Schwein vorgesehen, Steinpilze aus dem Aspromonte-Gebirge und verschiedene Kostproben von Käse aus Kalabrien, darunter Caciocavallo di Ciminà, geräucherte Ricotta aus Mammola, Giuncata, Canestrato und Caprino, Pecorino vom Monte Poro sowie verschiedene Sorten Almkäse. Unter den Primi ausgezeichnete **Stroncatura con alici** di Anoia, **peperoncino, mollica tostata e ricotta affumicata** (8 €), als Alternative das Gericht „Quasi paccheri" mit Salsiccia vom schwarzen Schwein, Steinpilzen und Kürbisblüten oder Polenta mit Sauce vom Wildschwein und Steinpilzen. Bei den Secondi sollten Sie den Käse **Caciocavallo di Ciminà alla piastra con porcini** (12 €), **Umido di castrato con porcini e crostino con *'nduja*** di Spilinga (geschmorter Hammel mit Steinpilzen, geröstetem Brot und scharfer Wurst, 14 €) oder Polpette di agnello con cipolla rossa di Tropea e mosto cotto wählen. Zum Abschluss Nacatola „sbagliata" con mousse di ricotta al bergamotto (frittierte Teigkringel, dazu Ricottamousse mit Bergamotte, 4 €). Auf der Weinkarte stehen vor allem Etiketten aus Kalabrien und Produkte kleiner Erzeuger aus der Umgebung.

SCALEA (CS)

92 KM NW. V. COSENZA, 50 KM S. V. LAGONEGRO, S.S.18

La Rondinella

Trattoria
Piazza Principe Spinelli, 1
Tel. (+39) 09 85 / 913 60
Ruhetag: Sonntag, außer im Sommer
Keine Ferien
42 Plätze + 12 Plätze im Freien
Preise: 22–25 €
Kreditkarten: DC, MC, Visa; BM
Mittags und abends geöffnet

DIE OSTERIA – Diese gemütliche Trattoria in der Altstadt von Scalea liegt neben dem Palazzo Spinelli. Die junge, nette Francesca hat das Lokal von ihren Eltern geerbt und führt es mit spürbarer Sorgfalt. Giovanni, einem Mitglied ihres Teams, ist es zu verdanken, dass sich der Gast im Speisesaal rundum wohlfühlt. Bei jedem vorgestellten Gericht wird der Ursprung der einzelnen Zutaten hervorgehoben, alle stammen aus dem Familienbetrieb.

DIE KÜCHE – Die Antipasti (9 €) werden auf einem Brett serviert und bestehen aus einem reichhaltigen Sortiment an Salumi, Käse, kleinen Teigtaschen aus dem Ofen, Omeletts, Aufläufen und Saisongemüse. Dann geht man zu den Primi (8 €) über, ein einfaches, doch durchaus einladendes Angebot, stets mit Bezug zur Tradition: **Caserecce con *'nduja*** e mollica, Spaghetti del cantiniere – in Rotwein gekochte Spaghetti, die mit Knoblauch, Öl und Peperoncino gewürzt werden – und **Paccheri con fiori di zucca e salsiccia**. Als Secondi folgen **Pancetta arraganata** con mollica, peperoncino, anice e origano (10 €), **Cotoletta di melanzana ripiena** al formaggio (mit Käse gefüllte Auberginenscheiben) sowie Baccalà con cipolla (12 €). Bei den hausgemachten Dolci (3 €) verlocken Crostata, Caprese al cedro und eine leckere Panna cotta con miele di fichi, dazu ein Gläschen selbst gemachter Likör aus Zitronatzitrone und Süßholzwurzel oder Limoncello. Fragen Sie nach ***Paniceddi***, einer typischen Süßspeise aus getrockneten Trauben der Spätlese, die in Blätter der Zitronatzitrone eingewickelt und im Ofen gedörrt werden. Zufriedenstellender Keller, repräsentativ für die Umgebung, außerdem gibt es einige traditionell erzeugte lokale Biere. Guter Hauswein (Rosé, Rot, Weiß) aus dem eigenen Betrieb.

SELLIA MARINA (CZ)
La Petrizia

24 KM NORDÖSTLICH VON CATANZARO, S.S. 106

Alla Vecchia Osteria U Nozzularu

Trattoria • Ortsteil La Petrizia
Tel. (+39)0961/96 98 54, (+39)328/263 07 84
Ruhetag: Montag, außer im Sommer
Keine Ferien
80 Plätze + 60 Plätze im Freien
Preise: 25–30 €
Kreditkarten: CS, DC, MC, Visa; BM
Abends geöffnet, im Sommer und an Feiertagen auch mittags

DIE OSTERIA – Weniger als einen Kilometer vom wunderschönen Strand von Sellia Marina entfernt steht inmitten der wunderbaren Landschaft ein ehemaliges Lager für die Rückstände (*Nozzuli*) aus der Ölpressung der angeschlossenen Ölmühle. Später diente das Gebäude als Schlafstelle für die Olivenpflückerinnen, heute präsentiert es sein Äußeres gewissenhaft renoviert. Dies ist das Verdienst von Giuseppe Camastra, einem Agronomen mit wirklicher Liebe für sein Ursprungsgebiet.

DIE KÜCHE – Perfekter Einstieg mit dem Antipasto Nozzularu (8 €), reich mit einer Auswahl von Salumi, gegrilltem Gemüse, Oliven, Büffelkäse und Ricotta aus Schafmilch bestückt. Als Alternative oder in Kombination Büffelmozzarella und Capocollo. Unter den Primi (6 €) Fagottino (Täschchen aus frischer Pasta, gefüllt mit Zwiebeln aus Tropea, Tomaten der Sorte Datterino und Sauce aus Büffelfleisch) sowie **Pasta china** in ihrer traditionellen Version **mit Polpette, Salsiccia, Uova, Mozzarella** oder vegetarisch. Unter den Klassikern auch **Scilatelle** mit oder ohne frische Tomaten, oder **allo stocco** di Mammola sowie frische Spaghettoni mit Steinpilzen aus der Sila. Im Kamin im Speisesaal köcheln im Tontopf *Pignata* vielversprechend verschiedene Suppen mit Hülsenfrüchten (6 €). Unter den Secondi hochwertiges Büffelfleisch (10 €) aus einem Zuchtbetrieb in der Umgebung. Genießen Sie es als **Spezzatino con patate** oder als Hackbraten, gefüllt mit Gemüse und Ei. Einen Versuch lohnen auch ***Tiana*** di agnello con carciofi e patate (im Ofen gegartes Zicklein mit Artischocken und ungeschälten Kartoffeln, 10 €) sowie Parmigiana di zucchine e melanzane. Von den hausgemachten Dolci (3 €) empfehlen wir Torta Nozzularu mit Schokolade und Mandeln oder Gelato alla vaniglia con noci e miele d'arancio. Zu trinken gibt es passende Etiketten aus Kalabrien.

34 KM NW. V. CATANZARO, 30 KM V. LAMEZIA TERME

Il Vecchio Castagno

Restaurant
Via Alvaro, 1
Tel. (+39) 09 68 / 810 71,
(+39) 339 / 841 01 15
Ruhetag: Dienstag
Keine Ferien
90 Plätze
Preise: 25–30 €
Kreditkarten: CS, MC, Visa; BM
Mittags und abends geöffnet

Der Enthusiasmus und die typische kalabrische Küche machen dieses Lokal zu einer sicheren Adresse.

DIE OSTERIA – Das Lokal liegt im Grünen, der schöne Kastanienwald rundum trägt zur entspannenden Atmosphäre bei, in der jede Eile vergessen wird. Holz dominiert, nicht überraschend, die Gestaltung des Gebäudes, der Speisesaal lädt zum Verweilen ein, die Tische sind in bäuerlichem Stil gedeckt, originale Gegenstände erzählen vom Leben auf dem Land. Inhaber Delfino Maruca empfängt die Gäste gemeinsam mit seiner Familie auf einfache, familiäre Weise. Nehmen Sie an einem der Tische Platz und fühlen Sie sich wie zu Hause.

DIE KÜCHE – Im Angebot finden Sie das Beste der lokalen und saisonalen Produkte. Unter den verschiedenen Vorspeisen ist sicherlich der Antipasto della casa (11 €) mit seinem verführerischen Überblick über die hiesige Tradition einen Versuch wert. Unter den Primi (7 €) ausgezeichnete **Tagliolini verdi alle ortiche con funghi porcini** und Paccheri con crema di noci e pancetta. Große Auswahl bei den Secondi von **Agnello panato e speziato alle erbe** locali (10 €) bis hin zu **Tortino di baccalà con crema di ceci** und Guanciale di vitello al vino rosso. Das Brett mit Käse wird von einem köstlichen Pecorino mittlerer Reife veredelt sowie vom typischen Käse Butirro, einem kleinen Caciocavallo mit Butterfüllung. Bei den Dolci (3 €) reicht die Auswahl von Mousse di castagne bis zu **Granulata di arance calabresi e fichi d'India**. Der Keller ist gut bestückt mit Etiketten aus der Umgebung und dem übrigen Italien, außerdem gibt es zahlreiche hochprozentige Getränke.

40 KM NORDÖSTLICH VON CATANZARO, S.S. 106

Scacco Matto

Trattoria
Via Salita De Seta, 29
Tel. (+39) 333 / 733 41 60
Ruhetag: Montag, außer im August
Ferien: 1.–15. September
30 Plätze + 8 Plätze im Freien
Preise: 15–20 € (Tagesmenü)
Kreditkarten: AE, CS, DC, MC, Visa; BM
Mittags und abends geöffnet

DIE OSTERIA – Man schmeckt die langjährige gastronomische Erfahrung in den Gerichten, die diese Trattoria bietet. Das Scacco Matto befindet sich in der Altstadt von Sersale, einem Ort auf halbem Weg vom Meer in die Sila Piccola. Seit 20 Jahren gelingt es dem Ehepaar Raffaella und Mario Rizzuti, eine Atmosphäre „wie zu Hause" zu schaffen und ihren Gästen das Vergnügen zu bereiten, Gerichte mit den guten Produkten der Umgebung zu genießen.

DIE KÜCHE – Wie es in einem richtigen kalabrischen Haushalt üblich ist, kann sich ein Antipasto nur als solcher bezeichnen, wenn er aus mindestens vier Kostproben besteht: Unumgänglich ist die **Pitta con i peperoni** aus dem Holzofen sowie eine große Auswahl an lokalen Salumi und Käse. Im Übrigen wird hier einer wertvollen Zutat aus den umliegenden Wäldern viel Platz eingeräumt, den **Steinpilzen**, die in der Pfanne gebraten werden, zusammen mit Kartoffeln, oder auch in Pfannkuchen auftauchen sowie als Sauce für die **Scilatelle** (von Hand gemachte Pasta). Diese Pasta schmeckt auch gut in Kombination **mit Sauce vom Schwein mit Salsiccia** und in **Zuppa di fagioli**. Eine Alternative bei den Primi stellen Gnocchi con ragù di cinghiale dar. Fleischliebhaber haben bei den Secondi die Qual der Wahl, bei **Grigliata mista** mit Kartoffeln aus der Sila als Beilage gehen Sie auf Nummer sicher. Wie in den besten Trattorien dürfen hausgemachte Dolci, begleitet von einem Likör, zum Abschluss nicht fehlen. Zufriedenstellende Auswahl an kalabrischen Weinen neben einem anständigen offenen Wein.

SIDERNO (RC)
Siderno Marina

106 KM NÖ. V. REGGIO DI CALABRIA, 9 KM V. LOCRI, S.S. 106

U Ricriju

Traditionelle Osteria
Via Circonvallazione Nord, 173
Tel.(+39) 09 64 / 38 03 99,
(+39) 389 / 968 72 28
Ruhetag: Sonntag
Ferien: unterschiedlich
60 Plätze
Preise: 20–25 €
Kreditkarten: AE, MC, Visa; BM
Mittags und abends geöffnet

DIE OSTERIA – Der in der hier einst üblichen griechischen Sprache verfasste Satz „Emìse immasto ecino ti trògome" bedeutet „Wir sind, was wir essen". Er ist das Motto des Inhabers Francesco Trichilo, der einen Großteil der Zutaten aus dem Garten der Familie besorgt, daher ist Saisonalität hier eine Grundvoraussetzung. Dasselbe gilt für den Hauswein aus autochthonen Trauben wie Nerello calabrese, Greco nero und Gaglioppo. Außerdem können Sie aus einer respektablen Liste von kalabrischen Etiketten wählen.

DIE KÜCHE – Zu Beginn erwarten Sie etwa 20 Kostproben (13 €), von Pecorino und Ricotta mit Konfitüre aus Bergamotte bis hin zu Salumi und Bruschette, darunter traditionelle mit *'Nduja* oder aber mit Paprikaschoten und Lardo. Außerdem Zeppole, Pfannkuchen und Hülsenfrüchte wie **Ceci *ca spingula***. Unter den Primi darf ***Fileja*** (7 €), eine von Hand gemachte Pasta mit verschiedenen Saucen, nicht fehlen, probieren Sie sie **mit gebratenen Kirschtomaten und geriebener Ricotta** oder, in der entsprechenden Jahreszeit, mit den köstlichen Zinurri (wilden Artischocken) und Salsiccia. Fixpunkt bleibt hier das schwarze Schwein, aus dem Francesco das Gericht **Carne alla calabrese** (8 €) zubereitet: in Öl getauchtes und mit gewürztem Semmelmehl paniertes Rückenstück, das anschließend über der Holzkohlenglut gebraten wird. Die Gerichte (mit einem großen Anteil an Fleisch von der Ziege, das lange im Tontopf *Tiana* geschmort wird) werden von Salat mit Äpfeln oder Orange begleitet. Den Abschluss machen **Crema *vrusciata*** (3 €), Likör aus Bergamotte und mit Wildfenchel oder Vogelbeeren aromatisierte Grappasorten.

SIDERNO (RC)
Siderno Superiore

101 KM NÖ. V. REGGIO DI CALABRIA, 14 KM V. LOCRI, S.S. 106

Zio Salvatore

Trattoria
Piazza San Nicola
Tel. (+39) 09 64 / 38 53 30,
(+39) 334 / 243 81 77
Ruhetag: Dienstag
Ferien: 1.–15. September
100 Plätze + 50 Plätze im Freien
Preise: 20–28 €
Kreditkarten: CS, DC, MC, Visa; BM
Abends geöffnet, mittags gegen Vorbestellung

DIE OSTERIA – Das Zio Salvatore befindet sich im alten Ortskern von Siderno Superiore, oberhalb der Costa dei Gelsomini. Das Lokal ist seit über einem Jahrhundert in Betrieb, zunächst als Weinausschank, der sich im Lauf der Jahre zu einer vertrauenswürdigen und gern besuchten Trattoria entwickelt hat. Der hübsche kleine Speisesaal nahe dem Eingang ist einfach eingerichtet, im oberen Stockwerk steht ein weiterer Speisesaal zur Verfügung, außerdem eine schöne Terrasse, auf der man im Sommer mit herrlichem Blick auf das Ionische Meer essen kann. Die Küche entspringt der kalabrischen Tradition, sie ist unverfälscht und reich an Geschmack. Vor ein paar Jahren wurde der Trattoria ein kleiner Arbeitsraum hinzugefügt, in dem Salvatore Fragomeni das Fleisch von lokal aufgezogenen Schweinen nach traditionellen Methoden zu ausgezeichneten Wurstwaren verarbeitet.

DIE KÜCHE – Zu Beginn können Sie immer mit einem umfangreichen Antipasto (9 €) rechnen: köstlicher **Carciofo ripieno** (gefüllte Artischocke), nicht weniger verführerische Pfannkuchen mit Kürbisblüten. Bei den Primi (6 €) sollten Sie auf jeden Fall der hausgemachten **Pasta con ragù di capra** oder Maccheroni con i pomodorini arrosto, alternativ mit Ragù von Salsiccia und Soppressata den Vorzug geben. Die Secondi (8 €) basieren vorwiegend auf Fleisch. Aus dem vielfältigen Angebot möchten wir Capra in umido oder al ragù (Ziege, geschmort oder in Tomatensauce) hervorheben, des Weiteren **Polpette al sugo**, **Stocco alla trappitara**, alles begleitet von Patate al forno und in der Pfanne gewürztem Gemüse. Den Abschluss machen hausgemachte Crostate und Torten. Alle Gerichte werden mit einem guten nativen Olivenöl extra aus dem griechischsprachigen Gebiet Kalabriens verfeinert. Eine Weinkarte gibt es nicht, getrunken wird der solide offene Hauswein.

TREBISACCE (CS)

92 KM NORDÖSTLICH VON COSENZA

Da Lucrezia

Restaurant-Pizzeria
Via XXV Aprile, 46
Tel. (+39) 09 81 / 574 31
Ruhetag: Dienstag
Ferien: November
50 Plätze + 40 Plätze im Freien
Preise: 35 €
Kreditkarten: MC, Visa; BM
Mittags und abends geöffnet

DIE OSTERIA – Mutter Lucrezia hat dieses Lokal, das ihren Namen trägt, 1996 eröffnet. Sie stützte sich dabei auf ihre in den 1970er-Jahren in der Schweiz gesammelte Erfahrung und auf die Tradition, die ihr von der Großmutter vermittelt worden war. Seit 2002 wird sie von ihrem Sohn Giuseppe, Sommelier, und seiner Partnerin Antonella, einer Meisterin im Bereich der Süßspeisen, unterstützt. Die Suche nach den besten Produkten, die Konzentration auf die Umgebung, die ideale Lage – gegenüber dem für Taucher besonders interessanten Tiefseeberg Secca di Amendolara – sind die Erkennungszeichen dieses schönen Betriebs. Die Speisekarte ist an Umgebung und Saison gebunden, die Tradition findet man darauf in neuem Gewand.

DIE KÜCHE – Die reichhaltige Abfolge an rohen, kalten und warmen Antipasti bietet das Beste des täglichen Fischfangs. Danach sollten Sie sich Gnocco di Zucca (***Rasckatil***) nicht entgehen lassen, Klößchen aus Kürbis und Grieß der alten Weizensorte Senatore Cappelli **con ragù di totani e ammollicata**, das Sonntagsgericht der hiesigen Meerestradition, das im Da Lucrezia ganz wunderbar zubereitet wird. Eine weitere Möglichkeit sind **Lagane di ortica e farro con murici e acqua di alloro**. Es folgen Secondi wie **Frittura dello Ionio** und **Zuppa di pesce** alla trebisaccese, ein vielfältiges und schmackhaftes Gericht, hier geprägt die Beigabe von Rochen, einem Knorpelfisch ohne Gräten, der der Suppe jene spezielle Konsistenz verleiht, welche den Liebhabern von Fischsuppe so wichtig ist. Zum Abschluss sollten Sie Antonellas Dolci nicht verpassen, je nach Jahreszeit immer andere. Giuseppe gibt Ihnen wertvolle Ratschläge zur Auswahl aus dem im Lauf der Jahre gewachsenen Keller.

TROPEA (VV)

30 KM WESTLICH VON VIBO VALENTIA, S.S. 522

Osteria del Pescatore

Trattoria
Via del Monte, 7
Tel. (+39) 09 63 / 60 30 18,
(+39) 347/531 89 89
Kein Ruhetag
Ferien: Anfang November–Ende März
36 Plätze + 12 Plätze im Freien
Preise: 30–35 €
Keine Kreditkarten
Abends geöffnet, im Sommer auch mittags

DIE OSTERIA – Im Untergeschoss eines kleinen alten Palazzo in der Altstadt finden Sie die Osteria del Pescatore, ein einfaches, schlicht eingerichtetes Lokal, dessen dekorative Gegenstände die Geschichte einer Familie erzählen, die seit Jahrzehnten vom Fischfang lebt. Empfangen werden Sie von Gerardo und Francesca, die neben sympathischen Anekdoten aus dem Leben der Stadt auch die Speisekarte vorstellen, die von der Verfügbarkeit des Tagesfangs abhängt. In der Küche verwirklichen Anna und Rosalba unverfälschte, einfache Gerichte mit Erzeugnissen aus dem Meer und vom Land nach schmackhaften traditionellen Rezepten.

DIE KÜCHE – Zu Beginn können Sie einzelne Vorspeisen von der Karte wählen, zum Beispiel knusprige **Polpettine di pesce** (6 €), oder den reichhaltigeren und vielfältigen Antipasto misto (12 €), der neben den eben erwähnten Fischbällchen auch Pfannkuchen mit Sardellen und Cicerello (Mittelmeersandaal) enthält, Zuppetta mit Krustentieren und Muscheln sowie verschiedene kleine Speisen mit Gemüse. Bei den Primi fällt die Wahl beinahe obligatorisch auf ***Fileja*** – frische Pasta ohne Ei, deren Teigblatt von Hand ausgezogen wird – in verschiedenen Varianten: con cozze e vongole, **al nero di seppia**, del pescatore oder alla tropeana mit Gemüsesauce (9 €). Was die Secondi betrifft, so können wir guten Gewissens zur ausgezeichneten **Frittura mista** (15 €) raten, deren Zusammensetzung vom täglichen Fischfang abhängt. Ebenso empfehlenswert sind Grigliata mista und **Pesce spada alla brace** (Schwertfisch vom Holzkohlengrill, 13 €). Die Beilagen bestehen aus saisonalem Gemüse aus der Umgebung, das hervorragend zubereitet wird. Zu trinken gibt es offenen Wein und eine zufriedenstellende Auswahl an Etiketten aus Kalabrien.

TYRRHENISCHES
Ustica
USTICA
S. Vito
lo Capo
PALERMO
Monreale
Bagheria
S. Flavia
Castellammare
d. Golfo
ÄGIDISCHE
INSELN
Erice
Trapani
Valderice
Paceco
Marettimo
MARETTIMO
Favignana
FAVIGNANA
A29Dir./A
A29Dir.
A29
A19
Piana d.
Albanesi
Belmonte
Mezzagno
Alcamo
S. Giuseppe
Jato
Caccamo
Villafrati
Corleone
Marsala
Capo Boeo
Castelvetrano
Partanna
Belice
Mazara
d. Vallo
Chiusa
Sclafani
Bivona
Caltabellotta
Menfi
Sciacca
S. Angelo Muxaro
Platani
Joppolo
Giancaxio
Montallegro
Castrofilip
Agrigent
Porto
Empedocle
MITTELMEER
LINOSA
PELAGISCHE INSELN
Pantelleria
PANTELLERIA
LAMPIONE
LAMPEDUSA
Lampedusa

MEER
STROMBOLI
ÄOLISCHE/LIPARISCHE INSELN
PANAREA
FILICUDI
SALINA
S. Marina
Salina
Leni
ALICUDI
LIPARI
Lipari
VULCANO
C. Peloro
Villafranca Tirrena
Str. v. Messina
Milazzo
Messina
Capo d'Orlando
Terme Vigliatore
Patti
Barcellona-Pozzo di Gotto
Naso
Sinagra
S. Piero Patti
Capri Leone
Castroreale
S. Agata Militello
S. Salvatore di Fitalia
Réggio di Calábria
Cefalu
Novara di Sicilia
Longi
Galati Mamertino
A20
Roccalumera
Francavilla di Sicilia
Tusa
Taormina
Castelbuono
Randazzo
Castiglione di Sicilia
Giardini-Naxos
Petralia Sottana
Gangi
3323 M. Etna
Mascali
Petralia Soprana
Nicosia
Simeto
Milo
Giarre
Adrano
A18
IONISCHES MEER
Acireale
Paterno
RA15
Aci Castello
A19
Enna
Catania
Caltanissetta
Aidone
Golf von Catania
Piazza Armerina
Lentini
Ravanusa
Augusta
Caltagirone
Campobello di Licata
Niscemi
Buccheri
Syrakus
Chiaramonte Gulfi
Palazzolo Acreide
A18
Licata
Gela
Golf von Gela
Comiso
Ragusa
Noto
Vittoria
Avola
Modica
Golf von Noto
Scicli
Rosolini
Pachino
Pozzallo
Portopalo di Capo Passero
C. Passero
0
15
30 km

SIZILIEN

Die kleineren Inseln rund um Sizilien liefern interessante Beiträge zu seiner reichen und vielfältigen Küche. Wer die Realität der Inseln nicht kennt, begeht jedoch häufig den Fehler, verallgemeinernd anzunehmen, dass alle vom Meer umspülten Orte stets oder beinahe ausschließlich vom Fischfang gelebt haben. Wo sich Fischereigemeinschaften und die damit verbundenen Berufe entwickelt haben und noch heute bestehen, kann das gastronomische Angebot freilich kaum von Meeresrezepten absehen. Auf den kleineren sizilianischen Inseln, die in dem von Osterie d'Italia ausgewählten Grüppchen vertreten sind, trifft man mit großer Wahrscheinlichkeit auf Gerichte aus „Pesce azzurro". Darunter versteht man nicht nur Sardellen und Sardinen, sondern auch weniger bekannte Fischarten wie Laxierfische, Goldsardinen und Bastardmakrelen. In manchen Fällen wird das Angebot sogar um sonst recht ungewöhnliche Exemplare bereichert, wie etwa Pfeilhecht oder Muräne.
Aber wie bereits erwähnt lebt man nicht nur von der Fischerei, besonders auf den Inseln mit langer landwirtschaftlicher Tradition wie Pantelleria oder Salina – Letztere wird nicht zufällig als „grüne Insel" bezeichnet. Neben den Weingärten, aus deren Trauben edle Tropfen wie Zibibbo, Passito und Malvasia entstehen, gedeiht die Kaper auf dem Archipel der Äolischen Inseln (auf Salina wird ihr ein Slow-Food-Presidio eingeräumt). Ihre Verwendung in der Küche als – manchmal grundlegende – Zutat für Salate und Primi in Form von Creme, Pesto und Caponata ist verbreitet; häufig werden die Beeren, besonders auf den Äolischen Inseln Cucunci genannt, in Öl eingelegt.
Ein weiteres Inselprodukt und Hauptdarstellerin in Suppen ist die Linse: Schmackhaft sind die Sorten, die auf Ustica (ebenfalls mit Slow-Food-Presidio) und Linosa gedeihen. Eine letzte Erwähnung gilt einigen traditionellen Süßspeisen: Baci panteschi (aus Pantelleria) sowie Giggi und *Spicchiteddi*, auf Ustica und den Äolischen Inseln verbreitete Kekssorten.

Für Sie entdeckt

<u>Capperi</u>

747 Le Macine
Isole Eolie - Lipari (Me)

747 Le Tre Pietre
Isole Eolie - Leni (Me)

<u>Lenticchie</u>

745 Giulia
Isola di Ustica (Pa)

745 Da Umberto
Isola di Ustica (Pa)

748 Da Bernardo
Isole Pelagie - Lampedusa (Ag)

<u>Pesce azzurro, luccio di mare, murena</u>

744 Il Cappero
Isola di Pantelleria (Tp)

745 Giulia
Isola di Ustica (Pa)

746 'A Cannata
Isole Eolie - Santa Marina Salina (Me)

ACI CASTELLO (CT)
Aci Trezza

12 KM NORDÖSTLICH VON CATANIA, S.S. 114

Gente di Mare

Trattoria
Via Dietro Chiesa, 22
Tel. (+39) 095 / 817 87 81
Ruhetag: Montag
Ferien: 2 Wochen im November
36 Plätze
Preise: 30–35 €
Kreditkarten: CS, DC, MC, Visa; BM
Abends geöffnet, Feiertage auch mittags

DIE OSTERIA – Diese eindrucksvolle, authentische Meeres-Osteria befindet sich in den inneren Gässchen von Aci Trezza, weitab von den lauten Touristenlokalen. Sie entstand aus der Zusammenarbeit mit einer Genossenschaft von hier ansässigen Fischern, die die täglich verwendeten Zutaten liefert. Der große Gastraum liegt der Küche gegenüber, in der Patron Rocco Petronio professionell und kompetent zu Werke geht. Vertrauen Sie ohne Zögern auf sein Wissen, wenn Sie ein angenehmes Geschmackserlebnis möchten. Das große Plus des Lokals ist der frische Fisch, oftmals auch weniger bekannte Arten, die in der gehobenen Gastronomie außer Acht gelassen werden.

DIE KÜCHE – Man kann mit ein paar Kostproben von den Vorspeisen beginnen oder gleich den opulenten Antipasto misto (14 €) wählen, der allein schon fast als Mahlzeit gelten könnte und **Caponata**, Zucca al forno con testa di rana pescatrice, verza e tonno, Peperoni con mollica, ***Masculine*** marinate, Fegato di pesce palombo in agrodolce, **Tonnetto alletterato**, Insalata di arance con aringhe affumicate und Frittelle di farina di ceci con cavolfiore e acciughe sott'olio beinhaltet. Unter den Primi sind **Linguine sottomarine** con granchio, canocchia e brogna (Tritonshorn), Pasta con guanciale di torpedine, klassische Spaghetti alle vongole (12 €) oder al nero di seppia und Pasta con le sarde (14 €). Interessante Angebote gibt es auch bei den Secondi: Trancio di coda di rospo, Scorfano di fondale all'acqua di mare, **Sugarello alla menta** (12 €), Sparlotto (Ringelbrasse) fritto und Luccio ai ferri (14 €). Sorbetto di mandarino al limone oder Cedro fragoloso warten als Dessert. Zu trinken gibt es einige wenige, aber gute sizilianische Weine.

AGRIGENT
San Leone

7 KM VOM ZENTRUM

Caico

Restaurant
Via Nettuno, 35
Tel. (+39) 09 22 / 41 27 88
Ruhetag: Dienstag
Ferien: je 2 Wochen im Januar und November
80 Plätze + 80 Plätze im Freien
Preise: 33–35 €
Kreditkarten: AE, CS, DC, MC, Visa; BM
Mittags und abends geöffnet

DIE OSTERIA – Nach einem Spaziergang an der von hohen Palmen gesäumten Strandpromenade von San Leone empfiehlt sich eine Einkehr in diesem Restaurant, das 1952 eröffnet wurde. Die Familientradition setzt heute Marco Maccarrone mit seiner Frau Patrizia fort, unterstützt von Küchen- und Servicepersonal. Der Fisch wird täglich im nahen kleinen Hafen eingekauft.

DIE KÜCHE – Unter den Antipasti ragen exquisite **Caponata di pesce**, **Spatola in agrodolce** (8 €) und Polpo alla griglia heraus. Gute Primi mit Zutaten aus dem Meer sind **Paccheri al ragù di triglie** (12 €), frische Tagliolini con gamberoni e pomodorini, Spaghetti al nero di seppia und **Pasta con le sarde**; gut schmecken auch Cartoccini alla carrettiera (8 €) und winterliche Zuppe di legumi. Die Auswahl der Secondi variiert je nach Ergebnis des Tagesfangs: Dentice, Orata, Pagro, Sarago und Ricciola (Zahn-, Gold-, Sack- Weißbrasse und Bernsteinmakrele; alle nach Gewicht verrechnet) werden gegrillt, in Salzkruste, all'acquapazza und im Ofen mit Kapern und Oliven zubereitet. Als Alternative kann man knusprige **Frittura mista** (15 €), Zuppa di cozze und einige Fleischgerichte wie Bollito und Filetto di manzo al Nero d'Avola probieren. Unter den Desserts des Hauses sind traditionelle sizilianische Cassata, deliziöse **Torta con le fragoline** (mit Walderdbeeren aus Sciacca und Ribera; Slow-Food-Presidio) und ein innovatives Ricottamisù. Gute Auswahl an Ölen. Das Weinangebot mit regionalen und italienischen Tropfen ist superb; dazu gesellt sich ein gepflegtes Sortiment an Bränden.

In Agrigent erzeugen und verkaufen die Schwestern des Klosters Santo Spirito gegen Vorbestellung Süßspeisen.

Terracotta

Bar-Restaurant
Via Pirandello, 1
Tel. (+39) 09 22 / 297 42
Ruhetag: Montag
Ferien: zeitweise im November
36 Plätze + 34 Plätze im Freien
Preise: 38 € €↑
Kreditkarten: AE, CS, MC, Visa; BM
Mittags und abends geöffnet, im August nur abends

DIE OSTERIA – Dieses Restaurant befindet sich im ersten Stock eines monumentalen Bauwerks aus dem 18. Jahrhundert, das im Erdgeschoss auch ein kleines Café und die Kirche San Pietro beherbergt, die heute aber nicht mehr für Gottesdienste, sondern für Kulturevents genützt wird. Alles zusammen bildet den Spazio Temenos, benannt nach der Sozialgenossenschaft, die mit der Leitung betraut ist. Im Restaurant pendelt der erfahrene Fabio Gulotta zwischen Küche und Speisesaal, tatkräftig unterstützt von Iassyn und Luca. Sorgfältig ausgesuchte Produkte (viele Slow-Food-Presidi), Nachhaltigkeit und Saisonalität der Zutaten, auch jener aus dem im Tal der Tempel angelegten Biogemüsegarten, tragen zu einem Qualitätsangebot bei, bei dem die lokale Küche modern, aber ohne Übertreibungen interpretiert wird. Im Sommer speist man im Freien.

DIE KÜCHE – Unter den Antipasti sind Panelle con gambero rosso e biete (11 €), Baccalà al rosmarino und Sgombro al vapore. Danach folgen verschiedene Primi aus frischem Teig, der mit Mehl aus alten sizilianischen Getreidesorten zubereitet ist, wie Busiate di ***tumminìa*** con zarche (einem Wildkraut) e calamaro (13 €), **Tagliatelle di grano perciasacchi con mandorle e coccio** (Knurrhahn), Ravioli di russello ripieni di pesce und Gnocchi di ***burrania*** (Borretsch) con lo scorfano. Mögliche Secondi sind schmackhafte Gerichte wie **Stufato di seppie e verdure selvatiche** (14 €), **Zuppa di pesce e lenticchie di Ustica** (16 €), Agnello agli agrumi und **Capretto al vino cotto**. Hervorragend ist die Auswahl sizilianischer Käsesorten (9 €). Exquisit sind die Desserts wie beispielsweise Gelo di mandarino tardivo e pistacchio, gepflegt präsentiert sich das sizilianische Weinsortiment; daneben sind einige Biere aus Kleinbrauereien erhältlich.

35 KM SÜDÖSTLICH VON ENNA

La Vecchia Aidone

Restaurant
Via Senatore Cordova, 88
Tel. (+39) 09 35 / 878 63,
(+39) 334 / 144 34 54
Ruhetag: Montag
Ferien: zeitweise im September
80 Plätze + 30 Plätze im Freien
Preise: 25–30 €
Kreditkarten: CS, DC, MC, Visa; BM
Mittags und abends geöffnet

DIE OSTERIA – Nach einem Besuch des Archäologischen Museums mit der Statue der berühmten Göttin von Morgantina und weiteren interessanten Fundstücken lohnt sich eine Einkehr in diesem Restaurant, das in einem modernen Gebäude untergebracht ist. Es verfügt über zwei gemütliche kleine Räume und einen hübschen Garten und wird von dem erfahrenen Küchenchef Liborio Ganci geleitet; seine Frau Cesira Di Grazia unterstützt ihn und sorgt für einen freundlichen Service. Die Speisen folgen den Spuren der lokalen und regionalen Küche und spiegeln somit die kulinarischen Traditionen des Gebiets wider, jedoch nicht ohne auf ein paar Spritzer Kreativität zu verzichten.

DIE KÜCHE – Dank der Verwendung diverser Gemüsesorten und Würzpflanzen stehen als Vorspeisen **Polenta di cicerchia gratinata** (8 €), Fiori di zucca fritti con ricotta e menta und Zucca gialla con sformato di formaggio piacentino ennese auf dem Programm. Ebenfalls eine Kostprobe wert ist **Frittata di verdure selvatiche**. Sehr gut ist auch das Angebot der Primi, bei denen Maccheroncini al ragù bianco di suino nero dei Nebrodi (7 €), aus frischem Teig zubereitete **Tagliatelle allo zafferano** locale **con porcini** (8 €), Paccheri con broccoli e ricotta und Tortelli ripieni di melanzane e pesto di basilico wechseln, die wie Pasta con alici e menta üblicherweise im Sommer auf den Tisch kommen. Als Secondi munden **Agnello in tegame con patate** (12 €), **Coniglio in umido con pomodoro e finocchio selvatico** (10 €) und Filetto di maiale con rosmarino, salvia e bacche di ginepro. Mousse di ricotta, Sorbetti di frutta, Cassatelle fritte und Galletti (typische Kekse mit Weißwein) erwarten Sie als Dessert. Im Keller lagert ein ordentliches Sortiment an Weinen aus Sizilien und anderen Regionen.

AUGUSTA (SR)
Brucoli

39 KM NÖRDLICH VON SYRAKUS

I Rizzari

Trattoria
Via Libertà, 63
Tel. (+39) 09 31 / 98 27 09
Ruhetag: Mittwoch, im Winter auch Sonntagabend
Ferien: 10.–25. September
36 Plätze + 70 Plätze im Freien
Preise: 38–40 € €↑
Kreditkarten: AE, CS, MC, Visa
Mittags und abends geöffnet

DIE OSTERIA – Diese Trattoria mit Blick auf die Bucht von Brucoli ist nicht weit vom Castello Aragonese aus dem 15. Jahrhundert entfernt. Sie verfügt über einen Gastraum mit Barecke und ein paar Tischen, aber das Highlight ist der dicht am Meer gelegene Sitzbereich im Freien mit umwerfender Aussicht. Viviana Valente und ihr Lebensgefährte Emanuele Fede führen das Lokal: Sie versieht mit der Schwester Andrea den Service, er stellt mit Unterstützung des Sohnes Giulio seine Fähigkeiten als Koch unter Beweis. In den Speisen kommen die hochwertigen Zutaten zur Geltung, die teils von hier ansässigen Fischern geliefert werden.

DIE KÜCHE – Beginnen kann man mit Bruschetta di buzzonaglia (5 €), menta e pomodoro (mit Thunfischinnereien, Minze und Tomaten) oder mit Gamberi marinati (10 €), Lumachine di mare con cipolletta und Tartara di pesce. Als Primi bieten sich **Pasta con ragù di triglie** (14 €) oder con telline e pomodori secchi, **Spaccatelle col *dottu*** (Wrackbarsch) oder con gamberi, Spaghetti al nero di seppia, **Minestrina di pesce** und Maccheroncini con vongole e carciofi an; natürlich muss man stets die Verfügbarkeit des Fisches vom Tagesfang berücksichtigen. Weiter geht es mit Fritto misto (15 €), **Seppie arrostite**, **Polpo bollito con formaggio ubriaco** (13 €) und Zuppa „mare caldo" con vongole, cozze e gamberi (auf der Speisekarte taucht sie unter den Vorspeisen auf, ist aber auch als Secondo erhältlich) neben Ricciole (Bernsteinmakrelen) und Dentici (Zahnbrassen), die nach Gewicht verrechnet und unterschiedlich zubereitet werden. Vom Herbst bis zum Frühling bereichern würzige Käsesorten aus Sizilien und anderen Regionen das Angebot. Zum Abschluss locken Sorbetti alla frutta, **Gelo di limone** sowie hausgemachte Kuchen und Crostate. Schöne Auswahl an vorwiegend regionalen Weinen; außerdem gibt es einige Biere aus Kleinbrauereien.

BAGHERIA (PA)

16 KM SÜDÖSTLICH VON PALERMO, AUSFAHRT A 19

NEU Buttitta

Trattoria
Via Stazione, 8
Tel. (+39) 091 / 93 43 66
Ruhetag: Sonntagabend, Montag
Ferien: unterschiedlich
26 Plätze
Preise: 20 €
Keine Kreditkarten
Mittags und abends geöffnet

DIE OSTERIA – Die Trattoria der Familie Buttitta, ein paar Schritte vom Bahnhof und nicht weit von der Altstadt entfernt, ist eine verlorene Ikone, ein Sprung in die Vergangenheit. Sie wurde 1975 gegründet und steht heute unter der Leitung von Nino, der sich um den Service kümmert, während Mamma Marianna Cannizzo kocht. Es gibt rund 20 Plätze, die Einrichtung ist spartanisch und auf das Wesentliche beschränkt. Der Empfang ist sehr schlicht, aber familiär, die Atmosphäre entspricht jener eines Gasthauses aus den Sechzigerjahren, in dem die Zeit stehen geblieben zu sein scheint. Da das kulinarische Angebot traditionell gehalten ist, auch was die Präsentation der Speisen und die mehr als großzügigen Portionen angeht, achtet man bei den Gerichten eher auf die Substanz, lässt aber dennoch die nötige Sorgfalt walten.

DIE KÜCHE – Außer vorzüglicher Caponata di melanzane im Sommer sind keine Vorspeisen vorgesehen. Unter den Primi finden wir **Spaghetti alla carrettiera**, all'aglio, olio e peperoncino, Pasta con le sarde alla Don Ciccio (8 €) und Rigatoni pomodoro e melanzane oder al sugo di salsiccia (7 €). Von den Secondi mit Fleisch sollten Sie **Bollito** und **Involtini alla siciliana** (9 €) nicht verpassen; außerdem gibt es Castrato alla brace (13 €) und Arrosto panato. An Fischgerichten bieten sich **Calamaro alla griglia**, Involtini di pesce spada (10 €) und Insalata di mare an. Das Finale bilden Banana affettata con zucchero e Marsala alla mandorla und von Oktober bis Ostern **sizilianische Cannoli**. Zu trinken kredenzt man den offenen Hauswein, auch in Viertelliterkaraffen, und ein paar Flaschenweine.

BAGHERIA (PA)

16 KM SÜDÖSTLICH VON PALERMO, AUSFAHRT A 19

Don Ciccio

Trattoria
Via del Cavaliere, 87
Tel. (+39) 091 / 93 24 42
Ruhetag: Mittwoch, Sonntag
Ferien: August
80 Plätze
Preise: 25 €
Kreditkarten: AE, CS, DC, MC, Visa
Mittags und abends geöffnet
♿

DIE OSTERIA – Es gibt viele Gründe, um einen Tag in Bagheria zu verbringen. Der erste sind die historischen Wohnhäuser aus dem 17. und 18. Jahrhundert, wie die vornehme und zugleich exzentrische Villa Palagonia oder die elegante Villa Cattolica, in der derzeit das Renato Guttuso gewidmete Museum und sein Mausoleum untergebracht sind. Der zweite Grund ist das Don Ciccio, eine städtische Institution, die im Jahr 1942 gegründet wurde. Kulinarische Folklore, gute Laune, Höflichkeit und Professionalität sind die Stärken dieser Trattoria, die sich auf eherne Gesetze stützt und deren Traditionsgerichte zu Fixpunkten geworden sind, die sich im Lauf der Zeit nicht verändert haben. Der Service ist blitzschnell.

DIE KÜCHE – Unter den mündlich aufgezählten Gerichten ragt als Entree hart gekochtes Ei mit einem Gläschen Zibibbo heraus, der Willkommensgruß der Fuhrleute, der innerhalb weniger Sekunden auf dem Tisch steht. Danach geht es mit Klassikern weiter, wie **Bucatini ai broccoli *arriminati*** (6 €), Pasta e fagioli, dem Evergreen **Pasta con le sarde** (6 €) und **Spaghetti alla carrettiera** con aglio e olio. Von den Secondi empfehlen wir ***U bruciuluni*** (gefüllte Fleischroulade), Bistecca alla palermitana, deren besonderes Merkmal die Panade ohne Ei, nur mit nativem Olivenöl extra ist, Involtini di pesce spada (9 €), und **Tonno *ammuttunato*** con mentuccia. Das Essen endet mit typischen Süßspeisen wie Cassata siciliana, Cannoli, Mandelgebäck und ausgezeichneten Orangen und Bananen mit Maraschino. Die sizilianischen Weine sind gut ausgewählt; der Hauswein ist rau.

BIVONA (AG)

61 KM NÖRDLICH VON AGRIGENT

Da Calogero

Restaurant
Via San Pietro, 1
Tel. (+39) 09 22 / 98 60 07,
(+39) 328 / 759 44 29
Ruhetag: Sonntag
Ferien: 6.–20. September
40 Plätze
Preise: 21–25 €
Keine Kreditkarten
Mittags und abends geöffnet

DIE OSTERIA – Dieses seit rund 40 Jahren bestehende Lokal liegt an der Hauptstraße des Ortes, ein paar Schritte von der alten Piazza della Fiera entfernt, an der man den Mezzaranciu bewundern kann, einen gusseisernen Brunnen mit zwei Röhren aus dem 13. Jahrhundert. Patron und Küchenchef Calogero Lo Presti führt es gemeinsam mit seiner Frau Patrizia, die die Gäste begrüßt und das Tagesmenü mündlich erläutert.

DIE KÜCHE – Einfachheit und Tradition machen sich gleich bei den Antipasti (6 €) bemerkbar: **Fave *a bozza cu i giri*** (Dicke Bohnen mit Mangold gekocht), Zuppa di ceci, Caponata di olive, saisonale Frittate con carciofi oder asparagi sowie Käse und Ricotta aus lokaler Produktion (was auch für die übrigen verwendeten Zutaten gilt). Die nachfolgenden Gerichte variieren täglich je nach Marktangebot. Unter den Primi (6 €) sind Maltagliati con la borragine, ***Attuppateddi cu maccu di favi***, Gnocchetti con broccoletti e mollica tostata und Pasta con le patate. Von den Secondi (9 €) schmeckt Vitello ***aggrassatu*** hervorragend, aber auch Involtini alla siciliana, **Agnello al sugo** und **Trippa con fagioli** sind bemerkenswert. Dazu gibt es gute Beilagen aus gekochtem oder rohem Saisongemüse. Den Schlusspunkt setzen Desserts (3 €), von denen Pignolata, ***Ucciardunedda*** (eine Art Cannolo aus Mürbeteig mit Ricottafüllung und mit gerösteten Mandelsplittern bestreut) und sommerliche **Pesche ripiene di ricotta** exzellent sind. Das Weinangebot beschränkt sich auf den Hauswein und ein paar Etiketten aus der Region.

Nicht weit vom Restaurant gibt es im Number One sehr gute Süßspeisen mit Ricotta und im Sommer exzellentes Eis und Granite.

56 KM WESTLICH VON SYRAKUS

U Locale

Trattoria
Via Dusmet, 14
Tel. (+39) 09 31 / 87 39 23
Ruhetag: Dienstag
Ferien: Ende Juni–Ende Juli
50 Plätze + 20 Plätze im Freien
Preise: 25 €
Keine Kreditkarten; BM
Mittags und abends geöffnet

Eine Osteria als Hüterin der traditionellen Geschmacksnoten aus den Monti Iblei, die dank Sebastianos Geschicklichkeit noch besser werden.

DIE OSTERIA – Eine aus einem alten Dammuso (Lager- und Wohnhaus) entstandene Osteria mit bäuerlich geprägter Küche, die die Brüder Formica vor 25 Jahren schufen: Sebastiano, der tüchtige Küchenchef, und Pippo, der sich freundlich um den Service in den kleinen Gasträumen mit häuslicher Atmosphäre kümmert. Die Rezepte sind streng an die Verfügbarkeit der Saisonprodukte, einschließlich jener aus dem häuslichen Gemüsegarten, gebunden.

DIE KÜCHE – Unter den Antipasti sind Bruschette con paté di olive, di peperoncini e di pomodoro secco (mit getrockneten Tomaten aus eigener Erzeugung); danach gibt es Frittate di verdure, **Lumache *a' strica sali***, Finocchietto ***ammuddicatu*** und Olive verdi a ***puddascera***. Gut ist Mortadella d'asino con cipolla di Giarratana e capperi di ***timpa*** (die Kapern stammen aus dem Umland; 5 €). Die Primi aus frischer Pasta sind sehr schmackhaft: Taglierini dei Monti Iblei (mit Spitzen vom wilden Senf, Fenchel und wildem Spargel), Taglierini con fave novelle e pancetta, **Cavati con salsiccia, ricotta e finocchietto**, Pasta con zucca e carciofi, **Tagliatelle con peperoni** (8 €) oder con il tartufo ibleo, Tagliolini con porcini (10 €) und Minestra con palline di carne. Weitergehen kann es mit Cosciotto di maiale (7 €), **Spiedini di pecora**, ***Lattuchèdda*** (Unterbauch vom Rind), Trippa con i fagioli, Lingua alla stimpirata und Polpette al limone. Gut sind auch Beilagen wie Cardoncelli trifolati und Insalata di arance. Ein spezielles Brot wird aus sizilianischen Getreidesorten wie ***Tumminìa***, ***Russellu*** oder Margherito gebacken. Köstlich ist das Finale mit **Cannolo di ricotta**, Biscotti ***funciddi*** alle nocciole oder sommerlichem Sorbetto. Zu trinken gibt es eine kleine Selektion sizilianischer Weine.

44 KM SÜDÖSTLICH V. PALERMO, A 19 UND S.S. 285

A Castellana

Restaurant-Pizzeria
Piazza Caduti, 4
Tel. (+39) 091 / 814 86 67,
(+39) 339 / 869 95 20
Ruhetag: Montag
Keine Ferien
180 Plätze + 170 Plätze im Freien
Preise: 25–28 €
Kreditkarten: AE, CS, DC, MC, Visa
Mittags und abends geöffnet

DIE OSTERIA – Kürzlich ist das Lokal 40 Jahre alt geworden, und alles ist unverändert geblieben. Im A Castellana herrscht nämlich immer die Gewissheit, dass die Familie Porretta ihre lobenswerte Leistung fortsetzt. Diese besteht in der Bewahrung der Räumlichkeiten des Restaurants, das heißt der ehemaligen Kornspeicher des imposanten mittelalterlichen Kastells oberhalb der Festung, und der Unverfälschtheit der verwendeten Zutaten, die größtenteils aus lokalem Anbau und lokaler Aufzucht stammen.

DIE KÜCHE – Wie das kulinarische Angebot beschaffen ist, lässt sich gleich zu Beginn anhand des Tagliere del Ghiottone (12,50 €) erraten, der sich aus typischem lokalem Käse, Honig und verschiedenen Wurst- und Schinkensorten zusammensetzt, gefolgt von Tomino di caprino vom Monte San Calogero und **Sfincionelli fritti** della Castellana (5 €). Von den Primi empfehlen wir die hervorragenden **Tagliatelle al ragù di cinghiale** (9 €), Gnocchi di patate con ragù di cinghiale e mozzarella und Spaccatelle con sugo di spada. Wer dann noch nicht satt ist, sollte **Tris di salsiccia locale** nuda, panata e in crosta di pancetta (11 €) oder Arrosto misto und Filetto di vitello in crosta di pancetta ai ferri (13 €) probieren. Nicht versäumen dürfen Sie die exzellente Holzofenpizza. Gute Auswahl an typischen hausgemachten Desserts wie Cannolo di ricotta und **Gelo di cannella** oder di melone (Wassermelone) im Sommer. Eine Erwähnung verdient das Sortiment an Bieren, die teils in Kleinbrauereien gebraut werden. Die Weine stammen vorwiegend aus der Region.

Salsiccia pasqualora und frisches Qualitätsfleisch gibt es in den Fleischereien von Nino Siragusa Gullo, Via Liccio 39, und von Raimondo Canzone, Via XII Novembre 11.

65 km nordwestlich von Agrigent

M.A.T.E.S.

Trattoria
Vicolo Storto, 3
Tel. (+39) 09 25 / 95 23 27,
(+39) 338 / 413 37 63
Ruhetag: Sonntagabend
Ferien: 2 Wochen im Oktober
50 Plätze
Preise: 28–30 €
Kreditkarten: AE, CS, MC, Visa; BM
Mittags und abends geöffnet

DIE OSTERIA – Diese Trattoria befindet sich in einer ehemaligen Werkstatt in einem Gässchen der und ist mit Gegenständen und Arbeitsgerät aus dem bäuerlichen Leben früherer Zeiten dekoriert, unter denen auch ein Mahlstein ist. Um den Empfang der Gäste und den Service kümmern sich Patron Felice Augello und Sohn Giuseppe; Ehefrau Laura und der andere Sohn, Leonardo, kochen bewährte Gerichte einer im Gebiet fest verankerten und substanzreichen Küche. Zu den verwendeten Zutaten zählt ein natives Olivenöl extra, das ebenso wie einige der eingelegten Produkte aus eigener Erzeugung ist. An Feiertagen gibt es nur ein Tagesmenü für 30 €. Es ist stets empfehlenswert zu reservieren.

DIE KÜCHE – Der übliche Antipasto della casa (10 €) sieht eine interessante Reihe an Speisen vor, die Omeletts mit Gemüse und Wildkräutern, Caponata, gegrilltes Gemüse, getrocknete Tomaten, mit Gewürzen verfeinerte Oliven, getrocknete Salsiccia, Pecorino primo sale, Caciocavallo und Schafmilchricotta umfasst; Sie könnten aber auch **Porri fritti**, Carciofi panati und andere saisonale Spezialitäten vorfinden. Von den Primi (8 €) schmecken **Risotto con gli asparagi selvatici**, frische Pasta con il macco di fave verdi e ricotta, **Lasagne con ragù di salsiccia** und Busiate con melanzane e pistacchio di Raffadali oder con tenerumi di zucchine e pesto di basilico besonders gut. Bei den Secondi (10 €) wechseln **Capocollo di maiale farcito cotto in cotenna**, ebenso verlockendes **Agnello in casseruola**, Castrato, Salsiccia und Costolette alla griglia. Cannolo und Cassatelle di ricotta (2 €) bilden das Finale. Zu trinken kredenzt man eine kleine Auswahl sizilianischer Weine und einen offenen Hauswein.

45 km östlich von Agrigent

La Madonnina

Restaurant-Pizzeria
Via Edison, 162
Tel: (+39) 09 22 / 87 01 77
Ruhetag: Dienstag
Ferien: zweite Oktoberhälfte
96 Plätze
Preise: 25–30 €
Kreditkarten: CS, DC, MC, Visa; BM
Mittags und abends geöffnet

DIE OSTERIA – Der erste Eindruck, den man vom Madonnina gewinnt, ist, dass es sich um eine Trattoria nach alter Manier handelt. Gianni Gruttad'Auria, der das Lokal gekauft hat, denkt jedoch daran, ihm einen Hauch Modernität zu verleihen. Er ist ein gastfreundlicher, großzügiger Wirt und wird zu Spitzenzeiten von seiner Frau Veronica unterstützt. Für den Keller ist der erfahrene Kamel Boudour zuständig.

DIE KÜCHE – Unter den Antipasti aus dem Inselinneren sind Carpaccio di vacca cinisara, eine Käseselektion von der Girgentana-Ziege (Slow-Food-Presidio) und Tortini mit Saisongemüse (9 €), unter den Meeresgerichten dagegen **Polpo *a strica sali*** und Gamberi con salsa di capperi. An Primi aus frischem Teig erwarten Sie **Cavatelli und Busiate** con sughi di pesce e verdure, im Frühling **con fave e ricotta** oder con triglie e finocchietto (9 €). Gut sind auch Tagliatelle con seppie e gambero (13 €); eine Kostprobe verdient der traditionelle ***'Mpurnatu*** (9 €), ein Auflauf aus Ziti mit Tomatensauce, Blumenkohl und Ei, der in einer Eisenpfanne im Holzofen gegart wird. Von den möglichen Secondi erwähnen wir das schmackhafte **Agnello al pistacchio** (9 €) und Grigliata di pesce. Zum Abschluss gibt es Robiola con marmellata di agrumi und Süßspeisen aus Ricotta und Frischkäse von der Girgentana-Ziege, darunter eine herausragende **Bomba** al pistacchio. Abends wird auch ausgezeichnete Pizza serviert, teils aus alten sizilianischen Getreidesorten zubereitet. Kleine, vorwiegend lokal gehaltene Weinkarte von guter Qualität.

Im Zentrum (Via Ricasoli 20) befindet sich die kleine Käserei des Landwirtschaftsbetriebs Montalbo. Hier finden Sie großartigen Käse aus Milch der Girgentana-Ziege, der teilweise mit pflanzlichem Lab erzeugt ist.

89 KM ÖSTL. V. PALERMO, A 19, S.S. 113 U. S.S. 286

Giardino di Venere
(vormals: Romitaggio San Guglielmo)

Restaurant-Pizzeria • Corso Umberto I, 38
Tel. (+39) 09 21 / 67 13 23, (+39) 339 / 489 63 32, (+39) 331 / 848 04 47
Ruhetag: Mittwoch
Ferien: unterschiedlich
Preise: 30 €
Kreditkarten: CS, MC, Visa; BM
Mittags und abends geöffnet

DIE OSTERIA – Salvatore Baggesi hat nach mehr als 35 Jahren im Romitaggio San Guglielmo (wegen baulicher Maßnahmen geschlossen) seinen Betrieb in ein aus dem 16. Jahrhundert stammendes Adelsgebäude verlegt und damit sicher ein besseres Ambiente gefunden: anmutige Balkone, auf denen es sich im Sommer herrlich speisen lässt, viele Räume, Terrassen und ein Hof, in dem man seinen bevorzugten Tisch auswählen kann. Auch die Räumlichkeiten der Küche sind größer und besser strukturiert. Unterstützt von Peppe Cannizzaro, beweist Salvatore seine Fähigkeit, exquisite Geschmackssequenzen und Gerichte hervorzubringen, die mit der Tradition, dem Bergland und den Jahreszeiten verbunden sind. Lobenswert ist die Zusammenarbeit mit der Abteilung für Onkologie des Krankenhauses Palermo, um eine Ernährungsweise zu entwickeln, die Zivilisationskrankheiten vorbeugt.

DIE KÜCHE – Opulent und verlockend präsentiert sich der Antipasto della casa mit **Fiori di zucca in pastella**, Pomodori panati, Bruschette und Ticelle (Pizzabrot) con lardo e aromi (9 €). Bemerkenswert sind **Lasagnette con farine integrali alle ortiche e ragù di capretto** (9 €); außerdem gibt es Zuppa di legumi e verdure oder Tortellacci con la ricotta (9 €). Unter den Secondi finden sich Stufato di manzo al Montenero e paprica (13 €), Agnello in tegame (13 €) und **Coniglio agli aromi in crosta di manna** (14 €). Den Schlusspunkt setzen Testa di turco (4 €), klassische Cannoli di ricotta oder **Cassata al forno** (4 €). Es gibt auch schmackhafte Pizza. Zwei reichhaltige Degustationsmenüs für Erwachsene (30 €) und ein drittes für Kinder (25 €). Die Weinkarte ist chaotisch, aber Sie werden legendäre Etiketten entdecken.

KIn der Via Sant'Anna 6 befindet sich die Verkaufsstelle des Betriebs von Giulio Gelardi, der Manna aus den Madonie (Slow-Food-Presidio) verarbeitet.

CASTELBUONO (PA)

89 KM ÖSTL. V. PALERMO, A 19, S.S. 113 U. S.S. 286

Nangalarruni

Restaurant
Via delle Confraternite, 5
Tel. (+39) 09 21 / 67 12 28, (+39) 09 21 / 67 14 28
Ruhetag: Mittwoch
Ferien: unterschiedlich
100 Plätze + 30 Plätze im Freien
Preise: 23–35 €
Kreditkarten: AE, CS, DC, MC, Visa
Mittags und abends geöffnet

Ambiente, Empfang und Kompetenz auf höchstem Niveau sowie ausschließlich lokale Zutaten für exzellente Traditionsgerichte.

DIE OSTERIA – Wenn Sie sich im Küstengebiet um Cefalù aufhalten, empfehlen wir Ihnen einen Besuch von Castelbuono wegen seines mittelalterlichen Zentrums, seiner Geschichte, aber auch wegen dieser Osteria unter der Leitung von Peppe Carollo. Er ist ein Künstler, was die Verwendung der für die Madonie typischen Zutaten und das Angebot an Traditionsgerichten betrifft, die gleichsam vom Klang des typischen sizilianischen Instruments, der Maultrommel, im Dialekt *Nangalarruni*, widerhallen. Jeden Tag begibt sich Peppe in die umliegenden Wälder – wir sind im Gebirge – und bringt von dort je nach Jahreszeit unterschiedliche Wildgemüsesorten und Pilze in die Küche.

DIE KÜCHE – Es gibt drei Degustationsmenüs, zwei für 32 € (davon ein vegetarisches) und ein drittes für 25 €. Hier ein paar Beispiele: schmackhafter Sformatino di patate, funghi e verdure su vellutata di ricotta (10 €), **Fusilli di casa al ragù di maialino**, prodotti dell'orto e ricotta di basilisco (10 €), **Filetto di maialino in crosta di manna, mandorle e pistacchi** (15 €), Funghi gratinati con biete e caciocavallo affumicato (10 €), **Spaghetti cacio e pepe con funghi di bosco** (12 €), Tortino di pane cotto su vellutata di pomodoro e origano, Bruschetta con uova di quaglia e tartufo nero siciliano und **Zuppa di funghi** e legumi con verdure di campo (9 €). Guter Käse und hervorragende, im Preis inbegriffene Süßspeisen. Sonntags, wenn Hochbetrieb herrscht, ist ein Menü für 32 € vorgesehen, das ein bisschen von allem beinhaltet. Die sehr gute Weinkarte nennt eine interessante Selektion lokaler biodynamischer Weine.

CASTELVETRANO (TP)

73 km südöstlich von Trapani

Da Giovanni

Trattoria
Via Milazzo, 26
Tel. (+39) 09 24 / 890 53
Ruhetag: Sonntag
Keine Ferien
50 Plätze
Preise: 18–22 €
Keine Kreditkarten
Mittags und abends geöffnet

DIE OSTERIA – Im Zentrum, nahe der Kirche Sant'Agostino, empfängt Giovanni Santangelo seit 1982 die Gäste mit der typischen Wärme, wie sie in den Trattorien von einst herrscht. Die schlichte Einrichtung des Gastraums spiegelt die Persönlichkeit des Eigentümers wider, der Sie mit zuvorkommender, aber nicht aufdringlicher Art durch die Auswahl der Speisen leitet; sein Sohn Massimo unterstützt ihn dabei. Obwohl Castelvetrano im Hinterland gelegen ist, ermöglicht es die Nähe zum Fischereihafen von Sciacca, auch Meeresgerichte auf den Tisch zu bringen.

DIE KÜCHE – Sobald Sie Platz genommen haben, wird Ihnen der Antipasto (3 €) serviert, der sich aus Bruschetta, ***Alivi cunsati***, Primo sale, Parmigiana oder **Caponata** zusammensetzt. Unter den Primi (5 €) stechen Minestre und Zuppe hervor, die je nach Saison wechseln: Hervorragend sind die Suppen aus frischen Dicken Bohnen, Erbsen, Artischockenherzen und aus Bohnen mit Schwarten. Von den Pastagerichten verdienen **Caserecce al sugo di maiale e salsiccia pasqualora**, Pasta allo scoglio und Risotto alla marinara eine Kostprobe. Als Secondi (7 €), die vom Hinterland geprägt sind, tischt man Salsiccia pasqualora auf, gebraten oder in Sauce mit etwas Schweinefleisch und Schwarte gekocht, während bei den Fischgerichten (8 €) **Triglie**, Spigole und Gamberoni rossi aus Mazara **vom Holzkohlengrill** neben Fritto di calamari auf dem Programm stehen. **Cassatelle di ricotta fritte** und Obst runden das Menü ab. Begleiter zum Essen sind ein offener bernsteinfarbener Weißwein oder ein Rotwein, aber Giovanni hat versprochen, bald einige Flaschenweine aus umliegenden Weinbaubetrieben auf die Karte zu setzen.

Die Bottega del Pane, Via Garibaldi 85, verkauft Schwarzbrot aus Castelvetrano (Slow-Food-Presidio) sowie Regina- und Quaresimali-Kekse.

CASTIGLIONE DI SICILIA (CT)
Solicchiata

55 km nordwestlich v. Catania, E 45 u. S.S. 120

Cave Ox

Osteria-Pizzeria
Via Nazionale, 159
Tel. (+39) 09 42 / 98 61 71,
(+39) 328 / 134 96 83
Ruhetag: Dienstag
Ferien: zeitweise im Januar
50 Plätze + 50 Plätze im Freien
Preise: 27 €
Kreditkarten: AE, CS, DC, MC, Visa; BM
Mittags und abends geöffnet

DIE OSTERIA – Sandro Dibella hegt eine ausgeprägte Leidenschaft für Wein und hat einen großen Keller geschaffen. Das Cave Ox, übersetzbar mit „Ochsengrotte“, hat er mit zahlreichen, mit System verteilten leeren Weinflaschen dekoriert. Wenn das Wetter es erlaubt, erweitern sich die kleinen Gasträume um einen Sitzbereich im Freien mit ein paar Tischen. Der Patron kümmert sich mit ein paar Hilfskräften um den Service, während seine Frau Luisa für die Arbeit in der Küche zuständig ist.

DIE KÜCHE – Der Antipasto rustico (8 €) beinhaltet gegrilltes Gemüse, Oliven und Wurst lokaler Herkunft sowie einige sizilianische Käsesorten. Je nach Saison können Sie Frittata di asparagi oder di *caliceddi* (ein Wildkraut) und würzige **Zuppetta del contadino** (8 €) vorfinden, die aus Ei, Pilzen, Kartoffeln, Zucchini, Zwiebeln und Würzkräutern zubereitet ist. Einfach und typisch sind die Primi (8 €) gehalten: Tagliatelle „del conte“ con salsiccia e *caliceddi*, **Maccheroni con ragù di suino nero**, Pappardelle con crema di zucchine e limone und Gnocchi con pomodoro, capperi, olive, origano e basilico. Costolette di agnello, Fleisch und Salsiccia vom Schwein können einzeln bestellt oder in klassischer Grigliata mista (9 €) genossen werden. Gut sind auch **Polpette al forno** und **Baccalà alla ghiotta** (14 €), ein Traditionsgericht in verschiedenen Orten Siziliens, sowohl an der Küste als auch im Hinterland. Als Desserts erwarten Sie **Cassata di ricotta** und Salame turco. Abends ist das Speisenangebot reduziert, aber es gibt ausgezeichnete Pizza aus lange aufgegangenem Teig aus Biomehl verschiedener Sorten. Das wahrhaft beachtliche Weinangebot umfasst Tropfen aus dem Ätnagebiet, aus dem übrigen Sizilien, naturbelassene Weine und weitere Etiketten.

24 KM NORDÖSTLICH VON AGRIGENT, S.S. 122

Osteria del Cacciatore

Trattoria-Pizzeria
Via Puglia
Tel. (+39) 09 22 / 82 98 24,
(+39) 347 / 680 09 18
Ruhetag: Mittwoch
Ferien: 1 Woche im Juli
130 Plätze
Preise: 20–25 €
Kreditkarten: AE, CS, DC, MC, Visa; BM
Abends geöffnet, Sonntag nur mittags

DIE OSTERIA – Eine ganz weiblich gefärbte Küche ist jene der Schwestern Alessi: Eleonora, Giusi, Graziella, Maria Rita und Salvina sind verschiedentlich in die Zubereitung der Traditionsgerichte eingebunden, für die sie die Rezepte von Mamma Antonia Cammalleri befolgen. Die Trattoria mit echt volkstümlicher Atmosphäre wird seit dem Ende der Siebzigerjahre wegen der hohen Qualität ihres kulinarischen Angebots geschätzt. Salvatore, ein weiteres Familienmitglied, kümmert sich um den Service.

DIE KÜCHE – Scacciate in verschiedenen Geschmacksrichtungen zählen zu den Highlights der Antipasti (8 €), die in Form eines Tellers mit sieben Spezialitäten angeboten werden, wie Anelli fritti di cipolla paglina, Formaggio scoppiato, ***Mignulata*** con cipolla, Salsiccia e olive nere, **Frascatola**, Zuppe di legumi und **Zabbinata**, ein im Holzofen gratinierter Gemüsemix. Das saisonale Gartengemüse wird mit nativem Olivenöl extra aus eigener Erzeugung verfeinert. Delikat und ausgewogen sind die Primi wie Cavatelli alla Norma aus frischem, von Hand gezogenem Teig, schmackhafte Tagliatelle con funghi e asparagi (5 €), **Pappardelle al ragù di cinghiale** und Maccheroncelli al forno (6 €). Kräftige Geschmacksnoten zeichnen die deftigen Secondi aus, darunter Cinghiale alla boscaiola (8 €), Grigliata di castrato, **Coniglio alla cacciatora** und Trippa allo spezzatino; dazu reicht man hervorragendes selbst gebackenes Brot. Unter den möglichen Desserts finden sich Cannolo di ricotta, Parfait di mandorle, Semifreddo al limone, Pizza dolce alle mele und Torta di mandorle al cioccolato con **arancia caramellata**. Zu trinken stehen einige für das Gebiet repräsentative Weine und ein recht guter offener Hauswein zur Auswahl.

Bistrot Mé Cumpari Turiddu

Restaurant-Osteria • Piazza Turiferro, 36–38
Tel. (+39) 095 / 715 01 42
Kein Ruhetag
Keine Ferien
30 Plätze + 20 Plätze im Freien
Preise: 22–25 €
Kreditkarten: AE, CS, DC, MC, Visa; BM
Mittags und abends geöffnet

DIE OSTERIA – Das Lokal ist an die ehemalige Piazza dello Spirito Santo neben einen historischen Getränkestand übersiedelt. Am schönen neuen Standort, in einem weitläufigen renovierten Lager, hat die dynamische Roberta Capizzi, unterstützt von jungem und kompetentem Personal, das gastronomische Angebot diversifiziert. Bevor man den Restaurantbereich betritt, gelangt man in die *Putia*, wo Produkte zum Mitnehmen (viele sizilianische Slow-Food-Presidi) verkauft werden, und in das Bistro, das eine andere Linie in puncto Speisen, Menü und Preise als das Restaurant verfolgt und hier beschrieben wird.

DIE KÜCHE – Eingangs kann man zwischen typischen Fladen, wie Scaccia aus Ragusa oder Pitone aus Messina, Crocchette di patate, **Panelline di farina di ceci** und schmackhaften Frittate (6 €) mit Kartoffeln und Zwiebeln, Artischocken aus Menfi oder Wildkräutern wählen. Im wechselnden Angebot der Primi können Sie Pasta con la ***masculina da magghia*** (Sardellen aus Catania), **Caserecce con pesto alla trapanese** (10 €), Maccheroncini con favette, piselli e mentuccia und **Zuppe con lenticchie di Ustica**, fagiolo badda di Polizzi oder aus anderen Hülsenfrüchten finden. Ausgefallen und appetitlich sind **Pagnotte di Turiddu** (7,50 €), die zum Beispiel mit Salsiccia al sugo und Provola aus den Nebrodi oder Braciolottine di carne alla messinese, Tomaten und Sauce aus Oliven der Sorte Minuta gefüllt sind. Gepflegt ist der Wurstaufschnitt aus den Monti Iblei und den Nebrodi (13 €), gut sortiert die Platte mit sizilianischem Käse. Sehr gut sind auch die Salate (8 €) wie Insalata di arance, ***masculina da magghia*** sotto sale, finocchio e capperi di Salina. Unter den Desserts sind deliziöses **Fresco di mandarino** und Crostate. Gepflegte Selektion sizilianischer Weine und einige Biere aus Kleinbrauereien.

20 KM NORDWESTLICH VON RAGUSA

Majore

Restaurant
Via dei Martiri Ungheresi, 12
Tel. (+39) 09 32 / 92 80 19
Ruhetag: Montag
Ferien: zeitweise im Juli
105 Plätze
Preise: 20–22 €
Kreditkarten: AE, CS, DC, MC, Visa; BM
Mittags und abends geöffnet

DIE OSTERIA – Dieses Lokal in einem Gässchen der Altstadt ist eines der ältesten auf ganz Sizilien. Seit 1896 wird es von derselben Familie geführt, heute vertreten durch Patron Salvatore Laterra Majore, den Urenkel des Gründers. Vom Eingang gelangt man zum ursprünglichen Gastraum, der vor einigen Jahrzehnten von einem bekannten sizilianischen Künstler mit Fresken verziert wurde. Davor befinden sich noch ein Küchenbereich und ein Tresen, an dem Wurst verkauft wird. Wenn die Anzahl der Gäste es erfordert, wird auch der größere Raum im oberen Stockwerk geöffnet.

DIE KÜCHE – Die kulinarischen Traditionen im Zusammenhang mit Schweinefleisch sind in einigen Gebieten des sizilianischen Hinterlandes noch immer sehr präsent. Im Besonderen kommt ein Großteil der Hauptzutaten, die im Restaurant für die Gerichte und Wurstwaren verarbeitet werden, von Züchtern aus Chiaramonte Gulfi. So sind im Antipasto misto (6 €) Gelatina, Capicollo, Salami und manchmal Prosciutto aus Eigenproduktion vorhanden. Zwei klassische Primi sind **Ravioli di ricotta al sugo di maiale** und Risotto alla Majore (6 €) mit Sauce aus Schweinefleisch und gereiftem Ragusano-Käse. Von den anderen Primi (6 €) munden vor allem **Cavati alla Norma** und in der Saison Pappardelle ai porcini oder Minestra di fave. Unverzichtbare Secondi sind **Costata ripiena** (gefülltes Kotelett) und **Falsomagro alla siciliana** (7,50 €), würziger Rollbraten aus Schweinefleisch mit Ei, Salami, Ragusano und Möhren gefüllt; dazu gesellen sich Salsiccia alla brace (7 €) oder al sugo, Bistecche und weiteres Grillfleisch. Mögliche Desserts sind **Gelo di cannella** und Parfait di mandorla. Das Kellerangebot ist umfangreich und von hervorragendem Niveau, angefangen von den Weinen aus dem Raum Ragusa.

66 KM SÜDÖSTLICH VON PALERMO

Casale Drinzi

Agriturismo
Ortsteil Drinzi
Tel. (+39) 09 21 / 66 40 27
Kein Ruhetag
Ferien: 2 Wochen im Januar oder Februar
200 Plätze + 60 Plätze im Freien
Preise: 24–30 €
Kreditkarten: CS, MC, Visa; BM
Mittags und abends geöffnet

DIE OSTERIA – Das an Biodiversität reiche Territorium der Madonie wird in dieser gemütlichen Trattoria gut interpretiert. Die Zutaten von unzweifelhafter Qualität sind das Resultat ständiger Suche und des präzisen Willens, in erster Linie die Produkte aus dem Umland in den Vordergrund zu rücken. Interessant ist die Ausführung des Hauses nach baubiologischen Kriterien, was ein Zeichen von Umweltbewusstsein ist. Für einen herzlichen Empfang sorgen Gianluca und Chiara. Man nimmt in einem weitläufigen Raum mit Kamin und großem Holzofen Platz. Für die Küche ist Antonio Di Gaudio zuständig.

DIE KÜCHE – Von den schön präsentierten Antipasti nennen wir hausgemachte Lonza di maiale mit Sommertrüffel aus den Monti Iblei (8 €), die Käseplatte mit Provola aus den Madonie und Honig von der Dunklen Biene – zwei Slow-Food-Presidi – neben guten lokalen Caprini und einer Selektion an Pasteten mit Crostini. Unter den Primi sind **Paccheri con macco di fave verdi, finocchietto e ricotta fresca** (8 €), Zuppa del casale con fagioli badda, lenticchie di Villalba e fave di Leonforte (aus Bohnen, Linsen und Dicken Bohnen, alles Slow-Food-Presidi), **Tagliatelle ai funghi** und Pappardelle al ragù di cinghiale. Als Secondi bieten sich **Ossobuco di vitello in tegame** (9 €), Stracotto di manzo ai funghi, Cosciotto di suino nero dei Nebrodi und Cinghiale stufato. Frisches Obst und Süßspeisen setzen den Schlusspunkt: Flan al cioccolato oder al pistacchio su crema di vaniglia (3 €), Sfincette con ricotta und **Testa di turco**. Ausgewählte Etiketten aus dem Umland, Biere aus Kleinbrauereien und Brände aus eigener Erzeugung vervollständigen das große Angebot.

La Rustica

Trattoria
Via Gagliano Castelferrato
Tel. (+39) 09 35 / 255 22
Ruhetag: Sonntag
Ferien: August
38 Plätze
Preise: 15–18 €
Kreditkarten: CS, MC, Visa; BM
Mittags und abends geöffnet

DIE OSTERIA – Die Trattoria befindet sich in der Oberstadt von Enna im Erdgeschoss eines dreistöckigen Wohnhauses. Beim Betreten des Lokals empfängt Sie Gaetano Tilaro mit seiner üblichen Freundlichkeit und bietet Ihnen ein vielfältiges Menü aus authentischer Hausmannskost an. Seine Frau Carmela Messina kümmert sich um die Küche, wobei sie ab und zu von Sohn Cristian unterstützt wird.

DIE KÜCHE – Von den Antipasti verdienen sicherlich Caponata, Melanzana ripiena infornata (4 €), Peperone ripieno al forno und verschiedene Frittate in den Versionen di patate e cipolla, di ricotta, di spinaci, di funghi und di broccoletti eine Kostprobe. Als Primi (5 €) erwarten Sie **Penne con mollica tostata e finocchietto** oder al ragù, Spaghetti alla rustica, aus frischem Teig zubereitete Fettuccine alla boscaiola und schmackhafte Minestrone di verdure mit oder ohne Teigwaren. Stets vorhanden ist **Macco di fave** aus frischen, außerhalb der Saison aus getrockneten Dicken Bohnen. Bei den Secondi sind die Hauptdarsteller **Manzo lesso** (7 €), Trippa alla parmigiana, Cosciotto di maiale al forno, Spezzatino di carne con patate und **Polpettone ripieno all'ennese**; Alternativen wären Salsiccia arrostita, fritta oder al sugo con piselli e patate (6 €), Lingua alla pizzaiola und Stigghiola con patate. Zum Abschluss locken exquisite Scavazzatura (Ricottacreme mit Cannolo-Stückchen) und andere hausgemachte Süßspeisen. Das Weinangebot ist knapp gehalten.

Da Geba, Viale IV Novembre 17, bietet exquisites selbst gemachtes Eis, Granite und Brioches.

11 km nordöstlich von Trapani, S.S.187

NEU Gli Archi di San Carlo

Moderne Osteria
Via San Carlo, 10
Tel. (+39) 339 / 234 65 79
Ruhetag: Mittwoch, außer im August
Ferien: unterschiedlich
60 Plätze + 20 Plätze im Freien
Preise: 30–35 €
Kreditkarten CS, DC, MC, Visa; BM
Mittags und abends geöffnet

DIE OSTERIA –Das geschichtsträchtige mittelalterliche Städtchen Erice ist wegen des Castello di Venere und der Süßspeisen nach klösterlicher Tradition bekannt. Nach langen Renovierungsarbeiten präsentieren sich die Räumlichkeiten des Klosters San Carlo – das allein schon die Anreise wert ist – mit einfacher, aber eleganter Einrichtung, die dem Lokal von Francesca Adragna das Flair einer modernen Osteria verleihen. Am Herd steht ihr Mann Vito.

DIE KÜCHE – Unter den Primi sind Cassatelle, handgemachte Ravioli con ricotta di pecora e stracotto, oder, im Sommer, con stufato di tonno (15 €), **Busiate alla Norma** (mit passierten Tomaten, salziger Ricotta und frittierten Auberginen) oder al pesto trapanese sowie alla favignanese (mit Oktopus und seiner Tinte), Iolanda di Venere, das heißt in der Pfanne sautierte Tagliatelle mit Sardellen und Auberginen (12 €) und Pasta con le sarde e finocchietto (mit Bergfenchel). Als Secondi bieten sich **Agnello al forno con patate** (13 €) oder grigliato con l'ammoglio (gegrillt und mit für Trapani typischer Sauce aus Tomaten, Essig, zerstampftem Knoblauch, Öl und Oregano angerichtet), **Filetto di cavallo con mele in agrodolce** oder Filetto di vitello con noci, Marsala e insalate di arance an. An Fischgerichten gibt es Saraghi, Spigole, Spada und Ricciole ai ferri oder al sale. Im Mai und Juni erwarten Sie Tonno in salsa di agrumi con capperi, olive, pomodoro e cipolla, Capone oder Sgombri panati e grigliati (9 €). **Cassatelle di ricotta**, Crostate di frutta oder di ricotta (3 €), Cannoli siciliani und **Granita di gelsi** bilden das Finale. Im Keller lagert ein gutes Angebot an sizilianischen Etiketten, Passiti und Marsala.

71 km südwestl. v. Messina, S.S. 114 oder A 18

NEU Rapisardi dal 1947

Traditionelle Trattoria
Via Roma, 63
Kein Ruhetag
Ferien: unterschiedlich
30 Plätze
Preise: 15 €
Keine Kreditkarten
Mittags und abends geöffnet

DIE OSTERIA – Kurz nach dem Zweiten Weltkrieg eröffnete Filippa Mazzeo eine Gaststätte – in dieser Gegend bis dahin nur an den Poststationen vorhanden – für die zahlreichen Fuhrleute, die das Material für den Wiederaufbau der wichtigsten Städte transportierten. Die Schlichtheit des ursprünglichen Zwecks überträgt sich noch heute auf die Weise, in der Andrea Rapisardi, der Enkel der verstorbenen Filippa, die Gäste begrüßt, und auf die kulinarischen Kreationen von Salvatore und seiner Frau Grazia. Eine Reservierung ist empfehlenswert.

DIE KÜCHE – Als Vorspeise sieht das Menü nur den Antipasto „rustico" (3,50 €) mit Salami aus der Fleischerei des Dorfes, Käse aus einer lokalen Käserei sowie Sottoli aus eigener Erzeugung und von anderen Produzenten vor. Weiter geht es mit hervorragenden **Maccheroni al pomodoro** oder al ragù (4 €), Pasticcio di lasagne oder di riso und, vorwiegend im Winter, mit **Pasta con i legumi**. Danach hat man die Wahl zwischen Arrosto misto (7,50 €), Bistecca di vitello oder di maiale (5,50 €), **Involtini di carne** und Polpette, alle über Reisigkohlenglut gegart. Gelegentlich finden sich Agnello und **Coniglio al forno**, während Pescestocco alla ghiotta im Winter jeden Tag, im Sommer nur gegen Vorbestellung auf den Tisch kommt. Als Beilagen serviert man üblicherweise Insalata verde oder di pomodoro oder Patatine fritte. Süßspeisen gibt es nicht, der Gast wird an nahe gelegene Konditoreien verwiesen. Zu trinken gibt es nur einen roten Hauswein in der Karaffe. Am Ende der Mahlzeit kann man sich einen ebenfalls hausgemachten Limoncello genehmigen.

110 km südwestl. v. Messina, S.S. 113 od. A 20

Fattoria Fabio

Trattoria
Ortsteil Sciara Bacci
Tel. (+39) 09 41 / 43 40 42,
(+39) 389 / 162 89 66
Ruhetag: Donnerstag- und Freitagmittag
Ferien: unterschiedlich
34 Plätze + 50 Plätze im Freien
Preise: 25–30 €
Kreditkarten: CS, MC, Visa; BM
Mittags und abends geöffnet

DIE OSTERIA – Diese Osteria befindet sich im ländlichen Gebiet um Galati Mamertino und ist von Olivenbäumen, Haselnusssträuchern und Obstbäumen umgeben. In der Küche bereiten Salvatrice und ihr Sohn Marco unverfälschte Speisen zu und verarbeiten dafür viele Produkte aus dem familieneigenen Gemüsegarten und der kleinen Schweine- und Schafzucht. Um den Empfang der Gäste kümmern sich Patron Giacomo und der andere Sohn, Francesco.

DIE KÜCHE – Frittate mit Wild- und Gartengemüse eröffnen den Reigen der Antipasti (10 €), ergänzt durch frische Ricotta von der Ziege, Canestrato, gereiften Provola sfoglia, gegrillten Primo sale und Wurst vom schwarzen Schwein der Nebrodi. Schmackhaft ist Farinata di ceci e mais con biete, die wir gemeinsam mit ***Liari*** (Triebe einer Kletterpflanze) con le uova strapazzate probiert haben. Pasta aus frischem Teig gibt es als Primi, die von frühlingshaften **Ravioli di ortica ripieni di patate** e verdure con crescione d'acqua e pomodorini (6 €) über **Maccheroni con il ragù di suino nero** bis zu Tagliatelle con i funghi porcini oder con le verdure spontanee oder auch con i carciofi, je nach Jahreszeit, wechseln. Fleisch vom Schaf aus Galatea ist im Großteil der Secondi vertreten: Arrosto di castrato di ***crastagneddu*** (zwischen sechs und zehn Monate altes Lamm) und ein unverzichtbares **Agnello aus der Pfanne** con le patate (10 €). Bemerkenswert sind auch Costate di vitello di razza rosso modicana. Cremolata di fragole (2 €), Semifreddi alle nocciole oder alle mandorle und **Fagottini di grano saraceno** (mit Haselnuss-, Schokolade- oder Kürbiscreme frisch gefüllte Teigtäschchen) sorgen für ein hohes Niveau der Nachspeisen, die mit hausgemachtem Rosolio serviert werden. Das Kellerangebot beschränkt sich auf einige sizilianische Weine und den offenen Hauswein.

GANGI (PA)

117 KM SÜDÖSTLICH VON PALERMO, S.S. 120

Villa Rainò

Restaurant
Ortsteil Rainò
Tel. (+39) 09 21 / 64 46 80
Kein Ruhetag
Keine Ferien
70 Plätze + 70 Plätze im Freien
Preise: 23–28 €
Kreditkarten: AE, CS, MC, Visa; BM
Mittags und abends geöffnet

DIE OSTERIA – Gangi wurde 2014 als „Borgo dei Borghi" (schönstes Dorf) ausgezeichnet und ist einer der Orte, an dem man anderswo vergessene Traditionen wiederentdecken kann, die von Generation zu Generation weitergegeben werden. Um Attraktionen von Gangi zu beschreiben, würde es vieler Worte bedürfen, wir fügen noch ein paar mehr hinzu, um die Philosophie der Villa Rainò zu erläutern. Die Atmosphäre, die man in diesem Gutshof unter Leitung der Familie atmet, ist eindeutig ländlich, sowohl im Gastraum als auch in den Hotelzimmern. Aldo Conte, unterstützt von seiner Frau Nina und den Kindern, empfängt Sie auf sympathische Weise und begleitet Sie auf einem Parcours von Gerichten, die vorwiegend auf dem Angebot an Produkten aus dem Umland basieren.

DIE KÜCHE – Den Auftakt macht ein umfangreicher Antipasto misto (9 €), der sich aus Verdure grigliate, Provola delle Madonie (Slow-Food-Presidio), **Caponata di melanzane**, Peperonata, **Cipolle in agrodolce**, lokaler Bresaola und ausgefallenen Patate ripiene di salsiccia zusammensetzt. Von den Primi seien **Maccheroni con cavolfiore e salsiccia** (7 €) oder con pomodorini e piselli freschi und Spaghetti con ricotta e suino nero dei Nebrodi (7 €) erwähnt. Sehr gut ist gegrilltes Fleisch lokaler Herkunft, etwa der hervorragende **Castrato**, Vitello und Salsiccia di suino (14 €); nicht minder gut ist **Scottadito (kurz Gebratenes)**, zu dem Bratkartoffeln, gemischter Salat oder gegrilltes Saisongemüse als Beilagen gereicht werden. Den Schlusspunkt setzen hausgemachte Dolci wie **Cannoli di ricotta**, Biancomangiare und Tortini al cioccolato (3 €). Die kleine Weinkarte listet Tropfen aus dem Umland auf.

ISNELLO (PA)

77 KM SÜDÖSTLICH VON PALERMO

La Brace

Trattoria
Via Monsignor Romero, 16
Tel. (+39) 09 21 / 66 28 10,
(+39) 328 / 909 64 57
Ruhetag: Montag
Ferien: 1 Woche im September
55 Plätze + 20 Plätze im Freien
Preise: 30 €
Kreditkarten: CS, MC, Visa; BM
Mittags und abends geöffnet

DIE OSTERIA – Der Parco Regionale delle Madonie ist ein überaus eindrucksvolles Naturerbe Siziliens und wird durch das Gemeindegebiet von Isnello mit seinen grünen Wäldern aus Eichen, Steineichen und Buchen gut repräsentiert. An der Straße, die am Ort vorbeiführt, steht Giuseppe Capuanas Trattoria, ein Lokal mit einfachem, gepflegtem Ambiente. Sie besteht aus einem Gastraum mit Holzofen und Küche, der sich gleich hinter dem Eingang befindet, einem größeren Raum im Stockwerk darüber und einem kleinen Innenhof für den Sommer.

DIE KÜCHE – Das saisonale Menü wird von Santino mündlich erläutert und sieht unter anderem **Caponatina di carciofi e funghi** ai pistacchi, lokale Wurst- und Käsesorten vom Brett mit Konfitüren und Honig von der Dunklen Biene und Tortino di ricotta e radicchio con provola delle Madonie (6 €) vor. Die Pasta ist hausgemacht: **Maccheroncini al ragù di castrato**, Tagliolini con salsa di asparagi selvatici e finocchietto (10 €), Linguine ai funghi di stagione und Panzerotti con farcia di coniglio alle erbe aromatiche. Unter den Secondi sind Cosciotto di maialino al forno, Grigliata di carne alla brace, **Agnello in umido con patate** (12 €) und Tagliata di vitello. Gut sind auch die Beilagen aus zahlreichen Wildgemüsearten (***Sinapi***, ***Napuriddi***, ***Qualazzi*** – Senfgrün, Eselsdistel, wilde Rüben) und aromatischen Pilzen aus dem Gebiet (Steinpilze, Kaiserlinge, blasse Kräuterseitlinge). Als Nachtisch erwarten Sie Semifreddo alle mandorle, **Testa di turco** und Cassata al forno con ricotta e pistacchio (3 €). Der Keller bietet neben einem recht guten offenen Wein regionale Tropfen, die auch glasweise serviert werden. Abends gibt es duftende Holzofenpizza aus Sauerteig.

Schmackhaftes Brot aus eigener Herstellung gibt es in der Bäckerei Badamo, Corso Vittorio Emanuele 56.

6 STD. FÄHRE VON TRAPANI, 5 STD. VON MARSALA

Il Cappero

Trattoria-Pizzeria
Via Roma, 33
Tel. (+39) 09 23 / 91 27 25,
(+39) 389 / 965 97 87
Ruhetag: Mittwoch, im Sommer Sonntagmittag
Ferien: November–Februar
70 Plätze
Preise: 35 €
Kreditkarten: CS, MC, Visa; BM
Mittags und abends geöffnet

DIE OSTERIA – Salvatore Rizzos Rückkehr an die Spitze hat einem der historischen Lokale Pantellerias neues Leben und neue Energie verliehen. Obwohl Pantelleria eine Insel ist, zählt der Fischfang nicht zu den traditionellen Aktivitäten, weswegen die Beschaffung von Fisch niemals einfach ist. Das Il Cappero befindet sich in der Nähe des Hauptplatzes des Orts; zwar ist es eigentlich ein Winterlokal, doch es wird auch im Sommer stark besucht. Die Gerichte sind niemals aufwendig gestaltet und ein Abbild der typischen Küche Pantellerias. Salvatore kümmert sich mit Unterstützung tüchtiger Mitarbeiter um Einkauf und Service, den Serena aufmerksam koordiniert. Für die Küche ist Salvatore Zambito zuständig.

DIE KÜCHE – Als Einstieg bieten sich Alici all'acqua di mare, Insalata di polpo und Filetto di murena su croccante di verdure (14 €) an. Unter den Primi sind das Paradegericht der Insel, **Ravioli panteschi** con gamberi, zucchine, ***conza*** (eine geröstete Hackmischung aus altbackenem Brot und Mandeln) und **Spaghetti con pesto di capperi e mollica** (13 €). Als Secondo erwarten Sie neben Fisch vom Tagesfang Involtini di pesce spada al passito (15 €) oder Gamberoni del Mediterraneo (Riesengarnelen aus dem Mittelmeer) in gelatina di uva zibibbo (30 €). Im Winter ändert sich das Angebot und Sie finden **Zuppa di funghi** locali **e castagne con straccetti di pasta fresca** (15 €) oder Scaloppine al passito (11 €) vor. Zum Ausklang serviert man **Bacio pantesco** und hausgemachte Crostate. Zu trinken gibt es Weine aus Pantelleria und Sizilien. Battista Valenza bäckt im Holzofen auch hervorragende Pizza.

ISOLA DI PANTELLERIA (TP)
Pantelleria

6 STD. FÄHRE VON TRAPANI, 5 STD. VON MARSALA

Il Principe e il Pirata

Osteria
Ortsteil Punta Karace
Tel. (+39) 09 23 / 69 11 08
Ruhetag: Montag, außer im Sommer
Ferien: November–April
40 Plätze + 80 Plätze im Freien
Preise: 40 € €↑
Kreditkarten: CS, MC, Visa; BM
Mittags und abends geöffnet

DIE OSTERIA – Wenn Sie nach Punta Karace hinabfahren, erreichen Sie das Lokal der Familie Casano, das weitab des sommerlichen Trubels, fast ein bisschen abgeschieden liegt. Im Sommer kann man auf einer schönen Terrasse mit eindrucksvollem Blick auf das Meer sein Essen im Freien genießen. Papà Luciano kümmert sich gemeinsam mit den Söhnen Marco und Simone um die Arbeit im Speisesaal, Mamma Franca steht am Herd. Die alten Rezepte hat sie von ihrer Großmutter übernommen, ebenso wie die Sorgfalt bei der Auswahl der Zutaten und der Präsentation der Speisen. Besonderes Augenmerk gilt der auf bronzenen Ziehmatrizen hergestellten Pasta, die aus kleinen ländlichen Teigwarenfabriken kommt, und Slow-Food-Presidi von der nahen sizilianischen Küste. Der Service ist leger, aber effizient.

DIE KÜCHE – Zur Einstimmung kann man zwischen Crudità del giorno, Wurstspezialitäten, im Besonderen vom schwarzen Schwein der Nebrodi, Käse aus Ragusa (16 €), **Polpo alla griglia** con vellutata di patate e gocce di pomodoro (11 €) und ausgefallener **Parmigiana di melanzane con colatura di ragusano** (9 €) wählen. Unter den Primi finden sich Ravioli panteschi con ricci di mare e polvere di caffè (14 €) oder Maltagliati con rana pescatrice, pomodorino fresco e capperi (14 €). Im Frühling können auch warme Suppen aus Hülsenfrüchten auf dem Programm stehen. An Secondi bieten sich neben Fisch vom Tagesfang, **Turbante di pesce spatola alla Norma** (18 €), **Frittura di paranza** (19 €) und Spadellata di calamaretti e patate (18 €) an. Die Dessertkarte nennt Süßspeisen, kombiniert mit Passiti aus Pantelleria, gutem Marsala und einigen Bränden. Die umfangreiche Weinkarte ist von Marco persönlich zusammengestellt.

ISOLA DI USTICA (PA)
Ustica

75 MIN. MIT DEM TRAGFLÜGELBOOT VON PALERMO

Da Umberto

Trattoria
Piazza della Vittoria, 7
Tel. (+39) 091 / 844 95 42,
(+39) 340 / 319 74 67
Kein Ruhetag
Ferien: November–März
40 Plätze + 70 Plätze im Freien
Preise: 25–35 €
Kreditkarten: AE, CS, MC, Visa; BM
Mittags und abends geöffnet

DIE OSTERIA – Wenn man in Ustica anlegt, kann man nicht umhin, in der Trattoria Da Umberto zu essen. Hier entfalten sich die Geschmacksnoten der Insel in Gerichten der typischen Hausmannskost in ihrem ganzen Reichtum. Giovanna, die Königin am Herd, widmet sich ausschließlich alten Traditionsspeisen, die sie nach überlieferten Rezepten zubereitet. Authentizität war stets das Plus dieses Lokals seit seiner Eröffnung in den Siebzigerjahren. Der Geschmackparcours reicht von Gerichten aus dem Inselinneren bis zum Meer – Ustica verfügt über einen Reichtum an landwirtschaftlichen Produkten.

DIE KÜCHE – Als Antipasto empfehlen wir **Gamberetti di nassa al limone** (10 €), **Zuppa di lenticchie di Ustica** (8 €) und die unvergleichlichen Polpette al finocchio selvatico (8 €), eines von Giovannas Gerichten, die einfach Pflicht sind. Danach folgen **Spaghetti con polpa di pesce azzurro e capperi** (10 €) oder all'aragosta (15 €), ein weiteres Gericht, das man nicht verpassen sollte. Gut sind auch Pasta con il nero di seppia (10 €) und Pasta con il pesto all'usticese (13 €). Bei den Secondi sind **Tonno *'mbuttunatu*** (12 €) und **Zuppa di scorfano** (20 €) zwei Alternativen, die es zu probieren gilt. Hausgemachte Desserts (3 €), wie duftende und erfrischende Sorbets und sommerliches Gelo di mellone oder di limone, runden das Essen ab. Die Weinkarte ist klein.

🍷 Gute selbst gemachte Granite mit Brioche gibt es bei Da Sabrina, Via Vittorio Emanuele 4.

ISOLA DI USTICA (PA)
Ustica

75 MIN. MIT DEM TRAGFLÜGELBOOT VON PALERMO

NEU Giulia

Restaurant
Via San Francesco, 16
Tel. (+39) 091 / 844 90 07
Kein Ruhetag
Ferien: Oktober–März
60 Plätze
Preise: 30–33 €
Kreditkarten MC, Visa; BM
Nur abends geöffnet

DIE OSTERIA – Wir empfehlen dieses kleine Restaurant in einem Gässchen unweit von Usticas Hauptplatz, das über einen komfortablen Speiseraum verfügt und an einen kleinen Beherbergungsbetrieb angeschlossen ist. Geführt wird es von einer Familie, und zwar von einem rein weiblichen Team. Der Betrieb wurde vor rund 50 Jahren von Signora Giulia gegründet, die nach wie vor zusammen mit ihrer Tochter Giuseppina Lo Schiavo in der Küche tätig ist, während die jüngere Tochter, Giulia Baldo, die Gäste empfängt, ihnen die Gerichte erläutert und dabei ein wenig Spannung aufkommen lässt.

DIE KÜCHE – Fisch lokaler Herkunft wird einfach und traditionell mit Saisongemüse dargeboten. Unter den Vorspeisen stechen beispielsweise Tortino di melanzane con pesce, mentuccia, salsa di peperone (8 €) und in Öl eingelegte Produkte aus eigener Erzeugung hervor. Bei den Primi (12 €) sind gute Spaghetti con gamberetti e pomodorino, **Caserecce con spada, melanzane e menta** und Pasta con l'alalunga zu finden. Wunderbar schmeckt **Zuppa di lenticchie di Ustica** (mit Linsen aus dem Slow-Food-Presidio); die Linsen kommen auch in einem Pastagericht zum Einsatz und werden gekonnt mit Pesce azzurro, Basilikumpesto und Kirschtomaten kombiniert. Gegen Vorbestellung kann man auch **Cuscus** mit gemischtem Fisch, je nach Verfügbarkeit, genießen. Als Secondo (13 €) gibt es Fisch vom Tagesfang – Alalunga, Spada, Totani, Luccio und andere Arten – frittiert, vom Grill oder paniert (gemäß der Tradition auf Ustica). Das Essen endet mit traditionellen **Giggi** (frittierten Keksen, die mit Vincotto, Orangenschalen und gehackten Mandeln überzogen sind) oder Spicchitelli aus Mehl und Vincotto. Zu trinken gibt es eine gute Selektion an Weinen, vorwiegend aus Sizilien, die teilweise auch glasweise erhältlich sind.

ISOLE EGADI (TP)
Favignana

1 STUNDE MIT DEM TRAGFLÜGELBOOT VON TRAPANI

Il Veliero

Trattoria
Via Umberto, 22
Tel. (+39) 09 23 / 92 32 74
Kein Ruhetag
Ferien: November–Februar
60 Plätze + 80 Plätze im Freien
Preise: 38 € €↑
Kreditkarten: AE, CS, DC, MC, Visa; BM
Mittags und abends geöffnet

DIE OSTERIA – Marettimo ist die am weitesten entfernte der Ägadischen Inseln und vielleicht auch die faszinierendste. Eine kleine Insel aus schwarzem Fels mit glasklarem Meer in einem Naturschutzgebiet, nach Rosmarin duftender, üppiger mediterraner Macchia, unüberblickbaren Pinienhainen, die den gesamten oberen Inselteil bedecken, und einem 600 Meter hohen Hügel. Das Il Veliero blickt auf das Meer und befindet sich im einzigen bewohnten Ort mit weißen Häuschen mit blau gestrichenen Türen und Fensterrahmen. Ein Gastraum mit Glaswänden erlaubt es, das Panorama zu bewundern, aber es werden auch Tische direkt am Meer gedeckt. Da Familie Bevilacqua, die das Lokal führt, seit Generationen in der Fischerei tätig ist, liegt seine Stärke im tagesfrischen Fisch und in einer Küche, die auf einfachen Rezepten und großzügigen Portionen beruht.

DIE KÜCHE – Die Antipasti (8 €) werden auf dem Büffet präsentiert. Man kann zwischen großartiger **Caponata**, Insalata siciliana, Olive ***cunzate***, frischer Ricotta, Polpettine di pesce und Verdure grigliate wählen. Unter den Primi finden sich Spaghetti alla carrettiera, mit Mandeln, Basilikum und Tomaten, oder alle sarde (12 €), **Busiate con pesto trapanese** und freitags **Cuscus di pesce**. Gegen Vorbestellung kann man die Spezialität des Lokals genießen, eine vorzügliche **Zuppa di aragosta** (60 €): Sie ist ausreichend für zwei Personen und kann eine ganze Mahlzeit ersetzen. Als Secondi bieten sich tagesfrischer Fisch vom Grill, Zuppa di pesce e cozze und Fritto misto (13 €) an. **Cassatelle**, Cannoli und Mandelgebäck runden das Essen ab. Neben dem Hauswein gibt es ein paar gute lokale Weine zu trinken.

Bei der Verkaufsstelle Isola del Miele, Via Pietro Tedesco 10, gibt es Erika-, Rosmarin und Kardenhonig.

ISOLE EOLIE (ME)
Santa Marina Salina

41 KM VON MESSINA + FÄHRE

'A Cannata

Restaurant
Via Umberto I, 13
Tel. (+39) 090 / 984 31 61
Kein Ruhetag
Keine Ferien
120 Plätze + 150 Plätze im Freien
Preise: 35–37 €
Kreditkarten: CS, DC, MC, Visa
Mittags und abends geöffnet

DIE OSTERIA – Salina, die grünste der Äolischen Inseln, verdankt ihren Namen der alten, aber mittlerweile verlorenen gegangenen Tradition der Salzgewinnung aus einem salzhaltigen See im reizenden Ortsteil Lingua. Dort befindet sich das Restaurant mit eindrucksvollem Blick auf das Meer um die Äolischen Inseln. Santino Ruggera führt das Lokal mit Unterstützung seiner Schwestern Angela und Franca, die gemeinsam mit Mamma Concetta kochen.

DIE KÜCHE – Man kann mit kalten Antipasti – Sottoli aus eigener Erzeugung, wie Zucchini, Zwiebeln, getrocknete Tomaten und Kapernfrüchte – oder mit warmen beginnen: **Padellata di polpo** (10 €) und Perline di ricciola in agrodolce sfumate con la Malvasia. Unter den Primi (11 €) ragt **Pasta con menole**, pomodorini, cucunci e finocchio selvatico heraus; gut sind auch Penne al profumo di Salina con pesto di capperi und Pasta alla Cannata con melanzane e ricotta infornata. Von den Secondi, die beinahe alle aus Fisch zubereitet sind, seien **Filetto di spatola in agrodolce e capperi**, in der Saison köstlicher **Tortino di cicerello** (16 €), Sauri (Bastardmakrele) alla basiluzzo con zucchine e menta und deliziöses Filetto di scorfano gratinato al forno con panatura di verdurine erwähnt. Hervorragend sind auch die Beilagen wie etwa ***Mulincianieddi chini*** (gefüllte Auberginen). Von den Süßspeisen verdient Semifreddo di mandorle eine Kostprobe. Zu trinken stehen sizilianische Etiketten und eine recht gute Auswahl an Weinen von den Äolischen Inseln bereit.

Bar Alfredo (Piazza Marina Garibaldi): herrliche Granita mit Früchten sowie verlockendes Pane cunsatu.

FÄHRE VON MESSINA ODER VON MILAZZO + 5 KM

Le Macine

Restaurant-Pizzeria
Via Stradale, 9
Tel. (+39) 090 / 982 23 87
Ruhetag: Dienstag, außer im Sommer
Ferien: zeitweise im Februar
80 Plätze + 130 Plätze im Freien
Preise: 35–37 €
Kreditkarten: AE, CS, DC, MC, Visa
Mittags und abends geöffnet

DIE OSTERIA – Auf Lipari ist der Ortsteil Pianoconte mit seinen Wein- und Gemüsegärten am stärksten von der Landwirtschaft geprägt. Einst wurde hier auch Getreide angebaut und aus seiner Verarbeitung leitet sich der Name des Lokals ab, der übersetzt „die Mahlsteine" bedeutet. Das Restaurant ist mit vielen alten bäuerlichen Gerätschaften dekoriert und wird von der Familie Cipicchia geführt: Giovanni und Tina arbeiten im Service, Sohn Emiliano steht am Herd, der andere Sohn, Duilio, bäckt Pizza.

DIE KÜCHE – Die Antipasti sind zahlreich und mit dem Gebiet verbunden. Hier einige Beispiele: **Insalata di pane *caliatu*** con alalunga, pomodori secchi, capperi del Slow-Food-Presidio e miele eoliano di ape nera sicula (10 €), Crostini con caponatina di cappero al vino cotto di Pianoconte (10 €), **Involtini di alici marinate** con melanzane sott'olio e crema di patate und **Spezzatino di totano**. Unter den Primi sind **aus frischem Teig zubereitete Fettuccine con scorfano**, pesto di pomodoro nostrano e mandorle (13 €), Spaghetti con gamberetti di nassa agli aromi und ein Gericht namens „Gusta le Eolie" (Koste die Äolischen Inseln), das heißt Maccheroni mit weißem Thunfisch und Creme aus Kapern und Pistazien aus Bronte angerichtet. Besonders gute Secondi sind Pesce azzurro con pesto di pistacchio e vino cotto, Totano alla griglia con pomodoro secco e verdure di stagione (14 €) und **Ricciola con crema di zucca e cipolla in agrodolce**. Von den Desserts erwähnen wir delikates Semifreddo all'arancia con crema al bergamotto und Croccante di mandorle con ricotta. Sehr schön ist die Weinselektion, die verschiedene Etiketten von den Äolischen Inseln beinhaltet.

In derselben Straße gibt es bei I Dolci di Marisa typische lokale Süßspeisen, darunter Sesamini zum Eintauchen in Malvasia und edle Nacatule.

FÄHRE VON MESSINA ODER MILAZZO + 12 KM

Le Tre Pietre

Trattoria-Pizzeria
Ortsteil Rinella-Via Rotabile, 72
Tel. (+39) 090 / 980 90 81,
(+39) 348 / 558 01 82
Kein Ruhetag
Ferien: Dezember/Januar
20 Plätze + 80 Plätze im Freien
Preise: 26 €
Kreditkarten: AE, CS, MC, Visa; BM
Mittags und abends geöffnet

DIE OSTERIA – Rinella ist einer der eindrucksvollsten Ortsteile auf Salina. In diesem kleinen Winkel der Äolischen Inseln befindet sich die Trattoria der Familie Argentaro. In echt häuslichem Ambiente empfängt Sie Melania, während ihre Mutter in der Küche und ihr Bruder Giuseppe in der Pizzeria tätig sind. Der Vater, ein tüchtiger Fischer, beschafft die wichtigste Zutat für die Traditionsgerichte des Lokals; dazu kommen noch einige Produkte aus dem Hinterland, die in den Gemüsegärten der Insel gedeihen.

DIE KÜCHE – An Antipasti bieten sich Parmigiana di melanzane, Peperoni ammollicati, reichhaltige Caponata eoliana (6 €), charakteristische **Rosette di capperi** (mit Kapern aus dem Slow-Food-Presidio) und in Öl eingelegte Kapern und Kapernfrüchte an. Von der Palette der Primi erwähnen wir **Spaghetti al finocchio selvatico** oder al nero di seppia und delikate Fettuccine con i capperi (8 €). Sehr gut ist **Pasta al sughetto di scorfano** (12 €) oder con la rana pescatrice. Die Secondi sind beinahe alle aus Fisch zubereitet, wie etwa schmackhafte **Polpette di totano** (8 €); Totano (Pfeilkalmar) wird auch gefüllt, gebraten oder mit Sauce angeboten; dann gibt es noch klassische Alici a beccafico, Capone (gemeine Goldmakrele) gratinato (12 €), üblicherweise im Herbst, und andere Köstlichkeiten. Zum Abschluss erwarten Sie Sfinci al vino cotto e miele di api nere allevate sull'isola (mit Honig von auf der Insel gezüchteten Dunklen Bienen) oder typische Biscotti der Äolischen Insel namens Giggi. Zu trinken gibt es kleines Sortiment an Weinen aus lokaler Produktion und aus Sizilien.

Ebenfalls in der Via Rotabile verkauft der Landwirtschaftsbetrieb D'Amico Kapern und Cucunci (Kapernbeeren) aus dem Slow-Food-Presidio.

ISOLE PELAGIE (AG)
Lampedusa

8 KM V. AGRIGENT + 4 STD. TRAGFLÜGELBOOT V. PORTO EMPEDOCLE

Da Bernardo

Trattoria
Via Terranova, 5
Tel. (+39) 09 22 / 97 19 25,
(+39) 339 / 359 21 40
Ruhetag: Dienstag, außer im Sommer
Ferien: zeitweise im Januar und Februar
40 Plätze + 60 Plätze im Freien
Preise: 32–35 €
Kreditkarten: AE, CS, DC, MC, Visa; BM
Abends geöffnet, im Sommer auch mittags

Eine familiäre Trattoria, in der man schmackhafte, gekonnt zubereitete Fischgerichte genießen kann.

DIE OSTERIA – Diese gemütliche Trattoria mit einfacher, adretter Einrichtung findet man außerhalb des Zentrums der wunderschönen Stadt Lampedusa. Die Leitung liegt in den Händen der Familie Luca mit Patron Bernardo am Herd, unterstützt von Sohn Gianni, der mit seiner Schwester Fiorenza und weiteren Verwandten auch im Service mitarbeitet. Neben exzellentem Fisch lokaler Provenienz werden in der Küche auch verschiedene Würzkräuter und einige landwirtschaftliche Produkte aus Lampedusa und von der nahen Insel Linosa verarbeitet.

DIE KÜCHE – Die Vorspeisen vom Büfett (10 €) ermöglichen es, ein schönes Repertoire von Spezialitäten zu probieren, darunter **Alaccia salata di Lampedusa** (Goldsardine, Slow-Food-Presidio) con la santoreggia, Polpette di tonno con finocchietto, Sarde marinate, Fiori di zucca ripieni di gamberi, Cipolla rossa in agrodolce, Sgombro lessato und Raritäten aus der Meeresküche wie **Trippa di cernia** und Lattume di aluzzo (Pfeilhecht). Im Sortiment der Primi finden sich schmackhafte Ravioli di cernia, Linguine Terranova (10 €) mit einer Hackmischung aus Tintenfischchen, Sardellen und Kapern aus Linosa, aus frischem Teig zubereitete Fettuccina con sugo di calamari e ricotta di pecora del luogo und **Pasta con il *garum*** (9 €), das heißt mit einer Würzsauce, die aus der Konservierung von Sardellen, Makrelen oder anderem Pesce azzurro gewonnen wird. Gut schmeckt auch Zuppa di lenticchie di Linosa. Nicht minder köstlich sind Secondi wie Cotoletta di sgombro con scalogno, capperi e pomodoro, **Tortino di alici al forno**, Filetto di pesce serra (12 €) und **Calamaro ripieno** (13 €). Als Desserts bieten sich ***Sfincia*** fritta und Sorbetto di gelsi an. Recht gute Karte mit Weinen und hausgemachten Likören.

LENTINI (SR)

44 KM NORDWESTLICH VON SYRAKUS

A Maidda

Trattoria-Pizzeria
Via Alfieri, 2
Tel. (+39) 095 / 94 15 37
Ruhetag: Mittwoch
Ferien: zeitweise im August
80 Plätze
Preise: 25–30 €
Kreditkarten: CS, DC, MC, Visa; BM
Abends geöffnet

DIE OSTERIA – Ein paar Dutzend Meter vom Dom entfernt stößt man auf dieses Lokal mit Holzofen im Eingangsbereich. Räume, die teils in den Felsen gehauen sind, und eine Art Tunnel verleihen ihm eine originelle Note. Den Betrieb führt Patron und Küchenchef Salvo Bordonaro, der profunde Kenntnisse über sein Gebiet und dessen gastronomische Traditionen besitzt; unterstützt wird er von seiner Frau und den Kindern.

DIE KÜCHE – Der Antipasto rustico (8 €) kann Caponata, Parmigiana di melanzane, Zucca in agrodolce, Involtini di peperoni und Speisen aus saisonalen Wildkräutern enthalten, wie Polpette di finocchietto oder di borragine, Cardi fritti, Carciofini in pinzimonio und **Frittata di asparagi**. Aus dem Ofen kommen die beiden Fladensorten ***Facci i vecchia*** und Pizzolo. Wildkräuter (im kleinen Zitrusfrüchtehain der Familie gesammelt) verfeinern die schmackhaften Primi, bei denen **Risotto con borragine**, Strozzapreti con ***ancìti***, Orecchiette con la ***sinàpa*** oder con gli ***amarèddi*** und Linguine con finocchietto, alici, uva passa e pinoli (9 €) wechseln. Gut schmecken auch Pasta con crema di finocchio und **Linguine all'arancia rossa** (10 €), wobei die für das Gebiet typischen Blutorangensorten Moro und Tarocco verwendet werden. Unter den deftigen Secondi sind Arrosto di suino nero dei Nebrodi (Slow-Food-Presidio), **Coniglio alla stimpirata** oder alla cacciatora (12 €), Guanciale alla birra, **Lumache con sugo alla lentinese** und Trippa in umido (8 €). Zum Ausklang erwarten Sie Semifreddi, Kuchen und „Etna bianco", ein Dessert aus Orangencreme, Ricotta und Stückchen von Cuddrireddra aus Delia. Zu trinken kredenzt man ein kleines Sortiment sizilianischer Weine und einige Biere aus Kleinbrauereien.

Navarria, Via Conte Alaimo 12, bietet Süßes und Rosticceria-Spezialitäten.

45 KM SÜDÖSTLICH VON AGRIGENT, S.S. 115

Oasi Osteria del Mare

Trattoria-Pizzeria
Via Tenente Pardini
Tel. (+39) 09 22 / 80 34 94
Ruhetag: Montag, außer im Sommer
Ferien: 15.–30. November
60 Plätze + 40 Plätze im Freien
Preise: 30–35 €
Kreditkarten: AE, CS, DC, MC, Visa; BM
Mittags und abends geöffnet

DIE OSTERIA – Das am Meer gelegene Lokal ist in einem einfachen Holzbau am stark frequentierten Playa-Strand untergebracht. Der Inhaber Giovanni Morello steht mit seiner Schwester Teresa am Herd, zeigt sich aber auch ab und zu gerne im Speisesaal. Seine Frau, Manila Persoglia, und die andere Schwester, Vania, kümmern sich um den Service. Die Morellos gehören einer Fischerfamilie an, daher ist im Oasi frischer Fisch zu Hause.

DIE KÜCHE – Das Vorspeisenangebot umschließt Insalata di spatola (Degenfisch), polpo e gamberi (11 €), Crudo di scampi e gamberi, **Polpo a strascinasale** und **Polpette di merluzzo**. Köstliche Primi sind Spaghetti al nero di seppia (10 €), Linguine agli scampi oder con gamberi e pomodoro ciliegino und **Pasta con i ricci**. Schmackhaft sind auch die Secondi wie **Fritto misto** (10 €), Gamberi saltati in padella (10 €), Seppia ripiena und Gamberi rossi alla griglia. Als Nachspeise locken **Cannolo alla ricotta** (bis zum Sommerbeginn), Granita di limone, Sorbetto ai gelsi rossi (2,50 €) und Cassata gelato aus einem nahen Handwerksbetrieb. Das Weinangebot umfasst Tropfen aus dem Gebiet und auch einige gute Etiketten aus dem übrigen Sizilien und zeichnet sich durch gemäßigte Preise aus. Abends kann man auch gute Pizza genießen, etwa in der Version „Licatisa" mit Tomaten, frischem Pecorino, Kapern und Zwiebeln.

■ Der Laden und Erzeugungsbetrieb Uovo di Seppia von Pino Cuttaia, Corso Filippo Re Capriata 29, bietet frische Pasta, Condimenti und hochwertiges Feingebäck.

110 KM SÜDWESTLICH VON MESSINA

La Petrusa

Trattoria
Ortsteil Petrusa
Tel. (+39) 09 41/ 48 53 77,
(+39) 333 / 740 64 25
Kein Ruhetag
Keine Ferien
90 Plätze
Preise: 30 €
Keine Kreditkarten
Mittags und abends geöffnet

DIE OSTERIA – Der am Rand des Parco dei Nebrodi gelegene Ort ist berühmt für Pilze und das schwarze Schwein, dem im Januar ein Fest gewidmet ist. Dieses schlicht und modern gestaltete Landhaus mit toller Aussicht auf den Pizzo Muele schmiegt sich an einen felsigen Abhang unter den Rocche del Crasto und grenzt an einen kleinen Wald mit Flaumeichen, Steineichen und Haselnusssträuchern. Patron und Küchenchef Salvo Lazzara führt es; seine Mitarbeiter kümmern sich um den Empfang und die Bedienung der Gäste. Die Gerichte folgen dem jeweiligen Marktangebot.

DIE KÜCHE – Der Antipasto (10 €) besteht aus Wustspezialitäten – Coppa, Rohschinken und Salami vom schwarzen Schwein der Nebrodi – Canestrato, Provola dei Nebrodi, Sottoli (aus getrockneten Tomaten, Artischocken, gefüllten Peperoni und Sardellen) und **Parmigiana di melanzane**. Als Primo (8 €) kann man **Tagliatelle ai funghi porcini** oder Maccheroni al pistacchio e speck con formaggio grattugiato probieren. Bei der Auswahl der Secondi (10 €) spannt sich der Bogen von Costata di maiale über **Castrato** bis Bistecca di vitello, alle mit grünem Salat kombiniert. Desserts sind nicht vorgesehen, aber möglicherweise gibt es frisches Saisonobst. Wir bekamen junge Wassermelone. Zu trinken gibt es nur den Hauswein aus der Karaffe.

■ Emanumiele in **Galati Mamertino** (7 km), Via Cavour 94, bietet geführte Verkostungen und verkauft Honig von der Dunklen Sizilianischen Biene aus dem Slow-Food-Presidio.

MARSALA (TP)

32 km südwestlich von Trapani

NEU Assud, Morsi & Sorsi

Osteria
Via Diaz, 66
Tel. (+39) 09 23 / 71 66 52
Ruhetag: Montag
Ferien: November
28 Plätze
Preise: 28 €
Keine Kreditkarten
Mittags und abends geöffnet

DIE OSTERIA – Lillo Gesone und Ignazio Passalacqua führen in der Altstadt von Marsala neben der Porta Nuova, einem der historischen Zugänge zur Stadt, dieses kleine, gemütliche Lokal in den ehemaligen Stallungen eines Adelspalasts. Zunächst war es nur eine Vinothek, in der es ein paar Aufschnitte gab, seit einigen Jahren ist es eine Osteria, die sich einem saisontreuen Angebot verschrieben hat. In der Küche steht Maria Pia Fernandez, die mit Entschlossenheit und solider Beherrschung der gastronomischen Tradition Siziliens typische Gerichte aus dem Gebiet ihrer Intuition folgend überarbeitet. Sabrina ist zusammen mit Lillo und Ignazio im Service tätig. Die Bedienung ist höflich und leger.

DIE KÜCHE – Die Karte nennt vier Antipasti und ebenso viele Primi und Secondi; die handwerklich erzeugten Süßspeisen wechseln jeden Tag. Den Anfang machen Tris di **arancine** (5 €) in der traditionellen Version con carne, alla Norma und al nero di seppia. Im Winter gibt es schmackhaften **Macco di fave** (9 €), süße und würzige Vellutata di zucca con salsiccia pasqualora und eine besonders interessante Falsa carbonara di asparagi. Unter den Secondi finden Sie Gerichte aus Fleisch lokaler Herkunft und in der schönen Jahreszeit natürlich **Cuscus di pesce** (11 €), aber auch ein gut präsentiertes **Coppo di frittura di pesce** (14 €), in einer Papiertüte serviert, wie der Name verrät. Schmackhaft ist **Polpo al matarocco** (12 €), gekocht mit traditioneller Sauce aus Marsala, die aus Tomaten, Basilikum, Öl und nativem Olivenöl extra zubereitet wird. Das Kellerangebot ist begrenzt, zielt aber darauf ab, kleine und aufstrebende Winzerbetriebe ins Rampenlicht zu stellen. Auch Biere aus Kleinbrauereien sind erhältlich.

MARSALA (TP)

32 km südwestlich von Trapani

NEU Da Pino

Traditionelle Osteria-Trattoria
Via San Lorenzo, 27
Tel. (+39) 09 23 / 71 56 52
Ruhetag: Sonntagabend
Ferien: dritte und vierte Septemberwoche
60 Plätze
Preise: 30 €
Kreditkarten AE, CS, MC, Visa; BM
Mittags und abends geöffnet

DIE OSTERIA – Das Lokal liegt wenige Schritte von der Porta Garibaldi, dem Fischmarkt und der Kathedrale entfernt und ist mit zeitgenössischer Kunst und Stillleben schlicht eingerichtet; eine Wand wurde von durchreisenden Künstlern gestaltet und zeigt einen Olivenbaum, eine Ansicht von Marsala und ein Porträt von Garibaldi. Der Betrieb wurde Mitte der Sechzigerjahre von Pino gegründet und steht heute unter der Leitung seines Sohnes Antonino Filosa, der in der Küche werkt; sein junger Schwiegersohn Michele leistet Unterstützung im Service.

DIE KÜCHE – Eröffnet wird das Angebot mit Vorspeisen vom Büfett, die aus Gemüse und Zwiebeln zubereitet sind; dann gibt es auch Fritturine und im Mai und Juni **Tonno in agrodolce con cipolle**. Die an der Hausmannskost orientierte Küche folgt dem Wechsel der Jahreszeiten. Unter den Primi sind Busiate al pistacchio di Bronte e gambero rosso, **Spaghetti con le sarde**, ai ricci di mare (14 €) oder allo scoglio con vongole, gamberetti e pomodorini, **Busiate a matarocco** und Zuppa di aragosta con spaghetto spezzato. **Cuscus di pesce** darf ebenfalls nicht fehlen. Als Secondi gibt es Saraghi und **Ombrine all'acquapazza** oder arrostiti, Cernia in umido con pomodorini, Seppie e calamari gratinati (9 €) und Tonno alla piastra, in agrodolce oder alla pantesca mit Oliven, Kapern und Oregano. An Süßem bieten sich **Cassata siciliana** (4 €), Cannolo, Eis und Kuchen mit Obst an. Probieren Sie auch Torta morena con il caffè. Im Keller lagern ein gutes Sortiment sizilianischer Etiketten, Passiti und Marsala-Weine.

MARSALA (TP)

31 KM SÜDWESTLICH VON TRAPANI

Il Gallo e l'Innamorata

Trattoria
Via Stefano Bilardello, 18
Tel. (+39) 09 23 / 195 44 46,
(+39) 329 / 291 85 03
Ruhetag: Montag
Ferien: unterschiedlich
42 Plätze
Preise: 38–40 € €↑
Kreditkarten: AE, CS, MC, Visa; BM
Mittags und abends geöffnet

DIE OSTERIA – Gabriele Li Mandri führt diese kleine Trattoria nunmehr seit Jahren mit Umsicht und bietet typische Gerichte aus Fisch erstklassiger Qualität an, die nach Lust und Laune, doch mit Respekt den Zutaten gegenüber interpretiert sind. Während Dario die Gäste empfängt und sich um den Service kümmert, zaubert Florin am Herd deliziöse Speisen. Das Lokal ist klein und gemütlich und besticht mit geselliger Atmosphäre. Wir empfehlen Ihnen zu reservieren, zumindest für das Abendessen.

DIE KÜCHE – Der Antipasto misto mare (12 €) besteht aus fünf Vorspeisen, darunter Insalata di polpo con purè di patate, olio e limone, **Arancine con pesce affumicato** und Spiedino di gamberi con riduzione al Nero d'Avola. Bei den Primi sind Busiate con bottarga di tonno, mandorle, pomodorino (12 €) oder con gamberi, pistacchi, pomodorino und Spaghetti con le sarde die Spezialitäten des Hauses. Im Mai und Juni sollten Sie sich bei den Secondi frischen Thunfisch (15 €) in verschiedenen Versionen oder **Involtini di spatola al primo sale** (10 €) nicht entgehen lassen. Breit gefächert präsentiert sich das Angebot an frischem Fisch, zu dem ein guter weißer Hauswein passt. Fleischgerichte sind ebenfalls vorhanden, wie **Scaloppine al Marsala**, al limone oder al vino bianco (10 €). Exquisit sind die Dolci: Parfait di mandorle, Tortino al cioccolato, Semifreddo di nocciola e cioccolato oder al pistacchio und sehr erfrischende **Gelatina di arancia**. Gutes Kellerangebot mit zahlreichen sizilianischen Weinen und lokalen Likören.

Gegenüber der Osteria bietet Gianfranco Vivona klassisches frisches und getrocknetes sizilianisches Feingebäck.

MASCALI (CT)
Sant'Anna

36 KM NORDÖSTLICH VON CATANIA

La Vecchia Posta

Trattoria
Via Spiaggia, 307 D
Tel. (+39) 095 / 97 12 40
Ruhetag: Mittwoch
Ferien: zeitweise im November
40 Plätze + 40 Plätze im Freien
Preise: 32–35 €
Kreditkarten: CS, DC, MC, Visa; BM
Abends geöffnet, Sonntag und Feiertage auch mittags

DIE OSTERIA – Wenn man die Strandpromenade des an den Hängen des Ätna gelegenen Küstenstädtchens entlangschlendert, gelangt man zu dieser Trattoria mit kleinem Gastraum, Sitzbereich im Freien, schlichter Einrichtung und adretter Tischwäsche. Geführt wird sie von der Familie Savia mit Patron Giovanni und Tochter Paola im Service, Antonella und Matteo (Giovannis Schwester und Bruder) in der Küche und Großvater Angelo an der Kasse.

DIE KÜCHE – Wie auf dem Schild zu lesen ist, ist das Menü „ganz vom Fisch" geprägt: Gekocht wird nach klassischen Rezepten der sizilianischen Meeresküche möglichst unter Verwendung lokaler Fischarten. Im Besonderen ist dem Pesce azzurro jeden Montag, Dienstag und Mittwoch ein Degustationsmenü für 22 € gewidmet, das drei Gänge beinhaltet, und zwar Frittura dello Ionio, ein Primo wie **Pasta con le sarde** oder con le ***masculine*** (Sardellen) und Arrosto di sgombro, di sauro (Bastardmakrele) oder mit anderem Fisch. Wenn man à la carte isst, findet man unter den Antipasti Köstlichkeiten wie Insalata di polpo, Zuppa oder Impepata di cozze, **Fritto misto** (12 €) di pante (aus kleinen Seezungen), pettini (aus Schermesserfischen), ***masculine*** oder anderen Fischarten. Weiter geht es mit schmackhaften Penne **con alici e finocchietto**, Tagliatelle con spada, capperi e pomodorino (12 €), Linguine con crostacei und Risotto alla pescatora. In der Saison (Mai bis Juli) müssen Sie **Pasta con le cozze e mauro** (regionale Bezeichnung einer für diesen Küstenabschnitt typischen Alge) probieren. Von den Secondi – die Portionen sind gewöhnlich großzügig – erinnern wir uns an Tonno **alalunga con cipolletta** (12 €) und Trancio di spada al forno. Zum Ausklang erwarten Sie hausgemachte Dolci wie Torta al limone oder Pere al forno con vino rosso. Das Kellerangebot ist sizilianisch geprägt.

Al Padrino

Trattoria
Via Santa Cecilia, 54–56
Tel. (+39) 090 / 292 10 00,
(+39) 349 / 114 81 98
Ruhetag: Samstagabend, Sonntag, Feiertage
Ferien: zeitweise im August
50 Plätze
Preise: 25 €
Kreditkarten: MC, Visa; BM
Mittags und abends geöffnet

DIE OSTERIA – Das Al Padrino stellt seit jeher eine Anlaufstelle für volkstümliche Traditionsküche aus Messina dar. In einem spartanisch eingerichteten Gastraum begrüßt Sie Ugo, der Enkel von Pietro, dem historischen Gründer, der in den Ruhestand getreten ist. Die Arbeiten in der offenen Küche leitet Mamma Cettina mit Unterstützung der Töchter. Die Atmosphäre des Lokals ist angenehm ungezwungen.

DIE KÜCHE – Als Vorspeise gibt es neben dem Antipasto rustico (10 €), der eine Reihe von Kostproben wie Zucchine ammollicate, Caponata bianca, Peperoni ripieni und Crocchette di patate vorsieht, und dem Antipasto misto mare samstags Insalata di pescestocco con sedano e pomodorini. Unter den Primi sind Maccheroni alla Norma (10 €), **Spaghetti alla ghiotta** (8 €) oder all'eoliana, die hier nicht in bianco, sondern in rosso (mit Tomaten) serviert werden, und **Pasta riposata con legumi**. Aus dem Angebot der Secondi aus Fisch (12 €) stechen **Involtini di pesce spada alla griglia** und **Stoccafisso** alla ghiotta, hier **alla messinese** genannt, hervor, aber es ist auch möglich, Calamari ripieni oder Arrosto misto di pesce zu bestellen. Von den Fleischgerichten mundet Bollito ***ammuddicatu*** (10 €), eine Art Kotelett, besonders gut. Als Nachtisch warten Macedonia aus frischen Früchten und Cannolo di ricotta, der frisch gefüllt wird. Der Hauswein wird aus Flaschen mit dem Bild des Lokals ausgeschenkt.

Die Bar Pasticceria Sala Ausilia an der Staatsstraße in **Itala** (22 km) bietet typisches sizilianisches Feingebäck wie Pignolata, Pipirelli, Zuddi und ein Dolce aus der Zitronensorte Interdonato.

Morello

Trattoria
Via XXIV Maggio, 10–12
Tel. (+39) 090 / 640 98 11,
(+39) 334 / 105 88 60
Ruhetag: Sonntag, im Juli auch Samstag
Ferien: zeitweise im August
35 Plätze
Preise: 30–33 €
Kreditkarten: AE, CS, DC, MC, Visa; BM
Mittags geöffnet, Donnerstag–Samstag auch abends (außer im Juli)

DIE OSTERIA – Ein kleines Lokal unter Leitung einer Familie wenige Schritte von der zentralen Piazza Duomo entfernt. Papà Francesco kocht einfache, unverfälschte Speisen, während im kleinen einladenden Gastraum seine Frau Maria und Sohn Michele am Werk sind. Das täglich wechselnde Menü kreist um Traditionsrezepte aus Messina.

DIE KÜCHE – Zur Einstimmung kann man vom gut sortierten Büfett zwischen **Insalata di polpo e patate** (9 €), Bruschetta con acciughe marinate, Tuma arrosto (5 €) oder Kostproben von Käse, Wurst und Gartengemüse wählen. Die Primi wie **Tagliatelle con vongole veraci, fiori di zucca e gamberi rossi** (12 €) oder Maccheroni con pomodoro fresco e ricotta infornata sind aus frischem handgezogenem Teig zubereitet. Daneben dürfen klassische Spaghetti al nero di seppia (10 €), Risotto di pesce oder di verdure und zu gewissen Zeiten Zuppe di legumi nicht fehlen. Als Secondo serviert man guten **Pescestocco in insalata** (15 €), Pescespada alla marinara, **Acciughe allinguate** (6 €) und Ricciola arrosto con salmoriglio. Cassata di ricotta, Semifreddo di arance e fragole oder **Torta frangipane** alla frutta sind einige der hausgemachten Süßspeisen. Die auf das Wesentliche beschränkte Weinkarte nennt wenige Etiketten nicht nur aus der Region.

Die Bar La Dolce Vita, Piazza Duomo, ist eine gute Adresse für Granita di caffè con panna e brioche, das typische Frühstück in Messina.

41 KM WESTLICH VON MESSINA

Al Bagatto

Osteria-Enoteca
Via Regis, 11
Tel. (+39) 090 / 922 42 12
Ruhetag: Sonntag
Ferien: zeitweise im Winter
55 Plätze + 30 Plätze im Freien
Preise: 33–35 €
Kreditkarten: AE, CS, DC, MC, Visa; BM
Abends geöffnet

DIE OSTERIA – Ein „Bagatto" (Magier) muss es wohl sein, der hier demonstriert, wie sich die Gerichte der volkstümlichen Küche von Milazzo veredeln lassen, und die Geschichte dieser Verwandlung erzählt. In der Tat verdient das Lokal Aufmerksamkeit wegen der Traditionsgerichte, die auf der Karte stehen. In sympathischer Atmosphäre mit jazziger Hintergrundmusik empfängt Sie Raffaele Esposito, während Ehefrau Chiara sich um die Küche kümmert.

DIE KÜCHE – Als Vorspeisen kann man Melanzane al vapore con tonno sott'olio, **Baccalà al vapore con patate e menta** (12 €), Sformato di melanzane in salsa di pomodoro e ricotta infornata (8 €) und Caprese con il prosciutto di maialino nero dei Nebrodi genießen. An Primi bieten sich Vellutata di fave con verdura saltata, **Tagliolini al ragù bianco di coniglio** (12 €), Ravioli di melanzane in salsa di pomodoro e ricotta salata und Linguine con bottarga di tonno e pomodori an. Unter den Secondi sind Filetto di manzo grigliato con patate alla cenere (mit unter der Asche gebratenen Kartoffeln), **Punta di petto di modicana al forno con pomodori e basilico** (13 €) und Tagliata di manzo al rosmarino con patate (ebenfalls unter der Asche gebraten). Die Dolci stehen nicht in der Karte: Gut sind **Soufflé di pistacchio** und Torta ai pistacchi e mandorle di Noto. Sehr lang ist die Liste der Weine, von denen mehr als die Hälfte aus dem Ausland kommt (einige sind nicht immer vorhanden). Manche davon sind glasweise erhältlich.

Der Delikatessenladen von Michele Nania (Via Risorgimento 151) bietet ein gutes Sortiment, darunter viele Produkte aus Slow-Food-Presidi.

26 KM NORDÖSTL. V. CATANIA, 38 KM V. TAORMINA

4 Archi

Restaurant-Pizzeria
Via Crispi, 9
Tel. (+39) 095 / 95 55 66
Ruhetag: Mittwoch
Ferien: zeitweise im November
60 Plätze + 20 Plätze im Freien
Preise: 30–34 €
Kreditkarten: AE, CS, DC, MC, Visa
Abends geöffnet, Samstag und Feiertage auch mittags

Ein schönes Beispiel bodenständiger Küche, die aus erstklassigen Zutaten gekonnt zubereitet und in geselligem Ambiente aufgetischt wird.

DIE OSTERIA – Die Trattoria liegt in einem von Wäldern umgebenen Dorf. Ihre rustikale Einrichtung vermittelt eine anheimelnde Atmosphäre, der vielfältige und mitunter kuriose Dekorgegenstände zusätzlichen Reiz verleihen. Küchenchefin Lina Castorina leitet die Arbeit in der Küche und verarbeitet ausgezeichnete Zutaten für traditionelle Gerichte und neue Rezepte, die sie zusammen mit Patron Saro Grasso ersonnen hat. Er ist von herzlicher Freundlichkeit und koordiniert den Service gemeinsam mit Francesco. Das Personal ist aufmerksam und gut eingespielt.

DIE KÜCHE – Der Antipasto vom Büfett (8 €) bietet ein reiches Repertoire, darunter Caponata, Parmigiana, Peperoni fritti, Olive ***cunzate***, Crocchette di patate, Uova sode und in der entsprechenden Zeit Funghi und ***Caliceddi*** (im Ätnagebiet verbreitetes Wildgemüse). Eine Kostprobe verdient Arancino con cavolo trunzu di Acireale (mit Kohlrabi, Slow-Food-Presidio). In der Palette der Primi (10 €) ragen Maccheroni al sugo di suino nero dei Nebrodi, Lasagne con broccoli e salsiccia oder con ragù bianco di coniglio e pistacchio di Bronte, **Maccheroncini con cavolo trunzu *a stufateddu*, Zuppa di fave e *caliceddi*** und **Tagliatelle ai porcini** heraus. Unter den deftigen Secondi sind **Stinco di maiale al forno con patate** (11 €), **Salsiccia alla brace**, Brasato di vitello al Nero d'Avola (12 €), Trippa und Stracotto d'asino (14 €). Das Brot ist hausgemacht; probieren Sie Pizza aus Null-Kilometer-Zutaten. Unter den deliziösen Desserts sind Budino alle castagne con miele di ape nera sicula und **Semifreddo alla mandorla di Noto**. Die gepflegte Weinkarte verrät Augenmerk auf Erzeugnisse aus dem Ätnagebiet; es sind auch einige Biere aus Kleinbrauereien vorhanden.

14 KM SÜDÖSTLICH VON RAGUSA

La Rusticana

Traditionelle Trattoria
Viale Medaglie d'Oro, 34
Tel. (+39) 09 32 / 94 29 50
Ruhetag: Sonntagabend, im Sommer auch Sonntagmittag
Keine Ferien
40 Plätze
Preise: 23–28 €
Kreditkarten: CS, Visa; BM
Mittags und abends geöffnet

Hervorragende, dabei preislich korrekte Gerichte aus der Tradition Modicas und Siziliens in volkstümlichem Ambiente.

DIE OSTERIA – Diese Trattoria in der Bahnhofsgegend bietet typische Küche und wartet mit einem schlichten, adretten Gastraum, in gutem Abstand angeordneten Tischen und einem Bartresen auf. Auf einer Tafel zwischen einer Anrichte und alten Fotos sind die Tagesgerichte angeschrieben, aber man legt Ihnen auch eine Speisekarte vor. Patron Francesco Giannone kümmert sich freundlich um den Service, ab und zu mit Unterstützung der Kinder. Am Herd steht seine Frau Maria Teresa, eine bravouröse Köchin.

DIE KÜCHE – Unverzichtbar ist zu Beginn eine Kostprobe von **Scacce modicane** con patata, cipolla e prezzemolo, salsiccia e ricotta oder mit anderen Zutaten. Wer einen reichhaltigen Einstieg wünscht, wählt Antipasto rustico (7 €), bei dem zu den Fladen noch Oliven, getrocknete Tomaten, getrocknete Salsiccia und ein paar Scheiben Käse kommen, alles aus lokaler Produktion. Von den Primi (7 €) erinnern wir uns an **Ravioli di ricotta al sugo di maiale**, Cavatelli alla Norma und Spaghetti alla carrettiera; schmackhaft sind Tagliatelle al sugo d'agnello und Zuppe di legumi, verlockend Lolli (frische Teigware) con le fave. Als Secondi erwarten Sie Köstlichkeiten wie Spezzatino di **agnello con patate** (13 €), Salsiccia e la carne al sugo di suino (8 €), **Trippa a spezzatino** (8 €), Bollito und Baccalà al forno. Im Frühling und Sommer treten Thunfisch und Sardinen auf den Plan. Auch an guten Beilagen fehlt es nicht, wie etwa Caponata und „echte" Patate fritte. Zum Ausklang locken exquisite Geli di limone oder di cannella und **Biancomangiare di mandorla**. Zu trinken gibt es ein kleines Sortiment sizilianischer Weine, einen ordentlichen offenen Wein und Biere aus Kleinbrauereien.

Frigintini

14 KM SÜDÖSTLICH VON RAGUSA

Le Magnolie

Restaurant-Pizzeria
Via Gianforma, 179
Tel. (+39) 09 32 / 90 81 36
Ruhetag: Dienstag
Ferien: 2 Wochen im Januar
120 Plätze + 100 Plätze im Freien
Preise: 28–35 €
Kreditkarten: AE, CS, DC, MC, Visa; BM
Mittags und abends geöffnet, Juli und August nur abends

DIE OSTERIA – Die hübschen Räume dieses Lokals beherbergt eine ehemalige Ölmühle; im Sommer kann man das Abendessen auf der Terrasse genießen. Giuseppe Giunta und Ehefrau Emanuela Macauda führen das Restaurant kompetent, was sich bereits bei der gelungenen Auswahl der Grundzutaten zeigt, die Küchenchef Massimiliano Schininà verarbeitet. In derselben Straße besitzt die Familie Giunta auch ein komfortables kleines Hotel.

DIE KÜCHE – Das Menü beinhaltet vom Hinterland und vom Meer geprägte Gerichte, die die lokale Tradition gelegentlich mit innovativen Akzenten versehen. Ein guter Einstieg ist Antipasto degli Iblei (8 €) mit frischer Ricotta, Provola lokaler Herkunft, getrockneten Tomaten, Focaccia modicana und **Fave cottoia** (Slow-Food-Presidio) ***a sali minutu***. Sie können aber auch Prosciutto di maialino affumicato aus eigener Erzeugung, Insalata di frutti di mare oder Misto di verdure arrosto con scamorza affumicata probieren. Weiter geht es mit **Ravioli di ricotta e maggiorana** con ragusano DOP (8 €), ***Cavateddi*** con salsa di pomodoro, **Tagliolini alla carruba con salsiccia** (15 €) und Maltagliati di farina di ***tumminìa*** con bottarga, agrumi e finocchio selvatico. Von den Secondi erinnern wir uns an schmackhaftes **Coniglio alla stimpirata** (10 €), Filetto di maialino in crosta di cuturro und knusprige Frittura di pesce (15 €). Gut ist auch Pizza mit Saisonzutaten, beispielsweise mit Fungo di carrubo (Schwefelporling). Als Nachtisch gibt es exquisite Geli alla frutta und **Biancomangiare di mandorla**. Die Weinkarte ist gut sortiert; daneben gibt es einige qualitätvolle Biere.

Michele Blandino, Via Gianforma 2, bietet typische Focacce aus Modica wie Scacce, Pastieri und Buccunedda mit unterschiedlichen Füllungen.

14 KM SÜDÖSTLICH VON RAGUSA

Maria Fidone

Trattoria • Via Gianforma, 6
Tel. (+39) 09 32 / 90 11 35,
(+39) 335 / 820 71 53
Ruhetag: Montag
Ferien: unterschiedlich
110 Plätze + 70 Plätze im Freien
Preise: 22–25 €
Keine Kreditkarten
Abends geöffnet, Sonntag und Feiertage (außer im August) auch mittags

DIE OSTERIA – Das Lokal verfügt über einen großen, spartanisch eingerichteten Gastraum und einen angenehmen Sitzbereich im Freien neben dem Gemüsegarten. Es wurde vor 35 Jahren eröffnet und bietet authentische, bodenständige Küche, für die die Hausherrin und exzellente Köchin Maria Fidone verantwortlich zeichnet; unterstützt wird sie von den Kindern Manuele und Grazia sowie Antonio, Grazias Sohn. Eine Reservierung ist unerlässlich.

DIE KÜCHE – Gewöhnlich wird ein opulentes Tagesmenü angeboten, aber man kann auch ruhigen Gewissens aus den mündlich aufgezählten Tagesgerichten wählen. Ein unverzichtbarer Einstieg sind traditionelle **Focacce aus Modica** (5 €): Scaccia mit Käse-Zwiebel-Füllung, Tomasina mit Ricotta und Salsiccia und Pastieri mit Schweine-, Lamm- und Kalbfleisch gefüllt. Wenn Sie sich für den Antipasto misto (12 €) entscheiden, kommen noch Arancinetti al ragù, frische Ricotta, hiesiger Käse und Salami, selbst gemachte Giardiniera aus Oliven und getrockneten Tomaten und ***'Nciminiteddi*** (Brothäppchen aus dem hauseigenen Ofen) hinzu. Als Primi gibt es gewöhnlich schmackhafte **Ravioli di ricotta e maggiorana al sugo di maiale** (6 €) und ***Cavateddi*** al sugo oder con pomodoro e melanzane. Gut sind auch saisonale Zuppe di fave e ceci. Nicht minder fein sind Secondi (8 €) wie **Coniglio alla stimpirata**, **Costata di maiale ripiena**, Salsiccia al sugo oder arrostita und Trippa. Im Sommer stehen auch **Peperoni *ammuddicati***, Parmigiana di melanzane und Zucchine e pomodori gratinati auf dem Programm. Das Finale bilden Geli di limone e di mandorla. Das Weinangebot beschränkt sich auf einen offenen Wein und einige sizilianische Flaschenweine.

Laboratorio Don Puglisi, Corso Umberto 267 in **Modica**: exzellente traditionelle Dolci und Schokolade aus Kakaomasse aus Ecuador.

14 KM SÜDÖSTLICH VON RAGUSA

NEU Sale e Pepe

Trattoria
Via Ovidio, 9
Tel. (+39) 09 32 / 90 35 12,
(+39) 338 / 232 68 80
Ruhetag: Mittwoch, Sonntagabend
Ferien: unterschiedlich
55 Plätze
Preise: 18 €
Kreditkarten AE, CS, DC, MC, Visa; BM
Mittags und abends geöffnet

DIE OSTERIA – Im Sorda-Viertel von Modica, nicht weit vom Fußballstadion, befindet sich die Trattoria Sale e Pepe, ein Familienbetrieb. Das Interieur mit karierten Tischdecken und anderen schlichten Einrichtungselementen erinnert an ein Privathaus. Signora Maria Concetta Cappello regiert in der Küche, während ihr Mann und die Tochter Noemi die Gäste bedienen.

DIE KÜCHE – Es gibt zwar einige Gerichte aus der italienischen Traditionsküche, aber es ist die Vielfalt der typischen lokalen und sizilianischen Speisen, die das Menü charakterisieren. Der Antipasto rustico (4 €) umfasst beispielsweise als Basis Ricotta, Caciocavallo, getrocknete Salsiccia, Gelatina di maiale (Sülze vom Schwein) und getrocknete Tomaten. Das Angebot wird von Mal zu Mal um weitere Kostproben bereichert, wie **Polpette di patate**, Porri fritti, Caponata, Parmigiana, Carciofi in umido oder ripieni (geschmorte oder gefüllte Artischocken), ***Sanàpi*** (lokales Wildgemüse) … Als Primi dürfen Ravioli und **Cavati al sugo di maiale** (6,50 €), ***a carrittera*** oder alla Norma, Ditali con sugo e ricotta und Hülsenfrüchtegerichte des Tages nicht fehlen. Probieren Sie auch Pasta in brodo con palline di carne tritata (6,50 €), ***Lolli ne favi*** (gewöhnlich montags und samstags erhältlich) und – nur in der Saison – Pasta con gli asparagi selvatici oder con tenerume di zucchine. Zu den authentischsten Secondi zählen Costata di maiale ripiena oder arrosto, Salsiccia al sugo (7 €), Bollito, **Trippa e fagioli** (freitags), Salsiccia und Costata ***a muricana***. Falsomagro (7,50 €) und **Coniglio alla stimpirata** werden neben weiteren Festtagsgerichten für das sonntägliche Mittagessen zubereitet. Abgerundet wird das Menü durch Saisonobst und **Geli di limone**, alla cannella oder alla mandorla. Zu trinken gibt es neben dem Wein in der Karaffe ein begrenztes Angebot an sizilianischen Marken.

14 KM SÜDÖSTLICH VON RAGUSA

Taverna Nicastro

Trattoria
Via Sant'Antonino, 28
Tel. (+39) 09 32 / 94 58 84
Ruhetag: Sonntag, Montag
Ferien: um den 15. August, Weihnachten
80 Plätze + 40 Plätze im Freien
Preise: 23–26 €
Kreditkarten: CS, DC, Visa; BM
Abends geöffnet

DIE OSTERIA – Das 1948 als Weinhandlung entstandene Lokal befindet sich in Modicas Oberstadt am Ende einer Treppe mit schöner Aussicht; im Sommer werden dort auch Tische gedeckt. Gleich hinter dem Eingang kommt eine geräumige offene Küche, gefolgt von einigen kleinen Räumen in rustikalem Stil. Der liebenswürdige Koch und Patron Salvatore Nicastro setzt die Tätigkeit der Familie mit einigen Mitarbeitern fort, wie etwa Nunzia Ruberti, die sich um den Service kümmert.

DIE KÜCHE – Auf der Speisekarte sind Gelatina di maiale, Ragusano alla piastra, Verdure grigliate und einige lokale Wurstspezialitäten einzeln angeführt, aber Sie können ein bisschen von allem probieren, wenn Sie den Antipasto misto della casa (8 €) wählen, der noch um einige Rosticceria-Spezialitäten bereichert wird, wie **Pastieri di carne, Scacce modicane** und Arancini. Salvatore verwendet Sauerteig und Russello-Weizen zur Herstellung der Focacce und frischen Teigwaren, wie **Ravioli di ricotta al sugo di maiale** (7 €) oder Tagliatelle. Weitere denkwürdige Primi sind Fusilli con ricotta, salsiccia, sugo di suino und Capunti con aglio, olio, pomodorino, peperoncino, ricotta salata (8 €). Danach können deftige Klassiker wie **Coniglio alla Nicastro** (8 €), **Salsiccia al Nero d'Avola** oder al sugo, Spiedino arrosto und Costata di maiale in padella folgen. Als Alternativen bieten sich Uovo fritto al pomodoro, Frittata di patate und Insalata di arance e finocchio an. Zum Finale erwarten Sie **Geli di mandorla e di cannella**, Cannolo di ricotta oder andere hausgemachte Desserts. Kleine sizilianische Weinselektion und einige Biere aus Kleinbrauereien.

Antica Dolceria Bonajuto, Corso Umberto 159: Schokolade mit Vanille, Zimt und Peperoni aromatisiert 'Mpanatigghi, Cubbaita und andere traditionelle Süßspeisen.

NASO (ME)
Cresta

90 KM SW. V. MESSINA, S.S. 113 OD. A 20, S.S. 116

La Perla

Restaurant
Ortsteil Franci
Tel. (+39) 09 41 / 95 41 35,
(+39) 339 / 701 41 78
Ruhetag: Montag, außer im Sommer
Ferien: zeitweise im Winter
70 Plätze + 100 Plätze im Freien
Preise: 38–40 € €↑
Kreditkarten: AE, MC, Visa; BM
Mittags und abends geöffnet

Der Fisch nimmt den Aufzug, um sich in das Herz und die Hände von Franco zu begeben, dem am Meer geborenen Küchenchef auf dem Hügel.

DIE OSTERIA – Ein Meeresrestaurant, aber auf 500 Metern Höhe. Es mag seltsam scheinen, Fisch in den Wäldern der Nebrodi zu genießen, aber das Tyrrhenische Meer liegt direkt darunter – von der Terrasse des La Perla bildet der imposante Kegel des Ätna einen Kontrast dazu – und ein paar Kilometer Küste gehören noch immer zum Gemeindegebiet von Naso, das einst auch Capo d'Orlando umfasste. Franco Mentesana, der in Capo d'Orlando geboren ist, steigt jeden Morgen zu seinem Meer hinab, um sich mit den Schätzen einzudecken, die die Fischerboote im Hafen von Sant'Agata di Militello abladen. Den fangfrischen Fisch verwandelt er dann in Gerichte, die in Erinnerung bleiben. Präsentiert werden sie Ihnen von seiner ebenso freundlichen wie kompetenten Frau Isabella Gorgone in Ambiente von diskreter Eleganz.

DIE KÜCHE – Die umfangreiche Palette der warmen und kalten Antipasti kann Insalata di gamberi e polpo (10 €), Alici marinate, Tartara di alalunga, Carpaccio di gamberi rossi, **Trancio di cernia scottato**, Cozze gratinate, **Sauté di vongole** (13 €), Arancino al nero di seppia und weitere Speisen beinhalten (der Antipasto misto kostet 15 €). Unter den Primi (die frische Pasta ist wie das Brot hausgemacht) sind **Tagliatelle al sugo di dentice** (12 €), Linguine con gamberi e pesto di pistacchi di Bronte (Slow-Food-Presidio), Bavette all'astice und Lasagna con ragù di pesce e nero di seppia (10 €). Als Secondi erwarten Sie **Totani** (14 €) arrosto, **ripieni** oder fritti, **Pesce balestra alla ghiotta** und Involtini di spada grigliati. Eine exquisite Nachspeise ist Semifreddo alle nocciole dei Nebrodi. Auf der Weinkarte sind sizilianische Tropfen gut vertreten.

31 KM SÜDWESTLICH VON SYRAKUS

NEU Dammuso

Restaurant
Via Rocco Pirri, 10–12
Tel. (+39) 09 31 / 83 57 86
Ruhetag: Dienstag, außer im Juli und August
Ferien: Januar–März, November
56 Plätze + 10 Plätze im Freien
Preise: 27–33 €
Kreditkarten AE, CS, DC, MC, Visa; BM
Abends geöffnet

DIE OSTERIA – In einer der Querstraßen der Hauptstraße liegt dieses Restaurant mit modernem Ambiente, dessen Herz jedoch für die Tradition schlägt, vor allem was das Speisenrepertoire betrifft. Ihre Prägung erhält die Küche durch die erfahrene Köchin Corradina Baglieri und ihre Schwiegertochter Simona Travaglini, die von Marta und Onkel Franco unterstützt werden. Um den Empfang und die Bedienung der Gäste kümmert sich Corradinas Sohn, Giorgio Baglieri; Simone Limpido hilft ihm dabei.

DIE KÜCHE – Als Einstieg können Sie Macco di fave (7 €), angereichert mit Ricotta, Erbsen und Brotkrume, schmackhafte **Insalata di polpo** (9 €) con patate, olive alla stimpirata e menta, Parmigiana di melanzane und Crostone di ricotta vorfinden. Sie sollten aber auch den Antipasto rustico nicht außer Acht lassen, der Frittata di cipolle, Peperoni, getrocknete Salsiccia lokaler Herkunft, Ricotta fritta und andere Köstlichkeiten einschließt. Unter den Primi aus hausgemachtem Teig ist Pasta Baglieri mit Sardellen, Schwertfisch, Kapern und Auberginen, gefolgt von **Ravioli di ricotta al sugo di maiale** (9 €). Gut sind auch **Spaghetti alla palermitana** (mit Sardellen, wildem Fenchel, Pinienkernen, Rosinen und gerösteter Brotkrume) oder con le vongole. Darauf folgen Sarde a beccafico (9 €), **Spada alla matalotta** und Tonno mit klassischer ***Cipuddata*** (süßsauer gekochten Zwiebeln, 16 €) oder in crosta di pistacchio. In den kälteren Monaten werden auch Fleischgerichte wie Filetto al Nero d'Avola zubereitet. Als Desserts locken **Biancomangiare di mandorla**, Gelo di limone und hausgemachte Kuchen. Der Keller bietet ein schönes Sortiment sizilianischer Weine, einige interessante „fremde" Tropfen und Biere aus Kleinbrauereien.

Das historische Caffè Sicilia (Corso Vittorio Emanuele 125) bietet hervorragende Dolci, Eis, Granite, Torroni und Honig.

7 KM SÜDLICH VON TRAPANI

Il Piccolo Borgo

Restaurant
Via Principe Tommaso, 2
Tel. (+39) 09 23 / 86 11 32,
(+39) 320 / 027 67 57
Ruhetag: Montagmittag
Ferien: zeitweise im Winter
60 Plätze + 20 Plätze im Freien
Preise: 35 €
Kreditkarten: CS, DC, MC, Visa; BM
Mittags und abends geöffnet

DIE OSTERIA – Am Hauptplatz im Zentrum des Städtchens, ein paar Schritte vom Rathaus entfernt, befindet sich Maurizio Bonos Restaurant, das sich in eine Reihe kleiner Räume gliedert. An den Wänden hängen Fotos, die der junge Koch aufgenommen hat. In der Küche achtet er auf Saisontreue und verarbeitet das, was der Fischmarkt im nahen Trapani gerade bietet.

DIE KÜCHE – Beginnen können Sie mit köstlichem **Macco di fave**, einer Art Polenta aus Dicken Bohnen mit Miesmuscheln verfeinert, Tortino di alici e pistacchio in salsa di arance, **Involtini di mosciame di tonno**, Pesci marinati, Polpo e patate (7 €), Bruschette aus hausgemachtem Brot con bottarga di tonno und Polpette di sarde stufate in salsa di pomodoro. Probieren Sie von den Primi Tagliolini in brodo di aragosta, **Paccheri alla lampedusana** con filetto di sgombro, uva passa, capperi e pomodoro secco, Trenette nere al **macco di fave** e gambero rosso (13 €) und **Busiate con pesto trapanese**. Die Schätze, die Maurizio auf dem Markt findet, können Sie in der **Zuppa di pesce** genießen, die mit Crostoni di pane kombiniert wird. Es folgen Filetti di pesce scaloppati al pistacchio e mandorle, Calamaro alla pantesca con uva passa, capperi e pomodoro ciliegino (10 €), Ricciola all'acquapazza, **Sgombro lardiato** und Sarde allinguate. Die hausgemachten Süßspeisen umfassen Semifreddo con ricotta e purè di pere, Parfait di mandorle, Cassata siciliana (4 €) und Mandelgebäck, begleitet von einem guten Zibibbo-Likörwein. Im gut bestückten Keller lagern sizilianische Weine in angemessener Zahl, Passiti, Marsala und Biere aus Kleinbrauereien.

41 KM WESTLICH VON SYRAKUS

Andrea

Restaurant-Pizzeria
Via Judica, 4
Tel. (+39) 09 31 / 88 14 88
Ruhetag: Dienstag
Ferien: 2 Wochen im November
55 Plätze + 35 Plätze im Freien
Preise: 33–35 €
Kreditkarten: CS, DC, MC, Visa
Mittags und abends geöffnet

Andrea bietet bodenständige Küche aus hochwertigen Zutaten, die Vergangenheit und Gegenwart gekonnt verbindet.

DIE OSTERIA – Das Lokal im ersten Stock eines Gebäudes aus dem 19. Jahrhundert präsentiert sich mit einem lichtdurchfluteten Speisesaal mit Blick auf die Hauptstraße, einem kleineren Raum und einer Terrasse, die an Sommerabenden genützt wird. Küchenchef und Patron Andrea Alì werkt mit seinen Mitarbeitern in der offenen Küche, seine Frau Lucia sorgt für einen freundlichen Service.

DIE KÜCHE – Die jeweils saisonal angepasste Karte nennt die Lieferanten, die verwendeten Produkte, darunter einige Slow-Food-Presidi, und die Zutaten aus dem familieneigenen Gut. Gute Antipasti sind Pane fritto con burrata e salame di suino nero (7 €), Frittata con asparagi, **Polpette di finocchietto** oder di borragine, Macco di ceci und Pollo lesso con lardo e fichi secchi. Aus dem Reigen der Primi seien **Maccheroncini con broccoli e guanciale** (11 €), Cavati al sugo con pancetta affumicata e cipolletta, Tagliolini al tartufo degli Iblei oder con funghi, Ravioli di ricotta con mandorla e zenzero und Zuppa del giorno con legumi locali erwähnt. Unter den Secondi finden sich Köstlichkeiten wie Maiale nero dei Nebrodi al pistacchio di Bronte (12 €) oder con ***mafalufi*** (Affodill), **Bollito di vitello e tumazzo** fuso, **Salsiccia di Palazzolo** in verschiedenen Zubereitungsarten und Baccalà con salsa alla carruba (14 €). Hervorragend ist die Platte mit sizilianischen Käsesorten (8 €). Exquisite hausgemachte Dolci sind **Crema cotta alla carruba** und Mousse di ricotta. Die Weinkarte ist umfangreich und gepflegt; es gibt auch einige Biere aus Kleinbrauereien.

PALAZZOLO ACREIDE (SR)

41 KM WESTLICH VON SYRAKUS

Lo Scrigno dei Sapori

Restaurant-Pizzeria
Via Maddalena, 50
Tel. (+39) 09 31 / 88 29 41
Ruhetag: Montag
Ferien: zeitweise im November
90 Plätze
Preise: 25–30 €
Kreditkarten: CS, DC, MC, Visa
Mittags und abends geöffnet

DIE OSTERIA – In der Nähe der Piazza del Popolo befindet sich die einladende Trattoria des tüchtigen Kochs Paolo Didomenico. Er betreibt das Lokal gemeinsam mit seinem Bruder Luigi (in der Küche) und Lidia Cannata, die sich um den Service im großen Speisesaal im Erdgeschoss und im Gastraum im Stockwerk darüber kümmert.

DIE KÜCHE –Anfangs wählt man zwischen dem Piatto misto rustico (6 €) und dem reichhaltigeren Antipasto degustazione (13 € für zwei Personen) mit acht Speisen: Tortino di asparagi oder di ***mafalufi*** (Affodill) oder auch di ricotta con il macco di fave, **Polpette di finocchietto**, Sformatino di borragine, Ovetto di quaglia con tartufo ibleo, Parmigiana, Peperoni fritti und weitere mögliche Varianten. Gute Primi sind Cavati al ragù bianco di cinghiale e caciocavallo (10 €), Maccheroni con pesto di mandorle, pancetta e finocchietto (8 €) und **Ravioli di ricotta al sugo di maiale**; in der Saison sind **Linguine con i funghi** und Tagliatelle mit Trüffel aus Palazzolo unverzichtbar. Das Menü beinhaltet auch einige Fischrezepte wie Pasta con le alici und als Secondo Ricciola in umido. Geschmacksnoten aus dem Hinterland sind jedoch vorherrschend, und zwar bei Ossobuco con piselli, Salsiccia locale arrostita, Filetto di suino in crosta di pistacchi (11 €) und Coniglio farcito. Nur in der Osterzeit finden Sie schmackhaften **Gallo ripieno** (*Iaddu cinu* - gefüllten Hahn). Erlesen sind **Semifreddo alle mandorle di Noto** (Slow-Food-Presidio) und Tortino di pan di Spagna con cioccolato, noci, ricotta e crema di caffè zum Ausklang. Zu trinken gibt es eine gute Selektion sizilianischer Weine zu korrekten Preisen und Biere aus Kleinbrauereien.

Hervorragende Süßwaren gibt es bei Da Caprice, Corso Vittorio Emanuele 21, und bei Corsino, Via Nazionale 2, mit einer Verkaufsstelle für glutenfreie Produkte.

41 KM WESTLICH VON SYRAKUS

Trattoria del Gallo

Osteria-Trattoria
Via Roma, 228
Tel. (+39) 09 31 / 88 13 34
Ruhetag: Mittwoch
Ferien: 3 Wochen im Juli
62 Plätze
Preise: 23–25 €
Kreditkarten: AE, CS, DC, MC, Visa
Abends geöffnet, Sonntag und Feiertage auch mittags

Eine Trattoria mit authentisch volkstümlicher Atmosphäre, die gut zubereitete und fest in der Tradition verankerte Speisen bietet.

DIE OSTERIA – Die Osteria im San-Paolo-Viertel (wunderschön ist die gleichnamige Barockkirche) öffnet ihre Pforten bereits am Nachmittag nur für Imbisse wie Polpettine di carne und di patate, Arancini al ragù, Pizzastücke und hart gekochte Eier, die in der Vitrine am Eingang dargeboten werden. In der kleinen Küche regiert Chefkoch Gianni Savasta; sein Kompagnon, Eros Rizza, bedient in den beiden kleinen Gasträumen der eigentlichen Trattoria, wo es mittags und abends volle Mahlzeiten gibt.

DIE KÜCHE – Der schmackhafte und reichhaltige Antipasto misto (8 €) beinhaltet Frittatine di verdure di stagione, Ricotta nella ***vascedda***, Polpette, Salsiccia secca, Prosciutto crudo und **Gelatina**, beide aus eigener Erzeugung, sowie weitere Köstlichkeiten. Umfangreich und von gutem Niveau ist das Angebot der Primi, bei denen **Ravioli di ricotta al sugo di maiale**, Lasagne con il tartufo ibleo (8 €) und Cavati con funghi e pancetta (7 €), con zucca e salsiccia oder auch con il sugo di capretto wechseln; außerdem gibt es Caserecce al ragù di cinghiale, Ravioli di melanzane und **Tagliatelle con i funghi di ferula**, con gli asparagi selvatici oder con i peperoni. Nicht weniger verlockend präsentieren sich die Secondi: Coniglio alla stimpirata (7 €), **Trippa con patate**, Agnello al forno (10 €), Stracotto d'asino, Costata di maiale ripiena und die berühmte hiesige **Salsiccia arrostita** oder cotta nel sugo. Immer erhältlich ist guter sizilianischer Käse. Gönnen Sie sich zum Ausklang Tortino al cioccolato, Raviolini di ricotta oder Cannolo. Im Keller lagern rund 60 Weine aus der Region.

Ai Cascinari

Trattoria
Via D'Ossuna, 43–45
Tel. (+39) 091 / 651 98 04
Ruhetag: Montag, Dienstag, Sonntagabend
Ferien: zeitweise im August
75 Plätze
Preise: 25–30 €
Kreditkarten: AE, CS, DC, MC, Visa; BM
Mittags und abends geöffnet

Die Osteria bringt mit streng traditionellen Rezepten die Empfehlungen der alten Taverne auf den Tisch.

DIE OSTERIA – Cortile Cascino, in einem volkstümlichen Viertel der Stadt nicht weit von der Kathedrale gelegen, war einst eine heruntergekommene Siedlung. Mit dem aufkommenden Wirtschaftsboom wurden ab 1949 die wechselnden Stimmungen dort in einer über einen Zeitraum von 30 Jahren gedrehten Dokumentation von Robert und Andy Young festgehalten. „Cascinaro" war ein Synonym für einen ausgestoßenen, armen Menschen. Die Taverne bot damals nur ein paar Speisen, zu denen man ein Glas Wein trank. Heute wird die Osteria von den Brüdern Piero und Vito Riccobono geleitet. Vom alten Bau ist die Aufeinanderfolge der Höfe geblieben, die heute zu kleinen Gasträumen geworden sind, in denen Palermitaner Küche auf den Tisch kommt. Der Service ist rasch und effizient.

DIE KÜCHE – Vom Menü nennen wir einen wohlschmeckenden Antipasto misto, der aus einer Reihe von Kostproben besteht, darunter Sfincionello, Artischocken, Zucchini, Panelle und Crocchè di patate (8 €), Fritto di cicirello (frittierte Sandaale), **Polpette di melanzane al sugo** (7 €), Carciofi attuppati und Filetti di **sarde allinguate**. Unter den Primi sind Pasta con pesto di carciofi (8 €), duftende **Pennette rigate al tonno e finocchietto** und klassischer Timballo di anelletti al forno. An Secondi bieten sich Involtini di ortaggi al forno (8 €), **Calamari ripieni alla griglia**, Fritto misto di mare (12 €), Falsomagro al sugo di pomodoro con piselli, Tonno con cipolla in agrodolce und ***Milinciani ammuttunati*** (gefüllte Auberginen) an. Unter den Desserts (3 €) sind köstliche Leckereien wie **Sorbetto di agrumi**, Torta setteveli und Cassata. Das Weinangebot ist strikt sizilianisch gehalten; die Weine können auch glasweise bestellt werden (3 €).

Street Food

Street Food in Palermo ist Palermo. Der Besucher, der die Stadt kennenlernen möchte, kann sie in einer ihrer ursprünglichsten Ausdrucksformen erfassen, nämlich im Essen, das „auf der Straße" vorbereitet, gegart, verkauft und verzehrt wird. Den besten Rahmen dafür bieten die historischen Märkte, wo es am einfachsten zu finden ist – etwa in einem Korb, auf einem Marktstand, auf einem „Lapino" (Piaggio-Dreirad) und auf einer Marmorplatte mit *U pignatuni* (einem großen Topf) mit siedend heißem Öl darin.

Auf der anderen Seite des Standes stehen Menschen mit verlangendem Blick sowie solche, die bereits mit von Frittiertem fettigen Fingern das Einschlagpapier in den Händen halten. Oft hört man ein unvermitteltes „Minchione!" (Blödmann), eine Beschimpfung, die sich gegen jene richtet, die die abgetropften, duftenden frittierten Leckerbissen mit Zitrone beträufeln. Aber wie man weiß, sind Geschmäcker verschieden.

Über die Märkte kann man sich eine Route zusammenstellen, um die historischen und architektonischen Sehenswürdigkeiten der Stadt zu erkunden. Es gibt drei große Märkte, alle nicht weit voneinander entfernt und zu Fuß erreichbar: den Vuccirìa-, Capo- und Ballaròmarkt. Sie bieten für jeden Geschmack etwas: Pane e panelle, Arancine, Sfincione, *Pani 'ca meusa*, Frittola und Quarume. Und dann noch *Rizzuole* (gefüllte Teigtaschen), *Spitini* (kleine Fleischrouladen), *Pollanche* (gekochte Maiskolben), *Muccuna* (Purpurschnecken), *Babbaluci* (Schnecken), *Musso e carcagnola* (Schweinerüssel und -füße), *Rascature* (frittierte Teigreste), Calzoni, frittiert und aus dem Ofen, Ravazzate (gefüllte Brötchen) und Rollò. Nicht zu vergessen die Süßspeisen wie Iris, Cannoli, Genovesi, Sfince, Cartocci und Brioches. Das beliebteste und am meisten bestellte Gericht bleiben jedoch Pane e panelle.

Francesco Pensovecchio

Der Vuccirìa-Markt

Er liegt zwischen der Via Roma und dem historischen La-Cala-Hafen und zählt zu den ältesten und bekanntesten Märkten der Stadt, verliert aber jetzt leider langsam, jedoch unaufhaltsam an Bedeutung. Unzählige Touristenattraktionen befinden sich in seiner Nähe, wie, um nur einige zu nennen, Quattro Canti, Cala, Piazza Marina, die Kirchen San Domenico, San Francesco di Assisi, Santa Chiara und Martorana, eine der drei Statuen des Genio di Palermo, die Galleria Pantaleone für zeitgenössische Kunst, Palazzo Cosentino, Porta Felice und die Überreste der Porta Carbone. An der Piazza Caracciolo bietet „Rocky, der König der Vucciria", *Pani 'ca meusa* und preist die Spezialität lauthals mit rhythmischen Gesängen („*Abbanniate*") an. Gasthäuser in der Nähe (siehe die dazugehörigen Einträge) sind Il Maestro del Brodo, Buatta, Zia Pina, Ballarò (der Name sagt nichts über die Adresse aus). In der Nacht bevölkern feierfreudige junge Leute den Markt.

Der Capo-Markt

Ein paar Meter vom Teatro Massimo entfernt hat man über die Porta Carini (Via Volturno) Zutritt zum Markt und geht bis zur Kirche Sant'Agostino. Das Kloster stammt aus der Zeit der Anjou, aus dem Jahr 1275. Es scheint, dass im 17. und 18. Jahrhundert in diesen Straßen eine mysteriöse Sekte von Kapuzengestalten, die Beati Paoli, entstand, die alle bekämpften und bestraften, die Verbrechen an Schwächeren verübten. Der Markt ist für seine hervorragende Auswahl und die Qualität des Fischs berühmt. An der Straße finden Sie die Bratstube Dainotti's da Arianna (siehe Seite 761) und nicht weit davon entfernt die Trattoria del Pesce Fresco al Vecchio Mafone. Ausgefallen sind die Namen einiger Straßen: Via Sedie volanti („Straße der fliegenden Stühle"), Via Scippateste („Straße der Kopfentreißer"), Via Gioia mia („Straße meiner Freude").

Der Ballarò-Markt

In der Fußgängerzone können Sie den Markt vom Rathaus kommend über das Straßenstück in Richtung Casa Professa (Chiesa del Gesù) erreichen. Hier beginnt ein langer Abschnitt mit einer Aufeinanderfolge von Ständen und Verkäufern, der bis zur Porta Sant'Agata (Corso Tukory) und zum Albergheria-Viertel reicht. Der Ballarò-Markt ist sicher der größte und ethnisch bunteste in Palermo. Er ist 24 Stunden lang geöffnet und ein wahres Kaleidoskop von Menschen, Geräuschen, Farben und Düften. Freunde von Street Food sind hier goldrichtig, denn Pane e panelle und Sfincione finden sich entlang seines gesamten Verlaufs. An der Piazza del Carmine, im Herzen des Marktgeländes, gibt es drei Stände, deren Angebot es auszuprobieren gilt. Bei den Gemüsehändlern können Sie dagegen gebratene Zwiebeln und Artischocken, gekochte Kartoffeln und *Babbaluci* (Schnecken mit oder ohne Tomaten zubereitet) kosten. Wer nahe am Geschehen sein möchte, findet zahlreiche Paläste und zu luxuriösen Residenzen umgestaltete historische Wohnsitze in der Umgebung, die für ein erlesenes Wohngefühl sorgen. Eine Adresse wäre Palazzo Brunaccini.

Antica Focacceria San Francesco

Via Paternostro, 58
Tel. (+39) 091 / 32 02 64
Kein Ruhetag
Ferien: 2 Wochen im Januar/Februar
Mittags und abends geöffnet

Mit ihren 182 Jahren Geschichte ist die Focacceria eine Topadresse für Street Food in Palermo. Der elegante Jugendstileingang blickt auf den Platz mit der Basilika San Francesco aus dem 14. Jahrhundert direkt gegenüber. Die Einrichtung des auf zwei Ebenen angeordneten Speisesaals ist beinahe unverändert geblieben; einige Elemente wurden in den Fonderie Florio gefertigt. Den Ehrenplatz in der Mitte des Raumes nimmt der *Meusaro* ein, der Focacce mit Milz in den Versionen „schiette“ (pur) oder „maritate“ (mit Ricotta) zubereitet; das restliche Angebot gliedert sich in Sfincioni, Crocchette und *Cazzilli*, Timballi di pasta al forno, Panelle, Arancine al burro oder con carne, Caponata di melanzane, Cannoli und Cassate.

Antica Panelleria da Nino

Via Oreto, 289 A
Tel. (+39) 09 1 / 616 32 32

Die kämpferische Haltung der früheren Betreiber des Lokals, das seit 1890 besteht, bezeugen Fotos an den Wänden, die in den Dreißiger- und Vierzigerjahren aufgenommen wurden. Obwohl Panelle und Crocchè den Schwerpunkt des Angebots darstellen, sollen Verdure in pastella, Arancine, Sarde a beccafico, Pasta al forno und die – nicht gerade kalorienarmen – *Ravazzate* fritte nicht unerwähnt bleiben.

Chiluzzo

Piazza Kalsa, 11
Tel. (+39) 329 / 061 59 29
Kein Ruhetag

Der 1943 eröffnete Imbissstand gegenüber der Kirche Santa Teresa alla Kalsa ist eines der Wahrzeichen des Street Foods und ab den frühen Morgenstunden geöffnet. Crocché, Pane e panelle (ein Muss), *Rascature*, Panini mit Makrele oder Thunfisch in Öl, Salsiccia arrostita, Arancine und Sfincione zählen zum kulinarischen Programm. Unverzichtbar sind *Muffolette* mit Sardellen, Caciocavallo, Öl, Pfeffer und, für den, der das möchte, mit Oregano und Tomaten.

Dainotti's da Arianna

Via Porta Carini, 52
Tel. (+39) 340 / 870 34 97,
(+39) 320 / 387 58 90
Ruhetag: Sonntag • Geöffnet 9–18 Uhr

Diese Bratstube mit Fleischerei und Shop ist ein wahres Schmuckstück und wartet mit einem breit gefächerten Angebot auf, wie Panelle e crocchè, Polpette di sarde und Bruschette con pesto di rucola, bufala e gambero crudo.

Franco 'U Vastiddaru

Corso Vittorio Emanuele, 102
Tel. (+39) 091 / 32 59 87

An der Piazza Marina, ein paar Schritte entfernt vom größten Ficus macrophylla Europas, führt Antonio Valenti passioniert die Arbeit seines verstorbenen Vaters Franco fort. Seit Ende der Achtzigerjahre ist die Spezialität des Hauses Focaccia con la milza. Daneben gibt es weitere gute Angebote wie Arancine und Panini mit Panelle. An den Tischen im Freien lässt es sich angenehm sitzen.

Friggitoria da Davide

Via Croce Rossa, 199
Tel. (+39) 329 / 092 67 47
Ruhetag: Sonntag • Geöffnet 8–18 Uhr

Davide kehrt dem *Lapino* den Rücken und eröffnet einen Laden neben der Villa Sofia. Pane e panelle gibt es hier mit verschiedenen Brotsorten aus Dinkel, Tumminia-Weizen oder aus doppelt gemahlenem Mehl. Überdies erwarten Sie auch Crocchè, Melanzane fritte, Verdure con pastella integrale, Panini con il tonno, Panini con la milza, Pane cunsato (mit Tomaten und Sardellen), Arancine, Caponata, Parmigiana di melanzane, Insalata di musso und Verdure miste pastellate, begleitet von sizilianischen Getränken wie Gazzose oder Chinotti aus handwerklicher Erzeugung.

Il Panellaro di Ballarò

Piazza del Carmine/
Via Giovanni Grasso

Piazza Carmine ist der beste Ort, um eine kurze Pause einzulegen und sich das Beste des traditionellen Street Foods in Palermo zu genehmigen: Panelle di ceci und *Crocché* di patate sind die Hauptleckerbissen, die man entweder frisch frittiert allein oder als Füllung eines weichen *Semprefresco* (längliche Brötchen) genießen kann. Der Teig enthält duftende Minze und Petersilie. An der Piazza finden Sie auch den *Lapino* des *Sfincionaro*.

Panificio Guccione

Via Pipitone Federico, 61–63
Tel. (+39) 091 / 34 60 30,
(+39) 345 / 988 32 50
Ruhetag: Sonntag (im Sommer)
Geöffnet 7.30–14, 16.30–20.30 Uhr

Die Bäckerei von Ottavio Guccione (vormals Antico Forno San Michele) zählt zu den besten der Stadt. Kekse, Brot, Pizza und Grissini werden aus alten sizilianischen Getreidesorten und Sauerteig zubereitet. Unter den Spezialitäten sind Sfincione, Tabisca di pizza (aus einer Mehlmischung) sowie Brot aus Johannisbrot-, Tumminia-, Russello- und *Bidì*-Mehl. Die Kekse sind vorzüglich.

Zia Pina

Via Cassari, 67–69
Ruhetag: Sonntag
Mittags geöffnet, Freitag und Samstag auch abends

Das Zia Pina ist ein einfaches, von einer Familie geführtes Lokal. Es bewegt sich in der Mitte zwischen Büffet und Gasthaus. Während eines Gutteils des Jahres kann man an den wenigen Plastiktischen im Freien Platz nehmen. Das Angebot kreist vornehmlich um Fischgerichte. Pasta alla marinara oder Spaghetto alle vongole enttäuschen nie. Bei den Vorspeisen wie Gemüse – gekocht, gefüllt oder in Backteig – oder Insalata di polpo können sich die Gäste vom Büfett bedienen. Als Secondi gibt es Frittura di pesce, gebratenen tagesfrischen Fisch, Involtini alla siciliana und Arrosto misto.

Ballarò

Osteria
Via Calascibetta, 25
Tel. (+39) 091 / 791 01 84
Kein Ruhetag
Ferien: unterschiedlich
80 Plätze
Preise: 35–40 € €↑
Kreditkarten: AE, CS, DC, MC, Visa; BM
Mittags und abends geöffnet

DIE OSTERIA – Die Stallungen des aus dem 17. Jahrhundert stammenden Palazzo Cattolica zwischen der Basilika San Francesco di Assisi und der Piazza Borsa bilden den Rahmen dieser modernen Osteria. Die Atmosphäre ist fein, aber nicht steif. Der eindrucksvolle erste Raum mit hohen Tischchen bietet sich für einen Aperitif, eine Kostprobe von traditionell zubereitetem Street Food oder für ein Glas Wein an. Hausherr Gaetano Ribaudo, flankiert von Tochter Doriana und vom Schwiegersohn, ist Ihnen bei der Auswahl der Speisen behilflich. Es gibt zwei Karten, eine „Vinothek"-Karte für eine rasche, einfache Mahlzeit und die „Osteria"-Karte. Es empfiehlt sich zu reservieren.

DIE KÜCHE – Von den zahlreichen Vorspeisen nennen wir den Antipasto Ballarò pesce (15 €), einen Mix aus Geräuchertem, **Caponata di pesce spada**, Insalata di mare und Bruschetta alle alici. Die Aufschnitte und die sizilianischen Käsespezialitäten glänzen mit Qualität. Wer das erste Mal in der Stadt ist, sollte jedoch den Antipasto Ballarò streetfood (9 €) mit Panelle, Kroketten, Sfincione, Caponata, Arancinette und Panini con la milza wählen. Von den Primi empfehlen wir Spaghetti ai ricci, falls erhältlich, **Ravioli** del conte **con ripieno di cernia**, Fettuccine al pesto di pistacchi e gamberi oder klassischere Gerichte wie Anelletti al forno und **Pasta fritta** (12 €). Weiter geht es mit **Gran fritto** oder Zuppa di pesce dei francesi d'Orleans (20 €). Wer Lust auf Fleisch hat, greift zu **Arrosto di maialino nero dei Nebrodi** oder traditionellen Involtini alla siciliana. Parfait di mandorle, Gelatina di arancia e zibibbo oder auch Zuccotto al caffè runden das Essen ab. Neben zahlreichen Weinen gibt es auch Biere aus Kleinbrauereien.

Buatta

Osteria
Corso Vittorio Emanuele, 176
Tel. (+39) 091 / 32 23 78
Kein Ruhetag
Keine Ferien
60 Plätze
Preise: 20–25 €
Kreditkarten: CS, MC, Visa; BM
Mittags und abends geöffnet

DIE OSTERIA – Das durch die Renovierung eines historischen Geschäfts in Palermo entstandene Lokal befindet sich auf dem ehemaligen Cassaro, heute Corso Vittorio Emanuele, der Verbindungsstraße zwischen Porta Felice und Porta Nuova, die die sehr zentral gelegene Via Maqueda und Via Roma quert. Es ist modern, gemütlich und öffnet sich mit großen Fenstern zur Straße hin, durch die man einen Blick in die schöne und sehr charakteristische offene Küche werfen kann. Der erfahrene Küchenchef Fabio Cardilio bringt Gerichte aus Palermos Tradition auf den Tisch, die er behutsam mit Innovationen anreichert. Für den Service zuständig sind Stefania Milano und Franco Virga.

DIE KÜCHE – Als Einstieg empfehlen wir Degustazione Buatta (10 €), bestehend aus **Sfincione**, Panelle, Caponata, **Sarde a beccafico** und verschiedenen Fritturine. Alternativen wären ***Muffuletta vastasa*** con pesce sott'olio (6 €) und Insalata di polpo. Unter den Primi sind Spaghetti con aglio rosso di Nubia (mit rotem Knoblauch aus Nubia, Slow-Food-Presidio), olio e peperoncino, **Pasta con** sarde e finocchietto (8 €) oder **con broccoli *arriminati*** und Anelletti al forno. Die vom Hinterland geprägten Secondi sind Hamburger di cinisara e tuma (9 €), Spezzatino con patate und Arrosto panato, die Meeresspeisen dagegen Baccalà fritto, Tagliata di tonno, **Totano ripieno** (10 €) und Polpette di pesce in agrodolce. Der obligate Cannolo (4 €) oder **Cassata al forno** lassen das Essen ausklingen. Die Weinkarte nennt eine gute Auswahl sizilianischer Tropfen und einige Biere aus Kleinbrauereien.

Die Fleischerei und Wursthandlung von Emanuele Cottone am Ende der Via Messina Marine, schon fast in Villabate, ist eine exzellente Verkaufsstelle für erstklassige Produkte.

PALERMO

Corona

Trattoria
Via Marconi, 9
Tel. (+39) 091 / 33 51 39
Ruhetag: Sonntagabend, Montag
Ferien: 1 Woche um den 15. August
44 Plätze
Preise: 25 €
Kreditkarten: AE, CS, DC, MC, Visa; BM
Mittags und abends geöffnet, Sonntag nur mittags

DIE OSTERIA – Die Trattoria nicht weit von der Piazza Politeama und der sehr zentralen Via Libertà ist eine traditionelle und elegante Adresse für Fischfans. Die gesamte Familie Corona ist zwischen Service und Küche an der Leitung des Lokals beteiligt: Gianni und seine Frau Angela bedienen mit den Söhnen Alessandro und Orazio die Gäste, während Angelo Chiarello in der Küche regiert. Das vorwiegend in Weiß gehaltene Lokal zeichnet sich durch gepflegten, eleganten, beinahe schicken Stil und Liebe zum Detail aus. Die Zutaten werden direkt von Fischern des Vertrauens geliefert.

DIE KÜCHE – Den Auftakt machen grüne Oliven aus Castelvetrano, Misto caldo mit **Panelle**, Artischocken, Karden und Spargelkohl, **Caponata di melanzane** (4 €) und Insalata di mare (8 €). Unter den Primi finden wir **Bucatini con broccoli** oder con le sarde (8 €), **Margherite con l'*anciova***, **Spaghetti al nero di seppia** oder con i gamberetti und Pasta alle triglie e finocchietto (14 €). Bei den Secondi ist es Pflicht, einen Blick auf den hervorragenden lokalen Fisch zu werfen, der traditionsgemäß zubereitet wird. Daher Bahn frei für Fritto misto (12 €), **Involtino di spatola**, Spiedino di pesce mit paniertem und gebratenem Degenfisch und Krebs sowie Zuppa di pesce. Als Desserts locken Sorbetto al limone und Cassata (4 €). Die umfassende Weinkarte ist achtsam zusammengestellt und präsentiert das Beste aus der sizilianischen Weinproduktion zu lobenswerten Preisen. Umfangreich, geradezu bewundernswert ist die Auswahl an Bieren.

Il Maestro del Brodo

Trattoria
Vicolo Pannieri, 7
Tel. (+39) 091 / 32 95 23
Ruhetag: Montag, im Sommer Sonntag
Ferien: 2 Wochen um den 15. August
80 Plätze
Preise: 25–35 €
Kreditkarten: CS, MC, Visa
Mittags geöffnet, Donnerstag–Samstag auch abends

DIE OSTERIA – An den Toren des pittoresken Vuccirìa-Markts, wenige Meter von der barocken Kirche San Domenico und vom alten Cassaro entfernt, führt Bartolo Arusa mit seinen Kindern eine der bekanntesten Trattorien der Stadt. Der Service ist höflich und familiär, der Blick in die Küche erfreulich, das Angebot von unerschütterlicher Verlässlichkeit. Seit mehr als 20 Jahren werden hier nämlich die besten und schmackhaftesten Speisen der Stadt aufgetischt. Mittags wiederum ist der beste Zeitpunkt, um sie zu probieren. Das Lokal ist berühmt für seine Fleischspezialitäten und für Bollito, aber auch eine gute Adresse für Freunde von Fisch.

DIE KÜCHE – Das große Vorspeisenbüfett und der Tresen mit dem tagesfrischen Fisch fallen beim Betreten des Lokals sofort ins Auge. Als Antipasti gibt es **Involtini di melanzane**, Insalata di musso, Alici marinate, Zucca rossa in agrodolce, Frittatine miste, Funghi ripieni al forno (8 €) oder Gamberetti di nassa marinati (12 €). An Primi bieten sich Linguine con la glassa (8 €), **Spaghetti al nero di seppia**, **Caserecce con i broccoli *arriminati*** und Ravioloni di melanzane con crostacei e pistacchi an. Als Fortsetzung wartet ein Klassiker, nämlich **Bollito allo zafferano con patate** (9 €); außerdem gibt es Gamberoni alla palermitana (16 €) und unübertroffene **Fritturine di pesce misto**. Macedonia, Sorbetti di frutta oder al caffè setzen den Schlusspunkt. Die gut sortierte Weinkarte nennt vorwiegend Etiketten aus Sizilien.

🍷 Für einen guten Kaffee empfehlen wir das Caffè San Domenico an der gleichnamigen Piazza neben der sehenswerten Kirche.

PALERMO

Piccolo Napoli

Trattoria
Piazzetta Mulino a Vento, 4
Tel. (+39) 091 / 32 04 31
Ruhetag: Sonntag
Ferien: 15.–30. August
52 Plätze
Preise: 35 €
Kreditkarten: AE, CS, DC, MC, Visa
Mittags geöffnet, Donnerstag–Samstag auch abends

DIE OSTERIA – Die typische Fisch-Osteria hinter dem Politeama-Theater im Herzen des volkstümlichen Borgo-Vecchio-Viertels wird seit mehr als 60 Jahren von Pippo Corona und seiner Familie geführt. Die Atmosphäre des nahen Bezirksmarkts färbt auf sie ab, weswegen wir Ihnen zu einem Besuch um die Mittagszeit raten. Sobald Sie eingetreten sind, fällt Ihr Blick auf einen Tresen mit dem tagesfrischen Fisch, den Sie begutachten und direkt aussuchen können. Das Küchenangebot bleibt immer unverändert und ist streng traditionell.

DIE KÜCHE – Unter den Antipasti sind Cavolfiore und Biete bolliti oder auch anderes Saisongemüse, das mit nativem Olivenöl extra verfeinert wird, **Caponata di melanzane** (8 €), Sauté di vongole veraci (14 €) und Polpo lesso. Als Primi bieten sich **Bucatini con i broccoli *arriminati*** (8 €) an, allerdings nur im Winter und Frühling, außerdem **Spaghetti al nero di seppia**. Neben Fisch vom Grill oder all'acquapazza können Sie als Secondi Spiedino di calamari e gamberi (14 €) und Fritto misto oder Fritto di calamari e gamberi wählen. Das Menü endet mit Saisonobst; an Süßem gibt es nur **Cassata siciliana**. Schmales Angebot an Weinen, die man aber glasweise bestellen kann.

■ Antico Caffé Spinnato, Via Principe di Belmonte (eine Fußgängerstraße zwischen dem Teatro Politeama und dem Teatro Massimo): Hier gibt es das Beste an Backwaren und Feingebäck aus Palermo.

103 KM SÜDÖSTLICH VON PALERMO

Da Salvatore

Trattoria-Pizzeria
Piazza San Michele, 3
Tel. (+39) 09 21 / 68 01 69
Ruhetag: Dienstag, außer im Sommer
Ferien: je 2 Wochen im Juli und September
40 Plätze + 30 Plätze im Freien
Preise: 25–30 €
Kreditkarten: AE, CS, DC, MC, Visa; BM
Mittags geöffnet, Samstag, an Feiertagen und im Sommer auch abends

Trotz seines rauen Charakters lassen sich Salvatores Liebe und Aufmerksamkeit für seine Region in jedem Detail erahnen. Jede Geschmacksnote ist authentisch.

DIE OSTERIA – Vom antiken Petra, einer von den Sikanern gegründeten Stadt, existieren Spuren ab dem Jahr 254 v. Chr., das in die Zeit der Punischen Kriege fällt. Ein Besuch des Zentrums und des Wohngebiets lohnt sich, da sie bis heute noch ihre mittelalterliche Atmosphäre bewahrt haben. Salvatore Ruvutuso betreibt hier mit seiner Familie eine Osteria, die eng mit der Tradition und ihren Ritualen, dem Gemüsegarten und dem Holzofen verbunden ist, in dem beinahe alle Speisen, auch ausgezeichnete Pizza, zubereitet werden. Im Sommer kann man am kleinen Platz neben einem Brunnen speisen und die auf 1.100 Metern Höhe herrschende Kühle genießen.

DIE KÜCHE – Zahlreich sind die Antipasti, mit denen man bereits den Hunger stillen und zufrieden sein könnte: Frittate con verdure di campo oder con ricotta e menta, Funghi arrostiti, Provola delle Madonie (Slow-Food-Presidio), Parmigiana, **Caponata in bianco**, Zucchine in agrodolce, Funghi trifolati al Marsala, Melanzane alla Norma und Peperonata. Danach folgen Paccheri con ricotta, spinaci e pancetta, ***A patedda*** (Risotto mit Lonza vom Schwein, Salsiccia und Gemüse in der Pfanne serviert), Pasta con i tenerumi di zucchine (6 €), **Zuppa di fagioli badda** (Bohnensorte, Slow-Food-Presidio) und Pasta con cavolo rosso, formaggio e carne sfilacciata. Die Spezialität bei den Secondi ist Fleisch, das im Holzofen oder über Reisigkohle gegart wird: **Cosciotto di agnello**, **Trippa al sugo** und Spezzatino con patate e piselli. Zum Abschluss erwarten Sie Obst aus dem Garten, Cassata und Sfoglio madonita. Zu trinken stehen nur wenige Etiketten zur Auswahl, aber es gibt einen guten offenen Wein.

24 KM SÜDWESTLICH VON PALERMO

Antica Trattoria San Giovanni

Trattoria • Via Matteotti, 34
Tel. (+39) 091 / 856 10 25
Ruhetag: Dienstagabend
Ferien: 20. Juli–16. August
80 Plätze
Preise: 25–28 €
Keine Kreditkarten
Mittags und abends geöffnet

DIE OSTERIA – Piana liegt 40 Minuten von Palermo entfernt an einem künstlich angelegten See und gehört zu einer albanischen Enklave, wie sie in einigen Gebieten Siziliens existieren. Die Gemeinschaft hat ihre ursprüngliche Sprache und die Traditionen und die Rituale der griechisch-orthodoxen Religion bewahrt. Ein kleiner Parkplatz neben dem Lokal führt zu der sauber und ordentlich wirkenden Trattoria. Der zweite Raum wird nur bei Bedarf genutzt. Begrüßt werden Sie von Carlo, der die Tätigkeit der Familie Salemi fortführt und weiterhin die Pasta selbst erzeugt, das Fleisch aussucht, das Gemüse und die Hülsenfrüchte aus dem Garten zubereitet und Pilze und Wildkräuter sammelt, die hier üppig gedeihen. Das Menü ist jahreszeitlich angepasst und wechselt Tag für Tag. Aus diesem Grund wird es mündlich aufgezählt.

DIE KÜCHE – Man beginnt mit Wurstwaren aus eigener Erzeugung, Schinken, Capocollo, Ricotta, Crostini mit Lardo aus Colonnata und Pomodorini ripieni (5 €). Unter den Primi finden sich **Pappardelle** con asparagi selvatici, fave, piselli, carciofi, carote, finocchietto e un pizzico di estratto di pomodoro (8 €) oder **con sugo di coniglio**, Rusticanella con olive, aromi del giardino, pomodorini, pesto di pistacchio e pecorino und **Ravioli con ricotta e crema di asparagi**. Als Secondo gibt es über der Holzglut gegartes Fleisch: Agnello, Salsiccia, Puntine di maiale und Trinca di vitello (Lende); Alternativen dazu wären **Stufato di coniglio** (9 €) oder **Capretto al forno** (11 €). Beilagen sind Insalata oder Patate fritte aus der Pfanne. Cassata con il caffè (3 €) und Tronchetto gelato – im Sommer – runden das Essen ab. Im Keller lagern einige Etiketten aus der Region und ein Hauswein.

Bar dello Sport Via Kastriota 46: Hier gibt es hervorragende Cannoli.

POLIZZI GENEROSA (PA)

83 km südöstlich von Palermo

Itria

Trattoria-Pizzeria
Via Beato Gnoffi, 8
Tel. (+39) 09 21 / 68 87 90
Ruhetag: Mittwoch
Ferien: letzten 2 Septemberwochen
50 Plätze + 30 Plätze im Freien
Preise: 28–32 €
Kreditkarten: CS, DC, MC, Visa; BM
Mittags und abends geöffnet

DIE OSTERIA – Nicht weit von der Hochebene, die eine Terrasse über den Madonie bildet, befindet sich eine familiengeführte typische Trattoria. Beim Eintreten erblickt man sofort den Holzofen und im hinteren Bereich eine kleine Bar. Die Gäste werden von Giuseppina David begrüßt, während ihr Mann Renato und Sohn Antonio in der Küche werken. Die schmackhaften Gerichte werden von den Jahreszeiten und der Verfügbarkeit der lokalen Zutaten bestimmt. Abends kann man auch sehr gute Pizza aus sizilianischen Vollkornmehlen bestellen. Die Konfitüren sind wie Brot und Pasta hausgemacht.

DIE KÜCHE – Der Piatto rustico della casa (10 €) sieht Frittate mit Saisonzutaten – Spargel, Fenchel, Zucchini oder Karden –, Wurst und Käse aus den Madonie (6 €), Ricotta, Tuma, Caciocavallo, geschmolzenen halbgereiften Käse und gegrilltes Gemüse vor. Unter den Primi sind Pasta con asparagi e funghi (8 €), **Ditalini con frittella** (mit Dicken Bohnen, Erbsen, Artischocken und Fenchel) oder con i fagioli badda (Bohnensorte und Slow-Food-Presidio, 8 €). Als Secondi stehen **Maialino con funghi e tartufo madonita** (12 €) oder in crosta di porcini, Salsiccia, Arrosto misto und **Stracotto di cinghiale** auf dem Programm. Manchmal sind auch Fischgerichte vorhanden. Zum Abschluss locken ***Sfogghiu***, Cannoli und Semifreddi. Weine aus dem Unland und einige Biere aus Kleinbrauereien vervollständigen das Angebot.

Die Pasticceria Dolcezze delle Madonie in **Calcarelli** (3 km), Piazza Vittoria 25, erzeugt ausgezeichnete Süßwaren, darunter Sfogghiu mit Pistazien.

PORTO EMPEDOCLE (AG)

8 km westlich von Agrigent, S.S. 115

Salmoriglio

Trattoria
Via Roma, 27
Tel. (+39) 09 22 / 63 66 13,
(+39) 340 / 868 05 61
Ruhetag: Dienstag
Ferien: Januar/Februar
80 Plätze + 30 Plätze im Freien
Preise: 35 €
Kreditkarten: AE, CS, DC, MC, Visa; BM
Mittags und abends geöffnet

DIE OSTERIA – Zum gemütlichen kleinen Gastraum mit Blick auf die Hauptstraße des Ortes gesellt sich ein weiterer Raum im oberen Stockwerk, der etwas rustikaler und weniger hell ist. In der schönen Jahreszeit kann man auf einer vor dem Lokal eingerichteten Veranda speisen. Enzo und Alessandro Ravanà stehen abwechselnd in der Küche, in die man durch eine große Glasscheibe blicken kann; Alessandros Frau, Alessandra Zambuto, ist für die Bedienung der Gäste zuständig.

DIE KÜCHE – Die Karte nennt wenige, aber gut zubereitete Gerichte. Man kann mit Polpo alla mediterranea beginnen (9 €), verfeinert mit Kirschtomaten, Kapern und Basilikum, und danach **Sarde a beccafico** con cipolla in agrodolce oder **Caponata di mare** probieren, bei der Gemüse mit Fisch und Krustentieren kombiniert wird. Interessant ist auch Millefoglie di spatola (Degenfisch) con formaggio ragusano e ristretto di nero di seppia (10 €). Bei den Primi finden sich gute, aus frischem Teig zubereitete Spaghettoni con i frutti di mare oder con i ricci und Risotto al nero di seppia (9 €). Als Secondi bieten sich Köstlichkeiten wie Frittura del pescatore, **Involtino di pesce spada** con le verdure scottate (10 €) und weitere klassische Gerichte mit tagesfrischem Fisch, die Alessandra mündlich aufzählt. Bei den Desserts wechseln **Cannolo** (in den weniger heißen Jahreszeiten), Cassata con il gelo di agrumi und Sorbetti al limone (3 €) oder ai gelsi rossi (mit Maulbeeren – während der kurzen Zeitspanne, in der sie erhältlich sind). Die Weinkarte nennt einige gute Etiketten und Biere aus Kleinbrauereien. Es gibt auch ein Kindermenü.

PORTOPALO DI CAPO PASSERO (SR)

57 KM SÜDLICH VON SYRAKUS

Scala

Restaurant
Via Carducci, 8
Tel. (+39) 09 31 / 84 27 01
Kein Ruhetag
Ferien: unterschiedlich
45 Plätze + 15 Plätze im Freien
Preise: 22–35 €
Kreditkarten: CS, MC, Visa; BM
Mittags und abends geöffnet

DIE OSTERIA – Das Restaurant mit kleiner Veranda beim Eingang und schlicht eingerichteten kleinen Gasträumen liegt in der Nähe der Hauptstraße. Die Leitung liegt in den Händen der Brüder Gabriele und Andrea Scala, die den Service kompetent versehen. Gabriele arbeitet mit einigen tüchtigen Köchen und Köchinnen auch in der Küche, die ein gutes Sortiment an Meeresgerichten garantiert; die Zutaten dafür liefern die Fischerboote der lokalen Flotte. Gartengemüse aus biologischer Landwirtschaft und eigenem Anbau gelangt ebenfalls zur Verarbeitung. Man kann von der Karte oder zwischen vier Menüs zu einem festgelegten Preis von 22 bis 35 € wählen. Neben dem Lokal befindet sich das kleine Hotel der Familie, um das sich Vater Corrado kümmert.

DIE KÜCHE – Beim Kapitel Antipasti bietet die Degustazione mista (13 €) eine Sequenz schmackhafter Kostproben wie Tartara di palamita, Insalata di polpo, **Involtino di sarda** oder di spatola (Degenfisch), Alici e sgombro in agrodolce, **Pesce palombo alla ghiotta** und Pescetti fritti – Meerbarben, Glasaugen und Dorsche. Mögliche Primi, die es zu probieren gilt, sind **Pasta al nero di seppia e ricotta** (11 €), Pasta con il sugo di rana pescatrice oder di tonno, Strozzapreti con la lampuga und Spaghetti con la zoccola (Bärenkrebs), con l'aragosta (15 €), con i ricci und con cernia e pomodorini. Vorzügliche Secondi sind **Pesce san pietro alla portopalese**, Pesce serra al cartoccio, **Zuppa di scorfano** oder di ricciola und Seppia fritta (13 €). Als Dessert erwarten Sie Tortino con cioccolato fondente oder erfrischendes Sorbetto al limone. Recht gutes sizilianisches Weinsortiment.

RAGUSA
Ibla

4 KM VOM ZENTRUM

A Rusticana

Trattoria
Vico Domenico Morelli, 4
Tel. (+39) 09 32 / 22 79 81
Ruhetag: Dienstag
Ferien: 2 Wochen im Januar/Februar
50 Plätze + 100 Plätze im Freien
Preise: 25–30 €
Kreditkarten: AE, CS, MC, Visa; BM
Mittags und abends geöffnet

DIE OSTERIA – Arianna Veninata begrüßt die Gäste in ihrer Trattoria in Ibla, die ein paar Schritte vom vorhergehenden Lokal entfernt liegt, das ihr Vater Giorgio vor 40 Jahren eröffnete. Die Räume sind aus alten Dammusi entstanden, im Sommer lässt es sich herrlich in dem von historischen Gebäuden umgebenen Garten speisen. Die Küche lässt eine sorgfältige Auswahl exzellenter Zutaten erkennen, die im Umland erzeugt werden.

DIE KÜCHE – Caciocavallo ragusano aus der Pfanne und mit Honig serviert, gegrilltes Saisongemüse, Funghi oder **Carciofi arrosto** stellen die wichtigsten Speisen der Antipasti (7 €) dar; daneben gibt es lokale Käse- und Wurstspezialitäten vom Brett und in der entsprechenden Saison Insalata di arance. Unter den winterlichen Primi sind stets Ravioli di ricotta und Cavati con sugo di maiale (8 €) zu finden, während man im Sommer **Spaghetti al pomodoro arrosto** und in der passenden Zeit Risotto ai porcini, **Fettuccine con i funghi pani cauru** (mit Kräuterseitlingen) und Conchiglie con capuliatu e broccoli probieren kann. Freunde von **Bollito di vitello** (8 €) und Trippa werden ebenfalls nicht enttäuscht sein; gute Secondi sind auch Cosciotto und Stinco di maiale al forno, Salsiccia arrostita, Grigliata mista und **Agnello con patate** (14 €). Außerdem gibt es ein paar Gerichte mit frittiertem oder gebratenem Fisch und unverzichtbare schmackhafte Impepata di cozze. Am Ende der Mahlzeit erwarten Sie frisches Obst oder Geli di limone e cannella. Weine aus dem Gebiet prägen das Angebot des Kellers, in dem rund 100 sizilianische Etiketten lagern.

Di Pasquale in der Via Vittorio Veneto 104 bietet traditionelle Süßwaren, Granite und Arancine. Die Casa del Formaggio Sant'Anna, Corso Italia 387, verkauft guten sizilianischen Käse.

RAGUSA
Ibla

4 KM VOM ZENTRUM

Cucina e Vino

Trattoria
Via Orfanotrofio, 91
Tel. (+39) 09 32 / 68 64 47
Ruhetag: Mittwoch, außer im Sommer
Ferien: zeitweise im Februar
40 Plätze + 45 Plätze im Freien
Preise: 25–35 €
Kreditkarten: AE, CS, DC, MC, Visa
Mittags und abends geöffnet

DIE OSTERIA – Die Trattoria der Familie Cilia neben der Annunziata-Kirche wartet mit drei gemütlichen kleinen Gasträumen auf; in der schönen Jahreszeit kommen noch ein kleiner Hof und einige Tische auf dem Platz vor dem Eingang hinzu. Küchenchef Giovanni und seine Mutter Mimma verarbeiten in der Küche Qualitätszutaten, darunter auch Produkte aus Slow-Food-Presidi. Für den Service sind Vater Salvatore und Tochter Rossana zuständig. Das gastronomische Angebot beinhaltet traditionelle und neuere Gerichte, die jedoch alle eine ausgeprägt sizilianische Identität haben und an die Jahreszeiten angepasst sind. Es gibt Degustationsmenüs für 25 und 30 €.

DIE KÜCHE – Unter den Antipasti sind Caponata und Vastedda del Belìce (6,50 €), Focaccine aus Ragusa, Insalata di polpo, Filetti di spatola (Degenfisch) con cipolletta und Zucca con pomodoro secco. Von den aus frischem Teig zubereiteten Primi schmecken **Tagliolini con ragù di coniglio** (7,50 €) oder di asino ragusano, **Ravioli di ricotta al sugo di maiale**, Paccheri con il ragù di agnello, Spaghetti al nero di seppia und Pasta con la rana pescatrice (12 €) sehr gut; darüber sollte man aber Minestre di verdure und Zuppe di legumi nicht vergessen. Weiter geht es mit verlockenden Secondi, die teils vom Inselinneren, teils von der Küste geprägt sind, wie **Costata di maiale ripiena**, Stinco al forno, **Falsomagro di vitello al sugo** (9 €), Trippa in umido, Cernia oder Ricciola con patate (13 €), Triglie al pomodoro und Tonno a cipollata. Gute Selektion typisch sizilianischer Käsesorten. Frisches Obst und hausgemachte Desserts wie Tris di geli runden das Essen ab. Zu trinken gibt es ein gepflegtes Sortiment an Weinen aus der Region und Biere aus Kleinbrauereien.

Exquisites Eis gibt es bei Gelati DiVini, Piazza Duomo 20.

RAGUSA

NEU La Taverna del Lupo

Typische Osteria
Piazza Cappuccini, 22
Tel. (+39) 09 32 / 191 05 50
Ruhetag: Sonntag
Ferien: unterschiedlich
40 Plätze
Preise: 23 €
Kreditkarten: CS, DC, MC, Visa; BM
Mittags und abends geöffnet, Samstag nur abends

DIE OSTERIA – Sobald Sie die Schwelle des Lokals überschritten haben, glauben Sie sich in alte Zeiten zurückversetzt, wenn Sie den fantastischen Wirt Pippo Vayola sehen, der sich unbefangen in dem mit Holz und Spiegeln gestalteten Hauptgastraum bewegt. Er stammt aus Donnalucata und empfängt mit seiner fröhlichen Art die Gäste, denen er sogleich die Gänge des von seinen Mitarbeitern zubereiteten Menüs erläutert. Die Küche ist überwiegend von der Hausmannskost inspiriert und stützt sich auf sogenannte „ärmliche“ Zutaten, die sich jedoch durch großen Geschmackreichtum auszeichnen.

DIE KÜCHE – Von den Gerichten, die mit dem Reigen der Jahreszeiten gehen, sind uns **Acciughe alla catanese** (8 €), mit Petersilie und Knoblauch geschmort, **Caponata**, auch in der Variante mit kleinen Tintenfischen, und Parmigiana con le sarde in Erinnerung geblieben. Von den Primi sollten Sie Linguine alla donnalucatese (7 €) mit Sardellen und Semmelbröseln, Fettuccine con le cicale, **Paste con verdure selvatiche** und das aus alten Zeiten stammende Gericht **Quadrucci con i *baddunedda*** (8 €) versuchen, das heißt Brühe mit Pasta und Fleischbällchen. Die Secondi wechseln je nach tagesfrischem Fischangebot: Sie können Seppia bollita (11 €), **Frittura di paranza** und Triglie all'acquapazza vorfinden; es gibt aber auch Bollito di manzo und Salsiccia e ***sinapu*** (7 €). Die schlichte Weinkarte nennt wenige Etiketten, die aber das Weinbaugebiet um Ragusa gut repräsentieren.

NEU Taberna dei Cinque Sensi

Restaurant-Osteria • Via San Sebastiano, 47
Tel. (+39) 331 / 382 57 65
Ruhetag: Dienstag
Ferien: unterschiedlich
30 Plätze + 20 Plätze im Freien
Preise: 25–30 €
Kreditkarten: CS, DC, MC, Visa
Mittags und abends geöffnet

DIE OSTERIA – Dieses kleine, minimalistisch eingerichtete, aber gemütliche Restaurant unweit der Kathedrale San Giovanni Battista wird von Alessandro Cappellani geführt, einem „jungen Wirt", wie er genannt werden möchte. Die sanften und natürlichen Farben des Lokals, der höfliche Service und die Möglichkeit, in der schönen Jahreszeit im Freien zu speisen, tragen zu einer angenehmen Atmosphäre bei. Was die Küche angeht, stützt man sich auf sorgfältig ausgewählte Zutaten, darunter ein natives Olivenöl extra, das die Familie selbst erzeugt, und bietet ein gutes Speisensortiment. Es ist auch möglich, sizilianische Qualitätsprodukte zu kaufen, unter denen sich einige Produkte aus Slow-Food-Presidi befinden

DIE KÜCHE – Nach einer Kostprobe von aus lokalem Hartweizen gebackenem Brot und Öl, die es eingangs immer gibt, wendet man sich den Antipasti zu, von denen wir uns an Fritto di moscardini (9 €), **Caponata di melanzane** (6 €) sowie Wurstspezialitäten vom schwarzen Schwein der Nebrodi und sizilianische Käsesorten vom Brett erinnern, die mit handwerklich erzeugten Konfitüren kombiniert werden können. Als Primi können Sie **Pasta alla Norma**, aus einer alten Weizensorte erzeugte Tortiglioni con crema di zucchina, **Pappardelle al sugo di maiale** (10 €) und Cavati con le sarde vorfinden. Von den Secondi mundeten uns eine Art Hamburger vom Modicana-Kalb (9 €) und schmackhafter **Baccalà dorato** (12 €). Saisonobst ist immer vorhanden. Als krönenden Abschluss empfehlen wir Ihnen Crema con buccia di limone, Dolce di ricotta con savoiardo zuppo di caffè und Gelo alla cannella. Interessant ist das Kellerangebot, das eine gepflegte Selektion von über 200 lokalen und einigen internationalen Weinen beinhaltet.

69 KM NW. V. CATANIA, A 18 OD. S.S. 114 U. S.S. 120

San Giorgio e il Drago

Trattoria
Piazza San Giorgio, 28
Tel. (+39) 095 / 92 39 72
Ruhetag: Dienstag
Ferien: 7.–28. Januar
80 Plätze + 50 Plätze im Freien
Preise: 25–28 €
Kreditkarten: AE, CS, DC, MC, Visa
Mittags und abends geöffnet

DIE OSTERIA – Die Familie Anzalone betreibt seit mehr als 20 Jahren mit Sorgfalt und Hingabe dieses Lokal im eindrucksvollen Hof des Klosters San Giorgio im Zentrum. Im großen Speisesaal, in dem ein steinerner Kamin prangt, oder im luftigen Hof werden Sie freundlich von den beiden Brüdern bedient, aber das große Plus ist das Können von Mamma Maria in der Küche. Das gastronomische Angebot spiegelt die Tradition wider und lässt Achtsamkeit bei der Auswahl der Zutaten erkennen, die alle aus kleinen lokalen Betrieben stammen.

DIE KÜCHE – Man beginnt mit dem Antipasto della casa (10 €), der zahlreiche Kostproben beinhaltet: Verdure grigliate e sott'olio, Capocollo, **Crocchette di patate** und Frittatine con ortaggi e provola locale. Die aus frischem Teig zubereiteten Primi (8 €) umfassen Maccheroni in salsa piccante (mit Paprika, Zwiebeln, Peperoni und Oliven), **Tonnacchioli alle erbe dell'Etna** (mit saisonalen Wildkräutern vom Ätna wie ***Cavuliceddi***, Trieben von Tamus communis oder wilder Zichorie), Orecchiette con zucchine in fiore oder broccoli und **Pappardelle ai funghi**. Darauf folgen Speisen aus Fleisch lokaler Herkunft: **Salsiccia con verdure selvatiche ripassate in padella** (9 €), Fagottini di manzo ripieni di scamorza, Bistecca della mamma con rucola e formaggio und Grigliata mista. Torta al cioccolato e vino, Panna cotta oder **Tiramisù alle mandorle** bilden die Palette der Dolci (4 €). Eine besondere Erwähnung verdient der Keller mit mehr als 300 Etiketten, darunter ein umfangreiches Weinrepertoire aus dem Ätnagebiet.

Pasticceria di Santo Musumeci, Piazza Santa Maria 9: Dolci aus Mandeln, Haselnüssen und Pistazien, Marzipanobst, Mustaccioli und selbst gemachtes Eis.

ROSOLINI (SR)

50 KM SÜDWESTLICH VON SYRAKUS

U Sulicce'nti

Trattoria • Via Aprile Madre, 3
Tel. (+39) 09 31 / 85 99 35,
(+39) 339 / 314 37 24
Ruhetag: Sonntag- und Montagabend, außer im Juli und August
Ferien: unterschiedlich
25 Plätze
Preise: 26–28 €
Kreditkarten: CS, MC, Visa; BM
Mittags und abends geöffnet

Eine familiäre Umgebung, in der man ganz traditionelle Gerichte aus unverfälschten Zutaten genießen kann.

DIE OSTERIA – Ein paar Schritte von der Piazza Garibaldi entfernt befindet sich diese angenehm legere Trattoria mit wenigen Tischen, umgeben von häuslichem Mobiliar, Regalen voll von Comics, Anrichten und bemalten Wänden. In der offenen Küche verbindet die talentierte Köchin Graziella Cataldi geschickt Gegenwart und gastronomische Traditionen und bleibt auf den Spuren einer Familiengeschichte, die ihr Großvater 1936 mit der Eröffnung einer ersten Osteria begonnen hat. Ihr Mann Santino Baglieri kümmert sich kompetent um den Service und wird dabei abwechselnd von den Töchtern Caterina, Martina und Antonietta unterstützt.

DIE KÜCHE – Herausragende Antipasti sind Frittate di asparagi, ricotta e porri, Parmigiana, Caponata siciliana, Caponata alla frutta und **Polpettine della nonna** (8 €) mit Fleisch, Kartoffeln und Ricotta. Bei den Primi aus frischem, von Hand gezogenem Teig wechseln Pappardelle di farina di carrube con salsa di pistacchio di Bronte (10 €), Pasta di farina di castagne con i porcini und Ravioli di farine di russello e di carrube alla carrettiera. Nicht minder gut sind Cavati con il ragù di sarde (9 €), **Ravioli di ricotta al sugo di maiale** und Lasagnette con il cavolo vecchio di Rosolini (Slow-Food-Presidio). Danach kann es mit **Coniglio alla stimpirata**, Polpette di carne al sugo, **Salsiccia *a' rusalinara*** (8 €), Filetto di vitello al Nero d'Avola und **Baccalà fritto** oder agli agrumi weitergehen. Gepflegt präsentiert sich die Platte mit typisch sizilianischem Käse (9 €). Als Dessert erwarten Sie exquisite Leckereien wie Cannolo di ricotta, Geli und Pan di Spagna con mandorle e crema. Interessante, vorwiegend sizilianische Weine mit korrekten Preisen.

SAN CATALDO (CL)

8 KM WESTLICH VON CALTANISSETTA

Anzalone

Trattoria
Piazza Crispi, 3
Tel. (+39) 09 34 / 58 66 24
Ruhetag: Sonntag, außer Mai–Oktober
Ferien: August
75 Plätze + 40 Plätze im Freien
Preise: 25–27 €
Kreditkarten: CS, DC, MC, Visa; BM
Mittags und abends geöffnet

DIE OSTERIA – Claudio Rizzo und seine Frau Filomena, im Service vom jungen Rosario unterstützt, betreiben diese authentische Trattoria in der Altstadt von San Cataldo und führen damit eine Familientradition fort, die vor rund 30 Jahren ihren Ausgang nahm. Die einfache, schmackhafte Küche ist an die jahreszeitliche Verfügbarkeit der Zutaten gebunden.

DIE KÜCHE – Probieren Sie von den wechselnden Antipasti Fave ***spizzica e ammucca*** und Asparagi selvatici al cartoccio (10 €), falls verfügbar. Gut sind auch Pomodori secchi, **Frittate di verdure**, Olive ***cunsate*** und Caponata und Broccoli in padella. Unter den winterlichen Primi sind **Zuppe di legumi** und Pasta alla carrettiera, in den übrigen Jahreszeiten Cavati con fave, piselli freschi, ***mazzareddi*** (mit einem Wildkraut) und Pasta alla Norma. Stets auf dem Programm stehen **Macco di fave** (6 €) und Pasta con sminuzzatura (Brokkoli) e olive. Die wichtigsten Gerichte bei den Secondi sind **Stigghiole** (gefüllte Kalbsinnereien) und hervorragende Trippa in bianco (8 €); die Karte nennt aber auch Carcagnola (Schweinefüße), Costolette di castrato arrosto (7 €), Bollito di manzo, Stinco di maiale al forno und **Suino nero al finocchio selvatico**. Lassen Sie sich in der Saison **Babbaluci** (mit Knoblauch, Öl, Petersilie und Peperoni sautierte Schnecken) nicht entgehen. Es gibt auch regelmäßig Fischgerichte. Beenden Sie Ihre Mahlzeit mit Torta di ricotta e pistacchi (5 €) oder Sorbetti alla frutta. Der Keller hält ein paar sizilianische Weine, den offenen Hauswein und einige Biere aus Kleinbrauereien bereit.

Die Pasticceria Campisi an der Piazza Giovanni XXIII 7 bietet vorzügliches Gebäck aus Marzipan und Pistazien sowie Torrone-Eis mit ganzen Mandeln.

SAN GIUSEPPE JATO (PA)

30 KM SÜDWESTLICH VON PALERMO

Z'Alia

Trattoria
Via Piana degli Albanesi, 2
Tel. (+39) 091 / 857 70 65,
(+39) 338 / 830 37 43
Ruhetag: Dienstag
Ferien: 2 Wochen im Juli
50 Plätze + 20 Plätze im Freien
Preise: 32 €
Kreditkarten: AE, CS, DC, MC, Visa; BM
Mittags und abends geöffnet

DIE OSTERIA – San Giuseppe Jato ist eine vornehmlich landwirtschaftlich geprägte Gemeinde. Die Lehmböden des weiten fruchtbaren Tals sind mit Saatfeldern und Weingärten bepflanzt. Hier weiden auch die schwarzfelligen Kühe der Rasse Cinisara, die hochwertige Milch geben und kürzlich in den Kreis der Slow-Food-Presidi eingegliedert wurden. Die Trattoria liegt im Zentrum und steht seit mehr als 16 Jahren unter der Leitung von Signora Maria. Die Gerichte basieren ausschließlich auf lokalen Zutaten, die teils aus eigener Erzeugung stammen. Das handwerkliche Können ist groß, vor allem was die frischen Teigwaren angeht. Die Gasträume sind rustikal, aber gemütlich; außerdem steht eine kühle Terrasse zur Verfügung.

DIE KÜCHE – Im Antipasto della casa (12 €) gibt es ein bisschen von allem: Käse, Wurst, Panelline, Focaccine, **Caponata**, Oliven, getrocknete Tomaten, Omeletts. Weiter geht es mit **frischen Tagliatelle al pomodoro e basilico**, die wirklich exquisit sind, **Ravioli di ricotta e spinaci** (9,50 €) oder ai funghi. Unter den Secondi sind **Brociolone** (gefüllter Rollbraten), Arrosto misto und Involtini alla siciliana (9 €); als Beilage serviert man Funghi – arrosto (4 €), in carpaccio oder trifolati – und Grigliata di verdure. Das Finale bilden Saisonobst, Ananas oder Granite (3 €). Der Wein, auch der offene, kommt aus den nahen Genossenschaftskellereien; außerdem gibt es eine kleine Auswahl an Bieren aus Kleinbrauereien.

SAN PIERO PATTI (ME)
Sambuco

100 KM SÜDWESTLICH V. MESSINA, A 20, S.P. 122

Da Luciana

Trattoria
Ortsteil Sambuco, 1
Tel. (+39) 09 41 / 66 03 09,
(+39) 09 41 / 66 10 49
Ruhetag: Sonntagabend, Montag
Keine Ferien
80 Plätze + 40 Plätze im Freien
Preise: 25–30 €
Kreditkarten: AE, CS, DC, MC, Visa
Mittags und abends geöffnet

Das Sinnbild einer ländlichen Trattoria mit familieneigenem Gemüsegarten, der das Menü im Rhythmus der Jahreszeiten bestimmt.

DIE OSTERIA – Der Ortsteil Sambuco liegt umgeben von Haselnusssträuchern zwischen den Monti Peloritani und den Monti Nebrodi. Hier steht die ländliche Trattoria von Luciana Bovaro, die mit Unterstützung ihres Mannes Giancarlo auch einen Laden mit typischen Produkten aus der Umgebung und dem familieneigenen Gemüsegarten betreibt. Das hochwertige gastronomische Angebot basiert auf unverfälschten, schmackhaften Grundzutaten.

DIE KÜCHE – Der opulente Antipasto della casa (9 €) sieht unter anderem Patate al forno ripiene di porcini, Palline di ricotta con granella di pistacchio, Polpettine al limone, **Sformato di zucca con provola fresca e patate** und Involtini di pancetta con verdure di stagione vor. Unter den Primi finden sich unvergleichliche Sformatini di pasta alla Norma und Rotolini di tuma con tagliolini al pesto di basilico e nocciole; das Angebot kann außerdem Girasoli con ragù di suino nero, Pappardelle con i funghi, **Maccheroni al forno con finocchietto, salsiccia e provola** (normalerweise im Winter) und schmackhafte **Casarecce di farina di *tumminìa*** con cardi selvatici e formaggio (8 €) einschließen. Als Secondi sind uns Agnello al forno con patate, Grigliata mista di carni locali und Arrosto di vitello all'arancia (8 €) in Erinnerung geblieben. Wir haben Lonza di suino nero impanata con mandorle e pistacchio di Bronte (8 €) und **Coscia d'agnello ripiena di melanzane e carciofi** probiert und für gut befunden. Parfait di nocciole locali, Gelo di mandarino und andere Desserts sind hausgemacht; dies gilt auch für die Rosoli, die man kaufen kann. Recht gutes sizilianisches Weinsortiment.

SAN SALVATORE DI FITALIA (ME)

122 KM SÜDWESTL. V. MESSINA, S.S. 113 OD. A 20

La Vedetta dei Nebrodi

Agritursimo
Ortsteil Bufana Alta, 101
Tel. (+39) 09 41 / 42 19 77,
(+39) 389 / 084 19 11
Kein Ruhetag
Keine Ferien
20 Plätze + 20 Plätze im Freien
Preise: 18–30 €
Kreditkarten: Visa; BM
Mittags und abends geöffnet

DIE OSTERIA – Das an Wäldern und Olivenhainen reiche Fitalia-Tal liegt in den Nebrodi mit Blick auf den Archipel der Äolischen Inseln und zählt zu den größten Tälern im Raum Messina. Hier steht der Agriturismo der Familie Armeli. In der Küche verarbeitet Nuccia mit der von ihrer Mutter ererbten Umsicht Produkte aus dem Wald und dem Gemüsegarten. Um Letzteren kümmert sich ihr Mann Carmelo, der auch Ziegen, Kühe und Schweine züchtet. Für die Bedienung zuständig sind die Kinder Dora, Elena, Sebastiano und Schwiegertochter Giovanna.

DIE KÜCHE – Als Antipasti (7 €) treten Wustspezialitäten vom schwarzen Schwein der Nebrodi und Käse auf den Plan, den Carmelo in der an den Betrieb angeschlossenen Käserei erzeugt, und zwar Ricotta, Edelschimmelkäse, Provola und Primo sale. Je nach Saison finden Sie auch Porcini al cartoccio, panati oder in insalata, Bruschetta con crema di asparagi selvatici e caciocavallo, Tortino di zucca oder melanzane und Frittelle di cardo mariano cicoria e tuma di capra al tegame vor. Unter den Gerichten aus exzellenter hausgemachter Pasta sind **Tagliatelle con salsiccia di suino nero** oder ai porcini (8 €), Maccheroni al ragù di maiale und **Ravioli al pesto di nocciole oder di noci**. Schmackhaft sind auch Cannelloni con ricotta di capra e spinaci und im Frühling Risotto agli asparagi. Bei den Secondi wechseln **Porchetta di suino nero al forno**, Grigliata mista di agnello, Salsiccia und Involtini di vitello und Capretto al forno con le patate (9 €). Die lokal vorkommenden Haselnüsse sind Hauptdarsteller in Desserts (3 €) wie Kuchen, Croccantini, Semifreddi und sommerlichen Crostate mit Obst. Ebenfalls hausgemacht sind die Rosoli und der Kräuterbitter aus 25 Kräutern. Das Weinangebot beschränkt sich auf ein paar sizilianische Etiketten und einen offenen Wein.

SAN VITO LO CAPO (TP)
Castelluzzo

31 KM NORDÖSTLICH VON TRAPANI

Al Ritrovo

Restaurant
Viale Cristoforo Colombo, 314
Tel. (+39) 09 23 / 97 56 56
Ruhetag: Dienstag, außer im Sommer
Ferien: zeitweise im Februar
50 Plätze + 30 Plätze im Freien
Preise: 35 €
Kreditkarten: CS, DC, MC, Visa; BM
Mittags und abends geöffnet

Peppe Buffa ist ein brillanter Interpret der Meeresgerichte aus der Tradition von Trapani, insbesondere von Couscous nach Art von San Vito.

DIE OSTERIA – Ein genussreicher Boxenstopp. Das Lokal befindet sich im Ortsteil Castelluzzo an der Straße nach San Vito Lo Capo. Das Meer mit seinen Schätzen ist nur wenige Kilometer entfernt. Das Angebot ist umfassend, denn es beinhaltet auch komfortable Gästezimmer und eine Bar mit Konditorei. Peppe, Patron, Küchenchef und gastronomische Galionsfigur, wird von seinem Schwager Antonio Tilotta unterstützt. Die Selektion der Zutaten ist für den selbst auferlegten Standard entscheidend. Zum Betrieb gehört auch ein Olivenhain mit 500 Bäumen, der die Basis für ein Öl von höchster Güte bildet.

DIE KÜCHE – Vom Menü erwähnen wir Crocchette di finocchietto e acciughe, **Sarde a beccafico** (9 €), Salamoreci (ein Süppchen aus Tomaten, Thunfisch und nativem Olivenöl extra), Insalata di polpo grigliato con patate und Caponata. Danach gibt es **Cuscus di pesce alla sanvitese** con palamita e finocchietto (11 €), Busiate mandorlate con le uova di tonno (12 €), Pennette al ragù di agnello e carciofi (11 €) und Tagliolini con ragù di triglia, capperi e zafferano. Als Secondo erwarten Sie deliziöse **Sgombro gratinato alle erbe fini** aus dem nahen Ortsteil Calazza (10 €), nicht minder köstliche **Frittura di paranza e calamari**, Pomodori verdi gratinati, Involtini di carne alla siciliana con vastedda del Belice und Calamari ripieni alla salsa di arance (10 €). Parfait di mandorle (4 €), Sherbeth – so lautet die arabische Bezeichnung für Sorbet – ai gelsi neri oder alla melagrana und Cialda di cannolo con ricotta di pecora, miele, peperoni e capperi lassen das Mahl ausklingen. Die schöne Weinkarte nennt Etiketten aus der Umgebung, dem übrigen Sizilien, ganz Italien und anderen Ländern.

SAN VITO LO CAPO (TP)

39 KM NORDÖSTLICH VON TRAPANI

Syrah

Restaurant
Via Savoia, 5
Tel. (+39) 09 23 / 97 20 28,
(+39) 347 / 136 73 15
Ruhetag: Dienstag
Ferien: zeitweise im Februar und November
38 Plätze + 25 Plätze im Freien
Preise: 35 €
Kreditkarten: AE, CS, MC, Visa; BM
Mittags und abends geöffnet

DIE OSTERIA – Das Lokal von Küchenchef und Patron Vito Cipponeri liegt nicht weit vom gefeierten Strand von San Vito Lo Capo an der Hauptstraße des Ortes. Sein gastronomisches Angebot ist saisongebunden und vorwiegend von Gerichten aus absolut frischem Fisch geprägt. Die kulinarische Tradition wird hier mit ausgewogener Kreativität, verbunden mit einer gepflegten Präsentation der Speisen, überarbeitet. Die Leitung des Lokals liegt in den Händen der Familie: Für den aufmerksamen und zuvorkommenden Service sorgen Ehefrau Rosy und die Schwester Maria, die die Gäste in zwei modernen, im Ethno-Stil gestalteten Räumen empfangen; in der schönen Jahreszeit kommt noch ein Sitzbereich im Freien dazu.

DIE KÜCHE – Man kann sich mit einer reichhaltigen Auswahl an Antipasti einstimmen: **Spirale di spatola al pistacchio di Bronte e ragusano**, Tortino di melanzane al basilico con mousse di ricotta und Caponata nera di seppia (16 €). Unter den Primi sind Spighette di ricotta in brodo di pesce zu finden, **Spaghetti ai ricci di mare**, al nero di seppia oder alla carbonara di tonno und erlesene, aus frischem Teig zubereitete Ravioli ripieni di crostacei, pesto alla menta e agrumi (16 €). Darauf folgen Fisch aus dem Golf in den Versionen arrosto oder al cartoccio con limone e aromi, Zuppa di pesce und schmackhafte Arancina di cernia con olio al carrubo (18 €). Abschließend gönnt man sich klassische **Cassata**, gefolgt von Semifreddo alla fragola, mandorla oder pistacchio, Cannolo scomposto und **Cuscus dolce** con semifreddo al Nero d'Avola (4 €). Zu trinken gibt es eine Weinselektion aus der Region und einige Tropfen aus anderen Regionen Italiens, teils auch im glasweisen Ausschank.

SANTA FLAVIA (PA)
Porticello

17 KM ÖSTLICH VON PALERMO

Arrhais

Restaurant
Largo Marino, 6
Tel. (+39) 091 / 94 71 27,
(+39) 366 / 549 13 23
Ruhetag: Mittwoch, außer im Sommer
Keine Ferien
50 Plätze + 150 Plätze im Freien
Preise: 33–35 €
Kreditkarten: AE, CS, DC, MC, Visa
Mittags und abends geöffnet

DIE OSTERIA – Wenn Sie diese Zeilen lesen, ist das Restaurant der Brüder Giovanni und Calogero Tarantino wahrscheinlich bereits übersiedelt, nachdem es rund 20 Jahre lang in einem ehemaligen Fischerhaus untergebracht war: Wir bitten Sie daher, sich telefonisch zu erkundigen, ob die Übersiedlung bereits erfolgt ist. Abgesehen vom Standort bleibt in Bezug auf Lokalführung und Philosophie alles beim Alten: Der unbestrittene Hauptdarsteller ist nach wie vor frischer, gekonnt ausgewählter Fisch, der kompetent und traditionsgemäß zubereitet wird.

DIE KÜCHE – Unter den zahlreichen Antipasti finden sich **Sarde a beccafico**, **Polpette di acciughe in salsa e mentuccia**, Involtini di spatola in agrodolce und Polpo arrosto con macco di fave (10 €). Weiter geht es mit schmackhaften **Spaghetti con i ricci** oder al nero di seppia oder auch con tonno, finocchietto e mentuccia; Alternativen dazu sind Risotto alla marinara und Linguine con ostriche oder con gamberi e vongole (13 €). Exquisite Secondi sind **Zuppa di pesce**, Fritto di paranza, **Totani ripieni**, Tonno *ammuttunatu* al vapore con ragusano (10 €) und Grigliata aus lokalem Fisch. Verlockende Desserts (4 €) wie Cannoli aus Piana degli Albanesi, Cassata al forno, Sorbetto al limone, Macedonia aus frischen Früchten und Torta di pere e ricotta runden das Essen ab. Der sehr gut bestückte Keller hält eine gute Selektion an Schaumweinen und Weinen bereit, die auch aus anderen Regionen stammen. Die Preise sind lobenswert.

In **Aspra** (6 km) muss man unbedingt Sfincione bei Sardina e Martorana (Via Catania 18) probieren.

73 KM NÖRDLICH VON AGRIGENT

Acquarius

Restaurant-Pizzeria
Via Attardi, 62
Tel. (+39) 09 22 / 98 24 32
Ruhetag: Mittwoch
Keine Ferien
50 Plätze + 70 Plätze im Freien
Preise: 23–30 €
Kreditkarten: AE, CS, DC, MC, Visa; BM
Mittags und abends geöffnet

Ein gemütliches Lokal, ausgezeichnete Null-Kilometer-Produkte, Traditionsgerichte und guter Wein: So lauten Ignazios Geheimnisse.

DIE OSTERIA – Das kleine Dorf am Fuß einer Bergkette ist von den Wäldern der Quisquina umgeben und liegt nicht weit von der aus dem 18. Jahrhundert stammenden Einsiedelei der heiligen Rosalia. Seine Gässchen und die steinernen Häuser in der Nähe der Piazza Castello lohnen einen Besuch. Nahe dem Zentrum befindet sich seit mehr als 30 Jahren das Restaurant von Küchenchef und Sommelier Ignazio Puleo, der gemeinsam mit Mario am Herd steht, während sein Sohn Pier Paolo für die Bedienung der Gäste zuständig ist.

DIE KÜCHE – Auf dem reichhaltigen Büfett mit den Antipasti (7 €) finden sich Peperoni all'agrodolce, Tuma con olio extravergine e rosmarino, Olive *cunzate*, Caponata di melanzane, Trippa alla parmigiana, Froscia di ricotta con nepetella und ***Pani cunzatu***. Interessant sind die Primi (7 €) wie **Tagliatelle di farina di *tumminìa*** con gli asparagi selvatici, **Paccheri con ragù di salsiccia e finocchietto**, Macco di fave und Minestra di lenticchie e borragine. Von den mit Fleisch zubereiteten Secondi sind Castrato alla griglia, Tagliata di vitella con funghi porcini und **Polpette di carne in umido con patate** (9 €) besonders schmackhaft. Probieren Sie auch Frittata di asparagi. Das Brot wird aus Mehl alter Getreidesorten im Holzofen gebacken. Es gibt auch eine gute Selektion an Käse wie Caciocavallo di vacca modicana (Slow-Food-Presidio), Tuma persa und sizilianischen DOP-Pecorino. Unter den Desserts sind Cannoli, Testa di turco, Sfinci di San Giuseppe und **Pignolata al miele di sulla**. Der Keller lässt eine Vorliebe für Weine aus dem Gebiet erkennen, hält aber auch interessante Etiketten aus dem übrigen Italien bereit.

62 KM NÖRDLICH VON AGRIGENT

Cappellino

Trattoria
Vicolo Cappellino, 24
Tel. (+39) 347 / 843 61 40
Ruhetag: Sonntag, außer im Sommer
Ferien: zeitweise im November
42 Plätze
Preise: 30–33 €
Keine Kreditkarten
Mittags und abends geöffnet

DIE OSTERIA – Diese Trattoria in der Nähe des Corso Vittorio Emanuele präsentiert sich mit Tonnengewölbe, unverputzten Ziegelmauern und typisch sizilianischen Keramikobjekten, die der Einrichtung einen lebendigen Charakter verleihen. Patron Salvino Cottone begrüßt die Gäste und koordiniert den Service; mit den Arbeiten in der Küche sind Schwester Nella, Mutter Rosa und Koch Saverio Rizzuto betraut. Das kulinarische Angebot ist von Fischgerichten gekennzeichnet, wobei der Fisch zum Großteil in der Umgebung gefangen wird. Es gibt eine Speisekarte, aber die Tagesgerichte werden gewöhnlich mündlich aufgezählt.

DIE KÜCHE – Als Einstieg kann man Alici infarinate e fritte oder **Involtini di melanzane** con capperi, pomodori secchi e acciughe als Einzelportionen wählen; als Alternative bietet sich der Antipasto misto (10 €) an, bei dem beispielsweise noch **Sarde a beccafico**, Frittate con asparagi selvatici e gamberi oder mit Brokkoli und anderem Saisongemüse, Cardi impanati e fritti und im Sommer Caponata hinzukommen. Unter den Primi (10 €) sind köstliche Speisen wie **Pasta con le sarde**, Caserecce con spatola (Degenfisch) e pesto al basilico und Linguine con alici fresche, pomodorino e mandorle oder con gamberi, limone e mollica tostata. Je nach verfügbarem Fisch tauchen bei den Secondi Involtini di spatola (13 €), Pesce spada al pistacchio, Fritto misto di paranza, schmackhafter **Merluzzo in guazzetto alla saccense** (13 €) und Capone (gemeine Goldmakrele) in carta fata auf. Als Nachtisch erwarten Sie Crema bianca di latte e biscotti, Salame di cioccolato und traditionelle Süßspeisen aus der Stadt, darunter ***Ova murina*** und ***Cucchiteddi***. Zu trinken steht eine kleine Selektion sizilianischer Weine bereit.

25 KM SÜDLICH VON RAGUSA

La Grotta

Restaurant-Pizzeria
Via Dolomiti, 62
Tel. (+39) 09 32 / 93 13 63,
(+39) 338 / 655 51 52
Ruhetag: Montag, außer Juli–September
Ferien: je 2 Wochen im Januar und November
60 Plätze + 50 Plätze im Freien
Preise: 33–35 €
Kreditkarten: CS, MC, Visa; BM
Mittags und abends geöffnet

DIE OSTERIA – Dieses Lokal in der Nähe der Kirche Sant'Anna ist in einer der Grotten der Cava Santa Maria La Nova beheimatet. Zum ersten Raum, der mit typischen sizilianischen Folkloregegenständen gestaltet ist, gesellt sich ein kleinerer Raum, zu dem einige Stufen hinabführen. Die Leitung des Betriebs liegt in den Händen von Küchenchef Angelo Di Tommasi, der von Carmelo in der Küche unterstützt wird, während Ehefrau Claudia und Sohn Enrico für den Service zuständig sind.

DIE KÜCHE – Das kulinarische Angebot ist unübersehbar sizilianisch geprägt und beinhaltet als Vorspeisen ***Caciucavaddu*** all'argentiera, Moscardini in umido, Insalata di baccalà und Bruschetta con alici marinate e fagiolo cosaruciaru (Bohnensorte aus Scicli und Slow-Food-Presidio, 4,50 €). In der Palette der Primi finden sich gute Pasta ***co fumu*** (11 €), das heißt Maltagliati aus Timilia-Weizen mit Räucherfischstückchen, Gnocchi di patate e farina di ceci con cozze e ***tinniruma*** (Blätter, Stiele und andere „zarte Teile" von sommerlichen länglichen Zucchini), Spaghettoni con il nero di seppia e crema di ricotta, **Pasta con spezzatino di agnello** oder Pasta ***'ncaciata*** (8,50 €), die aus Paccheri aus Russello-Weizen con salsa di pomodoro, melanzana fritta, formaggio ragusano e ricotta salata zubereitet ist. Denkwürdige Secondi sind Aguglia arrosto con salsa al basilico (14 €), **Alalunga a cipollata** (12,50 €), Carne al Nero d'Avola und Stracotto di maiale al sugo. Als Beilagen bieten sich Verdure lesse oder Insalata di finocchio, arancia e cipollotto an. Für einen exquisiten Abschluss sorgen Semifreddo al caffè und Mousse di ricotta. Kleines sizilianisches Weinsortiment und einige Biere aus Kleinbrauereien. Hervorgehoben sei das Degustationsmenü Vigata für 28 €.

107 KM SÜDWESTLICH VON MESSINA, S.S. 139

Fratelli Borrello

Trattoria
Ortsteil Forte, 7
Tel. (+39) 09 41 / 59 44 36,
(+39) 09 41 / 59 48 44
Ruhetag: Mittwoch
Ferien: zeitweise im Juli
150 Plätze
Preise: 26 €
Kreditkarten: AE, CS, DC, MC, Visa
Mittags und abends geöffnet

Eine Anlaufstelle für authentische Gastronomie, die das Wesen dieser Region wahrhaftig zum Ausdruck bringt.

DIE OSTERIA – Die Trattoria der Geschwister Borello, Pippo, Franco und Graziella, liegt eingebettet in Haselnusssträucher oberhalb von Sinagra. Die Rezepte werden von den Produkten aus eigener Erzeugung inspiriert (Käse, Wurst und Fleisch vom schwarzen Schwein der Nebrodi) und repräsentieren die authentische Küche der Monti Nebrodi.

DIE KÜCHE – Die sehr reichhaltigen Antipasti (12 €) sehen Käse vor, darunter Provola dei Nebrodi (Slow-Food-Presidio), Canestrato, Ricotta infornata, frisch oder frittiert serviert, und den berühmten **Provola al limone** sowie Wurst (nur vom **schwarzen Schwein** der Nebrodi) wie Fellata, mit wildem Fenchel aromatisierte getrocknete Salsiccia, überragenden Prosciutto crudo und ausgezeichneten Prosciutto cotto. Verlockend sind einzigartige gewürzte Oliven der Sorte Minuta (Slow-Food-Presidio) und **Boccone del prete**, das heißt in der Pfanne mit Ei und jahreszeitlich unterschiedlichen Wildkräutern sautierte getrocknete Salsiccia. Sehr zahlreich vertreten sind Pilze, darunter ***Amanita caesarea*** (Kaiserling) und edle Porcini (Steinpilze). Von den Primi (7 €) seien hausgemachte Tagliatelle con porcini und **Maccheroni con il ragù di suino nero** erwähnt. Als Secondi gibt es Grigliata mista mit Kotelett und Involtini **di suino nero**, die auf dem einsehbaren Holzkohlengrill gegart werden. Exzellent ist **Fegato arrosto**, ebenfalls **vom schwarzen Schwein** (7 €). Gegen Vorbestellung können Sie hervorragendes Agnello al forno (8 €) genießen. Das Menü endet mit Feingebäck und Haselnusslikör. Zu trinken gibt es einen guten Hauswein und einige sizilianische Sorten.

La Gazza Ladra

Moderne Osteria
Via Cavour, 8
Tel. (+39) 340 / 060 24 28
Ruhetag: Montag
Ferien: Juli, August
30 Plätze
Preise: 25 €
Keine Kreditkarten
Abends geöffnet

DIE OSTERIA – Das Gastraum mit ein paar Tischen präsentiert sich leger und gemütlich. Der liebenswürdige Patron Marcello Foti kümmert sich gleichsam mit Cristina um die Bedienung. Aus der Küche im oberen Stockwerk, in der die Ehefrau Maria Grazia regiert, kommen die frisch zubereiteten Gerichte in einem Speiseaufzug.

DIE KÜCHE – Bei den schön dargebotenen Antipasti (man kann ein paar Kostproben oder den größeren Piatto misto für 9,50 € wählen) sind Frittate di cipolla con patate oder zucchine, Olive ***cunzate***, Pomodori secchi, Pasta fritta und Parmigiana stets präsent; in der Saison wechseln Zucca in agrodolce, Carciofi infornati, Insalate di cavolfiori, Fagiolini, Biete selvatiche und andere Speisen. Mögliche Primi sind Linguine con crema di mandorle di Noto oder con pistacchi di Bronte (8,50 €), **Pasta alla siracusana** con acciughe e mollica tostata und **Spaghetti alla matalotta** di cernia oder di lampuga (10 €), con il ragù di palamita oder di alalunga. Gut sind auch Minestre di legumi e di ortaggi, unter denen traditioneller ***Maccu*** di San Giuseppe herausragt. Bei den Secondi wechseln je nach Jahreszeit schmackhafte Meeresspeisen wie Sgombri oder Sauri (Bastardmakrelen) all'***agghiata***, Filetti di spatola (Degenfisch) al vino bianco (9,50 €), Polpo ***a' cipuddata*** oder alla luciana, Caponata di palamita (15 €), **Tunnina con i *pipi*** und *'Nfanfula* (Lotsenfisch) alla stimpirata. Gelo di carrube oder Mandelgebäck bilden das Finale. Kleines Sortiment sizilianischer Weine zu angemessenen Preisen.

Traditionelle Dolci gibt es in der Pasticceria Artale und Marciante, beide in der Via Landolina. Eine gute Auswahl sizilianischer Weine bietet Solaria, Via Roma 86.

SYRAKUS

Taberna Sveva

Trattoria
Piazza Federico di Svevia, 1
Tel. (+39) 09 31 / 246 63
Ruhetag: Mittwoch, außer im Sommer
Ferien: Mitte Januar–Ende Februar
40 Plätze + 60 Plätze im Freien
Preise: 30–35 €
Kreditkarten: CS, MC, Visa; BM
Mittags und abends geöffnet, Juni–September nur abends

DIE OSTERIA – Diese urwüchsige Trattoria in der Nähe des aus der Stauferzeit stammenden Castello Maniace gliedert sich in zwei einfach eingerichtete Räume und eine Veranda mit Blick auf den Platz. Die Inhaber Marco Crescimone und Piero Bondì leiten gemeinsam mit Giuseppe Attardo den Service. Chefkoch Antonio Galfo gibt in der Küche den Takt an.

DIE KÜCHE – Man kann mit klassischen Antipasti beginnen, wie **Polpo alla luciana** (10 €), Cozze in zuppetta oder scoppiate, Antipasto misto mit Kostproben von Sarde a beccafico, Acciughe marinate und Pescetti fritti. Falls erhältlich, probieren Sie Insalata con gamberi e arance oder Sgombro marinato. Weiter geht es mit guten Gerichten wie **Tagliolini con il ragù di pescatrice** (10 €) und Pasta con alici, pomodorini e mollica tostata oder, in der entsprechenden Zeit, con il sugo di tonno. Geschmacksnoten aus dem Inselinneren kommen in **Caserecce al pesto siciliano** (10 €), Pasta alla Norma und Busiate con salsiccia, pomodoro secco e pistacchi gut zur Geltung. Herausragende Secondi sind Spatola (Degenfisch) in crosta di patate (12 €), Zuppa di totani, Seppie arrostite und Aiola (Marmorbrasse) all'acqua di mare (15 €). Im Spätfrühling finden Sie **Tunnina alla ghiotta**, von Ende August bis zum Ende des Herbstes **Lampuga alla matalotta** oder con la ***cipuddata***. Im Winter kommen gewöhnlich auch ein paar Fleischgerichte auf den Tisch, wie Suino nero al sugo und Salsiccia arrostita. Als Nachtisch gibt es außer Tiramisù agli agrumi nicht viel. Die Weinkarte nennt einige gute Tropfen aus Sizilien.

Bei Fratelli Burgio, Piazza Cesare Battisti, auf dem Markt von Ortigia gibt es eingelegte Produkte, Käse, Wurst und andere typische Spezialitäten. Man kann auch für einen großzügigen Imbiss einkehren.

52 KM SÜDLICH VON MESSINA, S.S. 114

Tischi Toschi

Restaurant
Via Francesco Paladini, 3
Tel. (+39) 339 / 364 20 88
Ruhetag: Montag
Ferien: zeitweise im Januar
40 Plätze
Preise: 44 € €↑
Kreditkarten: AE, CS, DC, MC, Visa; BM
Mittags und abends geöffnet

Lucas Geschichten machen den durch und durch sizilianischen Geschmack seiner Küche noch genussreicher.

DIE OSTERIA – In einem der absolut sehenswerten Gässchen von Taormina, nicht weit von der Hauptstraße, empfängt Luca Casabianca seine Gäste in diesem kleinen Lokal, das mit Bildern und Keramik geschmückt ist. Wenn es sein Arbeitsrhythmus erlaubt, unterhält der Patron und Küchenchef die Gäste, indem er ihnen die Speisen, den Ursprung einiger Produkte und die Rezepte anhand historisch-gastronomischer Anekdoten und Erlebnisse erläutert. Alles in allem ein Ort, der ausgesprochen „slow" ist, auch wegen der ausgezeichneten Qualität des gesamten kulinarischen Angebots. Dies rechtfertigt, das Lokal weiterhin in unserem Buch zu nennen, obwohl es die hier festgelegte preisliche Obergrenze überschreitet.

DIE KÜCHE – Von den Antipasti (12 €) sind uns **Insalata di pesce stocco**, Polpette di finocchietto, Pecorino al cartoccio, **Scauratello** und Insalata di tonno con cipolla e capperi in Erinnerung geblieben. Weiter geht es mit hervorragenden Primi (14 €) wie **Spaghetti con le femminelle** (mit kleinen Venusmuscheln, die in den Seen von Capo Peloro gezüchtet werden), Spaghetti al nero di seppia, Tagliatelle al ragù di tonno und Paccheri alla Norma. Von den möglichen Secondi (18 €) schmecken **Alalunga alla matalotta**, Sgombro allardiato, **Aguglia alla liparota**, Braciole di carne alla messinese und Polpette in agrodolce. Die Desserts (5 €) sind ebenfalls ausgezeichnet: Gelo di arance oder di limone und Ricotta apparecchiata. Das recht gute Kellerangebot umschließt beinahe alle sizilianischen Etiketten, darunter auch einige biodynamische Weine.

Al Solito Posto

Trattoria
Via Orlandini, 30 A
Tel. (+39) 09 23 / 245 45
Ruhetag: Sonntag
Ferien: August
50 Plätze
Preise: 35 €
Kreditkarten: AE, CS, DC, MC, Visa; BM
Mittags und abends geöffnet

DIE OSTERIA – Die Osteria der Familie Basciano in Trapanis Zentrum liegt zwischen der Via Fardella und der Dante-Alighieri-Strandpromenade. Sie besteht aus drei nebeneinanderliegenden Räumen, die mit Bildern und Sportauszeichnungen zum Thema Fußball dekoriert sind. Empfangen werden Sie von Vito, der die Seele des Lokals und für den Einkauf zuständig ist. In der Küche steht sein jüngerer Bruder Rudy, der aus tagesfrischem Fisch Traditionsgerichte mit ein paar kreativen Noten zubereitet.

DIE KÜCHE – Bei den Antipasti gilt es, Burrata e le alici, **Caponata di melanzane** (6 €), Tortino di carciofi oder di melanzane und Polpettine di pesce nicht zu versäumen. Einen besonderen Stellenwert bei den Primi nehmen **Busiate** ein, eine typische frische Pasta aus Trapani: Sie finden sie in den Versionen con crema di pistacchi e gambero rosso, im Mai und Juni con il ragù di tonno und natürlich **con il pesto trapanese** (8 €), das im Mörser aus Salz, rotem Knoblauch aus Nubia (Slow-Food-Presidio), Tomaten, Basilikum und nativem Olivenöl extra zubereitet wird. Eine Kostprobe wert ist auch Spaghetto rotto in zuppa di aragoste. Als Secondi können Sie je nach Tagesfang **Capone alla ghiotta** mit Rosinen, Pinienkernen, Tomaten und Zwiebeln, Seppie ripiene (14 €) con gamberetti e mollica, Tonno in agrodolce alla trapanese und **Sgombro lardiato** vom Holzkohlengrill, mit Tomaten, Essig, Basilikum und Knoblauch serviert, genießen. Zum Ausklang erwarten Sie **Fichi a bocca aperta**, getrocknete Feigen mit Ricotta und Schokolade (3 €), Parfait di mandorle, Cannoli und Cassata. Gepflegtes Kellerangebot mit sizilianischen Etiketten und einer guten Auswahl an Marsala, Passiti und Bränden.

Gelateria Liparoti, Viale delle Sirene 21: hervorragende Granite, Eis und Eistorten aus hochwertigen frischen Zutaten.

Cantina Siciliana

Traditionelle Osteria
Via Giudecca, 32
Tel. (+39) 09 23 / 286 73,
(+39) 347 / 690 10 10
Ruhetag: Mittwoch, außer April–September
Ferien: zeitweise im November
60 Plätze
Preise: 30–33 €
Kreditkarten: AE, CS, MC, Visa; BM
Mittags und abends geöffnet

Küche aus Trapani, Wein, Empfang, Fisch und Atmosphäre: Pino Maggiore lässt kein Detail aus den Augen.

DIE OSTERIA – Pino Maggiore hat eine Schlüsselstellung, was Küche und Bewirtung in Trapani angeht. Da er sich bei seinen Suchaktivitäten des besten lokalen Angebots bewusst ist, ist es ihm gelungen, in 40 Jahren einen umfassenden Betrieb aufzubauen. Sein Lokal befindet sich im alten jüdischen Viertel. Die Osteria wird von einem Shop mit Vinothek und Gästezimmern ergänzt. Die Atmosphäre, die hier herrscht, ist wie in den alten Meerestrattorien und „international": Im Service arbeitet Ibitsem, in der Küche Hajer, beide tunesischer Herkunft und polyglott. Das kulinarische Angebot basiert auf Meeresgerichten, aber es gibt auch einige vegetarische und glutenfreie Speisen.

DIE KÜCHE – Als Antipasto bieten sich **Sarde allinguate** (8 €) oder Tris di pesce (mit roten Garnelen aus Mazara, Calamari und Schwertfisch) an. Das Paradegericht der Stadt, aber auch des Lokals, ist duftendes **Cuscus di pesce alla trapanese** (15 €), eine Speise, die eine ganze Mahlzeit darstellt und die Synthese einer tausendjährigen Tradition ist. Dann gibt es noch Caserecce con le uova di tonno (12 €), Pasta con triglie e finocchietto, **Frascatole al profumo di mare** (eine seltene Spezialität), Busiate alla trapanese con le melanzane und im Juni und Juli Pasta tonno e menta. Unter den Secondi sind Tonno all'agrodolce, Pesce spada con i capperi di Salina e mandorle (12 €) und **Fritto di paranza** (10 €). An Fleischgerichten finden Sie Cotoletta alla palermitana (8 €) oder Scaloppine al Marsala (8 €). Als Nachtisch gibt es **Cassatelle di ricotta**, Cassata und Cannoli (4 €) . Im Keller lagern mehr als 300 Weine aus Sizilien.

TRAPANI

Caupona Taverna di Sicilia

Trattoria
Via San Francesco d'Assisi, 32
Tel. (+39) 09 23 / 54 66 18,
(+39) 340 / 342 13 35
Ruhetag: Dienstag
Ferien: zeitweise im Februar
30 Plätze + 24 Plätze im Freien
Preise: 35–38 €
Kreditkarten: AE, CS, DC, MC, Visa; BM
Mittags und abends geöffnet

DIE OSTERIA – Claudio und Rosy Carbonari führen gemeinsam diese Trattoria gegenüber der Purgatorio-Kirche in der Nähe von Trapanis Strandpromenade. Während Rosy am Herd steht, kümmert Claudio sich um die Arbeit im Speisesaal und bereitet den Gästen einen freundlichen Empfang. Zu den verwendeten Zutaten zählen auch einige Produkte aus Slow-Food-Presidi, wie Pistazien aus Bronte, roter Knoblauch aus Nubia und Vastedda del Belìce. Das Menü variiert je nach Marktangebot.

DIE KÜCHE – Der Antipasto del Monsù (12 €) beinhaltet unter anderem Tortino di pesce spada alla parmigiana und Polpette al nero di seppia. Unter den Primi stechen **Calamarati verdi** (14 €), Pasta con crema di pistacchio di Bronte, gamberetti, calamari und **Cassatelle in brodo di pesce** (9 €) hervor. Ungewöhnlich sind überarbeitete Pasta alla Norma mit roter Garnele aus Mazara und Vastedda del Belìce anstelle von salziger Ricotta sowie **Spaghetti con uova di *minnula*** e ***minnule fritte n'capo***, die ganz gemäß Trapanis Tradition zubereitet sind. Breit gefächert ist die Auswahl an tagesfrischem Fisch (55 € je kg), darunter je nach Saison Riesengarnelen, Calamari und Thunfisch; einen Versuch lohnen Pesce spada alla pantesca und Gamberoni di Mazara alla griglia. Vegetarische Speisen wie **Cassatelle di ricotta al pistacchio** (10 €) und Fleischgerichte wie Tagliata di filetto sind ebenfalls erhältlich. Unter den hausgemachten Dolci finden sich Parfait di mandorle, Obst und Cannoli. Gute Auswahl an Weinen aus der Region, Passiti und Bränden.

La Rinascente, Via Gatti 3, bietet ausgezeichnetes klassisches Feingebäck aus Sizilien.

Trattoria del Corso

Trattoria
Corso Italia, 51
Tel. (+39) 09 23 / 234 75,
(+39) 328 / 684 45 55
Ruhetag: Sonntag
Ferien: 10.–20. September
30 Plätze + 20 Plätze im Freien
Preise: 35 €
Kreditkarten: AE, CS, DC, MC, Visa; BM
Mittags und abends geöffnet

DIE OSTERIA – Die zu den historischen Lokalen der Stadt zählende Trattoria befindet sich ein paar Schritte von der „Loggia" entfernt; so bezeichnen die Einwohner Trapanis das Herz der Stadt zwischen dem Corso Vittorio Emanuele, der Via Torrearsa, dem Hafen und den Mura di Tramontana. Das kürzlich renovierte Lokal verfügt über einen einzigen Gastraum und im Sommer über einen kleinen Sitzbereich im Freien an der angrenzenden Piazzetta Carrara. Puccio Salone steht in der typischen Haltung eines alten Wirts am Ruder, begrüßt die Gäste und kümmert sich persönlich um den Einkauf. Das Menü sieht das Beste der traditionellen Meeresküche von Trapani vor. Der sorgfältig ausgewählte Fisch kommt aus dem Meer um die Ägadischen Inseln, die Küche wird von Letizia Lazzara geleitet.

DIE KÜCHE – Den Anfang macht eine breit gefächerte Auswahl an Antipasti, unter denen wir **Sarde** al gratin (8 €) oder **marinate**, Lattume fritto (12 €), Caponata di pesce und Cappuccetto fritto finden. Unter den Primi sind **Busiate con pesto alla trapanese**, Spaghetti con i ricci di mare (15 €), Linguine con patelle, Pasta con i totani e pomodoro secco (12 €) und von Hand gestoßenes ***Cuscusu*** alla trapanese. Als Secondo folgen Spatola con le fave oder all'uva (12 €), Sarde allinguate, **Frittura mista di paranza**, Pesce spada con i fichi, Zuppa di pesce (18 €) und selbstverständlich tagesfrischer Fisch in traditionellen Zubereitungsarten. Zum Abschluss warten aus lokaler Erzeugung stammende **Cantucci** mit Passito, Tarte tatin und Cannolo scafazzato. Neben dem hervorragenden Hauswein bietet die Weinkarte eine begrenzte Auswahl an sizilianischen Sorten.

Die Bar Pasticceria Todaro, Via Palermo 98, bietet herrliches Frühstück mit süßem und pikantem Hefegebäck.

13 KM VOM ZENTRUM

Vultaggio

Agriturismo
Ortsteil Misiliscemi
Tel. (+39) 09 23 / 86 42 61,
(+39) 347 / 669 60 59
Kein Ruhetag
Ferien: zeitweise im Januar
55 Plätze + 55 Plätze im Freien
Preise: 25–30 €
Kreditkarten: AE, CS, DC, MC, Visa; BM
Mittags und abends geöffnet

DIE OSTERIA – Im ländlichen Gebiet um Trapani mit Blick auf das Blau des Meeres um die Ägadischen Inseln bringt Peppe Vultaggio den Gästen die alten Traditionen Siziliens näher, die vom Feld bis zum Tisch noch lebendig sind. Der Agriturismo trägt dazu bei, die für diesen westlichen Landstrich Siziliens typischen Anpflanzungen zu bewahren, von Oliven und autochthonen Weizensorten, und fördert sizilianische Slow-Food-Presidi wie Knoblauch aus Nubìa, schwarzes Schwein aus den Nebrodi, Mandeln aus Noto und Pistazien aus Bronte. Im großen Speisesaal oder im weitläufigen Sitzbereich im Freien, von dem man den Blick über die mit Olivenhainen und mediterraner Macchia bewachsene Landschaft schweifen lassen kann, geht das Ritual des Essens wie in alten Zeiten über die Bühne. Die Geschmacksnoten sind einfach und authentisch, viele Gerichte sind noch von Hand erzeugt, darunter Couscous.

DIE KÜCHE – Als Vorspeise erwähnen wir Caciocavallo all'argentiera, **Trippa alla parmigiana** (6 €) und **Caponata di melanzane con la mandorla di Noto**. In der Artischockensaison sollten Sie Mezzi ziti di ***tumminìa*** con carciofi e piacentinu ennese versuchen. Gut sind auch Busiate con stufato di maiale (8 €) und hausgemachte Cassatelle con ricotta e pere, nicht minder köstlich Gnocchi al pistacchio di Bronte. Die Spezialität, die Sie nicht versäumen sollten, ist ***Cuscusu*** di carne e verdure. Zu den empfehlenswerten Secondi zählen Costata di vitello di razza modicana (8 €) und **Agnello alla brace con salsa aromatica**. Das Mahl endet mit den unverzichtbaren Cassatelle di ricotta und Cannoli. Die Weinkarte listet lokale und italienische Etiketten auf.

Die Pasticceria Gelateria des Divino Hotel im Ortsteil **Rilievo** (3 km), Via Marsala 271, bietet gute Brioches aus Sauerteig und Eis aus Qualitätszutaten.

TUSA (ME)

143 KM WESTLICH VON MESSINA

Le Giare

Trattoria
Piazza Trento e Trieste, 9
Tel. (+39) 09 21 / 33 01 32,
(+39) 339 / 727 27 53
Ruhetag: Freitag
Ferien: zeitweise im Winter
40 Plätze + 70 Plätze im Freien
Preise: 25–30 €
Keine Kreditkarten
Mittags und abends geöffnet

DIE OSTERIA – Am Hauptplatz von Tusa, dem Ort, wo sich auch das reizvolle Freiluftmuseum Fiumara d'Arte befindet, empfängt Sie der Wirt Vincenzo Sambataro gemeinsam mit Alessandra und Marco in einer Trattoria mit häuslicher Atmosphäre. Er behauptet gerne, dass alle Besucher seines Lokals durch sein Essen „geheilt" werden, zu dem auch die Öle zählen, für die er ein ausgewiesener Experte ist. Um die Küche kümmert sich seine Frau Marinella und kocht Speisen, die der bäuerlichen Tradition dieses Gebiets folgen.

DIE KÜCHE – Der Antipasto misto (9 bis 12 €) kann mit den omnipräsenten Oliven, verfeinert mit hart gekochtem Ei und Sardellen, beginnen, um dann zu weiteren Kostproben überzuleiten, die je nach Saison Insalata di porcellana (Portulak) e cetriolo, Carciofi con la mentuccia, Zucchine stufate, Broccoli con la salsiccia, überaus delikate Panelle, **Cicerchia saltata in padella con pancetta e pane raffermo** und andere Speisen beinhalten können. Von den Primi seien **Pasta con finocchietto e sarde** (8 €), Spaghetti con salsiccia e borragine, ***Pitanzedda*** con fave, piselli, carciofi, finocchietto, pancetta und, gewöhnlich im Winter, Zuppe di legumi erwähnt. Von den Secondi sind uns ein hervorragendes **Spezzatino di agnello *agglassatu***, **Salsiccia cotta nel vino rosso** (10 €) und Involtini di carne alla messinese in Erinnerung geblieben. Fast immer findet man zum Ausklang hausgemachte Torta alla frutta oder **Biancomangiare** con gallette al vermut vor. Zu trinken stehen sizilianische Etiketten, ein ordentlicher offener Wein und zur Abrundung des Essens hausgemachter Sauerkirschenlikör zur Auswahl.

VALDERICE (TP)

8 KM ÖSTLICH VON TRAPANI, S.S. 187

Sfizi e Delizie

Osteria
Via Vespri, 19
Tel. (+39) 09 23 / 89 16 36,
(+39) 328 / 825 20 76
Ruhetag: Sonntagmittag, außer im Sommer
Ferien: 2 Wochen im November
44 Plätze
Preise: 25–33 €
Kreditkarten: CS, MC, Visa; BM,
Mittags und abends geöffnet

DIE OSTERIA – Das vor ein paar Jahren als kleiner Delikatessenladen entstandene Lokal hat sich in kurzer Zeit zu einem Restaurant unter der Leitung der Brüder Bandi entwickelt. Es steht an der Staatsstraße 187 in der Nähe der Abzweigung, die zum Gipfel des Monte Erice führt, einer wegen des mittelalterlichen Ortes berühmten Touristenattraktion. Im gemütlichen, rustikal eingerichteten Speisesaal werkt Enzo, der für einen liebenswürdigen, familiären Empfang sorgt und detailreich über die Produkte aus dem Gebiet berichtet. Sein Bruder Nicola steht am Herd. Zu den verarbeiteten Zutaten zählen einige der besten Produkte aus Slow-Food-Presidi.

DIE KÜCHE – Als Einstieg bietet sich der reichhaltige Antipasto della casa (13,50 €) für zwei Personen an, der eine Selektion an Käse, Wurst, Konfitüren und Honig aus Sizilien beinhaltet; Alternativen dazu wären Flan di carciofi su crema di ragusano, Caponata di melanzane, Antipasto di mare con gamberi marinati, Insalata di polpo, Cappuccetti fritti und Tonno in agrodolce. Unter den Primi sind typische, von Hand erzeugte **Busiate con pesto trapanese**, alla Norma, con salsiccia, spinaci, funghi e mandorle, al ragù di tonno e menta oder auch al pesce san pietro e bottarga. Sehr gut sind traditionelles **Cuscus di pesce alla trapanese** (12 €) und Spaghetti con i ricci. Als Secondo erwarten Sie Carni alla griglia, **Bollito di manzo** di razza modicana (8 €) und nach Wahl zubereiteter Fisch vom Tagesfang. Die Süßspeisen sind hausgemacht: **Sfince fritte**, Parfait di mandorle und Semifreddo di pistacchio (3,50 €). Kleines Sortiment an sizilianischen Weinen und einige Biere aus Kleinbrauereien.

VILLAFRATI (PA)

37 km südöstlich von Palermo, S.S. 121

La Bottega Siciliana

Restaurant-Pizzeria
Strada Statale, 121, km 237,500
Tel. (+39) 091 / 872 46 42
Ruhetag: Montag
Ferien: zeitweise im Winter
80 Plätze + 80 Plätze im Freien
Preise: 30 €
Kreditkarten: AE, CS, DC, MC, Visa; BM
Abends geöffnet, Sonntag auch mittags

DIE OSTERIA – Den Rahmen des eine halbe Stunde von der Stadt gelegenen Lokals bildet eine kleine Villa an der Staatsstraße Palermo-Agrigent zwischen Bolognetta und Villafrati. Es gibt einen neuen (kleinen) Richtungswechsel: Sabine Bour, die mit ihrem Mann Nino Graziano weiterhin erfolgreich auch in Russland tätig ist, lässt der Familie, vielmehr den Nichten den Vortritt. So finden Sie ab Mai dieses Jahres in der vordersten Linie Mariella Graziano gemeinsam mit Piera Sorrentino, während Sandro Sciortino der Mittelpunkt der Küche bleibt. Das gastronomische Angebot ist abgesehen von ein paar kreativen Akzenten traditionell gehalten und zwischen Hinterland und Meer angesiedelt. Es gibt auch gute Pizza. Ein großer, gepflegter Garten ermöglicht, in der schönen Jahreszeit im Freien zu speisen.

DIE KÜCHE – Unter den Antipasti – es geht um den Antipasto Bottega – können Sie duftendes Frittiertes wie Panelle, Croquette (aus Respekt vor Sabine hier auf Französisch geschrieben), Arancinette und Kartoffelspalten (10 €) finden. Außerdem gibt es Bruschette al pomodoro, **Caponata di pesce spada e melanzane**, Zucchinette e funghi ripieni, hausgemachten Prosciutto cotto, Misto mare (9 €) und **Insalata di polpo e patate**. Weiter geht es mit Spaghetti alla testa e coda di gamberone piccante, Paccheri alla Norma (8 €), **Timballo alle triglie e finocchietto** (10 €) und Pasta con le sarde; darauf folgen Medaglioni di maialino nero dei Nebrodi con salsa al Nero d'Avola (12 €), **Spalla di agnello al forno** und Pescato del giorno con panatura al pistacchio (tagesfrischer Fisch in Pistazienpanade). An Süßem bietet sich Gelato al basilico con fragole, olive caramellate e olio vanigliato (8 €) an. Die Weinkarte ist regional gehalten, enthält aber auch einige Etiketten aus Südtirol.

VITTORIA (RG)
Scoglitti

38 km westlich von Ragusa, S.S. 115

Fichera

Trattoria-Pizzeria
Via Napoli, 124
Tel. (+39) 09 32 / 98 00 00
Kein Ruhetag
Ferien: unterschiedlich
80 Plätze + 20 Plätze im Freien
Preise: 38–40 € €↑
Kreditkarten: CS, DC, MC, Visa; BM
Mittags und abends geöffnet

DIE OSTERIA – Wenige Meter vom kleinen Hafen des Küstenorts entfernt befindet sich diese Trattoria, die auch als Pizzeria fungiert. Zum schlicht eingerichteten Gastraum gesellt sich eine kleine Veranda im Eingangsbereich. Der erfahrene Patron Giovanni Fichera setzt die Tätigkeit der Familie fort, die sein Vater vor mehreren Jahrzehnten begann. Mit ihm arbeiten seine Frau Mariella und Sohn Rosario im Service; der andere Sohn, Samuele, leitet die Arbeiten in der Küche. Das kulinarische Angebot basiert zum Großteil auf typischen Gerichten aus der sizilianischen Meeresküche, ergänzt von ein paar modernen Rezepten. An Sonn- und Feiertagen gibt es nur zwei Degustationsmenüs für 35 und 45 €.

DIE KÜCHE – Zur Einstimmung gibt es beispielsweise Insalata di polpo, calamari e gamberi oder ebenso klassische Zuppa di cozze. Wir empfehlen den reichhaltigen Antipasto degustazione (20 €), der wegen der Qualität und Anzahl der Kostproben eine interessante Mahlzeit darstellt: Unter den rund zehn Speisen können Sie Alici, gamberi rossi e scampi marinati, **Polpette di seppia**, Calamaro ripieno, Polpo bollito, **Sarde a beccafico**, Moscardini fritti, **Crispelle di baccalà e cavolfiore**, **Razza alla stimpirata**, Involtino di spada con il pesto siciliano und Spatola (Degenfisch) con confettura di fichi finden. Als Primi schmecken Ravioli di ricotta al nero di seppia, **Pasta con le sarde** (10 €), Spaghetti con alici, mandorle e finocchio selvatico und Penne con il gambero rosso (12 €). Unter den Secondi sind schmackhafte Triglie al cartoccio und Tagliata di alalunga (15 €). Als Dessert locken Parfait di mandorla oder di pistacchio. Zu trinken gibt es eine recht gute Selektion sizilianischer Weine und einige Biere aus Kleinbrauereien.

FRANKREICH
KORSIKA
S. Teresa Gallura
MADDALENA
PARCO NAZ. D. ARCIPELAGO DE LA MADDALENA
CAPRERA
Capo Testa
Palau
Porto Cervo
PARCO NAZ. D. ASINARA
ASINARA
Luogosanto
S. Antonio di Gallura
Golfo Aranci
Stintino
Castelsardo
Calangianus
Olbia
Porto Torres
Tempio Pausania
Sennori
Sassari
Budoni
Ploaghe
Ittiri
Pattada
C. Caccia
Alghero
Ozieri
Siniscola
Bitti
Lula
Nuoro
Orosei
Bosa
Bosa Marina
Macomer
Oliena
Dorgali
Magomadas
Sennariolo
Cuglieri
Sedilo
Ottana
Mamoiada
PARCO NAZ. D.
Golf von Orosei
Gavoi
GENNARGENTU
MITTELMEER
Santu Lussurgiu
Abbasanta
Teti
E D. GOLFO DI OROSEI
Tonara
Tirso
Gennargentu
Villagrande Strisaili
Fordongianus
1834
Tortoli
Cabras
Arzana
Oristano
Laconi
Lanusei
Ulassai
TYRRHENISCHES MEER
Genoni
Terralba
Barumini
Siddi
Villamar
Guspini
Senorbi
Sanluri
Flumendosa
Arbus
Villacidro
Villasalto
Fluminimaggiore
Muravera
S. Sperate
Dolianova
Iglesias
Decimomannu
Assemini
Portoscuso
Quartu S. Elena
S. PIETRO
Carbonia
Capoterra
CAGLIARI
Carloforte
Nuxis
Villasimius
Calasetta
Giba
Capo Carbonara
Sant'Antioco
Sarroch
Pula
Teulada
S. ANTIOCO
S. Margherita
Capo Teulada
0 15 30 km
MITTELMEER

SARDINIEN

Eine Küche mit ausgeprägter Identität: Dies ist der Eindruck, den jeder Besucher aus Sardinien mitnimmt, wenn er ein Mindestmaß an Umsicht walten lässt und auf Massentourismus ausgerichtete Gaststätten meidet. Letztere sind zwar noch zahlreich vorhanden, zum Glück aber nicht mehr repräsentativ für die Gastronomie der Region. Seit rund 20 Jahren ist man dazu zurückgekehrt, die Gastlichkeit hochzuhalten und lokale, traditionsgemäß zubereitete Speisen anzubieten. Hartweizensorten, etwa die Sorte Senatore Cappelli, Gerste und Bergkartoffeln treten wieder auf den Plan – was der Arbeit von Vereinen zu verdanken ist, denen es im Namen der Wiederherstellung der Biodiversität gelungen ist, vom Aussterben bedrohte Kulturvarietäten zu retten. Außerdem pflegt man wieder die Wanderschäferei, die Weinlese, die Schafschur und das Brotbacken – all das gilt es mit passenden Speisen zu feiern.
Heute gibt es in der Barbagia beispielweise nicht wenige Wirte, die nicht nur gekochtes Schaf mit Kartoffeln und Zwiebeln auftischen, sondern eine ganze Speisenfolge; bei diesem Ritual wird das Tier in seiner Gesamtheit, einschließlich seiner Innereien, verarbeitet. Gleiches gilt für die Küstengebiete, angefangen von Alghero, der katalanischen Sprach- und Kulturinsel, wo Krustentiere, besonders Langusten, tonangebend sind. In Bosa, Castel Sardo und in Alghero selbst hat man auch die Möglichkeit, die Spezialität *Azzada* (Rochen in Knoblauchsauce) zu probieren, die ihren Ursprung in der Notwendigkeit hat, die Reste des tags zuvor zubereiteten Fisches zu verwerten.
Die Küche der Ogliastra ist von schlichten Zutaten aus dem Hinterland geprägt, während man im Raum Cagliari und Oristano auf Meeresgerichte nach volkstümlichen Rezepten setzt, wie etwa Fischchen a *scabecciu* (frittierte Fischchen in Essigmarinade). In der Gallura stellt die Meeresküche eine Neuentdeckung dar, und noch immer verführt die *Suppa cuata*, die „verstecke" Suppe, so bezeichnet, weil sie von einer dicken Käseschicht bedeckt ist.

Für Sie entdeckt

Aragosta

794 A Galaia
Isola di San Pietro - Carloforte (Ci)

795 Da Riccardo
Magomadas (Or)

Suppa cuatta/zuppa gallurese

790 Il Tirabusciò
Calangianus (Ot)

798 Stazzu li Paladini
Olbia

800 Li Lioni
Porto Torres (Ss)

Azzada

785 Borgo Sant'Ignazio
Bosa (Or)

Pecora

786 Flora
Cagliari

791 Ispinigoli
Dorgali (Nu)

796 Sa Rosada
Mamoiada (Nu)

797 Il Rifugio
Nuoro

ABBASANTA (OR)

36 KM NORDÖSTLICH VON ORISTANO, S.S. 131

Su Carduleu

Restaurant
Via Sant'Agostino, 1
Tel. (+39) 07 85 / 56 31 34,
(+39) 345 / 834 22 24
Ruhetag: Mittwoch
Ferien: unterschiedlich
35 Plätze
Preise: 38–40 € €↑
Kreditkarten: AE, CS, DC, MC, Visa; BM
Mittags und abends geöffnet

Der stets gastfreundliche Roberto Serra versteht es, den authentischen Traditionen Sardiniens Modernität zu verleihen und hat sich der Suche nach niemals banalen Geschmackserlebnissen verschrieben.

DIE OSTERIA – In dem von Vulkangestein geprägten Gebiet von Abbasanta liegen Nuraghenanlagen wie Pozzo di Santa Cristina, deren Bedeutung noch unbekannt ist, neben Weiden für die Aufzucht der typischen lokalen Rinderrasse Bruna Sarda. Hier kümmert sich der tüchtige junge Küchenchef Roberto Serra seit 2013 vorbildlich um die Küche und den Empfang der Gäste, denen er seine Speisen präsentiert. Käse, Fleisch, Fisch und Wein sind die Spezialitäten des Su Carduleu, in dem Traditionen und sardische Esskultur hochgehalten und mit außergewöhnlicher Modernität interpretiert werden.

DIE KÜCHE – Drei Degustationsmenüs (22, 35 und 45 €) oder die saisonal wechselnde Karte führen Sie auf Ihrer Reise durch einzigartige Aromen. Wurst, Käse, **in Öl eingelegte Karden**, kombiniert mit warmem Hartweizenbrot, leiten zu Crema di ceci e gambero scottato, Battuta di melina ai capperi, Quaglia arrosto su crema di patate, Carpaccio di muggine marinato agli agrumi (9 €) oder Cozze al vapore con olio al peperoncino über. Superb ist frische Pasta wie ***Lorighittas*** al sugo di lepre e ricotta *affumada*, ***Lisanzas*** al cinghiale (13 €) und **Su *ministru*** (Grieß in Brühe) alle vongole e zafferano oder alle verdure e ciccioli. Unter den Secondi finden sich Rollè di faraona, Manzetta arrostita, **Maiale al finocchietto** oder Branzino al cartoccio (15 €). Lassen Sie noch Platz für lokale Käsesorten oder Crema di mascarpone su mostacciolo di Oristano (5 €). Zu trinken erwarten Sie eine ausgezeichnete Auswahl regionaler Weine sowie Biere aus Kleinbrauereien, die in Sardinien florieren und für denkwürdige Geschmackserlebnisse sorgen.

ARZANA (OG)

11 KM WESTLICH VON TORTOLÌ, 8 KM VON LANUSEI

La Pineta

Restaurant-Pizzeria
Vico I Don Orione, 5
Tel. (+39) 07 82 / 374 35,
(+39) 328 / 320 53 86
Ruhetag: Samstag
Ferien: 3 Wochen im September/Oktober
120 Plätze + 20 Plätze im Freien
Preise: 30–35 €
Kreditkarten: AE, CS, DC, MC, Visa; BM
Mittags und abends geöffnet

DIE OSTERIA – Das Lokal befindet sich im oberen Teil des Bergdorfes Arzana und bietet von seiner Terrasse aus einen eindrucksvollen Rundblick über den Golf von Arbatax. Das schlichte, gemütliche Restaurant wird von der Familie Nieddu geführt. Gewöhnlich ist ein Menü für 35 € erhältlich, aber Sie können Ihren Genussparcours auch selbst nach Lust und Laune gestalten.

DIE KÜCHE – Unter den Antipasti in Form von Käse finden sich ausgezeichneter Pecorino und Ricotta *mustia* (geräuchert). Danach geht es mit warmen Vorspeisen weiter wie **Frittelle di verdure**, di porcini, di patate und Bocconcini agrodolci ricoperti di abbamele (Abbamele ist ein Honigderivat und gilt als eines der ältesten Produkte in der ländlichen Kultur Sardiniens). Bemerkenswert sind die lokalen Wurstspezialitäten, allen voran Prosciutto aus der Ogliastra. Was die Primi anbelangt, sind die obligaten von Hand erzeugten ***Culurgiones*** (9 €) das Paradegericht des Restaurants und werden mit verschiedenen Zutaten angerichtet (mit Käse, mit Thymian, mit Sauce, mit Spargel und **mit Steinpilzen**). Unter den Secondi sind vielfältige ausgezeichnete Fleischgerichte, besonders empfehlenswert sind **Agnello in umido con finocchietto** (10 €) und Cinghiale stufato, marinato nel vino rosso oder con porcini (10 €). Neben lokalen Süßspeisen wie ***Seadas*** erwarten Sie als Dessert die unverzichtbaren **Raviolini dolci di ricotta e vaniglia** (4 €), übergossen mit Honig, der mit Orange und Myrte aromatisiert ist. Die Weinkarte nennt Tropfen aus sardischen Kellereien.

62 KM NÖRDLICH VON ORISTANO, S.S. 292

NEU Borgo Sant'Ignazio

Osteria
Via Sant'Ignazio, 33
Tel. (+39) 07 85 / 37 41 29,
(+39) 320 / 230 34 61
Ruhetag: Montag, Dienstag (außer im Sommer)
Ferien: November–Mitte Dezember
60 Plätze + 30 Plätze im Freien
Preise: 32–36 €
Kreditkarten: CS, DC, MC, Visa; BM
Mittags und abends geöffnet

DIE OSTERIA – Der reizvolle Ort Bosa mit seinen typischen bunten Häusern liegt am Fuß des Kastells von Serravalle. Unten fließt der Temo, vorbei an fruchtbaren Gemüsegärten und ehemaligen Gerbereien, bevor er in das saubere, fischreiche Meer mündet. Ringsum finden wir mediterrane Macchia, Weingärten mit Reben für den berühmten Malvasia, Weiden und traumhafte Strände für einen aufstrebenden, aber noch nicht erdrückenden Tourismus. Das Borgo Sant'Ignazio ist ein einfaches Lokal in der Altstadt, das auf den charakteristischen Ebenen eines mittelalterlichen Hauses angelegt ist. In der schönen Jahreszeit isst man im Freien auf einem hübschen Platz zwischen engen, gepflasterten Straßen, die zum Kastell hinaufführen. Eine große Palette lokaler Produkte, wie Käse, Wurst, Gartengemüse und Fisch, mit kleinen Booten ohne Schleppnetz gefangen, sorgt für eine perfekte Verbindung zwischen der Küche der Küste und des Hinterlandes. Die Osteria geizt nicht mit Angeboten und bietet auch Speisen, die eher dem touristischen Geschmack entsprechen, jedoch nicht aus der Art schlagen.

DIE KÜCHE – Unter den Antipasti sind ***Azzada*** und ***Baldolos*** (10 €), mit getrockneten Tomaten, Knoblauch und Essig gekochter Katzenhai, ***Petta imbinada***, in Rotwein mariniertes Schweinefleisch, und ***Panadas*** (13 €), Teigtaschen mit Fleisch- und Gemüsefüllung. An Primi gibt es klassische ***Fregula*** (14 €) **ai sapori del mare**, Pappardelle con ragù di agnello oder cinghiale und hervorragende ***Culizones 'e calameda*** (12 €) mit Ricotta-Gemüse-Füllung. Weiter geht es mit *Porceddu* (gegen Vorbestellung), ***Aligosta a sa 'osinca*** (Languste nach Art von Bosa) und Tris degustazione Sardegna (16 €), die auch Cordula di agnello einschließt. Lokaler Schafkäse und *Seadas* (6 €) runden die Mahlzeit ab. Kleines Weinangebot aus Sardinien.

8 KM NORDWESTLICH VON ORISTANO, S.S. 131

Il Caminetto

Restaurant
Via Battisti, 8
Tel. (+39) 07 83 / 39 11 39
Ruhetag: Montag
Ferien: 15. Januar–15. Februar
120 Plätze
Preise: 33 € (Tagesmenü)
Kreditkarten: AE, CS, MC, Visa; BM
Mittags und abends geöffnet

DIE OSTERIA – Cabras liegt in der Nähe des römischen Ortes Tharros und wurde in letzter Zeit bekannt durch den Fund der Giganten von Mont'e Prama; dabei handelt es sich um große Statuen, die Krieger darstellen und nun bei den Ausgrabungen des städtischen Museums und in der Cittadella dei Musei in Cagliari ausgestellt sind. Die Haupteinnahmequellen des Dorfes sind die Bewirtschaftung der Lagunen und die Fischerei. Das Lokal in der Altstadt ist dank der Frische der Zutaten und der herzlichen Gastlichkeit eine beliebte Anlaufstelle für Freunde guter Fischküche.

DIE KÜCHE – Sie können sich mit einem typischen, preislich festgelegten Menü durch Ihren kulinarischen Parcours leiten lassen oder die Speisen frei wählen, angefangen von köstlichen Antipasti, etwa einer außergewöhnlichen **Paté di bottarga**. Burrida wird mit Rochen oder Katzenhai zubereitet. Weiter geht es mit anderen Vorspeisen, beispielweise Cozze gratinate e cipolle in agrodolce. Von den Primi schmecken die vorzüglichen **Fregola con arselle** (9 €) sowie Risotto alla pescatora oder al nero di seppia (9 €) besonders gut. Als Secondi bieten sich traditionelle **Spigola alla Vernaccia** und ausgezeichneter San pietro in umido an. Gut und leicht ist Frittura mista di calamari e gamberi. Als Dessert erwarten Sie neben traditionellen Süßspeisen aus dem Raum Oristano eine interessante Crema di pinoli, mandorle, frutta e amaretti sbriciolati (4 €). Zu trinken gibt es eine gepflegte Auswahl an Weiß- und Rotweinen, die überwiegend aus der Region stammen.

CABRAS (OR)
Peschiera Pontis

7 KM NORDWESTLICH VON ORISTANO

NEU Sa Pischera 'e Mar'è Pontis

Restaurant • Strada Provinciale 6, km 1,200
Tel. (+39) 07 83 / 39 177 4,
(+39) 335 / 749 76 26
Ferien: Weihnachten
180 Plätze
Preise: 27–32 € (Tagesmenü)
Kreditkarten: AE, CS, DC, MC, Visa; BM
Mittags und abends geöffnet; Oktober–März mittags, am Wochenende auch abends

DIE OSTERIA – Das Restaurant des Ittiturismo (Verpflegung und Unterkunft bei Fischern) Pontis hat 2013 wieder seine Pforten geöffnet, nachdem es durch einen Brand zerstört worden war. Der Fisch wird direkt von den Fischern der Genossenschaft in Cabras geliefert, die einfachen, schmackhaften Gerichte entspringen der Lokalküche und sind ganz im Zeichen der Tradition dieser eindrucksvollen Gegend im Golf von Oristano zubereitet. Für den effizienten Service sorgen die Gesellschafter der Genossenschaft.

DIE KÜCHE – An Wochentagen stehen zwei Menüs zur Auswahl: ein reichhaltiges Menü für 27 € und ein noch opulenteres für 32 €. Sobald Sie Platz genommen haben, können Sie Ihre Auswahl treffen, wobei am Wochenende mittags und abends nur das umfangreichere Menü serviert wird. Unter den Antipasti finden Sie in der Regel eine köstliche **Burrida** al sugo oder in agrodolce, **Insalata** di polpo oder **di fregola con muggine affumicato**, verdurine e bottarga und Crostini con paté di bottarga; manchmal kann man auch Filetti di muggine marinati und Zuppetta di cozze probieren. Als Primi werden Pennette con muggine affumicato, Fregola ai frutti di mare und ***Maccarones de busa*** allo scoglio angeboten. Der Hauptgang besteht aus **Grigliata mista** (Goldbrasse, Seebarsch, Riesengarnelen …) und hervorragender, im Ofen gratinierter Muggine (Meeräsche), begleitet von ganz frischem rohem Gemüse, auf unterschiedliche Weise geschnitten und gewürzt. Neben dem offenen Weiß- und Rotwein gibt es einige regionale Flaschenweine zu trinken. Den hervorragenden Meeräschenrogen und die geräucherte Meeräsche gibt es zu kaufen: Nutzen Sie die Gelegenheit.

CAGLIARI

Flora

Restaurant
Via Sassari, 45
Tel. (+39) 070 / 66 47 35
Ruhetag: Sonntag
Ferien: 1 Woche zu Neujahr, 3 Wochen im August
80 Plätze + 50 Plätze im Freien
Preise: 35 €
Kreditkarten: AE, CS, DC, MC, Visa; BM
Mittags und abends geöffnet

DIE OSTERIA – Das Restaurant Flora liegt zentrumsnah im Szeneviertel von Cagliari; es ähnelt mit seiner Einrichtung und den Antiquitäten im Speisesaal sehr einem Wohnzimmer, in dem der höfliche und sympathische Lokalinhaber Beppe Deplano seinen Auftritt als Hausherr hat. An das Restaurant angeschlossen ist das gleichnamige Hotel mit schön renovierter Fassade.

DIE KÜCHE – Das Menü spiegelt die für Cagliari typische Meeresküche wider, angefangen von den allgegenwärtigen ***Orziadas***, Cannolicchi und Cozze, die im Antipasto misto di mare (12 €) enthalten sind, in dem wir – als einzige nicht vom Meer geprägte Speise – auch gute Polpette in verschiedenen Spielarten vorfinden: aus Auberginen oder Zucchini süßsauer zubereitet oder aus gedünstetem Blumenkohl. Von den Primi sind uns ***Culurgiones***, Ravioli della casa, ***Malloreddus alla campidanese*** (8 €), Fregola mantecata con le vongole und **Spaghetti ai ricci** (12 €) in Erinnerung geblieben. Unter den Secondi sind tagesfrischer Fisch, Sogliole alla parmigiana, Tagliata di tonno, **Fritto misto** (12 €) und für Fleischliebhaber Bocconcini di pecora alla cacciatora oder Grigliata mista con verdure zu empfehlen. Wer mag, kann auch zu Aragosta (Languste) greifen, die jedoch die Rechnung deutlich steigen lässt. An Süßem bieten sich **Raviolini di ricotta fritti** (5 €), ***Seadas*** und Semifreddo al torrone an. Die Karte nennt eine große Auswahl an Weinen, die sämtlich aus Sardinien stammen.

Il Fanà

Restaurant
Corso Vittorio Emanuele, 99
Tel. (+39) 070 / 68 03 26
Ruhetag: Montag
Ferien: unterschiedlich
36 Plätze
Preise: 30–35 €
Kreditkarten: AE, CS, MC, Visa; BM
Mittags und abends geöffnet

DIE OSTERIA – Das typische alte Lokal mit Kalksteinbögen und unverputzter Holzdecke liegt Zentrum von Cagliari in einer der belebtesten Straßen nicht weit vom Hafen und vom Bahnhof. Es präsentiert sich anmutig, ruhig und – ebenso wie die Gerichte – erlesen. Das an der lokalen Tradition orientierte und mit einem Hauch Kreativität angereicherte Menü variiert je nach saisonaler Verfügbarkeit der Zutaten. Bevor man seine Wahl trifft, ist es daher empfehlenswert, der Speisenpräsentation von Maria Luisa Pinna zu lauschen, die sich höflich um den Service kümmert.

DIE KÜCHE – Wer mag, beginnt mit einem Antipasti-Mix (11 €) und probiert **Seppie con le spezie**, Tonno con pomodori e funghi, **Gambero arrostito in crosta di pane carasau**, Cannolicchi und Polpette di orata. Weiter geht es mit Primi wie Ravioli con mentuccia e cernia, Spaghetti oder Linguine all'astice, **Raviolini di cernia** (10 €) und Spaghetti al nero di seppia. Exquisit sind Tonno arrostito con rosmarino e pangrattato (12 €), Orata con pomodorini e zafferano und **Fritto di calamari**. Zu den Speisen reicht man Pane civraxiu, das typische Brot aus Sanluri. Süßspeisen, wie gutes Gelato di torroncino alla nocciola, oder Saisonobst runden das Essen ab. Zu trinken gibt es neben dem anständigen Hauswein eine schöne Auswahl an Weinen aus sardischen Winzerbetrieben.

La Locanda dei Buoni e Cattivi

Restaurant
Via Vittorio Veneto, 96
Tel. (+39) 070 / 734 52 23
Ruhetag: Sonntag • Ferien: August
30 Plätze + 30 Plätze im Freien
Preise: 20–30 € • Kreditkarten: MC, Visa; BM
Mittags und abends geöffnet, Montag und Mittwoch nur abends

DIE OSTERIA – Dieses Lokal entstand aus einem Projekt zur sozialen Eingliederung der Non-Profit-Organisation Domus de Luna, die einen Weg zur Förderung regionaler Produkte mit Akzent auf ethischem und nachhaltigem Essen entwickelt und dafür kleine lokale Betriebe mit besonderem Augenmerk auf biologischen Landbau ausgewählt hat. Den Rahmen der Locanda, die auch über einige gemütliche Zimmer verfügt, bildet eine Villa mit schattigem Garten, in dem man im Sommer speisen kann.

DIE KÜCHE – Das wöchentlich wechselnde Menü ist an saisonal verfügbare Produkte gebunden und räumt Gartengemüse und Hülsenfrüchten viel Platz ein, sowohl in warmer als auch kalter Zubereitung: Insalata di legumi marinati, fagioli cannellini, ceci e lenticchie di Samatzai und **Polpette di melanzane** impanate (6 €), die es auch in veganer Version ohne Ei gibt, sind einige Beispiele. Unter den Antipasti finden sich ein erlesener **Flan di pecorino biologico** (der Schafkäse kommt aus Siliqua) **con verdure** und traditionelle, aber keineswegs alltägliche Insalata di polpo con patate (die biologischen Kartoffeln kommen aus Fonni) (7 €). Vortrefflich ist die Auswahl lokaler Wurst- und Käsesorten (7 €). Eine Gemüsesuppe eröffnet stets den Reigen der Primi, zusammen mit charakteristischer ***Fregula*** con bottarga di muggine e ragù di triglia (9 €). Auch das Angebot der Secondi ist den Jahreszeiten angepasst: **Coniglio alla griglia** con fondo bruno alla birra e pesche (13 €) und Fagottino di pane carasau ripieno di casizolu fuso di Santu Lussurgiu con crema di yogurt e pomodoro secco (9 €). Gute Süßspeisen, teils auch vegan, und eine achtsam getroffene Auswahl an lokalen Weinen.

Lo Zenit

Restaurant
Viale Pula/Villaggio dei Pescatori
Tel. (+39) 070 / 25 00 09,
(+39) 338 / 435 05 05
Ruhetag: Montag
Ferien: 1.–10. Januar, 3 Wochen im November
40 Plätze + 40 Plätze im Freien
Preise: 32–35 €
Kreditkarten: AE, CS, DC, MC, Visa; BM
Mittags und abends geöffnet

DIE OSTERIA – Vor einer prachtvollen Kulisse bietet das Lo Zenit (früher Da Minestrone) mit seiner herrlichen Terrasse mit Blick auf den Giorgino-Strand gegenüber dem pittoresken Villaggio dei Pescatori (Fischerdorf), das heute ein Wohnviertel geworden ist, unverfälschte Küche aus Cagliari ohne Zugeständnisse an Moden und ohne Überarbeitungen. Außer der Terrasse gibt es einen charakteristischeren, im Seefahrerstil gehaltenen Speiseraum. Beide sind mit großen, mit schlichter Eleganz gedeckten Tischen ausgestattet. Der Service ist zwar etwas kurz angebunden, dafür ist aber das Essen eine Offenbarung. Das Küchenangebot wird von den ganz traditionellen Meeresgerichten aus Cagliari dominiert, wie Scabeccio, Burrida, Meeresfrüchte und Seeigel (während der Saison von November bis April).

DIE KÜCHE – Sie können mit einer sehr reichhaltigen Selektion an Antipasti (15 €) beginnen, die zum Beispiel **Burrida** – das heißt mit Nüssen, Essig und seinen Innereien zubereiteten Katzenhai –, Fisch vom Tagesfang in scabeccio (in süßsaurer Zubereitung mit Tomaten), **Zuppa di cozze e arselle** und Tonno con cipolle, bottarga e sedano beinhaltet. Von den mit Schätzen aus dem Meer verfeinerten Primi sollten Sie zumindest ein Gericht probieren, wie **Fregola in umido con le arselle**, in der traditionellen Suppenschüssel angerichtet, und Spaghetti con le arselle, con i ricci oder con bottarga (10 €). Danach folgen vorzügliche Grigliate, Fritti di calamari e piccola pesca (15 €) oder der traditionelle **Pesce cappone con le patate**. Den Schlusspunkt setzten traditionelle sardische Süßspeisen oder hausgemachtes **Tiramisu**. Die eher begrenzte Weinauswahl beinhaltet einige besondere Tropfen, auch von außerhalb Sardiniens. Interessantes Angebot an Bränden und Likören.

Sa Domu Sarda

Restaurant
Via Sassari, 51
Tel. (+39) 070 / 65 34 00
Ruhetag: Samstagmittag
Ferien: Weihnachten, Neujahr
70 Plätze
Preise: 25–35 €
Kreditkarten: CS, MC, Visa; BM
Mittags und abends geöffnet

DIE OSTERIA – Dieses gemütliche und sehr authentische Lokal in der Altstadt von Cagliari zeugt auf exzellente Weise von den bäuerlichen Traditionen der Insel. Eindrucksvoll ist die schlichte, charakteristische Einrichtung, die, wie der Lokalname verrät, an ein typisch sardisches Haus erinnert.

DIE KÜCHE – Man kann aus einer breiten Vorspeisenpalette wählen: Neben, klassisch auf einem Holzbrett servierten lokalen Wurst- und Käsesorten (10 €) erwähnen wir Millefoglie di **pane carasau con caponata di verdure e ricotta**, Melanzane ***a sa carrettera*** (8 €) und Carpaccio di cavallo con rucola e fiore sardo. Als Primi (10 €) raten wir Ihnen, klassische Culurgiones aus der Ogliastra zu wählen, die unterschiedlich verfeinert werden (mit Walnüssen und Pinienkernen, Lauchcreme oder traditioneller Römischer Minze), oder ausgezeichnete **hausgemachte Fregola** con zucchine e fiori di zucca allo zafferano oder **con funghi e salsiccia**. Unter den Secondi ist viel Grill- und Schmorfleisch zu finden, darunter ein köstlicher, sehr feiner **Stufato di capra allo zafferano di San Gavino** (15 €), Cordula con piselli und Stracotto di asinello profumato al Nuragus con pomodori secchi. Gegen Vorbestellung und für mindestens fünf Personen gibt es auch Maialino da latte al profumo di mirto. Zum Abschluss erwarten Sie sardisches Gebäck und sehr gute hausgemachte ***Sebada***. Guter Hauswein aus dem Campidano und ein ausreichendes Repertoire der wichtigsten sardischen Etiketten. Verschiedene Degustationsmenüs von 25 bis 35 €.

Sa Piola della Vecchia Trattoria

Moderne Osteria
Vico Santa Margherita, 3
Tel. (+39) 070 / 66 67 14
Kein Ruhetag
Ferien: unterschiedlich
60 Plätze + 10 Plätze im Freien
Preise: 40 € €↑
Kreditkarten: MC, Visa; BM
Mittags und abends geöffnet

Eine Ecke Sardiniens, in der man gute Traditionsküche genießen kann.

DIE OSTERIA – Das von Giuseppe Vinci geführte Lokal Sa Piola della Vecchia Trattoria befindet sich in einem Gässchen nicht weit vom Zentrum unterhalb des Kastells von Cagliari. Den Gast erwartet ein gemütliches Ambiente, geschmückt mit Gegenständen und Gerätschaften, die an die sardische Bauern- und Hirtentradition erinnern, welche – neben der Seefahrertradition der Stadt – die Grundlage des Speisenangebots bildet. Manche Gerichte sind auf moderne Weise überarbeitet.

DIE KÜCHE – Das wahrhaft reiche Vorspeisenangebot basiert im Sommer vorwiegend auf Meeresgerichten. Wunderbar schmecken **Burrida in pesto di noci** (12 €), Insalata di moscardini e cozze und Fritturina di calamari, gamberi e piccola pesca. Unter den Speisen aus dem Hinterland finden sich **Polpettine al Vermentino** (12 €) und Trippa al sugo con la mentuccia e tartara, alle aus Fleisch vom Bue rosso zubereitet. Als Primi gibt es überwiegend von Hand erzeugte sardische Pasta wie ***Lorighittas*** con scampi e gamberi, ***Fibaus*** allo scoglio, **Culurgiones** di ortica (mit Brennnesseln) oder di carciofi oder asparagi (mit Artischocken oder Spargel), Fregola al ragù di mare (14 €) und **Maccarones** al ragù di bue rosso. Die Secondi mit Fisch variieren je nach Tagesfang, während unter den Fleischgerichten ausgezeichnete **Cordula aus Bortigali con i piselli** (15 €), Straccetti di maiale und Stracotto di cavallo zu finden sind. Schlicht, aber exzellent ist das Käsesortiment: Casizolu und Fiore sardo dei pastori, beide Slow-Food-Presidi. Neben klassischer ***Seada*** gibt es als süßen Abschluss **Panna cotta al latte di capra** (5 €). Bei der Weinauswahl legt man den Akzent auf Tropfen aus dem Umland und solche aus kleinen Winzerbetrieben.

Su Tzilleri e su Doge

Trattoria
Piazza San Giuseppe, 2
Tel. (+39) 327 / 154 22 16
Ruhetag: Sonntagabend
Keine Ferien
50 Plätze + 30 Plätze im Freien
Preise: 38–40 € €↑
Kreditkarten: AE, CS, DC, MC, Visa; BM
Mittags und abends geöffnet

Aus jedem Gericht, das Claudio Aras Küche verlässt, schmeckt man Leidenschaft und Kompetenz.

DIE OSTERIA – Dieses von Claudio Ara vorbildlich geführte Lokal befindet sich an einem stimmungsvollen kleinen Platz im historischen Castello-Viertel direkt unter der Torre dell'Elefante. Alte Traditionen, sorgfältig recherchiert und bewahrt, kommen in den Gerichten zu neuen Ehren. Die Ingredienzen, darunter eine stattliche Anzahl von Slow-Food-Presidi, werden achtsam ausgewählt. Verschiedene Degustationsmenüs – aus Zutaten aus dem Meer und Hinterland in vielfältiger Zusammensetzung und saisonal variabel (25 bis 40 €) – ermöglichen einen Streifzug durch die Vielzahl der angebotenen Köstlichkeiten.

DIE KÜCHE – Unter den Antipasti finden sich Crudo di scampi e gamberi di Villasimius, Burrida cagliaritana (14 €), Polpo e patate, köstliche **Polpettine di bue rosso** al vino bianco (14 €) und klassischer Aufschnitt aus lokalen Wurstspezialitäten. Bei den Primi kann man nichts falsch machen, wenn man ***Minestr'e cocciula*** (mit Venusmuscheln aus Santa Gilla) con lo zafferano di San Gavino, Minestra con la merca (16 €) und exzellente **Fregola al ragù di mare** wählt. Nicht zu vernachlässigen sind auch ***Ciccioneddas*** alla campidanese mit Casizolu aus Santu Lussurgiu, Pani frattau und ***Mazzamurru*** (Suppe aus altbackenem Brot). Weiter geht es mit Arrosti di maiale, Stracotto di bue rosso, Agnello sardo in salsa bianca, **Coniglio *a succhittu*** (nach Jägerart) con cappero selargino (16 €), tagesfrischem Fisch con patate e zafferano und einer vorzüglichen Frittura. Als Dessert warten Panna cotta, ***Sebada*** und Tiramisu. Die interessante Weinkarte enthält die wichtigsten Weine der Insel.

CALANGIANUS (OT)

9 KM Ö. V. TEMPIO PAUSANIA, 35 KM V. OLBIA, S.S. 127

Il Tirabusciò

Restaurant
Via Nino Bixio, 5
Tel. (+39) 079 / 66 18 49,
(+39) 347 / 058 05 48
Ruhetag: Sonntagabend, Montag
Ferien: 2 Wochen im Oktober/November
30 Plätze
Preise: 30–35 €
Kreditkarten: CS, DC, MC, Visa; BM
Mittags und abends geöffnet

DIE OSTERIA – Calangianus liegt eine halbe Stunde von den Stränden der Gallura entfernt und ist dank der Eichenwälder eine kühle Oase. Aus der Rinde dieser Eichen werden auf natürliche und nachhaltige Weise hochwertige Flaschenkorken für die besten Weine der Welt erzeugt. Das kleine Haus von Antonio Feles Großeltern liegt im Herzen des alten Viertels mit Steingebäuden und ist zu einem gemütlichen Restaurant geworden; hier finden sich die Geschmacksnoten der lokalen Tradition wieder, die behutsam überarbeitet ist. Zu essen gibt es vorwiegend Speisen aus dem Hinterland, aber auch ein paar Variationen zum Thema Fisch.

DIE KÜCHE – Reich und vielfältig sind die Antipasti misti (12 €) mit Wurst, Involtini di melanzane e formaggio affumicato, Carpaccio di **zucchine con ricotta *mustia* e miele**, Favette trifolate con menta und Zuppetta di ceci e spinaci oder di cipolle con pecorino e pancetta. Probieren Sie die vielen hausgemachten Teigwaren wie **Pulingioni** (süße Ricotta-Ravioli mit Safran und Zitrusfrüchteschalen) **con pomodoro e pecorino** maturo (8,50 €), ***Fiuritti*** (Tagliolini) **al sugo di lepre** oder cinghiale, ***Chjusoni*** (Klößchen) con salsiccia, Fregola con arselle e bottarga (9,50 €) und ***Suppa cuata*** (im Ofen überbackenes Suppengericht aus Brot, Käse und Kräutern in Hammelbrühe). Die meist aus Fleisch zubereiteten Secondi sehen Vitello (Kalb) lokaler Herkunft in verschiedenen Zubereitungsarten, ***Li pulpeddi*** (Ragout vom Schwein), **Agnello al rosmarino** und gegen Vorbestellung Porcetto al mirto vor. Gereifter Schafkäse und hausgemachte Dolci, wie ***Lichittos*** fritti con miele (5 €) oder erfrischender Budino di menta e liquirizia, runden das Essen ab. Der gut bestückte Keller wartet mit interessanten Weinen vor allem regionaler Herkunft auf; außerdem gibt es Grappa und Liköre aus der Umgebung.

CUGLIERI (OR)

40 KM NÖRDLICH VON ORISTANO, S.S. 292

Desogos

Restaurant
Via I Cugia, 6
Tel. (+39) 07 85 / 396 60
Kein Ruhetag
Keine Ferien
60 Plätze
Preise: 25–30 €
Kreditkarten: CS, DC, MC, Visa; BM
Mittags geöffnet, Samstag und Sonntag auch abends

DIE OSTERIA – In der steil ansteigenden, ruhigen Altstadt von Cuglieri steht das Lokal der Familie Desogos. Seine Wände sind mit altem bäuerlichen Gerät und Küchenutensilien dekoriert; auch eine Bewilligung aus dem Jahr 1949 für eine „Trattoria mit Unterkunft" ist aufgehängt. Heute führt Pina das Restaurant und empfängt die Gäste herzlich und mit der pragmatischen Haltung von jemandem, der niemanden warten lassen möchte und gerne nur zufriedene Gesichter sieht.

DIE KÜCHE – Den Anfang macht ein bunter Vorspeisen-Mix (12 € für den kompletten Antipasto), der hausgemachte Sottoli mit köstlichen Zwiebelchen, geschälten, überbrühten Auberginen mit Thymian und winzige Oliven aus dem Montiferru vorsieht, das heute noch reich an Olivenhainen ist. Danach folgen ein schmackhafter pikanter Käse aus einer lokalen Käserei und ***Panadinas***. Je nach Saison besteht anschließend die Möglichkeit, mit delikaten **Ravioli di ricotta e bietole** (8 €) **con sugo di pomodoro** oder mit ***Malloreddus*** con ***ghisadu*** (8 €) fortfahren, das heißt sardischen Grießklößchen mit Sauce aus geschmortem Rindfleisch – ein Gericht, das Sie auf keinen Fall versäumen sollten. Hauptspeisen mit Fleisch sind Cinghiale (Wildschwein, 10 €), Asino (Esel) in unterschiedlichen Varianten und **Maialetto arrosto** (nur gegen Vorbestellung). Wer keinen Platz mehr für hausgemachten Kuchen hat, bekommt mit dem Kaffee einen Teller mit Süßigkeiten wie **Formaggelle alla ricotta**, Mostaccioli und anderen Leckereien aus Mandeln serviert. Als Digestif nach einer reichlichen und guten kulinarischen Pause empfehlen wir den hausgemachten Limoncello.

CUGLIERI (OR)

40 KM NÖRDLICH VON ORISTANO, S.S. 292

NEU Meridiana

Restaurant
Via Angioy, 11
Tel. (+39) 07 85 / 395 01
Kein Ruhetag
Keine Ferien
30 Plätze
Preise: 37 €
Kreditkarten: CS, MC, Visa; BM
Mittags und abends geöffnet

DIE OSTERIA – Als der langjährig bewährte Emilio sich 2015 zum Rücktritt entschloss, siedelte Angela Idili ihren Betrieb in dem anmutigen Gebäude in der Via Angioy 1 an; ihre Tochter Nicoletta unterstützt sie im Service. Das Gebäude ist auf zwei Ebenen angelegt, wobei sich die drei kleinen komfortablen Gasträume mit rund 30 Plätzen im ersten Stock befinden. Angela hat ihr Metier von der Pike auf in Bosa gelernt, wo sie sich beharrlich das Können der Köche, mit denen sie arbeitete, angeeignet hat. Sie bietet heute in erster Linie Meeresküche aus frischem Fisch von Lieferanten ihres Vertrauens und Gemüse lokaler Produzenten.

DIE KÜCHE – Die Geschicklichkeit der Köchin manifestiert sich in den Speisen, in denen der Geschmack der Grundzutaten erhalten bleibt. Von den verschiedenen Antipasti (9,90 €) nennen wir ausgezeichnete **Moscardini in guazzetto** su crema di patate al prezzemolo, knusprig-zartes und leichtes **Fritto croccante di verdure e gamberi** und Insalate di rana pescatrice alla catalana oder di calamari, sedano, bottarga e frutti acerbi. Unverzichtbar sind Signora Angelas hausgemachte frische Teigwaren wie schmackhafte Pappardelle con asparagi, vongole e bottarga (12 €) oder al ragù bianco di coniglio e porcini, ***Anguleddas*** alla bottarga, cozze e porcini und **Fregola ai crostacei e frutti di mare** (12 €). Unter den Secondi findet sich tagesfrischer Fisch – in guazzetto oder in crosta di sale con verdure – als Alternative zu **Gamberi alla Malvasia** (12 €). Abschließend wartet eine kleine Auswahl an Süßspeisen (4 €), von denen wir klassische ***Seada*** con miele empfehlen. Zu trinken (eine Weinkarte existiert nicht) gibt es ein begrenztes Angebot an bekannteren sardischen Etiketten.

DORGALI (NU)
Ispinigoli

32 KM ÖSTLICH VON NUORO, S.S. 129 UND S.S. 125

Ispinigoli

Restaurant
Strada Statale 125, km 210
Tel. (+39) 07 84 / 952 68,
(+39) 347 / 051 48 46
Kein Ruhetag
Ferien: November–Mitte März
350 Plätze + 150 Plätze im Freien
Preise: 38–40 € €↑
Kreditkarten: AE, CS, MC, Visa; BM
Mittags und abends geöffnet

DIE OSTERIA – Das Lokal liegt an einer stark befahrenen Straße, bietet aber eine schöne Aussicht auf die Cala Gonone und die ausgedehnten Besitztümer der Familie Mula mit Weingärten, Olivenhainen, Gemüsegarten, Viehweiden und Wald. Aus dem Gut und aus dem Golf von Orosei kommt ein Großteil der Zutaten, die in der Küche mit Sorgfalt und Geschick zu Traditionsgerichten verarbeitet werden. Trotz der großen Platzanzahl des Lokals ist der Service effizient und höflich. Da das Ispinigoli auch ein Hotel ist, haben Sie die Gelegenheit, einen angenehmen und keineswegs alltäglichen Aufenthalt zwischen Berg und Meer zu verlängern.

DIE KÜCHE – Eine Küche mit zwei Gesichtern, vom Hinterland und vom Meer geprägt. Die Gerichte sind zu Menüs mit expliziten Titeln (aus der Barbagia, vegetarisch, glutenfrei und für Kinder), zusammengestellt, können aber auch à la carte gewählt werden. Zu Beginn gibt es lokale Wurst- und Käsesorten, ***Cordedda*** (Schafinnerien) **al pomodoro** und Verdure grigliate. An Primi stehen ***Maccarrones furriaus*** (12 €), ***Culurgiones***, Spaghetti ai frutti di mare oder **Fregola con bottarga** zur Verfügung. Wer Fleisch mag, wird anschließend ***Porcheddu*** arrosto (15 €), ***Purpuzza de porcu*** al Cannonau, Agnello al profumo di Vernaccia con salsa di zafferano und Cinghiale al ginepro kaum widerstehen können. Wer hingegen Meeresküche bevorzugt, wählt **Frittura** oder **Grigliata di pesci** del golfo, Frittura di calamari (11 €) und Gamberi alla griglia. Exzellente Käseselektion und ganz typische Süßspeisen wie ***Seadas***, Gattò barbaricino (8 €), Panna cotta allo zafferano e olio di lentischio (mit Safran und Mastixöl); als Alternative bieten sich frische Früchte an, im Ganzen oder als Obstsalat. Zu trinken gibt es eine hervorragende Auswahl an Weinen und Likören aus Sardinien und anderen Regionen.

GAVOI (NU)

41 KM SÜDWESTLICH VON NUORO, S.S. 128

Santa Rughe

Restaurant-Pizzeria
Via Carlo Felice, 2
Tel. (+39) 07 84 / 537 74,
(+39) 349 / 542 22 88
Ruhetag: Mittwoch
Ferien: zeitweise im Februar und November
100 Plätze + 20 Plätze im Freien
Preise: 30 €
Kreditkarten: CS, DC, MC, Visa; BM
Mittags und abends geöffnet

Franco und Marinella sind schätzenswerte, aufmerksame Hüter der Traditionen. Das ist heute ein wertvollen Unterfangen, um Nachhaltigkeit und Respekt gegenüber den Erzeugern zu gewährleisten.

DIE OSTERIA – Das Bergdorf Gavoi ist eine kleine Perle mit Steinhäusern in lebhaften, faszinierenden Farben und im Juli Veranstaltungsort eines Literaturfestivals. Hier gibt es aber auch eine bedeutende Produktion an Bergkartoffeln, exquisiten Wurstwaren und Fiore sardo dei pastori (Slow-Food-Presidio), einem lange gereiften Schafkäse aus Rohmilch. Franco Podda und seine Frau Marinella bestätigen sich als Meister der sardischen Gastlichkeit und sind, was die Qualität und Frische der angebotenen Produkte angeht, unerbittlich.

DIE KÜCHE – Die schlichte Küche ist an die Jahreszeiten gebunden. Man beginnt mit einem Mix aus Wurstspezialitäten (14 €) – Coppa, Mustela, Lardo und Prosciutto –, die unübersehbar von der Decke baumeln, und fährt dann fort mit Schafkäse, der nach unberührten Weiden duftet, Sottoli, **Favette alla menta** und Purpuzza (Salsicciabrät) al vino. Von den Primi sollten Sie **Ravioli di formaggio al ragù di cinghiale**, ***S'erbuzu*** (Suppe aus Wildkräutern), Gnocchetti con ricotta, zafferano e menta und Tagliatelle ai porcini keinesfalls verpassen. Danach geht es weiter mit Grillfleisch (vom Schaf, vom Schwein und Salsiccia), **Agnello** und Cinghiale **in umido** und im Sommer auch mit frischem Fisch vom Grill. Genießen Sie zum Abschluss lokale Käsesorten wie Pecorino al mirto oder al timo und über duftenden Hölzern geräucherten Fiore sardo in verschiedenen Reifegraden – oder klassische ***Seada*** (große Teigtasche mit säuerlichem Käse gefüllt) al miele. Begleiter zum Essen ist ein vollmundiger Cannonau aus lokalen Kellereien.

GIBA (CI)

22 KM SÜDÖSTLICH V. CARBONIA, 43 KM V. IGLESIAS

Locanda Rosella

Restaurant
Via Principe di Piemonte, 135
Tel. (+39) 07 81 / 96 40 29,
(+39) 340 / 313 43 76
Ruhetag: Montag, außer Ostern–Oktober
Ferien: Weihnachten/Neujahr
150 Plätze
Preise: 30–35 €
Kreditkarten: AE, CS, DC, MC, Visa; BM
Mittags und abends geöffnet

DIE OSTERIA – In der kleinen Gemeinde Giba stößt man an der Straße, die den Ort durchquert, auf die Locanda Rosella. In einem rustikalen Ambiente – mit einem Eingangsbereich, dessen Wände mit Zeichnungen und Danksagungen von Gästen tapeziert sind –, werden Sie auf familiäre, sympathische Weise von Stefania und Francesco empfangen, die Sie bei der Speisenauswahl beraten. In der Küche bereitet Mario Traditionsgerichte aus ausschließlich lokalen Produkten zu, während Isa sich um die frische Pasta kümmert. Es gibt zwei Degustationsmenüs, ein vom Hinterland geprägtes Menü für 25 € und ein Meeresmenü für 30 €.

DIE KÜCHE – Die Nähe zu Carloforte bewirkt, dass ein guter Teil des Menüs dem Thunfisch gewidmet ist, den Sie reichlich im umfassenden und sehr zufriedenstellenden Antipasto „Tutto mare" (20 €) mit zehn Gängen vorfinden. Alternativ dazu können Sie von der Karte Polpo e patate, **Zuppetta di cozze** und Crostini, Funghi, Prosciutto, Salsiccia, Pecorino und Oliven (10 €) sowie **Verdure al forno** und in pastella wählen. An Primi bieten sich in der Saison **Trenette con i ricci** an, außerdem Tagliolini allo scoglio, Fregola con arselle e gamberi (12 €), Ravioli di carciofi oder asparagi und ***Pillus*** al ragù di capra oder con funghi porcini. Meer und Hinterland verbinden sich auch bei den Secondi: **Costine di agnello con verdure** alla griglia (15 €), Braciola di maiale und Filetto ai porcini, üppige **Grigliata di pesce** (20 €), Orata oder spigola in salamoia, Seppiette al pecorino sowie Cozze und Arselle al verde. Eine Kostprobe vom Käse (6 €), Süßspeisen – Raviolini di ricotta fritti, *Seadas* al miele (5 €) – und Saisonobst setzen den Schlusspunkt. Weine aus dem Sulcis sind auf der Karte gut vertreten.

S'Arragatteri

Traditionelle Osteria
Ortsteil Nura Ponti, Strada Provinciale 85, km 3
Tel. (+39) 340 / 569 12 46,
(+39) 331 / 438 19 47
Ruhetag: Montag
Ferien: 2 Wochen im Oktober/November
60 Plätze + 20 Plätze im Freien
Preise: 30 €
Kreditkarten: CS, MC, Visa; BM
Mittags und abends geöffnet, im Juli und August mittags gegen Vorbestellung

DIE OSTERIA – Die Location an der Provinzstraße nach Carbonia, ein Landhaus inmitten eines schönen Gartens, wo man in der schönen Jahreszeit speisen kann, würde ein ganz anderes gastronomisches Angebot vermuten lassen. Aber Gianfranco Desogus, der das Restaurant mit mehreren Familienmitgliedern im Service und in der Küche betreibt, nimmt eine führende Position in der lokalen Fischereiszene ein. Seine beiden Fischerboote, die in den Gewässern um die nahe Insel Sant'Antioco unterwegs sind, garantieren stets frische und beinahe Null-Kilometer-Ware. Der große Speisesaal, in dem leider ein Fernsehgerät prangt, wartet mit großen Fenstern zum Park, einfach gedeckten Tischen und ein paar Einrichtungsgegenständen im nautischen Stil auf. Der Service ist aufmerksam und höflich, das Menü kreist um Meeresprodukte.

DIE KÜCHE – Man wird Ihnen ein festgelegtes Menü für 25 € mit einer Vorspeise, zwei Primi zur Auswahl und einem Hauptgang aus Fisch vorschlagen, aber es ist auch möglich, à la carte zu wählen. Die gemischten Antipasti di mare (19 €) umfassen zum Beispiel Insalata di polpo, Insalata di scampi, **Zuppetta di cozze e arselle** und in der Saison Crostini ai ricci. Als Primi gibt es vorwiegend **Spaghetti** in den Versionen allo scoglio, **con i ricci** (13 €), con le vongole oder con i granchi. Die Secondi sind selbstverständlich an den Tagesfang gebunden: vorzüglicher **Polpo arrosto al mirto**, ausgefallene Muggine al sale, schmackhafte und delikate Trancio di pesce spada alla griglia und würzige Seppiette grigliate. Von den Desserts nennen wir **Raviolini fritti ripieni di ricotta**. Zu trinken gibt es eine ansehnliche Auswahl an Weinen der wichtigsten sardischen Winzerbetriebe.

25 KM SÜDLICH VON SASSARI

Su Recreu

Agriturismo
Camedda, Strada Provinciale 28 Ittiri-Romana
Tel. (+39) 079 / 44 24 56,
(+39) 335 / 652 97 46
Ruhetag: Montag
Keine Ferien
80 Plätze + 100 Plätze im Freien
Preise: 35 € (Tagesmenü)
Kreditkarten: AE, CS, DC, MC, Visa; BM
Mittags und abends geöffnet

Eine ideale Adresse für alle, die saisonale Null-Kilometer-Produkte erwarten. Hier ist Tradition garantiert, mitunter in behutsamer Überarbeitung.

DIE OSTERIA – Wir befinden uns in der ländlichen Umgebung von Ittiri. Im Agriturismo Su Recreu von Piera und Gavino Demontis teilt sich heute der Sohn Antonio die Küche mit der Mutter. Zusammen bieten sie weiterhin hauseigene Bioprodukte, Fleisch von im Betrieb gezüchteten Tieren und die blumigen Aromen aus dem Gebiet an. Die Jahreszeit diktiert das festgelegte Menü. *Su recreu* bedeutet Ruhe, wie man sie bei einer Rast im Kräutergarten finden kann, nachdem man mit dem Bewusstsein gegessen hat, dass die mediterrane Macchia einen Platz am Tisch hatte.

DIE KÜCHE – Bei Tisch schmecken wir die Aromen aus dem Gemüsegarten in den Sottoli, im Edelschimmelkäse von der Ziege, in den Favette con latte e menta und etwas weniger ausgeprägt in Verdure in pastella, die die sommerlichen Antipasti bilden. Von den Primi beeindrucken ***Ladittas***, eine mit Borretschblättern oder Spinat zubereitete Eierteigware in der Version **con asparagi**. Dann gibt es neben aus Hartweizengrieß zubereiteten Gnocchetti con ragù di pecora e maiale hauchzarte ***Mariposas***, das heißt Pfannkuchen mit Tenerello von der Ziege und Gartengemüse, die eine leichtere Alternative zu klassischem Cannellone al forno sein sollen. Unter den Secondi finden sich Maiale arrosto, **Capretto in umido** und Interiora di agnello (Lamminnereien), die paniert mit Kartoffeln serviert werden. Das reichhaltige Menü soll Sie nicht abhalten, „Dolce Recreu" zu probieren, eine Teigtasche gefüllt mit Ricotta und Orangenschalen. Auch ***Tilliccas*** und anderes ungefülltes Feingebäck werden serviert. Der Wein kommt aus einer Kellerei in Alghero, die Magenbitter sind hausgemacht.

33,5 KM SÜDWESTLICH V. IGLESIAS, S.P. 84 + FÄHRE

A Galaia

Restaurant
Via Don Nicolo Segni, 36
Tel. (+39) 07 81 / 85 40 81,
(+39) 07 81 / 87 21 52
Ruhetag: Montag
Keine Ferien
80 Plätze + 20 Plätze im Freien
Preise: 30–35 €
Kreditkarten: CS, MC, Visa; BM
Mittags und abends geöffnet

DIE OSTERIA – Das Restaurant A Galaia befindet sich im Herzen von Carloforte auf der Insel San Pietro, in unmittelbarer Nähe des Hafens und der Altstadt. Das Lokal mit Elementen aus unverputztem Stein, den als Deckenleuchten dienenden Laternen, den Fensterläden und der blau gestrichenen Holzdecke ruft ständig die Nähe des Meeres in Erinnerung. Die Gerichte sind an der Tradition ausgerichtet, wobei Fisch die Hauptrolle einnimmt, ganz besonders Roter Thun, wegen der Geschwindigkeit, die er erreichen kann, auch „Renn-Thun" genannt. Er wird heute noch nach alten, genau festgelegten und nachhaltigen Methoden in den Thunfischfanganlagen gefangen.

DIE KÜCHE – Zu essen gibt es vorwiegend Meeresküche, angefangen vom Antipasto „A tutto tonno" (20 €) mit Mousse, Bottarga, Bollito und Carpaccio; Alternativen wären Caponata alla carlofortina (Thunfisch mit Tomaten, Zwiebeln und Crostini aus Brot), **Cuore e musciame di tonno**, Carpaccio di tonno oder di pesce spada affumicati (10 €) und Fagiolata di tonno e cipolla. Als Primi bieten sich Spaghetti alla Galaia (mit Miesmuscheln, Venusmuscheln und Bottarga) oder alla bottarga (12 €), Carbonara di mare, **Fregola con sugo di crostacei**, Pasticcio alla carlofortina oder Trofie al pesto an. Von den Secondi mit Fisch nennen wir Aragosta alla catalana, Fisch vom Tagesfang und Bistecca di pesce spada vom Grill, **Fritto misto del golfo** (12 €), Tonno alla carlofortina und Cassola di pesce. An Fleischgerichten gibt es Bistecca di manzo alla griglia (12 €) und Grigliata mista di terra. Mittags ist ein Menü für 25 € erhältlich. Der Hauswein trinkt sich recht gut; außerdem führt die Karte eine große Auswahl an Weinen aus diversen sardischen Winzerbetrieben auf.

33,5 KM SÜDWESTLICH V. IGLESIAS, S.P. 84 + FÄHRE

Osteria della Tonnara Da Andrea

Restaurant • Corso Battellieri, 36
Tel. (+39) 07 81 / 85 57 34
Ruhetag: Mittwoch
Ferien: März
140 Plätze
Preise: 35 €
Kreditkarten: AE, CS, MC, Visa; BM
Mittags und abends geöffnet, Oktober–April nur abends

DIE OSTERIA – Von der im Vergleich mit der bevölkerten Altstadt ruhig und etwas versteckt gelegenen Osteria blickt man auf die Salinen und den kleinen Hafen. Ihr Name weist auf den Erwerbszweig des traditionellen nachhaltigen Thunfischfangs hin. Zwei in hellen Farben gehaltene Räume im Erdgeschoss mit in gutem Abstand angeordneten Tischen, Einrichtungsgegenständen im Seefahrerstil und Bildern zum Thema Leben und Fischerei in Carloforte sowie ein Veranstaltungsraum im ersten Stock bilden das Lokal. Der Sohn des stets aktiven Küchenchefs Andrea Rosso empfängt Sie auf professionelle Weise.

DIE KÜCHE – Die Küche bietet Thunfisch in allen Facetten, aber auch andere Fische und Spezialitäten. Wenn Sie mit dem Misto di antipasti dello chef (20 €) – unverzichtbar sind **Musciame di tonno**, Tonno all'olio d'oliva und Timballini di melanzane ripieni di tonno – beginnen, sollten Sie wissen, dass Sie danach kaum noch weiteressen können. Sie können jedoch auch Einzelportionen wählen. Schwer fällt die Wahl bei den Primi: Fresina di Andrea (Fettuccine mit Thunfisch, Zitrone und Kapern), **Lasagna al tonno e pesto** (12 €), Cassulli alla carlofortina (Pasta mit Thunfisch und Tomaten mit Bottarga vermengt), ***Cascas*** (Couscous mit Gemüse) und Bobba (Suprême von Dicken Bohnen). An Secondi gibt es **Tonno arrosto alla carlofortina** (16 €), Brasato al vino und **Ventresca di tonno alla brace** oder al forno. Als Nachtisch empfehlen wir **Canestrellini di Carloforte** zum Eintauchen in Moscato (5 €). Im gut bestückten Keller, der diverse Überraschungen bereithält, lagern Schaumweine aus dieser Region und anderen Gebieten sowie Weine aus Südsardinien, vor allem aus dem Sulcis.

Die Pescheria Sandolo, Corso Battellieri 28, verkauft direkt in der Thunfischanlage zerteilten und verpackten Thunfisch sowie weitere Köstlichkeiten aus lokalem Fisch.

LULA (NU)
Ogoli

46 KM NORDÖSTLICH VON NUORO, S.P. 45 U. S.P. 38

Janna e' Ruche

Agriturismo
Strada Provinciale 3, km 21,700
Tel. (+39) 07 84 / 41 68 19,
(+39) 333 / 846 49 83
Ferien: Januar/Februar
200 Plätze + 100 Plätze im Freien
Preise: 25–27 € (Tagesmenü)
Keine Kreditkarten
Samstag und Sonntag mittags und abends geöffnet, sonst gegen Vorbestellung

DIE OSTERIA – Dieser prächtige Agriturismo befindet sich in Ogoli unter dem Massiv des Monte Albo im wilden Inselinneren Sardiniens. Zwölf Kilometer sind es bis Lula, einem für die ländliche Kirche San Francesco berühmten Wallfahrtsort, der von Grazia Deledda in *Elias Portolu* beschrieben wird. Die Moro-Brüder sind auch als Ziegen- und Schafzüchter tätig und bieten in ihrem Betrieb das an, was sie erzeugen: Gemüse, von Hand hergestellte Pasta, Käse, Wurst und Fleisch. Die Farben und Düfte dieses Berglands gestalten die Mahlzeit noch angenehmer, die aus einem festgelegten, doch abwechslungsreichen Menü besteht, das verschiedenen Geschmäckern gerecht wird.

DIE KÜCHE – Man beginnt mit deftigen Antipasti (rund 18 Speisen), die aus in Öl eingelegtem oder frittiertem Gemüse, gereiftem Prosciutto, Coppa di maiale, Fagottini di verdure, ***Mazzamene*** (Schweineleber mit Zwiebeln und Weißwein) und hausgemachten Käsespezialitäten bestehen. Als Primi gibt es ***Maccarrones de ferrithu*** (der Begriff bezeichnet die zum Formen dieser Teigwaren verwendete Stricknadel) **al ragù di carne** und köstliche Ravioli di ricotta di capra, bietole ed erbe selvatiche (mit Ziegenricotta, Mangold und Wildkräutern) in der Version con pomodoro e pecorino. **Porchetto** und Agnello werden als Braten aufgetischt, Capra (Ziege) wird in Weißwein mit Fenchel geschmort. Grillgemüse und Salate dürfen ebenfalls nicht fehlen. Danach lohnt sich noch die Anstrengung, ***Seada*** mit Ziegenfrischkäse und Honig, frittierte Ricotta-Raviolini und das Feingebäck zu probieren. Wein und Liköre aus eigener Erzeugung enttäuschen nicht und laden zu einer kurzen Rast in der Natur ein, bevor die Reise weitergeht.

MAGOMADAS (OR)

54 KM NÖRDLICH VON ORISTANO, S.S. 292

Da Riccardo

Trattoria
Via Vittorio Emanuele, 13–15
Tel. (+39) 07 85 / 356 31
Ruhetag: Dienstag
Ferien: zeitweise im November
30 Plätze + 10 Plätze im Freien
Preise: 25–30 €
Keine Kreditkarten
Mittags und abends geöffnet

DIE OSTERIA – Die Planargia mit ihrem für den Malvasia günstigen Mikroklima ist ein Durchfahrtsgebiet für Touristen, die sich zwischen den Stränden des Sinis und der Küste bei Bosa bewegen. Ihnen und einer beträchtlichen Anzahl an Stammgästen bietet Riccardo Cadoni seit mehr als 30 Jahren eine Einkehr mit guter Küche, die von den Jahreszeiten und den kundigen Händen seiner Frau Graziella Desogos bestimmt wird. Die kleine Trattoria an der Hauptstraße verfügt über rund 30 Plätze in einem einzigen Raum, dessen Wände mit Banknoten der vielen Länder tapeziert sind, die Riccardo als begeisterter Radtourist schon besucht hat. In der schönen Jahreszeit kommen noch etwa zehn Plätze in einer angenehmen Laube hinzu.

DIE KÜCHE – Das kulinarische Angebot ist ausschließlich vom Meer geprägt (auch wenn im Herbst die Hülsenfrüchte und **Zuppa di porcini** einen Besuch lohnen), das Menü variiert jeden Tag entsprechend der bei den Lieferanten des Vertrauens verfügbaren Produkte, wie frischer Fisch aus Cabras und Gemüse von kleinen lokalen Erzeugern. In der Sommersaison zählen die exquisiten **Sardine in carpione** (8 €) zu den erwähnenswerten Antipasti. Sehr beliebte Primi aus frischer Pasta, die Graziella erzeugt, sind Trofie con melanzane e pesce spada (10 €) und **Fregola con le cozze** (10 €), bei denen der süße Geschmack der frischen, in der Pfanne geschwenkten Kirschtomaten mit einem Hauch Peperoni verschmilzt. Die Secondi variieren je nach Tagesfang und reichen von perfekt gegarten Grigliate bis zu klassischer Aragosta alla catalana. Unter den Dolci (4 €) sind *Seadas* und **Ricotta con miele e cannella**. Die kleine Weinkarte nennt regionale Etiketten zu korrekten Preisen. Der Hauswein ist bemerkenswert.

18 KM SÜDLICH VON NUORO, S.S. 389

Sa Rosada

Restaurant
Piazza Europa, 2
Tel. (+39) 07 84 / 567 13,
(+39) 320 / 230 64 62
Ruhetag: Mittwoch
Ferien: 3 Wochen im November
30 Plätze + 50 Plätze im Freien
Preise: 25–30 € (Tagesmenü)
Kreditkarten: CS, MC, Visa; BM
Mittags und abends geöffnet

DIE OSTERIA – Im Dorf der Mamuthones umkreisen die traditionellen Masken an den Abenden des Festtags des heiligen Antonius (17. Januar) und des Karnevals (Faschingssonntag und -dienstag) mit ihrem etwas beunruhigenden Tanz die unglückseligen Passanten. Das Sa Rosada erinnert an den angeblich aus Mamoiada stammenden argentinischen Präsidenten Juan Peròn, der die gleichnamige Präsidentenresidenz in Buenos Aires bewohnte. Augusto, der ebenso scharfsinnige wie leutselige Patron, empfängt Sie im schönen Innenhof oder in dem mit alten Möbeln eingerichteten Speisesaal neben der Küche, der auf zwei Ebenen angelegt ist; im oberen Stockwerk gibt es einige Gästezimmer. Das Fleisch kommt aus lokaler Aufzucht, um die Auswahl der Wurstspezialitäten kümmert sich Augusto, der auch den Gemüsegarten bestellt, während der vollmundige Cannonau, der offen oder in der Flasche zum Essen kredenzt wird, aus einer lokalen Kellerei stammt.

DIE KÜCHE – Die Küche ist eindeutig von der Barbagia geprägt und zeigt großes Augenmerk auf lokale Käse- und Wurstspezialitäten, die in einem reichhaltigen Antipasto serviert werden; dieser enthält aber auch einige Zugeständnisse an die Fantasie in Form von Paninetto ripieno di lingua bollita oder Schmorgerichten und Gartengemüse. Die Primi sind aus frischer Pasta zubereitet: ***Culurgiones*** di patate con pomodoro fresco e menta, kleine Gnocchi con sugo di manzo und ***Maccarones de busa*** (eine Art Bucatini) con salsiccia e melanzane. Hochwertiges Fleisch aus lokaler Aufzucht wird für die Grigliata mista verarbeitet, die Rumpsteak und Filet von der Färse enthält; daneben gibt es auch **Pecora in umido**. Lassen Sie auch noch Platz für die exquisite ***Sebada* al miele**. Je nach Umfang des Menüs beträgt die Rechnung 30 € (volle Mahlzeit) oder 25 € (zwei Gänge).

Il Portico

Restaurant • Via Monsignor Bua, 13
Tel. (+39) 07 84 / 21 76 41,
(+39) 07 84 / 23 29 09,
(+39) 331 / 929 41 19
Ruhetag: Mittwoch
Ferien: letzten 2 Januar- und Juliwochen
40 Plätze
Preise: 38–40 € €↑
Kreditkarten: CS, MC, Visa; BM
Mittags und abends geöffnet

Für die hohe Professionalität und Leidenschaft, für die Fähigkeit zur Innovation sowie für die Auswahl und sorgfältige Zubereitung der Speisen aus lokalen Qualitätszutaten.

DIE OSTERIA – Das Lokal liegt im Herzen der Altstadt von Nuoro unter dem Bogen, der zum Platz vor dem imposanten Dom Santa Maria della Neve führt; ein paar Schritte entfernt steht das Haus des Schriftstellers Salvatore Satta, der *Giorno del giudizio* verfasste. Das kleine, gemütliche Restaurant, dessen Räume durch Granitsäulen abgeteilt sind, wird seit einem Jahrzehnt von zwei talentierten jungen Leuten geführt, Graziano Ladu und seine Frau Vania; sie haben die Gabe, die Zutaten der Speisen zur Geltung zu bringen und ins rechte Licht zu rücken. Geboten wird eine schlichte Küche, die sich jedoch durch hohes Niveau auszeichnet. Jedes Gericht ist in puncto Fantasie, Geschmack und Präsentation eine Überraschung.

DIE KÜCHE – Unter den Antipasti ist die spektakuläre „Fantasia di mare“ (18 €) mit acht bis zehn Gängen, die Sie auch einzeln wählen können: Großartig sind **Flan di pecorino con bottarga e sedano** (12 €) und Cervelline dorate alla semola. Unverzichtbare Primi sind Tagliolini al nero di seppia con cozze, strisciole di seppia, pomodorini e zucchine (12 €), Maccheroncini aus Hartweizengrieß der Sorte Senatore Cappelli con calamari e vongole und ***Maccarones de punzu*** con ragù bianco di agnello e casizolu (10 €). Fortfahren kann man mit **Filetti di ombrina su crema di patate** di Gavoi (14 €) oder Manzo grigliato con radicchio e salsa al Cannonau. Beachtlich ist das Dessertangebot: **Flan di latte con pesche e caramello** (6 €) oder Tortina soffice alla banana e fichi con crema inglese alla vaniglia. Schöne Weinkarte mit den besten sardischen Etiketten; daneben gibt es auch gute Biere aus Kleinbrauereien.

Il Rifugio

Restaurant-Pizzeria
Via Antonio Mereu, 28–36
Tel. (+39) 07 84 / 23 23 55
Ruhetag: Mittwoch
Keine Ferien
70 Plätze
Preise: 35 €
Kreditkarten: AE, CS, MC, Visa; BM
Mittags und abends geöffnet
G

Kompetenz und Passion bei der Suche und Aufwertung lokaler Zutaten für Gerichte, die stets im Zeichen der Tradition stehen.

DIE OSTERIA – Das alteingesessene Lokal ein paar Schritte vom Zentrum und nahe dem Museo dell'Istituto Superiore Regionale Etnografico ist seit jeher ein sicherer Hafen für Traditions- und Meeresküche. Der Küchenchef Silverio Nanu wird von seinem Sohn Francesco unterstützt, der in seinem jugendlichen Alter bereits mit Köchen aus Italien und anderen Ländern zusammengearbeitet hat und beachtliche Erfahrung vorweisen kann.

DIE KÜCHE – Unter den vom Hinterland geprägten Antipasti empfehlen wir Prosciutto crudo di cinghiale con fettine di lardo, Prosciutto di capra con crostino di pane, ricotta e miele di castagno oder Misto di salumi della Barbagia (12 €). Von den Meeresgerichten munden besonders **Zuppetta di cozze e arselle** (10 €) und Tempura di code di gambero e asparagi di mare in salsa agrodolce. Als Primi bieten sich traditionelles Pane frattau con l'uovo in camicia, ***Maccarones de poddighe*** mit schlichter, leichter Sauce (10 €), ***Fregula*** con i crostacei und **Spaghetti con arselle e filetti di zucchine** (10 €) an. Von den Secondi aus dem Hinterland ist **Pecora sarda in cassola** alla nuorese **con fagiolini e patate** (10 €) unverzichtbar, während wir von den Meeresgerichten Cernia con pomodorini alla corsara (16 €) und gegrillten Fisch vom Tagesfang empfehlen. Eine Alternative dazu wäre die schöne Käseauswahl, begleitet von Konfitüren und kandierter Pompìa (Zitrusfrucht und Slow-Food-Presidio). Semifreddo di torroncino (6 €) und **Sebada** runden die Mahlzeit ab. Die Weinkarte ist mit sardischen und italienischen Tropfen gut bestückt; wer keinen Wein mag, genießt ausgezeichnete Biere aus Kleinbrauereien.

29 KM ÖSTLICH VON CARBONIA, 39 KM VON IGLESIAS

Letizia

Restaurant-Pizzeria
Via San Pietro, 12–14
Tel. (+39) 07 81 / 95 70 21
Ruhetag: Dienstag
Ferien: zeitweise im Winter
80 Plätze + 60 Plätze im Freien
Preise: 30–35 €
Kreditkarten: CS, DC, MC, Visa; BM
Mittags und abends geöffnet

DIE OSTERIA – In einem weitläufigen Lokal in der Altstadt, nahe einem von der Familie bewirtschafteten Stück Land, setzt sich der vierzigjährige Küchenchef Manuele Fanutza seit Jahren für die Erneuerung der kulinarischen Traditionen dieses Gebiets ein. Er hat damit viel Zustimmung geerntet, die ihn kürzlich als Vertreter der sardischen Küche zur Expo nach Mailand führte. Der große Hauptspeisesaal mit Holzeinrichtung und Bildern und Drucken verschiedener Art bietet für rund 80 Gäste Platz. In der schönen Jahreszeit kommen noch weitere 60 Plätze im kühlen Innenhof mit einem Brunnen im Hintergrund dazu.

DIE KÜCHE – Das gastronomische Angebot ist den Jahreszeiten entsprechend gegliedert. Bei unserem Besuch war Meeresküche vorherrschend. Eine besondere Erwähnung verdient das duftende Brot, das der Küchenchef aus lokalen Mehlsorten bäckt. Zwei Degustationsmenüs für 26 und 35 € ermöglichen unterschiedliche kulinarische Reisen durch die verschiedenen Gerichte. Von den Antipasti der Karte seien Fish and chips di tonno und **Polpo arrostito alle erbe di montagna** (12 €) genannt. Unter den Primi aus hausgemachter Pasta finden sich schmackhafte **Fregola con ragù di tonno e menta** und **Ravioli alle cinque erbe con pesto di noci e borragine** (10 €). Ein gutes Secondo ist Tagliata di tonno alla griglia con riduzione di Carignano (15 €). In der entsprechenden Saison gibt es auch Pilzgerichte wie **Stufato di capra con gallinacci**. Unter den gepflegten Desserts (6 €) sticht die originelle **Millefoglie di carasau con crema chantilly e more** hervor. Interessante Käseselektion, die mit Honig und verschiedenem Kompott serviert wird. Die schöne Weinkarte nennt auch Tropfen, die glasweise erhältlich sind.

14 KM VOM ZENTRUM

NEU Stazzu li Paladini

Agriturismo • Via Sole Ruiu, 22
Tel. (+39) 07 89 / 61 30 33,
(+39) 335 / 585 50 68
Kein Ruhetag
Ferien: Oktober–Ostern
80 Plätze + 80 Plätze im Freien
Preise: 38–40 € (Tagesmenü)
Kreditkarten: CS, MC, Visa; BM
Abends geöffnet, im April und Mai nur mittags

DIE OSTERIA – Wie es bei allen Agriturismi der Fall sein sollte, ist das Stazzu li Paladini die Gaststätte eines großen Landwirtschaftsbetriebs – seit fünf Generationen unter der Leitung der Familie Derosas –, und nur von Ostern bis Ende September geöffnet. Nicht weil in diesem Zeitraum Hochsaison ist, sondern weil die ganze Familie während der restlichen Monate mit der Erzeugung der landwirtschaftlichen Produkte wie Wein, Wurst, Käse, Honig und Digestifs beschäftigt ist. Das in der Küche verarbeitete Fleisch stammt aus eigener Aufzucht, das Gemüse wird im hauseigenen Garten angebaut. Das eindrucksvolle Gebäude liegt auf einem Hügel, wenige Kilometer vom Meer entfernt.

DIE KÜCHE – Es gibt ein Menü, und das ist festgelegt: Man wählt aus fünf Antipasti, drei Primi, zwei Secondi mit Beilage, Süßspeisen, Kaffee, Hauswein und Digestif. Hier haben Sie es mit typischer sardischer Küche zu tun, insbesondere jener einfachen und urtümlichen der Gallura. Den Anfang machen ausgezeichnete Salumi, Raviolini di verdure, **Zucchine ripiene** al forno, Fregola con verdure fresche und **Massa frissa**, das ist eine Creme aus mit Grieß gekochter Milch, eine Spezialität aus dem Norden Sardiniens. Als Primi serviert man Ihnen **Zuppa gallurese**, Ravioli di ricotta und Gnocchetti con ragù bianco di manzo. Unter den Secondi finden sich **Porcetto al forno** – wie aus dem Bilderbuch – und Salsiccia arrosto, begleitet von frisch geerntetem Gemüse. ***Seada*** und frische Ricotta, mit hervorragendem Honig übergossen, runden das köstliche menü ab. Zu trinken gibt es einen Hauswein; als Digestif kredenzt man Ihnen Mirto rosso, Mirto bianco und *Filuferru*. Reservierung empfehlenswert.

12 KM SÜDÖSTLICH VON NUORO

Gicappa

Restaurant-Pizzeria
Corso Martin Luther King, 2–4
Tel. (+39) 07 84 / 28 80 24,
(+39) 347 / 794 78 58
Ruhetag: Montag
Keine Ferien
100 Plätze + 50 Plätze im Freien
Preise: 30–35 €
Kreditkarten: CS, MC, Visa; BM
Mittags und abends geöffnet

DIE OSTERIA – Der Ort erstreckt sich am Fuß des Monte Corrasi, der als „sardische Dolomite“ und als Tor zum ausgedehnten Kalksteinmassiv Supramonte gilt. Er ist ein Paradies für Wanderer, insbesondere für Höhlenforscher und Alpinisten, die das herrliche Lanaitho-Tal besuchen. Hier befindet sich auch die bedeutende Nuraghensiedlung Sedda Sos Carros. Das Gicappa steht unter der Leitung der Familie Palimodde, die Küche aus dem Hinterland auftischt. Man kann zwischen drei Menüs zu einem festgelegten Preis (25, 30 und 35 €) oder von der Karte wählen.

DIE KÜCHE – Die vom Hinterland geprägten Antipasti (12 €) sehen lokale Wurstspezialitäten – Prosciutto, Salsiccia, Guanciale, Lardo –, Oliven, Trippa in umido, Favette und in der Saison Peperoni, **zucchine e *frue*** (Milchbruch) vor. Unter den Primi sind schmackhafte ***Maharrones de hortu*** (hausgemachte röhrenförmige Nudeln) **con patate e ricotta salata affumicata** (7 €), traditionelle ***Maharrones a bocciu*** con zafferano e asparagi oder con sugo di cinghiale (7 €) und hausgemachte Ravioli con ripieno di ricotta oder di formaggio. Bei den Secondi lohnen neben dem gebratenen Fleisch auch **Lepre al Cannonau** oder Pecora in umido (7 €) eine Kostprobe. Man kann die Mahlzeit mit einer schönen Selektion lokaler Schafkäsesorten, kombiniert mit Honig, einem hervorragenden frischen Tiramisù alle fragole oder mit **Crema di pompia** (Slow-Food-Presidio; 4 €) beenden. Der Cannonau des Hauses ist exzellent, aber Sie haben auch einige andere gute Weine aus der Region zur Auswahl.

Da Gino

Trattoria
Via Tirso, 13
Tel. (+39) 07 83 / 714 28
Ruhetag: Sonntag
Ferien: unterschiedlich
40 Plätze
Preise: 35 €
Kreditkarten: CS, MC, Visa; BM
Mittags und abends geöffnet

DIE OSTERIA – Im Zentrum von Oristano, dem historischen Sitz des Giudicato di Arborea, liegt zwischen dem modernen und mittelalterlichen Stadtteil in der Nähe der Torre di Mariano, wo die antiken Stadtmauern begannen, die Trattoria Da Gino. Sie blickt auf eine lange Geschichte zurück, die 1939 ihren Ausgang nahm und von Nazzaro Pusceddu weitergeführt wird. Das kleine, saubere und mit Tauchutensilien aus alten Zeiten geschmückte Lokal bietet hauptsächlich Küche mit frischem Fisch aus dem Golf von Oristano.

DIE KÜCHE – Die auf einem reich bestückten Wagen dargebotenen Tagesvorspeisen (10 € für drei Speisen) regen den Appetit an: Polpo con patate e radicchio, Spuma di dentice, Muggine ***a scabecciu*** (in Grieß gewendet, frittiert und in Essig und Tomaten mariniert), Polpa di dentice con pomodoro, cipolle e alloro, Sardine marinate, Zuppetta di cozze e arselle, *Orziadas* (Seeanemonen) fritte und Bottarga affettata con carciofi ed extravergine. Unter den Primi sind Risotto oder **Fettuccine ai carciofi e bottarga**, im Winter **Spaghetti ai ricci** (10 €) oder con arselle e bottarga, Fettuccine con funghi e gamberi. Fisch lokaler Provenienz bildet den Hauptgang: **Spigole**, Orate, Saraghi (Seebarsch, Goldbrasse, Weißbrasse) alla griglia oder nach einem alten Rezept **al forno con Vernaccia e olive** sowie Triglie (Meerbarben) in verde. Aber auch gutes Fleisch aus dem nahen Arborea, der sardischen Hauptstadt der Rinderzucht, hat seinen Platz. So finden Sie etwa Tagliata di vitella (13 €) oder Manzo con aromi vor. Eine Scheibe Pecorino, frisch oder gereift (4 €), Coppa all'amaretto oder **Raviolini di mandorla** (5 €) lassen das Menü schmackhaft ausklingen. Das regional gehaltene Weinangebot umfasst einige wenige, aber gepflegte Etiketten und einen guten offenen Hauswein (weiß und rot).

70 KM SÜDÖSTLICH VON SASSARI

Liberty

Restaurant
Via San Martino, 7/Piazza Poeti di Sardegna
Tel. (+39) 079 / 75 53 84
Kein Ruhetag
Keine Ferien
80 Plätze
Preise: 30–35 €
Kreditkarten: CS, MC, Visa; BM
Mittags und abends geöffnet

DIE OSTERIA – Wenn man über Ozieri fährt, ist Pattada ist über die Staatsstraße 131 erreichbar. Der Ort liegt in der Nähe des Lago Lerno in der Naturlandschaft des Monte Acuto und ist für seine handwerklich erzeugten Messer (Resolzas) mit Beingriffen und handgeschmiedeten Klingen bekannt. Tommaso Corveddu bietet im zentral gelegenen Hotel und Restaurant Liberty eine familiäre, unverfälschte und schmackhafte Küche.

DIE KÜCHE – Wenn Sie mit dem Antipasto misto terra (12 €) beginnen, bekommen Sie lokale Wurstspezialitäten (Salsiccia, Guanciale, Testa in cassetta), **Colda** (Lamminnereien) **con piselli**, **Frittate di verdure ed erbette** sowie kleine Soufflés mit Steinpilzen, Artischocken und Schafkäse, alles begleitet von Pane carasau und einer speziellen Spianata aus Ozieri. In der Saison sollten Sie Insalata di ovoli con olio, pepe e pecorino a scaglie probieren. Unter den Primi finden sich Zuppe di verdure e legumi, von Hand erzeugte ***Pellitzas* con pomodoro** (10 €) sowie Gnocchetti oder Ravioli di ricotta e bietole al pomodoro oder ragù. Die Secondi umspannen Pesce alla griglia (14 €), Trippa alla menta und Fleischspezialitäten wie Cinghiale brasato al vino rosso (12 €), **Agnello con carciofi, olive e finocchietto**, Vitello alla griglia oder Maialetto arrosto (gegen Vorbestellung), die mit rohem oder gegrilltem Gemüse serviert werden. Ein köstliches Finale bilden Pecorino arrosto, ***Seada ammerrada*** und ***Origliettas*** (frittierter Teig aus Hartweizen und Schmalz mit Honig), die mit Moscato, hausgemachten Likören oder einem ausgezeichneten „Mirto-coffee" gereicht werden, bestehend aus Crema di mirto, Kaffee und Eis. Guter offener Wein und interessantes Sortiment an lokalen und regionalen Tropfen.

In **Ozieri** (16 km) gibt es bei Peano, Via Alagon 19, Sospiri, Schokolade und Copuletta.

PORTO TORRES (SS)
Li Lioni

20 KM NORDWESTLICH V. SASSARI, S.P. 60 U. S.P. 61

Li Lioni

Restaurant
ehem. Staatsstraße 131, km 224,4
Tel. (+39) 079 / 50 22 86,
(+39) 340 / 522 64 68
Ruhetag: Mittwoch, im Winter auch Sonntagabend
Keine Ferien • 100 Plätze + 60 Plätze im Freien • Preise: 30–35 €
Kreditkarten: CS, MC, Visa; BM
Mittags und abends geöffnet

DIE OSTERIA – An den Toren von Porto Torres, wenige Kilometer von Sassari entfernt, kann man im Restaurant Li Lioni, das seit den Siebzigerjahren von der Familie Pintus geführt wird, Traditionsgerichte in angenehmem Ambiente probieren. Sobald Sie Platz genommen haben, bietet man Ihnen als Aperitif ein Glas Vermentino aus einer lokalen Kellerei an.

DIE KÜCHE – Das Angebot umfasst zwei Menüs: Das erste Menü sieht Traditionsgerichte basierend auf Brot vor, das andere die wichtigsten Speisen aus dem Gebiet. Wenn Sie das erste wählen, werden **Pane frattau** (Pane carasau mit Tomatensauce und Schafkäse geschichtet und mit pochiertem Ei garniert) in seinen Varianten – klassisch, con ricotta *mustia*, alle verdure (8 €), con ***ghisadu***, alla campidanese –, **Zuppa gallurese**, Pane zichi aus Bonorva mit Pecorino und Kuhmilchkäse oder mit *Ghisadu* sowie Zuppa di legumi, zucchine, menta e ricotta *mustia* serviert. Beim zweiten Menü sind unter den Antipasti misti (12 €) in Öl eingelegtes Gemüse (hervorragend sind die Zwiebeln und Zucchini) sowie Prosciutto crudo, Salsiccia und Pancetta lokaler Herkunft. Als Primi gibt es Gnocchi alla Li Lioni (kleine, von Hand erzeugte Gnocchi mit Salsiccia-Sauce), ***Maccarones de busa* con sugo di *saccaya*** (Schaf), Ravioli con ricotta mustia (9 €) und ***Culurgiones*** di patate aus der Ogliastra. Gegen Vorbestellung kann man **Porcetto allo spiedo** (16 €) oder Secondi aus Innereien (Zimino sassarese und Hirn) und Salsiccia arrosto genießen. Frittierte ***Pardulas*** und *Seadas* setzen den Schlusspunkt. Begleiter zum Essen sind ein offener Rotwein oder einer der anständigen Flaschenweine aus der Karte.

QUARTU SANT'ELENA (CA)

8 KM NORDÖSTLICH VON CAGLIARI

Pani e Casu

Restaurant
Via Eligio Porcu, 53
Tel. (+39) 070 / 867 50 32
Ruhetag: Sonntagabend, Montagmittag
Keine Ferien
90 Plätze
Preise: 35 €
Kreditkarten: AE, CS, MC, Visa; BM
Mittags und abends geöffnet

DIE OSTERIA – Das im Zentrum von Quartu Sant'Elena gelegene Lokal gehört einer bekannten Gastronomenfamilie und präsentiert sich trotz seiner Schlichtheit sehr gemütlich. Beim Öffnen der Speisekarte, auf der der Satz „Die Tradition ist serviert" prangt, wird sofort klar, dass hier Gerichte auf den Tisch kommen, die nach alten, klassischen Rezepten der lokalen Tradition zubereitet sind. Die Speisekarte ist auf Sardisch, Italienisch und Englisch verfasst.

DIE KÜCHE – Unter den Antipasti finden Sie klassische Wurst- und Käsespezialitäten – versäumen Sie nicht die Ricotta *mustia* –, und dann, je nach Saison, Funghi oder Favette con pancetta. Wer alles probieren möchte, wählt den Antipasto misto. Von den Primi empfehlen wir Ravioli di cipolla (8 €) als Alternative zu den klassischen, aus der Ogliastra stammenden Ravioli di ***arrescottu*** (Ricotta) oder di carciofi. Daneben dürfen Pane **frattau**, vortreffliche ***Malloreddus*** alla campidanese con sugo di salsiccia (7 €), ***Maccheronis de busa*** con sirboni und Fregola sarda al pomodoro e pecorino nicht fehlen. An Secondi bieten sich **Stufato di cinghiale**, **Asino al Cannonau** (8 €), **Capra in umido allo zafferano** und Lumache al sugo an. Lassen Sie sich das alte Gericht Gallina ripiena (gefülltes Huhn) und **Cordula di agnello con piselli** (9 €) nicht entgehen. Gebratenes gibt es vom Rind, Pferd, Lamm und Ferkel. Man kann Misto arrosto bestellen, um eine Kostprobe von allem (10 €) zu bekommen. Traditionelles sardisches Gebäck aus Quartu und *Sebada* runden das Essen ab. Der Hauswein, ein ausgezeichneter Bovale, trinkt sich sehr gut.

20 KM NORDWESTLICH VON CAGLIARI, S.P. 4

Ada

Restaurant-Pizzeria
Via Cagliari, 21
Tel. (+39) 070 / 960 09 72
Ruhetag: Sonntag
Ferien: 15. August–Anfang September
50 Plätze + 50 Plätze im Freien
Preise: 35–38 € €↑
Kreditkarten: CS, MC, Visa; BM
Mittags und abends geöffnet

DIE OSTERIA – Der von Landwirtschaft geprägte, anmutige Ort San Sperate nicht weit von Cagliari ist bekannt für seine Murales, seine „singenden Steine" und seine Pfirsiche. Das Lokal ist nach der Eigentümerin und Köchin benannt, die Gasträume sind das Revier ihres Sohnes Andrea, der die Speisen und die dafür verarbeiteten, stets frischen Zutaten höflich erläutert und ein guter Bierkenner ist. Obwohl die Karte ein reichhaltiges Menü aufführt, ändert sich das Angebot doch mit den Jahreszeiten. Nicht selten greifen die Gäste auch zu Pizza und trinken dazu gutes Bier, das es im Restaurant in großer Vielfalt gibt (Hunderte Etiketten).

DIE KÜCHE – Die Auswahl an Antipasti reicht von Crostini con burro e pesce affumicato über Antipasto misto di mare oder di terra bis zu lokalen Spezialitäten wie Tartara di tonno (12 €). Unter den Primi gibt es verschiedene Arten von Ravioli – in den Versionen di ricotta di capra, asparagi selvatici oder carciofi e bottarga (12 €) – und Risotti oder auch **Fregola con le arselle** (12 €). Als Secondi erwarten Sie **Arrosti di pecorino**, Salsiccia, Bistecche di manzo oder cavallo oder auch Fisch wie Orata und **Spigola**, arrosto oder **alla Vernaccia**. Köstlich sind Tagliata di melina ai funghi porcini (16 €) und **Tartara di melina con tartufo**. Das Gemüse kommt aus dem häuslichen Garten; die Gerichte werden von klassischem ***Pani arridau*** begleitet. Als Dessert schmecken Torta di mandorle oder Parfait mit frischen Früchten (5 €). Wenn Sie einen Kaffee bestellen, serviert man Ihnen dazu ein Gläschen Crema al caffè. Der Keller ist gut bestückt mit Weinen aus den wichtigsten sardischen Winzerbetrieben, aber auch aus anderen Regionen.

33 KM NÖRDLICH VON ORISTANO

Antica Dimora del Gruccione

Restaurant
Via Obinu, 31
Tel. (+39) 07 83 / 55 20 35,
(+39) 07 83 / 55 03 00
Kein Ruhetag • Ferien: Januar
50 Plätze • Preise: 35 € (Tagesmenü)
Kreditkarten: CS, MC, Visa; BM
Abends geöffnet

Fünfzehn Jahre Wachstum im Namen der Qualität, der Identität und der Gastlichkeit. Die Antica Dimora del Gruccione ist eine Wellness-Oase für Gaumen und Geist.

DIE OSTERIA – Ein Spaziergang durch die entzückende gepflasterte Altstadt von Santu Lussurgiu gestaltet sich zu einer Entdeckungsreise: Das Herz des „Albergo diffuso" mit Restaurant bildet ein altes Herrschaftshaus aus Stein, das aus einem Tunnel aus Passionsblumen und Rosen ragt. Der Speisesaal ist ein Wohnzimmer, wo Gabriella und Lucilla heimische und durchreisende Gäste kompetent und liebenswürdig unterhalten, wie man es mit alten und neuen Freunden aus der ganzen Welt tut. Die lokalen und regionalen Produkte werden mit Achtsamkeit hinsichtlich Qualität und Saisonalität präsentiert. Das festgelegte Degustationsmenü für 35 € wird jeden Tag neu ausgearbeitet; die Tafelfreuden, komponiert aus regionalen Zutaten, verstehen sich vor allem als Mittel zur Anregung der Sinne.

DIE KÜCHE – Wir hatten das Vergnügen, Mattonella di semola con coulis di rape rosse e ***abbacasu*** (Molke vom Casizolu, Slow-Food-Presidio), **Crema di cavolo con chips di patate rosse e fegato**, ***Malloreddus*** all'anatra con arancia e grananglona (sardischem Grana), **Tagliata di bue rosso** (Bue rosso ist ebenfalls ein Slow-Food-Presidio) con sapa e crema di ravanello und Quenelle di cioccolato con piccole meringhe al caffè su composta di arancia (Schokoladeklößchen mit kleinen Kaffeebaisers auf Orangenkompott) zu genießen. Die gut strukturierte Weinkarte lässt lokale und regionale Tropfen gleichermaßen zu ihrem Recht kommen.

33 KM NÖRDLICH VON ORISTANO

Sas Benas

Restaurant
Via Cambosu, 6
Tel. (+39) 07 83 / 55 08 70,
8+39) 338 / 291 22 04
100 Plätze
Preise: 25–35 €
Kreditkarten: AE, CS, DC, MC, Visa; BM
Täglich mittags und abends geöffnet,
November–Juni nur am Wochenende

Ein charakteristischer, faszinierender Ort, an dem man in der Einfachheit der Rezepte aus dem Montiferru die Aufmerksamkeit für die Zutaten schmecken kann.

DIE OSTERIA – Im charakteristischen Ort Santu Lussurgiu hat die Familie Are 2001 das Projekt des „Albergo diffuso" und des Restaurants Sas Benas ins Leben gerufen. Die elf Gästezimmer verteilen sich auf verschiedene Gebäude in der Altstadt. Das Restaurant ist das Ergebnis einer sehr gut gelungenen Renovierung; die auf mehreren Ebenen angelegten Gasträume haben unverputzte Basalt- und Tuffsteinmauern, Steinbögen und Holzdecken. Auch die Fußböden sind erhalten geblieben und mit hochwertigen Elementen ergänzt worden. Die Grundlage der Küche bilden Gebiets- und Saisontreue bei den Zutaten. Das Menü wechselt häufig in Abhängigkeit von den erhältlichen Produkten.

DIE KÜCHE – Unter den Antipasti (10 €) finden Sie stets **Carpaccio di bue rosso** (Slow-Food-Presidio) und Bruschette di casizolu (ebenfalls Slow-Food-Presidio). Wenn Sie in der entsprechenden Saison hier sind, lassen Sie sich von den Primi (12 €) Ravioli di melanzane nicht entgehen; als Alternative bietet sich klassischer Cestinetto lussurgiese, die Spezialität des Restaurants, für die Casizolu zu einer knusprigen Schüssel für **Pasta mit** schmackhafter **Fleischsauce** verarbeitet wird. Fleisch vom Bue rosso beherrscht auch die Secondi (12 €), angefangen von schlichter Tagliata bis zu den aufwendigeren **Fagottini in salsa di vino rosso**. Im Herbst bereichern Steinpilze und *Antunna* (Kräuterseitlinge), die hier üppig gedeihen, das Angebot. Der Hauswein aus den Trauben der familieneigenen Weingärten trinkt sich angenehm.

NEU Il Mulino Antico

Restaurant-Osteria
Via Frigaglia, 5
Tel. (+39) 0 79 / 492 03 24
Ruhetag: Montag- und Sonntagmittag
Ferien: 1 Woche um den 15. August
40 Plätze
Preise: 30 €
Kreditkarten: MC, Visa; BM
Mittags und abends geöffnet

DIE OSTERIA – In der Altstadt von Sassari, ein paar Schritte vom Dom und vom Rathaus entfernt, befindet sich das Mulino Antico in den Räumlichkeiten einer Ölmühle aus dem 17. Jahrhundert. Der Turm und die unterirdischen Lagerräume sind erhalten geblieben. Sie werden in familiärem Ambiente freundlich von Anna und Andrea begrüßt, die Sie mit ausgezeichnetem Essen aus hiesigen Zutaten verwöhnen. Anna erklärt Ihnen das saisonal wechselnde Menü und schlägt Ihnen die besten Angebote der jeweiligen Jahreszeit vor. Da das Lokal auch als Rahmen für kulturelle Events (Konzerte, Lesungen ...) dient, sollten Sie sich vorher telefonisch erkundigen, ob Sie zum Abendessen kommen können.

DIE KÜCHE – Eine Kostprobe verdient auf jeden Fall der aus mehreren Speisen bestehende hervorragende Antipasto misto (12 €), der etwa Wurstspezialitäten, Involtini di zucchine e ricotta, Finocchi in tegame, Käse, begleitet von Honig und Konfitüren aus Myrte und Peperoni, **Carpaccio di bue rosso**, ***Panadas*** al bue rosso, Funghi gratinati, Salsiccia aus Banari und Stufato di cavolfiore enthält. Zu den Primi, die Sie unbedingt probieren müssen, zählen **Ravioli ripieni di bue rosso e pecorino** con la crema di fiori di zucca e limone, Tagliatelle al ragù di cinghiale (9 €) und ***Maccarones a ferrittu*** in crema di zucchine e pecorino. Weiter geht es mit Straccetti di bue rosso, Bocconcini di cinghiale al Cannonau (10 €), Filetto di maiale con crema di zucchine und Grigliata mista (Pferde-, Rind- und Schweinefleisch). Abschließend erwarten Sie ***Seadas*** oder ***Tabaccheras*** (typische Teigtäschchen aus Alghero mit einer Füllung aus Milch und Reisstärke), die mit Birnenkonfitüre serviert werden. Der Hauswein und der Zwieback sind sehr gut.

L'Assassino

Trattoria
Via Pettenadu, 19
Tel. (+39) 079 / 23 34 63,
(+39) 333 / 628 49 03
Ruhetag: Montag, Sonntagmittag (außer im Sommer)
Ferien: 15.–30. August
120 Plätze + 80 Plätze im Freien
Preise: 25–30 €
Kreditkarten: CS, MC, Visa; BM
Mittags und abends geöffnet

DIE OSTERIA – Diese Trattoria im ältesten Teil der Stadt, der gerade renoviert wird, vermittelt die Idee der „Sassareserie", das heißt einer Sammlung der ganz typischen Speisen der lokalen Armenküche, vor allem Innereien und Schnecken. Gästen, die vom Corso und der Via Satta kommen, präsentiert sich das Lokal mit einem charakteristischen Hof, in dem große Sonnenschirme vor der Sommerhitze schützen. Die Gasträume mit rustikal gedeckten Tischen sind mit Bildern dekoriert, die teilweise Szenen aus dem Leben in Sassari darstellen, sowie mit Flaschen, die auf ein für ein Lokal wie dieses bemerkenswertes Weinangebot schließen lassen. Um die Bedienung kümmern sich zwei freundliche, sehr tüchtige Mädchen, aber auch Patron Carmelo lässt sich ab und zu blicken.

DIE KÜCHE – Das Menü „Assassinata" (22 € mit Hauswein, für mindestens zwei Personen) ist die beste Weise, um in die lokale Küche einzutauchen, und besteht aus acht wechselnden Speisen, die allein schon den Hunger stillen. Hier einige Beispiele: **Melanzane alla sassarese** (mit Knoblauch und Petersilie), Favette con pancetta, Salsiccia con fagioli, Torta salata, Trippa al pecorino, **Cordula di agnello con piselli**, Lumache in verde oder in rosso al pecorino. Es gibt auch Einzelportionen, darunter Monzette (kleine Schnecken) in verde con il pangrattato (12 €). Als Primi gibt es frische **Gnocchi alla gallurese** (mit Tomaten und Salsiccia, 10 €) oder Ravioli di ricotta all'arancia in salsa d'arancia (10 €). Als Secondo stehen Cavallo oder Asinello (12 €) und Grigliata mista auf dem Programm. Ein schönes Angebot an Meeresgerichten ist ebenfalls erhältlich: **Fregola ai frutti di mare** (12 €), Cozze in zuppetta und Polpo in agliata (12 €). Beenden Sie ihre Mahlzeit mit ***Sebada* al miele** (5 €).

47 km nordöstlich von Oristano, S.S. 131

Da Armando

Restaurant-Pizzeria
S.S. 131 bis, km 13
Tel. (+39) 07 85 / 56 80 43,
(+39) 328 / 384 76 07
Ruhetag: Montag
Keine Ferien
50 Plätze + 40 Plätze im Freien
Preise: 30–37 €
Kreditkarten: AE, CS, MC, Visa; BM
Mittags und abends geöffnet

DIE OSTERIA – In dem wunderschönen Ort Sedilo im Zentrum Sardiniens findet das wilde Pferderennen „S'Ardia" zwischen den Basalthäusern statt. Hier befindet sich auch Da Armando, dessen Terrasse einen schönen Ausblick auf den Lago Omodeo gewährt. Das familiengeführte Lokal – Irene Mongili kocht, Roberto versieht den Service – bietet eine schöne Auswahl an Meeresgerichten, da es im Durchzugsgebiet zwischen der Küste von Oristano und der Umgebung von Nuoro liegt, und an Rezepten aus dem Hinterland mit Schwerpunkt auf Pilzen und Gartengemüse.

DIE KÜCHE – Einladend sind Antipasti wie Salumi, Pecorini und Casizolu aus lokaler Erzeugung, Crostoni con funghi *antunna* trifolati (mit Kräuterseitlingen), con **asparagi selvatici** e uovo oder con polpa di ricci, **Frittura di *orziadas*** (Seeanemonen) e gamberi und Zuppetta di cozze in rosso. Unter den Primi ist hausgemachte Pasta wie **Ravioli** di ricotta ed erbe oder **di formaggio al ristretto di vitella e porcini**, ***Malloreddus*** al ragù di carne oder agli asparagi vertreten. Außerdem gibt es Zuppa di pesce und im Winter Spaghetti con polpa di ricci. An tagesfrischem Fisch bieten sich Spigole, Orate oder Saraghi an, gebraten oder im Ofen mit Wein, Kräutern und Oliven oder mit Kartoffeln und Artischocken gegart. Die Spezialität des Hauses sind opulente Fleischgerichte wie **Porcetto** und Agnello arrosto, Capra in umido und Costate di vitello e manzo, die auch mit Gemüse in der Pfanne zubereitet werden. Wenn Sie es noch schaffen, gönnen Sie sich abschließend ***Seadas*** con miele, **Semifreddo al mirto** oder arancia und sardisches Gebäck. Die lokalen Weine sind gut ausgesucht. Interessantes Angebot an Likören (Myrtenlikör, Kräuterbitter) und Bränden (*Abbardente*), die im Ort erzeugt werden.

Gönnen Sie sich einen Aperitif in der Brauerei Horo, Via Santa Croce 10.

45 KM NÖRDLICH VON ORISTANO

La Rosa dei Venti

Restaurant
Ortsteil Santa Vittoria
Tel. (+39) 349 / 068 38 62,
(+39) 340 / 272 27 13
Ruhetag: Montag
Ferien: zeitweise im Winter
80 Plätze + 30 Plätze im Freien
Preise: 35 € (Tagesmenü)
Kreditkarten: AE, CS, DC, MC, Visa; BM
Mittags und abends geöffnet

DIE OSTERIA – Die Staatsstraße 292 im Nordwesten Sardiniens zählt zu den schönsten Panoramastraßen Italiens. Von Oristano nach Alghero führt uns die kurvenreiche Straße über Bosa durch eine abwechslungsreiche Landschaft mit Olivenhainen, Weingärten, Wäldern, Weiden, Nuraghen, Dörfern wie aus einer anderen Zeit, historischen Brücken, alten Eisenbahnen, Stränden, unwegsamen Hügeln und wilden Klippen. Legen Sie auf Ihrer Fahrt eine Pause im winzigen Ort Sennariolo ein. Nach ein paar Hundert Metern finden Sie auf dem Hügelchen von Santa Vittoria das einfache Restaurant, das mit vielen Gegenständen aus der bäuerlichen Vergangenheit und aus der Nachkriegszeit dekoriert ist. Geführt wird es von zwei jungen Leuten, Gianluca, Inhaber und Koch, und Patrizia, die für die Abläufe im Speisesaal, die Bewirtung und die Süßspeisen zuständig ist.

DIE KÜCHE – Selbst wenn Sie sich nicht für das Degustationsmenü (35 €) entscheiden, wird es schwierig, dem vielfältigen Karussell der Antipasti (15 €) zu widerstehen, die die Jahreszeit, das Gebiet und die Tradition gekonnt und fantasievoll abbilden. Darunter sind Tartare di melina (im Hügelland halbwild gezüchtete Rinderrasse), typische ***Panadas*** aus Montiferru (Teighülle mit Fleisch, Hülsenfrüchten und Gemüse gefüllt), Ricotta alle erbe aromatiche, Cipolle al miele di Sennariolo und viele andere Köstlichkeiten. Von den Primi empfehlen wir handwerklich erzeugte ***Sos pizos*** (Lasagne) **al casizolu** (9 €), von den Secondi den bei Niedrigtemperatur gegarten **Girello di melina in lunga cottura** (12 €). Semifreddo al mirto di Santa Vittoria (4 €) setzt den Schlusspunkt. Was die Weine angeht, lässt die Karte Aufmerksamkeit für Erzeugnisse aus dem Umland erkennen, darunter einige interessante Tropfen aus kleineren autochthonen Sorten.

19 KM NORDÖSTL. V. SASSARI, S.S. 200 U. S.P. 29

Kent'Annos

Agriturismo
Ortsteil Badde Nigolosu, S.P. 29, km 10
Tel. (+39) 079 / 51 27 72,
(+39) 348 / 333 09 00
Kein Ruhetag • Keine Ferien
100 Plätze + 80 Plätze im Freien
Preise: 40 € (Tagesmenü) €↑
Kreditkarten: AE, CS, DC, MC, Visa; BM
Abends geöffnet, Oktober–Mai
Samstagabend und Sonntagmittag

DIE OSTERIA – Der Standort ist schlichtweg zauberhaft. Das Lokal wurde nämlich auf einem Gipfel errichtet, der das gewaltige Tal beherrscht, in dem sich 60 Hektar Weingärten und Olivenhaine ausdehnen. Der Blick reicht von hier bis zum Golf von Asinara. Das Restaurant gliedert sich in zwei aneinandergrenzende Bereiche, nämlich in einen sehr hellen Raum mit großen Fenstern und eine elegant ausgestattete Terrasse. Dort kann man während der gesamten schönen Jahreszeit speisen, die in Sardinien glücklicherweise lange dauert. Im Stockwerk darunter befindet sich der beinahe zur Gänze unterirdische Keller (Tenute Dettori). Die im Service beschäftigten Mädchen begrüßen Sie ebenso professionell wie freundlich und bieten Ihnen einen frischen Weißwein als Aperitif an.

DIE KÜCHE – Das festgelegte Menü variiert saisonal. Der Betrieb produziert fast alles: Wurst, Käse, Gemüse, Öl, Brot und Pasta aus Grieß der Weizensorte Senatore Cappelli, die auf den hauseigenen Feldern angebaut wird. Sehr reichhaltig ist das Angebot an Wurstspezialitäten wie Prosciutto, Guanciale, Salsicce, Coppa, Lardo und Testa in cassetta (Presswurst); weiter geht es mit warmen Antipasti wie Tempura aus Saisongemüse, Cipolle in agrodolce sowie den obligaten **Polpettine di verdure** und di carne. Es folgen sehr schmackhafte **Cordula con le olive**, Insalata fredda aus Stückchen vom gebratenen Ferkel und Saisongemüse. Als Primo erwarten Sie **Ravioli di ricotta e zafferano con sugo di pomodoro** aromatizzato alle erbette, als Secondo **Agnello in umido con lardo e finocchietto**. Die Dolci sind typisch für das Gebiet der Romangia: Guelfi, ***Copulettas***, Amaretti. Der offene Rotwein ist aus Trauben der Sorte Cannonau und Monica gekeltert; Sie können aber auch Flaschenweine aus eigener Erzeugung wählen, die zu einem guten Teil biodynamisch sind.

NEU La Gallurese

Trattoria
Via Novara, 2
Tel. (+39) 07 96 / 39 30 12
Ruhetag: Montagabend, außer im Sommer
Ferien: zeitweise im Dezember und Januar
45 Plätze
Preise: 25–35 €
Kreditkarten: MC, Visa
Mittags und abends geöffnet

DIE OSTERIA – Das imposante Massiv des Monte Limbara bildet den prachtvollen Rahmen von Tempio Pausania, einem Granitstädtchen in architektonischer Hinsicht und auch in Bezug auf die feste Verbindung mit den Traditionen. In der Altstadt steht diese anmutige Trattoria (ein Familienbetrieb), die sich gut in die Umgebung einfügt. Der rustikal, aber gemütlich gestaltete Innenbereich und das Personal, das stets bereit ist, auf die Wissbegier der Gäste einzugehen, machen eine Einkehr zur einer überaus angenehmen Erfahrung. Das Speisenangebot entspringt zum Großteil der Tradition der Gallura.

DIE KÜCHE – Man kann mit Antipasto alla gallurese (8 €) – lokalen Wurstwaren, in Öl eingelegtem Gemüse und einer Kostprobe von Pecorino – oder mit Lumache in salsa piccante beginnen. Unter den Primi sind neben traditioneller Zuppa (7,50 €) auch **Ravioli dolci**, gefüllt mit Frischkäse oder Ricotta, mit Zitrone und Zucker aromatisiert, und mit frischen Tomaten angerichtet. Versäumen Sie **Pizzicori** (7 €) nicht: Die Spezialität des Hauses ist eine im Ofen mit Tomaten und Käse zubereitete Pasta, deren (geheimes) Rezept eifersüchtig gehütet wird. Die Secondi entstammen der sardischen Küche und umfassen Cordula con piselli (12 €), klassisches **Porcetto arrosto** und exquisites Schweinefleisch in süßsaurer Sauce. Von den Dolci müssen Sie unbedingt ***Seadas*** (5 €) oder ***Liccaritti*** probieren, eine lokaltypische Süßspeise aus frittiertem Teig mit Ricottafüllung mit Schokolade oder Honig. Im Keller lagert neben dem offenen Wein eine rechte gute Selektion an Rot-, Weiß- und Roséweinen aus der Region.

27 KM SÜDLICH VON ORISTANO, S.S. 131

Da Lucio

Restaurant-Pizzeria
Via Lungomare, 40
Tel. (+39) 07 83 / 86 71 30,
(+39) 328 / 404 72 08
Ruhetag: Donnerstag
Ferien: zeitweise im November
50 Plätze
Preise: 35–38 € €↑
Kreditkarten: AE, CS, DC, MC, Visa; BM
Mittags und abends geöffnet

DIE OSTERIA – Das Dorf Marceddì besteht aus wenigen Häusern auf einer Anhöhe am Ufer der gleichnamigen Lagune im Gebiet von Terralba. Hier fängt eine rührige Genossenschaft seit Langem verschiedene Fischarten und liefert sie als schmackhafte Zutat für die hiesige Gastronomie an Märkte. Seit mehr als 40 Jahren ist das Lokal ein bewährter Treffpunkt für eine große Gästeschar. Dies ist der Qualität der Zutaten und der Kompetenz von Cristiano und Fabio Putzolu verdanken, der dritten Generation, die nach Großvater Mario und Vater Lucio am Herd steht. In einem gemütlichen Gastraum mit schönem Blick auf das Meer kann man sein Essen genießen und dabei aus einem verlockenden Angebot wählen.

DIE KÜCHE – Für den Anfang seien appetitliche Insalata di polpo, originelle Polentina ai frutti di mare (9 €) und deliziöse **Sarde marinate** genannt. Interessant ist die Möglichkeit, vier verschiedene Speisen von den Antipasti des Tages (16 €) zu probieren. Von den Primi ist bei den Gästen besonders **Fregola sarda con arselle nere di Marceddì** beliebt, der die schmackhaften Venusmuscheln mit hohem Salzgehalt besondere Würze verleihen. Ebenfalls geschätzt werden Spaghetti alle arselle nere e bottarga di muggine (14 €); ausgefallen ist Zimino mit Fisch aus der Lagune von Marceddì (25 €), das es gegen Vorbestellung gibt. Bei den Secondi gilt eine besondere Erwähnung der Grigliata aus tagesfrischem Fisch (14 €), der leichten **Frittura mista** und den Gamberi rossi alla brace oder alla Vernaccia di Oristano. Das Finale bilden ***Seadas*** (3 €) und gemischtes sardisches Gebäck. Großes regionales Weinangebot zu korrekten Preisen.

23 km südlich von Oristano, S.S. 131

Grekà

Restaurant-Enoteca • Via Marceddì, 195
Tel. (+39) 0783 / 817 61,
(+39) 329 / 897 67 09,
Kein Ruhetag
Keine Ferien
25 Plätze + 10 Plätze im Freien
Preise: 35 € (Tagesmenü)
Kreditkarten: AE, CS, DC, MC, Visa; BM
Abends geöffnet, mittags gegen Vorbestellung

DIE OSTERIA – In der zwischen den alten Felsen des Monte Arci und den Stränden des fischreichen Golfs von Oristano gelegenen Ebene von Terralba werden Gemüseanbau und Viehzucht betrieben. Das Grekà von Franco und Denise Putzolu ist eine kleine Weinbar mit offener Küche, aus der raffinierte Meeres- und Hinterlandsgerichten – mit einer superben Auswahl an Fleisch, Käse und lokalen Teigwaren, darunter auch Slow-Food-Presidi (Bue rosso und Casizolu aus dem Montiferru) – in einem gelungenen Mix aus Kreativität und Tradition kommen. Die Venus- und Miesmuscheln werden täglich aus dem Golf geliefert.

DIE KÜCHE – Die Menüs variieren häufig. Sie können mit **Carpaccio di melina di Seneghe** (10 €), sardischen Käse- und Wurstspezialitäten auf einem Holzbrett serviert und aus Cabras stammender Bottarga di muggine con carciofi e fonduta di pecorino beginnen. Probieren Sie anschließend **Zuppa di cozze e arselle** locali in rosso (9 €), ***Lorighittas*** aus Morgongiori con ragù di agnello, carciofi e fiore sardo oder ***Culurgiones*** al pomodoro e basilico. Schmackhaft sind Fleischgerichte wie Tagliata di vitellone del Montiferru (15 €) al pepe nero oder con rucola e grana di pecora, Fiorentina, Scottona ai funghi und **Stufato di bue rosso al Cannonau** dolce. Alternativen wären gebratener tagesfrischer Fisch, Pesce affumicato in insalata und Patate e melanzane dell'orto alla brace con pesce spada. Lassen Sie aber noch Platz für sardischen Käse wie **Casizolu fuso su fichi e miele** oder Erborinato di capra con composta di pere. Beschließen Sie Ihre Mahlzeit mit Mousse al torrone oder Parfait ai fichi d'India (aus hiesigen Kaktusfeigen). Die Weinauswahl ist wirklich exzellent und umfangreich, viele regionale Tropfen sind zu entdecken.

58 km südwestlich von Nuoro

L'Oasi

Traditionelle Osteria-Pizzeria
Via Trento, 10
Tel. (+39) 07 84 / 682 11
Ruhetag: Montag
Ferien: unterschiedlich
80 Plätze
Preise: 35 €
Keine Kreditkarten
Abends geöffnet, Samstag und Sonntag auch mittags

DIE OSTERIA – Lassen Sie sich von der Bar im Eingangsbereich nicht täuschen. In der Osteria-Pizzeria mit B & B werden Sie in familiärer Atmosphäre freundlich und ohne große Worte vom Hausherrn Luigi De Arca empfangen. Hier konzentriert man sich mehr auf die Substanz der Gerichte als auf ihre Darbietung. In der Küche bereitet Signora Anna Maria mit ihrer Schwiegertochter Maria Caterina die Speisen für ein Menü à la carte oder ein festgelegtes Menü für 35 € zu, das wir Ihnen ans Herz legen möchten. Zu reservieren ist immer empfehlenswert und abends unbedingt erforderlich.

DIE KÜCHE – Man beginnt mit einer schmackhaften Reihe warmer und kalter Antipasti (15 €), von denen Bocconcini di quaglia e tacchino con castagne e pomodoro neben großartigen **Polpettine di capra al sugo** herausragen. Exzellent sind Ricotta und Cagliata, lokale Zutaten aus einer Käserei in einem nahen Ort. Die Pilze kommen aus den Wäldern, die den kleinen Ort in der Barbagia umgeben, und haben ihren Auftritt auf der duftenden warmen Focaccia aus dem Ofen (in dem am Wochenende Pizza gebacken wird) oder mit Fleisch, beispielsweise mit Quaglia e olive. Von den Köstlichkeiten aus dem hauseigenen Gemüsegarten sollten Sie **Favette con la pancetta** unbedingt probieren. Die Primi (6 €) erinnern mit **Ravioli di ricotta** an die Hirtentradition und mit Paste allo zafferano e tartufo an das Hinterland. Fleisch dominiert das Angebot der Secondi: Vitella (8 €), **Maiale arrosto** (10 €) **con contorno di patate al forno**, Cinghiale und Selvaggina. Unter den Desserts findet sich auch Eis aus handwerklicher Erzeugung. Der Hauswein – ein Mandrolisai (eine Cuvée aus Bovale sardo, Cannonau und Monica) – ist ein guter Begleiter zum Essen.

TONARA (NU)

63 KM SÜDWESTLICH VON NUORO

Muggianeddu

Restaurant
Via Monsignor Tore, 10
Tel. (+39) 07 84 / 638 85
Ruhetag: Montag, außer im Juli und August
Ferien: zeitweise zwischen Januar und März
50 Plätze
Preise: 25–30 €
Kreditkarten: CS, MC, Visa; BM
Mittags geöffnet

DIE OSTERIA – Eine ruhige Ecke mit guter Hausmannskost in dem für die Herstellung von Torrone bekannten Ort inmitten der Barbagia. Das gemütliche Lokal präsentiert sich mit gelben Wänden und Tischtüchern, Flechtstühlen, traditionellen Masken und Postkarten aus aller Welt, die zwei ganze Wände tapezieren. Das ruhige Ambiente fördert gemütliches Plaudern, nach dem Essen untermalt von Opernklängen, der Leidenschaft der Familie. Auffallend ist der gusseiserne Ofen. Das Ehepaar Zuddas führt seit 30 Jahren das bereits vorher im Besitz der Familie befindliche Lokal. Mauro steht in der Küche, Tina bedient die Gäste und ist jederzeit bereit, Sie über die tagesfrischen Zutaten und die Kreationen ihres Mannes zu informieren.

DIE KÜCHE – Die von der Saison, vom Marktangebot und der Laune des Kochs abhängigen Tagesgerichte machen eine Speisekarte überflüssig. Unter den Antipasti misti (12 €), die allein schon satt machen, sind Patate all'olio con formaggio a scaglie e tartufo di Laconi, Melanzane „individuali" alla parmigiana con i peperoni, **Polpettine e lingua al pomodoro**, Costine di maiale con ceci e finocchio selvatico und Affettati misti (Schinken, Pancetta, Salsiccia). Unter den Primi sind bemerkenswerte **Zuppa di erbette selvatiche** (welche Kräuter, bleibt ein Geheimnis) e formaggio fresco di capra (7,50 €), Ravioli di patate oder di formaggio al pomodoro und Pasta alla *Muggianeddu* (Klößchen mit Tomaten, Pancetta, Thymian und anderen Kräutern, 8 €). Wer dann noch weiteressen kann, findet Cinghiale al vino und **Treccia di interiora arrosto** oder al sugo con piselli (8 €) vor. Am Ende warten guter gebratener Käse, **Mousse di torrone** (5 €), eine Hommage an das lokale Erzeugnis, oder die übliche *Sebada*. Zu trinken gibt es einen guten offenen Wein und ein gepflegtes Sortiment lokaler Tropfen.

ULASSAI (OG)

18 KM WESTLICH VON LANUSEI

Su Bullicciu

Restaurant
Ortsteil Su Marmuri
Tel. (+39) 07 82 / 798 59
Kein Ruhetag
Ferien: November–Ostern
80 Plätze + 70 Plätze im Freien
Preise: 30–35 €
Kreditkarten: AE, CS, DC, MC, Visa; BM
Mittags geöffnet

DIE OSTERIA – Das Su Bullicciu – der Name bedeutet Spelunke, heruntergekommenes Gasthaus – liegt am Beginn des Weges, der zu der reizvollen Grotte Su Marmuri führt, nahe dem Zentrum von Ulassai. Das Restaurant blickt auf das wunderschöne Tal von Osini, Ausgangspunkt für Spaziergänge und Wanderungen auf die umliegenden Kalksteinberge in Richtung der prächtigen Tacchi (Tafelberge). Es verfügt über einen großen Gastraum und eine Veranda, die beide schlicht, aber funktionell eingerichtet sind; der Service ist freundlich.

DIE KÜCHE – Die Antipasti, die sich aus einer schönen Selektion lokaler Wurstwaren zusammensetzen, eröffnen das Mahl mit Prosciutto, Salsiccia, Capocollo und Guanciale, begleitet von gegrilltem Gemüse, **Frittelle** und Sottoli (10 €). Das vegetarische Angebot zum Einstieg setzt sich aus Pilzen und Gemüse zusammen (7 €). Die Primi aus frischem Teig sind ***Culurgiones*** aus Ulassai al sugo oder in bianco – ausgefallen sind sie in der Version mit Bottarga (9 €) – oder als Alternative hausgemachte ***Malloreddus*** (von Hand erzeugte Klößchen) mit saisonalen Saucen (8 €). Gute Auswahl an hiesigem Fleisch, das am Spieß gegart wird, und zwar je nach Jahreszeit **Porchetto**, Capra oder Pecora. ***Sebada*** al miele oder sardisches Gebäck bilden das Finale. Die Weine kommen aus sardischen Winzerbetrieben, meist aus der Ogliastra. Das reichhaltige Degustationsmenü (30 €) sieht eine Reihe an Gerichten vor, von Vorspeisen bis zu lokalen Desserts, und schließt den Wein ein.

VILLAGRANDE STRISAILI (OG)
Villanova Strisaili

19 KM NORDWESTLICH VON TORTOLÌ, S.P. 27

La Strega

Restaurant
Via Deledda, 148
Tel. (+39) 07 82 / 301 59,
(+39) 389 / 928 73 73
Ruhetag: Samstagmittag
Ferien: Dezember–März
40 Plätze
Preise: 35 €
Kreditkarten: CS, MC, Visa; BM
Mittags und abends geöffnet

DIE OSTERIA – In dem von Wäldern umgebenen Ortsteil Villanova Strisaili in der Nähe von Primo Salto del Flumendosa am Fuß des Gennargentu steht dieses kleine Hotel mit angeschlossenem Restaurant. Mit Unterstützung der gesamten Familie baut die Inhaberin Maria Grazia Murinu Gemüse an, züchtet Vieh und erzeugt Wurst und Käse. Die ausgezeichneten, unverfälschten Produkte, wie in Öl eingelegtes Gemüse, Wurstwaren, frische Pasta und Fleisch werden traditionsgemäß verarbeitet und mit Stil serviert.

DIE KÜCHE – Das Restaurant bietet ein festgelegtes Menü (35 €), das man im Hinblick auf Speisenauswahl und Menge nach Belieben abändern kann. Man beginnt mit einer Reihe von Antipasti, die von Salumi (berühmt sind die Prosciutti aus der Umgebung) über Verdure sott'olio und Pilze bis zu weichen (Casu axedu) und gereiften Käsesorten reichen. Weiter geht es mit warmen Speisen wie ***Turreddas de curcurica*** (**Küchlein aus Zucchini und Käse**), typischen ***Gathulis*** (frittierten Kringeln aus Kartoffeln und Käse) und Cipolle al forno con pomodorini. Als Primi erwarten Sie **Ravioli** „alla strega" (mit Prosciutto und Ricotta gefüllt und mit Butter und Salbei angerichtet), Ravioli **ripieni di agnello** con pomodoro e carciofi oder auch ***Culurgiones***. Hervorragend ist das gebratene Fleisch – je nach Saison Schaf, Ziege, Zicklein, Rind, **Ferkel** –, das mit einer Beilage aus Kartoffeln und Gemüse serviert wird. Zum Abschluss werden Raviolini di ricotta fritti, lokale Süßspeisen und ***Casadinas*** serviert. Der gute Hauswein ist ein Cannonau aus Ierzu; als Alternative bieten sich ein paar Tropfen aus umliegenden Winzerbetrieben an.

Register der Lokale

0-9

2 Camini, 151
4 Archi, 753
4 Ciance, 53
4 Piedi & 8.5 Pollici, 463
50 Kalò di Ciro Salvo, 664
7 Vizi, I, 358
700, Hosteria, 114
80 Voglia di Piada di Andrea e Roberta, 358
900, Hostaria, 349

A

Abbondanza, Trattoria dell', 432
Abraxas, 678
Aciniello, 593
Acino, L', 88
Acqu'e sale, 669
Acqua e Farina di Andrea Montanari, 357
Acquabella, Osteria dell', 125
Acquacheta, Osteria dell', 426
Acquapazza, 578
Acquario, L', 459
Acquarius, 774
Acquasanta, Osteria dell', 312
Acquolina, L', 446
Ada, 801
Addolorata, Da, 688
Adriano, Da, 596
Afro, Da, 281
Agra Mater, 488
Agri Rio, 513
Agriosteria del Frantoio, 442
AgriRiggio, 719
Aiuole, 384
Al Castello, Osteria, 574
Alba, Trattoria dell', 131
Alcatraz, 463
Aldina, 353
Alfonso, La Locanda da, 641
Allegria, 352
Alò, Pietro, 615
Alpe Rebelle, 16
Alpi, Alle, 288
Alpina, La Locanda, 49
Alpino, Osteria, 75
Altana, L', 386
Altavilla, 105
Alter Fausthof, 183
Alto Savio, 325
Altromondo, 468
Alvise, Da, 283
Amarotto, 42
Amerigo dal 1934, 377
Amici, Gli, 321
Amico Rosticciere, L', 614
Andrea, 758
Andreetta, Da, 205
Anfora, L', 224
Angelo, All', 133
Angelo, Osteria dell'
Gussago, 118
Angelo, Osteria dell'
Rom, 549
Angelo, Osteria dell'
San Giovanni Valdarno, 439
Angiolina, 677
Angolo della Farinata, L', 300
Antenna, All', 234
Antica Cantina, 465
Antica Cucina 1983, 604
Antica Dimora del Gruccione, 801
Antica Fattoria del Grottaione, 393
Antica Locanda, L', 625
Antica Osteria, 159
Antica Panelleria da Nino, 761
Antica Piadina della Valdoca, L', 357
Antica Piazzetta, 628
Antica Sciamadda, 300
Antiche Mura, 571
Antiche Sere
Bevagna, 457
Antiche Sere
Turin, 86
Antiche Sere, Le, 619
Antichi Sapori
Andria, 602
Antichi Sapori
Parma, 361
Antico Borgo, Rosticceria L', 611
Antico Forno San Michele, 762
Antico Frantoio Oleario Bardari, 713
Antico Ristoro Le Colombaie, 439
Antonietta,
Jesi, 494
Antonietta,
Rieti, 542
Antonio, Da, 240
Antovin, 662
Anzalone, 780
Aplis, 270
Approdo, L', 287
Aquila Antica, 61
Aquila d'Oro,
Dosso del Liro, 115
Aquila d'Oro, L',
Cirò, 708
Aratro, L', 601
Arcadia, 227
Archi di San Carlo, Gli, 741
Arco, All', 246
Arco, Locanda dell', 49
Arco, Osteria dell'
Alba, 27
Arco, Osteria dell'
Magliano di Tenna, 495
Arcobaleno, L', 567
Arena, All', 205
Arlecchino, Taverna di, 137
Armanda, 297
Armando al Pantheon, Da, 543
Armando, Da, 803
Arnia del Cuciniere, L', 490
Arragatteri, S', 793
Arrhais, 773
Artemide, 433
Artisti, Agli, 265
Artisti, Locanda degli, 109
Arturo, La Locanda di, 540
Assassino, L', 803
Assud, Morsi & Sorsi, 750
Attilio, Da, 665
Aurelio, 404
Aurilia, Locanda, 215
Autista, Trattoria dell', 373

B

Babazuf, 443
Bacareto, Al, 245
Baccanti, Le, 722
Bacchettone e Zazzà, 527
Baccicin du Caru, 311
Bachero, Al, 281
Baciafemmine, 471
Bacucco d'Oro, 581
Badessa, 333
Badò, Da, 449
Bagatto, Al,
Milazzo, 753
Bagatto, Il, 59
Grazzano Badoglio, 59
Baggio, Locanda, 194
Baita Ermitage, 18
Baita, La
Arcevia, 484
Baita, La
Faenza, 340
Ballarò, 762
Bambi, I', 406
Banco, Il, 72
Banco, Vini e Alimenti, 87
Bandini, 76
Baracca, La
Ovindoli, 576
Baracca, La
Settimo Vittone, 84
Baracchio, Il, 620
Barba Toni, 74
Barcaiolo, Il, 138
Barchet, 114
Barisone, 304
Baritlera, La, 48
Barone, La Locanda del, 565
Barrique, La, 60
Basilisco, Il, 242
Battaglino, 36
Battibecchi, Osteria dei, 366
Battibue, 345
Baumannhof, 185
Baylik, 721
Beccaccino, 140
Becco della Civetta, Al, 695
Bel Deuit, 31
Belbo da Bardon, Del, 80
Bele, Hostaria a le, 242
Bella Rosin, La, 67
Bellaria, 365
Bellavista, 274
Belletti, Antica Trattoria, 354
Bellinazzo, Antica Trattoria, 251
Bello - Carni, Salumi e Fornello, 612
Belvedere
Arco, 150
Belvedere
Borgosesia, 34
Belvedere
Gremiasco, 60
Belvedere
Monte san Savino, 426
Belvedere
Valeggio sul Mincio, 243
Belvedere 1919, 39
Belvedere da Tullio, 239
Benas, Sas, 802
Benetti, Locanda, 209
Bergamotto, Il, 710
Bernardo, Da, 748
Bersagliera, 'A, 644
Bersagliere, Al, 249
Bettola del Gusto, La, 678
Bettola di Piero, La, 124
Bianchi, Osteria al, 108
Bice la Gallina Felice, Da, 121
Bilaia, La, 310
Bilancia, La, 572
Binari, Ai, 28
Birbi, I, 475
Bistrò, 372
Bistrot del Granchio, Il, 553
Bistrot del Mondo Da Bobo all'Acciaiolo, 442

Bistrot, Le, 711
Bitta, La, 248
Blanch, 269
Bo Russ, 25
Boccolicchio, Osteria, 621
Boccondivino
Bra, 36
Boccondivino
Labro, 534
Boivin, 155
Bologna, I, 78
Bolognese, Trattoria La, 379
Bolognesi, Marco, 405
Bonci, I, 464
Börg, Osteria dë, 368
Borgia, Osteria dei, 511
Borgo Antico
Bojano, 592
Borgo Antico
Greve in Chianti, 413
Borgo Colmello, 263
Borgo dei Fumari, Il, 582
Borgo Pio, 552
Borgo Poscolle, 257
Borgo Sant'Ignazio, 785
Borgo Spoltino, 573
Borgo, Al,
Molinara, 657
Borgo, Il,
Ormea, 74
Borgo, La Taverna del,
Mammola, 717
Borgo, Osteria del
Carrù, 41
Borgo, Osteria del
Larino, 596
Borgo, Osteria del
Massa, 423
Borgo, Osteria del
Rom, 548
Borgo, Trattoria del,
Valsamoggia, 377
Borgoluce, 238
Borgomela, 469
Borrello, Fratelli, 775
Borsa, Alla, 243
Bortolino, Da, 146
Boschetto, Il, 538
Boschina, La, 344
Bosco del Falco, 253
Bosco, Antica Trattoria al, 234
Bossola, La, 43
Botte Piena, La, 447
Bottega a Rosano, La, 436
Bottega dei Portici, La, 429
Bottega dell'Allegria, La, 609
Bottega di Pinocchio, La, 482
Bottega Siciliana in Sicilia, La, 781
Bottega, Osteria, 328
Bottegaia, La, 432
Botteghe Antiche, 628
Boule de Neige, 20
Brace, Alla,
Pescara, 569
Brace, La,
Isnello, 743
Brasserie du Bon Bec, La, 19
Briciola di Adriana, La, 533
Brigante dal 1985, Hostaria Il, 680
Brigante, Il, 652
Briganti, La Taverna dei, 712
Briganti, Osteria dei, 686
Brillo Parlante, Il, 29
Brinca, La, 313
Brioska, La, 58
Brunello, 253
Buatino, 420
Buatta, 763
Buca dei Ladroni, 637
Buca, La, 387
Buchnerhof, 185
Bullicciu, Su, 807
Bun Ben Bon, 70
Bunet, 'L, 33
Buoni e Cattivi, La Locanda dei, 787
Buonumore, 448
Burattini, Ai, 101
Burde, Da, 403
Burgschenke Hocheppan, 184
Burligo, 130
Buscone, 146
Buttitta, 733

C
C'era Una Volta
Ascoli Piceno, 485
C'era Una Volta
Cappadocia, 564
C'era Una Volta
Catanzaro, 706
Ca Bistrò, O, 672
Ca' d'Oro detta Alla Vedova, 244
Ca' del Re, 95
Ca' di Pieri, 264
Ca' du Chittu, 297
Ca' du Pipin, A, 320
Ca' Murani, 340
Ca' Poggioli, 326
Ca' Sorda ai Pennar, 193
Cabreo, 448
Cacciatore, 142
Cacciatore, Osteria del, 739
Cacciatore, Taverna del, 334
Cacciatore, Trattoria del, 617
Cacciatori,
Cartosio, 42
Cacciatori, Ai
Cavasso Nuovo, 257
Cacciatori, Ai
Remanzacco, 274
Cacciatori, Albergo dei, 342
Caciosteria dei Due Ponti, 437
Cafasso, 665
Caffè Amaro, 213
Caffè Grande, 369
Caffè la Crepa, 119
Caffè Roma, 51
Caico, 731
Calabrialcubo, 719
Caldora, Taverna de li, 577
Calice e la Stella, Il, 526
Calogero, Da, 734
Caminetto, Il
Cabras, 785
Caminetto, Il
Rocca di Cambio, 583
Camino, Il, 422
Campanara, La, 347
Campanile, Osteria del, 143
Campanini, 331
Campestre, Le, 647
Canarino, Al, 289
Cannata, 'A, 746
Canneto Beach 2, 621
Canossa, 367
Cant del Gal, 162
Cantacucco, Il, 379
Cantina de Mananan, A, 299
Cantina dei Cacciatori, 69
Cantina del Marchese, La, 643
Cantina del Vescovo, La, 672
Cantina di Spello, La, 472
Cantina Nardi, 417
Cantina Siciliana, 778
Cantina, La
Alberobello, 601
Cantina, La
Bovino, 605
Cantina, La
Esine, 117
Cantinetta del Nonno, 437
Cantinetta Sassolini, 413
Cantinetta, La, 163
Cantinì, Al, 106
Cantinon, Al, 275
Cantinone già Schiavi, 246
Canto dei Bischeri, Il, 603
Canto del Maggio, Il, 446
Cantone, Trattoria, 332
Cantoni, Il Ristorante dei, 351
Cantuccio, Il, 395
Capelli, 351
Capitano, Taverna del, 199
Capo, Antica Osteria dal, 223
Capolinea, 301
Cappellino, 774
Cappello, Al, 289
Cappero, Il, 744
Caprini, 221
Capriolino, Il, 252
Capuccina, La, 55
Carabaccia, La, 450
Caraibi, 562
Carcere, Osteria del, 438
Cardellino, Al, 195
Carduleu, Su, 784
Carlino d'Oro, Il, 412
Carmelo, Da, 271
Carmenella, 665
Carminiello, Da, 666
Carpaccio, Il, 704
Carrobbio, Al, 113
Carugio, Antica Osteria del, 316
Casa del Puledro, 614
Casa del Vino, 403
Casa della Piadina, La, 356
Casa di Assunta, A, 534
Casa di Bacco, 51
Casa di Lucia, Antica Osteria, 120
Casa nel Bosco, La, 43
Casa Tintoria, 514
Casaebottega, 302
Casale Cjanor, 262
Casale Drinzi, 740
Casale Ferrovia, 606
Casale, Lo, 28
Casaletto, Il, 557
Casalinga, La, 408
Casareccia, La, 456
Cascina Collavini, 52
Cascina degli Ulivi, 72
Cascina Schiavenza, 82
Cascinari, Ai, 759
Caselle, Le, 137
Casello, Al
Retorbido, 133
Casello, Al
Rossano, 722
Caserma Guelfa, 506
Casolare, Il, 515
Casot, Ristorante del, 45
Cassero, Locanda nel, 397
Castellana, A, 735
Castello,
Serle, 139
Castello, Al,
Fagagna, 262
Castello, Osteria del, 484
Catagna, La, 639
Catine, Da, 276
Cattivelli, Antica Trattoria, 355

Caupona Taverna di Sicilia, 778
Cavalier Gino, Dal, 545
Cavalier Saltini, 131
Cavaliere, Il, 486
Cavalieri, Osteria dei, 431
Cavallino, 147
Cavallo Rosso, 97
Cave Ox, 738
Cavenago, Il, 58
Cecconi, 415
Ceccottino, Hostaria del, 433
Cellaio di Don Gennaro, Il, 690
Cencio, Antica Osteria Da, 335
Centru de lu Munnu, Lu, 462
Cerina, 337
Certosa, Alla, 238
Cesare 1963, Vineria, 554
Cesare, Da, 544
Chalet Galileo, 487
Chianina, La, 541
Chiluzzo, 761
Chioccia d'Oro, La, 673
Chiosco della Pineta, 356
Chitarra, La, 670
Ciacarade, La, 291
Ciacola, La, 197
Cianzia, 197
Cibo Matto, 588
Cibreo Trattoria, Il, 407
Cibus, 607
Cicale, La Locanda delle, 526
Ciocio, l', 445
Ciodi, Ai, 266
Ciottolona, La, 428
Cippi, Da, 264
Ciro a Santa Brigida, 665
Civichella, La, 334
Civico 25, 469
Clementina, 140
Cloz, 156
Coccinella, La, 83
Codirosso, 86
Codole, Alle, 201
Codroma, 246
Colla, Da ö, 304
Colle Ombroso, La Locanda di, 471
Collegio di Spagna, Trattoria, 328
Collinetta, La, 717
Commedia della Pentola, La, 62
Commercianti, Trattoria dei, 34
Compari, Osteria dei, 659
Conca, La, 657
Concettina ai Tre Santi, Da, 666
Concordia, 94
Condo, Da, 211
Consorzio, 87
Contadino, Il, 642
Contadino, Osteria del, 529
Conte Matto, Il, 447
Contrabbandiere, Antica L. del, 132
Contrade, Le, 502
Contrin, 156
Convento, Al, 649
Convivio, Il, 473
Coquus Fornacis, 510
Corallo, Il, 578
Cornacchie, Osteria de le, 502
Corona
Palermo, 763
Corona
San Sebastiano Curone, 81
Corona di Ferro, 79
Corridoio, Al, 269
Corso, Ristorante del,
Ascoli Piceno, 485
Corso, Trattoria del,
Trapani, 779
Corte dal Capo, In, 207
Corte di Bacco, Hostaria La, 116
Corte Vallona, 202
Corte, La
Cornedo Vicentino, 208
Corte, La
Spoltore, 588
Cortiletto, Il, 616
Cose Buone di Nannina, Le, 681
Costa Salici, 153
Costa, La, 629
CoVino, 244
Cr'janz, A', 627
Crea, Ristorante di, 83
Crepuscolo, Il, 696
Croce Daniele, 330
Crota 'd Calos, La, 39
Crotto, Osteria del, 129
Cuccagna, La, 615
Cucchiaio di Legno, Il, 75
Cucco, Il, 608
Cucinà, 461
Cucina Casereccia - Le Zie, 618
Cucina e Vino, 768
Culata, Da, 220
Curti, 'E, 683
Cusineta, La, 198
Cutigliano, Osteria di, 400

D

D&D, Locanda, 159
Dainotti's Da Arianna, 761
Dall'Armi, 219
Dammuso, 757
Davide, Da, 761
De Gusto Dolomiti, 196
De Mola, Pietro, 611
Dea Bendata, La, 668
Degusta, 663
Delizie di Maria, Le, 523
Dentella, 107
Dentro le Mura, Osteria, 597
Deserto, Al, 336
Desogos, 790
Devetak, 280
Di Pietro, 656
Di Vin Roero, 95
Diavoletti, I, 390
Diavolo del Brodetto, Il, 503
Diavolo, Osteria del, 29
Dino, 443
Dispensa Mocajo, 415
Dispensa Pani e Vini,
Adro, 102
Dispensa, La,
Sabbioneta, 135
Ditirambo, Locanda del, 528
Divin Porcello, 64
Djun, Ostu di, 44
Domu Sarda, Sa, 788
Don Abbondio, 346
Don Ciccio, 734
Don Diego, 493
Donato, Da, 660
Donna Nela, 720
Donna Teresa, 661
Doppio Zero, 359
Dorfner, Berggasthof, 175
Doro, Da, 237
Dragone, Franco, 612
Drin, Da, 320
Duca, Del, 497
Duca, La Taverna del, 619
Due Cannoni, I, 674
Due Colonne, Le, 145
Due Grappoli, 54
Due Lanterne, Le, 71
Due Platani, Ai, 360
Due Taxodi, Ai, 103
Duma c'Anduma, 85
Durnwald, 170

E

Edelweiss, 53
Eggerhöfe, 176
Elena, Da, 352
Elfo, L', 595
Elite Rossi, 662
Emasi, 498
Emilia, 336
Emilia Da Marisa, 481
Emma, 422
Ènosteria, 521
Enoteca Bar a Vino, L', 491
Enoteca della Valpolicella, 212
Entrà, 345
Enzo al 29, Da, 544
Ermes, 353
Essenza, 585
Etable, 31
Ezio, Da, 494

F

Fagiano, Al, 290
Fagioli, Del, 406
Falco, Antica Locanda del, 348
Falerno, Locanda del, 648
Falschauerhof, 182
Falsopepe, 622
Famiglia Principe 1968, 673
Famiglia, La, 208
Fanà, Il, 787
Faraccia, La, 302
Fari Vecjo, Al, 290
Fate dei Fiori, Le, 723
Fattoria Avaneta, 675
Fattoria Fabio, 742
Fattoria Marchetti, 497
Fausto, Da, 45
Favorita, La, 216
Favri, Il, 277
Fefè, Da, 639
Fenesta Verde, 652
Fenice, La, 333
Ferluga, 259
Feronia Bistrot, 553
Ferrata, La, 272
Ferreghini, Antica Trattoria, 260
Ferri, Da, 589
Ferro, Da, 424
Fiaccola, La, 562
Fichera, 781
Fichtenhof, 178
Fidone, Maria, 755
Fienile, Il, 425
Figliole, De', 666
Filò, Al, 106
Filomena, Da, 593
Fiorella, Da, 313
Fiorentino, 441
Fiori, Osteria dei, 495
Flavio al Velavevodetto, 546
Flora, 786
Focolare, Il, 653
Fogher, Al, 200
Föhrner, 184
Font'Artana, 580
Fontana 1914, La, 610
Fontana delle Pere, 464
Fontana Madonna, 651
Fontanabuona, Locanda, 66
Fontanazza, Locanda, 62
Fontezoppa, Locanda, 488
Forchetta Curiosa, La, 306

Fornio, Osteria di, 344
Forno, Al, 229
Foro dei Baroni, Il, 679
Fossa del Grano, La, 630
Fossate, Le, 654
Fra Fiusch, La Taverna di, 66
Franco 'U Vastiddaru, 761
Frangipane, 493
Frantoio, Al, 682
Frantoio, Il, 428
Frasca Verde, Alla, 267
Frasca, La, 122
Fraschetta del Mare, 520
Fraschetta la Moretta, 524
Frati, Antica Trattoria ai, 288
Frati, Osteria dei, 369
Frise, Le, 102
Fuciade, 161
Fuêo, La, 275
Fugazza, 136

G
Gabbani, 388
Gabbiano, Il, 113
Gabelletta, La, 454
Gaetano, Da, 666
Gagliano, Da, 441
Gagliardi, 694
Gaia, Dal, 134
Galaia, A, 794
Galeria, Antica Trattoria, 123
Gallo e della Volpe, Osteria del, 675
Gallo e l'Innamorata, Il, 751
Gallo Rosso, 491
Gallo, Osteria del, 194
Gallo, Trattoria del
Palazzolo Acreide, 759
Gallo, Trattoria del
Rovato, 135
Gallurese, La, 805
Garibaldi, 50
Garibaldi Innamorato, Il, 430
Garsun, 170
Gaspar, Da, 283
Gastaldia d'Antro, 273
Gatt, El, 496
Gatto & la Volpe, Il
Formia, 530
Gatto e la Volpe, Il
Oleggio, 73
Gatto Rosso, Al, 631
Gazza Ladra, La, 776
Generale, Il, 642
Genovese, Il, 305
Gente di Mare, 731
Genzianella, La, 56
Gesuiti, La Taverna dei, 697
Gheppio, Locanda del, 139
Ghigo, Da, 389
Ghiottone, Il, 684
Giancu, U, 316
Gianni, Da, 309
Giara, La, 708
Giardinetto, Il, 84
Giardini degli Dei, 700
Giardini di Ararat, I, 556
Giardino degli Allori, Il, 705
Giardino degli Ulivi, Il, 487
Giardino di Epicuro, Il, 698
Giardino di Venere ex Romitaggio, 737
Giare, Le, 780
Gicappa, 798
GiGianca, Al, 104
Gigina, Antica Trattoria della, 327
Giglio d'Oro, Al, 700
Giglio, Da, 707
Gino, Da, 799
Giocondo, Da, 582
Gioiosa, La, 303
Giotto, 449
Giovannelli, Antica Trattoria, 325
Giovanni al Belvedere, Da, 348
Giovanni, Da
Castelvetrano, 738
Giovanni, Da
San Giorgio in Bosco, 232
Girasol, Al, 32
Giro di Vite, 67
Giuli e Stefano Pumdor, Da, 359
Giulia, 745
Giuseppe, Da, 69
Giusi, Antica Trattoria da, 268
Glavina, 259
Gorizia 1962, 667
Gourmetteria, 223
Gozzi, Sergio, 411
Gradisca di Manuela Bianchi, 358
Gramola, La, 445
Gran Fritto, Osteria del, 338
Granaldi, 613
Grand Hotel, 123
Grande, Alla, 122
Grappolo d'Oro, 546
Grazie, Locanda delle, 115
Grecale, Il, 520
Grekà, 806
Grigliata, Alla, 214
Grigliata, La, 610
Grillo d'Oro, 641
Grillo è Buoncantore, Il, 396
Grotta da Concetta, La, 594
Grotta di Santa Caterina da Bagoga, 444
Grotta, La
Brescia, 107
Grotta, La
Orvieto, 466
Grotta, La
Scicli, 775
Grotte di San Sebastiano, Le, 508
Grottino, Il, 631
Gruden, 261
Guado Cannavina, 595
Guallina, 129
Guazzetto, Il, 624
Guercinoro, Osteria del, 330
Gufo, La Taverna del, 73
Guidazzi, Marina, 357
Gummererhof, 184
Gustin, Da, 511
Gusto, Agriturismo del, 144

H
Haccademia, 669
Hladik, 285
Hubenbauer, 185
Huberhof, 184

I
Ianus, L'Osteria di, 519
Iervasciò, 506
Ilde il baretto della buona piadina, Bar, 359
Impero, 85
Iotto, 525
Ipazia Cibi e Libri, 317
Isetta, 213
Isolo, All', 250
Ispinigoli, 791
Italia, 47
Itria, 766
Ittiturismo Mella, 104
Ivana & Secondo, 271

J
Jägerhof, 178
Janna e' Ruche, 795
Jora, 171
Juribello, 157

K
Kamastra, 710
Kent'Annos, 804
Klophof, 154
Kürbishof, 168

L
La Grotta dei Raselli, 568
La Posta, 457
La Sciabica, Antica Osteria, 605
Laghi, 332
Laghi Verdi, 374
Lago Scuro, 141
Lago, Locanda al, 128
Laita La Contrada del Gusto, 192
Lamarta, 144
Lamm Mitterwirt, 179
Lampredottore, Il, 404
Lanterna di Diogene, La, 329
Lanterna, A', 638
Lanterna, La, 687
Lanzenschuster, 171
Lanzi, 378
Laureto, Il, 522
Lea, 460
Leon d'Oro, 291
Leone, Osteria del, 577
Lerchner's in Runggen, 179
Letizia, 797
Libera, Dalla, 236
Libertino, Il, 162
Liberty, 799
Lido Ariston Sales, 141
Lilith Masseria Copertini, 632
Lillero, 474
Lina, La, 386
Lioni, Li, 800
Livio, Da, 713
Ljetzan, 235
Lo'steria, 547
Locale, U, 735
Locanda Apuana, 391
Locanda Fiore, Osteria della, 153
Locanda Occitana Ca' Bianca, 77
Locanda Piemontese, 296
Lorè, 504
Losanna, Antica Trattoria, 64
Luca, Da, 301
Luchin, 298
Luciana, Da, 771
Luciano, Da
Cairo Montenotte, 300
Luciano, Da
Russi, 370
Lucio, Da, 805
Lucrezia, Da, 727
Luisa, Da, 224
Luna Rossa,
Terranova di Pollino, 701
Luna Rossa, 'A,
Bellona, 640
Luna, La Locanda della, 681
Lupen e Margò, 405
Lupo, Il, 318
Lupo, La Taverna del, 768
Lusernarhof, 157

M
M.A.T.E.S., 736
Macare, Le, 602
Macelleria dell'Arco, 610

Macine, Le, 747
Madia, La, 108
Madonna della Neve, 46
Madonnetta, 217
Madonnina, La, 736
Maestro del Brodo, Il, 764
Magazzeo, U, 682
Magazzino, Il, 407
Magiargè, 295
Magnatum La Degusteria, 716
Magnolie, Le, 754
Mago, Dal, 498
Magona, 392
Maidda, A, 748
Maison Rosset, 19
Majore, 740
Malconsiglio, Hosteria del, 698
Malvarina, 455
Mamma, La, 709
Mammì, Locanda, 592
Mandrone, Il, 570
Mangiando Mangiando, 414
Mangiar Bene, Al, 468
Mangiare Bere Uomo Donna, 142
Mangiare, A, 366
Mangiatoia, La, 699
Maniero, Al, 18
Manuëli, 341
Marcello, Da, 480
Marchesella, La, 653
Marchio Murgia, 614
Marco Osteria del Trentino, Da, 362
Mare, Osteria del, 419
Mari, Taverna, 533
Maria,
Mondavio, 496
Maria, Da
Fano, 490
Maria, Da
Genga, 492
Maria, Da
Villadeati, 96
Marianaza, 341
Marianna, La, 368
Mariano, Ostaria da, 249
Mariella, Locanda, 331
Marina, 584
Marinella, Tavernetta, 683
Marino, 418
Mario,
Florenz, 409
Mario, Da,
Montegrotto Terme, 220
Marisa al Castello, Da, 44
Marisa, Dalla, 247
Marlera, La, 65
Marsupino, 37
Mas, El, 158
Masanielli, I, 664
Masardona, 667
Mascalzone Vini & Cucina, Taverna, 685
Mascareta, 247
Masella, 648
Maso Oliva, 158
Maso Palù, 152
Maso Santa Romina, 152
Masseria Barbera, 623
Masseria Petrino, 627
Masticabrodo, 350
Mastrofrancesco, 659
Matetti, I, 294
Matiz da Otto, 270
Mattozzi a Piazza Carità, 667
Max, 709
Mazzeri, Dai, 212
Mazzini, 355
Mazzini, Trattoria, 26
Mé Cumpari Turiddu, Bistrot, 739
Meati, Antica Osteria di, 419
Mecenate, Il, 420
Mediatori, Ai, 240
Medioevo, 624
Megaron, 676
Melo Innamorato, Il, 277
Meloncello, 327
Mercato da Maurizio, Ristorante del, 52
Meridiana, 791
Merollo, Il, 474
Micamat, 357
Michiletta, 337
Milic, 280
Milla, 370
Mimì, Da, 680
Mimmo e Valeria, Da, 615
Mini Ranch, 480
Miniera di Galparino, La, 459
Miniera, La, 143
Miniere, Le, 92
Miramonti, 350
Mirta, 125
Moar, 175
Moderno, Il, 557
Mösenhof, 167
Moiè, 206
Mola, Taverna la, 472
Molinella, La, 308
Molo, Il, 481
Mondo Piccolo, 138
Mondragon, 239
Montano, Glio, 542
Monte, Al, 230
Montecarlo, 92
Montelippo, Locanda, 515
Monteverde, L'Osteria di, 547
Monticello, Il, 536
Mora, La, 473
Morelli, Osteria Storica, 160
Morello, 752
Moresani, I, 645
Moro,
Venedig, 248
Moro, Il,
Capriata d'Orba, 40
Morsi e Rimorsi - Terroni in Pizzeria, 664
Mortigola, 156
Moulin des Aravis, Le, 19
Mse Tutta, 296
Muda di San Boldo, La, 206
Muggianeddu, 807
Mulinars, Ai, 260
Muliner, Trattoria del, 119
Mulino Antico, Il, 802
Mulino delle Tolle, 256
Muraglie, Le, 711
Murè, Osteria dei, 335
Murgiana, La, 618

N

Nadae, Da, 251
Nalin, Da, 200
Nalserbacherkeller, 185
Namo Ristobottega, 552
Nangalarruni, 737
Napoletana, La, 663
Nave, Alla, 218
Nazioni, Alle, 278
Negri, 668
Nena, La, 383
Nencioni, Orazio, 406
Nerbone, 410
Nerina, 161
Nerito Valter, L'Osteria di, 109
Nicastro, Taverna, 756
Nicchia, Vineria del Ristorante La, 46
Nicola, Antica Trattoria da, 232
Niedermairhof, 185
Niedristhof, 176
Noemi, Da, 343
Nonna Bruna, 579
Nonna Gelsa, Locanda di, 476
Nonna Mena, La Locanda di, 630
Nonna Rosa, Da, 594
Nonno Cianco, 399
Normanno, Il, 718
Notizia, La, 667
Nud e Crud, 359
Nugent, 696
Numero 2, Osteria, 105
Nunzia, 640
Nuovo Macello, Trattoria del, 127
Nuovo Parisio, Il, 25

O

Oasi dell'Antica Quercia, 663
Oasi della Piadina, L', 359
Oasi Osteria del Mare, 749
Oasi, L', 806
Oberlechner, 167
Oberlegar, 185
Oberraindlhof, 180
Oberraut, 169
Olmo, Locanda dell', 35
Olo Kalò, 609
Omens, 21
Operaio dei Fornelli, L', 226
Ophis, 499
Opus Wine, 629
Ostaia da U Santu, 306
Ostaia de Banchi, 307
Oste della Bon'Ora, L', 532
Oste Dispensa, L', 429
Osteria Margherita, 570
Ostreria Pavesi, 364
Otello, 389
Ottavio, Da, 375
Ozio, La Taverna dell', 440

P

Pacchero Solitario, Il, 521
Pace, Alla, 279
Pace, Osteria della, 79
Pacini, 375
Padella alla Brace, Dalla, 308
Padellina, Da, 414
Padrino, Al, 752
Paeto, Da, 225
Pagni, 301
Paisà, 658
Paladina, La, 714
Palazzo Barberini, 509
Palazzo D'Auria Secondo, 620
Palazzo Salsole, 319
Pallotta, 456
Paloma, La, 416
Palomba, La, 466
Pane e Vino
Cherasco, 48
Pane e Vino
Todi, 475
Pane e Vino, Taverna, 399
Panellaro di Ballarò, Il, 762
Paneolio, 581
Pani e Casu, 800
Panoramica, La, 222
Panzanelle, Le, 436
Paolino,
Vercelli, 94

Paolino, Da,
Manciano, 421
Pappa e Cena, 145
Parco da Eleonora, Al, 356
Parlapà, 90
Parrucca, Dar, 545
Particolari Nostrani, 492
Parule, Le, 664
Pascalone, La Taverna di, 613
Paschera dal 1894, 40
Pasina, Osteria alla, 201
Pasquale, Da, 147
Pasqualina, 572
Pasta e Vino, 392
Pasta Madre, 302
Patio, El, 228
Patscheiderhof, 177
Pautassi, 59
Paverno, Antica Osteria, 217
Pecora Nera, 704
Pecorella, La, 569
Peden, Al, 215
Pelliccia, Antica Trattoria, 434
Pellone, 668
Pennesi, 500
Pentola d'Oro, La, 654
Pentolaccia, Alla, 715
Pepe in Grani, 663
Pepe, Antica Osteria Pizzeria Stefano, 663
Pepenero, 489
Pepi, Da, 287
Peppe, Da, 699
Peppone, Da, 565
Perbacco
Bari, 604
Perbacco
Cannara, 458
Perbacco
Pisciotta, 677
Pergola, Alla, 241
Pergola, La
Gesualdo, 651
Pergola, La
Orvieto, 467
Pergolina, Antica Trattoria La, 110
Perilli, 569
Perla, La, 756
Pertzes, Les, 17
PerVoglia, 566
Pescato del Canevone, Il, 367
Pescatore Da Mino, Al, 117
Pescatore, Osteria del, 727
Pescatori, Osteria dei, 132
Peschiera, Alla, 347
Peso, Trattoria del, 33
Petito, 346
Petrusa, La, 749
Pezzolla, 694
Pia, La, 301
Piaceri della Carne, I, 613
Piada 52, 358
Piadina del Chiosco, La, 357
Piadina di Gianluca, La, 357
Piadineria Il Minatore, 359
Pian delle Mura, La Taverna del, 394
Piana, La, 110
Piane, Osteria delle, 566
Piatti Spaiati - Le Marionette, 311
Piave, Al, 268
Piazza, La, 627
Piazzetta del Sole, La, 529
Piazzetta, A, 716
Piazzetta, In, 417
Piazzetta, La
Sant'Omero, 586
Piazzetta, La
Valle dell'Angelo, 689
Picciarello, 309
Piccola Trattoria Guastini, 427
Piccola, La, 319
Piccole Dolomiti, 229
Piccolo Borgo, Il, 757
Piccolo Napoli, 764
Piceni, I, 500
Piermarini, 461
Pietra del Sale, 695
Pietrino e Renata, 532
Pieve, La, 388
Pignata, La,
Ariano Irpino, 637
Pignata, La,
Crotone, 712
Pineta, Alla, 160
Pineta, La, 784
Pino, Da,
Marsala, 750
Pino, Del,
Cercola, 664
Pinto, Carlo, 611
Pinzimonio, 530
Piola della Vecchia Trattoria, Sa, 789
Piola, La, 26
Pipeo, Da, 301
Pippo e Gabriella, Da, 508
Pippo, Da, 305
Pironetomosca, 202
Pischera 'e Mar'è Pontis, Sa, 786
Pitavin, Lou, 63
Pitzock, 183
Pizza Verace, 668
Playa, La, 314
Plistia, 580
Poderone, Il, 372
Poeta Contadino, Il, 111
Poggio, Osteria del, 483
Politano, Da, 35
Polledrara, La, 539
Pollini, Sergio e Pier Paolo, 406
Pompeo Trattoria Giordano, Da, 616
Pompiere, Al, 250
Pomposa al Re Gras, Trattoria, 354
Ponte, Al
Acquanegra sul Chiese, 101
Ponte, Al
Brentino Belluno, 198
Ponte, Al
Lusia, 216
Ponte, Al
Sommacampagna, 237
Ponterosa, 499
Port'Alba, Antica Pizzeria, 665
Porta a Viarolo, La, 376
Porta al Cassero, Osteria di, 425
Porta del Parco, 705
Portego, Al, 245
Portese, Locanda, 503
Porticciolo, Il
Lazise, 214
Porticciolo, Il
Trevignano Romano, 555
Portico, Al, 207
Portico, Il
Bergantino, 196
Portico, Il
Nuoro, 796
Posta, Alla, 267
Pozzo Vecchio, Osteria del, 606
Pozzo, Da, 290
Pozzo, Il, 430
Prato Gaio, 128
Principe e il Pirata, Il, 744
Principe, La Locanda del, 523
Principe, Tavernetta del, 690
Pro Loco D.O.L., 549
Probo, Da, 326
Profumi e Sapori, 643
Prosecco, Al, 245
Pupi, Osteria dal, 204
Puppo, 300
Putrelle, Le, 88

Q
Quattro Fontane, Le, 644
Quattru Canti, Ai, 303
Querce, Delle, 570
Querce, Le, 278

R
Radetic, 258
Raieü, 310
Ramin-e, Le, 89
Ramo Verde, 41
Ranari, Antica Osteria Ai, 121
Rapisardi dal 1947, 742
Ras-ciamuraje, 50
Ratanà, 126
Re di Puglia, 431
Re', A' Taverna do', 660
Reale, Osteria, 688
Recreu, Su, 793
Regina della Piadina di Maria Casadei, La, 357
Renato, Enoteca Da, 363
Repubblica di Perno, 68
Resilienza, 668
Ressignon, Lou, 17
Ribecco, Vito, 612
Riccardo, Da, 795
Ricciola Saracena, 551
Ricriju, U, 726
Rifugio Carota, 225
Rifugio, Il, 797
Righini, 118
Riglarhaus, 279
Rimante, 509
Ripa del Sole, 317
Ripa, La, 679
Risorgimento, 93
Ristò dei Fratelli Pesce, 632
Ristoro, Il, 427
Rita, Da, 507
Ritorno, Il, 512
Ritrovo dei Picari, Il, 714
Ritrovo, Al, 772
Rizzari, I, 733
Rizzi
Cassano delle Murge, 611
Rizzi
Laterza, 612
Roberto e Loretta, 550
Roberto Taverna in Montisi, Da, 438
Roberto, Da, 103
Roberts Stube, 181
Rocca del Gusto, La, 537
Rocca, La, 371
Röckhof, 186
Rododendro, Osteria del, 312
Roeno, 199
Roma
Cuneo, 54
Roma
Meolo, 218
Romano, 'O, 684
Romeo, Da, 361
Rondinaia, La, 398
Rondinella, La, 724
Rosa Alda, Dalla, 233
Rosa dei Venti, La, 804
Rosa dei Vini, La, 82

Rosa, Alla, 191
Rosada, Sa, 796
Rosella, Locanda, 792
Rosenbar, 265
Rosmarino, 307
Rossi,
Arrone, 455
Rossi, Da,
Tavullia, 513
Rosso di Sera, Taverna, 715
Rosso Rubino, 56
Rosso, Osteria del, 385
Roverino, Da, 489
Rua de li Travaj, 626
Rubbiara, Osteria di, 360
Rudy, 287
Ruggero, 410
Runchhof, 166
Ruota, Alla, 221
Rupe, La, 571
Ruspante, Il, 528
Rustica, La,
Enna, 741
Rusticana, A,
Ragusa, 767
Rusticana, La,
Modica, 754

S
Sabatino, 411
Sadole, 157
Saint Patrick, 554
Sale e Pepe,
Modica, 755
Sale e Pepe,
Stregna-Srednje, 282
Saletta, La, 395
Sali e Tabacchi, 120
Salini, Fratelli, 342
Salmoriglio, 766
Salvatore, Da, 765
Salvetti, 76
Salvo, Francesco e Salvatore, 669
San Domenico, 576
San Ferdinando, 670
San Francesco, Antica Focacceria, 761
San Giorgio, 476
San Giorgio e il Drago, 769
San Giovanni, 363
San Giovanni, Antica Trattoria, 765
San Giulio, 32
San Marco, 209
San Martino, 204
San Piero, Osteria di, 440
San Pietro, 649
San Siro, 236
Sandwich Club, 287
Sangiovesa, La, 373
Sani, Osteria dei, 574
Sant'Ambrogio, 136
Santa Chiara, Taverna a, 671
Santa Mama, Locanda, 210
Santa Marta, 65
Santa Rughe, 792
Santa Trinita, Su, 435
Santi, I, 656
Santine, Ostarie di, 284
Santino, Il, 408
Santisé, 38
Santo Stefano, 364
Santuccio, 551
Sapori di Campagna, 575
Sapori, Taverna dei, 460
Sara, Da, 465
Sardoc, 261
Sbarbacipolla Biosteria, 397
Scacchi, Gli, 646
Scacco Matto, 725
Scala, 767
Scalocchio, Lo, 376
Scamorzaro, Lo, 583
Scandiano, Osteria in, 374
Scannabue, 90
Scarano, Domenico, 614
Schaurhof, 181
Schlosswirt Juval, 172
Schnalshuberhof, 168
Schwarzer Adler, 169
Scibretta, A, 295
Scirocco, 191
Scoiattolo, Lo, 519
Scrigno dei Sapori, Lo, 758
Seiterhof, 182
Semeraro, Da Nicola, 613
Sentiero dei Franchi, Il, 81
Senza Fretta, 55
Serio, Vito, 613
Servite, Le, 150
Sette Teste, 210
Sfizi e Delizie, 780
Signaterhof, 177
Silvana, Da, 522
Silvio la Storia a Tavola, 400
Siora Rosa, Da, 287
Skerk, 258
Smeraldo, 116
Sofia, 230
Sogno, Il, 219
Solagna, Locanda, 228
Solita Zuppa, La, 396
Solito Posto, Al, 777
Sonne, 173
Sonneck, 173
Sora Maria e Arcangelo, 538
Sorbillo, Gino, 666
Sorij Nouveau, 91
Sot la Napa, 272
Sot'aj Archi, 483
Sotciastel, 166
Sotto la Mole, 91
Spalti, Agli, 222
Speranza, La, 57
Spezie, Osteria delle, 585
Spora, 156
Sport, Bar, 298
Sportello, Osteria dello, 454
Stablasolo, 156
Staccia Buratta, 385
Stadio, Trattoria dello, 71
Stanga, Alla, 235
Starec, 259
Stazione, 111
Stazione di Felino, Osteria della, 343
Stazzu li Paladini, 798
Steidlerhof, 184
Stella, 470
Stella d'Oro, 291
Stracciavocc, La, 568
Stramaiolo, 156
Strasserhof, 186
Strega, La, 808
Stropaia, La, 151
Stuzzichino, Lo
Campodimele, 525
Stuzzichino, Lo
Massa Lubrense, 655
Su pe' i' Canto, 390
Su Tzilleri e su Doge, 789
Suban, Antica Trattoria, 285
Sulicce'nti, U, 770
Summertime, 416
Syrah, 773

T
Taberna dei Cinque Sensi, 769
Taberna Sveva, 776
Tabià, 211
Tacchinella, La, 563
Taccolella, 'A, 676
Tacconotti, Trattoria dei, 57
Tagiura, 126
Talarico - Salvatore, Da, 706
Tamborrino, 613
Tamì, 112
Tana degli Orsi, La, 435
Tana dei Brilli Parlanti, La, 424
Tana del Ghiro, La, 723
Tana dell'Orso, La, 524
Tana, La, 622
Tancredi, L'Osteria di, 276
Taschet, Da, 77
Tasté Vin, 30
Tatini, Lillo, 467
Tato, Mario, 405
Taverna 58, 579
Tavernetta di Porta Guelfa, La, 458
Tavola del Carmine, La, 482
Tavolozza, La, 241
Teatro, Osteria del, 398
Tele, Trattoria delle, 365
Tempo Perso, Osteria del, 527
Tempo Stretto, Osteria del, 294
Tenuta Montelaura, 650
Teresa, 535
Terme, 315
Terra Arsa, 617
Terra Sabina, 541
Terracotta, 732
Terre di Solina, 564
Tianiello, O', 647
Tiefthalerhof, 172
Tilt 2, 501
Tipicheria, La, 687
Tipico Calabrese, Il, 707
Tirabusciò, Il
Bibbiena, 387
Tirabusciò, Il
Calangianus, 790
Tiro a Segno, Antica Osteria, 587
Tischi Toschi, 777
Tito, 543
Toledo, Hosteria, 661
Tom & Jerry, 358
Toni da Mariano, 287
Tonnara Da Andrea, Osteria della, 794
Torgglkeller, 184
Torre Antica, 573
Torre di Gnicche, La, 384
Torre Morosini, 226
Torre, Alla, 78
Torre, La
Brondello, 37
Torre, La
Cherasco, 47
Torre, La
Massa Lubrense, 655
Torre, Taverna della, 608
Torrini, Leonardo, 405
Tortuga, 318
Tosto, 563
Tradizione Cucina Casalinga, La, 623
Tradizione Dolce & Sale, 359
Tradizione, La, 614
Tramway, Antica Trattoria di', 444
Trani, Ai, 231
Tranvai, Al, 402
Trappeto, Il, 633
Trattovia Il Gastronomo, 658
Trave, La, 193

Tre Chiavi, Locanda delle, 154
Tre Cipolle sul Comò, 721
Tre Gufi, La Taverna dei, 80
Tre Merli, 70
Tre Pietre, Le, 747
Tre Sorelle, 645
Tre Spade, 339
Tre Voglie, 663
Tredici Gradi, 558
Tremoto, 401
Treno, L'osteria del, 124
Trentasette, Trattoria, 504
Trinità, 378
Tripoli, 315
Trippaie, Le, 405
Trippaio di San Frediano, Il, 404
Trippaio di Sant'Ambrogio, Il, 404
Tripperia delle Cure, La, 405
Trippi, 127
Triti, 394
Tritone, Hosteria del, 674
Tronca, Da, 423
Trota Blu, 256
Trote, Alle, 282
Tubino, 371
Tuena, 157
Tulir di Francesco Ricci, E', 357
Tullio, 401
Turacciolo, Il, 603
Turlonia, 263

U
Umberto,
Neapel, 671
Umberto, Da,
Ustica, 745
Unione, Osteria dell', 93
Universo, 96
Uva Fragola, 535

V
Valle del Vento, La, 514
Vallenostra, 68
Valletta, La, 586
Valleverde Zi' Pasqualina, 638
Valsirino, 697
Vasco e Giulia, Da, 338
Vecchia Aidone, La, 732
Vecchia Cucina di Soldano, La, 434
Vecchia Hosteria, La, 412
Vecchia Marina, 584
Vecchia Osteria U Nozzularu, Alla, 724
Vecchia Posta, La
Avolasca, 30
Vecchia Posta, La
Catanzaro, 706
Vecchia Posta, La
Mascali, 751
Vecchia Ròta, Hosteria la, 421
Vecchia Scalinata, La, 685
Vecchia Sorni, 155
Vecchio Camino, 63
Vecchio Castagno, Il, 725
Vecchio Fornello, Al, 611
Vecchio Mulino, Il
Castelnuovo di Garfagnana, 393
Vecchio Mulino, Il
Lubriano, 536
Vecchio Orologio, Al, 556
Vecchio Stallo, Al, 290
Vecchio Teatro, Al, 575
Vecio Veneto, 231
Vedetta dei Nebrodi, La, 772
Velavevodetto ai Quiriti, 550
Veliero, Il, 746
Velodromo Vecchio, Osteria del, 548
Venanzio, 391
Venegiòta, 157
Venezia, 227
Venier, Bar, 195
Vernice, In, 418
Vescovo-Skof, Al, 273
Vetan, 20
Via Caprera, Hostaria, 252
Via Leopardi, Osteria di, 505
Via Serra, Trattoria di, 329
Via Vai Fratelli Fagioli, 134
Viassa, A, 299
Vicoletto 1563, Il, 555
Vicoletto, Osteria del, 27
Vicolo Fatato, Osteria del, 540
Vicolo Nuovo da Rosa e Ambra, Osteria del, 349
Vicolo, Osteria del
Mormanno, 718
Vicolo, Osteria del
Palmi, 720
Vicolo, Osteria del
Potenza Picena, 505
Vigion, Da, 339
Vignaiolo, L'Osteria del, 61
Vignola, 314
Villa, 203
Villa Cicchi, 486
Villa Rainò, 743
Villa, La, 612
Villafredda, Osteria di, 284
Villetta, Osteria della, 130
Vinandro, 402
Vineria per Passione, 589
Vini e Cucina, 539
Vinicio, 507
Vino e Cibo, 510
Vino e Cucina, 512
Vino Veritas, In, 531
Viola, Hostaria, 112
Viole, Le, 362
Violetta, 38
Virginia, Da, 301
Visconti, 97
Vitel Etonné, Le, 89
Vittoria, Antica Trattoria, 587
Viva lo Re, 650
Volpi e l'Uva, Le, 409
Vottaro, Lu, 689
Vrille, La, 21
Vulesce, 'U, 607
Vultaggio, 779

W
Waldheim, 174
Waldruhe, 180
Weisskugel, 174
Wieser, 184
Wine Bartolo, Hosteria, 470

Y
Yeti, La Locanda dello, 383

Z
Z'Alia, 771
Zahar, 259
Zamboni, 192
Zanella, Locanda, 203
Zarazà, 531
Zenit, Lo, 788
Zenobi, 567
Zero Miglia
Grado, 266
Zero Miglia
Nettuno, 537
Zero Pizza e Territorio, Da, 669
Zi' Filomena, 646
Zia Pina, 762
Zibaldino, Lo, 358
Zidarich, 258
Zio Salvatore, 726
Zmailerhof, 185
Zolin, 233
Zongo, Taverna, 501
Zoppicone, Antica Trattoria, 686
Zucca, La Locanda di, 462
Zullo, Peppe, 625

Register der Ortschaften

A
Abbasanta (Or), 784
Abtei-Badia (BZ), 166
Accettura (Mt), 694
Aci Trezza (Aci Castello, Ct), 731
Acquasanta (Mele), 312
Acquaviva delle Fonti (Ba), 610
Acqui Terme (Al), 25, 26
Adrara san Martino (Bg), 101
Afing-Avigna (Jenesien-San Genesio Atesino, Bz), 172
Agnona (Borgosesia, Vc), 34
Agnone (Is), 592
Agnone Cilento (Montecorice, Sa), 658
Agrigent, 731–732
Aidone (En), 732
Airola (Bn), 662
Alassio (Sv), 294
Alba (Cn), 26, 27
Alba Adriatica (Te), 562
Albenga (Sv), 294, 300
Alberobello (Ba), 601, 610
Albignano (Truccazzano, Mi), 145
Alezio (Le), 602
Alfero (Verghereto, Fc), 378
Allitz-Alliz (Laas-Lasa, Bz), 173
Altipiani di Arcinazzo (Arcinazzo Romano, Rm), 522
Altissimo (Vi), 192
Alvignano (Ce), 662
Amaten-Ameto (Bruneck-Brunico, Bz), 169
Amatrice (Ri), 519
Amelia (Tr), 454
Amendolea (Condofuri, Rc), 710
Andrian-Andriano (Bz), 169
Anghiari (Ar), 383
Antella (Bagno a Ripoli, Fi), 385
Antholz Mittertal-Anterselva di Mezzo (Rasen Antholz-Rasun Anterselva, Bz), 176
Antignano (Livorno), 417, 418, 419
Antrodoco (Ri), 519
Anversa degli Abruzzi (Aq), 562
Anzio (Rm), 520
Aonedis (San Daniele del Friuli, Ud), 276
Applis (Ovaro, Ud), 270
Aprilia (Lt), 521
Arezzo, 384
Arfanta (Tarzo, Tv), 239
Ariano Irpino (Av), 637
Arpaise (Bn), 637
Arquata Scrivia (Al), 28
Artena (Rm), 523
Artogne (Bs), 102
Arzana (Og), 784
Aschbach-Sopranessano (Percha-Perca, Bz), 176
Assisi (Pg), 455, 456
Atri (Te), 563
Atripalda (Av), 638
Avellino, 663
Avigliano (Pz), 694
Avigliano Umbro (Tr), 456, 457
Avolasca (Al), 30

B
Badia di Dulzago (Bellinzago Novarese, No), 32
Badia Pavese (Pv), 103
Badia Polesine (Ro), 194
Bagaladi (Rc), 705
Bagheria (Pa), 733, 734
Bagnaia (Viterbo), 556
Bagno di Gavorrano (Gavorrano, Gr), 412
Bagnone (Ms), 386
Baiano (Av), 663
Baldissero Torinese (To), 31
Bano (Monte san Savino, Ar), 426
Baone (Pd), 195
Barano d'Ischia (Isola d'ischia, Na), 653
Barbianello (Pv), 103
Bardonecchia (To), 31
Barga (Lu), 386
Bargni (Serrungarina, Pu), 511
Bari 603, 604
Baritlera (Chianocco, To), 48
Barletta (Bt), 604
Barone Canavese (To), 32
Baselga di Pinè (Tn), 151
Bassano del Grappa (Vi), 195
Bastardo (Giano dell'Umbria, Pg), 463
Battipaglia (Sa), 663
Bedollo (Tn), 156
Bellombra (Adria, Ro), 191
Bellona (Ce), 640
Belluno Veronese (Brentino Belluno, Vr), 198, 199
Belluno Veronese (Brentino Belluno), 199
Belvedere Langhe (Cn), 33
Benevent, 640
Bergamo, 104
Bergantino (Ro), 196
Bergolo (Cn), 33
Bertinoro (Fc), 356
Bevagna (Pg), 457, 458
Biana (Ponte dell'Olio, Pc), 365
Bianzone (So), 105
Bibbiena (Ar), 387
Bisaccia (Av), 641
Bivio Aiole (Arcidosso, Gr), 384
Bivona (Ag), 734
Boccadasse (Genua), 300, 306, 307
Boccheggiano (Montieri, Gr), 428
Bologna 327–329
Bolzone (Ripalta Cremasca, Cr), 134
Bora (Mercato Saraceno, Fc), 359
Borca di Cadore (Bl), 197
Bordighera (Im), 295
Borghina (Lu, Al), 62
Borgiano (Serrapetrona, Mc), 511
Borgo (Arquata del Tronto, Ap), 484
Borgomanero (No), 34
Bormio (So), 106
Bornio (Lusia, Ro), 216
Borno (Bs), 106
Bosa (Or), 785
Bosco Marengo (Al), 35
Boscoreale (Na), 641
Bosmenso (Varzi, Pv), 146
Botteghino (Parma), 361
Bovino (Fg), 605
Bozen-Bolzano, 184
Bra (Cn), 36
Bracca (Bg), 107
Bracciano (Rm), 524
Brancere (Stagno Lombardo, Cr), 141
Breganze (Vi), 197, 198
Brescia 107, 108
Briaglia (Cn), 37
Brindisi (Br), 605
Brione (Bs), 108
Brixen-Bressanone (Bz), 184
Brondello (Cn), 37
Brucoli (Augusta, Sr), 733
Buccheri (Sr), 735
Buriano (Castiglione della Pescaia), 395
Burligo (Palazzago, Bg), 130
Butios (Ittiri, Ss), 794
Buturo (Albi, Cz), 704

C
Cabras (Or), 785
Caccamo (Pa), 735
Cafaggio (Campiglia Marittima, Li), 389
Cagliari 786, 787
Caianello (Ce), 642
Caiazzo (Ce), 642, 663
Cairo Montenotte (Sv), 300
Calangianus (Ot), 790
Calci (Palazzolo sull'Oglio, Bs), 130
Calcinere Inferiore (Paesana, Cn), 75
Calice Ligure (Sv), 296
Calizzano (Sv), 296
Calosso (At), 39
Caltabellotta (Ag), 736
Camigliano (Capannori, Lu), 390
Campagna (Sa), 644
Campagnano di Roma (Rm), 525
Campigna (Santa Sofia, Fc), 372
Campo Calabro (Rc), 705
Campobasso, 593, 594
Campobello di Licata (Ag), 736
Campogalliano (Mo), 332
Campomarino (Cb), 594
Camponogara (Ve), 200
Canale (Villadose, Ro), 251
Canale d'Agordo (Bl), 201
Canale Monterano (Rm), 526
Canè (Vione, Bs), 147
Canepina (Vt), 526
Canezza (Pergine Valsugana, Tn), 160
Cannara (Pg), 458
Cantello (Va), 109
Cantinella (Corigliano Calabro, Cs), 711
Cantone di Gargallo (Carpi, Mo), 332
Canzano (Te), 563
Capestrano (Aq), 564
Capitignano (Giffoni Sei Casali, Sa), 652
Capocastello (Mercogliano, Av), 656
Capoliveri (Isola d'elba), 415
Cappadocia (Aq), 564
Cappella de' Picenardi (Cr), 109
Capponello (Vallefoglia, Pu), 515
Capracotta (Is), 595
Capreno (Sori, Ge), 320
Capriata d'Orba (Al), 40
Carate Brianza (Mb), 110
Cardeto (Rc), 707
Carema (To), 41
Carloforte (Isola di San Pietro, Ci), 790, 791
Carmignano (Po), 390
Carota (Pieve d'Alpago, Bl), 225
Carovigno (Br), 606
Carovilli (Is), 596
Carpi (Villa Bartolomea, Vr), 251
Carrù (Cn), 41
Cartosio (Al), 42
Casagiove (Ce), 644
Casaglia (Perugia), 470
Casal Sottano (San Mauro Cilento, Sa), 682
Casal Velino (Sa), 645
Casalbuttano ed Uniti (Cr), 111
Casale Monferrato (Al), 42
Casali Lini (Fagagna), 262
Casalvieri (Fr), 527
Casamaina (Lucoli, Aq), 572

Cascina (Pi), 392
Cascina Bossola (Casalnoceto, Al), 43
Caselle in Pittari (Sa), 646
Caserta, 664
Caserta Vecchia (Caserta), 646, 647
Casevecchie (Bacoli, Na), 639
Casino di Terra (Guardistallo, Pi), 415
Cassano delle Murge (Ba), 611
Cassinasco (At), 43
Castagnetola (Massa), 422, 423
Castagnito (Cn), 44
Castel d´Ario (Mn), 111
Castel Frentano (Ch), 565
Castel san Pietro Terme (Bo), 334
Castelbasso (Castellalto, Te), 566
Castelbuono (Pa), 737
Casteldilago (Arrone, Tr), 454, 455
Castelforte (Lt), 527
Castell´Alfero (At), 44
Castellana Grotte (Ba), 611
Castelli (Monfumo, Tv), 219
Castello (Serle, Bs), 139
Castelluzzo (San Vito lo Capo, Tp), 772, 773
Castelmezzano (Pz), 695
Castelnovo (Parma), 362
Castelnuovo di Garfagnana (Lu), 393, 394
Castelnuovo Magra (Sp), 297
Castelvetrano (Tp), 738
Castiglione dei Pepoli (Bo), 334
Castiglione del Lago (Pg), 459
Castiglione delle Stiviere (Mn), 112
Castiglione di Cervia (Cervia), 356
Castilenti (Te), 569
Castione de' Baratti (Traversetolo, Pr), 376
Castro dei Volsci (Fr), 528
Castrofilippo (Ag), 739
Catania, 739
Catanzaro, 706
Cattolica (Rn), 335
Caulonia (Rc), 707
Cavalese (Tn), 153
Cavallara (Mondavio, Pu), 496
Cavallino (Le), 606
Cavasso Nuovo (Pn), 257
Cavatore (Al), 45
Cavazzo Carnico (Ud), 257
Cavi (Lavagna, Ge), 310
Caviola (Falcade, Bl), 211
Cavour (To), 46
Ceglie Messapica (Br), 607
Cellole (Ce), 648
Celzi (Forino, Av), 650
Cento (Fe), 335
Cerbaia (Scandicci, Fi), 442
Cercola (Na), 664
Cerignola (Fg), 607
Cerneglons (Remanzacco, Ud), 274
Certaldo (Fi), 395
Cerzeto (Cs), 708
Cesano (Rom), 548–550
Cesenatico (Fc), 338
Cetara (Sa), 649
Ceva (Cn), 47
Cherasco (Cn), 47, 48
Chez Chenoux (Bionaz, Ao), 16
Chiaramonte Gulfi (Rg), 740
Chiavari (Ge), 298
Chiavicone (Santo Stefano Lodigiano, Lo), 138
Chieti Scalo (Chieti, Ch), 566
Chiusi (Si), 396
Ciano (Crocetta del Montello, Tv), 210
Cicogna (Terranuova Bracciolini, Ar), 446
Ciola (Mercato Saraceno, Fc), 352
Cirò Marina (Kr), 709
Cisano sul Neva (Sv), 298
Cissone (Cn), 49
Cisterna d´Asti (At), 50
Cisternino (Br), 608, 611
Cittanova (Rc), 709
Civita (Cs), 710
Civita Superiore di Bojano (Bojano, Cb), 592
Civitanova Marche (Mc), 487, 488
Civitella Marittima (Civitella Paganico, Gr), 397
Clastra (San Leonardo, Ud), 277
Clauzetto (Pn), 260
Clodig-Hlodic (Grimacco-Garmak, Ud), 267
Cloz (Tn), 156
Clusane (Iseo, Bs), 119
Cocozzello (Acri, Cs), 704
Cogne (Ao), 17, 19
Col de Soldai (Moena, Tn), 158
Col San Martino (Farra di Soligo, Tv), 211
Colle di val d´Elsa (Si), 397
Collecarino (Arpino, Fr), 522, 523
Collegno (To), 51
Collesano (Pa), 740
Collio (Bs), 112
Colmurano (Mc), 488
Colonnata (Carrara), 391
Coloreto (Parma), 360
Coltano (Pisa), 431
Comacchio (Fe), 338
Comino (Guardiagrele, Ch), 568
Comunanza (Ap), 489
Comuneglia (Varese Ligure, Sp), 320, 321
Conetta (Cona, Ve), 207
Conselice (Ra), 358
Conselve (Pd), 207
Contrà Maso (Valdagno, Vi), 242
Contrada Mulinazzo (Villafrati, Pa), 781
Corato (Ba), 609
Corazzano (San Miniato, Pi), 440
Corigliano d´Otranto (Le), 609
Cornaley (Settimo Vittone, To), 84
Cornedo Vicentino (Vi), 208
Corniglia (Sp), 299
Corona (Mariano del Friuli, Go), 268
Correggio (Re), 339
Correzzola (Pd), 208
Corte de´ Cortesi con Cignone (Cr), 113
Cortona (Ar), 398, 399
Costa (Arcevia, An), 484
Costabissara (Vi), 209
Costigliole d´Asti (At), 51, 52
Cotronei (Kr), 712
Cravanzana (Cn), 52
Cremona, 113, 114
Crespano del Grappa (Tv), 209
Cresta (Masera, Vb), 64
Cresta (Naso, Me), 756
Cresto (Sant´Antonino di Susa, To), 81
Crispiano (Ta), 612, 615
Crotone 712
Cuglieri (Or), 791, 792
Cuneo, 53–55
Cupra Marittima (Ap), 509
Cureggio (No), 55
Curinga (Cz), 713
Cussignacco (Udine), 290, 291
Cutigliano (Pt), 399, 400

D
Dolceacqua (Im), 299, 302
Dosso del Liro (Co), 115
Dosson (Casier, Tv), 201
Dronero (Cn), 56
Due Sture (Morano sul Po, Al), 70

E
Edolo (Bs), 116
Enego (Vi), 210
Enna, 741
Ercolano (Na), 650, 664
Erice (Tp), 741
Ermitage (Courmayeur, Ao), 18
Esine (Bs), 117

F
Fado (Mele, Ge), 311
Faenza (Ra), 340, 341
Fagagna (Ud), 262
Fagnano (Trevenzuolo, Vr), 241
Falconara Marittima (An), 490
Fano (Pu), 490
Farigliano (Cn), 57
Farnese (Vt), 529
Farra d´Isonzo (Go), 263
Felino (Pr), 343
Fenili Belasi (Capriano del Colle, Bs), 110
Ferentillo (Tr), 461
Fermo, 491
Ferrara, 343
Fiamenga (Foligno), 462
Fidenza (Pr), 344
Fierozzo (Tn), 154
Filottrano (An), 491
Finalborgo (Finale Ligure, Sv), 303
Fiorenzuola d´Arda (Pc), 345
Flaas-Valas (Jenesien-San Genesio Atesino, Bz), 171
Florenz, 402–404, 406, 407, 408, 409, 410, 411
Foggia, 616, 617
Fognano (Montale, Pt), 425
Foligno (Pg), 461, 462
Follina (Tv), 212
Fontana Madonna (Frigento, Av), 651
Fontanaluccia (Frassinoro, Mo), 347
Fontanegli (Genua), 305, 306
Fontanelle (Boves, Cn), 35
Forlì, 346, 358
Forlimpopoli (Fc), 358
Formia (Lt), 530
Fornio (Fidenza), 344
Fragnolo (Calestano, Pr), 331
Francavilla di Sicilia (Me), 742
Francavilla in Sinni (Pz), 696
Frascati (Rm), 531
Frazione Bagnoli della Rosandra-Boljunec, (San Dorligo della Valle - Dolina, Ts), 259
Frigintini (Modica), 754–756
Frosinone, 531
Frusci Monte Carmine (Avigliano, Pz), 695
Fuchiade (Soraga, Tn), 161
Fumane (Vr), 212

G
Gaione (Parma), 361
Galati Mamertino (Me), 742
Galiga (Pontassieve, Fi), 433
Gambettola (Fc), 358
Gangi (Pa), 743
Garda (Vr), 213
Gardola (Tignale, Bs), 143
Gariga (Podenzano, Pc), 364
Garolda (Roncoferraro, Mn), 134

Gasperina (Cz), 714
Gassern-Gosseri (Laurein-Lauregno, Bz), 173
Gattinara (Vc), 58
Gavoi (Nu), 793
Genua, 304
Genzano di Roma (Rm), 532
Gesualdo (Av), 651
Gete (Tramonti, Sa), 688
Gfrill-Cauria (Salurn-Salorno, Bz), 178
Ghemme (No), 58
Ghiare (Corniglio, Pr), 339
Giannella (Orbetello, Gr), 429
Giardinetto (Sessame, At), 84
Giazza (Selva di Progno, Vr), 235
Giba (Ci), 793
Giglio Porto (Isola del Giglio, Gr), 416
Ginosa (Ta), 612
Giorgino (Cagliari), 788, 789
Giugliano in Campania (Na), 652, 653
Giulianello (Cori, Lt), 529
Giulianova (Te), 567
Görz, 264, 265
Govone (Cn), 59
Grado (Go), 265
Gramignazzo (Sissa, Pr), 374
Grangeon (Verrayes, Ao), 21
Grassina (Bagno a Ripoli, Fi), 385
Gravina in Puglia (Ba), 618
Grazie (Curtatone, Mn), 115
Grazzano Badoglio (At), 59
Gremiasco (Al), 60
Groppallo (Farini), 342
Grottaferrata (Rm), 532–533
Grottammare (Ap), 493
Grotte Santo Stefano (Viterbo), 557
Grotteria (Rc), 714
Gschnon-Casignano (Montan-Montagna, Bz), 175
Guallina (Mortara, Pv), 129
Guardabosone (Vc), 60
Guarrato (Trapani), 779
Guasticce (Collesalvetti, Li), 398
Guggal (Altrei-Anterivo, Bz), 168
Guiglia (Mo), 348

H/I

Hintermartell-Alta Val Martello (Martell-Martello, Bz), 174
Ibla (Ragusa), 767–769
Iglesias, 794
Imola (Bo), 349
Innichen-San Candido (Bz), 171
Intra (Verbania), 94
Irsina (Mt), 696
Isera (Tn), 154
Isnello (Pa), 743
Isola di Anfora (Grado), 266
Isola Dovarese (Cr), 119
Isola Sacra (Fiumicino, Rm), 530
Isola Serafini (Monticelli d´Ongina, Pc), 355
Ispinigoli (Dorgali, Nu), 792
Issogne (Ao), 18
Ivrea (To), 61

J/K

Jesi (An), 494
Kaltern an der Weinstraße-Caldaro sulla Strada del Vino (Bz), 184
Kandellen-Gandelle (Toblach-Dobbiaco, Bz), 182
Kastelbell-Tschars - Castelbello-Ciardes (Bz), 172

L

L´Aquila, 571
La California (Bibbona, Li), 388
La Chiappa (La Spezia), 301
La Guardia (Recoaro Terme, Vi), 229
La Petrizia (Sellia Marina, Cz), 724
La Santona (Lama Mocogno, Mo), 350
Labro (Ri), 534
Lajen-Laion (Bz), 185
Lamezia Terme (Cz), 715
Lampedusa (Isole Pelagie, Ag), 748
Lapio (Arcugnano, Vi), 192
Larino (Cb), 596
La Spezia, 301
Lateis (Sauris, Ud), 279
Laterza (Ta), 612
Latiano (Br), 613
Latina, 535
Latronico (Pz), 697
Lauco (Ud), 267
Lavagna (Ge), 310
Lazise (Vr), 214
Lazzaro (Motta san Giovanni, Rc), 719
Le Campestre (Castel di Sasso, Ce), 647
Le Fossate (Letino, Ce), 654
Le Regine (Abetone, Pt), 383
Lecce, 618
Lecco, 120
Legro (Orta san Giulio, No), 75
Leni Salina (Isole Eolie), 747
Lentini (Sr), 748
Lesina (Fg), 619
Levico Terme (Tn), 155
Li Lioni (Porto Torres, Ss), 800
Licata (Ag), 749
Lido (Giulianova), 568
Lido di Jesolo (Jesolo, Ve), 214
Lingua (Isole Eolie, Santa Marina Salina, Me), 746
Lioni (Av), 654
Lipari Pianoconte (Isole Eolie), 747
Livorno, 417
Loano (Sv), 311
Località Casonetto (Asolo, Tv), 194
Località Peschiera Pontis (Cabras, Or), 786
Locorotondo (Ba), 613, 619
Loneriacco (Tarcento, Ud), 284
Longi (Me), 749
Longiano (Fc), 351, 358
Longobardi (Cs), 716
Loreggia (Pd), 215
Lozzo di Cadore (Bl), 216
Lubriano (Vt), 536
Lucarelli (Radda in Chianti, Si), 436
Lucera (Fg), 620
Lucrino (Pozzuoli, Na), 678
Lugo di Baiso (Baiso, Re), 326

M

Macerata, 494, 495
Macerone (Cesena), 357
Madonna dei Prati (Busseto, Pr), 331
Madonna della Neve (Cessole, At), 46
Maggiana (Mandello del Lario, Lc), 120
Magliano di Tenna (Fm), 495
Magomadas (Or), 795
Magrè (Schio, Vi), 234
Mailand, 122–127
Malanghero (San Maurizio Canavese, To), 80
Malborghetto (Malborghetto-Valbruna Naborjet-Ovcja Vas, Ud), 268
Malgolo (Romeno, Tn), 161
Mammola (Rc), 716, 717
Mamoiada (Nu), 796
Manazzons (Pinzano al Tagliamento, Pn), 271
Manciano (Gr), 421
Manfredonia (Fg), 620, 621
Mannoli (Santo Stefano in Aspromonte, Rc), 723
Manta (Cn), 63
Mantignana (Corciano, Pg), 460
Mantua, 121
Marceddì (Terralba, Or), 805
Marciano della Chiana (Ar), 421
Mareto (Farini, Pc), 342
Marettimo (Isole Egadi, Favignana, Tp), 746
Margherita di Savoia (Bt), 621
Marina (Pisciotta, Sa), 677
Marina di Alimuri (Meta, Na), 657
Marina di Camerota (Camerota), 643
Marmora (Cn), 63
Marola (La Spezia), 301
Marostica (Vi), 217
Marotta (Mondolfo, Pu), 496
Marradi (Fi), 422
Marsala (Tp), 750, 751
Martelosio di Sopra (Pozzolengo, Bs), 132
Martina Franca (Ta), 613, 622
Martone (Rc), 717
Mas (Sedico, Bl), 235
Masi (Pd), 218
Masio (Al), 64
Massa (Maratea, Pz), 698
Massa Finalese (Finale Emilia, Mo), 345
Massa Marittima (Gr), 423, 424
Massa Martana (Pg), 464
Massafra (Ta), 622
Matsch-Mazia (Mals im Vinschgau-Malles Venosta, Bz), 174
Mazod (Torgnon, Ao), 20
Mazzano (Negrar, Vr), 221
Mazzè (To), 65
Meati (Lucca), 419, 420
Melito Irpino (Av), 656
Menconico (Pv), 122
Meolo (Ve), 218
Mernico (Dolegna del Collio, Go), 260
Messina, 752
Mestre (Venedig), 246, 247
Mezzocorona (Tn), 158
Migliandolo-Cornapò (Portacomaro, At), 76
Migliarina (La Spezia), 301
Miglionico (Mt), 698
Milazzo (Me), 753
Mileto (Vv), 718
Milo (Ct), 753
Minervino Murge (Bt), 623
Miola (Baselga di Pinè), 151
Miralduolo (Torgiano, Pg), 475
Mis (Sospirolo, Bl), 238
Missian-Missiano (Eppan an der Weinstraße-Appiano sulla Strada del Vino, Bz), 184
Missano (Zocca, Mo), 379
Modena, 353, 354
Modica (Rg), 754
Molinara (Bn), 657
Molinella (Isolabona, Im), 308
Mombarone (Asti), 28, 29, 30
Mombaruzzo (At), 65
Mombercelli (At), 66

Mombisaggio (Tortona, Al), 92
Moncalvo (At), 67
Monchiero (Cn), 67
Mongiardino Ligure (Al), 68
Monopoli (Ba), 624
Montagna in Valtellina (So), 127
Montalcino (Si), 425
Monte Isola (Bs), 128
Monte Porzio Catone (Rm), 536
Monte sant´Angelo (Fg), 624
Monte Sirino (Lagonegro, Pz), 697
Montebello (Torriana, Rn), 375
Montebeni (Fiesole), 401, 402
Montecastello (Mercato Saraceno), 352, 358
Montedinove (Ap), 497
Montefollonico (Torrita di Siena, Si), 447
Montegalda (Vi), 220
Montegrosso (Andria), 602, 603
Montegrosso Pian Latte (Im), 312
Montegrotto Terme (Pd), 220
Monteleone (Inverno e Monteleone, Pv), 118
Montelupone (Mc), 498
Montemarzino (Al), 69
Montenero (Castel del Piano, Gr), 393
Montepastore (Monte San Pietro, Bo), 354
Montepulciano (Si), 426
Monteromano (Brisighella, Ra), 330
Monterotondo (Rm), 537
Montescudaio (Pi), 428
Montesegnale (Bolsena, Vt), 524
Montesilvano (Pe), 569
Montesoffio (Urbino), 514
Monteveglio (Valsamoggia, Bo), 377
Monteviasco (Curiglia con Monteviasco, Va), 114
Montisi (San Giovanni d´Asso, Si), 438
Morbegno (So), 129
Morcone (Bn), 659
Morigerati (Sa), 659
Mormanno (Cs), 718
Morro d´Alba (An), 498
Morrovalle (Mc), 499
Moscufo (Pe), 573
Mossa (Go), 269
Mostiola (San Colombano al Lambro, Mi), 136
Muggia (Ts), 269
Mulino di Pontevecchio (Frontino, Pu), 492
Muraglie (Conflenti, Cz), 711
Musile (Susegana, Tv), 238
Mutignano (Pineto, Te), 581

N
Nals-Nalles (Bz), 185
Navezze (Gussago, Bs), 118
Ne (Ge), 313
Neapel, 660, 661, 664–667, 670, 671
Nervesa della Battaglia (Tv), 222
Nettuno (Rm), 537
Neviano degli Arduini (Pr), 355
Nicastro (Lamezia Terme, Cz), 715
Niccone (Umbertide, Pg), 476
Nicola (Ortonovo, Sp), 313
Nizza Monferrato (At), 70, 71
Noale (Ve), 222
Nocciano (Pe), 574
Nocera Superiore (Sa), 673
Nocera Terinese (Cz), 719
Noci (Ba), 614, 625
Noiaris (Sutrio, Ud), 282, 283
Notaresco (Te), 574
Noto (Sr), 757
Novara, 71
Novi Ligure (Al), 72
Novi Velia (Sa), 673
Nuoro, 796, 797
Nus (Ao), 19
Nuxis (Ci), 797

O
Oberplars-Plars di Sopra (Algund-Lagundo, Bz), 168
Oberwielenbach-Vila di Sopra (Percha-Perca, Bz), 175
Occhieppo Inferiore (Bi), 73
Ofena (Aq), 575
Ogoli (Lula, Nu), 795
Olbia, 798
Oleggio (No), 73
Olevano Romano (Rm), 538
Oliena (Nu), 798
Oliveto Citra (Sa), 674
Omens (Verrès, Ao), 21
Oneglia (Imperia), 308
Oneta (San Giovanni Bianco, Bg), 137
Orio Canavese (To), 74
Oristano, 799
Ormea (Cn), 74
Orsara di Puglia (Fg), 625
Ortezzano (Fm), 500
Ortona (Ch), 575, 576
Orvieto (Tr), 465, 466, 467
Orvinio (Ri), 539
Ospedaletti (Im), 314
Ospedaletto d´Alpinolo (Av), 674, 675
Ossana (Tn), 159
Ovindoli (Aq), 576

P
Paceco (Tp), 757
Pacentro (Aq), 577
Padola (Comelico Superiore, Bl), 206
Padua 223, 224
Padula (Sa), 675
Pagnano (Asolo, Tv), 193
Palagianello (Ta), 626
Palagiano (Ta), 614
Palazzolo Acreide (Sr), 758, 759
Palazzuolo sul Senio (Fi), 429
Palermo, 759, 761–764
Paliano (Fr), 539
Palmi (Rc), 720
Palù (Brentonico, Tn), 152
Panicale (Pg), 467
Pantelleria (Isola di Pantelleria, Tp), 744
Panzano (Greve in Chianti, Fi), 413
Parafada (Serralunga d´Alba, Cn), 82
Parasacco (Zerbolò, Pv), 147
Paroldo (Cn), 76
Paschera San Defendente (Caraglio, Cn), 40
Passo Cordone (Loreto Aprutino, Pe), 572
Passo del Sugame (Greve in Chianti, Fi), 413
Paternopoli (Av), 676
Pattada (Ss), 799
Patù (Le), 626
Paupisi (Bn), 676
Pavana (Sambuca Pistoiese, Pt), 437
Pavareto (Carro, Sp), 297
Pedaso (Fm), 500, 501
Pederiva (Grancona, Vi), 213
Pedratsches-Pedraces (Abtei-Badia, Bz), 166
Penna Alta (Terranuova Bracciolini, Ar), 446
Pennar (Asiago, Vi), 193
Penne (Pe), 577
Perdonig-Predonico (Eppan an der Weinstraße-Appiano sulla Strada del Vino, Bz), 184
Perno (Castell´Alfero, At), 45
Perno (Monforte d´Alba, Cn), 68
Perugia, 468
Pesariis (Prato Carnico, Ud), 272
Pesaro, 501
Pescara, 578, 579
Pescasseroli (Aq), 580
Peschiera del Garda (Vr), 224
Pesciano (Todi, Pg), 474
Pessinate (Cantalupo Ligure, Al), 39
Petralia Soprana (Pa), 765
Petritoli (Fm), 502
Pezzalonga (Cerreto Sannita, Bn), 648
Piacenza, 362–364
Piagge (Ascoli Piceno), 485
Pian di San Bartolo (Fiesole, Fi), 401
Piana Crixia (Sv), 315
Piana degli Albanesi (Pa), 765
Piandimeleto (Pu), 502
Pianella (Pe), 570
Pianetto (Galeata, Fc), 347
Pianiga (Ve), 225
Piano di Conca (Massarosa, Lu), 424
Pianosinatico (Cutigliano, Ps), 400
Piavola (Mercato Saraceno, Fc), 359
Picciano (Pe), 580
Picinisco (Fr), 540
Pierosara (Genga, An), 492
Pietra Ligure (Sv), 301
Pieve (Camaiore, Lu), 388
Pieve Fosciana (Lu), 430
Pieve Rossa (Bagnolo in Piano, Re), 326
Piglio (Fr), 540
Pigna (Im), 315
Pilastro (Langhirano, Pr), 350
Pinarella (Cervia, Ra), 336, 356
Piombino (Li), 430
Pisa, 431
Pistoia, 432
Pitigliano (Gr), 433
Poggiardo (Le), 627
Poggio (Ancona), 483
Poggio a Caiano (Signa, Fi), 444
Poggio Ferrato (Val di Nizza, Pv), 145
Poggio Mirteto (Ri), 541
Poggio Picenze (Aq), 581
Pogli (Ortovero, Sv), 314
Poia (Comano Terme, Tn), 153
Policastro Bussentino (Santa Marina, Sa), 684
Polistena (Rc), 720
Polizzi Generosa (Pa), 766
Polverara (Pd), 226
Polverina (Camerino, Mc), 486
Pompei (Na), 678
Pomponesco (Mn), 131
Ponte a Greve (Scandicci, Fi), 406
Ponte di Piave (Tv), 226
Ponte sull'Oglio (Acquanegra sul Chiese, Mn), 101
Ponte Vico (Russi, Ra), 370
Pontecagnano Faiano (Sa), 668
Ponteromito (Montemarano, Av), 658
Pontremoli (Ms), 434
Ponza (Isola di Ponza, Lt), 534
Porano (Tr), 471
Porchia (Montalto delle Marche, Ap), 497
Pordenone 272
Porretta Terme (Bo), 365
Porticello (Santa Flavia, Pa), 773
Portici (Na), 668
Porto Azzurro (Isola d'Elba, Li), 416

Porto di Ascoli (San Benedetto del Tronto, Ap), 506, 507
Porto di Brenzone (Brenzone, Vr), 199
Porto Empedocle (Ag), 766
Porto Recanati (Mc), 503
Porto San Giorgio (Fm), 503, 504
Porto Sant´Elpidio (Fm), 504
Portogruaro (Ve), 227
Portonovo (Ancona), 480–482
Portopalo di Capo Passero (Sr), 767
Portovenere (Sp), 316
Potenza Picena (Mc), 505
Pozza di Fassa (Tn), 156
Pozzuoli, Na, 668
Pradandons (Tarcento), 284
Prata d´Ansidonia (Aq), 582
Prato (Po), 434, 435
Pratovecchio (Ar), 435
Praturlone (Fiume Veneto, Pn), 263
Preganziol (Tv), 228
Prepotto (Duino-Aurisina Devin-Nabrezina, Ts), 258
Priverno (Lt), 542
Prösler Ried-Novale di Presule (Völs am Schlern-Fiè allo Sciliar, Bz), 183
Puglianello (Bn), 679
Pulfero-Podbonesec (Ud), 293
Punta Penna (Vasto, Ch), 609
Putignano (Ba), 634, 647, 648

Q
Quartu sant´Elena (Ca), 800
Quiliano (Sv), 302
Quistello (Mn), 133

R
Rabbi (Tn), 156
Randazzo (Ct), 769
Rauscedo (San Giorgio della Richinvelda, Pn), 277
Ravascletto (Ud), 274
Ravenna, 359, 366
Rebocco (La Spezia), 309
Recanati (Mc), 505
Refrontolo (Tv), 229
Reggio di Calabria, 721
Reggio nell´Emilia 366, 367
Rende (Cs), 721
Retorbido (Pv), 133
Revigliasco (Moncalieri, To), 66
Ried-Novale di Sotto (Sterzing-Vipiteno, Bz), 181
Rieti, 542, 543
Rimini 359 ,367, 368
Rio Moro (Colonnella, Te), 567
Rio Salso-Case Bernardi (Tavullia, Pu), 513
Riomaggiore (Sp), 317
Ripatransone (Ap), 506
Ritten-Renon (Bz), 185
Rivalta (Gazzola, Pc), 348
Rivalta (Lesignano de´ Bagni, Pr), 351
Rivergaro (Pc), 369
Rivisondoli (Aq), 582
Rocca di Cambio (Aq), 583
Rocca di Roffeno (Castel d´Aiano, Bo), 333
Rocca San Felice (Av), 679
Roccabruna (Cn), 77
Rocchetta Tanaro (At), 77, 78
Rolle (Cison di Valmarino, Tv), 205, 206
Rom 543–547
Romagnano Sesia (No), 78
Ronco all´Adige (Vr), 230
Roncofreddo (Fc), 369
Rosano (Rignano sull´Arno, Fi), 436
Rosara (Ascoli Piceno), 486
Rosello (Ch), 583
Roseto degli Abruzzi (Te), 584
Rosolini (Sr), 770
Rossano (Cs), 722
Rotonda (Pz), 699
Rotondella (Mt), 699
Rovato (Bs), 135
Rovigo, 231
Rovizza (Sirmione, Bs), 140
Rovolon (Pd), 231
Ruata Valle (Stroppo, Cn), 86
Rubbiara (Nonantola, Mo), 360
Runo (Dumenza, Va), 116
Ruvo del Monte (Pz), 700

S
Sabbioneta (Mn), 135
Sacca (Goito, Mn), 117
Sagrado-Zagradec (Sgonico-Zgonic, Ts), 280
Sagrogna (Belluno), 196
Sala Baganza (Pr), 370
Salerno, 668, 680
Saluzzo (Cn), 79
Sambuco (Cn), 79
Sambuco (San Piero Patti, Me), 771
Sammichele di Bari (Ba), 614
San Bartolomeo (Chiusa di Pesio, Cn), 49
San Carlo (Cesena), 357
San Casciano in val Di Pesa (Fi), 437
San Cataldo (Cl), 770
San Colombano (Scandicci, Fi), 443
San Damiano al Colle (Pv), 136
San Daniele del Friuli (Ud), 275
San Desiderio (Calliano, At), 38
San Donà di Piave (Ve), 232
San Donnino di Liguria (Casalgrande, Re), 333
San Feliciano (Magione, Pg), 464
San Gennaro Vesuviano (Na), 681
San Giacomo delle Segnate (Mn), 137
San Gimignano (Si), 438
San Giorgio (Arco, Tn), 150
San Giorgio (Cesena), 357
San Giorgio a Cremano (Na), 669
San Giorgio del Sannio (Bn), 681
San Giorgio di Valpolicella (Sant´Ambrogio di Valpolicella, Vr), 233
San Giovanni (Bellagio, Co), 104
San Giovanni d´Antro-Svet Ivan u Celè (Pulfero-Podbonesec, Ud), 273
San Giovanni Rotondo (Fg), 628, 629
San Giovanni Valdarno (Ar), 439
San Giuseppe Jato (Pa), 771
San Leo (Rn), 371
San Leone (Agrigento), 731, 732
San Marco Argentano (Cs), 722
San Marco dei Cavoti (Bn), 682
San Martino (Acquasanta Terme, Ap), 480
San Martino (Chies d´Alpago, Bl), 204
San Martino al Cimino (Viterbo), 557, 558
San Massimo (Rapallo, Ge), 316
San Michele del Carso-Vrh (Savogna d´Isonzo-Sovodnje Ob Soci, Go), 280
San Michele di Serino (Av), 683
San Miniato Basso-Catena (San Miniato, Pi), 439
San Nicandro Garganico (Fg), 629
San Pelagio-Sempolaj (Duino-Aurisina Devin-Nabrezina, Ts), 261
San Piero a Sieve (Fi), 440
San Piero in Bagno (Bagno di Romagna, Fc), 325
San Pietro (Isola del Gran Sasso D´Italia, Te), 570
San Pietro (Portalbera, Pv), 132
San Pietro al Natisone Spietar Slovenov (Ud), 278
San Pietro in Casale (Bo), 371
San Prospero (Mo), 372
San Quirino (Pn), 278
San Regolo (Gaiole in Chianti, Si), 412
San Salvatore di Fitalia (Me), 772
San Salvo Marina (San Salvo, Ch), 584, 585
San Sebastiano Curone (Al), 81
San Secondo (Città di Castello, Pg), 459, 460
San Severo (Fg), 630
San Siro (Seren del Grappa, Bl), 236
San Sosti (Cs), 723
San Sperate (Ca), 801
San Vito (Vico Equense, Na), 690
San Vito Chietino (Ch), 585
San Vito dei Normanni (Br), 630
San Vittore (Cesena), 337
San Vittorino (Caramanico Terme, Pe), 565
Sandrigo (Vi), 233
Sankt Gertraud-Santa Gertrude (Ulten-Ultimo, Bz), 182
Sankt Lorenzen-San Lorenzo di Sebato (Bz), 179
Sankt Martin in Passeier-San Martino in Passiria (Bz), 179
Sannazzaro (Santa Maria della Versa, Pv), 138
Sanremo (Im), 302, 317, 318
Sansepolcro (Ar), 441
Sant'Agata sui Due Golfi (Massa Lubrense, Na), 655
Sant'Andrea (Campodarsego, Pd), 200
Sant'Angelo (Castelraimondo, Mc), 487
Sant'Anna (Mascali, Ct), 751
Sant'Anna Morosina (San Giorgio in Bosco, Pd), 232
Sant'Apollinare (San Vito Chietino, Ch), 586
Sant'Egidio (Cesena), 337
Sant'Elia (Cirò, Kr), 708
Sant´Anastasia (Na), 683
Sant´Angelo in Pontano (Mc), 508
Sant´Omero (Te), 586
Santa Cristina (Gubbio, Pg), 463
Santa Giulia (Porto Tolle, Ro), 227
Santa Lucia ai Monti (Valeggio sul Mincio, Ve), 243
Santa Maria (La Morra, Cn), 61, 62
Santa Maria Annunziata (Massa Lubrense, Na), 655
Santarcangelo di Romagna (Rn), 373
Santeramo in Colle (Ba), 614, 615
Santo Stefano Quisquina (Ag), 774
Santu Lussurgiu (Or), 801, 802
Saonara (Pd), 234
Sarno (Sa), 684
Sarone (Caneva, Pn), 256
Sarteano (Si), 441
Sarturano (Agazzano, Pc), 325
Sarzana (Sp), 318
Sassari, 802, 803
Sassello (Sv), 319
Sasso di Nogaredo (Nogaredo, Tn), 159
Sauris di Sotto (Sauris, Ud), 279
Savignano di Rigo (Sogliano al Rubicone, Fc), 359
Savignano sul Rubicone (Fc), 373
Savigno (Valsamoggia, Bo), 377

Savin (Pontboset, Ao), 19
Scafati (Sa), 685
Scalea (Cs), 724
Scaltenigo (Mirano, Ve), 219
Scampitella (Av), 685, 686
Scandiano (Re), 374
Scandolara (Zero Branco, Tv), 253
Scandolara Ripa d´Oglio (Cr), 139
Scheggino (Pg), 471
Schenna-Scena (Bz), 185
Schiavi di Abruzzo (Ch), 587
Schifanoia-Moricone (Narni, Tr), 465
Schnals-Senales, Bz, 180
Sciacca (Ag), 774
Scicli (Rg), 775
Scoglitti (Vittoria, Rg), 781
Scurcola Marsicana (Aq), 587
Selva de' Colli (Mosciano Sant´Angelo, Te), 573
Selvapiana (Fabbrica Curone, Al), 56
Senigallia (An), 508–510
Sennariolo (Or), 804
Sennori (Ss), 804
Sernaglia Della Battaglia (Tv), 236
Serra de´ Conti (An), 510
Serralunga d´Alba (Cn), 82
Serralunga di Crea (Al), 83
Serrastretta (Cz), 725
Serravalle (Vittorio Veneto, Tv), 252
Serravalle Langhe (Cn), 83
Sersale (Cz), 725
Sestri Levante (Ge), 319
Sestri Ponente (Genua), 304, 305
Sevegliano (Bagnaria Arsa, Ud), 256
Sexten-Sesto (Bz), 180
Sezze (Lt), 551
Siderno Marina (Siderno, Rc), 726
Siderno Superiore (Siderno, Rc), 726
Siena, 443, 444
Signat-Signato (Ritten-Renon, Bz), 177, 185
Sinagra (Me), 775
Sirolo (An), 512
Sizzano (No), 85
Slivia-Slivno (Duino-Aurisina Devin-Nabrezina, Ts), 258
Soci (Bibbiena, Ar), 387
Sogliano al Rubicone (Fc), 375
Solagna (Vi), 237
Solara (Bomporto, Mo), 329
Solero (Al), 85
Solicchiata (Castiglione di Sicilia, Ct), 738
Somma Vesuviana (Na), 686, 687
Sommacampagna (Vr), 237
Sorico (Co), 140
Sorni (Lavis, Tn), 155
Sorrento (Na), 669
Sottomarina (Chioggia, Ve), 205
Spello (Pg), 472
Sperlonga (Lt), 551
Speziale (Fasano, Br), 616
Spilimbergo (Pn), 281
Spinazzola (Bt), 631
Spormaggiore (Tn), 156
Srednje (Ud), 282
Staffolo (An), 512
Stagno Lombardo (Cr), 141
Strada in Chianti (Greve in Chianti, Fi), 414
Stradella (Bigarello, Mn), 105
Stroncone (Tr), 472
Succivo (Ce), 687
Sulzano (Bs), 142
Suvereto (Li), 445
Suzzara (Mn), 142
Syrakus, 776

T
Tacconotti (Frascaro, Al), 57
Talasai (Sedilo, Or), 803
Taormina (Me), 777
Tarent, 631, 632
Tarquinia (Vt), 552
Tarvisio-Trbiz (Ud), 285
Tavarnelle Val di Pesa (Fi), 445
Taverna (Campodimele, Lt), 525
Tavernacce (Perugia), 469, 470
Tavon (Predaia, Tn), 160
Tempalta (Roccadaspide, Sa), 680
Tempio Pausania, 805
Teolo (Pd), 240
Terlan-Terlano (Bz), 185
Termoli (Cb), 597
Terni 473, 474
Terracina (Lt), 552–554
Terralba (Or), 806
Terranova di Pollino (Pz), 700, 701
Terzigno (Na), 669
Tessano (Dipignano, Cs), 713
Teti (Nu), 806
Tezze (Luserna, Tn), 157
Timau-Tischlbong (Paluzza, Ud), 270
Tirol-Tirolo (Bz), 181
Todi (Pg), 475
Tombolo (Pd), 240
Tonara (Nu), 807
Torbe (Negrar, Vr), 221
Torbiato (Adro, Bs), 102
Torrazza Coste (Pv), 143
Torre del Moro (Cesena), 357
Torre Orsaia (Sa), 688
Torreglia (Pd), 241
Torrette (Ancona), 482
Toscolano-Maderno (Bs), 144
Trapani 777–779
Traversella (To), 92
Trebisacce (Cs), 727
Treiso (Cn), 93
Trentinara (Sa), 689
Treporti (Cavallino-Treporti, Ve), 203, 204
Trequanda (Si), 447
Trevignano Romano (Rm), 555
Treville (Castelfranco Veneto, Tv), 202
Treviso, 242
Trient, 162
Triest, 259, 285, 287
Trinità (Vernasca, Pc), 378
Tropea (Vv), 727
Tuenno (Tn), 157
Turin, 86–91
Tusa (Me), 780

U
Udine, 288, 289, 290
Ulassai (Og), 807
Umbertide (Pg), 476
Unterplanken-Planca di Sotto (Gsies-Valle di Casies, Bz), 170
Urbania (Pu), 514
Ustica (Isola di Ustica, Pa), 745

V
Vahrn-Varna (Bz), 185
Val Canali (Tonadico, Tn), 157, 162
Valderice (Tp), 780
Valdestali (Frisanco, Pn), 264
Valeggio sul Mincio (Vr), 243
Valgatara (Marano di Valpolicella, Vr), 217
Valiano (Montepulciano), 427
Valle Asinari (San Marzano Oliveto, At), 80
Valle dell´Angelo (Sa), 689
Valle San Giovanni (Calamandrana, At), 38
Vallo della Lucania (Sa), 669, 690
Vallona (Castelnovo Bariano, Ro), 202
Vallone dei Messi (Castagneto Carducci, Li), 392
Valmorel (Limana, Bl), 215
Varena (Tn), 163
Varignano (Arco, Tn), 150
Varzella (Rigolato, Ud), 275
Vas (Quero Vas, Bl), 228
Vasto (Ch), 588
Vellau-Velloi (Algund-Lagundo, Bz), 167
Venarotta (Ap), 515
Venedig 244–248
Venturina (Campiglia Marittima), 389
Vercelli, 94
Verduno (Cn), 95
Vernole (Le), 632
Verona, 249, 250
Versa (Montecalvo Versiggia, Pv), 128
Vescovado (Nocera Inferiore, Sa), 672
Vetan (Saint-Pierre, Ao), 20
Vezza d´Alba (Cn), 95
Vho (Piadena, Cr), 131
Viadana (Mn), 146
Viareggio (Lu), 448
Viarolo (Trecasali, Pr), 376
Vicchio (Fi), 449
Viceno (Crodo, Vb), 53
Vico (Treviso Bresciano, Bs), 144
Vico del Gargano (Fg), 633
Vignale Monferrato (Al), 96
Vignanello (Vt), 555
Vignola (Mo), 379
Villa (Cavaion Veronese, Vr), 203
Villa (Verzegnis, Ud), 291
Villa Castelli (Br), 615
Villa Celiera (Pe), 570
Villa Raspa (Spoltore, Pe), 588
Villa Superiore (Monteu Roero, Cn), 69
Villanders-Villandro (Bz), 186
Villanova Mondovì (Cn), 97
Villanova Strisaili (Villagrande Strisaili, Og), 808
Ville di Corsano (Monteroni d´Arbia, Si), 427
Villnöss-Funes (Bz), 183
Villotta di Visinale (Pasiano di Pordenone, Pn), 271
Viterbo 556
Vivo d'Orcia (Castiglione d´Orcia, Si), 394
Vodo Cadore (Bl), 252
Volpago del Montello (Tv), 253
Voltaggio (Al), 97
Volterra (Pi), 449, 450
Volto (Rosolina, Ro), 230

W
Walten-Vàltina (Sankt Leonhard in Passeier-San Leonardo in Passiria, Bz), 178
Weißenbach-Rio Bianco (Ahrntal-Valle Aurina, Bz), 167
Welschmontal-Mantena (Enneberg-Marebbe, Bz), 170

Z
Zanco (Villadeati, Al), 96
Ziano di Fiemme (Tn), 157
Zomeais (Tarcento, Ud), 283
Zortea (Canal san Bovo, Tn), 152

Kulinarisches Lexikon Italienisch – Deutsch

A

abbacchio Milchlamm, d.h. Lamm, das noch gesäugt wurde oder gerade erst begonnen hatte, Gras zu fressen; an der blassrosa Farbe des Fleisches erkennbar

abbacchio alla svinatora Milchlamm, nach dem Rezept „alla cacciatora" mit Knoblauch, Weißwein und frischen Tomaten zubereitet (Latium)

abbuoti in Öl geröstete oder auf dem Grill zubereitete Eingeweide vom Milchlamm (Latium, Kampanien)

abruzzese (all') auf abruzzesische Art

accia/accio Dialektbezeichnung für Sellerie in Kampanien, Kalabrien und Sizilien

acciugata ligurische Sauce aus in Salz eingelegten und in lauwarmem Öl aufgelösten Sardellen, die zu Fisch, Ei und gekochtem Gemüse gereicht wird

acciughe Sardellen

acciughe ripiene Sardellen nach Genueser Rezept mit Füllung aus in Milch getränktem Brot, Ei, Parmesan, Oregano und Sardellenfleisch, wobei die frischen Sardellen gefüllt und dann frittiert werden

accomodato geschmort

aceto Essig

aceto balsamico Balsamico-Essig

acinata Konfitüre aus Weintrauben (Basilikata)

aciugheta/aciughete agre kleine Sardellen in Essigmarinade, meist mit Zwiebeln (Venetien)

acquacotta Gemüsesuppe mit Weißbrotscheiben, zubereitet aus Wasser, Öl, Eiern und gerade verfügbarem Gemüse; Armengericht aus der Maremma (Toskana)

acquapazza (all') Zubereitungsart für Fisch aus Knoblauch, Öl, Tomaten und Wasser (einst Meerwasser) .Heute werden auch Gewürze und Gemüse zugefügt.

acquasala Brot, das in warmem Wasser erweicht und mit nativem Olivenöl extra, Salz, Pfeffer, roter Zwiebel und Kirschtomaten gewürzt wird (Basilikata)

acquasale Tomatensuppe mit Gurken, Oregano und Brotscheiben

affettato Aufschnitt

affumicato geräuchert

agerti regionale Bezeichnung für Makrele

agghiata süßsaure Sauce aus Knoblauchzehen, Essig und Zucker zur Verfeinerung von Fischgerichten; ähnlich der ligurischen > **aggiada**

agghiotta/a ghiotta/alla ghiotta in Süditalien verbreitete Zubereitungsart für frischen und eingelegten Fisch, mit Kirschtomaten, Oliven, Kapern und manchmal Rosinen geschmort. In Umbrien und der Toskana Bezeichnung für die Sauce, in der man Taube schmort.

aggiada süßsaure Sauce aus Knoblauch, Öl, Minze, Petersilie und Essig (Ligurien)

agglassato/aggrassato Lamm, Zicklein oder Kalb in Wein und Tomaten geschmort

aglio Knoblauch

aglio orsino/ursino Bärlauch

aglione Sauce für > **pici** aus gekochten und passierten Tomaten und in Öl gerösteten Knoblauchzehen

agnello Lamm

agnello abbottonato Lammschulter gefüllt mit Brot, Ei, Mandeln, Parmesan und Petersilie (Abruzzen)

agnello/abbacchio brodettato Lamm, in gehackten Zwiebeln und Prosciutto gegart und mit Weißwein begossen. Am Ende der Kochzeit werden verschlagene Eier mit Zitronensaft, Petersilie und Majoran hinzugefügt, oft werden auch Artischocken beigegeben. Typisch für die Osterzeit in Mittelitalien.

agnello sotto la coppa Lammstücke, auf der Herdplatte unter einer Eisenschale gegart, die mit Holzkohlenglutstückchen bedeckt wird (Molise)

agnoli/agnolini gefüllte Pasta aus Mantua, in der Form ähnlich den > **cappelletti**

agnolotti > **ravioli**

agnolotti a culo nudo Agnolotti, ohne Sauce serviert, damit der feine Teig und die Füllung voll zur Geltung kommen. Im Piemont wird diese Zubereitungsart auch „al tovagliolo" („auf der Serviette") genannt.

agnolotti dal plin kleinformatige Pasta aus dünnem Teig mit Fleischfüllung (Langhe)

agostinelle kleine Meerbarben

agresto traditionelle Sauce aus Essig, sauren Trauben, Zucker, Brühe, Knoblauch, zerkleinerten Nüssen und Mandeln; wird zu Fleisch gereicht

agretto volkstümlicher Name für das Wildkraut Lepidium sativum, auch englische Kresse genannt

agro (all') sauer; mit Zitronensaft oder Essig abgeschmeckt

agrodolce süßsauer

agrumi Zitrusfrüchte

ajucche Krautpflanze der Spezies Phiteuma talleri, ähnlich dem Spinat; im Canavese (Piemont) und im Aostatal zum Würzen von Suppen, Minestre und Omeletts verwendet

ajvar Creme aus grünen Paprikaschoten, Tomaten, Zwiebel, Knoblauch und Zitronensaft; als Brotaufstrich oder zu Fleisch und Gemüse (Friaul)

alalunga Weißer Thun

alice, alici Sardelle(n)

alici all'ammiraglia in Weißwein und Essig marinierte Sardellen, die anschließend mit Öl, Petersilie, Knoblauch und Oregano verfeinert werden (Latium)

Alici in tortiera geschichtete Sardellen, mit einem Gemisch aus Semmelmehl, Pecorino und Kräutern bestreut und im Ofen gebacken (Kampanien)

alici scattiate mit Kräutern und Essig in der Pfanne geschwenkte Sardellen

Aliciotti con l'indivia kleine aufgeklappte Sardellen, die abwechselnd mit Endivien in eine Tortenform geschichtet und im Ofen gebacken werden

alivi cunzati (olive condite) in Wasser und Essig gekochte Oliven, die nach dem Abseihen mit Knoblauch, Minze und Oregano abgeschmeckt werden. Anschließend werden Sie mit nativem Olivenöl extra bedeckt und sind dadurch mehrere Monate haltbar. (Sizilien)

allulur (l') Päckchen aus gewürzten und in den Pansen gewickelten Lammkutteln. In Scheiben geschnitten und mit Öl und Zitrone verfeinert serviert. (Molise)

amaretti Bittermandelmakronen

amatriciana (all') Sauce für Teigwaren aus Guanciale, Zwiebel, Tomaten, Pfeffer oder Peperoncino und Pecorino; ursprünglich aus Amatrice (Latium)

ambariegl Dialektbezeichnung für im See lebende Krebse (Provinz Latina)

ambra di Talamello/ambra anderer Name für Käse, Pecorino oder gemischt, der in den Höhlen von Talamello (Marken) reift

ammogghiu Pesto aus Pantelleria, zubereitet aus Tomaten, Basilikum und Peperoni

ammollicate (di verdure) Gemüse, das mit in Würfeln geschnittenem altbackenen Brot und geriebenem Käse in der Pfanne geschwenkt wird

ammugliatielli Lamminnereien, um einen Holzstab gewickelt, mit Knoblauch, Petersilie, Käse und Peperoncino gewürzt

ammuttunatu Zubereitungsart, bei der Gemüse oder ein Stück Fisch, gefüllt mit Knoblauchzehen und Minzeblättern, in Tomatensauce gegart wird

ampazzu dicke Gemüsesuppe aus der Barbagia (Sardinien)

anatra Ente

anatra in tecia wörtlich „Ente in der Pfanne"; in Friaul und im nördlichen Venetien typische Garart für Ente mit einer Sauce aus Paprikaschoten und Entenklein

ancìti Dialektbezeichnung für wilden Mangold

anellini alla pecorara Teigschnürchen in Ringform, mit Sauce aus Guanciale, Rindfleisch, Pilzen, Sommergemüse, Pecorino oder Ricotta

angiolottus/anzelottos/anzollotos sardische > **ravioli** aus Hartweizengrieß mit einer Füllung aus Käse und Römischer Minze

anguidda incasada/incasata gekochter Aal, im Ofen mit geriebenem Schafkäse überbacken (Sardinien)

anguilla Aal

anguilla a becco d'asino > brodet(t)o aus Aal, der in Stücke geschnitten, mit Zwiebeln, Tomatenkonzentrat und Wasser gekocht und anschließend mit gerösteter Polenta serviert wird (Comacchio, Emilia-Romagna)

anguleddas harte Teigware aus Grieß, Wasser, Schmalz, Hefe und Salz (Sardinien)

animelle Bries

anolini kleine runde > **ravioli** aus Eierteig, meist in Brühe serviert (Emilia)

antipasti Vorspeisen

antunna sardische Bezeichnung für > **cardoncelli**

aole kleine Süßwasserfische

aragosta Languste

aragosta alla bosana gekochte, mit Olivenöl verfeinerte Languste, von hart gekochten Eiern und Gemüse begleitet; typisches Gericht aus Bosa (Sardinien)

aragosta alla catalana in Kakao, Tomaten, Knoblauch, Zwiebeln und Weinbrand gegarte Languste

arancini di riso Reisbällchen in Orangenform

arancino Reisbällchen, mit einer Sauce aus Fleisch und Tomaten oder aus Hühnerklein gefüllt, paniert und frittiert; in Mittel- und Süditalien verbreitet

aranzada Süßspeise aus Nuoro, zubereitet aus kandierten Orangenschalen, Mandeln und Honig

ardelut friulanisches Dialektwort für Feldsalat

aringa Hering

arista Schweinekotelett mit Knochen, im Ofen oder am Spieß zubereitet. Der Name stammt aus der Toskana.

ariule sizilianische Dialektbezeichnung für Meerjunker

armidda sardische Dialektbezeichnung für Feldthymian

arna venetische Dialektbezeichnung für Ente („anatra")

arrabbiata (all') scharfe Sauce für Teigwaren aus Tomaten, Zwiebel und Peperoncino. In einigen Regionen wird auch Fleisch (Kaninchen) darin zubereitet.

arrecanato/arreganato Zubereitungsart mit Semmelmehl, Knoblauch, Gewürzen wie Oregano oder Minze, oft auch mit Kapern (Bari, Apulien)

arrosticini/rosticini Hammelfleischstückchen, die auf Holzspieße gesteckt und über der Holzkohlenglut gebraten werden (Abruzzen)

arrostita an der gesamten Adriaküste übliche Bezeichnung für gemischten Fisch vom Holzkohlengrill

arrosto Braten

arrosto della vena besonders mürbes Stück vom Rind für Braten und Schmorgerichte

arrosto morto eine Zubereitungsart für Fleisch, bei der dieses zunächst kurz angebraten und anschließend unter Beigabe von Flüssigkeit weitergeschmort wird

arrusti e mancia/'rrusti e mancia „brate und iss"; Fleisch oder Fischfrisch von der Holzglut, zum sofortigen Verzehr bestimmt (Sizilien)

arselle regionale Bezeichnung für Venusmuscheln

arvolto in Olivenöl frittierte Pizza, gewürzt mit einer scharfen Sauce aus Tomaten und Knoblauch

asino Esel

asíno/asín friulanischer Kuhmilchkäse aus weichem Teig, wird frisch oder gereift angeboten

asparago Spargel

asparago selvatico Wildspargel

astice Hummer

asulette Aostataler Suppengericht aus Roggenmehl, mit Brotscheiben und Fontina serviert

azzada Rochen in Knoblauchsauce (Sardinien)

B

babà kleines süßes Gebäck aus weichem Teig, das sofort, wenn es aus dem Ofen gekommen ist, in Sirup aus Wasser, Zucker und Rum getränkt wird

babbaluci sizilianische Dialektbezeichnung für kleine Schnecken

babi (alla) piemontesischer Dialektausdruck für Kröte. Der Begriff steht für das Zusammendrücken des Garguts (gewöhnlich Huhn) während der Garzeit, wodurch es eine krötenähnliche Form bekommt.

baccalà konservierter Fisch aus nördlichen Meeren, längst fester Bestandteil der italienischen Küche. Baccalà ist der gepökelte Kabeljau (dt. Klippfisch, da er nach dem Einsalzen auf den Klippen getrocknet wurde), allerdings wird in Venetien auch der luftgetrocknete Kabeljau (dt. Stockfisch, da auf Stöcken getrocknet) als Baccalà bezeichnet. Überall sonst in Italien heißt der Stockfisch hingegen „stoccafisso".

baccalà a ciauredda lukanische Suppe mit Baccalà, Tomaten und vielen frischen Jungzwiebeln, serviert mit geröstetem Brot

baccalà alla fiorentina in Salz eingelegter Dorsch, mit Kartoffeln und Tomaten gedünstet und mit feinen Knoblauchscheiben garniert

baccalà alla perticaregna geschmorter Baccalà mit süßen Paprikaschoten und scharfen Peperoncini, kalt und warm serviert (Avellino)

baccalà alla trentina in der Pfanne zusammen mit Kartoffeln und Zwiebeln gegarter Stockfisch (Trentino)

Baccalà arraganato Baccalà, mit Semmelbröseln und Rosinen bestreut, im Ofen gebacken

baccalà con peperoni cruschi Baccalà mit getrockneten, knusprig gebratenen Paprikaschoten (Basilikata)

baccalà in cassuola frittierter Baccalà mit einer Sauce aus Tomaten, Kapern, Oliven, Pinienkernen und Rosinen

baccalà mantecato Stockfischpüree; hergestellt aus in Stücke geteiltem gekochtem Stockfisch, mit einem Handrührgerät unter langsamer Beigabe von Öl mit Knoblauch vermengt, bis eine cremige Masse entsteht, die mit Salz und Pfeffer abgeschmeckt wird (Venetien)

baccalà sotto il pesto frittierter Baccalà mit zerstampftem Knoblauch, Peperoncino, Öl und Essig bedeckt

baci panteschi frittierte Teigblätter mit Ricottafüllung, typisch für Pantelleria

bacicci Dialektausdruck für Meerfenchel (Crithmum maritimum), ein Wildkraut von intensivem, salzigem Geschmack

bacio di dama Feingebäck in Form zweier kleiner Halbkugeln, gebacken mit einem Teig aus Mehl, Haselnüssen (oder Mandeln), Zucker und Butter, gebunden mit einem Tropfen Schokolade (Piemont)

baciocca pikante Torte der Riviera di Levante (Ligurien) aus Kartoffeln, Eiern, Parmesan und Speck gebacken in einer mit Kastanienblättern ausgelegten Form

baffo eine Art Guanciale, in der Pfanne gebraten

bagna caoda Sardellensauce mit Knoblauch und Olivenöl, in die rohes und gekochtes Gemüse getaucht wird (Piemont)

bagnarese (alla) Zubereitungsart, normalerweise für Fisch, mit Kapern, Paprikaschoten und der roten Zwiebel von Tropea (Kalabrien)

bagnet heiße Sauce

bagnét (rosso/verde) Saucen aus dem Piemont, mit Petersilie und Sardellen (verde) oder mit Tomaten (rosso), traditionsgemäß zu > **bollito** serviert

bagnun di acciughe Suppe aus frischen Sardellen, gekocht in einer Sauce aus Tomaten, geröstetem Knoblauch, Öl und Zwiebeln, serviert auf Toastbrot; Spezialität der Riviera di Levante (Ligurien)

bagòss Käse aus entrahmter, roher Kuhmilch, typisch für Bagolino (Brescia)

baìcoli dünne, trockene Kekse aus mehrmals aufgegangenem Hefeteig, typisch für Venedig

barba di becco Wiesenbocksbart; ein wildwachsendes Kraut, von dem die jungen Triebe verzehrt werden

barbabietola Rote Bete

barbagiuai frittierte Ravioli aus Mehl und Wasser, gefüllt mit Kürbis, Reis, Eiern, Mangold, Parmesan und Kräutern (Ligurien)

barbotta Fladen aus Maismehl, Milch, Zwiebel, Öl und Parmesan

barbozza/barbozzo > guanciale vom Schwein (Umbrien); Schweinebacke in Salz und Pfeffer eingelegt

barcarola (alla) Rezept auf Essig-Zwiebel-Basis für die Zubereitung von frischem oder konserviertem Fisch (z.B. Hecht oder Baccalà), auch von Innereien (Leber)

bargnolino Schlehenlikör

barzigole Schaf- oder Lammrücken, mariniert, gewürzt und am Rost gebraten

basilisco Pilz, der an den höchsten Hängen der Madonie gedeiht (wird heute auch gezüchtet); festes weißes Fleisch, auch roh in Salaten genossen.

basotti in Brühe gegarte Fadennudeln aus Eierteig, die im Ofen gratiniert werden

bastardel Wurst aus Schweine- und Rindfleisch (Lombardei)

batsoà Schweinehaxe, in Wasser und Essig gekocht, dann ausgelöst, paniert und frittiert (Piemont)

battuto Speck und Gemüse, fein gehackt

batuda Buttermilch, auch Latticello genannt; im Friaul Bezeichnung für eine Art Sauce auf Sauermilchbasis

bavette schmale Bandnudeln

bazzffia Suppe aus Artischocken, Erbsen, Mangold oder Endivie, Ei und Schafkäse (südliches Latium)

beignets im Teigmantel gebackenes Gemüse

bela potica > potizza > gubana Hefeteigkuchen mit Mandeln, dt. Putize oder Potize

bensone > ciambella

berlingozzo mürber Kringel mit Zitronenschalen und Vanille; ursprünglich ein Karnevalsgebäck (Toskana)

bertagnino in Venetien und gewissen Gegenden der Lombardei übliche Bezeichnung für gepökelten Kabeljau, besser bekannt als > **baccalà**

bettelmatt Weichkäse aus Kuhmilch (Piemont)

bianchetti Glas-/Weißfischchen; frisch geschlüpfte Sardellen oder Sardinen, gekocht und mit Öl und Zitrone abgeschmeckt oder in Frittate (Omeletts) oder Frittelle (Schmalzgebäck) verarbeitet

bianco (in) natur, mit Butter oder in Weißwein

biancomangiare Pudding aus Mehl und Mandelmilch, für Siziliens Osten typisch, aber auch sonst verbreitet

biancostato lombardischer Ausdruck für ein Rippenstück vom Rind

bibarasse in cassopipa in Venetien gängiges Rezept für Venusmuscheln, die zugedeckt ganz langsam im „casso" (eine Art Kasserolle) schmoren („pipare" = pfeifen, wie beim Wasserkessel)

bichi langformatige Pasta ähnlich den > **maccheroni alla chitarra**

bigoli/bigoi in salsa Pastasorte aus Weichweizenmehl; Teig wird mit einer speziellen Nudelpresse zu dicken Spaghetti gezogen; in ganz Nordostitalien verbreitet, traditionell mit Sardellensauce oder Entenragout

biova Brotart aus dem Piemont

biroldo Wurst aus Schweineblut und -innereien sowie Gewürzen, manchmal auch Pinienkernen und Rosinen; wird frisch oder gekocht serviert (nördliche Toskana)

bisato sull'ara im Ofen gegarter Aal (Murano, Venedig)

biscotti Kekse, kleines trockenes Gebäck

biscotto cegliese Gebäck aus gehackten Mandeln, die mit Zucker, Ei und Vin cotto vermischt werden; ausschließlich in Ceglie Messapica (Apulien) erzeugt

biscotto di Agerola salziger Keks aus Vollkornmehl und Mais

bisi junge Erbsen (Venetien) > **risi e bisi**

bistecca Schnitzel, Steak

bistecca alla fiorentina T-Bone-Steak nach Florentiner Art; 1–1,5 kg schweres, 4–6 cm dickes Rindersteak, vorzugsweise der Rasse Chianina, auf dem Rost des Kohlegrills zubereitet

bitto hergestellt aus Kuhmilch mit einem Zusatz von Ziegenmilch. Sein Ursprung sind die Almen jener Täler, durch die der Wildbach Bitto fließt (Lombardei)

bizna Eintopf aus gesäuerten Rüben (Friaul) (> **brovada**)

blecs/biechi Nudelflecken, zubereitet aus Eiern, Weizen- und Buchweizenmehl (Friaul)

bobici (minestra di) Eintopf aus Mais, Bohnen und Kartoffeln, mit weißem Speck verfeinert (Görzer Karst)

boboli da vida in Venetien übliche Bezeichnung für kleine Schnecken in Öl und Petersilie

bocca di dama in Süditalien ein glasiertes Feingebäck, mit Creme gefüllt und mit einer kandierten Kirsche verziert; in anderen Teilen Italiens Bezeichnung für eine Torte aus Marzipan

bocconata mit Wurstmasse gefüllter Bauchspeck

bocconotto kleines Feingebäck aus gefülltem Mürbeteig. In Kalabrien besteht die Füllung aus Creme oder Konfitüre, im Molise aus Trockenfrüchten, Kakao, Zimt und eingekochtem Obstwein.

bodin eine Art Blutwurst

bogoi Schnecken

bogóni in Venetien übliche Bezeichnung für Schnecken

bollito gekochtes Fleisch

bollito ammuddicatu paniertes und gebratenes Bruststück vom Kalb (Sizilien)

bollito misto verbreitetes Gericht in allen Regionen, in denen Tieraufzucht betrieben wird. Verschiedene Fleischstücke vom Rind, manchmal auch Würste, werden in gewürztem Wasser gekocht und anschließend mit verschiedenen Saucen serviert. An der Küste der Marken versteht man darunter einen Mix aus über Dampf gegarten Fischen und Weichtieren.

bologna Wurst, Mortadella

bomba Sauce aus Gemüse und Peperoncino für Teigwaren oder als Brotaufstrich (Kalabrien)

bomba di riso Reisauflauf mit Füllung aus Taube, Hühnerklein (oder Salsiccia), Trüffeln, Ei und manchmal auch aus Steinpilzen (Parma, Piacenza)

bombette/bomboletti Dialektbezeichnung in den Marken für kleine Meeresschnecken

bondiola Wurstsorte; in der Lombardei gleichbedeutend mit Coppa piacentina, in Venetien mit Bondola; in diversen Varianten bekannt

bonet piemontesischer Pudding aus Milch, Ei, Zucker, Kakao, Amaretti, Rum und manchmal Kaffee

bordatino Suppe aus Maismehl, Bohnen und Gemüse (Livorno)

boreto > brodetto

boreto a la graisana Fischeintopf nach Art von Grado

borlenghi in einer Kupferpfanne gebackene, hauchdünne Fladen, gefüllt mit einem Pesto aus Bauchspeck, Salsiccia und Gewürzen (Modena)

borola/borroeula Gericht aus Wurstmasse (Brianza)

borragine Borretsch

bortellina/burtléina aus flüssigem Backteig (Wasser, Mehl, manchmal Ei) erzeugtes Fettgebäck. Früher mit Jungzwiebeln oder, in der traditionelleren Variante, mit Resten von Suppe oder Risotto gewürzt. (Piacenza)

boscaiola (alla) Tomatensauce mit Kräutern und Pilzen

bose kleine Süßwasserfische (Lombardei)

bosega venetischer Dialektausdruck für Meeräsche

bossolano Kranzkuchen aus Hefeteig, mit Vanille und Zitronenzesten aromatisiert, manchmal auch mit Konfitüre verfeinert (Lombardei, Venetien, Emilia)

bottaggio > casoeula

bottarga Meeräschen- oder Thunfischrogen; gesalzen, gepresst, gereift zu einer viereckigen Salami verarbeitet

botticella Kochwurst, auch aus weniger edlen Teilen vom Schwein (Parma)

boudin würzige Wurst aus Schweineblut (heute aufgrund gesetzlicher Auflagen teilweise oder ganz durch Rote Bete ersetzt)

bovoeti venetisches Dialektwort für Landschnecken

brace, alla auf dem Holzkohlengrill gebraten

braciola/brasciola in der süditalienischen Küche eine Roulade aus Fleisch oder Schwertfisch, unterschiedlich gefüllt, gegart in Tomaten und Wein

braciole di cotica Rouladen aus Schwarte; Füllung aus Brotkrumen, Rosinen, Pinienkernen und Schafkäse

brandacujon/brandacujun Stockfischgericht mit Kartoffeln, Knoblauch, Petersilie und Pinienkernen (Ligurien)

branzino Wolfsbarsch

brasato Rinderbraten, der vor der langen Garzeit in Rotwein mit Wurzelgemüse, Gewürzen und Kräutern mariniert wird

brasciole al sugo Fleischrouladen mit Käse und Petersilie in Sauce (Apulien)

brasiola de Piave Wurst nach dem Exklusivrezept eines Gastronomen aus Musile di Piave (bei Venedig)

brasöla abgelagertes Lendenstück vom Schwein (Lombardei)

brasolara mit Salz und Gewürzen gebeiztes Schweinefilet, das mit der Masse umhüllt wird, die zur Erzeugung von Sopresse und Wurst dient

brazadela in Venetien und in der Emilia gebräuchlicher Ausdruck für > **ciambella**

bresaola/brisaola magere Wurst aus gut abgelegenem Rind- oder Pferdefleisch (Valtellina, Val d'Ossola)

brichetti kurze Spaghetti, Suppeneinlage (Ligurien)

briciolata Sauce aus altbackenem Brot, zerkleinert und mit Knoblauch in Öl abgebraten; serviert zu > **pici**

brigidini runde süße Waffeln aus Mürbeteig und Anis, in speziellen Waffeleisen gebacken; Ursprung Toskana

bringoli dicke Spaghetti, ähnlich den > **pici**, traditionell aus Wasser und Mehl, heute auch mit Ei (Toskana)

brisa (1) trentinisches Dialektwort für Steinpilz (Boletus edulis); (2) Suppe aus weißem Kürbis, Sauermilch und Bohnen (Nordostitalien)

broccoli arriminati Sauce für Teigwaren; gekochter Blumenkohl mit Zwiebeln, Sardellen, Sultaninen, Pinienkernen, Tomatenextrakt und Peperoni (Sizilien)

broccolo fiolaro Blumenkohlsorte, typisch für die Provinz Vicenza

brodetto (di pesce) Schmorgericht aus Fisch (ähnlich einer grätenfreien Fischsuppe); an der Adriaküste in vielen Varianten verbreitet; oft mit Essig, reifen und nicht reifen Paprikaschoten sowie Peperoni gewürzt

brodetto abruzzese Eintopf aus „armem" Fisch, mit Tomaten geschmort

brodo Brühe

brof di polenta cremiger Maisbrei

bross pikante Käsespezialität

brovada/brovade fein gehobelte saure Rüben, sowohl roh als auch gekocht serviert (Friaul)

bruciatini gerösteter Bauspeck, mit Radicchio serviert (Emilia-Romagna)

bruciuluni dicke Roulade aus Kalbfleisch, mit Hackfleisch, Ei, Paniermehl, Käse, Gewürzen und nach Geschmack mit hart gekochten Eiern gefüllt (Sizilien)

brudusiji Fadennudeln ohne Ei; in einer Brühe mit etwas Schmalz, zuweilen auch mit klein geschnittener magerer Schweinebacke gekocht (Apulien)

brusat/brut friulanisches Suppengericht aus geröstetem Maismehl, Butter und Milch

brusc „sauer" (piemontesischer und lombardischer Dialekt), meist für Zubereitungen mit Essig oder süßsauer

bruscandoli/bruscansi wild wachsende Frühjahrstriebe bzw. -sprossen; in der Provinz Padua Hopfensprossen, in der Provinz Verona Mäusedornsprossen

bruschetta geröstete Brotscheibe, noch warm mit Knoblauch eingerieben („bruscato") und mit Olivenöl, Salz und Pfeffer gewürzt; ursprünglich aus der Toskana, heute mit unterschiedlicher Garnierung weit verbreitet

bruscìtt geschnetzeltes Rindfleisch, abgebraten in Butter und Speck mit Fenchelsamen und mit Rotwein aufgegossen (Lombardei)

bruss/brusso geschmacksintensiver Aufstrich aus unterschiedlichen Käsestücken (Piemont, Lombardei, Ligurien)

brustengo traditionelles Gericht aus der umbrischen Armeleuteküche, aus frittiertem und mit Rosmarin gewürztem Teig aus Mehl und Wasser zubereitet

brustico Hecht oder Schleie, der/die über Schilfrohr aus dem See gegart wird (Umbrien)

brutti e buoni trockene Kekse aus Mandeln und/oder Haselnüssen, Kristallzucker, Eiweiß und Vanille

bucatini lange schmale Röhrennudeln

bucce di patate Armengericht mit Kartoffelschalen, an denen ein wenig von den Kartoffeln haftet, mit Öl bestrichen, mit Petersilie gewürzt und im Ofen gegart

buccellato Hefekranz

buccuni sizilianischer und sardischer Name für Purpurschnecke; in Kalabrien Bezeichnung für den Meerpfaff

buchteln/buchtin mit Konfitüre gefülltes, oft heiß serviertes Hefeteiggebäck nach altösterreichischer Manier (Südtirol, Friaul)

budino Pudding

bue grasso Fleisch von mehr als vier Jahre alten Ochsen der piemontesischen Rasse

bue rosso auf Sardinien vorkommendes rotfelliges Rind der Rasse Sardo-Modicana

buglione Bouillon, Brühe; in der Toskana übliche Bezeichnung für ein sehr lange mit Gewürzen und Kräutern geschmortes Gericht (traditionellerweise Lamm). Das Fleisch zerkocht zu einer dicken Sauce, die auf gerösteten Brotscheiben angerichtet wird.

buione > **buglione**

buonenrico Guter Heinrich (Chenopodium bonus-henricus), erstes Grün für Frühlingssalate, Suppen etc., wird wie Spinat verwendet

burgul kleine gekochte Weizenkörner, serviert im Salat mit Gemüse (Lombardei)

buridda für Ligurien typische Fischsuppe mit Gemüse und Pilzen. Es gibt auch eine Variante ausschließlich mit Stockfisch und Kartoffeln.

buristo Variante von > **biroldo**

burrata apulischer Pasta-Filata-Käse aus Kuhmilch, in den eine Art Füllung aus frischer Sahne eingearbeitet wird

burrida in Sardinien typische Marinade für Fisch (vor allem für Katzenhai und Rochen)

burro Butter

busara/busera/buzara ursprünglich aus Istrien stammende Zubereitungsart, heute in ganz Friaul und auch in Venetien verbreitet. Scampi (oder andere Krustentiere) werden mit Öl und Knoblauch in der Pfanne sautiert und mit Weißwein, Paprikapulver, Semmelmehl und Petersilie, manchmal auch mit Tomate abgeschmeckt.

busecca Gemüsesuppe mit Kutteln

busiate/busiati frische Teigware, für deren Zubereitung Teigstückchen um Stricknadeln gewickelt werden

busilan Dialektausdruck für > **ciambella** mit einer Öffnung in der Mitte

bussolà/bussolan/ buzolà > **bossolano**

butòon de pajàas Schmorgericht mit Stückchen von Schweinesalsiccia, die durch das Kochen die Form von Knöpfen eines Clownkostüms annehmen

buttera Teil des Lendenstücks vom Rind, etwas fetter und würziger als der Teil, der für Bistecca fiorentina verwendet wird

buzzonaglia Thunfischfleisch, das aus den dunkleren Fleischteilen (weniger edel, aber schmackhaft) und den Innereien gewonnen wird

C

cac' e ova/cacio e uova Sauce aus Eigelb oder verschlagenem Ei, gewürzt mit Knoblauch und Petersilie, kommt auf ein fertiges Gericht oder wird mit Semmelmehl und Pecorino vermischt gebraten

caccavella frische Eierteigwaren, denen Meeresalgen beigegeben werden. Der Name stammt von einem für die Gegend typischen Musikinstrument. (Kampanien)

cacciagione Wildbret

cacciatora (alla) Zubereitung „nach Jägerart"

cacciucco typische Suppe aus Livorno, die auch im gesamten Versilia verbreitet ist; zubereitet aus verschiedenen Sorten Fisch und Weichtieren, mit Tomaten, Essig, Rotwein und Peperoni gegart

cacigni in den Abruzzen verwendetes Wildgemüse

cacio Schnittkäse

cacio allargentiera/cacio allargintera dünne Scheiben Caciocavallo, mit Knoblauch und Essig geröstet und mit Oregano und Pfeffer bestreut (Sizilien)

cacio e pepe Pastagericht, das mit Schafkäse und reichlich frisch gemahlenem Pfeffer angerichtet wird

cacio marcetto Streichkäse, durch die Fermentierung sehr scharf (Abruzzen, Molise); ähnlich > **bruss**

caciocavallo Kuhmilchkäse mit gezogenem Teig, typisch für die Käsetradition Süditaliens

caciocchiato eiförmiger, zarter Käse aus Milch der Kuh der Podolica-Rasse (Kampanien)

cacioricotta in Apulien der gesalzene harte Ricotta, in Abruzzen ein Frischkäse

caciotta mehr oder weniger kugelförmiger Käse aus Kuh-, Schaf- oder Ziegenmilch oder auch aus gemischten Milchsorten

caciuf feste, frittierte Polenta, unter die beim Kochen Bohnen, Bauchspeck, Salsiccia und Parmesan gerührt wird (Ferrara)

caffè corretto Espresso mit einem Schuss hochprozentigem Alkohol, meist Grappa

caffè in forchetta Halbgefrorenes oder Cremespeise mit Kaffeegeschmack

cagnone (in) mit zerlassener Butter und Parmesan

caicc dicke Ravioli (ähnlich den Casoncelli), typisch für das Val Camonica (Lombardei), gefüllt mit Rinderbraten, frischer Salami, Spinat, Nüssen, Amaretti und Parmesan

caillettes > **coujette**

calamarata typisches Teigformat für Kampanien in Form von Ringen, die an Calamari erinnern

calamari Tintenfische

calariddhe/calariello mit Gemüse und Feldkräutern im Tontopf gegartes Lammfleisch (Apulien)

calcinelli Dialektausdruck für Muscheln, ähnlich den Telline

calcione große Teigtasche aus süß-salzigem Teig, gefüllt mit Ei, Zucker, Pecorino und Zitronenschale (Marken)

caldarroste mit der Schale gebratene Esskastanien

calsù gefüllte Teigtaschen in origineller Form, die man durch das Anbringen kleiner Einbuchtungen an den Rändern erhält, typisch für das Gebiet um Brescia

calzagàtt/calzagatti/cassagài Polenta, zusammen mit einem Bohnenschmorgericht gekocht und mit Parmesan garniert. Sobald sie fest ist, kann man sie frittieren. (Emilia)

calzoncelli Waffelröllchen; früher mit gekochtem Obstwein gefüllt, heute mit einer Paste aus gehackten Mandeln, Schokolade, Maronenmehl und Orangenzesten

calzone halbmondförmig gefaltete Pizza; in vielen Varianten, traditionell mit Ricotta, Grieben und Pfeffer gefüllt.

calzonicchi Tortelli aus frischer Pasta, gefüllt mit Kalbshirn (Latium)

camoscio Gemse

campagnola (alla) Tomatensauce mit Gemüsesorten

campofiloni sehr dünne Tagliolini aus Eierteig (Marken)

canata viterbese dicke Suppe mit altbackenem Brot, Tomatenstückchen, Öl und Essig. Man kann Gemüse beigeben, auch in Öl oder Essig eingelegt, weiter eingelegte Fische wie Sardellen oder Thunfisch. (Latium)

canci/cancij Teigtäschchen mit Käse, zerlassener Butter und Mohn gefüllt, ladinische Spezialität (Südtirol)

candelaos sardisches Gebäck aus gehackten Mandeln, das in Form von Früchten oder Tieren modelliert wird

canederli im Trentino und in Venetien übliche italienisierte Bezeichnung für Knödel bzw. Klöschen

canederli ripieni/gnocchi boemi süße Knödel aus Kartoffelteig, der Aprikosen oder Pflaumen umhüllt; werden mit Zimt und Zucker bestreut serviert (Trentino)

canestrato Käse aus Schaf- oder Kuhmilch, fest oder halbfest. Auf der zylindrischen Form sind die Abdrücke des Korbs zu sehen, der zum Abtropfen der Molke dient.

canestrello Kammmuschel

cannella Zimt

cannellini kleine weiße Bohnen

cannelloni/canoli Gericht aus der Romagna, das zum ersten Gang gereicht wird; bestehend aus zu Röhren geformten Teigrechtecken, die mit Hackfleisch und Parmesan gefüllt, mit Béchamelsauce und Ragout bedeckt und im Ofen überbacken werden

cannelloni alla sorrentina Cannelloni gefüllt mit Ricotta, Scamorza, Prosciutto crudo, bedeckt mit Fleischsauce

cannoli (1) in Sizilien Bezeichnung für frittierte (manchmal auch im Ofen gebackene) Blätterteigrollen mit Ricottacreme, die mit kandierten Früchten und Schokoladestückchen verfeinert wird; (2) in Kalabrien Bezeichnung für Waffeln aus Mehl, Zucker und Wein, die zusammengerollt, frittiert und anschließend mit Honig übergossen werden

canocchie Heuschreckenkrebse, Meerzikaden

canoce/canochie in Venetien gängiger Dialektausdruck für > **canocchie**

cantucci(ni) toskanisches Trockengebäck mit Mandeln, Pinienkernen und Anissamen. Traditionellerweise isst man es als Dessert, in Vin Santo getaucht.

cao erste Sahneschicht, die sich auf frisch gemolkener Milch bildet

caparozzoli venetischer Dialektausdruck für Venusmuscheln

capelli d'angelo getrocknete lange und sehr dünne Teigwaren für die Suppe

capetroccole winzige Polypen, „Nagelköpfe" genannt (Latium)

capocchielli im Salento gebräuchlicher Dialektausdruck für kleine Tintenfische

capocollo in Mittel- und Süditalien verbreitete geräucherte Wurst, aus dem oberen Teil des Halses und Teilen von der Schulter des Schweins hergestellt

capomazzo Lammeingeweide mit Kartoffeln

caponata kaltes Gericht aus zuvor frittierten und dann würfelig geschnittenen Auberginen, die mit einer süßsauren Sauce aus Tomatenkonzentrat, Oliven, Kapern, Sellerie und Essigzwiebeln vermischt werden (Sizilien; einige Varianten davon auch in Kampanien)

capone Dialektbezeichnung für Pesce lampuga (Goldmakrele)

caponet Täschchen aus Kürbisblüten oder Wirsingkohl, gefüllt mit Fleisch, gekochter Salami, Petersilie, Knoblauch, Ei und Parmesan (Piemont)

cappellacci Eierteigware in Form eines großen Tortello. Die bekannteste Version stammt aus Ferrara und ist mit Kürbis und Parmesan gefüllt.

cappellacci/cappelletti für die Emilia typische Eierteigware, die auch außerhalb Italiens verbreitet ist. Die traditionellen Cappelletti kommen aus Reggio Emilia und aus der Romagna: Sie gleichen sich in der Form, sind aber unterschiedlich gefüllt. In der Romagna kommen neben Fleisch und Parmesan auch Ricotta und > **raveggiolo** hinzu. Beide Varianten werden in Brühe serviert.

cappello da/del prete (1) Stück vom Rind aus dem oberen Schulterbereich; (2) Wurst in Form eines Dreispitzes aus mageren und weniger edlen Schweinefleischstücken mit Gewürzen und Weißwein (Emilia)

cappero Kaper

cappesante Jakobsmuscheln

cappidduzzo süße, frittierte Teigtasche mit Füllung aus Schafmilchricotta, Zitronenzesten und Zimt (Sizilien)

cappon magro ligurisches Gericht bestehend aus Schichten von Fisch und gekochtem Gemüse, in einer Sauce aus Eiern, Petersilie, Brotkrumen, Essig, Knoblauch, Kapern, Oliven und Sardellen

capponadda typisches Kombüsengericht aus Zwieback, Tomaten, Sardellen oder getrocknetem Thunfisch, Oliven, Kapern und gekochten Eiern (Ligurien)

cappone alla Stefani süßsaurer Kapaun nach einem alten Rezept des Kochs am Hof der Gonzaga

cappone in canavera in einer Schweineblase über Dampf gegartes Kapaunfleisch. Ein Bambusrohr in der Blase lässt den Dampf entweichen. (Venetien)

cappone incapponato gefüllter Kapaun (Toskana)

cappuccetto/capputteddi sizilianische Dialektbezeichnung für kleine Tintenfische (seppioline)

cappuccio kompakte Kohlart mit wächsernen hellgrünen oder rötlichen Blättern

capra Ziege

capra alla neretese in kleine Stückchen geschnittenes Ziegenfleisch, das mit vielen Gewürzen geschmort und zum Abschluss mit frittierten Paprikaschoten angereichert wird (Provinz Teramo, Abruzzen)

capra e fagioli in Weißwein mit Gewürznelken geschmortes Ziegenfleisch, zuletzt mit Bohnen vermischt (Ligurien)

capra murata Fleischauflauf, der mit Kartoffeln und Tomaten in der Pfanne gegart wird (Sizilien)

caprese (1) Tomaten und Mozzarella mit Öl, Knoblauch und Oregano oder Basilikum aromatisiert (Kampanien) (2) Torte mit Mandeln, Schokolade und zerbröselten Keksen (Kampanien)

capretto Zicklein

caprino/formaggio caprino Ziegenkäse

capriolo Reh

capù di romice Rouladen mit Füllung aus wilden Kräutern und Fleisch

capuc mit einer Mischung aus Brot, Kräutern und Käse gefüllte Wirsing- oder Weinblätter (Trentino)

capuliato/cappuliato Sauce für Teigwaren, das aus mehr oder weniger pikant gewürzten getrockneten Tomaten zubereitet wird (Sizilien)

capuneit > **caponet**

capunsei Brotnocken, mit zerlassener Butter, Salbei und Parmesan serviert (Alto Mantovano)

capunti kurzformatige Pasta aus fein gemahlenem Hartweizengrieß und Mehl. Die typische Form entsteht dadurch, dass mit drei Fingern halboffene Röhrchen von ein paar Zentimetern Länge gerollt werden. (Apulien, Abruzzen)

carabaccia traditionelle florentinische Suppe aus Zwiebeln, frischen Erbsen und Dicken Bohnen, in einer Schüssel mit einer Scheibe geröstetem Brot angerichtet und mit pochiertem Ei und Pecorinospänen garniert

caramella (a)/caramelle gefüllte Teigware, deren Form an ein Bonbon („caramella") erinnert

carbonade/carbonada in Rotwein geschmortes Rindfleisch; früher traditionell mit Pökelfleisch zubereitet (Aostatal)

carbonara (alla) Verfeinerung für Teigwaren, bestehend aus geröstetem Pancetta oder Guanciale und Ei, vermischt mit geriebenem Pecorino. Der Gebrauch in der römischen Küche ist eher neu.

carbonata gebratenes oder gegrilltes Fleisch

carcagnola klein geschnittene gekochte Schweinehaxe, mit Zitronensaft, Salz, Pfeffer und Petersilie kalt serviert. Oft reicht man dazu > **mussu**. (Sizilien)

carcerato Suppe aus altbackenem Brot, Kochsud von weniger edlen Fleischteilen vom Kalb, Pfeffer und geriebenem Pecorino (Pistoia, Toskana)

carciofi Artischocken

carciofi alla giudìa Artischocken der Sorte Cimaroli werden an den Blättern kronenförmig geöffnet und kurz gekocht, danach zuerst mit der Unterseite, dann mit der Oberseite in sehr heißem Öl frittiert, bis sie knusprig sind (Rom, Rezept der jüdischen Tradition)

carciofi alla romana Artischocken der Sorte Cimaroli werden mit Knoblauch und Petersilie gespickt und in Wasser und Öl mit frischer Pfefferminze gekocht

carciofi alla villanella Artischocken, im Topf mit Sardellen und Knoblauch gekocht

carcotto Kalbsbrust, mit Kräutern gefüllt und in gekochtem Wein geschmort (Latium)

cardi Distelgewächse

cardilli Wildkräuter aus dem Sannio-Gebiet, ähnlich den Zichorien, von intensivem Geschmack

cardoncelli Kräuterseitlinge (Pleurotus fuscus); Pilze mit weißem, festem Fleisch; sehr verbreitet in Apulien und in der Basilikata

cardone für die Weihnachtszeit typische Suppe aus Hühnerbrühe, Karden, Fleischklößchen, verquirltem Ei und Käse (Süditalien)

cargi große Teigtasche mit Ricottafüllung (Marken)

cariech/carugo Dialektausdruck für Kümmel

carletti Dialektausdruck für Leimkraut > **silene**

carmasciano Pecorinokäse, der im gleichnamigen Ort erzeugt wird

carne Fleisch

carne all'albese/carne cruda rohes Rindfleisch, gehackt, mit dem Messer oder in dünne Scheiben geschnitten, gewürzt mit Öl, Zitrone, Salz, Pfeffer (Piemont)

carne cruda Tatar

carne fumada Räucherfleisch

carne in buglione geschmortes Fleisch mit Knoblauch, Chilischoten, Rosmarin und Tomaten

carne salada Salz- oder Pökelfleisch; wird im Ganzen etwa zwei Wochen mit Salz und grob gemahlenem Pfeffer mariniert (Trentino, Venetien)

carni ovine Fleisch von Lamm, Hammel, Schaf, Zicklein

caronzei frische Teigtaschen mit Käsefüllung (meist Grana), häufig mit Birnenkompott und einer Prise Kaffee bestreut serviert (Trentino)

carpa Karpfen

carpa regina Karpfenart, bevorzugt tiefe, langsam strömende Gewässer

carpaccio Fleisch und Fisch (manchmal auch Gemüse), roh in dünne Scheiben geschnitten und mit Öl, Zitrone, Salz und Pfeffer gewürzt

carpegna wertvoller Prosciutto aus dem gleichnamigen Ort in den Marken

carpionata Marinade aus Essig, Öl, Knoblauch und Salbei; für Eier, Fleisch, Fisch und Zucchini

carpione Gardaseeforelle (Salmo trutta carpio), kommt ausschließlich im Gardasee vor

carpione (in) in einer Marinade aus Essig und Gewürzen

carrati Gnocchi aus Mehl und Wasser, über die Pecorino, gebratener Pancetta und verschlagene Eier gegeben werden (Abruzzen); in derselben Region auch > **maccheroni alla chitarra** genannt.

carrettiera (alla) üppige und geschmacksintesive Sauce für Teigwaren in zahlreichen Varianten. Die klassische Version sieht die Verwendung von Gewürzen, Zwiebel, Tomatensauce und Kalbsragout vor.

cartellate/'ncartellate in Apulien und Kalabrien verbreitetes traditionelles süßes Fettgebäck in Spiralenform, häufig mit Wein verfeinert

cartoccio (al) Zubereitungsart, bei der das im Ofen zu garende Kochgut mit Pergamentpapier oder Alufolie umhüllt wird

casadinas > **pardula**

casalingo hausgemacht

casatella Frischkäse aus Kuhmilch (Romagna)

cascà sardisches Couscous, mit einer Sauce aus Gemüse, Hackfleisch und Gewürzen serviert

caschettas sardisches Gebäck aus Hartweizengrießteig, mit grobem Grieß, Sapa (gekochtem, dickflüssigem Obstwein) und Mandeln gefüllt

casera Käse aus dem Valtellina, hergestellt aus Milch von Kühen der Rasse Bruno Alpina, kommt frisch oder halb gereift zum Verkauf

caserecce kurzes trockenes Teigwarenformat, leicht eingedreht

casieddu ausschließlich in der Provinz von Potenza hergestellter Ziegenkäse, mit einem sehr aromatischen Gewürzkraut verkäst und in Farnblätter gewickelt

casizolu Käse mit gezogenem Teig; typisch für die Gegend des Montiferru (Sardinien)

caso peruto Ziegenkäse, der in Glas- oder Tongefäßen heranreift und regelmäßig mit Öl und Essig benetzt wird. Er weist eine graue Rinde auf und ist von stechendem Aroma und scharfem Geschmack.

casolét weicher Bergkäse aus roher Vollmilch von weicher Konsistenz (Trentino)

casoncelli/casônsei/casunziei unterschiedlich, allerdings nie mit Fleisch gefüllte Teigtäschchen, traditionell mit Wurst, Semmelmehl, Ei und Käse (Lombardei, Venetien)

cassata (1) Biskuitkuchen mit Marzipanglasur und Füllung aus Ricotta, der mit Zucker, Schokolade, kandierten Früchten, Vanille und Likör vermischt wird (2) bezeichnet auch ein ähnlich zubereitetes Eis sowie (3) eine aus den Abruzzen stammende Süßspeise mit kandierten Früchten.

cassatele/cassatelle frittierte Ravioli, mit Ricottacreme gefüllt (Trapani)

casoeûla/cassoeula/cazzoeûla Wintergericht aus Mailand, zubereitet aus Wirsing und verschiedenen Teilen vom Schwein, darunter Rippen, Schwarten, Haxe und Salamini

cassoncini zusammengefaltete Teigtäschchen, ähnlich der > **piadina**, gefüllt mit Wildgemüse, normalerweise frittiert (Romagna, Marken)

cassuola süditalienischer Dialektausdruck für Kasserolle, im übertragenen Sinn auch für einige Gerichte, die in ihr zubereitet werden

castagnaccio Fladen aus Esskastanienmehl, wenig Zucker, Pinienkernen und Rosinen, im Ofen gebacken (Toskana, Ligurien)

castelmagno halbfester Käse aus Kuhmilch mit Blauschimmel aus Castelmagno, (Piemont)

castrato/crastu Hammel; frühzeitig kastriertes Lamm, hat ein weiches, schmackhaftes Fleisch; meist über der Holzkohlenglut gegrillt

castraùre zarte junge Artischocken, in den Gemüsegärten der Lagune von Venedig angebaut

casu marzu cremiger Käse mit pikantem Aroma, der durch die Fermentation von Schafkäse, hauptsächlich Fiore sardo, erzeugt wird

catalogna Blattzichorienart

caudedd' > bruschetta mit nativem Olivenöl extra und Lardo (Apulien)

cauraro Minestrone mit Wildgemüse, gewürzt mit Wildfenchel

cautarogne lukanischer Dialektausdruck für > **strascinati**

cauzuni lukanische Ravioli mit Ricotta und Pfefferminze

cavallo Pferd

cavallucci Mürbteiggebäck aus Siena mit Nüssen und Orangenschalen

cavatelli/cavatieddi/cavatiddi in Süditalien und auf den italienischen Inseln verbreitete kurzformatige Teigware, für deren Herstellung Teigröllchen mit dem Finger eingedrückt werden, so dass sie das Aussehen von kleinen, ovalen Muscheln erhalten

cavedano Döbel (Leuciscus cephalus)

caviale del Trasimeno Hechteier

cavolicelli/cavolicieddi/cavuliceddu Wildkohlart (Brassica fruticulosa), Triebe, Blätter und ganz junge vollständige Pflanzen finden Verwendung

cavolo Kohl

cavolo cappuccio Weißkraut

cavrèt in tecia geschmortes Zicklein (Venetien, Julisch Venetien)

cazòle Eier vom Kabeljau oder vom weißen Fisch

cazzariell' Dialektausdruck der Abruzzen für das scharfe Peperoncinoschötchen

cazzilli gekochte und passierte Kartoffeln, mit Petersilie und geriebenem Käse vermischt, zu Röllchen geformt und in heißem Öl frittiert (Sizilien)

cazzmar > **turcinieddi**

cecamariti eine Art > **pancotto**, traditionell in Apulien, auf Basis von zerkrümelten > **friselle**, serviert mit Brokkoliröschen und Erbsencreme

cecatelli > **cavatelli**

ceci Kichererbsen

ceciliani lokale Teigwarensorte, über eine Stricknadel gerollt (Viterbo)

cecina in der Toskana (Livorno) üblicher Name für > **farinata** aus Kichererbsen

cefalo Meeräsche

cellitti (1) frische Teigware aus Wasser und Mehl, in kleine Stäbchen geschnitten und in der Mitte mit dem Finger eingedrückt (Latium); (2) in den Abruzzen Bezeichnung für mit Konfitüre gefüllte Kekse

cenci (1) Karnevalsgebäck aus Mürbeteig, der in verschiedene Formen geschnitten und frittiert und anschließend mit Zucker bestreut wird; in vielen verschiedenen Varianten und regionalen Bezeichnungen; (2) in Umbrien frische Teigwaren von unregelmäßiger Form

cencioni Tagliatelle aus Dicke-Bohnen-Mehl; in den Abruzzen Bezeichnung für Dinkelspaghetti

centime grobkörnige Polenta, die mit wildem Fenchel und Rübenkohl verfeinert wird (Sizilien)

ceppaluna kampanische Kekse mit Zitronenglasur

ceppe hausgemachte > **bucatini**, bei denen das Teigblatt über einen Holzstab gerollt wird (Abruzzen, Molise)

cerasedda Dialektausdruck von lukanischer Abstammung für scharfen gemahlenen Peperoncino

cernia Zackenbarsch

cervo Hirsch

chiacchiere > **cenci**

chianina aus dem Chiana-Tal (Toskana) stammende Rinderrasse, deren Fleisch oft für das Fiorentina genannte Rumpsteak vom Jungochsen verwendet wird

chibuddadu Zwiebelsuppe (Sardinien)

chicche della nonna grüne Gnocchetti mit Kartoffeln und Spinat im Teig

chiocciole Weinbergschnecken

chiodini Hallimasche, gut geeignet, um mit Tomaten, Knoblauch und Petersilie gewürzt geschmort zu werden

chisciöi Pfannkuchen aus Buchweizenmehl, Casera-Käse und einem Tropfen Grappa

chitarre/chitarrine lange quadratische Pasta; frische Pastastreifen werden über einen Rahmen mit Metallfäden gestrichen, ähnlich den Saiten einer Gitarre. Maccheroni alla chitarra sind typisch für die Abruzzen.

chiuchiarole kampanischer Dialektausdruck für rote, in Essig eingelegte Paprikaschoten

chizza für Reggia Emilia typische Version des > **gnocco fritto**, aber mit Füllung, die vom Parmesan bis zum Spinat variieren kann; frittiert oder im Ofen gebraten

chjusoni Teigklößchen aus der Gallura (Sardinien)

ciabattoni (1) weiße breite Bohnen (Latium); (2) sehr große Maccheroni, auch Ciavattoni genannt (Marken)

ciabbotto/ciabotta geschmorter Eintopf aus Sommergemüse (Abruzzen)

ciabuscolo streichfähige Wurst

ciacapreti Spaghettiart

ciacchetegli Brokkoliart mit kleinen violetten Blüten; als Suppe mit altbackenem Brot zubereitet. Der Anbau beschränkt sich auf das Gebiet von Priverno. (Latium)

ciaccia sul panaro im oberen Tibergebiet üblicher Ausdruck für > **crescia**

ciakiciuka auf der Insel Pantelleria verbreitete Version der > **caponata** aus geschmortem Gemüse

cialicurda (1) Gericht der apulischen Armeleuteküche (salentinisches Griechenland) auf Basis von Hülsenfrüchten, Wildgemüse, frittiertem altbackenem Brot und Hartweizengrieß; (2) traditionelle bäuerliche Suppe auf Basis von Brot, Öl und Oregano (Kampanien)

ciambella Kranzkuchen; ein Hefegebäck aus dem Ofen, aus Mehl, Eiern, Butter und Zitronenzesten. In der Emilia, für die die Speise typisch ist, taucht man die Stücke in Wein.

ciambelle scottolate süße kleine > **ciambelle** mit Mehl und vielen Eiern, zuerst in Wasser überbrüht und dann im Ofen gebräunt (Latium)

ciambelletti al vino Feingebäck aus Mehl, Zucker, Öl, Anissamen, Weißwein (Mittelitalien)

ciambotta/cianfotta Ragout aus Gemüse, darunter Auberginen, Tomaten und Paprikaschoten, in verschiedenen Varianten in ganz Süditalien verbreitet

ciammelle eine Art krumme Grissini aus Hefeteig, zuerst gekocht, dann im Ofen gebacken (Ciociaria, Latium). In anderen Teilen Italiens versteht man darunter Süßspeisen in Knopfform, mit Giulebbe (Getränk von mit Zucker eingekochtem Fruchtsaft) übergossen.

cianfotta > **ciambotta**

ciapolà piemontesischer Dialektausdruck für Hackfleisch, üblicherweise ist mit dem Messer geschnittenes Tatar gemeint

ciaudella/ciaurella Gericht mit Gemüse, das geschmort oder als Minestra mit Dicken Bohnen und Pancetta zubereitet wird (Süditalien)

ciauscolo/ciavuscolo Wurst vom Schwein, von weicher Konsistenz, streichbar (Marken)

ciavalettella getoastetes Brot, in den Sud von verschiedenen Fischen oder Gemüse getaucht (Molise)

ciavar Frischwurst aus gehacktem, weniger edlem Schweinefleisch, mit Knoblauch und Sangiovese verknetet; auch **Salsciccia matta** genannt (Romagna)

cibreo Frikassee aus Hühnerklein (Toskana); wie > **fricassea** mit Eiern und Zitronensaft verfeinert

cicatielli Nudelart (Süditalien)

cicci maritati Suppe mit vielen Getreidesorten und Hülsenfrüchten (Linsen, Bohnen, Kichererbsen, Erbsen, Dicke Bohnen, Weizen, Mais, Spalterbsen etc.)

ciccioli Schweinegrieben; Rückstände von Fleisch und Knorpeln der Fetterzeugung vom Schwein, kleine, unregelmäßige Würfel von hellbrauner Farbe

ciccioneddas sardisches Feingebäck mit Konfitüren- oder Cremefüllung

cicenielli/cicinielli kampanischer Dialektausdruck für > **bianchetti** (Weißfischchen)

cicerchia kleine Hülsenfrucht (Platterbse), schon früh verbreitet, heute wiederentdeckt und vor allem in den Marken angebaut; wird für Minestre verwendet

ciceri e tria Pastagericht aus breiten, handgearbeiteten Tagliatelle und Kichererbsen, mit Peperoncino und Öl abgeschmeckt (Apulien)

cicheti in Venetien und Friaul-Julisch Venetien verbreitete Appetithäppchen zur > **ombra**

cicireddi/cicirello Dialektbezeichnung für Cicerello, ein silberfarbenes Fischlein, nahezu ohne Schuppen, das frittiert oder mariniert hervorragend schmeckt

cicitt würzige Wurst aus reinem Ziegenfleisch, auf der Holzkohlenglut gebraten (Tessin, obere Lombardei)

cicoria impazzita Zichorie, im Backteig frittiert

cicorie großblättriger Löwenzahn (Zichorie)

cicorielle a'zise Zichorie mit Kirschtomaten, in Fleischbrühe gegart und mit Pecorino verfeinert (Apulien)

cima (alla genovese/ligure) Kalbsbrust, taschenförmig aufgeschnitten, auf verschiedene Weise gefüllt (Fleisch, Ei, Parmesan), in Scheiben serviert (Ligurien)

cimalino dreieckiges Fleischstück aus dem hinteren Viertel vom Kalb oder Jungochsen; besonders zum Sieden geeignet

cimbro Käse aus der Lessinia (Venetien)

cime di rapa Stängelkohl

cinghiale al cioccolato > **dolceforte**

cinghiale Wildschwein

cinghiale alla maremmana in eine Marinade aus Wein, Tomaten, wildem Fenchel und Oliven eingelegte Wildschweinstücke, anschließend lange gegart

cinta senese autochthone Schweinerasse mit schwarzem Fell und hellem Streifen um den Brustkorb, die in der Provinz Siena gezüchtet wird

cioncia Schmorgericht aus Teilen des Kalbskopfs, Peperoni, schwarzen Oliven und Gewürzen; typisch für die Gegend von Pistoia

ciopa di pane Dialektwort für eine typisch trentinische Brötchenform (in fünf Segmente geteilt und rund)

cipolla Zwiebel

cipollata (1) Gericht aus überbrühtem Fisch, der mit süßsauer gekochten Zwiebeln bedeckt wird (Sizilien); (2) Minestra aus Zwiebeln und Tomaten, die am Ende der Kochzeit mit Ei und geriebenem Parmesan vermischt wird (Mittelitalien)

ciriole typisch umbrische dicke handgemachte Spaghetti aus Wasser und Mehl, je nach Region unterschiedlich (> manfricoli, > umbricelli) bezeichnet

cisrà typische Kichererbsensuppe aus dem Monferrat, zubereitet mit Schwarten, Möhren, Sellerie, Brühe und Kräutern

ciuìga gereifte trentinische Wurst aus weniger edlen Teilen vom Schwein und gehackten Rüben

ciuppìn Fischsuppe aus Gemüse und frischen Tomaten, serviert mit gerösteten Brotschnitten (Ligurien)

civet Schmorgericht aus Haarwild, in Rotwein und Gewürzen mariniert und mit Würzkräutern und Gemüse gegart

civraxiu e coccoi zwei sardische Brotsorten aus verschiedenen Mahlerzeugnissen, wobei die zweite in künstlerischen Formen gestaltet wird

cjalsòns/cjarzòns für die Carnia (Friaul) typische halbmondförmige, süß-pikante Nudeltäschchen; es gibt unzählige Füllungen und Würzvarianten, fast immer dabei ist geräucherte Ricotta

cjarsons Teigtaschen (oft mit Rosinen)

co lo vattuto Gericht aus den Marken, das sowohl Fleisch als auch Gemüse begleiten kann; wörtlich „con il battuto", also „mit gehackten Kräutern", meist Knoblauch und Petersilie

coccio/cuoccio Knurrhahn; Meeresfisch mit festem weißem Fleisch

cocciua sardischer Name für Venusmuschel, von der es verschiedene Arten gibt: Niedda, Pintada etc.

cocule Bällchen aus Kartoffeln, Pecorino, Semmelmehl und Eiern, in einer Suppe serviert

cocùzza Bezeichnung für Kürbis im Dialekt von Rom und Napoli

coda Schwanz

coda alla vaccinara Ochsenschwanz, geschmort in Tomaten, Zwiebeln, Möhren und Sellerie. Die Sauce kommt auch auf die Pasta. (Rom)

coda di rospo Seeteufel

codeghin in Norditalien verbreiteter Dialektausdruck für Cotechino

cognà (mostarda 'uva) Sauce aus Traubenmost, Birnen, Haselnüssen und Gewürznelken; serviert zu gekochtem Fleisch, Käse und Polenta (Piemont)

colarda regionaler Name für ein spezielles Stück vom Rind, gut geeignet für Schmorbraten

colatura di alici Flüssigkeit, die aus der vier bis fünf Monate dauernden Konservierung der Sardellen unter Salz stammt; passt gut zu Teigwaren oder Gemüse

collo d'oca ripieno Gänsehals, der mit Rindfleisch, Ei, Parmesan und Kräutern gefüllt ist; kann kalt in Scheiben geschnitten oder warm in Tomatensauce serviert werden (Toskana)

colombaccio Ringeltaube (Columba palumbus). In der Toskana und Umbrien wird aus ihrem zarten Fleisch eine Sauce zubereitet.

comaut Suppe aus Kürbis, Kartoffeln, Zwiebeln, mit Butter und Salbei verfeinert (okzitanische Täler im Piemont)

composta di mele, di cipolle eine Konservierungsmethode für Äpfel oder Zwiebeln, bei der die Grundzutat mit Wasser, Zucker, eventuell der Schale einer Zitrone oder Orange sowie Gewürznelken und Zimt gekocht wird

conca de moru frittiertes sardisches Karnevalsgebäck, wörtlich „Mohrenkopf"

conchiglie Muscheln

conciato romano Käse aus Schaf-, Ziegen-, Kuh- oder gemischter Milch, der mit Wasser und einem Gemisch aus Öl, Essig, Piperna (wildem Thymian) und gemahlenem Peperoncino gewaschen wird und in Tongefäßen reift

condiggion/condiggiun ligurischer Salat mit Gemüse, > **mosciame**, Sardellen, gekochten Eiern, Öl und Essig

confettura Konfitüre

coniglio Kaninchen

coniglio alla stimpirata mit Paprikaschoten, Kapern und frischer Minze in Wein geschmortes Kaninchen

coniglio con bagna neira süßsaure Zubereitung aus Fleisch, Tomaten, Paprikaschoten, Essig, Wein und Zucker (Piemont)

coniglio da fossa all'ischitana das Kaninchen, in besonderen Erdgruben gezüchtet, wird im Topf mit Weißwein und Kirschtomaten geschmort

coniglio disossato "entbeintes Kaninchen", Tessiner Kaninchenrollbraten

consiero Fleischragout ohne Tomaten (Venetien)

conza Dialektbezeichnung für Füllung (Sizilien)

conzier rustego Sauce aus Radicchio und Hühnerleber (Venetien)

copete/cupete kleine Torroni aus gehackten Mandeln, Zucker, Eiweiß und Zimt, im Ofen zwischen zwei Oblaten gebacken

coppa Wurst aus gebeiztem und gereiftem Schweinenacken, die Coppa d'estate (sommerliche Coppa) genannt wird (Piacenza, Parma, Mantova)

coppa di testa Presskopf; Wurst, die aus dem Fleisch und den Knorpeln vom Schweinekopf erzeugt wird. Gekocht und mit zahlreichen Gewürzen angereichert, darunter Pistazien und Orangenschalen, als Coppa d'inverno (winterliche Coppa) bezeichnet. (Emilia)

coppetiello Papiertüte, die man auf den Schnabel der Espressomaschine setzt; dient dazu, das Aroma und den Duft des Kaffees in der Kanne zu behalten, in Neapel üblich

coppiette dünne Scheiben aus getrocknetem, gewürztem und geräuchertem Wildschwein oder Rindfleisch (Toskana)

coratella Innereien, meist von Lamm oder Zicklein

coratella alla barbaricina in ganz kleine Stückchen geschnittene Lamminnereien, die mit Dicken Bohnen und Möhren serviert werden (Sardinien)

corbelli Dialektausdruck der Marken für > **ombrina**

corde di cochie frische Eierteigwaren, mit demselben Gerät wie die > **maccheroni alla chitarra** hergestellt, nur schmäler; erinnern an die Bänder der Schuhe der Hirten, daher stammt der Name (Abruzzen)

cordula Zopf aus Eingeweiden von Zicklein oder Lamm, gegrillt oder geschmort (Sardinien)

coregone Renke

cornaletti > **friggitelli**

coronello Dialektausdruck in Neapel für Stockfisch

corsetti/corzetti für Ligurien typische frische Eierteigware. Im Polcevere-Tal hat sie die Form einer Acht, ansonsten wird sie in Medaillonform gepresst.

cortecce getrocknete von Hand hergestellt Pasta aus Hartweizengrieß, ähnelt enthülsten Bohnenschoten

coscia della sposa/della zita Keule vom Zicklein, das aufgespießt und auf einem Ziegel gebraten wird

costata Kotelett

costina Rippchen

cotechino Kochwurst aus Schweinefleisch, Speck, Gewürzen und Schwarte; vor allem im Piemont, im Aostatal, in der Lombardei und in der Emilia in leicht unterschiedlichen Varianten verbreitet

cotechino in camicia/in galera Cotechino-Wurst, die gesotten und anschließend mit gekochtem Schinken und darüber mit Kalbfleisch umwickelt wird

cotica 'bbiturata Streifen von gekochten Schweineschwarten, die als kleine Kreise aufgelegt und mit Pecorino, Tomaten und Majoran serviert werden

cotiche Schwarten

cotoletta alla bolognese panierte, frittierte Scheibe Kalbfleisch, mit Rohschinken und Grana tenero bedeckt gebacken, in der Saison mit Trüffelspänen bestreut

cotoletta alla petroniana > **cotoletta alla bolognese**

cotoletta panata dickes paniertes Kotelett mit Knochen (Lombardei)

cotto gekocht

cotturo/cottur Kupfertopf, in dem Schaf- oder Lammfleisch in Wasser, Wein, Öl, Gemüse und Kräutern gekocht wird (Abruzzen); auch das so entstandene Gericht

coujette/cojëtte Kartoffelgnocchi (Cuneo, Piemont)

cozze Miesmuscheln

cozze ripiene > **muscoli ripieni**

crafun pikante Krapfen der ladinischen Traditionsküche (Südtirol), meist mit Wildbretfüllung

crapiata für Matera typische Suppe aus Hülsenfrüchten, darunter Dicke Bohnen

cravciousu sardische Dialektbezeichnung für Schweineschwarte

crastuna sizilianische Dialektbezeichnung für die Gefleckte Weinbergschnecke

crema Creme, Pudding

crema di Cogne üppiger Sahnepudding (Aostatal)

crema fritta herausgebackene Cremewürfel

créme brûlée im Ofen gratinierte Süßspeise aus Eigelb, Zucker, Sahne und Zitronenzesten

cremolato/a di frutta cremige > **granita**, wie ein Sorbet mit Fruchtsäften zubereitet (Latium)

crepinetta lombardischer Ausdruck für > **polpette**

cresc' tajat Dialektausdruck für > **maltagliati** aus Maismehl (nördliche Marken)

crescentina in der unteren Emilia und in der Romagna ist diese Zubereitung dem > **gnocco fritto** sehr ähnlich; in der Gegend von Modena wird sie dagegen > **tigella** genannt und auf der Herdplatte zubereitet

crescia Pizza aus Hefeteig mit Vertiefungen auf der Oberfläche, mit Salz, Öl, Zwiebel und Rosmarin gewürzt

crescia con le foje > **crescia** mit Wildgemüse, gekocht, anschließend in der Pfanne mit Gewürzen aromatisiert

crescia sfogliata süße Version der > **crescia**, die mit Zucker, Rosinen und Anissamen bestreut und zusammengerollt wird (Marken)

crescionda gebackene Süßspeise aus Eiern, Mehl, Milch, Amaretti, Kakao und Anislikör; (Spoleto, Umbrien)

crescionta Schokoladenpudding

crespella alla valdostana hauchdünne Crêpe, mit Schinken und Fontina-Käse gefüllt und mit zerlassenem Käse serviert; seit den 1960er-Jahren im Aostatal verbreitet, zählt nicht zur traditionellen Regionalküche

crespelle Crêpes, Pfannkuchen

crespigni Wildgemüse, ähnlich der Wildzichorie

crioli dicke handgemachte > **chitarra** (Abruzzen)

croccante Konfekt aus Mandeln und Haselnüssen, die durch karamellisierten Zucker gebunden werden

crocché/crocchette > **cazzilli**

crocchini Fleischrouladen, in Teig herausgebacken (Ligurien)

crocette Dialektausdruck der Marken für Piè di pellicano (Muschel)

crostacei Krustentiere

crostata Mürbeteigkuchen

crostata chiusa Mürbeteigtorte, gefüllt mit Konfitüre

crostini geröstete Brotscheiben

crostini di milza in brodo/zuppa di milza Fleischsuppe mit kleinen „Brötchen" aus Milz, Ei und Majoran

crostini neri geröstetes Brot mit Aufstrich aus Hühnerleber (oder Kalbsmilz), der mit Sardellen, Kapern und oftmals Vin Santo verfeinert wird (Toskana)

crostole typische Süßspeise für Hochzeiten in Lukanien; aus Honig, Zucker und Oregano

crostolo Teigscheibe aus Mehl, Ei und Milch (Norden der Marken)

crudaiola (alla) Würze für Teigwaren oder Fisch, bestehend aus Öl und Gewürzen, manchmal auch kleinen Tomaten

crudo roh

cruset frische Teigwaren, von Hand wie kleine Schälchen geformt, ähnlich den Orecchiette; typisch für einige Täler im Gebiet von Cuneo (Piemont)

crustoli frittierte Süßspeise, div. regionale Varianten

crùstuli/krùstuli > **cartellate**

cube rolle eine Art mariniertes Steak

cuccìa (1) in der Basilikata und in Kalabrien eine Minestra aus mit Öl gekochtem Weizen; (2) in Sizilien eine Süßspeise aus gekochtem Weizen, der mit Honig oder Zucker und Ricotta angereichert wird

cuculli Pfannkuchen aus Kichererbsenmehl oder Kartoffeln, Pinienkernen, Majoran, Ei und Käse (Ligurien)

cucunceddi/cucunci Kapernbeeren

cuddrireddra mit Zimt aromatisiertes, frittiertes Gebäck aus Hartweizen und Ei in charakteristischer Kronenform (Delia, Provinz Caltanisetta, Sizilien)

culaccia/culatta > **culatello** mit Schwarte, hergestellt aus dem Mittelstück der Schweinekeule

culaccio Wurst aus rohem Vorderschinken vom Schwein, 30 Monate abgehangen (Provinz Parma)

culatello zarter luftgetrockneter Schinken

culurgiones/culingiones/cullurzones/culurjones/ gurigliones sardische Ravioli aus Hartweizengrießteig, üblicherweise mit fleischloser Füllung

cuna Dialektausdruck für Schwarte (Piemont)

cunicio in tecia in der Pfanne oder im Tontopf geschmortes Kaninchen (Venetien, Julisch Venetien)

cunigghiu à portuisa eine Variante des > **coniglio alla stimpirata**, bei der Marsala anstelle des Weins verwendet wird

cunza gehackter, reifer Rohspeck, der mit Knoblauch und Rosmarin gewürzt wird (Emilia)

cuoppo Dialektausdruck aus Kampanien für die Tüte mit frittierten Fischen oder anderem Straßenessen

couso (al) auf Salat

cuosti chini gefülltes Schweinekotelett (Sizilien)

cupa „Kopfsalami", aus Kopffleisch vom Schwein

curiuli eine Art Tagliatelle mit Ei, typisch für Süditalien

curzul/curzoli Teigware aus Mehl und Wasser, ähnlich dicken Spaghetti (Emilia-Romagna)

cuscus arabisches Gericht aus Grieß mit Saucen aus Fleisch, Fisch, Gemüse etc. verfeinert; auch in süßen Varianten (Couscous) (Provinz Trapani)

cutturidd'/cutturiddi/cutturieddu eine Art der Lammzubereitung. Die Fleischstücke werden langsam in einem Tontopf mit Zwiebel, Kartoffelstückchen, Öl, Lorbeer und Peperoncino gegart (Basilikata)

cuzztil Pasta aus Mehl und Wasser

cuzzuppe Ostergericht, sowohl süß als auch pikant: Die süße Version ist eine Art Ciambella in Ringform, die pikante wird aus Brotteig mit Schmalz gemacht, in dem ein hartgekochtes Ei in der Schale mitgebacken wird. (Kalabrien)

D

darmassin/ramassin kleine süße und duftende Pflaume, die im Piemont gedeiht

delizie al limone an der amalfitanischen Küste ein Biskuitteig, der mit Konditorcreme mit Zitronensaft gefüllt und mit Zitronencreme bedeckt wird; in Sorrent Bezeichnung für Pasta dei raffioli (eine Art Biskuitteig), überzogen mit einer Mischung aus Konditorcreme, Zitronenzesten und Limoncello

dentice Zahnbrasse

di magro fleischlose Füllung für Nudeln

diavola (alla) scharf gewürzt

diavolillo rotes, sehr scharfes Pfefferonischötchen, klein und oval (Abruzzen, Kalabrien)

ditali/ditalini kurze Röhrennudeln, die in ihrer Form an den „ditale" (Fingerhut zum Nähen) erinnern

doba Rinderschmorbraten in Rotwein, Gewürzen und Orangenschale; typisch für die Täler Okzitaniens im Gebiet um Cuneo, Ursprung provenzalisch

DOC „Denominazione di origine controllata" (staatlich geprüfte Herkunftsbezeichnung für Wein)

dolcecuore gereifte friulanische Wurst aus Halsgrat gefüllt mit > **petuccia** und Keulenstück vom Fohlen

dolceforte (in) aus der Renaissance stammende, in der Toskana verbreitete Zubereitungsart, bei der Fleisch (Zunge, Hase, Wildschwein) mit Wein, Essig, Zucker, Schokolade, kandierten Früchten und Sultaninen gegart wird und dadurch einen ausgeprägten süßsauren Geschmack erhält

dolci Süßspeisen

drömsat Primo aus der Tradition der Arbëreshe, gekochte Mehlbröckchen in einer Sauce aus Tomaten, Schweinerippchen und Ricotta salata (Kalabrien)

dumega Dialektbezeichnung aus dem Valtellina (Lombardei) für ein Getreide ähnlich der Gerste mit länglichen Körnern; für eine Suppe mit weniger edlen Teilen vom Schwein (Schwarte, Ohren, Schnauze)

durelli Hühnermägen

dus in brüsc Dialektausdruck (Lombardei) für eine Zubereitungsart auf der Basis von hellem Fleisch (Huhn, Perlhuhn) mit süßsaurem Geschmack

E/F

e ciaf/ciffe/ciaffe Fleischragout, gekocht mit Zwiebel, Knoblauch, Petersilie und Peperoncino (Abruzzen)

erba cipollina Schnittlauch

erbazzone typischer pikanter Kuchen aus Reggio Emilia, bestehend aus dünnem Teig mit Füllung aus Mangold, Speck, Parmigiano reggiano und Gewürzen

erbe (alla) (mit) Kräuter(n)

erbe spontanee Wildkräuter

facci i vecchia helle Focaccia mit durchfurchter Oberfläche, mit Öl und Oregano gewürzt (Sizilien)

fagiano Fasan

fagioli dicke Bohnen

fagioli al fiasco traditionelle toskanische Beilage, für die Bohnen mit Wasser und Gewürzen in einer Glasflasche nahe dem Kaminfeuer gegart werden

fagioli alla maruzzara gekochten Cannellini-Bohnen, angereichert mit Tomaten, Öl, Oregano, Knoblauch und Petersilie (Neapel)

fagioli alluccelletto toskanische Beilage aus Cannellini-Bohnen, die mit Tomaten, Öl, Knoblauch und Salbei geschmort werden

fagioli dall'occhio kleine weiße Bohnen mit einem schwarzen Ring, „occhio" (Auge) genannt

fagioli del Purgatorio in der Gegend von Viterbo übliche Bezeichnung für Cannellini-Bohnen

fagioli zolfini kleine, rundliche Bohnen von gelblicher Farbe und dünner Haut (Toskana)

fagiolina del Trasimeno kleine Bohnen, die im Gebiet des Trasimenosees angebaut werden

fagiolo badda schmackhafte zweifarbige kleine rundliche Bohne („badda" bedeutet im sizilianischen Dialekt Kugel)

fagottino gefüllte Teigbündel, gerollte Pfannkuchen

falagoni Tasche aus Brotteig, gefüllt mit Gemüse und Hülsenfrüchten (Basilikata)

falia > focaccia aus dem Latium, zubereitet aus Mehl, Wasser, Hefe und nativem Olivenöl extra. Die Form ist länglich und weist Längseinkerbungen auf.

falso magro gefüllte Kalbsroulade

falsomagro/farsumagru > bruciuluni

faraona Perlhuhn

faraona alla creta Gewürztes Perlhuhn in Pergamentpapier im Ofen in einer Hülle aus weichem Ton gegart (Umgebung Piacenza und Cremona)

faraona rodolada co' a peveràda Perlhuhnroulade mit > **peveràda**

farecchiata Polenta aus Mehl von wilden Erbsen, mit Sardellensauce gewürzt

farina bóna sehr fein vermahlenes Mehl aus gerösteten Maiskörnern (Tessin), Slow-Food-Presidio

farinaccio al ragù eine Art Polenta mit Fleischsauce

farinata ligurische Flade aus Kichererbsenmehl und Olivenöl, die warm verzehrt wird

farinata col cavolo nero Polenta aus Maismehl, die zusammen mit Schwarzkohl gekocht und mit Knoblauch, Öl und geriebenem Käse verfeinert wird

farro Dinkel; ähnlich dem Getreide, das in Garfagnana und Mittelitalien angebaut wird; hauptsächlich für die Minestra verwendet

farrotto eine Art Risotto mit > **farro** und gemischtem Feldgemüse (Abruzzen)

fasoi in potacin/sofegai/embogonàdi mit oder ohne Tomaten langsam gegarte Bohnen (Venetien, Julisch Venetien)

fassone (carne di) piemontesisches Kalbfleisch von der Keule, besonders hochwertig

fasui (uardi e fasui) in Friaul-Julisch Venetien verbreiteter Dialektausdruck für Bohnen, die in vielen regionalen Traditionsgerichten Verwendung finden, u.a. für die typische Gersten-Bohnen-Suppe (Minestra di orzo e fagioli)

fasule e scarole Suppe aus Bohnen und Endivien

fava Dicke Bohne

fava cottoia hochwertige Sorte Dicker Bohnen aus Modica mit hohem Eiweißgehalt

favata typisches Gericht der Hirtenküche, bestehend aus frischen Dicken Bohnen, die mit Schweinefleisch, Tomaten und Gewürzen gekocht werden

fave'ngrecciate gekochte Dicke Bohnen, als Salat mit Knoblauch und Pfefferminze (oder Majoran) serviert (Macerata, Marken)

fave e cicorie > incapriata/'ncapriata

favò kurzformatige Pasta mit Dicken Bohnen, Tomaten und Fontina-Käse, mit in Butter gerösteten Croutons serviert (Aostatal)

fegatazzo Salsiccia aus Leber und Schweineinnereien, gereift und in Öl oder Schmalz eingelegt konserviert, oder aber frisch am Spieß gebraten gegessen (Abruzzen)

fegatelli Leberstückchen im Schweinenetz, am Spieß gebraten (Umbrien)

fegatelli nella rete Leberstückchen im Schweinenetz, mit Kräutern geschmort (Prato)

fegatini Hühnerleber

fegato Leber

fellata in den Abruzzen und im Molise Bezeichnung für ein Antipasto aus Wurstwaren und lokalem Käse

femminelle in der Gegend von Orbetello Bezeichnung für weibliche Krebse aus der Lagune, die um die Weihnachtszeit gefangen werden, wenn sie viel Rogen tragen; im livornesischen Dialekt Bezeichnung für ganze Krebse, die der Suppe beigegeben werden

ferdinandi Süßspeise aus doppelt aufgegangenem Brot

ferratelle süße Waffeln, auf einem speziellen Eisen gebacken und mit Ricottacreme gefüllt (Abruzzen)

ferrazzuoli längliche Teigwaren, die mit dem „ferretto", dem Eisenstab, gerollt werden; ähnlich den Maccheroni

fettuccine Eierteigwaren, vor allem aus dem Latium, in Form von Bandnudeln, etwa einen Zentimeter breit, ein wenig dicker als die klassischen Tagliatelle der Emilia

fettunta geröstetes Brot mit Öl und Knoblauch (Toskana)

fiadoni/fiadoncelli für die Region Abruzzen typische süße Häppchen mit einer Füllung aus geriebenem frischen Pecorino-Käse, Ei und Zimt (eine ähnliche Version gibt es im Trentino, deren Füllung aus Honig, Mandeln, Rum, Nelken und Zimt besteht)

fianchetto venetische Bezeichnung für Rinderzwerchfell

ficazza Thunfischsalami, für deren Herstellung weniger hochwertige Thunfischteile mit Salz und Pfeffer gewürzt in Schweinedarm gefüllt werden (Sizilien)

fico dottatoeine Sorte heller Feigen, die in Kalabrien für die Herstellung von Süßspeisen verwendet wird

fidighin typische Mortadella aus dem Nordosten des Piemonts aus Schweineleber, Wange und Bauchspeck

fidlin Dialektausdruck für > **capelli d'angelo** (Lombardei, Piemont)

filacci > **sfilacci**

file e daspe gekochte Kartoffeln mit einer cremigen Sauce aus Eiern, Milch, Käse und Essig (Carnia, Friaul)

fileja frische kalabresische Pasta aus Wasser und Mehl, lang und eingedreht

filetto baciato Rohsalami, typisch für das Gebiet von Acqui Terme (Piemont), aus Schweinefilet, gebeizt mit Salz und Gewürzen, in Wurstmasse gewickelt

filiferru/filoferru Schnaps aus Sardinien

filindeu sehr feine Hartweizennudeln, die in Schaffleischbrühe angerichtet werden; typische Festtagsspeise in Sardinien

finanziera für das Piemont typisches Gericht aus Innereien, Hirn, Hoden, Kalbsfilet, Hahnenkämmen, Steinpilzen, Parmesan, Marsala, Öl und Essig

finferlo Pfifferling

fini-fini Bandnudeln aus Eierteig von rund zwei Millimetern Breite; typisch für die Ciociaria (Latium), wo die Nudeln normalerweise breit und dick sind

finocchiona typische Wurst aus der Gegend von Florenz und Siena, die mit Fenchelsamen, in Wein zerstampftem Knoblauch, schwarzem Pfeffer und Feldthymian gewürzt wird

fiocchetto besonders zarter Schinken

fiocco di culatello Wurst aus dem oberen Vorderteil der Keule, dem Rest der Erzeugung von > **culatello**

fiocco di vitello Stück vom Rind aus dem vorderen Brustbereich

fior di latte Pudding aus Milch, Zucker und Ei, in einer karamellisierten Form im Ofen zubereitet (Emilia)

fiordilatte Frischkäse mit gezogenem Teig, der dem Kuhmilchmozzarella ähnelt, sich aber in Form und Teigkonsistenz von ihm unterscheidet

fiore sardo gereifter Schafkäse (industriell aus Mischmilch), wird in ganz Sardinien erzeugt

fiorentina dickes Steak vom Jungrind mit Knochen, das den ganzen Bereich einer Rippe mit dem jeweiligen Filet und Lendenstück umfasst (zwischen 500 Gramm und 1 Kilo). Die Zubereitung erfolgt auf dem Rost.

fioretti kurzformatige Eierteigware

fiorilli > **sciurilli**

fitri frittierte Buchweizenküchlein mit Käsefüllung (Tessin)

fiurì/fiurit Schicht, die sich bei der Erzeugung von Ricotta an seiner Oberfläche bildet. Sie hat die Konsistenz von Jogurt und liegt geschmacklich zwischen Jogurt und Ricotta.

flan flaumiger Gemüseauflauf

focaccia Fladenbrot

foglie e patan' Dialektausdruck für Mangold mit Kartoffeln, typisch in den Abruzzen

foiade drei bis vier Zentimeter breite Teigecken, typisch für das Gebiet um Bergamo (Lombardei)

foije e faciul Dialektbezeichnung für Mangold mit Bohnen (Abruzzen)

foiolo Mailänder Begriff für Omaso, Teil der Kutteln

folpeti venezianischer Begriff für eine kleine Tintenfischart (Moschuskrake, lat. eledone moschata)

fonc di andana Wiesenpilze (Lombardei)

fondue bourguignonne klassisches Fondue; die vorbereiteten Fleischstücke werden auf Spießchen in das mit brodelnd heißem Öl gefüllte Fonduetöpfchen getaucht. Dazu genießt man diverse Saucen.

fonduta heiße Creme aus Fontina-Käse, Milch und Eidotter (Piemont, Aostatal)

fonduta zerlassener Käse, Käsecreme

fongadina in Venetien übliche Bezeichnung für Lamminnereien

fontina ein norditalienischer Hartkäse (Aostatal)

formadi frant krümeliger Weichkäse aus mehreren Käsesorten, in Stücke gebrochen, mit Milch oder Sahne vermengt und mit Salz und Pfeffer gewürzt

formaggio di fossa vor allem Pecorino (auch Ziegenkäse oder gemischt), der mit Blättern bedeckt in Tuffsteinhöhlen reift

formaggio grigio Graukäse

formai de mut wörtlich Bergkäse. Im lokalen Dialekt bedeutet „mut" Bergwiese. (Provinz Bergamo)

formajo imbriago in Venetien und Julisch Venetien gebräuchlicher Ausdruck für „besoffenen" Käse (Formaggio ubriaco), der in Kontakt mit Trester reift

formajo verde in Venetien und Julisch Venetien gebräuchlicher Ausdruck für Edelschimmelkäse

forno (al) im Ofen gegart

fortaje venetisches Dialektwort für Omeletts

fozza auf der Herdplatte gebratener Fladen, mit Speck umhüllt (Piemont)

fracchiata Polenta aus Mehl von Spalterbsen und Dinkel, angereichert mit Dicken Bohnen und angebratenen Guanciale (Abruzzen)

frachet Frischkäse, der mit Grappa, Rum, Pfeffer, Peperoni und anderen Gewürzen vergoren und anschließend sie zu einer Creme verknetet und getrocknet wird (Val Sesia, Piemont)

fragaglia winziger Fisch, der beim Fischfang im Netz geblieben ist; normalerweise frittiert

fragola Erdbeere

fragolini kleine Tintenfische (Ligurien)

franceschini kleine Fische, ähnlich den > **cicireddi**

francesina > **lesso rifatto**

frandura ligurischer Fladen mit Kartoffeln und Mehl, Milch und geriebenem Käse

frascarelli/frascariegl' Polenta aus Maismehl und Kartoffeln, mit Öl und Peperoncino verfeinert sowie mit Bohnen (oder Gemüse) und traditionellerweise Schweineschwarten angereichert wird (Molise)

frascatelli dicke Pasta aus Wasser und Mehl (Latium); in den Marken und in der Toskana Bezeichnung für Krumen aus Wasser und Mehl, durch das Reiben des Teiges gewonnen und in Brühe gekocht oder mit Fleischsauce oder Knoblauch und Peperoncino serviert

frascatole Mahlerzeugnis aus Hartweizen, das wie > **cuscus** zuzubereiten ist

frascinelli frische Teigwaren, den > **orecchiette** ähnlich (Basilikata)

frattaglie Innereien

fratto di fave bäuerliche Minestra mit Dicke-Bohnen-Püree und Teigwaren (Kalabrien, Lukanien)

frecacha Rindfleisch-Kartoffel-Rösti (Aostatal)

fregamai frische Pasta in Form kleiner Nocken, durch Reiben des Teigs geformt

fregnacce unregelmäßige Rechtecke aus frischer Pasta, die entweder mit verschiedenen Saucen oder zusammengefaltet, mit Fleischsauce gefüllt, mit geriebenem Pecorino serviert wird (Latium, Abruzzen)

fregola/fregula in Brühe gegarter Hartweizengrieß in Form kleiner, unregelmäßiger Kügelchen (ähnlich > **cuscus**)

fregoloz di jerbis Nocken aus einem mit Brennnesseln oder anderen wild wachsenden Kräutern angereicherten Teig (Friaul)

friarelli > **friggitelli**

friarielli in Neapel gebräuchlicher Name für das dem Brokkoli ähnlichen Gemüse

fricandò Schmorgericht vom Rind oder Schwein mit Kartoffeln, Gemüse, Kräutern, Weiß- oder Rotwein und wenig Tomaten

fricassea Schmorgericht vom Schaffleisch oder Hoftieren, am Ende der Kochzeit mit Ei und Zitrone gebunden

friccandò Beilage bestehend aus geschmortem Gemüse mit Tomatenpüree (Emilia-Romagna)

fricco' di pollo Huhn in Wein, Essig und Gewürzen gekocht (auch Lamm, Ente, Kaninchen oder Kalb).

fricelli kurze Teigwaren, sehr ähnlich den > **strozzapreti**. Teigscheiben aus Wasser und Mehl werden von Hand gerollt, bis sie eine zylindrische Form bekommen.

frichetti Törtchen aus Käse, Kartoffeln und Zwiebeln

fricieu/friciòle/friciolin typische pikante Pfannkuchen aus dem Piemont, zu Wurst serviert

fricis friulanischer Dialektausdruck für > **ciccioli**

frico in Öl, Butter oder Schmalz gebratener Käse (Montasio), oft auch mit Kartoffeln vermengt (Friaul)

friggione Beilage zu Fleisch, bestehend aus geschmorten Zwiebeln und Tomaten, die mit Essig abgeschmeckt werden (Emilia-Romagna)

friggitelli kleine grüne Paprikaschoten, längliche Form, süßer Geschmack; eignen sich gut zum Frittieren oder zum Füllen (Abruzzen, Apulien, Kalabrien)

frigulelli Format von frischen Teigwaren (Marken)

friscalutu Brot mit Pilzen und Pecorinospänen (Sizilien)

frisceu Frittiertes (Fisch oder Gemüse)

frisceu/frisciöi ligurischer Begriff für verschiedene Arten von Pfannkuchen

friselle zweifach gebackenes Brot in Kringelform, das vor dem Servieren mit Wasser befeuchtet wird; passt zu getrockneten Tomaten, Salat und frischem Gemüse, typisch für Süditalien, besonders für Apulien

frite di prat blanchierte und sautierte Wildsalate

frittata Omelett

frittelle Krapfen, Pfannkuchen

fritto misto reichhaltiges Gericht aus verschiedenen Zutaten (Fleisch, Innereien, Gemüse, Mehlprodukte), paniert und in Öl und/oder Butter frittiert. Es gibt mindestens fünf regionale Versionen: aus dem Piemont, aus Florenz, Bologna, Rom und aus Neapel.

fritto misto all'ascolana Frittiertes, das sich ein wenig von anderen frittierten Gerichten in Italien unterscheidet, aus gefüllten Oliven, Artischocken, Zucchini (oder Kürbisblüten), Lamm und Cremino-Käse

fritto misto alla genovese Kombination aus verschiedenen Fleischstücken, Innereien, Gemüse, Obst, Mandelmakronen und Cremewürfeln, goldbraun in Backteig frittiert (Genua)

frittole Innereien, Rüssel, Ohren und Schwarten vom Schwein, in ihrem Fett im Kupfertopf gekocht (Kalabrien)

frittura Frittiertes

frittura di paranza Mischung aus kleinen, mit dem Netz gefangenen Fischen, in Mehl gewendet und frittiert

frittura dolce süßer Grieß, paniert und frittiert

frizzuli lukanischer Dialektausdruck für frittierte Tagliatelle

frue/vrue/casu axedu sardischer Käse aus Schaf-, Kuh- und Ziegenmilch mit weichem Teig, nur unter Verwendung des Milchbruchs und ohne Beigabe von Salz erzeugt; gereift > **merca**

frutta Obst

frutti di bosco Waldbeeren, Beerenobst

frutti di mare Meeresfrüchte

fuazza sehr knusprige, gefüllte und zusammengerollte Pizza (Sizilien)

fugasette auf einer Gußeisenform gebackene Fladen aus Kichererbsen- oder Maismehl (Umgebung Savona)

funciddi trockene Kekse aus Mandeln und Haselnüssen (Sizilien)

funghi Pilze

funghi dormienti/dormiglioni Märzschnecklinge (Toskana)

funghi trifolati mit Öl, Knoblauch und Salz in der Pfanne sautierte Pilze, mit gehackter Petersilie bestreut

furtaies ladinische Bezeichnung für Omelett

fusilli kurze spiralförmige Pasta, ursprünglich aus dem Süden. Heute industriell produziert, jedoch im Privaten immer noch mit Hilfe einer Stricknadel hergestellt

G

gaggette pinne Kohltaschen mit Kräutern, Weißbrot, Ei, Parmesan, Bröseln, ev. Hackfleisch oder Salsiccia (Ligurien)

galàni in Nordostitalien übliche Bezeichnung für Karnevalsgebäck, auch pikant (> **chiacchiere**)

galantina kaltes Gericht, normalerweise aus weißem Fleisch, mit Prosciutto (und/oder Zunge), Pistazien und Marsala vermischt in Haut gehüllt und gekocht wird. Anschließend lässt man es in seiner Brühe erkalten.

gallette Cracker, Kekse

galletti Pfifferlinge

galletto Stubenküken

gallo Hahn

gamberetti Garnelen

gambero Krebs

ganascin in umido geschmorte Kalbs- oder Schweinebacke

garganelli kleine, hohle Maccheroni aus Eierteig, mit Parmesan und Muskatnuss verfeinert. Man wickelt Teigrechtecke um ein Stäbchen und drückt sie auf eine „pettine" (Kamm) genannte Vorrichtung. (Romagna)

gargàti handgemachte Maccheroni aus frischem Eierteig (Venetien)

garmugia deftige Suppe aus Lucca, die aus Jungzwiebeln, Spargel, Erbsen, Dicken Bohnen, gehacktem Rindfleisch, Bauchspeck und Fleischbrühe zubereitet wird. Ihr Ursprung geht auf das 18. Jahrhundert zurück.

garofolato Schmorbraten vom Ochsen oder Rind mit Tomatenkonzentrat und Gewürznelken (Latium)

garùsoli/garuse venetisches Dialektwort für Schneckenmuschel, Stachelschnecke

gattafin große Ravioli mit Füllung aus Kräutern, Eiern, Ricotta und Parmesan (Ligurien)

gattò (1) sardischer Krokant aus Mandeln, Zucker und Zitronenzester; (2) Kartoffelauflauf mit Füllung aus Salami, Provola und Mozzarella (Kampanien, Sizilien)

gedi Dialektbezeichnung aus Messina für Mangold

gelatina di maiale gekochtes und vom Knochen gelöstes Schweinefleisch, tranchiert mit kalter Brühe übergossen und kühl gelagert (Sizilien)

gelato Speiseeis

gelo eine Art Fruchtpudding. Besonders traditionell ist die Version mit Wassermelone. (Sizilien)

genovese (alla) Schmorgericht aus Fleisch und Zwiebeln; Sauce zu Pasta, Fleisch als Secondo serviert. Auch für Fisch, z.B. Thunfisch, anwendbar (Neapel)

geretto mailändischer Dialektausdruck für ein bestimmtes Stück vom Kalb

germano Wildente

germogli Sprossen

ghiotta > agghiotta

ghisadu Gericht aus Fleisch vom Bue rosso (Rinderrasse), mit Zwiebeln und Tomaten geschmort (Sardinien)

giancheti > bianchetti

gianduiotto Pralinen aus Schokolade, gerösteten Langhe-Haselnüssen, Zucker und Vanille (Turin)

giardiniera hausgemachtes eingelegtes Gemüse, in Essig gekocht, sehr lange haltbar

gibanica/ghibaniza slowenisches Dessert aus mehreren Schichten (Mürbeteig, Quark, Mohn, Nüsse)

gibochns in der Pfanne servierter Brei aus Mehl, Wasser und Käse; als Süßspeise mit Milch und Butter, evtl. Zucker und Zimt (Ahrntal)

ginepro Wacholder

ginestrata toskanische Suppe aus Brühe, geschlagenem Ei, Marsala und Zimt

gioielli di toro Stierhoden

girello Rinderbug von erwachsenen Tieren

giulebbato Fruchtzubereitung, bei der ein Teil der Früchte gekocht und durch ein Sieb gestrichen, der andere Teil nur gekocht und zusammen mit den passierten Früchten in Gläser gefüllt wird

giuncata auf Binsenblättern servierter Frischkäse

gnaccheragatti Teigware aus Grieß, Esskastanienmehl und Wasser (Marken)

gnocc de la cùa/gnocchi della coda > gnocchi, die mit dem Löffel erzeugt werden und so die typische Form mit „Schwänzchen" erhalten; aus dem Valcamonica (Lombardei)

gnocchetti verdi Spinatklößchen

gnocchi Kartoffelteigklößchen; kleine hohle Nudeln

gnocchi a coda di soreca Teigware aus Wasser und Mehl in länglicher Form, ähnlich einem Mäuseschwanz

gnocchi alla bava Kartoffelnocken mit zerlassenem Käse, Butter und Parmesan (Aostatal)

gnocchi alla romana Scheiben aus fest gewordenem Grieß, im Ofen mit Butter und Parmigiano gratiniert

gnocchi di patate Kartoffelklößchen

gnocchi riccifrische Eierteigwaren, die man in Würfel schneidet, dann über das Nudelbrett rollt und sie dabei mit dem Daumen in der Mitte eindrückt, wobei die charakteristische gekräuselte Form entsteht

gnocchi sbatùi Mehlnocken mit Butter, Käse oder geräuchertem Ricotta, typisches Gericht der Monti Lessini (Venetien)

gnocco fritto/gnoch frit in Rauten geschnittener und frittierter Hefeteig; in beinahe der ganzen Emilia unter verschiedenen Namen verbreitet

gnoccoli röhrenförmige frische Pasta

gnucheit gerührte Polenta mit Butter und Toma

gnudi Gnocchi aus Spinat (oder Brennnesseln), Ricotta, Parmesan und wenig Mehl, in Salbeibutter gewendet (Toskana)

gnumarieddi/gnumaridde/gnummaridd Rouladen aus Därmen und Innereien vom Zicklein oder Lamm, normalerweise gegrillt; in Süditalien weit verbreitet

goassuppe Brühe aus Ziegenfleisch (Südtirol)

gobbetti lokaler Name für Garnelen der Küste (Latium)

gobeletti Mürbeteiggebäck gefüllt mit Konfitüren (Genua)

gola weiche aromatische Wurst aus Schweinehals

gonfiotti gefüllte Nudeln

gorgonzola Grünschimmelkäse

gosa fer Sauce aus Sardellen, Butter und Essig (Cremonese)

gota Wange, Pancetta

gòto im Veroneser Dialekt ist damit ein Glas Wein gemeint, im weiteren Sinn der Aperitif; gleichbedeutend mit der venezianischen > **ombra**

gramigna Maccheroncini aus Eierteig, für deren Erzeugung der Teig durch eine eigens dafür vorgesehene Presse gedrückt wird. Sie werden mit Salsiccia angerichtet. (Emilia-Romagna)

gran pistau Getreidesuppe mit Lauch und Schwarten (Ligurien)

grana parmesanähnlicher Hartkäse

granelli kleine Nudeln

granita Eisgetränk

grano arso dunkles Mehl aus Getreide, mit den Stoppeln nach dem Mähen abgebrannt

grano saraceno Buchweizen

grancevola Meerspinne

granseola > **grancevola**

gransipori Taschenkrebse (Venetien, Julisch Venetien)

grappa Schnaps, Likör

gras pistà Fein gehackter Speck, Knoblauch, Schalotten, wenig Salz und ev. Petersilie; üblicherweise in Gläsern aufbewahrt (Emilia)

grateti Suppe aus Brot, Mehl, geriebenem Käse und Borlotti-Bohnen (Romagna)

grattonato Kutteln und Innereien vom Schaf, gehackt und mit Ei und Pecorino vermischt, anschließend in Fleischsuppe gekocht (Lukanien)

Graukäse Sauermilchkäse aus Kuhmilch (Südtirol)

gremolada/gramolata lombardische Sauce mit Knoblauch, Petersilie und Zitronenzester, die beim Rezept des Mailänder Ossobuco Verwendung findet

gremolata Würzpaste aus Knoblauch, Petersilie, Sardelle und Zitrone

gricia (alla) eine in Rom häufige Art, die Pasta mit Öl, Zwiebeln, angebratenen Stücken von Guanciale und Pecorino zu bereichern

grifi all'aretina Kälbermaulragout

grigliata Gegrilltes

grisci Dialektausdruck in den Marken für Guanciale

guancette Teil des Mauls vom Kalb

guanciale aus Schweine- oder Kalbsbacke hergestellte Wurstspezialität, oftmals geräuchert

guazzetto Schmorgericht aus Tomaten und üblicherweise mit Fisch, Fröschen und Schnecken. In den Marken verwendet man unreife Tomaten, Knoblauch, Öl, Petersilie und Wein, manchmal ein wenig Essig.

guazzetto (in) geschmort und mit Sauce serviert

gubana friulanischer Hefeteigkuchen mit einer Füllung aus Nüssen, Pinienkernen, Rosinen und anderen variablen Zutaten

gueffus rundes Gebäck aus Mandelmehl, Zucker, Zitrone, Orangenblütenwasser und Likör (Sardinien)

gugligliones mit Honig-Mandel-Masse gefüllte und mit Honig überzogene Süßspeise (Sardinien)

I/J

imbottito gefüllt

imbrecciata Minestra aus Hülsenfrüchten (Kichererbsen, Bohnen, Dicke Bohnen, Linsen) und Getreide (Gerste, Weizen, Mais), gewürzt mit Lardo, Zwiebel und Majoran; typisch für Umbrien, aber in ganz Mittelitalien verbreitet, auch in einer Version nur mit Hülsenfrüchten

impepata di cozze Miesmuscheln

impepata durch Hitze geöffnete Meeresfrüchte, die ganz einfach mit dem Kochsud aus der Pfanne und mit Pfeffer bestreut (heute meist mit Zitrone beträufelt) serviert werden

in zimino Zubereitung mit Rüben oder Spinat, in denen Tintenfische und Kraken, aber auch Kichererbsen und Kutteln geschmort werden (Ligurien, Toskana)

incapriata/'ncapriata typisches Gericht für Basilkata und Apulien, bestehend aus einem Püree aus getrockneten Dicken Bohnen und gekochter Wildzichorie, mit nativem Olivenöl extra beträufelt

infrascati Teigwaren aus Getreide- und Maismehl (Latium)

ingrattonato > **grattonato**

insaccati Wurstwaren

insalata Salat

insalata russa Salat aus gekochtem, in kleine Würfel geschnittenem Gemüse, mit Majonäse verrührt

intingolo dicke Sauce, Ragout

intoppo/'ntruppc Fleischsauce für Teigwaren, normalerweise für Strascinati, aus Tomaten, Fleisch vom Kalb und Schwein sowie Salsiccia (Süditalien)

involtini alla palermitana Rouladen mit Füllung aus Paniermehl, Rosinen, Pinienkernen und Käse, die mit Lorbeer und Zwiebeln gewürzt wird

involtini Röllchen, Rouladen

jambarei Dialektbezeichnung für Süßwasserkrebse (Provinz Latina)

jasse frische grüne Pasta (Ligurien)

jlatina > **gelatina di maiale**

jota Eintopf aus Bohnen, sauren Rüben oder Sauerkraut, Lardo oder Bauchspeck und allerlei Gemüse, manchmal auch mit Fleisch (Triest)

jota carsolina > jota nach Karster Art, enthält weniger Bohnen, dafür zusätzlich Gerste

K/L

Kaiserfleisch geräucherte Bauchfleisch vom Schwein (Julisch Venetien)

kiffel/kipfel für Friaul typisches halbmondförmiges Fettgebäck aus Kartoffelteig, wird als Beilage serviert; auch in süßer Variante als Dessert

Knieküchel mit Heidelbeerkonfitüre gefülltes Fettgebäck

krestel italienisierte Form von Gröstl (Venetien)

krumiri Mürbeteigkekse aus Piemont

laciada/cutizza Backteig aus Wasser und Mehl, frittiert und mit Zucker bestreut

laganari > lasagne frische Teigware in Rechteckform, die in Süditalien verbreitet ist

lagane breite Bandnudeln

laganè/làine/làane e ceci in Süditalien stark verbreitete Minestra mit Kichererbsen (Bohnen), > **lasagne** und einem Soffritto aus Knoblauch, Öl und Paprika

lahanelle frische Teigware ähnlich > **fettuccine** (Mittel- und Süditalien)

laianedda di laianaro kleine Streifen aus frischem Teig, mit lokalem Wein aus dem Salento zubereitet

lajine apulisches Dialektwort für > **fettuccine**

lampascioni Zwiebeln einer Wildkrautart (heute auch kultiviert, vor allem in Apulien); leicht bitter im Geschmack; gekocht, gebacken oder in Essig eingelegt

lampedusana (alla) Fisch mit Kartoffeln, wildem Fenchel, Knoblauch und Petersilie im Ofen gegart (Sizilien)

lampredotto mit Gemüse gekochte und mit Pfeffer und Öl abgeschmeckte Kutteln, die zwischen zwei Scheiben Brot verzehrt werden; typisch für die traditionelle toskanische Volksküche

lampuga Goldmakrele

lardiato gespickt

lardo besonders gereifter weißer Speck

lasagne Eierteigstreifen, etwas dicker als Tagliatelle, 10 bis 15 Zentimeter lang, 2 bis 5 Zentimeter breit

lasagne al forno alla bolognese aus der Emilia stammendes, aber auch sonst sehr verbreitetes Gericht: Grüne Teigrechtecke (mit Spinat gefärbt) werden abwechselnd mit Ragout, Béchamelsauce und Parmesan geschichtet und im Ofen überbacken.

lasagne mes-cie hausgemachte Teigware aus Esskastanienmehl (Lunigiana, Toskana)

lattaiolo gebackene Süßspeise aus Ei, Milch, Mehl, Zimt und Zitronenzesten, mit Puderzucker bestreut (Marken)

latte alla portoghese > fior di latte

latte brûlé Milchspeise

latte in piedi > fior di latte

latteria ursprünglich in Nordostitalien gebräuchliche Bezeichnung für Käse von wandernden Milchverarbeitungsbetrieben (so genannten „latterie turnarie"), heute ein Käsereiprodukt ohne bestimmten Standard

latteruolo/casadello Creme aus Milch, Vanille, Zucker und Ei, in einer Teighülle im Ofen gebacken

latticini Milchprodukte

lattuchedda filetierter Unterbauch vom Kalb

lattuga Kopfsalat

lattume Thunfischsamen; in Salz, dann in Salzlake eingelegt, dünn aufgeschnitten mit Öl und Petersilie angerichtet

laurino Lorbeerschnaps

lauscera/lausciera Platte mit Speckstein, auf der der Gast Fleisch brät, das von Saucen und Gemüse begleitet wird (Val d'Ossola, Piemont)

lavarello > coregone

leccarda (alla) Eine Schale wird unter das Fleisch am Spieß gelegt, um das austretende Fett aufzufangen. Bei dieser Methode, normalerweise für Geflügel angewendet, werden in das Gefäß auch die Innereien mit Kapern und Oliven gelegt, die somit mit dem Fett gewürzt und anschließend, zu einer Sauce püriert, mit dem Fleisch serviert werden.

leghe lokale Bezeichnung für Schwarzkohl (Cavolo nero) (Toskana)

legumi Hülsenfrüchte

lenticchia Linse

lepre Hase

lesso Gekochtes

lesso rifatto gekochtes Rindfleisch, gewürfelt mit Zwiebeln und Tomaten in der Pfanne geschwenkt

lidric cul poc Winterradicchio mit intensivem Geschmack, von dem auch ein Teil der Wurzel, im Dialekt „poc" genannt, essbar ist (Friaul)

limoncello Likör aus dem Auszug der in Alkohol eingelegten Zitronenschalen (Neapel)

limonia Sauce aus Zitronen und Mandeln, die meist zu hellem Fleisch gereicht wird (Toskana)

lingua Zunge

lingua in giardino, in salsa verde gekochte Kalbszunge, in feine Scheiben geschnitten, warm mit einer Sauce aus Petersilie, Möhren, Tomaten, Kapern, Knoblauch, Öl und Essig oder mit einer grünen Sauce aus Petersilie, Knoblauch, Öl und Essig

lingua salmistrata Pökelzunge; mit Salz und Salpeter haltbar gemachte Rinderzunge, die in Salzlake reift und gekocht serviert wird

linguine schmale Bandnudeln ligurischer Herkunft, etwa 3 Millimeter breit

lion in Schweinemastdarm gefüllte Mortadella (Emilia)

liptauer Brotaufstrich aus Quark, Butter, Zwiebel, Kümmel, Kapern und Paprika (Triest)

lisandros Teigware, ähnlich Fettuccine (Sardinien)

litùmp Mischung aus wild wachsenden Würzkräutern, die vor Sonnenaufgang gesammelt werden

loertis/lovertis > luppolo

lolli kleine frische Pasta in Röhrenform, meist mit Dicken Bohnen serviert

lombata Lende, Lendenbraten

lombrichi/lombrichelli dicke handgemachte Spaghetti aus Wasser und Mehl, leicht spindelförmig (Latium)

lonza norditalienische Bezeichnung für Rückenstück

lonzino di fichi gerollte Feigenblätter, gefüllt mit zerriebenen getrockneten Feigen, eingekochtem Obstwein, Mandeln, Nüssen und Anis (Marken)

lonzino gepökelte Schweinewurst (Rückenstück), gebeizt und abgehangen

lorenzada Gericht auf Basis von Polenta, Kartoffeln, Käse und Zwiebeln (Regionen im Norden Italiens)

lorighittas eine Art Spaghetto, von Hand erzeugt, um sich selbst gedreht, ringförmig geschlossen (Sardinien)

luadei kleine Brötchen (Lombardei)

luartis > **luppolo**

lubjanska mit Schinken und Käse gefülltes Schnitzel, ähnlich dem Cordon Bleu (Friaul-Julisch Venetien)

luccio Hecht

luccio di mare Pfeilhecht, Europäischer Barrakuda

luccio in consa gekochter, filetierter Hecht, angerichtet mit einer Sauce aus Öl, Knoblauch und gesalzenen Sardellen; serviert mit Polenta (Provinz Brescia)

luccio in salsa gekochter und filetierter Hecht, schichtweise mit einer Sauce aus Öl, Kapern, Knoblauch, Essig, Petersilie und Anchovis mariniert, vor dem Servieren kühl gelagert (Mantua, Verona)

lucerna Meerpfaff

luganega/luganiga/lucanica trentina dicke Wurst aus edlen Teilen vom Schwein, bis zu vier Monate gereift. Findet frisch in der Küche vielseitig Verwendung. (Trentino)

lumache Schnecken

lumache alla bobbiese Landschnecken ohne Gehäuse, in einem Sud aus Lauch, Kräutern und Weißwein gegart (Provinz Piacenza)

lumachine di mare Netzreusenschnecke, eine Meeresschneckenart

lumaconi große getrocknete Pasta in Schneckenform

luppolo Hopfenkeime, in der Küche verschiedener Regionen Italiens für Minestra, Pfannkuchen und Risotto verwendet; div. regionale Bezeichnungen

luserna incovercià Knurrhahn über der Holzglut gegart und in Essig mariniert (Venetien)

luvertin > **luppolo**

M

macafame eine Art Brotpudding mit Milch, Eiern, Äpfeln und Nüssen

macarons cui lòps Klöße, die mit kleinen Äpfeln einer autochthonen Sorte gefüllt sind (Friaul)

macarrones de busa sardische Teigware, ähnlich den > **bucatini** von Hand mit einem dafür vorgesehenen Werkzeug oder mit einer Stricknadel hergestellt

maccagno piemontesischer Käse aus roher Kuhvollmilch, kompakte, elastische Konsistenz, leicht gelöchert

maccarello Dialektausdruck im Latium für Makrele

maccaronara frische Pasta aus Wasser und Mehl; mit einem gerillten Nudelholz gerollt, das den Teig in Streifen schneidet (Kampanien)

maccarones de ponzu Teigware aus Hartweizengrieß, bei der Herstellung auf Körbe gelegt, damit sie deren raue Oberfläche annimmt und das Ragout, mit dem sie angerichtet wird, gut aufnimmt (Sardinien)

maccarones furriaos Teigklößchen aus Grieß und Ei, mit zerlassenem Schafkäse verfeinert (Sardinien)

maccaruni in Süditalien gebräuchlicher Name für lange oder kurze Teigwaren, die normalerweise mittels eines dafür geeigneten Eisenstabs ausgehöhlt werden

maccheroni alla chitarra lange quadratische Pasta, zur Herstellung werden frische Pastastreifen über einen Rahmen mit Metallfäden gestrichen

maccheroni alla mugnaia lange, unregelmäßig dicke Pasta aus Wasser und Mehl, die an einem einzigen, etwa 50 cm langen Stück belassen werden sollte; früher mit Fisch-, heute auch mit kräftiger Fleischbrühe serviert

maccheroni del pettine > **garganelli**

maccheroni di > **campofiloni**, Dicke-Bohnen-Püree, eventuell mit Teigwaren serviert (Sizilien)

macco di fave Brei aus Dicken Bohnen, dem Gemüse (z.B. Wildfenchel) und manchmal auch Teigwaren zugesetzt werden

macedonia Obstsalat

macheto/machetto Sauce aus kleinen ausgelösten, in Salz und Öl eingelegten Sardinen (Ligurien)

madernassa zum Kochen geeignete Birnenart, speziell im Gebiet von Cuneo verbreitet (Piemont)

mafalufi Dialektbezeichnung für Affodil, einer typischen Wildpflanze aus dem Mittelmeerraum (Sizilien)

magatello lombardische Bezeichnung für ein bestimmtes Stück vom Rind

maghetti Dialektbezeichnung in den Marken für Hühnerinnereien

magnana Dialektausdruck in den Marken für frisch geschlüpfte Fischchen > **neonata di pesce**

maiale Schwein

maiorchino seltener Käse aus Schaf- und Ziegenmilch, der bis zu 24 Monate reift (Sizilien)

makaira Spaghetti aus Gerstenmehl in quadratischer Form (Abruzzen)

malfatti Nocken aus Spinat, Ricotta, Mehl, Ei und geriebenem Käse; gekocht und mit zerlassener Butter serviert (Norditalien)

mallegato toskanische Wurst ähnlich > **buristo**

malloreddus Safranklößchen

maltagliati rautenförmige Nudeln

mandilli de sea hauchdünne Teigplättchen (eine Art Lasagne), serviert mit Pesto (Ligurien)

mandorla Mandel

manfricoli > **ciriole**

mantovana Biskuitkuchen

manzo Rindfleisch

marinara (alla) mit Tomatensauce

marinata Marinade

marro Lamminnereien, mit Pecorino-Stückchen (auch Mortadella) in Därme gefüllt, über der Holzkohlenglut oder im Ofen gegart (Apulien, Kalabrien)

martin sec eine alte Birnensorte, die vor allem im Piemont verbreitet ist. Die Birnen werden gekocht zur Nachspeise serviert.

marubini Ravioli aus der Gegend von Cremona, die in Fleischbrühe gekocht, aber trocken serviert werden

marve/marvice Omelette aus Eiern, Milch und Kräutern (Natisone-Täler, Friaul)

marzolina Ziegenkäse der Ciociaria (Latium)

masanete kleine (weibliche) Lagunenkrebse (Venetien); werden während der Häutungszeit zu > **moleche**

masaro in Venetien Bezeichnung für den Erpel

mascarpone cremiger Frischkäse aus Sahne; ursprünglich aus der unteren Lombardei, in der Emilia als Dessert in unterschiedlichen Zubereitungen serviert.

mascherpa Dialektausdruck aus Lodi für Ricotta

masculina da magghia Sardellen, die mit dem Netz gefangen werden, in dessen Maschen sich ihr Kopf verfängt (Sizilien)

masenete in Venetien Bezeichnung für die weiblichen Krebse während ihrer fruchtbaren Zeit

masorini in Venetien Bezeichnung für Stockenten (anas platyrhynchos)

matalotta (alla) Fischstücke, in einer Kasserolle mit Knoblauch, Basilikum, Petersilie, grünen Oliven, Kapern und Tomatenextrakt gegart (Sizilien)

matriciana > **amatriciana (all')**

mattone Süßspeise mit verschiedenen Schichten aus in Kaffee oder Likör getränkten Biskotten und einer Creme aus Butter und Eiern

mattone/mattonella Schokoladendessert

mauru Braunalge, die normalerweise roh mit Zitronensaft verzehrt wird. Sie findet oft in der Gegend von Catania und im östlichen Sizilien Verwendung.

mazza (eigentlich: Schlachtung), im Tessin Bezeichnung für hausgemachte Wurstwaren vom Schwein wie Salami, Luganiga, Lardo, Pancetta etc.

mazza di tamburo gängiger Name für den Pilz Lepiota bruna, eine Schirmlingart

mazzafrissa Sahne, die zusammen mit Mehl in der Pfanne aufgekocht wird (Sardinien)

mazzamurru typisches Suppengericht aus Cagliari, für dessen Zubereitung Scheiben von altbackenem Brot abwechselnd mit einer Sauce aus frischen Tomaten und geriebenem Schafkäse geschichtet werden

mazzancolla Furchengarnele

mazzareddri Wildgemüse mit bitterem Geschmack

mazzarelle in Streifen geschnittene Lamminnereien, mit Gewürzen gebündelt, in Endivienblätter gewickelt und in der Pfanne gebraten (Provinz von Teramo)

mazzolina in den Marken üblicher Name für Pesce capone lira (stacheliger Meerfisch)

'mbignata di maiale Gericht aus verschiedenen Teilen des Schweins, auch weniger wertvollen, die mit Schmalz gekocht werden (Marken)

mbusse mit Schafskäse gefüllte Pfannkuchen

'mbuttunatu süditalienischer Dialektausdruck für „eingehüllt", gemeint ist gespickt

meascia/miascia lombardischer Fladen aus Maismehl, Rosinen, Nüssen und Trockenfrüchten sowie Molke

medaglioni kleine, runde Schnitzel (Medaillons), die je nach Fleischsorte entsprechend zubereitet werden

meini/pan mein Gebäck nach lombardischer Tradition, das einst aus Hirsemehl und nun aus Weizen- oder Maismehl hergestellt wird

mela Apfel

melanzane Auberginen

melanzane alla parmigiana > **parmigiana di melanzane**

melanzane con la cioccolata gebratene Auberginenscheiben, mit Milchcreme mit kandierten Früchten und Schokoladecreme bestrichen und aufgeschichtet.

melecche Dialektausdruck für Scampischwänze (Marken)

melograno Granatapfel

ment(ucci)a Minze

merca (1) in Oristano Bezeichnung für gekochte und in eine typische Sumpfpflanze gewickelte Meeräsche; (2) in Nuoro Bezeichnung für in Scheiben geschnittene und getrocknete Quagliata (eine Art Quark) aus Ziegenmilch mit säuerlichem Geschmack

merluzzo Kabeljau, Dorsch; in Piemont Bezeichnung für den Stockfisch

mes-ciua/mesciua Minestra aus La Spezia (Ligurien) mit Bohnen, Kichererbsen und Weizen

meste cuincjade unterschiedlich verfeinerte weiche Polenta (Friaul)

mezzanelli/mezzanielli lardiati kurze getrocknete Pasta mit einer Sauce aus Tomaten und Guanciale

mezzani dicke Maccheroni-Nudeln

mezzano Käse von mittlerem Reifegrad

mezzelune gefüllte, halbmondförmige Teigware

mezzemaniche getrocknete Pasta in Röhrenform, ähnlich den > **rigatoni**

mezzina in der Versilia (Toskana) übliche Bezeichnung für Bauchspeck vom Schwein

migliaccio salato traditionelles bäuerliches Auflaufgericht, bestehend aus Nudeln, Grieß, Mozzarella und Wurst, im Ofen gegart; ursprünglich aus dem Salentino

migliaccio süße Blutwurst mit Mandeln, Pinienkernen, Schokolade, kandierten Früchten, Milchcreme und Gewürzen, in einer Hülle aus mürbem Teig gebacken

mignàculis kleine Mehlnocken ohne Ei, für die der Teig ähnlich wie bei Spätzle ins siedende Wasser eintropft wird (Friaul)

milanese Kotelett mit Knochen von der Kalbslende, in Ei, Pfeffer und Brösel paniert und frittiert

milanisa (a la) Sauce aus Sardinen, wildem Fenchel und manchmal auch mit in der Pfanne geschwenktem altbackenem Brot (Sizilien)

millefoglie Süßspeise aus hauchdünnen Blätterteigschichten, mit Konditorcreme, Creme Chantilly oder Zabaione bestrichen

milza Milz

minchiareddhi Maccheroni aus Gerstenmehl, ausgehöhlt mit Hilfe eines dünnen Eisenschafts

minestra Suppe

minestra acchiatizza Wildgemüse-Minestra (Avellino)

minestra al/nel sacco in der Brühe servierte Masse aus Eiern, Parmigiano, Mehl und Muskat; zuvor in einem Leinensack gekocht, anschließend erkaltet und in Würfel geschnitten (Emilia, Marken, Latium)

minestra chin frue/ minestra cun casu friscu Suppe mit Ziegenfrischkäse (Sardinien)

minestra di cardone e polpette > **cardone**

minestra di pane toskanische Bohnensuppe aus dem Kochsud von Bohnen, Tomaten und Gemüse, auf Brotschichten angerichtet; Basis der > **ribollita**

minestra maritata Suppe aus verschiedenen Fleisch- und Gemüsesorten; in ganz Süditalien verbreitet

minestra matta Teigvierecke (oder Tagliolini), mit Tomatensauce, geröstetem Speck und Gartenkräutern angerichtet (Emilia); in anderen Gebieten werden nur Wildkräuter verwendet.

minestrone Gemüsesuppe mit Reis oder Nudeln

minestrone alla genovese Gemüsesuppe in der Variante von Genua aus saisonalem Gemüse, Pesto und > **scuccuzzun**

mirtilli neri Heidelbeeren

mirtilli rossi Preiselbeeren

mischiglio/miskiglio Mischung aus gemahlenem Getreide und Hülsenfrüchten, aus der diverse Pastaformate erzeugt werden

miserie de le femene mit dem Löffel ausgestochene Gnocchi aus Mehl und Ei

missoltini an der Sonne und im Wind getrocknete Alsen, anschließend gegrillt (Seen der Lombardei)

misticanza gemischter Salat aus wildwachsendem Gemüse (Latium)

mistrà hochprozentiger Anislikör, Anisschnaps (Marken)

mlinci con la supeta im Ofen gebratene Nudeln mit Hühnchenragout (Julisch Venetien)

mocetta/motzetta Aostataler Schinkenspezialität, traditionell aus Steinbock-, Gämsen- oder Ziegenfleisch von der Keule, heute auch aus Rindfleisch gemacht

moleche/moeche in Venetien Bezeichnung für männliche Krebse während der Häutungszeit, wenn ihr Panzer so zart ist, dass sie im Ganzen, vorzugsweise frittiert, verspeist werden können

mollana typischer Weichkäse aus dem Val Borbera (Piemont) aus Kuhmilch, von mittlerer Reife

mollesche Dialektausdruck für kleine Scampi und Garnelen mit zarten Schalen (Abruzzen)

mollica Paniermehl, Brotkrume

mollica fritta gebratene Brotkrume

monacona lukanische Süßspeise aus frischem Schafkäse, kandierter Zitronatzitrone und Likör

mondeghili frittierte Hackfleischbällchen aus Resten von Bollito, Ei, Käse, Salsiccia, in Milch getränkten Brotkrumen und Gewürzen (Umgebung Mailand)

mondiola Salami aus Schweinefleisch von mittlerem Reifegrad und mittlerer Körnung, die um sich selbst herumgewickelt wird (nordwestliche Toskana)

monfettini hauchdünne Teigtäschchen

moniceddhi/municedde apulischer Ausdruck für Landschnecken, braun, ähnlich einer Mönchskutte

montasio friulanischer Käse aus pasteurisierter Kuhmilch, mittelharter Teig (Oberitalien)

monte veronese Kuhmilchkäse mit geschützter Ursprungsbezeichnung aus der Lessinia (Venetien)

montébore piemontesischer Käse aus Kuh- und Schafmilch; glatte Konsistenz mit wenigen Löchern

monteson trentinischer Kuhmilchkäse, harter Teig

monzette kleine, dunkle Schnecken mit einem weißen Zeichen auf dem Maul (Sardinien)

moretta Mischung aus Kaffee, Rum und anderen Likören, nach einem alten Fischerrezept zubereitet; Digestif (Fano und andere Küstengebiete der Marken)

morlacco Kuhmilchkäse vom Hochplateau des Monte Grappa (Venetien)

mormora Marmorbrasse

mortadella di fegato gekochte Schweinewurst aus Leber, Fleischstücken und Pancetta, mit Gewürzen und Rotwein verfeinert

mortadella gekochte Wurst aus Schweinefleisch in ovaler oder runder Form mit charakteristischer rosa Farbe. Die bekannteste Mortadella kommt aus Bologna, sie wird aber in ganz Nord- und Mittelitalien erzeugt.

mortadella ossolana Rohsalami aus Schweinefleisch, unter welches ein kleiner Zusatz an Leber, Gewürzen und Wein gemischt wird (Val d'Ossola, Piemont)

mortadellina di Campotosto Wurst aus magerem Schweinefleisch, das gemeinsam mit einem Streifen weißem Speck gehackt wird (Abruzzen)

mortandela kräftig geräucherte, kugelförmige Schweinewurst (Nontal, Trentino)

morzeddu/morzello/morsello gekocht Innereien, die anschließend mit Wein und einer scharfen Tomatensauce nochmals gekocht werden (Kalabrien)

morzellette al miele großformatige Keksart mit Honig, süße Spezialität aus Kampanien

mosana cremig gerührter Brei aus Maismehl, üblicherweise mit Steinpilzen angerichtet (Trentino)

moscardini eine Tintenfischart

moscato Muskatellerwein

mosciame Filet vom getrockneten Thunfisch

moscioli selvatici wilde Miesmuscheln (Portonovo, Marken)

mose Polentaauflauf mit feinen Kräutern

mostaccioli/mostacciuoli/mustazzuola/mustazzoli süßes Gebäck aus Mürbeteig, traditionell in verschiedenen Regionen Italiens, aus ähnlichen Grundzutaten: Mehl, Zucker, Gewürze, manchmal Honig, oft eingekochter Wein und Mandeln

mostarda in einem Sirup aus Meerrettich und Senf eingelegte kandierte Früchte (Cremona)

mosto cotto > **vino cotto**

mozzarella in carrozza eine Art Tramezzino aus Scheiben von altbackenem Brot und panierten und frittierten Mozzarella-Scheiben. Das Gericht stammt aus Kampanien und zählt heute zum Angebot von Pizzerien und Bratküchen in ganz Mittel- und Süditalien.

mozzarella nella mortella Kuhmilchmozzarella, der von Myrtenzweigen (im kampanischen Dialekt „mortella" genannt) umwickelt aufbewahrt wird

'mpanata > **scacciata** hoch aufgegangen

muas/mus Brei aus Grieß- und Maismehl, in Wasser und Milch gekocht, mit Butter angerichtet (Trentino-Südtirol, Friaul)

muccu > **neonata**

muddica atturrata Würfel von altbackenem Brot, mit nativem Olivenöl extra in der Pfanne geschwenkt (Sizilien)

mugellani Ravioli mit einer Füllung aus Kartoffeln, Bauchspeck und Parmesan (Mugello, Toskana)

mulinara (a) Zubereitungsart für Fische, in Mehl gewälzt und dann nach verschiedenen Rezepten gekocht

mulun Kuchen aus getrockneten Esskastanien und in Milch gekochten Bohnen, in Scheiben geschnitten und mit Sahne bedeckt (Lombardei)

mumbulì Rouladen aus Schweinerücken mit Speck und Salbei, gebraten, mit Polenta serviert; oft am Spieß abwechselnd mit Vögeln gebraten (Lombardei)

murazzano piemontesischer Weichkäse, traditionell aus Schafmilch hergestellt (heute mit einem Anteil an Kuhmilch)

murazzano Schafkäse aus dem Piemont

murena Muräne

musciska/micischia/misciska gewürztes Schaf- oder Ziegenfleisch, das in Streifen geschnitten und gedörrt wird, typisch für eine Gegend Apuliens

muscoli ripieni Dialektausdruck für Miesmuscheln. Im Gebiet des Spezzino (Ligurien) mit einer Masse aus Mortadella, den Weichteilen der Muschel, in Milch getauchtem Brot, Parmesan und Kräutern gefüllt und geschmort.

muscolo Stück Rindfleisch, der Hachse entsprechend, in Rotwein gekocht

muset/musetto Kochwurst aus magerem Schweinefleisch, Teilen vom Rüssel, Schwarte, Gewürzen und Weißwein

muss/musso venetische Dialektausdrücke für Esel

mussillo Rückenstück vom Baccalà (Kampanien)

mussu Kalbskopf und -knorpel, gekocht, in Stückchen geschnitten, mit Zitronensaft, Öl, Salz, Pfeffer und Petersilie verfeinert und kalt serviert (oftmals zusammen mit > **carcagnola**)

mustazzola > **mostaccioli**

mustela Wurst aus der Bearbeitung von Filet oder Lendenstück vom Schwein

N

nana in der Toskana Bezeichnung für > **anatra**

napruddi in den Madonie (Gebirgszug in Sizilien) gebräuchliche Bezeichnung für wilde Karden, gewöhnlich im Ofen gebraten oder in Backteig frittiert

nasello Seehecht

naspro mit Zitrone aromatisierte Glasur

'ncaciato mit Käse in der Pfanne sautiert

'nciminiteddi mit Sesam bestreute Brötchen (Sizilien)

'nduja streichbare, sehr scharfe Wurst (Kalabrien)

neccio in der Toskana gebräuchlicher Ausdruck für Esskastanien und Esskastanienmehl. Im weiteren Sinne werden dünne, im Waffeleisen gebackene Fladen aus Esskastanienmehl als „necci" bezeichnet.

neola/nevola Waffeln aus Zucker, Ei, Mehl, Öl und Anissamen (Abruzzen, Molise)

neonata süditalienische Bezeichnung für > **bianchetti**

nero (al) Zubereitung von Pasta oder Fisch mit der dunklen Flüssigkeit, die Kopffüßler wie Tintenfische oder der Oktopus absondern

nero di seppia (al) (mit) Tinte vom Tintenfisch

nervetti Bezeichnung für die gekochten Knorpel des Kniegelenks und der Hachse vom Kalb, fein geschnitten und mit Öl, Zwiebeln und Petersilie angerichtet (Lombardei, Piemont)

nevelatte wörtlich „Schneemilch"; Südtiroler Süßspeise aus Milch, Brot, Pinienkernen und Rosinen, mit Sahne und Zimt serviert

nfigghiulata mit Ricotta gefüllte (süße oder salzige) Focaccia (Sizilien)

'nnoglia fette Schweinewurst, die frisch in der Pfanne gebraten werden kann. Getrocknet wird sie in Stücke geschnitten und mit Kräutern und Gemüse gekocht.

nocciola Haselnuss

nocciolini süßes Trockengebäck mit Haselnüssen oder gehackten Mandeln

noce Walnuss

nocetta regionale Bezeichnung für ein Stück vom Rind, auch gebräuchlich für andere Tiere, z.B. Hirsch

nocino Likör aus unreifen Walnüssen (Schale und Kerne); im Süden Nocillo genannt

norcina (alla) mit Parmesan, Pecorino und Salsiccia

'ntrugliatielli süditalienische Dialektbezeichnung für Lammdarm

'ntuppateddi sizilianische Dialektbezeichnung für Schnecken vom Typ Helix aperta

'nturcinate Schmorgericht mit Pecorino und Kirschtomaten

O

oca Gans

oca in onto eingesalzenes Gänsefleisch, mit zerlassenem Gänsefett und Lorbeerblättern in Terrakottakrügen aufbewahrt

occhio di bue fleischige Muschel mit nur einer Schale in kräftiger Farbe. Man verzehrt sie roh oder gekocht.

ocio in der Toskana Bezeichnung für > **oca**

ola dicke Suppe mit Bohnen, Gemüse und Schweinerippchen, in einem Terrakottagefäß gekocht (piemontesische Berge)

olio extravergine natives Olivenöl extra

olive all'ascolana große zarte Oliven, mit einem Gemisch aus gehacktem Fleisch und Gewürzen gefüllt, paniert und frittiert (Ascoli Piceno)

olive sotto ranno Konservierungs- und Beizmethode für Oliven, die heute dem Einlegen in Salzlake entspricht. Traditionsgemäß wurden als Beize warmes Wasser und Lauge verwendet, um den frischen Oliven ihren bitteren Geschmack zu nehmen.

ombra in Nordostitalien übliche Bezeichnung für ein Gläschen Wein

ombricelli > **ciriole**

ombrichelle Bandnudeln

ombrina Schattenfisch

orapi in Mittelitalien gebräuchliche Dialektbezeichnung für wilden Spinat

orata Goldbrasse

orecchiette Teigware in Öhrchenform (Apulien, Basilikata und angrenzende Gebiete)

orecchioni frische, halbmondförmige Teigware mit Ricotta- und Parmesanfüllung (Romagna)

orión/oriot gekochte Schweineohren und -kopf, in kleine Stücke geschnitten, serviert mit würziger Sauce aus Pfefferoni und Gemüse (Piemont)

orle Dialektausdruck für wilden Bergspinat (Monregalese-Täler, Piemont)

ortaggi Gemüse

ortica Brennnessel

orzet Gerstensuppe

orzetto/orzotto ähnlich wie Risotto aus Gerste zubereitetes Gericht mit Gemüse und anderen Zutaten

orziadas Seeanemonen (sardischer Dialekt)

orzo Gerste

osei scampai in Venetien und im Trentino verbreitetes Gericht aus Rouladen oder Spießchen von edlen und weniger edlen Fleischteilen. Die „entflogenen Vögelchen" werden meist mit Polenta serviert.

ossobuco Kalbshachse

ossobuco alla milanese Kalbshachse, mit Knochen und Mark in Scheiben geschnitten, in Brühe und Weißwein gekocht, mit > **gremolata** serviert

ossocollo friulanische Wurstdelikatesse aus Schweinenacken (im Ganzen), Lardo, Salz und Gewürzen

ottofile alte, heute noch angebaute Maissorte, aus der Mehl erzeugt wird

ovoli Kaiserlinge (Pilzart)

P

pabassinas/papassinos Feingebäck aus Mandeln und Rosinen, mit Glasur überzogen (Sardinien)

paccheri dicke Pasta mit Loch in der Mitte (Kampanien)

paccozzelle > **taccozze**

paddraccio Frischkäse aus Ziegen- oder Schafmilch, süßsäuerlich, in der Gemeinde Rotonda (Lukanien) erzeugt

padellaccia Ragout aus Fleisch (meist vom Schwein), mit Rotwein in der Pfanne geschwenkt, mit Dicken Bohnen angereichert (Umbrien)

pagello Meerbrasse

paglia e fieno „Heu und Stroh", gelbe und grüne Bandnudelnester

pagliata/pajata Teil des Dünndarms, der in der römischen Küche mit dem Speisebrei gekocht wird, da es sich um sehr junge Tiere (Lamm, Zicklein oder Kalb) handelt. Dieser kleine „Knoten" wird gegrillt oder geschmort. Nur im Latium üblich.

palacinke in Anlehnung an die österreichische Palatschinke in Friaul übliche Bezeichnung für Pfannkuchen, mit Marmelade oder Nougatcreme gefüllt

palamita Bonito (Meeresfisch, dem Thunfisch ähnlich)

palermitana (alla) Zubereitungsart, bei der Fleisch oder Fisch paniert (mit Paniermehl und geriebenem Caciocavallo) und auf der Platte gegart wird

pall' e' riso Reisbällchen mit Erbsen, Wurst und Käse gefüllt, paniert und frittiert (Kampanien)

pallocco Gericht aus der bäuerlichen Tradition mit weißer Polenta, Rindfleisch, Zichorien und Bohnen (Latium)

pallotte cacio e uova Klößchen aus Käse, Ei und Brotkrumen (Abruzzen)

pallotte del pastore Klößchen aus Ricotta und Pecorino in Tomatensauce (Abruzzen, Molise)

palombo Glatthai

pampepato/panpepato im Ofen gebackene Süßspeise aus Trockenfrüchten, kandierten Früchten, Honig, Schokolade und Gewürzen (Emilia, Toskana, Latium)

pan dell'orso Süßspeise, bei der eine Masse aus Mandeln, Honig, Zucker, Eiern und Butter mit Schokolade bedeckt wird (Abruzzen)

pan di lepre ein klassisches kaltes Gericht nach einem Rezept von Artusi, das aus erkalteter Hasenpastete mit Béchamelsauce in Aspik besteht

pan fritto/pan fritu Brotteig, am Ofengrill gebacken und mit Salz oder Zucker verfeinert (Ligurien)

panada/panade Gericht aus altbackenem Brot, Käse und Gewürzen (Venetien, Friaul)

panada di anguille Timbale aus Teigwaren, in Öl eingelegten, getrockneten Tomaten, enthäuteten Aalstückchen und Petersilie (Sardinien)

panadinas Kuchen aus Hartweizenteigblättern mit Fleisch-Gemüse-Füllung (Sardinien)

pancetta Bauchspeck

pancetta de casada venetischer Dialektausdruck für Hausspeck

pancotto Brotsuppe; ursprünglich ein Gericht der Armeleuteküche mit Saisongemüse (Brokkoli, Zwiebeln, Zichorie, Kohl), insbesondere in Apulien

pane Brot

pane caliatu zweifach gebackenes Brot, vor dem Garnieren in Wasser getaucht (Äolische Inseln, Sizilien)

pane carasau sehr dünnes, kreisrundes Brot aus Mehl, Meersalz, Hefe und lauwarmem Wasser; auch als Carta da musica (Notenpapier) bezeichnet (Sardinien)

pane cottu > **pancotto**

pane cunzatu Brot mit Tomaten, Sardellen, frischem Käse, nativem Olivenöl extra, Oregano, Salz und Pfeffer (Sizilien)

pane e latte traditionelle Süßspeise der Armenküche aus Milch, Brot, Rosinen und Schokolade (Piemont)

pane frattau Gericht aus Schichten von > **pane carasau**, Tomatensauce und Pecorino, eventuell mit einem pochierten Ei garniert (Sardinien)

pane frissu mit Speck und Salsiccia frittiertes Brot

pane guttiau > **pane carasau** Brot mit Olivenöl und Salz, manchmal auch mit Knoblauch aromatisiert (Sardinien)

pane saporito > **pane cunzatu**

panedda aglintesa Kuhmilchkäse mit gezogenem Teig, der gebraten wird (Sardinien)

panelle in dünne Scheiben geschnittener und frittierter Teig aus Kichererbsenmehl (Sizilien)

panera Halbgefrorenes aus Genua, hergestellt aus Sahne, Zucker und Kaffee

panettone Hefekuchen

panficato Süßspeise aus Honig, getrockneten Feigen, Schalenfrüchten, kandierten Früchten, Schokolade und Gewürzen in Form eines kleinen Päckchens (Toskana)

panforte typische flache und kompakte Süßspeise aus Siena mit altem Ursprung, die heute auch industriell erzeugt wird; ähnelt dem > **panpepato**, enthält aber auch Mandeln, Nüsse und Oblaten

pani ca' meusa mit Kalbsmilz gefülltes Brötchen, das in Schmalz frittiert wird (Sizilien)

pani indorau in Backteig getauchtes und frittiertes Brot (Sardinien)

paniccia/panizza Polenta aus Kichererbsenmehl, nach dem Festwerden in kleine Würfel geschnitten und in Öl herausgebacken (südliches Piemont, Ligurien)

panicia Eintopf aus Gemüse, Gerste, Bohnen und geräuchertem Schweinefleisch (ladinische Täler, Südtirol)

panigacci hauchdünne Fladen aus Weizenmehl und Wasser, in sogenannten Testi (Gefäßen aus Terrakotta, Steingut oder Gusseisen) herausgebacken und verschieden verfeinert (Lunigiana)

paniscia typischer Risotto aus dem Gebiet um Novara, zubereitet aus Borlotti-Bohnen, Wirsing, Gemüse, Schweineschwarte, Speck und > **salam d'la doja**

panissa typischer Risotto aus dem Gebiet um Vercelli, zubereitet aus Bohnen, Speck, Salami und magerem Bauchspeck

panna cotta Cremedessert aus mit Zucker und Vanille geköchelter Sahne und untergehobener Gelatine; im Piemont ursprünglich mit Fischgelatine verfestigt

pannerone Käse aus Vollmilch, im Dialekt Panéra (Lodi)

pannicolo Teil vom Rind

pannocchie/panocchie regional gebräuchliche Bezeichnung für > **canocchie**

panséta in Venetien gebräuchliche Bezeichnung für gerollten Bauchspeck

pansopà venetischer Dialektausdruck für Brotsuppe

pansoti/pansotti Nudelteigwaren gefüllt mit Kräutern und Gemüse (Ligurien)

panunto > **fettunta**

panzanella in Wasser und Essig aufgeweichtes altbackenes Weißbrot, mit Tomaten, Zwiebeln, Gurken, nativem Olivenöl extra und Basilikum angerichtet (Toskana)

panzerotti/panzarotti Teigtäschchen mit süßer oder pikanter Füllung, in Öl oder Schmalz frittiert; auch Bezeichnung für gefüllte halbmondförmige Teigtasche

papaccelle süße Paprikaschoten, die zerdrückt und üblicherweise in Essig eingelegt konserviert werden

paparazzi im Dialekt der Abruzzen Bezeichnung für kleine Venusmuscheln

papardelle toskanischer Name der bandförmigen Lasagne, bezeichnet mittlerweile in ganz Italien jegliche Eierteigware in Form breiter Streifen. Typisch toskanisch sind Papardelle „sulla lepre" (mit Hase), „sul cinghiale" (mit Wilschwein) und „sul coniglio" (mit Kaninchen).

paparéle con fegadini in Venetien breite Bandnudeln mit Hühnerleber

pappa al pomodoro mit Öl und Knoblauch gekochtes und mit Rosmarin und Basilikum gewürztes Weißbrot; im Sommer zusätzlich mit Tomaten (Toskana)

pappardelle breite Bandnudeln

pappicci Tagliatelle aus Mehl und Wasser, mit frischen Tomaten gegart, mit Speck und Zwiebeln angerichtet

paradel süße Pfannkuchen aus Eiern, Milch und Mehl, heiß mit Zucker bestreut verzehrt (Lombardei)

parasambene gebratenes Kalbszwerchfell (Sardinien)

parasangue > **parasambene**

pardula österliches Süßgebäck aus Sardinien, das aus einem mit frischem Käse und Safran gefüllten Körbchen besteht. Man kann es mit Honig servieren.

parmigiano Parmesan

parmigiana (alla) Tomaten-Hackfleisch-Sauce, mit Käse überbacken

parmigiana di melanzane ein aus Süditalien stammendes Gericht in vielen Varianten. Es wird aus frittierten Auberginenscheiben gemacht, auf die schichtweise Tomatensauce, Mozzarella und geriebener Parmigiano kommen; im Ofen gebacken.

parrozzo Süßspeise neueren Ursprungs (von einem Konditor aus Pescara kreiert) aus Mehl, Milch, Eiern, Zucker, gehackten Mandeln sowie Orangenschalen, mit Schokolade überzogen

passatelli in brodo Gericht aus der Romagna, als Primo serviert, bestehend aus Teig aus geriebenem Brot, Ei, Parmesan und Muskatnuss, der durch ein Sieb gestrichen wird. Die auf diese Weise erhaltenen dicken Röllchen werden in Brühe serviert.

passato Püree

passavulanti Kekse aus gerösteten Mandeln, Zucker, Eiweiß, Zimt und Vanille (Sizilien)

passerin venetischer Dialektausdruck für pesce passera (Scholle)

passito Dessertwein aus getrockneten Trauben

pasta Nudeln

pasta al forno Nudelauflauf

pasta al sangue Bandnudeln aus Mehl, Eiern und Ochsenblut (Trentino)

pasta alla buranella Teigwaren mit Fischsauce

pasta alla cuncimata mit Ragout aus Schweinefleisch und wildem Fenchel angerichtete Teigware (Sizilien)

pasta alla deficeira Maccheroni, in Wasser, Wein und Lorbeer gekocht und dann mit Öl, geriebenem Käse und eventuell gekochtem Schinken verfeinert (Ligurien)

pasta alla Norma Teigware mit Tomatensauce, frittierten Auberginen und salziger Ricotta (Sizilien)

pasta alla Paolina sizilianisches Gericht, von dem es mehrere Varianten gibt. Unerlässlich ist jedoch immer die Beigabe von Gewürznelken und Zimt.

pasta alla poveraccia frische Teigwaren, ähnlich den > **cappelletti**, zu einem Säckchen geformt

pasta c'anciova als „Rogen für die armen Leute" bezeichnete Zubereitung zum Verfeinern für Teigwaren, bestehend aus Sardellen (anciova) und geröstetem Paniermehl (Sizilien)

pasta ca' nnocca mit Sardellen und geschmorten Erbsen angerichtete Pasta (Sizilien)

pasta china eine Art von > **timballo**, Auflauf aus kurzformatiger Pasta aus Hartweizengrieß, die schichtweise mit Tomaten, Hackfleischbällchen und Käse belegt und im Ofen überbacken wird (Kalabrien)

pasta con le sarde Teigwaren mit einem Ragout aus Sardinen und diversen anderen Zutaten (Mandeln, Rosinen, Fenchel ...)

pasta cresciuta/past' cresciut' (kampanischer Dialekt) frittierter Hefeteig

pasta di mandorle Marzipan

pasta e broccoli in brodo di arzilla traditionelle römische Minestra aus Brühe vom Rochen, in der zuerst Brokkoli (danach in der Pfanne gewürzt) und dann die Teigwaren gekocht werden

pasta e ceci Nudeln mit Kichererbsen

pasta e fagioli dicke Bohnsuppe mit Nudeleinlage, in Venetien oft mit Lardo oder Schwarte verfeinert

pasta e fasoi Venetisch für > **pasta e fagioli**

pasta e fasul' Pastagericht, in dem Nudeln zusammen mit Bohnen, oft auch Tomaten, gekocht werden, wodurch eine cremige Konsistenz entsteht (Kampanien)

pasta e patate gemischte kurzformatige Teigwaren, zusammen mit Kartoffeln gekocht; am Ende der Garzeit wird > **provola** zugegeben, eventuell auch Tomaten oder Pancetta

pasta 'ncasciata kurzformatige Teigwaren, mit Tomatensauce, Hackfleischbällchen, Auberginen, Wurst, Semmelmehl und anderen Zutaten je nach Region vermischt und im Ofen überbacken (Kalabrien, Sizilien)

pasta ro malutempu Armeleutegericht aus Garten- oder Wildgemüse, das man an Tagen zubereitete, an denen die Fischer wegen Schlechtwetters nicht aufs Meer fahren konnten. Heute wird es mit Rübenkohl, Oliven und Sardellen zubereitet. (Sizilien)

paste Kleingebäck, meist Windbeutel oder Mürbeteigtörtchen

paste di meliga/'d melia Gebäck aus Maismehl (Piemont)

pastella Pfannkuchenteig, Tropfteig

pasticceria Gebäck, Konditorei

pasticciata alla pesarese Rinderschmorbraten in Rotwein mit Speck, Knoblauch, Zimt, Nelken, Tomaten

pasticcio Auflauf, Pastete

pasticcio ferrarese Maccheroniauflauf mit Béchamelsauce, Pilzen und gemischtem Fleischragout, mit einer Kuppel aus süßem Mürbeteig bedeckt (Ferrara)

pasticciotto typische Süßspeise aus Lecce aus Mürbeteig mit Konditorcremefüllung

pastiera Ostertorte aus Mürbeteig, Ricotta, gekochtem Weizen, kandierten Früchten und Orangenblütenessenz (Neapel)

pastiera napoletana Mürbeteigkuchen mit Ricotta-Obst-Füllung

pastiere Fladen aus Modica mit Füllung aus Hackfleisch, Caciocavallo und Ei

pastin/tastìn bezeichnet in Venetien frische Wurstmasse, die noch nicht in Därme gefüllt ist

pastissàda de caval Ragout aus Pferdefleisch, in Wein und Tomaten geschmort; Veroneser Spezialität

pastizzà de musso in Venetien Bezeichnung für geschmortes Eselsfleisch

pastizzi Taschen aus Brotteig, die mit Fleisch gefüllt und frittiert oder im Ofen gebacken werden (Basilikata)

pastorale Schmorfleisch vom erwachsenen Schaf mit Gemüse und Aromen (Basilikata, Apulien)

pataccacce/patacche Pasta in Streifenformat, ähnlich den > **tagliatelle**, aus eher dickem Teigblatt (Latium)

patate Kartoffeln

patate 'mpacchiate/'mpacchiuse kalabresische Beilage aus fein gehobelten Kartoffeln, in der Pfanne gebraten und anschließend mit Zwiebeln und Pancetta geschmort. In einer einfacheren Variante werden nur die geschnittenen Kartoffeln in der Pfanne gebraten, bis sie aneinander haften und so ein weiches Inneres und eine knusprige Außenschicht bekommen.

patùgol Kartoffelbrei mit gerösteten Zwiebeln, Bauchspeck, Butter und geriebenem Grana (Trentino)

pearà Veroneser Sauce aus geröstetem Semmelmehl, Knochenmark, Pfeffer und Rinderbrühe; wird zum > **bollito misto** gereicht

pecora Schaf

pecorara (alla) mit Schaffleisch

pecora alla callara/a cotturo Ragout vom Schaf, gekocht in Wasser, Weißwein, Tomaten und Gartenkräutern (Teramo, L'Aquila)

pecora fellata Schaf im Alter von zwei oder drei Jahren

pecora in cappotto mit Kartoffeln und Zwiebeln gegartes Schaffleisch

pecorino reifer Schafskäse

pecorino laticauda Käse aus der Milch von den Schafen der Laticuada-Rasse

peilà Brei aus Kartoffeln und Mehl (Gersten- oder Weizenmehl), dem Käse und zerlassene Butter beigemengt wird (Aostatal)

peintlan dicke Spaghetti, mit Speck, geräuchertem Ricotta, Alpenlattich und Rindfleisch serviert (Carnia, Friaul)

pencianelle/pengiarelle/pincinelle Gnocchetti aus Hefeteig in Form von dünnen Spindeln (Marken)

pendolini kleine Tomaten in Traubenform

penne kurze Röhrennudeln

pennoni große > **penne** (erinnern an Schreibfedern)

peoci in Venetien gebräuchliche Bezeichnung für Miesmuscheln, in anderen Regionen Mitili, Muscoli oder Cozze genannt

peperato/pupurato Karnevalsgebäck in Kringelform mit vielen Gewürzen, nur in der Gegend um Foggia (Apulien) verbreitet

peperonata Paprikagemüse

peperoncino Chilischote

peperone Paprika

peperoni crusch/cruschi getrocknete Paprikaschoten, die in vielen Rezepten Süditaliens Verwendung finden

peposo (alla fornacina) in Stücke geschnittenes Kalbfleisch, das lange mit Wein und Pfefferkörnern gegart wird; entstand angeblich in der Gegend der Ziegeleien („fornaci") von Impruneta (Toskana)

pera Birne

perbureira für das Monferrat typische > **pasta e fagioli**

perdigianu sardische Dialektbezeichnung für Aubergine

persegada Quittenkonfitüre festerer Konsistenz, mit Nelken und Zimt aromatisiert (Venetien)

persico Flussbarsch

peruch Wildspinat > **buonenrico**

pesca tabacchiera kleiner Pfirsich mit flach gedrückter Form, weißem Fleisch ist sehr süßem Aroma

pescatora (alla) mit Muscheln und Krustentieren

pescatrice Anglerfisch

pesce Fisch

pesce azzurro eine Fischgruppe, die sich durch ihre bläuliche Färbung und geringe Größe auszeichnet; wegen ihres häufigen Vorkommens zu günstigen Preisen erhältlich (Sardinen, Makrelen, Heringe etc.)

pesce d'acqua dolce Süßwasserfisch

pesce finto „falscher Fisch"; Gemisch aus Kartoffeln, Thunfisch und Essiggemüse, in Fischform gebracht als Vorspeise serviert

pesce gatto Katzenwels

pesce persico Flussbarsch

pesce povero weniger edler Fisch für die „Arme-Leute-Küche"; in der Toskana auch „vergessene Fische" genannt, spezielle Initiativen fördern dort den Erhalt dieser Kultur, die der Null-Kilometer-Philosophie entspricht

pesce spada Schwertfisch

pesce stocco andere Bezeichnung für > **stoccafisso**

pessìn de fosso venetisches Dialektwort für Jungfische aus den Gräben der Reisfelder; werden gezüchtet, während die Felder unter Wasser stehen

pesto di salame frische, fein zerkleinerte Wurst, die auf Teigwaren oder Risotto kommt

pesto ligure Sauce zum Würzen der Primi aus Basilikum, Pinienkernen, Knoblauch, geriebenem Parmesan und Pecorino aus Sardinien, Olivenöl und Salz

pesto trapanese Sauce für Teigwaren, die aus Knoblauch, Basilikum, Tomaten, Mandeln und Schafkäse zubereitet wird; ähnlich dem Pesto all'usticese und dem Pesto siciliano

pestum frische Wurstmasse, Würze für Primi (Lombardei)

pestùme gehacktes Schweinefleisch mit Knoblauch und Petersilie

peta > **petuccia/pitina**

petta/pezza imbinada in Wein und Gewürzen eingelegtes Schweinefleisch (Sardinien)

pettl' e fasul > **pettole e fagioli**

petto Brustfleisch

pettole/pittule Bällchen aus Hefeteig, in Öl frittiert; in ganz Süditalien sehr verbreitet. Man kann sie süß genießen, mit Zucker bestreut oder pikant, gefüllt mit Sardellen, Baccalàstückchen und vielem anderem.

pettole e fagioli hausgemachte Pasta in Form von Fettuccine mit Bohnen; kampanischer Primo

petuccia/pitina Frikadellen aus Wurst mit vielerlei Gewürzen, in Maismehl gewälzt und im Kamin geräuchert; traditionell aus Wildbret, Ziegen- oder Schaffleisch, heute meist aus Schweinefleisch (Friaul)

peveràda Sauce aus Hühnerleber und Wurst (Soppressa), zu Gebratenem (Wild, Perlhuhn, Ente) gereicht (Venetien)

peverada Pfeffersauce

pezza imbinada Fleisch vom Bue rosso, mariniert in Wein aus dem Montiferru (Sardinien)

pezzata Milchlamm, gefüllt mit verschiedenen Gewürzen, Oliven, Kapern, Sardellen, in Essig eingelegten Paprikaschoten und geriebenem Pecorino, in Weißwein gekocht (Abruzzen, Molise)

pezzenta lukanische Wurst aus Kopf und Innereien des Schweins; frisch über der Holzkohlenglut gegrillt oder gegart, konserviert in Schmalz.

pezzetti für Lecce typisches Pferdefleischragout mit dickem würzigem Saft

pezzi duri traditionelle Spezialität der sizilianischen Eismacherkunst; üppiges Eis mit darin eingeschlossenen Stücken von kandierten Früchten

pezzogna Dialektausdruck in Süditalien für den Pesce pagello (Meerbrasse)

piacentino/u mit Safran gewürzter Schafkäse (Enna; Sizilien)

piada/piadina runder Teigfladen aus Mehl, Wasser, Schmalz und Salz, der auf einer „testo" genannten Platte gebacken wird (Romagna)

piastra (alla) auf der Grillplatte gebraten

piave Kuhmilchkäse aus der Gegend um Belluno (Venetien), in mehreren Reifegraden erhältlich („vecio" = hart, „mezzano" = mittelhart)

picagge frische Eierteigware, die in Streifen von rund einem Zentimeter Breite geschnitten wird (Ligurien)

piccata/piccatina Scheiben von Kalbskeule, in Marsala oder Zitrone gebraten (Mailand)

picchelletti di Carbognano frische Pasta aus Wasser und Mehl in unregelmäßiger Form (Latium)

picchiapò (alla) eine Art von > **lesso rifatto**. In Rom verwendet man auch die Hachse des Rinds und würzt ihre Scheiben mit Zwiebel, Tomaten und Kapern.

piccione Taube

pici/pinci dicke, von Hand erzeugte Spaghetti aus Hartweizenmehl und Wasser; ursprünglich aus Siena, heute auch in anderen Gebieten der Toskana verbreitet

pìcula ad cavàl gehacktes Pferdefleisch, das zunächst angeröstet und dann mit Tomaten und Paprikaschoten geschmort wird (Piacenza, Emilia)

pierrade gemischtes Fleisch und Gemüse vom Grill mit verschiedenen Saucen

pignata Topf aus Kupfer oder Ton, bauchig mit engem Hals. In der Küche des Südens werden darin Bohnen, Oktopus und Fleisch langsam gegart.

pignato vavoso Fische ohne Gräten in der Kasserolle gekocht (Neapel)

pignattaccia gemischtes Fleisch, Gemüse und Weißwein, langsam im Ofen im Tontopf gegart (Viterbo)

pignolata Süßspeise aus Mehl und Eiern, die in ihrer Form an einen Pinienzapfen erinnert

pignolini junge Sardellen, Sardinen und andere Jungfische (Ligurien)

pilau Sauce aus Zickleinfleisch, die am Ende der Kochzeit mit Eidotter und Zitronensaft legiert wird; dient zum Verfeinern von gekochtem Reis (Pilaf). Heute gibt es Varianten, bei denen mit Wasser und Safran vermengter Hartweizengrieß verwendet wird.

pillus Grießteigware mit Lamm- oder Ziegenragout angerichtet und im Ofen gratiniert (Sardinien)

pinza batuda Polentastückchen mit einer Sauce aus Sauerrahm und Gurken, ursprünglich slowenischer Herkunft (Natisone-Täler, Friaul)

pinza süß oder pikant gefüllter Hefeteigkuchen, in mehreren Regionen verbreitet

pinzimonio Würze aus Olivenöl, Salz und Pfeffer, in die man rohes Gemüse taucht

pinzini fritti > **gnocco fritto**

piode unregelmäßig geformte Kartoffelteigvierecke (Lombardei)

piopparelli/pioppini Pilze, Stockschwamm (Pholiota), in der Küche Mittelitaliens häufig verwendet

piovra Oktopus

pipeto Zubereitung aus Wirsing, Knoblauch, Ei, Grana padano, Salz und Pfeffer; kann als Füllung für Hähnchen oder in Form eines Omeletts als Beilage verwendet werden (Provinz Cremona)

pipi kalabresischer Dialektausdruck für Paprikaschoten

pisarei e fasò Klößchen aus altbackenem Brot in einer Sauce aus Bohnen, Salsiccia (oder Speck und Schwarte), Tomaten und Gartenkräutern (Piacenza)

piscialandrea ligurische Pizza, belegt mit Tomaten, Zwiebeln, Sardellen, Oliven, Kapern und Knoblauch

piscirovu Omelett mit Petersilie und geriebenem Schafkäse (Sizilien)

piselli Erbsen

pissòta traditionelles venetisches Fladenbrot, das in Kupferpfannen im Ofen gebacken wird

pistacchio Pistazie

pistacoppi Dialektbezeichnung in Macerata für die Taube. Im übertragenen Sinn meint man auch die Stadtbewohner. In der Gastronomie versteht man darunter eine gefüllte Taube.

pistiddos typisches Süßgebäck aus Sardinien mit Füllung aus gekochtem Obstwein, das anlässlich des Festes des Heiligen Antonius zubereitet wird

pistoccheddu traditionelle sardische Kekse mit einer besonderen Glasur

pistum Nocken aus Semmelmehl, Zucker, Eiern, Würzkräutern und Rosinen, in Schweinefleischbrühe serviert (Friaul)

pita e curnitt gekochtes Hühnchen, auch als Sülze zubereitet, mit grünen Bohnen (Tessin)

pita traditionelle friulanische Süßspeise mit einer Füllung aus Äpfeln, Rosinen und Walnüssen

piticelle di rosamarina Pfannkuchen mit den scharf eingelegten Weißfischchen (Kalabrien)

pitina > **petuccia**

pitta kalabresische Focaccia in diversen Varianten. Ihre Form ist flach und unregelmäßig oder rund mit einem Loch in der Mitte. Man verzehrt sie gemeinsam mit > **morzeddu** und unendlich vielen anderen Füllungen.

pitta di patate eine Art apulische Focaccia oder Pizza aus gekochten Kartoffeln, mit Zwiebel, Tomaten und Oliven vermengt, im Ofen gebacken

pitta impigliata kalabresisches süßes Gebäck mit Teig aus Mehl, Öl, Honig, Gewürznelken, Zimt und Orangensaft und mit Trockenfrüchten gefüllt

pitta 'schiusa > **pitta impigliata**

pittinicchi Schweinerippchen

pizza chiena gefüllte Pizza; in Kampanien mit einer Füllung aus Käse, Eiern und Wurst

pizza di crema Torte aus Schichten von Mürbeteig und Creme

pizza dolce/doce Süßspeise aus Biskuitteig, in Likör getaucht (Alchermes, Maraschino), schichtweise mit Eiercre-me bestrichen, mit Meringe bedeckt, gebacken (Abruzzen)

pizza fritta frittierte Pizzateigstücke, deren Hohlraum oft gefüllt mit Ricotta, Wurst oder Grieben ist

pizz' e minestra bäuerliches Gericht, das eine im Ofen gebackene Focaccia aus Maismehl mit Kartoffeln und gekochtem gewürztem Wildgemüse vereint (Molise)

pizza rianata Pizza aus Vollkornmehl, gewürzt mit Öl, Knoblauch, Oregano und Tomaten

pizza teramana > **pizza dolce**

pizzaiola (alla) Zubereitungsart in der Pfanne mit Tomaten, Knoblauch und Oregano

pizze cionce > **pizz'onta**

pizzicati frische Pasta, ähnlich den > **maltagliati**

pizzicotti kleine Gnocchi aus Wasser und Mehl

pizzocheri dicke, dunkle Tagliatelle aus Buchweizen- und Weizenmehl; (Veltlin, Lombardei)

pizzolu Focaccia aus Brotteig, verschiedene Füllungen

pizz'onta in den Abruzzen Pfannkuchen aus Brotteig

podolica Rinderrasse, die immer noch im südlichen Apennin lebt. Aus der Milch der Tiere wird der gleichnamige Caciocavallo-Käse erzeugt.

polenta Maisbrei

polenta brustolà geröstete Polenta (Venetien)

polenta concia/polenta grassa in Salzwasser gekochter Maisgrieß, dem Fontina (oder ein anderer weicher Käse) und zerlassene Butter beigegeben werden

polenta di patate > **patùgol**

polenta di riso Masse aus Wasser und Reismehl

polenta di roveja Gericht aus einem Mehl aus wilden Erbsen (Marken, Umbrien)

polenta mugna Polenta aus mit anderen Mehlsorten vermischtem Buchweizenmehl (Veltlin, Lombardei)

polenta nera Polenta aus Buchweizenmehl (ähnlich dem österreichischen Heidensterz)

polenta taragna Rezept aus dem Veltlin (Lombardei), bei dem Polenta mit Butter und Käse (Scimuda oder Bitto) angerichtet wird

polenta uncia Gericht aus der Brianza (Lombardei), bei dem Polentaschichten mit Parmigiano reggiano und Knoblauch- oder Zwiebelbutter bedeckt werden

polipo Oktopus

pollo Huhn

pollo al mattone gewürztes Hähnchen, das in der Pfanne gekocht wird, auf der ein Ziegelstein („mattone") aus Ton liegt

pollo alla diavola Hähnchen über heißer Holzkohlenglut gegrillt

pollo in casseruola in Wein und Kräutern geschmorte Hähnchenkeulen (Marken)

polpa mageres Fleisch; Fruchtfleisch

polpette (Hackfleisch-)Bällchen

polpette della mietitura Hackfleischbällchen der Getreideernte; Gericht aus gereifter Salsiccia vom Schwein, hartem Brot, Ei, Pecorino, Petersilie und Tomatensauce

polpettone Hackfleischbraten in ovaler Form. Die Zutaten sind in jeder Region ein wenig anders, Basis ist aber immer Hackfleisch.

polpi in purgatorio in der Pfanne mit Zwiebel, Peperoncino, Tomaten und Petersilie aromatisierter Oktopus (Abruzzen, Molise)

polpo > polipo

polpo alla luciana in wenig Meerwasser in einem dicht verschlossenen Topf gekochter Oktopus; mit Öl, Zitrone, Petersilie und Knoblauch verfeinert

polpo in galera mit Knoblauch und Petersilie in der Pfanne sautierter kleiner Oktopus

pomodoro Tomate

pompìa kandierte Schale von der Bitterorange, Grapefruit oder Zitronatzitrone (Sardinien)

ponce alla livornese Getränk aus einem Gläschen Espresso und „rumme", einer Mischung aus Alkohol, Zucker, Karamell und Rumaroma, garniert mit Zitronenschale

pontél in Venetien übliche Bezeichnung für Schweinekotelett oder -rippchen

porcaccia paniertes Schweinesteak, mit frischen Würzkräutern verfeinert (Umbrien)

porceddu/porcetto/porchetto am Spieß oder im Ofen gebratenes Milchferkel (Sardinien)

porcellitto aglio forno Dialektausdruck für Ferkel aus dem Ofen (Provinz Latina, Latium)

porchetta Spanferkel; ganzes Schwein, im Ofen mit Knoblauch und Wildfenchel gebraten; Gericht für viele Personen; in Mittelitalien auch als kalter Aufschnitt serviert

porchetta (in) mit Kräutern gefüllt und geschmort

porcetto arrosto gebratenes Milchferkel (Sardinien)

porcini Steinpilze

porcospino Süßspeise aus der Romagna mit einem Kern aus in Kaffee getränkten Keksen (oder Biskuit), der mit Creme und gerösteten Mandeln bedeckt ist

porro Porree

porzina für Triest typische Zubereitung aus fettem und magerem, geräuchertem und ungeräuchertem Schweinefleisch

potacchio (in) Zubereitungsart für Fleisch oder Fisch, geschmort mit Weißwein, Kräutern, Knoblauch und Peperoncino

potizza/putitza/putizza in Friaul-Julisch Venetien verbreiteter Hefekuchen mit Füllung, ähnlich der > **gubana**

poverazze Dialektbezeichnung aus der Romagna für Venusmuscheln

prattu de cassa sardisches Gericht aus Wild, Kartoffeln und Zwiebeln, mit einer Kräutermischung gewürzt

preboggion/prebuggiun Mischung aus meist wild wachsenden Kräutern, deren Zusammensetzung je nach Ort und Jahreszeit variiert (Ligurien)

prebugiun Bauerngericht aus Ne (Ligurien) mit Kartoffeln und Schwarzkohl; vollständige Mahlzeit

preciana (alla) Sauce aus Ragout und Trüffeln (Umbrien)

prescinseua Milchprodukt aus Kuhmilch, das aus leicht säuerlicher Molke erzeugt wird und oft für Focacce und Füllungen Verwendung findet (Ligurien)

preve gefüllter Wirsing (Ligurien)

primo erster Gang

primo sale 15 Tage gereifter Pecorino

prisintuni Dialektbezeichnung für Bonito

prosciutto Schinken

prosciutto bazzone typischer Schinken aus der Garfagnana (Toskana)

provatura Knetkäse aus Büffelmilch, ähnlich der Mozzarella, vor allem zum Kochen verwendet (Latium)

provola/provolone Knetkäse aus Büffelmilch oder gemischter Kuhmilch, ein wenig fester als Mozzarella

provolone del monaco > caciocavallo (ohne das Köpfchen), wird aus roher Kuhmilch erzeugt und reift vier bis 18 Monate

prugna Pflaume, Zwetschge

prugnolo Schlehe, Georgspilz

puìna venetisches Dialektwort für Ricotta

puledro Fohlen

pulicc wild wachsendes Kraut, das nach Minze duftet (Lombardei)

pulingioni/pulilgioni für die Gallura typische Ravioli mit Ricotta

puncerle Küchlein aus Brotteig, mit Konfitüre oder geröstetem Mohn gefüllt (Südtirol)

punta (di vitello) (Kalbs-)Brust

punta di vitello ripiena al forno das Fleischstück wird taschenförmig geöffnet, gefüllt mit Parmigiano, Semmelmehl und Ei, anschließend im Ofen mit Pancetta und Kräutern bedeckt gegart

puntarelle Keimlinge einer Zichoriensorte, die man mit einem speziellen Schnitt, der die Spitzen kräuselt, schneidet. Man macht aus ihnen einen Salat, den man mit Knoblauch, Öl und Sardellen würzt. (Rom)

puntine di maiale Rippenstücke vom Schwein, werden auf der Holzkohlenglut gegrillt oder geschmort

puparul' crusch > peperoni crusch/i

purpazza de porcu flambierte Fleischstückchen vom Ferkel (Sardinien)

purpetielli affogati im Dialekt von Neapel ist das „ertrunkener" kleiner Oktopus, ein Schmorgericht

purpiceddi kleiner gegarter Oktopus

purpo all'insalata Oktopussalat in neapolitanischem Dialekt

purpuzza marinierte Schweinefleischstückchen (Sardinien)

putana Süßspeise aus Vicenza, die aus Weizen- und Maismehl, getrockneten Feigen, Rosinen und Likör zubereitet wird

puttanesca (alla) Pastasauce aus Tomaten, Oliven, Kapern und in Salz eingelegten Sardellen

puzzone Käse aus roher Kuhmilch mit gewaschener Rinde und kleinen Löchern, typisch für Moena (Trentino)

quadrucci Nudelart

quaglia Wachtel

quagliatelli Minestra mit frischer Pasta aus Wasser und Mehl und verschiedenen Beigaben, traditionellerweise Bohnen und Tomaten (Süditalien)

qualeddu sizilianische Bezeichnung für eine Kohlart, der in manchen Provinzen der Stängelkohl, in anderen der Rübenkohl entspricht

quaresimali sizilianische Mandelkekse mit kandierten Orangen und Gewürzen; in der Toskana in Buchstabenform und mit Karamell oder Kakao überzogen

quartirolo magerer Frischkäse; Name kommt vom vierten Schnitt, mit dem das Vieh gefüttert wird

quinto quarto Nebenprodukte der Rinderschlachtung von geringem wirtschaftlichen Wert, auch im deutschen Fachjargon als „fünftes Viertel" bezeichnet

rabatòn Klößchen aus Kräutern, Ricotta, Paniermehl, Parmesan und Ei, in Brühe gekocht und im Ofen überbacken (Alessandria)

radìc de l'ors „Bärenradicchio"; regionale Bezeichnung für Alpenlattich (Cicerbita alpina), im Hochgebirge im Frühling, wenn noch Schnee liegt, gesammelt (Trentino)

radici de camp Dialektausdruck für Löwenzahn

radici e fasioi dicke Bohnensuppe mit Nudeln und rotem Radicchio aus Chioggia

rafano (Armoracia rusticana) Meerrettich; gerieben oder zu einer Sauce verarbeitet; passt gut zu gekochtem und geräuchertem Fleisch

ragù di brasciole di cavallo Pferdefleischrouladen in Tomatensauce (Bari, Apulien)

ragù di capra Ziegenfleischwürfel und Tomatensauce in Wein und Gemüse mariniert und mit dem Gemüse in pürierten Tomaten lange geschmort (Kalabrien)

raguse Mittelmeerschnecken (Dialektausdruck Marken)

raminghin frittierte Polenta, die mit einer Füllung aus Pilzen oder Gorgonzola wie ein Vol-au-Vent (hohle Pastete) zubereitet ist (Piemont)

ramolaccio/ramoraccio Ackerrettich (Raphanus raphanistrum). Man verzehrt die Blätter und die fleischigen Wurzeln, die gekocht und mit Öl und Zitrone gewürzt werden. Einige Arten schmecken scharf.

rana Frosch

rana pescatrice Seeteufel

rancetto Sauce mit Guanciale, Zwiebeln, Knoblauch, Majoran und Pecorino oder Parmigiano

randinije Dialektausdruck für Mais, wörtlich „grano d'India", Korn aus Indien (Abruzzen)

rapa Rübe

rape 'nfucate apulische Beilage aus Brokkoliröschen, Öl, Knoblauch und Peperoncino

rascatelli/rascatieddi > **cavatelli**

raschera weicher, elastischer Käse aus Kuhmilch (ev. mit Schaf- oder Ziegenmilch versetzt) (Piemont)

raschetelle neapolitanischer Ausdruck für kleine Calamari

raspadura/raspatura Spezialität aus der Gegend von Lodi, die aus feinsten Spänen eines lokalen Grana-Käses besteht

ratafià Likör französisch-piemontesischen Ursprungs, für dessen Zubereitung gezuckerter Fruchtsaft angesetzt und mit Alkohol versetzt wird

ratatouille frisches Gemüse (Zucchini, Paprikaschoten, Möhren, Zwiebeln), würfelig geschnitten und geschmort

raveggiolo Frischkäse, meist aus Kuhmilch oder aus einer Mischung von Kuh- und Schafmilch (Romagna)

raviggiolo toskanischer Schafkäse

ravioles längliche Gnocchi aus Kartoffeln und Käse, mit zerlassener Butter und geriebenem Käse angerichtet (okzitanische Täler des Piemont)

ravioli Eierteigwaren, gefüllt mit je nach Saison und Region unterschiedlichen Zutaten. Unter verschiedenen Namen in ganz Italien verbreitet.

raviòi co' e ortiche mit Brennnesselspitzen gefüllte und bestreute Teigtäschchen

ravioli cu u tuccu Ravioli mit einer Sauce aus Fleisch, Gemüse, Tomaten und getrockneten Pilzen

ravioli di magro Ravioli mit fleischloser Füllung, in Genua mit Ricotta und Kräutern zubereitet

ravioli dolci fritti frittierte Teigtäschchen mit Füllung aus Ricotta, Zucker und Zitrone (Sardinien)

ravioli panteschi Teigtäschchen mit einer Füllung aus Ricotta und Minze (Insel Pantelleria)

raviolo aperto von Chefkoch Gualtiero Marchesi überarbeitetes Gericht, das aus gefaltenen Teigstreifen besteht, die eine Sauce enthalten

razza Rochen

razze alpine alpine Nutztierrassen

renaz Hartkäse aus Kuhmilch (Belluno, Venetien)

rénga venetisches Dialektwort für > **aringa**

rezza Schweinenetz

rianéte Gericht bestehend aus Baccalà, Jungzwiebeln, Kürbis, Kartoffeln, Kirschtomaten, Pecorino canestrato und geriebenem Brot, im Ofen gegart (Kampanien)

ribl di polenta nera „schwarzplentener Ribl"; Omelett aus Buchweizenmehl mit Äpfeln oder Konfitüre (Südtirol)

ribollita toskanische Bohnen-Kohl-Suppe mit altbackenem Brot und Wirsing, die „ribollita", das heißt erneut mit frischer Zwiebel aufgekocht wird. Danach wird sie mit nativem Olivenöl extra verfeinert. Traditionsgemäß wurden früher dazu Reste von Brotsuppe verwendet.

ricciarelli mürbe, rautenförmige Kekse aus Mandelmasse, eine Spezialität aus Siena

riccio di mare Seeigel

ricciola Bernsteinmakrele

ricotta quarkähnlicher Frischkäse

ricotta affumicata di burlina geräucherter Quark aus der Milch von Burlina-Kühen (Rasse aus Venetien)

ricotta alla fuscella ganz frische Ricotta, die in tütenförmige Weidenkörbe zum Abtropfen gesteckt wird; reich an Molke und von zartem Geschmack

ricotta infornata Ricotta aus Kuh-, Schaf- oder Ziegenmilch, entweder reinsortig oder aus Mischmilch, die eine halbe Stunde im Ofen gebraten wird

ricotta marzotica in Apulien im Frühling hergestellte > **ricotta**, zartpikanter Geschmack

ricotta mustia Ricotta, aus Schafmilchmolke erzeugt, Form eines zusammengedrückten Laibs hat (Sardinien)

ricotta salaprisa Dialektbezeichnung für halb gereifte Ricotta (Sizilien)

ricotta scante/schiante kräftig-pikante Ricotta, zum Würzen von Pastagerichten (Apulien)

ridrìc di mont/radìcc di mont friulanische Bezeichnung für Alpenlattich (Cicerbita alpina), dessen leicht bittere Triebe traditionellerweise in Öl eingelegt werden

rigaglie/regaje Innereien (Herz, Leber, Magen, aber auch Kamm und Lappen) vom Huhn oder generell von Geflügel

rigatino Bauchspeck

rigatoni kurzes Pastaformat aus Hartweizengrieß, gerillt und mit einem Loch in der Mitte; traditionell in Rom, mittlerweile industriell erzeugt

rigojanci Torte aus Sahne und Schokolade mit Schokoladenfondant überzogen; stammt aus Ungarn und ist nach dem Dirigenten Rigo Janci benannt

ripieni vegetarisch gefülltes Gemüseallerlei (Zwiebeln, Paprikaschoten, Zucchini, Auberginen), das im Ofen gegart wird (Ligurien)

ripieno gefüllt, Füllung

risi e bisi venetisches Reisgericht mit Jungerbsen

riso Reis

Riso Nero Venere schwarzer Vollkornreis aus der Poebene

risotto Reisgericht

risotto al salto aus einfachem > **risotto alla milanese** geformte Puffer, in der Pfanne knusprig gebraten

risotto alla Bergese Risottokreation des Kochs Nino Bergese (erste Hälfte des 20. Jahrhunderts) aus Cuneo: In Brühe gekochter Reis wird mit extralang gereiftem Parmesan und Bratenfond verfeinert.

risotto alla milanese Safranrisotto

risotto alla pilota in einem dicht verschlossenen Gefäß gekochter Reis, der mit Mantuaner Würstchen und Parmigiano Reggiano vermischt wird

risotto alla sbiraglia Gericht der venetischen Armeleuteküche; früher Bezeichnung für „Resteessen", heute ein Traditionsgericht, für das enthäutete Hähnchen- oder Hühnchenteile verwendet werden

risotto all'onda bissfest gekochter Risotto von cremiger Konsistenz

risotto di go Risotto mit kleinen Lagunenfischen (ghiozzo), venetische Spezialität

risotto in cagnone lombardisches Gericht: Risottoreis unter Zugabe von Butter, Knoblauch, Salbei und Butter gegart. Varianten auch im Piemont und in Ligurien.

risotto in caroman Risotto mit Hammelfleisch (Venetien)

rizza feine Fettschicht, mit der Innereien von Lamm oder Schwein umhüllt werden

robiola Frischkäse mit feinkörnigem Teig und leichtem Hefegeschmack; typisch für das Piemont (dort aus Schaf- bzw. gemischter Milch hergestellt) und die Lombardei (aus Kuhmilch)

roccaverano Weichkäse, traditionell aus Ziegenmilch (heutzutage auch aus gemischter Milch), von relativ kompakter Konsistenz (Piemont)

rocciata Gebäck u. a. aus Nüssen, Mandeln, Rosinen, Pflaumen, getrockneten Feigen, Äpfeln, Zimt (Assisi)

rognone Niere

rollata dicke Fleischroulade vom Kaninchen, Huhn oder Kalb, aufgeschnitten und scheibenweise serviert

rombo Plattfisch, Scholle. In Nordostitalien ist damit zumeist der Steinbutt gemeint.

rosa di Parma Rinderfilet mit Schinken und Käse

rosada Creme aus Eiern, Milch, Zucker, Grappa und fein geriebenen karamellisierten Mandeln (Trentino)

rosamarina frischgeschlüpfte Fischchen, sehr scharf eingelegt (Kalabrien)

ròsole junger Klatschmohn (Papaver rhoeas)

rosolio süßer Likör mit geringem Alkoholgehalt, verschieden aromatisiert. Das klassische Rezept geht von Rosenblättern aus.

rospo im Dialekt der Marken Bezeichnung für den Drachenkopf, auch Coda di rospo genannt

rossetti kleine Meeresfische mit weiß-gelblicher Farbe und einem roten Fleck auf dem Bauch

rosso (in) mit Tomatensauce

rosticciana Schweinefleischgericht, traditionellerweise aus Rippenstücken, die im Ofen, manchmal auch im Topf gegart werden

rosticciata Gröstl

rostin negáa Kalbschnitzel, die in Mehl gewendet, mit Bauchspeck und Gewürzen in Butter gebraten und schließlich unter Zugabe von Weißwein und Brühe fertig gegart werden (Lombardei)

rovinassi venetisches Dialektwort für Hühnerklein

rrashkatjel frische Eierteigware, ähnlich einem langen > **fusillo**; die Pasta wird um einen Eisenstab gerollt (Kalabrien, Küche der Arbëreshe)

rufioi große Teigtaschen mit Wirsing-Käse-Füllung (Trentino)

rustisciada/rustida geschmortes Schweinefleisch mit Zwiebeln, ursprünglich aus der Gegend Brianza, das traditionellerweise mit Polenta serviert wird (nordöstliches Piemont, Lombardei)

ruvidelli Teigwarenart aus Hartweizengrieß, ähnlich den > **bucatini**, aber ohne Loch, im Grunde lange, relativ dicke Spaghetti (Sizilien)

S

s'azzada (agliata da sugo) Würzsauce mit Knoblauch und Petersilie (Sardinien)

s'ciosi Schnecken

s'cioss venetisches Dialektwort für Schnecken

saba/sapa frischer Obstwein, der lange gekocht und mit Zimt und Gewürznelken aromatisiert wird (Emilia)

sabbiosa für Pavia typische Variante der in ganz Italien sehr beliebten Torta paradiso, einer Art Biskuit

sacòcia gekochte Kalbsbrust, gefüllt mit Fleisch, Zwiebelchen, Eiern und Käse; in Scheiben geschnitten kalt serviert („sacòcia" ist piemontesischer Dialekt und bedeutet soviel wie „Tasche")

sagna penta/sagnapenta Lasagne mit scharfer Ricotta forte und Brotkrumen

sagna torta > **sagne 'ncannulate**

sagne rautenförmig geschnittene Pasta aus Wasser und Mehl; mit Bohnen oder Tomatensauce und Kichererbsen serviert (Abruzzen)

sagne 'ncannulate relativ dicke, gezwirbelte bzw. gedrehte Bandnudeln

sagne pelose Lasagne, „pelose" (haarig) genannt, wegen des Gebrauchs von grob gemahlenem Mehl

salama Kochwurst aus Schweinefleisch

salama da sugo Wurst aus Ferrara, deren Rezept aus der Renaissance stammt; wird aus verschiedenen gehackten Teilen vom Schwein erzeugt und nach langer Garzeit über Dampf mit Kartoffelpüree serviert

salam d'la doja Wurst aus Schweinefleisch, in Schweinefett eingelegt in einem Tongefäß aufbewahrt (Piemont)

salam 'd torgia Wurst aus Fleisch von Kühen, die als Milchtiere ausgedient haben, Schweinefett, Knoblauch, Rotwein und Gewürzen (Lanzo-Täler, Piemont)

salame Salami

salame all'aceto/salam tal asêt in Essig geschmorte Salami, meist auf Zwiebeln angerichtet

salame del papa > **salame dolce**

salame di cioccolato > **salame dolce**

salame di giora Wurst aus Fleisch von gemästeten Rindern der Piemontese-Rasse, die für die Zucht nicht mehr geeignet sind. Der Masse werden neben diversen Gewürzen Schweinefett und Rotwein (Barolo) hinzugefügt (Piemont).

salame d'la duja/oja Salami, die unter einer Fettschicht haltbar gemacht wird

salame dolce Süßspeise aus Butter, Kakao, Eiern, Zucker, gerösteten Haselnüssen und trockenen Keksen, gerollt und in Scheiben geschnitten serviert

salame moro > **salame dolce**

salampatata Wurst aus magerem Schweinefleisch und Bauchspeck, gekochte Kartoffeln und Gewürzen (Canavese, Piemont)

salatielli frische Pasta aus Mehl, Wasser und Salz, die mit den Händen bearbeitet wird, bis lange Schnüre entstehen, die dann zu Nestern geformt werden

salaturu eine Mischung aus Paprikaschoten, zerquetschten Oliven, grünen Tomaten und Auberginen, mit Wildfenchel und Peperoncino gewürzt und in Tongefäßen aufbewahrt (Kalabrien)

salicornia spargelähnliche Wildpflanze aus Lagunengebieten, im Winter von grüner, im Sommer von rötlicher Färbung; wird als gekochtes Frischgemüse oder in Öl eingelegt gereicht

salignòn fetter Quarkkäse, der unter Zugabe von gemahlenem Peperoncino oder Paprikapulver getrocknet wird (Piemont)

salmerino Saibling

salmì Zubereitungsart für Wildvögel, Wildbret und Wasservögel, mit Gemüse in Wein mariniert und anschließend im selben Wein und in Brühe gekocht

salmì (in) sauer geschmort

salmoriglio Sauce aus Olivenöl, Petersilie, Oregano, Knoblauch und Zitronensaft, zum Verfeinern von Fisch, Fleisch und Gemüse (Süditalien)

salsa Sauce

salsa brusca Sauce aus hart gekochten Eiern, Olivenöl und Essig, ev. Senf (Piemont)

salsa tredura Sauce aus Ingwer, Safran, Lorbeer, Ei und Schafkäse

salsiccia Wurst

salsiccia capricciosa pikante Wurst vom Schwein, mit Wein und Würzkräutern aromatisiert (Kampanien)

saltarelli winzige Süßwasserkrebse, typisch für die Gebiete an der Grenze Lombardei/Venetien, exquisit als Frittüre oder Omelett

saltato gebraten

saltimbocca alla romana mit Prosciutto und Salbei belegte, kurz angebratene Fleischscheiben

salumi Wurst und Schinken

salva für Cremona (Lombardei) typischer Käse, der seinen Namen der Tatsche verdankt, dass er früher nur hergestellt wurde, um Restmilchmengen zu verwerten, also zu „retten" (it. salvare)

salvia Salbei

sambudello würzige Wurst aus Schweinefleisch und -innereien von dunkelroter Farbe und weicher Konsistenz, Spezialität aus dem Casentino (Toskana)

San Pietro (erba di) Frauenminze

sanato im Piemont und in der Lombardei üblicher Begriff für ein noch nicht abgestilltes Jungkalb, das mit Milch und Eidotter gemästet wird und sich dadurch durch sehr helles, überaus zartes Fleisch auszeichnet

sanguinaccio geronnenes, gewürztes Schweineblut; im Norden Italiens und in der Toskana in Wurstform als Antipasto oder Zwischengericht verzehrt; im Süden Basis einer Süßspeise, angereichert mit Trockenfrüchten, Zucker, kandierten Früchten und Schokolade

saor/savor Marinade für Gemüse, Fisch und Fleisch, zubereitet aus goldgelb gerösteten Zwiebeln, Wein, Essig oder Zitrone; ins venezianische (süßsaure) Saor kommen zusätzlich Zucker, Pinienkerne und Rosinen

saràca emilianische Dialektbezeichnung für eingesalzenen Räucherhering

sarago Weißbrasse

saragolla alte, autochthone Hartweizensorte, aus der man ein hervorragendes Mehl für Teigwaren gewinnt (Mittel- und Süditalien)

saras del fen piemontesische Ricotta. Die Laibe werden in Heu gewickelt und müssen etwa drei Wochen lang reifen.

sarde Sardinen

sarde a beccafico der Länge nach geöffnete und entgrätete Sardinen, die mit Paniermehl, Pinienkernen, Rosinen und anderen Zutaten gefüllt und im Ofen gebraten werden (Sizilien)

sarde allinguate der Länge nach geöffnete und entgrätete Sardinen, die in Mehl gewendet und frittiert werden (Sizilien)

sardela venetischer Name für Sardellen und Sardinen

sardella Aufstrich aus frisch geschlüpften Sardinen, rotem Pfeffer, wildem Fenchel und Öl

sardenaira ligurische Pizza, die mit einer Mischung aus Tomaten, Zwiebeln, Sardinen, Oliven, Kapern und Knoblauch belegt wird

sardo modicana Rinderrasse auf Sardinien

sartù di riso Reisauflauf in zwei Versionen, mit Fleisch- und Tomatensauce und ohne Tomaten.

sasaka Brotaufstrich aus klein gehacktem, geräuchertem Speck

Sauersuppe mit Essig abgeschmeckte Kuttelsuppe (Südtirol)

sauté in der Pfanne zubereitete Weichtiere (gewöhnlich Venusmuscheln oder Miesmuscheln)

savor durch langes Kochen von Traubenmost mit frischen Herbstfrüchten und Trockenfrüchten erzeugte Sauce (Emilia); ähnlich der piemontesischen > **cognà**

sbira Kuttelsuppe

sbriciolona toskanische Wurst, die der Finocchiona sehr ähnelt, bei der das Fleisch aber gröber gehackt ist und beim Schneiden leicht zerbröckelt

sbrisolona/sbrisolosa Kuchen aus Maismehl, Butter und Mandeln, der stark zum Zerkrümeln („sbriciolare") neigt; Die Sbrisolona ist für die Provinz Mantua typisch, die Sbrisolosa für die Gegend um Cremona.

sbroscia Suppe vom See, bestehend aus Fisch, Gemüse und Brot (Bolsenasee, Latium)

sburrita di baccalà Stockfischsuppe mit Öl, Knoblauch, Bergminze, Thymian und Peperoni gewürzt und mit geröstetem Brot serviert (Elba)

scabeccio > **scapece**

scaccia > **scacciata**

scacciata („niedrig, flach") Focaccia (Fladen) aus Catania mit unterschiedlichen Füllungen (Sardellen, Schinken, Oliven, Zwiebeln, Tomaten, Kartoffeln, Salsiccia, Blumenkohl, Pecorino)

scafata Suppe aus Frühlingsgemüse, darunter Dicke Bohnen, Erbsen und Artischocken, mit Zwiebeln, Tomaten und Majoran gewürzt (Latium)

scagliuozzi frittierte Polenta

scalamarita Stück vom Schwein, entspricht dem Rückenmuskel

scalogno Schalotte

scaloppa dünne Scheibe Fleisch, normalerweise von weißem Fleisch oder Fisch, die nur kurz in der Pfanne gebraten und mit Zitrone oder Marsala abgelöscht wird

scammaro in Neapel eine Sauce ohne Fleisch für Pastagerichte, bestehend aus Öl, Knoblauch, Kapern, Oliven und in Salz eingelegten Sardellen

scamone Stück vom Rind oder vom Kalb, befindet sich zwischen Keule und Lendenstück

scamorza aus Süditalien stammender geräucherter Kuhmilchkäse

scamorza in carrozza > **mozzarella in carrozza**

scandela lombardisches Dialektwort für Gerste

scapece (a) Zubereitungsart für Fisch und Gemüse, die zunächst frittiert und anschließend in eine Marinade aus Essig, Knoblauch und Minze eingelegt werden; in den Abruzzen unter Zugabe von Safran

scapicollata > **capocollo**

scaramella Stück vom Rind unterhalb der Wirbelsäule, besonders gut geeignet für Siedefleisch oder Braten

scarpacc mit Wildgemüse und Käse gefüllte Teigtasche, die frittiert oder gekocht und mit zerlassener Butter serviert wird (Lombardei)

scarpara (alla) Sauce für Pastagerichte aus Zwiebeln, frischen Tomaten, Paprikaschoten, Basilikum und Pecorino

scarpariello frische Pasta, ähnlich der > **chitarra**

scarpazzone > **erbazzone**

scarpinocc lokale Variante der > **casoncelli**, gefüllt mit Hackfleisch, Gemüse und Gewürzen

scauratello mit Auberginen und Minze gekochter Thunfisch

scazzuoppoli Spezialität aus Kampanien, bestehend aus kleinen Pizzateigquadraten, die mit Tomatensauce, Parmigiano und Basilikum gewürzt werden, begleitet von im Holzofen gebratener Salsiccia

schenal de' porzel Schweinerücken

schiaccia briaca süßer Hefefladen von der Insel Elba (Toskana) mit Trockenfrüchten, Aleatico (Wein) und Alkermes (Likör)

schiacciata toskanisches Fladenbrot

schiacciata alla fiorentina süßer Fladen, mit Vanille, Orange und Safran aromatisiert

schiaffoni > **paccheri**

schile/schie kleine graue Krebse aus der venetischen Lagune

schiz/schitz Frischkäse von den Almen um Belluno (Venetien)

schlutzer/Schlutzkrapfen halbmondförmige Nudelteigtaschen, gefüllt mit Spinat (und Löwenzahn), gewürzt mit Zwiebel und Parmesan, mit zerlassener Butter angerichtet

Schnalser Nudeln Nocken aus Roggenmehl und Quark, in Schmalz herausgebacken; traditionell als Hauptgericht mit gekochten Möhren serviert (Schnals)

schultar geräucherte Schweineschulter, die in gewürztem Wasser gegart, in Scheiben geschnitten und mit geriebenem Kren serviert wird; Spezialität des karnischen Dorfes Timau (dt. Tischelwang – der Ort ist eine deutsche Sprachinsel) im Friaul

sciancui Pastasorte, für die frischer Eierteig zu unregelmäßigen Rechtecken geschnitten oder gerissen wird (Ligurien)

sciàtt frittierte Buchweizenküchlein mit Käsefüllung, typisch für das Veltlin (Lombardei)

scieddu Gericht aus der Irpinia, bestehend aus einer Gemüsesuppe mit Brühe sowie Käsebällchen, Ei und hausgemachten Teigwaren

scilatedde/scilatelle/scialatelli/scialatielli dicke Spaghetti aus frischem Teig, die über ein spezielles Werkzeug gerollt werden, wodurch sie innen hohl sind

scimuda/scimudin Käse aus entrahmter Kuhmilch, typisch für das Veltlin (Lombardei)

sciopét/s-ciopét/sclopit regionaler Dialektausdruck für Leimkraut (> **silene**)

sciscillo im Molise ursprünglich ein Gericht zur Wiederverwertung: Klößchen, früher aus Resten, heute aus geriebenem Brot, Ei und Petersilie, werden in Tomatensauce gekocht

sciuetta wörtlich „kleine Blume", bezeichnet eine Pastasorte und ein von Hand hergestelltes Feingebäck auf Marzipanbasis (Ligurien)

sciurilli Kürbisblüten in Backteig

scoglio (allo) Zubereitungsart für Pasta auf Fischbasis, zumeist Krusten- und Weichtiere

sconcigli kampanischer Name für Herkuleskeule (Mittelmeerschnecke)

scoppularicchi Frittüre aus kleinen Calamari und Tintenfischen

scorfano Drachenkopf

scorzone Sommertrüffel (Tuber aestivum)

scottadito Koteletts vom Milchlamm, gegrillt oder aus der Pfanne

scottadito (alla) kurz gebraten

scottiglia Schmorgericht von verschiedenem Fleisch (Kalb, Schwein, Kaninchen, Huhn, Taube oder Zicklein) in Tomatensauce gekocht (Arezzo, Maremma)

scottona weibliches Jungrind mit zartem und durchwachsenem Fleisch

stracadent/scroccadenti hartes, knuspriges Feingebäck aus Mandeln, Honig, Mehl und Eiweiß

scrippelle 'mbusse Minestra aus dünnen, zusammengerollten Crêpes, die mit Pecorino bestreut und mit Hühnerbrühe bedeckt werden (Abruzzen)

scrucchiata/scrucchijata Weintraubenkonfitüre (Abruzzen)

scuccuzzù/scuccuzzun getrocknete kleinformatige Teigwarensorte (Ligurien)

scueta karnisches Dialektwort für Bruchquark (Friaul)

scurdigliata/scurdijata Gemisch aus Erbsen, Rüben und frittierten Brotstückchen (Apulien)

seadas/sebadas/sevadas große, süße Ravioli, die mit frischem Schafkäse gefüllt, frittiert und mit heißem Honig übergossen werden (Sardinien)

secondo zweiter Gang

seiras/seirass/siras frische Ricotta aus Kuhmilch (Piemont)

selinka Eintopf aus Bohnen, Sellerie und Schweinefleisch, lange im Holzofen gegart (Julisch Venetien)

selvaggina Wild

selvaggina di valle Federwild, das in den Lagunenkanälen des Po-Deltas (Venetien, Romagna) gejagt wird

semifreddo Halbgefrorenes

sepa rosta venetischer Dialektausdruck für gebratenen Tintenfisch (Seppia arrostita)

sepoline da burcelo kleine Tintenfische, im Hochsommer in der Lagune von Venedig geangelt

seppia Tintenfisch

seppioline di rezzella kleine Tintenfische, die mit dem Netz gefangen werden

seupa vapellenentse Suppe aus Fleischbrühe, altbackenem Brot, Wirsing und Fontina, im Ofen gratiniert (Aostatal)

seupetta cogneintze Reisgericht mit Brot und Fontina, Spezialität des Ortes Cogne (Aostatal)

sfilacci Pferdefleisch, das in speziellen Kaminen über Holzglut gedörrt und dann in dünne Streifen geschnitten wird

sfinci süßes Fettgebäck

sfinci dova Kekse aus Ei, Honig, Zucker, Salz und Zimt (Sizilien)

sfincione weiche Focaccia (Fladen) mit Sardellen, Tomaten, Käse und viel Zwiebel verfeinert (Sizilien)

sfincione (a) Zubereitungsart für Fisch, der zusammen mit Kartoffeln, Zwiebeln, Fenchelsamen und Paniermehl im Ofen gebraten wird (Sizilien)

sfogghiu Torte aus den Madonie, deren Füllung geriebenen > **tuma**, Zitronenschale, Schokoladespäne und kandierten Kürbis enthält

sfoglia(ta) Blätterteig

sfoiade dicke Bandnudeln aus Buchweizenmehl (Trentino)

sformato Auflauf

sfrionza Schweineragout mit Kartoffeln und in Essig eingelegten roten Paprikaschoten (Kampanien)

sfrucculata getrocknete Feigen, gefüllt mit Nüssen und Wildfenchelsamen

sgabei frittierter Brotteig, wird als Beilage zu pikanten Speisen gereicht (Riviera di Levante, Ligurien)

sgnapa venetisches Dialektwort für Schnaps oder Grappa

sgombro Makrele

sguazzetto alla bechera in Venedig verbreitetes Ragout aus Kalbsinnereien (Herz, Lunge, Leber, Milz), Thymian, Wein und Tomatenmark

sicchio d'a munnezza (o') Gericht der Armenküche Neapels („Mülltüte") aus Spaghetti, Nüssen, Haselnüssen, Kapern, Kirschtomaten, Oregano und Oliven

silene Leimkraut (Silene vulgaris garcke); dessen Triebe werden für Risotti, Gnocchi, Suppen und Omeletts verwendet

silter süßlich-würziger Kuhmilchkäse aus dem unteren Val Camonica

simbua fritta frittierter Grieß (Sardinien)

sinàpa/sinapedda sizilianische Dialektbezeichnung für wilden Senf

sisàm getrocknete Weißfische, mit Zwiebel und Essig geschmort

sivoni apulisches Dialektwort für Gänsedistel, eine in der Küche vielseitig verwendbare Wildpflanze

skilà Gemüsesuppe, mit Käsewürfeln und Roggenbrot (Valsesia)

slikrofi kleine Teigtäschchen mit Kartoffel-Kräuter-Füllung, typisch für Friaul-Julisch Venetien, jedoch slowenischen Ursprungs

soça/sorça Rindfleisch (das vier bis fünf Tage in Salz eingelegt wird) mit Wirsing, Kartoffeln und Lauch, mit Fontina-Käse im Ofen überbacken (Aostatal)

soffritto/'u suffritt' Innereien vom Schwein, lange in Tomatensauce gekocht (Kampanien)

soma d'aj geröstetes Brot mit Knoblauch, Öl und Speck

sopa coada Auflauf aus Brot und Taubenfleisch, langsam im Ofen gegart; Trevisaner Spezialität (Venetien)

soppressa/sopressa typische Wurst in Nordostitalien (Friaul, Venetien, Trentino) aus grob gehackten mageren und fetten Teilen vom Schwein

soppressata Rohwurst aus Süditalien aus fettem und magerem, auf verschiedene Weise gehacktem Schweinefleisch, entsprechend gewürzt und anschließend gepresst.

sopravissana Schafrasse, besonders im Gebiet von Macerata verbreitet

söra alte Bergkäsesorte, deren Form einer Schuhsohle ähnelt

sorbir d'agnoli heiße Brühe mit > **agnoli**, wird vor dem Servieren mit Rotwein abgeschmeckt (Mantua)

sospiri Windbeutel

sottaceti sauer eingelegtes Gemüse

sottoli in Öl eingelegtes Gemüse

spaccatelle kurzformatige, leicht gekrümmte und der Länge nach geöffnete Teigware

spaghetti ai ricci Spaghetti mit Seeigel-Sauce (Sardinien)

spaghetti alla calasettana Spaghetti mit Thunfisch- oder Meeräschenrogen und > **mosciame** (Sardinien)

spalla cotta, spalla cruda Wurstwaren aus der Provinz Parma (Emilia), die aus magerem Schweinefleisch aus der nicht entbeinten Schulter zubereitet werden. Beide Sorten werden durch Einlegen in Salzlake aromatisiert. Spalla cotta wird anschließend in Wein und Wasser gekocht, während Spalla cruda in rohem Zustand reift.

sparacelli sizilianische Dialektbezeichnung für Rübenkohl

sparacogna sizilianische Dialektbezeichnung für wilden Spargel (tamus communis; Triebe gekocht essbar, Beeren und Wurzeln giftig)

sparoni frische Pasta, ähnlich den dicken Maltagliati (Abruzzen)

spatatata Minestra mit Kartoffeln, Ei, Minze, Kirschtomaten und hartem Brot (Latium)

spatola Degenfisch

speck Tiroler Speck, Räucherschinken

spelinseghi hausgemachte Teigwaren in Schmetterlingsform (Ligurien)

spetz tsaorì > **puzzone**

spezzatino Ragout aus kleinen Stücken der weniger wertvollen Teilen von Kalb, Rind, Lamm und Schwein, die lange gekocht werden müssen

spicatielli scoppiettati der zarte Teil von frittiertem Wildgemüse

spicchitedda runde Kekse mit > **vino cotto**, die mit Mandeln verziert sind (Sizilien)

spiedo, spiedino Spieß, Spießchen

spiedo bresciano, speo veneto historisches Gericht. Diverse jagbare Vögel werden abwechselnd mit Salbeiblättern auf einen Spieß gesteckt und gebraten.

spigatelli Ausdruck in den Abruzzen für Rübensprossen, die auf die Pasta kommen

spignoli Maipilze im Dialekt der Marken

spigola Seebarsch

spinaci Spinat

spoia lorda quadratische Ravioli, die > **squacquerone**, Parmesan und Muskatnuss enthalten (Romagna)

spollichini Bohnensorte

sponcion/spuncioto in Venetien und Friaul-Julisch Venetien gebräuchliche Bezeichnung für Imbiss oder Appetithäppchen

spongarda > **spongata**

spongata Süßspeise nach altem Rezept aus einer Mürbeteighülle, die eine Füllung aus Senffrüchten, Honig, Nüssen, Pinienkernen, Rosinen, kandierten Früchten und Zimt umschließt. Der Ursprung der Zubereitung liegt in der Emilia, sie verbreitete sich aber auch in den benachbarten Regionen wie in Ligurien (Spungata) und in der Lombardei (Spongarda).

sponsali/sponzali/spunzoile für Apulien typische Jungzwiebeln

sporcamusi für Lecce und Umgebung typisches Blätterteiggebäck mit Cremefüllung, das mit Puderzucker bestreut heiß serviert wird; der (frei übersetzte) Name „Schnäuzchenbekleckerer" rührt daher, dass sich diese Leckerei nicht ohne Zuckerbärtchen im Gesicht verspeisen lässt ...

sporchia Dialektausdruck für ein der Wildzichorie ähnliches Wildgemüse

spressa Käse aus entrahmter Kuhmilch von fester, elastischer Konsistenz (Trentino)

spugnola Morchel

spumante Schaumwein

spumini/spumette kleine Meringestücke mit oder ohne Mandeln

spungata > **spongata**

spuntatura Rippchen; auch Innereien vom Lamm

squacquerone magerer, weicher Frischkäse, üblicherweise auf Focacce und Piadine gestrichen (Romagna)

stakanije friulanisches bäuerliches Gericht aus einem mit weißem Speck und Kräutern angereicherten Püree aus Kartoffeln und Saisongemüse

stecchi in Ligurien Bezeichnung für Spießchen von Hühnerteilen in Béchamel mit Parmesan, Schinken und Petersilie, die in verquirltes Ei getaucht und frittiert werden. Das Gericht ist auch in der Emilia in mehreren Varianten verbreitet.

stigghiola mit Schalotten verflochtene und über der Glut gegarte Innereien vom Kalb, Lamm oder Zicklein (Sizilien)

stigliole > **stigghiole**

stinco Haxe

stoccafisso Stockfisch, Kabeljau; Fisch aus dem Baltikum, konserviert mittels Wasserentzug, luftgetrocknet; verbreitet in der Küche beinahe aller italienischen Regionen unter verschiedenen Namen: Stocche, Stocco, Pesce stocco , 'o stocc' (kampanischer Dialekt)

stoccafissu a baucogna Stockfisch in Weißweinsauce mit Knoblauch, Petersilie, Zwiebeln, getrockneten Pilzen, Sardellen, Nüssen und Pinienkernen (Ligurien)

stoccafisso all'anconetana lange gekochte Stücke des Stockfischs mit Weißwein und einem Pesto aus Sardellen, Kapern und Kräutern oder aber mit Kartoffelwürfeln. Auf den Boden der Kasserolle werden Bambusstöckchen gelegt, damit sich der Fisch nicht anlegen kann.

stoccafisso alla livornese Stockfisch, der mit Kartoffeln, schwarzen Oliven, Peperoni und wenig Tomatensauce lange gegart wird

stocche alla genovese Stockfisch auf Genueser Art

stocco Dialektausdruck für Stockfisch in einigen Regionen Süditaliens, aber auch in Ligurien

storione Stör

straccetti (di vitella) kleine Scheibchen, die aus einer Scheibe Kalbfleisch geschnitten werden; in Mehl gewälzt und auf verschiedene Weise gewürzt gebraten

straccetti (stracci) handwerklich hergestellte Eierteigwaren, die wie Lasagne geschnitten werden

stracchino (1) Frischkäse, der wenige Tage nach seiner Herstellung fertig für den Verzehr ist; (2) verschiedenes süßes Eis in Schichten (Mattonella)

stracciata weicher, Fäden ziehender Frischkäse aus Kuhmilch

stracciavocc' Dialektausdruck in den Abruzzen für Meerzikaden oder Heuschreckenkrebse

strachitund runder > stracchino

straciamùs Bohnensuppe mit frischen Teigwaren (Lombardei)

stracotto Schmorgericht mit Fleisch von erwachsenen Tieren (Rind, Pferd oder Esel), lange in Wein gekocht

straeca in Venetien Schnitzel vom Pferdebauch

strangolapreti in Mittel- und Süditalien gebräuchliche Bezeichnung für hausgemachte Kartoffelnocken oder rustikale Pasta aus Wasser und Mehl; im Trentino Bezeichnung für Nocken aus Mangold, altbackenem Brot, Eiern, Milch und Mehl, mit Salbeibutter serviert

strangozzi/stringozzi einfache Fettuccine aus Mehl und Wasser, die über einen Eisenstab gerollt werden, so dass sie die Form von in der Mitte ausgehöhlten Maccheroni bekommen

strangulet in Kalabrien (in der Küche der albanischen Minderheit der Arbëreshe) übliche Bezeichnung für Kartoffelgnocchi

strapizz Eierteigwaren in Rautenform, die an ein Frauenkopftuch erinnern soll (Abruzzen)

strappatelli Pasta aus einem Teig aus Wasser und Mehl, in Stücke gerissen und in kochendes Wasser geworfen

strascinati andere Bezeichnung für Orecchiette. In der Basilikata werden Pastastückchen über ein entsprechendes gerändeltes Brett gezogen.

straubes süßes friulanisches Fettgebäck mit Weinraute, einer sehr verbreiteten Wildpflanze

stravecchio lange gereift, gelagert

strazzate lukanische Kekse aus Mehl, Mandeln, Zucker, Ei und ungezuckertem Kakao

stricchetti kurzformatige Pasta aus Eierteig in Schleifchenform (Emilia-Romagna)

strichetti Nudeln (Romagna), Kipfel (Friaul)

stridoli Wildkraut mit langen schmalen Blättern, das zum Würzen von Omeletts und Saucen verwendet wird (Romagna)

strigoli frische Pasta aus Wasser und Mehl, ähnlich den > **strozzapreti**

stringhette di manzo > straccetti

stringozzi Röhrennudeln

strolghino spindelförmige Wurst mit einer Masse aus fein gehacktem Schweinefleisch, wird frisch verzehrt (Emilia)

stroncatura lange Pasta aus Vollkornmehl

strongole dicke hausgemachte Spaghetti

strozzapreti > strangolapreti

strucchi/struki lessi friaulische Strudelteigteilchen, gefüllt mit Nüssen, Pinienkernen, Zucker und Likör, die frittiert oder gekocht werden

struccole/strucolo in Friaul und Julisch Venetien verbreitete Süßspeise, im Grunde ein mit Quark, Äpfeln oder anderen Früchten gefüllter Strudel

struklji kuhani friaulische Süßspeise aus Wildfenchelblüten und aromatisierter Zuckercreme

strutto Schweineschmalz

stufato Schmorbraten

subrich di patate Puffer aus Kartoffeln, Ei und Käse (Piemont)

sugamele Dialektausdruck für Sauerampfer, ein Gewürzkraut

sugo reiche, dicke Sauce

sugo finto fleischlose Sauce aus Tomatenkonzentrat, Kräutern und Gewürzen

suino Schwein

supa barbetta > zuppa valdese

suppa cuata „versteckte Suppe"; Suppengericht mit Brotscheiben, frischem Käse, Kräutern und Schaffleischbrühe. Die Zutaten werden übereinandergeschichtet und im Ofen überbacken. (Sardinien)

suppli/supplì Reisbällchen, gefüllt mit Fleischsauce und Mozzarella, paniert und frittiert, verbreitet in Mittelitalien; in Rom wegen des Fäden ziehenden Käses in der Füllung Supplì al telefono genannt

surgitti in Öl frittierte Gnocchi, aus Maismehl und > **salsiccia** aus Leber und Zitronenaroma; Spezialität aus dem Gebiet von Macerata

suri sottovento kaltes Gericht aus gekochten und entgräteten Fischen, die mit einer Sauce aus Paprikaschoten, Tomaten und Essig bedeckt werden (Marken)

susina Pflaume, Susine

sutta e supra sizilianischer Dialektausdruck, der nicht zu magere Schweinekoteletts bezeichnet, die in Weißwein in der Pfanne gegart werden

T

tabulone Schmorbraten, meist vom Esel oder Pferd

tacchino alla canzanese ausgelöstes Huhn in Wasser im Ofen gegart, mit Knochen und Knorpeln in deren Gelatine erkaltet (Provinz Teramo)

tacchino Truthahn

tacconi allo sgagg gekochte Pasta aus Dicke-Bohnen-Mehl, mit Lardo und Knoblauch verfeinert (Marken)

taccozze Pasta aus Hartweizenmehl, die in grobe Rauten geschnitten wird (Molise)

taedda Caciocavallo aus Kuhmilch

taeddha/taeddra Schmorgericht aus Zucchini, Kartoffeln und Miesmuscheln. Der Name des Gerichts leitet sich vom Dialektausdruck für den Topf, in dem es gekocht wird, ab. (Süditalien)

tagliancozzi > quaresimali

tagliata Rumpsteak von etwa fünf Zentimetern Stärke, wird gegrillt oder in der Pfanne gebraten, anschließend aufgeschnitten und mit dem Bratenfond serviert

tagliatelle Bandnudeln

taglierini/tagliolini schmale Bandnudeln

taiadeline venetische Dialektbezeichnung für Tagliatelline und Tagliolini

tajadéla trentinische Dialektbezeichnung für > **tagliatelle**

tajarille frische Pasta aus Mehl, Wasser und Salz, mit dem Nudelholz ausgerollt und immer wieder in Rechtecke geschnitten, bis feine Streifen entstehen (Abruzzen, Molise)

tajarin frischer Nudelteig aus weißem Mehl und vielen Eiern, der in sehr dünne lange Streifen geschnitten wird; typisch für Cuneo und Umgebung (Piemont)

tajulì pilusi Tagliolini aus Mehl und Wasser, die während des Kochens eine samtige Oberfläche erhalten (Marken)

tajut friulanisches Dialektwort für ein Glas Wein (vom Italienischen „taglio" oder „taglietto"); im übertragenen Sinn der Aperitif; gleichbedeutend mit der venezianischen > **ombra**

taleggio Weichkäse, dessen Rinde – als eine der wenigen in der italienischen Käsewelt – gewaschen wird (Lombardei)

tanni im Latium gebräuchlicher Dialektausdruck für das Innere der Zucchini

tappadas in Cagliari übliche Bezeichnung für > **monzette**

tapulone mit Knoblauch, Öl und Würzkräutern mariniertes Eselschmorfleisch; Spezialität des Ortes Borgomanero (Piemont)

taralli/tarallucci doppelt gebackene Kringel, salzig und unterschiedlich gewürzt, typisch für Süditalien, aber heutzutage weit verbreitet

tarassaco Löwenzahn

taratufi Dialektausdruck für Tartufi di mare, den Venusmuscheln ähnlich, aber mit größeren Schalen

taroncioli Bällchen aus frittiertem > **tuma**

taròzz Beilage aus Kartoffeln und grünen Bohnen, mit Butter und Käse verfeinert

tartrà pikanter Flan aus Milch, Zwiebeln oder Lauch, Eiern, Butter, Parmesan und Gewürzen (Piemont)

tartufata Torte aus Sahne, Creme und Haselnüssen, mit Schokoladeblättern überzogen

tartufato mit Trüffeln verfeinert

tartufo Trüffel

tastasàl Masse aus gehacktem Schweinefleisch mit Salz und Pfeffer, mit der auch Wurst gemacht wird (Venetien)

tastìn > **pastìn**

tartare Tatar > **carne cruda**

tecia triestinisches Wort für Pfanne, zum Garen verschiedenster Speisen

tegamaccio (1) Schmorgericht mit verschiedenen Fischen aus dem Trasimenosee (Aal und Kaulbarsch oder Hecht und Schleie); (2) im Latium ein Schmorgericht aus Lamm, Kartoffeln, Artischocken und Minze

tegamaccio Fischsuppe

tegame (Brat-)Pfanne

tellina Tellmuschel

tenerina eine aus Ferrara stammende Süßspeise aus Mehl, Eiern, Bitterschokolade und Butter, die im Ofen gebacken wird

tenerumi Zucchiniblätter, aus denen eine typische erfrischende Suppe zubereitet wird

testa di turco eine Art süße Lasagna aus Blätterteigschichten mit Milchcremefüllung

testarelle di agnello Köpfe vom > **abbacchio** (Milchlamm), aufgeschnitten und im Ofen mit Semmelmehl und Gewürzen gegart (Latium)

testaroli dünne Teigstückchen aus Mehl, Wasser und Salz, die in einem Tongefäß, „testo" genannt, gegart und mit Pesto angerichtet werden; typischer Primo Piatto der Lunigiana (Grenzgebiet zwischen Ligurien und Toskana)

testina Teil vom Kalbskopf, eine der sieben Zutaten des klassischen piemontesischen > **bollito misto** (gemischtes gekochtes Fleisch vom Rind); wird auch als eigenständiges Gericht serviert (in der Pfanne mit Essig und Gewürzen kurz angebraten)

testina all'agro gekochter Kalbskopf, mit Zwiebel, Essig und Öl kalt serviert

teteùn/tetin typische Wurst aus dem Aostatal, wird aus Kuheutern gewonnen

tiana/tianello (1) Dialektausdruck der südlichen Regionen für den Tontopf und im übertragenen Sinn auch für die Gerichte, die in ihm gekocht werden; (2) in Kalabrien Bezeichnung für gemischtes Fleisch vom Zicklein, klein geschnitten, gewürzt mit Zwiebel und im Ofen mit Kartoffeln, Erbsen, geriebenem Käse, Pfeffer, gehackter Petersilie und Brotkrumen gegart

tiella Pfanne, Auflauf (meist mit Kartoffeln und Miesmuscheln)

tiella alla barese Gericht aus geschichteten Kartoffeln, Miesmuscheln, Reis und frischen Tomaten, das im Ofen gegart wird und eine eigenständige Mahlzeit darstellt

tiella di Gaeta Fladenbrot aus zwei übereinanderliegenden Teigscheiben, die an den Rändern geschlossen und mit Meeresfrüchten, Gemüse oder auch gemischt gefüllt werden

tigella > **crescentina (di Modena)** kleiner, runder Fladen, der in der traditionellen Terrakottaform gebacken und mit einer Füllung aus Wurst oder gehacktem Speck serviert wird

tighe lombardisches Dialektwort, das die lokalen grünen Paprikaschoten bezeichnet, die in Essig eingelegt aufbewahrt werden

timbala Mürbeteigkuchen mit einer Füllung aus Birnen, zerstoßenen Amaretti-Keksen, Wein und Gewürzen (nordwestliches Piemont)

timballo Auflauf aus Pasta oder Reis mit Schichten von Fleisch oder Gemüse, oft mit Blätterteig bedeckt und in einer Form im Ofen gebacken. In den Abruzzen besteht er aus „scrippelle", dünnen Pfannkuchen aus Mehl, Wasser und Ei

timo Thymian

tinca Schleie

tiramisù in ganz Italien verbreitetes Dessert aus Löffelbiskuits und Mascarponecreme, mit Kakao bestreut serviert

tirtlan Teigtaschen aus Roggen- und Weizenmehl, mit Sauerkraut (oder Wirsing oder Spinat) gefüllt und frittiert (Pustertal, Südtirol)

tisichelle süße Aniskringel (Umbrien)

toc' (tocj) di vora Gemisch aus Milch, geriebenem Käse, Mehl, Salz, Pfeffer und Butter, zum Verfeinern von Polenta (Karnien, Friaul)

toc' in braide Gericht aus flüssiger Polenta, Bratensaft und zerlassenem Käse (Trentino, Lombardei, Friaul)

tocco/toccu/tuccu ligurische Rindfleisch-Tomaten-Sauce, die mit etwas Wein abgerundet wird; verfeinert Nudelgerichte

tòcio in allen Regionen Nordostitaliens verwendeter Begriff für Sauce, gemeinhin Tomatensauce; „in tocio" und „al tocio" bedeutet soviel wie „geschmort"

tofeja Suppe aus Bohnen und Schweinefleisch, typisch für das Canavese (Piemont)

toma Kuhmilchkäse mit kompakter, elastischer Konsistenz in verschiedenen Reifegraden

toma d'lait brusc Almkäse aus Kuhmilch; zylindrische Form, frisch im Geschmack, leichter Edelschimmelansatz (Piemont)

tomasina Focaccia aus Ragusa mit einer Füllung aus Ricotta, Käse, Salsiccia und hart gekochten Eiern

tomaselle/tomaxelle Kalbsrouladen (Ligurien)

tombea Käse aus Rohmilch von Kühen der Rasse Bruno Alpina, der auf den Almen von Cima Rest und Tombea hergestellt wird (Lombardei)

tomine eine Art Ziegenkäse

tonco de pontesèl Gulasch aus mehreren Sorten Fleisch (Innereien), nicht allzu pikant gewürzt (Trentino)

tonnarelli Dialektausdruck im Latium für quadratisch geschnittene Maccheroni, ähnlich den Spaghetti alla chitarra aus den Abruzzen

tonnina/tunnina in Sizilien gebräuchlicher Begriff für frisches Fleisch vom weiblichen Thunfisch, das edler ist. Außerdem wird der Begriff für Filet vom eingesalzenen Thunfisch verwendet.

tonno Thunfisch

tonno alla portoscusese eine Art Thunfischragout, das in Rotwein gegart wird (Sardinien)

tonno del Chianti lange in Weißwein gegartes Schweinefleisch, das nach dem Kochen vom Fett und der Schwarte befreit und mit Bohnen und Zwiebeln oder mit Salat serviert wird (Toskana)

tonno di coniglio gegartes und entbeintes Kaninchen, das mit Knoblauch und Salbei in Öl eingelegt wird (Piemont)

topini in der Gegend von Florenz gebräuchliche Bezeichnung für Kartoffelgnocchi

torcinelli/turcinieddi Innereien vom Lamm oder Zicklein, in dessen eigene Därme gewickelt und über der Glut gegart (Apulien, Molise)

torcolo (Weihnachts-)Kuchen

tordelli halbmondförmige Teigtäschchen aus Lucca mit einer Füllung aus Hirn, Kalbfleisch, Ricotta, Kräutern, Ei, Schafkäse und Gewürzen

tordi finti Spießchen mit Schweinefleischstücken, die mit Bauchspeck und Salbei umwickelt wurden

torello Jungstier

Törggelen traditionelles Erntedankfest auf Südtiroler Bergbauernhöfen, zu dem neuer Wein und Röstkastanien offeriert werden

torresani Jungtäubchen, die nie aus dem Schlag geflogen sind

torronata Nougat

torrone eine Art türkischer Honig mit Mandeln

torta Kuchen, Torte

torta ai ciccioli Fladenbrot mit Schmalz und > **ciccioli** (Grieben) vom Schwein, in der lukanischen Version auch mit Wildfenchelsamen

torta al testo traditionelles umbrisches Fladenbrot, das auf einer runden Platte aus feuerfestem Stein oder Ton (dem so genannten „testo") gebacken wird

torta beca Kuchen, den es in einer süßen Version (altbackenes Brot, Äpfel und Rosinen) und einer pikanten (Saisongemüse und Frischkäse) gibt (Trentino)

torta co' i becchi Süßspeise aus Lucca mit einer Füllung aus Mangold, Pinienkernen, Rosinen, Zucker und geriebenem Käse; die „becchi" (Schnäbel) beziehen sich auf die Teigverzierungen am Rand

torta co' i bischeri süße Crostata (Mürbeteigkuchen) mit einer Füllung aus in Milch gekochtem Reis, Schokolade, Rosinen, Pinienkernen und kandierten Früchten, die ringsherum mit Teigverzierungen versehen wird (Toskana)

torta d'erbi pikanter Kuchen aus einer Teighülle, in dem sich eine Füllung aus verschiedenem Wildgemüse befindet (Lunigiana, Toskana)

torta de fregolòti Streuselkuchen aus einer üppigen Masse (mit oder ohne gehackte Mandeln), die man in Klümpchen (im trentinischen Dialekt „fregolòti") in die Form fallen lässt

torta di grano saraceno Kuchen aus Buchweizenmehl, Renette-Äpfeln, Haselnüssen, Zucker und Eiern (Trentino, Südtirol)

torta di melanzane al cioccolato > melanzane con la cioccolata

torta di pane typischer Tessiner Kuchen aus altbackenem Brot

torta di papavero Mohntorte, ohne Mehl gebacken (Südtirol)

torta di riso süße Spezialität aus Carrara, die aus in Milch gekochtem Reis, Eiern, Zucker, Vanillearoma und Zitrone zubereitet wird; in der Emilia gibt man Mandeln, Zitronat und Bittermandellikör dazu und bezeichnet sie als Torta degli Addobbi

torta di tagliatelle Süßspeise aus Ferrara aus sehr feinen Fadennudeln und einer Mandelmasse, die geschichtet und von einer Teighülle umschlossen werden

torta fritta > gnocco fritto

torta pasqualina Osterkuchen; pikanter ligurischer Kuchen mit Mangold oder Artischocken, Ricotta, Eiern und Würzkräutern (Ligurien)

torta scema einfacher Kuchen nach alter ligurischer Tradition aus Reis und Mehl, im Ofen gebacken wird

tortel di patate im Ofen gebratene Puffer aus gekochten Kartoffeln, vermengt mit Ei, Maisstärke und geriebenem Grana (Trentino)

tortellacci gefüllte Nudeltäschchen

tortelli eckige Teigtäschchen, etwas größer als > **tortellini**

tortelli alla lastra aus dünnem Teig hergestellt (ähnlich dem für die > **piadina**) und gefüllt mit Mangold, Pancetta und Salsiccia werden Nudeltäschchen auf einer dafür vorgesehenen Platte oder, wenn diese nicht vorhanden ist, auf einem Stein oder im Ofen gebacken.

tortelli amari Nudeltäschchen aus Eierteig, typisch für Castel Goffredo (Lombardei), deren Füllunmit Mong mit Frauenminze (Balsamita major) gewürzt wird

tortelli con la coda für die Umgebung von Piacenza typische Nudeltäschchen mit einer Füllung aus Mangold, Ricotta und Grana padano; der extrem dünne Teig wird mit einem Zopf geschlossen, der die „coda" (Schwanz) bildet

tortelli con le erbette mit Mangold, manchmal auch Spinat, Ricotta oder Parmesan gefüllte Nudeltäschchen

tortelli di zucca Nudeltäschchen aus Eierteig, die in und um Mantua mit einer Masse aus Kürbisfleisch, pikanter Apfelkonfitüre, Amaretti-Keksen, Parmigiano Reggiano, Salz und Muskatnuss gefüllt werden

tortellini typische gefüllte Eierteigware aus Bologna und Modena, ähnlich den > **cappelletti**, die etwas kleiner und aus dünnerem Teig sind. Die Füllung besteht aus Fleisch, aber auch aus Schinken und Mortadella; gekocht wird die Teigware in Brühe.

tortelloni große vegetarisch gefüllte Teigtaschen

tortiera di alici Schichten aus Sardellen werden mit einem Gemisch aus Semmelmehl, Pecorino und Kräutern bestreut und im Ofen gebacken

tortiera napoletana Auflauf

tortiglioni getrocknete spiralförmige Pasta

tortino salziger Kuchen

tortino di aliciotti e indivia Rezept aus der jüdischen Tradition (Rom) mit frischen Sardellen, die geöffnet abwechselnd mit Endivien geschichtet und im Ofen gegart werden

toséla Kuhmilchkäse, der entweder frisch oder in der Pfanne herausgebraten verzehrt wird (Trentino)

tosella Käse vom Asiago-Hochplateau (Venetien)

totani e patate Pfeilkalmar und Kartoffeln, in Wein und Kartoffeln geschmort

totano Pfeilkalmar

toumin dal Mel Weichkäse aus der Gemeinde Melle (Piemont), aus Kuhmilch; hoher Fettgehalt, weißer Teig

tozzetti Trockenkekse mit Mandel- und Haselnussstücken, manchmal auch mit Anisaroma, sehr verbreitet in Mittel- und Süditalien

tracchie/tracchiolelle Dialektausdruck in Neapel für Rippenstücke vom Schwein

trainera (alla) Sauce für Pasta oder Fleisch aus Tomaten, Öl und Basilikum. In der Basilikata werden auch > **peperoni crusch(i)** dafür verwendet

tramezzino belegtes Brot

tratalia gemischte Innereien (Lunge, Leber und Herz vom Lamm oder vom Zicklein), die in Därme gewickelt und zumeist am Spieß gebraten werden (Sardinien)

trattalia Innereien vom Jungschwein und/oder Lamm

travagliatina lombardisches Dialektwort für Rindersteak

treccia/trecciola wörtlich „Zopf", (1) geflochtene Lamminnereien; (2) mozzarellaähnlicher Käse (frischer Knetkäse aus Kuh- oder Büffelmilch), in Kampanien in der Gegend von Agerola erzeugt

treccia d'oro für Vicenza typischer Kuchen aus Hartweizenmehl, Milch, Butter, Eiern, Rosinen, Honig und Vanille

trenette schmale Bandnudeln, die üblicherweise mit Pesto angerichtet werden. Das Beiwort **avvantaggiate** haben sie dann, wenn für den Teig Weizenmehl mit Vollkornmehl vermischt wird. (Ligurien)

triaca pasta Pasta mit frischen Bohnen, die im Sommer auch kalt serviert wird (Sizilien)

trifolato mit Knoblauch und Petersilie

triglia Meer-/Seebarbe

triglie alla livornese toskanisches Gericht, für dessen Zubereitung Meerbarben kurz in Tomatensauce gekocht werden

tripoline längliche Pasta, wie breite Tagliatelle mit gewelltem Rand

trippa Kutteln

trippa alla fiorentina geschmorte Kutteln vom Jungochsen, die mit Tomaten und Gartenkräutern gegart und mit Parmesan verfeinert werden

trippa alla parmigiana vorgekochte, in Streifen geschnittene Kutteln, die mit Tomaten und Gartengemüse geschmort und mit geriebenem Parmesan serviert werden

trippa alla reggiana Kutteln, die mit Tomaten, Bauchspeck, Prosciutto, Grana reggiano und Gewürzkräutern geschmort werden

trippa alla romana geschmorte Kutteln in Streifen mit Römischer Minze und geriebenem Pecorino (Latium)

trippa all'olivetana Klosterrezept aus Kutteln, Auberginen, Tomaten, hart gekochten Eiern, frischem > **tuma** und gereiftem Pecorino (Sizilien)

trippa centopelli dritter Teil des Rindermagens (Blättermagen), der nach verschiedenen Rezepten meist geschmort zubereitet wird

trippa di Moncalieri Kochwurst, die im gleichnamigen Ort (Piemont) aus den Vormägen von Wiederkäuern und Schweinemägen hergestellt wird

trippino lombardischer Begriff für den gereinigten und ausgekochten Schweinemagen

troccoli rustikale apulische Bandnudeln, mit einem gerillten Nudelholz („troccolo") geschnitten

trofie kleine Nocken aus weißem Mehl und Wasser, die spiralförmig gedreht und an den Enden flachgedrückt werden (Ligurien)

tronchetti Kekse

trota Forelle

trota salmonata Lachsforelle

ttaccù (li) frische Pasta aus Wasser, Mehl und Salz, erinnert an dicke Spaghetti (Marken)

tubettini kurze getrocknete und röhrenförmige Pasta

tultea frittierte Teigtasche mit Kräuterfüllung, Spezialität des Ortes Ormea (Piemont)

tuma frischer Schafkäse (Sizilien)

tummale Auberginenauflauf in Brotkrumenkruste (Sizilien)

turcinieddi > torcinelli

turdilli süße frittierte Pfannkuchen aus Mehl, Honig und Zimt (Kalabrien)

turta in tra biela rustikaler Auflauf aus dem Tontopf (im piemontesischen Dialekt „biéla" genannt) auf Basis von altbackenem Brot, Milch und Weichkäse

turtles in Fett gebackene runde Teigtaschen mit Füllung; ladinisches Traditionsgericht (Südtirol)

turtres e cajincì arestis frittierte Küchlein mit Quark, Spinat oder Sauerkraut (Südtirol)

U/V

ubriaco in Weinsauce

uccelletto (all') Tomatensauce mit Knoblauch, Salbei und Öl

uccelli scappati Kalbsplätzchen mit Salbei

ueca Suppe aus Gerste, Gemüse, Schwarzbrot und Fontina-Käse (Aostatal)

umbricelli > ombricelli

umido (in) gedünstet, geschmort

uovo al ciareghi/cereghin in Butter gebratenes Spiegelei (Piemont), das mit Salbei und schwarzem Pfeffer gewürzt wird (Lombardei)

Ur-Paarln, Vinschgauer Fladenbrötchen aus Roggen, Dinkel und Sauerteig, mit Fenchel, Wildkümmel und Schabzigerklee gewürzt (Südtirol)

urranii sizilianische Dialektbezeichnung für Borretsch

uvetta Rosine

vaccareddi sizilianische Dialektbezeichnung für kleine Schnecken

vaiano grüne Bohnen im lukanischen Dialekt

valdostana (alla) mit Käse und Schinken

vapellenentse > seupa vapellenentse

varoli volkstümlicher Ausdruck in den Marken für Wolfs- oder Seebarsch

vartis > luppolo

vastedda (1) hausgemachtes rundes Brot; (2) selten vorkommender Frischkäse aus Schafmilch mit gezogenem Teig, typisch für das Belicetal (Sizilien)

vavaluci > babbaluci

vecia col caval pist Schmorgericht aus Paprikaschoten, Tomaten, grünen Bohnen und Kartoffeln, in das panierte und frittierte Hackfleischbällchen aus Pferdefleisch gemischt werden (Parma)

vedél venetisches Dialektwort für Kalb

vellutata Cremesuppe

ventresca in Öl eingelegtes, besonders hochwertiges helles Bauchfleisch vom Thunfisch

ventresca arrosto gerösteter Bauchspeck vom Schwein (Mittelitalien)

ventriceddi/ventricelle kalabresischer Dialektausdruck für Fischdärme, in der Küche weiterverarbeitet

ventricina Wurst, die in Schweinemagen gefüllt wird (Abruzzen, Molise); je nach Gebiet verschiedene Variationen bei der Füllung

verde (al) mit Gemüse- oder Kräutersauce

verdura Gemüse

vermicelli getrocknete Pasta aus Hartweizengrieß, lang und rund wie Spaghetti

verza Wirsing

verzata Kohl-, Wirsinggericht

verze sofegae geschmorter Wirsing

vettaioli spätreife kleine Früchte von der Wassermelone, in der Toskana in Öl oder in Essig eingelegt

vezzena Kuhmilchkäse, der sich zum Reifen eignet, auch als Reibkäse hervorragend (Trentino)

vignarola Schmorgericht aus Dicken Bohnen, Artischocken und frischen Erbsen, normalerweise als Antipasto im Frühling serviert (Latium)

vin santo Dessertwein

vincisgrassi Lasagne aus dem Ofen, mit einer Sauce ohne Tomaten aus Hackleisch und Innereien, angereichert mit Mozzarella und Parmesan. Als Vincisgrassi de lo vatte werden sie mit Innereien nur vom Geflügel gefüllt. (Marken)

vin cotto/vino cotto Traubensirup, gekocht aus frisch gekeltertem Traubenmost; wird in Apulien auch aus Feigen zubereitet

violino di capra Schinkenspezialität aus dem Valchiavenna (Lombardei), die aus der Keule und dem Schulterstück von der Ziege hergestellt wird und in ihrer Form einer Violine ähnelt

virni kampanischer Dialektausdruck für Maipilze

virtù reichhaltige Gemüsesuppe aus Hülsenfrüchten, vielen verschiedenen Arten von Saisongemüse in Würfeln, Schweinefleischstücken und hausgemachter, in Stücke gebrochener Pasta; mit Kräutern gewürzt, darunter Dill (Teramo)

visciole Wildkirschensorte, aus der man auch einen Wein gewinnt

vitabbia/vitalba Kletterpflanze, deren gekochte Keime in Füllungen und für Pfannkuchen verwendet werden

vitello Kalb

vitello alla fornaia/fornara Braten von der Kalbsbrust, gewürzt mit Knoblauch, Rosmarin und Salbei, serviert mit Kartoffeln (Latium)

vitello tonnato gekochter (oder im Ofen gegarter) Kalbsbraten, der in dünne Scheiben geschnitten als kaltes Gericht mit einer Sauce aus Eiern, Thunfisch, Kapern, Öl und Zitrone serviert wird (Piemont)

viticielli kampanischer Dialektausdruck für eine wilde Sorte Spargel

vitorchianese (alla) mit Tomaten, Wildfenchelsamen und Pecorino (Latium)

voccarusc' Dialektausdruck in den Abruzzen für Wildspargel

vongole Venusmuscheln

vuccuni sizilianische Dialektbezeichnung für kleine Meeresschnecken

Z

zabaione Weinschaumcreme aus Eigelb, Zucker und Marsala oder Moscato (Piemont)

zabbina Zubereitung aus warmem Ricotta und Molke (Sizilien)

zaeti/zaleti rautenförmige Plätzchen aus Maismehl, Butter, Eiern und Zucker (Venetien)

zafferanella Dialektbezeichnung in den Marken für wilden Safran

zampa Pfote

zampa alla parmigiana volkstümliches Gericht aus der Toskana, für das Fleisch einer gekochten Kalbshaxe vom Knochen gelöst, in feine Streifen geschnitten und in einer Sauce aus Zwiebeln und Tomaten geschmort wird; am Ende mit geriebenen Parmesan angereichert

zampone Hack aus Schweinefleisch, Schwarten, Maul und Knorpeln, das in die Haut eines Schweinefußes gefüllt und gekocht wird (Modena)

zarche Dialektusdruck für wilden Mangold (Agrigent)

zanchette allgemeine Bezeichnung für platte Fische, ähnlich den Schollen, aus der Adria

zavardella Suppe mit Saisongemüse und Hülsenfrüchten (Latium)

zazzicchia mit dem Messer geschnittene Salsiccia, gewürzt mit Peperoncino und Orangenschale (Latium)

Zelten trentinisches Weihnachtsgebäck mit Trockenfrüchten und Nüssen

zemin ligurisches Suppengericht aus Kichererbsen, Mangold und getrockneten Pilzen

zeppole süßes Fettgebäck in Kringelform, in Süditalien verbreitet. Die Zutaten variieren von Ort zu Ort.

zerri „arme" Meeresfische der Spezies Mènola (Spicara maena); frittiert, für Marinaden oder Suppen

ziba sardische Bezeichnung für ein Sumpfkraut, eine Art > **salicornia**

zibibbo autochthone Rebsorte, aus der der gleichnamige Dessertwein gekeltert wird

zift Sauce aus zerriebenen Paprikaschoten und Olivenöl, eignet sich zur Verfeinerung von Teigwaren, Gemüse und Hülsenfrüchten (Basilikata)

zimino > **inzimino**

zincarlin della valle di Muggio für das Tessin sowie die Gegend um Como und Varese typischer Käse aus roher Kuh- und/oder Ziegenmilch, der mit Pfeffer aromatisiert wird

zinni zinni kleine > **cavatelli** (Basilikata)

zippi frische Eierteigware, ähnlich den Tagliatelle

zireno Teil vom Rinderdarm, der gebraten oder gekocht zubereitet wird

ziti getrocknetes langes Teigwarenformat, dick und innen hohl, wird traditionellerweise mit > **genovese** serviert

ziti al ragù > **ziti** mit einer Sauce aus Schweine- und Rindflisch sowie Tomaten (Kampanien)

zlicnijaki in Friaul gebräuchlicher Dialektausdruck für Kürbisteigtaschen

zlikrofi Teigtaschen mit Kartoffel-Kräuter-Füllung und zerlassener Butter

zonclada/zonglada Trevisaner Kuchenspezialität mittelalterlichen Ursprungs aus Mürbeteig, Quark, kandierten Früchte, Sultaninen und Zimt

zotoli in Friaul und Venetien gebräuchlicher Dialektausdruck für Zwergtintenfische

zucca Kürbis

zucca secca getrockneter Kürbis; normalerweise frittiert, nachdem er zuvor in Wasser aufgeweicht worden ist (Sizilien)

zucchine alla poverella in Scheiben geschnittene und mit Öl in der Pfanne goldbraun gebackene Zucchini

zucchine alla velletrana in Scheiben geschnittene, in Mehl gewälzte und im Ofen mit Rosmarin und Knoblauch gebratene Zucchini (Latium)

zuccotto Halbgefrorenes, bestehend aus einer Biskuitkuppel mit Füllung aus Ricotta, Sahne, Schokolade und kandierten Früchten (Toskana)

zuppa/zuppetta/'e zupp' (kampanischer Dialekt) Suppe, Eintopf

zuppa al vino Weinsuppe

zuppa all'etrusca Suppe mit Bohnen und wilden Rüben

zuppa ciociara Suppe mit Pilzen, Kichererbsen, Zichorie und Maisbrot (Latium)

zuppa del carbonaio Suppe aus Hülsenfrüchten, Salsicce und verschiedenen Kräutern (Toskana)

zuppa del Tarlati Cremesuppe, für die weißes Fleisch (Hühnchen, nach dem Originalrezept Fasan) in Brühe gekocht und im Mörser gestampft wird. Für die Einlage werden Brustfleisch und Innereien fein gehackt und in Butter geschwenkt. Ihren Namen verdankt die Suppe Bischof Tarlati aus Arezzo.

zuppa di ajucche Spezialität aus dem Canavese (Piemont) auf Basis von Brot, Butter und > **ajucche** in Schichten. Das Originalrezept sieht zudem Bauchspeckscheiben und gewürfelten Fontina vor.

zuppa di cipolle > carabaccia

zuppa di fosso Suppe aus Aal, Schnecken, Fröschen, Flusskrebsen und feinen Kräutern (Toskana)

zuppa di soffritto kräftige Suppe aus Innereien

zuppa di urtuti Eintopf mit verschiedenen Hülsenfrüchte- und Gemüsesorten, u. a. Feldzichorie und Augenbohnen (Frosinone)

zuppa frantoiana dicke Suppe aus Bohnen, Schwarzkohl, Kürbis, Kartoffeln und Kräutern, traditionellerweise mit jungem Öl verfeinert (Toskana)

zuppa gallurese > **suppa cuata**

zuppa inglese Löffeldessert, heute auch in anderen Regionen verbreitet; bestehend aus Löffelbiskuits, die in Likör (auch in roten Alkermes) getränkt und abwechselnd mit Konditor- und Schokoladecreme geschichtet werden (Emilia)

zuppa lombarda Für dieses Suppengericht wird über geröstete und mit Knoblauch eingeriebene Brotscheiben eine mit Essig abgeschmeckte Bohnensuppe gegossen und mit Öl abgeschmeckt. (Toskana)

zuppa valdese auch Supa barbetta genannt, typisches Suppengericht der okzitanischen Täler des Piemont: In Stückchen gebrochene Grissini werden in Butter geschwenkt, mit Käse und Gewürzen bestreut, mit Fleischbrühe übergossen und im Ofen gratiniert.

Mitarbeiter der italienischen Originalausgabe

Herausgeber: Marco Bolasco, Eugenio Signoroni
Redaktionsleitung: Daniela Battaglio
Redaktionsassistenz: Antonio Attorre, Elisa Azzimondi, Bianca Minerdo, Grazia Novellini, Angelo Surrusca, Federica Vizioli

Regionalkoordination: Antonio Attorre (Marken), Daniela Battaglio (Sardinien), Marco Bolasco (Latium), Cinzia Borgonovo (Umbrien), Pier Ottavio Daniele (Aostatal, Piemont), Massimo Di Cintio (Abruzzen, Molise), Denise Eccher (Trentino), Giovanni Gagliardi (Kalabrien), Paolo Giolo (Venetien), Gianpiero Giordani (Emilia-Romagna), Gabriele Giuga (Friaul-Julisch Venetien), Cristina Gretter (Südtirol), Francesco Linzalone (Basilikata), Carmelo Maiorca e Francesco Pensovecchio (Sizilien), Giuseppe Mandarano (Kampanien), Gian Marco Mazzanti (Toskana), Angelo Surrusca (Ligurien), Salvatore Taronno (Apulien), Silvia Tropea Montagnosi (Lombardei)

Art Director: Fabio Cremonesi
Automatisiertes Informationssytem: Flavio Marchesini
Satz: Francesco Perona
Kartografie: Touring Editore

Slow Food Editore srl
Via della Mendicità Istruita, 45 - 12042 Bra (Cn)
Tel. (+39) 01 72 / 41 96 11 - Fax (+39) 01 72 / 41 12 18
editorinfo@slowfood.it
www.slowfood.it

Verlagsleitung: Carlo Bogliotti
Koordination für Slow Food Italien: Chiara Cauda

Aus dem Italienischen übersetzt von Alexandra Hoi, Ilse Schager,
Michaela Spath und Monika Stuhl

Die Originalausgabe dieses Buches erschien unter dem Titel
»Osterie d'Italia 2017« bei Slow Food® Editore Srl, Bra (Cn), Italien.

HALLWAG ist ein Unternehmen der GRÄFE UND UNZER VERLAG GmbH,
München, GANSKE VERLAGSGRUPPE.

Produktionsbetreuung der deutschsprachigen Ausgabe:
Eva Hembach, www.booksinprogress.at
Projektleitung: Florian Fischer
Herstellung: Markus Plötz
Lektorat: Christine Hehle, Eva Hembach
Satz: Dietmar Nemeth, Wiener Neustadt
Karten: Touring Editore S.r.l.
Umschlaggestaltung: independent Medien-Design, Horst Moser, München
Umschlagillustration: Alessandro Damin, alessandrodamin.com
Anzeigenmarketing Deutschland: Angelika Priewe, München,
Tel.: (0 89) 71 05 67 70, E-Mail: priewea@gmx.de und
Dietrich Engler Medienberatung, Frankfurt a. M., Tel.: (0 69) 96 20 17 77,
E-Mail: post@dietrich-engler.de
Druck und Bindung: CPI books GmbH
Printed in Germany

ISBN 978-3-8338-5988-5

Hallwag

GRÄFE UND UNZER
Ein Unternehmen der
GANSKE VERLAGSGRUPPE

GENIESSEN, WIE IN ITALIENS BESTEN OSTERIEN

Mamma mia, italienische Küche ohne Fleisch?! Hallwags VEGETARISCHES ITALIEN spürt der Slow-Food-Bewegung bis in die entlegendsten Winkel Italiens nach. Mit über 400 vegetarischen und veganen Originalrezepten, sowie Erläuterungen zu einzelnen Zutaten und deren Herkunft. Perfetto für alle Feinschmecker!

ISBN 978-3-8338-5726-3